カンコクゴ
ニホンゴ
ジテン

**넥서스
한일
사전**

カンコクゴ　ニホンゴ　ジテン

넥서스
한일
사전

넥서스사전편찬위원회 편저
히라키 다카노리 감수

いく。例일이 다 되어 ~. 仕事ごとがほとんど出来ていく；もうすぐ出来上がる。/꽃이 붉어 ~. 花が赤くなっていく。

가는[가던] 날이 장날 속담「偶然に意外なことに出会おう」の意：〔日〕犬も歩けば棒に当たる。◆일본에서는 '개도 쏘다니면 몽둥이 맞는다'고 한다.

가는 말이 고와야 오는 말이 곱다 속담 相手の言葉が優しければこちらも優しい言葉を返す：〔日〕売り言葉に買い言葉。

가다가 부 たまに｜時々｜時折｜時たま。예~ 좀 아픕니다. 時々ちょっと痛いです。/~ 농담을 하여 웃깁니다. 時折冗談を飛ばして笑わせます。

가다귀 명 細い枝の薪｜爪木。예~를 하러 가다. 薪を取りに行く。

가다듬다 타 ① (気を)引き締める｜取り直す｜(心を)落ち着ける｜整える。예설레는 마음을 가다듬고 나가다. そわそわする気持ちを落ち着けてから出かける。②(身なりを)きちんとする｜整える。예옷차림을 ~. 身なりを整える。③(声の調子を)整える。예목소리를 가다듬고서 노래를 부르기 시작했다. 声を整えてから歌を歌い始めた。

가닥 명 ① 筋｜糸筋。예새끼를 여러 ~ 합쳐서 꼬아 밧줄을 만들었다. 縄を何本もより合わせて綱を作った。②(光線・水の流れの)筋。③(気の)筋。예두 ~의 물줄기 二筋の水の流れ/세 ~의 새끼 三筋の縄/두 ~으로 갈라서 땋은 머리 二かつに分けて編んだ髪。

가닥-가닥¹ 부 筋ごとに｜幾筋にも｜幾本にも｜多岐に。예본선에서 ~ 갈라진 선로 本線から幾本にも分かれた線路。=가닥가닥이

가닥가닥-이 부 筋ごとに｜一筋一筋に。=가닥가닥¹

가닥-가닥² 명 부 ごわごわ｜かさかさ｜からから｜ぱりぱり。예가뭄으로 논바닥이 ~ 말라붙었다. 日照りで田の地面がからからにすっかり干上がった。

가닥가닥-하다 형 ごわごわする｜かさかさする。예여름철에는 가닥가닥한 모시

옷이 좋다. 夏期にはごわごわした苧麻の服がいい。

가담(加擔) 명 加担。

가담-하다 자 加担する｜力添えする｜くみする。예시위에 ~. 示威に加担する。/어느 쪽에도 가담하지 못하겠다. どちらにも加担できない。

가담-범(加擔犯) 명 加担犯｜共犯。

가담-자(加擔者) 명 加担者。

가당찮다(可當一) 全く妥当でない｜不当だ｜法外だ｜とんでもない。예가당찮은 변명을 한다. とんでもない言い訳をしている。/그 요구는 ~. その要求はとんでもない。

가당찮-이 不当に｜滅茶に｜法外に。예~ 오른 물가 法外に上がった物価。

가당-하다(可當一) 大体筋道が通る｜似つかわしい｜適切だ｜妥当だ。예가당한 값이다. 妥当な値段だ。

가당-히 부 妥当に｜似つかわしく｜相応しく。예그의 뜻을 ~ 여기고 가담하였다. 彼の意向を妥当に思って加担した。

가대(家垈) 명 ①家の敷地。예~가 넓다. 敷地が広い。②家の敷地とそれに付属している田畑および山林の総称。예~를 팔고 이민 갔다. 敷地を売って移民した。

가대-질 명 鬼ごっこ。

가댁질-하다 자 鬼ごっこする。

가도(街道) 명 ①大通り。② 街道。③街道。예출세 ~ 出世街道。

가동¹**(可動)** 명 可動。예~ 댐 可動ダム。

가동(稼働) 명 稼働。

가동-하다 자타 稼働する。예기계를 하루 종일 ~. 機械を一日中稼働する。

가동-가동 부 (高い高いをするとき)幼児が足をばたばたさせるさま。

가동가동-하다 자타 ☞가동거리다 예아이를 안아 올리자 아이가 발을 가동가동하였다. 子供さんを抱きあげると子供は足をばたばたさせた。

가동-거리다 자타 (高い高いをするとき)足をばたばたさせる。예발을 ~. 足を

ばたばたさせる。=가동가동하다·가동대다

가동-교(可動橋)[명] 《건》可動橋。

가동-대다[자][타] ☞가동거리다

가동-률(稼動率)[명] 稼働率。

가동-성(可動性)[명] 可動性。

가동이-치다[자][타] 【가동거리다】(高い高いをするとき)幼児がばたばたさせる。[예] 어린 아이가 다리를 가동이치며 웃고 있다. 幼児が勢いよく足を曲げたり伸ばしたりしながら笑っている。

가동-질[명] (高い高いをするとき)幼児がしきりに足を縮めたり伸ばしたりするしぐさ。

가동질-하다[자][타] 幼児がしきりに足を縮めたり伸ばしたりする。

가두(街頭)[명] 【도시의 길거리】街頭。[예] ~ 검문 街頭検問/ ~ 모금액 街頭募金額。

가두-녹음(街頭錄音)[명] 街頭録音。

가두다[타] ❶閉じ込める ¦ 囲う ¦ 監禁する。[예] 죄인을 감옥에 ~. 罪人を牢屋に閉じ込める。/ 돼지를 우리에 ~. 豚を小屋に囲う。❷溜める。[예] 논에 물을 ~. 田に水を溜める。

가-두리[명] 【물건 가에 둘린 언저리】(器·服·布地·帽子などの)へり ¦ 縁 ¦ 縁飾り。[예] 커튼에 댄 ~가 곱다. カーテンにつけたへりが綺麗だ。

가두-시위(街頭示威)[명] 街頭デモ。[예] ~를 하다. 街頭デモをする。

가두-연설(街頭演說)[명] 街頭演説。

가둥-가둥[부] 【몸집이 작은 사람이 엉덩이를 자꾸 흔드는 모양】しきりに尻をふるさま。

가둥-거리다[자] 尻を揺する。=가둥대다

가둥-대다[자] ☞가둥거리다

가드(guard)[명] 《운》ガード。

가드락-가드락[부] 【거만스럽게 잘난 체하는 모양】やや傲慢にいい気になって尊大に振る舞うさま。[예] 그가 ~ 나타났다. 彼がいい気になって現れた。[준]가들가들

가득[부] 一杯に ¦ ぎっしりと ¦ なみなみと。[예] 바구니에 ~ 담은 사과 かごに一杯入れたリンゴ/ 광장에는 사람들이 ~ 찼다. 広場には人々がぎっしりだった。

가득-하다[형] 一杯だ ¦ 満ちている ¦ 漲っている。[예] 살기가 가득한 눈 殺気が漲っている目/ 방 안은 손님들로 ~. 部屋の中はお客さんで一杯だ。/ 그 이야기는 유머로 가득하였다. その話はユーモアで一杯だった。/ 마당에 달빛이 ~. 月の光が庭に満ちている。

가득-가득[부] ぎっしり ¦ なみなみ ¦ たっぷり。[예] 자루마다 무엇인가 ~ 들어 있다. 袋ごとに何かがぎっしりと入っている。

가득가득-히[부] 満ち満ちて ¦ (それぞれがみな)一杯に ¦ なみなみ。[예] 저수지마다 물이 ~ 차 있다. 貯水池ごとに水がなみなみと満ちている。/ 컵마다 음료수를 ~ 따르다. コップごとに飲み物を一杯につぐ。

가든-그리다[타] 【간편하게 짐 등을 싸다】(荷物を)きれいにまとめる ¦ 取りまとめる。[예] 여행을 떠나기 위해 짐을 ~. 旅行に出るために荷物を取りまとめる。

가든-하다[형] ❶【움직이기 가볍고 간편하다】(物·身なりなどが)軽い ¦ 身軽だ ¦ 軽便だ。[예] 가든한 옷차림으로 외출하다. 身軽な服装で出かける。❷【마음이 가볍고 상쾌하다】身軽だ ¦ 手軽だ。[예] 집안에 우환이 사라지니 마음이 ~. 家庭の心配事がなくなったので気が楽になった。/ 숙제를 끝내고 나니 마음이 ~. 宿題を終えたので気が楽になった。

가든-히[부] 身軽く ¦ 手軽く。

가들-가들[부] ☞'가드락가드락'의 준말.

가들막-가들막[부] 【잘난 체하며 버릇없이 행동하는 모양】偉そうに。

가들막가들막-하다[자] しきりに威張り散らす ¦ しきりに偉ぶる ¦ 偉そうにする。[예] 돈푼이나 벌었다고 가들막가들막한다. ちょっとしたお金を儲けたからと偉そうにする。

가들막-하다[형] 【거의 가득하다】ほとんど一杯である ¦ ほとんど満ちている。[예] 아이의 서랍은 장난감으로 ~. 子供の机の引き出しの中はおもちゃでほぼ一杯だ。/ 아름다운 산천을 보니 고향 생각으로 가슴이 가들막해진다. 美しい山河をみると故郷の思い出で胸がいっぱいになる。

가들막-이[부] ほとんどいっぱいに ¦ ほぼいっぱいに ¦ ほとんど満ちて。[예] 사람들이 마당에 ~ 모여서 윷놀이를 한다. 人々が庭にほとんどいっぱいに集まってユンノリをしている。

가-등기(假登記)[명] 《법》仮登記。

가뜩[부] ❶いっぱい ¦ ぎっしり ¦ なみなみ。[예] 광주리마다 사과를 ~ 담아라. どの籠にもぎっしりリンゴを詰めなさい。❷☞가뜩이나

국어사전에서 '사전(辭典)'의 정의를 찾아보면,

"어떤 범위 안에서 쓰이는 낱말을 모아서 일정한 순서로 배열하여 싣고 그 각각의 발음, 의미, 어원, 용법 따위를 해설한 책. 최근에는 콤팩트디스크 따위와 같이 종이가 아닌 저장 매체에 내용을 담아서 만들기도 한다."라고 되어 있다.

한일사전(韓日辭典)은 위의 사전적 정의 외에 한국어 사용자가 일본어 학습을 할 때 가장 적절한 어휘를 찾을 수 있는 길잡이로서 기능을 더하였다. 여기에서 한글의 구체적인 문법, 용법 등과 같은 국어학적 자세한 풀이는 국어사전의 몫으로 넘기었다. 그래서 한글 발음상의 요소인 장음 기호, 어소, 어근, 선어말 어미, 어미 등은 최소한으로만 다루었다. 그럼으로써 표제어에 대응하는 가장 마땅한 일본어를 제시하는 것을 우선으로 고려하였다.

세계의 언어들은 각각 독특한 언어적 특징을 가지고 있다. 이들 언어는 문화와 지역, 생활, 정치, 환경이 다른 곳에서 발전하고 변화하여 독자적으로 쓰인다. 따라서 어느 한 언어를 다른 언어로 100퍼센트 완벽하게 대응시킨다는 것은 불가능한 일인지도 모른다. 그럼에도 각각의 언어는 끊임없이 소통되기를 원하고 있고, 그 일익을 담당하고 있는 것이 '한일사전'이다.

우리가 사는 세상은 문명이 발전하면서 말 또한 계속 변화한다. 그 발전 주기를 볼 때, 예전 같으면 10년이나 20년에 거쳐 겪을 변화를 요즘은 5년 안팎에 경험할 정도로 변화의 속도가 빠르다. 이에 기존에 출간되어 있는 여러 한일사전에서 다루지 못한 많은 어휘가 현대에는 일상적으로 쓰이고 있다. 본 사전은 현대에 생겨나서 활발히 쓰이고 있는 용어, 일상에 빈번히 등장하는 신조어, 인터넷·컴퓨터 등 새로운 전문 어휘들을 발췌하여 등재하였다.

그리하여 21세기를 살아가는 학습자들이 이 사전을 활용하여 빠르게 변하는 시류에 어울리는 표현을 구사하는 데 도움이 되었으면 하는 바람이다.

끝으로 이 사전이 출간되기까지 기본안을 구성해 주신 송순 선생님, 강의가 바쁜 중에도 기꺼이 감수를 해 주신 히라키 다카노리 선생님, 편집에 참여하신 여러분께 감사드린다.

2009년 7월
사전편찬위원회

기본 지침

- 기본 표기법은 표준국어사전을 기준으로 하였다.
- 국어사전적 요소인 자모, 문법적 구성 요소 등은 표제어로 싣지 않았다.
- 현대어를 중심으로 수록하였다.
- 컴퓨터 및 인터넷 용어 등 최신 신어를 수록하였다.
- 한글 표제어의 뜻을 쉽게 알 수 있도록 한글 풀이를 병행하였다.
- 일상생활 용어를 한눈에 익힐 수 있는 다량의 도해사전을 실었다.

표제어 부분

■ 표제어의 배열 순서

① 현대어 → 옛말

② 어휘 형태(명사, 동사, 형용사, 보조용언, 관형사, 부사, 감탄, 어근) → 문법 형태(조사, 어미, 접사)

③ 고유어 → 한자어 → 외래어

④ 품사

⑥ 일반어 → 전문어

■ 동음 표제어의 구분

한글 표기가 같은 표제어에는 관련어와 관계지어 풀이하기 위해 어깨번호를 붙여 구분하였다.

예시

교외¹(郊外)명	**난**¹(亂)명
교외²(校外)명	**난**²(欄)명
매¹명	**난**³(蘭)명
매²명	**난**-⁴(難)접
매³부	**-난**⁵(難)접

■ 어원 표기

- 표제어에 이어 어원을 나타내었다.

- 한자와 영어 표기 이외의 외래어에 대해서는 약호를 써서 어원을 밝혔다.

  예시

  나이프(knife)몡 나트륨(Natrium 독)몡
  다스(ダース 일)의 다이아몬드(diamond)몡
  알레르기-성(Allergie性)몡 에티켓(étiquette 프)몡

■ 품사

- 명사, 동사, 보조동사, 보조형용사, 관형사, 부사, 감탄사, 접사를 표시하였다.(품사 약호 11면 참조)
- 띄어 쓰기 원칙의 복합어 표제어에는 품사를 표시하지 않았다.

  예시

  -가⁵(家)접 -ㄴ들어미
  난감-하다(難堪—)형 노래-하다자타
  종합(綜合)몡 단체 교섭(團體交涉)

부표제어 부분

■ 부표제어 구분

- 표제어에 -거리다, -대다, -이, -히, -하다가 붙은 말은 부표제어로 썼다.
- 반복 풀이를 자제하고, 표제어와의 관련성을 참조하도록 하였다.
- 속담과 관용어는 시작 부분 단어의 부표제어로 위치하였다.

  예시

  고양이몡 고추몡
   고양이와 개 관용 고추는 작아도 맵다 속담
  깨끗-하다형 잘랑부
   깨끗-이부 잘랑-거리다자타
  　　　　　　　　　　잘랑-대다자타

■ 동음 부표제어의 구분

동음 표제어와 마찬가지로 어깨번호를 붙여 구분하였다.

예시

자문¹(自問)몡 푸석-푸석¹부
 자문-하다¹ 타 푸석푸석-하다¹ 형
자문²(諮問)몡 푸석-푸석²부
 자문-하다² 타 푸석푸석-하다² 형

뜻풀이 부분

- **전문 용어**

    표제어의 관련 분야를 품사 다음에 약호로 표시하였다.(10면 일람표 참조)

    > **예시**
    >
    > **나침-반**(羅針盤)명 《물》　　　　　**덴마크**(Denmark)명 《국》
    > **말-벌**명 《동》　　　　　　　　　　**사과-나무**(沙果—)명 《식》
    > **사병**¹(士兵)명 《군》　　　　　　　**사염화-탄소**(四鹽化炭素)명 《화》
    > **자아-실현**(自我實現)명 《철》　　　**낭만-주의**(浪漫主義)명 《예》

- **뜻갈래**

    - 같은 어원에 품사가 두 개 이상일 때 Ⅰ Ⅱ Ⅲ … 기호를 써서 구분하였다.
    - 뜻이 여럿일 때는 ❶ ❷ ❸ … 기호를 써서 구분하여 설명하였다.

    > **예시**
    >
    > **사실**²(事實) Ⅰ 명 ……
    > 　　　　　　　Ⅱ 부 ……
    > **다**¹ Ⅰ 부 ❶【모두·부피의 뜻】…… ❷【거짓말의 뜻】…… ❸【가벼운 놀람·물람·미안·탄식의 뜻】…… ❹【먹어치움으로, 끝·전체의 뜻】
    > 　　Ⅱ 명 ……

- **한글 풀이**

    - 한글의 정확한 뜻을 알고 일본어 대역어를 볼 수 있도록, 한글 풀이를 병행하였다.

    > **예시**
    >
    > **매가**¹(買價)명 【사는값】買価ばいか ¦ 買値かいね。
    > **매가**²(賣價)명 【파는값】売価ばいか ¦ 売値うりね。

    - 문법 사항, 용법, 같은 뜻의 다른 말, 뜻풀이 등 다양한 내용을 나타내었다.

    > **예시**
    >
    > **간담**¹(肝膽)명 ❶【간장과쓸개】…… ❷【속마음】……
    > **맛-보다**타 ❶【먹어보다】…… ❷【경험하여더-널다】…… ❸【혼을내주다】……
    > **망정**의【괜찮아서의 뜻으로】……
    > **사납다**형 ❶【험하다】…… ❷【억세다】…… ❸【험·내가 같지않다】…… ❹【성질·사나질늘다】……

- **대역어**

    - 표제어에 해당하는 일본어 대역어를 제시하였다.
    - 대역어가 두 개 이상일 때는 기호(¦)를 써서 구분하였다.

> **예시**
>
> **취직**(就職)명 就職しゅうしょく。 **층계**(層階)명 階段かいだん。
> **하늘**명 空そら｜天空てんくう｜天てん。 **허리-띠**명 帯おび｜腰帯こしおび｜ベルト。

- 뜻을 쉽게 이해하게 할 목적 또는 일치하는 대역어가 없을 때는 일본어 뜻풀이로 대신하기도 하였다.
- 적절한 대역어를 제시하기 애매할 때는 바로 예문으로 쓰임을 나타내기도 하였다.

> **예시**
>
> **시-**⁷(媤)접【친명이 붙은 나타내】예 시어머니 姑しゅうとめ/ 시누이 小姑こしゅうとめ。
> **-잡이**접 ❶【잡는 것이나 일】예 고기잡이 漁労ぎょろう/ 오징어잡이 いか取とり。 ❷【잡히를 나타】예 총잡이 ガンマン。

■ **표제어의 자세한 뜻풀이가 있는 곳으로 가보라는 표기**

- 동의어 표제어가 있을 때, 찾아가 자세한 풀이를 보도록 하였다.
- 잘못된 말일 때, 올바른 표제어로 찾아가 보도록 하였다.
- 준말 표제어로 본말에 풀이가 있을 때, 찾아가 보도록 하였다.
- 다른 표제어의 부표제어로 들어가 있을 때, 찾아가 보도록 하였다.

> **예시**
>
> **종횡**(縱橫)명 ☞가로세로 **남실-대다**자 ☞남실거리다
> **-나기** ☞'-내기'의 잘못. **남비**명 ☞'냄비'의 잘못.
> **나뉘다**자 ☞'나누이다'의 준말. **맘-속**부 ☞'마음속'의 준말.
> **못-하다** ☞'못¹'의 부표제어. **잘-하다**타 ☞'잘'의 부표제어.

■ **우리말 표제어**

우리말 표제어는 복잡한 일본어 설명을 생략하고, 가타카나 표기를 나타내었다.

> **예시**
>
> **갈비-탕**(-湯)명【소갈비를 끓인 국 요리 하나】カルビタン。 **온돌**(溫突)명【한국의】オンドル。
> **노리-개**명 ❶【한복 한복 입을때 사용하는 장식구】ノリゲ。 **저고리**명【한복의】チョゴリ。

■ **예문**

일본어 대역어 다음에 실제 예문을 제시하였다.

예시

자기¹(自己)몡 自己じこ ¦ 自分じぶん。 ⑩ ~ 과시 自分顕示じぶんけんじ／~ 모순 自己矛盾じこむじゅん。
매력(魅力)몡 魅力みりょく。 ⑩ ~이 있다. 魅力がある。／~을 느끼다. 魅力を感かんじる。
맨-발몡 素足すあし ¦ 裸足はだし。 ⑩ ~로 달리다. 裸足で走はしる。／~로 걷다. 裸足で歩あるく。
침묵(沈默)몡 沈黙ちんもく。 ⑩ ~을 지키다. 沈黙を守まもる。／~이 흐르다. 沈黙が流ながれる。

■ 속담과 관용어의 풀이

- 속담과 관용어의 풀이는 우리말 직역 → 속뜻 → 일본 속담 순으로 하였다.
- 비슷한 의미로 일본에서 쓰는 속담, 관용어에는 〔日〕을 써서 나타내었다.
- 종종 우리말 직역이 억지스러울 때는 속뜻으로만 설명하기도 하였다.

예시

가시-나무몡
　가시나무에 가시가 난다 속담 いばらにとげが生はえる。〔日〕うりの蔓つるに茄子なすはならぬ。=콩 심은 데 콩 나고 팥 심은 데 팥 난다 ◆일본에서는 '오이 덩굴에 가지 날까'라고 한다

호박몡
　호박이 넝쿨째로 굴러떨어졌다 속담 カボチャが蔓つるごとに転ころがり込こむ。「思おもいがけない幸運こううんに巡めぐり合あうこと」の意い。〔日〕棚たなから牡丹餅ぼたもち。 ◆일본에서는 '선반에서 떨어진 떡'이라고 한다.

■ 속된 말, 낮춤말, 은어의 풀이

일치하는 일본어 대역어가 없는 경우는 풀이로 대신하였다.

예시

골-머리몡【머릿골을 속되게】「頭あたま」の俗ぞくっぽい語ご。
곰²몡 ❶(동)熊くま。 ❷ …… ❸【형사반장의 은어】「刑事けいじ」の隠かくし言葉ことば ¦ でか。
계집몡 ❶【여자의 낮춤말】「女おんな」の俗ぞくっぽい語ご ¦ おなご。
자식-새끼(子息—)몡【자기의 아들딸을 속되게】「自分じぶんの息子むすこと娘むすめ」の俗ぞくっぽい語ご。

■ 동의어, 반의어, 준말, 참고 어휘

풀이 끝에 동의어, 반의어, 준말, 참고 단어를 표기하였다.

예시

조카-딸몡 …… =질녀　　　　　　**종달-새**몡 …… =종다리
좌수(左手)몡 …… =왼손 ↔ 우수(右手)　**난**²(欄)몡 …… 할란

■ 참고 설명

풀이 끝에 ◆ 기호를 써서 참고 사항을 나타내었다.

예시

간통-죄(姦通罪)**명** 《법》姦通罪かんつう。 ◈ 일본은 1947년에 폐지됨.
간호-사(看護師)**명** 看護婦かんご。 ◈ 우리말에서 '간호부'는 전 용어이다.
자라-목명【보통 사람보다 짧고 얇은 목을 비유하여】猪首いのくび。 **예** 너는 ~이라 폴라 스웨터가 어울리지 않아. 君きみは首くびが短みじかいから、ポーラネックのセーターは似合にあわないよ。 ◈ 우리 나라에서는 '자라목'이라고 하지만 일본어에서는「猪首」(돼지 목)라고 한다.

도해사전

자음순의 표제어에 이어 부록으로, 사물·상황 등 그림으로 익히는 일상 용어를 수록하였다.

목차

한국 지도	가전
일본 지도	동물
세계 지도_아프리카	새
세계 지도_아메리카	해산물
세계 지도_아시아 동부	생선
세계 지도_아시아 서부	과일
세계 지도_유럽	채소
세계 지도_오세아니아	꽃
세계 지도_러시아/중앙 아시아	십이지
거실	탈것
부엌	신발
방	액세서리
욕실	머리 스타일
사무실	화장품
놀이터	옷
교실	속옷
병원	동작
컴퓨터	표정
자동차	취미
결혼식	직업
한복	한국 음식
인체	일본 음식
신체 기관	일기예보
축구장	도형
야구장	무늬
별자리	올림픽
악기	교통 표지

전문 용어

(건) 건설	(약) 약학
(경) 경제	(언) 언어·언어학
(고) 고고학	(역) 역사
(공) 공업	(연) 연영
(광) 광업	(예) 예술
(교) 교육	(운) 운동·오락
(국) 국명	(음) 음악
(군) 군사	(의) 의학
(기) 기계	(인) 인명
(논) 논리	(전) 전기
(농) 농업	(정) 정치
(동) 동물	(종) 종교
(문) 문학	(지) 지역명·지명
(물) 물리	(천) 천문
(미) 미술	(철) 철학
(민) 민속	(출) 출판·인쇄
(법) 법률	(통) 통신
(사) 사회	(컴) 컴퓨터
(생) 생물	(한) 한의학
(수) 수학	(항) 항공
(식) 식물	(해) 해양
(심) 심리	(화) 화학

언어 약어

그 그리스 어	네 네덜란드 어

노 노르웨이 어	인 인도네시아 어
독 독일어	일 일본어
라 라틴어	조 조어
러 러시아 어	중 중국어
루 루마니아 어	체 체코 어
말 말레이 어	타 타이 어
몽 몽골어	터 터키 어
베 베트남 어	페 페르시아 어
불 불가리아 어	포 포르투갈 어
산 산스크리트 어	폴 폴란드 어
세 세르보·크로아트 어	프 프랑스 어
스 스웨덴 어	헝 헝가리 어
아 아랍어	히 히브리 어
에 에스파냐 어	힌 힌디 어
이 이탈리아 어	

품사 및 약호

명 명사	감 감탄사
의 의존명사	어미 어미
대 대명사	접 접사
수 수사	속담 속담
자 자동사	관용 관용
타 타동사	예 예문
자타 자동사·타동사	준 준말
보동 보조 동사	참 참고
보형 보조 형용사	= 동의어
형 형용사	↔ 반의어
관 관형사	☞ 자세한 풀이가 있는 표제어
부 부사	¦ 뜻풀이와 대역어의 구분
조 조사	¦ 대역어의 구분

育家$_{きょういく}$ / 전문가 專門家$_{せんもん}$ / 음악가 音楽家$_{おんがく}$ / 사업가 事業家$_{じぎょう}$.

가⁶(假)접【가짜·임시의 뜻을 나타냄】仮$_{か}$ー. 臨時$_{りんじ}$ー. 예 가건물 臨時$_{りんじ}$の建物$_{たてもの}$ / 가처분 仮処分$_{かしょぶん}$ / 가면허 仮免許$_{かりめんきょ}$.

-가⁷(歌)접【노래】—歌$_{か}$·$_{うた}$. 예 교가 校歌$_{こうか}$ / 사가 社歌$_{しゃか}$ / 애국가 愛国歌$_{あいこくか}$.

가가호호(家家戸戸)부 家毎$_{いえごと}$. 家々$_{いえいえ}$. 一軒一軒$_{いっけんいっけん}$. 예 ~ 호구 조사를 하다. 家々に戸口調査$_{ここうちょうさ}$をする。 / ~ 광고지를 돌리다. 家毎に散$_{ち}$らしを配$_{くば}$る。

가감(加減)명 加減$_{かげん}$.
  가감-하다타 加減する。

가감-법(加減法)명《수》加減法$_{かげんほう}$. 예 ~으로 방정식의 해를 구했다. 加減法で方程式$_{ほうていしき}$の答$_{こた}$えを求$_{もと}$めた。

가감승제(加減乘除)명《수》加減乘除$_{かげんじょうじょ}$.

가건물(假建物)명 仮建物$_{かりたてもの}$. 臨時$_{りんじ}$の建物$_{たてもの}$.

가게명 店$_{みせ}$. 商店$_{しょうてん}$. 店舗$_{てんぽ}$. 예 단골 ~ 行$_{ゆ}$きつけの店$_{みせ}$. 買$_{か}$いつけの店$_{みせ}$ / 야채 ~ 八百屋$_{やおや}$ / 생선 ~ 魚屋$_{さかなや}$ / ~를 차리다. 店を構$_{かま}$える。 / ~를 열다. 店を開$_{ひら}$く。 / ~를 닫다. 店を閉$_{し}$める。

가게-채명【가게로 쓰는】店用$_{みせよう}$の建物$_{たてもの}$. 예 사랑채를 ~로 개조한 집 居間$_{いま}$を店舗$_{てんぽ}$に改造$_{かいぞう}$した家$_{いえ}$.

가겟-집명 商家$_{しょうか}$. 店$_{みせ}$を出$_{だ}$して商売$_{しょうばい}$をしている家$_{いえ}$.

가격¹(加擊)명【때리거나 침】殴$_{なぐ}$ること。
  가격-하다타 (주먹·棒 などで) 殴$_{なぐ}$る。

가격²(價格)명 価格$_{かかく}$. 値段$_{ねだん}$. 値$_{ね}$. 예 고시 ~ 告示$_{こくじ}$価格$_{かかく}$ / ~ 자유화 価格の自由化$_{じゆうか}$ / ~ 인상 値上$_{ねあ}$げ / ~ 인하 値下$_{ねさ}$げ。

가격 지수(價格指數)《경》価格指数$_{かかくしすう}$.

가격-표(價格表)명 価格表$_{かかくひょう}$.

가결(可決)명 可決$_{かけつ}$. 예 예산안의 ~을 선포하다. 予算案$_{よさんあん}$の可決を宣布$_{せんぷ}$する。
 ↔부결(否決)
  가결-하다타 可決する。 예 그 안건을 만장일치로 ~. その案件$_{あんけん}$を満場一致$_{まんじょういっち}$で可決する。 / 그 결의안은 4대 3으로 가결되었다. その決議案$_{けつぎあん}$は四$_{よん}$たい三$_{さん}$で可決された。

가결-안(可決案)명 可決案$_{かけつあん}$.

가계¹(家系)명 家系$_{かけい}$. 家柄$_{いえがら}$. (家$_{いえ}$の)血筋$_{ちすじ}$. 家筋$_{いえすじ}$.

가계²(家計)명 家計$_{かけい}$. 生計$_{せいけい}$. 一家$_{いっか}$の暮$_{く}$らし向$_{む}$き. 예 혼자서 ~를 꾸려 나가

가¹명 ❶【받침의 끝】端$_{はし}$. 先端$_{せんたん}$. 예 나뭇가지 ~에 고추잠자리가 앉아 있다. 木$_{き}$の枝$_{えだ}$の端$_{はし}$に赤$_{あか}$とんぼが止$_{と}$まっている。 ❷【둘레·가장자리·언저리】縁$_{ふち}$. 回$_{まわ}$り. 예 병 ~에 흘리지 않도록 조심해라. 瓶$_{びん}$の縁$_{ふち}$に零$_{こぼ}$れないように用心$_{ようじん}$しなさい。 ❸【가까운 곳】—すぐ側$_{そば}$. —の近$_{ちか}$く. 辺$_{ほとり}$. 辺$_{へん}$. 際$_{きわ}$. 回$_{まわ}$り. 端$_{はた}$. 예 우물~ 井戸$_{いど}$の辺$_{ほとり}$. 井戸端$_{いどばた}$/ 바닷~ 海辺$_{うみべ}$ / 강~ 川端$_{かわばた}$ / 길~ 道端$_{みちばた}$ / 난롯~에 앉아 차를 마셨다。ストーブの回$_{まわ}$りにすわってお茶$_{ちゃ}$を飲$_{の}$んだ。

가²(可)명 ❶【가함】可$_{か}$. 예 어린이도 입장 ~ 子供$_{こども}$も入場$_{にゅうじょう}$可$_{か}$/ 주차 ~ 駐車$_{ちゅうしゃ}$可$_{か}$。
 ↔불가(不可) ❷【찬성 주장】賛成$_{さんせい}$の表示$_{ひょうじ}$. 可$_{か}$. ❸【수우미양가 중의 끝】可$_{か}$.

가-하다¹형【옳다】正$_{ただ}$しい。よろしい。 예 이 안은 ~는 사람이 많아 다수결로 가결되었다。この案$_{あん}$はよろしいと言$_{い}$う人$_{ひと}$が多$_{おお}$くて可決$_{かけつ}$された。 / 이 의안은 ~고 생각한다. この議案$_{ぎあん}$はよろしいと考$_{かんが}$える。 / 할부도 ~. 分割払$_{ぶんかつばら}$いもよろしい。

가³조 ❶【주격】—が —は. 예 내가 좋아하는 과일은 사과이다. 私$_{わたし}$が好$_{す}$きな果物$_{くだもの}$はりんごだ。 / 어제는 비가 매우 많이 왔다. 昨日$_{きのう}$は雨$_{あめ}$がたくさん降$_{ふ}$った。 / 여기가 어디입니까. ここはどこですか。 ❷【—이·아니】—と(なる) —に(なる) —で는(ない) —(ない). 예 병아리가 커서 닭이 되었다. 雛$_{ひな}$が大$_{おお}$きくなって鶏$_{にわとり}$になった。 / 빵을 먹은 사람은 내가 아니다. パンを食$_{た}$べたのは私$_{わたし}$ではない。 ❸【드러냄】—가. 예 우리 농촌에 남아 있는 사람은 거의 가 노인이다. 我々$_{われわれ}$の農村$_{のうそん}$に残$_{のこ}$っている人$_{ひと}$はほとんどが老人$_{ろうじん}$だ。 참이⁶

-가⁴(哥)접【김가 지칭하는】—氏$_{し}$. 예 그는 김가입니까, 박가입니까? 彼$_{かれ}$は金氏$_{キムし}$ですか、朴氏$_{パクし}$ですか。

-가⁵(家)접【그것을 직업이나 전문으로 하는 사람의 뜻】—家$_{か}$. 예 교육가 教

다. 一人などで家の暮らし向きを切り盛りする。

가계-도(家系圖)[명] 家系図。 예 분가한 일族의 ~ 分家した一族の家系図。

가계-부(家計簿)[명] 家計簿。 예 ~를 적다. 家計簿をつける。

가곡(歌曲)[음] 歌曲。

가공¹(加工)[명] 加工。 예 식료품 ~ 食品の加工/기계 ~ 機械加工。
　가공-하다[타] 加工する。 예 원재료를 ~. 原材料を加工する。

가공²(架空)[명] 架空。 ❶【架設】空中にかけわたすこと。 예 ~ 전선 架空電線。 ❷【空想的】想像力によって作ること。 예 ~의 동물 架空の動物。
　가공-하다[타] 架空だ。

가공-식품(加工食品) 加工食品。

가공-인물(架空人物) 架空の人物。

가관(可觀) ❶【볼만함】見るに値すること。 | 見物。 예 단풍철의 경치는 ~이다. 紅葉の景色は一見に値する。 ❷【꼴불견】ぜん 제하는 꼴이 참 ~다. 己惚れようが本当に見物だ。/그의 거드름 피우는 꼴이라니 ~이었다. 彼の気取りようといったらそれは見物だった。

가교(假橋)[명]【】仮橋。 예 ~를 놓다. 仮橋を架ける。

가구¹(家口)[명] ❶【가족】身内の家族。 ❷【世帶】世帶。 | 所帯。 | ~ 수 世帯数。 ❸【世帶】世帯。 | 所帯。 예 이 주택에는 세 ~가 살고 있다. この住宅には三世帯が住んでいる。/이웃집에는 두 ~가 산다. 隣の家には二所帯が住んでいる。◆일본어에서「世帶」는 인구 조사 등의 통계 자료나 공적인 경우에 사용하며, 일상생활에서 쓰는 '세대'의 의미로는「所帯」를 쓴다.

가구²(家具)[명] 家具。 예 오피스 ~ オフィス家具。

가구-점(家具店)[명] 家具店。

가구-주(家口主)[명] 世帯主。

가극(歌劇)[음] 歌劇。 | オペラ。=오페라

가근(假根)[명] ☞ 헛뿌리

가금(家禽)[명] 家禽。

가급(加給)[명] 加給。 | 増給。 예 ~ 임금 加給賃金。
　가급-하다[타] 加給する。 예 능률급을 더해 ~. 能率給を加えて加給する。

가급-률(加給率)[명] 加給率。

가급-적(可及的)[명][부] 可及的。 | できるだけ | できる限り。 | なるべく。 예 ~ 빨리 돌아와라. できるだけ早めに帰ってくれ。/~이면 비행기로 가는 편이 좋다. できれば飛行機で行く方がいい。

가긍-하다(可矜—)[형]【】不憫だ。 | 不敏だ。 | 哀れだ。 예 부모를 한꺼번에 잃은 아이의 상황은 실로 ~. 父母を一度になくした子供の様子は実らに不憫だ。◆'가련(可憐)하다'보다 예스러운 말씨이며 문장어이다.
　가긍-히[부] 不憫に。 | 不憫に。 | 哀れに。 예 그 아이의 딱한 사정을 ~ 여겼다. その子の気の毒な事情を哀れに思った。

가까스로[부] ❶【겨우】辛うじて | やっと | ようやく | 何とか。 예 ~ 합격하였다. 辛うじて合格した。/치밀어 오르는 분노를 ~ 참았다. 込み上げる怒りをやっと堪えた。/~ 목숨만 건졌다. ようやく命だけは助かった。/~ 일자리를 구했다. 何とか勤め口を探した。 ❷【겨우】やっと | 辛うじて | ぎりぎりで。 예 막차 시간에 ~ 대었다. 終車の時間にぎりぎりで間に合った。/사람이 많아 ~ 들어가 앉았다. 人がいっぱいでどうにか入って座った。

가까이[부] 近く | 親しく。 예 ~ 지내는 친구 親しく付き合う友達/백 년 ~ 계속하고 있는 국숫집입니다. 百年近く続いている蕎麦屋です。/귀 ~ 대다. 耳の近くに当てる。/여학생의 비율은 50퍼센트 ~ 된다. 女の生徒の比率は全体の50パーセント近くになる。
　가까이-하다[타] 近くになる。 예 거짓말쟁이와 가까이하지 마라. うそつきとは親しくするな。/책을 항상 ~. 本を常に近くに置く。

가깝다[형] 近い。 ❶【距離·時間】遠くない | 時間の隔たりが少ない。 예 우리 집은 학교에서 ~. 私たちの家は学校から近い。/서울과 인천은 ~. ソウルとインチョンは近い。/가까운 시일 내에 만나자. 近いうちに会おうね。/10시에 가까우니 그만 자거라. もうすぐ十時だからもう寝なさい。 ❷【사이】親しい。 예 우리는 가까운 친척이다. 我々は近い親戚だ。/그들은 가깝게 교제해 온 사이다. 彼らは親しく付き合ってきた仲だ。

❸【수량·정도 등이】ほとんど同じだ¦よく似ている。[예] 침팬지는 인간에 ~. チンパンジーは人間に近い。/ 모인 청중은 천 명에 가까웠다. 集まった聴衆は千人に近かった。

가까운 남이 먼 일가보다 낫다[속담] 遠くの親類より近くの他人。

가꾸다[타] ❶【식물·정원 등을】育てる¦手入れをする¦栽培する。[예] 마당에 꽃을 ~. 庭に花を栽培する。/ 정원을 ~. 庭を手入れする。❷【외모 등을】整える¦飾る¦装う。[예] 얼굴을 잘 ~. 顔をよく整える。/ 몸을 맵시 있게 ~. 身なりを整える。❸【보살피고 이어 가다】育てる¦手入れをする。[예] 고유의 문화를 잘 가꾸어 온 민족이다. 固有の文化をよく育ててきた民族だ。

가꾸러-뜨리다[타] ❶【서 있는 것을】(逆さまに)倒す¦ひっくり返す¦転ばす。[예] 씨름에서 다리걸이로 상대를 ~. シルムで足掛けで相手を転ばす。/ 나무를 베어 ~. 木を切り倒す。❷【세력 등을】転覆させる¦滅ぼす¦打ち倒す。[예] 마침내 강적을 가꾸러뜨렸다. ついに強敵を打ち倒した。=가꾸러트리다

가꾸러-지다[자] ❶【서 있는 것이】倒れる¦ばったり倒れる¦引っくり返る¦のめる。[예] 돌에 채어 물속으로 가꾸러졌다. 石につまずいて水の中に引っくり返った。❷【세력 등이】打ち倒される¦滅びる。[예] 나라가 ~. 国が滅びる。

가꾸러-트리다[타] ☞가꾸러뜨리다

가꾸로[부] (順序·方向·状況などが)逆に¦逆さまに¦反対に¦裏返しに¦後ろ前に。[예] 원숭이가 나뭇가지에 ~ 매달리다. 猿が木の枝に逆さまにぶら下がる。/ 엉겁결에 옷을 ~ 입고 나왔다. とっさに服を後ろ前に着て出た。/ ~ 하니 새 옷 같이 되었다. 裏返したら新しい服のようになった。/ 1에서 100까지 ~ 세어 보다. 一から百まで逆に数えて見る。

가끔[부] 時たま¦たまに¦時々¦時折。[예] ~ 들르는 사람 時折立ち寄る人 / ~ 싸움도 한다. 時には喧嘩もある。/ 경숙이는 ~ 편지를 보내오기도 한다. キョンスギはたまに手紙をよこすこともある。

가끔-가끔[부] 時折¦時々¦たびたび。

가나(Ghana)[명] 《국》ガーナ。

가난[명] 貧乏¦貧しいこと¦貧困。[예] ~에 쪼들리다. 貧乏に苦しむ；窮する。/ ~에서 벗어나다. 貧乏から抜け出す。

가난-하다[형] 貧しい¦乏しい¦窮する。[예] 가난한 시골 생활 貧しい田舎の生活 / 가난해지다. 貧しくなる。/ 가난한 집에서 태어나 자랐다. 貧しい家に生まれ育った。

가난-뱅이[명]【가난한 사람을 낮잡아】貧乏人。[예] 하루 종일 일을 해도 ~ 생활을 면하기 어렵다. 終日働いても貧乏人の暮らしを抜け出るのは難しい。

가난-살이[명] 貧乏暮らし。

가내(家内)[명] 家内¦家族¦一家¦親族。[예] ~가 평안하신지요? ご家族お変わりございませんか。

가내 공업(家内工業) 《공》家内工業。[예] ~ 형태의 소규모 공업 家内工業形態の小規模工業。

가냘프다[형] ❶【몸·팔·다리 등이】細く弱々しい¦か細い¦か弱い¦きゃしゃだ。[예] 가냘픈 허리 か細い腰 / 가냘픈 목선 か細い首筋 / 가냘픈 몸매 きゃしゃな体つき / 가냘픈 손목 か細い手首。❷【소리가】か細い。[예] 가냘픈 목소리 か細い声。

가녀리다[형] ❶【몸·팔·다리 등이】か細くか弱い¦か細く弱々しい。[예] 가녀린 코스모스 꽃 か細く弱々しいコスモスの花 / 아기의 팔다리가 ~. 赤ん坊の手足がか細くか弱い。❷【소리가】か細く弱い。[예] 기어드는 듯한 가녀린 목소리 消え入りそうなか細く弱い声。

가년-스럽다[형]【보기에 궁해 보이는 데가 있다】みすぼらしい¦貧しそうだ¦貧乏たらしい¦貧乏くさい。[예] 가년스러운 모습 みすぼらしい姿 / 가년스러운 얼굴 貧乏くさい顔。

가누다[타] ❶【몸을】(体を)支える¦持ちこたえる¦保つ。[예] 술에 취하여 몸을 가누지 못하고 걷다. 酒に酔って体を支えられずに歩く。❷【정신·숨결 등을】整える¦支える¦保つ。[예] 잠시 숨을 가누고 다시 언덕을 오르기 시작했다. しばらく息を整えて続けて坂道を登り始めた。

가느-다랗다[형] とても細い¦か細い。[예] 가느다란 철사 細長い針金 / 가느다란 팔 か細い腕。

가느스름-하다[형] やや細い¦細めである。[예] 가느스름한 반지 やや細い指輪 / 눈을 가느스름하게 뜨고 쳐다본다. 目を細めに開けて見上げる。

가느스름-히 🗐 やや細ほそく｜細ほそめに。 ⓔ~ 눈을 뜨다. 細めに目を開ひらける。

가는귀-먹다 재 耳みみが少すこし遠とおい。 ⓔ그 노인은 가는귀먹어서 작은 소리를 잘 듣지 못한다. あの老人ろうじんは耳が少し遠くて小声こごえが聞きき取とれない。

가는-눈 명 細目ほそめ｜細ほそく開ひらいた目め｜薄目うすめ。 ⓔ~을 뜨고 기억을 더듬다. 細目を開けて記憶きおくを探さぐる。

가늘다 형 ❶【굵기가】細ほそい。 ⓔ가늘고 긴 다리 때문에 고생한 적이 있다. 細ほそくて長ながい足あしが悩なやみの種たねだった時ときもあった。 가는 손가락 指ゆび｜細ほそい指ゆび。 ❷【사이가】狭せまい｜細ほそい。 ⓔ눈을 가늘게 뜨다. 目めを細ほそくあける。／스커트의 주름을 가늘게 접다. スカートのひだを細ほそく折おり畳たたむ。 ❸【소리가】小ちいさい｜低ひくい｜弱々よわよわしい｜か細ぼそい。 ⓔ꺼져 들어가는 듯한 가는 목소리 消きえ入いりそうなか細ぼそい声こえ。 ❹【두께가】細こまかい。 ⓔ마늘을 더 가늘게 썰었다. ニンニクをさらに細こまかく刻きざんだ。 ⓔ어깨를 가늘게 떨면서 흐느끼다. 肩かたをかすかに震ふるわせながらすすり泣なく。

가늠 명 予測よそく｜(方向ほうこうを)見当けんとう｜見積みつもり。

가늠-하다 타 見当けんとうをつける｜見積みつもる｜予測よそくする｜見計みはからう。 ⓔ빌딩 높이를 가늠할 수가 없다. ビルの高たかさの予測ができない。

가늠(을) 보다 관용 見当けんとうをつける｜見積みつもる｜予想よそうする｜見計みはからう。＝가늠을 잡다

가늠(을) 잡다 관용 ☞가늠을 보다

가늠-구멍 명 〈군〉 照門しょうもん｜リアサイト。

가늠-쇠 명 〈군〉【군】(銃砲じゅうほうの)照準具しょうじゅんぐ｜照星しょうせい｜フロントサイト。 ⓔ소총은 ~와 가늠구멍으로 조준한다. 小銃しょうじゅうは照星と照門しょうもんで照準じゅんじゅんする。

가늠-자 명 〈군〉(銃砲じゅうほうの)照尺しょうしゃく。

가능(可能) 명 可能かのうできること。 ⓔ취사 ~ 炊事すいじ可能。 ↔불능

가능-하다 형 可能かのうだ｜出来できる。 ⓔ운전이 ~. 運転うんてんができる。／일본어가 ~. 日本語にほんごができる。／네가 가능하다고 해서 누구나 가능한 것은 아니다. 君きみにできるからといって誰だれにでも可能だとは限かぎらない。 ↔불능하다

가능-성(可能性) 명 可能性かのうせい。 ⓔ성공~이 있다. 成功せいこうの可能性がある；できる見込みこみがある。

가닐-가닐 🗐 ❶【벌레가 움직이는 듯 피부 감각이나 느낌】むずむず。❷【보기에 매우 위태로워 마음이 자린 느낌】はらはら｜冷ひやや冷ひやや。

가닐가닐-하다 재 ❶むずむずする。 ⓔ발가락이 가닐가닐한데, 무좀인가? 足あしの指ゆびがむずむずするけど、水虫みずむしなのか。／콧속이 가닐가닐하면서 재채기가 나왔다. 鼻はなの中なかがむずむずしながらくしゃみが出でた。 ❷はらはらする｜冷ひやや冷ひやする。 ⓔ서커스의 줄타기는 보고 있기만 해도 ~. サーカスの綱渡つなわたりは見みているだけでもはらはらする。

가다 Ⅰ 재타 ❶【장소가】行いく。 ⓔ일본으로 ~. 日本にほんへ行く。／어머니 집에 갔다 왔습니다. 母ははの家いえに行ってきました。／시청까지 걸어서 갔습니다. 市庁しちょうまで歩あるいていきました。／도쿄에 가 본 적이 있습니다. 東京とうきょうに行ったことがあります。 ❷【없어지다】行いく。 ⓔ여기에 있던 돈이 도대체 어디로 간 거지? ここにあったお金かねは一体いったいどこへ行ったんだ。 ❸【시선이】行いく。 ⓔ그 여자에게 자꾸만 눈이 간다. 彼女かのじょに何度なんども視線しせんが行く。 ❹【갈라지다】しわになる｜ひびが入はいる。 ⓔ교통사고로 뼈에 금이 갔다. 交通事故こうつうじこで骨ほねにひびが入った。 ❺【기계가】動うごく。 ⓔ배터리를 갈아 끼웠더니 시계가 잘 간다. 電池でんちを取とり替かえたら時計とけいが動いた。 ❻【죽다】死しぬ｜亡なくなる。 ⓔ한 번 살다 가는 인생 一度いちどきりの人生じんせい／젊은 나이에 ~. 若わかくして逝ゆく。 ❼【시간이】経たつ。 ⓔ시간 가는 줄 모르고 놀다. 時ときのたつのも忘わすれて遊あそぶ。 ❽【알다】理解りかいする｜納得なっとくする。 ⓔ그가 왜 그러는지 도대체 이해가 안 간다. どうしてそうするかまったく理解りかいできない。 ❾【썩다】腐くさる｜痛いたむ。 ⓔ이 찌개는 맛이 갔다. このチゲは味あじが悪わるくなった。 ❿【계속되다】続つづく。 ⓔ한 번 토라지면 오래 간다. 一度いちどすねると長ながい。／그와의 약속은 하루도 못 가서 깨졌다. 彼かれとの約束やくそくは一日いちにちもしないうちに破やぶれた。 ⓫【소식이】届とどく｜着つく。 ⓔ그에게 기별이 간 모양이다. 彼かれに便たよりが届いたようだ。 ⓬【힘이 들다】手てがかかる。 ⓔ손이 많이 가는 작업 大変たいへん手てのかかる作業さぎょう。 ⓭【건강이 안좋다】害がいになる。 ⓔ몸에 무리가 갔는지 몸살이 났다. 体からだに無理むりがたたったのか過労かろうで病気びょうきになった。 ⓮【일생이 끝나다】なる｜行いく。 ⓔ그는 마지막에 가서야 죄를 고백했다. 彼かれは終おわりになって罪つみを告白こくはくした。

Ⅱ 보동【동사 진행형을 나타내기】―していく｜―になって

가뜩-하다 혱 いっぱいだ｜満ちている｜ぎっしりだ。예 광장은 청중으로 가득했다. 広場は聴衆で ぎっしりだった。/ 곳간에는 쌀가마가 ~. 蔵には米袋がいっぱいだ。

가뜩-이나 閉 そうでなくても｜ただでさえ。예 ~ 피곤한데, 야근까지 하라고 한다. そうでなくても疲れているのに残業までしろと言う。/ 어려운 살림에 도둑까지 맞았다. ただでさえ苦しい暮らしなのに泥棒にまで入られた。=가뜩②

가뜬-하다 혱 身軽だ｜手軽だ。예 그 정도는 가뜬하게 할 수 있다. それぐらいなら朝飯前だ。/ 그와 이야기를 나누고 나니 마음이 ~. 彼と話を交わしたので気が楽になった。

가뜬-히 閉 身軽く｜手軽く｜やすやす｜軽々と｜軽々と｜あっさり。예 ~ 들어 올리다. 軽々と持ち上げる。/ ~ 먹어 치우다. 簡単に平らげる。

가라-앉다 재 ❶【물체가 밑으로】沈む｜沈没する｜沈殿する。예 태풍으로 배는 가라앉았다. 台風で船は沈んだ。/ 앙금이 ~. 澱が沈殿する。❷【흥분 따위가】静まる｜治まる。예 진통제를 먹으니 아픔이 가라앉았다. 鎮痛剤を飲んだら痛みが治まった。/ 아직도 분이 가라앉지 않는다. まだ怒りが静まらない。❸【바람·파도가】凪ぐ｜静まる。예 파도가 가라앉지 않으면 출항하지 못한다. 波が静まらなければ出航できない。❹【부기가】引く。예 부기가 가라앉았다. 腫れが引いた。❺【분위기가】静まる｜静かになる。예 분위기가 갑자기 가라앉았다. いきなり雰囲気が静まった。

가라지 명 (동)あるあじ。

가락¹ 명 ❶【장단·멜로디·능률】調子｜能率。❷〖音〗【가략·박자】(音律の)調子｜節｜拍子｜調べ｜リズム。예 가야금의 절묘한 ~ カヤグムの絶妙な調べ／~에 맞춰 노래하다. 拍子に合わせて歌う。/ ~을 맞추다. 調子を合わせる。

　가락(을) 떼다 관용 ❶興をこすような初動作を始める｜音頭をとる。❷楽器を鳴らす。

가락² 명 ❶【물레】錘｜紡錘。❷錘にまかれた糸束。❸【가늘고 길게 뽑은 물건】棒。예 그 엿은 ~이 꽤 굵다. その飴は棒がかなり太い。❹【가늘고 긴 물건을 세는 단위】本。예 엿 두 ~ あ

めん棒 二本。

가락-엿 명 棒飴｜あめん棒。예 ~ 세 가락을 사 먹었다. 棒飴を三本買って食べた。=가래엿

가락지 명 ❶【쌍으로】(二つが一対になる)指輪｜リング。예 ~를 끼다. 指輪を填める。/ ~를 빼다. 指輪を外す。❷【기둥머리 부분이 장식】柱頭などにはめる金属性のたが。

가랑-가랑¹ 閉 ❶【액체가 가득한 모양·눈 따위에 눈물이 괸 모양】なみなみ。예 컵에 맥주를 ~ 따르다. コップにビールをなみなみとつぐ。❷【눈물이 넘칠듯이 가득한 모양】涙が溢れんばかりに溜まるさま。예 옛날 쓰라린 생활을 이야기하면서 눈물이 ~ 맺혔다. 昔の辛い生活を話しながら涙が溢れそうだった。❸汁の実が少なく水っぽいさま。❹ 水を飲み過ぎて腹がだぶだぶするさま。

가랑-가랑² 閉 ❶【숨이 거의 끊어질 가능한 상태에서 가랑가랑 소리를 내는 모양】ぜえぜえ｜ぜいぜい。예 ~ 앓는 소리를 내다. ぜいぜいと苦しい音を出す。❷【가래끓는 결에 숨을 쉴때마다 나는 소리】ぜえぜえ｜ぜいぜい。예 ~ 가래 끓는 소리가 나다. ぜいぜいと痰を切る音がする。

가랑-거리다 재【가래(痰)が】ぜいぜいする。예 내 옆 사람이 자꾸만 가랑거려서 너무나 신경이 쓰인다. 私の横の人がやたらにぜいぜいして気にさわる。=가랑대다

가랑-눈 명 【솜같이 잘게 내리는 눈】粉雪｜こな。

가랑-니 명 【새끼】子じらみ｜生み立てのしらみ。

가랑-대다 재 ⇒가랑거리다

가랑-머리 명 左右二つに分けて結んだお下げ｜お下げ髪。예 예전에는 ~ 소녀가 많았다. 昔はお下げ髪の少女が多かった。

가랑-무 명 二股大根。

가랑-비 명 雨粒などの小さい小雨。예 ~가 뿌리다. 小雨がぱらつく。=세우

　가랑비에 옷 젖는 줄 모른다 속담 小雨に衣服のぬれるのも気づかない：「小出しに使うお金も度重なれば, 財産を崩すことになる」の意。

가랑이 명 ❶【두】股座。예 ~를 벌리고 앉아 있다. 股を広げて座っている。❷【바지】股下。예 바지의 ~가 찢어졌다. ズボンの股下のところが裂けた。

　가랑이(가) 찢어지다[째지다] 관용 ❶【몹시 가난함의 상태비유적】赤貧と洗うが如し。❷【일이 힘에 부칠 정도로 몹시 바쁨】(仕事などが)手てにあまる。

가랑이-지다 재 (本体の先が二つ、二つ以上に)分れる｜股になる｜分岐する。예 시냇물이 가랑이져서 흐른다. 小川の水が分岐して流れている。

가랑-잎 명 (闊葉樹の)枯れ葉。예 ~ 바스락거리는 소리 枯れ葉のかさかさとする音。준 갈잎❶
　가랑잎에 불붙듯(달리듯) 속담 枯れ葉に火がつくよう：「短気で度量の狭いこと」の意。

가래¹ 명 楸木の実｜まんしゅうぐるみの実。~의 껍질을 까다. まんしゅうぐるみの皮を剥く。

가래² 명 ❶一切端れ｜一切ひとれ。❷切れ｜本。예 가래떡 세 ~ 丸くく棒状に切った白い餅三切れ／엿 두 ~ 飴二切れ。

가래³ 명 ❶〈농〉鋤。❷すくい。예 세 ~ 三すくい。

가래⁴ 명 〈의〉痰。~를 뱉다. 痰を吐く。= 담²

가래-나무 명 〈식〉楸木｜まんしゅうぐるみ。

가래다 타 ❶立ち向かって是非を明らかにする｜是非をただす。예 잘잘못을 ~. 善し悪しをただす。❷人のことを邪魔をしたり害を及ぼしたりする。예 어째서 남의 일을 사사건건 가래는가？ どうして人のことを事々邪魔をするのか。

가래-떡 명 丸い棒状の切り餅。예 ~을 썰어서 떡국을 끓이다. カレトックを切って雑煮にする。

가래-엿 명 棒状の飴。= 가락엿

가래-질 명 鋤で土を掬うこと。
　가래질-하다 자 (繰り返して)鋤で掬う。

가래-침 명 痰混じりの唾｜痰唾。예 ~을 뱉다. 痰混じりの唾を吐く。

가래-톳 명 〈의〉横根。예 ~이 서다. 横根が生じる。／~이 서 많이 아프다. リンパ腺が腫れて痛い。

가랫-밥 명 鋤ですくい上げた土塊。

가량¹(假量) 명 当て推量｜凡そその所｜大よその見当｜大よその見積もり。예 그가 참석할지 ~도 안 된다. 彼が出席するかどうか大よその見当がつかない。

-가량(假量) 접 ―くらい｜―程｜―ばか り。예 30세 ~ 30歳位。

가량가량-하다 형 (顔・体つきが)骨張ってがっしりとしない｜すらりとしてしなやかだ。예 가량가량한 다리 すらりとした脚／허리가 ~. 腰がすらりとしている。

가량-맞다 형 似つかわしくない｜ふさわしくない。예 가량맞은 언행 ふさわしくない言動／행동거지가 ~. 立ち振る舞いが似つかわしくない。

가량-스럽다 형 似つかわしくない｜不似合だ｜不格好だ。예 가량스러운 옷맵시 不格好な着こなし。
　가량스레 부 不似合に｜不格好に。

가량-없다(假量―) 형 ❶見当がつかない。예 크기가 ~. 大きさが見当がつかない。❷法外だ｜とんでもない｜むちゃくちゃだ。예 내 힘으로는 ~. 私の力ではとんでもない。／가량없이 싼 값이다. 法外な安値だ。
　가량없-이 부 見当がつかなく｜法外に｜むちゃくちゃに。예 ~ 넓은 우주 見当つかなく広い宇宙／~ 춥다. むちゃくちゃに寒い。

가려-내다 타 ❶より分ける｜えり分ける｜はねる。예 썩은 귤을 ~. いたんでいるみかんをえり分ける。❷明らかにする。예 용의자 세 명 중에서 진범을 ~. 容疑者三人の中から真犯人を明らかにする。

가려워-하다 자 かゆがる。예 모기에 물려서 ~. 力に刺されてかゆがる。

가련-하다(可憐―) 형 可憐だ｜可哀想だ｜気の毒だ｜いじらしい｜哀れだ。예 가련한 신세 かわいそうな身の上／가련하게 여기다. 気の毒に思う。
　가련-히 부 可憐に｜可哀想に｜気の毒に｜いじらしく｜哀れに。

가렴-주구(苛斂誅求) 명 苛斂誅求。

가렵다 형 かゆい。예 아토피로 몸이 많이 ~. アトピーで体がとてもかゆい。

가령(假令) 부 ❶仮に｜たとえ｜たとい｜よしんば。예 벌을 받더라도 옳은 일은 옳다고 한다. たとえ罰を受けたとしても正しいことは正しいと言う。／~ 지금 지진이 일어난다면 …. 仮に今地震が起ったとすれば…。❷例えば｜仮に｜言わば。예 ~ 남북통

일이 되었다고 합시다. 例えば南北の統一にされたとしましょう。=이를테면

가로¹ Ⅰ 명 橫さ。例~의 길이 橫の長さ。=넓이
Ⅱ 부 橫に。例고개를 ~ 내젓다。首を橫に振る。

가로²(街路) 명 街路ろ。例~의 양쪽 街路の両側りょう。

가로-께지다【찢어져 벌어지다 파열되어 틀어지다】 物ものが橫に裂さけたり破やぶれたりする。例가로께진 자루 橫に破れた袋ふくろ/주머니가 못에 걸려 ~. ポケットが釘くぎにひっかかって橫に裂ける。

가로-나비 명 (反物たんものの)橫幅よこはば。

가로놓-이다 자 橫たわる。例쓰러진 큰 나무가 길에 가로놓였다。倒たおれた大おおきな木きが道みちに橫たわっている。/가로놓인 많은 난관을 극복하였다。橫たわった多おおくの難関なんかんを乗のり越こえた。

가로-눕다 자 橫になる｜橫たわる｜寢ねる。例침대에 가로누워 잠을 자다。ベッドに橫たわって寢る。

가로-다지 명 ❶橫よこの方向ほうこう｜橫向よこむき。例~로 눕다。橫向きに寢る。❷橫よこに差さし渡わたした物もの。例높이뛰기의 ~ 막대를「바」라고 한다。走はしり高跳たかとびの橫に渡した棒ぼうを「バー」と言いう。

가로닫-이 명〔건〕【가로로 밀어 여닫게 된 문】引ひき戸ど｜やり戸。

가로-대 명 ❶橫木よこぎ。❷天秤棒てんびんぼう。

가로-등(街路燈) 명 街灯がいとう｜街路灯がいろとう。例~이 밝다。街灯が明あかるい。

가로-막다 타 ❶(通とおれないように)ふさぐ｜立たちはだかる｜立ちふさがる。例가로막아 서다。立ちはだかる。/시야를 ~。視野をふさぐ。❷【말을 못하게 가로채다】遮さえぎる｜妨さまたげる｜妨害ぼうがいする。例그가 갑자기 말을 가로막았다。彼が急きゅうに話はなしを遮った。

가로막-히다【가로막다의 피동사】 ❶立たち塞ふさがれる｜立ちはだかれる｜隔へだてられる。例휴전선으로 가로막힌 남한과 북한 休戦きゅうせんラインで隔てられた韓国かんこくと北朝鮮きたちょうせん/시위 행렬에 앞길이 ~。デモの行列ぎょうれつに行いく道みちが立ち塞がれる。/철책으로 ~。鉄柵てっさくで隔てられる。❷遮さえぎられる｜妨害される｜邪魔じゃまされる。例독재정치로 인하여 언론이 ~。独裁政治どくさいせいじによって言論げんろんが妨害される。/높은 빌딩으로 햇빛이 ~。高たかいビルで日光にっこうが遮

られる。

가로-맡다 타 ❶【남의 일을 맡아서 떠맡다】(人ひとの事ことを橫取よこどりして自分じぶんが引ひき受うける｜買かって出でる。例왜 네가 내 전화를 가로맡니? どうして君きみが私わたしの電話でんわを受けるの。❷【끼어들다】(他人たにんの事ことに)立たち入いる｜干渉かんしょうする｜橫槍よこやりを入いれる。

가로-새다 자 ❶【중도에서】(途中とちゅうで)そっと消きえ失うせる｜(こっそりと)立たち去さる｜逃にげる｜逃げうせる｜拔ぬけ出だす。例작업 중에..作業中さぎょうちゅうこっそり逃げる。/수업 중에..授業中じゅぎょうちゅうに拔け出す。❷【새다】漏もれる。❸【이야기가 딴 데로 벌어지다】思おもいがけない方向ほうこうにそれる。

가로-서다 ❶橫向よこむきに立たつ。❷橫一列よこいちれつに並ならぶ。

가로-세로 명 縱橫じゅうおう｜橫縱よこたて｜橫と縱たて。例~ 비가 조금 다르다。縱橫比じゅうおうひがちょっと間違まちがう。=종횡

가로-수(街路樹) 명 街路樹がいろじゅ。

가로쓰-기 명 橫書よこがき。例한글은 ~를 한다。ハングルは橫書きをする。=횡서 ↔ 세로쓰기

가로쓰기-하다 橫書よこがきをする。

가로-장 명 橫よこにわたした木き｜橫木よこぎ｜橫棒よこぼう。

가로-지르다 ❶橫よこに渡わたす。例빗장을 ~。門もんを掛かける。❷橫切よこぎる｜突つっ切きる｜貫つらぬく。例행렬을 ~。行列ぎょうれつを橫切る。

가로-채다 타 ❶【갈취하다】ひったくる｜奪うばい取とる。例날치기가 손가방을 가로채서 달아나다。ひったくりがバックをひったくって逃げる。❷【남의 것을 몰래 빼앗다】橫取よこどりする。例문서를 위조하여 남의 땅을 ~。文書ぶんしょを偽造ぎぞうして人ひとの土地とちを橫取りする。❸【말을】人ひとの話はなしに割わり込こんで途切とぎれさせる。例이야기를 가로채면 안 된다。話に割り込んでとぎれさせてはいけない。

가로채-이다 타【가로채다의 피동사】❶ひったくられる。❷橫取よこどりされる｜奪うばわれる。❸途切とぎれさせられる。

가로-타다 ❶(馬うまなどに)橫向よこむきに乘のる｜橫乘よこのりをする。例말 등에 가로타고 달리다。馬の背中せなかに橫乘りして走はしる。/소 등을 가로타고 가다。牛うしの背中に橫乘りしていく。❷(道みち・山やまの斜面しゃめんなどを)橫斷おうだんする｜越こえる｜橫切よこぎる。

가로-퍼지다 자 ❶【옆으로 늘어나 자라다】橫よこに大おおきく

なる｜横に広がる。㉠담쟁이덩굴이 자라서 ~. ツタが大きくなって横に広がる。❷【ずんぐり太る】ずんぐり太る｜ずんぐりとする。㉠가로퍼진 몸매 ずんぐりとした体つき。

가루囘 粉｜粉末｜粉。㉠~로 빻다. 粉にひく。/ 몸이 ~가 되도록 열심히 일하다. 身を粉にして働く。

가루-눈囘 粉雪。

가루-받이囘【식】受粉。㉠~ 나무가 필요하다. 受粉の木が必要だ。

가루-분(一粉)囘 粉おしろい｜パウダー。

가루-붙이囘 ❶ 食べ物の材料になる粉。❷ ☞ 가루음식。

가루-비누囘 粉石鹸。

가루-약(一藥)囘 粉薬｜散薬｜散剤。=산약

가루-음식(一飮食)囘 粉で作った食べ物。=가루붙이❷

가루-집 虫が穀物の粉や薬剤に作った巣。㉠장마철에 밀가루를 내버려 두었더니 벌레들이 ~을 지어 버렸다. 梅雨時に小麦粉などを出したままにしておいたら、虫ができてしまった。

가르다퇸 ❶【分】分ける｜搔き分ける。㉠남은 돈을 절반씩 ~. 残った金を半分ずつ分ける。/ 인파를 가르면서 걸어가다. 人波を搔き分けて歩く。❷【裂】割く。㉠배를 ~. 腹を切る。❸【分】分類する｜区分する｜仕分けする。㉠색깔별로 ~. 色別に分類する。

가르랑闵【목구멍에 가래가 끓는 소리】ぜいぜい。㉠~ 가래 끓는 소리가 난다. ぜいぜいと疲が喉にからんでいる音がする。

가르랑-거리다잷 ぜいぜいとする。=가르랑대다 ⑤가랑거리다

가르랑-대다잷 ☞가르랑거리다

가르랑-가르랑闵【목구멍에 가래가 끓는 소리】ぜいぜい。

가르치다퇸 ❶【敎える｜仕込む。㉠학생을 ~. 学生を教える。/ 연락처를 가르쳐 줄래? 連絡先を教えてくれる。/ 돌고래에게 재주를 ~. イルカに芸を仕込む。❷【しつける。㉠식사 예법을 ~. 食事の作法をしつける。❸【正しく導く｜教え導く｜正す】指導する。㉠나쁜 버릇을 ~. 悪い癖を正す。

가르침囘 教え｜仕込み｜しつけ｜導き。㉠일본에서 ~을 받은 일본어 日本じこみの日本語 / 아버지의 ~ 父の教え / ~이 엄하신 부모님 しつけに厳しい親 / 하느님의 ~ 神の導き / ~을 따르다. 教えに従おう。/ 올해도 좋은 ~을 주시기를. 今年もよろしくお導きのほどを。

가름囘 ❶【分】分けること｜分割。㉠둘로 ~ 二つに分けること/ 포기~ 株分け。❷【區】(物事・状況の)区別｜分別｜識別。㉠너무 비슷해서 ~이 안 된다. よく似ているので識別することができない。

가름-하다 ❶ 分ける｜分かつ｜分割する。㉠남녀노소를 네 그룹으로 ~. 老若男女を四つグループに分ける。/ 상중하 세 권으로 ~. 上中下三冊に分かつ。❷ 分かつ｜区別する｜分別する｜識別する。㉠승패를 가름하는 싸움 勝敗を分かつ戦い。

가름-솔囘【】オープンシーム｜割縫い。

가리¹【】竹で作った魚を捕らえるための漁具。

가리²【】(刈り取った穀物・薪などの)束をきちんと積み重ねた山｜稲むら。㉠마당에 쌓인 볏 ・庭に積まれた稲むら / ~로 쌓은 장작 山と積んだ薪。

가리-가리閭【】ずたずた｜切れ切れ。㉠헤어진 애인의 편지를 ~ 찢어 버렸다. 別れた恋人の手紙をずたずたに破ってしまった。/ 마음이 ~ 찢어지는 듯한 기분이 든다. 心がずたずたになったような気がする。⑤갈가리

가리-개囘【】幅が広い、二枚につくりの屏風。

가리-나무囘【】(熊手でかき集めた)枯れ落ちた松葉などの薪。

가리다¹잷 塞がる｜遮られる｜覆われる。㉠베일에 가려진 우주의 신비 ベールに覆われた宇宙の神秘 / 안개에 앞이 가려서 잘 보이지 않는다. 霧に前が遮られてよく見えない。/ 앞 빌딩에 가려서 볕이 잘 들지 않는다. 前のビルに遮られて日がよく当たらない。

가리다²퇸 塞ぐ｜遮る｜覆う｜隠す。㉠손으로 입을 가리며 웃는다. 手で口を覆って笑う。/ 안대로 눈을 ~. 眼帯で目を塞ぐ。/ 커튼으로 창문을 ~. カーテンで窓を覆う。/ 눈물이 앞

예) 가벼운 읽을거리 軽い読み物/ 가벼운 음악 軽い音楽/ 가벼운 운동 軽い運動/ 가볍게 아침 식사를 들다. 軽く朝食をとる。 ❽ 〖動作〗(動作・動きが)軽快だ｜軽やかだ｜身軽だ｜素早い。 예) 가벼운 발놀림 軽い足さばき/ 가벼운 발걸음 軽い足どり/ 가볍게 걷다. 軽快に歩く。/ 가볍게 어깨춤 추다. 軽快に肩を使って踊る。/ 몸놀림이 ~. 身のこなしが軽やかだ。/ 저녁을 먹고 가볍게 산책을 다녀왔다. 夕食を食べて軽く散歩をした。/ 남보다 동작이 빠르고 ~. 他人より動作が速くて軽い。 ❾ 〖簡単〗軽い｜簡単だ。 예) 상대방을 가볍게 쓰러뜨렸다. 相手を軽く倒した。/ 질문을 가볍게 받아넘기다. 質問を軽くいなす。 ❿ 〖風〗(風などが)弱い｜かすかだ｜そよいでいる。 예) 봄바람이 가볍게 불어온다. 春風がそよそよと吹いてくる。

가벼이 튄 軽く｜軽々と。 예) 그 협상을 ~ 여겨서는 안 된다. その協商について軽く考えてはいけない。

가볍디-가볍다 톙 非常に軽い。 예) 가볍디가벼운 밍크 코트 非常に軽いミンクコート。

가보¹(家譜) 명 〖안의 내력〗系図｜家の系譜だ。

가보²(家寶) 명 〖집안의 보물〗家宝。

가보트(gavotte 프) 명 《음》ガボット。

가봉¹(加俸) 명 〖정해진 봉급에〗加俸。

가봉²(假縫) 명 仮縫い。
　가봉-하다 타 仮縫いする。 예) 드레스를 ~. ドレスを仮縫いする。

가봉³(Gabon) 명 〖국〗ガボン。

가부(可否) 명 可否。 ❶ 是非｜善し悪し。 예) ~를 논하다. 可否を論ずる。 ❷ 贊成と反対｜賛否。 예) ~를 묻다. 可否を問う。

가부-간(可否間) 명 可であれ不可であれ｜とにかく｜いずれにしても｜いずれにせよ。 예) ~ 해 보자. いずれにせよやってみよう。/ ~ 곧 전화해 주세요. とにかくすぐお電話をかけてください。

가부-장(家父長) 명 家長｜家父長。

가부장-제(家父長制) 명 家父長制という。

가-분수(假分數) 명 ❶ 〖수〗仮分数。 ❷ 〖몸통에 비해 머리가 큰 사람을 비유하는 말〗体に比べて頭が大きい人。

가분-하다 톙 ❶ 〖手に持つのに程好く〗軽い。 예) 짐이 가분하여 번쩍 들어올렸다. 荷物が程好く軽くてひょいと持ち上げた。 ❷ 〖疲れ・悩み〗(疲れ・悩みがなくて)こころよく軽い。 예) 시험이 끝나고 나니 마음이 한결 ~. テストが終わったので心がずっと軽い。 ❸ 〖言動〗(言動が)軽率だ｜軽はずみだ。

가분-히 튄 軽く｜軽々と。

가불(假拂) 명 ❶ 仮払い｜仮渡し。 ❷ (給料などの)前借り｜先借り｜前貸し。
　가불-하다 타 仮払いする｜先借りする。 예) 경비 일부를 ~. 経費の一部を仮払いする。/ 봉급에서 10만 원을 ~. 俸給から十万ウォンを前借りする。

가불-가불 튄 〖가볍게 자꾸 흔들리는 모양〗ゆらゆら(と)｜ぶらぶら(と)。
　가불가불-하다 자타 ゆらゆらする｜ぶらぶらする。 예) 출렁다리는 가불가불하여 스릴이 있다. 吊り橋はゆらゆらしてスリルがある。/ 아이가 다리를 가불가불한다. 子供が足をぶらぶらさせている。

가불-금(假拂金) 명 仮渡し金｜前借り金｜前貸し金。

가붓-하다 톙 〖가볍게 적당히〗やや軽いようだ｜程好く軽い｜軽やかだ。 예) 마음에 부담이 없으니 마음도 ~. 心に負担がないので身も心も軽やかだ。
　가붓-이 튄 程好く軽く｜軽やかに。

가비알(gavial 프) 명 〖동〗ガビアル｜インドガビアル。 예) 인도 ~ インドガビアル。

가빠-지다 자 〖숨이〗息苦しくなる｜息切れがする。 예) 뛰고 나니 숨이 가빠져서 말을 할 수가 없다. 走ったので息が苦しく話すことが出来ない。

가뿐-하다 톙 ❶ 〖手に持つのにかなり〗軽い｜軽やかだ。 예) 힘이 장사라 무거운 것도 가뿐하게 든다. すごい力持ちで重い物もかなり軽く持つ。 ❷ 〖속마음〗(疲れ・悩みがなくて)快く軽い｜軽やかだ。 예) 속마음을 털어놓으니 마음이 가뿐해졌다. 本心を打ち明けたら心が軽くなった。
　가뿐-히 튄 軽く｜軽やかに。

가쁘다 톙 ❶ 〖숨이〗(息が)切れる｜苦しい。 예) 숨 가쁘게 달려왔다. 息苦しく走ってきた。/ 고개를 오르자니 숨이 ~. 峠を越えようとして息が切れる。 ❷

가사¹(家事)〖명〗〖법〗家事가じ。 ◉~ 노동 家事 労働ろうどう/ 회사를 관두고 ~에 전념하겠습니다. 会社かいしゃを辞やめて家事に専念せんねんします。

가사²(假死)〖죽은 것처럼 됨〗 仮死かし。 ◉~ 상태 仮死の状態じょうたい。

가사³(歌詞)〖명〗〖樂〗歌詞かし。 ◉곡에 ~를 붙이다. 曲きょくに歌詞をつける。

가산¹(加算) ❶〖명〗加算かさん。 ❷〖명〗足たし算ざん∣加くわえ算ざん∣加法かほう。

가산-하다〖타〗加算かさんする。 ◉이자를 ~. 利子りしを加算する。

가산²(家産) 家産かさん∣身代しんだい。 ◉~을 모으다. 家産を築きずく。/ ~을 다 없애다. 身代を潰つぶす。/ ~을 탕진하다. 身代を棒ぼうに振ふる。/ ~이 기울다. 家産が傾かたむく。

가산³(假山) ☞석가산

가산-금(加算金)〖명〗〖법〗加算金かさんきん。

가산-세(加算稅)〖명〗〖법〗加算税かさんぜい。 ◉~를 부과하다. 加算税を付加ふかする。/ ~가 붙었다. 加算税がかかった。

가산 집합(可算集合)〖수〗可算集合かさんしゅうごう∣可付番集合かふばんしゅうごう。

가살〖얄밉게 군다는 말〗抜ぬけ目めなく狡猾こうかつな態度たいど。 ◉~을 떨다. ずるがしこく立たち回まわる。

가살-스럽다 ずる賢かしこいところがある∣こましゃくれるところがある。 ◉가살스러운 웃음 ふさわしくなくずる賢い笑わらい。

가살스레〖부〗(憎にくたらしいほど)こましゃくれて∣小憎こにくらしく∣ずる賢がしこく。

가살-쟁이〖얄밉게 구는 사람〗言動げんどうが小憎こにくらしくずるい人ひと。 ◉너같은 ~랑 사귀고 싶지 않아. お前まえのようなずるい人間にんげんとは付つき合あいたくない。

가상¹(假想)〖명〗仮想かそう。 ◉~ 적국 仮想敵国てきこく/ 달나라 여행은 ~이 아니다. 月世界げっせかいの旅行りょこうは仮想ではない。

가상-하다〖타〗仮想かそうする。 ◉연습을 실전으로 ~. 練習れんしゅうを実戦じっせんに仮想する。

가상²(嘉尙) 嘉尙かしょう。

가상-하다〖타〗〖형〗嘉尙かしょうする∣ほめたたえる。 ◉용기가 ~. 勇気ゆうきをほめたたえる。

가상-히〖부〗よみして。 ◉뜻을 ~ 여기다. 志こころざしをよみする。

가새-지르다〖타〗〖위로 엇걸리게 함 또는 엇갈린 방향으로〗互たがいに違ちがいにして交まじわらせる∣ぶっ違いに掛かけ渡わたす∣交差こうさする∣交差こうささせる。

가새-표(一標)〖명〗かけじるし∣ばつ∣「×」のしるし。=가위표

가-석방(假釋放)〖명〗〖법〗仮釈放かりしゃくほう∣仮出獄かりしゅつごく。

가석방-하다 仮釈放かりしゃくほうする∣仮出獄かりしゅつごくする。

가석-하다(可惜—)〖형〗(とても)惜おしい∣残念ざんねんだ。 ◉그런 재주꾼이 젊어서 죽다니 참으로 가석한 일이다. あの才能さいのうのある人ひとが若わかく死しんだのはじつに惜しいことだ。

가석-히〖부〗惜しくも∣残念ざんねんながら∣残念なことに。 ◉가는 봄을 ~ 여기다. ゆく春を惜しく思おもう。

가-선〖명〗 ❶〖옷의 시접이나 단의 가장자리를 싸서 돌린 선〗笹縁ささべり∣縁へり∣縁縫へりぬい。 ◉~을 두르다. 笹縁をあてる。 ❷〖쌍꺼풀〗〖쌍의 주름 같은〗二重瞼まぶたのひだ。 ◉~이 지다. ふたえまぶたになる。

가설¹(架設)〖명〗架設かせつ。 ◉전화선 ~ 電話線でんわせんの架設。

가설-하다〖타〗架設かせつする。 ◉전깃줄을 ~. 電線でんせんを架設する。/ 교량을 가설하는 중이다. 橋梁きょうりょうを架設中ちゅうだ。

가설²(假設)〖명〗仮設かせつ。 ◉~ 텐트 仮設テント。

가설-하다〖타〗仮設かせつする。

가설³(假說)〖명〗〖논X(어떤 사실이나 이론을 설명하기 위하여 설정한 가정)〗仮説かせつ。 ◉~ 검증 仮説検証けんしょう/ ~을 세우다. 仮説を立たてる。

가성¹(苛性)〖명〗〖화〗苛性かせい。

가성²(假聲) 仮声かせい。 ❶〖일부러 꾸며낸 목소리〗つくり声ごえ。 ❷〖남자가 내는 여자 목소리〗裏声うらごえ∣ファルセット。 ◉~으로 노래하다. 裏声で歌うたう。

가성 소다(苛性soda)〖화〗苛性かせいソーダ。

가성 칼리(苛性Kali)〖화〗苛性かせいカリ。=수산화칼륨

가세(加勢) 加勢かせい∣助勢じょせい。

가세-하다〖자〗加勢かせいする∣助勢じょせいする。 ◉병력이 ~. 兵力へいりょくを加勢する。

가세²(家勢) 家勢かせい∣家運かうん。 ◉~가 쇠퇴하다. 家勢が衰おとろえる。/ ~가 기울다. 家運が傾かたむく。

가소-롭다(可笑—)〖형〗可笑おかしい∣ばかばかしい∣笑わらわせる∣片腹はらが痛いたい∣笑止しょうしで仕方しかたがない。ちゃんちゃらおかしい∣笑止千万せんばんだ。 ◉그런 사람이 학생에게 훈시를 하다니 ~. そんな人が生徒せいとに訓示くんじをするとは笑わらわせる。

가소로이[부] おかしなことに ¦ ばかばかしく。

가소-성(可塑性)[명] 可塑性。 例 ~ 물질 可塑性物質/~이 있다. 可塑性がある。

가속¹(加速)[명] 加速。
가속-하다[자] 加速する。

가속²(家屬)[명] ❶ 家族。例 많은 ~을 거느리다. 多くの家族を養っている。 ❷ 家内。

가-속도(加速度)[명] 加速度。例 ~가 붙다. 加速度がつく。

가속도-계(加速度計)[명]《물》加速度計。

가속도의 법칙(加速度—法則)《물》加速度の法則。

가속-성(加速性)[명] 加速性。

가속 운동(加速運動)《물》加速度運動。

가속 페달(加速pedal) ☞ 액셀러레이터

가솔린(gasoline)[명]《화》ガソリン。=휘발유

가솔린 기관(gasoline機關)[기] ガソリン機関。 ガソリンエンジン。=가솔린 엔진

가솔린 엔진(gasoline engine) ☞ 가솔린 기관

가수¹(加數)[명] 加数。

가수²(歌手)[명] 歌手。例 인기 ~ 人気の歌手。

가-수요(假需要)[명]《경》仮需要。

가스(gas)[명] ガス。

가스-관(gas管)[명] ガス管 ¦ ガスパイプ。

가스-난로(gas煖爐)[명] ガスストーブ。

가스-등(gas燈)[명] ガス灯 ¦ ガスランプ。=와사등

가스러-지다[자] ❶ 下毛がやや荒らくけば立つ ¦ 逆立つ。例 스웨터가 가스러졌다. セーターの下毛がけば立った。 ❷ 性質がやや荒っぽくなる ¦ 荒っぽくなる。

가스-레인지(gas range)[명] ガスレンジ。

가스 마스크(gas mask) ☞ 방독면

가스-보일러(gas boiler)[명] ガスボイラー。

가스 중독(gas中毒)[명] ガス中毒。

가슬-가슬[부] ❶ がさがさ ¦ かさかさ。 ❷ がさがさ。
  가슬가슬-하다[형] がさがさする ¦ かさかさする。例 가슬가슬한 손 (荒れて)がさがさした手/가슬가슬하게 튼 입술 かさかさした唇/가슬가슬한 사람 がさがさした人。

가슴[명] 胸。 ❶ 胸部。例 넓은 ~ 広い胸/~이 두근거린다. 胸がどきどきする。/~이 찢어질 듯이 아팠다. 胸が張り裂けるように痛かった。 ❷ 心。例 ~속에서 설움이 복받쳐 오르다. 心に悲しみがわき上がる。/ 감동으로 ~이 벅차다. 感動で胸がいっぱいになる。 ❸ (女性の)乳房。例 ~이 작다. 胸が小さい。 ❹ (衣服の)胸部。例 ~에 카네이션을 달다. 胸にカーネーションをつける。

가슴-둘레[명] 胸囲 ¦ 胸回り ¦ バスト。例 ~를 재다. 胸囲を測る。/~가 넓다. 胸囲が広い。=흉위

가슴-막[명]《의》胸膜 ¦ 肋膜。=폐막・허파꺼풀・흉막

가슴-앓이 胸痛 ¦ 胸焼け ¦ 胸患い。例 짝사랑 때문에 ~를 하다. 片想いで胸がはち切れそうだ。

가슴츠레[부] とろん(と) ¦ ぼんやり。
  가슴츠레-하다[형] 目がとろんとしている ¦ 生気がない ¦ ぼんやりしている。例 그가 눈을 가슴츠레하게 뜨고 쳐다 보고 있다. 彼が目をとろんとさせて見つめていた。

가슴-통[명] ❶ 胸部の前面 ¦ 胸板の全面。例 ~이 크다. 胸板の全面が広い。 ❷ 胸囲の大きさ。

가슴-팍[명] ☞ 가슴패기

가슴-패기[명] 胸元 ¦ 胸板。例 아이는 ~에 얼굴을 묻고 울고 있다. 子供は胸元に顔を埋めて泣いている。=가슴팍

가시¹[명] ❶ とげ ¦ いばら。例 장미 ~에 찔리다. ばらのとげに刺される。 ❷ (魚の)骨 ¦ 小骨。例 생선 ~가 목에 걸렸다. のどに魚の骨が刺さった。 ❸ 人の心を刺すような言葉や仕打ち ¦ とげ。例 ~ 돋친 말에 상처를 입다. とげのある言葉に傷つく。

가시²(可視)[명] 可視。

가시-거리(可視距離)[명] 可視距離。

가시-고기(동) とげうお。

가시-광선(可視光線)[명]《물》可視光線。例 ~에 의해 인간은 색을 구별할 수 있다. 可視光線によって人間は色の区別ができる。

가시-나무(명)【붉가시나무】いばら。 例〜 덤불을 헤치고 나오니 온몸이 상처투성이다. いばらの茂みをかき分けて出てきたので、体中が傷だらけだ。 ❷〈식〉白樫。 例집 주위로 〜를 심어 울타리로 삼았다. 家の周囲にしらかしを植えて垣根にした。

가시나무에 가시가 난다(속담) いばらにとげが生える。 〔日〕うりの蔓に茄子はならぬ。 例콩 심은 데 콩 나고 팥 심은 데 팥 난다 ◆일본에서는 '오이 덩굴에 가지 날까'라고 한다.

가시-눈(명)【미워하는 눈】睨み付けているような鋭い目。とげとげしい目。 例비위가 상했는지 〜으로 노려본다. 気に障っただろうか鋭い目で睨む。

가시다(자) ❶(ある状態が)無くなる。消える。 例흔적이 〜. やぶけたさが無くなる。 / 불신감이 〜. 不信感が消える。 ❷(水などで)きれいに洗う。濯ぐ。 例입을 〜. 口を濯ぐ。 / 그릇을 〜. 器をゆすぐ。

가시-덤불(명) ❶いばらだらけの薮。 ❷【어려운】苦難の人生。いばらの道。 例〜을 헤쳐 나가는 것과도 같다. いばらの薮を掻き分けて行くようだ。

가시랭이(명) 草木のとげのかけら。草木の小さなとげ。

가시-밭(명) ❶いばらの薮が茂ったところ。いばらの薮原。 ❷【어려운】いばらの道。苦しい境遇。 例인생의 〜을 헤쳐 나아가다. 人生のいばらの薮をかき分けて進む。

가시-복(명) 〈동〉針千本。はりふぐ。 例〜은 독 대신 강하고 긴 가시로 자신의 몸을 지킨다. 針千本は毒の代わりに強くて長い刺によって自分の体を守る。

가시-섶(명)【가시나무섶】いばらの薪。いばらのそだ。

가시-연꽃(—蓮—)(명) 〈식〉鬼蓮の花。 例〜이 떠 있다. 鬼蓮の花が浮いている。

가시연-밥(—蓮—)(명) 〈식〉鬼蓮の実。 例〜을 말리다. 鬼蓮の実を干す。

가식(假飾)(명) ❶(言葉・行動などを)偽り飾ること。飾り気。虚飾。 例〜이 없는 태도 飾り気のない態度。 ❷【일부러】仮flourに飾ること。

가식-하다(타) ❶偽り飾る。見せかける。 例가식하지 말고 진심으로 대해라. 偽り飾らないで真心を込めてもてなせ。 ❷仮に飾る。

가심(명)【물로 깨끗이 씻음】濯ぎ。濯ぎ。
가심-하다(타) すすぐ。ゆすぐ。

가십(gossip)(명) ゴシップ。 例〜 기사 ゴシップ記事。

가압(加壓)(명) 加圧。
가압-하다(자) 加圧する。

가-압류(假押留)(명)〈법〉仮差し押さえ。

가액¹(加額)(명)【증액하는것】金額を増やすこと。

가액²(價額)(명) 価額。

가야-금(伽倻琴)(명)〈음〉カヤグム。伽倻琴。 =가얏고

가약(佳約)(명) ❶佳い約束。 ❷恋人と会う約束。 ❸婚約。夫婦の契り。 例백년〜을 맺다. 夫婦になって一生佳きに生きようという約束を結ぶ。

가얏-고(명) ☞가야금

가업(家業)(명) 家業。 例선대의 〜을 잇다. 先代の家業を継ぐ。

가-없다【끝없다】果てしない。限りない。際限ない。 例가없는 넓은 하늘 果てしない広い空 / 부모님의 은혜는 〜. 親の恩は限りない。
가없-이(부) 果てしなく。限りなく。際限なく。 例〜 계속되는 논쟁 果てしなく続く論争 / 〜 넓은 꿈 限りなく広い夢。

가역(可逆)(명)〈물〉可逆。 例〜 반응 可逆反応。

가역-성(可逆性)(명)〈물〉可逆性。

가연(可燃)(명) 可燃。

가연-성(可燃性)(명) 可燃性。

가열(加熱)(명) 加熱。
가열-하다¹(타) 加熱する。

가열-하다²(苛烈—)(형) 苛烈だ。厳しく激しい。 例가열한 싸움 苛烈な戦い。

가엽다(형) ☞가엾다

가엾다(형) かわいそうだ。哀れだ。ふびんだ。気の毒だ。痛ましい。いたわしい。 例다른 한편으로 생각하니 그가 몹시 가엾게 생각되었다. 別の面から考えてみると、彼がとても気の毒に思われた。 / 이번 참사로 부모를 잃은 어린아이가 〜. 今回の惨事で両親を失った子どもがかわいそうだ。 =가엽다

가엾-이🅵 かわいそうに｜哀れに｜気の毒に｜ふびんに。🅔그 애를 — 여기어 용서해 주시기 바랍니다. その子を気の毒に思って許してくださいますよう願います。

가오리🅝 《동》えい。

가오리-연(—鳶)🅝 エイ形の凧。🅔~을 날리다. エイ形の凧を揚げる。

가옥(家屋)🅝 家屋｜家。🅔~ 형태 家屋形態🅖／태풍 때문에 ~이 부서졌다. 台風のために家屋が壊れた。／~ 구조가 마음에 들지 않는다. 家屋の構造が気に入らない。／삼층 ~에 살고 있다. 三階建ての家屋に住んでいる。

가옥-대장(家屋臺帳)🅝 家屋台帳。🅔매물의 ~을 꼼꼼히 살펴보다. 売り家の家屋台帳を緻密によく見る。

가온-음(—音)🅝 《음》音階の第3音｜中音🅖｜メディアント。

가온음자리-표(—音—標)🅝 《음》ハ音記号🅖｜中音部🅖記号。

가외(加外)🅝 【비슷한 표현】 一定の基準や大きさ以外に加えること｜余分｜余計🅖。🅔~로 조금 더 받았다. 余分にもう少しもらった。

가욋-돈(加外—)🅝 決まった基準・程度を超えた金｜余分な金。🅔생각지도 않은 ~을 받았다. 思いがけない余禄に与った。

가욋-일(加外—)🅝 不必要な仕事｜余計な仕事。

가요(歌謠)🅝 歌謠。

가요-곡(歌謠曲)🅝 《음》歌謠曲。＝대중가요

가요-제(歌謠祭)🅝 歌謠祭。

가용(家用)🅝 一家の生活費🅖｜一家の生計費🅖｜家計費🅖。🅔~에 보태어 쓰다. 生活費の足しに使う。

가용-인구(可容人口)🅝 《사》食糧の消費面からみる際に、地球上の扶養可能な人口の総数。

가우스(gauss)의 《물》【관련한단어 같이 보기】 ガウス。

가운[1](家運) 家運。🅔~ 융성 기원 家運隆盛の願い／~이 기울다. 家運が傾く。

가운[2](gown)🅝 ガウン。🅔수술용 ~ 手術用🅖ガウン。

가운데🅝 中。❶中間。🅔바다 ~ 떠 있는 배 海の中に浮かんでいる船／~를 자르다. 中を切る。❷【비슷】間｜中

間。🅔두 사람 ~에 끼어들다. 二人の間に割り込む。❸【비슷】内。🅔셋 ~에서 하나만 택하다. 三つの中から一つだけ取る。❹【관련한 표현】(物事が)続いていることに｜一(し)ながら｜うちに。🅔일하는 ~ 익숙해진다. 仕事としながら見慣れる。／바쁘신 ~ 참석해 주셔서 감사합니다. ご多用の中、ご来場いただきありがとうございます。

가운데 씨방(—房) 《식》中央胎座🅖。🅔복숭아나무는 ~이다. 桃の木は中央胎座だ。＝중앙 태좌

가운뎃-소리🅝 ☞중성

가운뎃-손가락🅝 中指🅖。

가운뎃-줄🅝 【방】凧の中心の結び糸。

가운뎃-집🅝 (三人兄弟の中で)二番目の人の家。

가위[1]🅝 ❶鋏🅖。🅔~로 종이를 자르다. はさみで紙を切る。❷【비슷】はさみ。🅔~바위보 じゃんけん；じゃんけんぽん。

가위[2]🅝 【순수】陰暦8月15日どきの祝日｜秋夕🅖。🅔~에는 송편을 빚고 차례를 지냅니다. チュソクにはソンピョンを作って祭祀を行ないます。

가위[3]🅝 【옛】夢魔｜悪夢🅖。🅔~에 눌려 잠에서 깨었다. 悪夢を見て目覚めた。

가위-눌리다🅙 うなされる｜悪夢に襲われる｜金縛りになる。🅔오늘 아침엔 가위눌려서 너무 힘들었어. 今日の朝はうなされてとても大変だった。

가위-다리🅝 ❶鋏の握り｜鋏の取っ手。❷細長いものをはさみのように「×」形に交差させた形状。

가위바위보 じゃん拳🅖｜石拳🅖｜じゃんけんぽん。🅔~로 정하자. じゃん拳で決めよう。

가위-표(—標)🅝 ☞가새표

가윗-밥🅝 裁ち屑🅖。

가으-내🅕 秋中ずっと｜ひと秋。

가을🅝 秋。🅔~ 달 秋の月／~ 하늘 秋空／결실의 ~ 実りの秋。🅨갈。

가을-갈이🅝 《농》秋耕🅖。＝추경

가을-걷이🅝 《농》秋の取り入れ。＝추수

가을-날 秋の日｜秋の天気🅖。

가을-누에🅝 《농》秋蚕🅖・🅖。

가을-바람 秋に吹く涼しい風｜秋風🅖。

가을-보리🅝 秋蒔きの麦🅖。

가을-비🅝 秋雨🅖・🅖。

가을-빛[명] 秋色しゅうしょく｜秋の気配けはい｜秋の景色けしき。예)~으로 아름답게 물들다. 秋色に美うつくしく染そまる。

가을-일[명] 秋あきの取とり入いれの仕事しごと｜刈かり入れの仕事。
　가을일-하다[자] 取とり入れる｜刈り入れる。예)가을일하는 일손이 모자라다. 取り入れる人手ひとでが足たりない。

가을-장마[명] 秋あきの長雨ながあめ｜秋霖しゅうりん。

가을-철[명] 秋あき｜秋の季節きせつ。

가이드(guide)[명] ガイド。❶ガイドさん。❷ガイドブック｜手引てびき。

가이아나(Guyana)[명] 〈국〉ガイアナ。

가이-없다[형] ☞'가없다'의 잘못.

가인¹(佳人)[명] 佳人かじん｜美女びじょ。예)절세~ 絶世ぜっせいの美女／~박명 佳人薄命かじんはくめい；美人びじん薄命。

가인²(歌人)[명] 歌人かじん｜歌手かしゅ。

가-일층(加一層)[명] なお一層いっそう加くわえること。예)~의 노력을 기울이다. なお一層の努力どりょくをかたむける。
　Ⅱ [부] より一層いっそう｜なお一層｜さらに｜益々ますます。예)~ 노력하다. より一層努力りょくする。／밤이 되자 파도는 ~ 거세졌다. 夜よるになると波なみはますます激はげしくなった。

가입(加入)[명] 加入かにゅう。
　가입-하다[자] 加入かにゅうする。예)동호회에 ~. 同好会どうこうかいに加入する。

가입-자(加入者)[명] 加入者かにゅうしゃ。

가자미[명] 〈동〉鰈かれい。

가작(佳作)[명] 佳作かさく。예)~으로 입선한 작품 佳作で入選にゅうせんした作品さくひん。

가장¹[부] 最もっとも｜何なにより｜一番いちばん｜一等とう。예)한국에서 ~ 따뜻한 곳은 제주도이다. 韓国かんこくで最も暖あたたかいところはチェジュドだ。／사원 중에서 그 여자가 ~ 아름답다. 社員しゃいんの中なかで彼女かのじょが一番美うつくしい。／생선회를 ~ 좋아한다. 刺身さしみが何より好すきだ。

가장²(家長)[명] ❶[きちょう]家長かちょう｜戸主こしゅ。예)아버지가 돌아가셨으니 내가 ~이다. 父ちちが亡なくなったので私わたしが家長だ。❷[ふうふう]夫ふう｜主人しゅじん。

가장³(假葬)[명] ❶仮葬かそうに仮かりに葬ほうむること。❷子供こどもの死体したいを埋葬まいそうすること。
　가장-하다[타] ❶仮葬かそうする。❷子供こどもの死体したいを埋葬まいそうする。

가장⁴(假裝)[명] 仮装かそう。

가장-하다²[자,타] ❶[かそう]仮装かそうする。예)산타로 ~. サンタに仮装する。❷[よそおう]装よそおう｜見みせかける。예)우연을 가장하여 접근하다. 偶然ぐうぜんを装って近ちかづく。

가장귀[명] (樹木じゅもくの)木きの枝えだが分わかれている部分ぶぶん｜枝の叉また。

가장귀-지다[자] (木きが分わかれて)二股ふたまたになる｜枝の叉またができる｜枝分えだわかれする。예)가장귀진 나무를 분재하다. 二股になっている木を盆栽ぼんさいにする。

가장-무도회(假裝舞蹈會)[명] 仮装舞踏会かそうぶとうかい。

가장이[명] 木きの枝えだの本体ほんたい。예)~에서 잎이 난다. 枝の本体から葉はが生はえる。

가장-자리[명] 端はし｜縁ふち｜へり｜周まわり。예)책상의 ~ 机つくえの端／접시의 ~가 이가 빠지다. 皿さらの縁がかけている。／화단의 ~에 봉선화를 심다. かだんのへりに鳳仙花ほうせんかを植うえる。

가-장조(一長調)[명] 〈음〉イ長調ちょうちょう。

가장-집물(家藏什物)[명] [かぞうしゅうぶつ]家いえに置おいて使つかう調度品ちょうどひん｜家財道具かざいどうぐ。

가장-행렬(假裝行列)[명] 仮装行列かそうぎょうれつ。

가재¹[명] 〈동〉海老蟹えびがに｜ざりがに。예)민물~ 淡水たんすいに住むざりがに。
　가재는 게 편속담[たとば・えがて・えがて・みかた・あるものどうしがかばいあう]ざりがにはかにに味方みかたする｜「人ひとは立場たちばの似にている者ものや自分じぶんに関係かんけいあるほうに味方する」の意い。

가재²(家財)[명] [かざいどうぐ]家財かざい｜家いえの財産ざいさん｜家財道具かざいどうぐ。

가재-걸음[명] [あとずさり]後あとずさり｜後うしろ歩あるみ。예)~을 걷다. 後ずさりする；後ろ歩みする。

가재-도구(家財道具)[명] 家財道具かざいどうぐ｜所帯道具しょたいどうぐ。

가전(家電)[명] 家電かでん。=가전제품

가전-제품(家電製品)[명] 家電製品かでんせいひん。=가전

가절(佳節)[명] [かせつ]佳節かせつ｜佳季かき。

가정¹(家政)[명] [かせい]家政かせい。

가정²(家庭)[명] 家庭かてい。예)따뜻한 ~을 이루다. あたたかな家庭を築きずく。

가정³(假定)[명] 〈논수〉仮定かてい。예)~을 증명하다. 仮定を証明しょうめいする。
　가정-하다[자,타] 仮定かていする。예)하늘을 날 수 있다고 가정해 보자. 空そらを飛とべると仮定しよう。

가정-교사(家庭敎師)[명] 家庭教師かていきょうし。

가정 방문(家庭訪問)〈교〉家庭訪問かていほうもん。

가정-법(假定法)명 〔연〕仮定法かていほう。
가정-부(家政婦)명 家政婦かせいふ。예~를 고용하다. 家政婦を雇やとう。
가정-적(家庭的)명 家庭的かていてき。예~인 분위기 家庭的な雰囲気ふんいき。
가정 학습(家庭學習)〔교〕家庭学習かていがくしゅう。
가제¹(假題)명 仮題かだい。=가제목
가제²(Gaze 독)명 ガーゼ。
가-제목(假題目)명 ☞가제
가-제본(假製本)〔출〕仮製本かりせいほん﹔仮綴かりとじ。
가져-가다[타] ❶【소지】持もって行いく﹔移うつす。예이 서류를 가져가라. この書類しょるいを持もって行きなさい. / 의자를 옆방으로 ~. いすを隣となりの部屋へやに移す。❷【상태・결과 어떠함】引ひっ張はる。예문제를 감정적으로 가져가 확대하지 말아 줘. 問題もんだいを感情的かんじょうてきに引っ張っていって拡大かくだいすることはしないでね。

가져-오다 ❶【적지품 등 가지고 오다】持もって来くる。예먹을 것을 ~. 食たべ物ものを持って来る。/ 이리 가져오너라. ここに持って来い。❷【어떤 결과】(ある状態じょうたいや結果けっかを)もたらす。예큰 변화를 ~. 大おおきな変化へんかをもたらす。/ 좋은 결과를 ~. よい結果けっかをもたらす。

가족(家族)명 ❶家族かぞく。예부양할 ~이 많다. 養やしなう家族が多おおい。/ 이산~ 離散りさん家族。❷〔법〕同一どういつの戸籍こせきの内うちの親族しんぞく。

가족 제도(家族制度)〔사〕家族制度かぞくせいど。
가-주소(假住所)명 仮住所かりじゅうしょ。
가죽 명 ❶【동물】皮かわ。예~을 벗기다. 皮を剥はぐ。❷【가공】(なめした)革かわ。예~ 제품 革製品かわせいひん/ ~ 구두 革靴かわぐつ/ 점퍼 革ジャンパー/ ~ 가방 革かばん。

가죽-나무 명 〔식〕神樹しんじゅ﹔庭漆にわうるし。예아이들이 ~ 밑에 앉아 더위를 식히고 있다. 子こどもたちが神樹の日陰ひかげに座すわって涼すずんでいる。

가죽-신 명 ❶革製かわせいの履物はきもの。❷〔국속〕韓国かんこくの伝統的でんとうてきな革製の履物。

가죽-옷 명 革衣かわごろも。
가중(加重)명 〔법〕加重かじゅう。예형의 ~ 刑けいの加重。
가중-하다[자타] 加重かじゅうする。예책임이 가중되었다. 責任せきにんが加重された。
가중-치(加重値)명 加重値かじゅうち。
가증-스럽다(可憎—)[혱] 憎にくらしい﹔憎にくたらしい。예정말 가증스러운 거짓말쟁이 같으니라고. この憎にくたらしいほら吹ふきめ。

가증스레[부] 憎にくたらしく。
가지¹명 ❶枝えだ。예꽃~ 花はなのついている枝/ ~가 뻗다. 枝が伸のびる。❷もとから分わかれ出でたもの。
　가지(를) 치다 관용 一本いっぽんの本もとから枝分えだわかれする。

가지²명 ❶〔식〕茄子なす﹔なすび。❷茄子の実み。예~색 なす色いろ﹔なす紺こん。

가지³의 種類しゅるい﹔種しゅ﹔部類ぶるい。예여러 ~ 상품 いろいろな商品しょうひん﹔種々しゅじゅの商品/ 메뉴는 몇 ~가 있습니까? メニューは何なん種類ありますか。

가지-가지¹명【다양】いろいろ﹔種々しゅじゅ﹔さまざま。예~ 꽃이 피는 봄 いろいろな花が咲さく春はる/ 사람의 성격도 ~다. 人ひとの性格せいかくもさまざまだ。준갖가지

가지-가지²【낱낱이】枝ごとに﹔枝々えだえだに。예꽃이 ~ 피어 있다. 花が枝ごとに咲いている。

가지-각색(—各色)명 様々さまざま﹔色々いろいろ﹔色とりどり。예~의 사람과 사귀다. いろいろな人と付つき合あう。/ ~의 요리가 나왔다. 色とりどりの料理りょうりが出でた。

가지다 Ⅰ [타] 持もつ。❶【소지】所持しょじする。예가방을 가지고 집을 나섰다. かばんを持って家いえを出でた。/ 마침 가진 돈이 없다. 持もちあわせのお金かねがない。/ 우산을 가지고 가라. 傘かさを持って行いきなさい。❷【소유】(自分じぶんのものとして)所有しょゆうする﹔有ゆうする。예자식을 가진 부모의 심정 子供こどもを持っている親おやの心情しんじょう/ 나도 집을 가졌다. 私わたしも家をもっている。/ 자격을 가지고 있다. 資格しかくを有する。❸【담당】受うけ持もつ。예일을 ~. 仕事しごとを持つ。❹【생각 등을】(気持きもちなどを)心こころにいだく。예희망을 ~. 希望きぼうを持つ。/ 책임감을 ~. 責任感せきにんを持つ。❺【아이】妊娠にんしんする。예오 년 만에 아이를 ~. 五年ごねん目めに妊娠する。❻【열다】開ひらく﹔行おこなう。예토론회를 ~. 討論会とうろんかいを開く。❼【유지】保たもつ。준갖다

Ⅱ [보동]【동작이나 상태가 계속됨】動作どうさや状態じょうたいがそのまま続つづいていることを表あらわす語ご。예먹을 것을 잔뜩 사 가지고 왔다. 食べ物をたくさん買って来た。

가지런-하다[혱](高たかさ・大おおきさが整然せいぜんと)そろっている﹔均等きんとうに並ならんでい

る。예 옥수수 알이 ~. とうもろこしの粒がそろっている。/ 하얀 이가 가지런하여 아름답다. 白い歯がきれいにそろって美しい。

가지런-히 튀 그로러 | 整然と | きちんと. 예 두 다리를 ~ 모으다. 両足をきれいにそろえる。

가지-치기(農)명 枝打ち。
가지치기-하다제타 枝打ちする。

가-집행(假執行)명 (法)仮執行。 예 ~ 선고 仮執行の宣告。

가짓말-쟁이 嘘をよくつく人 | 嘘つき | 法螺吹き。

가짓-수(一數)명 種類。 예 오늘은 반찬 ~가 많다. 今日はおかずの種類が多い。

가짜(假一)명 偽物 | まがい物 | 替え玉。 예 진짜와 ~를 구별하다. 本物と偽物を見分ける。↔진짜

가차(假借)명 ❶[절임] 仮借 | 臨時に借りること。❷[승장] 仮借 | 許すこと | 見逃がすこと。예 위반하는 사람은 ~ 없이 해고하겠다. 違反の者は仮借なく首だ。/ 실수는 ~ 없이 지적한다. 間違いは容赦なく指摘する。❸ [한자의 이를만들어] 仮借。

가창(歌唱)명 歌唱。 예 ~ 실력이 뛰어나다. 歌唱力が優れている。

가책(呵責)명 呵責。 예 양심의 ~을 느끼다. 良心の呵責を感じる。
가책-하다타 呵責する。 예 자기 잘못을 ~. 自分の失敗を呵責する。

가-처분(假處分)명 (法)仮処分 | 臨時処置。 예 ~ 신청을 하다. 仮処分申請をする。

가처분 소득(可處分所得)(經)[개인 의사에 따라 쓸 수 있는 소득] 可処分所得。

가촌(街村)명 街村。

가-추렴(加一)명 醵金が足りないとき, 追加して集めること。
가추렴-하다타 醵金が足りないとき, 追加して集める。예 가추렴한 게 모자라면 더 많이 걷자. 醵金が足りないならもっと出し合おう。

가축¹명 [신제 | 마음가 집의] (物事や身のこなしなどを)念を入れて手入れすること。
가축-하다타 念を入れて手入れをする。예 집도 가축하기 나름이다. 家も念入りに手入れ次第だ。

가축²(家畜)명 家畜。 예 ~ 사료 家畜飼料 / ~을 기르다. 家畜を飼う。

가출(家出)명 家出。
가출-하다자 家出する。 예 가출한 아들을 찾다. 家出した息子を探す。

가-출옥(假出獄)명 '가석방'의 전 용어。

가치(價値)명 価値 | 値打ち | 値。 예 ~가 떨어지다. 価値が下がる。/ ~가 오르다. 価値が上がる。/ 이 책은 한번 읽을 만한 ~가 있다. この本は一読の価値がある。

가치작-가치작 튀 [거추장스럽게 자꾸 이리저리 걸리거나 닿는 모양] しきりにあちこち引っ掛かったりぶつかったりして邪魔になるさま。

가치작-거리다자 しきりにあちこち引っ掛かったりぶつかったりする | しきりに邪魔になる。 =가치작대다

가치작-대다자 ☞가치작거리다

가친(家親)명 [남에게 자기 아버지를 이르는 말] 父 | 家君。

가칠(加漆)명 ❶[절임] 上塗り。❷ 개칠
가칠-하다자타 上塗りする | 塗り替える。예 색이 바래서 새롭게 ~. 色があせて新しく塗り替える。

가칠-가칠 튀 [홍거가 말라 까슬까슬한 모양] かさかさ | がさがさ。
가칠가칠-하다형 かさかさだ | がさがさだ。예 가칠가칠한 손등 かさかさした手の甲 / 가칠가칠한 발바닥 がさがさした足裏。

가칠-하다형 (やせて皮膚や毛に)つやがない | やつれている | かさかされている。예 얼굴이 ~. 顔がやつれている。/ 피부가 ~. 皮膚につやがない。

가칫-가칫 튀 [잘릴 물체에 자꾸 걸리는 모양] ざらざら | ちくちく。

가칫-거리다자 ちくちくする | ざらざらする。예 수염이 ~. ひげがちくちくする。/ 손거스러미가 일어 몹시 ~. 逆剥けができてひどくざらざらする。=가칫대다

가칫-대다자 ☞가칫거리다

가칫-하다형 [살가죽이 마른듯이] (痩せて皮膚に)つやがない | やつれている。예 병으로 얼굴이 가칫해졌다. 病で顔がやつれている。

가칭(假稱)명 仮称。
가칭-하다타 仮称する。

가타-부타(可一否一)명 よしあし | 可とか否とか。예 ~ 말이 없다. うんともすんとも言わない。

가탄-하다(可歎一)형 [탄식할 만하다 | 한탄할 만하다] 嘆かわしい | 嘆くべきだ。 예 소년 범죄의 증가는 가

탄할 일이다. 少年犯罪(しょうねんはんざい)의 増加(ぞうか)는 嘆(なげ)くべきことだ。/ 그런 인재가 요절하다니 가탄할 일이다. そんな人材(じんざい)が夭折(ようせつ)するなんて嘆(なげ)かわしいことだ。

가탈(명) ❶[순조(順調)롭게 일이 진행되는 것을 막거나 방해함] 障害(しょうがい)｜支障(ししょう)｜邪魔(じゃま)すること｜妨(さまた)げ｜厄介(やっかい)なこと。❷[트집을 잡아 까다롭게 구는 짓] 文句(もんく)をつけること｜難癖(なんくせ)をつけること。 예) ~을 부리다。難癖をつける。

가탈-가탈(부)[말이나 바람가마가 매우 흔들리는 모양] 乗(の)りにくいほど馬(うま)がよろめきながらふらふらと歩(ある)くさま。

가탈가탈-하다(자) ☞가탈거리다。 예) 말이 너무 가탈가탈하여 타지 않고 걸어왔다。馬(うま)がひどくよろめきながらふらふらするので乗(の)らなくて歩(ある)いてきた。

가탈-거리다(자) 乗(の)りにくいほど馬(うま)がよろめきながらふらふらと歩(ある)く。 예) 말이 가탈거리는 바람에 타고 있던 사람이 떨어지고 말았다。馬(うま)の歩(あゆ)みが荒々(あらあら)しくて乗(の)っていた人(ひと)が落(お)ちてしまった。 = 가탈가탈하다·가탈대다

가탈-걸음(명) 不安定(ふあんてい)な馬(うま)の歩(ある)き｜じゃじゃ馬(うま)の足(あし)ぶり。 예) 오랜 여행에 지친 말이 ~으로 간신히 목적지에 도착했다。長旅(ながたび)で疲(つか)れた馬(うま)の荒々(あらあら)しい歩(あゆ)みでどうにか目的地(もくてきち)に到着(とうちゃく)した。

가탈-대다(자) ☞가탈거리다

가탈-스럽다(형) 複雑(ふくざつ)ででややこしい条件(じょうけん)ができる。 예) 아주 가탈져서 일이 순조롭게 진행되지 않는다。ややこしい条件が多(おお)くて仕事(しごと)が順調(じゅんちょう)にはかどらない。

가택(家宅)(명) 家宅(かたく)｜家(いえ)｜住(す)まい｜住居(じゅうきょ)。 예) ~ 침입죄。家宅侵入罪(かたくしんにゅうざい)。
◆'가택 침입죄'는 '주거 침입죄'의 전 용어。

가택 수색(家宅捜索)(법) 家宅捜索(かたくそうさく)。 예) ~을 하다。家宅捜索をする。

가토(加土)(명) ❶草木(くさき)の根(ね)に土(つち)をかけて土寄(つちよ)せすること。

가토-하다(자) 土寄(つちよ)せする。 예) 초목이 쓰러지지 않도록 ~. 草木(くさき)が倒(たお)れないように土寄せする。

가-톨(명) (三(み)つ栗(ぐり)の実(み)の)両端(りょうたん)の実(み)。 예) ~만 남아 있다。両端の実だけが残(のこ)っている。

가톨릭(Catholic)(명) 《종》カトリック。 = 천주교

가트(GATT)(명) 《경》[관세(關稅) 및 무역(貿易)에 관한 일반 협정(協定)] 関税(かんぜい)および貿易(ぼうえき)に関(かん)する一般(いっぱん)協定(きょうてい)｜ガット。

가파르다(형) 山(やま)や道(みち)の勾配(こうばい)が急(きゅう)だ｜急勾配(きゅうこうばい)だ｜険(けわ)しい。 예) 가팔라서 오르기가 쉽지 않았다。急勾配だったので登(のぼ)るのは容易(ようい)でなかった。 = 강파르다❹

가판(街販)(명) 立(た)ち売(う)り。

가편(可便)(명) 議案(ぎあん)を表決(ひょうけつ)するときの賛成(さんせい)する側(がわ)。 ↔ 부편(否便)

가표(可票)(명) 賛成票(さんせいひょう)。 예) 그 의안은 다수의 ~를 얻어 가결되었다。その議案(ぎあん)は多数(たすう)の賛成票を得(え)て可決(かけつ)された。

가풀막(명) [경사(傾斜)가 가파르고 계속되는 곳] 勾配(こうばい)の急(きゅう)なところ｜急(きゅう)な傾斜(けいしゃ)のところ。 예) ~을 기어가듯이 오르다。勾配の急なところを這(は)って行(い)くように登(のぼ)る。

가풀막-지다(형) 急(きゅう)な坂(さか)になっている｜急に傾斜(けいしゃ)している。

가풍(家風)(명) 家風(かふう)。 예) 우리 집안의 ~。 わが家(や)の家風｜ 집집마다 ~이 다르다。家柄(いえがら)ごとに家風は異(こと)なる。/ ~이 엄하다。家風が厳(きび)しい。

가필(加筆)(명)【보태어 쓰거나 지움】加筆(かひつ)。

가필-하다(자)(타) 加筆(かひつ)する。 예) 학생의 원고를 선생님이 ~。生徒(せいと)の原稿(げんこう)に先生(せんせい)が加筆する。

가-하다(加—)(타) ❶[보태거나 더함]加(くわ)える｜足(た)す｜添(そ)える。 예) 매달 원금에 이자를 가해 갚는다。毎月(まいつき)元金(がんきん)に利息(りそく)を加えて弁済(べんさい)する。 ❷[어떤 행위를 하여 다른 대상에 영향을 미치게 함] (他(ほか)に作用(さよう)を)及(およ)ぼす｜加(くわ)える｜与(あた)える。 예) 압력을 ~。圧力(あつりょく)を加える。/ 적에게 심각한 타격을 ~。敵(てき)に深刻(しんこく)な打撃(だげき)を加える。

가해(加害)(명) 加害(かがい)。 ↔ 피해(被害)

가해-하다(자) 人(ひと)に損(そん)や危害(きがい)を加(くわ)える。 예) 가해하는 행위는 처벌받는다。損や危害を加える行為(こうい)は処罰(しょばつ)を受(う)ける。

가해-자(加害者)(명) 加害者(かがいしゃ)。

가형(加刑)(명) 刑罰(けいばつ)を加(くわ)えること。

가형-하다(자)(타) 刑罰(けいばつ)を加(くわ)える。 예) 탈옥수에게 3년을 가형하였다。脱獄囚(だつごくしゅう)に三年(さんねん)の刑罰(けいばつ)を加えた。

가호(加護)(명) 加護(かご)。 예) 신불의 ~를 빌다。神仏(しんぶつ)の加護を祈(いの)る。

가호-하다(타) 加護(かご)する。 예) 하느님이 가호해 주기를 바란다。神(かみ)が加護してくれることを頼(たの)む。

가혹(苛酷)[명] 苛酷$_{かこく}$・過酷$_{かこく}$なこと。[예] ~ 행위 苛酷行為$_{かこくこうい}$；過酷な行為。

가혹-하다[형] 苛酷$_{かこく}$だ・過酷$_{かこく}$だ・無慈悲$_{むじひ}$でむごい仕打$_{しう}$ち；無慈悲でむごい仕打/너무 가혹한 말이다. ずいぶん過酷な言葉$_{ことば}$だ。

가혹-히[부] 苛酷$_{かこく}$に・過酷$_{かこく}$に・むごく。

가화(佳話)[명] 〖좋은이야기〗佳話$_{かわ}$・美談$_{びだん}$。

가황(加黃)[명]《화》加硫$_{かりゅう}$・和硫$_{かりゅう}$・硫化$_{りゅうか}$。[예] ~ 고무 加硫ゴム。

가훈(家訓)[명] 家訓$_{かくん}$。

가히(可-)[부] ❶よく・十分$_{じゅうぶん}$に・優$_{やさ}$しに・まさに。[예] 금강산은 ~ 절경이라 할 만하다. クムガンサンはまさに絶景$_{ぜっけい}$であると言$_{い}$い得$_{う}$る。/자네의 참뜻을 ~ 짐작할 수 있다. 君$_{きみ}$の真意$_{しんい}$を十分に推$_{お}$し量$_{はか}$ることができる。❷〖어찌,어떻게〗どうして・なるほど・当然$_{とうぜん}$・確$_{たし}$かに。[예] 이런 잔치에 ~ 노래와 춤이 없을쏘냐? こんな祝宴$_{しゅくえん}$にどうして歌$_{うた}$と踊$_{おど}$りが出てこないはずがあるものか。

각¹(各)[관] 各$_{かく}$・おのおの・それぞれ。[예] ~ 사회단체 各社会団体$_{かくしゃかいだんたい}$ / ~ 정당 各政党$_{かくせいとう}$。

각²(角)[명] ❶角$_{かど}$。~이 진 얼굴 角$_{かど}$ばった顔$_{かお}$。❷《수》〖角〗角度$_{かくど}$。

각³(脚)[명] ❶【대】脚$_{あし}$。❷動物$_{どうぶつ}$の肉$_{にく}$をいくつかに切$_{き}$り分$_{わ}$けた部分$_{ぶぶん}$。~을 뜨다. 動物の肉を切り分ける。

각-가지(各-)[명] 各種$_{かくしゅ}$・色々$_{いろいろ}$。[예] ~ 상품 色々な商品$_{しょうひん}$。

각각(各各)[부] 【대】各自$_{かくじ}$が別々$_{べつべつ}$に・それぞれ。[예] 갈 때는 함께, 올 때는 ~이었다. 行$_{い}$くときは一緒$_{いっしょ}$に、来$_{く}$るときは別々だった。 / ~ 한마디씩 하였다. みなそれぞれ一言$_{ひとこと}$ずつ言$_{い}$った。

각개(各個)[명] 各個$_{かくこ}$・それぞれ・めいめい。

각개 전투(各個戰鬪) 《군》各個戦闘$_{かくこせんとう}$。

각거(各居)[명] 〖家族$_{かぞく}$が〗べつべつに住$_{す}$むこと・別居$_{べっきょ}$。[예] 부모 자식 간의 ~ 親子$_{おやこ}$の間$_{あいだ}$の別居。

각거-하다[자] べつべつに住$_{す}$むする。업무상 가족과 ~. 仕事$_{しごと}$の都合$_{つごう}$で家族$_{かぞく}$とべつべつに住む。

각계(各界)[명] 各界$_{かくかい}$。~가 모이다. 各界の名士$_{めいし}$が集$_{あつ}$まる。

각계-각층(各界各層)[명] 各界各層$_{かくかいかくそう}$。

각고(刻苦)[명] 刻苦$_{こっく}$。~의 노력을 기울이다. 刻苦の努力$_{どりょく}$を傾$_{かたむ}$ける。

각고-하다[자] 刻苦$_{こっく}$する。

각과(殼果)[명] ☞견과

각광(脚光)[명] 脚光$_{きゃっこう}$・フットライト。 ~ 받는 직업 脚光を浴びる職業$_{しょくぎょう}$。

각국(各國)[명] 各国$_{かっこく}$・国々$_{くにぐに}$。[예] ~의 대표 선수 各国の代表$_{だいひょう}$選手$_{せんしゅ}$。

각-근력(脚筋力)[명] 脚$_{あし}$の筋力$_{きんりょく}$。

각기¹(各其)[명] 各々$_{おのおの}$・各自$_{かくじ}$・それぞれ。

각기²(脚氣)[명]《의》脚氣$_{かっけ}$。=각기병

각-기둥(角-)[명] 《수》角柱$_{かくちゅう}$。=각주¹

각기-병(脚氣病)[명] ☞각기²

각다귀[명] ❶《동》大蚊$_{ががんぼ}$・藪蚊$_{やぶか}$。[예] ~ 떼 やぶかの群$_{む}$れ。❷【남에걸 들어어먹고】人$_{ひと}$の物$_{もの}$を搾$_{しぼ}$り取$_{と}$る人$_{ひと}$・吸血鬼$_{きゅうけつき}$・悪者$_{わるもの}$。[예] 이건 가족이 아니라 ~나 다름없어. これは家族$_{かぞく}$ではなくて搾取$_{さくしゅ}$する奴$_{やっ}$らと変$_{か}$わらない。

각다귀-판[명] 人$_{ひと}$の物$_{もの}$を搾$_{しぼ}$り取$_{と}$り合$_{あ}$おうと集$_{あつ}$まっている場面$_{ばめん}$。

각다분-하다[형] 【일】仕事$_{しごと}$するのに大変$_{たいへん}$・骨$_{ほね}$が折$_{お}$れってつらい・難儀$_{なんぎ}$だ。

각대¹(角帶)[명] ☞각띠

각대²(脚帶)[명] 脚$_{あし}$に結$_{むす}$びつける帯$_{おび}$。

각도(角度)[명] 角度$_{かくど}$。❶〖생각하는 방향〗観点$_{かんてん}$・側面$_{そくめん}$。[예] 다른 ~에서 문제를 바라보다. 別な観点から問題$_{もんだい}$を眺$_{なが}$める。❷《수》角$_{かど}$の大$_{おお}$きさ。[예] ~를 재다. 角度を計$_{はか}$る。 / ~는 30도이다. 角度は30度だ。

각도²(刻刀)[명] ☞새김칼

각도-기(角度器)[명] 分度器$_{ぶんどき}$。

각두(殼斗)[명] ☞각정이

각띠(角-)[명] 〖옛날관리의예복에쓰이던〗むかし、官吏$_{かんり}$の礼服$_{れいふく}$に使$_{つか}$われた帯$_{おび}$。=각대¹

각론(各論)[명] 各論$_{かくろん}$。[예] 총론에서 ~으로 들어가다. 総論$_{そうろん}$から各論に入$_{はい}$る。

각료(閣僚)[명] 閣僚$_{かくりょう}$。[예] 제4회 ~ 회의는 5월 7일 개최된다. 第4回$_{だいよんかい}$閣僚会議$_{かくりょうかいぎ}$は5月$_{ごがつ}$7日$_{なのか}$に開催$_{かいさい}$される。

각립¹(各立)[명] 【따로따로】別々$_{べつべつ}$に分$_{わ}$かれて独立$_{どくりつ}$すること。

각립-하다[자] 別々$_{べつべつ}$に分$_{わ}$かれて独立$_{どくりつ}$する。

각립²(角立)[명] ❶【여럿 가운데 하나】角立$_{かくりつ}$・角$_{かく}$・衆$_{しゅう}$に抜$_{ぬ}$きんでていること。❷【서로 양보없이】互$_{たが}$いに譲$_{ゆず}$らず屈$_{くっ}$しないこと。

각립-하다[자] ❶衆$_{しゅう}$に抜$_{ぬ}$きんでている。❷互$_{たが}$いに譲$_{ゆず}$らなくて屈$_{くっ}$しない。

각막(角膜)[명]《의》角膜$_{かくまく}$。

각막-염(角膜炎)〖의〗角膜炎かくまくえん。
각목(角木)〖목〗角材かくざいの木き。
각박-하다(刻薄—)〖인정이 없이 모질고 삭막하다〗薄情はくじょうで索漠さくばくとしている¦世知辛せちがらい¦冷酷れいこくだ。❷각박한 세상 인심 薄情で索漠とした世の中の人情/ 각박해서 살아가기 힘든 세상이 되어 버렸다. 薄情で索漠として世知辛い世の中になったものだ。❷〖인정이〗地味じみがやせている。
  각박-히 世知辛せちがらく¦きびしく。
각반(脚絆)〖정강이 보호용으로 정강이에서 발목까지 싸매는 물건〗脚絆きゃはん¦脚半きゃはん¦ゲートル。
각방¹(各方)〖명〗各方面かくほうめん¦四方八方しほうはっぽう。
각방²(各房)〖명〗別々べつべつの部屋へや¦おのおのの部屋。¶~거처 それぞれ別の部屋で暮くらすこと/ ~을 쓰다. 別々の部屋を使う。
각-배(各—)〖명〗❶〖동복〗同腹どうふくであるが産うんだときの異ことなる動物の子こ。❷〖배다른〗腹違はらちがい¦異腹いふく。 ↔한배
각별-하다(各別—)〖형〗(心こころがけ・構かまえなどが)格別かくべつだ¦特別とくべつだ。¶각별한 대우 格別の待遇/ 각별한 사이 格別の間柄あいだがら/ 목이 컬컬할 때 막걸리 맛은 ~. のどがからからのときマッコリの味は格別だ。
  각별-히〖부〗格別かくべつに¦とりわけ¦別べつして特とくに。¶오늘 찌개는 ~ 맛있다. 今日きょうのチゲは格別においしい。/ ~ 주의하다. 特に注意ちゅういする。
각본(脚本)〖명〗❶脚本きゃくほん¦台本だいほん¦シナリオ。¶~을 쓰다. 台本を書かく。❷〖계획을 비유적으로 이르는 말〗筋書すじがき。¶시합은 ~대로 진행되어 갔다. 試合は筋書通どおりに進行しんこうしていった。
각-뿔(角—)〖수〗角錐かくすい。
각뿔-대(角—臺)〖수〗角錐台かくすいだい。
각-사탕(←角砂糖) ☞각설탕
각-살림(各—)〖명〗(같은 家族かぞくだが)別べつの所帯しょたいを持もって暮くらすこと。¶~을 내다. 新あらたに別々の所帯を持つ。
  각살림-하다〖자〗同じ家族が別々の所帯を持って暮らす。¶각살림하는 가정이 늘어나고 있다. 別々の所帯を持って暮らす家庭が増ふえている。
각상(各床)〖명〗(一人ひとりずつ)各自かくじの据すえ膳ぜん。¶~으로 차렸다. 一人一人別べつ々にお膳を調ととのえた。
각색¹(各色)〖명〗❶いろいろな色いろ¦いろいろの色彩しきさい。¶~ 무늬 いろいろな色の模様もよう/ ~각양 色とりどり;いろいろ。❷〖각종〗各種かくしゅ。¶~ 동물이 사는 정글 各種の動物が住むジャングル。
각색²(脚色)〖명〗脚色きゃくしょく。
  각색-하다〖타〗脚色きゃくしょくする。¶소설을 ~. 小説しょうせつを脚色する。
각서(覺書)❶約束やくそくを守まもるという内容ないようの文書ぶんしょ。¶~를 쓰다. 約束を守るという内容の文書を書かく。❷〖정〗(外交文書がいこうぶんしょで)覚え書き¦メモランダム。
각선-미(脚線美)〖명〗脚線美かくせんび。¶뛰어난 ~ 見事みごとな脚線美。
각설(却說)Ⅰ 話題わだいを替かえること。Ⅱ〖부〗〖화제를 돌려 다른 쪽으로 말을 꺼낼 때 쓰는 말〗さて¦そこで¦ところで。
  각설-하다〖자〗〖주로 '각설하고'의 꼴로 쓰여〗さて¦そこで¦ところで。¶각설하고 다음 이야기를 진행해 나갑시다. さて、次つぎの話はなしを進すすめましょう。
각설-이(却說—)〖명〗〖장타령꾼을 얕잡아〗門付かどづけ。
각-설탕(←角雪糖)〖명〗角砂糖かくざとう。= 각사탕
각섬-석(角閃石)〖명〗〖광〗角閃石かくせんせき。
각성(覺醒)覺醒かくせい¦醒覺せいかく。¶~을 촉구하다. 覚醒を促うながす。
  각성-하다〖자〗覺醒かくせいする¦醒覺せいかくする。¶의식을 ~. 意識いしきを覚醒させる。
각성-바지(各姓—)〖명〗❶めいめい姓せいが違ちがう人ひと。❷姓せいの異ことなる異父いふの兄弟きょうだい。
각성-제(覺醒劑)〖명〗〖약〗覚醒剤かくせいざい。¶~의 복용은 신경계의 흥분을 유발한다. 覚醒剤の服用ふくようは神経系しんけいけいの興奮こうふんを誘発ゆうはつする。
각-속도(角速度)〖물〗角速度かくそくど。
각수-장이(刻手—)〖나무나 돌에 조각하는 일을 직업으로 하는 사람〗彫工ちょうこう¦彫物師ほりものし。¶정성을 들인 ~의 손길이 느껴진다. 真心まごころを込こめた彫物師の暖あたたかさが感かんじられる。
각시〖명〗❶花嫁はなよめ¦新婦しんぷ¦新妻にいづま。❷小ちいさな女おんなの人形にんぎょう。
각시-붓꽃〖명〗〖식〗〖ひめあやめ¦たれゆえそう〗。¶~은 산난초라고도 불린다. えひめあやめは山やまの欄らんとも呼よばれる。
각양(各樣)各樣かくよう。
각양-각색(各樣各色)各樣かくようといろいろな色彩しきさい¦色いろとりどり¦いろいろ¦様々さまざま。¶~의 의상 色とりどりの衣装いしょう/ ~의 물건이 진열되어 있다. さまざまな品物しなものが陳列ちんれつされている。
각오(覺悟)覺悟かくご。¶~는 되어 있다. 覚

悟はできている。

각오-하다(覚悟-)[타] 覚悟かくごする。 예위험을 ~. 危険きけんを覚悟する。

각-운동(角運動)[명] 〈물〉角運動かくうんどう。

각운동-량(角運動量)[명] 〈물〉角運動量かくうんどうりょう。

각원(閣員)[명] 〈정〉閣員かくいん｜閣僚かくりょう。=각료

각의(閣議)[명] 〈정〉【閣議】閣議かくぎ。 예~를 열다. 閣議を開く。

각이-하다(各異-)[형] それぞれ異ことなる。

각인(各人)[명] 各人かくじん。

각인-각색(各人各色)[명] 各人各様かくじんかくよう｜人ひとそれぞれ。

각-일각(刻-刻)[부] 【刻一刻】刻一刻こくいっこく。

각자(各自) Ⅰ[명] 各自かくじ｜おのおの｜めいめい。 예이어폰은 ~의 자리에 있다. イヤホーンは各自の席せきにある。/ 소지품에는 ~의 이름이 적혀 있다. 持もち物ものにはめいめいの名前なまえが記きされている。
Ⅱ[부] おのおの｜めいめい。 예도시락은 ~ 준비할 것. お弁当は各自が用意ようぃすること。/ ~ 역할이 정해졌다. めいめいに役割やくわりが決きまった。

각자(刻字)[명] 【刻字】刻字こくじ。

각자-하다[자] 刻字こくじをする｜文字もじをほりつける。

각재(角材)[명] 角材かくざい。

각종(各種)[명] 各種かくしゅ。 예~ 증명서 各種証明書しょうめいしょ/ ~ 학교 各種学校がっこう/ ~ 자료를 다운로드하다. 各種資料しりょうをダウンロードする。

각주¹(角柱)[명] ☞각기둥

각주²(脚註)[명] 脚注きゃくちゅう｜脚註きゃくちゅう｜フットノート。 예~를 달다. 脚注を付つける。

각지(各地)[명] 各地かくち。 예전국 ~의 날씨 全国ぜんこく各地の天気てんき/ 세계 ~에서 공연하다. 世界せかい各地で公演こうえんする。

각질(角質)[명] 〈동〉角質かくしつ。 예~ 제거 角質除去じょきょ。

각질-층(角質層)[명] 〈의〉角質層かくしつそう。

각처(各處)[명] 各所かくしょ｜あちこち。 예~에서 지원자가 몰려들었다. 各所から志願者しがんしゃが集あつまってきた。

각추(角錐)[명] ☞'각뿔'의 전 용어.

각-추렴(各-)[명] 【各ぉのぉの出だし合ぁぃの意ぃ】割ゎり勘かん。 예식대는 ~이다. 食事代しょくじだいは割り勘だ。

각축(角逐)[명] 角逐かくちく。
각축-하다 角逐する｜競きそり合ぁう。 예삼당의 세력이 ~. 三党勢力せぃりょくが角逐する。

각축-전(角逐戰)[명] 角逐戦かくちくせん。

각층(各層)[명] ❶各層かくそう｜それぞれの階層かいそう。 예각계 ~의 목소리 各界かっかぃ各層の声こぇ。❷各等級かくとうきゅう。

각치다 ❶[타] ひっかく｜ひっかいて傷きずをつける。 예고양이가 뺨을 각치어 상처가 났다. 猫ねこが頬ほおをひっかいて掻かき傷ができた。❷【싸움의 화를 돋우다】(言いぃがかりをつけたり噂うわさなどを伝えて)怒ぉこらせる。

각판(刻板)[출] ❶書画しょがを彫ほるときに使つかう板切いたぎれ。❷書画を彫るときに使う板切れに彫ること。

각판-하다[타] 書画しょがを板切いたぎれに彫ほる。

각하¹(却下)[명] 〈법〉却下きゃっか。

각하-하다[타] 却下きゃっかする。 예신청을 ~. 申もうし立たてを却下する。/ 탄원서가 각하되었다. 嘆願書たんがんしょが却下された。

각하²(閣下)[명] 閣下かっか。 예대통령 ~ 大統領だいとうりょう閣下/ 총리 ~ 総理そうり閣下。

각항(各項)[명] 各項かくこう｜それぞれの項目こうもく。

각혈(咯血)[명] ☞객혈

간¹[명] ❶〖음식의 맛을 내는〗塩辛しおからい調味料ちょうみりょう。 예~을 치다. しょう油ゆ、塩しおなどをかける。/ ~을 넣다. 塩やしょう油を入いれる。❷〖음식의 짠 정도〗塩加減しおかげん｜塩梅あんばい。 예~을 보다. 塩加減を見みる。/ ~을 맞추다. 塩味しおあじの加減をする；味加減をする。/ ~이 맞다. 塩加減がよい。

간-하다[자] ❶〖음식물에〗(料理りょうりに)塩味しおあじをつける｜塩加減しおかげんをする。 예간한 다음에 볶습니다. 塩味をつけてから炒いためます。❷〖음식물을〗(魚さかな・野菜やさいなどを)塩しおで漬つける。 예간한 배추로 김치를 담다. 塩漬しおづけした白菜はくさいでキムチを漬ける。

간²(肝)[명] 〈의〉肝かん｜肝臓かんぞう。 예~이 나빠지다. 肝臓が悪ぁるくなる。=간장³

간에 기별도 안 가다[관용]〔日〕蛇じゃが蚊かを呑のんだよう：「何なにか食たべたが量りょうが少すくなくて食べた気きがしない」の意ぃ。

간(이) 떨어지다[관용] 肝きもをつぶす：「非常ひじょうに驚ぉどろく」の意ぃ。

간이 콩알만 해지다[관용] 肝きもが豆粒程まめつぶほどになる：「非常ひじょうに恐ぉそろしくなる」の意ぃ。

간³(間)[의] ❶〖거리나 동안〗間かん｜間ぁぃだ。 예서울과 부산 ~ 소요 시간 ソウル・プサン間かん所

要時間しょよう。❷【관계】間柄あいだがら｜間あい。예부모와 자식 ~ 親子おやこの間／스승과 제자 ~ 師弟してい の間柄。❸【어쨌든】いずれにせよ｜どちらにしても。예이러나저러나 ~ 에 우선 급한 문제부터 해결해야 합니다. どんなにしてもまず急いそぐ問題もんだいから解決かいけつしなければならない。

-간⁴(間)[접]【동안】間あいだ｜間ま。예5일~ 쉬다. 五日間いつかかん休やすむ。

간각[명]【상상력】理解力りかいりょく。

간간-이(間間一)[부] ❶【이따금】時々ときどき｜時ときに｜時折ときおり｜時たま。예찾아오는 친구 時折ときおり訪たずねて来くる友人ゆうじん／뱃고동 소리가 ~ 들려온다. 船ふねの汽笛きてきが時々聞きこえてくる。❷【군데군데】まばらに｜ぽつりぽつり｜所々ところどころに。예~ 떠 있는 배 まばらに浮うかんでいる船ふね／잔설이 ~ 눈에 띈다. 残雪ざんせつがところどころ目めにつく。

간간짭짤-하다[형] 口当くちあたりよく、塩味しおあじがきいている。예간간짭짤한 겉절이가 입맛을 더욱 돋운다. こくのある塩味しおあじがきいているはくさいの浅漬あさづけが口当くちあたりをもっとそそる。

간간짭짤-히[부] ほどよく塩辛しおからく。예오이장아찌가 ~ 간이 들었다. きゅうりの漬物つけものがほどよく塩辛しおからく漬つかった。

간간-하다¹[형] ❶【재미】かなり面白おもしろい。❷【아슬아슬】はらはらさせるほどに危あぶなっかしい。

간간-하다²[형]【약간짭짤】こくがあるほど塩気しおけがやや利きいている｜塩気がしておいしい。예이 간고등어는 맛이 간간하여 맛있다. この塩鯖しおさばは塩気が利きいておいしい。

간간-히[부] 塩味しおあじを利きかせて。예~ 졸다. 塩味を利かせて煮付にづける。

간격(間隔)[명]【사이】間隔かんかく｜隔へだたり｜間あい｜ギャップ。예3분 ~ 으로 출발한다. 3分ぷん間隔で出発しゅっぱつする。／앞줄과의 ~ 은 1m로 해 주세요. 前まえの列れつとの間は1メートルにしてください。❷【사이】(人ひとと人との間あいの)溝みぞ｜隔たり｜ギャップ。예부부간에 ~ 이 생겼다. 夫婦間ふうふかんにみぞができた。

간결-하다(簡潔—)[형] 簡潔かんけつだ。예문장이 ~. 文章ぶんしょうが簡潔だ。／간결하게 설명해 주세요. 簡潔に説明せつめいして下ください。

간경변-증(肝硬變症)[명]《의》肝硬変症かんこうへんしょう。

간계(奸計)[명] 奸計かんけい｜悪巧わるだくみ。예적의 ~ 에 빠지다. 敵てきの奸計に陥おちいる。／그의 ~ 에 걸리다. 彼かれの悪巧みにかかる。

간고(艱苦)[명]【어려움】艱苦かんく｜辛苦しんく。❶【시달림】悩なやみ苦くるしむこと。❷【가난】貧まずしくて苦くるしいこと。예~를 이겨내다. 辛苦に打うち勝かつ。

간고-하다[형] 艱苦かんくする。❶悩なやんで苦くるしい。예인생에는 간고한 때도 있다. 人生じんせいには悩んで苦しい時ときもある。❷貧まずしくて苦しい。예얼마 안 되는 식량도 바닥이 나 ~. わずかな食糧しょくりょうも底そこをつき艱苦する。

간고-히[부] ❶悩なやみ苦くるしく。예그는 요 10년간 ~ 살아왔다. 彼はこの十年間じゅうねんかん悩み苦しんで生いきてきた。❷貧し苦しく。

간-곡선(間曲線)[명]【지리】間曲線かんきょくせん。

간곡-하다(懇曲—)[형] 丁寧ていねいだ｜丁重ていちょうだ｜懇切こんせつだ｜ねんごろだ。예간곡하게 부탁하다. 丁重に頼たのむ。

간곡-히[부] 丁寧ていねいに｜丁重ていちょうに｜懇切こんせつに｜ねんごろに。예~ 타이르다. 丁寧に言いい聞きかせる。

간곳-없다[동] 急きゅうに跡あとをくらまして行方ゆくえが知しれない｜見みあたらない。예그에게는 전성시대의 모습이 ~. 彼からは全盛期ぜんせいき時代じだいの姿すがたはもう見あたらない。

간곳없-이[부] 行方知ゆくえしれずに。

간과(看過)[명] 看過かんか｜見過みすごすこと｜見逃みのがすこと。

간과-하다[타] 看過かんかする｜見過みすごす｜見逃みのがす。예중요한 것을 간과해서는 안 된다. 大事だいじなことを看過してはならない。／이 문제는 간과할 수 없는 부분이 있다. この問題もんだいは看過できない部分ぶぶんがある。

간교(奸巧)[명] 悪賢わるがしこいこと。예~를 피우다. 悪賢くふるまう。

간교-하다[형] 狡猾こうかつだ｜悪賢わるがしこい。예간교한 사람 狡猾な人／간교한 수단을 쓰다. 悪賢い手段しゅだんを用もちいる。

간교-히[부] 狡猾こうかつに。

간-국[명] ❶塩味しおあじが染しみ出でる汁しる｜塩気しおけの強つよい汁。 =간물 ❷ 垢あかと汗あせが混まじって、きたならしく服ふくに染しみ付ついているもの。

간극(間隙)[명] 間隙かんげき｜隙間すきま。예~ 이 생기다. 隙間ができる。／~ 을 비집고 다니다. 間隙を縫ぬう。

간난(艱難)명 【힘들고 고생스러움】艱難かんなん。
　간난-하다자 艱難かんなんする。

간난-신고(艱難辛苦) 艱難辛苦かんなんしんく。예~를 극복하다. 艱難辛苦を乗のり越こえる。

간년(間年)명 【한 해씩 거름】一年いちねんおき｜隔年かくねん。

간다라 미술(Gandhara美術) (미)ガンダーラ美術びじゅつ。~ 양식 ガンダーラ美術様式ようしき。

간닥-간닥부 【작은 물체가 가로로 조금씩 자꾸 흔들리는 모양】ゆらゆら｜ぶらぶら。예바람에 ~ 흔들리는 잎사귀 風かぜにゆらゆら揺ゆれる葉は。

간닥-거리다자타 小ちいさいものがしきりに小刻こきざみに動うごく｜小ちいさく揺ゆれ動うごかす。예다리를 간닥거리지 마라. 足あしを揺ゆらすな。＝간닥대다

간닥-대다자타 ☞간닥거리다

간단명료-하다(簡單明瞭—)형 簡単明瞭かんたんめいりょうだ。
　간단명료-히부 簡単明瞭かんたんめいりょうに。예~ 대답하다. 簡単明瞭に答こたえる。

간단-없다(間斷—)형 【끊임없다】絶たえ間まがない｜ひっきりなしだ。예간단없는 소음에 시달리다. ひっきりなしの騒音そうおんに悩なまされる。
　간단없-이부 絶たえ間まなく｜ひっきりなしに。예내리는 눈을 바라보다. 絶え間なく降ふる雪ゆきを見みつめる。/개가 ~ 짖어댄다. 犬いぬがひっきりなしに吠ほえる。/ 웃는 얼굴이 참 좋다. 絶え間のない笑顔えがおが素的すてきだ。

간단-하다(簡單—)형 簡単かんたんだ。예불평을 하기는 ~. 文句もんくを言いうのは簡単だ。/간단한 제조법을 가르치다. 簡単な作つくり方かたを教おしえる。
　간단-히부 簡単かんたんに。예되도록이면 ~ 설명해 주세요. できるだけ簡単に説明せつめいしてください。/~ 할 수 있다고 생각됐다. 簡単にできると思おもった。

간담(肝膽)명 ❶【간과 쓸개】肝胆かんたん｜肝臓かんぞうと胆囊たんのう。❷【속】心しんの底そこ｜胸むねの内うち。예너의 ~을 듣고 싶다. 君きみの胸の内を聞きいてみたい。
　간담이 서늘하다관용 肝きもを冷ひやす。

간담(懇談)명 【터놓고 이야기함】懇談こんだん｜懇話こんわ。
　간담-하다자 懇談こんだんする｜懇話こんわする。

간담-상조(肝膽相照)명 【속마음을 털어놓고 친하게 사귐】肝胆かんたん相照あいてらすこと。

간담-회(懇談會)명 懇談会こんだんかい。예~가 개최되다. 懇談会が開催かいさいされる。

간대로부 【쉽게】簡単かんたんに｜そう容易たやすく。예~ 성공할 수 있는 것은 아니다. そうたやすく成功せいこうできるものではない。/~ 가르쳐 줄 수 없지. そう簡単には教おしえてあげないぞ。

간대-토양(間帶土壤)명 (농)間帯土壌かんたいどじょう｜成帯内性土壌せいたいないせいどじょう。

간댕-간댕부 【작은 물체가 매달려 자꾸 흔들리는 모양】ゆらゆら｜ぶらぶら。예잔가지에 유충이 ~ 매달려 있다. 小枝こえだに幼虫ようちゅうがぶらぶらぶら下さがっている。

간댕-거리다자 (細くつながっている物が)横よこにしきりに動うごく｜小刻こきざみに揺ゆれる。예나뭇가지 끝에 마른 잎이 간댕거리고 있다. 枝えだの先さきで枯葉かれはがしきりに揺ゆれている。＝간댕대다·간댕이다

간댕-대다자 ☞간댕거리다
간댕-이다자 ☞간댕거리다

간도(間島)명 (지)間島かんとう。

간동-간동부 【작은 물건들이 가지런한 모양】きちんと｜きちんきちんと。예양복이 ~ 정돈되어 있다. 洋服ようふくがきちんきちんと整頓せいとんされている。/짐을 ~ 싸다. 荷物にもつをきちんと包つつむ。

간동-그리다타 物事ものごとを簡単かんたんにきちんと整ととのえるように取とりまとめる。

간드랑-간드랑부 【작은 물건이 가볍게 매달려 자꾸 흔들리는 모양】ゆらゆら。예겨울 하늘에 연 꼬리가 ~ 흔들리고 있다. 冬ふゆの空そらに凧たこの足あしがゆらゆら揺ゆれている。

간드랑-거리다자 ゆらゆらと動うごく。예버들가지가 바람으로 ~. 柳やなぎの枝えだが風かぜでゆらゆらと動く。＝간드랑대다

간드랑-대다자 ☞간드랑거리다

간드러-지다형 (顔かおつき·身みだしなみ·声こえなどが)魅惑的みわくてきだ｜みずみずしく なまめかしい｜しなやかである。예여자의 간드러진 허리 女おんなのなまめかしい腰こし/ 그녀의 간드러진 웃음소리 彼女かのじょのなまめかしい笑わらい声ごえ。

간들-간들부 ❶【가볍게 자꾸 흔들리는 모양】ゆらゆら。예난롯불이 ~ 흔들린다. 暖炉だんろの火ひがゆらゆら動うごく。❷【산들거리는 모양】そよそよ。예창문으로 바람이 ~ 불고 있다. 窓まどから風かぜがそよそよと吹ふいてくる。
　간들간들-하다자 ☞간들거리다

간들-거리다자 ❶【가볍게 흔들리는 모양】軽かるく揺ゆれる。예촛불이 ~. ろうそくの火ひが揺れ動うごく。/잔가지가 ~. 小枝こえだが揺れ動く。❷

간소화

【마음이나 바람 따위】風がそよそよ吹く。例 봄바람이 간들거리며 기분 좋게 불고 있다. 春風がそよそよと気持ちよく吹いている。❸【진득하진 못하고】軽々しく行動する｜ふわふわする。例 부자라고 간들거려서는 못써. 金持ちだといってふわふわしてたらダメだよ。=간들간들하다·간들대다

간들-대다 ☞간들거리다
간략-하다(簡略—)[형] 簡略だ｜手短だ。例 간략한 해설 簡略な解説。
　간략-히[부] 簡略に｜手短に。例 — 설명하겠습니다. 簡略に説明します。
간만(干滿)[명] 干滿。例 서해안은 ~의 차가 심한 곳이다. 西海岸は干滿の差が大きい所だ。
간망(懇望)[명]【간절히 바람】懇望・ねがい。
　간망-하다[타] 懇望・ねがいする。
간명-하다(簡明—)[형] 簡明だ｜簡単明瞭だ。
　간명-히[부] 簡明に｜簡単明瞭に。
간-물[명] ❶塩分のある水。❷ ☞간국❶
간물-때[명] ☞간조
간발(間髮)[명] ほんの少し｜ちょっとの間。
　간발의 차이[관용]〔日〕目と鼻の先｜目と鼻の間。例 간발의 차이로 버스를 놓쳤다. 目と鼻の先でバスに乗りそこなった。
간-밤[명] 昨夜｜ゆうべ。=지난밤
간벌(間伐)[명]《농》【불필요한 나무를 건너뛰어 베어 냄】間伐｜透かし伐り。
　간벌-하다[타] 間伐する。
간병(看病)[명] 看病。
　간병-하다[타] 看病する。例 병든 부모를 ~. 病気の親を看病する。
간병-인(看病人)[명] 看病人。
간부(幹部)[명] 幹部。例 ~ 회의 幹部会議／~ 후보생 幹部候補生。
간빙-기(間氷期)[명] 間氷期。例 현재는 제4~에 해당된다는 설이 있다. 現在は第4間氷期に該当されるという説がある。
간사(奸詐)[명]【남의 비위를 맞추려고 교활하게 행동하는 것】ずる賢くへつらうこと。例 ~를 떨다. ずる賢くへつらう。
　간사-하다¹ 悪賢い｜ずる賢い。例 간사하게 행동하다. ずる賢く振る舞う。
　간사-히[부] ずるく｜ずる賢く｜悪

간사²(幹事)[명] 幹事。例 동창회 ~로 뽑혔다. 同窓会の幹事に選ばれた。
간사위[명] 綿密で融通性のある手段。
간사-하다²(奸邪—)[형]【간사스럽고 올바르지 않다】よこしまだ｜ずるくて正しくない。例 간사한 녀석 よこしまな奴。
간살-부리다[자]【간사스럽게 몸을 놀리며 아양을 떪】へつらう｜こびる｜お世辞を言う｜おべっかを使う｜ごまをする。例 그에게 ~. 彼におべっかを使う。
간살-쟁이[명]【간사스럽게 몸시 아양을 떠는 사람을 얕잡아 이르는 말】おべっか使い｜ごますり。例 항상 웃고 다니는 영희 같은 ~는 믿지가 않다. いつも笑って過ごしているヨンヒのようなおべっか使いは憎らしくない。
간상(奸商)[명] 奸商｜姦商。
간색¹(看色)[명] 品物の見本｜見本の一部を調べること。
　간색-하다[타] 見本の一部を調べる。例 간색하고 나서 결정하겠습니다. 見本の一部を調べてから決めます。
간색²(間色)[명]〔이〕❶ 間色｜中間色。例 황록색은 ~이다. 黃緑色は間色だ。❷画面の明暗を調和させるために用いる色。
간-석기(—石器)[명]〔고〕磨製石器。例 뗀석기에서 ~로 넘어가면서 도구가 더욱 섬세해졌다. 打製石器から磨製石器へと移るさいに道具がもっと繊細になった。=마제 석기
간석-지(干潟地)[명]【밀물과 썰물이 드나드는 개펄】干潟。例 썰물로 ~가 드러나다. 引き潮で干潟が現れる。
간선(幹線)[명] 幹線。例 ~ 도로 幹線道路。
간섭(干涉)[명] 干涉。例 내정 ~ 内政干涉。
　간섭-하다[자] 干涉する。例 옆에서 이것저것 ~. そばからあれやこれや干涉する。
간소-하다(簡素—)[형] 簡素だ。例 간소한 생활을 하다. 簡素な生活をする。
　간소-히[부] 簡素に。
간소-화(簡素化)[명] 簡素化。例 사무 ~ 事務の簡素化。
　간소화-하다[타] 簡素化する。例 절차를 ~. 手続きを簡素化する。／출입국 절차가 간소화되다. 出入国手

続きが簡素化される。

간수¹ 【看守保管하다】 しまっておくこと｜よく保管すること｜大事に保存すること。 예 쇠고기는 ~ 상태가 좋다. まぶたがたるんでいるのを見ると今にも眠りそうだ。/ この 牛肉は保存状態がいい。

　간수-하다 타 よく保管する｜よく保存する｜しまっておく。예 금고에 ~. 金庫に保管する。

간수² (一水) 명 【苦汁にが｜苦塩しお】 예 ~를 넣어 두부를 만들다. 苦汁を入れて豆腐を作る。

간수³ (看守) 명 ❶【看守⋅見守る】 看守けん⋅見守みまもること。 ❷【刑務官】看守⋅刑務官けいむかん。 ❸【탈번당】踏切番ふみきりばん｜番ばん。

　간수-하다 타 見守る。

간식 (間食) 명 間食かんしょく｜間食あいだぐい｜おやつ。 예 ~ 시간을 즐기다. おやつの時間を楽しむ。

　간식-하다 자타 間食する｜間食あいだぐいする。예 간식하니까 살이 찌지. 間食するから太るのよ。

간신 (奸臣) 명 奸臣かんしん｜姦臣かんしん。

간신-히 (艱辛一) 부 辛うじて｜ようやく｜やっと｜辛くも。 예 ~ 시험에 합격했다. 辛うじて試験に合格した。

간악 (奸悪) 명 奸悪かんあく。

　간악-하다 奸悪かんあくだ。예 간악한 수법. 奸悪な手口。

　간악-히 부 奸悪かんあくに。

간암 (肝癌) 명 (의)肝臓癌かんぞうがん。

간언 (諫言) 명 諫言かんげん。

　간언-하다 타 諫言かんげんする｜諫める。예 사장님에게 ~. 社長に諫言する。

간염 (肝炎) 명 (의)肝炎かんえん｜肝臓炎かんぞうえん。

간요 (簡要) 명 簡要かんよう｜簡単な要点ようてん。

간원 (懇願) 명 懇願こんがん。예 ~을 받아들이다. 懇願を受け入れる。

　간원-하다 懇願こんがんする。

간월 (間月) 명 격월

간유 (肝油) 명 (의)肝油かんゆ。

간음 (姦淫) 명 姦淫かんいん。

　간음-하다 자 姦淫かんいんする。

간음-죄 (姦淫罪) 명 (법)姦淫罪かんいんざい。

간이 (簡易) 명 簡易かんい。

간이-식당 (簡易食堂) 명 簡易食堂かんいしょくどう｜大衆食堂たいしゅうしょくどう。

간인 (間印) 명 割印わりいん｜割り判わりはん。

간작 (間作) 명 ☞사이짓기

　간작-하다 자타 ☞사이짓기하다

간잔지런-하다 형 ❶【조금 낮게 잘 어울려 비슷하게 놓여있다】 まぶたが合わさりそうだ｜とろんとしている。 예 눈이 간잔지런하게 보이는 것이 금방이라도 잠이 들 것 같다. まぶたがたるんでいるのを見ると今にも眠りそうだ。/ 그는 술에 취하여 간잔지런한 눈으로 쳐다보았다. 彼は酒に酔ってとろんとした目で見つめた。 ❷【물건・높이 등이 고르다】 (形⋅高さなど)がよくそろっている。

　간잔지런-히 부 ❶ねむたげに。❷よくそろって。

간장¹ (一醬) 명 【醬油しょうゆ｜(お)下地した】 예 ~을 담그다. 醬油を仕込む。

간장² (肝腸) 명 ❶【肝臓】肝臓かんぞうと腸ちょう。 ❷【마음】気き｜心こころ。

　간장을 녹이다 관용 ❶相手方あいてがたに歓心かんしんを買う。 예 사람의 간장을 녹이는 밀로의 비너스. 人の心をとろけさせるミロのビーナス。 ❷焦こがれ込ませる。 예 내 간장을 녹이려고 작정을 했구나. 私を焦がれ込ませようと決めたんだね。

간장³ (肝臟) 명 肝臟かんぞう｜肝きも。=간²

간쟁 (諫爭⋅諫諍) 명 【임금에게 잘못된 일을 간함】 諫爭かんそう｜強く諫いさめること。예 대관들은 ~을 통해 왕권을 견제하였다. 大官たちは諫爭を通じて王権を牽制した。

간절-하다 (懇切一) 형 懇切こんせつだ｜切実せつじつだ。 예 간절한 사랑 切実な愛/ 간절한 소원은 남북통일 切実な願いは南北統一だ｜만나고 싶은 마음이 ~. 会いたい気持ちが懇切だ。

　간절-히 부 懇切こんせつに｜切実せつじつに。예 도와주기를 ~ 바란다. 手伝ってくれることを切実に願う。

간접 (間接) 명 間接かんせつ。↔직접

간접 무역 (間接貿易) (경)間接貿易かんせつぼうえき。

간접 선거 (間接選擧) (법)間接選擧かんせつせんきょ。

간접-세 (間接稅) 명 (법)間接稅かんせつぜい。

간접-적 (間接的) 관 間接的かんせつてき。예 ~으로 영향을 미치다. 間接的に影響えいきょうを及ぼす。

간접 점유 (間接占有) (법)間接占有かんせつせんゆう。

간조 (干潮) 명 干潮かんちょう｜引き潮しお。예 ~는 몇 시입니까? 引き潮は何時ですか。/ ~가 되다. 引き潮になる。/ ~ 갯벌에서 조개잡이를 하다. 干潮の干潟ひがたで潮干狩しおひがりをする。=간물때

간종-간종 부 【흐트러진 일이나 물건 등을 가닭있게 가지런히 할 때】きちんと｜きちんきちんと。예 신발을 ~ 가지런히 하다. 靴をきちんと並べる。

간종-그리다 타 整理整頓せいりせいとんする｜きち

んとまとめる。 예책상 위를 ~. 机の上を整理整頓する。 =간종이다

간종-이다 자타 ☞간종그리다

간주¹(看做) 명 見なすこと；思うこと。
　간주-하다 자 見なす。 예이 승부는 무승부라고 ~. この勝負は引き分けと見なす。 / 대답 없는 사람은 찬성으로 간주합시다. 返事のない人は賛成と見なすことにします。

간주²(間奏) 명 《음》間奏。

간주-곡(間奏曲) 명 《음》間奏曲。

간지(干支) 명 《민》干支；十干と十二支。

간-지다 형 ❶(付け根が頼りなくて)今にも切れそうだ；(不安定で)危なっかしい；不安だ。 ❷ (声・スタイルなどが)艶かしい；魅力的だ。

간지라기 명 人の体や気持ちを軽く刺激したり、よくくすぐる人。 예오빠는 타고난 익살꾼에 ~이다. お兄ちゃんは生まれつきひょうきんで人を気持良くさせる。

간지럼 명 くすぐったいこと。 예~을 타다. くすぐったがる。

간지럽다 형 くすぐったい；こそばゆい；てれくさい。 예겨드랑이가 ~. わきの下がこそばゆい。 / 칭찬을 받아 낮이 ~. ほめられてれくさい。

간직-하다 타 (大事にしまっておく；取っておく；持っている；保管する；保存する。 예지금도 소중하게 간직하고 있습니다. 今でも大事に持っています。 / 추억은 마음속에 간직한다. 思い出は心の中にしまっておく。

간질(癎疾) 명 《의》癲癇。 =간질병

간질-간질 부 むずむず；うずうず。
　간질간질-하다 형 くすぐったい；むずむずする；うずうずする。 예콧속이 간질간질하여 코를 풀었다. 鼻がむずむずして鼻をかんだ。 / 귓속이 간질간질하니 누가 내 이야기를 하나 보다. 耳がくすぐったいので誰かが私の話をしているようだ。 / 누군가에게 말하고 싶어 ~. 誰かに話したくてうずうずする。

간질-거리다 자타 こそばゆい；くすぐったい；むずむずする；くすぐる。 예등이 자꾸만 ~. 背中がやたらにむずむずする。 / 무좀인지 발바닥이 ~. 水虫なのか足の裏がむずむずする。 =간질대다

간질-대다 자타 ☞간질거리다

간질-병(癎疾病) 명 ☞간질

간질-이다 타 くすぐる。 예겨드랑이를 ~. わきの下をくすぐる。

간척(干拓) 명 干拓。 예대규모 ~ 사업 大規模な干拓事業。
　간척-하다 타 干拓する。

간척-지(干拓地) 명 干拓地。 예~에 생태 공원을 조성하다. 干拓地に生態公園を造成する。

간첩(間諜) 명 間諜；間者；スパイ。 예~을 색출하다. スパイを検挙する。 =스파이・첩자

간청(懇請) 명 懇請。 예그의 ~을 받아들였다. 彼の懇請を受け付けた。
　간청-하다 타 懇請する。

간-추리다 타 きちんと取りまとめる；整理する；だいたいにまとめる。 예이 야기의 내용을 다시 한번 간추려 보다. 話の内容をもう一度整理してみる。

간통(姦通) 명 姦通。 예~으로 고소하다. 姦通で告訴する。
　간통-하다 자 姦通する。

간통-죄(姦通罪) 명 《법》姦通罪。 ◆일본은 1947년에 폐지됨

간파(看破) 명 看破；見破ること。
　간파-하다 타 看破する；見破る；見抜く。 예적의 음모를 ~. 敵の陰謀を看破する。

간판(看板) 명 ❶ 看板。 예~을 내걸다. 看板を掲げる。 ❷ (学歴・経歴などの)肩書き。 예~이 좋아서 인기가 많다. 肩書きが良くて人気がある。

간판-장이(看板―) 명 看板屋。

간편-하다(簡便―) 簡便だ；簡単で便利だ。 예간편하게 조작할 수 있습니다. 簡便に操作できます。
　간편-히 簡便に。

간행(刊行) 명 刊行。
　간행-하다 타 刊行する。

간행-물(刊行物) 명 刊行物。

간헐(間歇) 명 間欠；間歇。 예~ 유전 間歇遺伝。
　간헐-하다 자 間歇的で起る。

간헐-적(間歇的) 관명 間欠的。 예약을 ~으로 투여하다. 薬を間欠的に投与する。

간헐-천(間歇泉) 명 間欠泉。

간호(看護) 명 看護；看病；介抱。

간호-하다[타] 看護ごする｜看病びょうする｜介抱かいほうする。ⓔ 부상자를 ~. 怪我人けがにんを看護する。

간호-병(看護兵)[명] ☞위생병

간호-사(看護師)[명] 看護婦かんごふ。◆우리말에서 '간호부'는 전 용어이다.

간혹(間或)[부] 時々ときどき｜時たま｜間間まま｜たまに。ⓔ ~ 멀리 가고 싶어진다. 時々遠とおくへ行いきたくなる。/ ~은 숨 돌려 쉬어도 좋지 않은가? たまには息抜いきぬきしてもいいじゃないか。=혹간

간흉(奸凶)[명]【かんきょう】邪悪じゃあくなこと｜奸悪かんあくなこと。

간흉-하다[형] 邪悪じゃあくだ｜奸悪かんあくだ。

간-힘[명] 歯はを食くいしばること｜振ふり絞しぼる力ちから｜耐たえ忍しのぶ力ちから。ⓔ ~을 쓰다. ありったけの力をふりしぼる｜食くいしばる｜りきむ。/ 최선을 다하기 위해 ~을 쓰다. 最善さいぜんを尽つくすために歯を食いしばる。

간힘(을) 주다[관용] (苦くるしみをこらえて)下腹かふくに力を込こめる｜りきむ｜食くいしばる。ⓔ 팔씨름에서 이기려고 ~. 腕相撲うでずもうに勝かとうと力を込める。

갇히다[자]【とじこめられる】閉とじ込こめられる｜監禁かんきんされる｜入いれられる。ⓔ 교도소에 ~. 刑務所けいむしょに入れられる。/ 24시간 갇혔다. 24時間監禁かんきんされた。

갈[명] ☞'가을'의 준말.

갈[명] ☞갈대

갈-가리[부] ☞'가리가리'의 준말.

갈가위[명]【けちんぼう・しみったれ】我利我利亡者がりがりもうじゃ｜けちんぼう｜しみったれ。ⓔ 회사에 ~ 가 있으면 손해가 된다. 会社かいしゃにけちがいたら損害そんがいになる。

갈강-갈강[부] ☞'갈그랑갈그랑'의 준말.

갈강-거리다[자] (痰たんなどが喉のどにつかまって)ぜいぜいする｜ごろごろする｜喉を鳴ならす。=갈강대다

갈강-대다[자] ☞갈강거리다

갈개[명]【せまく小さい溝】浅あさく小ちいさい溝みぞ。ⓔ 논에 ~를 파다. 田たんぼに小さい溝を掘ほる。

갈개-꾼 ❶【かみのげんりょうとしてつかわれる】(紙かみの原料げんりょうとして使つかわれる)こうぞの皮かわをむく人ひと。 ❷【ひとのことをじゃまをするひと】人ひとのことに邪魔じゃまをする人ひと。ⓔ 무리가 들이닥쳐 난동을 부렸다. 邪魔な連中れんちゅうがやって来きて騒動そうどうを起おこした。

갈개-발 ❶【たこ】凧たこの下方かほうの両隅りょうすみにつける長ながい紙切かみきれ。 ❷【けんりょくしゃのいせいをたのんで】権力けんりょくしゃがある人ひとの威勢いせいを頼たのりにしていばる人｜虎とらの威いを借かりる狐きつね。

갈겨-쓰다[타] 走はしり書がきする｜殴なぐり書がき。ⓔ 갈겨써서 읽기 어렵다. 走り書きしたので読よみにくい。/ 메모지에 ~. メモ用紙ようしに殴り書きする。

갈고랑-쇠[명] ❶ 鉤かぎの形かたちの金物かなもの。 ❷【せいかくがかいねじくれた人・このような人をひにするもの】ひねくれた者もの。ⓔ 김 씨는 ~로 소문이 나서 친구가 없다. 金氏きむしはひねくれた者だと噂うわさされて友ともだちがいない。

갈고랑-이[명] 鉤かぎ。❶ 物ものを掛かけたり、とめたりするのに用もちいる先さきの曲まがった器具きぐ。 ❷ 鉄てつの鉤に長柄ながえのついた武器ぶき。=갈고리

갈고리[명] ☞갈고랑이

갈고리-달[명] (三日月みかづきのように)先さきが細ほそく欠かけた月つき。

갈-구슬(葛一)[명]【くず】葛くずの実み。

갈그랑-갈그랑[부]【たんがのどにつっかえる音】ぜいぜい｜ごろごろ。ⓔ 가래가 끓는지 ~ 소리가 나다. 痰たんが絡からむのかぜいぜいと音おとがする。
[준]갈강갈강

갈그랑-거리다[자] (荒々あらあらしく)のどをならす｜ぜいぜいする｜ごろごろする。ⓔ 감기가 들어 ~. 風邪かぜを引ひいて喉がごろごろする。/ 갈그랑거리는 소리는 듣기 괴롭다. ぜいぜいした声こえは聞きき辛づらい。=갈그랑대다

갈그랑-대다[자] ☞갈그랑거리다

갈근-갈근¹[부]【きゅうげんえきがからまってきたがうしいようなかんじ】ぜいぜい｜ごろごろ。

갈근갈근-하다¹[자] ☞갈근거리다¹

갈근-갈근²[부]【いぎたなくむさぼるようす】がつがつ。

갈근갈근-하다²[자] ☞갈근거리다²

갈근-거리다¹[자] (喉のどに痰たんがつまって)くすぐったく、しきりにぜいぜいする｜ごろごろする。ⓔ 목이 갈근거리는 것을 보니 감기 기운이 있나 보다. 喉がぜいぜいするのを見みると風邪ぎみのようだ。=갈근갈근하다¹・갈근대다¹

갈근-거리다²[자] (飲食いんしょく・財物ざいぶつなどを)がつがつする｜意地汚いじきたなく貪むさぼる。ⓔ 스테이크를 갈근거리는 모습은 보기 흉하다. ステーキをがつがつ貪る姿すがたは見苦みぐるしい。=갈근갈근하다²・갈근대다²

갈근-대다¹[자] ☞갈근거리다¹

갈근-대다²[자] ☞갈근거리다²

갈기[명] 鬣たてがみ。ⓔ 말의 ~ 馬うまのたてがみ。

갈기-갈기 튀 ずたずたに｜ちぎれちぎれに｜きれぎれに｜八つ裂きに. 예 사진을 ~ 잡아 찢다. 写真をずたずたに引き裂く.

갈기다 타 ❶【때리다 당기다】 ぶん殴る｜ひっぱたく. 예 뺨을 ~. ほっぺたをひっぱたく. / 채찍으로 ~. 鞭でぶん殴る. ❷【중기 막음 담민하게】 ぶった切る｜荒っぽく切る. 예 잡초를 갈겨 가면서 걸어가다. 雑草をぶった切りながら歩く. ❸【글씨를 빠르게 쓰다】 殴り書きする｜走り書きする. 예 편지를 갈겨서 보내다. 手紙を殴り書きして送る. ❹【총·대포 등을】 ぶっ放す. 예 적에게 총을 ~. 敵に銃をぶっぱなす. ❺【똥오줌 등을 아무 데나 함부로 누다】 大小便をところ構わずする｜垂れる. 예 담벼락에 오줌을 ~. 壁に小便をする.

갈-꽃 명 ☞갈대꽃

갈다¹ 타【갈다】 (別のものと)替える｜取り替える｜切りかえる｜張りかえる. 예 벽지를 ~. 壁紙を替える. / 화병의 물을 매일 ~. 花瓶の水を毎日取り替える.

갈다² ❶【갈다】 (刃を立てるために)研ぐ. 예 숫돌에 칼을 ~. 砥石で刃物を研ぐ. ❷【먹을】 (墨などを)擦る. ❸【갈다】 すり下ろす. 예 강판에 무를 ~. おろし金で大根をすり下ろす. ❹【빻다】 ひく｜すり砕く. 예 맷돌로 콩을 ~. 石うすで豆をひく. ❺【이를】 歯ぎしりする. 예 이를 갈면서 자는 아이 歯ぎしりをしながら寝る子供/ 오늘 받은 치욕을 반드시 갚으리라 생각하며 이를 부드득 갈았다. 今日受けた恥辱は必ず返そうと思いながら歯ぎしりした.

갈다³ ❶【밭을】 (田畑などを)耕す｜鋤き起こす｜耕作する. 예 트랙터로 땅을 ~. トラクターで土地を耕す. / 밭을 ~. 畑を耕す. ❷【씨앗이나 모종을 심어 가꾸다】 種をまいて培う. 예 텃밭에 배추를 ~. 家庭菜園で白菜を栽培する.

갈-대 명 〈식〉 葦｜よし. 예 ~를 꺾어 피리를 만들다. あしを折って笛を作る. = 갈

갈대-꽃 명 〈식〉 葦の花. 예 ~이 들에 가득하다. 葦の花が野原にいっぱいだ. =갈꽃

갈대-발 명 葦簀｜葦簾.
갈대-밭 명 葦原. =갈밭

갈등(葛藤) 명 葛藤｜もつれ｜いざこざ｜もんちゃく. 예 ~을 해소하다. 葛藤を解消する. / ~을 일으키다. 葛藤を起こす.

갈등-하다 자 葛藤する.

갈라-놓다 타 (仲を)引き裂く｜引き離す. 예 두 사람 사이를 ~. 二人の仲を引き離す.

갈라-붙이다 ❶ 二つ以上に分けてあちらこちらに分け与える. 예 빚내는 담보로 땅을 ~. 借金のかたに土地をあちらこちらに分け与える. ❷ むやみに分ける.

갈라-서다 ❶ 二つ以上に分かれる. 예 어른과 아이로 ~. 大人などと子供に分かれて立つ. ❷ 別々になる｜別れる｜離婚する. 예 서로 의견이 맞지 않아 갈라섰다. 互いに意見が合わず別れた. / 남편과 갈라섰다. 夫と離婚した.

갈라-지다 자 ❶【쪼개지나 금이 가다】 割れる｜裂ける｜ひびが入る｜分裂する. 예 컵이 ~. コップが割れる. / 지진으로 땅바닥이 갈라졌다. 地震で地面が割れた. ❷【줄기 따위가 갈라지다】 分かれる｜分岐する. 예 여기서 길이 둘로 ~. ここで道が二つに分かれる. ❸【갈라지다】 (緊密な関係などが)別れる｜別々になる. 예 친구 부부는 갈라졌다. 友人夫妻は別れた.

갈래 명 分かれた部分や系統｜股｜分岐点. 예 두 ~ 길에서 망설이다. 二股の道で迷っている. / 이 마을에서 서울까지는 세 ~ 길이 있다. この村からソウルに行くには三通りの道がある. / 성리학은 유학의 한 ~이다. 性理学は儒学の一つ系統である.

갈래다 자 ❶【정신이나 머릿속이 어지럽다】 (精神が乱れて)筋道がつかめない｜混乱する. 예 정신이 ~. 頭が混乱する. ❷【어디로 가야 할지 갈피를 잡지 못하다】 (道などに)(獣などが)道に迷う｜うろうろする. 예 밤에는 짐승이 갈래므로 주의해라. 夜には獣がうろうろするので注意しなさい.

갈리다¹ 자【갈리다】 声が割れる. 예 마이크로 이야기하면 소리가 갈려서 들린다. マイクで話すと声が割れて聞こえる.

갈리다² 자 【갈리다】 分かれる｜分けられる｜割れる. 예 편이 ~. 仲間할이 分かれる. / 의견이 ~. 意見が割れる.

갈리다³ 자 【갈리다】 取り替えられる｜代わる. 예 책임자가 ~. 責任者が入

갈리다⁴ 【자】 研がれる｜擦れる。⑩ 잘 갈린 칼을 사용한다. よく研がれた包丁を使う。/ 분해되어 이가 갈린다. 悔しくて歯ぎしりがする。

갈리다⁵ 【자】 耕がされる｜鋤き起おされる。

갈림-길 別れ道｜岐路。⑩ 운명의 ~. 運命の別れ道 / 인생의 ~에 서다. 人生の岐路に立つ。/ ~에 이르다. 別れ道に突き当たった。

갈림-목 追分け｜分岐点。

갈마-들다 入れ替わる｜交替する。⑩ 당번을 ~. 当番を交替する。/ 낮과 밤이 ~. 昼と夜が入れ替わる。

갈마들-이다 【타】 入れ替わらせる｜交替させる。⑩ 선수를 ~. 選手を交替させる。

갈마-바람 【명】 南西風｜南西の風。

갈마-보다 交替に見る｜代わる代わるに見る｜交互に見る。⑩ 아들이 부모의 얼굴을 ~. 息子が両親の顔を交互に見る。

갈마-쥐다 ❶ 一方の手から他方の手に持ち替える。⑩ 책을 오른손으로 ~. 本を右手に持ち替える。/ 사장이 내 보고서를 갈마쥐며 큰 소리를 질렀다. 社長は私の報告書を持ち替えて大声で叫んだ。 ❷ 手に持った品物を他の品物に持ち替える。

갈망¹ 【명】 事をうまく処理すること。

  갈망-하다 【타】 事をうまく処理する｜よく成し遂げる。

갈망² (渴望) 【명】 渴望｜熱望｜切望。⑩ 관객의 ~에 답하여 앙코르 곡을 부르다. 観客の渴望にこたえてアンコール曲を歌う。

  갈망-하다 【타】 渴望する｜切望する｜熱望する。⑩ 세계 평화를 ~. 世界平和を渴望する。/ 한국인은 통일을 갈망하고 있다. 韓国人は統一を渴望している。

갈매기 【동】 鷗。⑩ ~의 꿈 カモメの夢 / ~ 한 마리가 날아간다. 一羽のカモメが飛んで行く。= 백구

갈-목 葦の穂。⑩ ~이 휘어지다. あしの穂がたわむ。

갈무리 ❶ 【명】 よく整理してしまっておくこと｜きちんと保管しておくこと。 ❷ 【명】 処理して締めくくること。⑩ 부하에게 일의 ~를 맡기다. 部下に仕事との締めくくりを任せる。

  갈무리-하다 【타】 ❶ よく整理してしまっておく｜きちんと保管しておく。⑩ 자주 쓰지 않는 물건은 창고 깊이 ~. あまり使わない物は倉庫の奥にしまっておく。 ❷ 処理して締めくくる。⑩ 입장이 난처해져서 황급히 이야기를 갈무리하였다. 立場が悪くなったので慌てて話を締めくくった。

갈-바람 【명】 西風または南西風。

갈-밭 ☞ 갈대밭

갈보 【명】 売春婦｜娼婦｜売笑婦｜淫売婦。

갈분 (葛粉) 【명】 葛粉。

갈-붙이다 【타】 (誹謗・中傷したりして)仲間を割れさせる｜仲たがいさせる｜仲を裂く。⑩ 부모 자식 사이를 ~. 親子の仲を裂く。

갈비¹ 【명】 ❶ ☞ 갈비씨 ❷ 【명】 カルビ。

갈비² (건) 屋根の広さ｜屋根の長さ。

갈비-구이 【명】 カルビ焼き｜あばら骨つきの焼肉店。⑩ ~에는 숯불을 써야 한다. カルビ焼きには炭火を使わねばならない。

갈비-뼈 (의) 肋骨・あばら。= 늑골

갈비-씨 (一氏) 【명】 ひどくやせこけた人。⑩ 뼈뼈 마른 ~보다 통통한 사람이 좋아요. がりがりにやせた人より太った人が好きです。= 갈비 ❶

갈비-찜 【명】 カルビチム｜カルビの煮物。

갈비-탕 (一湯) 【명】 カルビタン。⑩ 뜨끈한 ~이 겨울엔 최고다. 煮立ったカルビタンが冬には最高だ。

갈빗-대 (의) 肋骨・あばら。

갈색 (褐色) 【명】 褐色｜茶色。⑩ ~ 삼림토 褐色森林土。= 다색

갈색-토 (褐色土) 褐色土。

갈-서다 【명】 並んで立つ。⑩ 그 애와 나는 갈서서 이야기했다. その子と私は並んで話した。

갈수-기 (渴水期) 渴水期。

갈수록 【명】 いよいよ｜ますます｜より一層｜行けば行くほど。⑩ 경쟁은 ~ 치열해졌다. 競争は日増しに熾烈になった。

갈쌍-하다 【형】 目に涙がこぼれそ

うにいっぱいだ。[예]그 여자는 눈물이 ~. 彼女は今にも涙がこぼれそうにいっぱいだ。

갈아-대다[타] 取り換える ¦ 取り替える。[예]구두창을 새것으로 ~. 靴底を新品に取り換える。

갈아-들다[자] 入れ代わる。

갈아-들이다[타] 入れ代わらせる。

갈아-붙이다[타] 歯ぎしりをする。[예]어디 두고 보자며 이를 ~. 今に見ていろと歯ぎしりをする。

갈아-엎다[타] (土地を)すき返す ¦ すき起こす ¦ 掘り返す。[예]밭을 ~. 畑を掘り返す。

갈아-입다[타] 着替える。[예]파자마로 ~. パジャマに着替える。

갈아-타다[타] 乗り換える。[예]전철로 ~. 電車に乗り換える。

갈음[명] 取り替えること。

갈음-하다[자][타] 代える ¦ 取り替える。[예]새 옷으로 ~. 新しい服に取り替える。/ 이것은 더 이상 쓸 수 없으니, 다른 것으로 갈음해 오너라. これはもう使えないので他の物に取り替えて来い。

갈음-질[명] 磨くこと ¦ 研ぐこと。

갈음질-하다[자] 磨く ¦ 研ぐ。

갈-이1[명] 【교환】取り換え ¦ 取り替え。[예]구두 밑창 ~ 靴底の取り替え。

갈-이2[명] 《농》【논밭을 갈고 김을 맴】田畑を耕すこと。

갈-잎[명] ❶☞'가랑잎'의 준말. ❷☞떡갈잎

갈증(渴症)[명] ❶のどの渇き。[예]~이 나다. のどが渇く。❷【조급하게 바라는 마음을 비유적으로】せっかちで急ぐ気持ち ¦ 渇き。[예]마음의 ~ 心の渇き。

갈지자-걸음(一之字一)[명] ジグザグの足どり ¦ 千鳥足。[예]술에 취해 ~을 걷다. 酒に酔っぱらって千鳥足で歩く。

갈채(喝采)[명] 喝采。[예]박수~ 拍手喝采。

갈채-하다[자] 喝采する。

갈치[명] 《동》太刀魚。

갈치-구이[명] 太刀魚の切り身の塩焼き。[예]제주도의 ~가 유명하다. 済州島の太刀魚の塩焼きが有名だ。

갈치-자반[명] 塩漬けの太刀魚。

갈치-조림[명] 太刀魚の切り身の煮つけ。

갈퀴[명] 熊手。[예]낙엽을 ~로 긁어 모으다. 落ち葉を熊手で掻き集める。

갈퀴-나무[명] 熊手で掻き集めた薪。

갈퀴-질[명] 熊手でかくこと。

갈퀴질-하다[자] 熊手でかく。

갈탄(褐炭)[명] 《광》褐炭。

갈파(喝破)[명] 喝破。

갈파-하다[타] 喝破する。

갈팡-질팡[부] 【갈피를 잡지 못하고 이리저리 헤매는 모양】うろうろ ¦ どぎまぎ ¦ まごまご。

갈팡질팡-하다[자] うろうろする ¦ どぎまぎする ¦ まごまごする ¦ まごつく。[예]길을 잃어버려서 ~. 道に迷ってうろうろする。/ 갑자기 요란하게 들려오는 총소리에 사람들은 ~. 突然やかましく聞こえる銃声に人々はどぎまぎする。

갈포(葛布)[명] 葛布。

갈-품[명] まだ咲かない葦の穂。

갈피[명] ❶物事の要領 ¦ 分別 ¦ 物事の見分け ¦ 見当。[예]~를 잡을 수 없다. 見当がつかない。/ ~를 잡다. 要領をつかむ。❷重なった物や積んだ物のひとつひとつの間。[예]책~에 메모지를 끼우다. 本のページの間にメモ用紙を挟む。

갈피-갈피[부] 間々に ¦ ページの間ごとに。[예]~ 표시를 하다. ページごとに印を付ける。

갈필1(渴筆)[명] 《미》❶剛毛で作った絵筆。❷渇筆 ¦ 掠り筆。[예]~은 진한 선을 그릴 수 있다. 渇筆は濃い線を描くことができる。

갈필2(葛筆)[명] 葛の根で作った筆。

갉다[타] ❶【바닥이나 거죽을 세게 문지르다】強くひっかく ¦ かじる。[예]쥐가 상자를 ~. ネズミが箱をかじる。❷【갈퀴 등으로 긁어 모으다】(熊手などで)掻き集める。[예]낙엽을 갉아 모으다. 落ち葉を掻き集める。❸【남을 헐뜯다】(こせこせと)けなす ¦ そしる。[예]다른 사람의 성공을 ~. 他人の成功をこせこせとけなす。❹【남의 재물을 빼앗다】他人の財物を掠め取る。[예]갉은 재물을 팔다. 掠め取った財物を売る。

갉아-먹다[타] ❶かじって食べる。[예]사과를 ~. リンゴをかじって食べる。❷【남의 재물을】(他人のものを卑劣な方法で)搾り取る。[예]그 여자는 그에게 돈을 갉아먹으려고 연기를 하고 있다. 彼女は彼からお金を搾り取ろうと演技している。❸【소중한 사물이나 시간을】大切な物や時間などを少しずつ消耗する。

갉작-갉작퇴【같작거림의 잘 분리되는 모양】がりがり｜ぼりぼり｜かりかり。예쥐가 무언가를 ～ 갉아 먹는 소리가 난다. 鼠^{ねずみ}が何^{なに}かをがりがりかじる音^{おと}がする。

갉작-거리다타 しきりにかじる｜かき続ける。예등을 갉작거리는 손을 멈추다. 背中^{せなか}をかき続ける手^{て}を止^{と}める。=갉작대다

갉작-대다타 ☞갉작거리다

갉죽-갉죽퇴【사무 부대께 갉는 모양】がりがり｜ぼりぼり。예할머니는 효자손으로 등을 ～ 긁는다. おばあさんは孫^{まご}の手^{て}で背中^{せなか}をがりがりとかく。

갉죽-거리다타 軽^{かる}く掻^{か}き続^{つづ}ける｜かじり続^{つづ}ける。예여기저기를 갉죽거리는 버릇이 있다. あちらこちらをかき続ける癖^{くせ}がある。=갉죽대다

갉죽-대다타 ☞갉죽거리다

갉-히다자 (軽^{かる}く)掻^{か}かれる｜引^{ひ}っかかれる。예아이가 얼굴을 갉혀서 돌아왔다. 子供^{こども}が顔^{かお}をひっかかれて帰^{かえ}ってきた。/ 고양이에게～. 猫^{ねこ}にひっかかれる。

감[1]명 柿^{かき}。예떫은 ～을 우려먹다. 渋柿^{しぶがき}の渋^{しぶ}を抜^{ぬ}いて食^{た}べる。/～이 열리다. 柿がなる。

감[2]명 ❶【천】生地^{きじ}。예～이 좋은 양복 生地のいい洋服^{ようふく}。❷【양복 따위의 옷깜】(洋服^{ようふく}などの)生地^{きじ}｜地^{じ}。예한복감 韓服^{かんぷく}の生地/양복감 背広^{せびろ}の/이불감 布団地^{ふとんじ}。❸【한 벌분의 옷감】一分^{いちぶん}。예치마 한 ～ チマー着^{ぎ}る分^{ぶん}。❹【자격을 갖춘 사람】ーがね。예신붓감 花嫁^{はなよめ}にふさわしい人/사윗감 婿^{むこ}にふさわしい人。

감[3](感)명 ❶感^{かん}じ｜思^{おも}い気持^{きも}ち。예좋은 ～이 든다. いい感じがする。❷感度^{かんど}。예～이 전화기는 ～이 멀다. この電話^{でんわ}は遠^{とお}い感じがする。

감(을) 잡다관용 感^{かん}じ取^{と}って気^{き}がつく。예이제 확실히 감을 잡은 것 같다. 今^{いま}になってはっきり気づいた。

-감[4](感)접【느낌】一感^{かん}。예우월감 優越感^{ゆうえつ}/상실감 喪失感^{そうしつ}/책임감 責任感^{せきにん}。

감가-상각(減價償却)명 (경)減価^{げんか}償却^{しょうきゃく}。

감각(感覺)명 感覚^{かんかく}。예낡은 ～ 古^{ふる}い感覚/미적 ～이 없다. 美的^{びてき}感覚がない。/ 손의 ～이 없어지다. 手^{て}の感覚がなくなる。

감각-하다타 感覚^{かんかく}する。

감각 기관(感覺器官) 동 感覚器官^{かんかくきかん}。

감각-적(感覺的)관 感覚的^{かんかくてき}。예～인 영상 感覚的な映像^{えいぞう}。

감감퇴 ❶遠^{とお}くはるかなさま。❷【완전히 잊거나 모르고 있다】すっかり忘^{わす}れているさま｜まったく知^{し}らずにいるさま。예저 사람은 스포츠 분야는 ～ 모른다. あの人^{ひと}はスポーツについては何^{なに}も知^{し}らない。❸【소식・연락이 없는 모양】返事^{へんじ}や便^{たよ}りがまるっきりないさま。

감감-하다형 ❶遠^{とお}くはるかだ｜遥遠^{ようえん}だ。❷(記憶^{きおく}などが)まるでない。예이제는 네 얼굴조차 ～. もう君^{きみ}の顔^{かお}さえ思^{おも}い出^{だ}せない。❸(返事^{へんじ}や便^{たよ}りが)まるっきりない。

감감-히퇴 はるかに｜全然^{ぜんぜん}｜全^{まった}く｜まるっきり。

감감-무소식(一無消息)명 全^{まった}く便^{たよ}りがないこと｜梨^{なし}の礫^{つぶて}。예아무리 편지를 보내도 ～이다. いくら手紙^{てがみ}を送^{おく}っても梨の礫だ。=감감소식

감감-소식(一消息)명 ☞감감무소식

감개(感慨)명 感慨^{かんがい}。예～에 잠기다. 感慨にふける。

감개-무량(感慨無量)명 感慨無量^{かんがいむりょう}。

감개무량-하다형 感慨無量^{かんがいむりょう}だ。예감개무량한 표정 感慨無量の面持^{おもも}ち。

감격(感激)명 感激^{かんげき}。예～에 겨워 눈물을 흘리다. 感激に耐^{た}えず涙^{なみだ}を流^{なが}す。

감격-하다자 感激^{かんげき}する。예그의 연주를 듣고 대단히 감격했다. 彼^{かれ}の演奏^{えんそう}を聞^{き}いて大変^{たいへん}感激した。

감격-스럽다형 感激的^{かんげきてき}だ。예감격스러운 장면 感激的な場面^{ばめん}。

감격스레퇴 感動的^{かんどうてき}に。

감격-적(感激的)관 感激的^{かんげきてき}。예인생에서 가장 ～인 순간이었다. 人生^{じんせい}の最^{もっと}も感激的な瞬間^{しゅんかん}だった。

감과[1](甘瓜) (식)真桑瓜^{まくわうり}。=참외

감과[2](柑果) (식)【귤 따위의】柑果^{かんか}。예～의 액즙이 달다. 柑果の液汁^{えきじゅう}が甘^{あま}い。

감관(感官)명 (의)感官^{かんかん}。

감광(感光)명 感光^{かんこう}。예～ 필름 感光フィルム/～ 재료 感光材料^{ざいりょう}。

감광-하다자 感光^{かんこう}する。

감국(甘菊)명 ❶ (식)浜寒菊^{はまかんぎく}の花^{はな}。❷浜寒菊^{はまかんぎく}。예손님께 ～ 꽃잎차를 내었다. お客^{きゃく}さんにはまかんぎくの花で作^{つく}ったお茶^{ちゃ}を出^{だ}した。

감-궂다형 【태도가 엉성하고 거칠다】(態度^{たいど}・容姿^{ようし}などが)

陰険(いんけん)ですごく険(けわ)しい｜(人相・態度が)凶悪(きょうあく)だ. 例 감곷은 수단 陰険な手段 / 여기는 감곷은 사람이 많다. ここはたちの悪(わる)い凶悪(きょうあく)な人(ひと)が多(おお)い.

감귤(柑橘) 명 柑橘(かんきつ)｜みかん. 예 ~ 나무 앞을 지나가자 상큼한 향이 풍겨 왔다. ミカンの木(き)の前(まえ)を通(とお)ると涼(すず)しそうな香(かお)りが漂(ただよ)ってきた. / ~ 열매가 노랗게 물들고 있다. 柑橘の実(み)が黄色(きいろ)く染(そ)まってきた.

감금(監禁) 명 監禁(かんきん). 예 납치 ~ 拉致(らち)監禁.
　감금-하다 타 監禁する. 예 방 안에 ~. 部屋(へや)の中(なか)に監禁する. / 범인은 감금되었다. 犯人(はんにん)は監禁された.

감기(感氣) 명 (의)風邪(かぜ)｜感冒(かんぼう). 예 코~ 鼻風邪(はなかぜ)/ ~ 들다. 風邪を引く. / ~가 유행하다. 風邪が流行る. =고뿔

감기다¹ 자 [눈이] (目(め)が)閉(と)じられる｜閉ざされる. 예 졸려서 눈이 ~. 眠(ねむ)くて目が閉ざされる.

감기다² 자 ❶ 巻(ま)かれる｜巻(ま)き付(つ)く. 예 팔에 붕대가 감겨 있다. 腕(うで)に包帯(ほうたい)が巻かれている. / 치맛자락에 ~. スカートの裾(すそ)が巻き付く. ❷【음식이】(食(た)べ物(もの)の)舌触(したざわ)りがよい. 예 혀에 착착 감기는 맛있는 술 ぺたぺた舌(した)ざわりのよいこくのあるお酒.

감기다³ 타 [눈이를] (目(め)を)閉(と)じさせる｜(目を)つぶらせる. 예 눈을 감겨 놓고 시작하다. 目をつぶらせてから始(はじ)める.

감기다⁴ 타 [머리를 씻어주다] 洗(あら)ってあげる. 예 머리를 ~. 頭(あたま)を洗ってあげる.

감기다⁵ 타 [실이나 끈을] 巻(ま)かせる. 예 엄마는 나에게 헝클어진 실을 감겼다. 母(はは)は私(わたし)にもつれた糸(いと)を巻かせた.

감-나무 명 (식)柿(かき)の木(き). 예 ~ 이파리 柿の木の葉(は)/ ~ 에 감이 주렁주렁 열렸다. 木に柿がたわわに実(みの)った.
　감나무 밑에 누워서 홍시[연시] (입 안에) 떨어지기를 기다린다[바란다] 속담 柿の木(き)の下(した)に横(よこ)たわって熟柿(じゅくし)の落(お)ちるのを願(ねが)う：「努力(どりょく)せずに幸運(こううん)を期待(きたい)する」の意(い).

감내(堪耐) 명 耐(た)え忍(しの)ぶこと｜こらえること｜持(も)ちこたえること.
　감내-하다 타 耐(た)え忍(しの)ぶ｜こらえる｜持(も)ちこたえる. 예 많은 고통을 감내해 왔다. 多(おお)くの苦(くる)しみを耐え忍んできた.

감-노랗다 형 黒(くろ)みがかって黄色(きいろ)い.

감-노르다 형 黒(くろ)みを帯(お)びながらやや黄色(きいろ)い.

감다¹ 타 [눈을] (目(め)を)閉(と)じる｜つぶる. 예 지그시 눈을 ~. じっと目を閉じる. / 눈을 감고 쉬다. 目をつぶって休(やす)む. ↔뜨다

감다² 타 [体(からだ)や髪(かみ)を]洗(あら)う. 예 목욕을 ~. 水浴(すいよく)びする. / 머리를 감고 나니 마음마저 개운하다. 髪を洗ったら気持(きも)までさっきりした.

감다³ 타 ❶【감아서】巻(ま)く. 예 다리를 다쳐 붕대를 ~. 足(あし)を怪我(けが)して包帯(ほうたい)を巻く. / 시계태엽을 ~. 時計(とけい)のぜんまいを巻く. ❷【옷을】着(き)る｜まとう｜身(み)につける. 예 값비싼 옷을 몸에 감고 다닌다. (あんな)高価(こうか)な服(ふく)を身にまとって歩(ある)いている. ❸【뱀 같은 것이 몸에】(蛇(へび)が)巻(ま)きつく｜とぐろを巻(ま)く.

감다⁴ 형 やや黒(くろ)い.

감당(堪當) 명 ❶【맡아서】ある仕事(しごと)などを十分(じゅうぶん)にやりこなすこと｜やり遂(と)げること. ❷【참고 견딤】十分(じゅうぶん)に耐(た)え抜(ぬ)くこと.
　감당-하다 타 ❶ やり遂(と)げる. 예 당신이 감당하기에는 너무나 큰 문제이다. あなたがやりこなすにはあまりにも大(おお)きな問題(もんだい)だ. ❷ よく耐(た)え抜(ぬ)く. 예 이 시련을 감당해 내야 한다. この試練(しれん)をよく耐え抜かねばならない.

감독(監督) 명 監督(かんとく). 예 무대 ~ 舞台(ぶたい)監督/ 영화 ~ 映画(えいが)監督/ 야구 ~ 을 맡다. 野球(やきゅう)監督を受け持つ.
　감독-하다 타 監督する. 예 시험을 ~. 試験(しけん)を監督する.

감독-관(監督官) 명 監督官(かんとくかん).

감-돌 명 (광)有用鉱物(ゆうようこうぶつ)を一定量(いっていりょう)以上(いじょう)含(ふく)んだ鉱石(こうせき)｜採算性(さいさんせい)のある鉱石.

감-돌다 자 ❶【어떤 기운이】(ある雰囲気(ふんいき)・気配(けはい)などが)漂(ただよ)う｜たち込(こ)める. 예 시합에 이길 기운이 ~. 試合(しあい)に勝(か)つ気配が漂う. ❷【둘레를】周(まわ)りを何度(なんど)もぐるりと回(まわ)る. 예 매가 하늘을 빙빙 감돌며 난다. 鷹(たか)が空(そら)をぐるぐると回って飛(と)ぶ.

감돌아-들다 자 (川(かわ)・道(みち)などが)ぐるりと回(まわ)り込(こ)む｜ぐるぐる回(まわ)りながら入(はい)ってくる. 예 산자락을 감돌아들 듯이 길이 이어져 있다. 山(やま)の裾(すそ)を回り込むように道(みち)がつながっている.

감돌-이 명 わずかなもうけ話(ばなし)があると

直ちに図々しくでしゃばる人。

감동(感動)몡 感動。 몐 자원 봉사자에게 ~을 받다. ボランティアに感動を受ける。
　감동-하다쟈 感動する。 몐 그의 정성에 감동했다. 彼の誠意に感動した。

감동-적(感動的)관 感動的。 몐 ~인 장면이다. 感動的な場面だ。

감득(感得)몡 【깨닫다】 感得。
　감득-하다탸 感得する。

감때-사납다 ❶【사람】人が荒っぽくて手におえない。 몐 이런 감때사나운 사람은 처음이다. こんなに荒っぽくて手におえない人は初めてだ。 ❷【사물】物事が険しく荒っぽい。

감-또개 花が付いたまま落果した柿。

감량(減量)몡 減量。 몐 ~ 수술 減量手術/그는 ~에 괴로워하고 있다. 彼は減量に苦しんでいる。
　감량-하다쟈탸 減量する。 몐 권투 경기를 위해 체중을 ~. ボクシングの試合のために体重を減量する。

감로(甘露)몡 甘露。

감로-수(甘露水)몡 甘露水。

감마(gamma) 그 ガンマ。

감마-선(gamma線)몡【물】ガンマ線。 몐 ~ 망원경 ガンマ線望遠鏡。

감면(減免)몡 減免。 몐 세금 ~ 税金減免。
　감면-하다 減免する。 몐 형을 감면 받았다. 刑を減免された。

감명(感銘)몡 感銘。 몐 깊은 ~을 받다. 深い感銘を受ける。
　감명-하다 感銘する。

감모(減耗)몡 減耗。
　감모-하다 減耗する。

감미(甘味)몡 甘味｜甘み。＝단맛

감미-롭다(甘味—)혱 甘美だ。 ❶【맛】甘美な味がする。 몐 감미로운 과자를 사다. 甘美なお菓子を買う。/감미로운 멜론을 먹다. 甘美なメロンを食べる。 ❷【감정】甘い感じがする。 몐 감미로운 느낌이 들다. 甘美な感じがする。/감미로운 꿈에서 깨다. 甘美な夢から覚める。/감미로운 멜로디가 들려오다. 甘美なメロディーが聞こえてくる。
　감미로이甘く｜甘美に。 몐 ~ 만든 초콜릿은 맛있다. 甘く仕上げたチョコレートは美味しい。

감미-료(甘味料)몡 甘味料。

감방(監房)몡 監房。 몐 ~에 갇히다. 監房に閉じ込められる。

감별(鑑別)몡 鑑別。
　감별-하다 鑑別する。 몐 병아리의 암수를 ~. ひよこの雌雄を鑑別する。

감복(感服)몡 感服。
　감복-하다쟈 感服する。 몐 그의 집념에 감복했다. 彼の執念に感服した。

감봉(減俸)몡 減俸｜減給。 몐 ~ 처분이 내려지다. 減俸処分が下される。
　감봉-하다 減俸する｜減給する。

감비아(Gambia)몡《국》ガンビア。

감-빛몡 柿色。

감-빨다 うまそうに吸う｜美味しそうにしゃぶる｜むさぼる。 몐 아이가 엄마 젖을 ~. 子供がお母さんの乳をしゃぶる。

감사(感謝)몡 感謝。
　감사-하다¹ Ⅰ쟈탸 感謝する。 몐 진심으로 감사합니다. 心から感謝いたします。
　Ⅱ혱 有り難い。 몐 가족은 감사한 존재이다. 家族は有り難い存在だ。
　감사-히문 有り難く。 몐 ~ 여기다. ありがたく思う。

감사²(監査)몡 監査。 몐 ~ 기관 監査機関/회계 ~ 会計監査/내부 ~ 内部監査/외부 ~ 外部監査。
　감사-하다²탸 監査する。

감-사납다혱 ❶【사람】(外見・性質 등이) 手に負えないほど荒っぽい(御しがたいほど)荒々しい。 몐 형은 감사나운 얼굴을 하고 있다. 兄は強情そうな顔つきをしている。/장인(匠人)의 성질이 감사나워 부리기가 힘들다. 職人さんの気性が荒々しくて使いにくい。 ❷【밭】(田畑などが)荒くて仕事がしにくい。 몐 잡초투성이의 감사나운 밭 雑草だらけの荒れた畑。

감산¹(減産)몡 減産。
　감산-하다¹쟈 減産する。

감산²(減算)몡 減算｜引き算。
　감산-하다² 減算する。

감상¹(感傷)몡 【애상】 感傷。 몐 ~에 젖다. 感傷にひたる。

감상²(感想)몡 【마음속의 느낌】感想。 몐 ~을 말해 주세요. 感想を話して下さい。

감상³(鑑賞)몡 【예술작품을 음미함】鑑賞。 몐 음악 ~

音楽の鑑賞。
감상-하다囘 鑑賞する。囫 미술품을 ~. 美術品を鑑賞する。

감상-문(感想文)圐《文》感想文。囫 독서~을 쓰다. 読書の感想文を書く。

감상-적(感傷的)冠 感傷の。囫 비 오는 날은 ~인 기분이 되기 쉽다. 雨の日は感傷的になりやすい。

감상-주의(感傷主義)圐《文》感傷主義。センチメンタリズム。

감색(紺色)圐 紺色。囫 ~ 원피스 紺色ワンピース。

감성(感性)圐 感性。囫 여성의 ~을 자극하다. 女性の感性を刺激する。

감성-적(感性的)冠 感性的。

감세(減税)圐 減税。
감세-하다 減税する。

감소(減少)圐 減少。
감소-하다囘 減少する。囫 회원수 ~. 会員数が減少する。

감속(減速)圐 減速。囫 ~ 운동 減速運動。
감속-하다囙 減速する。囫 이 구역에서는 감속해야 한다. この区域では減速しなければならない。

감수¹(甘受)圐 甘受。
감수-하다¹囘 甘受する。囫 어떤 처벌이라도 감수하겠다. いかなる処罰も甘受する。

감수²(減收)圐 減収。減作。
감수-하다²囘 減収する。囫 수확이 ~. 収穫が減収する。

감수³(減數)圐 減数。
감수-하다³囘 減数する。

감수⁴(感受)圐 感受。
감수-하다⁴囘 感受する。

감수⁵(監修)圐 監修。囫 이 사전은 저명한 교수의 ~를 받았다. この辞典は著名な教授の監修を受けた。
감수-하다⁵囘 監修する。

감수 분열(減數分裂)《生》減数分裂。
감수-성(感受性)圐 感受性。囫 풍부한 ~ 豊かな感受性。
감수-자(監修者)圐 監修者。

감숭-감숭〔 〕まばらに生えた毛が黒ずんでいるさま。囫 ~ 나 있는 수염 黒くまばらに生えているヒゲ。

감숭-하다〔 〕(産毛・ひげなどが)黒っぽい。黒みがかっている。まばらに生えた毛が黒ずんでいる。囫 털이 감숭한 다리 毛が黒くまばらに生えた脚。

감시(監視)圐 監視。見張り。囫 ~ 카메라 監視カメラ/ ~를 받다. 監視を受ける。
감시-하다 監視する。見張る。

감시-망(-網)圐 監視網。
감시-초(-哨)☞감시 초소
감시 초소(-哨所) 監視所。=감시초

감식¹(甘食)圐【 】おいしく食べること。
감식-하다¹囘 おいしく食べる。

감식²(減食)圐【 】減食。
감식-하다²囙 減食する。囫 다이어트를 하기 위해 감식하고 있다. ダイエットのために減食している。

감식³(鑑識)圐【 】鑑識。囫 전문가에게 ~을 의뢰하다. 専門家に鑑識を依頼する。
감식-하다囘 鑑識する。

감실-감실¹〔 〕ちらちら。ゆらゆら。囫 줄이 끊긴 풍선이 ~ 사라져 간다. 糸の切れた風船がゆらゆらと消えて行く。
감실감실-하다囙 ☞감실거리다

감실-감실²〔 〕うっすら黒く。
감실감실-하다囘 点々とうっすら黒い。囫 감실감실한 턱 うっすら黒い顎/ 아기의 머리가 ~. 赤ちゃん坊の頭がうっすら黒い。

감실-거리다囙 ちらつく。ちらちらする。ゆらゆらする。囫 저쪽에서 감실거리는 것은 무엇입니까? 向こうでちらちらするのは何ですか。=감실감실하다¹·감실대다

감실-대다囙 ☞감실거리다
감심(感心)圐 感心。
감심-하다 感心する。

감-싸다 ❶〔 〕くるむ。包み隠す。囫 상처 난 자리를 붕대로 ~. 傷口を包帯でくるむ。/ 아기를 포대기로 ~. 赤ちゃんをおくるみでくるむ。 ❷〔 〕庇う。庇護する。囫 잘못을 감싸 주어 고맙다. 過ちをかばってくれてありがとう。

감안(勘案)圐 勘案。
감안-하다囘 勘案する。囫 여러 가지 사정을 ~. いろいろ事情を勘案する。

감액(減額)圐 減額。↔증액
감액-하다囘 減額する。

감언(甘言)[명] 甘言。｜(口先だけの)うまい言葉。 예 ~에 여자들은 그의 ~에 넘어갔다. / 그 녀석의 ~에는 넘어가지 마. 女たちは彼の甘言にだまされた。/ あいつのうまい言葉には乗るな。

감언-이설(甘言利說)[명] 口車。 예 ~에 속아 넘어갔다. 口車に乗せられた。/ ~에 속다. 口車にだまされる。

감연-하다(敢然—)[형] 敢然としている。｜果敢で勇敢だ。

감연-히 敢然と。

감염(感染) 感染。 예 ~ 경로 感染経路。

감염-하다[자] 感染する。 예 병균에 감염되다. 病菌に感染する。

감옥(監獄)[명] 監獄｜刑務所。=옥(獄)

감옥-살이(監獄—)[명] 監獄暮らし｜刑務所暮らし｜獄中生活。 예 ~로 몸이 쇠약해지다. 獄中生活で体が弱る。/ ~ 경험이 있다. 監獄暮らしの経験がある。=옥살이

감옥살이-하다 監獄暮らしをする｜獄中生活をする。 예 당파 싸움으로 많은 학자들이 감옥살이 적이 있다. 党争で多くの学者たちが監獄暮らしをしたことがある。

감원(減員)[명] 減員。 예 ~ 계획을 발표했다. 減員計画を発表した。

감원-하다 減員する。 예 직원 20명을 ~. 職員20人を減員する。

감-음정(減音程)[명] 〔音〕減音程。

감응(感應)[명] 感応。

감응-하다[자] 感応する。

감자¹[명] 〔植〕芋｜ジャガ芋｜ばれいしょ｜ポテト。 예 ~조림 ジャガイモの煮つけ / ~를 삶아서 으깨다. ジャガイモを茹でて潰す。=감저❶

감자²(減資)[명] 〔経〕減資。

감자-나무(柑子—)[명] 〔植〕こうきつ｜こうじみかん。 예 ~는 귤나무의 한 종류이다. こうきつはみかんの木の一種だ。

감자-밥[명] ジャガイモを入れて炊いた飯。

감작-감작[부] 【검고 작은 얼룩이 여기】 黒い点があちらこちらに嵌め込まれているさま。

감장[명] 黒い色。

감장-이[명] 黒いもの。

감저(甘藷)[명] ❶ ☞감자 ❷ ☞고구마

감전(感電)[명] 〔電〕感電。 예 ~ 사고 感電事故。

감전-하다[자] 感電する。

감전-사(感電死) 感電死。

감점(減點)[명] 減点。

감점-하다[타] 減点する。 예 3점을 감점당했다. 3点を減点された。

감정¹(感情)[명] 感情。 예 풍부한 ~ 豊かな感情。 / ~ 표현 感情表現。/ 연애 ~ 恋愛感情 / 반미 ~ 反米感情 / 자기 ~을 겉으로 표현하다. 自分の感情を表に表わす。/ 갑자기 공포의 ~을 느끼다. 突然恐怖の感情を感じる。

감정²(憾情)[명] 【원한이나 분노의 감정】恨みや怒りの感情。 예 원한의 ~을 얼굴에 나타내다. 恨みの感情を顔に出す。/ 노여운 ~이 가라앉다. 怒りが静まる。

감정³(鑑定)[명] 〔法〕鑑定。｜鑑識。 예 혈액 ~ 血液鑑定 / 필적 ~ 筆跡鑑定。

감정-하다[타] 鑑定する。 예 골동품의 진위를 ~. 骨董品等の真贋を鑑定する。/ 지문을 ~. 指紋を鑑定する。

감정-서(鑑定書) 鑑定書。

감정 이입(感情移入) 〔哲〕感情移入。

감정-인(鑑定人) 〔法〕鑑定人。

감정-적(感情的)[관] 感情的。

감조 하천(感潮河川) 感潮河川。

감주(甘酒)[명] 甘酒。=단술

감지(感知)[명] 感知。

감지-하다 感知する｜気付く。 예 위험을 ~. 危険を感知する。

감지덕지(感之德之)[부] 有り難がって｜非常にありがたく。 예 찬밥도 ~ 생각한다. 冷たいご飯でも非常にありがたく思う。

감지덕지-하다[타] この上なくありがたがる。 예 이 정도 도움만으로도 ~. 少しばかりの助けでも大変ありがたく思う。

감질(疳疾)[명] 【먹고 싶거나 되어】(食べたかったり物欲しかったりして)もどかしくなる心。

감질-나다(疳疾—)[형] じれったい｜もどかしい。 예 감질난다. 빨리 한 그릇 더 줘. じれったいな、早くおかわりをくれ。/ 감질나게 하지 마라, 아기가 운다. じれったくさせるな、赤ん坊が泣く。

감쪽-같다 見分けがつかない｜違いが分からない。 예 조화가 감쪽같아서 생화 같다. 造花か生花か見分けがつかない。

감쪽같-이[부] 分からないように｜まん

마と｜うまうまと。예그렇게 ~ 속이다니. そんなにうまくだますなんて。

감찰¹(監察)명 監察。
　감찰-하다타 監察する。예행정 기관을 ~. 行政機関を監察する。
감찰²(鑑札)명 鑑札。
감채 기금(減債基金)《경》減債基金。
감천(感天)명 真心に天が感動すること。
　감천-하다자 真心が天が感動する; 真心が天に通じる。
감청(紺青)명 紺青。
감초(甘草)명 ❶甘草; あまき｜あまくさ。❷甘草の根。예~ 같다. 欠かすことができない; どこにでも出しゃばる。
감촉(感觸)명 感触。예매끈매끈한 ~ 츠르츠르した感触/ 피부 ~이 좋다. 皮膚が感触がいい。
　감촉-하다타 感触する。
감추다타 ❶(物などを)隠す。예반지를 ~. 指輪を隠す。❷(感情・事実 등을)隠す｜秘する｜抑える。예슬픔을 ~. 悲しみを隠す。/ 분노를 ~. 怒りを抑える。❸隠す｜くらます。예모습을 ~. 姿をくらます。
감축(減縮)명 減縮。
　감축-하다자타 減縮する｜減り縮む。예비용을 ~. 費用を減り縮む。
감치다자 (心のうち・目の前などに)つきまとう｜こびりつく。예그 사람이 자꾸만 눈에 감친다. 彼がしきりに目にこびりつく。
감-치다²타 (針で)まつり縫う｜かがる｜縫い合わせる。예치맛단을 ~. スカートの端を縫い合わせる。
감칠-맛명 ❶食欲をそそる味｜こく。예이 술은 ~이 있다. この酒はこくがある。❷心を引きつける力｜妙味｜醍醐味。예그 사람은 이야기를 ~ 나게 해서 좋다. その人の話は人を引き付ける魅力があっていい。
감-칠화음명《음》減七和音。
감침-질명 まつり縫いをすること｜縢り。
　감침질-하다타 まつり縫いをする｜縢り縫いをする。
감탄(感歎・感嘆)명 感嘆。예~을 금치 못하다. 感嘆を禁じえない。/ ~의 소리와 박수가 터졌다. 感嘆の声や拍手が広がった。
　감탄-하다자 感嘆する。예보통이 아닌 문장력에 감탄했다. 並々ならぬ文章力に感嘆した。
감탄-문(感歎文)명《언》感嘆文｜感動文。
감탄-사(感歎詞)명《언》感嘆詞｜感動詞｜間投詞。
감탕명 ❶松脂と膠を煮詰めた糊。❷どろぬま｜泥｜泥んこ。
감탕-나무(甘湯—)명《식》もちのき。
감탕-밭명 ぬかるみ。
감태-같다형 (髪の毛が)真っ黒でつやがある｜からすの濡れ羽のようだ。예감태같은 머리 真っ黒でつやつやしている髪。
감퇴(減退)명 減退。예시력 ~ 視力減退。
　감퇴-하다자 減退する。예기억력이 ~. 記憶力が減退する。
감투명 ❶ガムトウ。❷家職｜職位｜官職。예~를 쓰다. 官職に就く; 高官になる。
감투²(敢鬪)명 敢闘。
감-파랗다형 黒みを帯びながら青い。
감파르잡잡-하다형 やや黒みがかって青い。
감풀명 満ち潮のときは隠れて引き潮のときは現れる広い砂原。
감필(減筆)명《미》減筆。
감행(敢行)명 敢行。
　감행-하다타 敢行する。예범죄가 조직적으로 감행되다. 犯罪が組織的に敢行される。
감형(減刑)명《법》減刑。
　감형-하다타 減刑する。예형기가 5년으로 감형되었다. 刑期が五年に減刑された。
감호(監護)명 監護。
　감호-하다타 監護する。
감화(感化)명 感化。예~ 교육 感化教育。
　감화-하다자타 感化する。
감회(感懷)명 感懐。예~에 잠기다. 感懐にふける。
감흙명《광》(砂金鉱で掘り出した) 金の交じった土。
감흥(感興)명 感興。예~을 불러일으키다. 感興を呼び起こす。

감-히(敢-)[부] ❶【두려움을 무릅쓰고】恐れ多くも。⑩ ~ 그는 임금에게 말대답을 하였다. 恐れ多くも彼は王様に言い返した。❷【도도함】図々しくも｜厚かましく｜思いきって。⑩ ~ 나에게 거짓말을 하다니. 図々しくも俺に嘘をつくなんて。

갑¹(甲)[명] 甲こう。❶【순서의 첫째】順序の一番目。❷【대표해 부름】人と物事が二つ以上のあるとき、その一つの名にかえて用いる語。❸【십간의 첫째】甲。

갑²(匣)[명] ❶小さい箱｜ケース。❷【담배 따위의 세는 단위】一箱。⑩ 담배 한 ~ タバコ一箱。

갑³(岬)[명] 【바다 쪽으로 뾰족하게 뻗은 육지】岬さき。

갑각-류(甲殻類)[명] 甲殻類こうかくるい。

갑갑-증(-症) うっとうしさ｜もどかしさ｜いらだち。⑩ 아파서 오랫동안 누워만 있었더니 ~이 나서 못 견디겠다. 具合が悪くて寝てばかりいたので、もどかしくて仕方がない。

갑갑-하다[형] ❶【아주 답답하다】息詰まる思いだ｜狭苦しい｜窮屈だ。⑩ 꽉 끼는 옷을 입었더니 ~. ぴったりした服を着たら窮屈だ。❷【싫증나다】うんざりする｜退屈だ。⑩ 갑갑한 시골 생활을 견디지 못하다. 退屈な田舎の生活はたまらない。❸【가슴이나 뱃속이 답답하다】(胸や腹がつかえて)重苦しい。⑩ 소화가 안 되서 ~. 消化が悪いので胃がもたれる。❹【궁금하고 답답하다】じれったい｜もどかしい｜はがゆい。⑩ 내 말을 이해를 못하니 정말 ~. 僕の言うことを理解してくれないのでもどかしい。/ 합격을 했는지 알 수가 없어 ~. 合格したかどうか分からなくてじれったい。/ 그의 심중을 알 수가 없어 ~. 彼の心中を知ることができずもどかしい。

갑갑-히[부] ❶息詰まるように｜狭苦しく｜窮屈に。❷退屈に。❸じれったく｜もどかしく｜はがゆく。

갑골 문자(甲骨文字)[언] 甲骨文字こうこつもじ。⑩ 중국 고대의 ~가 발견되었다. 中国古代の甲骨文字が発見された。

갑남을녀(甲男乙女)[명] 平凡な人々｜熊公八公くまこうはちこう。

갑론을박(甲論乙駁)[명] 甲論乙駁こうろんおつばく。

갑문(閘門)[명] 閘門こうもん。

갑문식 운하(閘門式運河)[해] 閘門式こうもんしき運河うんが。⑩ 파나마 운하는 대표적인 ~이다. パナマ運河は代表的な閘門式運河である。

갑부(甲富)[명] 一番目の大金持ち。⑩ 세계 제일 가는 ~ 世界が一番目の大金持ち。

갑상-선(甲狀腺)[명] 《의》甲狀腺こうじょうせん。⑩ ~ 호르몬 甲狀腺ホルモン。

갑상선-염(甲狀腺炎)[명] 《의》甲狀腺炎こうじょうせんえん。

갑상선-종(甲狀腺腫)[명] 《의》甲狀腺腫こうじょうせんしゅ。

갑석(-石)[명] 石の上に載せる蓋のような石。

갑시다[자]【(물이나 바람 따위가 급히 다른 데에 들어가는 때에)숨이 막히다】(水や風などが急にどなどなに入った時に)むせる｜息が詰まる。

갑신-정변(甲申政變)[명] 《역》【1884년에 개화파가 일으킨 정변】甲申こうしんの變へん｜甲申事變こうしんじへん。

갑연(甲宴)[명] ☞환갑잔치

갑오-개혁(甲午改革)[명] 《역》【1894년에 개화파가 근대화를 개혁 하고자】甲午改革こうごかいかく。

갑옷(甲-)[명] 鎧よろい。=갑의

갑을(甲乙)[명] 甲乙こうおつ。⑩ ~ 관계 甲乙関係かんけい。

갑의(甲衣)[명] ☞갑옷

갑자기[부] にわかに｜いきなり｜突然とつぜん｜不意に｜急に｜たちまち。⑩ 비가 ~ 내리기 시작했다. 雨がにわかに降り出した。/ ~ 배가 아파 왔다. 突然お腹が痛くなった。/ ~ 후려갈기다. いきなりなぐりつける。/ 손님이 ~ 들이닥쳤다. 客が急に押し寄せた。

갑작-스럽다[형] 急だ｜突然だ｜不意である。⑩ 갑작스러운 손님은 곤란하다. 不意の客は困る。

갑작스레 急に｜突然に｜不意に｜いきなり。⑩ ~ 병상이 악화되다. 急に病状が悪化する。/ ~ 큰 소리를 내다. いきなり大声を出す。

갑절[명] 倍ばい｜二倍にばい。⑩ 그의 급료는 나보다 ~이나 많다. 彼の給料は僕より二倍も多い。=배

갑충(甲蟲)[명] 《동》甲虫こうちゅう。

갑판(甲板)[명] 甲板かんぱん｜デッキ。

갑판-실(甲板室) 甲板室こうはんしつ。

값[명] ❶【(物의)価値】値打ち｜値。⑩ 사람의 ~이 오르다. 人の値打ちが上がる。❷【상품의 가격】価格かかく｜値段ねだん｜値ね。⑩ ~을 정하다. 価格を決める；値をつける。/ ~이 비싸다. 値段が高い。❸【금액】料金りょうきん｜代金だいきん｜代価だいか。

값-나가다 (品이 珍奇しくて)値が張る｜めぼしい｜値打ちがある. ⑩우리 집에는 값나가는 고서가 있다. 我々の家には値がはる古書がある.

값-나다 困 物の値が決まって売り買いできるようになる.

값-비싸다 ❶【값진】値段が高い｜値が張る｜高価だ. ⑩값비싼 보석 高価な宝石だ. ❷【노력의 나쁨이】高価な代償だ. ⑩값비싼 대가를 치르다. 高価な代償を払う.

값-싸다 ❶【값진】値段が安い｜安っぽい｜ちゃちだ. ⑩이것은 값싼 물건이지만 튼튼하다. これは安物だが丈夫だ./ 값싼 옷만 사지 마. ちゃちな服ばかり買うな. ❷【값어치가】(価値的が)安っぽい｜ちゃちだ. ⑩값싼 동정은 필요 없다. 安っぽい同情などはいらない.

값-어치 冏 値打ち｜価値｜値ね. ⑩한번 가 볼 만한 ～는 있겠지. 一度は行ってみる価値はあるだろう.

값-없다 ❶【대단히】値がつけられないほどたいへん貴重だ. ⑩이것은 쉽게 손에 넣을 수 없는 값없는 술이다. これは簡単には手に入らないな貴重な酒だ. ❷【보람이】(やりがいがなく)値打ちがない｜価値がない. ⑩값없는 일로 싸우지 마라. 価値のないことでケンカをするな.

값없-이 冏 値打ちなしに. ⑩아무 ～ 죽어 버렸다. 何の値打ちもなしに死んでしまった.

값-지다 ❶高い値打ちがある｜高価だ｜高級だ. ⑩값진 물건이므로 조심하세요. 高価な物なので気をつけてください. ❷やりがいがある｜意義がある. ⑩값진 경험 貴重な経験.

갓¹ ❶【갓난남자가 쓰던】カッ. ⑩～을 쓰고 절하다. カッをかぶってお辞儀をする. ❷【비를 막이위한】かさ. 전등～ 電灯のかさ.

갓² 冏 〈식〉芥菜.

갓의 【볏단을 세는 단위】束. 조기 한 ～ グチ一束/고사리 두 ～ わらび二束.

갓⁴ 冏 ただ今｜今しがた｜～したばかり｜ーしたて. ⑩～ 부화한 병아리 孵ったばかりのひよこ/～ 구운 밤 焼きたての栗/～ 칠했는지 의자에서 니스 냄새가 난다. たった今塗ったのか, 椅子からニスのにおいがする.

갓-길 冏 路肩. ⑩～에 정차하다. 路肩に停車する.

갓-김치 冏 【갓으로 담근】芥菜のキムチ. ⑩엄마는 ～를 매우 좋아한다. 母はからしなで作った漬物が大好きだ.

갓난-아기 ☞ 갓난아이

갓난-아이 赤ん坊｜赤ちゃん｜あかご. =갓난아기 ⓒ 갓난애

갓난-애 ☞ '갓난아이'의 준말.

갓-장이 カッ(갓)を作ったり直したりする人.

갓-쟁이 【갓을 쓴 사람】カッ(갓)をかぶった人.

강¹ (江) 冏 川｜河. ⑩～ 상류 川の上の方/～ 기슭 川辺/～ 줄기 川の流れ/～이 유유히 흐른다. 川が悠々と流れる./～을 거슬러 올라가다. 川をさかのぼる./～을 건너다. 川を渡る./ 작은 시내가 모여 큰 ～이 되어 바다로 흘러든다. 小川がより集まって大きな川となって海に注ぐ.

강 건너 불구경 関用 川の向こうの火事を見物する：[日]対岸の火事｜高みの見物.

강² (綱) 冏 〈생〉綱.

강⁻³ 꿸 【호되·심한 뜻의 앞가지】ひどい｜きびしい｜はなはだしい. ⑩강추위 きびしい寒さ/강마르다 ひどくやせている.

강-가 (江―) 冏 川辺｜河岸｜川のほとり. ⑩～를 배회하다. 川辺をぶらつく. =강변·하반²

강간 (強姦) 冏 強姦.
 강간-하다 囮 強姦する.
강간-죄 (強姦罪) 〈법〉強姦罪.

강강-술래 〈민〉【윷놀이의 춤의 일종】カンガンスルレ. ⑩～ 놀이 カンガンスルレ遊び/～ 노래 カンガンスルレの歌.

강개 (慷慨) 冏 慷慨. 비분～ 悲憤慷慨.
 강개-하다 慷慨する.

강건-하다 (強健―) 【몸이 튼튼하다】強健だ. ⑩강건한 체질 強健な体質.
 강건-히 強健に.

강경 (強勁·強硬) 冏 強硬.
 강경-하다 強硬だ. ⑩강경한 조치를 취하다. 強硬な措置を取る.
 강경-히 強硬に.

강경-책 (強勁策) 冏 強硬策.

강고-하다 (強固―) 強固だ. ⑩강고

한 의지 強固な意志.
강고-히 強固に.
강골(强骨) 硬骨. →악골
강관(鋼管) 鋼管.
강괴(鋼塊) 鋼塊¦鑄塊¦インゴット. 예~를 만들다. 鋼塊を造る.
강구¹(江口) 河口·みなと¦川口.
강구²(講究) 講究.
 강구-하다 講究する¦講ずる. 예대책을 ~. 対策を講ずる. ◇「講究する」は、「学問を研究하다」の뜻에 가깝다.
강국(强國) 強国.
강군(强軍) ❶強い軍隊. ❷競技で強い団体.
강권(强勸) 無理に勧めること¦強く勧めること. 아버지의 ~으로 나는 경찰관이 되었다. 父の強い勧めで僕は警察官になった。
 강권-하다 無理に勧める¦押し付ける. 어머니는 이 결혼을 강권하셨다. 母はこの結婚を無理に勧めた。/ 술을 강권하지 마라. お酒を無理に勧めるな。
강-기슭(江—) 川岸¦河岸. =강안
강-나루(江—) 川の渡し場.
강남-콩 ☞'강낭콩'의 잘못.
강낭-콩 (植)隱元¦隱元豆¦隱元ささげ. 예~을 넣은 밥 いんげんまめを入れたご飯/ ~이 아기 엄지손가락만 하다. いんげんまめが赤ちゃんの親指ぐらいだ。
강냉이 ☞옥수수
강녕-하다(康寧—) 康寧だ¦健康で安らかである. 예할머님, 강녕하십니까? 御祖母さん、お元気ですか。
강-다짐 ❶ご飯を汁物などに入れないでそのまま食べること. ❷賃金も与えずに人をこき使うこと. ❸(やたらに)無理に抑えつけること.
 강다짐-하다 ❶ごはんを汁物などに入れないで食べる. ❷賃金も与えずに人をこき使う. 예어린아이라고 강다짐하지 마라. 子供だからとこき使うな. ❸無理に抑えつける. 예강다짐한다고 해서 되는 것은 아니다. 無理にさせたからといってできるものではない。
강단¹(剛斷) ❶根強く耐える力. 예~이 있다. 根強く耐える力がある. ❷剛果が.

강단²(講壇) 講壇. 예~에 서다. 講壇に立つ.
강-담 (土砂を使わずに)石だけを使って積んだ石垣.
강당(講堂) 講堂. 예학교 ~에 모이다. 学校の講堂に集まる.
강대-국(强大國) 強大国.
강대-하다(强大—) 強大だ. 예강대한 국가 強大な国家.
 강대-히 強大に.
강-더위 ひどい暑さ.
강도¹(强度) 強度. 예훈련의 ~ 訓練の強度/ ~를 측정하다. 強度を測る.
강도²(强盜) 強盜. 예보석점에 ~가 들다. 宝石店に強盜が入る.
강독(講讀) 講讀.
 강독-하다 講讀する. 예고문을 ~. 古文を講讀する.
강동 (몸을 다리로 가볍게 뛰어 뛰는 모양) ぴょんと. 예~ 뛰어오르다. ぴょんと跳ねる.
 강동-거리다 ❶(계속해서 가볍게 뛰는 모양) ぴょんぴょん 跳ねる. 예어린이들이 강동거리며 뛰어다니다. 子供達はぴょんぴょん跳ねながら飛び回る. ❷(가볍게) 軽率にふるまう. =강동강동하다・강동대다
 강동-대다 ☞강동거리다
 강동-강동 ぴょんぴょん. 예아이들이 ~ 뛰어다니다. 子供たちはぴょんぴょんと飛び回る.
  강동강동-하다 ☞강동거리다
 강동-하다 (몸에 옷이 너무나 짧은 모양) ちんちくりんだ¦つんつるてんだ. 예강동한 작년 옷은 이젠 입을 수 없다. ちんちくりんな去年の服はもう着れない。
강력-하다(强力—) 強力だ. 예강력한 힘 強力な力.
 강력-히 強力に. 예~ 항의하다. 強力に抗議する.
강렬-하다(强烈—) 強烈だ. 예강렬한 인상을 남기다. 強烈な印象を残す.
 강렬-히 強烈に.
강령(綱領) 綱領. 예행동 ~ 行動綱領.
강-마르다 ❶(바싹 마르다) すっかり乾いている¦干からびている. ❷(몹시) ものすごくやせている. 예강마른 팔 やせ細った腕.
강매¹(强買) 強く勧められて無理に買うこと.

강매-하다¹ 印 強く勧められて無理に買う。 예 너무 권해서 강매하게 되었다. 아무리에도 勧められて無理に買うことになった。

강매²(強賣) 명 押し売り。 예 ~ 행위는 금지합니다. 押し売り行為は禁止です。

강매-하다² 印 押し売りする｜無理に売りつける。 예 이 상점은 강매하지 않는다. この店は無理に売りつけない。

강-모래(江―) 명 川砂利。

강목 ❶ (광) 【광석을 캐낼 감임이 아고 깊이 헛수고】 鉱石を掘る時何なんの所得もない無駄掘り。 ❷ 徒労に終わること｜無駄骨。

강-물(江―) 명 川の水。 =강수¹

강-바닥(江―) 명 川底｜河底｜川の底。

강-바람¹ 명 空っ風。

강-바람²(江―) 명 川風。

강박(強迫) 명 強迫。
　강박-하다 印 強迫する。

강박 관념(強迫觀念) 〈심〉強迫観念。 예 ~에 사로잡히다. 強迫観念にとらわれる。

강반(江畔) 명 江畔。

강-밥 명 汁物やおかずなしの飯。

강변(江邊) 명 川辺。 =강가

강변-도로(江邊道路) 명 川辺に沿っている道路｜川辺道路。 =강변로

강변-로(江邊路) 명 ⇒강변도로

강병(強兵) 명 強兵。

강사(講師) 명 講師。 예 외국어 ~ 외国語講師/ 대학 ~ 大学講師。

강산¹(江山) 명 川と山。

강산²(強酸) 〈화〉強酸。

강-샘 명 (異性間의) 嫉妬｜焼きもち。 예 아내의 ~에는 아무도 당하지 못한다. 妻の嫉妬には誰もかなわない。 = 질투·투기
　강샘-하다 자 焼きもちを焼く｜嫉妬する。

강설(降雪) 명 降雪。
　강설-하다 자 降雪する。

강설-량(降雪量) 명 降雪量。

강성-하다(強盛―) 強盛だ。 예 국력이 ~. 国力が強盛だ。

강세(強勢) 명 強勢。 ❶ 勢いが強いこと。 ❷ 〈경〉 強気。 예 주가의 ~가 이어진다. 株価の強気が続く。 ❸ 《언》ストレス｜アクセント。

강쇠-바람 명 初秋に吹く東風。

강수¹(江水) ⇒강물

강수²(降水) 명 【비·눈·우박·안개 등의 형태로 떨어지는 것】降水。 예 ~확률은 20%이다. 降水の確率は20%だ。

강수-량(降水量) 명 降水量。 예 ~을 측정하다. 降水量を測量する。

강-술 명 つまみなしで飲む酒。 예 집이 망하고는 매일 ~을 마신다. 家がつぶれて毎日つまみなしで酒だけ飲む。

강술²(講述) 명 講述。
　강술-하다 講述する。

강습(講習) 명 講習。 예 ~을 받다. 講習を受ける。
　강습-하다 印 講習する。

강심(江心) 【강의 중심】河心。

강심-제(強心劑) 〈약〉強心剤。

강아지 명 子犬｜小犬。

강아지-풀 명 《식》狗尾草｜猫じゃらし。 예 ~을 씹으면 시큼한 맛이 난다. えのころぐさの葉を噛むとすっぱい味がする。

강안(江岸) 명 ⇒강기슭

강압(強壓) 명 強圧。
　강압-하다 印 強圧する。

강압-적(強壓的) 관 強圧的。 예 ~인 태도 強圧的な態度。

강약(強弱) 명 強弱。

강역(疆域) 명 疆域｜境域。

강연(講演) 명 講演。
　강연-하다 印 講演する。

강연-회(講演會) 명 講演会。

강요(強要) 명 強要。
　강요-하다 強要する。 예 사직을 ~. 辞職を強要する。

강우(降雨) 명 雨雨。
　강우-하다 자 雨が降る。

강우-량(降雨量) 명 降雨量｜降水量。 예 연간 ~은 1,300㎜입니다. 年間降雨量は1300㎜だ。

강-울음 명 うそ泣き。 예 시아버지가 돌아가셨지만 며느리는 ~만 울 뿐이었다. 舅が亡くなっても嫁は嘘泣きをするだけだった。

강원-도(江原道) 명 〈지〉江原道。

강의(講義) 명 講義。 예 ~ 노트 講義ノート。
　강의-하다 講義する。 예 대학에서 강의하고 있다. 大学で講義している。

강의-록(講義錄) 명 講義録。

강인-하다(強靭—)[형] 強靭だ。⑩강인한 체력 強靭な体力/강인한 의지를 가진 사람 強靭な意志の人。
　강인-히[부] 強靭に;しぶとく。
강자(強者)[명] 強者。→약자
강-자갈(江—)[명] 川砂利。
강장(強壯)[명] 強壯。⑩~ 효과 強壯効果/자양 ~ 滋養強壯。
강장-강장[부] 短い足で跳ねながら歩くさま。
강장-거리다[자] 短い足で急ぎ足で歩く;跳ねながら歩く。=강장대다
강장-대다
강장-동물(腔腸動物)[명] ❶ ☞'자포동물'의 전 용어。 ❷ ☞'유즐동물'의 전 용어。
강장-제(強壯劑)[명] (약)強壯剤。
강재(鋼材)[명] 〈공〉鋼材。
강적(強敵)[명] 強敵。⑩~을 만나다。強敵に会う;強敵にあたる。/~을 이기다。強敵に勝つ。
강점(強占)[명] 【强制占領】(人の物·権利などを)強制的に占領すること。
　강점-하다[타] 強制的に占領する。
강점²(強點)[명] 強み | 長所。⑩당신의 최대 ~은 무엇입니까? あなたの最大の強みは何ですか。
강정[명] カンジョン。⑩오독오독한 ~ こりこりしたカンジョン。
강제(強制)[명] 強制。⑩~ 노동 強制労働/~ 징수 強制徴収/~ 처분 強制処分/~ 수용 強制収容。
　강제-하다[타] 強制する。⑩자기의 사고방식을 강제하지 마세요。自分の考え方を人に強制しないで下さい。
강제-력(強制力)[명] 強制力。
강제-적(強制的)[관] 強制的。⑩~인 의무 強制的な義務。
강제 송환(強制送還)〈법〉強制送還。
강제 종료(強制終了)〈컴〉強制終了。
강제 집행(強制執行)〈법〉強制執行。⑩법원에서 ~ 통지서를 보내 왔다。裁判所から強制執行の通知書が送られてきた。
강조(強調)[명] 強調。
　강조-하다[타] 強調する。⑩필요성을 ~。必要性を強調する。
강-조밥[명] 粟飯。
강종-강종[부] '강중강중'의 잘못。
강좌(講座)[명] 講座。⑩~ 개설 講座開設/무료 ~ 無料講座。

강-주정(—酒酊)[명] わざと酔っぱらったふりをして乱暴を働くこと。⑩오늘은 ~을 하여 진실을 알아내리라。今日はわざと酔っぱらったふりをして、真実を突き止めてやる。
　강주정-하다 わざと酔っぱらったふりをして乱暴を働く。
강-줄기(江—)[명] 川の水が流れる道;川筋。⑩~를 따라 옥토가 펼쳐진다。川筋に沿って沃土が広がる。
강중-강중[부] ぴょんぴょん。⑩아이들이 무대 위에서 ~ 뛰다。子供たちが舞台の上でぴょんぴょん跳ねる。
강중-거리다[자] 短い足で、飛び跳ねながら歩く;跳ね回る。=강중대다
강중-대다 ☞강중거리다
강즙(薑汁)[명] ☞생강즙
강직(降職)[명] 降職。
　강직-하다¹[자타] 降職する。⑩실적이 없는 부장을 강직시키다。実績のない部長を降職させる。
강직-하다²(剛直—)[형] 剛直だ。⑩강직한 사람 剛直な人/그의 강직함을 나타내는 사례 彼の剛直さを示すエピソード。
　강직-히[부] 剛直に。
강진(強震)[명] 強震。⑩~ 관측을 실시하다。強震観測を実施する。
강철(鋼鐵)[명] 〈공〉鋼鉄 | 鋼こう·はがね | スチール。⑩~ 검 鋼鉄剣/~ 갑옷 鋼鉄のよろい/~ 같이 강하다。鋼鉄のように強い。
강청(強請)[명] 【强請】強請。
　강청-하다[타] 強請する | 無理に頼む。
강-추위[명] 厳しい寒さ | 酷寒 | 厳寒。⑩영하 10도의 ~ 零下10度の酷寒。
강타(強打)[명] 強打。
　강타-하다[타] 強打する。⑩얼굴을 ~。顔を強打する。/태풍이 전국을 강타했다。台風が全国を襲った。
강-타자(強打者)〈운〉強打者。
강탄-절(降誕節)[명] ☞부처님 오신 날
강탈(強奪)[명] 強奪。
　강탈-하다[타] 強奪する。⑩등록금을 강탈당하는 사건이 발생했다。登録金を強奪される事件が発生した。
강토(疆土)[명] 疆土 | 境土。
강파르다[형] ❶ 【야위다】痩せている | やつれ

て青白い。예 강파른 얼굴 やせこけた顔。어머니의 강파른 얼굴이 눈에 떠오른다. 母のやつれた顔が目に浮かぶ。❷【성질】(性質)が)気難しい｜短気で頑固だ。예 강파른 사람을 상대하는 것은 피곤하다. 気難しい人の相手をするのは疲れる。❸【박정】薄情だ。예 강파른 일을 하다. 薄情なことをする。❹ ☞가파르다

강파리-하다 (体つきが)やせて短気のようだ｜やせていて神経質そうだ。

강판¹(鋼板)명【철판】鋼板。

강판²(薑板)명 おろし金。예 ～으로 무를 갈다. おろし金で大根を下ろす。

강퍅-하다(剛愎—)형【성격이】(性格が)ややこしく頑固だ｜剛愎だ｜片意地だ。예 강퍅하지 마라. 片意地になるな。

　강퍅-히부 頑固に｜剛愎に｜片意地に。

강-펄(江—)명 広々とした河原。

강포-하다(强暴—)형 強暴だ。

　강포-히부 強暴に。

강풍(强風)명 強風。예 ～ 피해 強風被害。/ ～ 주의보 強風注意報。

강-피밥명【피밥】稗飯。예 가난한 시절 ～을 먹었다. 貧しい頃、稗飯を食べた。

강하¹(江河)명 江河。

강하²(降下)명 降下。예 헬기 ～ 훈련 ヘリコプター降下訓練。

　강하-하다자 降下する。

강-하다(剛—)형【견고하다】❶(物が)硬くて堅固だ。예 강한 돌 硬い石。❷(性格が)剛直だ｜堅い。예 강한 성격 堅い性格。

강-하다(强—)형【힘이 세다】❶(力が)強い。예 그는 힘이 ～. 彼は力が強い。❷【수준이】(水準・程度などが)高い｜強い｜手ごわい。예 강한 팀을 이기다. 強いチームに勝つ。❸【견디어내다】強い。예 더위에 ～. 暑さに強い。

강행(强行)명 強行。

　강행-하다타 強行する。예 국제 여론을 무시하고 전쟁은 강행되었다. 国際世論を無視して戦争は強行された。

강-행군(强行軍)명 強行軍。

　강행군-하다자 強行軍をする。

강호¹(江湖)명 江湖。

강호²(强豪)명 強豪。예 세계적인 ～ 팀 世界的な強豪チーム。

강화¹(强化)명 強化｜～ 훈련 強化訓練。강화/ ～ 유리 強化ガラス。

　강화-하다타 強化する。예 감시를 ～. 監視を強化する。

강화²(講和)명【화해를 그치고 강화를 맺음】講和。예 ～ 조약 講和条約。

　강화-하다자 講和する。예 적국과 ～. 敵国と講和する。

강화³(講話)명【설명을 붙이는 말】講話。

　강화-하다타 講話する。

강황(薑黃)명【식】薑黃。

갖가지명 いろいろ｜様々｜とりどり｜種々。예 ～ 것을 가져와라. いろいろ持ってきなさい。/ ～ 색깔을 쓰다. 様々な色を使う。

갖다¹타【가지다의 준말】持つ｜所有する｜有する。예 별장을 ～. 別荘を持つ。/ 고민을 ～. 悩みを抱く。/ 자신을 ～. 自信を持つ。

갖다²자【가지고 있다의 준말】持っていて。예 낡은 옷은 버려라. 古着物は捨てて来て。

갖-바치명【가죽신 만드는】皮靴屋。

　갖바치 내일 모레(속담) 皮靴屋のあさって：「約束の期日が当てにならないこと」の意：〔日〕紺屋のあさって。◆일본에서는 「紺屋」(염색집)에 비유하여 말한다.

갖은관 いろいろな｜さまざまな｜あらゆる。예 ～ 양념 合わせ調味料。/ ～ 고생을 다 했다. ありとあらゆる苦労を経験した。

갖은-소리명【갖은 잡말】あらゆる言葉｜無駄口。예 ～를 하여 속이다. 無駄口をたたいて騙す。

갖은-자(一字)명 大字。◆「壱(いち)、弐(に)、参(さん)」등의 글자를 말한다.

갖-저고리명【안감에 털가죽】裏地に毛皮を当てたチョゴリ。

갖추부 すべて取りそろえて｜漏れなく取りそろえて。예 ～ 장만하다. いろいろ用意する。

갖추다타 ❶【가지런히 하다】備える｜取り揃える｜整える｜具備する。예 서류를 ～. 書類を揃える。/ 설비를 ～. 設備を備える。/ 준비를 ～. 準備を整える。

❷【자세】(姿勢を)正す｜直す。예 자세를 갖추고 일어섰다. 姿勢を持ち直して立ち上がった。

갖춘-꽃명《식》完全花。예 ～은 꽃을

구성하는 요소를 다 갖추고 있다. 完全花は花を構成する要素を全部備えている。 =완전화

갖춘-마디[명] [음] 完全小節。

갖춘-탈바꿈[명] ☞완전 변태

갖-풀[명] 膠。 =아교풀

같다[형] ❶[비교] 同じだ｜等しい｜変わりがない。 예 같은 나이 同じ年齢/ 옛날 같은 아름다움 昔と同じ美しさ。 ❷ [···것 같다'의 꼴로. 추측을 나타냄] —のようだ｜—そうだ｜—らしい。 예 금방이라도 쓰러질 것 ~. 今にも倒れそうだ。/ 감기 든 것 ~. 風邪をひいたようだ。 ❸ [···와 같다'의 꼴로 비교의 뜻을 나타냄] —のようだ｜—みたいだ。 예 여자 같은 남자 女みたいな男/ 귀신과 같은 얼굴을 하고 다가왔다. 鬼のような顔をしてやってきた。 ❹ [···같으면'의 꼴로 가정의 뜻을 나타냄] —ならば｜—だったら。 예 나 같으면 가만히 있지 않았어. 僕だったらだまっていなかったよ。/ 옛날 같으면 있을 수 없는 일이야. 昔だったらあり得ないことだよ。

같이 Ⅰ [부] ❶[비교] (—と)同じく｜同じように｜同様に｜等しく。 예 앞머리를 지난번 ~ 잘라 주세요. 前髪は前回と同様に切って下さい。/ 이 맛과 ~ 만들어. この味と同じように作りなさい。 ❷ [함께] —緒に｜共に。 예 친구와 ~ 공부한다. 友だちと一緒に勉強する。/ 아버지와 ~ 가다. 父と共に行く。
Ⅱ [조] —のように｜—の如く｜—と同じく。 예 눈같이 흰 피부 雪のように白い肌。

같이-하다[타] 同じくする｜一緒にする｜共にする。 예 숙제를 같이하다. 宿題を一緒にしよう。/ 3년간 생활을 ~. 三年間生活を共にする。

같잖다[형] ❶[하찮아 눈꼴사납다] (目に余るほど)こしゃくだ｜きざだ。 예 그 주제에도 같잖게 구네. 身の程もわきまえないきざな態度だ。/ 노는 꼴이 아주 ~. 遊び方が癪にさわる。/ 어쩐지 녀석의 말하는 투가 ~. どういうわけか奴の話し方が癪にさわる。 ❷[말할거리가 못 되다] なってない｜取るに足らない｜くだらない｜つまらない。 예 그런 같잖은 일로 고민하지 마라. そんなつまらない事で悩むな。

갚다 ❶(빌린 물건을) 返す｜返済する｜戻す｜償う。 예 대부금을 ~. ローンを返済する。/ 빌린 돈을 ~. 借りたお金を返す。 ❷(恩·恨みなどに) 報いる｜返す｜仕返しをする。 예 원수를 ~. 仇を討つ。/ 은혜를 원수로 ~. 恩を仇で返す。/ 은혜를 ~. 恩返しする。

갚음 (恩·恨みなどに)報いること｜報い｜仕返し｜恩返し。 예 어떤 ~이든 필요 없다. 何の報いもいらない。

갚음-하다 報いる。 예 언젠가는 은혜를 갚음하겠습니다. いつかは恩返しします。

개¹[의존명사] 干潟になる入り江｜潟。

개²[명] ❶[동] 犬。 예 ~에게 물리다. 犬にかまれる。/ ~를 키우다. 犬を飼う。 ❷[남의 앞잡이 노릇을 하는 사람을 낮잡아] 走狗｜手先。 예 남의 ~ 노릇을 하다. 他人の手先として活動する。/ 평생을 그의 ~로 지내다. 生涯を彼の走狗として過ごす。

개같이 벌어서 정승같이 산다[먹는다][속담] 犬のように汚なく稼いで宰相のように清く暮らす:「汚く稼いでも正しく有用に使う」の意。

개 눈에는 똥만 보인다[속담] 犬の目には糞だけ見える:「何かに凝れば目に映ることがすべてそのように見える」の意。

개도 닷새가 되면 주인을 안다[속담] 犬も5日飼えば主人を見分ける:「犬でさえ恩が分かるのに、ましてや人間が恩知らずでいられようか」の意。 =개도 주인을 알아본다

개도 주인을 알아본다[속담] ☞개도 닷새가 되면 주인을 안다

개³[명] [장기] ケ。 ~가 나와 두 자리 전진하다. ケ(개)が出て二こま前進する。

개⁴(個·箇·介)[의] 個。 예 사과 한 ~ リンゴー つ/ 빵 두 ~ パン2個。

-개⁵[접] [할머니나 한문 문자 뒤에 붙어] はな垂らし/ 지우개 消しゴム/ 이쑤시개 楊枝。

개가(改嫁)[명] 改嫁。
개가-하다타 改嫁をする｜女の人が再婚する。

개가²(凱歌) ☞개선가

개-가죽[명] 面皮｜つらの皮。

개각(改閣)[명] 内閣の改造。
개각-하다타 内閣を改造する。

개간(開墾)[명] 開墾する。
개간-하다타 開墾する。 예 황무지를 ~. 原野を開墾する。

개감-스럽다 [가쁘거나 안타까울 때] (がつがつと食べるさまが)見苦しい｜下品だ。 예

먹는 모습이 ~. 食べ方が下品だ。
개감스레 튀 見苦しく｜卑しく。 예 나와 있을 때에는 ～ 먹지 마세요. 私といる時には卑しく食べないでください。
개강(開講) 명 開講.
　개강-하다 자타 開講する。예 3월에 개강하는 강좌. 3月から開講する講座。
개개(個個) 명 個々。예 ～의 사례. 個々の事例。
개개다 자 ❶ [나무 스치면서 닳아 표면이 벗겨지거나 풀어지다] むける。 말 등이 안장에 개개어 벗겨지다. 馬の背が鞍で擦りむける。❷ [성가시게 달라붙다] やたらに 付きまとって損をさせる。
개개비 〈동〉 大葦切。예 ～가 시끄럽게 울어댄다. おおよしきりがやかましく鳴き叫ぶ。
개개-인(個個人) 명 個々人｜ひとりひとり。예 ～의 능력을 활용하다. 個々人の能力を活用する。
개개-풀어지다 자 ❶ 粘り気がなくなる。❷ (酒に酔って、または眠くて) 目がとろんとする｜まぶたがたるむ。예 눈이 개개풀어진 걸 보니 잠이 오는 모양이구나. 目がとろんとしているので眠くなったようだね。
개경(開京) 명 〈지〉 [고려의 수도 개성] 開京ギョン。
개-고기 명 犬の肉。
개-골 명 [이유 없이 속내는 것] 理由もなく怒ること。예 싱겁게 무슨 ～이야? 水くさく何を怒ってるんだ。
개골-개골 뛰 [개구리가 잇달아 우는 소리] けろけろ｜ころころ。예 개구리가 ～ 운다. 蛙がケロケロ鳴くんだ。
개골-창 명 溝る｜溝川る。예 어두울 때 마을 입구의 ～에 빠질 뻔한 적이 있다. 暗いとき村の入り口のどぶに落ちそうになったことがある。
개과(改過) 명 改過。
　개과-하다 자 過ちを改める。
개과-천선(改過遷善) 명 過ちを改めて善い人間になること。
　개과천선-하다 過ちを改めて善い人間になる。
개관(開館) 명 開館。
　개관-하다 자타 開館する。예 도서관을 ～. 図書館を開館する。
개관(槪觀) 명 [전체를 대충 살펴봄] 槪觀。
　개관-하다 타 槪觀する。예 일본 문학을 ～. 日本文學を槪觀する。
개괄(槪括) 명 槪括。

개괄-하다 타 槪括する。예 전체 내용을 개괄하여 설명하다. 全體の内容を槪括して說明する。
개교(開校) 명 開校。예 ～기념일. 開校記念日。
　개교-하다 자타 開校する。
개구리 명 〈동〉蛙｜かわず。예 청～. あおがえる／경침은 ～가 겨울잠에서 깨어나는 절기이다. 啓蟄はカエルが冬眠から覚める節気だ。
　개구리 올챙이 적 생각 못한다 속담 カエルはおたまじゃくしのときのことを忘れる：「成功したあと昔の苦労を忘れて偉ぶる」の意
개구리-밥 명 〈식〉浮草る。예 연못 위에 ～이 떠 있다. 池の水面にウキクサが浮いている。＝부평초
개구리-참외 명 〈식〉蛙のように斑点があるまくわうり。
개구리-헤엄 명 [개구리처럼 치는 헤엄] 蛙泳ぎ｜平泳ぎ。
개-구멍 명 犬潜り｜犬の出入り口。예 강아지가 ～으로 들어오다. 子犬が犬潜りから入ってくる。
개구멍-받이 명 [남의 집 앞에 버려서 남이 데려다가 기른 아이] 捨て子｜拾い子。예 작은어머니가 ～를 기른다. 叔母が捨て子を育てる。
개구쟁이 명 いたずらっ子｜腕白｜やんちゃ坊主｜ガキ。예 우리 집 ～ うちのわんぱく小僧／한창 ～ 짓을 하는 나이 いたずら盛りの年齢。
개국(開國) 명 開国｜建国。예 ～ 공신. 開国の功臣。
　개국-하다 자타 開國する。
개굴-개굴 뛰 [개구리가 잇달아 우는 소리] ころころ｜けろけろ。예 개구리가 큰 소리로 ～ 운다. 蛙が大きな声でけろけろ鳴く。
개그(gag) 명 ギャグ。
개그-맨(gagman) 명 コメディアン｜喜劇役者。
개그-우먼(gagwoman) 명 女性のコメディアン。
개근(皆勤) 명 皆勤。
　개근-하다 자 皆勤する。예 고등학교 3년간 개근하였다. 高校で三年間皆勤した。
개근-상(皆勤賞) 명 皆勤賞。예 ～을 수여하다. 皆勤賞を授与する。
개-기름 (顔などににじみ出る) 脂｜油分。예 코의 ～. 鼻の脂／얼굴이 ～으로

번들번들 빛나고 있다. 顔が油でぎらぎら光っている。

개기-식(皆旣蝕)圀《천》皆旣蝕。
개기 월식(皆旣月蝕)圀《천》皆旣月蝕。
개기 일식(皆旣日蝕)圀《천》皆旣日食。
개-꼴圀 不格好｜面汚し｜不面目な格好。
개-꿀圀 (みつばちの巣箱から取り出した)蜂の巣にたまっているままの蜜。
개-꿈圀 ばかげた夢。예어젯밤 꿈은 ~이었다. 昨日の夢はばかげていた。
개나리¹圀 《식》れんぎょう；ちょうせんれんぎょう。예울타리 ちょうせんれんぎょうの垣根／봄이 오니 산에 ~ 진달래가 한창이다. 春が来て山はちょうせんれんぎょうとつつじが真っ盛りだ。
개-나리²圀 《식》野生のゆりの総称。
개나리-봇짐圀 ☞'괴나리봇짐'의 잘못.
개-나발圀(——喇叭)圀 筋の通らないたわ言；やたらでたらめな話。예~은 이제 그만 좀 해라. でたらめな話はもうやめろ。／~을 불다. 口からたわ言を言う。
개년(個年)의【꾸밈말 내용은 없음】ヶ年。예5~ 개발 계획 5ヶ年の開発計画。
개념(概念)圀 概念。예하위 ~ 下位概念／~을 이해하다. 概念を理解する。
개념-적(概念的)관 概念的。예~ 사고 概念的思考。
개다¹재 ❶【꾸밈말】(天気が)晴れる。예날이 ~. 晴れる。❷【비유】(気分・心などが)晴れる。예시름이 ~. 憂いが晴れる。
개다²타【꾸밈말 내용은】(粉などを液体で)練る｜溶く。예우유 가루의 덩어리를 ~. 粉ミルクの固まりを溶く。
개다³타【꾸밈말 내용은】(布団や衣服などを)たたむ｜折り畳む。예이불을 ~. 布団をたたむ。
개-다래 ❶ ☞개다래나무 **❷** またたびの実。예~가 익다. またたびの実が熟している。
개다래-나무圀 《식》またたび。＝개다래❶
개다리-질圀 ❶ 小憎らしいふるまい。❷足でいたずらをすること。
개도-국(開途國)圀 ☞개발 도상국
개-돼지圀 ❶犬と豚。❷【비유】醜い人｜畜生。
개-떡圀 ❶雜穀で粉末に作った餅。❷【비유】くだらないもの｜つまらないもの。예~ 같은 인생 くだらない人生。

개-똥圀 ❶犬のくそ。❷【비유】くだらないもの｜つまらないもの。
　개똥도 약에 쓰려면 없다속담 犬のくそも薬にしようとすれば無い：「つまらないものでもいざ求めようとすればなかなか見つからない」の意。
개똥-벌레圀 《동》蛍。
개똥-지빠귀圀 《동》鶫。
개똥-참외圀 道端と野原に自然に生えるまくわうり。
개략(槪略)圀 概略｜大略｜あらまし。
개략-적(槪略的)관 概略的。예~으로 설명하다. 概略的に説明する。
개량(改良)圀 改良。예~ 농기구 改良農機具。
　개량-하다 改良する。예품종을 ~. 品種を改良する。
개량-종(改良種)圀 改良種。
개량-주의(改良主義)圀 《사》改良主義。
개론(槪論)圀 概論。예심리학 ~ 心理学の概論。
　개론-하다 概論する。
개름圀 ☞'게으름'의 준말.
개막(開幕)圀 開幕。예프로 야구 ~전 プロ野球の開幕戦。
　개막-하다재 開幕する。예전시회가 개막되다. 展示会が開幕される。
개막-극(開幕劇)圀 開幕劇。
개-망나니圀【꾸밈말 없음】ならずもの｜ごろつき。예막내아들이라고 귀하게 키웠더니 ~가 되었다. 末の息子だからと大切に育てたら、ごろつきになった。
개-망신(—亡身)圀 大恥｜赤恥。예남 앞에서 ~을 당하다. 人前で大恥をかかされる。
　개망신-하다재 大恥をかく｜赤恥をかく。예남 앞에서 개망신하기는 이제 정말 싫다. 人前で大恥をかくのはもう嫌だ。
개맹이圀【꾸밈말 없음】はきはきした態度｜しっかりした精神。예그는 참 ~가 없다. 彼はは本当にはきはきした態度がない。
개-머루圀 《식》野葡萄。
개-머리圀 ☞개머리판
개머리-판(—板)圀 《군》【꾸밈말】台尻｜銃

개-먹다 [자] (擦り合って)傷む¦擦り切れるほど擦り減る。예 가방 끝이 ~. カバンの端が擦り減る。

개명¹(改名)[명] [자기에게 딸려있던] 改名。
　개명-하다 [자] 改名する。예 개명하는 데는 나름대로 이유가 있다. 改名するにはそれなりの理由がある。

개명²(開明)[명] [지혜가 계발되고 문화가 발달함] 開明。예 ~의 시대 開明の時代。
　개명-하다 [자] 開明する。

개미¹ 〈동〉蟻。예 ~ 새끼 アリの子/일~ 働きアリ/벌과 ~는 협동 생활을 한다. ハチとアリは共同生活をする。
　개미 금탑 모으듯[속담] ありが金の塔を築き上げるよう:「こつこつと財産を蓄える」の意。
　개미 새끼 하나도 얼씬 못한다[관용] あり一匹も近づけない:「警戒性が非常に厳しい」の意。

개미-구멍 ❶ありの穴。❷ありの巣。예 ~ 속에서 수많은 개미들이 오글오글 모여 살고 있다. 数多くのアリが巣の中にうようよと集まって住んでいる。
　개미구멍이 둑을 무너뜨린다[속담] ありの穴が堤を崩す:「小さい欠陥をそのまま放置しておくと大きな欠陥をもたらす」の意。

개미-굴(一窟)[명] ありの巣。예 ~처럼 복잡한 길이라 지나가기가 쉽지 않다. ありの巣のように複雑な道なので簡単に通過することができない。

개미-귀신(一鬼神) 〈동〉 [명주잠자리의 유충의 애벌레] 蟻地獄。

개미-누에 〈농〉蟻蚕。毛蚕。

개미-산(一酸)〈화〉蟻酸。

개미-지옥(一地獄) [명주잠자리의 과 유충이 함정으로 만든 구멍] 蟻地獄の作る穴。蟻地獄。예 ~으로 미끄러져 내려가다. 蟻地獄に滑り降りていく。

개미-집 蟻の巣。예 개미들은 여왕개미를 중심으로 ~을 짓고 집단생활을 한다. ありは女王アリを中心に巣を作って集団生活をする。
　개미집을 들쑤셔 놓은 것 같다[관용] ありの巣をかき回したようだ:「手もつけないほど無秩序に騒ぎだす」の意。

개미-핥기[명] 〈동〉蟻食。

개미-허리[명] 細い腰¦柳腰。예 끊어질 듯한 ~ ちぎれそうな柳腰。

개밋-둑 あり塚¦ありの搭。

개발(開發)[명] 開発。예 ~ 원조 開発援助/기술 ~ 技術開発/~ 제한 구역 グリーンベルト。
　개발-하다 [타] 開発する。예 탄광을 ~. 炭鉱を開発する。/새로운 산업을 ~. 新しい産業を開発する。

개발 도상국(開發途上國) 〈사〉開発途上国。=개도국

개발-쇠발[명] '괴발개발'의 잘못.

개-밥 犬の餌¦犬の飯。

개밥-바라기[명] 〈천〉金星¦宵の明星。

개방(開放)[명] 開放。예 ~ 도시 開放都市/~ 시간을 연장하다. 開放時間を延長する。↔폐쇄
　개방-하다 [타] 開放する。예 도서관은 9시부터 개방한다. 図書館は9時から開放する。/문호를 ~. 門戸を開放する。

개방 사회(開放社會)〈사〉開放社会。

개방-적(開放的)[관] 開放的。예 ~인 공간 開放的な空間/~인 분위기 開放的な雰囲気。

개방-주의(開放主義)[명] 開放主義。

개방-현(開放絃)[명] 〈음〉開放弦。

개-백장[명] ☞개백정。

개-백정(一白丁) ❶犬を殺してその肉を売るのを業とする人。❷ [언행이 막되어 보잘것없는] 無礼な態度をとる人をののしる語¦不作法な人。예 유 ~ 같은 불한당 놈 あの不作法な強盗め。=개백장

개버딘(gaberdine)[명] ギャバジン。

개벽(開闢)[명] 開闢。예 천지~ 天地開闢。
　개벽-하다 [자] 開闢する。

개변(改變)[명] (状態·制度·施設などの)改変¦改革。
　개변-하다 [타] 改変する。

개별(個別)[명] 個別。예 ~ 학습 個別学習。

개별-적(個別的)[관][명] 個別的。예 ~으로 지도하다. 個別的に指導する。

개복(開腹)[명] 開腹。예 ~ 수술 開腹手術。
　개복-하다 [자] 開腹する。

개봉(開封)[명] ❶ [봉해져 있던 것을 뜯어냄] 開封。❷ 〈영〉封切り。
　개봉-하다 ❶開封する。예 편지를

~. 手紙を開封する。❷封切りする。

개봉-관(開封館)명 封切り館｜一番館。

개불알-꽃명 〈식〉敦盛草。 예관상용으로 ~을 샀다. 観賞用であつもりそうを買った。

개비명 ❶細長く割った割り木。❷〖가늘게 쪼갠 것을 세는 단위〗本、ぼん、ぽん。예성냥 한 ~ マッチ1本／담배 두 ~를 물다. たばこ2本をくわえる。

개-뿔【뿌】 つまらないこと。 =개코❶

개-살구명 まんしゅうあんずの実。

개살구-나무명 〈식〉満州杏。

개-새끼명 〖욕하는 말〗 犬畜生。 예이 ~야. この野郎。

개선¹(改善)명 〖교정식된 좋은 쪽으로 고침〗 改善。 예처우 ~ 待遇改善／업무 ~ 業務改善／체질 ~ 体質改善。

　개선-하다타 改善する。 예교육 환경을 ~. 教育環境を改善する。

개선²(改選)명 〖다시 뽑음〗 改選。

　개선-하다타 改選する。 예의원을 ~. 議員を改選する。

개선³(凱旋)명 〖싸움에 이겨 돌아옴〗 凱旋。

　개선-하다자 凱旋する。

개선-가(凱旋歌)명 凱旋の歌。 =개가²

개선-문(凱旋門)명 凱旋門。

개선-장군(凱旋將軍)명 凱旋将軍。

개선-책(改善策)명 改善策。

개설(開設)명 開設。 예홈페이지 ~ ホームページ開設。

　개설-하다타 開設する。 예새로 개설한 전시관 新しく開設した展示館。

개설²(槪說)명 概説。

　개설-하다타 概説する。

개성(個性)명 個性。 예자기 ~을 살리다. 自分の個性を生かす。／~을 충분히 발휘하다. 個性を十分に発揮する。

개성-적(個性的)관 個性的。 예~ 디자인 個性的なデザイン。

개소¹(個所)명의 ☞군데

개소²(開所)명 開所。 예연구소 ~ 研究所開所。

　개소-하다타 開所する。 예도쿄 사무소를 ~. 東京事務所を開所する。

개-소리명 〖실없는 말〗 でたらめにしゃべりまくる話｜でたらめ。 예내 이야기가 ~로 들려? 私の話がでたらめに聞こえるの。

개소리-하다자 でたらめにしゃべりまくる｜でたらめを言う。 예개소리하지 마. でたらめを言うな。

개수¹(改修)명 改修。 예도로 ~ 道路の改修。

　개수-하다타 改修する。 예주택을 ~. 住宅を改修する。

개수²(個數)명 個数｜物の数。 예~를 세어 보다. 個数を数えてみる。

개수-대(一臺)명 流し台。 예~에서 설거지를 하다. 流し台で食事の後片付けをする。

개-수작(一酬酌)명 理屈に合わない突飛な言葉｜やまね。

　개수작-하다 ふざけたことを言う｜ふざける。 예개수작하지 마라. ふざけるな。

개수-통(一桶)명 食器の洗い桶。 예식사가 끝난 접시를 ~에 넣다. 食べ終わったお皿を洗い桶の中に入れる。

개숫-물명 (食後の)食器を洗う水。

개시(開始)명 開始。 예공격 ~ 攻撃開始。

　개시-하다타 開始する｜始める。 예작전을 ~. 作戦を開始する。

개식(開式)명 開式。

　개식-하다자타 開式する。

개신(改新)명 改新。

　개신-하다자타 改新する。

개신-개신[부] 〖쇠약하거나 기운이 없이 자꾸 힘겹게 행동하는 모양〗のろのろ｜えっちらおっちら。 예비만아가 ~ 걸어 왔다. 肥満児がえっちらおっちらと歩いて来た。

개신-거리다자 (怠け者や病人が)のろのろする｜えっちらおっちら動く。 예아이가 개신거리며 어머니 뒤를 따른다. 子供が力無く動きながら母親の後を追う。=개신대다

개신-교(改新敎)명 〈종〉新教｜プロテスタント。=프로테스탄트

개신-대다자 ☞개신거리다

개심(改心)명 改心。 예~을 맹세하다. 改心を誓う。

　개심-하다자 改心する。

개-싸움명 ❶犬のけんか｜闘犬。 예~을 구경하다. 闘犬を見物する。 ❷欲望を満たすための醜い争い。 예재산을 상속 받기 위한 ~은 언제까지 계속할 것인가? 財産を相続するための醜

い争いはいつまで続くのか。

개악(改惡)명【고치어 도리어 나쁘게 해짐】改惡かいあく。
　개악-하다타 改惡あくする。

개안(開眼)명《의》開眼かいがん。예~ 수술 開眼手術しゅじゅつ。

개암¹명 はしばみの実み。

개암²명【예의 옛이나 고기 국에 솜의 같이 넣는 솜의 덩이】(太ふとり過すぎないように)たかのえさに入いれる綿わたのかたまり。
　개암(을) 지르다관용 たかのえさに綿わたを入いれる。

개암-나무명《식》はしばみ。

개업(開業)명 開業かいぎょう。예~ 광고 開業広告こうこく。
　개업-하다타 開業かいぎょうする。예꽃 가게를 ~. 花屋はなやを開業する。

개업-의(開業醫)명 開業醫かいぎょうい｜町医者まちいしゃ。

개연-성(蓋然性)명 蓋然性がいぜんせい｜プロバビリティー。예~을 높이다. 蓋然性を高たかめる。

개염명【분하여하는 마음】物ものうらやみ｜物ねたみ。예그녀가 ~을 내서 일을 그르쳐 버렸다. 彼女かのじょが欲よくを出だして事ことが狂くるってしまった。

개염-스럽다형【샘이 많다】ねたんでいる｜嫉妬しっとしている｜焼やきもちを焼やいている｜うらやましい。
　개염스레부 うらやましく｜ねたましく。예부장으로 승진한 친구를 ~ 바라보다. 部長ぶちょうに昇進しょうしんした友人ゆうじんをうらやましく見みつめる。

개-오동나무(一梧桐一)명《식》木豇豆きささげ。 =노나무

개-옻나무명《식》山漆やまうるし。

개요(槪要)명 概要がいよう｜あらまし。예사건의 ~ 事件じけんの概要。

개운-하다형 ❶【心心身·體たいがさっぱりしている｜晴はれ晴れしている｜すっきりしている。예그 애와 화해를 하고 나니 마음이 ~. 彼かれとは和解わかいをしたので気持きもちがすっきりする。/미루었던 빨래를 하고 나니 마음이 ~. 後回あとまわしにしておいた洗濯せんたくをしたので気持きもちがすっきりする。/시험이 끝나니 매우 ~. 試験しけんが終おわったので気持きもちがとてもすっきりする。❷【음식의】あっさりしている。예얼큰하고 개운한 국물 辛からくてあっさりとした汁しる。
　개운-히부 さっぱりと｜すっきりと｜あっさりと。

개울명 細流さいりゅう｜小川おがわ｜谷川たにがわ。예~을 건너다. 小川を渡る。

개울-가명 小川おがわのほとり。예~에 앉아 책을 읽다. 小川のほとりに座すわって本ほんを読よむ。

개울-물명 小川おがわの水みず。예맑은 ~이 흐르는 골짜기 淸きよらかな渓流けいりゅうが流ながれる谷たに。

개원¹(開院)명【교회·학교 교기】開院かいいん。
　개원-하다¹자타 開院かいいんする。예병원을 ~. 病院びょういんを開院する。

개원²(開園)명【유치원·동물원·등】開園かいえん。
　개원-하다²자타 開園かいえんする。예유치원을 ~. 幼稚園ようちえんを開園する。

개월(個月)의 ヶ月かげつ。예마무리하는 데 3~이 걸렸다. お仕舞しまいに三さんヶ月かかった。

개으르다형 ☞게으르다

개으름명 ☞게으름

개-음절(開音節)명《언》開音節かいおんせつ。

개의¹(介意)명【마음에 두고 생각함｜마음이 쓰여서 걱정함】介意かいい｜とんじゃく｜とんちゃく｜懸念けねん。
　개의-하다¹타 介意かいいする｜気きにかける｜とんじゃくする｜懸念けねんする。예앞으로의 일은 일절 개의하지 않는다. この先さきのことは全まったく介意しない。/타인의 말 같은 것은 개의치 마라. 他人たにんの言いうことなんか気きにするな。

개의²(改議)명 ❶【고치어 議論함】改あらためて議論ぎろんすること。❷【회의에서 발의안을 새 안으로 고쳐 제의함】(会議かいぎで発案はつあんした議案ぎあんなどを)改あらためて提議ていぎすること。예이 의안의 ~가 필요합니까? この議案を改めて提議することが必要ひつようですか。
　개의-하다²타 ❶ 改あらためて議論ぎろんする。예다시 한번 ~. もう一度改めて議論する。❷改あらためて提議ていぎする。

개인(個人)명 個人こじん。예~ 소득 個人所得しょとく／~ 교수 個人教授きょうじゅ。

개인-위생(個人衛生)명 個人衛生こじんえいせい。

개인-적(個人的)관형 個人的こじんてき。예어디까지나 ~인 의견입니다. あくまでも個人的な意見いけんです。

개인-전¹(個人展)명【개인의】個展こてん。예~을 열다. 個展を開ひらく。

개인-전²(個人戰)명《운》個人戰こじんせん。예~에서 우승하다. 個人戰で優勝ゆうしょうする。

개인-주의(個人主義)명 個人主義こじんしゅぎ。

개인-차(個人差)명 個人差こじんさ。예약의 효능에는 ~가 있다. 薬くすりの効果こうかには個人

개인택시(個人taxi)⃝명 個人タクシー。
개인-플레이(個人play)⃝명 個人プレー。
개입(介入)⃝명 介入。
　개입-하다⃝자 介入する。⃝예 정부가 노사 분규에 ~. 政府が労使紛争に介入する。
개작(改作)⃝명 改作。
　개작-하다⃝타 改作する。⃝예 고전을 현대풍으로 ~. 古典を現代風で改作する。
개-잠¹⃝명 犬のように背を丸め縮まって寝ること。⃝예 그 사람은 꼭 팔다리를 오그리고 ~을 잔다。その人は手足を縮めて丸まって寝る。
개-잠²(改一)⃝명 二度寝し寝直し。⃝예 아침 무렵에 눈이 떠졌지만 졸려서 ~을 잤다。朝方眼が覚めたが眠気がきてまた寝た。
개잠-자다¹⃝자 犬のように体を屈め、丸くなって寝る。
개잠-자다²(改一) 朝に目覚めてまた寝る。⃝예 잠깐 개잠잤더니 몸이 더 피곤하다。少しだけ寝直しをしたら体が却って疲れた。
개장¹(改葬)⃝명 改葬。
　개장-하다⃝타 改葬する。
개장²(改裝)⃝명 改装。⃝예 ~ 공사 改装工事。
　개장-하다⃝타 改装する。
개장³(開場)⃝명 開場。⃝예 ~ 시간 開場時間／~ 준비 開場準備。
　개장-하다³⃝자 開場する。
개재(介在)⃝명 介在。
　개재-하다⃝자 介在する。
개전(開戰)⃝명 開戰。⃝예 ~ 직전 開戰直前／~ 전야 開戰前夜。
　개전-하다⃝자 開戰する。
개점(開店)⃝명 開店｜店開き。⃝예 백화점 ~ 시간은 10시입니다。デパートの開店時間は10時です。
　개점-하다⃝자 開店する｜店開きする。⃝예 지점을 ~. 支店を開店する。
개점-휴업(開店休業)⃝명 開店休業。
개정¹(改正)⃝명 改正。⃝예 세제 ~에 대한 내용 税制改正の内容／헌법 ~을 실시하고 있다。憲法改正を行っている。
　개정-하다⃝타 改正する。

개정²(改定)⃝명 改定。⃝예 임금 ~ 賃金の改定。
　개정-하다²⃝타 改定する。⃝예 하수도 사용료를 ~. 下水道の使用料を改定する。
개정³(改訂)⃝명 改訂。
　개정-하다³⃝타 改訂する。⃝예 초판을 개정하였다。初版を改訂した。
개정⁴(開廷)⃝명 《법》 開廷。⃝예 제1회 공판 ~ 第一回公判開廷。
　개정-하다⁴⃝자 開廷する。
개정-안(改正案)⃝명 改正案。
개정-판(改訂版)⃝명 《출》 改訂版。
개제(改題)⃝명 改題。
　개제-하다⃝타 改題する。
개조¹(改造)⃝명 改造。⃝예 주택 ~ 住宅の改造。
　개조-하다⃝타 改造する。
개조²(改組)⃝명 改組｜改造。⃝예 조직 ~ 組織の改組／내각 ~ 内閣の改造。
　개조-하다²⃝타 改組する｜改造する。
개조³(個條)⃝명 箇条｜個条｜か条｜ケ条。⃝예 10~로 나누다。10ヶ条に分ける。
개종(改宗)⃝명 《종》 改宗。
　개종-하다⃝자 改宗する。⃝예 불교로 ~. 仏教に改宗する。
개-죽음⃝명 犬死に｜無駄死に。⃝예 그의 죽음을 ~으로 삼지 마라。彼の死をむだじにするな。
　개죽음-하다⃝자 犬死にする｜無駄死にする。⃝예 요즘에는 하찮은 일로 개죽음한 사람이 많이 있다。最近はつまらないことで犬死にした人がたくさんいる。
개중(個中)⃝명 個中｜箇中｜その中。⃝예 ~에는 쓸 만한 것도 있다。その中には十分に使えるものもある。
개진¹(改進)⃝명 改進。
　개진-하다¹⃝자타 改進する。
개진²(開陳)⃝명 開陳。
　개진-하다²⃝타 開陳する。⃝예 자기 의견을 ~. 自分の意見を開陳する。
개-차반⃝명 処世しや性根がとても汚ない人。⃝예 하는 짓이 아주 이다. やることがまったくなってない。
개찰¹(改札)⃝명 改札。⃝예 ~ 시간 改札時間。
　개찰-하다¹⃝타 改札する。

개찰²(開札)[명] 【샅샅이 검사함 속되게】 開札かいさつ。 예 ~ 결과 開札結果かいさつけっか。
　개찰-하다[타] 開札かいさつする。

개찰-구(改札口)[명] 改札口かいさつぐち。

개척(開拓)[명] 開拓かいたく。예 새로운 시장의 ~ 新市場しんしじょうの開拓かいたく。
　개척-하다[타] 開拓かいたくする。예 황무지를 ~. 荒あれ地ちを開拓かいたくする。/ 운명을 ~. 運命うんめいを切きり開ひらく。

개척-자(開拓者)[명] 開拓者かいたくしゃ。
개척-지(開拓地)[명] 開拓地かいたくち。
개척-촌(開拓村)[명] 開拓村かいたくそん。

개천(一川)[명] ❶下水げすい｜どぶ｜溝みぞ。예 ~에 빠지다. どぶにはまる。❷小川おがわ。=내 개천에서 용 난다속담〔日〕鳶とびが鷹たかを生うむ：「身分みぶんと低ひくい家柄いえがらや親おやから優すぐれた子こが生うまれる」の意い。◆日本にほんでは「솔개가 매를 낳다」라고 한다.

개체(個體)[명] 個体こたい。예 ~ 변이 個体変異こたいへんい/ ~ 주의 個体主義こたいしゅぎ/ ~ 발생 個体発生こたいはっせい。

개초(蓋草)[명] ❶【이영으로 이은】わら葺ふき。❷☞이영
　개초-하다[타] わら葺ふきをする｜わら屋根やねを葺ふく。예 지난해에는 개초하지 않았다. 去年きょねんはわら葺ふきをしなかった。

개최(開催)[명] 開催かいさい。
　개최-하다[타] 開催かいさいする。예 대회를 ~. 大会たいかいを開催かいさいする。

개최-지(開催地)[명] 開催地かいさいち。예 올림픽 ~ オリンピック開催地かいさいち。

개축(改築)[명] 改築かいちく。예 사찰의 ~ お寺てらの改築かいちく。
　개축-하다[타] 改築かいちくする。

개춘(改春)[명] ❶春はるが始はじまること。❷初春しょしゅん。
　개춘-하다[자] 春はるが始はじまる。

개칠(改漆)[명] ❶塗ぬり替かえ。❷字じを書かくとき筆ふでを加くわえて塗ぬり直なおすこと。=가칠❷

개칭(改稱)[명] 改称かいしょう。
　개칭-하다[타] 改称かいしょうする。

개-코[명] ❶☞개뿔 ❷【냄새를 잘 맡는 속되게】よくにおいをかぐ人ひと。

개키다[타] 畳たたむ｜折おり畳たたむ。예 이불을 개키어 선반에 얹다. 布団ふとんを折おり畳たたんで棚たなに上あげる。

개탄(慨歎·慨嘆)[명] 慨嘆がいたん。
　개탄-하다[타] 慨嘆がいたんする｜嘆なげく。

개통(開通)[명] 開通かいつう。예 전화 ~ 電話開通でんわかいつう。
　개통-하다[타] 開通かいつうする。예 도로를 ~. 道路どうろが開通かいつうする。

개-판¹[명] 【질서가 없고 난잡한 상태】秩序ちつじょがなく乱雑らんざつな状態じょうたい。예 집안이 ~이 되었다. 家庭かていがめちゃくちゃになった。

개-판²(改―) 〈운〉【장기】勝負しょうぶが決きまらない時ときにもう一度いちどやり直なおすこと｜取とり直なおし。

개판³(改版)[명] 〈출〉改版かいはん。
　개판-하다[타] 改版かいはんする。

개펄[명] 潟かた｜干潟ひがた。

개편(改編)[명] 改編かいへん。예 정기 ~ 定期ていき改編かいへん。
　개편-하다 改編かいへんする。예 조직을 ~. 組織そしきを改編かいへんする。

개평¹[명] 【남이 가지고 있는 돈에서 조금 나누어 받는 것】他人たにんの持もち分ぶんからただで少すこし分わけてもらったもの。예 ~을 주다. 持もち分ぶんを少すこしあげる。

개평²(槪評)[명] 概評がいひょう。
　개평-하다[타] 概評がいひょうする。

개평-꾼[명] 【노름판에서 남의 돈에서 얻어내는 사람】賭博とばくや賭かけ事ごとなどで人ひとにねだってその人ひとの持もち分ぶんからただでいくらかを分わけてもらう人ひと。예 ~이 모여들다. 物ものをせびる人ひとが集あつまってくる。

개폐(開閉)[명] 開閉かいへい｜開あけ閉たて｜開あけ閉しめ。예 문의 ~ 戸との開あけ閉しめ。
　개폐-하다[타] 開閉かいへいする｜開あけ閉たてする。

개폐-기(開閉器)[명] 〈전〉開閉器かいへいき｜スイッチ。

개표(開票)[명] 開票かいひょう。예 ~ 결과 開票結果かいひょうけっか/ 선거 ~ 選挙せんきょの開票かいひょう/ ~를 시작하다. 開票かいひょうを開始かいしする。
　개표-하다[타] 開票かいひょうする。

개표-소(開票所)[명] 開票ひょうする場所ばしょ｜開票所かいひょうじょ。

개-풀[명] 浜辺はまべに生はえている草くさ。예 ~을 뽑다. 浜辺はまべに生はえている草くさを抜ぬく。

개학(開學)[명] (学校がっこうの)始業しぎょう。
　개학-하다[자] 始業しぎょうする｜学校がっこうが始はじまる。예 일본의 1학기는 4월에 개학한다. 日本にほんの一学期いちがっきは四月しがつに始はじまる。◆일본어에서 「開学」은 '대학을 개설하다'의 뜻이다.

개항(開港)[명] 開港かいこう。
　개항-하다[자·타] 開港かいこうする。예 부산항은 언제 개항했습니까? プサン港こうはいつ開港かいこうしましたか。

개항-장(開港場)[명] 開港場かいこうじょう。

개헌(改憲) 〖법〗改憲ゕぃけん。 예 ~을 주장하다. 改憲を主張しゅちょうする。
  개헌-하다재 改憲する。

개-헤엄 명 犬かきぃ｜犬泳ぃぬおよぎ。

개혁(改革) 명 改革かいかく。 예 토지 ~ 土地とち改革。
  개혁-하다타 改革する。 예 기구를 ~. 機構きこうを改革する。

개호주 명 虎とらの子こ。

개화¹(開化) 명 開化かぃか。 예 문명~ 文明ぶんめい開化。
  개화-하다재 開化する。

개화²(開花) 명 開花かぃか。 ❶〖꽃이〗花はなが咲さくこと。 예 ~ 시기 開花時期かいかじき。 ❷〖성하게〗物事ものごとが盛さかんになること。 예 근대 문학의 ~ 近代きんだい文学ぶんがくの開花。
  개화-하다재 開花する。 ❶花が咲く。 ❷物事が盛んになる。

개화-기(開花期) 명 開花期かぃかき。

개황(槪況) 명 概況がいきょう。

개회(開會) 명 開会かぃかぃ。
  개회-하다재타 開会する。 예 9시에 개회하겠습니다. 9時じに開会します。

개회-사(開會辭) 명 開会の辞じ。
개회-식(開會式) 명 開会式かぃかぃしき。

개-흙 명 川辺かわべやどぶの泥土でいど。

객¹(客) 명 ☞ 손

-객²(客) 접〖불청객 따위〗—客きゃく。 예 불청객 招まねかれざる客／관람객 観客かんきゃく／조문객 弔客ちょうきゃく。

객고(客苦) 명 ❶旅先たびさきでの苦労くろう｜旅疲たびづかれ。 예 ~가 심하다. 旅疲れがひどい。 ❷無駄むだな苦労。 예 ~는 필요 없다. 無駄な苦労は要いらない。
  객고-하다재 ❶旅先で苦労する。 예 말이 통하지 않아 객고하였다. 旅先で言葉ことばが通つうじず苦労した。 ❷無駄な苦労をする。

객관(客觀) 명 客観きゃっかん。
객관-성(客觀性) 명 客観性きゃっかんせい。
객관-적(客觀的) 관명 客観的きゃっかんてき。 예 ~으로 평가하다. 客観的に評価ひょうかする。

객기(客氣) 명 客気きゃっき・空元気からげんき。 예 ~에 이끌리다. 客気にかられる。／~를 부리다. 空元気を出だす。

객-님(客—) 명 〈종〉〖절에서 손님처럼 대접받는 승려〗客僧きゃくそう。 예 ~께 쌀을 시주하다. 客僧にお米こめを施ほどこす。

객담(客談) 명 ☞ 객설
  객담-하다재 ☞ 객설하다

객비(客費) 명 ❶旅先たびさきで要ようする費用ひよう。 예 ~가 부족하다. 客地きゃくちでの費用が足たりない。 ❷不必要ふひつような費用。

객사(客死) 명 客死きゃくし・かくし。 예 ~자의 신원을 조사하다. 客死者きゃくししゃの身元みもとを調しらべる。
  객사-하다재 客死きゃくし・かくしする｜旅先たびさき・異郷いきょうで死しぬ。 예 캐나다에서 객사했다. カナダで客死した。

객상(客床) 명 〖손님을 위한 밥상〗客膳きゃくぜん。 예 ~을 준비하다. 客膳を準備じゅんびする。

객석(客席) 명 客席きゃくせき。 예 ~을 향하여 인사하다. 客席に向むかってあいさつする。

객선(客船) 명 ❶客船きゃくせん・旅客船りょかくせん。 예 ~에 올라타다. 客船に乗のり込こむ。／~이 입항하다. 旅客船が入港にゅうこうする。 ＝여객선 ❷よそから来きた船ふね。

객설(客說) 명 つまらない話はなし｜くだらない話｜無駄話むだばなし｜無駄口むだぐち。 예 ~을 장황하게 듣다. つまらない話を長々ながながと聞く。 ＝객담・객소리
  객설-하다 無駄話むだばなしする｜無駄口むだぐちを言いう｜つまらない話はなしをする。 예 객설하지 말고 공부해라. 無駄口を叩たたいていないで勉強べんきょうしろ。 ＝객담하다・객소리하다

객설-스럽다(客說—) 형 無駄話むだばなしが多おおい。 예 그녀의 이야기는 ~. 彼女かのじょの話は無駄口が多い。
  객설스레 부 無駄口むだぐち多おおく。

객-소리(客—) 명 つまらない話はなし｜くだらない話｜無駄話むだばなし｜無駄口むだぐち。 예 ~는 더 듣고 싶지 않다. くだらない話はもう聞ききたくない。 ＝객설
  객소리-하다재 無駄話むだばなしする｜無駄口むだぐちを言いう｜つまらない話はなしをする。 예 언제까지 객소리를 할 작정인가? いつまでつまらない話をするのか。 ＝객설하다

객-스럽다(客—) 형 つまらなくばかげる｜くだらない。 예 자네 말은 언제나 ~. 君きみの言いうことはいつもつまらなくばかげる。／객스러운 농담은 그만둬라. くだらない冗談じょうだんはやめてくれ。
  객스레 부 つまらなく｜くだらなく｜馬鹿馬鹿ばかばかしく。

객-식구(客食口) 명 〖원래 식구는 아니지만 의식을 같이 하는 사람〗食客しょっかく｜居候いそうろう。 예 ~가 한 사람 늘었다. 食客が一人ひとり増ふえた。／~처럼 머물러 있다. 居候のように居座いすわる。

객실(客室) 명 ❶〖방〗客室きゃくしつ｜客間きゃくま｜応接間おうせつま。 ❷〖배의〗客室きゃくしつ。

객원(客員)⟨명⟩ 客員ｶｸｲﾝ・ｷｬｸｲﾝ。⟨예⟩~ 교수 客員教授ｷｮｳｼﾞｭ / 연구원 客員研究員ｹﾝｷｭｳｲﾝ。

객줏-집(客主一)⟨명⟩ 昔ﾑｶｼ、旅人ﾀﾋﾞﾋﾞﾄたちに飲食物ｲﾝｼｮｸﾌﾞﾂを売ｳって泊ﾄﾏらせた家ｲｴ。 =여각ｶｸ

객중(客中)⟨명⟩⟨주로'에'와 함께⟩客地ｷｬｸﾁにいる間ｱｲﾀﾞ。

객지(客地)⟨명⟩ 客地ｷｬｸﾁ | 旅先ﾀﾋﾞｻｷ | 他郷ﾀｷｮｳ。⟨예⟩~에서 고생하다. 他郷で苦労ｸﾛｳする。/ ~를 떠돌다. 他郷にさすらう。

객-쩍다(客一)⟨형⟩⟨심볼⟩ つまらない | くだらない。⟨예⟩객쩍은 거짓말은 그만둬라. くだらない嘘ｳｿはやめてよ。

객차(客車)⟨명⟩ 客車ｷｬｸｼｬ。

객혈(喀血)⟨의⟩喀血ｶｯｹﾂ。⟨예⟩~이 일어나면 곧 병원으로 오세요. 喀血が起ｵこったらすぐに病院ﾋﾞｮｳｲﾝへ来ｷてください。=각혈

객혈-하다⟨자⟩ 喀血ｶｯｹﾂする。⟨예⟩폐암으로 ~. 肺ﾊｲガンで喀血する。

갤러리(gallery)⟨명⟩ ギャラリー | 画廊ｶﾞﾛｳ。

갤런(gallon)⟨의⟩のガロン。

갬블(gamble)⟨명⟩ ギャンブル。

갭(gap)⟨명⟩ ギャップ。⟨예⟩~이 크다. ギャップが大ｵｵきい。

갯-고랑⟨명⟩ 浜辺ﾊﾏﾍﾞにある溝ﾐｿﾞ。⟨준⟩갯골。

갯-골⟨명⟩ ☞'갯고랑'의 준말.

갯-돌⟨명⟩ 川辺ｶﾜﾍﾞにある大ｵｵきな丸ﾏﾙい石ｲｼ。

갯-바람⟨명⟩ 浜風ﾊﾏｶｾﾞ | 潮風ｼｵｶｾﾞ。

갯-버들⟨명⟩⟨식⟩猫柳ﾈｺﾔﾅｷﾞ | 川柳ｶﾜﾔﾅｷﾞ。

갯-벌⟨명⟩ 干潟ﾋｶﾞﾀ | 砂州ｻｽ。⟨예⟩~에서 조개를 캐내다. 干潟で貝ｶｲを掘ﾎｯり出ﾀﾞす。

갱¹(坑)⟨명⟩⟨광⟩❶杭ｺｳ。❷坑道ｺｳﾄﾞｳ。

갱²(gang)⟨명⟩ ギャング | ギャンスター。

갱내(坑内)⟨명⟩ 坑内ｺｳﾅｲ。

갱년-기(更年期)⟨명⟩ 更年期ｺｳﾈﾝｷ。

갱년기 장애(更年期障礙) 更年期ｺｳﾈﾝｷ障害ｼｮｳｶﾞｲ。

갱도(坑道)⟨명⟩ 坑道ｺｳﾄﾞｳ。⟨예⟩~를 파다. 坑道を掘ﾎる。

갱목(坑木)⟨명⟩ 坑木ｺｳﾎﾞｸ。

갱생(更生)⟨명⟩ 更生ｺｳｾｲ。

  갱생-하다⟨자⟩타⟩ 更生する。

갱신¹⟨명⟩ 身動ﾐｳｺﾞき | 身じろぎ。⟨예⟩감기가 심해서 ~을 못한다. 風邪ｶｾﾞがひどくて身動きできない。/ 기운이 없어 ~을 못한다. 気力ｷﾘｮｸがなくて身動きもできない。

  갱신-하다¹⟨자⟩타⟩ 体ｶﾗﾀﾞを動ｳｺﾞかす | 身動ﾐｳｺﾞきする。⟨예⟩자리가 비좁아서 갱신할 수가 없다. 場所ﾊﾞｼｮが狭苦ｾﾏｸﾙｼくて身動きできない。

갱신²(更新)⟨명⟩ 更新ｺｳｼﾝ。⟨예⟩운전면허증 ~ 運転ｳﾝﾃﾝ免許証ﾒﾝｷｮｼｮｳの更新。

  갱신-하다⟨자⟩타⟩ 更新する。⟨예⟩여권을 ~. パスポートを更新する。

갱충-맞다⟨형⟩ ☞갱충쩍다

갱충-쩍다⟨형⟩⟨심볼⟩ おっちょこちょいで愚ｵﾛかだ | 軽ｶﾙはずみで愚かだ。⟨예⟩갱충쩍은 점은 고치는 것이 좋다. 軽ｶﾙはずみで愚かな所ﾄｺﾛは直ﾅｵしたほうがいい。=갱충맞다

갸륵-하다⟨형⟩⟨심볼⟩ 健気ｹﾅｹﾞだ | 殊勝ｼｭｼｮｳだ | 奇特ｷﾄｸだ。⟨예⟩아직 어린데 여동생을 소중히 지킨다니 갸륵하구나. まだ幼ｵｻﾅいのに妹ｲﾓｳﾄを守ﾏﾓるなんてけなげだなあ。

  갸륵-히⟨부⟩ 健気ｹﾅｹﾞに | 奇特ｷﾄｸに。⟨예⟩어린 심청의 효심을 ~ 여기다. 幼ｵｻﾅいシムチョンの孝心ｺｳｼﾝを健気に振ﾌるう舞ﾏう。

갸름갸름-하다⟨형⟩ (複数ﾌｸｽｳのものが)ほどよく細長ﾎｿﾅｶﾞい | みな少ｽｺしﾅｶﾞめだ。⟨예⟩손가락이 갸름갸름하니 어여쁘다. 指ﾕﾋﾞが少し長めで美ｳﾂｸしい。

갸름-하다⟨형⟩ (見目ﾐﾒよく)ほどほどの長ﾅｶﾞさだ | やや細ﾎｿくて長ﾅｶﾞめだ。⟨예⟩갸름한 다리 やや長めの脚ｱｼ / 갸름한 얼굴 面長ｵﾓﾅｶﾞの顔ｶｵ / 갸름한 손가락 細長ﾎｿﾅｶﾞい指ﾕﾋﾞ。

갸우듬-하다⟨형⟩ 少ｽｺし斜ﾅﾅめだ | やや傾ｶﾀﾑいている。⟨예⟩갸우듬한 시계를 원래대로 되돌리다. 少し傾いた時計ﾄｹｲを元ﾓﾄに戻ﾓﾄﾞす。

  갸우듬-히⟨부⟩ やや斜ﾅﾅめに。⟨예⟩~ 머리를 숙이고 엿보다. やや斜めに頭ｱﾀﾏを下ｻげて覗ﾉｿﾞく。

갸우뚱⟨부⟩ (体ｶﾗﾀﾞ・物体ﾌﾞｯﾀｲなどが)片方ｶﾀﾎｳに少ｽｺし傾ｶﾀﾑいたさま。

갸우뚱-거리다⟨자⟩타⟩ (体ｶﾗﾀﾞ・物体ﾌﾞｯﾀｲが)あちこちに傾ｶﾀﾑきながら揺ﾕれる。⟨예⟩의심스러운 듯이 몇 번이고 고개를 갸우뚱거리며 걸어갔다. 疑ｳﾀｶﾞわしそうに何度ﾅﾝﾄﾞも首ｸﾋﾞを傾ｶｼげながら歩ｱﾙいて行ｲった。=갸우뚱대다

  갸우뚱-대다⟨자⟩타⟩ ☞갸우뚱거리다

갸울다⟨자⟩형⟩ (少ｽｺし)傾ｶﾀﾑいている | (一方ｲｯﾎﾟｳに)傾く。⟨예⟩어깨를 갸울고 울고 있다. 肩ｶﾀを傾けて泣ﾅいている。

갸울어-뜨리다⟨타⟩ 力強ﾁｶﾗﾂﾖく傾ｶﾀﾑける。

갸울-이다⟨타⟩ ちょっと傾ｶﾀﾑける | 傾げる。⟨예⟩그녀는 고개를 갸울이고 생각에 잠겨 있다. 彼女ｶﾉｼﾞｮは首ｸﾋﾞをかしげて考ｶﾝｶﾞえふけっていた。

갸웃⟨부⟩ (首ｸﾋﾞ・体ｶﾗﾀﾞが)少し傾ｶﾀﾑげているさま。

갸웃-거리다 자타 しきりに首や体などを傾ける。예이상하다는 듯이 고개를 ~. 不思議そうに首をかしげる。=갸웃대다

갸웃-대다 자타 ☞갸웃거리다

갸웃-하다 Ⅰ 타 やや斜めに傾ける｜傾げる。예그는 믿어지지 않는지 고개를 갸웃하였다. 彼は信じられないのか首を傾げた。
Ⅱ 형 やや傾いている。예어깨가 ~. 肩が傾いている。

갸웃-갸웃 부 しきりに首や体などを傾げるさま。

갹출(醵出) 명 醵出。
갹출-하다 자 醵出する。예회비를 ~. 会費を醵出する。

걀쭉-걀쭉 부 どれもみないくらか細長いさま。예손가락이 ~ 길다. 指がどれもみな細長い。

걀쯔막-하다 형 わりと細長い｜かなり長い。예걀쯔막한 발 かなり長い足。

걀쯤-걀쯤 부 みなかなり細長いさま。

걀쯤-하다 형 かなり長めである。예걀쯤한 얼굴 かなり長い顔。
걀쯤-이 부 かなり長めに。

걀찍-걀찍 부 どれもみなかなり長いさま。

걀찍-하다 형 かなり長い。예걀찍한 목덜미 相当に長い首筋。

걔 【】 その子。예~도 오니? その子も来るの。

거¹ 의 【】 もの｜こと。예이것은 내 ~다. これは俺のものだ。/ 그~ 뭐니? それ何? / 이~, 저~, 모두 얼마입니까? これ、あれ、みんなでいくらですか。

거² 대 【】 ❶ 그것｜それ｜そりゃ｜それは。❷ 봐라. そら見ろ。예~ 참 훌륭하다. そりゃ本当にりっぱだ。

거³ 대 【】 そこ｜そちら｜あそこ。예~ 누구시오? あそこの人、どなたですか。

거간(居間) 명 ❶ (売買の)仲介｜仲立ち｜斡旋。예부동산 ~ 不動産の仲介。❷ 仲介者｜仲買人｜ブローカー。예~이 용케 계약을 성립시켰다. 仲介人がうまく契約を成立させた。=거간꾼

거간-하다 타 仲介する｜仲買をする｜斡旋する。예토지 매매를 ~. 土地の売買を仲介する。

거간-꾼(居間—) 명 仲介者｜仲買人｜仲立ち人｜ブローカー。예~이 손님을 안내하다. ブローカーが客を案内する。/ ~과 값을 흥정하다. 仲介者と値段を掛け合う。=거간❷

거개(擧皆) 명 【】 ほとんど｜たいてい｜大部分。예반의 ~는 남자다. クラスの大部分が男子だ。/ 그림은 ~가 동양화다. 絵はほとんど全部が東洋画だ。

거구(巨軀) 명 巨躯｜巨体。예~의 남자가 다가왔다. 巨躯の男が近づいてきた。

거국(擧國) 명 挙国。
거국-일치(擧國一致) 명 挙国一致。
거국-적(擧國的) 관 挙国的。예~인 움직임 挙国的な動き。

거금(巨金) 명 大金｜巨額のお金。예~을 투자하다. 大金を投ずる。/ 수재 의연금으로 ~을 내놓다. 水害の義捐金として大金を出す。

거기 そこ｜それ｜その所｜その点。예~ 있는 책을 주십시오. そこにある本をください。/ ~ 앉아라. そこに座りなさい。/ ~보다 여기가 더 춥다. そこよりここのほうが寒い。/ ~를 모르겠다. その点がわからない。 준게

거꾸러-뜨리다 타 ❶ 倒す｜ひっくり返す。예상대의 발을 걸어서 ~. 足を引っ掛けてひっくり返す。❷【】打倒する｜打ち倒す。예독재 정권을 ~. 独裁政権を打ち倒す。❸ 殺す。=거꾸러트리다

거꾸러-지다 ❶ (うつむけに)倒れる｜つんのめる｜前のめりにこける。예돌부리에 걸려 ~. 石の角にひっかかって倒れる。/ 기진맥진해서 ~. 気力が尽きて倒れる。❷【】打ち倒される｜滅びる。❸【】「死ぬ」をののしっていう言｜くたばる。

거꾸러-트리다 ☞거꾸러뜨리다

거꾸로 부 逆に｜逆さまに｜あべこべに｜裏腹に｜反対に。예 ~ 물구나무서다. 逆立ちする。/ ~ 걸어가다. 逆に歩いていく。/ 나사를 ~ 돌리다. ネジを逆に回す。/ 담배를 ~ 물다. たばこを逆さまにくわえる。/ 옷을 ~ 입다. きものを後ろ前に着る。/ ~ 뒤집히다. ひっくり返る。

거나 조 ―でも｜―であれ｜―なりと。예

위스키거나 막걸리거나 술이라면 사족을 못 쓴다. ウイスキーでもマッコリでも酒に目がない。/ 배거나 사과거나 아무거나 좋아. 梨でもリンゴでも何でもいい。

-거나[어미] ❶[선택의 뜻을 나타내는 종결 어미]—(する)か|—(する)とか。예 바둑알은 희거나 검다. 囲碁とは白か黒だ。❷[두 가지 이상의 동작이나 상태를 나타내는 어미]—したり。예 텔레비전을 보거나 친구를 만나거나 하면서 주말을 보낸다. テレビを見たり友達に会ったりしながら週末を過ごす。❸[어떤 것을 해도 상관없다는 뜻을 나타내는 어미]—ろうが|—ようと|—でも。예 그가 가거나 말거나 나하고 상관없다. 彼が行こうが行くまいが私には関係ない。/ 책 내용은 어떻거나 표지는 예쁘다. 本の内容はどうだろうが、表紙はかわいい。

거나-하다[형] ほろ酔い機嫌だ|一杯機嫌だ。예 술에 거나하게 취해서 어정어정 걷고 있다. ほろ酔い加減に酔ってぶらぶら歩いていた。

거년(去年)[명] 去年|昨年。

거년-스럽다[형][초라하고 가난해 보이는 데가 있다] かなりみすぼらしい|貧乏くさい。예 아버지가 거년스러운 모습으로 돌아오셨다. 父がみすぼらしい姿で帰ってきた。

　　거년스레[부] 貧乏くさく|かなりみすぼらしく。예 그의 머리 모양은 ~ 보인다. その髪型は貧乏くさく見える。

거누다[타] (体·心などを)やっと持ちこたえる|支える|保つ。예 취해서 몸을 거누지 못하다. 酔って体を保てない。

거느리다[타] (養うべき目下の者を)率いる|従える|抱える。예 병아리 7마리를 거느린 어미 닭 七匹のひよこを抱えた親鳥|많은 식구를 ~. 多くの家族を抱える。/ 부하를 거느리고 출장 가다. 部下を従えて出張に行く。/ 원아를 거느리고 동물원에 가다. 園児を率いて動物園へ行く。

거늑-하다[형] 満ち足りて心がゆったりしている。

-거늘[어미] ❶[앞의 일이 뒤의 일의 원인 근거가 됨을 나타내는 연결 어미]—であるからには|—であるので。예 새싹이 나기 시작했거늘 진달래도 곧 필 것이다. 若芽が出始めたのでツツジの花もすぐ咲くだろう。❷[이미 된 사실에 맞지 않는 사실이 잇따름을 나타내는 어미]—のに|—なのに|—にもかかわらず。예 내가 그리 당부했거늘 어찌 이런 실수를 한단 말이냐? 私がこれほど頼んだにも拘らず、どうしてこんな失敗をしたんだ。

거닐다[자] ぶらつく|散歩する。예 마당을 ~. 庭をぶらつく。/ 바닷가를 ~. 海辺を散歩する。/ 한가로이 ~. のんびりとぶらつく。

거담(祛痰·去痰)[명] 去痰。
　　거담-하다 去痰をする。◆「去痰する」とは言えない。

거대(巨大)[명] 巨大。예 ~ 기업 巨大企業。
　　거대-하다 巨大だ。예 거대한 블랙홀 巨大なブラックホール/ 거대한 지하시설 巨大な地下施設。

거대 도시(巨大都市)[명] 巨大都市|メトロポリス。=메트로폴리스

거대-증(巨大症) ☞거인증

거덕-거덕[부][물기가 있던 물건이 조금 마르고 뻣뻣해진 모양] かさかさ|ごわごわ。
　　거덕거덕-하다[형] かさかさする|ごわごわする。예 젖은 수건이 거의 말라 ~. 濡れたタオルがほとんど乾き、ごわごわしている。

거덕-치다[형] 形などが粗末で下品で不格好だ。

거덜[명] ❶[재산이나 살림이 흩어지거나 허물어짐] (財産や暮らし向きなどが)尽きること|つぶすこと。예 전 재산이 ~ 나다. 全財産が尽きる。/ 노름으로 살림을 ~ 내다. 賭事で生活が台無しだ。❷[옷이나 신 따위가 다 해져 못쓰게 됨] (衣服·履き物などが)すり減ること。❸[하는 일이나 차린 살림이 여지없이 허물어지거나 결딴남] (物事が)台無しになること。예 사업을 ~ 내다. 事業を滅ぼす。

거동(擧動)[명] 挙動|動作|立ち居振る舞い。예 ~이 수상한 사람 挙動不審の人。
　　거동-하다 振る舞う。◆「挙動する」とは言えない。

거두(巨頭)[명] 巨頭|大立て者。예 경제계의 ~. 財界の巨頭。

거두다[타] ❶[흩어진 물건을 한데 모으다] (散らばっている物を)一所に集める|取り入れる|取り立てる|回収する。예 세금을 ~. 税金を取り立てる。/ 답안지를 ~. 答案を回収する。❷[얻다] (成果·甲斐·勝利などを)得る|収める。예 빛나는 성과를 ~. 輝かしい成果を収める。❸[기르다] (子供などを)育てる|面倒을 보다. 예 병자를 ~. 病人の面倒を見る。❹[수확하다] (農作物などを)収穫する|取り入れる。예 사과를 ~. リンゴを収穫する。❺[息を]

引き取る｜(涙を)収める。예 그는 어젯밤 숨을 거두었다. 彼は昨夜｜息を引き取った。/ 간신히 눈물을 ~. ようやく涙をおさめる。

거두-절미(去頭截尾)[명]【요점만 말함】単刀直入ちょくにゅう。

거두절미-하다[타] 単刀直入ちょくにゅうだ。예 거두절미하고 본제로 들어가다. 単刀直入に本題に入る。

거드럭-거드럭[부]【뽐내어 거만하게 행동하는 모양】傲慢にもったいぶってわがまま振る舞うさま。
참 거들거들

거드럭거드럭-하다[자] ☞거드럭거리다 예 그는 언제나 거드럭거드럭하며 이야기한다. 彼はいつももったいぶって話す。

거드럭-거리다[자] もったいぶる｜いばる。예 거드럭거리지 말고 빨리 말해. しきりにもったいぶらずに早く言え。 =거드럭거드럭하다·거드럭대다

거드럭-대다[자] ☞거드럭거리다

거드름 傲慢な態度｜尊大な態度。예 ~ 피우다. 尊大ぶる。/~을 부리다가 혼났다. 傲慢な態度を取ったら怒られた。

거드름-쟁이[명]【거만을 잘부리는】高ぶる人｜大柄な人｜高慢ちきな人。예 거만한 ~는 사람들이 아무도 상대하려 들지 않는다. 高慢ちきな人は誰にも相手をしようとしない。

-거든[어미] ❶【앞 사실이나, 이 일반되어서의 뜻】—なら｜—であれば｜—たら｜—すれば。예 선생님을 뵙거든 내 안부도 전해 줘. 先生様をお目にかかったらよろしく伝えて。/슈퍼마켓에 가거든 두부 좀 사 와라. スーパーマーケットへ行ったら豆腐を買って来い。❷【앞의 사실과 비교하여서의 일반된 사실을 강조할 때의 뜻】—のに｜—であるのに｜—なのに。예 다른 사람도 알고 있었다거든 하물며 본인이 몰랐을까? よその人も知っているというのに、当人がしらないはずがあろうか。❸【상대편에게 알려 주는 뜻】—다나 |—다네 |—난다니 |—단다니. 예 난 매일 운동을 하거든! 私は毎日運動をするんだよ。/밤 1시까지 공부하거든! 夜1時までに勉強するんだ。❹【앞의 말을 합리되어 주는 뜻】—のだ｜—なんだ｜—なんだよ｜—するんだよ。예 마술을 배웠거든. 보여줄게. マジックを習ったんだ。見せてあげる。

거든-거든[부] ❶【물건이 많이 가뿐하게】身軽だに。예 형은 ~ 짐을 챙겨 가져왔다. 兄は軽々と荷物もを持って行った。❷【마음이 후련하고 상쾌하게】すっきり｜あっさり｜さっぱり。예 하고 싶은 말은 ~ 해 버려라. 言いたいことはすっきりと言ってしまえ。

거든거든-하다[형] ❶身軽ない｜軽快だ。예 거든거든한 복장으로 오너라. 身軽な服装で来なさい。❷すっきりする｜さっぱりする｜あっさりする。예 샤워를 했더니 ~. シャワーをしたのでさっぱりした。

거든-그리다[타]【간단하게 정】簡単にまとめて包む。예 짐을 ~. 荷物もを簡単にまとめて包む。

거든-하다[형] 見かけより軽ない｜軽ない。예 그 정도의 일은 거든하게 해치울 수 있다. それぐらいのことなら簡単にやってしまうことができる。

거든-히[부] 軽く｜身軽に。

거들(girdle)[명] ガードル。

거들-거들[부] ☞'거드럭거드럭'의 준말。

거들다[타] ❶【도와줌】手伝う｜手助けする。예 일을 ~. 仕事を手伝う。❷【남의 말에】口出しする｜口を挟む｜でしゃばる。예 그는 무엇이든 끼어들어 거든다. 彼は何にでも口を挟む。/주제넘게 거들고 나서지 마라. でしゃばるな。

거들떠-보다[타]【관심을 가지고】目を向ける｜注目する。예 그런 것은 거들떠보지도 않는다. そんなことには目を向けない。

거들-뜨다[타]【눈을】視線を上に向ける｜上目づかいをする。예 놀라서 눈을 거들뜨며 쳐다보다. 驚いて目を上にむけて見つめる。

-거들랑[어미] ❶【이 앞 사실이나, 이 일반되어서의 뜻】—なら(ば)｜—たら｜—だったら。예 시장에 가거들랑 파 좀 사 와라. 市場へ行ったらねぎを買って来い。❷【상대편에게 알려 주는 뜻】—なんだよ｜—するんだよ｜—だな｜—だね。예 내일은 외출하거들랑! 明日は出かけるんだよ。

거들먹-거들먹[부] 偉そうに。예 될 ~ 말하고 있어? 何を偉そうに言ってるの。

거들먹-거리다[자] 調子にのって偉ぶる｜威張り散らす｜尊大に振る舞う。예 언제나 거들먹거리는 사나이 偉ぶって尊大に振る舞う男だ/남동생이 주장으로 뽑혔다고 ~. 弟がキャプテンに選ばれたと威張り散らす。 =거들먹대다

거들먹-대다자 ☞거들먹거리다
거듬-거듬부【ざっと 大ざっぱに】ざっと大まかに｜大ざっぱに。예우선 큰 휴지만 ~ 주워 모아. まず大きな紙屑などだけをざっと大まかに拾い集める。
거듭부 重ねて｜更に｜再び｜繰り返して。예협력을 ~ 부탁드립니다. ご協力を重ねてお願いします。/ ~ 도전하였다. 再び挑戦した。
　거듭-하다 重ねる｜繰り返す。예잘못을 거듭하지 말아야 한다. 過ちを繰り返してはならない。/ 거듭되는 불행 度重なる不幸。
거듭-거듭부 重ね重ね｜幾重にも。예~ 사과드립니다. 重ね重ねお詫び申し上げます。
거듭-나다자《종》(キリスト教を信じることによって)生まれ変わる｜新しい人間になる。예나는 예수를 믿어 거듭났다. 私はキリストを信じて再び生まれ変わった。
거듭-제곱명《수》累乗。
거듭-제곱근(一根)명《수》累乗根。
거뜬-거뜬부 みな軽く｜身軽に｜あっさり｜さっぱり。예무슨 일이든지 ~ 해결한다. どんな仕事でも簡単に片付ける。
거뜬-하다형 身軽だ｜気軽だ｜晴れ晴れだ。예일을 끝내고 나니 몸도 마음도 ~. すべてを終えたので身も心も晴れ晴れしている。
　거뜬-히부 軽く｜身軽に｜あっさり｜さっぱり｜すっきり。
-거라어미【―(し)なさい】예그만 들어가거라. それぐらいで帰りなさい。/ 서둘러 가거라. 慌てて行きなさい。
거래(去來)명 取引き。예주식 ~ 株式取引/ ~ 가격 取引価格。
　거래-하다자타 取引する。
거래-량(去來量)명 取引量。
거래-소(去來所)명《경》取引所。예증권 ~ 証券取引所。
거래-처(去來處)명 取引先。예주요 ~ 主要取引先。
거룩-하다형 神聖だ｜偉大だ｜神々しい。예거룩하신 하느님 聖なる神/ 거룩한 의식을 거행하다. 神聖な儀式を行なう。
　거룩-히부 神聖に｜神々しく。예설악산을 ~ 물들인 아침 해 雪嶽山を神々しく染める朝日。

거룻-배명 伝馬船｜はしけ。
거류(居留)명 居留。예~ 허가 居留許可。
　거류-하다자 居留する。예한국에 거류하는 일본인 韓国に居留する日本人。
거류-민(居留民)명 居留民。=재류민
거류-지(居留地)명《법》居留地。=재류지
거르다타【濾す】예불순물을 거른 액체 不純物を濾した液体／술을 ~. お酒を濾す。
거르다타【飛ばす｜抜かす｜欠かす】예하루 걸러 一日置き／어려운 문제는 거르고 답을 썼다. 難しい問題は飛ばして答えを書いた。／아침을 걸렀다. 朝御飯を抜かした。
거름명 肥やし｜肥料｜肥。예~으로 쓸 분뇨를 퍼내다. 肥を汲み取る。
　거름-하다 肥やしをやる｜肥料をやる。
거름-발《농》肥料の効き目。예벼가 ~을 받아 잘 자란다. 肥料の効き目あって稲がよく育つ。
　거름발 나다관용 肥料の効き目が現れる。
거름-종이명《화》濾し紙｜濾過紙。
거름-흙명《농》【肥ミャs】肥土。
거리¹명【街】町｜街｜通り。예~를 걷다. 街を歩く。
거리²의【種】材料｜種｜物種｜―ぐさ。예일 ~ 仕事との材料/ 국 ~ お汁の材料/ 이야기 ~ 話しの種；語りぐさ/ 웃음 ~ お笑いぐさ。
거리³(距離)명 距離｜隔たり。예학교에서 집까지의 ~ 学校から家までの距離/ ~가 멀다. 距離が遠い。/ ~는 가까운 편이다. 距離は近い方だ。
거리-감(距離感)명 隔たり。예~을 느끼다. 隔たりを感じる。
거리-거리명 街ごとに｜街中に。예~를 돌아다니다. 街中を歩き回る。/ 가로수가 ~ 심어져 있다. 街路樹が街ごとに植えてある。
거리끼다자 ❶【邪魔になる】(ある事を進めるのに)差し支える｜邪魔になる。❷【気になる】気になる｜気にかかる。예네 양심에 거리끼는 것이 있는지 생각해 보고 행동해라. 君の良心に引っかかるものがないか考えてから行動しなさい。

거리낌 명 ❶【심리적】差し支え｜邪魔になること。例행사는 ~이 없이 진행되었다. 行事はなんの差し支えもなく行われた。❷【심리적】気になること｜良心に引っかかること。例양심에 ~을 느껴 망설이고 있다. 良心に引っかかってためらっている。

거만(巨萬·鉅萬) 명 巨万。例~의 재산을 쌓다. 巨万の富を築く。

거만²(倨慢) 명 傲慢｜高慢｜驕慢。
　거만-하다 형 傲慢だ｜高慢だ。例거만한 태도 傲慢な態度。
　거만-히 부 傲慢に。

거머-당기다 타 (手などに)絡ませて引き寄せる｜ぎゅっとつかんで引っ張る。例무거워진 그물을 ~. 重くなった網を引き寄せる。

거머리 명 ❶(동)蛭。例~를 떼어 내다. ヒルを引きはがす。/ ~가 득실거리다. ヒルがうようよしている。❷【끈덕지게 매달려 떨어지지 않는 사람】しつこく人につきまとう人。例지금까지 한번도 이런 ~ 같은 사람을 만나 보지 못했다. 今まで一度もこんなにしつこくつきまとう人に会ったことがない。

거머멀쑥-하다 형 (人の顔が)浅黒くすっきりしている。例거머멀쑥한 얼굴 浅黒くてすっきりした顔。

거머무트름-하다 형 (顔が)黒くて肉付きがよい｜浅黒くまるまると太っている。

거머번드르-하다 형 少し黒くてつやつやして滑らかだ。

거머번지르-하다 형 (肌や物の表面などが)黒くつやつやしている｜黒光りしている。例거머번지르한 손 黒くつやつやしている手 / 거머번지르한 칠그릇 黒光りする漆器。

거머-삼키다 【욕심껏 입에 넣어 가득 삼키는 모양의 표현】 貪り食う。例나머지를 전부 ~. 残りを全部貪り食う。

거머-안다 타 ぐいと抱き締める｜抱き抱える。例빼앗기지 않으려고 공을 ~. 取られないようにボールを抱き締める。

거머-잡다 타 ぎゅっとつかみ取る｜引っつかむ｜わしづかみにする。例싸울 듯이 멱살을 ~. 争うように胸ぐらをつかむ。/ 목덜미를 ~. 襟首をつかむ。/ 머리채를 ~. 髪をひっつかむ。

거머-쥐다 타 わしづかみにする｜握り締める。例나무를 베기 위해 도끼자루를 ~. 木を切るために斧柄を握り締める。/ 두 주먹을 단단히 거머쥐었다. 二つの拳をしっかりと握り締めた。/ 도망가려는 사람의 덜미를 ~. 逃げようとする人の首をつかむ。/ 아이가 엄마의 옷자락을 ~. 子供が母親の服の裾を握り締める。⑤검쥐다

거머-채다 타 強引に奪い取る｜ふんだくる｜ひったくる。例소매치기가 가방을 ~. すりがかばんをふんだくる。

거멀 ☞거멀장

거멀-못 명 鎹。

거멀-장 명 鎹の形をした釘。=거멀

거멓다 형 黒っぽい｜薄黒い。例거먼 구름 薄黒い雲 / 햇볕에 거멓게 탄 얼굴 日に薄黒く焼けた顔。

거목(巨木) 명 ❶巨木｜巨樹。❷【뛰어난 인물】大物像｜大立者。例한국 문학계의 ~ 韓国文学界の大立者。

거무끄름-하다 형 やや濃い目に黒い｜黒っぽい。例거무끄름한 비구름 薄黒い雨雲。

거무데데-하다 형 薄汚なく黒ずんでいる｜くすんでいる。例거무데데한 피부 薄汚く黒ずんだ皮膚。

거무뎅뎅-하다 형 (不恰好に)浅黒い｜黒ずんでいる。

거무레-하다 형 (うっすらと)黒みがかっている｜薄黒い｜浅黒い。例거무레한 속살 薄黒い地肌。

거무숙숙-하다 형 ほどよく浅黒い。

거무스레-하다 형 ☞거무스름하다

거무스름-하다 형 (色が)少し黒い｜浅黒い｜やや黒みがかっている。例거무스름한 얼굴 浅黒い顔 / 살갗이 거무스름해지다. 肌が浅黒くなる。/ 와이셔츠의 소매가 거무스름해졌다. ワイシャツの袖が少し黒くなった。=거무스레하다·거뭇하다

거무접접-하다 형 (顔が)くすんだように浅黒い｜黒っぽい。例거무접접한 얼굴색 黒くくすんだ顔色。

거무죽죽-하다 형 濁ったように黒ずんでいる。

거무충충-하다 형 黒くくすんでいる。

거무칙칙-하다 형 どす黒い。例거무칙칙한 피 どす黒い血。

거무튀튀-하다[형] (色^{いろ}が)どんよりして薄黒い。

거문-고[명] 〈음〉[朝鮮古來] コムンゴ。[예] ~를 타다. コムンゴを弾く。

거물(巨物)[명] ❶大^{おお}きい物^{もの}。❷大物^{おおもの}｜大立^{おおだて}者^{もの}。[예] 경제계의 ~ 経済界^{けいざいかい}の大物。

거뭇-거뭇[부] 点々^{てんてん}と黒^{くろ}いさま。[예] 얼굴에 ~ 기미가 생겼다. 顔^{かお}に点々と染^しみができた。

거뭇-하다[형] (色^{いろ}が)少し黒い｜浅黒い。=거무스름하다

거미[명] 〈동〉蜘蛛^{くも}。

거미-줄[명] ❶くもの糸^{いと}｜くもの巣^す。[예] ~에 걸린 나비 くもの巣にかかったちょうちょう/~에 걸리다. くもの巣に引っかかる。/오래된 폐가에 들어가니 집 이곳저곳에 ~이 쳐져 있었다. 古^{ふる}くなった廃屋^{はいおく}に入^{はい}ると、あちこちにくもの巣が張^はっていた。❷[犯人などを捕らえるための]非常警戒^{ひじょうけいかい}。

거미-집[명] くもの巣^す。[예] ~은 투명하기 때문에 곤충들이 쉽게 걸려든다. くもの巣は透明^{とうめい}なので昆虫^{こんちゅう}が簡単^{かんたん}に引っかかる。

거반(居半)[부] ⇒거지반

거번(去番)[명] [この]先^{さき}ほど｜先般^{せんぱん}。

거볍다[형] ❶[무게가]軽^{かる}い。❷[경솔하게]軽率^{けいそつ}だ。❸[몸이]身軽^{みがる}だ。[예] 거벼운 마음으로 학교에 가다. 軽い気持^{きも}ちで学校^{がっこう}に行く。

　거벼-이[부] 軽^{かる}く｜軽率^{けいそつ}に｜身軽^{みがる}に。

거보(巨步)[명] 巨歩^{きょほ}。[예] ~를 내딛다. 巨歩を踏^ふみ出^だす。

거부(拒否)[명] 拒否^{きょひ}。[예] ~ 반응 拒否反応^{はんのう}。

　거부-하다[타] 拒否^{きょひ}する。[예] 제안을 ~. 提案^{ていあん}を拒否する。/요구는 거부되었다. 要求^{ようきゅう}は拒否された。

거부-권(拒否權)[명] 拒否権^{きょひけん}。

거북[명] 〈동〉亀^{かめ}。[예] 바다 ~ うみがめ/토끼와 ~ うさぎとかめ/~이 엉금엉금 기어가다. かめがのそのそと這^はって行^いく。
　거북이
　거북의 털[터럭][속담] かめの毛^け:「どうしても求^{もと}められない物^{もの}」の意^い。

거북살-스럽다[형] 非常^{ひじょう}にきまり悪^{わる}い｜いかにも気^きまずい感^{かん}じだ｜大変^{たいへん}窮屈^{きゅうくつ}だ｜やっかいだ。[예] 더 이상 앉아 있기가 ~. 気まずくてこれ以上^{いじょう}座^{すわ}っていられない。

　거북살스레[부] 気^きまずく｜窮屈^{きゅうくつ}に。

거북-선(一船)[명] 〈역〉コブクソン｜亀甲船^{きっこうせん}。

거북-스럽다[형] どうも窮屈^{きゅうくつ}だ｜どうも気^きまずい｜きまりが悪^{わる}い。[예] 거북스러워서 그 사람과 같이 있기가 싫다. 居心地^{いごこち}が悪いのでその人^{ひと}といっしょにいるのがいやだ。

　거북스레[부] 気^きまずく｜窮屈^{きゅうくつ}に。

거북이[명] ⇒거북

거북이-걸음[명] のろい歩^{あゆ}み。[예] 천천히 ~을 걷다. ゆっくり歩^{ある}く。

거북-하다[형] ❶[몸이](体^{からだ}の)具合^{ぐあい}が悪^{わる}い｜苦^{くる}しい。[예] 술을 많이 마셨더니 속이 ~. 酒^{さけ}をたくさん飲^のんだので腹^{はら}の具合が悪い。❷[마음이]窮屈^{きゅうくつ}だ｜気詰^{きづ}まりだ｜気^きまずい｜きまりが悪^{わる}い。[예] 그 사람의 청은 거절하기가 ~. その人^{ひと}のお願^{ねが}いは断^{ことわ}りづらい。/저 애가 옆에 있어 말하기가 ~. 彼^{かれ}が隣^{となり}にいるので話^{はな}しにくい。

거분-하다[형] ❶[무게가]手^てに持^もつのに程好^{ほどよ}く軽^{かる}い。❷[마음이]こころよく軽^{かる}い｜身軽^{みがる}い｜軽快^{けいかい}だ。[예] 운동으로 땀을 흘렸더니 ~. 運動^{うんどう}で汗^{あせ}を流^{なが}したので爽快^{そうかい}だ。

　거분-히[부] 程好^{ほどよ}く軽^{かる}く｜軽^{かる}やかに｜身軽^{みがる}く｜軽快^{けいかい}に。[예] 충분히 쉬었더니 ~ 움직일 수 있게 되었다. 十分^{じゅうぶん}に休^{やす}んだから身軽に動^{うご}けるようになった。

거뿐-하다[형] ❶[무게가]手^てに持^もつのにかなり軽^{かる}い。[예] 그 사람이라면 상당히 무거운 가방도 거뿐하게 들어 준다. 彼^{かれ}ならかなり重^{おも}いカバンも身軽^{みがる}に担^{かつ}いでくれる。❷[마음이]快^{こころよ}く軽^{かる}い｜軽^{かる}やかだ。[예] 소풍 가는 발걸음도 ~. 遠足^{えんそく}に行^いく足取^{あしど}りも軽やかだ。

거사(擧事)[명] 大事^{だいじ}·事^{こと}を起^おこすこと｜旗揚^{はたあ}げ。

　거사-하다[자] 大事^{だいじ}·事^{こと}を起^おこす｜旗揚^{はたあ}げする。

거성(去聲)[명] [漢字の四声の一つ]去声^{きょしょう}·^{きょせい}。

거세다[형] (勢^{いきお}いなどが)強^{つよ}い｜荒^{あら}い｜激^{はげ}しい。[예] 거센 불길 猛火^{もうか}/거센 목소리 荒い声^{こえ}/파도가 ~. 波^{なみ}が荒い。/거세게 다그치다. 激しく詰^つめ寄^よる。/성미가 거센 사람이라 다루기가 힘들다. 気性^{きしょう}が

荒い人だから扱いにくい。

거센-소리명 〈언〉激音。=격음·기음¹

거수(擧手) 挙手。예~로 정하다. 挙手によって決める。
　거수-하다자 挙手する。

거수-경례(擧手敬禮)명 挙手の礼。

거스러-지다자 ❶性格が荒くなる。예그녀는 성격이 거스러진 듯하다. 彼女は性格が荒くなったようだ。❷産毛などが粗くなって毛羽立つ。

거스르다¹ 타 【남의 명령이나 사실】(言葉·状況·命令など)逆らう。예부모 말을 ~. 親の言葉に逆らう。/물살을 거슬러 올라가다. 水の流れに逆らって上る。❷【기분을】気分を損ねる。예비위를 ~. 機嫌を損なう。/신경을 거스르는 말을 하다. 気に障る事を言う。

거스르다² 타 【돈을】釣り銭を渡す。예잔돈 2000원을 거슬러 주었다. お釣りの2000ウォンを渡してあげた。

거스름명 ☞거스름돈

거스름-돈 釣り銭 ¦ お釣り。예~으로 1000원을 받았다. つり銭に1000ウォンもらった。=거스름·우수리

거슬-거슬【까슬까슬 거칠어진 모양】かさかさ ¦ ざらざら。
　거슬거슬-하다형 かさかさする ¦ ざらざらする。예거슬거슬한 손등 かさかさの手の甲。

거슬리다자 気に入らない ¦ 障る。예친구의 말이 귀에 거슬렸다. 友人の言葉が耳に障った。

거슴츠레부【졸리거나 취해서 눈이 감길 듯한 모양】ぼんやり ¦ どんより ¦ とろん(と)。=게슴츠레

거슴츠레-하다형 (眠気などで)目がとろんとしている ¦ 目に精気がない ¦ 目がどんよりしている ¦ 目付きがぼんやりとしている。예거슴츠레한 눈초리로 쳐다보다. とろんとした目つきで見つめる。/그 사람은 늘 눈을 거슴츠레하게 뜨고 다닌다. その人はいつも目をとろんとさせて歩いている。=게슴츠레하다

거시기 Ⅰ 대 【사람·사물 이름을 잊어서 대신 대는 말】あれ ¦ あの人 ¦ 何とか。예일본 농구 선수 ~ 있지? 日本のバスケットボールの選手 ~ 何とかいう人、分かるでしょう。/너 옆에 있는 ~ 좀 집어 줘. あなたの傍にあるあれ取ってくれないか。
Ⅱ 감 【말이 생각 안 날 때 내는 소리】あのう ¦ ええと。예~, 이거 어떻게 쓰나요? あのう、これどう使いますか。

거시시-하다형 目がかすんでいる ¦ 目がどんよりしている。예눈병이 났는지 눈이 ~. 目の病気になったのか目がかすむ。

거시-적(巨視的)관 巨視的。예대상을 ~으로 파악하다. 対象を巨視的に捉える。

거실(居室)명 居室 ¦ 居間 ¦ リビングルーム。

거액(巨額)명 巨額。예~을 요구하다. 巨額を要求する。/~의 자금을 횡령하다. 巨額の資金を横領する。

거역(拒逆)명 命令に逆らうこと。
　거역-하다타 命令に逆らう ¦ 背く。예명령을 ~. 命令に逆らう。/스승의 가르침을 ~. 師の教えに背く。

거연-히(遽然—)부 急に ¦ にわかに。예~ 생각나다. 急に思い出す。/~ 대답을 할 수 없었다. にわかに返事ができなかった。

거우듬-하다형 少し傾いているようだ。예그는 자세가 약간 왼쪽으로 거우듬하게 보인다. 彼の姿勢は少し左に傾いているように見える。
　거우듬-히부 やや傾いて。

거울명 ❶鏡。예거울을 보다. 鏡を見る。/~에 비치다. 鏡に映る。=석경 ❷【모범이 될 만한 것】鑑 ¦ 模範 ¦ 手本。예역사를 ~로 삼다. 歴史を鑑とする。

거울-삼다 手本にする ¦ 模範にする。예이번 실패를 거울삼아 더욱 노력하다. 今度の失敗を教訓にして、もっと努力する。

거위¹ 〈동〉鵞鳥。
거위² 〈의〉回虫。=회충

거위-걸음명 よたよたした歩き。예뒤뚱뒤뚱 ~으로 걸어오다. よろよろ歩いてくる。

거의부 ほとんど ¦ ほぼ ¦ だいたい ¦ おおよそ。예~ 전부 먹었다. ほとんど全部食べた。/~ 해결됐다. ほぼ解決した。

거인(巨人)명 巨人。❶大男 ¦ 巨漢。예키가 2미터나 되는 ~이다. 身長が2メートルにもなる巨人だ。❷【위인이나 업적이 큰 사람】偉人。예종교계의 ~ 宗教界の巨人。

거인-증(巨人症)명 〈의〉巨人症 ¦ 巨大

거장(巨匠)[명] 巨匠。｜大家。 예 미술계의 ― 美術界の巨匠。

거재(巨財)[명] 巨財。 예 ~를 쌓다. 巨財を築く。

거저 ❶[부] 無料で。｜ただで。｜無条件で。 예 ~ 먹음 ただ食い／정말로 ~ 줄거야? 本当にただでくれるの。 ❷[부] 手ぶらで。 예 ~ 방문하다. 手ぶらで訪問する。

거저-먹다[타] (努力もせず)楽に手に入れる。 예 다른 사람의 것을 간단히 먹으려고 하지 말고 일하세요. 他人のものを簡単に手に入れようと思わず、働きなさい。

거적[명] 筵。｜薦。｜わらむしろ｜わらごも。 예 땅바닥에 ~을 깔다. 地面に筵を敷く。

거적-때기[명] 個々の筵。｜筵の切れ端。

거적-문(一門)[명] 筵戸。
거적문이 (국화) 돌쩌귀속담 むしろ戸にちょうつがい：「釣り合いがとれないこと」の意：[日] 닭首에 鍔。◆일본에서는 '비수에 날밑'이라고 한다.

거적-자리[명] 筵の敷物。｜筵の敷いた席。

거절(拒絶)[명] 拒絶。｜断り。 예 ~ 증서 拒絶証書
거절-하다[타] 拒絶する。｜断る。 예 부탁을 ~. 頼みを拒絶する。／그의 제안을 ~. 彼の提案を断る。

거점(據點)[명] 拠点。 예 ~ 도시 拠点都市／해외 ~ 海外拠点／개발 거점 開発拠点／활동 ~은 도쿄입니다. 活動拠点は東京です。

거족-적(擧族的)[관][명] 民族全体的。｜全民族的な。 예 ~인 투쟁 全民族的な闘争。

거주(居住)[명] 居住。 예 ~ 기간 居住期間／~ 허가 居住許可。=주거
거주-하다[자] 居住する。 예 한국에 거주하는 일본인 모임 韓国に居住している日本人の会。

거주-민(居住民)[명] 居住民。
거주-자(居住者)[명] 居住者。
거주-지(居住地)[명] 居住地。

거죽[명] 表面。｜外面。｜表。 예 교과서 ~에 이름을 썼다. 教科書の表面に名前を書いた。

거지 ❶[명] 乞食。｜物乞い。 예 ~가 되다. 物ごいになる。；一文なしになる。／신세가 되다. 乞食同様の身になる。／落ちぶれる。；~를 見下ろしてないがしろにする語。＝걸인 ❷[명] 人이 ~야. この下種め。

거지반(居之半)[부] 半分以上くらい。｜ほとんど。｜ほぼ｜おおよそ。 예 이 책을 ~ 읽었다. この本はほとんど読んだ。＝거반

거짓[명] 嘘。｜偽り。 예 진실과 ~ 真実と偽り／~이 들통 나다. 嘘がばれる。

거짓-말[명] 嘘。｜偽り。 예 嘘지기 嘘発見機／~이 드러나다. 嘘がばれる。／초등학교 3학년이 ~을 하다. 小学校三年生が嘘をつく。
거짓말-하다[자] 嘘をつく。 예 거짓말하지 마. 嘘をつくな。

거짓말-쟁이[명] 嘘つき｜ほらふき。 예 저놈은 ~이다. あいつは嘘つきだ。

거짓-부렁이[명] 嘘。＝거짓부리
거짓-부리[명]

거창-하다(巨創—)[형] ものすごく大きい｜巨大だ。 예 역 앞에 거창한 빌딩이 세워졌다. 駅前に巨大なビルが建った。
거창-히[부] ものすごく大きく｜巨大に。

거처(居處)[명] 居所。｜居場所。 예 ~를 옮기다. 居場所を移す。／~를 정하다. 居所を定める。
거처-하다[자] 住む。

거초(裾礁)[명] 裾礁。

거추장-스럽다 ❶[형] (物などが重かったり大きくて)扱いにくい｜面倒だ。｜厄介だ。 예 겨울옷은 두꺼워서 ~. 冬服は分厚くて面倒だ。 ❷[형] (仕事などが)面倒である｜わずらわしい｜厄介だ。 예 거추장스러운 일은 나에게 시키지 마. 厄介な仕事は俺にさせるな。

거추장스레[부] 面倒くさく｜厄介に｜わずらわしく。 예 새로운 제도를 ~ 느끼다. 新しい制度を厄介に感じる。

거충-거충[부] 大おざっぱに｜大まかに｜ざっと。 예 ~ 간을 맞추다. 大ざっぱに味付けする。

거충-거충[부] 大まかに｜大ざっぱに｜手短に。 예 ~ 보고하겠습니다. 手短に報告します。

거취(去就)⟨명⟩ 去就ᄁᆇᆼᄋᆉᆼ｜進退ᄔᆇᆫᄐᆞᅩᆯ。⟨예⟩～를 정하다. 去就を決ᄁᆇ츄ᆞする。/ 대통령의 ～가 주목된다. 大統領ᄃᆞᅩᆦᄋᆇᆼᄅᆙᅩᄋᆞᅩᆞの去就が注目ᄎᆙᅩᄎᆙᅩᄁᆙᄇᆙᇰ。

거치(据置)⟨명⟩ 据え置き。⟨예⟩～ 기간 据え置き期間ᄁᆙᆫ。

거치다⟨자타⟩ ❶【무엇에 걸리다】(何ᄂᆆᆫかに)つまずく｜ひっかかる。⟨예⟩나뭇가지가 발길에 ～. 枝ᄋᆞᅳᄃᆞが足ᄋᆞᅳᄉᆞにひっかかる。❷【어떤 과정이나 단계】(ある過程ᄁᆙᅳᄉᆇᆞ・段階ᄎᆙᆫᄁᆙᅩを)経ᄁᆒるᅳ｜通過ᄎᆞᅳᄁᆙするᅳ｜経由ᄁᆒᅳᄋᆆᅳする。⟨예⟩나가사키를 거쳐서 도쿄에 왔다. 長崎ᄂᆞᄁᆙᄉᆙᄁᆙから大阪ᄋᆇᆞᄉᆙᄁᆙを通過ᄎᆞᅳᄁᆙして東京ᄐᆇᆞᄁᆙᅩᆞに来ᄁᆙた。/ 여러 직업을 거쳤으나 결국 화가가 되었다. 多ᄋᆙᅩᆞくの職業ᄉᆇᆞᄁᆒᅳᆞを経ᄁᆒたが結局ᄁᆙᆦᄁᆙᅩᄁᆙ画家ᄁᆙᄁᆙとなった。

거치적-거리다⟨자⟩ しきりに引ᄋᆞᅳつかかるᅳ｜邪魔ᄁᆞᅳᄆᆙᅳになる。足手ᄋᆞᅳᄉᆙまといになる。⟨예⟩남의 일에 거치적거리지 않게 하십시오. 他人ᄐᆞᄎᆞᆫの仕事ᄉᆞᄁᆇᅳᆞとの邪魔にならないにしなさい. / 아이가 거치적거리며 떨어지지 않는다. 子供ᄁᆞᅳᄃᆞᄆᆇᆞがまとわりついて離ᄒᆙᄂᆙれない。=거치적적하다・거치적대다

거치적-거치적⟨부⟩【계속해서 몹시 걸리는 모양】しきりに引ᄋᆞᅳつかかるさま｜足手ᄋᆞᅳᄉᆙまといになるさま。

거치적거치적-하다⟨자⟩ ☞거치적거리다
거치적-대다⟨자⟩ ☞거치적거리다
거칠-거칠⟨부⟩【몹시 거친 모양】がさがさ｜ざらざら｜さかさか。

　　거칠거칠-하다⟨형⟩ ざらざらだ｜がさがさだ。⟨예⟩거칠거칠한 턱 ざらざらとした顎ᄋᆙᅳᄁᆙ/ 거칠거칠한 손바닥 がさがさした手ᄁᆙのひら。

거칠다⟨형⟩ ❶【피부 따위】(肌ᄒᆞᄃᆙなどが)粗ᄋᆙᅳᄅᆞい｜滑ᄂᆙᅳᄅᆞらかでない｜潤ᄋᆞᆫᄋᆞᆦᄋᆆがない｜ざらざらしている｜がさがさしている。⟨예⟩거친 피부 ざらざらした皮膚ᄒᆞᅳᄒᆞ/ 바닥이 거친 발바닥 がさがさした足ᄋᆞᅳᄉᆙの裏ᄋᆙᅳᄅᆞ/ 결이 거친 나무 木目ᄆᆆᅳの粗い木ᄁᆞ/ 손이 ～. 手ᄐᆒが粗い。❷【가루의 알갱이】(粒ᄎᆞᅳᄇᆙや表ᄒᆞᅳᄋᆇᆞᅳᆞᆞて 目ᄆᆆが)粗ᄋᆙᅳᄅᆞい。⟨예⟩거친 떡가루 粗いもち米粉ᄁᆆᄆᆙ/ 올이 ～. 布目ᄁᆆᅳᄆᆆᅳが粗い。❸【날씨 따위】(波ᄂᆙᆞᄆᆙ・風ᄁᆙᄁᆒ・天気ᄐᆒᆫᄁᆙなどが)粗ᄋᆙᅳᄅᆞい｜激ᄒᆙᄁᆙしい｜穏ᄋᆆᄃᆞやかでない。⟨예⟩거친 바다 荒ᄋᆙᅳᄅᆞれた海ᄋᆞᆫᄆᆙ｜荒海ᄋᆙᅳᄅᆞᄆᆙ/ 거친 숨결 荒ᄋᆙᅳᄅᆞい息遣ᄋᆞᅳᄁᆙᄋᆙᅳい/ 파도가 ～. 波が荒い。❹【성질・태도】乱暴ᄅᆞᆫᄇᆒᅩᄁᆙな。⟨예⟩거친 말투 荒ᄋᆙᅳᄅᆞっぽい言葉遣ᄁᆒᄐᆒᄁᆙᄋᆙᅳい/ 운전을 거칠게 하다. 乱暴ᄅᆞᆫᄇᆒᅩᄁᆙな運転ᄋᆆᆫᄐᆒᆫをする。

거칠-하다⟨형⟩ (やつれて肌ᄒᆞᄃᆙや毛ᄁᆒᅳが)かさかさしている｜やせてつやがない｜か

さかさだ｜がさがさだ。⟨예⟩피부가 ～. 肌ᄒᆞᄃᆙが荒ᄋᆞᄅᆙれている。/ 머리털이 거칠해졌다. 髪ᄁᆙᅳᄆᆆが傷ᄋᆙᅳᄅᆙんでつやがなくなった。

거침-새⟨명⟩【차질 방해】差ᄉᆙし障ᄉᆙᄋᆞᄇᆙり｜支障ᄉᆙᄋᆙᅩᄋᆇᅩの状態ᄁᆙᅩᅩᄃᆙᄋᆙᅳᆞ｜差ᄉᆙし支ᄎᆞᄁᆙえ。⟨예⟩운영에 ～를 초래하다. 運営ᄋᆆᆫᄋᆆᅩに支障をきたす。

거침-없다⟨형⟩ 差ᄉᆙし障ᄉᆙᄋᆞᄇᆙりがない｜差ᄉᆙし支ᄎᆞᄁᆙえがない。⟨예⟩그의 거침없는 말을 듣고 있었다. 彼ᄁᆙᄅᆙの途切ᄐᆒᄁᆙれない言葉ᄁᆇᄐᆒᄇᆙを聞ᄁᆙいていた。

　　거침없-이⟨부⟩ 差ᄉᆙし障ᄉᆙᄋᆞᄇᆙりなく｜よどみなく｜差ᄉᆙし支ᄎᆞᄁᆙえなく｜すらすら。⟨예⟩혼담이 ～ 진행되다. 縁談話ᄋᆆᆫᄃᆞᆫᄇᆙᄂᆙᄉᆙᄋᆙがすらすらと運ᄒᆞᄁᆇᅳᆞぶ。/ 일본인처럼 일본어로 ～ 이야기하다. 日本語ᄂᆙᄒᆞᆫᄁᆒを日本人ᄂᆙᄒᆞᆫᄁᆙᆫのようにすらすら話ᄒᆞᄂᆙす。

거칫-거리다⟨자⟩ ❶しきりに肌ᄒᆞᄃᆙなどに軽ᄁᆙᄅᆙくひっかかったりまとわりついたりする。⟨예⟩거미줄이 손에 ～. クモの巣ᄉᆇが手ᄐᆒにまとわりつく。❷妨害ᄇᆇᅩᄁᆙᄋᆙとなる｜邪魔ᄁᆞᅳᄆᆙᅳになる。=거칫대다

거칫-대다⟨자⟩ ☞거칫거리다

거칫-거칫 ❶しきりに肌ᄒᆞᄃᆙに触ᄉᆙᄇᆞれたり軽ᄁᆙᄅᆙくひっかかったりするさま。⟨예⟩～ 털이 찌른다. ちくちくと毛ᄁᆒᅳが突ᄎᆒき刺ᄉᆙᄉᆙす。❷絶ᄐᆙᄋᆒᅳえずひっかかるさま｜邪魔ᄁᆞᅳᄆᆙᅳになるさま。

거칫-하다⟨형⟩ (肌ᄒᆞᄃᆙがやせてあぶらけがなく)がさがさしている｜やつれている。

거탈⟨명⟩【속은 어떠하든 겉에 드러난 태도】外面ᄁᆙᄋᆙ｜うわべ｜見ᄆᆙᅩかけ｜外観ᄁᆙᄋᆙᅩᆫ。⟨예⟩사람을 볼 때는 ～만 보지 마라. 人ᄒᆞᄐᆒを見ᄆᆙᅩるときはうわべだけ見るな。

거통⟨명⟩ ❶堂々ᄃᆞᅩᄃᆞᅩとした体格ᄐᆙᄋᆞᄁᆙᅩᆞ。❷地位ᄎᆞᄋᆙᅳᆞだけで実権ᄁᆙᆦᄁᆒᆫのない身分ᄆᆙᅳᄇᆞᆫ。

거푸⟨부⟩ 重ᄁᆙᄉᆞᄂᆙねて｜繰ᄁᆒり返ᄁᆙᄋᆒᅳして｜立ᄐᆙて続ᄎᆞᄃᆞけに｜続けざまに。⟨예⟩물을 ～ 마시다. 立て続けに水ᄆᆙᄁᆙᅩを飲ᄒᆞᅩᅳむ。/ 숨을 ～ 내쉬다. 息ᄋᆙᅳᄁᆙを繰り返して吐ᄒᆙᄁᆙく。

거푸-거푸⟨부⟩ 重ね重ね｜続けざまに。⟨예⟩술을 ～ 마셔 흠씬 취했다. 酒ᄉᆙᄁᆒを続けざまに飲ᄒᆞᄁᆞんですっかり酔ᄋᆞᄋᆞった。

거푸-집⟨명⟩ 鋳型ᄋᆙᄋᆙᄐᆙ。=용범

거풀-거리다⟨자⟩ (物体ᄇᆞᆦᄐᆙᄋᆙの一部ᄋᆙᅳᄇᆞが風ᄁᆙᄁᆙに)揺ᄋᆙᅳれ動ᄋᆆᅩごく｜なびく｜はためく。⟨예⟩찢어진 현수막이 바람에 ～. ちぎれた垂ᄐᆙれ幕ᄆᆙᄁᆙが風にしきりに大ᄋᆙᅩᄁᆙきくなびく。=거풀대다

거풀-거풀⟨부⟩【물체의 일부가 바람에 따라 자꾸 크게 흔들리는 모양】ひらひら｜はたはた｜ぱたぱた。⟨예⟩바람에 커튼이 ～ 날린다. 風ᄁᆙᄁᆙでカーテンがぱたぱたと揺ᄋᆆ

거풀-대다(자) ☞거풀거리다
거품(명) 泡あわ. 気泡きほう. あぶく. 예 맥주 ~ ビールの泡/~이 잘 이는 비누 泡立あわだちのよいせっけん. =기포
거품 경제(一經濟) (경) バブル経済けいざい.
거품-기(一器)(명) 泡立あわだて器き.
거품-거리다 【돌쎄의 일으키거나 바람같이 세짐】 摇ゆれ動うごく. がたがたする. ぱたぱたする. 예 끓으면서 냄비 뚜껑이 ~. 沸騰ふっとうして鍋なべのふたががたがたする. =거풋대다
거풋-거풋(부) がたがた. ぱたぱた. 예 바람에 창문이 ~ 흔들리다. 風かぜで窓まどガラスががたがた揺ゆれる.
거풋-대다(자) ☞거풋거리다
거풍(擧風)(명) 虫干むしぼし. 曝涼ばくりょう.
  거풍-하다(타) 虫干むしぼしする. 예 이불을 ~. 布団ふとんを虫干しする.
거-하다 ❶(山さんが) 雄大ゆうだいだ. 예 태백산맥의 거한 산봉우리들 太白たいはく山脈さんみゃくの雄大な峰々みねみね. ❷樹木じゅもくがびっしり生おい茂しげっている.
거행(擧行)(명) 挙行きょこう.
  거행-하다(타) 挙行きょこうする. 執とり行おこなう. 예 입학식을 ~. 入学式にゅうがくしきを挙行する.
걱정 ❶心配しんぱい. 懸念けねん. 気遣きづかい. 憂うれい. 예 부모는 자나 깨나 자식 ~에 쉴 틈이 없다. 親おやは寝ねても覚さめても子供こどもの心配しんぱいで, 休やすむ暇ひまもない. / 이제 아무 ~ 없이 네다리 쭉 뻗고 잘 수 있게 되었다. これで何なんの心配もなく, 手足てあしをのばして寝ねられるようになった. / 네 ~을 하느라고 한숨도 자지 못했다. 君きみのことが心配で一睡いっすいもできなかった. ❷〔말씀〕小言こごと.
  걱정-하다(자타) 心配しんぱいする. 気遣きづかう. 気にかける. 気にする. 案あんじる. 예 모두가 걱정하고 있다. みんなが心配している. / 안부를 ~. 安否あんぴを気遣う. / 신상을 ~. 身みの上うえを案じる.
  걱정도 팔자(다)(속담) 「よけいな気遣きづかいをする」の意: 〔日〕他人たにんの疝気せんきを頭痛ずつうに病やむ. ◆일본에서는 '남의 산증을 걱정한다'고 한다.
  걱정-거리(명) 心配事しんぱいごと. 예 ~가 생겨 잠을 잘 수가 없다. 心配事ができて寝ねることができない. / 당신의 ~가 무엇인지 내게 털어놔 보세요. あなたの心配事が何なにか, 私わたしに打うち明あけてみてください.

걱정-꾸러기(명) ❶いつも人ひとに心配しんぱいをかける人. ❷常つねに心配事しんぱいごとが多おおい人ひと. 예 ~들은 하늘이 무너지지 않을까 걱정한다. 心配性しんぱいしょうの人ひとは空そらが崩くずれないかと心配しんぱいする.
걱정-스럽다(형) 心配しんぱいだ. 気きになる. 気遣きづかわしい. 예 그 아이가 대회에 나간다고 하니 정말 ~. あの子こが大会たいかいに出でるというから本当ほんとうに心配しんぱいだ.
  걱정스레 心配しんぱいそうに. 気遣きづかわしげに. 예 그가 ~ 나를 바라보았다. 彼かれが心配そうに私わたしを見みつめた.
건¹(件)(명의) ❶件けん. 事件じけん. 案件あんけん. 예 월말 보고에 대한 ~ 月末げつまつの報告ほうこくに対たいする件. ❷〔사건·식물 등〕一件けん. 예 몇 ~ 何なん件/토론 문제 3~ 討論とうろん問題もんだい3件けん.
건²(腱)(명) 〔의〕腱けん. 예 아킬레스~ アキレス腱. =힘줄
건-³(乾)(접) 【말린】 干ほしー. 干かんー. 예 건포도 干ほし葡萄ぶどう / 건오징어 するめ / 건어물 干ほし魚うお.
건⁴【それなら】 それは. 예 ~ 내 문제다. それは私わたしの問題もんだいだ.
건강(健康)(명) 健康けんこう. 예 ~에 좋다. 健康に良よい. / ~에 나쁘다. 健康に悪わるい.
  건강-하다 健康だ. 元気げんきだ. 丈夫じょうぶだ. 예 건강한 사고방식 健康な考かんがえ方かた / 건강한 몸으로 태어나다. 健康な体からだに生うまれる. / 건강하게 보인다. 健康に見みえる. / 언제까지나 건강하시기를 …. いつまでもお元気で….
  건강-히(부) 健康けんこうに. 健すこやかに. 丈夫じょうぶに.
건강-미(健康美)(명) 健康美けんこうび.
건강 보험(健康保險)(경) 健康けんこう保険ほけん. 健保けんぽ.
건강-식품(健康食品)(명) 健康食品けんこうしょくひん.
건강 진단(健康診斷)(의) 健康診断けんこうしんだん. 健診けんしん. 예 ~을 받다. 健康診断を受うける. / 주기적인 ~이 질병 예방에 도움을 준다. 周期的しゅうきてきな健診が疾病しっぺい予防よぼうの手助てだすけとなる.
건건-이(件件一)(부) 事毎ことごとに. いつでも.
건건찝찔-하다(형) ❶少すこし塩辛しおからくてうまくない. 예 그 집은 음식 맛이 늘 ~. その家いえの料理りょうりはいつも少し塩辛くて風味ふうみがない. ❷〔情〕互たがいに知しり合あいであるが, あまり親したしくない.
건건-하다(형) やや塩辛しおからい. 예 맛이 좀 ~.

味がやや塩辛い。
건건-히閉 やや塩辛しおからく。
건곤(乾坤)명 乾坤けんこん。
건곤-일척(乾坤一擲)명【하늘을 걸고 단번에 던진다는 뜻】乾坤一擲けんこんいってき。
건국(建國)명 建国けんこく。예 ~ 신화 建国神話けんこくしんわ。/ ~ 기념 建国記念けんこくきねん。
  건국-하다자 建国けんこくする。예 고대 왕국을 ~. 古代王国こだいおうこくを建国する。
건기(乾期)명 乾期かんき。乾季かんき。예 태국의 ~는 관광 성수기이다. タイの乾期は観光盛期かんこうせいきである。=건조기
건너명【마주 보이는 곳】向むこう¦向むこう側がわ。예 길 ~에 은행이 있다. 道みちの向こうに銀行がある。
건너-가다자타 渡わたる¦渡っていく。예 횡단보도를 ~. 横断歩道おうだんほどうを渡る。/ 강을 ~. 川かわを渡る。/ 바다를 ~. 海うみを渡る。
건너-긋다타 横切よこぎって直線ちょくせんを引ひく。
건너다타 ❶【가로지르다】渡わたる¦横切よこぎる¦越こす¦こえる。예 바다를 ~. 海うみを渡る。/ 다리를 ~. 橋はしを渡る。/ 길을 ~. 道みちを渡る。❷【옮기다】移うつる¦渡わたる。예 입은 건너서 퍼졌다. 口くちから口へと広ひろがった。❸【거르다, 빼먹다】(食事しょくじなどを)抜ぬく¦抜かす¦飛とばす。예 아침을 건너고 점심을 먹다. 朝食ちょうしょくを抜かしてお昼ひるを食たべる。
건너다-보다타 ❶(向むかい側がわにある物ものを)眺ながめる¦見渡みわたす。예 아득한 눈으로 저편 집을 ~. 遥はるかな目めで向こう側の家いえを眺める。/ 담 너머로 건너다보니 사과가 빨갛게 익어 가고 있었다. 塀へいの向こう側を眺めるとリンゴが赤あかく熟じゅくしていた。❷(人ひとのものを)むやみに欲ほしがる¦もの欲ほしげに見みる。예 남의 재산을 ~. 人の財産ざいさんを欲しがる。
건너-뛰다타 飛とび越こえる¦飛び越こす。예 도랑을 ~. 溝みぞを飛び越える。/ 차례를 ~. 順番じゅんばんを飛び越える。=걸러뛰다
건너-오다자타 渡わたってくる¦渡来とらいする。예 다리를 ~. 橋はしを渡ってくる。/ 강을 ~. 川かわを渡ってくる。/ 불교가 ~. 仏教ぶっきょうが渡来する。
건너-지르다타 渡わたす¦掛かけ渡わたす¦差さし渡わたす。예 골짜기를 건너지른 외나무 다리 谷間たにまに掛け渡す丸木橋まるきばし¦양 끝에 막대를 건너질러 고정하다. 両端りょうたんに棒ぼうを差し渡して固定こていする。
건너-짚다타 ❶腕うでを伸のばして向こうへ手てをつく。❷【얼렁뚱땅하여 어림잡아 알아차리다】当あて推量すいりょうする。

건너-편(一便)명 向むこう¦向こう側がわ。
건넌-방(一房)명 板いたの間まをはさんで'안방'の向かいにある部屋へや。
건널-목명 踏切ふみきり。예 ~지기 踏切番ばん。
건널-마을명 向こうの村むら。
건넛-방(一房)명 向こうの部屋。예 딸은 ~을 쓴다. 娘むすめは向かいの部屋を使つかっている。
건넛-산(一山)명 向こうの山やま¦向こう側の山。
건넛-집(一山)명 向こうの家¦向かいの家。예 ~에 우리 반 친구가 산다. 向こうの家にクラスメートが住すんでいる。
건네다타 ❶【말을 붙이다】話はなしをかける。예 그녀에게 말을 ~. 彼女かのじょに話をかける。❷【넘겨주다】渡わたす¦手渡てわたす。예 그에게 돈을 ~. 彼にお金かねを渡す。
건네-주다타 渡わたす¦渡してやる¦渡してくれる。예 나에게 책을 건네주었다. 私わたしに本ほんを渡してくれた。
건달(乾達)명 ❶【하는 일 없이 빈둥거리며 놀거나 게으름을 부리는 사람】よた者もの¦遊あそび人にん。예 ~ 자식 どら息子むすこ/ ~을 부리다. 仕事しごとを怠なまける。❷【남에게 해를 끼치며 주먹을 쓰는 사람】やくざ¦ごろつき。예 ~ 생활을 하다. やくざな生活せいかつを送おくる。❸【무일푼】一文いちもんなし¦すっからかん。예 그는 하루아침에 ~이 되었다. 彼はあっという間まに一文なしになった。
건달-꾼(乾達一)명【건달을 낮추어 이르는 말】よた者もの¦やくざ¦ごろつき。예 그 ~들은 매일 아지트에 모인다. そのよた者たちは毎日まいにちアジトに集あつまる。
건달-패(乾達牌)명 ごろつきの輩やから¦ならず者たち。
건답(乾畓)명 乾かわきやすい田た。
건더기명 ❶汁しるの実み¦具ぐ¦浮うかし。❷液体えきたいの中なかに溶とけずにまじっているかたまり。❸【내세울 만한 근거】中身なかみ¦種たね。예 이번 일은 변명할 ~가 없다. この事ことは弁明べんめいする根拠こんきょがない。=건지
건둥-건둥부 ❶【말끔히 가다듬어】手際てぎわよく片付かたづけて¦きちんきちんと。❷【대충대충 되는 대로 아무렇게나】いい加減かげんに¦大おおざっぱに。예 ~ 일하려면 아예 하지 마라. いい加減に仕事をするならやるな。
건둥-그리다타 取とりまとめてかんたんにする¦手際てぎわよく片付かたづける。
건드레-하다형 ほろ酔よい機嫌きげんだ。예 건드레하게 술에 취하다. ほろ酔い機嫌に

酒に酔う。

건드리다 ❶【움직이다】(手で)触る; 触れる。 例 이것저것 건드리지 마. あれこれ触るな。 ❷【言動等で心を·気持ちを】刺激する; 触れる; 傷付ける。 예 약점을 ~. 弱みを刺激する。/ 마음의 상처를 ~. 心の傷みに触れる。 ❸【일에 관여】(仕事等に)手を出す; 関係する。 예 이 것저것 건드리지 말고 자신의 일에만 열중해라. あれこれに手を出さず、自分の仕事だけを一生懸命しろ。 ❹【여자를】手を出す。 예 내 여자를 건드리지 마. 俺の女に手を出すな。

건들-거리다자타 ❶【바람이 살살】(風が)そよ吹く。 ❷【일 안 하고】のらりくらりする。 예 건들거리며 매일 놀면서 지내고 있다. ぶらぶらと毎日遊んで暮らしている。 ❸【팔다리 등을·한쪽으로 흔들다】ぶらぶらする; ゆらゆら動く。 예 의자에 앉아 다리를 ~. 椅子に座って足をぶらぶらさせる。/ 삐딱하게 서서 몸을 ~. 斜めに立って体を揺する。 =건들대다

건들-건들부 ❶【바람이 살살】そよそよ。 예 시원한 바람이 ~ 불고 있다. 涼しい風がそよそよと吹いている。 ❷【일할 생각 없이·한눈팔며 천천히】ぶらぶら; ふらふら。 예 좀 ~ 하지만 맡은 일은 성실히 한다. 少しふらふらしているが受けた仕事はまじめにする。 ❸【하는 일 없이 빈둥빈둥】のらくら; ぶらぶら。 예 아직도 ~ 놀고만 있다. まだのらりくらり遊んでばかりいる。 ❹【팔다리 등을·흔들】ゆらゆら。 예 그네가 ~ 흔들리고 있다. ブランコがゆらゆら揺れている。

건들-대다자 ☞건들거리다

건들-바람 ❶ 初秋頃の涼風。 ❷【기상용어】和風。

건들-장마 (初秋頃に)降ったりやんだりする長雨。

건듯부 ❶【대충 빨리】大雑把に; ざっと。 예 ~ 해치우자. ざっとやってのけよう。 ❷【재빨리·가볍게 스쳐 부는 바람】さっと。 예 바람이 ~ 불 때마다 향기가 난다. 風がさっと吹くごとにいい香りがする。 ❸【밝게 개이는 모양】ぱっと。 예 너를 만나서 침울한 기분이 ~ 환해졌다. 君に会って落ち込んでいた気分がぱっと晴れた。 ❹ 어두컴컴한 하늘이 ~ 개었다. 薄暗い空がぱっと明るくなった。

건듯-건듯부 ざっと; 大雑把に; さっと。 예 방을 ~ 치우다. 部屋を大ざっぱに片付ける。

건류(乾溜)《화》乾留; 乾溜。
건류-하다타 乾留する; 乾溜する。

건립(建立) 建立。
건립-하다타 建立する; 建てる。 예 사찰을 ~. 寺を建立する。

건망(健忘) ☞건망증

건망-증(健忘症)명《의》健忘症。 예 ~ 치료 健忘症の治療。 =건망

건목¹명【물건을 대충 만듦】大雑把に作ること; 粗製; 粗雑なもの; 粗製品等。 예 솜씨가 없어서 ~을 만들었다. 手際がよくなくて粗雑なものを作った。

건목²(乾木)명 (伐って)乾かした材木。

건-몸명【효과 없이 혼자 애씀】いたずらに一人だけで気を揉むこと; 一人だけでやきもきすること。 예 혼자 ~ 달아야 소용없다. 一人だけでやきもきしていてもしょうがない。

건물(建物)명 建物。 예 ~을 세우다. 建物を建てる。/ ~이 무너져 버리다. 建物が壊れてしまう。

건물(乾物)명【말린 것】乾物; 干物。

건물 등기(建物登記)《법》建物登記。

건반(鍵盤)명 鍵盤; キーボード。 예 ~을 두드리다. 鍵盤を叩く。

건반 악기(鍵盤樂器)《음》鍵盤楽器。

건-밤명 眠らずに明けた夜。 예 ~을 새우다. 一睡だもせず一夜を明かす。

건방명 うぬぼれて生意気な態度。 예 ~을 부리다. わざと生意気に振る舞う。/ ~ 떨지 마라. 生意気な態度をとるな。

건방-지다 生意気だ; こしゃくだ; 横柄だ。 예 젊은 사람이 ~. 若い者が生意気だ。/ 건방지게 굴다. 生意気に振る舞う; 生意気な振る舞いをする。

건배(乾杯) 乾杯。
건배-하다자 乾杯する。 예 여러분, 건강을 위하여, 건배합시다. 皆さん、健康のために乾杯しましょう。

건-빵(乾—) 乾パン; 堅パン。

건사명 自分に属する物事を見守ること; 世話をよくすること。 예 아들 ~를 잘 못하다. 息子の世話がうまくできない。
건사-하다타 自分に属する物事を見守る; 世話をよくする。 예 소중한 물건이라 잘 ~. 大切な物だから気を

つけて見守る。

건삼(乾蔘)명 皮を剥いて乾かした高麗人参の。

건설(建設)명 建設。例 ~ 회사 建設会社。

  건설-하다타 建設する。例 고층 빌딩을 ~. 高層ビルを建設する。

건설-업(建設業)명 建設業。

건설-적(建設的)관명 建設的。例 ~ 인 논의 建設的な議論。

건성¹ 명 上の空。例 너는 왜 그렇게 매사에 ~이니? どうして君は何事にもうわの空なんだ。/ 선생님께서 묻는 말에 나는 ~으로 대답하였다. 私は先生の質問にうわの空で答えた。

건성²(乾性)명 乾性。例 ~ 피부 乾性皮膚。

건성-건성부【활용형부사】うわべだけ適当に｜上の空で｜そこそこ。例 졸려서 ~ 세수를 하다. 眠いのでうわべだけ適当に顔を洗う。

건성-꾼명 うわの空で何事でも干渉かんする軽はずみな人。

건성-울음명 空泣き｜嘘泣き。例 나는 당황하여 ~을 울기 시작했다. 私は慌てて嘘泣きを始めた。

건수(件數)명 件数。例 화재 ~ 火災件数 / 범죄 발생 ~ 犯罪発生件数。

건습구 습도계(乾濕球濕度計)《물》乾湿球湿度計。

건승(健勝)명 健勝。例 무궁한 ~을 기원합니다. 益々のご健勝をお祈り申し上げます。

건시(乾柿)명 干し柿。=곶감

건식(乾式)명 乾式。例 ~ 복사기 乾式複写機。

건실-하다(健實─)형 ❶(思考や態度が)健全で着実だ。例 건실한 청년 元気で真面目な青年 / 건실한 기업 信頼できる企業。❷(体が)健康だ｜元気だ。例 건실한 몸 健康でしっかりした体。

  건실-히부 健全で着実に｜元気で真面目に。例 앞으로는 ~ 살아가겠다. これからは健全で真面目に生きて行こう。

건아(健兒)명 健児。

건-어물(乾魚物)명 干し魚｜干魚｜干物。

건위-제(健胃劑)명 《약》健胃剤。

건-으로(乾─)부 ❶根拠もなく｜途方もなく｜法外に。例 사람을 중상하지 마라. 根拠もなく人を中傷するな。=터무니없이 ❷【어찌씨형부】(何の準備もなく)手ぶらで｜素手で。例 할아버지는 ~ 이 회사를 일으키셨다. 祖父は体一貫でこの会社を興した。

건의(建議)명 建議。例 ~ 사항 建議のこと。

  건의-하다타 建議する。例 회사에 ~. 会社に建議する。

건의-서(建議書)명 建議書。

건의-안(建議案)명 建議案。

건장-하다(健壯─)형 壯健だ。例 건장하게 살다. 壯健に暮す。

  건장-히부 壯健に。

건재¹(建材)《건》명 建材。

건재²(健在)명 健在。

  건재-하다형 健在だ。例 어머니는 건재하십니다. 母は健在です。

건재-상(建材商)명 建材商。

건전(健全)명 健全。例 ~ 재정 健全財政。

  건전-하다형 健全だ。例 건전한 신체 健全な肉体 / 건전한 사상 健全な思想。

  건전-히부 健全に。

건-전지(乾電池)명 乾電池。

건정부 あらまし｜大ざっぱに｜ざっと｜大まかに。例 일을 ~ 마무리하다. 仕事を大ざっぱに仕上げる。/ ~ 계산하다. ざっと計算する。=대강Ⅱ

건정-건정부【활용형부사】ざっと｜大ざっぱに。例 서류를 ~ 훑어보다. 書類を大ざっぱに目を通す。/ ~ 일하다. 大ざっぱに仕事をする。

건제-품(乾製品)명 (食品류·物などを)乾燥した物。

건조¹(建造)명 【ぶつ】(建物·船舶などの)建造。例 선박 ~ 船舶建造。

  건조-하다타 建造する。例 새로운 배를 건조하였다. 新船舶を建造した。

건조²(乾燥)명 乾燥。例 자연 ~ 自然乾燥 / 무미 ~ 無味乾燥。

  건조-하다²Ⅰ 자타 乾燥する。例 빨래를 ~. 洗濯物を乾燥する。
  Ⅱ 형 乾燥している。例 건조한 문체 洗練されていない文体 / 건조한 피부에 윤기를 주다. 乾燥している皮膚に潤いを与える。/ 방의 공기가 ~. 部

屋の空気が乾燥している。

건조-기(乾燥機)_명 《기》乾燥機。
건조 기후(乾燥氣候) 乾燥気候。
건조 농법(乾燥農法) 《농》乾燥農法。
건조-물(建造物)_명 建造物。
건조 분지(乾燥盆地) 乾燥盆地。
건조-제(乾燥劑)_명 《화》乾燥剤。
건조 지수(乾燥指數) 乾燥指数。
건조 지형(乾燥地形) 乾燥地形。
건지_명 ☞건더기
건지다_타 ❶【건더기를】(水中などの中から)取り出す｜つまみ出す。 예수프 안에서 건더기만 건져 먹는다. スープの中から具だけを取って食べる。 ❷【어려운 상황에서】(苦しい状況から)救う｜救い出す｜助け出す｜(命を)拾う。 예목숨을 ~.命拾いする。 ❸【손해를】(投資したものや損を)取り戻す｜回収する。 예손해 본 돈을 겨우 건졌다. 損したお金をやっと取り戻した。
건채(乾菜)_명 干し菜｜乾し菜。
건천(乾川)_명 涸れ川。 예~은 가뭄에 모두 말라 버려져 있으나 마나이다. 涸れ川は日照りで全部乾いてしまって、あってもなくても役に立たない。
건초(乾草)_명 乾草｜干し草。
건축(建築)_명 建築。 예~ 설계 建築設計 / ~ 허가 建築許可 / ~ 공학 建築工学 / ~ 양식 建築様式。
　건축-하다_타 建築する。 예대리석으로 건축된 건물 大理石で建築された建物 / 별관을 ~. 別館を建築する。
건축-가(建築家)_명 建築家。
건축-물(建築物)_명 建築物｜建物｜建造物。
건축-사(建築士)_명 建築士。 예~는 설계, 공사, 감리 등 다루는 분야가 많다. 建築士は設計、工事、監理など扱う分野が多い。
건축-업(建築業)_명 建築業。
건투(健鬪)_명 健闘。 예~를 빌다. 健闘を祈る。
　건투-하다_자 健闘する。
건판(乾板)_명 《화》乾板｜写真乾板。
건평(建坪)_명 《건》建坪。
건폐-율(建蔽率)_명 《건》建蔽率。
건포(乾布)_명【마른수건】乾布。
건포(乾脯)_명【말린고기】干し肉｜乾し肉｜干し魚｜干魚。
건-포도(乾葡萄)_명 【말린포도】干し葡萄｜レーズン。

건필(健筆)_명 健筆。 예~을 휘두르다. 健筆をふるう。

걷다¹_{자타} ❶【걸음을걷다】歩く。 예빨리 ~. 速く歩く。/ 터벅터벅 ~. とぼとぼ歩く。/ 아장아장 ~. よちよち歩く。/ 비틀거리며 ~. よろよろ歩く。/ 성큼성큼 ~. のっしのっし歩く。 ❷【어떤과정을밟으며】歩む｜進む。 예어려운 길을 걷고 있다. いばらの道を歩いている。/ 수출이 증가 일로를 ~. 輸出量が増加の一途をたどる。

걷다²_타 ❶【말아올리다】片付ける｜巻き上げる｜まくり上げる。 예커튼을 ~. カーテンを開ける。/ 소매를 걷어 올렸다. 袖をまくり上げた。 ❷【깔린것을】(敷かれていたものを)畳む｜折り畳む｜片付ける。 예돗자리를 ~. ござを折り畳む。/ 이불을 걷고 나와라. 布団を畳んで出て来い。

걷다³_타 ❶【수확하다】収穫する｜取り入れる。 예벼를 ~. 稲を取り入れる。 ❷【들여놓다】取り入れる。 예빨래를 걷고 있다. 洗濯物を取り入れている。 ❸【징수하다】取り立てる。 예참가비를 ~. 参加費を取り立てる。

걷어-들다_타 ❶まとめて持ち上げる｜手でまくり上げる。 예치맛자락을 걷어 들고 내를 건너다. スカートの裾を持ち上げて川을 건너다. ❷集めて手に持つ。 예급히 겉옷을 걷어들고 밖으로 나갔다. 急いで上着をひとまとめにして手に持ち外へ出て行った。

걷어-잡다_타 まくり上げてつかむ｜持ち上げてつかむ。 예치맛자락을 살포시 ~. スカートの裾をそっとまくり上げてつかむ。 =걷어쥐다

걷어-쥐다_타 ☞걷어잡다

걷어-지르다_타 ❶(衣服·カーテンなどを)まくり上げて垂れ下がらないように差し込む。 ❷蹴飛ばす。

걷어-질리다_자【눈이】(病気で·疲れなどで)目がくぼむ｜へこむ。

걷어-차다_타 蹴飛ばす。 예정강이를 냅다 ~. 向こう脛を激しく蹴飛ばす。/ 공을 ~. ボールを蹴飛ばす。

걷어-치우다_타 ❶(散らかっているものを)取り入れる｜片付ける｜取り払う。 예바닥에 널려 있는 책을 ~. 床に広げてある本を片付ける。 ❷【하던일을】(している事を)途中でやめる｜中

斷^{だん}する。例 쓸데없는 이야기는 걷어치우고 숙제하자. 無駄話^{むだばなし}はやめて宿題^{しゅくだい}しましょう。

걷-잡다[타] 取^{と}り留^{と}める｜持^{も}ちこたえる｜收拾^{しゅうしゅう}する。例 일이 걷잡을 수 없이 커졌다. 事^{こと}が収拾できないほど大^{おお}きくなった。

걷히다[자]【雲^{くも}・霧^{きり}】(雲・霧などが)晴^{は}れる。例 구름이 ~. 雲が晴れる。/ 안개가 걷히기 시작했다. 霧が晴れ始めた。

걸[명]【(ип)^{ちょうせん}】コル。例 이 나오길 빌며 윷을 던졌다. コルが出ることを願^{ねが}ってユッを投げた。

걸걸[부]【음식 등을 게걸스레 욕심껏 먹거나 마시는 모양】がつがつ。

　걸걸-거리다[자] がつがつする｜食^{く}らう。例 한눈도 팔지 않고 걸걸거리며 먹는다. よそ見^{み}もせず恥知^{はじし}らずに貪り食う。=걸걸대다

　걸걸-대다[자] ☞걸걸거리다

걸걸-하다[형]【声】しわがれた声^{こえ}が大^{おお}きく力強^{ちからづよ}い。

걸걸-하다²(傑傑—)[형] 風采^{ふうさい}が秀^{ひい}でて性格^{せいかく}が快活^{かいかつ}でさばさばしている。

걸귀(乞鬼)[명] むさぼり食^{く}いたがる人^{ひと}｜食^{く}いしん坊^{ぼう}｜卑^{いや}しん坊。例 밥을 ~처럼 빠르게 먹어치웠다. ご飯^{はん}をがつがつと瞬^{またた}く間^{ま}に平らげた。

　걸귀(가) 들린 듯이[관용] 餓鬼^{がき}に取^{と}りつかれた」の意：「食^{た}べ物^{もの}をがつがつ食^{く}べる」の意。

걸근-거리다[자] ❶【음식등을 욕심스레】がつがつす る｜がっつく｜むさぼる。例 밥을 먹을 때는 너무 걸근거리며 먹지 마라. ご飯^{はん}を食^{た}べるときはあまりがっついて食べるな。❷【목구멍에 가래 등이 걸리어 거북하게 되다】(のどに痰^{たん}が溜^{た}まって)むずがゆくなる｜むずむずする。=걸근대다

걸근-걸근[부] ❶【음식 등을 욕심스레】がつがつ。例 며칠을 굶더니 ~ 먹는구나. 何日^{なんにち}か食べていないのでがつがつと食べるのだな。❷【목구멍에 가래 등이 걸리어 거북하게】むずむず。

걸근-대다[자] ☞걸근거리다

걸다¹[타] ❶【掛】掛^{か}ける｜つるす｜ぶら下^{さ}げる。例 거울을 벽에 ~. 鏡^{かがみ}を壁^{かべ}に掛ける。/ 옷을 옷걸이에 ~. 服^{ふく}をハンガーに掛ける。/ 목걸이를 목에 ~. 首飾^{くびかざ}りを首に掛ける。❷【빗장등을 질러 잠그다】掛ける｜下ろす。例 빗장을 ~. 門^{もん}をかける。❸【돈등】かける。例 계약금으로 100만 원을 ~. 契約金^{けいやくきん}で100万^{まん}ウォンをかける。❹【期待】かける。例 딸에게 기대를 ~. 娘^{むすめ}に期待^{きたい}をかける。❺【생명】かける。例 나는 이번 일에 목숨을 걸었다. 私^{わたし}は今度^{こんど}の事^{こと}に命^{いのち}をかけた。❻【話】(話^{はなし}を)かける｜(けんかを)吹^{ふ}き掛^{か}ける。例 하찮은 일에 시비를 ~. つまらないことで言^{い}い掛^{か}かりをつける。❼【電話】(電話^{でんわ}を)かける。例 선생님께 전화를 걸었다. 先生^{せんせい}に電話をかけた。❽【시동을 걸듯 작동시키다】かける。例 브레이크를 ~. ブレーキをかける。

걸다²[형] ❶【肥】(土地^{とち}が)肥^{こ}えている｜肥沃^{ひよく}だ。例 땅이 ~. 土地が肥えている。❷【푸짐하다】豪勢^{ごうせい}だ｜たっぷりだ。例 음식이 ~. 料理^{りょうり}が豪勢だ。❸【濃】濃^{こ}い。例 풀을 너무 걸게 쑤어 버렸다. 糊^{のり}をあまり濃く炊^{た}いてしまった。❹【말씨가 거칠다】口汚^{くちきたな}い｜口^{くち}がない。例 말이 건 사내들 口汚い男^{おとこ}たち。

걸-뜨다[자] 水面^{すいめん}でなく水中^{すいちゅう}に浮^{う}く。例 아주 가라앉지 않고 ~. 完全^{かんぜん}に沈^{しず}まず水中に浮いている。

걸러-뛰다[자][타] ☞건너뛰다

걸레[명] 雑巾^{ぞうきん}。例 ~로 마루를 닦다. 雑巾で床^{ゆか}をふく。

걸레-질[명] 雑巾^{ぞうきん}で拭^{ふ}くこと｜雑巾掛^{ぞうきんが}け。例 ~을 치다. 雑巾で拭く；雑巾をかける。

　걸레질-하다 雑巾で拭く。例 책상 위를 ~. 机^{つくえ}の上^{うえ}を雑巾で拭く。

걸려-들다[자] ❶【그물・낚싯줄 등에】(網・釣^{つ}り糸^{いと}などに)ひっかかる｜かかる｜捕^{つか}まる。例 물고기가 그물에 ~. 魚^{さかな}が網にひっかかる。❷【罠】(罠・計略^{けいりゃく}などに)ひっかかる｜落^{お}ちる｜陥^{おちい}る｜嵌^{は}まる。例 함정에 ~. 落^{お}とし穴^{あな}に落ちる。

걸리다[자] ❶【매달려 있다】かかる。例 벽에 지도가 걸려 있다. 壁^{かべ}に地図^{ちず}がかかっている。❷【엉겨붙다】ひっかかる。例 목에 생선 가시가 ~. のどに魚の骨^{ほね}がひっかかる。/ 머리카락이 단추에 ~. 髪^{かみ}の毛^{け}がボタンにひっかかる。❸【그물・계략등에】(網・計略などに)ひっかかる｜捕^{つか}まる｜かかる。例 물고기가 그물에 걸렸다. 魚が網にひっかかった。❹【병】(病気^{びょうき}などに)かかる。例 폐렴에. 肺炎^{はいえん}にかかる。❺【시간】(時間^{じかん}などが)かかる｜要^{よう}する。例 역까지 5분 ~. 駅^{えき}まで5分^{ふん}かかる。❻【신경】(気持^{きも}ちなどが)ひっかかる｜気^{き}になる｜気にかかる。例 그녀의 안부가 마

음에 ~. 彼女の安否が気にかかる。 ❼【명】(ある物事・法規などに)ひっかかる。 예경찰의 단속에 ~. 警察の取り締まりにひっかかる。 ❽【천】(月・太陽などが)空にある；空にかかる。 예달이 동쪽 하늘에 걸려 있다. 月が東の空にかかっている。

걸림-돌【장애물·방해가 되는 것】 邪魔物；妨げになるもの。

걸-맞다【형】 (両方が)似合う；相応しい。 예학생에게 걸맞은 옷차림 学生にふさわしい身なり / 능력에 걸맞은 지위 能力にふさわしい地位。

걸머-메다【타】【짐을 어깨에 메다】 (荷物)にひもをかけ片方の肩に)かける；担ぐ。 예총을 어깨에 ~. 銃を肩にかつぐ。 / 가방을 걸머메고 걸어가다. カバンを担いで歩いて行く。 =걸메다

걸머-잡다【타】 (いろいろなものを)一手につかむ；わしづかみにする。 예손에 잡히는 대로 ~. 手当たり次第につかむ。

걸머-지다【타】 ❶背負う；肩に担ぐ。 예골판지 상자를 ~. 段ボール箱を背負う。 / 지게를 어깨에 ~. 背負子を背負う。 ❷【책임·임무를】 (責任・任務などを)しょい込む；担う；背負う。 예중대한 책임을 ~. 重大な責任を担う。 / 많은 빚을 ~. たくさんの借金をしょい込む。

걸-메다【타】 ☞걸머메다

걸물(傑物)【명】 ❶【뛰어난 물건】 優れた物。 ❷【뛰어난 사람】 傑人。

걸-상(-床)【명】 ❶長椅子；ベンチ。 예역의 ~ 駅のベンチ。 ❷腰掛け；椅子。 예나무 ~ 木の椅子 / 팔걸이 ~ ひじかけ椅子 / ~에 걸터앉다. 椅子に腰掛ける。

걸식(乞食)【명】 乞食；物乞い。

걸식-하다【자】 乞食をする；物乞いする。 예걸식하며 돌아다니다. 物乞いして歩く。

걸신(乞神)【명】 食意地。

걸신-들리다(乞神ー)【자】 食意地が張る；飢えてがつがつする。 예걸신들린 사람 食意地の張った人 / 그는 몹시 배가 고파서 걸신들린 듯이 밥을 먹었다. 彼は空腹のあまり、がつがつとご飯を食べた。

걸-싸다【형】 (仕事との腕前・動作が)手早い；素早い。 예걸싸게 뛰어가다. すばやく走っていく。

걸-앉다【자】 ☞걸어앉다

걸어-가다【자】 歩いていく；徒歩で行く。 예둘이서 ~. 二人で歩いていく。 / 밤길을 ~. 夜道を歩いていく。 / 함께 ~. いっしょに歩いていく。

걸어-앉다【자】 腰掛ける。 예바위에 걸어앉아 이야기하다. 岩に腰掛けて話をする。 =걸앉다

걸어-오다【자】 歩いて来る；徒歩で来る。 예저만치서 그가 걸어오고 있다. ちょっと離れた所から彼が歩いてきている。

걸음【명】 歩み；歩行；足；歩。 예두어 ~ 앞서다. 二歩くらい先に行く。 / 보폭을 크게 해 ~을 걷다. 歩幅を大きくして歩く。

걸음-걸음【명】 一足ごとに；一歩ごとに。 예~이 예사롭지 않다. 一歩一歩が尋常ではない。

걸음-걸이【명】 歩きぶり；歩き方；足取り。 예뒤뚱거리는 ~ よろよろした足取り / ~가 귀엽다. 歩きぶりがかわいい。

걸음-마【명】 幼児が歩くこと；あんよ。 예아기가 이제 막 ~를 배웠다. 赤ちゃんが今まさにあんよを覚えた。 / 이제 ~ 단계이다. 今あんよの段階だ。

걸음-발【명】 ❶歩くこと。 ❷歩き方；歩き振り。

걸음-새【명】 歩き方；歩きぶり。 예~가 얌전하다. 歩きぶりがつつましやかだ。

걸음-짐작【명】 歩測。 예내 ~으로 재니 열 보쯤 되는 것 같다. 僕の歩幅では十歩ぐらいになりそうだ。

걸음짐작-하다【자】 歩測する。

걸인(乞人)【명】 ☞거지❶

걸작(傑作)【명】 傑作。 예~을 수집하다. 傑作だけをコレクションする。 / 그 이야기 ~이다. それは傑作な話だ。 / 그 녀석 정말 ~이야. あいつは本当に傑作なやつだ。

걸쩍-거리다【자】 てきぱきとする；てきぱき行動する。 =걸쩍쩍하다・걸쩍대다

걸쩍-걸쩍【부】【활발하고 시원스럽게 행동하는 꼴】 てきぱき；きびきび。

걸쩍걸쩍-하다【자】 ☞걸쩍거리다 예걸쩍걸쩍한 응답 てきぱきとした受け答え / 그는 일하는 방식이 걸쩍걸쩍하여 좋아하는 사람이 많다. 彼は仕事のしかたがてきぱきしているので好きな人が多い。

걸쩍-대다재 ☞걸쩍거리다
걸쩍지근-하다형 ❶【食】がつがつよく食べる。◉정말 걸쩍지근하게 잘 먹는구나. 本当によくがつがつとよく食べるなあ。❷【口汚く】◉그 할멈은 걸쩍지근하게 욕지거리를 한다. あの婆さんは口汚くののしる。
걸쩍지근-히부 ❶がつがつ。◉~ 먹어 배탈이 났다. がつがつと食べてお腹を壊した。❷口汚く。◉~ 남을 욕하다. 口汚く他人を罵る。
걸쭉-하다형 ❶【液體が】どろどろしている。◉옥수수 수프가 ~. コーンスープがどろどろしている。❷【(言葉)などが】わいせつで下品だ。
걸쭉-히부 ❶どろりと｜どろどろと。◉죽을 ~ 쑤다. 粥をどろどろに炊く。❷わいせつで下品に。
걸-차다 土地がよく肥えている。
걸출(傑出)명 傑出。
걸출-하다 傑出する。◉걸출한 역량 傑出した力量。
걸치다¹재 ❶【掛】(夕日や月などが山の頂に)かかる。◉해가 서산마루에 걸쳐 있다. 太陽が西の山の背にかかっている。❷【時間・期間などがかかる｜渡る】◉2시간에 걸친 연설 2時間にわたる演説/ 이틀에 걸친 전투는 끝이 났다. 二日間にわたる戦闘は終わった。❸【(兩端に)】かかる。◉계곡 사이에 구름다리가 걸쳐져 있다. 渓谷の間に陸橋がかかっている。
걸치다²타 ❶【掛】かける。◉의자 팔걸이에 팔을 ~. 椅子の肘掛けに腕をかける。❷【(衣服・布団などを)まとう｜引っ掛ける｜かぶる】◉코트를 ~. コートを着る。/ 담요를 ~. 毛布をかける。/ 코에 안경을 ~. 鼻に眼鏡をひっかける。❸【引っ掛ける】◉술을 한잔 ~. 酒を一杯引っかける。
걸터듬다타 (何かを探すために)引っ掻き回す。◉아끼는 옷 찾느라고 옷장속을 마구 걸터듬었다. 大事にしている服を捜そうとタンスの中を引っ掻き回した。
걸터-앉다재 どっしりと腰をおろす｜腰掛ける。◉계단에 ~. 階段に腰掛ける。/ 책상에 ~. 机に腰掛ける。

걸터-타다재 (馬・牛に)横乗りする｜またがって乗る。◉말 위에 ~. 馬の上にまたがる。
걸핏-하면 ともすれば｜どうかすると｜すぐ｜ともすると。◉그는 ~ 화를 낸다. 彼はともすると怒る。
검(劍)명 劍｜つるぎ。◉~을 뽑아 반격하다. 劍を抜いて反撃する。
검객(劍客)명 劍客。
검거(檢擧)명 檢擧。
검거-하다 檢擧する。◉용의자를 검거했다. 容疑者を檢挙した。
검극(劍劇)명 (연)劍劇｜ちゃんばら。
검-누렇다형 黒みがかって黄色い。◉검누렇게 기름이 밴 종이 黒みがかって黄色い油染みた紙。
검-누르다형 やや黒みを帯びて黄色い。
검다형 ❶【(色)が】黒い｜色黒だ。◉검은 얼굴 色黒の顔/ 검은 옷 黒い服/ 검고 윤기 있는 머리칼 黒くつやのある髪の毛/ 얼굴이 햇볕에 검게 탔다. 顔が日に焼けて黒い。/ 검은 구름이 걷히다. 黒雲が晴れる。↔ 희다 ❷【黒い｜腹黒い】◉속이 검은 사나이 腹黒い男/ 검은 마수가 뻗치다. 黒い魔手が伸びる。
검은 머리 파뿌리 되도록[될 때까지]속담 黒髪がねぎの白根のようになるまで：「白髪の年寄りになるまで」の意。

검댕명 煤。
검도(劍道)명 (운)劍道。=격검
검도-장(劍道場)명 劍道場。
검둥-개명 毛の黒い犬。◉~가 짖다. 黒い犬が吠える。
검-둥이명 ❶肌色が黒い人。❷【(蔑稱)】ニグロ。◆日本語では「ニグロ」は「黒人」を낮잡아 하는 말이다. 日常的には「黒人(こくじん)」「ブラックパーソン」という。
검디-검다형 非常に黒い。
검-뜯다 ❶【掻】引っつかんでかきむしる｜引っつかみむしり取る。◉가슴을 ~. 胸を引っつかんでかきむしる。❷【しつこくねだる｜しつこくせがむ】◉장난감을 사 달라고 아이가 ~. おもちゃを買ってくれと子供がしつこくせがむ。
검무(劍舞)명 劍舞。=칼춤
검문(檢問)명 檢問。◉~에 걸리다. 檢問

に掛かる。
검문-하다티 検問する。
검문-소(檢問所)명 検問所。
검-버섯명 (老人の肌にできる)染み｜肝斑。예 ~이 생기다. 染みが生じる。
검법(劍法)명 剣法｜剣術。
검부-나무명 薪用の干草や枯葉。예 ~를 불쏘시개로 불을 붙이다. 薪用の枯葉を焚き付けにして火をつける。
검부러기명 枯れた小枝などのくず。예 ~을 줍다. 干草などのくずを拾う。
검부저기명 ごみや糸くずの混ざった枯れた小枝などのくず。
검불명 枯葉・干草・枯芝・枯れた小枝や、わらくずなどの総称。예 ~을 모아 땔감으로 하다. 枯葉などを集めて薪にする。
검불-덤불부 ごちゃごちゃ｜ごっちゃに。
검-붉다형 赤黒い。예 검붉은 핏자국 赤黒い血痕｜햇볕에 검붉게 탄 얼굴 日焼けして赤黒くなった顔。
검사¹(檢事)명 (법)検事。예 부장 ~ 部長検事。
검사²(檢査)명 検査。예 적성 ~ 適性検査／신체~ 身体検査／~를 받다. 検査を受ける。
검사-하다티 検査する。예 제품을 ~. 製品を検査する。
검산(檢算)명 検算｜験算。
검산-하다티 検算する｜験算する。예 수학 문제는 검산해야 한다. 数学の問題は検算しなければならない。
검색(檢索)명 ❶検索。❷家宅を捜索をすること。
검색-하다티 ❶検索する。예 자료를 ~. 資料を検索する。❷家宅を捜索をする。
검색 엔진(檢索 engine)《컴》検索エンジン。
검-세다형 (性格が)根気があってしつこい｜粘り強い。예 검세게 앞발을 휘두르다. しつこく前足を振り回す。
검소(儉素)명 倹素｜質素。
검소-하다형 倹素だ｜質素だ｜つましい。예 검소한 생활을 하다. 質素な生活をする。
검속(檢束)명 (법)検束。예 보호 ~ 保護

検束。
검속-하다티 検束する。
검수(檢收)명 検収。
검수-하다티 検収する。
검술(劍術)명 剣術｜剣法。예 ~ 대회 剣術大会。
검술-사(劍術師)명 剣術使い。
검숭-검숭부 (まばらに生えた毛が)ところどころ黒みがかっているさま。
검숭-하다형 まばらに生えた毛が黒みがかっている｜黒みを帯びている。
검시(檢屍)명 検死｜検屍。예 ~관 検屍官。
검시-하다티 検死する｜検屍する。
검실-거리다자 ちらつく｜ちらちらする｜ゆらゆらする。=검실검실하다・검실대다
검실-검실¹부 ちらちら｜ゆらゆら。
검실검실-하다자 ☞검실거리다
검실-검실²부 毛が生えはじめて点々と黒いさま。
검실검실-하다형 毛が生えはじめて点々と黒い｜点々とうっすら黒い。예 피부가 햇볕에 타서 ~. 皮膚が日に焼けてうっすら黒い。
검실-대다자 ☞검실거리다
검-쓰다형 ❶(味が)非常に苦い。예 음식 맛이 검어서 먹기가 거북하다. 料理の味がとても苦くて食べづらい。❷苦々しい。
검안(檢眼)명 検眼。
검안-하다자 検眼する。예 안과에 가서 검안했다. 眼科に行って検眼した。
검안-경(檢眼鏡)명 (의)検眼鏡。
검약(儉約)명 倹約。
검약-하다티 倹約する。예 검약하여 저축하다. 倹約して貯金する。
검역(檢疫)명 《법》検疫。예 ~ 전염병 検疫伝染病／수입 육류에 대한 ~이 실시되었다. 輸入の肉類に対する検疫が実施された。
검역-하다티 検疫する。
검역-소(檢疫所)명 検疫所。
검열(檢閱)명 検閲。예 ~ 제도 検閲制度。
검열-하다티 検閲する。예 출판물을 ~. 出版物を検閲する。
검은-깨명 黒胡麻。예 ~ 음료 黒ゴマ飲料。=검정깨

검은-빛명 黒い色。
검은-색(一色)명 黒い色。=흑색
검은-손【含的以命한손길·】 黒い手┃魔の手。예 ~을 뻗치다. 黒い手を伸ばす。
검은-약(一藥)명【含约아편을달리이르는말】 阿片。
검은-엿명 黒い飴┃黒飴。
검은-자명 ☞검은자위
검은-자위명 黒目┃目玉。=검은자
검은-콩명 黒豆。예 ~을 삶다. 黒豆を茹でる。=검정콩
검은-팥명 黒小豆。예 ~ 떡 くろあずきもち。
검인(檢印)명 檢印。예 저자의 ~著者の檢印/~을 찍다. 檢印を押す。
검전-기(檢電器)명〔전〕檢電器。
검정¹명 黒┃黒い色┃黒い染料。예 ~ 구두 黒い色のくつ / ~ 페인트를 칠하다. 黒い色のペイントを塗る。
검정²(檢定)명 檢定。
　검정-하다타 檢定する。예 교과서를 ~. 教科書を檢定する。
검정-고시(檢定考試)명 檢定試驗┃檢定。예 ~에 합격하다. 檢定に合格する。
검정-깨명 ☞검은깨
검정-말명〔식〕黒藻。예 ~에 송곳 같은 열매가 열렸다. くろもに錐のような実が実った。
검정-이명 黒い物┃黒色の染料。
검정-콩명 ☞검은콩
검-쥐다타【에깨세게】握り締める┃掴む。예 행운을 ~. 幸運をぐっと掴む。/ 생각지도 않은 거금을 ~. 思いがけない大金を握りしめる。
검증(檢證)명 檢證。예 ~ 조서 檢證調書 / ~ 자료 檢證資料。
　검증-하다타 檢證する。예 올바른지 어떤지 검증해 보기로 했다. 正をしいかどうかを検証してみることにした。
검지(一指)명 人差し指┃食指。=집게손가락
검진(檢診)명 檢診。예 ~ 시간 檢診時間 / 정기 ~ 定期的 檢診。
　검진-하다타 檢診する。예 재발하지는 않았는지 정기적으로 ~. 再発がないかということを定期的に検診する。
검-질기다혱 (行動·性質이)しつこく粘り강하다┃根気が強い┃執拗だ。예 그에게는 검질긴 면이 있다. 彼には根気強いところがある。/ 검질기게 덤벼들

다. 執拗に食ってかかる。
검차(檢車)명 檢車。
　검차-하다타 檢車する。
검-차다혱 (性質이)粘り強くて激しい。
검찰(檢察)명〔법〕檢察。예 ~ 수사 檢察搜査 / ~ 조사가 끝났습니다. 檢察調査が終わりました。
　검찰-하다자타 檢察する。
검찰-관(檢察官)명 ❶〔법〕檢察官。❷〔군〕軍法会議で検察官の職務を行なう法務が將校。
검찰-청(檢察廳)명〔법〕檢察庁。
검찰 총장(檢察總長)〔법〕検事が総長。
검출(檢出)명〔화〕檢出。예 바이러스 ~ ウイルス検出。
　검출-하다타 検出する。예 세균이 검출되다. 細菌が検出される。
검측-스럽다혱 ❶【보기에약간더러】見るにどす黒い。❷【음험하고욕심사납다】腹黒い。
　검측스레부 ❶ 見るにどす黒く。❷ 欲深く┃腹黒く。예 ~ 웃었다. 腹黒く笑った。
검측측-하다혱 陰險で欲張りだ。
　검측측-이부 欲深く┃陰險に。
검측-하다혱 ❶【보기에약간더러】どす黒い。❷【음험하고욕심사납다】腹黒い。예 주변 사람들에게 ~는 말을 들었다. 周りの人たちに欲深いと言われた。
　검측-이부 欲深く┃腹黒く。예 ~ 살다. 腹黒く生きる。
검침(檢針)명 檢針。예 수도 ~ 水道の檢針 / 가스 ~ ガス檢針。
　검침-하다타 檢針する。
검토(檢討)명 檢討。
　검토-하다타 檢討する。예 계획을 다시 한번 ~. 計画をもう一度 検討する。
검-퍼렇다혱 やや黒みがかって青い┃青黒い。예 얻어맞은 자리가 검퍼렇게 멍이 들었다. 殴られたところが青黒いあざになった。
검표(檢票)명 檢札。
　검표-하다타 檢札する。
검-푸르다혱 黒みがかって青い┃青黒い。예 검푸른 바다 紺碧の海。
검푸르접접-하다혱 青みを帯びて薄黒い。
검푸르죽죽-하다혱 青みを帯びてどす黒い。

검-흐르다[자] (液体えきたいが器うつわ·堤防ていぼうなどから)溢あふれ出でる。예길 때마다 두레박에서 물이 ~. 汲くむ度たびに釣瓶つるべから水みずが溢あふれ出でる。

겁¹(劫)[명][불교] 劫ごう。

겁²(怯)[명] 怖こわがる気持きもち｜怖気おじけ｜怖こわさ｜臆病おくびょう。예~이 나다. 怖こわくなる。/ ~을 먹다. 怖気おじけづく。/ ~을 주다. 脅おどす。/ ~이 없다. 怖気おじけがない。/ 내 여동생은 ~이 많다. 私わたしの妹いもうとは臆病おくびょうだ。

겁겁-하다(劫劫―)[형] ❶[성미가 급하고 참을성이 없다] 気短きみじかだ｜せっかちだ｜忍耐力にんたいりょくがない。예그는 겁겁한 성격이다. 彼かれはせっかちな性格せいかくだ。 ❷[돈벌이에 진력하여 욕심이 많다] ☞급급하다 예돈벌이에 ~. 金かねもうけに汲々きゅうきゅうとしている。

겁-결(怯―)[명][겁결에·결김에] 怖気おじけづいたはずみ。예~에 옆 사람의 손을 꽉 잡았다. 恐おそれのあまり隣となりの人ひとの手てをぎゅっとつかんだ。

겁기(怯氣)[명] ❶ (窮地きゅうちに陥おちいった人ひとの顔かおに表あらわれる)恐怖きょうふの気色けしき｜不安ふあんげな気色けしき｜怖気おじけ。예~에 가득 찬 얼굴 おじけに満みちた顔かお。 ❷ (険けわしい山やまの)妖怪ようかいしい気配けはい。

겁-나다(怯―)[자] 怖こわくなる｜心配しんぱいになる｜怖気おじけづく。예겁나서 달아나기 시작하다. 怖こわくなって逃にげ出だす。/ 시험에 떨어질까 ~. 試験しけんに落おちるかと心配しんぱいになる。

겁-내다(怯―)[타] 怖こわがる｜びくびくする｜恐おそれる。예거짓말이 탄로 날까 ~. 嘘うそがばれるのではないかとびくびくする。/ 나쁜 짓을 안 했으니까 어떤 일도 겁낼 것이 없다. 悪わるいことをしなかったから何なにも恐おそれることはない。

겁-먹다(怯―)[자] 恐おそろしく不安ふあんな気きがする｜怖気おじけづく。예그렇게 겁먹지 마라. そんなに怖こわがるな。/ 겁먹은 소리로 이야기하다. 怖気おじけづいた声こえで話はなす。

겁-보(怯―)[명][겁쟁이] 怖こわがり屋や｜腰抜こしぬけ｜臆病者おくびょうもの｜弱虫よわむし。예언제까지 ~라고 놀림 받을라. いつまで弱虫よわむしと冷ひやかされているつもりだい。

겁-쟁이(怯―)[명][겁보] 臆病者おくびょうもの｜弱虫よわむし｜いくじなし。

겁탈(劫奪)[명] ❶[강제로 빼앗음] 劫奪ごうだつ·略奪りゃくだつする。 ❷[강간을 달리 이르는 말] 強姦ごうかんする。◆일본어의「劫奪」에는 '강간'의 뜻은 없다.

겁탈-하다[타] ❶ 劫奪ごうだつ·略奪りゃくだつする。 ❷ 強姦ごうかんする。

것[의] ❶[사물이나 현상] こと｜もの。예귀여운 ~/ 먹을 ~과 살 집 食たべものと住すむ家いえ/ 그녀가 결혼한 ~을 몰랐다. 彼女かのじょが結婚けっこんしたことを知しらなかった。/ 실패한 ~은 내 탓이다. 失敗しっぱいしたのは私わたしのせいだ。/ 큰 ~을 주세요. 大おおきいのをください。 ❷[사람을 얕잡아서 이르는 말] 者もの｜やつ。예버르장머리 없는 ~ ふつつか者もの/ 요즘 ~들은 예의가 없어. 最近さいきんの者ものは礼儀れいぎをわきまえない。 ❸[사물의 소유를 나타내는 말] ―のもの。예내 ~ 私わたしのもの/ 이 과자는 동생 ~이다. このお菓子かしは妹いもうとのものだ。/ 이건 누구의 ~입니까? これは誰だれのですか。/ 이 땅은 회사 ~이 되었다. この土地とちは会社かいしゃのものになった。 ❹[추측을 나타내는 말] ―だろう｜―でしょう｜―はずだ。예오늘은 편지가 꼭 올 ~이다. 今日きょうはきっと手紙てがみが届とどくはずだ。/ 오후는 파도가 심할 ~이다. 午後ごごは波なみが高たかくなりそうだ。 ❺[결심이나 명령을 나타냄] こと。예여기에 쓰레기를 버리지 말 ~. ここにごみを捨すてないこと。

것-지르다[타] (下したから上うえに)逆さかに突つき刺さす｜逆さかに突つき抜ぬく。예책상 아래에서 것지른 못 机つくえの下したから突つき刺さした釘くぎ。

겅둥[부][다니다의 방법·제 하는 모양] ひょいと。예도랑을 ~ 뛰어넘다. 溝みぞをひょいと跳とび越こえる。

겅둥-거리다 ❶ 軽かるく跳はね回まわる｜ぴょんぴょんとする。 ❷ 軽かるはずみな行動こうどうをする。=겅둥대다

겅둥-대다 ☞겅둥거리다

겅둥-하다[형][背丈せたけに比くらべて)服ふくが短みじかすぎる｜ちんちくりんだ｜つんつるてんだ。예겅둥한 바지 ちんちくりんのズボン。

겅정-거리다[자] (脚あしの長ながい動物どうぶつや人ひとが)速はやく大おおまたで歩あるく。=겅정대다

겅정-대다[자] ☞겅정거리다

겅중-거리다[자] 長ながい足あしで飛とび跳はねるように歩あるく。=겅중대다

겅중-겅중[부] 長ながい足あしで飛とび跳はねるように歩あるくさま。예손의 상처가 아파서 제자리에서 ~ 뛰다. 手ての怪我けがが痛いたくてその場ばで飛とび跳はねる。

겅중-대다[자] ☞겅중거리다

겉[명] 表おもて｜表面ひょうめん｜上辺うわべ｜見掛みかけ。예~과 속 表と中/ 그는 ~과 속이 다르다.

彼は外見と中身が違う。／～では태연한 척하다. うわべでは平気なふりをする。箱の表面にだけペンキを塗る。↔속

겉 다르고 속 다르다[속] 外見と中身が違う：「自分の考えとは違う振る舞いをする」の意。

겉-가량(一假量)[명] だいたいの目分量｜おおよその見当。예~으로 5미터는 한다. だいたいの目分量で5メートルはする。

겉가량-하다[타] だいたいに見積もる｜目分量ではかる。예짐의 무게를 ~. 荷物の重さをだいたいに見積もる。

겉-가루[명] 穀物などを挽くとき、先に出る粉。↔속가루

겉-감[명] 服の表に当てる布｜表地。

겉-겨[명] 穀物の外殻｜もみ殻｜粗ぬか。예메밀 ~를 넣은 베개 蕎麦のもみ糠を入れた枕。

겉-곡(一穀)[명] ☞겉곡식

겉-곡식(一穀食)[명] 外皮を剥いていない穀物。＝겉곡

겉-꺼풀[명] 外皮。

겉-껍데기[명] 外皮｜外殻。

겉-껍질[명] 外皮｜粗皮。예양파의 ~을 벗기다. 玉葱の外皮を剥がす。

겉-꾸리다[타] 上辺をよく飾る｜外見を整える。예자동차의 외양만 ~. 車の外見だけ飾る。

겉-꾸미다[자] 上辺だけ飾る。

겉-날리다[타] (仕事をを)いい加減にする｜ぞんざいにする｜でたらめにする。예제품을 겉날려 만들다. 製品をでたらめに作る。／겉날린 공사를 하여 다리가 무너지다. ぞんざいな工事をして橋が崩れる。

겉-넓이[명](수) 表面積。＝표면적²

겉-늙다[자] 実際の年齢より老ける｜年のわりに老けて見える。예사람이 겉늙어 보여 그렇지 사실은 나이가 많지 않다. 老けて見えるが実際は年齢が高くない。

겉-대[명] 野菜類の外面の茎や外側にある葉。예배추의 ~ ハクサイの外側の葉。

겉-대중[명] 見かけだけで大体見積もること。

겉대중-하다[타] 見かけだけで大体見積もる。

겉-돌다[자] ❶(二つものを)一緒にしても溶け合わない｜混じり合わない。예물과 기름이 ~. 水と油が溶け合わない。❷(ネジ・車輪などが)空回りする｜空転する。예타이어가 도랑에 빠져 ~. タイヤが溝に嵌って空回りする。❸(対話)の要点が)合わない。예사고방식이 너무 달라 이야기가 ~. 考え方が違いすぎて話が合わない。❹他人と打ち解けず独りになる。예친구 사이에 끼지 못하고 ~. 仲間に入れず独りぼっちになる。

겉-마르다[자] 生乾きになる｜表面だけが乾く。

겉-말[명] 空世辞｜口先だけの言葉。예~을 하다. 空世辞を言う。

겉-맞추다[타] 内心は嫌だが上辺だけご機嫌を取る。예싫어민 할 수 없어서 겉맞추었다. 嫌だったが仕方がないのでご機嫌を取った。

겉-멋[명] 外見｜見た目｜うわべ。예~을 내다. おしゃれをする；格好をつける。／아이가 ~만 부려서 큰일이다. 子供がおしゃればかりして大変だ。

겉-면(一面)[명] 表面｜外面｜表も。

겉-모습[명] 見かけ｜外見｜外観。예~만 보고 사람을 판단해서는 안 된다. 外見だけで人を判断してはいけない。

겉-모양(一模樣)[명] 外貌｜外見｜外観。예~만 꾸며서는 안 됩니다. 外見を繕うだけではいけません。

겉-묻다[자] 他人がすることに釣られてする。예어머니에게 겉묻어서 쇼핑하러 갔다. 母に釣られて買い物に行った。

겉-물[명] 上澄み。＝윗물❷
겉물(이) 돌다[관용] 上澄みができる。

겉-바르다[타] 中身はそのままで上辺だけを繕う。

겉발림[명] 上辺だけを取繕って騙すこと。예~의 미소에 속지 마라. 上辺だけの微笑に騙されるな。

겉발림-하다[자] 上辺だけを取繕って騙す。

겉-밤[명] 皮を剥いていない栗。

겉-벽(一壁)[명]《건》外側の壁｜外壁。

겉-보기[명] 見かけ｜うわべ｜外見。예

~에 어수룩해 보인다. 外見では幼く見える。

겉-보리[명]❶겉껍질을 벗기지 않은 보리殼麦。 예~를 찧다. 殼麦をつく。❷〈식〉大麦殼。 =보리
겉보리 서 말만 있으면 처가살이하랴[속담] 殼麦3斗さえあれば妻の実家で暮すものか:「暮しが困窮だとしても妻の実家で暮すものではない」の意。

겉-봉(―封)[명]❶封筒。예~을 열다. 封筒を開ける。❷封筒の表。예~에 이름을 쓰다. 封筒の表に名前を書く。❸手紙を入れた封筒をさらに包んで封じた紙。

겉-싸개[명] 上包み。

겉씨-식물(―植物)[명]〈식〉裸子植物。예소나무는 ~이다. まつは裸子植物だ。 =나자식물

겉-어림[명] 見かけだけでざっと見積もること。
겉어림-하다[자타] 見かけだけでざっと見積もる。예대충 보고 겉어림하지 마라. 大体見て推算するな。

겉-여물다[자] (穀物などの穂が)外側だけ熟する。예이른 가을이라 열매가 ~. 秋の早い時期でまだ実が外側だけ熟している。

겉-옷[명] 上着。┆外衣。예~이 얇다. 上着が薄い。

겉-웃음[명] 空笑い。┆作り笑い。

겉-잎[명] (草木の)若葉の外側の葉。

겉-자락[명]치마저고리などを着た時、外側に出る裾。

겉-잠[명]❶[같은말] 浅い眠り。┆うたた寝。仮寝。예~이 들다. うつらうつらする。うたた寝する。浅く眠る。とろとろと寝入る。/살짝 ~이 들었다고 생각했는데 깨어 보니 시간이 많이 지나였다. 少しうしつらうしつらしたと思ったが起きてみたら時間がたくさん過ぎていた。/공부하다가 깜박 ~이 들다. 勉強していてうっかりうたた寝する。❷[物]狸寝入り。┆空寝。

겉-잡다[타] 大体で見積もる。┆推算する。예겉잡지 말고 정확히 금액을 알려 주세요. 大体で見積もらずに正確に金額を教えてください。

겉-장(―張)[명]❶(本などの)表紙。❷(重ねた紙の)表の紙。

겉-저고리[명][같은말]外側に着るチョゴリ。

겉-절이[명] コッチョリ。┆白菜などの当座付け。예마당에서 뽑은 배추로 바로 ~를 담갔다. 庭で掘った白菜ですぐに浅漬けをした。

겉-절이다[❶【같은말 절이】(キムチを漬けるとき)白菜の塩漬けをする。❷[같은말 절이]浅漬けをする。예배추를 ~. 白菜の浅漬けをする。

겉-조[명] 皮を剥いていない粟。

겉-짐작[명] 当て推量。┆あてずっぽう。┆おおよその見当。예자세히 알고 보면 ~이랑 다르다. 詳細に知ってみるとおおよその見当とは違う。
겉짐작-하다[자타] 当て推量をする。┆おおよその見当をつける。

겉-창(―窓)[명] (二重の構造の窓で)外側に取りつけられた窓。 =덧창

겉-치레[명] 上辺だけの飾り。┆見せ掛け。┆虚飾。예~의 말 見せかけの言葉。/~인사 上辺だけの挨拶。
겉치레-하다[자타] 上辺だけを飾る。┆見せ掛ける。예그녀는 항상 겉치레하기만 한다. 彼女はいつも上辺だけを飾っている。

겉-치마[명] 外側に着るチマ。

겉-치장(―治粧)[명] 上辺を美しく飾ること。┆外見の装い。┆外装。예아무런 ~도 하지 않고 파티에 참석하는 것은 실례다. 何の装いもなくパーティーに出席するのは失礼だ。
겉치장-하다[자타] 上辺を美しく飾る。┆外見を装う。┆外装をする。

겉-칠(―漆)[명] 上塗り。
겉칠-하다[타] 上塗りする。

겉-피[명] 皮を剥いていない稗。

겉-핥다[타] (内実をも知らず表面だけを)大体見る。┆なまかじりする。예매사를 겉핥아서는 제대로 알 수 없다. 事々を大体見ただけではろくに分からない。

겉-흙[명] 一番上に敷かれた土。

게¹[명]〈동〉蟹。예~는 옆으로 기어간다. 蟹は横にはう。/~가 집게로 손가락을 물었다. カニがはさみで指をくわえた。
게 눈 감추듯[관용] カニが目を隠すように:「食べ物を瞬く間にぺろりと平らげるさま」の意。예얼마나 배가 고팠는지 차려 놓은 밥을 게 눈 감추듯 먹어 버렸다. どれだけお腹が空いていたのか、並べられていた料理を瞬く間に平らげてしまった。

게²(代) 【거기에】 ❶そこに｜あそこに。예~ 서라. そこに立って。❷【듣는이를 낮추어】お前｜君。

게³(助) 【에게】 —に。예제게 책을 건네주세요. 私に本を渡して下さいませんか。/ 네게 부탁이 있어. あなたにお願いがあるの。

게-거품(명) ❶蟹が吹く泡。❷【걸이 도하이 흥분하거나 매우 떠들어 좋게 입에서 마구 나오는 거품】泡。예~을 물고 따지다. 泡を噴き出しながら問い詰める。

게걸(명) 食い意地。예~을 떨다. 食い意地を張る。/ 이 들린 사람 같다. 食い意地の張った人のようだ。

게걸-거리다(자) 【소리 지르면서 투덜거리다】 しきりに声を上げながら不平を言い立てる。=게걸대다

게걸-대다(자) ☞게걸거리다

게걸-스럽다(형) がつがつと食べたいようだ｜貪ぼり食いたがる。예배가 고팠던 건지 남동생은 게걸스럽게 먹고 싶은 것을 전부 먹었다. お腹が空いていたのか、弟はがつがつと食べたいものを全部食べた。

게걸스레(부) 食い意地が張るように｜がつがつと。예~ 마구 먹어대다. がつがつと食べまくる。

게-걸음(명) かにの横ばい。예~으로 걷다. カニ歩きで歩く。

게걸음(을) 치다(관용) ❶横歩きをする｜かに歩くをする。❷【사업이나 동사나 진행이 잘 매우 너리다】(仕事などが)かんばしくない｜(進行)がはかばかしくない。

게걸-쟁이(명) 【음식을 몹시 밝히는 사람】食いしん坊。

게검-스럽다(형) 食いしん坊で醜い｜がつがつ食べる姿が見苦しい。예그는 먹는 모습도 ~. 彼は食べる姿もがつがつしていて見苦しい。

게검스레(부) がつがつと醜く｜見苦しく。예거지가 ~ 먹다 남은 밥을 먹고 있다. 乞食ががつがつと醜く残飯を食べている。

게-네(代) 【사망보 무리】 彼ら｜あれら｜やつら｜あいつら。예~는 뭐래? 彼らは何と言ってるの。

게놈(Genom 독)(명) (生)ゲノム。예~ 프로젝트 ゲノムプロジェクト。

게다(타) ☞게우다의 잘못.

게다(타) ☞게다가의 준말.

게다가 I(부) 【더구나 거기에】 その上に｜それに｜更に。예이 레스토랑은 비싸고 ~ 맛도 없다. このレストランは高い上に不味い。/ 비가 내리고 ~ 바람도 불었다. 雨が降って更に風をも吹いた。㈜게다². Ⅱ【거기에에다가 가로 발으여】 そこに。예책은 ~ 놓아라. 本はそこに置きなさい。

게-딱지(명) ❶蟹の甲羅。예~에 밥을 채워 넣다. 甲羅にご飯を詰める。❷【집이 작고 보잘것 없는 모양을 비유적으로】小さくてみすぼらしい家。예~만 한 작은 집 甲羅ほどしかない小さな家。

게라(ゲラ 일)(명) (출)(印刷등에서)ゲラ｜ゲラ刷り。=교정쇄

게르마늄(Germanium 독)(명) ゲルマニウム。

게르만(German 독)(명) ☞게르만 족

게르만 족(German族)(명) ゲルマン民族。예~ 우월주의 ゲルマン民族の優越主義。=게르만

계름(명) ☞'게으름'의 준말.

게릴라(guerrilla 에)(명) (군)ゲリラ。예~ 전술 ゲリラ戦術。

게릴라-전(guerrilla戦)(에)(명) ゲリラ戦。=유격전

게-살(명) 蟹の肉｜蟹の肉を干した食品。예~이 가득 들어 있다. 蟹の肉がぎっしり詰まっている。

게-성운(—星雲)(명) 《천》蟹星雲。

게스트(guest)(명) ゲスト。

게슴츠레(부) ☞거슴츠레

게슴츠레-하다(형) ☞거슴츠레하다

게시(揭示)(명) 揭示。

게시-하다(타) 揭示する。예게시판에 새 소식을 게시하였다. 揭示板に新しいお知らせを揭示した。

게시-판(揭示板)(명) 揭示板。예~에 붙이다. 揭示板に貼る。

게알-젓(명) かにの卵の塩辛。

게양(揭揚)(명) 揭揚。

게양-하다(타) 揭揚する。예국기를 ~. 国旗を揭揚する。

게양-대(揭揚臺)(명) 揭揚台。예국기 ~ 国旗揭揚台。

계염(명) 【생알내는 마음】嫉妬｜焼きもち｜妬み。

계염-스럽다(형) 妬んでいる｜嫉妬する｜焼きもちを焼いている。

계염스레(부) ねたましく。

게우다(타) ❶【토하다】(食べ物などを)吐く｜もどす。예모든 것을 게우고 나니 속이 편안해졌다. 全てのものを吐き出したら胸が楽になった。❷【남의 재물을】(不正に

得た所得などを)吐き出す。

게으르다[형] 怠惰だ｜怠慢だ｜怠ける
ている。例 너는 언제나 ~. あなたはいつでも怠けている。｜게으른 버릇을 고치다. 怠け癖を直す。=개으르다

게으름[명] 怠惰｜無精｜不精｜ものぐさ。例 ~ 피우지 말고 부지런히 일해라. ものぐさしないで勤勉に仕事をしろ。=개으름 준개름・게름

게으름-뱅이[명] ものぐさな人｜怠け者｜無精者｜のらくら者｜ものぐさ太郎。

게으름-쟁이[명] 怠け者｜無精者。

게을러-빠지다[형] とても怠けている｜ひどく怠惰だ。例 오늘도 게을러빠진 하루를 보내 버렸다. 今日もひどく怠惰な一日を過ごしてしまった。=게을러터지다

게을러-터지다[형] ☞게을러빠지다

게을리[부] 怠惰に｜怠って｜怠けて。例 청소를 ~ 해서 방이 더럽다. 掃除を怠惰にして部屋が汚ない。

　게을리-하다[타] 怠る｜怠ける。例 공부를 ~. 勉強をおろそかにする。

게이샤(けいしゃ 일)[명] 芸者。

게이지(gauge)[명] ゲージ。

게이트(gate)[명] ゲート。

게임(game)[명] ゲーム｜競技｜試合。例 ~ 종료 ゲームオーバー；ゲーム終了 / 소프트웨어 ゲームソフト。

게-자리[명] 〈천〉蟹座。

게-장(一醬)[명] ❶ ☞게젓 ❷ 蟹を漬けたしょうゆ。

게재(揭載)[명] 揭載。

　게재-하다[타] 揭載する｜載せる。例 신문에 게재된 내용 新聞に揭載された内容 / 논문을 잡지에 ~. 論文を雑誌に揭載する。

게저분-하다[형] ごちゃごちゃして汚らしい。例 침대 위가 ~. ベッドの上がごちゃごちゃ汚らしい。

　게저분-히[부] ごちゃごちゃ汚なく。例 책상 위를 ~ 어질러 놓지 마라. 机の上を汚らしく散らかすな。

게-젓[명] 蟹のしょうゆ漬け。例 아버지는 ~을 좋아하신다. 父は蟹のしょうゆ漬けが好きだ。=게장❶

게-트림[명] 大おげさなげっぷ｜わざとするおくび。例 그 남자의 ~에 사람들이 얼굴을 찡그렸다. その男の大げさ

なげっぷで人々が顔をしかめた。

　게트림-하다[자] 大おげさなげっぷをする｜わざとするおくびをする。

겔(Gel 독)[명] 《화》ゲル。

겨[명] 糠｜こぬか。

　겨 묻은 개가 똥 묻은 개를 나무란다[흥본다]속담〔日〕目糞が鼻糞を笑う。◆일본에서는 '눈곱이 코딱지를 비웃는다'라고 한다.

겨끔-내기[명] 互いに交替で行なうこと｜代わる代わる行なうこと。

겨냥[명] ねらい。例 ~를 대나. ねらいを定める。

　겨냥-하다 ねらいをつける｜ねらいを定める｜狙う。例 새를 겨냥하여 활시위를 당기다. 鳥を狙って弓弦を引く。

겨누다[타] ❶ 狙う｜狙いをつける。例 사슴의 목을 겨누어 활을 쏘다. 鹿の首に狙いをつけて矢を射る。❷ (長さ・広さなどを)他のものと比べ合わせて推し量ってみる。例 겨누어 보고 샀는데 작다. 比べ合わせて見て買ったのに小さい。

겨드랑☞겨드랑이

겨드랑이[명] 脇｜腋。例 ~를 간질이다. わきの下をくすぐる。=겨드랑

겨레[명] 民族｜はらから｜同胞。例 ~ 사랑 同胞愛。

겨레-붙이[명] 血縁関係で結ばれた人｜同族の人。

겨루다[타] 競おう｜張り合う｜勝負する｜対抗する。例 상대 팀과 기량을 ~. 相手のチームと技を競う。/ 형과 달리기를 겨루었다. 兄と競走した。/ 의장 자리를 놓고 여야가 ~. 議長の座を与党と野党が張り合う。

겨룸[명] 競うこと｜張り合うこと｜張り合い｜競争。

　겨룸-하다 競おう｜張り合う｜対抗する。例 실력을 ~. 実力を競う。

겨를의 (時間的)暇｜間｜余裕。例 놀고 있을 ~이 없다. 遊んでいる暇がない。/ 생각하고 있을 ~ 같은 것은 없어. 考えている余裕なんか無いんだ。/ ~을 내다. ひまを割く。/ 잠잘 ~도 없다. 寝る間もない。

겨름[명] ☞겨릅대

겨릅-대[명] 麻幹から。=겨름

겨우[부] ❶ やっと｜ようやく｜辛うじて。例 ~ 대학에 합격했다. やっと大学

に合格した。❷【 】わずか|せいぜい|たった。例 먹을 것은 ~ 이것 뿐입니까? 食べ物はたったこれだけですか。

겨우-내튀 冬の間ずっと。例 ~ 쌓였던 먼지를 털어 냈다. 冬の間にたまったほこりを払った。

겨우-살이¹명 ❶【 】冬着|冬物。❷越冬。=월동

겨우-살이²명 〈식〉寄生木。

겨울명 冬。例 ~ 산 冬山/~ 방학 冬休み。

겨울나기명 冬越し|越冬。=월동

겨울-날명 冬の日|冬天。

겨울-눈명 冬芽。=동아(冬芽)

겨울-바람명 冬の風。
　겨울바람이 봄바람보고 춥다 한다 속담 冬の風が春風に向かって寒いと言う:「自分の過ちは棚に上げて他人の小過をとがめる」の意。

겨울-밤명 冬の夜。

겨울-잠명 冬眠。例 ~을 자기 위해 동물들이 양분을 쌓는다. 冬眠に備えて動物たちが養分を蓄える。/ ~에서 깨어나. 冬眠から目をさます。=동면

겨울-철명 冬季。

겨워-하다타 手に負えない|手に余る。例 모두 이 일을 힘에 겨워했다. みんなこの事を手に余ると思った。

겨자명 ❶〈식〉芥子菜。❷【 】芥子。

겨자-씨명 〈식〉芥子菜の種子。例 주로 ~ 가루를 사용한다. 主にカラシナの種子を粉にして使う。

겨-죽(-粥)명 糠粥。

격(格) I 명【 】格|品位|人格|格式。例 ~이 다르다. 格が違う。/ ~이 올라가다. 格が上がる。
　Ⅱ 의 ❶【 】一こと－わけ。例'목마른 사람이 우물 판다'는 ~이다.「喉の渇いた者が井戸を掘る」というわけだ。❷【 】資格|地位。例 그룹의 리더 ~ グループのリーダー格。

격감(激減)명 激減。
　격감-하다자 激減する。例 생산량이 격감하고 있다. 生産量が激減している。

격검(擊劍)명 ❶擊劍。❷〈운〉劍道。例 ~으로 정신을 수양하다. 剣道で精神を修養する。=검도

격구(擊毬)명 〈운〉❶【 】擊毬。例 ~는 스포츠의 성격과 함께 무예 단련의 효과 또한 뛰어나. 擊毬はスポーツの性格とともに武芸の鍛練の効果も優れている。❷打毬。

격납-고(格納庫)명 格納庫。

격년(隔年)명 隔年|一年おき。例 이 대회는 ~으로 열린다. この大会は一年おきに開かれる。

격노(激怒)명 激怒。
　격노-하다자 激怒する。例 나는 격노하여 대답했다. 私は激怒して答えた。

격돌(激突)명 激突。
　격돌-하다자 激突する。例 두 사람은 결승전에서 격돌했다. 両者は決勝戦で激突した。

격동(激動)명 激動。例 ~의 시대 激動の時代。
　격동-하다자타 激動する。例 격동하는 국제 관계 激動する国際関係。

격랑(激浪)명 激浪|荒波。例 배가 ~에 휩쓸리다. 船が激浪にのまれる。

격려(激勵)명 激励。
　격려-하다타 激励する。例 신입 사원을 ~. 新入の社員を激励する。

격려-금(激勵金)명 激励金。例 ~ 지급 激励金支給。

격려-사(激勵辭)명 激励の辞。

격렬-하다(激烈—)형 激烈だ|非常に激しい。例 격렬한 전투 激烈な戦闘。
　격렬-히부 激烈に。

격론(激論)명 激論。例 ~을 벌이다. 激論をたたかわせる。
　격론-하다자 激論する。

격류(激流)명 激流。

격리(隔離)명 隔離。例 ~ 병동 隔離病棟。
　격리-하다자타 隔離する。例 홍역 환자를 ~. 麻疹の患者を隔離する。

격막(膈膜)명 〈의〉隔膜。

격멸(擊滅)명 擊滅。例 ~ 작전 擊滅作戦。
　격멸-하다타 擊滅する。

격무(激務)명 激務。例 매일 ~에 시달리고 있다. 毎日激務に追われている。

격문(檄文)명 檄文|檄。例 ~을 띄우다. 檄を飛ばす。

격발¹(激發)명【 】激発。
　격발-하다자타 激発する。例 인민의 증오심을 격발시켰다. 人民の憎悪心を

を激発させた。

격발²(擊發) 【자타】 擊発する。
　격발-하다자타 弾丸を撃つ。

격변(激變) 激変。
　격변-하다자 激変する。 예 지구 환경이 격변하고 있다. 地球環境が激変している。

격 변화(格變化) (언)格変化。

격분(激憤) 激憤。
　격분-하다자 激憤する。 예 국민 연금 보험료의 인상은 시민을 격분시키고 있다. 国民年金の保険料率の引上げは市民を激憤させている。

격상(格上) (地位·等級などの)格上げ。→격하
　격상-하다타 格上げする。

격세(隔世) 隔世。 예 ~ 유전 隔世遺伝。
　격세-하다자 時代がへだたる｜時代が異なる。

격세지감(隔世之感) 隔世の感。

격식(格式) 格式。 예 ~을 차리다. 格式ばる。／~을 중시하다. 格式を重んじる。

격심(激心) ☞격의

격심-하다(激甚—) 형 激甚だ｜甚だしい。 예 격심한 손해를 주다. 激甚な損害を与える。／실력 차가 ~. 実力の差が激甚だ。

격앙(激昂) 激昂·激高｜激高。
　격앙-하다자 激昂·激高する｜激高する。 예 격앙하여 상사에게 대들다. 激高して上司に詰め寄る。

격언(格言) 格言。 예 ~과 속담 格言と諺。

격월(隔月) 隔月｜一月おき。 예 ~로 개최하는 이벤트 隔月に行うイベント。＝간월
　격월-하다자 隔月にする。 ◈일본어로는「隔月する」라고 동사로는 쓰지 않는다.

격월-간(隔月刊) 명 隔月刊。

격음(激音) ☞거센소리

격의(隔意) 隔意｜隔心。 예 ~ 없이 이야기를 나누다. 隔意なく話し合う。＝격심

격일(隔日) 隔日｜一日おき。 예 ~ 근무 隔日勤務。

격자-무늬(格子—) 명 格子縞｜格子。

격자-문(格子門) 명 格子戸。

격자-창(格子窓) 명 格子窓。

격전(激戰) 激戦。 예 ~이 펼쳐진 지역 激戦の行なわれた地域。
　격전-하다자 激戦する。

격전-지(激戰地) 激戦地。

격정(激情) 激情。 예 ~에 휩싸이다. 激情に駆られる。

격정-적(激情的) 관 激情の｜激情的な。 예 ~인 논조 激情的な論調。

격조¹(格調) 명 格調。 예 ~ 높은 시 格調の高い詩。

격조²(隔阻) ❶遠く離れていて互いに通じ合わないこと。 ❷長らい間便りがないこと。
　격조-하다 ❶遠く離れていて互いに通じ合わない。 ❷長らい間便りがない。 예 격조하였습니다. ご無沙汰しました。／격조하였음을 사과하다. 無沙汰をわびる。

격주(隔週) 명 隔週｜一週間おき。 예 ~로 방송하다. 隔週に放送する。

격증(激增) 激増。 예 국민들의 구매력의 ~ 国民たちの購買力の激増。
　격증-하다자 激増する。 예 무더위 때문에 전기 사용량이 격증했다. 蒸し暑さのため電気の使用量が激増した。

격-지다(隔—)자 隔たりができる｜仲たがいする。

격차¹(格差) 【경제·사회】 格差。 예 ~가 크다. 格差が大きい。

격차²(隔差) 【경제·가격·빈부 등의 차이를 이르는 말】 隔たり。 예 임금 ~ 賃金格差／~가 생기다. 格差が生じる。／생활 수준의 ~를 해소하다. 生活水準の隔たりを解消する。

격찬(激讚) 激賞｜激賞。 예 ~을 받고 있는 작가 激賛されている作家。
　격찬-하다타 激賞する｜激賞する。 예 세계가 격찬하는 디자이너 世界が激賞するデザイン。

격추(擊墜) 명 예 ~ 명령 撃墜命令。
　격추-하다타 撃墜する。 예 적기를 ~. 敵機を撃墜する。

격침¹(擊沈) 擊沈。
　격침-하다타 擊沈する。 예 적의 함선을 ~. 敵の艦船を撃沈する。

격침²(擊針) ☞공이❷

격통(激痛) 명 激痛。 예 ~에 괴로워하다. 激痛に苦しむ。

격퇴(擊退) 명 擊退。
　격퇴-하다타 擊退する。

격퇴-하다[타] 撃退する。예 침략자를 ~.侵略者を撃退する。

격투¹(格鬪)[명] 【격투기】格鬪。
　격투-하다¹[자] 格鬪する。

격투²(激鬪)[명] 激鬪。
　격투-하다²[자] 激鬪する。

격투-기(格鬪技)[명] 《운》格鬪技 ¦ 格技。

격파(擊破)[명] 擊破。
　격파-하다[타] 擊破する。예 적의 기지를 ~.敵の基地を擊破する。

격하(格下)[명] 格下げ。←격상
　격하-하다[타] 格下げする。

격-하다(激―)Ⅰ[자] 激する。예 격한 심정 激する胸中 / 격하지 않고 조용히 말하다. 激することなく静かに語る。
　Ⅱ[형] 激しい ¦ 激越だ。예 격한 어조 激越な口調。

격화(激化)[명] 激化。
　격화-하다[자] 激化する。예 쟁론이 격화되다. 論爭が激化される。/ 시장 경쟁이 ~.市場競爭が激化する。

겪다[타] 經驗する ¦ なめる ¦ 味わう。예 고통을 ~. 苦痛を味わう。/ 급격한 변화를 ~.急激な變化を經驗する。

견(絹)[명] 絹。

견갑-골(肩胛骨)[명] ☞어깨뼈

견강-부회(牽強附會)[명] 【아전인수격으로 말을 억지로 끌어다 자기에게 유리하게 함】牽強付会する。

견고-하다(堅固―)[형] 堅固だ。예 견고한 구조 堅固な構造。
　견고-히[부] 堅固に。예 성을 ~ 쌓다. 城を堅固に築く。

견과(堅果)[명] 《식》堅果。예 ~는 먹기 힘들다. 堅果は食べにくい。=각과

견디다[자타] ❶(人が難しさ・痛みなどに)耐える ¦ 我慢する ¦ 堪える。예 피로해도 견디어라. 疲れても我慢しろ。/ 참고 ~. 耐え忍ぶ。❷(物が熱や圧力・重さなどに)耐える ¦ 長持ちする ¦ 持ち堪える。예 책상 다리가 무게를 견디지 못하고 부러지다. 机の足が重さに耐えられず折れる。

견딜-성(―性)[명] 忍耐強さ ¦ 忍耐性。예 저 회사원은 참 ~이 없다. あの会社員は本当に忍耐強さがない。

견딜-힘[명] 忍耐力。

견련・牽聯(牽連・牽聯)[명] 【관련되어 얽혀 있음】牽連。
　견련-하다[자타] 牽連する ¦ つながる。

続く。

견문(見聞)[명] 見聞。예 ~을 넓히다. 見聞を広める。
　견문-하다[타] 見聞する。

견문-록(見聞錄)[명] 見聞錄。

견물생심(見物生心) 実物を見るとそれを手に入れたいという心が生じること。

견본(見本)[명] 見本 ¦ サンプル。

견본-시(見本市)[명] ☞견본 시장

견본 시장(見本市場)[경] 見本市。=견본시

견비-통(肩臂痛)[명] 《한》肩からひじまでの神經痛。

견사(絹絲)[명] 絹糸 ¦ きぬいと。

견습(見習)[명] 見習い。
　견습-하다[타] 見習う。

견습-공(見習工)[명] 見習い工。

견습-생(見習生)[명] ☞'수습생'의 잘못.

견식(見識)[명] ☞식견

견실-하다(堅實―)[형] 堅實だ。예 견실한 사상 堅實な思想 / 견실한 기술 堅實な技術。
　견실-히[부] 堅實に。

견우(牽牛)[명] ❶《문》【견우성의 별칭】牽牛。❷☞견우성

견우-성(牽牛星)[명] 《천》【알타이르】牽牛星 ¦ アルタイル。=견우

견우-직녀(牽牛織女)[명] ❶《문》牽牛星と織女。❷《천》牽牛星と織女星。

견원지간(犬猿之間) 【개와 원숭이 사이라는 뜻으로 서로 사이가 매우 나쁨】犬猿の仲。

견인¹(堅忍)[명] 【굳게 참고 견딤】堅忍。
　견인-하다[자] 堅忍する。

견인²(牽引)[명] 牽引。예 기관차의 ~ 능력 機關車の牽引能力。
　견인-하다[타] 牽引する。예 견인차가 견인해 갔다. 牽引自動車が牽引して行った。

견인-차(牽引車)[명] 牽引車。❶牽引自動車。❷【앞장 서서 사람들을 이끌어 주는 이】リーダー。예 세계 경제의 ~ 역할을 하고 있다. 世界経済の牽引車の役割を果たしている。

견장(肩章)[명] 肩章 ¦ けんしょう。예 ~을 달다. 肩章をつける。

견적(見積)[명] 見積もり。예 ~ 의뢰 見積もりの依頼。/ ~을 내 주세요. 見積りをしてみて下さい。

견적-서(見積書)명 見積書みつもりしょ。예 ~를 작성하다. 見積書を作成する。

견제(牽制)명 ~ 세력 牽制勢力せい / ~ 공격 牽制攻撃こうげき
　견제-하다타 牽制けんせいする。

견제-구(牽制球)명 〈운〉【야구】 牽制球けんせいきゅう。예 ~를 던져 도루를 막다. 牽制球を投げて盗塁とうるいを防ふせぐ。

견주다 (質しつや量りょうなどの差を知るために)比較ひかくする；比くらべる。예 서로 키를 ~. 互たがいに背せの高たかさを比べる。/ 견주어 보다. 見比くらべる。

견지¹(見地)명【어떤 사물을 판단하거나 연구하는 입장】 見地けんち；観点かんてん。예 도덕적 ~에서 보면…. 道徳的どうとくてき見地から見ると…。/ 두 사람의 ~는 다르다. 二人ふたりの見地は違ちがう。

견지²(堅持)명【굳게 지킴】 堅持けんじ。
　견지-하다타 堅持する。예 반대 입장을 ~. 反対はんたいの立場たちばを堅持する。

견직(絹織)명 견직물

견직-물(絹織物)명 絹織物きぬおり；絹布けんぷ。=견직

견책(譴責)명 譴責けんせき。예 ~ 처분 譴責処分しょぶん。
　견책-하다타 譴責けんせきする。

견학(見學)명 見学けんがく。
　견학-하다타 見学けんがくする。예 건설 현장을 ~. 建設けんせつ現場げんばを見学する。

견해(見解)명 見解けんかい。예 두 사람의 ~에 차이가 있다. 二人ふたりの見解に差さがある。/ 자신의 ~를 명확히 하다. 自分じぶんの見解を明あきらかにする。

겯고-틀다【지지 않으려고 서로 버티며 겨루고 뒤엉키다】 (負まけないように)競きそい合あう；言いい張はる；張り合う。예 나와 그녀는 반에서 1, 2위를 겯고트는 사이였다. 私わたしと彼女かのじょはクラスで1位いか、2位いを競い合う仲なかだった。/ 자신의 의견이 옳다고 서로 ~. 自分じぶんの意見いけんが正ただしいと互たがいに言い張っている。

겯다¹자타 ❶【기름 따위가 묻거나 배어들다】(油あぶらなどが)染しみる；染み込こむ。예 종이가 기름에 ~. 紙かみが油にたっぷり染みる。❷【익숙해지다】(技術ぎじゅつ・仕事しごとなどが)慣なれる；身みにつく。예 결은 손놀림으로 만들다. 慣れた手てつきで作る。

겯다² ❶【곁・걷대로 결어】編あむ。❷【어긋매끼게 맞추어 짜다】互たがい違ちがいに組くむ。예 둘이 서로 어깨를 ~. 二人ふたりが互いに肩かたを組む。❸【둥글게 엮어】糸いとを筋交すじかいに巻まく。

겯-지르다타 ❶【서로 엇갈리게】(互たがいに)筋交すじかいになるように掛かける；交差こうさせる。❷【엇갈리게 한 쪽에 끈 따위를】筋交すじかいに他ほかの一方に差さし込こむ。

겯-질리다자 ❶【서로 엇갈리다】筋交すじかいになる；筋違すじちがいになる；捻挫ねんざする。예 다리를 결질리어 넘어지다. 足あしを筋交いに引っ掛けられ倒たおれる。❷【일이 서로 엇갈리다】(物事ものごとが食い違ちがって)こんがらかって互たがいに邪魔じゃまになる。

결¹명【살갗이나 물체의 표면의 바탕】(皮膚ひふや物ものの表面ひょうめんの)きめ。예 ~이 좋은 나무 木目きめの良い木き / ~ 좋은 머리카락 きめの良い髪かみの毛け。

결² ❶☞ 성결 ❷ ☞ 결기

결³명【예 : 꿈결・잠결】 一いちの間ま；一の際きわ。예 꿈결 夢ゆめの間；夢うつつ / 잠결 眠ねむっている間；夢うつつ；寝耳ねみみ / 얼떨결에 知しらぬ間に；うっかり；ついうかうかと。

결격(缺格)명 欠格けっかく。예 ~ 사유 欠格事由じゆう。

결결-이부 ❶そのたびごとに；度たびに；都度つど。예 고향을 생각하는 ~ 부모님 생각이 난다. 故郷こきょうを思おもうたびに父母ふぼのことが思い出だされる。❷ときどき。=때때로

결곡-하다형【얼굴 모양이나 기품이 깨끗하고 단정하여 빈틈이 없다】(顔かおだち・気きだてが)端正たんせいだ；美うつくしく整ととのっている。

결과(結果)명 ❶【원인에 의한 결말】結果けっか；結実けつじつ。❷【열매를 맺음】結果けっか。예 실험 ~ 実験じっけん結果 / ~가 좋다. 結果がいい。

결과-적(結果的)관명 結果的けっかてき。예 ~으로 실패였다. 結果的に失敗しっぱいだった。

결구(結句)명 結句けっく。

결국(結局)명부 結局けっきょく。예 ~ 학교에 못 갔다. 結局学校がっこうへ行いけなかった。/ ~은 이렇게 되고 마는 것인가? 結局はこんなことになるのか。

결근(缺勤)명 欠勤けっきん。예 장기 ~ 長期ちょうき欠勤。
　결근-하다자 欠勤けっきんする。예 감기에 걸려서 결근했습니다. 風邪かぜを引いて欠勤しました。

결기(一氣)명【성질이 부긋하고 참을성이 없는 성미】短気たんきな性質せいしつ；性急せいきゅうな気性きしょう；せっかちな気性。예 그만한 일로 왜 ~를 내고 그러니? そんなことくらいでどうしてすぐかっとなるんだ。=결²

결단(決斷)명 決断けつだん。예 올바른 ~ 正ただしい決断 / 중요한 ~을 내리다. 重要じゅうような決断を下くだす。
　결단-하다타 決断けつだんする。예 결단해야

만 할 때 決斷しなければならない時。

결단-력(決斷力)명 決斷力けつだんりょく。
결단-성(決斷性)명 決斷性けつだんせい。
결단-코(決斷一)用 決けっして|斷だんじて|必かならず|絶対ぜったいに。 예 ~ 승리하고야 말겠다. 必ず勝利しょうりしてみせる。
결당(結黨)명 結党けっとう。 예 ~ 대회 結党大会けっとうたいかい。
　결당-하다타 結党けっとうする。
결딴명 全まったく駄目だめになること|台無だいなしになること。
결딴-나다자 ❶全まったく駄目だめになる|台無だいなしになる。 예 옷이 ~. 服ふくが台無だいなしになる。 ❷(暮くらし向むきが)滅ほろびる|つぶれる。 예 결딴난 집안 落おちぶれた一家いっか。
결딴-내다타 ❶台無だいなしにする|全まったく駄目だめにする。 예 이렇게 하면 일을 결딴낼지도 모른다. このようにすれば事ことを台無だいなしにするかも知しれない。 ❷(暮くらし向むきを)つぶす|滅ほろぼす。 예 도박으로 살림을 ~. 賭博とばくで暮らし向きを滅ぼす。
결렬(決裂)명 決裂けつれつ|物別ものわかれ。
　결렬-하다자 決裂けつれつする。 예 회담은 결렬되었다. 会談かいだんは決裂になった。
결례(缺禮)명 欠礼けつれい|失礼しつれい。 예 ~를 무릅쓰다. 失礼しつれいする。
　결례-하다자 欠礼けつれいする|礼儀れいぎを欠かく。
결론(結論)명 結論けつろん。 예 ~을 내다. 結論を出だす。 / ~이 나다. 結論が出でる。 / 최종 ~을 내릴 수 없었다. 最終さいしゅう結論を下くだすことができなかった。
　결론-하다타 結論けつろんする。
결론-짓다(結論一)타 結論けつろんづける|結びをつける。
결리다자 (体からだの一部いちぶが)ずきずきする|凝こる|うずく。 예 옆구리가 ~. 脇腹わきばらがずきずきする。 / 어깨가 ~. 肩凝かたこりがする。
결막(結膜)명 《의》結膜けつまく。
결막-염(結膜炎)명 《의》結膜炎けつまくえん。
결말(結末)명 結末けつまつ|終おわり|けり。 의외의 ~을 의미하다. 意外な結末。
결말-나다(結末一)자 結末けつまつがつく|けりがつく|片かたがつく。
결말-내다(結末一)타 結末けつまつをつける|けりをつける|片かたをつける。
결말-짓다(結末一)타 結末けつまつをつける|けりをつける|まとめる。

결-머리【癲癎てんかんの軽けい症状しょうじょう】癲癇てんかん。 예 ~로 속이 뒤집히는 것 같다. 癲癇を起おこしてむかむかする。
결명-자(決明子)명《한》【植物しょくぶつ】決明子けつめいし。 예 눈에 좋다며 ~를 권해 주었다. 目めにいいと決明子を勧すすめてくれた。
결명-차(決明茶)명《식》夷草えびすぐさ。
결문(結文)명 結文けつぶん。
결미(結眉)명 結尾けつび。
결박(結縛)명 (紐ひもなどで)手て・体からだを縛しばること。
　결박-하다타 (紐などで)手・体を縛しばる。
결백(潔白)명 潔白けっぱく|청렴 = 清廉潔白せいれんけっぱく|~을 증명하다. 潔白を証明しょうめいする。
　결백-하다형 潔白けっぱくだ。 예 나는 결백합니다. 지갑을 훔치지 않았습니다. 私わたしは潔白です。財布さいふを盗ぬすむなんかしたことないです。
결번(缺番)명 欠番けつばん。 예 그 전화번호는 ~이었다. あの電話番号でんわばんごうは欠番だった。
결벽(潔癖)명 潔癖けっぺき。
결벽-증(潔癖症)명 潔癖症けっぺきしょう。 예 ~이 심해지다. 潔癖症がひどくなる。
결별(訣別)명 訣別けつべつ。 예 ~ 선언 訣別宣言けつべつせんげん|"미안하지만 더 이상 도와줄 수 없다."며 ~의 의사를 전했다. 「悪わるいけど、もう助たすけることはできない」と訣別の意思いしを伝つたえた。
　결별-하다자 決別けつべつする|訣別けつべつする。 예 비참한 과거와 ~. 惨みじめだった過去かこと決別する。
결부(結付)명 結むすび付つけること。
　결부-하다타 結び付ける。 예 아이들의 안전과 결부하는 일이다. 子供こどもたちの安全あんぜんに結びつけることだ。
결빙(結氷)명 結氷けっぴょう。
　결빙-하다자 結氷けっぴょうする。 예 도로가 결빙되다. 道路どうろが結氷する。
결빙-기(結氷期)명 結氷期けっぴょうき。
결사¹(決死)명 決死けっし。 예 ~반대 운동 決死の反対はんたい運動うんどう。
　결사-하다자 決死けっしを決けっする。
결사²(結社)명 《법》【団体だんたい】結社けっしゃ。 예 ~의 자유 結社の自由じゆう。
결사-대(決死隊)명 決死隊けっしたい。
결사-적(決死的)관·명 決死的けっしてき。 예 ~으로 싸우다. 決死的に戦たたかう。

결산(決算)〖명〗 決算けっさん｜仕切しきり。 〖예〗~ 보고 決算報告/ 장부 仕切り帳ちょう。
　결산-하다〖타〗 決算けっさんをする｜仕切しきる。
결산-기(決算期)〖경〗決算期けっさん。
결산-일(決算日)〖경〗決算日けっさん。
결석¹(缺席)〖명〗 欠席けっせき。 〖예〗~ 재판 欠席裁判けっせきさいばん／~ 판결 欠席判決けっせきはんけつ。
　결석-하다〖자〗 欠席けっせきする。〖예〗3일간 ~. 三日間みっかかん欠席する。
결석²(結石)〖명〗〖의〗結石けっせき。
결선(決選)〖명〗 決戦けっせん｜決勝けっしょう。〖예〗~에 신출되다.決勝に進出しんしゅつする。
　결선-하다〖자〗 勝者しょうしゃを決定けっていするために戦たたかう。
결선 투표(決選投票)〖법〗決選けっせん投票とうひょう。
결성(結成)〖명〗 結成けっせい。〖예〗노동조합 ~ 労働組合ろうどうくみあいの結成。
　결성-하다〖타〗 結成けっせいする。〖예〗신당을 ~. 新党しんとうを結成する。
결속(結束)〖명〗 結束けっそく。〖예〗~을 강화하다. 結束を強つよめる。
　결속-하다〖자,타〗 結束けっそくする。
결손(缺損)〖명〗 欠損けっそん。〖예〗~을 내다. 欠損を出だす。
결손 가정(缺損家庭)〖사〗欠損けっそん家庭かてい。
결손-금(缺損金)〖경〗欠損金けっそんきん。
결승(決勝)〖명〗 決勝けっしょう。〖예〗~ 경기 決勝競技きょうぎ；決勝戦けっしょうせん／~에서 지다. 決勝で負まける。／~에 진출하다. 決勝に進出しんしゅつする。
　결승-하다〖자〗 勝負しょうぶを決定けっていする。
결승-선(決勝線)〖운〗 決勝線けっしょうせん｜ゴールライン。〖예〗~을 통과하다. 決勝線を通過つうかする。
결승-전(決勝戰)〖명〗 決勝戦けっしょうせん。
결승-점(決勝點)〖명〗 決勝点けっしょうてん。
결식(缺食)〖명〗 欠食けっしょく。
　결식-하다〖자〗 欠食けっしょくする。
결식-아동(缺食兒童)〖명〗 欠食児童けっしょくじどう。
결실(結實)〖명〗 結実けつじつ｜実みのり。❶実みになること｜実入みいり。〖예〗~의 계절, 가을 結実の季節きせつ、秋あき。=열매맺이 ❷よい結果けっかになること。〖예〗사랑의 ~을 맺다. 愛あいの実みを結むすぶ。
　결실-하다〖자〗 結実けつじつする。
결실-기(結實期)〖명〗 結実期けつじつき。
결심¹(決心)〖명〗 決心けっしん。〖예〗굳은 ~을 하다. 固かたい決心をする。／아직 ~이 서지 않는다. まだ決心がつかない。
　결심-하다¹〖자,타〗 決心けっしんする。

결심²(結審)〖명〗〖법〗結審けっしん。〖예〗~ 공판 結審公判こうはん。
　결심-하다²〖자〗 結審けっしんする。
결여(缺如)〖명〗 欠如けつじょ。〖예〗책임감 ~ 責任感せきにんかんの欠如。
　결여-하다〖자〗 欠如けつじょする。〖예〗객관성이 결여되어 있다. 客観性きゃっかんせいが欠かけている。
결연(結緣)〖명〗 縁結えんむすび｜縁組えんぐみ。〖예〗자매 ~ 姉妹しまい縁組。
　결연-하다¹〖자〗 縁結えんむすびをする｜縁組えんぐみする｜縁えんを結むすぶ。
결연-하다²(決然-)〖형〗【決然けつぜんたる】決然けつぜんとしている。〖예〗결연한 태도 決然たる態度たいど。
　결연-히〖부〗 決然けつぜんと。〖예〗~ 대응하다. 決然と対応たいおうする。
결원(缺員)〖명〗 欠員けついん。〖예〗~ 보충 欠員補充ほじゅう／~이 생기다. 欠員が生しょうじる。
결의¹(決意)〖명〗【決意けつい｜覚悟かくご】決意けつい。
　결의-하다¹〖자〗 決意けついする。〖예〗굳게 ~. 固かたく決意する。
결의²(決議)〖명〗【議案ぎあんを決めること】決議けつぎ。〖예〗회의의 ~ 사항 会議かいぎの決議事項じこう。=의결
　결의-하다²〖타〗 決議けつぎする。〖예〗이상과 같이 결의한다. 以上いじょうのとおり決議する。
결의³(結義)〖명〗【他人同士たにんどうしが義理ぎりの親戚関係を 結ぶこと】他人同士どうしで義理ぎりの親戚しんせき関係かんけいを結むすぶこと。〖예〗~ 형제 義兄弟ぎきょうだい。
　결의-하다³〖자〗 義理ぎりの親戚しんせき関係かんけいを結むすぶ。〖예〗결의하였으니 서로 믿자. 義理の親戚の関係を結んだのだから互たがいに信しんじ合あおう。
결의-문(決議文)〖명〗 決議文けつぎぶん。
결의-안(決議案)〖명〗 決議案けつぎあん。
결장¹(缺場)〖명〗 欠場けつじょう。
　결장-하다〖자〗 欠場けつじょうする。〖예〗부상 때문에 결장했다. 負傷ふしょうのため欠場した。
결장²(結腸)〖명〗〖의〗結腸けっちょう。
결재(決裁)〖명〗 決裁けっさい。〖예〗전자 ~ 시스템 電子でんし決裁システム／부장의 ~를 받다. 部長ぶちょうの決裁を受うける。
　결재-하다〖타〗 決裁けっさいする。
결재-권(決裁權)〖명〗 決裁権けっさいけん。
결전(決戰)〖명〗 決戦けっせん。〖예〗드디어 ~의 날이 다가왔다. いよいよ決戦の日ひがやってきた。
　결전-하다〖자〗 決戦けっせんする。
결절(結節)〖명〗 結節けっせつ。
결점(缺點)〖명〗 欠点けってん｜短所たんしょ。〖예〗~을 고치다. 欠点を直なおす。

결정¹(決定)명 決定。 예~을 내리다. 決定を下す。
　결정-하다타 決定する。 예수사 방침이 결정되다. 捜査の方針が決定される。/공천이 결정되다. 公薦が決まる。

결정²(結晶)명 結晶。 예~ 구조 結晶構造/~ 화학 結晶化学/~ 광학 結晶光学/노력의 ~ 努力の結晶。

결정-권(決定權)명 決定権。 예~을 가지다. 決定権を持つ。

결정-면(結晶面)명 관結晶面。

결정-적(決定的)관 決定的。 예~인 순간 決定的な瞬間。

결정-짓다(決定—)타 決定する｜決定を下す。 예방침을 ~. 方針を決定する。

결정-체(結晶體)명 화結晶体。

결정-타(決定打)명 決定打。

결정-판(決定版)명 決定版。

결제(決濟)명 決済。 예통화 決済通貨/카드 ~ カード決済。
　결제-하다타 決済する。

결제-일(決濟日)명 決済日。

결집(結集)명 結集。
　결집-하다자타 結集する。 예세력을 ~. 勢力を結集する。

결착(決着・結着)명 決着。 예~을 짓다. 決着をつける。
　결착-하다자 決着する。

결코(決—)부 뒤에 이상의 말이 따름決して｜絶対に｜断じて。 예~ 용서할 수 없는 비열한 행동이다. 決して許せない卑劣な行為だ。/~ 질 수 없다. 絶対に負けられない。

결탁(結託)명 結託。
　결탁-하다자 結託する。 예경찰과 결탁한 업자 警察と結託した業者。

결투(決鬪)명 決鬪。
　결투-하다자 決鬪する。

결투-장(決鬪狀)명 決鬪状。

결판(決判)명 勝敗・是非를 判定하는 것｜けりをつけること。
　결판-하다자 勝敗・是非を判定する｜けりをつける。

결판-나다(決判—)자 けりがつく｜是非が決まる。 예오늘 밤 승부가 ~. 今夜勝負がつく。

결판-내다(決判—)타 決着をつける｜けりをつける。 예여기서 결판내자. ここでけりをつけよう。

결핍(缺乏)명 欠乏。 예경험의 ~ 経験の欠乏。
　결핍-하다자 欠乏する。

결핍-증(缺乏症)명 欠乏症。 예산소 ~ 酸素欠乏症/비타민 ~ ビタミン欠乏症。

결함(缺陷)명 欠陥。 예기계~이 발견되었다. 機械の欠陥が発見された。/~이 발생하다. 欠陥が発生する。

결합(結合)명 結合。 예에너지 結合エネルギー/~ 조직 結合組織。
　결합-하다자 結合する。 예분자가 ~. 分子が結合する。

결합-체(結合體)명 結合体。

결항(缺航)명 欠航。 예~ 안내 방송 欠航のご案内放送。
　결항-하다자 欠航する。 예나가사키행 선박이 ~. 長崎行き船舶が欠航する。

결핵(結核)명 의結核。 예~에 걸리다. 結核にかかる。

결핵-균(結核菌)명 생結核菌。

결행(決行)명 決行。
　결행-하다타 決行する。 예비가 와도 행사는 결행한다. 雨天にも催しは決行する。

결혼(結婚)명 結婚。 예피로연 結婚披露宴/속도위반 ~ できちゃった結婚/국제 ~ 国際結婚/근친 ~ 近親結婚; 近親婚/연애 ~ 恋愛結婚/중매~ 見合い結婚。
　결혼-하다자 結婚する。

결혼-기념일(結婚記念日)명 結婚記念日。

결혼-반지(結婚半指)명 結婚指輪。

결혼-상담소(結婚相談所)명 結婚相談所。

결혼-식(結婚式)명 結婚式。 예~을 올리다. 結婚式をする。

결혼 행진곡(結婚行進曲)음結婚行進曲｜ウエディングマーチ。

겸(兼)명부 ❶둘 이상의 명사 사이에 쓰이 어 동시에 내용이 아우러짐을 나타냄兼。 예아버지는 교수 ~ 연구가다. 父は教授兼研究家だ。❷두 가지 이상의 동작을 함께 함—かたがた｜—ついでに｜兼ねて。 예산책 ~ 쇼핑하러 간다. 散歩かたがた買い物に行く。
　겸-하다타 ❶(本職을 以外에 他의 職務을) 兼ねる｜兼任する。 예코치가 선수를 겸하여 출전하다. コーチが選

手を兼ねて出場する。❷(二つ以上の機能を)合わせて持つ｜兼ねる｜兼ねて持つ。例보석상을 겸한 안경점 宝石店を兼ねた眼鏡屋／비디오와 카메라의 기능을 ~. ビデオとカメラの機能を兼ねて持つ。

겸무(兼務)명 兼務。
　겸무-하다타 兼務する。

겸비(兼備)명 兼備。예 재색 ~ 才色兼備。
　겸비-하다자타 兼備する。

겸사(謙辭)명 ❶謙遜した言葉｜謙辞｜。❷謙遜して断ること。
　겸사-하다자 謙遜して断る。예 초대를 받았으나 겸사하였다. 招かれたが謙遜して断った。

겸사-겸사(兼事兼事)부【두 번째 떠러 가지를 아울러 하는 모양】—かたがた｜—がてら｜ついでに｜兼ねて｜同時に。예 주말에 그곳에 갈 일도 있고 ~ 만나러 가겠습니다. 週末はそちらに行く用事があるので、ついでに会いに行きます。

겸사-말(謙辭—)명《언》謙讓語。=겸양어

겸상(兼床)명 二人または二人以上が一緒に食べられるように支度した膳。
　겸상-하다자타 二人以上が一緒に食べられるように支度された一つの膳に向かい合って食事する。예 할아버지와 손자가 ~. 祖父と孫が一つの膳に向かい合って食事する。

겸손(謙遜・謙巽)명 謙遜。
　겸손-하다형 謙遜する。예 겸손한 태도 謙遜した態度／자신의 지식에 ~. 自分の知識に謙遜する。
　겸손-히부 へりくだって。

겸양(謙讓)명 謙讓。예 ~의 미덕 謙讓の美徳／~ 표현 謙讓表現。
　겸양-하다자타 謙讓だ。

겸양-어(謙讓語)명《언》謙讓語。=겸사말

겸업(兼業)명 兼業。예 ~ 농가 兼業農家。
　겸업-하다자타 兼業する。

겸연-스럽다(慊然—)형 ばつが悪い｜気恥ずかしい。
　겸연스레부 照れくさく｜気まずく。

겸연-쩍다(慊然—)형 面目はゆい｜ばつが悪い｜照れくさい｜気まずい｜面目ない。예 너무 칭찬을 받아 ~. あまりにも褒められて照れくさい。／과분한 환영을 받아 겸연쩍었다. 身に余る歓迎を受けて気まずかった。=계면쩍다

겸연-하다(慊然—)형 面目なく恥ずかしい。=계면하다

겸용(兼用)명 兼用。예 남녀 — 男女兼用／해외 ~ AC 충전기 海外兼用AC充電器。
　겸용-하다타 兼用する。

겸임(兼任)명 兼任。예 ~ 교수 兼任教授。
　겸임-하다타 兼任する。예 배우와 감독을 ~. 俳優と監督を兼任する。

겸-치다(兼—)타 ❶【두 가지 이상의 일이 거듭 겹치다】(二つ以上のことが)兼ね合う。예 지진에 화재까지 겸쳐서 대참사가 되었다. 地震に火災まで兼ね合って大惨事となった。❷【두 가지 이상의 것을)兼ねてする｜兼ねるようにする。예 예습에 복습까지 ~. 予習に復習を兼ねるようにする。

겸행(兼行)명 兼行。
　겸행-하다타 兼行する。

겸허(謙虛)명 謙虛。
　겸허-하다형 謙虛だ。예 사실을 겸허하게 받아들이다. 事実を謙虛に受け取る。
　겸허-히부 謙虛に。예 다른 사람의 충고를 ~ 듣다. 人の忠告を謙虛に聞く。

겹명 ❶重なり。예 ~으로 포개어 놓다. 二重に重ねて置く。❷(物事・仕事が)重なること。❸【몇 번째 거듭】重。예 세 — 三重／두 ~ 세 — 二重三重。

겹겹 幾重｜十重二十重。예 ~으로 싸다. 幾重にも包む。

겹겹-이부【여러 겹으로】何重にも｜幾重にも。예 ~ 이어진 산 幾重にも連なる山／~ 옷을 껴입다. 何重にも服を重ねて着る。

겹-꽃명《식》重弁花｜八重咲きの花。예 ~은 관상 가치가 크다. 重弁花は観賞価値が高い。

겹내림-표(—標)명《음》重変記号｜ダブルフラット。

겹-눈명《동》複眼。=복안(複眼)

겹다형 ❶【참기나 견디기에 어렵다】手に余る｜手に負えない。예 힘에 겨운 상황 手に負えない状

況じょう。❷【こみ上げる気持ち】(込み上げる感情を)抑えがたい。<예>그 애가 갑자기 흥에 겨워 춤을 추기 시작했다. 彼は突然興に乗って踊りはじめた。

겹-말 〈언〉同じ意味の言葉が重なってできた言葉。◆처갓집, 모래사장, 고목나무 등이 겹말이다.

겹-박자(一拍子)몡 〈음〉複合拍子ふくごうびょうし。

겹-사돈(一査頓)몡【両親同士が姻戚関係にある人】あいやけの関係の人たちがまたあいやけになること。

겹-살림 몡 ❶一家族が二か所で分かれて暮らすこと。二重生活にじゅうせいかつ。<예>직장이 부산에 있어서 서울과 부산에서 ~을 한다. 職場がプサンにあってソウルとプサンで二重生活をする。❷妾との二重生活にじゅうせいかつ。<예>나의 ~은 오래 계속되지 않았다. 俺の二重生活は長くは続かなかった。

겹살림-하다 妾と二重生活にじゅうせいかつをする。

겹-새끼몡 何重にも縒った藁縄。

겹세도막 형식(一形式) 〈음〉複合三部さん形式けいしき。

겹-세로줄 몡 〈음〉複縦線ふくじゅうせん。

겹-실몡 二筋以上に合わせた糸｜合わせ糸｜より合わせた糸。<예>~로 바느질하다. より合わせた糸で縫う。↔홀실

겹-씨방(一房)몡 〈식〉葉子房ふくしぼう。=복실자방・복자방

겹올림-표(一標)몡 〈음〉重嬰記号じゅうえいきごう｜ダブルシャープ。

겹-옷몡 綿の入っていない裏地のついた服。↔홀옷

겹-잎몡 〈식〉❶複葉ふくよう。❷多重たじゅうになった花びら。

겹-자락몡 両前りょうまえ｜ダブルブレスト。

겹-저고리몡【綿入れ】綿の入っていない裏地のついたチョゴリ。

겹-질리다짜 筋肉や関節がくじける｜捻挫ねんざする。<예>계단을 내려오다가 발목을 겹질렸다. 階段を下りてきて足首を捻挫した。

겹-집몡 〈건〉❶多くの棟が何重にも連なっている家。❷一つの大棟の下に二列に部屋を並べて建てた家。

겹-집다타 いくつかを重ねてつかむ。<예>과자를 많이 먹으려고 겹집어 입에 넣었다. お菓子をたくさん食べようと重ねて口に入れた。

겹-창(一窓) 〈건〉二重窓にじゅうそう。<예>보온이 잘되는 ~ 保温に優れている二重窓。=이중창

겹쳐-지다 重なる｜畳まる。

겹치-기몡 二つ以上のことを重ねてすること。<예>두 드라마에 ~ 출연하다. 二つのドラマに同時に出演しゅつえんする。

겹-치다자타 ❶【重なる】重なる。<예>종이가 석 장 ~. 紙が三枚重なる。/글자가 겹쳐서 읽을 수 없다. 文字が重なっているので読めない。❷(物事や現象などが)一度に起こる｜加わる｜積もる｜重なる。<예>국경일과 결혼식 날이 겹쳐 버렸다. 祝日しゅくじつと結婚式けっこんしきの日が重なってしまった。/시름이 겹쳐 병이 되다. 憂いが重なって病気びょうきになる。❸【畳】重ねる｜積み上げる｜折り畳む。<예>종이를 겹쳐 바르다. 紙を重ねて張る。/두 번 겹쳐 접다. 二回折り畳む。

겹-치마몡 ❶裏地を当てたスカート。❷幅を広くにして着込むように仕立てたスカート。

겹-혼인(一婚姻)몡 重縁じゅうえん。

경¹(京)주관【数の単位・兆の一万倍】京きょう。

경²(庚)몡 〈민〉❶【十干の一つ】庚こう・かのえ。❷경방 ❸☞경시

경³(經)몡 ☞경서 ☞불경

-경(頃)젭【おおよその時間・時期】一頃ひところ｜あたり。<예>오전 11시경 午前ごぜん十一時頃じゅういちじごろ。

경-⁵(輕)젭 軽かるい。<예>경노동 軽労働ろうどう / 경음악 軽音楽けいおんがく / 경범죄 軽犯罪けいはんざい / 경가극 軽歌劇けいかげき / 경기관총 軽機関銃けいきかんじゅう / 경금속 軽金属けいきんぞく

경-가극(輕歌劇)몡 ☞오페레타

경각(頃刻)몡【きわめて短い時間】頃刻けいこく・しばし｜一頃ひところ｜寸刻すんこく｜寸時すんじ。<예>~을 다투다. 一刻を争う。/ 一刻も지체하지 말고 수술을 받아야 한다. 一刻も早く手術しゅじゅつを受けなければならない。

경각-심(警覺心) 戒いましめ悟さとらせる心掛こころがけ。<예>~을 높이다. 戒め悟らせる心掛けを高める。

경감¹(輕減)몡 軽減けいげん。<예>부담의 ~ 負担ふたんの軽減。

경감-하다 軽減けいげんする。<예>세금을 ~. 税金ぜいきんを軽減する。

경감²(警監)몡 〈법〉【警察官の階級】警部けいぶ。

경개¹(梗槪)몡【あらすじ・概略】梗概こうがい｜粗筋あらすじ｜

大筋キム。
경개²(景槪)몡 ☞경치
경거-망동(輕擧妄動)몡 軽挙妄動けいきょもうどう。예 ~을 하지 마라다. 軽挙妄動を戒いましめる。
경거망동-하다(輕擧妄動—)재 軽挙妄動けいきょもうどうする。예 경거망동하지 마라. 軽挙妄動するな。
경건-하다(敬虔—)혱 敬虔けいけんだ。예 경건한 기도 敬虔な祈いのり。
　경건-히(敬虔—)뮈 敬虔けいけんに。예 ~ 묵념하다. 敬虔に黙祷もくとうする。
경경-하다(輕輕—)혱【군말이 적어서 신중하지 못】軽々かるがるしい｜軽率けいそつだ。
　경경-히(輕輕—)뮈 軽々かるがるに｜軽々かるがるしく｜軽率けいそつに。
경계¹(境界)몡 ❶【구분이 되는 한계】境界きょうかい｜境さかい。예 ~가 분명하지 않다. 境界が不明ふめいだ。/ ~가 애매해지다. 境界があいまいになる。=임계 ❷【종교】境界きょうがい。
경계²(警戒)몡【주의하고 살핌 또는 살펴 지킴】警戒けいかい。예 ~경보 警戒警報けいかいけいほう。
　경계-하다(警戒—)타 警戒けいかいする。예 적을 ~. 敵てきを警戒する。
경계-망(警戒網)몡 警戒網けいかいもう。
경계-선¹(境界線)몡 境界線きょうかいせん。예 ~을 긋다. 境界線を引ひく。
경계-선²(警戒線)몡 警戒線けいかいせん。
경고(警告)몡 警告けいこく。예 ~를 받다. 警告を受うける。/ ~를 무시하다. 警告を無視むしする。
　경고-하다(警告—)타 警告けいこくする。
경골¹(脛骨)몡【의】脛骨けいこつ。=정강이뼈
경골²(硬骨)몡【생】【척추동물의 단단한 뼈】硬骨こうこつ。예 ~류 硬骨魚類こうこつぎょるい。
경골³(頭骨)몡 ☞목뼈
경-공업(輕工業)몡【공】軽工業けいこうぎょう。
경과(經過)몡 経過けいか。
　경과-하다(經過—)재 経過けいかする。예 일정 시간이 경과하면 색깔이 사라져 버린다. 一定いっていの時間じかんが経過すると色いろが消きえてしまう。
경과-음(經過音)몡【음】経過音けいかおん。
경관¹(景觀)몡【경치】景観けいかん。예 도시 ~ 都市としの景観。
경관²(警官)몡 警官けいかん｜警察官けいさつかん。=경찰관
경구¹(硬球)몡【운】硬球こうきゅう。
경구²(經口)몡【의】経口けいこう。예 ~ 감염 経口感染けいこうかんせん/ ~ 피임약 経口避妊薬けいこうひにんやく；ピル。
경구³(警句)몡 警句けいく｜アフォリズム。

경-구개(硬口蓋)몡【의】硬口蓋こうこうがい。
경구개-음(硬口蓋音)몡《언》硬口蓋音こうこうがいおん。
경국지색(傾國之色)몡【임금이 그 미모에 빠져 나라가 기울어져도 모를 정도의 미인】傾国こくの美人びじん。
경극(京劇)몡《연》【중국의 대표적인 고전극】京劇きょうげき•。예 ~ 배우는 모두 남자이다. 京劇の俳優はいゆうは全すべて男おとこだ。
경-금속(輕金屬)몡【화】軽金属けいきんぞく。
경기¹(景氣)몡《경》景気けいき。예 ~가 좋지 다. 景気が良よくなる。/ ~가 침체하나. 景気が沈滞ちんたいする。/ ~ 지표 景気指標しひょう/ ~ 변동 景気変動へんどう/ ~ 동향 지수 景気動向指数けいきどうこうしすう。
경기²(競技)몡 競技きょうぎ。예 운동 ~ 運動競技/ 활강 ~ 滑降かっこう競技/ 체조 ~ 体操たいそう競技/ 육상 ~ 陸上りくじょう競技/ 축구 ~ サッカーの競技/ ~ 규칙 競技規則きそく/ ~에 출전하다. 競技に出場しゅつじょうする。
　경기-하다(競技—)재 競技きょうぎする。예 정정당당히 ~. 正々堂々せいせいどうどうと競技する。
경기³(驚氣)몡【한】驚風きょうふう｜引ひき付つけ。예 ~를 일으키다. 驚風を起こす。
경-기관총(輕機關銃)몡《군》軽機関銃けいきかんじゅう。
경기-도(京畿道)몡《지》京畿道キョンギ。
경기-장(競技場)몡 競技場きょうぎじょう｜スタジアム。
경내(境內)몡 (神社じんじゃやお寺てらの)境内けいだい。
경단(瓊團)몡【음식】団子だんご。
경대(鏡臺)몡 鏡台きょうだい。
경도¹(硬度)몡 硬度こうど。
경도²(經度)몡【지구 위의 위치를 나타내는 세로 축】経度けいど。참 위도
경도³(傾度)몡 ☞경사도
경-동맥(頸動脈)몡【의】頸動脈けいどうみゃく。=목동맥
경락¹(經絡)몡《한》経絡けいらく。예 ~ 마사지 経絡マッサージ。
경락²(競落)몡《법》【경매에서 물건의 소유권을 경락인에게 취득시키는 일】競落きょうらく•。예 ~ 가격 競落価格かかく/ 경매가 끝나고 ~이 결정되었다. 競売きょうばいが終おわり競落が決きまった。◆법률 용어로 쓸 때에는「けいらく」로 읽는다.
경량(輕量)몡 軽量けいりょう。
경량-급(輕量級)몡《운》軽量級けいりょうきゅう。
경력(經歷)몡 経歴けいれき｜履歴りれき。예 ~ 사원 채용 キャリア採用さいよう/ 직무 ~이 짧다. 職務しょくむ経歴が短みじかい。/ ~을 속이다. 経歴を偽いつわる。=열력
경력-자(經歷者)몡 経験者けいけんしゃ。예 ~ 우

대 経験者優遇。

경련(痙攣)몡《의》痙攣. 예눈에 ~이 일어나다. 目に痙攣が起こる。/ 다리 ~으로 수영 대회에 참가하지 못했다. 足の痙攣で水泳大会に参加できなかった。

경례(敬禮)몡 敬礼。 예거수~ 挙手の敬礼。
　경례-하다자 敬礼する。

경로¹(敬老)몡【웃어른을 공경함】敬老。 예~ 정신 敬老の精神。
　경로-하다자 老人を敬う。

경로²(經路)몡 経路。 예~ 설정 経路の設定/특수 ~ 特殊な経路/최단 ~를 탐색하다. 最短経路を探索する。

경로-당(敬老堂)몡 敬老堂。
경로-석(敬老席)몡 シルバーシート。
경로-회(敬老會)몡 敬老会。
경륜¹(經綸)몡 経綸。
경륜²(競輪)몡《운》競輪。
경륜-장(競輪場)몡 競輪場。

경리(經理)몡 経理。 예~ 담당자 経理担当者/~사무 経理事務。
경리-부(經理部)몡 経理部。

경마(競馬)몡《운》競馬。 예~ 경기 競馬競技。
　경마-하다자 競馬をする。

경마-잡이 人が乗った馬の手綱をとる人。口取りになってしまった。口取を先に立たせて馬に乗る。

경마-장(競馬場)몡 競馬場。

경망(輕妄) 軽率でそそっかしいこと。
　경망-하다혱 軽はずみだ｜軽率でそそっかしい。예그 여자는 ~. 彼女は軽率でそそっかしい。/ 경망한 언동은 삼가 주세요. 軽はずみな言動は慎んでください。= 경망스럽다
　경망-히부 軽はずみに｜軽率で｜そそっかしく。예~ 말참견해서는 안 된다. 軽率でそそっかしく口を挟んではいけない。= 경망스레

경망-스럽다(輕妄一)혱 ☞경망하다
　경망스레부 ☞경망히

경매(競賣) 競売・きょうばい｜競り売り。 예~ 물건 競売物件/~에 부쳐졌다. 競売に付された。/ 집이 ~에 넘어가다. 家が競売に付される。/ 기물을 ~에 부치다. 器物を競売に付す。/~에서 유찰되다. 競売で入札流れされる。/ 강제 ~에 처해지다. 強制競売に処される。◆법률 용어로는「けいばい」라고 읽는다.
　경매-하다타 競売する。

경매-물(競賣物)몡《법》競売物。예~이 나왔다. 競売物が出てきた。

경매-인(競賣人)몡《법》競り売り屋。

경멸(輕蔑)몡 軽蔑。 예남에게 ~을 받다. 人に軽蔑される。
　경멸-하다타 軽蔑する。 예인종 차별을 ~. 人種差別を軽蔑する。

경모(敬慕)몡【우러러 사모함】敬慕。
　경모-하다타 敬慕する。 예경모하는 마음 敬慕の念。

경묘-하다(輕妙一)혱 軽妙だ。 예경묘한 화술 軽妙な話術。
　경묘-히부 軽妙に。

경문(經文)몡【경서】経文｜お経。 예~을 읽다. 経文を読む。

경미-하다(輕微一)혱 軽微だ。예경미한 문제 軽微な問題/경미한 사고가 일어나다. 軽微な事故が起きる。

경박-하다(輕薄一)혱 軽薄だ。 예경박한 웃음소리 軽薄な笑い声。
　경박-히부 軽薄に。

경방(庚方)몡《민》【이십사방위】庚の方位。= 경❷

경배(敬拜)몡 敬拝。
　경배-하다자 敬拝する。

경범-죄(輕犯罪)몡《법》軽犯罪。

경변-증(硬變症)몡《의》硬変症。예간 ~ 肝硬変症。

경보¹(警報)몡 警報。 예화재 ~ 火災警報/경계 ~ 警戒警報/비상 ~ 非常警報/~가 울리다. 警報が鳴る。

경보²(競步)몡《운》競歩｜ウォーキングレース。예~가 올림픽 종목으로 채택되다. 競歩がオリンピック種目に採択される。

경보-기(警報器)몡 警報器。예가스 ~ ガス警報器。

경복(敬服)몡【존경하여 복종】敬服。
　경복-하다자 敬服する。

경부(頸部)몡 頸部。

경비¹(經費)몡 経費。 예~ 절감 経費節減/~ 삭감 経費削減/제반 ~ 諸経費。

경비²(警備)몡 警備。 예~를 서다. 警備に当たる。
　경비-하다타 警備する。

경비-병(警備兵)몡 警備兵。

경비-원(警備員)圏 警備員けいびいん。
경비-정(警備艇)圏 警備艇けいびてい。
경사¹(傾斜)圏 傾斜けいしゃする。/ ~가 급하다. 傾斜が急きゅうだ。
경사²(慶事)圏 慶事けいじ¦祝いわい事ごと¦喜よろこび事ごと。例~가 나다. 慶事が起こる。
경사-도(傾斜度)圏 傾斜度けいしゃど。=경도³
경사-롭다(慶事─)☞경사스럽다
경사-면(傾斜面)圏 傾斜面けいしゃめん。
경사-스럽다(慶事─)彫 喜よろこばしい¦めでたい。例 경사스러운 결혼 おめでたい結婚けっこん/ 경사스러운 기별이 오다. 喜ばしい知しらせが届とどく。=경사롭다
  경사스레 喜よろこばしく¦めでたく。例 나도 ~ 생각합니다. 私わたしも喜ばしく思おもっています。
경사-지(傾斜地)圏 傾斜地けいしゃち。
경사-지다(傾斜─)圏 傾斜けいしゃする¦傾かたむく。例 경사진 땅 傾斜した土地とち。
경상¹(經常)圏 経常けいじょう。例 ~ 이익 経常利益りえき/ ~ 거래 経常取引とりひき。
경상²(輕傷)圏 軽傷けいしょう。例 ~을 입었다. 軽傷を負おった。
경상 가격(經常價格)《경》経常価格けいじょうかかく。
경상-남도(慶尚南道)《지》慶尚南道キョンサンナムド。
경상-도(慶尚道)《지》慶尚道キョンサンド。
경상-북도(慶尚北道)《지》慶尚北道キョンサンブクト。
경상-비(經常費)《경》経常費けいじょうひ。
경상 수지(經常收支)《경》経常収支けいじょうしゅうし。
경서(經書)圏 経書けいしょ。=경³①
경선(經線)圏 経線けいせん。참 위선²(緯線)
경성(京城)圏 京城けいじょう。❶都みやこ。❷ 京城キョンソン。~ 제국 대학 京城帝国大学ていこくだいがく/~ 거리를 거닐며 소설을 구상했다. 京城の街まちを散歩さんぽしながら小説しょうせつを構想こうそうした。
경세-가(經世家)圏 経世家けいせいか。
경세-제민(經世濟民)圏 経世済民けいせいさいみん。
경솔(輕率)圏 軽率けいそつ。
  경솔-하다 軽率けいそつだ¦軽かるはずみだ。例 경솔한 행동 軽はずみな行動こうどう;軽率な行動/ 경솔했다고 반성하고 있다. 軽率だったと反省はんせいしている。
  경솔-히 軽率けいそつに¦軽かるはずみに。
경수¹(硬水)圏 ☞센물
경수²(經水)圏 ☞월경¹
경수³(輕水)圏 軽水けいすい。

경수-로(輕水爐)《물》軽水炉けいすいろ。
경승(景勝)圏 景勝けいしょう。
경승-지(景勝地)圏 景勝地けいしょうち。
경시¹(庚時)圏《민》庚かのえの時とき。=경²③
  ◈오후 네 시 반부터 다섯 시 반까지를 이른다.
경시²(輕視)圏 軽視けいし。
  경시-하다 軽視けいしする¦軽かろんじる。例 사소한 일이라도 경시해서는 안 된다. 些細ささいなことでも軽視してはいけない。/ 소비자의 입장이 경시되고 있다. 消費者しょうひしゃの立場たちばが軽視されている。
경식(硬式)圏《운》硬式こうしき。例 ~ 야구 硬式野球やきゅう。
경신(更新)圏 更新こうしん。
  경신-하다 更新こうしんする。例 세계 기록을 ~. 世界記録せかいきろくを更新する。
경악(驚愕)圏 驚愕きょうがく。例 ~을 금치 못하다. 驚愕を禁きんじえない。
  경악-하다 驚愕きょうがくする¦非常ひじょうに驚おどろく。例 경악할 만한 사건이 일어났다. 驚愕するような事件じけんが起こった。
경애(敬愛)圏 敬愛けいあい。
  경애-하다 敬愛けいあいする。例 경애하는 마음 敬愛の念ねん。
경-양식(輕洋食)圏 簡単かんたんな洋食ようしょく。
경어(敬語)圏 敬語けいご。例 ~를 쓰다. 敬語を使つかう。
경역(境域)圏 境域きょういき。
경연(競演)圏 競演きょうえん¦コンテスト¦コンクール。피아노 ~ 대회 ピアノコンクール/ 댄스 ~ 대회 ダンスコンテスト。◈일본어에서 '競演'은 주로 연기를 겨루는 것을 뜻한다.
  경연-하다 競演きょうえんする¦競きそう。
경엽수-림(硬葉樹林)《식》硬葉樹林こうようじゅりん。
경영¹(經營)圏 経営けいえい。例 ~ 관리 経営管理かんり/ ~ 분석 経営分析ぶんせき。
  경영-하다 経営けいえいする。例 회사를 ~. 会社かいしゃを経営する。
경영²(競泳)圏《운》競泳きょうえい。例 ~ 대회 競泳大会たいかい。
경영-권(經營權)圏 経営権けいえいけん。例 ~ 방어책 経営権の防御策ぼうぎょさく。
경영-자(經營者)圏 経営者けいえいしゃ。
경영-학(經營學)圏 経営学けいえいがく。
경외¹(敬畏)圏 敬畏けいい¦畏敬いけい。
  경외-하다 敬畏けいいする¦畏敬いけいする。例 신을 ~. 神かみを畏敬する。
경외²(境外)圏 境外きょうがい。

경외-심(敬畏心)몡 畏敬の念。예 ~을 품다. 畏敬の念を抱く。

경우(境遇)몡 ❶ 礼儀｜道理。예 그 사람은 ~가 바르다. あの人は礼儀正しい。/ ~에 어긋나는 행동을 하다. 礼儀に外れたことをする。 ❷ 場合。예 대개의 ~ たいていの場合/ 만일의 ~에 대비하다. 万一の場合に備える。

경운-기(耕耘機)몡 《농》耕耘機｜耕運機。

경위¹(經緯)몡 経緯。❶ 織物の経糸と緯糸。❷ 経緯。예 사건의 ~ 事件の経緯。❸ ☞경위도 ❹ ☞경위선

경위²(警衛)몡 ❶ 警衛｜警護。❷《법》警部補。
　경위-하다타 警衛する。

경-위도(經緯度)몡 経度と緯度｜経緯度。=경위 ❸

경-위선(經緯線)몡 経線と緯線｜経緯線。=경위 ❹

경유(經由)몡 経由。
　경유-하다타 経由する。예 오사카를 경유하여 파리로 간다. 大阪を経由してパリへ行く。

경유²(輕油)몡《화》軽油。예 ~ 차 軽油車/ ~ 기관 軽油機関。

경유-지(經由地)몡 経由地。

경-음악(輕音樂)몡 軽音楽。

경의(敬意)몡 敬意。예 선생님께 ~를 표하다. 先生に敬意を表する。

경의-실(更衣室)몡 更衣室。=탈의실

경이(驚異)몡 驚異。
　경이-하다자 驚く。예 경이할 만한 사건 驚くべきな事件。

경이-롭다(驚異—)혱 驚くべきだ。

경이-적(驚異的)관 驚異的。예 ~인 기록을 세우다. 驚異的な記録を打ち立てる。

경이-하다²(輕易—)혱 軽易だ｜容易だ｜容易い。

경작(耕作)몡 耕作。예 ~을 시작하다. 耕作を始める。
　경작-하다타 耕作する。예 농지를 ~. 農地を耕作する。

경작-권(耕作權)몡《법》耕作権。

경작-물(耕作物)몡 耕作物。

경작-지(耕作地)몡 耕作地。=경지¹

경장(輕裝)몡 軽装。예 ~을 하고 외출하다. 身軽な服装で出かける。
　경장-하다자 軽装する。

경쟁(競爭)몡 競争。예 가격 競争価格/ ~ 의식 競争意識/ ~ 입찰 競争入札/ 과당 ~ 過当競争/ 생존 ~ 生存競争/ 자유 ~ 自由競争。
　경쟁-하다자 競争する。예 다른 팀과 ~. 他のチームと競争する。

경쟁-력(競爭力)몡 競争力。예 ~을 높이다. 競争力を高める。

경쟁-률(競爭率)몡 競争率。예 ~이 높다. 競争率が高い。

경쟁-시험(競爭試驗)몡 競争試験。

경쟁-심(競爭心)몡 競争心｜競争意識。예 ~을 부추기다. 競争心をあおる。

경적(警笛)몡 警笛。예 ~을 울리다. 警笛を鳴らす。

경전(經典)몡 経典。예 유교 ~ 儒教の経典。

경-정맥(頸靜脈)몡《의》頸静脈。

경제(經濟)몡 経済。예 ~ 개발 経済開発/ ~ 관념 経済観念/ ~ 협력 経済協力/ ~ 대국 経済大国/ ~가 발전하다. 経済が発展する。

경제-계(經濟界)몡 経済界。

경제-권(經濟權)몡《경》経済権。

경제 공황(經濟恐慌)《경》経済恐慌｜恐慌｜パニック。

경제-력(經濟力)몡《경》経済力。

경제-사(經濟史)몡《경》経済史。

경제-성(經濟性)몡 経済性。

경제 성장(經濟成長)《경》経済成長。

경제 성장률(經濟成長率)《경》経済成長率。

경제 수역(經濟水域)몡 経済水域。예 배타적 ~ 排他的な経済水域。

경제-인(經濟人)몡《경》経済人。

경제-적(經濟的)몡 経済的。예 ~ 원조 経済的な援助。

경제 정책(經濟政策)《경》経済政策。

경제-특구(經濟特區)《경》経済特区。

경제-학(經濟學)몡《경》経済学。

경조(慶弔)몡 慶弔。

경종(警鐘)몡 警鐘。경종을 울리다 관용 警鐘を鳴らす。예 지구 온난화에 경종을 울리는 영화 地球温暖化に警鐘を鳴らす映画。

경주¹(傾注)몡 傾注。

경주-하다¹ 타 傾注する。예 목표 달성에 전력을 ~. 目標達成に全力を傾注する。

경주²(競走) 명 競走｜かけくらべ。예 마라톤 ~ マラソン競走/ (육상에서) 장애물 ~ 障害物競走/ (경마에서) 장애물 ~ 障害競走/ 허들 ~ ハードル競走 / 단거리 ~ 短距離競走。

경주-하다 자 競走する。

경주-마(競走馬) 명 競走馬。

경중(輕重) 명 軽重。예 죄의 ~을 묻지 않다. 罪の軽重を問わない。

경지¹(耕地) 명 耕地｜耕作地。예 ~ 정리 耕地整理。=경작지

경지²(境地) 명 ❶境界内の土地。❷境地。예 새로운 ~를 열다. 新境地を開く。❸境地。예 예술적 ~ 芸術の境地/ 무아의 ~에 이르다. 無我の境地に達す。

경직(硬直) 명 硬直。

경직-하다 자 硬直する。예 경직된 분위기를 풀다. 硬直した雰囲気を解く。

경진(競進) 명 製品や実力の優劣を競うこと。예 전국 학생 발명품 ~ 대회 全国学生発明品大会。

경질¹(更迭) 명 更迭。

경질-하다 타 更迭する。예 외무부 차관이 경질되었다. 外務省次官が更迭された。/ 국무총리를 ~. 総理大臣を更迭する。

경질²(硬質) 명 硬質。예 ~ 고무 硬質ゴム/ ~ 유리 硬質ガラス/ ~ 자기 硬質磁器/ ~ 도기 硬質陶器。

경찰(警察) 명 〈법〉警察。예 ~ 기동대 警察機動隊/ ~ 학교 警察学校。

경찰-관(警察官) 명 警察官。
경찰-서(警察署) 명 〈법〉警察署。
경찰-청(警察廳) 명 〈법〉警察庁。
경첩 蝶番。

경첩-하다(輕捷—) 형 軽捷だ。예 경첩한 움직임 軽捷な動き。

경청(傾聽) 명 傾聴。

경청-하다 타 傾聴する。예 조용히 경청하였다. 静かに傾聴した。

경추(頸椎) 《의》頸椎。=목뼈
경축(慶祝) 명 慶祝。
경축-하다 타 慶祝する。
경축-일(慶祝日) 명 祝日。

경치(景致) 명 景色｜風景。예 아름다운 ~를 눈앞에 두다. 美しい景色を目の前にする。=경개・풍광

경-치다 자 むごい刑罰を受ける｜ひどい目に遭わされて当分前置。예 애들을 못살게 굴다니 경칠 놈이다. 子供たちをいじめるなんてけしからんやつだ。/ 이런 경칠 놈을 보았나. 実にけしからんやつだ。

경칩(驚蟄) 명 啓蟄。

경칭(敬稱) 명 敬称。예 ~을 쓰다. 敬称を用いる。/ ~을 생략하다. 敬称を略する。

경쾌-하다(輕快—) 형 軽快だ。예 경쾌한 발걸음 軽快な足取り/ 경쾌한 동작 軽快な動作。

경쾌-히 부 軽快に。

경탄(驚歎) 명 驚歎｜驚嘆。

경탄-하다 타 驚歎する｜驚嘆する。예 경탄할 만하다. 驚歎に値する。

경편(輕便) 명 軽便。예 ~ 철도 軽便鉄道。

경편-하다 형 軽便だ。
경편-히 부 軽便に。

경품(景品) 명 景品｜おまけ。예 ~을 제공하다. 景品を提供する。

경하(慶賀) 명 慶賀｜祝賀。

경하-하다 타 慶賀する｜祝賀する。예 회장 부임을 ~. 会長の赴任を慶賀する。

경-하다(輕—) 형 軽い。❶重くない。❷率率だ。❸重大でない。❹大したものでない。

경-히 부 軽く。

경합(競合) 명 競合｜競り合い。예 ~이 치열하다. 競争がはげしい。

경합-하다 자 競合する｜競り合う ｜競い合う。

경-합금(輕合金) 명 軽合金。

경향(傾向) 명 傾向。예 ~ 신 新傾向/ ~ 소설 傾向小説/ ~ 문학 傾向文学/ 증가하는 ~이 있다. 増加の傾向にある。

경험(經驗) 명 経験。예 ~ 학습 経験学習/ ~을 쌓다. 経験を積む。/ ~이 적다. 経験が浅い。

경험-하다 타 経験する。예 실패를 ~. 失敗を経験する。

경험-가(經驗家) 명 経験家。
경험-담(經驗談) 명 経験談。

경험-론(經驗論)명 経験論。
경험-자(經驗者)명 経験者。
경험-적(經驗的)관명 経験的。
경험-주의(經驗主義)명 《철》経験主義。
경혈(經穴)명 〖한〗経穴。｜つぼ。
경호(警護)명 警護。
　경호-하다타 警護する。예 밀착 ~. 密着警護する。
경호-원(警護員)명 警護員。
경화(硬化)명 硬化。예 표면 ~ 表面硬化。
　경화-하다자 硬化する。
경화-증(硬化症)명 〖의〗硬化症。예 동맥 ~ 動脈硬化症。
경황¹(景況)명 〖정신적·시간적인〗(精神的・時間的な)余裕｜ゆとり。
경황²(驚惶)명 〖놀라 겁내는〗驚いて怖がって慌てること。
　경황-하다자 驚いて怖がって慌てる。예 몹시 경황하여 어제 일은 아무 것도 기억하지 않는다. とても驚いて怖がって昨日のことは何も覚えていない。
경황-없다(景況-)〖매우 고통이나 바빠서 여유가〗(とても辛かったり忙しくして余裕がない｜暇がない｜ゆとりがない。예 바빠서 인사할 경황없었다. 忙しくて挨拶する暇がなかった。
　경황없-이부 (辛かったり忙しくして)余裕がなく｜ゆとりがなく。예 지내고 있어서 요즘은 무슨 일이 있는지 전혀 모른다. 忙しく過ごしていたので最近の出来事を全く知らない。

곁명 (ある物事の)横｜側｜傍から。예 내 ~에 있어 주세요. 私の横にいてください。/아이가 어머니 ~에서 떨어지지 않는다. 子供が母親の側から離れない。
곁-가닥명 本来の筋から分かれて出た小さい筋。
곁-가지명 ❶가지에서 생긴 小枝。예 ~ 하나가 꺾이다. 小枝の一本が折れる。❷(物事의)문제의) 重要でない部分。
곁-간(一間)명 母屋에 付属した部屋｜母屋のわきにつけたわき部屋。예 ~살이 わき部屋暮らし。
곁-길명 わき道｜横道。예 이야기가 ~로 새다. 話が横道に反れる。/큰길에서 ~로 들어가다. 大通からわき道に入る。

곁-꾼【옆 거들 꾼】人의 仕事를 助ける人。예 음식을 만들 때는 ~이 필요해. 食べ物を作る時には助手が必要だ。
곁-노(一櫓)명 舟의 横側の船端に付いている櫓。예 ~가 부러지다. 船端に付いている櫓が折れる。
곁-눈명 横目｜わき目｜流し目。예 ~으로 보다. 横目で見る。/~을 팔다. わき目をする。
곁눈-질명 横目｜わき見｜よそ見｜流し目｜横目づかい。예 그가 ~로 그녀를 쳐다보았다. 彼が横目で彼女を見つめた。
　곁눈질-하다 流し目をする｜横目を使う。
곁-다리명 ❶【붙은 것】付けたり｜添え物。예 ~만 많고 취할 것이 없다. 必要でないものばかり多くて、取るべきものがない。❷【당사자 아닌 여】当事者どうしでない余計な人。
곁-달다타 付け加える。
곁-두리【농부 등이 세】農夫などが三食以外に食べる間食。
곁-들다타 ❶【옆에서】(他人の荷物などを)側で助けて持つ。예 무거운 가방을 곁들어 주었다. 重いカバンをちょっと持ってあげた。❷【他人의 일을】(他人の仕事などを)少し手伝う｜そばで手助けする｜ちょっと助ける。❸【옆에】横に一緒に付く。예 문구점 옆에 과자가게가 ~. 文房具屋の横に駄菓子屋が付いている。
곁들-이다타 ❶【添】ちょっと付け合わせる｜あしらう｜添える。예 햄버거에 양배추를 ~. ハンバーガーにキャベツを付け合わせる。/생선회에 야채를 ~. さしみに野菜をあしらう。❷【兼】兼ねてする｜一緒にする。예 피아노를 연주하며 노래도 ~. ピアノを弾きながら歌をも兼ねてする。
곁-따르다자타【붙】(付け加えて)伴う｜付随する。예 인명 구조에는 항상 위험이 ~. 人命救助にはいつも危険が伴う。
곁-마(一馬)명 ❶側からついて行く馬。❷〖운〗【장기】(将棋で)王将の両側に置かれた馬。
곁-마부(一馬夫)명 御者について手伝う

いをする人。예 며칠 전에 들어온 ~ 사내이. 何日かか前まえに入はいってきた御者の手伝い男おとこだ。

곁-방(一房)명 ❶わき部屋へや。隣となりの部屋へや。❷間借まがり部屋べや。

곁방-살이(一房一) 間借まがり生活せいかつ。間借り暮らし。예 ~는 이제 올해로 끝내고 싶다. 間借り暮らしは今年ことしでもう終おわらせたい。

곁방살이-하다자 間借まがり生活せいかつをする。

곁-방석(一方席)명 腰巾着ようきんちゃく。取とり巻まき。예 저래 보여도 권세가의 ~이야. あのように見みえても権勢家けんせいかの腰巾着だよ。

곁-부축명 ❶脇わきを抱かかえて歩行ほこうを助たすけること。예 여기에는 ~이 필요한 환자가 많이 있다. ここにはそばで手助てだすけが必要ひつような病人びょうにんが大勢おおぜいいる。 =부축 ❷(仕事しごとや言葉ことばで)そばで助たすけること。

곁부축-하다타 ❶脇わきを抱かかえて歩行ほこう。を助たすける。예 다리 골절로 잘 걷지 못하는 사람을 ~. 足あしの骨折こっせつでうまく歩あるけない人ひとの脇を抱えて歩くのを助ける。❷ そばで手助てだすけする。

곁-붙이명 ❶(親等しんとうが)遠とおい親戚しんせき。遠縁とおえん。❷空間的くうかんてき·心理的しんりてきに近ちかい人ひと。

곁-뿌리명 《식》側根そっこん。支根しこん。

곁-상(一床)명 【음식을 한 상에 다 놓을 수 없어 곁에 따로 차린 상】本膳ほんぜんのそばに出だす小ちいさい膳ぜん。脇膳わきぜん。예 ~에는 고기 요리가 나왔다. 脇膳には肉料理にくりょうりが載のせられて出てきた。

곁-자리명 (中心ちゅうしんとなる席せきの)左右さゆうの横よこの席。左右隣さゆうとなりの席せき。예 아이들은 서로 선생님 ~에 앉으려고 한다. 子供こどもたちは互たがいに先生せんせいの横の席に座すわろうとしている。

곁-줄기명 (蔓植物つるしょくぶつの)本蔓ほんつるから分わかれて生はえ出でた細ほそい蔓つる。

곁-집명 隣となりで引ひっ付ついている家いえ。

곁-채명 (母屋おもやのそばについている)別棟べつむね。離はなれ。離れ座敷ざしき。離れ家や。

계¹(契)명 【같은 목적을 가진 사람들이 일정한 돈을 걷어 가며 도와주는 일】契けい。예 ~를 타다. 契を受うけ取とる。◆일본의 '賴母子講(たのもしこう)'와 비슷하다.

계²(癸)명 〔민속〕癸みずのと。

계³(計)명 計けい。合計ごうけい。예 1년에 ~ 30만 엔이 모였다. 一年いちねんに計三十万円まんえんが集あつまった。=합계

-계⁴(系)접 【계통】一系けい。예 한국계 일본인 韓国系かんこくけい日本人にほんじん。

-계⁵(屆)접 【신고서】一届とどけ。예 결석계 欠席届けっせきとどけ/ 사망계 死亡届しぼうとどけ。

-계⁶(界)접 【범위】一界かい。예 의학계 医学界いがくかい/ 교육계 教育界きょういくかい/ 언론계 言論界げんろんかい。

-계⁷(計)접 【재는 기구】一計けい。예 체온계 体温計たいおんけい/ 습도계 湿度計しつどけい。

계간(季刊)명 季刊きかん。예 ~ 잡지 季刊雑誌ざっし。

계간-지(季刊誌)명 季刊誌きかんし。

계곡(溪谷)명 渓谷けいこく。谷間たにま。예 깊은 ~ 深ふかい渓谷。

계-곡선(計曲線)명 【등고선】計曲線けいきょくせん。

계교(計巧)명 計略けいりゃく。예 ~를 꾸미다. 計略をめぐらす。

계급(階級)명 《사》階級かいきゅう。예 ~ 국가 階級国家こっか/ ~투쟁 階級闘争とうそう/ 노동자 ~ 労働者ろうどうしゃ階級/ 지배 ~ 支配階級/ 상층 ~ 上層階級/ 하층 ~ 下層階級/ 서민 ~ 庶民しょみん階級/ 제도 階級制度せいど。

계급-값(階級一)명 《수》階級値かいきゅうち。

계급-의식(階級意識)명 《사》階級かいきゅう意識いしき。

계급-장(階級章)명 階級章かいきゅうしょう。

계기¹(計器)명 【게이지】計器けいき。예 ~ 비행 計器飛行ひこう。

계기²(契機)명 契機けいき。動機どうき。きっかけ。예 이것을 ~로 생각을 바꿨다. これを契機として考かんがえを変かえた。

계기-반(計器盤)명 計器盤けいきばん。

계단(階段)명 階段かいだん。예 나선 ~ 螺旋らせん階段/ 비상 ~ 非常ひじょう階段/ 열 ~을 올라가다. 十じゅうの階段を上のぼる。

계단 경작(階段耕作)명 〔농〕階段耕作かいだんこうさく。

계단-교실(階段敎室)명 階段教室かいだんきょうしつ。

계단 농업(階段農業)명 〔농〕階段耕作かいだんこうさくで農作のうさくする農業のうぎょう。

계도¹(系圖)명 【대대의 계통을 나타낸 도표】系図けいず。

계도²(啓導)명 啓発けいはつし導みちびくこと。

계도-하다타 啓発けいはつし導みちびく。

계란(鷄卵)명 鶏卵けいらん。卵たまご。玉子たまご。예 ~ 부침 卵焼たまごやき/ 껍데기 卵殻らんかく。=달걀

계란-덮밥(鷄卵一)명 卵丼たまごどんぶり。

계란-말이(鷄卵一)명 卵巻たまごまき。=달걀말이

계란-찜(鷄卵一)명 茶碗蒸ちゃわんむし。

계란-형(鷄卵形)명 卵形たまごがた。예 ~ 얼굴 卵形の顔かお。=달걀꼴

계략(計略)[명] 計略けいりゃく ¦ 策略さくりゃく。例 ~에 걸려들다. 計略にはまる。

계량(計量)[명] 計量けいりょう。
　계량-하다[타] 計量けいりょうする。

계량-기(計量器)[명] 計量器けいりょうき。

계량-법(計量法)[명] 計量法けいりょうほう。

계량-컵(計量cup)[명] 計量りょうカップ。

계량-화(計量化)[명] 計量化けいりょうか。

계류(溪流·谿流)[명] 渓流けいりゅう。

계류-낚시(溪流—)[명] 渓流釣けいりゅうづり。

계면(界面)[명] 界面かいめん。例 ~ 활성제 界面活性剤かいめんかっせいざい。

계면-쩍다[형] ☞겸연쩍다

계면-하다[형] ☞겸연하다

계명(階名)[명] ❶階級かいきゅうの名称めいしょう。❷〈음〉階名かいめい。

계명-창법(階名唱法)[명] ☞계이름부르기

계모(繼母)[명] 継母けいぼ。=의붓어머니·후모

계몽(啓蒙)[명] 啓蒙けいもう。例 ~ 운동 啓蒙運動けいもううんどう。
　계몽-하다[타] 啓蒙けいもうする。例 민중을 ~. 民衆みんしゅうを啓蒙けいもうする。

계몽-사상(啓蒙思想)[명]〈철〉啓蒙思想けいもうしそう ¦ 啓蒙主義けいもうしゅぎ。

계몽-적(啓蒙的)[관] 啓蒙的けいもうてき。例 ~으로 씌어진 작품 啓蒙的けいもうてきに書かかれた作品さくひん。

계몽-주의(啓蒙主義)[명] 啓蒙主義けいもうしゅぎ。

계발(啓發)[명] 啓発けいはつ。例 능력 ~ 能力啓発のうりょくけいはつ/ 자기 ~ 自己啓発じこけいはつ。
　계발-하다[타] 啓発けいはつする。例 각자의 소질을 ~. 個々ここの素質そしつを啓発けいはつする。

계보(系譜)[명] 系譜けいふ。例 ~를 잇다. 系譜けいふに連つらなる。

계부(繼父)[명] 継父けいふ・ままちち。=의붓아버지

계사(繋辞)[명] 繋辞けいじ。

계산(計算)[명] 計算けいさん。例 원가 ~ 原価計算げんかけいさん/ ~ 문제 計算問題けいさんもんだい。
　계산-하다[타] 計算けいさんする。例 요금을 ~. 料金りょうきんを計算けいさんする。

계산-기(計算器)[명] 計算器けいさんき ¦ 計算機けいさんき。

계산-서(計算書)[명] 計算書けいさんしょ。

계산-자(計算—)[명]〈수〉計算尺けいさんじゃく。

계상(計上)[명] 計上けいじょう。
　계상-하다[타] 計上けいじょうする。

계선¹(界線)[명] 界線かいせん。

계선²(繋船)[명] 係船けいせん ¦ 繋船けいせん。

계속(繼續)[명] 継続けいぞく ¦ 続つづき。
　계속-하다[자][타] 継続けいぞくする ¦ 続つづく。例 운동을 ~. 運動うんどうを継続けいぞくする。/ 비 오는 날이 계속되다. 雨あめの日ひが続つづく。

계수¹(季嫂)[명]【동생댁을 부를때의 호칭】弟おとうとの妻つま ¦ 義妹ぎまい。

계수²(係數)[명]〈물〉係数けいすう。例 팽창 ~ 膨張係数ぼうちょうけいすう。

계수³(計數)[명]【셈, 계산】計数けいすう。

계수-기(計數器)[명] 計数器けいすうき。

계수-나무(桂樹—)[명] ❶〈식〉桂けい。❷【전설에 있는 나무】桂かつら ¦ 月桂げっけい。例 달에 사는 토끼는 ~ 아래에서 방아를 찧는다. 月つきに住すむウサギは月桂樹げっけいじゅの下したで杵きねをつく。

계승(繼承)[명] 継承けいしょう。
　계승-하다[타] 継承けいしょうする ¦ 受うけ継つぐ。例 왕위를 ~. 王位おういを継承けいしょうする。/ 전통을 ~. 伝統でんとうを継承けいしょうする。

계시¹【스승에게서 무엇을 배움】工匠こうしょうの弟子でし ¦ 内弟子うちでし ¦ 徒弟とてい。例 저 아이가 내 ~네. あの子こが俺おれの内弟子うちでしだ。

계시²(計時)[명]〈운〉計時けいじ。例 ~를 하면 마음이 급해진다. 計時けいじをすると焦あせる。

계시³(啓示)[명] 啓示けいじ。例 신의 ~를 받다. 神かみさまの啓示けいじを受うける。
　계시-하다[타] 啓示けいじする。

계시다 I[자]【있음의 높임말】いらっしゃる ¦ おいでになる ¦ おられる。例 선생님은 도쿄에 계십니다. 先生せんせいは東京とうきょうにいらっしゃいます。/ 식사하고 ~. 食事しょくじしておられる。/ 저를 모르는 분이 계실지도 모릅니다. 私わたしをご存ぞんじない方かたもお出でにでなるかも知しれません。
II[보동] いらっしゃる ¦ おられる。例 참가하려고 생각하고 계시는 분 参加さんかしようと考かんがえていらっしゃる方かた。

계시-록(啓示錄)[명]〈종〉ヨハネ黙示録もくしろく ¦ 黙示録もくしろく。=요한 계시록

계시-원(計時員)[명]〈운〉計時員けいじいん ¦ タイムキーパー。

계약(契約)[명] 契約けいやく。例 ~ 조건 契約条件けいやくじょうけん/ 구두 ~ 口頭契約こうとうけいやく/ 수의 ~ 随意契約ずいいけいやく/ ~ 관계 契約関係けいやくかんけい/ ~을 맺다. 契約けいやくを結むすぶ。/ ~을 이행하다. 契約けいやくを履行りこうする。/ ~을 위반하다. 契約けいやくを違反いはんする。/ 임대차 ~을 맺다. 賃貸借ちんたいしゃく契約けいやくを結むすぶ。/ ~을 해제하다. 契約けいやくを解除かいじょする。
　계약-하다[타] 契約けいやくする。

계약-금(契約金)[명]〈법〉契約金けいやくきん。例 ~을 지급하다. 契約金けいやくきんを支払しはらう。=계약

보증금

계약 보증금(契約保證金) ☞계약금

계약-서(契約書)〖명〗契約書けいやく。〖예〗~를 작성하다. 契約書を書かく。

계엄(戒嚴)〖명〗〖법〗戒嚴かいげん。〖예〗~을 해제하다. 戒嚴を解除かいじょする。

계엄-령(戒嚴令)〖명〗〖법〗戒嚴令かいげんれい。〖예〗~을 선포하다. 戒嚴令を布しく。

계열(系列)〖명〗系列けいれつ。

계열-사(系列社)〖명〗〖경〗系列社けいれつしゃ。

계영(繼泳)〖명〗〖운〗継泳けいえい。〖예〗400미터 ~ 400メートル継泳。

계원¹(係員)〖명〗係員かかり。

계원²(契員)〖명〗契けいのメンバー。

계율(戒律)〖명〗〖종〗戒律かいりつ。〖예〗~을 지키다. 戒律を守まもる。/ ~을 어기다. 戒律を破やぶる。

계-이름(階―)〖명〗〖음〗階名かいめい。

계이름-부르기(階―)〖명〗〖음〗階名唱法しょうほう。=계명창법

계인(契印)〖명〗契印けいいん。〖예〗증명서에 ~을 찍다. 証明書しょうめいしょに契印を押おす。
　계인-하다 契印けいいんを押おす。

계장(係長)〖명〗係長かかりちょう。

계쟁(繫爭)〖명〗〖법〗係爭けいそう。繫爭けいそう。

계전-기(繼電器)〖명〗継電器けいでんき。

계절(季節)〖명〗季節きせつ。〖예〗~상품 季節商品しょうひん/ 단풍의 ~ 紅葉もみじの季節/ ~이 바뀌다. 季節が変かわる。/ 이제 꽃구경의 ~이다. もうすぐ花見はなみの季節だ。

계절-병(季節病)〖명〗〖의〗季節病きせつびょう。

계절-풍(季節風)〖명〗季節風きせつふう。モンスーン。〖예〗~이 불어오는 시기 季節風の吹ふいてくる時期じき/ 북서 ~이 분다. 北西ほくせい季節風が吹ふく。=몬순

계절풍 기후(季節風氣候)〖명〗季節風きせつふう気候きこう。=몬순 기후

계정(計定)〖명〗〖경〗勘定かんじょう。

계정-계좌(計定計座)〖명〗〖경〗勘定かんじょう口座こうざ。

계정 과목(計定科目)〖명〗〖경〗勘定かんじょう科目かもく。

계제(階梯)〖명〗❶〖단계의 뜻〗階梯かいてい。〖예〗화학 ~에는 각각 독자의 법칙이 있다. 化学かがく階梯かいていにはそれ独自どくじの法則ほうそくがある。❷〖기회라는 뜻〗機会きかい。チャンス。〖예〗변명할 ~가 없다. 弁解べんかいの機会がない。

계좌(計座)〖명〗〖경〗口座こうざ。〖예〗~를 개설하다. 口座を開ひらく。=구좌

계주(繼走)〖명〗〖운〗継走けいそう。リレー競走きょうそう。
　계주-하다〖자〗リレー競走きょうそうをする。

계집〖명〗❶〖여자를 낮추어 이르는 말〗「女おんな」の俗ぞくっぽい語ご。〖예〗~도 어지간한 ~로군. おなご。〖예〗술을 파는 ~ 酒さけを売うる女。❷〖아내를 낮추어 이르는 말〗「女房にょうぼう」の俗ぞくっぽい語ご。〖예〗~을 집에 들이다. 女房を家いえに入いれる。

계집-아이〖명〗❶未婚みこんの女おんなの子こ。娘むすめ。女児じょじ。〖예〗~처럼 걸핏하면 울고 있다. 娘のようにややもすれば泣ないている。❷〖실생활에 사기 때문〗娘むすめ。〖예〗이 아이가 제 ~입니다. これが私わたしの娘です。⑥계집애

계집-애〖명〗☞'계집아이'의 준말.

계집-종〖명〗女おんなの召めし使つかい。下女げじょ。〖예〗서울서 ~을 데려왔다는 말을 들었다. ソウルから下女を連つれてきたという話はなしを聞きいた。

계책(計策)〖명〗計策けいさく。計略けいりゃく。はかりごと。〖예〗~을 세우다. 計策を立たてる。/ ~을 쓰다. 計策を用もちいる。/ ~을 꾸미다. 計略をめぐらす。

계측(計測)〖명〗計測けいそく。
　계측-하다 計測けいそくする。

계측-기(計測器)〖명〗計測器けいそくき。

계층(階層)〖명〗階層かいそう。〖예〗~ 구조 階層構造こうぞう/ 사회 ~ 社会しゃかい階層。=층(層)❷

계통¹(系統)〖명〗系統けいとう。〖예〗전기 ~ 電気でんき系統/ 새로운 ~을 확립하다. 新あたらしい系統を確立かくりつする。

계통²(繼統)〖명〗〖예〗~을 잇다. 継統けいとうを継つぐ。

계통-적(系統的)〖관〗系統的けいとうてき。〖예〗~으로 연구하다. 系統的に研究けんきゅうする。

계통 지리학(系統地理學) 系統けいとう地理学ちりがく。

계피(桂皮)〖명〗〖한〗〖실생활에 사기 때문〗桂皮けいひ。

계핏-가루(桂皮―)〖명〗桂皮けいひの粉こな。

계획(計劃)〖명〗計画けいかく。〖예〗도시 ~ 都市とけい計画/ 구체적인 ~을 세우다. 具体的ぐたいてきな計画を立たてる。
　계획-하다 計画けいかくする。〖예〗여행을 ~. 旅行りょこうを計画する。

계획 경제(計劃經濟)〖경〗計画経済けいざい。

계획-도시(計劃都市)〖명〗計画都市とし。

계획-성(計劃性)〖명〗計画性けいかくせい。〖예〗~ 있는 재정 운영 計画性のある財政ざいせい運営うんえい。

계획-안(計劃案)〖명〗計画案けいかくあん。〖예〗사업 ~ 事業じぎょう計画案。

계획-적(計劃的)〖관〗計画的けいかくてき。〖예〗돈을 ~으로 사용하다. お金かねを計画的に使つかう。

계획-표(計劃表)囘 計画表けいかく。囫 학습 ~ 学習がくしゅう計画表。

곗-날(契-)囘 契たのもし子こ講こうの集あつまりの日ひ｜頼母 子講たのもしこうの集合日しゅうごうかい。囫 이달 15일 이 ~이니 잊지 마라. 今月こんげつの15日じゅうごう が契の集会の日だから忘わすれるな。

곗-돈(契-)囘 ❶契けいの掛かけ金きん。 ❷ 契けいが当あたって受うけ取とる金かね。

곗-술(契-)囘 契けいの集あつまりで飲のむ 酒さけ。

고¹囘〖교미할〗 罠わな。

고²囝〖그것을나타내거나 꾀함에 이르는 말〗 それ｜その。囫 ~ 녀석 기 특하군. あいつ健気けなげだね。/ ~ 부분은 이해가 안 간다. その部分ぶぶんは理解りかいでき ない。

고³(故)囝〖죽은사람의성명앞에〗 故こ。囫 고 ○○○ 회장 故 ○○○会長かいちょう。

고-⁴(古)졉〖오래된〗 古こ―。囫 고문서 古文 書こぶんしょ/ 고서적 古書こしょ / 고본 古本こほん。

고-⁵(高)졉〖높은좋은큰〗 高こう―。囫 고품질 高品 質こうひんしつ/ 고소득 高所得こうしょとく。

-고⁶(高)졉〖앞말의 뜻을 분명히 함〗 一高だか。囫 생산고 生産 高せいさんだか/ 판매고 売上高うりあげだか。

고가¹(古家)囘 古家こか｜古ふるい家いえ。

고가²(古歌)囘 古歌こか｜昔むかしの歌うた。

고가³(高架)囘 高架こうか。囫 ~ 철도 高架鉄 道こうかてつどう。

고가⁴(高價)囘 高価こうか。囫 ~의 보석 高価 な宝石ほうせき。

고갈(枯渴)囘 枯渇こかつ。囫 자원 ~ 資源しげん枯 渇こかつ。

　고갈-하다困 枯渇こかつする。囫 석유가 ~. 石油せきゆが枯渇こかつする。

고개¹囘 峠とうげ｜坂さか。囫 ~ 너머에 있는 마을 峠とうげの向むこうの村むら/ 큰 ~를 넘다. 高たかい峠とうげ を越こえる。

고개²囘 首くび｜頭あたま｜こうべ。囫 ~를 숙이 다. 頭あたまを下さげる。

　고개(를) (가로) 흔들다관용〖부정이나〗 首くびを横よこ に振ふる。

　고개를 끄덕이다관용〖응낙이나〗 首くびを縦たてに振ふ る。

　고개(를) 돌리다관용〖남을 외면할〗 そっぽを向む く。

　고개(를) 들다관용 ❶〖숙였던고개를〗 頭あたまを上あげる。 囫 그녀가 갑자기 고개를 들고 나를 빤히 바 라보았다. 彼女かのじょが突然とつぜん頭あたまを上あげて 私わたしをじっと見みつめた。❷〖새로운기세로〗 頭あたま をもたげる｜台頭たいとうする。=고개를 쳐다 **고개(를) 숙이다**관용〖굴복하는〗 頭あたまを下さげ

る。 고개를 쳐들다관용 ☞고개를 들다❷

고개-턱囘 峠とうげ・坂さかを登のぼりつめた高たかい 所ところ｜~의 휴게소에서 쉬다. 峠とうげの休憩 所きゅうけいじょで休やすむ。

고객(顧客)囘 顧客こきゃく｜お客きゃく｜お得 意とくい。囫 ~ 관리 顧客管理こきゃくかんり/ ~ 만족을 최우선으로 하다. 顧客満足こきゃくまんぞくを最優 先さいゆうせんにする。

고갯-길囘 坂道さかみち｜峠道とうげみち。

고갯-마루囘 峠とうげ・坂さかの一番いちばん高たかい 所ところ。

고갯-심囘 首くびの力ちから。囫 ~으로 버티다. 首くびの力ちからでこらえる。

고갯-장단囘 頭あたまを動うごかしてとる拍 子ひょうし。囫 흥에 겨워 ~을 맞추다. 気分きぶん が良よくなって頭あたまを動うごかして拍子ひょうしを合あ わせる。

고갯-짓囘 頭あたまを振ふったりうなずいたり すること。

고갱이 ❶〖식〗草木そうもくのやわらかい 芯しん。❷〖사물의중심이되는 중요한 어떠초는〗物事ものごとの中心ちゅう しんに なること。

고-거団 ☞고것

고검(高檢)囘〖법〗高検こうけん。

고-것団 それ｜そいつ。囫 ~도 모르니? 그 것도 知しらないの。=고거

고견(高見)囘 高見こうけん。囫 ~을 듣고 싶습니 다. 御ご高見こうけんを伺うかがいたいです。

고결(高潔)囘 高潔こうけつ。

　고결-하다囿 高潔こうけつだ。囫 고결한 선비 高潔こうけつの士し/ 고결한 정신 高潔こうけつな精神せいしん。

고경(苦境)囘〖어려운처지〗苦境くきょう。

고고-하다(孤高-)囿 ひとり超然ちょうぜんとし て高尚こうしょうだ。囫 고고한 사람 孤高ここうの 人ひと。

고고-학(考古學)囘 考古学こうこがく。

고고학-자(考古學者)囘 考古学者こうこがくしゃ。

고공(高空)囘 高空こうくう。囫 ~ 성능 시험 高 空性能こうくうせいのう試験しけん。

고공(雇工)囘 ❶☞머슴 ❷☞품팔이

고공-비행(高空飛行)囘 高空こうくう飛行ひこう。

고공-품(藁工品)囘 藁工品とうこうひん。

고과(考課)囘 考課こうか。囫 인사 ~ 人事じんじ考 課こうか/ ~표 考課表こうかひょう。

고관(高官)囘 高官こうかん。囫 외교부의 ~ 外務 省がいむしょうの高官こうかん。

고관-대작(高官大爵)囘 高官こうかん顕職けんしょく。

고-관절(股關節)囘〖의〗股関節こかんせつ。囫 ~ 수술 股関節手術こかんせつしゅじゅつ。

고교(高校)몡 高校こう｜高等学校こうとうがっこう。=고등학교

고교-생(高校生)몡 高校生こうこうせい。=고등학생

고구(考究)몡
　고구-하다타 考究こうきゅうする。예 고대사를 ~. 古代史こだいしを考究する。

고구려(高句麗)몡 (역)コグリョ｜高句麗こうくり｜高麗こうらい。

고구마 〔식〕さつま芋いも｜甘藷かんしょ。예 ~를 찌다. サツマイモを蒸むす。=감저❷

고구마-술 芋焼酎いもじょうちゅう。

고구마-엿 芋飴いもあめ。

고국(故國)몡 故国ここく。예 ~을 방문하다. 故国を訪問ほうもんする。/ ~으로 돌아오다. 故国に帰かえってくる。

고국-산천(故國山川)몡 故国ここくの山川やまかわ。

고군(孤軍)몡 孤軍こぐん。

고군-분투(孤軍奮鬪)몡 孤軍奮闘こぐんふんとう。
　고군분투-하다타 孤軍奮闘こぐんふんとうする。

고궁(古宮)몡 故宮こきゅう｜古ふるい宮殿きゅうでん。

고귀-하다(高貴—)혱 高貴こうきだ。예 고귀한 의견. 高貴な意見いけん。

고금¹【고의 발음】 マラリア。

고금²(古今)몡 古今ここん｜昔むかしと今いま。예 동서 ~ 古今東西とうざい。

고-금리(高金利)몡 高金利こうきんり。예 ~ 정책 高金利政策せいさく。

고급(高級)몡 高級こうきゅう。예 ~ 개념 高級概念がいねん / ~ 언어 高級言語げんご / ~ 주택가 高級住宅街じゅうたくがい。

고급-스럽다(高級—)혱 高級こうきゅうだ。예 고급스러운 레스토랑 高級レストラン。

고기¹몡 ❶【동물의】(動物ぶつの)肉にく。예 ~를 굽다. 肉を焼やく。❷【어류】魚さかな・うお。예 ~를 잡다. 魚を捕とる。

고기²대【저것, 그곳의 낮은말】 そこ｜そちら。예 ~ 앉아. そこに座すわって。

고기³(古記)몡【옛날기록】古記こき。

고기-구이몡 (牛肉ぎゅうにく・豚肉ぶたにくの)焼やき肉にく。

고기다자【종이나 천 따위를】 紙かみや布ぬのなどをしわくちゃにする。

고기-밥몡【물고기의】魚さかなのえさ。

고기-붙이몡 肉類にくるい｜食用しょくようにする動物どうぶつの肉にく。

고기-속(—)(まんじゅうの)肉餡にくあん。

고-기압(高氣壓)몡 高気圧こうきあつ。예 ~권 高気圧圏けん / 이동성 ~ 移動性いどうせい高気圧 / ~ 전선 高気圧前線ぜんせん / 이동성 ~이 다가오다. 移動性いどうせい高気圧が近ちかづいてくる。/ ~권이 형성되다. 高気圧圏が形成けいせいされる。

고기작-거리다타 しわくちゃにする｜くしゃくしゃにする。=고기작대다

고기작-고기작부【고기작고기작】しわくちゃ｜くしゃくしゃ。

고기작-대다타 ☞고기작거리다

고기-잡이몡 ❶【고기잡는 일】魚さかなとり｜漁りょう。❷【어부】漁夫ぎょふ｜漁師りょうし。

고기잡이-배 漁船ぎょせん。

고깃-간(—間)몡 肉屋にくや。=푸줏간

고깃-거리다타 しわくちゃにする｜くしゃくしゃにする。=고깃고깃하다Ⅰ・고깃대다

고깃-고깃부 しわくちゃ｜しわだらけ。예 ~ 주름이 잡히다. しわくちゃに皺しわがよる。
　고깃고깃-하다 Ⅰ 타 ☞고깃거리다
　Ⅱ 혱 しわくちゃだ｜しわだらけだ。예 고깃고깃한 와이셔츠 しわくちゃのワイシャツ / 고깃고깃해진 신문 しわくちゃになった新聞しんぶん。

고깃-국몡 肉にくを煮込にこんだスープ。

고깃-대다타 ☞고깃거리다

고깃-덩어리몡 動物どうぶつの肉にくの塊かたまり。=고깃덩이

고깃-덩이몡 ☞고깃덩어리

고깃-배몡 漁船ぎょせん。

고깃-점(—點)몡 肉片にくへん｜小ちいさい肉にくの切きれ端はし。

고-까짓관 たったそのくらいの｜たったその程度ていどの｜それしきの。예 겨우 ~ 일로 화를 내? やっとそのくらいで腹はらを立たてるのか。

고깔【승려나 무당의】僧そうやムーダン(무당)、農楽隊のうがくたいなどがかぶる先さきの尖とがった山形やまがたの帽子ぼうし。예 ~을 쓰다. 先の尖った山形の帽子をかぶる。

고깝다혱 不人情ふにんじょうでうらめしい｜つれない。예 내 말을 고깝게 생각하지 마라. 私わたくしの言葉ことばを薄情はくじょうだと思おもうな。

고꾸라-뜨리다타 (前向まえむきに)ばったり倒たおれるようにする｜のめす。=고꾸라트리다

고꾸라-지다 (前向まえむきに)ばったり倒たおれる｜のめる。예 발을 헛디뎌 앞으로 ~. 足あしを踏ふみ外はずして前まえにのめる。

고꾸라-트리다타 ☞고꾸라뜨리다

고난(苦難)[명] 苦難。예 ~을 극복하다. 苦難を乗り切る。

고뇌(苦惱)[명] 苦惱。예 주름 진 얼굴에 ~의 빛이 역력했다. しわくちゃの顔に苦悩の色を浮べていた。

고뇌-하다[타] 苦惱する。예 이후의 진로에 대해서 ~. 以後の進路をめぐって苦悩する。

고누[명] 【遊び】ゴヌ｜十六六指｜十六武蔵。예 ~ 두는 것을 구경했다. 十六武蔵をするのを見物した。

고누-판(一板)[명] ゴヌ (고누)の駒盤。

고니[명] 《동》白鳥。예 외로운 ~ 한 마리 一羽の寂しいハクチョウ。=백조

고다 ❶[자] (肉や骨などを)煮込む。❷[자] 煮詰める。❸ 焼酎を造る｜醸す。

고-다지[부] それほど｜そんなにまで。예 ~도 싫으니? それほどいやなのか。

고단-하다[형] (病気や疲労で体が)疲れてだるい｜くたびれている。예 고단한데 오늘은 가서 쉬어라. だるいから今日は行って休め。/ 고단한 하루가 또 시작된다. だるい一日がまた始まる。/ 고단한 만큼 보람이 있다. 疲れる分やりがいがある。

고달[명] 【刀・斧の柄の先に被せる銅輪】偉そうにすること｜橫柄に構えること。예 아들이 출세했다고 ~이 대단하군. 息子が出世したとか偉そうにする。

고달프다[형] 非常に疲れてだるい｜辛い｜しんどい｜きつい。예 몸은 고달프지만 그런대로 견딜 만하다. 体はつらいがそれなりに耐えられる。/ 고달프게 일을 했지만 봉급은 쥐꼬리만큼도 안 된다. つらい仕事をしたわりに給料は雀の涙ほどしかない。

고담(古談)[명] 昔話｜昔語り。=옛날이야기

고답-적(高踏的)[관] 高踏的。예 ~인 자세 高踏的な姿勢。

고답-파(高踏派)[명] 《문》高踏派｜パルナシアン。

고대[1][명] ☞ 갓고대

고대[2](古代)[명] 古代。예 ~ 사회 古代社会 / ~ 문명 古代文明。

고대[3](苦待)[명] 待ち焦れること｜待ち望むこと。

고대-하다[타] 待ち焦れる｜待ち望む。예 아들이 돌아오기를 고대하고 있다. 息子が帰ってくる日を待ち望んでいる。

고대-광실(高臺廣室)[명] 大変な大きくて立派な屋敷。

고-대로 ☞ 그대로

고대 소설(古代小說) 《문》古代小説。

고도[1](古都)[명] 古都。예 ~ 경주 古都キョンジュ。

고도[2](孤島)[명] 孤島。

고도[3](高度)[명] 高度。예 ~성장 高度成長 / ~의 기술 高度の技術。

고도-계(高度計)[명] 高度計。

고도리[명] 鯖の幼魚。

고독(孤獨)[명] 孤獨。예 ~을 느끼다. 孤独を感じる。

고독-하다 孤独だ。예 고독한 생애 孤独な生涯 / 고독한 사람 孤独な人。

고독-히[부] 孤独に｜さびしく｜わびしく。

고동[명] ❶【動きを始めさせる·機械を動かす器具】スイッチ｜コック｜栓。❷[명] 汽笛｜サイレン。예 배가 ~ 소리를 내다. 船が汽笛を鳴らす。❸ (物事の)重要な契機や事項。

고동[2](鼓動)[명] 鼓動。예 심장의 ~ 心臓の鼓動。

고동-색(古銅色) ❶ 赤黒さを帯びた黄色。❷ 赤褐色。예 ~의 한복 赤褐色の韓服。

고동-치다(鼓動一)[자] 鼓動する。예 심장이 ~. 心臓が鼓動する。

고되다[형] (仕事などが)力に余って疲れてだるい｜辛い｜苦しい｜きつい。예 연습이 ~. 練習が苦しい。/ 고된 생활에 익숙해지다. 苦しい生活に慣れる。

고두-밥 こわいご飯。예 밥물이 적어 ~이 되었다. 水加減が足りず固めのご飯になった。

고둥[명] 《동》さざえやたにしなど巻き貝の総称。예 민물 ~ 淡水に住むむさざえ / 소라 ~ ほらがい。

고드러-지다[자] 水気が乾いて固くなる。예 밥이 고드러졌다. ご飯の水気が乾いて固くなった。

고드름[명] つらら｜氷柱。예 처마 끝에 달린 ~ 軒先に垂れ下がったつらら。

고들-고들[부] 【ご飯などがちょうど良く炊けた様】ご飯が水気が少なくかたいさま。

고들고들-하다[형] ご飯が水気が少なくかたい。

고등¹(高等) 명 【크거나 높이 있음】高等。
  고등-하다¹ 형 高等だ。예 고등한 동물 高等な動物。

고등²(高騰) 명 高騰。騰貴。
  고등-하다² 자 高騰する。예 농산물 가격이 ~. 農産物の値段が高騰する。

고등 검찰청(高等檢察廳) 《법》高等檢察庁。㈜고검

고등 교육(高等敎育) 《교》高等敎育。

고등 동물(高等動物) 《동》高等動物。

고등 법원(高等法院) 《법》高等裁判所。✱우리말의 '고등 재판소'는 조선 후기에 있던 것으로 다른 뜻이다.

고등 식물(高等植物) 《식》高等植物。

고등어 명 《동》鯖。

고등-학교(高等學校) 高等學校。=고교

고딕(Gothic) 명 ゴシック。예 ~ 양식 ゴシック様式 / ~ 건축 ゴシック建築。

고딕-식(Gothic式) 명 ゴシック式。

고딕-체(Gothic體) 명 《출》ゴシック。

고라니 《동》きばのろの亜種。

고락(苦樂) 명 苦樂。苦しみと楽しみ。예 ~을 같이 한 친구 苦楽をともにした親友。

고랑¹ 명 畝と畝の間ㅣ畝間。畝合。예 ~에 물을 대다. 畝間に水を引き入れる。

고랑² ☞쇠고랑

고래¹ 명 《동》鯨。예 향유~. まっこうくじら / ~가 등에서 물을 뿜다. クジラが背中から水を吐く。

  고래 그물에 새우가 걸린다[속담]【목적한 것은 안 되고 엉뚱한 결과가 되다】鯨の網にエビがかかる：「目ざす大物は逃してつまらないものばかり捕まえる」の意。

  고래 등 같다[관용] 鯨の背中のようだ：「瓦屋根などの建物が広壮である」の意。예 고래 등 같은 기와집에 살고 있다. 広壮な屋根瓦の家に住んでいる。

  고래 싸움에 새우 등 터진다[속담]【강약자의 충돌로 상관 없는 약자가 피해를 입는다】鯨のけんかでエビの背中が裂ける：「強い者どうしの争いに弱い者が巻き添えを食って損害をこうむる」の意。

고래² 명 ☞방고래

고래³ 명 大酒飲み。飲んべえ。예 사람은 ~야. その人は大酒飲みだ。=술고래

고래-고래 【크게 소리지르면서 떠들썩함】わあわあ。ぎゃあぎゃあ。예 화가 나서 큰 소리로 ~ 소리를 질러댄다. 腹が立って大声でぎゃあぎゃあわめき散らす。

고래-로(古來一) 古來。古くから。=자고이래로

고래-잡이 捕鯨。鯨取り。=포경

고래잡이-배 捕鯨船。=포경선

고랭-지(高冷地) 명 高冷地。예 ~ 농업 高冷地農業 / ~ 채소 高冷地野菜。

고량(高粱) 명 ☞수수

고량-주(高粱酒) コーリャン酒。高粱酒。=배갈

고러-하다 형 そうだ。そのとおりだ。예 네 생각이 고러하다면 어쩔 수 없지. 君の考えがそうなら仕方がない。

고려¹(考慮) 명 考慮。예 ~에 넣다. 考慮に入れる。
  고려-하다 타 考慮する。예 비용을 고려할 필요가 있다. 費用を考慮する必要がある。

고려²(高麗) 《역》コリョ。高麗。예 ~ 인삼 高麗人参。

고려-자기(高麗瓷器) 高麗磁器。

고려-청자(高麗靑瓷) 高麗青磁。

고령(高齡) 명 高齡。

고령-자(高齡者) 명 高齡者。

고령-토(高嶺土) 《광》高陵土。カオリン。예 ~는 도자기의 원료이다. カオリンは陶磁器の原料だ。

고령화 사회(高齡化社會) 《사》高齡化社会。

고-로(故一) ❶【까닭】ゆえに。❷【접속】それゆえに。それだから。だから。예 나는 생각한다, ~ 존재한다. 我思う。ゆえに、我あり。

고로롱-거리다 【몸이 약해 자주 병을 앓음】年老いたり体が弱く、病気でしきりに患う。=고로롱대다

고로롱-고로롱 年老いたり体が弱く、病気でしきりに患うさま。예 언제나 병으로 ~ 앓으면서 보낸다. しょっちゅう病気で患いながら過ごす。

고로롱-대다 ☞고로롱거리다

고료(稿料) 稿料。原稿料。=원고료

고루 等しく。一様に。おしなべて

│均等ひとしくに。 예 신입 사원의 토익 점수가 ~ 좋다. 新入社員しんにゅうしゃいんのトーイック成績せいせきがおしなべていい。

고루²(高樓)명 高樓こうろう│高閣こうかく。

고루-거각(高樓巨閣)명 高楼高閣こうろうこうかく。

고루-고루부 等しくひとしく│一様にいちように│均等にきんとうに。 예 학생들에게 ~ 빵을 나누어 주다. 学生がくせいたちに等しくパンを分配ぶんぱいする。 줄골고루.

고루-하다(固陋—)형 固陋こうろうだ。 예 고루한 사상 固陋こうろうな思想しそう / 사고방식이 ~. 考かんえ方かたが固陋だ。

고르다¹타【"르"변】選ぶえらぶ│選択するせんたくする│選えり抜くぬく。 예 예쁜 옷을 ~. きれいな服ふくを選ぶえらぶ。 / 적당한 책을 골라 샀다. 適当てきとうな本ほんを選んで買った。

고르다²타【"러"변】ならす│平らにするたいらにする。 예 운동장을 ~. 運動場うんどうじょうをならす。

고르다³형 ❶【"러"변】(高さたかさや大きさおおきさや分量ぶんりょうなどが)そろっている│等しくひとしく│均等にきんとうに│均一なきんいつな。 예 치아가 고른 편이다. 歯並はならびがそろっている方ほうだ。 / 이익이 고르게 분배되다. 利益りえきが均等に分配ぶんぱいされる。 ❷【"러"변】(状態じょうたいが)正常でせいじょうで順調だじゅんちょうだ。 예 날씨가 ~. 天気てんきが順調だ。 / 숨결이 ~. 息遣いきづかいが正常だ。

고름¹명 膿のう│膿汁のうじゅう。 예 ~을 짜다. うみを絞る。 =농².

고름²명 ☞옷고름.

고리¹명 ❶【金属や陶磁器・玉石などで作った】輪わ│環状かんじょうのもの。 예 문 ~ 引き手ひきて│取っ手とって。 ❷【組織・現象・状況などをつなぐもの】ある組織そしきや現象げんしょうなどを互いに繋げるつなげる部分ぶぶん。 예 중심 ~ (決定的なけっていてきな役割やくわりの)鍵かぎ / 연결 ~ 繋ぎのつなぎのリング。

고리²명 ☞고리짝❶.

고리³부 ☞그리¹.

고리⁴부 ☞그리².

고리⁵(高利)명 高利こうり。

고리다형 ❶【"래"변】臭いくさい。 ❷【行動などが】けちくさい│卑劣でひれつで下品だげひんだ。

고리-대(高利貸)명 ☞고리대금.

고리-대금(高利貸金)명 ❶ 利息りそくの高いたかい貸し金かしきん。 ❷ 高利貸しこうりがし。 예 ~으로 돈을 빌리다. 高利貸しからお金を借りる。 =고리대.

고리-못명 U字形じがた釘くぎ。

고리-버들명【식】こり柳やなぎ。

고리-삭다형 若者わかものの活発かっぱつさがなく年よりじみている。

고리-짝명 ❶【버들고리 등으로 만든】行李こうり│こり。 =고리² ❷行李の一こうりのひとつ二ふたつ。

고리타분-하다형 ❶ いやなにおいがする│とても臭くさい。 ❷【性格せいかく・行動こうどうが】陳腐だちんぷだ│古臭くてふるくさくてつまらない│せせこましい。 =고타분하다. 준 골타분하다.

고리탑탑-하다【불쾌 고리한 냄새를 풍기다】 ❶(気性きしょう・行動こうどうが)ひどく陳腐だちんぷだ│古臭くてふるくさくてつまらない│せせこましい。 예 샌님처럼 고리탑탑하게 구는구나. 融通ゆうずうのきかない人ひとのようにせせこましくするんだなあ。 ❷ 非常にひじょうにいやなにおいがする│とても臭い。 준 골탑탑하다.

고린-내명 野菜やさいや卵たまごなどが腐ったくさったような臭いにおい。 예 부엌에서 ~가 난다. 台所だいどころから腐った臭いがする。

고릴라(gorilla)명 《동》ゴリラ。

고립(孤立)명 孤立こりつ。 예 ~주의 孤立主義こりつしゅぎ。

고립-하다자 孤立こりつする。 예 무인도에 고립되다. 無人島むじんとうに孤立する。 / 사람은 사회로부터 고립하여 살 수는 없다. 人間にんげんは社会しゃかいから孤立させられて生いきていけない。

고립-무원(孤立無援)명 孤立こりつ無援むえん。

고립-어(孤立語)명 《언》孤立語こりつご。

고릿-적명 昔むかしの時代じだい。 예 ~ 이야기 昔話むかしばなし。

고마움명 ありがたさ│ありがたみ。 예 ~에 새삼 눈물이 났다. ありがたさにあらためて涙なみだが出でた。

고막(鼓膜)명 (의)鼓膜こまく。 예 ~이 찢어지다. 鼓膜が破れるやぶれる。

고-만¹관 ☞그만.

고-만²부 ☞그만.

고만고만-하다형 ☞그만그만하다.

고만-두다타 ☞그만두다.

고만-하다형 ☞그만하다.

고맘-때명 ☞그맘때.

고맙다형 有り難いありがたい│有り難うありがとう。 예 도와주셔서 고맙습니다. 手伝ってくれてありがとうございます。

고매-하다(高邁—)형 高邁だこうまいだ。 예 고매한 이상 高邁な理想りそう。

고명¹명【음식 위에 얹거나 뿌리는】コミョン。 예 마지막에 잣을 ~으로 얹는다. 最後さいごに松の実まつのみを撒くまく。

고명²(高名)명 ❶【널리 이름을 떨침】高名こうめい。 ❷【경칭】

高名こうめい・みょう。有名ゆうめい。
고명-하다¹ 형 高名こうめいだ。有名ゆうめいだ。
고명³(高明) 명 高明こうめい。
고명-하다² 형 高明こうめいだ。예 고명한 학자 高明こうめいな学者がく。
고명-딸 명 息子むすこの多おおい家いえの一人娘ひとりむすめ。
고모(姑母) 명 父ちちの姉あねや妹いもうと｜叔母おば。
고모-부(姑母夫) 명 父ちちの姉あねや妹いもうとの夫おっと｜叔父おじ。
고목¹(古木) 명 【오래된 큰 나무 옹 특이한】 古木こぼく｜老木ろうぼく。=고목나무
고목²(枯木) 명 【죽은】 枯木かれき｜枯かれた木き。예 300년 된 ~ 300年ねんの枯木。
고목-나무(古木一) 명 ☞고목
고무¹ 명 ゴム。
고무²(鼓舞) 명 鼓舞こぶ。
고무-하다 타 鼓舞こぶする。예 사기를 ~. 士気しきを鼓舞する。
고무-공 명 ゴムまり。
고무-나무 명 〈식〉ゴム｜ゴムの木き。
고무락-거리다 자타 【손발이 느리게 자꾸 움직이는】 体からだをもぞもぞ動うごかす｜もぞもぞする｜うごめく。예 아기가 발가락을 ~. 赤あかちゃんが足あしの指ゆびをもぞもぞ動かす。=고무락고무락하다・고무락대다
고무락-고무락 부 もぞもぞ。예 누에가 ~ 움직이고 있다. 蚕かいこがもぞもぞと動いている。
고무락고무락-하다 자타 ☞고무락거리다
고무락-대다 자타 ☞고무락거리다
고무-신 명 ゴム靴ぐつ｜ゴム製せいの履物はきもの。
고무-장갑(一掌匣) 명 ゴム手袋てぶくろ。
고무-줄 명 ゴム紐ひも。
고무-풍선(一風船) 명 ゴム風船ふうせん。
고무-호스(—hose) 명 ゴムホース。
고문¹(古文) 명 古文こぶん。
고문²(拷問) 명 拷問ごうもん。예 ~을 받다. 拷問を受うける。/ ~을 가하다. 拷問にかける。
고문-하다 타 拷問ごうもんする。
고문³(顧問) 명 顧問こもん。예 ~ 변호사 顧問弁護士べんごし。
고문-관(顧問官) 명 顧問官こもんかん。
고-문서(古文書) 명 古文書こもんじょ。
고물¹ 명 【떡에 묻히는 가루】 餅もちにまぶす小豆あずき、緑豆りょくとうなどの粉こな。
고물² 명 【배의 뒷부】 とも｜船尾せんび。
고물³(古物) 명 ❶【옛날의 물건】 昔むかしの品物しなもの。예 진 귀한 ~ 稀まれな昔の品物。❷【낡은 물건】 古物こぶつ｜ぼろ。예 ~이 된 피아노 古ふるくなったピアノ。
고물-거리다 자타 【느리고 자꾸 움직이는 모양】 ぐずぐずする｜もぞもぞする｜もたもたする｜くねくねする。예 고물거리고 있을 때가 아니다. もたもたしている場合ばあいではない。=고물대다
고물-고물 부 【느리고 자꾸 움직이는 모양】 ぐずぐず｜もぞもぞ｜もたもた｜くねくね。예 아이가 몸을 ~ 움직인다. 子供こどもが体からだをくねくねさせる。
고물-대다 자타 ☞고물거리다
고물-상(古物商) 명 古物商こぶつしょう。
고민(苦悶) 명 苦悶くもん｜悩なやみ。
고민-하다 자 苦悶くもんする｜悩なやむ｜煩わずらう｜苦くるしむ。예 이성 문제로 ~. 異性問題いせいもんだいで悩む。
고민-거리(苦悶—) 명 悩なやみの種たね。
고발(告發) 명 告発こくはつ｜内部ないぶ告発。
고발-하다 타 告発こくはつする。예 악덕 업자를 ~. 悪徳業者あくとくぎょうしゃを告発する。
고발-장(告發狀) 명 〈법〉告発状こくはつじょう。
고배(苦杯) 명 苦杯くはい。
고배를 들다[마시다/맛보다] 관용 【쓰라린 일을 당하다】 苦杯くはいを嘗なめる｜苦杯を喫きっする。예 패전의 고배를 들다. 敗戦はいせんの苦杯を嘗める。
고백(告白) 명 告白こくはく。예 ~을 받으리라고는 꿈에도 생각하지 못했다. 告白されるとは夢ゆめにも思おもっていなかった。
고백-하다 타 告白こくはくする。예 그녀에게 사랑을 ~. 彼女かのじょに愛あいを告白する。
고백 성사(告白聖事) 명 '고해 성사'의 전용어.
고별(告別) 명 告別こくべつ。예 ~의 정 告別の情じょう。
고별-하다 자 告別こくべつする。
고별-사(告別辭) 명 告別こくべつの辞じ。
고별-식(告別式) 명 告別式こくべつしき。
고본(古本) 명 古本こほん・ふるほん。
고봉¹(高峯) 명 【높은 봉우리】 高峰こうほう｜高嶺たかね。예 ~을 오르다. 高峰を登のぼる。
고봉²(高捧) 명 【수북이 담는】 山盛やまもり｜大盛おおもり。예 ~ 밥 ご飯はんの山盛り。
고부(姑婦) 명 姑しゅうとと嫁よめ。
고부-간(姑婦間) 명 姑しゅうとと嫁よめの間柄あいだがら。예 ~의 갈등 姑と嫁の葛藤かっとう。
고부라-뜨리다 타 ☞구부러뜨리다

고부라–지다재 ☞구부러지다
고부랑–고부랑부 ☞구부렁구부렁
고부랑–이명 ☞구부렁이
고부랑–하다형 ☞구부렁하다
고부리다타 ☞구부리다
고부스름–하다형 ☞구부스름하다
고부정–하다형 ☞구부정하다
고분(古墳)명 古墳ふん。
고분-고분부 柔順じゅんに。｜素直すなおに。 예~따라오다. 柔順じゅうに従したがってくる。
　고분고분-하다형 柔順じゅうんだ。｜素直すなおだ。
　고분고분-히부 柔順じゅうんに。｜素直すなおに。
고-분자(高分子)명〈화〉高分子ぶんし。 예~화학 高分子化学がく。
고분자 화합물(高分子化合物)〈화〉高分子化合物かごうぶつ。
고불-거리다자 くねくねとする。｜曲まがりくねる。=고불대다
고불-고불부 ☞구불구불
고불-대다자 ☞고불거리다
고불탕-고불탕부 ☞구불텅구불텅
고불탕-하다형 ☞구불텅하다
고붓-하다형 ☞구붓하다
고비[1]명【갈림길 중대시기】峠とうげ。｜山場やまば。｜絶頂ぜっちょう。｜盛さかり。｜クライマックス。예위험한 ~ 危険けんの山場/어려운 ~는 넘겼다. 苦くるしい峠を越こした。
고비[2]명〈식〉薇ぜん。예~를 따라 산을 올랐다. ゼンマイを採とりに山を登のぼる。
고비-나물명 ぜんまいの和あえ物もの。
고비 사막(Gobi沙漠)〈지〉ゴビ砂漠さばく。
고비-판際きわどい山場やまば。｜せっぱ詰つまった状況じょうきょう。 예이 ~만 넘기면 다음은 쉽다. このせっぱ詰まった状況さえ乗のりきれば後あとは楽らくだ。
고빗-사위명 際きわどい山場やまば。｜せっぱ詰つまった状況じょうきょう。
고뿔명 ☞감기
고삐명 手綱たづな。｜絆きずな。 예~를 끌다. 手綱を引ひく。/~를 늦추다. 手綱を緩ゆるめる。/~를 잡다. 手綱を取とる。
고사[1](古史)명【】古史こし。
고사[2](考査)명【시험】考査こうさ。 예학기말 ~ 学期末がっきまつの考査。
　고사-하다타 考査する。
고사[3](告祀)명〈민〉厄やくを払はらって豊穣ほうじょうや幸運こううんを祈願きがんする祭祀さいし。 예무사고를 기원하는 ~를 지내다. 無事故ぶじこ祈願の祭祀を執とり行おこなう。
고사[4](固辞)명【】固辞こじ。
　고사-하다타 固辞する。 예사장 취임을 몇 번이나 ~. 社長しゃちょう就任しゅうにんを何度なんども固辞する。
고사[5](故事)명【】故事こじ。 예~를 인용하여 설명하다. 故事を引用いんようして説明せつめいする。
고사[6](枯死)명【】枯死こし。
　고사-하다[3]자 枯死する。
고사리명〈식〉蕨わらび。
고-사이명 その間かん。예~ 잠들어 버렸다. その間寝込ねこみでしまった。준고새
고사-포(高射砲)명〈군〉高射砲こうしゃほう。
고사-하고(姑捨—)부 言いうまでもなく。｜さておき。｜おろか。예만 원은 ~ 천 원도 없다. 一万まんウォンはいうまでもなく千せんウォンも持もってない。
고산(高山)명 高山こうざん。
고산 기후(高山氣候) 高山気候きこう。
고산-대(高山帶)명〈식〉高山帯こうざんたい。
고산 식물(高山植物)〈식〉高山植物しょくぶつ。
고상-고상명【】なかなか寝ねつかれなくて横よこになったまま色々いろいろと思おもい巡めぐらすさま。
　고상고상-하다자 なかなか寝つかれなくて横になったまま色々と思い巡らす。 예집을 나간 아들 생각으로 고상고상하다. 家いえを出でた息子むすこを思って寝付ねつかれない。
고상-하다(高尙—)高尚こうしょうだ。｜上品じょうひんだ。 예고상한 분위기 高尚な雰囲気ふんいき。
　고상-히부 高尚こうしょうに。｜上品じょうひんに。
고샅명 ❶田舎いなかの小道こみち。=고샅길 ❷狭せまい谷間たにま。
고샅-길명 ☞고샅❶
고새명 ☞'고사이'의 준말.
고색(古色)명 古色こしょく。예~을 띠다. 古色を帯おびる。
고색-창연(古色蒼然)명 古色蒼然そうぜん。
　고색창연-하다형 古色蒼然そうぜんとしている。 예고색창연한 건물 古色蒼然たる建物たてもの。
고생(苦生)명 苦労くろう。｜労苦ろうく。｜苦難くなん。
　고생-하다자 苦労する。｜労苦する。
　고생을 사서[벌어서] 한다 속담 「無駄むだな苦労をする」の意い。
고생-길(苦生—)명 苦難くなんの多おおい人生じんせい。｜茨いばらの道みち。 예~이 훤하다. 苦しい前途ぜんとが予想よそうされる。
고생-대(古生代)명 古生代こせいだい。

고생-문(苦生門)명 苦労する運命。

고-생물(古生物)명 古生物。

고생-살이(苦生一)명 苦難の生活｜苦しい暮らし。

고생-스럽다(苦生一)형 苦しい｜辛い。

고서(古書)명 古書｜古本。

고성¹(古城)명 古城。

고성²(高聲)명 高声｜甲高い声｜大声。예~을 지르다. 甲高い声を出す。

고-성능(高性能)명 高性能。예~ 전지 高性能電池。

고소(告訴)명
　고소-하다¹타 告訴する。예경찰에 ~. 警察に告訴する。

고소²(苦笑)명 苦笑｜苦笑い。예~를 띠다. 苦笑をもらす。
　고소-하다²자 苦笑する｜苦笑いする。

고소 공포증(高所恐怖症)의高所恐怖症。

고-소득(高所得)명 高所得。예~자 高所得者。

고소-인(告訴人)명 〈법〉告訴人。

고소-장(告訴狀)명 〈법〉告訴状。

고소-하다³형 ❶(炒り胡麻のように)香ばしい。예참기름 냄새가 ~. 胡麻油のにおいが香ばしい。❷いい気味だ｜小気味よい。예그 애의 성적이 떨어졌다니 정말 ~. あいつの成績が落ちたので本当にいい気味だ。

고속(高速)명 高速。예~ 철도 高速鉄道。

고-속도(高速度)명 高速度。예~ 촬영 高速度撮影／~ 인터넷 高速度インターネット。

고속-도로(高速道路)명 高速道路。

고속-버스(高速bus)명 高速バス。

고수¹(固守)명 固守。
　고수-하다 固守する。예전통을 ~. 伝統を固守する。

고수²(高手)명 高段者｜高段者。

고수³(鼓手)명 鼓手。

고수-머리명 縮れ毛｜縮れっ毛。=곱슬머리

고수-부지(高水敷地)명 河川敷。

고스란-하다형 そっくりそのままだ｜元の通りだ｜手つかずのままだ。예그 여자는 옛 모습이 고스란하여 조금도 변하지 않았다. 彼女は昔の面影がそのままで、ちっとも変わっていない。
　고스란-히부 そっくりそのまま｜手つかずのままに。예주운 지갑을 ~ 주인에게 돌려주었다. 拾った財布をそっくりそのまま持ち主に返してあげた。／가외 수입은 ~ 저축한다. 余分の収入は手つかずそのままに貯蓄する。

고슬-고슬부 ご飯がちょうどよいほど炊けたさま。
　고슬고슬-하다형 ご飯がちょうどよいほど炊ける。예고슬고슬한 밥 ちょうどよいほど炊けたご飯。

고슴도치명 〈동〉針鼠。예~ 사랑 ハリネズミの愛／~는 가시를 세워 자신의 몸을 보호한다. ハリネズミは針を立てて自分の体を保護する。
　고슴도치도 제 새끼가 함함하다면 좋아한다 속담「欠点でも褒めてもらえば誰でも喜ぶ」の意。

고습(高濕)명 高湿｜多湿。

고승(高僧)명 高僧。

고시¹(古詩)명 古詩。

고시²(考試)명 考試｜公務員試験。

고시³(告示)명 告示。예내각 ~ 内閣告示。
　고시-하다타 告示する。

고시랑-거리다자 ぐずぐず言う｜ぶつぶつ言う。예고시랑거리지 마라. ぐずぐず言うな。=고시랑고시랑하다·고시랑대다

고시랑-고시랑부 ぐずぐず｜ぶつぶつ。예아침부터 ~ 잔소리를 하다. 朝からぶつぶつ小言を言う。
　고시랑고시랑-하다 ☞고시랑거리다 예고시랑고시랑하면서 나가다. ぶつぶつ言いながら出かける。

고시랑-대다자 ☞고시랑거리다

고식(古式)명 古式。

고심(苦心)명 苦心。예~참담 苦心惨憺。
　고심-하다자 苦心する。예고심한 흔적이 보인다. 苦心の跡がみられる。／문제를 풀려고 고심하였다. 問題を解くために苦心した。

고아(孤兒)명 孤児。

고아-원(孤兒院)명 養護施設｜孤児院。◆일본에서「孤児院」이라는 용어는 1947

년 이전까지만 쓰던 말이다.

고아-하다¹(古雅―)형 古雅だ。
고아-하다²(高雅―)형 高雅だ。
고악(古樂)명 古樂。
고안(考案)명 考案こうあん。
　고안-하다타 考案こうあんする。예 새로운 방법을 ~. 新あたらしい方法ほうほうを考案する。
고압(高壓)명 高圧こうあつ。예 ~ 가스 高圧ガス / ~ 전원 高圧電源でんげん。
고압-계(高壓計)명 高圧計こうあつけい
고압-선(高壓線)명 高圧線こうあつせん。
고압-적(高壓的)관형 高圧的こうあつてき。예 ~인 태도를 취하다. 高圧的な態度たいどを取とる。
고액(高額)명 高額こうがく。예 ~ 지폐 高額紙幣しへい。
고약(膏藥)명 膏藥こうやく。예 ~을 붙이다. 膏薬を貼はる。
고약-스럽다형 【시읏不規則】悪わるい｜ひどい｜不快ふかいだ。
　고약스레부 悪わるく｜ひどく｜不快ふかいに。
고약-하다형 ❶【여불규칙】(におい・味あじなどが)悪わるい｜ひどい｜不快ふかいだ｜臭くさい。예 어디서 고약한 냄새가 나는 것 같다. どこからか不快な臭においがするようだ。/ 맛이 ~. 味がひどい。❷【성질·언행など】(性質せいしつ・言行げんこうなどが)悪わるい｜不届ふとどきだ。예 고약한 버릇이 있다. 悪い癖くせがある。/ 인심이 ~. 人心じんしんが不届きだ。❸【인상·용모など】(人相にんそう・容姿ようし が)すごく見苦みぐるしい｜険けわしい。예 얼굴은 고약해 보여도 마음은 착하다. 人相はすごく険しいが気きは優やさしい。❹【날씨】(天候てんこうが)よくない｜不順ふじゅんだ。예 날씨가 ~. 天候が不順だ。
고양(高揚)명 高揚こうよう。
　고양-하다타 高揚こうようする。예 애국심을 ~. 愛国心あいこくしんを高揚する。
고양이명 ◎猫ねこ。예 검은 ~ 黒猫くろねこ/ 도둑~가 생선을 훔쳐 간다. 泥棒猫どろぼうねこが魚さかなをかすめる。준 괭이².
　고양이 낯짝[이마빼기]**만 하다**관용 猫ねこの顔かおぐらいだ:「ひどく狭せまい」の意い。
　고양이 목에 방울 달기(단다)속담 猫ねこの首くびに鈴すずをつける:「一見いっけんいい方法ほうほうのようだが実じつは実行じっこう不可能ふかのうなこと」の意い。
　고양이 보고 반찬 가게 지키라는 격(이다)속담 猫ねこに総菜屋そうざいやの番ばんをしろという:〔日〕猫に鰹節かつおぶしの番｜盗人ぬすびとに倉くらの番。◆일본에서는 '고양이에게 가다랑어 지키라고 한다', '도둑에게 창고를 지키라 한다'라고 한다.
　고양이 세수하듯속담 猫ねこが顔かおを洗あらうよう:「ざっと顔を洗うさま」の意い。
　고양이 앞에 쥐[쥐걸음]속담 猫ねこの前まえのネズミ:〔日〕へびに見込みこまれた蛙かえるのよう。◆일본에서는 '뱀한테 걸린 개구리 같이'라고 한다.
　고양이와 개관용 猫ねこと犬いぬ:「仲なかの悪わるい間柄あいだがら」の意い:〔日〕犬猿けんえんの仲なか。
　고양이 쥐 생각하듯속담 猫ねこのネズミを思おもいやるごとく:「内心ないしんの悪意あくいを隠かくして表面ひょうめんはさも同情どうじょうしているようにふるまうこと」の意い。
고어(古語)명 古語こご。=옛말
고언(苦言)명 苦言くげん。예 ~을 올리다. 苦言を呈ていする。
고역(苦役)명 苦役くえき｜苦くるしい労働ろうどう。예 ~을 치르다. 苦役に服ふくする。
고열¹(苦熱)명 【찌는듯이 더운 더위】苦熱くねつ。
고열²(高熱)명 高熱こうねつ。예 용광로의 ~ 溶鉱炉ようこうろの高熱 감기에 걸려 ~이 나다. 風邪かぜを引ひいて高熱が出でる。
고옥(古屋)명 古屋ふるや。
고온(高溫)명 高温こうおん。예 ~ 현상 高温現象げんしょう。
고요명 静しずけさ｜静寂せいじゃく。예 ~의 바다 静しずかの海うみ。
　고요-하다형 静しずかだ｜穏おだやかだ｜ひっそりしている。예 고요한 밤거리 静かな夜よるの町まち/ 그 일이 해결되고 나니 마음이 고요하고 평화로워졌다. そのことが解決かいけつしたので心こころに安やすらぎが訪おとずれた。
　고요-히부 静しずかに｜穏おだやかに。
고용¹(雇用)명 【사용주가 노동자를 부림】雇用こよう。예 ~ 관계 雇用関係かんけい。
　고용-하다타 雇用こようする｜雇やとう。예 베이비시터를 ~. ベビーシッターを雇用する。
고용²(雇傭)명 【고용주 밑에서 일함】雇用こよう。예 ~ 창출 雇用創出そうしゅつ/ ~ 보험 雇用保険ほけん。
　고용-하다자 雇用こようする｜雇やとわれる。◆우리말에서는 雇用과 雇傭의 뜻을 구분해서 쓰지만, 일본어에서는 양쪽 뜻 모두 주로 '雇用'를 쓰고 '雇傭'도 쓸 수는 있다.
고용-살이(雇傭―)명 雇用こようされて生いきていくこと。
고용-인¹(雇用人)명 【사용주】使用者しようしゃ｜雇やとい主ぬし。
고용-인²(雇傭人)명 【남에 일을 해주는 사람】雇用者こようしゃ。

고용-주(雇用主)圏 使用者しようしゃ｜雇やとい主ぬし。
고원(高原)圏 高原こうげん。囲 산간 ~ 山間さんかん高原こうげん/ 산록 ~ 山麓さんろく高原こうげん。
고위(高位)圏 高位こうい。
고위-층(高位層)圏 高位こうい階層かいそう。
고유(固有)圏 固有こゆう。囲 ~ 운동 固有運動こゆううんどう/ ~ 진동 固有振動こゆうしんどう/ ~ 기호 固有記号こゆうきごう/ ~ 재산 固有財産こゆうざいさん。
　고유-하다囲 固有こゆうだ。囲 고유한 권한 固有な権限けんげん/ 고유한 문화적 특징 固有な文化的ぶんかてき特徴とくちょう。
고유 명사(固有名詞)圀〈언〉固有名詞こゆうめいし。
고유-색(固有色)圏 固有こゆうの色いろ。
고유-성(固有性)圏 固有性こゆうせい。
고육지계(苦肉之計)圏 苦肉にくの計けい。
고육-책(苦肉策)圏 苦肉にくの策さく。
고율(高率)圏 高率こうりつ。囲 ~의 이자 高率の利子りし。
고음(高音)圏 高音こうおん。
고의¹圏〈男性なんせい의〉ひとえのパジ。
고의²(故意)圏 故意こい。囲 ~로 말하지 않았다. 故意に言いわなかった。
고이囲 ❶【정성스럽게】きれいに｜美うつくしく。囲 ~ 접은 손수건 きれいに畳たたんだハンカチ/ ~ 앉아 있다. きれいに座すわっている。❷【정성스럽게，소중하게】謹つつしんで｜大事だいじに｜大切たいせつに。囲 할아버지의 유품을 ~ 간직하다. 祖父そふの遺品いひんを大切に保管ほかんする。❸【평안하게】安やすらかに｜静しずかに。囲 ~ 잠들다. 安らかに眠ねむりにつく。❹【고스란히】そっくりそのまま。囲 춘지를 ~ 돌려보내다. 裏金うらがねをそっくりそのまま送おくり返かえす。
고이-고이囲【정성스럽게】당신을 제 마음속에 ~ 간직하겠습니다. あなたのことは私わたしの心こころの中なかに大切たいせつにしまっておきます。
고이다¹団 ☞괴다
고이다²国 ☞괴다
고인¹(古人)圏【옛날】古人こじん｜昔むかしの人ひと。
고인²(故人)圏 故人こじん。❶【죽은 사람】亡なくなった人ひと。囲 ~이 되다. 故人となる。❷【오래된 친구】旧友きゅうゆう。
고인-돌圏 ドルメン。囲 거대한 ~이 여기저기 서 있다. 巨大きょだいなドルメンがあっちこっちに立たててある。＝돌멘·지석묘
고임圏 ☞괴임
고임-돌圏 ☞괴임돌
고임-새圏 ☞괴임새
고자(鼓子)圏 生殖器せいしょくきの不完全ふかんぜんな男おとこ。

-고자²【어미】【의도나 희망이 있음을 나타냄】ーしようと。囲 약속은 반드시 지키고자 노력하고 있다. 約束やくそくはきっと守まもろうと努力どりょくしている。
고-자세(高姿勢)圏 高姿勢こうしせい。囲 ~로 대하다. 高姿勢で臨のぞむ。↔저자세
고자-질(告者ー)圏 告つげ口ぐち｜密告みっこく。
　고자질-하다邯囲 告つげ口ぐちする。囲 친구의 잘못을 선생님께 ~. 友ともだちの過あやちを先生せんせいに告つげ口ぐちする。
고작囲【많아야，고작해야 정도를 나타냄】せいぜい｜たかが｜たかだか。囲 하루 종일 한 일이 ~ 그것뿐이냐？一日中いちにちじゅうの仕事しごとはたかがそれだけか。/ 한 달 월급은 ~ 50만 원이다. 一ヶ月いっかげつの給料きゅうりょうはたったの50万まんウォンだ。
고장¹圏 ❶【지방】地方ちほう｜地域ちいき。❷【어떤 물건의 원산지】本場ほんば｜産地さんち。囲 귤의 ~ 제주도 蜜柑みかんの本場チェジュド。
고장²(故障)圏 故障こしょう。囲 ~ 접수 故障受付うけつけ/ 자동차가 ~ 나다. 自動車じどうしゃが故障する。
고장-물圏 ❶汚水おすい。❷ うみが出でたあとの漿液しょうえき。
고쟁이圏【한복】ハンボクの女おんなの下着したぎの一ひとつ。
고저¹(高低)圏 高低こうてい。囲 ~ 측량 高低測量そくりょう/ 음의 ~ 音おんの高低。
-고저【어미】☞'-고자'의 잘못.
고적¹(古跡·古蹟)圏【옛 유적】古跡こせき｜古蹟こせき｜遺跡いせき。
고적²(孤寂)圏【외롭고 적적함】孤独こどくで寂さびしいこと｜孤独で寂しさを感かんじる瞬間しゅんかん。
　고적-하다囲 孤独こどくで寂さびしい。囲 고적한 노후를 보내다. 孤独で寂しい老後ろうごを過すごす。
고전¹(古典)圏 古典こてん。囲 ~ 소설 古典小説しょうせつ/ ~ 음악 古典音楽おんがく/ ~학파 古典学派がくは。
고전²(苦戦)圏 苦戦くせん。
　고전-하다団 苦戦くせんする。囲 적의 반격에 고전하고 있다. 敵てきの反撃はんげきに苦戦している。
고전-극(古典劇)圏 古典劇こてんげき。
고전 문학(古典文學)圀〈문〉古典こてん文学ぶんがく。
고전-미(古典美)圏 古典美こてんび。
고전-적(古典的)圏 古典的こてんてき。
고전-주의(古典主義)圏〈예〉古典主義こてんしゅぎ。
고정(固定)圏 固定こてい。囲 ~ 금리 固定金利きんり/ ~ 자산 固定資産しさん。
　고정-하다邯囲 固定こていする。囲 박스를

고정시키다. ボックスを固定させる。

고정 관념(固定觀念) 《심》 固定観念。
고정불변(固定不變) 명 固定不変。
고정 자본(固定資本) 《경》 固定資本。
고정-적(固定的) 관명 固定的。 예 역할을 ~으로 나누다. 役割を固定的に分ける。
고조¹(高祖) 명 ☞고조부
고조²(高潮) 명 高潮。 예 최~ 最高潮 / クライマックス。
고조³(高調) 名 高調。
　고조-하다 자 高調する。 예 감동이 가장 고조하는 클라이맥스 感動のもっとも高まるクライマックス / 관심이 ~. 関心が高調する。
고-조모(高祖母) 명 高祖母。
고-조부(高祖父) 명 高祖父。=고조¹
고-조선(古朝鮮) 명 (역) 古朝鮮。
고졸(高卒) 명 高卒。
고종(姑從) 명 父の姉妹の子いとこ。=고종사촌
고종-사촌(姑從四寸) 명 ☞고종
고주-망태(—) 酔っぱらって正体のない人。へべれけ。酔いどれ。 예 ~가 되도록 마셨다. へべれけになるまで飲んだ。
고주알-미주알 부 ☞미주알고주알
고-주파(高周波) 명 《물》 高周波。 예 ~ 발전기 高周波発電機 / ~ 요법 高周波療法 / ~ 전류 高周波電流。
고즈넉-하다 형 ❶静まり返っている。 ❷黙りこくっている。 예 고즈넉하게 앉아 있다. 黙りこくって座っている。
　고즈넉-이 부 黙って / ひっそりと / 寂しく。
고증(考證) 명 考証。 예 역사 ~을 하다. 歴史考証をする。
　고증-하다 타 考証する。
고증-학(考證學) 명 考証学。
고지¹ (カボチャ・なす・さつま芋などの) 干物 / 切り干し。
고지²(告知) 명 告知。 예 세금 ~ 税金の告知。
　고지-하다 타 告知する。 예 등록금을 ~. 登録金を告知する。
고지³(故地) 명 故地。
고지⁴(高地) 명 高地。
고-지대(高地帶) 명 高地帯。
고지랑-물 명 腐った汚水。
고지-서(告知書) 명 告知書。

고지식-하다 형 生まじめだ / 糞まじめだ。 예 고지식한 모범생 生まじめな模範生 / 고지식한 성격 糞まじめな性格 / 그 남자는 ~. あの男は生まじめだ。
고진감래(苦盡甘來) 명 苦しみが尽きて幸せが来ること。
고질(痼疾) ❶痼疾 / 持病。 ❷長い間の悪い癖。=고질병
고질-병(痼疾病) 명 ☞고질
고집(固執) 명 固執 / 我が / 我意。 예 ~이 세다. 我が強い。 / ~대로 관철하다. 我を通す。 / ~을 부리다. 我を張る。
　고집-하다 타 固執する。
고집불통(固執不通) 명 融通がきかなくて我が強いこと。
고집-스럽다(固執—) 형 我が強い。
고집-쟁이(固執—) 명 意地っ張り / 強情っ張り / 一刻者。 예 나는 ~에게는 이길 수가 없다. 私には意地っ張りには勝てない。=고집통이
고집통-이(固執—) 명 ☞고집쟁이
고차(高次) 명 《수》 高次。
고차 방정식(高次方程式) 《수》 高次元方程式。
고-차원(高次元) 명 《수》 高次元。 예 ~세계 高次元世界。
고차-적(高次的) 관명 高次的。
고착(固着) 명 固着。 예 ~ 관념 固着観念 / 固定 観念。
　고착-하다 자 固着する。
고착-제(固着劑) 명 《화》 固着剤。
고찰¹(古刹) 명 古刹 / 古寺。
고찰²(考察) 명 考察。 예 생태계에 관한 ~ 生態系に関する考察。
　고찰-하다 타 考察する。
고참(古參) 명 古参 / 古顔 / 古株。 예 팀에서 제일 ~이다. チームで一番古顔だ。 ↔신참
고참-병(古參兵) 명 古参兵。
고철(古鐵) 명 古鉄。
고철-상(古鐵商) 명 古鉄買い。
고체¹(古體) 명 古体。
고체²(固體) 명 固体。 예 ~ 연료 固体燃料。
고체-시(古體詩) 명 《문》 古体詩。
고쳐-먹다 心を入れ替える / 考えを直す。 예 새롭게 마음을 ~. 新しく心を入れ替える。 / 지금부터 마음을 고쳐먹고 공부할 생각이다. これから心を入

れ替えて勉強するつもりだ。

고초(苦楚)[명] 苦楚¦辛苦。[예] ~를 겪었다. 苦楚経験した。

고총(古塚)[명] 古塚¦古い墓。

고추[명] 唐辛子。

고추는 작아도 맵다[속담] とうがらしは小さくても辛い：「体は小さくても力が強くて気性がしっかりしている」の意：〔日〕山椒は小粒でもぴりりと辛い。◈일본에서는 '산초는 작아도 맵다'라고 한다.

고추-냉이[명] 《식》わさび。

고추-바람[명] 身を切るような冷たい風。

고추-씨[명] 唐辛子の種。

고추-잠자리[명] 《동》赤とんぼ¦あかねとんぼ¦しょうじょうとんぼ。

고추-장(一醬)[명] コチュジャン¦唐辛子味噌。

고춧-가루[명] 唐辛子の粉。

고춧-잎[명] 唐辛子の葉。

고충(苦衷)[명] 苦衷。[예] ~을 헤아리다. 苦衷を察する。

고취(鼓吹)[명] 鼓吹。

고취-하다[자][타] 鼓吹する。[예] 민족적 자부심을 ~. 民族的な誇りを鼓吹する。

고층(高層)[명] 高層。[예] ~ 건축물 高層建築物 / ~ 빌딩 高層ビル。

고층-운(高層雲)[명] 高層雲。

고치[명] (蚕の)繭。

고치다[타] ❶【수리하다. 수선하다】(故障したり壊れたりするものを)直す¦修理する¦修繕する。[예] 시계를 ~. 時計を直す。/ 자동차를 고치러 가다. 車を修理しに行く。❷【낫게 하다】(病気などを)治す。[예] 지병을 ~. 持病を治す。❸【모양·자세·습관 등을】(形·姿勢·習慣の間違ったことなどを)直す¦正す。[예] 틀린 글자를 고쳐 쓰다. 間違った字を書き直す。/ 나쁜 습관을 ~. 悪い習慣を直す。/ 자세를 고쳐 앉다. 姿勢を正して座る。❹【바꾸다】(手を加えて)変える。[예] 출입문을 자동문으로 ~. 出入口を自動ドアに変える。/ 치마를 고쳐 반바지를 만들다. スカートを半ズボンに作りかえる。

고치-실[명] 蚕糸。

고침(高枕)[명] 高枕。

고타분-하다[형] ☞고리타분하다

고탑(古塔)[명] 古塔¦昔の塔。

고탑지근-하다[형] ❶【성질·언행 등이】(性質·考えなどが)ぱっとしない¦やや古臭い¦陳腐だ。❷【냄새가】少し腐ったようないやな臭いがする。[예] 어제 산 생선에서 고탑지근한 냄새가 난다. 昨日買った魚から腐りかけたにおいがする。

고통(苦痛)[명] 苦痛¦苦しみ。[예] 정신적인 ~을 받았다. 精神的な苦痛を受けた。

고통-스럽다(苦痛一)[형] 苦しい¦辛い。[예] 죄책감에 ~. 罪悪感に苦しむ。

고투(苦鬪)[명] 苦闘。[예] 악전~ 悪戦苦闘。

고투-하다[자] 苦闘する。

고판(古版)[명] 古版。

고판-본(古版本)[명] 古版本。

고평(高評)[명] 高評。

고푸리다[타] 身をかがめる。

고풍(古風)[명] 古風。

고풍-스럽다(古風一)[형] 古風だ¦古めかしい。[예] 고풍스러운 스타일 古めかしいスタイル。

고풍스레[부] 古風に¦古めかしく。

고프다[형] ひもじい¦空腹だ¦腹がすいている。[예] 배가 고프니 뭘 좀 먹어야겠다. 空腹なので何か少し食べないといけない。/ 배가 고픈데 밥맛은 없다. お腹が空いているのだが食欲がない。

고하(高下)[명] 高下。[예] 신분의 ~ 身分の高下。

고-하다(告一)[타] 告げる¦知らせる。[예] 작별을 ~. 別かれを告げる。/ 신년을 고하는 종소리가 울리다. 新年を告げる鐘の音がする。

고학(苦學)[명] 苦学。

고학-하다[자] 苦学する。[예] 고등학교까지 고학했다. 高校まで苦学した。

고-학년(高學年)[명] 高学年。

고학-생(苦學生)[명] 苦学生。

고함(高喊)[명] 叫び¦わめくこと。[예] ~소리 わめき声；叫び声 / 큰 소리로 ~을 지르다. 大声でわめきたてる。

고함-지르다(高喊一)[자] 喚き立てる¦大声で叫ぶ。[예] 앞에 가는 사람을 고함 질러 불렀다. 先を行く人に大声で叫んだ。

고함-치다(高喊一)[자] 大声を張り上げる¦大声でわめく¦大声で叫ぶ。[예]

'성공이다' 하고 그가 고함쳤다. 「成功だ」と彼が大声でわめいた。

고해(苦海)명 《종》苦海。

고해 성사(告解聖事) 《가톨릭》告解。

고행(苦行)명 《종》苦行。
　고행-하다자 苦行する。

고향(故郷)명 故郷｜ふるさと。 예 ~은 어디세요? 故郷はどこですか。

고혈(膏血)명 膏血。
　고혈을 짜다[짜내다]관용 膏血を絞る。

고-혈압(高血壓)명 《의》高血圧。 예 ~ 환자 高血圧患者。

고혈압-증(高血壓症)명 《의》高血圧症。

고형(固形)명 固形。 예 ~ 연료 固形燃料。

고형-물(固形物)명 固形物。

고혹(蠱惑)명 蠱惑。
　고혹-하다타 蠱惑する｜人の心を惑わす。

고혹-적(蠱惑的)관형 蠱惑的。 예 ~인 미소 蠱惑的な微笑。

고환(睾丸)명 《의》睾丸｜金玉。

고희(古稀)명 【문】古希｜古稀。

고희-연(古稀宴)명 古希の祝い。

곡¹(曲)명 曲。 예 유명한 ~을 연주하다. 有名な曲を演奏する。

곡²(哭)명 哭すること｜哭泣。
　곡-하다자 哭する｜哭泣する。 예 곡하는 소리 哭する声。

곡가(穀價)명 穀物の価格。

곡경(曲徑)명 曲がりくねった道。

곡경²(曲境)명 【문】苦境。

곡-괭이명 《농》つるはし｜唐鍬。 예 ~로 땅을 파다. つるはしで土を掘る。

곡기(穀氣)명 穀物で作った少量の食べ物。
　곡기를 끊다[놓다]관용 食べ物を絶つ。

곡류¹(曲流)명 曲流。 =사행

곡류²(穀類)명 穀類｜穀物類。

곡률(曲率)명 《수》曲率。

곡마(曲馬)명 曲馬。

곡마-단(曲馬團)명 曲馬団｜サーカス。

곡마-사(曲馬師)명 曲馬師。

곡면(曲面)명 《수》曲面。

곡명(曲名)명 《음》曲名。

곡목(曲目)명 《음》曲目。

곡물(穀物)명 穀物。 =곡식

곡사-포(曲射砲)명 《군》曲射砲。

곡선(曲線)명 曲線。 예 ~을 긋다. 曲線を引く。

곡선-미(曲線美)명 曲線美。

곡선-자(曲線-)명 曲線定規｜雲形定規。

곡성(哭聲)명 哭声。

곡식(穀食)명 ☞곡물

곡예(曲藝)명 曲芸｜軽業｜アクロバット｜サーカス。

곡예-단(曲藝團)명 曲芸団。

곡예-사(曲藝師)명 曲芸師｜軽業師。

곡자(曲子)명 ☞누룩

곡절(曲折)명 曲折。 ❶曲がりくねること。 ❷複雑な事情｜訳｜理由。 예 여러 가지 ~ 많の曲折。

곡조(曲調)명 曲調｜節回し。 예 ~가 아름다운 곡 曲調が美しい曲 / 애절한 ~ 哀切な曲調。

곡직(曲直)명 曲直｜不正な ことと正しいこと。 예 시비~를 가리다. 理非曲直を明らかにする。

곡창(穀倉)명 穀倉。 ❶【본뜻】穀倉。 ❷【비유적】穀物を多く産出する地方。 예 ~ 지대 穀倉地帯。 =곡향

곡학-아세(曲學阿世)명 曲学阿世。

곡해(曲解)명 曲解。
　곡해-하다타 曲解する。 예 사실을 곡해하고 있다. 事実を曲解している。 / 이념을 완전히 곡해하고 있다. 理念を全く曲解している。

곡향(穀鄕)명 ☞곡창❷

곤경(困境)명 苦境。 예 ~에 빠지다. 苦境に陥る。 / ~에 처하다. 苦境に立つ。

곤궁(困窮)명 困窮。 ❶【사회문제】【문】貧乏で生活がひどく苦しいこと。 ❷【문】苦しいこと｜困ること。 예 ~에 처하다. 苦しい立場に置かれる。
　곤궁-하다형 困窮している。 ❶貧しい｜貧困だ。 예 살림이 ~. 暮らしが貧困だ。 ❷(立場などが)苦しい｜困っている。 예 적은 곤궁한 처지에 놓였다. 敵は苦しい立場に置かれた。

곤궁-히부 困窮に。

곤돌라(gondola 이)명 ゴンドラ。

곤두박-이다자 頭から落ちる｜高いところから真っ逆さまに落ちる。 예 비행기가 바닷속으로 ~. 飛行機が海の中にまっ逆さまに落ちる。

곤두박이-치다[자] 高いところから真っ逆さまに落ちる。

곤두박-질[명] 急激に逆さまに落ちること。

곤두박질-하다[자] 急に真っ逆さまに落ちる。例 발을 삐끗하여 논바닥에 곤두박질했다. 足をねじって田んぼに落ちた。

곤두박질-치다[자][타] 真っ逆さまに落ちる。

곤두-서다[자] ❶【물건이】逆立つ。例 무서워서 머리카락이 곤두섰다. 怖くて髪の毛が逆立った。❷【신경이】(神経が)鋭くなる｜いらだつ。例 긴장돼서 신경이 ~. 緊張して神経が逆立つ。

곤두-세우다[타] ❶ 逆立てる。❷【신경을】尖らせる｜いらだたせる。

곤드라-지다[자] ❶(過労や酒に酔って)正体なく眠る。例 술에 취해 ~. 酒に酔って正体なく眠る。❷ 急激に前方に倒れる｜つんのめる。例 층계에서 ~. 階段から急に前方に倒れる。

곤드레-만드레 {술이나 함에 취해 몸을 제대로 가누지 못하는 모양} へべれけ｜べろんべろん｜ぐでんぐでん。例 매일 밤 ~ 취하다. 毎晩ぐでんぐでんに酔っぱらう。

곤란(-困難)[명] 困難。~을 겪다. 困難に遭う。

곤란-하다(困難-)[형] 困る｜困難だ｜難しい。例 처지가 ~. 立場が困難だ。

곤란-히[부] 困難に｜難しく。

곤로(こんろ 일)[명] 焜炉。

곤봉(棍棒)[명] 《운》棍棒。

곤비-하다(困憊-)[형] 困憊だ｜ひどく疲れる。=곤핍하다

곤욕(困辱)[명] ひどい侮辱。例 ~을 치르다. ひどい目にあう。

곤장(棍杖)[명] {옛날 죄인을 때리는 데 쓰던 기구} コンジャン。

곤죽(-粥)[명] ❶【매우 질은 죽】軟らかすぎるご飯や土地。例 ~이 된 길 どろどろの道/ 쌀에 물을 너무 많이 넣어 ~이 되었다. 米に水を入れすぎてご飯が軟らかすぎた。❷【엉망인 상태】めちゃくちゃ｜めちゃめちゃ。例 일이 ~이 되어 버렸다. 事がめちゃくちゃになってしまった。❸【몹시 지치거나 술에 취한 상태】へとへとになること。例 ~이 되어 방바닥에 드러누웠다. へとへとになって床に寝転んだ。

곤지[명] {전통 혼례 때 신부의 이마 한가운데 찍는 붉은 점} 韓国の伝統の婚礼で新婦の額に紅をさす赤い点。例 ~를 찍다. 紅をさす。

곤충(昆蟲)[명] 昆虫。例 ~ 채집 昆虫採集。

곤핍-하다(困乏-)[형] ☞곤비하다

곤-하다(困-)[형] ❶ とても疲れて眠りが深い。❷ 疲れてぐったりしている｜疲れて気だるい。例 곤한 몸을 욕조에 담그다. 疲れてぐったりとした体を湯船に入れる。

곤-히[부] ぐっすり。例 ~ 잠든 아버지를 깨우지 마라. ぐっすり眠っている父を起こすな。

곤혹(困惑)[명] 困惑。

곤혹-하다[자] 困惑する。

곤혹-스럽다(困惑-)[형] 困惑する。例 곤혹스러운 표정을 짓다. 困惑した顔つきをする。

곧[부] ❶【바로】すぐに｜直ちに｜即時に｜たちまち。例 보고가 끝나면 ~ 토론으로 들어간다. 報告が終わるとすぐ討論に入る。❷【머지않아】ほどなく｜もうすぐ｜やがて｜間もなく。例 엄마는 ~ 오실 거야. 母は間もなく来られるでしょう。❸【다시 말해】つまり｜結局｜すなわち。例 자사의 인사부장 ~ 저희 아버지가 퇴직했습니다. 自社の人事部長、すなわち私の父が退職しました。❹【사실은】実は｜いわば｜ほかでもなく｜正に。例 이곳이 ~ 지옥이나 마찬가지이다. ここは正に地獄と同じだ。

곧다[형] ❶ 曲がっていない｜まっすぐだ。例 곧은 길 曲がっていない道/ 곧은 소나무 まっすぐな松/ 선이 ~. 線がまっすぐだ。❷【마음씨가】素直で正直だ｜心根が正しい。例 곧은 사람 正直な人/ 곧은 성격 一本気な性格/ 그는 마음이 곧은 사람이다. 彼は正直な人だ。

곧-바로[부] ❶【곧】早速に｜直ちに。例 ~ 보고하겠습니다. 早速報告させてもらいます。/ 내일 비가 오면 ~ 행사를 중지한다. 明日、雨なら催しは直ちに止める。❷【곧게】まっすぐ。例 ~ 가면 은행입니다. まっすぐ行くと銀行です。❸【다른 곳에 들르지 않고 곧장】早速｜直ちに。例 일이 끝나면 ~ 집으로 오너라. 仕事が終わったら早速家へ帰りなさい。

곧은-길[명] まっすぐな道。

곧은-뿌리[명] 《식》直根。

곧이-곧대로[부] ありのままに｜率直

に。예그 말을 ~ 믿다니 어리석은 사람이구나. その言葉をそのまま信じるとは愚かな人だ。

곧이-듣다 타 (話などを)真に受ける｜そのまま信じる。예남의 말을 ~. 人の話をまに受ける。

곧-이어 부 間も無く｜続いて。예~ 2부가 시작됩니다. まもなく、第二部が始まります。

곧잘 부 ❶[제법] かなり上手に｜かなりよく｜なかなか上手に。예일본어를 ~ 한다. 日本語がかなり上手だ。/그림을 ~ 그린다. なかなか上手に絵を描く。❷[이따금] 時々｜たびたび｜よく。예그도 ~ 놀러 오곤 한다. 彼もよく遊びに来たりする。◆'たびたび'는 'ときどき'보다는 빈도수가 많다.

곧장 부 ❶(立ち寄らず)まっすぐに。예~ 이 길로 가세요. まっすぐこの道へ行ってください。❷すぐ｜直ちに。예집에 들어서자마자 ~ 밥을 먹었다. 家に入るとすぐにご飯を食べた。

곧추 부 (縦に)まっすぐに｜垂直に。예몸을 ~ 세우다. 体をまっすぐに立てる。/고개를 ~ 세우다. 頭をまっすぐにする。

곧추다 타 曲がったものをまっすぐにする。

곧추-서다 자 まっすぐに立つ。

곧추-세우다 타 まっすぐに立てる。

곧추-안다 타 まっすぐに垂れて抱く。예아기를 ~. 子供をまっすぐに抱く。

골¹ 명 [결기] 怒り｜腹立ち。예~을 내다. 怒りを立てる。/~을 가라앉히다. 怒りを静める。

　골이 오르다 관용 怒る。예저 애는 지금 골이 올라 있으니 건들지 마라. あいつは今怒っているからそっとしておくほうがいい。

골² 명 [접은 금] 折り目｜切り目。

골³ ❶ 谷｜谷間｜渓谷。예깊은 ~. 深い谷。=골짜기 ❷ [사이] 欧間｜溝｜(気持ち·関係の)隔たり。예~이 지다. 溝ができる。/감정의 ~이 깊다. 感情の溝が深い。

　골로 가다 관용 死ぬ｜くたばる。예한 주먹에 ~. ひと拳でくたばる。

골⁴ 명 《의》 ❶骨髄。=골수 ❷脳｜脳髄｜頭。=뇌

　골(을) 썩이다 관용 頭を悩ます｜思い煩う。예문제아 아들 때문에 골을 썩이다. 問題児の息子のことで思い煩う。

　골(이) 비다 관용 [지각 없음의 낮잡음] 知覚や思考がない。

　골이 빠지다 관용 頭が痛い。

골⁵(goal) 명 《운》 ゴール。예~라인 ゴールライン/~포스트 ゴールポスト/~ 에어리어 ゴールエリア/~킥 ゴールキック。

골간(骨幹) 명 ❶☞골격 ❷基本的で中心になる部分｜骨幹。예대학생을 ~으로 하는 탐험대 大学生を中心にした探検隊。

골격(骨格) 명 骨格｜骨組み｜骨幹。예인체 ~ 人体の骨格/~이 튼튼하다. 骨格がしっかりとしている。/건물의 ~을 세우다. 建物の骨組みを建てる。=골간❶

골격-근(骨格筋) 명 《의》骨格筋。

골계(滑稽) 명 [언행을 부러러움] 滑稽。

골고루 부 ❶等しく｜一様に｜おしなべて。예선물을 ~ 나누어 주다. プレゼントを等しく分けてやる。❷ [빠짐없이] 漏れなく｜ことごとく。예편식하지 않고 뭐든 ~ 먹는다. 偏食しないで何でも食べる。

골골¹ 부 [신음하는 모양을 나타내는 말] 体が弱かったりして病状が良くなったりひどくなったりしながら長引くさま。

　골골-거리다 자 病気がちである。예나는 어릴 적부터 골골거려서 몇 번이나 입원했다. 私は子供の頃から体が弱く何度も入院している。=골골대다

　골골-대다 자 ☞골골거리다

골골² [암탉이 부르는 소리] コッコッ。예암탉이 ~ 소리를 낸다. めんどりがコッコッと鳴く。

　골골-거리다 자 めんどりがおんどりを呼ぶ声をしきりに出す。예닭이 알을 품고 ~. めんどりが卵を抱いて鳴く。=골골대다

　골골-대다 자 ☞골골거리다

골-김 명 [골이 난 김에] 腹立ちまぎれ。예~에 책을 던져 버렸다. 腹立ちまぎれに本を投げ捨てた。/~에 나도 모르게 주먹을 날렸다. 腹立ちまぎれについ拳骨をくらわしていた。

골-나다 자 腹が立つ｜怒る。

골-내다 자 腹を立てる｜怒る。예아무것도 아닌 일로 골내지 마. つまらないこと

골-네트(goal net)명 《운》ゴールネット。
골다国 いびきをかく。예코를 골며 자다. いびきをかいて寝る。
골-답(一畓)명 《농》水が豊かで肥沃な田。
골-대(goal—)명 《운》ゴールポスト。
골동-품(骨董品)명 骨董品｜骨董。예~ 가게 骨董屋。
골똘-하다 夢中だ｜熱心だ｜没頭している。예골똘하게 생각에 잠기다. 夢中に物思いに沈む。
　골똘-히튀 夢中に｜熱心に｜没頭して。예~ 생각하다. 熱心に考える。
골라-내다国 選び出す｜選り出す。예불량품을 ~. 不良品を選び出す。
골라-잡다国 選び取る｜選り取る。예큰 것으로 ~. 大きい物で選び取る。
골막(骨膜)명 《의》骨膜。
골-머리 「頭」の俗っぽい語。예아프다. 頭が痛い。
　골머리(를) 썩이다관용 頭を悩ます｜頭を痛める。
　골머리(를) 앓다관용 頭が痛い。
골목명 ☞골목길。
골목-골목명 すべての横道｜路地ごと。
골목-길명 横道｜わきみち｜小道｜路地｜横町。예오른쪽 ~로 꺾어지다. 右の横道に曲がる。=골목
골목-대장(大將)명 餓鬼大将。예오늘부터 내가 ~이다. 今日からは俺が大将だ。
골몰(汨沒)명 没頭。
　골몰-하다困 没頭する｜熱中する｜夢中になる。예사건 처리에 골몰하고 있다. 事件の処理に没頭している。
골무명 指を嵌めて~を 持って針仕事する. 指ぬきをはめてお針仕事をする。
골-바람명 谷風。예~이 불어온다. 谷風が吹いてくる。
골반(骨盤)명 《의》骨盤。=엉덩뼈
골-방(一房)명 部屋の後ろに付いている小さな部屋。
골-백번(一百番)명 数百回｜何百回。예~ 강조한 일이다. 何回も強調したことだ。
골뱅이명 ❶동さざえ｜たにし｜ほねがい。❷《컴》アットマーク。

골-병(一病)명 重い病｜重病。
골병-들다(一病一)困 病が膏肓に入る。
골-부림명 腹立ちまぎれに当たり散らすこと。
　골부림-하다 腹立ちまぎれに当たり散らす。예아무나 붙잡고 골부림한다. だれにもかれにもつかみかかって当たり散らす。
골상(骨相)명 骨相。
골상-학(骨相學)명 骨相学。
골-샌님(骨—)명 ❶きまじめな人。예양전 떠는 ~에게는 조용조용 이야기해야 한다. おとなしい振りをする生真面目な人には静かに話をしなければならない。❷☞골생원❶
골-생원(骨生員)명 ❶せせこましくて融通の利かない人。=골샌님❷ ❷体がひ弱くて病気がちな人。
골수(骨髓)명 《의》骨髓。예~ 이식 骨髓移植。
골수-염(骨髓炎)명 《의》骨髓炎。
골싹-골싹튀 一杯ではないが、ほとんど満たされているさま。
골싹-하다 一杯ではないが、ほとんど満たされている。
골-안개명 渓谷や野原に立ちこめる朝霧。
골육(骨肉)명 骨肉。❶骨と肉。❷親子や兄弟｜肉親。=골육지친
골육-상잔(骨肉相殘)명 骨肉相食むこと。
골육-상쟁(骨肉相爭)명 骨肉相争うこと。
골육지친(骨肉之親)명 ☞골육❷
골인(← goal in 조) 《운》ゴールイン。예발리슛 한 공이 ~ 하다. バレーシュートしたボールがゴールインする。
골자(骨子)명 骨子｜骨組み｜要点。예이 보고서의 ~는 무엇입니까? この報告書の骨子は何ですか。
골재(骨材)명 《건》骨材。
골절(骨折)명 《의》骨折。
골절-상(骨折傷)명 《의》骨折症。
골조(骨組)명 《건》骨組み。
골짜기명 谷｜谷間｜渓谷。예~ 바람 谷風/~로 물이 흐르고 있다. 谷間に水が流れている。준골짝
골짝명 ☞'골짜기'의 준말。

골초(一草)명 ❶質が悪くて苦くきついタバコ。예~라 맛이 없다. 質の悪いタバコなのでまずい。❷【담배를 많이 피우는 사람을 놀림조로】愛煙家｜ヘビースモーカー。

골치명【머리를 속되게 이르는 말】頭が痛い。예~가 아프다. 頭が痛い。

골칫-거리명 困り者｜やっかい者｜難物など｜頭痛の種。예우리 집안 ~는 바로 나이다. 私はまさに我が家の頭痛の種だ。/ 저 애는 우리 학교의 ~이다. あの子は我が校のやっかい者だ。

골-키퍼(goalkeeper)명《운【축구·핸드볼】》ゴールキーパー。=키퍼

골타분-하다형 ☞'고리타분하다'의 준말.

골탄(骨炭)명 ❶【화】骨炭。❷ ☞코크스

골탑탑-하다형 ☞'고리탑탑하다'의 준말.

골탕명 思わぬ痛手や打撃。

　골탕(을) 먹다관용 ひどい目に会う。

　골탕(을) 먹이다관용 ひどい目に会わせる｜痛手を負わせる。예나를 골탕 먹이다니 가만두지 않겠어! 俺damned 痛手を負わせるとは、ただではすまないぞ。

골-판지(一板紙)명 段ボール。

골패(骨牌)명 骨牌。

골프(golf)명《운》ゴルフ。예~ 코스 ゴルフコース/ ~ 클럽 ゴルフクラブ/ ~를 하는 사람 ゴルファー。

골프-장(golf場)명《운》ゴルフ場。

골필(骨筆)명 骨筆。

곪다자 ❶【의】膿む｜化膿する。예베인 자리가 곪았다. 切られた所が化膿した。❷【비유적으로】(物事·会などが)腐敗する｜腐る。예곪을 대로 곪은 협회 腐りきった協会。

곯다¹자 ❶【의】傷む｜腐る。예수박이 ~. スイカが傷む。❷【비유적】(心身に)傷付く。예마음이 다 곯았다. 心に傷付いた；痛手を受けた。

곯다²자 お腹を空かす｜飢える。예곯지 말고 제때 밥 먹어라. お腹を空かさず決まった時間にご飯を食べなさい。

곯리다¹타【곯다¹의 사동사】❶ 腐らせる｜腐るようにする。예우유를 냉장고에 넣지 않고 곯렸다. 牛乳を冷蔵庫に入れず腐らせた。❷ 痛手を負わせる｜困らせる。

곯리다²타【곯다²의 사동사】お腹を空かせる｜飢えるようにする。예그렇게 배를 곯리면 병난다. そんなにお腹を空かせたら病気になる。

곯아-떨어뜨리다타 正体もなく眠らせる。예잠에 곯아떨어뜨린 채 나가 버렸다. 正体もなく眠らせて出ていった。

곯아-떨어지다자 (疲れて、または酒などに酔って)正体もなく眠りこける｜酔いつぶれる。예어제는 너무 피곤해서 곯아떨어졌다. 昨日はあまりに疲れて眠りこけた。

곰¹명 肉類や魚などを煮込んだ濃い汁。

곰²명 ❶【동】熊。❷【비유적】愚鈍な人｜のろま｜とんま。예~ 같은 마누라 熊のように愚かな女房 / ~ 같이 미련한 놈 クマのように愚かなやつ；とんま。❸【범죄자】【'刑事'의 隠し言葉】】でか。예~들이 잠잠해질 때까지 잠시 숨어 지내자. 刑事が静かになるまで少し隠れていよう。

곰³명 ☞곰팡이

곰곰부 じっくり｜つくづく｜よくよく。예네가 한 말을 ~ 생각해 보겠다. 君の言葉をじっくりと考えてみるよ。/ 그 일에 대해서 우리 서로 ~ 생각해 보자. そのことについて互いにじっくりと考えてみよう。=곰곰이

곰곰-이부 ☞곰곰

곰-국명【소뼈나 내장을 푹 고아 만든 국】コムクック｜(牛の肉·骨などを)煮詰めた汁。예환자들에게 영양 많은 ~을 먹인다. 患者たちに栄養豊かな牛のスープを飲ませる。=곰탕

곰방-대명 管の短いキセル。예~를 입에 물다. 短いキセルを口にくわえる。=단죽

곰배명 ☞곰배팔이

곰배팔-이명【팔이 꼬부라져 펴지 못하거나 팔뚝이 없는 사람을 낮잡아 이르는 말】病気のために腕が曲がって屈伸のできない障害がある人。=곰배

곰보명 あばた面｜あばたのある人。

곰보-딱지명【속】あばた面の人。

곰-삭다자 ❶【의류】(着古るして)よれよれになる｜傷む｜ぼろぼろになる。예여러 해 입어서 옷이 ~. 長年着て服がぼろぼろになる。❷【젓갈】(塩辛などが)十分に漬かる。예멸치젓이 곰삭아 맛있다. ひしこ漬けがよく漬かっていて美味しい。❸【비유적】(草や木の枝などが)腐ってぼろぼろになる。

곰-살갑다형 ☞살갑다❷

곰-살궂다형 ❶【기질】(行動が)優しい

｜親切しんせつだ。❷[할문학적]せせこましい｜こせこせしている。

곰상-스럽다혱 ❶優やさしくて穏おだやかだ。❷せせこましい｜こせこせしている。

곰실-거리다 (虫むしなどが)もぞもぞうごめく｜もそもそする。=곰실대다

곰실-곰실부 もぞもぞ｜もそもそ。예 벌레가 ~ 움직인다. 虫むしがもぞもぞうごめいている。

곰실-대다재 ☞곰실거리다

곰작-거리다재타 ゆるく動うごく｜のろのろする。=곰작곰작하다・곰작대다

곰작-대다재타 ☞곰작거리다

곰작-곰작부 のろのろ｜もぞもぞ。

곰작곰작-하다재타 ☞곰작거리다

곰지락【한참 천천히 움직이는 모양】ぐずぐず。㊤곰질

곰지락-거리다 ぐずぐずする｜のろのろする。예 아기가 발가락을 ~. 赤あかちゃんが足あしの指ゆびをもぞもぞと動うごかす。=곰지락곰지락하다・곰지락대다 ㊤곰질거리다

곰지락-대다재 ☞곰지락거리다 ㊤곰질대다

곰지락-곰지락부 のろのろ｜ぐずぐず。㊤곰질곰질

곰지락곰지락-하다재타 ☞곰지락거리다

곰질부 '곰지락'의 준말.

곰질-거리다재 '곰지락거리다'의 준말.

곰질-대다재 ☞'곰지락대다'의 준말.

곰질-곰질부 '곰지락곰지락'의 준말.

곰-탕(―湯)명 ☞곰국

곰틀부 体からだをくねらして動うごくさま。

곰틀-거리다재타 くねくねさせる｜よじらせる。예 흠씬 얻어맞고 쓰러져 몸을 ~. めちゃくちゃに殴なぐられて倒たおれ、体からだをよじらせる。=곰틀대다

곰틀-대다재타 ☞곰틀거리다

곰틀-하다재타 くねくねさせる｜よじらせる。

곰틀-곰틀부 くねくね｜にょろにょろ。

곰팡명 ☞곰팡이

곰팡-내명 ☞곰팡냄새

곰팡-냄새 ❶かびが生はえたようなやなにおい。예 ~가 나다. かび臭くさい。❷[시대에 뒤떨어진 생각이나 행동】時代遅じだいおくれの行動こうどうや思想しそう。=곰팡내

곰팡이《식》かび。예 ~ 난 떡 かびの生はえた餅もち/~가 슬어 냄새가 난다. かびが生はえてにおいがする。/ 습기로 ~가 피다.

湿気しっきでかびる。=곰³・곰팡

곰¹명 ❶(できもの・傷口きずぐちに溜たまる)膿うみ。❷(赤痢せきりの患者かんじゃの大便だいべんに混ざって出でてくる)白しろい粘液質ねんえきしつ。❸【눈곱】脂やに。예 눈に ~이 끼다. 目めに脂やにがつく。

곰²명 ❶倍ばい｜二倍にばい。예 3의 ~은 6이다. 三さんの倍ばいは六ろくだ。❷[같은 수를 거듭 곱함]倍ばい。예 물가가 ~이나 올랐다. 物価ぶっかが倍ばいにも上あがった。/ 몇 ~이나 힘이 든다. 何倍なんばいも力ちからを要ようする。/ 그렇게 하면 돈이 세 ~이나 든다. そうすればお金かねが三倍さんばいもかかる。=곱절

곱-하다타 掛かける｜乗じょうじる。

곱-걸다타 ❶二重にじゅうにして縛しばりつける｜二重に掛かける。예 짐을 끈으로 ~. 荷物にもつを紐ひもで二重に結むすぶ。❷(賭かけ事ごとで)賭金かけきんを二倍にばいに賭かける。예 마지막 판에는 판돈을 곱걸자. 最後さいごには賭博とばくの掛かけ金きんを二倍に賭けよう。

곱-꺾다타 関節かんせつを曲まげたり伸のばしたりする｜屈伸くっしんする。예 손마디를 우두둑 우두둑 곱꺾어 위협을 하다. 指ゆびの関節をぼきぼきと曲げて威嚇いかくをする。

곱꺾-이다 関節を曲げたり伸ばしたりされる｜屈伸される。

곱다¹혱 ❶【얼굴이나 모양새가】(外見がいけんが)美うつくしい｜きれいだ。麗うるわしい。예 곱게 단장한 얼굴 美しく整ととのえた顔かお/얼굴이 ~. 顔が美しい。/ 옷맵시가 ~. 着きこなしが美しい。/자태가 ~. 姿すがたが美しい。❷【살결이】(特とくに女性じょせいの肌はだが)柔やわらかい｜滑なめらかだ。きめが細こまかい。예 고운 살결 滑なめらかな肌/ 고운 손 美しい手/ 고운 입술 なめらかな唇くちびる。❸【가루가】(粉こな・木目もくめ・織おり目めなどが)細こまかい｜きめが細かい。예 고운 모래 細かい砂すな/올이 고운 모시 きめ細かい苧麻ちょまの織物おりもの/가루를 곱게 친다. 粉を細かくふるいおとす。❹【마음이】やさしい。예 그녀는 마음씨도 ~. 彼女かのじょは気立きだてもやさしい。

곱다²혱 ❶【추위에 손발이】(寒さむさのために手足てあしが)かじかむ｜凍こごえる。예 손가락이 곱아서 글씨를 쓸 수가 없다. 手がかじかんで文字もじが書かけない。❷【이가 시리다】(すっぱいものや冷つめたいものを食たべて)歯はが浮うく。

곱다³혱 ❶曲まがった。예 등이 곱은 할머니 背せが曲がっているおばあさん。

곱-다랗다혱 ❶見目みめがとてもきれいだ。예 그 처녀는 곱다랗게 생겼다. その若わかい女性じょせいはとてもきれいだ。❷元もとのまま

の状態がが保たれている。③곱달다

곱다래-지다 とてもきれいになる｜美しくなる。⑩시집갈 나이가 되니 날로 곱다래지는구나. 嫁に行く年になったので日に日にきれいになるなあ。

곱-달다 ☞'곱다랗다'의 준말.

곱-돌〖광〗蝋石。

곱돌-솥 蝋石で作った小さい釜。

곱드러-지다짜 (つまずいたり蹴られたりして)うつむけに倒れる｜つんのめる。⑩산길을 가다가 돌에 걸려 ~. 山道を行っている途中で石につまずきつんのめる。

곱-들다짜 (費用・材料などが)倍もかかる。

곱디-곱다형 とてもきれいだ｜とても美しい。⑩곱디고운 아미 美しい眉/곱디고운 손톱 美しい爪/곱디고운 눈동자 かわいい瞳。

곱-디디다짜 (足を)踏み誤まる｜踏み損なう｜踏み外す。⑩발을 곱디뎌 넘어지다. 足を踏み損なって倒れる。/발을 곱디뎌서 한동안 고생했다. 足を踏み損なって一時に苦労した。

곱-똥 粘液便。

곱-먹다자타 ❶二倍に食べる。❷倍もかかる。

곱-빼기 ❶〖두 그릇의 몫을 한 그릇에 담은 분량〗 (食べ物で)二人前の量を一つの器に盛ったこと｜大盛り。⑩~로 주세요. 大盛りでお願いします。❷二度に重ねること。

곱사-등명〖등이 구부러진 사람〗曲がった背。

곱사등-이명〖곱사등인 사람〗佝僂。=곱추

곱살-스럽다형 きれいでしとやかだ。⑩그 소녀는 얼굴이 곱살스럽게 생겼다. その少女は顔がきれいでしとやかだ。

곱살-하다형 (顔立ちや気立てが)きれいで優しい。⑩곱살한 얼굴 きれいな顔/곱살한 매무새 きれいな身なり。

곱-삶다타 二度煮る。⑩곱삶은 보리밥 二度煮た麦飯。

곱삶-이명 ❶二度煮て炊いた飯。❷麦飯。=꽁보리밥

곱-새기다타 ❶(人の言動を)すなおでなく悪くとる｜曲解する。⑩그는 내 말을 곱새겼던 것이다. 彼は私の話を悪くとっていたのだ。

곱-셈명〖수〗掛け算。乘法。⑩~문제를 풀다. 掛け算の問題を解く。

곱셈-하다자 掛け算をする。⑩곱셈한 다음 덧셈을 한다. 掛け算をしてから足し算をする。

곱-솔〖재봉〗袋縫い。

곱송-그리다타 体をひどく縮める｜すくめる｜畏縮する。

곱슬-곱슬부 ちりちり。

곱슬곱슬-하다형 (髪・糸などが)縮れている｜ちりちりする。⑩머리칼이 ~. 髪が縮れている。

곱슬-머리명 縮れ毛｜縮れ毛の人。=고수머리

곱실부 ❶〖고개를 숙이며 한번 인사하는 모양〗ぺこん(と)｜ぴょこん(と)。⑩이웃집 아주머니에게 ~ 인사하다. 隣のおばさんに頭を下げてあいさつする。❷〖남의 비위를 맞추려고 비굴하게 행동하는 모양〗ぺこぺこ｜へこへこ。

곱실-거리다자타 しきりにぺこぺこする｜へつらう｜下手に出る。⑩그 사람은 늘 누구에게나 곱실거린다. その人はだれにでも常に下手に出る。/그 아이는 선생님 앞에만 가면 곱실거린다. その子供は先生の前に行きさえすればぺこぺこする。=곱실곱실하다・곱실대다

곱실-대다자타 ☞곱실거리다

곱실-곱실부 ぺこぺこ。

곱실곱실-하다자타 ☞곱실거리다

곱-씹다 ❶繰り返して噛む。⑩콩을 곱씹어 먹다. 豆を繰り返して噛む。❷〖말을 되풀이하다〗(考え・言葉などを)じっくり繰り返す｜もう一度考える｜よくよく考える。⑩곱씹어 생각해 보면 화가 난다. よくよく考えてみると腹が立つ。

곱이-곱이부〖굽이진 곳곳마다〗うねうね｜くねくね。

곱-자〖건〗曲尺｜かねざし｜まがりがね｜曲がり差し。

곱작부〖허리나 머리를 낮게 한번 구부리는 모양〗ぺこり(と)。⑩사장님께 ~ 절을 하다. 社長にぺこりとおじぎする。

곱작-거리다자타 ぺこぺこする。=곱작대다

곱작-대다자타 ☞곱작거리다

곱작-곱작부 ぺこぺこ。

곱-잡다타 倍に見積もる。

곱절명 倍｜倍数。⑩이익이 ~로 늘다. 利益が倍も増える。=곱❷

곱-창명 牛の小腸。

곱-치다타 (布などを)半分に折り合わせる。

곱-하기 명 《수》掛かけ算ざん│乗法ほう。
　곱하기-하다 타 掛かけ算ざんをする。
곳 명 所ところ│場所ばしょ│場ば。예 어떤 ~ 있는 所/ 여러 ~ いろんな 場所/ 갈 ~이 없다. 行いき場ばがない. / 세 ~이나 들러야 한다. 三さんカ所しょも回まわらなければならない. / 마음 깊은 ~에 간직하다. 心こころの奥おくにしまっておく. / 조용한 ~으로 자리 잡자. 静しずかな 所に 場所を取とろう.
곳간 (庫間) 명 蔵くら│倉そう│倉庫そうこ。
곳-곳 명 所所ところどころ│あちこち│方々ほうぼう。예 ~에 깃발이 나부끼다. 所々に 旗はたがなびく. =처처
곳곳-이 부 所所ところどころに│方々ほうぼうに。
공¹ 명 ❶ 鞠まり│玉たま│ボール。예 골프~ ゴルフボール / ~을 차다. ボールを蹴ける. / ~을 치다. 鞠まりを打うつ. / 빠른 ~을 던지다. 速はやい玉を投とうげる. ❷【체육】球きゅう。
공² (公) 명 公こう・おおやけ。예 ~과 사를 구별하다. 公私こうしを区別くべつする. ↔사¹(私)
공³ (功) 명 功こう│功労こうろう│手柄てがら。예 혁혁한 ~을 세우다. 赫々かくかくたる功を立たてる. =공로¹
공⁴ (空) 명 ゼロ│零れい。
-공⁵ (工) 접 【기능이 있는 노동자】—工こう。예 석공 石工せっこう / 기능공 技能工ぎのうこう。
-공⁶ (公) 접 【직책 이름 뒤에】—公こう。예 충무공 忠武公ちゅうぶこう。
공-⁷ (空) 접 ❶【거저 또는 이유 없이】 ただ。예 공돈 ただで得えたお金かね / 공술 ただで飲のむ酒さけ。❷【빈, 효과가 없는】 空そらー。예 공수표 空手形からてがた / 공테이프 空テープ。
공간 (空間) 명 空間くうかん。예 우주 ~ 宇宙うちゅう空間/ 작업 ~ 作業さぎょう空間/ 생활~ 生活せいかつ空間/ ~ 예술 空間芸術げいじゅつ。
공간-적 (空間的) 관·명 空間的くうかんてき。예 ~ 위치 空間的な位置いち。
공갈 (恐喝) 명 ❶恐喝きょうかつ│ゆすり。예 ~과 협박 恐喝と脅迫きょうはく / ~죄 恐喝罪ざい。❷【거짓말】『嘘うそ』の俗ぞくっぽい語ご。예 ~치지 마라. 嘘をつくな.
　공갈-하다 타 ❶恐喝きょうかつする. ❷嘘をつく.
공감 (共感) 명 共感きょうかん│同感どうかん。
　공감-하다 자 共感きょうかんする│同感どうかんする. 예 너의 의견에 나도 공감한다. あなたの意見いけんに共感する.
공-감각 (共感覺) 명 《심》共感覚きょうかんかく。
공감-대 (共感帶) 명 互たがいに共感きょうかんする部分ぶぶん.

공개 (公開) 명 公開こうかい。예 ~ 시장 公開市場しじょう / ~ 재판 公開裁判さいばん / ~ 방송 公開放送ほうそう / ~ 수사 公開捜査そうさ / ~ 주식 株式かぶしき公開 / ~ 강좌 公開講座こうざ。
　공개-하다 타 公開こうかいする. 예 주민에게 학교를 ~. 町まちの人々ひとびとに学校を公開する.
공개-적 (公開的) 관·명 公開的こうかいてき。
공-것 (空一) 명 ただで手てに入いれた物もの。예 ~을 얻다. ただで物を得る.
공격 (攻擊) 명 攻擊こうげき。❶【적군·경쟁 상대를 공격함】相手あいてを攻せめること。예 집중 ~ 集中しゅうちゅう攻擊/ 시간차 ~ 時間差じかんさ攻擊/ 선제~ 先制せんせい攻擊。❷【비난】人ひとを非難ひなんすること。예 인신~을 하다. 人身攻擊をする.
　공격-하다 타 攻擊こうげきする. 예 우측을 집중적으로 ~. 右側うがわを集中しゅうちゅうして攻擊する.
공격-기 (攻擊機) 명 《군》攻擊機こうげきき。
공격-수 (攻擊手) 명 《운》攻擊手こうげきしゅ│選手せんしゅ。
공격-적 (攻擊的) 관·명 攻擊的こうげきてき。예 ~인 행동 攻擊的な行動こうどう。
공경 (恭敬) 명 恭敬きょうけい。
　공경-하다 타 恭敬きょうけいする│敬うやまう. 예 노인을 ~. 老人ろうじんを恭敬する.
공고¹ (工高) 명 《교》【공업 고등학교 준말】工高こうこう│工業こうぎょう高等こうとう学校がっこう。
공고² (公告) 명 公告こうこく│案内あんない公告。
　공고-하다 타 公告こうこくする. 예 회의 일정을 ~. 会議日程かいぎにっていを公告する.
공고-하다² (鞏固—) 형 【기초가 튼튼함】強固きょうこだ│鞏固きょうこだ. 예 공고한 기지 強固な基地きち。
　공고-히 부 強固きょうこに. 예 기초를 ~ 하다. 基礎きそを強固にする.
공골-말 동 毛色けいろの黄色きいろい馬うま。
공공 (公共) 명 公共こうきょう。예 기업체 公共企業体きぎょうたい / ~ 건축 公共建築けんちく / ~ 시설 公共施設しせつ / ~ 단체 公共団体だんたい / ~ 방송 公共放送ほうそう / ~ 서비스 公共サービス。
공공-성 (公共性) 명 公共性こうきょうせい。
공공연-하다 (公公然—) 형 公然こうぜんとする│大おおっぴらだ。예 공공연한 비밀 公然の秘密ひみつ。
　공공연-히 부 公然こうぜんと│大おおっぴらに.
공공-요금 (公共料金) 명 公共料金こうきょうりょうきん。
공공 조합 (公共組合) 명 《법》公共組合くみあい。
공과¹ (工科) 명 《교》工科こうか。예 ~ 대학 工科大学だいがく。
공과² (公課) 명 公課こうか│公租公課こうそこうか。

공과-금(公課金)몡 公租公課.
공교-롭다(工巧—)혱 具合が悪くあいにくだ|意外だ|思いがけない|偶然だ。㉠등산 가려는데 공교롭게 비가 내렸다. 山登りに行こうとしたのに思いがけなく雨が降った。/공교롭게도 길에서 옛날 애인을 만났다. 偶然にも道端で昔の恋人に出会った。

공교로-이뷔 あいにく|思いがけず|偶然にも|具合悪く。

공-교육(公教育)몡 ㉛公教育。㉠~ 제도 公教育制度。

공교-하다(工巧—)혱 ❶【勢】(技·知謀などが)機転が利いて巧みだ|巧妙だ|精巧だ。㉠공교하고 아름다운 불국사 精巧で美しい仏国寺。❷偶然だ|あいにくだ|意外だ|思いがけない。

공교-히뷔 ❶巧みに|巧妙に|精巧に。❷偶然に|意外に|あいにく。㉠그 일은 ― 김 씨가 다녀간 날 발생했다. その事は偶然にも金さんが来た日に起こった。

공구(工具)몡 工具。㉠~함 工具箱。
공군(空軍)몡 ㉛空軍。㉠~ 기지 空軍基地。
공권(公權)몡 ㉛公権。
공권-력(公權力)몡 ㉛公権力。㉠~을 행사하다. 公権力を行使する。
공그르-기【勢】くけ縫い。
공그르다㉠ くける|くけ縫いにする。
공금(公金)몡 公金。㉠~ 횡령 公金横領。
공급(供給)몡 供給。㉠~ 계약 供給契約。
  공급-하다㉠ 供給する。
공급 곡선(供給曲線) ㉛供給曲線。
공급-원(供給源)몡 供給源。
공기¹몡【勢】❶石子|石投び|石子取り。❷お手玉。
공기²(空氣)몡 空気。㉠~ 청정기 空気清浄器/~ 압축기 空気圧縮機/~ 제동기 空気制動機;エアブレーキ/~ 조절 空気調節기/신선한 ~를 마시다. 新鮮な空気を吸う。/험악한 ~가 감돌다. 険悪な空気が漂う。
공기³(容器)몡 ❶【勢】空の器。❷【勢】椀|碗|茶碗。❸【勢】椀|碗。㉠밥 두 ~ ご飯二椀。

공기-놀이몡 お手玉遊び。
공-기업(公企業) ㉛公企業。
공기-총(空氣銃)몡 空気銃。
공납-금(公納金)몡 ❶官庁に義務的に納める金。❷学生が学校に定期的に納める金。
공능(功能)몡 功績と才能。
공단¹(工團)몡 ㉛【勢】工団|工業団地。
공단²(公團)몡 ㉛公団。
공단³(貢緞)몡 【勢】繻子|サテン。
공담(空談)몡 空談|むだ話。
공대¹(工大)몡 ㉛【勢】工科大学|工学部。
공대²(恭待)몡 ❶丁寧なもてなし。❷相手に敬語を使うこと。
  공대-하다㉠ ❶丁寧にもてなす。❷敬語を使う。
공덕¹(公德)몡 公德。=공중도덕
공덕²(功德)몡 ❶功德。❷㉛【勢】功德。㉠~을 베풀다. 功德を施す。
공-돈(空—)몡 ただで手に入れた金。
공-돌다(空—)㉠ 空回りする。㉠자동차 바퀴가 ~. 自動車などのタイヤが空回りする。
공동(共同)몡 共同する。㉠~ 구입 共同購入/~ 경영 共同経営/~ 소유 共同所有/~ 출자 共同出資/~ 대표 共同代表/~ 집행 共同執行。
  공동-하다㉠ 共同する。
공동 모의(共同謀議) ㉛共同謀議。=공모²
공동-묘지(共同墓地)몡 共同墓地。
공동 선언(共同宣言) 共同宣言。
공동 성명(共同聲明) 共同声明。
공동-체(共同體)몡 ㉛共同体。㉠유럽 ~ 欧州共同体。
공-들다(功—)㉠ 真心で努力する|念入りする。
  공든 탑이 무너지랴속담 念入りに築き上げた塔が崩れるものか;「誠意を尽くして成し遂げた事が無駄に終わることはない」の意。
공-들이다(功—)㉠ 念入りにする|誠意を尽くす。㉠공들여 작품을 만들다. 念入りで作品を作る。
공-뜨다(空—)㉠ ❶【勢】(所有者がなく)あり余る|残る|宙に浮く。㉠급한 일이 생겨서 영화 티켓이 공뜨게 되었다. 急な用事ができて映画の

チケットが宙に浮くことになった。❷【気持ち】(気持ちが)わけもなく浮つく；わけもなくそわそわする。❸【噂】(噂などが)根拠もなく回る；広がる；流されている。예 공뜬 소문만 듣고 결론을 내릴 수는 없다. 根拠もなく流れている噂だけを聞いて結論を下すことはできない。

공락(攻落)몡 攻落。
　공락-하다🖽 攻落する；攻め落とす。

공란(空欄)몡 空欄。예 ~을 메우다. 空欄を埋める。

공략(攻略)몡 攻略。
　공략-하다🖽 攻略する。예 목표 지점을 ~. 目標地点を攻略する。

공랭(空冷)몡 空冷。
　공랭-하다🖽 空気冷却をする。

공랭식 기관(空冷式機關)몡 空冷式機関。

공력(功力)몡 ❶【誠意】誠意と努力を尽くした真心と力；功。예 ~을 들이다. 誠意と努力を注ぐ；真心と力を注ぐ。❷〈종〉【功】功力；功徳の力。

공로¹(功勞)몡 功労；手柄。예 ~를 세우다. 手柄を立てる。=공³(功)

공로²(空路)몡 空路。=항공로

공로-주(功勞株)몡 〈경〉功労株。

공론¹(公論)몡 公論。예 ~에 부치다. 公論に付する。
　공론-하다🖽 ❶大勢で議論する。❷公平に議論する。

공론²(空論)몡【机上空論】空論。예 탁상~. 机上の空論。=허론

공룡(恐龍)몡〈동〉恐竜。예 ~ 화석 恐竜の化石。

공리(公利)몡【公益】公利；公益。

공리(功利)몡 功利。예 눈앞의 ~를 좇다. 目先の功利を求める。

공리-적(功利的)관형 功利的。

공리-주의(功利主義)몡 功利主義。

공립(公立)몡 公立。

공립-학교(公立學校)몡〈교〉公立学校。

공매(公賣)몡〈법〉公売。

공맹(孔孟)몡【孔孟】孔孟。

공맹-학(孔孟學)몡 儒学。

공명¹(功名)몡 功名。예 ~을 세울 기회가 오다. 功名を立てる機会が来る。

공명-하다¹ 🖾 手柄を立てて名を揚げる。

공명²(共鳴)몡 共鳴。
　공명-하다² 🖾 共鳴する。

공명-기(共鳴器)몡〈물〉共鳴器。

공명 상자(共鳴箱子)몡〈물〉共鳴箱。

공명-선거(公明選擧)몡〈정〉公明なる選挙。

공명-심(功名心)몡 功名心。

공명정대-하다(公明正大-)톙 公明正大だ。

공명-하다(公明-)톙 公明だ。
　공명-히🖟 公明に。

공모¹(公募)몡 公募。예 디자인 ~ デザイン公募。
　공모-하다🖽 公募する。예 새로이 직원을 ~. 新たに職員を公募する。

공모²(共謀)몡 共謀。
　공모-하다🖽 共謀する。예 범행을 ~. 犯行を共謀する。

공모-자(共謀者)몡 共謀者。

공모-전(公募展)몡 公募展。

공모-주(公募株)몡〈경〉公募株。

공무(公務)몡 公務。예 ~ 집행 방해죄 公務執行妨害罪。

공무-원(公務員)몡 公務員。

공문¹(公文)몡 公文。예 ~을 발송하다. 公文を発送する。

공문²(空文)몡【空文】空文。

공-문서(公文書)몡 公文書。

공물(貢物)몡〈역〉貢物。；貢ぎ物。예 ~을 바치다. 貢ぎ物を納める。

공민(公民)몡 公民。예 ~ 교육 公民教育。

공민-권(公民權)몡〈법〉公民権。

공박(攻駁)몡 (人の失敗や過ちを指摘して)激しく責め立てながら攻撃すること。激しく攻撃を受ける；ひどく責められる。
　공박-하다🖽 激しく責め立てながら攻撃する。예 내 실패를 공박하는 이는 아무도 없었다. 私の失敗を激しく攻撃する者は誰もいなかった。

공-밥(空-)몡【無銭飯】ただで食べる飯。
　공밥(을) 먹다관용 ただ食いする：「何もしないで報酬を取る」の意。

공방(攻防)몡 攻防。

공방-전(攻防戰)몡 攻防戦。예 ~을 펼치다. 攻防戦を展開した。

공-배수(公倍數)몡〈수〉公倍数。

공백(空白)명 空白。
공백-기(空白期)명 空白な期間。예 1년간의 ~를 갖다. 一年間の空白を持つ。
공범(共犯)명《法》共犯。
공범-자(共犯者)명《법》共犯者。
공범-죄(共犯罪)명《법》共犯罪。
공법¹(工法)명 工法。예 특수 ~ 特殊工法。
공법²(公法)명《법》公法。
공-법인(公法人)명《법》公法人。
공변-되다혱 公平だ;公正だ。
공병(工兵)명《군》工兵。
공보(公報)명 公報。예 선거 ~ 選擧公報。
공복¹(公僕)명 公僕。예 국민의 ~ 国民の公僕。
공복²(空腹)명 空腹;空き腹。예 ~시 空腹時。
공복-감(空腹感)명 空腹感。
공부(工夫)명 ~ 試験勉強; 受驗勉強 ~법 勉強法/~ 모임 勉強会/~가 제일 싫습니다. 勉強が大嫌いです。◆일본어에서「工夫(くふう)」는 '고안·궁리'의 뜻이다.
공부-하다자 勉強する。예 어제는 도서관에서 공부했다. 昨日は図書館で勉強した。
공부-방(工夫房)명 勉強部屋。
공비(工費)명 工費。=공사비
공사¹(工事)명 工事。예 전기 ~ 電気工事/ 수도 ~ 水道工事/ 50미터 앞 중 50メートル先工事中/~ 중 불편을 드려서 죄송합니다. 工事中、ご迷惑をかけて申し訳ありません。
공사-하다자 工事する。
공사²(公私)명 公私。예 ~를 구분하다. 公私を分ける。/ ~를 혼동하다. 公私を混同する。
공사³(公事)명 公事;公務;おおやけごと。=공무
공사⁴(公使)명《법》公使。예 특명 전권 ~ 特命全權公使/ 대리 ~ 代理公使。
공사⁵(公社)명《법》公社。예 주택 ~ 住宅公社/ 관광 ~ 観光公社。
공사⁶(空士)명《군》空軍士官学校。
공사-관(公使館)명《법》公使館。
공사-비(工事費)명 工事費。=공비

공사-장(工事場)명 工事場。
공사-판(工事—)명 工事の現場。
공산¹(公算)명 公算;可能性。예 결선에서 승리할 ~이 크다. 決選で勝利する公算が大きい。
공산²(共産)명 共産。
공산 국가(共産國家)《정》共産国家。
공산-권(共産圈)명《사》共産圏。
공산-당(共産黨)명《정》共産党。
공산-명월(空山明月)명 空山の名月。
공산-주의(共産主義)명《정》共産主義。
공산-품(工産品)명 工業産品。
공상¹(工商)명 工商。
공상²(空想)명 空想。예 과학 소설 空想科学小説/~에 빠지다. 空想にふける。
공상-하다 空想する。
공상-적(空想的)관 空想的。예 ~인 이야기 空想的な話。
공생(共生)명 ~ 관계 共生関係/~ 식물 共生植物。
공생-하다자 共生する。
공석¹(公席)명 公の席。❶公的な集まりの席。예 ~에서는 사적인 발언은 삼가 주십시오. 公の席ではプライベートな発言は慎んでください。❷公務を執る席。
공석²(空席)명 空席;空位。예 부서에 ~이 생겼다. 部署に欠員が生じた。=빈자리
공설(公設)명 公設。예 ~ 시장 公設市場。
공세(攻勢)명 攻勢。예 ~로 전환하다. 攻勢に転ずる。
공소(公訴)명《법》公訴。예 ~ 기간 公訴期間/ ~ 기각 公訴棄却/ ~ 사실 公訴事實。
공소-하다타 公訴する。
공소 시효(公訴時效)명 公訴時効。
공손-하다(恭遜—)혱 丁寧だ;恭しい。
공손-히부 丁寧に;恭しく。
공수¹(攻守)명 攻守。예 ~ 전환 攻守の転換。
공수²(空輸)명 空輸。
공수-하다타 空輸する。예 지원 물자를 공수해 오다. 支援の物資を空輸してくる。
공수 동맹(攻守同盟)《정》攻守同盟。

공수-병(恐水病)〖명〗☞광견병

공-수표(空手票)〖명〗❶〖경〗不渡(ふわた)り小切手(こぎって)。❷〖비유적〗空手形(からてがた)。例공약은 ~로 끝났다. 公約(こうやく)は空手形に終(お)わった。

공순-하다(恭順—)〖형〗丁寧(ていねい)でおとなしい。

　공순-히〖부〗丁寧(ていねい)でおとなしく。

공-술¹(空—)〖명〗ただで飲(の)む酒(さけ)。

공술²(供述)〖명〗〖법〗供述(きょうじゅつ)。＝진술

　공술-하다〖타〗供述(きょうじゅつ)する。

공술-서(供述書)〖명〗〖법〗供述書(きょうじゅつしょ)。＝진술서

공습(空襲)〖명〗〖군〗空襲(くうしゅう)。

　공습-하다〖타〗空襲(くうしゅう)する。

공습-경보(空襲警報)〖명〗空襲(くうしゅう)警報(けいほう)。

공시(公示)〖명〗公示(こうじ)。例 ~ 지가 公示地価(こうじちか)/ ~ 송달 公示送達(こうじそうたつ)/ ~ 사항 公示事項(こうじじこう)。

　공시-하다〖타〗公示(こうじ)する。例투표일을 ~. 投票日(とうひょうび)を公示する。

공식(公式)〖명〗公式(こうしき)。例 수학 ~ 数学(すうがく)公式/ ~ 회담 公式会談(こうしきかいだん)。

공식-적(公式的)〖관형〗公式的(こうしきてき)。例 ~ 인 입장 公式的な立場(たちば)。

공신(功臣)〖명〗功臣(こうしん)。例 일등 ~ 最大(さいだい)の功臣。

공신-력(公信力)〖명〗〖법〗公信力(こうしんりょく)。例 ~ 을 인정받다. 公信力が認められる。

공안(公安)〖명〗公安(こうあん)。例 ~ 유지 公安の維持(いじ)。

공약¹(公約)〖명〗公約(こうやく)。例 선거 ~ 選挙公約。

　공약-하다〖타〗公約(こうやく)する。例복지 시설을 건설하겠다고 ~. 福祉施設(ふくししせつ)を建設(けんせつ)すると公約する。

공약²(空約)〖명〗空約束(からやくそく)。

공-약수(公約数)〖명〗〈수〉公約数(こうやくすう)。例 최대 ~ 最大(さいだい)公約数。

공양(供養)〖명〗❶目上(めうえ)の人(ひと)に食(た)べ物(もの)を上(あ)げること。❷〈종〉〖불교〗供養(くよう)。

　공양-하다〖타〗❶目上(めうえ)の人(ひと)に食(た)べ物(もの)を上(あ)げる。❷供養(くよう)する。

공양-미(供養米)〖명〗〈종〉〖불교〗供養米(くようまい)。

공언¹(公言)〖명〗公言(こうげん)。

　공언-하다¹〖타〗公言(こうげん)する。例담배를 끊겠다고 공언했다. タバコをやめると公言した。

공언²(空言)〖명〗空言(くうげん)｜そらごと。

　공언-하다²〖자타〗空言(くうげん)をする。

공업(工業)〖명〗工業(こうぎょう)。例 ~ 도시 工業都市(こうぎょうとし)/ ~ 규격 工業規格(こうぎょうきかく)/ ~학교 工業学校(こうぎょうがっこう)/ ~ 단지 工業団地(こうぎょうだんち)/ ~ 시험소 工業試験所(こうぎょうしけんじょ)/ 가내 ~ 家内(かない)工業/ ~ 지대 工業地帯(こうぎょうちたい)。

공업-국(工業國)〖명〗工業国(こうぎょうこく)。

공업-용(工業用)〖명〗工業用(こうぎょうよう)。

공업-용수(工業用水)〖명〗〖공〗工業(こうぎょう)用水(ようすい)。

공업 지역(工業地域)〈법〉工業地域(こうぎょうちいき)。

공업-화(工業化)〖명〗工業化(こうぎょうか)。

　공업화-하다〖자타〗工業化(こうぎょうか)する。

공역(共譯)〖명〗共訳(きょうやく)。

　공역-하다〖타〗共訳(きょうやく)する。

공연(公演)〖명〗公演(こうえん)。例클래식 ~ クラシック公演/ ~을 무사히 끝내다. 公演を無事(ぶじ)に終(お)える。

　공연-하다¹〖타〗公演(こうえん)する。

공연-스럽다(空然—)〖형〗☞공연하다

공연스레〖부〗☞공연히

공연-장(公演場)〖명〗公演場所(こうえんばしょ)。

공연-하다²(空然—)〖형〗〖心配するに及ばない〗無駄(むだ)だ｜空(むな)しい｜つまらない。例공연한 걱정을 하다. 不必要(ふひつよう)な心配(しんぱい)をする。＝공연스럽다

　공연-히〖부〗無駄(むだ)に｜空(むな)しく。例이유도 없이 ~ 화를 낸다. 理由(りゆう)もなく腹(はら)を立(た)てる。＝공연스레

공-염불(空念佛)〖명〗〖실행하지않거나말뿐일〗空念仏(からねんぶつ)。例공약은 결국 ~로 끝났다. 公約(こうやく)は結局(けっきょく)空念仏に終(お)わった。

공영¹(公營)〖명〗公営(こうえい)。例 기업 公営企業(こうえいきぎょう)/ ~ 주택 公営住宅(こうえいじゅうたく)。

공영²(共榮)〖명〗〖정치〗共栄(きょうえい)。例공존~ 共存(きょうぞん)共栄(きょうえい)。

공예(工藝)〖명〗工芸(こうげい)。例 전통 ~ 伝統(でんとう)工芸/ 유리 ~ ガラス工芸。

공예-가(工藝家)〖명〗工芸家(こうげいか)。

공예-품(工藝品)〖명〗工芸品(こうげいひん)。

공용¹(公用)〖명〗公用(こうよう)。例 ~ 재산 公用財産(こうようざいさん)/ ~ 여권 公用旅券(こうようりょけん)。

　공용-하다¹〖타〗公用(こうよう)に使(つか)う。

공용²(共用)〖명〗共用(きょうよう)。例 ~ 서버 共用サーバ/ ~ 부분 共用部分(きょうようぶぶん)/ ~ 시설 共用施設(きょうようしせつ)。

　공용-하다²〖타〗共用(きょうよう)する。

공용-물¹(公用物)〖명〗〖법〗公用物(こうようぶつ)。

공용-물²(共用物)〖명〗共用物(きょうようぶつ)。

공용-어(公用語)〖명〗〈언〉公用語(こうようご)。例아르헨티나의 ~는 에스파냐 어이다. アルゼ

ンチンの公用語はスペイン語だ。

공원¹(工員) 圏 工員｜職工。
공원²(公園) 圏 公園。囫 ~을 산책하러 가다. 公園を散歩ざんぽに行く。
공유¹(公有) 圏 〈법〉【공ㅠ】 公有。囫 ~ 재산 公有財産。
공유²(共有) 圏 【공ㅠ】 共有。囫 ~ 재산 共有財産。
　공유-하다 囲 共有する。囫 정보를 ~. 情報を共有する。
공유-림(公有林) 圏 公有林。
공유-물¹(公有物) 圏 公有物。
공유-물²(共有物) 圏 共有物。
공유-지¹(公有地) 圏 公有地。
공유-지²(共有地) 圏 共有地。
공-으로(空-) 囲 【공느로】 ただで｜無料で。囫 ~ 얻은 물건 ただでもらった物。
공이 圏 ❶ 杵。❷〈군〉 撃針。= 격침²
공익¹(公益) 圏 公益。囫 ~ 신탁 公益信託。
공익²(共益) 圏 共益。囫 ~비 共益費。
공익-사업(公益事業) 圏 公益事業。
공인¹(公人) 圏 公人。
공인²(公印) 圏 【공닌】 公印。
공인³(公認) 圏 公認。囫 ~ 기록 公認記録。
　공인-하다 囲 公認する。
공인 회계사(公認會計士) 〈법〉 公認会計士。
공-일¹(空-) 圏 只働き｜むだ働き。
공일²(空日) 圏 【공닐】 日曜日｜休日｜休み。
공임(工賃) 圏 工賃。囫 ~을 지급하다. 工賃を支払う。
공자(孔子) 圏 〈인〉 孔子。
공작¹(工作) 圏 工作。囫 지하~ 地下工作/ 내부~ 内部工作/ 이면~ 裏面工作。
　공작-하다 囲 工作する。
공작²(公爵) 圏 公爵。
공작³(孔雀) 圏 〈동〉 孔雀。
공작-물(工作物) 圏 工作物。
공작-원(工作員) 圏 工作員。
공장(工場) 圏 工場。囫 ~ 폐쇄 工場閉鎖/ 자동화 工場自動化。
공장-도(工場渡) 圏 工場渡し。囫 ~ 가격 工場渡し価格。
공장-장(工場長) 圏 工場長。
공재(空財) 圏 ただの財産｜努力

や苦労なしにただで得た財物。
공저(共著) 圏 共著。
　공저-하다 囲 共著する。
공-적¹(公的) 冠 公的。囫 ~ 자금 公的資金/ ~인 장소 公的な場所。
공적²(公敵) 圏 公衆の敵。
공적³(功績) 圏 功績｜手柄。囫 ~을 남기다. 功績を残す。/ ~을 세우다. 功績を立てる。
공적 부조(公的扶助) 〈사〉 公的扶助。
공전¹(工錢) 圏 工銭｜工賃。
공전²(公轉) 圏 〈천〉 公転。囫 ~ 운동 公転運動。
　공전-하다 囲 公転する。
공전³(空轉) 圏 空転｜空回り。
　공전-하다 囲 空転する｜空回りする。囫 기계가 1시간이나 공전되고 있다. 機械が一時間も空転されている。
공정¹(工程) 圏 工程。囫 작업~ 作業工程/ 생산~ 生産工程。
공정²(公正) 圏 公正。囫 ~ 거래 위원회 公正取引委員会。
　공정-하다 囮 公正だ。囫 공정한 의견 公正な意見/ 공정한 평가 公正な評価。
　공정-히 副 公正に。
공정³(公定) 圏 公定。囫 ~ 가격 公定価格。
　공정-하다 囲 公定する。
공정-표(工程表) 圏 〈공〉 工程表。
공제(控除) 圏 控除。
　공제-하다 囲 控除する。囫 의료비를 ~. 医療費を控除する。
공제 조합(共濟組合) 〈사〉 共済組合。
공조(共助) 圏 共助。囫 ~ 체제를 확립하다. 共助体制を確立する。
　공조-하다 囲 共助する。
공존(共存) 圏 共存・きょう存。囫 평화 ~ 平和共存。
　공존-하다 囲 共存・きょう存する。囫 즐거움과 아름다움이 ~. 楽しさと美しさが共存する。
공존-공영(共存共榮) 圏 共存共栄。
공주(公主) 圏 公主｜姫。
공중¹(公衆) 圏 公衆。囫 ~ 화장실 公衆便所/ ~목욕탕 公衆浴場；銭湯。
공중²(空中) 圏 空中。囫 ~분해 空中分解。
공중-누각(空中樓閣) 圏 空中楼閣。
공중-도덕(公衆道德) 圏 公衆道德。

공중-선(空中線)⎡명⎦ ☞안테나
공중-위생(公衆衛生)⎡명⎦ 公衆衛生こうしゅうえいせい。
공중-전(空中戰)⎡명⎦⎡군⎦空中戦くうちゅうせん。
공중-전화(公衆電話)⎡명⎦ 公衆電話こうしゅうでんわ。
공중-제비(空中-)⎡명⎦ 宙返ちゅうがえり｜とんぼ返返がえりする。
공증(公證)⎡명⎦⎡법⎦公証こうしょう。 예 ~ 문서 公証文書こうしょうぶんしょ/차용증을 ~받다. 借用証しゃくようしょうの公証を受うける。
　공증-하다⎡타⎦ 公証こうしょうをする。
공증-인(公證人)⎡명⎦《법》公証人こうしょうにん。 예 ~을 세우다. 公証人を立たてる。
공지¹(公知)⎡명⎦ 公知こうち。 예 ~ 사항 公知事項こうちじこう。
　공지-하다⎡타⎦ 公知こうちをする。
공지²(空地)⎡명⎦⎡전⎦空地くうち。
공직(公職)⎡명⎦ 公職こうしょく。
공짜(空-)⎡명⎦ ただで得えること｜無料むりょう。 예 세상에 ~는 없다. どんなものでもただでは得られない。
공차(公差)⎡명⎦ 公差こうさ。
공차(空車)⎡명⎦ 空車くうしゃ。
공채(公債)⎡명⎦ 公債こうさい。
공채-증권(公債證券)⎡명⎦《경》公債証券こうさいしょうけん｜公債証書こうさいしょうしょ。
공책(空册)⎡명⎦ ノート｜帳面ちょうめん。
공처-가(恐妻家)⎡명⎦ 恐妻家きょうさいか。
공천(公薦)⎡명⎦ ❶多数たすうの合意ごういの下もとで推薦すいせんすること。 ❷公平こうへいで正当せいとうに推薦すいせんすること。 ❸公認こうにんされる政党せいとうで、候補者こうほしゃを公式的こうしきてきに推薦すいせんすること。
　공천-하다⎡타⎦ ❶多数たすうの合意ごういの下もとで推薦すいせんする。 ❷公平こうへいで正当せいとうに推薦すいせんする。 ❸公認こうにんされる政党せいとうで、候補者こうほしゃを公式的こうしきてきに推薦すいせんする。 예 여당은 이번 선거에 새 인물을 공천하기로 하였다. 与党よとうは今回こんかいの選挙せんきょで新あたらしい人物じんぶつを推薦することにした。
공청-회(公聽會)⎡정⎦ 公聴会こうちょうかい。
공출(供出)⎡명⎦ 供出きょうしゅつ。
　공출-하다⎡타⎦ 供出きょうしゅつする。
공-치기⎡명⎦ 球たまを利用りようする運動うんどう｜球技きゅうぎ。
공-치다(空-)⎡자⎦⎡속⎦無駄むだに終おわる。
공-치사(空致辭)⎡명⎦ 口くちだけの誉ほめ言葉ことば｜上辺うわべだけで誉ほめること｜空世辞からせじ。 예 말을 아무리 받아도 조금도 기쁘지 않다. 口だけの誉め言葉を限かぎりなくもらってもちょっとも嬉うれしくない。

공치사-하다⎡자⎦ 上辺うわべだけで誉ほめる｜空世辞からせじを言いう。 예 그 여자는 공치사하기만 하였다. 彼女かのじょは上辺だけで誉めた。
공칙-하다【공칙―】意外いがいに都合つごうが悪わるい｜あいにくうまくいかない｜あいにくだ。 예 공칙한 날씨 あいにくな天気てんき。
　공칙-히⎡부⎦ あいにく。 예 ~ 어머니는 부재중입니다. あいにく母ははは留守るすです。
공칭(公稱)⎡명⎦ 公称こうしょう。
공탁(供託)⎡명⎦ 供託きょうたく。
　공탁-하다⎡타⎦ 供託きょうたくする。
공탁-금(供託金)⎡명⎦《법》供託金きょうたくきん。
공탁-물(供託物)⎡명⎦《법》供託物きょうたくぶつ。
공탁-법(供託法)⎡명⎦《법》供託法きょうたくほう。
공-터(空-)⎡명⎦ 空あき地ち。
공통(共通)⎡명⎦ 共通きょうつう。
　공통-하다⎡자⎦ 共通きょうつうする。
공통-성(共通性)⎡명⎦ 共通性きょうつうせい。
공통-어(共通語)⎡명⎦《언》共通語きょうつうご。
공통-점(共通點)⎡명⎦ 共通点きょうつうてん。
공판(公判)⎡명⎦《법》公判こうはん。 예 ~ 기일 公判期日きじつ/~ 조서 公判調書ちょうしょ。
　공판-하다⎡타⎦ 公判こうはんをする。
공평(公平)⎡명⎦ 公平こうへい。
　공평-하다⎡형⎦ 公平こうへいだ。 예 공평한 기회 公平な機会きかい。
　공평-히⎡부⎦ 公平こうへいに。 예 ~ 나누다. 公平に分わける。
공평-무사(公平無私)⎡명⎦ 公平無私こうへいむし。
공포¹(公布)【공포】公布こうふ。
　공포-하다⎡타⎦ 公布こうふする。
공포²(空包)⎡명⎦⎡군⎦ 空包くうほう。
공포³(空砲)⎡명⎦ 空砲くうほう。 예 ~를 쏘다. 空砲を撃うつ。
공포⁴(恐怖)⎡명⎦ 恐怖きょうふ。 예 ~를 느끼다. 恐怖を感かんじる。
공포-감(恐怖感)⎡명⎦ 恐怖感きょうふかん。
공포-심(恐怖心)⎡명⎦ 恐怖心きょうふしん。
공포-증(恐怖症)⎡명⎦《의》恐怖症きょうふしょう。
공표¹(公表)⎡명⎦ 公表こうひょう。
　공표-하다⎡타⎦ 公表こうひょうする。
공표²(空票)⎡명⎦ ただでもらった切符きっぷや入場券にゅうじょうけん。
공-표³(空標)⎡명⎦ 丸印まるじるし。 =동그라미표
공학¹(工學)⎡공⎦ 工学こうがく。 예 우주 ~ 宇宙うちゅう工学/화학 ~ 化学かがく工学/기계 ~ 機械きかい工学/전자 ~ 電子でんし工学。
공학²(共學)⎡명⎦ 共学きょうがく。 예 남녀 ~ 男女だんじょ共学。

공학-하다(自) 共学する。

공항(空港)(名) 空港。｜エアポート。 예 국제~ 国際空港。

공해¹(公害)(名) 公害。 ~병 公害病／심각한 ~ 문제 深刻な公害問題。

공해²(公海)(名)(法) 예 ~는 모든 국가에 개방되어 있다. 公海はすべての国に開放されている。

공허-감(空虚感)(名) 空虚感。

공허-하다(空虚一)(形) 空虚だ。むなしい。 예 공허한 이론 空虚な理論。

공헌(貢献)(名) 貢献。 ❶ 【어떤 일이나 사물에 보탬이 됨】 物事や社会に役立つように力を尽くしてよい結果をもたらすこと。 예 성과 뒤에는 수많은 시민의 ~이 있었다. 成果の陰には多くの市民の貢献があった。 ❷ 【공물을 바침】 むかし貢ぎ物を納めたこと。

공헌-하다(貢献一)(自) 貢献する。 예 의학 발전에 ~. 医学の発展に貢献する。／독립에 ~. 独立に貢献する。

공화(共和)(名) 共和。

공화-국(共和國)(名)(政) 共和国。

공화-제(共和制)(名)(政) 共和制。

공황(恐慌)(名) 恐慌。 ❶ 【갑작스러운 두려움】 恐れ慌てること。 예 ~장애 パニック障害。 ❷ 経済的恐慌。｜パニック。 예 전쟁으로 ~ 상태에 빠지다. 戦争で恐慌状態に陥る。 ＝경제 공황

공훈(功勳)(名) 勲功。｜手柄。功労。 예 ~을 세우다. 手柄をたてる。／~을 표창하다. 功労を表彰する。

공휴-일(公休日) 公休。｜公休日 こうきゅうび

공-히(共一)(副) 共に。 예 명실 ~ 한국을 대표하는 배우 名実ともに韓国を代表する俳優。

곶(串)(名) 岬。 예 남쪽 ~은 경치가 좋다. 南の岬は景色がよい。

곶-감(名) 干し柿。｜つるし柿。

과¹(科)(名) ❶ 【학문 분야 · 전문 분야 · 부서 이름】 科。 예 어느 ~가 좋을지 망설이고 있다. どの科がいいか迷っている。 ❷ 【책의 부분을 나눔】 ―科か。 예 국문과 国文科／내과 内科。

과²(課)(名) ❶ 【사무 부서 이름】 課。 예 어느 ~ 소속입니까? どの課に属しますか。 ❷ 【차례·단계】 課。 예 3~를 펴 주세요. 3課を開いて下さい。

과³(助) ―と。 예 계란과 양파를 사다. 卵と玉ねぎを買う。／친구들과 영화를 보러 가다. 友達と映画を見に行く。 ⇨와³

-과⁴(課)(接) 【사무 부서 · 학과 이름】 ―課。 예 총무과 総務課／인사과 人事課。

과감-하다(果敢一)(形) 果敢だ。 예 과감하게 도전하다. 果敢に挑戦する。
　과감-히(副) 果敢に。

과거¹(科擧)(名)(歴) 【옛날 관리 등용 시험】 科挙。

과거²(過去)(名) 過去。 예 어두운 ~ 暗い過去。

과거 분사(過去分詞)(言) 過去分詞。

과거-사(過去事)(名) 過去の事。

과거 완료(過去完了)(言) 過去完了。

과격-하다(過激一)(形) 過激だ。 예 과격하게 행동하다. 過激に行動する。
　과격-히(副) 過激に。

과격-파(過激派)(名) 過激派。

과꽃(植) 蝦夷菊。

과년(過年)(名) 結婚適齢期。
　과년-하다(形) 結婚適齢期になる。 예 과년한 딸을 시집보내다. 結婚適齢期の娘を結婚させる。

과-년도(過年度)(名) 過年度。｜昨年度。

과념(過念)(名) 心配しすぎること。
　과념-하다 心配しすぎる。

과다(過多)(名) 過多。｜多すぎること。 예 위산 ~ 胃酸過多。
　과다-하다(形) 過多だ。 예 약을 과다하게 복용하다. 薬を過多に飲む。
　과다-히(副) 過多に。

과단(果斷)(名) 果断。
　과단-하다(他) 果断だ。

과단-성(果斷性)(名) 果断のある性質。

과대¹(過大)(名) 【지나치게 큼】 過大。 ⇔과소(過小)
　과대-하다¹(形) 過大だ。
　과대-히(副) 過大に。

과대²(誇大)(名) 【터무니없이 큼】 誇大。
　과대-하다²(他) 誇大だ。

과대-광고(誇大廣告)(名) 誇大広告。

과대-망상(誇大妄想)(名) 誇大妄想。

과대-평가(過大評價)(名) 過大評価。

과도¹(果刀) ペティナイフ。 ＝과일칼

과도²(過度)(名) 【정도가 지나침】 過度。
　과도-하다(形) 過度だ。 예 과도한 경쟁 過度な競争。
　과도-히(副) 過度に。

과도³(過渡)(名) 【바뀌어가는 도중】 過渡。 예 ~현상 過渡現象。

과도-기(過渡期)(名) 過渡期。

과도-적(過渡的)(冠)(名) 過渡的。

과두 정치(寡頭政治) 《정》寡頭政治かとうせいじ。
과량(過量) 명 過量かりょう。 예 ~ 복용 過量服用かりょうふくよう。
과로(過勞) 명 過勞かろう。 예 ~로 쓰러지다. 過勞で倒れる。
　과로-하다 자 働はたらき過すぎる。
과립(顆粒) 명 顆粒かりゅう。
과목¹(果木) 명 ☞과수
과목²(科目) 명 《교》科目かもく。 예 시험 ~ 試験しけん科目。
과묵(寡默) 寡默かもく。
　과묵-하다 형 寡默かもくだ。 예 아버지는 과묵한 사람이다. お父とうさんは寡默な人ひとだ。
과민(過敏) 명 過敏かびん。 예 신경 ~ 神経しんけい過敏。
　과민-하다 형 過敏かびんだ。 예 피부가 과민한 상태가 되다. 肌はだが過敏な状態じょうたいになる。
과민-성(過敏性) 명 過敏性かびんせい。 예 ~ 대장 증후군 過敏性大腸かびんせいだいちょう症候群しょうこうぐん。
과민-증(過敏症) 명 《의》過敏症かびんしょう。
과밀(過密) 명 過密かみつ。 예 인구 ~ 문제 人口じんこう過密問題もんだい。
　과밀-하다 형 過密かみつだ。
과반-수(過半數) 명 過半數かはんすう。 예 ~의 찬성을 얻다. 過半數の賛成さんせいを得える。
과부(寡婦) 寡婦かふ ¦ やもめ ¦ 未亡人みぼうじん。
과-부족(過不足) 명 過不足かふそく。
과-부하(過負荷) 명 《전》過負荷かふか。
과분-하다(過分─) 형 過分かぶんだ ¦ もったいない。 예 과분한 칭찬을 받다. 過分なおほめにあずかる。
　과분-히 부 過分かぶんに ¦ もったいなく。
과산화-소다(過酸化soda) 명 《화》過酸化かさんかナトリウム。
과산화-수소(過酸化水素) 명 《화》過酸化水素かさんかすいそ。
과산화-질소(過酸化窒素) 명 《화》過酸化窒素かさんかちっそ。
과세(課稅) 명 課稅かぜい。 예 누진 ~ 累進るいしん課稅/ ~ 표준 課稅標準かぜいひょうじゅん。
　과세-하다 자 課稅かぜいする。
과세-율(課稅率) 명 《법》課稅率かぜいりつ。 =세율
과세-품(課稅品) 명 《법》課稅品かぜいひん。
과소¹(過小) 명 【시사용어 계략용】過小かしょう。 예 ~평가 過小評價かしょうひょうか。 ↔과대¹(過大)
　과소-하다 형 過小かしょうだ。
　과소-히 부 過小かしょうに。
과소²(過少) 명 【시사용어 계략용】過少かしょう。 예 ~ 인구 過少人口かしょうじんこう。

과소-하다² 형 過少かしょうだ。
　과소-히² 부 過少かしょうに。
과속(過速) スピードの出だしすぎ。 예 사고의 원인은 ~이었다고 한다. 事故じこの原因げんいんはスピードの出だしすぎだそうだ。
　과속-하다 자 スピードを出だしすぎする。
과수(果樹) 명 果樹かじゅ。 =과목¹·과실나무·과일나무
과수-원(果樹園) 명 果樹園かじゅえん。
과숙(過熟) 명 熟じゅくしすぎること。
　과숙-하다 자 熟じゅくしすぎる。
과시¹(果是) 부 ☞과연
과시²(誇示) 명 誇示こじ。
　과시-하다 타 誇示こじする。 예 무력을 ~. 武力ぶりょくを誇示する。
과식(過食) 過食かしょく ¦ 食くいすぎ。 예 ~은 건강에 좋지 않다. 過食は健康けんこうによくない。
　과식-하다 타 過食かしょくする ¦ 食くい過すぎる。
과신(過信) 명 過信かしん。
　과신-하다 타 過信かしんする。 예 자기를 ~. 自分じぶんを過信する。
과실¹(果實) 명 果実かじつ ¦ 果物くだもの。
과실²(過失) 명 過失かしつ。 예 ~ 상해죄 過失傷害罪しょうがいざい/ ~ 치사 過失致死ちし。
과실-나무(果實─) 명 ☞과수
과실-범(過失犯) 명 過失犯かしつはん。
과언(過言) 명 過言かごん ¦ 言いい過すぎ。 예 그의 디자인은 최고라고 해도 ~이 아닙니다. 彼かれのデザインは最高さいこうだと言いっても過言ではありません。
　과언-하다 자 言いい過すぎる。
과업(課業) 명 課業かぎょう。
과연(果然) 부 果然かぜん ¦ 果はたして ¦ 思おもったとおり ¦ なるほど ¦ やっぱり ¦ さすが。 예 ~ 성공할 수 있을까? 果たして成功せいこうできるか。/ ~ 세계 최고군. やっぱり世界一せかいいちだね。 =과시¹
과열(過熱) 명 過熱かねつ。 예 경기 ~ 景気けいき過熱。
　과열-하다 자타 過熱かねつする。 예 전기 난로가 과열되었다. 電気でんきストーブが過熱した。
과오(過誤) 명 過誤かご。 예 ~를 범하다. 過誤を犯おかす。
과외(課外) 명 ❶ 課外かがい。 예 ~ 활동 課外活動かつどう/ ~ 수업 課外授業じゅぎょう。 ❷《교》個人こじんレッスン。 예 ~ 선생님 家庭かてい教師きょうし。

과욕(過慾)몡 欲が深すぎること｜度を越した欲.
과욕-하다혱 欲が深すぎる.

과용(過用)몡 使い過ぎ. 예약물 ~ 薬物の使いすぎ.
과용-하다타 使い過ぎる.

과육(果肉)몡 ❶果肉が. 예~이 딱딱하다. 果肉が固い. ❷果物と肉.

과음¹(過淫)몡 性交をしすぎること.
과음-하다¹짜 性交をしすぎる.

과음²(過飲)몡 過飲が｜飲み過ぎ.
과음-하다²짜 過飲する｜飲み過ぎる.

과일몡 果物｜果実. 예~ 가게 果物屋／잘 익은 ~ よく熟した果物. =실과

　과일 망신은 모과가 (다) 시킨다 쇽당 果物の恥さらしはカリンがする:「愚か者はいっしょにいる者にめいわくになることばかりするものだ」の意. =어물전 망신은 꼴뚜기가 시킨다

과일-나무몡 ☞과수

과잉(過剰)몡 過剰. 예~ 생산 過剰生産／자의식 ~ 自意識過剰.
과잉-하다짜 過剰だ.

과자(菓子)몡 菓子. 예일본 ~ 和菓子／양~ 洋菓子／~ 만드는 법 お菓子の作り方.

과장¹(誇張)몡 誇張.
과장-하다타 誇張する. 예실제보다 과장해서 말했다. 実際より誇張して言った.

과장²(課長)몡 課長.

과장-법(誇張法)몡 【문】誇張法.

과정¹(過程)몡【일이된】過程｜プロセス.

과정²(課程)몡 《교》課程. 예박사 ~ 博士課程.

과제(課題)몡 課題. 예~를 제출하다. 課題を提出する.

과줄몡 ☞약과❶

과중-하다(過重—)혱 過重だ. 예과중한 부담 過重な負担.
과중-히튀 過重に.

과즙(果汁)몡 果汁. 예~ 음료 果汁飲料.

과징-금(課徴金)몡 課徴金.

과찬(過讃)몡 過賞｜誉めすぎ.
과찬-하다타 過賞する｜誉めすぎる.

과태-료(過怠料)몡 《법》過料.

과테말라(Guatemala)몡 〈국〉グアテマラ.

과-포화(過飽和)몡 〈물〉過飽和.

과-하다¹(科—)타【罰】科する.

과-하다²(過—)혱 過度だ｜度を過ごす. 예욕심이 ~. 欲が深すぎる.
과-히튀 過度に｜あまり.

과-하다³(課—)타【稅金】課する. 예세금을 ~. 税を課する. ／숙제를 ~. 宿題を課する.

과학(科學)몡 科學. ~ 기술 科学技術／자연 ~ 自然科學／~ 실험 科学実験／~ 수사 科学捜査／~ 만능주의 科学万能主義.

과학-자(科學者)몡 科学者.

과학-적(科學的)관형 科学的.

곽몡 ☞'갑(匣)'의 잘못.

관¹(官)몡【官庁】官｜官庁.

관²(冠)몡【かぶりもの】冠｜かんむり.

관³(貫)의【地さの】貫. ◆1관은 3.75kgいだ.

관⁴(棺)몡【ひつぎ】棺.

관⁵(管)몡【管状の物】管｜くだ. 예진공~ 真空管／수도~ 水道管.

-관⁶(官)접【役職名の下に付く】—官. 예경찰관 警察官／행정관 行政官.

-관⁷(館)접【施設名】—館. 예미술관 美術館／박물관 博物館／영화관 映画館／도서관 図書館／대사관 大使館.

-관⁸(観)접【見方・態度】—観. 예인생관 人生観／역사관 歴史観／세계관 世界観／가치관 価値観.

관가(官家)몡 〈역〉官庁｜役所.

관개(灌漑)몡 灌漑. 예~ 농업이 발달하다. 灌漑農業が発達する.／~ 시설을 새로 정비하다. 灌漑施設を新たに整備する.
관개-하다타 灌漑する.

관객(觀客)몡 観客.

관객-석(觀客席)몡 観客席.

관건(關鍵)몡 関鍵. ❶門のかんぬきと扉のかぎ. ❷【最も大切な部分】物事の大切な部分. 예문제 해결의 ~ 問題解決の関鍵.

관계¹(官界)몡 官界｜官海.

관계²(關係)몡 関係. 예남녀 ~ 男女関係／국제 ~ 国際関係／~를 갖다. 関係をもつ.／깊은 ~가 있다. 深い関係がある.／협력 ~를 끊다. 協力関係を絶つ.
관계-하다짜타 関係する.

관계-없다(關係—)[형] ❶【관련이 없음을】関係ない。예 나와는 관계없는 얘기입니다. 私たとは関係ない話です。❷【문제될 게 없음을】構わない。
 관계없-이[부] 関係なく｜かかわらず。
관계-자(關係者)[명] 関係者。
관-공서(官公署)[명] 官公署。
관광(觀光)[명] 観光。예 ～ 자원 観光資源/ ～ 도시 観光都市/ ～버스 観光バス/ ～ 비자 観光ビザ。
 관광-하다[타] 観光する。
관광-객(觀光客)[명] 観光客。
관광-지(觀光地)[명] 観光地。
관극(觀劇)[명] 観劇。
 관극-하다[자] 観劇する。
관내(管內)[명] 管内。
관념(觀念)[명] 観念。예 고정 ～ 固定観念/ 강박 ～ 強迫観念/ 경제 ～ 経済観念/ 시간～이 없다. 時間の観念がない。
관념-론(觀念論)[명]《철》観念論。
관념론-적(觀念論的)[관][명] 観念論的。
관념-적(觀念的)[관][명] 観念的。
관능(官能)[명] 官能。
관능-적(官能的)[관][명] 官能的。예 ～ 인 아름다움 官能的な美しさ/ ～ 묘사 官能的な描写。
관-다발(管—)[명]《식》維管束。=유관속
관대-하다(寬大—)[형] 寛大だ。예 관대한 정책 寛大な政策。
 관대-히[부] 寛大に。
관-두다[타]【그만두다】止める｜辞める。예 하기 싫으면 관둬라. やりたくないなら止めろ。
관람(觀覽)[명] 観覧。
 관람-하다[타] 観覧する。예 영화를 ～. 映画を観覧する。
관람-객(觀覽客)[명] 観覧客｜見物客。
관람-료(觀覽料)[명] 観覧料。
관람-석(觀覽席)[명] 観覧席。
관련(關聯·關連)[명] 関連·連関。예 서로 ～이 있다. 互いに関連がある。
 관련-하다[자] 関連する。
관련-성(關聯性)[명] 関連性。
관례(慣例)[명] 慣例｜習わし｜しきたり。예 ～에 따르다. 慣例に従う。/ ～을 깨다. 慣例を破る。
관록(貫祿)[명] 貫禄。예 ～ 있는 배우 貫禄のある俳優。

관료(官僚)[명] 官僚。예 ～ 정치 官僚政治。
관료-적(官僚的)[관][명] 官僚的。
관료-제(官僚制)[명]《정》官僚制。
관료-주의(官僚主義)[명] 官僚主義。
관리¹(官吏)[명] 官吏｜役人。
관리²(管理)[명] 管理。예 품질 ～ 品質管理/ ～ 사무소 管理事務所。
 관리-하다[타] 管理する。
관리-인(管理人)[명] 管理人。
관리-직(管理職)[명] 管理職。
관립(官立)[명] 官立。◆현재는 주로 「国立(こくりつ)」라고 쓴다.
관망(觀望)[명] 観望。
 관망-하다[타] 観望する。예 정세를 ～. 情勢を観望する。
관명(官命)[명] 官命。
관모(官帽)[명] 官帽。
관목(灌木)[명]《식》灌木｜低木。
관문(關門)[명] 関門。예 어려운 ～을 통과하다. 難しい関門を通過する。
관복(官服)[명] 官服。
관사¹(官舍)[명] 官舎。
관사²(冠詞)[명]《언》冠詞。
관상¹(觀相)[명]《민》観相。
관상²(觀象)[명] 天文や気象を観測すること。
관상³(觀賞)[명]【감상하며 보며 즐김】観賞。
 관상-하다[타] 観賞する。예 장미를 ～. 薔薇を観賞する。
관상 동맥(冠狀動脈)[명]《의》冠状動脈。
관상-식물(觀賞植物)[명] 観賞植物。
관상-학(觀相學)[명] 観相学。
관성(慣性)[명]《물》慣性。예 ～ 모멘트 慣性モーメント/ ～의 법칙 慣性の法則。
관세(關稅)[명]《법》関税。예 ～ 장벽 関税障壁/ ～ 정책 関税政策/ ～ 동맹 関税同盟/ 국경 ～ 国境関税/ 호혜 ～ 互恵関税。
관세-법(關稅法)[명]《법》関税法。
관세음-보살(觀世音菩薩)[명]《종》観世音菩薩。
관수(灌水)[명] 灌水。=관개
 관수-하다[자] 灌水する。예 밭에 ～. 畑に灌水する。
관습(慣習)[명] 慣習｜しきたり｜習わし。예 일반적 ～에 따르다. 一般的な習わしに従う。
관습-법(慣習法)[명]《법》慣習法。
관심(關心)[명] 関心。예 한국 문화에 ～을

갖다. 韓国の文化に関心を持つ.
관심-거리(關心一)圏 ☞관심사
관심-사(關心事)圏 오늘부터 나의 ~는 바로 너야. 僕は今日から君に関心を向けることにしたよ. =관심거리
관악(管樂)圏《음》管楽 ¦ 吹奏楽.
관악-기(管樂器)圏《음》管楽器.
관여(關與)圏 関与.
　관여-하다짜 関与する. 남의 일에 ~. 他人の事に関与する.
관엽 식물(觀葉植物)圏《식》観葉植物.
관영(官營)圏 官営. ~ 사업 官営事業.
관용¹(慣用)圏 慣用.
　관용-하다탄 慣用する.
관용²(寬容)圏 寛容. ~의 태도로 대하다. 寛容な態度で接す. / ~을 베풀다. 大目に見てやる; 寛大に扱う.
　관용-하다²탄 寛容だ; 寛容する.
관용-구(慣用句)圏《언》慣用句.
관용-어(慣用語)圏 慣用語.
관용-음(慣用音)圏《언》慣用音. =습관음
관음-경(觀音經)圏《종》観音経.
관음-보살(觀音菩薩)圏《종》観音菩薩.
관인(官認)圏 官庁で認定すること.
관인-하다(寬仁一)혱《그림말》寛仁だ.
관자-놀이(貫子一)圏 こめかみ.
관장¹(管掌)圏 管掌.
　관장-하다탄 管掌する. 영업 전반을 ~. 営業全般を管掌する.
관장²(館長)圏 館長. 박물관 ~ 博物館館長.
관장³(灌腸)圏《의》灌腸; 浣腸.
　관장-하다짜 灌腸する.
관저(官邸)圏 官邸. 수상 ~ 首相官邸.
관전(觀戰)圏 観戦.
　관전-하다짜 観戦する. 테니스 시합을 ~. テニスの試合を観戦する.
관절(關節)圏《의》関節. ~ 강직 関節強直 / 류머티즘 関節リューマチ.
관절-염(關節炎)圏《의》関節炎.
관점(觀點)圏 観点. 서민의 ~에서 바라보다. 庶民の観点から眺める. / ~을 바꿔서 생각하다. 観点を変えて考える.

관제¹(官製)圏《정부에서 운영》官製. ~ 엽서 官製葉書.
관제²(管制)圏《관리하여 통제》管制. ~ 등화~ 灯火 / ~ 관제.
　관제-하다탄 管制する.
관제-탑(管制塔)圏 管制塔 ¦ コントロールタワー.
관조(觀照)圏 観照.
　관조-하다탄 観照する. 인생을 ~. 人生を観照する.
관중(觀衆)圏 観衆. 300명의 ~ 앞에서 연설하다. 300人の観衆の前で演説する.
관중-석(觀衆席)圏 観衆席.
관직(官職)圏 官職. ~을 그만두다. 官職を辞める.
관찰(觀察)圏 観察. ~ 학습 観察学習.
　관찰-하다탄 観察する.
관철(貫徹)圏 貫徹.
　관철-하다탄 貫徹する. 당의 정책을 ~. 党の政策を貫徹する.
관청(官廳)圏 官庁 ¦ 役所. 중앙 ~ 中央官庁 / 지방 ~ 地方官庁 / 행정 ~ 行政官庁.
관측(觀測)圏 観測. 기상 ~ 気象観測 / 천체 ~ 天体観測 / 지각 변동 ~ 地殻変動観測.
　관측-하다탄 観測する.
관측-소(觀測所)圏 観測所.
관통(貫通)圏 貫通. ~ 총상 貫通銃創.
　관통-하다탄 貫通する. 총알이 머리를 ~. 弾が頭を貫通する.
관통-상(貫通傷)圏 貫通傷 ¦ 貫通銃創.
관하(管下)圏 管下 ¦ 管轄下. 그 경찰서 ~의 일 あの警察署管下の事.
관-하다(關一)짜 関する ¦ 対する. 고령화 문제에 관해 이야기를 나눠 봅시다. 高齢化問題について話し合いましょう.
관할(管轄)圏 管轄. ~ 법원 管轄裁判所.
　관할-하다탄 管轄する.
관할 구역(管轄區域)圏《법》管轄区域.
관할-권(管轄權)圏《법》管轄権.
관행(慣行)圏 慣行. 국제적 ~ 国際的慣行 / ~을 따르다. 慣行にならう.

관허(官許)〖명〗官許かんきょ。〖예〗~를 얻다. 官許を得る。

관현-악(管絃樂)〖음〗管弦楽かんげんがく｜オーケストラ。〖예〗~단 管弦楽団だん。

관형-사(冠形詞)〖언〗冠形詞かんけいし｜連体詞れんたいし。

관혼상제(冠婚喪祭)〖명〗冠婚葬祭かんこんそうさい。

관후-하다(寬厚—)〖형〗寬厚かんこうだ。〖예〗인품이 ~. 人柄ひとがらが寬厚だ。

괄괄-하다〖형〗❶〖성질〗性質せいしつがせっかちだ｜荒あらっぽくてせっかちだ。〖예〗성미가 ~. 気性きしょうが荒あらっぽくてせっかちだ。❷【声こえ】(声などが)太くて荒っぽい。〖예〗괄괄한 목소리로 말하다. 太くて荒っぽい声で話はなす。❸〖풀〗(糊のりなどが)強つよい｜利ききすぎている｜ごわごわする。〖예〗풀이 ~. 糊が利きすぎている。

괄목(刮目)〖명〗刮目かつもく。

 괄목-하다〖자〗刮目かつもくする。〖예〗괄목할 만하다. 刮目に価あたいする。괄목할 만한 성장을 하다. 刮目に価する成長せいちょうをする。

괄목-상대(刮目相對)〖명〗目をこすって見直なおす。

괄시(恝視)〖명〗蔑視べっし｜軽視けいし。

 괄시-하다〖타〗蔑視べっしする｜あなどる｜さげすむ｜見下みくだげる。

괄약-근(括約筋)〖명〗〖의〗括約筋かつやくきん。

괄호(括弧)〖명〗〖언〗括弧かっこ。〖예〗~를 치다. 括弧をつける。=묶음표

광¹【창고 같은데 다락처럼】倉庫そうこ｜倉くら｜納屋なや｜物置ものおき。〖예〗~에서 농기구를 꺼내다. 納屋から農器具のうきぐを出だす。/ ~에 가두다. 倉庫に閉とじ込こめる。

광²(光)❶光ひかり｜=빛 ❷【윤기】光沢こうたく｜つや。〖예〗구두가 반짝반짝 ~이 난다. 靴くつがぴかぴかする。

광³(鑛)〖광갱こう〗｜鉱坑こうこう。

-광⁴(狂)〖접〗〖정도가 병적으로 심한 사람〗—狂きょう｜—マニア。〖예〗편집광 偏執狂へんしゅうきょう/ 야구광 野球狂やきゅうきょう/ 영화광 映画狂えいがきょう/ 수집광 収集しゅうしゅうマニア。

광각(廣角)〖명〗広角こうかく。〖예〗~ 렌즈 広角レンズ。

광견(狂犬)〖명〗狂犬きょうけん。

광견-병(狂犬病)〖명〗〖의〗狂犬病きょうけんびょう｜恐水病きょうすいびょう。=공수병

광경(光景)〖명〗光景こうけい。〖예〗희한한 ~ 珍めずらしい光景/ 믿을 수 없는 ~ 信しんじられない光景。

광고(廣告)〖명〗広告こうこく。〖예〗~ 매체 広告媒体たい/ 웹 ~ ウェブ広告/ 띠 ~ 帯広告/ 이미지 ~ イメージ広告/ 전면 ~ 全面ぜんめん広告/ 신문 ~ 新聞しんぶん広告。

 광고-하다〖타〗広告こうこくする。

광고-주(廣告主)〖명〗広告主こうこくぬし。

광고-탑(廣告塔)〖명〗広告塔こうこくとう。

광-공업(鑛工業)〖명〗鉱工業こうこうぎょう。

광괴(鑛塊)〖명〗〖광〗鉱石こうせきの塊かたまり。

광구(鑛區)〖명〗〖법〗鉱区こうく。

광궤(廣軌)〖명〗〖교〗広軌こうき。

광기(狂氣)〖명〗狂気きょうき。〖예〗~가 서린 눈 狂気の瞳ひとみ。

광-나다(光—)〖자〗❶光ひかりが出でる。❷つやが出でる｜光沢こうたくが出でる。

광년(光年)〖의〗〖천〗光年こうねん。

광대¹〖명〗〖전통적 예능을 하는〗芸人げいにん｜役者やくしゃ。

광대²(廣大)広大こうだい。

 광대-하다〖형〗広大こうだいだ。〖예〗광대한 지역 広大な地域ちいき。

 광대-히〖부〗広大こうだいに。

광대-뼈〖명〗頬骨ほおぼね｜顴骨けんこつ。〖예〗~가 나온 얼굴 頬骨の張はった顔かお。

광도(光度)〖명〗〖물〗光度こうど。

광도-계(光度計)〖명〗〖물〗光度計こうどけい。

광란(狂亂)〖명〗狂乱きょうらん。

 광란-하다〖자〗狂乱きょうらんする。

광막-하다(廣漠—)〖형〗広漠こうばくとしている。〖예〗광막한 사막 広漠たる砂漠さばく。

 광막-히〖부〗広漠こうばくと。

광망(光芒)〖명〗光芒こうぼう。

광맥(鑛脈)〖명〗〖광〗鉱脈こうみゃく。〖예〗~을 발견하다. 鉱脈を発見はっけんする。=맥❹

광명(光明)〖명〗光明こうみょう。〖예〗한 줄기 ~이 비치다. 一条いちじょうの光明がさす。

광목(廣木)〖명〗幅はばの広ひろい木綿もめんの布ぬの。〖예〗~ 한 필 木綿の布一定いってい。

광물(鑛物)〖명〗鉱物こうぶつ。〖예〗~ 채집 鉱物採集さいしゅう/ ~ 자원 鉱物資源しげん/ 비금속 ~ 非金属ひきんぞく鉱物。

광물-성(鑛物性)〖명〗鉱物性こうぶつせい。〖예〗~ 섬유 鉱物性繊維せんい/ ~ 비료 鉱物性肥料ひりょう。

광물-질(鑛物質)〖명〗❶〖광〗鉱物こうぶつの物質ぶっしつ。❷〖생〗ミネラル。

광-범위(廣範圍)〖명〗広範囲こうはんい。〖예〗~에 걸쳐 조사하다. 広範囲に渡わたって調査ちょうさする。

 광범위-하다〖형〗広ひろい。

광범-하다(廣範—)〖형〗広範こうはんだ。〖예〗광범한 활동 広範な活動かつどう/ 광범한 조사를 실시하

광복(光復)【光復】光復。国権を回復すること。<예>1945年 8월 15日 ~을 맞이했다. 1945年8月15日に光復を迎えた。
　광복-하다<타> 国権を回復する。
광복-군(光復軍)<명>【光復軍】光復軍クァンボック・こうふくぐん。
광복-절(光復節)《법》【光復節】光復節クァンボック・せつ。
광부¹(狂夫)<명> 気違いの男。
광부²(鑛夫)<명> 鉱夫。
광분(狂奔)<명> 狂奔。
　광분-하다<자> 狂奔する。
광산(鑛山)<명> 鉱山。<예>~을 개발하다. 鉱山を開発する。
광산²(鑛産)《광》鉱産。
광산-물(鑛産物)<명> 鉱産物。
광상(鑛床)<명>《광》鉱床。
광석(鑛石)<명> 鉱石。<예>~을 채굴하다. 鉱石を採掘する。
광선(光線)<명> 光線。<예>태양 ~ 太陽光線/ 과민증 光線過敏症/ 엑스 ~ エックス光線/가시 ~ 可視光線。
광-섬유(光纖維)<명>《물》光ファイバー。<예>~를 이용한 광 통신 光ファイバーを利用した光通信。 = 광파이버
광속(光速)<명> ⇒광속도
광-속도(光速度)<명>《물》光速度。=광속
광시-곡(狂詩曲)<명>《음》狂詩曲。| ラプソディー。
광신(狂信)<명> 狂信。
　광신-하다<타> 狂信する。
광신-자(狂信者)<명> 狂信の人。
광신-적(狂信的)<관> 狂信的。<예>~ 신자 狂信的な信者。
광야(曠野・廣野)<명> 曠野。
광어(廣魚)<명>《동》ひらめ。=넙치
광언(狂言)<명> 狂言 | 戯言。
광업(鑛業)<명> 鉱業。<예>~ 도시 鉱業都市。
광역(廣域)<명> 広域。<예>~ 개발 広域開発/ ~ 경제 広域経済; ブロック経済/ ~ 도시권 広域都市圏/ ~ 생활권 広域生活圏。
광열(光熱)<명> 光熱。
광열-비(光熱費)<명>《경》光熱費。
광원(光源)<명>《물》光源。
광음(光陰)<명>【光陰】光陰 | 歳月 | 時間。

광의(廣義)<명>【廣義】広義。<예>~ 해석 広義解釈。↔협의(狹義)
광인(狂人)<명> 狂人。
광장(廣場)<명> 広場。<예>서울 ~ ソウル広場。
광주(光州)<명>《지》光州クァン。
광주리<명> 竹・はぎ・柳などで編んだかご。
광증(狂症)<명>【한】狂気の症状。
광채(光彩)<명> 光彩。<예>얼굴에서 ~가 나다. 顔色がぴかぴか光る。
광천(鑛泉)<명> 鉱泉。
광천-수(鑛泉水)<명> 鉱泉の水。
광체(光體)<명>《물》発光体。=발광체
광층(鑛層)<명>《광》鉱層 | 成層鉱床。
광-케이블(光cable)<명>《통》光ファイバーケーブル。
광태(狂態)<명> 狂態。<예>~를 부리다. 狂態を演じる。
광택(光澤)<명> 光沢 | つや。<예>차 표면에 ~을 내다. 車の表面につやを出す。
광파(光波)<명>《물》光波。<예>~ 오븐 光波オーブン。
광-파이버(光fiber)<명>《물》光ファイバー。
광포¹(狂暴)<명> 狂暴。
　광포-하다<형> 狂暴だ。<예>광포한 행동을 보이다. 狂暴な行動が見える。
광포²(廣布)<명>【한】幅広い麻布。
광포³(廣布)<명>【한】広布。
　광포-하다<타> 広布する。
광폭(廣幅)<명> 広幅。<예>~ 타이어 広幅タイヤ。
광풍(狂風)<명> 狂風。<예>~이 몰아치다. 狂風が吹き荒れる。
광학(光學)<명>《물》光学。<예>~ 현미경 光学顕微鏡/ ~ 렌즈 光学レンズ/ ~ 거리 光学距離/ ~ 기계 光学器械/ ~ 섬유 光学繊維。
광-합성(光合成)<명> 光合成。<예>~ 반응-光合成反応。
광협(廣狹)<명>【廣狹】広狭。
광-화학(光化學)<명>《화》光化学。<예>~ 스모그 光化学スモッグ。
광활-하다(廣闊—)<형> 広闊だ。<예>광활한 평야 広闊な平野。
광휘(光輝)<명> 光輝。
광희(狂喜)<명>【狂喜】狂喜。
　광희-하다<자> 狂喜する。

괘(卦)명 《민》❶卦. ❷占ないの卦.=점괘
괘괘-떼다타 ☞'괘괘이떼다'의 준말.
괘괘이-떼다타 【판단을부리며】断固として断言する. 준괘괘떼다
괘꽝-스럽다형 【행동이엉뚱하게】へんてこだ. へんちきだ.
　괘꽝스레부 へんてこに. へんちきに.
괘념(掛念)명 懸念. 気がかり. 心配.
　괘념-하다자타 懸念する. 예저는 아무렇지도 않으니까 괘념하지 마세요. 私は全然平気だから懸念しないでください.
괘도(掛圖)명 《교》掛け図. 예~를 사용하여 수업하다. 掛け図を使って授業をする.
괘사명 【앤뚱을부리며】おどけた真似や言葉. 道化. こっけい. しゃれ. 예괜히 아빠에게 ~를 부린다. いたずらに父におどける.
괘씸-하다형 不埒だ. 不都合だ. 不届きだ. 예제 행동을 괘씸하게 생각지 마십시오. 私の行動を不埒だと思わないでください. / 괘씸하게 여기다. 不埒だと思う.
　괘씸-히부 不埒に. 不都合に. 不届きに.
괘장명 気まぐれ. 移り気. 예갑자기 무슨 ~인지 모르겠다. 突然何の気まぐれなのかわからない.
괘종-시계(掛鐘時計)명 掛け時計. 柱時計.
괘지(罫紙)명 罫紙. =인찰지
괜-찮다형 ❶【웬만하여】悪くない. 結構だ. なかなかいい. 예그 녀석 참 괜찮은 녀석이야. あいつは本当になかなかいい奴だ. / 음식 솜씨가 썩 ~. 料理の腕前がすごい. ❷【상관없이】構わない. 大丈夫だ. 心配ない. さしつかえない. 平気だ. 예제가 당신 집을 방문해도 괜찮겠습니까? あなたの家を訪問しても構いませんか? / 내가 사과를 하자 그가 괜찮다고 대답했다. 私が謝罪をすると彼は構わないと答えた.
괜-하다형 無駄だ. つまらない. 예괜한 트집을 잡다. つまらない言い掛かりをつける.
　괜-히부 いたずらに. 空しく. やたらに. 無性に.
괭이¹명 《농》鍬.

괭이²명 ☞'고양이'의 준말.
괭이-잠명 ☞노루잠
괴괴-망측(怪怪罔測)명 奇々怪々.
　괴괴망측-하다형 奇々怪々だ. 예괴괴망측한 소문이 나돌다. 奇々怪々なうわさが広まる.
괴괴-하다형 【고요히】しんと静まっている. ひっそりとする. 예괴괴해지다. ひっそりと静まりかえる.
　괴괴-히부 ひっそりと. しんと.
괴괴-하다²(怪怪-)형 奇怪だ. 奇妙だ. =이상야릇하다
　괴괴-히²부 奇怪に. 奇妙に.
괴기(怪奇)명 怪奇. 奇怪. 예~ 소설 怪奇小説.
괴-까다롭다형 気難しい. ややこしい. 예괴까다로운 문제 ややこしい問題.
　괴까다로-이부 気難しく. ややこしく.
괴나리-봇짐(一褓-)명 【길떠날때 등에지는 간단한짐】旅行するとき背負う小さな包み.
괴다¹자 (涙なみ·唾液だえきなどが)溜まる. よどむ. 예정원에 빗물이 ~. 庭園に雨水がたまる. / 내 말을 듣는 동안 그녀의 눈에 눈물이 그렁그렁 괴어 왔다. 私の話を聞いている間に彼女の目に涙がなみなみとたまってきた. =고이다¹
괴다²타 ❶【쏟어지거나 쓰러지지않게】(傾いたり倒れたりしないように)下を支える. 当てる. 예손으로 턱을 괴고 밖을 내다보다. 手を顎の下に当てて外を眺めてみる. ❷【음식을 그릇등에 격식있게 쌓아 올리며】(儀式などに使う食べ物などを器に)盛る. 積み重ねる. 예떡을 ~. 餅を盛る. =고이다²
괴담(怪談)명 怪談. 예학교 ~ 学校の怪談.
괴력(怪力)명 怪力.
괴로움명 (精神的な)苦しみ. 苦痛. 悩み. 예사랑하는 사람을 속인 ~에 밤에도 잠을 잘 수 없다. 愛する人を騙した苦しみで夜も寝られない. / ~을 이기지 못하고 결국 자살을 했다. 耐えられずに結局自殺をした.
괴로워-하다자 苦しむ. 悩む. 煩う. 예빚 때문에 괴로워하고 있다. 借金に苦しんでいる.
괴롭다형 苦しい. つらい. 예괴로우시더라도 말씀해 주셔야 합니다. 辛くてもおっ

しゃってくださらなくてはなりません。/ 그 사람이 잡혀서 마음이 ~. その人が捕まえられて心苦しい。

괴로-이囝 苦しく｜つらく。

괴롭-히다囝 苦しめる｜苛ためる｜悩ます｜煩わす。囮 친구를 괴롭히지 마라. 友達を苛めるな。/ 지난 일이 나를 괴롭혔다. 過去の事が私を悩ませた。

괴뢰(傀儡)囝 傀儡。

괴뢰-군(傀儡軍)囝 傀儡軍。

괴뢰 정부(傀儡政府)囝 傀儡政府。

괴리(乖離)囝 乖離。囮 이상과 현실의 ~를 해소하다. 理想と現実との乖離を解消する。

괴멸(壞滅)囝 壞滅。

괴멸-하다囝 壞滅する。囮 부대를 괴멸시키다. 部隊を壊滅させる。

괴물(怪物)囝 怪物。

괴발-개발囝 文字をなぐり書きすること｜きたない字。

괴변(怪變)囝 異変。囮 ~이 일어나다. 異変が起こる。

괴상망측-하다(怪常罔測—)囝 奇怪千万だ。

괴상야릇-하다(怪常—)囝 不思議だ｜奇妙だ。

괴상-하다(怪常—)囝 怪異で変だ｜奇異だ｜奇妙だ｜奇怪だ｜不思議だ。囮 괴상한 물건 奇妙な物 / 괴상한 일이 생겼다. 不思議な事が起こった。

괴상-히囝 奇妙に｜不思議に。囮 갑자기 큰 소리가 나서 ~ 여기서 밖으로 나가 보았다. 急に大声がしたので変に思って外に出てみた。

괴석(怪石)囝 怪石。

괴성(怪聲)囝 怪しい叫び声。囮 ~을 지르다. 変な叫びを上げる。

괴수¹(怪獸)囝 怪獣。

괴수²(魁首)囝 魁首｜首魁｜かしら。

괴악-하다(怪惡—)囝 言動が奇怪で凶悪だ。囮 괴악한 놈 奇怪で凶悪な奴。

괴이-쩍다(怪異—)囝 どうも怪しい感じがする。囮 괴이쩍은 소리가 들려온다. どうも怪しげな音が聞こえてくる。

괴이-하다(怪異—)囝 怪異だ｜怪しい｜不思議だ。囮 어디선가 괴이한 소리가 들린다. どこからか怪しい声が聞こえる。

괴이-히囝 怪異に｜怪しく｜不思議に。囮 이 현상을 ~ 생각하는 이는 나뿐인가요! この現象を怪異に思うのは僕だけですか。

괴질(怪疾)囝 ❶原因不明の怪しい病気。❷【醫學】「コレラ」の俗っぽい語。

괴짜(怪—)囝 変人｜変わり者｜奇人。囮 우리 학교 ~ 선생님 わが学校の変人の先生。

괴팍-하다(← 乖愎—)囝 無愛想で気難かしい。囮 괴팍한 성격 気難しい性格 / 유난히 괴팍해서 친구가 없다. 並外れて偏屈なので友達がいない。

괴-하다(怪—)囝 おかしい｜怪しい｜奇怪だ｜怪異だ。囮 괴한 성격 変な性格 / 괴한 태도 怪しい態度。

괴-히囝 おかしく｜怪しく｜奇怪に｜怪異に。囮 ~ 굴다. 変に振る舞う。

괴한(怪漢)囝 怪漢。囮 ~이 침입하다. 怪漢が忍び入る。

괴혈-병(壊血病)囝【醫】壊血病。

굄¹囝【建築】支え。=고임。

굄²囝【—】寵愛。囮 그 사람은 사장의 ~을 받고 있다. その人は社長の寵愛を受けている。/ 나의 ~을 받는 것을 영광으로 생각하세요. 君は私の寵愛を受けていることを光栄に思いなさい。

굄-돌囝 支える石｜滑り止め｜輪留め。=고임돌。

굄-목(—木)囝 支え木。

굄-새囝 ❶器に果物や餅を積み重ねる手並み。❷器に食べ物を盛った様子。=고임새。

굄-질囝 器に果物や餅などを盛ること。=고임질。

굄질-하다囝 器に果物や餅などを盛る。=고임질하다。

굉음(轟音)囝 轟音。囮 ~이 울려 퍼지다. 轟音が鳴り響く。

굉장-하다(宏壯—)囝 ❶広壮だ。囮 굉장한 극장 広壮な劇場。❷すごい｜すばらしい。囮 굉장한 실력을 발휘하다. すばらしい実力を発揮する。

굉장-히囝 すごく｜すばらしく｜とても。囮 시험 문제가 ~ 어려웠다. 試験問題がとても難しかった。

교가(校歌)囝 校歌。囮 ~를 부르다. 校歌を歌う。

교각(交角)⒨ 《수》交角かく。

교감¹(交感)⒨ 交感こうかん。예 ~ 신경 交感神経しんけい。
　교감-하다㉂ 交感こうかんする。예 자연과 ~. 自然しぜんと交感する。

교감²(校監)⒨ 《교》教頭きょうとう。

교갑(膠匣)⒨ ☞캡슐

교결-하다(皎潔—)⒣ 皎潔こうけつだ。
　교결-히㉯ 皎潔こうけつに。

교과(教科)⒨ 教科きょうか。예 ~ 과정 教科課程かてい / ~ 담임 教科担任たんにん。

교과-서(教科書)⒨ 教科書きょうかしょ。

교관(教官)⒨ 教官きょうかん。

교교-하다(皎皎—)⒣ 皎々こうこうたる│皓々こうこうたる。예 교교한 달 皎々こうこうたる月つき。
　교교-히㉯ 皎々こうこうと│皓々こうこうと。

교구¹(教具)⒨ 《교》教具きょうぐ。

교구²(教區)⒨ 《종》教区きょうく。

교군(轎軍)⒨ ☞가마

교권(教權)⒨ 教権きょうけん。예 ~을 남용하다. 教権を乱用らんようする。

교기¹(校旗)⒨ 【校旗】校旗こうき。

교기²(驕氣)⒨ 【驕氣】驕気きょうき│傲慢ごうまんな態度たいど│高慢こうまん。예 학생이 ~를 부렸다. 学生がくせいが傲慢な態度をとった。

교내(校內)⒨ 校内こうない。예 ~ 경기 校内競技きょうぎ。

교단¹(教團)⒨ 【教】教団きょうだん。

교단²(教壇)⒨ 【教】教壇きょうだん。예 ~에 서다. 教壇に立たつ。

교대¹(交代)⒨ 交代こうたい│交替こうたい。예 ~ 시간 交代時間じかん / 1일 2~로 일하다. 1日にち2交代で働はたらく。
　교대-하다㉃㉇ 交代こうたいする│交替こうたいする。예 순서가 되어 ~. 順番じゅんばんになって交代する。

교대²(教大)⒨ 《교》[教育대] 教育きょういく大学だいがく。

교도¹(教徒)⒨ 教徒きょうと│信徒しんと。예 이슬람~ イスラム教徒。

교도²(教導)⒨ 教導きょうどう。
　교도-하다㉇ 教導きょうどうする。예 학생을 ~. 学生を教導する。

교도-관(矯導官)⒨ 《법》刑務官けいむかん│看守かんしゅ。

교도-소(矯導所)⒨ 《법》刑務所けいむしょ。

교두-보(橋頭堡)⒨ 《군》橋頭堡きょうとうほ。

교란(攪亂)⒨ 攪乱かくらん。예 ~ 작전 攪乱作戰さくせん。
　교란-하다㉇ 攪乱かくらんする。

교량(橋梁)⒨ 橋梁きょうりょう│橋はし。=다리²

교료(校了)⒨ 《출》校了こうりょう。
　교료-하다㉇ 校了こうりょうする。

교류(交流)⒨ 交流こうりゅう。예 문화 ~ 文化ぶんか交流。
　교류-하다㉂ 交流こうりゅうする。

교류 전류(交流電流)⒫ 交流電流こうりゅうでんりゅう。

교리(教理)⒨ 《종》教理きょうり。

교만(驕慢)⒨ 驕慢きょうまん│驕おごり。
　교만-하다⒣ 驕慢きょうまんだ│たかぶる│驕おごる。
　교만-히㉯ 驕慢きょうまんに。

교만-스럽다(驕慢—)⒣ 驕慢きょうまんだ│たかぶる│驕おごる。

교목(喬木)⒨ 《식》喬木きょうぼく│高木こうぼく。=큰키나무

교묘-하다(巧妙—)⒣ 巧妙こうみょうだ│巧たくみだ。예 교묘한 수법 巧妙な手口てぐち。
　교묘-히㉯ 巧妙こうみょうに│巧たくみに。예 ~ 피하다. 巧妙に避さける。

교무¹(校務)⒨ 《교》校務こうむ。

교무²(教務)⒨ 教務きょうむ。예 ~ 주임 教務主任しゅにん。

교무-실(教務室)⒨ 教務室きょうむしつ。

교문(校門)⒨ 校門こうもん。
　교문을 나오다[나서다]〖관용〗 学校がっこうを卒業そつぎょうする。

교미(交尾)⒨ 《동》交尾こうび。
　교미-하다㉂ 交尾こうびする。

교미-기(交尾期)⒨ 交尾期こうびき。

교민(僑民)⒨ 海外かいがいに住すんでいる同胞どうほう。

교배(交配)⒨ 《생》交配こうはい。예 이종 ~ 異種いしゅ交配 / 인공 ~ 人工じんこう交配。
　교배-하다㉂㉇ 交配こうはいする。

교배-종(交配種)⒨ 《생》交配種こうはいしゅ。

교범(教範)⒨ 教範きょうはん。예 전투 ~ 戰鬪せんとう教範。

교복(校服)⒨ 校服こうふく。예 ~을 입다. 校服を着きる。

교본(教本)⒨ 《교》教本きょうほん│教科書きょうかしょ│教則本きょうそくぼん。

교부(交付·交附)⒨ 交付こうふ。예 증명서 ~ 証明書しょうめいしょ交付。
　교부-하다㉇ 交付こうふする。예 증명서를 ~. 証明書しょうめいしょを交付する。

교부-금(交付金)⒨ 交付金こうふきん。

교부 철학(教父哲學)⒫ 《철》教父きょうふ哲学てつがく。

교분(文分)⒨ 【文分】交情こうじょう│交誼こうぎ。예 ~을 맺다. 交誼を結むすぶ。

교사¹(巧詐)⟨명⟩【교사】巧詐ㄱㅏ｜たくらみ。
　교사-하다¹ ⟨타⟩ うまくだます。

교사²(校舍)⟨명⟩ 校舎ㄱㅏㄱㅅㅏ。 ⟨예⟩~를 증축하다. 校舎を増築する。

교사³(敎唆)⟨명⟩ 敎唆ㄱㅕㅇㅅㅏ。
　교사-하다² ⟨타⟩ 敎唆ㄱㅕㅇㅅㅏする。 ⟨예⟩ 폭력을 ~. 暴力ㅂㅕㅇㄹㅕㄱを敎唆する。

교사⁴(敎師)⟨명⟩ 敎師ㄱㅕㅇㅅㅏ｜先生ㅅㅓㄴㅅㅐㅇ｜敎員ㄱㅕㅇㅇㅣㄴ。

교사-범(敎唆犯)⟨명⟩《법》敎唆犯ㄱㅕㅇㅅㅏㅂㅓㄴ。

교살(絞殺)⟨명⟩ 絞殺ㄱㅕㅇㅅㅏㄹ。 ⟨예⟩ ~ 사건 絞殺事件ㄱㅕㄴ。
　교살-하다 ⟨타⟩ 絞殺ㄱㅕㅇㅅㅏㄹする。

교생(敎生)⟨명⟩《교》敎生ㄱㅕㅇㅅㅐㅇ｜敎育ㄱㅕㅇㅇㅠㄱ実習生ㅅㅣㅣㅎㅣㅠㅜㅅㅔㅔㅇ。

교서(敎書)⟨명⟩ 敎書ㄱㅕㅇㅅㅕ。 ⟨예⟩ 교황의 ~ 敎皇ㄱㅕㅎㅗㅎㅡㅇの敎書/ 일반 ~ 一般ㅇㅣㅣㅇㅠㅜㅇ敎書/ 대통령의 특별 ~ 연설 大統領ㄷㅡㅣㅇㅡㅎㅡㅎㅕㅇの特別ㅌㅗㅎㅡㅎㅕㅇ敎書演説ㅇㅜㅎㅕㅎㅌㅡㅎㅗㅇ。

교섭(交涉)⟨명⟩ 交渉ㄱㅗㅇㅅㅕㅇ。 ⟨예⟩ 노사 ─ 결렬 労使ㄹㅗㅏㅎㅡㅣ交渉の決裂ㅔㅎㅡㅎㅕㅇ/ 기술 제휴를 ~ 중이다. 技術ㄱㅣㅇㅇㅣㅌㅎㅎㅡ提携ㅎㅕㅡㅌㅎㅎㅡㅡを交渉中ㅠㅜㅎㅎㅣㅗㅎだ。
　교섭-하다 ⟨자⟩⟨타⟩ 交渉ㄱㅗㅇㅅㅕㅇする。 ⟨예⟩ 담당자와 ~. 担当者ㄷㅎㅎㅗㅎㅎㅡㅎㅎㅕと交渉する。

교수¹(敎授)⟨명⟩ 敎授ㄱㅕㅇㅅㅠ。 ⟨예⟩ 대학 ─ 大学ㄷㅏㅎㅎㅎㅏ教授/ 명예 ~ 名誉ㅅㅕㅗㅎㅔ敎授/ 개인 ~ 個人ㄱㅎㅎㄴ敎授。
　교수-하다¹ ⟨타⟩ 敎授ㄱㅕㅇㅅㅠする。 ⟨예⟩ 수학을 ~. 数学ㅅㅠㅜㅎㅎㅎを教授する。

교수²(絞首)⟨명⟩ 絞首ㄱㅕㅇㅅㅠ｜絞殺ㄱㅕㅇㅅㅏㄹ。
　교수-하다² ⟨타⟩ 絞首ㄱㅕㅇㅅㅠする｜絞殺ㄱㅕㅇㅅㅏㄹする。

교수-대(絞首臺)⟨명⟩ 絞首台ㄱㅕㅇㅅㅠㄷㅎㅎ。

교수-법(敎授法)⟨명⟩《교》敎授法ㄱㅕㅇㅅㅠㅎㅎㅡ。

교수-형(絞首刑)⟨명⟩《법》絞首刑ㄱㅕㅇㅅㅠㅎㅎㅕ。 =교형(絞刑)

교습(敎習)⟨명⟩ 敎習ㄱㅕㅇㅅㅎㅎㅡ。
　교습-하다 ⟨타⟩ 敎習ㄱㅕㅇㅅㅎㅎㅡする。

교습-소(敎習所)⟨명⟩ 敎習所ㄱㅕㅇㅅㅎㅎㅡㅅㅎㅎ。 ⟨예⟩ 피아노 ~ ピアノ敎習所。

교시¹(校時)⟨명⟩의【교시】時限ㄱㅎㅎㄴ｜時間ㄱㅎㅎㄴ。 ⟨예⟩ 2~ 수업 二ㄴㅎ時限目ㄱㅎㅎㄴㅎㅎの授業。

교시²(敎示)⟨명⟩【교시】敎示ㄱㅕㅇㅅㅎㅎ。
　교시-하다 ⟨타⟩ 敎示ㄱㅕㅇㅅㅎㅎする。

교신(交信)⟨명⟩ 交信ㄱㅗㅇㅅㅎㄴ。 ⟨예⟩~을 주고받다. 交信をやりとりする。
　교신-하다 ⟨자⟩ 交信ㄱㅗㅇㅅㅎㄴする。

교실(敎室)⟨명⟩ 敎室ㄱㅕㅇㅅㅎㅎ。 ⟨예⟩ 요리 ~ 料理ㄹㅎㅎ敎室/ 넓은 ~에서 수업하다. 広ㅎㅎㅎい敎室で授業ㅎㅗㅎㅡㅎㅡする。

교안(敎案)⟨명⟩《교》敎案ㄱㅕㅇㅎㅎㄴ。 =학습 지도안

교양(敎養)⟨명⟩ 敎養ㄱㅕㅇㅎㅎㅎ。 ⟨예⟩~ 소설 敎養小説ㅎㅎㅎ/~을 익히다. 敎養を身ㅎㅎにつける。
　교양-하다 ⟨타⟩ 敎養ㄱㅕㅇㅎㅎㅎを養ㅎㅎなう｜敎養を身ㅎㅎにつける。

교언(巧言)⟨명⟩ 巧言ㄱㅕㅇㅎㅎㄴ。
　교언-하다 ⟨자⟩ 巧言ㄱㅕㅇㅎㅎㄴを用ㅎㅎㅎいる。

교언-영색(巧言令色) 巧言令色ㄱㅕㅇㅎㅎㄴㄹㅎㅎㅎㅎㅎㅎㅎ。

교역(交易)⟨명⟩ 交易ㄱㅗㅎㅎㅎ。 ⟨예⟩~ 도시 交易都市ㅎㅎ/~ 조건 交易条件ㅎㅎㅎㅎ。
　교역-하다 ⟨자⟩ 交易ㄱㅗㅎㅎㅎする。 ⟨예⟩ 일본과 ~. 日本ㅎㅎㅎㅎと交易する。

교열(校閱)⟨명⟩ 校閲ㄱㅕㅇㅎㅎㅎ。 ⟨예⟩ 원고 ~ 原稿ㄱㅎㅎㅎ校閲。
　교열-하다 ⟨타⟩ 校閲ㄱㅕㅇㅎㅎㅎする。

교외¹(郊外)⟨명⟩【교외】郊外ㄱㅎㅎㅎㅎ。 ⟨예⟩~로 나가다. 郊外に出る。

교외²(校外)⟨명⟩【교외】校外ㄱㅎㅎㅎㅎ。 ⟨예⟩~ 지도 校外指導ㅎㅎㅎ。

교우¹(交友)⟨명⟩ 交友ㄱㅗㅎㅎㅎㅎ。 ⟨예⟩~ 관계 交友関係ㅎㅎㅎㅎ。

교우²(校友)⟨명⟩ 校友ㄱㅕㅇㅎㅎ。 ⟨예⟩~회 校友会ㅎㅎ。

교원(敎員)⟨명⟩《교》敎員ㄱㅕㅇㅎㅎㄴ。 ⟨예⟩~ 양성 敎員養成ㅎㅎㅎ/~ 자격 검정 敎員検定ㅎㅎㅎ。

교유(交遊)⟨명⟩ 交遊ㄱㅗㅎㅎㅎ｜交際ㅎㅎ。
　교유-하다 ⟨자⟩ 交遊ㄱㅗㅎㅎㅎする。

교육(敎育)⟨명⟩ 敎育ㄱㅕㅇㅎㅎㄱ。 ⟨예⟩ 의무 ~ 義務ㅎㅎ敎育/ ~ 위원회 敎育委員会ㅎㅎㅎㅎ/ ~ 과정 敎育課程ㅎㅎㅎ/ ~ 행정 敎育行政ㅎㅎㅎㅎ/ 영재 ~ 英才ㅎㅎ敎育/ 가정 ~ 家庭ㅎㅎ敎育/ 고등 ~ 高等ㅎㅎㅎ敎育/ 실습 ~ 敎育実習ㅎㅎㅎ/ 주입식 ~ 詰ㅎめ込ㅎみ敎育。
　교육-하다 ⟨타⟩ 敎育ㄱㅕㅇㅎㅎㄱする。

교육-계(敎育界)⟨명⟩ 敎育界ㄱㅕㅇㅎㅎㄱㅎㅎ。

교육-자(敎育者)⟨명⟩ 敎育者ㄱㅕㅇㅎㅎㄱㅎㅎ｜敎育家ㅎ。

교육-적(敎育的)⟨관⟩ 敎育的ㄱㅕㅇㅎㅎㄱㅎㅎ。 ⟨예⟩~ 지원 敎育的な支援ㅎㅎ/~인 기능을 갖다. 敎育的な機能ㅎㅎㅎを持ㅎつ。

교육-학(敎育學)⟨명⟩《교》敎育学ㄱㅕㅇㅎㅎㄱㅎㅎ。

교의¹(交椅)⟨명⟩ 椅子ㅎㅎ。 =의자

교의²(敎義)⟨명⟩ ❶ 《종》敎義ㄱㅕㅇㅎ｜敎理ㅎㅎ。 ❷《교》敎育ㄱㅕㅇㅎㅎㄱの本旨ㅎㅎㅎ。

교인(敎人)⟨명⟩ 敎徒ㅎㅎ。

교장(校長)⟨명⟩《교》校長ㄱㅕㅇㅎㅎㅎ。

교재(敎材)⟨명⟩ 敎材ㄱㅕㅇㅎㅎ。

교전(交戰)⟨명⟩ 交戦ㄱㅗㅎㅎㄴ。 ⟨예⟩ 이웃 나라와 ~을 벌이다. 隣国ㅎㅎㅎㅎと交戦を始ㅎㅎめる。
　교전-하다 ⟨자⟩ 交戦ㄱㅗㅎㅎㄴする。

교전-국(交戰國)⟨명⟩ 交戦国ㄱㅗㅎㅎㄴㅎㅎ。

교점(交點)⟨명⟩ 交点ㄱㅗㅎㅎㄴ。

교정¹(交情)[명] 交情こう。交誼こうぎ。

교정²(校正)[명]《출》校正こうせい。[예] ~을 보다. 校正をする。
교정-하다[타] 校正をする。

교정³(校庭)[명] 校庭こうてい。[예] ~을 거닐다. 校庭を散歩さんぽする。

교정⁴(教程)[교] 教程きょうてい。❶教おしえる時の手順てじゅんと方式ほうしき。❷教科書きょうかしょ。

교정⁵(矯正)[명] 矯正きょうせい。[예] ~시력 矯正視力しりょく/~ 교육 矯正教育きょういく。
교정-하다[타] 矯正きょうせいする。[예] 치열을 ~. 歯列しれつを矯正する。

교정-쇄(校正刷)[명]《출》校正刷こうせいずり│ゲラ刷ずり│ゲラ。

교정-지(校正紙)[명]《출》校正紙こうせいし。

교제(交際)[명] 交際こうさい。[예] 남녀 ~ 男女だんじょ交際/~를 이어가다. 交際を続つづける。
교제-하다[자] 交際こうさいする│付つき合あう│交まじわる。

교조(教條)[명] 教条きょうじょう。
교조-주의(教條主義)[명]《논》教条きょうじょう主義しゅぎ。

교주(教主)[명]《종》教主きょうしゅ│教祖きょうそ。

교직¹(交織)[명] 交織こうしょく。

교직²(教職)[명] 教職きょうしょく。[예] ~ 과정 教職課程かてい/~에서 물러나다. 教職から退しりぞく。

교직-원(教職員)[명] 教職員きょうしょくいん。

교질(膠質)[명] 膠質こうしつ│コロイド。

교차¹(交叉)[명] 交叉こうさ│交差こうさ。[예] 두 직선의 ~ 二直線ちょくせんの交叉/~ 지점 交叉地点ちてん。
교차-하다[자] 交叉こうさする│交差こうさする│交まじわる。[예] 한류와 난류가 ~. 寒流かんりゅうと暖流だんりゅうが交叉する。

교차²(較差)[명] 較差こうさ・かくさ。[예] 기온의 ~가 심하다. 気温きおんの較差が激はげしい。

교차-로(交叉路)[명] 交叉路こうさろ。

교차-점(交叉點)[명] 交叉点こうさてん│交差点こうさてん。

교착¹(交着)[명] 互たがいにひっつくこと。
교착-하다[자] 互たがいにひっつく。

교착²(交錯)[명] 交錯こうさく。[예] ~ 국면 交錯局面きょくめん。
교착-하다[자] 交錯こうさくする。[예] 과거와 현재가 교착하는 공간 過去かこと現在げんざいの交錯する空間くうかん。

교착³(膠着)[명] 膠着こうちゃく。[예] ~ 상태에 빠지다. 膠着状態じょうたいに陥おちいる。

교착-어(膠着語)[명]〈언〉膠着語こうちゃくご。

교체(交替・交遞)[명] 交替こうたい│交代こうたい。[예] 투수 ~ 投手こうしゅ交替/세대 ~ 世代せだい交代。

교체-하다[자타] 交替こうたいする│入いれ替かわる│代かわる。[예] 시장이 교체되다. 市長しちょうが交替する。

교칙(校則)[명] 校則こうそく。[예] ~을 정하다. 校則を定さだめる。/~을 준수하다. 校則を遵守じゅんしゅする。

교탁(教卓)[명] 教卓きょうたく。

교태(嬌態)[명] 嬌態きょうたい。[예] ~를 부리다. 嬌態を見みせる。

교통(交通)[명] 交通こうつう。[예] ~ 위반 交通違反いはん/~지옥 交通地獄じごく/~ 기관 交通機関きかん/~마비 交通麻痺まひ。

교통-경찰(交通警察)[명] 交通警察けいさつ。
교통-량(交通量)[명] 交通量こうつうりょう。
교통-로(交通路)[명] 交通路こうつうろ。
교통-망(交通網)[명] 交通網こうつうもう。
교통-비(交通費)[명] 交通費こうつうひ。
교통-사고(交通事故)[명] 交通事故こうつうじこ。[예] ~를 당하다. 交通事故に遭あう。/~를 일으키다. 交通事故を起おこす。

교통-수단(交通手段)[명] 交通手段こうつうしゅだん。
교통 신호(交通信號)交通信号しんごう。

교파(教派)[명] 教派きょうは│宗派しゅうは。

교편(教鞭)[명] 教鞭きょうべん。[예] ~을 잡다. 教鞭を執とる。

교포(僑胞)[명] 海外同胞どうほう。[예] ~ 단체 海外同胞団体だんたい/ 재일 ~ 在日ざいにち同胞。

교풍(校風)[명] 校風こうふう。

교-하다(巧ー)[형] 巧妙こうみょうだ│巧たくみだ。

교학(教學)[명] 教学きょうがく。

교향-곡(交響曲)[명]《음》交響曲こうきょうきょく│シンフォニー。

교향-시(交響詩)[명]《음》交響詩こうきょうし。[예] 베토벤의 ~ ベートーベンの交響詩。

교향-악(交響樂)[명]《음》交響楽こうきょうがく。

교향악-단(交響樂團)[명] 交響楽団こうきょうがくだん。

교형(絞刑)[명] ☞교수형

교화(教化)[명] 教化きょうか。[예] ~ 활동 教化活動かつどう。
교화-하다[타] 教化きょうかする。

교환¹(交換)[명] 交換こうかん。[예] ~ 조건 交換条件じょうけん/ ~ 유학 交換留学りゅうがく/ 물물 ~ 物々ぶつぶつ交換。
교환-하다¹[타] 交換こうかんする│交かわす。

교환²(交歡・交驩)[명] 交歓こうかん。
교환-하다²[자] 交歓こうかんする。

교환 가치(交換價値)[경] 交換こうかん価値かち。

교활-하다(狡猾ー)[형] 狡猾こうかつだ│悪賢わるがしこい。[예] 교활한 수단 狡猾な手段しゅだん。

교황(教皇)[명]《종》(カトリック教会きょうかい

の)教皇｜法王｜ポープ。

교황-청(敎皇廳)명《종》教皇庁｜法王庁。

교회(敎會)명《종》教会。예~ 음악 教会音楽。

교회-당(敎會堂)명《종》教会堂。

교훈(敎訓)명 教訓。~을 얻다. 教訓を得る。/사회 전체의 ~이 되다. 社会全体の教訓になる。

교훈-하다타 教えさとす。

구¹(九)주관 九。예 ~ 일 九日この/~월 九月がつ/~센티미터 9センチメートル/~조 九組。

구²(句)명 句。

구³(具)명【시체에대한】体。예 시체 한 ~ 死体一体。

구⁴(區)명 区。예 강남 ~ 江南区/시나가와 ~ 品川区/선거구 選挙区/시를 일곱 ~로 나누다. 市を7区に分ける。

구⁵(球)명 球。예 반원의 지름을 축으로 회전시키면 ~가 된다. 半円の直径を軸にして回転させると球になる。

-구⁶(口)접 一口。예 출입구 出入り口/비상구 非常口/창구 窓口/접수구 受付口。

-구⁷(具)접【세간따위를】一具。예 문방구 文房具/운동구 運動具。

구-⁸(舊)관 旧一。예 구습 旧習/구헌법 旧憲法/구제도 旧制度/구석기 시대 旧石器時代/구체제 旧体制。

구가(謳歌)명 謳歌。

구가-하다타 謳歌する。예 전성기를 ~. 全盛期を謳歌する。

구간¹(區間)명 区間。예 ~ 거리 区間距離。

구간²(軀幹)명【몸통따위】躯幹｜胴体。

구갈(口渴)명【갈증】渇き。예 ~이 심하다. 渇きが激しい。

구강(口腔)명《의》口腔。예 ~ 암 口腔癌/~ 위생 口腔衛生。

구개(口蓋)☞입천장

구개-음(口蓋音)명《언》口蓋音。

구개음-화(口蓋音化)명《언》口蓋音化。

구걸(求乞)명 物乞い。

구걸-하다타 物乞いする。예 먹을 것을 ~. 食べ物を物乞いする。

구겨-지다자 ❶しわになる｜しわくちゃになる。예 이 천은 면이어서 잘 구겨진다. この生地は木綿であるのでよくしわになる。/구겨진 편지를 펴 보다. しわくちゃになった手紙を伸ばして見る。❷【기분】(気持ちなどが)気に入らない｜不快だ｜台無しになる。예 자존심이 ~. プライドが傷つく；プライドが台無しになる。

구경¹ 見物｜観覧。예 전람회 ~ 展覧会の見物/영화 ~ 가자. 映画を見に行こう。/지금까지 ~도 못한 꽃이다. 今までに見たこともない花だ。

구경-하다타 見物する｜見る｜観覧する。예 축구를 ~. サッカーを見る。/동물원에서 하마를 구경했다. 動物園でカバを見物した。

구경²(口徑)명 口径。예 6밀리 ~의 권총 6ミリ口径の拳銃/~ 1미터의 천체 망원경 口径1メートルの天体望遠鏡。

구경³(究竟)명《종》[필경]究竟。

구경⁴(球莖)명《식》球茎。=알줄기

구경-가마리명 見世物になること。

구경-감명 見物｜見せ物。

구경-거리명 見物｜見せ物。예 ~ 많다. 見るに価することが多い。/~가 되다. 見せ物になる。

구경-꾼명 見物人｜見物する人。예 유명한 배우가 출연하는 영화 촬영지에는 늘 ~들이 몰려든다. 有名な俳優さんが出演する映画の撮影地には、いつも見物人が寄り集まる。

구경-나다자 見物ものが現れる｜見るに価することが起きる。예 재미있는 구경 났다고 많은 사람이 모여든다. 面白いものがあると人だかりがする。

구관(舊官)명 前官｜前任者。
구관이 명관이다(속담)〔日〕本木にまさる末木なし。

구교(舊敎)명《종》旧教｜カトリック教。

구구감 ハトや鶏にえさをやる時に呼ぶ声。

구구(九九)☞구구법

구구-법(九九法)명《수》九九。예 ~을 외우다. 九九を覚える。=구구²

구구절절(句句節節)명 すべての句と節｜一言一言。

구구절절-하다형【사연이자세한내용】詳しくて懇切だ。예 구구절절한 사연 懇切な都合。

구구절절-이부 一言一言｜句ごとに

│文節蛇ごとに。예~ 설명하다. 句ごとに説明蛇する。

구구-하다(區區-)혱 区々蛇たる。❶解석이 ~. 解釈蛇が区々だ。❷とるに足りない｜つまらない｜下らない。예구구한 문제 区々たる問題蛇/ 일일이 대꾸하기도 ~. いちいち言い返すのもつまらない。❸くどくどしい｜くだくだしい。

구구-히(區區-)튀 区々蛇と｜区々蛇に｜くどくど｜くだくだしく。예~ 변명하다. くどくど言い訳をする。

구국(救國)명 救国蛇。예~ 운동 救国運動蛇。
구국-하다자 国蛇を救う。

구근(球根)명 〚식〛球根蛇。=알뿌리

구금(拘禁)명 拘禁蛇。
구금-하다타 拘禁蛇する。예유치장에 구금되다. 留置場蛇に拘禁される。

구급(救急)명 救急蛇。예~ 처치 救急処置蛇。

구급-상자(救急箱子)명 救急箱蛇。

구급-약(救急藥)명 救急薬品蛇｜救急薬蛇。

구급-차(救急車)명 救急車蛇。

구기(球技)명 〚운〛球技蛇。예~ 종목 球技種目蛇。

구기다자타 (紙蛇・布蛇などを)しわくちゃにする。예종이를 구겨서 버리다. 紙蛇をしわくちゃにして捨てる。

구기박-지르다타 ひどくしわくちゃにする。=구박지르다

구기적-거리다타 しきりにしわくちゃにする。=구기적대다

구기적-구기적튀 しわくちゃ｜しわくしゃ。
구기적구기적-하다타 しきりにしわくちゃにする｜しわくしゃにする。예신문을 구기적구기적하고 있다. 新聞蛇をくしゃくしゃにしている。

구기적-대다타 ☞구기적거리다

구기-지르다 ひどく皺蛇がよる｜すごく皺蛇にする｜もみくちゃにする｜くちゃくちゃにする。예편지를 구기질러서 버리다. 手紙蛇をくちゃくちゃにして捨てる。

구김명 ☞구김살

구김-살명 ❶皺蛇がよっていること。❷ねじけ｜ひねくれ。예그녀는 ~ 없는 성격을 가지고 있다. 彼女の性格蛇にはひねくれたところがない。/ 저 아이는 참 ~이 없다. あの子供蛇は本当蛇にひねくれていない。=구김

구깃-거리다타 しきりにしわくちゃにする。=구깃대다

구깃-구깃튀 しわくちゃ｜しわだらけ｜くちゃくちゃ｜くしゃくしゃ。
구깃구깃-하다타 しわくちゃにする｜しわだらけだ。예구깃구깃해진 신문 しわくちゃになった新聞蛇。

구깃-대다타 ☞구깃거리다

구내(構內)명 構内蛇。예~ 역 ~ 駅構内~지도 構内地図蛇。

구년(舊年)명 旧年蛇｜昨年蛇。

구단(球團)명 (プロ野球蛇などの)球団蛇。

구답(口答)명 口答蛇。
구답-하다타 口で答える。

구더기명 〚동〛蛆蛇｜蛆虫蛇。구더기 무서워 장 못 담글까속담 うじがわくのを恐れてしょうゆが造蛇れるか：「多少蛇の障害蛇があってもすべきことはしなければならない」の意蛇。

구덕-구덕튀 水気蛇のある物蛇の表面蛇がかなり乾蛇いたさま。

구답다형 ひどく頼もしい。

구덩이명 ❶くぼみ｜へこみ｜穴蛇。예~에 물이 괴다. くぼみに水蛇がたまる。/ ~를 파다. 穴を掘る。❷〚광〛坑蛇。

구도¹(構圖)명 《미》構図蛇｜コンポジション。예~를 잡다. コンポジションを取る。

구도²(舊都)명 旧都蛇｜古都蛇。

구도-자(求道者)명 求道者蛇。예~의 길 求道者の道蛇。

구독(購讀)명 購読蛇。예신문 ~ 新聞蛇購読。
구독-하다타 購読蛇する。

구독-료(購讀料)명 購読料蛇。

구두¹명 (西洋式蛇の)靴｜革靴蛇。예~ 소리 靴音蛇/ ~를 신다. 靴を履く。/ ~를 닦다. 靴を磨く。/ ~를 벗고 안으로 들어가다. 靴を脱いで中蛇に上蛇がる。= 양화

구두²(口頭)명 口頭蛇。예~ 변론 口頭弁論蛇/ ~시험 口頭試問蛇｜口述蛇試験蛇/ ~로 전하다. 口頭で伝える。

구두-끈명 靴紐蛇。예~을 매다. 靴紐を結ぶ。

구두-닦이명 靴磨蛇き。예대개의 직장에

는 단골 ~가 있다. 大体の職場にはなじみの靴磨きがいる。

구두쇠 명 けちん坊｜しわん坊｜けち。

구두-약(一藥) 명 靴クリーム｜靴墨。

구두-점(句讀點) 명 句読点。

구두-창 명 靴底。

구둣-발 명 靴を履いている足｜土足。 예 ~로 차이다. 土足で足蹴りされる。

구둣-방(一房) 명 靴屋。

구둣-솔 명 靴ブラシ｜靴ばけ。

구둣-주걱 명 靴箆。

구드러-지다 재 水気が乾いて固くなる。

구들 《건축》 オンドル。

구들-구들 부 【굳은 상태】 ごわごわ。

구들-돌 명 ☞구들장

구들-바닥 명 《건축》 オンドルの上に何も敷いていない床。

구들-방(一房) 명 オンドル部屋。=온돌방

구들-장 명 《건축》 オンドルを設備する時敷く石。=구들돌

구라파(歐羅巴) 명 《지리》 ヨーロッパ｜欧州。

구락부(俱樂部) 명 【클럽의】 俱楽部。

구렁 명 深くなっているくぼみ｜深み。 예 ~에 빠지다. 深みにはまる。

구렁이 명 ❶동 大将。 ❷【음흉한 사람】 腹黒い人｜陰険な人。 예 겉으로는 얌전해도 하는 짓이 ~ 같다. うわべはおとなしいけれども、することは陰険だ。 =능구렁이

구렁이 담 넘어가듯 속담 青大将が塀を這って越えるよう｜「物事をこっそりといい加減に処理してしまう」の意。

구렁-텅이 명 ❶一番深いくぼみ。 ❷【헤어나기 어려운 상태】 どん底。 예 절망의 ~에 빠지다. 絶望のどん底に沈む。

구레-나룻 명 頬ひげ。

구령(口令) 명 号令。

구령-하다 자타 号令する。

구례(舊禮) 명 昔から伝える礼法。

구루마(くるま 일) 명 手車｜荷車。
◆ 일본어의 '車(くるま)'는 '차·자동차'의 뜻이지만, 우리나라에서는 뜻이 변하여 '수레, 달구지'의 뜻으로 쓰인다.

구루-병(佝僂病) 명 《의》 佝僂病。

구류(拘留) 명 《법》 拘留。

구류-하다 타 拘留する。 예 범인을 ~. 犯人を拘留する。

구르다 재 転がる｜転ぶ。 예 굴러 떨어지다. 転がって落ちる。 / 계단에서 ~. 階段で転がる。

구르는 돌은 이끼가 안 낀다 속담 転がっている石には苔が生えない：〔日〕転石苔を生しょうぜず。

굴러 온 돌이 박힌 돌 뺀다 속담 転がってきた石が食い込んでいる石を抜く：「新人が昔からいた人を追い出す」の意。

구르다² 타 【평판】 (床・板などを)強く踏む｜(足を)踏み鳴らす。 예 발을 동동 ~. 足をどんどん踏み鳴らす。

구륵(鉤勒) 명 ☞구륵법

구륵-법(鉤勒法) 명 《미》 勾勒法。 =구륵

구름 명 雲。 예 ~ 낀 하늘 雲のかかった空 / ~이 떠 있다. 雲が浮かんでいる。 / 하늘이 ~ 한 점 없이 맑다. 空が雲一つなく晴れる。 / ~이 걷히다. 雲が晴れる。

구름(을) 잡다 관용 雲をつかむ：「漠然としてとらえどころがない」の意。

구름-다리 명 《건》 高架橋｜陸橋。

구름-바다 명 雲海。

구름-장 명 【넓게 퍼진 큰 구름 덩이】 厚い雲の固まり。

구릉(丘陵) 명 ☞언덕

구릉-대(丘陵帶) 명 《지리》 丘陵地帯｜低地帯｜山麓帯。

구리¹ 명 《화》 銅。 ·동°(銅)

구리² 명 ☞능구렁이❶

구리다 ❶【냄새】 臭い。 예 그의 방귀 냄새는 상당히 ~. 彼のおならの臭いはとても臭い。 ❷【말】 臭い｜怪しい｜疑わしい。 예 저 사람, 행동이 뭔가 ~. あの人, 何か行動が怪しい。

구리터분-하다 형 ❶【냄새】 いやなにおいがする｜とても臭い。 ❷(気性・行動が)汚らしい｜せせこましい。 =구터분하다 존 굴터분하다

구리텁텁-하다 형 ❶(気性・行動が)ひどく汚い｜せせこましい。 예 샌님처럼 구리텁텁하게 구는구나. 融通のきかない人のようにせせこましくするんだなあ。 ❷非常にいやなにおいがする｜とても臭い。 =구텁텁하다 존 굴텁텁하다

구린-내 명 臭い匂い｜悪臭。 예 입에서 ~가 나다. 口から臭い匂いがする。

구린내가 나다 관용 臭いところがある

｜怪あやしい。

구릿-빛 赤褐色しゃっかっしょく・赤かっしょく 赤銅色しゃくどういろ。｜=적갈색

구매(購買)명 購買こうばい。예 소비자의 ~ 심리 消費者しょうひしゃの購買心理しんり。

　구매-하다타 購買する。

구매-력(購買力)명 購買力こうばいりょく。예 ~이 증가하다. 購買力が増加ぞうかする。

구멍명 ❶穴あな。예 단춧~ ボタンの穴/바늘~ 針はりの穴/~을 파다. 穴を掘ほる。/송곳으로 ~을 뚫다. 錐きりで穴を空あける。/바지 무릎 부분에 ~이 나다. ズボンの膝ひざの部分ぶぶんに穴が空あく。❷【어려움을 헤쳐 나갈 길】抜ぬけ道みち｜抜け穴あな。예 난관을 빠져나갈 ~을 찾다. 難関なんかんを抜け出だす道を探さがす。❸【허점이나 약점】欠点けってん｜弱点じゃくてん。예 계획에 ~이 뚫려 있다. 計画けいかくに欠点がある。

구멍-가게 (雑貨ざっかを売うる)小店こみせ。

구멍-새명 穴の形かたち。

구멍-탄(一炭)명 練炭れんたん｜煉炭たん。

구면¹(球面)명 球面きゅうめん。

구면²(舊面)명 旧知きゅうち｜昔むかしなじみ。예 나는 그 사람과 ~이다. 私わたしはあの人と昔なじみだ。

구명¹(究明)명【깊이 연구하여 밝힘】究明きゅうめい。

　구명-하다타 究明する。예 철저하게 구명해야만 한다. 徹底的てっていてきに究明すべきである。

구명²(救命)명【사람의 목숨을 구함】救命きゅうめい。예 ~조끼 救命胴衣どうい/~부표 救命浮標ふひょう；救命ブイ。

　구명-하다자 人ひとの命いのちを救すくう。

구명-정(救命艇)명 救命艇きゅうめいてい｜救命ボート。

구무럭-거리다자타 (体からだを)のそのそと動うごかす｜うごめく｜のそのそする｜ぐずぐずする。예 구무럭거리고 일어나지 않다. ぐずぐずして起おきない。=구무럭대다

구무럭-구무럭부 のそのそ｜のろのろ｜ぐずぐず。=고무락고무락

구무럭-대다자타 ☞구무럭거리다

구문(構文)명【문장의 짜임새】構文こうぶん。예 중요한 ~을 외우다. 重要じゅうような構文を覚おぼえる。

구문(舊聞)명【묵은 소문】旧聞きゅうぶん。예 ~에 속하는 것이다. 旧聞に属ぞくするものである。

구물-거리다자타 のろのろと動うごく｜ぐずぐずする。예 개미가 ~. アリがのろのろ動く。=구물대다

구물-구물부 のろのろ｜ぐずぐず。예 ~움직이다. のろのろ動く。

구물-대다자타 ☞구물거리다

구미¹(口味)명 ｜입맛【食用】欲よくが出でる｜興味きょうみがわく。예 그 조건이라면 구미가 당긴다. その条件じょうけんなら興味がわく。

구미²(歐美)명 欧米おうべい｜ヨーロッパとアメリカ。예 ~ 문학 欧米文学ぶんがく。

구민(區民)명 区民くみん。예 ~ 회관 区民会館くみんかいかん。

구밀복검(口蜜腹劍)【겉으로는 친절하지만, 속으로는 해칠 생각을 가지고 있다는 뜻】口くちに蜜みつあり、腹はらに剣けんあり。

구박(驅迫)명 ひどく苛いじめること。예 시어머니에게 ~을 받다. 姑しゅうとめにいじめられる。

　구박-하다타 ひどく苛いじめる｜いびる。

구박-지르다 ☞구기박지르다

구별(區別)명 区別くべつ。예 ~을 짓다. 区別をつける。

　구별-하다타 区別する。예 좋고 나쁜 것을 ~. 良よい悪わるいを区別する。/구별하기 어렵다. 区別するのが難むずかしい。

구병(救病)명 看病かんびょう。｜=간병

　구병-하다타 看病する。

구보(驅步)명【달음】駆かけ足あし。

　구보-하다자 駆け足する。

구복(口腹)명 口腹こうふく｜口くちと腹はら。

구부러-뜨리다타 曲まげる。예 철사를 ~. 針金はりがねを曲げる。=고부라뜨리다・고부라트리다・구부러트리다

구부러-지다자 曲まがる。예 허리가 ~. 腰こしが曲がる。=고부라지다

구부러-트리다타 ☞구부러뜨리다

구부렁-구부렁부 曲まがりくねったさま｜折おれ曲がるさま。=고부랑고부랑

　구부렁구부렁-하다형 曲まがりくねる｜折れ曲がる。예 구부렁구부렁한 길 曲がりくねった道みち。

구부렁-이명 曲まがったもの。=고부랑이

구부렁-하다형 弓ゆみなりに曲まがる。예 구부렁한 호수 弓なりに曲がった湖みずうみ。=고부랑하다

구부리다타 曲まげる｜(体からだを)屈かがめる。예 몸을 구부려 쓰레기를 줍다. 体を曲げて塵ちりを拾ひろう。=고부리다

구부스름-하다형 弓ゆみなりに曲まがったようだ。=고부스름하다 존구부슴하다

구부슴-하다형 ☞'구부스름하다'의 준말.

구부정-하다형【조금 굽어 있는】少すこし曲まがっている｜(体が)少しかがんでいる。예 구부정한 어깨 少しかがんでいる肩かた/구부정

하게 숙인 등 少しかがめた背中. =고부장하다

구분(區分)명 区分. ¦ 区分け. 예시대 ~ 時代に区分.
　구분-하다타 区分する. ¦ 区分けする. 예토지를 ~. 土地を区分する.

구불-거리다자 くねくねとする. ¦ 曲がりくねる. 예머리가 ~. 髪の毛がくねくねとする. =구불대다

구불-구불부 くねくね. =고불고불
　구불구불-하다자형 くねくねとする. ¦ 曲がりくねる. 예구불구불한 산길 くねくねとした山道.

구불-대다자 ☞구불거리다

구불텅-구불텅부 幾重にもゆるやかに曲がりくねっているさま. =고불탕고불탕

구불텅-하다형 ゆるやかに曲がりくねっている. =고불털하다

구붓-구붓부 すべてが少し曲がっているさま.
　구붓구붓-이부 すべてが少し曲がっているさま.

구붓-하다형 少し曲がっている. =고붓하다
　구붓-이부 少し曲がって.

구비¹(口碑)명 【입으로 비석을 세움】 口碑. ¦ 言い伝え.

구비²(具備)명 【갖추어 비치함】 具備.
　구비-하다타 具備する. 예필요한 서류를 ~. 必要な書類を具備する.

구비 문학(口碑文學) 〈문〉 口碑文学.

구쁘다 【먹고 싶은 생각】 食欲がわく. ¦ 食欲をそそられる. ¦ 食べたい.

구사(驅使)명 駆使. ❶【사람·동물 따위를 몰아다 부림】 (人·動物などを追い立てて使うこと. ❷ 思いのままに使いこなすこと.
　구사-하다타 駆使する. 예영어를 능숙하게 ~. 英語を上手に駆使する.

구사-일생(九死一生)명 【열에 아홉은 죽고 하나만 살아남다 하여 간신히 살아남】 九死に一生を得ること. ¦ 命拾い.

구상¹(具象)명 具象.
구상²(球狀)명 球状. ¦ 球形.
구상³(構想)명 構想. 예작품 ~ 作品構想.
　구상-하다타 構想する. 예구체적인 계획을 ~. 具体的な計画を構想する.

구상 무역(求償貿易) 〈경〉 求償貿易. ¦ バーター貿易.

구상-적(具象的)관명 具象的. 예~인 그림 具象的な絵.

구상-화(具象畫) 〈미〉 具象画.

구색¹(求索) 【구하여 찾음】 求めて探すこと.
　구색-하다타 求めて探す. 예사랑을 ~. 愛を求めて探す.

구색²(具色) 【여러 가지 물건을 고루 갖춤】 いろんな品物を取り揃えること. 예조리 기구의 ~을 갖추다. 調理器具を取り揃える.

구석명 隅. ¦ 片隅. ¦ 隅っこ. ¦ 端っこ. 예방의 ~ 部屋の片隅 / 어느 시골 ~ ある田舎の片隅 / ~에 앉다. 端っこに座る.

구석-구석명 隅々. ¦ くまなく. 예~ 깨끗이 청소하다. 隅々にまできれいに掃除する.

구-석기(舊石器)명 〈고〉 旧石器.

구석기 시대(舊石器時代) 〈역〉 旧石器時代.

구석-방(一房)명 片隅にある部屋.

구석-지다자 奥まる. 예구석진 곳에 있는 구멍가게 奥まった所にある小店.

구설(口舌)명 そしりの言葉. ¦ 非難する言葉. ◆일본어의「口舌(こうぜつ·くぜつ)」는 '말로만 하는 것·말싸움·수다'의 뜻이다.

구설-수(口舌數)명 世間のそしりや悪口を受ける羽目に運. 예~에 오르다. 話のたねになり世間で噂になる. / ~에 휘말리다. 世間のそしりに巻き込まれる.

구성(構成)명 構成. 예~ 요소 構成要素 / ~ 단계 構成段階.
　구성-하다타 構成する. 예몸을 구성하는 요소 体を構成する要素.

구성-없다형 格式に似合わない.
　구성없-이부 格式に似合わなく.

구성-원(構成員)명 構成員.

구성-주의(構成主義)명 〈예〉 構成主義.

구성-지다 【천연덕스럽고】 自然で趣がある. 예구성진 노랫소리가 울려 퍼지다. なかなか趣のある歌声が響く.

구세-군(救世軍) 〈종〉 救世軍.
구세-주(救世主)명 救世主.

구속(拘束)명 拘束. 예~ 시간 拘束時間.
　구속-하다타 拘束する. 예행동의 자유를 ~. 行動の自由を拘束する. / 평화 운동가가 구속되다. 平和運動家が

구속-력(拘束力)〖명〗《법》拘束力こうそくりょく。

구수-하다〖형〗❶〖맛이나 향기가〗(味や香りが)香ばしい。香こうばしい。おいしそうだ。風味ふうみがある。 예 보리차 냄새가 ~. 麦茶むぎちゃの香りが香ばしい。❷〖말이〗味わいがある。おもしろみがある。 예 구수한 옛날 이야기 おもしろい昔話むかしばなし。
 구수-히〖부〗香こうばしく。

구순-하다〖형〗仲なかがよい。むつまじい。 예 이웃과 구순하게 지내다. 隣となりと仲よく過すごす。
 구순-히〖부〗むつまじく。 예 ~ 살아가는 부부 むつまじく暮らしている夫婦ふうふ。

구술(口述)〖명〗口述こうじゅつ。 예 ~시험 口述試験しけん/~필기 口述筆記ひっき。
 구술-하다〖타〗口述こうじゅつする。

구슬〖명〗❶玉たま;珠たま。 예 ~ 같은 눈물 玉のような涙なみだ。❷〖유리〗ビー玉たま;ガラス玉。 예 ~치기 ビー玉遊あそび;玉ころがし。

 구슬이 서 말이라도 꿰어야 보배(라)〖속담〗珠たまが三斗さんとあってもつなげてこそ宝たからだ:「立派りっぱでいくら高価こうかな物ものでも役に立たつようにしなければ何なんの価値かちもない」の意い。

구슬-구슬〖부〗【밥이 밥이】ご飯はんがちょうどよいほど炊たけたさま。

구슬-땀〖명〗玉たまの汗あせ。 예 ~을 흘리다. 玉の汗を流ながす。

구슬려-내다〖타〗甘あまい言葉ことばでしきりに誘さそい出だす。 예 친구를 구슬려내어 영화를 보았다. 友達ともだちを甘い言葉で誘い出だし映画えいがを見みた。

구슬리다〖타〗❶上手じょうずく言いいくるめる;丸まるめ込こむ。 예 우는 아이를 ~. 泣なく子こを言いくるめる。❷〖지나간 것을〗(過すぎたことを)思おもい出だす;あれこれ考かんがえる。 예 구슬러 생각하고 있다. あれこれじっくり考えている。

구슬-발〖명〗珠簾たますだれ。=주렴

구슬프다〖형〗悲かなしい;もの悲しい;もの寂さびしい。 예 벌레 우는 소리가 구슬프게 들려온다. 虫むしの音ねがもの悲しく聞きこえてくる。
 구슬피〖부〗悲かなしく;もの悲しく。

구습¹(口習)〖명〗☞입버릇

구습²(舊習)〖명〗旧習きゅうしゅう。 예 ~을 타파하다. 旧習を打破だはする。

구-시대(舊時代)〖명〗旧時代きゅうじだい。

구시렁-거리다〖자〗ぐずぐず言いう;ぶつぶつ言いう。=구시렁구시렁하다·구시렁대다

구시렁-구시렁〖부〗ぐずぐず;ぶつぶつ。
 구시렁구시렁-하다☞구시렁거리다

구시렁-대다☞구시렁거리다

구시-월(-九十月)〖명〗九月くがつと十月じゅうがつ。

구식(舊式)〖명〗旧式きゅうしき。 예 ~ 카메라 旧式のカメラ。

구실¹〖명〗役割やくわり;役目やくめ。 예 제 ~을 못하다. 自分じぶんの役目を果はたさない。

구실²(口實)〖명〗〖구실〗口実こうじつ;言いい訳わけ。 예 ~을 만들다. 口実を作つくる。

구심¹(求心)〖자〗中心ちゅうしんに近ちかづこうとする。

구심²(求心)〖명〗〖구심〗球心きゅうしん;球きゅうの中心点ちゅうしんてん。

구심-력(求心力)〖명〗《물》求心力きゅうしんりょく。

구심-점(求心點)〖명〗❶球の中心点ちゅうしんてん。❷〖중심의〗中心ちゅうしんの役割やくわりの人ひと。

구십(九十)〖수〗九十きゅうじゅう。

구악(舊惡)〖명〗旧悪きゅうあく。

구애¹(求愛)〖명〗求愛きゅうあい。 예 열렬한 ~를 받다. 熱烈ねつれつな求愛を受うける。
 구애-하다¹〖자〗求愛きゅうあいする。

구애²(拘礙)〖명〗拘泥こうでい。
 구애-하다²〖자〗拘泥こうでいする;拘こだわる。 예 예산에 구애받지 않다. 予算よさんに拘泥しない。/분야에 구애되지 않고, 근세 문학을 연구하다. 分野ぶんやに拘泥されず、近世文学きんせいぶんがくを研究けんきゅうする。

구약¹(口約)〖명〗口約こうやく。
 구약-하다¹〖타〗口約こうやくする。

구약²(舊約)〖명〗旧約きゅうやく。❶昔むかしからの約束やくそく。 ❷☞구약 성서

구약 성경(舊約聖經)☞구약 성서

구약 성서(舊約聖書)〖종〗旧約聖書きゅうやくせいしょ。=구약²·구약 성경

구어(口語)〖명〗《언》口語こうご。 예 ~ 문법 口語文法ぶんぽう。

구어-문(口語文)〖명〗《언》口語文こうごぶん。

구어-체(口語體)〖명〗《언》口語体こうごたい。

구역¹(區域)〖명〗区域くいき。 예 출입 금지 ~ 立たち入いり禁止きんしの区域。

구역²(嘔逆)〖명〗吐はき気け;むかつき。=욕지기

구역-질(嘔逆-)〖명〗吐はき気け;むかつき。嘔吐おうと。 예 술을 지나치게 마셔 ~이 난다. 酒さけを飲のみすぎて吐き気がする。=욕지기질

구역질-하다 자 むかつく｜吐き気がする。嘔吐もようする。

구연¹(口演) 명 口演。 예 동화 ~ 童話口演／~ 대회가 개최되었습니다. 口演大会が開催されました。
　구연-하다 口演する。

구연²(舊緣) 명 旧縁。

구연-산(枸櫞酸) 《화》クエン酸。

구완 명 看護｜看病。
　구완-하다 看護する｜看病する。 예 환자를 ~. 患者を看護する。

구외(構外) 명 構外。↔구내(構内)

구우(舊友) 명 旧友。

구워-삶다 타 丸めこむ。돈으로 구워 삶아 자기편으로 만들다. お金で誘って味方に引きこむ。

구원(救援) 명 救援。 예 재해 ~ 물자 災害救援物資。
　구원-하다 타 救援する。 예 피해자를 구원하기 위한 조직 被害者を救援するための組織。

구원-병(救援兵) 명 救援兵。 예 ~을 보내다. 救援兵を送る。

구월(九月) 명 九月。

구유 명【밍통·먹이통】まぐさ桶｜飼葉桶。

구은(舊恩) 명 旧恩。

구이 명 焼き｜焼き物。 예 생선 ~ 焼き魚。

구인¹(求人) 명【구인】求人。 예 ~ 광고 求人広告／~ 정보 求人情報。
　구인-하다¹ 자 求人する。

구인²(拘引) 명【구인】拘引。
　구인-하다² 타 拘引する。

구입(購入) 명 購入。 예 ~ 방법 購入方法／공동 ~ 共同購入。
　구입-하다 購入する。 예 상품을 ~. 商品を購入する。

구장(球場) 명 球場。

구재(口才) 명 ❶口才｜弁舌の才。 ❷歌のうまいこと。

구저분-하다 형 汚らしい｜汚れて不潔だ。
　구저분-히 부 汚らしく。

구적(舊跡·舊蹟) 명 旧跡。

구전(口傳) 명 口伝｜口伝え。 예 ~ 문학 口伝文学。
　구전-하다 자타 言い伝える｜語り継ぐ。

구전-하다²(俱全—) 형【하나도 빠짐없다】具足する。

구절(句節) 명 ❶〈언〉句と節。 ❷文章の一くぎり。

구접-스럽다 【꾀죄죄·천박하다 등의 뜻으로 쓰이는】むさくるしい｜だらしなくて汚らしい。 예 구접스러운 매무새 むさくるしい身なり／옷 입은 꼴이 ~. 服を着た姿がむさくるしい。

구정¹(舊正) 명 ❶【구정】陰暦の元旦。 ❷陰暦の一月。

구정²(舊情) 명 旧情。=옛정

구정-물 명 汚水。=오수

구제¹(救濟) 명 救済。 ~ 활동 救済活動。
　구제-하다¹ 타 救済する。 예 피해자를 ~. 被害者を救済する。

구제²(舊制) 명 旧制。=구제도

구제³(驅除) 명【해충 등을 없앰】駆除。
　구제-하다² 타 駆除する。 예 해충을 ~. 害虫を駆除する。

구-제도(舊制度) 명 旧制度。=구제²

구제-책(救濟策) 명 救済策。

구조¹(救助) 명 救助。 예 ~ 신호 救助信号。
　구조-하다 救助する。 예 인명을 ~. 人命を救助する。

구조²(構造) 명 構造。 예 ~ 역학 構造力学／하부 ~ 下部構造／산업 ~ 産業構造／인구 ~ 人口構造。

구조-대¹(救助袋) 명 救助袋。

구조-대²(救助隊) 명 救助隊。

구조-물(構造物) 명 構造物。

구조-선(救助船) 명 救助船。

구존-하다(具存—) 형 具足する｜十分に備わっている。

구좌(口座) 명 ☞계좌

구주(歐洲) 명 欧州｜ヨーロッパ。

구죽 명【바닷가에 쌓인 굴껍데기】浜辺に積もった牡蠣殻。

구죽-바위 명 牡蠣殻でできた岩。

구중중-하다 ❶【축축하다】(湿地・水がたまりなどが)汚らしい｜じめじめしている｜湿っぽい。 예 구중중한 시궁창에서 악취가 나다. 汚らしい下水から悪臭がする。 ❷【어수선하다】(人や物などが)整っておらず汚らしい。 예 구중중해서 목욕을 하다. 汚らしくして風呂に入る。

구지(舊址) 명 旧址｜旧跡。

구지렁-물 명 汚ない水｜濁った水。

구지레-하다 형 乱雑で汚らしい｜薄汚ない｜不潔である。 예 구지레한 옷차림 薄汚い服装／매무새가 ~. 身なり

が薄汚い。
구직(求職)❻ 求職きゅうしょく。⑩~ 정보 求職情報じょうほう/~ 활동 求職活動かつどう。
　구직-하다자 求職きゅうしょくする。
구직-자(求職者)❻ 求職者きゅうしょくしゃ。
구질-구질부 ❶【기상】(雨・雪などが降って)天気てんきがうっとうしいさま。❷【성질】複雑ふくざつで不潔ふけつなさま｜意地汚いじきたなく振ふる舞まうさま。
　구질구질-하다형 ❶うっとうしい｜じめじめする。⑩오늘은 구질구질한 날씨였다. 今日きょうはうっとうしい天気てんきだった。❷汚きたならしい｜ねちねちする｜しつこい。⑩제발 구질구질하게 굴지 마. 意地汚いじきたなく振ふる舞まうな。
구차-스럽다(苟且—)형 ☞구차하다
　구차스레부 ☞구차히
구차-하다(苟且—)형 ❶【형편】暮くらしがとても苦くるしい｜非常ひじょうに貧まずしい。⑩구차한 살림이 비정상적으로 貧まずしい生活せいかつ。❷【방법이나 태도】堂々どうどうとしていない｜けちで窮屈きゅうくつだ。⑩구차하게 변명하다. けちで窮屈きゅうくつに言いい訳わけをする。 =구차스럽다
　구차-히부 ❶とても苦くるしく｜非常ひじょうに貧まずしく。⑩~ 생활하다. とても貧まずしく暮くらす。❷けちで窮屈きゅうくつに。⑩~ 굴지 마라. けちで窮屈きゅうくつに振ふる舞まうな。 =구차스레
구창(口瘡)❻〈한〉口くちの中なかのできもの。
구채(舊債)❻ 旧債きゅうさい。⑩~를 청산하다. 旧債きゅうさいを清算せいさんする。
구청(區廳)❻《법》区役所くやくしょ。
구체(具體)❻ 具体ぐたい。
구체-성(具體性)❻ 具体性ぐたいせい。
구체-적(具體的)관·❻ 具体的ぐたいてきな。⑩~인 방안 具体的ぐたいてきな方案ほうあん。
구체-화(具體化)❻ 具体化ぐたいか。
　구체화-하다자타 具体化ぐたいかする。⑩계획을 ~. 計画けいかくを具体化ぐたいかする。
구촌(九寸)❻ 九親等きゅうしんとう。
구축¹(構築)❻ 構築こうちく。⑩네트워크 ~ ネットワーク構築こうちく。
　구축-하다¹ 構築こうちくする。
구축²(驅逐)❻【군사】駆逐くちく。
　구축-하다² 駆逐くちくする。⑩적군을 ~. 敵軍てきぐんを駆逐くちくする。
구축-함(驅逐艦)❻《군》駆逐艦くちくかん。
구출(救出)❻ 救出きゅうしゅつ。⑩~ 작전 救出作戦きゅうしゅつさくせん。
　구출-하다타 救出きゅうしゅつする。⑩화재 현장에서 아기를 ~. 火事現場かじげんばで赤あかちゃんを救出きゅうしゅつする。
구충(驅蟲)❻ 駆虫くちゅう。
　구충-하다자 駆虫くちゅうする。
구충-제(驅蟲劑)❻〈약〉❶駆虫剤くちゅうざい｜駆虫薬くちゅうやく｜虫下むしくだし。❷殺虫剤さっちゅうざい。 =살충제
구취(口臭)❻ ☞입내
구치(拘置)❻〈법〉拘置こうち。
　구치-하다타 拘置こうちする。
구치-소(拘置所)❻〈법〉拘置所こうちしょ。
구타(毆打)❻ 殴打おうだ。
　구타-하다타 殴打おうだする｜ひどく殴なぐる。⑩주먹으로 ~. 握にぎりこぶしで殴打おうだする。
구태(舊態)❻ 旧態きゅうたい。
구태-여부 わざわざ｜強しいて。⑩~ 찾아갈 필요는 없다. わざわざ訪問ほうもんする必要ひつようはない。
구태의연-하다(舊態依然—)형 旧態きゅうたい依然いぜんとする。⑩구태의연한 태도 旧態依然きゅうたいいぜんたる態度たいど。
　구태의연-히부 旧態きゅうたい依然いぜんと。
구터분-하다형 ❶【냄새】いやなにおいがする｜とても臭くさい。❷【성질】(気性きしょう・行動こうどうが)汚きたならしい｜せせこましい。
구텁텁-하다형 ❶(気性きしょう・行動こうどうが)ひどく汚きたならしい｜せせこましい。❷非常ひじょうにいやなにおいがする｜とても臭くさい。
구토(嘔吐)❻ 嘔吐おうと。⑩~ 설사 증상 嘔吐おうと・下痢げりの症状しょうじょう。
　구토-하다타 嘔吐おうとする｜吐はく。
구투(舊套)❻【예전의 낡은 방식】旧套きゅうとう。
구판(舊版)❻〈출〉旧版きゅうはん。
구폐(舊弊)❻ 旧弊きゅうへい。
구푸리다타 かがめる。⑩허리를 ~. 腰こしをかがめる。
구풍(舊風)❻ 旧風きゅうふう｜旧習きゅうしゅう。
구-하다¹(求—)타 求もとめる。❶探さがす｜買かう｜手てに入いれる。⑩좋은 약제를 ~. いい薬剤やくざいを求もとめる。❷人ひとに要求ようきゅうする。⑩선처를 ~. 善処ぜんしょを求もとめる。
구-하다²(救—)타 ❶【위험에서】(命いのちなどを)救すくう｜救助きゅうじょする。⑩강에 빠진 사람을 ~. 川かわに溺おぼれた人ひとを救すくう｜ 목숨을 ~. 命いのちを救すくう。❷【어려움에 처한 사람을 도움】金品きんぴんなどで助たすける。⑩수재민을 구하기 위한 기금을 모으다. 水害すいがい被害者ひがいしゃを助たすけるための基金ききんを集あつめる。

구현(具現·具顯)|명| 具現ぐげん。예정의 ~ 正義せいぎ具現。
　구현-하다|타| 具現ぐげんする。예민주주의의 이상을 ~. 民主主義みんしゅしゅぎの理想りそうを具現する。

구형¹(求刑)|명| 【법】求刑きゅうけい。
　구형-하다|타| 求刑きゅうけいする。예징역 3년을 ~. 懲役ちょうえき3年ねんを求刑する。

구형²(球形)|명| 【수】球形きゅうけい ¦ 球状きゅうじょう。

구형³(舊型)|명| 旧式きゅうしきな型かた ¦ 古ふるい型かた。

구호¹(口號)|명| ❶標語ひょうご ¦ スローガン ¦ モットー。예~를 외치다. スローガンを叫さけぶ。❷【군사용어】暗号あんごう ¦ 合図あいず。=군호

구호²(救護)|명| 救護きゅうご。예~ 시설 救護施設しせつ / 의료 ~ 활동 医療いりょう救護活動かつどう。
　구호-하다|타| 救護きゅうごする。예부상자와 병자를 ~. 傷病者しょうびょうしゃを救護する。

구혼(求婚)|명| 求婚きゅうこん ¦ プロポーズ。
　구혼-하다|자| 求婚きゅうこんする ¦ プロポーズする。

구황(救荒)|명| 救荒きゅうこう。예~ 작물 救荒作物ぶつ / 식물 救荒植物しょくぶつ。
　구황-하다|타| 救荒きゅうこうする。

구회(舊懷)|명| 【예스러운 그런】 旧懐きゅうかい。예~의 정이 솟아나다. 旧懐の情じょうがわく。

구획¹(區劃)|명| 区画くかく ¦ 区切くぎり。예~ 정리 区画整理せいり / 어업 区画漁業ぎょぎょう。
　구획-하다|타| 区画くかくする ¦ 区切くぎる。

구휼(救恤)|명| 救恤きゅうじゅつ。
　구휼-하다|타| 救恤きゅうじゅつする。예빈민을 ~. 窮民きゅうみんを救恤する。

구휼-금(救恤金)|명| 救恤金きゅうじゅつきん。

국¹|명| 汁しる ¦ つゆ ¦ あつもの ¦ スープ。예된장 ~ 味噌汁みそしる / 밥을 짓고, 소고깃국을 끓이다. ご飯はんを炊たいて牛肉ぎゅうにくのスープを作つくる。

국²(局)|명| 局きょく。예~의 업무 局の業務ぎょうむ。

-국(局)|접| 【-국】 -局きょく。예편집국 編集局へんしゅうきょく / 사무국 事務局じむきょく / 관리국 管理局かんりきょく。

-국(國)|접| 【-국】 -国こく。예민주 공화국 民主共和国きょうわこく / 독립국 独立国どくりつこく / 가입국 加入国かにゅうこく / 중립국 中立国ちゅうりつこく。

국가¹(國家)|명| 国家こっか。예~ 도시 都市と国家 / 복지 ~ 福祉ふくし国家。

국가²(國歌)|명| 国歌こっか。예~를 부르다. 国歌を歌うたう。

국가 자본주의(國家資本主義)《경》国家資本主義しほんしゅぎ。

국가-적(國家的)|관| 国家的こっかてき。예~ 측면 国家的な側面そくめん。

국-거리|명| 汁しるの材料ざいりょう。

국경(國境)|명| 国境こっきょう。예~ 관세 国境関税かんぜい / 무역 国境貿易ぼうえき / ~을 넘다. 国境を越こえる。

국경-선(國境線)|명| 国境線こっきょうせん。

국경-일(國慶日)|명| 国民こくみんの祝日しゅくじつ ¦ 祝祭日しゅくさいじつ。

국고(國庫)|명| 国庫こっこ。예~ 보조금 国庫補助金ほじょきん / 채무 부담 행위 国庫債務さいむ負担ふたん行為こうい。

국고-금(國庫金)|명| 国庫金こっこきん。

국교¹(國交)|명| 国交こっこう。예~ 회복 国交回復かいふく / 오랜 시간 동안 ~가 단절되었다. 長年ながねんに渡わたり国交が断絶だんぜつしていた。

국교²(國敎)|명| 【정치사회·종교】 国教こっきょう。

국군(國軍)|명| 国軍こくぐん。

국권(國權)|명| 《정》国権こっけん。예~을 빼앗다. 国権を奪うばう。

국기¹(國技)|명| 国技こくぎ。예일본의 ~는 스모입니다. 日本にほんの国技は相撲すもうです。

국기²(國旗)|명| 国旗こっき。예~가 바람에 나부끼다. 国旗が風かぜになびく。

국난(國難)|명| 国難こくなん。예~을 당하다. 国難に遭あう。

국내¹(局內)|명| 局内きょくない。

국내²(國內)|명| 国内こくない。예~ 관세 国内関税かんぜい / ~ 시장 国内市場しじょう。

국내-법(國內法)|명| 【법】国内法こくないほう。

국내-산(國內産)|명| 国産こくさん。=국산

국내-선(國內線)|명| 国内線こくないせん。

국내-외(國內外)|명| 国内外こくないがい ¦ 国内と国外こくがい。예~ 거점 国内外拠点きょてん。

국내 총생산(國內總生産)《경》国内こくない総生産そうせいさん。=지디피(GDP)

국도(國道)|명| 国道こくどう。예일반 ~ 一般いっぱん国道。

국란(國亂)|명| 国乱こくらん。

국력(國力)|명| 国力こくりょく。예~이 쇠퇴하다. 国力が衰おとろえる。

국론(國論)|명| 国論こくろん。예~의 분열 国論の分裂ぶんれつ。

국립(國立)|명| 国立こくりつ。예~ 박물관 国立博物館はくぶつかん / ~ 도서관 国立図書館としょかん / ~ 경기장 国立競技場きょうぎじょう / ~ 미술관 国立美術館びじゅつかん / ~ 극장 国立劇場げきじょう / ~ 공원 国立公園こうえん / ~ 대학 国立大学だいがく。

국-말이|명| 【국에 말은 음식】 汁しると混まぜたご飯はん ¦ うどん。

국면(局面)[명] 局面きょく。[예] 새로운 ~으로 들어서다. 新あらたな局面に入はいる。

국명(國名)[명] 国名めい。

국모(國母)[명] 国母ぼ。

국무(國務)[명] 国務む。[예] ~ 장관 国務長官ちょうかん / ~를 종합 관리하다. 国務を総理そうりする。

국문(國文)[명] 国文ぶん。

국문-과(國文科)[명] 国文科こくぶん。

국-문법(國文法)[명] 〔언〕国文法ぶんぽう。

국-문학(國文學)[명] 〔문〕国文学ぶんがく。

국-물[명] ❶[음식국의] 汁しる｜出だし汁しる。 ❷[횡재수익] 余得よとく｜役得やくとく｜おこぼれ。
　국물도 없다[관용]【횡이나이듬이】獲得かくとくするものが何なにもない。

국민(國民)[명] 国民みん。[예] ~ 경제 国民経済けいざい。

국민-성(國民性)[명] 国民性せい。[예] ~이 반영되다. 国民性が反映はんえいされる。

국민 소득(國民所得)〔경〕国民所得しょとく。

국민 순생산(國民純生産)〔경〕国民純生産じゅんせいさん。 =엔엔피(NNP)

국민-적(國民的)[관형] 国民的てき。[예] ~ 관심이 높아지다. 国民的な関心かんしんが高たかまる。

국민 총생산(國民總生産)〔경〕国民総生産そうせいさん。 =지엔피(GNP)

국-밥[명]【밥에 국을 말아서 만든 음식】クッパ｜肉にくりスープに飯めしを入いれたもの。

국방(國防)[명] 国防ぼう。

국방-비(國防費)[명]〔경〕国防費ひ。

국방-색(國防色)[명]【카키 색과 같은 옅은 녹갈색】国防色しょく。

국번(局番)[명] 局番ばん。

국법(國法)[명]〔법〕国法ぽう。

국보(國寶)[명] 国宝ほう。[예] ~로 지정되다. 国宝に指定していされる。

국부[1](局部)[명] 局部ぶ。[예] ~ 마취 局部麻酔ますい。

국부[2](國富)[명]【나라의 재산】国富ふ。

국부-론(國富論)[명] 国富論ろん。

국부-적(局部的)[관형] 局部的きょくぶ。

국비(國費)[명] 国費ひ。[예] ~ 유학생 国費留学生りゅうがくせい。

국빈(國賓)[명] 国賓ひん。[예] ~ 방문 国賓訪問ほうもん / ~ 대우 国賓待遇たいぐう。

국사[1](國史)[명]【나라의 역사】国史し｜一国いっこくの歴史れきし。[예] ~는 민족 교육의 근간이다. 国史は民族みんぞくの教育きょういくの根幹こんかんである。

국사[2](國事)[명]【나라의 일】国事じ。

국사-범(國事犯)[명]〔법〕国事犯はん。

국산(國産)[명] 国産さん。[예] ~ 자동차를 사다. 国産の自動車じどうしゃを買かう。

국산-품(國産品)[명] 国産品こくさん。

국상(國喪)[명]〔역〕国葬そう。

국서(國書)[명] 国書しょ。

국선(國選)[명] 国選せん。

국선 변호인(國選辯護人)〔법〕国選辯護人べんごにん。

국세[1](國稅)[명]〔법〕国税ぜい。[예] ~를 체납하다. 国税を滞納たいのうする。 / ~를 징수하다. 国税を徴収ちょうしゅうする。

국세[2](國勢)[명] 国勢せい。

국세-청(國稅廳)[명]〔법〕国税庁ちょう。

국수[1][명] 麺めん｜蕎麦そば｜饂飩うどん。
　국수(를) 먹다[관용]【혼인이나 결혼식을 대접받다】結婚式けっこんしきを挙あげる。

국수[2](國手)[명] 国手しゅ。❶将棋しょうぎや囲碁いごの名人めいじん。 ❷名医めいい。

국수[3](國粹)[명] 国粋すい。

국수-장국(一醬—)[명] ☞온면

국수-주의(國粹主義)[명] 国粋主義しゅぎ。

국수-틀[명] 製麺機せいめんき。

국숫-집[명] 蕎麦店そばてん｜饂飩屋うどんや。 =면옥

국악(國樂)[명] ❶国くにの固有こゆうの音楽おんがく。 ❷〔음〕[우리나라 고유의 음악]国楽がく。

국어(國語)[명] 国語ご。[예] ~ 교육 国語教育きょういく / ~사전 国語辞典じてん。

국영(國營)[명] 国営えい。[예] ~ 기업 国営企業きぎょう / ~ 회사 国営会社がいしゃ。
　국영-하다[명] 国家こっかが経営けいえいする。

국영-화(國營化)[명] 国営化か。

국왕(國王)[명] 国王おう。

국외[1](局外)[명]【어떤 일의 범위 밖】局外がい。[예] ~ 중립 局外中立ちゅうりつ。

국외[2](國外)[명] 国外がい。[예] ~로 도망가다. 国外に逃にげ出だす。

국외-자(局外者)[명] 局外者きょくがい。

국욕(國辱)[명] 国辱じょく。

국용(國用)[명] 国用よう｜国費ひ。

국운(國運)[명] 国運うん。[예] ~의 성쇠 国運の盛衰せいすい。

국위(國威)[명] 国威い。[예] ~를 선양하다. 国威を宣揚せんようする。

국유(國有)[명] 国有ゆう。[예] ~ 철도 国有鉄道てつどう / ~ 재산 国有財産ざいさん / ~임야 国有林野りんや。

국유-림(國有林)[명] 国有林こくゆう。

국유-지(國有地)[명] 国有地こくゆう。

국유-화(國有化)[명] 国有化か。
　국유화-하다[명] 国有化こくゆうかする。

국-으로[부]【제 주제나 분수에 알맞게】ありのまま｜そのま

ま｜分相応そうおうに。 예 ～ 가만히 있는 게 도와주는 거야. そのまま分相応にじっとしていることが助けになるのだ。

국익(國益)명 国益こくえき。 예 ～에 반하는 행위 国益に反はんする行為こうい/ ～을 손상시키다. 国益を損そこなう。

국자명 ひしゃく｜杓子じゃく。 예 ～로 국을 뜨다. 杓子で汁しるを掬すくう。

국장¹(局長)명 局長きょくちょう。

국장²(國葬)명 国葬こくそう。
　국장-하다타 国葬をする。

국적¹(國賊)명 国賊こくぞく。

국적²(國籍)명 《법》国籍こくせき。 예 ～ 불명 国籍不明ふめい/ ～ 취득 国籍取得しゅとく。

국전¹(國典)명 国典こくてん。

국전²(國展)명 [미(美術展의 준말)] 国展こくてん。

국정¹(國定)명 【나라에서 정함】 国定こくてい。 예 ～ 교과서 国定教科書きょうかしょ。

국정²(國政)명 【나라의 정치】 国政こくせい。 예 ～ 조사권 国政調査権ちょうさけん/ ～을 논하다. 国政を論ろんずる。

국정³(國情)명 【나라의 정황】 国情こくじょう。 예 ～을 반영하다. 国情を反映はんえいする。

국제(國際)명 国際こくさい。 예 ～ 정세 国際情勢じょうせい/ ～ 관행 国際慣行かんこう/ ～ 분쟁 国際紛争ふんそう。

국제-결혼(國際結婚)명 国際結婚こくさいけっこん。

국제-공항(國際空港)명 国際空港こくさいくうこう。

국제 금융(國際金融)《경》国際金融こくさいきんゆう。

국제-기관(國際機關)명 国際機関こくさいきかん。

국제-기구(國際機構)명 国際機構こくさいきこう。

국제-무대(國際舞臺)명 国際舞台こくさいぶたい。 예 ～에서 활약하다. 国際舞台で活躍かつやくする。

국제 무역(國際貿易)명 国際貿易こくさいぼうえき。

국제-법(國際法)명 《법》国際法こくさいほう。

국제 수지(國際收支)《경》国際収支こくさいしゅうし。

국제-어(國際語)명 〈언〉国際語こくさいご。

국제 연맹(國際聯盟)《정》国際連盟こくさいれんめい。

국제 연합(國際聯合)《정》国際連合こくさいれんごう｜国連こくれん｜UNユエヌ。

국제 올림픽 위원회(國際Olympic委員會)《운》国際こくさいオリンピック委員会いいんかい｜IOCアイオーシー。 예 국제 올림픽 경기는 ～가 관장한다. 国際オリンピック大会たいかいは国際オリンピック委員会が管掌かんしょうする。

국제 음성 기호(國際音聲記號)国際こくさい音声記号おんせいきごう。

국제 재판소(國際裁判所)《법》国際こくさい裁判所さいばんしょ。

국제-적(國際的)관명 国際的こくさいてき。 예 ～으로 유명하다. 国際的に名高なだかい。

국제 전화(國際電話)〈통〉国際電話こくさいでんわ。

국제-주의(國際主義)명 国際主義こくさいしゅぎ。

국제 통화 기금(國際通貨基金)《경》国際こくさい通貨つうか基金ききん｜IMFアイエムエフ。＝아이엠에프

국제 하천(國際河川)国際河川こくさいかせん。

국제-화(國際化)명 国際化こくさいか。 예 ～ 시대 国際化時代じだい。
　국제화-하다자타 国際化する。

국제-회의(國際會議)명 国際会議こくさいかいぎ。

국지(局地)명 局地きょくち。 예 ～ 기후 局地気候きこう/ ～ 전쟁 局地戦争せんそう。

국지-적(局地的)관명 局地的きょくちてき。 예 ～인 호우 局地的な豪雨ごうう。

국지-풍(局地風)명 【局地風きょくちふう｜地方風ちほうふう】。＝지방풍

국채(國債)명 国債こくさい。 예 ～ 증권 国債証券しょうけん。

국책(國策)명 【나라의 정책】国策こくさく。 예 ～ 회사 国策会社がいしゃ。

국철(國鐵)명 【국유철도의 준말】国鉄こくてつ。

국체(國體)명 国体こくたい。

국치(國恥)명 国恥こくち｜国辱こくじょく。

국토(國土)명 国土こくど。 예 ～ 개발 5개년 계획 国土開発かいはつ5ヶ年ねん計画けいかく/ ～ 계획 国土計画けいかく/ ～ 보전 国土保全ほぜん/ ～ 면적 国土面積めんせき。

국판(菊判・菊版)명 《출》菊判きくばん。

국학(國學)명 国学こくがく。

국학-자(國學者)명 国学者こくがくしゃ。

국한(局限)명 局限きょくげん。
　국한-하다타 局限する。

국-한문(國漢文)명 国漢こっかん。

국호(國號)명 国号こくごう｜国名こくめい。 예 ～를 정하다. 国号を定さだめる。

국화¹(國花)명 【나라의 꽃】国花こっか。 예 우리나라 ～는 무궁화이다. 韓国かんこくの国花は木槿むくげである。

국화²(菊花)명 〈식〉菊きく。

국화-꽃(菊花-)명 菊の花はな｜菊花きっか・きっくゎ。 예 가을을 알리는 ～ 秋を知しらせる菊の花。

국화-빵(菊花-)명 ❶菊模様もようの型かたに焼やいたパン。 ❷【얼굴이 아빠와 닮은】非常ひじょうに似にているさま。 예 아들이 아빠와 ～이다. 息子むすこは父ちちにそっくりだ。

국회(國會)명 国会こっかい。 예 임시 ～ 臨時りんじ国会/ ～ 도서관 国会図書館としょかん。

국회 의사당(國會議事堂) 《정》国会議事堂。
국회-의원(國會議員)명 《법》国会議員。
군'(君)Ⅰ의 君くん。예 김 ~ 어디 가나? 金君、どこへ行くか。Ⅱ명 君。예 ~은 어찌할 생각인가? 君はどうするつもりか。
군²(軍)명 ❶軍。예 ~에 입대하다. 軍に入隊する。❷一軍。예 예비군 予備軍。
군³(郡)명 郡。
군가(軍歌)명 軍歌。
군거(群居)명 群居。
　군거-하다자 群居する。
군-것명 ❶無くてもよい物。余計な物。要らない物。예 짐이 무거우니 ~은 꺼내 놓아라. 荷物が重いので要らない物は出しておけ。❷おやつ。間食。예 ~이라도 먹자. おやつでも食べよう。
군것-질명 買い食い。おやつ。예 ~로 아이스크림을 먹다. おやつにアイスクリームを食べる。
　군것질-하다자 おやつを食べる。買い食いする。예 저녁 전에 ~. 夕食前におやつを食べる。/ 군것질할 거 뭐 없니? 何かおやつないの。
군견(軍犬)명 軍犬。軍用犬。＝군용견
군경¹(軍警)명 軍隊と警察。
군경²(窘境)명 窘境。
군계-일학(群鷄一鶴)명 鷄群の一鶴。
군-고구마명 焼き芋。
군공(軍功)명 軍功。예 ~을 세우다. 軍功を立てる。
군국-주의(軍國主義) 《정》軍国主義。ミリタリズム。
군-글자(-字)명 無駄な文字。
군기¹(軍紀)명 軍紀。軍規。
군기²(軍旗)명 軍旗。
군기³(軍器)명 兵器。
군기⁴(軍機)명 軍機。軍事上の機密。예 ~를 누설하다. 軍機を漏洩する。
군-기침명 咳咳。咳払い。예 그가 갑자기 ~을 하기 시작했다. 彼が突然空咳をし始めた。＝헛기침
　군기침-하다자 空咳をする。咳払いする。

군납(軍納)명 軍に納品すること。
　군납-하다타 軍に納める。
군-내명 いやなにおい。
군내(郡內)명 郡の中。町の中。
군단(軍團)명 《군》軍団。
군대(軍隊)명 軍隊。＝군²(軍)
군-더더기명 無駄に付けていること。예 문장에 ~가 붙다. 文に無駄がつく。
군데명 箇所。예 여러 ~를 구경하다. いろいろの箇所を見物する。
군데-군데무 あちこち。所々。節々。예 산에는 ~ 진달래가 피어 있었다. 山には所々つつじの花が咲いていた。
군도¹(軍刀)명 軍刀。
군도²(群島)명 群島。
군도³(群盜)명 群盗。＝떼도둑
군-돈명 ❶無駄金。死に金。예 괜히 ~만 썼다. 徒に無駄金ばかり費やした。❷偶然に入った金。余分の金。臨時収入。예 ~이 생기다. 臨時収入が入る。
군드러-지다자 (酔い・疲れで)倒れて寝る。예 술에 취해 군드러져 자다. 酒に酔って倒れて寝る。
군락(群落)명 群落。예 식물 ~ 植物群落。
군란(軍亂)명 軍隊の反乱。＝군요(軍擾)
군량(軍糧)명 軍糧。兵糧。
군량-미(軍糧米)명 兵糧用の米。
군례(軍禮)명 ❶軍隊の礼法。❷軍で行なう礼式。
군림(君臨)명 君臨。
　군림-하다자 君臨する。예 국왕이 군주로서 ~. 国王が君主として君臨する。/ 재계 일인자로 ~. 財界の第一人者として君臨する。
군마(軍馬)명 軍馬。
군-말명 余計な言葉。無駄口。無駄話。예 ~ 말고 빨리빨리 해라. 余計なことを言わずに早くしなさい。＝군소리❶
　군말-하다자 無駄口をたたく。예 군말하지 말고 할 일을 해라. 無駄口をたたかずにするべきことをしろ。
군모(軍帽)명 軍帽。
군무¹(軍務)명 軍務。
군무²(群舞)명 群舞。예 ~를 추다. 群舞を踊る。
군-물명 ❶食事のとき以外

に飲むむ水。❷(つぎ足す湯)(湯)につぎたす)差し水。❸【풀을쑤어묽게만든것】(糊)や粥などの)上澄み。

군민¹(軍民)圀 軍民｜軍部と民間。
군민²(郡民)圀【군의 행정구 역에 사는 백성】郡の住民。
군-밤 焼き栗。예 겨울이면 골목마다 볼 수 있는 ~ 장사 冬といえば路地のあちこちで見られる焼き栗の商売。
군-밥圀 ❶居候に食べさせる飯。❷残りご飯。❸三食以外に炊くご飯。
군벌(軍閥)圀 軍閥。예 ~의 난립 軍閥の乱立/ ~ 정치 軍閥政治。
군법(軍法)圀《법》軍法。
군복(軍服)圀 軍服。
군부(軍部)圀 軍部。
군-불圀 ❶暖房用に焚く火。❷無駄に焚く火。
군비¹(軍備)圀 軍備。예 ~ 관리 軍備管理/ ~ 증강 軍備拡張。
군비²(軍費)圀 軍費。=군사비
군비 축소(軍備縮小)(준)軍備縮小。=군축
군사(軍事)圀 軍事。예 ~ 기밀 軍事機密/ ~ 정권 軍事政権/ ~ 동맹 軍事同盟。
군사 기지(軍事基地)(준)軍事基地。
군-사람圀 定員外の要らない人｜よけいな人。예 쓸데없는 ~이 우리 일에 끼어드는 것이 싫다. 役に立たないよけいな人が、我々の仕事に入り込むのは嫌だ。
군사-력(軍事力)圀 軍事力。
군-사령관(軍司令官)圀《군》軍司令官。
군사 분계선(軍事分界線)(준)軍事上の分界線。
군사-비(軍事費)圀 軍事費｜軍費｜国防費。=군비²
군-사설(─辭說)圀 無駄に長く言うこと｜無駄話。예 ~을 늘어놓다. 無駄に長く言う。
군사 우편(軍事郵便)(준)軍事郵便。
군-살圀 ❶贅肉。예 ~이 붙다. 贅肉がつく。❷굳은살
군색-하다(窘塞─)휑 ❶【가난하여】貧乏だ｜困窮している。예 집안 형편이 ~. 家の暮らしが貧しくて困る。/ 차림새는 군색하지는 않다. 外見は貧乏ではない。❷【떳떳하지못하여】堂々としていない｜不自然で気まずい。예 군색하게 변명을 늘어놓는다. 苦しく言い訳を並べる。

군생(群生)圀《생》群生。
군서(群棲)圀《생》群棲｜群生｜群居。예 개미와 벌은 ~의 형태를 보여주는 대표적인 예이다. アリとハチは群生の形態を示す代表的なしょうだ。=군거·떼살이 ◈식물은「群生」, 동물은「群棲」로 쓴다.
군서-하다재 群棲する｜群生する。
군세(軍勢)圀 軍勢。
군소(群小)圀 群小。
군-소리圀 ❶군말 ❷寝言。예 잠을 자다가 ~를 했다. 寝ていると寝言を言った。
군-손질圀 無駄な手入れ｜無用の手を加えること。예 지금 하는 것은 ~에 불과하다. 今やっていることは無駄に過ぎない。❷わけもなく殴ること。
군손질-하다재 ❶無駄な手入れをする｜無用の手を加える。❷わけもなく殴る。
군수(軍需)圀 軍需。예 ~ 산업 軍需産業/ ~ 물자 軍需物資。
군수-품(軍需品)圀《군》軍需品。
군-식구(─口)圀 食客｜居候。예 나는 ~ 끼는 것을 원치 않는다. 私は居候が加わるのを望まない。
군신(君臣)圀【】君臣。主君と臣下。
군실-거리다재 むずむずする｜くすぐったがる｜こそばゆい。예 목욕을 하루만 걸러도 온몸이 군실거려서 견딜 수가 없다. 入浴を一日でも欠かすと体中がむずむずして耐えられない。=군실대다
군실-군실뮈 むずむず。예 온몸이 ~ 벌레가 기어 다니는 것 같다. 体中がむずむずして虫が這っているようだ。
군실-대다 ☞군실거리다
군악(軍樂)圀《음》軍樂。
군악-대(軍樂隊)圀 軍樂隊。
군왕(君王)圀 君王｜君主。=임금
군요(軍擾)圀 ☞군란
군용(軍用)圀 軍用。예 ~ 도로 軍用道路。
군용-견(軍用犬)圀 軍用犬。=군견
군용-기(軍用機)圀《군》軍用機。
군용-지(軍用地)圀 軍用地。
군웅-할거(群雄割據)圀 群雄割拠。

군-음식(-飮食)圏 間食かんしょく｜間食あいだじき。囫~〜으로 케이크를 먹었다. 間食あいだじきでケーキを食たべた。

군의-관(軍醫官)圏《군》軍医官ぐんいかん｜軍医ぐんい。

군인(軍人)圏 軍人ぐんじん。

군-일圏 無駄むだな仕事しごと｜無駄事むだごと。囫~에 시간이 쓰다. 無駄事むだごとに手間てまを取とる。

군-입圏 ❶ 食客しょっかく｜居候いそうろう。囫~이 하나 늘다. 食客が一人ひとり増ふえる。❷ 間食かんしょくを食たべること。
　군입(을) 다시다(관용) ❶ 間食かんしょくを食たべる。❷ (食たべたくて)舌したを鳴ならす。囫 먹고 싶어서 연방 군입을 다시다. 食たべたくてしきりに舌したを鳴ならす。

군-입정圏 間食かんしょくを食たべること。
　군입정-하다圏 間食かんしょくを食たべる。

군자(君子)圏 君子くんし｜성인= 聖人せいじん君子し。

군자-금(軍資金)圏 軍資金ぐんしきん。

군장(軍裝)圏 軍装ぐんそう。

군적(軍籍)圏 軍籍ぐんせき。

군정(軍政)圏《정》軍政ぐんせい。

군제(軍制)圏《군》軍制ぐんせい。

군주(君主)圏 君主くんしゅ。

군주-국(君主國)圏《정》君主国くんしゅこく。

군주-론(君主論)圏 君主論くんしゅろん。

군주-제(君主制)圏《정》君主制くんしゅせい。

군중(群衆)圏 群衆ぐんしゅう。

군중 심리(群衆心理)《심》群衆心理ぐんしゅうしんり｜群集ぐんしゅう心理しんり。 = 대중 심리

군직(軍職)圏 軍職ぐんしょく。

군진(軍陣)圏《군》軍陣ぐんじん。

군집(群集)圏 群集ぐんしゅう。
　군집-하다圏 群集ぐんしゅうする。

군-짓圏 無駄むだな仕事しごと。
　군짓-하다圏 無駄むだな仕事しごとをする。

군청(群靑)圏 群青ぐんじょう。

군청-색(群靑色)圏 群青色ぐんじょうしょく。

군축(軍縮)圏《군》軍縮ぐんしゅく。=군비 축소

군-침圏 生なまつば｜生つばき｜よだれ。囫 오렌지를 보자 ~이 돌았다. オレンジを見みたら生つばが出でた。
　군침(을) 삼키다[흘리다](관용) 生なまつばを呑のみ込こむ。

군핍-하다(窘乏-)圏 貧窮ひんきゅうする｜貧困ひんこんだ。囫 군핍한 생활 貧困ひんこんな生活せいかつ。

군함(軍艦)圏《군》軍艦ぐんかん。

군항(軍港)圏《군》軍港ぐんこう。

군호(軍號)圏 合あい言葉ことば｜暗号あんごう。

군화(軍靴)圏 軍靴ぐんか。

굳건-하다圏 (意志いしなどが)強固きょうこで堅実けんじつだ｜雄々おおしい。囫 굳건한 사람 強固で堅実な人ひと／굳건한 의지를 갖다. しっかりとした意志を持もつ。

굳건-히圊 しっかりと｜固かたく｜堅実けんじつに。囫 경제의 기반을 ~ 다지다. 経済けいざいの基盤きばんをしっかりと固かためる。

굳다됐 ❶【경화】固かたくなる｜堅かたくなる。囫 밥이 굳어서 먹을 수가 없다. ご飯はんがかたくなって食たべられない。❷【경직】硬かたくなる｜硬直こうちょくする。囫 팔다리가 굳어지다. 手足てあしが硬くなる。／머리가 굳어 버렸나 보다. 頭あたまが固くなってしまったようだ。❸【표정】(態度たいど・表情ひょうじょうなどが)硬かたい。囫 그 말을 듣는 순간 그의 표정이 굳어졌다. それを聞きいた瞬間しゅんかん、彼かれの表情がこわばった。❹【습관】くせになる。囫 버릇으로 굳어 버리다. くせになってしまう。

굳다圊 ❶【견고】固かたい｜堅かたい。囫 굳은 땅 堅い土地とち。❷【강경】(志こころざし・団結だんけつなどが)ぐらつかない｜固かたい。囫 절대 술을 안 마시기로 굳게 결심하다. 絶対ぜったいにお酒さけを飲のまないと固く決心けっしんする。／다른 사람과 싸우지 않기로 굳게 결심하였다. 他人たにんとケンカをしないよう固く決心した。

굳-세다圊 ❶【체력】(体からだが)丈夫じょうぶだ｜頑丈がんじょうだ｜たくましい。囫 열심히 운동을 하니 몸이 굳세어졌다. 一生懸命いっしょうけんめい運動うんどうをしたら体が丈夫になった。❷【의지】(意志いしなどが)粘ねばり強つよい｜堅固けんごだ。囫 굳센 의지 粘り強い意志。

굳어-지다圏 ❶ (物ものが)固かたまる｜固かたくなる。囫 빵이 ~. パンが固くなる。／기반이 ~. 基盤きばんが固まる。❷【의지】(意志いしなどが)固かたまる。囫 아버지 뜻이 ~. 父ちちの意志が固まる。❸【표정】(表情ひょうじょう・態度たいどが)固かたくなる｜強張こわばる。囫 얼굴 표정이 ~. 顔かおの表情が強張る。❹ (筋肉きんにく・関節かんせつが)固かたくなる。囫 무릎 관절이 굳어져 구부러지지 않는다. 膝ひざ関節かんせつが固くなって曲まがらない。

굳은-살圏 (手足てあしなどにできる)たこ。囫 손에 박인 ~ 手てにできたたこ／~이 아프다. たこが痛いたい。

굳-이圊 ❶【고집】固かたく｜頑固がんこに。囫 내 의견을 ~ 끝까지 주장해도 소용없다. 私わたしの

意見ぃを頑固に言ぃぃ通とぉしても駄目ぇだ。/～ 사양하다. 固く辞退ぃする。❷【あぇて】わざわざ｜強しぃて｜敢ぇぇて｜無理りに。例나는 그의 판단에 ～ 거스르지 않는다. 私は彼の判断に敢えて逆らわない。

굳-히다 〘目〙❶【固】固ためる。堅くする。例시멘트를 ～. セメントを堅くする。❷【態度・表情など】(態度・表情ひょうなどを)固ためる。例표정을 굳히고 바라보다. 表情をかためて眺める。❸【決心】(決心けっしんなどを)固ためる。例유학을 가기로 마음을 굳혔다. 留学する決心を固めた。

굴¹〘名〙〘動〙牡蠣かき。=석화
굴²(窟)〘名〙❶洞窟どうくつ｜洞穴ほらあな。例호랑이～虎の洞窟。❷トンネル。例이 버스는 ～을 지나간다. このバスはトンネルを通って行く。=굴길
굴곡(屈曲)〘名〙❶屈曲くっきょく。例～이 심한 산길 屈曲のひどい山道。❷【浮き沈み】起伏きふく。例～ 많은 한평생 起伏の多い一生。
굴곡-하다〘自〙屈曲くっきょくする。
굴광-성(屈光性)〘名〙〘生〙屈光性くっこうせい。
굴-길(窟―)〘名〙☞굴(窟)❷
굴다振るる舞ぅう。例아이처럼 ～. 子供のように振る舞う。
굴-다리(窟―)〘名〙陸橋りっきょう｜ガード｜高架橋こうかきょう。例～를 지나다. ガードを通って行く。
굴-대〘名〙〘기계〙軸じく｜心棒しんぼう。
굴뚝〘名〙煙突えんとつ。
굴뚝-같다〘形〙懇切こんせつだ｜やりたくてたまらない。例먹고 싶은 마음이 ～. 食べたくてたまらない。
굴뚝같-이〘副〙懇切こんせつに。
굴러-가다〘自〙転がる。例공이 대굴대굴 ～. ボールがころころ転がる。
굴러-다니다〘自〙転がり回まわる｜転がっている。
굴렁-쇠〘名〙(輪回まわし用ょうの)輪。=동그랑쇠❶
굴레〘名〙❶(牛馬ぎゅうばの)面繋おもがい。❷【자유를 제한하는】絆きずな｜束縛そくばく。例가족의 ～에서 벗어나다. 家族の束縛から逃がれる。
굴레 벗은 말[망아지/송아지]〘慣用〙面繋おもがいをはずされた馬：「❶束縛そくばくから解かれた自由じゆうな身み。❷きわめて乱暴らんぼうにふるまう人の」の意ぃ。
굴리다〘他〙❶転ころがす｜転ばす。例볼링공을 ～. ボウリングのボールを転がす。❷【아무렇게나 두다】(いい加減かげんに)ほったらかす。例중요한 책을 함부로 굴리지 마라. 大切な本をやたらにほったらかしにするな。❸【운전】運転うんてんする｜車を持もって運送業うんそうぎょうをする。例택시를 50대 ～. タクシーを50台持っている。❹【돈놀이】金貸かねかしをする。

굴복(屈服)〘名〙屈服くっぷく｜屈伏くっぷく。
굴복-하다〘自〙屈服くっぷくする｜屈伏くっぷくする。例그는 심한 고문에도 굴복하지 않았다. 彼はひどい拷問にも屈服しなかった。
굴비塩漬しぉづけで干ほした石首魚いしもち。
굴-속(窟―)〘名〙❶洞穴どうけつの中なか。❷洞穴ほらあなのように暗くらい所ところ。
굴신¹(屈伸)〘名〙屈伸くっしん。
굴신-하다〘自〙屈伸くっしんする。
굴신²(屈身)〘名〙❶身みをかがめること。❷遜へりくだること。
굴신-하다〘自〙❶身みをかがめる。❷遜へりくだる。
굴욕(屈辱)〘名〙屈辱くつじょく。例오늘의 ～을 이겨 내다. 今日きょうの屈辱に耐たえる。
굴욕-감(屈辱感)〘名〙屈辱感くつじょくかん。例～을 느끼다. 屈辱感を感じる。
굴절(屈折)〘名〙屈折くっせつ。例빛의 ～ 光ひかりの屈折。
굴절-하다〘自〙屈折くっせつする。例굴절된 소리 屈折した音。
굴절-어(屈折語)〘名〙〘言〙屈折語くっせつご。
굴-젓〘名〙牡蠣かきの塩辛しおから。
굴종(屈従)〘名〙屈従くつじゅう｜屈服くっぷく。
굴종-하다〘自〙屈従くつじゅうする｜屈服くっぷくする。
굴지(屈指)〘名〙屈指くっし。例～의 대기업 屈指の大手会社おおてがいしゃ。
굴지-하다〘自〙屈指くっしだ。
굴진(掘進)〘名〙掘進くっしん。
굴진-하다〘自〙掘進くっしんする。
굴착(掘鑿)〘名〙掘削くっさく。
굴착-하다〘自〙掘削くっさくする。
굴착-기(掘鑿機)〘名〙掘削機くっさくき。
굴타리-먹다〘自〙カボチャ・きゅうり・すいかなどが地面じめんに触ふれて傷いたんだところを虫むしが食ぅ。例굴타리먹은 호박이 뒹굴고 있다. 虫に食われているカボチャが転がっている。
굴터분-하다〘形〙☞'구리터분하다'의 준말.
굴텁텁-하다〘形〙☞'구리텁텁하다'의 준말.
굴-하다(屈―)〘自他〙屈くっする｜屈服くっぷくする｜服従ふくじゅうする。例어떠한 협박에도 굴

하지 않다. いかなる脅迫にも屈しない。

굵다[형] ❶[길이] (長さいものの直径が)太い。예굵은 팔뚝 太い腕/굵은 허벅지 太い太股/굵은 목 太い首/허리가 ~. 腰が太い。❷[둘레] (丸さい物が)大きい。예굵은 모래 粗さい砂/굵은 빗방울 大粒の雨/콩알이 ~. 豆粒が大きい。❸[소리] (声が)太い。예목소리가 ~. 声が太い。❹[배부름] 太っ腹だ。❺[거칠] 粗さい。

굵-다랗다[형] [크다] 太い｜大きい。

굵직굵직-하다[형] 【크다】 太い｜大きい。예굵직굵직한 손마디 太い手の節/손가락이 ~. 指が太い。

굵직-하다[형] 【크다】 太めだ｜(粒が)大きめだ｜力強くがっしりしている。예굵직한 허리 がっしりした腰/굵직한 발목 がっしりした足首。

굶-기다[타] 飢えさせる。예벌로 저녁을 굶겼다. 罰で夕ご飯を飢えさせた。

굶다[자][타] [시장끼] 食事を抜く｜飢える。예점심을 굶었다. 昼ご飯を抜いた。/다이어트를 위하여 굶는다. ダイエットのために食事を抜いている。/21세기에도 굶어 죽는 사람이 있다. 21世紀にも飢え死にする人々がある。

굶-주리다[자] ❶[시장끼가 심하다] 飢える。❷[애정이나 욕망에 있어서] 飢える。예애정에 ~. 愛情に飢える。

굶주림 飢え。추위와 ~에 괴로워하다. 寒さと飢えに苦しむ。

굼-뜨다[형] (動作や進行などがじれったいほど)のろい｜鈍い。예살이 쪄서 행동이 ~. 太って行動がのろい。/굼뜨게 움직인다. のろのろと動く。

굼벵이[명] ❶《동》蟬の幼虫。❷【행동이 느리고 미련한 사람을 비유】のろま。예~ 걸음 のろのろとした足どり/~ 같은 놈이다. のろまだ。

굼벵이(도) 구르는 재주(가) 있다[속담] 蟬の幼虫でも転がる才能はある：「能の無しでもなにか一つは才能がある」の意。

굼실-거리다[자] (虫が)もぞもぞ蠢く。 =굼실대다

굼실-굼실[부] もぞもぞ｜もそもそ。=굼실곰실

굼실-대다[자] ☞굼실거리다

굼적[부] ちょっと動くさま。예죽은 줄 알았던 사람이 ~ 움직였다. 死んだと思っていた人がゆっくり動いた。

굼적-거리다[자][타] のろのろと動かす。=굼적대다

굼적-대다[자][타] ☞굼적거리다

굼적-굼적[부] のろのろ｜ぐずぐず。

굼지럭 体の動きがのろいさま｜ぐずぐずするさま。

굼지럭-거리다[자][타] ぐずぐずする｜むずむずする｜のろのろする。예하루 종일 굼지럭거렸지만 아무 일도 하지 못했다. 一日中もぞもぞしていたが何も出来なかった。=굼지럭대다 ⓒ굼질거리디

굼지럭-대다[자] ☞굼지럭거리다 ⓒ굼질대다

굼지럭-굼지럭[부] のろのろ｜ぐずぐず｜むずむず。ⓒ굼질굼질

굼질-거리다[자] ☞'굼지럭거리다'의 준말.

굼질-굼질[부] ☞'굼지럭굼지럭'의 준말.

굼질-대다[자] ☞'굼지럭대다'의 준말.

굼틀[부] 【벌레 따위가 몸을 굽혔다 폈다 하며】 くねくね｜にょろり。예자다가 몸을 ~ 움직이다. 寝ながら体をくねくねと動かす。

굼틀-거리다[자][타] (くねくねと)のたくる｜くねらせる。예흠씬 얻어맞고 쓰러져 있던 사람이 몸을 ~. ひどくなぐられて倒れていた人が体をくねらせる。=굼틀대다

굼틀-대다[자][타] ☞굼틀거리다

굼틀-굼틀 にょろにょろ｜くねくね。예벌레가 ~ 기어간다. 虫がにょろにょろと這う。

굽[명] ❶(靴の)かかと｜ヒール。예~이 높은 샌들 ヒールの高いサンダル。❷[발굽] (牛・馬などの)蹄。예말 ~ 소리가 나다. 馬の蹄の音がする。❸【陶磁器 따위의 밑받침】(陶器などの)底｜糸尻｜糸底。예~이 높은 그릇 糸尻の高い器。

굽-갈이[명] (靴の)かかとを取り替えること。

굽갈이-하다[타] (靴の)かかとを取り替える。예구두 굽이 닳아서 ~. 靴のかかとがかすり減ったので替える。

굽다[타] ❶[불로] 焼く。예불고기를 구워 먹다. 焼き肉を焼いて食べる。❷【벽돌 따위를】(煉瓦・陶磁器などを)焼く。예벽돌을 ~. 煉瓦を焼く。❸《컴》(シーディーを)焼く。

굽다[Ⅰ][자] 曲がる｜たわむ｜屈む。예그 사고로 팔이 굽어 버렸다. その事故で腕が曲がってしまった。

Ⅱ[형] 曲がっている｜たわんでいる。

예 허리가 굽은 할머니 腰の曲がったお婆さん.

굽슬굽슬-하다 혱 (髮の毛·糸などが) 縮れている。예 굽슬굽슬한 머리칼 縮れた髮の毛.

굽실 閉 ❶【丁寧に頭を下げるさま】ぺこん(と)。예 ~ 절을 하다. 丁寧におじぎをする。❷【相手に気に入られるために卑屈な態度をとるさま】ぺこぺこ ¦ へこへこ.

굽실-거리다 자타 ぺこぺこする。예 허리를 ~. 腰をかがめる。/그 사람은 상사 앞에서는 늘 굽실거린다. その人は上司の前ではいつもぺこぺこする. =굽실대다

굽실-대다 자타 ☞굽실거리다

굽실-굽실 ぺこぺこ ¦ へこへこ。예 ~ 머리를 숙이다. ぺこぺこ頭を下げる.

굽어-보다 타 ❶身をかがめて下を見る ¦ (高い所から)見下ろす。예 전망대에서 아래쪽을 ~. 展望台から下の方を見下ろす。❷【斟酌する】察する ¦ 思いやる.

굽-이 명 曲がり角 ¦ カーブになっている所。예 강~ 川の曲がっている所.

굽이-굽이 ❶曲がっている角ごとに。❷流れが曲がっているさま ¦ くねくね。예 ~ 굽이진 산길 くねくね曲がりくねる山道.

굽이-돌다 자 曲がりくねる。예 천천히 굽이도는 강이 보인다. ゆるく曲がりくねる川が見える.

굽이-치다 자 (川が)曲がりくねる.

굽적 閉 ぺこん(と)。예 교수님께 ~ 절을 했다. 教授にぺこんとお辞儀した.

굽적-거리다 자타 しきりに腰をかがめる。=굽적대다

굽적-대다 자타 ☞굽적거리다

굽적-굽적 閉 ぺこぺこ。예 고마움에 ~ 인사를 하다. ありがたくてぺこぺこと挨拶する.

굽-질리다 자 【일이 계획·생각대로 되지 않다】上手くいかない ¦ 思うように捗らない。예 어제는 무엇을 해도 굽질리는 날이었다. 昨日は何をしても上手くいかない日だった.

굽-통 【解】(矢の)根太卷.

굽-히다 타 ❶かがめる。예 몸을 앞으로 ~. 体を前にかがめる。/고개를 옆으로 ~. 頭を横に曲げる。/팔을 ~. 腕を曲げる。/다리를 ~. 脚を曲げる。/손가락을 ~. 指を曲げる。/자신의 뜻을 굽히지 않다. 自分の志を曲げない.

굿 명 ❶〈민〉【무당이 하는 굿】クッ。예 이웃집으로 ~을 보러 가다. 隣の家にクッを見に行く。❷【구경거리】見もの ¦ 見せもの.

굿-하다 자 クッをする ¦ ムーダン(무당)が供え物を供えて神霊を招いて祈祷の儀式を行う。예 산에서 굿하는 소리가 들려온다. 山でクッをする音が聞こえる.

굿이나 보고 떡이나 먹지[먹으면 된다] 속담 クッをすることを見物して餅でももらえ;「人のことに無駄な干涉せず見物してばかりいる途中、自分の利益を計れ」の意.

궁(宮) 명 宮 ¦ 宮殿.

궁경(窮境) 명 窮境 ¦ 苦境 ¦ 窮地。=궁지

궁곡(窮谷) 명 深い谷.

궁궐(宮闕) 명 宮廟 ¦ 宮城 ¦ 宮殿。예 ~ 같은 저택 宮殿のような邸宅。=대궐

궁극(窮極) 명 窮極まる ¦ 窮まり。예 ~의 목적 窮極の目的.

궁극-하다 혱 ❶【간절하다】懇切だ。❷【곤궁하다】生活が困窮する ¦ 貧窮する.

궁극-적(窮極的) 관명 窮極的。예 인생의 ~인 목표 人生の窮極的な目標.

궁글다 혱 ❶【가운데가 비다】すき間ができている。예 벽지가 ~. 壁紙が剥がれてすき間ができている。❷【속이 비어 있다】空洞になっている。예 통나무가 ~. 丸太の内部が空洞になっている.

궁금-증(-症) 명 気がかり ¦ 心配なこと ¦ もどかしさ ¦ じれったさ。예 ~을 견디지 못하고 선생님께 달려갔다. 気がかりでどうしようもなく、先生のところに飛んで行った.

궁금-하다 혱 ❶気がかりだ ¦ 気遣わしい ¦ 心配だ。예 그 일이 잘 해결되었는지 ~. その問題が無事に解決したかどうか気がかりだ。/시험을 잘 보았는지 ~. 試験がよくできたかどうか気がかりだ。❷【시장하다】何か食べたい。예 입이 궁금해서 과자를 사 먹었다. 何か食べたくてお菓子を買って食べた.

궁금-히 閉 気がかりに ¦ 気遣わしく.

궁기(窮氣) 명 困窮な気色。예 얼굴에 ~가 나타나다. 顔に困窮な気色が表われる.

궁녀(宮女)圏《역》宮女ぢょ。女官かん。=나인
궁둥이圏 ❶尻しり。臀部でんぶ。❷服ふくの尻しりの部分ぶぶん。囫바지의 ~가 번질번질하다. ズボンの尻の部分がてかてか光っている。

궁둥이가 가볍다[관용] 尻しりがこそばゆい。
궁둥이가 무겁다[질기다][관용] 尻しりが長ながい│尻を落おち着つける。

궁둥잇-바람圏 (調子ちょうしに乗のって)尻しりを揺ゆすりながら立たち回まわる勢いきおい。囫~이 나다. 調子に乗って尻を振る。

궁둥잇-짓圏 尻しりを振ふり動うごかす動作どうさ│尻振しりぶり。
궁둥잇짓-하다困 尻しりを振ふる。囫아기가 궁둥잇짓하며 춤추다. 赤あかちゃんがおしりをふりながら踊おどる。

궁리(窮理)圏 ❶[생명의 이치를 연구함] 窮理きゅうり。❷[아이디어] 工夫くふう│思案しあん。囫이런저런 ~를 하며 밤을 새웠다. あれこれ工夫をしながら夜よるを明あかす。
궁리-하다囲 ❶ 窮理きゅうりする。❷ 工夫くふうする│思案しあんする。囫열심히 ~. 工夫をこらす。

궁박-하다(窮迫一)圏 窮迫きゅうはくする│非常ひじょうに困窮こんきゅうする。
궁박-히閉 窮迫きゅうはくしく。

궁벽-하다(窮僻一)圏 辺鄙へんぴだ。囫궁벽한 곳에 있는 학교 片辺かたほとりにある学校がっこう。
궁벽-히閉 辺鄙へんぴに。

궁상[1](窮狀)圏 窮状きゅうじょう。囫지지리 ~이다. 大変たいへん苦くるしい状態じょうたいにある。
궁상[2](窮相)圏 [생명이 빈한해 보이는] 貧相ひんそう。
궁상-떨다(窮狀一)困 貧乏びんぼうたらしく振ふる舞まう。
궁상-맞다(窮狀一)圏 窮状きゅうじょうでみすぼらしい。囫궁상맞은 꼴 窮状でみすぼらしい姿すがた。

궁색-하다(窮塞一)圏 ❶困窮こんきゅうして暮くらしが苦くるしい│非常ひじょうに貧まずしい。囫하루하루 버티기도 어려운 매우 궁색한 가정 毎日まいにち毎日過すごすにも困こまる非常ひじょうに困窮こんきゅうした家庭かてい。/그는 궁색하게 살고 있다. 彼かれは非常に貧しく暮くらしている。❷[이유나 근거가] (理由りゆう・根拠こんきょなどが足たりなくて)苦くるしい│つらい。囫궁색한 변명 苦くるしい弁解べんかい。
궁색-히閉 非常ひじょうに貧まずしく。

궁수(弓手)圏《역》射手しゃしゅ。
궁수-자리(弓手一)圏《천》射手座いてざ。
궁술(弓術)圏 弓術きゅうじゅつ。弓道きゅうどう。

궁시(弓矢)圏 弓矢ゆみや│弓ゆみと矢や。
궁여지책(窮餘之策)圏 [성명의 막다른 끝에서 짜낸 방책] 窮余きゅうよの一策いっさく。
궁전(宮殿)圏 宮殿きゅうでん。
궁정[1](宮廷)圏 宮廷きゅうてい。囫~ 문학 宮廷文学ぶんがく。=궁궐
궁정[2](宮庭)圏 [궁중의 뜰] 宮中きゅうちゅうの庭にわ。
궁중(宮中)圏 宮中きゅうちゅう│禁中きんちゅう。
궁지(窮地)圏 窮地きゅうち│窮境きゅうきょう│苦境くきょう。囫~에 몰리다. 窮地に追おわれる。
궁책(窮策)圏 窮策きゅうさく。
궁촌(窮村)圏 貧村ひんそん│寒村かんそん。
궁-터(宮一)圏 宮殿きゅうでんの跡あと。
궁핍-하다(窮乏一)圏 窮乏きゅうぼうする。囫궁핍한 생활 貧乏びんぼうな生活せいかつ。
궁핍-히閉 窮乏きゅうぼうしく│貧乏びんぼうに。

궁-하다(窮一)圏 窮きゅうする。❶貧まずしくて苦くるしい。囫가족이 많아서 생활이 ~. 家族かぞくが多おおくて生活せいかつが苦しい。❷ (仕事しごと・金かね・物ものが)無なくなって困こまっている│尽つきる。囫그는 이야깃거리가 궁하게 되어 난처해했다. 彼かれは話はなしのねたが無なくなり困っている。/돈이 궁하여 다급해지자 거짓말을 하다. 金が尽きてせっぱつまるや嘘うそをつく。

궁합(宮合)圏 (男女だんじょの)相性あいしょう。囫~이 안 좋다. 相性が悪わるい。/~을 보다. 相性の善よし悪あしを見みる。
궁형(弓形)圏 弓形きゅうけい│弧こ│弓ゆみなり。

궂다圏 ❶【날씨가】(雨あめや雪ゆきで)天気てんきが悪わるい。囫나는 비가 와서 궂은 날이 싫다. 私わたしは雨で天気の悪い日ひが嫌きらいだ。❷[언짢고 까다롭다] 悪わるい│忌いまわしい│厭いとわしい。囫아버지는 궂은 일도 겁내지 않다. 父ちちは悪いことにも恐おそれない。

궂은-고기圏 病気びょうきで死しんだ動物どうぶつの肉にく。
궂은-비圏 しとしとと長ながく降ふり続つづくうっとうしい雨あめ。囫~ 내리는 가을날 長雨ながあめが続く秋あきの日ひ。
궂은-살圏 [상처나 부스럼이 아문 자리에 돋아나는 군더더기 살] 傷跡きずあとに新あたらしくできた贅肉ぜいにく。=군살❷・췌육
궂은-일圏 ❶汚きたならしくていやな仕事しごと│不吉ふきつなこと│凶事きょうじ。❷葬礼そうれいに関連かんれんする仕事しごと。

권[1](卷)의 [책의 권수를 세는 말] 巻かん│冊さつ。囫소설 한 ~을 사다. 小説しょうせつ一冊いっさつを買かう。
권[2](勸)圏 勧すすめ│勧告かんこく。囫친구의 ~을 받아들이기로 했다. 友ともだちの勧めを受うけ取とることにした。

-권³(券)[접] 【자격이나 권리의 표시로 쓰는】 —券けん。 예 입장권 入場券にゅうじょうけん / 승차권 乗車券じょうしゃけん。

-권⁴(圈)[접] 【범위・그범위에 드는 지역의 뜻】 —圏けん。 경제권 経済圏けいざいけん / 수도권 首都圏しゅとけん / 세력권 勢力圏せいりょくけん。

-권⁵(權)[접] 【권리의 뜻】 —權けん。 예 기득권 既得權きとくけん / 경영권 経営權けいえい / 참정권 参政權さんせい / 소유권 所有權しょゆう。

권고(勸告)[명] 勸告かんこく。 예 ~를 따르다. 勧告に従したがう。
　권고-하다[타] 勧告かんこくする。

권내(圈内)[명] 圏内けんない。

권두(卷頭)[명] 巻頭かんとう。

권두-언(卷頭言)[명] 【책머리의 머리말】 巻頭言かんとうげん。

권력(權力)[명] 權力けんりょく。 예 ~ 투쟁 権力闘争けんりょくとうそう / ~을 잡다. 権力を手てにする。/ ~을 행사하다. 権力を行使こうしする。

권력-자(權力者)[명] 權力者けんりょくしゃ。

권리(權利)[명] 權利けんり。 예 ~ 남용 権利濫用らんよう / 주민의 ~를 행사하다. 住民じゅうみんの権利を行使こうしする。/ ~를 침해하다. 権利を侵害しんがいする。/ 그 재산의 ~는 나에게 있다. その財産ざいさんの権利は私わたしにある。

권리-금(權利金)[명] 《법》權利金けんりきん。 예 보증금보다 ~이 더 비싼 상가 保証金ほしょうきんより権利金がもっと高たかい商店しょうてん / 장사가 잘되어서 ~이 올라가다. 商売しょうばいが繁盛はんじょうして権利金が上あがる。

권말(卷末)[명] 巻末かんまつ。 예 ~ 부록 巻末付録ふろく。

권모-술수(權謀術數)[명] 権謀術数けんぼうじゅっすう。

권문-세가(權門勢家)[명] 権門勢家けんもんせいか。

권선-징악(勸善懲惡)[명] 勧善懲悪かんぜんちょうあく。

권세(權勢)[명] 權勢けんせい。 예 ~를 부리다. 権勢をふるう。

권속(眷屬)[명] 【한집안 식구】眷属けんぞく。 =권솔

권솔(眷率)[명] ☞권속

권수(卷數)[명] 巻数かんすう。 예 ~를 세다. 巻数を数かぞえる。

권외(圈外)[명] 圏外けんがい。

권위(權威)[명] 權威けんい。 예 ~ 있는 학술 단체 権威ある学術がくじゅつ団体だんたい / 부모의 ~가 실추되다. 親おやの権威が失墜しっついする。

권위-자(權威者)[명] 權威者けんいしゃ。

권위-주의(權威主義)[명] 権威主義けんいしゅぎ。

권유(勸誘)[명] 勸誘かんゆう。 예 보험 가입 ~ 保険加入かにゅうの勧誘。
　권유-하다[타] 勧誘かんゆうする。

권익(權益)[명] 權益けんえき。 예 ~을 보호하다. 権益を保護ほごする。

권장(勸奬)[명] 勸奬かんしょう。 예 ~을 받다. 勧奨を受うける。
　권장-하다[타] 勧奨かんしょうする。 예 예방 접종을 ~. 予防ぼう接種せっしゅを勧奨する。

권-적운(卷積雲)[명] 巻積雲けんせきうん｜いわし雲くも｜まだら雲。

권질(卷帙)[명] 巻帙かんちつ｜巻かんと帙ちつ。

권총(拳銃)[명] 拳銃けんじゅう｜ピストル。 예 ~ 사격 拳銃射撃しゃげき / ~을 발사하다. ピストルを発射はっしゃする。=단총

권-층운(卷層雲)[명] 巻層雲けんそううん。

권태(倦怠)[명] 倦怠けんたい。 예 ~를 느끼다. 倦怠を感かんじる。

권태-감(倦怠感)[명] 倦怠感けんたいかん。

권태-기(倦怠期)[명] 倦怠期けんたいき。 예 부부가 ~에서 벗어나다. 夫婦ふうふが倦怠期を脱出だっしゅつする。

권투(拳鬪)[명] 《운》拳鬪けんとう｜ボクシング。 예 ~ 시합 拳鬪試合しあい / ~ 선수 ボクサー。 =복싱

권-하다(勸-)[타] 勸すすめる。 예 선생님은 나에게 외국 유학을 권했다. 先生せんせいは私わたしに外国留学がいこくりゅうがくを勧めた。/ 술을 ~. 酒さけを勧める。/ 점심을 같이 먹자고 ~. 昼食ちゅうしょくを一緒いっしょに食たべようと勧める。

권학(勸學)[명] 勸學かんがく。
　권학-하다[타] 勧学かんがくする。

권한(權限)[명] 權限けんげん。 예 ~ 밖의 일이다. 権限外がいの事ことだ。/ 교섭 ~을 부여하다. 交渉こうしょう権限を付与ふよする。

궐(闕)[명] 闕けつ｜宮闕きゅうけつ。 =궁궐

궐기(蹶起)[명] 決起けっき。 예 전국 총 ~ 대회 全国総そう決起大会たいかい。
　궐기-하다[자] 決起けっきする。

궐련(-煙)[명] 巻まきタバコ。 예 ~에 불을 붙이다. 巻きタバコに火ひをつける。

궤(櫃)[명] 【물건을 넣는 상자】櫃ひつ。

궤계(詭計)[명] 詭計きけい｜偽計ぎけい。 예 ~에 빠지다. 詭計に陥おちいる。 =궤술

궤도(軌道)[명] 軌道きどう。 예 인공위성 ~ 人工衛星えいせい軌道 / ~ 수정 軌道修正しゅうせい / ~에 오르다. 軌道に乗のる。

궤멸(潰滅)[명] 壞滅かいめつ。
　궤멸-하다[자] 壊滅かいめつする。 예 테러리스트를 궤멸시키다. テロリストを壊滅させる。

궤변(詭辯)[명] 《논》詭弁きべん。 예 ~학파 詭弁学派がくは / ~을 늘어놓다. 詭弁を弄ろうする。

궤사(詭詐)[명] 詭詐きさ。
　궤사-하다[타] 欺あざむく｜偽いつわる。

궤술(詭術)[명] 詭術きじゅつ。 =궤계

궤양(潰瘍)[명]《의》潰瘍。 <예>급성 ~ 急性潰瘍/ 십이지장 ~ 十二指腸潰瘍。

궤적(軌跡·軌迹)[명] 軌跡。

궤주(潰走)[명] 潰走。
　궤주-하다[자] 潰走する。

궤-짝(櫃—)[명] 櫃。

귀¹[명] ❶耳。❷《의》耳介｜耳殼。=귓바퀴 ❸注ぎ口｜呑み口。=귀때 ❹【바늘의 구멍】針の穴｜めど｜(針の)耳。❺【헝겊의 모서리】角｜端。
　귀가 가렵다[관용] 誰かが私のことをしゃべっているようだ。
　귀(가) 따갑다[관용] ❶【소리가 너무 커서】やかましい｜耳をつんざくほどだ。<예>그 소리는 귀 따가울 정도다. その音は耳をつんざくほどやかましい。❷【귀에 못이 박일 정도로 여러 번 들어서】耳が痛い。=귀가 아프다
　귀(가) 아프다[관용] ☞귀가 따갑다❷
　귀(를) 기울이다[관용] 聞き違えたのではないかと耳を傾ける。=귀를 재다
　귀(를) 뜨다[관용] (人間や動物が)誕生してから初めて耳が聞こえるようになる。
　귀를 재다[관용] ☞귀(를) 기울이다
　귀(를) 주다[관용] ❶人の話を盗み聞きする。<예>귀 주어 이야기를 듣다. 盗み聞きする。❷耳打ちする。
　귀에 거슬리다[관용] 耳障りだ。<예>너의 말이 귀에 거슬린다. 君の言葉が耳障りだ。
　귀(에) 거칠다[관용] (話しが)聞き苦しい。
　귀에 못이 박히다[관용]【같은 내용을 너무 여러 번 들어 귀찮다】耳にたこができる。
　귀(에) 익다[관용] 耳慣れる。<예>저 말은 귀에 익은 말이다. それは聞き慣れた言葉だ。

귀-²(貴)[접]【친척이나 친구 또는 무엇의】貴—。<예>귀금속 貴金属。

귀가(歸家)[명] 帰宅。<예>~ 시간 帰宅時間。
　귀가-하다[자] 帰宅する。<예>일을 마치고 ~. 仕事を終えて帰宅する。

귀감(龜鑑)[명] 龜鑑｜鑑｜模範。<예>사람들에게 ~이 되다. 人々の龜鑑になる。

귀갑(龜甲)[명]【거북의 등딱지】龜甲。

귀객(貴客)[명] 貴賓。=귀빈

귀-걸이[명] ❶耳当て｜耳袋。=귀마개 ❷☞귀고리

귀결(歸結)[명] 帰結。<예>당연한 ~이 될 것이다. 当然の帰結になるはずなのだ。
　귀결-하다[자] 帰結する。

귀경(歸京)[명] 帰京。
　귀경-하다[자] 帰京する。

귀-고리[명] イヤリング｜耳飾り。=귀걸이

귀공자(貴公子)[명] 貴公子。

귀교(歸校)[명] 帰校。
　귀교-하다[자] 帰校する。

귀국¹(貴國)[명]【상대편의 나라를 높여 이르는 말】貴國。

귀국²(歸國)[명] 帰国。<예>일시 ~ 一時帰国。
　귀국-하다[자] 帰国する。<예>유학을 마치고 ~. 留学を終えて帰国する。

귀-금속(貴金屬)[명] 貴金属。

귀납(歸納)[명]《논》帰納。
　귀납-하다[타] 帰納する。

귀납-법(歸納法)[명]《논》帰納法。

귀납-적(歸納的)[관용] 帰納的。<예>~ 추론 帰納的推論。

귀넘어-듣다[타] 聞き流す。<예>충고를 ~. 忠告を聞き流す。

귀농(歸農)[명]《사》帰農。
　귀농-하다[자] 帰農する。<예>사업을 그만두고 ~. 事業をやめて帰農する。

귀담아-듣다[타] 注意深く聞く｜傾聴する。<예>학생들은 선생님의 강의를 귀담아들었다. 学生たちは先生の講義を傾聴した。

귀댁(貴宅)[명] 貴宅｜お宅。

귀도(歸途)[명] 帰途｜帰路。=귀로

귀-동냥[명] 耳学問｜聞きかじり｜聞き覚え。<예>~으로 알다. 聞きかじりで知っている。/ ~으로 배우다. 耳学問で学ぶ。
　귀동냥-하다[타] 聞きかじる｜聞き覚える。

귀-동자(貴童子)[명] かわいがられている男の子。

귀둥-대둥[부]【말이나 행동을 함부로 하는 모양】でたらめな言動を振舞うさま｜いいかげんに。

귀 때[명]【주전자 등에 그릇의 한쪽에】つぎ口｜呑みの口。=귀❸

귀-때기【낮말】耳。

귀뚜라미[명]《동》蟋蟀。<예>가을밤의 ~ 소리 コオロギの鳴く秋の夜。=귀뚜리

귀뚜리[명] ☞귀뚜라미

귀뚤-귀뚤[부]【귀뚜라미가 계속해서 우는 소리】ころころ｜りんりん｜ちりんちりん。<예>귀뚜라미가 ~ 운다.

コオロギがころころと鳴く。

귀-띔 耳打ち。예~으로 알다. 耳打ちで知る。
  귀띔-하다티 耳打ちする。예귀띔해 주나. 耳打ちしてあげる。
귀로(歸路)명 帰路。예~에 오르다. 帰路につく。
귀리명 (식)燕麦。
귀-머거리명 「聴覚障害者」の俗っぽい語。聾者。
귀-먹다자 ❶耳が遠くなる｜耳が聞こえなくなる｜つんぼになる。예귀먹었느냐! 왜 대답을 하지 않니! 耳が聞こえなくなったのか。どうして答えないのか。❷人の言うことが理解できない。
귀목명 欅の材木。
귀목-나무명 느티나무。
귀물(貴物)명 貴重な物。
귀밀-머리명 耳の下辺りに生えた毛。
귀-부인(貴婦人)명 貴婦人。
귀빈(貴賓)명 貴賓。=귀객
귀빈-석(貴賓席)명 貴賓席。
귀빈-실(貴賓室)명 貴賓室。
귀-빠지다자 生まれる。예오늘은 남동생 귀빠진 날이다. 今日は弟の誕生日だ。
귀-뿌리명 耳の付け根。
귀살-스럽다 散らかって乱れているような感じだ｜こんがらがって散乱している｜乱れてめちゃくちゃになる。
  귀살스레무 こんがらがって慌ただしく｜散乱して。예~ 집을 나오다. 慌ただしく家を出る。
귀성(歸省)명 帰省。
  귀성-하다자 帰省する。예추석에 귀성하는 사람이 많다. チュソクに帰省する人が多い。
귀속(歸屬)명 帰属。예~ 재산 帰属財産。
  귀속-하다자 帰属する。
귀순(歸順)명 帰順。
  귀순-하다자 帰順する。예적이 귀순해 오다. 敵が帰順してくる。
귀신(鬼神) 鬼神・さん。❶霊魂｜幽霊｜亡霊。예공동묘지에 幽霊が現われた。共同墓地に幽霊が現れる。❷災いをもたらす悪霊。예~보다 사람이 더 무섭다. 鬼神より人がもっと怖い。❸人並みにすぐれた特別な才能のある人。예~ 같은 솜씨 鬼神みたいな腕前。
귀신이 곡할 노릇[일](이다)속담 非常に奇妙で内幕が分からない。
귀-싸대기명 横っ面｜ほっぺた。
귀-앓이명 (의)耳痛。=이통(耳痛)
귀양명 (역)流刑・流し｜流罪｜島流し。예~ 보내다. 流刑に処する。
귀엣-말명 귓속말。
귀여워-하다티 可愛がる｜慈しむ。예강아지를 ~. 子犬をかわいがる。
귀염명 可愛がること。예그 아이는 선생님의 ~을 독차지하고 있다. その子は先生の愛を独り占めにしている。/ 그 애는 누구에게나 ~을 받는 아이이다. その子は誰にでもかわいがられる子だ。
귀염-둥이명 とても可愛がってもらう子。예우리 집 ~ うちのかわいい子。
귀염-성(一性)명 可愛らしいところ｜可愛げ｜可愛さ。예내 여자 친구의 눈은 ~ 있다. 私のガールフレンドの目はかわいげがある。
귀엽다형 可愛い｜愛らしい｜愛くるしい｜いとしい。예귀여운 입술 愛らしい唇 / 귀엽게 웃고 있는 눈 愛らしく笑っている目。
귀의(歸依)명 帰依。
  귀의-하다자 帰依する。예종교에 ~. 宗教に帰依する。
귀-이개명 耳かき。
귀인(貴人) 貴人。
귀일(歸一)명 帰一。
  귀일-하다자 帰一する。
귀임(歸任)명 帰任。
  귀임-하다자 帰任する。
귀-잠명 深い眠り｜熟睡｜ぐっすり眠ること。예아이들은 대개 ~이 든다. 子供たちはたいてい熟睡する。
귀재(鬼才)명 鬼才。예영화계의 ~ 映画界の鬼才。
귀접-스럽다 ❶気に食わなく非常に汚らしい。예귀접스러운 방에서 잠을 자다니, 気に食わなく汚らしい部屋で寝るなんて。❷卑しくて品格がない。예귀접스러운 일은 그만둬. 品がなく卑しいことはやめなさい。

귀접스레 🖫 ❶ 気に食わなく非常に汚らしく。 예 동생은 무슨 물건이든 ~ 다. 弟はどんな物でも気に食わなく汚らしく使う。 ❷ 品がなく卑しく嫌らしく。 예 그의 눈빛이 ~ 보인다. 彼の目付きが品がなく卑しく見える。

귀조(歸朝) 帰朝。帰国。
　귀조-하다 困 帰朝する。帰国する。
귀족(貴族) 貴族。
귀중(貴中) [편지] 御中。
귀중-하다(貴重─) 汚らしい。
귀중-품(貴重品) 貴重品。
귀중-하다(貴重─) 貴重だ。 예 귀중한 시간 貴重な時間。
　귀중-히 貴重に。大切に。
귀-지 耳糞。耳垢。
귀착(歸着) 帰着。
　귀착-하다 帰着する。
귀찮다 面倒くさい。面倒だ。うるさい。やっかいだ。煩わしい。 예 그 아이가 매일 우리 집에 오는 것은 귀찮은 일이다. あの子が毎日家に来るのはやっかいなことだ。 / 귀찮으시더라도 방문을 허락해 주십시오. ご面倒でも訪問を許可してください。 / 귀찮아서 이제 더 이상 못하겠다. 面倒くさくてもうこれ以上はできない。

귀천(貴賤) 貴賤。 예 직업에 ~ 없다. 職業に貴賤なし。
귀-청 (의) 鼓膜。 = 고막
　귀청(이) 떨어지다 [관용] 鼓膜が破れるほど音が大きすぎる。
귀체(貴體) [편지] 御身。
귀추(歸趨) 帰趨。帰趣。
귀퉁이 ❶ (ものの)角。 ❷ 隅。
귀틀-집 [건축] 丸太小屋。
귀하(貴下) 貴下。
귀-하다(貴─) ❶ (身分‧地位が)高い。 예 어렸을 때는 그와 자주 놀았는데, 귀한 몸이 된 지금은 만나기도 어렵다. 幼いころは彼とよく遊んだのに、高い身分になった今はもう会うのも難しい。 ❷ [編] かわいい。大切だ。 예 나의 귀한 딸 私のかわいい娘よ。 ❸ [編] 大変珍しい。きわめて貴重だ。 예 귀한 선물을 받다. きわめて貴重なプレゼントをもらう。 / 귀한 손님이 집에 오셨다. 大変珍しいお客が家に来られた。

귀-히 尊く。珍しく。大切に。 예 이 아이는 ~ 자라나서 건방지다. この子は大切に育てられたので生意気だ。 / 인삼과 녹용은 ~ 여기는 한약재이다. コウライニンジンと鹿茸は珍しく思われる韓方薬の材料だ。
귀항¹(歸航) 帰航。復航。
　귀항-하다 困 帰航する。復航する。
귀항²(歸港) 帰港。
　귀항-하다 困 帰港する。
귀향(歸鄕) 帰郷。
　귀향-하다 困 帰郷する。 예 20년 만에 ~. 20年ぶりに帰郷する。
귀형(貴兄) 貴兄。
귀화(歸化) 帰化。
　귀화-하다 困 帰化する。 예 한국에 ~. 韓国に帰化する。
귀화-인(歸化人) 帰化人。
귀환(歸還) 帰還。
　귀환-하다 帰還する。 예 전쟁에서 승리하고 ~. 戦争で勝利して帰還する。
귀휴(歸休) 帰休。
귀휴-병(歸休兵) 帰休兵。
귓-가 耳のふち。耳の辺り。耳もと。 예 ~에 대고 속삭였다. 耳もとでささやいた。
　귓가에 맴돌다 [관용] 耳元で聞こえるようだ。 예 그녀의 웃음소리가 귓가에 맴돌았다. 彼女の笑い声が耳元で聞こえるような気がした。
귓-구멍 耳の穴。 예 면봉으로 ~을 후비다. 綿棒で耳の穴をほじくる。
귓-등 耳介の外側。
귓-바퀴 (의) 耳介。耳殻。
귓-밥 ❶ 耳朶。 = 귓불 ❷ ☞ '귀지'의 잘못.
귓-불 耳朶。
귓-속 耳の内側。
귓속-말 耳打ち。 예 살짝 ~로 속삭이다. そっと耳打ちでささやく。 = 귀엣말‧이어(耳語)
귓-전 耳もと。
규각(圭角) 圭角。 ❶ とがった角。 ❷ (言動‧性格などが)とげとげしさがあること。円満でないこと。
규격(規格) 規格。 예 ~에 맞추다. 規格に合わせる。
규격-품(規格品) 規格品。
규격-화(規格化) 規格化。

규격화-하다 規格化する。
규례(規例)⟨명⟩ 規則と慣例。
규명(糾明)⟨명⟩ 糾明。
　규명-하다⟨타⟩ 糾明する。㈀진상을 ~. 真相を糾明する。
규모(規模)⟨명⟩ 規模。㈀사업 ~ 事業の規模/시장 ~ 市場の規模/가 큰 시설 규모의 大きい施設。
규범(規範)⟨명⟩ 規範¦軌範。㈀행동 ~ 行動の規範/사회 ~ 社会の規範。
규산(硅酸·珪酸)⟨명⟩⟨화⟩珪酸。
규산-염(硅酸鹽)⟨명⟩⟨화⟩珪酸塩。
규석(硅石·珪石)⟨명⟩⟨광⟩珪石。
규소(硅素·珪素)⟨명⟩⟨화⟩珪素¦硅素。
규수(閨秀)⟨명⟩ ❶ お嬢さん。❷ 閨秀。
규약(規約)⟨명⟩ 規約。㈀ ~ 초안 規約草案/~을 위반하다. 規約に違反する。
규율(規律)⟨명⟩ 規律¦紀律。㈀ ~을 세우다. 規律を立てる。/~을 적용하다. 規律を適用する。
규정(規定)⟨명⟩ 規定。㈀도서 대출 ~ 図書の貸出し規定/~에 따르다. 規定に従う。
　규정-하다⟨타⟩ 規定する。
규제(規制)⟨명⟩ 規制。
　규제-하다⟨타⟩ 規制する。㈀오토바이의 폭주 행위를 ~. オートバイの暴走行為を規制する。
규준(規準)⟨명⟩ 規準。
규중(閨中)⟨명⟩ 閨中¦婦女子の居間。
규찰(糾察)⟨명⟩ 糾察。
　규찰-하다⟨타⟩ 糾察する。
규칙(規則)⟨명⟩ 規則。㈀교통 ~ 위반 交通の規則違反/~을 지키다. 規則を守る。/~을 정하다. 規則を定める。
규칙-적(規則的)⟨관⟩ 規則的に。
규탄(糾彈)⟨명⟩ 糾彈。㈀오늘 오전 시청 광장에서 ~ 대회가 열렸다. 今日の午前、市庁広場で糾彈会が行われた。
　규탄-하다⟨타⟩ 糾彈する。㈀독재 정치를 ~. 独裁政治を糾彈する。
규합(糾合)⟨명⟩ 糾合。
　규합-하다⟨타⟩ 糾合する。
균(菌)⟨명⟩ 菌。㈀결핵 ~ 結核菌/콜레라 ~ コレラ菌/비피더스 ~ ビフィズス菌/유산 ~ 乳酸菌。
균등(均等)⟨명⟩ 均等。

균등-하다⟨형⟩ 均等だ。㈀균등하게 나누다. 均等に分ける。
　균등-히⟨부⟩ 均等に¦等しく。
균분(均分)⟨명⟩ 均分。
　균분-하다⟨타⟩ 均分する。
균사(菌絲)⟨명⟩⟨식⟩菌絲。
균열(龜裂)⟨명⟩ 龜裂¦裂け目¦ひび割れ。㈀벽에 ~이 생기기도 한다. 壁에 龜裂が生じることがある。
균일(均一)⟨명⟩ 均一。㈀ ~ 요금 均一料金。
　균일-하다⟨형⟩ 均一する。㈀값을 균일하게 매기다. 値段を均一にする。
균형(均衡)⟨명⟩ 均衡。㈀ ~ 예산 均衡予算/도시와 농촌의 ~ 성장 都市と農村の均衡成長/~을 유지하다. 均衡を保つ。/국토의 ~ 개발이 시급하다. 国土の均衡開発が至急だ。

귤(橘)⟨명⟩⟨식⟩蜜柑。
귤피(橘皮)⟨명⟩⟨한⟩蜜柑の皮。
그¹⟨대⟩ 彼。㈀ ~의 아버지는 정치가이다. 彼の父は政治家だ。/~는 매우 성실한 사람이다. 彼はとても誠実な人だ。
그²⟨관⟩ あの¦その。㈀오늘 ~ 사람도 옵니까? 今日あの人も来ますか。/~ 모양이 좋겠다. その形がいい。/~ 가운데서 정하자. その中で決めよう。
그-간(一間)⟨명⟩ その間¦その間に。㈀ ~ 별고 없으신지요? その後お変りはございませんか。
그-거⟨대⟩ ☞그것 준말。
그-것【그것의 사람은 높임】それ¦あれ。㈀ ~은 무엇입니까? あれは何ですか。/~을 사겠습니다. それを買います。/~은 한 달 전 일입니다. それは一ケ月前のことです。=그거
그-곳⟨대⟩⟨지시⟩そこ¦そちら。
그-글피⟨명⟩ 4日後の日。㈀출발일이 ~로 다가왔다. 出発の日が4日後に迫った。
그-까지로⟨부⟩ それぐらいで¦その程度で¦そんな程度で。㈀ ~ 화를 내다니. それぐらいで怒るなんて。
그-까짓⟨관⟩ たったそのくらい(の)¦たったその程度(の)¦それしきのこと(に)。㈀ ~ 일에 좌절하지는 않는다. たったその程度のことで挫折することはない。
그-끄러께⟨명⟩⟨부⟩ 3年前の年¦さきおととし。

그-끄저께[부] さきおととい｜さきおととい。例 빌려 준 내 연필 돌려줘. さきおととい貸した鉛筆返して。 ⓒ그끄제

그-끄제[명][부] ☞'그끄저께'의 준말.

그나마[부]【그것이나마】 それさえも｜それだけでも。例 구식인데 ~ 고장 나서 못 쓴다. 旧式だったがそれさえも故障して駄目だ。

그나-저나[부] ☞'그러나저러나'의 준말.

그-날[명] その日｜当日｜即日。例 ~이 바로 내 생일이다. その日がまさに私の誕生日だ。/ 급한 일이니까 ~로 처리해 주세요. 差し迫ったことなので即日片付けてください。

그날-그날[부] その日その日｜毎日毎日｜一日一日。例 ~ 해야 할 그 날 그 날 すべき事/ ~ 계획대로 진행한다. 一日一日計画通りに進行する。

그-냥[부] ❶【그대로】そのまま｜ありのまま。例 사과는 ~ 먹지 말고 씻어서 먹어라. リンゴはそのまま食べずに洗って食べなさい。 ❷【줄곧】ずっと続けて。例 하루 종일 ~ 비가 퍼붓는다. 一日中ずっと雨が降り注ぐ。 ❸【그저】(代価·条件なしに)ただで｜無料で。例 신제품을 ~ 드립니다. 新製品をただで差し上げます。

그네[명] ぶらんこ。例 나무에 매어 둔 ~ 木に掛けたぶらんこ/ ~를 타다. ぶらんこに乗る。 =추천²

그네-뛰기 ぶらんこ乗り。例 단옷날 동네 처녀들의 ~ 대회 端午の日の町内少女ぶらんこ乗り大会。

그-녀(一女)[대] 彼女｜その女。例 ~는 21살이라고 한다. 彼女は21歳だそうだ。 ◆일본어에서「彼女」는(남자 입장에서)'애인'의 뜻도 있다.

그-놈[대] ❶【그사람이】あいつ｜そいつ。例 ~은 꼭 찾겠다. あいつはきっと探す。/ ~이 속일 줄이야. あいつが騙すとは。/ ~은 또 학교에 가지 않았다. あいつまた学校へ行かなかった。 ❷【그것을 낮잡아】そいつ。例 ~은 이제 쓸 수가 없어. 버려. そいつもう使えない。捨ててだ。

그늘[명] ❶【응달쪽】陰｜蔭｜物陰｜日陰。例 나무 ~에서 쉬다. 木陰で休む。 ❷【아래】下｜陰｜蔭｜庇護。例 나쁜 일을 저지르고 어머니의 ~에 숨다. 悪事を働いて母の陰に隠れる。 ❸【얼굴에 나타난 우울한 기색】陰｜蔭｜陰り。例 얼굴에 ~이 지다. 顔に陰がある。

그늘-말림[명] 陰干し｜陰乾し。

그늘-지다[자] ❶陰になる｜陰ができる。例 그늘진 나무 밑에 앉다. 陰になった木の下に座る。 ❷【우울해지다】陰鬱になる｜陰がある。例 무슨 일이 있는지 얼굴이 그늘져 있다. 何かに問題があるのか顔に陰がある。

그늘-거리다[자] ❶【피부에 벌레가 기어가는 느낌】(肌などが)もぞもぞする｜くすぐったい。例 몸이 ~. 体がもぞもぞする。 ❷【안타깝게 보이다가 느릿하다】(見るに見かねて、またはもどかしくて)むずむずする｜(見るからに)冷や冷やする。例 보기만 해도 ~. 見るだけでも冷や冷やする。 =그늘대다

그늘-그늘[부] もぞもぞ｜むずむず。

그늘-대다[자] ☞그늘거리다

그-다지[부] ❶【별로】さして｜それほど｜大だして｜そんなに。例 이 일은 ~ 어렵지 않다. この仕事とでは大して難しくない。/ 오늘은 ~ 바쁘지 않다. 今日はあまり忙しくない。 ❷【그만큼·그리】それほど(まで)｜そんなにまで(も)｜そんなにも。例 뭘 ~도 놀라고 그러니? 何をそんなにびっくりするの。

그대[대] ❶【상대편을 친근하게 이르는 말】君｜あなた｜そなた。例 ~가 먼저 시작하게. 君が先に始めて。 ❷【상대를 높이는 말】あなた｜君。例 ~가는 곳이라면 어디든지 따르리다. あなたが行く所ならどこでも付いて行くわ。

그-대로[부] そのまま｜その通り｜ありのまま。例 ~ 움직이지 마라. そのまま動くな。/ 딱 ~이다. 全くそのとおりだ。 =고대로

그득[부] いっぱい｜なみなみ。

그득-하다[형] いっぱいだ｜なみなみである｜満ちている。例 냉장고 안에 먹을 것이 ~. 冷蔵庫の中に食べ物がいっぱい入っている。

그득-히[부] いっぱいに｜なみなみと。例 술을 한 잔 ~ 따랐다. なみなみと酒を一杯に注ぐ。

그득-그득[부] いっぱい｜なみなみ。

그들먹-하다[형]【어느 범위 안에】(ある範囲の中に)いっぱいになっている。

그-따위[대][관]【낮잡아】そんな｜そんな物(の)。例 선생님 앞에서 ~로 무례하게 굴다

니…. 先生の前でそんなに無礼を働くとは…。

그-때[명] その時｜その節｜その折. 예 생각해 보니 ~가 가장 행복했던 것 같다. 考えてみるとその時が一番幸せだった。

그때-그때[부] その時その時｜おりおり. 예 성공의 비결요? ~ 최선을 다할 뿐입니다. 成功の秘法ですか。最善を尽くすだけです。

그득[부] いっぱい｜なみなみ。

그득-하다[형] いっぱいだ｜なみなみである｜満ちている。

그라운드(ground)[명] 〈운〉グラウンド。

그라인더(grinder)[명] 〈공〉グラインダー。

그랑프리(grand prix 프)[명] グランプリ。

그래¹ [감] ❶【긍정하거나 대답할 때】 うん｜ええ｜分かった｜そうだ。예 ~, 내일 만나자. うん、明日会おう。❷【놀라거나 뜻밖이라 할 때】 そう｜そうか。예 ~? 그거 잘됐어! そう。それは良かった。

그래² [조] 【강조할 내용의 앞에 쓰여】 ―なんだよ｜―だな。예 오늘은 좀 우울해 보이는군그래. 今日ちょっと浮かぬ顔だな。

그래³ ❶【그런데】 それで。예 그래 앞으로 어떻게 할 예정이니? それで今からどうするつもり。❷【앞과 같이】 そのようにして｜そんなふうにして。예 그래 가지고 시험에 합격할 수 있겠니? そんなふうにして試験に合格できるか。

그래-도 ❶【그렇게 하여도】 そのようにしても。예 몇 번이나 문을 두드렸다. ~ 인기척이 없었다. 何度も戸を叩いた。そのようにしてもひとけがなかった。❷【그렇지만】 それでも｜そうであっても。예 ~ 좋다면 가세요. それでもよかったら行きなさい。

그래서 Ⅰ [부] それで。예 ~ 안 온 거야? それでこなかったのか。/ ~ 어떻게 할 셈이니? それでどうするつもりなの。
Ⅱ 【그리하여서・그래서】 そうして｜それで。예 ~는 안 돼. そうしてはいけない。/ ~ 안 된다면 단념하겠다. それでもできなかったら諦める。

그래프(graph)[명] グラフ。

그래픽(graphic)[명] グラフィック。

그랜드 피아노(grand piano)〈음〉グランドピアノ。

그램(gram)[명]의 〈수〉グラム。

그러고 【그리하고】 そうして｜そんなに。예 ~ 보니 오늘이 네 생일이로구나. だから今日あなたの誕生日だね。

그러그러-하다 似たり寄ったりだ｜まあまあだ｜そこそこだ。예 사진 작품은 다 ~. 写真作品はどれも似たり寄ったりだ。

그러께[명] 一昨年｜おととし。

그러나[부] しかし｜ところが｜だが｜だけど(も)｜でも。예 사고 싶었다. ~ 살 수 없었다. 買いたかった。しかし買えなかった。/ 물건은 아주 좋다. ~ 값이 너무 비싸다. 品物はとてもいい。だがあまり値段が高すぎる。/ 이것은 너무 크다. ~ 그것은 너무 작다. これはあまり大きい。けれどもそれはあまり小さい。/ 몇 번이나 편지를 보냈다. ~ 한 번도 회답을 주지 않았지. 何度も手紙を出してみた。でも一度も返事をくれなかったの。

그러나-저러나[부] いずれにしても｜ともかく｜とにかく。예 ~ 오늘 중에는 끝내죠? とにかく今日中には終えるでしょう。[]그나저나

그러-내다[타] 掻き出す。예 쓰레기를 ~. 塵を掻き出す。

그러-넣다[타] 掻き込む｜掻き入れる。예 아침밥을 그러넣고, 서둘러 집을 뛰쳐나갔다. 朝食を掻き込むと、さっさと家を飛び出して行った。

그러니까 だから。예 말한 대로 하라고 했지? だから言う通りにしろって言っただろう。/ ~ 모두 놀아 주지 않는 거야. だからみんなが遊んでくれないんだ。

그러니-저러니[부] あれこれ｜何のかの｜何のかんの｜とやかく。예 그는 ~ 하면서 약속을 지키지 않는다. 彼は何のかのと言って約束を守らない。/ 요즘 ~ 바쁘다. 最近あれやこれやと忙しい。

그러다[타] ❶【그렇게】 そうする｜そのようにする。예 이젠 그만해도 된다니까 그러네. もう止めてもいいのに、そうするの。/ "다 준비됐으면 출발할까요?" "예, 그럽시다." "全部準備ができたら出発しようか。" 「はい、そうしましょう。」 ❷【그렇게】 そう言う｜そのように言う。예 "누가 그래?" "엄마가 그러던데." 「誰がそう言ったの。」 「お母さんがそう言ったけど。」

그러-담다[타] 掻き入れる。

그러-당기다[타] 搔き寄せて引っ張る。

그러-들이다[타] 搔き集めて入れる。

그러-면[부] ❶[앞내용이 뒤의 내용의 조건이 될 때] そうすれば｜そうすると｜では｜しからば。예이 길로 쭉 가세요. ~ 은행이 나옵니다. この道を真直ぐ行ってください。そうすれば銀行に出ます。/ 갔다 올게. 그러면 행ってくるよ。/ 두드려라! ~ 열릴 것이다. 叩け。そうすれば開くだろう。❷[앞의 내용을 받아들이거나 조금 전제로 새로운 주장을 펼 때] それでは。예 ~ 이제는 가도 되는 건가요? / ~ 뭘 할까요? それでは何をしようかな。준그림¹.

그러-모으다[타] 搔き集める｜取り合わせる。예낙엽을 ~. 落ち葉を掻き集める。/ 자금을 ~. 資金を掻き集める。

그러므로[부] そういう理由で｜それゆえに｜だから。예내일은 개교기념일이다. ~ 학교에 가지 않아도 된다. 明日は開校記念日だから学校に行かなくてもいい。=고로.

그러-안다[타] 抱き込む｜抱き締める。예어머니와 서로 그러안고 펑펑 울었다. 母と抱きしめてわあわあと泣いた。

그러자[부] そうすると｜すると。예아기와 눈이 마주쳤다. ~ 아기는 방긋 웃었다. 赤ちゃん坊と目が合った。すると赤ん坊はにっこり笑わった。/ 버튼을 눌렀다. ~ 문이 자동으로 열렸다. ボタンを押した。そうするとドアが自動的に開いた。❷そうしよう。예 ~고 그가 응답하였다. そうしようと彼が応答した。

그러잖아도[부][그러지 않아도]〈준 줄어든 말〉そうでなくても｜そうでなくとも｜それでなくても。예 ~ 가려던 참입니다. そうでなくても行こうと思っていたところです。/ ~ 돈을 내려고 하고 있는 거야. そうでなくても払おうとしていたんだ。/ 그렇게 추워, 추워하지 마. ~ 추우니까. そんなに寒い寒い言わないで。それでなくても寒いんだから。

그러-잡다[타] 引き寄せてつかむ｜引っつかむ。

그러저러-하다[형] かくかくである｜しかじかである。예그러저러한 사정으로 오늘은 참석할 수 없습니다. かくかくの事情で今日は出席できません。

그러-쥐다[타] ❶引き寄せて握る｜引っつかむ。예말에 올라타 고삐를 ~. 馬に乗って手綱を引く。❷拳を握る。예두 주먹을 ~. ふたつの拳を握る。

그러-하다[형] そうだ｜その通りだ。예그러한 예는 흔히 볼 수 있다. そんな場合は数多く見ることができる。

그럭-저럭[부] ❶[그렇게 저렇게] どうにか｜どうにかこうにかして｜何とか。예 ~ 일이 해결되었다. どうにかこうにか事が解決した。/ ~ 별 탈 없이 행사는 끝났다. 何とか無事に行事が終わった。❷[부][そうこうするうちに｜とかくするうちに｜いつの間にか。예 ~ 한 해가 지나갔다. そうこうするうちに一年がまた過ぎた。=그렁저렁.

그런[관] そんな。예 ~ 옷을 어디서 샀니? そんな服をどこで買ったの。/ ~ 큰 나무는 드물다. そんな大きい木はめずらしい。

그런-대로[부] それなりに｜まあまあ。예오래된 기계지만 ~ 쓸 만하다. 古い機械だけれどもまあまあ使える。

그런데[부] ところで｜ところが｜だが｜しかし｜さて。예 ~ 왜 나와 의논하지 않았습니까? さてどうして私とは議論しなかったんですか。준근데.

그럴-듯하다[형] ❶[제법 그럴듯이 비슷하다] いかにもそうらしい｜もっともらしい。예그의 이야기는 정말 그럴듯하게 들린다. 彼の話はいかにもそうらしく聞こえる。/ 그의 그럴듯한 거짓말에 모두 속았다. 彼のもっともらしい嘘にみんな騙された。❷[제법] まあまあ良い｜かなり上手だ。예여기의 요리 맛은 ~. ここの料理の味はまあまあ良い。/ 한복을 입으니 정말 ~. ハンボクを着ると実によく似合う。=그럴싸하다.

그럴싸-하다[형] ☞그럴듯하다.

그럼¹[부] ☞그러면의 준말.

그럼²[감][당연하다] そうだよ｜そうだとも｜そうとも｜もちろん。예 ~, 가고 말고. そうだよ、行くに決まってるさ。/ ~, 우리 딸이 제일 예쁘지. そうとも、うちの娘が一番かわいいよ。

그렁-그렁[부] ❶[눈물이 거의 다 찰 듯한 모양] あふれそうに｜こぼれそうに｜なみなみと。❷[눈에 눈물이 가득한 모양] 눈에 눈물이 ~ 맺히다. 目に涙がたまる。

그렁그렁-하다[형] ❶あふれそうだ｜こぼれそうだ。❷涙がたまってあふれ

그렇다. 예 그 애가 눈물이 그렁그렁한 눈으로 나를 바라보고 있었다. その子が目に涙をためて私を見つめていた。

그렁-저렁〖부〗 ☞그럭저럭

그렇게〖부〗 そのように｜そんなに｜それほど。예 그게 ~ 맛있어? それがそんなに美味しいの。

그렇다〖형〗 そうだ｜そのとおりだ。예 그렇지는 않아. そうじゃない。/사정이 그러니 네가 이해해라. 事情がそうだからお前さんが理解しろ。

그렇잖다〖준말〗 そうでない｜そうじゃない。

그렇지〖감〗 そうだとも｜そうとも。예 ~, 그런 방법이 있었군. そうだ。そのやり方もあったね。

그렇지-만〖부〗 そうではあるが｜しかしだが｜でも。예 ~ 나는 그렇게 생각하지 않는다. でも私はそう思わない。

그레나다(Grenada)〖명〗〖국〗グレナダ。

그루[1]〖명〗 (樹木·稻·麥などの)幹の根本。

그루[2]〖의〗 株｜本。예 소나무 한 ~ 松の木一本/벚나무를 한 ~ 심다. 桜を一株植える。

그루-갈이〖명〗〖농〗二毛作｜二期作。예 우리 고향에서는 ~로 팥을 심는다. 私の故郷では二毛作で小豆を栽培する。

그루지야(Gruziya)〖명〗〖국〗グルジア。

그루-터기〖명〗 (樹木の)切り株｜(稻·麥の)刈り株。

그룹(group)〖명〗 グループ。세 ~으로 나누다. 三つのグループに分ける。/가나~의 계열사 カナグループの系列会社。

그룹-사운드(group sound)〖조〗〖명〗〖음〗グループサウンド。

그르다〖형〗 ❶ 誤っている｜正しくない｜間違っている。예 옳고 그른 것을 따지다. 正誤を問いただす。❷ 望みがない｜見込みがない｜駄目だ。예 이젠 다 글렀다. もう見込みがない；もう駄目だ。

그렁〖부〗 ごろごろ｜ぜいぜい｜ぜえぜえ。

그렁-거리다〖자〗 しきりにぜいぜいする｜(痰などが詰まって)のどをごろごろさせる。예 간신히 ~ 거의 かろうじてぜいぜいいう。=그렁대다

그렁-대다〖자〗 ☞그렁거리다

그렁-그렁〖부〗 ぜいぜい｜ぜえぜえ｜ごろごろ。

그렁그렁-하다〖자〗 ぜいぜいとする｜ぜえぜえとする。예 가래가 끓는지 그렁그렁한다. タンが絡むのかぜいぜいする。

그르치다〖타〗 しくじる｜損なう｜し損なう。예 일을 ~. 仕事をしくじる。/그는 건강을 그르치는 것이 두려워 금연했다. 彼は健康を損なうのを恐れて禁煙した。

그릇[1] ❶ (食べ物や物などを入れる)器｜容器｜入れ物。플라스틱 ~ プラスチックの容器/~에 담다. 器に盛る。❷ 器量｜度量｜器。예 ~이 큰 사람 度量の大きい人/그 사람이 지도자로서 이 될까? あの人が指導者としての器量をもっていますか。❸ 杯｜椀。예 국물 한 ~ 一椀の汁/밥 두 ~ ご飯二膳/라면을 세 ~ 주문하다. ラーメンを3杯注文する。●공기에 담은 음식의 수를 셀 때는「わん」, 공기에 담은 밥을 셀 때는「膳(ぜん)」을 쓴다.

그릇[2] 〖부〗 間違って｜誤って｜謬って。예 커피와 홍차를 ~ 주문하다. コーヒーと紅茶を間違って注文する。/오른쪽으로 ~ 꺾다. 誤って右折する。◆「間違って」는 모르고 잘못한 행위를, 「誤って」는 의도적으로 잘못한 경우에 쓴다.

그릇-되다〖동〗 誤る｜間違う。예 그릇된 생각을 하다. 間違った思いをする。

그리[1] ❶〖부〗 あまり｜あんまり｜それほど｜さほど｜そんなに。예 ~ 어렵지 않다. あまり難しくない。/~ 바쁘지 않다. それほど忙しくない。❷ そう｜そのように。예 오후에는 외출할 계획이니 ~ 알게. 午後は外出するつもりだから予知しておけ。=고리[3]

그리-하다〖자·타〗 そうする｜そのようにする。예 그리해도 좋다. そうしても良い。

그리[2]〖부〗 そちらに｜そこへ。예 내가 ~ 갈게. 私がそちらまで行くよ。=고리[4]

그리고〖부〗 そして｜それから｜それに。예 세수를 했다. ~ 밥을 먹었다. 顔を洗った。それからご飯を食べた。

그리니치-시(Greenwich時)〖명〗 グリニッ

ジ時」グリニッジ標準時ひょうじゅん。

그리다[타] ❶ (絵などを)描く。예 그림을 ~. 絵を描く。/ 도면을 ~. 図面を描く。/ 지도를 ~. 地図を描く。/ 엄마 얼굴을 ~. 母の顔を描く。❷ (形状を)描く。(表情を)つくる。예 공이 포물선을 그리며 날아갔다. ボールが放物線を描いて飛んでいった。❸ 【表現】現す。表現する。描写する。그 영화는 시어머니와 며느리 간의 갈등을 그리고 있다. その映画は姑と嫁の葛藤を描写している。

그리다[타] 恋しがる | 恋しく思う。예 고향을 그리는 마음 古里を恋しがる心。

그리-도[부] それほど | それくらい | そんなに。예 그가 ~ 좋으냐? 彼のことがそれくらい好きなのか。

그리-로[부] そちらへ | そっちへ。예 내가 ~ 가겠어요. 私がそちらへ行きます。

그리스(Greece)[명] 《국》ギリシア | ギリシャ。

그리스도(←Kristos)[명] 《종》キリスト。

그리스도-교(← Kristos教)[명] 《종》キリスト教。

그리스 정교회(Greece正教會)[명] 《종》ギリシア正教会。

그리움[명] 懐かしさ | 恋しさ | 慕わしさ。예 ~에 눈물이 나다. 懐かしさに涙が出る。

그리워-하다[타] 恋しがる | 懐かしがる | しのぶ。예 고향을 ~. 故郷を懐かしがる。

그리-저리[부] なんとかかんとか | あれやこれや。

그리-하여[부] そうして | そのようにして。예 ~ 두 사람은 헤어지게 되었다. そうして二人は別れるようになった。

그린-벨트(greenbelt)[명] 《법》グリーンベルト。

그림[명] 絵 | 絵画。예 ~을 그리다. 絵を画く。/ 이 화가의 ~은 추상화가 많다. この画家の絵には抽象画が多い。

그림-그래프(—graph)[명] 《수》絵グラフ。

그림-물감[명] 《미》絵の具 | 顔料。=안료

그림-엽서(—葉書)[명] 絵葉書。

그림-일기(—日記)[명] 絵日記。

그림자[명] ❶ (光によってできる)影 | 影法師。예 사람의 ~. 人の影。❷ (鏡や水に映った)影 | 姿。예 물에 달 ~가 떴다. 水に月の姿が浮かいた。❸ 【比喩】人影。예 밤에는 사람 ~도 없다. 夜には人影もない。❹ 【悲しそうな様子】影。예 얼굴에 슬픔의 ~가 가시었다. 顔に悲しみの影が消え去った。

그림자-놀이[명] 影絵。

그림-책(—冊)[명] 絵本。

그립다[형] 恋しい | 懐かしい | 慕わしい | 欲しい。예 선생님, 그때 그 시절이 그립습니다. 先生、あの頃が懐かしいです。/ 고향이 ~. 故郷が恋しい。/ 그녀가 그리워 눈물이 난다. 彼女が恋しくて涙が出る。

그-만[관] その程度の | それしきの | それ位の。예 ~ 것도 못 참니? それ位のことも我慢できないの。/ ~ 일로 낙심하다니. それ位のことで気を落とすなんて。=고만[1]

그-만[부] ❶ 【程度】それ位に | その程度に。예 밤도 늦었으니 이야기는 ~ 하고 자자. 夜も更けたので話はそれ位にして寝よう。❷ 【即】(—すると)すぐ | そのまますぐ | 直ちに。예 번개가 치더니 ~ 소나기가 내린다. 稲妻が走ったと思ったら直ぐに夕立が降る。❸ 【知らぬ間】われ知らず | 知らない間に | うっかり。예 너무 놀라 ~ 계란을 떨어뜨렸다. あまりに驚いてうっかり玉子を落としてしまった。❹ 【最高】最高に | 一番 | 申し分なく。예 맛이 ~이다. 申し分のない味だ。/ 너의 솜씨는 ~이다. 君の腕前は申し分ない。=고만[2]

그만그만-하다[형] 【程度】(程度が)まあまあだ | 似たり寄ったりだ | ほぼ同じだ。예 우리는 성적이 ~. 私たちの成績は似たり寄ったりだ。=고만고만하다

그만-두다[타] 止める | 辞める | 中止する。예 일을 ~. 仕事を辞める。/ 하고 싶지 않으면 그만둬라. やりたくないなら止めなさい。=고만두다

그만-저만[부] それくらいで | その程度で。

그만저만-하다[형] それくらいだ | その程度だ。예 이것은 그만저만해서 넘어갈 일이 아니다. これはその程度で終わることではない。

그-만큼[부] それ位 | それ程。예 ~ 했으면 됐다. それ位なら十分だ。

그만-하다[형] (性質·狀態 など가) その程度だ｜それくらいだ。예 그만한 돈이면 충분하다. その程度のお金でも十分だ。=고만하다

그맘-때[명] その時分｜その時｜そのころ。예 ~는 나도 공부를 잘했다. そのころは私でも勉強がよくできた。=고맘때

그물[명] 網。
그물에 든 고기요[새요] 쏘아 놓은 범이라
[속담] 網にかかった魚が:「捕らわれの身になっていかんともしがたいこと」の意:〔日〕袋の中の鼠だ。◆日本では'자루에 든 쥐'라고 한다。

그물-거리다[자] ぐずつく。=그물대다

그물-그물[부] どんより曇るさま。

그물-눈[명] ☞그물코

그물-대다[자] ☞그물거리다

그물-맥(一脈)[명] [식] 網狀脈。예 잎의 ~ 葉の網狀脈。=망상맥

그물-코[명] 網目｜網の目。=그물눈

그믐[명] ☞그믐날

그믐-날[명] 月の最後の日｜みそか｜つごもり。예 이달 ~까지는 무슨 일이 있어도 완성을 해서 보내드리겠습니다. 今月の最後の日までには、何があっても完成させてお送りします。=그믐

그믐-달[명] 毎月の末に現れる月。

그믐-밤[명] みそかの夜｜月の最後の日の夜。

그-분[대] その方｜あの方。예 ~은 누구십니까? その方はどなたですか。/ ~은 정말 좋은 분이군요. あの方は本当によい人ですよね。/ ~은 우리 반 담임 선생님이다. あの方は私たちのクラスの担任の先生だ。

그-사이[명] その間。준 그새

그-새[명] ☞'그사이'의 준말.

그슬다[타] (表面を)さっと火で焦がす｜さっと焼く。예 통돼지를 불에 그슬어 먹다. 丸ごとのままの豚を火にさっと焦がして食べる。

그슬-리다¹[자] (表面が)さっと火で焦がされる｜さっと焼かれる。예 산불로 그슬린 나무 山火事で焼かれた木。

그슬-리다²[타] (表面を)さっと焦がす｜火でさっと焼く。예 날고기를 불에 그슬리는 냄새가 나다. 生魚を火にさっと焼く匂いがする。

그악-하다[형] (性格などが)荒々しくあくどい。예 그는 아무도 못 당할 그악한 성미를 가지고 있다. 彼は誰にもやられないあくどい性質を持っている。

그야[부] それは｜そりゃ。예 ~ 물론이다. それは勿論だ。/ ~ 그렇겠지. そりゃそうだろう。

그야-말로[부] それこそ｜それこそ本当に｜本当に。예 ~ 괴로운 일이다. それこそ本当に辛い仕事だ。/ ~ 큰일이구나. それこそ大変だ。/ ~ 장관이었다. 本当に壯觀だった。

그예[부] 遂に｜とうとう。예 ~ 과로로 쓰러졌다. 遂に過労で倒れた。

그윽-하다[형] ❶奥深くて静かだ。❷(意味·考え·表情などが)奥深い。예 너의 그윽한 애정이 나를 감동하게 한다. 君の奥深い愛情が私を感動させる。❸奥ゆかしい｜(香りなどが)ほのかだ。예 그 사람의 그윽한 인품이 우리를 감동시킨다. その人の奥ゆかしい人柄が私たちを感動させる。/ 당신은 그윽한 향기가 있는 사람이다. あなたは奥ゆかしい漂う人だ。

그윽-이[부] 物静かに｜奥ゆかしく。예 ~ 풍기는 난초의 향기 奥ゆかしく香る蘭の香り / ~ 깊어 가는 밤 物静かに深まる夜。

그을다[자] 日焼けする｜燻する｜煤ける｜煤ばむ。예 햇볕에 그을린 얼굴 日焼けした顔 / 연기에 그을린 천장 燻った天井。준 글다

그을-리다¹[자] (肌·物などが)日焼ける｜燻する｜煤ける｜煤ばむ｜焦げる。예 농사짓는 아버지의 팔은 까맣게 그을렸다. 農作りをする父の腕は黒々と日焼けした。/ 연기로 ~. 煙で煤ける。

그을-리다²[타] (肌·物などを)日焼けさせる｜燻けさせる｜焦がす。예 햇볕에 얼굴을 너무 그을리지 마라. 太陽で顔をあまり日焼けさせるな。

그을음[명] 煤。예 천장에 ~이 끼다. 天井に煤つく。

그-이[대] その人｜彼｜彼氏。예 ~는 정말 바쁜 사람입니다. 彼は本当に忙しい人です。

그-자(-者)[대] そいつ｜その人。예 ~를 잡아 오너라. あの人を捕えて来い。

그저 부 ❶ ただ｜ひたすら。예 이유도 말하지 않고 ~ 울고 있다. 理由も言わずにひたすら泣いている。❷ ただ｜単に｜専ら｜たった。예 차비만 주면 경비는 알아서 할게요, 그저 運賃だけくれたら経費は何とかするよ。❸ 単に｜ただ何となく。예 숙제는 안 하고 ~ 놀기만 한다. 宿題をせずにただ何となく遊ぶ。❹ どうぞ｜どうか。예 ~ 살려 주십시오, どうぞ助けてください。/ ~ 입시에 합격하도록. どうか入試に受かりますように。

그저께 부 おととい｜一昨日。예 ~ 저녁 무렵에 집에 도착했습니다. おとといの夕方ごろ家に到着しました。/ ~ 있었던 일을 이제 와서 말하면 어떻게 하니? おとといあったことを、いまさら言ってどうするんだ。= 재작일 준 그제

그-전(一前) 명 以前｜元｜ずっと前。예 ~에 본 적이 있는 영화이다. 以前見たことのある映画だ。/ ~에는 여기에 강이 있었다. 以前はここに川があった。

그제 명 ☞'그저께'의 준말.

그제-야 부 (その時になって)初めて｜ようやく｜やっと。예 선생님의 말씀을 듣고 ~ 나의 잘못을 깨달았다. 先生の話を聞いて初めて私の誤りに気付いた。/ 큰 소리로 고함을 지르니 ~ 이쪽을 봐 주었다. 大声で叫んだらやっとこっちの方を見てくれた。

그-중(一中) 명 その中。예 ~에서 가장 싱싱한 생선을 골랐다. その中で一番生きのよい魚を選んだ。

그지-없다 형 ❶ (精神的なものが)限りない｜計り知れない｜この上ない。예 그지없는 당신의 은혜를 어찌 다 갚겠습니까? この上ないあなたのご恩にどのようにして報いることができるでしょうか。/ 어머니의 사랑은 ~. 母親の愛は計り知れない。❷ 言い尽くせない｜堪えない。예 기쁘기 ~. 喜びに堪えない。/ 슬프기 ~. あんまりにも悲しい。

그지없-이 부 限りなく｜この上なく。

그치다 Ⅰ 자 止まる｜止む。예 비가 ~. 雨が止む。/ 노크 소리가 그치자 조용해다. ノックの音が止まってしんとする。
Ⅱ 타 止める｜中止する。예 하던 일을 그치고 점심을 먹었습니다. 働いていたことを中止して昼ご飯を食べました。

그-토록 부 あれほど｜それほどにまで｜そんなに(まで)。~ 약속 했는데. あれほど約束したのに。/ ~ 염려하여 주시니 정말 감사합니다. それほどにまで心配してくださって本当にありがとうございます。

극¹(極) 명 極。❶ 極限｜極まり。예 인내가 ~에 달한다. 忍耐が極に達する。❷ (地球の)南極と北極。❸ 電極｜磁極。❹ (수)球の直径の両端。
　극-하다 자타 極める。
　극-히 부 極めて｜ごく｜非常に。예 이런 일은 ~ 드물다. こんな事は極めて稀だ。

극²(劇) 명《문》劇。

극계(劇界) 명〈연〉劇界。

극광(極光) 명 極光｜オーロラ。

극구(極口) 명 ありったけの言葉で｜口を尽くして。예 ~ 변명을 했다. 口を尽くして弁解した。/ ~ 칭찬하다. 口を極めて讃える。

극권(極圈) 명 (地球の)極圏。

극기(克己) 명 克己。

극기-심(克己心) 명 克己心。

극난-하다(極難一) 형 極めて難しい。

극단¹(極端) 명 極端。예 ~의 상황 極端の状況／~의 사례를 들다. 極端な事例をあげる。

극단²(劇團) 명〈연〉劇団。

극단³(劇壇) 명〈연〉❶ 演劇界の舞台。❷ 劇壇。

극대(極大) 명 極大。↔극소
　극대-하다 형 極大だ。↔극소하다

극대-화(極大化) 명 極大化。예 이윤의 ~ 利潤の極大化。
　극대화-하다 極大化する。예 효과를 극대화하기 위한 방법을 찾아야 한다. 効果を極大化するための方法を探さなければならない。

극도(極度) 명 極度。예 ~의 긴장감 極度の緊張感／몸이 ~로 쇠약해지다. 体が極度に衰弱している。

극동(極東) 명 極東。예 ~ 지방 極東地方。

극락(極樂) 명〈종〉極楽。예 ~세계 極楽世界／~왕생 極楽往生。

극락-정토(極樂淨土) 〈종〉 極楽浄土ごくらくじょうど。

극락-조(極樂鳥) 〈종〉 極楽鳥ごくらくちょう。

극력(極力) 力ちからを尽つくすこと。 예~ 노력하다. 極力努力ごくりょくする。
　극력-하다재 尽力じんりょくする。

극렬(極烈·劇烈) 激烈げきれつ｜劇烈げきれつ。
　극렬-하다형 激烈げきれつだ｜劇烈げきれつだ。
　극렬-히부 激烈げきれつに｜劇烈げきれつに。

극명(克明) 克明こくめい。
　극명-하다형 克明こくめいだ｜明あきらかにする。예 이것은 극명한 사실이다. これは明らかな事実じじつである。
　극명-히부 克明こくめいに｜明あきらかに。

극 문학(劇文學) 〈문〉 劇文学げきぶんがく。

극복(克服) 克服こくふく。
　극복-하다타 克服こくふくする。 예 반드시 극복해야 할 악조건 必かならず克服しなければならない悪条件あくじょうけん｜암을 ~. 癌がんを克服する。

극본(劇本) (芝居しばいなどの)脚本きゃくほん｜台本だいほん。 =각본

극비(極秘) 極秘ごくひ。 예 ~ 문서 極秘の文書ぶんしょ／~ 정보를 가지고 있다. 極秘情報じょうほうを握にぎっている。 =극비밀

극비-리(極秘裡) 極秘ごくひのうちに。

극-비밀(極秘密) ⇒극비

극빈(極貧) 極貧ごくひん。 예 ~ 생활 極貧生活せいかつ／
　극빈-하다형 極貧ごくひんだ。

극빈-자(極貧者) 極きわめて貧乏びんぼうな人ひと。

극상(極上) 極上ごくじょう。 예 ~의 차 極上の茶ちゃ。

극-상품(極上品) 極上品ごくじょうひん｜最上品さいじょうひん。

극서(極暑·劇暑) 極暑ごくしょ｜酷暑こくしょ。

극성(極盛) ❶非常ひじょうに旺盛おうせいなこと。 ❷激烈げきれつな性質せいしつ。예 엄마가 성적 때문에 ~이다. 母ははが成績せいせきのために気きが尖とがっている。

극성-기(極盛期) 最盛期さいせいき。

극성-맞다(極盛—) 度外どはずれたように積極的せっきょくてきだ｜非常に猛烈もうれつだ。 예 극성맞은 팬 度外れたように猛烈なファン／성격이 ~. 性格が非常に激はげしく積極的だ。

극성-스럽다(極盛—) 猛烈もうれつだ｜非常に激しい｜度外れたように積極的だ。 예 극성스러운 학부모 度は
ずれたように非常に激しい生徒せいとの父母ふぼ。
　극성스레부 猛烈もうれつに｜非常に激はげしく｜度外どはずれたように。예 ~ 장난치는 아이 激しくて度はずれたようにいたずらをする子供こども。

극소(極小) 極小きょくしょう。
　극소-하다형 極小きょくしょうだ。

극-소수(極少數) 極小きょくしょうの数かず。예 ~를 제외하다. 極小の数を除のぞく。

극시(劇詩) 〈문〉劇詩げきし。

극심-하다(極甚·劇甚—) 極甚げきじんだ｜劇甚げきじんだ｜はなはだしい。

극악(極惡) 極惡ごくあく。
　극악-하다형 極悪ごくあくだ。

극악-무도(極惡無道) 極悪非道ごくあくひどう。
　극악무도-하다형 極悪非道ごくあくひどうだ。예 극악무도한 살인자 極悪非道の殺人者さつじんしゃ。

극약(劇藥) 劇薬げきやく。

극우(極右) 極右きょくう。 예 ~ 세력 極右勢力せいりょく。

극-우익(極右翼) ⇒극우

극-작가(劇作家) 劇作家げきさっか。

극장(劇場) 劇場げきじょう。 예 국립 ~ 国立こくりつ劇場。

극-적(劇的)관명 劇的げきてき｜ドラマチック。예 ~ 갈등 劇的葛藤かっとう／~인 장면 劇的な場面ばめん。

극점(極點) 極点きょくてん。 ❶最後さいごに至いたる点てん。 ❷南極点なんきょくてんと北極点ほっきょくてん。

극좌(極左) 極左きょくさ。 =극좌익

극-좌익(極左翼) ⇒극좌

극중(劇中) 劇中げきちゅう。

극지(極地) 極地きょくち。

극-지방(極地方) 極地方きょくちほう｜極地きょくち。

극진-하다(極盡—) 手厚てあつい。예 극진한 대접을 받다. 手厚いもてなしを受うける。
　극진-히부 手厚てあつく。

극찬(極讚) 激賛げきさん｜激賞げきしょう。 예 그의 작품은 모든 사람들에게 ~을 받았다. 彼かれの作品さくひんは多おおくの人ひとたちに激賛された。
　극찬-하다타 激賛げきさんする｜激賞げきしょうする。

극치(極致) 極致きょくち。 예 예술의 ~ 芸術げいじゅつの極致。

극친-하다(極親—) 형 ごく親したしい。 예 극친한 친구 ごく親しい友人ゆうじん。

극평(劇評) 〈연〉劇評げきひょう。

극한[極限] 極限きょくげん。 예 ~의 상황까지

가다. 極限の状況までいく。

극한²(極寒·劇寒)명 極寒。

극한-값(極限—)명 《수》極限値。=극한치

극형(極刑)명 極刑。死刑。예~에 처하다. 極刑に処す。

극화(劇化)명 劇化。
　극화-하다타 劇化する。예인기 작가의 소설을 ~. 人気作家の小説を劇化する。

극-히(極—)부 極めて。

근¹(斤)명 斤。예소고기 한 ~ 牛肉一斤。◆1근은 600g이다.

근²(近)관 ほぼ｜およそ。예~ 백년 동안 ほぼ百年の間。

근³(根)명 ❶(はれものの)根。❷(植物の)根。❸《수》根。예방정식의 ~ 方程式の根。

근간¹(近刊)명 近刊。예~ 안내 近刊ご案内／~ 정보 近刊情報。

근간²(近間)명 近ごろ｜近いうち。예~의 사정 近ごろの事情。

근간³(根幹)명 根幹。❶根と幹。❷根本。

근거(根據)명 根拠。예과학적 ~에 기인하다. 科学的根拠に基づく。
　근거-하다자 根拠する。예사실에 근거한 이야기 事実に根拠した話。

근-거리(近距離)명 近距離。

근거-지(根據地)명 根拠地。=본거지

근검(勤儉)명 勤儉。예~저축 勤儉貯蓄。
　근검-하다¹ 勤儉だ。예근검한 생활 勤儉な生活。

근검-절약(勤儉節約)명 勤儉と節約。

근검-하다² 子孫が多くて見るからに福々しくて威嚴がある。

근경¹(近景)명 近景。

근경²(根莖)명 《식》根茎。=뿌리줄기

근고(近古)명 近古。

근골(筋骨)명 ❶筋骨｜筋肉と骨。❷体力。

근교(近郊)명 近郊｜町はずれ。예~ 농업 近郊農業／대도시 ~에 살다. 大都市の近郊に住む。

근근-이(僅僅—)부 僅かに｜かろうじて｜やっとのことで。예적은 월급으로 ~ 살아가다. 安月給でかろうじて暮していく。

근근-하다형 痛痒い。예상처 자리가 ~. 傷跡が痛痒い。

근근-하다형 (井戸·池などに)水がなみなみとたまっている。

근기¹(根氣)명 根気。예~ 있게 치료하다. 根気よく治療する。

근기²(根基)명 根基｜根元。

근년(近年)명 近年｜近ごろ。

근대¹《식》不断草｜とうぢさ。

근대²(近代)명 近代。예~ 건축 近代建築／~ 과학 近代科学／~ 음악 近代音楽／~ 문학 近代文学。

근대-적(近代的)관 近代的。예~ 설비를 갖추다. 近代的な設備を整える。

근대-화(近代化)명 近代化。예~ 과정 近代化過程。
　근대화-하다타 近代化する。

근데부 ☞'그런데'의 준말.

근동(近東)명 《지》近東。

근드렁-거리다 ゆらゆらと動く｜ぶらつく｜ぐらつく。=근드렁대다

근드렁-근드렁부 ゆらゆら。

근드렁-대다자 ☞근드렁거리다

근들-거리다자 軽く揺れる｜ぐらつく。=근들대다

근들-근들부 ゆらゆら｜ぐらぐら。

근들-대다자 ☞근들거리다

근래(近來)명 近来｜近ごろ｜最近。예~에 보기 드문 대설이 내렸다. 近来まれな大雪が降った。

근량(斤量)명 斤量｜斤目。

근력(筋力)명 筋力。예~을 강화하다. 筋力を強化する。

근로(勤勞)명 勤労。예~ 계급 勤労階級／~ 소득 勤労所得／~ 의욕 勤労意欲。
　근로-하다자 勤労する。

근로-자(勤勞者)명 勤労者。

근류(根瘤)명 ☞뿌리혹

근린(近隣)명 近隣。예~공원 近隣公園。

근면(勤勉)명 勤勉。
　근면-하다 勤勉だ。예근면한 사람 勤勉な人。
　근면-히부 勤勉に。

근무(勤務)명 勤務。예~ 시간 勤務時間／~ 조건 勤務条件／~ 평가 勤務評価。

근무-하다(勤務-)재 勤務する｜勤める。예 교육 기관에서 ～. 教育機関に勤務する。

근무-처(勤務處)명 勤務先｜勤め先。

근방(近方)명 近所｜あたり｜近く。예 이 ～에서 가장 큰 병원은 어디입니까? 近くで最も大きい病院はどこですか。=근처

근본(根本)명 ❶【초목의】草木の根｜根元。❷【사물의 본질】根本｜根底。예 ～ 사상 根本思想。❸【가계·혈통】生い立ち｜家柄。

근본-적(根本的)관명 根本の。예 ～인 대책이 필요하다. 根本的な対策が必要だ。

근사-치(近似値)명 〔수〕近似値。=근삿값

근사-하다(近似-)형 ❶【비슷하다】近似する｜非常に似ている。❷【멋있다】素敵だ｜すばらしい｜格好がいい。예 근사한 저녁 식사에 초대를 받다. 素敵な夕ご飯に招待される。/ 방을 근사하게 꾸미다. 部屋をすばらしく飾る。

근성(根性)명 根性｜性根。예 거지 ～ 乞食根性 / 속물～ 野次馬根性。

근세(近世)명 近世。

근소-하다(僅少-)형 僅少だ。예 근소한 차 僅少の差。

근속(勤續)명 勤続。예 10년 ～ 10年勤続。

　근속-하다재 勤続する。

근수(斤數)명 斤目｜斤量｜目方。예 ～로는 두 근이다. 斤目で二斤だ。

근시(近視)명 〔의〕近視｜近眼。

근시-경(近視鏡)명 近眼鏡。

근시-안(近視眼)명 近視眼。

근시안-적(近視眼的)관명 近視眼的。예 ～인 사고방식 近視眼的な見方。

근신(謹愼)명 謹愼。예 ～ 처분을 명하다. 謹愼処分を命ずる。

　근신-하다재 謹愼する。

근실-거리다자 少しかゆい感じがする｜少しむずがゆい。예 벌레가 기어가듯 온몸이 근실거린다. 虫が這うように体中がむずむずかゆい。=근실대다

근실-근실부 むずむず。

　근실근실-하다자 むずむずとする。예 몸이 근실근실해서 가만히 있을 수가 없다. 体がむずむずしてじっとしていられない。

근실-대다자 ☞ 근실거리다

근실-하다(勤實-)형 勤勉で真面目だ。

　근실-히부 勤勉で真面目に。

근심명 心配｜懸念｜気がかり。

　근심-하다재타 心配する｜懸念する。예 그 건에 대해서는 근심하지 마세요. その件に対しては心配しないで下さい。아무 일도 없을 테니 너무 근심하지 마세요. 何事もないから、あまり心配なさらないでください。

근심-거리명 心配事｜心配の種｜憂い事。예 ～가 생기다. 心配の種が生じる。

근심-스럽다형 心配そうだ｜気がかりだ。예 근심스러운 얼굴을 하다. 心配そうな顔をする。/ 그가 나를 근심스럽게 바라보았다. 彼が私たちを心配そうに眺めた。

　근심스레부 心配そうに。

근엄-하다(謹嚴-)형 謹厳だ。예 근엄한 태도 謹厳な態度。

　근엄-히부 謹厳に。

근영(近影)명 【근래에 찍은 사진】近影。

근원(根源)명 ❶【물이 흐르기 시작하는 곳】源｜水源。❷【사물의 본바탕】根源｜根本。예 우주의 ～ 宇宙の根源 / ～을 제거하다. 根源を除去する。

근원-지(根源地)명 根源地。

근위(近衛)명 近衛。

근위-대(近衛隊)명 〔역〕近衛隊。

근위-병(近衛兵)명 〔역〕近衛兵。

근육(筋肉)명 〔의〕筋肉。예 ～ 마사지 筋肉マッサージ / ～이 단단하다. 筋肉が引き締まる。

근육-질(筋肉質)명 筋肉質。

근육-통(筋肉痛)명 〔의〕筋肉痛｜筋痛。예 축구 선수가 ～을 호소하며 그라운드에 쓰러졌다. サッカー選手が筋肉痛を訴えてグランドに倒れた。

근인(近因)명 【가까운 원인】近因。

근일(近日)명 近日。

근자(近者)명 【요즈음】近頃｜この頃。

근작(近作)명 近作。

근저¹(近著)명 【근작】近著。

근저²(根底·根柢)명 【밑바탕】根底。예 작품의 ～를 이루는 사상 作品の根底をなしている思想。

근절(根絶)명 根絶。예~ 대책 根絶対策。
　근절-하다타 根絶する。예폭력을 사회에서 근절시키다. 暴力を社会から根絶させる。
근접(近接)명 近接。예~ 지역 近接地域。
　근접-하다자 近接する。예중심지에 근접한 주택지 中心地に近接する住宅地。
근제(謹製)명【삼가 정성 들여 만듦】謹製。
　근제-하다타 謹製する。
근조(謹弔)명 謹んで弔すること。
근종(筋腫)명《의》筋腫。예자궁 ~ 子宮筋腫。
근지(近地)명 近い所の土地。
근지럽다 ❶【가려운 느낌이 있다】むずがゆい。❷【참고 견디기 어렵다】何かしたくてたまらない｜(じれったくて)むずむずする。예성한 몸으로 일을 하지 않고 자나 팔다리가 ~. 元気な体で仕事ともしないでいようとするから手足がむずむずする。
근질-거리다자 ❶(体が)むずむずする｜むずがゆい｜むずつく。예몸이 근질거려서 잠을 잘 수가 없다. 体がむずがゆくて眠れない。❷何かしたくてたまらない。예비밀을 말하고 싶어서 입이 근질거린다. 秘密を話したくてたまらない。=근질대다
근질-근질부 むずむず｜うずうず。
　근질근질-하다자형 むずむずとする｜うずうずとする。예일어나고 싶어서 몸이 ~. 起き上がりたくて体をむずむずとさせる。
근질-대다자 ☞근질거리다
근처(近處)명 近所｜付近。예학교 ~에 서점이 생겼다. 学校の近所に書店ができた。
근척(近戚)명 近親。=근친
근치(根治)명 根治。
　근치-하다자타 根治する。예병을 ~. 病を根治する。
근친(近親)명 近親。예~상간 近親相姦。
근친-혼(近親婚)명 近親婚｜近親結婚。
근칭(近稱)명《언》近称。
근태(勤怠)명 勤怠｜勤惰。예~ 관리 勤怠管理。
근하(謹賀)명 謹賀。

근-하다(勤—)형【부지런하다】勤勉だ｜まめましい。
근하-신년(謹賀新年)명 謹賀新年。
근해(近海)명 近海。예~ 어업 近海漁業。
근화(槿花)명 槿花｜木槿花。=무궁화
근황(近況)명 近況。예~을 보고하다. 近況を報告する。
글명 ❶ 文｜文章｜文字。예~을 배우다. 文字を習う。/~을 쓰다. 文を書く。/이것은 고등학생이 쓴 ~이다. これは高校生が書いた文章だ。❷【학문이나 학식이 배움】学問｜学識。예~깨나 배웠다. ある程度学んだ。/그는 ~이 깊다. 彼は学識が深い。
글겅-거리다자 (喘息などで)ぜいぜいあえぐ。=글겅대다
글겅-글겅부 ぜいぜい。=갈강갈강
글겅-대다자 ☞글겅거리다
글-공부(—工夫)명 学習｜勉強。
　글공부-하다자 学習する｜勉強する。
글-귀(—句)명 文の句｜文句。예좋은 ~를 읽다. いい文章を読む。
글그렁-거리다자 (喘息などで)ぜいぜいあえぐ。예듣기 싫게 ~. 耳障りなほどぜいぜいあえぐ。=글그렁대다
글그렁-글그렁부 ぜいぜい。예감기 때문에 목에서 ~ 소리가 난다. 風邪のために喉がぜいぜいと音がする。
글그렁-대다자 ☞글그렁거리다
글다자 ☞'그을다'의 준말.
글-동무명 同じ場所で一緒に勉強する友人。
글라디올러스(gladiolus)명《식》グラジオラス。
글라이더(glider)명《항》グライダー。
글래머(←glamour girl)명 グラマー。
글러브(glove)명《운》グローブ。
글루텐(gluten)명《화》グルテン。
글리세린(glycerin)명《화》グリセリン。예튼 살에 ~을 바르다. あれた皮膚にグリセリンを塗る。
글리코겐(glycogen)명《생》グリコーゲン｜糖原質。예탄수화물은 몸속에서 ~으로 저장된다. 炭水化物は体内でグリコーゲンとして貯蔵される。
글-말명 ☞문어
글-속명 学問を理解する程度。
글썽-거리다자 (目に)涙をためる｜

涙ぐむ｜涙を浮かべる。例 그녀가 눈물을 글썽거리며 내게 이야기했다. 彼女が目に涙をためて私に話した。＝글썽대다·글썽이다

글썽부 涙ぐむさま。

글썽글썽-하다자타형 涙ぐむ。例 눈물이 글썽글썽한 것이 금방이라도 울 것 같다. 涙ぐんでいるのが、すぐにでも泣き出しそうだ。

글썽-대다자타 ☞글썽거리다

글썽-이다자타 ☞글썽거리다

글썽-하다자타 涙ぐむ。

글쎄감 ❶ はて｜さあ｜さて｜そうだな。例 ~, 온다고 했는데. そうだな、来ると言ったんだが。／~, 잘 모르겠다. さあ、よく分からない。❷ だから。例 ~, 내 말이 맞다니까. だから、俺の言ってる通りだって。／~, 내가 아니라고 했잖아요. だから私じゃないって言ったでしょ。

글쎄-다감 そうだね｜さあね。

글쎄-요감 そうですね。

글씨명 ❶ 文字｜字｜筆跡。例 ~를 배우다. 文字を習う。／~를 잘 쓴다. 字が上手だ。／이것은 누구의 ~입니까? これは誰の筆跡ですか。❷ 文字の書き方。例 ~ 공부 書き方を習うこと。

글씨-체(一體)명 書体。＝서체

글-월명 ❶ 文｜文章。❷ 手紙。

글-자(一字)명 文字｜字。

글자-판(一字板)명 (時計·タイプライターなどの)文字盤。

글-재주명 文才。例 내 딸은 ~가 있다고 생각한다. 娘には文才があると思う。

글-줄명 ❶ 文の行。❷ 多少の学問。

글-짓기명 作文。

글피명 しあさって｜明々後日。例 ~까지 원고를 완성해 주시면 감사하겠습니다. しあさってまでに原稿を完成していただけるとありがたいです。

긁다타 ❶ 掻く｜引っ掻く。例 등을 ~. 背中を掻く。／냄비 바닥을 ~. 鍋の底を引っ掻く。❷ はがす｜取り除く。例 유리창에 붙은 테이프를 ~. ガラス窓に付いたテープをはがす。／누룽지를 ~. お焦げをこそげる。❸ (一カ所に)かき集める。例 낙엽을 긁어모으다. 落ち葉をかき集める。❹ (人の感情·気分を)傷つける｜じらす｜そしる。例 괜히 남의 기분 긁지 말고 가만히 있어. 人の感情に傷つけないで黙っていてよ。❺ あくせくとかき集める｜しぼり取る。例 돈이 될 만한 것들은 전부 긁어갔다. お金になるような物は全てをあくせくとかき集めていった。

긁어-내다타 ❶ かき出す。❷ (金などを)しぼり取る。

긁어-모으다타 ❶ かき寄せる。❷ (財物などを)かき集める。例 돈을 악착같이 긁어모았다. お金をあくせくとかき集めた。

긁적-거리다자타 ❶ しきりに掻く。例 멋쩍은지 머리를 자꾸 긁적거린다. 照れくさそうに頭をぼりぼり掻く。❷ (文などを)しきりに書きなぐる。＝긁적대다

긁적-긁적부 ぼりぼり。

긁적-대다타 ☞긁적거리다

긁죽-거리다타 やたらにぼりぼりと掻く。＝긁죽대다

긁죽-대다타 ☞긁죽거리다

긁-히다자 掻かれる｜引っ掻かれる。例 고양이에게 ~. 猫に引っ掻かれる。／얼굴을 ~. 顔を引っ掻かれる。

금¹명 値段｜値｜価格。例 ~을 매기다. 値をつける。

금²명 ❶ 折り目。❷ 線。例 ~을 긋다. 線を引く。❸ 裂け目｜割れ目｜ひび。例 찻잔에 ~이 생기다. 茶碗に裂け目ができる。

　금(이) 가다관 ひびが入る｜仲たがいする。例 애인과 사이에 ~. 恋人となかたがいする。

금³(金)명 金曜｜金曜日。

금⁴(金)명 ❶ 金。例 ~을 캐다. 金を掘る。❷ 金メダル。例 유도에서 ~을 획득했다. 柔道で金メダルを獲得した。＝금메달

-금⁵(金)접 一金。例 계약금 契約金／보증금 保証金／위약금 違約金。

금-가락지(金一)명 金の指輪。例 할머니는 ~를 끼고 있다. お婆さんは金の指輪をはめている。

금-가루(金一)명 金粉。＝금분

금강-사(金剛沙·金剛砂)명 《공》金剛砂。

금강-석(金剛石)명 《광》金剛石｜ダイヤモンド。＝다이아몬드

금고¹(金庫)〖명〗金庫きんこ。〖예〗~ 안에 돈을 넣어 두다. 金庫きんこの中なかにお金かねを入いれておく。

금고²(禁錮)〖명〗禁錮きんこ｜禁固きんこ。〖예〗재판소는 ~ 2년의 실형을 선고하였다. 裁判所さいばんしょは禁錮2年きんこにねんの実刑じっけいを命めいじた。＝금고형

금고-형(禁錮刑)〖명〗☞금고²

금관(金冠)〖명〗金冠きんかん。

금관 악기(金管樂器)〈음〉金管楽器きんかんがっき。

금광¹(金光)〖명〗☞금빛

금광²(金鑛)〖명〗金鉱きんこう。〖예〗~ 채굴 金鉱採掘きんこうさいくつ。＝금점(金店)

금-광석(金鑛石)〈광〉金鉱石きんこうせき。＝금돌

금괴(金塊)〖명〗金塊きんかい。

금기(禁忌)〖명〗禁忌きんき。

　금기-하다〖타〗禁忌きんきする。

금년(今年)〖명〗今年ことし・こんねん。

금년-생(今年生)〖명〗今年ことし生うまれ。

금-니(金―)〖명〗金歯きんば。

금단(禁斷)〖명〗禁断きんだん。〖예〗~ 구역 禁断区域きんだんくいき/~ 현상 禁断症状きんだんしょうじょう/~의 열매 禁断の木このみ。

　금단-하다〖타〗禁断きんだんする。

금-덩이(金―)〖명〗金きんの塊かたまり｜金塊きんかい。

금-도금(金鍍金)〖명〗〈화〉金鍍金きんめっき。

금-돌(金―)〖명〗☞금광석

금력(金力)〖명〗金力きんりょく。

금렵(禁獵)〖명〗禁猟きんりょうする。

금리(金利)〖명〗〈경〉金利きんり。〖예〗은행 ~ 銀行ぎんこう金利きんり/저~ 低ていい金利きんり/~ 생활자 金利生活者きんりせいかつしゃ。

금-메달(金medal)〖명〗金きんメダル。〖예〗~을 따다. 金メダルを獲得かくとくする。

금명-간(今明間)〖명〗一両日いちりょうじつ中ちゅう。〖예〗공사는 ~ 재개된다. 工事こうじは一両日中で再開さいかいする。

금-모래(金―)〖명〗〈광〉砂金さきん。

금-물¹(金―)〖명〗〈미〉金泥きんでい。

금물²(禁物)〖명〗禁物きんもつ。〖예〗과신은 ~이다. 過信かしんは禁物だ。/건강, 젊다고 방심하는 것은 ~이다. 健康けんこう, 若わかいからって油断ゆだんは禁物だ。

금박(金箔)〖명〗金箔きんぱく。〖예〗~을 입히다. 金箔を施ほどこす。

금-반지(金半指)〖명〗金きんの指輪ゆびわ。

금발(金髮)〖명〗金髪きんぱつ｜ブロンド。

금방(今方)〖부〗たった今いま｜今さっき｜今し方がた｜今。〖예〗~ 지은 따끈따끈한 밥 たった今炊たいた温あたたかいご飯はん/~ 보던 책을 어디에 뒀어? 今さっき読よんでいた本ほんをどこに置おいたの。/~ 올 것이다. 今, 来くるだろう。/~ 이라도 눈이 내릴 것 같다. 今にでも雪ゆきが降ふりそうだ。＝방금

금방-금방(今方今方)〖부〗続つづけざまに早はやく。

금번(今番)〖명〗今度こんど｜この度たび。〖예〗~ 회의에서는 증산 문제를 토의한다. 今度の会議かいぎでは増産問題ぞうさんもんだいを論議ろんぎする。

금분(金粉)〖명〗☞금가루

금-붕어(金―)〖명〗金魚きんぎょ。

금-붙이(金―)〖명〗金きんで作つくった物もの。

금비(金肥)〖명〗〖농업〗金肥きんぴ。

금-비녀(金―)〖명〗金きんの簪かんざし。

금-빛(金―)〖명〗金色きんいろ｜黄金色こがねいろ。＝금광¹(金光)・금색

금상(金賞)〖명〗金賞きんしょう。〖예〗~을 수상하다. 金賞を受賞じゅしょうする。

금상첨화(錦上添花)〖명〗錦上きんじょうに花はなを添そえる。

금새〖명〗〖경제〗価格かかく｜市価しか｜物価ぶっか。〖예〗~가 오르다. 価格かかくが上あがる。

　금새(를) 치다〖관용〗〖물건값 정하다〗相場そうばや値段ねだんを決きめる。

금색(金色)〖명〗☞금빛

금서(禁書)〖명〗禁書きんしょ。

금석(今昔)〖명〗〖현재와 옛날〗今昔こんじゃく・こんせき。

금석(金石)〖명〗❶金属きんぞくと石いし。❷非常ひじょうに硬かたいもの。

금석-문(金石文)〖명〗〈역〉金石文きんせきぶん。＝금석 문자

금석 문자(金石文字)〖명〗〈역〉金石文字きんせきもじ。＝금석문

금성(金星)〖명〗〈천〉金星きんせい。●새벽녘 동쪽 하늘에 떠 있을 때는 「明あけの明星みょうじょう」, 해가 질 무렵 서쪽 하늘에 떠 있을 때는 「宵よいの明星」라고 한다.

금세〖부〗たちまち｜直ただちに。〖예〗~ 눈이 쌓였다. たちまちに雪ゆきが積つもる。

금-세기(今世紀)〖명〗今世紀こんせいき。〖예〗~ 최대의 발견 今世紀最大さいだいの発見はっけん。

금속(金屬)〖명〗金属きんぞく。〖예〗~ 공업 金属工業こうぎょう/~ 광물 金属鉱物こうぶつ/~ 광택 金属光沢こうたく/~ 원소 金属元素げんそ。

금속-성(金屬性)〖명〗金属性きんぞくせい。

금속-제(金屬製)〖명〗金属製きんぞくせい。

금속 활자(金屬活字)〈출〉金属活字きんぞくかつじ。

금수(禽獸)〖명〗禽獣きんじゅう。〖예〗~만도 못한 놈 禽獣にも劣おとるやつ。

금수-강산(錦繡江山)圏 ❶錦繡のように美しい山川。❷韓国の山川のたとえ。

금시(今時)圏【금시】今時・ただ今・すぐ。囫충격으로 얼굴의 미소가 ~에 사라졌다. 衝撃で顔の微笑みがすぐ消えた。

금시-초문(今時初聞) 初耳。囫그 이야기는 ~이다. その話は初耳だ。

금식(禁食)圏 断食。
　금식-하다재 断食する。囫오늘 하루는 금식하게 되어 있다. 今日1日は断食になっている。

금-실¹(金─)圏 金糸。

금실²(←琴瑟)圏【부부의 정】琴瑟。囫~ 좋은 부부 仲のよい夫婦。

금-싸라기(金─)圏 ❶金の粒。❷金の粒のように貴重なもの。

금액(金額)圏 金額。囫이번 달에 지출한 ~ 今月に支出した金額/ 손실 ~ 損失金額。

금야(今夜)圏 今夜・今晩。

금어(禁漁)圏 禁漁。
　금어-하다재 漁獲を禁じる。

금어-구(禁漁區)圏 禁漁区。

금어-기(禁漁期)圏 禁漁期。

금언(金言)圏 金言。❶【격언이나】金句。❷【격언】金言。

금연(禁煙)圏 禁煙。囫~ 껌 禁煙ガム/ ~ 주간 禁煙週間/ 사내 ~ 社内禁煙/ ~ 구역 禁煙区域。
　금연-하다재 禁煙する。囫건강을 위해서 금연하기로 했다. 健康のために禁煙することにした。

금요(金曜)圏 金曜。囫~ 드라마 金曜ドラマ。

금-요일(金曜日)圏 金曜日。

금욕(禁慾)圏 禁慾・禁慾。囫~주의 禁欲主義/ ~ 생활 禁慾生活。
　금욕-하다재 禁慾する・禁慾する。

금월(今月)圏 今月。＝이달

금융(金融)圏 金融。囫~ 기관 金融機関/ ~ 완화 金融緩和/ ~ 시장 金融市場。

금은(金銀)圏 金銀。❶金と銀。❷金貨と銀貨。

금은-방(金銀房)圏 金銀を加工して販売する店。

금의-환향(錦衣還鄉)圏 金衣行衣 | 故鄉へ錦を飾ること。

금일(今日)圏 ☞오늘❶

금-일봉(金一封)圏 金一封。囫사원들에게 ~을 전달하다. 社員たちに金一封を渡す。

금자(金字)圏 金字 | 金文字。

금자-탑(金字塔)圏 金字塔。囫~을 세우다. 金字塔を打ち立てる。

금-잔디(金─)圏 ❶〈식〉こうらいしば。❷雑草のない手入れの行き届いた芝生。囫정원에 ~가 파릇파릇하다. 庭の芝生が青々としている。

금전(金錢)圏 金銭。囫~ 출납부 金銭出納簿/ ~ 문제로 고민하고 있다. 金銭問題で悩んでいる。

금전 등록기(金錢登錄器) 金銭登録器。

금점(金店)圏 ☞금광

금제¹(金製)圏 金製。

금제²(禁制)圏 禁制。囫~를 해제하다. 禁制を解除する。
　금제-하다 禁制する。

금족(禁足)圏 禁足 | 足止め。

금-종이(金─)圏 金紙。

금주¹(今週)圏 今週。囫~의 계획 今週の計画。

금주²(禁酒)圏 禁酒。囫~를 선언하다. 禁酒を宣言する。
　금주-하다 禁酒する。

금-줄¹(金─)圏 ❶(時計などの)金の鎖。❷金糸の紐。

금-줄²(金─)圏〈광〉金脈。

금지(禁止)圏 禁止。囫~ 규정 禁止規定/ 출입 ~ 立入禁止/ 주차 ~ 駐車禁止/ 방송 ~ 放送禁止。
　금지-하다타 禁止する。

금지-령(禁止令)圏 禁止令。

금지-옥엽(金枝玉葉)圏 ❶【임부나 제왕의】金枝玉葉。❷【귀여운】大切な子孫。

금-치산(禁治産)圏〈법〉禁治産。

금치산-자(禁治産者)圏〈법〉禁治産者。

금칠(金漆)圏 金泥を混ぜた漆。

금침(衾枕)圏【금침】布団と枕 | 寝具。

금-테(金─)圏 金縁。囫~ 안경 金縁眼鏡。

금품(金品)圏 金品。囫~ 요구 金品要求/ ~을 받다. 金品を受け取る。

금-하다(禁─)타 ❶禁ずる | 禁じる。囫외출을 ~. 外出を禁ずる。❷

【참고 없음】耐える｜抑える。 예경탄을 금치 못하다. 驚嘆きょうたんを禁きんじえない。

금혼-식(金婚式)명 【참고 없음】 金婚式きんこんしき。

금화(金貨)명 金貨きんか。 예~ 본위제 金貨本位制ほんいせい。

금환-식(金環蝕)명 〈천〉金環食きんかんしょく｜金環蝕きんかんしょく。

금회(今回)명 今回こんかい｜今度こんど。

금후(今後)명 今後こんご｜以後いご。 예~의 과제 今後こんごの課題かだい。

급(級)명 ~이 높다. 級きゅうが高たかい。/ 주산 몇 ~입니까? 算盤そろばん、何なん級きゅうですか。

급감(急減)명 急減きゅうげん。
　급감-하다자타 急減げんする。 예생산량이 ~. 生産量せいさんりょうが急減する。

급-강하(急降下)명 急降下きゅうこうか。
　급강하-하다자 急降下こうかする。

급거(急遽)부 急遽きゅうきょ。 예~ 예정을 변경하다. 急遽予定よていを変更する。 =급거히
　급거-히부 ☞급거

급격-하다(急激—)형 急激きゅうげきだ。
　급격-히부 急激げきに。 예생산력이 ~ 향상되었다. 生産力せいさんりょくが急激に向上こうじょうした。/ ~ 시력이 나빠졌다. 急激に視力しりょくが悪わるくなった。

급-경사(急傾斜)명 急傾斜けいしゃ｜急勾配こうばい。

급구(急求)명 急募きゅうぼ。
　급구-하다타 急募ぼする｜急きゅうに求もとめる。 예아르바이트를 ~. バイトを急募する。

급급-하다¹(岌岌—)형 岌々ぎゅうぎゅうとしている。❶山やまが高たかい。❷(形勢けいせいが)危あやうい。

급급-하다²(汲汲—)형 【참고 없음】 汲々きゅうきゅうとしている。 예출세에 급급한 사람들 出世しゅっせに汲々たる人々ひとびと。 =겁급하다❷

급급-하다³(急急—)형 【참고 없음】 急々きゅうきゅうだ｜非常ひじょうに急いそぐだ。 예급한 성질 急きゅうな性質せいしつ。
　급급-히부 急々きゅうきゅうと｜急いそぎに急いそいで。 예밥을 ~ 먹고 출근하다. ご飯はんを急々と食たべて出勤しゅっきんする。

급기야(及其也)부 ついに｜とうとう｜結局けっきょく｜あげくの果てに。 예~ 회사에서 잘렸다. ついに首くびになった。/ ~ 그 여자는 버림받게 되었다. 結局彼女かのじょは捨すてられた。

급등(急騰)명 急騰きゅうとう。 예주가의 ~ 株価かぶかの急騰。↔급락²
　급등-하다자 急騰とうする。

급락¹(及落)명 及落きゅうらく。

급락²(急落)명 【참고 없음】 急落きゅうらく。 예지지율 支持率しじりつの急落。
　급락-하다자 急落らくする。 예주가가 ~. 株価かぶかが急落する。

급료(給料)명 給料きゅうりょう｜サラリー。 예~ 명세 給料明細めいさい/ ~를 지급하다. 給料を支払しはらう。

급류(急流)명 急流きゅうりゅう。 예~ 하천 急河川かせん/ ~에 휩쓸리다. 急流に巻まき込こまれる。
　급류-하다자 急きゅうに流ながれる。

급류-수(急流水)명 急流きゅうりゅうに流ながれる水みず。

급매(急賣)명 品物しなものを急いそいで売うること。

급무(急務)명 急務きゅうむ。

급박-하다(急迫—)형 急迫きゅうはくしている｜さし迫せまっている。 예급박한 사정이 있다. 急迫する事情じじょうがある。

급변(急變)명 急変きゅうへん。❶【참고 없음】状態じょうたいが急きゅうに変かわること。❷【참고 없음】急きゅうに起おこった変事へんじ。 예~시의 간호 急変時じの看護かんご。
　급변-하다타 急変へんする。 예정세가 ~. 情勢じょうせいが急変する。

급병(急病)명 急病びょう。

급보¹(急步)명 急歩きゅうほ｜急いそぎ足あし。 예~로 지나가다. 急ぎ足で過すぎていく。
　급보-하다¹자 急いそぎ足あしで歩あるく。

급보²(急報)명 【참고 없음】 急報きゅうほう。 예~를 접하다. 急報に接せっする。
　급보-하다²타 急報ほうする。

급부(給付)명 給付きゅうふ。 예반대~ 反対はんたい給付。

급비(給費)명 給費きゅうひ。 예정부 政府せいふ給費/ ~ 장학금 給費奨学金しょうがくきん/ ~ 제도 給費制せいど。
　급비-하다자 給費ひする。

급비-생(給費生)명 給費生きゅうひせい。

급사¹(急死)명 急死きゅうし｜頓死とんし。
　급사-하다자 急死しする｜頓死とんしする。 예심장 마비로 ~. 心臓麻痺しんぞうまひで急死する。

급사²(急事)명 急事きゅうじ。

급살(急煞)명 〈민〉❶不吉ふきつな星ほし。❷思おもいがけない災難さいなん。
　급살(을) 맞다 관용 にわかに死しぬ｜頓死とんしする。

급-상승(急上昇)명 急上昇じょうしょう。

급상승-하다 자 急上昇する。예 인기가 급상승하고 있다. 人気が急上昇している。

급-선무(急先務) 명 急務。

급성(急性) 명 急性。예 ~ 장염 急性腸炎 / ~ 전염병 急性伝染病 / ~ 피로 急性疲労。

급소(急所) 명 急所。예 ~를 노리다. 急所を狙う。/ ~를 맞다. 急所に当たる。

급속(急速) 명 急速。예 ~ 충전 전지 急速充電池 / ~ 냉동 急速冷凍。

　급속-하다 형 急速だ。急速な発展。急速な発展。

　급속-히 부 急速に。예 전염병이 퍼지다. 伝染病が急速に広まる。

급-속도(急速度) 명 急速度。

급수¹(級数) 명 ❶ (수) 級数。 ❷ 【등급에 따라 매긴 순위】 等級。

급수²(給水) 명 給水。예 ~ 장치 給水装置 / ~ 탱크 給水タンク。

　급수-하다 자 給水する。

급수-관(給水管) 명 給水管。

급수-차(給水車) 명 給水車。

급습(急襲) 명 急襲。

　급습-하다 타 急襲する。예 급습하여 범인을 제압하였다. 急襲して犯人を制圧した。

급식(給食) 명 給食。예 학교 ~ 学校給食。

　급식-하다 자 給食をする。

급양(給養) 명 給養。예 ~ 시설 給養施設 / ~ 사업 給養事業。

　급양-하다 타 給養する。

급여(給与) 명 給与。예 ~ 계산 給与計算 / ~ 명세 給与明細 / ~ 소득 給与所得。

　급여-하다 타 給与する。

급용(急用) 명 急用。

급우(級友) 명 級友 ｜ クラスメート。

급유(給油) 명 給油。예 ~ 장치 給油装置。

　급유-하다 자 給油する。

급작-스럽다 형 急だ ｜ 突然だ ｜ 不意である。예 급작스러운 사건에 놀라다. 突然の出来事に驚いた。

급작스레 부 急に ｜ 突然に ｜ 不意に ｜ いきなり。예 ~ 차가 멈춰 섰다. いきなり車が止まった。

급전¹(急傳) 명 急いで伝えること。

　급전-하다¹ 타 急いで伝える。

급전²(急錢) 명 急に必要な金。

급전³(急轉) 명 急転。

　급전-하다² 자 急転する。예 사태가 ~. 事態が急転する。

급전-직하(急轉直下) 명 急転直下。

급-정거(急停車) 명 急停車。

　급정거-하다 자타 急停車する。

급-정지(急停止) 명 急停止。

　급정지-하다 자타 急停止する。

급제(及第) 명 及第。

　급제-하다 자 及第する。예 시험에 ~. 試験に及第する。

급조(急造) 명 急造 ｜ 急ごしらえ ｜ にわか作り。

　급조-하다 타 急造する。

급증¹(急症) 명 急症 ｜ 急病。

급증²(急増) 명 急増。

　급증-하다 자 急増する。예 범죄가 급증하고 있다. 犯罪が急増している。

급진(急進) 명 急進。예 ~ 개혁 急進改革 / ~주의 急進主義。

　급진-하다 자 急進する。

급진-적(急進的) 관형 急進的。예 ~ 인 경제 개혁 急進的な経済改革。

급파(急派) 명 急派。

　급파-하다 타 急派する。예 조사단을 현장에 ~. 調査団を現場に急派する。

급-하다(急—) 형 ❶【시간적】急だ ｜ 急いている ｜ せばつまっている。예 급한 볼일이 생기다. 急な用事ができる。/ 급한 연락을 받다. 急な連絡を受ける。❷【성격】(性格が) せっかちだ ｜ 短気だ ｜ 気短だ。예 그는 급한 성격이다. 彼は短気な性格だ。❸【행동이】急いでいる。예 급하게 달려왔다. 急いで走って来た。❹【기울기】急だ。예 이 비탈길은 ~. この坂道は急だ。/ 이 강은 물살이 ~. この川は流れが急だ。

급-히 부 急いで ｜ 急に。예 ~ 달려가다. 急いで走って行く。/ 시간이 없어서 ~ 먹는다. 時間がないので急いで食べる。/ ~ 전철이 멈추었다. 急に電車が止まった。

급행(急行) 명 急行。❶ 急いで行くこと。❷ ⇒ 급행열차。

　급행-하다 자 急行する。

급행-열차(急行列車) 명 急行列車。= 급행 ❷

급 훈(級訓) 명 級訓 ｜ クラスの教

訓くん。

굿다[자][참고] ❶雨あめがしばらく止やむ。예 오전에는 비가 그을 것 같지 않다. 午前中ごぜんちゅうに雨が止みそうにない。❷[해당한자] 雨宿あまやどりする。예 방에 들어와 비를 그어 가거라. 部屋へやに入はいって雨宿りして行いきなさい。

굿다[타] ❶[참고] (線せんや文字もじの画かくなどを)引ひく。예 분필로 칠판에 선을 ~. チョークで黒板こくばんに線を引く。❷[해당한자] (マッチや尖とがったものなどで)擦する。예 성냥을 그어 불을 켜다. マッチを擦って火をつける。❸[해당한자] (かよい帳ちょうなどに)つける。예 외상 장부에 긋고 술을 마시다. つけで酒さけを飲のむ。❹[해당한자] (境界きょうかいや限界げんかいを)つける|決きめる。❺[해당한자] (名簿めいぼ・文章ぶんしょうなどから一部いちぶを)削除さくじょする|取とり除のぞく。예 김수미를 신청자 명단에서 그어 버리다. キム・スミを申もうし込こみの名簿から削除する。❻手てや指ゆびで描えがく動作どうさをする。예 십자를 ~. 十字じゅうじを切きる。/ 싫다고 가위표를 ~. 嫌いやだとかけじるしを描く。

긍긍-하다(兢兢—)[자] 兢々きょうきょうとする|びくびくする。

긍정(肯定)[명] 肯定こうてい。
긍정-하다[타] 肯定こうていする。

긍정-적(肯定的)[관] 肯定的こうていてき。예 ~인 자세 肯定的な姿勢しせい/ ~인 평가 肯定的な評価ひょうか。

긍지(矜持)[명] 矜持きょうじ・きょうじ|プライド。예 군인으로서 ~를 갖다. 軍人ぐんじんとしての矜持を持もつ。

긋-하다(亘—)[자][참고] (時間じかん・範囲はんい・回数かいすうに)亘わたる|及およぶ。예 사흘간에 긍한 회의 三日間みっかかんに亘る会議かいぎ/그의 연구는 광범위에 ~. 彼かれの研究けんきゅうは広範囲こうはんいに亘る/다섯 번에 궁해 설명하다. 五回ごかいに亘って説明せつめいする。

기¹(己)[巴(명)] 己きこつ。

기²(氣)[명] 気き。❶[해당한자] 気け|感かんじ|気味きみ。예 입술에 붉은 ~가 없고 파랗게 질려 있었다. 唇くちびるに血ちの気がなく真っ青まっさおになっていた。❷[해당한자] 生気せいき|気力きりょく|元気げんき|精気せいき。예 ~가 부족하다. 気力が足たりない。/ 야단맞고 ~가 죽었다. 叱しかられて気が滅入めいった。

기(가) 살다[관] 元気げんきになる。예 친구가 편을 들어주자 기가 살아서 큰소리를 질렀다. 友達ともだちが味方みかたについてくれると、元気になって大声おおごえで怒鳴どなった。

기(가) 차다[관] 唖然あぜんとする|あきれる。예 너무 기가 차서 말을 못했다. あまりあきれて何なにも言いえなかった。

기(를) 펴다[관] 気楽きらくにする|のびのびとする。예 힘센 친구들 앞에서 기를 못 펴고 서 있었다. 力ちからの強つよい友達ともだちの前まえで気を縮こめて立たっていた。

기³(期)[명][해당한자] 期き。예 제3~ 수료 논문 第三期修了論文だいさんきしゅうりょうろんぶん/당신은 몇 ~ 졸업생입니까? あなたは何期なんきの卒業生そつぎょうせいですか。

기⁴(旗)[명] 旗はた。예 ~를 달다. 旗を揚あげる。

-기⁵(期)[접][해당한자] 一期いちき。예 상반기 上半期かみはんき/ 성장기 成長期せいちょうき/소년기 少年期しょうねんき。

-기⁶(機)[접][해당한자] 一機いっき。예 녹음기 録音機ろくおんき/ 전투기 戦闘機せんとうき/ 비행기 飛行機ひこうき。

기각(棄却)[명] [법]棄却ききゃく。
기각-하다[타] 棄却ききゃくする。

기간¹(基幹)[명] [해당한자] 基幹きかん。예 ~ 사업 基幹事業きかんじぎょう/ ~ 과목 基幹科目きかんかもく/ ~ 산업 基幹産業きかんさんぎょう。

기간²(既刊)[명] 既刊きかん。예 잡지 기간 雑誌既刊ざっしきかん/ ~ 도서 既刊図書ききかんとしょ。

기간³(期間)[명] 期間きかん。예 ~ 휴가 期間かん/ 유효 ~ 有効ゆうこう期間/ 백화점 세일 ~ デパートセール期間/ 일정 ~이 지나다. 一定いっていの期間が過すぎる。

기갈(飢渴)[명] [해당한자] 飢渇きかつ| 飢うえと乾かわき。

기강(紀綱)[명] 紀綱きこう。예 사회의 ~을 바로 세우다. 社会しゃかいの紀綱を立たて直なおす。

기개(氣槪)[명] 気概きがい。

기거(起居)[명] 起居ききょ。
기거-하다[자] 起居ききょする。예 한 방에서 같이 ~. 同おなじ部屋へやに起居する。

기겁(氣怯)[명] びっくり仰天ぎょうてんすること。예 ~을 하며 달아나 버리다. びっくり仰天して逃にげてしまう。
기겁-하다[자] びっくり仰天する。

기결(既決)[명] [해당한자] 既決きけつ。
기결-하다[타] 既決きけつする。

기결-수(既決囚)[명] 既決囚きけつしゅう。

기결-안(既決案)[명] 既決案きけつあん。

기계¹(奇計)[명] 奇計きけい|奇策きさく。

기계²(器械)[명] 器械きかい。예 의료 ~ 医療器械いりょうきかい/ 측량 ~ 測量器械そくりょうきかい。

기계³(機械)® 機械。예 ~ 공학 機械工学/ 정밀 ~ 精密機械/ ~를 움직이다. 機械を動かす。

기계-적(機械的)관명 機械的。예 ~인 작업 機械的な作業/ ~으로 반복하다. 機械的に繰り返す。

기계 체조(器械體操) 〈운〉器械体操。

기계-톱(機械—) 《공》機械鋸。

기계-화(機械化)® 機械化。
  기계화-하다자® 機械化する。

기고¹(起稿)® 起稿。↔탈고
  기고-하다¹자타 起稿する。

기고²(寄稿)® 寄稿。예 특별 ~ 特別寄稿。
  기고-하다²자타 寄稿する。예 논문을 ~. 論文を寄稿する。

기고-만장(氣高萬丈) ❶激しく怒ること。❷得意の絶頂にあること。
  기고만장-하다® ❶激しく怒る。❷得意の絶頂にある。

기골(氣骨) ❶気骨。❷体格。예 ~이 장대하다. 気骨が壮大だ。

기공¹(起工)® 起工。着工。

기공²(氣孔)® ❶〈동〉気門。❷〈식〉気孔。=숨구멍

기공-식(起工式)® 起工式。

기관¹(汽罐)® 《기》蒸気機関。=증기기관

기관²(奇觀) 【문】奇観。

기관³(氣管)® 〈동〉気管。

기관⁴(器官)® 〈생〉器官。예 감각 ~ 感覚器官/ 생식 ~ 生殖器官/ 촉각 ~ 触覚器官。

기관⁵(機關)® ❶【문】機関。예 증기 ~ 蒸気機関/ 공기 ~ 空気機関/ 왕복 ~ 往復機関/ 외연 ~ 外燃機関。【사】機関。組織。機構。예 감사 ~ 監査機関/ 금융 ~ 金融機関/ 의결 ~ 議決機関/ 행정 ~ 行政機関。

기관-사(機關士)® 機関士。

기관-실(機關室)® 機関室。

기관-지¹(氣管支)® 〈의〉気管支。예 ~ 천식 気管支喘息/ 폐렴 気管支肺炎。

기관-지²(機關誌)® 〈언〉機関誌。

기관지-염(氣管支炎)® 〈의〉気管支炎。

기관-차(機關車)® 機関車。

기관-총(機關銃)® 《군》機関銃。=기총

기관-포(機關砲)® 《군》機関砲。

기괴-하다(奇怪—)® 奇怪だ│怪しい。예 기괴한 이야기 奇怪な物語/ 기괴한 사건이 발생했다. 奇怪な事件が発生した。

기교(技巧)® 技巧│テクニック。예 ~를 부리다. 技巧をこらす。

기구¹(氣球)® 気球│軽気球。예 ~ 관측 気球観測/ ~를 띄우다. 気球を浮かべる。=경기구

기구²(器具)® 器具。예 전기 ~ 電気器具/ 조명 ~ 照明器具/ 측정 ~ 測定器具。

기구³(機構)® 【정】機構。예 ~ 개혁 機構改革/ 정책 ~ 政策機構/ 개발 ~ 開発機構。

기구-하다(崎嶇—)® ❶【지리】(山路が)険しい。예 기구한 산길을 지나다. 険しい山道を過ぎる。❷【비유적】数奇だ。예 기구한 신세 数奇な身の上/ 기구한 운명을 타고나다. 数奇な運命に生まれる。

기권(棄權)® 棄権。
  기권-하다자 棄権する。예 투표를 기권한 사람 投票を棄権した人。

기근(飢饉·饑饉)® 飢饉。예 물 ~ 水飢饉。

기금(基金)® 基金。예 연금 ~ 年金基金/ 통화 ~ 通貨基金/ 국제 교류 ~ 国際交流基金。

기기(機器·器機)® 器機│機器。예 교육 ~ 教育器機/ 의료 ~ 医療器機。

기기괴괴-하다(奇奇怪怪—)® 奇々怪々だ。예 기기괴괴한 사건 奇々怪々な事件。

기기묘묘-하다(奇奇妙妙—)® 奇々妙々だ。

기꺼워-하다자 嬉しがる│喜ぶ│楽しがる。

기껍다® 嬉しい│喜ばしい。

기꺼이早 喜んで│好んで。예 ~ 당신의 청을 들어 드리겠습니다. 喜んであなたの願いをお聞きいたします。

기-껏早 【문】一生懸命│精一杯│せいぜい。예 ~ 빨래를 해 널었더니 비가 온다. 一生懸命洗濯を干したのに雨が降る。/ ~ 위로한다는 게 그 말이니? 精一杯の慰めがその言葉なの。

기껏-해야早 せいぜい│たかが。예 ~ 80점이나 받겠지. いくら高く見てもせい

ぜい80点はしゅうだろう。/ 요리는 ~ 김치찌개가 고작이다. 料理りょうはすると言いってもたかがキムチチゲだ。/ 아무리 고급이라고 해도 ~ 밥이지 않은가. いくら高級こうきゅうって言いったってたかが飯めしじゃないか。

기나-길다【기ː나긷따】【활용가나긴】非常ひじょうに長ながい｜長々ながながしい。◉ 기나긴 역사 長ながい長ながい歴史れきし。

기내(機内)圏 機内きない。◉ ~ 서비스 機内きないサービス。

기내-식(機内食)圏 機内食きないしょく。

기념(記念·紀念)圏 記念きねん。◉ ~ 공원 記念公園きねんこうえん。
　기념-하다国 記念きねんする。◉ 창립 3주년을 ~. 創立そうりつ3周年しゅうねんを記念きねんする。

기념-관(記念館)圏 記念館きねんかん。

기념-물(記念物)圏 記念物きねんぶつ。

기념-비(記念碑)圏 記念碑きねんひ。

기념-식(記念式)圏 記念祭きねんさい｜記念きねん式典しきてん。

기념-우표(記念郵票)圏 記念切手きねんきって。

기념-일(記念日)圏 記念日きねんび。

기념-품(記念品)圏 記念品きねんひん。= 기념물

기능¹(技能)圏【활용가능】技能ぎのう｜技量ぎりょう。◉ ~ 검정 技能検定ぎのうけんてい/ ~ 실습생 技能実習生ぎのうじっしゅうせい。

기능²(機能)圏【활용가능】機能きのう。◉ ~ 집단 機能集団きのうしゅうだん/ ~ 훈련 機能訓練きのうくんれん。

기능-공(技能工)圏 技能工ぎのうこう。

기능-사(技能士)圏 技能士ぎのうし。

기능-성(機能性)圏 機能性きのうせい。◉ ~ 식품 機能性食品きのうせいしょくひん/ ~ 음료 機能性飲料きのうせいいんりょう。

기능-적(機能的)관圏 機能的きのうてき。◉ ~ 으로 수납하다. 機能的きのうてきに収納しゅうのうする。

기능-주의(機能主義)圏 機能主義きのうしゅぎ。

기니(Guinea)圏《국》ギニア。

기니비사우(Guinea-Bissau)圏《국》ギニアビサウ。

기다国 ❶【활용기에·긴】這はう｜腹這はらばう。◉ 아기가 방 안을 이리저리 기어 다닌다. 赤あかちゃんが部屋へやの中なかをあちこち這はい回まわる。/ 산비탈을 기어 올라갔다. 山坂やまさかを這はって登のぼった。 ❷【활용기어·긴】大変たいへんゆっくり動うごく。◉ 러시아워라서 버스가 기어간다. ラッシュアワーなのでバスがゆっくり行いく。 ❸【활용기어·긴】(圧倒あっとうされて人前ひとまえで)たじたじとなる｜こわごわとする｜たじろぐ。◉ 승진하려고 사장님 앞에서 설설 ~. 昇進しょうしんのために社長しゃちょうの前まえでたじたじする。
기는 놈 위에 나는 놈이 있다속담 這はう者ものの上うえに飛とぶ者ものがいる：〔日〕上うえには上うえがある。

기-다랗다형 非常ひじょうに長ながい｜思おもったより長ながい。◉ 기다란 행렬 非常ひじょうに長ながい行列ぎょうれつ。 종기달다

기다리다国 待まつ。◉ 열차를 기다리는 승객들이 줄 서 있다. 列車れっしゃを待まつ乗客じょうきゃくたちが並ならんでいる。/ 기다리고 기다리던 여름이 왔다. 待まちに待まった夏なつがやって来きた。/ 이날을 얼마나 기다렸던가? この日ひをどれだけ待まったことか。

기단¹(氣團)圏《지구》気団きだん。◉ 시베리아 ~ シベリア気団きだん/ 해양성 ~ 海洋性かいようせい気団きだん。

기단²(基壇)圏《건》基壇きだん。

기달다형 ☞'기다랗다'의 준말。

기대(期待·企待)圏 期待きたい。◉ ~에 어긋나다. 期待きたい外はずれだ。
　기대-하다国 期待きたいする。◉ 그이한테는 기대하고 있었는데 …. 彼かれには期待きたいしていたのに…。

기대다国 ❶【활용기대】凭もたれる｜寄より掛かかる。◉ 벽에 기대어 앉다. 壁かべにもたれて座すわる。 ❷【활용기대】頼たよる。◉ 생활비를 부모에게 ~. 生活費せいかつひを親おやに頼たよる。

기대-서다자 もたれて立たつ｜寄よりかかる。◉ 대문에 등을 ~. 門もんに背せをもたれかけて立たつ。/ 문을 닫고 기대서서 울다. ドアを閉しめて寄よりかかって泣なく。

기대-앉다자 (壁かべなどに)寄よりかかって座すわる｜もたれて座すわる。◉ 온몸에 기운이 빠져 문에 ~. 体中からだじゅうの気力きりょくが抜ぬけてドアに寄よりかかって座すわる。

기댓-값(期待—)圏《수》期待値きたいち。

기도¹(企圖)圏 企くわだて｜もくろみ。◉ 탈출 ~ 脱出だっしゅつ企図きと/ 자살 ~ 自殺じさつ企図きと。
　기도-하다¹国 企図きとする。

기도²(祈禱)圏 祈いのり。◉ ~를 올리다. 祈いのりを捧ささげる。
　기도-하다²자 祈祷きとうする｜祈いのる。

기도³(氣道)圏《의》気道きどう。

기도-서(祈禱書)圏 祈祷書きとうしょ。

기독-교(基督教)圏 キリスト教きょう。

기동¹(奇童)圏 奇童きどう｜神童しんどう。

기동²(起動)圏【활용기동】起動きどう。
　기동-하다자 起動きどうする。◉ 다리에 깁스를 해 기동하기가 힘들다. 脚あしにギプス

をして起動しにくい。

기동³(機動)몡 機動다。예 ~ 속도가 너무 느리다. 機動速度が遲すぎる。

기동-대(機動隊)몡 機動隊たい。
기동-력(機動力)몡 機動力りょく。
기동-성(機動性)몡 機動性せい。
기동-차(汽動車)몡 氣動車きどうしゃ。

기둥몡 ❶ 【建物·テントなどの】柱はしら。예 집의 ~을 세우다。家いえの柱を立てる。/~에 못을 박다。柱に釘くぎを打うつ。❷【사람의 비유】大黑柱だいこくばしら。예 나는 한 집안의 ~이다。私わたしは一家いっかの大黑柱だ。/젊은이는 나라의 ~이다。若者わかものは國家こっかの柱だ。

기득(旣得)몡 旣得きとく。예 ~ 권익 旣得權益けん。
기득-하다타 旣得きとくする。

기득-권(旣得權)몡〔법〕旣得權きとくけん。~을 지키다。旣得權を守まもる。

기라-성(綺羅星)몡 綺羅星きらぼし。예 ~ 같은 문호들 綺羅星のような文豪ぶんごうたち。

기량¹(技倆·伎倆)몡【기술 능력】技量りょう ¦腕前うでまえ ¦手並てなみ。예 최고의 ~을 발휘하다。最高さいこうの技量を發揮はっきする。

기량²(器量)몡【사람의 능력】器量りょう。예 지도자의 ~ リーダーの器量。

기러기몡〔동〕雁がん·かり。예 가을 하늘 위로 ~ 무리가 날아간다。秋あきの空そらにガンの群むれが飛とんで行いく。

기럭-기럭뮈【기러기 울음소리】かりかり。예 기러기가 바위 위에서 ~ 운다。雁が岩いわの上うえでかりかりと鳴なく。

기력(氣力)몡 氣力りょく ¦元氣げんき。예 ~이 없다。元氣がない。/~이 넘치다。氣力が十分じゅうぶんだ。

기로(岐路)몡 ❶【갈림길】枝道えだみち ¦別わかれ道みち。❷【생애의 중대 갈림길】岐路きろ ¦別れ道。예 사랑의 岐路/ 인생의 ~에 서다。人生じんせいの岐路に立たつ。=갈림길

기록(記錄)몡 記錄きろく。예 세계 ~ 世界せかい記錄/ 지난 10년의 ~을 깬 추위이다。過去かこ十年間じゅうねんかんの記錄破やぶりの寒さむさである。
기록-하다타 記錄きろくする。

기록 영화(記錄映畵)〔연〕記錄映畵えいが ¦ ドキュメンタリー映畵。

기록-적(記錄的)관 記錄的きろくてき。예 ~인 폭우 記錄的な暴雨ぼうう。

기류¹(氣流)몡 ❶【공기의 흐름】氣流きりゅう。예 난~가 발생하다。亂らん氣流が發生はっせいする。/ 구름은 상승 ~에 의해 생긴다。雲くもは上昇じょうしょう氣流によって生しょうじる。/하강 ~를 타다。下降かこう氣流に乘のる。❷【분위기·경향】趨勢すうせい ¦雰圍氣ふんいき。예 두 사람 사이에 이상 ~가 감돈다。二人ふたりの間あいだになんとなく不便ふべんな雰圍氣が漂ただよう。

기류²(寄留)몡 寄留きりゅう。
기류-하다자 寄留きりゅうする。

기르다타 ❶【飼育】育そだてる ¦植うえて育てる ¦飼かう ¦栽培さいばいする。예 우리 집에서는 강아지를 기른다。わが家いえでは子犬こいぬを飼っている。/난을 기르는 취미가 있다。蘭らんを育てる趣味しゅみがある。❷【敎育】育てる。예 인재를 ~。人材じんざいを育てる。/ 애지중지 기른 큰딸을 시집보내다。非常ひじょうにかわいがり大切たいせつに育てた長女ちょうじょを嫁よめがせる。/20년 동안 많은 제자를 길러 냈다。20年の間ねん、多おおくの弟子でしを育て上あげた。❸【涵養】養やしなう。예 인내심을 ~。忍耐心にんたいしんを養う。/ 그는 체력을 기르기 위해 매일 운동을 한다。彼かれは體力たいりょくをつけるために每日まいにち運動うんどうをする。/ 그들은 단결 정신을 기르고 강인한 체력을 연마하였다。彼かれらは團結心だんけつしんを養い强きょう靭じんな體力を練磨れんました。❹【習慣などを】身みにつける。예 일찍 자고 일찍 일어나는 습관을 길러라。早寢はやね早起はやおきを習慣しゅうかんづけろ。/ 밖에서 집에 돌아오면 손을 씻는 버릇을 ~。外そとから歸かえったら手てを洗あらう習慣を身につける。❺【髮などを】伸のばす ¦生はやす。예 머리를 ~。髮かみを伸ばす。/ 수염을 덥수룩하게 길렀다。ひげをぼうぼうに生やした。

기름¹몡 ❶【動·植物の】油あぶら ¦脂あぶら。예 식물성 ~ 植物性しょくぶつせい油/ 고구마를 ~에 튀기다。じゃが芋いもを油で揚あげる。❷【原油】石油せきゆ ¦オイル。예 차에 ~을 넣다。車くるまにオイルを入いれる。❸【皮脂】脂あぶら。예 코에 ~이 심하다。鼻はなの脂がひどい。

기름을 끼얹다관용【상황·갈등 따위를 악화시키다】油あぶらを注そそぐ。예 분노에 기름을 끼얹다。怒いかりに油を注ぐ。=기름을 붓다
기름을 붓다관용 ☞기름을 끼얹다

기름²〈생〉脂肪しぼう。=지방(脂肪)

기름-기(一氣)몡 脂身あぶらみ ¦油氣あぶらけ ¦脂氣あぶらけ。예 돼지고기에는 ~가 많다。豚肉ぶたにくには脂氣が多おおい。

기름-때몡 油垢あぶらあか。
기름-종이몡 油紙あぶらがみ·ゆし。

기름-지다형 ❶【기름기가 많다】脂あぶらっこい ¦油あぶらっこい。예 기름진 음식 脂っこい食た

物。❷【脂って】(太って)脂肪がつく｜脂ぎっている。❸【脂ぎった】顔あぶらぎった顔。❸【肥えている】肥えている｜肥沃である。◉밭이 ~. 畑が肥沃である。

기름-콩 もやし用の小さい豆。=유태

기름-틀 油搾め木。=유자기

기름-하다 [형]【心持ち長い】長めである。◉기름한 턱 선 長めの顎の線/기름한 콧날 長めの鼻筋。

기리다 称える｜讃える。◉공로를 ~. 功労を称える。

기린(麒麟)[명] 〔동〕麒麟。

기린-아(麒麟兒)[명] 麒麟児。

기린-자리(麒麟—)《천》 麒麟座。

기립(起立)[명] 起立。◉~, 인사. 起立、礼。

기립-하다[자] 起立する。◉전원이 기립하여 박수를 치다. 全員起立して拍手をする。

기마(騎馬)[명] 騎馬。◉~ 민족 騎馬民族/~ 무사 騎馬武士。

기마-하다[자] 馬に乗る。

기마-대(騎馬隊)[명] 騎馬隊。

기마-전(騎馬戰)[명] 騎馬戰。

기-막히다(氣—)[자] ❶(あまりのことに)あきれる。◉내게 그런 말을 하다니 너무나 기막혀 말이 안 나온다. 私にそんなことを言うとは、あまりにもあきれて言葉が出てこない。❷ 非常に素晴らしい｜すごい。◉그 여자는 기막히게 아름다웠다. その女性は素晴らしく美しかった。/그 사람은 기막히게 화술이 좋았다. その人の話術は本当に素晴らしかった。

기만(欺瞞)[명] 欺瞞。◉~ 정책 欺瞞政策/~ 행위 欺瞞行為/자기~ 自己欺瞞。

기만-하다[타] 欺瞞する｜だます｜欺く。

기말(期末)[명] 期末。◉~ 시험 期末試験。

기명¹(記名)[명] 記名。◉~ 투표 記名投票/~ 채권 記名債券。

기명-하다[자] 記名する。

기명²(器皿)[명] 器皿。

기명-식(記名式)[명] 記名式。

기묘-하다(奇妙—)[형] 奇妙だ。◉기묘한 사건 奇妙な出来事/기묘한 이야기 奇妙な物語。

기묘-히[부] 奇妙に。

기문(奇聞)[명] 奇聞｜奇談。

기물(器物)[명] 器物。◉~ 손괴죄 器物損壞罪。

기미¹[명]【染み】肝斑。◉얼굴에 ~가 껴서 신경이 쓰인다. 顔にしみができて気になる。

기미²(氣味)[명] 気味。❶ 香りと味。❷ 傾向｜趣味。◉감기 ~가 있다. 風邪気味だ。/~가 나쁜 녀석이다. 気味の悪いやつだ。

기미³(幾微・機微)[명] 機微｜気配。◉~를 눈치 채다. 機微をうがつ。

기민-하다(機敏)[형] 機敏だ。◉기민하게 행동하다. 機敏に行動する。

기밀(機密)[명] 機密。◉~ 문서 機密文書/~이 새다. 機密が漏れる。

기밀-하다[형] 本当に重要で秘密だ。

기박-하다(奇薄—)[형] 数奇だ｜不幸せだ｜不運だ。◉기박한 일생 不幸せな一生。

기반¹(基盤)[명] 基盤｜土台。◉~ 활동 基盤活動/경제적 ~을 닦다. 経済的基盤を固める。

기반²(羈絆)[명] 羈絆｜束縛｜きずな。

기발-하다(奇拔—)[형] 奇抜だ。◉기발한 아이디어 奇抜なアイディア。

기백(氣魄)[명] 気魄｜気迫｜気概。◉그에게는 ~이 느껴진다. 彼にには気迫が感じられる。

기법(技法)[명] 技法。◉전통 ~ 伝統的技法/여러 가지 ~과 표현 방법이 있다. 様々な技法と表現方法がある。

기별(奇別)[명] 便り｜知らせ｜通知。◉~을 보내다. 便りを送る。/아버지가 위중하다는 ~을 받았다. 父が危篤だという知らせを受けた。

기별-하다[타] (消息・知らせを)知らせる｜通知する。◉그날에 일어난 일은 그날 중으로 기별해라. その日に起きたことはその日の内に通知しろ。/어머니에게 빨리 오시도록 ~. 母に早く来るように知らせる。

기병(騎兵)[명] 騎兵。◉~ 훈련 騎兵訓練。

기보(旣報)[명] 既報。

기보-하다[타] すでに知らせる。◉기보

한 대로 既報のとおり。

기복(起伏)圏 起伏<small>きふく</small>。예감정의 ~이 심하다. 感情<small>かんじょう</small>の起伏が激<small>はげ</small>しい。
　기복-하다재 起伏<small>きふく</small>する。예완만하게 기복하는 언덕 なだらかに起伏している丘<small>おか</small>。

기본(基本)圏 基本<small>きほん</small>。예 ~ 계획 基本計画<small>かく</small>/ ~ 단위 基本単位<small>たんい</small>/ ~ 어휘 基本語彙<small>ごい</small>/ ~ 재산 基本財産<small>ざいさん</small>/ ~을 익히다. 基本を身<small>み</small>につける。

기본-급(基本給)圏 基本給<small>きほんきゅう</small>。=본봉

기본-적(基本的)관圏 基本的<small>きほんてき</small>。예 ~인 인권 基本的人権<small>じんけん</small>。

기부(寄附)圏 寄付<small>きふ</small>¦寄附<small>きふ</small>。
　기부-하다타 寄付<small>きふ</small>する¦寄附<small>きふ</small>する。예시립 도서관에 많은 책을 ~. 市立図書館<small>としょかん</small>にたくさんの本<small>ほん</small>を寄付する。

기부-금(寄附金)圏 寄付金<small>きふきん</small>。예장학 ~ 奨学金<small>しょうがくきん</small>寄付金。

기분(氣分)圏 ❶気分<small>きぶん</small>¦気持<small>きも</small>ち¦気<small>き</small>¦機嫌<small>きげん</small>。예 ~이 나쁘다. 機嫌が悪<small>わる</small>い。/ ~ 좋은 소식을 듣다. 気分のいい知<small>し</small>らせを聞<small>き</small>く。/ 시험을 잘 봐서 ~이 좋다. テストがよくできて気分がいい。/ 거리는 온통 축제 분위기로 ~이 들떠 있다. 通<small>とお</small>りはすっかり祭<small>まつ</small>りの雰囲気<small>ふんいき</small>で気が浮<small>う</small>いている。/ ~을 가라앉히다. 気持ちを落<small>お</small>ち着<small>つ</small>ける。/ ~ 좋은 날씨야. 気持ちのいい天気<small>てんき</small>だ。/ (잘되어) ~이 좋아지다. 気を良<small>よ</small>くする。/ 욕을 먹어 ~이 상하였다. 悪口<small>わるくち</small>を言<small>い</small>われて気を悪くした。❷【분위기·느낌】雰囲気<small>ふんいき</small>¦感<small>かん</small>じ。예이제야 조금 연말 ~이 난다. 今<small>いま</small>やすこし年末<small>ねんまつ</small>の感じがする。

기분-파(氣分派)圏 気分屋<small>きぶんや</small>。

기뻐-하다재 喜<small>よろこ</small>ぶ¦うれしがる。예대학에 합격했을 때 어머니는 크게 기뻐하셨다. 大学<small>だいがく</small>に合格<small>ごうかく</small>した時<small>とき</small>、母<small>はは</small>はすごくうれしがった。

기쁘다협 うれしい¦喜<small>よろこ</small>ばしい。예당신을 만나 ~. あなたに会<small>あ</small>えてうれしい。

기쁨圏 喜<small>よろこ</small>び¦うれしさ。예 ~에 겨워 눈물을 흘리다. 喜びのあまり涙<small>なみだ</small>を流<small>なが</small>す。/ ~에 환호성을 지르다. 喜びで歓呼<small>かんこ</small>の声<small>こえ</small>をあげる。/ ~의 기색을 보이다. 喜びの色<small>いろ</small>を見<small>み</small>せる。↔슬픔

기사¹(己巳)圏 《민》【육십갑자】己巳<small>きし</small>。

기사²(技士)圏 ❶【운전사】運転手<small>うんてんしゅ</small>。=운전기사 ❷【법】【기술자격등급】技術<small>ぎじゅつ</small>資格<small>しかく</small>等級<small>とうきゅう</small>の一<small>ひと</small>つ。

기사³(記事)圏 記事<small>きじ</small>。❶事実<small>じじつ</small>を書<small>か</small>き記<small>しる</small>すこと。❷【알리다】事実を知<small>し</small>らせること。예신문 ~ 新聞<small>しんぶん</small>記事。
　기사-하다타 事実を書き記す。

기사⁴(記寫)圏【기록하다】記録<small>きろく</small>すること。
　기사-하다타 記録する。

기사⁵(飢死·餓死)圏【굶어 죽다】飢<small>う</small>え死<small>じ</small>に¦餓死<small>がし</small>。
　기사-하다재 飢え死にする¦餓死をする。

기사⁶(騎士)圏 騎士<small>きし</small>¦ナイト。

기사-도(騎士道)圏 騎士道<small>きしどう</small>。예 ~ 정신 騎士道精神<small>せいしん</small>。

기사-문(記事文)圏 《문》記事文<small>きじぶん</small>。

기사-회생(起死回生)圏 起死回生<small>きしかいせい</small>。예 ~을 노리다. 起死回生を狙<small>ねら</small>う。

기산(起算)圏 起算<small>きさん</small>。
　기산-하다타 起算<small>きさん</small>する。예계약일부터 기산하여 3일 이내에 전하겠다. 契約日<small>けいやくび</small>から起算して3日以内<small>いない</small>に届<small>とど</small>ける。

기상¹(奇想)圏 奇想<small>きそう</small>。

기상²(氣象)圏【날씨】気象<small>きしょう</small>。예 ~ 경보 気象警報<small>けいほう</small>/ ~ 기호 気象記号<small>きごう</small>/ ~ 재해 気象災害<small>さいがい</small>/ ~ 주의보 気象注意報<small>ちゅういほう</small>/ ~ 통보 気象通報<small>つうほう</small>/ ~ 위성 気象衛星<small>えいせい</small>/ ~ 관측 気象観測<small>かんそく</small>。

기상³(氣像)圏【사람의 타고난 기본이나 올려놓은】気性<small>きしょう</small>¦気象<small>きしょう</small>。예진취적인 ~ 進取<small>しんしゅ</small>の気性。

기상⁴(起牀)圏 起床<small>きしょう</small>。예 ~ 나팔 起床喇叭<small>らっぱ</small>。
　기상-하다재 起床<small>きしょう</small>する。예매일 아침 7시에 기상한다. 毎朝<small>まいあさ</small>七時<small>しちじ</small>に起床する。

기상-구(氣象區)圏 気象区<small>きしょうく</small>。

기상-대(氣象臺)圏 気象台<small>きしょうだい</small>。

기상-천외(奇想天外)圏 奇想天外<small>きそうてんがい</small>。
　기상천외-하다협 奇想天外<small>きそうてんがい</small>だ。예기상천외한 묘책 奇想天外な妙策<small>みょうさく</small>。

기상-청(氣象廳)圏 気象庁<small>きしょうちょう</small>。

기상-학(氣象學)圏 気象学<small>きしょうがく</small>。

기색(氣色)圏 気色<small>きしょく</small>¦顔色<small>かおいろ</small>¦素振<small>そぶ</small>り。예 ~을 살피다. 気色をうかがう。/ 피곤한 ~이 나타나다. 疲<small>つか</small>れた顔色が見<small>み</small>える。

기생¹(妓生)圏 妓生<small>キーセン</small>¦妓女<small>ぎじょ</small>¦芸者<small>げいしゃ</small>。

기생²(寄生)圏 寄生<small>きせい</small>。예 ~ 동물 寄生動物<small>どうぶつ</small>/ ~ 생활 寄生生活<small>せいかつ</small>/ ~ 식물 寄生植物<small>しょく</small>。
　기생-하다 寄生する。

기생-물(寄生物)圏 寄生物<small>きせいぶつ</small>。

기생-충(寄生蟲)〖명〗 寄生虫きせいちゅう。

기생 화산(寄生火山) 寄生火山きせいかざん｜側火山そっかざん。=측화산

기선¹(汽船)〖명〗 汽船きせん。

기선²(機先)〖명〗 機先きせん。 ~을 제압하다. 機先を制せいする。

기설(既設)〖명〗 既設きせつ。

기성(既成)〖명〗 既成きせい。 例 ~ 작가 既成作家きせいさっか。

기성-복(既成服)〖명〗 既成きせいの衣服いふく。

기성-품(既成品)〖명〗 既製品きせいひん｜レディーメード。

기성-하다(氣盛—) 気力きりょくが旺盛おうせいだ。

기세(氣勢)〖명〗 気勢きせい｜勢いきおい｜意気込いきごみ。 例 무서운 ~로 흐르는 강 激はげしい勢いで流ながれる川かわ。

기소(起訴)〖명〗《법》起訴きそ。 ~ 유예 起訴猶予きそゆうよ。
　기소-하다 起訴きそする。

기소-장(起訴狀)〖명〗《법》起訴狀きそじょう。

기수¹(奇數)〖명〗〔수〕奇数きすう。=홀수

기수²(基數)〖명〗〔수〕基数きすう。

기수³(旗手)〖명〗【체육】旗手きしゅ。

기수⁴(機首)〖명〗【항공】機首きしゅ。

기수⁵(騎手)〖명〗【체육】騎手きしゅ。

기숙(寄宿)〖명〗 寄宿きしゅく。
　기숙-하다〖자〗 寄宿きしゅくする。

기숙-사(寄宿舍)〖명〗 寄宿舎きしゅくしゃ。

기숙-생(寄宿生)〖명〗 寄宿生きしゅくせい。

기술¹(技術)〖명〗 技術ぎじゅつ。 ~ 교육 技術教育ぎじゅつきょういく / ~ 유출 技術流出ぎじゅつりゅうしゅつ / ~ 이전 技術移転ぎじゅついてん / ~ 원조 技術援助ぎじゅつえんじょ。

기술²(記述)〖명〗 記述きじゅつ。
　기술-하다¹ 記述きじゅつする。 例 객관적으로 ~. 客観的きゃっかんてきに記述する。

기술³(既述)〖명〗【참조】既述きじゅつ。
　기술-하다²〖타〗 既述きじゅつする。

기술-자(技術者)〖명〗 技術者ぎじゅつしゃ｜技術家ぎじゅつか。

기술-적(技術的)〖관명〗 技術的ぎじゅつてき。

기슭〖명〗 ❶(山さんなどの斜面しゃめんになっている所ところの)下部かぶ｜ふもと。 例 산~ 山のふもと / 북한산 남쪽 ~ 北漢山ほっかんざんの南みなみ山麓さんろく。 ❷(川かわ/海うみなどの)岸きし。 例 건너편 강~ 向こうの川岸かわぎし

기습¹(奇襲)〖명〗 奇襲きしゅう。 例 작전 奇襲作戦きしゅうさくせん / ~ 전법 奇襲戦法きしゅうせんぽう。
　기습-하다〖타〗 奇襲きしゅうする。

기습²(氣習)〖명〗【기질과 습관】奇習きしゅう。

기승¹(奇勝)〖명〗 奇勝きしょう。

기승²(氣勝)〖명〗【기세가 뛰어남】❶勝かち気き｜利かん気き｜負けん気き。 ❷【도저히 꺾이지 않음】猛威もうい。 例 무더위가 ~을 부리다. 蒸むし暑あつさが猛威をふるう。

기식(寄食) 寄食きしょく｜居候いそうろう。
　기식-하다〖자〗 寄食きしょくする｜居候いそうろうする。

기신(起身)〖명〗 ❶身みを動うごかして起おき上あがること。 例 일주일이나 ~도 못하고 누워 있다. 一週間いっしゅうかんも身を起き上がることができずに寝ねている。 ❷身を引ひいて関係かんけいを切きること。
　기신-하다〖자〗 ❶身みを動うごかして起おき上あがる。 例 옆에서 부축하지 않으면 기신할 수 없다. 横よこで支ささえてくれなければ起き上がれなかった。 ❷身を引ひいて関係かんけいを切きる。

기신-거리다 力ちからなく動うごく。=기신대다

기신-기신【기운이 없는 모양으로 계속 움직이는 모양】よろよろ｜ふらふら｜のろのろ。 例 ~ 비탈길을 올라가다. よろよろと坂道さかみちを上あがる。

기신-대다〖자〗 ☞기신거리다

기신-없다(氣神—)〖형〗 気力きりょくがない｜弱よわりきっている。
　기신없-이〖부〗 気力きりょくがなく。 例 퍼뜩 정신을 차려 보니 ~ 걷고 있었다. はっと正気しょうきに戻もどると、力無ちからなく歩あるいていた。

기실(其實)〖부〗【참조】実際じっさいには｜本当ほんとうは｜実じつは｜内実ないじつ。 例 ~은 그런 것이 아니다. 本当はそうじゃない。 / 고래는 ~ 포유동물이다. 鯨くじらは実に哺乳動物ほにゅうどうぶつだ。

기아(飢餓·饑餓)〖명〗 飢餓きが｜飢うえ。 例 ~ 상태 飢餓状態きがじょうたい。

기악(器樂)〖명〗《음》器楽きがく。

기악-곡(器樂曲)〖명〗《음》器楽曲きがくきょく。

기안(起案)〖명〗 起案きあん。
　기안-하다〖타〗 起案きあんする。

기암(奇巖)〖명〗 奇岩きがん。

기암-괴석(奇巖怪石)〖명〗 奇岩怪石きがんかいせき。

기압(氣壓)〖명〗《물》気圧きあつ。 ~ 경도 気圧傾度きあつけいど。

기압-계(氣壓計)〖명〗《물》気圧計きあつけい。

기압-골(氣壓—) 気圧きあつの谷たに。

기약(期約)〖명〗 約束やくそくすること｜契ちぎり。
　기약-하다¹ 約束やくそくする｜期きする。 例 다시 만날 날을 ~. また会あえる日ひを約束する。

기약 분수(旣約分數) 〈수〉既約分数.
기약-하다²(氣弱一)〖형〗気弱い；虚弱だ。 예 기약한 사람 気弱い人。
기어(gear) 〖명〗〈기〉 ギア.
기어-가다재태 這う；這って行く。 예 달팽이가 천천히 ~. カタツムリがゆっくりと這って行く。
기어-들다재 ❶這って中に入る；そっと入る；深く中に入る。 예 이불 속으로 ~. 布団の中に入る。❷縮む；消え入る。 예 목소리가 점점 기어 들어 간다. 声がだんだん消え入る。
기어-오르다재태 ❶這い登る；這い上がる。 예 나무에 ~. 木に這い上がる。❷付け上がる。 예 아이가 칭찬받으면 기어오른다. 子供が褒められると付け上がる。
기어-이(期於一)부 ❶きっと；必ず；どうしても。 예 해내고야 말겠다. きっとしてみせる。❷結局は；とうとう；遂に。 예 그는 ~ 떠나고 말았다. 彼はとうとう去ってしまった。/ 생활이 어려워져 ~ 집까지 넘겼다. 生活が苦しくなってとうとう家まで手放した。=기어코
기어-코(期於一)부 ☞기어이
기억(記憶) 〖명〗記憶。 예 ~ 용량 記憶容量/ ~ 소자 記憶素子/ ~ 장치 記憶装置。
기억-하다태 記憶する；覚える。 예 아무것도 기억할 수 없습니다. 何も記憶することができません。
기억-나다(記憶一)재 記憶する；覚える。
기억-력(記憶力) 〖명〗記憶力；物覚え。
기억 상실(記憶喪失) 〖의〗記憶の喪失。
기업-기엄부 そろそろ。 예 아기가 엄마의 뒤를 따라 ~ 기어갔다. 赤ん坊が母親の後をそろそろと這っていった。
기업(企業) 〖명〗〈경〉企業。 예 ~ 의식 企業意識。
기업-가(企業家) 〖명〗〈경〉企業家。
기업-체(企業體) 〖명〗企業体。
기여(寄與) 〖명〗寄与。
　기여-하다재 寄与する。 예 문화 발전에 ~. 文化の発展に寄与する。
기연¹(奇緣) 〖명〗奇縁。
기연²(機緣) 〖명〗機縁。
기염(氣焰) 〖명〗気焰；気炎。 예 ~ 을 토하다. 気焰を吐く。
기예(技藝) 〖명〗技芸。 예 ~ 를 익히다. 技芸を身につける。
기온(氣溫) 〖명〗気温。 예 최고 ~ 最高気温/ 최저 ~ 最低気温/ ~ 이 낮아지다. 気温が低くなる。/ ~ 교차가 심하다. 気温較差が激しい。
기와〖명〗瓦。
기와-집〖명〗瓦屋。=와가
기왓-장(一張) 〖명〗一枚；一枚の瓦。
기왕(旣往) Ⅰ〖명〗過去。 예 ~ 에 금강산에 가 본 적이 있다. 過去に金剛山に行ったことがある。/ ~ 의 일이다. 済んでしまった事だ。
Ⅱ 부 既に；どうせ。 예 ~ 갈 거면 일찍 가자. どうせ行くなら早く行こう。/ ~ 이야기가 나온 김에 모두 털어놓자. 既に話が出たついでに全部打ち明けよう。=이왕
기왕-에(旣往一) 〖부〗どうせ。=이왕에
기왕-이면(旣往一) 〖부〗☞이왕이면
기용(起用) 起用。
　기용-하다태 起用する。 예 능력 있는 인재를 ~. 能力のくある人材を起用する。
기우¹(杞憂) 〖명〗杞憂；取り越し苦労。 예 ~ 로 끝나서 안심했다. 杞憂に終わってほっとした。
기우²(奇遇) 〖명〗奇遇。
기우³(祈雨) 〖명〗祈雨；雨ごい。
기우듬-하다형 やや傾いている；やや斜めである。 예 기우듬하게 서 있다. やや傾いて立っている。/ 기우듬하게 앉아 있다. やや傾いて座っている。
　기우듬-히부 やや傾いて。
기우뚱부 (物体・体などが)片方に傾くさま。
　기우뚱-거리다재태 (あちらこちらに不安定に)しきりに揺れ傾ける；しきりに傾く；かしげる；ぐらぐら揺れる。 예 고개를 ~. 首をしきりにかしげる。/ 토사 붕괴로 집이 기우뚱거렸다. 土砂崩れで家が傾いた。/ 파도에 배가 ~. 波に舟がしきりに揺れ動く。=기우뚱기우뚱하다・기우뚱대다
　기우뚱-대다재태 ☞기우뚱거리다
　기우뚱-하다재태 片方に傾く。 예 강풍으로 나무가 ~. 強風で木が傾く。

기우뚱-기우뚱[부] ぐらぐら(と)。몸을 ~ 흔들며 걷는다. 体をぐらぐら揺らして歩く。

기우뚱기우뚱-하다[자][타] ☞기우뚱거리다

기우-제(祈雨祭)[명] 《역》雨ごいの儀式。

기운¹[명] ❶【생기】気。精気。❷【원기】元気。力。生気。예~이 세다. 力が強い。/~이 솟다. 元気が出る。/~을 내다. 元気を出す。/~도 없고 머리에서 열이 난다. 元気もなく頭に熱がある。❸気。気味。気配。예감기 ~ 風邪気味。/봄을 느끼다. 春の気配を感じる。/새벽에는 쌀쌀한 ~이 돈다. 暁方には涼しい気がする。

기운²(氣運)[명]【기세】気運。예이웃 나라와 화해의 ~이 고조되다. 隣国との和解の気運が高まる。

기운-차다[형] 力強い。元気がよい。기운차게 뛰다. 元気よく走る。

기울[명]【밀·겨】ふすま。

기울-기(수)傾き。勾配。예그래프의 ~. グラフの勾配。

기울다[자] ❶(体)や物)が片方)に傾いている。斜めになっている。예책상이 한쪽으로 ~. 机が片方に斜めに傾いている。/산사태로 집이 ~. 山崩れで家が斜めに傾いている。❷(心·考えなど)が片方に傾いている。片寄る。예의견이 찬성 쪽으로 ~. 意見が賛成の方に傾いている。/마음이 그 여자에게 기울어 있다. 気持ちが彼女に片寄っている。❸【해】(太陽·月)が暮れる。예해가 ~. 日が暮れる。❹【형세】(形勢·状況)が傾く。衰える。滅びる。예가운이 ~. 家運が傾く。

기울어-뜨리다[타] 勢いよく傾ける。傾けてしまう。예고개를 조금 기울어뜨리고 들여다보다. 首を少し傾けてのぞき見する。=기울어트리다

기울어-지다[자] 傾く。❶【사선】斜めになる。예액자가 왼쪽으로 기울어졌다. 額縁が左側に傾いた。❷【편향】片寄る。예찬성 쪽으로 마음이 기울어졌다. 賛成の方に心が傾いた。❸【해】暮れる。예해가 기울어질 시간에 외출했다. 日が傾き始まる時間に出掛けた。❹【쇠퇴】衰える。滅びる。예가세가 ~. 家運が傾く。

기울어-트리다[타] ☞기울어뜨리다

기울-이다 傾ける。❶斜めにする。向ける。❷集中する。注ぐ。예심혈을 기울여 쓴 소설 心血を注いで書かれた小説。

기웃[부] 何かを見ようとして体や首をちょっと傾けるさま。=기웃이

기웃-거리다[자][타] 首を傾けてしきりに覗く。예머리를 ~. 首をひねる。=기웃대다

기웃-대다[자][타] ☞기웃거리다

기웃-이[부] ☞기웃

기웃-하다[자][타] ❶首を傾けて何かを覗く。예문 밖에서 안을 ~. 門の外から中を覗く。❷(首を)傾ける。예머리를 기웃하며 생각에 잠기다. 頭を傾けて考え込む。/고개를 기웃하며 이야기하다. 頭を傾けて話をする。

기웃-기웃[부] しきりに覗くさま。예이웃 집을 ~ 넘겨다보다. 隣の家をしきりにのぞき見る。

기원¹(祈願)[명]【발원】祈願。
  기원-하다[타] 祈願する。祈る。예남북통일을 ~. 南北統一を祈願する。

기원²(紀元)[명] 紀元。

기원³(起源·起原)[명]【근원】起源。起原。根源。예인류의 ~. 人類の起源。

기원-전(紀元前)[명] 紀元前。

기원-후(紀元後)[명] 紀元後。西紀。西暦。エーディー。=서기(西紀)·서력·에이디

기음¹(氣音)[명] ☞거센소리

기음²(基音)[명] 基音。

기이-하다(奇異—)[형] 奇異だ。奇妙だ。예기이한 사건이 일어났다. 奇妙な事件が起こった。

기인¹(奇人)[명]【기인】奇人。変人。

기인²(起因)[명]【기인】起因。
  기인-하다[자] 起因する。예부주의에 기인한 화재 不注意に起因する火災。

기인³(基因)[명] 基因。

기일¹(忌日)[명]【기신】忌日。命日。예오늘은 할아버지의 ~이다. 今日はお祖父さんの命日だ。

기일²(期日)[명]【정해진 날】期日。예지정된 ~까지 입금해야 한다. 指定の期日までに入金しなければならない。

기입(記入)[명] 記入。

기입-하다 記入する。예 답안지에 이름을 ~. 答案用紙に名前を記入する。

기자(記者)몡 記者。예 신문 ~ 新聞記者/ 월간지 ~ 月刊誌記者。

기자-단(記者團)몡 記者団。

기자 회견(記者會見) 記者会見。

기장¹몡【식】(衣服の)丈│長さ。

기장²몡 (식)黍。

기장³(機長)몡【식】機長│キャプテン。

기재¹(奇才)몡【식】奇才。

기재²(記載)몡 記載。
　기재-하다 記載する。예 신청서에 이름과 주소를 ~. 申込書に名前と住所を記載する。

기재³(器才)몡【식】器量と才能。

기재⁴(器材)몡【식】器材。

기저(基底)몡 基底。

기저귀몡 おむつ│おしめ。예 종이 ~ 紙おむつ/ 아기에게 ~를 채우다. 赤ちゃんにおむつを当てる。

기적¹(汽笛)몡 汽笛。예 기차가 ~을 울리며 지나가다. 汽車が汽笛をならして通る。

기적²(奇跡·奇迹)몡 奇蹟│奇跡。예 ~이 일어나다. 奇跡が起こる。

기적-적(奇跡的)관몡 奇跡的。예 ~으로 살아났다. 奇跡的に生き返った。

기전-체(紀傳體)몡【식】紀伝体。

기절(氣絶)몡 気絶。
　기절-하다 気絶する。예 너무 놀라서 ~. 驚きのあまり気絶する。

기절(氣節)몡【식】気節│気骨。

기점(起點)몡【식】起点。

기점(基點)몡【식】基点。

기정(既定)몡 既定。예 ~ 사실 既定の事実。 ↔미정(未定)

기조(基調)몡 基調。

기존(既存)몡 既存。예 ~의 체제를 유지하다. 既存の体制を維持する。
　기존-하다 既存する。

기준(基準)몡 基準。예 평가의 ~을 마련하다. 評価の基準を設ける。

기준-량(基準量)몡 基準量。

기준-점(基準點)몡 基準点。

기중(其中)몡【식】その内│その中を。

기중-기(起重機) 〈几〉起重機│クレーン。

기증(寄贈)몡 寄贈·寄贈。
　기증-하다 寄贈·寄贈する。

기지¹(奇智)몡【식】奇智。

기지²(基地)몡 基地。예 ~를 구축하다. 基地を構築する。

기지³(既知)몡 既知。
　기지-하다 すでに知っている。

기지⁴(機智)몡【식】機知│頓智│ウイット。예 ~를 발휘하다. 機知を発揮する。

기지개몡 伸び。예 ~를 켜다. 伸びをする。
　기지개-하다 伸びをする。

기직몡 草筵。

기진(氣盡) 気力が尽きること。
　기진-하다 気力が尽きる。

기진-맥진(氣盡脈盡) 精根尽き果てること│疲憊│疲労困憊。
　기진맥진-하다 疲憊する│疲労困憊する。예 철야 조사로 ~. 徹夜の調査で精根尽き果てる。/ 강행군으로 기진맥진하여 모두 길가에 주저앉았다. 強行軍で疲憊して、みんな道端に座り込んだ。

기질(氣質) 気質│気立て。예 예술가적 ~을 가지다. 芸術家的な気質を持つ。

기차(汽車) 汽車│列車。=열차

기차-놀이(汽車—)【식】汽車ごっこ。

기-차다(氣—)휑【식】すばらしい│すごい。예 기차에 맛있는 음식 すごくおいしい食べ物。

기차-표(汽車票) 汽車の切符。예 ~ 매표소 汽車の切符売り場。

기찻-길(汽車—) 汽車の線路。

기척몡 気配。예 사람 ~이 없다. 人の気配がない。/ ~을 내어 알리다. 気配で知らせる。/ 기침으로 ~을 내다. 咳払いで気付かせる。

기체¹(氣體)몡【물】気体│ガス│ガス体。예 ~ 연료 気体燃料。

기체²(機體)몡【식】機体。

기초(起草)몡【식】起草。
　기초-하다 起草する。예 헌법의 원안을 ~. 憲法の原案を起草する。/ 법안을 ~. 法案を起草する。

기초(基礎)몡 基礎。예 화장품 基礎化粧品/ ~를 다지다. 基礎を固める。
　기초-하다² 基づく。예 과학에 기초한 수사 방식 科学に基づいた捜査方式。

기초 과학(基礎科學) 〈교〉基礎科学。

기초 대사(基礎代謝)《의》基礎代謝きそたいしゃ。
기초-식품(基礎食品)명 基礎食品きそしょくひん。
기초 연구(基礎研究)《공》基礎研究きそけんきゅう。
기초 의학(基礎醫學)《의》基礎医学きそいがく。
기초 체온(基礎體溫)《의》基礎体温きそたいおん。
기총(騎銃)명《군》騎銃きじゅう。
기축¹(己丑)명〖민〗己丑きちゅう。
기축²(機軸)명 機軸きじく。
기층(氣層)명〖물〗大気たいきの層そう。
기층(基層)명【基礎層きそそう】基層きそう。
기치(旗幟)명 旗幟きし。예 ~를 내걸다. 旗幟きしを掲げる。
기침명《의》咳せき。예 ~이 나다. 咳せきが出でる。/ 감기 기운이 있는지 자꾸만 ~을 한다. 風邪気味かぜぎみなのか、やたらと咳せきをする。
　기침-하다자 咳せきをする。예 감기에 걸려 ~. 風邪かぜを引ひいて咳せきをする。
기타¹(其他)명 その他ほか。
기타²(guitar)명《음》ギター。
기탁(寄託)명 寄託きたく。
　기탁-하다타 寄託きたくする。예 의연금 100만 엔을 ~. 百万円ひゃくまんえんの義援金ぎえんきんを寄託きたくする。
기탄(忌憚)명 忌憚きたん。
　기탄-하다타 忌憚きたんする。
기탄-없다(忌憚―)형 忌憚きたんがない。예 당신의 기탄없는 의견을 듣고 싶다. あなたの忌憚きたんのない意見いけんが聞ききたい。
　기탄없-이 忌憚きたん無なく｜憚はばかりなく｜遠慮えんりょなしに｜気きがねなしに。예 나는 그와 ~ 모든 문제를 의논했다. 私わたしは彼かれと憚はばかりなく問題もんだいを議論ぎろんした。
기통(氣筒)명 ☞실린더
기특-하다(奇特―)형 奇特きとくだ｜殊勝しゅしょうだ｜健気けなげだ。예 할머니는 손자의 기특한 행동에 미소 지었다. お祖母ばあさんは孫まごの健気けなげな行動こうどうに微笑びしょうを浮うかべた。/ 모두 하기 싫어하는 일을 자진해서 맡아 주다니 기특하구나. みんないやがる役やくを進すんで引ひき受うけるとは殊勝しゅしょうだなあ。
　기특-히부 奇特きとくに｜健気けなげに｜殊勝しゅしょうに。예 ~ 생각하다. 健気けなげに思おもう。/ 아이의 행실을 ~ 여기시다. 子供こどもの行ないを殊勝しゅしょうにおぼし召めす。
기틀명 最もっとも重要じゅうような条件じょうけん｜土台どだい｜基盤きばん｜基礎きそ。예 ~을 굳히다. 最もっとも重要じゅうような条件じょうけんを固かためる。/ ~을 정리한 보고서 最もっとも重要じゅうような要所ようしょをまとめた報告書ほうこくしょ。

기틀(이) 잡히다관용 基礎きそがしっかりして機能きのうをきちんと発揮はっきすることになる。
기포(氣泡)명 ☞거품
기폭(起爆)명 起爆きばく。예 ~ 장치 起爆装置きばくそうち。
기폭(旗幅)명 ❶旗はた。❷旗はたの幅はば。
기표(記票)명 投票用紙とうひょうようしに記入きにゅうすること。
　기표-하다 投票用紙とうひょうようしに記入きにゅうする。
기품¹(氣品)명【気品きひん】気品きひん｜品格ひんかく。예 ~ 있는 행동 品格ひんかくのある行動こうどう。
기품²(氣稟)명【気稟きひん】気稟きひん。
기풍(氣風)명 気風きふう。
기피(忌避)명 忌避きひ。
　기피-하다타 忌避きひする。예 최근 들어 투자를 기피하는 경향이 있다. 最近さいきん、投資とうしを忌避きひする傾向けいこうがある。
기필(期必)명 必かならず成なし遂とげることを期きすること。
　기필-하다타 必かならず成なし遂とげることを期きする。
기필-코(期必―)부【必かならず｜きっと｜必かならずや。예 ~ 성공해 보이겠다. 必かならず成功せいこうしてみせる。/ ~ 찾아내겠다. きっと見みつけ出だすぞ。/ 그 일은 ~ 이룰 것이다. その仕事しごとは必かならず遂とげるだろう。
기하(幾何)명 ❶いくら｜いくばく。❷《수》幾何きか。=기하학
기하-급수(幾何級數)명《수》幾何級数きかきゅうすう。예 ~적으로 늘어난 인구 幾何級数的きかきゅうすうてきに増加ぞうかした人口じんこう。
기-하다¹(忌―)타【忌いむ｜避さける。예 이 나라에서 기하는 풍습은 무엇입니까? この国くにでの忌いむ風習ふうしゅうは何なんですか。/ 한국에서 숫자 4는 '死'와 발음이 같으므로 기한다. 韓国かんこくでは数字すうじ「4」と「死」は発音はつおんが同おなじなので忌いむ。
기-하다²(期―)타 ❶期きする｜期限きげんを定さだめる。예 15일 자정을 기하여 태풍 주의보가 발효되었다. 15日にちの零時れいじを期きして台風注意報たいふうちゅういほうが発令はつれいされた。 ❷【期きする】決意けつい・約束やくそくする。예 내실을 ~. 内的ないてきな充実じゅうじつを期きする。/ 완벽을 기하여 처리하다. 完璧かんぺきを実現じつげんしようと決意けついして処理しょりする。
기하-학(幾何學)명《수》幾何学きかがく。=기하❷
기하학-적(幾何學的)관 幾何学的きかがくてき。예 ~ 형태 幾何学的きかがくてきな形態けいたい。

기한¹(飢寒·饑寒)몡 飢寒ᵏᵢ。｜飢えと寒ᵏᵢ。

기한²(期限)몡 期限ᵏᵢᵍᵉⁿ。몐남부 ~ 納付期限/ 등록 ~을 지키다. 登録ᵗᵒᵘʳᵒᵏᵘ期限を守ᵐᵃᵐᵒを.
　기한-하다탄 期限ᵏᵢᵍᵉⁿを決ᵏᵢめる。몐삼년을 기한하여 돈을 빌리다. 三年ˢᵃⁿⁿᵉⁿ期限で金ᵏᵃⁿᵉを借ᵏᵃりる。

기한-부(期限附)몡 期限付ᵏᵢᵍᵉⁿᵗˢᵘき｜日切ʰᵢᵏᵢり。몐~ 고용 期限付き雇用ᵏᵒʸᵒᵘ。

기함¹(旗艦)몡 《군》旗艦ᵏᵢᵏᵃⁿ。

기함²(氣合)몡 ❶【정신 집중】氣合ᵏᵢᵃᵢ。몐~을 넣어 들어 올리다. 氣合を入ᵢれて持ᵐᵒち上ᵃげる。❷【단체에 의한】罰ᵇᵃᵗˢᵘ｜体罰ᵗᵃᵢᵇᵃᵗˢᵘ。몐~을 주다. 氣合ᵏᵢᵃᵢを入ᵢれる。/우리 반은 단체 ~을 받았다. 私ʷᵃᵗᵃˢʰᵢたちの班ʰᵃⁿは団体ᵈᵃⁿᵗᵃᵢで罰を受ᵘけた。

기항¹(寄航)몡【항공】寄航ᵏᵢᵏᵒᵘ。
　기항-하다자 寄航ᵏᵢᵏᵒᵘする。

기항²(寄港)몡 寄港ᵏᵢᵏᵒᵘ。
　기항-하다자 寄港ᵏᵢᵏᵒᵘする。

기항-지(寄港地)몡 寄港地ᵏᵢᵏᵒᵘᶜʰᶦ。

기행¹(奇行)몡【기이한】奇行ᵏᵢᵏᵒᵘ。

기행²(紀行)몡 紀行ᵏᵢᵏᵒᵘ。몐유럽 미술관 ~ ヨーロッパ美術館ᵇᶦʲᵘᵗˢᵘᵏᵃⁿ紀行。

기행-문(紀行文)몡《문》紀行文ᵏᶦᵏᵒᵘᵇᵘⁿ。

기허(氣虛)몡【한】氣ᵏᶦが虚弱ᵏʸᵒʲᵃᵏᵘな病理ᵇʸᵒᵘʳᶦ現象ᵍᵉⁿˢʰᵒᵘ。
　기허-하다형 氣ᵏᶦが虚弱ᵏʸᵒʲᵃᵏᵘだ｜氣力ᵏᶦʳʸᵒᵏᵘが弱ʸᵒʷᵃい。몐기허한 아들에게 한약을 먹이다. 気が虚弱な息子ᵐᵘˢᵘᵏᵒに韓方薬ᵏᵃⁿᵖᵒᵘʸᵃᵏᵘを飲ⁿᵒますます。

기혈(氣血)몡【한】気血ᵏᶦᵏᵉᵗˢᵘ。

기형(畸形)몡 奇形ᵏᶦᵏᵉⁱ｜畸形ᵏᶦᵏᵉⁱ。

기형-아(畸形兒)몡 奇形児ᵏᶦᵏᵉⁱʲᶦ。

기호¹(記號)몡 記號ᵏᶦᵍᵒᵘ。몐연산 ~ 演算ᵉⁿᶻᵃⁿ記号。

기호²(嗜好)몡【좋아하는】嗜好ᵏᶦᵏᵒᵘ｜好ᵏᵒⁿᵒみ。몐소비자 ~의 다양화 消費者ˢʰᵒᵘʰᶦˢʰᵃの嗜好の多様化ᵗᵃʸᵒᵘᵏᵃ。
　기호-하다탄 嗜好ᵏᶦᵏᵒᵘする。

기호-품(嗜好品)몡 嗜好品ᵏᶦᵏᵒᵘʰᶦⁿ。

기혼(既婚)몡 既婚ᵏᶦᵏᵒⁿ。몐~ 남성 既婚男性ᵈᵃⁿˢᵉⁱ/~ 여성 既婚女性ʲᵒˢᵉⁱ。

기혼-자(既婚者)몡 既婚者ᵏᶦᵏᵒⁿˢʰᵃ。

기화¹(奇貨)몡 奇貨ᵏᶦᵏᵃ。❶【진귀한】珍ᵐᵉᶻᵘʳᵃしい財貨ᶻᵃᶦᵏᵃ。❷【기회】機会ᵏᶦᵏᵃᶦ。

기화²(奇禍)몡【뜻밖의】奇禍ᵏᶦᵏᵃ。

기화³(氣化)몡《물》氣化ᵏᶦᵏᵃ。
　기화-하다자 気化ᵏᶦᵏᵃする。

기화-열(氣化熱)몡《물》気化熱ᵏᶦᵏᵃⁿᵉᵗˢᵘ｜蒸発熱ʲᵒᵘʰᵃᵗˢᵘⁿᵉᵗˢᵘ。

기회(機會)몡 機会ᵏᶦᵏᵃᶦ｜チャンス｜おり。몐~를 잡다. チャンスをつかむ。/남녀 양쪽에 평등하게 ~를 주다. 男女ᵈᵃⁿʲᵒ両方ʳʸᵒᵘʰᵒᵘに平等ᵇʸᵒᵘᵈᵒᵘに機会を与ᵃᵗᵃえる。/다음 ~에 다시 응모해 주십시오. 次ᵗˢᵘᵍᶦの機会にまた応募ᵒᵘᵇᵒしてください。

기회-균등(機會均等)몡 機会ᵏᶦᵏᵃᶦ均等ᵏᶦⁿᵗᵒᵘ。

기회-비용(機會費用)몡 機会ᵏᶦᵏᵃᶦ費用ʰᶦʸᵒᵘ。

기회-주의(機會主義)몡 機会ᵏᶦᵏᵃᶦ主義ˢʰᵘᵍᶦ。

기획(企劃)몡 企劃ᵏᶦᵏᵃᵏᵘ。
　기획-하다탄 企劃ᵏᶦᵏᵃᵏᵘする。몐이벤트를 ~. イベントを企画する。

기후(氣候)몡 氣候ᵏᶦᵏᵒᵘ。몐~ 변화 気候変化ʰᵉⁿᵏᵃ。

기후 구분(氣候區分) 気候区分ᵏᶦᵏᵒᵘᵏᵘᵇᵘⁿ。

기후-대(氣候帶)몡 気候帶ᵏᶦᵏᵒᵘᵗᵃᶦ。

기후-도(氣候圖)몡 気候図ᵏᶦᵏᵒᵘᶻᵘ。

기후 요소(氣候要素) 気候要素ʸᵒᵘˢᵒ。

기후 적응(氣候適應)《생》気候順応ʲᵘⁿⁿᵒᵘ。

긴급(緊急)몡 緊急ᵏᶦⁿᵏʸᵘᵘ。몐~ 사태 緊急事態ʲᶦᵗᵃᶦ。/~ 체포 緊急逮捕ᵗᵃᶦʰᵒ。
　긴급-하다형 緊急ᵏᶦⁿᵏʸᵘᵘだ。몐긴급한 문제가 생기다. 緊急な問題ᵐᵒⁿᵈᵃᶦが発生ʰᵃˢˢᵉⁱする。
　긴급-히튄 緊急ᵏᶦⁿᵏʸᵘᵘに。

긴급-동의(緊急動議)몡 緊急動議ᵈᵒᵘᵍᶦ。

긴-긴관【부】長々ⁿᵃᵍᵃⁿᵃᵍᵃとした｜非常ʰᶦʲᵒᵘに長ⁿᵃᵍᵃい｜長々ⁿᵃᵍᵃⁿᵃᵍᵃしい。몐동지섣달 ~ 밤을 새워 책을 읽다. 長い冬ɸᵘʸᵘの夜ʸᵒʳᵘに夜通ʸᵒᵈᵒᵒしで本ʰᵒⁿを読ʸᵒむ。

긴담(緊談)몡 緊要ᵏᶦⁿʸᵒᵘで緊急ᵏᶦⁿᵏʸᵘᵘな話ʰᵃⁿᵃˢʰᶦ。몐마을 회관에서 주민에 관한 ~을 나누다. 村ᵐᵘʳᵃの会館ᵏᵃᶦᵏᵃⁿで住民ʲᵘᵘᵐᶦⁿに関ᵏᵃⁿする緊要な話を交ᵏᵃʷᵃす。

긴-말【長話ⁿᵃᵍᵃᵇᵃⁿᵃˢʰᶦ。몐~은 필요 없고 계약금을 돌려주세요. 長話しないで契約金ᵏᵉⁱʸᵃᵏᵘᵏᶦⁿを返ᵏᵃᵉˢʰᶦてください。=긴소리
　긴말-하다자 長話ⁿᵃᵍᵃᵇᵃⁿᵃˢʰᶦする｜くどくだ言ᶦう。
　긴말할 것 없다관용 くどくだと繰ᵏᵘʳᶦり返ᵏᵃᵉしして言ᶦうことない。

긴밀-하다(緊密—)형 緊密ᵏᶦⁿᵐᶦᵗˢᵘだ。몐긴밀하게 연락을 주고받다. 緊密に連絡ʳᵉⁿʳᵃᵏᵘを取ᵗᵒり合ᵃう。
　긴밀-히튄 緊密ᵏᶦⁿᵐᶦᵗˢᵘに。

긴박-감(緊迫感)몡 緊迫感ᵏᶦⁿᵖᵃᵏᵘᵏᵃⁿ。

긴박-하다(緊迫—)형 緊迫ᵏᶦⁿᵖᵃᵏᵘする。몐긴박한 정세가 이어지고 있다. 緊迫した情勢ʲᵒᵘˢᵉⁱが続ᵗˢᵘᵈᶻᵘいている。

긴-사설(一辭說)몡 長話.

긴-소리몡 ☞긴말

긴요-하다(緊要—)혱 緊要だ．非常に大切なだ．肝要だ. 긴요한 조건 肝要な条件 / 우리에게 긴요한 문제는 벼농사에 관한 일이다. 私たちに緊要な問題は稲作のことだ.

　긴요-히튀 緊要さに．肝要的に．非常に大切に. ~ 쓸 데가 있다. 緊要に使うところがある.

긴장(緊張)몡 緊張. ~ 완화 緊張緩和 / 두 사람 사이에 ~이 고조되다. 二人の間に緊張が高まる.

긴장-하다재 緊張する. 긴장하지 말고 마음 편히 생각해. 緊張しないで心安らかにしたら.

긴장-감(緊張感)몡 緊張感. ~이 전해지다. 緊張感が伝わる. / ~이 넘치다. 緊張感があふれる.

긴절-하다(緊切—)혱 緊切だ．

　긴절-히튀 緊切に．

긴-짐승몡 (蛇のように)体が長い獣だ.

긴축(緊縮)몡 緊縮. ~ 경영 緊縮経営

긴축-하다타 緊縮する.

긴축 재정(緊縮財政)구 緊縮財政.

긴-하다(緊—)혱 ❶きっと必要だ．❷とても切実だ．

　긴-히튀 折り入って. ~ 할 말이 있습니다. 折り入って話したいことがあります.

긷다 汲む．汲み上げる．汲み出す. 물을 ~. 水を汲む.

길¹몡 ❶道．道路. 이 ~은 좁다. この道路は狭い. / 새 ~을 내다. 新道を開く. / ~을 잃다. 道に迷う. / 도중에 ~을 잘못 들다. 途中で道を間違える. ❷方向．専門の分野. 그는 자원 봉사자의 ~을 택했다. 彼はボランティアの道を選んだ. ❸やり方．手段. 살아갈 ~을 찾다. 暮らしの道を探す. ❹途中．道. 가는 ~에 만났다. 行く途中で会った. / 어차피 가는 ~이니 타고 가자. どうせ行く道だから乗っていきなよ. ❺人道理．人道. 사람으로서 ~에 어긋나는 짓을 해서는 안 된다. 人として人道を踏みはずしてはならない.

길²몡 ❶手になじむこと．慣れること(長い間使ったり手入れをしたりしてできた)つや. ~이 난 구두 履き慣れた靴. ❷飼い慣らすこと. ~이 든 말 飼い慣らされた馬.

길³의 八尺または十尺. 한 ~이 넘는 울타리 八尺を超える垣根.

길-가몡 道端．路傍. ~에 핀 코스모스 道端に咲いたコスモス.

길갓-집몡 道端にある家.

길-거리몡 街頭．路上．通り.

길경(桔梗·吉更) ☞도라지

길길-이튀 かんかん. 협담을 듣고 ~ 화를 내다. 悪口を言われてかんかんになる. / 아버지가 ~ 화내다. 親父はかんかんだ.

길-나다재 くせや習慣になって慣れる．使い慣れる.

길-녘몡 道端．道のそば．道のほとり.

길-눈몡 道筋を覚えること.

　길눈(이) 밝다관용 方向感覚が優れている．道筋の覚えがよい. 내 친구는 ~. 私の友達は道をよく覚える.

　길눈(이) 어둡다관용 方向音痴だ. 길눈이 어두운 편이어서 잘 도착할 수 있을지 걱정이다. 方向音痴なほうなので無事に到着できるかどうか心配だ.

길다 ❶長い. 이 다리는 길이가 ~. この橋は長さが長い. / 길게 한숨을 쉬다. 長くため息をつく. ❷長い．女寿が男より平均寿命が ~. 女が男より平均寿命が長い. / 떨어져 있는 한 달 동안 시간이 길게 느껴졌다. 離れている一ヶ月間の時間が長く感じた. ❸長い．多い. 한 시간에 걸친 긴 연설문을 낭독하다. 一時間にわたる長い演説文を朗読する.

길-닦이몡 道を直すこと.

길닦이-하다타 道を直す.

길-동무몡 道を連れ立つ友．道連れ．同行者. 여행의 ~ 旅の道連れ. =길벗

길-둥그렇다혱 楕円形だ．長円形だ．やや長く円い. 어머니의 얼굴은 ~. 母の顔は少し長く円い.

길-둥글다혱 楕円形だ．長円形だ．やや長く円い.

길드(guild)몡 《사》ギルド.

길-들다재 慣れる．馴れる. 오래 써

서 길든 가방 使い慣れたカバン／잘 길든 소 よく馴れた牛／한국 기후에 ~. 韓国の気候に慣れる。／옛날에는 매가 길들면 매사냥에 쓰였다. 昔はタカが馴れれば鷹狩りに用いられた。

길들-이다 타 飼い馴らす；手懐ける。

길디-길다 형 非常に長い；長々がしい。

길라-잡이 명 ☞길잡이①

길래 부 【長ら】 長らく；久しく；長く；長い間と；としこしえに。 예 ~ 사용해 온 손에 익은 펜 길래 오래 써 온 손에 익은 펜 長らく使ってきた手慣れたペン。

길마 명 荷鞍。

길-모퉁이 명 道の角。예 ~를 돌다. 道の角を曲がる。

길목 명 ❶街角；曲がり角。❷道の要所。예 경찰이 ~을 지키고 서 있다. 警察が道の要所を守っている。

길몽 (吉夢) 명 吉夢。예 ~을 꾸다. いい夢を見る。↔흉몽

길미 명 利益。

길-바닥 명 路上；路面。

길-벌레 명 這い回る虫。

길-벗 명 ☞길동무

길보 (吉報) 명 【吉報】 吉報；喜ばしい知らせ。

길사 (吉事) 명 【吉事】 吉事・き；めでたい事。

길-손 명 旅人；旅行者。

길쌈 명 機織。예 ~을 잘하다. 機織が上手だ。

길쌈-하다 자 機で布を織る。

길-이¹ 명 ❶【長さ】 長さ。예 테이블의 ~를 재다. テーブルの長さを測る。／치마 ~를 줄이다. スカートの長さを短く直す。❷【長さ】 長さ。예 겨울이 되면 낮 ~가 짧아진다. 冬になると昼の長さが短くなる。❸【長さ】 長さ。예 300면 ~의 논문을 쓰다. 300ページの長さになる論文を書く。

길이² 부 【長く】 長く；いつまでも；永遠に。예 많은 사람의 기억에 ~ 남을 것이다. 多くの人の記憶にいつまでも覚えられる。

길이-길이 부 長く；いつまでも；永遠に。예 역사에 ~ 남을 공적을 세우다. 歴史に長く残る功績を立てる。

길일 (吉日) 명 吉日きち・きち。

길잡-이 명 ❶【道案内人】 道案内人みちあんないにん。=길라잡이 ❷【道しるべ】 道しるべ；手引き。예 인생의 ~ 人生の道しるべ。

길조¹ (吉兆) 명 【吉兆】 吉兆；瑞兆；瑞祥。↔흉조¹

길조² (吉鳥) 명 瑞鳥。↔흉조²

길-짐승 명 土を這う動物。

길쭉-길쭉 부 みんなやや細長いさま。

길쭉-하다 형 やや細長い。

길쯤-길쯤 부 みんなかなり長いさま。

길쯤-하다 형 かなり長めだ。예 길쯤한 눈초리 切れ長の目尻／길쯤한 콧날 かなり長い鼻筋。

길-차다 형 すんなりと長い。

길-채비 명 旅支度。

길채비-하다 자 旅支度する。

길-처 명 行く途中の周り。

길-하다 (吉—) 형 縁起がよい；めでたい。

길흉 (吉凶) 명 吉凶。예 ~을 점치다. 吉凶を占う。

길흉-화복 (吉凶禍福) 명 吉凶と禍福。

김¹ 명 ❶水蒸気；湯気。예 보일러가 ~을 뿜어낸다. ボイラーが蒸気を噴き出す。／~이 오르다. 湯気が立つ。／유리창에 ~이 보얗게 서려 있다. 窓ガラスが湯気で白く曇っている。❷【息】 息。❸【炭酸】 炭酸。예 ~이 빠진 사이다는 맛이 없다. 炭酸の消えたサイダーはまずい。

김² 명 【田】 田や畑の雑草。예 밭에서 ~을 매다. 畑で雑草を取り除く；草取りする；草むしりする。

김³ 명 海苔。예 구운 ~ 焼き海苔／~초밥 巻き鮨。=해태

김⁴ 의 【ついで】 ついで；拍子；折に。예 술 ~에 싸우다. 酒の酔ったついでにケンカする。／참는 ~에 5분 더 기다리자. 我慢するついでにあと5分を待とう。／광주에 간 ~에 은사를 찾아뵈었다. クアンジュへ行った折に恩師に伺った。

김매-기 명 除草。

김-밥 명 海苔巻き。예 ~을 말다. 海苔巻きを巻く。／소풍 갈 때 어머니가 싸 주시던 ~ 遠足に行く際に母が巻いてくれた海苔巻き。

김-빠지다 자 ❶【食べ物の味・香りなどが】 抜ける。예 김빠진 콜라 気が抜けたコーラ。❷【意欲・興味】 興味などがなくなる。

김-새다［자］興ざめる｜気が抜ける。
김장［명］【沈藏】キムジャン。例～을 담갔으니 월동 준비 절반은 끝났구나. キムジャンを終わったので、越冬の準備の半分は終わった。
　김장-하다［자］キムジャンをする。
김장-독［명］キムジャンを保管する甕。
김장-철［명］キムジャンをする時期。
김치［명］【沈菜】キムチ。
김치-찌개［명］【沈菜—】キムチチゲ。例～에는 김치 말고도 햄이나 참치를 넣어 끓이기도 한다. キムチチゲにはキムチのほかにハムやマグロを入れて煮込んだりもする。
김칫-국［명］❶キムチの漬け汁。❷キムチを入れて煮たスープ。
　김칫국부터 마신다［속담］キムチの汁から飲む：「相手の真心も分からないで前もって推し量る」の意。
김칫-독［명］キムチ保管用の甕。
김［명］荒മの絹織物。
깁다［타］繕う。例찢어진 바지를 기워 입다. 破れたズボンを繕って履く。
깁스（Gips 독）［명］❶【깁】石膏。❷《의》ギプス｜ギプス包帯。
깃¹［명］【】敷き草｜敷き藁。
깃²［명］❶☞깃털 ❷【】鳥の翼。例～을 접다. 翼を折り畳む。
깃³［명］襟。例살짝 코트 ~을 세우다. そっとコートの襟を立てる。
깃-고대［명］襟の後ろの部分。＝고대
깃-광목（—廣木）［명］さらしていない綿布。
깃-대（旗—）［명］旗ざお。
깃-들다［자］❶【】静かに包まれる｜止まる。例어둠이 ~. 暗闇に静かに包まれる。❷【】こもる｜宿る｜あふれる｜染み込む。例추억이 깃들어 있는 수건 思い出が染み込んだハンカチ/미소가 깃든 얼굴 微笑のあふれた顔/정성이 깃든 요리 真心がこもった料理
깃들-이다［자］❶【】(鳥・動物が)巣を作って宿る。例제비가 우리 집 베란다에 ~. ツバメが我が家のベランダに巣を作った。❷【】(人などが)住む｜定着する。例이 마을에는 왕의 자손들이 깃들어 산다. この村には王の子孫たちが住んでいる。/금강산에는 곳곳에 유명한 사찰이 깃들어 있다. クムガンサンにはあちこちに有名な寺が集まっている。
깃-발（旗—）［명］旗。
깃-털［명］鳥の羽毛。＝깃❶
깊다［형］❶【】深い。例강이 깊으니 조심하세요. 川が深いから気をつけてください。/깊은 산속으로 들어가다. 深い山中に入って行く。❷【】深い。例배려가 ~. 配慮深い。❸【】深い｜厚い｜強い。例깊은 맛이 있다. 深い味わいがある。/의미가 ~. 意味深い。/침대에 눕자마자 깊은 잠에 빠지다. ベッドに入るやいなや深く寝入る。/깊은 생각에 빠지다. 深い思いに沈む。/나와 그는 인연이 ~. 私たちと彼は縁が深い。❹【】深い。例깊은 밤에 어딜 갔다 오세요? 夜更けの時間にどこへ行って来ますか。❺【】濃い。例안개가 깊은 아침 霧の深い朝/신록이 ~. 新緑が深い。
깊-다랗다［형］かなり深い。
깊디-깊다［형］とても深い。
깊숙-하다［형］奥深い｜深くて奥まっている。例할머니의 집은 산속 깊숙한 곳에 있다. 祖母の家は山の奥深い所にある。/깊숙한 동굴에 들어가 숨다. 奥深い洞窟に入って隠れる。
　깊숙-이［부］奥深く｜深く。例모자를 ~ 눌러쓰다. 帽子を目深にかぶる。/소파에 ~ 기대앉았다. ソファーに深々と寄せかけて座った。/마음 ~ 간직해 두다. 心の奥深くにしまっておく。
깊은-숨［명］☞심호흡
깊-이¹［명］❶【】深さ。例바다의 ~는 음파를 사용해 측정한다. 海の深さは音波を使って測る。❷【】深さ｜深み｜重み。例～가 있는 사람 慎重な人。❸【】深さ｜深み。例생각의 ~ 思いの深さ。
깊-이²［부］❶(距離が)深く。例~ 묻어 두다. 深く埋めておく。❷(考えなどが)慎重に。例~ 생각하여 결론을 내리다. 慎重に考えて結論を下す。❸【】深く｜詳しく。例가슴 ~ 뉘우치다. 胸深く悔やむ。/학문을 ~ 연구하다. 学問について深く研究する。/내막을 ~ 모른다. 内幕を詳しく知らない。/부모님의 말씀을 ~ 명심해라. 親のお言葉を深く肝に銘じろ。
깊이-깊이［부］深々と｜非常に深く。

까까-머리【명】坊主頭ぼうずあたま｜丸坊主まるぼうず。〔예〕～ 중학생 坊主頭の中学生。

까까-중【명】坊主頭の人。

까꾸로-뜨리다【타】❶【顛倒・倒置】(逆さまに)倒す｜ひっくり返す｜転ばす。❷【倒壊】転覆させる｜滅ぼす｜打ち倒す。 =까꾸러트리다

까꾸러-지다【자】のめる｜ばったり倒れる｜引っくり返る。〔예〕돌부리에 걸려 벌렁 ～. 石の角につまずいてすってんと引っくり返る。

까꾸러-트리다【타】☞까꾸러뜨리다

까끄라기【명】(稻벼·麦보리などの)芒のげ。㊀까라기·까락

까-놓다【타】【생각・비밀 따위】打ち明ける。〔예〕까놓고 얘기해서 예쁘지는 않죠. 打ち明けた話で、綺麗ではないでしょう。

까다 Ⅰ【자】(財産재산が)減へる｜(体몸が)痩やせる。〔예〕너 어디 아팠니? 몸이 몹시 깠는데. お前まえどこか悪かったのか。体が随分ずいぶん痩せたけど。
Ⅱ【타】❶(体몸・財産재산などを)減へらす｜使つかう｜衰弱すいじゃくさせる。❷(計算けいさんから)差引さしひく。〔예〕세금에서 ～. 税金ぜいきんから差引く。/ 원금에서 이자를 ～. 元金がんきんから利子りしを差し引く。

까다【타】❶【껍데기・껍질】(皮かわを)むく｜割わる。〔예〕호두 껍질을 ～. くるみの殻からを割る。/ 양파를 ～. 玉たまねぎの皮をむく。/ 알을 ～. 卵たまごを孵かえす。❸蹴ける｜傷きずつける。❹【비난・공격】けなす｜攻撃こうげきする。

까다-롭다【형】❶【복잡】ややこしい｜解決かいけつが難むずかしい｜分わかりにくい。〔예〕만드는 방법이 ～. 作り方がややこしい。/ 이 일은 조건과 절차가 ～. この仕事しごとは条件じょうけんと手続てつづきがややこしい。❷【옹졸】気難きむずかしい｜(食たべ物もの・服ふくなどに)うるさい｜やかましい。〔예〕식성이 까다로운 사람 食べ物の好このみが気難しい人/ 남편은 맛에 ～. 夫おっとは味あじにうるさい。

까다로-이【부】気難きむずかしく｜ややこしく｜うるさく｜やかましく。〔예〕음식이나 옷에 ～ 구는 사람 食たべ物や服ふくに気難しく振舞ふるまう人/ 규칙을 ～ 정하다. 規則きそくをややこしく決きめる。

까닥【부】こくり｜こっくり。

까닥-거리다【자】こくりこっくりとする。 =까닥대다·까닥이다

까닥-대다【타】☞까닥거리다

까닥-이다【타】☞까닥거리다

까닥-까닥【부】こくりこくり。

까닥-까닥【부】【단단하게 말라붙은 모양】ごわごわ｜かさかさ｜からから｜ぱりぱり。

까닭【명】【理由】理由りゆう｜訳わけ｜由よし｜事由じゆう｜所以ゆえん｜縁由えんゆ。〔예〕그 여자가 울고 있는 ～은 무엇일까? 彼女かのじょが泣ないている理由は何なんだろうか。/ 그 ～은 아무도 모른다. その訳は誰だれも知しらない。/ ～을 설명하다. 由を説明せつめいする。/ ～을 밝히다. 事由を明あかす。/ 그렇게 된 ～이 여기에 있다. そうなった縁由がここにある。
◆「由」は文章語ぶんしょうごで用もちいられ、「所以」は昔むかしの言葉遣ことばづかいであり、「訳」が最もっとも普通ふつうに用いる言葉ことばである。

까닭-수【명】【理由】理由りゆうになること。

까-뒤집다【타】❶【벗겨서 뒤집다】剝はがして裏返うらがえす。〔예〕바지 주머니를 ～. ズボンポケットを裏返す。❷【눈알을】目めをむく。

까딱【부】❶こくり｜こっくり。❷【조그마한 일이 일어날 경우 받침으로 씀】ややもすれば｜ひょっと｜うっかり｜すんでに｜危あぶうく。〔예〕～ 잘못하면 차에 치일 뻔했다. まかり間違まちがうと車くるまにひかれるところだった。

까딱-까딱【부】こくりこくり。〔예〕고개를 ～ 움직이며 장단을 맞추다. 首くびをこくりこくりと動うごかしながら調子ちょうしを合あわせる。

까딱까딱-하다【자】타】こっくりこっくりとする。〔예〕고개를 까딱까딱하며 걷다. 首を縦たてにふりながら歩あるく。

까딱-수(一手)【명】【운】【어처구니도 훌륭이 되는 뜻밖의 한수】まぐれをねらう浅あさはかな手て｜はめ手で。〔예〕～를 부리지 마라. 浅はかな手を使つかうな。

까딱-없다【형】【평상과 다름이 없다】何なんともなく大丈夫だいじょうぶだ｜何ともない｜びくともせぬ｜平気へいきだ。〔예〕태풍이 와도 ～. 台風たいふうが来きても大丈夫だ。/ 한 끼를 안 먹어도 ～. 一食いっしょく抜ぬいても平気だ。/ 그런 협박에는 ～. そんな脅おどしにはびくともしない。/ 넘어졌지만 까딱없었다. 転ころんだが何ともなかった。

까딱없-이【부】平気で｜びくともせずに。〔예〕그는 밤샘을 하고도 ～ 일을 하고 있다. 彼かれは徹夜てつやしたあとも平気で仕事しごとをしている。

까라-지다【자】【소우러뜨려 풀이 죽다】ぐったりする｜萎なえる。〔예〕앓고 났더니 몸이 까라져서 일어날 수가 없다. 患わずらったので体からだがぐったりして起おきられない。

까르르【부】【여자・아이들의 웃음소리】きゃっきゃっ｜きゃあきゃあ。〔예〕학생들이 ～ 웃는다. 学生が

たちがきゃっきゃっと笑う。

까르륵 ❶【의성어】ぎゃあぎゃあ。囫어린아이가 ~ 울다. 子供が~がぎゃあぎゃあと泣く。❷【의성어】きゃっきゃっ。

까르륵-거리다邓 ❶ぎゃあぎゃあと泣く。❷きゃっきゃっと高声で笑う。
=까르륵대다

까르륵-대다邓 ☞까르륵거리다

까마귀명 《동》烏。
까마귀 날자 배 떨어진다 〔속담〕〔日〕瓜田に靴を納れず/瓜田の靴/李下に冠を整さず。

까마득-하다 はるかに遠い。囫까마득한 옛날 はるか昔/까마득한 벼랑 切り立ったがけ。
까마득-히튀 はるかに。

까마무트름-하다형 (顔が)浅黒くて肉づきがいい。

까마반드르-하다 黒くてつるつるしている｜黒くてつやがある。囫까마반드르한 피부 黒くてつるつるしている皮膚/까마반드르한 얼굴 黒くてつるつるしている顔。

까마반지르-하다 黒くてすべすべしている｜黒くて滑らかだ。囫까마반지르한 피부 黒くて滑らかな肌。

까마아득-하다형 はるかに遠い。
까마아득-히튀 はるかに。

까막-거리다邓타 ❶光がちらちらする｜明滅する。囫까막거리며 꺼질 듯한 등불 ちらちらして消えそうに見える灯火。❷目をしばたたく｜瞬きする。囫눈을 까막거리며 생각에 잠기다. 目をしばたたかせながら考え込む。/눈이 간지러워 ~. 目がかゆくてしばたたく。 =까막까막하다·까막대다

까막-까막튀 ❶光がちらちらするさま。❷目をしばたたくさま｜瞬きをするさま。

까막까막-하다邓타 ☞까막거리다

까막-까치 烏とかささぎ。=오작

까막-눈명 ❶【문맹 또는】文盲者(の目)｜あきめくら。❷【어떤방면에】門外漢｜문외한。囫그림에는 ~이나 다름없다. 絵については門外漢も同然だ。

까막눈-이명 文盲者。

까막-대다邓타 ☞까막거리다

까막-잡기【어린아이들】目隠し鬼ごっこ。

까맣다 ❶【검다】黒い。囫피부가 까맣고 눈이 큰 아이가 내 동생이다. 肌が黒くて目が大きい人が私の弟だ。/냄비를 까맣게 태우다. なべを真っ黒く焼く。❷【거리가】はるかに遠い。囫그의 모습이 까맣게 멀어져 갔다. 彼の姿がはるかに遠く行った。❸【전혀】全然知らない｜すっかり忘れる｜まるっきり知らない。囫그가 입원한 줄 까맣게 몰랐다. 彼が入院したことを全然知らなかった。/당신의 얼굴은 ~ 잊었습니다. あなたの顔はすっかり忘れました。/그 일을 ~ 잊고 있었다. そのことをすっかり忘れていた。

까매-지다邓 黒くなる。囫얼굴이 더 까매졌다. 顔がもっと黒くなった。

까-먹다타 ❶【껍질을】皮を剥いて食べる｜殻を割って食べる。囫땅콩을 ~. ナンキン豆の皮を剥いて食べる。/원숭이가 호두를 스스로 까먹고 있다. 猿がクルミを自分で割って食べている。❷【재산이나】(財産や·時間など)を無駄に使い果たす｜無駄に使い尽くす。囫재산을 전부 ~. 財産を全部無くす。/헛되이 까먹은 시간을 되돌릴 수는 없다. 無駄に使い尽くした時間を取り戻すことはできない。❸【잊어버리다 내용을】忘れてしまう。囫전화번호를 까먹었다. 電話番号を忘れてしまった。/대사를 ~. 台詞を忘れてしまう。

까무대대-하다 薄汚らしく黒ずんでいる｜みすぼらしく薄黒い。

까무댕댕-하다형 不格好に見えるほど黒ずんでいる。囫까무댕댕한 피부 黒ずんだ皮膚。

까무러-뜨리다 気絶させる｜失神させる｜気を失わせる。囫마구 때려서 ~. むやみやたらに殴って失神させる。/놀라게 해서 ~. 驚かせて気絶させる。=까무러트리다

까무러-지다邓 ❶【기절하여 의식을 잃다】気が遠くなる｜気を失う｜意識が薄れる。囫어머니는 아버지 모습을 보자마자 까무러졌다. 母は父の姿を見るなり気を失いそうになった。❷【거의 꺼지듯이】消えそうになる。囫틈새기 바람으로 촛불이 까무러질 것 같다. すきま風でろうそくの火が消えそうになった。

까무러-치다邓 【기절】気絶する｜失神する｜気を失う。囫까무러친 사람에게 인공호흡을 실시하다. 気絶した人に人工呼吸を実施する。/무서운 나머지

지 ~. 恐怖のあまり失神する。

까무러-트리다 태 ☞까무러뜨리다

까무레-하다 형 薄薄い。예까무레한 빛깔의 털외투 薄黒い色の毛のオーバー。

까무숙숙-하다 형 (目立たない程度に黒みがかっている｜適当に黒い。

까무스레-하다 형 (色が)やや黒い｜黒ずんでいる｜浅黒い。예얼굴이 ~. 顔が浅黒い。=까무스름하다

까무스름-하다 형 ☞까무스레하다

까무잡잡-하다 형 (顔色が)くすんで浅黒い。예햇빛에 그을린 까무잡잡한 얼굴 日に焼けて浅黒くなった顔。

까무족족-하다 형 (顔色が)ややくすんで浅黒い。

까무칙칙-하다 형 きわめて汚く黒ずんでいる｜どす黒い。

까무퇴퇴-하다 형 どんよりと薄黒い。

까뭇-까뭇 부 所々に黒い点があるさま。

까뭇-하다 형 (色が)やや黒い｜黒ずんでいる｜浅黒い。

까-바치다 태 告げ口する｜密告する｜言い付ける。예윗사람에게 ~. 上役に告げ口する。

까-발리다 태 ❶殻などをむいて中身をむき出す。❷秘密を暴く。예재단의 비리를 ~. 財団の非道を暴く。

까부라-지다 자 ❶だんだん減少する。❷体が屈む｜ぐったりする｜力が抜ける。예몸에 기운이 없어서 자꾸만 까부라진다. 体に力がなくてすぐにぐったりする。

까부라-지다² 자 すなおでなくなる｜ひねくれる。예아들은 이전부터 성격이 까부라졌다. 息子は以前より性格がすなおでなくなった。/까부라진 천성은 바로잡기가 어렵다. ひねくれた天性は直すのが難しい。

까부르다 태 (箕をふるって)簸る。준까불다²

까불-까불 부 ❶(上下に)揺れるさま。❷ふざけるさま。

까불다 태 ❶(上下に)揺れる｜揺らす｜揺り動かす。예턱을 ~. 顎を上下に揺らす。❷軽薄に振る舞う｜ふざける。예까불지 마라. ふざけるな。/너는 어른이 되어서도 까부는구나. お前は大人になってもふざけるのだな。

까불다² 태 '까부르다'의 준말.

까불-이 명 軽薄な人｜おっちょこちょい｜ふざけたがる子供。예소식을 듣자마자 ~가 제일 먼저 수선을 피웠다. 知らせを聞いて、まずふざけた者が騒ぎたてた。

까슬-까슬 부 ❶(肌などが)かさかさ｜ざらざら。❷気難しいさま。

까슬까슬-하다 형 ❶かさかさする｜ざらざらだ｜ざらざらする。예까슬까슬한 혓바닥 ざらざらした舌/까슬한 손등 かさかさした手の甲/까슬까슬해진 발바닥 ざらざらになった足の裏。❷気難しい。예까슬까슬한 성격 気難しい性質。

까옥 부 かあかあ。

까옥-거리다 자 かあかあと鳴く。예까옥거리는 까마귀 かあかあ鳴くカラス。=까옥대다

까옥-대다 ☞까옥거리다

까옥-까옥 부 かあかあ。

까지 조 ❶ーまで。예서울에서 부산까지 버스로 몇 시간이나 걸립니까? ソウルからプサンまでバスで何時間かかりますか。/9시부터 12시까지는 오전 수업이 있다. 九時から十二時までは午前授業がある。❷ーまで。예나까지 합쳐서 10명이다. 私までも合わせて10人だ。/이것까지만 하고 정리하자. これまで終えてまとめることにしよう。❸ーまで。예너까지 약속 장소에 안 나올 줄 몰랐다. あなたまで約束場所に来ないとは思わなかった。

까-지다 자 ❶(皮膚が)むける｜擦りむく。예넘어져 무릎이 까졌다. 転んで膝を擦りむいた。❷(財産などが)減る。예사업에 실패해서 재산이 많이 까졌다. 仕事につまずいて財産がずいぶん減った。

까-지다² 자 (言動・態度が)小賢し過ぎてこしゃくれる。예이 학교에는 까진 학생들이 많다. この学校にはこましゃくれた学生が多い。

까-지르다 자 やたらに歩き回る｜やたらに出歩く｜うろつき回る。예볼일도 없는데 까지르지 마라. 用もない

까짓[관][감] それくらい。 예~ 저녁은 내가 낸다. それくらい夕食は私が奢る。

-까짓[2][접] 一くらい｜一しきの｜一ほどの。 예 겨우 이까짓 일로 실망하지 마. これしきのことでがっかりするな。

까치[명] 〈동〉かささぎ。=희작

까치-걸음[명] ❶一足跳び。 ❷かかとを床から触れないでこそこそ歩くこと。

까치-놀 水平線にきらきら光る夕焼け。

까치-발[명] 床にかかとを触れていない足。

까치-설날[명] 大みそか｜おおつごもり。 예~은 어저께고요, 우리 설날은 오늘이래요. 大みそかは昨日で、元旦は今日だそうです。

까치작-까치작[부] しきりにあちこち引っ掛かったりぶつかったりして邪魔になるさま。

까칠-까칠[부] (滑らかでなく)ざらざら｜かさかさ。
  까칠까칠-하다[형] (滑らかでなく)ざらざらだ｜ざらざらする｜かさかさする。 예 까칠까칠한 손바닥 かさかさした手のひら / 까칠까칠한 발등 かさかさした足の甲 / 까칠까칠한 턱수염 ざらざらした顎ひげ。

까칠-하다[형] (肌・毛が)かさかさして粗い｜滑らかでない。 예 까칠한 피부 かさかさした皮膚 / 까칠한 뺨 やつれた頬 / 병으로 얼굴이 ~. 病気で顔がやつれている。

까칫-하다[형] やせて色つやが悪く、みすぼらしい。

까탈[명] ❶障害｜支障｜邪魔すること｜妨げ｜厄介なこと。 예 처음 시작하는 일이라 여기저기 ~이 많다. 初めて始める仕事なので、あちこちにじゃまることが多い。 ❷けちをつけること｜難癖をつけること。 예 ~을 부려 거절하다. けちをつけて断る。 / 그는 내가 하는 일에 언제나 ~을 부린다. 彼女は私のすることにいつも難癖をつける。

까탈-스럽다[형] ☞'까다롭다'의 잘못.

까탈-지다[자] あれこれ条件が面倒なことになる｜厄介なことになる。

까투리[명] 雌の雉。=암꿩

까풀[명] ☞꺼풀

까풀-지다[자] ☞꺼풀지다

깍[부] かあかあ。

깍-깍[부] かあかあ。 예 ~ 소리를 내며 운다. かあかあと鳴く。
  깍깍-거리다[자] (鳥が)かあかあ鳴く。=깍깍대다
  깍깍-대다[타] ☞깍깍거리다

깍두기[명] カクテギ。

깍둑-거리다[타] しきりに乱切りにする。=깍둑대다

깍둑-대다[타] ☞깍둑거리다

깍둑-깍둑[부] しきりに乱切りにするさま。
  깍둑깍둑-하다[타] しきりに乱切りにする。

깍듯-하다[형] 礼儀が正しい｜丁寧だ。
  깍듯-이[부] 礼儀が正しく｜丁寧に。 예 ~ 예의를 갖추다. 礼儀正しく振舞う。

깍쟁이[명] しみったれで打算的な人｜ちゃっかりした人｜抜け目のない人。 예 어리게 보이나 여간 ~가 아니다. 幼く見えるが、とてもちゃっかりした人だ。

깍정이[명] 〈식〉殻斗。=각두

깍지[1][명] (実のない)さや｜殻。 예 ~를 태우다. 殻を燃やす。

깍지[2][명] ❶両手の指の組み合わせ。 예 ~를 끼다. 両手の指を組み合わせる。 ❷弓懸。 예 ~를 떼다. 弓懸を外す。

깍지-손 弓懸をはめた手｜弓弦を引っ張る手。

깎다[타] ❶切る｜削る。 예 사과를 ~. リンゴを切る。 / 연필깎이로 연필을 ~. 鉛筆削りで鉛筆を削る。 ❷剃る｜刈る。 예 머리를 ~. 髪を刈る。 / 정원사가 잔디를 깎고 있다. 庭師が芝を刈っている。 / 수염을 깎지 않고 기르다. ひげを剃らないで生える。 ❸減らす｜削る｜値切る。 예 예산을 깎아 줄이다. 予算を削減して少なくする。 / 값을 좀 더 깎아 주세요, もうちょっとまけてください。 ❹損なう｜傷つける｜顔を潰す。 예 남의 위신을 ~. 人の威信を損なう。 /

공을 ~. 手柄を傷つける。/ 낯을 깎는 말은 하지 않는다. 顔を潰すような言葉は言わない。

깎아-지르다[자] 【切り立った】切り立つ。⑩ 깎아지른 듯한 벼랑 切り立ったような崖。

깎이다[자] ❶ 【切られる】切られる｜削られる。⑩ 잘 깎인 연필 よく削られた鉛筆。 ❷ 【刈られる】剃られる｜刈られる。⑩ 장발이었는데 억지로 머리가 깎이었다. 長髪だったが無理矢理頭髪を刈られた。❸ 【減らされる】減らされる｜削られる。⑩ 가지급분이 급료에서 깎이었다. 前借りした分が給料から削られた。/ 감봉 처분으로 봉급이 깎였다. 減俸処分で俸給が減らされた。 ❹ 【損なわれる】損なわれる｜傷つけられる。⑩ 체면이 ~. 体面が傷つけられる。

깎이다[타] 【剃らせる】剃らせる｜刈らせる。⑩ 이발사에게 아이의 머리를 ~. 理髪師に子供の髪を刈らせる。

깐[명] ❶ 【思い｜見当】思い｜見当。⑩ 전에 제가 한 ~이 있으니 면박을 당해도 할 말이 없다. 以前、自分がやってしまったという思いがあるから、面と向かって非難されても返す言葉がない。 ❷ ☞ '딴'의 잘못.

깐깐-이[명] しつこい人｜気難かしい人。⑩ 우리 집 시어머니는 ~이다. うちの姑さんは気難しい人だ。

깐깐-하다[형] 【几帳面】几帳面だ｜気難かしくきっちりとしている｜きちんとしている。⑩ 그는 성격이 매우 ~. 彼は性格がとても几帳面だ。/ 물건을 구석구석 깐깐하게 살펴보다. 物を隅々まできちんと注意して見る。

깐깐-히[부] 気難かしく｜抜け目なく｜几帳面に｜きっちりと｜きちんと。⑩ ~ 캐묻다. きっちりとしつこく尋ねる。/ 무슨 일이나 ~ 한다. 何事にも気難しくきっちりとしている。

깐닥-거리다[자] 小さいものがしきりに小刻みに動く。

깐닥-깐닥[부] 【ゆらゆらぶらぶら】ゆらゆら｜ぶらぶら。=깐딱깐딱

깐딱-깐딱[부] ☞ 깐닥깐닥

깐-보다[자] 【見当をつける】見当をつける｜見積もる｜腹を探る。

깐작-거리다[자] ❶ 【ねばねば】べたべたする｜ねばねばする｜ねちねちする｜ねとねとする。⑩ 손이 ~. 手がねちねちする。 ❷ 【ねちねちする】ねちねちする｜ねっちりする。=깐작대다・깐작이다

깐작-깐작[부] 【ねばねば】べたべた｜ねばねば｜ねちねち｜ねとねと。⑩ 떡이 ~ 접시에 달라붙다. 餅がねとねと皿に粘りつく。 ❷ 【ねちねちする】ねちねち｜ねっちり。

깐작-대다[자] ☞ 깐작거리다
깐작-이다[자] ☞ 깐작거리다

깐작-거리다[자] 【憎まれ口を聞く】憎いことばかり続けてしゃべる。=깐족대다・깐족이다

깐족-대다[자] ☞ 깐족거리다
깐족-이다[자] ☞ 깐족거리다

깐-지다[형] しつこい｜ねちねちしている。

깐-질기다[형] しつこい｜粘り強い。

깐질-깐질[부] ねちねちとしつこいさま。
깐질깐질-하다[형] ねちねちとしつこい。

깔개[명] 【敷物】⑩ 마루에 ~를 깔다. 床に敷物を敷く。

깔기다[타] ❶ 【大小便をところ構わずする】垂れる。⑩ 오줌을 아무 데나 깔기지 마라. 小便を所かまわずするな。 ❷ 【卵などをところ構わず産みつける】

깔깔[부] 【からからけらけら】からから｜けらけら。⑩ 무사는 큰 소리로 ~ 웃었다. 侍はからからと高笑いした。

깔깔-거리다[자] しきりにからからと笑う。⑩ 친구들과 깔깔거리며 웃다. 友達ときゃっきゃっと笑い転げる。=깔깔대다

깔깔-대다[자] ☞ 깔깔거리다

깔깔-하다[형] ❶ 【粗い】かさかさしている｜ざらざらしている｜粗い。⑩ 보리 까끄라기가 볼에 붙어 ~. 麦の芒が頬に引っ付いてざらざらしている。 ❷ 【舌がざらざらして食欲がない】舌がざらざらして食欲がない。⑩ 몸이 좋지 않아 입맛이 ~. 具合が悪くて舌がざらざらして食欲がない。 ❸ 【粗い】やや粗い。⑩ 깔깔한 목소리를 내다. 粗い声を出す。

깔끄럽다[형] ❶ 【ちくちくしている】ちくちくしている。 ❷ 【かさかさしている】かさかさしている｜ざらざらしている。⑩ 빨이 거칠어져 ~. ほっぺたが荒れてかさかさしている。 ❸ 【円満でなく不便なところがある】円満でなく不便なところがある。⑩ 그와 마주치는 것은 왠지 ~. 彼とぶつかると何となく不便だ。

깔끔-거리다[자] 【ざらざらしてちくちくする】ざらざらしてち

くちくする。㉠등에 머리카락이 들어갔는지 자꾸 깔끔거린다. 背中に髪の毛が入ったのかちくちくする。＝깔끔깔끔하다·깔끔내다

깔끔-깔끔[부] ちくちく。
 깔끔깔끔-하다[자] ☞깔끔거리다 ㉠가시가 손에 박혀 자꾸 ~. トゲが手に刺さってやたらにちくちくする。

깔끔-대다[자] ☞깔끔거리다

깔끔-하다[형]【깨끗함】垢抜けている｜さっぱりしている｜こざっぱりしている｜きちんとしている。㉠깔끔한 옷차림 こざっぱりした服装／ 깔끔한 앉음새 きちんと座った姿。

깔끔-히[부] さっぱり｜こざっぱり｜きちんと。

깔다[타] ❶【펴다】敷く｜広げる。㉠요를 ~. 敷布団を敷く／ 거리에 액세서리를 깔아 놓고 팔다. 通りの道にアクセサリーを広げて売っている。❷【팔려고 내놓다】貸したり売ったりするために出す。❸【억누르다 못하게】抑圧する。㉠사람을 너무 깔고 뭉개면 반발하는 게 당연하다. 人を抑圧しすぎると反発するのも当たり前だ。❹【바닥에·배경으로】使う。㉠피아노 곡을 배경으로 ~. ピアノ曲をバックミュージックに使う。❺【눈을】(目を)伏せる｜目を落とす。㉠눈을 아래로 깔고 앉아 있다. 目を下に伏せて座っている。

깔딱❶【음료수 등을 마시는 모양】ごくり｜ごくっと。㉠국물을 ~ 삼켰다. 汁をごくり飲み込んだ。❷【힘이 약하게 숨쉬는 모양】かすかな息を絶え絶えにあえぐさま。

깔딱-거리다❶ごくりとする。❷かすかな息を絶え絶えにあえぐ。＝깔딱대다

깔딱-대다[자] ☞깔딱거리다

깔딱-깔딱[부] ❶ごくごく｜ごくりごくり。❷あえぎあえぎ。

깔딱-하다[형] ❶【눈꺼풀이 처지고 눈이 움푹 들어가다】瞼が垂れ下がって目が窪んでいる。㉠너 눈이 깔딱한 게 어디 아프니? お前目が窪んでいるけど、どこか悪いのか。❷【맥이】少し気抜けしている。

깔때기[명] じょうご｜ろうと。

깔리다[자] ❶【무엇이】敷かれる。㉠아스팔트가 깔린 골목길 アスファルトが敷かれた小路。❷【넓게】散らばる｜敷かれる。㉠안개가 자욱이 깔린 아침 霧が立ち込める朝。

깔밋-하다[형]【깨끗하다】(身なりなどが)こぎれいだ｜さっぱりしている。㉠깔밋한 옷차림 こぎれいな服装／ 깔밋하게 앉아 있다. きちんと座っている。

깔-보다[타] 見下す｜見下げる｜見くびる｜侮る｜馬鹿にする。㉠나를 깔보지 마라. 俺のことを馬鹿にするな／ 그 녀석은 깔볼 수 없는 상대다. あいつは侮れない相手だ／ 여자라고 깔보아서는 안 된다. 女だと見てばかにしてはならない。

깔아-뭉개다[타] ❶【내리눌러】押しつぶす。㉠산사태로 바위가 굴러 떨어져 집 두 채를 깔아뭉갰다. 山崩れで岩が転げ落ちて家二軒を押しつぶした。❷【무시하다】押さえ付ける｜無視する｜握りつぶす。㉠표현의 자유를 ~. 表現の自由を押さえ付ける／ 소수의 의견이라고 해서 깔아뭉개서는 안 된다. 少数の意見だといって握りつぶしてはいけない。

깔짝-거리다[자] がりがりとする｜ぼりぼりとする。＝깔짝깔짝하다·깔짝대다

깔짝-깔짝[부]【조금씩 긁어대는 모양】がりがり｜ぼりぼり。
 깔짝깔짝-하다[자] ☞깔짝거리다

깔짝-대다[자] ☞깔짝거리다

깔쭉-거리다[자]【따끔따끔하다】ちくちくする。㉠자꾸만 깔쭉거려서 불편하다. やたらにちくちくして居心地が悪い。＝깔쭉깔쭉하다·깔쭉대다

깔쭉-깔쭉[부] ちくちく｜いらいら。
 깔쭉깔쭉-하다[자] ☞깔쭉거리다

깔쭉-대다[자] ☞깔쭉거리다

깜깜❶【아주 어두움】真っ暗なさま。❷【전혀 모르는 모양】まったく知らないさま。
 깜깜-하다[형] ❶真っ暗だ。㉠사방이 깜깜하여 아무것도 안 보인다. 周囲が真っ暗で何にも見えない。❷【전혀 모르다】まったく疎い｜まったく知らない。㉠그의 소식에 대하여 ~. 彼の消息にに対してまったく知らない。

깜깜-무소식(無消息)[명] 全く便りがないこと｜梨の礫。㉠내일 온다고 기다렸는데 아직도 ~이다. 明日に来るというので待っていたがまだ全く便りがない。

깜냥[명]【사람의 능력】(事を成し遂げる)能力｜力量。㉠나의 ~대로 일을 처리했다. 私の能力の範囲内で仕事を

処理した。/네 ~대로 그걸 어떻게 하겠다는 거니? お前の能力でそれをどうやってやるっていうんだ。

깜다 真っ黒い。

깜둥-이 명 ❶肌色が黒い人。❷ニグロ。◆흑인은 일반적으로「黒人(くじん)」,「ブラックパーソン」이라고 한다.

깜박 튀 ❶ぱちぱち。❷うっかり。예 약속을 ~ 잊다. うっかり約束を忘れる。/ ~ 졸고 있는 사이에 시간이 지나가 버렸다. ついうとうとしている間に時間が過ぎてしまった。❸きらっと。

깜박-거리다 자 ❶(目を)しきりに瞬く|ぱちぱちさせる|しばたたく。예 눈이 부신 듯 눈을 자꾸 깜박거린다. 目がまぶしいように目をしきりにしばたたかせる。/눈이 아파 눈을 ~. 目が痛くて目をぱちぱちさせる。❷うっかりする。❸ちらつく。=깜박깜박하다·깜박대다

깜박-대다 자타 ☞깜박거리다

깜박-하다 자 ❶(目を)瞬間的に閉じてから開ける|ぱちぱちさせる。예 눈을 깜박하며 이야기하다. 目をぱちぱちさせて話をする。❷うっかりする。❸ちらつく。

깜박-깜박 튀 ❶ぱちぱち。❷うっかり。❸ちらちら。

깜박깜박-하다 자타 ☞깜박거리다

깜부기 《식》黒穂。예 깜부깃병 黒穂病

깜부기-불 焚き落とし。

깜빡 튀 ❶ぱちぱち。❷うっかり。❸きらっと。

깜빡-이 명 方向指示器|ウインカー。

깜작 튀 (目を)しばたたかせるさま。

깜작-거리다 타 (目を)しばたたく|しきりに瞬きをする|ぱちぱちさせる。예 눈을 깜작거리지 마라. 目をぱちぱちさせるな。/그가 눈을 깜작거리며 내게 신호를 보냈다. 彼が目をしばたたかせて私に信号を送った。=깜작깜작하다·깜작대다·깜작이다

깜작-대다 타 ☞깜작거리다
깜작-이다 타 ☞깜작거리다

깜작-하다 타 (目を)しばたく|瞬きをする。예 눈 깜작할 사이에 도망쳤다. 瞬きする間に逃げていった。

깜작-깜작 튀 (目を)しきりにしばたたかせるさま|ぱちぱち。

깜작깜작-하다 자타 ☞깜작거리다

깜작-깜작 튀 真っ黒な斑点が散らばっているさま。

깜작-이 ☞눈깜작이

깜장 명 黒い色。

깜장-이 명 黒いもの。

깜짝¹ 튀 瞬くさま。

깜짝-거리다 타 しきりに瞬く|瞬きをする|ぱちぱちさせる。예 눈에 이물질이 들어가 ~. 目に異物が入ってしきりに瞬く。=깜짝대다·깜짝이다¹

깜짝-대다 타 ☞깜짝거리다
깜짝-이다 타 ☞깜짝거리다

깜짝-하다 타 まばたく|瞬きをする|ぱちぱちさせる。

깜짝² 튀 びっくり。예 ~ 놀라게 하다. あっとびっくりさせる。

깜짝-거리다² 자 しきりにあっとびっくりする。=깜짝대다²

깜짝-대다² 자 ☞깜짝거리다
깜짝-하다² あっとびっくりする|驚く。

깜짝-깜짝¹ 튀 ぱちぱち。

깜짝-깜짝² 튀 びっくり|ぎっくり|びくびく。예 천둥소리에 ~ 놀라다. 雷の音にびっくり驚く。

깜짝-이 명 ❶よく驚く人。❷ ☞눈깜짝이

깜찍-스럽다 형 ❶(体つき·顔つきが)小さくてかわいい。예 깜찍스러운 표정 かわいい表情。❷ませてちゃっかりしている|こましゃくれている|おしゃまだ。

깜찍스레 튀 ❶かわいく。❷ませてちゃっかりと|おしゃま。

깜찍-하다 형 ❶(体つき·顔つきが小)さくてかわいい。예 깜찍한 체구 小さくてかわいい体格。❷ませてちゃっかりしている|こましゃくれている|おしゃまだ。

깝대기 명 ❶殻。❷中身のないもの。

깝신-거리다 자타 体を軽率にしきりに少しだけ下げる。예 깝신거리며 인사하다. 頭を軽率にしきりに少しだけ下げて、ぺこぺことお辞儀をする。=깝신대다

깝신-대다 자타 ☞깝신거리다
깝신-거리다 자타 やたらにそそっかしく振舞う｜おっちょこちょいに振舞う。=깝작대다
깝작-깝작 부 【자꾸 가볍게 까불며 떠드는 모양】 しきりにそそっかしく振舞うさま。
깝작-대다 자타 ☞깝작거리다
깝죽-거리다 자타 ❶【신이 나서 방정맞게 자꾸 움직이다】 体をちょこまかと動く。❷【잘난 체하며 자꾸 떠들다】 調子に乗る｜偉ぶる｜いい気になる。=깝죽대다
깝죽-깝죽 부 ❶【몸을 방정맞게 자꾸 움직이는 모양】 体をちょこまかと動くさま。❷【잘난 체하는 모양】 偉ぶるさま。
깝죽-대다 자타 ☞깝죽거리다
깝질 명 皮｜殻。
깡 ☞깡다구
깡그리 부 【하나도 남김 없이】 すっかり｜全然｜残らず｜全部。예 그 일은 ～ 잊어버렸다。その事はすっかり忘れてしまった。
깡그리다 타 仕事を収拾して区切る｜締めくくる。
깡깡-이 명 ☞해금
깡다구 명 【악착같이 버티어 내는 오기】 強情。예 ～가 세다。強情っ張りである｜頑張ろうとする負けん気が強い。=깡
깡똥 부 【짧은 다리로 가볍게 한번 뛰는 모양】 ぴょんと。
깡똥-거리다 자 ❶ぴょんとする｜ぴょんと跳ね る。❷軽率に振舞う。=깡똥대다
깡똥-대다 자타 ☞깡똥거리다
깡똥-깡똥 부 ❶【짧은 다리로 계속해서 가볍게 뛰는 모양】 ぴょんぴょん。예 아이가 기뻐서 ～ 뛰어다닌다。子供がうれしくてぴょんぴょんと跳び回る。❷【자꾸 경솔하게 행동하는 모양】 軽率に振る舞うさま。
깡똥-하다 형 【짧다】 つんつるてんだ｜ちんちくりんだ。
깡-마르다 형 やせこけている｜やせ細っている｜骨と皮ばかりにやせる。예 깡마른 몸매 やせこけた体つき/깡마른 손 やせこけた手/깡마른 다리 やせ細った脚。
깡짱 부 【다리를 모으고 가볍게 뛰는 모양】 ぴょんと。예 계단을 ～ 뛰어오르다。階段をぴょんと跳び上がる。
깡짱-거리다 자 ぴょんぴょん跳び歩く。=깡짱대다
깡짱-대다 자타 ☞깡짱거리다
깡짱-깡짱 부 ぴょんぴょん。예 천진한 얼굴로 ～ 뛰어다니다。天真爛漫な顔で ぴょんぴょんと跳ね回る。

でぴょんぴょんと跳び回る。
깡쭝 부 【힘을 모아 가볍게 솟구쳐 뛰는 모양】 ぴょんと。
깡쭝-거리다 자 ぴょんぴょん跳び上がる。예 아이가 깡쭝거리며 뛰어오다。子供がぴょんぴょんと跳んでくる。=깡쭝대다
깡쭝-대다 자타 ☞깡쭝거리다
깡쭝-깡쭝 부 ぴょんぴょん。
깡창 부 【힘을 모아 탄력있게 뛰는 모양】 ぴょんと。
깡창-거리다 자 ぴょんぴょんと飛び跳ねる。=깡창대다
깡창-대다 자타 ☞깡창거리다
깡창-깡창 부 ぴょんぴょん。
깡총-하다 형 ❶【아랫도리가 어울리지 않게 길다】 脚が長い。❷【짧다】 つんつるてんだ。
깡충 부 【힘을 모아 솟구쳐 뛰는 모양】 ぴょんと。
깡충-거리다 자 ぴょんぴょんと飛び跳ねる。예 깡충거리며 산을 뛰어오르다。ぴょんぴょんと跳びながら山を登る。=깡충대다
깡충-대다 자타 ☞깡충거리다
깡충-깡충 부 ぴょんぴょん。예 ～ 뛰어다니다。ぴょんぴょん跳ね回る。
깡통(-筒) 명 ❶空き缶｜缶。❷【아무것도 모르는 사람을 놀림조로 이르는 말】 あほう｜馬鹿。예 야, 이 ～아, 그것도 몰라? この馬鹿め, そんなことも分からないのか。
깡통(을) 차다 관용 乞食になる。
깡패(-牌) 명 ならず者｜ごろつき｜やくざ。예 매일 싸움질만 하더니 결국 ～ 두목이 되었구먼。毎日喧嘩ばかりしていると思ったら, 結局やくざの親分になったね。
깨 명 胡麻・荏胡麻の総称。예 볶은 ～ 煎りゴマ。
깨-강정 명 胡麻を飴で固めた菓子。
깨개갱 부 【강아지가 놀라거나 아파서 우는 소리】 きゃんきゃん。예 엉덩이를 맞아서 ～ 우는 강아지 おしりを叩かれてきゃんきゃんと鳴く子犬。
깨갱 부 【강아지 우는 소리】 きゃん。예 ～ 하고 도망친다。きゃんと鳴いて逃げ出す。
깨갱-거리다 자 きゃんきゃんと鳴く。예 아파서 ～。痛くてきゃんきゃんと鳴く。=깨갱대다
깨갱-대다 자타 ☞깨갱거리다
깨갱-깨갱 부 きゃんきゃん。예 ～ 운다。きゃんきゃんと鳴く。
깨-고물 명 胡麻の粉。
깨깨[1] 부 【몸이 몹시 여위어 있는 모양】 ぎすぎす｜げっそり。예 ～ 마른 뺨 やせ細って角ばった頬/

~ 마른 다리 やせ細った脚。

깨깨² 튀 [아주 여위거나 마른 모양을 나타내는 말] ぎゃあぎゃあ。 예 아기가 밤중에 ~ 울어댄다. 赤ちゃん坊が夜中にぎゃあぎゃあと泣き続ける。

깨끔-스럽다 형 さっぱりして清潔だ。 예 깨끔스러운 얼굴 さっぱりした顔/ 깨끔스러운 손 さっぱりして清潔な手。

깨끔스레 튀 きれいに。

깨끔-하다 형 さっぱりして清潔だ。きれいだ。 예 깨끔한 얼굴 さっぱりして清潔な顔。

깨끔-히 튀 きれいに。

깨끗-하다 형 きれいだ。 ❶【청결함】清らかだ。清潔だ。衛生的だ。きちんとしている。 예 깨끗한 손 清潔な手/ 깨끗하게 씻은 몸 きれいに洗った体/ 옷을 깨끗하게 빨아 입다. 服をきれいに洗って着る。/ 방을 깨끗하게 청소하다. 部屋をきれいに掃除する。 ❷【맑고 순수함】清らかだ。 예 맑고 깨끗한 동심 濁りのない清らかな童心/ 깨끗한 공기 澄んだ空気。 ❸【성격】さっぱりしている。あっさりしている。 예 마음이 ~. 心がさっぱりしている。/ 패배를 깨끗하게 인정하다. 負けをさっぱりと認める。 ❹【완전함】すっかりする。 예 빚을 깨끗하게 정리하였다. 借金をきれいに片付けた。/ 국수 한 그릇을 깨끗하게 비우다. うどん一杯をきれいに食べる。/ 병이 ~ 나았다. すっかり病気が治った。

깨끗-이 튀 きれいに。 ❶清潔に。きちんと。 예 손을 ~ 씻다. 手をきれいに洗う。/ 언제나 화장실을 ~ 유지한다. いつもトイレを清潔にする。 ❷さっぱり│あっさり│すっかり。 예 하늘이 ~ 개었다. 空はきれいに晴れた。/ 옛날의 괴로운 일은 ~ 물에 떠내려 보내자. 昔の辛いことはさっぱりと水に流そう。/ 상처가 ~ 낫다. 傷がすっかり治った。

깨나 조 [꽤, 어지간히] かなり。 예 돈푼깨나 있다고 자랑하다. お金がかなりあると言って自慢する。

깨-나다 자 '깨어나다'의 준말.

깨나른-하다 형 (体が) だるい│けだるい。 예 오늘 아침은 몸이 깨나른하여 일어나기가 싫다. 今朝は体がものすごくだるくて起きたくない。

깨다¹ 자타 ❶【잠】覚める│醒める│覚ます│醒ます│起きる│起こす。 예 잠에서 깨 보니 아직 한밤중이다. 眠りから覚めるとまだ夜中だった。/ 술에서 깨기 위해 물을 마시다. 酔いから醒めるために水を飲む。 ❷【슬기】開ける。 예 그는 선악을 가릴 수 있는 깬 사람이다. 彼は善悪をわきまえることができる開けた人だ。

깨다² 타 ❶【부숨】砕く│割る│壊す。 예 달걀을 ~. 玉子を割る。/ 유리창을 ~. ガラス窓を壊す。 ❷【파괴】破る│壊す。 예 분위기를 ~. 雰囲気を壊す。 ❸【갱신】破る│更新する。 예 간신히 기록을 꼈다. やっと記録を破った。 ❹【상처】割れるほどけがをする。 예 머리를 깨서 한동안 입원했었어. 頭にけがをして、一時に入院にしていた。

깨닫다 타 悟る。 ❶【확실히 이해함】はっきりと理解するようになる。 예 자신의 잘못을 ~. 自分の誤りを悟る。/ 저 스님은 인생을 완전히 깨달았다. あの坊さんは人生を悟り切った。 ❷【알아차림】知る│感付く│気がつく│見抜く│自覚する。 예 몸이 쇠약해졌음을 ~. 体の衰えを自覚する。

깨-떡 명 ごまもち。

깨-뜨리다 ❶【부숨】砕く│割る│壊す。 예 접시를 ~. さらを割る。 ❷【파괴】破る│壊す。 예 약속을 ~. 約束を破る。 ❸【갱신】破る│更新する。 예 사이렌 소리가 밤의 정적을 깨뜨렸다. サイレンの音が夜の静けさを破った。 ❹【상처】割れるほどけがをする。 =깨트리다

깨물다 타 噛む。 예 밤을 깨물어 먹다. 栗を噛んで食べる。

깨-부수다 타 打ち砕く│打ち壊す│たたきこわす。 예 벽을 ~. 壁を打ち砕く。/ 고정관념을 ~. 固定観念を打ち砕く。

깨-소금 명 ❶【참깨로 만든 양념】胡麻塩。 예 신혼 재미가 ~ 맛이야? 新婚生活がそんなに面白いか。

깨-알 명 ごま粒。 예 ~ 같은 글씨로 쓴 편지 細かい字で書いた手紙。

깨어-나다 자 ❶【잠】覚める。 예 잠에서 깨어나 시계를 보다. 眠りから覚めて時計を見る。/ 꿈에서 깨어났지만 아직 꿈속 같다. 夢から覚めたがまだ夢の中のようだ。 ❷【정신】正気にかえる│覚める。 예 술에서 깨어났지만 아무것도 생각나지 않는다. 酔いから覚めたが

何も覚えていない。❸【의식이】(意識が)元に戻る｜覚める。㊛깨나다

깨-엿몡 ごまをつけた飴。
깨우다타【깨어나게】(眠っているのを)起こす｜(目を)覚まさせる｜覚ます。㊚7時에 깨워 주세요, 7時に起こしてください。/어깨를 흔들어 깨웠다. 肩を揺さぶって起こした。
깨우치다타 悟らせる｜分からせる。㊚잘못을 깨우쳐 주다. 誤りを分からせてあげる。
깨이다자【깨어나게】(眠りから)覚める｜覚まされる。㊚우르릉 천둥 치는 소리에 잠이 깨었다. ごろごろ雷が鳴る音で目が覚めた。
깨작-거리다타 (字などを)いい加減に書く。=깨작대다
깨작-거리다타 ☞깨지락거리다의 준말.
깨작-깨작閉 いい加減に書くさま。
깨작-깨작² ☞깨지락깨지락의 준말.
깨작-대다타 ☞깨작거리다
깨작-대다타 ☞깨지락대다의 준말.
깨-죽(一粥) 몡 胡麻の粥。㊚고소한 ~ 한 그릇 香ばしい胡麻の粥一杯。
깨죽-거리다자타 ❶【불평을 자꾸】ぶつぶつ不平を言う。❷【음식을 먹기 싫은】いやいやながら食べる。㊚깨죽거리지만 말고 맛있게 먹어라. いやいやしないでおいしく食べてよ。=깨죽대다
깨죽-깨죽閉 ❶【자꾸 불평을】ぶつぶつ不平を言うさま｜ ❷【음식을 먹기 싫은 듯이】いやいやながら食べるさま｜しぶしぶ。
깨죽-대다자타 ☞깨죽거리다
깨-지다자 ❶【단단한 물건이】壊れる｜割れる｜砕ける。㊚깨진 접시를 버리다. 割れた皿を捨てる。/값싼 컵은 깨지기 쉽다. 安いコップは壊れやすい。❷【모임·분위기】潰れる｜壊れる｜破れる。㊚혼담이 ~. 縁談が破れる。❸【어떤 기록이】破れる。㊚마침내 신기록이 ~. 新記録が破れる。/어렸을 때의 꿈이 ~. 幼い時の夢が破れる。❹【상처를 입어】割れるほど負傷などを負う｜傷つく。㊚무릎이 깨져서 피가 났다. 膝が傷ついて血が出た。
깨지락-거리다자 ❶【음식을 자꾸 먹기】いやいや食べる｜まずそうに食べる｜しぶしぶ食べる。㊚싫은 반찬을 ~. 嫌いなおかずをまずそうに食べる。❷【일을 자꾸 미루며 하다】いやいやする｜ぐずぐずする。㊚숙제를

~. 宿題をいやいやする。=깨지락대다 ㊛깨작거리다
깨지락-깨지락閉 ❶【음식을 자꾸 먹기 싫은 듯】いやいや｜しぶしぶ。❷【게으르게 자꾸 행동하는】いやいや｜ぐずぐず。㊛깨작깨작｜깨질깨질
깨지락-대다타 ☞깨지락거리다
깨질-깨질閉 ☞'깨지락깨지락'의 준말。
깨-치다타【이치·뜻을】よく理解して悟る｜会得する。㊚한글을 ~. ハングルを会得する。/과학의 원리를 ~. 科学の原理を理解する。
깨-트리다타 ☞깨뜨리다
꺅閉 きゃっ｜きゃあ。㊚~하고 여자의 외마디 소리가 들려왔다. きゃあと女の悲鳴が聞こえた。
꺅-꺅閉 きゃっきゃっ｜きゃあきゃあ。
꺅꺅-거리다자 きゃっきゃっと叫ぶ。=꺅꺅대다
꺅꺅-대다자 ☞꺅꺅거리다
깩-소리몡 言い返す言葉｜反抗の言葉。㊚~ 하지 말고 가만히 있어라。言い返さずに黙っていろ。
깰깰閉 くすくす｜くつくつ｜くっくっと。
깻-묵胡麻のあぶらかす。
깻-잎몡 ごま・えごまの葉。
깽閉 ❶【개가 아프거나 무서울 때 내는 소리】きゃん。㊚~ 소리를 내며 도망간다. きゃんと鳴きながら逃げていく。❷【대답이나 대꾸할 때 내는 소리】うん。
깽-깽閉 ❶きゃんきゃん。❷うんうん。
깽깽-거리다자 (子犬などが)きゃんきゃんと悲鳴をあげる。㊚강아지가 깽깽거리지 않게 밥을 줘라. 子犬がきゃんきゃんと鳴かないようにえさをあげろ。❷【앓는 소리로】うんうんとうなる。=깽깽대다
깽깽-대다자 ☞깽깽거리다
꺄룩閉【고개를 내밀거나 넘겨보려고 길게 늘이어 앞으로 좀 앞으로 내미】首を長く伸ばして前に突き出すさま。
꺄룩-거리다 首をしきりに伸ばして前に突き出す。=꺄룩대다
꺄룩-대다 ☞꺄룩거리다
꺄우뚱閉 (体･物体などが)片方に少し傾いたさま。
꺄우뚱-거리다자타 (体･物体などが)傾きながら揺れる。
꺄웃閉 (首･体が)少し傾げるさま。
꺄웃-하다 Ⅰ타 やや傾ける｜傾ける。Ⅱ阌 やや傾いている。
꺅閉【짐승이 몹시 놀라거나】【무서워할 때 내는 소리】ぎゃあ。㊚고양이가 ~ 소

리를 내며 담에서 떨어졌다. 猫がぎゃあと鳴きながら塀から落ちた。

꺅-꺅[부]【오리따위의 우는소리】 ぎゃあぎゃあ。 예 오리가 ~ 운다. アヒルがぎゃあぎゃあ鳴く。

꺅꺅-거리다[자] ぎゃあぎゃあと叫びたてる。 예 닭이 ~. にわとりがぎゃあぎゃあと鳴き叫ぶ。

꺼꾸로[부] '거꾸로'의 잘못.

꺼-내다[타] ❶【속에 든 것을】取り出す| 引き出す。 예 호주머니에서 지갑을 ~. ポケットから財布を取り出す。/ 차고에서 차를 ~. 車庫から車を引き出す。❷【말을 처음으로 시작하다】言い出す|話し始める|切り出す|持ち出す。 예 어릴 적 이야기를 꺼냈다. 幼い頃の話を言い出す。/ 상담 내용을 ~. 相談の内容を切り出す。/ 혼담을 ~. 縁談を持ち出す。

꺼-뜨리다[타]【꺼지게하다】あやまって火を消す。 =꺼트리다

꺼리다[타] はばかる| ためらう| 嫌がる。 예 다른 사람 앞에서 발표하는 것을 ~. 人の前まえで発表するのを嫌がる。 / 나는 양심에 꺼리는 행동은 절대로 하지 않았다. 私は良心にひっかかる行動は絶対にしなかった。

꺼림칙-하다[형] ❶気が進まない|気が乗らない。 예 그 사람을 대하기가 ~. その人をもてなすのは気が進まない。 / 그 일은 올바르지 않은 것 같아 ~. それは正しいことではないように思われるので、気が進まない。/ 그 돈을 쓰기가 ~. そのお金を使うのは気が進まない。 ❷なんとなく忌まわしい|嫌な感じがする。 예 왠지 그 일을 맡기에는 꺼림칙한 예감이 든다. なぜかその仕事を受け持つのは嫌な予感がする。 ❸なんとなくやましい|後ろめたい。 =께름칙하다

꺼림-하다[형] ❶後のことが気になる|すっきりしない。 ❷ (してしまったことに対して) 後ろめたい感じがする| 気がとがめる。 예 좀 더 따뜻하게 대해주지 못한 것이 ~. 暖かく接することができなくて、後ろめたい感じがする。 =께름하다

꺼멓다[형] 真っ黒い|真っ黒だ。 예 손에 석탄이 묻어 꺼멓게 되었다. 手に石炭がついて真っ黒になった。

꺼메-지다[자] (色が)黒ずむ|黒っぽくなる。

꺼무데데-하다[형] 薄汚くくすすけたように黒い。 예 꺼무데데한 얼굴의 사나이 すすけたような顔色の男。

꺼무뎅뎅-하다[형] みっともないほどに黒い。

꺼무레-하다[형] 薄黒い。

꺼무스레-하다[형] ☞꺼무스름하다

꺼무스름-하다[형] 薄黒い。 =꺼무스레하다

꺼무접접-하다[형] (顔色などが)薄よごれたように黒い。 예 피부가~. 皮膚が薄黒い。/ 얼굴색이 ~. 顔色が薄黒い。

꺼무죽죽-하다[형] まだらになって薄汚く黒い。

꺼무칙칙-하다[형] 薄汚れたく黒ずんでいる。

꺼무튀튀-하다[형] どんより濁ったように黒ずんでいる。

꺼뭇-하다[형] 薄黒い。

꺼벅-거리다[자] 頭をしきりに下げる| こっくりこっくりとする。 예 고개를 꺼벅거리며 졸다. 頭をこっくりこっくりして居眠りする。 =꺼벅대다

꺼벅-꺼벅[부] こっくりこっくり。

꺼벅-대다[자] ☞꺼벅거리다

꺼뻥-이[명]【머리가 나쁜 사람을 낮잡아 이르는 말】頭が悪い人|足りない人。

꺼뻥-하다[형]【실성한 이처럼 지각이 없다】締まりがない| だらしない| ぼんやりしている。 예 꺼뻥한 얼굴로 쳐다보다. ぼんやりと見つめる。

꺼뻥이[명] ❶【꿩】きじの子。 ❷【얼이빠진 사람】身なりがだらしなく荒っぽい顔つきの人。 예 그 사람 어벙한 ~ 같이 생겼네. その人、だらしなくぼおっとしているね。

꺼부러-지다[자] (気力が減少して)ぐったりする|体が屈む。 예 몸이 꺼부러져서 일어날 수가 없다. 体がぐったりして起きられない。

꺼불다[자타] ❶上下にゆっくり揺れ動く。 ❷軽薄で生意気に振舞う。

꺼슬-꺼슬[부] ❶【꺼칠꺼칠】かさかさ|ざらざら。 ❷【꺼칠한】性格が荒っぽいさま。

꺼지다¹[자] ❶【불꽃 따위가】消える|止まる。 예 시동이 ~. 始動が止まる。/ 촛불이 ~. ろうそくの火が消える。/ 전등불이 ~. 電灯の灯が消える。 ❷【숨이 끊어지다】息が絶える|死ぬ。 예 꺼지는 목숨 消え

る命。❸【표제어의 뜻풀이】消えうせる｜見えなくなる｜失せる。예어서 꺼져! 早く俺の前から消え失せろ。

꺼지다ⓐ ❶【표제어의 뜻풀이】窪む｜落ち込む｜凹む。예꺼진 지형 窪んだ地形。/ 길 한가운데가 ~. 道の真ん中がへこんでいる。/ 방바닥이 ~. 部屋の床面が窪む。❷【】窪む｜凹む。예피곤해서 눈이 움푹 ~. くたびれているので目がぺこりと窪む。/ 뱃속이 비어 ~. お腹が空いてへこむ。

꺼칠-꺼칠🅑【표제어의 뜻풀이】かさかさ｜ざらざら。

꺼칠꺼칠-하다ⓗ かさかさだ｜ざらざらだ。예일을 많이 해서 손이 ~. 仕事をたくさんして手がかさかさだ。

꺼칠-하다ⓗ【】かさかさしている｜ざらざらしている｜潤いがない｜つやがない。예병을 앓아 얼굴이 ~. 病気を患い顔color潤いがない。

꺼칫-꺼칫🅑 肌に何かがしきりに触れてちくちくするさま。

꺼칫-하다ⓗ やつれて肌につやがない。

꺼-트리다ⓐ ☞꺼뜨리다

꺼풀ⓝ 皮｜殻｜膜。예양파를 한 ~ 벗기다. 玉ねぎの一皮殻を剥く。=까풀

꺼풀-지다ⓐ 皮や殻などが層をなす。=까풀지다

꺽🅑 げっぷをする音。

꺽-꺽🅑【】けんけん。

꺽-꺽🅑【표제어의 뜻풀이】息や言葉がのどにしきりに詰まるさま。

꺽꺽-하다ⓗ【】荒っぽくてやわらかくない｜荒っぽく堅苦しい。예선생님은 꺽꺽한 목소리로 설명을 시작했다. 先生は荒っぽい声で説明を始めた。

꺽다리ⓝ ☞키다리

꺽둑-꺽둑🅑【】ざくざく。예무를 ~ 썰다. 大根をざくざく切る。

꺽죽-거리다ⓐ 偉そうに体を揺らしながらしきりに騒ぐ。예어린아이가 꺽죽거리는 모습은 우스꽝스럽다. 幼い子供が偉そうに体を揺らしながらしゃべる姿はこっけいだ。=꺽죽대다

꺽죽-꺽죽🅑【】偉そうに横柄な態度で体を揺らしながら騒ぐさま。

꺽죽-대다ⓐ ☞꺽죽거리다

꺽짓-손ⓝ しっかりした並々ならぬ手腕。

꺽짓손(이) 세다ⓘ 手腕がすごい。

꺾-꽃이ⓝ 《挿木》=삽지

꺾꽃이-하다ⓐ 挿木する。

꺾다ⓣ ❶【】折る。예나뭇가지를 ~. 枝を折る。/ 꽃가지를 ~. 花のついた枝を折る。❷【】(体の一部を)折り曲げる｜屈める。예허리를 꺾어 인사를 하다. 腰を屈めて挨拶をする。/ 팔을 꺾어 넘어뜨렸다. 腕を曲げて倒した。/ 고개를 꺾고 생각에 잠겨 있다. 首を曲げて考え込んでいる。❸【표제어의 뜻풀이】曲げる｜へし折る｜折る｜拉ぐ。예자신의 주장을 꺾을 필요는 없다. 自分の主張を曲げる必要はない。❹【】(試合や戦いなどに)勝つ｜倒す。예상대 팀을 꺾고 승리하다. 相手チームを倒して優勝する。❺【】変える｜折れ曲がる｜切る。예다음 신호 등에서 우측으로 ~. 次の信号で右に折れる。/ 핸들을 ~. ハンドルを切る。

꺾-쇠ⓝ 《건》鎹。

꺾어-지다ⓐ ❶【표제어의 뜻풀이】折れる。예꺾어진 나뭇가지를 주워 모으다. 折れた枝を拾い集める。❷【】折れ曲がる。예꺾어진 손가락을 억지로 펴서는 안 된다. 折れ曲がった指を無理に伸ばしてはならない。❸【표제어의 뜻풀이】殺がれる｜折れる｜挫ける。❹【】変わる｜曲がる。예그 네거리에서 꺾어지면 보일 것입니다. その交差点で折れると見えるはずだ。

꺾은선 그래프(─線graph)ⓝ 折れ線グラフ。

꺾이다ⓐ【】❶【】折られる。예관광객에게 꺾인 나뭇가지가 흩어져 있다. 観光客に折られた枝が散らばっている。❷【】折り曲げられる。예싸움에서 상대에게 팔을 꺾이었다. ケンカで相手に腕を折り曲げられた。❸【】殺がれる｜へし折られる｜挫かれる。예꺾인 기세가 되살아나다. そがれた気勢が蘇る。/ 패배로 한풀 ~. 敗北で意気が挫かれる。/ 더위도 이번 비로 한풀 꺾였다. 暑さも今度の雨でその気勢が殺がれた。❹【표제어의 뜻풀이】負かされる｜倒される｜破られる。예지난해와 마찬가지로 상대에게 꺾이었다. 去年度と同じ相手に倒された。❺【】折れ曲がる｜曲がる｜変えられる｜

切れる。例이 길은 내리막에서 오른쪽으로 꺾인다. この道は下り坂で右に折れ曲がる。/ 핸들이 잘 꺾이는지 시도해 보다. ハンドルがよく切れるか試みる。

껄껄부【의성어】からから｜げらげら｜かんらから。例큰 소리로 ~ 웃는다. 大きな声でからからと笑う；高笑い。

  껄껄-거리다자 (しきりに)からからと笑う。例아저씨가 껄껄거리며 웃는다. おじさんがからからと笑う。=껄껄대다

  껄껄-대다자 ☞껄껄거리다

껄껄-하다형 ❶【】かさかさだ｜ざらざらだ｜粗い。例손이 껄껄해서 로션을 바르다. 手がかさかさになってローションを塗る。❷やや荒い｜荒々しい。例껄껄한 목소리 ざらざらした声。

껄끄럽다형 ❶ちくちくする。例발바닥이 ~. 足の裏がちくちくとする。❷かさかさだ｜ざらざらだ。例안쪽이 ~. 裏がかさかさになっている。❸円満でなく何となく不便だ｜気まずい。

껄끔-거리다자 ちくちくする。목이 껄끔거리며 아프다. 喉がちくちくとして痛い。=껄끔대다

껄끔-껄끔부 ちくちく。

  껄끔껄끔-하다자 ちくちくする。

껄끔-대다자 ☞껄끔거리다

껄떡부 ❶【】ごくり｜ごくっと。❷息が絶え絶えにあえぐさま。

  껄떡-거리다 ❶ごくりごくりと飲み込む。❷息が絶え絶えにあえぐ｜しきりに息を切らす。=껄떡대다

  껄떡-대다자 ☞껄떡거리다

껄떡-하다형 【】目が落ちくぼんでいる。

껄렁껄렁-하다형 ❶【】いい加減だ｜不真面目だ｜ふしだらだ｜だらしない。例그의 일하는 태도는 ~. 彼の仕事ぶりはいい加減だ。/ 껄렁껄렁한 생활을 하다. 不真面目でいい加減な生活をする。❷【】皆んぶざまでくだらない。

껄렁-이명 (言行などが)ふしだらな人｜だらしない人｜いいかげんな人｜ろくでなし。

껄렁-패(-牌)명 愚連隊｜暴力団｜ごろつき。

껄렁-하다형 ふしだらだ｜だらしない。

껄쭉-껄쭉부【】ちくちく。

껌(← gum)명 ガム｜チューインガム。例수업 중에 ~을 씹는 것은 선생님께 실례가 되는 행위이다. 授業中にガムを噛むのは先生に対して失礼な行為だ。

껌껌-하다형 ❶【】真っ暗だ。❷【】腹黒い。例그 사람은 속이 껌껌한 사람이니 상대를 하지 마라. その人は腹黒い人なので相手にするな。

껌다형 真っ黒だ。

껌둥-이명 ❶【】肌色が黒い人。❷【】ニグロ。◆'흑인'은 일반적으로「黒人(こくじん)」,「ブラックパーソン」이라고 한다.

껌벅부 ☞끔벅

껌적-껌적부 黒い点やしみが広範囲に散らばっているさま。

껌정명 黒。

껌정-이명 黒｜黒の物｜黒い色の染料。

껍데기명 ❶【】殻。例달걀 ~ 卵の殻 / 조개 ~ 貝殻。❷【】中身のない殻。例베개 ~ 枕カバー。

껍적-거리다자타 でたらめなことをする｜下品でそそっかしく振舞う。例잘 알지도 못하면서 ~. 知りもしないででたらめなことをする。=껍적대다

껍적-껍적부 しきりにそそっかしく振舞うさま。

껍적-대다자 ☞껍적거리다

껍죽-껍죽부 ❶【】得意になってしきりにそそっかしく振舞うさま。❷【】体をちょこまかと動くさま。

껍질명 【】皮｜殻。例과도로 사과 ~을 깎다. ナイフでリンゴの皮を剥く。/ 양파 ~을 벗기다. 玉ねぎの皮を剥く。

껑더리-되다【】(苦労・病気などで)やせ衰える｜やつれる｜やせこける｜骨と皮ばかりになる。

껑뚱-껑뚱부 ❶【】ぴょんぴょん。例~ 뛰놀다. ぴょんぴょんとはしゃぎまわる。❷【】(落ち着きがなく)軽はずみに。

껑짜-치다【】きまりが悪い｜面目がない。例그 남자를 대하기가 ~. その男性に接するのはきまりが悪い。

껑쩡부【】ぴょんと｜ひょいと。

  껑쩡-거리다자 勢いよく跳ねるよう

に歩く。=껑쩡대다

껑쩡-대다 재 ☞껑쩡거리다

껑쭝 【뛰어내리는 모양】 ぴょんと。있는 힘껏 ~ 뛰어오르다。力一杯ぴょんと跳び上がる。

껑청 【뛰어내리는 모양】 ぴょんと。키가 큰 소년이 ~ 뛰어올랐다。背の高い少年が軽々と跳び上がった。

껑충 ① 【뛰어내리는 모양】 ぴょいと;ぴょんと。물웅덩이를 ~ 뛰어 건너다。水溜まりをぴょんと飛び越す。② 【쑥 자라난 모양】 すっと。키가 ~ 자라다。背がすっと伸びる。

껑충-껑충 뛰 ぴょんぴょん。

껑충-하다 형 ① 【키 크고 다리가 긴 모양】 背が不格好に高い;脚が長い。② 【무뚝뚝하고 냉정한 모양】 つんつるてんだ。

께 조 【높임을 나타냄】 —に。선생님께 드리다。先生に差し上げる。

께끄름-하다 형 気にかかる;気になって不安だ。언니 옷을 마음대로 입고 와서 ~ 姉の服を勝手に着てきたので気になって不安だ。/ 병드신 어머니를 혼자 두고 나오니 ~。病気の母を独り残して出てきたので気にかかって気乗りしない。 준께끔하다

께끔-하다 형 ☞'께끄름하다'의 준말.

께느른-하다 형 物憂い;けだるい。예 피로가 쌓였는지 아침부터 몸이 ~。疲れがたまっているのか、朝から体がだるい。

께름칙-하다 형 ☞꺼림칙하다

께름-하다 형 ☞꺼림하다

께서 조 【높임을 나타냄】 —が。오늘 할머니께서 오신다。今日きょうお祖母さんがいらっしゃる。

께저분-하다 형 散らかって実に汚らしい;雑然としている;汚ない。

께적-께적 뛰 ☞'께지럭께지럭'의 준말.

께죽-께죽 뛰 ① ぶつぶつ。② 【내키지 않는 모양】 いやいや;しぶしぶ。

께지럭-께지럭 뛰 ① 【내키지 않는 모양】 いやいや;しぶしぶ。② 【내키지 않는 모양】 いやいや;ぐずぐず。 준 께적께적·께질께질.

께질-께질 뛰 ☞'께지럭께지럭'의 준말.

껴-들다 재 【끼어들다】 割り込む;入り込む。예 남의 일에 ~。他人のことに入り込む。/ 남의 자리에 ~。他人の席に割り込む。

껴-들다 타 ① 腕で抱えて持つ;抱え て持つ。예 핸드백을 ~。ハンドバッグを腕に抱えて持つ。② 二つまたそれ以上のものを一緒に重ねて抱えて持つ。예 책을 가방과 함께 ~。本をかばんと一緒に重ねて抱えて持つ。

껴-묻다 재 他のものに一緒にくっつく;紛れ込む。예 내 노트에 껴묻어 네 노트도 함께 있다。私のノートにくっついて君のノートも一緒にある。/ 내 책이 자네 짐에 껴묻어 가지 않았는가? 私の本が君の荷物に紛れ込んでいるってことがないかい。/ 그 영화는 친구들에 껴묻어 가서 본 적이 있었다。あの映画が友達にくっついて行って見たことがあった。

껴-안다 타 ① 両手で抱く;抱き締める;抱き抱える。예 힘껏 ~。力一杯抱き締める。/ 서로 ~。互いに抱き締める。/ 꼭 ~。ぎゅっと抱き締める。/ 느닷없이 ~。いきなり抱き締める。② 【일을 혼자서 떠맡음】 (いろんな仕事を)引き受ける;抱え込む。예 일을 혼자서 ~。仕事を一人で抱え込む。/ 막대한 빚을 ~。莫大な借金を抱え込む。

껴-입다 타 重ねて着る;着込む。예 스웨터를 잔뜩 ~。セーターをたくさん着込む。

꼬기다 재타 (紙や布などを)しわくちゃにする。

꼬기작-꼬기작 뛰 しわくちゃ;くしゃくしゃ。

꼬김-살 명 皺。

꼬깃-꼬깃 뛰 しわくちゃ;しわだらけ。

꼬까 명 【어린이 옷】 べべ。예 ~ 입고 외출하자。おべべ着て出掛ける。

꼬까-신 명 子供のきれいな履物。

꼬꼬 Ⅰ 명 【닭】 鶏;こけこっこう。 Ⅱ 뛰 【닭 우는 소리】 こけこっこう;こけっこっこう。

꼬꼬댁 뛰 【닭 우는 소리】 こけこっこう;こけっこっこう。

꼬꼬댁-거리다 재 鶏がこけこっこうと鳴く。예 닭이 꼬꼬댁거리며 울고 있구나。にわとりがこけこっこうと鳴いている。=꼬꼬댁대다

꼬꼬댁-대다 재 ☞꼬꼬댁거리다

꼬꾸라-뜨리다 타 (前向きに)打ち倒す;叩きかのめす。=꼬꾸라트리다

꼬꾸라-지다 (前向きに)ばったり倒れる;のめる;つんのめる。예 돌부리에

걸려 ~. 石の角にひっかかってつんのめる。

꼬꾸라-트리다 国 ☞꼬꾸라뜨리다

꼬끼오 뿐 【】 こけこっこう。 예수탉이 ~ 울며 아침을 알린다. おんどりがこけこっこうと鳴きながら朝を知らせる。

꼬느다 国 ❶[무거운 것의 한쪽 끝을 쥐고 쳐들어서 내뻗치다] 持ち上げて伸ばす。 예총을 꼬나 쥐다. 銃を持ち上げて腕を伸ばして執る。 ❷[좋은 때가 가까이 오기를 기다려 기회를 노리다] 握りしめて待ち構える；構える。 예나는 연필을 꼬느고 시험이 시작되기를 기다렸다. 私は鉛筆を握りしめてテストが始まるのを待っていた。

꼬다 国 ❶絢う；よる；あざなう。 예실을 꼬아서 끈을 만들다. 糸をなって紐を作る。 ❷【】(足を)組む；(体を)よじる；ねじる。 ❸ ☞비꼬다

꼬드기다 国 ❶[연 같은 것의 줄을 잡아당기어 퍼뜩 올리다] 糸をぐいぐい引っ張る。 예아이들이 연을 더 높이 올라가게 꼬드기고 있다. 子供たちが凧をもっと高くあげようとぐいぐい引っ張っている。 ❷[남을 추겨 무엇을 하도록 꾀다] 唆す；けしかける；煽る；煽てる。 예"잘한다, 잘한다"고 아이를 꼬드겨서 어머니를 돕게 하다. 「上手だ, 上手だ」と子供を煽てて母親を手伝わせる。/친구에게 꼬드김을 당하여 학교를 안 갔다. 友人に唆されて学校をさぼった。/민중을 꼬드겨 데모에 참가시켰다. 民衆をけしかけてデモに参加させた。

꼬드러-지다 国 乾いて固くなる。

꼬들-꼬들 뿐 【주로 밥알 같은 모르고의 상태를 나타내는 말】 飯粒などが中はやわらかくて, 表面は固いさま。

꼬락서니 圀 【】 「格好」の俗っぽい語。

꼬랑이 圀 【】 動物の尾；尻尾。

꼬랑지 圀 【】 ❶鳥の尾。 ❷動物の尾；尻尾。

꼬르륵 뿐 ❶[배고플 때의 소리] ぐうぐう。 ❷[액체 흐름의 소리로] ちょろちょろ。

꼬르륵-거리다 困 ❶ぐうぐうと鳴る。 ❷ちょろちょろとする。 =꼬르륵대다

꼬르륵-대다 困 ☞꼬르륵거리다

꼬르륵-꼬르륵 뿐 ❶[배고플 때의 소리] ぐうぐう。 ❷【액체가 흐르는 소리로】 ちょろちょろ。

꼬리 圀 ❶【】(動物の)尻尾；尾；尾っぽ。 예강아지가 ~를 흔들다. 子犬がしっぽを振る。 ❷【】物の先っぽ。 예무 ~ 大根のしっぽ/ 배추 ~ はくさいの根/ 긴 ~를 보이는 혜성 長い尾を出す彗星/ 연에 ~를 달다. 凧に尾をつける。 ❸【】足。 예~가 잡히다. 足が付く。 ❹【】ある群の先っぽ。 예데모대의 ~에 붙어 행진하다. デモ隊の先っぽについて行進する。

꼬리가 길면 밟힌다 속담 尾が長ければ踏まれる：「いくらひそかに悪いことをしても長い間くり返せばついには見つかってしまうものだ」の意。

꼬리(를) 감추다 관용 姿を晦ます；しっぽを巻く。 예비참한 꼴을 보이기 싫어서 ~. 悲惨な格好を見せるのがいやだから姿を晦ます。/꼬리를 감추고 달아나다니. しっぽを巻いて逃げ出すなんて。

꼬리(를) 물다 관용 ずっと続く；相次ぐ。 예교통사고가 꼬리를 물고 일어나는 곳 交通事故が相次いで起きる所/ 자동차가 꼬리를 물고 지나간다. 車がずっと続けて通行。

꼬리(를) 밟히다 관용 行跡がばれる；ことが露見する；ことが発覚する。 예쿠데타의 음모가 꼬리를 밟히고 말았다. クーデターの陰謀がばれてしまった。

꼬리(를) 잇다 관용 後に続く；引っ切り無しに続く。 예꼬리를 잇는 사건과 사고 後に続く事件と事故。

꼬리(를) 잡다 관용 尻尾を掴む；隠し事や弱みを見破る。 예미행하여 범인의 ~. 尾行して犯人の尻尾を掴む。/ 말꼬리를 잡아 시비를 걸다. 揚げ足を取って文句をつける。

꼬리(를) 치다 관용 尻尾を振る；(主に女性が)誘惑する；愛嬌を振りまく。 예그녀는 돈깨나 있어 보이는 사람에게 곧잘 꼬리를 친다. 彼女はちょっとばかりお金があるように見える人に, よくこびて誘惑する。

꼬리(를) 흔들다 관용 相手に気に入られるように愛嬌を振りまく；嬌態を見せる。

꼬리 날개 항 【】尾翼。 =미익

꼬리-별 圀 ☞혜성(慧星)

꼬리-뼈 圀 【의】尾骨。 =미골

꼬리-지느러미 圀 【동】尾びれ。

꼬리-표(一票) 圀 【】荷札。

꼬리표(가) 붙다 관용 よくない評判がつきまわる；札付きになる。

꼬마[명] ❶[어린아이를 귀엽게 부르는 말]ちび｜ちびっ子｡=꼬마둥이 ❷[조그마한 사물을 귀엽게 이르는 말]小ちいさい物もの｜小型こがた｡

꼬마-둥이[명] ちびっ子｡ =꼬마❶

꼬마-전구(-電球)[명] 豆電球まめでんきゅう｡

꼬맹이[명] ちびっ子｡

꼬무락-꼬무락[부] [몸을 느릿하게 움직이는 모양] もぞもぞ｡ [예] 귀여운 아기 손가락이 ~ 움직이다. かわいい赤あかちゃんの指ゆびがもぞもぞと動うごく｡

꼬물-거리다[자][타] もぞもぞうごめく｜もたもたする｜もごもごする｡ ❸손가락을 ~. 指ゆびをもぞもぞ動うごかす｡／아기가 입을 꼬물거리며 씹다. 赤あかちゃんが口くちをもごもごさせて噛かむ｡ =꼬물대다

꼬물-꼬물[부] もぞもぞ｡

꼬물-대다[자][타] ☞꼬물거리다

꼬박¹[부] ぶっ通とおしまる｡ [예] 하룻밤을 ~ 새우다. まる一晩いちばんを明あかす｡ =꼬박이

꼬박²[부] [머리나 몸을 앞으로 조금 숙였다 드는 모양] こくり｜こっくり｜ぺこん｜ぺこり｡

꼬박-거리다[타] こくりこくりする｜ぺこぺこする｡ [예] 버스에서 꼬박거리며 졸다. バスでこくりこくりと眠ねむる｡／조느라고 머리를 ~. 居眠いねむりして頭あたまをこくりこくりとする｡ =꼬박대다

꼬박-대다[타] ☞꼬박거리다

꼬박-꼬박¹[부] こくりこくり｜ぺこぺこ｡ [예] ~ 고개를 숙여 인사했다. ぺこぺこ頭あたまを下さげてお辞儀じぎをした｡

꼬박-꼬박²[부] [어김이 없이 규칙적으로 계속되는 모양] きちんと｜まじめに｜もれなく｜欠かかさず｡ [예] 가계부를 ~ 쓰고 있다. 家計簿かけいぼを欠かかさずつけている｡

꼬박-이[부] ☞꼬박¹

꼬부라-들다[자] 内側うちがわに曲まがる｡

꼬부라-뜨리다[타] 内側うちがわに曲まげる｡ =꼬부라트리다

꼬부라-지다¹[자] 【曲】曲まがる｡ [예] 허리가 꼬부라진 할머니 腰こしが曲まがったおばあさん｡

꼬부라-지다²[자] [성격이 비뚤어지다] (性格せいかくや根性こんじょうが)ゆがむ｜ねじける｜ひねくれる｡

꼬부라-트리다[타] ☞꼬부라뜨리다

꼬부랑-글자(-字)[명] ❶下手へたな文字もじ｡ ❷【조롱섞어 속된말】英語えいごなどの字じ｜横文字よこもじ｡

꼬부랑-길[명] 曲まがりくねった道みち｡

꼬부랑-꼬부랑[부] ❶[여기저기 굽은 모양]くねくね｡ ❷[꾸뻑꾸뻑 절하는 모양]こくりこくり｜ぺこぺこ｡

꼬부랑-이[명] 一方いっぽうに曲まがった物もの｡

꼬부랑-하다[형] 内側うちがわに曲まがっている｡

꼬부리다[타] 一方いっぽうに曲まげる｡

꼬부장-하다[형] ❶大変たいへん曲まがりくねっている｡ ❷【比】ねじけている｜ひねくれている｡

꼬불-꼬불[부] [여기저기 굽은 모양]くねくね｡

꼬불꼬불-하다[형] くねくねする｡ [예] 꼬불꼬불한 좁은 길 くねくねした細ほそい道みち｡

꼬불탕-하다[형] やや曲まがりくねっている｡

꼬붓-하다[형] 少すこし曲まがっている｡

꼬빡¹[부] ぶっ通とおしまる｡ [예] 스웨터를 뜨는 데 ~ 하루가 걸렸다. セーターを編あむのにぶっ通とおし一週間いっしゅうかんかかった｡

꼬빡²[부] [머리나 몸을 앞으로 조금 숙였다 드는 모양]こくり｜こっくり｜ぺこん｜ぺこり｡ [예] 선생님과 마주쳤을 때 ~ 인사하였다. 先生せんせいに向むかい合あった時とき、こくりとお辞儀じぎをした｡

꼬이다¹[자] ☞꾀다

꼬이다²[자] ❶【拗】拗こじれる｜縺もつれる｡ [예] 이야기가 꼬여서 해결하지 못하다. 話はなしがこじれて解決かいけつしない｡／교섭이 꼬이고 있다. 交渉こうしょうがもつれている｡ ❷【比】ひねくれる｜拗こじける｡ [예] 마음이 꼬인 사람 心こころが拗ねけた人ひと／꼬인 말투로 말하지 마라. ひねくれた物ものの言いい方かたをするな｡

꼬이다³[타] ☞꾀다

꼬임[명] ☞꾐

꼬장꼬장-하다[형] ❶【길쭉한 것이 쭉 곧은 모양】(細長ほそながいものが)真まっ直すぐだ｡ ❷【성격이 곧고 결벽이 있어 융통성이 부족한 모양】人ひととなりが真まっ直すぐで融通ゆうずうがきかない｡ [예] 꼬장꼬장한 성격의 소유자 片意地かたいじな性格せいかくの人ひと｡

꼬질-꼬질[부] ❶【몹시 뒤틀리고 꼬여 있는 모양】ひどく曲まがりくねったさま｡ ❷【때가 많이 끼어 몹시 더러운 모양】汚きたなく｜垢あかだらけ｡ [예] ~ 때가 묻은 옷 垢あかだらけの衣ころも｡

꼬집다[타] ❶【살을 손가락 끝이나 손톱으로 집어 비틀다】(指ゆび・爪つめで)抓つねる｡ [예] 꼬집어서 생긴 상처 抓つねってできた傷きず／손등을 ~. 手ての甲こうをつねる｡／팔을 ~. 腕うでをつねる｡／꼬집혀 멍이 들다. つねられてあざになる｡／볼을 ~. 頬ほおを抓つねる｡／꿈은 아닌가, 꼬집어 보았다. 夢ゆめではないかとつねって見みた｡ ❷【남의 마음이 상하도록 찌르듯이 말하다】(相手あいての気きに障さわるように)皮肉ひにくって言いう｡ [예] 너무 화가 나서 꼬집어 말해 버렸다. あまりにも腹はらが立たって皮肉ひにくを言いってしまった｡ ❸【분명히 지적하여 말하다】明あきらかに指摘してきする｡ [예] 그는 남 앞에서 내 단점을 꼬집어 말하였다. 彼かれは人前ひとまえで私わたしの短所たんしょを明あきらかに指摘してきした｡

꼬챙이[명] 串くし。=꼬치❷

꼬치 ❶串くしに刺さした食たべ物もの。❷☞꼬챙이

꼬치-꼬치¹[부]【초조한 모양】がりがり。例~ 말랐다。がりがりに痩やせた。

꼬치-꼬치²[부]【자세히 따지는 모양】根掘ねほり葉掘はほり。例어젯밤 어디서 무엇을 했느냐고 ~ 캐물었다。夕ゆうべどこで、何なにをしたかと根掘ねほり葉掘はほり尋たずねた。

꼬투리[명] ❶【실마리 단서】糸口いとぐち。手でがかり。例사건의 ~를 잡다。出来事できごとの糸口いとぐちを取とる。❷【남을 헐뜯을 거리】揚あげ足あしを取とること。例말끝마다 ~를 잡으니 화가 난다。口くちを開ひらきさえすれば揚あげ足あしを取とるから腹立はらだつ。

꼬푸리다[타] (体からだを)かがめる｜曲まげる。

꼭[부] ❶【힘껏】固かたく｜ぎゅっと｜きゅっと。例손목을 ~ 쥐다。手首てくびをぎゅっとにぎる。❷【아무런 말 없이】じっと。例아픈 것을 ~ 참다。痛いたいのをじっとまんする。❸【단단히 숨는 모양】しっかり｜ちゃんと。例3일 동안 방에 ~ 틀어박혀 있었다。三日間みっかかん、何なにもしないで部屋へやに引ひきこもっていた。

꼭[부] ❶【반드시】きっと｜必かならず。例~ 약속을 지키고 싶다。必かならず約束やくそくを守まもりたい。/ 당신을 ~ 만나고 싶다。必かならずあなたに会あいたい。❷【조금도 틀림없이】ぴったり｜ちょうど｜きっちり。例옷이 ~ 맞는다。着物きものがぴったり合あう。/ 내 생각과 ~ 일치한다。私わたしの考かんがえとちょうど一致いっちする。

꼭-꼭[부] ❶【힘껏 자꾸 누르는 모양】しっかり｜ぎゅうぎゅう｜ぎゅっとぎゅっと。例고기는 ~ 씹어 먹어야지。肉にくはしっかりと噛かんで食たべないといけないよ。/ 글씨를 ~ 눌러 쓰다。文字もじをぎゅうぎゅう押おして書かく。❷【힘들여 참거나 하는 모양】ぐっと｜じっと。例아파도 ~ 참아야 한다。痛いたくてもぐっと我慢がまんしなければならない。❸【드러나지 않게】きちんと｜ちゃんと｜しっかり。例~ 숨다。ちゃんと隠かくれる。

꼭-꼭[부]【반드시】必かならず｜きっと。例~ 다시 만나자。必かならずまた会あおう。/ ~ 도와주러 올 테니 기다려。必かならず助たすけに来くるから待まってろ。

꼭대기[명] ❶頂上ちょうじょう｜てっぺん｜頂いただき。❷【윗사람】頭かしら。❸【속어】정수리

꼭두-각시[명] 傀儡かいらい。❶【남에게 조종되는 사람】人ひとに操あやつられる人ひと。❷【꼭두각시놀음의 인형】(韓国かんこくの)操あやつり人形にんぎょう。

꼭두-새벽[명]【이른 새벽】明あけ方がた｜朝あさっぱら｜早暁そうぎょう｜夜明よあけ。

꼭뒤[명] 後頭部こうとうぶの真まん中なか。
　꼭뒤(를) 누르다[관용] 人ひとを力ちからや権力けんりょくなどで押おさえる。=꼭뒤❶
　꼭뒤(를) 지르다[관용] ❶☞꼭뒤(를) 누르다 ❷先手せんてを打うつ。

꼭지¹[명] ❶【자루나 손잡이】つまみ。例냄비 ~ 鍋なべのつまみ。❷【식】【과일의】へた｜ほぞ。例사과 ~를 따다。リンゴのへたを取とる。

꼭지²[의]【묶음의 단위】束たば｜把わ。例미역 세 ~ わかめ3束たば。❷【명】束たば。

꼭짓-점(一點)[명]【수】頂点ちょうてん。例삼각형의 ~은 세 개 三角形さんかくけいの頂点ちょうてんは三みっつ。

꼴¹[명]【사람의 모양새】ざま｜格好かっこう。例저 ~을 좀 봐라。あのざまをちょっと見みてみろ。/ ~이 흉하다。見掛みかけがみっともない。/ 일이 이런 ~로 돼서야…。ことがこんなさまになっては…。

꼴²[명]【말이나 소에게 먹이는 풀】飼葉かいば｜飼かい草くさ｜秣まぐさ。例소에게 ~을 먹이다。牛うしに飼葉かいばを食たべさせる。/ ~을 베다。まぐさを刈かる。

-꼴³[접]【돈】替かえ｜換かえ｜代かえ。例사과 5개에 3000원이면 1개에 600원~이다。リンゴが5個こで3000ウォンなら1個こが600ウォン換かえということだ。/ 한 상자당 1만 원~로 샀다。一箱当ひとはこあたりに一万まんウォン換かえで買かった。

꼴-같잖다[형] みっともない｜不様ぶざまだ｜不格好ぶかっこうだ｜見苦みぐるしい。例꼴같잖은 놈이 나를 우습게 여긴다。不格好ぶかっこうな奴やつが俺おれを馬鹿ばかにする。

꼴깍[부] ❶【적은 양의 액체나 음식물 등이 목구멍으로 한꺼번에 넘어갈 때 나는 소리】ごくり｜ごくっと。例맛있는 음식을 보고 침을 ~ 삼켰다。おいしそうな食たべ物ものを見みて唾つばをごくりと飲のみ込こんだ。❷【순간적으로 참는 모양】ぐっと。例화를 ~ 참았다。怒いかりをぐっとこらえた。❸【목숨이 끊어지는 모양】ぽっくり。例숨이 ~ 넘어가다。息いきがぽっくりと絶たえる。

꼴깍-거리다[자] ❶ごくりとする｜ごくごくとする。❷ぽっくりとする。=꼴깍대다

꼴깍-대다[자] ☞꼴깍거리다

꼴깍-꼴깍[부] ごくごく｜ごくりごくり。

꼴꼴[부]【물 흐르는 소리】ちょろちょろ。
　꼴꼴-거리다[자] ちょろちょろ音おとが出でる。=꼴꼴대다
　꼴꼴-대다[자] ☞꼴꼴거리다

꼴딱[부] ❶【적은 양의 음식을 한꺼번에 삼키는 소리】ごくり｜ぐっと。例

떡을 ~ 삼켰다. 餅をごくりと飲み込んだ。❷[넘칠 정도로]溢れるほど満ちたさま。❸[철없이 시간을 보냄]まるまるぶっ通しで。예이틀 동안 ~ 빔샘을 하였다. まる二日間夜明かしした。

꼴딱-거리다🅉 ごくりと飲み込む。예침을 ~. 唾をごくりと飲み込む。=꼴딱대다

꼴딱-대다🅉 ☞꼴딱거리다

꼴딱-꼴딱🅟 ごくりごくり。ごくりごくり。

꼴뚜기🅜 《動》いいだこ。

꼴-리다🅉 ❶[성적으로]性欲で勃起する・立つ。❷[화가나서]かっと腹が立つ・癪に障る。예꼴리는 일이라도 있었어? 腹の立つ事でもあったのか。/ 배알이 ~. 癪に障って怒りがおさえきれない；腹の虫がおさまらない；腹の虫が承知しない。

꼴-불견(不見)🅜 みっともないこと・おかしくて見ていられないこと。예부모 덕으로 돈깨나 있다고 으스대며 걸어가는 그의 모습은 정말 ~이다. 親のお陰でちょっとばかりお金があるといって威張って歩く彼の姿が本当におかしくて見ていられない。

꼴-사납다🅗 (行動が)みっともない・見苦しい・体裁が悪い。예꼴사나운 얼굴 밋ともない顔をする 짓이 ~. やることがみっともない。

꼴짝🅟 ❶[물기가 끓거나 짙은 물건을 주무르는 소리]ぐちゃぐちゃ・にちゃにちゃ。예~ 주물렀다. ぐちゃぐちゃ揉む。❷[눈물이 쏟아져내림]はらはら・しくしく・さめざめ・ぽろぽろ。

꼴짝-거리다🅉🅊 ❶ぐちゃぐちゃしたものを踏んだりいじくったりする。❷しくしくと泣く・はらはらと涙を流す。=꼴짝대다

꼴짝-대다🅉🅊 ☞꼴짝거리다

꼴찌🅜 びり・どんじり・最下位。예~에서 벗어나다. びりから抜け出す。/ 이번 대회에서는 ~였다. 今回の大会は最下位だった。

꼼지락🅟 【물기가 많은 것을 주무르는 소리】ごしごし。

꼼지락-거리다🅉 ごしごしと洗う。예꼼지락거리면서 빨았다. ごしごしと洗った。/ 물에 걸레를 넣고 꼼지락거리면서 빨았다. 水に雑巾を入れてじゃぶじゃぶ洗った。=꼼지락대다

꼼지락-대다🅉 ☞꼼지락거리다

꼼지락-꼼지락🅟 ごしごし。

꼴칵🅟 【적은 분량의 액체·음식 등을 삼킴】ごくり。예빨리 ~ 삼키다. 急いでごくりと飲み込む。

꼴칵-꼴칵🅟 ごくりごくり。예사이다를 ~ 마신다. サイダーをごくりごくりと飲み下す。

꼼꼼-하다🅗 几帳面だ・注意深い・用心深い。예그는 꼼꼼한 편이다. 彼は几帳面なほうだ。/ 꼼꼼하게 계획을 세우다. 注意深く計画を立てる。

꼼꼼-히🅟 几帳面に・注意深く・用心深く。예리포트를 ~ 작성하다. レポートを丁寧に作成する。/ ~ 설명서를 읽다. 注意深く説明書を読む。/ 무엇이든 ~ 한다. 何なでも用心深く行う。

꼼-수🅜 みみっちい手段や方法。예~를 쓰다. みみっちい手段を使う。

꼼실-꼼실🅟 もぞもぞ。예개미가 ~ 움직인다. 蟻がもぞもぞと動く。

꼼작-이다🅉🅊 【몸을 움직여 조금 움직이다】もぞもぞと動く。예아무리 놀라게 해도 꼼짝이지 않는다. いくら驚かせてもびくともしない。/ 잠만 자다가 저녁때야 겨우 꼼작였다. 眠ってばかりいて、夕方からはやっともぞもぞした。

꼼지락🅟 【느릿느릿 움직이는 모양】ゆっくりと動かすさま。⊛꼼질

꼼지락-거리다🅉🅊 しきりにゆっくりと動かす・もぞもぞする・のろのろする。예아기가 손을 ~. 赤ちゃんが手でゆっくりと動かす。/ 언제까지 그렇게 꼼지락거리고만 있을 거냐? いつまでもそんなにのろのろしているつもりか。=꼼지락대다

꼼지락-대다🅉🅊 ☞꼼지락거리다

꼼질🅟 ☞'꼼지락'의 준말。

꼼짝🅟 【아주 조금도 움직임】ぴくり。예나는 종일 ~도 하지 않았다. 私たちは一日中少しも動かなかった。/ 거기서 ~ 마라. そこでぴくりともするな。

꼼짝-이다🅉🅊 ちょっと動く。

꼼짝-하다🅉🅊 ちょっと動く・ぴくりとする。예꼼짝하지 마라. ぴくりともするな。/ 꼼짝도 할 수 없다. ぴくりとも出来ない。/ 꼼짝하지 않고 앉아 있다. 身じろぎもせずに座っている。/ 방구석에 틀어박혀 꼼짝하지 않다. 部屋の隅に閉じこもって微動だにしない。

꼼짝 못하다🅀 【꼼짝 하지 못한 기를 펴지 못하다】気後れする・いじける・臆する。예상대의 카리스

마에 꼼짝 못하다. 相手のカリスマに臆することになる.

꼼짝 아니하다(않다)[관용]【놀라움·놀람이 일체에 없다】ぴくりとしない. 예꼼짝 않고 바라보다. ぴくりともせずに見つめる. / 3시간 동안 꼼짝 않고 일하였다. 三時間の間, ちょっとも動かないで働いた.

꼼짝-달싹[부] ☞옴짝달싹

꼼짝-없다[형] なす術もない.
  꼼짝없-이[부] なす術もなく; どうすることもできずに. 예그는 ~ 그 자리에 서 있었다. 彼はどうすることもできず, その場で立っていた. / ~ 범인으로 몰리다. なす術もなく犯人扱いに追い込まれる. / 적군은 ~ 항복했다. 敵軍はなすすべもなく降服した.

꼼틀[부] 身をくねらすさま.
  꼼틀-거리다[자타] しきりに身をくねらす. 예지루해서 몸을 ~. 飽きて体をくねらせる. =꼼틀대다
  꼼틀-대다[자타] ☞꼼틀거리다
  꼼틀-하다[자타] 身をくねらす.

꼽꼽-쟁이[명] こせこせした人. 예강 선생은 외모부터 성격까지 모두 ~이다. カン先生は容貌から性格まですべてこせこせしている.

꼽꼽-하다[형]【少し湿っぽい】少ししじめじめする.

꼽다[타] ❶【손꼽음】指を折る. 예그와 만날 날을 손꼽아 기다리다. 彼と会える日を指折り数えて待つ. ❷【】それと見なす; 指摘する; 選び挙げる. 예이 중에서 캡틴을 꼽는다면 분쟁이 일어날 것 같다. この中からキャプテンを選び挙げると言ったらもめそうだ. / 신선로를 한국 궁중 요리의 일품으로 꼽는다. シンソルロを韓国の宮中料理の逸品として見なす. / 올해의 효자로 그 사람을 꼽았다. 今年の親孝行の息子として彼を選び挙げた.

꼽실[부]【】ぺこんと. 예~ 머리를 숙이다. ぺこんと頭を下げる. ❷【기 위해 비굴하게 체 행동하는 모양】ぺこぺこ; へこへこ.
  꼽실-거리다[자타] ぺこんとする. ❷ぺこぺこする; へこへこする. 예상사에게 ~. 上役にぺこぺこする. =꼽실대다
  꼽실-대다[자타] ☞꼽실거리다

꼽재기[명] ❶【때의 더러운 것】垢; かす; くそ. 예눈 ~ 目やに; めくそ. ❷【】つま

らない物.

꼽추[명] ☞곱사등이

꼽치다[타] 半分에 折り畳む.

꼿꼿-하다[형] ❶(物 등)まっすぐだ. 예꼿꼿한 대나무 막대기 まっすぐな竹の棒 / 등을 꼿꼿하게 펴다. 背中をまっすぐに伸ばす. ❷【】不撓不屈だ; まっすぐだ; 剛直だ. 예꼿꼿한 선비의 기질 剛直なソンビの気質 / 그는 대쪽같이 꼿꼿한 사람이다. 彼は竹を割ったようにまっすぐな人だ.
  꼿꼿-이[부] まっすぐに; 剛直に.

꽁꽁[부] ❶【단단함】かちかち. 예영하 10도의 추위에 수도가 ~ 얼었다. 零下十度の寒さに水道がかちかちに凍った. ❷【단단히 묶음】ぎゅうぎゅう. 예밧줄로 ~ 묶다. ロープでぎゅうぎゅうと縛る.

꽁꽁[부]【아파할 때 소리】(病気の時)うんうん; うーんうーん.

꽁다리[명] 切れ端; 切れっ端.

꽁무니[명] ❶尻; 後; 人の後ろ. 예여자의 ~를 좇아다니다. 女の尻を追い回す. ❷一番終わり; 終りの部分; 後尾. 예행렬의 ~에 붙어 따라가다. 行列の尻について行く. / 그가 탄 열차의 ~가 보이지 않을 때까지 계속 보고 있었다. 彼の乗った列車の一番後ろが見えなくなるまでずっと見ていた.
  꽁무니(를) 빼다[관용] そっと身を引く; 尻込みする; こそこそ逃げ出す. 예큰소리치던 녀석들도 불리해지자 꽁무니를 빼기 시작했다. 大口をたたいていたやつらも, 不利になるや, こそこそ逃げ出した.
  꽁무니(를) 사리다[관용] しっぽを巻く; こっそり避けようとする; 逃げ出そうとする. 예상대방의 기세에 주눅이 들어 ~. 相手の勢いにいじけてこっそりと逃げ出そうとする.

꽁무니-뼈[명]〖의〗尾骨.

꽁보리-밥[명] 麦だけのご飯; 麦飯. 예~은 차지지 않아 밥알이 서로 흩어진다. 麦飯はくっつかず, ご飯粒がばらつく.

꽁-생원(一生員)[명]【狭量で他人から言われた言葉に根を持つ人】. 예조그만 일에 꽁해서 말도 안 하는 ~과 누가 술을 마시려 하겠어? ちょっとしたことでむっつりして話もしなくなるような度量の狭い奴と, 誰が酒を

飲みたがるか。
꽁지囘【동물】(動物の)尾。尻尾。
꽁초囘 吸殻。
꽁치囘《동》さんま。
꽁-하다 I 因 度量が狭い。
Ⅱ 因 根に持って忘れない。囫 그는 꽁한 성격이다. 彼は根に持つタイプだ。/ 분한 마음을 꽁하니 가지고 있으면 화병이 생긴다. 心に恨みを抱き続けていると、災いが生じる。/ 꽁하게 있지 말고 풀어 버려라. 心に恨みを抱いていないで、晴らしてしまえ。

꽂다囲 ❶挿す｜刺す｜挟む｜投げ飛ばす｜差し込む｜差し立てる｜突き刺す｜立てる。囫 바늘을 꽂아 두기 위한 바늘꽂이 針を刺しておくための針刺し/ 꽃을 병에 ~. 花を花瓶に刺す。에베레스트에 국기를 꽂았다. エベレストに国旗を立てた。/ 플러그를 ~. プラグを差し込む。/ 책갈피에 서표를 ~. 本のページの間にしおりを挟む。/ 한의사가 침을 꽂고 있다. 韓方医が鍼を打っている。/ 책을 책꽂이에 ~. 本を本立てに差し込む。❷【속어적 표현】投げ飛ばす。

꽂히다囚 ❶刺さる｜差し込まれる｜挿される｜差される｜挟まれる｜立てられる。囫 겨드랑이 밑에 꽂힌 체온기 脇の下に差し込まれている体温計/ 책갈피에 꽂힌 이상한 메모 本のページの間に挟まれた変なメモ/ 아가씨 머리에 꽂힌 머리핀이 예쁘다. 娘の髪に挿されたヘアピンがきれいだ。/ 화살이 과녁에 꽂히지 않고 빗나가다. 矢が的に突き刺さらなくはずれる。/ 집집마다 국기가 ~. 家々に毎に国旗が立てられる。❷投げ飛ばされる。

꽃囘 ❶【식】花。囫 장미~이 피다. 薔薇の花が咲く。❷【비유적 표현】花。囫 이야기 ~을 피우다. 話に花を咲かせる。/ ~처럼 예쁜 아가씨 花のようにきれいなお嬢さん/ 인상파 미술의 ~이 지다. 印象派美術の花が散る。

꽃은 꽃이라도 호박꽃이라속담 花は花でも南瓜の花だ：「醜い女性の人」の意。

꽃-가루囘《식》花粉。囫 ~ 알레르기 花粉アレルギー。=화분(花粉)
꽃-게囘《동》がざみ｜わたりがに。
꽃-구경囘 花見。囫 봄이면 ~ 인파가 몰린다. 春は花見客で殺到する。
꽃구경-하다囚 花見をする。
꽃-구름囘 彩雲。
꽃-꽂이囘 生け花。
꽃꽂이-하다囚 生け花をする。
꽃-나무囘 ❶花の咲く木。❷草花。=화초
꽃-놀이囘 花見。囫 ~ 가자. お花見に行こうよ。
꽃-눈囘《식》花芽。=화아
꽃-다발囘 花束｜ブーケ。
꽃-다지¹囘《식》【첫물 열매】(なす・きゅうり・うりなどの)初なり。囫 작고 귀여운 ~ 小さくてかわいい初なり。
꽃-다지²囘《식》犬薺。
꽃-답다囲 花のように美しい｜麗しい｜あでやかだ。囫 꽃다운 아미 美しい眉/ 꽃다운 입술 花のような唇/ 꽃다운 눈매 花のように美しい目。
꽃-대囘《식》花軸｜薹。囫 머위の薹 フキの薹。
꽃-돗자리囘 花筵｜花はござ。=화문석
꽃-동산囘 花園。
꽃-등에囘《동》花虻。
꽃-말囘 花言葉。囫 장미의 ~은 사랑이다. ばらの花言葉は「愛」だ。
꽃-망울囘 花のつぼみ。=망울❸
꽃-무늬囘 花柄｜花模様。囫 ~ 블라우스 花柄のブラウス。
꽃-물囘 花の汁。囫 손톱에 빨간 ~을 들이다. 爪に赤い花の汁を染める。
꽃-바구니囘 花かご。
꽃-바람囘 春の花が咲くころに吹く春風。
꽃-받침囘《식》萼。囫 ~의 수나 형태는 여러 가지다. 萼の数や形は色々だ。=악・화탁
꽃-밥囘《식》葯。=약(葯)
꽃-방석囘〔一方席〕花柄の座布団。
꽃-밭囘 花畑。
꽃-병囘〔一瓶〕囘 花瓶。
꽃-봉오리囘《식》つぼみ。囫 장미~バラのつぼみ。=봉오리
꽃-부리囘《식》花冠。囫 ~가 아래로 向かった 연꽃 花冠は下に向いてるハスの花。
꽃-불囘 ❶強火。❷花火。
꽃-삽囘 移植鏝。
꽃-샘囘 花冷え。
꽃샘-하다囚 花冷えになる。
꽃샘-바람囘 花あらし。

꽃샘-잎샘 명 花の葉が出そうなころの寒さ｜春先の寒さ｜花冷え

꽃샘-추위 명 花冷え｜예 ~가 지나가야 진짜 봄이다. 花冷えが過ぎてからが本当の春だ。

꽃-송이 명 花房｜예 ~가 탐스럽다. 花房がふくよかだ。

꽃-술 명 《식》花蕊｜雄しべと雌しべ。예 ~이 떨어져 있다. 花蕊が離れている。 =화예

꽃-신 명 花のようにいろんな色の履物

꽃-씨 명 花の種。예 ~에서 기름을 추출하다. 種から油を抽出する。

꽃-잎 명 《식》花びら｜花弁。예 ~을 세어 보다. 花弁を数えてみる。/ ~ 하나가 떨어졌다. 花弁一つが落ちた。 =화판

꽃-자루 명 《식》花梗｜花柄。예 긴 ~ 長い花座。 =화경

꽃-자리¹ 명 《식》花柄の筵。

꽃-자리² 명 《식》果実の花のとれた跡

꽃-전(-煎) 명 もち米粉をこねて菊・ツツジの花びらをのせて油で焼いたもの。 =화전(花煎)

꽃-줄기 명 《식》花茎。 =화경²

꽃-집 명 花屋

꽃-차례(-次例) 명 《식》花序｜예 물망초의 ~ ワスレナグサの花序。 =화서(花序)

꽃-창포(-菖蒲) 명 《식》野생菖蒲

꽃-철 명 花時｜花の咲くころ。예 ~마다 여러 가지 꽃이 피고 진다. 花時ごとにいろんな花が咲いては散る。

꽃-피다 자 花が咲く｜賑やかになる｜盛んになる。예 나에게도 언젠가 꽃 필 날이 오겠지. 僕にもいつか花咲く日が来るだろう。/ 민주주의가 ~. 民主主義の花が咲く。

꽃피-우다 타 花を咲かせる｜盛んにする｜華やかにする｜賑やかにする。예 민족 문화를 ~. 民族の文化をもっと栄えさせる。/ 사랑을 ~. 愛の花を咲かせる。/ 청춘을 ~. 青春の花を咲かせる。/ 학창 시절의 이야기로 ~. 学生時代の話に花を咲かせる。/ 꾸준한 노력이 드디어 꽃피우고 열매를 맺다. 弛まぬ努力がやがて花を咲かせ実を結ぶ。

꽈르르 부 【액체가 넓게 여기저기 퍼져 흐르는 소리 또는 모양】 とくとく｜どくどく。예 피가 ~ 흐른다. 血がとくとくと流れる。

꽈르릉 【세차게 무엇이 터지거나 천둥이 울리는 소리 또는 모양】 どかん｜ごろごろ。예 ~ 번개 소리에 놀랐다. ごろごろと雷鳴の音に驚いた。

꽈리 명 ❶《식》ほおずき。 ❷【허파에 있는 주머니 모양의 것을 이르는 말】 水疱｜水脹れ。

꽈배기 명 ❶【밀가루나 쌀가루 따위 반죽을 길게 늘여 꼬아 튀긴 과자】 小麦粉をこねて細長く伸ばしてねじり、油で揚げた菓子。 ❷【物事をあてつけていう人｜ひねくれ者。예 정 씨는 싸움이 일어나면 말을 비비 꼬는 ~가 된다. チョン氏は喧嘩になるとひねくれ者になる。

꽉 부 ❶【힘을 들여 누르거나 잡거나 묶는 모양】 ぎゅっと｜ひしと｜しかと｜しっかり｜ぐっと。예 손을 ~ 쥐다. 手をぎゅっと握る。/ 발을 ~ 밟다. 足をぎゅっと踏む。/ 눈을 ~ 감다. 目をぎゅっとつぶる。 ❷【가득 차거나 막힌 모양】 ぎっしり｜ぐっと。예 상자에 먹음직스러운 과자가 ~ 차 있다. 箱にはおいしそうなお菓子がぎっしり詰まっている。/ 숨이 ~ 막히다. 息がぐっと詰まる。 ❸【참거나 견디는 모양】 ぐっと｜じっと。예 입술을 ~ 깨물며 아픔을 참다. じっと唇を噛んで痛みに耐える。

꽉-꽉 부 ❶【힘껏】 ぎゅうぎゅう。예 발로 ~ 밟다. 足でぎゅうぎゅうに踏む。 ❷【가득】 いっぱい入れているさま。예 냉장고에는 과일이 ~ 채워져 있었다. 冷蔵庫の中には果物がいっぱいだった。

꽐꽐 【많은 물이 급히 쏟아지는 소리】 とくとく｜じゃあじゃあ｜どくどく。

꽐꽐-거리다 자 どくどくと流れる音がする。 =꽐꽐대다

꽐꽐-대다 자 ☞꽐꽐거리다

꽝¹ ❶【제비뽑기에서 뽑히지 않은 것】 空籤｜外れ。예 경품 추첨을 하였는데 ~이 나왔다. 景品の抽籤でからくじが出た。 ❷【헛일이 되는 것】 無駄になること｜だめ。예 그동안의 노력이 모두 ~이다. 今までのすべての努力も無駄になった。/ 이번 기말 고사도 ~이다. 今回の期末試験もだめだ。

꽝² ❶【무겁고 단단한 물건이 바닥에 떨어지거나 부딪칠 때 나는 소리】 どしん｜どかん｜どかっと。예 물통이 요란하게 ~ 하는 소리를 내며 떨어졌다. 水筒がけたたましくどんと落ちた。/ 화가 나서 문을 ~ 닫다. 怒って扉をばたんと閉める。 ❷【총이나 대포 따위가 터질 때 나는 소리】 ずどん｜どかん｜どん。예 ~ 하고

총소리가 났다. ずどんと銃声がした。/ 하는 폭발 소리가 나를 놀라게 했다. ずどんという爆発音が私を驚かせた。

꽝-꽝 ❶【조금 큰 소리로】 どんどん｜どかんどかん｜ごんごん。 예 현관을 ~ 발로 찼다. 玄関をどんどんと足で蹴った。 ❷【총·대포 등이 내는 특별하지 않은 소리】 ずどんずどん｜どんどん。 예 총을 ~ 쏘아대다. 銃をずどんずどんと打ち続ける。

꽝꽝-거리다자타 しきりにどんどん鳴る｜しきりにずどんずどん音を出す。 ☞꽝꽝대다

꽝꽝-대다자타 ☞꽝꽝거리다

꽤 ❶【정도가 보통보다】 かなり｜相当｜随分｜大分。 예 밤이 ~ 깊었다. 夜がかなり更けた。/ 2년 동안 돈을 ~ 많이 모았다. 2年間にかなり多くお金を貯めた。 ❷【생각했던 것보다】 やや｜割りと｜割りに。 구경꾼이 ~ 많다. 見物人が割りと多い。

꽥부 【갑자기 크게】 きゃっ｜きゃあ。

꽥-꽥 【갑자기 크게 자주】 きゃっきゃっ｜きゃあきゃあ。 예 화나서 ~ 소리 지르다. 怒って怒鳴り散らす。

꽥꽥-거리다자 いきなりしきりに大声で叫ぶ。☞꽥꽥대다

꽥꽥-대다자 ☞꽥꽥거리다

꽹과리명【음】【농악에 쓰이는 악기】 ケンガリ。 =동고·소금

꽹-꽹 【쇠·징이 내는 소리】 かんかん｜じゃんじゃん｜ごんごん。

꽹꽹-거리다자 かんかんと鳴る。 =꽹꽹대다

꽹꽹-대다자 ☞꽹꽹거리다

꾀 知恵｜智謀｜計略。 예 좋은 ~가 있습니다. すごい知恵があります。

꾀-까다롭다 ずいぶん変に気難しい｜いやにややこしい。 예 꾀까다로운 남편은 일일이 말참견한다. 変に気難しい夫は一々に口を出す。

꾀꼬리명【동】高麗鶯。 =황조

꾀꼴【꾀꼬리의 울음소리】 ほおほけきょ。 예 꾀꼬리가 ~ 운다. ウグイスがほおほけきょと鳴く。

꾀꼴-꾀꼴 ほおほけきょ。

꾀꾀 【병들거나 굶주려서 여윈 모양】 げっそり。 예 병으로 얼굴이 ~ 말랐다. 病気で顔ががりがりに痩せている。

꾀꾀-로 【時々間を見ながら】 こっそりと。 예 나는 ~ 그 여자를 만나러 갔다. 僕はときどきこっそりと彼女に会いに行った。

꾀다자 (虫や人などが)集まる｜たかる｜群がる。 예 사고 현장에 구경꾼이 ~. 事故現場に野次馬が集まる。/ 쓰레기에 파리가 ~. ゴミにハエがたかる。 =꼬이다¹

꾀다² 【유혹하다】 誘う｜誘い込む｜誘惑する｜唆す｜たぶらかす。 예 친구를 꾀어 돈을 얻아 가다. 友達をたぶらかして金を取る。/ 거짓말로 꾀어서 이익을 가로채다. たぶらかして儲けを横取りする。 =꼬이다³

꾀-바르다 気転が利く｜小賢しい｜小利口だ｜要領がいい。 예 저 사람은 꾀바른 사람이라 웬만해서는 손해를 보는 일이 없다. あの人は小賢しい人なので、大抵のことでは損をしない。/ 꾀바르게 행동하여 위기를 모면하다. 要領よく行動して危機を免れる。

꾀-배명 空腹。

꾀-병(一病)명 仮病｜作り病。 예 ~을 부리다. 仮病を使う。

꾀병-하다자 作り病をする。

꾀병-쟁이(一病一)명 仮病を使う人。 예 비가 오는 날은 학교에 가기 싫은 ~는 늘어난다. 雨の降る日は仮病を使って、学校に行きたがらない子どもが増える。

꾀-보명 知恵者｜知恵袋｜利口者｜ずる賢い人。 예 한 사람의 ~가 나라를 구한 옛이야기 들어 봤니? 一人の知恵者が国を救った昔話を聞いたことがあるかい。 =꾀쟁이

꾀-부리다자 ずるけをする｜策を弄する｜策をめぐらす。 예 꾀부리지 말고 열심히 일을 해라. ずるをせずに一生懸命に仕事をしろ。

꾀어-내다타 誘い出す｜誘き寄せる｜誘き出す。 예 뼈다귀를 보이며 개를 밖으로 ~. 骨のかけらを見せて犬を外に誘い出す。/ 오락실로 ~. ゲームセンターに誘い出す。

꾀-이다자 誘われる｜唆される。

꾀-잠명 寝たふりをすること｜たぬき寝入り｜空寝る。

꾀-쟁이명 ☞꾀보

꾀죄죄-하다형 【옷차림·모습이 몹시 깨끗하지 못한 모양】 (身なり·格好など)汚らしくみすぼらしい。 예 꾀죄

죄한 모양새 汚らしくみすぼらしい格好/아버지가 3년 만에 꾀죄죄한 모습으로 돌아오셨다. 父が3年ぶりに汚らしくみすぼらしい姿で帰ってきた。

꾀죄-하다 형【형용동사】(身なり・格好など が)汚らしくみすぼらしい。

꾀-하다 타【타동사】図る｜企む｜目論む。예회사 발전을 ～. 会社の発展を図る。/모반을 ～. 謀反を企む。

꾐 명 誘い｜誘惑(の手で)そそのかすこと。예토끼의 ～에 넘어간 거북이 兎の誘惑に乗った亀。=꼬임

꾐-수 명 そそのかす手段。예그의 ～에 빠지지 마라. 彼のそそのかす手段に落ちるな。

꾸기다 자타 紙や布などをしわくちゃにする。

꾸기적-꾸기적 부 しわくちゃ｜くしゃくしゃ。

꾸김 명 ☞꾸김살

꾸김-살 명 皺がよっていること。=꾸김

꾸김-없다 형 素直だ｜のびのびしている。예꾸김없는 얼굴 のびのびした顔/꾸김없는 미소 素直な微笑。

  꾸김없-이 부 素直に。예～ 웃다. 素直に笑う。

꾸깃-꾸깃 부 しきりにしわくちゃにするさま。

꾸다 타 夢を見る。예돼지꿈을 ～. 豚の夢を見る。/나쁜 꿈을 ～. 悪い夢を見る。

꾸다 타 (金や物を)借りる。예돈을 ～. 金を借りる。/꾸어 온 쌀을 갚다. 借りた米を返す。/일손이 모자라서 일꾼을 한 사람 꾸어 오다. 人手が足りないので一人の働きで人を借りてくる。

꾸덕-꾸덕 부 水気ずのある物の表面がかなり乾いたさま。

꾸들-꾸들 부 内は軟かく表面がかなり乾いたさま。

-꾸러기 접【고유어성된사】예잠꾸러기 寝坊/욕심꾸러기 欲張り/장난꾸러기 いたずらっ子；いたずらな子供。

꾸러미 명 包み｜束。예열쇠 ～ 鍵束/선물 ～ 하나를 가방에서 꺼냈다. お土産包み一つをカバンから出した。

꾸르륵 부 ①【의성어】ぐうぐう。예뱃속에서 ～ 소리가 나다. 腹からぐうぐうと音がする。②【의성어】こっこっ｜こけっ。③【액체가 비좁은 구멍으로】じゃあじゃあ｜ちょろちょろ｜どくどく。

꾸리 명 ☞실꾸리

꾸리다 타 ①【짐을】(荷物・品物などを)包む｜まとめてくくる｜荷造りする。예여행 짐을 ～. 旅行の荷物をまとめてくくる。②【일을】(物事を)処理する｜切り回す｜切り盛りする｜やりくりする。예어머니는 집안일을 잘 꾸려 나갔다. 母は上手に家事を切り回した。/살림을 잘 꾸려 나가다. 家事の切り盛りがうまい。/이리저리 둘러대어 일을 잘 꾸려 나가다. 都合をつけてやりくりする。③【집・자리를 손질하여】(場所・家などを)手入れする｜飾る。예정원을 쉬기 좋게 ～. 庭を手入れして憩いやすく飾る。/칸막이를 하여 회의실을 ～. 間仕切りをして会議室を設ける。

꾸무럭-거리다 자타 体をのろのろと動かす。예꾸무럭거리지 말고 움직이자. のろのろとしないで動こう。=꾸무럭대다

꾸무럭-꾸무럭 부 のろのろ｜ぐずぐず。

꾸무럭-대다 자타 ☞꾸무럭거리다

꾸물-거리다 자타 のろのろする｜ぐずぐずする。예꾸물거리다가 버스를 놓쳤다. ぐずぐずしてバスに乗り遅れた。=꾸물대다

꾸물-꾸물 부 のろのろ｜ぐずぐず。

  꾸물꾸물-하다 자타 のろのろする｜ぐずぐずする。

꾸물-대다 자타 ☞꾸물거리다

꾸미다 타 ①【치장을】(見掛けを)飾る｜装飾する｜装う。예방을 예쁘게 ～. 部屋をかわいく飾る。/언니는 꾸미고 데이트하러 나갔다. 姉が着飾ってデートに出掛けた。/마치 학생인 것처럼 ～. まるで学生であるかのように装う。②【거짓말을】作り上げる｜でっち上げる。예그의 꾸민 이야기에 감쪽같이 속았다. 彼の作り話にまんまと騙された。/이 사건은 정보부가 꾸민 일이다. この事件は情報部がでっち上げたものだ。③【음모를】謀る｜企む｜企てる。예온갖 음모를 ～. あらゆる陰謀を企む。④【글을】作る｜作成する。예리포트를 ～. レポートを作成する。/옛이야기로 대본을 ～. 昔話で台本を作る。/단편을 모아 전집을 ～. 断編を合わせて全集を作る。⑤【재봉을】仕立てる｜作る。예아동복을 ～. 子供服を

仕立てる。
꾸밈圏 飾り｜装い。
꾸밈-새圏 飾りのようす。
꾸밈-없다圏 飾り気がない。囫 솔직하고 꾸밈없는 모습이 매력적이다. 率直で飾り気のない姿が魅力的だ。
꾸밈-음(-音)圏 《音》装飾音。
꾸벅튀 ❶【머리나 몸을 앞으로 굽혔다가 드는 모양】ぺこり｜ぺこん。囫 ~ 절을 하다. ぺこりとお辞儀をする。/ ~ 인사하다. ぺこりと挨拶をする。❷【꾸벅꾸벅 조는 모양】こっくり｜こくり。
꾸벅-거리다困 ぺこぺこする。❷ こっくりこっくりする。
꾸벅-하다困 ❶ ぺこりとする。囫 머리를 ~. 頭をぺこりとする。❷ こっくりする。
꾸벅-꾸벅튀 ❶【연달아 몸을 앞으로 굽혔다가 드는 모양】ぺこぺこ。❷ こっくりこっくり。
꾸부러-들다困 内側に曲がる。
꾸부러-뜨리다囮 曲げる。=꾸부러트리다
꾸부러-지다困 曲がる。
꾸부러-트리다囮 ☞꾸부러뜨리다
꾸부렁-이圏 曲がったもの。
꾸부렁-하다圏 弓なりに曲がる。
꾸부리다囮 曲げる｜(体を)屈める。
꾸부정-하다圏 少し曲がっている。
꾸불-꾸불튀 くねくね。
꾸불꾸불-하다圏 囫 꾸불꾸불한 산길을 걷다. 曲がりくねった山道を歩く。
꾸불텅-하다圏 ゆるやかに曲がりくねる。
꾸붓-하다圏 少し曲がっている。
꾸뻑튀 ❶ ぺこり。❷ こっくり。
꾸뻑-꾸뻑튀 ❶【연달아 몸을 앞으로 굽혔다가 드는 모양】ぺこぺこ。❷ こっくりこっくり。
꾸역-꾸역튀 ❶【음식을 한꺼번에 입에 많이 넣는 모양】一杯に。囫 밥을 ~ 먹다. 口の中にご飯を一杯入れて食べる。❷【사람·사물이 한꺼번에 몰리는 모양】続々と。囫 시청 광장으로 사람들이 ~ 모여들었다. 市庁の広場に人々が続々と集まった。
꾸이다困【꿈에】夢に出てくる。囫 불길한 꿈이 ~. 不吉な夢を見る。
꾸이다囮【빌려주다】貸してやる。
꾸정꾸정-하다圏 ❶【길쭉한 것이】(細長いことが)真っ直ぐだ。❷【성격이】性格が真っ直ぐで融通がきかない。
꾸준-하다圏 粘り強い｜根気強い。囫 꾸준한 노력 根気のある努力。

꾸준-히튀 粘り強く｜根気よく｜こつこつ。囫 ~ 연습하다. 根気よく練習する。/ ~ 공부하여 마침내 사법 고시에 합격하였다. こつこつと勉強して、ついに司法考試に合格した。
꾸중圏 ☞꾸지람
꾸지람圏 叱責｜小言。=꾸중
꾸지람-하다囮 叱責する｜叱る。囫 선생님이 잡담하는 아이들을 꾸지람했다. 先生が無駄話をしている生徒たちを叱った。
꾸짖다囮 厳しく叱る｜強く咎める。囫 청소를 게을리 한 아들을 ~. 掃除を怠けた息子を叱る。/ 거짓말을 한 아이를 호되게 ~. 嘘をついた子をきつくとがめる。
꾸푸리다囮【몸을 구부려】体を曲げる｜屈める。
꾹튀 ❶【힘주어 누르거나 밀거나】きゅっと｜ぎゅっと。囫 입을 ~ 다물다. 口をぎゅっと閉じる。/ 눈을 ~ 감다. 目をぎゅっと閉じる。/ 발로 ~ 밟다. 足でぎゅっと踏む。/ 목을 ~ 누르다. 首をぎゅっと押さえる。❷【힘들여 참는 모양】じっと｜ぐっと。囫 아픔을 ~ 참고 집으로 돌아왔다. 痛みをぐっとこらえて家へ帰ってきた。
꾹-꾹튀 ❶【계속 힘을 주어 누르거나 밀거나】ぎゅうぎゅう｜ぎしぎし。❷【계속 힘들여 참는 모양】囫 눈물이 나오려는 것을 ~ 눌러 참았다. 涙が出ようとするのをぐっと抑えた。
-꾼囨 ❶【어떤 일을 전문적으로 하는 사람】囫 나무꾼 きこり／노름꾼 ばくち打ち；博徒／술꾼 酒飲み。❷【어떤 일을 하는 사람】囫 구경꾼 見物人／일꾼 労働者；働き者。
꿀圏 蜜｜蜂蜜｜ハニー。囫 ~을 따다. 蜂蜜を採取する。
꿀꺽튀 ❶【침이나 물 따위를 한번에 삼키는 말】ごくっと｜ごくりと｜ぐっと｜ぐいと。囫 독한 술을 한번에 ~ 삼키다. 強い酒をいっぺんにごくりと飲む。❷【분한 마음을 힘들여 참는 모양】じっと｜ぐっと。囫 끓어오르는 화를 ~ 참았다. 沸き上がってくる怒りをぐっと我慢した。
꿀꺽-꿀꺽튀 ごくりごくり｜ごくごく｜こくこく。囫 물을 ~ 마시다. 水をごくごく飲み込む。
꿀꿀튀【돼지 우는 소리】ぶうぶう。
꿀꿀-거리다困 (豚が)ぶうぶう鼻を鳴らす。囫 돼지가 꿀꿀거리며 따라다닌다. 豚がぶうぶうと鼻を鳴らしながらついてくる。=꿀꿀대다

꿀꿀-대다[자] ☞꿀꿀거리다

꿀꿀²[부]【액체가 흐르는 꼴】 どくどく｜ちょろちょろ

꿀꿀-거리다² どくどくと流れる｜ちょろちょろと流れる。=꿀꿀대다²

꿀꿀-대다²[자] ☞꿀꿀거리다

꿀꿀-이[명] ❶【욕심많은 사람】 欲張り。=꿀돼지 ❷【돼지의 별칭】 豚。

꿀-단지[명] 蜜を入れるつぼ。

꿀-돼지[명] ☞꿀꿀이❶

꿀-떡¹[명] 蜂蜜や砂糖を混ぜてつくった餅。⑩이 음식은 ~같이 맛있다. この食べ物は、蜂蜜の餅のようにおいしい。

꿀떡²[부]【음식을 한꺼번에 삼키는 꼴】 ぐっと｜ごくりと｜ごくっと。⑩떡을 ~ 삼켰다. 餅を一息にごくりと飲み込んだ。

꿀렁[부] ❶【담긴 액체가 매우 흔들리는 꼴】 だぶだぶ。❷【무엇이 크게 쑥 내밀거나 들어가는 꼴】 ぷくっと。

꿀리다[자] ❶【기운이】 (気勢が)くじかれる｜窮きゅうする｜屈くっする｜滅入めいる。⑩한 번 실패에 꿀릴 필요는 없다. 一度の失敗に屈する必要はない。/ 실직으로 살림이 점점 꿀려 갔다. 失職で暮らしがだんだんと窮していった。❷【어떤 형세에】 (人に)押される｜圧倒あっとうされる。⑩그의 기백에 ~. 彼の気迫に圧倒される。❸【마음에】 やや心配になる｜気きにかかる。⑩죄를 저지른 불안으로 꿀리는 데가 있다. 罪つみを犯おかした不安で気にかかるところがある。

꿀-맛[명] ❶【꿀의 맛】 蜜の甘味あまみ｜蜜のような甘味。⑩밥맛이 ~이다. ご飯はんがすごくおいしい。

꿀-물[명] 蜂蜜を入れた水。

꿀-밤[명] 軽く拳骨けんこつで小突こづくこと。 **꿀밤(을) 먹다**[관용] 軽く拳骨で小突かれる。⑩수업 시간에 떠들다가 선생님께 꿀밤을 먹었다. 授業時間じゅぎょうじかんに騒さわいで先生せんせいに拳骨でこづかれた。

꿀-벌[명]〖동〗蜜蜂みつばち。=밀봉²

꿀-샘[명]〖식〗蜜腺みっせん。=밀선²

꿀꺽[부]【음식 등이 목구멍으로 넘어가는 소리나 꼴】 がぶり｜ごくりと｜ぐっと｜ぐいと。⑩~ 삼켜 버린 음식 ごくりと飲み込んでしまった食べ物。

꿇다[타] ❶【무릎을】 跪ひざまずく。⑩신에게 무릎 꿇고 빌다. 神に跪いて祈る。❷【학년을 더 다니다】 ダブる｜留年りゅうねんする。⑩출석 일수가 모자라서 1년 꿇었다. 出席日数しゅっせきにっすうが足りなくて1年留年した。

꿇-리다[자]【끓게 하다의 피동】 跪かされる。⑩적에게 붙잡혀 무릎이 꿇리었다. 敵に捕まって跪かされた。

꿇-리다²[타]【꿇게 하다】 跪かせる。⑩무릎을 꿇리고 사과하게 하다. 跪かせて謝あやまらせる。

꿇어-앉다[자] ひざをついて座る｜跪ひざまずく｜正座せいざする。⑩꿇어앉아 벌서다. 正座して罰ばつを受ける。

꿈[명] ❶【자는 동안에 일어나는 정신 현상】 夢ゆめ。⑩좋은 ~과 나쁜 ~ 吉夢きちむと悪夢あくむ/어젯밤에는 무서운 ~을 꾸었다. 昨夜ゆうべは怖こわい夢を見みた。/~에 돌아가신 어머니를 만났다. 夢の中なかで亡くなった母に会あった。❷【실현하고 싶은 희망】 夢。⑩나의 ~은 파일럿이다. 僕の夢はパイロットだ。❸【실현될 수 없는 헛된 기대】 夢。⑩바라고 바라던 희망이 ~으로 사라지다. 願い願った望みが夢と消え去る。

꿈-같다[형] 夢のようだ｜夢みたいだ。⑩그런 꿈같은 이야기는 그만하게. そんな夢のような話はよせ。

꿈-결[명] 夢うつつ｜夢中むちゅう。⑩~에 아버지 음성을 들은 듯하다. 夢うつつに父の声を聞いたようだ。/ 일 년이 ~에 지나갔다. 一年が夢のように過ぎた。

꿈-꾸다[자타] 夢見る。❶【꿈을 꾸다】 夢を見る。❷【희망을 품다】 志こころざす。⑩음악가로서의 성공을 ~. 音楽家おんがくかとしての成功を夢見る。

꿈-나라[명] ❶【꿈속의 세계】 夢の国｜夢の世界。⑩~로의 초대 夢の世界への招待しょうたい。❷【잠자는 상태】 眠り(の中の世界)。⑩~에서 만나자. 夢の国で会おう。

꿈-속[명] 夢の中。⑩~에서나마 너를 만나고 싶다. 夢の中だけでもお前に会いたい。/ ~으로 들어가다. 夢の中に入る。

꿈-자리[명] 夢に出てきたことや内容｜夢のしるし｜夢見ゆめみ。⑩~가 사납다. 夢見が悪い。/ ~가 어지럽다. 夢が混乱こんらんしている。/ ~가 뒤숭숭하다. 夢の内容で気もそぞろだ。

꿈적[부] もぞもぞ動くさま。
 꿈적-이다[자타] もぞもぞ動く。

꿈지럭-거리다[자] のそのそする｜ぐずぐずする。

꿈쩍[부] ちょっと動くさま｜ぴくり。
 꿈쩍-이다[자타] のろのろする｜ぐずぐずする。

꿈쩍-없다[형] 微動だにしない。

꿈틀[부] ぴくり。⑩~ 움직이다. びくっと

꼼틀-거리다[자] くねくねする｜にょろにょろする。

꼼틀-꼼틀[부] くねくね｜にょろにょろ。예뱀이 ~ 기어간다. 蛇がにょろにょろと這う。/허리를 ~ 움직이다. 腰をくねくねと動かす。

꿈꿈-하다[형] 少し湿っぽい｜少しじめじめする。

꿉실[부] ❶【굽신·굽실·꾸뻑】ぺこり｜ぺこん。❷【굽실굽실】ぺこぺこ。

꿉실-하다[자][타] ❶ぺこりとする｜ぺこんとする。❷ぺこぺこと諂う。예상사의 눈에 들기 위해 ~. 上役の気に入るためぺこぺこする。

꿋꿋-하다[형] ❶【단단하고 굳센 모양】(物などが)まっすぐで硬い。예꿋꿋한 가지 硬い枝。❷【의지가 흔들리지 않고 굳센 모양】不撓不屈だ｜まっすぐだ｜剛直な。예꿋꿋한 의지 固い意志/지지 않고 꿋꿋한 태도로 대응하다. 負けずにしっかりとした態度で対応する。❸【물기가 없어 뻣뻣함】少し乾いて硬い。예떡이 하루가 지나 꿋꿋해졌다. 餅が一日過ぎて硬くなった。

꿋꿋-이[부] 屈せず｜ひるまず。

꿍[부] ❶【무겁고 큰 물건이 떨어지거나 부딪칠 때 나는 소리】どすん｜どしん。예큰 바위가 꿍하고 굴러 떨어졌다. 大きな岩がどすんと転げ落ちた。/ ~ 엉덩방아를 찧다. どすんと尻餅をつく。❷【무엇이 부러지는 소리】どん(と)。예축제의 북소리가 ~ 들려온다. 祭りの太鼓の音がどんと聞こえる。❸【대포소리 등이 나는 소리】どかん。예대포 소리가 ~ 났다. 大砲の音がどかんとする。

꿍-꽝[부] ❶【큰 물건이 부딪쳐 나는 소리】どかんどかん｜どんどん｜どんちゃん。❷どたどた｜どたどた。예이층에서 아이들이 ~ 소리를 내며 뛰어다닌다. 二階で子供がどたばたと音を立てて走り回る。❸【잇따라 큰 총이 나는 소리】どかん。예자동차가 가드레일에 ~ 부딪쳤다. どかんと車が勢いよくガードレールにぶつかった。

꿍꽝-거리다[자][타] どんどんと鳴らす｜どかんどかんと音がする。예아이들이 꿍꽝거리며 뛰어다닌다. 子供たちがしきりにどたばたと音を立てて走り回る。=꿍꽝대다

꿍꽝-대다[자][타] ☞꿍꽝거리다

꿍꽝-꿍꽝[부] ❶【잇따르거나 몹시 나는 소리】どかんどかん｜どんどん。예여기저기에서 ~ 포탄이 터지는 전쟁터 あちこちでどかんどかんと砲弾が破裂する戦場が/멀리서 대포 소리가 ~ 들려온다. 遠くから大砲の音がどかんどかんと聞こえてくる。❷【마구 구르거나 뛰는 소리】どたばた｜どたどた。예복도를 ~ 뛰어다녀서는 안 된다. 廊下をどたどたと走り回ってはいけない。❸【물건이 서로 부딪치는 소리】どかんどかん。예트럭 짐받이의 짐이 흔들릴 때마다 ~ 소리가 난다. トラックの荷台の荷物が揺れる度にどかんどかんと音がする。

꿍-꿍[부] ❶【무겁고 큰 물건이 떨어지는 소리】どすんどすん｜どしんどしん。❷【무엇이 부러지는 소리】どんどん。❸【대포나 총포가 터질 때 나는 소리】どかんどかん。

꿍꿍-거리다[자] どすんどすんと音がする｜どんどんと鳴る｜どかんどかんと鳴る。=꿍꿍대다¹

꿍꿍-대다¹ ☞꿍꿍거리다¹

꿍꿍²[부]【몸이 아파 앓는 소리】うんうん。예감기로 하루 종일 ~ 앓다. 風邪で一日中うんうんめく。

꿍꿍-거리다² うんうんとうなる。=꿍꿍대다²

꿍꿍-대다² ☞꿍꿍거리다²

꿍꿍-이[명] ☞꿍꿍이셈

꿍꿍이-셈[명] 心積もり｜もくろみ｜胸算用。=꿍꿍이

꿍꿍이-속[명] 秘めたもくろみ｜隠された胸中。예저 ~을 누가 알겠어! 彼の胸中を誰が分かるっていうんだ。

꿍꿍이-수작(一酬酌)[명] 秘めたもくろみ。

꿍-하다[형] 不機嫌な顔をして黙り込んでいる。예그렇게 꿍하니 앉아 있지 말고 일을 해결할 생각을 하여라. そんなに不機嫌な顔で座っていないで、解決の方法でも考えろ。

꿜꿜[부]【물이 쏟아지는 모양】どくどく｜とくとく。

꿩[명]〈동〉雉。

꿩 대신 닭[속담] 雉の代わりに鶏:「似たものでかわりをつとめさせること」の意。

꿩 먹고 알 먹는다[먹기][속담] 雉も食べ卵も食べる:「一挙両得」の意。

꿩-망태(一網一)[명] 雉を捕らえて入れるのに用いる網状の袋。

꿰다[타] ❶【꿰뚫다】通す。예실을 바늘귀에 ~. 糸を針の穴に通す。❷【찌르다】刺す｜刺し通す。예닭고기를 꼬챙이에 ~.

鶏肉を串に刺す。／생선을 꼬치에 꿰어 굽다. 魚を串刺しに刺して焙る。❸【服を】着る｜靴を履く｜突っ掛ける｜引っ掛ける｜通す。例 바지를 ～. ズボンを通す。

꿰-들다타【허점 등따위를】人の弱点を暴き出す。

꿰-뚫다타 ❶突き通す｜貫く｜突き抜く。例 총탄이 가슴을 꿰뚫었다. 銃弾が胸を突き抜いた。／한강은 서울의 중앙을 동서로 꿰뚫어 흐른다. ハンガンはソウルの中央を東西に貫いて流れている。❷【생각이나 말 따위를】見抜く｜見通す。例 그의 계획을 꿰뚫어 볼 수가 있다. 彼の計画を見通すことができる。／그 녀석의 거짓말을 꿰뚫어 보기는 간단하다. あいつの嘘を見抜くのは簡単だ。／그의 본심을 꿰뚫어 보다. 彼の本心を見通す。

꿰-뜨리다타 擦って破る。=꿰트리다

꿰-매다타 ❶【해지거나 찢어진 것을】縫う｜繕う。例 바지의 찢어진 데를 ～. ズボンの裂けたところを繕う。／크게 다쳐 상처를 10바늘이나 꿰맸다. 大怪我をして十針も縫った。❷【取りまとめる｜丸くおさめる｜収拾を】する。例 문젯거리를 ～. 問題の種を丸くおさめる。

꿰-지다자 ❶【터져 벌어지다】はち切れる｜張り裂ける｜破れる。例 의자에서 스펀지가 꿰져 나오다. 椅子からスポンジがはみ出す。／옷이 ～. 服が破れる。❷【속내가 드러나다】ばれる｜現れる。例 거짓말이 ～. 嘘がばれる。／정체가 ～. 正体がばれる。

꿰-지르다타 ❶【服を】着る｜靴を履く｜突っ掛ける｜引っ掛ける｜通す。例 바짓가랑이에 다리를 ～. ズボンの股に足を通す。❷【ある場所を】通り抜けて行く。例 숲 속을 꿰지르니 넓은 초원이 나왔다. 森の中を通り抜けて行くと広い草原に出た。

꿰-찌르다타 (カ一杯ちから)突き刺す｜突き通す。例 범인은 힘껏 칼로 배를 꿰질렀다. 犯人は思い切り腹を突き刺した。

꿰-트리다타 ☞꿰뜨리다

꿱부 ❶よりもっと大きく力んで叫ぶ声。例 ～ 하고 날카로운 소리를 지르다. わっと鋭い声を上げる。❷吐き気を催して出す声。

뀌다타【屁を】屁をひる｜屁をこく｜おならをする。例 고구마를 먹었더니 자꾸만 방귀를 뀌게 된다. さつまいもを食べたらやたらにおならが出る。

끄나풀명 ❶紐の切れ端。❷【남의 앞잡이로 이용되는】手先｜犬。

끄느름-하다형 曇って薄暗い｜どんより曇っている。

끄느름-히부 曇って薄暗く。

끄다타【불을】❶消す。例 담뱃불을 ～. たばこの火を消す。／산불을 ～. 山火事を消す。❷【기계의 작동을】消す｜止める。例 텔레비전을 ～. テレビを消す。／엔진을 ～. エンジンを消す；エンジンを止める。／선풍기를 ～. 扇風機を止める。／라디오를 ～. ラジオを消す。／가스를 꺼 주세요. ガスを止めてください。❸【빚을】解決する｜借金を返す。例 먼저 다급한 문제부터 끄자. まず緊急な問題から解決しよう。

끄덕부【고개를 가볍게 숙이는 모양】こくり｜こっくり。

끄덕-거리다자 しきりにうなずく｜しきりにこくりとする。=끄덕대다・끄덕이다

끄덕-대다타 ☞끄덕거리다

끄덕-이다타 ☞끄덕거리다

끄덕-하다타 こくりとする。例 고개를 끄덕하여 승낙의 뜻을 나타냈다. 首をこくりとして承諾の意を示した。

끄덕-끄덕부 こくりこくり｜うつらうつら。例 ～ 졸다. うつらうつらと居眠りする。

끄덩이명【머리털이나 실 등의】髪の根元｜糸の端。

끄떡부【고개를 가볍게 숙이는 모양】こくり｜こっくり。

끄떡-이다자타 こくりとする｜うなずく。

끄떡-없다형 少しの動揺もない｜びくともしない。例 폭풍이 몰아쳐도 ～. 暴風が吹きつけてもびくともしない。

끄르다타 ❶【맺은 것을】ほどく｜解く。例 구두끈을 ～. 靴のひもを解く。／짐을 ～. 荷物をほどく。／짐을 묶은 끈을 ～. 荷物の縄をほどく。❷【잠근 것을】開ける｜外す。例 단추를 ～. ボタンを外す。／자물쇠를 ～. 錠前を開ける。

끄르륵부 げっぷ｜げえっ｜げっ。例 입에서 ～ 소리가 났다. 口からげっと音がした。

끄르륵-거리다자 しきりにげっぷをする。例 소화가 안돼서 ～. 消化ができず、しきりにげっぷする。=끄르륵대다

끄르륵-대다 자 ☞끄르륵거리다
끄르륵-끄르륵 부 しきりにげっぷをする音。
끄먹-거리다 ❶자 瞬く;ちらちらする。❷타 瞬く;瞬きをする。예눈을 끄먹거리며 신호하다. 目を瞬いて合図する。=끄먹대다
끄먹-끄먹 부 しきりに瞬くさま;ちらちら;ぱちぱち。
끄먹-대다 자 ☞끄먹거리다
끄무러-지다 자 どんより曇る。
끄무레-하다 형 どんより曇っている。예날씨가 ~. 空がどんよりしている。
끄물-거리다 자 ぐずつく。=끄물대다
끄물-끄물 부 どんより曇るさま。
끄물-대다 자 ☞끄물거리다
끄-집다 타 引き寄せる;引っ張る。예손으로 어깨를 ~. 手で肩を引き寄せる。/팔을 자꾸 끄집는 바람에 따라갔다. 腕をしきりに引っ張るのでついて行った。
끄집어-내다 타 ❶(中にある物を)引き出す;引っ張り出す;取り出す。예주머니에서 지갑을 ~. ポケットから財布を取り出す。/장롱에서 이불을 ~. たんすから布団を引っ張り出す。/책상 서랍에서 옛날 사진을 ~. 机の引出しから昔の写真をひっぱり出す。❷(欠点や過ちなどを)ほじくり出す;発き出す。예남의 결점을 끄집어내지 마라. 人の欠点ばかりほじくるな。❸(話の種をわざと)切り出す;持ち出す。예헤어지자는 이야기를 ~. 別れ話を切り出す。/혼담을 ~. 縁談の話を持ち出す。
끄집어-들이다 타 ❶(中に)引き入れる;引っ込む。예2단 침대를 아이들 방으로 ~. 二段ベッドを子供部屋に入れる。/개를 개집으로 ~. 犬を犬小屋に引き入れる。❷(集まりなどに)むやみに引き入れる。예아무라도 함부로 끄집어들인다면 좋다고 할 리가 없지. 誰でもむやみに入れたらいいという訳ではない。/그는 우리에게 도움이 되니 우리 편으로 꼭 끄집어들이자. 彼は我々に助けになるので、我々の側にぜひ引き入れよう。
끄트러기 명 切れ端;切れっ端。
끄트머리 명 ❶一番終わりの部分;端;先;端っこ。예여름의 ~ 夏の終わり/맨 ~ 집 一番端の家/새가 나뭇가지 ~에 앉아 있다. 鳥が枝の先に止まっている。❷(物事の)糸口;手がかり;端緒。예사건의 ~가 발견되었다. 事件の手がかりが見つかった。
끅 부 げっ。예~ 하고 트림이 나오다. げっとげっぷが出る。
끈 명 ❶紐。예책을 ~으로 튼튼하게 매다. 本を紐でしっかりと結ぶ。/운동화 ~이 풀렸다. 運動靴の紐が解けた。❷生計を継ぐ仕事。❸頼れる所;因縁。
끈-기(一氣) 명 ❶粘り。❷根気。예~ 있는 학생 根気のある学生/~가 없으면 패배만 있을 뿐이다. 根気がなければ敗北しかない。
끈끈-이 명 蠅取り紙;鳥もち。
끈끈-하다 형 ❶ べたべたする;ねばねばする;ねちねちする;ねとねとする。예사탕이 녹아서 ~. あめが溶けてねばねばする。❷べたべたする。예샤워를 안 해서 온몸이 ~. シャワーを浴びなかったから体中がべたべたしている。❸ねちねちする;しつこい。
끈덕-끈덕 부 ゆらゆら。
끈덕-지다 형 根気がある;しつこい;粘り強い。예그는 생각보다 ~. 彼は思ったより粘り強い。/끈덕지게 되풀이하다. しつこく言い返す。/끈덕지게 기다리다. 根気よく待つ。
끈적-거리다 자 ❶ ねばねばする;粘つく;べとつく;べとべとする;ねとねとする。예손에 풀이 묻어 ~. 手に糊がついてねばつく。/온몸에 땀이 배어 ~. 全身が汗ばんでべとべとする。❷非常にしつこい;ねちねちする;ねっちりする。예스토커가 그의 표적인 여성에게 보내는 끈적거리는 눈길 ストーカーが自分の女性に送るねっちりした視線。=끈적대다・끈적이다
끈적-끈적 부 べたべた;ねばねば;ねちねち;ねとねと。
  끈적끈적-하다 형 べたべたしている;ねばねばしている。예등에 땀이 나 ~. 背中が汗でべたべたしている。
끈적-대다 자 ☞끈적거리다
끈적-이다 자 ☞끈적거리다
끈지다 형 長く堪える;粘り気がある

｜根気強い｜粘り強い｜執念深い。예 무슨 일이든 끈기게 몰두하여 해낸다. どんなことでも粘り強く取り組んで成し遂げる。

끈-질기다[형] 粘り強い｜しつこい。예 끈질긴 성격 粘り強い性格/끈질기게 질문하다. 粘り強くてしつこく質問する。/끈질기게 조사하다. 粘り強く調査する。

끈질끈질-하다[형] 粘り強くしつこい。

끈-히[부] 根気強く。예 ~ 맞서 싸우다. 根気強く対抗する。

끊기다[자] 【切られる｜絶たれる｜断たれる｜止められる｜途絶える｜絶える。예 사람의 왕래가 끊긴 한밤중 人通りが途絶えた真夜中/끈이 끊겼다. ひもが切られた。/졸업하고는 소식이 끊겨 버렸다. 卒業してからは消息が切られてしまった。/손(孫)이 ~. 後が絶たれる。/산사태로 길이 끊겨 버렸다. 山崩れで道が断たれてしまった。/체납하여 전기가 끊겼다. 滞納して電気を止められた。/도중에 이야기가 끊겨서 잊어버렸다. 途中で話を止められたので忘れてしまった。

끊다[타] ❶【切る｜切り離す｜切断する】。예 굵은 실을 ~. 太い糸を切る。/테이프를 ~. テープを切る。❷【(関係などを)切る｜断つ】。예 그녀와의 교제를 끊어 버렸다. 彼女との交際を断ってしまった。/외부와의 연락을 ~. 外部との連絡を切る。/끊으려야 끊을 수 없는 혈육 切ろうとしても切れない血肉。❸【(習慣などを)やしていた事を)止める】。예 술도 끊고 담배도 끊었다. 酒も断ってたばこも止めた。/지원을 ~. 支援を止める。❹【(命を)絶つ】。예 스스로 목숨을 끊기로 하였다. 自ら命を絶つことにした。❺【(供給されていた物を)止める｜止める】。예 신문을 ~. 新聞を止める。/가스를 ~. ガスを止める。❻【(切符・生地などを)買う】。예 저고리감을 ~. チョゴリの生地を買う。/전철 표를 ~. 電車の切符を買う。❼【(話を途中で)切る】。예 도중에 끊지 말고 마지막까지 이야기해 주세요. 途中で止めずに最後まで話をしてください。

끊어-뜨리다[타] 断ち切る。=끊어트리다

끊어-지다[자] ❶【(糸やひもなど繋がっているものが)切れる。예 가방 끈이 끊어졌다. カバンのひもが切れた。❷【(続いていたものが)切れる｜途切れる｜途絶える｜絶える。예 연락이 끊어진 지 벌써 삼일이 지났다. 連絡が切れてもう三日になる。/통신이 아주 끊어졌다. 通信が完全に途切れた。/이야기 도중에 전화가 끊어졌다. 話している途中で電話が切れた。/후손이 ~. (後の)子孫が絶える。❸【(道の通路などが)断たれる。예 폭설로 길이 끊어졌다. 大雪で道路が断たれた。❹【息が絶える｜絶たれる｜亡くなる。예 숨이 끊어졌다. 息が絶えた。❺【止まる。예 화재로 전기와 가스가 ~. 火災で電気とガスが止まる。❻【話が途中で止まる｜途切れる。예 대화가 도중에 끊어져 버렸다. 会話が途中で途切れてしまった。

끊어-트리다[타] ☞끊어뜨리다

끊-이다[자] 【切れる｜途絶える｜絶える｜断たれる｜絶たれる｜途切れる。예 끊이지 않는 행렬 切れない行列/끊이지 않는 노사 분쟁 絶えない労使紛争/관광객의 발길이 끊이지 않는 민속촌 観光客の足が途絶えないミンソクチョン/걱정이 끊일 때가 없다. 心配の絶える時がない。

끊임-없다[형] 絶え間がない｜ひっきりなしだ。예 끊임없는 박수 소리 絶え間ない拍手の音/끊임없는 항의 전화 絶え間ない抗議の電話。

끊임없-이[부] 絶え間なく｜絶えず｜ひっきりなしに。예 하루 종일 ~ 비가 내렸다. 一日中絶え間なく雨が降り続いた。/~ 소음이 울린다. ひっきりなしに騒音が鳴り響く。/이 순간에도 지구는 ~ 돌고 있다. この瞬間にも地球は絶えず回っている。/자동차가 ~ 지나간다. 自動車がひっきりなしに通る。

끌[명] 鑿。

끌꺽끌꺽-하다 (消化不良などで)しきりにげっぷをする。

끌끌[부] ちぇっ｜ちょっ。예 혀를 찼다. ちょっと舌打ちした。

끌다[타] ❶【引く｜引っ張る】。예 긴 치맛자락을 추켜올리지 않고 질질 ~. 長いスカートの裾をたくし上げないで引きずる。/견인차로 고장난 차를 끌고 가다.

牽引車(けんいんしゃ)で故障車(こしょうしゃ)を引っ張っていく。/ 손수레를 ~. 手車(てぐるま)を引く。/ 소에게 쟁기를 끌게 하다. 牛(うし)にすきを引かせる。/ 내 차를 형이 끌고 갔다. 私(わたし)の車(くるま)を兄(あに)が運転(うんてん)して行った。❷【場所(ばしょ)】(人(ひと)の関心(かんしん)などを)引く|引きつける。예 흥미를 ~. 興味(きょうみ)を引く。/ 인기를 끄는 비결을 알고 있다. 人気(にんき)を引く秘訣(ひけつ)を知(し)っている。/ 구경거리로 손님을 ~. 見(み)せ物(もの)で客(きゃく)をひいている。❸【時間(じかん)】(時間(じかん)などを)稼(かせ)ぐ|延(の)ばす|引き延ばす|長引(ながび)かせる|遅(おく)らせる。예 우물쭈물 시간을 끌지 말고 빨리 해라. もたもたと時間を稼がないで早(はや)くしろ。/ 차일피일 날짜만 끈다. 今日(きょう)明日(あした)と日数(にっすう)ばかり引き延ばす。❹【引率(いんそつ)】連(つ)れる|引(ひ)き連れる。예 소를 끌고 밭으로 가다. 牛(うし)を引き連れて畑(はたけ)に行く。/ 후배를 끌고 식도락을 즐기러 간다. 後輩(こうはい)を連れて食道楽(しょくどうらく)に行く。

끌려-가다 引っ張られる。예 엄청난 힘으로 끌려갔다. すごい力(ちから)で引っ張られた。/ 고장 난 차가 견인차의 로프에 끌려 간다. 故障車(こしょうしゃ)が牽引車(けんいんしゃ)のロープで引っ張られて行(い)く。

끌리다자【被動(ひどう)】❶【引(ひ)く】引きずられる。예 사체가 끌려 가다. 死体(したい)が引きずられて行く。❷【関心(かんしん)】(人(ひと)の関心(かんしん)などに)引かれる|引きつけられる|釣(つ)り込まれる。예 호기심에 끌려 그곳까지 갔다. 好奇心(こうきしん)に引かれてそこまで行った。/ 그녀의 매력에 ~. 彼女(かのじょ)の魅力(みりょく)に引かれる。/ 선전에 끌려 얼떨결에 산 물건이다. 宣伝(せんでん)に釣り込まれてうかりして買(か)った品物(しなもの)だ。❸【率(ひき)】つられる|引き連(つ)られる|率(ひき)いられる。예 선배에게 끌려 낚시하러 가다. 先輩(せんぱい)に連れられて釣りに行く。

끌밋-하다형【端正(たんせい)・洗練(せんれん)】すんなりしている。
끌-밥명 鑿(のみ)を使(つか)う時(とき)にできるくず。
끌-방망이명 鑿(のみ)の頭(あたま)を打(う)つ木(き)の槌(つち)。
끌어-내다타 引っぱり出す|引きずり出す。예 방에서 ~. 部屋(へや)から引っぱり出す。
끌어-당기다타 引き寄せる。예 자력으로 ~. 磁力(じりょく)で引き寄せる。
끌어-들이다타 引き入れる。예 자기편으로 ~. 味方(みかた)に引き入れる。
끌어-안다 抱(だ)き締(し)める|抱き込(こ)む。예 아들을 꼭 ~. 息子(むすこ)をぎゅっと抱き締める。

끌어-올리다타 引き上(あ)げる。예 주가를 ~. 株価(かぶか)を引き上げる。/ 팀을 단숨에 1위로 끌어올렸다. チームを一気に1位(い)に引き上げた。
끌-질명 鑿(のみ)を使(つか)うこと。
 끌질-하다자 鑿(のみ)を使う。
끌쩍-거리다타 軽(かる)く掻(か)く。예 가려워서 몸을 ~. かゆくて体(からだ)を掻く。=끌쩍대다
끌쩍-끌쩍부【擬態(ぎたい)】ぼりぼり|ぽりぽり。
끌쩍-대다 →끌쩍거리다
끌탕명【心配事(しんぱいごと)】気(き)をもむこと。
 끌탕-하다타 気をもむ。
끓는-점(一點)명(化) 沸騰点(ふっとうてん)。=비점
끓다 ❶【沸騰(ふっとう)】沸(わ)く。예 물이 보글보글 ~. 湯(ゆ)がぐらぐら沸く。❷【腹(はら)】腹(はら)が立(た)ってごろごろとする。예 뱃속이 부글부글 끓는 것 같다. 腹がごろごろとするようだ。❸【高熱(こうねつ)】熱(ねつ)が高(たか)い。예 열이 펄펄 끓는다. 熱でかっかとする。❹【痰(たん)がからむ】ぜいぜいする。예 목에서 가래가 ~. 喉(のど)からタンが出る。❺【群(むら)がる】(虫(むし)などが)湧(わ)く|たかる|群がる。예 음식에 파리가 ~. 食(た)べ物(もの)にハエがたかる。

끓어-오르다 ❶【沸騰】沸(わ)き立(た)つ|煮(に)え立(た)つ。예 끓어오르는 물 沸き立つお湯。❷【滾(たぎ)る】たぎる。예 안에서 끓어오르는 열정 内(うち)からたぎる熱情(ねつじょう)。
끓-이다타 ❶(液体(えきたい)を)沸(わ)かす|沸騰(ふっとう)させる。예 생우유를 ~. 生(なま)なミルクを沸かす。/ 끓여서 소독하다. 沸かして消毒(しょうどく)する。/ 라면을 넣을 물을 ~. ラーメンを入(い)れるお湯を沸かす。❷(なまの食(た)べ物(もの)を)煮(に)る|作(つく)る|入れる。예 된장찌개를 ~. テンジャンチゲを煮る。/ 고깃국을 푹 ~. 肉のスープを煮込(にこ)む。/ 차를 ~. お茶(ちゃ)を入れる。❸心(こころ)を悩(なや)ませる|気(き)を揉(も)む|頭(あたま)を悩ます|胸(むね)を焦(こ)がす。예 짝사랑으로 속을 끓이던 추억 片想(かたおも)いで胸を焦がした思(おも)い出(で)/ 짓궂은 자식들 때문에 속깨나 ~. 意地(いじ)の悪(わる)い子供(こども)たちのことで、ちょっとばかり気を揉む。

끔벅부 ❶【瞬(またた)きする様(さま)を表(あらわ)す語(ご)】ちらっと。❷【灯(あか)りが急(きゅう)に消(き)えては付(つ)く様(さま)を表(あらわ)す語(ご)】ぱちくり。=껌벅
 끔벅-거리다자 ちらちらする|ぱちぱちする。
 끔벅-하다자타 ちらっとする|ぱちくりする。

끔뻑 『부』 ❶〖갑자기나별로급지다가〗 ちらっと。❷〖어리어리다뜨는모양〗 ぱちくり。

끔뻑-하다 『타』 ちらっとする｜ぱちくりする。

끔적 〖눈을슬쩍감았다뜨는모양〗 ぱちくり。

끔적-거리다 『타』 ぱちくりする｜ぱちぱちする。

끔적-하다 『타』 ぱちくりする。

끔적-이 『명』 目をしきりに瞬く人。

끔쩍¹ 〖눈을슬쩍감았다뜨는모양〗 ぱちくり。

끔쩍² 〖놀라거나겁을내는모양〗 はっと｜びくっと。

끔찍-스럽다 『형』 ❶〖매우크거나심하다〗 すごい｜ものすごい。❷〖진저리가날정도로끔찍하다〗 むごたらしい｜残酷だ。❸〖정성이지극하다〗 手厚い。

끔찍-하다 『형』 ❶〖정도가지나치다〗 すごい｜ものすごい。❷〖진저리가날정도로끔찍하다〗 むごたらしい｜残酷だ。例끔찍한 살인 사건이 일어나다. 残酷な殺人事件が起こる。❸〖정성이지극하다〗 手厚い。例할아버지는 나를 끔찍하게 아껴주신다. お祖父さんは私を手厚く思える。

끔찍-이 『부』 非常に｜大変｜このうえなく。

끗 『의』 〖화투에서한판에나는점수의단위〗 点。例한 ~ 차이 1点差。

끗다 引く。

끗-발 『명』 〖끝수가좋은〗 引き続きよい点の札が出てくる調子。例~이 세다. つきがある。

끗-수(一數) 『명』 点数。

끙 『감』 〖힘이거나힘에겹거나할때내는소리〗 うん。아파서 ~ 소리가 났다. 痛くてうんとうなった。

끙-끙 『부』 〖힘이거나힘에겹거나할때자꾸내는소리〗 うんうん。例밤새도록 ~ 앓다. 一晩中うんうんと苦しんだ。

끙끙-거리다 『자』 うんうんなる｜うんうん呻く｜うんうん苦しむ。=끙끙대다

끙끙-대다 『자』 ☞끙끙거리다

끝 『명』 ❶〖시간적으로나공간적으로가장나중이 되는 부분〗 一番の終わり｜果て｜最後｜お仕舞い｜限り｜切り｜末。例~없이 넓은 하늘 果てしない広い空｜처음부터 ~까지 初めから終りまで／숙제를 ~까지 하다. 宿題を最後までする。／잘 생각한 ~에 정하였다. よく考えた末に決めた。／고생 ~에 낙이 온다. 苦労の末に楽が来る。／오늘은 이것으로 ~입니다. 今日はこれでお仕舞いです。／여름 방학도 오늘이 ~이다. 夏休みも今日限りだ。／~없는 욕망 限りない欲望。❷〖물건의가느다란쪽의맨나중〗 先｜端。例날카로운 칼~ 鋭い刃先／장대 ~의 端 竿の端／손가락 ~ 指の先／인생은 풀의 이슬 人生は草の先の露／곶의 ~에 등대가 있다. みさきの先端に灯台がある。／송곳 ~이 무디어지다. 錐の先端が鈍る。❸〖맨나중〗 最後｜びり｜末。例성적은~에서 네 번째 成績はびりから4番目／~이 불행으로 끝났다. 末が不幸で終わった。／네 형제의 ~이다. 四人の兄弟の末っ子だ。

끝-갈망 『명』 〖最後のまとめ｜後始末〗 締めくくり。例일의 ~ 仕事の締めくくり／무엇보다도 ~이 중요하다. 何よりも締めくくりが大切だ。

끝갈망-하다 『타』 〖話や仕事を〗締めくくる｜後始末する。例선생님의 말씀으로 수업 참관을 ~. 先生の話で授業参観を締めくくる。

끝끝-내 『부』 〖終りまで｜始終｜最後まで〗 ❶〖결국〗 結局｜ついに｜とうとう。例그는 ~ 병상에서 일어나 못했다. 彼は結局病床から起きられなかった。=끝내

끝-나다 『자』 終わる。❶〖계속〗 (続いていた物事が)済む｜引ける。例숙제가 끝났다. 宿題が済んだ。／회사는 5시에 끝난다. 会社は五時に引ける。／학교는 몇 시에 끝나니? 学校は何時に引けるか。／패소되어 재판이 ~. 敗訴して裁判が終わる。／회의가 ~. 会議が終わる。／일이 ~. 仕事が済む。／이야기는 끝났다. 話は済んだ。／돈만 내면 끝난다고 생각하는가? お金を払えば済むと思うのか。❷〖어떤이 다 되다〗 切れる。例여름 방학이 ~. 夏休みが終わる。／여기서 길이 ~. ここで道は尽きる。／임기가 ~. 任期が切れる。／제2차 대전은 연합군의 승리로 끝났다. 第二次大戦は連合軍の勝利で終わった。

끝-내 『부』 ☞끝끝내

끝내-기 『명』 ❶締めくくり｜けりをつけること。❷〖바둑의〗 (碁の)寄せ。

끝내다 『타』 終える｜済ます｜済ませる。例청소를 ~. 掃除を済ます。／연습을 ~. 練習を終える。／전반을 ~. 前半を終える。／고교 생활을 끝난 해에 전쟁이 시작되었다. 高校生活を終えた年に戦争が始まった。／내일까지는 끝내 주세요. 明日までに済ませてく

끝-돈[명] (終わりに払う)残金. =끝전
끝-마감[명] 締めくくり｜締め切り｜けりをつけること.
　끝마감-하다[타] 締めくくる｜締め切る｜けりをつける.
끝-마무리[명] まとまりをつけること｜締めくくり.
끝-마치다[타] すべてを終わらせる｜終える｜済ます. 예쇼핑을 ~. 買い物を済ます. / 인생을 ~. 人生を終える. / 내일 공부까지 끝마쳤다. 明日の勉強まで済ませた.
끝-맺다[타] すっかり終わる｜締めくくる｜終了する. 예마지막 한 곡으로 연회를 끝맺었다. 最後の一曲で宴会を締めくくった. / 성대한 박수로 콘서트를 끝맺었다. 盛大な拍手でコンサートを締めくくる.
끝-머리[명] 終わり｜末尾. 예편지 ~에 감사의 말을 적었다. 手紙の末尾に感謝の言葉を書いた.
끝-물[명] 季節の終わり頃にできたもの. 예~ 딸기 旬が過ぎて実ったイチゴ.
끝-소리[명]《언》❶「ㄱ」の音節で終わりに書く「ㅇ」のような子音. =종성 ❷「언니, 동생」の単語で「ㅣ, ㅇ」のような終わりの音.
끝-없다[형] 限りない｜果てしない. 예끝없는 밤하늘 果てしない夜空. / 끝없는 기쁨 限りない喜び.
　끝없-이[부] 果てしなく｜限りなく. 예넓은 우주 果てしなく広い宇宙. / 싸움이 ~ 이어졌다. ケンカは限りなく続いた.
끝-자리[명] ❶一番下位. ❷一番下位の末席｜末座. ❸一番下のけた.
끝-장[명] お仕舞い｜終わり｜結末｜けり. 예아버지에게 만약 무슨 일이 있으면 우리 집은 ~이다. 父にもしものことがあれば我が家は終わりだ.
끝장나다[자] ❶終わる｜けりがつく. 예이번 주 주말까지는 끝장난다. 今週の週末まではけりがつく. ❷お仕舞いになる. 예결혼 1년 만에 끝장났다. 結婚一年ぶりに離婚した. / 이 일이 들통나면 우리는 끝장난다. このことがばれたら我々は駄目になる.
끝장내다[타] ❶終える｜けりを付ける. 예빨리 끝장내고 싶다. 早くけりを付けたい. / 오늘 안으로 끝장내자. 今日中に決着を付けよう. ❷お仕舞いにする.
끝-전(一錢)[명] ☞끝돈
끝-판[명] 大詰め｜終局. 예이번이 ~이다. 今回が終局だ. / ~에서 승부를 냈다. 大詰めで勝利を得た.

끼¹[명] ❶ 예오늘은 한 ~밖에 먹지 못하였다. 今日は一食しか食べられなかった.
끼²[명] 芸能の才能.
끼깅[부] きゃん｜ぎゃん｜きゃいん.
　끼깅-거리다[자] きゃんきゃん鳴く. 예우리 집 개가 끼깅거린다. 我が家の犬がきゃんきゃんと鳴く. =끼깅대다
　끼깅-대다[자] ☞끼깅거리다
끼깅-끼깅 きゃんきゃん｜きゃいんきゃいん.
끼니 (決まって食べる)食事｜朝昼夜の三度の食事. 예세 ~의 식사는 꼭 먹어라. 三度の食事はきちんと食べなさい. =끼❶
끼니-때 飯時｜食事時｜ご飯時. 예~가 되었는지 배가 고팠다. 飯時になったのか腹が空いた.
끼닛-거리[명] 食事として食べるもの.
끼다¹[자] ❶かかる｜立ちこめる. 예구름이 ~. 雲がかかる. / 안개가 ~. 霧が立ちこめる. ❷付く｜たまる. 예목에 때가 ~. 首に垢がたまる. / 옷장 위에 먼지가 ~. タンスの上に埃がたまる. ❸生える. 예바위에 이끼가 ~. 岩に苔が生える. / 한번 녹이 끼면 잘 떨어지지 않는다. 一度錆が付くと落としにくい. ❹こもる｜漂う｜帯びる. 예그는 수심이 가득 낀 얼굴로 나타났다. 彼は憂いがこもった顔をして現われた.
끼다²[자] ❶挟まる. 예이에 음식 찌꺼기가 ~. 歯に食べかすが挟まる. / 문에 손이 꼈다. ドアに手が挟まった. ❷(仲間に)入る｜混ざる. 예여럿 가운데 끼어 노래 부르다. みんなの中に入って歌う. / 오늘은 아이에 끼어 행동하다. 今日は子供に混ざって行

끼다 [타] ❶挟む;差込む. 例책에 서표를 ~. 本にしおりを挟む./체온계를 겨드랑이 밑에 ~. 体温計を脇の下に差込む. ❷はめる. 例털장갑을 ~. 毛糸の手袋をはめる./문을 ~. 戸をはめる. ❸(腕を)組む. 例팔짱을 끼고 걷다. 腕を組んで歩く. ❹沿う. 例도로가 강을 끼고 이어져 있다. 道路が川に沿って続いている.

끼-뜨리다 [타] ❶物を撒き散らす. ❷噂を撒く. =끼트리다

끼루룩 [부] かりかり.

끼루룩-거리다 [자] かりかりと鳴く. 例기러기들이 ~. ガンがかりかりと鳴く. =끼루룩대다

끼루룩-대다 [자] ☞끼루룩거리다

끼루룩-끼루룩 [부] かりかり.

끼룩¹ [부] かりかり.

끼룩² [부] 首を長く伸ばして前上に突き出すさま.

끼룩-끼룩 [부] かりかり.

-끼리 [접] 同士. 例친구끼리 友達同士/가족끼리 여행을 가다. 家族で旅行に行く.

끼리-끼리 [부] 仲間同士. 例~ 모여서 놀다. 仲間同士が集まって遊ぶ. 준 낄끼리

끼어-들다 [자] 割り込む;口をはさむ;干渉する. 例대화에 ~. 会話に割り込む./전철을 기다리고 있는 줄에 ~. 電車を待っている列に割り込む./옆 차선으로 끼어들 때에는 신호를 하도록 한다. 横の車線に割り込むときには合図を行なうようにする. 준 끼들다

끼-얹다 [타] ❶振り掛ける;浴びせる. 例눈길에 모래를 ~. 雪道に砂を振り掛ける./몸에 물을 ~. 体に水学をかける. ❷(暴言などを)吐く.

끼우다 [타] ❶挟む;はめる;はめ込む;差し込む. 例손가락 사이에 연필을 ~. 指の間に鉛筆を挟む./겨드랑이에 체온계를 ~. わきの下に体温計を挟む. ❷仲間入りする;混じる;加わる. 例나도 끼워 줄래? 私も仲間入りしてくれないか./책에 볼펜을 끼워 팔다. 本にボールペンを付けて売る.

끼우듬-하다 [형] やや傾いている;やや斜めである.

끼우뚱 [부] (物体が)片方にやや傾くさま.

끼울다 [자] (一方に)傾く.

끼울어-뜨리다 [타] 傾ける. =끼울어트리다

끼울어-지다 [자] 傾く.

끼울어-트리다 [타] ☞끼울어뜨리다

끼울-이다 傾ける.

끼웃 [부] ちょっと傾けるさま.

끼이다 [자] 人をさけて嫌がる.

끼이다 [자] ❶挟まれる;差込まれる. 例겨드랑이에 끼인 책 脇に挟まれた本. ❷はめられる. 例손가락에 끼이지 않는 결혼반지 指にはめられない結婚반지指輪. 준 끼다²

끼적-거리다 [타] 書き散らす;殴り書きする. 例몇 글자를 ~. 幾つかの字を書き散らす./메모 용지에 ~. メモ用紙に殴り書きする. =끼적끼적하다·끼적대다

끼적-끼적¹ 文字や絵をいい加減に書くさま.

끼적끼적-하다 [자타] ☞끼적거리다

끼적-끼적² 食べたくない食べ物をのろのろ食べるさま.

끼적끼적-하다 [자타] 食べたくないようにのろのろ食べる.

끼적-대다 ☞끼적거리다

끼치다¹ ❶よだつ. 例갑자기 소름이 쫙 ~. いきなりぱっと身の毛がよだつ. ❷吹き付ける. 例어디선가 생선 썩는 냄새가 확 끼친다. どこからか魚の腐った臭いがぷんと鼻につく.

끼치다² (面倒·迷惑を)かける;与える;(影響などを)及ぼす. 例걱정을 ~. 心配をかける./다른 사람에게 폐를 ~. 他人に迷惑をかける.

끼-트리다 [타] ☞끼뜨리다

낑 [부] きゃっ;ぎゃっ.

낑-소리 [명] (ほんの小さな)言い返す言葉;反抗の言葉. 例~도 못하다. ぐうの音も出ない.

끽연(喫煙) [명] 喫煙;吸煙.

끽연-실(喫煙室) [명] 喫煙室.

낄-끼리 ☞ 끼리끼리의 준말.

낄낄 [부] くすくす;くっくっと. 例여기저기에서 ~ 웃는 소리가 새어 나온다. あちこちからくすくす笑う声がもれる.

낄낄-거리다 [자] しきりにくすくす笑う.

우。 예)낄낄거리며 웃다. くすくす笑う。/ 여학생들이 낄낄거리며 웃기 시작했다. 女子学生たちはくすくすと笑い始めた。 =낄낄대다

낄낄-대다자 ☞낄낄거리다

낌새몡 兆し｜前触れ｜気色｜機微｜気配。 예)~가 이상하다. 様子が変だ。/ 번개 치는 것을 보면 금방 소나기가 쏟아질 ~다. 稲妻が走るのを見れば今にも夕立が降りしきる前触れだ。/ 아직도 경기 회복의 ~가 보이지 않는다. まだ景気回復の兆しが見えない。

낑부 【잠시 아프거나 힘을 짜올 때 내는 소리】 うん｜ううん。 예)~ 하고 신음 소리를 내다. ううんとうめき声を出す。

낑낑부 【잠시 아프거나 힘을 몹시 아주 내는 소리】 うんうん。 예)힘들어서 ~ 소리를 냈다. しんどくてうんうんうなった。

낑낑-거리다자 しきりにうんうんなる。 예)낑낑거려도 아무도 도와주지 않는다. うんうんいってるのにだれも手伝ってくれない。 =낑낑대다

낑낑-대다자 ☞낑낑거리다

ㄴ

-ㄴ단다 Ⅰ 어미 【친근하게 가르치듯이 말함】 ―なんだよ。 ―だったよ。 예 어머니는 오늘 여행에서 돌아온단다. お母さんは今日旅行から帰って来るよ。 Ⅱ【...다고 함】 ―と言う。 예 비가 오면 소풍은 안 간단다. 雨だったら遠足は行かないと言う。

-ㄴ대 어미 【...다고 해서】 ―と言う。 ―だって。 예 그는 갔다가 내일 온대. 彼は行って明日し帰ってくるそうだ。

-ㄴ데 어미 ❶ 【설명하거나 앞말 반대 뒤말 받음】 ―だが。 예 학생이 모두 열 명인데 그 중 남학생은 3명이다. 生徒が全部で10人だが, その中で男の子は3人さんだ。 ❷ 【감탄의 뜻으로 느끼는 표현】 ―な|―ね。 예 날씨가 아주 좋은데. いい天気だな。 / 이 가방 예쁜데. この鞄, きれいね。

-ㄴ들 어미 【가정】 ―と言っても|―だって。 예 아무리 큰들 이것보다 클까? いくら大きいと言ってもこれより大きいでしょう。

-ㄴ바 어미 【해보니까, 알아보니】 ―して見ると。 예 검토해 본바 수정 사항이 몇 가지 있다. 検討して見たところ, 訂正しなければならないことがいくつかある。

-ㄴ즉 어미 【해보니까 ―해본 결과로】 ―すると|―したら。 예 얘기해 본즉 개인 사정이 있었다. 対話をしてみたら, 個人的な事情があったのだ。

-ㄴ지 어미 【상태에 대한 ―에 대한 의문이나 추측】 ―か|―のか|―だろうか。 예 얼마나 큰지 잘 모르겠다. どれくらい大きいのかよく分からない。 / 부모님은 안녕하신지. ご両親は無事だろう。

-ㄴ지고 어미 【감탄】 ―かな|―だろう。 예 참으로 위대한지고. 本当に偉いな。

나 명 위대한지 年。

나¹ Ⅰ 대 私|僕|おれ。 예 ~의 꿈을 찾아 私の夢を探す。 / ~는 회사원입니다. 私は会社員です。 / ~는 너를 용서할 수 없다. 僕は君を許せない。 Ⅱ 명 ❶ 自分。 예 나보다 남을 귀중히 여기는 마음 自分より相手を大切に思う気持ち。 ❷ 〈철〉自我|エゴ。

나 먹자니 싫고 개 주자니 아깝다 속담 自分が食べるとなると嫌だし, 犬にやるのも惜しい:「自分には不要な物も人にやるとなると惜しい」の意。

나³ 조 ❶ 【최소한이라도의 뜻】 ―でも。 예 우선 얘기나 해보자. まず話でもしてみよう。 ❷ 【양이나 정도가 높음을 나타냄】 ―も。 예 사과를 세 개나 먹었다. リンゴを三つも食べた。 / 보배나 되는 것처럼 아낀다. 宝にもなるように貴重にする。 ❸ 【선택이 여럿임】 ―ころ|―に。 예 몇 시나 되었을까? 何時でしょう。

-나⁴ 어미 【해도 지지아도】 ―ても|―しても。 예 그는 어떤 일을 하나 책임감 있게 한다. 彼はどんなことをしても責任感を持って行う。

-나⁵ 어미 【의문】 ―か|―のか。 예 그 사람은 어디로 가나? あの人はどちらに行くの。

나가넘어지다 자 勢いよく倒れる|のけぞって倒れる。 예 뒤로 벌렁 ~. 後ろにごろりと倒れる。 / 한주먹에 ~. 拳骨一つで倒れる。

나가다 자 ❶ 【밖】 外へ出て行く|出かける|出向く。 예 밖에 ~. 外に出る。 / 시냇가로 ~. 小川のほとりに出かける。 / 뜰로 ~. 庭に出ていく。 / 해외로 ~. 海外に出かける。 ↔ 들어오다 ❶ ❷ 【행사에 참가하다】 出る|出場する|出席する|参加する|出演する。 예 강의에 ~. 講義に出席する。 / 라디오에 ~. ラジオに出演する。 / 웅변 대회에 ~. 弁論大会に出場する。 ❸ 【돈】 (費用などが)出る|かかる。 예 매달 회비로 10만 원이 나간다. 毎月会費として十万ウォンかかる。 ❹ 【일】 出勤する|勤める。 예 휴일인데도 회사에 나간다. 休日なのに会社に出勤する。 ❺ 【퇴직】 出て行く|辞める|退く。 예 부하가 회사를 나가게 되었다. 部下が会社を辞めることになった。 ❻ (기가) 抜ける|(意識が)なくなる。 예 정신 나간 사람 気を失った人。 ❼ 【(電気などが)消える|切れる|停電する。 예 형광등이 ~. 蛍光灯が

が消える。❽[적극적 태도로]持ちこたえる｜堅持する。 ⑩ 적극적인 태도로 ~. 積極的な態度を堅持する。

나가-동그라지다 のけぞって倒れる｜ころび倒れる。⑩ 한주먹에 ~. 拳で一発でころび倒れる。=나동그라지다

나가-둥그러지다 のけぞって倒れる｜倒れころぶ。=나둥그러지다

나가-떨어지다 ❶勢いよく倒れる｜ぶっ倒れる｜ひっくり返る。⑩ 발길에 차여 ~. 足で蹴られてひっくり返る。❷(心身が疲れて)へとへとになる｜(お酒を飲んで)のびる｜へなへなになる。⑩ 너무 힘이 들어 나가떨어졌다. あまりにつらくて、へとへとになった。/ 그는 위스키를 마시고 나가떨어졌다. 彼はウィスキーを飲んでのびてしまった。

나가-쓰러지다 ❶退きながら倒れる｜後ろ向きに倒れる。❷強い勢いで倒れる。⑩ 발길질 한 번에 나가쓰러졌다. 足蹴り一発で倒れる。

나가-자빠지다 あお向けに倒れる｜転倒する｜ひっくり返る。⑩ 한 대 얻어맞고 ~. 一発に殴られて、ひっくり返る。/ 피로에 지쳐 ~. 疲労でへとへとになり倒れる。=나자빠지다

나-굴다 転がる。⑩ 아이들이 운동장에 ~. 子供たちが運動場で転がっている。

나귀 ☞당나귀

나그네 旅人｜旅行者｜流れ者｜よそ者。

나근-거리다 (細長い物などが)ゆらゆらする｜ゆらりゆらりする。⑩ 바람에 나근거리는 수양버들 가지 風でゆらゆらした柳の枝/ 보트가 파도에 ~. ボートが波浪にゆらゆらする。=나근대다

나근-나근 [가늘고 긴 물체가 부드럽게 흔들리는 모양] ゆらりゆらり｜ゆらゆら。⑩ 천장에 매단 전구가 ~ 흔들린다. 天井からつるした電球がゆらりゆらり揺れる。

나근-대다 ☞나근거리다

나긋-나긋 ❶[매우 연한 모양] しなしな｜しなやか。❷[매우 부드럽고 상냥한 모양] しなやか｜優しく。=나긋나긋이

나긋나긋-하다 ❶しなしなする｜柔らかだ｜しなやかだ。⑩ 나긋나긋한 고기가 맛있다. 柔らかな肉が美味しい。/ 몸이 ~. 体がしなやかである。/ 그 여자의 나긋나긋한 다리와 허리 彼女のしなやかな足腰。❷(態度が)親切で優しい。⑩ 나긋나긋한 여자 優しい女性。

나긋나긋-이 ☞나긋나긋

-나기 ☞'-내기'의 잘못.

나깨 [메밀의 가루를 체로 친 뒤에 남은 속껍질] (そば粉の)甘皮。

나날 日々｜毎日｜一日一日。⑩ 신혼의 달콤한 ~을 보낸다. 新婚の甘い日々を送る。/ 아무 의미도 없는 ~이 지나가고 있다. 何の意味もない日々が過ぎている。

나날-이 日に日に｜日々｜日毎に。⑩ ~ 발전해 가다. 日毎に発展していく。/ ~ 새로워지다. 日に日に新しくなる。

나누-기 (数)割り算｜除法。⑩ ~를 하다. 割り算をする。

나누기-하다 割り算する。

나누다 ❶[분할] 分ける｜分割する。⑩ 두 그룹으로 ~. 二つのグループに分ける。/ 나누어 지불하다. 分割して支払う。❷[분류·구분] 分かつ｜区分する｜区別する｜分類する。⑩ 가나다순으로 ~. カナダ(가나다)の順に分類する。❸[분배] 分ける｜分配する。⑩ 유산을 ~. 遺産を分ける。/ 이익을 ~. 利益を分配する。❹(数)割る｜割り算をする。⑩ 8을 2로 ~. 8을 2で割る。❺[공유] 共にする｜分かちあう。⑩ 기쁨을 함께 ~. 喜びを分かち合う。/ 술이나 한잔 나누자. 酒でもともに一杯やろう。❻[정·대화를 주고 받음] 交わす。⑩ 정을 ~. 情を交わす。/ 이야기를 ~. 話を交わす。

나누-이다 [나누다의 피동] 分けられる。⑩ 이 책은 4장으로 나누이어 있다. この本は4章に分けられている。 줄 나뉘다

나눗-셈 (数)割り算｜除法。

나뉘다 ☞'나누이다'의 준말.

나다 Ⅰ ❶[새로이 생김] (新しく)できる｜出てくる｜生じる。⑩ 봄이 되어 새싹이 ~. 春になり新芽が出る。/ 여드름이 ~. ニキビができる。/ 집 앞으로 큰 길이 ~. 家の前에 大きな道ができる。/ 그 돈 어디서 났어? そのお金、どうしたの。❷[변화가 일어남] (変化が起こって)できる。얼굴에 상처가 났다. 顔に傷ができた。/ 청바지에 구멍이 났다. ジーンズに穴が空いた。❸[흐름·일어남·때를 맞아 발생함] 起こる。⑩ 전쟁이 났다. 戦争が起きた。/ 백화점에 화

재가 났다. デパートで火災が起こった。❹【掲載】出る｜載る。예신문에 신간 기사 났다. 新聞に新刊の記事が載った。❺【生産】できる｜産出される。예이 지역에는 사과가 많이 생산되다. この地域ではリンゴがたくさんできる。❻【輩出】(人物が)輩出される｜出る。예우리 학교에 피아노 신동이 났다. 我が校にピアノの神童が出た。❼【生ずる】生じる｜立つ。예소문이 ～. 噂が立つ。❽【湧】(感情が)出る｜わく。예더워서 짜증이 난다. 暑くていら立つ。/ 요즘은 매사에 신경질이 난다. 最近は事ごとにいらいらする。❾【生ずる】する｜生じる。예안 좋은 냄새가 ～. 嫌な臭いがする。/ 밖에서 이상한 소리가 ～. 外から変な音がする。❿【出】出る。예상처에서 피가 ～. 傷口から血が出る。/ 더워서 땀이 ～. 暑くて汗が出る。⓫【至】至る｜なる。예세 살 난 아이가 말을 하다. 3歳になった子供が話せる。⓬【催】(病気などが)起こる｜催す｜なる。예멀미가 ～. 乗物酔いになる。/ 구토가 ～. 吐気を催す。/ 설사가 ～. 下痢になる。⓭【思出】思い出す。예아, 생각났다! あ、思い出した。⓮【表出】表れる｜出る。예모자를 쓰니 훨씬 멋이 난다. 帽子をかぶるので、一層趣がある。/ 오늘은 결론이 날 것이다. 今日は結果が出るだろう。/ 전등을 새로 단 효과가 난다. 電灯を新しく付けた効果が出る。⓯【味】味がする。예쓴맛이 ～. 苦い味がする。⓰【現】(太陽が)現れる｜出る。예해가 나면 빨래를 해야겠다. 太陽が出たら洗濯しよう。

Ⅱ 보동【】—してしまう。예친구들이 돌아가고 나니 허전하다. 友達が帰ってしまったので、何となく寂しい。/ 일을 마치고 나니 피곤이 몰려왔다. 仕事を終えたので、疲労が押掛けてきた。

나-다니다 자 出歩く。예밖으로 ～. 外に出歩く。

나다분-하다 형 ごたごたしている｜乱雑である。

나다분-히 부 ごたごた｜乱雑に。

나닥-나닥 ☞너덕너덕

나달 명 4、5日。예일을 끝내려면 ～은 더 걸리겠다. 仕事を終わらせるにはもう4、5日はかかりそうだ。

나달-거리다 자 (垂れ下がって)ゆらゆらする｜ぶらぶらする。예바람에 치맛자락이 ～. 風にスカートの裾がゆらゆらする。=나달대다

나달-나달 부 너덜너덜

나달-대다 자 ☞나달거리다

나-대다 자 ❶浮かれてやたらにあちこち出歩く｜ほっつき歩く。예쓸데없이 밤중에 나대지 마라. いたずらに夜中にほっつき回るな。❷【】軽はずみな行動をとる。예그는 나대는 버릇이 있다. 彼は軽はずみな行動をとる癖がある。=나부대다

나-돌다 자 ❶【】出歩く｜歩き回る。예야간에 나도는 경우가 많다. 夜間に出歩くことが多い。❷【】広まる。예나쁜 소문이 ～. 悪い噂が広まる。

나-동그라지다 자 ☞나가동그라지다

나-둥그러지다 자 ☞나가둥그러지다

나-뒤쳐지다 자 突然ひっくり返る｜激しい勢いで倒れる。

나-뒹굴다 자 ❶(物が)あちこちに転がる｜転げ回る。예땅바닥에 ～. 地べたを転げ回る。/ 진창에 ～. 泥沼を転げ回る。/ 눈밭에 ～. 雪の一面の場所で転げ回る。❷仰向けに転び倒れる。❸あちこち散らばっている。예쓰레기가 여기저기 나뒹굴고 있다. ごみがあちこち散らばっている。

나-들다 자 ☞드나들다

나들이 명 外出｜よそゆき。
나들이-하다 자 外出する｜よそゆきに出かける。

나들이-옷 명 よそゆき｜外出着｜晴れ着。예～을 입다. よそゆきを着る。

나라 명 国。❶国家。예우리～ わが国/ 이웃 ～ 隣の国/ ～를 세우다. 国家を建てる。❷【】世界。예동화 ～ 童話の世界/ 상상의 ～ 想像の世界。

나라-말 명 国語。=국어

나라-지다 【】(疲れて)けだるくなる。예몸이 나라지어 잠시 일손을 쉬다. 体がけだるくて、少しの間、仕事の手を休める。

나락(那落・奈落) 명 奈落。❶【】地獄｜泥犁。❷【】どん底。예～에 빠지다. 奈落に落ちる。

나란-하다형 きちんと並んでいる。
　나란-히튀 並んで｜きちんと。예 엄마와 ~ 걸었다. 母と並んで歩いた。
나란한-조(-調)명《음》平行調。
나란히-맥(-脈)명《식》平行脈。=평행맥
나래 ☞ '날개'의 방언.
나루명 渡し｜渡し場。예 ~에서 나룻배를 타고 왔다. 渡し場で渡し舟に乗ってきた。=도진
나루-터명 船着きの渡し場｜渡船場。=도선장
나루터-지기명 渡し守り。예 30년째 ~를 하고 있죠. 30年間も渡し守りをしております。
나루-턱명 船着き場。
나룻명 ひげ。=수염①
나룻-가명 渡し場の周辺。
나룻-목명 渡し場が通る水路。
나룻-배명 渡し船。
나르다타 運ぶ｜運搬する｜運送する。예 목재를 배로 ~. 材木を船で運ぶ。
나르시시스트(narcissist)명 ナルシシスト。
나르시시즘(narcissism)명 ナルシシズム。
나른-하다형 ❶ だるい｜けだるい。예 몸이 ~. 体がだるい。/ 피로가 남아 있어서 아침부터 ~. 疲れが残って、朝からだるい。/ 오늘은 왠지 ~. 今日はなぜか気がだるい。/ 더위로 개도 나른한 듯 드러누워 있다. 暑さで犬もだるそうに横たわっている。❷ よわよわしくて柔かい｜しなしなしている。예 풀기가 없어 나른한 무명베の 기가 없이, しなしなしている綿布だ。
　나른-히튀 ❶ だるく｜けだるく。❷ よわよわしく｜柔かく。
나름 一次第｜~なり。예 내 ~대로의 해석 私なりの解釈｜무슨 일을 하던 사람 ~이다. 何事も人次第だ。
나리¹명 旦那｜殿。
나리²명《식》百合。=백합(百合) ☞ 참나리
나리-꽃 ☞ 백합꽃
나릿-나릿튀 ❶ のろのろ｜のそのそ。예 지쳐서 ~ 걷다. 疲れはてて、のろのろと歩く。
나막-신명 木履。

나머지명 ❶ 余り｜残り｜余分。예 ~는 없다. 余りはない。/ ~는 너에게 주겠다. 残りはお前にやる。❷ 後｜残り。예 ~ 이야기를 들려주세요. 話の後を聞かせて下さい。/ ~는 오후에 마무리하자. 残りは午後に仕上げよう。❸《수》(割り算の)余り。예 7을 2로 나누면 ~는 1이다. 7を2で割ると余りは1だ。❹ 一の余り｜一のすえ｜一のあげく｜一の結果。예 슬픔 ~ 눈물을 흘렸다. 悲しみの余り、涙を流した。
나무명 ❶ 木｜樹木。예 ~를 심다. 木を植える。❷ 材木｜木材｜木。예 ~ 상자 木の箱。❸ 薪。예 ~를 하러 가다. 薪を取りに行く。=땔나무
　나무-하다자 柴を刈る｜薪を集める。
나무-걸명 木表。
나무-껍질명 木の皮｜樹皮。=목피·수피
나무-꾼명 木こり。예 ~과 선녀 木こりと仙女。=초부
나무-다리¹명 木の橋。
나무-다리²명 木製の義足。
나무-때기명 木の切れ端｜木っ端。
나무라다타 ❶ 叱る｜責める｜とがめる。예 아이의 잘못을 엄하게 ~. 子供の過ちを厳しく叱る。❷ けちをつける｜あら捜しをする。예 나무랄 데가 없는 훌륭한 글 非の打ち所のない優れた文章。
나무람명 叱ること｜咎め｜叱責｜非難。
　나무람(을) 타다 관용 叱られて、すぐショックを受ける｜咎められたことを気にする。
나무래다타 ☞ '나무라다'의 잘못.
나무-모명 苗木。=묘목
나무-못명 木釘。
나무-배명 木造船。
나무-새 ☞ 나무숲
나무-숲명 木立ち｜木並みの森。예 울창한 ~ こんもりとした木立。=나무새
나무-아미타불(南無阿彌陀佛)명《종》南無阿弥陀仏。
나무-젓가락 木の箸｜割り箸。=소독저
나무-쪽명 木片｜木切れ。
나무-칼명 木剣｜木刀。

나무-토막圀 木切れ｜木の切れ端。
나무-통(一桶)圀 (木の)桶。
나물圀 ナムル。例 시금치 ～을 무치다. ほうれん草のナムルをあえる。
나뭇-가지圀 (木の)枝。例 ～를 꺾다. 木の枝を折る。
나뭇-간(一間)圀 薪を積んでおく場所｜薪小屋。例 ～에 쌓아 둔 땔감 薪小屋に積まれている薪。
나뭇-개비圀 棒切れ。
나뭇-결圀 きめ｜木目｜木理。例 ～이 곱다. 木目が細かい。
나뭇-광圀 薪小屋｜薪を積んでおく倉庫。例 ～에 장작이 그득하다. 薪小屋に薪がいっぱいだ。
나뭇-길圀 柴刈りに行く小道。
나뭇-단圀 柴の束｜薪の束。
나뭇-등걸圀 (木の)切り株。
나뭇-잎圀 木の葉。
나미비아(Namibia)圀 (국)ナミビア。
나박-김치圀 ナバクキムチ。例 ～국물에 국수를 말면 맛있다. ナバクキムチの汁に麺を入れるとおいしい。
나발(←喇叭)圀 ❶ (음)喇叭。❷ 一もへちまも。例 지위고 ～이고 다 필요 없다. 地位もへちまも、みんな必要ない。
나발(을) 불다關用 ❶ ほらを吹く｜らっぱを吹く。例 번번이 나발 불지 마. 毎回ほらを吹くな。❷ らっぱ飲みする。❸ 吹聴する｜言い触らす｜自白する。例 나 부모님이 싸웠다고 나발을 불었다. 僕は両親が喧嘩したと言い触らした。❹ 子供らが泣き叫ぶ。=나팔을 불다
나방圀 (동)蛾。例 ～이 전등을 향해 날아든다. ガが電灯に向かって飛び立つ。
나뱃뱃-하다圏 小さい顔がぽってりして福々しい。
　나뱃뱃-이閉 ぽってりと｜ぽっちゃりと。
나병(癩病)圀 (의)ハンセン病｜癩病｜レプラ。=문둥병
나부끼다困 (風に)ひるがえる｜はためく｜なびく｜揺れる｜揺れ動く。例 교기가 바람에 ～. 校旗が風にひるがえる。
나부-대다困 軽率にはしゃぎ回る｜分別なくしゃべる。=나대다❷

나부대대-하다圏 (顔が)丸みを帯びて平らたい。例 얼굴이 나부대대하게 생겼다. 顔が丸くてのっぺりしている。
나부라-지다困 ぐったりとなる｜へたばる。例 이틀 내내 앓았더니 몸이 나부라진다. 二日間患ったら、体がぐったりとなった。=너부러지다
나부랭이圀 ❶ 切れ端｜くず。❷ 端くれ｜末輩。例 학자 ～ 学者の端くれ。=너부렁이
나부시閉 ❶ しずしずと。例 ～절을 하다. 丁重に礼をする。❷ (小さい物や人などが)静かに降りてくるさま。例 ～ 앉다. 静かに座る。=너부시
나부죽-하다圏 広くら平べったい｜のっぺりしている。例 나부죽한 얼굴 のっぺりした顔／나부죽한 뒤통수 ぺったんこの後頭部。=너부죽하다
　나부죽-이閉 平らに｜平たく。=너부죽이
나불-거리다困 ❶ 薄い物がしきりに軽く動く｜ひらひらする｜ゆらゆらする。例 나뭇잎이 바람에 나불거린다. 木の葉が風でひらひらする。／리본이 ～. リボンがひらひらする。❷ 軽々しくしきりに喋る｜ぺちゃぺちゃと喋る｜ぺらぺら喋る。例 쓸데없이 나불거리지 마라. 無用にぺらぺらしゃべるな。／여학생들이 즐거운 듯이 나불거리고 있다. 女子学生たちが楽しそうに、ぺちゃぺちゃとおしゃべりをしている。=나불대다・너불거리다・너불대다
나불-나불閉 ❶ ゆらゆら｜ひらひら。❷ ぺちゃくちゃ。=너불너불
나불-대다困 ☞나불거리다
나붓-거리다困 ゆらゆら揺れ動く｜ひらひらする｜ひらめく｜はためく。例 깃발이 나붓거리고 있다. 旗がひらめいている。=나붓대다
나붓-나붓 ひらひら｜ゆらゆら｜はたはた。
나붓-대다困 ☞나붓거리다
나붓-하다圏 やや平べったい。例 나붓하고 통통한 얼굴이 복스럽다. 平たくてふくよかな顔が福々しい。
나-붙다 (広告などが)張り出される。例 게시판에는 포스터가 나붙었다. 掲示板にはポスターが張り出された。
나비¹圀 (布地や・反物などの)幅

｜横幅ょこ。

나비²[동]蝶ちょう。｜蝶々ちょうちょう。 예 호랑~ アゲハチョウ／~ 부인 蝶々婦人ふじん／그의 취미는 ~를 수집하는 것이다. 彼女の趣味はチョウチョウの収集だ。

나비-넥타이(—necktie)[명] 蝶ちょうネクタイ｜ボータイ｜ボー。

나비-매듭[명] 蝶結ちょうむすび。

나비-잠¹[명] 赤あかちゃんが両手りょうてを頭あたまの上うえにばんざいをして寝ねる眠ねむり方かた。예 아기가 ~ 자는 모습이 너무 예쁘네. 赤ちゃんが両手をあげて、ばんざいをして寝る姿がとてもかわいい。

나비-잠²(一簪)[명] [신부가 예복에 꽂는 머리에 꽂는] 蝶形ちょうがたのかんざし。=접잠

나비-춤[명] 蝶ちょうの飛とぶまねをする舞まい。

나빠-지다[자] 悪わるくなる｜悪化あっかする。예 건강이 ~. 健康けんこうが悪くなる。

나쁘다[형] ❶悪わるい｜よくない。예 날씨가 ~. 天気てんきが悪い。❷[도덕적으로] 悪わるい｜いけない｜正ただしくない。예 나쁜 행동을 하다. 悪い行動をする。❸[해롭다] 悪わるい｜有害ゆうがいだ｜害がいになる。예 술은 많이 마시면 몸에 ~. 酒さけは飲のみすぎると体からだに悪い。❹[솜씨・사기가] 悪わるい。예 산책 코스로는 ~. 散歩さんぽコースとしてはよくない。

나쁜 소문은 빨리 퍼진다[속담] 悪事あくじ千里せんりを走はしる。

나쁜 일은 천 리 밖에 난다[속담] 悪事あくじ千里せんりを走はしる。

나쁘[부] 悪わるく。예 기분 ~ 여기다. 気持きもち悪く思おもう。

나사¹(螺絲)[명] ❶螺子ねじ。❷☞나사못

나사²(羅紗)[명] 羅紗ラシャ。

나사³(NASA)[명] [형] ナサ。

나사-못(螺絲—)[명] 螺子釘ねじくぎ｜木螺子もくねじ。=나사¹❷

나사-송곳(螺絲—)[명] ドリル｜木工もっこうぎり。

나-서다[자] ❶[전면・외부에] 出でる。예 남 앞에 ~. 人前ひとまえに出る。／3보 앞으로 ~. 三歩前さんぽまえに出る。❷[적극적으로 행동하기 시작하다] 出でる｜乗のり出だす｜立たつ。예 선거에 のりに出る。／무대에 ~. 舞台ぶたいにのりに出る。／난민 구명에 ~. 難民なんみんの救命きゅうめいに立たち上あがる。／자원 개발에 ~. 資源しげん開発かいはつにのり出す。❸[어떤 일에] 関与かんよする｜口くちを出だす｜でしゃばる｜差さし出だす。예 주제넘게 나서지 마십시오. 差し出た事ことは やめてください。／형을 제쳐 놓고 중뿔나게 나서지 마라. 兄あにを差さし置おいてでしゃばるな。❹[길을] 出でる。예 학교에 가기 위해 7시에 집을 나섰다. 学校がっこうへ行いくために7時じに家いえを出た。❺[구하려던 것이] 出でてくる｜見みつかる｜現あらわれる。예 일자리가 ~. 仕事しごとが見つかる。／마땅한 혼처가 ~. 似にっかわしい結婚相手けっこんあいてが現れる。

나선(螺旋)[명] 螺旋らせん。예 ~ 모양을 그리다. 螺旋模様らせんもようを描えがく。

나선-형(螺旋形)[명] 螺旋形らせんけい。

나스르르-하다[형] [가늘고 보드라운] (細短ほそみじかく柔やわらかい毛けや草くさなどが) 短みじかくまばらで生はえている。예 아기의 머리털이 ~. 赤あかん坊ぼうの髪かみの毛が、柔らかくて短くまばらに生えている。

나슨-하다[형] (気きが) 緩ゆるんでいる｜たるんでいる。예 정신 상태가 좀 나슨해진 것 같다. 精神状態せいしんじょうたいが少したるんできたようだ。

나슬나슬-하다[형] [가늘고 짧은 털・풀이] 細短ほそみじかい毛けや草くさなどが、柔やわらかくまばらに生はえている。예 나슬나슬한 잔디 위에 누워 뒹굴다. 柔らかくまばらに生えている芝生しばふの上うえに寝転ねころぶ。

나슬나슬-히[부] まばらで柔やわらかく。

나신(裸身)[명] ☞알몸

나아-가다[자] ❶(前方ぜんぽうに)進すすむ｜前進ぜんしんする｜進すすみ出でる。예 앞으로 나아갔다. 前まえに進んだ。／할아버지 앞에 ~. 祖父そふの前に進み出る。／노를 저어 ~. 櫓ろをこいで前に進む。❷[목적으로] (目的もくてきに向むかって) 進すすむ｜前進ぜんしんする。예 앞으로 나아가야 할 방향에 대해서 생각해 봅시다. 今後こんご進むべき方向について考かんがえて見みましょう。

나아-지다[자] よくなる｜うまくなる｜改あらたまる。예 생활이 ~. 生活せいかつがよくなる。

나-앉다[자] ❶[앞이나 뒤로] 前まえに出でたり後うしろに退しりぞいて座すわる。예 그는 앞으로 나앉으며 내게 물었다. 彼は前に出て座り、私わたしに尋たずねた。❷[집에서 쫓겨나] 家いえを追おい出だされる｜ある所ところに退しりぞいて落おち着つく。예 사업에 실패해서 거리로 ~. 事業じぎょうに失敗しっぱいして家がおちぶれる。❸[직장을 그만두다] 職しょくをやめて退しりぞく。

나약(懦弱)[명] 惰弱だじゃく｜柔弱にゅうじゃく。

나약-하다[형] 惰弱だじゃくだ｜柔弱にゅうじゃくだ。예 나약한 마음 惰弱な心こころ／나약한 소리를

하다. 弱音ねを吐く。

나약-히부 いくじなく；惰弱だじゃくに。

나-엎어지다자 前のめって、ばったりと倒れる。예 배에 총탄을 맞고 땅에 나엎어졌다. 腹部に銃弾じゅうだんが当たり、地ちにばったりと倒れた。/ 난데없는 고함 소리에 나엎어졌다. いきなりの怒鳴どなり声こえにばったりと倒れた。

나열(羅列)명 羅列れつ。예 단순한 사실 ~로 끝나다. 単たんなる事実じじつの羅列に終わる。

나열-하다자타 羅列する。예 항목별로 ~. 箇条書かじょうがきで羅列する。

나-오다자 ❶【내부에서】(中なかから外そとへ)出でる｜出でてくる。예 거리에 ~. 通とおりに出る。/ 교실에서 ~. 教室きょうしつから出る。/ 집을 ~. 家いえを出る。/ 방을 ~. 部屋へやを出る。/ 씨름판 밖으로 발이 ~. 土俵どひょうの外に足あしが出る。❷【나타나다】出でる｜現あらわれる。예 새싹이 ~. 新芽しんめが出る。❸【출근】出でる｜出勤しゅっきんする｜出席しゅっせきする。예 약속 장소에 ~. 約束やくそくの場所ばしょに出てくる。/ 강의에 ~. 講義こうぎに出席する。❹【게재되다】出でる｜掲載けいさいされる。예 잡지에 나온 기사 雑誌ざっしに出た記事きじ。❺【생산】出でる｜生産せいさんされる｜生うまれる。예 이 지역에서 석유가 나온다. この地域ちいきから石油せきゆが出る。❻【사직】辞やめる｜退職たいしょくする。예 회사를 ~. 会社かいしゃを辞める。❼【태도를 취하다】態度たいどを取とる｜構かまえる。예 강경한 태도로 ~. 強腰つよごしに出る。❽【결과가 나오다】(結果けっかが)出でる。예 시험 결과가 ~. 試験しけんの結果が出る。❾【지급되다】出でる｜支給しきゅうされる。예 보너스가 ~. ボーナスが出る。❿【길이 통하다】出でる｜(道みちが)通つうじる。예 이곳을 곧바로 가면 큰길이 나온다. ここをまっすぐ行いくと、大通おおどおりに通じる。⓫【내밀다】出でる｜突つき出でる。예 배가 ~. 腹はらが出る。⓬【자연스럽게 생기다】出でる。예 절로 웃음이 나온다. 笑わらえる。/ 눈물이 ~. 涙なみだが出てくる。⓭【졸업하다】卒業そつぎょうする｜出でる。예 대학원을 ~. 大学院だいがくいんを卒業する。

나우루(Nauru)명 《국》ナウル。

나울-거리다자타 ❶(波なみ·布ぬの·木この葉はなど)ゆらゆらする。예 파도가 ~. 波がゆらゆらする。/ 머리카락이 바람에 ~. 髪かみが風かぜになびく。❷(腕うで·羽はねなどを)ゆらゆらと揺ゆり動うごかす。=나울대다

나울-나울부 ❶【가볍게 흔들리는 모양】ゆらゆら｜ゆらゆら｜ひらひら。예 작은 배가 파도에 ~ 흔들린다. 小舟こぶねが波なみにゆらゆらゆら揺れる。❷【날갯짓하며 춤추는 모양】ゆらゆらゆら｜ひらりひらり。예 ~ 춤추듯 날다. ひらりひらりと舞まいそうに飛とぶ。

나울-대다자타 ☞나울거리다

나위의 ゆとり｜余裕よゆう｜この上うえ｜申もうし分ぶん。예 더할 ~ 없이 행복하다. 申し分なく幸しあわせだ。

나이명 年齢ねんれい。예 ~가 들다. 年をとる。/ ~를 먹다. 年老としおいる；老ふける。
나이(가) 아깝다관용 年としがいもない。

나이-대접(一待接)명 年長者ねんちょうしゃに対する礼遇れいぐう。

나이-배기명 見みかけより年取としとった人ひと。

나이지리아(Nigeria)명 《국》ナイジェリア。

나이-테명 《식》樹木じゅもくの年輪ねんりん。예 ~를 보면 나무의 나이를 알 수 있다. 年輪を見ると木きの年齢が分かる。

나이트-가운(nightgown)명 ナイトガウン。

나이트-클럽(nightclub)명 ナイトクラブ。

나이프(knife)명 ナイフ。

나일론(nylon)명 《화》ナイロン。예 ~ 스타킹 ナイロンストッキング。

나잇-값명 年相応としそうおうのふるまい｜年としがい。예 내 파트너는 ~도 못한다. 私わたしのパートナーは年がいもない。

나잇-살명 【연세가 많은 나이를 낮추어】いい年とし｜かなりの年。예 ~이나 먹어 또 그런 짓을 한 거야? いい年をして、またそんな事してるの。참낫살

나-자빠지다자 あお向むけに倒たおれる｜転倒てんとうして｜ひっくり返かえる。=나가자빠지다

나자-식물(裸子植物)명 ☞겉씨식물

나전(螺鈿)명 螺鈿らでん。

나전 칠기(螺鈿漆器) 【자개를 박아 만든 공예품】螺鈿らでんの漆器しっき。예 ~로 만든 보석함 螺鈿の漆器で作つくった宝石箱ほうせきばこ。

나절의 ❶ 昼間ひるまの半なかば。❷【낮의 한동안】昼ひるのあるひととき。

나중의 後あとで｜後程のちほど。예 숙제를 ~으로 미루지 마라. 宿題しゅくだいを後回あとまわしにするな。/ 맨 ~에 들어온 사람이 문을 닫아라. いちばん最後さいごに入はいった人がドアを閉しめろ。/ ~에라도 네가 잘못했다고 생각되거든 찾아와 용서를 빌어라. 後にでもお

前が間違っていたと思ったら、来て許しを請え。

나중 난 뿔이 우뚝하다 속담 あとから出た角がにょっきりする：「後輩が先輩を追い越して抜き出る」の意：〔日〕後の雁が先になる。◈일본에서는 '뒤에 난 기러기가 앞서 간다'라고 한다.

나지막-하다 형 かなり低い｜低めである。 예 나지막한 고개 かなり低い峠／나지막한 목소리로 속삭이다. 低い声でささやく。

나지막-이 부 低めに。

나직-나직 부 (声・位置などが)やや低く｜すべて低めに。

나직-하다 형 (声・位置・場所などが)やや低い｜低めである｜心持ち低い。 예 뒤에서 조금 나직한 목소리가 들렸다. 後ろからやや低い声が聞こえた。
↔ 높직하다

나직-이 부 やや低く｜低めに。

나체(裸體) 명 裸体｜裸身｜裸｜ヌード。=알몸

나체-화(裸體畫) 명 《미》裸体画｜ヌード。

나치스(Nazis 독) 명 《역》ナチス。

나치즘(Nazism) 명 ナチズム。

나침(羅針) 명 羅針。

나침-반(羅針盤) 명 《물》羅針盤｜コンパス。

나타-나다 자 ❶(外に)出る｜現れる｜出てくる｜見えてくる。 예 적이 ~. 敵が現れる。／달이 구름 사이에서 ~. 月が雲の間から出る。❷現れる｜出る｜浮かぶ。 예 시인의 감정이 잘 나타난 서정시 詩人の感情がよく表われた叙情詩／기분 나쁜 표정이 얼굴에 ~. 機嫌の悪さが顔에 浮かぶ。❸現れる｜生じる｜発生する。 예 콜레라 환자가 발생했다. コレラ患者が発生した。

나타-내다 타 ❶現す｜見せる｜示す。 예 이제야 겨우 모습을 ~. やっと姿を現す。／실력을 ~. 実力を示す。❷現す｜示す。 예 본성을 ~. 本性を現す。❸表現する｜表わす。 예 마음을 시로써 ~. 心を詩で表わす。

나태(懶怠) 명 怠惰｜怠たり。

나태-하다 형 怠惰だ｜怠る。 예 나태한 일상 怠惰な日常。

나토(NATO) 명 《정》ナトー｜北大西洋条約機構。

나트륨(Natrium 독) 《화》ナトリウム。

나트륨-아말감(Natriumamalgam 독) 명 《화》ナトリウムアマルガム。

나트륨 유리(Natrium琉璃 독) 《화》ナトリウムガラス。

나팔(喇叭) 명 《음》らっぱ。｜ ~ 소리 ラッパの音。
나팔(을) 불다 관용 ☞나발(을) 불다

나팔-관(喇叭管) 명 らっぱ管｜卵管。

나팔-꽃(喇叭-) 명 《식》朝顔。 예 소녀는 화분에 ~ 씨를 심었다. 少女は植木鉢にアサガオの種を植えた。

나팔-수(喇叭手) 명 ラッパ手｜らっぱ吹き。

나포(拿捕) 명 拿捕。
나포-하다 타 拿捕する。 예 어선이 나포된 사건 漁船が拿捕された事件。

나폴리-악파(Napoli樂派) 《음》ナポリ楽派。

나푼-거리다 자 ひらひらする｜はためく。=나푼대다

나푼-나푼 부 ひらひら。 예 나비처럼 ~ 흩날리다. 蝶のようにひらひら舞う。

나푼-대다 ☞나푼거리다

나풀-거리다 자 (風に)絶え間なくはためく｜ひらひらする。=나풀대다

나풀-나풀 부 ひらひら。

나풀-대다 ☞나풀거리다

나프타(naphtha) 명 《화》ナフサ｜ナフタ。

나프탈렌(naphthalene) 명 《화》ナフタリン｜ナフタレン。 예 방충제로 사용하는 ~ 防虫剤に使われるナフタリン／용액 ナフタリン溶液。

나흘-날 명 ❶4日目｜4日目の日。❷4日｜4日間。 예 그 일이 사흘 날이 걸릴지 ~이 걸릴지는 저도 잘 모르겠습니다. その仕事が3日かかるか4日かかるかは、私にも分かりません。=나흘❶ ❸4日｜月の第四番目の日。 예 시월 ~이 저희 아버님 생신이니 꼭 방문하여 주십시오. 10月4日が父の誕生日なので、ぜひいらっしゃってください。=나흘❷・초나흘날

나흘 명 ❶4日｜4日間。 예 이번 시험은 ~ 동안 계속되었다. 今回の試験は4日間続いた。=나흘날 ❷ 4日｜月の第四番目の日。

=나흗날❸·초나흗날

낙(樂)【명】 楽しみ｜慰さみ｜楽。 ⑩ 인생의 ~이 없다. 人生の楽しみがない。/ 고생 끝에 ~이 있다. 苦は楽の種。

낙관¹(落款)【명】 落款。 ⑩ ~을 찍다. 落款を押す。/ ~이 없는 그림은 값어치가 없다. 落款のない絵は価値がない。

낙관²(樂觀)【명】 楽観。
　낙관-하다【타】 楽観する。 ⑩ 승리를 ~. 勝利を楽観する。

낙관-적(樂觀的)【관·명】 楽観的。 ⑩ ~인 견해 楽観的な見方。

낙관-주의(樂觀主義)【명】 楽観主義。

낙낙-하다【형】【크기·부피 등이】 ゆとりがある｜ゆったりしている｜十分である。 낙낙한 바지 ゆったりしたズボン。
　낙낙-히【부】 十分に｜ゆったりと。 음식을 ~ 준비하다. 食べ物を十分に準備する。

낙농(酪農)【명】《농》 酪農。 =낙농업

낙농-업(酪農業)【명】《농》 酪農業。 ⑩ 뉴질랜드는 ~이 발달하였다. ニュージーランドは酪農業が発達した。 =낙농

낙담(落膽)【명】 落胆｜失望。
　낙담-하다【자】 落胆する｜失望する。 ⑩ 시험에 떨어져서 ~. 試験に落ちて落胆する。

낙락-장송(落落長松)【명】 枝の垂れ下がった高い松の木。

낙뢰(落雷)【명】 落雷。
　낙뢰-하다【자】 落雷する。

낙루(落淚)【명】【문어】 落涙。
　낙루-하다【자】 落涙する。 ⑩ 나도 모르게 ~. 思わず落涙する。

낙마(落馬)【명】 落馬。 ⑩ ~ 사고 落馬事故。
　낙마-하다【자】 落馬する。

낙망(落望)【명】【문어】 気落ち｜落胆。
　낙망-하다【자】 気落ちする｜落胆する。

낙반(落磐·落盤)【명】 落盤。 ⑩ ~ 사고 落盤事故。
　낙반-하다【자】 落盤する。

낙방(落榜)【명】 試験に落ちること｜落第。
　낙방-하다【자】 試験に落ちる｜落第する。 ⑩ 취직 시험에 ~. 就職試験に落ちる。

낙법(落法)【운【운동】】 受け身。 ⑩ 유도의 기초는 ~이다. 柔道の基礎は受け身だ。

낙산(酪酸)【명】《화》 酪酸。

낙상(落傷)【명】 (落ちたり倒れたりして)怪我をすること。
　낙상-하다【자】 怪我をする。 ⑩ 할아버지께서 빙판에서 낙상하셨다. おじいさんが凍りついた路面から落ちて、怪我をなさった。

낙서(落書)【명】 ❶落書き。 ⑩ 금지 落書き禁止。 ❷字を抜かして書くこと。
　낙서-하다【자】 ❶落書きする。 ⑩ 교실 벽에 ~. 教室の壁に落書きする。 ❷字を抜かして書く。

낙석(落石)【명】 落石。 ⑩ ~ 주의 落石注意。

낙선(落選)【명】 落選。 ⑩ ~ 운동 落選運動/ ~ 작품 落選作品。
　낙선-하다【자】 落選する。

낙성(落成)【명】 落成｜竣工。
　낙성-하다【타】 落成する｜竣工する。 ⑩ 신사옥을 ~. 新社屋が落成する。

낙성-식(落成式)【명】 落成式。

낙수(落水)【명】 雨垂れ。

낙수-받이(落水-)【명】 (軒の)とい。

낙숫-고랑(落水-)【명】《건》❶【지붕 위에 빗물이 흐르게 만든 고랑】 雨垂れが通ってできた溝。 ❷【지붕의 낙수 고랑】 雨水が流れる屋根の溝。

낙숫-물(落水-)【명】 雨垂れ｜雨の滴。 ⑩ 처마 끝에서 ~이 떨어진다. 軒先から雨垂れが落ちる。
　낙숫물이 댓돌을 뚫는다【속담】 雨垂れが土台石を穿つ：[日]雨垂れ石を穿つ。

낙심(落心)【명】 気落ち｜落胆｜がっかりすること。
　낙심-하다【자】 気落ちする｜落胆する｜がっかりする。 ⑩ 낙심한 표정을 짓다. 気落ちした表情を浮かべる。

낙엽(落葉)【명】 落葉｜落ち葉。 ⑩ ~이 쌓이다. 落ち葉が積もる。

낙엽-송(落葉松)【명】《식》 唐松｜落葉松。 ⑩ 아이들은 소나무와 ~이 울창한 곳에 앉아 나뭇잎을 긁어모았다. 子どもたちは松とカラマツが鬱蒼と茂った所に座って、木の葉をかき集めた。

낙엽-수(落葉樹)【명】《식》 落葉樹。

낙오(落伍)【명】 落後｜落伍。
　낙오-하다【자】 落後する｜落伍する。 ⑩ 생존 경쟁에서 ~. 生存競争から落後する。

낙오-자(落伍者)명 落後者らくごしゃ。예 인생의 ~. 人生じんせいの落後者。

낙원(樂園)명 楽園らくえん｜パラダイス。예 지상~을 건설하다. 地上ちじょうの楽園を建設けんせつする。

낙인(烙印)명 烙印らくいん。예 ~을 찍다. 烙印を押おす。/ 문제아라는 ~이 찍히다. 問題児もんだいじの烙印を押される。=소인³

낙인-찍다(烙印—)【늘일었기】 烙印らくいんを押おす｜焼やき付つける。예 그는 반역자로 낙인찍혔다. 彼かれは反逆者はんぎゃくしゃの烙印を押された。/ 주위 사람들은 그를 배신자로 낙인찍었다. 周囲しゅういの人々ひとびとは彼を裏切うらぎり物ものと烙印を押した。

낙일(落日)명 落日らくじつ｜入いり日ひ｜落陽らくよう。

낙장(落張)명 落丁らくちょう。

낙장-거리명 大だの字じに倒たおれること。

낙장거리-하다재 大だの字じに倒たおれる。예 얼음판에서 미끄러져 낙장거리하였다. 氷面ひょうめんで滑すべり、大の字に倒れた。

낙장-본(落張本)명 落丁本らくちょうぼん。

낙점(落點)명 多おおくの候補こうほの中なかで適任者てきにんしゃを選えらぶこと。

낙제(落第)명 落第らくだい｜不合格ふごうかく。예 ~를 면하다. 落第を免まぬかれる。

낙제-하다 落第らくだいする。예 졸업 시험에 ~. 卒業試験そつぎょうしけんで落第する。

낙제-생(落第生)명 落第生らくだいせい。

낙제-점(落第點)명 落第点らくだいてん。

낙조(落照)명 落照らくしょう｜夕日ゆうひの光ひかり｜入いり日ひ｜落日らくじつ。

낙지명 〔동〕蛸たこ。

낙질(落帙)명 欠本けっぽん。

낙차(落差)명 落差らくさ。예 ~가 크다. 落差が大おおきい。

낙착(落着)【늘일었기】 落着らくちゃく｜決着けっちゃく｜けり。

낙착-하다재 落着らくちゃくする｜決着けっちゃくする。

낙찰(落札)명 〔경〕落札らくさつ。예 ~ 가격 落札価格かかく。

낙찰-하다타 落札らくさつする。예 B사에 낙찰되었다. B社しゃに落札された。

낙천(樂天)명 楽天らくてん。

낙천-가(樂天家)명 楽天家らくてんか｜オプチミスト。

낙천-적(樂天的)관명 楽天的らくてんてき。예 ~인 성격 楽天的な性格せいかく。/ ~으로 생각하다. 楽天的に考かんがえる。

낙천-주의(樂天主義)명 〔철〕楽天主義らくてんしゅぎ｜オプチミズム。

낙천주의-자(樂天主義者)명 楽天主義者らくてんしゅぎしゃ｜オプチミスト。

낙타(駱駝·駱馳)명 〔동〕駱駝らくだ。예 쌍봉~ フタコブラクダ。=약대

낙태(落胎)명 〈의〉堕胎だたい｜人工じんこう流産りゅうざん。예 ~ 수술 堕胎手術しゅじゅつ。

낙태-하다자 堕胎だたいする。예 태아를 낙태시키다. 胎児たいじを堕胎させる。

낙토(樂土)명 楽土らくど｜楽園らくえん。

낙하(落下)명 落下らっか。예 ~ 속도 落下速度そくど。

낙하-하다 落下らっかする。예 수직으로 ~. 垂直すいちょくに落下する。

낙하-산(落下傘)명 落下傘らっかさん｜パラシュート。예 ~ 인사 天下あまくだり人事じんじ／ ~을 타고 뛰어내리다. 落下傘に乗のって飛とび降おりる。

낙향(落鄕)명 都落みやこおち。예 ~ 생활 都落ち生活せいかつ。

낙향-하다자 都落みやこおちする。예 관직에서 물러나 ~. 官職かんしょくから退しりぞいて都落ちする。

낙화(落花)명 落花らっか｜散ちる花はな。예 ~ 현상 落花現象げんしょう。

낙화-하다자 花はなが散ちり落おちる。예 낙화한 꽃을 주위 모으다. 散った花を拾ひろい集あつめる。

낙화-생(落花生)명 ☞땅콩

낙화-유수(落花流水)명 落花流水らっかりゅうすい。예 ~의 정 落下流水の情じょう。

낙후(落後)명 立たち遅おくれ。

낙후-하다자 立たち遅おくれる。예 문화적으로 낙후한 민족 文化的ぶんかてきに立ち遅れる民族みんぞく。

낚다타 ❶【늘일었기】(魚さかなを)釣つる。붕어를 ~. 鮒ふなを釣る。❷【늘일었기】(金かねなどで人ひとを)釣つる｜おびく｜引ひっ掛かける。예 그럴듯한 말로 여자를 ~. 甘言かんげんで女おんなを釣る。❸【대는 이름 빠는 내 뜻으로 쓰는】(望のぞむものを)得える。예 행운을 ~. 幸運こううんを得る。

낚시명 ❶釣つり。예 ~ 도구 釣り道具どうぐ。 ❷釣つり針ばり。예 ~에 밑밥을 끼우다. 釣り針にエサをつける。❸【대는 이름 빠는 내 뜻으로 쓰는】えさ｜わな。

낚시-하다자 釣つる。예 나의 취미는 주말에 낚시하러 떠나는 것입니다. 私わたしの趣味しゅみは週末しゅうまつに釣りに出でることです。

낚시를 던지다관용 (人ひとを釣るために)えさを投とうげる。

낚시-꾼 명 釣り人｜釣り師。
낚시-질 명 釣り｜釣ること。⑩〜을 즐기다. 釣りを楽しむ。
　낚시질-하다 자 釣る。⑩낚시질하러 나가다. 釣りに出かける。
낚시-찌 명 浮き。=찌
낚시-터 명 釣り場。
낚싯-대 명 釣竿。
낚싯-밥 명 釣り餌｜釣り餌。
낚싯-줄 명 釣糸。
낚아-채다 타 引ったくる｜無理に奪う。⑩가방을 ~. かばんを引ったくる。／재산을 ~. 財産を無理に奪う。
낚-이다 자 釣られる｜かかる。
난(亂) 명 ☞난리①
난²(欄) 명 【신】欄。⑩독자의 ~ 読者らの欄。 참란
난³(蘭) 명 【식】蘭。⑩〜을 치다. 蘭を描く。=난초
난-⁴(難) 접 難—。⑩난공사 難工事。
-난⁵(難) 접 [어려움·보기] —難。⑩취직난 就職難。
난간(欄干·欄杆) 명 〈건〉欄干｜手すり｜勾欄。⑩〜에 기대어 서다. 欄干にもたれて立つ。
난간-마루(欄干—) 명 〈건〉欄干を張りめぐらした板の間。
난감-하다(難堪—) 형 ❶耐え難い｜辛抱し難い｜苦しい。⑩난감한 처지에 놓이다. 苦しい立場に置かれる。❷困り果てる。⑩낯선 곳에서 미아가 되어서 ~. 見知らぬ土地で迷子になり, 困り果てる。
난거지-든부자(—富者) 명 [겉으로는 초라하고 가난해 보이지만 실상은 집에 살림이 넉넉한 사람] みすぼらしい姿で貧乏のように見えるが, 実際には金持ちである人。=든부자난거지
난경(難境) 명 【文】難境。
난공불락(難攻不落) 명 難攻不落。⑩〜의 요새 難攻不落の要塞。
난-공사(難工事) 명 難工事。⑩〜를 높은 기술력으로 극복하다. 難工事を高い技術力で克服する。
난관(難關) 명 難関。⑩최대의 ~에 봉착하다. 最大の〜に直面する。
난국(難局) 명 難局。⑩〜에 직면하다. 難局に直面する。／〜을 극복하다. 難局を乗り切る。
난군(亂軍) 명 ❶軍紀の乱れた軍隊。❷反乱軍。=반란군
난기(暖氣·煖氣) 명 ☞온기
난-기류(亂氣流) 명 乱気流。
난대(暖帶·煖帶) 명 暖帯。=아열대
난대-림(暖帶林) 명 暖帯林。
난데-없다 형 だしぬけだ｜思いがけない｜突然である｜不意である。⑩난데없는 소문 突然の噂。
난데없-이 부 だしぬけに｜突然に｜不意に｜ひょっこり。⑩〜 모습을 드러내다. ひょっこり姿を現す。
난도-질(亂刀—) 명 めった切り｜乱切り。⑩도끼로 〜을 당하다. 斧でめった切りにされる。
　난도질-하다 타 めった切りにする｜乱切りにする。
난동(亂動) 명 乱暴な振る舞いをすること｜狼藉。⑩〜을 부리다. 乱暴を働く。
난딱 부 【方】軽々と｜素早く｜さっと。⑩몸을 〜 들어 올리다. 体を軽々と抱き上げる。／〜 일어나다. 素早く起き上がる。／〜 걸어차다. 素早く蹴飛ばす。
난로(暖爐·煖爐) 명 暖炉｜ストーブ。⑩전기 ~ 電気ストーブ／〜를 피우다. ストーブを焚く。
난류(暖流·煖流) 명 暖流。⑩〜성 어족 暖流性の魚族。
난리(亂離) 명 ❶乱｜変乱｜戦乱｜動乱｜戦争。⑩〜를 피해 이주해 왔다. 戦乱を避けて移住してきた。=난 ❷【喩】騒ぎ｜騒動｜混乱。⑩〜를 피우다. 騒ぎを起こす。
난립(亂立) 명 乱立。
　난립-하다 자 乱立する。⑩후보자가 ~. 候補者が乱立する。
난마(亂麻) 명 乱麻。⑩쾌도 ~ 快刀乱麻／사건이 〜처럼 얽혀 있다. 事件が乱麻のようにもつれている。
난만-하다(爛漫—) 형 爛漫としている。❶【꽃】花が咲き乱れている。⑩공원에 꽃이 난만하게 피어 있다. 公園に花が咲き乱れている。❷【光】光り輝いている。⑩저녁 해가 ~. 夕日が光輝いている。
　난만-히(爛漫—) 부 爛漫と。⑩벚꽃이 ~ 피어 있다. 桜が爛漫と咲いている。／〜 비치는 여름 햇살 爛漫と輝く夏の日差し。

난망(難忘)閱 忘れられないこと｜忘れ難いこと。例 이 은혜는 백골〜이로소이다. ご恩は死んでも忘れられません。

난무(亂舞)閱 ❶ [어지럽게 춤을 춤] 乱舞。❷ [함부로 날뛰는 것을 비유함] 横行｜跳梁。

　난무-하다재 ❶ 乱舞する。❷ 横行する｜跳梁する。例 폭력이 난무하는 사회 暴力が横行する社会。

난문(難問)閱 難問｜難題。例〜을 내다. 難問を出す。／〜을 해결하다. 難問を解決する。

난민(難民)閱 難民。例〜수용소 難民キャンプ；難民収容所。

난-바다(一海)閱 沖。例〜쪽에 떠 있는 배 沖合遠くに浮かんでいる船。

난발(亂發)閱 ❶ 乱発。＝난사 ❷ 乱発｜濫発。＝남발

　난발-하다 ❶ 乱射する。❷ 乱発する｜濫発する。例 어음을 〜. 手形を乱発する。

난발²(亂髮)閱 [헝클어진 머리털] 乱髪｜乱れた髪。

난방(暖房・煖房)閱 暖房。例〜장치 暖房装置／실내 〜을 하다. 室内を暖房する。

난백(卵白)閱 《생》卵白。

난-번(一番)閱 [당번이 아닌 차례] 非番｜明け番。

난-벌外出用の服や靴。

난봉閱 ❶ 放蕩｜道楽。例 가게에서 〜을 피워서 주위가 시끄러워졌다. 店で放蕩して、周りがうるさくなった。❷ ☞난봉꾼

난봉-꾼閱 放蕩者｜道楽者｜遊び人。例 이런 〜을 남편이라고 믿고 살아야 합니까? こんな道楽者を夫と信じて生きなければならないのですか。＝난봉❷・난봉쟁이

난봉-나다재 放蕩するようになる｜道楽をする。

난봉-쟁이閱 ☞난봉꾼

난부자-든거지(一富者—)閱 見たようすでは金持ちのように見えるが、本当はこじきだと言っても過言ではないほど貧しい人。＝든거지난부자

난사¹(亂射)閱 乱射。例 총기 〜 사건 銃乱射事件。

　난사-하다타 乱射する。

난사²(難事)閱 [어려운 일] 難事。例〜에 대처하다. 難事に立ち向かう。

난-사람一頭地を抜いた人｜図抜けた人｜傑出した人｜一廉の人。例 말하는 것을 보니 정말 〜이더군. 話すのを見たんだが、本当に傑出した人だったよ。

난산(難産)閱 難産。例〜 끝에 태어나다. 難産のあげく生まれる。

　난산-하다자타 難産する。

난삽-하다(難澁—)閱 [言葉・文章などが]難解だ。例 난삽한 문장 難解な文章／난삽한 책 難解な書物

　난삽-히閿 難解に。例〜 쓰인 소설 難解に書かれた小説。

난색(難色)閱 難色。例〜을 표시하다. 難色を示す。

난생(卵生)閱 《동》卵生。

난생 동물(卵生動物)《동》卵生動物。

난생-처음(一生一)閱 生まれて初めて。例〜 비행기를 탔다. 生まれて初めて飛行機に乗った。

난세(亂世)閱 乱世。例〜의 지도자 乱世のリーダー。

난센스(nonsense)閱 ナンセンス。

난소(卵巢)閱 卵巣。例〜 호르몬 卵巣ホルモン。

난숙(爛熟)閱 爛熟。例 근대 문화의 〜기 近代文化の爛熟期。

　난숙-하다재 爛熟する。

난시¹(亂時)閱 [어지러운 세상] 世の中の乱れた時期。

난시²(亂視)閱 《의》乱視。

난어(難語)閱 難語。

난외(欄外)閱 欄外。例〜에 주석을 덧붙이다. 欄外に注釈を加える。

난용(亂用)閱 ☞남용

난이(難易)閱 難易。

난이-도(難易度)閱 難易度｜難度。例〜가 높은 동작 難易度が高い動作。

난입(亂入)閱 乱入。例 폭도의 〜 暴徒の乱入。

　난입-하다자 乱入する。

난자¹(卵子)閱 《생》卵子。例〜의 배란 卵子の排卵。

난자²(亂刺)閱 [마구 찌름] むやみに突くこと｜めった突き。

　난자-하다타 むやみに突く｜めった突きにする。例 범인은 난자하여 죽였다. 犯人はめった突きにして殺した。

난작-거리다재 ぐにゃぐにゃになる。＝난작대다

난작-난작閿 ぐにゃぐにゃ｜ぶよぶよ。

난작-대다재 ☞난작거리다

난잡-스럽다(亂雜―)[형] 見るに乱雑だ｜みだらだ｜散らかっている。例 난잡스러운 생활을 하다. みだらな生活を送る。/ 난잡스러운 행동을 해서는 안 된다. 乱雑な行動をとってはいけない。

난잡스레[부] 乱雑に｜みだらに。例 방이 ~ 어질러져 있다. 部屋が乱雑に散らかっている。/ ~ 흩어져 있는 서류를 정리하다. 乱雑に散らばっている書類を片付ける。

난잡-하다(亂雜―)[형] 乱雑だ。例 난잡한 방 乱雑な部屋。
난잡-히[부] 乱雑に。

난장¹(亂杖)[명] 〈여러 사람이 한꺼번에 때리는 매〉乱打ち｜めった打ち。例 ~을 당하다. めった打ちにされる。

난장²(亂場)[명] 大騒ぎの所｜大騒動の状況。例 회의가 ~이 되다. 会議がめちゃくちゃになる。 =난장판

난장-판(亂場―)[명] ☞난장²

난쟁이[명] 小人｜侏儒｜一寸法師。例 백설 공주와 일곱 ~ 白雪姫と七人の小人。

난전(亂戰)[명] 乱戦。例 ~을 벌이다. 乱戦を繰り広げる。

난점(難點)[명] 難点。例 ~을 해결하다. 難点を解決する。

난제(難題)[명] 難題。例 새로운 ~가 나타나다. 新たな難題が浮上する。

난중(亂中)[명] 戦乱の最中｜騒乱の最中。

난지락-거리다[자] 〈물렁한 물건이 힘없이 물러지며〉ぐにゃぐにゃする｜ぶよぶよする。=난지락대다

난지락-대다[자] ☞난지락거리다

난처-하다(難處―)[형] 立場が苦しい｜まずい｜困っている｜処理しがたい。例 난처한 처지 苦しい立場/ 난처한 표정을 짓다. 苦しい表情を浮かべる。

난청(難聽)[의][명] 難聽症。例 ~이 생기다. 難聽が生じる。

난초(蘭草)[명] 〈식〉欄。例 ~에 꽃이 피기를 기다리고 있다. ランの花が咲くのを待っている。=난²(蘭)

난층-운(亂層雲)[명] 乱層雲。
난치(難治)[명] 難治。
난치-병(難治病)[명] 難治の病気。
난타(亂打)[명] 乱打｜めった打ち。
난타-하다[타] 乱打する。例 경종을 ~. 半鐘を乱打する。

난투(亂鬪)[명] 乱鬪。例 ~를 벌이다. 乱鬪を繰り広げる。
난투-하다[자] 乱鬪する。

난투-극(亂鬪劇)[명] ❶乱鬪騒ぎ。例 ~이 일어나다. 乱鬪騒ぎが起こる。❷〈연〉立ち回り｜乱鬪の場面。

난파(難破)[명] 難破。
난파-하다[자] 難破する。例 태풍으로 배가 ~. 台風で船が難破する。

난파-선(難破船)[명] 難破船｜難船。例 ~의 잔해 難破船の残骸。

난폭(亂暴)[명] 乱暴。例 ~ 운전을 하다. 乱暴な運転をする。
난폭-하다[형] 乱暴だ｜荒っぽい。例 난폭하게 굴다. 乱暴を働く。

난필(亂筆)[명] 乱筆。

난-하다(難―)[형] ❶派手すぎ｜けばけばしい。例 난한 복장 けばけばしい服装。❷(書体などが)乱雑だ｜めちゃくちゃだ。

난항(難航)[명] 難航。例 ~을 거듭하다. 難航を重ねる。/ ~이 예상된다. 難航が予想される。

난해-하다(難解―)[형] 難解だ。例 난해한 문제 難解な問題。

난형(卵形)[명] 卵形｜たまご形。

난형난제(難兄難弟)[명] 兄たり難く弟たり難し。

난혼(亂婚)[명] 〈사〉乱婚。

난황(卵黃)[명] 〈생〉卵黃｜卵の黄身。

낟[명]【穀類】穀物の粒。

낟-가리[명] 刈り取った穀物を積み重ねたもの。

낟-알[명] ❶(穀物の)粒｜種子。❷米粒。=쌀알

날¹[명] 日。❶【하루】一日。例 여러 ~ 동안 앓았다. 数日間、病気を患った。/ 다음 ~까지 가져오세요. 次の日までに持ってきてください。/ 이제 몇 ~만 지나면 방학이다. もう何日かか過ぎれば休みだ。/ ~이 갈수록 보고픈 마음이 더 커져만 갑니다. 日が経つにつれ、会いたい気持ちが大きくなるばかりです。/ 요즘은 ~마다 비가 온다. このごろは毎日雨が降る。/ 저 부부는 ~마다 싸우는 것 같다. あの夫婦は毎日けんかしているようだ。❷【낮】昼間｜日中。例 ~이 저물다. 日が暮れる。❸【날씨】空模様｜天気｜日和。例 ~이 개다. 空が晴れる。/ ~이 좋지 않다. 天気がよくない。=날씨 ❹【날짜】日付｜

日取り日限。 예나와 약속한 ~이 바로 내일이다. 私との約束した日が、ちょうど明日だ。/ 혼인할 ~을 잡다. 婚姻の日取りを決める。 ❺ある時期 | 時 | 時代。ころ。 예젊은 ~의 추억 若き日の記憶。 ❻―した場合には | ―した日には | ―の際には。 예정체가 발각되는 ~에는…. 正体がばれた日には….

날 받아 놓은 색시 같다관용 結婚式の日取りが決まった娘みたいだ:「一日中家に引っ込んでいる人」の意。

날(을) 가리다관용 (引っ越しなどの)日を決める。

날(을) 받다관용 ❶結婚式の日取りを決める。 ❷あらかじめ日を決める。

날이면 날마다관용 日に日に | 日ごとに | 毎日 | 日々。 예~ 오는 것이 아니니 지금 사셔야 합니다. 毎日来る物ではないので、今買わなければなりません。

날²명【칼 같은 연장의 얇고 날카로운 부분】刃 | 先 | エッジ。 예송곳 ~ 錐の先/~을 갈다. 刃を研ぐ。/~이 선 스케이트 エッジの立ったスケート/~이 무딘 칼 刃の鈍い刀。

날(을) 세우다관용 ❶(エッジ・刃など)を研ぐ | 目立てをする。 ❷精神を集中させる。

날(이) 서다관용 ❶(エッジ・刃などが)鋭くなる。 예날이 선 칼 刃の鋭い刀。 ❷(性格・表現などが)鋭い | 神経を尖らす。 예학생의 날이 선 질문 学生の鋭い質問。

날³명【천을 짤 때 세로로 놓은 실】経 | (織物などの)縦糸。 예~ 씨와 ~ 横糸と縦糸。

날-⁴접【'야생이나 가공하지 않은'의 뜻】生(の)―。 예날것 生物/날고기 生肉。

날-가죽명 生皮。

날-감명 渋柿。 예~의 즙을 천연 염료로 사용한다. 渋柿の液を天然染料に使用する。

날-강도(一強盗)명 悪辣な強盗。 예없는 사람들을 협박하여 돈을 빼앗는 ~ 같은 놈 貧しい人を脅迫してお金を奪う、悪辣な強盗のような野郎。

날개명 ❶羽 | 翼。 예~를 크게 펼치다. 羽を大きく広げる。 ❷【비행기의 날개】翼 | 羽。

날개(가) 돋치다관용 羽がはえたように | 飛びたつように。 예상품이 날개 돋친 듯 팔리다. 商品に羽が生えたように売れる。

날갯-죽지명 羽の付け根。

날갯-짓명 羽ばたき。

날갯짓-하다자 羽ばたきする。

날-것명 生物。 예~은 상하기 쉽다. 生物は腐りやすい。

날-고기명 生肉。

날-김치명 熟成していないキムチ。

날다¹자 ❶飛ぶ | 飛び上がる。 예비행기가 굉음을 내며 날아올랐다. 飛行機が轟音を発して飛び上がった。 ❷飛び上がる | 跳ぶ | 飛び越える。 예재빨리 획 날아 책상 위로 올라갔다. 素早くぱっと飛び上がって、机の上に上がった。/주먹이 날아와 내 얼굴을 때렸다. 拳が飛んできて、私の顔を殴won다。/발을 날려 공격하다. 足を飛ばして攻撃する。 ❸「逃げる」の俗っぽい語 | こっそり抜け出す | 高跳びする。

난다 긴다 하다관용 (手際などが)ずば抜けている | 並はずれている。 예난다 긴다 하는 학생 ずばぬけている学生。

날다²타 ❶【機織りの糸を紡ぐ】機織りの糸を紡ぐ。 ❷【베틀에 세로실을 걸다】機に縦糸をかける。 예날을 ~. 縦糸をかける。

날-도둑명 とても悪質な泥棒。

날도둑-놈명【'날도둑'의 비속어】とても悪質な泥棒。

날-도마뱀명 (동)飛蜥蜴。

날-땅명 未開墾地。

날-뛰다 ❶【뛰어오르다】飛び上がる | 小躍りする | 飛び回る。 예기뻐서 ~. うれしくて小躍りする。 ❷【거칠게 행동하다】暴れる | 暴れ回る | 荒れ狂う。 예미친 듯이 ~. 狂ったように荒れ狂う。

날라리명 (音)ナルラリ。 예~를 불다. ナルラリを吹く。=태평소

날래다형 すばやい | すばしこい | 飛ぶように速い。 예몸이 ~. 体がすばしこい。/행동이 ~. 行動が飛ぶように速い。

날렵-하다형 敏捷だ | すばしっこい。 예새처럼 날렵하게 뛰어가다. 鳥のようにすばしこく走っていく。

날-로¹부【날이 갈수록】日ごとに | 日々に | 日増しに | 日に日に。 예더위가 ~ 더하다. 暑さがますますひどくなる。/ ~ 표정

이 밝아진다. 日ごとに表情が明るくなってくる。

날-로[부]【生】生のまま｜生で。 예 고기를 ~ 먹다. 肉を生で食べる。

날름[부] ❶ 【혀를 조금 내밀었다 넣는 모양】 ペろり｜ペろっと。 예 혀를 ~ 내밀다. 舌をペろりと出す。/ 과자를 ~ 받아먹다. 菓子をもらってペろりと食べる。 ❷【재빨리 날쌔게 집어넣는 모양】 さっと。 예 돈을 ~ 집어넣다. 金をさっと突っ込む。

날름-거리다[자타] 舌をべろべろ出し入れさせる。 예 약 올리듯이 혀를 ~. 怒らせるように舌をべろべろ出し入れさせる。=날름대다

날름-대다[자타] ☞날름거리다

날름-날름[부] ペろペろ｜ベろべろ。 예 혀를 ~ 내밀며 약을 올리다. 舌をペろペろと出して怒らせる。/ 떠먹여 주는 밥을 ~ 받아먹었다. よそって食べさせてもらうご飯をぺろぺろと食べた。

날-리다¹[자]【바람에 날아가게 되다】飛ばされる。 예 담뱃재가 바람에 ~. たばこの灰が風に飛ばされる。

날-리다²[타]【바람에 날아가게 하다】飛ばす｜(凧を)揚げる。 예 홈런을 ~. ホームランを飛ばす。/ 종이비행기를 ~. 紙飛行機を飛ばす。/ 연을 ~. たこを揚げる。

날-리다³[자타] ❶【옷자락 등을 바람에 날리다】翻す。 예 코트 자락을 날리며 달려오다. コートの裾をひるがえして走ってくる。 ❷【명성을】名声を広める｜名を挙げる。 예 세계적으로 명성을 ~. 世界的に名を挙げる。 ❸【재산 등을】(財産などを)つぶす｜振る。 예 유흥으로 재산을 ~. 遊興で身代をつぶす。 ❹【일을 되는대로 하다】(仕事などを)いい加減にする｜手を抜く。

날림[명] やっつけ仕事｜雑な仕事。 예 ~ 공사 手抜き工事 / ~으로 집을 짓다. やっつけ仕事で家を建てる。

날림-치[명]【粗製品】粗製品。

날-물[명] 流れ出る水。

날-바닥[명] 何も敷いていない床。=맨바닥

날-반죽[명] 練り粉を水でこねること。

날-밤¹[명]【無益하게 지새우는 밤】無駄に夜明かしする夜｜無駄에 明かした夜。

날밤(을) 새우다[관용] ぼんやりと夜を明かす｜眠らずにぼうっと朝を迎える｜寝付けず徹夜する。 예 그녀를 생각하며 ~. 彼女のことを思ってぼんやりと夜を明かす。日ごとに表情が明るくなってくる。/ 날밤을 새워 공부하다. 徹夜で勉強する。/ 날밤을 새워 일하다. 徹夜で働く。

날-밤²[명] 生栗。 예 ~을 먹다. 生グリを食べる。=생률·생밤

날-벌레[명] 飛び回る虫。

날-벼락[명] ❶ 突然に起きる雷。 ❷ 思わぬ災難｜青天の霹靂。 예 ~을 맞다. 思わぬ災いをこうむる。=생벼락

날-불한당(-不汗黨)[명]【아무 이유없이 행패를 부리는 사람】やくざ｜ごろつき｜悪党。 예 사채업자들은 칼만 안 들었지 완전히 ~이라니까. 高利貸し業者はナイフを持っていないだけで、完全にやくざだよ。

날-붙이[명] 刃物類。

날-사이[명](過ぎ去った)数日間｜ここ数日。 예 ~에 얼굴이 많이 상했군. ここ数日、顔色がとても悪いな。준날새

날-삯[명]【日当】日給。 예 ~을 지급하다. 日当を支給する。

날-새 ☞'날사이'의 준말.

날-수(-數)[명] ❶ 日数。 예 ~를 채우다. 日数を満たす。/ 완성될 때까지 상당한 ~가 걸린다. 完成するまで相当な日数がかかる。 ❷《민》その日の運勢。

날-숨[명] 呼気｜吐き出す息。↔들숨

날-실[명] 縦糸｜経糸。 예 ~과 씨실 経緯｜縦糸と横糸。↔씨실

날쌍-날쌍[부]【여러 군데가 모두 좀 성기거나 허술한 모양】(織り目などが) 粗く｜ざっくりと。=늘썽늘썽

날쌍-하다[형] (織り目などが)粗い｜ざっくりしている。 예 날쌍한 옷감 ざっくりした生地。

날쌔다 (動作などが)敏速である｜すばしこい｜素早い。 예 날쌔게 몸놀림이 ~. 動作がすばしこい。/ 날쌔게 빠져나가다. 素早くひったくる。/ 치타는 먹잇감을 향해 날쌔게 달려들었다. チーターは獲物に向かって敏速に襲いかかった。

날씨[명] 天気｜気候｜天候｜日和。 예 맑게 갠 가을 ~ 澄みわたった秋日和 / 따뜻한 ~ 暖かい日和 / 흐린 ~ 曇った天気 / ~가 좋다. 天気がいい。/ ~가 덥다. 暑い。/ ~가 추우니 코트를 입고 나가라. 寒いからコートを着て行きなさい。/ 오늘 ~는 어떻습니까? 今日の天気はどうですか。=날❸·천기

날씬-날씬[부] ほっそり｜すらり｜すらっと。

날씬-하다[형] (体つきが)ほっそりする｜すらりとする｜すらっとする。예 날씬한 몸매 ほっそりした体つき／날씬한 허리 ほっそりした腰。／날씬한 다리 すらっとした脚。

날아-가다[자] ❶[飛行] 飛んで行く｜吹っ飛ぶ｜飛び去る。예 새가 ~. 鳥が飛んで行く。／강풍으로 모자가 ~. 強風で帽子が吹っ飛ぶ。❷[疾走] 飛んで行く。예 옆으로 오토바이가 휙 날아갔다. 傍からオートバイがさっと飛んで行った。❸[紛失] すっかりなくなる。예 돈 20만 원이 날아갔다. 20万ウォンのお金がすっかりなくなった。

날아-다니다[자] 飛び回る。예 나방이 ~. 蛾が飛び回る。

날아-들다 ❶ 飛んで来て入る。❷ 意外なことが迫ってくる。

날아-오다[자] 飛んでくる。예 갑자기 공이 ~. 突然ボールが飛んでくる。

날아-오르다 空へ飛び立つ｜飛び上がる｜舞い上がる。예 새들이 한꺼번에 ~. 鳥たちが一斉に舞い上がる。／바람에 먼지가 ~. 風でほこりが舞い上がる。／종달새가 하늘 높이 날아올랐다. ヒバリが空高く飛び立った。

날염(捺染)[명] 捺染｜おしぞめ｜プリント。예 ~ 기술 捺染技術。
　날염-하다[타] 捺染する｜プリントする。

날인(捺印)[명] 捺印｜押印。
　날인-하다[자] 捺印する｜押印する。예 계약서에 ~. 契約書に捺印する。

날조(捏造)[명] 捏造｜でっち上げ。
　날조-하다[타] 捏造する｜でっち上げる。예 문서를 ~. 文書を捏造する。

날-짐승[명] 鳥類。

날-짜¹[명] ❶[期日] (一定の)日｜日取り。예 시험 ~가 바로 내일로 다가왔다. 試験の日がすぐ明日に迫った。／약속 ~를 정하다. 約束の日を決める。=날 ❷[日数] 日数｜日にち。예 아직 ~가 많이 남았다. まだ何日も残っている。／~가 임박하다. 日が差し迫っている。❸ (文書などの)日付=일자

날짜²[명] ❶[未熟練] 生なもの。=날것 ❷[素人] 素人｜新米。예 그 사람, 잘하는 체하더니 알고 보니 ~였어. その人、よくできる振りをしていたが、実は新米だったよ。

날짜 변경선(一變更線) 日付変更線。예 ~을 지나면서 하루를 벌었다. 日付変更線を通ってから一日を稼いだ。

날짝지근-하다[형] ひどくけだるい｜ものうい。

날짱-거리다[자] 何度も休みながらゆっくり振る舞う｜そぞろにゆっくり行動する。예 날짱거리지 말고 일해라. のらくらしないで仕事しろ。=날짱대다

날짱-날짱[부] のらりくらり｜ものうげに。

날짱-대다 ☞날짱거리다

날치¹[명] 飛ぶ鳥を射止めること。

날치²[명] 〈동〉飛魚。

날-치기[명] ひったくり｜掻っ払い。예 ~ 놈이 내 가방을 채 갔어. ひったくり野郎が、俺のカバンを盗んで行った。
　날치기-하다[타] ひったくる｜掻っ払う｜攫う。예 돈을 날치기하여 달아나다. 金をひったくって逃げる。／나는 남의 물건을 날치기한 적이 없다. 私は人の物を掻っ払ったことがない。

날치-꾼[명] 鳥打ちの名人。예 그는 사냥꾼 중에서도 ~이다. 彼は猟師の中でも鳥打ちの名人だ。

날카롭다[형] ❶[鋭利] (刃物などが)鋭い｜とがっている｜鋭利だ。예 칼날이 날카로우니 조심하세요. 刃が鋭いから気をつけてください。／날카로운 송곳에 손가락을 찔렸다. 鋭い錐に指が刺された。❷[鋭敏] (能力や・感覚などが)鋭い｜鋭敏だ。예 날카로운 통찰력 鋭い洞察力｜厳しい｜鋭い。예 날카로운 눈초리 鋭い目つき。❹[神経過敏] (神経などが)ぴりぴりしている｜過敏だ。예 신경이 날카롭게 서다. 神経がぴりぴりしている。❺[刺激] (声が)鋭い｜(匂いを)刺激する。예 날카로운 비명 高く鋭い悲鳴／악취가 날카롭게 코를 찌르다. ひどい悪臭が鼻を刺激する。
　날카로이[부] 鋭く｜厳しく。

날캉-거리다[자] ぐにゃぐにゃする｜ぶよぶよする｜どろどろする。예 익은 감이 입안에서 ~. 熟した柿が口の中でぐにゃぐにゃする。=날캉대다

날캉-날캉[부] [너무 물러서 자꾸 무너지는 모양] ぐにゃぐにゃ｜ぶよぶよ｜どろどろ。

날캉-대다[자] ☞날캉거리다

날캉-하다[형] [너무 물러서 자꾸 무너질 듯하다] ぶよぶよしている｜どろどろである｜ぐにゃぐにゃしている。 예)날캉한 엿 ぐにゃぐにゃした飴。

날큰-거리다[자] 柔かくてぐにゃぐにゃする。예)빵 반죽이 ~. パンの生地が柔かくて、ぐにゃぐにゃする。=날큰대다

날큰-날큰[부] ぐにゃぐにゃ｜どろどろ。

날큰날큰-하다[형] ぐにゃぐにゃしている。예)고무 밴드가 오래되어 날큰날큰해서 쓸 수가 없다. 輪ゴムが古くなって、ぐにゃぐにゃして使えない。

날큰-대다[자] ☞날큰거리다

날큰-하다[형] ぐにゃぐにゃしている｜どろどろだ。예)이 젤리는 ~. このゼリーは柔かくてどろどろだ。

날큰-히[부] ぐにゃりと。예)점토가 ~ 될 때까지 반죽하세요. 粘土をぐにゃりとするまで練ってください。

날탕[명] ❶[아무것도 가진 것이 없는 사람] 何も持たない人｜無一物の人。예)~이 투자를 하겠다니 우습다. 何もない人が投資をするとは笑える。 ❷[허풍을 떨거나 감언으로 사람을 속이는 사람] ほらを吹いたり甘い言葉で人を騙したりする人。

날-파람 風を切る‵ときに起こる風。

날파람-둥이[명] 風来坊。예)그렇게 밤낮 쏘다니는 ~가 평판이 좋은 걸 보면 신기해. あんなに昼夜の区別もなくうろつき回っている風来坊なのに、評判がいいから不思議だ。

날-품[명] 日雇い｜日雇い仕事。
날품(을) 팔다[관용] 日雇い仕事をする。

날품팔-이[명] ❶日雇い。 ❷日雇い労働者。

날품팔이-꾼[명] 日雇い労働者。예)그 사람은 ~이라도 해서 가족을 먹여 살릴 사람이야. あの人は日雇い労働者でもして、家族を扶養する人だ。

날피[명] [가난하고 말이나 행동에 진실성이 없는 사람] 貧しくて言動に真実のない人。

낡다 古い。 ❶[오래되다] 古くさい｜古ぼけている。예)낡은 교실 古い教室。 ❷[구식이다] 旧式だ｜時代におくれだ。예)낡은 사고방식 時代おくれの考え方/낡은 제도를 타파하다. 古い制度を打破する。

남[명] ❶[자기 이외의 다른 사람] (自分以外の)人｜他人。예)~의 눈에 뜨이지 않는 곳 人の目につかない所。 ❷[친척이 아닌] (親戚ではない)他人。예)이혼하면 부부는 ~이 된다. 離婚すれば夫婦は他人になる。 ❸[관계가 없는 사람] (関係のない)他人。예)이제 그는 생판 ~이다. もう彼は赤の他人だ。

남의 말(을) 하다[관용] (人の)噂をする。
남의 말 하기는 식은 죽 먹기[속담] 人のことを言うのは冷えた粥を食べること。
남의 손의 떡은 커 보인다[속담] 他人のものは自分のものより良く見える：〔日〕隣の花は赤い。
남의 잔치(장/제사)에 감 놓아라 배 놓아라 한다[속담] 人の宴に柿をおけ、梨をおけと言う：「他人事に徒に干渉してでしゃばる」の意：〔日〕余計なお世話だ。
남의 장단에 춤춘다[속담] 人の調子に合わせて踊る：「自分の意見や考えはなく、他人の真似をする」の意：〔日〕猿真似をする。

남²(男)[명] 男だ｜男性だ。

남³(南)[명] 南だ。예)~쪽 바다 南の海。

남⁴(藍)[명]《식》藍だ。

남-⁵(男)[접] 男だの一。예)남학생 男の学生/남동생 弟だ。

남겨-지다[자] 残される。예)혼자만 남겨진 듯하다. 一人だけ残されたみたい。

남국(南國)[명] 南国｜南の国。예)~의 정취 南国の情趣。

남극(南極)[명] 南極。

남극-권(南極圈)[명] 南極圏。

남극 기단(南極氣團) 南極気団。

남극 대륙(南極大陸)《지》南極大陸。

남극-해(南極海)[명]《지》南極海。

남-기다[타] ❶残す｜余す。예)밥을 ~. ご飯を残す。/ 한 명도 남기지 않고 데리고 가다. 一人も余さず連れて行く。 ❷[이익을 얻다] 利益を得る｜儲ける｜得をする。예)주식으로 이익을 ~. 株式で利益を得る。

남김-없이[부] 残らず｜余すところなくありったけ｜すべて。예)하나도 ~ 버리다. 一つとして残さず全部捨てる。

남-남[명] 赤の他人だ。

남녀(男女)[명] 男女｜男と女。예)~ 공학 男女共学。

남녀-노소(男女老少)圏 老若男女。

남-녘(南一)圏 南の方┆南方。

남다재 ❶【쓰고 남은 돈】余る┆残る。예 시간이 ~. 時間が余る。/ 쓰고 남은 돈 使って残ったお金。 ❷【회사에 남다】残る┆残留する。예 회사에 남아서 야근을 하다. 会社に残って夜勤をする。 ❸【후세에 전해지다】残る┆後世に伝わる。예 후세에 이름이 ~. 後世に名が残る。 ❹【이익이 나다】儲かる┆利益がある。예 남는 장사 儲かる商売。/ 割りのいい商売/이익이 ~. 利益が残る。

남-다르다圏 並み外れている┆人と違っている┆風変わりだ。예 남다른 재능 並外れた才能/ 감회가 ~. 感慨が風変わりだ。

남단(南端)圏 南端┆南の端。

남-달리閉 並外れて┆人一倍に。예 ~ 총명하다. 並外れて聡明だ。

남도(南道)圏 京畿道以南の地域┆忠清道・慶尚道・全羅道の三道と済州道のこと。

남-동생(男一)圏 弟。

남루-하다(襤褸一)圏 (着物などが)みすぼらしい┆ぼろぼろだ。예 남루한 옷차림의 나그네 みすぼらしい身なりの旅人。

남매(男妹)圏 兄と妹。

남매-간(男妹間)圏 兄と妹との間柄。

남-모르다圏 人知れず┆密かだ。예 남모르는 선행 人知れぬ善行/ 남모르게 고민하고 있다. 密かに悩んでいる。

남-몰래閉 密かに┆人知れず。예 ~ 눈물을 흘리다. 密かに涙を流す。

남미(南美)圏 ㈜ 南米┆南アメリカ。

남바위圏 【한복을 입을 때에 쓰는 안쪽에 털을 댄 모자】 ナンバウイ。

남-반구(南半球)圏 南半球。

남발(濫發)圏 乱発┆濫発。

　남발-하다匣 乱発する┆濫発する。예 어음을 ~. 手形を乱発する。

남방(南方)圏 ❶ 南方┆南の方。 ❷ 開襟シャツ。=남방셔츠

남방-셔츠(南方shirts)圏 ➡남방❷

남벌(濫伐)圏 乱伐┆濫伐。

　남벌-하다匣 乱伐する┆濫伐する。예 삼림을 ~. 森林を乱伐する。

남부(南部)圏 南部。예 ~ 지방 南部地方。

남부끄러이閉 人目に恥ずかしく。

남-부끄럽다圏 人目に恥ずかしい。예 남부끄러워서 거리를 나다닐 수가 없구나. 恥ずかしくて街を出歩くこともできないよ。/ 너의 그러한 행동을 남부끄럽게 생각하길 바란다. 君のそのような行動を恥ずかしく思ってほしい。

남-부럽다圏 (他人が)うらやましい。예 이 정도면 남부럽지 않은 살림살이다. この程度の暮らしなら、他人をうらやましがらなくてもいい。

남부럽잖다圏 (他人のことが)ちっともうらやましくない。

남북(南北)圏 南北┆南方と北方。예 ~ 문제 南北問題。

　남북(이) 나다관용 額と後頭部が突き出る。

남북 전쟁(南北戰爭) 圏㈜ 【미국에서 있었던 내전】南北戦争。

남비圏 ☞ '냄비'의 잘못.

남빙-양(南氷洋)圏 ㈜ 南氷洋。=남극해

남-빛(藍一)圏 藍┆藍色。

남-사당(男一)《民》【조선시대, 무리를 지어 여기저기 떠돌아다니면서 소리나 춤을 팔던 사내】 ナムサダン。예 ~놀이 ナムサダン遊び。

남상(男相)圏 (女の)男のような顔つき。

　남상(을) 지르다관용 (女が)男のような顔つきをしている。

남새圏 野菜┆青物。=채소

남새-밭圏 野菜畑。

남색(藍色)圏 藍色。

남생-이圏 (動) 草亀。

남성¹(男性)圏 ❶ 男性。예 ~ 호르몬 男性ホルモン。 ❷《연》【문법】 男性。예 ~ 명사 男性名詞。

남성²(男聲)圏 男声┆男の声。

남성-미(男性美)圏 男性美。

남성-복(男性服)圏 男性服。

남성-적(男性的)관형 男性的。예 ~ 가치관 男性的価値観。

남성-지다(男性一)圏 (女が)男のような性質だ┆男まさりである。

남세-스럽다圏 ☞ 남우세스럽다

남실-거리다재 ❶【부드럽고 가볍게 잔물결이 흔들리다】(波などが)寄せる┆ゆらゆら揺れる。 ❷【액체가 가득 차서 넘칠 듯하다】液体が溢れるようだ。예 욕조의 물이 가득하여 ~. 浴槽の水かが一杯に入って、なみなみと揺れる。 ❸【남의 물건 보고 탐내어 넘겨다보다】(物欲しそうに)しきりにきょろきょろと見る┆こっそりと見る。예 그는 쇼윈도 안을 남실거리고 있다. 彼はショーウ

インドーから物欲しげに中を覗き込んでいる。 =남실대다

남실-남실(부) ❶【부드럽게 자꾸 흔들리는 모양】ゆらゆら；ゆらりゆらり。❷【액체가 가득 차서 넘칠 듯한 모양】ひたひた；なみなみ。(예) 술을 술잔 가득 ~ 따르다. 酒を杯いっぱい、なみなみとつぐ。❸【곁눈질을 자꾸 하는 모양】きょろきょろ。(예) 아이가 가지고 싶은 듯 ~ 이쪽을 보고 있다. 子供が物欲しげにきょろきょろ、こちらを見ている。

남실-대다(자) ☞남실거리다

남-십자성(南十字星)(명) 〈천〉【남쪽하늘에 보이는 네 개의 별】南十字星じゅうじせい。

남십자-자리(南十字—)(명) 〈천〉【별자리의 하나】南十字座じゅうじざ。 =남십자좌

남십자-좌(南十字座)(명) ☞남십자자리

남아(男兒)(명) 男児。❶【사내아이】男子；男らしい男。❷【남자】男の子。(예) ~를 선호하다. 男の子を好さむ。

남아-돌다(자) 有り余る。(예) 돈이 ~. お金が有り余る。

남-아메리카(南America)(명)〈지〉南アメリカ。

남-아시아(南Asia)(명)〈지〉南アジア。

남-아프리카(南Africa)(명)〈지〉南アフリカ。

남아프리카 공화국(南Africa共和國)〈국〉南アフリカ共和国きょうわこく。

남안(南岸)(명) 南岸。

남양(南洋)(명)〈지〉南洋。(예) ~ 군도 南洋群島。

남용(濫用)(명) 濫用；乱用。(예) 직권 ~ 職権の濫用。 =난용

　남용-하다(타) 濫用する；乱用する；みだりに用いる。(예) 약물을 ~. 薬物を乱用する。

남우(男優)(명)【남자배우】男優。(예) ~ 주연상 主演賞男優賞。

남-우세(명)【남에게 놀림받거나 비웃음을 당함】(人から)からかわれること；物笑いになること。(예) 그는 항상 ~가 된다. 彼はいつも人の笑い物になる。 =남세

　남우세-하다(자) からかわれる；物笑いになる。

남우세-스럽다(형) 嘲笑されそうだ；馬鹿にされそうだ。(예) 남우세스러워 얼굴을 들 수가 없다. 馬鹿にされそうで顔をあげることができない。 =남세스럽다

남위(南緯)(명) 南緯。

남-유럽(南Europe)(명)〈지〉南ヨーロッパ。

남의-눈(명) 人目；他人の目。(예) ~이 두렵다. 人目が怖い。/ ~에 띄지 않게 조심해라. 人目につかないように注意しろ。/ ~을 의식하다. 人目を意識する。

남의-달(명)【해산달이 지난 다음달】お産の予定の月の翌月。

남의집살-이(명) 住み込み；住み込みの生活；住み込みの人。(예) ~의 설음 住み込みの生活の悲しみ。

남자(男子)(명) 男子；男；男性。(예) ~아이 男の子/ ~ 화장실 男子用トイレ/ ~답다. 男らしい。

남작(男爵)(명)【작위의 하나】男爵；バロン。

남장(男裝)(명) 男装。
　남장-하다(자) 男装する。(예) 남장하고 연기하다. 男装して演技する。

남정(男丁)(명) (15歳以上の)壮丁；青年。

남정-네(男丁—)(명)【예사남자 사내를 대접하여 부르는 말】兄さんがた；あんちゃんたち。(예) 힘센 ~들 力強いあんちゃんたち。

남존-여비(男尊女卑)(명) 男尊女卑。

남종 문인화(南宗文人畵) ☞남종화

남종-화(南宗畵)(명)〈미〉南宗画。 =남종 문인화

남중(南中)(명)〈천〉南中。
　남중-하다(자) 南中する。

남중-일색(男中一色)(명)【남자의 얼굴이 썩 뛰어나게 잘 생김】美男子。

남진(南進)(명) 南進。
　남진-하다(자) 南進する。

남짓(의)【수·분량·무게 따위가 어느 한도에 차고 조금 남음을 나타내다】余り；余。(예) 2년 ~ 2年あまり；2年の余/ 10명 ~ 의 관객 10名あまりの観客。

　남짓-이(부) 多めに；余り；ほど。(예) 6년 ~ 대학을 다니고 있다. 六年あまり大学校に通っている。

　남짓-하다(형) 多めだ；余りだ。(예) 50명 남짓한 사람이 모였다. 50人余りの人々が集まった。

남-쪽(南—)(명) 南の方；南方。(예) ~을 향하다. 南を向く。

남창(南窓)(명) 南窓；南向きの窓。

남천(南天)(명) 南天；南の空。

남청(藍青)(명) 濃い青色。

남측(南側)(명) 南側。

남침(南侵)(명) 南方を侵略すること。
　남침-하다(자) 南方を侵略する。

남탕(男湯)(명) 男湯；男風呂。

남-태평양(南太平洋)圕 《지》南太平洋。

남편(男便)圕 夫｜亭主｜主人｜旦那。亭主持ち/ 좋은 ~을 얻다. 良い夫を得る。/ ~을 잃다. 夫を失う。

남포圕 導火線を装置したダイナマイト。

남포²圕 ☞남포등

남포-등(一燈)圕 ランプ。=남포²

남포-질圕 ダイナマイトで岩石などを爆破すること。예 ~은 매우 위험하다. ダイナマイトで爆破することはとても危険だ。

남포질-하다재 ダイナマイトで岩石などを爆破する。예 남포질하여 터널을 만들다. ダイナマイトで爆破してトンネルを作る。

남풍(南風)圕 南風｜南風。

남하(南下)圕 南下｜南進。

남하-하다재 南下する｜南進する。

남-학교(男學校)圕 男の学校。

남-학생(男學生)圕 男の学生。

남한(南韓)圕 南韓｜韓国。

남해(南海)圕 南海。

남해-안(南海岸)圕 南の方にある海岸。

남행(南行)圕 南行き。예 ~ 열차를 타다. 南行きの列車に乗る。

남행-하다재 南の方へ行く。예 겨울에는 남행하자. 冬は南の方向へ行こう。

남향(南向)圕 南向き｜南面。예 ~ 베란다 南向きのベランダ。

남향-하다재 南に向く｜南に面している。예 남향한 집들이 나란히 서 있다. 南に向いた家々が建ち並ぶ。

남향-집(南向—)圕 南向きの家。예 볕이 잘 드는 ~ 日当りのいい南向きの家。

남-회귀선(南回歸線)圕 南回帰線。

남획(濫獲)圕 乱獲｜濫獲。

남획-하다타 乱獲する｜濫獲する。

납¹圕《화》鉛。=연(鉛)

납²(蠟)圕《화》蝋。

납골-당(納骨堂)圕 納骨堂。

납금(納金)圕 納金。

납금-하다타 納金する。

납기(納期)圕 納期。예 ~ 엄수 納期厳守。

납-덩이圕 鉛の塊。예 ~를 단 것처럼 무거운 다리 鉛の塊を付けられたように重い足。

납득(納得)圕 納得。예 ~이 가는 설명 納得の行く説明。

납득-하다타 納得する。

납-땜圕 半田付け｜鑞付け。예 ~ 일 はんだづけの仕事。

납땜-하다타 半田付けする｜鑞付けする。예 납땜할 때 필요한 도구 半田付けする時に必要なもの/ 납땜하기는 어렵다. 鑞付けするのは難しい。

납본(納本)圕 納本。

납본-하다타 納本する。

납부(納付·納附)圕 納付｜納入｜払い込み。=납입

납부-하다타 納付する｜納入する｜払い込む。예 보험료를 ~. 保険料を納付する。

납-빛圕 鉛色。

납세(納稅)圕 納税。예 ~의 의무 納税の義務。

납세-하다재 納税する。

납세-액(納稅額)圕《법》納税額。

납신튀 ❶〔상체를 가볍게 구부리는 모양〕(上体などを)軽くぺこっとかがめるさま。 ❷〔게걸스럽게 먹거나 잽싸게 받아먹는 모양〕ぺちゃくちゃとしゃべりたてるさま。

납신-거리다재타 ❶ぺこぺこする｜しきりに腰を折る。예 납신거리며 아양을 부리다. ぺこぺこして媚を売る。 ❷ぺちゃくちゃとしゃべりたてる。=납신대다

납신-대다재타 ☞납신거리다

납신-납신튀 ❶ぺこぺこ。 ❷ぺちゃくちゃ。

납월(臘月)圕【불】臘月｜師走｜陰暦の12月。

납입(納入)圕 ☞납부

납작튀 ❶〔입을 벌렸다가 닫으며 날쌔게 먹는 모양〕ぱくっと｜ぱくり｜がぶり。예 과자를 ~ 받아먹다. 菓子をぱくりともらって食べる。 ❷〔갑자기 바닥에 몸을 엎드리는 모양〕ぱたっと。예 바닥에 ~ 엎드리다. 床にぱたっと伏せる。

납작-거리다타 ❶(しきりに)口を直ちにぱくつかせる｜直ちにかぶりつく。예 입을 ~. しきりに口を直ちにぱくつかせる。 ❷(身を)しきりに直ちにばったりと伏せる。예 몸을 ~. 体をばったりと伏せる。=납작대다

납작-대다타 ☞납작거리다

납작-감圕 平べったい柿。

납작-납작¹ 閉 ❶【흉내말】ぱくぱく｜がぶりと。❷【行動행동말】(身を)しきりに直ちにばったりと伏せるさま。

납작-납작² 閉 【모양말】みな平べったいさま｜平らなさま。

납작스름-하다 혱 やや平べったい。 예 얼굴이 ~。顔がやや平べったい。
　납작스름-히 閉 やや平べったく。

납작-이¹ 명 【 】平たい顔の人。

납작-코 명 あぐら鼻。 예 ~만 아니었어도 미남이었을 텐데。鼻がぺちゃんこでさえなかったら、美男子だったろうに。

납작-하다 혱 薄くて平べったい｜平らである。 예 납작한 머리 平べったい頭／납작한 뒤통수 平べったい後頭部／납작한 코 平べったい鼻。
　납작-이² 閉 平べったく｜平らに。

납작-호박 명 平べったいカボチャ。

납죽 閉 ❶【흉내말】ぱくっと｜ぱくり｜がぶり。❷【行動행동말】べたっと。 예 ~ 엎드려 사과하다。べたとひれ伏して謝る。／~ 절하다。べたりとお辞儀する。

　납죽-거리다 타 ❶(口を)ぱくぱくする。❷しきりに身を伏せる。=납죽대다
　납죽-대다 타 ⇒납죽거리다

납죽-납죽¹ 閉 ❶【흉내말】ぱくぱく｜がぶりと。❷【行動행동말】(身を)しきりに身を伏せるさま。

납죽-납죽² 閉 【모양말】みな少し長めに平たいさま。

납죽-하다 혱 少し長めに平たい。
　납죽-이 閉 少し長めに平たく。

납 중독(一中毒) 명 鉛中毒。 예 ~으로 신경 마비를 일으키다。鉛中毒で神経麻痺を起こす。

납지(蠟紙) 명 蝋紙。

납-축전지(一蓄電池) 명 《화》鉛蓄電池。

납치(拉致) 명 拉致。 예 ~ 사건 拉致事件。
　납치-하다 타 拉致する。 예 괴한들에게 납치당했다。怪漢たちに拉致された。

납폐(納幣) 명 《민》【옛날말에 가끔 쓰는 말이에요】納采｜結納。 예 ~는 옛날부터의 관례이다。結納は昔からのならわしだ。
　납폐-하다 자 (新郎側が花嫁側に)結納する。 예 이젠 슬슬 납폐할 준비를 할까? そろそろ結納する準備をしようか。

납품(納品) 명 納品。 예 ~ 기일을 정하다。納品期日を定める。
　납품-하다 타 納品する。 예 신제품을 ~。新製品を納品する。

낫 명 鎌。 예 ~으로 벼, 보리, 풀 따위를 베다。鎌で稲、麦、草などを刈る。／이 ~은 잘 드니 주의해라。 이 鎌はよく切れるので注意しなさい。

　낫 놓고 기역 자도 모른다 속담 鎌が目の前に置いてあるのに、「ㄱ」の字も知らない：〔日〕いろはのいの字も知らない。

낫낫-하다 혱 柔らかい。
　낫낫-이 閉 柔らかく。

낫다¹ 자 (病気·傷などが)治る｜癒える。 예 상처가 ~。怪我が治る。

낫다² 혱 (他のものより)勝る｜優れている｜ましだ｜よい。 예 사는 것이 죽는 것보다 ~。生き続けることは、死ぬことよりましだ。／너의 성적은 그 사람보다 ~。君の成績は彼に勝る。

낫-살 명 ⇒'나잇살'의 준말。

낫-잡다 타 やや多めに見積もる｜やや余裕をもって見積もる。 예 경비를 낫잡았더니 돈이 조금 남았다。やや多めに見積もったのでお金が少し残った。

낫-질 명 鎌で刈ること。
　낫질-하다 자 鎌で刈る。

낭독(朗讀) 명 朗読。
　낭독-하다 타 朗読する。 예 시를 ~。詩を朗読する。

낭-떠러지 명 崖｜断崖｜絶壁。 예 ~에서 떨어질 뻔했다。崖から落ちそうになる。

낭랑-하다(朗朗一) 혱 朗々としている。 예 그의 낭랑한 목소리가 매력적이다。彼の朗々とした声は魅力的だ。／이런 낭랑한 연설은 지금까지 들어 본 적이 없다。こんなに朗々とした演説は、今まで聞いたことがない。

　낭랑-히 閉 朗々と。 예 ~ 시를 낭독하다。朗々と詩を朗読する。／~ 축사를 읽다。朗々と祝辞を読み上げる。

낭만(浪漫) 명 浪漫｜ロマン。 예 ~이 넘치다。浪漫が溢れる。

낭만-적(浪漫的) 관 명 浪漫的｜ロマンチック。 예 ~인 분위기 ロマンチックな雰囲気。

낭만-주의(浪漫主義) 명 《예》浪漫主義

｜ロマン主義｜ロマンチシズム。

낭만주의 음악(浪漫主義音樂)〖음〗ロマン派の音楽。浪漫主義の音楽。

낭보(朗報)〖명〗朗報。예～를 접하다. 朗報に接する。↔비보

낭비(浪費)〖명〗無駄遣い。예사치와～. 贅沢と浪費。

　낭비-하다〖타〗浪費する。無駄遣いする。예시간을～. 時間を浪費する。

　낭비-벽(浪費癖)〖명〗浪費癖。

낭설(浪說)〖명〗流言｜デマ。예～을 퍼뜨리다. デマを飛ばす。

낭송(朗誦)〖명〗朗誦。

　낭송-하다〖타〗朗誦する。예자작시를～. 自作詩を朗誦する。

낭자(娘子)〖명〗〖처녀를 높여 말함〗娘子。お嬢さん。

낭자-하다(狼藉-)〖형〗狼藉だ｜乱雑だ｜取り散らかす。예주위에 유혈이～. 周りに血が飛び散っている。

낭창-거리다(綱-)〖자〗(や細い棒などが)しなやかにたわみ揺れ動く。＝낭창대다

낭창-낭창〖부〗〖가늘고 긴 것이 탄력 있게 자꾸 흔들리는 모양〗たわわ。

낭창-대다〖자〗↔낭창거리다

낭패(狼狽)〖명〗〖일을 잘못하여〗計画としたことが失敗したり食い違って、非常に困ること｜大変だ。예또 실패하다니～구나. また失敗にしてこれは大変だな。

　낭패-하다〖자타〗大変だ。예지갑을 잃어버려 낭패한 일이 있다. 財布を落として大変だったことがある。

　낭패(를) 보다〖관용〗大変な目に遭う。예매사는 무리하게 하면 낭패를 보는 법이지. 何事も無理をすれば大変な目にあうものだ。

낮〖명〗〖해가 떠있는 동안〗〖해가 뜰 때부터 질 때까지〗昼。❶昼間｜日中｜日。예～에는 일하고 밤에 공부한다. 昼働いて夜も勉強する。／～에 밤을 이어 연구하다. 日夜～研究する。／이 시기는 ～이 길고 밤이 짧아지는 시기이다. この時期は昼が長くなる時期だ。❷〖한낮과 반 정도로〗真昼。예펄펄 내리던 눈은 ～이 되어서야 그쳤다. こんこん降った雪は正午になってやっとやんだ。
＝한낮 ↔밤

낮-교대(-交代)〖명〗昼の交代｜昼の当番だ。

낮다❶〖형〗(高さなどが)低い。예남산은 한라산보다～. ナムサンはハルラサンより低い。／테이블이 낮아 불편하다. テーブルが低くて不便だ。❷〖신분이나 지위가〗〖어떤 사회에서 차지하는 사회적 위치가〗(地位・身分が)低い。예과장은 차장보다～. 課長は次長より下だ。❸〖많은〗(量が)少ない｜(数値等などが)低い。(値段が)安い。예혈압이～. 血圧が低い。／기온이～. 気温が低い。／좀 더 낮은 가격의 방을 보여 주세요. もっと安い部屋を見せてくれませんか。❹〖수준이나 정도가〗低い｜劣っている。예교육 수준이 낮은 지역 教育の水準が劣っている地域／가격은 높은데 질은～. 高価なのに質は低い。❺〖소리·음이〗(声・音が)低い｜小さい。예목소리로 속삭이다. 小さい声でささやく。

낮-도깨비〖명〗❶昼に現れた鬼。❷〖체면 이 행동하는 사람을 비유하여〗厚顔無恥さの人。예이게 무슨～놀음이야？なんていやらしい行楽だ。

낮-도둑〖명〗❶昼の泥棒。❷〖체면도 없이 욕심을 부리는 사람을 비유하여〗がりがり亡者だ。예체면이 있지 어떻게 그런～짓을 한단 말이야！どうしてそんな恥も外聞もないことができるんだ。

낮-때〖명〗真昼｜昼ごろ。예거의 ～나 되어 목적지에 도착하였다. ほとんど昼ごろになって目的地に到着した。

낮-말〖명〗昼の話。
　낮말은 새가 듣고 밤말은 쥐가 듣는다〖속담〗「❶誰もいない所でも言葉には注意しなければならない。❷いくら秘密にしても、必ず人の耳には入るようになる。」の意；〖日〗壁に耳あり障子に目あり。◆日本では「壁に耳、門に目」という。

낮-보다〖타〗〖낮추어 평가하다〗見下げる｜見下ろす｜見くびる｜馬鹿にする。예상대편 팀을 낮보아 참패하다. 相手のチームを見くびって惨敗する。

낮-술〖명〗昼間に飲む酒。

낮은-말〖명〗❶〖상스러운 말〗卑語｜たちの悪い言葉。❷〖낮은 소리〗小さな声で話す言葉。

낮은음자리-표(-音-標)〖명〗《へ音記号》低音部記号。

낮-일〖명〗昼の仕事。↔밤일
　낮일-하다〖자〗昼の仕事をする。

낮-잠〖명〗昼寝｜午睡。예깜박 ～이 들었다. うっかり昼寝する。

낮-잡다❶〖안〗安く見積もる｜低く見積もる。❷〖경〗見下げる｜見くびる｜軽くみる｜軽視する。예상대를 낮

잡아 보는 듯한 태도 相手${}_{\text{あいて}}$を見下${}_{\text{みくだ}}$げるような態度${}_{\text{たいど}}$。

낮-참 圏 ❶昼食${}_{\text{ちゅうしょく}}$の前後${}_{\text{ぜんご}}$のひと休${}_{\text{やす}}$み。❷昼間${}_{\text{ひるま}}$に食${}_{\text{た}}$べるおやつ。

낮추 閉 低${}_{\text{ひく}}$く｜下${}_{\text{さ}}$げて。

낮추다 ❶低${}_{\text{ひく}}$くする｜下${}_{\text{さ}}$げる｜引${}_{\text{ひ}}$き下${}_{\text{さ}}$げる｜落${}_{\text{お}}$とす。에 온도를 ～. 温度${}_{\text{おんど}}$を下${}_{\text{さ}}$げる。/ 금리를 ～. 金利${}_{\text{きんり}}$を引${}_{\text{ひ}}$き下${}_{\text{さ}}$げる。❷(目下${}_{\text{めした}}$に対${}_{\text{たい}}$して)言葉${}_{\text{ことば}}$づかいをぞんざいにする。에 선배는 후배에게는 말을 낮추어도 상관없다. 先輩${}_{\text{せんぱい}}$は後輩${}_{\text{こうはい}}$には言葉を低${}_{\text{ひく}}$めても構${}_{\text{かま}}$わない。

낮추-보다 타 (人${}_{\text{ひと}}$を)見下${}_{\text{みくだ}}$げる｜見下${}_{\text{みく}}$びる。

낮춤-말 《언》目下${}_{\text{めした}}$のものに対${}_{\text{たい}}$して使${}_{\text{つか}}$う言葉${}_{\text{ことば}}$。

낯 圏 ❶【顔】顔${}_{\text{かお}}$｜顔面${}_{\text{がんめん}}$｜面${}_{\text{めん}}$。에 ～을 들다. 顔を上${}_{\text{あ}}$げる。/ ～을 깨끗이 씻다. 顔をきれいに洗${}_{\text{あら}}$う。/ 이렇게 칭찬을 해 주시다니 오히려 제가 ～ 뜨겁습니다. こんなに褒${}_{\text{ほ}}$めてくださると、むしろ恥${}_{\text{は}}$ずかしくて顔${}_{\text{かお}}$から火${}_{\text{ひ}}$が出${}_{\text{で}}$ます。❷【体面】顔${}_{\text{かお}}$｜体面${}_{\text{たいめん}}$｜面目${}_{\text{めんぼく}}$。에 친구들을 대할 ～이 없다. 友人達${}_{\text{ゆうじんたち}}$に合${}_{\text{あ}}$わせる顔がない。

낯-가리다 人見知${}_{\text{ひとみし}}$りする｜人怖${}_{\text{ひとお}}$じする。에 낯가리는 성격 人見知りする性格${}_{\text{せいかく}}$。

낯-가림 人見知${}_{\text{ひとみし}}$り｜人怖${}_{\text{ひとお}}$じ。에 ～이 심한 아기 人見知りがひどい赤${}_{\text{あか}}$ちゃん。

낯가림-하다 자타 人見知${}_{\text{ひとみし}}$りする｜人怖${}_{\text{ひとお}}$じする。

낯-가죽 面${}_{\text{つら}}$の皮${}_{\text{かわ}}$。
  낯가죽(이) 두껍다〔관용〕面${}_{\text{つら}}$の皮${}_{\text{かわ}}$が厚${}_{\text{あつ}}$い｜鉄面皮${}_{\text{てつめんぴ}}$だ。

낯-간지럽다 面${}_{\text{つら}}$はゆい｜照${}_{\text{て}}$れくさい｜きまり悪${}_{\text{わる}}$い。에 아무 일도 없이 상을 받다니 낯간지러운 일이다. 何${}_{\text{なに}}$をしたわけでもないのに賞${}_{\text{しょう}}$をもらうとは、照れくさいことだ。

낯-나다 자 顔${}_{\text{かお}}$が立${}_{\text{た}}$つ｜面目${}_{\text{めんぼく}}$が立${}_{\text{た}}$つ。
=생색나다

낯-내다 顔${}_{\text{かお}}$を立${}_{\text{た}}$てる｜面目${}_{\text{めんぼく}}$を立${}_{\text{た}}$てる｜恩${}_{\text{おん}}$に着${}_{\text{き}}$せる。

낯-바닥 【卑】面${}_{\text{つら}}$。

낯-부끄럽다 (恥${}_{\text{は}}$ずかしくて)顔向${}_{\text{かおむ}}$けができない｜面目${}_{\text{めんぼく}}$ない。에 잘못한 저를 위로해 주시고 격려해 주시니 낯부끄러워 얼굴을 들 수가 없습니다. 過${}_{\text{あやま}}$ちを犯${}_{\text{おか}}$した私${}_{\text{わたし}}$を慰${}_{\text{なぐさ}}$め励${}_{\text{はげ}}$ましてくださり、恥${}_{\text{は}}$ずかしくて顔${}_{\text{かお}}$をあげることができません。

낯-빛 圏 顔色${}_{\text{かおいろ}}$｜顔${}_{\text{かお}}$つき。에 그 소식을 들은 그녀의 ～이 새파랗게 변했다. その知らせを聞いた彼女${}_{\text{かのじょ}}$の顔色が真${}_{\text{ま}}$っ青${}_{\text{さお}}$になった。/ 내 말에 그의 ～이 달라졌다. 私${}_{\text{わたし}}$の言葉${}_{\text{ことば}}$に彼${}_{\text{かれ}}$の顔付${}_{\text{かおつ}}$きが変${}_{\text{か}}$わった。

낯-설다 面識${}_{\text{めんしき}}$がない｜見慣${}_{\text{みな}}$れない｜なじみがうすい。에 그곳은 아주 낯선 곳이었다. そこはまったくなじみのない所${}_{\text{ところ}}$だった。/ 문득 그가 낯선 얼굴로 나를 바라보았다. ふと彼${}_{\text{かれ}}$がいつにない顔${}_{\text{かお}}$で私${}_{\text{わたし}}$を見${}_{\text{み}}$つめた。

낯-없다 面目${}_{\text{めんぼく}}$ない。에 인사를 차리지 못하여 낯없게 되었다. 挨拶${}_{\text{あいさつ}}$をすることができなくて、面目ないこととなった。
  낯없-이 閉 面目${}_{\text{めんぼく}}$なく。

낯-익다 なじみである｜見慣${}_{\text{みな}}$れている｜見覚${}_{\text{みおぼ}}$えがある。에 낯익은 모습으로 앉아 있다. 見覚えのある様子${}_{\text{ようす}}$で座${}_{\text{すわ}}$っている。

낯익-히다 【使】見慣${}_{\text{みな}}$れさせる｜なじませる｜親${}_{\text{した}}$しませる。

낯-짝 【卑】面${}_{\text{つら}}$｜面${}_{\text{つら}}$の皮${}_{\text{かわ}}$。에 그 놈 ～ 한번 보고 싶다. 奴${}_{\text{やつ}}$の面を一度${}_{\text{いちど}}$見${}_{\text{み}}$てみたい。

낱-개(一個) 一個${}_{\text{いっこ}}$｜ばら。에 ～ 포장 個別包装${}_{\text{こべつほうそう}}$ / 한 개씩 ～로 사다. 一${}_{\text{ひと}}$つずつばらで買${}_{\text{か}}$う。

낱-권(一卷) 一巻${}_{\text{いっかん}}$｜一冊${}_{\text{いっさつ}}$｜各巻${}_{\text{かくかん}}$。에 ～ 판매 各巻販売${}_{\text{かくかんはんばい}}$。

낱-낱 圏 一${}_{\text{ひと}}$つ一${}_{\text{ひと}}$つ。

낱낱-이 閉 一${}_{\text{ひと}}$つ一${}_{\text{ひと}}$つ｜いちいち。에 화장품 성분을 ～ 조사하다. 化粧品${}_{\text{けしょうひん}}$の成分${}_{\text{せいぶん}}$を一つ一つ調${}_{\text{しら}}$べる。/ ～ 설명하다. いちいち説明${}_{\text{せつめい}}$する。

낱-말 《언》単語${}_{\text{たんご}}$。에 ～ 카드 単語カード。

낱-알 圏 (個々${}_{\text{ここ}}$の)一粒${}_{\text{ひとつぶ}}$。

낱-잔(一盞) (酒${}_{\text{さけ}}$などの杯${}_{\text{さかずき}}$の)一杯${}_{\text{いっぱい}}$。

낱-푼 ばら銭${}_{\text{せん}}$｜小銭${}_{\text{こぜに}}$。

낳다 ❶【出産】産${}_{\text{う}}$む。에 사내아이를 ～. 男${}_{\text{おとこ}}$の子${}_{\text{こ}}$を産む。/ 닭이 알을 낳았다. 鶏${}_{\text{にわとり}}$が卵${}_{\text{たまご}}$を産んだ。❷【結果出】(結果${}_{\text{けっか}}$を)生${}_{\text{う}}$む｜生${}_{\text{しょう}}$じる｜もたらす。에 이익을 ～. 利益${}_{\text{りえき}}$を生む。/ 비참한 결과를 ～. 悲惨${}_{\text{ひさん}}$な結果をもたらす。

내¹ 圏 流${}_{\text{なが}}$れ｜小川${}_{\text{おがわ}}$｜川${}_{\text{かわ}}$。에 ～를 건너다.

川を渡る。=개천

내²[명]〖煙〗煙り。

내³[명]〖냄새〗におい。例 달걀 썩은 ~가 나다. 卵がくさったにおいがする。=냄새❶

내⁴[대] 私は・僕は・俺は・自分は。~가 할게. 私がするわ。/ 그 요리는 ~가 만들었다. その料理は僕が作った。

-내⁵[접]〖限定〗ーうち｜ー内｜ー以内｜ー中｜ーじゅう。例 기한내 期限以内 / 봄내 春中 / 일 년내 一年中。

내⁶〖所有格〗私の｜僕の｜俺の。例 ~ 생각 僕の考えよ / ~ 문제야. 私の問題よ。/ ~ 것이다. 俺のだ。

내-가다[타] 持って外へ出す｜持ち出す。例 차를 ~. お茶を持ち出す。/ 의자를 마당으로 내가서 앉다. 椅子を庭へ持ち出して座る。

내각¹(內角)[명] ❶〖수〗内角。例 삼각형의 ~의 합은 외각의 합보다 작다. 三角形の内角の和は外角の和より小さい。❷〖운〗インコーナー。

내각²(內閣)[명] 〖정〗内閣｜キャビネット。例 ~이 조직되다. 内閣が組織される。

내-갈기다[타] ❶〖세게 때리다〗ぶん殴る｜張り飛ばす｜殴りつける｜打ちのめす。例 뺨을 ~. 頬を張り飛ばす。/ 주먹으로 ~. 拳で殴りつける。❷〖글씨를〗(字を)乱暴に書く｜なぐり書きする。❸〖함부로 쏘다〗ぶっ放す。例 적군에게 총을 ~. 敵軍に銃をぶっ放す。❹〖대소변을 아무데나 누다〗(大小便をところ構わず)する｜垂れる。例 도랑에 오줌을 ~. 溝に小便をする。

내객(來客)[명] 来客｜訪問客。例 ~을 맞이하다. 来客を迎える。

내건성 작물(耐乾性作物)[명]〖농〗耐乾性作物。

내-걷다[자] 前に向かって歩く｜歩き出す。例 내걸어 가다. 前に向かって歩いていく。

내-걸다[타] ❶〖매달다〗(外·前面に)掲げる｜掛ける。例 간판을 ~. 看板を掛ける。❷〖내세우다〗(目標·条件などを)立てる｜掲げる｜付ける。例 조건을 ~. 条件を付ける。/ 경품으로 ~. 景品に付ける。❸〖걸다〗(生命·名誉などを)懸ける。例 목숨을 ~. 命を懸ける。

내과(內科)[명] 〖의〗内科。例 ~ 의사가 되다. 内科医になる。

내-교섭(內交涉)[명] 内交渉。

내구(耐久)[명]〖질〗耐久。例 ~ 소비재 耐久消費財。

내구-력(耐久力)[명] 耐久力。例 ~이 뛰어나다. 耐久力に優れる。

내구-성(耐久性)[명] 耐久性。例 ~을 높이다. 耐久性を高める。

내국(內國)[명] 内国｜国内。例 ~ 무역 内国貿易。

내국-법(內國法)[명]〖법〗内国法。

내국-인(內國人)[명] 内国人。

내규(內規)[명] 内規。例 ~를 정하다. 内規を定める。

내근(內勤)[명] 内勤。例 ~ 직원 内勤職員。

내근-하다[자] 内勤する。

내-기¹[명] 賭け｜賭け事。例 ~ 장기 賭け将棋 / ~에서 이기다. 賭けに勝つ。

내기-하다[자] 賭けをする｜賭ける。

-내기²[접] ❶〖태어난 곳·시대〗ー出身｜ー生まれ。❷〖사람의 됨됨이〗例 신출내기 新米さん / 풋내기 青二才。

내남-없이[부]〖너나 없이〗誰彼の区別なく｜だれもかれも｜自他ともに｜誰でも。例 ~ 다 아는 사실이다. 誰もが彼もがみんな知っている事実だ。

내-내[부] 始終｜常に｜ー中｜ずっと。例 일요일 ~ 잠만 잤다. 日曜日の一日中ずっと寝転んだ。/ 몇 시간이나 같은 말을 반복하고 있다. 何時間も同じ言葉を始終繰り返している。

내-내년(來來年)[명] 再来年。

내-내월(來來月)[명] 再来月。

내년(來年)[명] 来年｜明年。

내년-도(來年度)[명] 来年度。

내-놓다[타] ❶〖밖으로〗(外に)出す｜持ち出す。例 쓰레기를 ~. ゴミを出す。❷〖음식물을〗(飲食物などを)もてなす｜ふるまう。例 손님에게 다과를 ~. 客にお茶菓子をふるまう。❸〖발표하다〗(作品·商品などを)初公開する｜出す｜発表する。例 신제품을 ~. 新製品を出す。❹〖제시하다〗(意見·問題などを)提示する｜出す｜提出する。例 개혁 안을 ~. 改革案を提出する。/ 기발한 의견을 내놓았다. 奇抜な意見を出した。❺〖내주다〗出す｜譲る｜辞める。例 의장 자리를 ~. 議長の座を譲る。❻〖세놓다〗賃貸しす

る|売りに出す. 예집을 ~. 家を売りに出す. ❼【犧牲】犧牲を払う|投げ出す. 예목숨을 ~. 命を投げ出す. ❽【공개】さらけ出して|おおっぴらに. 예내놓고 자랑할 것은 아니다. おおっぴらに自慢すべきではない. ❾【제외】除く|除外する. 예나를 내놓고는 모두 부자다. 私を除いてはみんな金持ちだ.

내다 I [타] ❶【새로】(新たに)作る|通す. 예새로 길을 ~. 新しく道を通す. /얼굴에 상처를 ~. 顔に傷を作る. /청바지에 구멍을 ~. ジーンズに穴を空ける. ❷【일으킴】起こす|生じる|付ける. 예전쟁을 냈다. 戦争を起こした. /보복심에 불을 냈다. 仕返しに火を付けた. ❸【게재】(文章などを)載せる|掲載する. 예애완견 실종 기사를 냈다. ペット失踪の記事を載せた. ❹【개업】(店などを)出す|始める. 예작은 가게를 ~. 小さな店を出す. ❺【배출】輩出する. 예전통적으로 효자를 많이 낸 가문이다. 伝統的に親孝行をたくさん輩出した家門だ. ❻【언급】口に出す|立てる. 예소문을 ~. 噂を立てる. /이름을 ~. 名をあげる. ❼【드러냄】(感情·力などを)表わす|立てる. 예아이들은 피곤하면 짜증을 낸다. 子供たちは疲れるといら立つ. /힘을 내자. がんばろう;元気を出そう. /화를 내지 마라. 怒るな. ❽【제출】(書類などを)出す|提出する. 예이력서를 ~. 履歴書を提出する. ❾【납부】(金などを)出す|払う|納める. 예회비를 ~. 会費を出す. ❿【발산】出す. 예도서관에서는 큰 소리를 내지 마라. 図書館では大きな声を出すな. ⓫【효과냄】(効果·結果を)出す|現わす. 예스카프를 이용해 멋을 낸다. スカーフを用いて飾る. /오늘은 결론을 낼 것이다. 今日は結論を出すだろう. ⓬【맛냄】(味を)出す. 예천연 조미료로 맛을 ~. 天然の調味料で味を出す. ⓭【출판】(本などを)出す|出版する. 예이번 달 신간은 두 권을 낼 계획이다. 今月分、新刊は二冊出す計画だ. ⓮【빌림】借りる. 예빚을 ~. 金を借りる;借金をする. Ⅱ 보통 【내다까국말로서, 스스로의 힘으로 끝내 이루어냄을 나타내는 말】—し抜く|—しきる|—し尽くす. 예생각해 ~. 考え抜く. /기억해 ~. 覚えきる.

내다-보다[타] ❶【바라봄】外を見る|望み見る|眺める. 예차창으로 노변 풍경을 내다보고 있다. 車窓から路傍の風景を眺めている. ❷【미래예측】(将来のことを)見通す|見抜く|見越す. 예미래를 내다보는 힘이 있다. 未来を見通す力がある.

내다보-이다[자][내다보이어] ❶【보임】(内から外にあるものが)見える. 예문틈으로 밖이 ~. 戸のすき間から外が見える. ❷【조망됨】眺め渡される|眺められる. 예파란 하늘이 내다보인다. 青空が眺められる. ❸(未来のことが)見える|見通される|予測される. 예희망이 ~. 希望が予測される.

내-닫다 (力強く前方·外へ)飛び出す|急きょうに走り出す. 예결승점을 향하여 ~. 決勝地点に向かって走り出す. /병사들은 일제히 내달린다. 兵士たちは一斉に走り出した. =내달리다

내-달(來—)[명] 来月. =내월

내-달리다[자] ☞내닫다

내-대각(內對角)[명]〈수〉内対角.

내-던지다[타] ❶勢いよく投げる|投げ飛ばす|投げつける|放り出す|放り投げる. 예재떨이를 ~. 灰皿を投げつける. /책을 ~. 本を放り出す. /서류를 ~. 書類を投げつける. ❷【희생】投げ出す|なげうつ. 예목숨을 내던져 세계 평화를 지키다. 命をなげうって世界の平和を守る.

내-돋다[자] (外または表に)出る|吹き出る|にじみ出る|生え出る. 예상처에서 피가 ~. 傷口から血がにじみ出る. /더워서 땀이 ~. 暑くて汗がにじみでる.

내-동댕이치다[타] 投げつける|投げ飛ばす|手荒く投げる|たたきつける. 예그릇을 마룻바닥에 ~. 器を床にたたきつける. /신문을 ~. 新聞をたたきつける. /애써 쓴 보고서를 내동댕이쳤다. 苦心して書いた報告書を投げつけた.

내-두르다 ❶【휘두름】振り回す. 예응원기를 ~. 応援旗を振り回す. /주먹을 ~. 拳を振り回す. /막대기를 ~. 棒を振り回す. ❷【마음대로】こき使う.

내둘리다_자 【내두르이 되다】振り回される｜意のままに動かされる。_예 권력자들의 횡포에 ~. 権力者たちの横暴に振り回される。

내-드리다_타 ❶(目上の人に)物を差し上げる。❷(目上の人に席など)を譲る。

내-디디다_타 踏み出す。_예 한 발을 앞으로 ~. 一歩前に踏み出す。/ 사회에 첫발을 ~. 社会に一歩踏み出す。/ 발을 내디디기가 힘들다. 足を踏み出すのが苦しい。_준 내딛다

내-딛다_타 '내디디다'의 준말.

내-떨다_타 ❶【심하게 떨게 하다】(体を)激しく震わせる。❷【붙은 것을 떨다】(ついているものを)振り落とす｜はたく。_예 이불을 ~. 布団をはたく。/ 흙투성이 옷을 ~. 泥まみれの服をはたく。❸【뿌리치다】(人を)突き放す｜振り切る｜突っ放す。

내-뛰다_자 ❶ 力いっぱい走る｜突っ走る。_예 그 소식을 들은 그가 뛰어서 달려갔다. その話を聞いた彼が突っ走って行った。❷【도망치듯이 빨리 달리다】一目散(いちもくさん)に逃げる。

내란(内亂)_명 内乱。_예 ~을 종결시키다. 内乱を終結(しゅうけつ)させる。

내레이션(narration)_명《연》ナレーション｜語り。_예 주인공의 심리를 직접 들려주는 ~. 主人公の心理を直接(ちょくせつ)聞かせてくれるナレーション。

내레이터(narrator)_명《연》ナレーター。

내려-가다_자 ❶ 下りてゆく｜下る｜降りる。_예 산길을 ~. 山道を下る。/ 지하실로 ~. 地下室に下る。/ 계단을 ~. 階段を降りる。❷【먹은 것이 소화되다】(食べた物が)消化される。_예 과식을 했더니 먹은 것이 내려가지 않는 것 같다. 過食をしたら食べ物が消化されないようだ。❸【온도 따위가 낮아지다】下がる。_예 기온이 ~. 気温が下がる。

내려-놓다_타 ❶ 下ろす｜下に置く。_예 가방을 마룻바닥에 ~. かばんを床の上に置く。/ 수화기를 ~. 受話器を外しておく。❷(車・船などから)降ろす。_예 승객을 종착역에 ~. 終着駅で乗客を降ろす。

내려다-보다_타 ❶【내려서 보다】見下ろす。_예 정상에서 내려다보는 경치 頂上から見下ろす景色。/ 산에서 바다를 ~. 山から海を見下ろす。❷【얕보다】見下げる。_예 타인을 ~. 他人を見下げる。

내려-디디다_타 上から下を押して踏む。_예 계단을 ~. 階段を踏む。/ 한 발자국 ~. 一足を踏む。

내려-뜨리다_타 垂らす｜垂れ下げる｜ぶら下げる｜落とす。_예 고개를 ~. 頭を垂れる。/ 시선을 아래로 ~. 視線を下に落とす。= 내려트리다

내려-받다《컴》ダウンロードする。

내려-서다_자 降り立つ。_예 역의 플랫폼에 ~. 駅のプラットホームに降り立つ。/ 아래 계단으로 ~. 下の階段に降り立つ。

내려-쓰다_타 (行をかえて)下の方に書く。

내려-앉다_자 ❶【내려와서 앉다】降りて座る｜降りる。_예 논에 참새 떼가 ~. 田んぼに雀の群れが降りる。❷【무너져 떨어지다】崩れ落ちる。_예 천장이 ~. 天井が崩れ落ちる。❸【철렁하다】ぎくっとする｜どきっとする。_예 그 소식에 가슴이 철렁 내려앉았다. その知らせに胸がどきっとした。

내려-오다_자 ❶ 降りてくる｜下る｜降りる。_예 언덕에서 ~. 丘から降りる。/ 지붕에서 ~. 屋根から降りる。/ 위에서 지시가 ~. 上から指示が下りてくる。❷【대대로 전해 오다】伝わってくる｜伝わる。_예 집안 대대로 전해 내려온 미술품 家に代々伝わってきた美術品。

내려-트리다_타 =내려뜨리다

내력(來歷)_명 来歴｜由来｜由緒。_예 집안 ~ 家の来歴。

내로라-하다_자 その分野では代表に値する。_예 내로라하는 인재들이 모였다. その分野では代表に値する最高の人材が集まった。

내륙(内陸)_명 内陸。_예 ~ 수운으로 유통이 원활해지다. 内陸水運で流通が円滑になる。

내륙-국(内陸國) 内陸国。

내륙 빙하(内陸氷河) 内陸氷河。

내륙성 기후(内陸性氣候) 内陸性気候。_예 연교차가 큰 ~ 年較差が激しい内陸性気候。

내륙성 하류(内陸性河流) 内陸性河流。

내륙 하천(内陸河川) 内陸河川。

내륙-호(内陸湖)_명 内陸湖｜無口湖。_예 ~에는 대개 염분이 많이 포함되어 있다. 内陸湖には大概塩分が

多く含まれている。

내리 부 ❶【ずっと】続けて。 예～나흘 동안 눈이 왔다. 四日間ずっと雪が降り続けた。 ❷【容赦なく】容赦なく。 예～짓밟다. 容赦なく踏みつける。

내리-갈기다 타 力いっぱい打ち下ろす。 예채찍으로 ～. 鞭を打つ。/ 말 등을 ～. 馬の背を打つ。

내리-구르다 자 転がり落ちる。 예산에서 ～. 山から転がり落ちる。

내리-긋다 타 (線を)縦に引く。

내리-깔다 타 ❶【目を伏せる】目を伏せる。 예눈을 내리깔고 조용히 앉아 있다. 目を伏せて静かに座っていた。 ❷【下の方へ敷く】下の方へ敷く。

내리-내리 부 【ずっと続けて】いつまでも|絶え間なく|代々にわたって。

내리-누르다 타 押さえ付ける。 예사람을 힘으로 ～. 人を力ずくで押さえ付ける。

내리다 자 ❶【雨・雪などが降る】(雨・雪などが)降る。 예하루 종일 비가 ～. 一日中雨が降る。 ❷【降りる】降りる。 예비행기에서 ～. 飛行機から降りる。 / 말에서 ～. 馬から降りる。 / 배에서 ～. 船から降りる。 ↔오르다❸ ❸【消化する】(食べたものが)こなれる|消化する。 예먹은 것이 내리지 않아서 고생하다. 食べたものが消化されず苦労する。 ❹【下がる】下がる。 예열이 ～. 熱が下がる。 ❺【ひく・減る】(腫れが)ひく|体重が減る。 예부기는 이제 다 내렸으니 걱정하지 않아도 된다. 腫れはもう引いたので、心配しなくてもいい。 ↔오르다❻ ❻【根づく】根づく|根を下ろす。 예나무가 깊이 뿌리를 ～. 木が深く根づく。

내리다 타 ❶【下ろす】下ろす。 예와이셔츠 소매를 ～. ワイシャツの袖を下ろす。 / 트럭에서 짐을 ～. トラックから荷物を下ろす。 ❷【下す】下す。 예최종 결론을 ～. 最終の結論を下す。 / 일부 업무의 정지 명령을 ～. 一部の業務の停止命令を下す。 ❸【賞・罰などを与える】(賞・罰などを)与える|賜う|取らせる。 예인류에 공헌한 사람에게 상을 ～. 人類に貢献した人に賞を与える。 ❹【下ろす】(幕・カーテンなどを)下ろす。 예커튼을 ～. カーテンを下ろす。 / 50년 역사의 막을 ～. 50年の歴史に幕を下ろす。

내리-닫다 자 下の方に向かって走る。 예고개 밑으로 ～. 峠の下に向かって走る。

내리-닫이 명 〈건〉上下に開閉する窓|上げ下げ窓。

내리-뜨다 타 見下ろす|目を伏せる|見下す。 예눈을 내리뜨고 말하다. 目を伏せて話す。 / 부러운 듯이 눈을 ～. 羨ましいように目を伏せる。 ↔치뜨다

내리-막 명 ❶【下り坂】下り坂。 =내리받이 ❷【下り坂|落ち目】下り坂|落ち目。 예인기가 ～에 접어들었다. 人気が落ち目になった。 ↔오르막

내리막-길 명 下り坂。 예～로 접어들다. 下り坂に向かう。

내리-밀다 타 (上から下の方に)押しつける。

내리-받다 자 타 下に下りながら打つ。 예책상에 머리를 ～. 机に頭を打つ。

내리받-이 명 ⇒내리막❶

내리-사랑 명 目上の人の目下の人に対する愛|親の子に対する愛情。 ↔치사랑
　내리사랑은 있어도 치사랑은 없다 속담〔日〕親の心子知らず。

내리-쏟다 타 (液体や粉などを)上から注ぐ|やたらに注ぐ。

내리-쓰다 타 上から下へ書いていく|縦書きする。

내리-지르다 타 ❶【激しく吹き下ろす】激しく吹き下ろす。 예숲속으로 내리지르는 물소리 森の中に激しく吹き下ろす水の音。 ❷【蹴飛ばす】蹴飛ばす|拳などを振り下ろす。 예발로 배를 ～. 足で腹を蹴飛ばす。 / 주먹으로 ～. 拳を振り下ろす。

내리-쬐다 자 照りつける。 예햇볕이 쨍쨍 내리쬐는 한낮 日差しがかんかん照りつける真昼。

내리-치다 타 ❶打ち下ろす|殴り付ける|たたきつける|切り落とす。 예책상을 ～. 机をたたきつける。 ❷【吹き付ける】(風などが)強く吹き付ける。 예눈보라가 내리치는 겨울밤 吹雪が吹き付ける冬の夜。

내리-퍼붓다 자 타 ❶(雨などが)降り注ぐ。 예장대비가 ～. どしゃぶりの雨が降り注ぐ。 ❷(水などが)降りかける。

내리-훑다 타 ❶しごく|しごき下ろす。 ❷くまなく調べる。 예보고서 내용을

~. レポートの内容をくまなく調べる。

내림¹ 명 《유전학 용어》遺伝的な特質。｜血筋。

내림² (來臨) 명 来臨｜来駕。=왕림

내림-내림 명 先祖代々に伝わる遺伝。

내림-세 (一勢) 명 下がり気味｜下向き。

내림-표 (一標) 명 《음》変記号｜フラット。=플랫

내림-활 《해당어 설명》ダウンボウ。

내막 (內幕) 명 内幕｜内情。예 사건의 ~ 事件の内幕。

내-맡기다 타 ❶ (仕事などを)任しておく｜委ねる｜依託する。예 회사 경영을 아들에게 ~. 会社の経営を息子に任せる。❷ 成り行きに任す。

내면 (內面) 명 内面。예 ~ 묘사 内面描写／인간의 ~을 깊이 파헤치다. 人間の内面を深く掘り下げる。

내면-세계 (內面世界) 명 内面世界。

내면-적 (內面的) 관 内面的な。예 ~인 아름다움 内面的な美しさ。

내-명년 (來明年) 명 再来年。

내-몰다 타 ❶ 《쫓다》追い出す｜追い払う｜追い立てる。예 남자들을 전쟁터로 ~. 男たちを戦場へ追い立てる。❷ 《몰다》駆り立てる｜飛ばす。예 기세 좋게 차를 ~. 勢い良く車を飛ばす。❸ 《재촉하다》せかす｜せき立てる。예 아무리 내몰아도 그는 결코 달아나지 않는다. いくらせかしても決して彼は走らない。

내몰-리다 자 《쫓기다》追い出される｜追い払われる｜追い立てられる｜せき立てられる。

내무 (內務) 명 内務。예 ~ 행정 内務行政。

내무-반 (內務班) 명 《군》内務班｜営内班。◆일본 구육군에서는「內務班」이라고 했고, 현재는「営内班」이라고 한다.

내-밀다 자 突っ突き破って出る。예 싹이 ~. 芽が出る。

내-밀다 타 ❶《내놓다》出す｜差し出す｜突き出す。예 수줍은 듯 손을 ~. 恥ずかしそうに手を差し出す。／봉투를 ~. 封筒を突き出す。❷《힘껏》(力いっぱい押して外へ)突っ突き出す｜押し出す。예 적을 국경 밖으로 ~. 敵を国境の外に押し出す。❸《드러내다》姿を見せる｜出す。예 정기 모임에 얼굴을 ~. 定期会合に顔を出す。❹《떠맡기다》他人に押しつける。예 어려운 일은 모두 동생에게 내밀었다. 難しい仕事を弟に押しつけた。❺《내놓다》差し出す。예 버려진 아이들에게 구원의 손길을 내밀었다. 捨て子たちに救援の手を差し出した。❻《관철시키다》押し通す｜押し切る。예 처음 생각을 그대로 내밀기로 했다. 最初の考えをそのまま出すことにした。

내밀-리다 자 《쫓겨나다》押し出される｜突き出される｜追いやられる。예 불리한 입장으로 ~. 不利な立場に追いやられる。

내밀-힘 명 (主張などを)押し通す力｜押し。예 ~이 없으면 엄두도 낼 수 없다. 押し出す力がなければ考えも出せない。／~이 있어야 엄두라도 내 보지. 押し通す力があれば考えも出てくる。

내-발리다 자 《태도·속마음이 표정에》(態度·内心が表情に)現れる｜表われて見える。예 감정이 얼굴에 ~. 感情が顔に現れる。

내-밟다 타 踏み出す。예 한 발자국 ~. 一足踏み出す。／한 걸음 ~. 一歩踏み出す。

내방 (來訪) 명 来訪。

내방-하다 자 来訪する。예 시찰단이 내방했다. 視察団が来訪した。

내-배다 자 にじみ出る｜染み出る。예 땀이 ~. 汗がにじみ出る。

내-뱉다 타 ❶(唾·痰などを)吐き出す｜吐く。예 침을 아무 데나 ~. 唾を所かまわず吐き出す。❷ 吐き出すように言う｜言い捨てる。예 말을 함부로 ~. 言葉をむやみに吐く。

내-버리다 타 ❶ 捨てる｜投げ捨てる。예 담배나 쓰레기를 ~. タバコやごみを投げ捨てる。❷《돌보지 않다》見捨てる。

내벽 (內壁) 명 《건》内壁。

내-보내다 타 ❶《밖으로》(内から外へ)出す｜追い出す｜送り出す。예 동생을 밖으로 ~. 弟を外に追い出す。／피아노 콩쿠르에 ~. ピアノコンクールに送り出す。❷《쫓다》追い出す｜首にする｜解雇する｜辞めさせる。예 업무에 서툰 직원을 ~. 業務に不慣れな職員を首にする。

내복[1](内服)명【속】下着した｜肌着ぎ。
내복[2](内服)명【의】内服｜内用。
　내복-하다타　内服する｜内用する。
내복-약(内服藥)명〈의〉内服藥ないふく｜内用藥ないよう｜飲み藥ぐすり。
내부(内部)명　内部ぶ。❶内側うちがわの部分ぶぶん。⑩~를 수리하다. 内部を修理しゅうりする。❷内輪うちわ。⑩~ 감사 内部監査かんさ／~ 사정에 밝다. 内部事情じじょうに詳くわしい。
내부 광전 효과(内部光電効果)〈물〉内部ないぶ光電こうでん効果こうか｜光伝導でんどう。
내부 에너지(内部energy)〈물〉内部ないぶエネルギー。
내부자 거래(内部者去來)〈경〉内部者ないぶしゃ取引とりひき｜インサイダー取引。
내부 저항(内部抵抗)〈물〉内部抵抗ていこう。
내분(内紛)명　内紛ふん｜内輪うちわもめ｜いざこざ｜⑩~이 끊이지 않는 시대 内紛が絶えない時代じだい。
내-분비(内分泌)명〈의〉内分泌ないぶんぴつ｜⑩~ 질환 内分泌疾患しっかん。
내분비-물(内分泌物)명〈의〉内分泌物ぶんぴつぶつ｜ホルモン。
내분비-샘(内分泌—)명〈의〉内分泌腺ないぶんぴつせん。
내-붙이다타　張はり出だす。⑩포스터를 ~. ポスターを張り出す。
내-비치다자타　❶光ひかりなどが外そとや前まえに向むいて差さす｜漏もれる。⑩불빛이 ~. 明あかりがもれる。❷透すき通とおって見みえる。⑩속살이 내비치는 옷 肌はだが透すき通って見える服ふく。❸ほのめかす｜匂におわす。⑩은근히 속내를 ~. それとなく内情ないじょうをほのめかす。
내빈(來賓)명　来賓ひん。⑩~용 의자 来賓用よう の椅子いす。
내빈-석(來賓席)명　来賓席らいひんせき。
내-빼다자【속】逃にげる｜ずらかる。⑩해외로 ~. 海外かいがいにずらかる。＝빼다[2]
내-뻗다자타　❶勢いきおいよく伸のばす｜ぐっと差さし出だす。⑩팔을 힘차게 ~. 腕うでを勢いよく伸ばす。／다리를 ~. 足あしを伸ばす。❷【비유적】意地いじを張はり通とおす。
내뻗-치다자타　勢いきおいよく伸のばす｜吹ふき出だす。⑩발을 곧게 ~. 足をまっすぐに伸ばす。
내-뽑다타　(首くび・腕うでなどを)力ちからを込こめて伸のばす｜長ながく伸ばす。⑩사람들 뒤에서 목을 내뽑고 넘겨보았다. 人々ひとびとの後うしろから首を長く伸ばして覗のぞき込こんだ。

내-뿜다타　(水すい・煙けむりなどを)吹ふき出だす｜噴ふき出す。⑩담배 연기를 ~. たばこの煙を吹き出す。／물을 ~. 水みずを吹き出す。／피를 ~. 血ちを吹き出す。／방귀를 ~. おならをする。
내색(—色)명　気振きぶり｜素振そぶり。⑩나는 기쁜 ~을 조금도 하지 않았다. 私わたしは喜よろこびを少すこしも顔かおに表あらわさなかった。
　내색-하다자　素振そぶりを見みせる｜感情かんじょうに出だす。⑩몹시 언짢았지만 내색하지 않고 넘겨났다. とてもやりきれなかったが、そんな素振りを見せずに立たち上あがった。
내성[1](内省)명　❶内省せい。❷〈심〉内省｜内観かん。
내성[2](耐性)명　耐性たいせい。
내성-적(内省的)관명　内省的ないせいてき｜内気うちき。⑩~인 성격 内気な性格せいかく。
내세(來世)명　来世らいせ｜後生ごしょう。
내-세우다타　❶立たたせる｜立てる｜出だす。⑩대열 앞에 ~. 隊列たいれつの前まえに立たせる。❷【대표代表などの候補こうほなどとして】立たたせる｜立てる。⑩그를 회장으로 내세웠다. 彼かれを会長かいちょうとして立てる。❸【誇ほこりとして】押おし立てる。⑩학벌을 ~. 学歴がくれきを誇りとして押し立てる。❹【主張しゅちょう】主張する｜打うち出だす｜唱となえる。⑩자신의 주장을 ~. 自分じぶんの主張を唱える。
내-솟다　噴ふき出だす｜湧わき出る。⑩바위틈으로 샘물이 ~. 岩いわの隙間すきまから泉いずみが湧き出る。
내수[1](内水)명【나라 안에 있는 물】内水すい。⑩~면 어업 内水面めん漁業ぎょぎょう。
내수[2](内需)명【국내수요】内需じゅ。⑩~ 확대 内需拡大かくだい。
내수[3](耐水)명【내수】耐水たいすい。
내수-성(耐水性)명　耐水性せい。
내숭　うわべと本音ほんねが違ちがうこと｜見みかけはおとなしそうだが、実じつは腹黒はらぐろいこと。⑩~을 떨다. 猫ねこをかぶる。
내-쉬다(息いきを)吐はく｜吐き出だす。⑩숨을 내쉬고 들이쉬고를 반복하세요. 息を吐いたり吸すったりを繰くり返かえしてください。／한숨을 ~. ため息いきをつく。
내습(來襲)명　来襲しゅう。⑩~을 받다. 来襲を受うける。
　내습-하다자　来襲らいしゅうする。
내시(内侍)명〈역〉宦官かんがん｜宦者しゃ。
내시-경(内視鏡)명〈의〉内視鏡ないしきょう。

내신¹(內申) 명 内申. 예~内申書。
　내신-하다 目 内申する。
내신²(來信) 명 来信。=来状。
내실¹(內室) 명 婦女が住む部屋。奥の間。閨房。예어머니를 ~로 모시다. 母堂を閨房にお連れする。
내실²(內實) 명 ❶内実。❷内的に充実なこと。
내심¹(內心) 명 内心。❶心の中。心中。胸の奥。예상대방에게 ~을 털어 놓다. 相手に心中を打ち明ける。❷예~ 바라고 있다. 密かに望んでいる。
내심²(內心) 수 内心。
내-쏘다 ❶(銃・矢などを)撃ちまくる。ぶっ放す。예기관총을 ~. 機関銃を撃ちまくる。❷言いまくる。言い放つ。예함부로 말을 ~. むやみやたらに言いまくる。
내-앉다 (前へ)進み出て座る。近寄って座る。예조금만 내앉아 주세요. 少し前に進んで座ってください。
내앉-히다 타 前に出して座らせる。
내야(內野) 명 운 内野。
내야-수(內野手) 명 운 内野手。예~가 공을 잘 잡으니 외야수가 할 일이 없다. 内野手がボールをよくつかむので、外野手がすることがない。
내약(內約) 명 内約。
　내약-하다 타 内約する。예조건 완화를 ~. 条件緩和を内約する。
내역(內譯) 명 内訳。예지출 ~을 보여 주세요. 支出の内訳を見せて下さい。
내연(內緣) 명 内縁。예~의 처가 있다. 内縁の妻がいる。
내연 기관(內燃機關) 〈기〉内燃機関。
내열(耐熱) 명 耐熱。예~ 유리 耐熱ガラス。
내열-성(耐熱性) 명 耐熱性。
내-오다 (内から外へ)持って出る。持ち出す。出す。예창고에서 새로 내온 물건 倉庫から新しく持ち出した物。
내왕(來往) 명 来往。行き来。往来。예~이 끊이지 않다. 行き来が絶えない。
　내왕-하다 자 来往する。行き来する。往来する。
내외¹(內外) 명 ❶内外。예불안정한 ~ 정세 不安定な内外の情勢。❷内外。前後。예10명 ~ 十名내외内外。

내외²(內外) 명 ❶婦女がよその男性と直接に対面するのを避ける。❷夫婦。예형님 ~ お兄さん夫妻。=부부
내외-간(內外間) 명 夫婦の間柄。
내외-분(內外一) 명 ご夫妻。ご夫婦。
내용¹(內用) 명 ❶家計費。❷内服。
내용²(內容) 명 ❶内容。예책의 ~ 本の内容/ ~을 파악하다. 内容を把握する。❷中身。예선물의 ~ プレゼントのなかみ。
내용-물(內容物) 명 内容物。
내용 연수(耐用年數) 〈경〉耐用年数。예이 기계는 ~가 5년이다. この機械は耐用年数が5年である。
내용 증명(內容證明) 〈법〉内容証明。
내우(內憂) 명 内憂。
내우-외환(內憂外患) 명 内憂外患。
내월(來月) 명 来月。=내달
내유-외강(內柔外剛) 명 内柔外剛。
내응(內應) 명 内応。内通。
　내응-하다 자 内応する。内通する。예적과 ~. 敵と内応する。
내의¹(內衣) 명 肌着。下着。アンダーウエア。
내의²(內意) 명 内意。
내이(內耳) 명 (의) 内耳。
내일(來日) 명 明日。予定。예~은 아침부터 회의가 있다. 明日は朝から会議がある。
내일-모레(來日一) 명 あさって。
내자(內子) 명 家内。
내장¹(內裝) 명 内装。예~ 공사 内装工事。
내장²(內藏) 명 内蔵。예~ 하드디스크 内蔵ハードディスク。
　내장-하다 타 内蔵する。
내장³(內臟) 명 (의) 内臓。ぞうふ。(鳥などの)もつ。예~ 질환 内臓疾患/ 생선의 ~을 제거하다. 魚の腸を取り除く。
내재(內在) 명 内在。
　내재-하다 자 内在する。예위험성을 ~. 危険性を内在する。
내재-적(內在的) 관 内在的。예~ 가치의 발견 内在的価値の発見。

내-적(內的)[관][명] 内的ない。 예 ~ 변화 内的変化がか / ~ 동기 内的動機がき / ~ 갈등을 극복하다. 内的葛藤かっとうを克服こくふくする。

내전²(內戰)[명] 内戦ないせん。 예 ~이 일어나다. 内戦ないせんが起おこる。

내전²(來電)[명] ❶[해당어] 来電らいでん。 ❷[해당어] 電話でんわがかかってくること。

내접(內接)[명] 〔수〕 内接ないせつ。

내접 다각형(內接多角形) 〔수〕 内接多角形ないせつたかくけい。 =내접형

내접-원(內接圓)[명] 〔수〕 内接円ないせつえん。

내접-형(內接形)[명] 〔수〕 内接形ないせつけい。 =내접다각형

내-젓다 ❶ 激はげしく振ふり回まわす。 예 팔을 ~. 腕うでを振ふり回まわす。 / 그녀가 갑자기 세차게 고개를 내저었다. 彼女かのじょが突然とつぜん激はげしく首くびを振ふった。 ❷[해당어] 漕こぐ。 ❸[해당어] (水みずなどを)激はげしく掻かき回まわす。

내정¹(內定)[명][해당어] 内定ないてい。

  내정-하다[타] 内定ないていする。 예 채용이 내정되어 있다. 採用さいようが内定ないていされている。

내정²(內政)[명][해당어] 内政ないせい。 예 ~ 간섭 内政干渉ないせいかんしょう。

내정³(內情)[명][해당어] 内情ないじょう。 예 연합군의 ~을 살피다. 連合軍れんごうぐんの内情ないじょうを探さぐる。

내조(內助)[명] 内助ないじょ。 예 아내의 ~ 덕분에 妻つまの内助ないじょの功こうのおかげで。

  내조-하다[자] 内助ないじょする。 예 헌신적으로 내조하는 아내가 되다. 献身的けんしんてきに内助ないじょする妻つまになる。

내조(來朝)[명][해당어] 来朝らいちょう。

  내조-하다[자] 来朝らいちょうする。

내종(內從)[명] 父ちちの姉妹しまいの子女しじょ。 いとこ。

내주(來週)[명] 来週らいしゅう。 예 ~ 일요일에 방문한다. 来週らいしゅうの日曜日にちようびに訪問ほうもんする。

내-주다[타] ❶[해당어] 渡わたしてやる｜渡わたす。 예 돈을 ~. お金かねを出だしてやる。 ❷[해당어] 明あけ渡わたす。 예 살고 있던 집을 ~. 住すんでいた家いえを明あけ渡わたす。

내-주장(內主張)[명][해당어] かかあ天下てんか。 예 ~이 강한 이웃집 부인 かかあ天下てんかの隣となりの奥おくさん。 =안주장

  내주장-하다[자] 夫おっとを尻しりに敷しく。 예 최근에는 내주장하는 여성이 늘어나고 있다. 最近さいきんは夫おっとを尻しりに敷しく女性じょせいが増ふえている。

내지¹(乃至)[부] ❶[해당어] 乃至ないし。 예 1월 ~ 3월 1月いちがつ乃至ないし3月さんがつ。 ❷[해당어] 乃至ないし。 または｜あるいは。 예 본인 ~ 대리인 本人ほんにんまたは代理人だいりにん。

내지²(內地)[명] 内地ないち｜内陸ないりく。

내-지르다[타] ❶[해당어] 力ちからいっぱい蹴ける｜蹴飛けとばす｜強つよく突つく｜突つき出だす。 예 주먹을 ~. 拳こぶしを突つき出だす。 ❷[해당어] (声こえを)張はり上あげる。 예 비명을 ~. 悲鳴ひめいを張はり上あげる。 ❸[해당어] 生うむ｜排泄はいせつする。

내-짚다 踏ふみ出だす｜踏ふみ入いれる。 예 걸음을 크게 ~. 歩あゆみを大おおきく踏ふみ出だす。 / 발을 내짚을 틈이 없다. 足あしを踏ふみ入いれる隙すきもない。

내쫓-기다[자][해당어] 追おい出だされる｜締しめ出だされる｜追おい立たてを食くう。 예 직장에서 ~. 職場しょくばから追おい出だされる。

내-쫓다[타] 追おい出だす｜追おい立たてる｜追おい払はらう｜首くびにする。 예 집 밖으로 ~. 家いえの外そとに追おい出だす。 / 적을 내쫓았다. 敵てきを追おい払はらった。 / 감독의 지시에 따르지 않는 선수를 내쫓았다. 監督かんとくの指示しじに従したがわない選手せんしゅを首くびにした。

내-차다 ❶ 外そとに向むかって蹴ける。 ❷ ひどく蹴ける｜蹴飛けとばす。 예 공을 힘껏 ~. ボールを力ちから一杯いっぱい蹴飛けとばす。

내처[부] ❶[해당어] ずっと｜引ひき続つづき｜ぶっ通とおしで｜ぶっ続つづけで。 예 수업 중에는 ~ 잠만 잤다. 授業中じゅぎょうちゅうはずっと寝続ねつづいた。 / 아침 5시까지 ~ 일을 했다. 朝あさ5時ごじまでぶっ通とおしで仕事しごとをした。 ❷[해당어] ついでに。

내측(內側)[명] 内側うちがわ。

내치(內治)[명] 内治ないち｜内政ないせい。

내-치다[타] ❶(物ものを)投なげ出だす｜投なげ捨すてる。 ❷ 強つよく振ふり払はらう｜突つき放はなす。 예 매달리는 아이를 ~. しがみつく子供こどもを振ふり払はらう。 / 요구를 ~. 要求ようきゅうを突つき放はなす。

내친-걸음[명] ことのついで｜乗のりかかった船ふね｜行ゆきがかり。 예 ~에 해치우다. ことのついでにやってしまう。 / ~에 들르다. ついでに立たち寄よる。

내친-김[명] やりかけたついでに。 예 ~에 청소까지 하다. ついでに掃除そうじまでする。

내키다[자] 気きが向むく｜気乗きのりする｜乗のり気きになる。 예 내키지 않으면 일을 하지 않았다. 気きが向むかないと仕事しごとをしなかった。

내탐(內探)[명] 内探ないたん｜内偵ないてい。

내탐-하다 🗐 内探する；内偵する。 例 장기간에 걸쳐 ~. 長期にわたって内偵する。

내통(内通) 명 内通；密通。

내통-하다 자타 内通する；密通する。 예 적국과 ~. 敵国と内通する。/ 주인의 아내와 내통한 하인 主人の妻と密通した下男。

내-팽개치다 타 ❶ 投げつける；投げ捨てる ‖ 叩きつける。 예 신문을 테이블에 내팽개쳤다. 新聞をテーブルに叩き付けた。❷ 放り出す ‖ かなぐり捨てる。 예 본래의 임무를 ~. 本来の任務を放り出す。

내포¹(内包) 명 (動物の)内臓 ‖ 臓物。もつ。

내포²(内包) 명 内包。

내포-하다 타 内包する。 예 매우 큰 문제를 내포하고 있다. 大変大きな問題が内包している。/ 무한한 가능성이 내포되어 있다. 無限の可能性が内包されている。

내-키는 대로 부 気のままに ‖ 自分勝手に。 예 그 일은 ~ 결정할 일이다. それは自分勝手に決定したことだ。

내피(内皮) 명 内皮。

내한(耐寒) 명 耐寒。 예 ~ 훈련을 하다. 耐寒訓練をする。

내한-성(耐寒性) 명 耐寒性。 예 ~이 강하다. 耐寒性が強い。

내한성 작물(耐寒性作物) 《농》耐寒性作物。

내항(内港) 명 《해》内港。

내해(内海) 명 内海。 예 ~를 지나는 외국 선박에는 무해 통항권을 준다. 内海を通る外国の船舶には無害通航権を与える。

내향-성(内向性) 명 内向性。 예 외향성과 ~ 양쪽 모두 가지고 있다. 外向性と内向性の両方を持っている。

내-호흡(内呼吸) 명 《동》内呼吸。 예 사람은 ~으로써 에너지를 얻을 수 있다. 人は内呼吸でエネルギーを得ることができる。=세포 호흡

내화(耐火) 명 耐火。 예 ~ 금고 耐火金庫。

내화-물(耐火物) 명 《공》耐火物。

내화 벽돌(耐火甓—) 명 《건》耐火煉瓦。

내화-성(耐火性) 명 《공》耐火性。 예 ~이 뛰어나다. 耐火性に優れる。

내환(内患) 명 ❶ 内患 ‖ 内憂。❷ 妻の病気。

내-후년(来後年) 명 再来年 ‖ 明後年。 예 ~에 결혼을 예정하고 있다. 再来年に結婚を予定している。

내-휘두르다 타 やたらに振り回す。 예 주먹을 ~. 拳を振り回す。

내-흔들다 외に出して振る ‖ やたらに振り回す。 예 손수건을 ~. ハンカチを振る。/ 깃발을 ~. 旗を振り回す。

냄비 鍋。 예 ~ 요리 鍋料理 / 새 ~ 세트를 샀다. 新しい鍋セットを買った。

냄새 명 ❶ におい ‖ 香り ‖ 臭み。 예 향수 ~ 香水の香り / 썩은 ~ 腐ったにおい / ~를 맡다. においをかぐ。=내³ 雰囲気 ‖ 気配 ‖ 感じ ‖ におい。 예 수상한 ~ 怪しい感じ / 죽음의 ~ 死のにおい。

냅다¹ 명 煙たい ‖ 煙い。 예 내워서 눈을 뜰 수가 없다. 煙たくて目を開けていられない。

냅다² 부 激しく ‖ 強く ‖ 一気に。いきなり。 예 ~ 팽개치다. 一気に放り出す。/ 뛰어 나가다. 力いっぱいに走り去る。/ 차 버리다. 激しく蹴る。/ 도망가다. いきなり逃げる。

냅킨(napkin) 명 ナプキン。

냇-가 명 川のほとり ‖ 川辺 ‖ 川端。 예 ~에서 놀고 있는 아이들 川辺で遊んでいる子供たち。

냇-둑 명 川辺の土手。

냇-물 명 川に流れる水 ‖ 流れ。 예 ~을 건너다. 川を渡る。/ ~이 흐르다. 川が流れる。/ 큰비로 ~이 불었다. 大雨で川の水かさが増した。

냉¹(冷) 명 《한》❶ 冷ひえ性。❷ 【여성이 잘리는】腰気；おりもの。

냉-하다 ❶ 冷気がある ‖ 冷たい。❷ 《한》(病気で下腹などが)冷えて冷たい。 예 냉한 체질 冷え症。❸ 《한》薬材の性質が冷たい。

냉-²(冷) 접 《한》冷やし—。 예 냉커피 アイスコーヒー。

냉-가슴(冷—) 명 人知れず気をもむこと ‖ (一人で)くよくよすること。 예 벙어리 ~ 앓듯 입을 다물고 있으니 답답해서 견디질 못하겠다. 一人で気をもんでばかりいるので、もどかしくて仕方がない。

냉각(冷却) 명 冷却。 예 ~ 장치 冷却装

置/급속 ~ 急速に冷却。
냉각-하다(자타) 冷却する。
냉각-기(冷却器)(명)(기)冷却器。
냉각-수(冷却水)(명)冷却水。
냉-국(冷一)(명) 冷やした澄まし汁。=찬국
냉기(冷氣)(명) 冷気｜冷え。 예 ~를 느끼다. 冷気を感じる。/ ~가 몸에 스미다. 冷気が身にしみる。/ 창문으로 들어오는 ~를 막다. 窓からの冷気を防ぐ。
냉-난방(冷暖房)(명)冷暖房。
냉담(冷淡)(명) 冷淡さ。
  냉담-하다(형) 冷淡だ。 예 냉담한 반응 冷淡な反応／냉담한 방관자 冷淡な傍観者。
  냉담-히(부) 冷淡に｜冷たく。
냉대(冷待)(명) 冷ややかにあしらうこと｜冷遇。 예 ~를 받다. 冷遇を受ける。
  냉대-하다(타) 冷遇する。 예 노골적으로 ~. 露骨に冷遇する。
냉대 기후(冷帶氣候) 冷帯気候。
냉대-림(冷帶林)(명)冷帯林。
냉대 습윤 기후(冷帶濕潤氣候) 冷帯湿潤気候。
냉동(冷凍)(명) 冷凍。 예 ~ 건조 冷凍乾燥。
  냉동-하다(타) 冷凍する。 예 생선을 냉동해 놓다. 魚を冷凍しておく。
냉동-고(冷凍庫)(명) 冷凍庫。
냉동-기(冷凍機)(명)(기)冷凍機。
냉동-선(冷凍船)(명) 冷凍船。
냉동-식품(冷凍食品)(명) 冷凍食品。
냉동-어(冷凍魚)(명) 冷凍魚。
냉랭-하다(冷冷一)(형) ❶(온도 따위가) 冷えて寒い｜冷たい。 예 냉랭한 바람이 불다. 冷え冷えした風が吹く。/ 욕실 바닥이 ~. お風呂の床が冷たい。 ❷(태도 따위가) 冷ややかだ｜つれない。 예 냉랭한 말투 つれない言葉／냉랭한 반응을 보이다. 冷ややかな反応を見せる。
  냉랭-히(부) 冷え冷えと｜冷ややかに｜冷たく｜つれなく。
냉면(冷麵)(명) 冷麺｜ネンミョン。 예 ~은 역시 여름에 먹어야 제맛 冷麺はやはり夏に食べるのが一番。
냉방(冷房)(명) ❶冷房。 예 ~을 심하게 해서 춥다. 冷房が効きすぎて寒い。 ❷火の気のない部屋。
냉방-병(冷房病)(명)(의)冷房病。

냉방 장치(冷房裝置)(건)冷房裝置。
냉소(冷笑)(명) 冷笑｜せせら笑い｜あざ笑い。 예 ~적인 태도 冷笑的な態度。
  냉소-하다(타) 冷笑する｜せせら笑う｜あざ笑いする。 예 냉소하는 듯한 반응을 보이다. 冷笑するかのような反応を見せる。
냉수(冷水)(명) 冷水｜冷や水｜お冷や。 예 ~를 마시다. お冷やを飲む。
냉수-마찰(冷水摩擦)(명)冷水摩擦。
냉수-욕(冷水浴)(명)冷水浴。
  냉수욕-하다(자) 冷水浴する。
냉습(冷濕)(명) ❶冷えて湿気があること。 ❷(한)冷えと湿気で起こる病症。
  냉습-하다(형) 冷えて湿気がある。 예 빛이 들어가지 않는 냉습한 지하 방 光の入らない冷えて湿気のある地下の部屋。
냉엄-하다(冷嚴一)(형) 冷厳だ。 예 냉엄한 현실 冷厳な現実。
  냉엄-히(부) 冷厳に。
냉연-하다(冷然一)(형) 冷然としている｜冷ややかだ。 예 냉연한 표정 冷然たる表情。
  냉연-히(부) 冷然と｜冷ややかに。
냉온(冷溫)(명) 冷温。
냉이(식)薺。 예 들에 ~가 가득하다. 野原にナズナが一杯だ。
냉잇-국(명) 薺入り味噌汁。 예 봄에는 ~으로 입맛을 살린다. 春にはナズナの味噌汁で食欲をそそる。
냉장(冷藏)(명) 冷藏。 예 ~ 유통 冷蔵流通／~ 식품 冷蔵食品。
  냉장-하다(타) 冷蔵する。
냉장-고(冷藏庫)(명) 冷蔵庫。 예 ~에 보관하다. 冷蔵庫に保管する。
냉장-차(冷藏車)(명) 冷蔵車。
냉전(冷戰)(명) 冷戰｜冷たい戦争。 예 ~의 시대 冷戦の時代／탈~ 脱冷戦。
냉정(冷靜)(명) 冷静。 예 ~을 잃지 않는 사람 冷静さを失わない人。
  냉정-하다(형) 冷静だ。 예 냉정한 태도로 대응해야 한다. 冷静な態度で対応しなければならない。
  냉정-히(부) 冷静に。
냉정-하다(冷情一)(형) 冷淡だ｜薄情だ｜冷たい。 예 냉정한 목소리 冷

淡な声/냉정하게 한마디로 거절하다. 冷たく一言で断る。

냉정-히(冷情-) 冷たく. ㉠나는 ~ 잘라 말하였다. 私は冷淡に言い放った. /~ 대하다. 冷たく当たる.

냉증(冷症)명《한》冷え症.
냉차(冷茶)명 冷茶.
냉천(冷泉)명 冷泉.
냉철-하다(冷徹—) 冷徹だ. ㉠냉철한 머리 冷徹な頭/ 냉철한 계산 冷徹な計算.

냉철-히(冷徹-) 冷徹に. ㉠~ 생각할 필요가 있다. 冷徹に考える必要がある.

냉-커피(冷coffee)명 アイスコーヒー.

냉큼 目 すぐ|ただちに|すぐさま|さっと|素早く. ㉠~ 빼앗다. 素早く奪う. /~ 돌아가라. さっさと帰れ.

냉탕(冷湯)명 水風呂.
냉풍(冷風)명 冷風. ㉠~이 불다. 冷風が吹く.
냉해(冷害)명 冷害. ㉠~로 농작물이 큰 피해를 입었다. 冷害で農作物に大きな被害を受けた.

냉혈 동물(冷血動物)명 冷血動物| 変温動物. =변온 동물

냉혈-한(冷血漢)명 冷血漢.

냉혹-하다(冷酷—) 冷酷だ. ㉠냉혹한 세상 冷酷な世の中/ 냉혹한 처사 冷酷な仕打ち.

냉혹-히(冷酷-) 冷酷に.

-나[어미] —か|—の. ㉠그것이 그림책이냐? それが絵本なのか.

냠냠 目 ぴちゃぴちゃ|むしゃむしゃ. ㉠어린아이가 밥을 ~ 먹는다. 子供がご飯をむしゃむしゃ食べる.

냠냠-거리다 자타 むしゃむしゃ食べる. ㉠밥을 냠냠거리며 먹는다. ご飯をおいしそうにむしゃむしゃ食べる. =냠냠대다

냠냠-대다 자타 ☞ 냠냠거리다

냠냠-하다 I 자 ❶ おいしくいただく. ㉠아기가 과자를 냠냠했습니다. 赤ん坊がお菓子をおいしくいただきました. ❷ 人の物を自分の物にする. ㉠그는 친구의 자동차를 냠냠해 버렸다. 彼は友達の車を自分の物にした.
Ⅱ 형 おいしくてもっと食べたがる|もっと欲しがる.

냥(兩)의 両. ❶ 昔の貨幣の単位. ㉠돈 만 ~ 金一万両.

❷ 重さの単位. |十匁. ㉠금석 ~ 金三両.

너[대] 君|お前. ㉠~는 도대체 누구냐? 君は一体、誰なんだ.

너[관] 四つ・|四つの. ㉠~ 되 4升/~ 말 4斗.

너구리명《동》狸. ㉠~ 소굴 タヌキの巣窟/~ 같이 군다. タヌキのようにずる賢く振る舞う.

너그럽다 형 寛大だ|度量が大きい. ㉠너그러운 처분 寛大な処分.

너그러이 寛大に|大目に. ㉠~ 용서해 주십시오. 寛大に許してください.

너글너글-하다 형 おおらかである|おおらかだ.

너나-들이 「おれ・おまえ」と呼び合える間柄.

너나들이-하다 자 「おれ・おまえ」と呼ぶ. ㉠서로 너나들이하는 가까운 사람 互いに「おれ・おまえ」と呼ぶ近しい関係の人.

너나-없이 目 誰彼なしに|だれそれなく|誰もが. ㉠~ 손을 들었다. 誰彼なしに手を挙げた.

너더-댓 주관 四つか五つ. ㉠~ 사람이 모였다. 4人か5人が集まった.

너더댓-새명 四日か五日くらい. ㉠거기까지 가는 데는 ~ 걸리겠다. そこまで行くには4日か5日くらいかかりそうだ.

너더댓-째 주관 4番目か5番目.

너더분-하다 형 ごたごたしている|乱雑である.

너더분-히 乱雑に|ごたごた.

너덕-너덕 目 べたべた|つぎはぎだらけに. ㉠벽보가 ~ 붙어 있다. 張り紙がべたべたと貼ってある. =나닥나닥

너덜명 ☞ 너덜경

너덜-거리다 자 ぶらぶらする|ゆらゆらする. ㉠치마가 찢어져서 너덜거린다. スカートが破れてぶらぶらする. =너덜대다

너덜-경명 石ころばかりの坂道. =너덜

너덜-나다 자 ぼろぼろになる|ずたずたに裂ける.

너덜-너덜 目 ぼろぼろ|ずたずた. =나달나달

너덜너덜-하다〖형〗ぼろぼろだ｜ずたずたに裂けている。囫소매가 너덜너덜해지다. 袖口がぼろぼろになる。

너덜-대다〖자〗☞너덜거리다

너덧〖수관〗四つぐらい。囫～ 마리 四羽ほど/～ 친구 ～이 함께 가다. 四人ぐらいの友達と一緒に行く。

너도-나도〖부〗君も私も｜みんな。

너르다〖형〗広く大きい｜広い。囫너른 들판 広い野原。

너머〖명〗(山·垣などの)向こう｜向こう側｜一越し。囫산～ 산의 향こう/언덕 ～로 산이 보이다. 丘の向こうに山が見える。

너무〖부〗あんまり｜あまりにも｜ひどく｜一過ぎて。囫영향이 ～ 크다. 影響があまりにも大きい。/～ 많이 먹어서 기분이 안 좋다. 食べ過ぎて気持ち悪い。

너무-하다〖형〗あんまりだ｜ひどい。囫나에게 그런 말을 하다니 ～. 私にそんなことを言うなんてひどい。

너무-나〖부〗あまりに｜あまりにも。囫고민이 ～ 많다. 悩みがあまりにも多い。

너벳벳-하다〖형〗顔が平たく福々しく見える。

너부데데-하다〖형〗(顔つきが)丸くて平たい。囫얼굴 생김이 ～. 顔つきが丸くて平たい。준납데데하다

너부러-지다〖자〗☞나부라지다

너부렁넓적-하다〖형〗平らかに広い。

너부렁이〖명〗☞나부랭이

너부시〖부〗☞나부시

너부죽-하다〖형〗☞나부죽하다

너부죽-이〖부〗☞나부죽이

너불-거리다〖자〗☞나불거리다

너불-너불〖부〗☞나불나불

너불-대다〖자〗☞나불거리다

너비〖명〗幅。囫강의 ～를 재다. 川の幅を計る。

너비아니〖명〗ノビアニ。囫수라상에 올랐던 ～ 王の食膳にのせられたノビアニ。

너설〖명〗岩石がごろごろしていて危険。

너스래미〖명〗けば｜端切れ｜くず。

너스레〖명〗(人を陥れる)話術｜おしゃべり。囫～를 떨다. 口数多く駄洒落を飛ばす; ずるいふざけた言い方をする。/그의 ～에는 아무도 당하지 못한다. 彼の話術には誰もが太刀打ちできない。

너와〖건〗瓦のように使う石片や木片。

너와-집〖명〗〖건〗瓦のように薄い石片で屋根を葺いた家。

너울[1]〖명〗昔、女性の人の外出用の被り物。

너울[2]〖명〗(海の)大波｜うねり｜荒波。

너울-거리다〖자〗❶(波·布·木の葉などが)柔らかく揺れ動く。囫깃발이 ～. 旗が揺れ動く。❷(腕·羽などが)ゆらりゆらりと揺り動く｜ひらりひらりと揺り動かす。囫머리카락이 바람에 ～. 髪が風にゆらりゆらり揺り動く。=너울대다

너울-너울〖부〗ゆらりゆらり｜ひらりひらり。囫～ 춤추다. ゆらりゆらりと踊る。

너울-대다〖자타〗☞너울거리다

너저분-하다〖형〗ごちゃごちゃだ｜ごたごたしている。囫집 안이 ～. 家の中がごちゃごちゃしている。

너저분-히〖부〗ごちゃごちゃ｜ごたごた。

너절-하다〖형〗❶みすぼらしい｜だらしない｜むさくるしい。囫너절한 복장 みすぼらしい服装/너절한 작업장 むさくるしい作業場。❷くだらない｜つまらない｜品がない。囫너절한 물건 くだらない品物。

너절-히〖부〗みすぼらしく。

너털-거리다〖자〗❶(ぼろぼろになったものなどが垂れて)ぶらぶらする｜揺れ動く。❷大声で笑う｜げらげら笑う。=너털대다

너털-너털〖부〗❶ぶらぶら。❷げらげら。囫그는 큰 소리로 ～ 계속 웃고 있었다. 彼は大声でげらげらといつまでも笑っていた。

너털-대다〖자〗☞너털거리다

너털-웃음〖명〗豪傑笑い｜高笑い。囫그가 갑자기 ～을 웃기 시작했다. 彼は突然に高笑いを始めた。

너트(nut)〖명〗〖공〗ナット。

너펄-거리다〖자〗ひらひらする｜ひるがえる｜ひらめく。囫스커트가 ～. スカート

がひらひらする。=너펄대다

너펄-너펄[부] ひらひら。

너펄-대다[자] ☞너펄거리다

너풀-거리다[자] 激しくはためく｜激しくゆらゆらする。예 바지 자락이 해풍에 ~. ズボンの裾が海風に激しくはためく。=너풀대다

너풀-너풀 ゆらゆら｜ひらひら｜はたはた。

너풀-대다[자] ☞너풀거리다

너희[대] 君達ら｜お前ら｜お前たち。예 너희의 의견을 듣고 싶다. お前らの意見を聞きたい。

넉[관] 四よっ。예 쌀 ~ 섬 米4俵ひょう / ~ 장 4枚まい / ~ 달 4ヶ月かげつ。

넉넉-잡다 十分に見積もる｜余裕をたっぷり取る｜少し多めに見積もる。예 이 일은 넉넉잡아 일주일은 걸린다. この仕事ことは十分見積もっても一週間しゅうかんってしまう。

넉넉-하다[형] ❶十分じゅうぶんである｜間に合う｜足たる。예 아직 시간은 넉넉하게 남아 있다. まだ時間じかんは十分に残のこされている。❷豊ゆたかだ｜裕福だ｜事欠ことかかない。예 넉넉한 가정에서 태어난 소년 裕福な家庭に生うまれた少年しょうねん。

넉넉-히[부] 十分に｜裕福に。

넉-살[명] 厚かましさ｜ずうずうしさ｜ふてぶてしさ｜図太ずぶとさ。예 우리 사위는 ~이 좋아 사람이 많이 따른다. 家うちの婿むこは厚かましくて、人ひとがよく従したがう。

넉살-스럽다[형] ずうずうしい｜厚かましい。

넉살스레[부] ずうずうしく｜厚かましく。예 ~ 행동하다. 厚かましく行動こうどうする。

넉장-거리[명] (仰向あおむけになって)大だいの字じに倒れること。예 발길에 차여 ~로 눕다. 足あしで蹴けられてばったりと大の字に倒れる。

넋[명] ❶魂たましい｜霊れい｜霊魂れいこん。예 희생자의 ~을 위로하다. 犠牲者ぎせいしゃの霊を慰なぐさめる。❷精神せいしん｜気き｜意識いしき。예 충격으로 ~을 잃고 말았다. 衝撃しょうげきで気を失うしなってしまった。

넋(을) 놓다[관용] 気を取とられてぼっとしている｜気を失うしなってぼんやりしている。예 의욕을 잃고 넋을 놓고 있다. 意欲いよくをなくしてぼっとしている。

넋(을) 잃다[관용] ❶気を失う｜失神ししんする。❷【うっとり】うっとりする｜気をとられる。예 그녀의 아름다움에 넋을 잃고 바라보다. 彼女かのじょの美うつくしさにうっとりする。

넋(이) 나가다[관용] (あまりにも驚おどろいて)魂が抜ぬける｜意識がなくなる｜気力きりょくがなくなる。예 외아들의 죽음에 그만 넋이 나갔다. 一人息子ひとりむすこの死亡しぼうで、つい魂が抜けた。

넋(이) 없다[관용] ❶ぼんやりしている｜ぼうっとしている｜ぼうっと気抜きぬけしている。❷(仕事ことに)夢中むちゅうになる｜われを忘わすれる。

넋-두리[명] ❶愚痴ぐち｜泣き言｜不平ふへい。예 밤새도록 어머니의 ~를 들었다. 夜通よどおし母親ははおやの愚痴を聞いた。/여동생은 ~만 하고 있다. 妹いもうとは愚痴を言ってばかりいる。❷(巫女みこの)口寄くちよせ。

넋두리-하다[자] 愚痴を言う｜泣き言を言う。예 그 여자는 일절 넋두리하지 않는다. 彼女かのじょは一切泣き言を言わない。

넌더리[명] (ぞっとするほどの)嫌気いやけ｜うんざりする気持きもち｜懲こりること。예 정말 그 일에는 이제 ~가 난다. そのことには本当ほんとうにもううんざりだ。

넌더리(를) 대다[관용] 懲こり懲りするように振ふる舞まう｜うんざりさせる。

넌덜-머리[명] 嫌気いやけ｜うんざりする気持ち｜懲りること。예 ~가 나다. うんざりするほど嫌いやになる。

넌지시[부] それとなく｜そっと｜暗あんに。예 속마음을 ~ 떠보다. 心こころの内うちをそれとなく探さぐってみる。/그에게 ~ 편지를 건네주었다. 彼かれにそっと手紙てがみを渡わたしてくれた。

넌출[명] 《식》(藤ふじ·葛くずなどの)蔓つる。예 등나무의 ~이 지다. 藤の蔓が垂たれ下さがる。

넌출-문(-門)[명] 四枚よんまいの扉とびらでできている門もん。

널[명] ❶널빤지 板飛いたとび用ようの厚板あついた。예 ~을 놓고 널뛰기 준비를 하다. 板を置おいて板飛びの準備じゅんびをする。

널다 干ほす｜干し物ものをする｜広ひろげてさらす。예 실내에 빨래를 ~. 室内しつないに洗濯物せんたくものを干す。

널-다리[명] 板橋いたばし。

널-대문(-大門)[명] 板いたづくりの門もん。

널-따랗다[형] (幅はば·大おおきさなどが)ずっと広ひろい｜広々ひろびろとしている。예 널따란 정원 広々とした庭園ていえん/널따란 푸른 들판이

보이다. 広々とした青い野原が見える。↔좁다랗다

널-뛰기명【민】ノルティギギ｜板飛び。
　널뛰기-하다자 ノルティギをする｜板飛びをする。例 정월에 널뛰기하는 여자들 正月に板飛びをする女性たち。

널-뛰다자【민】ノルティギをする。

널름부 ぺろり｜ぺろっと。例 혀를 ～ 내밀다. 舌をぺろりと出す。

널름-널름부 ぺろぺろ。例 약 올리듯 혀를 ～. しゃくに障らせるように舌をぺろぺろと出す。

널리부 ❶ 広く｜あまねく。例 소문이 ～ 퍼지다. うわさが広まる。❷ 寛大に｜大目に。例 불편하시더라도 ～ 양해해 주시기 바랍니다. 居心地が悪くても大目にみてくださるよう願います。

널-리다자 ❶ (干し物が)干される。例 베란다에 이불이 널려 있다. ベランダに布団が干されている。❷ 散らばる。例 기체의 잔해가 널려 있다. 機体の残骸が散らばっている。

널-마루명 板張りの床｜板の間。例 ～라 삐걱거림이 심하다. 板張りなのでひどく軋む。

널-문명(-門) 板戸。

널브러-뜨리다타 ごちゃごちゃに辺りいっぱいに散らかす。例 옷을 바닥에 널브러뜨렸다. 服をごちゃごちゃに床いっぱいに散らかした。=널브러트리다

널브러-지다자 ❶ ごちゃごちゃに散らかる。❷ 疲れてぐったりとする。例 고된 일로 몸이 ～. つらい仕事で体がぐったりとする。

널브러-트리다타 ☞널브러뜨리다

널-빈지명 雨戸｜板戸｜繰り戸。=널빤지

널-빤지명 板｜板材｜パネル。=널❶・널판때기

널어-놓다타 干し並べる。

널-조각명 板切れ。=널쪽

널-쪽명 널조각

널찍-널찍부 広々と。=널찍널찍이
　널찍널찍-이부 広々と。
　널찍널찍-하다형 広々としている。例 널찍널찍한 고속 도로 広々とした高速道路。

널찍-하다형 かなり広い｜手広い｜広々としている。例 널찍한 방 広い部屋。
　널찍-이부 かなり広く｜広やかに。

널-판때기명(-板-) ☞널빤지

널-판장명(-板牆) 板塀｜板垣。

널-평상명(-平牀) 板の縁台。

넓다형 ❶【공간】(空間が)広い。例 운동장이 ～. 運動場が広い。/ 넓은 방을 침실로 쓰다. 広い部屋をベッドルームに使う。❷【폭】幅が広い。例 폭이 넓은 치마 幅の広いスカート/ 테이블에 넓은 커버를 씌우다. テーブルに広いカバーをかける。❸【마음】心が広い｜寛大だ。例 넓은 마음으로 이해해 주시면 기쁘겠습니다. 広い心で理解していただければ嬉しいです。/ 사장님은 마음이 넓은 사람이니까 용서할 것입니다. 社長は寛大な人だから許すに間違いない。❹【범위 등】広い｜大きい。例 시험 범위가 ～. 試験の範囲が広い。

넓-둥글다형 平たくて丸い。넓둥근 등 平たくて丸い背中。

넓디-넓다형 広々としている｜とても広い｜限りなく広い。

넓삐죽-하다형 平たくとがっている。例 넓삐죽한 코 平たくとがった鼻。

넓어-지다자 広くなる｜広がる。例 영토가 ～. 領土が広くなる。

넓은잎-나무명【식】広葉樹。例 늘 푸른 ～ 常に青い広葉樹/ 산 전체가 ～로 덮여 있다. 山全体が広葉樹で覆われている。=활엽수

넓-이명 広さ｜面積｜幅。例 주거 공간의 ～ 居住空間の広さ/ ～가 좁다. 広さが狭い。/ 삼각형의 ～를 구하다. 三角形の面積を求める。

넓이-뛰기명 ☞'멀리뛰기'의 전 용어.

넓적-넓적부 (複数のものが)みな平たいさま。
　넓적넓적-이부 みな平たいさま。

넓적-다리명 太もも｜大腿。=대퇴

넓적스레-하다형 ☞넓적스름하다

넓적스름-하다형 やや平たい。=넓적스레하다

넓적-이명【인】顔が平らな人。

넓적-하다형 平たい｜扁平だ。例 넓적한 손발 平たべったい手足。

넓죽-넓죽부 (複数の物が)みな長めに平たいさま。

넓죽-이명【인】やや細長くて広い顔の人。

넓죽-하다[형] 長めで広い。예 넓죽한 발 넓い足/넓죽한 이마 広い額。

넓-히다[타] 広くする|広げる|広める|拡張する。예 도로를 ~. 道路を広げる。/영토를 ~. 領土を拡張する。/견문을 ~. 見聞を広める。/시야를 ~. 視野を広める。

넘겨다-보다 ❶ 物越しに見る|物越しにのぞく。예 남의 집 안을 ~. 他人の家の中を物越しに見る。=넘어다보다 ❷ (人のものを)欲しがる。예 남의 돈을 ~. 他人のお金を欲しがる。=넘보다 ❷ ❸ 当て推量してのぞき見る|窺う。예 상대방의 생각을 ~. 相手の考えを窺う。

넘겨씌우다[타] (人に自分の責任・罪などを)なすりつける|転嫁する|かぶせる|おっかぶせる。예 친구에게 죄를 넘겨씌웠다. 友人に罪をかぶせた。

넘겨-잡다[타] 当て推量する。예 제멋대로 ~. 勝手に当て推量をする。

넘겨-짚다[타] 当て推量する|鎌をかける。예 추측으로 넘겨짚은 것에 불과하다. 推測で鎌をかけてるに過ぎない。

넘-기다¹[타] ❶ (紙・ページなどを)めくる。예 교과서 첫 장을 ~. 教科書の最初のページをめくる。❷ 倒す。예 상대편 다리를 걸어 ~. 相手の足をひっかけて倒す。❸ 譲り渡す|引渡す。예 사장 자리를 자식에게 ~. 社長の座を息子に譲り渡す。❹ (食べ物・唾などを)飲み込む。예 목이 아파 밥을 넘길 수가 없다. のどが痛くて御飯を飲み込めない。

넘-기다²[타] ❶ (期限・時間などを)超過する|超える。예 위기를 ~. 危機を乗りきる。/위험한 순간을 ~. 危険な瞬間を切り抜ける。❸ いっぱいであふれさす。예 물을 넘기지 말고 잘 지켜봐라. 水をあふれさせないようによく見なさい。❹ 渡す。예 공을 네트 위로 ~. ボールをネットの上に渡す。❺ 飛ばす|抜かす。예 대수롭지 않게 ~. 気にとめずに抜かす。

넘-나다[자] 出すぎる|出しゃばる。예 너에게는 넘나는 행동이다. お前には出すぎた行動だ。

넘나-들다[자・타] 頻繁に出入りする|行き来する|往来する。예 경계를 ~. 境界を往来する。

넘-내리다[자] 上がり下がりする|のぼりくだりする|上下する。예 계단을 ~. 階段をのぼりくだりする。

넘-노닐다[자] ぶらぶら歩き回る|あちこち遊び歩く|散策する。예 안으로 밖으로 ~. 中に外に歩きまわる。

넘-놀다[자] あちこち遊び回る|ぶらつく。

넘다[자・타] ❶ (期限・時間などを)超す|過ぎる。예 유효 기간이 넘었다. 有効期間を超した。/닷새가 넘었다. 五日が過ぎた。❷ 超える。예 위기를 ~. 危機が超える。❸ あふれる。예 물이 ~. 水があふれる。❹ 超える。예 줄을 ~. 線を超える。❺ (山・峠などを)越える|越す。예 고개를 ~. 峠を越える。/산을 ~. 山を越える。/강을 ~. 川を越える。

넘버(number)[명] ナンバー。예 모델 ~. モデルナンバー。

넘버링(numbering)[명] ナンバリング|番号印字器。=넘버링머신

넘버링-머신(numbering machine)[명] ☞넘버링

넘버-원(number one)[명] ナンバーワン。

넘-보다[타] ❶ (人を)見下げる|見下ろす|見くびる。예 상대방을 넘보는 듯한 태도를 취하다. 相手を見下げるような態度を取る。❷ ☞넘겨다보다 ❷

넘성-거리다[자] 物欲しげにしきりに様子をうかがう。=넘성대다

넘성-대다 ☞넘성거리다

넘실-거리다[자] ❶ (波と・髪が)うねる。예 머리카락이 ~. 髪がうねる。❷ 溢れそうだ|満ちる。❸ こっそりとしきりにうかがう。=넘실대다

넘실-넘실[부] ❶ うねうね。❷ なみなみ。❸ (物欲しげに)こっそりとしきりにうかがうさま。

넘실넘실-하다[자] ❶ (波と・髪が)うねる。예 파도가 넘실넘실하는 바다 波がうねる海。❷ なみなみとする。예 큰비가 내려 시냇물이 넘실넘실한다. 大雨が降って川がなみなみと流れる。❸

넘실대다

(物欲₍ぶつよく₎しげに)こっそりとしきりにうかがう。

넘실-대다ᄍ ☞넘실거리다

넘어-가다ᄍᄐ ❶〖높은곳을 넘어 저쪽으로 가다〗(物₍もの₎の上₍うえ₎を)越えていく┃越える。❷〖쓰러지거나 엎어지다〗転ぶ┃倒れる。倒れる。⑩돌에 걸려 ~. 石₍いし₎につまずいて倒れる。/발길에 차여 ~. 足₍あし₎で蹴₍け₎られて倒れる。/겨울에는 6시만 되면 해가 넘어간다. 冬₍ふゆ₎には六時₍ろくじ₎になると、もう太陽₍たいよう₎が落ちる。❸〖삼키다〗のど元₍もと₎を過ぎる┃通₍とお₎る。⑩물이 넘어가는 소리가 꿀꺽꿀꺽하고 난다. 水₍みず₎がのど元を過ぎる音₍おと₎がごくごくと鳴る。❹〖시간이〗過ぎる┃経過₍けいか₎する。❺〖옮겨가다〗渡る┃移る。⑩집이 팔려 소유권이 넘어갔다. 家₍いえ₎が売れて所有権₍しょゆうけん₎が移った。❻〖책장이〗めくられる。⑩한 번에 두 페이지가 ~. 一度₍いちど₎に2ページめくられる。❼〖숨이〗息が止まる。❽〖속다〗騙される。⑩속아~. 騙される。❾〖일이〗無事に終わる。❿〖지나치다〗通₍とお₎り過ぎる。⑩이번에는 대충 넘어가서는 안 된다. 今回₍こんかい₎は大まかにしてはいけない。

넘어다-보다ᄐ 物越₍ものご₎しに見₍み₎る。⑩이웃집 마당을 ~. 隣₍となり₎の庭を物越しに見る。/어깨너머로 ~. 肩越₍かたご₎しに見る。=넘겨다보다❶

넘어-뜨리다 ❶倒₍たお₎す。⑩친구를 밀어 넘어뜨렸다. 友達₍ともだち₎を押して倒した。❷(政権₍せいけん₎などを)倒す。⑩반정부 세력을 ~. 反政府₍はんせいふ₎勢力₍せいりょく₎を倒す。=넘어트리다

넘어-박히다ᄍ 倒れて地面₍じめん₎に激₍はげ₎しくぶつかる。

넘어-서다ᄐ 通₍とお₎り越₍こ₎す┃乗り越える。⑩산을 ~. 山₍やま₎を通り越す。/한계를 ~. 限界₍げんかい₎を乗り越える。/고비를 ~. 峠₍とうげ₎を越す。

넘어-오다ᄍᄐ ❶〖쓰러져서 오다〗倒れて来る。⑩담이 ~. 垣根₍かきね₎が倒れて来る。❷〖다른사람 또는 장소에서〗移ってくる。⑩아버지의 빚이 아들에게 ~. 父親₍ちちおや₎の負債₍ふさい₎が息子₍むすこ₎さんに移ってくる。❸〖시대·시기가〗なる。⑩근대로 ~. 近代に入る。❹吐気₍はきけ₎を催₍もよお₎す┃(食₍た₎べ物₍もの₎を)戻す。⑩과음식을 많이 먹었던 음식물이 ~. 飲みすぎて、食べた物を戻す。❺〖넘어서 오다〗越えてくる。⑩산을 ~. 山を越えてくる。/벽을 ~. 壁を越えてくる。/문지방을 ~. 敷居₍しきい₎を越えてくる。

넘어-지다ᄍ ❶〖쓰러지다〗倒れる┃転ぶ。⑩벌렁 뒤로 ~. ぱたっと後ろに倒れる。/돌부리에 차여 ~. 石₍いし₎の角₍かど₎につまずいて転ぶ。/발길에 차여 ~. 足₍あし₎で蹴₍け₎られて倒れる。❷〖병으로 자리에 눕다〗病₍やまい₎の床₍とこ₎につく。

넘어-트리다ᄐ ☞넘어뜨리다

넘쳐-흐르다ᄍ あふれ出₍で₎る┃こぼれる。⑩양동이에서 물이 ~. バケツから水₍みず₎がこぼれる。/얼굴에 미소가 ~. 顔₍かお₎に笑みがこぼれる。

넘-치다 ❶〖넘쳐 흐르다〗あふれる┃満ちあふれる┃みなぎる┃こぼれる┃氾濫₍はんらん₎する。⑩강물이 ~. 川₍かわ₎が氾濫する。/술잔의 술이 ~. 酒杯₍さかずき₎の酒₍さけ₎がこぼれる。❷〖가득차다〗あふれる。⑩활기가 넘치는 거리 活気₍かっき₎があふれる街₍まち₎/긴박감이 ~. 緊迫感₍きんぱくかん₎がみなぎる。❸〖지나치다〗過₍す₎ぎる┃余る。⑩분에 넘치는 행복 身₍み₎に余る幸福₍こうふく₎。

넙데데-하다형 ☞'너부데데하다'의 준말.

넙적ᄇ ❶〖입을 벌려 먹이를 받아먹는 모양〗ぱくりと┃ぱくり┃がぶり。⑩고기를 ~ 받아먹다. 肉をぱくりと受けて食₍た₎べる。❷〖몸을 바닥에 엎드리는 모양〗ぱたっと┃ばったり。⑩바닥에 ~ 엎드려 절하다. 床₍ゆか₎にぱたっと伏₍ふ₎せて敬礼₍けいれい₎する。/~ 엎드려 머리를 조아리다. ばったりとひざまずいて頭₍あたま₎をさげる。

넙적-거리다 ❶口をしきりにぱくぱくさせる。⑩잉어가 먹이를 찾아 입을 ~. 鯉₍こい₎がエサを探して、口を大₍おお₎きく開けてぱくぱくさせる。❷しきりに平伏₍へいふく₎する┃ぱっと伏す。=넙적대다

넙적-대다ᄐ ☞넙적거리다

넙죽ᄇ ❶〖입을 벌려 음식을 얼른 받아먹는 모양〗ぱくっと┃ぱくり┃がぶり。❷〖몸을 재빨리 엎드리는 모양〗ぱたっと┃べたっと。⑩주인의 발밑에 ~ 엎드려 감사했다. 主人₍しゅじん₎の足元にべたっとひれ伏して感謝した。

넙죽-거리다ᄐ ❶(口₍くち₎を)ぱくぱくする。❷ぱたぱたとひれ伏₍ふ₎す。=넙죽대다

넙죽-대다ᄐ ☞넙죽거리다

넙치명 〈동〉鮃₍ひらめ₎。⑩~는 사람들이 회로 즐겨 먹는 생선이다. ヒラメは刺身₍さしみ₎としてよく食₍た₎べられる魚₍さかな₎だ。=광어

넙치가 되도록 얻어맞다[맞다] 관용 ヒラメになるほどぶたれる┃むやみやたらに殴₍なぐ₎られる。

넛-손자(-孫子)명 〖자매의〗姉妹₍しまい₎の孫₍まご₎。⑩나에게는 ~가 없다. 私₍わたし₎には姉妹の孫がいない。

넛-할머니명 〖할아버지의〗祖母₍そぼ₎の兄弟₍きょうだい₎の妻₍つま₎。

넛-할아버지 명 祖母の兄弟。

넝마 명 ぼろ｜つづれ｜くず物｜お払い物。예~를 걸친 부랑자들 ぼろをまとった浮浪者たち。

넝마-장수 명 屑屋｜ぼろ屋。예~처럼 될 그렇게 주워 가지고 들어오니? ぼろ屋のように何をそんなに拾って帰ってくるの。

넝마-주이 명 屑拾い｜屑屋。예다리 밑에서 생활하고 있는 ~ 橋の下で暮らしている屑拾い。

넝쿨 명 〈식〉蔓。=덩굴

넣다 타 ❶ (外から中へ物を) 入れる。예가방에 ~. かばんに入れる。/ 주머니에 ~. 袋に入れる。❷【활동이 활동이】 (力や・感情などを) 込める｜入れる。예감정을 넣어 연기하다. 感情を入れて演技する。❸【쐐넣어】 はめこむ｜はさむ。❹【예금】 (お金を) 入れる｜入金する｜預金する。예장부에 돈을 넣어 두다. 通帳に入金しておく。❺【전류】 入れる。예전원을 ~. 電源を入れる。❻【의제등에】 入れる｜含める。예이 문제를 회의 의제에 ~. この問題を会議の議題に入れる。❼【사립학교등】 入れる｜加入させる。예아이를 사립 학교에 ~. 子供を私立学校に入れる。

네¹ 【여주격조사 앞에】 대 君｜お前。예~가 옳다. 君が正たしい。/ ~가 해결해야 한다. 君が解決けっしなければならない。

네² 관 四つ｜よん｜よつ。예~ 명 四人にん/ ~ 시간 四時間じかん/ 버스 ~ 대 バス4台だい。

네 활개(를) 치다 관용 大手でを振ふって歩くあるく｜のさばる｜はびこる。예네 활개를 치고 다닌다. 大手を振って歩く。

네³ 감 ❶【긍정의 대답】 はい｜ええ。예~, 그렇습니다. はい、そうです。❷【상대방의 부탁이나 요구를 받아들임】 はい。예"복사 좀 해 주세요." "~." 「コピーしてください。」「はい。」❸【반신반의 반문 때의 대답】 예｜はあ。예~, 정말이에요? え、本当ほんとうですか。=예³

-네⁴ 접 ❶【사람의 무리를 뜻함】 —ら｜—たち。예여인네 女にょから/ 동갑네 同い年どしたち。❷【집안 사람의 집】 —のところ｜—の家。예아저씨네 おじさんのところ/ 윤희네 ユンヒの家。

네⁵ 【여소유격 조사】 あなたの｜君の｜お前の。예~ 아들 お前の息子むすこが/ ~ 잘못 君の過あやまち。

네-거리 명 十字路じゅうじろ｜四つ辻つじ｜四つ角つの。예학교 앞 ~ 学校の前まえの十字路/ 다음 번 ~에서 왼쪽으로 돌다. 次つぎの四つ角を左ひだりへ曲まがる。=사거리

네거티브(negative) 명 ネガティブ。

네거티브 필름(negative film) 《연》ネガフィルム。

네-까짓 관【경멸적으로】 お前みたいな｜お前のような。

네눈깔-잡이 【경멸】 「眼鏡めがねをかけた人ひと」の俗ぞくっぽい語ご。예거기 ~, 앞으로 나와 봐. そこの眼鏡、前に出なさい。

네-다리 명 手足しゅそく｜四肢しし。예~를 쭉 뻗고 자는 사람 大の字じになって寝ねる人。=네발

네-다섯 수 관 四よつか五いつつ。예사과 ~ 개 リンゴ四つか五つ/ 직원 ~ 명이 필요하다. 職員は4人にんか5人ぐらいが必要ひつようだ。=네댓

네-댓 수 관 ☞네다섯

네댓-새 명 四日よっかか五日いつか くらい。예한 ~ 푹 쉬고 나면 괜찮아질 겁니다. 四日か五日くらいゆっくり休やすめば大丈夫だいじょうぶでしょう。

네덜란드(Netherlands) 명 《국》オランダ。

네덜란드-악파(Netherlands樂派) 《음》 オランダ楽派がくは。

네-뚜리 【여럿을 몇부분으로 나눈 것】 へ｜くそ｜かす。예그는 늘 내 말을 ~로 안다. 彼かれはいつも私わたしの言葉ことばをへとしか思おもっていない。

네-모 명 四角しかく｜四角模様もよう。

네모-나다 형 四角張しかくばっている｜四角い。예네모난 얼굴 四角い顔かお/ 색종이를 네모나게 잘라 만들다. 色紙いろがみを四角に切きって作つくる。

네모반듯-하다 형 真四角ましかくだ。예네모반듯하게 자르다. 真四角に切る。

네모-지다 角張かくばる。예네모진 책상 角張った机つくえ。

네-발 명 ☞네다리

네발-걸음 명 四よつんばいになること。예그가 ~으로 엉금엉금 기기 시작했다. 彼が四つんばいになって這はい始はじめた。

네발-짐승 명 四よつ足あしの動物どうぶつ。

네안데르탈-인(Neanderthal人) 《고》ネアンデルタール人じん。

네온(neon) 명 《전·화》ネオン。예~ 등불 ネオンの明あかり。

네온-관(neon管) 《물》ネオン管かん。

네온-사인(neon sign) 《전》ネオンサイン。

네우마(neuma 라)〖음〗【성가의 악보에 기호로 쓰임】ネウマ。

네임 서버(name server)《컴》ネームサーバ。

네트(net)《운》(卓球・テニスの)ネット。囫~를 넘기다. ネットを越(こ)す。

네트워크(network)명《컴》ネットワーク。

네트 인(net in 조)《운》(卓球・テニスで)ネットイン。囫~이 선언되어 행운의 점수를 땄다. ネットインが宣言(せんげん)され、ラッキーポイントを手(て)に入(い)れた。

네트 터치(net touch)《운》【배구 용어】ネットタッチ。囫~로 상대 팀에 공격권을 넘겨줬다. ネットタッチで相手(あいて)チームに攻撃権(こうげきけん)が移(うつ)った。

네트 플레이(net play)《운》【테니스용어】ネットプレー。

네티즌(netizen)명《컴》ネチズン。

네팔(Nepal)명《국》ネパール。

넥타이(necktie)명 ネクタイ。囫~를 매다. ネクタイを締(し)める。

넥타이-핀(necktie pin 조)명 ネクタイピン｜タイピン。

넷㊃ 四(よ)っつ｜四(し・よん)。囫딸이 ~이다. 娘(むすめ)が四(よ)つだ。/ ~이서 만나기로 했다. 四人(よにん)が会(あ)うことにした。

넷-째㊃관형 第四(だいよん)｜4番目(ばんめ)。囫딸 4번째의 娘(むすめ)/ 앞에서 ~ 줄에 서다. 前(まえ)から四番目に立(た)つ。

녀석명 ❶【경멸적으로】奴(やつ)｜野郎(やろう)。囫저 ~ 아이/바보 ~ ばかな奴/건방진 ~ 生意気(なまいき)なやつ。❷【사랑스럽게 말할때】坊(ぼう)や｜やつ｜子(こ)。囫손자 ~ 孫(まご)のやつ/ 귀여운 ~ かわいいやつ。

년[1]의【비칭】あま｜あまっこ｜あまっちょ。

년[2](年)의 年(ねん)。囫일 ~ 一年(いちねん)/ 수십 ~ 数十年(すうじゅうねん)/ 5~ 만에 만났다. 五年(ごねん)ぶりに会(あ)った。

녘의 1方(ほう)。~=쪽[6] ❷【어떤 시점의】頃(ころ)｜方(ほう)。囫해질 ~ 夕方(ゆうがた)/ 아침 ~ 朝方(あさがた)。

노[1]명【새끼나 종이 등으로 꼰 가는 끈】紐(ひも)｜細引(ほそび)き｜麻(あさ)なわ。囫~를 꼬다. 紐をよる。

노[2]부 ☞노상[1]

노[3](櫓)명 櫓(ろ)｜權(かい)。囫~를 젓다. 櫓をこぐ。

노-[4](老)접【어떤 명사 앞에서】老(ろう)—。囫노부인 老婦人(ろうふじん)/ 노신사 老紳士(ろうしんし)。

노가다(← どかた 일)명 労務者(ろうむしゃ)｜労働者(ろうどうしゃ)｜土工(どこう)。

노각(老—)명 熟(じゅく)しすぎて黄色(きいろ)くなったきゅうり。囫~의 씨를 빼내다. 熟したキュウリの種(たね)を取(と)り除(のぞ)く。

노간주-나무명〖식〗杜松(ねず)。

노경(老境)명 老境(ろうきょう)。囫~에 들다. 老境に入(い)る。

노고(勞苦)명 労苦(ろうく)｜骨折(ほねお)り｜苦労(くろう)。囫~를 위로하다. 骨折りをねぎらう。/ ~에 감사하다. 労苦に感謝(かんしゃ)する。/ 부모의 ~에 보답하다. 親(おや)の苦労に報(むく)いる。

노곤-하다(勞困—)형 疲(つか)れている｜くたびれている｜気(け)だるい。囫몸이 노곤해지다. 体(からだ)が気だるくなる。

　노곤-히부 気(け)だるく。囫~ 잠이 들다. けだるく眠(ねむ)る。

노골-적(露骨的)관형 露骨(ろこつ)｜むきだし。囫~인 성적 묘사 露骨な性的(せいてき)描写(びょうしゃ)/ 불만을 ~으로 드러내다. 不満(ふまん)をむきだしに表(あらわ)す。

노골-화(露骨化)명 露骨化(ろこつか)。
　노골화-하다자타 露骨化(ろこつか)する。囫침략적 의도를 ~. 侵略的(しんりゃくてき)な意図(いと)を露骨化する。

노구(老軀)명【늙은 몸】老軀(ろうく)｜老体(ろうたい)。

노그라-지다자 ❶【기진맥진하다】くたびれてぐったりする｜げんなりとする。囫몸이 노그라져서 아무 일도 못하겠다. 体(からだ)がぐったりとして何(なに)も出来(でき)ない。❷【정신을 몰두 혹은 빼앗기다】夢中(むちゅう)になる｜心(こころ)を)奪(うば)われる｜うつつを抜(ぬ)かす。

노글-노글부 湿(しめ)っぽくて非常(ひじょう)に柔(やわ)らかいさま。

노긋-노긋부 ❶【매우 질척한 모양】(多(おお)くの物(もの)がみな)湿(しめ)り気(け)があって柔(やわ)らかいさま。❷【성격이 꽤 부드러운 모양】(性格(せいかく)が)柔和(にゅうわ)なさま。

노긋-하다형 ❶湿(しめ)り気(け)があって柔(やわ)らかい。❷【성격이】柔和(にゅうわ)だ。
　노긋-이부 柔(やわ)らかく｜穏(おだ)やかに。

노기(怒氣)명 怒気(どき)。囫얼굴에 ~를 가득 띠다. 顔(かお)に怒気を一杯(いっぱい)に浮(う)かべる。

노기등등-하다(怒氣騰騰—)형 怒(いか)りが極度(きょくど)にまで達(たっ)する｜すごい剣幕(けんまく)だ。囫어머니는 노기등등하여 돌아오셨다. 母(はは)はものすごい剣幕(けんまく)で帰(かえ)ってきた。

노기충천-하다(怒氣衝天—)형 怒気(どき)が天(てん)を衝(つ)くように、非常(ひじょう)に激(はげ)しく怒(いか)る｜髪(かみ)の毛(け)が逆立(さかだ)つほど怒(いか)りがすさまじい。囫노기충천할 만큼 화를 낸 것은 이번이 처음이다. 髪の毛が逆立つほど怒ったのは今回(こんかい)が初(はじ)めてだ。

노-끈(-)〖명〗 〖예〗~으로 묶다. 紐で縛る。
노-나무 〖명〗 ☞개오동나무
노년(老年) 〖명〗 老年ろうねん。〖예〗~ 인구가 증가하다. 老年人ろうねんじんこうが増加ぞうかする。
노년-기(老年期) 〖명〗 老年期ろうねんき。
노농(勞農) 〖명〗 労農ろうのう。
노느다〖타〗 分ける｜分配ぶんぱいする。〖예〗빵을 노나 먹었다. パンを分けて食べた。 〖준〗논다
노느-매기 分配ぶんぱいすること｜割り当てること。
노는-계집 〖명〗 娼妓しょうぎ・売春婦ばいしゅんふなどの総称そうしょう。
노닐다〖자〗 ぶらぶらと遊びあそび歩あるく｜ぶらつく｜戯たわむれる。〖예〗한가로이 ~. のんびりと遊びあそび歩あるく。
노다지 ❶〖광〗〖명〗 豊富ほうふに埋うまっている鉱脈こうみゃく。〖예〗황금＝黄金おうごんの大当たり/~를 캐다. 豊富ほうふな鉱脈こうみゃくを掘ほる。 ❷〖명〗 思おもいがけない幸運こううん。〖예〗~를 잡다. 思おもいがけない幸運こううんを手てにいれる。
노닥-거리다〖자〗 ぺちゃくちゃとしゃべる｜油あぶらを売うる。〖예〗한가롭게 노닥거릴 시간이 없다. のんきに油あぶらをうってる時間じかんなどない。 ＝노닥대다・노닥이다
노닥-노닥¹〖부〗 ぺちゃくちゃ｜ぺちゃぺちゃ｜ぺちゃくちゃ｜ぺちゃぺちゃ。〖예〗~ 이야기를 나누다. ぺちゃくちゃ話はなし合あう。
노닥-노닥²〖부〗 つぎはぎだらけ。〖예〗~ 기운 양복을 입고 있다. つぎはぎだらけの洋服ようふくを着きている。
노닥-대다〖자〗 ☞노닥거리다
노닥-이다〖자〗 ☞노닥거리다
노대(露臺) 〖명〗 露台ろだい｜バルコニー。
노도(怒濤) 〖명〗 怒涛どとう｜질풍・疾風しっぷう怒涛どとう/~와 같은 일주일을 보냈다. 怒涛どとうのような1週間しゅうかんを過ごした。
노독(路毒) 〖명〗 長旅ながたびの疲つかれ。〖예〗~이 쌓이다. 旅たびの疲つかれがたまる。/~을 풀다. 旅たびの疲つかれをいやす。
노동(勞動) 〖명〗 労働ろうどう。〖예〗~의 대가 労働ろうどうの対価たいか。
노동-하다〖자〗 労働ろうどうする。
노동-권(勞動權) 〖명〗 〖법〗労働権ろうどうけん。
노동-력(勞動力) 〖명〗 労働力ろうどうりょく。＝노력❷
노동-법(勞動法) 〖명〗 〖법〗労働法ろうどうほう。
노동 생산성(勞動生産性) 〖경〗労働ろうどう生産性せいさんせい。〖예〗~은 선진국으로 갈수록 떨어

진다. 労働生産性ろうどうせいさんせいは先進国せんしんこくであるほど下さがる。
노동 운동(勞動運動) 《사》労働運動ろうどううんどう。
노동-자(勞動者) 〖명〗 労働者ろうどうしゃ。
노동 쟁의(勞動爭議) 《사》労働争議ろうどうそうぎ。
노동-조합(勞動組合) 〖명〗 労働組合ろうどうくみあい。〖예〗~에 가입하다. 労働組合ろうどうくみあいに加入かにゅうする。 ＝노조
노둔-하다(老鈍—) 老おいて言動げんどうが鈍にぶい。
노둣-돌 乗馬用じょうばようの踏ふみ台だい。
-노라〖어미〗 〖예〗반드시 승리하겠노라 단언하였다. 必かならず勝利しょうりして見みせると断言だんげんした。
-노라고〖어미〗 〖예〗하노라고 했는데 맛이 어떨지. 最善さいぜんを尽つくして作つくりましたが味あじはどうかしら。
노라리 〖명〗 のらりくらりと日ひを過ごすこと。〖예〗이 바쁜 때에 너는 오늘도 ~냐? この忙いそがしい時ときにお前まえは今日きょうもものらりくらりしてるのか。
-노라면〖어미〗 〖예〗이 길로 계속 가노라면 강이 나옵니다. この道みちに従したがって行いきますと、川かわに出でます。
노란-빛 黄色きいろ。〖예〗~으로 물들다. 黄色きいろに染そまる。
노랑 〖명〗 黄き｜黄色きいろ。〖예〗~ 풍선 黄色きいろの風船ふうせん。
노랑-가오리 〖명〗 〖동〗赤あかえい。~의 꼬리에 있는 가시에는 독이 들어 있다. アカエイの尾おにある刺とげには毒どくがある。
노랑-나비 《동》黄色きいろい蝶ちょう｜紋黄蝶もんきちょう。
노랑-머리 〖명〗 黄色きいろの髪かみの毛け。〖예〗머리가 원래 ~인 거야? 髪かみの毛けが元々もともと黄色きいろいのか。
노랑-이 〖명〗 ❶けちん坊ぼう｜けち。 ❷黄色きいろい小犬こいぬ。 ❸黄色きいろの品物しなもの。
노랗다 ❶黄色きいろい｜鮮あざやかな黄色きいろだ。〖예〗노란 우산을 쓴 아이 黄色きいろい傘かさを差さしている子供こども/은행잎이 노랗게 물들다. 銀杏いちょうの葉はが黄色きいろく染そまる。 ❷(顔かおに)血ちの気けがない。
노래 〖명〗 ❶歌うた｜歌曲かきょく。〖예〗사랑의 ~ 愛あいの歌うた/즐거운 ~를 부르다. 楽たのしい歌うたを歌うたう。/~를 잘하다. 歌うたがうまい。 ❷詩し｜詩歌しいか。
노래-하다〖자〗 〖예〗歌うたを歌うたう。〖예〗가수가 무대에서 ~. 歌手かしゅが舞台ぶたいで歌うたを歌うたう。

노래기 명 〈동〉馬陸. 예 창고 속에서 ~가 기어 나왔다. 倉庫の中からヤスデが這って出てきた。=향랑각시

노래-자랑 명 喉自慢.

노래-쟁이 명 〈낮〉歌手. 예 ~가 되였다니, 절대 허락 못헤! 歌手になるなんて、絶対に許せない。

노래-지다 자 黄色くなる。예 얼굴이 ~. 顔が黄色くなる。

노랫-가락 명 歌の曲調 ¦ メロディー。

노랫-소리 명 歌声. 예 환희의 ~가 들린다. 歓喜の歌声が聞こえる。

노략(擄掠) 명 (群れをなして) 略奪すること。예 ~ 행위는 금지한다. 略奪行為は禁止する。
　노략-하다 타 略奪する。

노략-질(擄掠—) 명 略奪行為. 예 ~을 일삼다. 略奪行為に専念する。
　노략질-하다 타 略奪行為を働く。예 식량을 몽땅 노략질해 갔다. 食糧を全部略奪して行った。

노량 부 ゆっくり ¦ ゆったり ¦ のんびり ¦ のろのろ。

노량-으로 부 ゆっくりと ¦ 気長く ¦ のろのろ。

노려-보다 타 (鋭い目つきで) にらむ ¦ にらみつける。예 눈을 부라리고 ~. 目を剥いてにらみつける。/ 서로 ~. 互いににらみ合う。/ 무서운 눈초리로 ~. 恐い目付きでにらみつける。

노력¹(努力) 명 努力. 예 부단한 ~이 필요하다. 不断の努力が必要だ。/ ~을 계속하다. 努力を続ける。
　노력-하다 努力する。예 끊임없이 ~. 絶えず努力する。/ 자신의 꿈을 향해 ~. 自分の夢に向かって努力する。

노력²(勞力) 명 ❶〈낮〉労力。 ❷〈경〉労働力。=노동력

노련-하다(老鍊—) 형 老練だ ¦ 老巧だ ¦ 熟練する。예 노련한 외교 수완 老練な外交手腕 / 노련한 전술 老巧な戦術。

노령(老齡) 명 老齡 ¦ 老年 ¦ 高齡。예 ~ 인구의 비율 老齡人口の比率 / ~화 사회를 맞이하다. 老齡化社会を迎える。

노루 명 〈동〉ノロ / ノロじか。
　노루가 제 방귀에 놀라듯 속담 ノロが自分のおならに驚くように:「臆病者が何でもないことにびくびく驚く」の意。
　노루 꼬리만 하다 관용 非常に短い。예 노루 꼬리만 한 겨울 해가 진다. ノロのしっぽほどの冬期日の日が沈む。

노루-목 ノロの通り道の要所. 예 ~에 덫을 놓았다. ノロの通り道の要所に罠を仕掛けた。

노루-발 명 〈기〉押さえ。

노루발-장도리 釘抜き付きの金づち。

노루-잠 명 浅い眠り ¦ うたた寝。예 그녀는 예민해서 항상 ~을 잔다. 彼女は敏感なのでいつも眠りが浅い。=괭이잠

노르께-하다 형 黄色がかっている ¦ 黄ばんでいる。=노르끄레하다

노르끄레-하다 형 ☞노르께하다

노르다 형 (黄金のように) 黄色い ¦ 黄金色だ。

노르마(norma 라) 명 〈사〉ノルマ。예 ~를 달성하다. ノルマを達成する。

노르무레-하다 형 やや黄色い。

노르스레-하다 형 ☞노르스름하다

노르스름-하다 형 鮮やかな黄みを帯びている。=노르세하다・놋흑하다

노르웨이(Norway) 명 〈국〉ノルウェー。

노른-자 명 ☞노른자위

노른-자위 명 ❶卵の黄身 ¦ 卵黄。예 ~만 쓴다. 卵黄だけを使う。/ 동생은 ~를 아주 좋아한다. 弟は卵の黄身が大好きだ。 ❷〈비〉重要な部分と ¦ 要所 ¦ 中心地。예 숨겨진 ~ 땅을 발견하다. 隠されていた重要な土地を発見する。=노른자

노름 명 賭け事 ¦ 博打 ¦ 賭け。예 ~에 빠져 가산을 탕진하다. 賭博に溺れて身上をつぶす。=돈내기
　노름-하다 賭け事をする ¦ 博打を打つ。

노름-꾼 博打打ち ¦ 賭博師 ¦ 博徒。예 바람둥이랑 ~은 평생 여자를 고생시킬 놈이야. 浮気者と博打打ちは、一生の女を苦しめる奴さ。=도박꾼

노름-빚 賭博でかかえた借金。예 ~으로 집이 넘어가다. 賭博の借金で家が人手に渡る。

노름-판 賭博場 ¦ 賭場 ¦ 博打場 ¦ 鉄火場。예 ~을 벌이다. 賭場をひらく。=도박장

노름-패(—牌) 명 博打打ちの仲間。예 그는 ~에 끼어 가정을 망가뜨렸다. 彼

노릇 몡 ❶一職。一屋。一役。 예선생 ~ 先生の職/ 반장 ~ 班長の役。 ❷本分。責務。務め。예엄마 ~ 母の責務/아들 ~ 息子の本分/며느리 ~ 嫁の務め。 ❸(気の毒な)事情。都合。事。예기가 막힐 ~이다. 呆れた事だ;呆れ果てる事だ;信じられない事だ。/귀신이 곡할 ~이다. 信じられないほど奇妙な事だ;非常に不思議な事だ。

노릇-노릇 팀 狐色を帯びているさま。=노릇노릇이

노릇노릇-이 팀 ☞노릇노릇

노릇노릇-하다 狐色を帯びている。예빵을 노릇노릇하게 굽다. パンをこんがりと狐色に焼く。

노릇-하다 黄色がかっている。=노르스름하다

노리-개 몡 ❶ノリゲ。❷おもちゃ。❸慰みもの。

노리갯-감 몡 ❶もてあそばれる女。❷おもちゃ。

노리다¹ 터 ❶にらむ;にらみつける。예무서운 눈으로 ~. 恐い目でにらみつける。/분노에 찬 눈으로 ~. 怒りが満ちた目でにらむ。❷狙う;目指す;窺う。예재기의 기회를 노리고 있다. 再起の機会を狙っている。

노리다² 터 刈り取る;横に払いながら切る。

노리다 톙 ❶獣臭い臭いがする。❷けちだ;けちくさい。

노리착지근-하다 톙 少し獣臭い臭いがする。예노리착지근한 냄새가 풍겨오다. 獣臭い臭いが漂ってくる。⓼노리치근하다

노리착지근-히 팀 獣臭い臭いがするように。

노리치근-하다 톙 ☞'노리착지근하다'의 준말.

노린-내 몡 獣臭い臭い。

노망(老妄) 몡 もうろく;ぼけ。

노망-하다 困 もうろくする;ぼける。

노망-나다(老妄-) 困 老いぼれる;もうろくする;ぼける。예노망난 할머니 ぼけたおばあさん。

노망-들다(老妄-) 困 もうろくする;ぼける。

노면(路面) 몡 路面。예~ 전차 路面電車/~이 울퉁불퉁하다. 路面がでこぼこだ。/비 때문에 ~이 미끄러지기 쉬운 상태가 되었다. 雨で路面が滑べりやすい状態になった。

노모(老母) 몡 老母。예~를 부양하다. 老母を養なう。

노목(老木) 몡 老木;老樹。

노무(勞務) 몡 労務。예~ 관리 労務管理。

노무-자(勞務者) 몡 労務者。

노박이-로 팀 ずっと;引き続き;ひっきりなしに。예~ 일을 계속하다. ずっと働きを続ける。

노-박히다 困 ❶一所に固定されている。❷一つのことに没頭する。

노반(路盤) 몡 《건》路盤。

노발-대발(怒發大發) 激しく怒ること;激怒;怒髮天を衝くこと。

노발대발-하다 激しく怒る;激怒する;怒髮天を衝く。

노방(路傍) 몡 路傍;道端;路頭。

노벨-상(Nobel賞) 몡 ノーベル賞。예~ 수상식이 열리다. ノーベル賞授賞式が行われる。

노변¹(路邊) 몡 路辺;道端;路傍。예~에 차를 세우다. 道端に車を止める。=도로변

노변²(爐邊) 몡 炉辺;炉端。

노병¹(老兵) 몡 老兵。

노병²(老病) 몡《의》老病。

노복(奴僕) 몡 奴僕;下男;しもべ。

노복(老僕) 몡 老僕。

노-부모(老父母) 몡 老父母。

노-부부(老夫婦) 몡 老夫婦。

노비¹(奴婢) 몡 奴婢。

노비²(路費) 몡 ☞노자。

노사(勞使) 몡 労使。예~ 협조 労使協調。

노상¹ 팀 いつも;常に;常々に;しょっちゅう;ふだん;決って。예~ 떼를 쓰는 아이 しょっちゅう駄々をこねる子供/그는 ~ 놀기만 한다. 彼はしょっちゅう遊んでばかりいる。=노²

노상²(路上) 몡 途中。

노상-강도(路上强盜) 몡 辻強盜;追いはぎ。예돌아오는 길에 ~를 만났다. 帰り道で追いはぎに遭った。

노새〖동〗騾馬.

노색(怒色)〖명〗怒った顔色. 예얼굴에 ~을 띠고 단숨에 말하다. 顔に怒気を帯びながら一気に話す.

노선(路線)〖명〗路線. 예중도 정치 ~ 中道政治の路線/~을 변경하다. 路線を変更する.

노선-도(路線圖)〖명〗路線図. 예지하철 ~ 地下鉄の路線図.

노소(老少)〖명〗老少 ┃ 老若男女. 예남녀 ~ 老若男女/~를 불문하고 압도적으로 인기가 높다. 老若を問わず圧倒的に人気が高い.

노송(老松)〖명〗❶老松 ┃ 老い松. ❷ ☞노송나무.

노송-나무(老松―)〖명〗〖식〗檜. =노송❷·편백

노쇠-하다(老衰―)〖형〗老衰する. 예노쇠한 노인 老衰した老人/노쇠한 사자는 이제 사냥감을 잡을 힘이 없어졌다. 老衰したライオンはもはや獲物を捕らえる力がなくなった.

노숙(露宿)〖명〗露宿 ┃ 野宿.
　노숙-하다〖자〗露宿する ┃ 野宿する. 예공원에서 ~. 公園で野宿する.

노숙-하다²(老熟―)〖형〗【노련】老熟する. 예노숙한 지도자 老熟した指導者.

노-스님(老―)〖명〗師僧 ┃ 師匠に当たる僧侶.

노승(老僧)〖명〗老僧.

노심-초사(勞心焦思)〖명〗気をもむこと ┃ 心を労すること.
　노심초사-하다〖자〗気を使って心配をかける ┃ 気をもむ ┃ 心を労して心配する. 예자신의 정체가 탄로 날까 봐 ~. 自分の正体がばれるかと気をもむ.

노안(老眼)〖명〗老眼 ┃ 老視. 예~이 심해지다. 老眼が進む.

노약(老弱)〖명〗老弱.
　노약-하다〖형〗老弱だ. 예노약한 신체 老弱な体.

노약-자(老弱者)〖명〗老弱. 예~를 깔보다. 老弱をいやしむ.

노여움〖명〗怒り ┃ 憤立ち ┃ 憤り. 예어머니께서는 ~으로 부들부들 떨기 시작하셨다. 母は怒りでぶるぶると震え始めた. 준노염
　노여움(을) 사다관용 怒りを買う. =노염(을) 사다

노여워-하다〖자〗腹を立てる ┃ 憤る ┃ 怒る. 예그만한 일에 노여워하나니 자네답지 않구먼. そのぐらいのことで腹を立てるとは、君らしくないな.

노역(勞役)〖명〗労役. 예~으로 고생하는 농민 労役に苦しむ農民/~에 종사할 의무를 지다. 労役に服する義務を負う.
　노역-하다〖자〗労役する. 예교도소 안에서 ~. 刑務所の中で労役する.

노염〖명〗'노여움'의 준말.
　노염(을) 사다관용 노여움(을) 사다

노엽다〖형〗腹立たしく恨めしい. 예할아버지가 노여운 눈길로 손자를 바라보았다. 祖父が腹立たしそうな目で孫を見つめた.

노영(露營)〖명〗露営 ┃ 野営. =야영
　노영-하다〖자〗露営する ┃ 野営する. 예산에서 ~. 山で野営する.

노영-지(露營地)〖명〗露営地 ┃ 野営地. =야영지

노예(奴隷)〖명〗奴隷. 예~ 해방 奴隷解放/물질의 ~ 物質の奴隷/기계의 ~가 되다. 機械の奴隷になる.

노예-근성(奴隷根性)〖명〗奴隷根性.

노예 제도(奴隷制度)〈사〉奴隷制度.

노-오라기〖명〗ひもきれ ┃ ひもくず. =노오리

노-오리〖명〗☞노오라기

노유(老幼)〖명〗【노약】老幼.

노을〖명〗焼け ┃ 映え. 예저녁 ~ 夕焼け. 준놀

노이로제(Neurose 독)〖명〗〖의〗ノイローゼ ┃ 神経症.

노인(老人)〖명〗老人 ┃ 年寄り. 예~을 공경하는 사회를 형성하다. 老人を敬う社会を形成する.

노인성 치매(老人性癡呆)〈의〉老人性痴呆.

노인-장(老人丈)〖명〗【높임말】お年寄り ┃ ご老体.

노임(勞賃)〖경〗労賃 ┃ 賃金. 예~을 인상하다. 賃金を引き上げる. /~를 지불하다. 労賃を払う.

노자¹(勞資)〖명〗労資.

노자²(路資)〖명〗【여행 경비】旅費 ┃ 路用 ┃ 路銀. 예~를 마련하다. 旅費を用意する. /~는 충분히 있다. 路銀は足りるほどある. =노비·행비

노작(勞作)명 労作。예 10년 걸려 완성한 ~ 10年の歳月をかけて完成した労作。
노작-하다자 労作する。

노장¹(老將)명 ❶老将。❷ベテラン。

노장²(老莊)명 老荘。예 ~사상 老荘思想。

노적(露積)명 露積み｜野積み。

노적-가리(露積—)명 稲叢のにお。

노점(露店)명 露店。

노정(路程)명 路程｜道のり｜行程。

노조(勞組)명 《사》労組｜労働組合。=노동조합

노중(路中)명 道の真ん中｜途中｜途上。

노즐(nozzle)명 《기》ノズル。

노-질(櫓—)명 櫓を漕ぐこと。
노질-하다자 櫓を漕ぐ。

노처(老妻)명 老妻。

노-처녀(老處女)명 老嬢｜オールドミス。=올드미스

노천(露天)명 露天｜野天。

노천-광(露天鑛)명 《광》露天鉱。

노천-극장(露天劇場)명 野外劇場。

노천 채굴(露天採掘)명 《광》露天掘り。

노-총각(老總角)명 結婚適齢期を過ぎた未婚の男。

노출(露出)명 ❶露出。❷《연》(カメラの)露出。예 자동 ~ 自動露出。
노출-하다자타 露出する。

노출-계(露出計)명 《연》露出計。

노출-증(露出症)명 《의》露出症。

노친(老親)명 老親｜年をとった親。

노-코멘트(no comment)명 ノーコメント。

노크(knock)명 ノック。
노크-하다자타 ノックする。

노-타이(no tie 조)명 ノータイ｜ノーネクタイ。

노태(老態)명 ▷노티

노트(note)명 ノート。❶書き留めること｜筆記。❷ノートブック｜帳面。
노트-하다자 ノートする｜筆記する。

노트북 컴퓨터(notebook computer)명 《컴》ノートパソコン｜ノート型パソコン。

노-티(老—)명 老けて見えるさま｜年寄りじみた態度。=노태

노파(老婆)명 老婆｜老女。

노파-심(老婆心)명 老婆心。

노폐-물(老廢物)명 老廃物。

노폐-하다(老廢—)형 老廃する。

노-하다(怒—)자 怒る｜腹を立てる。예 불같이 ~. かんかんになって怒る。

노-하우(knowhow)명 ノーハウ｜ノウハウ。

노형(老兄)대 あなた｜あなた様。❶老兄。❷あまり親しくない間柄で、相手を敬やって言う語。예 ~, 댁은 어디시오? あなたさまのお宅はどちらですか。

노호(怒號)명 怒号。
노호-하다자 怒号する。

노화(老化)명 《생·의·화》老化。예 ~ 현상 老化現象/~ 억제 老化抑制。
노화-하다자 老化する。

노환(老患)명 老病。

노획(鹵獲)명 鹵獲｜捕獲。예 ~ 병기 鹵獲兵器。
노획-하다타 鹵獲する｜捕獲する。

노획-물(鹵獲物)명 鹵獲した物。

노후¹(老朽)명 老朽。
노후-하다형 老朽する。예 노후한 시설 老朽した施設。

노후²(老後)명 老後。예 ~에 대비하다. 老後に備える。

노후-화(老朽化)명 老朽化。예 ~가 진행되고 있는 건물 老朽化が進んでいる建物。
노후화-하다자 老朽化する。

녹(綠)명 ❶錆。예 ~이 나다. 錆が出る。❷緑青。=동록

녹각(鹿角)명 《생》鹿角｜鹿の角。

녹-나다(綠—)자 ▷녹슬다❶

녹녹-하다형 しっとりしてやや柔らかい。
녹녹-히부 しっとりとやや柔らかく。

녹-느즈러지다자 潤いのあるものが柔らかくたるむ。예 나이를 먹어 피부가 ~. 年を取ったのでお肌がたるむ。

녹는-점(—點)명 《화》融点｜融解点。=융점

녹다자 ❶溶ける。예 봄이 되어 얼음이 녹고 있다. 春になって氷が溶けている。/초콜릿이 녹아 물렁물렁해졌다. チョコレートが溶けてどろどろとなっ

た。❷【추위에 떨었던 몸이】(冷えた体が)温まる。例 얼었던 발이 녹으니 한결 살 것 같다. 凍えた足が温まって生き返ったようだ。❸【감정이나 마음이】やわらぐ。例 어머니도 마음이 녹았다. お母さんも心がやわらいだ。❹【맛이 부드럽고 고소하다】軟らかく美味しい。例 회가 입 안에서 살살 녹는다. 刺し身が口の中でとても軟らかく噛まれる。❺【얼음이나 눈 따위가 물이 되다】溶ける｜溶解する。例 설탕이 물에 ~. 砂糖が水に溶ける。

녹두(綠豆)명《식》緑豆。例 ~ 분말 リョクトウ粉末。/ ~ 비누를 쓰면 피부가 고와진다. リョクトウの石鹸を使うと肌がきれいになる。

녹두-묵(綠豆—)명【음식의 하나】緑豆でつくったムク。

녹록-하다(碌碌·錄錄—)형 ❶ 平凡で大したことではない｜取るに足りない。例 녹록한 사람들 平凡な人々。❷ たやすい｜手ごわくない。例 녹록하지 않은 상대 並ぶでない相手。
　녹록-히부 たやすく。例 생각보다 ~ 도착했네. 思ったよりたやすく着いたぞ。

녹말(綠末)명 緑豆の澱｜澱粉｜片栗粉など。例 감자 ~ ジャガイモの澱粉。=녹말가루

녹말-가루(綠末—)명 ☞녹말

녹비(—鹿皮)명 鹿の皮。

녹색(綠色)명 緑｜緑色·しょく。

녹-슬다(綠—)자 ❶ 錆びる｜錆び付く。例 녹슨 기찻길 錆び付いた線路。=녹나다 ❷【사물에 대한 감각이나 실력 따위가 무뎌지다】鈍くなる｜錆び付く｜衰える。例 녹슨 머리 鈍くなった頭。

녹신-녹신부【매우 무르고 보드라운 모양】ぐにゃぐにゃ｜やわやわ。
　녹신-하다형 柔らかい｜しなやかだ。
　녹신-히부 柔らかに｜しなやかに｜ぐにゃぐにゃ｜やわやわ。

녹실-녹실부【매우 무르고 보드라운 모양】ぐにゃぐにゃ｜やわやわ。
　녹실-하다형 非常に柔らかい。

녹야(綠野)명 緑野。

녹엽(綠葉)명 緑葉｜青葉。

녹-온(knock-on)명《운동》ノックオン。

녹용(鹿茸)명《한》鹿茸｜鹿の若角。

녹음¹(綠陰)명【나무 그늘】緑陰。

녹음²(錄音)명 録音。
　녹음-하다타 録音する。例 노래를 ~. 歌を録音する。

녹음-기(錄音器)명 録音機。

녹음 방송(錄音放送) 録音放送。

녹음-테이프(錄音tape)명 録音テープ。

녹이다타【녹게 하다】❶【얼음을】(温めて)溶かす。例 얼음을 ~. 氷を溶かす。/ 강철을 ~. 鋼鉄を溶かす。❷【액체에】(固体を)溶かす｜溶解する。例 설탕을 녹여 시럽을 만들다. 砂糖を溶かしてシロップを作る。❸【몸을】(凍えた体を)温める｜ぬくめる。例 이불 속에서 몸을 ~. 布団の中で体を温める。❹【마음】(心を)和らげる｜魅惑する｜惑わす。例 미움을 ~. 気持ちを和らげる。/ 세계를 ~. 世界を惑わす。/ 남자를 ~. 男との心を魅惑する。

녹죽(綠竹)명 緑竹。

녹지(綠地)명 緑地。

녹지-대(綠地帶)명 緑地帯。

녹지 지역(綠地地域)《법》緑地地域｜緑地帯｜グリーンベルト。

녹진-녹진부 ねばねば。
　녹진녹진-하다형 ねばねばとする。例 녹진녹진한 사탕 ねばねばとした飴。

녹진-하다형 ❶ 水気があってねばねばする。例 무언가 녹진한 것을 밟고 말았다. 何かねばねばした物を踏んでしまった。❷ (性質が)柔かくてねばりがある。例 그는 보기와는 다르게 ~. 彼は見かけによらずねばりがある。
　녹진-히부 粘っこく。

녹차(綠茶)명 緑茶。

녹초 くたくたになった状態。例 12시간 행군으로 우리는 ~가 되었다. 12時間の行軍で私達はくたくたになった。/ 사람을 ~로 만들어 버리는군. 人をぐたりと疲れさせるのだなあ。/ 일이 고되어 몸이 ~가 되다. 仕事がつらくて体がへとへとになる。

녹화¹(綠化)명 緑化。例 ~ 사업 緑化事業 / 산림 ~ 山林の緑化。
　녹화-하다¹타 緑化する。

녹화²(錄畵)명 録画。
　녹화-하다²타 録画する。例 드라마를 녹화해 두다. ドラマを録画しておく。

녹-황색(綠黃色)명 緑黄色。

논¹명 田｜水田｜たんぼ。=답(畓)

논²(論)명《문》論다이。

논-갈이명《농》田を耕すこと。

논갈이-하다 자 田を耕す。
논객(論客) 명 論客。
논거(論據) 명 論拠。 예 ~를 제시하다. 論拠を示す。
논고(論告) 명 論告。
　논고-하다 타 論告する。
논공-행상(論功行賞) 명 論功行賞。
논급(論及) 명 論及。
　논급-하다 자 論及する。
논-꼬 명 田の水の出入り口｜水口。
논-농사(-農事) 명 稲作り｜田作り。
논다 타 ☞노느다의 준말.
논다니 명 遊女｜売春婦。
논단¹(論壇) 명 論壇。 예 ~에 오르다. 論壇にのぼる。
논단²(論斷) 명 論断。
　논단-하다 자타 論断する。
논담(論談) 명 ☞담론
논-도랑 명 田の溝。
논-두렁 명 畔。 =논둑
논-둑 명 ☞논두렁
논란(-論難) 명 論難。
　논란-하다 타 論難する。
논리(論理) 명 論理。 예 ~주의 論理主義。
논리-성(論理性) 명 《논》論理性。
논리-적(論理的) 관 명 論理的。 예 ~인 글을 쓰다. 論理的な文章を書く。
논리-학(論理學) 명 《논》論理学。
논-마지기 명 いくばくの田｜わずかな田。
논-매기 명 田の草取り。
　논매기-하다 자 田の草取りをする。
논-매다 자 田の草取りをする。
논문(論文) 명 論文。 예 졸업 ~ 卒業論文。
논-문서(-文書) 명 田の所有権を証明する文書。
논-물 명 田水｜田に張った水。 예 ~을 대다. 田に水を引く。
논-바닥 명 田の底面。
논박(論駁) 명 論駁。
　논박-하다 타 論駁する。
논-밭 명 田畑。
논-배미 명 田の一区切り。
논법(論法) 명 論法。 예 삼단 ~ 三段論法。
논변(論辯·論辨) 명 論弁｜弁論。
　논변-하다 타 論弁する｜弁論する。
논-보리 명 田に植えた麦。

논설(論說) 명 論説。 예 ~위원 論説委員。
논설-문(論說文) 명 《문》論説文。
논술(論述) 명 論述。 예 ~시험 論述試験。
　논술-하다 타 論述する。
논-스톱(nonstop) 명 ノンストップ。
논어(論語) 명 論語。
논외(論外) 명 論外。
논의¹(論意) 명 ☞논지(論旨)
논의²(論議) 명 論議｜議論。
　논의-하다 타 論議する｜議論する。 예 대책을 ~. 対策を議論する。
논-일 명 田の仕事。
　논일-하다 자 田の仕事をする。
논자(論者) 명 論者。
논쟁(論爭) 명 論争。 예 정책 ~을 벌이다. 政策論争を繰り広げる。
　논쟁-하다 자 論争する。
논전(論戰) 명 論戦｜論争。
　논전-하다 자 타 論戦する｜論争する。
논점(論點) 명 論点。 예 ~을 벗어나다. 論点から外れる。
논제(論題) 명 論題。
논조(論調) 명 論調。
논죄(論罪) 명 論罪。
　논죄-하다 타 論罪する。
논증(論證) 명 論証。
　논증-하다 타 論証する。
논지(論旨) 명 論旨。 =논의¹
논파(論破) 명 論破。
　논파-하다 타 論破する。
논평(論評) 명 論評。
　논평-하다 타 論評する。
논-풀 명 田の雑草。
논-픽션(nonfiction) 명 《문》ノンフィクション。
논-하다(論-) 타 論じる。 예 시비를 ~. 是非を論じる。
놀 명 (朝·夕ゆうの)焼やけ｜映え。 예 아침~이 불탄다. 朝焼けが真っ赤だ。/ ~이 지다. 空が赤く染まる。
놀놀-하다 형 (草·毛·芽などが)やや黄色い｜ぼんやりと薄黄色い。
놀다 자 ❶ (好きなことをして)楽しむ｜遊ぶ｜遊戯をする。 예 바다에 가서 즐겁게 놀고 왔다. 海に行って楽しく遊んできた。/ 오늘은 종일 축구를 하

며 놀았다. 今日ょょうは一日中ょちじゅうサッカーして遊んだ。/ 놀이터에서 아이들이 놀고 있다. 遊び場で子供たちが遊んでいる。/ 지금은 노는 시간이다. 今は遊ぶ時間だ。❷【일하지아니하고】(働かないで)遊ぶ｜ぶらぶらする｜失業する。 예 일자리가 없어 놀고 있다. 仕事がなくて遊んでいる。❸【근무를쉬거나하다】(勤めを)休む。 예 내일은 가게가 노는 날이다. 明日は店休日だ。❹【동원시설등이 활용되지 않다】遊ぶ｜放置されている。 예 노는 돈이 있으면 투자해 보세요. 遊んでいるお金があったら投資してみましょう。❺【헐거워져서 움직이다】緩んで動く。 예 나사가 ~. ねじが緩む。❻【여기저기 움직여 돌다】(あちこち)動き回る。❼【함부로 행동하다】(勝手に)振る舞う。

놀라다 재 ❶【놀이터에서】驚く｜びっくりする｜たまげる｜仰天する。예 놀랄 만한 효능 驚くべき効能。❷【감탄하다】驚嘆する。예 섬세한 연기에 ~. 繊細な演技に驚嘆する。

놀라움 명 驚き｜驚愕。예 그 소식을 듣고 ~에 입을 딱 벌렸다. その知らせを聞き、驚きで口を大きく開いた。

놀랍다 형 ❶ 驚くべきだ。驚ろくほどすばらしい｜目覚ましい｜驚嘆に値する。예 놀라운 기억력에 혀를 내두르다. 驚くべき記憶力に舌を巻く。/ 네가 그러한 일을 하다니 정말 놀랍구나. 君がそんなことをするとは、本当に驚いた。

놀래다 타 【놀라게하다】 びっくりさせる｜驚かす。

놀리다¹ 타 【흉을보아네】 からかう｜笑いものにする｜冷やかす｜やじる。예 다른 사람의 결점을 놀려서는 안 된다. 人の欠点をからかってはいけない。

놀-리다² 타 ❶【쉬게하다】 休ませる｜遊ばせる。 예 직원들을 하루도 놀릴 수 없다. 職員たちを一日でも休ませてはいけない。❷【움직이다】(体を)よどみなく動かす｜走らせる。 예 손발을 놀려 일을 하다. 手足をよどみなく動かして仕事をする。/ 입을 놀려 말하다. 口をよどみなく動かして話す。

놀림 명 からかい｜冷やかし。

놀림-감 명 笑いもの｜なぶりもの｜なぐさみもの。예 ~이 되다. 笑いものになる。

놀림-거리 명 もの笑いの種｜笑い草。

놀림-조(-調)명 からかうような調子。예 ~로 그녀를 비웃었다. からかう調子で彼女をあざ笑った。

놀면-하다 형 【약간 누런빛】 やや黄色い｜心持ち黄ばんでいる。

놀부 ❶【문】【놀부】 ノルブ。❷【인색한 사람】 欲張りの人。예 인색하기로 소문난 황 ~ 집이 여기야. ここがけちで噂の欲張りファン氏の家だ。

놀아-나다 자 ❶ (人)に乗せられる。예 사기꾼의 말에 ~. 詐欺師の言葉に乗せられる。❷【방탕】浮気する。예 유부녀와 ~. 人妻らと浮気する。

놀아-먹다 자 ❶ (ろくなこともせずに)遊びふける。예 너는 아직 놀아먹고 있는 거니? 君は未だに遊びまわっているの。❷ 放蕩する。예 놀아먹고 있는 남동생을 지켜보다. 放蕩する弟を見守る。

놀음 ☞놀음놀이

놀음-놀이 명 遊びごと｜行楽。=놀음

놀음놀이-판 명 行楽の場。=놀음판

놀음-판 ☞놀음놀이판

놀-이 명 遊び｜遊びごと｜遊技｜遊戯｜ゲーム｜―ごっこ。예 남사당~ ナムサダン遊び。

놀이-꾼 명 ❶遊びで回る人。예 유원지는 ~으로 가득하다. 遊園地は遊びに来た人でいっぱいだ。❷ 遊戯をする人。

놀이-딱지(-紙)명 ☞딱지

놀이-마당 명 人たちが集まって、歌ったり踊ったりすること。

놀이-터 명 遊び場｜遊ぶ所。

놀잇-배 명 遊覧船｜遊船｜船遊びの船。예 ~를 띄우다. 遊船を浮かべる。

놈 명 I 의 ❶(物・動物を指して)もの｜やつ。❷【사람】 やつ。 II 명 【친근감이나 반가움】 やつ｜野郎。

놈-팡이 명 ❶【사내놈】 やつ。❷【직업이 없이 빈둥거리는 사내】 やつ｜野郎｜ルンペン。예 1년째 ~ 생활을 하고 있다. もう一年もルンペンで暮らしている。

놉 명 【품팔이】 日雇とい。예 ~을 부리다. 日雇いを雇そう。

놋 명 《공》眞鍮。=놋쇠

놋-그릇 명 真鍮製の器。=놋기명

놋-기명(―器皿)명 ☞놋그릇

놋-대야 명 真鍮製のたらい。

놋-대접 명 真鍮製の鉢。

놋-쇠 [명]《공》真鍮。=놋
놋-숟가락 真鍮製のさじ。준놋숟갈
놋-숟갈 [명] ☞'놋숟가락'의 준말.
놋-요강 [명] 真鍮製のおまる。
놋-젓가락 [명] 真鍮製のはし。준놋젓갈
놋-젓갈 [명] ☞'놋젓가락'의 준말.
농¹(弄)[명] 冗談｜からかい。=농담¹
　농-하다 冗談を言う｜からかう。
농²(膿) ☞고름¹
농³(籠)[명] ❶つづら｜行李。❷たんす。=장롱
농가(農家)[명] 農家。
농간(弄奸)[명] 奸計｜策略｜手練｜手管｜細工。예~을 부리다. 奸計をめぐらす。=농간질
　농간-하다[자타] 奸計をめぐらす｜手練を弄する。
농간-질(弄奸一)[명] ☞농간
농-게(籠一)[명]《동》磯蟹。
농경 문화(農耕文化)《사》農耕文化。예~는 산업 혁명 이전 농경을 경제 기반으로 하였다. 農耕文化は産業革命以前、農耕を経済基盤とした。
농경-지(農耕地)[명] 農耕地。
농공(農工)[명] 農工。
농과(農科)[명]《교》農科。
농구¹(農具)[명] 農具｜農機具。=농기¹
농구²(籠球)[명]《운》バスケットボール。예~ 코트 バスケットボールコート /~공 バスケットボール。
　농구-화(籠球靴)[명] バスケットボールシューズ。
농군(農軍)[명] 農夫｜農民。
농기¹(農器)[명] ☞농구¹(農具)
농기²(農機)[명] ☞농기계
농-기계(農機械)[명]《농》農業の機械。=농기²
농-기구(農器具)[명] 農機具。
농노(農奴)[명]《사》農奴。예~ 계급 農奴階級。
농노 해방(農奴解放)《사》農奴の解放。예~으로 도시로 유입되는 인구가 늘어났다. 農奴解放で都市に流れてきた人口が増えた。
농담¹(弄談)[명] 冗談。예~이겠지? 冗談でしょう。/~이 통하지 않는 사람이다. 冗談が通じない人だ。/~이라고 그런 소리 하지 마. 冗談じゃない。
　농담-하다[자] 冗談を言う。
농담²(濃淡)[명] 濃淡。예수묵화의 ~ 水墨画の濃淡。
농담-조(弄談調)[명] 冗談を言うような調子。
농도(濃度)[명] 濃度。예~가 낮다. 濃度が低い。/~를 측정하다. 濃度を測定する。
농땡이[명] のらくら者｜怠け者｜のろま。예~를 부리다. 怠ける；仕事をさぼる。/벼를 베다 말고 ~를 부리다. 稲を刈っていた途中でさぼる。
농락(籠絡)[명] 籠絡。
　농락-하다[타] 籠絡する。예여자를 ~. 女性の人を籠絡する。
농림(農林)[명] 農林。
농목(農牧)[명] 農牧。
농무(濃霧)[명] 濃霧。
농민(農民)[명] 農民。예~ 운동 農民の運動。
농밀-하다(濃密一)[형] 濃密だ。예농밀한 관계 濃密な関係。
농번-기(農繁期)[명] 農繁期。↔농한기
농부¹(農夫)[명] 農夫。
농부²(農婦)[명] 農婦。
농부-가(農夫歌)[명] 農夫の歌。
농사(農事)[명] 農業｜農事。예부모님은 벼~를 짓습니다. 両親は稲作をします。
　농사-하다[자] 農業を営む。
농사-꾼(農事一)[명] 農夫｜農民。
농사-일(農事一)[명] 農業の仕事。
　농사일-하다[자] 農業の仕事をする。
농사-짓다(農事一)[자] 農業を営む｜農作のことをする｜耕作する。
농사-철(農事一)[명] 農繁期｜農期。
농산(農産)[명] 農産。
농산-물(農産物)[명] 農産物。
농삿-집(農事一)[명] 農家。
농상(農商)[명] 農商。
농색(濃色)[명] 濃色。
농서(農書)[명] 農書。
농성(籠城)[명] ❶籠城。❷座り込み。예~을 벌이다. 国会の前にて座り込みを行う。
　농성-하다[자] ❶籠城する。❷座り込む。
농수산-물(農水産物)[명] 農水産物。

농아(聾啞)[명] 聾唖。[예] ～ 학교 聾学校。

농악(農樂)[명] 《음》農楽。

농악-대(農樂隊)[명] 農楽隊。

농액(濃液)[명] 濃い液。

농약(農藥)[명] 農薬。[예] ～을 뿌리다. 農薬を散布する。

농어[명] 《동》鱸。

농-어촌(農漁村)[명] 農漁村。

농업(農業)[명] 農業。[예] ～ 지역 農業地域。

농업 경제학(農業經濟學) 《경》農業経済学。

농업 지대(農業地帶) 農業地帯。

농업 혁명(農業革命) 《사》農業革命。

농업 협동조합(農業協同組合) 《농》農業協同組合。

농염(濃艶)[명] 濃艶。

　농염-하다[형] 濃艶だ。[예] 농염한 모습 濃艶な姿。

농예(農藝)[명] 農芸。

농우(農牛)[명] 農耕用の牛。

농원(農園)[명] 《농》農園。

농-익다(濃—)[자] 十分に熟れる ¦ 熟しきる ¦ 爛熟する。

농작(農作)[명] 農作 ¦ 耕作。

　농작-하다[타] 耕作する。

농작-물(農作物)[명] 農作物 ¦ 作物。

농장(農場)[명] 農場 ¦ 農園。[예] 동물 ～ 動物農場。

농조(弄調)[명] 冗談まじり ¦ ふざけた調子。

농지(農地)[명] 農地 ¦ 農業用地。[예] ～ 개량 農地改良/ ～ 정리 農地整理。

농지 개혁법(農地改革法) 《법》農地改革法。

농-지거리(弄—)[명] どぎつい冗談 ¦ ざれ言。

농지-세(農地稅)[명] 《법》農地税。

농채(濃彩)[명] 《미》濃彩 ¦ 濃い彩色。

농채-화(濃彩畫)[명] 《미》濃彩画。[예] ～는 강한 느낌을 준다. 濃彩画が強い感じを与える。

농촌(農村)[명] 農村。

농축(濃縮)[명] 濃縮。[예] ～ 우라늄 濃縮ウラン。

　농축-하다[자] 濃縮する。

농토(農土)[명] 農地 ¦ 耕作地 ¦ 田畑。

농-하다(濃—)[형] ☞'짙다'의 잘못.

농학(農學)[명] 農学。

농한-기(農閑期)[명] 農閑期。↔농번기

농협(農協)[명] 《농》【농업 협동조합을 줄여】農協。

농후-하다(濃厚—)[형] 濃厚だ。[예] 맛이 ～. 味が濃厚だ。

높-낮이[명] 高低。

높다[형] ❶【길이·높이가】高い。[예] 높은 건물 高い建物/ 산이 ～. 山が高い。/ 높은 곳에서 뛰어내리다. 高い所から飛び降りる。❷【수치·비율이 기준보다】高い。[예] 혈압이 ～. 血圧が高い。/ 예년보다 기온이 ～. 例年より気温が高い。/ 습도가 높아 불쾌지수가 올라갔다. 湿度が高いので不快指数が上がった。/ 예산보다 견적이 높게 나왔다. 予算より見積もりが高く出た。/ 대출 이자율이 ～. 貸出しの利率が高い。/ 확률이 ～. 確率が高い。❸【수준·질·능력 등이】高い。[예] 소장 가치가 높은 도자기 所蔵価値の高い陶磁器/ 국민의 질서 의식이 ～. 国民の秩序意識が高い。/ 그녀는 물건 고르는 안목이 ～. 彼女の品物を見る目が高い。❹【지위·신분 등이】高い。[예] 계급이 ～. 階級が高い。❺【소리·음계가】高い。[예] 소프라노는 음이 높아 주로 여자가 한다. ソプラノは音が高いので、おもに女性がする。/ 싸우는 소리가 점점 높아지고 있다. 喧嘩の声がだんだん高くなっている。❻【명성·이름이】高い。[예] 물리학에 명성이 높은 학자 物理学界で名声の高い学者/ 사기 전과자로 악명이 ～. 詐欺の前科者として悪名が高い。❼【기세가】高い。[예] 사기가 높아 최고의 실적을 올릴 수 있다. 士気が高いので、最高の実績を上げることができる。❽【어떠한 의견이 많다】(声が)高い。[예] 시위자들을 석방하라는 여론이 ～. デモをする人を釈放しろと言う輿論が高い。/ 환경 파괴에 대해 비판하는 소리가 ～. 環境の破壊について批判する声が高い。❾【꿈·이상 등이】高い。[예] 이상을 높게 가져라. 理想を高く抱け。

높-다랗다[형] 相当に高い。

높새-바람[명] (フェーン現象で)山の上から吹き下ろす乾燥した高温の風。

높아-지다[자] 高くなる ¦ 高まる。[예] 목소리가 점점 ～. 声がだんだん高くなる。

높으락-낮으락[형] 高低差が激しく、起伏に富んでいるさま。[예] ～ 넘

실거리는 파도 激しくうねる波.

높은낮으락-하다 起伏がある.

높은음자리-표(一音一標) 〘음〙ト音記号, ト音部記号｜ト字記号.

높-이¹ 〘명〙高さ. 예~를 재다. 高さを測る. / 남산의 ~는 얼마나 됩니까? ナムサンの高さはどのくらいですか.

높-이² 〘부〙 ❶ 高く. 예 풍선이 하늘 ~ 날아가 버렸다. 風船が空高く飛んで行ってしまった. / 공이 ~ 튀어 오르다. ボールが高く跳ね上がる. ❷ 高く. 예 저번 달보다 점수가 ~ 나왔다. 先月より点数が高く出た. / 금리가 ~ 오르다. 金利が高くなる. / 기온이 ~ 상승하다. 気温が高く上昇する. ❸ 高く. 예 예술성을 ~ 평가하다. 芸術性を高く評価する. / 상품의 질을 ~ 끌어올리다. 商品の質を高く引き上げる. ❹ 高く. 예 한 직급 ~ 대우받아 이직하다. 一つ上の職級の待遇を受けて転職する. ❺ 高く. 예 그녀는 2옥타브까지 ~ 올라간다. 彼女は2オクターブまで高い声が出る. ❻ 高く. 예 명성이 ~ 알려진 정치인이다. 名声が高く知れ渡った政治家である. ❼ 高く. 예 기세가 ~ 오르다. 気勢が高く揚がる. ❽ 高く. 예 정부를 비난하는 소리가 ~ 제기되다. 政府を非難する声が高く提起されている. ❾ 高く. 예 꿈은 ~ 가져야 한다. 夢を高く持たなければならない.

높-이다 〘타〙 ❶ 高める｜高くする｜上げる. 예 온도를 ~. 温度を高める. / 직급을 ~. 職級を上げる. ❷ 敬語を使う. 예 윗사람에게는 말을 높여야 한다. 目上の人には敬語を使わなければならない.

높이-뛰기 〘명〙 〘운〙走り高跳び. 예 장대~ 棒高跳び / ~를 하다. 走り高跳びをする.

높임-말 〘명〙 〘언〙敬語｜尊敬語. =존칭어

높지거니 〘부〙 かなり高く.

높직-하다 〘형〙 高めである｜やや高い. 예 지붕이 ~. 屋根がかなり高い. / 높직한 언덕 かなり高い丘; 小高い丘. ↔나직하다

높직-이 〘부〙 高めに｜やや高く.

높-푸르다 〘형〙 (空が)高くて青い. 예 높푸른 가을 하늘 高くて青い秋空.

놓다Ⅰ 〘타〙 ❶ (物をある位置に)置く. 예 꽃병을 탁자 위에 ~. 花瓶をテーブルの上に置く. / 의자를 창가에 ~. 椅子を窓辺に置く. / 술잔을 ~. 杯を置く. ❷ (持っていたり握っている物を)放す. 예 꼭 잡은 손을 ~. しっかりと握った手を放す. / 경황이 없어서 손을 놓아 버렸다. 余裕がなくて手放してしまった. ❸ 設ける｜設置する｜架設する. 예 새로 전화를 ~. 新たに電話を引く. ❹ やめる｜中止する. 예 일손을 놓고 쉬다. していた仕事をやめて休む. ❺ 解く｜なくす 解消する. 예 생각했던 것보다 건강해서 마음을 놓았다. 思ったより元気で安心した. ❻ (模様を)入れる｜刺繡する. 예 수를 ~. 刺繡する. ❼ (家などを)賃貸する｜貸す. 예 세를 ~. 間貸しする. ❽ ぞんざいな言葉づかいをする. ❾ ある行動をする. 예 나의 계획에 훼방을 ~. 私の計画の邪魔をする. ❿ 打つ｜刺す. 예 엉덩이에 주사를 ~. おしりに注射を打つ. ⓫ 火をつける｜放火する.

Ⅱ 〘보동〙 —しておく. 예 추우니까 문을 닫아 놓아라. 寒いので戸を閉めておけ. / 모자를 테이블에 올려 놓은 채 나섰다. 帽子をテーブルの上に載せておいたまま出掛けた.

놓아-두다 〘타〙 ❶ 置いておく｜置く. ❷ 放っておく｜そのままにしておく.

놓아-주다 〘타〙 放してやる｜逃がす｜釈放する. 예 어부는 물고기를 놓아주었다. 漁師は魚を放してやった.

놓-이다 〘자〙 ❶ 置かれる｜置いてある｜載る. ❷ 気が安まる｜安心できる｜(心の)力安らぐ.

놓-치다 〘타〙 ❶ (手に入れたものを)落とす｜逃がす. 예 공을 ~. ボールを落とす. / 잡은 물고기를 놓쳤다. 捕まえた魚を逃がした. ❷ (機会などを)逃がす｜失う. 예 이길 수 있는 기회를 놓쳐 버렸다. 勝てるチャンスを逃してしまった. ❸ (時間などを)—し損なう｜—し遅れる｜逃がす. 예 혼기

를 ~. 婚期を逃す。/ 막차를 ~. 終電に乗り遅れる。❹【아니보】聞き逃す；見落とす；見失う。⑩ 영화의 중요한 대목을 놓쳤다. 映画の肝心な場面を見逃した。

뇌(腦)图《의》腦の；頭腦の。=머릿골
뇌관(雷管)图 雷管。
뇌까리다(目 ❶【야단스럽게 말하다】やたらにしゃべりまくる。❷【종얼거리듯 자꾸 말하다】(小言などを)くどくど言う。
뇌꼴-스럽다(휑【아니꼽】小憎らしく食わない；癪にさわる。⑩ 함부로 나대는 그녀석이 몹시 ~. むやみに騒ぎ立てるあいつの態度が、本当に気に食わない。
뇌다(目 くどくど言う；繰り返して言う。
뇌랗다(휑 (顔色などが)生気がなくて黃色い。⑩ 안색이 ~. 顔色が黄色い。
뇌리(腦裏)图 腦裏。⑩ ~에 박히다. 腦裏に燒き付く。/ ~에 떠오르다. 腦裏に浮かぶ。
뇌막(腦膜)图《의》腦膜。
뇌막-염(腦膜炎)图《의》腦膜炎；髓膜炎。
뇌물(賂物)图 賄賂；袖の下；まいない。⑩ ~ 공여 賄賂供與。/ ~을 받다. 賄賂をもらう。/ ~을 수수한 혐의로 구속되다. 賄賂を收受した嫌疑で拘束される。
뇌물-죄(賂物罪)图《법》賄賂罪。
뇌사(腦死)图《의》腦死。
뇌성(雷聲)图 雷聲；雷鳴。
뇌염(腦炎)图 腦炎。
뇌우(雷雨)图 雷雨。
뇌-일혈(腦溢血) ☞ 뇌출혈
뇌-졸중(腦卒中)图《의》腦卒中；卒中。⑩ ~으로 쓰러지다. 腦卒中で倒れる。
뇌-종양(腦腫瘍)图《의》腦腫瘍。
뇌-진탕(腦震蕩)图《의》腦震盪。⑩ 바닥에 세게 넘어졌으므로 ~이 의심된다. 床に强く打ったため、腦震盪の疑いがある。
뇌-출혈(腦出血)图《의》腦出血。=뇌일혈
뇌파(腦波)图《의》腦波。⑩ ~ 검사 腦波檢查。
뇌-하수체(腦下垂體)图《의》腦下垂體。⑩ ~는 생식 발육과 밀접한 관계

가 있는 내분비샘이다. 腦下垂體は生殖・成長に密接なる連關のある内分泌腺だ。

누[1](累)图【끼치는 해】累；迷惑。⑩ ~를 끼치다. 累を及ぼす；迷惑をかける。
누[2](壘)图《운》【(野球で)壘】ベース。=베이스[1]
누가(誰が)⑩ 안에 ~ 있습니까? 中に誰がいますか。
누각(樓閣)图 樓閣。⑩ 사상~ 砂上の樓閣。
누계(累計)图 累計。⑩ ~를 내다. 累計を出す。
누계-하다 累計する。
누구때 ⑩ ~라도 신청할 수 있습니다. 誰でも申し込むことができます。/ 옆에 계신 분은 ~십니까? 一緒にいる人はどなたさまですか。/ 국민은 ~나 납세 의무가 있다. 國民なら誰でも納稅義務がある。/ ~를 만나니? 誰と会ったか。
누구 코에 바르겠는가[붙이겠는가]관용「人數に比べて量が少ない」の意。
누구-누구때 誰々；誰彼。⑩ 여행은 ~ 가니? 旅行には誰彼が行くの。/ ~를 초대할까? 誰々招待するか。
누그러-지다团 ❶【온화】和らぐ；ほぐれる；静まる；穩やかになる。⑩ 팽팽했던 분위기가 약간 누그러졌다. 緊張していた雰囲気が少し静まった。/ 슬픔이 ~. 悲しみが和らぐ。❷【부】(物価などが)下がる；安くなる。❸【아픔】(病氣などが)輕くなる；和らぐ。⑩ 치통이 누그러졌다. 齒痛が軽くなった。/ 강추위가 한층 누그러졌다. 厳しい寒さが和らいだ。
누글-누글튀 ❶湿っぽくて非常に柔らかいさま。❷(性格などが)穩やかなさま。
누글누글-하다휑 ❶煮すぎて非常に柔らかい。❷(性格などが)非常に穩やかだ。
누굿-누굿튀 ❶(多くの物が)みな湿り気があって柔らかいさま。❷(性格が)非常に柔和なさま。=누긋누긋이
누굿누굿-이튀 ☞ 누굿누굿
누굿누굿-하다휑 ❶(多くの物が)みな湿り気があって柔らかい。❷(性格が)非常に柔和だ。⑩ 그는 사

내에서 가장 누긋누긋한 사람이다. 彼は社内でもっとも柔和な性格の人だ。

누긋-하다 형 ❶[습기가] 湿りがあって柔らかい。❷[성격이] (性格が) 柔和だ｜ゆったりしている。❸[여럿이] (冷たさなどが)いくらか穏やかだ。예누긋한 날씨 いくらか穏やかな天気。

　누긋-이 부 柔らかく｜穏やかに｜ゆったりと。

누기(漏氣) 명 湿り｜湿り気｜湿気。예~를 제거히는 약 湿り気を取り除く薬。

　누기(가) 치다 관용 じめじめしてくる｜湿り気が生じる。

누나 명 姉｜姉さん｜お姉ちゃん。예우리 ~는 대학생입니다. 私の姉は大学生です。/너희 ~는 몇 살이니? あなたのお姉さんはおいくつなのか。/~저녁 먹자. お姉ちゃん、夕飯食べよや。

누누-이(屢屢一·累累一) 부 縷々と｜繰り返し｜何度かも。예~ 사정을 설명하다. 何度も事情を説明する。

누님 명 お姉さん｜姉さま｜姉御前。

누다 타 大小便をする｜垂れる。예오줌을 ~. 小便をする。

누-다락(樓一) 명 楼台や楼閣の上層部。

누대(累代) 명 累代｜代々。

누더기 명 ぼろ｜ぼろぼろの服。예~를 걸치고 있다. ぼろぼろの服を着ている。

누덕-누덕 부 [여기저기 깁거나 덧대어 기운 모양] つぎはぎだらけに。예~ 기운 바지 つぎはぎだらけのズボン。

누드(nude) 명 ヌード。예~모델 ヌードモデル。

누락(漏落) 명 漏れ｜抜き。예기록에 ~이 생기다. 記録に漏れがある。

　누락-하다 자 타 漏れる｜抜ける｜抜け落ちる。예명단에서 누락되다. 名簿に漏れる。

누렁 명 黄｜黄色｜黄色の染料。

누렁-개 명 毛が黄色い犬。

누렁-물 명 黄色い水｜黄色く濁った水。

누렁-우물 명 飲めない井戸。

누렁-이 명 ❶黄色の物。❷毛の黄色い犬。❸黄子

누렇다 형 濁ったように黄色い｜黄金色だ。예누런 황사가 날리다. 黄色い黄砂が吹き上げられる。/벼가 누렇게 익다. 稲が黄金色に実る。

누렇게 뜨다 관용 ❶(長い間飢えて) 顔色が黄色くむくむ。❷(苦しい立場に処して) 顔色が黄色く変わる。

누레-지다 자 黄色くなる。

누룩 명 麹。=곡자

누룩-곰팡이 명 [식] 麹黴。

누룽지 명 お焦げ。예구수한 ~ 香ばしいお焦げ。

누르-기 명 〈운〉 [유도식] 抑え込み。

누르께-하다 형 黄色がかっている｜黄ばんでいる。

누르다 타 ❶[짓누르다] (力や重量さで)押す｜押さえる。예벨을 ~. ベルを押す。/서류에 도장을 찍어 ~. 書類に捺印する。❷[감정] (感情を)抑える｜こらえる。예분노를 ~. 怒りを抑える。❸[상대를 압도하다] (相手などを) 抑圧する｜抑える。예경쟁자를 누르고 우승하다. 競争相手を抑えて優勝する。❹[계속 머무르다] ずっと留まる。예부모님 곁에 눌러 살다. 両親の側に居座る。

누르다 형 黄色い。

누르디-누르다 형 非常に黄色い。

누르락-붉으락 부 [매우 화가 나서 얼굴빛이 시시각각 변하는 모양] ひどく怒って、顔色が黄色くなったり赤くなったりするさま。

누르락-푸르락 부 [매우 화가 나서 얼굴빛이 파랗게 바뀌는 모양] ひどく怒って、顔色が黄色くなったり青くなったりするさま。

누르무레-하다 형 やや黄色い。

누르스레-하다 형 ☞누르스름하다

누르스름-하다 형 うす黄色い｜黄ばんでいる。=누르레하다

누르퉁퉁-하다 형 ❶濁った黄色である。❷(体がむくんで)肌が黄ばんでいる。

누름-단추 명 押しボタン｜押しスイッチ。예전구를 켜려고 ~를 찾다. 電球をつけようとスイッチを探す。

누름-돌 명 重石｜押し｜押さえ。

누릇-누릇 부 点々と黄ばんでいるさま。=누릇누릇이

　누릇누릇-이 부 ☞누릇누릇

누리[1] 명 [세상] この世の中｜世。예온 ~에 찬연히 빛나다. 全世界に燦然と輝く。

누리[2] 명 ☞우박

누리-꾼 명 ネチズン。

누리다[1] 타 [부귀·장수 따위를 가지다] (富貴·長寿などを)

享受する。예 우리 할아버지는 백 세를 누리셨다. 私の祖父は100歳を享受した。

누리다² 형 ❶〖냄새〗獣のくさい臭いがする。❷〖기름〗けちだ｜けちくさい。

누리척지근-하다 형 やや脂っこくて獣臭い。예 철판에서 누리척지근한 냄새가 나다. 鉄板から脂っこい臭いがする。 준누리치근하다

누리치근-하다 형 ☞'누리척지근하다'의 준말.

누린-내 명 ❶〖고기의〗(肉の)脂肪臭いにおい。❷〖동물의 털이 탈 때〗(動物の肉や毛などが)焼けるにおい。

누만(累萬) 명 幾万｜巨万。

누명(陋名) 명 汚名｜ぬれぎぬ。예 ～을 쓰다. ぬれぎぬを着せられる。

누비 명 刺し縫い。

누비다 타 ❶ 刺し縫いをする｜刺し子に縫う。❷〖사이를〗(物や人などの間を)縫って進む。예 운동장을 마음껏 ～. 運動場で思いのまま活動する。/ 거리를 누비고 다니다. 通りを縫って進む。

누비-옷 명 刺し縫いの服。

누비-이불 명 刺し縫いの布団。

누비-질 명 刺し縫い｜キルティング。
　누비질-하다 자 縫う｜刺し縫いをする。

누상(樓上) 명 楼上。

누설(漏泄·漏洩) 명 漏洩｜漏泄。예 개인 정보 ～ 個人情報漏洩。
　누설-하다 자타 漏洩する｜漏泄する。예 비밀이 누설되다. 秘密が漏れる。

누수(漏水) 명 漏水。

누에 명 〈동〉蚕。예 ～를 치다. カイコを飼う；養蚕する。
　누에(가) 오르다 관용 蚕が繭をつくるために、簇に上がる。

누에-고치 명 〈동〉繭。예 아낙네들이 ～에서 실을 뽑는다. 女たちが繭から糸を採る。 ＝잠견

누에-나방 명 〈동〉蚕の蛾｜蚕蛾。

누에 농사(―農事) 명 〈농〉養蚕。

누에-똥 명 蚕糞。

누에-머리 명 (蚕の頭のように)とがってそびえ立つ山頂。

누에-씨 명 〈동〉蚕の卵。

누워-먹다 자 (仕事ともしないで)遊んで暮す。

누이 명〖姉〗姉｜妹。
　누이 좋고 매부 좋다 속담 姉にもよくその夫にもよい：「両方ともよい」の意。

누이다 타〖재우다〗寝かす｜寝かせる｜横たえる。예 아기를 침대에 ～. 赤ちゃんをベッドに寝かせる。

누-이다 타〖오줌을〗大小便をさせる。

누이-동생 명 妹。

누적(累積) 명 累積。
　누적-하다 자타 累積する。예 누적된 포인트 累積したポイント。

누적 도수(累積度数) 〈수〉累積度数。

누전(漏電) 명 〈전〉漏電。예 ～으로 전기가 끊기다. 漏電で電気が切れる。
　누전-하다 자 漏電する。

누-지다 〖축축하다〗やや湿っている｜湿っぽい。

누진(累進) 명 累進。예 ～ 과세 累進課税。
　누진-하다 자 累進する。

누진-세(累進税) 〈법〉累進税。

누차(屢次·累次) Ⅰ 명 累次。예 ～로 주의를 줬는데… 累次に注意したが…
Ⅱ 부 しばしば｜たびたび｜何度も。
예 ～ 반복해서 연습하다. 何度も繰り返して練習する。

누추-하다(陋醜―) 형 むさくるしい｜薄汚い。예 누추한 곳 むさくるしい所。

누출(漏出) 명 漏出。예 가스 ～ 사고 ガス漏出事故。
　누출-하다 자 漏出する｜漏れる。

눅눅-하다 형 湿っぽい｜湿っぽくて柔らかい。예 눅눅한 이불 湿っぽい布団。
　눅눅-히 부 湿っぽく。

눅다 형 ❶〖반죽〗(練りなどが)柔らかい。❷〖축축〗水っぽくて柔らかい。❸〖성질〗(性質が)おだやかだ。❹〖날씨〗(寒さが)和らいで暖かい。예 삼월에 들어서면서 날씨는 한결 눅어졌다. 三月に入ってから天候がいちだんと暖かくなった。

눅신-눅신 부〖매우 무르고 부드러운 모양〗ぐにゃぐにゃ｜やわやわ。

눅신-하다 형 柔らかい｜しなやかだ。
　눅신-히 부 しなやかに｜ぐにゃぐにゃ｜やわやわ。

눅실-눅실 부〖매우 무르고 부드러운 모양〗ぐにゃぐにゃ｜やわやわ。

눅-이다타 ❶柔らかくする；湿らせる。❷(気分)や雰囲気)を和らげる。

눅-지다자 (寒さなどが)和らぐ。

눅진-눅진부 ねばねば。

눅진죽진-하다형 ねばねばする。예 눅진눅진한 콧물이 떨어졌다. ねばねばした鼻水が垂れた。

눅진-하다형 ❶(粘り気があって柔かく)ねばねばしている；粘りが強い。예 마루에 눅진하게 침이 떨어져 있다. 床にねばねばした唾が落ちている。❷(性質)が粘り強い。예 그는 생각했던 것보다 눅진한 성격이다. 彼は思ったより粘り強い性格だ。

눅진-히부 ねばねばと；粘り強く。예 만만치 않은 상대에게 ～ 대항하다. 手強い相手に粘り強く立ち向かう。

눈¹명 目。❶目；眼。예 ～으로 이야기하다. 目で話をする。/ ～으로 신호하다. 目で合図する。/ ～을 감고 들어 보세요. 目を閉じて聞いてみてください。/ 그는 내게서 ～을 돌렸다. 彼は私から目を移した。/ 차마 ～ 뜨고 볼 수 없다. とても目を開けて見ることができない。/ 그가 ～을 부라리며 대들기 시작했다. 彼が目をむいて盾突き始めた。/ 그녀는 ～을 흘기며 웃었다. 彼女は横目でにらんで笑いった。/ 돈에 ～이 어두워 그렇게 극악한 짓을 하다니! 金に目がくらんで、そんな極悪なことをするとは。/ 이 광경은 ～에 설다. なじみのない光景だ。❷視力；眼力。예 ～이 좋다. 目が良い。❸見識；眼力。예 사람을 보는 ～이 탁월하다. 人を見る眼力が卓越している。❹視線。예 편견을 버리고 공정한 ～으로 그들을 보아라. 偏見を捨てて、公正な目で彼らを見ろ。❺表情；目つき。예 의심스러운 ～으로 바라보다. 疑わしい目で見つめる。/ 사랑스러운 ～으로 쳐다보다. 愛らしい目で見つめる。

눈 가리고 아옹속담 〔日〕耳を掩いて鈴を盗む：「すぐにばれる手で騙す」の意。◆日本語では「自分の耳を塞いで鈴を盗む」と言う。

눈 밖에 나다관용 信用を失う。

눈에 넣어도 아프지 않다관용 とてもかわいい。

눈에 아른거리다관용 ありありと目に浮かぶ。예 지금도 아이들 노는 모습이 눈에 아른거린다. 今もなお子供たちの遊んだ姿が目に浮かぶ。

눈(에) 어리다관용 目に浮かぶ；目にちらつく；目に焼きつく。예 어머님 모습이 눈에 어려 잊혀지지 않는다. 母の面影が目に浮かんで忘れられない。

눈에 익다관용 見慣れている；見覚えがある。예 당신 얼굴은 어딘지 모르게 눈에 익어 보이는군요. あなたの顔はどこか見覚えがあるようですね。

눈에 차다관용 非常に気に入る。

눈(이) 벌겋다관용 (貪欲で)目が血走る；血眼になる。예 돈다발을 보더니 눈이 벌게졌다. 札束を見たとたん血眼になった。

눈이 빠지게[빠지도록] 기다리다관용 首を長くして待つ；首を長くする。예 자식이 돌아오기를 눈이 빠지게 기다린다. 息子の帰りを目を長くして待つ。

눈²명 (ものさし・はかりなどの)目；目盛り。=눈금

눈³명 (網などの)目。

눈⁴명 雪。예 ～이 내리다. 雪が降る。/ 밤사이 ～이 그쳤다. 夜のうちに雪が止んだ。

눈⁵명 (식)芽。예 ～이 텄다. 芽が出た；芽を吹いた；芽生えた。

눈-가명 目尻；目のふち。

눈-가늠명 目測。예 ～으로 방향 잡기가 힘들다. 目測で方向をとるのは難しい。

눈가늠-하다 目分量ではかる；目測する。예 대략 어느 정도 되는지 눈가늠해 보다. だいたいどの程度になるのか目測してみる。

눈-가루명 雪の粉。

눈-가림명 (うわべだけ飾って)人の目を騙すこと；見せかけ；欺くこと。예 ～으로 하는 일 見せかけでする事 / ～으로 해치우다. 欺いてやってしまう。

눈가림-하다자 人の目を騙す；見せかける；欺く。예 그 일은 눈가림해서 될 일이 아니다. その仕事とは見せかけで出来る仕事ではない。

눈-가죽명 上まぶたの皮膚。

눈-감다자 ❶死ぬ。❷(人の過ち・欠点に)目をつぶる；見て見ないふりをする。예 이번만은 눈감아 주

겠다. 今回ただけは目をつぶってやる。

눈-겨룸명 ☞눈씨움

눈-결명 瞬たく間; 一瞬, 瞬間的; あっという間. 예~에 언뜻 보다. 瞬く間にちらっと見る.

눈-곱명 目脂; 目糞. 예너무 피곤해서 ~이 끼다. あまりに疲れて目やにがたまる. / 아파트에 살고 싶은 마음은 ~만큼도 없다. マンションに住みたい気持ちはちっともない.

눈곱만-하다명 きわめて小さい; すずめの涙ほどだ.

눈-구름명 ❶【雪】雪と雲. ❷【雪】雪雲.

눈-구멍¹명 ❶眼孔. ❷【俗語】目.

눈-구멍²명 雪積もりの中; 大雪の中.

눈-구석명 目頭.

눈-금명【雪】目; 目盛り. 예저울 ~을 읽다. 秤の目盛りを読む. =눈

눈-기운(一氣運)명 雪の降りそうな気配; 雪模様.

눈-길¹명【雪】視線; 目の向き; 人目. 예따뜻한 ~ 暖かい視線/ 매서운 ~ 鋭い視線/ 사랑스러운 ~로 바라보다. 愛らしい視線で見つめる. / 그의 ~이 내게 닿았다. 彼の視線が私に触れた.

눈-길²명【雪】雪道.

눈-까풀명 ☞눈꺼풀

눈-깔명【俗】目; 目玉.

눈깔-사탕(ーー沙糖)명 飴玉; どんぐり飴.

눈-깜작이명 目をしきりにぱちぱちさせる人. =깜작이

눈-깜짝이명 しきりに目をしばたく人. =깜작이❷

눈-꺼풀명 まぶた. =눈까풀

눈-꼴명【俗語】目付き. 예~이 시다. やることが目に余る; 目障りだ.

눈꼴-사납다명 (態度·行為などが)目障りだ; 目に余る; みっともない. 예둘이 어울려 노는 꼴이 눈꼴사나워 못 보겠다. 二人が一緒に遊ぶ様が目障りで見ていられない.

눈꼴-시다형 目障りだ; 目に余る. 예눈 붙어 다니는 꼴이 영~. いつもくっついている様子は胸くそが悪い. =눈꼴틀리다

눈꼴-틀리다형 ☞눈꼴시다

눈-꽃명 花が咲いたように木の枝に積もった雪; 雪花.

눈-끔적이명 目をぱちぱちさせる癖のある人.

눈-대중명 目分量; 目測; 目やす. 예~으로 대략 2미터쯤 되는 것 같다. 目分量でだいたい2メートル位になるようだ. =목측

눈대중-하다타 目測する; 目積もりする. 예그녀는 대충 눈대중하여 무게를 쟀다. 彼女はおおよその目分量で重さを測った.

눈-덩이명 雪の塊.

눈-독(一毒)명 物欲しげな目つき.
눈독(을) 들이다쏘다/올리다관용 目を凝らす; 狙う; 目星をつける. 예그 물건은 내가 오래 전부터 눈독을 들여 온 것이다. あれは僕が大分前からねらっていたものだ.

눈-동자(一童子)명 瞳; 瞳孔. =동자·안정(眼睛)

눈-두덩명 上まぶた.

눈-딱부리명 どんぐり眼; どんぐり眼の人. 예~ 눈은 눈알が쏟아질 것 같다. どんぐり眼は眼球がこぼれるようだ. =딱부리

눈-뜨다자 ❶【雪】(眠りから)覚める; 目覚める. ❷【雪】(物事に)目覚める; 悟る. 예성에 ~. 性に目覚める. / 현실에 ~. 現実に目覚める.

눈뜬-장님명 ❶目は開けてはいるものの, 実際には見えない人. ❷文字を見ても読めない人; 文盲.

눈-망울명 ❶瞳の部分. =망울❹ ❷眼球; 目玉. =눈알

눈-매명 目の格好; 目つき; 目もと. =눈맵시

눈-맵시명 ☞눈매

눈-멀다자 ❶目が見えなくなる. ❷(熱中して理性を失って)目が見えなくなる; 目が眩む. 예사랑에 눈멀어 가출하다. 愛に目が眩んで家出する.

눈-물¹명 涙. 예~이 어리다. 涙ぐむ. / ~을 흘리고 있다. 涙を流している.
눈물(을) 머금다관용 涙をのむ; 涙をこらえる.
눈물(을) 짜다관용 ❶わざと泣く. ❷涙を少しずつ流す.
눈물이 헤프다관용 涙もろい. 예그 여

자는 ~.その女性は涙もろい。

눈-물몡 雪が溶けてできた水。

눈물-겹다혱 涙ぐましい｜涙を誘う。 예 당신의 그 정성이 ~. あなたのその誠意は涙を誘う。/ 눈물겹도록 아름다운 사랑 涙ぐましいほどに美しい愛／눈물겨운 노력에도 아랑곳없이 그가 떠나 버렸다. 涙ぐましい努力にもかかわらず、彼は何でもないかのように去ってしまった。

눈물-샘몡 《의》涙腺。

눈물-지다자 涙を流す。

눈물-짓다자 涙を浮かべる。

눈-바람몡 風雪。 ❶雪に混ざって吹く風｜積もった雪の上に吹く風｜吹雪。 ❷厳しい苦難。

눈-발 (降る模様が筋を引くように)降りしきる雪。
눈발(이) 서다관용 雪が降りそうだ｜雪模様になる。

눈-밭몡 雪原｜雪田。 예 산 중턱까지 올라갔을 때 ~이 나왔다. 山の中腹まで登った時、雪田にあった。

눈-병(一病)몡 眼病｜眼疾。

눈-보라몡 吹雪。예 ~가 휘몰아치다. 吹雪が荒れ狂う。

눈-부시다혱 ❶まぶしい｜まばゆい。예 눈부신 햇살 まぶしい日差しだ／떠오르는 해가 ~. 上る日がまぶしい。/ 人の上る日がまぶしい。/ 그녀의 미모가 ~. 彼女の美貌に目がまぶしい。❷目覚ましい｜華々しい｜輝かしい。예 후대에 눈부신 업적을 남겼다. 後代に華々しい業績を残した。

눈-비몡 ❶雪と雨。❷☞'진눈깨비'의 방언.

눈-비음몡 うわべだけを飾ること。
눈비음-하다자 うわべだけを飾る｜見せ掛ける。예 그는 눈비음하여 일을 꾸몄다. 彼はうわべだけ良くして、仕事をあつらえた。

눈-빛¹몡 ❶目の色｜目つき。❷目の輝き｜眼光。

눈-빛²몡 雪が発する色｜真っ白い色。예 ~ 같이 흰 피부 雪のように白い肌。

눈-사람몡 雪だるま。예 ~을 만들다. 雪だるまを作る。

눈-사태(一沙汰)몡 雪崩。예 ~가 일어나다. 雪崩が起こる。

눈-살몡 眉間の皺。
눈살(을) 찌푸리다관용 眉をひそめる。

눈-서리몡 雪と霜。

눈-석임몡 雪解け。
눈석임-하다자 雪がとける。

눈석임-물몡 雪解け水。

눈-속임몡 人目を欺くこと｜ごまかし。예 마술은 ~이다. マジックはごまかしだ。
눈속임-하다타 人目を欺く｜ごまかす。예 눈속임하여 물건을 팔았다. 欺いて物を売った。

눈-송이몡 雪の粒｜雪片。예 ~가 바람에 날리다. 雪片が風に舞う。

눈-시울몡 目頭。예 ~이 뜨거워지다. 目頭が熱くなる。/ ~을 적시다. 目頭を濡らす。

눈-싸움¹몡 にらめっこ。예 그 두 사람이 ~을 시작했다. その二人がにらめっこを始めた。＝눈겨룸
눈싸움-하다자 にらめっこする。

눈-싸움²몡 雪合戦｜雪投げ。＝설전²
눈싸움-하다²자 雪合戦する｜雪投げする。

눈-썰미몡 見ただけですぐ覚える技｜見よう見まね。예 사람은 ~가 좋아야 한다. 人は見よう見まねが良くできなければいけない。

눈-썹몡 眉｜眉毛。

눈썹-차양(一遮陽)몡 軒端に継ぎ足した幅の狭いひさし。예 ~을 달고부터 방안에 볕이 덜 든다. 軒端にひさしを継ぎ足してからは、日当たりが悪くなった。

눈-안개몡 激しく降る雪が霧のように見えること。

눈-알몡 眼球｜目玉｜眼。예 그 여자는 ~이 튀어나왔다. 彼女の目玉は飛び出ている。＝눈망울❷
눈알이 빠지도록[빠지게] 기다리다관용 首を長くして待つ。＝눈이 빠지도록 기다리다

눈-앞몡 ❶目の前｜目先｜眼前。❷近い将来｜目前｜目先。＝목전
눈앞이 캄캄하다관용 目の前が暗くなる｜途方に暮れる。예 그 말을 듣는 순간 눈앞이 캄캄하여 아무것도 생각할 수가

없었다. その言葉を聞いた瞬間、目の前が暗くなって、何も考えることができなかった。

눈-약(―藥)명 《수》目薬。=안약

눈-어림명 目測｜目分量｜目算。에 ~으로 계산해 봐라. 目算で計算してみろ。
　눈어림-하다타 目測する｜目算する。

눈-언저리명 目の縁｜目の周り。

눈엣-가시명 目の上のこぶ｜目の敵。

눈여겨-보다目を凝らして見る｜注視する｜注目する。

눈-요기(―療飢)명 見るだけで満足すること｜目の正月｜目の保養。에 ~나 하게 밖으로 나가자. 目の保養にでもしに外へ出よう。
　눈요기-하다자 目の保養をする。

눈-웃음 (声を立てずに)目で笑うこと｜目笑。
　눈웃음-치다자 目で笑う｜目笑する。

눈-인사(―人事)명 目礼。=목례
　눈인사-하다자 目礼する。

눈-자위명 眼球の縁。
　눈자위(가) 꺼지다 人が死ぬ。

눈-짐작명 目測｜目分量。에 ~으로 알 수 있다. 目測で分かる。
　눈짐작-하다타 目測する。

눈-짓명 目配せ｜目顔。에 ~으로 알려라. 目配せで知らせろ。
　눈짓-하다자 目配せする。에 그녀가 내게 얼른 나가라고 눈짓했다. 彼女が私に、今すぐに出ていけと目配せした。

눈-초리명 ❶目じり｜まなじり。❷【시선】目つき｜視線。에 날카로운 ~로 쳐다본다. 鋭い目付きで見つめる。

눈-총 (目に毒気を帯びて)にらみつける目つき｜にらんだ目。에 ~을 받다. にらまれる。/나의 말이 끝나자마자 사람들이 내게 ~을 주었다. 私の話が終わるやいなや、人々が私をにらみ付けた。

눈-총기(―聰氣)명 鋭利な観察眼。에 그 애는 ~가 있으니 그 애만 따라가면 된다. あの子には鋭い観察眼があるから、あの子についていきさえすればいい。

눈-치명 ❶【남의 마음이나】(人の気持ち・物事の気配などの)勘｜直感｜機転｜センス。에 ~가 보이다. 人の機嫌が気になる。/~를 보다. 人の機嫌をうかがう。/~가 없다. 気が利かない。/~가 빠르다. 機転がきく。/나는 ~가 빨라서 금방 알 수 있다. 私は勘が良くてすぐ分かる。❷【나타난】(気持ちの表われた)表情｜態度｜ようす｜顔つき｜素振り。에 범인이 불안해하는 ~이다. 犯人が不安なようすだ。

눈치-꾼명 過度に他人の機嫌をうかがう人。

눈-치레명 うわべを飾ること｜見せかけの装い。에 결국 ~로 끝났다. 結局うわべの装いで終わった。
　눈치레-하다자 うわべを飾る｜見せかけを装う。

눈치-코치【강조】勘｜直感｜機転｜センス。
　눈치코치도 모르다 관용 他人がどう考えているのか全たく分からない｜ひどく勘が鈍い。에 그렇게 눈치코치도 몰라서야 무슨 일을 하겠습니까? そんなに勘が鈍くて何ができるというのですか。

눈칫-밥명 人の機嫌をうかがいながら食べるご飯。

눈-코명 目と鼻。
　눈코 뜰 사이 없다 관용 目が回るほど忙しい。

눈-트다자 芽生える｜芽吹く。

눈-표(―標)명 目印。
　눈표(가) 나다 관용 よく目につく。

눋다자 【조금 타다】焦げる｜焦げ付く。

눌눌-하다형 (草・毛・芽などが)やや黄色い｜ぼんやりと薄黄色うすい。
　눌눌-히부 やや黄色く。

눌러-듣다타 ❶大様に聞く｜とがめずに相手の話を聞く。❷そのまま引き続いて聞く。

눌러-보다타 ❶大目に見る。❷そのまま引き続いて見る。에 잘못된 점이 있어도 눌러서 주십시오. 間違ったところがあっても大目に見てください。

눌러-앉다자 (同じ場所に)引き続き留まる。

눌리다[1]【억눌리다】押される｜圧倒される｜押さえられる｜押さえつけられる｜抑圧される。에 가위에 ~. 金縛りにあう。

눌리다[2]타 【태우다】焦がす。

눌면-하다[형] (程よく)少し黄色い。

눌면-히[부] 少し黄色く。

눌변(訥辯)[명] 訥弁。

눌어-붙다[자] ❶焦げ付く｜焼けつく。 예 밥이 ~. ご飯が焦げ付く。 ❷長居する｜長らく居座る。

눌은-밥[명] 焦げ飯。

눌-하다(訥ー·吶ー)[형] どもって上手く話せない｜訥々としている。형은 긴장하면 눌하여 술술 이야기하지 못한다. 兄は緊張すると、どもってすらすら話せない。

눕다[자] 横たわる｜横になる｜寝る。 예 자리에 ~. 布団に横たわる。／누워서 책을 읽다. 横になって本を読む。

　누울 자리 봐 가며 발을 뻗어라[속담] 寝る場所を見て足を伸ばせ：「状況や事の成り行きを見極めた上で取り掛かれ」の意。

　누워서 떡 먹기[속담] 横になって餅を食べる：「最も容易い」の意：〔日〕朝飯前｜赤子の手をねじる。

　누워서 침 뱉기[속담] 天を仰いで唾する。

눕-히다[타] 寝かす｜寝かせる｜横たえる。

눙치다[자] 和らげる｜なだめる。

뉘¹[명] 白米の中に混じっている籾米。

뉘²[대] 誰。 예 ~ 십니까? どなたさまですか。

뉘렇다[형] (病気などにより)生気がなく黄色い。 예 황달에 걸려서 얼굴이 ~. 黄疸にかかって顔が黄色い。

뉘앙스(nuance 프)[명] ニュアンス。 예 불쾌하다는 ~를 풍기다. 不快だというニュアンスを漂わす。

뉘엿-거리다[자] ❶日がだんだん沈みかける。 ❷むかつく｜吐き気を催す。 예 속이 뉘엿거리는 것이 토할 것 같다. 胸がむかむかして吐きそうだ。 =뉘엿대다

뉘엿-뉘엿[부] ❶日がだんだん沈みかけるさま。 ❷むかむか。

뉘엿뉘엿-하다[형] ❶日がだんだん沈みかける。 ❷むかむかする。 예 속이 뉘엿뉘엿하니 아무래도 토하는 게 나을 것 같다. お腹がむかむかするので、やはり吐いた方がいいようだ。

뉘엿-대다[자] ☞뉘엿거리다

뉘우쁘다[형] 悔いる気持ちがある｜後悔している。

뉘우치다[타] 悔いる｜悔やむ｜後悔する｜悔い改める｜反省する。 예 자신의 잘못을 뉘우치고 사죄하다. 自分の過ちを悔やんで謝罪する。

뉘우침[명] 悔い｜後悔｜反省。 예 아직도 ~이 없구나! まだ反省していないのか。

뉴스(news)[명] ニュース。 예 해외 ~ 海外ニュース／최신 ~ 最新ニュース／주요 ~ 主要ニュース／저녁 ~ 夕方のニュース。

뉴스 그룹(newsgroup) 〈컴〉ニュースグループ。

뉴스 리더(newsreader) 〈컴〉ニュースリーダ。

뉴질랜드(New Zealand)[명] 〈국〉ニュージーランド。

뉴턴(Newton)[명] 〈인〉ニュートン。 예 ~은 만유인력의 법칙을 발견했다. ニュートンは万有引力の法則を発見した。

뉴턴 역학(Newton力學) 〈물〉ニュートン力学。

뉴트론(neutron)[명] 〈물〉ニュートロン｜中性子。=중성자

뉴트리노(neutrino)[명] 〈물〉ニュートリノ｜中性微子。

느근-거리다[자] (細長いものが)軽くしなやかに揺れる。=느근대다

느근-느근[부] しなやかに揺れるさま。

느근-대다[자] ☞느근거리다

느글-거리다[자] 吐き気を催す｜むかむかする。 예 튀김을 먹었더니 속이 느글거린다. てんぷらを食べたら、胸がむかついて吐きそうだ。=느글대다

느글-느글[부] むかむか。

느글느글-하다[자] むかむかとする。 예 속이 느글느글하니 영 거북하다. 胸がむかむかして気持ち悪い。

느글-대다[자] ☞느글거리다

느긋-거리다[자] 消化されずに胃がもたれる。=느긋대다

느긋-느긋[부] しきりに胃がもたれるさま。

느긋느긋-하다[자] しきりに胃がもたれ

る。㉠속이 느긋느긋하니 소화가 안 되는 것 같다. お腹がもたれるので消化がされていないようだ。

느긋-대다쟈 ☞느긋거리다

느긋-하다휑 (心이 満ち足りて)ゆったりとする丨のんきだ。㉠이제는 느긋한 마음으로 기다리는 것만 남았다. あとはゆったりとした気持ちで待つだけだ。

느긋-이閉 ゆったりと。

느껍다혱【활용복잡】(ある種の)感かんじが起こる。㉠마음이 느꺼워 눈물이 나고 말았다. 心に感じるものがあって涙が出てしまった。

느끼다자【활용】(悲しさに)むせび泣く丨しゃくりあげる丨すすり泣く。㉠흑흑 느끼며 울다. しくしくむせび泣く。

느끼다타 ❶【활용】感じる丨感ずる丨覚える。㉠아픔을 느낄 때는 이미 때가 늦은 것이다. 痛みを感じた時はもう遅いのだ。/ 배고픔을 ~. 空腹を覚える。❷【활용】感じる丨感ずる丨思う。㉠다른 나라의 풍습을 몸으로 ~. 他国の風習を体で感じる。/ 이번에 보고 듣고 느낀 것이 많다. 今回見て聞いて思ったことが多い。/ 느낀 점을 써 보다. 感じた点を書いてみる。/ 가족의 필요성을 절실히 ~. 家族の必要性を切実に感じる。

느끼-하다혱 (食べ物が)脂っこい丨くどい丨しつこい。㉠느끼한 요리 しつこい料理。

느낌몡 感じ丨思い丨気持ち。㉠이상한 ~이 든다. 不思議な感じがする。

느낌-표(-標)몡《인》感嘆符。

-느냐어미【활용】—の丨—か。㉠어디 가느냐? どこへ行くのか。/ 숙제는 다 했느냐? 宿題は終えたか。참 -더냐

-느니[1] 어미【활용】—より。㉠가만히 있다 죽느니 가서 싸우겠다. 黙っているより出て行って戦うほうがましだ。

-느니[2] 어미【활용】—(の)だ丨—ものだ丨—だった。㉠매우 열정적인 사람이었느니. とても熱情的な人だったんだ。

-느니라어미【활용】—のだ丨—ものだ—のよ。㉠해는 동쪽에서 뜨느니라. 太陽は東の方から上るのよ。

느닷-없다혱 だしぬけだ丨突然だ丨不意である。

느닷없-이閉 だしぬけに丨いきなり丨不意に丨突然に。㉠~ 여행을 떠나겠다고 한다. いきなり旅に立つと言う。

-느라어미 ☞느라고

-느라고어미【활용】—ため。㉠나는 어제 책을 읽느라고 하루 내내 집에 있었다. 私は昨日本を読むため、一日中家にいた。=느라

느런-히【활용】ずらりと並んで。

느루閉 (一度にでなく)引き延ばして。

느루 먹다관용 食べ物を少しずつ食べて長くもたせる。

느루-배기몡 出産後どうさんごの翌月からすぐ生理が始まること。

느른-하다혱 ❶【활용】(疲れて)くたくたである丨ぐったりしている。❷【활용】柔らかい。

느른-히閉 くたくたに丨ぐったりと丨柔らかく。

느릅-나무몡《식》春楡丨楡。㉠굶주린 농민들은 ~ 껍질과 건초로 연명하고 있었다. 腹を空かした農民たちは、ハルニレの皮と干し草で命をつないでいた。

느리-광이몡 ☞느림보

느리다혱 (動作・仕事などが)のろい丨遅い丨緩い。㉠느린 버스 スピードの遅いバス/ 느린 거북이 動作の遅いカメ/ 느리게 말하다. ゆっくりと話す。/ 느리게 걷다. ゆっくり歩く。/ 느리게 일하다. ゆっくり仕事をする。/ 그는 걸음이 ~. 彼は歩くのが遅い。⇔빠르다

느림-보몡 怠け者丨のろま。㉠젊은 나이에 이렇게 느려 터진 ~ 녀석은 처음 본다. 若いのにこんな怠け者は初めて見た。=느리광이

느릿-느릿閉【활용】のろのろ丨のそのそ丨そろそろ丨ゆっくりと。㉠서두르는 기색 없이 ~ 말하다. 急ぐ様子もなくゆっくり話す。/ ~ 일어나다. ゆっくり起きる。/ ~ 걸어가다. のろのろと歩いていく。

느릿-하다혱 少しのろい丨遅いようだ丨ゆっくりしている丨にぶい。㉠느릿한 동작 のろい動作/ 느릿하게 일하다. ゆっくりと仕事をする。/ 느릿하게 일어나다. 遅く起きる。/ 가파른 고개를 느릿하게 넘어가다. 急な峠道をゆっくりと越える。

느물-거리다쟈 しきりにずるく振る舞

う」ずるい話し振りをする。囫그 여자는 계속 느물거리며 지껄였다. 彼女は ずるい話し振りでしゃべり続けた。 =느물대다

느물-느물 閈 しきりにずるく振る舞うさま。

느물다 因 陰険に振る舞う。

느물-대다 因 ☞느물거리다

느슨-하다 휑 ❶ 緩んでいる｜たるんでいる｜緩い。囫벨트를 느슨하게 매다. ベルトを緩く結ぶ. / 매듭이 ~. 結び目が緩んでいる. / 나사가 느슨해지다. ねじが緩む。 ❷ (緊張が)緩んでいる｜弛んでいる｜しまりがない。囫나사가 풀려 정신 상태가 느슨해졌다. ねじが緩んで精神状態がたがたんでいる。

느슨-히 閈 緩く｜弛んで｜だらりと｜ゆったりと。

느즈러-지다 因 ❶ (結び目などが)緩む。囫나사가 ~. ネジが緩む. / 끈이 ~. 紐が緩む。 ❷ (緊張が)緩む｜ほぐれる｜弛む。囫조금씩 긴장이 ~. 少しずつ緊張がほぐれる. / 마음이 느즈러진 때에 다친다. 気がたるんだ時に怪我をする。 ❸ (期限が)延びる｜延期される。囫제출 기한이 ~. 提出期限が延びる。

느지감치 閈 けっこう遅く｜相当遅く｜遅めに。囫~ 일어나다. かなり遅く起きた. / 난 ~ 가겠어요. 私は遅めに行きます。 =느지거니・일찌감치

느지거니 閈 ☞느지감치

느지막-하다 휑 (時間が)かなり遅れている｜相当遅くに遅い。

  느지막-이 閈 かなり遅く｜ゆっくり。囫아침을 ~ 먹다. 朝ごはんを遅く食べる. / 납품 기한을 ~ 잡다. 納品期限を余裕をもって取る。

느직-하다 휑 ❶ (時間的に)やや遅い｜遅めだ。囫일요일에는 느직하게 아침을 먹는 편이다. 日曜日にはやや遅く朝ご飯を食べる方だ。 ❷ (結び目が)少し緩い｜やや緩んでいる。 ❸ 余裕がある。囫기한을 느직하게 잡다. 期限に余裕がある。

  느직-이 閈 遅めに｜緩めに｜ややのろく｜ゆっくりと。囫준비될 때까지 ~ 기다립시다. 準備が終わるまでゆっくりと待ってみましょう。

느타리-버섯 똉 《식》平茸。

느티-나무 똉 《식》欅。囫마을 한가운데에 아름드리 ~가 서 있다. 村の真ん中に一かかえのケヤキが立っている。 =귀목나무

늑골(肋骨) 똉 《의》肋骨。

늑대 똉 《동》狼。囫~ 울음소리 狼の叫び声 / 그녀의 어머니는 늘 남자는 ~라고 말해 왔다. 彼女の母親はいつも、男とは狼だと言ってきた。

늑막(肋膜) 똉 ☞'가슴막'의 전 용어.

늑막-염(肋膜炎) 똉 《의》肋膜炎｜胸膜炎。

늑목(肋木) 똉 《운》肋木。

늑장 똉 ぐずぐずすること｜もたもたすること。囫~ 대응 ぐずぐずした対応 / ~을 부리다. もたもたする。

늑-줄 똉 縛ってあるが少し緩んだ紐・綱。

  늑줄(을) 주다 관용 厳しい監督を少し緩める。

는 조 ❶ —は。囫나는 한국인이다. 私は韓国人だ. / 너는 크고 나는 작다. 君は高く、私は低い. / 누나는 사과를, 나는 감을 좋아한다. 姉はリンゴが、私はカキが好きだ。 ❷ —(で)は。囫잘 그리지는 못해도 그리기는 그린다. 上手に描けないが描くことは描く. / 너~ 아니다. 君ではない。참은

는개 똉 雨脚が霧より少し太く、霧雨より細かい雨。囫~가 내리다. 霧雨が降る. / ~에 젖다. 霧雨に濡れる。 =연우

-는대 —と言う｜—って。囫유미는 가지 않는대. ユミさんは行かないって。

-는데 어미 ❶ —だが｜—のに。囫비가 오는데 어딜 간다는 겁니까? 雨が降っているのに、どこへ行くと言うのか。 ❷ —ね｜—よ。囫덥겠는데. 蒸し暑そうだね。

늗적-거리다 因 ふにゃふにゃする｜ぐにゃぐにゃする｜ぶよぶよになる。=늗적대다

늗적-늗적 閈 ふにゃふにゃ｜ぐにゃぐにゃ｜ぶよぶよ。

늗적-대다 因 ☞늗적거리다

는-커녕 조 —どころか｜—する

どころか｜―はおろか。예그 사람의 병은 낫기는커녕 점점 심해지고 있답니다. 彼の病気は治るどころか、だんだんひどくなっているとのことです。

늘 부 いつも｜常に｜絶えず｜ずっと｜しょっちゅう。예~ 노력하는 태도 いつも努力する態度が／그런 일은 ~ 있던 일입니다. そんなことはたびたびあったことです。／그는 ~ 도서관에서 공부한다. 彼はいつも図書館で勉強する。／그녀는 ~ 바지밖에 안 입는다. 彼女は常にズボンしかはかない。

늘그막 명 老年｜老境｜晩期｜晩年｜老いらく。

늘다 자 ❶【数・量】が増える｜増す｜増加する｜伸びる。예 몸무게가 늘어 매일 운동을 한다. 体重が増えて、毎日運動をする。❷【上達】する｜うまくなる｜伸びる。예 요리 솜씨가 ~. 料理の腕前が上がる。

늘름 부 ❶【舌を出す様子】ぺろっと｜ぺろり。❷【素早い様子】さっと。예 과자를 ~ 집어 가방 속에 넣다. お菓子をさっと掴んでカバンの中に入れる。

늘름-거리다 자타 舌をぺろぺろ出し入れさせる。

늘름-대다 자타 ☞ 늘름거리다

늘름-늘름 부 ぺろぺろ｜べろべろ。

늘리다 타 伸ばす｜増やす｜増す。예 직원 수를 ~. 職員の数を増やす。／재산을 ~. 財産をふやす。

늘비-하다 형 ずっと並んでいる｜ずらりと置かれている。

늘썽-늘썽 부 ☞ 날쌍날쌍

늘썽-하다 형 (織り目などが)粗い｜ざっくりしている。

늘씬-늘씬 부 【たくさんの物や人が細長い様子】すんなり｜すらり。

　늘씬늘씬-하다 형 皆すらっとしている｜すんなりとする。예 늘씬늘씬한 여학생들 すらっとした女子学生たち。

늘씬-하다 형 (体つきが)すらっとしている｜すんなりしている。예 늘씬한 허리 すらっとした腰／늘씬하게 뻗은 다리 すらっとした脚。

　늘씬-히 부 すらっと｜すんなりと。

늘어-나다 자 ❶【長さ】伸びる｜延びていく｜長くなる。예 고무줄이 ~. ゴムひもが伸びる。❷【数】増える｜殖えていく｜増加する。예 몸무게가 ~. 体重が増える。❸【生活が】豊かになる。

늘어-놓다 타 ❶【並べる】並べる｜配列する。예 두 줄로 ~. 二列に並べる。❷【散らかす】(ごちゃごちゃと)散らかす｜ばらつかせる。예 좁은 방에 옷가지를 ~. 狭い部屋に衣類を散らかす。❸【配置する】配置する｜ばらつかせる｜広げる。예 염탐꾼을 각지에 ~. 回し者を各地にばらつかせる。／다방면으로 사업을 ~. 多方面に事業を広げる。❹【口数が多く】しゃべりまくる｜並べ立てる。예 변명을 장황하게 ~. 言い訳を長ったらしくしゃべりまくる。

늘어-뜨리다 타 垂らす｜垂れる｜ぶら下げる。예 팔을 축 늘어뜨리고 의자에 앉아 있다. 腕をだらりと垂らして椅子に座っている。／머리를 길게 ~. 髪を長く垂らす。／어깨를 축 ~. 肩をぐったり落とす。= 늘어트리다

늘어-서다 자 並ぶ｜立ち並ぶ。

늘어-앉다 자 並んで座る。

늘어-지다 자 ❶【長さ】長くなる｜伸びる。❷【垂れる】垂れ下がる｜垂れる。예 버드나무 가지가 늘어져 있다. 柳の枝が垂れ下がっている。❸【疲れ】(疲れたりして)伸びる｜ぐったりする｜くたくたになる｜くたばる。예 몸이 축 ~. 体がだらりとくたばる。／몸이 자꾸 늘어져서 일어나기가 싫다. 体がやたらにぐったりとして起きたくない。❹【楽】楽になる。예 늘어져 자다. ぐったりと寝る。❺【時間が】延びる｜長引く。예 비행기 도착 시간이 1시간이나 늘어졌다. 飛行機の到着時間が一時間にも延びた。／일정이 ~. 日程が延びる。

늘어-트리다 타 ☞ 늘어뜨리다

늘-이다 타 ❶伸ばす｜延ばす｜長くする。예 고무줄을 ~. ゴムひもを伸ばす。❷垂らす｜垂れ下げる。

늘임-표 (一標) 명 【음】延音記号｜延長記号｜フェルマータ。= 페르마타

늘쩍지근-하다 형 ひどくけだるい｜ものうい。

늘쩡-거리다 (仕事などを)休み休みする｜のろのろする｜のらりくらりする。예 늘쩡거리는 사람은 이 일과는 맞지 않는다. のろのろしている人はこの仕事

늘쩡-늘쩡[부] のそのそ｜のろのろ。 예~ 일하다. のろのろと仕事をする。/~ 걷다. のろのろと歩く。/~ 움직이다. のろのろと動く。/자꾸만 ~ 움직이지 말고 서둘러라. いつもいつものろのろしてないで急ぎなさい。

늘쩡-대다[자] ☞늘쩡거리다

늘컹-거리다[자] ぐじゃぐじゃする｜ぐにゃぐにゃする。 예늘컹거리는 반숙 계란 ぐにゃぐにゃの半熟の卵。=늘컹대다

늘컹-늘컹[부] ぐじゃぐじゃ｜ぐにゃり。

늘컹-대다[자] ☞늘컹거리다

늘컹-하다[형] もろくて柔かい｜ぐにゃぐにゃだ｜ぐじゃぐじゃだ。 예복숭아가 ~. 桃がぐにゃりとしている。/감자를 늘컹하게 될 때까지 푹 삶다. じゃがいもをぐじゃぐじゃになるまで煮込む。

늘큰-거리다[자] もろくて柔かい｜ぐにゃりとする。 예떡을 너무 쪄서 ~. 餅を茹ですぎて、ぐにゃぐにゃになる。=늘큰대다

늘큰-늘큰[부] ぐにゃぐにゃ。

늘큰-대다[자] ☞늘큰거리다

늘큰-하다[형] 柔かくて垂れ下がりそうだ。 예늘큰하게 녹은 초콜릿 ぐにゃりと溶けたチョコレート。

늘푸른-나무[명] ☞상록수

늘-품(一品)[명] 発展性｜将来性。 예하는 일을 보니 ~이 없을 것 같다. やることを見ると将来性がないようだ。

늙다 年を取る｜老ける｜老いる。 예거울을 보니 얼굴이 많이 늙어 있었다. 鏡を見ると顔がかなり老けていた。

늙-다리 ❶年取った獣。 ❷「老人」の俗っぽい語｜老いぼれ。

늙-바탕 老境｜晩年。

늙수그레-하다[형] かなり老けて見える。 예키가 작고 좀 ~. 背が低く老けて見える。

늙으신-네[명] お年寄り｜ご老人。

늙은-이[명] 年寄り｜老人。

늙정-이[명] 「老人」の俗っぽい語｜老いぼれ。

늙직-하다[형] ずいぶん老けて見える。 예그 사람은 늙직해 보인다. その人はずいぶん老けて見える。

늙-히다[타] 年を取らす｜老けさせる。

늠름-하다(凜凜—)[형] りりしい｜堂々としている｜凛とする。 예늠름하게 걷다. 堂々と歩く。/늠름하게 키우다. 凛と育てる。

늠름-히[부] 堂々と｜凛と。

늠실-거리다[자] ❶小刻みに動く。 예늠실거리는 강 小刻みに動く川。 ❷探るようにちらっと見る｜盗み見する。=늠실대다

늠실-늠실[부] ❶さらさら。 예개울이 ~ 흐르고 있다. 小川がさらさらと流れている。 ❷きょろきょろ｜ちらちら。

늠실-대다[자] ☞늠실거리다

능(陵)[명]〈역〉陵墓。 예~을 도굴하다. 陵を盗掘する。

능가(凌駕)[명] **능가-하다**[자] 凌駕する。 예동생은 형을 능가하는 실력자이다. 弟はお兄さんを凌駕する実力者だ。

능갈-치다[형] 非常にずるい｜うまくごまかす才能がある。

능-구렁이 ❶〈동〉あかまだら。=구리。 ❷陰険な人。

능글-능글[부] ずうずうしく｜ふてぶてしく｜厚かましく｜ずぶとく。

능글능글-하다 ずうずうしい｜ふてぶてしい。 예능글능글하게 웃다. ふてぶてしく笑う。/능글능글하게 말하다. ずうずうしく言う。

능글-맞다[형] ずうずうしい｜ふてぶてしい｜厚かましい。

능금[명] 地林檎｜和林檎。 예주렁주렁 열린 ~ 鈴なりのジリンゴ/소녀의 볼이 잘 익은 ~처럼 발그레하다. 少女の頬がよく熟したジリンゴのように赤くなった。

능금-나무[명]〈식〉地林檎の木｜和林檎の木。

능동(能動)[명] 能動。

능동-성(能動性)[명] 能動性。

능동-적(能動的)[관][명] 能動的。 예~인 자세 能動的な姿勢。

능동-태(能動態)[명]〈언〉能動態。

능란-하다(能爛—)[형] 熟達している｜手慣れている｜非常に上手だ。 예능란한 화술에 넘어가다. 巧みな話術に惑わされる。

능란-히� 巧みに｜上手に。

능력(能力)� 能力のょく。예~ 개발 能力開発ほっ/ 자신의 ~의 한계를 느끼다. 自分じぶんの能力のょくの限界げんかいを感かんじる。

능력-급(能力給)� 能力給のょくきゅう。

능력-주의(能力主義)� 能力主義のょくしゅぎ。

능률(能率)� 能率のっ。예~을 올리다. 能率を上あげる。

능률-급(能率給)� 〈경〉能率給のっりつきゅう。

능률-적(能率的)� 能率的のっりつてき。예업무를 ~으로 수행하다. 事務じむを能率的に遂行すいこうする。

능멸(凌蔑・陵蔑)� 軽蔑けいべつ｜軽かろんじること｜侮あなどること。

　능멸-하다� 軽蔑けいべつする｜軽かろんじる｜侮あなどる。

능묘(陵墓)� 陵墓りょうぼ。

능변(能辯)� 能弁のうべん。

능변-가(能辯家)� 能弁家のうべんか。

능사(能事)� 能事のうじ｜能のう。예떠들어 대는 것만이 ~가 아니다. しゃべるだけが能じゃない。

능선(稜線)� 稜線りょうせん｜尾根おね。

능소-화(凌霄花)� 〈식〉凌霄花のうしょうか。예만개한 ~는 독이 있어 더 아름답게 느껴진다. 満開まんかいになったノウゼンカズラは毒どくがあって、いっそう美うつくしく感かんじられる。

능수(能手)� 熟練じゅくれんした腕前うでまえ｜腕前のいい人ひと。

능수-버들(~-〈식〉)� 高麗垂楊こうらいすいようやなぎ。예축 늘어진 ~이 바람에 흔들린다. まっすぐに垂たれ下さがったコウライシダレヤナギが風かぜに揺ゆれる。

능숙-하다(能熟—)� 熟練じゅくれんする｜巧たくみだ｜上手じょうずだ｜達者たっしゃだ。예능숙한 솜씨｜숙련하고 있는 腕前うでまえ/ 컴퓨터를 능숙하게 다루다. コンピューターを上手に扱あつかう。

　능숙-히� 上手じょうずに｜巧たくみに。

능욕(凌辱・陵辱)� 凌辱りょうじょく。

　능욕-하다� 凌辱りょうじょくする。

능원(陵園)� ご陵りょう｜みささぎ。

능준-하다� 有ありあり余あまる｜ゆとりがある｜十分じゅうぶんだ。

　능준-히� 十分じゅうぶんに。

능-지기(陵—)� 陵りょうの番人ばんにん。

능직(綾織)� 綾織りあやおり。

능청� しらを切ること｜しらじらしいこと。예~을 부리다. しらを切る。

능청-거리다� (綱つなや細ほそい棒ぼうなどが)しなやかにたわみ揺ゆれ動うごく。=능청대다

능청-능청� たわわ｜たわむほど｜しなうほど。

능청-대다� ☞능청거리다

능청-맞다� しらじらしい｜とぼける｜しらばくれる。

능청-스럽다� とぼける｜しらばくれる｜そらとぼける。예그는 매사에 ~. 彼かれは全すべてにおいてしらばくれている。

　능청스레� とぼけて｜しらばくれて。예~ 굴어도 소용없어요. しらばくれてもダメですよ。

능통-하다(能通—)� 精通せいつうする｜通達つうたつする｜通つうじる。예5개 국어에 ~. 5ヶ国語ごくに通達する。

능-하다(能—)� うまい｜長ちょうじている｜たけている。예처세에 능한 사람 処世しょせいに長たけた人。

　능-히� よく｜うまく｜十分じゅうぶんに。

늦-가을� 晩秋ばんしゅう｜暮秋ぼしゅう｜暮くれの秋。=만추

늦-겨울� 晩冬ばんとう。=만동

늦-김치� 春はるまで食たべられるように漬つけたキムチ。

늦-깎이� ❶(仕事しごとなどを)年としを取とってから新あたらしく始はじめた人。예~로 출가를 하였다. 年を取って出家しゅっけした。/ ~로 미술 공부를 위해 파리로 유학 갔다. 年を取って美術びじゅつの勉強べんきょうのためにパリに留学りゅうがくした。 ❷〈果物くだもの・野菜やさいの〉晩生おくて。

늦다 Ⅰ� 遅れるおくれる｜遅くなる｜遅刻ちこくする。예버스 시간에 늦어 못 탔다. バスの時間じかんに遅くなって乗のれなかった。/ 약속 시간에 늦어서 택시를 타다. 約束やくそくの時間に遅れてタクシーに乗る。
Ⅱ 遅おそい。예시계가 매일 10분씩 늦어진다. 時計とけいが毎日まいにち十分じっぷんずつ遅くなる。/ 늦은 밤에 귀가하다. 夜よる遅く家いえに帰かえる。/ 3시에 늦은 점심을 먹었다. 3時じの遅い時間に昼ひるご飯はんを食べた。

　늦게 배운 도둑이 날 새는 줄 모른다 � 遅おそく覚おぼえた泥棒どろぼうは夜よが明あけるのも分わからない:「年をとって始めたことほど、没頭ぼっとうしがちなものだ」の意い。

늦-더위� 残暑ざんしょ。예~가 기승을 부린다. 残暑が猛威もういを振ふるう。↔일더위

늦-되다� ❶晩熟ばんじゅくだ。❷人ひとの育そだちが遅い｜奥手おくてだ。

늦-둥이 年老いて産んだ子。예 우리 막내는 ~이다. 私の末っ子は年老いて産んだ子だ。

늦-바람 ❶遅い夜に吹く風｜夜風。❷年取ってからの浮気。예 ~이 나다. 年取ってから浮気をする。❸【센말】そよ風｜微風。

늦-벼〈농〉晩稲｜おくて。

늦-복(—福)명 晩年の幸せ。

늦-봄명 暮春｜暮れの春。

늦-서리명 晩霜。

늦어-지다자 遅れる｜遅くなる。

늦-여름명 晩夏。=만하

늦은-불 ❶【센말】それ玉。❷【심하지 않은】あまりひどくない苦痛。예 ~이지만 나는 참을 수가 없었다. 大した侮辱ではなかったが、私は耐えられなかった。

늦-잠명 朝寝｜朝寝坊｜寝坊。예 ~을 자 어머니에게 야단을 맞았다. 朝寝坊して母にしかられた。

늦잠-꾸러기명 朝寝坊(の人)。예 ~는 많은 기회를 놓칠 수밖에 없다. 朝寝坊の人は多くのことを逃すしかない。

늦-장마명 通常の時期より遅れた梅雨。

늦추부 ❶【행위】遅めに｜遅く｜遅れて。예 ~ 오다. 遅く来る。/ 날짜를 잠다. 日にちを遅めに決める。❷【옷이나 끈을 느슨하게】緩く。예 줄을 ~ 매다. ひもを緩く結ぶ。

늦-추다타 ❶【시간】(時間·때を)伸ばす｜遅らせる。예 약속 시간을 ~. 約束の時間を遅らせる。❷【속도】(速度など の程度を)緩める｜落とす。예 속력을 ~. 速度を落とす。❸【느슨】緩める｜緩くする。예 벨트를 ~. ベルトを緩める。/ 경계를 ~. 警戒を緩める。

늦-추위명 季節遅れの寒さ｜余寒。=여한

늪명 沼。예 ~에 빠지다. 沼にはまる。

늪-지대(—地帯)명 沼地。

늴리리부【피리·나팔 소리】ぴいぴい｜ぴいひゃら。

니¹조 ☞이니

-니²어미 ❶【청유·이유】—ので｜—だから。예 증인을 불렀으니 물어 보십시오, 証人を呼んだので尋ねてみてください。/ 산이 깊으니 짐승들도 많다. 山奥だから獣も多い。❷【새로 보니까의 뜻으로 다른 말 다음에 이어서 설명할 때 쓰는 말】—すると｜—したら。예 가니 공연은 이미 끝났다. 行くと公演は既に終わっていた。/ 금강산 사진을 보니 가 보고 싶은 생각이 간절하다. 金剛山の写真を見ると、行ってみたい思いが強くなる。=니까

-니³어미【의문】—の｜—のか｜—かい。예 이 책을 다 읽었니? この本を全部読んだの。

니그로(Negro)명【흑인을 낮춰 일컫는 말】ニグロ｜黒人。❀일본에서「ニグロ」는「흑인」을 비하하는 뜻으로도 쓰기 때문에, 보통은「黒人」을 쓴다。

-니까어미 ☞니²

니스(ニス 일영) ☞바니시

니제르(Niger)명〈국〉ニジェール。

니카라과(Nicaragua)명〈국〉ニカラグア。

니켈(nickel)명〈화〉【금속원소】ニッケル。예 ~은 녹이 쉽게 슬지 않는다. ニッケルは錆びにくい。

니코틴(nicotine)명〈화〉【담배의 주 성분】ニコチン。예 ~ 중독 ニコチン中毒。

니크롬(nichrome)명〈공〉ニクロム。

니트(knit)명 ニット。예 ~ 원피스 ニットワンピース。

니트로-구아니딘(nitroguanidine)명〈화〉ニトログアニジン。

니트로-글리세린(nitroglycerin)명〈화〉ニトログリセリン。

니트로-벤젠(nitrobenzene)명〈화〉ニトロベンゼン。

니트로-셀룰로오스(nitrocellulose)명〈화〉ニトロセルロース｜硝酸繊維素｜硝化綿。

니트로-화(nitro化)명〈화〉ニトロ化。

니트로 화합물(nitro化合物)〈화〉ニトロ化合物。

-님접 —さん｜—様｜—殿。예 선생님 先生/ 해님 お日様/ 달님 お月様/ 하나님 神様/ 사장님 社長さん。

님비(NIMBY)명 ニンビー。예 ~ 현상 地域利己主義｜ニンビー現象。

님프(nymph)명〈문〉ニンフ。

닢의【납작한 물건을 세는 단위】枚。예 동전 한 ~ 銅貨一枚。

ㄷ

다¹ 🔲 ❶【모조리·빠짐없이 다 갖추어 있는 모양】全部ぜんぶ｜すべて｜みな. 예 사과를 ~ 먹다. リンゴをみな食たべる. / 돈을 ~ 쓰다. 金かねをみな使つかう. ❷【거의】ほとんど｜ほぼ. 예 ~ 죽어 가고 있다. ほとんど死しにかけている. / 시간이 ~ 되다. ほぼ時間じかんになる. ❸【가벼운 놀라움·빈정거림·가벼운 반어의 뜻】なんて｜実じつに｜本当ほんとうに. 예 별소리 ~ 하네. とんでもない話はなをするね. / 여기에 ~ 오다니, 웬일이냐? ここに来くるなんてどうしたんだ. ❹【영어적으로 썼】もう一いちできない. 예 간식을 이렇게 많이 먹다니, 저녁은 ~ 먹었다. おやつをこんなにたくさん食たべるなんて, 夕食ゆうしょくはもう食たべられない.

Ⅱ 🅜 全部ぜんぶ｜すべて｜みな. 예 이것이 내가 가진 것의 ~이다. これが私わたしの持もっていることの全部ぜんぶだ.

다-하다🅙🅣 ❶【다되다】尽つきる｜なくなる. 예 목숨이 다할 때 까지 너를 사랑한다. 命いのちがつきるまでお前まえを愛あいする. / 힘이 다하여 더 이상 움직일 수가 없다. 力ちからつきて動うごけない. ❷【끝내 말】終おわる｜済すむ｜果はたす. 예 의무를 ~. 義務ぎむを果はたす. ❸【끝까지 하다】尽つくす｜果はたす｜全ぜんうする. 예 최선을 ~. 最善さいぜんを尽つくす.

다² 🔲【두가지 사실을 벌여 놓은 뜻】예 그는 축구다 수영이다 잘한다. 彼かれはサッカーも水泳すいえいも, どっちも上手じょうずだ.

다³ 🔲【처소를 나타냄】—に. 예 어디다 두었니? どこに置おいたの.

-다⁴ 🅔【어떤 동작이 이루어지다가 다른 동작으로 옮겨지는 뜻】—の途中とちゅうで｜—してから｜—다가｜—다었다가｜—であったが. 예 숙제를 하다 말고 잠들었다. 宿題しゅくだいの途中とちゅうで寝入ねいった.

다-⁵ (多) 🔲【많은】多た—. 예 다각도 多角度たかくど / 다방면 多方面たほうめん.

다가 🔲【처소를 보다 구체적으로 나타내는】—に. 예 책상에다가 두다. 机つくえの上うえに置おく. / 엄마한테다가 전 부 알리다. 母ははに全部ぜんぶ知しらせる. 🔲다.

-다가 🅔【어떤 상태·동작이 도중에 그치고 다른 것으로 바뀌는 뜻】—の途中とちゅうで｜—してから｜—たが｜—だったが｜—であったが. 예 날씨가 더웠다가 갑자기 추워졌다. 天気てんきが暑あつかったが, 急きゅうに寒さむくなった. / 나도 얼마 전까지 실업자였다가 이번 달에 회사원이 되었다. 私わたしもこのまえまでは失業者しつぎょうしゃだったが, 今月こんげつから会社員かいしゃいんになった. 🔲—다

다가-가다🅣 近寄ちかよる｜近づちかづく. 예 슬며시 ~. こっそりと近寄ちかよる. / 한 발 한 발 ~. 一歩いっぽ一歩いっぽ近寄ちかづく. / 재빠르게 ~. 素早すばやく近寄ちかよる.

-다가는🅔【어떠한 상태나 동작이 도중에 다른 것으로 바뀌어 더 진행되는 뜻】—しては｜—していては｜—したら｜—してから. 🔲—다간

다가-들다🅣【더 가까이】もっと近ちかづく｜もっと近寄ちかよる. 예 아이는 춥다며 엄마 쪽으로 다가들었다. 子供こどもが寒さむいと, お母かあさんの方ほうにもっと近寄ちかよった.

다가-붙다 くっつく｜寄より添そう. 예 등에 착 ~. 背中せなかにぴったり寄より添そう. / 옆으로 ~. 横よこに寄より添そう. / 뒤에 바짝 ~. 後うしろにべたっとくっつく.

다가-서다🅣 近寄ちかよる｜近寄ちかよって立たつ｜寄よる. 예 옆으로 바짝 ~. 横よこにぴたっと近寄ちかよる. / 바짝 다가서서 귓속말하다. ぴたっと近寄ちかよって耳打みみうちする.

다가-앉다 近寄ちかよって座すわる｜詰つめて座すわる. 예 자리가 좁아 바짝 ~. 席せきが狭せまくて, ぴたっと詰つめて座すわる. / 옆으로 바짝 ~. 横よこにぴったり近寄ちかよって座すわる.

다가-오다🅣 近づちかづく｜近づちかづいてくる｜近寄ちかよってくる｜迫せまってくる｜迫せまる. 예 말을 걸면서 ~. 言葉ことばを掛かけながら近づちかづく. / 윙크를 하며 ~. ウインクをしながら近ちかづいてくる. / 주먹으로 위협하며 ~. 拳こぶしで威嚇いかくしながら迫せまってくる.

다각(多角)🅜 多角たかく. 예 ~으로 검토했습니다. 多角たかくで検討けんとうしました.

다각 경영(多角經營)(경) 多角経営たかくけいえい.

다각-농(多角農)🅜 (농) 多角農たかくのう. =다각 농업

다각 농업(多角農業)(농) 多角農業たかくのうぎょう. =다각농

다-각도(多角度)🅜 多角度たかくど.

다각도-로(多角度—)🔲 多角的たかくてきに｜多方面たほうめんに. 예 ~ 검토하다. 多角的たかくてきに検討けんとうする.

다각-적(多角的)관명 多角的[だ]。例~으로 분석하다. 多角的に分析する。

다각-형(多角形)명《수》多角形[だ]｜多辺形[だ]。=나변형

-다간어미【】—しては｜—していては｜—したら｜—してから。例앞으로 가다간 오른쪽으로 가세요. 前に行ったら右側に行って下さい。

다-갈색(茶褐色)명 茶褐色[だ]｜鳶色[と]。

다감-하다(多感—)형 多感[だ]だ。例다감한 사람 多感な人。

다겁-하다(多怯—)형【】臆病[お]だ。

-다고어미【】—だといって｜—といって。例예쁘다고 착한 것은 아니다. きれいだといっても善良[だ]なことではない。

-다고어미【】—よ。例오늘 본 영화가 얼마나 재미있었다고. 今日[だ]見た映画はとても面白[だ]かったよ。

-다고어미【】—だと。例오후부터 비가 온다고 하더라. 午後[だ]から雨だって。

다과(茶果)명 茶菓[だ]｜茶菓子[だ]。例~를 내가다. 茶菓子を出す。

다과-회(茶果會)명 茶話会[だ]｜ティーパーティー。

다관(茶罐)명 茶瓶[だ]。

다구(茶具)명 茶具[だ]｜茶器[だ]。

다국적 기업(多國籍企業)《경》多国籍[だ]企業[だ]。

다그-치다타 せき立てる｜促[うなが]す｜急がせる｜たたみかける｜急かす。例자꾸만 다그치면 제대로 할 수가 없습니다. やたらにせき立てたら、ちゃんと出来ません。/ 다그친다고 빨리 되는 게 아닙니다. 急かしたからといって、早く出来るわけではありません。

다급-스럽다(多急—)형 差し迫っている｜緊急[だ]だ。

  다급스레부 たいそう急[きゅう]に｜火急[か]に。例~ 행동하면 안 된다. たいそう急に振舞ってはいけない。

다급-하다(多急—)형 緊急[だ]だ｜火急[か]だ｜差し迫っている。例다급한 상황이다. 火急の状況である。

  다급-히부 緊急[だ]に｜火急[か]に。例~ 전할 말씀이 있습니다. 緊急に伝えるお話[はなし]があります。

다기-지다(多氣—)형【】大胆[だ]だ｜気[き]が強い。例겉보기와는 달리 썩 다기진 사람이다. 見た目とは違い、とても大胆な人だ。=다기차다

다기-차다(多氣—)형 ☞다기지다

다난-하다(多難—)형 多難[だ]だ。例다난한 한 해를 보내다. 多難な一年[だ]を送る。

다녀-가다자 立ち寄る｜立ち寄って行く。例방금 선생님께서 다녀가셨습니다. ただいま先生[だ]が立ち寄られました。

다녀-오다자 行って来る｜立ち寄って来る。例다녀오겠습니다. 行って来ます。/ 다녀왔습니다. ただいま。/ 다녀오세요. 行っていらっしゃい。

다년(多年)명 多年[だ]｜長年[だ]。

다년-간(多年間)부 多年間[だ]｜長年[だ]の間[あいだ]。例~에 걸친 연구 多年にわたった研究[だ]。

다년-생(多年生)명《식》多年生[だ]。=여러해살이

다년생 식물(多年生植物)《식》多年生[だ]植物[だ]。

다니다자 ❶【】行き来する｜通う｜寄る。例손을 다쳐 병원에 다니고 있다. 手を怪我して病院[だ]に通っている。/ 요즘 도서관에 다닌다. 最近[だ]図書館に通う。/ 설이 되면 친척집에 세배하러 다닌다. お正月[だ]になると、親戚[だ]の家[だ]に新年[だ]の挨拶[だ]に寄る。❷【】通う｜勤める｜通勤する｜通学する。例나는 학교를 졸업하고 회사에 다니고 있다. 私[だ]は学校[だ]を卒業[だ]してから会社[だ]に勤めている。/ 오빠는 대학에 다닌다. 兄[だ]は大学[だ]に通っている。/ 회사는 전철로 다닌다. 会社[だ]は電車[だ]で通勤[だ]している。❸【】行き来する｜回[まわ]る。例전국 사찰을 다니며 사진을 찍었다. 全国[だ]の寺[だ]を回って、写真[だ]を撮った。/ 나의 취미는 여행 다니는 것이다. 私の趣味[だ]は旅行[だ]で、あちらこちら回ることだ。❹【】運行する｜通[とお]る。例지하철이 다녀서 다행이다. 地下鉄[だ]が通っていてよかった。/ 등산로 입구까지 버스가 다닌다. 登山口[だ]までバスが通る。/ 폭풍우로 인해 정기선이 다니지 않는다. 暴風雨[だ]により定期船[だ]が運行しない。

다다르다자 至[いた]る｜着[つ]く｜到達[だ]する｜達する。例인내심이 한계에 ~. 我慢[だ]が限界[だ]に達する。

다다미(たたみ 일)명 畳[たたみ]。

다다이즘(dadaism)명《예》ダダイズム。

다다-익선(多多益善)〔명〕 多々ますます弁〈ベン〉ず｜多ければ多いほどよいこと。

다닥-냉이〔식〕ひめぐんばいなずな。〔예〕냉이와 ~를 구분하기가 쉽지 않다. ナズナとヒメグンバイナズナを見分けるのは難しい。

다닥-다닥【한결같이 있는 모양】ぎっしり｜隙間すきまなく。〔예〕씨가 ~ 들어찬 과일 種がぎっしりと詰まった果物／가지가 휘도록 ~ 붙어 있는 감 枝もたわわにぎっしりとついている柿／이 부근은 조그만 집들이 ~ 들어서 있다. この辺りは小さな家がぎっしりと建っている。

다닥-뜨리다〔자〕ぶつかる｜ぶつかり合う｜出くわす。＝다닥트리다

다닥-트리다〔자〕☞다닥뜨리다

다단-하다(多端―)〔형〕(物事が)複雑で多方面にわたっている｜多端だ。〔예〕일이 다단해 쉽게 끝나지 않을 것 같다. 仕事が多端で簡単に終わりそうにない。

다달-이〔부〕月每に｜毎月ごとに。〔예〕~ 적금을 붓고 있다. 毎月積み金を払い込んでいる。

다대〔경제학용어〕継つぎ。

다대-하다(多大―)〔형〕多大だ。〔예〕다대한 피해를 입다. 多大な被害を受ける。

다도(茶道)〔명〕茶道さどう。〔예〕~를 배우다. 茶道を習う。

다도-해(多島海)〔명〕多島海たとうかい。〔예〕한국의 남해는 ~이다. 韓国の南海は多島海だ。

다독(多讀)〔명〕多読たどく。
　다독-하다〔타〕多読する。

다독-거리다〔타〕(赤ん坊を寝かしつけるために)軽くたたく。〔예〕아기를 재우려고 가만가만 ~. 赤ん坊を寝かせようと静かにたたく。／어깨를 다독거려 위로하다. 肩をたたいて慰労する。＝다독대다

다독-다독【자별하게 어루는 모양】ぽんぽん｜とんとん。〔예〕등을 ~ 두드려 주다. 背中をとんとんと叩いてあげる。

다독-대다〔타〕☞다독거리다

다듬다〔타〕整ととのえる｜手入れする｜きちんとそろえる｜推敲すいこうする。〔예〕문장을 ~. 文章を推敲する。／나무를 다듬어 지팡이를 만들었다. 木をきれいに切り取って、杖を作った。／미용실에 가서 머리를 다듬었다. 美容室に行き整髪した。／시금치를 ~. ホウレンソウをきちんとそろえる。

다듬-이❶☞다듬이질 ❷☞다듬잇감
다듬이-질〔명〕砧打きぬたうち。＝다듬이❶・다듬질
　다듬이질-하다〔타〕砧打きぬたうちをする。
다듬잇-감〔명〕砧打きぬたうちにする布類ぬのるい。＝다듬이❷
다듬잇-돌〔명〕砧きぬた。
다듬잇-방망이〔명〕砧打きぬたうちをする棒ぼう。
다듬-질〔명〕❶整ととのえ｜手入れ｜仕上げ。❷砧打きぬたうち。＝다듬이질
　다듬질-하다〔타〕❶仕上げる｜整える｜手入れをする。❷砧打きぬたうちをする。

다디-달다〔형〕とても甘い｜甘ったるい。〔예〕다디단 케이크 甘ったるいケーキ。

다라지다【사람됨이】気丈だ｜気丈夫だ｜胆力がある。

다락〔명〕❶屋根裏やねうら。❷楼閣ろうかく｜楼台ろうだい｜高殿たかどの。＝다락집

다락-같다【가격이】非常に高い。
　다락같-이〔부〕非常に高く。〔예〕~ 뛴 물가가 비상히 높이 뛰어 오른 물가. 非常に高く跳ね上がった物価。

다락-다락【성가시게】しつこく｜うるさく｜くどくど。

다락-마루〔명〕〔건〕高床たかゆか。

다락-방(―房)〔명〕屋根裏やねうら｜屋根裏部屋やねうらべや。〔예〕~에 숨다. 屋根裏部屋に隠れる。

다락-집〔명〕楼閣ろうかく｜高殿式たかどのしきなどの家。＝다락❷

다람-쥐〔동〕栗鼠くりねずみ｜しまりす。〔예〕산골짝의 ~ 谷間たにまのリス／아기 ~가 도토리를 가지고 소풍을 간다. リスの赤ちゃんがどんぐりを持って遠足えんそくに行く。
　다람쥐 쳇바퀴 돌듯〔속담〕【같은 일만 반복하여 발전이 없음】リスが篩ふるいのまるい枠を回わすように：「物事が前進しない」の意い：〔日〕堂々巡どうどうめぐり。

다랍다❶【깨끗하지】汚きたない｜汚らしい。〔예〕다라운 손 汚い手。❷【언짢게】けちくさい｜みみっちい。〔예〕돈 씀씀이가 ~. 金づかいがけちくさい。

다랑-귀〔명〕両手りょうてで取とりすがること。
　다랑귀(를) 뛰다〔관용〕❶両手で取とりすがる。❷すがりついてしきりにせがむ。

다랑-논〔명〕棚田たなだ。

다랑어(―魚)〔명〕〔동〕鮪まぐろ。＝참다랑어

다래【식물】猿梨さるなしの実み。

다래끼〔명〕〔의〕物ものもらい｜麦粒腫ばくりゅうしゅ。

예 ~가 나다. 物もらいができる。
- **다래-나무** 《식》猿梨。 예 ~ 열매로 과실주를 만들었다. サルナシの実で果実酒を作った。
- **다량**(多量)명 多量。大量。 예 쓰레기를 ~으로 버리다. ごみを多量に捨てる。/ ~의 비타민 C가 들어 있다. 多量のビタミンCが含まれている。
- **다루다**타 ❶(仕事などを)処理する。扱う。 예 허리 디스크를 전문으로 다루는 병원 椎間板ヘルニアを専門に扱う病院。 ❷(物品などを)取り扱う。扱う。 예 이 상점에서는 의류를 다루지 않는다. この商店では衣類を扱っていない。 ❸(機械・器具・楽器を)扱う。操作する。使いこなす。演奏する。 예 기타를 다룰 줄 안다. ギターを演奏することができる。 ❹(人を)扱う。 예 다루기 힘든 젊은이다. 扱いにくい若者だ。 ❺(素材・対象として)取り扱う。 예 이번 회의에서는 결산에 대해 다루었다. 今回の会議では決算について扱った。/ 신문에서는 경제 안정을 크게 다루었다. 新聞では経済の安定について大きく取り扱った。
- **다르다**형 違う。同じでない。異なっている。一致しない。 예 나와 당신의 생각은 ~. 私とあなたの考えは違う。/ 평소와 다른 길로 가다. いつもと違う道を歩いて行く。/ 그는 말과 행동이 ~. 彼は言葉と行動が一致しない。
  - **다름(이) 아니라** 관용 他の理由はなく。ほかでもない。実は。 예 ~ 당신에게 부탁이 있어서 …. 実はあなたにお願いがあって…。
- **다르랑**부 ぐうぐう。
  - **다르랑-거리다** 자타 いびきをかく。 예 다르랑거리며 코를 골다. いびきをかく。
    =다르랑대다
  - **다르랑-대다** 자타 ☞ 다르랑거리다
- **다르랑-다르랑** 부 ぐうぐう。 예 코를 ~ 곤다. いびきをぐうぐうかく。
- **다르르** 부 ❶ころころ。ごろごろ。 예 야구공이 ~ 굴러갔다. 野球のボールがころころと転がった。 ❷ぶるぶる。ぴくぴく。 예 나의 까만 속눈썹이 ~ 떨렸다. 私の黒いまつげがぴくぴくと震えた。

- **다름-없다** 형 変わりない。同然だ。同様だ。同じだ。 예 이긴 거나 ~. 勝ったも同然だ。/ 고아나 ~. 孤児と同様だ。
  - **다름없-이** 부 変わりなく。同然に。同様に。同じく。 예 평소와 ~ 보내다. いつもと変わりなく過ごす。
- **다리**¹명 ❶足。脚。 예 예쁜 ~ きれいな脚。/ ~가 굵다. 脚が太い。/ ~를 굽히다. 脚を屈める。/ ~를 펴다. 脚を伸ばす。 ❷脚。 예 책상의 ~ 机の脚 / 의자의 ~ 椅子の脚
  - **다리(를) 뻗고[펴고] 자다** 관용 枕を高くして寝る。安心して寝る。
- **다리**²명 ❶橋。 예 긴 ~를 놓다. 長い橋をかける。 ❷仲立ち。橋渡し。仲介。
  - **다리(를) 놓다** 관용 橋渡しをする。仲立ちをする。 예 두 사람은 내가 다리를 놓아 만난 사이이다. 二人は私の仲立ちで会った間柄だ。
- **다리**³명 かもじ。入れ髪。添え髪。
- **다리 기술**(一技術) 《운》足技。
- **다리다** 타 アイロンをかける。 예 구겨진 손수건을 ~. しわくちゃになったハンカチにアイロンをかける。
- **다리미** 명 アイロン。 예 ~ 판 アイロン台。
- **다리미-질** 명 アイロンかけ。 준 다림질
  - **다리미질-하다** 타 アイロンをかける。
- **다리-쇠** 명 五徳。
- **다리-재간**(一才幹) 명 《운》足技。 예 ~이 좋다. 足技がいい。
- **다리-품** 명 歩く労力。
  - **다리품(을) 팔다** 관용 ❶道を長く歩く。 예 마음에 드는 옷을 구입하려고 다리품을 팔다. 気に入る服を購入しようと、長い道を歩く。/ 좋은 물건을 사려면 다리품을 팔아야 한다. 良い物を買おうとしたら、歩く労力を売らないといけない。 ❷駄賃をもらって遠くまで使いに行く。
- **다림-줄** 명 鉛錘を吊す紐。
- **다림-질** 명 アイロンかけ。
  - **다림질-하다** 타 アイロンをかける。
- **다림-추**(一錘) 명 下げ振り。
- **다릿-골** 명 足の骨の髄。
- **다릿-돌** 명 (浅瀬などに置いた)渡るための飛び石。
- **다릿-목** 명 橋際。橋のたもと。
- **다릿-심** 명 脚力。足の力。 예 팔 힘

은 없지만 ~은 센 편이다. 腕力ॢॢॢは ない けれど 脚力は 強い方だ。

다만 🔳 ❶ ただ│単に│もっぱら。 예 ~ 널 사랑할 뿐이다. ただあなたを愛して いるだけだ。 / ~ 알고 싶을 뿐이다. ただ 知りたいだけである。 ❷ ただ │ ただし。 예 어린이의 입장료는 무료입니 다. ~ 5세 이하의 어린이는 보호자 동반입 니다. 子供の入場料は無料です。 ただ、 5歳以下の子供は保護 者が同伴する。

다망(多忙) 🔳 多忙。
  다망-하다 🔳 多忙だ。 예 몹시 다망한 날들이 계속되고 있다. 非常に多忙の日 々が続いている。

다매(多賣) 🔳 多売。 예 박리~ 薄利多 売。
  다매-하다 🔳 多売する。

-다며 Ⅰ —といいながら │ —といっ て │ —といいつつ。 예 영화관에 가고 싶 지 않다며 집으로 갔다. 映画館に行きた くないといいながら家へ帰った。
  Ⅱ 어미 —(した)って │ —だ と │ —(だ)そうだ │ —(する)って │ —だ って。 예 어제는 휴가였다며? 昨日 はお休みだって。 / 결혼한다며? 結婚 するって。

다면(多面) 🔳 多面。

다면-각(多面角) 🔳 (수)多面角。

-다면서 Ⅰ —といいながら │ —と いって │ —といいつつ。 예 배부르다면서 자꾸 먹는다. 腹一杯といいながらつ づけて食べる。 준 —다며 Ⅰ
  Ⅱ 어미 —(した)そうだ │ —(だ)そ うだ │ —(する)って │ —だって。 예 여기 는 눈 축제로 유명하다면서요? ここは雪 祭で有名なんだって。 준 —다며 Ⅱ 참 —라 면서

다면-적(多面的) 🔳 多面的。 =다방 면적

다면-체(多面體) 🔳 (수)多面体。

다모-작(多毛作) 🔳 (농)多毛作。

다목적 댐(多目的dam) 🔳 (건)多目的ダ ム。 예 ~ 건설 多目的ダム建設。

다문-다문 🔳 ❶ (時間的に)時たま │ た まに │ 時々。 ❷ (空間的に)飛び 飛びに │ ばらばらと │ まばらに。

다문-박식(多聞博識) 🔳 見聞が広く学 識に富むこと。

다물다 🔳 (口を)つぐむ │ 閉じる │ 締め

る。 예 입을 꾹 ~. 口をぎゅっとつぐむ。 / 입을 다물지 못하다. 口を閉じることが できない。 / 눈을 감고 입을 다물어라. 目 をつぶって口を閉じろ。

다박-머리 🔳 短くて乱雑にたくさん生 えている髪、 またそのような髪の子 供。 예 귀여운 ~ 남동생 髪がもじゃも じゃのかわいい弟だ。

다반-사(茶飯事) 🔳 茶飯事。 예 일상~ 日常茶飯事/지각을 ~로 한다. 遅刻 はいつものことだ。

다발¹ 🔳 ❶ 束。 예 ~로 묶어 주세요. 束に してください。 ❷ 束 │ 把。 예 채소 한 ~ 1束の野菜。

다발(多發) 🔳 多発。
  다발-하다 🔳 多発する。 예 사고가 다 발하는 곳 事故の多発する所。

다발-총(多發銃) 🔳 따발총

다방(茶房) 🔳 喫茶店。 예 큰길에 있는 ~ 에서 만나기로 했다. 大通りにある喫茶 店で会うことにした。 =다실・다점

다-방면(多方面) 🔳 多方面。 예 ~으로 조사하다. 多方面に調べる。

다방면-적(多方面的) 🔳 多方面的だ。 =다면적

다변-형(多邊形) 🔳 다각형

다병-하다(多病—) 🔳 多病である │ 病 気がちだ。

다보록-다보록 🔳 もじゃもじゃ。

다보록-하다 🔳 もじゃもじゃして いる │ こんもりしている。 예 다보록한 수염 もじゃもじゃしたひげ。

다보-탑(多寶塔) 🔳 (종)多宝塔。

다복(多福) 🔳 多福。 예 ~ せ 多くの幸福。
  다복-하다 🔳 幸せだ │ 多福である。 예 다복한 가정 幸せな家庭。

다복-다복 🔳 ぼうぼうと │ ふさふ さと。 예 묵힌 밭에 잡초가 ~ 나 있다. 遊 ばせていた畑に雑草がぼうぼうと 生えている。

다복-스럽다(多福—) 🔳 多福に見える │ 多幸に見える。 예 다복스러운 집안이 다. 多福に見える家庭だ。
  다복스레 多幸せに │ 多福に。 예 그 녀는 결혼하여 ~ 살고 있다. 彼女は結 婚して幸せ多く暮している。

다부지다 🔳 ❶ (体が)がっちりして いる │ たくましい │ 頑丈だ。 예 다부 진 몸집 頑丈な体/다부지게 보이는 다리 たくましい脚。 ❷ (性格が)

しっかりしている｜気丈だ｜根気強い。

다분-하다(多分—)휑 多分にある｜かなり多い。몡악화될 가능성이 ~. 悪化する可能性が多分にある。

　다분-히 多分に｜ずいぶん。몡~ 영화적인 묘사 多分に映画的な描写。

다불-다불튀 ふさふさ。

　다불다불-하다휑 ふさふさとする。몡다불다불한 단발머리 ふさふさとしたおかっぱ頭。

다붓-다붓튀 多くのものが寄り添っているさま。

다붓-하다휑 寄り添っている。

　다붓-이튀 寄り添って。

다-붙다재 ぴったりとくっつく。몡다붙어 앉다. ぴったりとくっついて座る。/ 다붙어 이야기하다. ぴったりとくっついて話する。

다붙-이다타 くっつける。

다뿍튀 いっぱい｜たっぷり｜山盛りに｜なみなみと。

다사-다난(多事多難)명 多事多難。

다사-다단(多事多端)명 多事多端。

다사-다망(多事多忙)명 多事多忙。

다사-롭다휑 ぽかぽかと暖かい｜温和だ｜穏やかで暖かい。몡다사로운 햇살을 받고 앉아 있는 할머니 ぽかぽか暖かい日差しを浴びて座っているお婆さん/ 이른 봄날 햇볕이 ~. 早春の日の光が穏やかで暖かい。

　다사로이튀 暖かく。

다산(多産)명 多産。

　다산-하다타 多産する｜多く生む｜多く生産する。

다색¹(多色)명 多色。

다색²(茶色)명 ☞갈색。

다섯주관 五つ｜五。몡같은 영화를 ~ 번이나 보았다. 同じ映画を五回も見た。/ 우리 가족은 ~ 명이다. 私の家族は五人だ。/ ~에서 둘을 빼다. 五つから二つを引く。/ 사과 ~ 개가 있다. リンゴが五つある。

다섯-째주관 五つ目。몡형제 중 ~이다. 兄弟の中で五番目だ。/ ~로 도착했다. 五つ目に着いた。

다-세포(多細胞)명 〈생〉多細胞。몡~ 생물 多細胞生物。

다소(多少) Ⅰ 명 ❶(数量・程度の)多少。몡~의 고통은 참으세요. 多少の痛みは我慢しなさい。/ ~의 차이는 있습니다. 多少のずれはあります。❷【부사】少し｜若干。몡~나마 받아 주세요. 少しだけでもお受け取りください。/ ~라도 도움이 되면 좋겠어요. 多少なりとも役に立てばいいのですが。

Ⅱ 튀 少し｜若干｜いくらか。몡~ 야윈 얼굴 少しやつれた顔。

다소-간(多少間)명튀 多かれ少なかれ｜多少とも｜いくぶんか｜いくらか。몡누구에게나 ~의 고민은 있게 마련이다. 誰にでも多かれ少なかれ悩みはあるものだ。

다소곳-하다 ❶おとなしい｜淑やかだ｜慎ましい。몡다소곳하게 앉아 있다. おとなしく座っている。/ 다소곳하게 말하다. おとなしく話す。❷(黙って)うなだれている｜うつむいている。

　다소곳-이 ❶おとなしく｜淑やかに。몡~ 앉아 있는 여성 淑やかに座っている女性。❷うなだれて。

다수(多数)명 多数。몡~ 대표제 多数代表制／~의 의견에 따르다. 多数の意見に従う。

다수-결(多数決)명 多数決。몡~로 정하다. 多数決に決める。

다수확(多收穫)명 多収穫。

다수확 작물(多收穫作物) 多収穫作物。

다스(ダース 일의)【다스】ダース。몡연필 한 ~ 鉛筆一ダース。

다스리다타 ❶(国家·団体·家庭などを)治める｜支配する。몡나라를 ~. 国を治める。❷(混乱した状態を)鎮める。몡이 혼란한 사회를 다스릴 수 있는 것은 자네밖에 없다. この混乱した社会を鎮めることができるのは、君しかいない。❸(病気などを)治す｜癒やす。몡병은 근본부터 다스려야 한다. 病気は根本から治すべきだ。❹(罪人などを)裁く｜罰する。몡흉악범을 중벌로 ~. 凶悪犯を重罰に罰する。❺(学問·技芸を)修める。몡경학을 ~. 経学を修める。❻(一定の目的で)整える｜手入れする｜処理する。몡길을 ~. 道を整える。

다스-하다휑 少し暖かい。몡입춘이 지

나니 날씨가 약간 다스해졌다. 立春が過ぎたら、少し暖かくなった。

다슬기 명 (동)カワニナ。

다습(多濕) 명 多湿。

　다습-하다 형 多湿だ。 예 고온 다습한 지역 高温多湿な地域。

다습다 형 ほどよく暖かい。 예 방이 ~. 部屋がほどよく暖かい。

다시 부 ❶【반복】(繰り返して)もう一度｜また｜再びに。 예 ~ 한 번 확인하세요. もう一度確認しなさい。/ ~ 한 번 설명해 주세요. もう一度説明してください。/ 내일 ~ 가 보자. 明日もまた行って見よう。 ❷【새로】(方法・方向など)新たに｜改めて。 예 ~ 만들다. 新たに作り直す。/ ~ 전화하겠습니다. 改めて電話します。 ❸【계속】(やめていたことを)続けて｜また。 예 ~ 공사를 시작하다. また工事を始める。 ❹【다시】(以前の状態などに)再びに。 예 봄은 ~ 찾아온다. 春は再びやってくる。 ❺【다음】(今度)また。 예 다음에 ~ 만나자. また今度会おう。/ ~ 만날 일은 없을 것이다. 再び会うことはないだろう。

다시-금 부 また｜またまた｜またもや｜またさらに｜再びに｜もう一度に。 예 권력의 덧없음을 ~ 느끼게 된다. 権力の儚さを、またさらに感じさせられる。

다시다 타 (食後などに)舌鼓を打つ｜舌打ちをする｜舌を鳴らす。 예 입맛을 접접 ~. 舌鼓を打つ。/ 입맛을 다시며 먹다. 舌鼓を打って食べる。/ 입맛을 다시며 쳐다보다. 舌打ちをしながら見つめる。

다시마 명 (식)昆布。

다시-없다 형 またとない｜この上ない｜最高だ。 예 다시없는 좋은 기회를 얻다. またとない好機を得る。

　다시없-이 부 この上なく。 예 ~ 행복한 하루를 보내다. この上なく幸福な一日を送る。

다식¹(多食) 명【다식】多食｜大食。

　다식-하다 타 多食する｜大食する。

다식²(多識) 형【다식】多識｜博識。

　다식-하다 형 博識だ。

다신-교(多神教) 명 (종)多神教。

다실(茶室) 명 ☞다방

다양(多様) 명 多様｜さまざま｜いろいろ。

다양-하다 형 多様だ｜さまざまだ｜いろいろだ。 예 다양한 경험을 하다. いろいろの経験をする。/ 다양한 물건을 갖추고 있다. 多様な物などを備えている。

다양-성(多様性) 명 多様性｜バラエティー。 예 ~을 인정하는 문화 多様性を認める文化。

-다오 어미 ―(なん)ですよ。 예 나도 샀다오. 私たちも買ったんですよ。/ 그녀는 친절하다오. 彼女は親切ですよ。 참 -라오

다욕(多欲・多慾) 명 多欲｜欲深。

　다욕-하다 형 多欲だ｜欲深だ。

다운(down) 명 ❶【값이・값을】ダウン。 ❷〈운〉【피로】ダウン。 ❸〈운〉【야구】ダウン｜くたびれ。 ❹〈컴〉ダウン｜フリーズ。

　다운-되다 자 ❶ダウンする。 예 가격이 ~. 価格が下がる。 ❷〈운〉ダウンする。 ❸ダウンする｜くたびれる。 예 감기로 다운되어 버렸다. 風邪でダウンしてしまった。 ❹〈컴〉ダウンする｜フリーズする。 예 전원이 갑자기 다운되었다. 電源が突然ダウンした。

　다운-하다 자【급여】ダウンする。 예 급여가 ~. 給与がダウンする。

다운로드(download) 명 〈컴〉ダウンロード。

다원(多元) 명 多元。 예 ~ 방송 多元放送。

다원-론(多元論) 명 (철)多元論。

다육-과(多肉果) 명 多肉果｜液果。

다음 명 ❶【순서적】(ある順番で)次｜今度回。 예 ~ 모퉁이를 돌다. 次の角を曲がる。/ ~ 시간은 한국사이다. 次の時間は韓国史だ。 ❷【시간적】(ある物事や過程が終わった)後｜のち。 예 전부 읽은 ~ 돌려주세요. 全部読んだ後で返してください。/ 맑은 ~ 흐립니다. 晴れのち曇りです。 ❸【시간이】(一定時間が過ぎた)後｜今度。 예 ~에 언제 만날까? 今度いつ会おうか。 ❹【다음에】電話하겠다. 後で電話する。 ❹【다음】次｜二番目。 예 회장 ~은 사장이다. 会長の次は社長だ。

다음-가다 자 次ぐ｜二番目だ。 예 미국 다음가는 무역 대국 米国に次ぐ貿易大国だ。

다음-날 명 ❶次の日｜翌日｜あくる日。 예 아침 내가 일어났을 때 그녀는 떠나고 없었다. 次の日の朝起きたとき、彼女は去っていなかった。/ 네 공책

은 ~에 돌려주려고 하는데 괜찮겠니? 君のノートは次の日に返そうと思うんだけど大丈夫？ ❷またの日｜別の日｜後日。 예 ~ 다시 만나기로 하고 지금은 헤어지자. 別の日にまた会うことにして、今は別れよう。

다음-다음명 次の次｜翌々｜再来。 예 ~ 달 再来月／~의 세대를 위하여 次の次の世代のために。

다의(多義)명 多義。

다의-어(多義語)명 〈언〉多義語。

다이내믹-하다(dynamic—)형 ダイナミックだ。 예 다이내믹한 인생을 살다. ダイナミックな人生を生きる。

다이너마이트(dynamite)명 〈화〉ダイナマイト。

다이빙(diving)명 〈운〉〈예〉ダイビング｜飛び込み。

　다이빙-하다자 ダイビングする。

다이아(← diamond)명 ☞다이아몬드

다이아몬드(diamond)명 〈광·운〉ダイヤモンド。=다이아

다이어트(diet)명 ダイエット。 예 ~ 식품 ダイエット食品。

다이얼(dial)명 ダイヤル。

다이얼 업 접속(dial-up接續)〈컴〉ダイヤルアップ接続。

다작(多作)명 多作。

　다작-하다타 多作だ。

다잡다타 ❶ぐっとつかむ。 예 어깨를 ~. 肩をぐっとつかむ。 ❷気を引き締める。 예 마음을 다잡고 공부를 하다. 気を引き締めて勉強する。 ❸締め付ける｜取り締まる。

다잡-이명 引き締め。

다-장조(一長調)명 〈음〉ハ長調。

다재(多才)명 多才。

　다재-하다형 多才だ。 예 그는 다재한 사람이다. 彼は多才な人である。

다점(茶店)명 ☞다방

다정(多情)명 多情。

　다정-하다형 ❶多情だ｜優しい。 예 우리들의 다정한 선생님 我々の優しい先生／다정한 목소리로 부르다. やさしい声で呼ぶ。 ❷親しい｜睦まじい｜中がよい。 예 다정한 친구 親しい友。

　다정-히부 多情に｜優しく｜親しく｜睦まじく。 예 걸어가는 두 사람 睦まじく歩いていく二人。

다정-다감(多情多感)명 多情多感。

다정다감-하다형 多情多感だ。

다정-스럽다(多情—)형 優しい｜親しい｜睦まじい。

　다정스레부 優しげに｜親しげに。 예 ~ 미소 짓다. 優しげに微笑む。

다조지다타 追い立てる｜せきたてる。 예 ~. もっと努力しろと大きな声でせきたてる。 준다좆다

다족(多足)명 〈동〉多足。

다종(多種)명 多種。

　다종-하다형 種類が多い。

다좆다타 追い立てる｜せきたてる｜せかす。

다좆-치다타 追い立てる｜せきたてる｜せかす。

다-죄다타 引き締める｜張らせる。 예 나사를 ~. ねじを引き締める。

다중(多重)명 多重。 예 ~ 인격 多重人格／~ 채무 多重債務／~ 통신 多重通信。

다중-성(多重星)명 〈천〉多重星。

다지다타 ❶押さえたり踏んだりして固める｜いっそう強くする。 예 지반을 ~. 地盤を固める。／민주 국가로서의 기반을 ~. 民主国家としての基盤を固める。 ❷(決意など を)固くする｜念を押す｜もう一度確かめる｜誓う。 예 시험에서 만점을 받겠노라고 결의를 ~. テストで満点を取ると決意を固める。／아무에게도 말하지 말라고 железно 다졌다. 誰にも言うなと何度かも念を押した。 ❸(肉や野菜などを)切り刻む｜みじん切りにする。 예 마늘을 ~. ニンニクをみじん切りにする。

다지르다타 確かめる｜念を押す。 예 약속을 위반하지 않도록 ~. 約束を違反しないように念を押す。

다짐명 ❶念を押すこと｜さらに確かめること。 ❷確約｜誓い｜約束。

　다짐-하다자 ❶念を押す。 예 몇 번을 다짐해야 나를 믿겠니? 何回念を押したら僕を信じるんだい? ❷誓う｜約束する。 예 다시는 술 안 마시겠다고 ~. 二度とお酒は飲まないと約束する。／내 앞에서 다짐해! 僕の前で誓え。

다짐-장(一狀)명 念書。

다짜고짜-로 부 いきなり｜むやみやたらに｜有無を言わせず。 예 ~ 덤비다. いきなり飛びかかる. / ~ 전화를 끊다. 有無を言わせずに電話を切る.

다채-롭다(多彩—) 형 多彩だ. 예 다채로운 이벤트를 마련하다. 多彩なイベントを準備する. / 종류도 ~. 種類も多彩だ.
　다채로이 多彩に. 예 여러 가지 색으로 ~ 표현하다. いろいろな色で多彩に表現する.

다처(多妻) 명 多妻. 예 일부 一夫多妻.

다층(多層) 명 多層. 예 ~탑 多層塔；多重塔.

다치다 자타 ❶ (身体に)怪我をする｜痛める｜傷付く. 예 허리를 ~. 腰を痛める. / 머리를 ~. 頭をけがする. / 넘어져서 무릎을 다쳤다. 倒されてひざをけがした. ❷ 【재산‧명예‧마음】(財産・名誉・心などが)傷付く｜損なわれる｜汚される. 예 그의 한마디에 마음이 다쳤다. 彼の一言で心が傷付いた.

다 카포(da capo 이) 음 ダカーポ.

다큐멘터리(documentary) 명《연》ドキュメンタリー.

다크-호스(dark horse) 명 ダークホース.

다투다 자타 ❶ 【의견‧이해 등】(意見・利害などの対立で)争う｜もめる｜論争する. 예 서로의 의견이 맞지 않아 ~. 互いの意見が合わずに言い争う. / 나는 남동생과 항상 다툰다. 私は弟といつももめる. / 또 옥신각신 다투고 있다. またああだこうだともめている. ❷ 【시합】(勝負を)競う｜競争する. 예 우승을 다투며 결승전에서 이탈리아와 싸우다. 優勝を競って決勝戦でイタリアと戦う. / 그들은 반에서 일등을 다툰다. 彼らはクラスで一等を競う. ❸ 【시간이 급한】争う. 예 일분일초를 다투는 중요한 일 一分一秒を争う大事だ. ❹ 【정밀함】競う. 예 이것은 0.0001밀리의 정밀함을 다투는 일이다. これは0.0001ミリの精密さを競う仕事だ.

다툼 명 争い｜もめごと｜いざこざ｜ごたごた. 예 권력 ~ 権力争い / ~이 끊이지 않다. 争いが絶えない.
　다툼-하다 자타 争う.
　다툼-질 명 争い｜もめごと｜いざこざ.
　다툼질-하다 자 争う.

다팔-머리 명 ひらひらと揺らめくように動く髪の毛.

다-하다 자타 ☞'다'의 부표제어.

다항-식(多項式) 명《수》多項式. 예 2차 ~ 2次多項式.

다행(多幸) 명 幸運｜幸い. 예 그만하기가 불행 중 ~이다. その程度で不幸中の幸いだ.
　다행-하다 형 幸いだ｜運がよい.
　다행-히 부 幸いに｜運よく｜しあわせに. 예 ~도 병세가 그만하다. 幸いにも病状はまずまずというところだ. / ~ 피해를 면했다. 幸いなことに被害を逃れた.

다행-스럽다(多幸—) 형 幸いだ｜運がよい. 예 다행스럽게도 바로 친구를 만들 수 있었다. 幸いなことに、すぐに友達を作ることができた.
　다행스레 幸いに｜しあわせに. 예 ~ 여기다. 幸いに思う.

다혈(多血) 명 多血.
다혈-질(多血質) 명《수》多血質.
다홍(紅紅) ☞다홍색.
다홍-빛(紅紅—) ☞다홍색.
다홍-색(紅紅色) 深紅｜真紅｜まっか. =다홍‧다홍빛

닥 명《식》楮. =닥나무
닥² ❶ 【잡아당길 때나 또는 세게】ぐいっと. ❷ 【긁거나 또는 문질러】引っ搔くさま.

닥-나무 명 예 ~의 껍질을 원료로 종이를 만들다. コウゾの皮を原料にして紙を作った. =닥

닥다그르르 부 【작고 단단한 물건이 잇달아 다른 물건에】ころころ｜からころ｜ごろごろ. 예 사과가 ~ 굴렀다. リンゴがごろごろと転がった. ❷ 【우레‧천둥 따위가 가까운 데서 갑자기】ごろごろ.

닥다글-닥다글 부 ❶ 【작고 단단한 물건이 다른 물체에 부딪치며 잇달아 굴러가는 소리 또는 그 모양】ころころ｜からころ｜ごろごろ. ❷ 【우레‧천둥 따위가 잇달아 가깝게 울리는 소리】ごろごろ.

닥-닥 부 ❶ 【자꾸 얼금을 잡아당기거나 하는 모양】ぐいぐい. ❷ 【작은 물건이 자꾸 부딪치며 나는 소리】かちんかちん. ❸ 【단단한 바닥을 자꾸 긁어내는 소리】がりがり｜ぼりぼり. 예 ~ 소리를 내며 긁다. がりがりといわせながら引っ搔く.

닥-뜨리다 자타 (差し迫ってくることに)ぶつかる｜直面する｜かちあう. 예 죽음에 ~. 死に直面する. / 난관에 ~. 難関に直面する. / 어려움에 ~. 困難に直面する. =닥트리다

닥작-닥작[부] べっとり｜べたべた。 ◉옷에 진흙이 ~ 묻어 있다. 洋服に泥がべっとりとついている。

닥지-닥지[부] べたべた。

닥쳐-오다[자] 迫ってくる｜差し迫る｜切迫する。 ◉닥쳐오는 위험을 느끼다. 差し迫る危険を感じる。/ 마감일이 눈앞에 ~. 締め切りの日が眼前に迫ってくる。

닥치다[자] ❶迫る｜切迫する｜近づく。 ◉위험이 ~. 危険が切迫する。/ 공격 시기가 ~. 攻撃の時期が切迫する。 ❷[手当り次第]手当りしだいに。 ◉닥치는 대로 뭐든지 하다. 手当たりしだいに何でもする。/ 책꽂이에서 닥치는 대로 책을 꺼내다. 本棚から手当たりしだいに本を取り出す。

닥-트리다[자][타] ☞ 닥뜨리다

닦다[타] ❶[磨]磨く｜つやを出す。 ◉이를 ~. 歯を磨く。/ 유리창을 ~. ガラス窓を磨く。 ❷[拭]拭く｜ぬぐう。 ◉눈물을 ~. 涙をぬぐう。/ 수건으로 땀을 ~. タオルで汗を拭く。 ❸[平]平らにする｜ならす。 ◉집 지을 터를 ~. 家を立てる敷地をならす。 ❹[研](学問・技術などを)研く｜修める｜身につける。 ◉기술을 ~. 技術を身につける。/ 인격을 ~. 人格を研く。 ❺[築](基礎などを)築く｜固める。 ◉기반을 ~. 基盤を固める。

닦달[명] せきたてること｜責め立てること。

닦달-하다[타] せきたてる｜責め立てる。 ◉아이를 닦달하는 부모 子供をせきたてる親。

닦달-질[명] ❶叱ること。 ❷磨きをかけること｜手入れをすること。

　닦달질-하다[자][타] ❶叱る。 ❷磨きをかける｜手入れをする。

닦아-대다[타] 厳しく責め立てる。

닦아-세우다[타] 責め立てる｜責めつける。 ◉다른 사람의 실수를 심하게 ~. 他人のミスを厳しく責め立てる。

단¹[명] [束]束。 ◉이것은 ~으로만 팝니다. これは束だけで売ります。/ 파 한 ~ 주세요. ねぎ一束ください。

단²[명] 折り返し。 =옷단

단³(但)[부] 但し｜しかし。 ◉~, 예외도 있다. 但し、例外もある。/ ~ 여자만 입장할 수 있다. ただし女性のみ入場できる。

することができる。

단⁴(段)[의] 段。 ❶[階]◉이 계단의 ~이 크다. この階段の段は大きい。/ 그 책은 책꽂이 제일 윗~에 있다. あの本は本箱の一番上の段にある。/ 2~침대 二段ベッド。 ❷[区切]区切り。 ◉이 페이지의 윗~은 비워 두자. このページの上の段は空けておこう。/ 5페이지부터는 2~으로 판을 짜다. 5ページからは二段で版を組む。 ❸[等級]等級。 ◉아버지는 이번 바둑에서 3~으로 승급하였다. 父は今回囲碁で三段に昇段した。/ 남동생은 태권도 2~이다. 弟はテコンドーが二段だ。 ❹[反]反。

단⁵(單)[관] たった｜ただの。 ◉~ 한 번 ただ一度だけ。/ ~ 한 사람을 위한 노래 たった一人のための歌。

단⁶(壇)[명] 壇。 ◉~에 오르다. 壇に登る。

단가(單價)[명] 単価。 ◉~를 올리다. 単価を上げる。

단-감[명][식] 甘柿。 ◉시장에 ~이 나왔다. 市場に甘柿が出ている。

단-거리(短距離)[명] 短距離。

단거리 경주(短距離競走)[운] 短距離競走。=단거리 달리기

단거리 달리기(短距離—) ☞ 단거리 경주

단결(團結)[명] 団結。 ◉일치- 一致団結。

　단결-하다 団結する。 ◉전 직원이 단결하여 위기를 타개하다. 全職員が団結して、危機を打開する。

단결-에[부] ❶(熱이 冷める前에)一編に｜一気に｜一息に。 ❷好機を逃さず｜透かさず。=단김에

단계(段階)[명] 段階。 ◉다음 ~ 次の段階。

단계-적(段階的)[관][명] 段階的。 ◉~으로 확대하다. 段階的に拡大する。

단골[명] ❶得意｜なじみ｜常連｜ひいき。 ◉그는 이 가게 ~이다. 彼はこの店の常連だ。 ❷[贔]ひいきにしているムダン。

단골-손님[명] なじみの客。

단골-집[명] 行き付けの店。 ◉여기가 나의 ~입니다. ここが私の行き付けの店です。

단과 대학(單科大學)[교] 単科大学。

단교(斷交)[명] 断交。

단교-하다재 断交する。

단구¹(段丘)몡 段丘。몐 해안 ~ 海岸段丘。

단구²(短句)몡 短句。

단구³(斷口)몡 短口。

단-국몡 甘い汁。

단군(檀君)몡 〔인〕 檀君。몐 ~ 조선 タングン朝鮮/ ~왕검 タングン王倹/기원전 2333년 ~이 나라를 세우고 조선이라고 이름 지었다. 紀元前2333年にタングンが国を建てて朝鮮と命名した。

단권(單卷)몡 一巻本。=단권책

단권-책(單卷册)몡 一巻本。=단권

단금(鍛金)몡 鍛金。

단기¹(短期)몡 短期。몐 ~ 기억 短期記憶/ ~ 자금 短期資金/ ~ 요법 短期療法。=단기간

단기²(團旗)몡 団旗。

단-기간(短期間)몡 短期間。=단기¹

단김-에튀 ⇒단결에。

단-꿈몡 甘い夢。気分の良い夢。몐 ~에서 깨어나다. 甘い夢から目覚めた。

단-내몡 ❶ 焦げ臭いにおい。❷ 高熱のとき、鼻や口から出る熱っぽい息のにおい。

단념(斷念)몡 断念。諦め。

단념-하다타 断念する。諦める。몐 끝까지 단념하지 마세요. 最後まで諦めないでください。/대통령 출마를 ~. 大統領の出馬を断念する。/단념할 수밖에 없다. 諦めしかない。/그 사람이라면 빨리 단념하는 게 좋다. あの人なら早く諦めたほうがいい。

-단다 Ⅰ 어미 ―なんだよ。―だったよ。―かったよ。몐 사랑은 끝이 없단다. 愛は限りがないんだよ。/나도 슬펐단다. 私も悲しかったよ。
Ⅱ ―だそうだ。―なんだって。몐 엄마도 그 색으로 사시겠단다. 母もその色で買うそうだ。/내일 여행을 떠난단다. あした旅行に出るそうだ。

단단-하다혱 ❶ 堅固だ。❷ がっしりする。몐 몸이 ~. 体ががっしりする。❸ (心・信念・意志などが) 堅固だ。強固だ。頼もしい。몐 그 사람은 생각보다 단단한 사람이야. その人は思ったより頼もしい。/단단한 결심을 했다. 堅固な決心をした。❹ 厳しい。きつい。固い。몐

프를 허리에 단단하게 묶어라. ロープを腰にきつく締めよ。❺ 堅固だ。몐 자본금이 단단한 회사 資本金の堅固な会社。

단단-히튀 ❶ 堅固に。❷ がっしり。❸ 頼もしく。❹ きつく。❺ 堅固に。

단-대목(單一)몡 ❶ 物事、物日の前まもの際り。❷ もっとも重要な時期｜もっとも重要な場｜やま｜やまば。=단목¹

단도(短刀)몡 短刀｜短剣。

단도-직입(單刀直入)몡 単刀直入。몐 ~으로 말하자면 …. 単刀直入に言いますと…。

단독(單獨)몡 単独。몐 ~ 세계 공연을 마치다. 単独世界公演を終える。/이름이 ~으로 표기되다. 名前が単独で表記される。

단독-범(單獨犯)몡 《법》 単独犯｜単独正犯。

단-돈몡 たった｜ほんの｜わずか。몐 ~ 10원도 없다. たったの10ウォンもない。

단두(斷頭)몡 断頭｜首斬り。

단두-하다타 首を斬り落とす。

단두-대(斷頭臺)몡 断頭台。

단-둘몡 たった二人｜二人きり｜ただ二人。몐 저택에서 ~에서만 살고 있다. 邸宅でただ二人だけで住んでいる。/형제는 형과 저 ~뿐입니다. 兄弟は兄と私二人きりです。

단락(段落)몡 段落。❶ (物事の)区切り。몐 조사에 ~을 짓기로 했다. 調査に段落をつけることにした。❷ 《언》 切れ目｜区切り。몐 마지막 ~을 읽어라. 最後の切れ目を読みなさい。

단란-하다(團欒―)혱 団欒する｜むつまじい。몐 단란한 한때를 보내다. 団欒の一時を過ごす。

단련(鍛鍊)몡 鍛練。몐 체력 ~ 体力鍛練。=연단²

단련-하다타 鍛練する。

단리(單利)몡 《경》 単利。몐 이자를 ~로 계산하다. 利子を単利で計算する。

단막(單幕)몡 《연》 一幕。

단막-극(單幕劇)몡 《연》 一幕物。=일막극

단말-기(端末機)몡 《컴》 端末機。

단-말마(斷末摩)몡 断末魔。몐 ~의 비

명을 듣다. 断末魔の悲鳴を聞く。

단-맛 甘み｜甘味・あま・예 ~이 나다. 甘みが出る。 =감미

단면(斷面) 断面。예 목재의 ~ 木材の断面/ 하류 사회의 ~이 보이다. 下流社会の断面が見える。

단면-도(斷面圖) 断面図。

단명(短命) 短命。예 ~으로 끝나다. 短命で終わる。

　단명-하다 短命だ。예 단명한 정치가 短命の政治家。

단-모음(單母音) 〈언〉単母音。

단-목¹(單一) ☞단대목

단목²(檀木) '박달나무'의 잘못.

단-무지 (日本の)たくあん｜大根のぬか漬け。

단문¹(單文) 〈언〉単文。

단문²(短文) 短文。

단-물 ❶淡水。❷甘い水。❸甘い汁。예 ~을 빨아먹다. 甘い汁を吸う。❹〈화〉軟水。예 ~은 빨래나 공업용수에 적합하다. 軟水は洗濯や工業用水に適している。 =연수⁵

단물-고기 ☞민물고기

단물-나다 古ぼける｜古くさくなる。

단박 立所に｜たちまち｜一息に｜一気に｜すぐに。예 ~에 먹어 버리다. 一気に食べてしまう。/ ~에 알아차리다. 一息に気付く。

단발¹(單發) 単発。❶エンジンが一基であること。예 ~ 제트기 単発のジェット機。❷(銃弾や大砲の)一発。예 ~로 쏘아 죽이다. 一発でしとめる。❸ ☞단발총

단발²(短髮) 短髮。

단발³(斷髮) ❶斷髮。❷おかっぱ。
　단발-하다 ❶斷髮する。❷おかっぱにする。

단발-기(單發機) 〈항〉単発機。

단발-머리(斷髮—) おかっぱ(の人)。~ 소녀 おかっぱの少女。

단발-총(單發銃) 単発銃。 =단발¹❸

단-밤 甘栗。예 구운 ~ やき甘栗。

단방(單放) ❶(射擊の)一発。❷ ☞단번

단백(蛋白) 〈생〉蛋白。

단백-질(蛋白質) 〈생〉蛋白質｜プロテイン。

단번(單番) ただいっぺん｜一度｜一回。 =단방❷

단번-에(單番—) ただいっぺんで｜一度で｜一回で｜一挙に｜即座に。예 시험에 ~ 붙었다. 試験にただいっぺんで合格した。/ ~ 질문에 답하다. 質問に即座に答える。

단-벌(單—) ❶一張羅。❷ただ一つしかない物。예 ~ 신사 一張羅の紳士｜着た切り雀。

단-봇짐(單褓—) 簡単なふろしき包み。

단-비 甘雨｜慈雨｜恵みの雨。예 가뭄에 ~ 千天の慈雨/ ~가 부슬부슬 내리다. 甘雨がしとしとと降る。

단비²(單比) 〈수〉単比。

단-비례(單比例) 〈수〉単比例。

단사(單絲) 単糸｜片糸。

단산(斷産) 産むのをやめること｜産めなくなること。
　단산-하다 産むのをやめる｜産めなくなる。

단산 꽃차례(單散—次例) 〈식〉団散花序。예 꽃자루가 없는 작은 꽃을 피우는 ~ 花梗のない小さい花を咲かす団散花序。 =단산 화서

단산 화서(單散花序) ☞단산 꽃차례

단삼(單衫) ☞적삼

단상(壇上) 壇上。예 ~에 서다. 壇上に立つ。

단상²(斷想) 斷想。

단색(單色) 単色。

단서(端緒) 端緒｜糸口｜手がかり。예 문제 해결의 ~가 보인다. 問題の解決の糸口が見える。/ ~를 잡다. 端緒をつかむ。

단선¹(單線) 〈항〉単線。

단선²(斷線) 斷線。
　단선-하다 斷線する。

단선 궤도(單線軌道) 単線軌道。 =단선 철도

단선 철도(單線鐵道) ☞단선 궤도

단성 생식(單性生殖) 〈생〉単性生殖｜単為生殖。예 꿀벌은 ~으로 개체를 늘린다. ミツバチは単性生殖で個体を増やす。

단-세포(單細胞) 単細胞。

단세포 생물(單細胞生物) 〈생〉単細胞生物。

단소¹(短小)명 短小たんしょう。
　단소-하다형 短小たんしょうだ。
단소²(短所)명 ☞단점
단소³(短簫)명 【음】短簫タンソ。
단속(團束)명 取り締まり。取り締まりを強化する。/ ~에 나서다. 取り締まりに乗り出す。/ 복장 ~에 걸리다. 服装の取り締まりにひっかかる。
　단속-하다타 取り締まる。예 속도위반을 ~. スピード違反を取り締まる。
단속(斷續)명 斷続的だんぞくてきな痛いたみ。
　단속-하다자 斷続だんぞくする。
단-손(單―)명 ❶一度いちどだけ使つかう手て。예 상대방을 ~에 해치웠다. 相手あいてを一撃いちげきでやっつけた。 ❷一人ひとりの手て；自力じりき；独力どくりょく。예 그는 ~으로 짐을 다 날랐다. 彼は一人で荷物を運びきった。/ 그녀는 ~으로 5남매를 키워 냈다. 彼女は一人で五人ごにん兄弟きょうだいを育そだて上げた。
단수¹(單數)명 単数すう。↔복수(複數)
단수²(斷水)명 斷水だんすい。
　단수-하다자타 斷水だんすいする。예 공사 때문에 ~. 工事こうじのため斷水する。
단순(單純)명 単純たんじゅん。예 ~ 명쾌한 대답 単純明快めいかいな答こたえ。
　단순-하다형 単純たんじゅんだ。예 단순한 이야기 単純な話はなし / 사고방식이 매우 ~. 考かんがえ方が極めて単純である。/ 단순하지 않다. 単純ではない。
　단순-히부 単純たんじゅんに。예 ~ 비교할 수 없는 사항 単純に比較ひかくできない事柄ことがら / ~ 생각하다. 単純に考える。
단순-노동(單純勞動)명 単純労働たんじゅんろうどう。
단순-화(單純化)명 単純化たんじゅんか。예 ~ 작업 単純化作業さぎょう。
　단순화-하다(單純化―)타 単純化たんじゅんかする。예 원칙을 ~. 原則げんそくを単純化する。/ 복잡한 과정을 단순화시키다. 複雑ふくざつな過程かていを単純化させる。
단-술명 甘酒あまざけ。=감주
단숨-에(單―)부 一息ひといきに；一気いっきに；一度いちどに；一挙いっきょに。예 ~ 뛰어오르다. 一気に跳ね上がる。/ ~ 일어나다. 一気に起きる。/ ~ 뛰어가다. 一気に走っていく。
단시(短詩)명 【문】短詩たんし。
단시간(短時間)명 短時間たんじかん。

단-시일(短時日)명 短時日たんじじつ。
단식¹(單式)명 ❶【문법】単式たんしき。 ❷〈경〉単式たんしき 부기 単式簿記ぼき。 ❸〈운〉シングルス；単試合しあい。=단식 경기
단식²(斷食)명 斷食だんじき。예 ~ 동맹 ハンガーストライキ；ハンスト / ~ 요법 斷食療法りょうほう。
　단식-하다자 斷食だんじきする。예 다이어트를 위해 ~. ダイエットのため斷食する。
단식 경기(單式競技)〈운〉シングルス；シングル；単試合しあい。=단식¹❸
단신(單身)명 単身しんしん。
단심(丹心)명 丹心たんしん；赤心せきしん。
단아-하다(端雅―)형 端雅たんがだ。예 단아한 모습 端麗たんれいな容姿ようし。
단안(斷案)명 斷案だんあん。예 ~을 내리다. 斷案を下くだす。
　단안-하다타 最終的さいしゅうてきな案あんを決きめる。
단애(斷崖)명 斷崖だんがい。
단야¹(短夜)명 【문】短夜たんや。
단야²(鍛冶)명 鍛冶たんや；かじ。
　단야-하다타 鍛冶たんやする。
단양(端陽)명 ☞단오
단어(單語)명 〈언〉単語たんご。
단어-장(單語帳)명 単語集たんごしゅう。
단언(斷言)명 斷言だんげん。
　단언-하다타 斷言だんげんする。예 단언할 수는 없지만…. 斷言することはできないけど…。/ 성공을 ~. 成功せいこうを斷言する。
단역(端役)명 〈연〉端役はやく；わき役やく。예 ~ 배우 端役の俳優はいゆう。
단연(斷然)명 斷然だんぜん；並外なみはずれて。예 ~ 으뜸이다. 斷然トップである。/ 우리 팀이 ~ 뛰어나다. 我々のチームが斷然優すぐれている。/ 올해도 그가 ~ 1등이다. 今年も彼が斷然一等だ。=단연코
단연-코(斷然―)부 ☞단연
단연-하다(斷然―)형 斷然だんぜんとしている；態度たいどがきっぱりとしている；押おし切っている。예 단연한 정략이 필요하다. 斷然たる政略せいりゃくが必要ひつようだ。
　단연-히부 きっぱりとして；斷然だんぜんとして；斷固だんことして；斷だんじて；決然けつぜんとして。예 ~ 거절하다. 斷固として斷ことわる。/ 요구를 ~ 물리쳤다. 要求ようきゅうをきっぱりと退しりぞけた。/ 그 결정에 ~ 반대한다. その決定けっていに斷固として反対はんたいする。
단열(斷熱)명 〈물〉斷熱だんねつ。

단열-하다(斷熱─)재 断熱する。
단열 냉각(斷熱冷却)《물》断熱冷却。
단열 도법(斷裂圖法)【지리】断裂図法。
단열 변화(斷熱變化)《물》断熱変化。
단열 팽창(斷熱膨脹)《물》断熱膨張。
단엽(單葉)명 ❶《식》単葉。 ❷《식》単弁。 ❸《항》単葉機。 =단엽 비행기
단엽-기(單葉機)명《항》単葉機。 =단엽 비행기
단엽 비행기(單葉飛行機)《항》単葉飛行機。 =단엽❸・단엽기
단오(端午)명《민》端午。 =단양・단옷날・천중절
단옷-날(端午─)명 ☞단오
단원¹(單元)명 ❶《교》単元。¦학습 단원 学習単元。 ❷【철】単子¦モナド。
단원²(團員)명 団員。¦오케스트라 ~ オーケストラ団員。
단원-론(單元論)명 ☞일원론
단위(單位)명 ❶【물리】単位。¦무게를 나타내는 ~ 重量を表わす単位/~계 単位系。 ❷【수학】単位。¦~ 노동조합 単位組合/마을 ~로 활동하다. 村単位で活動する。 ❸【수학】単位。
단음¹(單音)명 ❶《물》単純音¦純音。 ❷《언》単音。
단음²(短音)명《언》短音。
단-음계(短音階)명《음》短音階。
단-음정(短音程)명《음》短音程。
단의(單衣)명 ❶홑옷 ❷속곳
단일(單一)명 単一。¦~ 민족 単一民族/~물 単一物。
  단일-하다 単一だ。단일한 물질을 형성하다. 単一の物質を形成する。/ 단일한 언어를 사용하다. 単一な言語を使う。
단일 경작(單一耕作)《농》単一耕作。
단자¹(單子)명【혼례절차】進物目録。
단자²(端子)명《전》端子¦ターミナル。
단-자엽(單子葉)명《식》単子葉。¦~식물 単子葉植物。 =외떡잎
단-자음(單子音)명《언》単子音。
단작-스럽다 형 けちくさい¦みみっちい¦しみったれだ。
단작스레 用 けちくさく¦みみっちく¦しみったれに。
단-잠熟睡¦ぐっすり眠ること。¦~을 자다. 熟睡をする。/~을 깨우다. 熟睡を起こす。
단장¹(丹粧)명 装い。

단장-하다 자타 装う。¦예쁘게 단장하고 어디 가니? きれいに装ってどこ行くの。/새롭게 단장하고 개점하다. 装いを新たに開店する。
단장²(短杖)명【지팡이】ステッキ。
단장³(團長)명 団長。
단-적(端的)관명 端的に言って…。¦전쟁의 참혹함을 ~으로 보여 주다. 戦争の悲惨さを端的に表わす。
단전(斷電)명 休電。
  단전-하다 자 休電する¦電気を断つ。
단절(斷絕)명 断絶。¦역사의 ~ 歴史の断絶。
  단절-하다 자타 断絶する。¦국교를 ~. 国交を断絶する。/ 왕가가 단절되다. 王家が断絶する。
단점(短點)명 短所¦欠点。 =단소²(短所)
단정(斷定)명 断定。¦그렇게 ~적으로 말하지 마라. そう断定的な言い方をしないで。
  단정-하다 타 断定する。¦그가 범인이라고 단정할 수 없다. 彼が犯人だと断定できない。
단정-코(斷定─)用 断じて¦決して¦断定的に。¦이번 경기에서는 ~ 이긴다. 今度の試合では断じて勝つ。
단정-하다²(端正─)형 端正だ。¦단정한 몸가짐 端正な身だしなみ/단정한 용모 端正な顔立ち。
  단정-히 用 端正に¦きちんと。¦교복을 ~ 입다. 校服を端正に着こなす。
단정-하다³(端整─)형 端整だ¦端整だ。
단조(單調)명 単調。
  단조-하다 형 単調だ。¦단조한 가락 単調なリズム/생활이 ~. 生活が単調である。
단조(短調)《음》短調¦マイナー。¦C~의 교향곡 C短調の交響曲/가~의 피아노 협주곡을 연주하다. ラ短調のピアノ協奏曲を演奏する。
단조(鍛造)《공》鍛造。
단조-롭다(單調─)형 単調だ。¦매일 반복되는 단조로운 일상 毎日繰り返される単調な日常/단조로운 일 単調な仕事。

단조로이(부) 単調に。 예 일견 ~ 보일 지도 모른다. 一見単調に見えるかもしれない。

단좌(端坐)【제】 端座。

단좌-하다(자) 端座する。

단죄(斷罪) 断罪。

단죄-하다(타) 断罪する。 예 우리는 다른 사람을 단죄할 자격이 없다. 私たちには他人を断罪する資格がない。

단주(丹朱)(명) 丹朱。❶赤い色。❷〈음〉辰砂。

단죽(短竹)(명) ☞곰방대

단지¹(명) 小さな甕｜小さな壺。

단지²(但只)(부) ただ｜単に｜もっぱら。 예 ~ 공부만 하고 있다. ただ勉強ばかりしている。/ ~ 사실을 말했을 뿐이다. 単に事実を述べただけだ。

단지³(團地)(명) 団地。 예 주택 ~ 住宅団地／공업 ~ 工業団地。

단-짝(單―)(명) 大の仲よし｜親友。 =단짝패

단짝-패(單―牌)(명) ☞단짝

단청(丹靑)(명) ❶〈건〉【제】 ダンチョン｜伝統の建物などに、いろんな色で描いた絵や模様。❷【제】 丹青色。

단체(團體)(명) 団体。 예 ~ 여행 団体旅行／~ 할인 団体割引。

단체 경기(團體競技) 〈운〉団体競技。

단체 교섭(團體交涉) 〈사〉団体交渉。

단체-전(團體戰)(명) 団体戦。

단체 행동권(團體行動權) 〈법〉団体行動権。

단총(短銃)(명) 短銃｜ピストル｜拳銃。 =권총

단추 ❶【제】 ボタン。 예 금 ~ 金ボタン／~를 채우다. ボタンをかける。／ ~를 풀다. ボタンを外す。 ~가 떨어지다. ボタンが取れる。 ❷【제】 ボタン｜スイッチボタン。 예 ~를 누르다. ボタンを押す。

단축(短縮)(명) 短縮。 예 조업 ~ 操業短縮。

단축-하다(자)(타) 短縮する。 예 시간을 ~. 時間を短縮する。

단축-키(短縮key)(명) 〈컴〉ショートカットキー。

단출-하다(형) ❶【제】 こぢんまりしている｜気軽だ。 예 아내와 둘이서 단출하게 살고 있다. 家内と二人でこぢんまりと暮している。 ❷【제】 簡単である

｜身軽だ｜手軽だ。 예 단출한 여행가방 簡単な旅行かばん／ 복장이 ~. 服装が身軽だ。

단출-히(부) ❶こぢんまりと｜気軽に。❷簡単に｜身軽に｜手軽に。

단추-구멍 ボタン穴｜ボタンホール。

단층(單層)(명) ❶単層の｜一階の。❷ ☞단층집

단층(斷層)(명) 【제】 断層。 예 지진 ~면을 조사하다. 地震の断層面を調査する。

단층-곡(斷層谷)(명) 断層谷。

단층-집(斷層―)(명) 平屋建て｜一階建ての家屋。 예 우리 집은 ~이다. 我が家は平屋建てだ。 =단층❷

단침(短針)(명) ❶短い針。❷【제】 短針｜時針｜短剣。

단-칸(單―)(명) 一間ひと｜一室。

단칸-방(單―房)(명) 一間の部屋。 예 ~에서 혼자 산다. 一間の部屋で一人暮らしをする。

단칸-살림(單―)(명) 一間暮らし｜一間所帯。 =단칸살이

단칸-살이(單―) ☞단칸살림

단-칼(單―)(명) 一刀｜一太刀。 예 ~에 베어 넘어뜨리다. 一刀のもとに斬り倒す。

단타(單打)(명) 〈운〉単打｜シングルヒット。 =일루타

단타(短打)(명) 〈운〉短打。

단-통(單―)(부) 【제】 すぐさま｜直ちに。

단파(短波)(명) 短波。 예 초~ 超短波／~요법 短波療法。

단-파장(短波長)(명) 〈물〉短波の波長。

단-판(單―)(명) 一番勝負。

단-팥묵 羊羹。 예 노인의 간식으로 좋은 ~ 老人の間食によい羊羹。 =양갱

단-팥죽(―粥)(명) 汁粉｜ぜんざい。 예 ~에는 조그만 찹쌀떡이 들어 있다. ぜんざいには小さな餅が入っている。

단편¹(短篇)(명) 〈문〉短編。 예 ~ 소설 短編小説／~ 영화 短編映画。

단편²(斷片)(명) 断片。 예 일상의 ~ 日常の断片。

단편-적(斷片的)(관) 断片的。 예 ~인 지식 断片的な知識／~으로밖에 생각나지 않다. 断片的にしか思い出さない。

단편-집(短篇集)(명) 〈문〉短編集。

단평(短評)(명) 短評｜寸評。

단풍(丹楓)(명) ❶【제】 紅葉｜も

みじ。 예~이 들다. 紅葉⁽ᵏᵒᵘʸᵒᵘ⁾する；もみじする。 ❷ ☞단풍나무

단풍-나무(丹楓―)명 〖植〗楓⁽ᵏᵃᵉᵈᵉ⁾；もみじ。 예~ 숲이 붉은빛으로 곱게 물들었다. モミジの森が赤い色で美しく染まった。=단풍❷

단풍-놀이(丹楓―)명 紅葉狩⁽ᵐᵒᵐⁱʲⁱᵍᵃʳⁱ⁾。 예가을 ~가 한창이다. 秋の紅葉狩りが真っ盛りだ。

단풍-잎(丹楓―)명 ❶楓の葉。 ❷紅葉した葉。

단합(團合)명 團結。
  단합-하다자 団結する。 예 전원이 단합하여 나서다. 全員が団結して立ち上がる。

단항-식(單項式)명 〖수〗単項式。

단행(斷行)명 断行。
  단행-하다타 断行する。 예개혁을 ~. 改革を断行する。/가격 인하를 ~. 値下げを断行する。

단행-본(單行本)명 〖出〗単行本。

단호-하다(斷乎―)형 断固としている。 예단호한 태도를 취하다. 断固たる態度を取る。
  단호-히부 断固として。 예~ 항의하다. 断固として抗議する。/~ 거절하다. 断固として拒絶する。

단화(短靴)명 短靴。

달다자 〖옛비슷〗駆ける；走る。
  달는 말에도 채를 친다속 駆けている馬にむちを打つ：「うまくいっていることをもっとうまくなるように励ます」の意。

닫다타 ❶ 〖열려있는〗(開いている戸・ふた・引き出しなどを)閉める；閉じる；ふさぐ。 예병뚜껑을 ~. 瓶の蓋を閉める。/창문을 ~. 窓を閉める。 ❷ 〖영업을〗(商売・店などを)閉める；閉じる；終える。 예8시가 되면 가게를 닫고 집에 간다. 8時になると店を閉めて家に帰る。 ❸ 〖입을〗口をつぐむ；黙る。 예입을 꼭 닫고 끝까지 말을 하지 않는다. 口をぎゅっとつぐんで黙りこくる。

닫아-걸다타 閉めて鍵をかける；錠を下ろす；かんぬきを掛ける。

닫-히다자 〖닫아지다〗閉まる；閉じる；閉じられる；塞がる。 예문이 바람에 ~. 戸が風で閉まる。/놀란 나머지 벌어진 입이 닫히지 않는다. 驚きのあまり開いた口が塞がらない。

달Ⅰ명 ❶〖천〗月。 예~이 차다. 月が満ちる。/~이 기울다. 月が欠ける。/~이 뜨다. 月が出る。/~이 지다. 月が沈む。 ❷ 〖개월〗月。 예~에 한 번 만난다. 月に一回会う。
  Ⅱ 의 ―か月；―ヶ月。 예두 ~에 한 번 온다. 二か月に一回来る。

달가닥부 〖작고단단한 물건이 맞부딪치는 소리〗ことり；かたり；かたかた。 예접시를 ~ 소리를 내며 닦는다. お皿をかたかたいわせながら洗う。 준달각
  달가닥-거리다자타 かたかたする；ことこと鳴る。 예가방 속의 필통이 달가닥거린다. 鞄のなかの筆箱がかたかたする。=달가닥대다
  달가닥-대다자타 ☞달가닥거리다

달가닥-달가닥부 かたかた；ことこと。 준달각달각

달가닥달가닥-하다자 ことことと音がする。 예옆집에서 달가닥달가닥하는 소리가 들린다. となりの家からことことと音が聞こえる。

달가당부 〖작고 단단한 빈것이 부딪칠때 울리는 소리〗かちん；かたり；がちゃり；ちゃりん。 예동전이 ~ 방바닥에 떨어졌다. 硬貨がちゃりんと床に落ちた。 준달강
  달가당-거리다자타 かちゃかちゃする。=달가당대다
  달가당-대다자타 ☞달가당거리다

달가당-달가당부 からから；かちゃかちゃ；ことこと。

달각부 〖달가닥의 준말〗ことり；かたかた。 예펜이 ~ 떨어졌다. ことりとペンが落ちた。
  달각-거리다자타 かたかたする；ことこと鳴る。=달각대다
  달각-대다자타 ☞달각거리다

달각-달각부 〖달가닥달가닥의 준말〗かたかた；ことこと。

달갑다형 (心にかなって)満たされている；満足だ；うれしい；望ましい。ありがたい。 예달갑지 않은 친절 ありがたくない親切。/어떤 대가라도 달갑게 받겠다. どんな代価でも快こころよく受け入れる。/내 말에 그가 달갑지 않은 표정을 지었다. 私の言葉に、彼は不満そうな表情を浮かべた。

달강부 〖달가당의 준말〗かちん；かたり；がちゃり；ちゃりん。
  달강-거리다자타 かちゃかちゃする。=달강대다

달강-대다[자][타] ☞달강거리다
달개비[명] ☞닭의장풀
달걀[명] 卵。鶏卵。例 삶은 ~ ゆで卵/날 ~ 生卵の/~ 껍데기 卵の殻。=계란

달걀로 바위[백운대/성] 치기[속담] 岩に卵を打ちつける:「いくらやっても勝算がない」の意。

달걀-꼴[명] 卵形。=계란형
달걀-노른자[명] ❶卵黄。卵の黄身。❷最も重要な部分。
달걀-말이 ☞계란말이
달걀-부침[명] 卵焼き。
달걀-흰자[명] 卵白。卵の白身。
달-거리[명]《의》月経。生理。メンス。=월경

달거리-하다[자] 月の物をする。月経になる。例 신경이 예민해지는 것을 보니 달거리할 때가 되었구나. いらいらしているのを見ると、月経になる時が来たのだなあ。

달곰삼삼-하다[형] 甘くておいしい。
달곰새금-하다[형] 甘酸っぱい。
달곰쌉쌀-하다[형] 甘くてやや苦みがある。
달곰씁쓸-하다[형] 甘くて苦みがある。
달곰-하다[형] ほどよく甘い。
달관(達觀)[명] 達観。
달관-하다[타] 達観する。例 인생을 ~. 人生を達観する。
달구[명]《건》胴突き。たこ。
달구다[타] 熱する。焼く。例 철을 ~. 鉄を熱する。
달구지[명] 牛車。
달구-질[명] 地固め。胴突き。地形。
달구질-하다[타] 地固めする。
달굿-대[명] 胴突きの柄。
달그락[부]【かたいものが軽くぶつかる音】かたり。ことり。例 윗집에서 ~ 소리가 들렸다. 上の家からかたっと音が聞こえた。

달그락-거리다[자][타] かたかたする。ことことと鳴る。例 밤새 ~. 一晩中かたかたと音がする。=달그락대다
달그락-대다[자][타] ☞달그락거리다
달그락-달그락[부] かたかた。ことこと。例 도시락 통 소리가 ~ 난다. 弁当箱の音がことこととする。
달그랑[부]【金属性の軽い音】かちん。ちゃりん。かちゃり。
달그랑-거리다[자][타] かちゃかちゃと音がする。例 끊임없이 ~. 絶え間なくかちゃかちゃと音がする。=달그랑대다
달그랑-대다[자][타] ☞달그랑거리다
달그랑-달그랑[부]【金属性の軽い音が続く】かちゃかちゃ。例 자꾸 ~ 소리가 난다. しきりにかちゃかちゃと音がする。

달근달근-하다[형] おもしろくて好きだ。楽しくて好ましい。例 그의 말은 달근달근하지만 속에는 뼈가 있다. 彼の言葉は面白くて好きだが、下心が感じられる。

달-나라[명] 月世界。=월세계
달-님[명] お月様。
달다¹[자] ❶(熱や恥ずかしさなどで)非常に熱くなる。火照る。焼ける。例 프라이팬이 뜨겁게 달았다. フライパンが非常に熱くなった。/ 부끄러움으로 얼굴이 빨갛게 달아올랐다. 恥ずかしさで顔が赤くく火照った。❷【気が】焦る。いらいらする。やきもきする。いら立つ。例 마음이 ~. 気がいら立つ。/ 시험 시간에 늦을 것 같아 애가 ~. テスト時間に遅れそうでやきもきする。❸【水分などが】水分が減っている。煮詰まる。煮えすぎる。煎じる。例 곰탕 국물이 달아 맛이 진하다. コムタンの汁が煮詰まって味が濃い。

달게 굴다[관용]【】すがり付いてねだる。すがり付いてせがむ。

달다²[타] ❶【】掲げる。掛ける。吊り下げる。ぶら下げる。下げる。例 벽에 액자를 ~. 壁に額を掲げる。/ 이름표를 ~. 名札をさげる。/ 국경일에는 태극기를 달자. 国民的の祝日にテグッキを掲げよう。❷【】(一定の場所に)付ける。縫いつける。例 문패를 ~. 表札を付ける。/ 장식으로 단 단추이다. 飾りでつけたボタンだ。/ 저고리 동정을 갈아 ~. チョゴリの掛け襟を取り替えて縫いつける。❸【】(機械、器具、設備などを)取りつける。例 케이블TV를 ~. ケーブルテレビを取り付ける。❹【】(名前・説明などを)付ける。例 한자에 토(루비)를 ~. 漢字に振り仮名を付ける。/ 전문 용어에 주석을 ~. 専門用語に注釈を付ける。

달다³[타]【】量る。例 체중을 ~. 体重を量る。
달다⁴[타]【】くれる。求める。例 나에게 자유를 달라. 私に自由を与えよ。

달다[5] [형] ❶甘い。 예빵이 너무 ~. パンがとても甘い。 ❷(食欲があって)うまい；おいしい；食欲をそそる。 예보리밥도 ~. 麦飯もおいしい。 ❸満ち足りて快い。 예달게 자다. 熟睡する；快く眠る。 ❹甘んじる；ありがたい；快い。 예벌을 달게 받다. 罰を甘んじて受ける。/ 달게 떠맡다. 快く引き受ける。

달달[부] ❶ぶるぶる；がたがた；がちがち。 ❷ごろごろ。 예차가 시골 길을 ~ 소리 내며 지나간다. 車が田舎道をごろごろと通り過ぎる。

달달-거리다[자] ❶ぶるぶるする；がたがたする。 ❷ごろごろする。＝달달대다

달달-대다[자] ☞달달거리다

달달[2] [부] ❶ころころ。 ❷ねちねち；じりじり。 예남동생을 ~ 볶다. 弟をねちねちいびる。

달-뜨다[자] 浮つく；うきうきする；そわそわする。 예마음이 달떠서 놀러 나가다. 心が浮つき、遊びに出る。

달라다[타] くれという。 예용돈을 ~. 小遣いをくれという。

달라-붙다[자] ❶(粘りがあって)引っ付く；くっつく；粘着する。 ❷しがみつく；引っ付く；すがりつく。 ❸熱中する；没頭する；取り付く；凝る。 예식구가 가을걷이에 ~. 家族のみんなが秋の取り入れに取り掛かる。 ❹すがりつく；寄り添う；しがみつく。 예등에 착 ~. 背中にぴったりと寄り添う。/ 옆에 착 ~. 横にぴったりと寄り添う。

달라-지다[자] 変わる；変化する。 예표정이 ~. 表情が変わる。/ 세상이 ~. 世の中が変わる。

달랑[1] [부] ❶ちん；りん。 ❷ちょこちょこ。

달랑-거리다[자][타] ❶鈴などがひっきりなしに鳴る；鳴り響く。 ❷落ち着かなくそそっかしい。＝달랑대다

달랑-대다[자][타] ☞달랑거리다

달랑-이다[자][타] ❶鈴などがひっきりなしにふるまう。 ❷そそっかしくふるまう；落ち着きがない。 예달랑이며 걸어오는 아이 소そっかしく歩いて来る子供도.

달랑[2] [부] ぽつん；ぽつり。 예산골에 작은 집 한 채가 ~ 서 있다. 山奥にぽつんと一軒、小さい家が建っている。

달랑-달랑[부] ちりんちりん。

달랑달랑-하다[형] 尽きかける；残り少ない；ぎりぎりである。 예생활비가 ~. 生活費が残り少ない。

달랑-쇠[명] おっちょこちょい。 예저 애는 어릴 때부터 ~ 기질이 있었다. あの子は幼い頃からおっちょこちょいなところがあった。

달래[명] 〈식〉野蒜.

달래다[타] ❶慰める；紛らす；なだめる；すかす；あやす。 예무료함을 ~. 退屈を紛らす。/ 음악이 마음을 달래 주다. 音楽が心を慰めてくれる。/ 불안한 기분을 ~. 不安な気持ちをなだめる。/ 우는 아이를 ~. 泣いている子供をあやす。 ❷口説き落とす；丸め込む。 예혼내지 않고 달래서 돌려보내다. しかりつけず、口説き落として帰らせる。

달래-달래[부] ぶらぶら；ゆらゆら。

달러(dollar)[명][의] ドル。

달려-가다[자] 駆けつける；走って行く；大急ぎで行く。 예학교에서 집까지 ~. 学校から家まで走っていく。/ 결승점까지 있는 힘껏 ~. 決勝地点まで力の限り走っていく。

달려-들다[자] 飛びかかる；飛びつく；躍りかかる；食いつく；はむかう。 예한 대 칠 듯 ~. 一発殴るように飛びかかる。/ 달려들어 때리다. 飛びかかって殴る。/ 달려들어 걷어차다. 躍りかかって蹴飛ばす。

달려-오다[자] 走って来る；駆け付ける。 예헐떡이면서 ~. 息を切らして駆けつける。/ 환하게 웃으며 ~. 明るく笑いながら走ってくる。/ 엉엉 울면서 ~. わあわあと泣きながら走ってくる。/ 깡충거리며 ~. ぴょんぴょん跳ねながら走ってくる。

달력(-暦)[명] 暦；カレンダー。＝월력

달리[부] ❶他に；別に。 예~ 방법이 없다. 他に方法がない。 ❷反して；違って。 예그 문제에 대해 그와 ~ 생각하다. その問題に対して、彼とは違うと思う。/ 기대와는 ~ 재미있지 않았다. 期待に反して面白くなかった。

달리-하다[타] 異にする。 ⓔ의견을 ~. 意見を異にする。 / 분야를 ~. 分野を異にする。

달리-기[명] 徒競走 ¦ 競走 ¦ 駆けくらべ。 ⓔ이어→ 리레 競争 / 장애물 ~ 障害物競争 / 단거리 ~ 短距離走。

달리기-하다[자] 競走する。走る。

달리다[자] ❶【매달려 있다】 ぶら下がる ¦ 垂れる ¦ つり下がる。 ⓔ천장에 빨간 등롱이 달려 있다. 天井から赤い提灯がぶら下がっている。 ❷【부착되다】 付いている ¦ 取り付けられている。 ⓔ에어컨이 달려 있는 교실 エアコンのついている教室。 ❸【무엇에】—による ¦ 左右される ¦ かかる。 ⓔ당신에게 회사의 미래가 달려 있다. あなたには会社の未来がかかっている。

달리다[자]【모자라다】 (体力などが)及ばない ¦ 足りない ¦ 不足している ¦ 手に余る。 ⓔ힘이 달려 더 이상 못하겠다. 力不足で、これ以上出来そうもない。

달리다³[자타] 走る ¦ 駆ける ¦ 走らせる。 ⓔ말을 ~. 馬を走らせる。 / 차를 ~. 車を走らせる。 / 기차가 ~. 汽車が走る。 / 두 발로 ~. 両足で走る。

달리아(dahlia)[명]〈식〉 ダリア。

달-맞이[명]《민》陰暦正月15日の月見。

달맞이-하다[자] 月見をする。

달-무늬[명] 三日月模様。

달-무리[명] 月暈 ¦ 月の暈。 ⓔ~가 서다. 月が暈をかぶる。

달-밤[명] 月夜。

달변(達辯)[명] 達弁 ¦ 能弁 ¦ 口達者。

달변-가(達辯家)[명] 能弁家 ¦ 口達者。

달-별[명] ☞위성(衛星)

달보드레-하다[형] やや甘い。

달-빛[명] 月の光が ¦ 月光 ¦ 月影。 ⓔ~이 비치다. 月の光がさし込む。

달성(達成)[명] 達成。

달성-하다[타] 達成する。 ⓔ목표를 ~. 目標を達成する。

달싹[부] ❶【가벼운 것이 움직이는 모양】 (軽いものが)上下に揺り動くさま。 ❷【어깨·엉덩이 따위】 (肩·お尻などが)軽く上下に動くさま。 ⓔ등을 ~ 움직였다. 背中がぐくっと動いた。 ❸【마음이 들뜬】 そわそわ ¦ 浮き浮き。

달싹-거리다[자타] ❶(軽いものが)しきりに上下に揺り動く。 ❷しきりに軽く上下に動くさま。 ❸(浮かれて)しきりにそわそわする ¦ 浮き浮きする。 ⓔ애인에게 편지를 받고 그는 마음이 달싹거린다. 恋人から手紙をもらって、彼は心が浮き浮きしている。=달싹대다·달싹이다

달싹-대다[자타] ☞달싹거리다

달싹-이다[자타] ☞달싹거리다

달싹-하다[자] 少しすきまがある ¦ 少し開いている。

달싹-달싹[부] ❶【가벼운 물건이 자꾸 움직이는 모양】 上下に揺り動くさま。 ❷【어깨나 엉덩이가 가볍게 움직이는 모양】 上下に動くさま。 ❸【자꾸 부풀어 뜨는 모양】 浮き浮き ¦ そわそわ。

달싹달싹-하다[자타] ❶上下に揺り動く。 ❷上下に動く。 ❸そわそわとする。 ⓔ합격자 발표일, 모두 달싹달싹하고 있다. 合格者発表の日、みんなそわそわしている。

달아-나다[자] ❶速く走る ¦ 疾走する ¦ 逃げる。 ⓔ죄수가 ~. 囚人が疾走する。 / 쏜살같이 ~. 矢のように疾走する。 / 바람처럼 ~. 風のように疾走する。 ❷【없어지다】なくなる ¦ 吹っ飛ぶ。 ⓔ밥맛이 ~. 食欲がなくなる。

달아-매다[타] ❶つるす ¦ 吊り下げる。 ⓔ처마에 초롱을 ~. 軒にちょうちんをぶら下げる。 / 풍경을 ~. 風鈴をつるす。 ❷縛りつける ¦ つなぐ。 ⓔ나무에 말을 ~. 木に馬をつなぐ。

달아-보다[타]【저울로 어떤지 비교 하여 보다】試してみる。

달아-오르다[자] ❶熱くなる ¦ 焼ける。 달아오른 부젓가락 焼けた火箸。 ❷【얼굴이 붉어지다】火照る ¦ 赤くなる。 ⓔ부끄러워서 귀까지 ~. 恥ずかしくて耳まで火照る。 ❸【분위기가】高ぶる ¦ 高調する。 ⓔ축구 열기가 뜨겁게 ~. サッカーの熱気が熱く高ぶる。

달음박-질[명] 駆け足 ¦ 走ること。 ⓔ아이가 ~로 내게 왔다. 子供が駆けて、私のところに来た。 =달음질·뜀박질 ❶ ⓒ 담박질

달음박질-치다[자] 急に走る ¦ 駆ける。 ⓔ학교까지 달음박질쳐 갔다. 学校まで駆けていった。 / 달음박질쳐 도망치다. 疾走して逃げる。=달음질치다

달음-질멍 ☞달음박질

달음질-치다재 ☞달음박질치다

달이다 煎せんじる｜煮詰につめる｜煮出にだす。 薬やくを〜。/ 간장을 〜。醤油しょうゆを煮詰にっめる。

달인(達人)멍 達人たつじん。 〜의 경지에 도달하다。達人の境地きょうちに到達とうたつする。

달-장멍 一いっか月げつぐらい。

달짝지근-하다형 やや甘あまい｜やや甘あまみがある。 달짝지근한 과실주 やや甘い果実酒かじつしゅ。

달착지근-하다형 やや甘あまい｜やや甘あまみがある。

달창-나다재 ❶擦すり減へる｜擦すり切きれる｜穴あながあく。 구두가 〜. 靴くつが擦すり減る。 ❷尽つきる｜なくなる｜底そこをつく。 쌀이 〜. 米こめがなくなる。

달카닥 かたん｜ことん｜かちゃん。 가방 속에서 〜 소리가 났다。鞄かばんの中なかでことんと音おとがした。/ 〜 문이 닫혔다. かたんと扉とびらが閉しまった。준 달칵

달카닥-거리다재타 かたんとする。=달카닥대다

달카닥-대다재타 ☞달카닥거리다

달카닥-달카닥부 かたんかたん｜ことんことん。

달카당 かたん｜ことん。 문을 〜 하고 닫았다. 扉とびらをかたんと閉しめた。

달카당-거리다재타 かたんと鳴なる。=달카당대다

달카당-대다재타 ☞달카당거리다

달카당-달카당 かたんかたん｜ことんことん。 〜 가는 고장 난 차 かたんかたんと走はしる故障こしょうした車くるま。

달칵부 '달카닥'의 준말。

달콤-하다형 ❶甘あまい｜甘あまったるい。 달콤한 아이스크림 甘いアイスクリーム。 ❷甘あまい｜甘あまったるい｜甘美かんびだ。 그의 달콤한 말에 속아 넘어가지 마라。彼かれの甘い言葉ことばにだまされるな。/ 그가 달콤한 말로 내게 속삭였다. 彼が甘い言葉で私わたしにささやいた。

달통(達通)멍 通達つうたつ。

달통-하다형 通達つうたつする｜精通せいつうする。 한학에 〜. 漢学かんがくに通達する。

달팽이멍《동》蝸牛かたつむり。 〜를 잡다. カタツムリを捕つかまえる。

달-포멍 一いっか月げつあまり。 떠난 지 〜나 된다. 離はなれてから一か月あまりにもなる。

달필(達筆)멍 達筆たっぴつ。

달-하다(達—)재타 ❶達たつする。 인구가 백만에 〜. 人口が百万ひゃくまんに達する。/ 목표량에 〜. 目標量もくひょうりょうに達する。 ❷達たっする｜到達とうたつする。 산꼭대기에 〜. 山頂さんちょうに達する。/ 목적지에 〜. 目的地もくてきちに達する。 ❸達たっする｜達成たっせいする。 목적을 〜. 目的を達する。

닭멍《동》鶏にわとり。 〜 다리 ニワトリの足あし/ 새벽에 〜이 운다. 明あけ方がたにニワトリが鳴なく。/ 〜의 새끼를 병아리라고 부른다. ニワトリの子こをヒヨコと言いう。

닭 소 보듯, 소 닭 보듯속담 鶏にわとりが牛うしを見みるように 牛が鶏を見みるように:「お互たがいに何なんの関心かんしんももたない」の意い。

닭 잡아먹고 오리 발 내놓기속담 鶏にわとりを殺ころして食たべて、アヒルの足あしを差さし出だす:「悪事あくじがばれそうになると浅知恵あさぢえで人ひとをだまそうとする」の意。

닭 쫓던 개 지붕(면산)**쳐다보듯**속담 鶏にわとりを追おいかけていた犬いぬが屋根やねばかり見上みあげるよう:「❶努力どりょくしたことが失敗しっぱいになる。❷どうすることもできないこと」の意。

닭-고기멍 鶏肉けいにく｜かしわ｜鶏肉とりにく。

닭-고집(—固執)멍 強情ごうじょうな人ひと｜意地いじっ張ばり｜いこじな人。 저 〜은 못 고친다. あの意地っ張りは直なおせない。

닭-둥우리 ❶鶏にわとりの檻おり。 ❷鶏にわとりの巣す。

닭-살 ❶鳥肌とりはだ｜さめはだ。 ❷ 鳥肌とりはだ。 추워서 〜이 돋다. 寒さむくて鳥肌が立たつ。

닭-싸움멍 ❶闘鶏とうけい。=투계 ❷膝相撲ひざずもう。

닭의-어리 鶏にわとりの檻おり。

닭의-장(—欌)멍 ☞닭장

닭의장-풀(—欌—)멍《식》露草つゆくさ。 작고 파란 〜에 이슬이 맺혀 있다. 青あおく小ちいさいツユクサに露つゆが宿やどっている。=닭개비

닭-장(—欌)멍 鶏小屋にわとりごや｜鶏舎けいしゃ。=닭의장

닮다타 ❶似にる｜似通にかよう｜そっくりである。 그 애는 자기 아버지를 꼭 닮았다. その子は自分じぶんの父親ちちおやにそっくりだ。/ 발가락이 닮았다. 足あしの指ゆびが似ている。 ❷まねてそれに近ちかくなる。

닮은-꼴[명]《수》相似形.

닳다[자] ❶【형 줄어】すり減る｜擦れる｜すり切れる. 예지우개가 ~. 消しゴムがすり減る. / 구두 굽이 다 닳았다. 靴のかかとがすり切れた. / 모서리가 닳아서 둥글어지다. 角が擦れて丸くなる. ❷【액체가】煮詰まる. 예국물이 ~. 汁が煮詰まる. ❸【사람이】すれる｜世間ずれする.

  닳고 닳다[관용] すれる｜世間ずれする. 예닳고 닳은 젊은이 世間ずれの若者.

담[1][명] 塀｜囲い｜フェンス. 예~을 넘다. 塀を越える. =담장

  담 구멍을 뚫다[관용] 盗みを働く.

  담 쌓고 벽을 친다[속담] 塀を巡らし壁をつくる:「親しく交わっていた関係を断って, 互いに反目する」の意.

담[2](痰)[명] ☞가래

담[3](膽)[명] ❶《의》胆囊. ❷胆力. =담력

-담[4][어미] —なのか｜—のかね｜—だというのか｜—のかね｜—なんだろうか. 예뭐가 그렇게도 좋담. 何がそんなにいいのか. / 왜 아직 오지 않는담. どうしてまだこないのかね.

담-[5](淡)[접]【빛깔이 연한】淡—. 예담홍색 淡紅色 / 담갈색 淡褐色.

담그다[타] ❶【액체】浸ける｜浸す. 예물에 손을 ~. 水に手を浸ける. ❷【음식】漬ける｜醸する｜造る｜仕込む. 예김치를 ~. キムチを漬ける. / 포도주를 ~. 葡萄酒を醸す. / 고추장을 ~. コチュジャンを造る.

담금-질[명] 焼き入れ｜焼き.

  담금질-하다[타] 焼き入れをする｜焼きを入れる.

담기(膽氣)[명] ☞담력

담-기다[자] 盛られる｜入れられる｜込められる｜こもる. 예정성이 담긴 선물 心のこもった贈り物 / 애정이 담긴 말 愛情のこもった言葉 / 바구니에 과일이 담겨 있다. 果物がかごに入れられている.

담낭(膽囊)[명]《의》胆囊.

담-녹색(淡緑色)[명] 淡緑色｜うす緑色. =담록

담다[타] ❶【넣다】盛る｜入れる. 예밥그릇에 밥을 ~. 食器に御飯を盛る. / 바구니에 꽃을 ~. 籠に花を入れる. ❷【표현】盛り込む｜表現する｜口にする｜込める｜収める. 예진심을 담은 편지 真心のこもった手紙 / 산수를 담은 한 폭의 그림 山水を収めた一幅の絵 / 정성을 담아 선물하다. 精魂こめて贈る. / 입에 담지도 못할 욕을 하다. 口にすることさえできないような悪口を言う.

담담-하다(淡淡—)[형] ❶【태도가】淡々としている. 예마치 남의 이야기하듯 담담한 목소리로 말하다. まるで他人のことでも話すように淡々と語る. ❷【맛】(味が)あっさりしている｜淡白だ. 예오늘은 담담한 것을 먹고 싶다. 今日はあっさりしたものが食べたい. ❸【물이】水などが静かに揺れ動いて平穏だ. ❹【심정이】何も気にとめず無関心だ. 예형은 여자에게 ~. 兄は女性には無関心だ.

담담-히[부] ❶淡々と｜. 예심경을 ~ 말하다. 心境を淡々と語る. ❷あっさりと｜淡白に｜. 예어머니는 항상 ~ 을 한다. 母はいつもあっさりと味付けをする. ❸水が静かに揺れ動いて平穏なさま. 예강물이 ~ 흐르다. 川の水が淡々と流れる. ❹何も気にとめず無関心なさま.

담당(擔當)[명] 担当.

  담당-하다[타] 担当する｜受け持つ. 예회계를 ~. 会計を担当する.

담당-자(擔當者)[명] 担当者.

담대-하다(膽大—)[형] 大胆だ｜豪胆だ. 예담대한 행동 大胆なふるまい.

  담대-히[부] 大胆に｜豪胆に.

담략(膽略)[명] 胆略.

담력(膽力)[명] 胆力｜度胸｜胆気. 예~을 기르다. 胆気をやしなう. / ~이 있는 사람 胆力のある人. =담³❷·담기

담록(淡緑)[명]【うす緑の】うす緑色. =담녹색

담론(談論)[명] 談論. ☞논담

  담론-하다[타] 談論する.

담박-질[명] 駆けっこ｜駆け足.

담박-하다(淡泊·澹泊—)[형] ☞담백하다

담방[부]【작은 것이 물에 떨어질 때】ぽちゃん｜ぽちゃり.

담방-거리다[자] 浮わついて軽率に振る舞う｜でしゃばる. =담방대다·담방이다

담방-담방[부] 浮わついて軽率に振舞うさま.

담방-대다[자] ☞담방거리다

담방-이다[자] ☞담방거리다

담배 명 《식》タバコ｜煙草ださ。 예 ~를 피우다. タバコを吸う。/ ~ 연기에 목이 아프다. タバコの煙けむりで喉のどが痛いたむ。

담배-꽁초 명 タバコの吸すい殻がら｜吸すいさし。 예 길가에 떨어진 ~ 道端みちばたに落おちているタバコの吸すい殻がら。

담배-설대 명 キセルの管くだ｜ラウ。

담배-쌈지 명 タバコ入いれ。

담백-하다(淡白一) 형 淡泊たんぱくだ｜淡白たんぱくだ。❶【味あじ】담백한 맛을 좋아한다. 淡泊たんぱくな味あじを好このむ。❷【인품じんぴん】담백한 인품 淡泊たんぱくな人柄ひとがら。=담박하다

담뱃-갑(一匣) 명 タバコの箱はこ。

담뱃-대 명 キセル。=대¹ ❹

담뱃-불 명 タバコの火ひ。 예 ~은 산불의 가장 큰 원인이다. タバコの火ひは山火事やまかじの最もっとも大おおきな原因げんいんだ。

담뱃-재 명 タバコの灰はい。

담뱃-진(一津) 명 タバコに入はいっているやに成分ぶん｜タバコ~이 배어 있는 손 タバコのやにがしみついた手て。

담-벼락 명 ❶壁かべ。❷【이야기에 어린 상대 대해 한탄하여 못하는 사람을 비유】分わからず屋や。 예 나 혼자 ~에 대고 이야기하고 있었잖아. 俺おれ一人ひとりだ、壁かべに向むかって話はなしていたじゃないか。

  담벼락하고 말하는 셈이다속담 壁かべに向むかって話はなしをしているようなものだ:「いくら説明せつめいしても聞ききき分わけない人ひと」の意い。

담보(擔保) 명 担保たんぽ｜抵当ていとう｜かた。

  담보-하다 타 保証ほしょうする。 예 투자에 반드시 이익이 있을 것을 담보한다. 投資とうしで必かならず利益りえきがあることを保証ほしょうする。

담보-물(擔保物) 명 《법》担保物たんぽぶつ。

담비 명 《동》貂てん。 예 ~ 모피 テンの毛皮けがわ/그녀는 ~ 털로 멋을 낸 코트를 걸치고 있다. 彼女かのじょはテンの毛けでめかしこんだコートをまとっている。

담뿍 부 ❶【가득한 모양】たっぷり｜いっぱい｜なみなみと。 예 냄비에 물을 ~ 붓다. 鍋なべにたっぷりと水みずを注そそぐ。/ 밥을 ~ 담다. ご飯はんをたっぷりと盛もる。❷【많이】たっぷり｜どっぷり。 예 붓에 먹을 ~ 묻히다. 筆ふでにどっぷりと墨すみをつける。

담석(膽石) 명 《의》胆石たんせき。

담석-증(膽石症) 명 《의》胆石症たんせきしょう。

담소(談笑) 명 談笑だんしょう。

  담소-하다¹ 자 談笑だんしょうする。 예 친구와 편안하게 ~. 友人ゆうじんとなごやかに談笑だんしょうする。

담소-하다²(膽小一) 형 【영업에 자신 없다】小胆しょうたんだ。

담수(淡水) 명 淡水たんすい｜真水まみず。=민물

담수-어(淡水魚) 명 《동》淡水魚たんすいぎょ。=민물고기

담수-호(淡水湖) 명 淡水湖たんすいこ。

담-쌓다 자 ❶塀へいを築きずく。❷【교제하다 끊다】絶交ぜっこうする｜やめる｜断たつ。 예 그 사람과는 담쌓고 지낸 지 오래다. 彼かれとは絶交ぜっこうしてから長ながい時間じかんになる。/ 담배와 ~. タバコをやめる。

담쏙 부 【가볍게 손에 가득 쥐거나 껴안아 담아 있는 모양】ぎゅっと｜ひしと｜しっかりと。 예 아기를 ~ 껴안다. 赤あかちゃんをぎゅっと抱だきしめる。/ 꽃다발을 ~ 받아 들다. 花束はなたばをしっかりと受うけ取とる。

담-요(毯一) 명 毛布もうふ｜ブランケット。

담임(擔任) 명 担任たんにん。 예 ~ 선생님 担任たんにんの先生せんせい。

  담임-하다 担任たんにんする。 예 일 학년을 ~. 一年生いちねんせいを担任たんにんする。

담-장(一牆) 명 塀へい｜垣かき。=담¹

담쟁이 명 《식》蔦つた。=담쟁이덩굴

담쟁이-덩굴 명 《식》蔦つた。=담쟁이

담즙(膽汁) 명 《의》胆汁たんじゅう。=쓸개즙

담즙-산(膽汁酸) 명 《의》胆汁酸たんじゅうさん。

담-차다(膽一) 형 大胆だいたんだ｜胆きもが太ふとい｜豪胆ごうたんだ。 예 매우 담찬 사람 とても豪胆ごうたんな人ひと。

담채(淡彩) 명 淡彩たんさい。

담채-화(淡彩畫) 명 《미》淡彩画たんさいが。

담-청색(淡靑色) 명 うす青色あおいろ。

담타기 명 (罪죄·責任책임·心配事しんぱいごとなどを)他人たにんに負おわせること｜負おわせられること。

  담타기(를) 쓰다관용 (人の失敗しっぱい·責任せきにん·心配事しんぱいごとなどを)ひっかぶる｜負おわせられる｜濡衣ぬれぎぬを着きせられる。 예 신입 사원인 내가 모든 담타기를 쓰게 되었다. 新入社員しんにゅうしゃいんである私わたしが全すべての責任せきにんを負おわせられた。

  담타기(를) 씌우다관용 (失敗しっぱい·責任せきにん·心配事しんぱいごとなどを)他人たにんに被きせる｜負おわせる｜擦すり付つける｜濡衣ぬれぎぬを着きせる。 예 그에게 담타기를 씌워야겠다. 彼かれに責任せきにんを負おわせなきゃ。/ 영업 부진의 담타기를 담당자에게 씌우다. 営業えいぎょう不振ふしんの責任せきにんを担当者たんとうしゃに擦すり付つける。

담판(談判) 명 談判だんぱん｜かけあい。 예 ~이

결렬되다. 談判が決裂する。/ ~을 짓다. 談判をまとめる。

담판-하다 談判する。

담합(談合)명 談合。예~에 참가한 업자들 談合に参加している業者たち。

담합-하다타 談合する。

담화(談話)명 談話。

담화-하다자 談話する。

담화-문(談話文)명 談話文。

담화-체(談話體)《문》談話体。

답¹(畓)명 水田。田。たんぼ。=논¹

답²(答)명 答え。❶【대답】返事。예 불러도 ~이 없다. 呼んでも答えがない。❷【解答】。예~이 틀리다. 答えが間違っている。/ ~을 구하시오. 答えを求めなさい。❸【회답】返事。返答。回答。예 즉시 ~을 보내다. 早速答えを送る。

답-하다자타 答える。예 다음 문제에 답하시오. 次の問題に答えなさい。/ 질문에 ~. 質問に答える。

-답니다 I 어미 —です。예 저는 아주 행복하답니다. 私はとても幸せです。
Ⅱ【전문】—といっています。—だそうです。예 곧 돌아오겠답니다. すぐ帰るそうです。/ 먹지 않겠답니다. 食べないといっています。

-답다접 —らしい。예 제법 어른답다. なかなか大人らしい。/ 학자답다. 学者らしい。/ 남자답다. 男らしい。

답답-하다 ❶【우울】重苦しい。ゆううつだ。うっとうしい。もどかしい。예 왠지 마음이 ~. 何か心が重苦しい。❷【질식】息苦しい。息が詰まる。예 지하철에 사람이 많아 ~. 地下鉄の中に人々が多くて息苦しい。❸【고집】融通がきかない。頑固だ。

답례(答禮)명 答礼。返礼。お返し。예 ~로 그림을 보내다. 返礼に絵を贈る。

답례-하다자 答礼する。返礼する。

답례-품(答禮品)명 答礼の品。

답변(答辯)명 答弁。返事。返答。答え。예 질문에 ~을 하지 않다. 質問に答えない。

답변-하다자 答弁する。返事する。返答する。答える。

답변-서(答辯書)명 答弁書。

답보(踏步)명 足踏み。예 교섭은 ~ 상태에 있다. 交渉は足踏み状態にある。=제자리걸음

답보-하다자 足踏みする。

답사¹(答辭)명 答辞。예~를 읽다. 答辞を読む。

답사-하다자 答辞をする。예 졸업생 대표로서 ~. 卒業生代表として答辞をする。

답사²(踏査)명 踏査。예 현지 ~ 現地踏査。

답사-하다타 踏査する。

답삭 부【무엇을 얼른 잡거나 무는 모양】さっと。むんずと。ぱっと。ぎゅっと。ひしと。がぶりと。예 손을 ~ 붙잡다. 手をむんずと摑む。/ ~ 끌어안다. ぎゅっと抱きしめる。/ ~ 움켜쥐다. ぎゅっと握りしめる。/ ~ 물다. がぶりと嚙む。

답삭-거리다타 しきりにつかみかかる。しきりに嚙みつく。=답삭대다

답삭-대다타 ☞답삭거리다

답삭-답삭 부 続けざまに素早くつかみかかったり、嚙みついたりするさま。예 달려오는 아이들을 ~ 안아 주다. 駆けてくる子供たちをぎゅっと抱いてあげる。

답서(答書)명 ☞답장

답서-하다자 ☞답장하다

답습(踏襲)명 踏襲。

답습-하다타 踏襲する。예 나쁜 풍습을 ~. 悪しき風習を踏襲する。

-답시고 어미【전문】—だからといって。—とかいって。예 똑똑하답시고 교만하게 행동하면 안 된다. 賢いからといって、驕慢に振る舞ってはいけない。

답신(答信)명 返信。

답신-하다자 返信する。

답안(答案)명 答案。예 합격 ~ 合格答案。/ ~ 용지 答案用紙。；マークシート。

답안-지(答案紙)명 答案用紙。예 ~를 작성하다. 答案用紙を作成する。

답장(答狀)명 返事。返信。예 친구에게서 ~이 왔다. 友人から返事が来た。/ ~을 기다리다. 返事を待つ。=답서

답장-하다자 返事する。返信する。=답서하다

답전(答電)명 返電。

답전-하다자 返電する。

답지-하다(遝至一)자【한군데로 많이 몰려듦】(一か所に)集まる。殺到する。예 각지에서 위문품이 ~. 各地から慰問品がたくさん集まる。

답파(踏破)명 踏破。
　답파-하다 타 踏破する｜踏み破る。예 알프스를 ~. アルプスを踏破する。

닷관 五つの｜五。예 ~ 말 五斗｜~ 곱 五合。

닷새명 ❶ 5日間｜5日。예 ~ 동안 어디서 무엇을 한 거니? 5日間どこで何をしたんだ。/여기까지 오는 데 ~가 걸렸다. ここまで来るのに5日間かかった。/ 그 분은 ~ 전에 다녀가셨습니다. その方は5日前立ち寄って行かれました。❷(曆の上でその月の)5日。예 오늘이 오월 ~이다. 今日が5月5日だ。/다음 달 ~에는 이사를 갑니다. 来月5日には引っ越します。/지난달 ~에 상경했습니다. 先月5日に上京しました。=초닷샛날

닷샛-날명 ❶ 5日目の日。❷(曆上でその月の)5日。예 시월 ~ 태어났다. 10月5日に生まれた。=초닷샛날

당¹(當)관 当の｜当。예 ~ 문제 当の問題／~ 회사 当会社／~ 18세 当年十八歳。

당²(糖) 회 糖。

당³(黨) 점 党｜政党。~의 방침에 반대하다. 党の方針に反対する。

-당⁴(當) 점 一当たり。예 개당 이천 원입니다. 一個当たり二千ウォンです。

당구(撞球)명 운 撞球｜ビリヤード｜玉突き。예 ~대 玉突き台／~를 치다. ビリヤードをする。

당구-봉(撞球棒)명 운 キュー。

당구-장(撞球場)명 撞球場｜玉突き場。

당국(當局)명 当局。예 관계 ~ 関係当局／정부 ~ 政府当局。

당국-자(當局者)명 当局者。

당귀(當歸)명 한 当帰。예 ~주 当帰酒／~차 当帰茶。

당규(黨規)명 党規。

당근 식 人参。

당기(當期)명 当期。

당기다타 ❶ 引かれる｜動く。예 구미가 당기는 이야기다. 興味がわく話だ。❷ 회 そそられる｜出る。예 입맛이 ~. 食欲が出る。❸ 引く｜引っ張る｜引き寄せる｜引き付ける。예 방아쇠를 당기는 순간 引金を引く瞬間／그물을 힘껏 ~. 網をぐいっと引き寄せる。/의자를 당겨 그녀 옆에 앉다. 椅子を引き寄せて彼女の横に座る。❹ (決めた時間・期日などを)繰り上げる｜早める。예 공사를 1개월 당겨 끝내기로 했다. 工事を一ヶ月繰り上げて終えることにした。/결혼식 날짜를 ~. 結婚式の日を早める。

당기 순이익(當期純利益)상 当期純利益。

당-나귀(唐一)명 동 驢馬。=나귀

당내(黨內)명 党内。예 ~ 분규 党内紛糾。

당년(當年)명 当年。❶ 今年。예 ~ 50세의 남자입니다. 当年五十歳の男です。❷ その年。예 내가 결혼하던 ~의 일이다. 私の結婚したその年のことである。

당년-치(當年一)명 当年にできた物。

당년-치기(當年一)명 寿命が一年のもの。

당뇨(糖尿)명 의 糖尿。

당뇨-병(糖尿病)명 의 糖尿病。

당당-하다(堂堂一)형 堂々としている｜威厳があって立派だ｜すさまじい。예 당당한 태도 堂々とした態度／기세가 ~. 勢いすさまじい。

　당당-히부 堂々と。예 ~ 주장하다. 堂々と主張する。/~ 모습을 나타내다. 堂々と姿を現す。/언제든지 ~ 싸워라. いつでも正々堂々と戦え。

당대(當代)명 当代｜その時代。예 ~ 최고의 명배우 当代切っての名優。

당도(當到)명 到達｜到着。
　당도-하다자 到達する｜到着する。예 목적지에 몇 시에 당도합니까? 目的地に何時に到着しますか。

당돌-하다(唐突一)형 ❶ 大胆だ。❷ 僭越だ｜生意気だ。예 젊은이들의 당돌한 말투 若者たちの僭越な言い方／윗사람을 대하는 태도가 ~. 目上の人に対する態度が生意気だ。
　당돌-히부 大胆に｜僭越に｜生意気に。

당락(當落)명 当落。예 ~이 결정되지 않다. 当落が決定していない。

당랑(螳螂)명 동 蟷螂｜かまきり。=사마귀²

당론(黨論)[명] 政党の意見や論議。
당류(糖類)[명]【화】糖類。
당면(唐麵)[명] はるさめ。
당면²(當面)[명] 当面。 예 ~ 문제를 해결하다. 当面の問題を解決する。
　당면-하다[자] 当面する。
당-모시(唐-)[명] 中国産の苧からの織物。
당목(唐木)[명] 唐木綿。 カナキン。 =양목
당밀(糖蜜)[명] 糖蜜。
당번(當番)[명] 当番。 예 청소 ~ 掃除当番。
　당번-하다[자] 当番をする。
당부¹(當付)[명] 頼み。
　당부-하다[타] 頼む。 예 다른 사람에게 말하지 말도록 당부해 두다. 人に言わないように頼んでおく。 / 간곡히 ~. ねんごろに頼む。
당부²(當否)[명] 当否。 예 일의 ~를 묻다. 事の当否をたずねる。
당분(糖分)[명] 糖分。
당분-간(當分間)[명][부] 当分の間 ¦ しばらくの間 ¦ 当分。 예 ~은 이용할 수 없다. 当分の間利用できない。 / ~ 쉽니다. 当分休みます。 / ~ 참기로 했다. しばらく我慢することにした。
당비(黨費)[명] 党費。
당사(當社)[명] 当社。
당사-국(當事國)[명] 当事国。
당사-자(當事者)[명] 当事者。 예 사건의 ~ 事件の当事者。
당선(當選)[명] 当選。
　당선-하다[자] 当選する。 예 대통령에 당선되다. 大統領に当選する。 / 공모전에 ~. 公募展に当選する。
당선-자(當選者)[명] 当選者。
당선-작(當選作)[명] 当選作。
당세¹(當世)[명] 当世。 예 ~의 풍속 当世の風俗 / ~의 대문호 当世の大文豪。
당세²(黨勢)[명] 党勢。
당수(黨首)[명] 党首。
당숙(堂叔)[명] 父のいとこ。
당-숙모(堂叔母)[명] 父のいとこの妻。
당시(當時)[명] 当時。 예 ~의 유행 当時の流行 / ~를 회고해 보면 …. 当時を振り返ってみると…。
당신(當身)[대] ❶【自分と同年輩程度の人に】あなた。 예 ~의 꿈은 무엇입니까? あなたの夢は何ですか。 ❷【夫婦間で】あなた。 예 ~이 밥 좀 준비해 줘. あなたが御飯の用意をして。 ❸【앞에 가리키는 사람】あんた ¦ お前。 예 ~, 잠깐 기다려. お前、 ちょっと待って。 ❹【상대의 높여서】ご自分 ¦ ご自身。 예 어머니는 ~과 상관없는 사람이라도 기꺼이 도와준다. 母は自分と関係のない人でも快く助けてあげる。 / 주여, ~은 …. 主よ、 ご自分は…。
당실-거리다[자] 興に乗って全身で踊る ¦ おもしろさに浮かれて踊る ¦ 小躍りする。 =당실대다
당실-당실【興に乗って踊る기분을 나타냄】興に乗って全身で踊るさま。 예 ~ 춤추다. 手足をゆらゆら動かしながら踊る。
당실-대다 ☞ 당실거리다
당-아욱(唐-)[명]【식】銭葵花。
당연지사(當然之事)[명] 当然のこと ¦ 当たり前のこと。
당연-하다(當然-)[형] 当然だ ¦ 当たり前だ。 예 당연한 결과 当然の結果が 꾸중 듣는 게 ~. 叱られて当然だ。
　당연-히(當然-) 当然に。 예 나라면 ~ 그렇게 한다. 私になら当然そうする。 / 그 사람이라면 ~ 갈 거야. 彼なら当然行くだろう。
당원(黨員)[명] 党員。
당월(當月)[명] 当月。
당위(當爲)[명]【철】当為。 예 ~ 법칙 当為法則。
당위-성(當爲性)[명] 当為性。
당일(當日)[명] 当日。 예 사고 ~ 事故当日 / 운동회 ~ 運動会当日の当日。
당일-치기(當日-)[명] 日帰り ¦ 一夜漬ちゃけ。 예 ~ 여행 日帰り旅行 / ~ 공부 一夜漬けの勉強。
　당일치기-하다[자] 日帰りする ¦ 一夜漬けにする。
당자(當者)[명] 当事者。
당장(當場) ❶【때를 가리킴】その場で ¦ 即座に。 예 ~에서 해결해야 할 문제다. 即座に解決しなければならない問題である。 ❷【현재의 바로 시점】今のところ ¦ 直ちに。 예 ~ 이곳을 떠나라. 直ちにここから去りなさい。 / ~이라도 돌아가고 싶다. 今のところでも戻りたい。
당쟁(黨爭)《역》党争。
당적(黨籍)[명] 党籍。
당정(黨政)[명] 政党と政府 ¦ 与党と政府。
당좌(當座)[명]【경】当座。 예 ~ 계정 当座

勘定ᵏᵃⁿʲᵒᵘ/～ 대부 当座貸ᵏᵃⁿʲᵒᵘし付ᵗˢᵘけ/～ 대월 当座貸越ᵏᵃˢʰⁱᵏᵒˢʰⁱ/～ 차월 当座借越ᵏᵃʳⁱᵏᵒˢʰⁱ/～ 예금 当座預金ʸᵒᵏⁱⁿ。

당좌 수표(當座手票)〖경〗当座小切手ᵏᵒᵍⁱᵗᵗᵉ。

당직(當直)〖명〗当直ᵗᵒᵘᶜʰᵒᵏᵘ。〖예〗～ 의사 当直医ᵗᵒᵘᶜʰᵒᵏᵘⁱ。

　당직-하다 当直ᵗᵒᵘᶜʰᵒᵏᵘする。

당직-자(當直者)〖명〗当直者ᵗᵒᵘᶜʰᵒᵏᵘˢʰᵃ。

당질(堂姪)〖명〗父方ᶜʰⁱᶜʰⁱᵏᵃᵗᵃのいとこの息子ᵐᵘˢᵘᵏᵒ。

당-질녀(堂姪女)〖명〗父方ᶜʰⁱᶜʰⁱᵏᵃᵗᵃのいとこの娘ᵐᵘˢᵘᵐᵉ。

당차다〖형〗しっかりしている；がっちりしている。〖예〗당찬 젊은이 しっかりした若者ʷᵃᵏᵃᵐᵒⁿᵒ。

당착(撞着)〖명〗撞着ᵈᵒᵘᶜʰᵃᵏᵘ。〖예〗자가～에 빠지다. 自家ʲⁱᵏᵃ撞着に陥ᵒᶜʰⁱいる。

　당착-하다 撞着ᵈᵒᵘᶜʰᵃᵏᵘする。

당찮다(當―)〖형〗とんでもない；不当ᶠᵘᵗᵒᵘだ；もってのほかだ。〖예〗당찮은 계획을 세우다. とんでもない計画ᵏᵉⁱᵏᵃᵏᵘを立ᵗᵃてる。/ 그 사람이 정치인이 되다니 당찮은 일이다. その人ʰⁱᵗᵒが政治家ˢᵉⁱʲⁱᵏᵃになるとはもってのほかだ。

당첨(當籤)〖명〗当籤ᵗᵒᵘˢᵉⁿ。〖예〗～ 번호 当籤番号ᵇᵃⁿᵍᵒᵘ。

　당첨-하다〖자〗 当籤ᵗᵒᵘˢᵉⁿする；当ᵃたる。〖예〗복권에 당첨되다. 宝ᵗᵃᵏᵃらくじに当たる。

당첨-자(當籤者)〖명〗当選者ᵗᵒᵘˢᵉⁿˢʰᵃ。

당초(當初)〖명〗当初ᵗᵒᵘˢʰᵒ；最初ˢᵃⁱˢʰᵒ。〖예〗～부터 잘못된 일이다. 最初から間違ᵐᵃᶜʰⁱᵍᵃったことである。/ ～의 계획을 바꾸다. 当初の計画ᵏᵉⁱᵏᵃᵏᵘを変ᵏᵃᵉえる。

당최〖부〗〖속어〗まったく；全然ᶻᵉⁿᶻᵉⁿ；まるっきり。〖예〗～ 소식이 없다. 全然便ᵗᵃʸᵒʳⁱもない。/ ～ 입맛이 없다. 全然食欲ˢʰᵒᵏᵘʸᵒᵏᵘがない。

당파(黨派)〖명〗党派ᵗᵒᵘʰᵃ。〖예〗～ 싸움 党派の争ᵃʳᵃˢᵒⁱい。

당-하다¹(當―)Ⅰ〖자타〗❶〖어떠한일을〗(被害ʰⁱᵍᵃⁱなどに)遭ᵃう；受ᵘける；被ᵏᵒᵘᵐᵘる。〖예〗사기를 ～. 詐欺ˢᵃᵍⁱにあう。/ 큰 사고를 ～. 大事故ᵈᵃⁱʲⁱᵏᵒに遭う。/ 피해를 ～. 被害を受ける。❷〖대적〗勝ᵏᵃち抜ᵃᵇく；敵ᵏᵃⁿᵃう；太刀打ᵗᵃᶜʰⁱᵘちできる。〖예〗아이가 고집을 부리기 시작하면 당해 낼 수가 없다. 子供ᵏᵒᵈᵒᵐᵒが我ᵍᵃを張ʰᵃり始ʰᵃʲⁱᵐᵉめると敵わない。/ 힘으로 그를 당할 수 없다. 力ᶜʰⁱᵏᵃʳᵃで彼ᵏᵃʳᵉに太刀打ちできない。
Ⅱ〖형〗〖당연부당의〗道理ᵈᵒᵘʳⁱに合ᵃう；適当ᵗᵉᵏⁱᵗᵒᵘだ；もっともだ。〖예〗내가 훔쳤다니 당치도 않다. 私ʷᵃᵗᵃˢʰⁱが盗ⁿᵘˢᵘᵐⁱだとはもってのほかだ。

-당하다²(當―)〖접〗〖피동의뜻〗—される。〖예〗거절당하다. 断ᵏᵒᵗᵒʷᵃられる。/ 따돌림당하다. 苛ⁱʲⁱめられる。

당해(當該)〖명〗当該ᵗᵒᵘᵍᵃⁱ。〖예〗～ 기관 当該機関ᵏⁱᵏᵃⁿ。

당혹(當惑)〖명〗当惑ᵗᵒᵘʷᵃᵏᵘ。

　당혹-하다 当惑する。〖예〗당혹한 표정 当惑した表情ʰʸᵒᵘʲᵒᵘ。

당황-하다(唐慌・唐惶―)〖자〗 慌ᵃʷᵃてる；うろたえる；面食ᵐᵉⁿᵏᵘらう；まごつく。〖예〗갑작스러운 시험에 ～. 不意ᶠᵘⁱの試験に面食らう。/ 당황하여 거짓말을 하다. 慌てて嘘ᵘˢᵒをつく。

　당황-히〖부〗慌てて；うろたえて；面食ᵐᵉⁿᵏᵘらって。

닻〖명〗 錨ⁱᵏᵃʳⁱ。

　닻을 감다〖관용〗〖은퇴〗やめる；断念ᵈᵃⁿⁿᵉⁿする；諦ᵃᵏⁱʳᵃめる。

　닻(을) 주다〖관용〗 錨ⁱᵏᵃʳⁱを下ᵒろす。

닻-가지〖명〗 錨ⁱᵏᵃʳⁱの爪ᵗˢᵘᵐᵉ；錨の腕ᵘᵈᵉ。

닻-줄〖명〗 錨綱ⁱᵏᵃʳⁱᵗˢᵘⁿᵃ。

닿다〖자〗 ❶〖접촉〗(ある物ᵐᵒⁿᵒが他の物に)接ˢᵉᵗˢする；届ᵗᵒᵈᵒᵏく；触ᶠᵘれる。〖예〗머리가 천장에 ～. 頭ᵃᵗᵃᵐᵃが天井に届く。/ 손에 ～. 手ᵗᵉに触れる。 ❷〖도착〗(ある所ᵗᵒᶜᵒʳᵒに)着ᵗˢᵘく；到着ᵗᵒᵘᶜʰᵃᵏᵘする；届ᵗᵒᵈᵒᵏく；至ⁱᵗᵃる。〖예〗편지가 ～. 手紙ᵗᵉᵍᵃᵐⁱが着く。/ 눈 깜짝할 사이에 역에 닿았다. あっという間ᵐᵃに駅ᵉᵏⁱに到着した。 ❸〖기회〗(機会ᵏⁱᵏᵃⁱや範囲ʰᵃⁿⁱなどがある範囲ʰᵃⁿⁱに)至ᵢᵗᵃる。〖예〗힘이 닿는 한 분발하겠습니다. 力ᶜʰⁱᵏᵃʳᵃのある限ᵏᵃᵍⁱʳ頑張ᵍᵃⁿᵇᵃってみます。/ 형편이 닿는 대로 보낼 생각이다. 都合ᵗˢᵘᵍᵒᵘがつき次第ˢʰⁱᵈᵃⁱに送ᵒᵏᵘるつもりだ。 ❹〖연관〗(互ᵗᵃᵍᵃいに関連ᵏᵃⁿʳᵉⁿが)結ᵐᵘˢᵘばれる；つく。〖예〗그 여자한테 연락이 닿지 않는다. 彼女ᵏᵃⁿᵒʲᵒに連絡ʳᵉⁿʳᵃᵏᵘがつかない。/ 줄이 닿는 사람이 있으면 소개해 주세요. つてがある方ᵏᵃᵗᵃがいらっしゃったら紹介ˢʰᵒᵘᵏᵃⁱしてください。

닿-소리〖명〗《언》子音ˢʰⁱⁱⁿ。=자음

닿-치다〖자〗 ぶつかる；衝突ˢʰᵒᵘᵗᵒᵗˢᵘする；突ᵗˢᵘき当ᵃたる。

대Ⅰ〖명〗 ❶〖초목의줄기〗茎ᵏᵘᵏⁱ。〖예〗～가 굵은 옥수수 茎の太ᶠᵘᵗᵒいトウモロコシ。 ❷〖막대기〗 竿ˢᵃᵒ；棒ᵇᵒᵘ；軸ʲⁱᵏᵘ。〖예〗가는 ～가 필요하다. 細ʰᵒˢᵒい竿が要ⁱる。/ 가 휘다. 棒が曲ᵐᵃがる。 ❸〖기세〗 気ᵏⁱの使ᵗˢᵘᵏᵃい程度ᵗᵉⁱᵈᵒや意志ⁱˢʰⁱ。〖예〗그 아주머니는 ～가 세다. そのおばさんは気がきつい。/ 젊은이는 ～가 약하군. 若者ʷᵃᵏᵃᵐᵒⁿᵒは意志が弱ʸᵒʷᵃいんだね。 ❹ ☞담뱃대

Ⅱ의 ❶【담배 개수】一服%。예담배 한 ~ 피우시겠습니까? タバコ一服いかがですか。/담배 두 ~를 피웠다. タバコを二服にした。❷【때리는 횟수】一回か｜一度ど｜一発はつ。예매를 10~나 맞았다. 鞭で十回も打たれた。❸【주사를 찔러 놓는 횟수】一本ほん。예팔에 주사를 한 ~ 맞다. 腕に注射を一本打つ。

대²(명) 【식】竹たけ。예~늪 竹やぶ。=대나무

대³(代)(명) 代だい。예손자 ~ 孫の代/3~째 이어 오는 가업 三代目に継ぐ家業/~가 끊기다. 代が絶える。

대⁴(坮)(명) ☞대지¹(坮地)

대⁵(隊)(명) ☞대오(隊伍)

대⁶(對) Ⅰ (명) 対つい。예~를 이루다. 対をなす/일에 있어서 두 사람은 좋은 ~가 된다. 仕事において二人はいい対になる。
Ⅱ의 対たい。예우리 학교 탁구팀이 5~ 2로 이겼다. 我が学校の卓球チームが五対二で勝った。/경기는 1~ 1로 무승부로 끝났다. 試合は一対一で引き分けに終わる。

대⁷(臺)(명) 【높은 대】台だい。예높은 ~에 올라섰다. 高い台に上がって立つ。

대⁸(臺)의 【차, 기계 등의 수를 셀 때】台だい。예자동차 두 ~ 自動車に二台/비행기 한 ~가 날아간다. 飛行機が一台飛んでいっている。

-대⁹(종미)【간접 인용】-대다｜-했다고｜-라는. 예그에게도 책이 많대. 彼にも本がたくさんあるそうだ。/그는 거기 있대. 彼はそこにいるって。

대-¹⁰(大)(접) 大だい~。예대가족 大家族だいかぞく/대학자 大学者。

대가¹(大家)(명) 大家たいか。예꽃꽃이의 ~ 生け花の大家/음악의 ~ 音楽の大家。

대가²(代價)(명) 代価だいか。예희생의 ~ 犧牲の代価/~를 치르다. 代価を支払う。

대-가다(자)【시간내에 도착하다】間に合うように行く。

대가리(명) 頭あたま。❶【동물 머리】예닭 ~ にわとりの頭/소 ~ 牛の頭。❷【사람의 머리】どたま。예남에게 ~라는 말을 쓰면 안 돼요. 人にどたまという言葉を使うのは悪いんです。❸【물건 부분】頭あたまの部分。예못의 ~ 부분을 망치로 치다. 釘の頭の部分をハンマーで打つ。

대가연-하다(大家然一)(자)【이름난 대가처럼 굴다】大家だいかぶる。

대-가족(大家族)(명) 大家族だいかぞく。

대각¹【큰 부딪치는 소리의 부사】ことり｜ことん。예그릇 부딪는 소리가 ~ 하고 났다. お皿がぶつかる音がことりとした。
대각-거리다(자타) ことんと鳴る。=대각대다
대각-대다(자타) ☞대각거리다

대각²(對角)(명) 〈수〉対角たいかく。

대각-대각(부)【작고 단단한 물건이 이리저리 부러지는 소리】ことりことり｜かちゃかちゃ。

대각-선(對角線)(명) 〈수〉対角線たいかくせん。예~을 긋다. 対角線を引く。

대갈(명) 蹄鉄に打つつぎ。

대갈-마치(명) 【여러 가지 어려운 일을 겪어 단단해진 사람】世の中のあらゆる苦難を経験して、大変しっかりした人。예이번에 뽑은 사람은 ~야. 今回選んだ人は、世の辛酸をなめ尽くしたとてもしっかりした人だ。

대갈-못(명) 鋲びょう｜リベット。

대강¹(大綱) Ⅰ (명) 大綱たいこう｜大要｜大概。예그 사건의 ~은 이러하다. その事件の大綱はこうである。=대강령
Ⅱ(부) だいたい｜あらかた｜おおかた｜あらまし｜おおよそ。예그한테서 ~ 얘기는 들었다. 彼から話はだいたい聞いた。=건정

대강²(代講)(명) 代講だいこう。
대강-하다(자) 代講する。

대강-대강(大綱大綱)(부) 大おおまかに｜おおざっぱに｜ざっと。예일을 ~ 한다. 仕事を大まかにする。/~ 읽어라. ざっと読めよ。

대-강령(大綱領)(명) 大綱。=대강¹Ⅰ

대갚음(對一)(명) 恩返しし｜仕返し。
대갚음-하다(타) 恩返しする｜仕返しする。

대개(大概) Ⅰ (명) 大概たいがい。예~의 경우 大概の場合/~의 사람들은 알고 있다. 大概の人々は知っている。
Ⅱ(부) 大体だいたい｜おおよそ｜概がいして。예꽃은 ~ 봄에 핀다. 花は大体春に咲く。

대거(大擧)(부)【많은 사람이 무리를 지어】大々的だいだいてきに｜大勢ぜいで。예난민이 ~ 밀려오다. 難民が大挙して押し寄せる。/정치인이 ~ 참석하다. 政治家などが大挙して参加する。

대-거리¹(代一)(명)【번갈아 갈마듦】入れ代わり｜交代こうたい。

대거리-하다¹[자] 入れ代わる｜交代する.

대-거리²(對一)[명] ❶恩返し｜仕返し. ❷手向かい. ⑨쓸데없는 ~는 하지 마라. むだな手向かいはするな.

대거리-하다²[자] ❶恩返しする｜仕返しする. ❷手向かいする｜手向かう.

대견-스럽다[형] 満足だ｜殊勝だ｜感心だ｜ほめるべきだ｜けなげだ. ⑨어머니를 돕는 대견스러운 소년 母親を助けるけなげな少年/ 친구에 대한 마음이 ~. 友人に対する心がけが殊勝だ.

  대견스레[부] 満足に｜殊勝に｜感心に.

대견-하다[형] 満足している｜殊勝だ｜ほめるべきだ｜感心だ. ⑨못났지만 부모에게는 대견한 자식이다. 愚かではあるが, 親にとっては殊勝な子だ. / 혼자서 공부해 일등을 하다니 참 대견하구나. 一人で勉強して一番になるとは, 本当に感心だ.

  대견-히[부] 満足に｜殊勝に｜感心に.

대결(對決)[명] 対決. ⑨전면 ~ 全面対決/ 1, 2위 ~이 되다. 一, 二位の対決になる.

  대결-하다[자타] 対決する. ⑨정면으로 ~. 真っ向から対決する.

대경(大驚)[명] 非常に驚くこと.

  대경-하다[자] 非常に驚く.

대계(大計)[명] 大計. ⑨~를 세우다. 大計を立てる.

대고¹[부]【語】むやみに｜しきりに｜無理やりに｜しつこく.

대고²(大鼓)[명] 太鼓.

대-고리[명] 竹の行李.

대공¹(大功)[명]【】大功. ⑨~을 세우다. 大功を立てる.

대공²(對空)[명] 対空. ⑨~ 미사일 対空ミサイル/ ~ 방어 対空防御/ ~ 사격 対空射撃.

대과(大過)[명]【】大過. ⑨~ 없이 임기를 마치다. 大過なく任期を終える.

대관(大觀)[명] 大観.

  대관-하다[타] 大観する. ⑨시국을 ~. 時局を大観する.

대관-식(戴冠式)[명] 戴冠式.

대-관절(大關節)[부] 一体｜一体全体. ⑨~ 무슨 일이오? 一体何事ですか. / 어쩌된 일이야? 一体どうしたの.

대-괄호(大括弧)[명] 《수·언》大括弧.

대교(大橋)[명] 大橋.

대구¹(大口)[명]《동》鱈.

대구²(大邱)[명]《지》大邱.

대구³(對句)[명]《문》対句.

대구루루[부]【】ころころ. ⑨돌멩이가 ~ 굴러간다. 小石がころころと転がる.

대구-법(對句法)[명]《문》対句法.

대국¹(大國)[명] 大国.

대국²(對局)[명] 大局.

  대국-하다[자] 大局する.

대국-적(大局的)[관][명] 大局的. ⑨~인 견지에 선 사고 大局的な見地に立った考え/ ~으로 회담에 임하다. 大局的に会談に臨む.

대군¹(大軍)[명]【】大軍. ⑨~을 거느리고 전투에 임하다. 大軍を率いて戦いに臨む.

대군²(大群)[명]【】大群.

대굴-대굴[부] ころころ. ⑨축구공이 ~ 굴러가다. サッカーボールがころころと転がる.

대궁[명]【】残飯.

대궐(大闕)[명] ☞궁궐

대-규모(大規模)[명] 大規模. ⑨~ 공사 大規模な工事.

대그락[부]【】ことり｜かちゃり.

  대그락-거리다[자타] ことことと音がする. ⑨대그락거리며 그릇을 씻는 소리 かちゃかちゃと食器を洗う音/ 윗집에서 ~. 上の家でことことする. =대그락대다

  대그락-대다[자타] ☞대그락거리다

대그락-대그락[부] ことこと｜かちゃかちゃ.

대-그릇[명] 竹製の器.

대글대글-하다[형] 細かく小さいものの中で, いくつかがやや太いとか大きめである.

대금¹(大金)[명]【】大金. ⑨~을 건네다. 大金を渡す.

대금²(代金)[명]【】代金｜代. ⑨신문 ~ 新聞代/ ~ 교환 우편 代金引換郵便.

대금³(貸金)[명]【】貸し金. ⑨고리~ 高利貸し/ ~업 金貸し業.

대기¹(大氣)[명] 大気. ⑨~ 오염 大気汚

染염/ ~ 요법 大気療法.

대기²(待機)명 ❶【待機】대기. 예출동 ~ 중인 군대 出動待機中の軍隊/~ 명령 待機命令. ❷【待命】待命.
대기-하다자 待機する. 예환자가 대기실에서 대기하고 있다. 患者が控え室で待機している.

대기-권(大氣圈)명 大気圏.

대기 오염(大氣汚染) 大気汚染. 예~이 심해져 지구 온난화가 가속되고 있다. 大気汚染がひどくなり地球温暖化が加速化している.

대-기후(大氣候)명 大気候.

대길(大吉)명 大吉. 예입춘 ~ 立春大吉.
대길-하다형 非常に幸運である.

대깍무【갸르랑거리는 소리 또는 부러지는 소리】ぱちり | かたり.
대깍-거리다자타 ぱちりとする | かたかたする. 예문이 고장 나서 ~. ドアが壊れてかたかたする. =대깍대깍
대깍-대깍자타 ☞대깍거리다
대깍-하다자타 かたりとする. 예대깍하고 창문이 잠겼다. かたっと窓が閉まった.

대깍-대깍무 かたかた | ぱちぱち.

대꾸명 口答え | 口返答 | 言い返し. =말대꾸
대꾸-하다자타 口答えする | 口返答する | 言い返す. 예엄마에게 대꾸하지 마라. 母親に口答えするな.

대꾼-하다형【눈이 쏙 들어가고 생기가 없다】落ちくぼんでいる.

대끼다자【몹시 시달리다】もまれる | 苦しめられる | 悩まされる. 예만원 버스에서 사람들에 ~. 満員のバスで人々にもまれる.

대-나무명【식】竹. 예지팡이 竹の杖/ ~ 숲 竹林/ ~ 순 竹の子/의병들은 창이나 칼 대신 ~ 꼬챙이를 들고 싸웠다. 義兵たちは槍や刀の代わりに竹槍を持って戦った. /그는 ~처럼 꼿꼿한 사람이다. 彼は竹のようにまっすぐな人物だ. =대²

대-낚명 ☞대낚시
대-낚시명 竿釣り. =대낚

대남(對南)명 対南. 예~ 방송 対南放送.

대납(代納)명 代納.
대납-하다타 代納する.

대-낮명 真昼 | 真っ昼間 | 白昼. 예~같이 밝다. 真昼のように明るい. /~부터 술타령이구나. 真っ昼間から酒浸りだな. /백주 ~에 이 무슨 창피한 일이냐? 白昼にこんな恥ずかしいことをするとは. =백주

대내(對內)명 対内. 예대내적으로 対内外的に/ ~ 문제 対内問題.

대뇌(大腦)의 大脳.
대뇌 피질(大腦皮質)의 大脳皮質.

대님명【男子のパジの裾を締めくくる紐】

대다¹자【시간】間に合う | 間に合わせる. 예약속 시간에 대려고 바삐 걸었다. 約束に間に合そうと早足で歩いた.

대다² I 타 ❶【닿게 하다】触る | 触れる | 当てる. 예손을 대지 마세요, 촉라지 말아 주세요. /어른보다 먼저 음식에 수저를 대면 안 된다. 大人より先にスプーンに触れてはいけない. /서로 등을 대고 앉았다. 互いに背を当てて座った. ❷【세우다】(車・船などの乗り物をある場所に)着ける | 停める. 예길가에 차를 ~. 道ばたに車を停める. /선착장에 배를 댔다. 船着き場に船を着けた. ❸【공급하다】(必要なお金や物などを)出してやる | 援助する | 取りつける | 供給する. 예뒤에서 학비를 대 주는 사람이 있다. 後ろで学費を援助してくれる人がいる. /정기적으로 물품을 ~. 定期的に物品を供給する. /식료품은 그 슈퍼에서 대고 있다. 食料品はあのスーパーから取りよせている. ❹【붙이다, 곁들이다】付き添わせる. 예변호사를 ~. 弁護士を添わせる. /인부를 ~. 人夫を雇う. ❺【받침을 하다】当てる. 예공책에 책받침을 대고 쓴다. ノートに下敷を当てて書く. ❻【향하다】(目標物に)向ける | 指す | 対する. 예밭에 호스를 대고 물을 뿌리다. 畑にホースを向けて水をまく. /총을 적의 가슴에 ~. 銃を敵の胸先に向ける. ❼【잇다】つなぐ | つける. 예이 전화를 영업부로 대 주세요. この電話を営業部につないでください. /고위층에 연줄을 ~. 高位の人にコネをつける. ❽【끌다】(ある場所に)水を引く | 引き入れる. 예논에 물을 ~. 田に水を引く. ❾【비교하다】比較する | 比べる. 예그에게 대면 나는 애송이이다. 彼と比較すれば私は青二才だ. /두

아이의 키를 대어 보았다. 二人の子供の背を比べてみた。 ⑩【이유·구실】(理由や事実)などを)言う｜告げる｜挙げてみせる。예이런저런 구실을 ~. あれこれ口実を言う。/ 사실을 있는 그대로 대라. 事実をありのままに話せ。/ 알리바이를 ~. アリバイをつける。

Ⅱ 보통 ―したてる｜―しつづける｜―しこける｜―しまくる。예웃어 ~. 笑いこける。/ 까불어 ~. ふざけたてる。

대-다수(大多數)명 大多数。예~가 찬성이었다. 大多数が賛成だった。

대-단원(大團圓)명 大団円｜大詰め。

대단찮다형 大したことない｜取るに足りない｜つまらない｜ろくでもない｜重大でない。예대단찮은 일이니 걱정하지 마라. 大したことないから心配しないで。/ 대단찮게 생각하다. 重大でないと思う。

대단-하다형 ❶【수량·정도】(物の数・形・量などが)ひどく多い｜大きい。예그 규모가 ~. あの規模はひどく大きい。❷【정도】(程度が)ひどい｜甚だしい｜物凄い｜凄い。예대단한 더위다. ものすごい暑さだ。/ 독감으로 기침이 대단하여 잠을 못 잤다. インフルエンザで咳がひどくて眠れなかった。/ 이곳은 여름이 되면 모기가 ~. ここは夏になると蚊がひどくて大変だ。❸【뛰어남·훌륭함】とても優れている｜凄い｜すばらしい。예대단한 인물 とても優れた人物/ 대단한 미인이구나. 凄い美人だなあ。❹【중요함】大変重要だ。예대단한 일도 아닌데 그녀는 감동하고 있다. 大したことでもないのに彼女は感動している。/ 대단한 상처는 아니다. 大した怪我ではない。

대단-히부 非常に｜大変に｜どうも｜とても｜凄く。예~ 감사합니다. どうもありがとうございます。/ 오늘은 ~ 추운 날이다. 今日は非常に寒い日だ。/ 요즘은 아침저녁으로 ~ 쌀쌀하네요. 最近は朝晩とても冷えますね。/ 맛이 ~ 좋습니다. お味が大変結構です。/ 오늘은 ~ 피곤하다. 今日はとても疲れた。

대담¹(大膽)명 大胆｜豪胆。
　대담-하다¹형 大胆だ｜豪胆だ。예대담한 발상 大胆な発想/ 대담한 행동 大胆な行動。

대담²(對談)명 対談。예정상 ~ 頂上対談。
　대담-하다² 対談する。

대답(對答)명 答える｜返事｜応答。예불러도 ~이 없다. 呼んでも答えがない。/ ~ 소리가 작다. 答えの声が小さい。
　대답-하다자 答える｜返事する｜応答する。예물음에 대답하시오. 問いに答えなさい。/ 대답하지 마. 答えるな。

대대¹(大隊)명 군 大隊。
대대²(代代)명부 代々。예선조 ~의 기록 先祖代々の記録。
대대-로(代代―)부 代々に。예~ 전해 내려온 그릇 代々受け継がれた食器/ 자손 ~까지 영향을 미치다. 子孫代々にまで影響を及ぼす。

대대손손(代代孫孫)명 子々孫々。
대대-장(大隊長)명 군 大隊長。
대대-적(大大的)관형 大々的に。예~으로 TV 광고를 시작하다. 大々的にテレビ広告を始める。

대-도시(大都市)명 大都市｜大都会。
대도시-권(大都市圈)명 大都市圏。
대독(代讀)명 【개신·추도】代読。
　대독-하다타 代読する。예대통령의 축사를 대독하겠습니다. 大統領の祝辞を代読させていただきます。

대동(帶同)명 帯同。
　대동-하다타 帯同する。예비서를 대동하고 출국했다. 秘書を帯同して出国した。

대-동맥(大動脈)명 大動脈。
대동-소이(大同小異)명 大同小異。
　대동소이-하다형 大同小異だ。

대두¹(大斗)명 【곡물단위】一斗升。
대두²(大豆)명 수 大豆。＝콩¹
대두³(擡頭)명 台頭。
　대두-하다자 台頭する。예신흥 세력이 ~. 新興勢力が台頭する。

대두-박(大豆粕)명 ☞콩깻묵
대두-유(大豆油)명 ☞콩기름
대-들다자 突っ掛かる｜はむかう｜てむかう｜逆らう。예상대에게 ~. 相手に食って掛かる。/ 당신에게 대들 생각 따위 없습니다. あなたにはむかうつもりなどありません。

대-들보(大―)명 ❶大梁。예집을 지을 때 무엇보다 중요한 ~ 家を建てるとき

대등하다

何よりも重要な大梁。❷【대흑주】大黒柱。囫한 집안의 ~ 一家の大黒柱。

대등-하다(對等—)혱 対等だ。囫대등한 입장에 있다. 対等の立場にある。/ 대등하게 싸우다. 対等に戦う。

대뜸囝 直ちに；すぐに。囫만나자마자 ~ 여행 얘기부터 한다. 会うやいなや直ちに旅行のことから話す。/ 전화를 하자 화를 낸다. 電話をするや直ちに怒る。

대략(大略)명囝 大略；おおよそ；大体；あらまし。囫계획의 ~을 이야기하다. 計画の大略を話す。/ 일은 ~ 끝났다. 仕事は大体終わった。

대량(大量)명 大量；多量。囫~ 생산 大量生産。/ ~으로 수입하다. 大量に輸入する。/ 석유를 ~으로 생산하다. 石油を大量に生産する。

대로¹의 ❶【연결형으로】 一のまま；一(の)ように。囫아는 ~ 말하여라. 知っているとおりに述べろ。/ 좋을 ~ 해라. したいようにせよ；好きなようにしろ。❷【관형형으로】すぐ；さっそく；やいなや；次第。囫도착하는 ~ 전화해라. 着いたらすぐ電話しなさい。/ 집에 가는 ~ 바로 샤워해야 한다. 家へ帰ったらすぐシャワーを浴びなければならない。❸【명사 뒤에서】 するごとに全部；次第に。囫닥치는 ~ 먹어 치우다. 手当たり次第食べてしまう。/ 발길 닿는 ~ 간다. 足にまかせて行く。❹【관형형으로】 できるだけ；できる限り。囫될 수 있는 ~ 빨리 오길 바란다. できる限り早く来てほしい。

대로²(一大怒)명【문어적】 激怒。

대로-하다재 激怒する；大いに怒る。

대로³(大路)명【문어】 大路；大通り。

대로⁴조 ❶一のまま；一のように；一(の)とおり。囫규칙대로 처리하다. 規則どおりに処置する。/ 본디 모양대로 복구하다. もとの状態に復旧する。 ❷一なりに。囫나는 나대로 노력하겠다. 僕は僕なりに頑張る。

대롱명 細い竹筒쯤。

대롱-거리다재 ぶらぶら揺れる。=대롱대다

대롱-대다 ☞대롱거리다

대롱-대롱囝 ぶらぶらり；ぶらぶら。囫등롱이 ~ 흔들리다. 提灯がぶらぶ

ら揺れる。

대류(對流)명〈물〉対流。~ 작용 対流作用。/ ~ 운동 対流運動。

대류-권(對流圈)명 対流圏。

대륙(大陸)명 大陸。囫~ 횡단 大陸横断。/ ~을 건너다. 大陸を渡る。

대륙 간 탄도 유도탄(大陸間彈道誘導彈)《군》大陸間弾道弾。

대륙-도(大陸島)명 大陸島；陸島。

대륙-붕(大陸棚)명 大陸棚。

대륙 빙하(大陸氷河)大陸氷河。

대륙 사면(大陸斜面)大陸斜面。

대륙-성(大陸性)명 大陸性。囫~ 기후 大陸性気候。

대륙-적(大陸的)관 大陸的。囫~ 기질 大陸的な気質。

대리(代理)명 代理。囫~ 부장 部長代理。/ ~ 투표 代理投票。

대리-하다타 代理する。囫부장을 대리하여 회의에 참석하다. 部長を代理して会議に参加する。

대리-모(代理母)명 代理母。

대리-석(大理石)명〈광〉大理石；マーブル。

대리-인(代理人)명 代理人。囫~을 세우다. 代理人を立てる。

대리-점(代理店)명 代理店。

대립(對立)명 対立。囫의견 ~ 意見の対立 / 인자 対立因子。

대립-하다재 対立する。囫대립하는 두 개의 세계 対立する二つの世界。/ 양자의 이해가 대립되다. 両者の利害が対立する。

대마(大麻)명〈식〉大麻；麻。囫~의 키는 2미터 이상을 간다. 大麻の背丈は2メーターに以上にもなる。=삼

대-마루【문어】大棟；屋根のてっぺん。

대마루-판명 土壇場。

대마-초(大麻草)명【문어】大麻；マリファナ。囫~는 마약으로 분류되어 금지된 것이다. 大麻は麻薬に分類され禁止されたものだ。

대만(臺灣)명 タイワン。

대-만원(大滿員)명 超満員。

대-말명 竹馬；高足。囫~을 타다. 竹馬に乗る。=죽마

대망¹(大望)명【문어】大望；~을 품다. 大望を抱く。

대망²(大蟒)명 ☞이무기

대망³(待望)명【문어】待望。囫내일은 ~

결승전이다. あしたは待望の決勝戦だ。

대망-하다(待望―) 待ち望む. 例 다시 만날 날을 ~. 再会の日を待ち望む.

대-매[─:] 一度っきり打つ鞭；一鞭；鞭の一打っち. 例 뱀을 ~로 때려 잡다. ヘビを一鞭で捕まえる.

대-매출(大賣出) 大売り出し.

대맥(大麥) 图 ☞보리

대-머리¹ 禿げ頭. 例 ~가 되다. はげ頭になる.

대-머리²(大一) 图 [정비, 가장 중요한 것] 要；肝心要；~를 벗어나지 않도록 하라. 要を外れないようにしろ.

대면(對面) 图 対面. 例 첫 ~ 初対面.

대면-하다 자타 対面する. 例 사촌과 처음으로 ~. いとこと初めて対面する.

대-명사(代名詞) 图 연 代名詞.

대모(代母) 图 종 가톨릭 代母.

대목¹ 图 ❶ 書き入れ時 物前；物際；書き入れ時. 例 설은 상점가의 ~이다. お正月は商店街の書き入れ時だ. ❷ 場面；山場；正念場. 例 영화의 가장 무서운 ~ 映画の一番怖い場面/중요한 ~은 넘겼다. 正念場は越えた.

대목²(大木) 图 ❶ 大きな建築物を造る大工. ❷ ☞목수(木手)

대목-장(一場) 图 物前の市.

대-못(一場) [─:] 竹釘.

대-못(大一) 图 건축 大きな釘.

대문(大門) 图 正門；大門；表門. 例 ~을 잘 잠그다. 正門をしっかりと閉める.

대문 밖이 저승이라 속담 門の外はあの世だ：「❶ 死ぬ日が遠くない. ❷ 人はいつ死ぬか分からない」の意；(日) 門松は冥土の旅の一里塚. = 문턱 밑이 저승이라 ☞「門松は正月に入口に세우는 소나무. 일본에서는 '정문에 소나무를 세울 때마다, 저승길에 한 발 다가서는 것'이라고 한다.

대문-간(大門間) 图 正門の内側の空間.

대-문자(大文字) 图 大文字.

대문-짝(大門一) 图 正門の扉.

대물-렌즈(對物lens) 图 물 対物レンズ.

대-물리다(代一) 代々伝わる. 例 대물려 온 반지 代々伝わってきた指輪/가게를 아들에게 ~. 店を息子に伝える.

대물 변제(代物辨濟) 법 代物弁済.

대-물부리 竹製のキセルの吸口.

대미¹(大尾) 图 大尾；終わり.

대미²(對美) 图 정치 외교 対米；~ 무역 対米貿易.

대-바구니 图 竹籠.

대-바늘 图 竹針.

대-박(大一) 图 ヒット；大ヒット；大当たり. 例 ~ 나다. ヒットする.

대-받다¹ [─따─] 言い返す；口答えする.

대-받다²(代一) 타 引き継ぐ；受け継ぐ. 例 가업을 ~. 家業を引き継ぐ. / 부장의 업무를 ~. 部長の事務を引き継ぐ.

대-발 图 竹すだれ. 例 ~을 치다. 竹すだれをつるす.

대-밭 图 竹やぶ；竹林.

대번 一気に；直ちに；すぐに；たちどころに. = 대번에

대번-에 一気に；直ちに；すぐに；たちどころに. 例 문제가 ~ 해결되다. 問題がたちどころに解決する. / 약을 발랐더니 ~ 피가 멎었다. 薬を付けたら、たちどころに血が止まった. = 대번

대-벌레 图 동 七節.

대범(大凡) おおよそ；大体；おおかた. = 무릇²

대범-스럽다(大汎一) 형 おおらかだ；大様だ.

대범스레 おおらかに；大様に.

대범-하다(大汎·大泛一) おおらかだ；大様だ. 例 대범한 성격 おおらかな性格.

대범-히 おおらかに；大様に.

대-법원(大法院) 图 법 最高裁判所.

대변¹(大便) 图 大便；くそ. 例 ~을 보다. 大便をする.

대변²(代辯) 图 代弁.

대변-하다 타 代弁する. 例 친구의 사정을 ~. 友人の事情を代弁する.

대변-인(代辯人) 图 代弁者；スポークスマン.

대별(大別) 图 大別.

대별-하다 大別する. 例 두 가지로 대별할 수 있다. 二つに大別することが

대병(大病)圏 ☞대환❷
대-보다턔 比くらべてみる│比較ひかくしてみる。⑩둘이 서서 키를 ~. 二人ふたりが立たって背せを比くらべてみる。
대-보름(大一)똉 ☞대보름날
대보름-날(大一)똉《민》【陰曆いんれきの】正月しょうがつ15日にち。⑩정월 ~에는 오곡밥을 먹습니다. 陰曆正月15日には五種類ごしゅるいの穀物こくもつの入はいったご飯はんを食たべます。=대보름
대본(臺本)똉 ❶《문》台本だいほん│脚本きゃくほん。❷【작품 원전의】底本ていほん│原本げんぽん。
대부¹(代父)똉《종》【영세때의】代父だいふ。
대부²(貸付)똉 貸かし付つけ。
 대부-하다턔 貸かし付つけする│貸かし付つける。
대부-금(貸付金)똉 貸付金かしつけきん。⑩~을 갚다. 貸付金を償還しょうかんする。
대-부분(大部分)Ⅰ똉 大部分だいぶぶん。⑩참석자의 ~이 학생이다. 参加者さんかしゃの大部分が学生がくせいだ。/~의 사람이 돌아갔다. 大部分の人ひとは帰かえった。
 Ⅱ埠 ほとんど│たいてい│おおかた。⑩저녁 시간은 ~ 집에서 보낸다. 夜よるはたいてい家いえで過すごす。
대-분수(帶分數)똉《수》帯分数たいぶんすう。
대불(大佛)똉 大仏だいぶつ。
대-비¹똉 竹たけぼうき。
대비²(對比)똉【對】対比たいひ。⑩색채 ~ 色彩しきさい対比。
 대비-하다턔 対比たいひする。⑩동서의 문화를 ~. 東西とうざいの文化ぶんかを対比する。
대비³(對備)똉【對】備そなえ│準備じゅんび。⑩화재에 대한 ~ 火事かじへの備え。
 대비-하다턔 備そなえる│準備じゅんびする。⑩경기에 ~. 試合しあいに備える。/시험에 ~. 試験しけんに備える。
대-빗똉 竹たけの櫛くし。
대사¹(大事)똉 ❶【큰일】大事だいじ。⑩국가의 ~를 앞두다. 国家こっかの大事を控ひかえる。=큰일 ❷【큰 예식】大礼たいれい│婚礼こんれい。=큰일
대사²(大使)똉 大使たいし。⑩주일 ~ 駐日ちゅうにち大使。
대사³(大赦)똉 大赦たいしゃ。
대사⁴(臺詞・臺辭)똉 せりふ│台詞だいし。⑩연극 ~ 演劇えんげきのせりふ/무대에 서는 순간 ~를 까먹었다. 舞台ぶたいに立たつ瞬間しゅんかん、せりふを忘わすれちゃった。

대사-관(大使館)똉《법》大使館たいしかん。
대사-령(大赦令)똉《법》大赦令たいしゃれい。
대사리똉《동》川蜷かわにな。
대상¹(大賞)똉 大賞たいしょう│グランプリ。
대상²(代償)똉 代償だいしょう。
 대상-하다턔 他他たのものの代償だいしょうう。
대상³(帶狀)똉【띠모양】帯状たいじょう・おびじょう。⑩~ 도시 帯状都市とし。
대상⁴(隊商)똉 隊商たいしょう│キャラバン。⑩사막의 ~ 행렬 砂漠さばくの隊商行列ぎょうれつ。
대상⁵(對象)똉 対象たいしょう。⑩학생을 ~으로 하는 강좌 学生がくせいを対象にする講座こうざ/이건 연구 ~이다. これは研究けんきゅうの対象である。
대-상자(一箱子)똉 竹製たけせいの箱はこ。
대생(對生)똉 ☞마주나기
대서¹(大暑)똉【節】大暑たいしょ。
대서²(代書)똉 代書だいしょ。⑩대서인에게 ~를 부탁하다. 代書人だいしょにんに代書を頼たのむ。
 대서-하다턔 代書だいしょする。⑩편지를 대서해 주다. 手紙てがみを代書してやる。
대-서다 ❶【뒤에 섬】(列れつなどの)後うしろに立たつ。❷【바짝 가깝】すぐ後うしろに近寄ちかよって立たつ。❸【덤벼듦】食くってかかる│突つっかかる。⑩그가 갑자기 대서며 이야기를 시작했다. 彼かれが突然とつぜん食くってかかって話はなし始はじめた。
대서-양(大西洋)똉《지》大西洋たいせいよう。
대서양 헌장(大西洋憲章)똉《정》大西洋たいせいよう憲章けんしょう。
대서-특필(大書特筆)똉 特筆大書とくひつたいしょ。
대설(大雪)똉 ❶大雪たいせつ・おおゆき。⑩~ 경보 大雪警報けいほう。❷【節】大雪たいせつ。
대성¹(大成)똉【大】大成たいせい。
 대성-하다턔 大成たいせいする。⑩피아니스트로서 ~. ピアニストとして大成する。
대성²(大聲)똉【大】大声たいせい・おおごえ。
대-성공(大成功)똉 大成功だいせいこう。
대성-통곡(大聲痛哭)똉 大声おおごえで泣なき叫さけぶこと。
대-성황(大盛況)똉 大盛況だいせいきょう。
대세(大勢)똉 大勢たいせい。⑩~를 따르다. 大勢に従したがう。
대소¹(大小)똉【大】大小だいしょう。⑩일의 ~를 구별하다. 仕事しごとの大小を区別くべつする。
대소²(大笑)똉 大笑たいしょう│大笑おおわらい。
 대소-하다재 大笑たいしょうする。
대-소가(大小家)똉 ❶本家ほんけと分家ぶんけ。❷本宅ほんたくと妾宅しょうたく。

대-소동(大騷動)[명] 大騒動。｜大騒ぎ。

대-소변(大小便)[명] 大小便。=대소피

대-소사(大小事)[명] 大小事｜大小の事柄。

대-소피(大小避)[명] ☞대소변

대-솔(大一)[명] 大きな松。=대송¹

대송¹(大松) ☞대솔

대송²(代送)【하다】他の物を代わりに送ること。
　대송-하다[타] 他の物を代わりに送る。

대수(代數)《수》代数。 예 ~ 기하학 代数幾何学｜~ 방정식 代数方程式｜~ 곡선 代数曲線。=대수학

대수-롭다[형] 大したことだ｜重要だ｜大切だ。 예 집안일을 대수롭지 않게 여기다. 家事をたいしたことではないと思う。 / 그렇게 대수로운 일도 아니다. そんなに重要なことでもない。
　대수로이[부] 重要に｜大切に。

대-수술(大手術)[명] (의)大手術。

대수-식(代數式)[명] 《수》代数式。

대수-학(代數學)[명] 《수》代数学。=대수

대-순(一筍)[명] 竹の子。=죽순(竹筍)

대-숲[명] 竹やぶ。=죽림

대승¹(大乘)《종》【하다】大乗。 예 ~ 불교 大乗仏教。

대승²(大勝)[명] 大勝。 예 싸움에서 ~을 거두다. 戦いで大勝を博する。
　대승-하다[자] 大勝する。 예 경기에서 ~. 試合で大勝する。

대-승리(大勝利)[명] 大勝利｜大勝。

대승 불교(大乘佛敎)《종》【하다】大乗仏教。

대식(大食)[명] 大食｜多食｜大食い。
　대식-하다[타] 大食する｜多食する。

대식-가(大食家)[명] 大食｜大食漢｜健啖家。

대신¹(大臣)[명] 大臣。

대신²(代身)[명] 代わり。 예 아버지 ~에 아들이 오다. 父の代わりに息子が来る。 / 크레용 ~ 물감을 쓰다. クレヨンの代わりに絵の具を使う。
　대신-하다[타] 代わる。 예 밥을 대신하여 빵을 먹다. ご飯に代わってパンを食べる。 / 우유로 모유를 ~. ミルクで母乳が代わる。

대안¹(代案)【하다】代案。 예 ~을 제시하다. 代案を示す。 / ~을 내놓다. 代案を出す。

대안²(對岸)[명] 対岸。

대안³(對案)[명] 対案｜対策。

대야[명] 洗面器｜たらい。

-대야²[명] ❶—いってこそ｜—としてこそ。 예 하겠대야 시키지. やるといってこそさせるんじゃないの。 ❷—だとしても｜—(だ)といっても。 예 키가 크대야 너보다는 작겠지. 背が高いといっても私よりは小さいだろう。

대양(大洋)[명] 大洋。

대어(大魚)[명] 大魚。 예 ~를 낚아 올리다. 大魚を釣り上げる。

대언(代言)[명] 代言。
　대언-하다[자] 代言する。

대업(大業)[명] 大業。

대여(貸與)[명] 貸与。 예 ~ 기간 貸与期間。 / 학자금 ~ 修学資金の貸与。
　대여-하다[타] 貸与する｜貸す。 예 무상으로 ~. 無償で貸与する。 / 미술 작품을 ~. 美術の作品を貸与する。

대여-료(貸與料)[명] 貸与料｜貸与料金。 예 ~는 무상으로 한다. 貸与料は無償とする。

대-여섯[수][관] 五つか六つ。 준대엿

대역¹(代役)[명]《연》代役。 예 ~을 쓰다. 代役をたてる。

대역²(對譯)[명] 対訳。 예 한일 ~ 사전 韓日対訳辞書。
　대역-하다[타] 対訳する。

대역-죄(大逆罪)[명] 《역》大逆罪。

대연(大宴)[명] 大宴会。

대열(隊列)[명] 隊列。 예 ~에서 벗어나다. 隊列から外れる。

대-엿[수][관] ☞'대여섯'의 준말.

대엿-새[명] 五日か六日ぐらい。 예 ~ 전에 그가 여기를 다녀갔다. 5、6日前に彼がここを通った。

대엿샛-날[명] 五日か六日目の日。

대오(隊伍)[명] 隊伍。 예 ~를 지어 나아가다. 隊伍を組んで進む。=대⁵

대-오리[명] ひご｜竹ひご。

대왕(大王)[명] 大王。

대외(對外)[명] 対外。 예 ~ 무역 対外貿易｜~ 정책 対外政策。

대외-적(對外的)[관] 対外的。 예 ~ 문제 対外的問題。

대요(大要)[명]【하다】大要｜あらまし。 예

사건의 ~는 이러하다. 事件の大要はこうである。

대용¹(代用)⟨명⟩ 代用.
　대용-하다⟨타⟩ 代用する. 예 유리컵을 꽃병으로 ~. 花瓶をガラスのコップで代用する.

대용²(貸用)⟨명⟩ ☞차용

대용-식(代用食)⟨명⟩ 代用食.

대용-품(代用品)⟨명⟩ 代用品.

대우(大雨)⟨명⟩ 大雨.

대우(大愚)⟨명⟩ 大愚.

대우(待遇)⟨명⟩ 待遇. 예 부장 ~ 部長待遇/따뜻한 ~를 받다. あたたかい待遇を受ける. / 이 회사는 ~가 나쁘다. この会社は待遇が悪い. / ~를 개선하다. 待遇を改善する.
　대우-하다⟨타⟩ 待遇する. 예 중요한 손님으로서 ~. 大切な客として待遇する. / 이사로 ~. 理事として待遇する.

대운(大運)⟨명⟩ 大きな幸運. 예 ~이 트이다. 大きな幸運が開ける.

대-울⟨명⟩ ☞대울타리

대-울타리⟨명⟩ 竹垣. =대울

대원(隊員)⟨명⟩ 隊員.

대-원수(大元帥)⟨명⟩ ⟨군⟩大元帥.

대위(大尉)⟨명⟩ ⟨군⟩ 大尉.

대위-법(對位法)⟨명⟩ ⟨예·음⟩対位法. | コントラプンクト.

대은(大恩)⟨명⟩ 大恩.

대음¹(大飮)⟨명⟩ 酒をたくさん飲むこと.
　대음-하다⟨자타⟩ 酒をたくさん飲む.

대음²(對飮)⟨명⟩ 対飲. | 対酌. =대작³
　대음-하다⟨자타⟩ 対飲する | 対酌する.

대응(對應)⟨명⟩ 対応. 예 ~이 늦다. 対応が遅い. / 그는 ~이 빠르다. 彼は対応が早い. / 법적 ~이 필요하다. 法的な対応が必要だ. / ~ 관계에 있다. 対応関係にある.
　대응-하다⟨자⟩ 対応する. 예 현실에 대응한 조치 現実に対応した処置/대응되는 수 対応となる数/'식구'라는 한국어에 대응하는 일본어는 없다. 「식구(シック)」という韓国語に対応する日本語はない. / 사태에 대응하여 특사를 파견하기로 했다. 事態に対応して特使を派遣することにした.

대응-변(對應邊)⟨명⟩ ⟨수⟩対応辺.

대응-책(對應策)⟨명⟩ 対応策. 예 ~을 발표하다. 対応策を発表する.

대의¹(大意)⟨명⟩ 大意. 예 글의 ~를 파악하다. 文章の大意をつかむ.

대의²(大義)⟨명⟩ ❶【진리의 근본되는 의리】 大義. ❷ 大意.

대의-명분(大義名分)⟨명⟩ 大義名分.

대의-원(代議員)⟨명⟩ 代議士 | 代議員.

대인¹(大人)⟨명⟩ 大人. ❶【성년】 成人 | 大人など. ❷【거인】 巨人. ❸【군자】 大人 | 君子. ❹【남의 아버지의 경칭】 身分の高い人.

대인²(對人)⟨명⟩ 対人. 예 ~ 관계 対人関係/~ 공포증 対人恐怖症/~ 담보 対人担保/~ 방어 対人防御.

대-인기(大人氣)⟨명⟩ 大人気 | 大持て.

대입(代入)⟨명⟩ 代入.
　대입-하다⟨타⟩ 代入する. 예 근의 공식에 숫자를 대입한다. 根の公式に数字を代入する.

대입-법(代入法)⟨명⟩ ⟨수⟩代入法.

대-자¹ 竹の定規.

대자²(大字)⟨명⟩ 大字 | 大文字など.

대-자리⟨명⟩ 竹の敷物 | 竹のござむしろ.

대-자연(大自然)⟨명⟩ 大自然.

대작¹(大作)⟨명⟩ ❶【스케일이 큰 작품】 大作. 예 이 영화는 역사적 사건을 바탕으로 한 ~이다. この映画は歴史的な事件をもとにした大作である. ❷【걸작】 大作 | 傑作. 예 불후의 ~을 남기다. 不朽の大作を残す.

대작²(代作)⟨명⟩ 【대리 제작】代作.
　대작-하다⟨타⟩ 代作する.

대작³(對酌)⟨명⟩ 【마주 대하여 술을 마심】対酌.
　대작-하다⟨자타⟩ 対酌する.

대장¹⟨명⟩ 鍛冶屋. =대장장이

대장²(大將)⟨명⟩ 大将 | 頭目 | 親分. ❷⟨군⟩ 大将.

대장³(大腸)⟨명⟩ ⟨의⟩大腸. =큰창자

대장⁴(隊長)⟨명⟩ ⟨한 대대의 우두머리⟩隊長.

대장-간(−間)⟨명⟩ 鍛冶屋.

대-장경(大藏經)⟨명⟩ ⟨종⟩大蔵経.

대-장군(大將軍)⟨명⟩ 大将軍.

대-장균(大腸菌)⟨명⟩ ⟨생⟩大腸菌.

대-장부(大丈夫)⟨명⟩ 大丈夫 | ますらお.

대장-염(大腸炎)⟨명⟩ ⟨의⟩大腸炎.

대장-일⟨명⟩ 鍛冶の仕事.
　대장일-하다⟨자⟩ 鍛冶の仕事をする.

대장-장이⟨명⟩ 鍛冶屋. =대장¹

대저(大抵)[부] 【대체로 보아서】 たいてい ¦ おおよそ ¦ だいたい。 =대컨

대적1(大賊)[명] 【큰 도둑】 大賊 ¦ 大泥棒。

대적2(大敵)[명] 【세력이 강한 적】 大敵 ¦ 強敵。 [예] ~을 만나다. 大敵に会う。

대적3(對敵)[명] 【적과 맞서 겨룸】 対敵。

대적-하다[자][타] 対敵する。 [예] 대적하기 힘든 상대 対敵するに手に負えない相手。

대전1(大田)[명] 《지》大田。

대전2(大戰)[명] 【큰 전쟁】 大戦。 [예] 세계 ~ 世界大戦。

대전3(代錢)[명] ❶【물건 대신 주는 돈】 代銭。 ❷【물건 값으로 내는 돈】 代銭 ¦ 代金。

대전4(對戰)[명] 【맞서서 싸움】 対戦。

대전-하다[자] 対戦する。 [예] 챔피언과 ~. チャンピオンと対戦する。

대-전제(大前提)[명] 《논》大前提。

대절(貸切)[명] ☞전세2(專貰)

대접1[명] ❶【국 등을 담는 그릇】 (汁などをつぐ)平鉢。 ❷【액체의 분량을 세는 단위】 一杯。 [예] 물 한 ~ 水1杯。

대접2(待接)[명] ❶【마땅한 예로써 대함】 もてなし ¦ 扱い ¦ 待遇。 [예] 극진한 ~을 받다. 丁重なもてなしを受ける。/ 사람 ~을 못 받다. 人間扱いされない。 ❷【음식을 차려 손님을 맞음】 もてなし ¦ 接待。 [예] 식사 ~을 받다. 御馳走になる。

대접-하다[타] ❶ もてなす ¦ 待遇する。 ❷ もてなす ¦ 接待する ¦ 御馳走する。 [예] 중국 요리를 대접하고 싶다. 中華料理をもてなしたい。/ 손님을 ~. 客をもてなす。

대-정맥(大靜脈)[명] 《의》大静脈。

대조(對照)[명] 対照。 [예] 두 색이 ~를 이루다. 二つの色が対照をなす。

대조-하다[타] 対照する。 [예] 비교 ~ 比較対照する。 / 원문과 대조해서 읽다. 原文と対照して読む。

대조-법(對照法)[명] 《문》対照法。

대조-적(對照的)[관][명] 対照的。 [예] ~인 성격 対照的な性格。

대조-표(對照表)[명] 対照表。 [예] 대차 ~ 貸借対照表。

대졸(大卒) 【대학교 졸업이 줄어서】 大卒 ¦ 大学卒業。

대좌(對坐)[명] 【마주하고 앉는 것】 対座。

대좌-하다[자] 対座する。 [예] 대좌하고 바둑을 두다. 対座して碁を打つ。

대죄(大罪)[명] 大罪 ¦ 重罪。 [예] ~를 범하다. 大罪を犯す。

대-주교(大主教)[명] 《종》❶【가톨릭에서】 大司教。 ❷【성공회·그리스 정교회에서】 大主教。

대중1[명] ❶【대강 헤아림】 見当 ¦ 当て推量 ¦ 見積もり ¦ 目安。 [예] 얼마나 사야 할지 ~을 못하겠다. いくら買うといいのか見当がつかない。 ❷【표준, 기준】 標準 ¦ 基準。

대중-하다[타] 見当をつける ¦ 見積もる。

대중(을) 삼다[관용] 基準にする ¦ 標準にする。 [예] 손 뼘을 대중 삼아 길이를 재다. 指尺を基準にして長さを測る。

대중(을) 잡다[관용] 見当をつける ¦ 目安をつける。 [예] 대중 잡아 천 명은 된다. 見当をつけて、千人はなる。

대중(을) 치다[관용] 見積もる ¦ 概算する ¦ 推量する。

대중2(大衆)[명] ❶ 大衆。 [예] ~의 사랑을 받는 배우 大衆の愛を受けている俳優/ ~을 선동하다. 大衆を扇動する。 ❷《종》【불교에서】 大衆。

대중-가요(大衆歌謠)[명] 《음》歌謡曲 ¦ 流行歌。 =가요곡

대중 매체(大衆媒體) マスメディア。

대중-문화(大衆文化)[명] 大衆文化。

대중-성(大衆性)[명] 大衆性。

대중 소설(大衆小說) 《문》大衆小説。

대중-없다[형] 見当がつかない ¦ まちまちだ ¦ でたらめだ ¦ 一定でない。 [예] 대중없는 행동 でたらめな行動/ 귀가 시간이 ~. 家に帰る時間が一定でない。

대중없-이[부] でたらめに ¦ まちまちに ¦ 基準もなく。 [예] ~ 생활하다. でたらめに生活する。

대중-적(大衆的)[관][명] 大衆的。 [예] ~인 요리 大衆的な料理。

대중-화(大衆化)[명] 大衆化。

대중화-하다[자][타] 大衆化する。

대지1(大地)[명] 【넓고 큰 땅】 大地。

대지2(大志)[명] 【마음속의 큰 뜻】 大志。

대지3(垈地)[명] 【집터로서의 땅】 敷地。 =대4

대지4(帶紙)[명] 【띠 형태의 종이】 帯紙。

대지5(臺地)[명] 【지리학에서】 台地。

대-지르다[자] 【대들다】 食って掛かる ¦ 突っかかる ¦ はむかう。 [예] 빚쟁이에게 대지르며 맞서다. 借金取りに突っかかって手向かう。

대-지팡이[명] 竹杖 ¦ 竹の杖。

대진1(代診)[명] 【담당 의사 대신 진찰함】 代診

대진-하다 国 代診だいしんする。
대진²(對陣) 圏【군】対陣たいじん。
대진-하다 国 対陣たいじんする。
대질(對質) 圏【법】対質たいしつ。예 ~ 신문 対質尋問じんもん。
대질-하다 困 対質たいしつする。예 증인을 서로 대질시키다. 証人しょうにん相互そうごを対質させる。
대질리다 困 突つっかかられる¦はむかわれる。
대-짜(大一) 圏【준】大物おおもの¦大おおきいもの。예 셔츠를 ~로 사다. シャツを大物に買かう。/ ~ 잉어를 한 마리 낚아 올리다. 大物の鯉こいを一匹いっぴきつり上あげる。
대짜-배기(大一) 圏【준】大物おおもの。
대-쪽 圏 竹切たけぎれ。예 성품이 ~ 같은 사람 竹を割わったような人ひと。
대차(大差) 圏【준】大差たいさ。
대차(貸借) 圏【준】貸借たいしゃく。예 ~ 대조표 貸借対照表たいしょうひょう / 거래 貸借取引とりひき。
대차-하다 国 貸借たいしゃくする。
대찰(大刹) 圏【준】大刹だいさつ・だいせつ。
대-창(一槍) 圏 竹槍たけやり。
대책(對策) 圏 対策たいさく。예 ~을 세우다. 対策を立たてる。
대처¹(大處) 圏 都会とかい。예 성년이 되자 ~로 떠났다. 成年せいねんになると都会に出でた。＝도회지(都會地)
대처²(對處) 圏 対処たいしょ。예 ~ 방법을 찾다. 対処方法ほうほうを探さがす。
대처-하다 困 対処たいしょする。예 지진에 ~. 地震じしんに対処する。
대척(對蹠) 圏【준】対蹠たいせき・たいしょ¦正反対せいはんたい。
대천(大川) 圏 大川たいせん。
대첩(大捷) 圏【준】大捷たいしょう¦大勝たいしょう。
대첩-하다 困 大捷たいしょうする¦大勝たいしょうする。
대청(大廳) 圏《건》母屋おもやの中央ちゅうおうにある広ひろい板張いたばりの間ま¦デーチョン。
대-청소(大淸掃) 圏 大掃除おおそうじ。
대청소-하다 国 大掃除する。
대체¹(大體) I 圏【준】大体たいたい¦あらまし。II 圓 いったい。예 ~ 무슨 일이냐? いったい何事なにごとか？/ ~ 어떻게 할 셈이냐? いったいどうするつもりか。
대체²(代替) 圏 代替だいたい。예 ~ 의학 代替医療いりょう / ~ 식량 代替食糧しょくりょう / ~ 에너지 代替エネルギー / ~ 자원 代替資源しげん。
대체-하다 困目 代替だいたいする。예 연료를 천연가스로 ~. 燃料ねんりょうを天然てんねんガスで代替する。/ 다른 것으로 ~. 別べつのもので代替する。
대체-로(大體一) 圓 大体だいたい¦おおむね¦およそ¦概がいして。
대-초원(大草原) 圏 大草原そうげん。
대촌(大村) 圏 大おおきな村むら。
대추 圏 棗なつめの実み。예 아직도 파란 ~ まだ青あおいナツメ。
대추-나무 圏《식》棗なつめの木き。
대출(貸出) 圏 貸かし出だし。예 도서 ~ 図書としょの貸し出し。
대출-하다 国 貸し出す。예 은행에서 돈을 ~. 銀行ぎんこうに金かねを貸し出す。/ 대출한 책을 반납하다. 貸し出した本ほんを返却へんきゃくする。
대충 圓 だいたい¦ざっと¦おおざっぱに¦おおまかに。예 신문을 ~ 보다. 新聞しんぶんをざっと読よむ。/ ~ 백 명은 모였다. だいたい百人ひゃくにんは集あつまった。/ 이야기의 줄거리를 ~ 말하면… 話はなしのあらすじをおおよそ言いえば…
대충-대충 圓 ざっと¦おおまかに¦いいかげんに。예 일을 ~ 하다. 仕事しごとをいいかげんにする。
대치¹(代置) 圏【준】代置だいち。
대치-하다 国目 代置だいちする。
대치²(對峙) 圏【준】対峙たいじ。
대치-하다 困 対峙たいじする。예 강을 사이에 두고 정부군과 대치하고 있다. 川かわを挟はさんで政府軍せいふぐんと対峙している。
대치³(對置) 圏【준】対置たいち。
대치-하다 国目 対置たいちする。
대칭(對稱) 圏《물·미》対称たいしょう。예 ~ 도형 対称図形ずけい。
대칭 대명사(對稱代名詞)《언》対称代名詞たいしょうだいめいし。
대칭-적(對稱的) 圏 対称的たいしょうてき。예 ~ 배치 対称的な配置はいち。
대-칼 圏 竹刀たけがたな。
대컨 圓 대저
대타(代打) 圏《운》【준】代打だいだ¦ピンチヒッター。
대-통¹(一筒) 圏 竹たけの筒つつ。
대통²(大通) 圏【운】運うんが大おおきく開ひらけること。
대통-하다 困 運うんが大おおきく開ひらける。예 운수 ~. 運がとてもよい。
대통령(大統領) 圏【법】大統領だいとうりょう。
대퇴(大腿) 圏《의》大腿だいたい。＝넓적다리

대퇴-골(大腿骨)[명]《의》大腿骨。

대퇴-근(大腿筋)[명]《의》大腿筋。

대파¹(大破)[명]
　대파-하다[자] 大破する。예태풍 때문에 제방이 대파되다. 台風のため堤防が大破する。／적군을 ~. 敵軍を大破する。

대파²(代播)[명]《농》稲に代わってほかの穀物の種をまくこと。
　대파-하다[타] 稲に代わってほかの穀物の種をまく。

대판¹(大—) Ⅰ[명] 大規模なこと；おおがかりなこと。=대판거리
　Ⅱ[부] 大規模に；おおがかりに。예이웃과 ~ 싸우다. 隣とおおげんかをする。／잔치를 ~ 벌이다. 宴会をおおがかりに開く。

대판²(大阪)[명]《지》大阪。

대판-거리(大—)[명] 大規模なこと；おおがかりなこと。=대판¹Ⅰ

대패¹[명] 鉋。

대패²(大敗)[명] ❶大敗。❷大失敗。
　대패-하다[자] ❶大敗する。예우리 팀은 대패하고 말았다. わがチームは大敗してしまった。❷大失敗する。

대패-질[명] 鉋掛け。
　대패질-하다[자타] 鉋をかける。

대팻-날[명] 鉋の刃。

대팻-밥[명] 鉋屑。

대팻-손[명] 鉋の取っ手。

대-평원(大平原)[명] 大平原。

대포¹(茶碗—)[명]。=대폿술

대포²(大砲)[명] ❶大砲。❷おお嘘；ほら。예~를 놓다. ほらを吹く；嘘をつく。

대포-알(大砲—)[명] 砲丸；砲弾。

대포-쟁이(大砲—)[명] 嘘つき；ほら吹き。

대폭(大幅) Ⅰ[명] 大幅。
　Ⅱ[부] 大幅に。예연봉을 ~ 인상하다. 年俸を大幅に引き上げる。／계획을 ~ 수정하다. 計画を大幅に修正する。

대폭-적(大幅的)[관][명] 大幅な。예~인 인사 이동 大幅な人事異動。

대폿-술[명] 茶碗のように大きな器で飲む酒。예~ 한잔하세. 茶碗酒を一杯やろう。=대포¹

대폿-집[명] 居酒屋；一杯飲み屋。

대표(代表)[명] 代表。예~ 전화 代表電話／마라톤 경주에 학교의 ~로 나가다. マラソン競走に学校の代表として出場する。／국가 ~ 선수로 뽑히다. 国家代表選手として選ばれる。
　대표-하다[타] 代表する。예현대 건축을 대표하는 작품 現代建築を代表する作品／재학생을 대표하여 인사하다. 在学生を代表して挨拶をする。

대표-권(代表權)[명] 代表権。

대표-단(代表團)[명] 代表団。

대표 이사(代表理事)《경》代表取締役。

대표-자(代表者)[명] 代表者。

대표-작(代表作)[명] 代表作。

대표-적(代表的)[관][명] 代表的。예~ 성공 사례 代表的成功の事例。

대푯-값(代表—)[명]《수》代表値。

대풍¹(大風)[명] 大風。

대풍²(大豊)[명] 大豊年。

대피(待避)[명] 待避。
　대피-하다[자타] 待避する。

대피-소(待避所)[명] 待避所。

대필(代筆)[명] 代筆。
　대필-하다[타] 代筆する。예편지를 ~. 手紙を代筆する。

대하¹(大河)[명]《지》大河。

대하²(大蝦)[명]《동》大正えび；こうらいえび。

대하³(帶下)[명]《의》帯下；こしけ。

대-하다(對—)[자타] 対する。❶向かい合う。예그를 직접 대하기가 창피했다. 彼と直接向かい合うのが恥ずかしかった。／마주 대하고 앉자. 向かい合って座ろう。❷相手にする；接する；持てなす。예이 상점은 손님을 항상 친절하게 대한다. この店は客をいつも親切に接する。／우리를 친형제처럼 대하였다. 私たちを実の兄弟のように持てなした。❸対象とする。예건강에 대한 관심이 높아지다. 健康に対する関心が高まる。／문제 해결에 대하여 의논해 봅시다. 問題解決について議論してみましょう。／정치에 대하여 관심이 높아졌다. 政治に対して関心が高まった。

대하-소설(大河小說)[명]《문》大河小説。

대하-젓(大蝦—)[명] こうらいえびを塩漬けにした塩辛。

대학(大學) 명 《교》 大学。 예 ~ 병원 大学病院/ ~에 입학하다. 大学に入学する。

대-학교(大學校) 명 《교》 総合大学。

대학-생(大學生) 명 大学生。

대-학원(大學院) 명 《교》 大学院。

대-학자(大學者) 명 大学者。

대한¹(大旱) 명 【큰가뭄】 大旱 ¦ 大日照り。

대한²(大寒) 명 【혹한기】 大寒。

대한-민국(大韓民國) 명 《국》 大韓民国 ¦ 韓国。 = 한국

대합(大蛤) 명 ☞대합조개

대합-실(待合室) 명 待合室。

대합-조개(大蛤—) 명 《동》 蛤。 = 대합

대항(對抗) 명 対抗。 예 학교 ~ 경기가 열리다. 学校対抗試合が開かれる。

　대항-하다 자타 対抗する。 예 힘을 모아 적에게 ~. 力を集めて敵に対抗する。

대항-력(對抗力) 명 対抗力。

대해¹(大害) 명 大害。

대해²(大海) 명 大海 ¦ 大洋。

대행(代行) 명 代行。 예 권한 ~ 権限代行。

　대행-하다 타 代行する。 예 시장의 업무를 ~. 市長の業務を代行する。

대-혁명(大革命) 명 ❶大革命。 ❷《역》 프랑스革命。

대형¹(大兄) 대 【친구】 大兄 ¦ 貴兄。

대형²(大型) 명 大型。 예 ~ 화면 大型画面/ ~ 자동차 大型自動車。

대형³(隊形) 명 【대오의 형태】 隊形 ¦ (バスケットボールなどの)フォーメーション。 예 ~을 만들다. フォーメーションを作る。

대화(大禍) 명 【큰 재앙】 大禍 ¦ 大きな災い。

대화²(對話) 명 対話。 예 부모 자식 간의 ~ 親子間の対話/ 작가와의 ~ 作家との対話。

　대화-하다 자 対話する。 예 대화하려고 애쓰다. 対話しようと努める。/ 전화로 ~. 電話で対話する。

대화-체(對話體) 명 《문》 対話体。

대환(大患) 명 ❶【큰 근심】 大患 ¦ 心配事。 ❷=대병【큰병】大患 ¦ 大患い ¦ 大病。

대-환영(大歡迎) 명 大歓迎。 예 초심자 ~ 初心者大歓迎。

대회(大會) 명 大会。 예 국제 ~ 国際大会/ 세계 선수권 ~ 世界選手権大会/ ~를 열다. 大会を開く。

대회-장(大會場) 명 大会場。

대흉(大凶) 명 ひどい凶作。

댁¹(宅) Ⅰ 명 【남의 집을 높여】 お宅。 예 부장님 ~ 部長のお宅/ ~이 어디십니까? お宅はどちらですか。/ 선생님은 지금 ~에 계십니다. 先生は今、ご在宅です。

　Ⅱ 대 【듣는이나 남을 상대를 높여】 お宅 ¦ あなた ¦ そちら。 예 ~은 누구신지요? お宅はどなたさまですか。/ ~의 아드님께 전했습니다. お宅の息子さんに伝えました。 = 댁네

-댁²(宅) 접 【그 지명의 처녀가 시집와서 여자의 댁】 —の奥さん ¦ —生まれの夫人。 예 처남댁 妻の兄弟の奥さん/ 서울댁 ソウル生まれの夫人。

댁-내(宅內) 명 お宅のみなさま ¦ ご家族。 예 ~ 평안하십니까? お宅のみなさま、お変わりありませんか。

댁-네(宅네) 명 ☞댁

댁대구루루 부 【작고 단단한 물건이 부딪히며 굴러가는 모양】 ころころ。 예 야구공이 ~ 굴러간다. 野球のボールがころころと転がっていく。

댁대굴-댁대굴 부 【크고 단단한 물건이 맞부딪치며 굴러가는 모양】 ころころ。 예 공이 ~ 굴러간다. ボールがころころと転がっていく。

댄서(dancer) 명 ダンサー。

댄스(dance) 명 ダンス。 예 ~ 스포츠 ダンススポーツ。

댐(dam) 명 《건》 ダム。 예 다목적 ~ 多目的ダム/ ~식 발전 ダム式発電。

댓 수관 五つぐらいの ¦ 五つほどの。 예 컵 ~ 개 五つぐらいのコップ/ ~ 명 五名ぐらい。

댓-글(對—) 명 《컴》 レス ¦ コメント。

댓-돌(臺—) 명 【집채의 낙숫물이 떨어지는 곳 안쪽으로 놓은 돌】 土台にすえる石 ¦ 台石。 예 ~에 벗어 놓은 신발 台石に脱ぎ捨てた靴。

댓-바람 명 ❶すぐに ¦ 直ちに ¦ 一気に ¦ 急に ¦ いきなり。 ❷【아침 일찍 대번부터】取っつき。 예 아침 ~부터 술을 마시다. 朝っぱらから酒を飲む。

댓-새 명 5日ぐらい。

댕 부 【작은 쇠붙이를 두드리는 소리】 かん ¦ こん ¦ ちん。 예 벽시계를 ~ 울리다. 掛け時計をかんと鳴らす。

댕가당 부 ❶【금속 소리가 부딪혀】 ちりん。 ❷【물방울이 금속에 떨어지는 소리】 ぽたり ¦ ぽつん。 준 댕강。

　댕가당-거리다 자타 ❶りんりんと鳴る。 ❷ぽたぽたと落ちる音がする。 = 댕가당대다

댕가당-대다 자타 ☞댕가당거리다
댕강¹ 부 ☞'댕가당'의 준말.
댕강² 부 ❶【작은 물건이 톡 떨어지거나 부러지는 소리】 꽃송이가 ~ 떨어졌다. 花房(はなぶさ)がぽきりと落(お)ちた。 ❷【외따로 있는 모양】 ぽつんぽつり。예 혼자 ~ 앉아 있다. 一人(ひとり)でぽつんと座(すわ)っている。

댕그랑 부【방울 흔들리는 소리】 ちりん。
댕그랑-거리다 자타 ちりんちりんと鳴(な)る｜りんりんと音(おと)がする。예 풍경이 ~. 風鈴(ふうりん)がちりんちりんと鳴る。/ 벨이 ~. ベルにちりんと鳴る。
댕그랑-대다 자타 ☞댕그랑거리다
댕그랑-댕그랑 부【방울 등이 잇따라 흔들리거나 부딪칠 때 나는 소리】 りんりん｜ちりんちりん。

댕기 명【한국 여성의 머리 땋은 끝에 드리는 장식】 テンギ。

댕기다 자타 火(ひ)がつく｜火をつける｜ともる｜ともす｜燃(も)え移(うつ)る。예 장작에 불이 잘 ~. まきに火がよくつく。/ 성냥불을 ~. マッチに火をつける。

댕-댕 부【종을 칠 때도】 かんかん｜ちんちん。
댕댕-거리다 자타 かんかんと鳴(な)る。=댕댕대다
댕댕-대다 자타 ☞댕댕거리다
댕댕-하다 자타 かんかんと鳴(な)る。

댕댕² ❶【살이 꼭 차거나 붙어서 매우 팽팽한 모양】 ぱんぱん。 ❷【굳은 모양】 がっちり。
댕댕-하다 형 ❶ ぱんぱんに膨(ふく)らんでいる｜ふくれている。예 몸이 부어올라 얼굴이 댕댕하여 못 알아보았다. 浮腫(むく)みで顔(かお)がふくれているので、見分(みわ)けられなかった。 ❷ がっちりしている｜もりもりしている。예 씨름꾼의 댕댕한 팔과 어깨 力士(りきし)のもりもりとした腕(うで)と肩(かた)/ 형은 댕댕한 체격이다. 兄(あに)はがっちりとした体(からだ)つきだ。=땡땡하다

댕돌-같다 石(いし)のように固(かた)くて丈夫(じょうぶ)だ。
댕돌같-이 부 石のように固くて丈夫に。

더 부 ❶【현재의 기준보다】 もっと｜更(さら)に。예 ~ 높게 もっと高(たか)く / ~ 예뻐졌다。更にきれいになった。/ 밤이 되자 바람이 ~ 세차게 분다。夜(よる)になると風(かぜ)がもっと激(はげ)しく吹(ふ)く。/ ~ 더워지다。もっと暑(あつ)くなる。 ❷【정도가 심하게 되도록 보태어】 もっと｜より。예 조금 ~ 주세요、もう少(すこ)しください。/ ~ 이상은 먹을 수 없다。もうこれ以上(いじょう)は食(た)べられない。/ 발이 아파서 ~ 걷지 못한다。足(あし)が痛(いた)くてもう歩(ある)けない。/ 한 잔 ~ 드시

겠습니까? もう一杯(いっぱい)いかがですか。/ 올림픽은 '~ 높이、~ 빨리、~ 강하게'를 목표로 한다。オリンピックは「より高(たか)く、より速(はや)く、より強(つよ)く」を目指(めざ)す。

더-하다 Ⅰ 형 よりひどい｜より激(はげ)しい｜それ以上(いじょう)だ。예 작년보다 올해의 더위가 ~. 去年(きょねん)より今年(ことし)の方(ほう)がもっと暑(あつ)い。/ 어머니도 잔소리가 많지만 할머니가 ~. お母(かあ)さんも小言(こごと)が多(おお)いが、おばあさんはそれ以上だ。/ 추위、더위로 말한다면 서울보나 대구가 너 한다。寒(さむ)さ暑(あつ)さで言(い)うと、ソウルよりテグの方がひどい。
Ⅱ 자타 ❶【수를】 (数(かず)を)加(くわ)える｜足(た)す。예 100원에 200원을 더하면 300원이다。100ウォンに200ウォンを足すと300ウォンだ。 ❷【전보다 더 심해지다】 (以前(いぜん)より)もっと多(おお)くなる｜もっと激(はげ)しくなる｜もっとひどくなる｜もっと重(おも)くなる。예 치통이 점점 ~. 歯(は)の痛(いた)みがだんだんひどくなる。

더구나¹ 부 (その)うえに｜おまけに｜さらに｜なお｜しかも。예 짐도 무거운데 ~ 비까지 내린다。荷物(にもつ)も重(おも)い。そのうえに雨(あめ)さえ降(ふ)る。=더군다나

-더구나² 어미【경험한 사실을 회상】 —だったな｜—だったよ｜—していたな｜—していたよ。예 잘 달리더구나、よく走(はし)っていたな。/ 귀엽더구나。かわいかったよ。준 -더군

-더구려 어미【경험한 사실을 회상】 —だったな｜—だったよ｜—していたな｜—していたよ。예 벌써 저녁 식사를 끝냈더구려、すでに夕飯(ゆうはん)を食(た)べていたよ。/ 예뻐졌더구려、美(うつく)しくなったよ。

-더구먼 어미【경험한 사실을 회상하여 상대방에게 나타내는 말】 —だったな｜—だったよ｜—していたな｜—していたよ。예 모두 기다리더구먼。みんな待(ま)っていたな。/ 여전히 건강하더구먼。相変(あいか)わらず健康(けんこう)だったよ。

-더군 어미 ☞'-더구나'의 준말.

더군다나 부 (その)うえに｜おまけに｜さらに｜なお｜しかも。=더구나

더금-더금 부【조금씩 자꾸 더하는 모양】 もっともっと｜どんどん｜ずんずん。예 밤이 되자 눈이 ~ 쌓이기 시작한다。夜になると雪(ゆき)がどんどん積(つ)もりだす。

더께 명【찌든 물건에 앉은 거친 때】 積(つ)もり積もったほこり｜凝(こ)り固(かた)まった垢(あか)。

-더냐 어미【경험한 사실에 대한 앎을 물음】 —したのか｜—し

ていたか｜―だったのか. 例어디에 살더냐? どこに住んでいたか？／집에 별일 없더냐? 家に変わったことはなかったのか. 참―느냐

더넘-스럽다 형 【영】大きすぎる｜持て余すほど大きい. 例가방이 커서 ~. かばんがもてあますほど大きい.

더넘스레 부 持て余すほど大きく.

-더니¹ 어미 【경험한 새로이 깨달은 과거 사실에 대해 놀람을 나타냄】 ―したのか｜―していたか｜―だったのか. 例건강하더니? 健康だったのか.

더-더구나 부 (その)うえに｜おまけに｜さらに｜なお｜しかも.

더-더군다나 부 (その)うえに｜おまけに｜さらに｜なお｜しかも.

더덕 명 〔식〕蔓人参にんじん.

더덕-더덕 부 【작은 것이 군데군데 붙은 모양】べたべた｜ぺたぺた. 例벽에 ~ 광고를 붙이다. 壁にべたべたと広告を張りつける.

더덕-북어(―北魚) 명 干した介党鱈すけとうだら.

더덜-거리다 타 【경】どもる. =더덜대다

더덜-대다 타 ☞더덜거리다

더덜못-하다 형 【경】優柔不断ゆうじゅうふだんである.

더덩실 부 ❶ 【가볍게 흔들리며 춤을 추는 모양】 小躍こおどりするさま. 例 ~ 춤을 추다. 軽快に踊りを踊る. ❷ 【물건 위로 가볍게 솟는 모양】 ふんわり｜ふわり.

더뎅이 명 【병이 곪은 자리에 말라붙은 딱지】 かさぶた｜凝こり固かたまった垢あか.

더듬-거리다 자타 ❶ 【경】しきりに手探てさぐりする. 例벗은 안경을 더듬거리며 찾다. 外はずした眼鏡めがねをしきりに手探りで探す. ❷ 【경】(記憶きおくなどを)たどる. ❸ 【잘 보르는 길을 찾아서 더듬어 나아가다】 尋ねて探す｜たどる. 例더듬거리다 겨우 도착했다. 尋ね尋ね探しながら行き, やっと着いた. ❹ 【경】どもる｜たどたどしい｜訥々とつとつとする. 例영어 책을 더듬거리며 읽다. 英語の本をたどたどしく読む. ／그는 더듬거리는 어조로 이야기하였지만 사람들에게 감동을 주었다. 彼は訥々とした口調で話したが, 人々に感動を与えた. =더듬대다

더듬다 타 ❶ 【경】(よく見えない物を)手探さぐりする. 例손으로 더듬어 양초에 불을 붙이다. 手探りでろうそくに火をつける. ❷ 【경】(記憶きおくなどを)たどる. 例추억을 ~. 追憶をたどる. ❸ 【경】推おし量って探す｜たどる. 例지름길을 더듬어 가다. 抜け道を探して行く. ❹ 【경】どもる｜口ごもる. 例나는 긴장하면 말을 더듬는다. 私は緊張するとどもる.

더듬-대다 타 ☞더듬거리다

더듬-더듬 부 ❶ 【손으로 이리저리 자꾸 만지는 모양】 手探てさぐりで. ❷ 【잃은 것이나 길을 찾느라고 이리저리 더듬는 모양】 尋ね尋ね｜たどたどしく. 例 ~ 걷다. たどたどしく歩く. ❸ 【말이나 글을 막히어 자꾸 더듬는 모양】 つかえつかえ｜たどたどしく｜訥々とつとつと. 例 ~ 이야기해서 무슨 말인지 알 수가 없다. つかえつかえ話すので, 意味いみが分わからない.

더듬더듬-하다 자타 ❶ 手探てさぐりする. 例바닥에 떨어뜨린 반지를 더듬더듬하여 찾았다. 床に落とした指輪をしきりに手探りして見つけた. ❷ 推し量って探す｜たどる. ❸ どもる.

더듬-이¹ 명 どもる人ひと. =말더듬이

더듬-이² 명 【촉각】(觸角)

더듬이-질 명 手探てさぐり.

더듬적-거리다 타 ❶ しきりに手探てさぐりする. 例주머니 속을 더듬적거리다. ポケットの中をしきりに手探りする. ❷ しきりにどもる. =더듬적대다

더듬적-대다 타 ☞더듬적거리다

더듬-질 명 手探てさぐりすること.

더듬질-하다 자타 手探てさぐりする.

더디 부 のろのろ｜ゆっくり. 例시간이 ~ 흐르는 것 같다. 時間がゆっくり流れる感じだ.

더디다 형 遅おそい｜のろい｜鈍にぶい. 例걸음걸이가 ~. 歩くのがのろい. ／더디게 먹다. 遅く食べる. ／더디게 가다. 遅く行く. ／진행이 더딘 느낌이다. 進むのが遅く感じる. ／음속은 광속보다 ~. 音速は光速より遅い. ◆비교 표현에서는 「のろい」를 쓰지 않는다.

-더라 어미 【과거 사실을 회상하여 말하는 종결 어미】 ―だったよ｜―したんだよ｜―していたよ. 例새집이 참 좋더라. 新しい家がとてもよかったよ. ／나쁜 일만 있는 것은 아니더라. 悪いことばかりあるのではなかったよ.

-더라도 어미 【어떤 조건을 가정하여 양보하는 뜻을 나타냄】 ―しても｜―するとも｜―であっても. 例반대하더라도 만나겠다. 反対しても会う. ／힘들더라도 포기하지 마라. 骨がおれてもやめてしまうな.

-더라면 어미 【과거를 회상하면서 실제와 반대되는 사실을 가정함을 나타냄】 ―したならば｜―したら｜―であったなら. 例가지 않았더라면 좋았을 텐데. 行かなかったらよ

かったのに. / 얘기했더라면 오해하지 않았을 것. 話ししたら誤解しなかったのに.

더러¹ 🖫 ❶ 【얼마쯤】 いくらか｜少しは｜多少。 ❷ 【때로】 たまに｜時々｜まれに｜時には。 ⑩ ～ 전화도 한다. 時には電話することもある. / 옛날에는 ～ 화장도 했다. 昔はまれに化粧もした.

더러² 조 —に｜—に対して. ⑩ 그 일을 나더러 하란다. そのことを私にやるという. / 형더러 일어나라고 해라. 兄に起きろと言いなさい.

더러움 명 けがれ｜汚れ. ⑩ 이 옷은 ~이 잘 탄다. この服は汚れやすい. 준더럼

더러워-지다 자 ❶ 【때뭇다】 汚くなる｜汚れる｜垢がつく. ⑩ 더러워진 운동화를 빨다. 汚れた運動靴を洗う. ❷ 【추하다】 醜くなる. ❸ 【때뭇다】 汚される｜傷つけられる｜貞操を失う.

더럭 뷔【갑자기】 どっと｜にわかに｜急きゅうに. ⑩ 불이 나가자 ～ 겁이 났다. 停電すると急に怖じついた.

더럭-더럭 뷔 ねちねち. ⑩ ～ 떼를 쓰다. しつこくねだる.

더럼 명 【더러움】 けがれ｜汚れ.

더럽다 형 ❶ 【때뭇다】 汚い｜汚らしい｜汚されている. ⑩ 옷이 ~. 服が汚れている. / 더러운 손으로 만지지 마. 汚い手で触るな. / 벽이 낙서로 ~. 壁が落書きで汚らしい. ❷ 【치사하다】 下品だ｜汚らしい｜汚らわしい. ⑩ 입이 더러워서 모두가 꺼린다. 言い方が乱暴で下品なので, みんなが嫌がる. / 간음 같은 더러운 생각은 버려라. 姦淫のような汚らしい考えは捨てろ. / 부자인데도 돈 씀씀이가 ~. 金持ちのくせに金遣いがけちくさい. ❸ 【못마땅하다】 気に食わない｜不快である. ⑩ 더러워서 더 이상 말하고 싶지 않다. 不快でこれ以上話したくない. / 그 녀석 하는 짓이 아니꼽고 ~. あいつの振る舞いは目障りで気に食わない.

더럽-히다 타 ❶ 【때뭇게 하다】 汚くする｜汚す｜不潔にする. ⑩ 아이가 내 옷을 더럽혔다. 子供が私の服を汚した. / 남의 물건을 더럽히지 않도록 해라. 人の物だから汚さないようにしなさい. ❷ 【손상시키다】 (名誉・威信などを)傷つける｜汚す. ⑩ 사장님의 명예를 더럽히지 않도록 행동에 주의해라. 社長の名誉をけがさないように行動に注意しろ. / 가문을 ~. 家門を汚す. ❸ 【순결을 훼손하다】 (操などを)犯す｜侵す. ⑩ 고려를 더럽힌 몽고군 高麗を侵した蒙古軍 / 성역을 더럽혀만 안 된다. 聖域を犯してはならない. / 정조를 ~. 操を犯す.

더미 명 山. ⑩ 쓰레기 ～ ごみの山 / 장작 ～ 薪の山 / 서류 ～ 書類の山.

더미-씌우다 타 おっかぶせる｜負わせる.

더버기 명 —だらけ｜—まみれ. ⑩ 운동화가 온통 흙~가 되었다. 運動靴がすっかり泥だらけになった.

더벅-더벅 뷔 とぼとぼ. ⑩ 시골 길을 ～ 혼자 걷다. 田舎道をひとりでとぼとぼと歩く.

더벅-머리 명 ぼうぼうとした髪.

더부룩-하다¹ 형 (草木・髪・ひげなどが) ぼうぼうとしている. ⑩ 더부룩한 머리 ぼうぼうとした髪の毛 / 수염이 ~. ひげがぼうぼうとしている.

더부룩-이 뷔 ぼうぼうと.

더부룩-하다² 형 【일이 많다】 腹が張る｜もたれる.

더부-살이 명 ❶ 住み込みのお手伝い. ❷ 居候.

더북-더북 뷔 ぼうぼうと.

더불다 자【더불어 함】 ともに｜いっしょに. ⑩ 다른 사람과 더불어 사는 사회 他人と一緒に生きている社会 / 책과 더불어 밤새우다. 本とともに夜を明かす.

더블(double) 명 ダブル. ⑩ ～ 스코어 ダブルスコア.

더블류(W・w) 〈언〉【알파벳】 ダブリュー.

더블 클릭(double click) 〈컴〉 ダブルクリック.

더블 펀치(double punch) 〈운〉【권투】 ダブルパンチ. ⑩ ～를 날리다. ダブルパンチを飛ばす.

더빙(dubbing) 명 〈연〉 ダビング.
　더빙-하다 자 ダビングする. ⑩ 영화를 ~. 映画をダビングする.

더뻑 뷔【앞뒤를 생각하지 않고 선뜻 행동하는 모양】 むやみに｜いきなり｜無分別に.
　더뻑-거리다 자 むやみに行動する. =더뻑대다
　더뻑-대다 자 ☞더뻑거리다

더-아니 뷔 なおさら｜この上なく.

더없-이 뷔 この上なく｜またとなく｜何と

더욱

よりも。예 ~ 좋은 기회다. またとないチャンスだ。/ 여기서 너를 만나다니 ~ 기쁘구나. ここであなたに会うとは何よりもうれしい。

더욱 튀 もっと｜さらに｜なお｜いっそう。 예 ~ 열심히 공부하겠다. もっと熱心に勉強する。/ ~ 분발해라. もっと頑張りなさい。/ 비가 ~ 세차게 내리다. 雨がいっそう激しくなる。

더욱-더 튀 よりいっそう｜なおいっそう。

더욱-더욱 튀 よりいっそう｜なおいっそう。

더욱-이 튀 その上に｜さらに｜なお｜それにまた｜おまけに。 예 직장도 잃고 ~ 병까지 걸렸다. 職場も失うし、おまけに病気にもかかった。

더운-물 溫水｜お湯｜暖めた水。

더운-밥 炊きたてのご飯。

더위 명 暑さ。 예 ~를 타다. 暑さに弱い；夏ばてする。/ ~가 점점 심해지다. 暑さがどんどんひどくなる。/ ~가 한풀 꺾이다. 暑さの勢いがくじかれる。/ 찌는 듯한 ~를 견디어 내다. 蒸すような暑さに耐え忍ぶ。

더위(가) 들다 관용 ☞더위(를) 먹다

더위(를) 먹다 관용 暑さに負ける｜暑さ負けする｜夏負けする。 예 더위를 먹어 기운이 없다. 暑さに負けて元気がない。/ 올해는 더위 먹지 않았다. 今年は夏負けしなかった。=더위(가) 들다

더치다 【더친＋하다】ぶり返す。

더치페이(Dutch pay 조) 명 ダッチアカウント｜割り勘。

더펄-거리다 자 ❶ゆらゆらと揺れる。 예 빨래가 바람에 ~. 洗濯物が風に吹かれてそよぐ。❷軽率に振る舞う｜そそっかしく振る舞う。=더펄대다

더펄-대다 자 ☞더펄거리다

더펄-더펄 튀 ❶ゆらゆら｜ふわふわ。❷そわそわ。

더펄-머리 명 ふさふさした髪。

더펄-이 명 落ち着きがなく軽はずみな人｜おっちょこちょい｜そそっかしい人。 예 너는 ~인줄 알았는데 이렇게 꼼꼼한 데도 있었구나. 君はおっちょこちょいだとばかり思っていたのに、こんなに几帳面なところもあったんだな。

더-하다 형 ☞'더'의 부표제어.

더하-기 명 《수》足し算｜プラス。=보태기

더-한층(一層) 튀 なおいっそう｜よりいっそう｜なおさら。 예 ~ 나빠지다. なおさら悪くなる。

덕(德) 명 ❶【】德。 예 ~이 높다. 德が高い。/ ~을 베풀다. 德を施す。❷恵み｜おかげ｜恩惠。네 ~에 이길 수 있었다. あなたのおかげで勝つことができた。=덕분 ❸【】德｜功徳。

덕(을) 보다 관용 恵みを受ける｜おかげを被る。 예 친구의 덕을 보다. 友人のおかげを被る。

덕담(德談) 명 【】幸運の言葉。 예 새해에는 ~을 주고받는다. お正月には幸運の言葉を話し合う。

덕더글-덕더글 튀 【】ごろごろ。

덕망(德望) 명 德望。

덕목(德目) 명 德目。

덕분(德分) 명 おかげ｜恩惠。 예 선생님 ~에 先生のおかげで/ ~에 잘 지내고 있습니다. おかげさまで無事に暮らしています。=덕②

덕성(德性) 명 德性。

덕성-스럽다(德性一) 형 德性を備えている｜善良で寬大だ｜慈悲深い。
덕성스레 慈悲深く。

덕-스럽다(德一) 德を備えている｜德のあるように見える。

덕-장 명 干し竿子をかけるところ。

덕적-덕적 【】べっとり｜べたべた。

덕지-덕지 튀 べたべた｜べっとり。 예 벽에 종이를 ~ 붙이다. 壁に紙をべたべたと張り付ける。

덕택(德澤) 명 おかげ｜恩惠。 예 염려해주신 ~에 잘 마쳤습니다. 心配してくださったおかげで、無事に終わりました。/ 모두가 여러분 ~입니다. すべてがみなさまのおかげです。

덕행(德行) 명 德行。

-던 어미 ❶【】―かった｜―した｜―していた。 예 학교에 다니던 시절 学校に通っていたとき/ 서로 사랑했던 두 사람 愛し合った二人。❷【】―だったか｜―だったのか｜―していたのか。 예 아버지가 뭐라시던? お父さんが何とおっしゃったの。/ 몇 명이 출석했던? 何人が出席したのか。

-던가 어미 ❶【】―かったか｜―したか

┃—していたか。예 상처는 괜찮던가? 傷は大丈夫だったのか。❷【사람을 만났었는지 회상함】 어디선가 그를 만난 적이 있었던가? どこかで彼に会ったこと、あったかな。

-던걸어미【과거의 사실에 대해 말하면서 상대방의 반응을 기대함】—だったよ｜—したよ｜—だったの。 예 가게는 이미 문을 닫았던걸. お店はもう閉まったよ。

-던데어미 ❶—していたのに｜—ていたが。예 스즈키 씨가 급히 뛰어가던데 무슨 일이야? 鈴木さんが急いで走って行'ってたけど、何かあるの。❷—だったよ。예 네 휴대 전화는 거실에 있던데. あなたの携帯電話は応接間にあったよ。

-던들어미【반대가정】—していたら。예 미리 전화했던들 집을 비우지 않았을 텐데. あらかじめ電話していたら、留守はしなかったはずなのに。

던적-스럽다형【하는 짓이 지저분하고 야비한 듯하다】汚らしい｜卑しい｜さもしい｜けちくさい。

던져-두다타 捨てておく｜放っておく。예 가방은 던져두고 어디 간 걸까? 鞄を放っておいて、どこへ行ったのか。

-던지어미【어떠한 일의 이유나 원인을 추측함】あまりにも—したので。예 어찌나 배가 고프던지 쓰러질 것 같았다. あまりにも腹が空いたので、倒れるようだった。

던지다타 ❶【事물】(物を)投げる｜投げ飛ばす。예 돌을 ~. 石を投げる。/ 폭탄을 ~. 爆弾を投げる。/ 신발을 ~. 靴を投げる。/ 공을 ~. ボールを投げる。/ 로프를 ~. ロープを投じる。❷【身】(身を)投げる｜投じる｜飛び込む。예 바다에 몸을 ~. 海に身を投げる。/ 몸을 던져 구하다. 身を投じて助ける。❸【화제】投げる｜投げかける。예 화제를 ~. 話題を投げる。❹【身】体を捧げる。예 나라를 위해 기꺼이 목숨을 던졌다. 国のために喜んで命を捧げた。❺【투】投げかける｜送る。예 추파를 ~. 秋波を送る。/ 의혹의 눈길을 ~. 疑惑の視線を投げかける。

던지럽다형 卑しい｜嫌らしい。

덜부 少なく｜少なめに。예 구운 빵 마다 十分に焼いていないパン/ ~ 익은 과일 まだ熟していない果物/ 어제보다 ~ 춥다. 昨日ほど寒くない。/ 이쪽 바구니에 사과를 ~ 담다. こちらの籠にリンゴを少なめにいれる。

덜-하다형 弱くなる｜少なくなる｜和らぐ。예 추위가 어제보다 ~. 寒さが昨日より弱くなる。/ 아픈 게 좀 ~. 痛みが和らぐ。

덜거덕부【크고 단단한 물건이 부딪쳐서 나는 소리】がたっと｜ごん｜がん。준덜걱

덜거덕-거리다자타 がたがたする｜ごとごとする｜ごんごんとする。예 차가 언덕을 덜거덕거리며 지나간다. 車が高台をがたがたさせながら通り過ぎる。/ 트럭이 덜거덕거린다. トラックががたがたする。=덜거덕대다

덜거덕-대다자타 ☞덜거덕거리다

덜거덕-하다자타 がたっとする｜ごんとする｜がんとする。예 대문이 바람에 ~. 門が風でがたっと音がする。

덜거덕-덜거덕부【크고 단단한 물건이 자꾸 부딪쳐서 나는 소리】がたがた｜ごとごと。

덜거덩부【크고 단단한 물건이 부딪쳐서 나는 소리】がたっと｜がん｜ごん。

덜거덩-거리다자타 しきりにごとごとする｜がたがたする。예 덜거덩거리는 문짝 がたがたする扉/ 버스가 덜거덩거리며 시골 길을 지나가고 있다. バスががたっとしながら田舎道を通り過ぎている。=덜거덩대다

덜거덩대다자타 ☞덜거덩거리다

덜거덩-덜거덩부【크고 단단한 물건이 자꾸 부딪쳐서 나는 소리】ごんごん｜がたがた。~ 소리를 내는 고장 난 문 がたがたと音がする壊れた扉 준 덜겅덜겅

덜걱부 '덜거덕'의 준말.

덜겅부【크고 단단한 물건이 부딪쳐서 나는 소리】がたっと。

덜겅-거리다자타 がたがたする。예 창문이 덜겅거린다. 窓ががたがたする。= 덜겅대다

덜겅-대다자타 ☞덜겅거리다

덜겅-덜겅부 ☞'덜거덩덜거덩'의 준말.

덜그럭부【크고 단단한 물건이 부딪쳐서 나는 소리】がたがた｜がちゃがちゃ。예 접시를 ~ 닦는다. お皿をかちゃかちゃ洗う。

덜그럭-거리다자타 がちゃがちゃする｜がたがたする。예 창문이 바람에 덜그럭렸다. 窓が風でしきりにがたがたした。=덜그럭대다

덜그럭-대다자타 ☞덜그럭거리다

덜그럭-덜그럭부【크고 단단한 물건이 자꾸 부딪쳐서 나는 소리】がちゃがちゃ｜がたがた。예 ~ 아침 식사 준비하는 소리가 들린다. がちゃがちゃと朝ご飯の支度をする音が聞こえる。

덜그렁[부]【얇고 큰 쇠붙이 등이 맞부딪쳐 나는 소리】がちゃん。
　덜그렁-거리다[자][타] がちゃがちゃする。[예]기계가 오래되어서 덜그렁거린다. 機械が古くなって、がちゃがちゃ音がする。=덜그렁대다
　덜그렁-대다[자][타] ☞덜그렁거리다

덜그렁-덜그렁[부]【얇고 큰 쇠붙이 등이 자꾸 맞부딪쳐 나는 소리】がちゃがちゃ¦がたがた。[예]~ 그릇 씻는 소리 がちゃがちゃとお皿を洗う音。

덜다[타] ❶【수량·정도를】(数量や程度を)少なくする¦減らす。[예]인원을 ~. 人員を減らす。❷【걱정·고통 등을】(難しさや心配などを)減らす¦和らげる¦軽くする¦省く。[예]고통을 ~. 苦痛を軽くする。/ 걱정을 ~. 心配を減らす。/ 품을 덜어서 경비를 절약하다. 労力を省いて経費を節約する。

덜덜[부] ❶【차가 단단한 바닥을 구르며 달리는 소리 또는 모양】がらがら¦ごとごと。❷【추위·공포로 몸을 몹시 떠는 모양】ぶるぶる¦がたがた。[예]추위에 ~ 떨다. 寒くてがたがた震える。
　덜덜-거리다[자][타] ❶がらがら音を立てる。[예]차가 덜덜거리며 지나간다. 車ががらがらと音を立てながら通り過ぎて行く。❷ぶるぶる震える¦がたがた震える。[예]무서워서 ~. 恐くてぶるぶる震える。=덜덜대다
　덜덜-대다[자][타] ☞덜덜거리다

덜-되다[형]【말이나 하는 짓이】間抜けだ¦足りない。

덜-떨어지다[형] 未熟だ¦子供じみている。

덜렁[1][부] ❶【한 번 흔들리는 소리 또는 모양】ぶらり¦だらり¦がらん。❷【침착하지 못하게 행동하는 모양】うっかり¦軽はずみに。[예]비밀을 ~ 말해 버렸다. 秘密をうっかり話してしまった。❸【놀라거나 겁이 나 가슴이 뜨끔하는 모양】どきっと¦どきり¦どきん。[예]놀라서 마음이 ~ 내려앉았다. 驚いて胸がドキッとした。
　덜렁-거리다[자][타] ❶【자꾸만 흔들리는 소리가 나다】しきりに揺れる¦がらんがらんと揺れる¦がたがたと鳴る。[예]떨어지다 만 문이 ~. 外れかけたドアが、がらんがらんと揺れる。❷【자꾸 침착하지 못하게 행동하다】しきりにそそっかしく振る舞う¦がさつだ¦軽率だ¦がちゃがちゃする。[예]너는 왜 그렇게 덜렁거리니? 君はどうしてそんなにそそっかしいの。/ 덜렁거리지만 밉지는 않은 녀석이다. そそっかしいが憎めないやつだ。=덜렁대다
　덜렁-대다[자][타] ☞덜렁거리다
　덜렁-이다[자][타] ❶がたがたと鳴る。❷軽率だ¦がさつだ。

덜렁[2][부]【단 하나만 있는 모양】(多くの中から離れて)一つだけ残っているさま¦ぽつん¦ぽつり。[예]강의실에 ~ 혼자만 남았다. 講義室にぽつんとひとりだけ残った。

덜렁-쇠[명] 落ち着きがなくてそそっかしい人¦あわてんぼう¦おっちょこちょい。[예]너 같은 ~에게는 돈을 맡길 수가 없지. 君のようにそそっかしい人には、お金を預けることができない。=덜렁이

덜렁-이[명] ☞덜렁쇠

덜레-덜레[부]【단출한 몸으로 건들건들 걷거나 행동하는 모양】ぶらぶら。[예]~ 걷다. ぶらぶらと歩く。/ ~ 따라가다. ぶらぶらとついていく。

덜름-하다[형]【입은 옷이 길이가 짧다】つんつるてんだ¦ちんちくりんだ。[예]작년에 입던 바지가 ~. 昨年、はいていたズボンがつんつるてんだ。

덜-리다[자] 減らされる¦差し引かれる¦少なくなる。

덜-먹다[형] 勝手に振る舞う¦あさはかだ。

덜미[명] 首筋¦首根っこ。=목덜미
　덜미(를) 잡히다[관용] (計略・嘘・秘密・弱点などが人に)ばれる¦握られる¦見つけ出される。[예]거짓말하다 덜미를 잡히다. 嘘がばれる。/ 계략을 꾸미다가 덜미를 잡혀 변명도 못하고 실토하였다. 計略を巡らす途中にばれて、言い訳も言えずに本当のことを白状した。

덜미-잡이[명] 首筋を捕まえること。
　덜미잡이-하다[타] 首筋を捕まえる。

덜커덕[부] がたん¦がたっと。[예]문이 ~ 닫히다. 戸ががたんと閉まる。[준]덜컥[2]
　덜커덕-거리다[자][타] がたがたする¦しきりにがたんと音がする。=덜커덕대다
　덜커덕-대다[자][타] ☞덜커덕거리다

덜커덕-덜커덕[부] がたがた¦ごとごと。

덜커덩[부]【크고 단단한 물건이 부딪쳐 울리는 둔탁한 소리】がたっと¦ごん¦がん。[예]문이 갑자기 ~ 열렸다. 扉が突然がたっと開いた。[준]덜컹[2]
　덜커덩-거리다[자][타] がらがら音をさせる¦がたがたする。[예]대문이 ~. 門がしきりにがたがたする。=덜커덩대다
　덜커덩-대다[자][타] ☞덜커덩거리다

덜커덩-덜커덩[부] がたがた¦ごんごん¦がらがら。[예]~ 문 여닫는 소리 がたがた

と扉を開け閉めする音。준 덜컹 덜컹

덜컥¹ 튀 ① [갑자기 놀라거나 겁을 먹은 모양] どきっと¦ぎくり¦ぎくっと。 예 겁이 ~ 나다. どきっと怖け付く。/소식을 듣고 가슴이 ~ 했다. ニュースを聞いて胸がどきんとした。 ❷ [덥석 달려드는 모양] どっと¦ぽっくり¦がくん。 예 할머니께서 ~ 돌아가셨다. お祖母さんがぽっくり亡くなった。

덜컥² 튀 ☞'덜커덕'의 준말.

덜컹¹ 튀 [갑자기 놀라거나 겁을 먹어 가슴이 세차게 뛰는 소리] どきっと¦ぎくっと¦ぎくり。 예 놀라서 가슴이 ~ 내려앉다. 驚いて胸がどきっとした。

덜컹-거리다 재타 しきりにどきどきする。 예 가슴이 덜컹거리는 것이 느껴진다. 胸がどきどきするのが感じられる。 =덜컹대다

덜컹-대다 재타 ☞덜컹거리다

덜컹² 튀 [떨어지는 소리] がたっと。

덜컹-덜컹 튀 [놀라거나 겁먹은 모양] どきん¦どきっと。

덜컹-덜컹² 튀 [쇠붙이가 부딪히는 소리] がたがた。

덜퍽-스럽다 형 豊かでたっぷりしている。

덜퍽-지다 형 ❶ [흐뭇하고 푸지다] 豊かで見栄えがする。 ❷ [몸집이 크고 실팍하여 벅지다] (大きい体が)どっしりしている¦貫禄がある¦おうようだ。

덜-하다 형 ☞'덜'의 부표제어.

덤 명 ❶ [제 값의 물건 밖에 좀 더 얹어 주는 물건] おまけ¦景品。 ❷ 〈운〉 [바둑에서 흑이 백에게 몇 집 얹어 주는 일] 込み。 예 ~을 받고 두다. 込みを受けて打つ。

덤덤-하다 형 ❶ 平然としている¦淡々としている¦押し黙っている。 예 엄청난 소식이었지만 그는 덤덤한 표정으로 듣고 있었다. とてつもない知らせであったが、彼は淡々とした表情で聞いていた。 ❷ [음식 맛이 심심하다] 味が薄い¦水っぽい。

덤덤-히 튀 平然として¦淡々として。

덤-받이 명 [여자가 전남편에게서 낳아서 데려온 아이] 連れ子。

덤벙¹ 튀 [무거운 물건이 빠지는 소리] どぶん¦どぼん¦じゃぼん。

덤벙-거리다¹ 재 どぶんどぼんと音がする。 =덤벙대다

덤벙-대다¹ 재 ☞덤벙거리다

덤벙² 튀 [들뜬 행동으로 함부로 덤비는 모양] せかせかく¦そそかしく¦そそっかしく。

덤벙-거리다² 재 そそかしく振る舞う。 =덤벙대다²

덤벙-대다² 재 ☞덤벙거리다²

덤벙-덤벙 튀 [물건이 물에 자꾸 빠지는 소리] どぶんどぶん¦どぼんどぼん¦じゃぼんじゃぼん。 예 바닷속으로 ~ 뛰어드는 소리 海の中にどぼんと飛び込む音。

덤벼-들다 자 ❶ [달려들다] 突っ掛かる¦飛び付く¦食ってかかる。 예 맹렬한 기세로 ~. 猛烈な勢いで突っ掛かる。/흥분해서 형에게 ~. 興奮して兄に食って掛かる。/개가 갑자기 ~. 犬が急に飛び掛かる。 ❷ [적극적으로 뛰어들다] 積極的に飛び付く。 예 그는 새로운 사업에 적극적으로 덤벼들었다. 彼は新しい事業に積極的に飛び付いた。

덤부렁-듬쑥 튀 [수풀이 우거진 모양] こんもりと茂ったさま。

덤불 명 草むら¦やぶ¦茂み。

덤비다 자 ❶ [대들다, 달려들다] 突っかかる¦飛び掛かる¦飛びつく¦食ってかかる。 예 혼자서 10명에게 덤볐단 말이야? 一人で十人に飛びかかったのかい。/어디, 덤비려면 덤벼 봐라. 요시, 掛かってくるなら掛って来い。/버릇없이 부모에게 덤벼서는 안 돼. ぶしつけに親に食って掛かっちゃだめだ。 ❷ [적극적으로 뛰어들다] 積極的に飛び付く。 예 준비도 없이 덤비면 실패한다. 準備もしないで飛び付くと失敗する。 ❸ [서두르다] 急ぐ¦慌てる。

덤뻑 튀 無鉄砲に¦うっかり¦むやみに¦いきなり。 예 생각 없이 ~ 말을 내뱉다. 見境もなくむやみに言い捨てる。

덤터기 명 ❶ [억울한 누명] 心配事。 ❷ [억울한 누명·회책] 濡れ衣。 예 억울하게 ~를 쓰다. くやしく濡れ衣を着せられる。

덤프-트럭(dump truck) 명 ダンプカー。

덤핑(dumping) 명 〈경〉 ダンピング。 예 ~ 관세 ダンピング関税。

덤핑-하다 타 ダンピングをする。

덥다 형 ❶ [기온이] (気温が)暑い。 예 올해는 ~. 今年は暑い。/더워서 죽을 것 같다. 暑くて死にそうだ。/찌는 듯이 ~. 蒸すように暑い。 ❷ 〈물〉 (温度が)温かい。 예 더운 밥 温かい御飯。/더운 물 주세요. お湯をください。 ❸ 〈한〉 ある薬료가 체를 덥게 하는 성질。 예 인삼은 몸을 덥게 하는 약재다. 高麗人参は体を温める薬料だ。

덥석[부] さっと｜むずと｜ぱっと｜がぶり。 例 갑자기 손을 ~ 잡다. いきなり手をむずとつかむ。

덥석-덥석[부] むずと｜さっと｜ぱっと｜かぶりかぶりと。

덧-가지[명] 余計な枝。

덧-거름[명] 〈농〉追い肥｜追肥｜補肥。

덧-거리[명] ❶【분량이 수량에】付け足し｜余分。 ❷【과장해서 하는 말】大げさに言うこと｜誇張。

　덧거리-하다[타] 大げさに言う｜誇張する。

덧거리-질[명] 付け足し。

덧-걸다[타] 重ねてかける。 例 셔츠를 덧걸면 구겨진다. シャツを重ねてかけると、しわくちゃになる。

덧걸-리다[자] ❶重ねてかかる。 ❷【엉클어지다】重なり合う。

덧-그림[명] 敷き写うしの絵。

덧-나다[자]【병이나】(病気か･傷が)こじれる｜ぶり返す｜悪くなる｜悪化する。 例 상처가 덧나기 전에 소독을 해라. 傷が悪くなる前に消毒をしろ。

덧-나다[자]【생겨서】重ねて出る｜二重に生える｜余分について出る。 例 이가 덧났지만 그래도 예쁘다. 歯が重なって生えているが、それでもかわいい。

덧내다[타] こじらす｜こじらせる。 例 감기를 덧내어 폐렴이 되다. 風邪をこじらせて肺炎状になる。

덧-니[명] 八重歯。

덧-대다[타] 継ぎを当てる。 例 양말에 헝겊을 덧대어 깁다. 靴下に継ぎを当てて縫う。

덧-들다[자] (途中で目が覚めて)寝つけない｜寝そびれる。 例 잠이 덧들어 뜬눈으로 밤을 새웠다. 寝付けなくて、目を開けて夜を明かした。

덧-들이다[타]【병을】(病気を)悪化させる。 例 병을 낫게 한다는 노릇이 도리어 덧들이었다. 病気を直すという口実が、かえって悪化させた。 ❷【기분을】(気を)悪くさせる。

덧들-이다[타]【잠을】寝そびらせる｜寝つかれないようにする。

덧-문(-門)[명] 二重扉や二重窓の外側にある扉や窓。 例 ~을 걸어 닫다. 外側の扉に鍵をかける。

덧-물[명] (川や湖に張った氷が溶けて)氷の上にたまった水。

덧-바지[명] 下履きの上に重ねて履くパジ。

덧-버선[명] 上足袋｜重ね足袋。

덧-붙다[자] ❶付け足される｜付け加わる。 例 원금에 수수료가 ~. 元金に手数料が付け加わる。 ❷無駄なものがつく。

덧붙-이다 付け足す｜付け加える。 例 덧붙여서 말하면 付け加えて言えば。

덧-셈[명] 〈수〉足し算｜寄せ算。

덧-신[명] オーバーシューズ。

덧-씌우다[타] 重ねて被せる。 例 죄를 ~. 罪を被せる。

덧-양말(-洋襪)[명] 靴下カバー。

덧-없다[형] ❶【순식간이다】瞬たく間である｜つかのまである。 ❷【허무하다】はかない｜無常である｜虚しい。

　덧없-이[부] ❶瞬たく間に。 例 세월이 ~ 흘러가는구나! 歳月が瞬く間に流されていくんだな。 ❷はかなく｜虚しく。 例 인생을 ~ 살아왔구나! はかない人生を生きてきたな。

덧-입다[타] 重ねてはく｜重ねて着る。 例 재킷 위에 코트를 ~. ジャケットの上にコートを重ねて着る。

덧-저고리[명]【옷】チョゴリの上に重ねて着るチョゴリ。

덧-창(-窓)[명] 外側の窓。=겉창

덧-칠(-漆)[명] (塗料などで)塗ってあった物の上にさらに塗ること。

덩굴[명] 〈식〉蔓。=넝쿨

덩굴-걷이[명] 〈농〉❶蔓の刈り入れ。 ❷蔓の刈り入れの時、取った実。

덩굴 식물(-植物)〈식〉蔓植物。

덩굴-줄기[명] 〈식〉蔓状の茎。 例 ~가 나무를 감고 있다. 蔓状が木を巻いている。 =만경

덩굴-지다[자] 蔓が生い茂る｜蔓が絡む。 例 도로 가까이까지 ~. 道路の間近まで蔓が絡んでいる。

덩굴-풀[명] 〈식〉蔓草。

덩그렇다[형] ❶【높이 솟아】高くそびえている｜堂々とそびえ立っている。 ❷【넓어서 쓸쓸해】(広い空間が)がらんとして寂しい。

덩-달다[자]【까닭도 모르고】つられて｜尻馬に乗って｜尻馬について。 例 까닭도 모르면서 덩달아 웃다. 訳もわからずつられて笑う。

덩더-꿍[부][동음충첩어] どんどん。

덩더꿍-덩더꿍[부][동음중첩어] どんどん。

덩-덩그렇다[형] ひときわ高くそびえている。

덩둘-하다[형][대로상태] 非常に鈍感で愚かだ。예그 녀석은 덩둘한 녀석이다. そいつは非常に鈍感で愚か者だ。

덩실[부] 興に乗って踊るさま。

덩실-거리다[자] 興に乗って踊りまくる。 =덩실대다

덩실-대다[자] =덩실거리다

덩실-덩실[부] 興に乗って踊りまくるさま。예기뻐서 ~ 춤추다. 喜んで踊りまくる。

덩실-하다[형][대로상태] 堂々とそびえている。

덩어리[명] ❶塊。예설탕 ~ 砂糖の塊/흙~ 土くれ。❷かたまり|一つ|一団。예모두 한 ~가 되어 막아 내자. すべての人々がひとつになって防ぎ止めよう。❸[단위명사어미이쓰이] 一個。예호박 두 ~ カボチャ二個。

덩어리-지다[자] 塊になる|固まる。예덩어리진 설탕 固まった砂糖。

덩이[명] ❶塊。예눈~ 雪の固まり。❷[단위명사로쓰임|음식물의단위] 個。예주먹밥 한 ~ おにぎり一個。

덩이-뿌리[명]《식》塊根。

덩이-줄기[명]《식》塊茎。

덩지[명] ☞'덩치'의 잘못.

덩치[명] 図体。예~만 크지 아무런 도움이 안 된다. 図体ばかり大きくて、何の役にも立たない。

덫[명] わな|落とし穴。예~을 놓다. わなを仕掛ける。/~에 걸리다. わなにかかる。

덮-개[명] ❶[물건] 覆い|カバー。❷[뚜껑] 蓋。

덮다[타] ❶[물건을] かぶせる|覆う|かける。예항아리 뚜껑을 ~. 瓶に蓋をする。/이불을 ~. 布団をかぶせる。❷[책을] (開いた本を)閉じる。예책을 덮고 잠자리에 들었다. 本を閉じて寝床に入った。❸[뒤덮다] 覆う。예거리는 이미 어둠에 덮여 있었다. 通りはすでに暗闇が覆っていた。/먹구름이 하늘을 ~. 黒雲が空を覆う。❹[감추다] 隠す|内緒にする|伏せる。예둘만의 비밀로 덮어 두기로 하였다. 二人だけの秘密に隠しておくことにした。/그 일은 그냥 이대로 덮어 두자. そのことはこのまま伏せておこう。

덮-밥[명] どんぶり物|かけご飯|のせご飯。예소고기 ~ 牛丼。

덮어-놓다[타][관용구] 良し悪しを問わず|むやみに|やたらに。예덮어놓고 집으로 빨리 오라라. むやみに家に早く帰るって。/덮어놓고 화를 낸다. 訳も知らずに怒る。

덮어-쓰다[타] ❶[뒤집어쓰다] (布団などで頭や体の上を)引っ被る。예이불을 덮어쓰고 큰 소리로 울었다. 布団をかぶって大声で泣いた。❷[ほこりや水などを体中に] 覆う|引っ被る。예먼지를 덮어썼다. ほこりを覆った。❸[뒤집어쓰다] 濡衣を着る|擦り付けられる。예친구의 죄를 덮어썼다. 友だちの罪を擦り付けられた。

덮어씌우다[타] 被せる。❶[뒤덮다] 覆う。예책에 커버를 ~. 本にカバーを被せる。❷[뿌리다] ぶっかける。예모래를 ~. 砂をぶっかける。❸[뒤집어쓰다] 擦り付ける|罪を~. 罪を被せる。

덮-이다[자] ❶(布団や蓋などで)掛かっている|かぶせられる|覆われる。예뚜껑이 덮인 냄비 蓋がかぶせられた鍋/단지마다 뚜껑이 덮여 있다. 壷ごとに蓋がかぶせられている。❷(本が)閉じられる。예책이 바람에 덮였다. 本が風で閉じられた。❸(範囲·空間が)覆われる。예어둠에 덮인 마을 暗闇に覆われた町/눈에 덮인 산골 마을 雪で覆われた山里/이곳은 봄이 되면 진달래꽃으로 덮인다. ここは春になるとツツジの花で覆われる。❹(事実·内容などが)隠される|包まれる。예베일에 덮인 사건 ベールに包まれた事件。

덮치-기[명][어업종사어] 大きな鳥網。

덮-치다[자타] ❶[한꺼번에] (良くないいろいろな事が一度に)押し寄せる。예올해는 나쁜 일이 한꺼번에 덮쳤다. 今年は悪いことが一度に押し寄せた。/엎친 데 덮쳐 감기가 낫더니 이어서 배탈이 났다. 泣きっ面に蜂で風邪が治ったら、続いて腹痛をこわした。❷[뻗다] 伸び掛かる|覆い被さる。예해안가의 집들을 덮쳤다. 津波が海岸沿いの家に伸し掛かった。/갑자기 몰려들어 넘어진 사람 위로 덮쳤다. 急に押し寄せてきて、倒された人の上に覆い被

さった。❸【습격하고】襲う｜踏み込む。 ⓔ 사자가 물소를 ~. ライオンが水牛を襲う。/ 경찰이 도박 현장을 ~. 警察が賭博の現場に踏み込む。

데¹ ⓘ ❶【장소】ところ。ⓔ 갈 ~가 없다. 行くところがない。/ 지금 사는 ~가 어디야? いま住んでいるところはどこか。❷【때】時｜場合。ⓔ 배 아픈 ~ 먹는 약. 腹が痛いとき飲む薬。❸【것】こと｜のに。ⓔ 그림을 그리는 ~에 소질이 있다. 絵をかくのに才能がある。/ 숙제하는 ~ 두 시간 걸렸다. 宿題をするのに二時間かかった。

-데² 어미【경험한 일을 전달해서 말함】—していたよ｜—だったよ。ⓔ 결혼식에 사람이 많이 왔데. 結婚式にたくさんの人が来ていたよ。/ 그 사람 노래를 잘하데. あの人、歌が上手だったよ。

데걱 ᅌ【단단한 물건끼리 가볍게 부딪치는 소리】がたっと。ⓔ 갑자기 ~ 소리가 나다. 突然がたっと音がする。

데걱-거리다 자【단단한 물건끼리 가볍게 부딪치는 소리】がたがたする。ⓔ 책상과 의자가 ~. 机と椅子ががたがたする。 =데걱대다

데걱-대다 자타 ☞데걱거리다

데걱-데걱 ᅌ【여러 번 부딪치는 소리】がたがた。ⓔ ~ 끌고 오다. がたがたと引いてくる。

데구루루 ᅌ【단단한 물건이 구르는 소리】ころころ｜ごろごろ。ⓔ 돌덩이가 언덕 아래로 ~ 굴러간다. 石ころが丘の下の方へごろごろと転がっていく。

데굴-데굴 ᅌ ごろごろ。ⓔ 공을 ~ 굴리다. ボールをごろごろと転がす。

데그럭 ᅌ がたっと。

데그럭-거리다 자 がちゃがちゃ音がする｜がたがたする。ⓔ 상자 안의 물건들이 데그럭거리고 있다. 箱の中でで荷物ががたがたとしている。 =데그럭대다

데그럭-대다 자타 ☞데그럭거리다

데그럭-데그럭 ᅌ【단단한 물건이 자주 부딪치는 소리】がたがた｜がちゃがちゃ。

데꺽¹ ᅌ【단단한 물건이 부딪치는 소리】がたっと。

데꺽² ᅌ【동작을 망설임 없이 빠르게 하는 모양】直ちに｜すぐに｜立ち所に｜てきぱきに｜素早やに｜さっと。ⓔ 일을 ~ 해치우다. 仕事をてきぱきと片付ける。/ ~ 일어나다. てきぱきと起きる。

데꺽-데꺽¹ ᅌ【단단한 물건이 자주 부딪치는 소리】がちゃがちゃ｜がたがた。

데꺽-데꺽² ᅌ【동작을 자꾸 빠르게 하는 모양】てきぱき｜ぱっぱと｜素早くと｜さっさと。ⓔ ~ 해치우다. てきぱきとやりのける。

데꾼-하다 형【눈이 조금 들어가 있는】目が落ちくぼんでいる。ⓔ 철야를 해서 눈이 ~. 徹夜して目が落ちくぼんでいる。

데님 (denim) 명 デニム。

데다 자 ❶【불에 데다】やけどする｜焼ける。ⓔ 뜨거운 냄비에 손을 ~. 熱いなべに手をやけどする。 ❷【질리다】懲りる｜こりごりする｜うんざりする。ⓔ 그 일이라면 아주 데었다. そのことなら本当にこりごりだ。

데데-하다 형【정도 이하인】つまらない｜くだらない｜取るに足りない。

데-되다 出来ばえがよくない｜出来損なう。

데드라인 (deadline) 명 デッドライン。

데려-가다 타【동반하여 가다】連れていく｜連行する。ⓔ 딸아이를 병원에 ~. 娘を病院に連れていく。/ 용의자를 경찰서로 ~. 容疑者を警察署に連行する。

데려-오다 타 連れてくる｜連れて戻す｜連れて帰る。ⓔ 친구를 ~. 友だちを連れて帰る。

데리다 타【동반하다｜거느리다】連れる｜伴う｜抱える。ⓔ 강아지를 데리고 산책을 하다. 子犬を連れて散歩をする。/ 가족을 데리고 여행을 떠나다. 家族を伴って旅行に出かける。

데릴-사위 명 婿養子｜入り婿。

데면데면-하다 형 ❶【무성의】おおざっぱだ｜きちょうめんでない｜軽々しい｜そそっかしい｜おっちょこちょいだ。ⓔ 일을 데면데면하게 한다. おおざっぱに仕事をする。 ❷【서먹서먹하다】よそよそしい｜無愛想だ｜気まずい。ⓔ 서로 데면데면하게 굴다. お互いによそよそしく振る舞う。

데면데면-히 ᅌ ❶ きちょうめんでなく｜軽々しく｜軽率に｜おっちょこちょいに。 ❷ よそよそしく｜無愛想に。

데모 (demo) 명 デモ｜デモンストレーション。 =시위

데모-하다 자 デモをする。

데-밀다 差し入れる｜突っ込む。ⓔ 새장 안으로 손을 ~. 鳥かごの中に手を差し入れる。

데본-기 (Devon紀) 명 デボン紀。

데뷔(début 프)명 デビュー。
　데뷔-하다자 デビューする。예 가수로 데뷔했다. 歌手にデビューした。

데삶-기다자 十分に煮えていない｜生煮えになっている。

데-삶다타 半熟にする｜半煮えにする｜生煮えにする。예 달걀을 ～. たまごを半熟にする。

데생(dessin 프)《미》デッサン。예 수십 번의 ～ 끝에 완성한 작품 数十回のデッサンの後、完成した作品。

데생각-하다 浅はかな考え方をする｜深くも考えない。

데-생기다 (人や物が)出来そこないだ｜半端にできる｜未熟だ。

데설-궂다 (性格が)おおざっぱだ｜おまかだ。

데스크(desk)명 デスク。

데스크톱(desktop)《컴》デスクトップ。

데시기다타 (食べたくないのに)無理に食べる。

데시-리터(deciliter)의 デシリットル。

데시-벨(decibel)의 《물》デシベル。예 사이렌 소리는 120 ～ 정도로 시끄럽다. サイレンの音は120デシベル程度でやかましい。

데-알다타 生半可に知る｜なまかじりに知る｜おおざっぱに知る。

데억-지다형 大きすぎる｜多すぎる。

데우다 暖める｜温める｜温める｜沸かす。예 목욕물을 ～. 風呂を沸かす。/ 국물을 ～. おつゆを温める。/ 방을 ～. 部屋を暖める。

데이터(data)명 データ。

데이터 베이스(data base)《컴》データベース。

데이트(date)명 デート。예 ～ 코스 デートコース。
　데이트-하다자 デートする。

데-익다형 生煮えである｜半煮えである｜煮えかける。예 데익은 달걀 半熟のたまご。

데치다타 ゆがく｜ゆでる。예 고사리를 ～. わらびをゆがく。

데카그램(decagram)의 デカグラム。

데카당스(décadence)명 《문》デカダンス。

데카-리터(decaliter)의 デカリットル。

데카-미터(decameter)의 デカメートル。

데탕트(détente 프)명 デタント。

데퉁-스럽다형 とんでもなく愚鈍だ。
　데퉁스레부 とんでもなく愚鈍に。

데퉁-하다형 とんでもなく愚鈍だ。

덱데구루루부 ごろごろ。예 큰 바위가 ～ 굴러간다. 大きな岩がごろごろと転がっていく。

덱데굴-덱데굴부 ごろごろ。예 계단 밑으로 ～ 굴러떨어졌다. 階段の下にごろごろと転がって落ちた。

덴겁-하다(一怯一)자 驚き慌てる｜慌てふためく。

덴덕-스럽다형 (不潔な気がして)気持ちがすっきりしない。

덴마크(Denmark)의 《국》デンマーク。

뎅부 かん｜こん｜ちん。

뎅겅¹부 ❶がちゃん｜ちりん。❷ぽたり｜ぽつん。
　뎅겅-거리다자 ❶しきりにごんごんと音がする。❷大きな水滴が金属などに、しきりに落ちる音がする。＝뎅겅대다
　뎅겅-대다자 ☞뎅겅거리다

뎅겅²부 ぽきり。

뎅그렁부 ちりん。
　뎅그렁-거리다자타 ちりんちりんと鳴る｜りんりんと音がする。＝뎅그렁대다
　뎅그렁-대다자타 ☞뎅그렁거리다

도¹(度)명 度｜程度｜ほど。예 ～를 넘은 행동 度を越した行動 / ～가 지나친 농담을 하다. 度を越した冗談を言う。

도²(度)의 一度。예 섭씨 5～ 摂氏五度 / 4～ 인쇄 四度刷り / 90～의 각 90度の角 / 북위 38～ 北緯38度。

도³(道)명 ❶道｜道理。❷道｜悟り。예 ～를 깨닫다. 道を悟る。❸技を行なう方法。예 서예에 ～가 트다. 書道の技が神技に達する。

도⁴(道)명 道。

도⁵(do 이)명 《음》ド。

도⁶조 ―も。❶예 키도 크고 얼굴도 예쁘다. 背も高いし、顔も美しい。/

돈도 명예도 권세도 다 싫다. お金も名誉も権勢もみんないやだ. ❶걷기도 하고 달리기도 하다. 歩いたり走ったりする. ❷【예시】예) 사람들이 백 명도 넘게 모이다. 人々が百人も越えて集まる. ❸【첨가함을 나타냄】예) 나도 미국에 간다. 私もアメリカに行く. / 이 강의실도 꽉 찼다. この講義室もいっぱいだ. / 내일도 비가 온단다. 明日も雨が降るそうだ. ❹【조사 앞뜻으로 쓰이며 부사어가 될때】예) 아직 결혼도 못했다. まだ結婚もしていない. / 영어도 제대로 못하다. 英語もろくにできない. / 시간이 없어 전화도 못하다. 時間がなくて電話もできない. / 열어 보지도 않은 선물 開けてもみていない御土産. ❺【양보함】예) 작은 것도 상관없어요. 小さいのもかまわない. / 밥이 없으면 라면도 좋아요. ご飯がなければラーメンでもいいです. ❻【어느것이든 좋음】예) 당장이라도 합시다. 即座にでもやりましょう. / 달도 밝다. 月も明るい.

-도[7]**(度)** 접미 【단위】 一度ど. 예) 내년도 来年度ねんど / 2000년도 2000年度ねんど.

-도[8]**(圖)** 접미 【그림】 一図ず. 예) 평면도 平面図 / 설계도 設計図.

도가(道家) 명 【중국 철학의 한 유파】 道家か.

도가니 ❶【공】【쇳물을 녹이는 그릇】るつぼ. ❷【흥분이나 감격 등이 절정에 달한 상태】るつぼ. 예) 장내는 흥분의 ~로 변했다. 場内は興奮のつぼと化する.

도감(圖鑑) 명 図鑑かん. 예) 식물~ 植物図鑑.

도강(渡江) 명 【강을 건넘】 渡河が. =도하
 도강-하다 자 渡江する.

도개-교(跳開橋) 명 【건】跳開橋 | 跳ね橋.

도-거리 명 【한데 몰아 하는 일】 ひとまとめ | ひとくるめ | 一括かつ. 예) 일을 ~로 맡다. 仕事をひとくるめにして請け負う. / ~로 팔다. ひとまとめにして売る.

도계(道界) 명 道と道との境界.

도공(陶工) 명 陶工 | 焼き物の師. =옹기장이

도관(導管) 명 導管かん.

도교(道教) 명【종】道教.

도구(道具) 명 道具ぐ. 예) 가재~ 家財道具 / 다른 사람을 출세의 ~로 사용하다. 他人を出世の道具に使う.

도구 상자(道具箱子) 〈컴〉ツールボックス.

도굴(盜掘) 명 盜掘.

도굴-하다 타 盜掘する. 예) 보물을 ~. 宝物を盜掘する.

도그르르 부 【작고 무거운 물건이 가볍게 구르는 모양】 ころころ. 예) 돌맹이가 ~ 굴러간다. 小石がころころと転がっていく.

도그마(dogma) 명 ドグマ.

도글-도글 부 【작고 무거운 것들이 자꾸 구르는 모양】 ころころ. 예) 나무에서 도토리가 떨어져 ~ 구르고 있다. 木からどんぐりが落ちて、ころころ転がっている.

도금(鍍金) 명 【공】鍍金 | めっき. 예) 은~을 하다. 銀鍍金をする.
 도금-하다 자타 鍍金する | めっきする.

도급(都給) 명 (土木·建築などの仕事の)請け負い. 예) ~업 請負業 / ~가격 請負価格 / 주택 공사의 ~을 맡다. 住宅の工事を請け負う. / 공사 일부를 ~ 주다. 工事の一部を請け負ってあげる. =청부
 도급-하다 자타 請け負う. 예) 공사를 ~. 工事を請け負う. / 하청인에게 그 공사의 일부를 도급하게 하였다. 下請人にあの工事の一部を請け負わせた.

도기(陶器) 명 陶器き. =오지그릇

도깨비 명 お化け | 鬼. 예) ~에게 홀리다. お化けに化かされる.

도깨비-놀음 명 【상식적이지 않음】何が何だかわからないくらい奇怪なこと.

도깨비-불 명 ❶鬼火 | 人魂 | 狐火. ❷原因不明の火事. =신화

도-꼭지(都一) 명 【어떤 방면에서 가장 우두머리가 되는 사람】 第一人者しゃ. 예) 영화계의 ~ 映画界の第一人者.

도끼 명 斧. 예) 나무를 ~로 찍어 쓰러뜨리다. 木を斧で切って倒す.
 도끼가 제 자루 못 찍는다 속담 斧がおのれの柄を切ることはできない: 「自分の欠点を自ら悟って直すことは難しい」の意.

도끼-눈 명 【미워하거나 매섭게 쏘아보는 눈】 (悔しさ·憎さに)にらみつける目. 예) 그녀가 나를 ~을 뜨고 쳐다보았다. 彼女が私がたをにらみつけた.

도끼-목수(一木手) 명 下手な大工.

도끼-질 명 斧仕事.
 도끼질-하다 斧仕事をする.

도끼-집 명 【매우 작고 보잘것없는 집】 粗末な家 | 粗末な小屋 | 掘っ立て小屋.

도난(盜難)명 盜難。예 ~을 당하다. 盜難にあう。

도넛(doughnut)명 ドーナツ。

도-닐다자 へりを歩き回る。

도녀-가다자 来てすぐ帰る。

도녀-오다자 行ってすぐ帰ってくる。

도달(到達)명 到達。

도달-하다자 到達する。예 결론에 ~. 結論に到達する。/ 목적지에 ~. 目的地に到達する。

도당(徒黨)명 徒党。

도-대체(都大體)부 一体。예 ~ 어디로 갔을까? 一体どこへ行ったのだろう。/ ~ 무슨 영문인지 모르겠다. 一体何の訳かわからない。

도덕(道德)명 道徳。

도덕-성(道德性)명 道徳性。

도덕-심(道德心)명 道徳心。

도덕-적(道德的)관 道徳的。예 ~ 행위 道徳的な行為。

도도록-도도록부 ぼつぼつ。예 얼굴에 여드름이 ~ 돋아난 학생 顔ににきびがぽつぽつと吹き出ている学生。
준 도독도독

도도록-하다형 (中の部分が)少し盛り上がっている。ふっくらとしている。ふくれあがっている。예 목 뒤에 도도록하게 생긴 뾰루지 首の後ろに盛り上がった吹き出物。/ 벌에 쏘인 자리가 도도록하게 볼록해졌다. 蜂に刺されたところがぷくっとふくれた。

도도록-이부 少し盛り上がって。ふっくらと。ふくれあがって。ぷくっと。예 모기에 물린 곳이 ~ 부었다. 蚊に刺されたところが腫れた。

도도-하다¹형 高慢だ。横柄だ。예 도도하게 굴다. 高慢にふるまう。/ 사람을 도도하게 쳐다보다. 人を高慢に見つめる。

도도-하다²(滔滔—)형 滔々としている。예 도도한 시대의 흐름 滔々たる時代の流れ/ 도도한 언변 滔々たる口弁。

도도-히부 滔々と。예 ~ 흐르는 강물 滔々と流れる川の水。

도독-도독부 ☞'도도록도도록'의 준말.

도독-하다형 ❶ ふっくらとしている。❷ やや厚い。やや太い。예 도독한 책 やや厚い本。

도독-이부 ❶ ふっくらと。❷ やや厚く。やや太く。

도돌이-표(一標)명 《음》反復記号。리피트。=반복 기호

도두-보다타 買いかぶる。過大評価する。준 돋보다

도두-보이다자 見栄えがする。引き立つ。예 검은 드레스를 입으니 더욱 도두보였다. 黒いドレスを着たら一段と引き立った。

도둑명 泥棒。ぬすっと。예 ~을 놓친 경찰 泥棒を取りがした警察/ 어제 ~이 들었다. 昨日、泥棒が入った。/ 용감한 시민이 ~을 붙잡았다. 勇敢な市民が泥棒を捕らえた。/ 금품을 ~ 맞았다. 金品を盗まれた。=도적

　도둑을 맞으려면 개도 안 짖는다속담 よく吠えた犬なのに、泥棒にあうときは犬も吠えない:「不運なときは万事がうまくいかない」の意。

　도둑이 제 발 저리다속담 泥棒の足がしびれる:「悪いことをすると気がとがめて必ずばれてしまう」の意。

도둑-고양이명 野良猫。どら猫。준 도둑괭이

도둑-괭이명 ☞'도둑고양이'의 준말.

도둑-글명 盗み聞きして学んだ学問。

도둑-놈명 泥棒。ぬすっと。

도둑-눈명 (人の知らぬ間に)真夜中にそっと降った雪。

도둑-맞다자타 泥棒にあう。盗まれる。

　도둑맞고 사립[빈지] 고친다속담 泥棒にあって、竹の門を補修する:〔日〕泥棒を捕らえて縄をなう。

도둑-질명 盗み。

도둑질-하다자 盗む。

도드라-지다Ⅰ형 ❶ ふっくらとしている。突き出ている。예 도드라진 이마 突き出ているひたい。❷ 目立っている。예 그의 모습이 도드라지게 바뀌었다. 彼の様子が目立って変わった。Ⅱ자 中央部が盛り上がって突き出す。

도라지명 《식》桔梗。예 ~를 캐다. キキョウの根を掘る。=길경

도락(道樂)명 道楽。예 독서를 ~으로 삼고 있다. 読書を道楽にしている。

도란-거리다자 ひそひそと話す。=도란대다

도란-대다재 ☞도란거리다

도란-도란부 ひそひそ｜ぼそぼそ。예 이야기하는 소리가 ~ 들린다. 話をする声がひそひそと聞こえる。

도랑 小川おがわ｜溝みぞ。예 ~이 흐르고 있다. 溝の水みずが流ながれている。

도랑-창 どぶ｜不潔ふけつな溝みぞ。

도랑-치마명 短みじかいチマ。

도래¹명 (丸まるいものの)ぐるり｜回まわり。

도래²(到來)명 到來とうらい。
　　도래-하다재 到來とうらいする。예 새 시대가 ~. 新あらたな時代じだいが到來する。

도래-방석(一方席) 丸まるい座布団ざぶとん。

도래-샘 回まわって流ながれる泉いずみの水みず。

도량¹(度量)명 ❶度量どりょう。❷度量どりょう。예 ~이 큰 사람 度量の大おおきい人ひと。

도량²(跳梁)명 跳梁ちょうりょう。
　　도량-하다재 跳梁ちょうりょうする。예 도적 떼가 ~. 賊徒ぞくとが跳梁する。

도량-형(度量衡)명 度量衡どりょうこう。

도량형-기(度量衡器)명 度量衡器どりょうこうき。

도려-내다 えぐる｜くりぬく｜堀抜ほりぬく｜切きり取とる。예 칼로 도려낸 자국 ナイフでえぐったあと/ 감염된 부위를 ~. 感染かんせんした部位ぶいをえぐる。

도련¹명 裾回すそまわり。

도련²(刀鍊)명 紙かみの端はしを切きり揃そろえること。예 ~을 치다. 紙の端を切り揃える。
　　도련-하다타 紙の端はしを切きり揃そろえる。

도련-님 ❶坊ぼっちゃん｜若わかだんな。❷夫おっとの未婚みこんの弟おとうと。

도련-도련 はっきり｜きっぱり｜てきぱき。

도렷-하다형 はっきりしている｜明あきらか。
　　도렷-이부 はっきり｜明あきらかに。예 네 얼굴이 ~ 떠오른다. 君きみの顔かおがはっきりと浮うかぶ。

도령명 若わかい衆しゅう。

도로부 ❶引ひき返かえして。예 가다가 길이 막혀서 ~ 왔다. 行いっている途中とちゅうで道が込こんで引き返した。❷元もとに｜元どおりに。예 ~ 가져다 주세요, 元どおりに持もってきてください。
　　도로 아미타불(이라)관용 元もとの木阿弥もくあみ。예 너무 욕심을 부려서 도로 아미타불이 되다. 欲張よくばりすぎて元の木阿弥になる。

도로²(道路)명 道路どうろ。예 ~ 표지 道路標識ひょうしき/ 고속 ~ 高速こうそく道路。

도로-망(道路網)명 道路網どうろもう。

도로-변(道路邊)명 ☞노변(路邊)

도록(圖錄)명 図録ずろく。

도롱뇽《동》朝鮮山椒魚ちょうせんさんしょううお。

도롱이명 蓑みの。

도료(塗料)명 塗料とりょう。예 ~를 칠하다. 塗料を塗ぬる。

도루(盜壘)명 《운》盜壘とうるい｜スチール。
　　도루-하다재 盜壘とうるいする。

도륙(屠戮)명 殺戮さつりく。
　　도륙-하다타 殺戮さつりくする。

도르다¹타 吐はく｜嘔吐おうとする。

도르다²타 ❶(もっともらしいことを言いって)人ひとを騙だます｜欺あざむく。예 그럴듯한 말로 돌려서 거금을 투자하게 하였다. うまいことばで欺いて、大金たいきん・物もつを投資とうしさせた。❷(お金かねや物もつなどを)融通ゆうずうする｜やりくりする｜都合つごうづける｜繰くり合あわせる。예 자금을 ~. 資金しきんを都合づける。/ 가게를 ~. 家計かけいをやりくりする。❸(あるものの)周まわりを巻まく｜巡めぐらす｜囲かこむ。예 앞치마를 몸에 ~. エプロンを体からだに巻き付つける。/ 마을 주위에 낮은 산이 돌려 있다. 村むらの周りを低ひくい山やまが囲んでいる。

도르래《물》滑車かっしゃ。

도르르부 ❶くるり｜くるくる。예 ~ 말린 종이 くるくると巻まいた紙かみ。❷ころり｜ころころ。예 바닥에 ~ 구르는 구슬 床ゆかでころころと転ころがるビー玉だま。

도르리명 同おなじく分わけること｜同じく分配ぶんぱいすること。
　　도르리-하다타 同おなじく分わける｜同じく分配ぶんぱいする。

도리¹명 《건》桁けた。

도리²(道理)명 ❶道理どうり。예 ~에 어긋나다. 道理にかなわない。❷仕様しよう｜仕方しかた｜方法ほうほう｜すべ。예 어쩔 ~가 없다. 仕様がない。/ 그를 당할 ~가 없다. 彼かれにかなうすべがない。

도리깨명 殻竿からさお｜くるり棒ぼう。

도리깨-질명 殻竿打からさおうち。

도리다타 ❶えぐる｜くり抜ぬく。예 감자의 썩은 데를 ~. じゃがいもの腐くさった部分ぶぶんをえぐる。❷削除さくじょする。

도리-도리감명 いやいや｜かぶりかぶり。

도리-머리[명] かぶりを振って拒否の意を表わすしぐさ。 ⑩ 내 말에 그녀는 ~를 하며 응하지 않았다. 僕の言葉に彼女はかぶりを振って応じなかった。

도리반-거리다[자][타] (目を大きく開け)きょろきょろ見回す。 ⑩ 도리반거리며 주위를 살피다. きょろきょろ見回して周囲を調べる。 =도리반대다

도리반-대다[자][타] ☞도리반거리다

도리반-도리반[부] きょろきょろ。

도리어[부] かえって ¦ むしろ ¦ 逆に。 ⑩ 늦게 온 사람이 ~ 화를 내다. 遅く来た人がかえって怒る。/ 돈을 벌려다가 ~ 손해를 보다. もうけようとして、かえって損をする。 / 나보다도 ~ 네가 잘할 것이다. 私によりもかえってあなたがよくできるだろう。

도리-질[명] かぶり ¦ いやいや。 ⑩ ~을 치다. かぶりを振る ; いやいやをする。

도림-질[명] 透かし彫り。
　도림질-하다[자][타] 透かし彫りをする。

도립¹(倒立)[명] 《운》倒立 ¦ 逆立ち。 =물구나무서기
　도립-하다[자] 倒立する ¦ 逆立つ。

도립²(道立)[명] 道立。 ⑩ ~ 미술관 道立美術館。

도마[명] まな板。
　도마에 오른 고기[속담] 〔日〕まな板の上の鯉。「これ以上にっちもさっちも仕方がない立場だ」の意。◆日本では「도마에 오른 잉어」라고 한다.

도마-뱀[명] 〈동〉蜥蜴。

도마-질[명] まな板仕事 ¦ 包丁さばき。
　도마질-하다[자][타] まな板仕事をする ¦ 包丁さばきをする。

도막[명] ❶切れ ¦ 切れ端。 ⑩ 나무 ~ 木の切端。 / ~을 내다. 短く切断する。 ❷[수량단위] 一切れ。 ⑩ 생선을 두 ~으로 자르다. 魚を二つに切る。

도막-도막[부] 切れ切れに。

도말(塗抹)[명] 塗抹。
　도말-하다[타] 塗抹する。

도망(逃亡)[명] 逃亡。 ⑩ 죄수가 ~을 기도하다. 囚人が逃亡を企てる。 =도주
　도망-하다[자] 逃亡する ¦ 逃げる。 ⑩ 외국으로 ~. 外国に逃げる。

도망-가다(逃亡—)[자] 逃げる ¦ 逃亡する。 ⑩ 멀리 ~. 遠く逃げる。 / 도망가는 범인을 뒤쫓다. 逃げる犯人を追いかける。

도망-꾼(逃亡—)[명] 逃亡者。

도망-질(逃亡—)[명] 逃げ。
　도망질-하다[자] 逃げる ¦ 逃亡する ¦ 逃げ出す。

도망질-치다(逃亡—)[자] 逃げる ¦ 逃亡する ¦ 逃げ出す。

도망-치다(逃亡—)[자] 逃げ出す ¦ 逃げる ¦ 逃亡する。

도-맡다[타] 一手に引き受ける。 ⑩ 어려운 일을 ~. 難しい仕事を一手に引き受ける。

도매(都賣)[명] 卸し ¦ 卸売り。 ⑩ ~ 시장 卸売市場。
　도매-하다[타] 卸す ¦ 卸売りをする。

도매-가격(都賣價格)[명] 卸値 ¦ 卸売価格。

도매-상(都賣商)[명] 卸商 ¦ 問屋。

도메인(domain)[명] 《컴》ドメイン。

도면(圖面)[명] 図面。 =도본

도모(圖謀)[명] 企図 ¦ 企て。
　도모-하다[타] 図る ¦ 企図する ¦ 企てる。 ⑩ 편의를 ~. 便宜を図る。 / 모반을 ~. 謀反を企てる。

도무지[부] どうしても ¦ 全く ¦ 全然 ¦ 一向に。 ⑩ ~ 이유를 알 수 없다. どうしても訳がわからない。 / ~ 말이 통하지 않는다. 全く言葉が通じない。 / ~ 맛이 없다. 全然おいしくない。 =도시

도미¹[명] 〈동〉鯛。 준도둠

도미²(渡美)[명] 【신어】渡米。
　도미-하다[자] 渡米する。

도미노(domino)[명] ドミノ。

도미니카(Dominica)[명] 〈국〉ドミニカ国。

도미니카 공화국(Dominica共和國) 〈국〉ドミニカ共和国。

도민¹(島民)[명] 【신】島民。

도민²(道民)[명] 【신어】道民。

도박(賭博)[명] 博打 ¦ 賭博。 ⑩ ~을 하다. 博打を打つ。 / 이 일은 일생일대의 ~이다. この仕事は一世一代の博打である。
　도박-하다[자] 博打を打つ。

도박-꾼(賭博—)[명] 博打打ち ¦ 賭博師。 =노름꾼

도박-장(賭博場)[명] 賭博場 ¦ 賭場。 =노름판

도발(挑發)[명] 挑発。
　도발-하다[타] 挑発する。

도발-적(挑発的)관명 挑発的はつてき。예 ~인 행동 挑発的な行動。
도배¹(徒輩)명 徒輩はい。やから。
도배²(塗褙)명 上張うわばり。
　도배-하다타 上張うわばりする。
도배-지(塗褙紙)명 上張うわばりの紙。上張りの布。
도벌(盗伐)명 盗伐ばつ。
　도벌-하다타 盗伐ばつする。
도벽¹(盗癖)명 盗癖へき。盗ぬすみ癖くせ。예 ~이 있다. 盗癖がある。
도벽²(塗壁)명 壁塗ぬり。
　도벽-하다타 壁塗ぬりする。壁を塗ぬる。
도보(徒歩)명 徒歩ほ。예 ~로 5분 걸린다. 徒歩で5分ふんかかる。
　도보-하다자 歩あるいて行く。
도본(圖本)명 ⇒도면(圖面)
도부(到付)명 行商ぎょうしょう。
도붓-장사(到付-)명 行商。
도사(道士)명 ❶道士どうし。❷ベテラン。達人たつじん。
도사리다자 ❶両腕りょううでで膝ひざをかかえてうずくまる。あぐらをかく。예 할머니는 노기를 띠고 방 안에 도사리고 앉아 계셨다. 祖母そぼが怒気どきに満みちて、部屋の中にあぐらをかいて座すわっていた。❷(縄なわなどを)巻まく。たばねる。❸潜ひそむ。隠かくれる。예 어떤 음모가 도사리고 있다. 何にか陰謀いんぼうが潜んでいる。
도산(倒産)명 倒産さん。
　도산-하다자 倒産する。예 도산할 가능성이 있다. 倒産の可能性かのうせいがある。/ 근무하던 회사가 도산해 버렸다. 勤つとめていた会社かいしゃが倒産してしまった。
도살(屠殺)명 屠殺さつ。
　도살-하다타 屠殺する。
도살-장(屠殺場)명 屠畜場とちくじょう。屠所しょ。
도상(道上・途上)명 ❶路上ろじょう。道みちの上うえ。❷途上じょう。예 발전 ~ 発展はってん途上。
도색(桃色)명 桃色いろ。❶ピンク。❷色事いろごと。예 ~에 빠지다. 色事に耽ふける。
도서¹(島嶼)명 島嶼とうしょ。
도서²(圖書)명 図書としょ。예 ~ 목록 図書目録もくろく。
도서-관(圖書館)명 図書館かん。예 시립 ~ 市立しりつ図書館。
도-서다자 ❶引ひき返かえす。戻もどる。예 어제 왔던 길을 오늘 ~. 昨日きのう来た道を今日きょう引き返す。❷風かぜが吹ふいてくる方向ほうこうを変かえる。예 북풍이 동남향으로 방향을 도섰다. 北風ほくふうが東南向とうなんむきに方向を変えた。❸(出産出産しゅっさん胎児たいじが)回まわり始はじめる｜動うごき始める。❹(出産後しゅっさんご)乳ちちのぐりぐりが取とれて出始ではじめる。
도서-실(圖書室)명 図書室しつ。
도선¹(導船)명 〈해〉水先案内みずさきあんない。
도선²(導線)명 導線どうせん。
도선-사(導船士)명 〈법〉水先案内人あんないにん。
도선-장(渡船場)명 渡船場とせんじょう｜渡わたし場ば。＝나루터
도설(圖説)명 図説ずせつ。
　도설-하다타 図ずによって説明せつめいする。
도섭 そらとぼけて騒さわがしく気紛きまぐれなこと。예 지나친 ~을 부리는 것은 좋지 않다. あまりに気紛れなことは良よくない。
도섭-스럽다형 そらとぼけて騒がしく気紛きまぐれだ。
　도섭스레부 ずうずうしく気紛きまぐれに。예 그녀는 약간 ~ 행동하는 경향이 있다. 彼女かのじょは少ししずうずうしく、気紛れに行動こうどうするところがある。
도성(都城)명 都みやこ｜首都しゅと。
도수(度數)명 ❶度数どすう｜回数かいすう。예 전화 사용 ~ 電話でんわ使用しようの度数。❷度数。예 안경의 ~가 높다. 眼鏡めがねの度どが強つよい。❸度ど｜程度ていど。
도수²(徒手)명 徒手としゅ｜素手すで｜空手からて。
도스(DOS)명 〈컴〉ドス。
도스르다타 心こころを引ひき締しめる。예 마음을 단단히 도슬러 꼭 해내겠다. 心をしっかりと引き締めて、必かならずやり遂とげる。
도시¹(都市)명 都市とし｜都会とかい。예 ~ 계획 都市計画けいかく / ~ 국가 都市国家こっか / ~ 문제 都市問題もんだい / ~ 재개발 都市再開発さいかいはつ。
도시²(都是)명 全まったく｜全然ぜんぜん｜まるっきり。예 네 이야기를 ~ 이해할 수가 없다. あなたの話はなしが全然わからない。/ 믿을 수가 없다. 全く信しんじられない。＝도무지
도시³(圖示)명 図示ずし。
　도시-하다타 図示する。
도시-권(都市圏)명 〈사〉都市圏けん。

도시락 몡 弁当。 例 ~을 가지고 소풍을 가다. 弁当を持って遠足へ行く。

도시-인(都市人) 몡 都会人。

도시-화(都市化) 몡 都市化。
　도시화-하다 자타 都市化する。

도식¹(徒食) 몡 【하는 일이 없이】 徒食 | 無駄食い。
　도식-하다 자 徒食する | 無駄食いする。 例 도식하는 생활 無為に徒食する生活。

도식²(圖式) 몡 図式。 例 ~으로 나타내다. 図式で示す。
　도식-화(圖式化) 몡 図式化。
　도식화-하다 자타 図式化する。

도심(都心) 몡 都心。 例 ~까지 두 시간 걸린다. 都心まで2時間かかる。

도심-지(都心地) 몡 都心地。 例 그는 ~에 산다. 彼は都心地に住んでいる。

도안(圖案) 몡 (미)図案 | デザイン。

도야(陶冶) 몡 陶冶。
　도야-하다 타 陶冶する。 例 인격을 ~. 人格を陶冶する。

도약(跳躍) 몡 跳躍 | ジャンプ。 例 ~ 경기 跳躍競技。
　도약-하다 자 跳躍する | 飛び上がる。 例 국가적으로 새롭게 도약할 수 있는 찬스이다. 国家的に新たに跳躍することができるチャンスだ。

도열(堵列) 몡 【많은 사람들이 늘어섬】 堵列。
　도열-하다 자타 堵列する。

도열-병(稻熱病) 몡 (농)いもち病。

도예(陶藝) 몡 【도자기 공예】 陶芸。

도예-가(陶藝家) 몡 陶芸家。

도와-주다 助けてやる | 手伝う | 援助する。 例 집안일을 ~. 家事を手伝う。

도외-시(度外視) 몡 度外視。
　도외시-하다 타 度外視する。 例 건강을 ~. 健康を度外視する。

도요-새 몡 (동)鴫。

도용(盜用) 몡 盗用。
　도용-하다 타 盗用する。 例 디자인을 ~. デザインを盗用する。

도움 助け | 手伝い | 助力。 例 ~이 되다. 役に立つ。

도읍(都邑) 몡 都 | 首都。
　도읍-하다 자 都に定める。

도읍-지(都邑地) 몡 都 | 首都。

도의(道義) 몡 道義。

도의-적(道義的) 관 道義的 | 例 ~인 책임을 지다. 道義的な責任を負う。

도입(導入) 몡 導入。 例 형질 ~ 形質導入/외자 ~ 外資導入。
　도입-하다 타 導入する。 例 새로운 기계를 ~. 新しい機械を導入する。

도입-부(導入部) 몡 (음)導入部 | 序奏。

도자-기(陶瓷器) 몡 陶磁器。

도장¹(塗裝) 몡 (건)【도료를 칠하거나 바르는 일】塗装。
　도장-하다 타 塗装する。

도장²(道場) 몡 道場。 例 태권도 ~ テコンドー道場。

도장³(圖章) 몡 印 | はんこ | 印章。 例 ~을 찍다. はんこを捺す。 =인(印)

도장-집(圖章-) 몡 ❶はんこ屋 | 印章屋。=도장포 ❷【도장을 넣어두는 주머니】はんこ入れ | はんこケース。

도장-포(圖章鋪) 몡 はんこ屋 | 印章屋。=도장집❶

도저-히(到底-) 부 とうてい | とても。 例 ~ 믿을 수가 없다. とうてい信じられない。/ ~ 못 먹겠다. とうてい食べられない。/ ~ 있을 수 없다. とうていあり得ない。

도적(盜賊) 몡 盗賊 | 盗人など。=도둑

도전(挑戰) 몡 挑戦。
　도전-하다 자 挑戦する | 挑む。 例 챔피언에게 ~. チャンピオンに挑戦する。/ 에베레스트에 ~. エベレストに挑む。

도전-자(挑戰者) 몡 挑戦者。

도전-장(挑戰狀) 몡 挑戦状。 例 ~을 내밀다. 挑戦状をつきつける。

도전-적(挑戰的) 관 挑戦的。 例 ~인 태도 挑戦的な態度。

도정¹(搗精) 몡 【벼나 보리】搗精。

도정²(道程) 몡 道程 | 路程 | 道のり。

도제(徒弟) 몡 徒弟。 例 ~ 제도 徒弟制度。

도조(賭租) 몡 小作料 | 年貢など。=도지❷

도주(逃走) 몡 逃走。 例 야반~ 夜逃げ。=도망(逃亡)
　도주-하다 자 逃走する | 逃げる。

도중(途中) 몡 途中。 例 학교에 가는 ~에 친구를 만났다. 学校へ行く途中で友だちに会った。/ 회의 ~에 전화벨이 울리다. 会議の途中で電話のベルが鳴る。/ 대륙 횡단을 ~에 포기하다. 大陸横断を途中でやめてしまう。

도지(賭地)명 ❶小作地(こさく)。❷小作料(こさくりょう)｜年貢(ねんぐ)。=도조

도지다자 ぶり返(かえ)す。예 감기가 ~. 風邪(かぜ)がぶり返す。/ 화가 ~. 慣(いきどお)りがぶり返す。

도-지사(道知事)명 道知事(どうちじ)。

도진(渡津)명 ☞나루

도-차지(都—)명 独占(どくせん)｜独り占め。예 ~는 안 돼. 独り占めはいけないよ。=독차지

도차지-하다타 独占(どくせん)する｜独り占めする｜一手(いって)に引き受ける。예 더워서 선풍기를 ~. 暑くて扇風機(せんぷうき)を独り占めする。

도착(到着)명 到着(とうちゃく)。

도착-하다자 到着(とうちゃく)する。예 목적지에 ~. 目的地(もくてきち)に到着する。

도처(到處)명 至(いた)るところ｜各地(かくち)が｜所々(しょしょ)。예 ~에 산재하는 문화재 所々に散在(さんざい)する文化財(ぶんかざい)/ 이 나라는 ~에 온천이 있다. この国(くに)は各地に温泉(おんせん)がある。

도청(盜聽)명 盗聴(とうちょう)。

도청-하다타 盗聴(とうちょう)する。예 남의 전화를 ~. 人(ひと)の電話(でんわ)を盗聴する。

도청(道廳)명 道庁(どうちょう)。

도청-기(盜聽機)명 盗聴器(とうちょうき)。

도체(導體)명《물》導体(どうたい)。예 철은 전기의 ~이다. 鉄(てつ)は電気(でんき)の導体だ。

도축(屠畜)명 屠畜(とちく)｜畜殺(ちくさつ)。

도축-하다타 屠畜(とちく)する｜畜殺(ちくさつ)する。

도축-장(屠畜場)명 屠畜場(とちくじょう)。

도출(導出)명 導出(どうしゅつ)。

도출-하다타 導出(どうしゅつ)する。예 결론을 ~. 結論(けつろん)を導出する。

도취(陶醉)명 陶酔(とうすい)。

도취-하다자 陶酔(とうすい)する。예 아름다운 피아노 선율에 ~. 美(うつく)しいピアノの旋律(せんりつ)に陶酔する。

도치(倒置)명 倒置(とうち)。

도치-하다자타 倒置(とうち)する。

도치-법(倒置法)명《언》倒置法(とうちほう)。

도탄(塗炭)명 塗炭(とたん)｜塗炭の苦(くる)しみ。예 ~에 빠지다. 塗炭の苦しみをなめる。

도탑다형 厚(あつ)い｜深(ふか)い。예 형제의 우애가 ~. 兄弟(きょうだい)の友愛(ゆうあい)が厚い。

도타이부 厚(あつ)く｜深(ふか)く。

도태(淘汰·陶汰)명 淘汰(とうた)。예 자연 ~ 自然(しぜん)淘汰(とうた)。

도태-하다타 淘汰(とうた)する。

도토(陶土)명 陶土(とうど)。

도토리명 どんぐり。

도토리 키 재기속담 どんぐりの背(せい)くらべ。

도토리-나무명 ❶ ☞떡갈나무 ❷ ☞상수리나무

도톨-도톨부 ざらざら｜でこぼこ。

도톨도톨-하다형 ざらざらだ｜でこぼこする。

도톰-하다형 やや分厚(ぶあつ)い｜やや厚(あつ)めだ｜ぽってりしている｜ふっくらしている。예 도톰한 손등 やや分厚い手(て)の甲(こう)/ 도톰한 볼 ぽってりとしたほっぺた/ 도톰한 입술이 사랑스럽다. やや厚い唇(くちびる)が愛(あい)らしい。

도통(都統)Ⅰ명 ☞도합(都合)
Ⅱ부 どうしても｜全(まった)く｜全然(ぜんぜん)｜一向(いっこう)に。예 수업 내용을 ~ 알아들을 수 없다. 授業(じゅぎょう)の内容(ないよう)が全然理解(りかい)できない。

도판(圖版)명《출》図版(ずはん)。

도포(塗布)명 塗布(とふ)。

도포-하다타 塗布(とふ)する。

도포-제(塗布劑)명《약》塗布剤(とふざい)。

도표¹(道標)【명】道標(どうひょう)。

도표²(圖表)명 図表(ずひょう)｜グラフ。

도피(逃避)명 逃避(とうひ)。예 자본 ~ 資本(しほん)逃避。

도피-하다자 逃避(とうひ)する。예 현실에서 ~. 現実(げんじつ)から逃避する。

도핑(doping)명 《운》ドーピング。예 ~ 테스트 ドーピングテスト。

도하(渡河)명 渡河(とか)。=도강

도하-하다자 渡河(とか)する｜川(かわ)を渡(わた)る。

도학(道學)명 道学(どうがく)。

도한(盜汗)명《한》盗汗(とうかん)｜寝汗(ねあせ)。

도합(都合)명 全部(ぜんぶ)｜合計(ごうけい)。예 남녀 ~ 10명이다. 男女(だんじょ)全部で十名(じゅうめい)である。=도통Ⅰ

도항(渡航)명 渡航(とこう)。

도항-하다자 渡航(とこう)する。

도해(圖解)명 図解(ずかい)。

도해-하다타 図解(ずかい)する。

도형(圖形)명 図形(ずけい)。

도홍(桃紅)명 桃色(ももいろ)｜淡紅色(たんこうしょく)。

도홍-색(桃紅色)명 桃色(ももいろ)｜淡紅色(たんこうしょく)。

도화¹(桃花)명 桃(もも)の花(はな)。=복숭아꽃

도화²(圖畵)명 図画(ずが)。

도화³(導火)명 導火(どうか)。

도화-선(導火線)명 導火線(どうかせん)。예 세계 대

전의 ~이 된 사건 世界大戦の導火線となった事件。

도화-지(圖畵紙)画用紙。

도회(都會) 都会。=도회지

도회-적(都會的)관 都会的。예 ~인 분위기 都会的な雰囲気。

도회-지(都會地) 都会。=대처·도회

독¹ かめ。예 김치 ~ キムチのかめ。
　독 안에 든 쥐속담〔日〕袋の鼠。

독²(毒) 毒。예 ~이 오르다. 毒気が生ずる。/ 음식에 ~을 타다. 食べ物に毒を入れる。/ ~을 품은 눈으로 노려보다. 毒気を抱いた目でにらむ。

독-하다형 ❶ 毒気がある。예 연탄가스는 ~. 練炭のガスは毒気がある。❷【強】(味·匂いなどの度が)きつい ｜ ひどい。예 독한 술 きつい酒/코를 찌르는 독한 냄새 鼻を刺すような毒気のある匂い。❸【類】(心情·性格などが)冷たく険しい ｜ むごい ｜ 残酷だ ｜ 激しい。예 언니는 독한 사람이다. 姉は残酷な人だ。/옛날에 시어머니는 며느리에게 독하게 대하였다. 昔姑は嫁にむごく当たった。❹【強】(意志が)強い。예 마음을 독하게 먹어라. 気をしっかり持ちなさい。

독³(dock)〈건〉ドック。

독-가스(毒gas)〈화〉毒ガス。

독감(毒感) ❶ 悪性の風邪。❷〈의〉流行性感冒 ｜ インフルエンザ。

독거(獨居) 独居 ｜ 独り住み ｜ 独り暮らし。
　독거-하다자 独居する。

독거-노인(獨居老人) 独居老人。예 ~이 계속 늘고 있다. 独居老人が増え続けている。

독-과점(獨寡占)〈경〉独占と寡占。

독-극물(毒劇物)〈법〉毒劇物。

독기(毒氣) 毒気。예 ~가 많은 식물 毒気の多い植物/얼굴에 ~가 있다. 顔に毒気がある。/ ~를 품다. 毒気を抱く。

독녀(獨女) 一人娘。=외딸

독-니(毒—) 毒牙。=독아❶

독단(獨斷) 独断。
　독단-하다타 独断する。

독단-적(獨斷的)관 独断的。예 ~으로 결정하다. 独断的に決める。

독려(督勵) 督励。
　독려-하다타 督励する。

독력(獨力) 独力。

독립(獨立) 独立。예 ~ 전쟁 独立戦争。
　독립-하다자 独立する。

독립-국(獨立國) 独立国。
독립-권(獨立權)〈정〉独立権。
독립 기관(獨立機關)〈법〉独立機関。
독립 선언(獨立宣言)〈역〉独立宣言。
독립-심(獨立心) 独立心。

독-메(獨—) ほかの山から離れている一つだけの小さな山。예 쓸쓸히 ~가 솟아 있다. 寂しげに一つだけ山がそびえている。

독무(獨舞)〈예〉独舞 ｜ ソロダンス。예 ~를 추다. 独舞を踊る。

독-무대(獨舞臺) 独り舞台 ｜ 独壇場。

독물(毒物) ❶【薬学】毒物。❷【比喩】極悪な人。

독-바늘(毒—) 毒をつけた針。

독방(獨房) ❶ 独り部屋 ｜ 個室。❷〈법〉独房。

독백(獨白) 独白。❶【演劇】独り言。❷〈연〉モノローグ。=모놀로그
　독백-하다자타 独白する。

독백-체(獨白體)〈문〉独白体。

독-버섯(毒—)〈식〉毒茸。

독-벌레(毒—) 毒虫。=독충

독법(讀法) 読み方。

독보(獨步) 独歩。
　독보-하다자 独歩する。

독보-적(獨步的)관 独歩の。예 이 분야에서 ~ 존재다. この分野で独歩の存在である。

독본(讀本) 読本。

독불-장군(獨不將軍) ❶【何でも独断的に仕事を処理する人】何でも独断的に仕事を処理する人。❷【孤立】一人ぼっち ｜ 独り者。

독사(毒蛇) ❶ 毒蛇·へび。❷〈동〉蝮。

독-사진(獨寫眞) 一人写しの写真。

독산(禿山) ☞민둥산

독살¹(毒殺)【毒殺する】毒殺。
　독살-하다타 毒殺する。예 독살당하다. 毒殺される。

독살²(毒煞)·【毒々しさ】毒々しさ ｜ 毒気。예 ~을 부리다. 悪意に満ちたことをする。

독-살림(獨—) 独立所帯 ｜ 一人暮らし。
　독살림-하다자 一人暮らしをする。

自活(じかつ)する。

독살-스럽다(毒煞—)[형] 毒々(どくどく)しい。
  독살스레[부] 毒々しく。
독상(獨床)[명] 一人膳(ひとりぜん)。
독생-자(獨生子)[명]【기독】イエスキリスト。
독서(讀書)[명] 読書(どくしょ)。
  독서-하다[자] 読書(どくしょ)する。 [예] 가을은 독서하기에 좋은 계절이다. 秋(あき)は読書するのにいい季節(きせつ)である。
독서-삼매(讀書三昧)【음직 몰입하는 경지】 読書三昧(どくしょざんまい)。
독서-회(讀書會)[명] 読書会(どくしょかい)。
독선(獨善)[명] 独善(どくぜん)｜独(ひと)りよがり。 [예] ~에 빠지다. 独善に陥(おちい)る。
독-선생(獨先生)[명] 個人指導(こじんしどう)の先生(せんせい)。
독선-적(獨善的)[관] 独善的(どくぜんてき)。 [예] ~인 가치관 独善的な価値観(かちかん)。
독선-주의(獨善主義)[명] 独善主義(どくぜんしゅぎ)。
독설(毒舌)[명] 毒舌(どくぜつ)。 [예] ~을 퍼붓다. 毒舌をふるう。
독성(毒性)[명] 毒性(どくせい)。
독소(毒素)[명] 毒素(どくそ)。
독수(毒手)[명]【남을 해치려는】 毒手(どくしゅ)｜毒牙(どくが)。=독아❷
독수-공방(獨守空房)[명] (結婚(けっこん)した女(おんな)の)独(ひと)り寝(ね)。
독-수리(禿—)[명] (동)禿鷲(はげわし)。 [예] ~ 타법 ワシ打法(だほう)／~는 새들의 왕이다. ワシは鳥(とり)の王様(おうさま)だ。
독습(獨習)[명] 独習(どくしゅう)｜独学(どくがく)。
  독습-하다[타] 独習(どくしゅう)する。
독식(獨食)[명] 独占(どくせん)｜一人占(ひとりじ)め。
  독식-하다[타] 独占(どくせん)する｜一人占(ひとりじ)めする。 [예] 이익을 ~. 利益(りえき)を独占する。
독신(獨身)[명] ❶【형제자매가 없는】一人(ひとり)っ子(こ)。❷【배우자가 없는 사람】 独身(どくしん)｜独(ひと)り身(み)。
독실-하다(篤實—)[형] 篤実(とくじつ)だ。 [예] 독실한 신앙 篤実な信仰(しんこう)／독실함 篤実(とくじつ)さ。
독심(毒心)[명] 毒心(どくしん)。
독심-술(讀心術)[명] 読心術(どくしんじゅつ)。
독아(毒牙)[명] ❶ 毒牙(どくが)。=독니 ❷【남을 해치려는 수단】 毒牙(どくが)｜毒手(どくしゅ)。=독수
독약(毒藥)[명] 毒薬(どくやく)。
독어(毒語)[명] →독일어
독언(毒言)[명] →혼잣말
독일(獨逸)[명] (국)ドイツ。
독일-어(獨逸語)[명] (언)ドイツ語(ご)。=독어
독자¹(獨子)[명] 一人(ひとり)っ子(こ)｜一人息子(ひとりむすこ)。
독자²(獨自)[명] 独自(どくじ)。 [예] ~ 개발 独自開発(かいはつ)。
독자³(讀者)[명]【책을 쒜는】読者(どくしゃ)。

독자-란(讀者欄)[명] 読者欄(どくしゃらん)。
독자-성(獨自性)[명] 独自性(どくじせい)。
독자-적(獨自的)[관] 独自的(どくじてき)。 [예] ~으로 행동하다. 独自的に行動(こうどう)する。
독자-층(讀者層)[명] 読者層(どくしゃそう)。 [예] 폭넓은 ~ 幅広(はばひろ)い読者層。
독장-치다(獨場—)[자] 一人天下(ひとりてんか)だ｜一人舞台(ひとりぶたい)だ。=장치다
독재(獨裁)[명] 独裁(どくさい)。
  독재-하다[자타] 独裁(どくさい)する。 [예] 10년 간 ~. 十年間(じゅうねんかん) 独裁する。
독재-자(獨裁者)[명] 独裁者(どくさいしゃ)。
독재-적(獨裁的)[관] 独裁的(どくさいてき)。 [예] ~인 지도자 独裁的な指導者(しどうしゃ)。
독재 정치(獨裁政治)(정)独裁政治(どくさいせいじ)。
독점(獨占)[명] 独占(どくせん)。 [예] ~ 기업 独占企業(きぎょう)／ ~ 자본 独占資本(しほん)。
  독점-하다[타] 独占(どくせん)する。 [예] 가전 시장을 ~. 家電(かでん)の市場(しじょう)を独占する。
독점 가격(獨占價格)(경)独占価格(どくせんかかく)。
독점 자본주의(獨占資本主義)《경》独占資本主義(どくせんしほんしゅぎ)。
독점-적(獨占的)[관] 独占的(どくせんてき)。
독존(獨尊)[명] 独尊(どくそん)。
독종(毒種)[명] あくどい人(ひと)｜とてもひどい人(ひと)。 [예] 그 사람은 정말 ~이다. あの人はあくどい人だ。
독주¹(毒酒)[명] ❶【독한】とても強(つよ)い酒(さけ)。❷【독을 탄】 毒酒(どくしゅ)。
독주²(獨走)[명] 独走(どくそう)。 [예] 그 사람의 ~를 막아야 한다. 彼(かれ)の独走をやめさせなければならない。
  독주-하다[자] 独走(どくそう)する。
독주³(獨奏)[명] (음)独奏(どくそう)｜ソロ。 [예] 바이올린 ~가 가능한 실력 バイオリンの独奏が可能(かのう)な実力(じつりょく)。
  독주-하다[타] 独奏(どくそう)する。
독주-회(獨奏會)[명] (음)独奏会(どくそうかい)｜リサイタル。
독지-가(篤志家)[명] 篤志家(とくしか)。
독직(瀆職)[명] 瀆職(とくしょく)｜汚職(おしょく)。
  독직-하다[자] 瀆職(とくしょく)する。
독-차지(獨—)[명] 独(ひと)り占(じ)め｜独占(どくせん)。
  독차지-하다[타] 独(ひと)り占(じ)めする｜独占(どくせん)する。 [예] 인기를 ~. 人気(にんき)を独り占めする。／그의 마음을 독차지하고 싶다. 彼(かれ)の心(こころ)を独り占めしたい。
독창(獨唱)[명] (음)独唱(どくしょう)｜ソロ。 [예] ~ 무대 ソロのステージ。
  독창-하다¹[자타] 独唱(どくしょう)する。 [예] 소프

라노로 ~. ソプラノで独唱する。
독창²(獨創)명 独創。
　독창-하다타 独創する。
독창-성(獨創性)명 独創性。 예 ~ 있는 작품 独創性のある作品。
독창-적(獨創的)관명 独創的。 예 ~인 작품 独創的な作品。
독창-회(獨唱會)명 (音)独唱会 ¦ リサイタル。 예 유명 가수의 ~ 有名歌手のリサイタル。
독-채(獨一)명 一軒家 ¦ 一戸建て ¦ 独立住宅。
독초(毒草)명 ❶毒草。 ❷非常にきついタバコ。
독촉(督促)명 督促 ¦ 催促。 예 ~ 절차 督促手続き/ 빚 ~이 심하다. 借金の催促が激しい。
　독촉-하다타 督促する ¦ 催促する ¦ 急かす。 예 대답을 ~. 返事を催促する。 책을 반환하라고 ~. 本を返すよう督促する。 밀린 월세를 ~. 滞납った月払いの家賃を督促する。 출발을 그렇게 독촉하지 마라. 出発をそんなに急かすな。
독촉-장(督促狀)명 (법)督促状。
독충(毒蟲)명 毒虫。 예 ~에 쐬다. 毒虫にさされる。=독벌레
독침(毒針)명 ❶(動)毒針・棒。 ❷毒をつけた針。
독탕(獨湯)명 一人用の風呂。
독특-하다 独特だ。 예 독특한 말투 独特な口調。
독파(讀破)명 読破。
　독파-하다타 読破する。 예 하루 만에 장편 소설을 ~. 一日にて長編小説を読破する。
독-판(獨一)명 独り舞台 ¦ 独壇場。
독판-치다(獨一)자 独り舞台だ ¦ 独壇場だ。
독-풀(毒一)명 毒草。
독-하다(毒一)형 '독'의 부표제어.
독학(獨學)명 独学。
　독학-하다자타 独学する。 예 일본어를 ~. 日本語を独学する。
독해¹(毒害)명 毒害 ¦ 毒殺。
　독해-하다¹ 毒害する ¦ 毒殺する。
독해²(讀解)명 読解。 예 영어 ~ 시험 英語読解試験。
　독해-하다타 読解する。
독행(獨行)명 独行。
　독행-하다자 独行する。
독후-감(讀後感)명 読後感。

돈¹ Ⅰ 명 お金 ¦ 金銭。 예 ~이 엄청나게 많은 집 金がうなる家/ ~이 되는 일 金になる仕事/ ~을 모으다. 金をためる。/ ~을 꿔 주다. 金を貸す。/ ~이 모자라다. 金が足りない。/ ~을 잃어버리다. 金を落とす。/ ~을 벌기 위해 외국에 나가다. 金をもうけるために外国に出る。/ 빌린 ~을 갚다. 借かりた金を返す。/ ~에 눈이 멀다. 金に目がくらむ。/ ~을 굴리다. 金を回す。
Ⅱ의 匁。 예 금 한 ~ 一匁の金。
돈-가스(←とんカツ 일)명 豚カツ ¦ ポークカツレツ。=포크커틀릿
돈-구멍 ❶金づる。 예 ~이 막히다. 金づるが切れる。 ❷硬貨の穴。
돈-내기명 ☞노름
돈-냥(一兩)명 わずかなお金 ¦ はした金。=돈푼
돈-놀이명 金貸し。
　돈놀이-하다자 金貸しをする。
돈-닢명 ☞돈푼
돈-독(一毒)명 金を好みすぎること。 예 ~이 오르다. 金に目がくらむ。
돈독-하다(敦篤一)형 (人情が)厚い ¦ 敦厚だ。 예 두 사람의 우정이 ~. 二人の友情が厚い。
　돈독-히부 厚く ¦ 敦厚に。
돈-맛명 金の味。 예 ~을 알다. お金の味を知る。
돈-머리 [속된말]金高 ¦ 金高然 ¦ 金額。
돈-방석(方席)명 多くのお金を持っていること。
　돈방석에 앉다관용 金持ちになる ¦ にわか成金になる。
돈-백(一百)명 百いくらくらいの金。
돈-벌이명 金もうけ ¦ 稼ぎ。 예 ~를 하러 나가다. 金もうけに出る。/ ~가 될 만한 일이 있다. もうけ口がある。
돈-벼락명 急に一度に出来た莫大なお金。 예 ~을 맞다. 成金になる。
돈-변(一邊)명 利子 ¦ 金利。=돈변리
돈-변리(一邊利)명 利子 ¦ 金利。=돈변

돈-복(一福)® 金運ネミ。｜金ネミに恵ネミれること。

돈사(豚舎)® ☞돼지우리

돈육(豚肉)® 豚肉ミ゙。=돼지고기

돈-주머니® 銭入ポれ。｜きんちゃく。

돈-줄® 金ネミづる。예 ~을 잡다. 金ネミづるを見ぇつける。

돈-지갑(一紙匣)® 財布ポ゙。

돈-천(一千)® 千ゼいくらくらいの金ネミ。

돈-타령® 金ネミのことばかり並な゙べ立てること。

돈-푼® はした金ネ゙｜少しばかりの金ネ゙。예 ~깨나 있나 보다. お金かなりあるようだ。=돈냥·돈닢

돈피(豚皮)® 豚ミ゙の皮ポ゙。

돈후-하다(敦厚—)® 敦厚ネ゙だ。
　돈후-히 敦厚ネ゙に。

돋-구다® (眼鏡ポ゙の度ゃ゙を)高ネ゙める｜強ヅくする。

돋다® ❶(太陽ネ゙などが)昇ポ゙る｜出ゃ゙る。❷생え出る｜生ゃ゙える。예 새싹ポ゙が ~. 新芽ポ゙が生える。❸(皮膚ポ゙にできものなどが)出ゃ゙る｜できる｜吹ポ゙き出る。예 음식물을 잘못 먹어 두드러기가 ~. 変べに食べてしまって、吹ポ゙き出物ポ゙が出る。❹出ゃ゙る｜わく。예 의욕이 ~. 意欲ポ゙がわく。

돋보-기® ❶老眼鏡ポ゙。=돋보기안경 ❷ 虫眼鏡ポ゙。｜拡大鏡ポ゙。

돋보기-안경(一眼鏡)® ☞돋보기❶

돋-보다® 買ネ゙いかぶる｜過大評価ポ゙する。

돋-보이다® 見栄ポ゙えがする｜引ポ゙き立ネ゙つ。예 잘 차려입으니 한층 ~. 盛装ポ゙したらいっそう引き立つ。

돋아-나다® ❶(芽ポ゙などが)出ゃ゙る｜生ゃ゙える。❷(できものなどが)出ゃ゙る｜できる｜吹ポ゙き出る。

돋-우다® ❶(上ゃ゙に引ポ゙っ張ポ゙って)高ネ゙くする｜上ゃ゙げる。예 심지를 ~. 灯心ポ゙を上げる。/ 발끝을 돋우고 발돋움하다. つま先ポ゙を立てててつま先立ポ゙ちをする。❷(下に当てたり積ポ゙み上げたりして)高ネ゙くする。예 벽돌을 돋우어 울타리를 세우다. ブロックを積み上げて塀ポ゙を建てる。/ 집터를 ~. 家ポ゙の敷地ポ゙をもって高くする。❸(興味ポ゙·食欲ネ゙などを)そそる｜掻ポ゙き立てる。예 식욕을 ~. 食欲をそそる。❹(声ポ゙などを)高ネ゙める｜張ポ゙り上げる。예 어머니는 소리를 돋우어 말하기 시작했다. 母は声を張り上げて話ポ゙し始ポ゙めた。

돋을-새김® [미] 浮ポ゙き彫ポ゙り｜レリーフ。=부각(浮刻)❷

돋을-양지(一陽地)® 朝ポ゙の日ポ゙がさす所ポ゙。

돋-치다® 突ポ゙き出る｜生ゃ゙え出る。예 뿔이 돋친 사슴 角ポ゙が突き出た鹿ポ゙/ 날개가 ~. 羽ポ゙が生え出る。/ 값을 내렸더니 날개가 돋친 듯이 팔리다. 値段ポ゙を下ポ゙げたら飛ポ゙ぶように売ポ゙れる。

돌¹ Ⅰ® 子供ポ゙が生ポ゙まれて満ポ゙1年ポ゙になる日ポ゙｜初誕生日ポ゙。예 성대하게 ~잔치를 벌이다. 盛大ポ゙に満1才ポ゙の誕生ポ゙パーティーを開く。
Ⅱ 의 ❶(2、3歳ポ゙さんの子どもの)誕生日ポ゙。예 그 아이가 벌써 세 ~을 맞았다고 한다. その子がもう3歳の誕生日を迎ポ゙えたそうだ。❷周年ポ゙。예 우리 모임은 올해 3~을 맞았다. 私ポ゙たちの寄り合いが今年ポ゙に入って3周年ポ゙を迎えた。/ 그분이 돌아가신 지 일곱 ~이 된다. あの方ポ゙が亡ポ゙くなられてから七ポ゙周年になる。

돌²® 石ポ゙。❶小石ポ゙。예 작은 ~ 小ポ゙さい石/ 단단한 ~ 硬ポ゙い石/ ~을 던지다. 石を投ポ゙げる。❷石材ポ゙。예 ~을 깎다. 石を切ポ゙る。❸碁石ポ゙。❹結石ポ゙。

돌개-바람® ❶颶風ポ゙。❷つむじ風ポ゙。

돌격(突擊)® 突撃ポ゙。
　돌격-하다® 突撃する。예 전원 돌격하라. 全員突撃せよ。

돌-계집® 石女ポ゙。

돌-고래® 真海豚ポ゙。예 ~는 고래 가운데 가장 머리가 좋다. イルカはクジラの中ポ゙で最ポ゙も頭ポ゙がいい。/ 동물원에 도착해서 제일 먼저 ~을 보러 갔다. 動物園ポ゙に到着ポ゙して、まず始ポ゙めにイルカのショーを見ポ゙に行ポ゙った。

돌-공이® 石ポ゙の杵ポ゙。

돌-구멍® 石や岩ポ゙にできている穴ポ゙。

돌궐(突厥)® [역]突厥ポ゙。

돌기(突起)® 突起ポ゙。
　돌기-하다® 突起する。

돌-기둥® 石ポ゙でできた柱ポ゙｜石柱ポ゙。예 신전의 ~ 神殿ポ゙の石柱。

돌-기와® [건]石瓦ポ゙。

돌-길® 砂利道ポ゙｜石ころだらけの道ポ゙。

돌-김[명] 〈식〉岩海苔。=석태

돌-날[명] 初誕生日。

돌-능금[명] 野生のリンゴ。

돌다[자]❶ 回る｜回転する。 예 한 바퀴 빙 ~. 一周ぐるっと回る。/ 집 주위를 ~. 家の周りを回る。/ 몸을 돌려 뒤를 쳐다보다. 体を回して後ろを見つめる。❷ 遠回りする。예 길을 잃어 멀리 돌아 왔다. 道に迷って遠回りして来た。❸ 気がふれる｜気が狂う｜頭が変になる。예 그녀는 결국 돌아 버린 것 같다. 彼女はとうとう気が狂ってしまったようだ。❹ (酒·薬などが)効く｜回る。예 독이 ~. 毒が回る。/ 기운이 나는 걸 보니 약기운이 도는가 보다. 元気が出てくるのを見ると、薬が効いているようだ。❺ (機械などが)動く｜稼働する。예 30년 전의 기계가 지금도 돌고 있다. 30年前の機械が今でも動いている。/ 자동차 공장이 ~. 自動車工場が稼働する。❻ (考えなどが)浮かぶ。예 그 사람 이름이 머리에 뱅뱅 돌고 떠오르지 않는다. あの人の名前が頭の中でくるくる回るって、なかなか思い浮かばない。❼ (色合い·つやなどが)出る｜漂う｜現れる｜つばが出る｜よだれが出る。예 얼굴에 화기가 도는 것을 보니 이제 다 나았구나. 顔につやが出るのを見ると、もうすっかり良くなったな。/ 그 말을 듣는 순간 눈물이 핑 돌았다. その言葉を聞いた瞬間、涙がぱっと浮かんだ。/ 갈비를 보니 군침이 돈다. カルビを見たら生つばが出る。❽ (あちこち周りを)回る｜見回る｜巡る。예 순찰차가 순찰을 ~. パトロールカーが見回る。/ 전국의 유적지를 ~. 全国の遺跡をめぐる。❾ (噂·伝染病が)出回る｜広がる｜流行する。예 소문이 온 마을에 돌았다. 噂が町中に広がった。/ 독감이 도니까 조심해라. インフルエンザが流行っているので気をつけなさい。❿ (方向을)変える｜回る｜曲がる。예 100m 정도 가다가 오른쪽으로 돌아서 가세요. 100メートルほど進んで、右側に回って行ってください。/ 산모퉁이를 ~. 山の突き出た曲がり角を曲がる。

돌-다리[명] 石橋。예 ~를 건너다. 石橋を渡る。
돌다리도 두들겨 보고 건너라[속담] 石橋を叩いて渡る : 「用心の上に用心をして、物事を行う」の意。

돌-담[명] 石垣。

돌-대가리[명] 【어리석은 사람의 머리】 石頭。예 이 ~야, 그것도 몰라? この石頭め、そんなことも分からないのか。

돌-덩어리[명] ☞돌덩이

돌-덩이[명] 大きめの石ころ。=돌덩어리

돌-도끼[명] 石斧。

돌돌[부]❶ 【작고 길쭉한 물건이 여러 겹으로 동그랗게 말리는 모양】 くるくる｜ぐるぐる。예 ~ 말린 종이 くるくると巻いた紙。❷ 【작고 단단한 물건이 가볍게 구를 때 나는 소리 또는 모양】 ころころ。

돌돌-하다[형]【똑똑하다】 利口だ。예 돌돌한 아이다. 利口な子だ。

돌-떡[명] 満一歳の初の誕生日を祝う餅。

돌라-가다[타] (人의 物을)こっそり盗む。

돌라-내다[타] こっそり抜き取る。

돌라-대다[타]❶ 【일을 꾸며내다】 工面する｜やりくりする。❷ 【말을 둘러대다】 言い繕う。예 교묘하게 ~. 巧みに言い繕う。

돌라-막다[타] 囲んで塞ぐ。

돌라-맞추다[타] やりくりする｜用立てる｜代用する。

돌라-매다[타] 一回り回してくくる。

돌라-보다[타] (あまねく)見回る｜見回す｜調べ回る。예 여기저기 ~. あちこち見回る。/ 이모저모 ~. あれこれ調べ回る。

돌라-치다[타]【바꿔치다】 すり替える。

돌려-놓다[타]❶【방향을】(方向을)変えて置く｜回しておく。예 화분을 남쪽으로 ~. 植木鉢を南の方に回しておく。❷【생각·마음·일따위를】 (考え·心·仕事を)回しておく｜変えておく。예 해외 근무로 ~. 海外勤務に回しておく。/ 형의 마음을 ~. 兄の心を変えておく。

돌려다-붙이다[타]❶【덮어씌우다】 なすりつける。❷【둘러대다】 遠回しに言う。예 돌려다붙이지 말고 솔직하게 말해라. 遠回しに言わないで率直に言ってよ。

돌려-먹다[타]❶【바꿔먹다】 入れ替える。예 생각을 ~. 心を入れ替える。❷【속이다】 だます。

돌려-받다[타] 返してもらう。예 책을 ~. 本を返してもらう。/ 빼앗긴 그림을 돌

려받았다. 奪ぁわれた絵を返してもらった。

돌려-보내다[타] ❶【歸還】帰らせる｜帰す｜追い返す。예 찾아온 사람을 ~. 訪ねてきた人を帰らせる。❷【返送】送り返す｜戻す。예 선물을 ~. 御土産を送り返す。

돌려-주다[타] ❶【返却】返す｜返済する｜戻す。예 빌린 자전거를 ~. 借りた自転車を返す。❷【融通】都合ごうしてやる｜やりくりする。

돌려-짓기 〈농〉輪作。 =윤작

돌리다¹[자]【被欺】だまされる｜欺かれる。

돌리다²[타] ❶【蘇生·回復】病気びょうが峠を越す。예 열심히 간호한 덕분인지 숨을 돌렸다. 熱心に看病したおかげか息を吹き返した。❷【変える｜戻す｜取り直す｜直す。예 어머니의 마음을 돌릴 방법을 찾었다. 母の心を元に戻す方法を見つけた。/ 마음을 돌리고 열심히 공부하다. 気を取り直して熱心に勉強する。

돌리다³[자]【疎外】仲間外れにされる｜のけ者にされる。

돌-리다⁴[타] ❶【回転】(円を描くように)回す。예 다이얼을 ~. ダイアルを回す。/ 벌로 운동장 10바퀴를 돌렸다. 罰で運動場を10周まわった。❷【稼動】(機械などを)動かす｜回す｜稼働する。예 녹음기를 ~. 録音機を回す。/ 공장을 돌리기 시작했다. 工場を稼動し始めた。❸【轉嫁】(責任·手柄などを他人に)譲る｜帰する｜なすりつける｜押しつける｜転嫁する。예 자신의 공로를 부하에게 돌렸다. 自分の手柄を部下に譲った。/ 실패의 책임을 내 탓으로만 돌리는 것은 부당하다. 失敗の責任を私だけに帰するのは不当だ。/ 싫은 일이나 나쁜 일을 모두 남에게 돌려서는 안 된다. 嫌な事や悪い事をすべて他人に押しつけてはいけない。❹【婉曲】それとなく話す｜遠回しに言う｜婉曲に言う。예 말을 돌리지 말고 원하는 걸 말해 보렴. 遠回しに言わないで望むことを言ってごらん。❺【後回】後回しにする。예 보고서를 내일로 ~. 報告書を明日に回す。/ 하던 일을 뒤로 돌리고 다른 일을 하다. していた仕事を後回しにして、他の仕事

をする。❻【어떻게】そうであると思って対応する。예 어제 있었던 일은 없었던 일로 돌리기로 했다. 昨日のことは無かったこととすることにした。❼【転換】(分野·話題 などを)変える｜転じる。예 관심 분야를 ~. 関心分野を変える。/ 갑자기 화제를 돌렸다. 急きゅうに話題を転じた。❽【順番】順番に伝える｜渡す｜回す｜配る｜送付する。예 옆 사람에게 마이크를 ~. 隣となりの人にマイクを渡す。/ 전단지를 집집마다 돌렸다. チラシを家ごとに配った。/ 술잔을 돌리는 것은 한국의 술 습관이다. 杯を回すのは韓国の酒の習慣しゅうかんだ。/ 회람을 ~. 回覧を回す。/ 돌려 가며 읽다. 回し読みする。/ 서류를 경리부로 ~. 書類を経理部に送付する。❾【方向】(方向を)変える｜回す｜振り向ける。예 고개를 돌려 보니 넓은 강이 펼쳐져 있었다. 首を回してみると、広い河が広がっていた。/ 소리 나는 쪽으로 눈을 ~. 音のする方に目を向ける。/ 자가용을 영업용으로 ~. 自家用を営業用に回す。

돌림-감기(一感氣)[명] 流感りゅうかん｜インフルエンザ。

돌림 노래 〈음〉輪唱りんしょう。

돌림-병(一病)[명] 伝染病でんせんびょう｜はやり病やまい。=유행병

돌림-턱[명] 順番じゅんばんにおごること。

돌-맞이[명] ❶一周年しゅうねんのお祝いわい。❷ 初誕生日しょたんじょうびのお祝い。

돌멘(dolmen)[명] 〈고〉ドルメン。=고인돌

돌-멩이[명] 石ころ｜石。예 ~를 차다. 石ころを蹴る。

돌멩이-질[명] 石投げ｜つぶて打ち。예 사람들이 그에게 ~을 하였다. 人々が彼につぶて打ちをした。

돌-무더기[명] 石の小山こやま。예 산 중간 중간에 보이는 ~ 山の所々ところどころに見える石の小山。

돌-무덤[명] 《고》積石塚つみいしづか｜石塚いしづか。=석총

돌-무지[명] 石がたくさんある土地とち。예 ~를 개척하다. 石だらけの土地を開拓かいたくする。

돌-문(一門)[명] 石いしの門もん。

돌발(突發)[명] 突発とっぱつ。예 ~ 사고 突発じ事故。

돌발-하다[자] 突発する。

돌발-적(突発的)関 突発的。例 ~인 사건 突発的な事件。

돌-방(-房)名〈古〉石室。

돌-배名 山梨の実。

돌배-나무〈식〉山梨。

돌변(突變)名 急変。

돌변-하다 急変する。例 태도가 ~. 態度が急変する。

돌-보다他 世話をする｜面倒をみる｜厄介をかける。例 환자를 ~. 患者の世話をする。/ 살림을 ~. 暮らしの面倒をみる。

돌-부리名 (地上に突き出た)石の角。

돌-부처名 石仏。=석불

돌-비(-碑)名 石碑。

돌-비늘名〈광〉雲母。=운모(雲母)

돌-사다리名 石や岩ばかりの険しい山道。

돌-산(-山)名 石山。例 ~ 위에 홀연히 서 있는 산사 石山の上にぽつんと立っている山寺。

돌-샘名 岩清水。

돌-소금名〈광〉岩塩。

돌-솜名〈광〉石綿・いし。=석면

돌-솥名 石の釜。

돌-싸움名〈민〉石合戦。 줄 돌쌈

돌싸움-하다 石合戦をする。

돌-쌈名〈민〉石合戦。

돌아-가다 ❶ (円を描きながら)回る｜回転する。例 자전거 바퀴가 ~. 自転車の車輪が回る。❷ ある状態が進行される。例 일이 너무 바쁘게 돌아가서 정신을 차릴 수가 없다. 事が非常に早く進行して、しゃんとしていられない。/ 세상 돌아가는 사정도 좀 익혀라. 世の中の動く様子も少しは知っておけ。/ 게임은 우리 팀의 승리로 ~. ゲームは我がチームの勝利に帰した。❸ (順番に)伝達する｜回る。例 돌아가며 의견을 발표하다. 順番に回りながら意見を発表する。❹ (機械などの機能がうまく)作動する。例 기계가 잘 돌아간다. 機械がうまく稼働する。❺ (金品流通量が)回る。例 자금이 잘 ~. 資金が回る。❻ しっかりしていられなくて、ふらっとする。例 머리가 핑핑 돌아갈 정도로 바쁘다. 頭がぐるぐる回るほど忙しい。❼ 亡くなる。例 할아버지는 작년에 돌아가셨습니다. 祖父は去年亡くなられました。❽ 帰る｜戻る。例 고국으로 돌아가고 싶다. 故国に帰りたい。❾ (順序・割り当てなどが)回る｜当たる。例 한 사람에 2개씩 빵이 돌아간다. 一人に二つずつのパンが当たる。❿ (元の方向とは反対に)動く｜回る。例 액자가 왼쪽으로 ~. 額が左の方にずれる。/ 치마가 오른쪽으로 ~. スカートが右の方に回る。⓫ 遠回りして行く。例 도로 공사를 피해 옆길로 돌아갔다. 道路の工事を避けて、横道に遠回りして行った。/ 고속도로가 막혀서 국도로 돌아갔다. 高速道路が渋滞して、国道に遠回りした。

돌아-내리다 ❶ (凧などが)くるくる回りながら落ちる。❷ 遠慮する。例 어리고 숫기가 없어 돌아내리기만 한다. 幼くてはにかみ遠慮ばかりする。

돌아-눕다自 寝返る｜寝返りを打つ。

돌아-다니다自 歩き回る｜さまよう｜巡る。例 정처 없이 ~. 目的もなく歩きまわる。/ 아무런 ~. あまねく巡る。/ 이리저리 ~. あちこちさまよう。

돌아다-보다 振り返る。例 뒤를 ~. 後ろを振り返る。/ 젊은 시절을 ~. 若い時を振り返る。

돌아-들다自 回り回ってもとに返る｜戻る｜引き返す。例 고향으로 돌아드니 모든 것이 그대로였다. 故郷に戻ると全てがそのままだった。

돌아-보다 ❶ 振り返って見る｜振り向いて見る｜後ろをみる。例 뒤를 ~. 後ろを振り返って見る。/ 시험 시간에는 돌아보지 마라. 試験時間には振り返るな。❷ 顧みる｜回顧する｜振り返る。例 과거를 ~. 過去を振り返る。

돌아-서다 ❶ 振り返る｜後ろ向きになる。例 가다가 돌아서서 손을 흔들다. 行く途中で振り返って手を振った。❷ 病状が少し回復する。❸ 仲たがいする。

돌아-앉다自 向きを変えて座る｜背を向けて座る｜横を向いて座る。例 책상 앞으로 ~. 机の前台に向きを変えて座る。/ 돌아앉아 이야기하다. 向きを変

え、座って話しする。

돌아-오다자 ❶【元の場所】(元の場所に・状態に)帰ってくる｜戻ってくる｜帰る｜戻る。例집 나간 아들이 ~.家を出た息子が帰ってくる。/기절했다가 10분 만에 정신이 돌아왔다.気絶して、10分後に気が戻った。/학교에서 ~.学校から帰る。/여행에서 ~.旅行から帰る。/집으로 ~.家に帰る。❷【順番】(順番が)回ってくる。例10분 후에 내가 발표할 순서가 돌아온다.10分後に私が発表する順序が回ってくる。❸【割り当て】(割り当て・非難・称賛などが)返ってくる。例모든 비난이 나에게 돌아왔다.すべての非難が私に返ってきた。/결국 우리 부서에 돌아온 몫은 컴퓨터 3대였다.結局我が部署の割り当てはパソコン3台だった。❹【遠回り】遠回りしてくる｜回り道をする｜回ってくる。例먼 길을 ~.遠くの道を回ってくる。❺【一定に繰り返される事】(一定に繰り返される事が)回ってくる｜やってくる。例돌아오는 어린이날에는 선물을 주겠지? やってくる子供の日にはプレゼントをくれるだろう。/설날이 ~.お正月がやってくる。❻【円を描くように方向を変えて】(円を描くように方向を変えて)折り返す。例모퉁이를 돌아오니 우체국이 보였다.折り返すと郵便局が見えた。❼【行った道】(行った道を)戻ってくる。例지하철역까지 갔다가 집으로 ~.地下鉄の駅まで行って家に戻ってくる。

돌-알명【水晶】水晶で作った眼鏡のレンズ。

돌-알[명]【卵】ゆで卵。

돌연(突然)부 突然｜いきなり。例~ 그가 찾아왔다.突然彼が訪ねてきた。

돌연-하다형 突然だ。너무나도 돌연한 사건이었다.あまりにも突然な出来事だった。

돌연-히부 突然に。例아이가 ~ 사라졌다.子供が突然に消えた。

돌연-변이(突然變異)명〈생〉突然変異。

돌-우물명 石で作った井戸。

돌이키다타 ❶【方向】(方向を反対側に)変える｜振り向く。例뒤에서 이름을 불러 그쪽을 돌이켰다.後ろから名前を呼ばれて、その方を振り向いた。❷【過去を】(過去を)振り返る｜顧みる。例돌이키고 싶지 않은 과거 振り返りたくない過去。❸【元の状態に】(元の状態に)戻す｜取り返す。例돌이킬 수 없는 실수는 더 이상 하지 마라.取り返しのつかない失敗はもうやめろ。❹【心を】(心を)変える｜改める。例사람의 마음을 돌이키는 것은 아무도 할 수 없다.人の心を改めることは誰にもできない。❺【反省して】反省して思い直す｜振り返ってよく考えてみる。例다른 사람의 결점을 지적하기 전에 자기 자신을 돌이켜 보아라.人の欠点を指摘する前に、自分のことを振り返ってよく考えてみろ。

돌입(突入)명 突入。

돌입-하다자 突入する｜突っ込む。例적진 깊숙이 ~.敵陣深くに突入する。

돌-잔치명 初誕生日のお祝いの宴。

돌-잡이명 初誕生日のお祝いの膳にいろいろのものを並べ、子に自由に取らせること。

돌잡이-하다타 初誕生日のお祝いの膳にいろいろのものを並べ、子に自由に取らせる。

돌-잡히다타 初誕生日のお祝いの膳にいろいろのものを並べ、子に自由に取らせる。

돌-장이명 石屋｜石切り｜石工。例당대 최고의 ~가 조각한 석상이었다.当代最高の石屋が彫刻した石像だった。

돌-쟁이명 一歳くらいの子供。

돌-절구명 石臼。

돌진(突進)명 突進。

돌진-하다자 突進する｜突っ進む。例목표를 향해 ~.目標に突進する。

돌-집명 石造りの家｜石でできた家。例튼튼한 ~ 頑丈な石造りの家。

돌-쩌귀명〈건〉蝶番｜肘金と肘壺。

돌체(dolce 이)명〈음〉ドルチェ。

돌출(突出)명 突出。

돌출-하다자 突出する｜突き出る。例돌출한 입을 교정하다.突き出た口を矯正する。

돌-층계(一層階)명 石でできた階段｜石段。例~라서 튼튼하다.石段なので頑丈だ。

돌-칼 《고》石の刀。
돌-탑(一塔)몡 石塔。
돌파(突破)몡 突破。
　돌파-하다囘 突破する；突き破る。囮 적진을 ~. 敵陣を突き破る。/ 난관을 ~. 難関を突破する。/ 목표액을 ~. 目標額を突破する。
돌파-구(突破口)몡 突破口。囮 ~를 찾다. 突破口を探す。
돌-팔매몡 (何かに向けて)遠くに投げる小石；つぶて。囮 ~를 던지다. 小石を投げる。
돌팔매-질몡 小石を投げること。
돌-팔이몡 ❶あちこち歩き回りながら知識・技術・品物などを売る人。❷まともな資格や実力がないのに、専門的な仕事をする人。囮 ~ 의사 藪医者。
돌풍(突風)몡 突風。
돔¹몡《동》[魚] 鯛。
돔²(dome)몡 ドーム。
돕다囘 ❶(人を)助ける；手伝う；援助する。囮 어머니가 청소하는 것을 도왔다. 母親が掃除をするのを手伝った。/ 도와주세요. 助けてください。❷促す；助ける。囮 실내에 선인장을 두면 전자파 차단을 돕는다. 室内にサボテンを置くと、電磁波の遮断を促す。❸(互いに)寄り掛かる。囮 세 식구가 엄마가 안 계신 집에서 서로 도와 가며 살다. 家族三人がお母さんのいない家で、互いに助け合って暮らす。❹(ある状況を)利用する。囮 밤을 도와 도망치다. 夜を利用して逃げる。❺速度を速める；急かす。囮 밤길을 도와 새벽에 도착했다. 夜道を急かして夜明けに着いた。

돗-바늘몡 大針。
돗-자리몡 ござ；むしろ。＝석자
동¹몡 どん；太鼓を打つ音。북을 치다. 太鼓をどんとたたく。
동²(東)몡 東。
　동에 번쩍 서에 번쩍속담 東にちらっと西にちらっと：「あっちこっちに非常に忙しく動く様」の意。
동³(棟) Ⅰ 의 棟。囮 2동 二棟。
동⁴(銅)몡《화》銅。＝구리¹
동가(同價)몡 同価。

동감(同感)몡 同感。
　동감-하다재 同感する。囮 동감하는 부분이 많다. 同感する部分が多い。/ 동감할 수 없다. 同感できない。
동갑(同甲)몡 同じい年；同じじ年。囮 나는 아내와 ~입니다. 私は妻と同い年です。
동강몡 ❶切れっ端；切れ端；かけら。囮 통나무 ~ 丸木棒の切れ端/ 양초 ~ ろうそくのかけら。❷切れ。囮 두 ~ 二つ切れ。
　동강(을) 치다관용 (いくつかの小片に)切り刻む；切断する；ぶつ切りにする。囮 고등어를 세 동강 치다. さばを三つに、ぶつ切りにする。
동강-동강튀 ずたずたに；切々に；ぶつぶつ。囮 나무를 ~ 베다. 木をずたずたに切る。/ 생선을 ~ 토막을 치다. 魚をぶつぶつとぶつ切りにする。
동강-이몡 切れっ端；切れ端；かけら。⇒동강❶
동거(同居)몡 同居；同棲。
　동거-하다재 同居する；同棲する。
동거-인(同居人)몡 同居人。
동격(同格)몡 同格。
동결(凍結)몡 凍結。
　동결-하다재囘 凍結する。囮 임금을 ~. 賃金を凍結する。/ 이 호수는 겨울에는 동결한다. この湖水は冬には凍結する。
동경¹(東京)몡《지》東京。
동경²(東經)몡 東経。
동경³(憧憬)몡 憧れ；憧憬。囮 ~의 대상 憧憬の的。
　동경-하다囘 憧れる；憧憬する。囮 이국의 문화를 ~. 異国の文化に憧れる。
동계¹(冬季)몡 冬季。囮 ~ 올림픽 冬季オリンピック。
동계²(同系)몡 同系。
동고(銅鼓)몡 ☞꽹과리
동고-동락(同苦同樂) 苦楽を共にすること。
동공(瞳孔)몡 瞳孔；瞳。
동광(銅鑛)몡 ❶銅山。❷銅鉱。
동구(洞口)몡 ❶村の入り口。❷山門の入り口。

동굴(洞窟)[명] 洞窟ㅣ洞穴·ほら穴。
동권(同權)[명] 同權。
동규(冬葵)[명]《식》冬葵。=아욱
동그라미[명] ❶[원] 円ㅣ丸ㅣ輪。 예맞는 답에 ~를 하시오. 正答に丸をつけなさい。/도화지에 ~를 그리다. 画用紙に円をかく。 ❷[속어] 「お金」の俗っぽい語ㅣおあし。
동그라미-표(一標)[명] 丸。 예번호에 ~를 하시오. 番号に丸をつけなさい。
동그라-지다[자] 転ぶㅣ引っくり返るㅣ倒れて転がる。 예갑자기 뒤로 ~. 突然後ろに引っくり返る。
동그랑-쇠[명] ❶☞굴렁쇠 ❷☞삼발이❶
동그랗다[형] 丸いㅣまんまるい。 예동그란 눈이 초롱초롱 빛난다. 丸い目がきらきらと光る。/손톱이 ~. 爪が丸い。/배가 동그랗게 보이니 아들을 낳을 것 같다. 腹がまんまるく見えるので、男の子を産むようだ。
동그래-지다[자] 丸くなるㅣ真ん丸になる。 예놀라서 눈이 ~. びっくりして目が丸くなる。/살이 쪄서 얼굴이 동그래졌다. 太って顔が真ん丸になった。
동그스름-하다[형] 丸みがあるㅣ丸みを帯びているㅣ丸っこい。 예동그스름한 얼굴 丸みのある顔/동그스름한 눈 丸っこい目。
동극(童劇)[명]《연》[아동극] 児童劇。
동글납대대-하다[형]〈物や顔の形が〉丸くって平ったい。
동글납작-하다[형]〈物や顔が〉丸くて平べったい。 예동글납작한 얼굴 丸く平べったい顔。
동글다[형] 丸いㅣ円形だㅣ球形だ。 예동글한 눈이 반짝반짝 빛난다. 丸い目がきらきらと光る。
동글-동글[부]【의태어】〈目が〉くりくりと。
  동글동글-하다[형] まんまるいㅣまんまるだ。 예얼굴이 동글동글하니 귀염성 있게 생겼다. 顔がまんまるなので、可愛いがられそうだ。
동글-리다[타] 丸くするㅣ丸める。
동글반반-하다[형]〈おもに顔立ちが〉丸くて整っているㅣ丸くて上品である。 예얼굴이 ~. 顔が丸く整っている。
동급(同級)[명] 同級。
동급-생(同級生)[명] 同級生。

동긋-하다[형] 丸っこい。
  동긋-이[부] 丸っこく。
동기¹(冬期)[명]【동계·동절】冬季。
동기²(同氣)[명]【형제·자매】同気ㅣ兄弟ㅣ姉妹。
동기³(同期)[명] 同期。 예~ 모임 同期の会。
동기⁴(動機)[명]【의욕·빌미】動機ㅣきっかけㅣモチーフ。
동기⁵(銅器)[명]【청동반】銅器。
동기-간(同氣間)[명] 兄弟姉妹の間柄。
동기-생(同期生)[명] 同期生ㅣ同期。
동-나다[자] 底をつくㅣ払底するㅣ品切れになる。 예쌀이 ~. 米が底をつく。/물자가 ~. 物資が払底する。
동남(東南)[명] 東南。
동남-아(東南亞)[명]《지》東南アジア。=동남아시아
동남-아시아(東南Asia)[명]《지》東南アジア。=동남아
동남-풍(東南風)[명] 東南の風。
동내(洞內)[명] 村中ㅣ町中。
동냥[명] 物乞いㅣ物貰い。 예젖~ 貰い乳。
  동냥-하다[자타] 物乞いするㅣ物貰いをする。
동냥-질[명] 物乞い。
  동냥질-하다[자타] 物乞いする。
동네(洞一)[명] 町ㅣ村。 예~ 사람들 村の人々。
동네-방네(洞一坊一)[명] ❶[을] 村中ㅣ村全体。 예~ 소문나다. 村中にうわさが立つ。 ❷【이 마을】あの村この村。
동년(同年)[명] 同年。
동년-배(同年輩)[명] 同年輩。
동-녘(東一)[명] 東ㅣ東方。
동당-거리다[타]〈小さな太鼓など〉どんどん打ち鳴らすㅣどんどんと鳴らす。=동당대다
동당-대다[자타] ☞동당거리다
동당-동당[부]【의성어·의태어 등등】どんどんㅣとんとん。
동댕이-치다[타] ❶【던져서 내던지다·집어던지다】投げるㅣ投げつけるㅣ投げ出すㅣ放り出す。 예가방을 동댕이치고 놀러 나가다. かばんを投げ出し遊びに行く。/짐을 ~. 荷物を放り出す。 ❷【하던 일을】投げ出すㅣ放り出すㅣやめる。 예하던 일을 동댕이치고 영화를 보다. やりかけた仕事を

放り出して映画を見る。

동동¹ 튼 とんとん。
　동동-거리다 짜타 (小さな太鼓が)とんとんと鳴らす｜(小さな太鼓を)とんとんと打ち鳴らす｜とんとんと叩く。
　동동-대다 짜타 ☞동동거리다

동동² 튼 とんとん｜どんどん｜ばたばた。 예 발을 ～ 구르다. 足をばたつかせる。

동동³ 튼 ふわふわ｜ぷかぷか。

동등(同等) 명 同等。
　동등-하다 同等だ。 예 동등한 조건 同等な条件。

동등-권(同等權) 명 同等權。

동-떨어지다 형 掛け離れる。 예 현실과 동떨어진 이상론 現実から掛け離れた理想論／회사는 집에서 약간 동떨어져 있다. 会社は家から少し掛け離れている。
　동떨어진 소리 관용 ❶ つじつまの合わない話｜筋の通わない話。❷ 敬語でも平語でもない、どっちつかずの言葉遣い。

동-뜨다 형 ❶ 間があいている｜間隔があいている。❷ 抜きん出ている｜ずば抜けている。

동라(銅鑼) 명 銅鑼。=징¹

동락(同樂) 명 ともに楽しむこと。
　동락-하다 ともに楽しむ。

동란(動亂) 명 動乱。

동량(棟梁・棟樑) 명 棟梁。

동량지재(棟樑之材) 명 棟梁の器。

동력(動力) 명 動力｜原動力。 예 ～ 자원 動力資源／경제 발전의 ～이 되다. 経済発展の原動力になる。

동력-원(動力源) 명 動力源。

동렬(同列) 명 同列。 예 ～로 취급하다. 同列に扱う。

동령(同齡) 명 同齢｜同じい年。

동록(銅綠) 명 緑青。=녹❷

동료(同僚) 명 同僚｜仲間。

동류¹(同流) 명 ❶ 同流。 ❷ 同輩。=동배(同輩)

동류²(同類) 명 同類。

동률(同率) 명 同率。

동리(洞里) 명 村｜里。 예 인심 좋은 ～ 人情に厚い村。

동-막이(垌―) 명 堤防を築くこと。 예 ～ 공사 堤防を築く工事。

동막이-하다 짜타 堤防を築く。

동맥(動脈) 명 (의)動脈。

동맥 경화증(動脈硬化症) 《의》動脈硬化症。

동맥 주사(動脈注射) 《의》動脈注射。

동맹(同盟) 명 同盟。 예 군사 ～ 軍事同盟／휴교 同盟休校。
　동맹-하다 同盟する。

동맹-국(同盟國) 명 同盟国。

동맹 파업(同盟罷業) 《사》ストライキ。

동-메달(銅medal) 명 銅メダル。

동면(冬眠) 명 《동》冬眠｜冬ごもり。 예 ～을 시작하다. 冬ごもりに入る。=겨울잠
　동면-하다 자 冬眠する｜冬ごもりする。

동명¹(同名) 명 《경》同名。

동명²(洞名) 명 洞の名。

동명-이인(同名異人) 명 同名異人。

동-명태(凍明太) 명 冷凍のすけとうだら。=동태(凍太)

동무 명 ❶ 友だち｜親友。 예 ～들과 사이좋게 놀아라. 友だちと仲よく遊びなさい。 ❷ 仲間｜連れ。 예 방을 함께 쓸 ～를 찾다. 部屋をいっしょに使う仲間を探す。
　동무-하다 자 友となる｜連れ合う｜組み合う。 예 서로 동무하여 운동을 시작하다. 連れ合って運動を始める。

동문¹(同文) 명 同文。 예 이하 ～ 以下同文。

동문²(同門) 명 同門｜同窓。 예 ～회 同文会；同窓会。

동문서답(東問西答) 的外れの答え｜とんちんかんな答え。
　동문서답-하다 자타 的外れの答えをする｜とんちんかんな答えをする。

동물(動物) 명 動物。 예 ～ 보호 시설 動物保護施設／～ 병원 動物病院。

동물-계(動物界) 명 動物界。

동물-성(動物性) 명 動物性。 예 ～ 섬유 動物性繊維／～ 단백질 動物性蛋白質。

동물-원(動物園) 명 動物園。

동물-적(動物的) 관용 動物的。

동물-학(動物學) 《동》動物学。

동민(洞民) 명 町民｜村民｜町の住民。

동박-새 명 《동》目白。

동반(同伴) 명 同伴。 예 부부 ～ 夫婦同

伴/ ~ 자살 心中。
동반-하다[자][타] 同伴する。
동-반구(東半球)[명] 東半球。
동반-자(同伴者)[명] 同伴者。
동방(東方)[명] 東方。[예] ~ 교회 東方教会；東方正教会。
동방-화촉(洞房華燭)[명] (婚礼後の)床入り。
동배(同輩)[명] 同輩。
동백(冬柏·冬栢)[명] 《식》椿。 =동백나무
동백-기름(冬柏―)[명] 椿油。
동백-나무(冬柏―)[명] 《식》椿。 =동백
동병-상련(同病相憐)[명] 同病相憐むこと。
동복1 (冬服)[명] 【겨울에 입는 옷】冬服 ¦ 冬着 ¦ 冬物。
동복2 (同腹)[명] 【한 어머니 배에서 남】同腹 ¦ 同母。[예] ~ 형제 同腹の兄弟。
동봉(同封)[명] 同封。
동봉-하다[타] 同封する。[예] 서류를 ~. 書類を同封する。
동부1 [명] 《식》大角豆。
동부2 (東部)[명] 東部。
동-부인(同夫人)[명] 夫人同伴。
동부인-하다[자] 夫人を同伴する。[예] 파티에 동부인해서 와 주세요. パーティーに夫人同伴でおでましください。
동북(東北)[명] 東北。
동북-풍(東北風)[명] 北東の風。
동분서주(東奔西走)[명] 東奔西走。
동분서주-하다[자] 東奔西走する。[예] 회사를 설립하기 위해 ~. 会社設立のために東奔西走する。
동사1 (凍死)[명] 【얼어 죽음】凍死 ¦ 凍え死に。
동사-하다[자] 凍死する ¦ 凍え死にする。
동사2 (動詞)[명] 《언》動詞。
동산1 [명] (家の近くにある)小山や丘。[예] ~에 오르다. 丘にのぼる。
동산2 (動産)[명] 《법》動産。
동상1 (凍傷)[명] 《의》凍傷。[예] ~에 걸린 발가락 凍傷にかかった足の指。
동상2 (銅像)[명] 【구리로 만든 기념물】銅像。
동상3 (銅賞)[명] 【3등에 해당하는 상】銅賞。
동상-이몽(同牀異夢)[명] 同床異夢。
동색(同色)[명] ❶【같은 색】同色。❷【같은 파】同派。
동생[명] 【남동생】弟 ¦【여동생】妹。
동서1 (同壻)[명] 相婿 ¦ 相嫁。
동서2 (東西)[명] 東西。
동서-고금(東西古今)[명] 古今東西。
동서남북(東西南北)[명] 東西南北。
동-서양(東西洋)[명] 東洋と西洋。
동석(同席)[명] 同席。
동석-하다[자] 同席する。
동선1 (動線)[명] 《건》動線。[예] ~을 고려한 집 動線を考えた家。
동선2 (銅線)[명] 【구리 줄】銅線。
동성1 (同姓)[명] 同姓。
동성2 (同性)[명] 同性。
동성-애(同性愛)[명] ☞동성연애
동성-연애(同性戀愛)[명] 同性愛。 =동성애
동소-체(同素體)[명] 《화》同素体。
동수(同數)[명] 同数。
동숙(同宿)[명] 同宿。
동숙-하다[자] 同宿する。
동승(同乘)[명] 同乗。
동승-하다[자] 同乗する。[예] 택시에 ~. タクシーに同乗する。
동시1 (同時)[명] 同時。[예] ~ 녹음 同時録音/ ~통역 同時通訳/ 장점인 ~에 단점이기도 하다. 長所であると同時に欠点でもある。/ 집에 도착하는 ~에 비가 내리기 시작했다. 家に着くと同時に雨が降り出した。
동시2 (凍屍)[명] 凍死した死体。
동시3 (童詩)[명] 《문》童詩。
동-시대(同時代)[명] 同時代。
동-식물(動植物)[명] 動植物。
동실[부] 【떠 있는 모양】ふわり ¦ ぽっかり ¦ ふわふわ。[예] 하늘에 구름 한 점이 ~ 떠 있다. 空にひときれの雲がふわりと浮かんでいる。
동실-동실[부] 【공중이나 물 위에 떠서 자꾸 움직이는 모양】ぷかぷか ¦ ふわふわ。
동실동실-하다[형] 【동글고 토실토실하다】丸くてふっくらとしている ¦ ぽちゃぽちゃする。[예] 아기의 동실동실한 얼굴이 사랑스럽다. 赤ちゃんのぽちゃぽちゃとした顔が愛らしい。
동심1 (同心)[명] 同心。
동심2 (童心)[명] 【어린아이의 마음】童心。[예] ~으로 돌아가서 소꿉놀이를 하다. 童心に返ってままごとをする。
동심-원(同心圓)[명] 《수》同心円。
동아(冬芽)[명] ☞겨울눈
동아리[명] サークル ¦ クラブ。[예] 연극 ~에 가입하다. 演劇サークルに入る。
동-아시아(東Asia)[명] 《지》東アジア。

동아-줄[명] 太い綱¦太い縄。
동안¹[명] 間ぁ҃ぃだ。囫잠깐 ~ 시바락쿠노 아이다 / 내가 공부하는 ~ 엄마는 책을 읽으신다. 私が勉強しているあいだ、母は本を読む。/ 여름 방학 ~에 할 일을 계획한다. 夏休みの間にやることを計画する。/ 사흘 ~ 아팠다. 三日間病んだ。
동안²(童顔)[명] 童顔。囫얼굴은 매우 ~이다. 顔はとても童顔だ。
동안 기후(東岸氣候) 東岸気候。
동양(東洋)[명] 東洋。囫~ 사람 東洋の人。
동양-인(東洋人) 東洋人。
동양-학(東洋學) 東洋学。
동양-화(東洋畵) 東洋画。
동업(同業)[명] ❶同業。 ❷共同経営。囫~은 절대로 안 된다. 共同経営は絶対にしては行けない。
　동업-하다[자] 共同経営する。囫친구와 식당을 ~. 友だちと食堂を共同経営する。
동업-자(同業者) ❶同業者。 ❷共同経営者。
동여-매다[타] 縛り付ける¦縛り上げる。囫끈으로 ~. 紐で縛りつける。
동-역학(動力學)〈물〉動力学。
동요¹(動搖)[명] 動揺。囫금융 시장의 ~ 金融市場の動揺。
　동요-하다[하다] 動揺する¦動じる。囫배가 심하게 ~. 船が激しく動揺する。/ 그 소식에 그의 마음은 동요했다. その知らせに彼の心は動揺した。/ 조금도 동요하는 기색이 없다. 少しも動じる気配がない。
동요²(童謠)[명] 童謡¦童歌。
동원(動員)[명]
　동원-하다[타] 動員する。囫2만 명의 경찰관이 동원되다. 二万人の警察官が動員される。
동원-령(動員令)〈군〉動員令。囫~ 이 내려지다. 動員令が下される。
동위-각(同位角)〈수〉同位角。
동위 원소(同位元素)〈화〉同位元素。
동-유럽(東Europe)〈지〉東ヨーロッパ。
동음(同音)[명] 同音。
동음-어(同音語)[명] ☞동음이의어
동음-이의(同音異義)[명] 同音異義。
동음이의-어(同音異義語)[명]〈언〉同音異義語。=동음어

동의¹(同意)[명] 同意。囫아버지의 ~를 구하다. 父の同意を求める。
　동의-하다[자] 同意する。
동의²(同義)[명] 同義。
동의³(動議)[명] 動議。
동의-어(同義語·同意語) 同義語。
동이[명] 瓶。
동이다[타] 紐で縛る¦くくる¦束ねる。囫헌 잡지를 동여서 버리다. 古雑誌を紐でくくって捨てる。
동인¹(同人)[명] 同人。
동인²(動因)[명] 動因。
동인-지(同人誌) 同人雑誌。
동일¹(同一)[명] 同一。囫~ 인물 同一人物。
　동일-하다[형] 同一だ。囫동일한 문제 同一の問題 / 양자를 동일하게 다루다. 両者を同一に扱う。
동일²(同日)[명] 同日。
동일-시(同一視)[명] 同一視。
　동일시-하다[타] 同一視する。囫드라마 주인공과 배우를 ~. ドラマの主人公と俳優を同一視する。
동자¹(童子)[명] 童子。
동자²(瞳子)[명] 瞳子¦瞳。=눈동자
동작(動作)[명] 動作。囫~이 빠르다. 動作が速い。/ ~이 둔하다. 動作が鈍い。
　동작-하다[자] 動作する。
동-장군(冬將軍) 冬将軍。
동-적(動的)[관] 動的¦ダイナミック。
동전(銅錢)[명] 銅錢¦銅貨¦コイン。=동화
동절(冬節)[명] 冬季。
동점(同點)[명] 同点。囫~으로 비기다. 同点で引き分けになる。
동정¹[명] 掛襟¦共襟。
동정²(同情)[명] 同情。囫~을 베풀다. 同情を施す。
　동정-하다[타] 同情する。
동정³(動靜)[명] 動静。囫적의 ~을 살피다. 敵の動静を探る。
동정⁴(童貞)[명] 童貞。囫그는 아직 ~인 모양이다. 彼はまだ童貞らしい。/ ~을 잃다. 童貞を失う。
동정-남(童貞男) 童貞の男¦生息子。
동정-심(同情心) 同情心。
동조(同調)[명] 同調。
　동조-하다[자] 同調する。囫상대방의

의견에 ~. 相手(あいて)の意見(いけん)に同調する。
동족(同族)〖명〗同族(どうぞく)。
동족-상잔(同族相殘)〖명〗同族(どうぞく)が争(あらそ)い殺(ころ)し合(あ)うこと。
동종(同種)〖명〗同種(どうしゅ)。
동지¹(冬至)〖명〗【계절】冬至(とうじ)。
동지²(同志)〖명〗同志(どうし)。
동지-섣달(冬至-)〖명〗【계절】陰暦(いんれき)の十一月(じゅういちがつ)と十二月(じゅうにがつ)。
동지-애(同志愛)〖명〗同志愛(どうしあい)。
동짓-달(冬至-)〖명〗陰暦(いんれき)の十一月(じゅういちがつ)¦霜月(しもつき)。
동-쪽(東-)〖명〗東(ひがし)¦東方(とうほう)¦東(ひがし)の方(ほう)。
동창¹(同窓)〖명〗同窓(どうそう)。
동창²(東窓)〖명〗東向(ひがしむ)きの窓(まど)。
동창-생(同窓生)〖명〗同窓生(どうそうせい)。
동창-회(同窓會)〖명〗同窓会(どうそうかい)。
동천(冬天)〖명〗❶冬天(とうてん)¦冬(ふゆ)の空(そら)。❷【계절】冬(ふゆ)の日(ひ)。
동체¹(同體)〖명〗同体(どうたい)。
동체²(胴體)〖명〗【신체】胴体(どうたい)。
동치다〖타〗くるくる巻(ま)いてくくる。
동치미〖명〗【우리나라 요리】トンチミ。
동침(同寢)〖명〗共寝(ともね)¦同衾(どうきん)。
  동침-하다〖자〗共寝(ともね)する¦同衾(どうきん)する。
동태¹(凍太)〖명〗冷凍(れいとう)すけとうだら。=동명태
동태²(動態)〖명〗動態(どうたい)。⑩~를 살피다. 動態を探(さぐ)る。
동토(凍土)〖명〗【지학】凍土(とうど)。
동통(疼痛)〖명〗疼痛(とうつう)。
동-트다(東-)〖자〗夜(よ)が明(あ)ける。⑩동트기 전 夜明(よあ)け前(まえ)。
동티모르(東Timor)〖명〗《지》東(ひがし)ティモール。
동파(凍破)〖명〗凍(こお)って破裂(はれつ)すること。
  동파-하다〖자〗凍(こお)って破裂(はれつ)する。
동판(銅版)〖명〗〖출〗銅板(どうはん)。
동판-화(銅版畵)〖명〗銅版画(どうはんが)。
동편(東便)〖명〗東方(とうほう)¦東側(ひがしがわ)。
동포(同胞)〖명〗同胞(どうほう)。⑩재외 ~ 在外(ざいがい)同胞。
동풍(東風)〖명〗東風(とうふう)¦東(ひがし)の風(かぜ)¦こちかぜ。
동-하다(動-)〖자〗❶【어떤 감정·생각】動(うご)く。⑩천지가 동하는 듯한 굉음을 내다. 天地(てんち)が動(うご)くような轟音(ごうおん)を発(はっ)する。 / 마음이 ~. 心(こころ)が動(うご)く。❷【어떤 감정】生(しょう)じる¦動(うご)

く。⑩식욕이 ~. 食指(しょくし)が動(うご)く。/ 욕심이 ~. 欲(よく)が出(で)る。
동학(同學)〖명〗同学(どうがく)¦同窓(どうそう)¦同門(どうもん)。
동해¹(東海)〖명〗❶東方(とうほう)の海(うみ)。❷《지》東海(とうかい)。
동해²(凍害)〖명〗【수해인 경우】凍害(とうがい)¦寒害(かんがい)。
동해-안(東海岸)〖명〗❶東海岸(ひがしかいがん)。❷《지》東海(とうかい)の沿岸(えんがん)。
동행(同行)〖명〗同行(どうこう)¦道連(みちづ)れ。
  동행-하다〖자〗同行(どうこう)する。
동행-자(同行者)〖명〗同行者(どうこうしゃ)¦連(つ)れ合(あ)い。
동향¹(同鄕)〖명〗【같은 고향】同郷(どうきょう)。
동향²(東向)〖명〗【수해인 경우】東向(ひがしむ)き。
동향³(動向)〖명〗動向(どうこう)¦動(うご)き。⑩시장 ~ 市場(しじょう)動向/ 최신 ~을 살피다. 最新(さいしん)動向を探(さぐ)る。
동혈(洞穴)〖명〗洞穴(どうけつ)¦ほら。
동호(同好)〖명〗同好(どうこう)。
동호-인(同好人)〖명〗同好の士(し)。
동화¹(同化)〖명〗同化(どうか)。
  동화-하다〖자〗同化(どうか)する。⑩새로운 환경에 ~. 新(あたら)しい環境(かんきょう)に同化する。
동화²(童話)〖명〗〖문〗童話(どうわ)¦おとぎ話(ばなし)。⑩~ 작가 童話作家(さっか)/ 그림 ~ グリム童話/ 안데르센 ~ アンデルセン童話/ 이솝 ~ イソップ童話。
동화³(銅貨)〖명〗☞동전
동화-력(同化力)〖명〗同化力(どうかりょく)。
돛〖명〗帆(ほ)¦セール。⑩~을 올리다. 帆を上(あ)げる。
돛단-배〖명〗帆掛(ほか)け船(ぶね)¦帆船(はんせん)。=돛배
돛-대〖명〗帆柱(ほばしら)¦マスト。
돛-배〖명〗☞돛단배
돼-먹다〖자〗【되다에서】なる。〖관용〗なってない¦だめだ。⑩돼먹지 못한 놈 なってない奴(やつ)。
돼먹지 않다(못하다)〖관용〗なってない¦だめだ。⑩돼먹지 못한 놈 なってない奴。
돼지〖명〗❶〖동〗豚(ぶた)。⑩~우리 豚小屋(ぶたごや)/ ~ 꿈 豚の夢(ゆめ)/ 배가 고픈 ~들이 우리에서 꿀꿀 울고 있다. お腹(なか)を空(す)かした豚が、豚小屋でぶうぶう鳴(な)いている。❷【식욕이 왕성하거나 우둔한 사람을 비유하는 말】豚(ぶた)¦欲張(よくば)り¦愚(おろ)かな人(ひと)。⑩~ 같이 먹는다. 豚のようにたくさん食(た)べる。
  돼지 먹따는 소리〖관용〗非常(ひじょう)に耳(みみ)ざわりな声(こえ)。
  돼지에 진주(목걸이)〖속담〗豚(ぶた)に真珠(しんじゅ):「貴重(きちょう)なものも価値(かち)の分(わ)からない者(もの)には意味(いみ)がない」の意(い)。
돼지-고기〖명〗豚肉(ぶたにく)。=돈육·저육

돼지-기름 명 豚脂。ラード。

돼지-띠 명 (민)猪年。 예 나는 ~이다. 私はイノシシ年だ。

돼지-우리 명 豚小屋。=돈사

되¹ Ⅰ 枡。 Ⅱ 의 一升。 예 콩 한 ~ 一升の大豆。=승

-되 어미 だが｜が｜―けれども。 ❶ 예 비가 오되 조금 올 것이다. 雨が降るけれども、少しは降るだろう。 ❷ 예 태산이 높다 하되 하늘 아래 뫼이로다. 泰山が高いと言うが、天の下の山である。

되-갈다 타 ❶ 耕し直す｜すき直す。 ❷ ひき直す。

되-걸리다 자 ぶり返す｜再発する。

되-게 부 すごく｜ひどく｜たいへん｜とても。 예 ~ 예쁘다. とてもきれいだ。=되우

되-넘기다 타 転売する。 예 산 땅을 ~. 買った土地を転売する。

되-넘다 타 再び越える。

되-되다 타 繰り返して言う。 예 전화번호를 기억하기 위해 ~. 電話番号を覚えるために繰り返して言う。

되는-대로 부 いい加減に｜なるがままに｜やたらに｜むやみに。 예 ~ 먹다. やたらに食べる。 / ~ 지껄이다. むやみにしゃべる。

되다¹ 자 ❶ (ある地位や身分に)成る。 예 나는 커서 선생님이 되고 싶다. 私は大きくなったら先生になりたい。 ❷ (変わったり変化して)なる。 예 물이 얼어 얼음이 된다. 水が凍って水氷になる。 ❸ (ある成分・形態・構造などで)なる｜出来る。 예 나무로 된 의자 木でできた椅子 / 물은 산소와 수소로 되어 있다. 水は酸素と水素とでできている。 ❹ (ある数量や時期などに)達する｜なる。 예 가을이 되면 감이 익는다. 秋になると柿が熟す。 / 저녁 7시가 되면 남편이 집으로 돌아온다. 夜の7時になると夫が家に帰ｰってくる。 / 3에 5를 곱하면 15가 된다. 3に5をかけると15になる。 ❺ 人柄がができる｜徳がある。 예 인격이 된 사람 人格のできた人 / 된 사람과 못된 사람. できた人となっていない人。 ❻ (言葉が理に)かなう｜合う。 예 말이 되는 소리를 해라. 理にかなうことを言え。 / 말도 안 되는 소리를 마라. とんでもないことを言うな。 ❼ 構わない｜―してもいい｜―してもかまわない。 예 때로는 날로 먹어도 된다. 時には生で食べてもいい。 / 입어 봐도 됩니까? 着てみてもいいですか。 ❽ ―しなければならない｜―すべきだ。 예 내가 형이니까 컴퓨터를 먼저 써야 돼. 俺が兄だからパソコンを先に使うべきだ。 / 규칙은 지켜야 된다. 決まりは守るべきだ。 ❾ (物事が)できあがる｜できる。 예 그림이 다 된 사람은 앞으로 나와라. 絵が全部できた人は前に出てきなさい。 / 언제까지 됩니까? いつまでにできますか。 / 일이 잘 ~. 仕事がよくできる。 / 조금만 더 하면 되니까 힘내. もう少しだけすればいいので頑張ってくれ。 ❿ ―に当たる｜―ことになる。 예 라이벌이 되는 회사다. ライバルに当る会社だ。 / 아저씨뻘이 된다. おじさんに当る。 / 우리는 사촌 간이 됩니다. 我々はいとこ同士ということになります。 ⓫ (ある状況や事態に)なる｜するようになる。 예 오늘부터 제복을 입게 되었습니다. 今日から制服を着ることになりました。 / 이번에 결혼하게 되었습니다. この度、結婚することになりました。

되지도 않는 소리 관용 ❶ 全く理に適わない話。 ❷ 全く実現できない意見。

되지 못하다 관용 言行が理に適っていない｜礼儀にそむいている。 예 되지 못한 짓 なっていない仕業。

될 수 있으면 관용 できるだけ｜できるかぎり｜なるべく。

되다² 타 量る。 예 쌀을 되어 보다. 米を量ってみる。

되다³ 형 ❶ (御飯やパン生地などが)水分が少なくて強い｜固い。 예 밥이 ~. ご飯が固い。 ❷ (仕事などが)手に余る｜きつい。 예 이 일은 너무 ~. この仕事はとてもきつい。

-되다⁴ 접 ❶ ―になる｜―される。 예 걱정되다 心配になる / 기대되다 期待される。 ❷ 예 참되다 真実だ / 막되다 不作法だ。

되-다랗다 형 (水分が少なくて)

非常に強い。

되-도록 出来るだけ｜出来る限り｜なるべく。예 ~ 빨리 해 주세요. 出来るだけ早くしてください。/ ~ 적게 먹는 게 좋다. 出来るだけ少なく食べる方がいい。

되-돌다 行った道を戻る｜引き返す｜逆回りする｜逆に回る。예 가던 길을 되돌아서 오다. 行った道を逆戻りして来る。

되-리다 戻す｜返す｜取り返す。 되돌릴 수 없는 실패 取り返しの出来ない失敗/시계 바늘을 ~. 時計の針を戻す。/선물을 되돌려 주다. プレゼントを返してやる。/마음을 ~. 心を思い直す。/차를 되돌려 집으로 향하다. 車を戻して家に向く。

되-돌아가다 (来た道を)戻っていく｜戻る｜帰る｜引き返す。예 오던 길을 ~. 来た道を引き返す。/중도에 ~. 途中で戻る。/원점으로 ~. 原点に戻る。

되-돌아보다 振り返る｜顧みる。예 지난날을 ~. 過ぎた日を振り返る。/아쉬운 듯 ~. 心残りがあるように振り返る。/오던 길을 ~. 来た道を振り返る。

되-돌아서다 引き返す｜振り返って立つ。예 가다가 되돌아서서 묵묵히 바라보다. 行く途中で元来た方向を振り返って黙々と見つめる。

되-돌아오다 戻ってくる｜帰る｜引き返してくる。예 그 이상 나아가지 못하고 ~. それ以上行くことができず引き返す。/집으로 ~. 家に戻る。/원점으로 ~. 原点に戻る。/출발점으로 ~. 出発点に帰る。

되-들다 再たび入る。예 방 안으로 ~. 部屋のなかに再び入る。

되디-되다 (お粥などが)非常に固い。

되똑 つんと。
　되똑-하다 つんとする。예 되똑한 코 끝 つんとした鼻先。

되-먹이다 かえってやられる｜かえって食われる。

되-묻다 問い返す｜聞き返す。예 같은 질문을 두 번씩이나 ~. 同じ質問を二度も問い返す。/대답은 하지 않고 오히려 나에게 되물었다. 答えはしないで、かえって私にたた問い返した。

되-바라지다 ❶ (器の対 底の浅い平鉢。❷ 深みがなく浅はかだ。❸ 心が狭い｜包容力がない。예 되바라진 사람은 되지 말거라. 心の狭い人間流にはなるなよ。❹ 小利口すぎて小生意気だ｜(年の割りに)こましゃくれている｜こまちゃくれている。예 아직 나이도 어린데 되바라진 아이구나. まだ若いのにこましゃくれている子だな。

되-받다 ❶ 返してもらう。예 꾸어 준 돈을 되받다. 貸したお金を返してもらう。❷ 言い返す。❸ 言い返す｜口答えする。예 지지 않고 되받아 소리치다. 負けずに言い返して大声を出す。

되-살다 ❶ (死んだものが)生き返る｜蘇る。예 불가사의なほどに 돌아가신 할아버지가 되살았다. 不思議にも亡くなった祖父が生き返った。/ 시든 소나무가 ~. 枯れた松が蘇る。❷ 蘇る。예 30년 전의 기억이 ~. 30年前の記憶が蘇る。❸ (勢力や活力などを)取り戻す｜回復する。예 젊은 시절의 아버지의 활력이 되살았다. 若かった頃の父の活力を取り戻した。

되살-리다 生き返らせる｜よみがえらせる。예 말라 버린 식물을 ~. 枯れてしまった植物を生き返らせる。/애국정신을 ~. 愛国の精神をよみがえらせる。

되-살아나다 よみがえる｜生き返る｜蘇生する。예 봄은 만물이 되살아나는 계절이다. 春は万物がよみがえる季節である。/기억이 ~. 記憶がよみがえる。

되-새기다 ❶ 繰り返して噛む。❷ 反芻する。❸ 反芻する｜繰り返して考える。예 스승님의 충고를 ~. 師の忠告を反芻する。

되새김-질 〈동〉反芻する。

되씌우다 なすりつける｜転嫁する。예 자기의 죄를 남에게 ~. 自分の罪を人になすりつける。

되-씹다 ❶ 繰り返して言う。예 지난 일을 되씹어도 소용없다. 昔のこ

とを繰り返して言ってもしょうがない。❷【反芻】反芻する。예 슬픔을 ~. 悲しみを反芻する。

되-우튄 とても｜ひどく｜非常に。=되게

되작-되작튄 ごそごそ｜がさがさ。

되잖다혱 つまらない｜くだらない｜なってない｜出来が悪い。예 되잖은 소리 그만해라. つまらない話はやめよ。

되지-못하다혱 なっていない｜出来が悪い｜駄目だ。

되직-하다혱 (お粥などが)少し固めである。
 되직-이튄 やや固めに。

되-질몡 枡で量ること。
 되질-하다자 枡で量る。

되-짚다타 ❶引き換えしてすぐに｜折り返す。예 되짚어 회답이 오다. 折り返し回答がくる。❷省みる｜反省する。예 되짚어 생각해 보다. 省みて考えてみる。

되-찾다타 取り戻す｜取り返す。예 챔피언 자리를 ~. チャンピオンの地位を取り戻す。／건강을 ~. 健康を取り戻す。

되통-스럽다혱 そそっかしい｜間が抜けている。
 되통스레튄 そそっかしく｜間が抜けていて。

되-팔다타 転売する。예 집을 ~. 家を転売する。

되풀-이몡 繰り返し｜反復。
 되풀이-하다타 繰り返す｜反復する。예 되풀이해서 연습하다. 繰り返して練習をする。／몇 번이고 ~. 何回も繰り返す。

된-바람몡 激しい風｜強風。

된-밥몡 ❶強いご飯。예 나는 ~을 싫어한다. 僕は強いご飯が嫌いだ。❷汁物などをかけないご飯。

된-불몡 急所に命中した銃弾。

된-서리몡 (晩秋の)厳しい霜。
 된서리를 맞다관용 ❶厳しい霜に当たる。❷ひどい打撃を受けたりひどい災難に遭ったりする｜ひどい目にあう。

된-소리몡 (언)濃音。

된-장(一醬)몡 味噌。예 ~을 담그다. 味噌をつくる。=토장

된장-국(一醬一)몡 みそ汁。=토장국

된장-찌개(一醬一)몡 テンジャンチゲ。예 ~에 호박을 넣으면 맛있다. テンジャンチゲにカボチャを入れるとおいしい。

된-통튄 ひどく｜大変に｜甚だしく。예 ~ 혼나다. ひどく叱られる。

된-풀몡 濃い糊。

될-성부르다혱 出来そうだ｜見込みがある。
 될성부른 나무는 떡잎부터 알아본다속담 栴檀は双葉より芳し。

됨됨-이몡 (사람)風采｜人柄｜性格。예 그는 사람 ~가 착하고 성실하다. 彼の性格は大人らしくて誠実だ。

뒷-박몡 枡。

뒷박-질몡 ❶穀物を一升枡で少しずつ買い入れること。❷一升枡で量ること。
 뒷박질-하다타 ❶穀物を一升枡で少しずつ買い入れる。❷一升枡で量る。

두¹ 二つの一｜二ー。예 ~ 개 二つ；二個／~ 사람 二人。

두²(斗)의 斗。

두³(頭)의 頭。예 소 열 ~ 牛十頭。

두각(頭角)몡 頭角。예 ~을 나타내다. 頭角を現わす。

두개(頭蓋)몡 (의)頭蓋。

두개-골(頭蓋骨)몡 (의)頭蓋骨。

두겁몡 さや｜キャップ。

두견-새(杜鵑一)몡 (동)杜鵑｜不如帰。=두견이・자규

두견-이(杜鵑一)몡 ☞두견새

두견-화(杜鵑花)몡 (식)つつじ｜げんかいつつじ花。=진달래

두고-두고튄 ❶何回も何回も｜返す返す｜くどくどと。예 옛날 일을 ~ 이야기하다. 昔のことを返す返す話す。❷いつまでも｜長らく｜永遠に。예 ~ 후회가 되다. 長らく後悔される。／이 은혜는 ~ 잊지 않겠다. この恩はいつまでも忘れない。

두골(頭骨)몡 (의)頭骨｜頭蓋骨。

두근-거리다자 (驚いたり恐れたりして胸が)どきどきする｜わくわくする。예 합격됐는지 궁금하여 가슴이 ~. 合格したかが気掛かりで、胸がどきどきする。／좋아하는 사람 앞에서 가슴이

~. 好きな人の前で胸がどきどきする。 =두근대다・두근두근하다

두근-대다 〖자타〗 ☞두근거리다

두근-두근 〖부〗 どきどき｜わくわく。

두근두근-하다 〖자타〗 ☞두근거리다. 예 가슴이 두근두근하여 계속 볼 수가 없다. 胸がどきどきしてずっと見ていられない。

두꺼비 〖명〗〈동〉蟾蜍。

두꺼비-집 〖명〗〈전〉安全器。

두껍다 〖형〗 ❶厚い｜分厚い。 예 두꺼운 책 厚い本／빵을 두껍게 썰다。パンを分厚く切る。／두꺼운 외투를 입다。厚い外套を着る。 ❷〖액체〗濃い。 예 두꺼운 화장 濃い化粧／안개가 두껍게 깔려 있다。霧が濃く立ち込めている。

두껍-닫이 〖명〗〈건〉戸袋。 =두껍집

두껍-집 ☞두껍닫이

두께 〖명〗厚さ｜厚み。 예 ~를 재다。厚さを測る。／~가 얇다。厚さが薄い。

두뇌(頭腦) 〖명〗頭脳。

두다 〖타〗 ❶〖어떤 장소에〗(ある場所に)置く｜設置する｜設ける。 예 거실에 에어컨을 ~. 居間にクーラーを設置する。／일본에 지사를 ~. 日本に支社を置く。／양손을 무릎 위에 ~. 両手をひざの上に置く。 ❷〖상태〗(状況や状態に)置く｜~する。 예 상온에 두지 말고 냉장 보관하세요. 常温に置かないで冷蔵保管しなさい。／승리를 눈앞에 ~. 勝利を目の前にする。 ❸〖뒤에 남기다、버리다〗後に残したり捨てたりする。 예 두고 가면 안 돼. 置いて捨てて行ってはだめ。 ❹〖넣다、섞다〗入れる｜混ぜる。 예 밥에 콩을 ~. 御飯に豆を入れる。／이불에 솜을 ~. 布団に綿を入れる。 ❺〖그대로〗そのままにしておく。 예 만지지 말고 그대로 두세요. 触らないでそのままにしておきなさい。 ❻〖사이에 있게 하다〗(二つの間に)時間・日数・距離・余裕などを置く｜空ける。 예 간격을 두고 의자를 늘어놓다. 間隔を空けて椅子を並べる。／틈을 두지 않고 말을 이어 가다. 間を空けないで言葉を続ける。／일주일을 두고 생각한 결론입니다. 一週間を置いて考えた結論です。／아직은 거리를 두고 교제한다. まだ距離を置いて付き合う。 ❼〖마음속에 남기다〗(心や頭の中に)置く｜留める。 예 부모는 항상 아이를 마음에 두고 있다. 親はいつも子供のことを心に置いている。／선생님 말씀을 염두에 ~. 先生のお言葉を念頭におく。 ❽〖간수하다〗(お金や物を)よくしまって置く｜納める｜保管する。 예 가보니까 잘 간직해 두어라. 家宝なのでよくしまって置きなさい。／이 돈은 잘 두었다가 요긴하게 써야겠다. このお金はよく保管しておいて大切に使おう。 ❾〖부리다、쓰다〗置く｜使う。 예 가정 교사를 ~. 家庭教師をおく｜置く。／비서를 한 사람 두고 싶다. 秘書をひとり置きたい。／직원을 100명 둔 회사이다. 職員を100人雇う会社である。 ❿〖가족을〗(家族などを)持つ。 예 자식을 하나밖에 두지 않았다. 子供は一人しかいない。／자녀분은 몇이나 두셨나요? お子さんは何人いらっしゃいますか。

Ⅱ〖보통〗【 】しておく。 예 창문을 닫아 ~. 窓をしめておく。／거기에 세워 두지 마세요. そこに立てておかないでください。

두대-박이 〖명〗〖두 대의 돛을 배〗二本のマストの帆船｜ふね。

두더지 〖명〗〈동〉土竜。 예 ~ 잡기 게임 モグラ叩きゲーム／~는 땅굴을 판 뒤 그 안에서 생활을 한다. モグラは地面に穴を掘って、その中で生活する。

두덩 〖명〗小高く盛り上がった所｜畝｜畔。

두덩에 누운 소 〖속담〗 畔に寝転ぶ牛：「気楽に過ごせる身分」の意。 =두렁에 누운 소

두두룩-두두룩 〖부〗多くが全部ふっくらとしているさま。 ☞두둑두둑

두두룩-하다 〖형〗小高く盛り上がっている｜ふっくらとしている。 ☞두둑하다❶

두두룩-이 〖부〗ふっくらと｜うずたかく。

두둑 〖명〗畝｜畔。

두둑-두둑 〖부〗多くが全部ふっくらとしているさま。

두둑-하다 〖형〗 ❶〖두두룩하다〗小高く盛り上がっている｜ふっくらとしている。 ❷〖두껍다〗分厚い｜厚い。 예 두둑한 종이가 필요하다. 厚い紙が要る。 ❸〖넉넉하다〗豊かである。 예 주머니가 ~. 懐が暖かい。／배짱이 ~. 肝っ玉が太い。

두둑-이 〖부〗 ❶分厚く。 ❷豊かに｜十分に。

두둔(斗頓) 〖명〗庇い立て｜庇うこと｜ひいき。

두둔-하다[타] 庇（かば）う｜ひいきする｜肩（かた）を持（も）つ。 예 약자를 두둔해 주다. 弱いものを庇ってやる。

두-둥둥[큰북이 잦게 울리는 소리] どんどん。

두-둥실[부] ふんわり｜ふわふわ｜ぽっかり。 예 하늘에 구름이 ~ 떠 있다. 空（そら）に雲（くも）がぽっかりと浮（う）かんでいる。

두드러기[명] 蕁麻疹（じんましん）。

두드러-지다 Ⅰ [자] 突（つ）き出（で）る｜突出（とっしゅつ）する。
　Ⅱ [형] ❶[살갗위로 불룩하게 내밀어있다] 突（つ）き出（で）ている｜ふっくらと膨（ふく）らんでいる。 ❷[눈에 띄게 뚜렷하다] 目立（めだ）っている｜著（いちじる）しい｜際立（きわだ）つ。 예 두드러지게 키가 크다. 目立って背（せ）が高（たか）い。

두드리다[타] (音（おと）が出（で）るように)何度（なんど）も叩（たた）く｜しきりに打（う）つ｜とんとん叩（たた）く。 예 어깨를 ~. 肩（かた）を何度（なんど）もたたく。/ 허리를 ~. 腰（こし）をたたく。/ 등을 ~. 背中（せなか）をたたく。 =뚜드리다

두들기다[타] (やたらに)たたく｜(むやみに)打（う）つ｜殴（なぐ）る｜殴（なぐ）りつける。 예 두들겨 패다. 殴（なぐ）りつける。/ 흠씬 두들겨 맞다. 酷（ひど）く殴（なぐ）られる。 =뚜들기다

두락(斗落)[의] ☞마지기

두런-거리다[자] (大勢（おおぜい）の人（ひと）が)ひそひそと話（はな）し合（あ）う。 예 두런거리는 사람의 소리가 들린다. ひそひそ話す人（ひと）の声（こえ）が聞（き）こえる。 =두런대다

두런-대다 ☞두런거리다

두런-두런[부] ひそひそ。

두렁[명] 畔（あぜ）。
　두렁에 누운 소[속담] ☞두덩에 누운 소

두렁-길[명] 畔道（あぜみち）。

두레-박[농][물 긷는 데 쓰는 기구] つるべ｜つるべおけ。

두레-빡-하다[타]【えぐり取るのように】えぐり取（と）られる｜欠（か）けてしまう。

두려움[명] 怖（こわ）さ｜恐（おそ）れ｜恐怖（きょうふ）｜不安（ふあん）｜心配（しんぱい）。 예 ~을 갖지 말고 임해라. 怖（こわ）がらないで臨（のぞ）みなさい。/ ~이 너를 병들게 하리라. 君（きみ）は不安（ふあん）で病気（びょうき）になるだろう。

두려워-하다[타] 恐（おそ）れる｜怖（こわ）がる｜心配（しんぱい）する｜懸念（けねん）する。 예 거짓말이 탄로 나지는 않을까 ~. うそがばれるのではないかと心配する。

두렵다[형] ❶[마음에 불안과 염려가 크다] 恐（おそ）ろしい｜怖（こわ）い｜心配（しんぱい）だ｜不安（ふあん）だ｜気（き）がかりだ。 예 다시는 그녀를 만나지 못할 것 같아 ~. 二度（にど）と彼女（かのじょ）に会（あ）えないようで不安（ふあん）だ。/ 잘못이 없다면 두려울 게 있겠는가? 過（あやま）ちがないのであれば、何（なに）を怖（こわ）がることがあろうか。/ 시험을 잘 못 볼까봐 ~. テストがあまりよくできないのではないかと不安だ。/ 그 사람을 다시 만나야 하는 것이 ~. その人（ひと）にまた会（あ）わなければならないのは怖い。/ 부모님께 야단을 맞을까 봐 ~. 両親（りょうしん）に叱（しか）られるのではないかと思（おも）うと不安だ。 ❷[경건한 마음으로 어렵게 여기다] 恐（おそ）れ多（おお）い｜敬（うやま）いおそれている｜恐（おそ）れ入（い）る。

두렷-두렷[부]【뚜렷뚜렷보다 작은 느낌을 주는 모양】きわめて明白（めいはく）なさま。

두렷-하다[형] はっきりしている｜明白（めいはく）だ。
　두렷-이[부] はっきりと｜明白（めいはく）に。 예 내 기억 속에 너의 얼굴이 ~ 떠오른다. 私（わたし）の記憶（きおく）の中（なか）で、君（きみ）の顔（かお）がはっきりと浮（う）かぶ。

두루[부] ❶ まんべんなく｜隅々（すみずみ）まで｜あまねく｜広（ひろ）く。❷ ~ 쓰이는 말 広（ひろ）く使（つか）われる言葉（ことば）／ ~ 살펴보다. まんべんなく見回（みまわ）す。/ 세계를 ~ 여행하다. 世界（せかい）の隅々（すみずみ）まで旅行（りょこう）する。/ ~ 알리다. あまねく知（し）らせる。

두루-두루[부] ❶ まんべんなく｜隅々（すみずみ）まで｜あまねく｜広（ひろ）く。❷[원만하게] 丸（まる）く｜円満（えんまん）に。 예 회사 사람들과 ~ 지내다. 会社（かいしゃ）の人々（ひとびと）と円満（えんまん）に過（す）ごす。

두루마기[명][한국 고유의 웃옷] トゥルマギ。

두루마리[명] 巻（まき）｜巻物（まきもの）｜巻紙（まきがみ）。

두루-뭉수리[명]【사람이나 사물이 아주 뚜렷하지 못한 사람을 놀림조로】ろくでなし｜役立（やくだ）たず。 예 그 사람 ~구먼. その人、役立たずだな。

두루뭉술-하다[형] ❶[모가 나지 않고 둥글다] 角張（かどば）らずに丸（まる）みを帯（お）びている。 ❷[말이나 행동 따위가 또렷하지 아니하다] あいまいである｜はっきりしない。 예 두루뭉술하게 대답하다. あいまいに答（こた）える。

두루미[동] 丹頂鶴（たんちょうづる）。 예 ~는 다른 말로 학이라고 불린다. タンチョウヅルはツルとも言（い）われる。/ 한국의 500원 동전에는 ~가 그려져 있다. 韓国（かんこく）の500ウォン銅貨（どうか）にはタンチョウヅルが描（えが）かれている。 =백학

두류¹(豆類)[명][식] 豆類（まめるい）。

두류²(逗留·逗遛)[명] 逗留（とうりゅう）。 =체류(滯留)
　두류-하다[자] 逗留（とうりゅう）する。

두르다[타] ❶【(帯）· スカートなどを体（からだ）に)巻（ま）く｜巻（ま）き付（つ）ける。 예 앞치마를 두르고 요리를 하고 있다. エプロンを巻

두름

いて料理をしている。/목도리를 ~. 襟巻を巻く。/머리띠를 ~. 鉢巻きを巻く。❷(周りに線や塀などを)囲む｜巡らす。예집을 짓고 돌담을 ~.家を建てて石垣を巡らす。❸(手や腕で)包む｜巻き付ける｜掛ける。예어깨에 팔을 두르고 걸어가다. 肩に腕を掛けて歩いていく。❹(油を)引く。예프라이팬에 기름을 두르고 계란 프라이를 했다. フライパンに油を引いて目玉焼きを焼いた。❺周りを回る。❻遠回しに言う。예너무 둘러서 말하니 알아들을 수가 없다. 大変に遠回しに言うので聞き取れない。

두름의 【조기 따위의 물고기를 짚으로 엮은 것을 세는 단위】束。예조기 한 ~·이시모치一束/고사리 두 ~ わらび二束

두름-나무 (식) たらの木。
두리-기둥 (건) 円柱。 =둥근기둥
두리넓적-하다 丸く平べったい。
두리-목(一木) 丸い材木。
두리-반(一盤) 【】 大きくて丸い食膳。
두리번-거리다 자타 きょろきょろ見回す｜きょろつく。예주위를 ~. 周囲をきょろきょろ見回す。 =두리번대다·두리번두리번하다
두리번-대다 자타 ☞두리번거리다
두리번-두리번 부 きょろきょろ。
두리번두리번-하다 자타 ☞두리번거리다
두-말 명 ❶二言。예사나이에게 ~ 는 없다. 武士に二言はない。❷文句｜贅言｜ああだこうだ言うこと。예이미 결정된 일이니 ~ 말자. すでに決めたことだから文句を言わないことにしよう。/ ~ 말고 잠자코 있어라. 文句を言わずに黙っていろ。

두말-하다 자 ❶前に言ったことと異なることを言う。❷文句をつける｜贅言する｜ああだこうだ言う。
두말할 나위(가) 없다 관용 言うまでもない｜明白である。
두말없-이 부 文句を言わずに｜とやかく言わずに。예 ~ 허락하다. とやかく言わずに許す。
두명 명 水瓶。
두메 명 山里｜山奥。 =두메산골·산협
두메-산골(一山一) 山奥｜僻地｜片田舎。 =두메

두목(頭目) 명 頭目｜頭｜親分｜ボス。
두문불출(杜門不出) 명 閉じ籠もって外出しないこと。
　두문불출-하다 자 閉じ籠って外出しない。
두발(頭髮) 명 頭髮｜髪の毛。 =머리털
두방망이-질 명 ❶両手に棒を持って代わる代わる打つこと。❷こぶしで代わる代わる殴ること。❸胸がどきどきすること。
　두방망이질-하다 자 ❶両手に棒を持って代わる代わる打つ。❷こぶしで代わる代わる殴る。❸胸がどきどきする。예가슴이 마구 두방망이질하기 시작했다. 胸がやたらにどきどきし始めた。
두벌-갈이 (농) 二度目の起こし。
두부¹(豆腐) 명 豆腐。예 ~ 한 모 豆腐一丁。
두부²(頭部) 명 ❶頭部。❷上部。
두부 백선 頭部白癬。(의) 頭部の白癬。
두부-장국(豆腐醬一) 豆腐を薄く切って入れた澄まし汁。
두부-찌개(豆腐一) 명 豆腐チゲ。
두상(頭上) 명 ❶【】頭。❷【】頭上。
두서(頭緖) 명 筋道｜条理｜つじつま。
두서너 二つか三つか四つの｜いくつかの。예 ~ 사람 数人。
두서넛 수 二つか三つか四つ｜いくつか｜数人｜数個。
두서-없다(頭緖一) 형 条理にかなわない｜つじつまが合わない。예두서없는 이야기 条理にかなわない話。
　두서없-이 부 取り止めもなく。
두-세 관 二つか三つの｜二三の。
두-셋 수 二つか三つ｜二三。
두수(頭數) 명 【】頭数。
두어 관 二つほどの。예사과 ~ 개 リンゴ二個くらい｜사람 二人ほどくらい。
두어-두다 置いておく｜放っておく｜捨てておく。
두엄 (농) 堆肥｜積み肥。 =퇴비(堆肥)
두엄-간(一間) 堆肥小屋。
두엇 二つほど。
두유¹(豆乳) 명 豆乳。

두유(豆油)몡 = 콩기름。
두절(杜絶)몡 途絶える こと。
  두절-하다짜 途絶する｜途絶える。 예 폭우로 교통이 두절되다。暴雨で交通が途絶える。
두족-강(頭足綱)몡〈동〉頭足綱。
두창(痘瘡)몡〈한〉痘瘡｜天然痘。=천연두
두텁다혱 情が厚い｜人情深い｜篤い。예 우리의 두터운 우정을 길이 간직하자。僕たちの厚い友情をいつまでも大切にしよう。/그 마을의 두터운 인정은 잊을 수가 없다。その村の厚い人情は忘れることができない。
  두터이튀 厚く｜人情深く。
두통(頭痛)몡 頭痛。예 가벼운 ~이 있다。軽い頭痛がする。
두통-거리(頭痛—)몡 頭痛の種｜厄介なこと｜面倒なこと。
두툴-두툴튀 ぼこぼこ｜ごつごつ。
두툼-하다 ❶몡 分厚い｜厚みがある｜厚ぼったい。예 두툼한 손마디 分厚い指の節/손이 두툼하게 생긴 것이 일을 잘할 것 같다。手が分厚くて仕事とがよく出来そうだ。❷몡 余裕がある。
  두툼-히튀 分厚く。
두피(頭皮)몡〈의〉頭皮。예 ~ 마사지 頭皮マッサージ。
두해-살이몡〈식〉二年生植物。예 ~ 식물 二年生植物。
두해살이-풀몡〈식〉二年生草本。
둑몡 堤防｜堤｜土手。예 ~을 쌓다。堤防を築く。/폭우로 ~이 무너지다。暴雨で堤防が決壊する。
둑-길몡 土手道。
둔각(鈍角)몡〈수〉鈍角。예 삼각형의 ~을 구하여라。三角形の鈍角を求めよ。
둔각 삼각형(鈍角三角形)몡〈수〉鈍角三角形。
둔감(鈍感)몡 鈍感。
  둔감-하다혱 鈍感だ。예 미각이 둔감하다。味覚が鈍感になる。
둔갑(遁甲)몡 遁甲｜変身｜化けること。
  둔갑-하다짜 変身する｜化ける。예 여우가 여자로 ~。狐が女に化ける。
둔기(鈍器)몡 鈍器。예 ~로 얻어맞다。鈍器で打たれる。

둔덕몡 塚｜丘。
둔덕-지다혱 地面が盛り上がっている｜小高くなっている。
둔박-하다(鈍朴—)혱 愚鈍で純朴である。
  둔박-히튀 愚鈍で純朴に。
둔부(臀部)몡 臀部｜尻。=엉덩이
둔사(遁辭)몡 遁辞｜言い逃れ｜逃げ口上。
둔재(鈍才)몡 鈍才。
둔중-하다(鈍重—)혱 鈍重だ。예 둔중한 발걸음 鈍重な足取り。
둔치몡 水辺｜水辺の丘。
둔탁-하다(鈍濁—)혱 ❶鈍くてのろい｜愚鈍だ。예 동작이 ~。動作がのろい。❷濁って鈍い。예 오래된 발동기에서 둔탁한 소리가 나다。古い発動機から鈍い音がする。❸粗くて不格好だ。
둔팍-하다(鈍—)혱 愚鈍だ。
둔필(鈍筆)몡 ❶悪筆。❷字の下手な人。
둔-하다(鈍—)혱 ❶(動作が)遅い｜のろい｜鈍い。예 살이 찌니 동작이 둔해진다。太ると動きがのろくなる。❷(頭の働き・感覚などが)鈍い｜鈍感だ。예 그렇게까지 말했는데 모르겠다니 참 둔하구나。そこまで言っているのに分からないなんて鈍感ね。❸(音が)鈍い｜澄んでいない。예 밖에서 뭔가 둔한 소리가 났다。外で何か鈍い音がした。
둘쉬 二つ｜二に｜二人。
  둘도 없다관용 二つとない。예 세상에 둘도 없는 친구 世に二つとない親友。
둘-되다혱 愚鈍である｜鈍い。예 '히' 하고 웃는 모습이 둘되어 보인다。「ヒヒ」と笑う姿が鈍そうに見える。
둘둘튀 くるくる｜ぐるぐる。예 이불을 ~ 말다。布団をくるくると巻く。
둘러-놓다 ❶타 丸く並べる。예 책상을 둘러놓고 앉다。机を丸く並べて座る。❷向きを変えておく。
둘러-대다 ❶타 やりくりする｜融通する。예 학비를 간신히 둘러대어 맞추었다。学費をやっとやりくりして合わせた。❷言い繕う。예 결석한 이유를 그럴듯하게 ~。欠席の理由をうまく言い繕う。
둘러-막다타 囲とう｜回らす。예 집 둘레

둘러-맞추다[타]【그럴듯하게】 言い繕い。 이유를 적당히 ~. 理由をうまく言い繕う。

둘러-매다[타] ぐるっと回して結ぶ。

둘러-메다[타] 背負う¦担ぐ。 ⑩가방을 ~. 鞄を担ぐ。

둘러-보다 (周りを)見回す¦見回りをする¦見渡す¦巡視する。 ⑩집 주위를 ~. 家の周りを見回す。/주변을 ~. 周辺を見回す。/방 안을 ~. 部屋の中を見回す。/경비원이 빌딩 안을 ~. 警備員がビルの中の見回りをする。/고성을 빙 ~. 古城をぐるっと回ってみる。

둘러-붙다 くっつく¦取り入る¦付き従う。 ⑩권력이 있는 사람에게 ~. 権力のある人にくっつく。

둘러-서다 取り巻く¦取り囲む。 ⑩사람들이 둘러서서 연설을 듣고 있다. 人々が丸く立って演説を聞いている。

둘러-싸다 めぐる¦取り囲む¦取り巻く。 ⑩대학 입학을 둘러싼 문제 大学入学をめぐった問題/작은 나무가 연못을 둘러싸고 있다. 小さい木が池をめぐっている。/유산을 둘러싸고 다투다. 遺産をめぐって争う。

둘러싸-이다 めぐられる¦取り巻かれる¦取り囲まれる。 ⑩삼면이 바다로 둘러싸여 있다. 三面が海に取り囲まれている。/군중에게 ~. 群衆に取り巻かれる。

둘러-쌓다 積みめぐらす。 ⑩담을 ~. 垣を積みめぐらす。

둘러-쓰다 引っ被る。 ⑩춥다고 이불을 둘러쓰고 있다. 寒いと布団を引っ被っている。/먼지를 ~. ほこりを引っ被る。

둘러-앉다 円座する¦車座になる¦囲んで座る。 ⑩온 식구가 밥상 앞에 ~. 全家族が食卓に円座する。

둘러-엎다 ❶【뒤엎다】引っくり返す¦転覆させる。 ⑩상을 ~. 膳を引っくり返す。/정권을 ~. 政権を転覆させる。❷【집어치우다】投げ出す¦やめる。 ⑩회사를 둘러엎고 장사를 시작하다. 会社をやめて商売を始める。

둘러-치다[타] ❶【집어던지다】投げ飛ばす。❷【후려치다】棒などでなぐる¦打ちのめす。

둘러-치다[타] 【빙둘러치다】張り回す¦張り巡らす¦巡らす。 ⑩목장 둘레를 울짱으로 ~. 牧場の周りを柵で張る。

둘레[명] 周まり¦周囲¦縁¦へり。 ⑩원의 ~ 円周/밭 ~에 울타리를 치다. 田の周りに垣をめぐらす。

둘레-둘레[부] ❶【여기를이리저리】きょろきょろ。 ⑩여기저기를 ~ 살펴보다. あちこちをきょろきょろ調べる。❷【여러사람이 둥그렇게 앉아 있는 모양】多くの人が円座しているさま。

둘리다[자] ❶めぐられる¦取り巻かれる¦取り囲まれる。❷欺かれる¦騙される。 ⑩간교한 꾀에 ~. 小賢しい策に騙される。

둘-암캐[명] 不妊の雌犬。

둘-째[수관] 二番目¦二つ目。

둘-치[명] 不妊の雌。

둘-하다【우둔하다】愚鈍だ¦にぶい。 ⑩둘하게 움직이다. 愚鈍に動く。

둥의 ❶【…인가…인가】―のか¦―のやら。 ⑩자는 마는 ~ 眠ったのやら眠らないのやら/올 ~ 말 ~ 来るのやら来ないのやら。❷【이러니저러니 이러쿵저러쿵】―とか¦―やら。 ⑩물가가 오른다는 ~ 내린다는 ~ 말이 많다. 物価が上がるとか下がるとか口うるさい。/먹겠다는 ~ 먹지 않겠다는 ~ 야단이다. 食べるとか食べないとか大騒ぎだ。

둥개다[자타]【버거워】てこずる¦持て余す。

둥그러미[명] 丸¦円。

둥그러-지다[자] 転ぶ¦転がる¦転げる。 ⑩돌에 차여 ~. 石につまずいて転げる。/공에 맞아 ~. ボールに当たって転ぶ。

둥그렇다[형] (大きく)丸い。 ⑩둥그렇게 뜬 눈 まるく見開いた目/둥그렇게 생긴 얼굴 丸い顔。 =둥그렇다

둥그레-지다[자] 丸くなる。 ⑩영문을 몰라 눈이 ~. わけがわからなくて目が丸くなる。/너무 놀라 눈이 ~. あまりに驚いて目が丸くなる。 =둥그레지다

둥그스름-하다[형] 丸っこい¦丸みがかっている。 ⑩둥그스름한 눈 丸っこい目/얼굴이 ~. 顔が丸みを帯びている。 =둥그스름하다

둥근-기둥 ☞두리기둥

둥글넙데데-하다[형] 丸っこく平べったい¦平らでく丸みがある。

둥글넓적-하다[형] 丸く平たい¦丸くて平べったい。 ⑩둥글넓적한 얼굴 丸く平べったい顔/둥글넓적한 코 丸く平たい

鼻/ 둥글넓적한 등 丸く平たい背中。
둥글다[형] 丸い¦円形である¦球形である。[예]둥근 눈 丸い目/ 둥근 얼굴 丸い顔。
둥글-둥글 ❶[형]まるまる。❷[성격이 개하] (性格が)角がなく円満なさま。＝똥글똥글

　둥글둥글-하다[형] ❶まんまるだ。[예]손톱이 둥글둥글하게 생겼다. 爪がまんまるだ。❷(性格が)円満だ。

둥글-리다[타] 丸める¦丸まる。[예]모가 난 곳을 ~. 角張ったところを丸くする。

둥글뭉수레-하다[형] 丸くずんぐりしている。

둥글번번-하다[형] 丸くて滑らかだ¦丸くすべすべしている¦丸くて整っている。[예]둥글번번한 얼굴 丸く整った顔。

둥글-부채[명] 丸いうちわ。

둥당-거리다[자] (太鼓などを)どんどんと打ち鳴らす。＝둥당대다

둥당-대다[자][타] ☞둥당거리다

둥당-둥당[부] どんどん。

둥-둥[1] [부] どんどん。[예]~ 하고 북소리가 들려온다. どんどんと太鼓の音が聞こえてくる。

　둥둥-거리다[자] どんどんする。[예]북이 둥둥거리는 소리가 가슴에 울려 퍼진다. 太鼓がどんどんする音が胸に響く。＝둥둥대다

　둥둥-대다[자][타] ☞둥둥거리다

둥-둥[2] [부] ふわふわ¦ぷかぷか。[예]물 위에 쓰레기가 ~ 떠 있다. 水面にごみがぷかぷかと浮かんでいる。

둥실[부] ふわり¦ぽっかり。

둥실-둥실[부] ぷかぷか¦ふわふわ。[예]몸이 ~ 떠오르는 듯하다. 体がふわふわと浮くようだ。

둥실-하다[형] まるまるしている¦ふくよかだ。[예]둥실한 엉덩이 ふくよかなお尻/ 가슴이 ~. 胸がふっくらとしている。

둥싯-둥싯[부] のろのろ。

둥우리[명] ❶(わらなどで編んだ)かご。❷檻。

둥지[명] (鳥などの)巣。[예]좋은 곳을 찾아 ~를 꾸미다. いい所を見つけて巣を作った。＝보금자리 ❷ ☞'둥우리'의 잘못.

　둥지(를) 치다[틀다][관용] 巣をつくる¦巣を構える。[예]제비가 처마 밑에 둥지를 치다. ツバメが軒下に巣を構える。

둥치[명] 根本。

둥치다[타] ❶からげる。❷切り揃える。

뒈지다[자] くたばる。

뒤[명] ❶後ろ¦裏。[예]종이의 앞과 ~ 紙の表と裏/ 내 ~에 서세요. 私の後ろに立ちなさい。/ ~에서 누군가가 쫓아온다. 後ろから誰かが追い掛けてくる。/ 그 건물 ~에 책방이 있다. あの建物の裏に本屋がある。/ 50원 동선의 ~에는 이삭의 그림이 있다. 50ウォンコインの裏には穂の絵がある。❷後ろ¦後。[예]이 드라마는 ~로 갈수록 재미없다. このドラマは後に行くほど面白くない。❸後¦後。[예]나는 ~에 먹을 테니 먼저 먹어. 私は後で食べるので先に食べなさい。/ 그는 ~에 정치가가 되었다. 彼は後に政治家になった。/ 일을 ~로 미루지 마라. 仕事を後に延ばすな。❹残り¦後。[예]~를 마무리하고 퇴근하세요. 後をきれいにしてから退勤しなさい。/ 수술 ~가 좋지 않다. 手術した後がよくない。❺裏¦陰¦背後。[예]남의 ~를 발설하다. 陰口をたたく。❻大便。[예]~가 마렵다. 大便を催す。

　뒤가 켕기다[관용] 後ろめたい¦疾しい。[예]거짓말을 해서 ~. 嘘をついて後ろめたい。/ 그는 뒤가 켕기는 데가 있나 보다. 彼は疾しいところがあるようだ。

　뒤를 다지다[관용] 後で間違いがないように予め約束させる：念を押す。[예]단단히 뒤를 다져 놓아야 한다. 固く後で間違いがないように、念を押しておかなければならない。

　뒤를 달다[관용] 先に言った言葉に付け加えて言う。[예]아버지 말씀에 으레 뒤를 달다. お父さんの話に決まって付け加えて言う。

　뒤를 빼다[관용] ❶その場から抜け出す¦その場から逃れる。[예]입장이 불리해지자 슬그머니 뒤를 빼다. 立場が不利となるや、ひそかにその場から抜け出す。❷言い逃れる¦言い抜ける。[예]교묘한 말로 뒤를 빼다. 言葉巧みに言い逃れる。

　뒤(를) 사리다[관용] 後で過ちがないように、前もって言い逃れたり言動を慎む。[예]자기에게 그 사건의 불똥이

띌까 봐 뒤를 사리다. 自分にその事件のとばっちりが飛んでこないかと前もって言い逃れる。

뒤를 캐다 관용 内密に調査する｜(相手にわからないように)ひそかに探る。

뒤-까불다 자타 ❶軽率に振る舞う。❷軽率に揺る。 예다리를 ~. 脚を軽率に揺る。

뒤-곁 명 裏庭｜後庭

뒤-꽂이 명 髮の飾り物。

뒤-꿈치 명 かかと。=발뒤꿈치

뒤-끓다 ❶ ごった返す｜沸き立つ。예전교가 승리의 흥분으로 ~. 全校が勝利の興奮で沸き立つ。/ 솥에서는 물이 뒤끓고 있다. 釜では湯が沸き立っている。❷ (人·物が)こみ合う｜(虫が)うじゃうじゃする。예 파리가 뒤끓는 쓰레기장 蠅のうじゃうじゃしているごみ場／거리가 인파로 ~. 街が人波でこみ合う。

뒤-끝 ❶ (物事の)最後｜終わり｜結末｜締めくくり。예~이 되자 그는 말하기 시작했다. 締めくくりになって彼は話し始めた。/ 나쁜 짓의 ~이 좋을 리가 있나? 悪い行いの締めくくりが良いわけがあろうか。❷ ある事のちょうど後。예비가 내린 ~ 雨が降ったちょうど後。❸ 根に持つこと。예~이 없다. 根に持たない。/ 성격이 시원시원해서 ~은 없다. 性格があっさりしていて、あとでごちゃごちゃ言わない。

뒤끝(을) 보다 관용 物事の結末·結果をみる｜成り行きを見る。

뒤-넘다 자 あおむけに倒れる｜ひっくり返る｜転倒する。예정신을 잃어 ~. 気を失ってひっくり返った。/ 충격으로 ~. 衝撃でひっくり返った。

뒤넘-스럽다 형 生意気だ｜おこがましい。

뒤넘스레 부 生意気に｜おこがましく。

뒤-놀다 ❶ ぐらつく｜がたつく｜ひどく揺れる。예책상 다리가 ~. 机の脚がぐらつく。/ 풍랑에 배가 ~. 風浪で船がひどく揺れる。❷ さまよう｜さすらう。

뒤-놓다 引っくり返す。

뒤-늦다 형 遲すぎる｜手遅れだ。예뒤늦게 도착했다. 遅れて到着した。

뒤다¹ 자 反る｜反り返る｜しなう｜たわむ｜曲がる。

뒤다² 타 くまなく探す｜あさる。예서랍을 ~. 引き出しをくまなく探す。=뒤지다²

뒤-대다 面倒を見る｜後押しする。

뒤-덮다 覆う｜覆いかぶせる。예산을 뒤덮은 눈 山を覆っている雪／담요를 뒤덮고 있다. 毛布を引っ被っている。/ 소비 풍조가 사회를 뒤덮고 있다. 消費風潮が社会を覆っている。

뒤덮-이다 覆われる。예들꽃으로 뒤덮인 들 野花で覆われた野原。

뒤-돌아보다 자 ❶ (後ろを)振り返る｜顧みる。예형은 몇 번이나 어머니가 계신 쪽을 뒤돌아보았다. 兄は何度も母のいる方を振り返る。/ 누가 따라오는지 ~. 誰がついて来るのかを顧みる。❷ (過去を)顧みる｜追想する。예어렸을 때를 뒤돌아보면 즐거운 일만 있지는 않았다. 子供の頃を顧みると、楽しいことばかりではなかった。/ 올해를 뒤돌아보고 반성하다. 今年を顧みて反省する。

뒤-둥그러지다 자 ❶ ひねくれてむやみにへこむ。예비를 맞아 뒤둥그러진 판자 ひねくれてへこんだ板。❷ (性格や性質が)ひねくれる｜僻む｜歪む。예뒤둥그러진 성격의 남동생 ひねくれた根性の弟／뒤둥그러진 사람과는 같이 살 수 없다. ひねくれた人とは一緒に暮らせない。❸ ひどく倒れて転がる｜ひどくひっくり返る。예빙판에서 뒤둥그러져 머리를 다쳤다. 凍りついた路面で、ひどく転がって頭を怪我した。

뒤-따라가다 타 後をつける｜後からついて行く｜追って行く。예곧 뒤따라갈 것이니 먼저 가라. すぐに後からついていくから先に行け。

뒤-따라오다 타 後をついて来る｜後からついて来る｜追ってくる。예수상한 사람이 나를 뒤따라왔다. あやしい人が私の後をついてきた。

뒤-따르다 자 伴う｜付随する。예자유에는 책임이 ~. 自由には責任が伴う。/ 결정에 항의가 뒤따랐다. 決定に抗議が伴った。

뒤-따르다[타] (後に)従がう。⟨예⟩ 그를 뒤따르는 젊은이들 彼に従う若者たち/ 선발대를 ~. 先發隊に従う。

뒤-떠들다[자] 騒ぎ立てる。

뒤-떨다[타] ひどく身震いする。

뒤-떨어지다[자] ❶(ある物の後ろに)距離を置く｜(後を)離れる｜遅れる。⟨예⟩ 다리가 불편한 할머니는 나보다 뒤떨어져서 걸어왔다. 足の不自由な祖母が、私たちの後を遅れて歩いて来た。❷(時代や流行などに)遅れる｜取り残される。⟨예⟩ 너는 시대에 뒤떨어진 옷만 산다. あなたは時代遅れの服ばかり買う。❸劣る｜引けを取る。⟨예⟩ 아들은 반 아이들 중에서 학력이 뒤떨어져 있다. 息子はクラスの中で学力が劣っている。/ 연령에 비해 체력이 뒤떨어져 있는 편이다. 年齢に比べて体力が引けを取るほうだ。

뒤뚝[부] ぐらっと｜よろよろ。

  뒤뚝-거리다[자] ぐらぐらする｜よろよろする｜よたよたする。=뒤뚝대다

  뒤뚝-대다[자] ☞뒤뚝거리다

뒤뚝-뒤뚝[부] ぐらぐら｜よろよろ｜よたよた。

뒤뚱[부] ぐらっと｜よろよろ。

  뒤뚱-거리다[자] よろよろする｜ぐらぐらする｜よたよたする。=뒤뚱대다

  뒤뚱-대다[자] ☞뒤뚱거리다

뒤뚱-뒤뚱[부] よろよろ｜ぐらぐら｜よたよた。⟨예⟩ 오리가 ~ 걸어간다. あひるがよたよたと歩いていく。

뒤-뜨다[자] ❶ねじれて反り返る。⟨예⟩ 마룻바닥이 ~. 床板がねじれて反り返る。❷口答えする｜楯突く。

뒤-뜰[명] 後庭｜裏庭。

뒤룩-거리다[자][타] ❶(目玉が)ぎょろぎょろする｜(目を)ぎょろつかせる。⟨예⟩ 눈알을 ~. 目玉をぎょろぎょろさせる。❷(太った体を)のろのろ動かす。⟨예⟩ 몸을 뒤룩거리며 걷는다. 体をよろよろさせて歩く。=뒤룩대다

  뒤룩-대다[자][타] ☞뒤룩거리다

뒤룩-뒤룩[부] ❶ぶくぶく。⟨예⟩ 몸이 ~ 살쪘다. 体がぶくぶくと太っている。❷目玉がぎょろりと大きく回るさま。

뒤-미처[부] すぐさま｜相次いで。⟨예⟩ 짐이 ~ 도착하다. 荷物がすぐさま着く。/ ~ 쫓아가다. すぐさま追っていく。

뒤-바꾸다[타] あべこべにする｜取り違える｜逆にする。⟨예⟩ 순서를 ~. 順序をあべこべにする。

뒤바뀌다 あべこべになる｜前後する。⟨예⟩ 순서가 ~. 順番が狂う。/ 이야기의 앞뒤가 ~. 話が前後する。

뒤-바람 北風。=북풍

뒤-바르다[타] 塗りたくる｜塗りつぶす｜べたべた張りつける。⟨예⟩ 벽에 갖가지 광고지를 ~. 壁にいろんな広告紙を塗りたくる。

뒤-받다[타] 口答えする｜言い返す。

뒤-밟다[타] 跡をつける｜尾行する。

뒤-버무리다[타] 混ぜ合わせる｜かき混ぜる。

뒤-범벅[명] ごちゃ混ぜ｜ごった混ぜ。

  뒤범벅-되다[자] ごちゃ混ぜになる｜めちゃくちゃになる。

뒤-보아주다[타] 後ろ楯になる｜後援する｜後押しする。

뒤-섞다[타] かき混ぜる｜混合する。⟨예⟩ 물감을 ~. 絵の具をかき混ぜる。

뒤섞-이다 入り交じる｜入り乱れる｜かき混ぜられる。

뒤숭숭-하다[형] ❶落ち着かない｜そわそわしい。⟨예⟩ 마음이 뒤숭숭해서 공부에 집중할 수가 없다. 心が落ち着かなくて勉強に集中できない。❷散らかっている｜ごっちゃになっている。❸(世の中が)騒がしい｜物騒だ。

뒤스럭-거리다[자] ごそごそ手探りする。⟨예⟩ 온종일 뒤스럭거리기만 하고 아무 일도 못했다. 一日中ごそごそしてばかりで、何も出来なかった。=뒤스럭대다

  뒤스럭-대다[자] ☞뒤스럭거리다

뒤스럭-뒤스럭[부] ごそごそ。

뒤안-길[명] 裏道｜裏街道。⟨예⟩ 인생의 ~ 人生の裏街道。

뒤-얽다[타] やたらに絡める。

뒤얽-히다 絡み合う｜絡み付く。⟨예⟩ 뒤얽힌 사건 絡み合っている事件/ 털실이 뒤얽혀 있다. 毛糸が絡み合っている。

뒤-엉키다 絡まる｜絡み合う｜もつれる。⟨예⟩ 실이 ~. 糸がもつれる。

뒤-엎다[타] 覆す｜引っくり返す。⟨예⟩ 기존 이론을 ~. 既存の理論を覆す。

/과자를 ~. お菓子を引っくり返す。

뒤웅-박[명] [말音 통계치지 않고 外皮의 硬한 구멍을 낸 바가지] (割)らずに中身を抉(えぐ)り出したふくべ。

뒤적-거리다[타] ごそごそ手探りする｜(本などを)めくり返す。 예 잡지를 ~. 雑誌をめくり返す。

뒤적-뒤적[부] ごそごそ｜がさがさ。

뒤적-이다[타] 引っ掻き回す｜手で探る。 예 서랍 속을 ~. 引き出しの中を引っ掻き回す。

뒤-좇다[타] あとについて行く｜あとに従う。 예 외출하는 엄마를 뒤좇아 집을 나서다. 外出する母のあとについて家を出る。

뒤주[명] [米類을 담아 두는] 米櫃。

뒤죽-박죽[명] めちゃくちゃ｜ごちゃごちゃ。 예 일의 순서가 ~이 되다. 仕事の順序がめちゃくちゃになる。

뒤-지(一紙)[명] ちり紙｜落とし紙。

뒤-지다[자] ❶[뒤떨어지다] 遅れる｜引けを取る。 예 유행에 뒤진 스타일이다. 流行に遅れたスタイルである。 ❷[잘 못하다] 達しない｜及ばない。 예 평균에도 뒤진 성적을 받다. 平均にも及ばない成績をとる。

뒤지다[타] ❶[샅샅이] くまなく探す。 예 사무실을 뒤져 서류를 찾아내다. 事務室をくまなく探して書類を見つける。/가방 안을 ~. カバンの中をくまなく探す。 ❷[책장] めくる。 예 책을 뒤지며 자료를 찾다. 本をめくって資料を探す。 =뒤다.

뒤-집다[타] ❶[반대로] 逆さにする｜ひっくり返す｜裏返す｜覆す。 예 레코드를 ~. レコードを引っくり返す。/양말을 뒤집어 신다. 靴下を引っくり返して履く。/셔츠를 뒤집어 입다. シャツを裏返しに着る。/몸을 ~. 体を逆さにする。 ❷[형세를] (順序などを)逆にする｜(形勢を)逆転させる。 예 한 번에 형세를 ~. 一挙に形勢を逆転させる。 ❸[약속을] 翻す｜破る。 예 약속을 ~. 約束を破る。 ❹[정설을] 覆す。 예 정설을 ~. 定説を覆す。 ❺[소란케] 騒然とさせる。 ❻[눈을] (目を)むく｜見開く。 예 눈을 ~. 目をむく。

뒤집어-쓰다[타] ❶[모자를] かぶる。 예 털모자를 ~. 毛糸の帽子をかぶる。 ❷[전신에] (全身に)引っ被る｜浴びる。 예 오물을 ~. 汚物を浴びる。/쓰레기를 ~. ごみを引っ被る。/이불을 ~. 布団を被る。/비눗물을 ~. 石鹸水を引っ被る。 ❸[누명을] (人の罪などを)かぶる｜なすりつける。 예 죄를 ~. 罪をかぶる。

뒤집어씌우다[타] ❶(帽子・手ぬぐいなどを)覆い被せる｜(頭からすっぽりと)被せる。 예 보자기를 뒤집어씌워 가리다. ふろしきを引っ被せて覆う。/어머니가 아이에게 억지로 모자를 뒤집어씌웠다. 母が子供に、無理に帽子を被せた。 ❷[액체를] (液体・粉などを)引っかける｜浴びせる。 예 흙탕물을 ~. 泥水を引っかける。/아이들은 서로 물을 뒤집어씌우며 물장난을 한다. 子供たちは互いに水を浴びせながら、水遊びをする。 ❸[누명을] (罪などを)負わせる｜なすりつける｜引っ被せる。 예 부하에게 책임을 뒤집어씌웠다. 部下に責任を負わせた。/그가 자신의 죄를 남에게 뒤집어씌우다니 거짓말이다. 彼が自分の罪を他人に引っ被せるなんて嘘だ。

뒤집어-엎다[타] ❶[물건을] (物の上下を)引っくり返す｜裏返す｜覆す。 예 종이를 ~. 紙を裏返す。/큰 파도가 돛단배를 뒤집어엎었다. 大波が帆舟を覆した。 ❷[그릇을] (食べ物の入った容器などを)引っくり返す。 예 된장국을 ~. 味噌汁を引っくり返す。 ❸[상태를] (物事の状態を全く別のものに)変える｜覆す。 예 계획을 ~. 計画を変える。/상식을 ~. 常識を覆す。/지금까지의 학설을 뒤집어엎는 새 이론 これまでの学説を覆す新理論。 ❹[체제를] (体制・制度などを)滅ぼす｜倒す｜覆す。 예 독재 정권을 ~. 独裁政権を覆す。

뒤집-히다[자] ❶[안팎이] (中身と外が)裏返る｜反対になる｜引っくり返る。 예 바람 때문에 우산이 ~. 風邪で傘が引っくり返る。 ❷[상하가] (上下が)裏返る｜反対になる｜引っくり返る。 예 차가 거꾸로 ~. 車が転倒して裏返る。/풍랑으로 배가 ~. 風浪で舟が引っくり返る。 ❸[순서가] (順番が・勝ち負けなどが)逆になる｜後先になる｜入れ替わる。 예 어느새 순서가 뒤집혔다. 知らない間に順序が入れ替わった。/마지막 순간에 승부 결과가 뒤집혔다. 最

後의 瞬間에서 勝負의 結果가 入れ替わった。❹【소란이·법석이 벌어지다】大騷ぎになる｜大変になる。예아버지의 급사로 인해 우리 집은 빌칵 뒤집혔다. 父の急死でわが家は大変になった。/ 전쟁이 일어날 거라는 소문에 온 나라가 발칵 뒤집혔다. 戦争が起こるとのうわさで国じゅうが大騷ぎになった。❺【제도나·체제등이】(制度등·体制등などが)覆る｜引っくり返る。예정권이 ~. 政権が覆る。

뒤-쪽 명 後ろ側｜後方。

뒤쫓-기다 재 ❶追い掛けられる｜追跡される。예개에게 ~. 犬に追い掛けられる。/ 경찰에게 뒤쫓기고 있다. 警察に追跡されている。❷やたらに追い出される。예아버지에게 뒤쫓겼다. 父に追い出された。/ 통금 시간을 지키지 않는다고 기숙사에서 뒤쫓겼어. 門限を守らないと, 寄宿舎から追い出されたよ。

뒤-쫓다 타 後を追う｜追い掛ける。예범인을 ~. 犯人を追い掛ける。/ 바짝 ~. ぴったりと後を追う。/ 멀리까지 ~. 遠くまで追い掛ける。

뒤-차(一車) 명 ❶【다음번의 차편·다음차】次ぎの便｜次ぎの車。❷【뒤쪽에 있는 차】後ろにある車。

뒤-창 명 (靴らの)かかと。

뒤-채 명 離れ｜裏の棟。

뒤-처리(一處理) 명 後始末。

뒤처리-하다 타 後始末する。

뒤척-거리다 ❶ごそごそ手探りする｜かき回して探す｜あさり探す。❷しきりに寝返りを打つ。예잠이 안 와 몸을 ~. 寝付けずにやたら寝返りを打つ。/ 뒤척거리지 말고 가만히 있어라. ごそごそせずにじっとしてろ。=뒤척대다·뒤척뒤척하다·뒤척이다

뒤척-대다 타 ☞뒤척거리다

뒤척-뒤척 부 ごそごそ。예창고 안을 ~ 휘젓다. 倉庫の中をごそごそとかき回す。

뒤척뒤척-하다 타 ☞뒤척거리다

뒤척-이다 타 ☞뒤척거리다

뒤-축 명 踵か。=발뒤축

뒤치-다 ひっくり返す｜裏返す。

뒤치-다꺼리 명 ❶後始末。❷【돌봄】面倒を見ること｜世話をすること。예아이들의 ~로 하루가 짧다. 子供らの世話をすることで一日が短い。

뒤-탈 後の面倒｜後腐れ。예~ 없이 일을 잘 끝내야 한다. 面倒のないようにことを終えなければならない。=후탈

뒤-통수(後頭部) 명 =뒷통

뒤통수(를) 때리다 관용 不意打ちを食わせる。

뒤통수(를) 맞다 관용 不意打ちを食らう。

뒤통수-치다 자 ❶【불의에】不意打ちを食わせる。❷【실망】とてもがっかりする。

뒤통-스럽다 형 間抜けだ｜不器用だ。

뒤통스레 부 間抜けに｜不器用に。

뒤-틀다 타 ねじる｜よじる｜ねじ曲げる。예기지개를 켜며 몸을 ~. 伸びをして体をねじる。/ 몸을 뒤틀며 괴로워하다. 体をよじって苦しむ。

뒤틀-리다 자 ❶【뒤틀어지다】ひねくれる｜ねじける｜よじれる｜ねじれる。예창자가 뒤틀리듯 아프다. はらわたがねじれる位に痛い。/ 고개가 ~. 首がねじれる。❷【뒤얽히다】こじれる｜もつれる。예교섭이 뒤틀리고 말았다. 交渉がこじれてしまった。❸【심술이·마음이】ひねくれる｜ねじける｜ねじれる｜こじれる。예심사가 ~. 心がひねくれる。

뒤-품 명 背幅｜服の背の幅。

뒤-흔들다 타 ❶【세게】激しく揺さぶる。예가로수를 뒤흔드는 세찬 바람 並木を激しく揺さぶる強い風。❷【물결】波紋を起こす｜揺るがす。예세계를 뒤흔든 사건 世界を揺るがした事件。❸【마음대로 하다】牛耳る。예그가 회사를 마음대로 뒤흔든다. 彼が会社を牛耳る。

뒷-간(一間) 명 便所｜厠｜トイレ｜化粧室。

뒷-갈망 명 ☞뒷감당

뒷-감당(一堪當) 명 後始末。=뒷감망

뒷감당-하다 타 後始末する。

뒷-걱정 명 あとの心配。예~은 나중에 해도 늦지 않는다. 後のことは後で心配しても遅くない。/ ~은 내게 맡겨라. 後の心配は僕に任せろ。

뒷걱정-하다 あとのことを心配する。

뒷-걸음 ❶後ずさり｜しりごみ。예당황하여 ~을 치다. 当惑してしりごみした。❷【발달이 멈춤】後退出｜退歩する。

뒷걸음-질 ❶後ずさり。예놀라서 그만 ~ 치고 말았다. 驚いて思わず後ずさりしてしまった。❷【퇴보·후퇴】退歩｜後戻り。

뒷걸음질-하다재 ❶後ずさりする。예 큰 개가 갑자기 눈앞에 나타나 무서워서 뒷걸음질했다. 大きな犬が急に目の前に現れ、怖くて後ずさりした。/ 웃어른에게 차를 드리고 뒷걸음질하면서 물러났다. 目上の人にお茶を差し上げてから、後ずさりしながら下がった。❷後戻りする｜退歩する。예 공공장소에서의 질서 의식은 뒷걸음질하고 있다. 公共の場での秩序意識がまだまだだ。/ 경기가 ‥景気が後ずさりする。

뒷-고대명 襟の後部の付け根。
뒷-골명 後頭部うとう。=뒤통수
뒷-골목명 路地裏｜裏通り｜裏道。
뒷-공론(一公論)명 ❶無用な議論。❷陰口。
　뒷공론-하다재 ❶無用な議論をする。뜻 결정난 일에 뒷공론하는 것은 의미가 없다. 決めたことに対して議論することは意味がない。❷陰口をたたく。

뒷-구멍 ❶後ろの穴。❷裏口。
뒷-귀명 聞いた事に対する理解力｜のみ込むこと｜もの分かり｜のみこみ。예 그 사람은 참 ~가 좋다. その人は本当にのみこみが良い。/ ~가 먹었는지 잘 알아듣지 못한다. のみこみが悪いのかどうか聞き取れない。

뒷-길명 ❶裏通り。예 좁은 ~로 다니다. 狭い裏通りに通じる。❷将来｜前途。예 아들의 ~을 생각하면…. 息子の将来を思うと…。❸裏口｜裏道。예 ~로 입학하다. 裏口入学をする。

뒷-날명 後日｜他日｜将来｜あとで｜のちに。예 ~에 다시 들르겠다. 後日寄る。/ 자식의 ~을 기대하다. 子供の将来を期待する。

뒷눈-질명 後ろを振り向いてきょろきょろするしぐさ。
　뒷눈질-하다 後ろを振り向いてきょろきょろする。예 뒷눈질하며 바라보다. 後ろを向いてきょろきょろする。

뒷-다리명 ❶後ろ足｜後足。❷後方の足。
　뒷다리(가/를) 잡히다관용 弱点を握られる｜揚げ足を取られる。

뒷-담당(一擔當)명 後始末。
　뒷담당-하다타 後始末する。

뒷-대문(一大門)명 裏門。
뒷-덜미명 襟首｜うなじ｜首筋。
뒷-돈명 貢ぐ資金｜元手。예 ~을 대다. 元手を出す。
뒷-동산명 裏山｜裏庭。
뒷-들명 (家・村)の裏手にある野原。
뒷-등명 背｜背中。
뒷-마당명 裏庭｜後庭。
뒷-마무리명 後始末。
　뒷마무리-하다타 後始末する。

뒷-말명 ❶あとのうわさ話｜あとの取りざた｜陰口｜ごたごた。예 ~이 없도록 확실하게 해 두자. あれこれと取りざたしないように、はっきりしておこう。❷次の話｜話の続き。예 슬픔에 겨워 ~을 잇지 못하다. 悲しさのあまり次の話を続けない。

뒷-맛명 後味｜後口。예 ~이 영 씁쓸하다. 後味がほろ苦い。/ ~이 영 개운하지 않다. 後味がまったくすっきりしない。=후미³

뒷-맵시명 後ろの姿。
뒷-머리명 ❶後頭部。❷後ろ髪。❸後ろ｜後部。예 열차의 ~ 列車の後部。

뒷-면(一面)명 裏面｜裏。
뒷-모습명 後ろ姿。
뒷-모양(一模樣)명 ❶後ろ姿。❷終わり様。
뒷-문(一門)명 裏門｜裏口。
　뒷문으로 드나들다관용 裏門から出入りする：「人目を避けてこっそり出入りする」の意。

뒷-바라지명 面倒を見ること｜世話をすること。예 부모님 대신 동생의 ~를 하다. 両親の代わりに弟の面倒を見る。
　뒷바라지-하다재타 面倒を見る｜世話をする。

뒷-받침명 後押し｜裏付け｜後援｜後ろ楯。
　뒷받침-하다재타 後押しする｜裏付ける｜後援する。예 범행을 뒷받침하는 단서가 발견되다. 犯行を裏付ける糸口が見つかる。

뒷-발명 ❶後ろ足｜後足。예 ~로 차다. 後ろ足で蹴る。❷後ろに引いた足。
뒷발-질명 後ろ足で蹴ること。예 ~로 걷어차다. 後ろ足で蹴飛ばす。

뒷발질-하다[자] 後ろ足で蹴る。

뒷-방(一房)[명] 《건》奥の間 ¦ 裏側にある部屋 ¦ 裏側にある離れ。

뒷-배[명] 陰で世話をすること。[예] ~를 보다. 陰で世話をする。

뒷-부분(一部分)[명] 後部 ¦ 後ろの部分。

뒷북-치다[자] 後の祭になって騒ぎ立てる。

뒷-사람[명] ❶【뒤에 있는 사람】後ろの人 ¦ あとから来る人。❷【후임자】受け継ぐ人 ¦ 後任者。❸【다음 세대】後世の人 ¦ 後代の人。

뒷-산(一山)[명] 裏山。

뒷-생각[명] あとのことに対する考え。

뒷생각-하다[자] あとのことに対して考える。

뒷-설거지[명] ❶ ☞설거지 ❷【큰일을 치른 다음에 하는】後片付け ¦ 後始末。

뒷-소리[명] ❶【뒷공론】あとのうわさ話 ¦ あとの取りざた ¦ 陰口 ¦ ごたごた。❷【응원하는 소리】応援する声。

뒷소리-하다[자] ❶あとのうわさ話をする ¦ あとの取りざたをする ¦ 陰口をたたく ¦ ごたごたする。❷応援する声をあげる。

뒷-소문(一所聞)[명] 後のうわさ ¦ 後日のうわさ。

뒷-손[명] ❶後ろに出す手。❷裏でそっと差し出す手。[예] ~을 내밀다. 遠慮を装いながらそっと手を差し出す。

뒷손가락-질[명] 後ろ指。[예] 다른 사람에게 ~을 받을 일은 하지 않았다. 人に後ろ指をさされることはしなかった。

뒷손-질[1][명] ❶【손을 몸 뒤로 돌려 하는 동작】後ろ手でする動作。[예] ~로 사람을 부르다. 後ろ手で人をまねく。❷【남몰래 손을 쓰는 일】裏面でする工作 ¦ 裏で手を打つこと。

뒷손질-하다[1][자] ❶手を体の後ろに回して動作する。❷分からないように裏で手を打つ。[예] 앞서 뒷손질해 두겠다. 先に裏で手を打っておこう。

뒷손-질[2][명] 仕上げ作業。

뒷손질-하다[2][자] 仕事を基本的に終えて再び手をつけて仕上げる。[예] 뒷손질하고 있으니 30분 안에 끝날 것이다. 仕上げしているので三十分以内に終わるだろう。

뒷-수쇄(一收刷)[명] 後始末。

뒷수쇄-하다[자][타] 後始末する。

뒷-수습(一收拾)[명] 後始末。

뒷수습-하다[자][타] 後始末する。[예] 뒷수습하는 데 많은 경비가 들다. 後始末に多くの経費がかかる。

뒷-심[명] ❶【남의 도움】後ろ楯 ¦ 後ろ見。❷【끝까지 버티는 힘】頑張り通す力 ¦ 底力 ¦ 根気。[예] ~이 없다. 底力がない。

뒷-일[명] 後のこと ¦ 将来のこと。[예] ~을 부탁하다. 後を頼む。/ ~을 장담하다. 将来のことに大きいことを言う。=훗일

뒷-자락[명] 後ろの裾。

뒷-전[명] ❶【뒤쪽 부근】後ろ ¦ 後部。❷【나중의 차례】後回し。[예] 모든 일을 ~으로 하고 놀고 있다. 全ての事を後回しにして遊んでいる。❷【겉으로 드러나지 않은 배후】陰 ¦ 背後。[예] ~에서 남을 헐뜯다. 陰で人をそしる。

뒷-정리(一整理)[명] 後片付け ¦ 後始末。

뒷정리-하다[타] 後片付けをする ¦ 後始末する。

뒷-조사(一調査)[명] 内密の調査。

뒷조사-하다[타] 内密に調査する。

뒷-줄[명] ❶【뒤쪽 줄】後ろの列 ¦ 後列。❷【배후 세력】後ろ楯。

뒷-짐[명] 後ろ手 ¦ 後ろに手を組むこと。[예] ~을 지고 느릿느릿 거닐다. 後ろに手を組んで、のろのろとぶらついている。

뒷짐(을) 지다[짚다][관용] 自分とは全く関係がないかのように見物している。[예] 의료 사고에 대해 병원 측은 뒷짐을 지고 있다니. 医療事故に対して病院側は、手を拱いて見物しているなんて。

뒷-집[명] 後ろの家 ¦ 裏の家。

뒹굴다[자] ❶【누워서】寝転ぶ ¦ 寝転がる。[예] 풀밭에서 ~. 草むらに寝転ぶ。/ 진창에서 ~. 泥沼に寝転ぶ。❷【하는 일 없이】ごろごろして怠ける。[예] 방구석에서 뒹굴고 있다. 部屋でごろごろしている。❸【여기저기 어지럽게】あちこちに散らばっている。[예] 여기저기 쓰레기가 뒹굴고 있는 거리 あちこちにゴミが散らばっている街。

듀스(deuce)[명] 《운》【탁구·테니스 등에서】ジュース。

듀엣(duet)[명] 《음》デュエット。

듀오(duo)[명] 《음》デュオ ¦ デュエット ¦ 二重奏。[예] 남성 ~ 男性デュエット / 바이올린 ~ 연주 バイオリン二重奏演奏。

드나-나나囝【俗】どこにいても｜しょっちゅう。옌너는 ~ 말썽을 피우는구나. おまえはしょっちゅう悶着を起こす。

드나-들다재 しばしば出入りする｜通う｜往来する。옌술집을 ~. 酒屋に出入りする。/ 사람이 많이 ~. 人がたくさん出入りする。=나들다

드난囘【집안 남의 집에 들어가서 하는 고용살이】通いのお手伝いさん｜通い奉公。

드난살-이囘 通い奉公暮らし。

드-날리다타 ❶【揭】揚げる。❷【이름을】(名を)あげる｜とどろかす。옌전 세계에 이름을 ~. 全世界に名を上げる。=들날리다

드-넓다囹 とても広い｜広々としている。옌드넓은 초원을 말을 타고 달리다. 広々としている草原を、馬に乗って走る。

드-높다囹 とても高い｜高々としている。

드높-이囝 とても高く｜高々と。

드-던지다타 (怒って)物を投げつける。옌물건을 함부로 ~. 物をむやみに投げつける。/ 그는 화가 나서 베개를 드던졌다. 彼は怒って枕を投げつけた。

드디어囝 とうとう｜いよいよ｜ようやく｜ついに。옌~ 장마가 끝났다. いよいよ梅雨が明けた。/ ~ 완성하다. ついに完成する。

드라마(drama)囘《문·연》ドラマ。옌시청률이 높은 ~. 視聴率の高いドラマ。

드라이(dry)囘 ❶ ドライ。❷ ドライクリーニング。=드라이클리닝

드라이버(driver)囘 ドライバー。

드라이브(drive)囘 ドライブ。

드라이브-하다재타 ドライブする。

드라이-아이스(dry ice)囘《화》ドライアイス。

드라이어(drier)囘《가·화》ドライヤー。

드라이-클리닝(dry cleaning)囘 ドライクリーニング｜ドライ。=드라이❷

드래그(drag)囘《컴》ドラッグ。

드러-나다재 ❶【現】現れる｜表われる｜見える。옌화가 나면 얼굴에 드러난다. 怒るとすぐ顔に現れる。/ 모습이 ~. 姿が現れる。❷【現】現れる｜ばれる｜発覚する｜秘密がばれる。옌비밀이 ~. 秘密がばれる。/ 정체가 ~. 正体が現れる。

드러내다타 現わす｜表わす｜さらけ出す｜露にする｜むき出す。옌누런 이를 드러내고 웃다. 黄色い歯をむき出して笑う。/ 모습을 ~. 姿を現す。/ 속셈을 ~. 下心をさらけ出す。

드러-눕다재 ❶【橫】横たわる｜寝そべる。옌잔디에 ~. 芝生に寝そべる。/ 자리에 ~. 布団に寝そべる。/ 방 안에 ~. 部屋のなかに寝そべる。❷【病】病で床につく。

드러눕-히다타 横にならす｜横に寝かせる。옌침대에 ~. ベッドに寝かせる。

드럼(drum)囘 ❶ ドラム缶。❷《음》ドラム。옌~을 치다. ドラムをたたく。

드럼-통(drum桶)囘 ドラム缶。=드럼❶

드렁-거리다재타 ぐうぐうといびきをかく。옌코를 드렁거리며 잠자다. ぐうぐうといびきをかきながら寝る。=드렁대다

드렁-대다재 ☞드렁거리다

드렁-드렁囝【계속 매달려 일어나는 모양】ぐうぐう。옌코 고는 소리가 ~ 들린다. いびきをかく音がぐうぐうと聞こえる。

드레囘 (人格的な)落ち着いた気品｜威厳｜のある重み｜重厚さ｜落ち着き。옌어려도 ~가 있어 보인다. 年若くても落ち着きがあるように見える。/ 그녀는 ~가 있는 듯 보인다. 彼女は落ち着いた気品があるように見える。

드레-드레囝【많이 매달려 있거나 늘어진 모양】ふさふさ｜ぶらぶら。

드레스(dress)囘 ドレス。

드레싱(dressing)囘 ドレッシング。옌~을 뿌리다. ドレッシングをかける。

드로잉(drawing)囘 ドローイング。❶ 製図｜ドロー。=제도² ❷《미》素描｜デッサン。

드르릉囝 ❶【코고는 소리】ぐうぐう。❷【크게 울리는 소리】がらがら。

드르릉-거리다재타 ❶ ぐうぐうといびきをかく。옌옆방에서 ~. となりの部屋でぐうぐういびきをかく。❷ しきりに大きな音が響く。=드르릉대다

드르릉-대다재타 ☞드르릉거리다

드르릉-드르릉囝 ぐうぐう。❷ がらがら。옌~ 소리가 울려 퍼지다. がらがらという音が響き渡る。

드르르¹囝 ❶【구르는 소리 또는 여는 소리】ごろごろ｜がらり｜がらから。옌아침에 일어나 문을 ~ 열다. 朝起きて扉をがらがらと開ける。❷【흔들리는 소리】がたがた。옌유리창이 바람에 ~ 흔들리다. 窓ガラスが風でがた

がたと震える。

드르르² 튀 すらすら。 예어려운 한자도 막힘없이 ~ 읽었다. 難しい漢字もつまらずにすらすらと読んだ。/ 어머니는 집안일이라면 ~ 꿰고 있다. お母さんは家事のことならすらすら知り尽くしている。

드르륵¹ 튀 がらり ¦ がらがら ¦ がらっと。 예문이 ~ 닫혔다. 扉ががらがらと閉まった。

드르륵-거리다 자 がたがたいわせる ¦ ごとごと 音を立てる ¦ がらがら 音がする。 예창문을 드르륵거리며 열다. 窓をがらがらと開ける。 =드르륵대다

드르륵-대다 자 ☞드르륵거리다

드르륵² 튀 だだだっ。 예장난감 총에서 ~ 소리가 났다. おもちゃの鉄砲からだだだっと音がした。

드르륵-거리다 자 (銃などを)連射する ¦ 撃ちまくる。 =드르륵대다

드르륵-대다 자 ☞드르륵거리다

드르륵-드르륵¹ 튀 がたがた ¦ ごとごと ¦ がらがら。 예~ 소리가 나며 문이 열리고 사람들이 들어왔다. がらがらと音がしながら扉が開き、人々が入って来た。

드르륵-드르륵² 튀 だだだっ。

드르릉 튀 ❶がらがら。 ❷ぐうぐう。

드르릉-거리다 자타 ❶がらがらと鳴らす。 ❷ぐうぐういびきをかく。 예코를 드르릉거리며 골다. ぐうぐういびきをかく。 =드르릉대다

드르릉-대다 자타 ☞드르릉거리다

드르릉-드르릉 튀 ❶がらがら。 ❷ぐうぐう。

드릉-거리다 자타 ❶ぶんぶん音を立てる ¦ がらがらと音がする。 ❷ぐうぐういびきをかく。 =드릉대다

드릉-대다 자타 ☞드릉거리다

드리다¹ Ⅰ 타 ❶差し上げる ¦ あげる。 예선생님께 선물을 ~. 先生に贈り物を差し上げる。/ 아버지께 용돈을 ~. 父に小遣いをあげる。 ❷(目上の人に)申し上げる。 예감사의 인사를 ~. お礼の挨拶を申し上げる。/ 드리고 싶은 말씀이 있습니다. 申し上げたいお話があります。 ❸(神仏に)上げる ¦ 捧げる ¦ お祈りをする。 예신께 기도를 ~. 神様にお祈りを捧げる。

Ⅱ 보동 ―(して)上げる ¦ ―(して)差し上げる。 예선생님의 부탁을 들어 ~. 先生の頼みを入れて上げる。/ 짐을 들어 ~. 荷物を持って上げる。

드리다² 타 ❶縒る ¦ なう。 예밧줄을 ~. ロープを縒る。 ❷つける ¦ 飾り付ける。

드리다³ 타 つける ¦ 造る ¦ 設ける。

드리다⁴ 타 閉める。

드리우다 타 ❶垂らす ¦ 垂れ下げる。 예연못에 낚싯줄을 ~. 池に釣糸を垂らす。/ 처마 끝에 풍경을 ~. 軒先に風鈴を垂れ下げる。 ❷(かげを)落とす ¦ 覆う ¦ 懸る。 예베란다에 뒷건물의 그림자가 ~. ベランダに裏のビルの影が懸る。/ 호수에 맞은편 산의 그림자가 드리우고 있다. 湖面に向かい側の山の影が懸っている。 ❸名を後世に残す。

드릴(drill) 명 ドリル。

드림 명 吹き流し ¦ 飾りリボン。 예꽃다발에 ~을 달다. 花束に飾りリボンを吊す。

드링크(drink) 명 ドリンク ¦ 飲み物。

드-맑다 형 澄み切っている ¦ 澄み渡っている。 예비 온 뒤의 드맑은 하늘 雨が明けた後の澄み切った空。

드문-드문 튀 ❶たまに ¦ 時々。 예~ 찾아오는 방문객 時々たずねて来る訪客。 ❷ところどころに ¦ ちらほら ¦ まばらに ¦ ぽつりぽつり。 예묘목을 ~ 심다. 苗木をまばらに植える。 =뜨문뜨문

드물다 형 ❶まれだ ¦ めったにない ¦ 多くない ¦ 少ない。 예이 주변을 지나다니는 차가 아주 ~. この辺を通る車が非常に少ない。 ❷まばらだ。 예벚나무가 드물게 서 있다. 桜がまばらに立っている。 ❸珍しい ¦ まれだ ¦ めったにない。 예근래 보기 드문 광경이었다. 近年まれに見る光景だった。

드-세다 형 ❶(力·気勢·気性などが)非常に強い ¦ きつい。 예드센 며느리 気の強い嫁だ/고집이 드센 아이 きかん坊/ 힘이 ~. 力が強い。/바람이 더욱 드세게 분다. 風がもっと激しく吹く。/ 고집이 ~. 頑固すぎだ。 ❷(物事が堪

え難いほど)きつい｜非常ひじょうに悪わるい。 ㋙운세가 ~. 運勢うんせいがきつい。/ 팔자가 ~. もって生うまれた運勢が非常に悪い。 ❸(家いえを守まもる神かみが)きつい。 ㋙터가 ~. 地相ちそうが非常に悪い。

드잡이[명]〖髪かみの毛けや胸むなぐらをつかんで争あらそうこと〗(髪や胸ぐらを)つかみ合あうこと｜取とっ組くみ合あうこと。
　드잡이-하다[자]　(髪や胸ぐらを)つかみ合う｜取っ組み合う。

드티다[자타] ❶〖間あいだをあける｜すき間まができる｜間があく｜ずれる｜ずらす〗 ㋙힘주어 미니까 좀 드티는 것 같다. 力ちからを入いれて押おしたら、岩いわがちょっとずれるようだ。 ❷〖予定よてい期日きじつを延のばす〗延のびる｜延のばす。 ㋙공사 기한을 ~. 工事こうじの期限きげんを延ばす。

득¹[부] ❶〖세게 미는 느낌을 나타내는 말〗ぐいっと。 ❷〖닳아서 엷은 소리로 갈리는 소리〗がりがり｜ぼりぼり。 ❸〖단단한 것을 세게 긁는 소리의 모양〗かちかち｜かちんかちん。

득(得)[명] 得とく｜利得りとく。 ㋙~이 되는 일 得になる仕事しごと｜ ~을 보다. 得をする。
　득-하다[타]〖이익을 얻다〗得える｜得とくする｜利益りえきを得る。

득남(得男)[명] 男おとこの子こが生うまれること。=생남(生男)
　득남-하다[자] 男の子が生まれる。

득녀(得女)[명] 女おんなの子こが生うまれること。=생녀(生女)
　득녀-하다[자] 女の子が生まれる。

득달같-이[부] すぐ｜じきに｜直ただちに。 ㋙전화를 받고 ~ 달려오다. 電話でんわを受うけて直ちに駆かけてくる。

득도(得道)[명] 得道とくどう｜悟道ごどう。
　득도-하다[자] 得道とくどうする。

득-득[부] ❶〖세게 연해 자꾸 그을 때〗ぐいぐい。 ㋙땅에 ~ 선을 긋다. 地面じめんにぐいぐいと線せんを引ひく。 ❷〖딱딱한 것이 세게 갈리는 소리〗かちんかちん。 ㋙냇물이 ~ 얼어붙다. 川かわの水みずがたちまち凍こおり付つく。 ❸〖닳은 자꾸 갈리는 소리〗がりがり｜ぼりぼり。 ㋙간지러워서 팔을 ~ 긁다. かゆくて手てをぼりぼりと掻かく。

득병(得病)[명] 病気びょうきにかかること。
　득병-하다[자] 病気びょうきにかかる。

득색(得色)[명]〖得意顔とくいがお〗得意顔とくいがおだ。

득세(得勢)[명] 勢力せいりょくを得えること。
　득세-하다[자] 勢力せいりょくを得る。

득시글-거리다[자] うようよする｜うじゃうじゃする。 ㋙벌레가 ~. 虫むしがうようよする。=득시글대다

득시글-대다[자] ☞득시글거리다

득시글-득시글[부] うようよ｜うじゃうじゃ。 ㊀득실득실

득실(得失)[명] 得失とくしつ。 ㋙이해~을 떠나서 생각해 보자. 利害りがい得失とくしつを離はなれて考かんえてみよう。

득실-득실[부]〖득시글득시글의 잘못 관용〗うようよ｜うじゃうじゃ。

득의(得意)[명] 得意とくい。 ㋙~에 찬 얼굴을 하다. 得意な顔をする。
　득의-하다 得意だ。

득의-만면(得意滿面)[명] 得意満面とくいまんめん。
　득의만면-하다 得意満面とくいまんめんだ。

득의-양양(得意揚揚)[명] 意気揚々いきようようとしている。
　득의양양-하다[형] 意気揚々いきようようとしている。 ㋙득의양양한 얼굴 意気揚々とした顔。

득점(得點)[명] 得点とくてん。 ㋙~ 없이 끝나 버렸다. 得点がないまま終おわってしまった。
　득점-하다[자] 得点とくてんする。

득죄(得罪)[명] 罪つみを犯おかすこと。
　득죄-하다[자] 罪つみを犯おかす。

득표(得票)[명] 得票とくひょう。
　득표-하다[자] 得票とくひょうする。

득표-율(得票率)[명] 得票率とくひょうりつ。

득-하다(得—)[타] ☞'득'의 부표제어。

득효(得效)[명] 効きき目めがあること｜効力こうりょくがあること。
　득효-하다[자] 効きき目めがある｜効力こうりょくがある。

든¹[조] ☞'든지'의 준말。

-든²[어미]〖—(し)ようと｜—(し)ようが〗 ㋙가든 말든 네 마음대로 해라. 行ゆこうが行くまいがあなたの勝手かってにしなさい。/ 네가 어찌하든 상관없다. あなたがどうしようとかまわない。

-든³[어미] ☞'-던'의 잘못。

든가[조] ☞든지

든-거지[명] ☞든거지난부자

든거지-난부자(—富者)[명]〖사실은 가난뱅이지만 겉으로는 부자처럼 보이는 사람〗本当ほんとうは貧乏びんぼうなのに見みかけは金持かねもちのように見みえる人ひと。 ㋙돈을 잘 써서 부자인 줄 알았더니 실은 ~였네. 金遣かねづかいが荒あらいので金持ちだと思おもったのに、実じつは貧乏な人で金持ちのように振舞ふるまった人だそうだな。=난부자든거지・든거지

든든-하다[형] ❶〖しっかりしている｜丈夫じょうぶだ｜頑固がんこだ〗 ❷〖心強こころづよい｜安心あんしんだ｜頼たのもしい。 ㋙아들이 셋이나 되니 든든하시겠습니다. 息子むすこさんが三人さんにんもいて頼もしいでしょうね。

/내가 든든하게 너를 지켜줄 테니 걱정하지 마라. 私(わたし)がしっかりと君(きみ)を見守(みまも)ってやるから心配(しんぱい)するな。❸【配(はら)】(腹(はら)が) ひもじくない｜腹いっぱいだ. 예 든든하게 먹고 출근한다. 十分(じゅうぶん)に食(た)べて出勤(しゅっきん)する。❹【配】十分(じゅうぶん)に着込(きこ)んでいる。예 춥지 않도록 든든하게 껴입고 가다. 寒(さむ)くないように十分に着込んで行(い)く。

든든-히[부] 心強(こころづよ)く｜十分(じゅうぶん)に｜しっかり.

든-번(一番)[명] 当番(とうばん)｜出番(でばん).

든-부자(一富者)[명] 든부자난거지

든부자-난거지(一富者一)[명] [숨은 부자이면서 겉으로 가난하게 보이는 사람] 外艦褸(がいらんる)の内錦(うちにしき). ⇒든부자

든지¹[조] [여럿 중의 선택하나] ―でも. 예 물이든지 주스든지 한 잔 주세요. お冷(ひや)やでもジュースでも一杯(いっぱい)ください. / 여행이라면 언제든지 갈 준비가 되어 있다. 旅行(りょこう)ならいつでも出(で)かけられる準備(じゅんび)ができている. ⇒든지 준든¹

-든지²[어미] ―するか｜―(し)ようが｜―(し)ようと. 예 그렇게 서 있지 말고 앉든지 나가든지 해라. そのように立(た)っていないで座(すわ)るか出(で)るか、どっちかにしなさい. 준―든²

-든지³[어미] ☞'-던지'의 잘못.

든직-하다[형] 重(おも)みがある｜どっしりしている｜重厚(じゅうこう)だ.

듣-기[명] [교] 聞(き)き方(かた).

듣다¹[자타] ❶【香(こう)】(音(おと)·声(こえ)·話(はなし)を)聞(き)く. 예 노래를 ~. 歌(うた)を聞く. / 새소리를 ~. 鳥(とり)の鳴(な)き声(ごえ)を聞く. / 음악을 ~. 音楽(おんがく)を聞く. / 귀 기울여 ~. 耳(みみ)を傾(かたむ)けて聞く. / 주의 깊게 ~. 注意深(ちゅういぶか)く聞く. / 강의를 ~. 講義(こうぎ)を聞く. ❷【다른 사람의 의견대로 따름】言(い)いつけに従(したが)う. 예 부모님 말씀 잘 듣는 착한 아이 親(おや)の言(い)いつけをよく聞(き)くいい子(こ). ❸【칭찬·비난】(称賛(しょうさん)や小言(こごと)などを)いわれる. 예 부모님께 칭찬을 들었다. 親(おや)にほめられた. ❹【配】効(き)く｜効(き)き目(め)がある. 예 두통에 잘 듣는 약 頭痛(ずつう)によく効く薬(くすり). ❺【配】利(き)く. 예 자동차의 브레이크가 잘 안 듣는다. 自動車(じどうしゃ)のブレーキがよく利(き)かない.

듣다²[자] [물방울 따위] 滴(したた)る｜こぼれる｜落(お)ちる. 예 우산 위에 빗방울이 ~. 傘(かさ)の上(うえ)に雨粒(あまつぶ)が滴る.

듣다-못해[부] 聞(き)きかねて｜聞(き)くに耐(た)えなくて.

들¹[명] 野原(のはら)｜野(の)｜野良(のら). 예 넓은 ~이 펼쳐져 있다. 広(ひろ)い野原が広(ひろ)がっている.

-들²[접] [복수를 나타내는 접미사] ―たち｜―ら｜―ども｜―など. 예 우리들 われら/아이들 子供(こども)たち/개들 犬(いぬ)たち.

들-개[명] ❶野犬(やけん)｜野良犬(のらいぬ). 예 ~가 물지 않도록 조심해야 한다. 野良犬にかまれないよう注意(ちゅうい)しなければならない. / ~ 중에는 성격이 사나운 것들이 많다. 野良犬の中(なか)には性格(せいかく)の荒(あら)いやつが多(おお)い. ❷【정처 없이 떠돌아다니는 사람을 속되게 이르는 말】あてもなくうろつき回(まわ)る人(ひと).

들-것[명] 担架(たんか).

들고-뛰다[자] [도망치다] 逃(に)げ出(だ)す｜ずらかる. 예 들켜서 ~. ばれて逃げ出す. / 무서워서 ~. 恐(こわ)くて逃げ出す.

들고-일어나다[자] 立(た)ち上(あ)がる｜決起(けっき)する. 예 민주화를 위해 온 국민이 들고일어났다. 民主化(みんしゅか)のために全国民(ぜんこくみん)が決起した.

들-국화(一菊花)[명] 〈식〉野菊(のぎく). ⇒산국

들-기름[명] えごま油(あぶら).

들-까부르다[타] しきりに動(うご)かす｜激(はげ)しく揺(ゆ)らす. 준 들까불다²

들까불-거리다[타] しきりに動かす｜激しく揺らす. =들까불대다

들-까불다¹[타] [행동이 경망함] おっちょこちょいに振(ふ)る舞(ま)う.

들-까불다²[타] ☞'들까부르다'의 준말.

들까불-대다[타] ☞들까불거리다

들-깨[명] 〈식〉荏胡麻(えごま).

들-꽃[명] 野(の)の花(はな). 예 ~ 식물원 野の花の植物園(しょくぶつえん).

들-꾀다[자] [어떤 곳에] たかる｜群(む)がる.

들-끓다[자] ❶【많은 사람이 뒤섞여】込(こ)み合(あ)う｜ごった返(かえ)す. 예 장내가 인파로 ~. 場内(じょうない)が人波(ひとなみ)でごった返す. ❷【끓어오름】沸(わ)き立(た)つ｜沸(わ)き返(かえ)る. 예 여론이 ~. 世論(せろん)が沸き立つ.

들-날리다[자타] とどろく｜とどろかす｜広(ひろ)まる｜広(ひろ)める｜あげる. 예 지휘자로서의 명성을 온 세계에 ~. 指揮者(しきしゃ)としての名声(めいせい)を全世界(ぜんせかい)にとどろかす. =드날리다❷

들-녘[명] 広(ひろ)がっている野原(のはら)｜野原のある所(ところ).

들-놀이[명] 野遊(のあそ)び｜行楽(こうらく)｜ピクニック.

들-놓다[타] 持(も)ち上(あ)げたり下(お)ろしたりする.

들다¹ 困 ❶【入】(中에)入る。예 방에 ~. 部屋の中に入る。/ 자, 안으로 드시죠. どうぞ、お入りなさい。❷【入】(中에)ある｜入っている。예 공책은 가방 안에 들어 있다. ノートはカバンの中にある。/ 속에 소가 들어 있는 빵 中にあんこが入っているパン。❸【加入・参加】(月掛け貯金・積立・保険・会合などに)加入する｜加わる。예 보험을 ~. 保険に加入する。/ 적금에 ~. 積立貯金に加入する。/ 부인회에 들었다. 婦人会に加入した。/ 국가 대표 선수단에 ~. 国家代表選手団に加わる。❹【費用・努力など】(費用・努力・力などが)かかる｜要する。예 역까지 가는데 시간이 20분이나 들었다. 駅まで行くのに時間が20分もかかった。/ 품과 돈이 많이 드는 일 なかなか手間とお金がかかる仕事。❺【日差し】(光・日差し・水などが)入る｜当たる｜差す。예 볕이 잘 드는 남향집 日がよく差す南向きの家/ 베란다에 빛이 ~. ベランダに光が入る。/ 홍수로 현관까지 물이 들었다. 洪水で玄関まで水が入った。❻【気に入る】(気に)入る｜適う。예 내 마음에 쏙 드는 옷이다. 私のぴったり気に入る服だ。/ 상사의 눈에 드는 사원이 선발되다. 上司の眼鏡に適う社員が選ばれる。❼【なる】(日照り・豊年・梅雨などに)なる。예 올해는 흉년이 들었다. 今年は凶年になった。/ 해가 ~. 日照りになる。❽【考え・感じ・気など】(考え・感じ・気などが)生じる｜起こる｜つく。예 그는 참 착한 사람이라는 생각이 들었다. 彼は本当にやさしい人だと思った。/ 정신이 들면 의사 선생님을 불러 주세요. 気がついたら医者を呼んでください。❾【老ける】(年が)寄る｜取る｜老ける。예 같은 반 친구들보다 나이가 들어 보인다. 同じクラスの友達より老けて見える。/ 나이는 들었지만 아직 철이 없다. 年はとったがまだ分別がない。/ 나이가 들어 몸이 말을 듣지 않는다. 年をとって体が利かない。❿【寝付く】眠り始める｜入る｜寝付く。예 12시에 잠이 들었다. 12時に寝付いた。/ 아기가 겨우 잠이 들었다. 赤ちゃんがようやく寝付いた。/ 선잠이 ~. うたた寝に入る。⓫【生じる】(病気・癖などが)生じる｜なる｜かかる｜引っ付く｜病む。예 병이 든 몸 病んだ体

/ 강아지가 병이 들어서 동물 병원에 데리고 갔다. 犬が病気になったので、動物病院に連れて行った。/ 감기가 든 것 같다. 風邪を引いたようだ。⓬【婿に行く】(男が)結婚する｜妻をめとる。예 너도 내년에는 장가를 들어야지? お前も来年には結婚しないとな。

들다² 困【切】よく切れる。예 잘 드는 칼 よく切れる包丁。

들다³ 他 ❶【上げる】(下にあるものを上に)上げる｜持ち上げる。예 손을 ~. 手を上げる。/ 그는 가볍게 내 몸을 들었다. 彼は軽々と私の体を持ち上げた。❷【手に取る】(手に)取る｜持つ。예 짐을 ~. 荷物を持つ。/ 깨지면 안 되니까 손으로 들고 가세요. 割れるといけないので、手で持って行ってください。/ 탁자 위의 신문을 들고 읽고 있다. テーブルの上の新聞を取って読んでいる。❸【挙げる】(事実・例など)挙げる。예 문제의 예를 ~. 問題の例を挙げる。/ 증거를 ~. 証拠を挙げる。❹【召し上がる】召し上がる｜食べる｜飲む｜取る。예 다과 드세요. 茶菓子を召し上がってください。/ 부디 저녁을 들고 가세요. 晩御飯をどうぞ召し上がってください。/ 자, 드시죠. どうぞ、箸をお取りください。/ 한잔 드세요. いっぱい飲みなさい。/ 저녁을 함께 들기로 했다. 夕食をいっしょに食べることにした。

들-두드리다 他 むやみに叩く｜やたらに打つ｜たたきつける。

들-두들기다 他 乱打する｜むやみに叩く｜やたらに打つ｜殴り付ける。

들들 ❶【ごりごりひく様子】がりがり｜ごりごり。예 콩을 ~ 갈다. 豆をごりごりとひく。❷【くどくどねちねち様子】くどくど｜ねちねち。예 친구를 못살게 ~ 볶지 마라. 友達をうんざりするぐらいくどくどといびるな。

들-떠들다 困 大騒ぎする｜騒ぎ立てる。

들-뛰다 困 やたらに走る｜やたらに飛ぶ。

들-뜨다 ❶【心】(心が)そわつく｜そわそわする｜うきうきする｜うわつく。예 마음이 들떠서 잠을 이룰 수가 없다. 心がそわそわして眠れない。❷【腫】(皮膚などが)黄色くむくむ｜腫れ上がる。예 누렇게 들뜬 얼굴 黄ばんでむくん

だ顔。❸【붙어 있던 것이】浮く ¦ 浮き上がる。[예] 벽지가 들뜨기 시작했다. 壁紙が浮き始めた。

들락-거리다[자] しきりに出入りする。[예] 친구네 집에 자주 ~. 友達の家にしきりに出入りする。/ 부엌에 생쥐가 ~. 台所にネズミがしきりに出入りする。=들락대다·들랑거리다·들랑대다

들락-날락[부] ❶【자꾸 들어왔다 나갔다 하는 모양】出たり入ったり。❷【정신이 있다가 없다가 하는 모양】意識があったりなかったりするさま。=들랑날랑

들락날락-하다[자] ❶出たり入ったりする。[예] 쥐가 ~. ネズミが出たり入ったりする。/ 바쁘게 ~. 忙しくしきりに出入りする。/ 용무도 없으면서 들락날락하지 마라. 用もないのに出たり入ったりするな。/ 아기가 자고 있으니 자꾸 들락날락하면 안 된다. 赤ちゃんが寝ているから、しきりに出たり入ったりしてはいけない。❷意識があったりなかったりする。=들랑날랑하다

들락-대다[자] ☞들락거리다

들랑-거리다[자] ☞들락거리다

들랑-날랑[부] ☞들락날락

들랑날랑-하다[자] ☞들락날락하다

들랑-대다[자] ☞들락거리다

들러리[명] ❶【결혼식의】付き添い。[예] ~를 서다. 付き添いになる；付き添う。❷【돕는 사람】わき役。[예] ~를 서다. わき役になる。

들러-붙다[자] ❶【찰기·끈기가 있어서】(粘りがあって)引っ付く ¦ くっつく ¦ 粘着する。[예] 신발 밑창에 껌이 ~. 靴の裏にガムが引っ付く。❷【사람·장소에 끈기 있게 붙어 있다】しがみつく ¦ 引っ付く ¦ すがりつく。[예] 아들은 책상에 들러붙어 공부만 하는데, 딸은 3시간이나 텔레비전 앞에 들러붙어 있다. 息子は机にしがみついて勉強ばかりしているのに、娘は3時間もテレビの前に引っ付いている。/ 아이는 치마에 꼭 들러붙어 떨어지지 않는다. 子供はスカートにしっかり取りすがって離れない。❸【열중하다】熱中する ¦ 取り掛かる ¦ 凝る。[예] 그림을 그리는 데 들러붙어 있다. 絵を描くのに熱中している。

들레다[자] 【야단스럽게 떠들다】騒ぎ立てる。

들려-주다[타] 聞かせる ¦ 聞かせてやる ¦ 聞かせてくれる。[예] 옛날이야기를 ~. おとぎ話を聞かせる。

들르다[자] 寄る ¦ 立ち寄る。[예] 돌아가는 길에 ~. 帰り道に立ち寄る。/ 지나는 길에 ~. 通り道に立ち寄る。/ 친구 집에 ~. 友達の家に立ち寄る。

들리다[1][자] ❶【병에】(病気に)なる ¦ かかる。[예] 병에 ~. 病気にかかる。/ 감기가 ~. 風邪をひく。❷【귀신에】とりつかれる ¦ つかれる。[예] 귀신에 ~. 鬼につかれる。

들리다[2][자] 【소리가】聞こえる ¦ 耳にする。[예] 천둥소리가 ~. 雷の音が聞こえる。/ 새소리가 ~. 鳥の鳴き声が聞こえる。/ 파도 소리가 ~. 波の音が聞こえる。

들-리다[3][자] 持ち上げられる。[예] 몸이 번쩍 ~. 体が軽々と持ち上げられる。/ 책상이 둥실 ~. 机がふわっと持ち上げられる。

들-맞추다[타] 【남의 비위를 맞추다】取り入る ¦ へつらう ¦ 機嫌を取る。

들먹-거리다[자][타] ❶【무거운 물체가】上下に揺れる ¦ ぐらつく ¦ ぐらぐらする。❷【어깨·엉덩이 등을】(肩や尻などが)上下に揺れ動く。[예] 어깨를 ~. 肩を上下に揺らす。/ 어깨를 들먹거리며 울다. 肩を震わせて泣く。/ 엉덩이를 ~. おしりを上下に揺らす。❸【마음이 자꾸 설레다】(興奮して)どきどきする ¦ そわそわする ¦ そわつく ¦ 動揺する。[예] 마음이 들먹거려 일이 손에 안 잡힌다. そわついて仕事が手につかない。❹【입술을】むずむずする。❺【남의 얘기를 들추어】持ち出して話題にする ¦ あばいて口にする。[예] 다른 사람의 단점을 ~. 人の短所をあばいて口にする。=들먹대다·들먹이다

들먹-대다[자][타] ☞들먹거리다

들먹-들먹[부] ❶【무거운 물체가 자꾸 들렸다 앉았다 하는 모양】ぐらぐら。❷【마음이 자꾸 설레는 모양】そわそわ ¦ どきどき。❸【말할 듯이 입술을 자꾸 움직이는 모양】むずむず。

들먹-이다[자][타] ☞들먹거리다

들메다[타] (履き物を)紐で縛り付ける。

들-바람[명] 野原から吹く風。

들-보[명] 《건》梁 ¦ うつばり。[예] ~가 썩어 지붕이 내려앉다. 梁が腐って屋根が崩れる。=보[2]

들-볶다[타] いびる ¦ いじめる。[예] 부하 직원을 ~. 部下の職員をいびる。

들부드레-하다[형] やや甘みがある。

들-부딪다[자][타] 非常に強くぶつける。[예] 몸을 벽에 ~. 体を壁に強くぶつける。/ 서로 어깨를 ~. 互いに肩を強くぶつける。

들-붓다[타] 【들이붓다의 준말】注ぐ ¦ 注ぎ込む。

ㄷ

들-새[명] 野鳥ちょう｜野禽きん。

들-소[명] (동)野牛や。

들-손【取っ手】取っ手｜つまみ｜柄え。

들-숨[명] 吸すう息｜吸いい込こんだ息｜吸気きゅう。예～과 날숨 吸う息と吐はく息。→날숨

들썩-거리다[자] ❶【上下】上下じょうに揺ゆれる｜ぐらつく｜ぐらぐらする。❷【어깨】(肩かたや尻しりなどが)上下じょうに揺ゆれる｜上下に揺ゆり動うごかす。예어깨를 들썩거리며 춤을 추다. 肩を上下に揺らして踊おどる。/ 엉덩이를 ～. おしりを上下に揺らう。❸【興奮】(興奮こうふんして)どきどきする｜そわそわする｜そわつく｜むずむずする。=들썩대다・들썩이다

들썩-대다[타] ☞들썩거리다

들썩-들썩[부] ❶【하나씩 들썩하여】ぐらぐら。❷【마음이 들떠서】そわそわ。

들썩-이다[타] ☞들썩거리다

들썩-하다[형] ❶【引っ付いていたものが)少しし浮ういている。예벽지가 약간 들썩해서 다시 붙였다. 壁紙かべがみが少し浮いているので貼はり直なおした。❷うるさくて騒さわがしい｜騒々そうぞうしい。예마을은 축제 준비로 ～. 村むらは祭まつりの準備じゅんびで騒々しい。

들썽-거리다[자] 【마음이 들떠서】そわそわする｜むずむずする。=들썽대다

들썽-대다[자] ☞들썽거리다

들썽-하다[형] そわそわする｜むずむずする。

들-쑤시다[타] ❶【계속】しきりにつつく｜そそのかす。예가만있는 사람을 들쑤시어 싸움을 걸다. 黙だまっている人ひとをそそのかしてけんかをしかける。❷【서랍을 뒤져서】引ひっ搔かき回まわす。예책상 서랍을 들쑤셔 놓다. 机つくえの引ひき出だしを引っ搔き回しておく。❸【머리가 아파서】ずきずき痛いたむ｜はげしくうずく。예머리가 ～. 頭あたまがずきずき痛む。

들쑥-날쑥[부] でこぼこ｜ぎざぎざ。=들쭉날쭉

들쑥날쑥-하다[형] でこぼこする｜ぎざぎざになっている。=들쭉날쭉하다

들-쓰다[타] ❶【모자를】(帽子ぼうしや布団ふとんなどを)かぶる。예모자를 ～. 帽子をかぶる。/ 이불을 ～. 布団を被かぶる。/ 먼지를 ～. ほこりを被かぶる。

들씌우다[타] 【머리에 쓰게】かぶせる｜おっかぶせる。

들어-가다[자] ❶【들어】(外そとから中なかに)入はいる｜入って行いく。예교실로 ～. 教室きょうしつに入る。/ 몰래 ～. ひそかに入る。/ 순식간에 ～. あっという間まに入る。/ 회의장에 ～. 会議場かいぎじょうに入る。/ 강의실에 ～. 講義室こうぎしつに入る。/ 방 안에 ～. 部屋へやの中に入る。❷【어떤 상태에】(状態じょうたい・段階だんかい・時期じきに)入はいる｜なる｜始はじまる。예여름 방학에 ～. 夏休なつやすみに入る。/ 선거전에 ～. 選挙戦せんきょせんが始まる。/ 우기에 ～. 雨期うきになる。❸【회사에】(会社かいしゃ・学校がっこう・会合かいごうなどに)入はいる｜加くわわる｜入学にゅうがくする｜加入かにゅうする。예대학에 ～. 大学だいがくに入る。/ 군대에 ～. 軍隊ぐんたいに入る。/ 법무팀에 ～. 法務ほうむチームに加わる。❹【비용이】かかる｜要いる。예공사에 상당한 비용이 ～. 工事こうじに相当そうとう費用ひようがかかる。❺【머리에 들어】(頭あたまに)入はいる｜理解りかいされる。예공부를 해도 좀처럼 머릿속에 들어가지 않는다. 勉強べんきょうしてもなかなか頭に入らない。❻【푹 들어가다】落おち込こむ｜へこむ。예표면이 쑥 ～. 表面ひょうめんが落ち込む。

들어-내다[타] ❶【들어서】持もち出だす｜運はこび出だす。예창고에서 오래된 물건을 ～. 倉庫そうこから古ふるいものを運び出す。❷【쫓아】追おい出だす｜追おい払はらう。

들어-맞다 ぴったり合あう｜はまる｜当あたる｜的中てきちゅうする。예일기 예보가 ～. 天気予報てんきよほうが当たる。/ 꿈이 ～. 夢ゆめが当たる。/ 화살이 과녁에 ～. 矢やが的まとに当たる。

들어-먹다[타] ❶【다 써서】食くい潰つぶす｜使つかい果はたす。예유산을 다 ～. 遺産いさんを使い果たす。❷【남의 것을】横取よこどりする｜横領おうりょうする。예공금을 들어먹고 도망갔다. 公金こうきんを横領して逃にげた。

들어-박히다[자] ❶【꽉 차서】ぎっしり詰つまる｜立たて込こむ。예옥수수 알맹이가 빈틈없이 빽빽이 들어박혀 있다. トウモロコシの実みがすきま無なくぎっしり詰つまっている。❷【틀어박혀서】閉とじこもる｜立たてこもる。예여동생은 방에 들어박혀 나오지 않는다. 妹いもうとは部屋へやに閉じこもって出でてこない。❸【깊이 박혀】深ふかく入いり込こむ｜食くい込こむ｜落おち込こむ｜めり込こむ。예타이어에 깊이 들어박힌 못을 빼다. タイヤに突つき刺ささった釘くぎを抜ぬく。/ 개천에 들어박힌 자동차를 끌어내다. 小川おがわに落おち込んだ車くるまを引ひっ張ぱり出だす。/ 손가락에

가시가 ~. 指にとげが突き刺さる。

들어-붓다[자][타] ❶【비가】(雨が)激しく降る。❷【쏟아 붓다】注ぐ｜注ぎ込む。[예] 양동이에 물을 ~. バケツに水を注ぎ込む。❸【폭음하다】(酒を)がぶ飲みする。[예] 술을 ~. お酒をがぶのみする。

들어-서다[자] ❶【안으로】入る｜入り込む｜立ち入る。[예] 집 안으로 ~. 家の中に入る。/ 방 안으로 ~. 部屋に入る。❷【건물이】入る｜立つ｜詰まる。[예] 집이 빽빽이 들어서 있다. 家が建て込んでいる。❸【어떤 상태나 시기에】(状態・時期に)入る｜なる。[예] 노년기에 ~. 老年期に入る。❹【정부·왕조 등이】(ある系統を)継ぐ｜就く｜なる｜入る。[예] 새로운 왕조가 ~. 新しい王朝が開かれる。/ 새 정부가 들어섰다. 新政府ができた。

들어-앉다[자] ❶【안쪽이나 앞쪽으로】入って座る｜寄って座る｜詰めて座る｜寄る。[예] 좀 더 안쪽으로 들어앉아라. もう少し詰めて座りなさい。❷【어떤 신분으로】就く｜座る。[예] 정실의 자리에 ~. 正妻の座につく。❸【어떤 곳에 자리 잡다】(一定の所に)ある｜位置する。[예] 산속에 들어앉은 마을 山奥にある村。❹【집에만 들어 박혀 지내다】閉じこもる｜引きこもる。[예] 집 안에 ~. 家の中に閉じこもる。

들어-오다[자] ❶【안으로】(中に)入る｜入って来る。[예] 창문으로 ~. 窓から入る。/ 재빨리 ~. 素早く入る。/ 웃으며 ~. 笑いながら入る。↔ 나가다❶ ❷【학교·회사·모임 등에】(学校・会社・会合などに)入る｜入って来る｜加わる。[예] 새로 들어온 신입사원입니다. 新しく入って来た新入社員です。❸【설비·기계 등이】(装備・機械などが)入る｜入って来る｜設置される。[예] 내년에는 최신 기계가 들어올 것이다. 来年は最新の機械が入って来るはずだ。❹【말이나 글의 내용이 머리에】(頭に)入る｜分かる｜残る。[예] 글을 읽어도 내용이 머리에 들어오지 않는다. 文章を読んでも、内容が頭に入ってこない。

들어-주다[타] 【부탁이나 요구를】聞き入れる｜取り上げる｜受け入れる。[예] 친구의 부탁을 ~. 友達の頼みを聞き入れる。

들어-차다[자] ぎっしり詰まる｜いっぱいになる｜立て込む。[예] 강당에 사람들이 꽉 들어차서 더 들어갈 수 없다. ホールに人々がぎっしり詰まっていて、もう入れない。/ 그곳은 이제 아파트가 들어차 있다. そこは今アパートが立てこんでいる。

들-엉기다[자] (くっついて)凝り固まる。

들-엎드리다[자] 【안에만 머물다】閉じこもる｜引きこもる。[예] 집에 들엎드려 책만 읽는다. 家に閉じこもって本ばかり読んでいる。

들여-가다[타] ❶【안으로 갖고 들어가다】(内に)持っていく｜持ち込む｜運び入れる。[예] 상을 방으로 ~. お膳を部屋に運び入れる。❷【사 가 져가다】買い入れる。[예] 선풍기를 한 대 ~. 扇風機を一台買い入れる。

들여-놓다[타] ❶【밖에서 안으로】(外から中に)入れる｜持ち込む｜入れて置く｜取りこむ。[예] 비가 와서 빨래를 들여놓았다. 雨が降ってきたので洗濯物を取りこんだ。❷【사서 가져오다】買い入れる｜仕入れる｜買い置きする。[예] 에어컨을 ~. クーラーを買い入れる。/ 원료를 ~. 原料を仕入れる。/ 라면을 ~. ラーメンを買い置きする。❸【어떤 일에 관계하거나 진출하다】(足を)踏み入れる｜進出する。[예] 교직에 발을 들여놓은 지 10년 教職に足を踏み入れて十年 / 예능계로 발을 ~. 芸能界に足を踏み入れる。

들여다-보다[타] ❶【밖에서 안을】(外から内側を)のぞく｜のぞき見る｜のぞき込む｜うかがう。[예] 창문으로 ~. 窓から覗き込む。/ 열쇠 구멍으로 ~. 鍵の穴から覗き込む。/ 문틈으로 ~. ドアのすきまから覗き込む。/ 현미경을 ~. 顕微鏡を覗き込む。❷【자세히 살펴보다】見つめる｜見入る｜見る。[예] 얼굴을 빤히 ~. 顔をじろじろと見つめる。❸【어디에 들러서 보다】立ち寄る。[예] 출근하는 길에 잠깐 ~. 会社に行く途中にちょっと立ち寄る。

들여다보-이다[자] 透けて見える｜見え透く。[예] 속살이 들여다보일 정도로 얇은 옷 肌が透けて見えるくらい薄い服。

들여-보내다[타] ❶【안으로 들어가게 하다】入れる｜入らせる。[예] 취학 나이가 되어서 학교에 들여보냈다. 就学年齢になったので学校に入れた。❷【파견하다】送り込む。❸【들어가 살게 하다】入れる。[예] 형님 집에 양자로 ~. 兄の家に養子に入れる。

들여앉-히다[타] ❶【안으로】(内へ入れて)近寄って座らせる｜席に着かせる。[예] 아버지는 어머니를 옆자리에 들여앉혔다. 父は母を隣の席に近寄って座らせ

た. ❷【지위】 (地位などに)就かせる｜据える. 例신입 사원이지만 과장 자리에 들여앉혔다. 新入社員だが、課長の席に就かせた. / 회장으로 ~. 会長に据える. ❸【어떤】 (一定の場所に)建たせる. 例병원 옆에 약국을 들여앉히면 편리하겠다. 病院の横に薬局を建たせたら便利だ. ❹【밖에서·활동을】 (外での活動を止めさせて)閉じ込める｜落ち着かせる. 例노름을 끊게 하려고 집에 들여앉혔다. 博打を止めさせるため、家に閉じ込めた. / 아내를 집에 ~. 妻を家に引き戻す.

들여-오다 持ち込む｜持ってくる｜運び入れる｜取り入れる｜取り寄せる. 例거실의 책상을 방 안으로 ~. 居間の机を部屋の中へ運び入れる. / 외국의 문물을 ~. 外国の文物を取り入れる.

들은-귀【명】 聞き覚え. 例그 이야기라면 나도 ~가 있다. その話なら私も聞いたことがある.

들은-풍월(—風月)【명】【남에게 얻어들어 변변치 않은 지식】 耳学問｜聞き覚え.

들이¹ むやみに｜やたらに. 例버스에 먼저 타려고 ~ 뛰다. バスに先に乗ろうと、やたらに走りかかる. =들입다

-들이²【접미일정한 용량을 받아들임】 —入り｜—詰め. 例2리터들이 주전자 二リットル入りやかん / 1파운드들이 상자 一ポンド詰めの箱.

들이-굽다 内側に曲がる.

들이-긋다 ❶線を内側に引く. 例약간 안쪽으로 선을 들이그어 주세요. もう少し内側に線を引いてください. ❷線を続けて引く｜何度も線を引く. 例몇 번이나 선을 들이그으면 알아보기 어렵다. 何度も線を引いたら見難い.

들이-끌다【타】 引き寄せる｜内側に引っ張る｜引き入れる.

들이끼-우다 ❶【꽂다】 差し込む｜嵌め込む. ❷【마구】 やたらに差し込む｜むやみに嵌め込む.

들이끼-이다【자】 ❶差し込まれる｜嵌め込まれる. ❷【마구】 やたらに差し込まれる｜むやみに嵌め込まれる.

들이다【타】 ❶【안에】 (中に)入れる｜入らせる｜入るようにする. 例친구를 방에 ~. 友達を部屋に入れる. ❷【힘을】 (力・費用・努力などを)入れる｜費やす｜かける. 例개장 공사에 많은 돈을 들였다. 改装工事に多額を費やした. ❸【물】 染める. 例머리카락 물을 빨갛게 ~. 髪の毛を赤く染めた. ❹【소속이나 집단에】 (仲間などに)入れる｜参加させる. 例친구를 농구팀에 ~. 友達をバスケットボールのチームに入れる. ❺【버릇】 (身に)つける. 例일찍 자고 일찍 일어나는 습관을 ~. 早寝早起きの習慣を身につける.

들이-닥치다 ❶【밀려】 押し寄せる｜訪れる. 例갑자기 친구들이 들이닥쳐서 나갈 수가 없었다. 不意に友だちが訪れて出かけられなかった. ❷【일이】 差し迫る｜押し迫る. 例시험이 목전에 ~. 試験が目前に差し迫る.

들이-대다 ❶【바싹】 突きつける. 例배에 칼을 ~. 腹部にナイフを突きつける. / 무리한 조건을 ~. 無理な条件を突きつける. ❷【물을】 (水を)引き入れる. 例논에 물을 ~. 田んぼに水を引き入れる. ❸【금품을】 (金品を)出してあげる. 例학비를 ~. 学費を出してやる.

들이-덤비다【자】 やたらに飛びかかる｜やたらに食ってかかる｜むやみに突っかかる. 例너무 화가 나서 상사에게 ~. あまり腹が立ったので上司に食ってかかる. / 개가 갑자기 ~. 犬がいきなり突っかかる.

들이-뛰다 ❶【안으로】 駆け込む. 例급하게 집으로 ~. 急いで家に駆け込む. ❷【빨리】 急いで駆けて行く｜速く走る. 例들이뛰어 들어오다. 駆けて入ってくる. / 늦어서 학교까지 ~. 遅れて学校まで駆けて行く.

들이-마시다【타】 ❶【물을】 (水などを)飲み込む. 例맥주를 벌컥벌컥 ~. ビールをごくごく飲み干す. ❷【공기를】 (空気などを)吸い込む｜吸う. 例찬 공기를 ~. 冷たい空気を吸い込む.

들이-맞추다【타】 ぴったり合わせる｜嵌め込む｜差し込む.

들이-몰다 ❶【안으로】 (内側に)追い立てる｜追い込む. 例양 떼를 울 안으로 ~. 羊の群れを囲いの中に追い込む. ❷【빨리】 追い立てる｜駆り立てる｜激しく走らせる.

들이-몰리다【자】 ❶寄り集まる｜たかる. ❷【쪽으로】 追い込まれる｜

押し込められる。

들이-밀다[타] ❶【안쪽으로】(内側へ)押す ¦ 入れる ¦ 押し入れる ¦ 押し込む ¦ つっこむ。[예] 엉덩이를 ~. おしりを押し込む。/ 머리를 ~. 頭をつっこむ。❷【마구 밀다】みだりに押し込む ¦ 強く押す。[준] 디밀다

들이밀-리다[자] ❶【안쪽으로】押し入れられる ¦ 押される。❷【마구】押しかける。

들이-박다[타] ❶【속으로】奥深く打ち込む。[예] 구덩이에 나무뿌리를 ~. くぼみに木の根を打ち込む。❷【마구】やたらに打ち込む ¦ しきりに強く打ち込む。

들이-받다[타] ❶(頭・角で)突く。❷ぶつける ¦ 衝突する ¦ 突き当たる。[예] 벽에 머리를 ~. 壁に頭をぶつける。/ 기둥에 몸을 ~. 柱に体をぶつける。/ 차가 가로수를 ~. 車が街路樹に衝突する。

들이-부수다[타] ぶち壊す ¦ 叩き壊す。

들이-불다[자] ❶【안으로 불다】吹き込む。❷【세차게 불다】吹き荒れる ¦ 激しく吹く ¦ 吹きまくる。

들이-붓다[타] ❶【안으로】注ぎ込む。[준] 들붓다 ❷【마구】勢いよく注ぐ。

들이-비치다[자] ❶【안으로 비치다】差し込む ¦ 照らす。[예] 햇살이 들이비치니 커튼을 쳐라. 日光が差し込むからカーテンを引きなさい。❷【세게 비치다】強く照らす。

들이-빨다[타] 吸い込む ¦ 強く吸う。

들이-빼다[자] さっと逃げる。

들이-세우다[타] ❶【안으로 들여서 세우다】内側に入れ立てる。[예] 입간판을 가게 안으로 ~. 立て看板を店の中に入れ立てる。❷【어떤 일을 하게 하다】就かせる。[예] 선배를 사장으로 ~. 先輩を社長につかせる。

들이-쉬다[타] (息を)吸い込む。[예] 숨을 깊이 ~. 息を深く吸い込む。

들이-쌓다[타] ❶【안쪽으로 들여서 쌓다】中にいれて積む。❷【한곳에 많이 쌓다】(一か所に)たくさん積む。

들이-쑤시다[자][타] ❶【남을 가만 있지 못하게】しきりにつつく ¦ そそのかす。[예] 영화관에 가고 싶다고 친구를 ~. 映画館に行きたいと友達をそそのかす。❷【무엇을 찾으려고 샅샅이 헤집다】引っ掻き回す。❸【콕콕 찌르듯이 아프다】ずきずき痛む ¦ うずく。[예] 머리가 ~. 頭がずきずき痛む。[준] 들쑤시다

들이-지르다[타] ❶(飛びかかりながら)強く突く ¦ ぶん殴る ¦ 蹴る。[예] 옆구리를 ~. わき腹を蹴る。❷【흉하게 많이 먹다】手当たり次第に平らげる。❸【소리를】大声でどなる。

들이-찌르다[타] ❶【안쪽으로】(内側に向かって)突く。[예] 칼로 배를 ~. 刃物で腹を突く。❷【세차게 마구】強く突く。

들이-치다[1] [자]【비바람 등이 안쪽으로】吹き込む ¦ 激しく降り込む。[예] 바람이 ~. 風が激しく降り込む。

들이-치다[2] [타]【마구 치다. 세차게 공격하다】攻め入る ¦ ぶん殴る ¦ 蹴る。[예] 턱을 ~. 顎をぶん殴る。/ 어깨를 ~. 肩を強く打つ。/ 적진을 들이칠 계획이다. 敵地を攻め入るつもりだ。

들이-켜다[타] 飲み干す ¦ あおる。[예] 맥주를 전부 ~. ビールを全部飲み干す。

들이-퍼붓다[자][타] ❶【비나 눈이】激しく降る ¦ 降りしきる。❷【욕을】(悪口などを)浴びせる。

들-일[명] 野良仕事 ¦ 畑仕事。

들입다[부] むやみに ¦ やたらに。[예] 싸다고 옷을 ~ 사다. 安いと、服をやたらに買う。=들이 [준] 딥다

들-장미(—薔薇)[명] ☞찔레나무

들-쥐[명] 野鼠。

들-짐승[명] 野獣 ¦ 野生動物。

들쩍지근-하다[형] やや甘い ¦ 少し甘みがある。

들쭉-나무[명] 《식》黒豆の木。

들쭉-날쭉[부] でこぼこ ¦ ぎざぎざ。=들쑥날쑥

들쭉날쭉-하다[형] でこぼこする ¦ ぎざぎざになっている。=들쑥날쑥하다

들-창(—窓)[명] ❶《건》明かり窓 ¦ 明り取り。[예] ~으로 들어오는 바람 明り窓から入ってくる風。❷【들어서 여는 창】揚げ窓。

들창-코(—窓—)[명] 獅子鼻。

들척지근-하다[형] やや甘い。[준] 들치근하다

들추다[타] ❶【속이 보이게】持ち上げる。[예] 돌을 들추어 게를 잡았다. 石を持ち上げて蟹を捕まえた。❷【자꾸 뒤지다】掻き回す ¦ 探る ¦ 捜す。[예] 아들을 잃어버려 온 마을을 들추며 찾으러 다녔다. 息子が迷子になり、町中を引っ掻き回して探した。❸【비밀・지난 일 등을】暴く ¦ さらけ出す。[예] 남편의 과거를 ~. 夫の過去を暴く。

들추어-내다[타] ❶【속에 있는 것을】探し出す ¦ 探り出す。❷【잘못・지난 일 등을】暴き出す ¦ さらけ出す ¦ すっぱ抜く。[예] 남의 과거를 ~.

人の過去のことを暴き出す。/ 출생의 비밀을 ~. 出生の秘密をすっぱ抜く。

들치근-하다[형] ☞'들척지근하다'의 준말.

들-치기[명] こそ泥 | 万引き | ひったくり | 掻っ払い。예 전철에서 이번 달 월급이 들어 있는 지갑을 ~를 당했다. 電車の中で今月の給料が入っていた財布を万引きされた。/ ~에게 핸드백을 도둑맞았다. ひったくりにハンドバッグを盗すまれた。

들치기-하다[타] 掻っ払う | 万引きする | 引ったくる。

들큼-하다[형] やや甘い | 少しし甘みがある。

들키다[자] 見つかる | 発覚する | ばれる。예 수업 시간에 만화책을 읽다가 선생님에게 들켰다. 授業時間に漫画本を読んでいるところを先生に見つかった。/ 들키지 않게 조용히 문을 열다. 見つからないように静かにドアを開ける。

들통[명] 隠していたことがばれる形勢。예 ~ 나다. ばれる ; 見つかる。/ 비밀 계좌가 ~ 나다. 秘密口座がばれる。/ 금방 ~ 날 일이다. すぐばれることである。

들-통²(一桶)[명] 取っ手のついた手桶。

들-판[명] 野原 | 広い平野。

듬뿍[부] たっぷり | どっさり | なみなみ | いっぱい | 十分に。예 식빵에 딸기 잼을 ~ 바르다. 食パンにいちごジャムをたっぷり塗る。/ 붓에 물감을 ~ 묻히다. 筆に絵の具をたっぷりつける。/ 생일에 선물을 ~ 받았다. 誕生日にプレゼントをどっさりもらった。

듬뿍-하다[형] たっぷりだ | なみなみだ | 山盛りだ | いっぱいだ。

듬뿍-듬뿍[부] たっぷり | どっさり | なみなみ | いっぱい | 山盛りに。

듬성-듬성[부] まばらに | ぽつりぽつり | ちらほら。예 하얀 털이 ~ 나 있다. 白い毛がまばらに生えている。

듬쑥[부] しっかり | ひしと | ぎゅっと。예 ~ 끌어안다. ひしと抱きかかえる。

듬직-하다[형] ❶ (人柄に)信頼性がある。예 내 이상형은 듬직한 사람이다. 私の理想のタイプは信頼性があって重みのある人だ。/ 사장님에게 듬직해 보인다는 소리를 들었다. 私は社長に、重みがあるように見えると言われた。❷ 結構年をとっている。예 나이가 제법 듬직해 보인다. 結構年をとっているように見える。❸ 重々しくどっしりしている | ずっしりする。예 아버지는 듬직한 체격이다. 父は大きくてしっかりした体つきだ。

듬직-이[부] ❶ 人柄に信頼性があって重みがあるさま。❷ 結構 | かなり。❸ ずっしりと。예 그 거목은 여전히 ~ 서 있다. その大木は今でもずっしりと立っている。

듯¹[의] ❶ [현재형] ―のように | ―そうに。예 손에 닿을 ~이 가깝다. 手に触れるように近い。/ 맛이 있는 ~ 보이다. おいしそうに見える。❷ [현재형] ―ようでもあり―ないようでもある | ―そうでもあり―なさそうでもある。예 들릴 ~ 말 ~ 작은 목소리로 말하다. 聞こえるか聞こえないくらいの小さい声で言う。

듯-하다[보형] ―らしい | ―ようだ | ―そうだ。예 두 사람은 사이가 좋은 ~. 二人は仲が良さそうだ。/ 저 분이 선생님인 ~. あの方が先生らしい。/ 외국에 온 ~. 外国にいるようだ。= 듯싶다

-듯[어미] [현재형] ―ように。예 땀을 비오듯 흘리다. 雨のように汗をかく。/ 사람의 생김새가 다르듯 생각도 다르다. 人の顔立ちが違うように、考えも違う。

듯-싶다[보형] ―らしい | ―ようだ | ―そうだ。예 눈이 올 ~. 雪が降りそうだ。/ 그가 동생인 ~. 彼が弟らしい。= 듯하다

듯이¹[의] [현재형] ―のように | ―そうに。예 죽은 ~ 누워 있다. 死にそうに横になっている。/ 보지 않은 ~ 행동하다. 見なかったようにふるまう。중 듯❶

-듯이²[어미] ―ように。예 춤추듯이 걷다. 踊るように歩く。/ 천둥이 치듯이 건물이 무너지는 큰 소리가 들리다. 雷がなるように、ビルが崩れる大きい音が聞こえる。중 -듯²

등¹[명] [신체어] ❶ 背 | 背中 | 後ろ。❷ [사물] 背 | 後ろ。예 의자의 ~ 椅子の背/ 거북의 ~ 亀の甲。= 잔등이

등(을) 대다[관용] [기댈 데, 정담할 데로 삼다] 頼る | 当てにする。

등(을) 돌리다[관용] 背を向ける。예 국민

에게 등을 돌린 정부 国民ぎみに背を向けた政府ぶ.

등이 달다관용 【気きが気でない】やきもきする｜焦ある.

등²(等) Ⅰ 명 等とう｜等級きゅう. =등급
Ⅱ 의 一等とう. 예 1등 一等とう/ 2등 二等にとう.

등³(等)의 준 一等とう｜など.

등⁴(燈) 명 灯とう｜灯火とうか｜ランプ｜明あかり｜ともしび. 예 ~을 밝히다. 明あかりをつける.

등⁵(藤) 《식》藤ふじ.

등가(等價) 명 等価とうか.

등가물(等價物) 명 等価物とうかぶつ.

등-가죽 명 背中せなかの皮かわ.

등-갓(燈—) 명 笠かさ.

등-거리(等距離) 명 等距離とうきょり.

등걸 명 切株きりかぶ.

등걸-불 명 ❶ 切株きりかぶを燃もやす火ひ. ❷ 燃もえさし｜燃もえ残のこり.

등걸-잠 명 ごろ寝ね. 예 술에 취해 ~이 들었다. 酒さけに酔よってごろ寝ねした.

등-겨 명 籾殻もみがら｜籾糠もみぬか.

등고-선(等高線) 명 等高線とうこうせん. 예 지도에 ~을 그려 넣다. 地図ちずに等高線とうこうせんを描えがいて入いれる.

등-골¹ 명 背筋せすじ.
등골(이) 서늘하다관용 背筋せすじがひやりとする. 예 그의 말을 듣는 순간 등골이 서늘해져 왔다. 彼かれの言葉ことばを聞きいた瞬間しゅんかん, 背筋せすじがぞっとしてきた.
등골(이) 오싹하다관용 背筋せすじが寒さむくなる.

등-골² 명 《의》❶ 背骨せぼね. =등골뼈 ❷ 脊髓せきずい. =척수
등골(을) 빨아먹다[빼먹다]관용 人ひとの財物ざいぶつを搾しぼり取とる.
등골(이) 빠지다관용 耐たえがたいほどに苦労くろうする｜骨身ほねみを削けずる.

등골-뼈 명 《의》背骨せぼね｜脊椎骨せきついこつ｜脊柱ちゅう. =등골❶·척추뼈

등교(登校) 명 登校とうこう. 예 ~ 거부 登校とうこう拒否きょひ.
등교-하다자 登校とうこうする.

등귀(騰貴) 명 騰貴とうき. ↔하락(下落)
등귀-하다자 騰貴とうきする.

등급(等級) 명 等級とうきゅう. =등(等)Ⅰ

등기(登記) 명 《법》❶ 登記とうき. 예 부동산 ~ 不動産ふどうさん登記とうき/ 법인 ~ 法人ほうじん登記とうき/ ~ 권리자 登記權利者けんりしゃ/ 말소 ~ 抹消まっしょう登記とうき. ❷ ☞등기 우편
등기-하다타 登記とうきする.

등기-부(登記簿) 명 《법》登記簿とうきぼ.

등기-소(登記所) 명 登記所とうきしょ.

등기 우편(登記郵便) 《법》書留郵便かきとめゆうびん｜書留かきとめ. =등기❷

등-꽃(藤—) 명 藤ふじの花はな.

등-나무(藤—) 명 《식》藤ふじ. 예 지팡이 フジの杖つえ/ ~ 덩굴 フジの蔓つる/ ~를 심어서 그늘을 만들었다. フジを植うえて日陰ひかげを作つくった.

등-널 명 (椅子いすの)背せ｜背せもたれ.

등단(登壇) 명 ❶ 登壇とうだん. ❷ (文壇ぶんだんなどに)新人しんじんが初はじめて登場とうじょうすること｜デビュー.
등단-하다자 ❶ 登壇とうだんする. ❷ デビューする.

등대(燈臺) 명 灯台とうだい.

등대-지기(燈臺—) 명 灯台守とうだいもり. 예 ~로 20년을 혼자서 살아 왔다. 灯台守とうだいもりとして20年ねんを一人ひとりで生いきてきた.

등댓-불(燈臺—) 명 灯台とうだいの灯ひ. 예 배는 ~을 향해 돌아온다. 船ふねは灯台とうだいの灯ひを目指めざして帰かえってくる.

등-덜미 명 背せの上部じょうぶ.

등등(等等)의 等々とうとう｜などなど｜など. 예 프랑스, 스위스, 스페인, 영국 ~의 유럽 각국 フランス, スイス, スペイン, イギリスなどのヨーロッパ各国かっこく.

등등-하다(騰騰—) 형 いきり立たっている｜すごいけんまくだ. 예 살기가 ~. 殺気さっきがみなぎる./ 노기가 ~. いきり立たっている.

등-딱지 명 甲羅こうら｜甲こう.

등-때기 명 背せ｜背中せなか.

등락(騰落) 명 騰落とうらく. 예 주가의 ~ 株価かぶかの騰落とうらく.
등락-하다자 (値段ねだんなどが)上あがり下さがりする.

등록(登錄) 명 登録とうろく.
등록-하다타 登録とうろくする.

등록-금(登錄金) 명 (大学だいがくの)授業料じゅぎょうりょう.

등록 상표(登錄商標) 《법》登錄商標とうろくしょうひょう.

등-마루 명 ❶ 背筋せすじ. ❷ 山やまの背せ. 예 ~에 앉아 마을을 내려다보다. 山やまの背せに座すわって村むらを見下みおろす.

등반(登攀) 명 登攀とうはん.
등반-하다자 登攀とうはんする｜よじ登のぼる. 예 암벽을 ~. 岩壁がんぺきをよじ登のぼる.

등-받이 背もたれ。
등변(等邊)명 《수》等辺。
등변 삼각형(等邊三角形) 《수》等辺三角形。
등본(謄本)명 《법》謄本。예호적 ~ 戸籍の謄本。
등분(等分)명 等分。
　등분-하다타 等分する。예두 개로 ~. 二つに等分する。
등-불(燈-)명 灯火。｜明かり。예~을 켜다. 明かりをつける。/ ~을 끄다. 明かりを消す。
등-뼈명 ☞'척추뼈'의 전 용어.
등사(謄寫)명 謄写。
　등사-하다타 謄写する。
등사-기(謄寫機)명 ☞등사판
등사 원지(謄寫原紙) 《출》謄写版の原紙。
등사-판(謄寫版)명 《출》謄写版の。=등사기
등산(登山)명 登山。｜山登り。예~ 장비 登山装備。
　등산-하다자 登山する。｜山登りする。
등산-모(登山帽)명 登山帽子。
등산-로(登山路)명 登山路。
등산-화(登山靴)명 登山靴。
등-살명 背筋。｜背の筋肉。
등성이명 ❶背筋。❷尾根。
등속(等速)명 等速。
등속(等屬)의 など。｜類。
등솔명 ☞등솔기
등-솔기명 背縫いの縫い目。=등솔
등수(等數)명 順位。
등식(等式)명 等式。
등신(等神)명 愚かな人。｜ばか。｜まぬけ。
등심[1]명 ヒレ。｜ロース。
등심[2]**(燈心)**명 灯心。
등쌀명 うるさくせがむこと。｜うるさくつきまとうこと。예아이들 ~에 쉴 틈이 없다. 子供たちがうるさくて休む暇がない。/ 빚쟁이 ~에 견딜 수가 없다. 債鬼に責められてこらえられない。
　등쌀(을) 대다관용 うるさくねだる。｜しつこくせがむ。
등에명 《동》❶虻。❷牛虻。예황소가 ~를 쫓기 위해 꼬리를 내젓는다. 大きな牡牛がアブを追い払うために尻尾を振り回す。

등온(等溫)명 《물》等温。
등온-선(等溫線)명 等温線。
등외(等外)명 等外。
등용(登用·登庸)명 登用。
　등용-하다타 登用する。예인재를 ~. 人材を登用する。
등-용문(登龍門)명 登竜門。
등유(燈油)명 灯油。｜ケロシン。
등자[1]**(橙子)**명 橙の実。
등자[2]**(鐙子)**명 鐙。
등자-나무(橙子-)명 《식》橙。
등잔(燈盞)명 油皿。｜油环。
등잔-불(燈盞-)명 灯火。｜ともしび。
등장(登場)명 登場。
　등장-하다자 登場する。예혁신적인 제품이 ~. 革新的な製品が登場する。
등장-인물(登場人物)명 登場人物。예~이 모두 네 명이다. 登場人物は全部で4名だ。
등재(登載)명 登載。｜掲載。
　등재-하다타 登載する｜掲載する。예학술 잡지에 등재된 내용 学術雑誌に掲載された内容。
등정(登頂)명 登頂。
　등정-하다자 登頂する。
등-줄기명 背筋。
등지(等地)의 ―などの地。예한국, 일본, 중국 ~에서 생산되는 차 韓国、日本、中国などで生産されるお茶。
등-지느러미 《동》背びれ。
등-지다자타 ❶仲たがいする。예친구와 ~. 親友と仲たがいする。❷背後に置く。예벽을 등지고 서다. 壁に背中をもたれて立つ。/ 우리 집은 바다를 등지고 서 있다. わが家は海を背後に建っている。❸背を向ける｜離れる｜捨てる｜後にする。예고향을 등지고 도시로 나가다. 故郷を後にして都会へ出て行く。
등-짐명 背負った荷。
등짐-장수명 品物を背負って行商をする人｜担ぎ屋。
등차(等差)명 等差。
등차-급수(等差級數)명 《수》等差級数。
등차-수열(等差數列)명 《수》等差数列。
등-창(-瘡)명 《한》背中の腫れ物。

등촉(燈燭)몡【등쵹】灯燭とう。
등-치다탄【등치고 간 빼먹다】たかる｜ゆする｜ゆすりとる。
등판(登板)몡〈운〉【등판】登板とう。
  등판-하다자 登板とうする。
등피(燈皮)몡 火屋ほや。
등하불명(燈下不明)몡 灯台とうもと暗くらし。
등한-시(等閑視)몡 等閑視とうかんし。
  등한시-하다탄 等閑視とうかんしする｜ないがしろにする｜なおざりにする。예 그 동안 등한시되어 온 문제 その間まそのあいだ等閑視されてきた問題もんだい/ 공부를 ~. 勉強べんきょうをないがしろにする。
등한-하다(等閑—)형 なおざりだ｜おろそかだ｜等閑とうかんにする。예 환경 문제에 ~. 環境問題かんきょうもんだいを等閑にする。
  등한-히분 なおざりに｜おろそかに。예 아이 키우는 일을 ~ 할 수는 없다. 育児いくじをおろそかにはできない。
등-허리 몡 ❶【등허리】背せと腰こし。❷【등허리】背せの腰こしの部分ぶぶん。
등호(等號)몡〈수〉等号とうごう｜イコール。
등화(燈火)몡 灯火とうか｜明あかり｜ともしび。
등화-관제(燈火管制)몡〈군〉灯火とうか管制かんせい。
등-황색(橙黃色)몡 橙黄色とうこうしょく。
디¹(D·d)몡〈언〉【디】ディー｜デー。
-디²어미【중첩 강조형】예 젊디젊은 것 若々わかわかしい人ひと/ 굵디굵은 감자 非常ひじょうに太ふといじゃがいも。
-디³어미【과거 경험형】—たか｜—していたか。예 몇 명이나 모였디? 何人なんにんぐらい集あつまったか。/ 책 다 읽었디? 本ほんを読よみきったか。
디글디글-하다형 いくつかが目立めだって、やや大おおきい。
디-데이(D-Day)몡 ディーデー。
디디다탄 ❶【(足で)踏む】(足あしで)踏ふむ。예 선 위를 디디며 걷다. 線せんの上うえを踏ふんで歩あるく。/ 누룩을 천으로 감싸고 발로 ~. 麹こうじを布ぬのに包つつんで足あしで踏ふむ。❷【곤란한 상황을 이기다】(苦くるしい状況じょうきょうなどに)打うち勝かつ。예 곤란을 디디고 지금까지 살아왔다. 困難こんなんに打ち勝って今いままで生いきてきた。/ 좌절을 ~. 挫折ざせつを乗のり越こえる。준 딛다
디디티(DDT)몡〈약〉【디디티】ディーディーティー。
디딜-방아몡 踏ふみ臼うす｜唐臼からうす。
디딤-돌몡 沓脱くつぬぎ石いし｜踏ふみ石いし｜飛とび石いし。예 ~을 딛고 올라라. 踏み石から上あがってきなさい。
디딤-판(—板)몡 踏ふみ板いた。
디룽-거리다자 軽かるく揺ゆれる｜ゆらゆらする｜ぶらぶらする。=디룽대다
디룽-대다자 ☞디룽거리다
디룽-디룽분 ゆらゆら｜ぶらぶら。
디-밀다탄【밀어넣다】押おす｜押し込こむ｜突つっ込こむ。예 창문 안으로 얼굴을 ~. 窓まどの中なかに顔かおを突っ込む。/ 좁은 실내로 사람들을 ~. 狭せまい室内しつないに人々ひとびとを押し込む。
디바이더(divider)몡 ディバイダー。
디스켓(diskette)몡〈컴〉ディスケット｜フロッピーディスク。
디스코(disco)몡 ディスコ。
디스코텍(discotheque)몡 ディスコテック。
디스크(disk)몡 ❶ ディスク｜音盤おんばん。=음반 ❷〈의〉椎間板ついかんばんヘルニア。❸〈컴〉ディスク。
디스토마(distoma)몡〈동〉ジストマ。
디아스타제(Diastase 독)몡 ☞아밀라제
디자이너(designer)몡 デザイナー。
디자인(design)몡 デザイン。
디저트(dessert)몡 デザート。
디젤 기관(Diesel機關)〈기〉ディーゼル機関きかん｜ディーゼルエンジン。=디젤 엔진
디젤 엔진(Diesel engine) ☞디젤 기관
디즈니랜드(Disneyland)몡 ディズニーランド。
디지털(digital)몡〈컴〉デジタル。예 ~ 텔레비전 デジタルテレビ/ ~ 신호 デジタル信号しんごう/ ~ 음악 デジタル音楽おんがく/ ~ 가전 デジタル家電かでん/ ~ 서명 デジタル署名しょめい/ ~카메라 デジタルカメラ。
디지털 회선(digital回線)〈통〉デジタル回線かいせん。
디폴트(default)몡〈컴〉デフォルト。
디프테리아(diphtheria)몡〈의〉ジフテリア。
디플레이션(deflation)몡〈경〉デフレーション。=통화 수축
딛다탄【디디다】踏ふむ｜踏み付つける。
딜러(dealer)몡 ディーラー。
딜레마(dilemma)몡 ジレンマ。예 ~에 빠지다. ジレンマに陥おちいる。
딥다분【들입다】やたらに｜むやみに。예 ~ 고생만 하다. むやみに苦労くろうばかりする。/ ~ 크다. とても大おおきい。
딩딩-하다형 ❶【살이 벅차고 팽팽하다】ふっくらとして

いる。ぱんぱんに張っている。예 막대기로 맞아서 엉덩이가 ~. 棒で叩かれたお尻がふっくらと腫れている。❷【탄탄】がっちりして固い。예 딩딩한 팔에 잡히다. がっちりと固い腕につかまる。❸【매우 심함】物凄く怒っている。예 이렇게 딩딩한 적은 오랜만이다. こんなに怒ったのは久しぶりだ。

따갑다[형] ❶【뜨거움】焼けつくようだ。強い。熱い。예 초여름의 햇볕이 ~. 初夏の日差しが強い。❷【통증】痛い。ひりひりく。예 상처 난 곳이 너무 ~. 傷口が痛くてとてもひりつく。❸【충고가 엄격하게】厳しい。手痛い。手厳しい。예 아버지의 따가운 충고를 듣다. 父の手痛い忠告を聞く。

따-개[명] 栓抜き。口抜き。缶切り。

따귀[명] 横っ面。ほっぺた。예 ~를 맞다. 横っ面を張られる。/ ~를 때리다. 横っ面を張り飛ばす。

따끈-따끈[부] ほかほか。あつあつ。

따끈-하다[형] 温かい。熱い。ほかほかする。예 따끈한 야채 수프 温かい野菜スープ / 갓 찐 따끈한 고구마 蒸かし立てのほかほかとしたさつまいも。

　따끈-히[부] 温かく。熱く。ほかほかと。

따끔-거리다[자] ひりひりする。ちくちくする。ぴりぴりする。예 상처가 ~. 傷がひりひりする。＝따끔대다

따끔-대다[자] ☞따끔거리다

따끔-따끔[부] ひりひり。ちくちく。ぴりぴり。

　따끔따끔-하다[자] ひりひりする。예 상처가 따끔따끔하니 아프다. 傷がひりひりと痛い。

따끔-하다 ❶(針で刺すように)ちくっと痛い。ひりひりと痛い。❷厳しい。手痛い。예 그의 따끔한 충고가 나에게는 상처가 되었다. 彼の厳しい忠告が、私には傷となった。/ 따끔하게 혼이 나야 정신을 차리겠지! 痛い目にあわないと、まともになれないのか。

　따끔-히[부] ❶ちくっと。ひりひり。❷厳しく。

따-님[명] お嬢様。お嬢さん。娘さん。令嬢。예 ~은 몇 살입니까? お嬢さんはおいくつですか。

따다[타] ❶【붙어있는 것】(引っ付いているものを)取る。もぎ取る。摘む。예 한창 포도를 따는 시기이다. ブドウを摘む時期は真っ最中だ。❷【글·말 등의 일부분】(文章や言葉などの一部分を)抜き取る。引用にする。예 이 글은 소설의 한 부분을 딴 것이다. この文は小説の一部分を抜き取ったものだ。❸【내기·내】(賭事などで)儲ける。예 슬롯머신으로 돈을 많이 땄다. パチンコでたくさん儲けた。❹【물체의 일부분】(物体の一部分を)取る。外す。예 판자의 모서리를 따 내다. 板の角を取り尽くす。❺【봉한 것】(蓋や封じたものなどを)開ける。切る。예 통조림 뚜껑을 ~. 缶詰の蓋を開ける。❻【이름·명칭】(名前などを)取る。예 내 이름은 할아버지의 이름을 땄다. 私の名前は祖父の名前から取った。❼【점수·자격】(点数·資格を)取る。得る。예 일본어능력시험 1급을 땄다. 日本語能力試験の1級を取った。

따다[타] 居留守をつかう。예 찾아온 손님을 ~. 訪ねてきた客に居留守をつかう。❷【따돌림】のけ者にする。取りのける。예 동생은 따고 우리만 극장에 가다. 弟はのけ者にして、私たちだけ劇場に行く。

따-돌리다 ❶【따돌림】のけ者にする。仲間外れにする。締め出す。❷【물체나 사람을】まく。예 추격자를 감쪽같이 ~. 追っ手をまんまとまく。

따돌림[명] のけ者にすること。예 모두에게 ~ 당하다. みんなからのけ者にされる。

따듯-하다[형] 温かい。暖かい。날씨가 ~. 天気が暖かい。

　따듯-이[부] 温かく。暖かく。예 ~ 데워 주세요. 暖かく暖めてください。

따따부따[부]【따지고 들거나 또는 불평하는 모양】がみがみ。예 ~ 말하다. がみがみと言う。

따뜻-하다[형] ❶【온도】温かい。暖かい。暖かだ。温かだ。예 겨울인데도 ~. 冬なのにも暖かい。/ 실내가 전혀 따뜻하지 않다. 室内が全然温かくない。/ 따뜻하게 하다. 温める。/ 이 방은 참 따뜻한데요. この部屋は本当に暖かいですね。/ 올 겨울은 날씨가 매우 따뜻하군요. 今年の冬はたいへん暖かいね。/ 따뜻할 때 많이 드세요. 温かいうちにたくさん召し上がってください。❷【마음이 훈훈함】温かい。温かだ。예 따뜻하게 맞아주시다. 暖かく迎えてもらう。/ 따뜻한 말 한마디에 마음이 풀리다. 温かな一言で心がほぐれる。

따뜻-이 부 温あたたかく｜暖あたたかく｜温あたたかに｜暖あたたかに.

따라 조 ―に限かぎって. 예 오늘따라 귀찮은 일 생긴다. 今日きょうに限かぎって面倒めんどうなことばかり起おきる. / 그날따라 비가 많이 왔다. その日ひに限かぎって雨あめが激はげしく降ふった.

따라-가다 타 ❶ 【뒤를 따르거나 쫓아감】 付ついていく｜追おっていく. 예 시장에 가는 어머니를 ~. 市場いちばに行いく母ははに付ついていく. ❷ 【가르침・명령에 따름】 従したがう. 너는 스승님의 가르침을 따라가야 한다. あなたは師しの教おしえに従したがわなければならない. ❸ 従したがう. 예 이 길을 곧장 따라가면 역이 나온다. この道みちにまっすぐついて行いけば駅えきに出でる.

따라-다니다 타 付つきまとう｜ついて回まわる｜追おい回まわす｜あとをつける. 예 평생을 따라다니는 아픈 기억 一生いっしょう付つきまとう痛いたい記憶きおく / 여자의 꽁무니만 ~. 女おんなの尻しりを追おい回まわす. / 강아지가 늘 ~. 子犬こいぬがいつも付つきまとう.

따라-붙다 타 追おい付つく. 예 선진국 수준으로 ~. 先進国せんしんこくの水準すいじゅんに追おい付つく.

따라서 부 したがって｜それ故ゆえに｜それで｜だから. 예 주인이 친절하다. ~ 손님도 많다. 主人しゅじんが優やさしい. したがってお客きゃくも多おおい.

따라-서다 타 後うしろから追おいついて並ならぶ. 예 그녀가 나를 따라섰다. 彼女かのじょが私わたしに追おい付ついて並ならんだ.

따라-오다 타 人ひとのあとについてくる｜追おってくる. 예 줄줄 ~. ぞろぞろついてくる. / 뒤를 ~. 後うしろを追おってくる. / 낯선 사람이 내 뒤를 ~. 知しらない人ひとが後うしろについてくる.

따라-잡다 타 追おい付つく. 예 드디어 일등을 따라잡았다. とうとう一等いっとうに追おい付ついた.

따로 부 ❶ 【 따로 】別べつに｜離はなれて. 예 부부가 ~ 살다. 夫婦ふうふが別居べっきょする. / 이것은 ~ 계산해 주세요. これは別べつにお勘定かんじょうしてください. ❷ 【별도】他ほかに｜別途べっとに. 예 진실은 ~ 있다. 真実しんじつは他ほかにある.

따로-나다 자 分家ぶんけする. 예 결혼하면 따로 나서 살기로 했다. 結婚けっこんしたら分家ぶんけして暮くらすことにした.

따로내다 타 分家ぶんけさせる. 예 큰아들의 살림을 ~. 長男ちょうなんを分家ぶんけさせる.

따로-따로 부 別々べつべつに｜別れて｜離はなれて. 예 전시회장은 ~ 가기로 했다. 展示会場てんじかいじょうへはばらばらで行いくことにした.

따르다 자 타 ❶ (後あとに)従したがう｜ついて行いく. 예 어머니를 따라 슈퍼마켓에 갔다. 母ははについてスーパーに行いった. ❷ 【뒤쫓음】 (優すぐれた実力じつりょくに)ついて行いく｜追おい付つく. 예 어느 누구도 어머니의 요리 솜씨를 따를 수 없다. 誰だれも母ははの料理りょうりの腕前うでまえにはついて行いけない. ❸ 【좋아하거나 친근해짐】 懐なつく｜付つき従したがう. 예 사람을 잘 따르는 새 人ひとによく懐なつく鳥とり / 나는 그를 친형처럼 따른다. 私わたしは彼かれに実じつの兄あにのように懐なついている. ❹ 【명령・규율에 복종】 従したがう｜服従ふくじゅうする. 예 회사의 명령에 ~. 会社かいしゃの命令めいれいに従したがう. ❺ 【어떤 길을 따라감】 つく｜沿そう. 예 해안을 따라서 산책하다. 海岸かいがんづたいに散歩さんぽする. ❻ 【사람의 행동을 흉내】 (人ひとの行動こうどうを)真似まねる. 예 나를 따라 하지 마. 私わたしの真似まねをするな. ❼ 【동반함】 伴ともなう. 예 자유에는 책임이 따른다. 自由じゆうには責任せきにんが伴ともなう. ❽ 【어떤 사실에】 (基準きじゅんに)依よる. 예 뉴스에 따르면 내일은 우박이 내린다고 한다. ニュースによると明日あしたは雹ひょうが降ふるそうだ. / 색상에 따라 나누어 세탁하다. 色いろに合あわせて、分わけて洗濯せんたくする.

따르다 타 【물을】 注そそぐ｜注つぐ｜さす. 예 술을 ~. お酒さけを注つぐ.

따르르 부 ❶ 【작은 물건이 바닥 위를 구르는 모양】 ころころ. 예 동전이 ~ 굴러가다. 硬貨こうかがころころと転ころがっていく. ❷ 【물건이 떠는 소리 또는 모양】 ぶるぶる. ❸ 【재봉틀의 전동 따위】 かたかた｜がらがら. 예 한밤중에 ~ 재봉틀 소리 夜中よなかにかたかたとミシンの音おと. ❹ 【전화벨의 소리】 ちりりん. 예 ~ 울리는 전화벨 소리 りんりんと鳴なる電話でんわのベルの音おと.

따르릉 부 【전화벨・자명종의 소리】 ちりりん.
　따르릉-거리다 자 ちりりんとする｜りんりんと鳴なる. =따르릉대다
　따르릉-대다 자 ☞따르릉거리다

따르릉-따르릉 부 りんりん｜ちりんちりん.

따름 의 ―だけ｜―ばかり｜―のみ. 예 그저 최선을 다할 ~이다. ただ最善さいぜんを尽つくすだけだ.

따발-총(―銃) 명 【재봉틀의 기관 단총을 가리키는 말】 ソ連れん製せい機関短銃たんじゅう. =다발총

따분-하다[형] 退屈だ｜味気ない｜単調だ｜つまらない。㉠그의 강의는 따분해서 들을 수가 없다. 彼の講義は退屈で聞いていられない。/ 우리 따분한데 밖에 놀러 나갈까? 退屈だから外に遊びに行くか。

따분-히[부] 退屈に｜味気なく。

따사-롭다[형] やや暖かい｜やや温かい。㉠따사로운 봄볕 暖かい春の日差し／ 어머니의 품처럼 ~. 母の懐のように温かい。

따사로이[부] やや暖かく｜やや温かく。

따사-하다[형] (日差しなどが)ほの暖かい。

따스-하다[형] 暖かい。㉠따스한 색상 暖かな色合い／ 갓 구운 빵이 ~. 焼き立てのパンが温かい。/ 엄마의 마음처럼 ~. 母の心のように温かい。

따습다[형] ほどよく暖かい。

따오기[동] 鴇鷺。

따옥-따옥[부] 鴇の鳴く声。

따옴-표(一標)[명][언] 引用符。=인용부

따위[의] ❶[ ]—など｜—のたぐい｜—のようなもの。㉠사과, 배, 감 ~의 과일 リンゴ、梨、柿などの果物。❷[ ] —みたいなやつ｜—なんか。㉠너 ~가 알 리가 없다. お前なんかはわかるはずがない。

따지다[타] ❶[ ] 問う｜問い詰める。㉠구청에 치안의 소홀함을 따질 생각이다. 区役所に治安の不徹底を問い詰めるつもりだ。❷[ ] (正誤を)明らかにする｜問い詰める｜問いただす。㉠이제 와서 시비를 따져도 소용없다. 今になって白黒を問い詰めても仕方がない。❸[ ] (計算・順位・得失などを)計算する。㉠전년 대비 비용을 따져 보다. 前年対比で費用を計算してみる。/ 나이로 따지면 내가 위이다. 年齢順に計算すると私が上だ。❹[ ] 重要視する。㉠이 회사는 출신 대학을 따지는 경향이 있다. この会社は出身大学を重要視する傾向がある。/ 가문을 ~. 家門を重要視する。

따짝-거리다[타] (爪または刃物などで)少しずつ引っ掻いて傷付ける。=따짝대다

따짝-대다[타] ☞따짝거리다

딱[1] [부] ❶[ ] かちん｜こつん｜ぽかっと｜こん｜ごん。㉠머리가 부딪혀서 ~ 소리가 났다. 頭がぶつかってこつんと音がした。❷[ ] ぽきっと｜ぽきん｜ぽきり。㉠~ 하고 나뭇가지 부러뜨리는 소리 ぽきっと木の枝を折る音。

딱[2] [부] ❶[ ] ぴたっと｜ぷっつり｜ぷつり。㉠눈물이 ~ 그치다. 涙がぴたりと止まる。/ ~ 끊어지다. ぷっつりと切れる。❷[ ] 止める。ぴたっと止まる。❸[ ] きっぱり｜すっぱり。㉠~ 잘라 거절하다. きっぱりと断る。/ 술을 ~ 끊다. すっぱりと酒を断つ。❸[ ] まっぴら。㉠그런 일은 ~ 질색이다. そんなことはまっぴら御免だ。

딱[3] [부] ❶[ ] がっしり｜あんぐり。㉠~ 벌어진 어깨 がっしりとした肩／ 입을 ~ 벌리다. 口をあんぐりとあける。❷[ ] ぴたっと｜きっちり｜かっきり。㉠~ 한 시간이 걸린다. きっちり一時間かかる。/ ~ 한 잔만 마시자. ただいっぱいだけ飲もう。/ 몸에 ~ 맞다. 体にぴたっと合う。❸[ ] ばったり。㉠그와 시선이 ~ 마주쳤다. 彼と視線が正面からぶつかった。❹[ ] しっかりと｜がっしり。㉠군중 앞에 ~ 버티고 서다. 群衆の前にしっかりと立つ。

딱따구리[명][동] 啄木鳥。

딱-딱[부] [ ] かちかち｜こつこつ｜こんこん｜ぽきぽき。㉠~ 구두 소리가 요란하다. こつこつと靴の音がうるさい。/ ~ 노크를 하고 들어왔다. こんこんとノックをして入ってくる。/ 나뭇가지를 ~ 꺾다. 木の枝をぽきぽきと折る。

딱딱-거리다[자] [ ] 息巻く｜厳しく言う。=딱딱대다

딱딱-대다[자] ☞딱딱거리다

딱딱-하다[형] ❶[ ] 固い｜こちこちだ。㉠딱딱하게 굳은 떡 こちこちに固まった餅／ 침대가 너무 ~. ベッドがあんまり固い。❷[ ] 堅い｜硬い｜堅苦しい。㉠딱딱하게 굳은 표정 かたくこわばった表情／ 회사의 분위기가 ~. 会社の雰囲気が堅い。/ 딱딱한 이야기는 그만하자. 堅苦しい話はやめよう。

딱부리[명][ ] どんぐり眼。=눈딱부리

딱-성냥[명] 摩擦マッチ。

딱정-벌레[명]《동》兜虫ほど.
딱지¹[명] ❶〖피부에〗(傷きずにできる)かさぶた｜痂皮かひ. 예억지로 ~를 뜯으면 안 돼. 無理むりにかさぶたを捲まってってはダメ. ❷〖동물학〗(蟹かになどの)甲羅こうら.
딱지²(一紙)[명] ❶〖상표 등에〗(切手きって・証紙しょうし・商標しょうひょうなどの)マーク｜ラベル｜レッテル. 예유명 브랜드의 ~가 붙은 신발을 신고 있다. 有名ゆうめいブランドのマークが付ついた靴くつを履はいている. ❷〖놀이용〗(遊あそびの)面子めんこ. 예친구들과 ~놀이를 했다. 友達ともだちとメンコ遊あそびをした. =놀이딱지 ❸〖교통〗(違反いはんした時ときの)切符きっぷ｜違反切符いはんきっぷ. 예신호 위반으로 ~를 떼였다. 信号違反しんごういはんで切符きっぷを切きられた. ❹〖선입견・편견에〗レッテル｜烙印らくいん. 예만년 과장의 ~를 떼다. 万年課長まんねんかちょうのレッテルを剥はがす.
딱지-치기(一紙一)[명] めんこ遊あそび.
딱-총(一銃)[명] かんしゃく玉だま.
딱-하다[형] ❶気きの毒どくだ｜かわいそうだ｜哀あわれだ. 예딱한 사정을 모르는 체할 수 없었다. 気きの毒どくな事情じじょうを知しらんぷりをすることはできなかった. ❷〖형편이〗苦くるしい｜困こまる. 예도울 수가 없어서 ~. 助たすけることができなくて苦くるしい.
　딱-히¹[부] 気きの毒どくに｜かわいそうに｜哀あわれに｜苦くるしく.
딱-히²[부] はっきり｜確たしかに｜あきらかに. ~무어라 할 말이 없다. 確たしかに何なんと言いうことがない. / 잘라 말할 수는 없지만 …. あきらかに言いい切きることはできないが….
딴¹[의] なり｜つもり｜考かんがえ. 예내 ~에는 깊이 생각해서 한 일이다. 私わたしなりには深ふかく考かんがえてやったことだ.
딴²[관] 別べつの｜他たの｜他ほかの. 예그건 ~ 문제입니다. それは別べつの問題もんだいです. / ~ 모양은 없습니까? 他ほかの形かたちはないんですか.
딴-것[명] 別べつのもの｜他ほかのもの. 예~도 보여 주세요. 他ほかのものも見みせてください. / ~으로 바꿔라. 別べつのもので変かえなさい.
딴딴-하다[형] 固かたい｜堅かたい｜しっかりしている.
딴-마음[명] ❶〖다른 생각〗上うわの空そら. ❷〖배반하는 마음〗背そむこうとする心こころ｜二心ふたごころ｜異心いしん. 예내가 너를 지켜보고 있으니 ~ 먹지 마라. 俺おれが見守みまもっているから、変へんな気きを起おこすなよ. / 우리는 한 배를 탔으니 ~을 품을 생각은 하지도 마라. 僕ぼくらは一ひとつの船ふねに乗のったから、裏切うらぎろうと思おもうなよ.
딴-말[명] 関係かんけいのない話はなし｜別べつの話はなし. 예~만 늘어놓다. 関係かんけいのない話はなしだけ並ならべ立たてる. =딴소리
　딴말-하다[자] 関係かんけいのない話はなしをする｜別べつの話はなしをする.
딴-맛[명] ❶〖다른 맛〗別べつの味あじ. ❷〖변한 맛〗変かわった味あじ.
딴-머리[명] 入いれ髪がみ｜かもじ.
딴-사람[명] 別人べつじん. 예술에 취하면 ~이 된다. 酒さけに酔よっうと別人べつじんになる.
딴-살림[명] 別世帯べつじょたい. 예~를 차리다. 別世帯べつじょたいを構かまえる.
　딴살림-하다 別世帯べつじょたいを持もつ.
딴-생각[명] ❶〖다른 생각〗他ほかの考かんがえ. 예네게 ~이 있다는 것을 나는 알고 있다. お前まえが他ほかのことを考かんがえているのは分わかっている. ❷〖엉뚱한 생각〗とんでもない考かんがえ｜突拍子とっぴょうしもない考かんがえ.
　딴생각-하다[자] ❶他ほかのことを考かんがえる. ❷とんでもないことを考かんがえる.
딴-소리[명] ☞딴말
딴은[부] なるほど｜そういえば｜いかにも. 예~ 그의 말도 옳다. なるほど彼かれの話はなしも正ただしい.
딴-전[명] 全然ぜんぜん関係かんけいないことや行動こうどう. 예~ 피우지 말고 내 이야기 잘 들어라. そらない事ことをしないで、私わたしの話はなしをよく聞ききなさい. / ~을 보다. 全然ぜんぜん関係かんけいないことをする. / 하라는 공부는 하지 않고 ~만 피우고 있다. しろと言いう勉強べんきょうはしないで、別べつのことばかりしている. =딴청
딴-죽[명] ❶《운》足払あしばらい｜足あしがけ｜足搦あしがらみ. ❷とぼけること｜知しらんぷりをすること. 예~을 걸다. 同意どういしたことについて、別べつの話はなしをしながら知しらんぷりをする.
딴-채[명] 別棟べつむね.
딴-청[명] ☞딴전
딴-판[명] ❶〖전혀〗全然ぜんぜん違ちがう局面きょくめん. 예듣던 바와는 영 ~이다. 聞きいたこととは全まったく違ちがう局面きょくめんだ. ❷〖전혀〗全まったく違ちがう様子ようす｜相当そうとう違ちがい. 예어렸을 때와는 ~이다. 子供こどもの時ときとは全まったく違ちがう様子ようすだ.
딸[명] 娘むすめ. 예예쁜 ~을 낳았다. 可愛かわいい娘むすめ

を産^{う}んだ。/~을 시집보내다. 娘を結婚$_{こん}$させる。

딸가닥[부]【작고단단한 물건이 부딪치는 소리】かちゃり｜かちゃん｜かたり｜かたん｜かたり。 예 바닥에 ~ 소리를 내며 떨어지는 열쇠 床$_{ゆか}$にかちゃりと音$_{おと}$をさせて落$_{お}$ちる鍵$_{かぎ}$。 준 딸각。

딸가닥-거리다[자타] かちゃかちゃする｜かたかたする。 예 오래된 라디오가 딸가닥거린다. 古$_{ふる}$いラジオがかたかたする。=딸가닥대다

딸가닥-대다[자타] ☞딸가닥거리다

딸가당[부] かちゃり｜かちゃん｜かたん｜かたり。

딸각[부] ☞'딸가닥'의 준말.

딸그락[부] かちゃり｜かちゃん｜かたん｜かたり。 예 부엌에서 ~ 접시 닦는 소리가 들려왔다. 台所$_{だいどころ}$でお皿$_{さら}$を洗$_{あら}$うかちゃんとする音$_{おと}$が聞$_{き}$こえてきた。

딸그랑[부]【작은 방울이나 얇은 쇠붙이】かちゃり｜かちゃん｜かたん｜かたり。

딸기[명]〘식〙苺$_{いちご}$。 예 ~ 잼 イチゴジャム/~ 주스 イチゴジュース/~를 따다. イチゴを摘$_{つ}$む。

딸꾹[부]【딸꾹질할 때】ひっくと。

딸꾹-거리다[자] ひっくひっくとしゃっくりをする。 예 그녀가 갑자기 딸꾹거리기 시작했다. 彼女$_{かのじょ}$が突然$_{とつぜん}$ひっくひっくとしゃっくりをし始$_{はじ}$めた。=딸꾹대다

딸꾹-대다[자] ☞딸꾹거리다

딸꾹-딸꾹[부] ひっくひっくと。

딸꾹-질[명] しゃっくり。 예 자꾸만 ~이 나와 물을 마셨다. やたらにしゃっくりが出$_{で}$たので、水$_{みず}$を飲$_{の}$んだ。

딸꾹질-하다[자] しゃっくりする。

딸딸[부]【작은 바퀴 등이 단단한 바닥을 구르며 흔들리는 소리】ごろごろ。

딸랑[부]【작은 방울이 한 번 흔들릴 때】ちりん｜ちん｜りん。

딸랑-이[명]【흔들면 딸랑딸랑 소리가 나는 장난감】がらがら。

딸리다[자] 付$_{つ}$く｜付$_{つ}$いている｜付$_{つ}$き添$_{そ}$う。 예 회사에서 기사 딸린 자동차를 받다. 会社$_{かいしゃ}$から運転手$_{うんてんしゅ}$付きの自動車$_{じどうしゃ}$をもらう。/딸린 가족이 많다. 付き添いの家族$_{かぞく}$が多$_{おお}$い。

딸-아이[명] ❶【자기네 딸아이】うちの娘$_{むすめ}$。 예 ~는 중학교 1학년입니다. うちの娘は中学一年生$_{いちねんせい}$です。 ❷娘。준 딸애。

딸-애[명] ☞'딸아이'의 준말.

땀[명] 汗$_{あせ}$。 예 ~이 나다. 汗が出$_{で}$る｜汗ばむ。/사우나에서 ~을 내다. サウナで汗をかく。/~을 뻘뻘 흘리다. だらだらと汗をかく。

땀(을) 빼다[관용] ひどく苦労$_{くろう}$する。

땀(을) 흘리다[관용] 汗水$_{あせみず}$流$_{なが}$す｜努力$_{どりょく}$と力$_{ちから}$をつかう。 예 ~ 모은 재산 汗をかいてためた財産$_{ざいさん}$/땀 흘린 보람이 있었다. 汗をかいた甲斐$_{かい}$があった。

땀^2[명] 縫$_{ぬ}$い目$_{め}$。

땀-구멍[명] 汗孔$_{かんこう}$｜汗腺$_{かんせん}$。

땀-기(-氣)[명] 汗ばむ気$_{け}$。

땀-나다[자]【힘들어】骨$_{ほね}$が折$_{お}$れる｜汗をかく｜苦労$_{くろう}$する。

땀-내[명] 汗臭$_{あせくさ}$いにおい｜汗の匂$_{にお}$い。 예 ~ 나는 셔츠 汗くさいシャツ。

땀-띠[명]〘의〙あせも。 예 ~ 가 나다. あせもができる。

땀-받이[명] 汗取$_{あせとり}$｜汗ジュバン。

땀-방울[명] 汗$_{あせ}$の滴$_{しずく}$。

땀-샘[명]〘의〙汗腺$_{かんせん}$。

땅^1[명] 土地$_{とち}$。 ❶地面$_{じめん}$｜土$_{つち}$｜陸地$_{りくち}$｜大地$_{だいち}$。 예 ~에 사는 생물 陸地に棲$_{す}$む生物$_{せいぶつ}$。 ❷領土$_{りょうど}$。 예 옛날에는 ~이 지금보다 더 넓었다고 한다. 今$_{いま}$よりも昔$_{むかし}$のほうが領土が広$_{ひろ}$かったという。 ❸【대지】敷地$_{しきち}$。 예 건물을 세울 ~ 建物$_{たてもの}$をたてる敷地。 ❹【지방】地方$_{ちほう}$｜地域$_{ちいき}$｜所$_{ところ}$。 예 고향 ~ 故郷$_{こきょう}$の地$_{ち}$。 ❺【토양】土壌$_{どじょう}$｜土$_{つち}$。 예 비옥한 ~ 肥$_{こ}$えた土壌。

땅에 떨어지다[관용] (権威$_{けんい}$や名声$_{めいせい}$などが)地$_{ち}$に落$_{お}$ちる。

땅을 파다[관용]【농사짓기】農業$_{のうぎょう}$を営$_{いとな}$む｜農作$_{のうさく}$する｜耕作$_{こうさく}$する。

땅(이) 꺼지게[꺼지도록][관용] 非常$_{ひじょう}$に深$_{ふか}$く。 예 땅이 꺼지도록 한숨을 쉬다. 地面$_{じめん}$がへこまんばかりに大$_{おお}$きなため息$_{いき}$をつく。

땅 짚고 헤엄치기[속담] 地面$_{じめん}$に手$_{て}$をついて泳$_{およ}$ぐ：「非常$_{ひじょう}$にたやすい」の意：〔日〕朝飯前$_{あさめしまえ}$。 ◆일본에서는 '아침식사 하기 전'이라고 해서 그만큼 간단히 해치우는 일을 뜻한다.

땅^2[부] ❶【쇠붙이나 물건이 부딪치는 소리】どん｜ずどん｜ぱん。 ❷【총소리】どん｜ずどん。 예 어디에선가 ~ 총성이 들렸다. どこからかどんと銃声$_{じゅうせい}$が響$_{ひび}$いた。

땅-강아지[명]〘동〙けら。

땅거미[명] 夕闇$_{ゆうやみ}$｜夕暮$_{ゆうぐ}$れ。 예 ~ 가 지다. 夕やみが迫$_{せま}$る。

땅-거미^2[명]〘동〙地蜘蛛$_{じぐも}$。

땅-고집(-固執)[명] 片意地$_{かたいじ}$｜強情$_{ごうじょう}$｜いこじ。 예 ~도 분수에 맞게 부려라. 強情

땅-굴(一窟)[명] ❶【[지하에 뚫려있는 굴]】地下通路ちかつうろ。 ❷【[굴]】穴蔵あなぐら。

땅기다[자] (筋肉きん・皮膚ひふなどが)つる｜ひきつる。 [예] 운동을 지나치게 했더니 다리가 땅겨서 걷지를 못하겠다. 運動うんどうをしすぎて、足あしがつって歩あるけそうもない。／화상 자리가 ~. やけどの跡あとが引ひきつる。

땅-꾼[명] へびを捕つかまえて売うる人ひと。[예] ~들이 뱀을 잡기 위해 산을 오른다. ヘビを捕つかまえて売うる人ひとたちが、ヘビを捕つかまえるために山やまに登のぼる。

땅-내[명] 土つちの匂においう。

땅-덩어리[명] ☞ 땅덩이

땅-덩이[명] 大陸たいりく｜国土こくど｜地球ちきゅう。 [예] ~는 작지만 비옥한 토지가 있다. 国土こくどは小ちいさいが肥沃ひよくな土地とちを持もっている。＝땅덩어리

땅딸막-하다[형] ずんぐりしている。[예] 땅딸막한 몸매 ずんぐりした体からだつき／키가 ~. 背せが低ひくくずんぐりしている。

땅딸-보[명]【[키가 작고 뚱뚱한 사람]】太ふとくて背せが低ひくい人ひと｜ずんぐりむっくりとした人ひと。 [예] 그는 ~라 볼품이 없다. あの人ひとは背せが低ひくくて太ふとっているのでみすぼらしい。

땅-땅[부]【[작으나 단단한 물건을 치는 소리]】どんどん｜かんかん｜がんがん。

땅땅-거리다[자]【[하는짓 거들먹 부족함이 없이]】威張いばる｜豪華ごうかな生活せいかつをする。 [예] 부모님의 유산으로 땅땅거리며 살고 있다. 両親りょうしんの遺産いさんで威張いばって暮くらしている。＝땅땅대다

땅땅-대다[자] ☞ 땅땅거리다

땅-마지기[명] ちょっとした田畑たはた。

땅-문서(-文書)[명] 土地とちの権利書けんりしょ。

땅-바닥[명] 地面じめん｜地じべた。[예] ~에 앉다. 地じべたに座すわる。／~에 내던지다. 地面じめんに投なげつける。

땅-벌[명]〖동〗穴蜂あなばち。

땅-볼(-ball)[명]〖운〗【[야구에서]】ゴロ。

땅-속[명] 土つちの中なか｜地中ちちゅう｜地下ちか。 [예] ~의 동굴 地下ちかの洞穴ほらあな／~에 숨겨져 있던 자원을 캐내다. 土つちの中なかに隠かくれていた資源しげんをほりだす。／~에 파묻다. 地中ちちゅうに埋うめる。

땅속-뿌리[명]《식》地下根ちかね。

땅속-줄기[명]《식》地下茎ちかけい。

땅-재주[명]〖민〗宙返ちゅうがえり・とんぼ返がえりなどの軽業かるわざ。 [예] ~를 부리다. 宙返ちゅうがえり芸げいをこなす。

땅-콩[명] 南京豆ナンキンまめ｜落花生らっかせい｜ピーナッツ。 ＝낙화생

땋다[타] 編あむ｜結ゆう。[예] 머리를 ~. 髪かみを編あむ。

때¹[명] 時とき。 ❶【[시간이나 시각]】時間じかん｜時刻じこく。 [예] 내가 너를 처음 보았을 ~ 君きみに初はじめて会あった時とき。 ❷【[식사때]】ご飯時はんどき｜食事しょくじ。 [예] ~가 되었으니 뭔가 먹자. ご飯時はんどきになったから何なにか食たべよう。 ❸【[좋은 기회나 시기]】機会きかい｜時期じき｜時節じせつ｜時分じぶん｜折おり｜運うん。 [예] ~를 기다리다. 機会きかいを待まつ。／~를 맞추어 비가 오니 올해는 풍년이 들겠다. ちょうどよく雨あめが降ふるなんて、今年ことしは豊作ほうさくになりそうだ。／첫눈이 내릴 ~ 만나자. 初雪はつゆきが降ふる時会とき おう。／공부하기에 좋은 ~가 왔다. 勉強べんきょうするのにいい時期じきがきた。／꽃이 필 ~ 한 번 놀러가자. 花はなが咲さく時期じきに、一度いちど遊あそびに行いこう。 ❹【[어떤 경우]】場合ばあい｜際さい。 [예] 가끔 불안해질 ~가 있다. たまに不安ふあんになるときがある。 ❺【[지난 때]】時代じだい｜年代ねんだい｜その当時とうじ｜頃ころ。 [예] 내가 어렸을 ~의 이야기이다. 私わたしが小ちいさかった頃ころの話はなしだ。 ❻【[계절]】季節きせつ。

때²[명] ❶【[몸에 낀 것]】垢あか。[예] ~를 밀다. あかすりをする。 ❷【[더러움]】垢あか｜けがれ。[예] ~가 묻지 않은 아이들의 웃는 얼굴 すれていない子供こどもたちの笑顔えがお。 ❸【[어린 티]】子供こどもくさいこと｜田舎いなかくさいこと。 [예] ~를 벗은 모습 垢抜あかぬけした様子ようす。

때각[부] ~ 소리와 함께 볼펜이 떨어졌다. かちんかちん。 [예] ~ 소리와 함께 볼펜이 떨어졌다. かちんという音おとと共ともにボールペンが落おちた。

때구루루[부]【[단단한 물건이 딱딱한 바닥에 구르는 소리나 모양]】ころころ。 [예] 구슬이 ~ 굴러간다. ビー玉だまがころころと転ころがっていく。

때굴-때굴[부] ころころ。

때글때글-하다[형] いくつかがやや太ふとい。

때깔[명] 柄がらと色合いろあい｜見みかけ。

때-꼽재기[명] 垢あかの塊かたまり。

때꾼-하다[형]【[눈이 쑥 들어가고 생기가 없다]】目めが落おちくぼんでいる。

때-늦다 ❶定時じていより遅おそい。 ❷適当てきとうな時期じきが過すぎる。[예] 이미 때늦은 감이 없지 않아 있지만 다시 한 번 시도해 봅시다. すでに手遅ておくれの感かんもあるが、もう一度いちど試こころみてみよう。

때다[타]【[불을 붙이어 타게 하다]】焚たく。[예] 불을 ~. 火ひをたく。

때때-로[부] 時々 ¦ 時折 ¦ 折々 ¦ たまに。[예] ~ 만나다. 時々会う。/ ~ 찾아오다. 時々訪ねてくる。=시시로

때때-옷[명] 子供の晴れ着。

때려-눕히다[타] 殴り倒す。

때려-치우다[타] 【하던 일을 그만두다】やめる ¦ (店などを)たたむ。[예] 직장을 ~. 職場をやめる。

때-로[부] 場合によって ¦ 時には ¦ 時に ¦ たまに ¦ 時として。[예] ~ 모든 것에서 도망가고 싶을 때가 있다. たまに全てのものから逃げ出したい時がある。

때리다[타] ❶【아프게】(痛く)打つ ¦ 叩く ¦ 殴る ¦ ぶつ。[예] 회초리로 종아리를 때렸다. 鞭でふくらはぎを叩いた。❷【물체가 다른 물체에 세게 부딪치다】(ある物が他の物に強く)打ち叩く ¦ 打つ。[예] 새벽에 빗방울이 유리창을 때리는 소리에 잠이 깼다. 夜明けに雨粒が窓ガラスを打ち叩く音で目が覚めた。❸【남의 잘못을 말·글로 비판하다】(人の過ちを言葉や文で)批判する ¦ たたく。[예] 학교장의 비리를 학보에 ~. 学校長の非理を学報で批判する。❹【값을 깎아 부르다】(値段を)値切る。[예] 만 원짜리 수박을 5,000원에 때려 샀다. 10,000ウォンのスイカを5,000ウォンに値切って買った。❺【심한 충격을 주다】ひどい衝撃を与える。[예] 충격적인 소식은 우리의 뒤통수를 때렸다. 衝撃的な知らせは私たちに不意打ちを食わせた。

때-마침[부] 折よく ¦ 都合よく ¦ 折しも ¦ ちょうどよく。[예] 기다리던 차에 ~ 잘 와 주었다. 待っていた折りにちょうどよく来てくれた。

때-맞다[형] 【주로 '때맞게'의 꼴로】ちょうど良い時期だ ¦ いいタイミングだ。[예] 때맞게 소나기가 그쳤다. いいタイミングに夕立が止んだ。/ 때맞게 엄마가 돌아왔다. ちょうど良い時に母が帰ってきた。

때문[의] —(の)ため ¦ —(の)せい ¦ —(の)わけ。[예] 너 ~에 잠을 잘 수가 없다. 君のせいで眠れない。

때-밀이[명] 三助 ¦ あかすり(の人)。

때-맞추다[자] 時期に合わせる。[예] 때맞춰 들어오다. 時間に合わせて入ってくる。

때우다[타] ❶【구멍 나거나 깨진 곳을】(穴が空いたり割れた所を他のもので)埋める ¦ 直す ¦ 修理する。[예] 충치 구멍을 은으로 ~. 虫歯の穴を銀で埋める。❷【간단한 식사로】(簡単な食事で)済ます ¦ 間に合わせる。[예] 점심을 샌드위치로 ~. 昼食をサンドイッチで間に合わせる。❸【다른 것으로 보충하다】(他の物で)代用する ¦ 補充する。[예] 이달 적자를 다음 달 매출로 때워야 한다. 今月の赤字を来月の売り上げで補充しなければならない。❹【남는 시간을】(余った時間を)つぶす。[예] 음악을 들으며 한 시간을 때웠다. 音楽を聞きながら1時間をつぶした。

땔-감[명] 焚き物 ¦ 燃料。=땔거리

땔-거리[명] ☞땔감

땔-나무[명] 薪 ¦ しば。=나무❸

땜[명] ☞땜질

땜-납(—鑞)[명] 半田。

땜-일[명] 半田付け ¦ 鋳掛けの仕事。

땜-질[명] ❶【구멍 등을 때우는 일】半田付け ¦ 鋳掛け。[예] 이 냄비는 ~이 필요하다. このなべは鋳掛けが要る。❷【바늘로 깁는 일】継ぎ当て ¦ 継ぎはぎ。❸【임시방편으로 고치는 일】繕うこと。=땜

땜질-하다[타] ❶半田付けをする ¦ 鋳掛けをする。❷継ぎ当てする。❸繕う。

땟-국[명] ❶ひどく染み込んだ垢。❷☞땟물¹

땟-물¹[명] 汚水。=땟국❷

땟-물²[명] 風采 ¦ 身なり。

땡[부] 【작은 종이나 금속제의 그릇 등을 두드리는 소리】ちん ¦ かん。

땡-감[명] 熟してない柿 ¦ 渋柿。[예] ~을 소금물에 담그다. 渋柿を塩水につける。

땡강[부] ❶【금속 조각이 부러지거나 떨어지는 소리】ちりん。❷【물방울이 금속 등에 떨어지는 소리】ぽたり ¦ ぽつん。

땡그랑[부] 【작은 방울이나 종이 강하게 흔들릴 때 울리는 소리】りんりん ¦ ちりんちりん。

땡그랑-거리다[자][타] (鈴などが)りんりんと鳴る。

땡그랑-땡그랑[부] 【작은 방울이나 종이 잇따라 강하게 흔들릴 때 울리는 소리】りんりん ¦ ちりんちりん。

땡글-땡글[부] 【굳고 단단하며 동글동글한 모양】引き締まって丸々としているさま。

땡-땡[부] 【작은 종 등을 잇따라 두드리는 소리】かんかん ¦ ちんちん ¦ がんがん ¦ ごんごん。

땡땡-이[명] サボること。[예] 학교를 ~치고 놀러 갔다. 学校をサボって遊びに行った。

땡땡-하다[형] ☞댕댕하다²

땡-잡다[자] 大当たりを取る ¦ 思いがけない幸運をつかむ。

떠-가다 困 (空中や水中に)浮かんでいく｜漂だよう｜流れる。 예 하늘에 떠가는 구름 空を流れていく雲。

떠꺼-머리 圏 [총각처녀] 下げげ髪。

떠나-가다 困 ❶【사라지다】立ち去る｜去り行く｜離れていく。 예 떠나가는 사람의 뒷모습을 바라보다. 立ち去る人の後ろの姿を見送る。 ❷【울리다】吹き飛ばされる｜割れる。 예 장내가 떠나갈 듯한 박수 소리 割れんばかりの拍手の音/교실이 떠나가게 떠들어 내. 教室が吹き飛ばんばかりに騒ぎ立てる。

떠나다 困固 ❶【어디로】(他의 所로)向かう｜行く｜離れる。 예 그는 어제 파리로 떠났다. 彼は昨日のパリに向かった。/도시를 떠나서 살고 싶다. 都市から離れて住みたい。 ❷【관계가】(関係などが関連がなくなるように)去る｜離れる。 예 그는 나를 떠났다. 彼は私から去った。 ❸【어떤 목적으로】(ある事や目的のために)行く｜出かける。 예 일요일에 낚시를 떠날 예정이다. 日曜日に釣りに行く予定だ。/아버지는 1개월간 장기 출장을 떠났다. 父は一ヶ月間の長期出張に出かけた。 ❹【죽다】(世を)去る｜死ぬ。 예 그가 가족의 곁을 떠난 지 1년이 되었다. 彼が世を去って1年になった。

떠-내다 国 すくう｜しゃくる｜汲み出す。 예 국물을 ~. 汁物をすくう。

떠-내려가다 国 浮かんで流れる｜流される。

떠-넘기다 国 なすりつける｜押し付ける｜背負わせる｜転嫁する。 예 일을 남에게 ~. 仕事を人におしつける。

떠-다니다 困 ❶【공중·수면에】漂う｜流れる｜浮かんでいく。 ❷【방랑하다】漂う｜さまよう｜さすらう。

떠다-밀다 国 ❶【힘껏】強く押す｜押し退ける。 ❷【책임을】なすりつける｜押し付ける。

떠-돌다 困 ❶【방랑하다】(所定めず)さすらう｜流浪する。 예 정처 없이 ~. あてもなくさすらう。 ❷【이리저리】(空中を·水上を)動き回る｜漂う。 예 하늘을 떠도는 구름 空を漂う雲/ 작은 배가 물결 사이를 ~. 小舟海が波間を漂う。 ❸【소문이】(言葉·噂が)あちこちに広がる｜流れる。 예 그가 살아 있다는 소문이 떠돌았다. 彼が生きているという噂が流れてきた。/이상한 소문이 ~. 変な噂が広まる。 ❹【나타나다】(気配が·表情が)浮かぶ｜現れる。 예 어머니의 얼굴에 걱정스러운 표정이 떠돌았다. 母は心配そうの表情を顔中に浮かべていた。/아버지의 얼굴에 노여운 표정이 떠돌았다. 父の顔に怒りの表情が現れている。

떠돌아-다니다 困 ❶【방랑하다】さすらう｜漂い歩く｜さまよい歩く｜流れる｜流れ渡る。 예 아들을 찾아 전국을 ~. 息子を探して全国を漂い歩く。/이리저리 ~. あちこちさすらう。 ❷【공중 물위에】漂う｜流されていく。 ❸【소문이】広まる｜流れる。

떠돌-이 圏 流れ者｜渡り者｜さすらい人。 예 ~ 신세 流れ者の身の上。

떠돌이-별 圏 ☞행성(行星)

떠들다 困 ❶【시끄럽게】騒ぐ｜騒ぎ立てる｜騒がしい。 예 떠들지 마라. 騒ぎ立てるな。/밖에서 아이들이 떠들며 놀고 있다. 外で子供たちが騒いで遊んでいる。 ❷【술렁】ざわつく｜ざわめく｜どよめく。 ❸【소문이】広まる｜騒ぎ立てる。 예 폭력 사건을 언론에서 크게 ~. 暴力の事件を言論で騒ぎ立てる。

떠-들다² 国 持ち上げる｜まくり上げる。 예 담요를 떠들어 자는 사람을 확인하다. 毛布を持ち上げて寝ている人を確かめる。

떠들썩-거리다 困 しきりに騒ぎ立てる。 =떠들썩대다

떠들썩-대다 困 ☞떠들썩거리다

떠들썩-하다¹ 圏 ❶【시끄럽다】騒がしい｜騒々しい。 예 교실이 ~. 教室が騒々しい。 ❷【소문이】騒がしい｜賑わしている｜評判である。 예 온 동네에 소문이 ~. 全村中にうわさが賑わう。

떠들썩-하다² 圏 ❶【밖으로】まくれている｜持ち上がっている。 ❷【벗겨져】剥がれている｜浮いている。

떠-들치다 国 持ち上げる｜まくる。

떠듬-떠듬 囲 [더듬거리며] つかえつかえ｜たどたどしく｜訥々と。 예 ~ 말하다. とぎれとぎれに言う。

떠름-하다 圏 ❶【맛이】やや渋い。 ❷【마음에】気が乗らない｜気が進まない｜気に入らない｜(気持ち)すっきりしない｜渋い。 예 떠름한 얼굴 渋い顔/나 말을 듣고 그가 떠름한 표정으로 나를 바라보았다. 彼は私の言葉を聞いて、気

の進まない表情で私を見つめた。

떠맡-기다 타 押し付ける｜やらせる。 예 친구에게 일을 ~. 友人に仕事を押し付ける。

떠-맡다 타 引き受ける｜しょい込む｜引き取る。 예 아버지의 빚을 ~. 父の借金を引き受ける。/ 귀찮은 일을 ~. やかましい仕事をしょい込む。/ 고아가 된 아이를 떠맡아 기르다. 孤児になった子を引き取って養う。

떠-먹다 타 すくって食べる。

떠-메다 타 担う｜担ぐ｜背負う。

떠-밀다 타 ❶強く押す。 예 바위를 떠밀어 치우다. 岩を強く押してどける。 ❷【떠미다】押し付ける。

떠-받다 타【떠받아】 突く｜突き上げる。 예 황소의 뿔에 떠받히다. 牡牛の角に突き上げられる。

떠-받들다 타 ❶【떠받들어】 (下を支えて上に) 持ち上げる。 예 커다란 상자를 떠받들고 가다. 大きな箱を持ち上げて行く。 ❷【떠받들어】(尊敬にして慎っみ)敬う｜崇める。 예 생명의 은인을 ~. 命の恩人を崇める。

떠-받치다 타 支える。 예 쓰러지지 않도록 나무로 떠받쳐 놓다. 倒れないように木で支えておく。

떠버리 명 おしゃべり｜ほら吹き。 예 ~에게 말이 새 나가지 않게 조심함. おしゃべりに話がもれないように気をつけろ。

떠-벌리다 타 大げさに騒ぎ立てる｜しゃべりまくる｜ほらを吹く。 예 별일 아닌 것을 ~. 変わった事ではないことを騒ぎ立てる。

떠-벌이다 타 設ける｜構える。

떠-보다 타 ❶【저울】(秤で重さを)量ってみる。 예 무게가 얼마나 되는지 떠보자. 重さがどれぐらいか量ってみよう。 ❷【人の内心をそれとなく探って推し量る。 예 넌지시 그녀의 마음을 떠보았다. それとなく彼女の心を探ってみた。 ❸【人の能力などを)評価する。 예 이번 시험으로 그의 능력을 떠보겠다. 今回の試験で彼の能力を評価する。

떠-오르다 자 ❶【떠올라】 (湧いて上に) 上がる｜浮き上がる｜昇る。 예 동쪽 하늘에서 태양이 떠오른다. 東の空に太陽が昇る。 ❷【考え・記憶を】浮かぶ｜思い出す。 예 좋은 아이디어가 떠올랐다. 良いアイデアが浮かんだ。/ 아무리 생각해도 그녀의 전화번호가 떠오르지 않는다. いくら考えても彼女の電話番号が思い出せない。 ❸【顔にある表情が)浮かぶ｜現れる。 예 그녀의 얼굴에 방긋 미소가 떠올랐다. 彼女の顔ににっこり微笑が浮かんだ。

떡¹ 명 トック｜餅。

　떡 먹듯 관용 簡単に｜平気で。

　떡(이) 되다 관용 ひどく打たれる｜ひどい目にあう。

　떡이 생기다 관용 思いがけない利益を得る。

　떡 주무르듯 하다 관용 思いのままにする。

떡² 부 ❶【첨짝벌림】 がっしり｜ぽかん｜ぽっかり｜あんぐり。 예 ~ 벌어진 어깨 がっしりした肩/ 입을 ~ 벌리다. 口をぽかんと開く。 ❷【딱 맞닿은 모양】ぴたっと｜ぴったり｜きっちり｜かっちり。 ❸【갑자기 마주친 모양】ばったり。 ❹【굳세게 버틴 모양】しっかりと｜がっしり｜がんとして。 ❺【태도나 여유 있는 모양】(態度などが)堂々と｜どっしりと｜おおように。 예 ~ 버티고 서다. 堂々と対抗して立つ。

떡-가래 명 丸い棒状の白い餅の一本。

떡-가루 명 餅を作る穀物の粉。

떡갈-나무 명〈식〉柏。=도토리나무❶

떡갈-잎 명〈식〉柏の葉。=갈잎❷

떡-고물 명 餅のまぶし粉。

떡-국 명【우리나라에서 설날에 먹음】トックク｜雑煮。 예 설날에 떡국을 먹어야 한 살 더 먹는다. 正月に雑煮を食べると一歳年を食う。 ◆끓이는 방법은 다르지만 일본에서도 우리나라 떡국과 비슷한 『雑煮』를 먹는다.

떡-떡 부【단단한 물건이 자꾸 부딪치는 소리. 맥도 복닥치는 소리 따위】 がちがち｜こつこつ｜ぽきぽき。 예 이빨을 ~ 마주치다. 歯をがちがちと噛み合わせる。

떡-메 명 餅搗きの杵。

떡-방아 명 餅用の米を粉にする臼。

떡-보 명【특히 餅이 好きでたくさん食べる人。

떡-볶이 명【우리나라의 식품이름】 トッポッキ。

떡-소 명 餅の中に入れる餡。 예 ~가 준비되어야 송편을 만들지. 餡が準備されればソンピョンが作られるでしょ。

떡-심 명 根気強い人｜粘り強い人。 예 진수는 ~이 좋다. チンスは粘り強

떡-쌀 餠用もちようの米こめ。

떡-잎 《식》子葉しよう；双葉ふたば。 예 겉씨식물의 ~ 裸子植物らししょくぶつの子葉。 =자엽(子葉)

떡-하니 튀 どっしり；どっかり；でんと。 예 ~ 앉아 있다. どっしりと座っている。

떨거덕 튀【크고 단단한 물건이 맞부딪치는 소리】がたん；ごとん；ばたん。 예 문이 ~ 잠긴다. ばたんと扉とびらが閉しまる。 ▷ 준떨걱

떨거덩 튀【크고 단단한 물건이 부딪쳐 울리는 소리】がたっと；ばたん；ばたり。

떨거덩-거리다 자타 がたがたする。 예 고장 나서 의자가 ~. 壊こわれて椅子いすががたがたする。 =떨거덩대다

떨거덩-대다 자타 ☞ 떨거덩거리다

떨거덩-하다 자타 がたっとする；ばたんとする。

떨걱 튀 ☞ '떨거덕'의 준말.

떨그럭 튀【크고 단단한 물건이 떨어지는 소리】がたっと；ばたん。 예 접시가 ~ 소리를 낸다. お皿さらががたっと音おとを出だす。

떨그럭-거리다 자타 がたがたする。 예 부엌에서 ~. 台所だいどころでがたがたする。 =떨그럭대다

떨그럭-대다 자타 ☞ 떨그럭거리다

떨그렁 튀【쇠붙이나 그릇이 세게 울리는 소리】がちゃん；がらん。

떨기 명 (花はなの)房ふさ；むら；株かぶ。 예 장미 한 ~ ばら一ひとかぶ。

떨다[1] 자 ❶【진동하다】(小刻こきざみに)震ふるえる。 예 밤바람에 꽃잎이 떨고 있다. 夜風よかぜに花はなびらが震えている。 ❷【움직이거나 흔들리다】みみっちく振ふる舞まう；けちけちする。 예 식사비 몇 푼에 벌벌 ~. 少額しょうがくの食事代しょくじだいでぶるぶる震える。 ❸【무서워하다】怖こわがる；恐おそれる。 예 너무나 무서워 몸을 ~. あまりに怖くて体からだが身震みぶるいする。 ❹【흔들어서 떨리게 하다】震ふるわせる；身震みぶるいする。 예 아주 미세하게 손을 떨고 있다. 非常ひじょうに細こまかく手てを震わせている。 / 추워서 입술을 덜덜 ~. 寒さむくて唇くちびるをがたがた震わせる。 ❺【경망스럽게 행동하다】軽かるはずみに振ふる舞まう。 예 능청을 ~. 白しらを切きる。 / 방정 떨지 마라. 軽はずみな行こういはやめろ。

떨다[2] 타 ❶【털어내다】(付ついている物ものを)落おとす；はたく。 예 가을 낙엽을 흔들어 ~. 秋あきの落おち葉はを振ふり落おとす。 ❷【잊거나 없애다】(不快ふかいな思おもいを)振ふり払はらう；振ふり捨すてる。 예 불길한 생각은 떨어 버려라. 不吉ふきつな考かんがえは振り払ってしまえ。 ❸【남김 없이 팔다】(残のこり物ものを全部ぜんぶ)売うりはたく；はたき売うる。 예 남은 사과를 모두 떨어 샀다. 残ったリンゴを全部売りはたいた。

떨떠름-하다 ❶【떫다】やや渋しぶい味あじがある。 ❷【내키지 아니하다】気きが進すすまない；気きが乗のらない；気きにかかる。 예 승낙은 했지만 왠지 떨떠름한 기분이다. 承諾しょうだくはしたが、なぜか気が進まない。

떨-리다 자 震ふるえる；わななく；おののく。 예 추위서 몸이 떨린다. 寒さむくて体からだが震ふるえる。 / 떨리는 목소리로 간신히 말을 하다. 震える声こえでやっと話はなす。 / 분해서 치가 ~. 悔くやしくてはぎしりする。

떨-리다 자 ❶【털리다】払はらい落おとされる；振ふり落おとされる；落おとされる。 ❷【쫓겨나다】やめさせられる；追おい出だされる；首くびになる。 예 직장에서 떨리어 나오다. 職場しょくばからやめさせられる。

떨어-내다 타 払はらい落おとす；打うち払はらう；はたき落おとす。 예 먼지를 ~. ちりを払はらい落おとす。

떨어-뜨리다 타 ❶【떨어지게 하다】(下したに)落おとす。 예 테이블에 있는 병을 ~. テーブルにある瓶びんを落とす。 / 고개를 떨어뜨리고 있다. 首くびをうなだれている。 ❷【가진 것을 잃다】(持もっていたものを)落おとす；失うしなう。 예 책을 어딘가에 떨어뜨린 것 같다. 本ほんをどこかに落としたようだ。 ❸【남겨 두다】(ある所ところに)取とり残のこす。 예 아이를 할아버지 집에 떨어뜨리고 왔다. 子供こどもを祖父そふの家いえに取り残してきた。 ❹【값을 낮추다】(値段ねだんを)下さげる；落おとす。 예 풍작은 과일 값을 떨어뜨렸다. 豊作ほうさくは果物くだものの値ねを下げた。 ❺【낡게 하다】(服ふく・靴くつなどを)すり減へらす；ぼろぼろにする。 예 산 지 한 달 된 운동화를 벌써 떨어뜨렸니? 買かって一ヶ月いっかげつの運動靴うんどうぐつを、もうすり減らしたの。 ❻【다 써서 없애다】(使つかって今いままであった物ものを)切きらす；無なくす。 예 쌀을 벌써 다 떨어뜨렸다. 米こめをもう切らした。 ❼【가치 품질을 낮추다】(価値かち・品質ひんしつなどを)下さげる；下落げらくさせる。 예 품위를 떨어뜨리는 행동 品位ひんいを下げる行動こうどう。 ❽【탈락시키다】(試験しけん・入札にゅうさつなどで)落おとす。 예 면접에서 10명을 떨어뜨렸다. 面接めんせつで10人にんを落とした。 ❾【사이・거리를】(間あいだ・距離きょりを)離はなす。 예 액자를 멀리 떨어뜨려 걸다. 額がくを遠とおく離して掛かける。 / 부모님도 우리 사이를 떨어뜨려 놓지는 못했다. 両親りょうしんも私わたしたちの間あいだを離すことはできなかった。 =

떨어트리다

떨어-지다ᄍ ❶【から下に落ちる】(上から下に)落ちる｜落下する。예 갑자기 굵은 빗방울이 떨어지기 시작했다. 急に太い雨粒が落ち始めた。／침대에서 굴러 ～. ベッドから転がり落ちる。❷【後ろに残ったり】遅れる｜離れる。예 마라톤 대열에서 떨어져 혼자 걸어가다. マラソンの隊列から遅れて、一人で歩いて行く。❸【付いていたものが】取れる｜離れる｜散る｜外れる。예 옷에서 단추가 ～. 服からボタンが取れる。／상처에서 딱지가 떨어졌다. 傷からかさぶたが取れた。／꽃이 ～. 花が散る。❹【物】(物・お金を使って)切れる｜無くなる。예 김치가 다 떨어졌다. キムチが切れた。／이달 용돈이 다 떨어졌다. 今月分の小遣いが無くなった。❺【言葉・信号などが】(言葉・信号などが)聞こえる｜おりる。예 출발 신호가 떨어지자마자 달려 나갔다. 出発の信号がおりると、すぐ走って出て行った。／말이 떨어지기 무섭게 일을 시작했다. 聞こえてすぐ仕事とを始めた。❻【試験・選抜】(試験・選抜などに)落ちる。예 국회의원 선거에서 떨어졌다. 国会議員の選挙に落選した。／시험에 떨어져 재수를 한다. 試験に落ちて浪人する。❼【レベル・状態が】(レベル・状態が)下がる｜落ちる。예 등급이 한 단계 떨어지는 소고기이다. ランクが一段階落ちた牛肉だ。／실력이 평균보다 떨어진다. 実力が平均より下がる。／12월이 되자 기온이 많이 떨어졌다. 12月になると気温がたいへん下がった。❽【癖・食欲・病気が】(癖・食欲・病気などが)無くなる｜治る。예 감기가 떨어지지 않아 진찰을 받았다. 風邪が治らず診察を受けた。❾【距離が】(距離が)離れる。예 여기에서 지하철역까지 500미터쯤 떨어져 있다. ここから地下鉄の駅まで500メートルほど離れている。／우리는 하루도 떨어져 살 수 없다. 私たちは一日も離れて暮らせない。

떨어-트리다ᄐ ☞떨어뜨리다

떨-이명 安売り｜投げ売り｜捨て売り。예 슈퍼에서 ～로 파는 것을 사 왔다. スーパーで安売りしたものを買ってくる。

　떨이-하다 安売りする｜投げ売りする｜捨て売りする。

떨-치다ᄍ【振るう】振るう｜とどろく｜鳴らす。예 국력을 크게 ～. 国力を大いに振るう。／명가수로 이름을 ～. 名歌手として名を鳴らす。

떨-치다[2] ❶【振り落とす】振り落とす｜振り切る。예 붙잡는 손을 떨치고 일어나다. つかむ手を振り落として起きる。／잡념을 떨치고 공부에 집중하다. 雑念を振り落として勉強に集中する。❷【振り捨てる】捨てる。

떫다 ❶【渋い】渋い。❷【未熟な】未熟だ｜幼い｜まずい。❸【気が】気が乗らない。

떫디-떫다형 非常に渋い。

떫은-맛 渋味。

떳떳-하다형 堂々としている｜潔い｜やましくない。예 떳떳한 행동 堂々たる行動。

떳떳-이부 堂々と｜潔く。

떵부【がらんと】がらん。

떵떵[1]부 ❶【大きなことを】大きなことを言うさま。예 큰소리만 ～ 친다. 大口をたたく。❷【威勢を示す】威勢を示すさま。

　떵떵-거리다[1]【威張る｜豪華な生活をする】威張る｜豪華な生活をする。예 해외에서 떵떵거리며 살다. 海外でぜいたくに暮らす。＝떵떵대다

　떵떵-대다ᄍ ☞떵떵거리다

떵-떵[2]부【大きな音がするさま】がんがん。

　떵떵-거리다ᄍᄐ (厚い金物などを)がんがんと鳴らす。＝떵떵대다

　떵떵-대다ᄍᄐ ☞떵떵거리다

떼[1]명 群れ。예 ～를 지어 다니다. 群れをなして歩き回る。

떼[2]명 だだ｜意地。예 ～를 쓰다. だだをこねる。

떼[3]명 浮き木｜いかだ。

떼[4]명 芝生。

떼-거리[1]명 群れ。

떼-거리[2]명 駄々｜意地｜わがまま。예 ～를 쓰다. 駄々をこねる。

떼구루루부 ごろごろ｜ごろり。예 ～ 굴러서 바다로 빠졌다. ごろごろと転がって海に落ちた。

떼굴-떼굴부 ころころ｜ごろごろ。

떼꾼-하다형 目が落ちくぼんでいる。

떼다ᄐ ❶【取る】取る｜取り外す｜はがす｜取り除く。예 벽에서 사진 액자를 ～. 壁から写真の額縁を取り除く。

❷【빼놓다】差し引く｜取り除く。❸【끊다】断つ。❹【밟다】踏み出す。옌첫걸음을 ~. 始はじめの一歩いっぽを踏み出す。❺【말을 꺼내다】(ものを言うために)口くちを開ひらく。❻【시선을 옮기다】(目めを)離はなす。옌눈을 떼지 말고 보아라. 目を離さずに見みろ。❼【물건을 사다】買かい入いれる。옌도매상에서 원재료를 ~. 卸商おろししょうで原材料げんざいりょうを買かい入いれる。❽【낙태하다】(胎兒たいじを)下おろす｜堕胎だたいする。❾【학업을 끝내다】学まなび終おえる。옌일본어 회화 초급을 ~. 日本語にほんごの会話かいわの初級しょきゅうを習ならい終える。❿【증서·수표 등을 발행하다】振ふり出だす｜切きる｜発行はっこうする。옌출생 증명서를 ~. 出生証明書しゅっしょうしょうめいしょを発行する。/수표를 ~. 小切手こぎってを振り出す。

떼다²[타]【속이다】踏ふみ倒たおす。옌빌려 온 돈을 ~. 借金しゃっきんを踏み倒す。

떼-도둑[명]群盗ぐんとう。옌마을 사람들은 ~이 무서워 고개를 넘으려 하지 않았다. 村むらの人々ひとびとは群盗が怖こわくて、峠とうげを越こえようとしなかった。

떼-돈[명]大金たいきん。옌~을 벌다. 大金をつかむ。

떼-먹다[☞'떼어먹다'의 준말.

떼-밀다[強つよく押おす｜押し退のける。

떼-쓰다[駄々だだをこねる｜わがままを言いう｜意地いじ張ばる。

떼어-먹다[타]【빚·외상값을】❶踏ふみ倒たおす｜食くい倒す。外상값을 ~. 掛かけ金きんを踏み倒す。❷【횡령하다】横取よこどりする｜横領おうりょうする。옌소개비를 ~. 紹介費用しょうかいひようを横取りする。준떼먹다

떼-이다[타]踏ふみ倒たおされる。

떼-쟁이[명]しつこくねだる人ひと｜意地いじっ張ばり｜わがまま｜強情ごうじょうっ張り。옌내 막내 동생은 못 말리는 ~이다. 一番下いちばんしたの弟おとうとは言いうことを聞きかない強情っ張りだ。

떼-죽음[명]集団死しゅうだんし。

뗏-목(-木)[명]いかだ｜浮うき木き。옌~을 만들어 타다. いかだを作つくって乗のる。

뗏-장[명]芝生しばふの一切ひときれ。

뗑[부]【종을 세게 쳤을 때의 소리】かん｜こん｜ちん。

또[부]❶【거듭하여, 더하여】また｜再ふたたび｜もう一度いちど｜更さらに｜その上うえに。옌필요한 것이 있으면 말씀하세요. 또 필요한 것이 있으면 말씀하세요. また必要ひつようなものがあればおっしゃってください。/사고가 발생했다. 再び事故じこが発生はっせいした。❷【혹시】(もしかして)—ならともかく｜—ならいざ知しらず。옌소고기라면 ~ 몰라

도 돼지고기는 싫어하는 편이다. 牛肉ぎゅうにくならともかく、豚肉ぶたにくは嫌きらいなほうだ。

또그르르[부]【구르는 모양】ころころ。동전이 ~ 굴러가다. 銅貨どうかがころころと転ころがる。

또글-또글[부]【작고 빠르게 구르는 모양】ころころ。

또는[부]または｜あるいは｜もしくは｜それとも。

또-다시[부]もう一度どう重かさねて｜また｜再ふたたび。옌~ 만날 일은 없을 것이다. 再び会あうことはないだろう。/~ 해 보나. もう一度やってみる。

또닥-거리다[자타]【좁은 물건을 가볍고 빠르게 두드리는 소리】とんとんとたたく｜こつこつとたたく。옌아이의 등을 또닥거려서 달랬다. 子供こどもの背中せなかをとんとん軽かるくたたいて宥なだめた。=또닥대다

또닥-대다[자타]☞또닥거리다

또드락-거리다【'또닥거리다'보다 센 말】とんとん音おとをたてる。=또드락대다

또드락-대다[타]☞또드락거리다

또드락-또드락とんとん。

또랑또랑-하다(目め・声こえなどが)はっきりしている｜はきはきしている｜明あかるく澄すんでいる。옌그 아이의 또랑또랑한 목소리가 들려오는 것 같다. その子このはきはきした声が聞きこえてくるようだ。

또래同年輩どうねんぱい｜同おなじ年としごろのもの。옌~의 아이들이 모여서 놀다. 同じ年ごろの子供たちが集あつまり遊あそぶ。

또렷-또렷[부]はっきり｜くっきり｜きっぱり。

또렷-하다[형]はっきりしている｜明あきらかだ｜鮮あざやかだ｜くっきりしている。

또렷-이[부]はっきりと｜明あきらかに。옌이제는 그의 얼굴이 ~ 떠오르지 않아 너무나 마음이 아프다. もう彼かれの顔かおがはっきりと浮うかばなくて、心こころが痛いたむ。

또르르[부]❶【작은 것이 굴러가는 모양】くるり｜くるっと｜くるくる。옌종이를 ~ 말다. 紙かみをくるりと巻まく。❷【작은 것이 구르는 모양이나 소리】ころりと｜ころころ。옌~ 굴러가는 구슬 ころころと転がるビー玉たま。

또박-또박¹[부]【말씨나 글씨가 분명한 모양】はっきりと｜正確せいかくに｜きちんきちん。옌글자를 한 자 한 자 ~ 써라. 文字もじを一字一字いちじいちじきちんきちんと書かきなさい。

또박-또박²[부]【발걸음을 짧게 떼면서 또렷이 걷는 모양】のしのし｜のっしのっし｜こつこつ。옌~ 걸어가는 하이힐 소리 こつこつと歩あるき続つづける

ハイヒールの音。

또한 ❶[예시] 同じく｜同様に｜また｜やはり。例 나 ~ 네 생각과 같다. 私もまたあなたの考えと同じだ。/ 너 ~ 반대할 것이다. あなたもまた反対するだろう。❷[골결] そのうえ｜なおかつ｜さらにまた。例 값도 싸고 ~ 맛도 있다. 値段も安いし、そのうえ味もうまい。

똑¹ ❶[물체나 물방울 등이 떨어지는 소리 또는 모양] ことん｜ぽとり｜ぽたり。예 ~ 하고 떨어지는 한 방울의 눈물 ぽたりと落ちる一滴の涙/ 사과가 ~ 떨어졌다. リンゴがぽとりと落ちた。❷[물체가 부러지는 소리] ぽきっと｜ぽっきり。例 마른 가지를 ~ 꺾다. 枯れた枝をぽきっと折る。❸[단단한 물체를 가볍게 치는 소리 또는 모양] こつん｜とん｜ことん。例 ~ 하고 어깨를 두드리다. とんと肩を叩く。

똑² ❶[계속되던 것이 끊어지는 모양] ぴたっと。例 소식이 ~ 끊겼다. 便りがぴたっと切れた。❷[완전히 없어진 모양] すっかり。例 치약이 ~ 떨어졌다. 歯磨き粉がすっかり無くなった。

똑³ そっくり｜ちょうど｜ぴったり。例 성격이 ~ 제 아버지다. 性格がお父さんにそっくりだ。

똑-같다[형] 全く同じだ｜そっくりだ。例 매일 반복되는 똑같은 일상 毎日繰り返す変わらない日常/ 생김새가 ~. 顔付きがそっくりだ。/ 내가 잃어버린 것과 ~. 私の落としたものと全く同じだ。

똑같-이[부] 同じに｜同じく｜等しく。例 ~ 만들다. 同じく作る。/ ~ 나누다. 等しく分ける。

똑딱[부] ❶[단단한 물체를 가볍게 두드리는 소리] こつん｜とん。❷[시계의 움직이는 소리] かちかち。❸[발동기·똑딱선의 기관 소리] ぽんぽん。

똑딱-거리다[자] ❶[단단한 것을 가볍게] とんとんと叩く。❷(時計などが)かちかちと音がする。❸ぽんぽんと音が鳴る。例 똑딱거리는 발동기 ぽんぽんと音を立てる発動機。=똑딱대다

똑딱-대다[자][타] ☞똑딱거리다

똑딱-단추[명] スナップ｜ホック。

똑딱-똑딱[부] ❶ことこと｜とんとん。❷かちかち。❸ぽんぽん。

똑딱-선(-船)[명] ぽんぽん蒸気じょう｜ぽんぽん船。

똑-똑[부] ❶[단단한 물체나 물방울 등이 떨어지는 소리] ぽたぽた｜ぽとぽと。例 지붕에서 빗물이 ~ 떨어진다. 屋根から雨しずくがぽとぽとと落ちる。❷[단단한 물체가 부러지는 소리 또는 모양] ぽきぽき。例 가지를 ~ 부러뜨리다. 枝をぽきぽきと折る。❸[단단한 물체를 가볍게 두드리는 소리 또는 모양] とんとん。例 ~ 문 두드리는 소리가 났다. とんとんと戸を叩く音がした。

똑똑-하다 ❶[또렷하다] (物事が)はっきりしている｜明らかだ｜明瞭だ｜鮮明だ｜明確だ。例 범인의 얼굴을 똑똑하게 보았다. 犯人の顔を明確に見た。/ 자신의 의견을 똑똑하게 말하다. 自分自身の意見をはっきりにして話す。❷[영리하다] 賢い｜利口だ｜頭がいい。例 다나카는 ~. 田中君は頭がいい。

똑똑-히[부] はっきり｜明らかに｜明確に｜利口に。

똑-바로[부] ❶[기울거나 굽지 않고] 真っ直ぐに｜一直線に｜正しく。例 줄을 ~ 긋다. 線を真っ直ぐに引く。/ 이 길로 ~ 가시오, この道に真っ直ぐ行きなさい。/ 얼굴을 ~ 바라보다. 顔をまともに見る。/ 의자에 ~ 앉다. 椅子に正しく座る。❷[올바로] 真っ直ぐに｜正直に｜ありのままに｜正しく。例 ~ 자백하라. 真っ直ぐに白状しろ。

똑-바르다 ❶[기울거나 굽지 않다] 真っ直ぐだ。例 똑바른 길 真っ直ぐな道/ 등을 똑바르게 펴다. 背中を真っ直ぐに伸ばす。/ 자세가 ~. 姿勢が正しい。❷[올바르다] 正しい｜正直だ。例 마음이 똑바른 사람 心の正しい人。

똘똘 ❶[작은 물건이 굴러가는 모양] ころころ。例 콩이 ~ 굴러갔다. 豆がころころと転がって行った。❷[물건을 말아 싸는 모양] くるくる。例 상장을 ~ 말아서 가지고 간다. 賞状をくるくる巻いて持って帰る。

똘똘-이[명] [똑똑하고 총명한 아이의 애칭] 利口な子｜お利口さん。

똘똘-하다 たいへん利口で賢い｜はきはきしている。例 똘똘한 도련님 お利口さんな坊ちゃん/ 참으로 똘똘한 아이구나! 本当に賢い子だな。

똥[명] ❶うんこ｜くそ｜大便｜糞。例 ~을 누다. 大便をする。/ ~을 싸다. 大便を漏らす。=분(糞) ❷[먹물 찌꺼기] 墨汁のの。

똥-값[명] [형편없이 싼값] 捨て値｜二束三文。

똥-개[명] 駄犬｜雑犬。

똥-구멍[명] [항문의 속된 말] 「肛門」の俗っぽい語｜尻の孔。

똥그라미명 円えん。丸まる。
똥그랗-다형 丸まるい。真まん丸まるい。
똥그래-지다자 丸まるくなる。真まん丸まるになる。
똥그스름-하다형 丸まるみがある。丸まるみを帯おびている。丸まるっこい。
똥글-똥글부 真まん丸まる。
 똥글똥글-하다형 真まん丸まるい。真まん丸まるだ。예얼굴이 똥글똥글하고 귀엽다. 顔かおが真ん丸でかわいい。
똥똥-하다형 ぽっちゃりしている。少すこし太ふとっている。예약간 똥똥한 얼굴이 귀엽다. 少しぽっちゃりしている顔がかわいい。
똥-물명 ❶糞水ふんすい。❷黄水おうすい。
똥-배명 太古腹たいこばら。ほてい腹ばら。
똥-싸개명 大便だいべんの分別力ふんべつりょくがない子供こども。
똥-오줌명 大小便だいしょうべん。糞尿ふんにょう。
똥-집명 ❶大腸だいちょう。❷体重たいじゅう。❸胃袋いぶくろ。
똥-차(-車)명 ❶糞尿車ふんにょうしゃ。❷ぼろ車くるま。ぽんこつ車しゃ。
똥-칠(-漆)명 ❶糞ふんを塗ぬりつけること。❷恥辱ちじょくを受うけること。面目めんぼくをつぶすこと。예그러한 행위를 하는 것은 네 얼굴에 ~을 하는 것임을 기억해라. そのような行為こういは、君きみの面目をつぶすことであることを、覚おぼえていなさい。
 똥칠-하다자 ❶糞を塗りつける。❷恥辱を受ける。面目をつぶす。
똥-통(-桶)명 ❶糞尿桶ふんにょうおけ。肥桶こえおけ。❷おんぼろ。
똥-파리명 〈동〉金蠅きんばえ。
똬리명 ❶わらや布ぬのなどで作つくった輪状りんじょうのクッション。❷とぐろ。예뱀이 ~를 틀고 있다. 蛇へびがとぐろを巻まいている。
뙈기명 【枚】枚まい。예밭 한 ~ 一枚いちまいの畑はたけ。
뙤약-볕명 焼やけ付つくような強つよい日差ひざし。
뚜부 ぶうぶう。ぴいぴい。
뚜껑명 蓋ふた。キャップ。예냄비 ~ なべの蓋ふた。볼펜 ~ ボールペンのキャップ。
뚜드리다타 ☞두드리다
뚜들기다타 ☞두들기다
뚜-뚜부 ぶうぶう。ぴいぴい。예~ 사이렌을 울리다. ぶうぶうサイレンを鳴らす。

뚜렷-뚜렷부 すべてがはっきりしているさま。非常ひじょうに明あきらかなさま。
뚜렷-하다형 はっきりしている。くっきりしている。明あきらかだ。際立きわだっている。
 뚜렷-이부 はっきりと。明あきらかに。くっきりと。예눈을 감으면 그 사람의 동그란 눈이며 오똑한 콧날이 ~ 떠오른다. 目めを閉とじれば、その人ひとの丸まるい目めや高たかい鼻筋はなすじがはっきりと浮うかぶ。
뚜르르부 くるくる。くるくる。예휴지를 ~ 말다. ちり紙がみをくるくると巻く。❷ごろごろ。がらがら。
뚜벅-거리다자 こつこつと鳴なる。=뚜벅대다
뚜벅-대다자 ☞뚜벅거리다
뚜벅-뚜벅부 こつこつ。예~ 걷다. 一歩一歩いっぽいっぽ歩あゆむ。
뚝¹ ❶どしん。どん。ずしん。ぽとり。예지붕에서 물방울이 ~ 떨어지다. 屋根やねから水滴すいてきがぽとりと落おちる。❷ぽきっと。ぽっきり。예연필심이 ~ 부러지다. 鉛筆えんぴつの芯しんがぽきっと折おれる。❸こつん。とん。ことん。
뚝² 부 ❶ぱったり。ぷっつり。ぴたっと。예울음소리가 ~ 그쳤다. 泣声なきごえがぴたっと止まった。/연락이 ~ 끊겼다. 連絡れんらくがぷっつりと切れた。❷きっぱり。てきぱき。예자신은 모르는 일이라고 ~ 잡아떼다. 自分じぶんは知しらないこととしてきっぱりと白しらを切きる。❸すっかり。예쌀이 ~ 떨어지다. 米こめが少すこしも残っていない。❹がたっと。예고등학교에 들어간 후 성적이 ~ 떨어졌다. 高校こうこうに入はいって成績せいせきががたっと落おちる。❺はるかに。예집에서 ~ 떨어져 있는 학교에 다닌다. 家いえから遠とおく離はなれている学校がっこうに通かよう。
뚝-딱¹ 부 かちかち。ことこと。とんとん。
 뚝딱-거리다자타 こつこつ打うち鳴ならす。=뚝딱대다
 뚝딱-대다자타 ☞뚝딱거리다
뚝-딱² 부 てきぱき。さっさと。さっと。예스파게티를 ~ 만들어 내다. スパゲッティをさっさと作つくり出だす。/ 일

을 ~ 해치우다. 仕事をさっさと片付ける。

뚝딱-뚝딱1 [부] 【단단한 물건을 잇따라 두드리는 소리】 かちかち ¦ とんとん。

뚝딱-뚝딱2 [부] 【일을 거침없이 해치우는 모양】 てきぱき ¦ さっさと ¦ さっと。

뚝-뚝1 [부] ❶【큰 물체나 물방울이 떨어지는 소리 또는 모양】 ぽたぽた。[예] 물방울이 ~ 떨어지다. 水滴がぽたぽたと落ちる。❷【부러지거나 끊어지는 소리 또는 모양】 ぽきぽき。[예] 나뭇가지를 ~ 부러뜨리다. 枝をぽきぽきと折る。

뚝-뚝2 [부] 【성적·순위가 눈에 띄게 떨어지는 모양】 どんどん ¦ がたっと。[예] 날이 갈수록 성적이 ~ 떨어지고 있다. 日に日に成績がどんどん落ちている。

뚝뚝-하다 [형] ❶【무뚝뚝하다】 無愛想だ ¦ ぶっきらぼうだ ¦ そっけない。[예] 뚝뚝한 말씨 無愛想な言い方/ 뚝뚝하게 대답하다. ぶっきらぼうに答える。❷【거세고 단단하다】 固い ¦ ごわごわしている。[준] 뚝하다

뚝배기 [명] 土鍋。

뚝-심 [명] ❶根気 ¦ 頑張り ¦ 粘り。[예] ~이 센 사람 根気の強い人/ ~이 없는 사나이 粘りのない男/ ~ 없이는 못하는 일이다. 根気がなければできない事だ。❷くそ力 ¦ ばか力。

뚝-하다 [형] ☞'뚝뚝하다❷'의 준말.

뚤뚤 [부] ❶【큰 물건이 둥글게 말리는 모양】 ぐるぐる ¦ くるくる。[예] 큰 종이를 ~ 말다. 大きな紙をぐるぐると巻く。❷【크고 둥근 물건이 구르거나 돌아가는 소리 또는 모양】 ごろごろ ¦ ぐるぐる。

뚫다 [타] ❶【구멍을】 (穴を)開ける。[예] 송곳으로 구멍을 ~. 錐で穴を開ける。❷【막힌 것을】 (詰まったものを)貫通する ¦ 突き抜く ¦ 通す。[예] 막힌 하수구를 ~. 詰まった下水溝を通す。❸【어려움을】 (困難を)切り抜ける ¦ 突破する。[예] 난관을 뚫고 목적지에 도착했다. 難関を突破して目的地に着いた。❹【해결할 길을】 (方法などを)見つける ¦ 探す ¦ 探し出す。[예] 판로를 ~. 販路を開拓する。

뚫-리다 [자] ❶【구멍이】 (穴が)開く。[예] 양말에 구멍이 뚫렸다. 靴下に穴が開いた。❷【막힌 것이】 (詰まったものが)突き抜かれる ¦ 貫通される ¦ 通る。[예] 막혔던 길이 뚫려서 속도를 내다. 混んでいた道を通って速度を出す。❸【어려움이】 (難関が)解決する。[예] 막혔던 일들이 술술 뚫리기 시작했다. 困難だった事柄がすらすらと解決し始めた。

뚫어-지다 [자] ❶【구멍이】 (穴が)開く ¦ できる。[예] 뚫어진 양말 穴が開いた靴下。❷【길이】 通じる。❸【'뚫어져라·뚫어지게' 꼴로】 (穴が開くほど)じっと。[예] 텔레비전의 화면을 뚫어지게 보다. テレビの画面を穴が開くほどじっと見る。

뚱그레-지다 [자] ☞둥그레지다

뚱그렇다 [형] ☞둥그렇다

뚱그스름-하다 [형] ☞둥그스름하다

뚱글-뚱글 [부] ☞둥글둥글

뚱기다 [타] ❶【악기의 줄 등을】 弾く ¦ 弾く。❷【귀띔하다】 ほのめかす ¦ 暗示する。

뚱딴지1 [명] ❶意地っ張りで愚鈍で無愛想な人。❷とんでもないこと ¦ 突拍子もないこと。[예] 그는 항상 ~ 같은 소리만 한다. 彼はいつもとんでもないことばかり言う。

뚱딴지2 [명] 《식》菊芋。

뚱뚱-보 [명] でぶ ¦ 太っちょ。=뚱뚱이·뚱보❷

뚱뚱-이 [명] ☞뚱뚱보

뚱뚱-하다 [형] ❶【살이 쪄서】 でっぷりとしている ¦ 太っている。[예] 뚱뚱한 허리 でっぷりとした腰/ 뚱뚱한 허벅지 太い太股/ 뚱뚱한 몸매 でっぷりとした体つき。❷【부어서】 ふくれている ¦ 腫れている ¦ 出っ張っている。

뚱-보 [명] ❶そっけなくてつれない人 ¦ 無愛想な人。❷☞뚱뚱보

뚱-하다 [형] ❶口数が少なく無愛想だ ¦ むっつりしている。[예] 사람이 뚱해서 남과 잘 어울리지 못한다. 無愛想な性格で、他人と上手く付き合えない。❷機嫌が悪い ¦ ふくれている ¦ つんとしている。

뛰-놀다 [자] ❶【이리저리】 あちこち遊び回る ¦ はしゃぎ回る。[예] 아이들이 공원에서 뛰놀고 있다. 子供たちが公園で遊び回っている。❷【심장·맥박이】 (心臓·脈などが)強く打つ。[예] 맥박이 세게 ~. 脈拍が強く打つ。

뛰다1 [자][타] ❶【높이 솟구쳐】 (高く)跳ね上がる ¦ 跳ぶ。[예] 제자리에서 높이 ~. その場で高く跳ね上がる。❷【맥박·심장이】 (胸が)どきどきする ¦ ときめく。[예] 그녀를 보자 가슴이 뛰었다. 彼女を見るなり胸がどきどきした。❸【가격이 오르다】 (価格が)上がる ¦ 跳ね上がる。[예] 5년 만에 집값이 두 배로 뛰었다. 5年で家の価値が二倍に跳ね上がった。❹【그네를】 ぶらんこに乗る。

예 그네를 ~. ぶらんこに乗る。

뛰다[자][①][달리다] 走る｜駆ける。예 학교까지 ~. 学校まで走る。/ 숨차게 ~. 息が詰まるほど走る。**②**[대표선수로] (ある資格で仕事などとして)走る。예 축구 선수로서 아직 5년은 더 뛸 수 있겠지. サッカー選手としてまだ5年は走れるだろう。**③**[일 따위에서] (仕事などで)回る｜走る。예 오늘 하루 열 군데는 뛰어야 일이 끝난다. 今日一日は10個所は回れば仕事が終わる。

뛰는 놈 위에 나는 놈 있다[속담] 走る者の上には飛ぶ者がいる：「いくら才能が優れていても、それ以上に優れている人がいる」の意：〔日〕上には上がある。

뛰룩-뛰룩[부] **①**[눈알을 자꾸 둘리는 모양] ぎょろぎょろ。**②**[몸이 뚱뚱한 모양] ぶくぶく。예 ~ 살찌다. ぶくぶくと太る。

뛰어-가다[자] 駆けて行く｜走って行く。예 단숨에 ~. 一息に走っていく。/ 바쁘게 ~. 忙しそうに走っていく。/ 집까지 ~. 家まで駆けていく。

뛰어-나가다[자] 駆け出す｜飛び出す。

뛰어-나다[형] 優れる｜秀でる｜ずば抜ける。예 뛰어난 재능이 있다. 優れた才能がある。/ 말솜씨가 ~. 口前がいい。

뛰어-나오다[자] 走り出る｜走り出す｜飛び出る｜飛び出す。예 교실에서 갑자기 ~. 教室から突然飛び出す。/ 총알같이 ~. 銃弾のように飛び出す。

뛰어-내리다[자] (高い所から)飛び降りる。예 다리에서 ~. 橋から飛び降りる。/ 옥상에서 ~. 屋上から飛び降りる。/ 육교에서 ~. 陸橋から飛び降りる。/ 벼랑에서 ~. 崖から飛び降りる。/ 낙하산을 타고 ~. 落下傘に乗って飛び降りる。

뛰어-넘다[타] 飛び越える｜乗り越える｜飛び越す。예 담벼락을 ~. 壁面を乗り越える。/ 장애물을 ~. 障害物を乗り越える。

뛰어-다니다[타] 走り回る｜飛び回る。예 여기저기 바쁘게 ~. あちこち忙しく走り回る。

뛰어-들다[타] **①** 飛び込む｜乗り込む｜駆け込む。예 물속으로 ~. 水の中に飛び込む。/ 품속으로 ~. ふところに飛び込む。/ 팔 안으로 ~. 腕の中に飛び込む。**②**[어떤일에] 飛び込む｜身を投じる｜関わる｜関係する。예 정치에 뛰어들기로 결심했다. 政治に身を投じることを決意した。

뛰어-오다[자] 駆けて来る｜走って来る。예 바쁘게 ~. 忙しそうに駆けてくる。/ 여기까지 ~. ここまで走ってくる。/ 순식간에 ~. 瞬く間に駆けてくる。

뛰어-오르다 ① 飛び上がる｜跳ね上がる｜跳ねる｜躍り上がる｜駆け上がる。예 계단을 ~. 階段を駆け上がる。/ 연단에 ~. 演壇に踊り上がる。**②**[말이나 차 등에] (馬や車等に)飛び乗る。예 기차에 ~. 汽車に飛び乗る。/ 말에 ~. 馬に飛び乗る。**③**[값이] 跳ね上がる｜飛ぶ。예 물가가 ~. 物価が跳ね上がる。

뛰쳐-나오다[자타] 飛び出る｜飛び出す。예 집을 ~. 家を飛び出す。/ 불 속에서 ~. 火の中から飛び出す。

뜀[명] **①**(両足をそろえて)前に跳ぶこと。**②** 飛び上がること｜飛び越えること。예 ~을 뛰다. 飛び上がる。

뜀-뛰기〈운〉**①** 跳躍競技。**②** 跳躍運動。

뜀-뛰다(両足をそろえて)前に跳ぶ｜跳ねる｜飛び上がる｜幅跳びをする｜高飛びをする。예 높이 뜀뛰어 공중제비를 하다. 高く飛び上がって宙返りをする。

뜀박-질[명] **①** 駆け足｜走ること｜かけっこ。예 그 아이는 ~을 잘한다. その子供はかけ足が得意だ。=달음박질 **②** 跳び方｜跳ぶ動作。=뜀질
뜀박질-하다[자] 走る｜かけっこをする。

뜀-질[명] ☞뜀박질

뜀-틀〈운〉**①** 跳び箱。**②** ☞뜀틀 운동

뜀틀 운동(一運動)〈운〉跳び箱運動。=뜀틀 **②**

뜨개-질[명] 編むこと｜編み物。예 그녀는 ~을 잘한다. 彼女は編み物がうまい。
뜨개질-하다[자] 編み物をする。

뜨거워-지다[자] 熱くなる。

뜨겁다[형] **①**[온도가] (温度が)高い｜熱い｜暑い。예 뜨거운 물 熱い湯/ 뜨거운 수프 熱々のスープ/ 태양이 뜨겁게 내리쬐

다. 太陽が熱く照りつける。❷【체온】(体温が)高い｜熱い｜(顔色が)ほてる。예열이 나서 몸이 ~. 熱が出て体が熱い。❸【열렬】熱い｜熱烈だ｜温かい。예당신의 뜨거운 사랑이 나의 마음의 문을 열게 했다. あなたの熱い愛が、私の心のドアを開いた。/ 여러분의 뜨거운 온정이 우리를 살렸습니다. 皆さんの熱い温情で、私たちが救われました。

뜨끈-뜨끈［부］熱々と｜ほかほか｜ぽかぽか。

뜨끈뜨끈-하다［형］ほかほかする｜ぽかぽかする｜熱々だ。예뜨끈뜨끈한 군고구마 ほかほかの焼き芋も。

뜨끈-하다［형］よほど熱い。예뜨끈한 차 한 잔을 마시다. 熱いお茶を一杯飲む。

뜨끈-히［부］よほど熱く。

뜨끔-거리다［자］ちくちく痛む｜ひりひりする｜ずきずきする。예어제 다친 상처가 자꾸 ~. 昨日出来た傷がやたらにずきずきする。=뜨끔대다

뜨끔-대다［자］☞뜨끔거리다

뜨끔-뜨끔［부］ちくちく｜ひりひり｜ずきずき｜ずきんずきん。예상처가 ~ 아프다. 傷がずきずきと痛む。

뜨끔-하다［형］❶【뜨거움】火に当てたように熱い。❷【놀람】ぎくっとする｜どきっとする｜びくっとする。예가슴이 뜨끔하여 고개를 들 수가 없었다. 胸がどきっとして顔をあげることができなかった。❸【찌름】ちくりと痛い。

뜨내기［명］流れ者｜放浪者｜旅ぐらす｜渡り者。

뜨내기-손님［명］時たま来る客。

뜨다¹［자］❶【떠오름】浮く｜浮かぶ。예물속에서 몸이 ~. 水中で体が浮く。/ 하늘에 뭉게구름이 떠 있다. 空に綿雲が浮いている。/ 비행기가 떴다. 飛行機が飛ぶ。❷【벌어짐】浮く｜浮き上がる｜(すき間が)あく。예벽지가 ~. 壁紙が浮く。❸【내키지·들뜸】浮つく。예여행 갈 생각에 마음이 떠 일이 안 된다. 旅に立つつもりで、浮ついて仕事がよくできない。

뜨다²［자］❶【증기】蒸れる｜発酵する。❷【색이 변함】黄色くてむくむ｜黄色くなる｜黄ばむ。예아프다고 하더니 얼굴이 누렇게 뜬 것 같다. 具合いが悪いと言っていたが、顔が黄色くなったようだ。

뜨다³［타］❶【뜨남】立つ｜あける｜はずす。예자리를 ~. 席を立つ。❷【떠남】去る｜離れる。예고향을 ~. 故郷を離れる。❸【죽음】去る｜亡くなる。예세상을 ~. 世を去る。

뜨다⁴［타］❶【건짐】(液体などを)汲む｜掬う。예국자로 국을 ~. お玉で汁を汲む。❷【먹음】(食べ物を)少し食べる。예아침밥을 한술이라도 뜨고 가세요. 朝ごはんを少しでも食べていきなさい。❸【저밈】(肉や魚などを)薄切りにする。예회를 떠서 먹다. 魚の身を薄く切って食べる。❹【삼】(反物などを)買う。예옷감을 떠 왔다. 服地を買ってきた。

뜨다⁵［타］❶【눈뜸】(目を)開く｜あける｜視力を取り戻す｜目覚める。예눈을 살며시 ~. 目をそっと開く。/ 눈을 번쩍 ~. 目をかっと開く。❷【들림】(耳が)聞こえるようになる。

뜨다⁶［타］❶【짬】編む。예털실로 장갑을 ~. 毛糸で手袋を編む。❷【바느질】縫う｜刺し縫いをする。예한 땀 한 땀 떠 가다. 一針一針縫っていく。❸【문신】入れ墨をする。

뜨다⁷［타］❶【본뜸】(型を)取る｜描く｜写す。예지형을 ~. 紙型を取る。

뜨다⁸［타］❶【탐색】(内心を知るためにそれとなく)探る｜推し量る。예그녀의 속마음을 알고 싶어 이리저리 ~. 彼女の内心が知りたくてあれこれ探ってみる。

뜨다⁹［타］❶【뜸】(灸を)据える。

뜨다¹⁰［형］❶【느림】(行動·口が)遅い｜のろい｜重い｜鈍い。예그는 동작이 뜨다. 彼は動作がのろい。/ 말이 ~. 口数が少ない。❷【간격】(時間的·空間的距離が)離れる｜隔たる。예사이가 ~. 距離が離れている。/ 버스의 배차 간격이 ~. バスの便数が少ない。

뜨덤-뜨덤［부］たどたどしく。예책을 ~ 읽다. 本をたどたどしく読む。

뜨듯-하다［형］暖かい。

뜨듯-이［부］暖かく。

뜨뜻미지근-하다［형］❶【미온】生暖かい｜生ぬるい。예뜨뜻미지근한 물 なまぬるい水。❷【미흡】生ぬるい｜手ぬるい｜煮えきらない。예뜨뜻미지근한 태도 なまぬるい態度。

뜨뜻-하다[형] 暖かい。[예]뜨뜻한 방 あたたかい部屋。

뜨뜻-이[부] 暖かく。

뜨문-뜨문[부] ☞드문드문

뜨물[명] 【곡식을 씻어 낸 물】とぎ水¦白水。

뜨스-하다[형] 少し温かい¦生温い。

뜨습다[형] ほどよく温かい。

뜨악-하다[형] 【마음이 내키지 않다. 서먹하다】気乗りがしない¦気が進まない。[예]그를 방문한다는 것이 어쩐지 ~. 彼を訪問するのはなぜか気乗りがしない。

뜨음-하다[형] まばらだ¦一時やんでいる¦しばらくとだえている。[예]밤이 되자 인적도 뜨음해졌다. 夜になると人通りもまばらになった。

뜨-이다[자] ❶【눈이】(目が)覚める¦開く。[예]6시만 되면 저절로 눈이 뜨인다. 6時になると勝手に目が覚める。❷【눈에】(目に)付く¦入る。[예]많은 사람 속에서도 한눈에 뜨인다. 大勢の中でも目に付く。❸【두드러지다】目立つ¦際立つ。[예]최근 눈에 뜨이는 발전을 보이다. 近年著しい発展を見せる。[준]띄다[1]

뜬-구름[명] ❶浮き雲。❷【비유적으로】浮き世¦はかない世の中。

뜬구름(을) 잡다[관용] 雲を掴む。[예]뜬구름 잡는 이야기 雲をつかむような話。

뜬금-없다[형] 突然でとっぴだ¦とんでもない。[예]뜬금없는 이야기 急な話 / 뜬금없는 돈이 생기다. 思いがけないお金ができる。

뜬금없-이[부] 急に¦不意に¦とんでもなく。

뜬-눈[명] あけたままの目¦一睡もできなかった目¦夜更かしの目。[예]시험 공부를 하느라 ~으로 밤을 새우다. 試験勉強をしようと、一睡もせずに夜を明かした。

뜬-세상(一世上)[명] 浮き世。

뜬-소문(一所聞)[명] 根も葉もないうわさ¦流言¦デマ。

뜯-기다[1] [자][타] ❶【돈을】(金品などを)取られる¦巻き上げられる¦せびり取られる。[예]세금을 이중으로 ~. 税金を二重に取られる。❷【붙어 있던 것이】(付いていたものが)取り離される。❸【벌레에】刺される¦かまれる¦食われる。[예]다섯 군데나 모기한테 뜯겼다. 5箇所も蚊に刺された。

뜯-기다[2] [타] 【풀을 뜯어 먹게 하다】食わせる。[예]소에게 풀을 ~. 牛に草を食わせる。

뜯다[타] ❶【붙어 있는 것을】(付いているものを)取り外す¦剥がす¦摘む¦ちぎる¦むしる。[예]봉인을 ~. シールを剥す。/ 낡은 개수대를 뜯고 새것으로 바꾸었다. 古い流し台を取り外して、新しいものに取り替えた。/ 쑥을 ~. ヨモギを摘む。/ 소가 풀을 ~. 牛が草を食む。❷【닫힌 것·봉한 것을】開ける¦切る。[예]선물을 ~. プレゼントを開ける。/ 누군가가 허락 없이 편지 봉투를 뜯었다. 誰かが勝手に手紙の封を切った。❸【베어서 씹어 먹다】(歯で)かじる¦噛みきる。[예]갈비를 ~. 骨付きカルビをかじる。❹【현악기를】(弦楽器を)弾く¦演奏する。[예]거문고를 ~. 琴を弾く。❺【벌레가】刺す¦かむ¦食う。[예]모기가 팔을 ~. 蚊が腕を刺す。❻【남의 재물을】巻き上げる¦せびり取る。[예]일방적으로 돈을 뜯어 가다. 一方的にお金を奪っていく。

뜯어-고치다[타] 改める¦直す。[예]옛 제도를 ~. 昔の制度を改める。/ 기존의 방법을 ~. 従来のやり方を改める。

뜯어-내다[타] ❶【붙어 있는 것을】(付いているものを)取る¦取り外す¦剥す。[예]벽에서 포스터를 뜯어냈다. 壁からポスターを取り剥した。/ 문을 뜯어냈다. 門を取り外した。❷【억지로 남의 것을】取り上げる¦せびり取る¦せがんで出させる¦巻き上げる。[예]후배에게서 돈을 ~. 後輩からお金を巻き上げる。

뜯어-말리다[타] やめさせる¦引き分ける¦引き離す。[예]두 사람의 싸움을 ~. 二人の喧嘩をやめさせる。

뜯어-먹다[타] 【억지로 빼앗아 가지다】せびり取る¦ゆすり取る¦おごらせる。

뜯어-보다[타] ❶【봉한 것을 열다】切ってみる¦開けてみる¦開いてみる。[예]편지를 ~. 手紙の封を切ってみる。/상자를 ~. 箱を開けてみる。❷【자세히 살펴보다】よく見る¦観察する¦調べて見る。[예]얼굴을 찬찬히 ~. 顔をじっとよく見る。

뜯적-거리다[타] ❶【손톱이나 칼날로】(爪や刃先などで)しきりに引っ掻く。[예]딱지를 손톱으로 뜯적거려 피가 났다. かさぶたを爪で引っ掻いて血が出た。/ 멀쩡한 옷을 뜯적거려 구멍이 나다. なんともない服をしきりに引っ掻いて穴があく。❷【트집을 잡으면서 자꾸 건드리다】やたらにあら探しをして、ちょっ

뜯적-대다 ☞뜯적거리다

뜯적-뜯적 ④ ❶(爪·刃先などで)しきりに引っ搔くさま。❷やたらにあら探しをして、意地悪くちょっかいを出すさま。

뜰 명 庭。예~에 화초를 심다. 庭に草花を植える。

뜰썩-뜰썩 ④ ❶【바닥에 붙은 물건이 자꾸 매우 가볍게 들리는 모양】(かなり重いものが)しきりに浮いたり沈んだりするさま。❷【어깨나 엉덩이가 자꾸 들썩들썩하는 모양】(肩·尻などが)上下に揺れるさま。❸【마음이 들떠서 움직이는 모양】そわそわ。うきうき。

뜰썩뜰썩-하다 재타 ❶(かなり重いものが)しきりに浮いたり沈んだりする。예 세탁기가 뜰썩뜰썩하더니 멈추어 버렸다. 洗濯機ががたがたしていたのだが、止まってしまった。❷(肩·尻などが)しきりに上下に揺れる。❸そわそわする。うきうきする。예 경기가 격렬해지자마자 관중은 뜰썩뜰썩하기 시작했다. 試合が激しくなるやいなや、観衆はそわそわし始めた。/ 뜰썩뜰썩하며 소풍을 가다. うきうきして遠足に行く。

뜰아래-채 別棟。離れ家。

뜰아랫-방(-房) 명 別棟にある部屋。=아랫방 ②

뜸¹ 명【】蒸らすこと。蒸れること。예 밥을 10분 정도 ~을 들이다. ご飯を十分くらい蒸らす。/ ~이 들거든 밥솥을 열어라. 蒸れてから飯釜を開けなさい。

뜸² (한) 灸。예~을 뜨다. 灸を据える。

뜸직-뜸직 ④ 重々しく。どっしりと。

뜸직-하다 형 重々しい。どっしりとしている。

뜸직-이 ④ 重々しく。どっしりと。

뜸-질 명 灸を据えること。

뜸질-하다 재 灸を据える。

뜸-하다 형 まばらだ。一時やんでいる。しばらくだえている。예 연락이 뜸해지다. 連絡がとだえる。

뜻 명 ❶【의지】意志。志。意向。思い。気持ち。예~이 굳은 사람은 어디 가서도 성공한다. 意志の固い人はどこに行っても成功する。/ 네 ~을 알았으니 그만 얘기해도 된다. 君の気持ちは分かったから、もう話さなくてもいい。❷【뜻】意味。訳。内容。예 도대체 무슨 ~인지 모르겠다. 一体どういう意味か分からない。

뜻-하다 타 ❶志す。しようと思う。考える。예 네가 뜻하는 일이 모두 이루어지길 바란다. あなたが志すことが全て叶うように願う。❷ 意味する。예 무엇을 뜻하는 말인지 모르겠습니다. 何を意味する言葉なのかわかりません。❸【생각지 못하다】考えもしない。思いがけない。予想もしない。예 뜻하지 않게 사건에 휘말렸다고 한다. 思いがけず事件に巻き込まれたそうだ。

뜻(을) 세우다 관용 志を立てる。

뜻(이) 맞다 관용 ❶気が合う。❷気に入る。

뜻-글자(-字) 명 ☞표의 문자

뜻-대로 ④ ❶思ったとおりに。예 인생은 ~ 되지 않을 때가 많다. 人生は思ったとおりにならないことが多い。❷ 意味どおりに。

뜻-밖 명 意外。予想外。思いがけないこと。예 그가 오지 않은 것은 ~이었다. 彼が来なかったのは意外だった。

뜻밖-에 ④ 意外に。案外に。予想外に。不意に。思いがけず。예 ~ 좋은 기회가 왔다. 思いがけずよい機会がきた。/ 일이 ~도 쉽게 해결되었다. 仕事が意外にも容易に解決された。

띄다¹ 재 '뜨이다'의 준말。

띄다² 타【】(間を)置く。あける。예 글자를 띄어 쓰다. 字をあけて書く。

띄어-쓰기 (언) 分かち書き。

띄엄-띄엄 ④ ❶【사이가 뜨게 박혀 있는 모양】点々と。ぽつりぽつり。飛び飛び。예~ 떨어져 있다. 点々と離れている。/ 집이 ~ 서 있다. 家がとびとびに建っている。/ 신문을 ~ 읽다. 新聞を飛び飛びに読む。/ 구멍이 ~ 나다. ぽつりぽつりと穴があく。❷【어눌 또는 띄엄띄엄 말함】ぽつりぽつり。とぎれとぎれ。예 그녀는 괴로운 숨을 쉬며 ~ 심경을 말했다. 彼女は苦しい息をして、ぽつりぽつりと心境を語った。/ 이 야기가 ~ 들린다. 話がとぎれとぎれに聞こえる。

띄우다¹ 〖타〗【送付】出だす｜送おくる｜打うつ。 예 편지를 ~. 手紙てがみを出す。/ 전보를 ~. 電報でんぽうを打つ。

띄우다² 〖타〗【浮游】(上うえに)浮うかべる｜浮うかす｜飛とばす｜上あげる。 예 강에 요트를 ~. 川かわにヨットを浮かべる。/ 칵테일에 레몬을 ~. カクテルにレモンを浮かす。

띄우다³ 〖타〗【間隔】(間あいだを)置おく｜あける｜隔へだてる。 예 약간 간격을 띄우고 앉다. 少すこし間を置いて座すわる。

띠¹ 〖명〗【帯状】(細長ほそながい)帯おび｜ベルト｜バンド｜ひも。 예 허리에 ~를 매다. 腰こしに帯を巻まく。/ 머리에 서로 다른 색의 ~를 매고 경기를 시작하다. 頭あたまに互たがいに違ちがう色の帯を巻いて、競技きょうぎを始はじめる。/ 검은 ~를 맨 유단자 黒帯くろおびを締しめた有段者ゆうだんしゃ。

띠² 〖민〗生うまれ年どし｜一年いちねん｜一年の生まれ。 예 호랑이~ 虎年とらどし；虎年の生まれ/ 무슨 ~인가요? 何年なにどしですか。

띠³ 〖식〗茅かや。

띠그르르-하다 〖형〗目立めだってやや大おおきい。

띠글띠글-하다 〖형〗いくつかが目立めだってやや大おおきい。

띠다 〖타〗❶【帯紐】(帯おび・紐ひもを)結むすぶ｜締しめる｜巻まく。 예 손목에 끈을 ~. 手首てくびに紐を巻く。❷【帯色】(感情かんじょう・色いろなどを)帯おびる。 예 얼굴이 누런빛을 띠고 있다. 顔かおに黄色きいろい光ひかりを帯びている。/ 미소 띤 얼굴로 말하다. 微笑びしょうの帯びた顔で話はなす。/ 노기를 띠고 있었다. 怒気どきを帯びていた。❸【帯任】(任務にんむ・職責しょくせき・使命しめいなどを)帯おびる｜負おう｜引ひき受うける。 예 중대한 사명을 띠고 파견된 군대 重大じゅうだいな使命を帯びて派遣はけんされた軍隊ぐんたい/ 중대한 임무를 띠고 출장을 가다. 重大な任務を負って出張しゅっちょうに行いく。

띵띵 〖부〗【膨れ上がった模様】ぱんぱん。 예 눈이 ~ 붓다. 目めがぱんぱんに腫はれる。

띵띵-하다 〖형〗ぱんぱんだ。

띵-하다 〖형〗❶【ぼうっとしている模様】ぼうっとしている。 예 생각을 많이 했더니 머리가 ~. 思おもいすぎたら頭あたまがぼうっとしている。❷【頭が痛い模様】がんがんと痛いたい｜じいんと痛い。 예 감기에 걸렸는지 골이 ~. 風邪かぜをひいたのか、頭あたまがじいんと痛い。

ㄹ

-ㄹ수록 어미 [이다, 받침 없는 용언의 어간이나 어미 뒤에 붙어] ─(하면)할수록. ─(하면)하는 만큼. ─(이면)이럴수록. 예 나이를 먹을수록 점점 예뻐진다. 年を取るにつれてだんだんきれいになる. 참 -을수록

라¹ 명 《음》 [칠음 체계에서의 두 번째 음] 二音.

라² (la 이) 명 《음》 (階名で)ラ.

라³ 조 [인용격 조사] ─と │ ─だと. 예 "시간이 될지 모르겠다."라 대답했다. 「暇になるかどうかよく分からない.」と言う返事だった.

라고 조 ─と │ ─だと. 예 "참 맛있구나!"라고 말하네. 「うまい」と言う. 참 -라 참 이라고

-라니 I 어미 [확인함을 나타냄] ─だって │ ─だと │ ─だとは │ ─なんて. 예 이웃집 사람이 도둑이라니. 隣の人が泥棒だって.
II ❶ [-라고 하다'가 줄어든 꼴] ─だそうだが. 예 본 적도 없는 사촌을 마중 나가라니. 見たこともない従兄弟との出迎えに行けそうだが. ❷ [-라고 해서'가 줄어든 꼴] ─だそうだから. 예 졸업식이라니 축하 꽃다발을 준비했다. 卒業式だそうだから、お祝いの花束を準備した.

-라니까 어미 ❶ [확신함] ─というから. 예 거짓말 아니라니까. 嘘つきじゃないって. ❷ [강하게 꾸짖는 말투로] ─というのに │ ─しろったら. 예 오른쪽으로 옮기라니까. だって右の方へ移してというのに.
II [-라고 하니'가 줄어든 꼴] ─だと言うから. 예 이번엔 진짜라니까 믿어 보자. 今回は本当だと言っているから信じてみよう.

-라도¹ 조 [최선은 아니지만 괜찮음을 나타냄] ─でも. 예 가위가 없으면 칼이라도 빌려 줘. 鋏がなければカッターでも貸してくれ. / 누구라도 이쪽으로 한 사람 와 봐. だれでも一人がこちらに来てみてよ. 참 이라도

-라도² 어미 ─でも │ ─であっても. 예 오늘이라도 쇼핑 갈까? 今日でもショッピングに行こうか.

라듐(Radium 독) 명 《화》ラジウム.

라드(lard) 명 ラード. =돈유·돼지기름

라든지 조 [어느 것이든 상관 없음을 나타냄] ─とか. 예 강가라든지 숲길을 거닐면 기분이 좋다. 川辺とか林を歩いたら気持ちいい. 참 이라든지

라디에이터(radiator) 명 ラジエーター.

라디오(radio) 명 ラジオ. 예 ~ 프로그램 ラジオ番組 / ~를 듣다. ラジオを聴く.

라르고(largo 이) 명 《음》ラルゴ.

라마(lama) 명 《동》ラマ │ アメリカラクダ. 예 낙타와 비슷하게 생긴 ~는 고원 지대에서 운반을 목적으로 사육되었다. ラクダに似たラマは、高原地帯で運搬を目的として飼育された. =야마

라마-교(Lama教) 명 《종》ラマ教. 예 ~의 스님 ラマ教の僧.

-라며 어미 ☞ '-라면서'의 준말.

라면(ラーメン 일) 명 ラーメン. 예 ~ 가게 ラーメン屋 / ~을 끓여 먹다. ラーメンを作って食べる.

-라면서 I 어미 [확인하는 뜻을 나타냄] 예 네 차례가 아니라면서? あなたの出番ではないらしいね.
II [-라고 하면서'가 줄어든 꼴] 예 가지라면서 줬는데 다시 돌려달라고 한다. 持ってってと言いながらくれたのに、また返してほしいと言う. 준 -라며 참 -다면서

라벨(label) 명 ☞ 레테르.

라스트 신(last scene) 연 ラストシーン. 예 ~에 여운을 남기다. ラストシーンに余韻を残す.

라야 [최상임을 나타냄] 예 이 일은 너라야 할 수 있다. この仕事はあなたしかできない; 이 일은 너라야 할 수 있다. この仕事はあなたじゃなければできない. 참 이라야

라야만 조 [최상임을 나타냄] ─でなければ~ない │ ─であってはじめ. 예 6시라야만 퇴근할 수 있다. 午後6時にあって、はじめて退社できる. 참 이라야만

-라오 I 어미 [설명하는 뜻을 나타냄] ─なのです. 예 이것은 수입한 책이라오. これは輸入した本なのです.
II [-라고 하오'가 줄어든 꼴] ─だと言うことです. 예 이 동물은 판다라오. この動物はパンダだと言うことです. 참 -다오

라오스(Laos) 명 《국》ラオス.

라운드(round) 명 【권투 경기의 한 회] ラウンド. 예 1~ KO승 1ラウンドKO勝.

라운지(lounge) 명 ラウンジ. 예 호텔 ~ ホテルラウンジ.

라이벌(rival) 명 ライバル. 예 ~ 관계에 있

다. ライバルの関係にある。/ ~ 의식이 강하다. ライバル意識が強い。

라이베리아(Liberia)명 《국》リベリア。

라이터¹(lighter)명 ライター。예 1회용 ~ 使い捨てライター/ ~를 켜다. ライターをつける。

라이터²(writer)명 ライター｜執筆者｜著述家｜作家。예 프리 ~ フリーライター。

라이트(light)명 ライト。예 자동차 ~를 켜다. 自動車のライトをつける。=조명·조명등

라이트-급(light級)명 《운》ライト級。

라인(line)명 ライン。❶線。❷《경》企業で、生産・販売など直接的な活動に関する部門。예 ~ 업 ラインアップ/ ~ 아웃 ラインアウト。

라일락(lilac)명 《식》ライラック｜リラ。예 ~ 향기가 온 집 안에 풍긴다. ライラックの香りが家中に漂う。

라-장조(―長調)명 《음》二長調。

라켓(racket)명 ラケット。예 테니스 ~ テニスラケット/ 탁구 ~ 卓球ラケット/ 배드민턴 ~ バドミントンラケット。

라트비아(Latvia)명 《국》ラトビア。

라틴 아메리카(Latin America) 《지》ラテンアメリカ。

라틴 댄스(Latin dance) ラテンダンス。

라틴 어(Latin語) 《언》ラテン語。

락타아제(lactase)명 ラクターゼ。

락토오스(lactose)명 ☞ 젖당

란¹(欄)명 欄。예 광고란 広告欄 / 해답란 解答欄。참 난(欄)

란² 조 ―は｜―とは｜―というものは。예 나쁜 여자란? だめ女とは。/ 좋은 여자란 어떤 여자를 생각합니까? いい女とはどんな女の人を想像しますか。참 이란

-란다 Ⅰ어미 ―だそうだ｜―だって。예 그는 유명한 소설가란다. 彼は有名な小説家だそうだ。/ 이것은 할머니가 주신 용돈이란다. これはお祖母さんがくれたお小遣いだ。
Ⅱ어미 ―だと言う｜―なんだ。예 그럴 리가 없을 거란다. そんなことはあると言う。

란제리(← lingerie 프)명 ランジェリー。

-람어미 ❶―だというのか。예 이게 무슨 창피한 꼴이람. これは本当に何ともいえない恥なんだよなあ。❷―なら｜―だというのなら。예 네가 이 가방의 주인이 아니람 누구 걸까? 君がこのかばんの持ち主じゃないなら誰のものなのか。

랑 조 ―と｜―や。예 누구랑 갈거야? 誰と行くの。참 이랑²

래커(lacquer)명 ラッカー。

래프팅(rafting)명 (ボートなどでの)ラフティング。

랜 카드(LANcard) 《컴》LANカード。

랜턴(lantern)명 ランタン。

랠리(rally)명 (テニス·卓球などで)ラリー｜ボールの打ち合い。

랩(wrap)명 ラップ。예 ~ 어카운트 ラップアカウント。

랭킹(ranking)명 ランキング。

-러니어미 ―であるが。예 전에는 넓은 논이러니 이제는 빌딩이 들어섰다. 昔は広々とした田であったが、今はビルが立てられている。

-러니라어미 ―たりき。예 그는 훌륭한 학자러니라. 彼は偉い学者たりき。

러닝-셔츠(running shirts 조)명 ランニングシャツ。

러브(love)명 《운》(テニスなどで)無得点｜ラブ。예 두 세트 모두 ~를 기록했다. 2セット全部無得点を記録した。

러시아(Russia)명 《국》ロシア。

러시아워(rush hour)명 ラッシュアワー。

럭비(Rugby) ☞ 럭비풋볼

럭비-풋볼(Rugby football)명 《운》ラグビー。예 ~ 선수 ラグビー選手/ 경기 ラグビー競技。= 럭비

-런들어미 ―であろうとも｜―であったなら。예 꽃이런들 너보다 예쁘지는 않다. 花であろうとも、あなたより綺麗ではない。

레(re 이)명 《음》(階名で)レ。

레그혼(leghorn)명 レグホーン。

레닌-주의(Lenin主義)명 レーニン主義。

레모네이드(lemonade)명 レモネード。

레몬(lemon)명 《식》レモン。

레몬-차(lemon茶)명 レモン茶。

레미콘(remicon)명 生コン。

레바논(Lebanon)명 《국》レバノン。

레벨(level)명 レベル。

레소토(Lesotho)명 《국》レソト。
레스토랑(restaurant 프)명 レストラン。
레슨(lesson)명 レッスン。
레슬링(wrestling)명 《운》レスリング。
레이더(radar)명 レーダー。
레이스(lace)명 レース。
레이아웃(layout)명 レイアウト。❶割り付け。❷配置｜配列。
레이온명 レーヨン。
레이저(laser)명 レーザー。
레인(lane)명 (陸上・水泳の)レーン。
레인코트(raincoat)명 レーンコート。
레일(rail)명 レール。
레저(leisure)명 レジャー。
레지던트(resident)명 レジデント。
레코드(record)명 レコード。
레크리에이션(recreation)명 レクリエーション。
레터링(lettering)명 レタリング｜文字図案。
레테르(letter 네)명 レッテル｜ラベル。=라벨(label)
레퍼토리(repertory)명 レパートリー｜上演目録｜公演曲目｜上演目録。예다양한 ~를 무대에 올리다. 多様なレパートリーを舞台にあげる。
렌즈(lens)명 レンズ。예볼록 ~ 凸レンズ / 오목 ~ 凹レンズ / 안경 ~ 眼鏡のレンズ。
렌치(wrench)명 レンチ。
렌터카(rent-a-car)명 レンタカー。
-령(令)접 ─令。예시행령 施行令／금지령 禁止令。
로¹조 ❶─に｜─へ。예학교로 간다. 学校へ行く。／내일 일본으로 떠난다. 明日、日本へ行く。❷─で。예걸레로 책상 먼지를 닦다. 布巾で机のほこりを拭く。／포도로 포도주를 담갔다. 葡萄で葡萄酒を作った。❸─で｜─として。예일본어 교사로 재직 중입니다. 日本語教師として在職中です。／우리 학교 대표로 육상대회에 참가하였다. わが学校の代表として陸上大会に参加した。참으로
-로²(路)접 ─路・じ。예대로 大路／활주로 滑走路。
로고¹(logo)명 ロゴ。
-로고²어미 ─な｜─ね。
-로구나어미 ─な｜─ね。예아이가 벌써 초등학교 입학할 나이로구나. 子供がもう小学校に入学する年になったな。준─로군
-로구먼어미 ─な｜─ね。
-로군어미 ─な｜─ね。
로그(log)명 ログ。
로그아웃(log-out)명 《컴》ログアウト｜ログオフ。
로그인(log-in)명 《컴》ログイン｜ログオン。
-로다어미 ─だな｜─ことよ。예조선시대의 충신이로다. 朝鮮時代の忠信だな。
로마네스크(Romanesque)명 ロマネスク。
로마 숫자(Roma数字) ローマ数字。
로마자(Roma字)명 ローマ字。
로맨스(romance)명 ロマンス。
로맨티시스트(romanticist)명 ロマンチスト。
로맨티시즘(romanticism)명 ロマンチシズム。
로맨틱-하다(romantic─)명 ロマンチックだ。예로맨틱한 분위기 ロマンチックな雰囲気。
로봇(robot)명 ロボット。=인조인간
로비(lobby)명 ロビー。
로서조 ─として。예어린아이로서 훌륭한 일을 했다. 子供として立派な事をした。／부모로서 할 일을 했을 뿐이다. 親としてやるべきことをやっただけだ。／교사로서 모범을 보여야 한다. 教師として手本を見せなければならない。참으로서
로션(lotion)명 ローション。예~을 바르다. ローションをつける。
로써조 ❶─で｜─をもって。예밀가루로써 빵을 만들다. 小麦粉でパンを作る。❷─で。예연필로써 쓰다. 鉛筆で書く。참으로써
로열 젤리(royal jelly) ロイヤルゼリー。
로열티(royalty)명 ロイヤルティー。
로케명 ロケ。
로케이션(location)명 ロケーション｜ロケ。예완전히 해외 ~으로 제작된 드라마 全部海外ロケで製作されたドラマ。준로케
로켓(rocket)명 ロケット。
로켓-포(rocket砲)명 ロケット砲。
로큰롤(rock'n'roll)명 《음》ロックンロール。
로터리(rotary)명 ロータリー。

로테이션(rotation)몡 (野球·バレーボールで)ローテーション。

로프(rope)몡 ロープ。

-론(論)졉 —論。예 관념론 観念論／유물론 唯物論。

롤러(roller)몡 ローラー。예 기계의 ~ 機械のローラー。

롤러 베어링(roller bearing) ローラーベアリング。

롤러-스케이트(roller skate)몡 ローラースケート。

뢴트겐(Röntgen 독)몡 レントゲン｜レントゲン線｜レントゲン写真。예 ~ 촬영 レントゲン撮影。

루마니아(Rumania)몡 《国》ルーマニア。

루머(rumor)몡 ルマー。

루블(rouble)몡《貨幣単位》ルーブル。

루비(ruby)몡《鉱》ルビー。=홍옥

루주(rouge 프)몡 ルージュ。

루트(route)몡 ルート。

룩셈부르크(Luxemburg)몡《国》ルクセンブルク。

룸펜(Lumpen 독)몡 ルンペン。

류머티즘(rheumatism)몡 リューマチ。

륙색(rucksack)몡 リュックサック。

-률(率)졉【母音·ㄴ받침 뒤에】—率。예 출생률 出生率／경쟁률 競争率。참 -율

르네상스(Renaissance 프)몡 ルネサンス｜文芸復興。예 인간성 존중은 ~의 핵심이다. 人間性の尊重はルネサンスの核心だ。

르완다(Rwanda)몡《国》ルワンダ。

르포몡 ルポ。=르포르타주

르포르타주(reportage 프)몡 ルポルタージュ。=르포

를조【母音받침 뒤에】—を｜—に。예 우연히 친구를 만나다. 偶然に友だちに会う。참 을²

리¹(里)의【單位性 依存】里。

리²(理)의【의존 명사】はず｜わけ。예 그럴 리가 없다. そんなはずがない。／그가 도둑일 리가 없다. 彼が泥棒のはずがない。

리그(league)몡 リーグ｜連盟。예 야구 ~ 野球リーグ。

리그-전(league戦)몡 リーグ戦。=연맹전

리드(lead)몡 リード。

리드-하다자타 リードする。

리듬(rhythm)몡 リズム｜拍子｜節奏。예 경쾌한 ~ 軽快なリズム／~에 맞추어 춤을 추다. リズムに合わせて踊る。／~을 타다. リズムに乗る。／~에 몸을 맡기다. リズムに体をまかせる。

리듬-감(rhythm感)몡 リズム感。

리듬 체조(rhythm體操)《운》【경기 종목】新体操。=신체조

리모컨(←remote control)몡 リモートコントロール。

리무진(remujin)몡 リムジン。

리벳(rivet)몡 リベート。

리본(ribbon)몡 リボン。

리본 체조(ribbon體操)《운》【리듬 체조의 종목 중에서】リボン体操。

리비아(Libya)몡《国》リビア。

리사이틀(recital)몡 リサイトル。

리셉션(reception)몡 リセプション。예 디너 ~ ディナーリセプション。

리셋(reset)《컴》リセット。

리아스식 해안(rias式海岸) リアス式海岸。예 ~은 굴곡이 심하다. リアス式海岸は屈曲が甚だしい。

리얼리즘(realism)몡 リアリズム｜現実主義｜写実主義。=실재론

리어-카(rear car 조)몡 リヤカー。

리투아니아(Lithuania)몡《国》リトアニア。

리트머스 시험지(litmus試験紙) リトマス試験紙。

리포트(report)몡 レポート。

리프트(lift)몡 リフト。예 ~를 타고 스키장 정상에 오르다. リフトに乗ってスキー場の頂上に上がる。

리허설(rehearsal)몡 リハーサル｜下稽古。예 무대에 오르기 전에 충분한 ~이 필요하다. 舞台に上がる前に十分なリハーサルが必要だ。

리히텐슈타인(Liechtenstein)몡《国》リヒテンシュタイン。

린스(rinse)몡 リンス。

린치(lynch)몡 リンチ。

릴레이(relay)몡 ☞'릴레이 경주'의 준말.

릴레이 경주(relay競走) リレー競走。=이어달리기 준릴레이

림프(lymph)몡 リンパ。=임파

립스틱(lipstick)몡 リップスティック。

링(ring)몡 リング。

링거(Ringer)몡 ☞링거액

링거-액(Ringer液)몡 リンゲル液｜リンガ液。=링거

링 운동(ring運動)《운》【체조 종목】リング｜つり輪。

링크¹(link)몡《컴》リンク。

링크²(rink)몡《운》リンク。

ㅁ

마¹【식】【땅속의 덩굴줄기를 이르는】長芋。 예~의 점액이 끈끈적적하다. 長芋の粘液がねちねちする。

마²(麻)【식】【뽕나뭇과의 한해살이풀】麻。=삼²

마³(魔)명 魔。예~의 건널목 魔の踏切/~가 끼다. 魔がさす。/~의 기록을 깨다. 魔の記録を破る。

-마⁴어미【약속의 뜻을 나타냄】 예 도와주마. 助けてあげよう。

마가린(margarine)명 マーガリン。

마가-목(식)七竈。 예 당~ 唐のナナカマド/~의 빨간 열매 ナナカマドの赤い実/~ 열매가 한창이다. ナナカマドの実が真っ盛りだ。

마감명 締め切り。예~이 되다. 締め切りになる。

마감-하다타 締め切る。

마감-일(一日) 締め切りの日。예 모집~ 募集の締め切りの日。

마개명 栓。예 코르크 ~ コルク栓/~를 하다. 栓をする。/~를 따다. 栓を抜く。

마고자【한복】 チョゴリの上に重ねて着る上着 ; マゴジャ。

마구¹부 やたらに ; むやみに。예 ~ 권세를 휘두르다. やたらに権力を振り翳す。준 막²

마구²(馬具)명 馬具 ; 鞍具。

마구-간(馬廐間)명 馬屋。

마구리명【길쭉한 토막·상자·갓 따위의】物の両端。

마구-잡이【닥치는 대로 하는】 やたら ; むちゃくちゃ。예 옷을 트렁크에 ~로 쑤셔 넣었다. 衣服をトランクにやたらに突っ込んだ。

마굴(魔窟)명 魔窟。

마귀(魔鬼)명 鬼神 ; 悪魔。예 ~ 할멈 鬼ばばあ/~가 씌다. 悪魔に見込まれる。

마그날륨(magnalium)명【화】マグナリウム。

마그네슘(Magnesium 독)명【화】マグネシウム。

마그네시아(magnesia)명【화】マグネシア ; 酸化マグネシウム ; 苦土。

마그네트론(magnetron)명【물】マグネトロン ; 磁電管。

마그넷(magnet)명【물】マグネット ; 磁石 ; 磁気。=자석

마그마(magma)명 マグマ ; 岩漿。

마나-님 老婦人の尊称。

마냥 부 ❶ひたすら ; ただ。❷【심껏】思う存分 ; 思いきり。예 너를 만나서 ~ 기쁘다. 君に会えて、ただひたすらうれしい。/언제 보아도 ~ 즐거운 기색이다. いつ見ても思いきり楽しんでいるようだ。

마냥-모【제때보다 늦게 내는 모】晩稲の苗。

마네킹(mannequin)명 マネキン。

마노(瑪瑙)명【광】瑪瑙。

마누라명 ❶【자기 아내를 일컫는 말】妻 ; 女房 ; 嬶。❷【중년 이후의 여자를 얕잡아】老女。

마는조【앞의 사실을 인정하면서도 뒤에】―けれども ; ―が。예 무척 싸다마는 품질은 어떨지. とても安いけれど、品質はどうだろうか。준 만⁶

마늘명【식】大蒜。

마늘-모 ❶大蒜の一片みたいな三角形さんかく形。❷【삼각】△字。

마늘-장아찌 大蒜の漬物。예 ~에 마늘의 매운 맛이 없어 먹기 편하다. ニンニクの漬物にはニンニクの辛みがなく、食べやすい。

마늘-종 大蒜の芽。

마니-교(摩尼教)명【종】マニ教。

마니아(mania)명 マニア ; 狂。

마니에르(maniere 프)명【문】【표현 방식】マニエール。

마님명 奥様 ; 奥方。

마다조 ―毎に ; ―度に ; ―都度。예 밤마다 毎晩 ; 夜ごと ; 夜な夜な/가는 곳마다 行く先々/볼 때마다 생각난다. 見る度に思い出す。

마다가스카르(Madagascar)명【국】マダガスカル。

마다-하다타 拒む ; 厭う。예 고생을 마다하지 않고 苦労を厭わず。

마담(madame 프)명 マダム。예 유한~ 有閑マダム。

마당 Ⅰ명 ❶庭。예 ~을 쓸다. 庭をはく。Ⅱ【의 状況】ところ。예 이 ~에 밥이

넘어가니? この状況でご飯が進むのか。

마당-발 명 ❶扁平足。 ❷顔の広い人。

마당-질 명 脱穀。
　마당질-하다 자 타 脱穀する。

마대(麻袋) 명 麻袋。

마도로스(matroos 네) 명 マドロス。

마-도위(馬─) 【말을 팔고 사는 사람들 사이에 흥정을 붙이는 사람】 博労。馬の仲買人。예 명색이 내가 ~인데 명마를 몰라보겠소? かりそめにも俺が博労なのに、名馬을 見分けられないものか。

마되 명 【곡식을 되는 말과 되를 아울러 이르는 말】 斗と升。

마되-질 명 枡で量ること。
　마되질-하다 자 타 枡で量る。

마드리갈(madrigal 프) 명 《음》マドリガル。マドリガーレ。

마디 명 節。❶【뼈마디】節。예 ~가 많은 나무 節の多い木。❷【관절】関節。예 무릎 ~가 아프다。膝の関節が痛い。❸【구분】区切り。예 ~씩 끊어서 천천히 읽다。一句ずつ区切ってゆっくり読む。❹【악보에서 세로줄로 구분된 부분】楽譜の小節。曲節。예 제일 첫 번째 ~을 불러 보자。一番最初の小節を歌ってみよう。
　마디에 옹이(속) 節目に節：「苦しいことが重なる」の意：〔日〕泣き面にハチ。

마디-다 형 【오래가다】(無駄がなく)持ちよい。長持ちする。

마디-마디 명 節々。예 손가락 ~가 아프다。指の節々が痛い。/몸의 ~가 움직인다。体の節々が動く。

마디-지다 節がある。節が出来る。節くれ立つ。예 마디진 손가락。節くれ立った指。

마따나 조 【말과 같이】─(言う)ように。예 네 말마따나 お前が言うように。

마땅찮다 형 適当でない。気にくわない。예 그의 언행은 늘 ~。彼の言動は常に適当でない。/어머니께서 마땅찮은 눈으로 쳐다보셨다。母は気にくわないという目で見つめた。

마땅-하다 형 適当だ。ふさわしい。似つかわしい。예 그러한 일을 하다니 벌을 받아야 ~。そんなことをするとは、罰を受けて当然だ。/너의 판단이 마땅하다고 생각된다。君の判断は適当だと思われる。

마뜩잖다 형 気に入らない。不満である。예 사람들은 그가 하는 일을 마뜩잖게 생각했다。人々は彼のすることについて不満に思った。/그 단체의 주장과 행동이 도무지 ~。その団体の主張と行動は、いたって不満である。

마뜩-하다 満足だ。気に入る。
　마뜩-이 부 満足に。満足げに。

마라톤(marathon) 명 《운》マラソン。예 ~코스 マラソンコース/~ 선수 マラソン選手。=마라톤 경주

마라톤 경주(marathon競走) 명 《운》マラソン競走。=마라톤

마량(馬糧) 명 【말먹이】馬糧。馬料。馬の飼料。

마력(馬力) 명 馬力。

마련 명 ❶準備。用意。工面。支度。❷何かをするための計画。예 자기 딴에도 무슨 ~이 있겠지. 自分なりにも何か計画があるだろう。❸【어떤 일이 당연히 그렇게 됨을 나타내는 말】─することになっている。─はずだ。─に決まっている。예 겨울이 가면 봄이 오기 ~이다。冬が去れば春が来るに決まっている。/우리 팀이 반드시 이기게 ~이다。うちのチームが必ず勝つはずだ。
　마련-하다 타 用意する。工面する。都合する。設ける。예 밑천을 ~. 元手を工面する。/임시 열차를 ~。臨時列車を仕立てる。/선물을 ~。プレゼントを準備する。/십만 원 정도는 마련해 주겠지。10万ウォンぐらいは工面してくれるだろう。

마렵다 형 (大小便が)したい。(便意を)催す。

마루¹ 명 ❶山の一番上。尾根。❷物事の重要な場面。山場。

마루² 명 《건》板との間。板張りの部屋。板敷の部屋。예 ~를 닦다。板の間を掃除する。/~로 올라와라。板の間に上がってこい。

마루-높이 명 《건》【건축법에서 쓰이는】棟の高さ。家屋の高さ。

마루-방(─房) 명 板敷きの部屋。

마루 운동(─運動) 명 《운》床運動。예 ~은 체조의 꽃이다。床運動は体操の花だ。

마루-청(─廳) 명 《건》床板。敷き板。예 ~이 좋아야 마루가 오래간다。良い床板を使ってこそ、床が長持ちする。

마루-터기 명 家の屋根のてっぺん｜山の頂上｜峠の頂きき。㐀마루턱

마루-턱 명 ☞'마루터기'의 준말.

마룻-구멍 명 床下｜床にあいた穴。

마룻-귀틀 〈건〉【마루귀틀】床板などを支える横木｜根太。例~이 조금 틀어지다. 根太が少し曲がる。

마룻-바닥 (板敷などの)床。例시원한 ~ ひんやりとした板張りの床。

마룻-줄 【마룻줄】帆綱など。

마르다 자 ❶【마름다】水気がなくなる｜枯れる｜乾く。例나무가 ~. 木が枯れる。/젖은 옷이 다 말랐다. 濡れた服が乾いた。❷【마름다】(のどが)渇く。例목이 ~. のどが渇く。/긴장해서 입술이 바짝바짝 말라 온다. 緊張して唇がぱさぱさに渇いてくる。❸【마름다】(体が)痩せる。例볼품없이 마른 몸 見る影もなく痩せた体/신경을 너무 썼더니 몸이 많이 말랐다. 神経をあまりにも使ったので、体がかなりやせた。❹【마름다】(川・井戸などの)水がなくなる｜枯れる。例가뭄에 우물이 말라 바닥이 드러나다. 日照りで井戸が枯れて底が見える。❺【마름다】(お金や物などが)なくなる｜絶える。例지갑에 돈이 ~. 財布のお金がなくなる。❻【마름다】(熱情・感情などが)なくなる｜冷める。例그에 대한 애정이 말라 버렸다. 彼女に対する愛情が冷めてしまった。

마르다 타 【마름다】裁つ｜裁断する。例천을 ~. 布地を裁つ。

마르카토 (marcato 이) 명 〈음〉マルカート。

마르크 (Mark 독) 명 【마르그】マルク。

마른-갈이 명 水を入れずに田を耕すこと。

마른-걸레 명 乾いた雑巾。

마른-과자 (一菓子) 명 干菓子。例생과자보다 보관이 편한 ~ 生菓子より保存に便利な干菓子。

마른-국수 명 ❶乾麺。❷まだ料理していない生の麺。

마른-기침 명 空咳｜乾咳・空咳。

마른-날 명 晴れた天気の日。↔진날

마른-논 명 乾きやすい田。=건답

마른-눈 명 雨もなにも混じらない雪。

마른-반찬 (一飯饌) 명 汁気のないおかず。

마른-밥 명 ❶握り飯。❷汁物なしの食事｜おかずなしの食事。

마른-버짐 명 乾癬｜疥。

마른-번개 명 晴れた空の稲妻。

마른-벼락 명 晴れた空の雷。

마른-빨래 명 ❶泥のついた服を乾かして、きれいにこすり落とすこと。❷水に浸けていない洗濯物｜洗って乾かした洗濯物。例~를 개어 놓다. 乾いた洗濯物を畳んでおく。

마른-신 명 ❶油をひかない革靴。❷晴れた日にはく履物。

마른-안주 (一按酒) 명 乾き物。例맥주에는 ~가 제격 ビールには乾き物が最適だ。

마른-옴 명 こすると皮がむける疥癬。

마른-일 명 (針仕事・機織りなど)水仕事でない仕事。

마른-입 명 ❶汁物も水をとらない口。❷ ☞잔입

마른-장 (一醬) 명 粉状の醤油。

마른-천둥 명 晴れた空の雷。

마른-풀 명 干し草｜乾草｜枯れ草。

마른-하늘 명 晴れた空｜晴天。

　마른하늘에 날벼락[생벼락] 속담 晴天の霹靂。

마른-행주 명 乾いた布巾。

마름¹ 명 【마름믈】苦を編んで巻いた束。

마름² 명 裁断すること。

마름³ 명 〈식〉菱。例~의 줄기는 위궤양 치료에 쓰인다. ヒシの茎は胃潰瘍の治療に使われる。

마름-자 명 裁断用の物差し。

마름-질 명 裁断｜木取り。

　마름질-하다 자타 裁つ｜裁断する。例천을 ~. 布地を裁つ。

마리 명 의 【마리・벌이・일이】匹｜羽｜頭｜尾。例쥐 한 ~ ねずみ一匹 / 참새 두 ~ すずめ二羽 / 소 한 ~ 牛一頭 / 고등어 열 ~ さば十尾。

마마 (媽媽) 명 〈의〉天然痘｜痘瘡。=천연두

마멀레이드 (marmalade) 명 マーマレード。

마멸 (磨滅) 명 摩滅｜磨滅。
　마멸-하다 자타 摩滅する｜磨滅する。

마모 (磨耗) 명 磨耗｜摩耗。
　마모-하다 자 磨耗する｜摩耗する。例베어링이 ~. 軸受けが摩耗する。

마무르다[타] ❶へりを取る。❷(物事を)締め括る。

마무리[명] 纏め｜仕上げ。
　마무리-하다 仕上げる｜けりをつける｜締め括る。❷念入りに仕上げる。/ 깨끗이 ~. きれいに仕上げる。/ 상담을 ~. 商談を取り決める。

마방(馬房)[명] ❶馬屋を備えた宿屋。❷寺の馬を繋ぐ所。

마부(馬夫)[명] ❶御者｜馭者｜馬子｜馬丁。❷ 말구종

마분-지(馬糞紙)[명] 馬糞紙｜ボール紙。

마비(痲痹)[명] 麻痺｜痺れ。❷ 교통이 ~ 상태가 되다. 交通が麻痺状態になる。
　마비-되다[자] 麻痺する。❷ 손발이 ~. 手足が麻痺する。

마사지(massage)[명] マッサージ。

마셜 제도(Marshall諸島) 《국》マーシャル諸島。

마소 [같이 소를 아울러 이르는 말] 牛馬。❷ ~처럼 부려먹다. 牛馬のようにこき使う。

마수¹[명] 斗の数量。

마수²(魔手)[명] 魔手。❷ ~에 걸리다. 魔手にかかる。

마수-걸이[명] (当日の)初売り｜売りぞめ｜口開け。❷ ~에 싸게 해 드리죠. 初売りですから、安くしてあげましょう。/ ~도 못했다. 口開けも出来なかった。

마술¹(馬術)[명] 馬術。=승마술

마술²(魔術)[명] 魔術｜魔法。❷ ~을 걸다. 魔術をかける。/ ~을 부리다. 魔法を使う。

마술-사(魔術師)[명] 魔術師｜魔法使い。

마스카라(mascara)[명] マスカラ。

마스코트(mascot)[명] マスコット。

마스크(mask)[명] マスク。❷ 산소 ~ 酸素マスク/ ~를 쓰다. マスクをかける。

마스터(master)[명] マスター。❷ ~ 코스 マスターコース。
　마스터-하다[타] マスターする。❷ 영문법을 ~. 英文法をマスターする。

마시다[타] ❶(空気などを)吸う。❷ 신선한 공기를 마시니 살 것 같다. 新鮮な空気を吸ったら、生き返るようだ。/ 산 공기를 ~. 山の空気を吸う。❷ [<액체>] (水・汁などを)飲む｜吸う。❷ 사과 주스를 ~. リンゴジュースを飲む。/ 된장국을 ~. 味噌汁を吸う。

마약(痲藥)[명] ~ 밀매 麻藥密売/ ~ 중독자 麻藥中毒者/ ~에 중독되었다. 麻藥中毒になった。

마왕(魔王)[명] 魔王。

마요네즈(mayonnaise 프)[명] マヨネーズ。

마우스(mouse)[명][컴] マウス。

마우스피스(mouthpiece)[명]《운》[컴] マウスピース。

마운드(mound)[명]《운》[컴] マウンド。❷ 교체된 투수가 ~에 올랐다. 交代されたピッチャーがマウンドに上がった。

마을[명] 村｜村落｜里。❷ ~ 변두리 村はずれ/ ~ 사람 村の人/ 고향 → 故郷の里。

마음[명] ❶心｜精神｜気持ち｜心情。❷ ~이 고운 여자는 얼굴도 예쁘다. 心が美しい人は顔もかわいい。/ 시험이 끝나니 ~이 홀가분하다. 試験が終わったから気が楽だ。/ 친구가 아프다는 소식에 ~이 무거워졌다. 友だちの具合いが悪いという知らせに、気が重くなった。/ 그와 헤어져야 한다는 사실에 ~이 아프다. 彼と別れなければならないという事実に心が痛む。/ 어머니~에 못을 박는 말을 하고 말았다. 母に腹立たしく思わせることを言ってしまった。/ 중요한 프로젝트가 드디어 끝나서 ~이 가볍다. 重要なプロジェクトがやっと終わり、気が楽だ。/ 병든 어머니를 생각하니 ~이 무거웠다. 病気にかかった母のことを思うと、気が重かった。❷ 人情｜真心｜思いやり。❷ 할아버지 ~이 후하시다. おじいさんの真心が厚い。/ 드디어 ~을 고쳐먹었다. とうとう心を入れ替えた。❸ 考え｜意図｜意向。❷ 벌써부터 그에게 ~을 두었다. もうすでに彼を心に留めた。 준 맘

마음(에) 두다[관용] 忘れないで心に留める。❷ 그 말을 계속 마음에 두고 있었다. あの言葉をずっと心に留めていた。

마음에 차다[관용] 心にかなう。❷ 부모님 표정을 보니 마음에 차지 않는 눈치다. 両親の表情を見ると、心にかなわない様子だ。

마음(을) 붙이다[관용] ある事に心を寄せたり専念したりする。❷ 이곳에 마음 붙이고 산 지 10년이다. ここに心を寄せ

て暮らしてから10年になる。

마음(이) 돌아서다[관용] ❶ 気が変わる。 예 갑자기 마음이 돌아선 이유는 무엇입니까? 急に気が変わった理由は何ですか。 ❷ 反れた気が元に戻る ¦ 気がほぐれる。 예 마음이 돌아섰는지 그는 나에게 말을 걸어왔다. 気がほぐれたのか、彼は私に話しかけてきた。

마음-가짐[명] 心の持ち方 ¦ 心がけ ¦ 心構え。 예 잘되고 못되는 것은 네 ~에 달려 있다. 成功するかどうかは君の心の持ち方しだいだ。 / ~을 곱게 써라. 쩎쩎한 心構えを持たなければいけない。

마음-결[명] 気質 ¦ 気立て。 예 ~이 비단 같다. 気立てが優しい。 / 착한 ~을 가지고 있다. おとなしい気質を備えている。 ⓒ 맘결

마음-고생[명] 気苦労 ¦ 心配。 예 ~을 하도 많이 해서 이 정도의 일 가지고는 놀라지도 않는다. とてもたくさんの気苦労をしたので、これくらいのことでは驚きもしない。 / 네 ~을 내가 모르는 바가 아니다. 君の気苦労を知らないわけではない。

마음-공부[명] 精神修行。

마음-껏[부] 心を尽して ¦ 心ゆくまで ¦ 満足するまで。 예 오늘은 ~ 대접하고 싶습니다. 今日は心を尽くしておもてなしをしたいです。 / 네 ~ 즐겨라. 心ゆくまで楽しめ。 ⓒ 맘껏

마음-눈[명] 心眼。 예 그것은 ~으로 보아야 보인다. それは心の目でみなければばらない。 = 심안

마음-대로[부] 気のままに ¦ 思うとおりに ¦ 勝手に ¦ 思いどおりに ¦ 随意に。 예 당신 ~ 하세요. あなたの思いどおりにしなさい。 / 네 ~만 하면 우리는 아무것도 할 수가 없다. いつも君の思う通りにしていたら、私たちは何もできない。 / 제 ~ 행동하다. 自分勝手に行動する。 ⓒ 맘대로

마음-먹다[자타] 決心する ¦ 心に決める ¦ 思い込む。 예 실행하기로 마음먹었다. 実行することに決心した。 / 마음먹기에 달렸다. 気の持ちようによる。 ⓒ 맘먹다

마음-보[명] (おもに悪い)性格 ¦ 性根 ¦ 根性。 예 사람이 ~가 예뻐야 한다. 人は性根が良くないといけない。 / ~가 그 모양이니 잘될 턱이 있나! 그런 근성이므로 성공할 수 가 없다. そんな根性だから成功するはずがない。 ⓒ 맘보

마음-성(一性)[명] 心根 ¦ 気立て。 예 저렇게 우락부락하게 생겼지만 ~은 고운 사람이다. 見た目は荒っぽいが、気は優しい人だ。

마음-속[명] 心の中 ¦ 心中。 예 내 ~을 보여줄 수 있었으면 좋겠다. 僕の心の中を見せてあげられればいいんだが。 / 네 ~에 내가 들어있는지 궁금하다. 君の心の中に僕が存在しているか気にかかる。 ⓒ 맘속

마음-씨[명] 心根 ¦ 心掛け ¦ 気立て。 예 ~가 고운 그녀 気立ての良い彼女 / 그녀의 착한 ~에 감동받았다. 彼女の善良な心掛けに感動した。 ⓒ 맘씨

마음-자리[명] 心の本質 ¦ 心根。 예 저 사람은 ~가 굳은 사람이다. あの人は心根の強い人だ。 = 심지

마이너스(minus)[명] マイナス。

마이동풍(馬耳東風)[명] 馬耳東風 ¦ 馬の耳に念仏。

마이카 콘덴서(mica condenser) 〈물〉マイカコンデンサー。雲母を用いたコンデンサー。

마이크(mike)[명] マイク。= 마이크로폰

마이크로-그램(microgram)의 〈물〉[度量衡]マイクログラム。

마이크로-웨이브(microwave)[명] 〈물〉マイクロウェーブ。= 마이크로파

마이크로-파(micro波) 〈물〉マイクロ波 ¦ マイクロウェーブ。 예 ~를 이용해 음식을 익히는 전자레인지 マイクロ波を利用して食物を煮る電子レンジ。= 마이크로 웨이브

마이크로-폰(microphone)[명] マイクロホン ¦ マイク。= 마이크

마일(mile)의 マイル。

마임(mime)[명] 〈연〉マイム ¦ パントマイム。

마작(麻雀)[명] 麻雀。

마장(馬場) ❶ 馬場。❷ 馬をつないでおいたり放牧したりする所。

마장 마술 경기(馬場馬術競技) 〈운〉馬場馬術競技。

마-장수(馬一) 馬に荷を積んで、あちこち売りに歩き回る行商人。 예 없는 게 없는 ~구먼. 持ってない物がない行商人だな。

마저¹ [부] (残さず)全部 ¦ 皆 ¦ すっか

り. 예 식은 차를 ~ 마시다. 冷めたお茶を全部飲む. / 일을 ~ 해야지. 仕事を残さないで、しまいまでしなくちゃ.

마저² 조 —もまた ¦ —までも ¦ —さえ ¦ —すら. 예 남의 것마저 먹다. 人のものまで食べる.

마적(馬賊) 馬賊.

마제(馬蹄)【】 馬蹄.

마제 석기(磨製石器) ☞간석기

마조히즘(masochism) 명 マゾヒズム.

마주 부【】 相見て ¦ 向かい合って ¦ 向かい合って. 예 테이블을 사이에 두고 ~ 보다. テーブルを挟んで向かい合う. / ~ 서서 싸우다. 対峙して戦う. / ~ 보고 앉다. 向かい合って座る. / 얼굴을 ~ 보다. 顔を向かい合わせる. / ~ 보고 미소 짓다. 向かい合ってほほえむ. / ~ 서서 이야기하다. 向かい合って話しはする. / ~ 앉아서 담화를 하다. 差し向かいに座って談判欽する.

마주-하다 태 向き合う ¦ 相対する ¦ 向かい合う ¦ 相見る ¦ 互いに面する. 예 우연히 ~. 偶然向き合う. / 강적과 ~. 強敵と向かい立つ. / 두 건물은 큰 길을 사이에 두고 마주하고 있다. 二つの建物は大通りを挟んで向かい合っている. / 그를 정면으로 마주하고 서 있었다. 彼を正面に向き合い、立っていた.

마주-나기 명【식】対生 ¦ 茎の一節に葉が2枚ずつ向かい合ってつくこと. =대생

마주르카(mazurka) 명《음》【】 マズルカ.

마주 보다 ☞'마주'의 예문.

마주 서다 ☞'마주'의 예문.

마주 앉다 ☞'마주'의 예문.

마주-치다 자 ❶(正面から)ぶつかる. ❷でくわす. 예 옛 친구와 딱 ~. ばったりと旧友にでくわす. ❸(目と目が)合う. 예 시선이 ~. 視線が合う.

마중 명 出迎え ¦ 迎え.

마중-하다 태 出迎える ¦ 迎える. 예 공항까지 마중하러 가다. 空港まで出迎えに行く.

마-지기의【】명 マジギ. =두락

마지막 명 最後 ¦ 終わり ¦ 仕舞. 예 ~에 最後に ; 終りに / ~까지 남은 사람 最後まで残った人 / ~을 고하다. 終りを告げる. / 이번이 ~ 기회이다. 今回が最後の機会だ.

마지-못하다 형 やむを得ない ¦ 仕方ない ¦ 致し方ない. 예 마지못한 사정으로 … やむを得ない事情で ⋯ / 마지못해 들어 주다. 仕方なく聞いてやる.

마지-아니하다 형 —てやまない ¦ —にたえない. 예 성공을 바라 ~. 成功を願ってやまない. =마지않다

마지-않다 형 마지아니하다

마직-물(麻織物) 명 麻織物.

마진¹(痲疹) 명【】 麻疹. =홍역

마진²(margin) 명 マージン. 예 ~을 먹다. マージンを取る.

마차(馬車) 馬車.

마차-꾼(馬車—) 御者 ¦ 馬子 ¦ 馬方.

마차꾼-자리(馬車—) 명【】 御者座.

마찬가지 명 同じこと ¦ 同様 ¦ 同然. 예 공짜나 ~로 팔다. ただ同様で売る. / 예나 지금이나 ~이다. 今も昔も同じだ.

마찰(摩擦) 摩擦. 예 냉수 ~ 冷水摩擦 / ~을 일으키다. 摩擦を生ずる. / ~을 피하다. 摩擦を避ける.

마찰-하다(摩擦) 태 摩擦する.

마찰-력(摩擦力) 명 摩擦力.

마찰-열(摩擦熱) 명《물》摩擦熱. 예 바퀴와 도로 사이의 ~로 도로는 늘 뜨겁다. タイヤと道路間の摩擦熱で、道路は常に熱い.

마찰-음(摩擦音) 명 摩擦音.

마천-루(摩天樓)【치늘을 찌를 듯이 높이 솟은 고층 건물】 摩天楼.

마취(痲醉) 麻醉 ¦ 麻酔. 예 전신 ~ 全身麻酔 / 국부 ~ 局所麻酔 / ~를 시키다. 麻酔をかける. / ~ 주사를 놓다. 麻酔注射を打つ.

마취-하다(痲醉) 자 태 麻酔をかける.

마취-제(痲醉劑) 명【의】麻酔薬.

마치¹ 명 金槌 ¦ ハンマー.

마치² 부 まるで ¦ あたかも ¦ ちょうど ¦ さながら. 예 ~ 꿈 같다. まるで夢のようだ. / 달리는 모습은 ~ 표범 같았다. 走る姿はさながら豹のようだった.

마치다 자 ❶(釘などを打つ時に何かに)突き当たる. ❷(体の一部が)差し込むように痛む. 예 이 구두는 발가락이 마친다. この靴は足の指に当たる.

마치다²[타] 終える│済ます│遂げる。 ㉑일생을 ~. 一生を終える。/비참한 최후를 ~. 悲惨な最期を遂げる。/임무를 마치고 귀환하다. 任務を済ませて帰還する。

마치-질[명] 金槌で打つこと。

마침¹[명] 《音》カデンツ│終止形[しょう]。=종지

마침²[부] ちょうど│折よく。❶【適切적절】都合よく│いい具合に。㉑지금 ~ 회사를 나왔습니다. 今、ちょうど会社を出たばかりです。/~ 저녁을 할 예정이었다. ちょうど夕食をするつもりだった。/막차가 와서 지하철을 탈 수 있었다. ちょうど終電が来て、電車にのることができた。❷【偶然우연】ちょうどその時│たまたま│あいにく。

마침-꼴[명] 《終止形》。

마침-내[부] 遂に│いよいよ│とうとう│結局。㉑어릴 적부터의 꿈이 ~ 이루어졌다. 幼児からの夢がついに実現した。

마침-표(一標)[명] 《언》終止符│ピリオド。=종지부

마침-맞다[형] ちょうどぴったりだ│程よい。

마카로니(macaroni)[명] マカロニ。

마칼-바람[명]【방언방언】北西風。

마케도니아(Macedonia)[명] 《국》マケドニア│マケドニア旧ユーゴスラビア共和国。

마케팅(marketing)[명] マーケティング。

마크(mark)[명] マーク。㉑고유 ~ 固有のマーク/~를 주의해서 보다. マークを注意深く見る。

마-파람[명]【방언방언】南風│はえ。 마파람에 게 눈 감추듯[속담] 南風にカニが目を引っ込めるように:「食べ物をあっという間に平らげること」の意。

마포(麻布)[명] 麻布。

마피아(Mafia 이)[명] マフィア。

마필(馬匹)[명] ❶馬匹。❷(동)馬。=말³

마하(Mach 독)의【물】[물리물리] マッハ。

마헤(Mache 독)의【물】[농도농도] マッヘ。

마호메트-교(Mahomet教)[명] 《종》マホメット教│イスラム教。=이슬람교

마흔[수] 四十。㉑~ 살 四十歳/~ 두 개 四十二個。

막¹[부] ❶【방금】たった今│(一した)ところ│(一した)ばかり。지하철은 ~ 출발했다. 電車は出発したばかりだ。/그 게임은 ~ 시작했을 따름이야. そのゲームを始めたばかりだ。/역에 ~ 도착했다. 駅に着いたばかりだ。❷【바로】まさに│ちょうど│今│今しがた│今しも。㉑지금 ~ 방송이 시작되었다. ちょうど今、番組が始まった。/목욕을 ~ 하려는데 전화벨이 울렸다. まさに風呂に入ろうとした時に、電話のベルが鳴った。

막²[부]【마구】❶【맹목적으로】盲滅法に│むやみに│やみくもに。㉑아이스크림을 ~ 먹으면 배탈이 나요. むやみにアイスクリームを食べたら、お腹を壊すよ。/화가 났는지 ~ 지껄여댔다. 怒ったのか盲滅法にしゃべりまくった。❷【심하게】甚だしく│取り留めもなく。㉑할머니가 돌아가셨다는 말을 듣자마자 눈물이 ~ 쏟아져 나왔다. 祖母が亡くなったと聞くなり、涙が取り留めもなく溢れてきた。

막³(幕) I [명] 幕。 II [의] 《언》[연극연극] 幕。㉑2~ 4장 二幕四場。

막을[이] 내리다[관용] 幕が下りる。

막을 열다(올리다)[관용] 幕を開ける。㉑디지털 시대의 막을 열다. デジタル時代の幕を開ける。

막이 오르다[관용] 幕が上がる。㉑무대의 막이 오르다. 舞台の幕が上がる。

막⁴(膜)[명] 《생》膜。㉑수면에 기름 ~이 생기다. 水面に油の膜が出来る。

막간(幕間)[명] ❶《연》幕間。❷(物事の)間│合間。㉑~에 여흥을 하다. 合間に余興を入れる。

막간-극(幕間劇)[명] 《연》幕間劇。

막걸리[명] マッコリ│どぶろく。㉑~ 한 주전자 받아 오너라. どぶろくをやかんいっぱいついできなさい。=탁주(濁酒)

막-과자(一菓子)[명] 駄菓子。

막-국수[명] 韓国式の蕎麦。

막-깎다[타] 丸刈りにする。

막내[명] 末っ子│末子│末。=막내둥이

막내-둥이[명]【방언다소↑】☞막내

막내-딸[명] 末の娘。

막내-아들[명] 末の息子。

막-노동(一勞動)[명] 雑役│荒仕事│力仕事│肉体労働。=막일

막다[타]【방어】(道・通路などを)塞ぐ│

封鎖ふうさする。例집으로 통로를 ~. 荷物にもつで通路つうろを塞ふさぐ。/ 차량이 다니지 못하게하여 길을 ~. 車両しゃりょうが通とおれないように道みちを封鎖ふうさする。❷【言動げんどうを】(言動げんどうを)遮さえぎる︱止とめる。例말을 중간에 막지 마. 話はなしを途中とちゅうで遮さえぎるな。/ 밤에는 위험하다며 통행을 막고 있다. 夜よるは危あぶないからといって、通行つうこうを止とめている。❸【강물·추위따위를】塞せき止とめる︱防ふせぐ︱遮断しゃだんする。例강물을 모래주머니로 ~. 川かわの水みずを砂袋すなぶくろで塞せき止とめる。/ 추위를 막기 위해 옷을 몇 겹이나 껴입다. 寒さむさを防ふせぐため、服ふくを何枚なんまいも着込きこむ。❹【소음·공격따위를】防ふせぐ︱遮断しゃだんする︱阻止そしする。例이 창문은 밖의 소음을 막는다. この窓まどは外そとの騒音そうおんを遮断しゃだんする。/ 상대방의 공격을 ~. 相手あいての攻撃こうげきを阻止そしする。❺【部屋へやなどを】(部屋へやなどを)仕切しきる︱隔へだてる︱区切くぎる。例상자로 방 사이를 ~. 箱はこで部屋へやの間あいだを仕切しきる。

막-다르다 形【길·골목따위가 앞이 막혀 더 나갈수없다】行いき詰づまる︱袋小路ふくろこうじになる︱突つき当あたる。例막다른 골목 行いき詰づまり︔袋小路ふくろこうじ/ 막다른 집 突つき当あたりの家いえ/ 막다른 지경 行いき詰づまりの状態じょうたい。

막-달 名 産うみ月づき。

막-담배 名 紙かみに巻まかれていない質しつの悪わるいタバコ。

막대 名【棒ぼう】棒ぼう切ぎれ。

막대기 名 棒ぼう︱棒ぼう切ぎれ。準막대

막대기-질 名 棒ぼうを振ふり回まわすこと。

막대-하다(莫大一) 形 莫大ばくだいだ。例막대한 손실 莫大ばくだいな損失そんしつ。

막대-히 副 莫大ばくだいに。

막-도장(一圖章) 名 三文判さんもんばん。例~을 새기다. 三文判さんもんばんを彫ほる。

막-돌 名 特とくに使つかい用ようのない石いし。

막돼-먹다 自【막된 행동을 하다】不作法ぶさほうだ。

막-되다 形【언행·성질이 막되고 어긋나다】不作法ぶさほうだ︱粗暴そぼうだ︱乱暴らんぼうで自分勝じぶんかってだ。例막된 행실 粗暴そぼうな振舞ふるまい/ 막된 말 ぞんざいな言葉ことば。

막된-놈 名 ならず者もの︱乱暴者らんぼうもの︱無法むほう者ものがいるまた。例저런 ~을 봤나. あんなならず者ものがいるまた。

막-둥이 名【막내아들을 귀엽게 이르는 말】末すえの子こ。

막론-하다(莫論一) 他【여부를 따질 것도 없다】—(を)問とわず︱—にかかわらず︱—に関係かんけいなく。例지위 고하를 막론하고 地位ちい高下こうげを問とわず/ 남녀노소를 막론하고 老若ろうじゃく男女だんじょを問とわず。

막료(幕僚) 名 幕僚ばくりょう。

막막-하다¹(寞寞—) 形 ❶静しずかで寂さびしい。例산속의 밤은 ~. 山中さんちゅうの夜よるは静しずかで寂さびしい。❷頼たよるところがなく、孤独こどくだ。例막막한 인생이 시작되다. 孤独こどくな人生じんせいが始はじまる。

막막-히¹ 副 寞々ばくばくと。

막막-하다²(漠漠—) 形 広々ひろびろと果はてしない︱漠々ばくばくとしている。例막막한 광야 漠々ばくばくたる広野こうや。

막막-히² 副 漠々ばくばくと。

막-말 名【되는대로 함부로 하는 말】❶断言だんげん。例~로 한마디만 더 하겠다. 断言だんげんして、もう一言ひとこと だけ言いう。❷出任ではかせにしゃべること。例~을 듣다. 出任ではかせを聞きく。/ 앞뒤 가리지 않고 ~을 쏟아부었다. 後先あとさきかまわず、出任ではかせにしゃべりまくった。

막말-하다 自 出任ではかせにしゃべる。例화가 난다고 해서 막말하면 안 되지. 腹はらが立つといって、出任ではかせにしゃべってはならない。

막무가내(莫無可奈) 名 ❶【방법이 없고 어쩔수 없음】どうしようもないこと︱手てのつけようがないこと。例아무리 사정해도 ~다. いくら頼たのんでも聞きいてくれない。❷【부득부득 고집을 부려 어쩔수 없음】頑がんとして。例~로 자신의 주장을 굽히지 않았다. 頑がんとして自分じぶんの主張しゅちょうを曲まげなかった。

막-바지 名 ❶もう進すすめられない行いき止どまり。例산의 ~ 山やまの頂上ちょうじょう/ 동네의 ~ 村むらはずれ/ 골목의 ~ 路地ろじの行いき止どまり。❷終盤しゅうばん︱土壇場どたんば︱どん詰づまり。例장마도 ~에 이르다. 梅雨つゆもやっとどん詰づまりになる。/ ~에 계획을 바꾸다. 土壇場どたんばに計画けいかくを変かえる。

막-벌다 自他 荒稼あらかせぎをする。

막벌-이 名 荒稼あらかせぎ。

막벌이-하다 荒稼あらかせぎをする。

막벌이-꾼 名 日雇ひやとい労働者ろうどうしゃ。

막부(幕府) 名 《역》幕府ばくふ。例~ 체제 幕府ばくふ体制たいせい/ 가마쿠라 ~ 鎌倉かまくら幕府ばくふ。

막사(幕舍) 名 ❶幕舎ばくしゃ。❷《군》バラック。

막-살다 自 行ゆき当あたりばったりの暮くらしをする。

막살-이 名 行ゆき当あたりばったりの暮くらし。

막상 副 いざ︱実際じっさいに︱ことに当あたって。例~ 하려면 いざとなると/ ~ 자기가 하려고 들면 어려운 법이다. いざ自分じぶん

막상막하(莫上莫下)〖명〗 互角だ｜五分五分だ｜伯仲ちゅう。〖예〗~의 승부 互角の勝負しょう。

막심-하다(莫甚—)〖형〗 (この上なく) 甚だしい。〖예〗불효 ~. 不孝の極まりだ。/ 피해가 ~. 被害が甚だしい。

막역-하다(莫逆—)〖형〗 莫逆だ｜極めて親しい。

막역지간(莫逆之間)〖명〗 大変親しい間柄。

막연-하다(漠然—)〖형〗 漠然としている｜不確かだ。〖예〗막연한 기대 漠然とした期待。/ 막연한 말을 하다. 漠然としたことを言う。

막연-히〖부〗 漠然と。

막-일〖명〗 荒仕事しごと｜(手当たり次第に) 力仕事｜肉体労働ろうどう。＝막노동

막일-하다〖자〗 荒仕事あらしごとをする｜力仕事ちからしごとをする。

막일-꾼〖명〗 肉体労働ろうどうをする人｜肉体労働者ろうどうしゃ。

막장〖명〗 〈광〉坑道の突つき当たり｜切羽きりは。

막장-꾼〖명〗 〈광〉鉱山で穴を掘ったりする労働者ろうどうしゃ。

막장일-하다〖자〗 採掘さいくつ作業さぎょうをする。

막중-하다(莫重—)〖형〗 (責任せきにんなどが) ごく重い。〖예〗막중한 임무 重い任務 / 책임이 ~. 責任がごく重い。

막중-히〖부〗 重大じゅうだいに｜重く。

막-지르다〖타〗 ❶(言葉ことばや行くて手を) 遮さえぎる。〖예〗남의 말을 ~. 人の言葉を遮る。❷やたらに蹴ける。

막-집(幕—)〖명〗 仮小屋かりごや｜幕舎ばくしゃ｜掘ほったて小屋こや｜臨時の住居じゅうきょ。

막-차(—車)〖명〗 終電車｜終列車しゅうれっしゃ｜終電車でんしゃ｜終発しゅうはつ。

막-초(—草)〖명〗 かなり質たちの悪い刻きざみタバコ。

막-판〖명〗 ❶終局しゅうきょく｜どん詰づまり｜土壇場どたんば。〖예〗시합은 ~에 접어들었다. 試合は大詰おおづめを迎えた。/ ~에 와서 손을 떼다. 最後さいごになって手を引く。❷めちゃくちゃな局面きょくめん。

막-품팔이〖명〗 荒仕事あらしごと・力仕事ちからしごとをして賃金ちんぎんをもらう人。〖예〗그는 건설 공사장에서 일하는 ~이다. 彼は建設工事現場げんじょうで荒仕事をして賃金をもらう人だ。

막후(幕後)〖명〗 裏舞台うらぶたい｜裏面うらめん｜裏側うらがわ。〖예〗~ 교섭 裏交渉うらこうしょう/ 정계의 ~ 인물 政界せいかいの黒幕くろまく。

막히다〖자〗 詰つまる｜塞ふさがる｜つかえる。〖예〗숨이 ~. 息が詰まる。/ 출입구가 ~. 出入口でいりぐちが塞がる。/ 기가 막혀서 말이 안 나온다. あきれて言葉ことばも出ない。

만¹〖의〗[지난 기간을 나타냄] ぶり｜目め｜後ご。〖예〗미국 유학에서 3년 ~에 돌아왔다. 米国の留学がくから三年ねんぶりに帰ってきた。/ 도대체 얼마 ~인가? これはこれは、何年ねんぶりか。

만²〖의〗[어떠한 일이 있을만한 이유나 가치] はず｜理由りゆう。

만-하다〖형〗 はずがある。〖예〗그가 화낼 ~ 彼が怒るはずもある。

만³(萬)〖수〗 万まん｜一万まん。
만 리 길도 한 걸음부터 시작된다〖속담〗千里せんりの道も一歩いっぽより始はじまる。◆한국의 10리는 일본의 1리에 해당한다.

만⁴(滿)〖관〗 満まん。〖예〗~으로 다섯 살 満五歳ごさい / ~ 이틀 동안 丸二日間ふつかかん。

만⁵〖조〗 ❶[단독] —だけ｜—のみ｜—ばかり。〖예〗하나만 주다. 一つだけあげる。/ 단것만 먹어서는 안 돼. 甘ったるいものばかり食べてはだめ。❷[강조] —だけ｜—さえ。〖예〗잘만 하던데. よくしてたけど。/ 돈만 있으면 …. 金さえあれば…。❸[비교의 기준] —ほど｜—より。〖예〗동생은 형만 못하다. 弟は兄ほどできない。❹[정도] —くらい。〖예〗그만 일로 울지 마라. あれくらいのことで泣くなよ。

만⁶〖조〗[대조] —が｜—けれども。〖예〗좀 더 키가 컸으면 좋겠다만. もう少し背が高うといいのだけれども。

만가(輓歌)〖명〗 葬式そうしきのとき歌ううた｜挽歌ばんか。

만감(萬感)〖명〗 万感ばんかん。〖예〗~이 교차하여 가슴이 복받치다. 万感が入り乱れて胸に迫る。

만강-하다(萬康—)〖형〗 つつがない｜安泰あんたいである。

만개(滿開)〖명〗 満開まんかい。＝만발

만개-하다(滿開—)〖자〗 満開まんかいする。

만경¹(晚景)〖명〗【저녁 경치】晩景ばんけい。＝모색²

만경²(蔓莖)〖명〗 つる茎くき。

만경-창파(萬頃蒼波)〖명〗 果はてしなく広々とした青海あおうみ。

만고(萬古)〖명〗【영원】万古ばんこ。

만고-강산(萬古江山)〖명〗 万古不易ふえきの山河さんか。

만고불멸(萬古不滅)〖명〗 万古不滅ふめつ。

만국(萬國)<u>명</u> 万国_{まんこく}。
만국-기(萬國旗)<u>명</u> 万国旗_{ばんこっき}。
만금(萬金)<u>명</u> 万金_{まんきん}｜千金_{せんきん}。
만기¹(晩期)<u>명</u> 晩期_{ばんき}。
만기²(滿期)<u>명</u> 満期_{まんき}。 <u>예</u>～ 어음 満期手形_{てがた}/ 정기 예금이 ～가 되다. 定期預金_{よきん}が満期になる。
만기-일(滿期日)<u>명</u> 満期日_{まんきび}。
만나다<u>자타</u> ❶【會】(人_{ひと}に)会_あう｜顔_{かお}を合_あわせる。<u>예</u> 어머니를 ～. 母_{はは}に会う。/ 그녀와 ～. 彼女_{かのじょ}と会う。/ 우연히 친구를 ～. 偶然_{ぐうぜん}に友_{とも}だちと邂逅_{かいこう}する。 ❷【接する・合う】(線_{せん}・道_{みち}・川_{かわ}などが)互_{たが}いに接_{せっ}する｜相接_{あいせっ}する｜合_あう。 <u>예</u> 세로 선과 가로 선이 만나는 점 縦_{たて}の線_{せん}と横_{よこ}との線が相接する点_{てん}/ 여기가 두 강이 만나는 지점이다. ここが二_{ふた}つの川の合う地点_{ちてん}だ。 ❸【遭う・遭遇する・見舞われる】(事件_{じけん}・現象_{げんしょう})に遭_あう｜遭遇_{そうぐう}する｜見舞_{みま}われる。 <u>예</u> 대참사를 ～. 大惨事_{だいさんじ}に遭う。/ 위험을 ～. 危険_{きけん}に遭遇する。 ❹【巡る】(因縁_{いんねん}・運_{うん}などに)巡_{めぐ}り合_あう。 <u>예</u> 행운을 ～. 幸運_{こううん}に巡り合う。 ❺ (時期_{じき}などを)迎_{むか}える。 <u>예</u> 전성기를 ～. 全盛期_{ぜんせいき}を迎える。

만난(萬難)<u>명</u> 万難_{ばんなん}。 <u>예</u> ～을 무릅쓰고 万難を冒_{おか}して。

만-날<u>부</u> 毎日_{まいにち}のように｜毎回_{まいかい}｜いつも｜常_{つね}に｜日々_{ひび}。 <u>예</u> ～ 그 모양이다. 常にそのままだ。/ ～ 분주한 모습이다. いつも忙_{いそが}しそうだ。/ ～ 그 이야기뿐이야. いつもその話_{はなし}ばかりだ。/ ～ 도박만 한다. 毎日のように博打_{ばくち}にふける。

만날 뗑그렁<u>속담</u> 毎日_{まいにち}どんちゃん:「豊_{ゆた}かな暮_くらしで何_{なん}の心配_{しんぱい}もないこと」の意_い。

만년¹(晩年)<u>명</u> 【나이들어서 어려서부터】 晩年_{ばんねん}。 <u>예</u> 고독한 ～을 보내다. 孤独_{こどく}な晩年を過_すごす。

만년²(萬年)<u>명</u> 万年_{まんねん}。
만년-설(萬年雪)<u>명</u> 万年雪_{まんねんゆき}。 <u>예</u> 알프스 산 위의 ～ アルプス山上_{さんじょう}の万年雪。
만년-필(萬年筆)<u>명</u> 万年筆_{まんねんひつ}。
만능(萬能)<u>명</u> 万能_{ばんのう}。 <u>예</u> ～ 선수 万能選手_{せんしゅ}/ 과학 ～ 시대 科学_{かがく}万能の時代_{じだい}。
만단(萬端)<u>명</u> 万端_{ばんたん}。 <u>예</u> ～의 준비에 소홀함이 없다. 用意_{ようい}万端怠_{おこた}りない。
만담(漫談)<u>명</u> 漫談_{まんだん}。
만담-가(漫談家)<u>명</u> 漫談家_{まんだんか}。
만당(滿堂)<u>명</u> 満堂_{まんどう}｜満場_{まんじょう}｜満座_{まんざ}。
만대(萬代)<u>명</u> 万代_{ばんだい・よろず}。 <u>예</u> 자손 ～에 전하다. 子々孫々_{ししそんそん}に伝える。 =만세¹

만돌린(mandolin)<u>명</u> 〈음〉マンドリン。
만동(晩冬)<u>명</u> ☞ 늦겨울
만두(饅頭)<u>명</u> 餃子_{ぎょうざ}｜饅頭_{まんじゅう}。 <u>예</u> 물～ 水_{すい}餃子/ 군～ 焼_やき餃子/ 고기～ 肉_{にく}餃子。
만두-소(饅頭一)<u>명</u> 餃子_{ぎょうざ}の中身_{なかみ}。 <u>예</u> 만두에서 가장 중요한 것은 ～이다. 餃子で一番_{いちばん}重要_{じゅうよう}なものは中身だ。
만둣-국(饅頭一)<u>명</u> 餃子_{ぎょうざ}を入_いれて煮_にたスープ。
만득(晩得)<u>명</u> 晩年_{ばんねん}に子_こを得_えること。
만득-하다<u>타</u> 晩年_{ばんねん}に子_こを得る。
만들다<u>타</u> ❶【製作する】作_{つく}る｜製作_{せいさく}する｜製造_{せいぞう}する｜仕立_{した}てる。 <u>예</u> 요리를 ～. 料理_{りょうり}を作る。/ 가구를 ～. 家具_{かぐ}を製作する。/ 옷을 ～. 服_{ふく}を仕立てる。 ❷【編集する】(本_{ほん}を)作_{つく}る｜編集_{へんしゅう}する。 <u>예</u> 문제집을 ～. 問題集_{もんだいしゅう}を編集する。/ 내 이야기를 책으로 ～. 私_{わたし}の話_{はなし}を本にする。 ❸【設立する】(組織_{そしき}・団体_{だんたい}などを)設立_{せつりつ}する｜結成_{けっせい}する。 <u>예</u> 동아리를 ～. サークルを結成する。/ 조합을 ～. 組合_{くみあい}を設立する。/ 회사를 ～. 会社_{かいしゃ}を設立する。 ❹【定める】(規則_{きそく}・法律_{ほうりつ}・制度_{せいど}などを)定_{さだ}める。 <u>예</u> 새로운 룰을 ～. 新_{あたら}しいルールを作る。/ 법률을 ～. 法律_{ほうりつ}を定める。 ❺【問題など】(問題_{もんだい}を)起_おこす。 <u>예</u> 또 성가신 일을 만들었구나. また厄介_{やっかい}な問題を起こしたのね。 ❻【準備する】(お金_{かね}を)準備_{じゅんび}する｜用意_{ようい}する。 <u>예</u> 대학 입학금을 ～. 大学_{だいがく}の入学金_{にゅうがくきん}を準備する。 ❼【傷などを】(傷_{きず}などを)作_{つく}る｜生_{しょう}じさせる。 <u>예</u> 얼굴에 상처를 ～. 顔_{かお}に傷を作る。 ❽【させる】―させる｜―せしめる｜―する。 <u>예</u> 답장을 쓰게 ～. 返事_{へんじ}を書_かかせる。/ 마음에 들도록 ～. 気_きに入_いるようにする。/ 명령에 복종하도록 만들었다. 命令_{めいれい}に服従_{ふくじゅう}するようにさせた。

만듦-새<u>명</u> 出来映_{できば}え｜出来栄_{できば}え｜出来具合_{できぐあい}｜仕上_{しあ}がり｜作_{つく}り｜造_{つく}り。 <u>예</u> ～가 훌륭하다. 立派_{りっぱ}な出来映えだ。

만루(滿壘)<u>명</u> 〈운〉満塁_{まんるい}｜フルベース。 <u>예</u> 2사 주자는 ～ 二死走者_{そうしゃ}は満塁。

만류(挽留)<u>명</u> 引_ひき留_とめること｜引_ひき止_とめること｜思_{おも}い止_とまらせること。
만류-하다<u>타</u> 引_ひき留_とめる｜思_{おも}い止_と

ませる. 예 사퇴를 ~. 辞退を思い止ませる。

만리-장성(萬里長城)명【만리】万里の長城。예 호족의 침략을 대비하여 쌓은 ~ 豪族の侵略に備えて築いた万里の長城。

만만-쟁이 くみしやすく見える人。 예 너 내가 ~로 보여? 君には僕がくみしやすく見えるのかい。

만만찮다형 侮れない。手ごわい。見くびられない。したたかだ。예 만만찮은 사람 手ごわい人。したたか者。

만만-하다형 ❶くみしやすい。手ごわくない。甘い。상대를 만만하게 보지 마라. 相手を甘く見るなよ。❷柔らかい。しなやかだ。
만만-히부 くみしやすく。柔らかく。甘く。

만면(滿面)명 満面。~에 웃음을 띠다. 満面に微笑みを湛える。
만면-하다형 満面だ。예 희색이 ~. 喜色 満面だ。

만무방명【행티가 몹쓸 사람】無礼で破廉恥な人。器量の悪い人。恥知らず。예 그쯤 하면 ~도 미안해 하겠는데, 너는 어찌 그 모양이냐? そのくらいなら破廉恥な人でも謝るのに、どうして君はそのままか。

만무-하다(萬無一)형【전혀 없다】ーのはずは決してない。예 그가 모를 리가 ~. 彼が知らないはずがない。

만물(萬物)명 万物。예 ~ 박사 物知り博士 / ~이 소생하는 봄 万物の生き返る春。

만민(萬民)명 万民。예 천하 ~ 天下の万民。

만반(萬般)명 万般。万端。예 ~의 준비를 끝내다. 万端の準備を終える。

만발(滿發)명 満開。=만개
만발-하다자 満開する。예 벚꽃이 ~. 桜の花が満開になる。

만병(萬病)명 万病。예 감기는 ~의 근원 風邪は万病のもと。

만병-통치(萬病通治)명 ❶一つの薬があらゆる病気に効くこと。❷一つの事柄が多くの事柄に効力を及ぼすこと。

만복¹(萬福)명 万福。예 ~을 누리다. 万福を享受する。/ 댁내의 ~을 빕니다. 貴宅の万福をお祈り致します。

만복²(滿腹)명 腹がいっぱいになること。満腹。

만부당(萬不當)명 不合理きわまりなきこと。とんでもないこと。=천부당만부당
만부당-하다형 不合理きわまりない。とんでもない。예 만부당한 이야기 とんでもない話。

만-부득이(萬不得已)부【부득이의 강조어】万やむをえず。どうしようもなく。仕方なく。
만부득이-하다형 万やむをえない。예 만부득이한 사정으로 결근했습니다. 万やむをえない事情があって欠勤しました。

만사(萬事)명 万事。예 ~가 뜻대로 되다. 万事思い通りになる。

만사-태평(萬事太平)명 ❶万事が平穏である。❷万事に憂いなくのんきなこと。예 내일 시험인데도 ~이야. 明日テストなのに、まったくのんきなものだ。

만삭(滿朔)명 臨月。産み月。

만산(滿山)명 ❶山全体に満ちていること。❷《종》寺中。寺の全ての僧。

만산-홍엽(滿山紅葉)명 満山紅葉きんざん。

만상(萬象)명 万象。예 삼라 ~ 森羅万象。

만생(蔓生)명《식》【식물의 출기가 덩굴져 자람】蔓生。
만생-하다자 蔓生する。

만선(滿船)명 満船。
만선-하다자 満船する。

만성¹(晚成)명 晚成。예 대기 ~ 大器晚成。

만성²(慢性)명 慢性。

만성 식물(蔓性植物)명《식》蔓性植物つるせい。蔓植物つるしょくぶつ。=덩굴식물

만성 전염병(慢性傳染病)명《의》慢性伝染病まんせいでんせんびょう。

만성 피로(慢性疲勞)명《의》慢性疲労まんせいひろう。慢性疲労症候群しょうこうぐん。예 ~는 돌연사의 원인이 된다. 慢性疲労は突然死の原因になる。

만세¹(萬世)명 万世ばんせい。万代だい。=만대(萬代)

만세²(萬歲)명 万歲。❶いつまでも生きること。❷貴人きじんの死。

만세³(萬歲)감 万歲。예 ~ 삼창을 하다. 万歲を三唱する。/ ~를 부르다. 万歲を唱える。

만수(萬壽)명 万寿ばんじゅ。長寿ちょうじゅ。=장수²

만수-무강(萬壽無疆)[명] 万寿無窮と安泰。|~을 빌다. ご安泰を祈る。

만수-받이【경기 지방에서 하는 굿】(ねだり·煩わしい頼みなどを)いとわずになんでも聞いてやること。
　만수받이-하다[타] いとわずになんでも聞いてやる。|만수받이하는 그를 보면 대단하다는 생각이 든다. 何でも聞いてくれる彼を見るとすごいと思う。

만숙-성(晩熟性)[명] 成長の遅い性質。|~과일 成長の遅い果物。

만신¹[명] 〈민〉〈무당을 높여 이르는 말〉巫女様。

만신²(滿身)[명] 満身。|~全身。=온몸

만신-창(滿身瘡)【의학】全身に広がったできもの。

만신-창이(滿身瘡痍)[명] 満身創痍。

만심(慢心)[명]〈겸손함이 없이 만만하게 여기는 마음〉慢心。

만안-하다(萬安一)[형] 安泰だ。

만약(萬若)[부] 万一|もしも|万が一|仮に。|~ 비가 오면 어떻게 하지. もし雨だったらどうしよう。=만일

만연(蔓延·蔓衍)[명] 蔓延。|전염병의 ~을 막다. 伝染病の蔓延を防ぐ。
　만연-하다[자] 蔓延する。|퇴폐적인 풍조가 ~. 退廃的な風潮が蔓延する。

만용(蠻勇)[명] 蛮勇。|~을 부리다. 蛮勇をふるう。

만우-절(萬愚節)[명] 四月馬鹿|エープリルフール。

만원(滿員)[명] 満員。|~사례 満員御礼 / ~버스 満員バス。

만월(滿月) ❶[천문] 満月|望月。 ❷【의학】臨月|産み月。

만유(漫遊)[명] 漫遊。
　만유-하다[자] 漫遊する。|여러 나라를 ~. 諸国を漫遊する。

만유-인력(萬有引力)[명]〈물〉万有引力。|~의 법칙 万有引力の法則。

만인(萬人)[명] 万人·万民。|~의 모범이 되는 리더 万人の模範になるリーダー。

만일(萬一)[명] 万一|もしも|まさかの時。|~의 경우에 대비하다. 万一の場合に備える。 / ~ 망가지면 큰일이다. もしも、こわれたら大変だ。 / ~에 못 가게 되면 전화할게. 万一行けなくなったら電話する。=만약

만작-만작[부] ☞'만지작만지작'의 준말.
　만작만작-하다[타] ☞'만지작만지작하다'의 준말.

만장¹(萬丈)[명] 万丈。|파란 ~ 波乱万丈。

만장²(萬障)【불교】万障|あらゆる障害。

만장³(滿場)[명] 満場。|~의 갈채를 받다. 満場の喝采を浴びる。

만장-일치(滿場一致) 満場一致。|~로 통과하다. 満場一致で通過する。

만재(滿載)[명] 満載。
　만재-하다[타] 満載する。|재미있는 읽을거리를 ~. 面白い読み物を満載する。

만전(萬全)[명] 万全。|~의 조치를 취하다. 万全の措置を取る。 / 개점 준비에 ~을 기하다. 開店の準備に万全を期する。

만점(滿點)[명] 満点。|시험에서 ~을 받다. テストで満点を取る。

만조(滿潮)[명] 満潮。|~ 때의 조위는 얼마나 됩니까? 満潮時の潮位はどのくらいになりますか。 / ~는 하루에 두 번이다. 満潮は一日に二回ある。

만조-하다 (格好や身なりが)みすぼらしくだらしがない。

만족(滿足)[명] 満足。|자기 ~ 自己満足 / ~을 느끼다. 満足を感じる。
　만족-하다[형] 満足する。|결과에 만족할 수 없다. 結果に満足できない。
　만족-히[부] 満足に。

만족-감(滿足感)[명] 満足感。

만족-스럽다(滿足一)[형] 満足感そうだ。
　만족스레[부] 満足そうに|満足げに。|~ 웃다. 満足そうに笑う。

만좌(滿座)[명] 満座|一座。

만주(滿洲)[명]〈지〉満洲。

만주-족(滿洲族) 満洲族|満族。

만지다[타] 触る|手で触れる。|손으로 ~. 手で触る。 / 손을 ~. 手を触る。 / 다리를 ~. 脚を触る。 / 얼굴을 ~. 顔を触る。

만지작-거리다[타] しきりに触れる|撫で回す|いじり回す|いじくり回す。|골동품을 ~. 骨董品などを撫で回す。 / 옷을 ~. 服をいじくる。 / 장난감을 ~. おもちゃをいじくり回す。=만지작대다

만지작-대다 ☞만지작거리다

만지작-만지작[부] いじり回すさま。[준] 만작만작
　만지작만지작-하다[타] いじり回す。|예

아이가 장난감을 ~. 子供がおもちゃをいじり回す. ⓒ만작만작하다

만질만질-하다 혱 なめらかでさわりがいい/つるつるしている.

만찬(晚餐)명 晚餐ばん. 예 최후의 ~ 最後さいごの晚餐ばん.

만찬-회(晚餐會)명 晚餐会ばんさんかい.

만천(滿天)명 満天まんてん/空そら一杯いっぱい. 예 ~의 별 満天の星ほし.

만-천하(滿天下)명 満天下まんてんか. 예 ~에 알리다. 満天下に知らせる.

만초(蔓草)명 〔식〕蔓草まんそう/かずら.

만추(晚秋)명 晚秋ばんしゅう. =늦가을

만춘(晚春)명 晚春ばんしゅん.

만취(漫醉·滿醉)명 泥酔でいすい/沈酔ちんすい.
　만취-하다 자 泥酔でいすいする. 예 만취하여 다리가 후들거리다. 泥酔して足下あしもとがふらつく./ 만취하여 길바닥에 누워 버리다. 泥酔して路上ろじょうに寝ねてしまう.

만치 의조 ☞만큼

만큼 I 의 ❶【앞말의 내용정도】―だけ/―ほど/―くらい. 예 10명이 먹을 ~ 사 오세요. 10人にんが食たべるぐらいのものを買かって来きなさい./ 노력한 ~ 결실을 맺는다. 努力どりょくしただけ実みを結むすぶ. ❷【원인·근거】―から/―ので. 예 공부한 ~ 점수가 나올 것이다. 勉強べんきょうしたから点数てんすうが取とれるだろう.
　II 조 【체언뒤에 붙어】―ほど/―くらい/―だけ. 예 올해는 여느 때만큼 덥지는 않다. 今年ことしはいつもほど暑あつくはない./ 너만큼은 할 수 있어. お前まえくらいは出来できるよ. =만치

만판 면 十分じゅうぶんに/存分ぞんぶんに/ひたすら/もっぱら. 예 ~ 마시고 즐기기만 하면 아무것도 남는 것이 없다. ただ飲のんで楽たのしんでばかりいては、何なにも残のこるものがない.

만평(漫評)명 漫評まんぴょう/気きままな批評ひひょう. 예 시사 ~ 時事漫評.

만필(漫筆)명 〔문〕漫筆まんぴつ/漫文まんぶん.

만하(晚夏)명 晚夏ばんか. =늦여름

만-하다 혱 '만'의 부표제어.

만하임-악파(Mannheim樂派) 〔음〕マンハイム楽派がくは.

만행¹(萬幸)명 多幸たこう/この上うえなく幸さいわいなこと.
　만행-하다 혱 多幸たこうだ.

만행²(蠻行)명 蛮行ばんこう. 예 ~을 규탄하다. 蛮行を糾弾きゅうだんする.

만혼(晚婚)명 晚婚ばんこん.
　만혼-하다 자 晚婚ばんこんする.

만화(漫畵)명 漫画まんが. 예 ~ 영화 漫画映画まんがえいが/ ~를 보다. 漫画を見る.

만화-가(漫畵家)명 漫画家まんがか.

만화-방(漫畵房)명 漫画屋まんがや.

만화-책(漫畵冊)명 漫画本まんがぼん.

만회(挽回)명 挽回ばんかい/取とり返かえし/取とり戻もどし.
　만회-하다 挽回ばんかいする/取とり返かえす/取とり戻もどす. 예 인기를 ~. 人気にんきを挽回する./ 명예를 ~. 名誉めいよを取り返す.

많다 혱 ❶(数すう·量りょう·回数かいすうなどが)多おおい. 예 인구가 ~. 人口じんこうが多い./ 급료가 ~. 給料きゅうりょうが多い./ 최근 교통사고가 ~. 最近さいきん交通事故こうつうじこが多い. ❷(程度ていどが基準きじゅんより)豊富ほうふだ/深ふかい. 예 인정이 많은 남편 情じょうが深い夫おっと/ 그는 경험이 ~. 彼かれは経験けいけんが豊富ほうふだ.
　많-이 튀 多おおく/たくさん/いっぱい/たっぷり. 예 상품을 ~ 받다. 賞品しょうひんをたくさんもらう./ 시간은 ~ 있다. 時間じかんはたっぷりある.

맏-누이 명 大姉たいし/長姉ちょうし/いちばん上うえの姉あね. =큰누나

맏-딸 명 総領娘そうりょうむすめ/長女ちょうじょ. =큰딸

맏-며느리 명 総領嫁そうりょうよめ/長男ちょうなんの嫁よめ. =큰며느리

맏-물 명 初物はつもの/走はしり/初生はつなり. 예 오징어의 ~ 走りのいか/ ~ 감을 따다. 初生りの柿かきを取る.

맏-배 명 【일부 동물이 태어나 처음으로 낳는 새끼】初子はつご. =첫배

맏-사위 명 長女ちょうじょの婿むこ. =큰사위

맏-손자(―孫子)명 初孫はつまご. =큰손자

맏-아들 명 総領そうりょう/長男ちょうなん. =장남·큰아들

맏-이 명 ❶長子ちょうし. ❷年としが人ひとより多おおいこと.

맏-자식(―子息)명 長子ちょうし/総領そうりょう. 예 무릇 ~이 부모를 모시는 법이다. だいたい長子が親おやの世話せわをするものだ.

맏-조카 명 【맏형의 맏아들】長兄ちょうけいの長男ちょうなん. =장조카·장질·큰조카

맏-형(―兄)명 長兄ちょうけい/いちばん上うえの兄あに. =장형·큰형

맏-형수(―兄嫂)명 長兄ちょうけいの妻つま. =큰형수

말 명 ❶【언어】言葉ことば/言語げんご. 예 ~이 통하다. 言葉が通つうじる./ ~을 가르치다. 言語を教おしえる. ❷【화법】言いい方かた/話はなし方かた. 예 ~이 빨라서 알아듣기 힘들다. 話し

方が早はやくて聞きき取とりにくい。❸【화제】話はを‖話題だいを。囫~을 꺼내다. 話はを持もち出だす。❹【어휘】(語彙ごい・語句ごく・表現ひょうげんなどの)言葉ことば。囫쉬운 ~로 바꿔라. 簡単かんたんな言葉ことばに変かえろう。❺【소문】噂うわさ‖評判ひょうばん。囫그에 대한 ~이 많다. 彼かれに対たいする噂うわさが多おおい。❻【말수】口数くちかず‖言葉数ことばかず。囫그는 ~이 적다. 彼かれは口数くちかずが少すくない。❼【…이라는 뜻이다】—というわけだ‖—ということだ。囫지금 학교를 가지 않았다는 ~이냐? 今いま, 学校がっこうに行いかないということかい? ❽【놀라움·감탄을 표현】—なんだが。囫근데 ~이야. そうなんだが。/ 그 사람 ~이지. あの人ひとなんだが。❾【가정을 나타내어】—だから良よかったものの‖—たらばこそ。囫네가 옆에 있었기에 ~이지 큰일 날 뻔했다. あなたが側そばにいたから良よかったものの, 大変たいへんな目めに遭あうところだった。

말-하다자타 ❶【말하다】(考かんがえ・感かんじなどを)言いう‖話はなす。囫내 생각을 솔직하게 말했다. 私わたしの考かんがえを正直しょうじきに話はなした。❷【알리다】(ある事柄ことがらを)知しらせる‖伝つたえる‖言いう。囫시험 합격 소식을 말해 주다. 試験しけん合格ごうかくの知しらせを言いってくれる。/내일부터 연습이 시작된다고 말해 주러 왔다. 明日あしたから練習れんしゅうが始はじまると伝つたえにきた。❸【부탁】頼たのむ‖依頼いらいする‖言いう。囫그 사람에게 돈을 빌려 달라고 말해 두었다. あの人ひとにお金かねを貸かしてくれと言いっておいた。❹【타이르다·설득하다】言いい聞きかせる。囫아무리 말해도 장난을 멈추지 않는다. いくら言いい聞きかせても, いたずらをやめない。❺【평가하다】評価ひょうかする‖噂うわさする‖言いう。囫사람들은 나를 기이적이라고 말한다. 人々ひとびとは私わたしのことを自分じぶん勝手かってだと言いう。/ 사람들은 나를 현실적인 사람이라고 말한다. 人ひとたちは私わたしのことを現実的げんじつてきな人ひとだと評価ひょうかする。❻【의미하다】意味いみする‖物語ものがたる。囫쓰러질 듯한 그의 모습은 그가 얼마나 괴로웠는지를 말해 준다. 倒たおれそうな彼かれの姿すがたは, 彼かれがどんなに苦くるしかったのかを物語ものがってくれる。❼【바꾸어 말하면】言いわば‖言いい換かえれば‖言いうならば。囫그는 유학을 떠났다. 말하자면 실연의 아픔을 잊기 위한 도피 행위였다. 彼かれは留学りゅうがくに行いった。言いわば失恋しつれんの痛いたみを忘わすれるための逃避行為とうひこういだった。❽【한마디로 말해·전체적으로 말하면】—で言いえば。囫조직력으로 말하면

우리가 한 수 위다. 組織力そしきりょくで言いえば, 私わたしたちが一段上いちだんうえだ。

말 그대로관용 話はなしの通とおり‖文字もじどおり。

말(을) 내다관용 ❶口くちに出だす‖話はなしを始はじめる。囫무슨 말을 먼저 내야 할지 모르겠다. どんな話はなしを先さきに始はじめたらいいかわからない。❷(秘密ひみつや噂うわさなどを)他ほかの人ひとに言いう。囫누가 그런 말을 낸 거야? 誰だれがそんな噂うわさを言いったのよ。

말(을) 듣다관용 ❶言いうことを聞きく。囫다음 말을 잘 듣고 답하세요. 次つぎの言葉ことばをよく聞きいて答こたえなさい。❷叱しかられる‖小言こごとを聞きく‖良よくない噂うわさの対象たいしょうとなる。囫선배에게 건방지다고 말 한마디 들었다. 先輩せんぱいに横柄おうへいだと叱しかられた。❸【잘 작동하다】よく作動さどうする。囫기계가 낡아서 말을 듣지 않는다. 機械きかいが古ふるくなって, よく作動さどうしない。

말(을)도 못하다관용 口くちにだして言いえない。囫무슨 말 못할 사정이 있는 모양이니 묻지 마라. 何なにか口くちに出だして言いえない事情じじょうがあるようだから, 聞きかないように。

말(이) 나다관용 ❶話はなしが始はじまる‖話題わだいにのぼる。囫기왕 말이 났으니 한마디만 더 하겠다. どうせ話はなしが始はじまったから, もう一言ひとこと言いう。❷噂うわさが立たつ。囫그가 부자라는 말이 났다. 彼かれがお金持かねもちという噂うわさが立たった。

말(이·도) 아니다관용 ❶話はなしが筋道すじみちに合あわない‖말이 아닌 이야기는 하지 마라. 筋道すじみちの合あわない話はなしはするな。❷(事情じじょうや暮くらし向むきなどが)非常ひじょうに苦くるしい‖困難こんなんだ‖みじめだ。囫요즘은 생활이 말이 아니다. この頃ころは生活せいかつが非常ひじょうに苦くるしい。

말² 의【되의 열 배】斗と。‖쌀 한 ~ 米こめ一斗いっと。

말³ 명〈동〉馬うま。‖~ 타기 馬乗うまのり/ 옛날에 ~은 중요한 교통수단이었다. 馬うまはかつて重要じゅうような交通手段こうつうしゅだんだった。/ 몽고인들은 ~을 다루는 솜씨가 뛰어나다. モンゴル人じんは馬うまの扱あつかいに長たけている。/ 있는 힘껏 ~을 달렸다. 全速力ぜんそくりょくで馬うまを走はしらせた。=마필

말 갈 데 소 간다속담 馬うまの行いくべき所ところへ牛うしが行いく:「行いくべきでないところに行いく」の意い。

말 갈 데 소 갈 데 다 다녔다속담 馬うまの行いく所ところ, 牛うしの行いく所, みんな行いってき

た:「何の考えもなく、いろいろな所に行った」の意.

말 꼬리에 파리가 천 리 간다 속담 馬のしっぽにとまったハエが百里を行く:「つまらぬ者が他人の権威を笠に着る」の意.

말 타면 경마 잡히고 싶다 속담 ☞말 타면 종 두고 싶다

말 타면 종 두고 싶다 속담 馬に乗れる身分になると馬子が欲しくなる:[日]隴を得て蜀を望む。=말 타면 경마 잡히고 싶다 ◆일본에서는 '노 나라를 얻으면 촉 나라가 갖고 싶다'라고 한다.

말⁴[민(X굴)] 午年. 예 ~ 띠 해가 지나간다. 馬年が過ぎたる.

말⁵[민] ❶(将棋の)駒の)馬. 예 ~을 움직여 '王'를 잡았다. 馬を動かして包を取った. ❷(ユンノリなどの)駒. 예 ~을 세 칸 움직여라. コマを三つ動かせ.

말(末)[명] 末. 예 학기 ~ 学期末/연도 ~ 年度末.

말갈(靺鞨)[역] 靺鞨.

말-갈기[명] 馬のたてがみ.

말갛다[형] ❶(水や空などが)清い | 澄んでいる | 透き通っている. 예 말간 얼굴 清く澄んだ顔/말간 눈동자 澄んだ瞳/말갛게 갠 하늘 きれいに晴れた空/물이 ~. 水が澄んでいる. ❷(意識が)はっきりしている. 예 정신이 ~. 頭がはっきりしている./서서히 정신이 말갛게 개어 왔다. 徐々に意識がはっきりとしてきた. ❸(汁物などが)薄い. 예 국물이 ~. スープが薄い.

말개-지다[동] ❶(水などが)澄む | 清くなる. ❷(汁などが)水っぽくなる.

말-거리[명] ❶話題. 예 ~가 없다. 話題が尽きる. ❷悶着の種. =말썽거리

말경(末境)[명] ❶老境 | 晩年. ❷終局.

말-결[명] 口出し | 差し出口. 예 아버지가 말씀하시는데 ~ 하지 마라. 親父がいうのに口出しするな.

말-고삐[명] 手綱. 예 ~를 쥐다. 手綱を取る./~를 당기다. 手綱を引く./~를 늦추다. 手綱を緩める.

말괄량이[명] おてんば | おきゃん | 蓮っ葉 | フラッパー. 예 ~ 길들이기 おてんばの躾.

말-광대[명] 曲馬師.

말-구유[명] 飼い葉桶.

말-구종(—驅從)[명] 馬丁 | 馬方. =마부❷

말-굽[명] 馬蹄 | ひづめ. 예 ~ 모양 馬蹄形/~ 소리 ひづめの音.

말굽-자석(—磁石)[명]《물》馬蹄形磁石.

말-귀[명] ❶言葉の意味. ❷ものを聞き分ける力 | 飲み込み | 理解力. 예 ~를 알아듣는 나이 言葉を聞き分ける年/~를 못 알아듣고 엉뚱한 소리를 한다. 言葉の意味を聞き取れず、とんでもないことを言う./~가 어둡다. 飲み込みが悪い.

말그스레-하다☞맑그스레하다

말그스름-하다 やや澄んでいる. =맑스그레하다

말그스름-히[부] やや水っぽく | やや薄く.

말기(末期)[명] 末期 | 終わり. 예 가마쿠라 시대 ~ 鎌倉時代の末期.

말-꼬리[명] 言葉じり | 語尾. 예 ~를 짧게 맺다. 言葉を短く結ぶ./~를 흐리다. 言葉じりを濁らす. ❷言い損じの部分. 예 ~를 잡다. 言葉じりをとらえる ; 揚げ足を取る./~를 잡히지 않게 조심하다. 当たらずも触らず気をつける. =말끝

말-꼴[명] 馬草 | 飼い葉.

말-꾸러기[명] 小言をしょっちゅう言う人. 예 여섯 살 남자 조카는 사고뭉치 ~다. 六歳の甥はトラブルメーカーだ.

말꼬러미[부] まじまじと | じっと | しげしげと. 예 ~ 쳐다보다. まじまじと見つめる.

말끔[부] すっかり | 綺麗に.

말끔-하다[형] 綺麗だ | すっきりしている | こざっぱりしている | きちんとしている. 예 말끔한 옷차림 こざっぱりした身なり.

말끔-히[부] きれいに | さっぱりと | すっきり | すっかり. 예 방을 ~ 청소하다. 部屋をきれいに掃除する./병이 아직 ~ 낫지 않다. 病気はまだすっきりしない./피로가 ~ 가시다. 疲れがすっかり取れる.

말-끝[명] 言葉じり | 話の終わり. 예 ~을 맺다. 話を終える./~을 흐리다. 言葉を濁らす./~을 물고 늘어지다. 言葉じりをとらえる. =말꼬리

말-나리〖명〗《식》朝鮮車百合ちょうせんくるまゆり。〖예〗~의 붉은 꽃이 줄기 끝에 머리를 숙이고 피어 있다. チョウセンクルマユリの赤あかい花はなが、茎くきの先さきから頭あたまを垂たらして咲さいている。

말-날〖명〗《민》午うまの日ひ｜十二支じゅうにしの午うまの日ひ。

말-냉이〖명〗《식》軍配薺ぐんばいなずな。〖예〗밭에 ~가 조금 자라나 있다. 畑はたけにグンバイナズナが少すこし出でている。

말년(末年)〖명〗❶末年まつねん。❷晩年ばんねん。〖예〗~에 젊을 때와 다른 취미가 생기다. 晩年ばんねんに若わかいときと違ちがう趣味しゅみができる。

말-놀음〖명〗❶曲馬きょくば｜馬芸うまげい。❷☞말놀음질。

말-놀음-질〖명〗竹馬乗たけうまのりの｜馬乗うまのりのあそび。=말놀음❷

말-눈치〖명〗【그말뜻의 태도】口ぶり｜口裏くちうら。〖예〗~로 살펴보건대 모든 것을 알고 있는 것 같다. 口ぶりから察さっするに、何なにもかも承知しょうちしているようだ。

말다〖타〗巻まく｜巻まき上あげる。〖예〗김밥을 ~. のり巻まきを巻まく。/ 발을 말아 올리다. 簾すだれを巻まき上あげる。

말다〖타〗(湯ゆ・スープなどに)入いれて混まぜる。〖예〗밥을 된장국에 말아 먹다. ご飯はんを味噌汁みそしるに入いれて食たべる。

말다[3]〖타〗I ❶【주로 'ㅡ지' 다음에】(行動こうどうを)しない｜やめる｜中断ちゅうだんする。〖예〗너무 걱정 말고 기다리세요. 心配しんぱいしないで待まっていてください。/ 숙제를 하다 말고 TV를 보았다. 宿題しゅくだいをやめてテレビを見みた。❷【'ㅡ(ㄹ)까 말까'의 꼴로 쓰여】ㅡしない。〖예〗그냥 가버릴까 말까 망설이고 있다. もはや行いくか行いくまいか迷まよっている。❸【'말고'의 꼴로】ㅡではなくて。〖예〗왼쪽 말고 오른쪽이야. 左側ひだりがわではなくて右側みぎがわだ。/ 설탕 말고 꿀을 넣어주세요. 砂糖さとうじゃなくて蜂蜜はちみつを入いれてください。
II 〖보용〗❶【주로 '지' 다음에】ㅡするな｜ㅡしないで。〖예〗귀가 시간은 10시를 넘기지 마라. 門限もんげんは10時じを越こすな。/ 가지 마라. 行いくな。/ 손대지 마세요. 手てを触ふれないでください。❷【'어'다음에 강세보조사적용법】ㅡ(て)しまう。〖예〗그는 일본으로 떠나고 말았다. 彼かれは日本にほんに発たってしまった。

말-다래〖명〗(馬うまの)泥どろよけ｜あおり。〖예〗~가 달린 안장 아오리のついた鞍くら。

말-다툼〖명〗口論こうろん｜口げんか｜言いい合あい｜言いい争あらそい｜口論こうろん。=말싸움

말다툼-하다〖자〗口論こうろんする｜口げんかする｜言いい合あう｜言いい争あらそう。〖예〗친구와 ~. 親友しんゆうと口論こうろんする。

말단(末端)〖명〗末端まったん。~ 사원 末端まったんの社員しゃいん。

말-대꾸〖명〗口答くちごたえ｜言いい返かえし｜口返答くちへんとう。=대꾸

말대꾸-하다〖자〗口答くちごたえする｜言いい返かえす｜口返答くちへんとうする。〖예〗상사에게 ~. 上司じょうしに向むかって口答くちごたえる。

말-대답(對答)〖명〗口答くちごたえ｜口返答くちへんとう｜楯突たてつくこと。

말대답-하다〖자〗口答くちごたえする。〖예〗며느리가 시어머니에게 ~. 嫁よめが姑しゅうとめに口答くちごたえる。

말더듬-이〖명〗どもり｜吃音症きつおんしょう。〖예〗~ 교정 吃音矯正きつおんきょうせい。/ 할 말이 머릿속에서 꼬여서 ~가 되나 봐. 言葉ことばが頭あたまの中なかでこんがらがって、どもるみたいだよ。=더듬이

말-동무〖명〗話はなし相手あいて。〖예〗친지가 없는 노인의 ~가 되어 드리다. 身内みうちのない年としよりの話はなし相手あいてになってあげる。=말벗

말똥-구리〖동〗玉押たまおし｜金亀子こがねむし｜ふんころがし｜スカラベ。=쇠똥구리

말똥-말똥〖부〗❶【긴장이・정신 들어 있는 모양】すっきり。❷【눈을 크게 뜨고 보는 모양】まじまじと｜じろじろと。〖예〗눈을 ~ 뜨고 이야기하다. 目めを見開みひらいて話はなしする。/ ~ 쳐다본다. まじまじと見みつめる。

말똥말똥-하다〖형〗❶気きがはっきりしている。〖예〗말똥말똥한 눈동자 すっきりとした瞳ひとみ / 말똥말똥한 눈으로 쳐다보다. はっきりした目めで見みつめる。커피를 많이 마셨더니 정신이 말똥말똥하여 잠을 잘 수가 없다. コーヒーをたくさん飲のんだので、意識いしきがはっきりして眠ねむることができない。❷目めを大おおきく開ひらいている。

말뚝〖명〗杭くい。

말뚝을 박다〖관용〗【한 지역이나 직장에 오래 머무르다】ある地位ちいに長ながい間あいだ留とどまる。

말뚝-잠〖명〗座すわり寝ね｜座すわったまま寝ねること。〖예〗보초를 서느라 ~을 잤다. 歩哨ほしょうに立たつので座すわったまま寝ねた。

말-뜻〖명〗語意ごい｜言葉ことばの意味いみ｜語義ごぎ。〖예〗~을 잘 생각해 보자. 言葉ことばの意味いみをよく考かんがえてみよう。

말라게냐(malaguena 에)〖명〗《음》マラゲーニャ。

말라-깽이 ひどくやせこけた人。やせっぽち。⑩ 통통한 게 ~보다 여유 있어 보인다. 太っている方がやせているより、ゆとりがあるように見える。

말라리아(malaria)명 《의》マラリア。

말라-비틀어지다자 干からびてしわくちゃになる。⑩ 네 모습이 말라비틀어진 북어 같구나. お前の姿は干からびたスケトウダラのようだ。

말라-빠지다자 やせこける｜やせ細る｜やせ衰える。⑩ 그렇게 빼빼 말라빠진 몸으로 무엇을 하겠느냐! そんなやせ細った体で、なにが出来るか。

말라위(Malawi)명 《국》マラウイ。

말랑-거리다 (熟した柿のように)とても柔らかい感じがする。⑩ 그녀의 볼은 하얗고 말랑거린다. 彼女のほっぺは白くてとても柔らかい。 =말랑대다

말랑-대다자 ☞말랑거리다

말랑말랑-하다ᵇ ふわふわしている｜ふかふかしている｜とても柔らかい。⑩ 말랑말랑하고 맛있는 크림빵 ふかふかで美味しいクリームパン。

말랑-하다ᵇ ❶(物が)やわらかい。❷(性質が)もろい｜ふにゃふにゃしている｜くみしやすい。

말레이시아(Malaysia)명 《국》マレーシア。

말로(末路)명 末路。⑩ 비극적인 ~ 悲劇的な末路。

말리(Mali)명 《국》マリ。

말리다¹ 자 ❶ 巻き込まれる。⑩ 사건에 말리어 연행되다. 事件に巻き込まれて連行される。❷【말】巻かれる｜巻き上がる。⑩ 종이가 ~. 紙が巻かれる。

말리다² 타 乾かす｜干す｜干上がらせる｜涸らす。⑩ 빨래를 ~. 洗濯物を干す。／ 이불을 햇볕에 ~. ふとんを日干しにする。／ 젖은 셔츠를 다리미로 ~. 濡れたシャツをアイロンで乾かす。

말리다³ 타 止める｜やめさせる｜引きとめる｜留め立てをする。⑩ 싸움을 ~. けんかをやめさせる。／ 가지 말라고 말려도 말을 안 듣는다. 行くなと止めても言うことを聞かない。

말-마디 명 一区切りの言葉。⑩ ~를 끊어서 읽다. 言葉を区切って読む。

말-막음명 ❶ 言い逃れ｜言い抜け。❷ 話を打ち切ること。
말막음-하다자 話を打ち切る。

말-머리명 ❶ 話の糸口｜話の端緒。⑩ ~를 꺼내다. 話を切り出す。❷ 話の方向｜話題。⑩ 슬며시 ~를 돌리다. それとなく話題を転じる。

말-먹이명 馬糧｜馬料｜馬草。 =마량

말-몰이 ❶ 馬を駆ること。❷ ☞말몰이꾼

말몰이-꾼명 馬子｜馬方｜馬丁｜御者。 =말몰이❷

말-문(-門)명 ❶ (話すための)口。❷ 【말빼미 아니히】 話の端緒｜話の糸口。
말문(을) 막다관용 口を封じる。
말문(을) 열다관용 口を開く。
말문이 막히다관용 言葉が詰まる。

말미¹ 명 休暇｜ひま｜猶予。⑩ ~를 받다. 休暇をもらう。

말미²(末尾)명 末尾。⑩ 편지의 ~에 덧붙이다. 手紙の末尾に付け加える。

말미암다 자 —による｜—に基づく｜由来する。⑩ 부주의로 말미암은 사고 不注意による事故／ 과로로 말미암아 몸살이 나다. 過労によって病気になる。／ 너로 말미암아 나는 성공했다. お前によって私が成功した。

말미잘 동 磯巾着。⑩ ~은 바다의 꽃이라 불린다. イソギンチャクは海の花と呼ばれる。

말-밑천 ❶ 話の種｜話題。⑩ 그는 ~이 떨어졌는지 잠자코 친구의 이야기를 듣고 있다. 彼は話題が尽きたのか黙って友達の話を聞いている。❷ 話しがい。⑩ ~도 못 건지다. 話しがいもない。

말-밥【발빱/말빱】1升枡の飯。

말-밭 《민》【발빧/말빧】駒が進む道。

말-버릇명 口癖｜口の利き方。⑩ ~이 좋지 않다. 口の利き方がよくない。／ ~이 되다. 口癖になる。

말-벌 동 雀蜂｜くまばち。⑩ 알레르기가 있는 사람 ~에게 쏘인다면 죽을 수도 있다. アレルギーのある人がスズメバチに刺されると、死ぬこともある。 =왕벌

말-벗명 話し相手。 =말동무

말-보¹명 【말뽀/말뽀】 話の種の多い人｜おしゃべり屋。

말-보²명 【말뽀/말뽀】 普段あまり話さない人の口から、堰を切ったように詰まることなく出てくる言葉。

예어릴 적 친구를 만났더니 ~가 터져서 밤을 꼬박 새웠다. 幼馴染みと会ったら、言葉が堰を切ったようにしゃべり出して、夜を明かした。

말복(末伏)圏 末伏ぷく。

말-본圏 ☞말본새

말-본새圏 言葉ばの選えらび方かた｜言葉遣い。예그는 ~가 거칠다. 彼は言葉遣いが荒い。=말본

말-뼈圏 気きが荒あらくて頑固がんこな人。

말살(抹殺)圏 抹殺まっさつ。예문화 ~ 정책 文化ぶんか抹殺政策せいさく。
　말살-하다国 抹殺まっさつする。예전쟁 기록을 ~. 戦争せんそう記録きろくを抹殺する。

말-상(一相)圏 馬面うまづら。

말석(末席)圏 末席まっせき。예~에 앉다. 末席に座ざる。/ ~을 더럽히다. 末席を汚けがす。

말세(末世)圏 末世まっせ｜末代まつだい。

말소(抹消)圏 抹消まっしょう。
　말소-하다国 抹消まっしょうする。예명부에서 이름을 ~. 名簿めいぼから名前なまえを抹消する。/ 등록을 ~. 登録とうろくを抹消する。

말소 등기(抹消登記)圏 抹消登記まっしょうとうき。

말-소리圏 話はなし声ごえ｜人ひとの声こえ。예어디선가 ~가 들리다. どこからか話し声が聞きこえる。

말-속圏 本当ほんとうの意味いみ｜含ふくみ。

말-솜씨圏 話はなしぶり｜話術わじゅつ。예~가 뛰어난 정치가 話術に長たけている政治家せいじか。/ ~가 좋다. 話はなしが上手じょうずだ。/ ~가 서툴다. 話が下手へただ。

말-수(一數)圏 口数くちかず｜言葉数ことばかず。예~가 적은 편이다. 口数が少すくない方ほうだ。

말-술圏 ❶斗酒としゅ｜一斗いっとの量りょうの酒さけ。❷大量たいりょうの酒さけ。

말-승냥이圏 身長しんちょうだけが高たかく、気性きしょうが荒あらい人ひと。

말-시비(一是非)圏 口喧嘩くちげんか｜口争くちあらそい｜言いい掛がかり。

말-실수(一失手)圏 失言しつげん｜言いい誤あやまり｜言いい損そこない。예의회에서 ~를 하다. 議会ぎかいで失言する。

말-싸움圏 口喧嘩くちげんか｜口論くちろん｜言いい合あい｜言いい争あらそい｜口喧くちげんか。
　말싸움-하다国 口喧嘩くちげんかする｜言いい争あらそう。

말썽圏 問題もんだい｜面倒めんどう｜悶着もんちゃく｜もめ事ごと。예~을 일으키다. 問題を起こす。/ ~이 끊이지 않다. もめ事が絶たえない。

말썽-거리圏 もめ事ごとの種たね｜問題もんだい｜悶着もんちゃくのたね。예~를 만들다. もめ事の原因げんいんをつくる。

말썽-꾸러기圏 困者こまり。

말썽-꾼圏 厄介者やっかいもの｜悶着もんちゃくを起おこす人ひと。

말썽-스럽다圏 もめ事ごとになって面倒めんどうだ。

말쑥-하다圏 こぎれいだ｜すっきりとする｜さっぱりする。예말쑥한 차림새 さっぱりした身みなり。
　말쑥-히튀 すっきりと｜さっぱりと。

말씀圏 ❶お話はなし｜お言葉ことば｜おっしゃること。예~ 잘 알아듣겠습니다. お言葉はよく分わかります。❷話はなし｜言葉ことば｜言いうこと。예드릴 ~이 있습니다. 申もうし上あげることがあります。
　말씀-하다国国 おっしゃる｜言いわれる｜仰おおせられる。예말씀하신 걸 명심하겠습니다. おっしゃったことを心こころに深ふかく刻きざみつけます。/ 저는 선생님께서 말씀하시는 대로 하겠습니다. 私わたしは先生せんせいの言われるままにします。

말-씨圏 ❶語調ごちょう｜言葉遣ことばづかい｜言いい方かた。예공손한 ~ 丁寧ていねいな言葉遣い。/ ~가 고상하다. 言い方が上品じょうひんだ。❷なまり｜弁べん。

말씬-거리다国 (煮にたり蒸むかしたものが)ふっくらとして柔やわらかい感かんじがする。=말씬대다

말씬-대다国 ☞말씬거리다

말씬-말씬튀 ふかふか｜ぐにゃぐにゃ。

말-없이튀 ❶無言むごんで｜黙だまって｜黙々もくもくと。예~ 일하다. 黙々と働はたらく。/ ~ 사라지다. 黙って消きえる。❷もめ事ごとなく｜無事ぶじに。예~ 잘 지내고 있다. 無事に暮くらしている。

말엽(末葉)圏 末葉まつよう｜末期まっき。예19세기 ~ 19世紀じゅうきゅうせいき末葉。

말일(末日)圏 末日まつじつ。예9월 ~ 九月くがつ末日。

말-잡이圏 枡売ますうり。예마되질은 ~가 해야지. 枡で測はかるのは枡売りがしなくちゃ。

말-재간(一才幹)圏 ☞말재주

말-재기圏 無駄口むだぐちを言いう人ひと。

말-재주(一才一)圏 話術わじゅつ｜弁才べんさい｜弁舌べんぜつの才能さいのう。예~가 있는 사람 口達者くちたっしゃ；話はなしのうまい人ひと／~를 발휘하다. 弁舌を振ふるう。=말재간

말재주-꾼圀 話術のある人; 口達者な人. 囫나만한 ~도 흔치 않을 걸. 僕ほどの話上手もそうはいないだろうよ.

말-쟁이圀 口数の多い人; 多弁な人.

말-조심(一操心)圀 口を慎むこと; 言葉遣いに注意すること.

말조심-하다困 口を慎む; 言葉遣いに注意する.

말-주변圀 話す才能; 言い回し; 弁才. 囫~이 좋은 사람 口達者な人/~이 없다. 口下手だ./~이 좋다. 言い回しがうまい.

말직(末職)圀 下役.

말-질圀 いさかい; 口げんか; 言い争い.

말짜(末一)圀 つまらない人; 役立たず. 囫인간 ~ 같으니라고. 人間のくずが.

말짱-하다¹혱 (精神状態が)はっきりしている; 正気だ. 囫몸은 가눌 수 없지만 정신만은 ~. 体は支えることができないが, 意識だけははっきりしている.

말짱-히부 きれいに.

말짱-하다²혱 (人の性質が)柔弱で御しやすい; 意気地がない.

말-참견(一參見)圀 口出し; ちょっかい; お節介; 差し出口. 囫쓸데없는 ~을 하다. 余計な口出しをする.

말참견-하다困 口出しをする; 口入れする. 囫옆에서 ~. 横から口を出す.

말-채찍圀 (馬の)むち.

말초(末梢)圀 末梢.

말초 신경(末梢神經)(의)末梢神経.

말초 신경계(末梢神經系)(의)末梢神経系. 囫~를 다쳐서 다리를 움직이지 못한다. 末梢神経系をけがして脚が動かない.

말초-적(末梢的)관 末梢的. 囫~인 현상 末梢的な現象.

말-총圀 馬のたてがみと尾の毛.

말캉-거리다困 (柔らかすぎて)ぐにゃぐにゃする; ぶよぶよする. =말캉대다

말캉-대다困 ☞말캉거리다

말캉-말캉부 ぐにゃぐにゃ; ぶよぶよ.

말캉-하다혱 (熟しすぎて)やわらかい; ぐにゃぐにゃする; ぶよぶよする.

말-코圀 鼻先が丸くて鼻の穴が大きい人. 囫얼굴이 길고 ~여서 호감이 안 가. 顔が長く鼻の穴も大きいので, 好感が持てない.

말타아제(Maltase 독)圀 (화)マルターゼ.

말-투(一套)圀 口ぶり; 話しぶり; 言葉づかい; 言葉付き. 囫자신만만한 ~ 自信満々な話しぶり/~가 건방지다. 言葉付きが生意気だ. =어투

말-판圀 (민)(將棋)盤. 囫~에 말을 놓다. 盤に駒を置く.

말-하다困困 ☞'말'의 부표제어.

말-허리圀 話しの腰. 囫무의식중에 다른 사람의 ~를 끊고 말았다. 無意識のうちに人の話の腰を折ってしまった.

맑다 ❶ [淸い] 淸い; 澄む; さえる; きれいだ. 囫맑은 물이 흐른다. 淸い水が流れる./눈이 맑아서 예쁘다. 目が澄んでいてきれいだ./맑은 공기를 마시다. 澄んだ空気を吸う. ❷ [晴] (天気が)晴れている. 囫맑디 맑은 가을 하늘 澄みきった秋空/흐렸던 하늘이 맑아졌다. 曇った空が晴れた. ❸ [澄] 澄む; さえる. 囫맑은 음색 さえた音色/이 악기는 맑은 소리가 난다. この楽器はさえた音がする. ❹ [淸] (心・気分などが)澄んでいる; さえている; さわやかだ. 囫맑은 정신 さわやかな気分/그 순간 마음이 맑아져 세상이 초록빛으로 빛나기 시작했다. その瞬間, 心がさわやかになり, 世の中が緑色に輝きはじめた./너의 맑디 맑은 마음이 내게 전해져 오는 것 같다. 君の澄みきった心が私に伝わってくるようだ.

맑스그레-하다혱 やや淸らかだ; 少しきれいだ; まあまあ澄んでいる. 囫국물이 ~. スープはいくらか澄んでいる. =말그스레하다・말그름하다

맑은-술圀 (濁り酒に対して)透明な酒; 淸酒.

맑은-장국(一醬一)圀 牛肉を煮込んだ澄まし汁; 醬油味の牛肉汁. =장국

맘圀 ☞'마음'의 준말.

맘-결圀 ☞'마음결'의 준말.

맘-껏부 ☞'마음껏'의 준말.

맘-대로부 ☞'마음대로'의 준말.

맘마圀 ご飯.

맘-먹다困困 ☞'마음먹다'의 준말.

맘모스(mammoth)명 〈동〉マンモス。
맘-보명 ☞'마음보'의 준말.
맘-속부 ☞'마음속'의 준말.
맘-씨명 ☞'마음씨'의 준말.
맛명 ❶(食たべ物ものの)味あじ。おいしさ。예~을 보다. 味を見みる。/~이 있다. おいしい。❷(ある物もの・現象げんしょうなどに対たいする)感かんじ。気持きもち。예소설을 드라마로 보니 색다른 ~이 난다. 小説しょうをドラマで見みると、変かわった感かんじがする。/그 아이는 귀여운 ~이 있다. その子こはかわいい感かんじがある。❸[언행 사람에 느껴지는 재미] 面白おもしろみ。妙みょう。예아이들 재롱에 시간 가는 줄 모르겠다. 이 ~에 자식을 낳는구나. 子供達たちの可愛かわいらしいしぐさをみているだけで、あっという間まに時間じかんがたってしまう。このように至福しふくを感かんじられるからこそ、子供がほしくなるんだよね。

맛-깔명 (食たべ物もののの)持もち味あじ。味加減あじかげん。
맛깔-스럽다형 ❶口くちに合あう。おいしい。예빵이 맛깔스럽게 구워졌다. パンが美味おいしく焼やき上あがった。❷気きに入いる。예그 대사는 들으면 들을수록 ~. その台詞せりふは聞きけば聞くほど気に入る。

맛-나다형 味あじがよい。おいしい。うまい。예역시 엄마의 요리는 ~. やはりお母かあさんの料理はおいしい。
맛-보다 ❶[맛을 보다] 味見あじみする。食たべてみる。예한번 맛봐 주세요, 一度いちど味見してみてください。❷[경험하다] 経験けいけんする。体験たいけんする。味あじわう。예30년을 살아오면서 인생의 온갖 괴로움을 맛보았다. 30年ねんを生いきてきながら、人生じんせいのあらゆる辛つらさを味わった。❸[꾸지람을] うんと叱しかられる。예아직 맛보지 못해서 저렇게 건방진 소리를 하는 거야. まだうんと叱られたことがないから、あんなに生意気なまいきなことを言いうのだ。

맛-없다형 ❶[맛이 없다] おいしくない。まずい。예맛없는 반찬 おいしくないおかず/된장국이 ~. 味噌汁みそしるがまずい。❷[재미없다] 面白おもしろくない。味気あじけない。つまらない。예맛없는 회화 味気ない会話が/맛없는 생활을 하다. つまらない生活せいかつをする。❸[야하] (やることが)やぼくさい。예맛없는 소리 하지 마. やぼくさいことは言いうなよ。

맛-있다형 うまい。おいしい。

맛-장수명 【개성이 없고 싱거운】 味気あじけない。無味乾燥むみかんそうな人ひと。やぼな人。예에이, 이런 ~를 봤나. えい, こんな野暮やぼな奴やつがいるとは。
맛-적다형 面白おもしろくない。つまらない。
맛-젓명 まてがいを塩漬しおづけにした塩辛しおから。

망¹(望)명 見張みはり。예~을 보다. 見張りをする。
　　망을 서다관용 見張みはりに立たつ。
망²(網)명 ❶網あみ。예~을 뜨다. 網を編あむ。/~에 걸리다. 網にかかる。❷[교통처럼 짜 있는 조직] 網もう。예방송망 放送網ほうそうもう/교통망 交通網こうつうもう。
망가-뜨리다타 壊こわす。駄目だめにする。破損はそんする。예손목시계를 ~. 腕時計うでどけいを壊す。=망가트리다
망가-지다자 壊こわれる。駄目だめになる。예탁상 계산기가 ~. 電卓でんたくが壊れる。=망그러지다
망가-트리다타 ☞망가뜨리다
망각(忘却)명 忘却ぼうきゃく。
　　망각-하다타 忘却ぼうきゃくする。예책임을 ~. 責任せきにんを忘却する。
망간(Mangan 독)명 〈화〉マンガン。
망고(mango)명 〈식〉マンゴー。
망국(亡國)명 亡国ぼうこく。예~의 설움을 맛보다. 亡国の悲哀ひあいをなめる。
망국-민(亡國民)명 亡国ぼうこくの民たみ。
망그러-지다자 壊こわれる。駄目だめになる。=망가지다
망-꾼(望-)명 見張みはり。예너는 나이가 어리니 ~을 해라. お前まえは若わかいから見張りをしろ。
망나니명 ❶[망난이] 言動げんどうが非常ひじょうに無法むほうな人ひと。ならず者もの。ごろつき。예천하에 ~라고 극언을 퍼붓다. 天下てんかのならず者だと、極端きょくたんなことを言いう。❷首切くびきり。
망년-회(忘年會)명 忘年会ぼうねんかい。예~를 열다. 忘年会を開ひらく。
망념(妄念)명 ☞망상(妄想)
망-돌림(-) 〈운〉[씨름]左手ひだりてで相手あいての腰こしをつかみ、右手みぎてで首筋くびすじをつかんでぐるっと回まわして倒たおす技わざ。マンドルリム。예~ 당하다. マンドルリムされる。
망동(妄動)명 妄動もうどう。盲動もうどう。
　　망동-하다자 妄動もうどうする。盲動もうどうする。예경거~. 軽挙けいきょ妄動する。
망둑어명 〈동〉【망둑과의 바닷물고기를 불음이 이르는 말】はぜ。=망둥이

망둥이 명 ☞망둑어
망라(網羅) 명 網羅。
　망라-하다 타 網羅する。예 필요한 자료를 ~. 必要な資料を網羅する。
망령¹(亡靈) 명 亡靈 | 亡魂。
망령²(妄靈) 명 ぼけ | もうろく。예 ~이 들다. ぼける。
　망령-되다 혱 ばかげている | 途方もない | もうろくしている。예 망령된 말을 하다. ばかげたことを言う。
　망령되-이 閉 ばかげて | 途方もなく | もうろくして。
망루(望樓) 명 望樓 | 見張り台。예 해안 요소에 ~를 설치하다. 海岸の要所に望樓を設置する。
망막(網膜) 명 (의)網膜。
망망-대해(茫茫大海) 명 茫々たる大海。
망망-하다(茫茫—) 혱 茫々としている。예 망망한 대평원 茫々とした大平原。
　망망-히 閉 茫々と。
망명(亡命) 명 亡命。예 ~ 생활 亡命生活 / ~ 길에 오르다. 亡命の途につく。
　망명-하다 재 亡命する。예 제3국으로 ~. 第三国へ亡命する。
망명-가(亡命家) 명 亡命者。
망명-객(亡命客) 명 亡命客。
망명 정부(亡命政府) (정)亡命政府。
망발(妄發) ❶ 妄言 | でまかせ。예 ~을 삼가다. 妄言を慎む。 / ~을 하다. でまかせを言う。 ❷ 自分の祖先を辱しめる言行。
망-보다(望—) 자타 見張りをする | 番をする。
망사(網紗) 명 粗目に織った紗。
망상(妄想) 명 ❶ 過大・誇大妄想 / 피해 ~ 被害妄想 / ~에 사로잡히다. 妄想にとらわれる。 / ~에 빠지다. 妄想にふける。 / 터무니없는 ~을 하다. あらぬことを妄想する。=망념
　망상-하다 타 妄想する。
망상-맥(網狀脈) 명 ☞ 그물맥
망석-중 명 ❶ あやつり人形の一つ | 傀儡。예 이제 너의 ~ 노릇은 그만두겠다. もうお前の操り人形になるのはやめる。
　망석중 놀리듯 속담 傀儡を操るように:「他人を自分勝手に操るように」の意。
망석중-이 명 傀儡。❶ (木製の)操り人形 | くぐつ | でく。예 ~를 가지고 놀다. でくを持って遊ぶ。 ❷ でくの坊。예 남의 ~로 일하는 아버지 人の傀儡となって働く父。
망설-거리다 자 しきりにためらう | もじもじする | 迷う | 躊躇する。예 들어갈지 말지 ~. 入ろうか入るまいかためらう。 / 망설거리고 입을 열지 않다. もじもじして口をきかない。=망설대다
망설-대다 자 ☞망설거리다
망설-이다 자 ためらう | もじもじする | 躊躇する | 惑う。예 망설이지 말고 솔직하게 말해 봐. もじもじしないで率直に話してみて。
망신(亡身) 명 恥さらし | 赤恥。예 ~을 당하다. 恥をかく。 / 집안 ~을 시키다. 家族に恥をかかせる。
　망신-하다 자 恥をかく | 恥さらしになる。
망신-스럽다(亡身—) 혱 恥ずかしい。예 망신스러운 꼴을 당하다. 恥ずかしい目にあう。
　망신스레-히 閉 恥ずかしく。
망아지 명 (동)子馬 | 馬の子。
망양-하다(茫洋—) 혱 芒洋としている。
망언(妄言) 명 妄言。예 ~다사 妄言多謝 / ~을 내뱉다. 妄言を吐く。
　망언-하다 자 妄言する。
망연-하다(茫然—) 혱 ❶広々として果てしない。 ❷茫然とする | 呆然とする。예 예상치 못한 사건에 망연할 따름이다. 思わぬ出来事に呆然とするだけだ。
　망연-히 閉 茫然と | 呆然と。
망울 명 ❶ (牛乳 きな・糊などの)小さく丸い塊 | 粒。 ❷ (リンパ腺の)しこり | ぐりぐり。예 겨드랑이 밑에 ~이 생기다. 脇の下にぐりぐりが出来る。 ❸ 花のつぼみ。=꽃망울 ❹ 瞳の部分。=눈망울❶
망울-망울 ❶ [粒粒] 粒々と。예 우유에 ~ 덩어리가 생겼다. 牛乳に粒々ができた。 ❷ 粒ごと | つぼみごと。
망원-경(望遠鏡) 명 望遠鏡。
망원 렌즈(望遠lens) 望遠レンズ。
망월(望月) 명 ☞ 보름달
망은(忘恩) 명 忘恩。
　망은-하다 자 忘恩する。
망인(亡人) 명 故人 | 死者。

망자(亡者)[명] 亡者もうじゃ｜死者ししゃ。 예~의 넋을 달래다. 死者の魂たましいを慰なぐさめる。

망정[의존명사] ―だからよかったものの。 예나였기에 ~이지, 다른 사람에게 들키면 어떻게 할 거니? 私わたしだからよかったものの、他ほかの人ひとに見みつかったらどうするんだよ。/ 일이 잘되었으니 ~이지 큰일 날 뻔했다. 事ことがうまく運はこんだからよかったものの、大変たいへんなことになるところだった。

망조(亡兆)[명] 滅ほろびる兆きざし｜衰退すいたいの前兆ぜんちょう。

망종¹(亡種)[명] ならず者もの｜でき損そこない｜人間にんげんの屑くず。

망종²(芒種)[명] ❶ [해마다 보리 같이] 芒種ぼうしゅ。 ❷ [이름 기한] 芒種しゅ。

망초[명] 《식》姫齿莲ひめよもぎ。

망측-스럽다(罔測―)[형] 【보기 민망하고 어이가 없다】 えげつないところがある｜いやらしい。 예이 소설은 너무 ~. この小説しょうせつはあまりにもえげつないところがある。

망측-하다(罔測―)[형] えげつない｜みっともない。 예망측한 몸가짐 みっともない身みなり/ 아이, 망측해라. まあ、えげつない。

망측-히[부] えげつなく｜みっともなく。

망치[명] 槌つち｜ハンマー。 예~로 못을 박다. 槌つちで釘くぎを打うつ。

망치다[타] ❶ (国くに・家いえなどを)滅ほろぼす｜つぶす。 예나라를 ~. 国くにを滅亡めつぼうさせる。/ 가문을 ~. 家門かもんを滅ほろぼす。 ❷ (事ことを)台無だいなしにする｜駄目だめにする｜めちゃくちゃにする。 예모처럼의 거래를 ~. せっかくの取引とりひきを駄目だめにする。/ 신세를 ~. 身みを滅ほろぼす。

망치-질[명] 槌つちで打うつこと｜槌打つちうち。

망치질-하다[자] 槌つちで打うつ｜槌打つちうちする。

망태(網―)[명] ☞'망태기'의 준말.

망태기(網―)[명] (縄なわや紐ひもで編あんだ)網あみ袋ぶくろ。 준망태。

망토(manteau 프)[명] マント。 예~를 몸에 두르다. マントを身みにまとう。

망-하다(亡―)[자] ❶ 滅ほろびる｜潰つぶれる｜滅亡めつぼうする。 예회사가 ~. 会社かいしゃが潰つぶれる。 ❷ [주로 관형사형으로] 非常ひじょうに悪わるい｜ひどい。 예망할 자식 けしからん奴やつ。

망향(望郷)[명] 望郷ぼうきょう。 예애틋한 ~의 마음 切せつない望郷ぼうきょうの心こころ。

망향-하다[자] 望郷ぼうきょうする。

망혼(亡魂)[명] 亡魂ぼうこん｜亡霊ぼうれい。

맞-[접] 相あい―｜互たがいに―｜いっしょに―。 예맞닿다 相接あいせっする；触ふれ合あう。/ 맞장구치다 相あいづちを打うつ。/ 손을 맞잡다. 手てを取とり合あう。

맞-갖다[형] 【주로 '맞갖지 않다'로】 気きに入いる｜口くちに合あう｜味あじがほどよい｜適当てきとうだ｜ふさわしい。 예맞갖지 않은 옷 気きに入いらない服ふく/ 공부하기에 맞갖지 않은 채광 勉強べんきょうに適当てきとうではない採光さいこう。

맞갖잖다[형] 気きに食くわない｜気乗きのりがしない｜口くちに合あわない。 예맞갖잖은 모습 気乗きのりがしないようす/ 음식이 ~. 食たべ物ものが口に合わない。

맞-고소(―告訴)[명] ☞반소(反訴)

맞-교대(―交代)[명] 二組ふたくみに分わけられたものが交代こうたいして働はたらくこと｜二交代にこうたい。

맞꼭지-각(―角)[명] 《수》対頂角たいちょうかく｜互たがいに向むかい合あっている角かく。

맞다¹[자] ❶ [옳다] 合あう｜正ただしい。 예네 말이 ~. あなたが合あっている；あなたの言葉ことばが合あっている。/ 10문제 중 9문제를 맞았다. 10問もん中ちゅう9問もんが合あった。 ❷ [적중] 合あう｜的中てきちゅうする｜当あたる。 예내 예감이 맞았다. 私わたしの予感よかんが的中てきちゅうした。/ 내 육감이 ~. 私わたしの六感ろっかんが合あう。 ❸ [말이 일치됨] そうだ｜合あっている｜言いえている。 예듣고 보니 그게 맞는 것 같아. 聞きいてみるとそれが合あっているようだ。 ❹ [소유・내용・정체가 일치] (ある対象たいしょうの所有しょゆう・内容ないよう・正体しょうたいなどが)合あっている。 예이 가방 네 것 맞니? このかばん君きみので合あってるかい？/ 거스름돈이 맞는지 세어 보세요, 오つりが合あってるか見みてください。/ 저분이 너의 어머니 맞지? あの方かたが君きみのお母かあさんで合あってるの？ ❺ [맛] (ある対象たいしょうの味あじ・温度おんどなどが)合あう｜適てきする｜適合てきごうする。 예내 입맛에 맞는다. 私わたしの口くちに合あう。/ 난초는 온도와 습도가 맞지 않으면 잘 안 자란다. 蘭らんは温度おんどと湿度しつどが合あわないとよく育そだたない。 ❻ [크기] (大おおきさ・規格きかくなどに)合あう。 예중지에 반지가 잘 맞는다. 中指なかゆびに指輪ゆびわがよく合あう。/ 모자가 꼭 맞는다. 帽子ぼうしがぴったり合あう。 ❼ [조화] しっくりする｜気きに入いる｜口くちに合あう｜合あう｜一致いっちする。 예이해관계가 잘 맞는 두 나라 理解関係りかいかんけいがよく合あう二国にこく。/ 동작이 맞지 않

다. 動作が一致しない。/ 우리는 서로 생각이 맞았다. 私たちは互いに考えが合った。/ 우리는 마음이 맞는 친구다. 私たちは気が合う友だちだ。/ 서로 마음이 맞으니 일이 잘 풀려 나갈 것이다. 互いに気が合うので、問題が上手く解決できるだろう。❸【雰囲気・趣向などに】合う ｜ 似合う。예적성에 ~. 適性に合う。/ 이 옷은 내 분위기에 맞지 않는다. この服は私の雰囲気に似合わない。

맞다² 타 ❶【歓迎する】迎える ｜ 迎え入れる ｜ 受け入れる。예손님을 ~. 客を迎える。/ 아내를 ~. 妻をめとる。❷【敵対】(敵やある勢力に対抗して)向かい合う ｜ 立ち向かう。적을 맞아 싸우다. 敵に立ち向かって争う。❸【時間が経ってある時を】迎える。예새해를 ~. 新年を迎える。/ 20살 생일을 ~. 20才の誕生日を迎える。❹【雨・雪・霰・風などに】当たる ｜ 会う。예눈을 ~. 雪に会う。/ 비를 맞아 흠뻑 젖었다. 雨に当たってびっしょり濡れた。❺【点数を】取る ｜ 受ける ｜ もらう。예수학 점수를 100점 맞았다. 数学の点数を100点取った。/ 대학에서 A학점을 맞으려면 열심히 공부해야 한다. 大学でAを取るためには、一生懸命勉強しなければならない。❻【良くないことを】受ける ｜ される。예벌로 매를 ~. 罰で叩かれる。/ 야단을 맞고 울다. 叱られて泣く。

맞다³ 타 ❶【針・注射などを】打たれる。예침을 ~. 針を打たれる。/ 주사를 ~. 注射を打たれる。❷【当たる】。예날아온 눈덩이를 ~. 飛んできた雪の塊に当たる。/ 화살이 과녁에 ~. 矢が的に当たる。

맞-닥뜨리다 자 でくわす ｜ かち合う ｜ ぶつかる。예어려운 문제에 ~. 難問にぶつかる。=맞닥트리다

맞-닥트리다 ☞맞닥뜨리다

맞-담배 向かい合って吸うタバコ。

맞담배-질 向き合って煙草を吸うこと。

맞-당기다 타 引っ張り合う。예양쪽에서 줄을 ~. 両方で綱を引っ張り合う。

맞-닿다 자 触れ合う ｜ 相接する ｜ 接する。예바다와 하늘이 맞닿는 곳 海と空が接するところ / 소매와 소매가 ~. 袖と袖が~.

맞-대다 ❶ 突き合わせる ｜ くっつける。예책상을 맞대고 앉다. 机を突き合わせて座る。❷ 対面する ｜ 面と向かう ｜ 顔を合わせる。예맞대고 욕하다. 面と向かってののしる。❸ 比べる。예그와 맞댈 수는 없다. 彼とは比べることができない。

맞-대면 (一對面) 対面する。
맞대면-하다 対面する。

맞-대하다 (一對一) 자 面と向かう ｜ 相対する。

맞-돈 現金 ｜ 即金。=현찰

맞-들다 ❶ 両方で持ち上げる ｜ 持ち合う。예짐을 둘이서 ~. 荷物を二人で持ち合う。❷ 協力する。예백지장도 맞들면 낫다. 紙一枚でも、力を合わせれば軽い。

맞-먹다 互角だ ｜ 匹敵する ｜ 五分五分だ。예당시의 백 원은 지금의 만 원에 맞먹는다. 当時の一百ウォンは、現在の一万ウォンに匹敵する。/ 두 사람은 맞먹는 실력이다. 二人は互角な実力だ。

맞-물다 噛み合わせる ｜ 食い合わせる。예어금니를 ~. 奥歯を噛み合わせる。

맞물-리다 자 噛み合う ｜ 食い合う。예톱니바퀴가 맞물려 돌아가다. 歯車が噛み合って回る。

맞-미닫이 명 〈2자〉引っ張り戸。예 ~를 사이에 두고 나뉜 방 引き戸を境に分けられた部屋。

맞-바꾸다 타 交換し合う ｜ 取り替える。예서로 필요한 정보를 ~. お互いに必要な情報を交換し合う。

맞-바둑 〈윤〉相碁、互先で打つ碁。예 ~을 두다. 互先で碁を打つ。

맞-바라기 명 ☞맞은바라기

맞-바람 向かい風 ｜ 向こう風 ｜ 逆風。예 ~이 세게 불다. 向かい風が強い。/ ~을 안고 출항하다. 逆風をついて出港する。/ ~을 피하다. 向かい風を避ける。

맞-바라보다 자 相見る ｜ 向かい合って見る。예은하수를 사이에 두고 서로 맞바라보고 있다. 天の川を間において向かい合ってみる。

맞-받다[타] ❶[공격따위를]迎え撃つ. 예상대의 펀치를 ~. 相手のパンチを迎え撃つ. ❷[정면으로](正面から)ぶつかる. 예버스가 가로수를 정면으로 맞받았다. バスが街路樹に正面からぶつかった.

맞받아-치다[타] やり返す｜打ち返す. 예그는 지지 않고 맞받아쳤다. 彼は負けずにやり返した. / 공을 정면에서 ~. ボールを正面から打ち返す.

맞방망이-질[명] (驚いたり不安げで)胸がどきどきすること.
　맞방망이질-하다[자] どきどきする. 예그 사람을 보자 가슴이 맞방망이질하기 시작했다. その人を見ると胸がどきどきし始めた.

맞-버티다[자] 競り合う｜互いに譲らない.

맞-벌이[명] 共働き｜共稼ぎ. 예~ 부부 共働きの夫婦.
　맞벌이-하다[자] 共働きする｜共稼ぎする.

맞-벽(一壁)[명] 表と裏から二重塗りにされた土壁.

맞-보기¹[명]【도수없는】度のない眼鏡｜素通し.

맞-보기²[명]《운》[바둑】(囲碁との)見合い.

맞-보다[자타] 向い合う｜相見る. 예아버지와 맞보고 앉다. 父と向かい合って座る.

맞-부딪다[자타] 互いに突き当たる｜互いに突き当てる｜ぶつかりあう.

맞-부딪뜨리다[타] 激しくぶつかり合う. =맞부딪트리다

맞-부딪치다[자타] 互いに突き当たる｜ぶつかりあう｜衝突する. 예택시와 버스가 ~. タクシーとバスが衝突する.

맞-부딪트리다[타] ☞맞부딪뜨리다

맞부딪-히다[자] 互いに突き当たる｜ぶつかりあう.

맞-불[명] 向かい火.
　맞불(을) 놓다[관용] ❶向かい火を放つ. ❷応戦する｜応射する.

맞불-질[명] ❶向かい火をつけること. ❷銃砲で応射すること.

맞-붙다[자] ❶くっつき合う. 예바다와 하늘이 맞붙은 곳 海と空がくっつきあっている所. ❷競り合う｜取り組む. 예맞붙어 싸우다. 取り組んでけんかする.

맞-붙들다[타] (手を)握り合う｜助け合う.

맞-붙이다[타] ❶くっつける｜張り合わす. ❷取り組ませる｜競り合わせる. ❸対面させる.

맞-비비다[타] 互いに擦る｜こすり合う. 예손등을 ~. 手の甲をこすり合わせる. / 손바닥을 ~. 手のひらをこすり合わせる. / 발을 ~. 足をこすり合わせる. / 얼굴을 ~. 顔をこすり合う.

맞-상대(一相對)[명] 相手になること｜対決. 예아직 아버지의 ~는 되지 못한다. まだ父の相手にはならない.

맞-서다[자] ❶向かい立つ. ❷対立する｜張り合う｜歯向かう. 예의견이 ~. 意見が対立する.

맞-선[명] (結婚の)見合い. 예~을 보다. 見合いをする.

맞-수(一手)[명] 好敵手｜ライバル. =맞적수

맞-씨름[명]《운》[씨름】二人だけでするシルム.

맞아-떨어지다[자] (基準などに)ぴったり合う｜きっちり合う. 예본체의 디자인과 맞아떨어지는 색 本体のデザインときっちり合う色.

맞은-바라기[명] 向かい合って見える所. =맞바라기

맞은-쪽[명] 向かい側. 예~ 빌딩의 2층 向い側のビルの2階.

맞은-편(一便)[명] ❶向かい側. 예우체국은 은행 ~에 있다. 郵便局は銀行の向かい側にある. ❷相手方. 예~과 교섭하다. 相手方と交渉する.

-맞이[접] 迎え. 예봄맞이 春の迎え/ 달맞이 月見.

맞이-하다[타] 迎える. 예손님을 웃는 얼굴로 ~. お客さまを笑顔で迎える. / 아내로 ~. 妻にする. / 생일을 ~. 誕生日を迎える.

맞잡-다[타]【손을】取り合う｜協力する.

맞잡-이[명] ❶同等｜相当. ❷互角の間柄.

맞-장구[명] 相づち. 예~를 치다. 相づちを打つ.

맞-적수(一敵手)[명] ☞맞수

맞-절[명] (向かい合って)同時にお辞儀を交わすこと.
　맞절-하다[자] 同時にお辞儀を交わす. 예신랑 신부가 ~. 新郎新婦がお辞儀を交わす.

맞-주름 〖명〗 箱ひだ｜ボックスプリーツ｜おがみひだ｜インバーテッドフリーツ。 ㉠~을 잡다. 箱ひだを折りたたむ。

맞추다 〖타〗 ❶ 合わせる｜一致させる｜調和させる。 ㉠마음을 ~. 気を合わせる。／발을 맞춰 행진하다. 足を合わせて行進する。 ❷ 比較する｜合わせる。 ㉠시험 문제의 답을 맞춰 보다. 試験問題の答えを合わせてみる。 ❸ 調整する｜合わせる。 ㉠카메라 초점을 ~. カメラのピントを合わせる。／점수에 맞춰서 대학을 가다. 点数に合わせて大学に行く。 ❹ 注文する｜あつらえる。 ㉠양복을 맞춰 입다. スーツをあつらえて着る。 ❺ (어떤 대상에) 接するようにする｜当てる｜付ける。 ㉠입을 ~. 口づけする。 ❻ 合わせて取る。 ㉠상사의 비위를 맞추려고 노력하다. 上司の機嫌を取ろうと努力する。 ❼ 付け合わせる｜組み合わせる。 ㉠부러진 뼈를 다시 ~. 折れた骨を付け合わせる。 ❽ 揃える｜合わせる｜整える。 ㉠순서를 맞춰 정리하다. 順序を合わせて整理する。／줄을 맞춰 서다. 列を揃えて立つ。 ❾ (時間)に合わせる。 ㉠약속 시간에 맞춰서 나오다. 約束の時間に合わせて出てくる。 ❿ (あるものに)当てはめる。 ㉠시대의 요구에 맞춘 제품이다. 時代の要求に当てはめた製品だ。

맞춤 〖명〗 あつらえもの｜注文品｜仕立て。 ㉠~ 옷 あつらえた服。

맞춤-법(一法) 〖언〗正書法｜綴字法。 ㉠한글 ~ ハングル正書法。 =철자법

맞히다¹ 〖타〗 (正解やㅍ正答などを)当てる｜言い当てる｜解く。 ㉠퀴즈를 ~. クイズを当てる。／정답을 맞혀 상품을 탔다. 正解を言い当てて賞品をもらった。／정답을 맞힌 사람은 나밖에 없다. 正答を当てた人は私しかいない。

맞히다² 〖타〗 ❶ (雨や雪や霰などに)当てる｜会わす｜さらす。 ㉠빨래에 비를 맞히지 마라. 洗濯物に雨を当てるな。 ❷ (針や注射などを)打つ。 ㉠아이에게 독감 주사를 ~. 子供にインフルエンザの注射を打つ。 ❸ (他の物などに)当てる｜的中させる。 ㉠화살을 쏘아 ~. 矢を射て当てる。

맡기다 〖타〗 ❶ (仕事などを)任せる｜ゆだねる｜委任する。 ㉠가게를 아들에게 ~. 店を息子に任せる。／상상에 ~. 想像に任せる。／너의 판단에 맡긴다. 君の判断に任せる。 ❷ 預ける｜保管させる。 ㉠짐을 ~. 荷物を預ける。／은행에 ~. 銀行に預ける。 ❸ あつらえる｜注文する。 ㉠새 구두를 ~. 新しい靴を注文する。

맡다¹ 〖타〗 ❶ (仕事などを)引き受ける｜受け持つ｜担当する｜請負う。 ㉠맡은 일은 최선을 다한다. 引き受けた仕事は最前を尽くす。／새로운 임무를 ~. 新しい任務を受け持つ。 ❷ (場所・物品などを)取る｜預かる｜保管する。 ㉠도서관 자리를 ~. 図書館の席を取る。／귀중품을 맡아 두다. 貴重品を預かっておく。 ❸ (免許・許可・承諾・注文などを)得る｜取る｜受ける。 ㉠승인을 ~. 承諾を得る。／외출 허락을 ~. 外出許可を得る。／손님에게 주문을 맡는 것도 쉬운 일이 아니다. お客さんから注文を取るのも簡単なことではない。

맡다² 〖타〗 ❶ (においを)嗅ぐ。 ㉠꽃향기를 ~. 花の香りをかぐ。／냄새를 ~. においを嗅ぐ。 ❷ (気配などを)感じる｜かぎつける｜察する。 ㉠수상한 낌새를 ~. 怪しい気配をかぎつける。

매¹ 〖명〗 鞭｜鞭打ち。 ㉠~를 맞다. 鞭で打たれる。

매² 〖명〗〖동〗鷹。 ㉠~ 사냥 タカ狩り／~의 눈 タカの目／사냥을 위해 ~를 사용하기도 한다. 狩りのためにタカを飼ったりもする。

매³ 〖명〗 めえ。 ㉠염소가 ~ 하고 운다. ヤギがめえと鳴く。

매⁴(毎) 〖관〗 毎―｜―ごと。 ㉠~ 회계 연도 毎会計年度／~ 경기마다 계속 이기다. 試合ごとに勝ちつづく。

매가(買價) 〖명〗 買価｜買値。

매가(賣價) 〖명〗 売価｜売値。

매각(賣却) 〖명〗 売却。

매각-하다 〖타〗 売却する。 ㉠부동산을 ~. 不動産を売却する。／주식이 투자자에게 매각되다. 株式が投資者に売却される。

매개(媒介)[명] 媒介。
　매개-하다[타] 媒介する。例 전염병을 매개하는 모기 伝染病を媒介する蚊。

매개-물(媒介物)[명] 媒介物｜媒体。

매거(枚擧)[명] 枚擧。
　매거-하다[타] 枚擧する。例 구체적 사례를 ~. 具体的な事例を枚擧する。

매골[명] やつれてみすぼらしい姿｜みすぼらしくてみじめな格好。例 죽을 ~이다. 死ぬようにやつれてみすぼらしい。/영락없이 죽을 ~이구나. 確かに死を間近に控えてみすぼらしい。

매관-매직(賣官賣職)[명] 売官売職。

매국(賣國)[명] 売国。例 ~ 행위 売国行為。
　매국-하다[자] 売国する。

매국-노(賣國奴)[명] 売国奴。

매국-적(賣國的)[관] 売国的。

매기(每期)[명] 毎期。

매기다[타] (値段・点数・序列などを)つける｜きめる。例 등급을 ~. 等級をつける。/높은 세금을 ~. 高い税金をかける。

매-꾸러기[명] よく鞭打たれる悪戯っ子。

매끄러-지다[자] 滑って転ぶ。例 얼음판에서 매끄러져 넘어졌다. 氷面で滑って転んだ。

매끄럽다[형] ❶滑らかだ｜すべすべしている｜すべっこい。例 매끄러운 살결 なめらかな肌。❷【사람이 관련되어 함께 쓰여】 抜け目がない｜こざかしい。

매끈-거리다[자] すべすべする。=매끈대다

매끈-대다[자] ☞매끈거리다

매끈-매끈[부] すべすべと｜つるつると。

매끈-하다[형] ❶(物の表面が)滑らかだ｜すべすべしている。例 매끈한 피부 すべすべとした肌／매끈한 허리 なめらかな腰／매끈한 바닥 滑らかな床。❷すんなりしている｜スマートだ。例 길고 매끈한 종아리 長くて滑らかなふくらはぎ／매끈한 팔이 부럽다. すんなりした腕がうらやましい。

매끌-매끌[부] すべすべと｜つるつると。

매너(manner)[명] マナー。例 운전 ~ 運転マナー／~를 지키다. マナーを守る。/~가 없다. マナーがなっていない。

매너리즘(mannerism)[명] マンネリズム｜マナリズム｜マンネリ。例 ~에 빠지다. マンネリに陷る。

매년(每年)[명] 每年。=매해

매뉴얼(manual)[명] マニュアル｜取扱い説明書｜取説。

매니저(manager)[명] マネージャー。

매다¹[타] ❶(紐・縄などで)結ぶ｜締める｜結わえる。例 신발 끈을 ~. 靴の紐を結ぶ。/허리띠를 ~. ベルトを締める。❷【바느질】(紐などで縫ったり縛ったりして何かを)作る。例 붓을 ~. 筆を作る。❸(家畜などを)飼う。例 소 두 마리를 ~. 牛2頭を飼う。❹【죄인을】縛り付ける。例 죄인을 형틀에 ~. 罪人を刑具に縛り付ける。❺【목숨・정신 따위를】何かに專念する。例 시험에 합격하기 위해 목을 매고 공부하고 있다. 試験に合格するために、專念して勉強している。

매다²[타] 【잡초를】草取りをする｜除草する。

매-달(每一)[명] 毎月・毎月｜月々。例 ~ 생활비 毎月の生活費／~ 한 번 모인다. 毎月一回集まる。

매-달다[타] (物を)つるす｜ぶら下げる。例 풍경을 ~. 風鈴をつるす。

매달-리다[자] ❶【매달아지다】(上から下に)ぶら下がる｜垂れ下がる｜ひっかかる。例 천장에는 화려한 샹들리에가 매달려 있다. 天井には華やかなシャンデリアがぶら下がっている。/고드름이 ~. つららが垂れ下がる。❷【손발로 등】(手・足で物に)ぶら下がる。例 철봉에 ~. 鉄棒にぶら下がる。/밧줄에 ~. 綱にぶら下がる。/나뭇가지에 ~. 木の枝にぶら下がる。❸【달라】付く。例 자동차 한 대에 3명이 매달려 고치고 있다. 車1台に3人が付いて直している。❹【일이나 행동에 열중】(仕事などに)熱中する｜沒頭する。例 연구에 ~. 研究に沒頭する。/집안일에 ~. 家事に熱中する。❺【의지하다｜의존하다】頼る｜依存する。例 상사에게 ~. 上司に頼る。/단어의 의미에만 매달려서 해석하다. 単語の意味だけに依存して解釈する。

매대기[명] (泥・汚物などを)かまわず塗りつける行ない。

매도¹(罵倒)[명] 罵倒。
　매도-하다[자타] 罵倒する。例 상대편을 ~. 相手を罵倒する。

매도²(賣渡)[명] 売り渡し。[예] ~ 가격 売渡し価格。/ 증권 거래소에서 ~가 계속되다. 証券取引所で売渡しが続く。
　매도-하다[타] 売り渡す。[예] 집과 대지를 ~. 家屋敷やしきを売り渡す。/ 건물을 ~. 建物を売渡す。

매도 담보(賣渡擔保)《법》売渡担保うりわたしたんぽ｜売渡抵当うりわたしていとう。

매도 증서(賣渡證書)《법》不動産ふどうさんの売買契約ばいやくを要約した書面しょめん｜売渡証書うりわたししょうしょ。

매독(梅毒)[명] 梅毒ばいどく。

매-두피[명] たかを生いけ捕どりにするかご状じょうのわな。

매듭[명] ❶ (糸いと・紐ひもなどの)結むすび｜結むすび目め。[예] 허리띠의 ~을 고쳐 매다. 帯おびの結びを直なおす。/ ~을 풀다. 結び目をほどく。 ❷ 難点なんてん｜難関なんかん。[예] 이 ~만 풀리면 문제는 전부 해결된다. この難点だけ解とければ、問題もんだいは全すべて解決かいけつする。 ❸ (物事ものごとの)けじめ｜けり｜区切くぎり｜決着けっちゃく。[예] 하던 일의 ~이 지어지면 잠시 쉬도록 하자. 仕事しごとのけりがついたら一服いっぷくしよう。/ 분쟁에 ~을 짓다. もめごとに決着をつける。

매력(魅力)[명] 魅力みりょく。[예] ~이 있다. 魅力がある。/ ~을 느끼다. 魅力を感かんじる。

매력-적(魅力的)[관명] 魅力的みりょくてき。[예] ~인 사람 魅力的な人ひと。

매료(魅了)[명] 魅了みりょう。
　매료-하다[타] 魅了する。[예] 청중을 매료하는 강연 聴衆ちょうしゅうを魅了する講演こうえん。

매립(埋立)[명] 埋うめ立たて。[예] ~ 공사 埋め立て工事こうじ。

매립-지(埋立地)[명] 埋め立て地ち。

매-만지다[타] ❶ 手入ていれをする｜取とり繕つくろう。[예] 머리를 ~. 髪かみの手入れをする。❷ なでつける｜いじる。

매-매¹[부] めえめえと。[예] 우는 염소 めえめえと鳴なくヤギ。

매매²(賣買)[명] 売買ばいばい。[예] ~ 가격 売買価格かかく。/ ~ 계약 売買契約けいやく。
　매매-하다[타] 売買する。[예] 물품을 ~. 品物しなものを売買する。

매몰(埋沒)[명] 埋没まいぼつ。[예] ~ 가옥 埋没家屋かおく。
　매몰-하다¹[자타] 埋没する｜うずもれる｜うずめる。

매몰-스럽다[형] 冷酷れいこくだ｜薄情はくじょうな冷つめたい感かんじだ。

매몰스레[부] 冷酷れいこくに｜薄情はくじょうに。

매몰-차다[형] 冷酷れいこくだ｜非常ひじょうに冷つめたい。[예] 매몰찬 처사 冷酷な仕打しうち / 성격이 ~. 性格せいかくがとても冷たい。

매몰-하다²[형] 冷酷れいこくだ｜薄情はくじょうだ｜冷つめたい。

매무새[명] 身みなり。[예] ~를 가다듬다. 身なりを整ととのえる。

매문(賣文)[명] 売文ばいぶん。
　매문-하다[자] 売文ばいぶんする。

매물(賣物)[명] 売うり物もの。

매미[명]《동》蟬せみ。[예] 여름만 되면 ~가 시끄럽게 맴맴 운다. 夏なつになるとセミがみんみんと鳴なく。

매-방울[명] (タカ狩がりで)タカの脚あしにつける鈴すず。

매번(每番)[부] 毎度まいど｜度毎たびごとに。

매복(埋伏)[명] 埋伏まいふく｜待まち伏ぶせ。
　매복-하다[자] 埋伏まいふくする｜待まち伏ぶせる｜待ち伏せする。[예] 고개에서 적을 ~. 峠とうげで敵てきを待ち伏せする。

매부(妹夫)[명] (男おとこから見みて)姉あねや妹いもうとの夫おっと｜義兄ぎけい｜義弟ぎてい。

매-부리¹[명] 鷹匠たかじょう｜鷹師たかし｜鷹飼たかがい。

매-부리²[명] 鷹たかのくちばし。[예] 코가 ~같이 구붓하다. 鼻はなが鷹のくちばしのように曲まがっている。

매부리-코[명] 鷲鼻わしばな｜鈎鼻かぎばな。[예] 네 매력은 ~야. 君きみの魅力みりょくは鈎鼻だ。

매사[명] 事ごと。[예] 두 사람은 ~에 의견이 충돌한다. 二人ふたりは事ごとに意見いけんが衝突しょうとつする。

매-사냥[명] 鷹狩たかがり。[예] ~을 해서 꿩을 잡아오다. 鷹狩りでキジを捕つかまえてくる。
　매사냥-하다[자] 鷹狩たかがりする。

매사냥-꾼[명] 鷹狩たかがりをする人ひと｜鷹匠たかじょう。

매상(賣上)[명] 売うり上あげ｜売上高うりあげだか。[예] ~이 늘다. 売り上げが伸のびる。=판매액

매상-고(賣上高)[명] 売上高うりあげだか。

매상-금(賣上金)[명] 売上金うりあげきん。

매상-액(賣上額)[명] 売上金うりあげきん｜販売額はんばいがく。

매섭다[형] ❶ (気性きしょう・顔かおつきなどが)冷つめたく険けわしい｜すごい｜鋭するどい。[예] 매서운 눈초리로 노려보다. 鋭い目つきで睨にらみつく。 ❷ (寒さむさ・風かぜなどが)激はげしい｜厳きびしい。[예] 매서운 추위 厳きびしい寒さむさ。

매수(買收)[명] 買収(ばいしゅう)。
매수-하다[타] 買収(ばいしゅう)する。[예] 건물을 ~. 建物(たてもの)を買収する。/ 유권자를 ~. 有権者(ゆうけんしゃ)を買収する。

매스(mass)[명] 《미》マッス。

매스껍다[형] 吐(は)き気(け)がする ¦ むかむかする ¦ むかつく。[예] 두 사람의 행태가 매스꺼워 볼 수가 없다. 二人(ふたり)の悪行(あくぎょう)がむかついて、見(み)ていられない。

매스 미디어(mass media) マスメディア。

매스-컴(mass communication)[명] 《사》マスコミ ¦ マスコミュニケーション。

매슥-거리다[자] しきりに吐(は)き気(け)がする ¦ 吐き気を催(もよお)す ¦ むかむかする。[예] 술을 많이 마셨더니 속이 매슥거린다. 酒(さけ)をたくさん飲(の)んだのでむかむかする。= 매슥대다

매슥-대다[자] ☞매슥거리다

매슥-매슥[부] むかむかと。
매슥매슥-하다[자] むかむかする。[예] 속이 매슥매슥하니 토할 것 같다. 胸(むね)がむかむかして吐(は)きそうだ。

매시(每時)[명] 毎時(まいじ)。=매시간

매-시간(每時間)[명] 毎時間(まいじかん)。

매식(買食)[명] 外食(がいしょく)。
매식-하다[자] 外食(がいしょく)する。

매실(梅實)[명] 梅(うめ) ¦ 梅(うめ)の実(み)。

매실-나무(梅實—)[명] 《식》梅(うめ) ¦ 梅の木(き)。=매화나무

매실-주(梅實酒)[명] 梅酒(うめしゅ)。

매씨(妹氏)[명] 【남의 누이의 높임말】妹(いもうと)さん。

매암[명] 【'맴'의 본말】(その場(ば)で)ぐるぐる回(まわ)る遊(あそ)び。

매암-매암[부] 【'맴맴'의 본말】みんみんと ¦ みいんみいんと ¦ じいじいと。

매약(賣藥)[명] 売薬(ばいやく) ¦ 薬(くすり)を売(う)ること。
매약-하다[자] 薬(くすり)を売(う)る。

매양(每—)[부] いつものように ¦ 相変(あいか)わらず。[예] ~ 바쁘다. いつも忙(いそが)しい。= 번번이

매연(煤煙)[명] 煤煙(ばいえん)。[예] ~으로 인한 공해 煤煙による公害(こうがい)。

매우[부] 大変(たいへん) ¦ とても ¦ 非常(ひじょう)に ¦ 至(いた)って ¦ ずいぶん。[예] ~ 멋진 사람 とてもすてきな人(ひと)/ ~ 놀라다. 大変驚(おどろ)く。/ ~ 건강합니다. 至って元気(げんき)です。

매운-탕(—湯)[명] 【우리나라 음식의 하나】メウンタン。[예] 회 먹은 후에 나오는 얼큰한 ~ 刺身(さしみ)を食(た)べた後(あと)に出(で)る辛(から)いメウンタン。

매워-하다[자] 辛(から)く感(かん)じる ¦ 辛(から)みを感じる ¦ からがる。[예] 외국인은 김치를 매워한다. 外国人(がいこくじん)はキムチを辛(から)く感(かん)じる。

매월(每月)[명] 毎月(まいつき・まいげつ) ¦ 月々(つきづき) ¦ 月(つき)ごと。[예] ~ 한 번 모인다. 毎月一回(いっかい)集(あつ)まる。/ ~ 이자를 물다. 月々に利子(りし)を払(はら)う。

매음(賣淫)[명] 【돈을 받고 몸을 팖】売淫(ばいいん)。=매춘
매음-하다[자] 売淫(ばいいん)する。

매-이다[자] ❶【'매다'의 피동사】(木(き)・縄(なわ)などに)結(むす)ばれる ¦ 縛(しば)られる ¦ つながれる ¦ つるされる。[예] 밧줄에 매인 망아지 縄につながれた子馬(こうま)/ 교수대에 목이 매여 죽다. 絞首台(こうしゅだい)につるされて死(し)ぬ。❷ (人(ひと)・仕事(しごと)などに)縛(しば)られる ¦ 束縛(そくばく)される。[예] 회사에 매인 신세 会社(かいしゃ)に宮仕(みやづか)えの身(み)の上(うえ)/ 시간에 ~. 時間(じかん)に縛られる。

매인(每人)[명] 各人(かくじん) ¦ 人(ひと)ごと。

매일(每日)[명] 毎日(まいにち) ¦ 日(ひ)ごと。[예] ~ 아침 毎朝(まいあさ)/ ~ 밤 毎晩(まいばん)/ ~ 일 때문에 바쁘다. 毎日、仕事(しごと)で忙(いそが)しい。/ ~같이 싸우다. 毎日のようにけんかする。

매입(買入)[명] 買(か)い入(い)れ ¦ 購入(こうにゅう)。

매-일반(——般)[명] 【비교되는 말과 함께 쓰여】同(おな)じ ¦ 同一(どういつ)。[예] 어느 것을 골라도 ~이다. どれを選(えら)んでも同じことだ。=매한가지

매-잡이[명] 鷹匠(たかじょう) ¦ 鷹狩(たかが)りをする人(ひと) ¦ 鷹狩り。

매장[1](埋葬)[명] 埋葬(まいそう) ¦ 葬(ほうむ)り去(さ)ること。[예] ~ 절차 埋葬の手続(てつづ)き/ 사회에서 ~을 당하다. 社会(しゃかい)から葬り去られる。
매장-하다[1][타] 埋葬(まいそう)する ¦ 葬(ほうむ)る ¦ 葬(ほうむ)り去(さ)る。[예] 묘지에 ~. 墓地(ぼち)に埋葬する。

매장[2](埋藏)[명] 埋蔵(まいぞう)。[예] ~ 지대 埋蔵地帯(ちたい)。
매장-하다[2][타] 埋蔵(まいぞう)する。

매장[3](賣場)[명] 売(う)り場(ば)。[예] 화장품 ~ 化粧品(けしょうひん)売り場。

매장-꾼(埋葬—)[명] 墓掘(はかほ)り。[예] 관이 내려지자 ~들은 삽질을 시작하였다. 柩(ひつぎ)が下(お)ろされたら、墓堀りたちはシャベルですくいはじめた。

매장-량(埋藏量)[명] 埋蔵量(まいぞうりょう)。[예] 원유 ~ 原油(げんゆ)の埋蔵量。

매장-물(埋藏物)[명] 埋蔵物(まいぞうぶつ)。

매점[1](買占)[명] 《경》買(か)い占(し)め ¦ 買(か)いだめ。[예] ~ 매석 買い占め売(う)り惜(お)しみ。
매점-하다[타] 買(か)い占(し)める ¦ 買(か)いだめる。

매점²(賣店)명 売店。예 학교 ~에서 커피를 사다. 学校の売店でコーヒーを買う。

매정-스럽다형 薄情そうだ｜冷酷そうだ。예 매정스러운 말을 하다. 薄情な事を言う。

매정스레 薄情そうに｜冷酷そうに｜冷たく｜そっけなく。예 부탁을 ~ 거절했다. 願いをそっけなく断った。

매정-하다형 薄情だ｜冷酷だ｜つれない｜そっけない｜冷たい。예 매정한 남편 つれない夫／매정하게 뿌리치다. 冷たく断る。

매제(妹弟)명 (男から見て) 妹の夫｜義弟。

매주(每週)명 毎週｜各週。예 ~ 토요일은 외출한다. 毎週土曜日は出かける。

매지-구름명 雨雲。

매진¹(賣盡)명 売り切れ。

매진-되다자 売り切れる。예 오늘 티켓은 매진되었습니다. 今日のチケットは売り切れになりました。

매진²(邁進)명 邁進。

매진-하다자 邁進する。예 목표를 향해 쉬지 않고 ~. 目標に向かって休まず邁進する。

매-질¹명 鞭打ち｜鞭撻｜殴打。

매질²(媒質)명 〈물〉媒質。

매질-꾼명 喧嘩の好きな人｜喧嘩早い人。

매체(媒體)명 媒体。예 방송 ~ 放送媒体／광고 ~ 広告媒体／기록 ~ 記録媒体／전자 ~ 電子媒体／기억 ~ 記憶媒体。

매초롬-하다형 (若くて元気で) 清楚だ｜かれんだ。예 매초롬한 몸매 かれんな体つき／매초롬한 얼굴 清楚な顔。

매춘(賣春)명 売春。=매음

매춘-하다자 売春する。

매춘-부(賣春婦)명 売春婦。

매출(賣出)명 売り出し｜売り上げ。예 ~이 오르다. 売り上げが上がる。

매출-액(賣出額)명 売上高。

매-치¹명 鷹狩りで捕ったキジやウサギなどの獲物。

매치²(match)명 ❶ マッチ｜競技｜試合｜〈운〉勝負。예 타이틀 ~ タイトルマッチ。

매치-하다자 マッチする。예 옷 색상이 잘 ~. 服の色合いがよく合う。

매치-광이명 精神異常者｜変人。예 아까 어떤 ~가 와서 행패를 부렸어. さっきおかしな奴が来て、狼藉を働いたんだ。

매치 포인트(match point) 〈운〉【】マッチポイント。

매캐-하다형 煙たい｜喉がひりひりする｜かび臭い。예 매캐해서 눈을 뜨고 있을 수 없다. 煙たくて目をあけていられない。

매콤-하다형 ひりひりとした感じがする｜やや辛い。예 김치가 ~. キムチがひりひりする。

매큼-하다형 辛味がある｜とても辛い。

매트(mat)명 〈운〉マット｜敷物。예 레슬링의 ~는 충격을 덜기 위한 것이다. レスリングのマットは衝撃を弱めるためのものだ。

매트리스(mattress)명 マットレス。

매표¹(買票)명 切符を買うこと。

매표-하다자 切符を買う。예 미리 매표해 두다. 先に切符を買って置く。

매표²(賣票)명 出札。예 창구에서 ~가 시작되었다. 窓口で出札がはじまった。

매표-하다²타 出札する｜切符を売る。

매표-구(賣票口)명 出札口｜切符売り場｜出札窓口。

매표-소(賣票所)명 切符売り場｜出札所。

매표-원(賣票員)명 出札係。

매-한가지명 同じこと｜同一であること。예 선거도 비즈니스도 전술이 중요한 것은 ~다. 選挙もビジネスも戦術が大切なのは同じだ。=매일반

매-해(每―)명 毎年。=매년

매형(妹兄)명 (男から見て) 姉の夫｜義兄。

매호(每號)명 毎戸｜家ごと。

매혹(魅惑)명 魅惑。

매혹-하다타 魅惑する。예 사람을 매혹하는 아름다움 人を魅惑する美しさ。

매혹-적(魅惑的)관 魅惑的。예 ~인 여성 魅惑的な女性。

매화(梅花)명 〈식〉梅。

매화-나무(梅花―)명 〈식〉梅の木。예 ~에 꽃이 흐드러지게 피었다. ウメの木に花が見事に咲いた。=매실나무

매회(每回)명 毎回。예 ~ 참가하다. 毎回

参加{さんか}する。
맥¹(脈)〘명〙 ❶元気{げんき}│力{ちから}。옌~을 못 추다. 頑張{がんば}れない。/~이 빠지다. 気{き}が抜{ぬ}ける。❷☞맥박 옌할머니의 ~이 약하게 뛴다. おばあさんの脈{みゃく}が弱{よわ}く打{う}つ。❸☞혈맥 ❹☞광맥

맥(을) 놓다〘관용〙 緊張感{きんちょうかん}がなくなってぼうとなる。

맥(을) 짚다〘관용〙 ❶(診察{しんさつ}で)脈{みゃく}を取{と}る。❷意見{いけん}をはかって見{み}る。

맥(이) 풀리다〘관용〙 緊張{きんちょう}が解{と}ける。

맥²(貘)〘명〙 ❶〘동〙獏{ばく}。❷〘줄인 피로를 먹는다는 동물〙獏{ばく}。

맥고-모자(麥藁帽子)〘명〙 麦{むぎ}わら帽子{ぼうし}。

맥락(脈絡)〘명〙 脈絡{みゃくらく}。옌전후 ~이 없는 이야기 前後{ぜんご}の脈絡{みゃくらく}がない話{はなし}。

맥류(麥類)〘명〙 麦類{むぎるい}。

맥맥-하다〘형〙 ❶〘숨이 막힐 듯〙息苦{いきぐる}しい。❷〘생각이 막혀〙 頭{あたま}が働{はたら}かず、よい考{かんが}えが浮{う}かばない。옌일은 맡았으나 맥맥하니 어찌해야 좋을지 모르겠다. 仕事{しごと}は引{ひ}き受{う}けたが、頭{あたま}が働{はたら}かずいい考{かんが}えが浮{う}かばないので、どうしていいか分{わ}からない。

맥맥-히〘부〙 ❶息苦{いきぐる}しく。❷途方{とほう}に暮{く}れて。

맥문-동(麥門冬)〘명〙 ❶〘식〙薮欄{やぶらん}。옌~의 융단 같은 잎은 겨울에도 푸르르다. 絨毯{じゅうたん}のようなヤブランの葉{は}は冬{ふゆ}にも青々{あおあお}としている。❷〘한〙麦門冬{ばくもんとう}。

맥박(脈搏)〘의〙 脈拍{みゃくはく}。옌~을 재다. 脈拍{みゃくはく}をはかる。=맥²

맥박이 치다〘관용〙 脈拍{みゃくはく}を打{う}つ。

맥없다(脈—)〘형〙 元気{げんき}がない│へとへとだ。

맥없-이〘부〙 元気{げんき}なく│力{ちから}なく│しょんぼり│ぐったり。옌~ 주저앉다. 力{ちから}なく座{すわ}り込{こ}む。

맥주(麥酒)〘명〙 麦酒{ビール}│ビール。

맥주-병(麥酒瓶)〘명〙 ❶ビール瓶{びん}。❷〘헤엄을 못하는 사람〙金槌{かなづち}。옌나는 ~이다. 私{わたし}は金槌{かなづち}だ。◆일본어에서는 무거워서 가라앉는다는 뜻에서 '쇠망치'에 비유한다.

맥-쩍다〘형〙 ❶退屈{たいくつ}だ│張{は}り合{あ}いがない。옌게임을 해도 맥쩍은 건 마찬가지다. ゲームをしても退屈{たいくつ}なのは同{おな}じだ。❷面目{めんぼく}ない│気恥{きは}ずかしい。옌다시 손을 벌리기가 ~. また人{ひと}の手{て}を借{か}りるには面目{めんぼく}ない。

맨¹〘관〙 一番{いちばん}│最{もっと}も│もっとも。옌~ 먼저 도착하다. 一番先{いちばんさき}に着{つ}く。

맨²〘부〙 みな─ばかり│すべて│すっかり│ことごとく。옌~ 소나무뿐이다. みな松{まつ}の木{き}ばかりだ。

맨-³〘접〙 【'다른 것이 없음'의 뜻】素{す}─。옌맨손 素手{すで}/ 맨발 素足{すあし}。

맨-꽁무니〘명〙 一文無{いちもんな}しでなにかをする人{ひと}。옌~로 사업을 하려 든다. 一文無{いちもんな}しで事業{じぎょう}をしようとする。

맨-눈〘명〙 肉眼{にくがん}│目{め}に何{なに}もつけないこと。옌~으로 보다. 肉眼{にくがん}で見{み}る。/ 멀지만 ~으로도 잘 보인다. 遠{とお}いが、肉眼{にくがん}でも良{よ}く見{み}える。/~으로는 보이지 않는다. 肉眼{にくがん}では見{み}えない。=육안

맨둥맨둥-하다〘형〙 【산에 나무 따위가 없어 반반】はげてまるぼうずだ。옌산에 나무가 없어 ~. 山{やま}に木{き}がなくてまるぼうずだ。

맨드라미〘식〙鶏頭{けいとう}。옌~는 열대 아시아가 원산지로 전 세계에 분포한다. ケイトウは熱帯{ねったい}アジアが原産地{げんさんち}で、全世界{ぜんせかい}に分布{ぶんぷ}している。

맨-땅〘명〙 ❶(何{なに}も敷{し}かない)地面{じめん}│地{じ}べた。옌~에 앉아서 놀다. 地面{じめん}に座{すわ}って遊{あそ}ぶ。❷荒地{あれち}│肥料{ひりょう}を施{ほどこ}していない土地{とち}。

맨-머리〘명〙 何{なに}もかぶっていない頭{あたま}。

맨-몸〘명〙 ❶裸{はだか}│すっ裸{ぱだか}。옌~으로 자다. 裸{はだか}で寝{ね}る。/~으로 헤엄치다. 裸{はだか}で泳{およ}ぐ。❷何{なに}も持{も}っていないこと。

맨-바닥〘명〙 何{なに}も敷{し}いていない裸{はだか}の床{ゆか}。옌~에서 잠이 들다. 何{なに}も敷{し}いていない床{ゆか}で眠気{ねむけ}に襲{おそ}われる。=날바닥

맨-발〘명〙 素足{すあし}│裸足{はだし}。옌~로 달리다. 裸足{はだし}で走{はし}る。/~로 걷다. 裸足{はだし}で歩{ある}く。/~로 달려 나와 반기다. 裸足{はだし}で駆{か}け付{つ}けて、喜{よろこ}んで迎{むか}える。

맨-밥〘명〙 ❶おかずなしの飯{めし}│すっぽり飯{めし}。옌국물도 없이 ~만 먹었더니 목이 멘다. 汁物{しるもの}もなしにご飯{はん}だけ食{た}べて喉{のど}がつかえる。❷〘잡곡이 섞이지 않은〙粟飯{あわめし}。

맨션(mansion)〘명〙 マンション│高級{こうきゅう}アパート│集合住宅{しゅうごうじゅうたく}

맨-손〘명〙 ❶【손에 아무것도 가지지 아니한 손】素手{すで}。옌~으로 만지다. 素手{すで}でさわる。❷【가진 것이 아무것도 없는 상태】素手{すで}│手{て}ぶら│無一文{むいちもん}。옌~으로 방문하다. 手{て}ぶらで訪問{ほうもん}する。/~으로 싸우다. 素手{すで}でけんかする。

맨-손바닥〘명〙 何{なに}も持{も}っていない手{て}のひら。옌그가 ~으로 얼굴을 때렸다. 彼{かれ}が手{て}のひらで顔{かお}をたたいた。

맨송맨송-하다〘형〙 ❶(山{やま}に草木{くさき}が全

맨-입 ❶ 素口${}_{\text{すくち}}$；空腹${}_{\text{くうふく}}$. 예 ~에 김치를 먹다. ご飯${}_{\text{はん}}$もなくキムチを食${}_{\text{た}}$べる. ❷【대가나 지출없이 일을 얻으려는 마음】ただ. 예 정보를 얻으려면 ~으로는 안 되지. 情報${}_{\text{じょうほう}}$を得${}_{\text{え}}$るためにはただでは困${}_{\text{こま}}$るよ.

맨-주먹 圏 ❶素手${}_{\text{すで}}$；空拳${}_{\text{くうけん}}$. 예 ~으로 맞서다. 素手${}_{\text{すで}}$で立${}_{\text{た}}$ち向${}_{\text{む}}$かう. /~으로 싸우다. 素手${}_{\text{すで}}$で戦${}_{\text{たたか}}$う. ❷【밑천이나 재산이 전혀없음】無一文${}_{\text{むいちもん}}$；手${}_{\text{て}}$ぶら；一文無${}_{\text{いちもんな}}$し. 예 ~으로 일으킨 사업 無一文${}_{\text{むいちもん}}$で起${}_{\text{お}}$こした事業${}_{\text{じぎょう}}$.

맨투맨(man-to-man) 圏 《운》マンツーマン.

맨홀(manhole) 圏 マンホール.

맴 圏 その場${}_{\text{ば}}$に立${}_{\text{た}}$って体${}_{\text{からだ}}$をぐるぐる回${}_{\text{まわ}}$す遊${}_{\text{あそ}}$び；場${}_{\text{ば}}$を回${}_{\text{まわ}}$る. その場でぐるぐる回る；同${}_{\text{おな}}$じ事${}_{\text{こと}}$を繰${}_{\text{く}}$り返${}_{\text{かえ}}$す.

맴-돌다 困 ❶(その場${}_{\text{ば}}$で)ぐるぐる回${}_{\text{まわ}}$る. 예 제자리에서 ~. その場でぐるぐる回る. ❷(円${}_{\text{えん}}$を描${}_{\text{えが}}$いて)ぐるぐる回${}_{\text{まわ}}$る；回旋${}_{\text{かいせん}}$する. 예 독수리가 하늘에서 ~. ワシが空${}_{\text{そら}}$をぐるぐる回る.

맴-돌이 圏 ぐるぐる回ること.

맴-맴 튀【매미 우는 소리】みいんみいん. 예 ~, 매미가 나무 위에서 소리를 낸다. みいんみいんとセミが木${}_{\text{き}}$の上${}_{\text{うえ}}$で鳴${}_{\text{な}}$く.

맵다 圏 ❶【매운맛】辛${}_{\text{から}}$い. 예 매운 고춧가루 辛${}_{\text{から}}$い唐辛子${}_{\text{とうがらし}}$の粉${}_{\text{こ}}$/ 김치찌개가 ~. キムチチゲが辛い. ❷【엄함】厳${}_{\text{きび}}$しい. 예 그는 성격이 매운 사람이다. 彼${}_{\text{かれ}}$は気性${}_{\text{きしょう}}$の厳しい人${}_{\text{ひと}}$だ. ❸【추위】(寒${}_{\text{さむ}}$さなどが)ひどい；刺${}_{\text{さ}}$すようだ；はげしい；厳${}_{\text{きび}}$しい. 예 매운 추위가 계속되고 있다. 厳しい寒さが続${}_{\text{つづ}}$いている.

맵디-맵다 圏 非常${}_{\text{ひじょう}}$に辛${}_{\text{から}}$い；ひりひりする. 예 피부에 느껴지는 추위가 ~. 寒さに肌${}_{\text{はだ}}$がひりひりする.

맵살-스럽다 圏 憎${}_{\text{にく}}$らしい；憎${}_{\text{にく}}$たらしい. 예 맵살스러운 말을 하다. 憎らしいことを言${}_{\text{い}}$う.

맵살스레 튀 憎${}_{\text{にく}}$たらしく.

맵시 圏 着${}_{\text{き}}$こなし；格好${}_{\text{かっこう}}$；身${}_{\text{み}}$なり. 예 ~ 있게 입다. 着こなしがいい.

맵-싸하다 圏 辛${}_{\text{から}}$くひりひりする；えがらっぽい；えぐい. 예 맵싸한 라면 えがらっぽいラーメン.

맵쌀 圏 殻${}_{\text{から}}$をむいたそば.

맷맷-하다 圏【곧고 밋밋하다】体${}_{\text{からだ}}$がすらっとしている；ほっそりとしている.

맷-집 圏 殴${}_{\text{なぐ}}$られることに耐${}_{\text{た}}$え抜${}_{\text{ぬ}}$く力${}_{\text{ちから}}$や, その程度${}_{\text{ていど}}$. 예 ~이 좋다. どんなに殴られてもびくともしない.

맹-(猛) 圏【정도가 지독함을 나타내는 말】猛${}_{\text{もう}}$―；猛烈${}_{\text{もうれつ}}$―. 예 맹연습 猛練習${}_{\text{もうれんしゅう}}$.

맹격(猛撃) 圏 猛撃${}_{\text{もうげき}}$. =맹공격

맹견(猛犬) 圏 猛犬${}_{\text{もうけん}}$.

맹공(猛攻) 圏 猛攻${}_{\text{もうこう}}$. =맹공격

맹-공격(猛攻撃) 圏 猛攻撃${}_{\text{もうこうげき}}$. 예 ~을 퍼붓다. 猛攻撃を浴${}_{\text{あ}}$びせる. =맹격·맹공

맹공격-하다 圏 猛攻撃${}_{\text{もうこうげき}}$する.

맹금(猛禽) 圏 猛禽${}_{\text{もうきん}}$.

맹꽁-맹꽁 튀【개구리 우는 소리】げえげえとげえと；げろげろと. 예 맹꽁이가 ~ 소리 지른다. ジムグリガエルがげええげええと鳴${}_{\text{な}}$く.

맹꽁이 圏 ❶〈동〉じむぐりがえる. ❷【아집이 세고 사리에 어두운 사람】意地${}_{\text{いじ}}$っ張${}_{\text{ば}}$りでとんまな人${}_{\text{ひと}}$；わからず屋${}_{\text{や}}$. 예 이 ~ 같은 놈아. このばかためが.

맹도-견(盲導犬) 圏 盲導犬${}_{\text{もうどうけん}}$.

맹랑-하다(孟浪一) 圏 ❶【허무맹랑하다】とんでもない；でたらめだ；途方${}_{\text{とほう}}$もない. 예 맹랑한 소문이 퍼지다. とんでもないうわさが広${}_{\text{ひろ}}$まる. ❷【다루기가 까다롭다】やっかいだ；面倒${}_{\text{めんどう}}$だ；ややこしい. 예 일이 맹랑하게 되다. 事${}_{\text{こと}}$がややこしくなる. ❸【녹록하지 않다】抜${}_{\text{ぬ}}$け目${}_{\text{め}}$がない；油断${}_{\text{ゆだん}}$がならない；ちゃっかりしている. 예 맹랑한 아이 抜け目がない子${}_{\text{こ}}$.

맹랑-히 튀 でたらめに；ややこしく；ちゃっかり.

맹렬-하다(猛烈―) 圏 猛烈${}_{\text{もうれつ}}$だ. 예 맹렬한 더위 猛烈な暑${}_{\text{あつ}}$さ.

맹렬-히 튀 猛烈${}_{\text{もうれつ}}$に；盛${}_{\text{さか}}$んに.

맹목(盲目) 圏 盲目${}_{\text{もうもく}}$.

맹목-적(盲目的) 관 盲目的${}_{\text{もうもくてき}}$. 예 자식에 대한 ~인 사랑 子供${}_{\text{こども}}$に対${}_{\text{たい}}$する盲目的な愛${}_{\text{あい}}$.

맹문 圏【일의 경위나 영문】経緯${}_{\text{けいい}}$；いきさつ；是非${}_{\text{ぜひ}}$. 예 ~을 모르다. ことのいきさつやその是非をしらない.

맹문-이 圏 物事${}_{\text{ものごと}}$の是非や顛末${}_{\text{てんまつ}}$が分${}_{\text{わ}}$からない人${}_{\text{ひと}}$.

맹-물 圏 ❶(何${}_{\text{なに}}$も入${}_{\text{はい}}$っていない)水${}_{\text{みず}}$；真水${}_{\text{まみず}}$；生水${}_{\text{なまみず}}$. 예 간이 진하면 ~을 조금 부어라. 味${}_{\text{あじ}}$が濃${}_{\text{こ}}$ければ水を少${}_{\text{すこ}}$し入${}_{\text{い}}$れ

なさい。❷つまらなくて無味乾燥な人；くだらない人。例어째 너는 만나는 사람마다 ~ 같은 사람이냐? どうしてお前は誰にに会ってもきも味気がないんだ。
맹물에 조약돌 삶은 맛이다〔속담〕水で砂利を煮詰めた味だ：「まったく面白みがなく退屈だ」の意。

맹세(-盟誓)명 誓い；誓約。例~를 저버리다. 誓いを破ってしまう。
　맹세-하다타 誓う；誓いを立てる。例충성을 ~. 忠誠を誓う。

맹수(猛獸)명 猛獣。

맹습(猛襲)명 猛襲。
　맹습-하다타 猛襲する。

맹신(盲信)명 盲信。
　맹신-하다타 盲信する。例남의 말을 ~. 人の言を盲信する。

맹신-자(盲信者)명 盲信者。

맹아¹(盲啞)명 盲唖。例~ 학교 盲唖学校。

맹아²(萌芽)명 萌芽。=움

맹아-기(萌芽期)명 萌芽期。

맹약(盟約)명 盟約。
　맹약-하다타 盟約する。

맹인(盲人)명 盲人；盲者。例~ 교육 盲人教育。=맹자²

맹자¹(孟子)명〔인〕孟子。

맹자²(盲者)명 ☞맹인

맹장¹(盲腸)명〔의〕盲腸。

맹장²(猛將)명 猛将。

맹장-염(盲腸炎)명《의》盲腸炎；虫垂炎。

맹-장지(盲障지)명〔건〕日光などを遮るために、表と裏に厚紙を張りつけた障子。

맹점(盲點)명 盲点。例~을 찌르다. 盲点をつく。/법의 ~을 이용하다. 法の盲点を利用する。

맹종(盲從)명 盲従。
　맹종-하다자타 盲従する。例선배의 의견에 ~. 先輩の意見に盲従する。

맹종-죽(孟宗竹)명 ☞죽순대

맹주(盟主)명 盟主。

맹추명 とんでもまでぼんやりしている人；間抜け；ぼんくら；うすのろ。例아직도 모르다니, 이 ~야. まだ知らないのか、このぼんくらめ。

맹-탕(-湯)명 水っぽい汁。例소금을 안 넣었는지 국이 ~이다. 塩を入れなかったせいかスープが薄味だ。

맹폭(猛爆)명 猛爆；無差別爆撃。
　맹폭-하다타 猛爆する。

맹호(猛虎)명 猛虎。

맹-활동(猛活動)명 猛活動。
　맹활동-하다자 猛活動する。

맹-훈련(猛訓練)명 猛訓練。
　맹훈련-하다타 猛訓練する。

맺다타 ❶〔한열·눈물〕(汗·涙を)宿す；浮かべる。例그의 이마에 땀이 맺어 있다. 彼は額に汗を宿している。/그녀는 눈에 눈물이 맺은 상태로 먼 곳을 응시하고 있었다. 彼女は目に涙を浮かべて遠くを見つめていた。❷〔열매·꽃봉오리〕(実·つぼみを)つける；結ぶ。例탐스러운 열매를 ~. ふくよかで見事な実を結ぶ。❸〔끈·줄〕(糸·紐·縄などを)結ぶ；結び目をつける；つなぐ。例단단하게 매듭을 ~. 強く結び目をつける。❹〔일〕(仕事などを)仕上げる；やり遂げる；締めくくる；結末をつける。例끝을 ~. 最後に締めくくる。/차분하게 결론을 ~. 落ち着いて結論をつける。❺〔관계·인연〕(関係·縁を)結ぶ；締結する；作る。例부부의 연을 ~. 夫婦の縁を結ぶ。/남한과 북한은 휴전 협정을 맺었다. 韓国と北朝鮮は休戦協定を締結した。

맺음-말명 結びの言葉；結論。

맺히다자 ❶(糸·紐·縄などが)結ばれる。例맺힌 끈을 풀다. 結ばれた紐を解く。❷〔한열·눈물〕(汗·涙などが)浮かぶ；宿る。例이슬이 ~. 露が宿る。/눈에 눈물이 ~. 目に涙が浮かぶ。/송글송글 땀이 ~. ぶつぶつと細かく汗が宿る。❸〔열매·꽃봉오리〕(実·つぼみが)結ばれる。例벚나무 꽃망울이 ~. 桜のつぼみが結ばれる。/사과 열매가 맺히기 시작했다. リンゴの実がつき始めた。❹〔마음〕胸にしこりが残る。例가슴에 맺힌 한 胸にしこりとなった恨み。❺〔피〕(血などが)固まる；凝固する。例회초리를 맞은 곳에 피가 맺혀 있다. 鞭で打たれたところに血が固まっている。

머금다타 ❶〔입〕(飲み込まず口の中に)含む。例아이가 밥을 입에 머금은 채 잠들어 버렸다. 子供が御飯を口の中に含んだまま眠ってしまった。❷〔눈물·웃음〕(涙·笑いなどを)浮かべる；帯びる；漂わす。例어머니는 눈에 눈물을 머금은 채 가만히 서 있었다. 母は目に涙を

머나멀다 浮かべたままじっと立っていた。/ 그는 냉소를 머금고서 나를 쳐다보았다. 彼は冷笑を帯びて私を見つめていた。❸【생각이나 감정을】(考え·感情などを)抱く|持つ。예슬픔을 머금은 얼굴 悲しみを抱いている顔。❹【물기】(水気を)含む|宿す。예이슬을 머금은 꽃잎 露を宿した花びら。❺(物事の気運などを)含む。예소금기를 머금은 바다 塩気を含んだ海。

머나멀다〔형〕【매우 멀다】とても遠い|はるかに遠い。예머나먼 거리 はるかに遠いみちのり/ 머나먼 옛날의 일 はるか遠い昔のこと。

머-다랗다〔형〕思ったよりかなり遠い。

머루〔명〕【산山葡萄ぶどう】。예~주 ヤマブドウ酒/ 까만 ~ 알이 조랑조랑 열려 있다. 黒いヤマブドウの実がたわわになっている。

머리〔명〕❶【사람이나 동물】頭。예그 사람은 ~에 모자를 쓰고 있다. あの人は帽子をかぶっている。/ ~를 긁적거리다. 頭をしきりにかく。❷【두뇌】頭|頭脳。예~가 나쁘다. 頭が悪い。/ ~가 모자라다. 頭が足りない。/ ~가 낡다. 頭が古い。/ ~ 좋은 사람이 꾀가 많구나. 頭が良い人は知恵があるなあ。/ 어쩜 그렇게 ~가 둔하니? どうしてそんなに頭が鈍いのか。❸【髮】髮の毛。예~를 노랗게 물들인 젊은이 髮を黄色く染めた若者/ ~를 깎다. 髮を刈ってもらう。/ ~를 기르다. 髮を伸ばす。=머리털 ❹【頭수】頭数。예깡패의 ~ ごろつきの頭。❺【시작】(ある事の)始まり|始め。예~도 끝도 없이 일이 뒤죽박죽이 되다. 始めもなく終わりもなく、事がごちゃごちゃになる。

머리-하다〔자타〕髮の手入れをする。

머리가 가볍다〔관용〕心や気分などが爽やかですっきりする。예한숨 푹 자고 났더니 머리가 가벼워졌다. ぐっすりひと眠りしたら気分が爽やかになった。

머리(가) 굳다〔관용〕❶(考え·思想が)頑固だ|頭が固い。❷頭が鈍い。예이제는 머리가 굳어서 외위도 기억이 잘 나지 않는다. もう頭が固くなって覚えてもなかなか思い出せない。

머리(가) 굵다〔관용〕☞머리(가) 크다

머리가 무겁다〔관용〕頭が重い|気分がすっきりしない。

머리가 빠지다〔관용〕【몹시 복잡하여 정신이 쓰이다】頭が痛くなる。예일이 꼬여 머리가 빠질 지경이다. 事がこじれて気が狂いそうだ。

머리가 수그러지다〔관용〕【頭が下がる】。예그의 노력에는 머리가 수그러진다. 彼の努力には頭が下がる。

머리(가) 크다〔관용〕(精神的に)大人になる|成長する。예너 (머리가) 많이 컸네. お前、ずいぶん成長したなあ。=머리(가) 굵다

머리(를) 굽히다〔관용〕頭を下げる|屈服する。

머리(를) 깎다〔관용〕❶【출가하다】頭をまるめる|出家する。❷【교도소에 복역하다】服役する。

머리(를) 들다〔관용〕【생각·세력이 일다】頭をもたげる。=머리(를) 쳐들다

머리(를) 숙이다〔관용〕頭を下げる。❶【굴복】屈服する。❷【경의】敬意する|感服する。예이순신 장군의 동상 앞에서 머리를 숙이다. 李舜臣将軍の銅像の前で頭を下げる。

머리를 식히다〔관용〕【냉정·침착】頭を冷やす|冷静な状態にする。예머리를 식히고 잘 생각해 보았다. 頭を冷やしてよく考えてみた。

머리(를) 싸매다〔관용〕一生懸命にする|全力をつくす。예머리를 싸매고 공부하다. 一生懸命に勉強する。

머리를 쓰다〔관용〕知恵を絞る|頭を絞る。

머리(를) 얹다〔관용〕【시집가다】嫁に行く|嫁ぐ。

머리를 쥐어짜다〔관용〕頭を搾る。예아무리 머리를 쥐어짜도 뾰족한 수가 안 나온다. いくら頭を絞っても、これというよい方法が浮かばない。

머리(를) 쳐들다〔관용〕☞머리(를) 들다

머리에 서리가 앉다〔관용〕❶【머리가 희다】髮が白くなる|胡麻塩頭である|白髮になる。❷【나이가 들다】年を取る。예그도 나이를 먹어 머리에 서리가 앉았다. 彼も年を取って髮が白くなった。

머리-글〔명〕序文|序言|まえがき|はしがき。=머리말

머리-기사(一記事)〔명〕【신문·잡지】(新聞·雑誌の一面の)重要な記事|トップ記事。

머리-꼬덩이〔명〕束ねた髮の根本。

머리-띠〔명〕鉢巻き|ヘアバンド。

머리-말〔명〕❶序文|序言|まえがき

¦はしがき。❷序論。=머리글·서론·서문·서언

머리-말[명] 枕元。[예] ~에서 간병하다. 枕元で看病する。/ ~에 앉다. 枕元に座る。/ ~에 서다. 枕元に立つ。

머리-쓰개[명] (スカーフ·手ぬぐいなど)頭にかぶるものの総称。

머리-채[명] 長く垂らした髪。[예] ~를 잡아끌다. 髪をつかんで引きずり回す。

머리-카락[명] 髪の毛 ¦ 髪。[예] 흰 ~을 뽑다. 白髪を抜く。/ ~을 곤두세우다. 髪の毛を逆立てる。[준]머리칼

머리-칼[명] 【머리카락'의 준말】髪の毛 ¦ 髪。

머리-털[명] 髪の毛 ¦ 頭髪。 =두발·머리❸

머리-통[명] ❶【머리의 둘레】頭の周り。❷【머리'를 낮추어】「頭」の俗っぽい語。

머리-핀(—pin)[명] ヘアピン。[예] ~을 꽂다. ヘアピンをつける。

머릿-골[명] 《의》脳みそ ¦ 頭脳。 =뇌

머릿-기름[명] 髪油 ¦ ヘアオイル。

머릿-돌[명] 《건》礎石 ¦ 定礎。[예] ~에 기념 조각을 하다. 定礎に記念の彫刻を施す。

머릿-방(—房)[명] 《건》奥の間に付いている小部屋。

머릿-살[명] 【머리'를 낮잡아】「頭」の俗っぽい語。

머릿살이 아프다[관용] 【(속되게) 골치가 아프다】頭が痛い。

머릿살(이) 어지럽다[관용] 頭が痛い ¦ 気が散る。

머릿-수(—數)[명] ❶金額 ¦ 金高。❷頭数 ¦ 人数·人数。[예] ~가 모자라다. 人数が足りない。

머릿-수건(—手巾)[명] 頭にかぶる手ぬぐい。

머무르다[자] ❶【도중에 멈추다. 숙박하다】止まる ¦ 停止する ¦ 停泊する。[예] 잠시 ~. 少し停止する。/ 나그네가 여관에 ~. 旅人が旅館に泊まる。/ 고갯마루에 머물러 앉아 쉬다. 峠のてっぺんでとどまり、座って休む。❷【일정 수준·범위에 그치다】止まる ¦ 終わる。[예] 전국 대회에서 은메달에 ~. 全国大会で銀メダルに終わる。[준]머물다

머무적-거리다[자] ためらう ¦ 躊躇する ¦ もじもじする。[예] 들어갈까 말까 ~. 入ろうか入るまいかためらっている。 =머무적대다

머무적-대다[자] ☞머무적거리다

머무적-머무적[부] もじもじ。

머물다[자] 【머무르다'의 준말】止まる ¦ 止まる ¦ 泊まる。

머뭇-거리다[자] ためらう ¦ 躊躇する ¦ もじもじする。[예] 머뭇거리지 말고 확실히 말해. もじもじしないではっきり言いなさい。 =머뭇대다

머뭇-대다[자] ☞머뭇거리다

머뭇-머뭇[부] もじもじ。

머슬머슬-하다[형] 【잘 어울리지 못하고 어색하다】しっくりしない ¦ ぎこちない ¦ うとうとしい。

머슬머슬-히[부] しっくりせず ¦ ぎこちなく ¦ うとうとしく。

머슴[명] 作男。 =고공²❶

머슴(을) 살다[관용] 作男になる ¦ 作男に雇われる。

머시[감] なにがし ¦ なんとかいう ¦ あれ。[예] 일전의 그 ~ 있잖아. この間の、あれあるじゃない。

머쓱-하다[형] ❶【어울리지 않게 키가 크다】(背丈が)ひょろっとして高い ¦ ひょろひょろだ。[예] 머쓱하게 큰 키 ひょろひょろとして高い背。❷【무안하거나 어색할 때】しょげている ¦ しょんぼりしている。[예] 머쓱하니 쳐다보다. しょんぼりと見つめる。/ 그가 머쓱해하며 내밀었던 손을 거두었다. 彼はしょげかえり、差し出していた手を引っ込めた。

머쓱-히[부] ひょろ長く ¦ しょげて。

머위[명] 《식》蕗。[예] ~는 국화과의 다년생 식물이다. フキは菊科の多年生植物だ。

머저리[명] 【어리석은 사람을 낮잡아】あほう ¦ ばか ¦ とんま。[예] 이 ~ 같은 놈은 다시는 상대하지 마라. このあほうなやつは二度と相手にするな。 =어리보기

머줍다[형] (動作が)のろい。

머지-않다[형] 【주로 '머지않아'의 꼴로】遠からず ¦ まもなく ¦ すぐに。[예] 작품은 머지않아 완성된다. 作品は遠からず完成する。

머츰-하다[형] (しばらく)止む。

머큐로크롬(mercurochrome)[명] 《약》マーキュロ ¦ マーキュロクロム ¦ 赤チン ¦ マーキロ。

머플러(muffler)[명] マフラー。❶襟巻き。❷《기》消音器。 =소음기

먹[명] ❶墨。[예] ~을 갈다. 墨をする。❷☞먹물

먹을 가까이 하면 검어진다[속담] 墨を近づけると黒くなる：〔日〕朱に交われば赤くなる。◈일본에서는 '빨간 안료와 섞이면 빨개진다'고 한다.

먹-구름[명] 一時期の雨雲。黒雲。예~이 하늘을 뒤덮다. 黒雲が空を覆う。

먹다[자] (耳が)聞こえなくなる｜遠くなる｜つんぼになる。예귀가 먹었니? 왜 대답을 안 하니? 耳が聞こえなくなったのか。なぜ答えないの。

먹다² Ⅰ[타] ❶[음식] (飲食物を)食べる｜食う｜飲む。예밥을 먹고 약을 ~. 御飯を食べてから薬を飲む。/ 술을 ~. 酒を飲む。❷[담배] (たばこ・煙などを)吸う。예담배를 ~. たばこを吸う。/ 연탄가스를 먹고 쓰러지다. 練炭ガスを吸って倒れる。❸[감정] (ある感情を)抱く｜持つ。예한 번 마음을 먹었으면 끝까지 해라. 一度と心に抱いたのならやり通せ。❹[나이] (一定の年齢に)なる｜到達する。예5살 먹은 손자 五歳になった孫｜나이를 ~. 歳をとる。❺[욕] (悪口などを)言われる｜食らう。예욕먹을 짓 하지 마. 悪口を言われるような事はするな。❻[뇌물・재물] (賄賂・人の財物などを)横領する｜ねこばばする。예경리과 직원이 회사 돈을 먹었다. 経理課の職員が会社のお金を横領した。❼[액체] (水や湿気などを)吸い｜吸い込む。예스펀지는 물을 먹으면 무거워진다. スポンジは水を吸うと重くなる。❽[어떤 등급] (ある等級を)取る｜占める。예1등을 ~. 1等を取る。❾[경기] (競技などで点数を)取られる。예10분 만에 두 골을 먹었다. 10分で2ゴール取られた。❿[더위] 暑気に当たる。예더위를 먹어서 기운이 없다. 暑気に当たり元気がない。⓫[주먹] (げんこつなどを)食らう。예상대방의 주먹을 한 방 먹었다. 相手のげんこつを一発食らった。⓬[칼] (刃物などが)よく切れる。예이 대패가 잘 먹는다. このかんながよく切れる。⓭(虫・細菌などが)食う｜含む。예벌레 먹은 사과는 버려라. 虫が食ったリンゴは捨てなさい。⓮[풀] (のり・化粧品などの塗るものが)染まる。예오늘따라 화장이 잘 먹는다. 今日に限って化粧ののりがいい。

Ⅱ [보조] [~어 먹다의 꼴로] ―しまう。 약속을 잊어 먹었다. 約束を忘れてしまった。/ 깜빡 잊어 ~. うっかり忘れてしまう。

먹먹-하다 (耳が)詰まった感じでよく聞こえない。예귀가 먹먹해지는 듯 耳をつんざくばかりの音。
먹먹-히[부] 耳がよく聞こえないさま。

먹-물[명] ❶すった墨。墨汁。예~이 튀다. 墨汁が跳ねる。/ ~로 글씨를 쓰다. 墨で字を書く。＝묵❷・묵즙 ❷墨のように真っ黒な水。

먹-보[명] [속] 食いしん坊。예그렇게 ~인데 살이 안 찌는 게 신기하다. 本当によく食べるのに、太らないのが不思議だ。

먹-빛[명] 墨色。黒い色。

먹-새[명] ☞먹음새❶

먹-성(-性)[명] ❶食べ物の好き嫌い。❷食べる分量｜食いっぷり。예~ 좋은 여자아이 食いっぷりのいい女の子。

먹-실[명] 墨で染めた糸。
먹실(을) 넣다[관용] 入れ墨をする。

먹음-새[명] ❶食べる態度｜食いっぷり。＝먹새 ❷料理の腕前。

먹음직-스럽다[형] おいしそうだ。うまそうだ。예보기에도 ~. 見るからにおいしそうだ。
먹음직스레[부] おいしそうに｜うまそうに。

먹이[명] ❶餌｜飼料。예햄스터에게 ~를 주다. ハムスターに餌をやる。❷餌食｜犠牲物。예고리대금업자의 ~가 되고 말았다. 高利貸しの餌食になってしまった。

먹이다[타] ❶[음식] (飲食物を)食べさせる｜食わせる｜飲ませる。예아이에게 밥을 ~. 子供に御飯を食べさせる。/ 약을 ~. 薬を飲ませる。/ 억지로 술을 ~. 無理に酒を飲ませる。❷[감정] 抱かせる｜持たせる。예어린아이를 겁 먹이지 마. 子供に怖がらせるな。❸[욕] (悪口などを)言われる｜食らう。예친구에게 욕을 ~. 友達に悪口を言われる。❹[뇌물] (財物・賄賂などを)やる｜握らせる。예검사에게 뇌물을 ~. 検事に賄賂を握らせる。❺[경기] (競技などで点数を)取らせる。예강팀을 상대로 세 골을 ~. 強いチームを相手に3ゴール取らせる。❻[때리다] 叩く｜殴る｜食らわす。예이마에 꿀밤을 ~. 額に軽いげんこつを食らわす。❼[염료] (染料・糊などを)染

める|含ませる。⑩흰색 셔츠를 파란색 잉크로 ~. 白いシャツを青いインクで染める。❽【家畜】(家畜を)飼う|養う。⑩돼지를 ~. 豚を飼う。❾【사람이나 생명체를】(人を)養育する|養う|食べさせる。⑩가족을 먹여 살리는 것이 아버지의 임무이다. 家族を食べさせるのが父の役目だ。⑩ (機械などに)材料を入れる。⑩탈곡기에 볏단을 먹여 놓아라. 脱穀機に稲束を入れておきなさい。

먹-자【나무에 벼루로 금을 그은 그림】T字の差し金|曲尺かね。⑩~로 정확히 재야 한다. 差し金で正確に測らなければならない。

먹장-구름图 黒雲くろぐも。

먹-줄图 ❶墨糸すみいと|墨縄すみなわ。❷墨糸すみいとで引いた線せん。

먹줄-펜(—pen)图 烏口からすぐち。

먹-중图 黒く染めた法衣ほうえをまとった僧そう。

먹지¹图 賭け事で勝った人。

먹지²(—紙)图 ☞복사지

먹-칠(—漆)图 ❶墨を塗ること。❷【명예 가문 등에】(名誉・家柄などに)泥を塗ること|辱めること。

먹칠-하다재 ❶墨を塗る。❷ (名誉・家柄などに)泥を塗る|辱める。⑩부모 얼굴에 ~. 親の顔に泥を塗る。

먹통图【멍청한 사람】馬鹿|阿呆|間抜け|とんま。

먹-통(—桶)图【먹물통】墨壺すみつぼ。

먹-팥《식》【팥의 한 종류】小豆あずきの一種。

먹-히다재【먹음을 당하다】❶食べられる|食われる|飲まれる。⑩괴물에게 잡아~. 怪物に捕らわれて食われる。/개구리가 뱀한테 먹히는 장면을 본 적 있니? 蛙が蛇に飲まれるところを見たことあるの。❷ (金銭などが)かかる|要る|つく。⑩생각보다 훨씬 비싸게 ~. 思ったよりずっと高い。

먼-눈¹图 視力を失った目|盲目もうもく。

먼-눈²图 遠いところを見る目|遠目とおめ。⑩~이 밝다. 遠目が効く。/~으로도 또렷이 보이다. 遠目でもはっきりと見える。

먼-동图 明け方ごろの東ひがしの空そら。⑩~이 트다. 夜が明ける。

먼로-주의(Monroe主義)图《정》モンロー主義しゅぎ。

먼-먼관 はるかに遠とおい。

먼-물图 水がきれいで飲める井戸水いどみず。=먼우물

먼-바다图 遠海えんかい。

먼-발치图 少し隔たった所。⑩~에서 배웅하다. 少し隔たった所で見送る。

먼-빛图【멀리서 보이는 빛이나 모습】遠目に見えるさま|離れた所から見えるさま。⑩~으로 보면 물 위에 떠 있는 것처럼 보이는 베네치아 遠目に見ると、水上に浮かんでいるように見えるベネチア。

먼산-바라기(—山—)图 ❶目がいつも遠い所を眺めているように見える人。⑩그리움에 ~를 하다. なつかしさに遠くを見つめる。❷よそ見をすること。

먼셀 표색계(Munsell表色系)《미》マンセル表色系ひょうしょくけい。

먼-우물图 ☞먼물

먼장-질图 (遠方から鉄砲・弓を)撃つこと|射すること。

먼저Ⅰ图 前さき|先さき。⑩~의 일은 모르는 척해 주십시오. 前のことは知らんぷりをしてください。/이 불고기는 ~ 가게보다 맛있다. この焼肉は先の店よりおいしい。
Ⅱ团 先さきに|まず|前まえに。⑩~ 가겠습니다. 先に失礼します。

먼저-께图 先さきほど|先ごろ|この前まえ|この間あいだ。⑩~ 그곳에 한 번 갔었지. この前そこに一度行ったでしょ。/~ 꾸어간 돈 잊지 말게. この間借りていった金、忘れるな。

먼지图 ほこり|ちり。⑩~가 일다. ほこりが立つ。/~투성이가 되다. ほこりだらけになる。/~를 털다. ほこりをはらう。/~가 쌓이다. ちりがたまる。

먼지-떨음图【賭事】(賭事で)金を賭けずに試しにしてみること。⑩~은 한 판으로 충분하니 이제 본격적으로 시작해 보자. 試しは一度で十分だから、さあ、本格的に始めてみよう。

먼지-떨이图 はたき|ちり払い。

먼지-잼图【약간 오는 비】雨が程度よく降ること|おしめり程度の雨。

먼지잼-하다재 雨がほんの少し降る。

먼-촌(一寸)图 遠縁とおえん|遠い親類しんるい。

멀거니튀 ぼんやりと|呆然ぼうぜんと。⑩넋 나

멀건이 간 사람처럼 ~ 창밖만 바라보고 있다. 魂の抜けた人のように、ぼんやりと窓の外ばかり眺めている。

멀건-이 몡 精神がぼんやりしている人│薄のろ│薄ばか。 예 자다 깨서 그런가, 꼭 ~ 같네 그려. 目覚めたばかりだから、薄のろみたいだな。

멀겋다 혱 ❶【濃度が薄い】 야야 濁っている│どんよりしている。 예 우물물이 ~. 井戸の水がどんよりしている。 ❷【目に生気がなく】とろんとしている│ぼうっとしている。 예 잠에서 막 깨서 눈이 ~. 目覚めたばかりで、目がとろんとしている。 ❸【汁などが】薄い│水っぽい。 예 된장국이 ~. みそ汁が薄い。

멀게-지다 짜 ❶ 澄む│清くなる。 ❷ (濃度などが)薄れる│薄くなる。 예 물을 너무 넣어서 국물이 멀게졌다. 水を入れすぎて、汁が薄くなってしまった。

멀끔-하다 혱 こぎれいだ│こざっぱりしている│すっきりしている。 예 멀끔하게 단장하다. 身なりをこぎれいにする。

멀다 짜 ❶ 目が見えなくなる│視力を失う。 예 눈이 ~. 目が見えなくなる。 ❷ 目がくらむ│分別がつかなくなる。 예 돈에 눈이 ~. お金に目がくらむ。/ 다이아몬드에 눈이 ~. ダイヤモンドに目がくらむ。

멀다 혱 ❶【距離】遠い│時日が長い│久しい。 예 멀고 먼 고향 하늘 果てしなく遠い故郷の空/ 학교까지는 멀지 않다. 学校までは遠くない。 ❷【到達していない】まだまだだ│及ばないほど遠い。 예 선진국이라고 하기에는 아직 멀었다. 先進国というにはまだ遠い。 ❸【疎遠だ】親しくない。 예 그가 유학을 떠난 후 관계가 멀어졌다. 彼が留学に行った後から疎遠になった。 ❹【遠い】。 예 장례식에는 먼 친척까지 참석했다. お葬式には遠縁まで来た。

멀뚱-멀뚱 뭐 きょとんと│ぽかんと│呆然と。 예 ~ 쳐다보다. きょとんと見つめる。/ 눈만 ~ 뜨고 바라보다. 目をきょとんと開けて見つめる。

멀리 뭐 遠くに│はるかに。 예 아버지는 집에서 ~ 떨어진 곳에서 발령이 났다. 父は家から遠く離れている所へ発令された。/ 어딘가 ~ 여행 가고 싶다. どこか遠くに旅行に行きたい。/ ~ 산봉우리가 보인다. はるかに峰が見える。 ↔가까이

멀리-뛰기 몡 《幅跳び。

멀리-하다 遠ざける│退ける│避ける。 예 나쁜 친구를 ~. 悪友を遠ざける。/ 술과 담배를 ~. 酒とタバコを避ける。

멀미 몡 ❶ (乗り物の)酔い│吐き気。 예 뱃 ~. 船酔い。 ❷ 嫌気や│うんざりすること。 ~가 날 정도로 싫다. うんざりするほど嫌だ。/ 너무 퍼워 주니 ~가 난다. あまりにも持ち上げられるのでうんざりする。

멀미-하다 짜 ❶ 吐き気を催す。 ❷ 嫌気がさす。

멀쑥-하다 혱 すっきりしている│しゃんとしてあかぬけしている。 예 얼굴이 멀쑥하니 잘생겼다. 顔がすっきりしていてかっこいい。

멀쩡-하다 혱 ❶【きずがなく】完全だ│健康だ。 예 멀쩡한 형태로 남아 있는 불상 完全な形で残っている仏像。 ❷【気がたしかだ│正気だ。 예 그는 술을 그렇게 많이 마셨는데도 ~. 彼は酒をあんなにたくさん飲んだのに正気だ。 ❸【厚かましい│ずうずうしい。 예 멀쩡하게 거짓말을 하다. ずうずうしく嘘をつく。

멀찌가니 뭐 ☞멀찌감치

멀찌감치 뭐 かなり遠くに│かなり離れて。 =멀찌가니・멀찍이

멀찌막-하다 혱 とても遠い│かなり離れている。
　멀찌막-이 뭐 ずいぶん遠くに│かなり離れて。 예 ~ 앉다. ずいぶん離れて座る。

멀찍-멀찍 皆がかけ離れているさま。

멀찍-하다 혱 やや遠い│遠目だ。
　멀찍-이 뭐 遠目に│やや遠く。 =멀찌감치

멈추다 짜타 ❶【止まる│とどまる│やむ。 예 빨간 신호에서 ~. 赤信号で止まる。 ❷【雨・雪などが)やむ│上がる。 예 눈보라가 ~. 吹雪がやむ。 ❸【中止】する│止める。 예 엔진을 ~. エンジンを止める。/ 숨을 멈추고 물속에 들어가다. 息を止めて水中に潜る。

멈칫 뭐 ぎょっと│ぴたっと│どきりと│ぎくりと。 예 뛰어가던 사람이 ~ 서다.

走っていた人がぴたっと止まる。

멈칫-거리다재타 (ためらって)もじもじ｜ぐずぐずする｜たじろぐ。 예그녀는 무슨 말을 하려다가 멈칫거리고 있다. 彼女は何かの話をしようとして、もじもじしている。=멈칫대다

멈칫-대다재타 ☞멈칫거리다

멈칫-하다재타 ぎょっとする。

멈칫-멈칫부 ぐずぐず｜もじもじ。 예~ 방 안으로 들어왔다. もじもじして部屋の中に入った。

멋명 洗練されていること｜しゃれていること｜シック｜粋だ｜すてき。 예~이다. すてきだ。/ ~을 내다. おしゃれをする；めかしこむ。

멋-대가리명 ❶しゃれ｜粋。 ❷風流。 예~가 없다. 味もそっけもない。

멋들어-지다형 とても粋である｜しゃれている｜いかす。 예스타일이 꽤 ~. スタイルがなかなか素敵だ。

멋-모르다 わけがわからない｜何も知らない｜あてずっぽうだ。 예멋모르고 나서지 마라. 何も知らないくせにでしゃべるな。

멋-없다형 不格好だ｜無粋だ｜野暮だ｜味気ない。 예멋없는 사람 無粋な人/ 멋없는 이야기 味気ない話。

멋-있다형 粋だ｜しゃれている｜すてきだ。 예그녀는 멋있는 스타일의 소유자이다. 彼女は粋なスタイルの持ち主だ。

멋-쟁이명 おしゃれ｜めかし屋。

멋-지다형 すばらしい｜見事だ｜すてきだ。 예멋진 솜씨 見事な出来ばえ/ 멋진 드레스구나. すてきなドレスだね。

멋-쩍다 照れくさい｜きまりが悪い。 예그가 멋쩍은 표정으로 돌아섰다. 彼はきまり悪そうな表情で振り返った。

멋-하다형 気まずい。 예네가 말하기 멋하면 내가 어떻게 해 볼게. お前が言うのがなんなら俺が何とかしよう。

멍¹명 ❶あざ。 예팔에 ~이 들다. 腕にあざができる。 ❷(内部に生じた)支障｜打撃。

멍²명 ☞멍군

멍게명〔동〕ほや。=우렁쉥이

멍군명 〔기〕〈운〉将棋で王手をかけた時、それに応じる言葉。=멍²

멍-들다 ❶あざができる。 ❷打撃をこうむる｜いたむ｜むしばむ。 예주식에 손을 댔다가 멍들었다. 株に手を出して大損した。

멍멍부〔의성어〕わんわん。 예개가 어젯밤부터 ~ 짖는다. 犬が昨日の夜からワンワンと吠える。

멍멍-거리다재 (犬が)わんわん吠える。 예멍멍거리는 이웃집 개 わんわんと鳴く近所の犬。=멍멍대다

멍멍-대다재 ☞멍멍거리다

멍멍-하다형 ぼうっとする。 예머릿속이 멍멍하니 아무 생각도 떠오르지 않는다. 頭の中がぼうっとしていて、何にも思い浮かばない。

멍멍-히부 ぼうっと｜ぽかんと。

멍석명 むしろ｜わらむしろ。

멍석-딸기명〔식〕苗代苺。

멍석-자리명 むしろをしいた席。

멍에명 ❶〔마소멍에｜예멍에〕頚木。 예소에 ~를 메우다. 牛に頚木をかける。 ❷〔구속｜속박을 비유하여〕首かせ｜きずな｜係累など。 예~를 쓰다. 首かせをはめられる。

멍울명 ❶(牛乳・糊などの)小さく丸い塊｜粒。 ❷〈의〉(リンパ腺の)しこり｜ぐりぐり。 예겨드랑이 밑에 ~이 생기다. 脇の下にぐりぐりが出来る。

멍청-이명 愚かでばかな人｜間抜け｜あほう。 예이런 ~가 있나! こんな馬鹿がいるか。

멍청-하다형 間抜けだ｜ぼうっとしている｜ばかだ｜ぼけている。 예멍청한 사람 ばかな人/ 멍청한 얼굴로 바라보다. 間の抜けた顔でながめる。

멍청-히부 ぼうっと｜ぽかんと。 예~ 앉아 있다. ぽかんとすわっている。

멍추명〔흐리멍덩하거나 어리석은 남자〕間抜け｜あほう。 예~ 같은 소리는 이제 그만해라. 間抜けなことを言うのはもうやめろ。

멍텅구리명 ばか｜とんま｜ぽんくら。

멍-하니부 ぼうっと｜ぽかんと｜ぼんやり｜きょんと。 예기가 막혀 ~ 서 있다. あきれてぽかんと立っている。

멍-하다형 ぼうっとする｜呆然とする｜ぼんやりする。 예실수를 깨달은 순간 정신이 멍해져서 아무것도 생각할 수가 없었다. 失敗を悟った瞬間がん、呆然として何も考えることができなかった。

멎다재 ❶〔비〕(雨・雪などが)やむ。 예비가 ~. 雨がやむ。 ❷〔기계〕(動きが)止まる。 예코피가 ~. 鼻血が止まる。/ 시

계가 ~. 時計が止まる。

메¹ 명 大槌; ハンマー。

메² 명 ☞메꽃

메³ 관 粳。 예 메벼 粳稲/ 메조 粳粟

메가-바(megabar)의 물 メガバール。

메가-사이클(megacycle)의 ☞메가헤르츠

메가-전자볼트(mega電子volt)의 전 メガエレクトロンボルト。

메가-톤(megaton)의 물 メガトン。

메가폰(megaphone)명 メガホン; 拡声器。 예 ~을 잡고 큰 소리로 말하다. メガホンを持って大声でいう。

메가헤르츠(megahertz)의 물 メガヘルツ。=메가사이클

메갈로폴리스(megalopolis)명 メガロポリス; 巨帯都市。

메기 동 鯰。

메기-입명 鯰の口; ずばぬけて口の大きい人。

메-꽃 식 昼顔; 昼顔の花。 예 ~밭 ヒルガオの花畑/ ~으로 머리 장식을 한다. ヒルガオで頭飾りをする。=메²

메노(meno) 이 음 メノ。

메노 모소(meno mosso) 이 음 メノモッソ。

메노 알레그로(meno allegro) 이 음 メノアレグロ。

메뉴(menu)명 ❶ 献立表; メニュー。 ❷ メニュー。 ❸ 컴 メニューバー; ポップアップメニュー。

메뉴 바(menu bar) 컴 メニューバー。

메다 자 塞がる; 詰まる。 예 배수관이 ~. 排水管が塞がる。/ 코 멘 소리를 하다. 鼻にかかった声を出す。/ 밥만 먹어 목이 ~. ご飯だけ食べてのどが詰まった。

메다 타 担ぐ; 担う; 背負う。 예 총을 ~. 銃を担ぐ。/ 가방을 어깨에 ~. かばんを肩に担ぐ。/ 배낭을 ~. リュックを背負う。

메달(medal)명 メダル。 예 ~을 걸다. メダルをかける。/ ~을 따다. メダルを取る。

메들리(medley)명 음 メドレー。

메디안(median)명 メジアン; 中央値。

메-떡명 粳米でつくった餅。

메뚜기¹ 명 (書物・弓などの)小鉤; 留め具。

메뚜기² 동 とのさまばった; ばった; いなご。 예 ~ 떼가 먹구름처럼 하늘을 까맣게 뒤덮었다. バッタの群れが真っ黒な雨雲のように空を覆った。/ 어린아이들은 ~를 잡아 불에 구워 먹었다. 子どもたちはバッタを捕まえ、火で焼いて食べた。

메뚜기도 유월이 한철이다 속담 バッタも六月が盛り：「全盛期は短い」の意。

메-뜨다 형 いらだつほど鈍い; 腹の立つほどのろい。 예 그 사람은 메뜨게 일한다. その人はのろのろと仕事をする。

메르카토르 도법(Mercator圖法) メルカトル図法。

메리야스(medias 에)명 メリヤス。

메-마르다 형 (土地が)干からびている; 乾いている; やせている。 예 메마른 땅 やせ地; 不毛の土地。

메모(memo)명 メモ。
메모-하다 타 メモする。 예 요점을 ~. 要点をメモする。

메모리(memory)명 컴 メモリ。

메모-장(memo帳)명 メモ帳。

메모-지(memo紙)명 メモ用紙。

메밀 식 蕎麦。 예 넓은 ~밭에 꽃이 만발하다. 広いソバ畑に花が咲き乱れている。

메밀-가루명 蕎麦粉。

메밀-국수명 蕎麦; 蕎麦切り。

메밀-꽃명 ❶ ソバの花。 ❷ 波花の飛沫。
메밀꽃(이) 일다 관용 ❶ ソバの花が咲く。 ❷ 波のしぶきが立つ。

메밀-떡명 そば粉でこねた餅。

메밀-묵명 そば粉のムク。 예 겨울밤에 즐겨 먹는 ~. 冬の夜によく食べたそば粉のムク。

메-벼명 粳米。 예 ~ 품종 粳米品種。

메사(mesa 에)명 メサ。

메스(mes 네)명 의 メス。 예 ~를 가하다. メスを入れる。

메스껍다 형 むかつく; 吐き気がする; むかむかする。 예 과식하여 속이 ~. 食べ過ぎて胸がむかつく。/ 얼굴만 봐도 ~. 顔を見るだけでむかつく。

메스티소(mestizo 에)명 メスティソ。

메슥-거리다 자 吐き気がする; むかむかする。 예 속이 메슥거려서 기분이 나쁘

다. 胸がむかむかして気持ちが悪い。 =메슥거리다

메슥-대다자 ☞메슥거리다

메슥-메슥부 むかむか。

메슥메슥-하다자 むかむかする。예 속이 메슥메슥하니 금방이라도 토할 것 같아. 胸がむかむかして、今にも吐きそうだ。

메시아(Messiah 히)명 メシア｜救世主。

메시지(message)명 メッセージ。예 자동응답 전화기에 ~를 남기다. 留守番電話にメッセージを残す。

메신저(messenger)명 メッセンジャー。

메아리명 山びこ｜こだま。예 ~가 되어 돌아오다. 山びこが返ってくる。

메아리-치다자 こだまする｜響き渡る。

메어-꽂다타 (背負い投げて)投げつける｜地面にたたきつける。

메어-치다타 (肩に担いで地面に)たたきつける｜投げ飛ばす。㈜메치다

메우다타 (空白·不足などを)埋める｜うずめる｜補う｜ふさぐ。예 회장을 메운 군중 会場を埋めた群衆。/ 구멍을 ~. 穴을埋める。/ 적자를 ~. 赤字を埋める。

메이지 유신(明治維新)명 〈역〉明治維新。예 ~ 이후 일본은 눈부신 근대화를 이루었다. 明治維新以後と、日本は眩しい近代化を成し遂げた。

메이커(maker)명 メーカー｜商品を作った人。

메이크업(makeup)명 メーキャップ｜メークアップ。

메인-타이틀(main title)명 メーンタイトル。예 ~에 이름을 올리다. メーンタイトルに名前をのせる。

메일(mail)명 〈컴〉メール｜電子メール。

메일링 리스트(mailing list) メーリングリスト。

메일 매거진(mail magazine) メールマガジン。

메일 박스(mail box) メールボックス。

메일 서버(mail server) メールサーバ。

메-조¹ 粳粟。예 ~는 끈기가 적다. 粳粟は粘りが少ない。

메조²(mezzo 이)명 〈음〉メゾ｜メッツォ。

메조-소프라노(mezzo-soprano 이)명 〈음〉メゾソプラノ。

메조 포르테(mezzo forte 이) 〈음〉メゾフォルテ。

메조 피아노(mezzo piano 이) 〈음〉メゾピアノ。

메주명 みそ玉麹。

메주-콩명 みそ玉麹用の大豆。

메지다형 (餅·ご飯などに)粘り気がない。

메-질명 大槌で打つこと。
메질-하다자타 大槌で打つ。

메추라기명 〈동〉鶉。㈜메추리

메추리명 '메추라기'의 준말.

메치-기명 〈운〉捨身技。

메-치다타 投げ飛ばす。

메카(Mecca)명 〈지〉メッカ。예 예술가의 ~ 파리 芸術家のメッカ、パリ。

메커니즘(mechanism)명 メカニズム｜体系｜構造。예 인체의 ~ 人体のメカニズム。

메케-하다형 ❶煙たい。❷かび臭い。

메탄(methane)명 〈화〉メタン｜沼気。예 ~ 알코올 メタンアルコール。

메탄-가스(methane gas)명 〈화〉メタンガス｜メタン。

메탄올(methanol)명 〈화〉メタノール｜メチルアルコール。

메트로놈(metronome)명 〈음〉メトロノーム。 =박자기

메트로폴리스(metropolis)명 〈사〉メトロポリス｜巨大都市。 =거대도시

메틸-기(methyl基)명 〈화〉メチル基。

메틸-알코올(methyl alcohol)명 〈화〉メチルアルコール。

메틸-에테르(methyl ether)명 〈화〉メチルエーテル。

메틸-오렌지(methyl orange)명 〈화〉メチルオレンジ。

멕시코(Mexico)명 〈국〉メキシコ。

멘델레븀(mendelevium)명 〈화〉メンデレビウム。

멜-대명 天秤棒。

멜라민(melamine)명 〈화〉メラミン。

멜라민 수지(melamine樹脂) 〈화〉メラミン樹脂。

멜로-드라마(melodrama)명 〈연〉メロドラマ。예 ~의 팬은 역시 아줌마이다. メロドラマのファンはやはりおばさんだ。

멜로디(melody)명 〈음〉メロディー。

멜론(melon)명 〈식〉メロン。

멜빵명 ❶(荷物を背負う時の)背負い

紐。❷(小銃などの)肩紐｜ズボン吊り｜サスペンダー。

멤버(member)명 メンバー。 예 ~ 교체 メンバー交代。

멥-새명 《동》頬白。=멧새

멥쌀명 粳米｜粳。うるごめ。

멥쌀-미음(一米飮)명 粳米でつくった重湯。

멧괴-새끼【난폭하고 거칠게 날뛰는 사람을 낮잡아】 乱暴者｜ごろつき｜ならず者。예 ~ 마냥 사납다. ごろつきのように荒っぽい。

멧-대추명 さねぶとなつめの実。

멧-돼지명 《동》猪。예 최근 농가에서는 ~ 침입으로 골머리 앓고 있다. 最近は農家のではイノシシの侵入に頭を悩ましている。/그 남자는 저돌적인 성격이 ~를 닮았다. その男の猪突的な性格は、イノシシに似ている。=산돼지

멧-부리명 (山の)頂。

멧-새명 《동》頬白。=멥새

며¹조 《열거의 뜻을 나타냄》―や｜―やら。예 연회에는 케이크며 갈비며 떡이며 여러 가지를 준비했다. 宴会にはケーキやカルビや餠やいろんな物を準備した。/울며 불며 야단법석이다. 泣くやら騒ぐやら大騷ぎだ。

-며²어미 ❶【둘 이상의 사실】―して。예 나는 고등학교 3학년이며 언니는 대학교 2학년입니다. 私は高校三年生で、姉は大学二年生です。❷【계속】―ながら。예 신문을 읽으며 음악을 듣고 있다. 新聞を読みながら音楽を聞いている。

며느-님【며느리의 높임】お嫁さん。

며느리명 ❶嫁｜息子の妻。예 ~를 보다. 嫁を迎える。❷ (孫・甥の)妻。예 조카~ 甥の妻／손자~ 孫の妻。=자부¹

며칟-날명 (その月の)何日目。예 오늘이 ~이지? 今日は何日だっけ。/네 졸업식이 ~이냐? おまえの卒業式は、何日かい。

며칠명 ❶【몇 일】何日。예 네 생일이 이달 ~이지? おまえの誕生日は今月の何日なの。❷ (期間の)いく日｜何日｜数日。예 ~ 동안 한잠도 못 잤다. 数日間、一睡もできなかった。/그 일을 끝내는 데 ~이나 걸리겠습니까? その仕事を終わらせるのに何日かかりますか。/그곳에서는 ~간이나 머무를 예정입니까? そこでは何日間か、泊まる予定ですか。

멱¹명 のど｜のどくび｜喉元。

멱²명 水浴び｜水遊び。예 ~ 감다. 水浴びする。

멱-따다타 殺す｜喉を突き刺す。

멱-살명 ❶喉頸の下の肉。❷胸ぐら。예 ~을 잡다. 胸ぐらをつかむ。

멱서리 わらで編んだ穀物入れ｜叺｜俵。

멱수(冪數)명 《수》冪数｜冪。

멱-씨름명 胸ぐらをつかみ合うけんか。**멱씨름-하다**자 胸ぐらをつかみ合ってけんかする。

면¹명 アリ・ネズミなどがほじくり出した柔らかい土。

면²(面)명 【행정 구역 단위】面ミョン。

면³(面)명 面。❶【물건】物の表側｜表面。예 ~이 고르게 되게 문지르다. 面が平らになるようにもむ。❷【방향】方。❸【체면】体面。예 ~이 있지. 体面があるよ。❹【지면을 뜻함】ページ｜面。예 5 ~에 사고 기사가 실렸다. 5面に事故の記事が載っていた。

-면⁴어미 ―と｜―なら｜―たら｜―ば。예 동물원에 가면 호랑이를 볼 수 있다. 動物園に行ったらトラを見ることができる。/몇 시에 가면 돼? 何時に行ったらいいの。/이 일이 끝나면 출발합시다. この仕事が終わったら出発しましょう。/머리가 아프면 두통약을 먹어라. 頭が痛かったら痛み止鎮痛剤を飲め。/서랍을 열어 보면 가위가 있어. 引き出しを開けてみれば、はさみがある。/서두르면 시간에 맞춰 도착할 것이다. 急げば時間に間に合うだろう。

면⁵(綿)명 綿｜木綿。

면경(面鏡)명 手鏡。

면괴-스럽다(面愧―)형 ☞면구스럽다

면구-스럽다(面灸―)형 恥ずかしい｜照れくさい｜きまりわるい。예 연장자를 면접하기가 왠지 ~. 年上の人を面接するのが、何だかきまりがわるい。=면괴스럽다

면담(面談)명 面談。**면담-하다**자 面談する。예 담임 선생님과 ~. 担任の先生と面談する。

면대(面對)명 対面。**면대-하다**자 対面する。

면도(面刀)명 ❶ひげそり。❷剃刀。=면도칼

면도-하다[자타] ひげをそる。

면도-기(面刀器)[명] 剃刀。 예 전기 ~ 電気かみそり。

면도-날(面刀-)[명] 剃刀の刃; 安全剃刀の替え刃。

면도-칼(面刀-)[명] 剃刀。=면도②

면려(勉勵)[명] ❶勉励。❷人を励ますこと。

면려-하다[자타] ❶勉励する。❷人を励ます。

면모¹(面貌)[명] ❶面貌; 顔立ち; 顔つき。❷様子; 状態; 様相; 姿。예 동네의 ~를 일신하다. 町の姿を一新する。

면모²(綿毛)[명] 綿毛; うぶげ。

면목(面目)[명] 面目; 面子; 体面。예 ~이 서다. 面目が立つ。/ ~을 잃다. 面目を失う。

면목(이) 없다[관용] 面目ない; 合わせる顔がない。

면밀-하다(綿密-)[형] 綿密だ。예 면밀한 계획 綿密な計画。

면밀-히[부] 綿密に。예 ~ 조사하다. 綿密に調べる。

면박(面駁)[명] 面と向かって非難すること。예 ~을 당하다. 面と向かって非難を受ける。

면박-하다[타] 面と向かって非難する。

면-방적(綿紡績)[명] 綿紡績。

면-방직(綿紡織)[명] 綿紡織。

면분(面分)[명] 面識; 顔見知り。

면-사(綿絲)[명] 綿糸。

면사-포(面紗布)[명] (ウェディング)ベール。예 ~를 쓰다. ベールをかぶる; 結婚式を挙げる。

면상¹(面上)[명] 面上; 顔面; 顔。예 ~을 치다. 顔を殴る。

면상²(面相)[명] ❶面相; 顔つき。❷顔の相。

면-새[명] ❶(平らな物の)外見; 形勢。❷体面。

-면서[어미] ❶—ながら; —つつ; —と同時に。예 걸어가면서 음악을 듣고 있다. 歩いて行きながら音楽を聞いている。/ 그는 고등학교 교사이면서 시인이다. 彼は高校の教師と同時に詩人である。❷—ながら; —つつ; —けれども。예 알고 있으면서 가르쳐 주지 않는다. 知っていながら教えてくれない。

면세(免税)[명] 免税。예 ~ 조치 免税措置/ ~ 구역 免税区域。

면세-하다[타] 免税する。

면세-점(免税店)[명] 免税店。

면소(免訴)[명] 免訴。

면식(面識)[명] 예 ~이 있다. 面識がある。

면식-범(面識犯)[명] 面識犯。

면양(綿羊)[명] 《動》綿羊; 緬羊。=양❶

면역(免疫)[명] 免疫。예 ~ 혈청 免疫血清/ ~ 결핍 바이러스 免疫欠乏ウイルス/ 그 사람의 잔소리에는 ~이 되었다. あの人の小言には免疫になってしまった。

면역-성(免疫性)[명] 免疫性。

면역-질(免疫質)[명] 免疫質。

면역-체(免疫體)[명] 免疫体。=항체

면역-학(免疫學)[명] 《의》免疫学。

-면은[어미] —したら; —ならば; —であれば。예 도착하면은 바로 연락해. 着いたら、すぐ連絡してね。

면작(綿作)[명] 綿の栽培。

면적(面積)[명] 面積。예 대지 ~ 大地の面積/ 논 ~을 측정하다. 田の面積を測定する。

면전(面前)[명] 面前; 人の前。

면접(面接)[명] 面接。예 ~ 교섭권 面接交渉権/ ~ 시험 面接試験/ ~을 받을 때의 준비와 마음가짐 面接を受ける際の準備と心構え。

면접-하다[자타] 面接する。예 신입 사원을 ~. 新入社員を面接する。

면제(免除)[명] 免除。예 병역 ~ 특례 兵役免除の特例。

면제-하다[타] 免除する。예 수업료를 ~. 授業料を免除する。

면죄(免罪)[명] 免罪。

면죄-하다[타] 免罪する。

면죄-부(免罪符)[명] 《역》免罪符。

면직¹(免職)[명] 免職。

면직-하다[타] 免職する。예 중대한 과실로 면직되었다. 重大な過失で免職された。

면직²(綿織)[명] 綿織物。

면직-물(綿織物)[명] 綿織物。

면책(面責)[명] 面責。예 ~ 특권 面責特権/ ~ 행위 面責行為。

면책-하다[자타] 面責する。

면책-주의(免責主義)[명] 《법》免責主義。

면책-특권(免責特權)® 《법》免責﹝면책﹞特權﹝특권﹞.
면-치레(面—)® 見﹝み﹞せかけ｜うわべを飾﹝かざ﹞ること.
　면치레-하다짜 外面﹝がいめん﹞だけを飾﹝かざ﹞る. ⑳ 면치레하지 말고 제대로 좀 살아 봐. 見﹝み﹞せかけだけよくしないで、まともに生﹝い﹞きてみろ.
면탈-하다(免脫—)® 【법】免脫﹝めんだつ﹞する.
면포(綿布)® 綿布﹝めんぷ﹞. =무명
면-하다¹(免—)® 免﹝まぬか﹞れる｜のがれる. ⑳ 죽음을 ~. 死﹝し﹞を免れる. / 비난을 면할 수 없다. そしりを免れない.
면-하다²(面—)짜® 面﹝めん﹞する｜向﹝む﹞く｜臨﹝のぞ﹞む｜直面﹝ちょくめん﹞する. ⑳ 위기에 ~. 危機﹝きき﹞に直面する.
면학(勉學)® 勉学﹝べんがく﹞.
면허(免許)® 《법》免許﹝めんきょ﹞. ⑳ 운전 ~ 運転免許﹝うんてんめんきょ﹞ / ~ 정지 免許停止﹝めんきょていし﹞ / ~를 따다. 免許を取﹝と﹞る.
　면허-하다® 免許﹝めんきょ﹞する.
면허-세(免許稅)® 免許税﹝めんきょぜい﹞.
면허-증(免許證)® 《법》免許証﹝めんきょしょう﹞.
면화(棉花)® 《식》綿﹝めん﹞. ⑳ ~ 재배 농장 綿の栽培農場﹝さいばいのうじょう﹞. =목화(木花)
면화-씨(棉花—)® ☞목화씨
면회(面會)® 面会﹝めんかい﹞. ⑳ ~ 사절 面会謝絶﹝めんかいしゃぜつ﹞ / ~를 가다. 面会に行﹝い﹞く.
　면회-하다짜® 面会﹝めんかい﹞する. ⑳ 환자를 ~. 病人﹝びょうにん﹞を面会する.
면회-실(面會室)® 面会室﹝めんかいしつ﹞.
멸균(滅菌)® 滅菌﹝めっきん﹞. =살균
　멸균-하다짜® 滅菌﹝めっきん﹞する.
멸렬(滅裂)® 【ちりちりばらばらになること】滅裂﹝めつれつ﹞.
멸망(滅亡)® 滅亡﹝めつぼう﹞.
　멸망-하다짜 滅亡﹝めつぼう﹞する.
멸시(蔑視)® 蔑視﹝べっし﹞.
　멸시-하다® 蔑視﹝べっし﹞する.
멸실(滅失)® 滅失﹝めっしつ﹞.
멸족(滅族)® 一族﹝いちぞく﹞が滅﹝ほろ﹞びること.
　멸족-하다짜 一族﹝いちぞく﹞が滅﹝ほろ﹞びる.
멸종(滅種)® 種の絶滅﹝ぜつめつ﹞. ⑳ ~ 위기에 처한 생물 絶滅の危機﹝きき﹞に瀕﹝ひん﹞している生物﹝せいぶつ﹞.
　멸종-하다짜® 種﹝たね﹞が絶滅﹝ぜつめつ﹞する. ⑳ 공룡이 멸종된 이유는 아직도 확실히 밝혀지지 않았다. 恐竜﹝きょうりゅう﹞が絶滅した理由は、まだはっきりとは明﹝あき﹞らかにされていない.
멸치® 《동》片口鰯﹝かたくちいわし﹞｜ひしこ.

멸치-젓® 片口鰯﹝かたくちいわし﹞を塩漬﹝しおづ﹞けにした塩辛﹝しおから﹞.
멸-하다(滅—)® 滅﹝めっ﹞する｜滅﹝ほろ﹞ぼす｜絶﹝た﹞やす｜なくす.
명¹(名)의 名﹝めい﹞. ⑳ 참가자 두 ~ 参加者﹝さんかしゃ﹞2名﹝めい﹞ / 몇 ~입니까? 何﹝なん﹞名さまですか.
명²(命)® ❶命﹝いのち﹞｜寿命﹝じゅみょう﹞. ⑳ ~이 길다. 寿命が長﹝なが﹞い. =목숨 ❷運命﹝うんめい﹞. =운명¹
명³(命)® 命﹝めい﹞｜命令﹝めいれい﹞. ⑳ ~을 받들다. 命を奉﹝ほう﹞じる. =명령
　명-하다® ❶命﹝めい﹞ずる｜命令﹝めいれい﹞する. ⑳ 부하에게 명하여 그 일을 하게 하다. 部下﹝ぶか﹞に命じてそのことをやらせる. ❷【임명】命﹝めい﹞ずる｜任命﹝にんめい﹞する. ⑳ 계장에 ~. 係長﹝かかりちょう﹞に命ずる.
명⁴(銘)® 銘﹝めい﹞. ⑳ 좌우 ~ 座右﹝ざゆう﹞の銘.
명⁻⁵(名)⚜ 名﹝めい﹞—. ⑳ 명연주 名演奏﹝めいえんそう﹞.
명가(名家)® 名家﹝めいか﹞. ⑳ ~의 솜씨 名家の技﹝わざ﹞.
명-가수(名歌手)® 名歌手﹝めいかしゅ﹞.
명감(明鑑)® 明鑑﹝めいかん・みょうかん﹞.
명검(名劍)® 名剣﹝めいけん﹞｜名刀﹝めいとう﹞.
명견(名犬)® 名犬﹝めいけん﹞.
명경(明鏡)® 明鏡﹝めいきょう﹞.
명경-지수(明鏡止水)® 明鏡止水﹝めいきょうしすい﹞.
명곡(名曲)® 名曲﹝めいきょく﹞.
명구(名句)® 名句﹝めいく﹞.
명기¹(明記)® 明記﹝めいき﹞.
　명기-하다® 明記﹝めいき﹞する. ⑳ 결석 이유를 ~. 欠席﹝けっせき﹞の理由﹝りゆう﹞を明記する.
명기²(銘記)® 【心に深く刻みつけること】銘記﹝めいき﹞.
　명기-하다² ® 銘記﹝めいき﹞する｜銘﹝めい﹞じる. ⑳ 마음에 ~. 肝﹝きも﹞に銘じる.
명념(銘念)® ☞명심(銘心)
명단(名單)® 名簿﹝めいぼ﹞｜リスト. ⑳ 참가자 ~ 参加者﹝さんかしゃ﹞の名簿 / 수험자 ~을 작성하다. 受験者﹝じゅけんしゃ﹞の名簿を作成﹝さくせい﹞する.
명답¹(名答)® 名答﹝めいとう﹞.
명답²(明答)® 【はっきりとした答え】明答﹝めいとう﹞.
　명답-하다짜® 明答﹝めいとう﹞する｜はっきりと答﹝こた﹞える.
명도¹(明度)® 《미》明度﹝めいど﹞｜明﹝あか﹞るさの程度﹝ていど﹞. ⑳ ~가 높다. 明度が高﹝たか﹞い.
명도²(明渡)® 《법》【あけわたし】明﹝あ﹞け渡し.
　명도-하다® 明﹝あ﹞け渡﹝わた﹞す. ⑳ 토지를 ~. 土地﹝とち﹞を明け渡す.
명도³(冥途)® 《종》【冥途】冥途﹝めいど﹞. =명토
명란(明卵)® ❶明太子﹝めんたいこ﹞. ❷☞명란젓
명란-젓(明卵—)® 明太子﹝めんたいこ﹞の塩辛﹝しおから﹞｜たらこ. ⑳ ~ 두 덩어리면 밥 한 그릇을

비운다. 타라코가 二かたまりあれば、ご飯一杯食べられる。=명란❷

명랑-하다(明朗—) 톙 明朗だ ┃ 明らかだ ┃ 陽気だ. 예 명랑한 성격 明朗な性格だ.

　명랑-히 囝 明朗に.

명령(命令) 몡 命令. 예 공격 ~ 攻撃命令/ 피난 ~을 전달하다. 避難命令を伝達する. =명·영❶

　명령-하다 태 命令する. 예 출발을 ~. 出発を命令する.

명령-문(命令文) 몡 命令文.

명령-조(命令調) 몡 命令調. 예 ~로 말하지 마라. 命令調で言うな.

명령-형(命令形) 몡 《언》命令形.

명료-하다(明瞭—) 톙 明瞭だ. 예 간단명료하게 설명하다. 簡単で明瞭に説明する.

　명료-히 囝 明瞭に. 예 사건의 전모가 ~ 드러나다. 事件の全貌が明瞭になる.

명리(名利) 몡 名利 ┃ 名誉と利益.

명마(名馬) 몡 名馬.

명망(名望) 몡 名望. 예 ~이 높다. 名望が高い.

명망-가(名望家) 몡 名望家.

명맥(命脈) 몡 命脈. ~을 유지하다. 命脈を保つ. /~이 다하다. 命脈が尽きる.

명멸(明滅) 몡 明滅.

　명멸-하다 재 明滅する. 예 명멸하는 어화 明滅する漁り火.

명명(命名) 몡 命名. 예 ~서 命名書.

　명명-하다¹ 재 命名する. 예 태어난 아이에게 메구미라고 ~. 生まれた子に恵美と命名する.

명명-식(命名式) 몡 命名式.

명명-하다²(明明—) 톙 明々としている. ❶非常に明るい. ❷はっきりしていて疑わしいところがない.

명목¹(名目) 몡 名目. 예 ~뿐인 회장 名目だけの会長/ 출장비 ~으로 지급하다. 出張費の名目で支給する.

명목²(瞑目) 몡 瞑目.

　명목-하다 재 瞑目する.

명문¹(名文) 몡 名文. 예 셰익스피어의 ~을 암기하다. シェークスピアの名文を暗記する.

명문²(名門) 몡 名門. 예 ~ 대학 名門大学.

명문³(明文) 몡 明文.

명문-가(名門家) 몡 名門家의 家柄 ┃ 立派な家柄 ┃ 大家 ┃ 名家. 예 역시 ~의 자손이군. やはり名門の出だな.

명문-화(明文化) 몡 明文化.

명물(名物) 몡 名物. 예 나가사키의 ~ 카스텔라 長崎の名物カステラ.

명미-하다(明媚—) 톙 【산수·경치가】明媚だ.

명민-하다(明敏—) 톙 明敏だ. 예 명민한 두뇌를 가지다. 明敏な頭脳を持つ.

명반(明礬) 몡 《화》明礬. =백반(白礬)

명-배우(名俳優) 몡 名俳優.

명백-하다(明白—) 톙 明白だ ┃ 明らかだ. 예 명백한 사실 明白な事実/ 뭔가 문제가 있다는 것이 명백해졌다. 何か問題があるということが明らかになった.

　명백-히 囝 明白に ┃ 明らかに. 예 ~ 이야기하다. 明白に物語る.

명복(冥福) 몡 冥福. 예 ~을 빌다. 冥福を祈る.

명부(名簿) 몡 名簿 ┃ リスト.

명분(名分) 몡 名分. 예 대의~ 大義名分/ ~을 따르다. 名分に従う.

명사¹(名士) 몡 名士. 예 세계에 알려진 ~ 世界に知られた名士.

명사²(名詞) 몡 《언》名詞.

명-사수(名射手) 몡 名射手.

명사-형(名詞形) 몡 《언》名詞形.

명산¹(名山) 몡 名山. 예 ~의 정기를 받다. 名山の正気を受ける.

명산²(名産) 몡 名産. =명산물

명산-대천(名山大川) 몡 【산수·명승】名山と大河.

명-산물(名産物) 몡 名産物 ┃ 名産. =명산²(名産)

명-산지(名産地) 몡 名産地.

명상(瞑想) 몡 瞑想. 예 ~에 잠기다. 瞑想にふける. / 요가에서는 ~ 시간을 갖는다. ヨガでは瞑想時間を持つ.

　명상-하다 태 瞑想する.

명상-곡(瞑想曲) 몡 《음》瞑想曲.

명상-록(瞑想錄) 몡 瞑想録.

명색(名色) 몡 【남에게 붙이는】名目 ┃ 肩書き ┃ 資格 ┃ 名. 예 ~뿐인 실업 수당 申し訳ばかりの失業手当/ ~이 좋다. 見かけだけ立派だ.

명석-하다(明晳—) 톙 明晳だ. 예 두뇌가 ~. 頭脳が明晳だ.

명성(名聲) 몡 名声. 예 ~을 얻다. 名声を

得る。/ ~을 떨치다. 名声を博する。 =성명²

명세(明細)몡 明細。
명세-서(明細書)몡 明細書。 ⑩ 급여 ~ 給与の明細書。
명소(名所)몡 名所。 ⑩ 관광 ~ 観光名所。
명수¹(名手)몡 名手。 ⑩ 활의 ~ 弓の名手。
명수²(名數)몡 ❶人数；ひとかず。 ❷ [수] 名数。
명승¹(名勝)몡 ❶名勝。 ⑩ ~고적 名勝古跡。 ❷ ☞ 명승지
명승²(名僧)몡 名僧；高僧。
명승-지(名勝地)몡 名勝。=명승 ❷
명시¹(名詩)몡 名詩。 ⑩ ~ 낭독 名詩朗読。
명시²(明示)몡 明示。
　명시-하다目 明示する。 ⑩ 규칙을 ~. 規則を明示する。
명실(名實)몡 名実。
명실-공히(名實共-)튀 名実ともに。 ⑩ ~ 한국을 대표하는 작가 名実ともに韓国を代表する作家。
명실-상부(名實相符)몡 名実相伴うこと。
명심(銘心)몡 銘肝；銘記。=명념
　명심-하다目 肝に銘じる。 ⑩ 깊이 ~. 深く肝に銘じる。
명아주[식] 藜。 ⑩ ~ 줄기를 두 손으로 힘껏 잡아당기다. アカザの茎を両手で精一杯引っ張る。
명암(明暗)몡 明暗。 ⑩ ~이 분명하다. 明暗がはっきりしている。
명약(名藥)몡 名薬；良薬。
명약관화(明若觀火)몡【火を見るように明らかなこと。
　명약관화-하다혱 火を見るように明らかだ。 ⑩ 명약관화한 사실 火を見るように明らかな事実。
명언¹(名言)몡 名言。
명언²(明言)몡 明言；断言。
　명언-하다目 明言する；断言する。 ⑩ 나의 결심을 확실히 명언해 두다. 私の決心をはっきりと断言しておく。

명예(名譽)몡 名誉。 ⑩ ~ 교수 名誉教授。/ 회복 名誉回復； 名誉挽回。/ ~를 존중하다. 名誉を重んじる。/ ~를 더럽히다. 名誉をけがす。

명예-롭다(名譽-)혱 名誉ある；誉れある；栄えある。 ⑩ 수상을 명예로운 일로 생각하다. 受賞を名誉なことと思う。
　명예로이튀 名誉に。 ⑩ ~ 여기다. 名誉に思う。
명예-스럽다(名譽-)혱 名誉ある；誉れある；栄えある。
　명예스레튀 名誉に。
명예-심(名譽心)몡 名誉心。 ⑩ ~에 집착한 나머지 빚어진 비극 名誉心に執着したあまりの悲劇。
명예-욕(名譽慾)몡 名誉欲。
명예-직(名譽職)몡 名誉職。
명예-퇴직(名譽退職)몡 早期退職。
명예-혁명(名譽革命)몡 [역] 名誉革命。
명예 훼손(名譽毀損)《법》名誉毀損。
명왕-성(冥王星)몡 [천] 冥王星。
명월(明月)몡 名月。 ❶明るい月。 ❷陰暦の八月十五夜の月。
명의¹(名義)몡 名義。 ⑩ 자동차 ~ 변경 自動車の名義変更 / 공동 ~ 共同名義 / 법인 ~ 法人名義。
명의²(名醫)몡 名医。 ⑩ 위장 내과 ~ 胃腸内科の名医。
명의 개서(名義改書) ☞ 명의 변경
명의 변경(名義變更) 《법》名義変更。=명의개서
명인(名人)몡 名人；達人。
명인-방법(明認方法)몡 《법》明認方法。
명일(名日)몡 節日・祝祭日の通称。
명자-나무 《식》木瓜。 ⑩ ~ 꽃 피면 봄 온 줄 안다. ボケの花が咲けば、春が来たものと思う。
명작(名作)몡 名作。 ⑩ 불후의 ~ 영화 不朽の名作映画 / 세계 ~ 동화 世界名作童話。
명장¹(名匠)몡 名匠；名工。
명장²(名將)몡 名将。 ⑩ 해전의 ~ 海戦の名将。 ⑩ ~으로 불린 역사상 인물 名将と呼ばれた歴史上の人物。
명-장지(明障-)몡 《건》明かり障子。
명저(名著)몡 名著。 ⑩ 가와바타 야스나리의 ~로 '설국'을 들 수 있습니다. 川端康成の名著で、「雪国」を上げることができます。

명절(名節)[명] (伝統的な)祝日;節句。[예]이번 ~에 얼굴 좀 볼 수 있을까? 今度の祝日に顔が見られるかなあ。 =명절날

명절-날(名節—)[명] ☞명절

명제(命題)[명] 《논》命題;定理;問題。[예]~ 논리학 命題論理学/ 정언적 ~ 定言的命題/ 가언적 ~ 仮言的命題。

명조(明朝)[명] ❶《역》明朝。❷ ☞명조체

명조-체(明朝體)[명] 《출》明朝体。=명조

명주¹(明紬)[명] 絹織物の一つ;絹;紬。

명주²(銘酒)[명] 銘酒。[예]안동의 ~로 안동 소주가 있다. アンドンの銘酒で、アンドン焼酎がある。

명주-실(明紬—)[명] 絹糸。=주사

명-줄(命—)[명] ❶血統。❷[속되게이르는말]「命」の俗っぽい語。[예]~이 끊어지다. 命が絶える;死ぬ。/ ~이 짧다. 寿命が短い。

명중(命中)[명] 命中。

  명중-하다(命中—)[자] 命中する。

명중-률(命中率)[명] 命中率。

명중-탄(命中彈)[명] 命中弾。

명징-하다(明澄—)[형] 明澄だ。

명찰¹(名札)[명] 名札。

명찰²(名刹)[명] 名刹。

명찰³(明察)[명] 明察。
  명찰-하다(明察—)[타] 明察する。

명창(名唱)[명] 歌の名人。

명철-하다(明哲—)[형] 明哲だ。[예]명철한 이성 明哲な理性。

명치[명] 《의》みぞおち。

명치-끝[명] みぞおちの下の部分。

명칭(名稱)[명] 名称。[예]정식 ~ 正式名称/ ~ 변경 名称の変更。

명쾌-하다(明快—)[형] 明快だ。[예]명쾌한 대답 明快な答え/ 단순 ~. 単純明快だ。

명태(明太)[명] 《동》介党鱈;明太魚。[예] ~를 말린 것이 북어다. スケトウダラを干したのが干しスケトウダラだ。

명토(冥土)[명] 《종》冥土。=명도(冥途)

명판(名判)[명] ❶名判決。❷名裁判官。

명패(名牌)[명] ❶名前や職名を記す細長い三角の札。❷名札。❸ ☞문패

명품(名品)[명] 名品。

명필(名筆)[명] 名筆。

명-하다(命—)[타] ☞'명'의 부표제어.

명함(名銜)[명] ❶名刺。[예] ~ 지갑 名刺入れ/ ~을 주고받다. 名刺を交換する。❷[자기의이름을낮추어] お名前さま。

명함-판(名銜判)[명] 名刺判。

명화¹(名花)[명] 名花。❶名高い花。❷[미인을 이르는 말]美女。

명화²(名畵)[명] 名画。[예] ~ 감상 名画鑑賞/ 오래된 ~를 방영하다. 古い名画を放映する。

명확-하다(明確—)[형] 明確だ;明らかだ。[예]명확한 날짜 明確な日付/ 자신의 입장을 명확하게 말하다. 自分の立場を明らかに言う。
  명확-히(明確—)[부] 明確に;明らかに。[예]내용을 ~ 하다. 内容を明確にする。

몇[수관] ❶[의문을 나타내는 말]何;幾;どのくらい。[예]나이는 ~ 살입니까? 歳は幾つですか。/ 형제는 ~ 명입니까? 何人兄弟ですか。❷[부정수를 나타내는 말]何;幾;どのくらい。[예]오늘 파티에는 ~ 명 정도 올까? 今日のパーティーにはどのくらいの人が来るだろうか。❸[많지는 않지만 어느 정도의 수]数人。[예]아이들 ~이 더 와서 음식이 부족했다. 子供たち数人がまた来て、食べ物が足りなかった。

모¹[명] 《농》苗;苗木。[예] ~를 심다. 田植えをする;苗木を植える。

모²[명] 《민》❶4本のユッ(윷)が全部表側になった時のこと。[예] ~가 나오다. モ(모)が出る。/ ~로 다섯 자리 전진하다. モで5こま前進する。

모³[명] ❶性格のとげとげしい部分;角。[예] ~가 없는 성격 とげのない性格。❷[사람이나 사물을 보는 측면]側面;角度。[예]어느 ~로 보나 내가 적임자다. どの角度から見ても私が責任者だ。❸[두부나 묵 같은 것을 세는 단위]丁。[예]두부 한 ~ 豆腐一丁。

모⁴(母)[명] 母。

모⁵(某) Ⅰ[명] 某。[예]이 ~의 회사 李某の会社。Ⅱ[관] 某;ある。[예] ~ 음식점 某飲食店。

모가지 [비속어로] 「首」の俗っぽい語。❶頚部。❷解雇;免職。[예] ~가 잘리다. 首になる。/ 오늘부로 ~다. 今日限り首だ。

모가치[명] 分け前;取り分。

모감주[명] もくげんじの実。

모감주-나무 명 《식》もくげんじ。

모갯-돈 명 まとまったお金。 예 푼돈 모아 ~을 만들다. はした金で、かなりまとまった金をためる。

모-걸음 명 横歩き。 예 ~으로 걷다. 横歩きで歩く。

모걸음-질 명 横歩きすること；横ばい。 예 ~ 치다. 横ばいをする。

모계(母系) 명 母系。 예 ~ 가족 母系家族。

모계 사회(母系社會) 《사》母系社会。

모계 제도(母系制度) 《사》母系制度。

모과(←木瓜) 명 《식》かりんの実。 예 ~차 カリンの実の茶。

모과-나무(←木瓜一) 명 《식》かりん。
모과나무 심사(心思) 관용 とても意地悪な心。 예 영락없는 모과나무 심사다. 間違いなく意地悪な心だ。

모교(母校) 명 母校。

모국(母國) 명 母国；祖国。 예 ~ 방문 母国訪問。

모국-애(母國愛) 명 母国愛。

모국-어(母國語) 명 母国語。 =모어

모군(募軍) 명 ❶ ☞모군꾼 ❷軍人などの募集；募兵。

모군-꾼(募軍—) 명 肉体労働者；日雇い労働者。 예 오늘도 일을 찾고 있는 ~ 今日も仕事を探しの肉体労働者。 =모군❶

모굴(mogul) 명 《운》モーグルスキー。

모권(母權) 명 母権。 예 ~ 사회 母権社会。

모근(毛根) 명 《의》毛根。 예 ~을 굵게 만들어 탈모를 막다. 毛根を太くして抜け毛を防ぐ。

모금¹ 의 一飲み；一口；一服。 예 한 ~의 물 一口の水／담배를 한 ~ 빨다. タバコを一服吸う。

모금(募金) 명 募金。 예 가두 ~ 街頭募金／공동 ~ 共同募金。

모기 명 《동》蚊。 예 ~에 물리다. 蚊にくわれる；蚊にかまれる。／가을 ~가 극성이다. 秋の蚊がすさまじい。
모기 보고 칼 빼기[뽑기] 속담 蚊を見て剣を抜く：「ささいなことに度を越して怒ること」の意。

모-기둥 명 《건·수》四角形の柱；角柱。 예 ~을 세울까, 두리기둥을 세울까? 角柱にしようか、円柱にしようか。

모기-발순(一發巡) 명【벌레가 때를 지어 떼를 벌레지나 날아다님】暗くなり始まる頃、蚊柱が立つこと。 예 저녁이 되자 슬슬 ~이 시작됐다. 夕方になり蚊柱が立ちはじめた。

모기-장(一帳) 명 蚊帳。 예 ~을 치고 자다. 蚊帳を吊って寝る。

모기-향(一香) 명 蚊取り線香。 예 ~을 피우다. 蚊取り線香を焚く。

모깃-불 명 蚊やり火。 예 ~을 피우다. 蚊やり火を焚く。

모-나다 자 ❶【모서리】(性格·性質などが)円満でない；角が立つ。 예 모난 말투 角が立つ言い方。 ❷人目を引く；目立つ。 예 모나지 않게 조용히 앉다. 目立たないように静かに座る。 ❸【요긴】有用だ。 예 적은 돈이라도 모나게 쓰다. いくらかのお金でも有用に使う。

모나리자(Mona Lisa) 명 《미》モナリザ。

모나코(Monaco) 명 《국》モナコ。

모내-기 명 《농》田植え。=모심기·이앙
모내기-하다 자 田植えをする。

모-내다 자 《농》田植えをする。

모녀(母女) 명 母と娘。

모년(某年) 명 某年。 예 ~ 모월 모시 某年某月某日某時。

모노드라마(monodrama) 명 《연》モノドラマ。

모노레일(monorail) 명 モノレール；単軌鉄道。

모노-크롬(monochrome) 명 《연》(写真·映画などで)モノクローム。

모노타이프(monotype) 명 モノタイプ。

모노-톤(monotone) 명 《미》モノトーン。 예 ~으로 입은 옷 モノトーンで着た服。

모놀로그(monologue) 명 《연》モノローグ。=독백❷

모눈-종이 명 《수》方眼紙。 =방안지

모니터(monitor) 명 モニター。

모니터링(monitoring) 명 モニタリング。

모다깃-매 명 袋叩き。 =몰매

모닥-불 명 焚き火。 예 ~을 쬐다. 焚き火にあたる。／~을 피우다. 焚き火をする。／~에 둘러앉아 이야기를 나누다. 焚き火を囲んで語り合う。

모더니즘(modernism) 명 《예》モダニズム；近代主義；現代主義。

모던(modern) 명 モダン。

모던 발레(modern ballet) 《예》モダンバレエ。

모데라토(moderato 이)몡 《음》【점점 느리게】モデラート.

모델(model)몡 モデル. ❶【모형】몐 패션~ ファッションモデル. ❷【본보기】몐 이번 건을 ~로 삼아 새로운 계획을 세우기로 하자. 今回의 件をモデルにして、新しい計画を立てることにしよう.

모뎀(modem)몡 《컴》モデム.

모독(冒瀆)몡 冒瀆.

　모독-하다㉺ 冒瀆する. 몐 신을 ~. 神を冒瀆する.

모두뷔 みんな｜全部｜すべて. 몐 ~가 찬성했다. みんなが賛成した. / ~ 써 버리다. 全部使ってしまう. / 그의 작품은 ~ 읽었다. 彼の作品はみんな読んだ. / 문제가 ~ 해결되었다. 問題はすべて解決された.

모두-거리몡 (倒れたり跳んだりするときに)両足をそろえている状態. 몐 장애물을 ~로 뛰어넘다. 障害物を、両足をそろえて飛び越える.

모두-걸기몡 《운》【씨름】燕返し.

모두-뜀몡 両足をそろえて跳ぶこと.

모두-먹기몡 銭打ちで勝った人が、その場の金を全部取ること.

모-두부(一豆腐)몡 四角の豆腐.

모둠-발몡 両足をそろえること. 몐 ~로 상대의 앞가슴을 공격하다. 両足をそろえた姿で相手の胸を攻撃する.

모드(mode)몡 モード. 몐 새로운 ~ ニューモード.

모든관 すべての｜あらゆる｜ありとあらゆる. 몐 ~ 수단을 다하다. あらゆる手段を尽くす. / ~ 길은 로마로 통한다. すべての道はローマに通ずる.

모들-뜨기몡【모들뜨는 사람】寄り目の人.

모들-뜨다㉺ 寄り目にする. 몐 눈을 ~. 目を寄り目にする.

모라토리엄(moratorium)몡 《경》モラトリアム｜支払い猶予.

모락-모락뷔 ❶【점점 자라는 모양】すくすくと｜ぐんぐんと. ❷【연기나 냄새 따위가 피어오르는 모양】もくもくと｜ゆらゆらと. 몐 ~ 연기를 내뿜다. もくもくと煙をはく.

모란(牡丹)몡 《식》牡丹.

모란-꽃(牡丹一)몡 《식》ボタンの花. 몐 ~으로 꽃꽂이를 하다. ボタンの花で生け花をする.

모래몡 砂. 몐 ~ 강변 砂の河原. / ~ 장난에 날 저무는 줄 모른다. 砂遊びに日が暮れるのも知らない.

　모래 위에 쌓은 성[속담] 砂上の楼閣.

모래-땅몡 砂の土｜砂地.

모래-무지몡【동】砂潜熱. ｜かまつか.

모래-밭몡 砂の野原.

모래-사막(一沙漠)몡 砂砂漠.

모래-사장(一沙場)몡 砂原｜砂浜. 몐 아이들이 ~에서 놀고 있다. 子供たちが砂浜で遊んでいる. =모래톱

모래-자갈몡【건】豆粒ぐらいの小石の砂利. 몐 ~ 위를 걷다. 小石の砂利の上を歩く.

모래-주머니몡 砂袋. ❶砂を入れた袋. ❷【동】砂囊.

모래-집몡《의》羊膜. =양막

모래-찜질몡 (太陽熱による)砂湯.

모래-톱몡 砂原｜砂浜. =모래사장

모래-판몡 砂場｜砂地. 몐 아이가 ~에서 놀다. 子供が砂場で遊ぶ.

모래-펄몡 砂に覆われた河原.

모래-흙몡 砂土｜砂の割合の多い土壤.

모략(謀略)몡 謀略｜策略. 몐 중상 ~ 中傷謀略/ 적의 ~에 걸리다. 敵の謀略にかかる.

　모략-하다㉺ 謀略する.

모레몡 あさって｜明後日. 몐 졸업식이 ~로 다가왔다. 卒業式があさってに迫った.

모레인(moraine)몡 モレーン｜氷堆石.

모렌도(morendo 이)몡 《음》【점점 약하게】モレンド.

모로뷔 ❶斜めに｜はすかいに. 몐 ~ 자르다. 斜めに切る. / ~ 쳐다보다. 斜めに見つめる. ❷横に｜横向きに. 몐 ~ 눕다. 横になる.

모로코(Morocco)몡 《국》モロッコ.

모롱이몡 山の曲がり角.

모루몡《공》【대장간에서 달군 쇠를 올려놓고 두들길 때 받침으로 쓰는 쇳덩이】金敷｜鉄床｜アンビル.

모루-채몡《공》【쇠를 불리어 모루 위에 얹어 놓고 두드릴 때 쓰는 쇠메】鉄の鍛練に使う金槌.

모르다㉺ ❶(人이·事実을·方法 따위를)知らない｜分からない. 몐 전혀 모르는 사람들만 왔다. 全く知らない人達だけが来た. / 뚜껑을 여는 방법을 모른다. 蓋を開ける方法がわからない. ❷記憶がない｜覚えがない. 몐 아무리 생각해 내려 해도 모르겠다. いくら思い出そう

としても覚えがない。❸悟らない｜気づかない｜感づかない。예 아직도 그는 자신의 잘못을 모른다. まだ彼れは自分の誤ちに気づかない。❹理解できない｜分からない。예 설명을 다시 들어도 모르겠다. 説明をもう一度聞いても分からない。❺経験がない｜知らない。예 고생을 모르고 살다. 苦労を知らずに暮らす。❻関係がない｜知らない。예 일이 어떻게 되든 나는 모르는 일이다. 事がどうなろうと, 私は知らない。❼【추측을 나타내는 말】かもしれない。예 그가 집에 돌아왔을지도 모른다. 彼が家れ帰ってきているかもしれない。❽【의문사 어떤 뜻으로 쓰이】(どんなに)か分からない。예 시험에 합격해서 얼마나 기쁜지 모른다. 試験に合格して, どんなに嬉しいか分からない。❾【부지중을 나타내】知らない。예 나도 모르는 사이에 그를 좋아하게 되었다. 自分も知らないうちに彼のことが好きになった。

모르면 몰라도 [관용] おそらく｜多分に｜十中八九。예 ~ 오지 않을 것이다. おそらく来ないだろう。

모르모트(← marmotte 프) 명 《가니비그행 인 상체으로 이름 배》 モルモット。

모르-쇠 명 知らんぷり。예 대답하기 곤란할 때는 ~가 제일이다. 答えるのが困難な時は知らんぷりが一番だ。

모르타르(mortar) 명 《건》 モルタル。

모르핀(morphine) 명 《약》 モルヒネ｜モルフィン。예 ~ 주사 モルフィン注射 / ~ 중독 モルヒネ中毒。

모른 체 知らんぷり｜知らん顔｜素知らぬ顔。예 ~ 외면하지 마시고 알려 주세요. 知らん顔しないで教えてください。

모름지기 무 すべからく｜当然｜なすべきこととして。예 학생은 ~ 공부해야 한다. 学生はすべからく勉強すべし。

모리(謀利) 不正な利益を得ようとたくらむこと。

모리-하다자 不正な利益を得ようとたくらむ。

모리-배(謀利輩) 명 不正な利益を得ようとたくらむ輩。

모리셔스(Mauritius) 명 《국》 モーリシャス。

모리타니아(Mauritania) 명 《국》 モーリタニア。

모멘트(moment) 명 モーメント。

모면(謀免) 명 (仕事と・責任などから) 免れ・ぬかれること｜抜け出すこと。

모면-하다타 免れる｜抜け出す。예 책임을 ~. 責任を免れる。 / 위기를 ~. 危機を免れる。

모멸(侮蔑) 명 侮蔑｜軽蔑。

모멸-감(侮蔑感) 명 侮蔑感。예 ~을 느끼게 하는 표현 侮蔑感を感じさせる表現。

모모(某某) 명 某々｜だれそれ｜なにがし。예 ~ 대학의 면접을 보다. 某々大学の面接を受ける。 / 모씨와 같은 부서의 ~씨가 출마하신다고 同じ部署の某々さんが出馬すると。

모모-이 튀 ❶角ごとに。❷あれこれ｜いろいろと。

모모-한(某某─) 관 名のある｜有力な｜これという。예 ~ 사람들은 다 모이다. 知名の士は全部集まる。

모밀 명 ☞'메밀'의 잘못.

모바일(mobile) 명 モバイル。

모반(謀反) 명 謀反。예 ~을 일으키다. 謀反を起こす。

모반-하다자 謀反する。

모반-자(謀反者) 명 謀反人。

모발(毛髮) 명 毛髪｜髪の毛。

모방(模倣) 명 模倣｜まね。예 그것은 단순한 ~에 지나지 않는다. それは単純な模倣にすぎない。

모방-하다타 模倣する｜まねする。예 생활 양식을 ~. 生活様式を模倣する。 / 남의 것을 ~. 他人のものをまねる。

모범(模範) 명 模範｜手本。예 ~ 해답 模範解答 / ~을 보이다. 模範を示す。 / 하급생의 ~이 되다. 下級生の模範となる。

모범-생(模範生) 명 模範生。

모범-적(模範的) 관 模範的。예 ~인 학생 模範的な学生 / ~인 답안 模範的な答案。

모병(募兵) 명 募兵。예 ~에 응하다. 募兵に応じる。

모병-하다 募兵する。

모빌(mobile) 명 《미》 モビール。

모사(模寫) 명 模写｜コピー。

모사-하다타 模写する。예 명화를 ~. 名画を模写する。

모사(謀士) 명 【책략을 잘 꾸미는 사람】 謀士｜策士。

모사-본(模寫本) 명 模写本。

모살(謀殺) 명 謀殺。

모살-하다 🖽 謀殺する。

모상(母喪) 몡 【母の喪】母の喪。母の死。

모색(摸索) 몡 模索。예 암중~ 暗中模索。

　모색-하다 🖽 模索する。예 최선의 길을 ~. 最善の道を模索する。

모색²(暮色) 몡 暮色。예 ~창연 暮色蒼然。

모서리 몡 角。예 책상 ~에 부딪치다. 机の角にぶつかる。

모선¹(母船) 몡 母船。예 포경~ 捕鯨母船。

모선²(母線) 몡 《수》母線。

모성(母性) 몡 母性。예 ~ 본능 母性本能 / ~ 보호법 母性保護法。

모성-애(母性愛) 몡 母性愛。

모세-관(毛細管) 몡 《의》毛細管 | 毛細血管。=모세 혈관

모세관 현상(毛細管現象) 《물》毛細管現象 | 毛管現象。예 식물의 뿌리에는 ~이 일어난다. 植物の根には毛細管現象が起きる。

모-세포(母細胞) 몡 《생》母細胞。

모세 혈관(毛細血管) 《의》毛細血管。=모세관

모션(motion) 몡 モーション。예 슬로 ~ スローモーション。

모소(mosso 이) 뗌 モッソ。

모순(矛盾) 몡 矛盾。예 개념 矛盾概念 / ~당착 矛盾撞着 / 투성이의 변명 矛盾だらけの言い訳。

　모순-되다 🖂 矛盾する。예 앞뒤가 모순된 의견 前後が矛盾した意見。

모스 부호(Morse符號) 《통》モールス符号。

모스크(mosque) 몡 《종》モスク。

모습 몡 ❶【姿‧面影】姿 | 面影 | 容貌。예 품위 있는 ~ 上品な姿 / 어릴적 ~ 幼時の面影 / ~을 나타내다. 姿を現わす。 / ~을 감추다. 姿をくらます。 / 그녀의 ~이 어른거리다. 彼女の面影がちらつく。 ❷【ようす‧格好】ようす | ありさま | 格好。예 세상의 ~ 世のありさま / 초라한 ~으로 돌아오다. みすぼらしいようすで帰ってくる。

모시 몡 ❶【식】苧麻。=저포 ❷ ☞모시풀

모시(某時) 몡 某時。예 모일 ~ 某日某時。

모시다 🖽 ❶【目上の人や尊敬する人に仕えること】(目上の人や尊敬する人に)仕える | お世話する。

예 시부모를 모시고 살다. 義理の両親に仕えて暮らす。 ❷【お連れする】お供する | お連れする。예 부모님을 모시고 여행을 가다. 両親をお連れして旅行に行く。 ❸【神‧祖先などを祭る | 挙げる | 安置する】(神‧祖先などを)祭る | 挙げる | 安置する。예 할아버지 제사를 ~. 祖父の祭祀を挙げる。 / 불단에 위패를 ~. 仏壇に位牌を安置する。 ❹【押し頂く‧推戴する】押し頂く | 推戴する。예 병원의 원장으로 ~. 病院の院長に推戴する。

모시-조개 몡 《동》あさり。

모시-풀 몡 《식》苧麻。=모시❷

모-심기 몡 田植え | 植え付け。=모내기

모-심다 🖽 田植えをする。=모내다

모씨(某氏) 몡 某氏。なにがし。

모아 서기 (운) 【결부立ち】結び立ち。

모암(母巖) 몡 【岩石の기초 지반】母岩。

모양(模樣) 몡 ❶【모습‧무늬】模様 | 樣子 | 格好 | 形。예 꽃 ‧ 접시 花の形の皿 / 여러 ~의 원피스 いろんな模様のワンピース。 ❷【겉모양】外見のおしゃれ | 格好。예 ~을 부리다. 格好をつける。 / 거울을 보면서 ~을 내다. 鏡を見ながらおしゃれする。 ❸【형편】(物事の)成り行き | 有り様 | 事情 | 様子。예 인간이 살아가는 ~은 가지각색이다. 人間の生きていく様子は様々だ。 / 일이 되어 가는 ~을 본 바로는 곧 끝날 것 같다. 事の成り行きを見たところでは、すぐ終わるだろう。 ❹【체면】(人前に立てる)顔 | 体面 | 面目。예 그 녀석 때문에 내 ~이 말이 아니다. あいつのせいで俺の面目はつぶれた。 ❺【같다를 나타내어】—のようだ。예 아이를 혼내는 ~으로 눈을 흘겼다. 子どもを叱るように横目でにらみつけた。

Ⅱ 의 —のようだ | —らしい。예 어제 그녀에게 무슨 일인가 있었던 ~이다. 昨日彼女に何かあったらしい。

　모양(이) 아니다 관용 【ぶざまだ‧不格好だ】ぶざまだ | 不格好だ | みっともない。

모양-새(模樣—) 몡 ❶ 形 | 格好。 ❷ 【체면】体面。예 ~를 유지하다. 体面を保つ。

모어(母語) 몡 母語。=모국어

모여-들다 🖂 集まる | 集まって来る。예 반액 세일이 시작하자마자 사람들이 모여들었다. 半額セールが始まったとたん、人々が集まって来た。

모역(謀逆)[명] 謀逆をはかること。

모욕(侮辱)[명] 侮辱。例 ~을 주다. 侮辱を加える。/ ~을 받다. 侮辱を受ける。
　모욕-하다[타] 侮辱する。例 다른 사람을 ~. 他人を侮辱する。

모욕-감(侮辱感)[명] 侮辱感。例 ~을 주는 표현 侮辱感を与える表現 / ~을 느끼게 하다. 侮辱感を感じさせる。

모욕-적(侮辱的)[관][명] 侮辱的。

모욕-죄(侮辱罪)[명] 〈法〉侮辱罪。

모월(某月)[명] 某月。例 ~ 모일 某月某日。

모유(母乳)[명] 母乳。例 ~로 키우다. 母乳で育てる。

모으다[타] ❶【集】(一カ所に)寄せ集める｜集める｜ためる。 쓰레기를 쓸어 ~. ごみを掃いて一カ所に集める。/ 학생을 운동장에 ~. 学生を運動場に集める。/ 두 손을 ~. 両手を揃える。/ 두 발을 ~. 両足をそろえる。/ 발을 한 곳에 모아라. 足を一カ所に揃える。/ 두 눈을 가운데로 ~. 両目をまん中に寄せる。 ❷【募集】募る｜募集する｜招く。例 회원을 ~. 会員を募集する。 ❸【集中】集中させる｜集める。例 청중의 관심을 ~. 聴衆の関心を集める。/ 모두의 의견을 ~. 皆の意見を集める。 ❹【貯】ためる｜積む｜たくわえる。例 아이의 학비를 ~. 子供の学資をたくわえる。/ 약간의 목돈을 ~. 小金をためる。 ❺【収集】収集する｜集める。例 우표를 ~. 切手を収集する。/ 피규어를 모으는 것이 나의 취미다. フィギュアを集めるのが私の趣味だ。

모음(母音)[명] 〈言〉母音。＝홀소리

모음-곡(-曲)[명] 〈音〉組曲。

모음-동화(母音同化)[명] 〈言〉母音同化。

모음 악보(-樂譜)[명] 〈音〉総譜｜スコア。

모음-조화(母音調和)[명] 〈言〉母音調和。

모의¹(模擬)[명] 模擬。例 ~재판 模擬裁判。

모의²(謀議)[명] 謀議。例 공동 ~ 共同謀議 / ~에 가담하다. 謀議に加わる。
　모의-하다[타] 謀議する。

모의-고사(模擬考査)[명] ⇨모의시험

모의-시험(模擬試験)[명] 模擬試験｜模試。＝모의고사

모의-장이(毛衣-)[명] 毛がついたままの動物の服をつくる職人。

모이[명] えさ｜え｜飼料。例 ~를 주다. えさをやる。

모이다[자]【集】❶集まる｜集合する。例 집회에는 3000명이 모였다. 集会には3000人が集まった。 ❷【貯】溜まる｜貯まる。例 일정액의 돈이 모이면 세탁기를 살 예정이다. 一定額のお金が貯まったら、洗濯機を買うつもりだ。

모이-통(-桶)[명] えさ桶。

모인(某人)[명] 某氏｜ある人｜だれがし｜なにがし。

모일(某日)[명] 某日。例 모월 ~ 某月某日。

모임[명] 集まり｜集い｜会合｜会合。例 유아를 둔 어머니의 ~ 幼児を持つ母親の集まり / ~을 열다. 会を開く。

모자¹(母子)[명] 母子。例 ~ 수첩 母子手帳 / ~ 가정 母子家庭。

모자²(帽子)[명] 帽子。例 ~걸이 帽子掛け / 학생 ~ 学生帽 / 밀짚 ~ 麦わら帽子 / ~를 쓰다. 帽子をかぶる。/ 실내에서는 ~를 벗어라. 室内では帽子を脱ぎなさい。

모자-간(母子間)[명] 母는と子との間。

모자라다[자] ❶【不足】満たない｜足りない｜不足だ。例 돈이 ~. お金が足りない。/ 일손이 ~. 人手が足りない。 ❷【愚】頭の働きが悪い｜足りない。例 약간 모자란 사람 少し足りない人。

모자 보건(母子保健)[명] 〈医〉母子保険。

모자이크(mosaic)[명] 〈미〉モザイク。

모작(模作)[명] 模作する。
　모작-하다[타] 模作する。例 모작한 작품 模作した作品。

모잠비크(Mozambique)[명] 《国》モザンビーク。

모-잡이[명] (田植えで)苗を植え付ける人。

모조(模造)[명] 模造。
　모조-하다[타] 模造する。

모조리 すっかり｜全部｜すべて｜ことごとく｜皆。例 ~ 먹어 버리다. すっかり食べてしまう。/ 수신 메일이 ~ 없어지다. 受信メールが全部消えてしまう。

모조-지(模造紙)[명] 模造紙。

모조-품(模造品)圏 模造品。
모종¹(一種)圏 (稲の苗以外の)苗木。苗木。 예 토마토의 ~. トマトの苗。
　모종-하다囲 苗木を移植する。
모종²(某種)圏 ある種類。ある種。 예 ~의 시간 ある種の時間。
모종-비圏 苗木の移植時期にちょうどよく降る雨。
모종-삽圏 移植鏝。
모종-판(一種板)圏 苗床。
모주-꾼圏 ☞모주망태
모주-망태 【술을 늘 아주 많이 마시는 사람】 のんだくれ。のんべえ。大酒飲み。 예 그 인간 ~야. そいつは大酒飲みだ。=모주꾼
모-지다囫 ❶(形状が)角張っている。 예 모진 얼굴 四角な顔。 ❷(言動・性格などが)角立っている。とげとげしい。 예 저 선생님은 모진 성격 때문인지 학생들에게 인기가 없다. あの先生はとげとげしした性格のせいか、学生たちに人気がない。
모지라-지다困 【물건의 끝이 닳아서 없어지다】 (物の先が)すり減る。 예 끝이 모지라진 붓 穂先がすり減った筆。
모지락-스럽다囫 荒々しく残酷だ。
모지랑-붓圏 先がすり減ってにぶくなった筆。
모지랑-비圏 禿びた箒。
모지랑이圏 長い間使って、先のすり減ったもの。
모직(毛織)圏 毛織り。
모직-물(毛織物)圏 毛織物。毛織り。ウール。
모질다囫 ❶【성격이】(性格が)むごい。残酷だ。ひどい。 예 모진 마음이 모진 사람 心ずのむごい人。 ❷【견디어 내는 힘이 강하다】 根気強い。我慢強い。 예 모진 목숨 死にきれず生き長らえている命；死にぞこない；くたばりぞこない。/고난을 모질게 이겨 내다. 苦難を我慢強く耐えて勝ち抜く。 ❸【정도가】(程度が)激しい。きつい。甚だしい。 예 모진 바람 激しく吹きまくる風；暴風/모진 박대를 견디다. きつい冷遇に耐える。/모진 형벌을 받다. 残酷な刑罰を受ける。
모집(募集)圏 募集。 예 ~ 광고 募集広告/~에 응하다. 募集に応じる。
　모집-하다囲 募集する。 예 학생을 ~. 生徒を募集する。

모짝罰 【남김없이】 一斉に。すっかり。全部に。
모짝-모짝罰 次々つぎと。順々に。 예 ~ 고구마를 파기 시작했다. 次々とさつま芋を抜かき始めた。/호박을 ~ 갉아먹다. かぼちゃを順々にかじって食う。
모쪼록罰 なにとぞ。どうか。ぜひとも。何分。 예 ~ 잘 부탁합니다. なにとぞよろしくお願い致します。
모착-하다囫 【키가 작으면서 옆으로 딱 바라져 있다】 短くてずんぐりしている。
모처(某處)圏 某所。 예 시내 ~에서 만날 약속을 했다. 市内某所で会う約束をした。
모-처럼罰 ❶【벼르고 별러서】 せっかく。わざわざ。 ❷【오래간만에】 久しぶりに。久々に。
모체(母體)圏 母体。 ❶【어머니의 몸】 예 ~의 건강을 해치다. 母体の健康を害する。 ❷【갈려 나온 바탕이 되는 물체】 예 새로운 경영 ~를 찾다. 新たな経営母体を探る。
모친(母親)圏 【어머니를 정중히 이르는 말】 母上。母親。お母様。
모친-상(母親喪)圏 母の喪。母の死。=모상
모카-커피(Mocha coffee)圏 モカコーヒー。
모태(母胎)圏 母胎。 ❶【어머니의 태내】 예 화상으로 ~의 상태를 확인할 수 있다. 画像で母胎のようすが確認できる。 ❷【갈려 나온 바탕이 된 토대】 예 종교 법인을 ~로 하는 단체 宗教法人を母胎とする団体。
모터(motor)圏 モーター。
모텔(motel)圏 モーテル。
모토(motto)圏 モットー。 예 개성 존중을 ~로 하다. 個性尊重をモットーにする。
모퉁이圏 角。曲がり角。隅。 예 길 ~ 街角；曲がり角/~ 가게 角の店/~를 돌아서 가다. 角を曲がって行く。
모티브(motive)圏 ☞모티프
모티프(motif 프)圏《예》モチーフ。=모티브
모-판(一板)圏《농》❶苗代。❷苗床。
모포(毛布)圏 毛布。
모표(帽標)圏 【모자에 붙이는 일정한 표】 帽章。
모피(毛皮)圏 毛皮。 예 ~ 코트 毛皮コート。
모필(毛筆)圏 毛筆。筆。
모함¹(母艦)圏《군》母艦。 예 항공~ 航空母艦。

모함²(謀陷)명 謀略ぼうりゃく｜罠わな。 예~의 전모를 밝히다. 謀略の全貌ぜんぼうを明あかす。
　모함-하다타 謀略ぼうりゃくする。

모해(謀害)명 謀略ぼうりゃくして害がいすること。
　모해-하다타 謀略ぼうりゃくして害がいする。

모험(冒險)명 冒険ぼうけん。 예~을 무릅쓰다. 冒険を冒おかす。
　모험-하다자 冒険ぼうけんする。

모험-가(冒險家)명 冒険家ぼうけんか。

모험-담(冒險談)명 冒険談ぼうけんだん。

모험-소설(冒險小說)명 《文》冒険ぼうけん小説しょうせつ。

모험-심(冒險心)명 冒険心ぼうけんしん。 예~을 일으키는 신비한 장소다. 冒険心をくすぐるような神秘しんぴ的な場所ばしょだ。

모험-주의(冒險主義)명 冒険主義ぼうけんしゅぎ。

모형(模型)명 模型もけい。 예~ 비행기 模型飛行機ひこうき／주택 ~ 住宅じゅうたくの模型。

모형-도(模型圖)명 模型図もけいず。

모호-하다(模糊—)형 曖昧あいまいだ｜模糊もことしている。예태도가~.態度たいどが曖昧だ。

모-회사(母會社)명 《경》親会社おやがいしゃ。 =지배회사

목¹명 ❶[身体]首くび。예~이 길다. 首が長ながい。／~을 흔들다. 首を振ふる。❷[喉] 喉のど。예~이 마르다. 喉が渇かわく。／~이 아프다. 喉が痛いたい。／감기에 걸려 ~이 쉬다. 風邪かぜを引ひいて喉がかれる。／너무나 슬퍼 ~이 메다. あまりに悲かなしくて喉がつまる。❸[声] 声こえ。예~을 가다듬고 노래를 부르다. 声を整ととのえて歌うたを歌う。／소리를 마구 질러 ~이 쉬다. 声を張はり上あげて喉がかすれる。❹[手首·足首などの部分] 首くび。예 발~ 足首あしくび／손~ 手首てくび／병~ 瓶びんの首。❺[要所] 要所ようしょ。예 범인을 잡기 위해 ~을 지키고 있었다. 犯人はんにんを捕つかまえるために要所を守まもっていた。❻[職·命] 職しょく｜首くび｜命いのち。예 회사에서 ~이 잘렸다. 会社かいしゃから首になった。

　목이 빠지게 기다리다관용 首を長ながくして待まつ。예 어머니가 집 앞에서 아들을 목이 빠지게 기다리다. お母かあさんが家いえの前まえで首を長くして息子むすこを待つ。

목²(木)명 [曜日]木もく｜木曜日もくようび。

목³(木)명 《口》[綿布]木もく。

목-가(牧歌)명 《文》牧歌ぼっか。

목가-적(牧歌的)관형 牧歌的ぼっかてき。 예~인 풍경 牧歌的な風景ふうけい／~인 생활 牧歌的な暮くらし。

목각(木刻)명 ❶ 木彫きぼり。예~ 불상 木彫りの仏像ぶつぞう。❷ 《口》木彫画きぼりが。 =목각화 ❸ 木彫活字きぼりかつじ。 =목각 활자
　목각-하다타 木彫きぼりする。

목각-화(木刻畵)명 《口》木彫画きぼりが。

목각 활자(木刻活字)(출) 木刻活字もっかつかつじ。

목간(沐間)명 風呂場ふろば。=목욕간

목간-통(沐間桶)명 湯船ゆぶね｜浴槽よくそう｜風呂桶ふろおけ。

목-걸이명 首飾くびかざり｜ネックレス。예 금~ 金きんの首飾り／~를 하다. ネックレスをする。／~를 선물하다. ネックレスをプレゼントする。

목검(木劍)명 《운》木剣ぼっけん｜木刀ぼくとう。

목격(目擊)명 目撃もくげき。예 현장 ~ 現場げんば目撃。=목도³
　목격-하다타 目撃もくげきする。예 범행을 ~. 犯行はんこうを目撃する。

목격-담(目擊談)명 目撃談もくげきだん。

목격-자(目擊者)명 目撃者もくげきしゃ。

목공(木工)명 ❶ 木きで道具どうぐ・器具きぐをつくること。 =목공예 ❷大工だいく。 =목수

목공-소(木工所)명 木工所もっこうしょ。

목공-품(木工品)명 木工品もっこうひん。

목관(木棺)명 木棺もっかん｜木製もくせいの棺ひつぎ。

목관 악기(木管樂器)《음》木管楽器もっかんがっき。

목곧-이명 【억지가 세어서 남에게 호락호락 굽히지 않는 사람을 놀림조로】強情ごうじょう張ばり｜頑固がんこなやつ。예 그 ~를 어떻게 이기려고? あの頑固な奴やつにどうやって勝かとうとす。

목공 선반(木工旋盤)《공》ボール盤ばん。

목-구멍명 喉のど。=인후
　목구멍의 때를 벗기다속담 喉のどの垢あかをとる:「久ひさしぶりに飽食ほうしょくする」の意い。
　목구멍이 포도청속담 喉のどが捕盗庁ほとうちょう:「食くうためには悪わるいこともせざるを得えない」の意い。

목기(木器)명 木器もっき｜木製もくせいの器うつわ。

목단(牧丹)명 《식》牡丹ぼたん。 =모란

목-덜미명 襟首えりくび｜首筋くびすじ｜うなじ。 =덜미

목도¹명 差さし担にない｜差し担いの棒ぼう。

목도²(木刀)명 《운》木刀ぼくとう。

목도³(目睹)명 →목격

목-도리명 首巻くびまき｜襟巻えりまき｜マフラー。예~를 두르다. 襟巻きをまく。

목-도장(木—)명 木印きいん｜木きの印鑑いんかん。 =목인

목-돈명 ❶ まとまったお金かね｜かなりの金額きんがく。예~이 생기다. まとまったお金が

出来る。/ ~이 없어도 괜찮아. まとまったお金がなくても大丈夫だよ。❷《민》巫女に与える前金。

목동(牧童)몡 牧童。

목-둘레 首周り｜首の周りの長さ。

목둘레-선(-線)몡 襟ぐり｜襟をつける部分｜ネックライン。

목련(木蓮)몡 《식》木蓮。예 잎이 돋아나기 전부터 커다란 ~이 피어나기 시작했다. 葉が生える前から大きなモクレンが咲きはじめた。/ 커다란 ~ 잎이 뚝뚝 떨어진다. 大きなモクレンの葉がぽとりぽとりと落ちる。

목례(目禮)몡 目礼。예 ~를 나누다. 目礼を交わす。=눈인사

목례-하다재 目礼する。예 목례하고 지나가다. 目礼して通り過ぎる。

목로(木壚)몡 一杯飲み屋の台｜居酒屋の台。예 ~주점 一杯飲み屋｜居酒屋。

목록(目錄)몡 目録。예 도서 ~ 図書目録/ 재산 ~ 財産目録。

목마(木馬)몡 ❶木馬。예 회전~ 回転木馬。❷《건》(建築等工事の現場などの)踏み台。

목-마르다혱【】切望している。예 당신을 목마르게 기다립니다. 切実にあなたを待っています。/ 그날을 목마르게 기다리다. その日を首を長くして待つ。

목말 肩車。예 ~을 태우다. 肩車に載せる。

목-매다타 首を吊る｜首をくくる。

목-매달다타 首を吊る｜首をくくる。예 목매달아 자살하다. 首を吊って自殺する。

목-메(木-)몡【】木槌。

목-메다(感情などが込み上げてきて)のどがつまる｜むせぶ。예 너무나도 슬픈 나머지 그녀는 목메어 울었다. あまりにも悲しくて、彼女はむせび泣いた。

목면(木綿)몡 木綿｜綿。=목화

목목-이 要所要所に。예 ~ 경비가 배치되어 있다. 要所要所に警備が配置されている。

목-물몡 ❶首までの深さの水。❷上半身を洗うこと。

목물-하다재 上半身を洗う。

목불인견(目不忍見)몡 (気の毒で)見るに忍びないこと。

목비(木碑)몡 木製の碑。

목-뼈 몡 《의》頚骨｜=경골

목사(牧師)몡 《종》牧師。

목상(木像)몡 《미》木像。

목석(木石) 木石。예 ~이 아니기에 이성에 대한 관심은 당연히 있다. 木石ではないので、異性への関心は当然ある。

목선(木船)몡【】木船｜木造船。

목-섬-몡 육계도

목성(木星)몡 《천》木星。

목-소리 声。예 맑은 ~ 澄んだ声/ 슬픈 ~ 悲しげな声/ 비난의 ~ 非難の声/ 귀에 익은 ~ よく耳にする声/ ~가 크다. 声が大きい。/ 떨리는 ~로 말하다. 声をふるわせて言う。

목수(木手)몡 大工。=대목❷•목공❷

목숨 ❶命｜生命。예 ~이 다하도록 충성하다. 命の限り忠誠をする。/ ~을 걸다. 命をかける。❷寿命。예 ~이 길다. 寿命が長い。=명❶

목숨-앗이몡 ☞천적

목-쉬다재 喉がかれる｜声がかすれる。

목신¹(木神)몡 《민》木に宿る鬼神。

목신²(牧神)몡 《문》牧神。

목-양말(木洋襪)몡 木綿の靴下。

목-요일(木曜日)몡 木曜日。=목요

목욕(沐浴) 沐浴｜風呂｜入浴。예 ~물을 데우다. 風呂を沸かす。/ ~을 시키다. 風呂に入れる。

목욕-하다 沐浴する｜風呂に入る｜入浴する。

목욕-간(沐浴間) 風呂場｜浴室。=목간

목욕-료(沐浴料)몡 風呂銭｜風呂代。

목욕-실(沐浴室)몡 浴室｜風呂。=욕실

목욕-탕(沐浴湯)몡 風呂｜風呂場｜風呂屋｜銭湯。예 대중~ 銭湯。

목욕-통(沐浴桶) 湯船。=욕통

목우(牧牛)몡【】牧牛。

목이(木耳)몡 《식》木耳。=목이버섯

목이-버섯(木耳-) ☞목이

목인(木印)몡 木印。=목도장

목자(牧者)몡 ❶羊飼い。❷《종》牧師｜聖職者。

목-작약(木芍藥)몡 《식》牡丹。

목장(牧場)몡 牧場。

목재(木材)몡 木材｜材木。예 ~ 펄프 木材パルプ。

목재-상(木材商) 木材商。

목재-업(木材業)몡 木材業もくざい.

목적(目的)몡 ~을 이루다. 目的をとげる。/ ~을 달성하다. 目的を達成する。/ ~에 맞지 않는다. 目的にかなっていない。

목적-하다目 目的もくてきする。

목적-격(目的格)몡 〈언〉目的格もくてきかく.

목적-물(目的物)몡 〈법〉目的物もくてきぶつ.

목적-어(目的語)몡 〈언〉目的語もくてきご.

목적-의식(目的意識)몡 目的意識もくてきいしき.

목적-지(目的地)몡 目的地もくてきち.

목전(目前)몡 ❶目めの前まえ；まのあたり；目前もくぜん；眼前がんぜん. 例 끔직한 광경을 ~에서 보았다. むごい光景こうけいを目の前で見た。 ❷目前；目の前；目先めさき. 例 ~의 이익을 쫓다. 目前の利益りえきを追おう。/ 마감일이 ~에 닥치다. 締切日しめきりびが目の前に迫せまる。=눈앞

목-젖몡 〈의〉口蓋垂こうがいすい；のどちんこ。

목제(木製)몡 木製もくせい. ~ 가구 木製の家具かぐ.

목-제기(木祭器)몡 木製もくせいの祭器さいき.

목제-품(木製品)몡 木製品もくせいひん.

목조¹(木彫)몡 〈미〉木彫もくちょう；木彫ぼり。 例 ~ 제품 木彫製品もくちょうせいひん / ~ 공예 木彫工芸もくちょうこうげい.

목조²(木造)몡 木造もくぞう. 例 ~ 가옥 木造家屋もくぞうかおく / ~ 건물 木造建物もくぞうたてもの.

목조-선(木造船)몡 木造船もくぞうせん.

목직-하다휑 見掛みかけより重おもい；重おもみがある。

목질(木質)몡 木質もくしつ.

목질-부(木質部)몡 〈식〉木質部もくしつぶ. =물관부

목질 섬유(木質纖維)〈식〉木質繊維もくしつせんい.

목차(目次)몡 目次もくじ.

목책(木柵)몡【에워 둘러치는 울타리】木柵もくさく.

목-청 ❶ 声こえ；声音こわね. 例 ~을 돋우다. 声を高たかめる；大おおきな声を出だす。 ❷〈의〉声帯せいたい. =성대

목청-껏뛰 あらんかぎりの声こえ；声の限かぎり。例 ~ 외치다. 声の限りに叫さけぶ。

목초(牧草)몡【집짐승 등의 먹이로 쓰는 풀】牧草ぼくそう.

목초-지(牧草地)몡 牧草地ぼくそうち.

목축(牧畜)몡 牧畜ぼくちく.

목축-가(牧畜家)몡 牧畜家ぼくちくか.

목축-업(牧畜業)몡 牧畜業ぼくちくぎょう.

목측(目測)몡 目測もくそく. 例 ~으로 재다. 目測ではかる。=눈대중

목측-하다目 目測もくそくする。

목침(木枕)몡 木きまくら；箱はこまくら。

목탁(木鐸)몡 ❶木鐸ぼくたく. 例 신문은 사회의 ~ 新聞しんぶんは社会しゃかいの木鐸。 ❷〈종〉木魚もくぎょ.

목탄(木炭)몡 木炭もくたん；炭すみ.

목탄 가스(木炭gas)〈화〉木炭もくたんガス。

목탄-지(木炭紙)몡 〈미〉木炭紙もくたんし.

목탄-화(木炭畵)몡 〈미〉木炭画もくたんが. 例 ~ 그림은 정착액을 뿌려 마무리한다. 木炭画は定着液ていちゃくえきで仕上しあげる。

목통¹몡 喉のどの穴あなの広ひろさ。

목통²(木通)몡 〈식〉木通あけび.

목판¹(木板)몡 四角しかくい木製もくせいのお盆ぼん. 例 어머니가 ~에 귤을 담아 가지고 방으로 들어왔다. 母ははがお盆にミカンを盛もって部屋へやに入はいってきた。

목판²(木版)몡 〈출〉木版もくはん. 例 ~은 모두 불타서 없어졌다. 木版は全部ぜんぶ燃もえてなくなった。

목판-본(木版本)몡 〈출〉木版本もくはんぼん.

목-포수(一砲手)몡 〈狩猟しゅりょう〉で要所ようしょに待ちち伏ぶせする猟師りょうし。

목표(目標)몡 目標もくひょう. 例 ~를 내걸다. 目標を掲かかげる。/ ~를 세우다. 目標を立たてる。/ 연내 완성을 ~로 하다. 年内ねんない完成かんせいを目標にする。/ 공격 ~에 명중하다. 攻撃こうげき目標に命中めいちゅうする。

목표-물(目標物)몡 目標物もくひょうぶつ.

목피(木皮)몡 木皮もくひ. =나무껍질

목하(目下)뛰 目下もっか；ただ今いま；現在げんざい. 例 ~ 검토 중 目下検討中けんとうちゅう.

목형(木型)몡 木型きがた.

목화(木花)몡 〈식〉綿めん. 例 ~ 재배 농장 綿の栽培農場さいばいのうじょう. =면화

목화-씨(木花-)몡 綿めんの種たね. =면화씨

목-활자(木活字)몡 〈출〉木製もくせいの活字かつじ.

목회¹(木灰)몡【잿물】きばい。

목회²(牧會)몡 〈종〉牧師ぼくしが教会きょうかいを受うけ持もって、信仰生活しんこうせいかつを指導しどうすること。

몫몡 ❶【여럿으로 나누어】分わけ前まえ；配当はいとう；取とり分ぶん；持もち分ぶん. 例 이것은 나의 ~이다. これは私わたしの取り分だ。/ 자기 ~에는 책임을 지세요. 自分じぶんの持ち分には責任せきにんを持って下ください。 ❷〈수〉商しょう；値あたい；商しょう. 例 12를 2로 나눈 ~을 구하시오. 12を2で割わった商を求もとめなさい。

몫몫-이뛰 分わけ前まえごとに。例 ~ 공평히 나누다. 一人分ひとりぶん一人分公平こうへいに分わける。

몬순(monsoon)☞ 계절풍

몬순 기후(monsoon氣候) ☞계절풍 기후
몬테네그로(Montenegro)몡《국》モンテネグロ。
몰¹(maul)몡《운》モール。
몰-²(沒)젭 ～ー。 몜 몰개성 没個性／ 몰인정 没人情／ 몰상식 没常識。
몰각(沒却)몡 没却。
　몰각-하다탕 没却する。
몰강-스럽다톙 (見るからに)むごい。 やる。
　몰강스레투 むごく。 きつく。 ひどく。
몰골몡 みすぼらしい顔つきや格好。 不格好。 몜 ～이 사나운 차림새 不格好な身なり／～이 흉하다. 身なりが見苦るしい。／정말 ～이 말이 아니구나. 本当にひどいざまだな。
몰골-법(沒骨法)몡《미》没骨法。 몜 한 번에 완성해야 하는 ～은 집중력을 요하는 기법이다. 一回で完成させなければならない没骨法は集中力を必要とする技法だ。
몰골-스럽다톙 不体裁だ。 見苦るしい。 몜 생긴 것은 몰골스러워 볼품이 없다. 姿形が見苦しくみすぼらしい。
몰다탕 ❶追いやる。 追い込む。 말을 마구간으로 ～. 馬を馬小屋に追いやる。 ❷(機械・乗り物などを)動かす。 運転する。 몜 내 차를 몰아서 데리러 나오세요. 私の車を運転して、迎えに来てください。 ❸見做す。 몜 사람들은 그를 도둑으로 몰았다. 人たちは彼を泥棒と見做した。 ❹(一カ所に)集める。 合わせる。 몜 군대를 한 군데로 몰아서 적진에 쳐들어가다. 軍隊を一カ所に集めて敵陣に攻め込む。／주말에 일주일분을 몰아 빨래하다. 週末に一週間分をまとめて洗濯する。
몰도바(Moldova)몡《국》モルドバ。
몰두(沒頭)몡 没頭。
　몰두-하다탕 没頭する。 몜 연구에 ～. 研究に没頭する。
몰디브(Maldives)몡《국》モルディブ。
몰라-보다탕 ❶見忘れる。 見違える。 見それる。 몜 10년 사이에 몰라보게 변했다. 10年の間に見違えるほど変わった。 ❷(目上の人に)礼儀をわきまえない。 몜 어른을 몰라보고 무례한 언동을 하다. 目上の人に礼儀をわきまえ

ない無礼な言動をする。
몰락(沒落)몡 没落。 落ちぶれること。
　몰락-하다탕 没落する。 落ちぶれる。 몜 귀족 계급이 ～. 貴族階級が没落する。
몰랑-거리다탕 水気たっぷりに柔らかい。 몜 몰랑거리는 떡을 먹다. 軟らかい餅を食べる。 ＝몰랑대다
몰랑-대다 ☞몰랑거리다
몰랑-몰랑투 ❶(柿などが)水気たっぷりに柔らかいさま。 ❷(気質などが)軟弱なさま。
몰랑-하다톙 ❶(柿などが)水気たっぷりに柔らかい。 ❷(気質などが)軟弱だ。
몰래투 こっそり。 ひそかに。 人知れず。 内緒に。 몜 ～ 듣다. こっそり聞く。／～ 빠져나왔다. こっそり抜け出してきた。
몰려-가다탕 ❶群れをなして行く。 (大勢が)押しかける。 몜 친구 집에 우르르 ～. 友人の家に押しかける。 ❷追われていく。 追われる。 追いやられる。 몜 개에게 몰려가는 양 떼. 犬に追いやられる羊の群れ。
몰려-나다탕 追い出される。 몜 집세를 낼 수가 없게 되어 ～. 家賃を払えなくなって追い出された。
몰려-나오다탕 ❶群れになって出てくる。 몜 바자에 지방 특산품이 ～. バザーに地方の特産品がどっと出てくる。 ❷追われて出てくる。
몰려-다니다탕 ❶群れをなして歩きまわる。 ❷追われて歩きまわる。 追い回される。
몰려-들다탕 ❶群がり集まる。 押し寄せる。 몜 군중이 ～. 群衆が押し寄せる。／일시에 ～. いっぺんに押し寄せる。／몰려들어 야유하다. 群がって揶揄する。／몰려들어 춤추다. 群がって踊りを踊る。 ❷追われて入る。 追い込まれる。
몰려-오다탕 ❶群れになって押し寄せる。 몜 적군이 일시에 ～. 敵軍がいっぺんに押し寄せる。／까맣게 ～. 真っ黒に群がる。 ❷追われてくる。
몰리다탕 ❶(仕事などに)追われる。 一時に集中する。 몜 일에 몰려 정신이 없다. 仕事に追われて正気でない。 ❷(多くの物が)一カ

所に集まる｜殺到する。예 사람이 한꺼번에 몰린 극장 人が一時に押し寄せた劇場。 ❸[여겨보다｜여기게되다] 見做される｜問われる。예 반역죄로 ~. 反逆罪に問われる。/ 살인죄로 ~. 殺人罪に問われる。 ❹[어떤 장소나 상태에 밀리다](ある場所や状態に)追われる｜追い込まれる。예 구석으로 ~. 隅に追われる。/ 궁지에 ~. 窮地に追い込まれる。

몰매〘명〙 袋だたき。~를 맞다. 袋だたきにあう。

몰-밀다〘타〙【밀어서｜휘몰아서】一まとめにして｜ひっくるめて。예 큰 것 작은 것 몰밀어 두 꽥에 천 엔. 大きい物と小さい物をひっくるめて二パックで千円。

몰 비열(mole比熱) 〘화〙モル比熱｜モル熱。

몰사(沒死) 〘명〙 全部死ぬこと｜全滅。
　몰사-하다 〘자〙 全部死ぬ｜全滅する。예 화재로 가족이 몰사했다. 火災で家族が全員死んだ。

몰살(沒殺) 〘명〙 皆殺し。
　몰살-하다 〘타〙 皆殺しにする。예 적군을 ~. 敵軍を皆殺しにする。

몰-상식(沒常識) 〘명〙 没常識。
　몰상식-하다 〘형〙 没常識だ。몰상식한 사람 没常識な人／몰상식한 언동 没常識な言動。

몰수(沒收) 〘명〙 〘법〙没収。
　몰수-하다 〘타〙 没収する。예 땅을 ~. 土地を没収する。／재산이 몰수당했다. 財産を没収された。

몰수 경기(沒收競技) 《운》没収試合。

몰씬-거리다 〘자〙 ふにゃふにゃする。=몰씬대다

몰씬-대다 〘자〙 ☞몰씬거리다

몰씬-몰씬 〘부〙 ❶【부드러운｜연한모양】 ふにゃふにゃ｜ふわふわ。 ❷【냄새｜연기가 세게 나는 모양】 もくもく｜もやもや。

몰씬-하다 〘형〙 やわらかい｜ふにゃふにゃする。

몰아(沒我) 〘명〙 没我。예 ~ 지경에 들다. 没我の境に入る。

몰아-가다 〘타〙 ❶【몰아서 가게하다】追い立てる。예 오리 떼를 물가로 ~. カモの群れを水辺に追い立てていく。 ❷【남김없이】残らずにさらって行く。

몰아-내다 〘타〙 追い出す｜追い払う。예 사념을 ~. 邪念を追い払う。

몰아-넣다 〘타〙 ❶追い込む｜入れる。예 궁지에 ~. 窮地に追い込む。／소를 울타리 안으로 ~. 牛を囲いの中に追い込む。 ❷押し込む｜詰め込む。예 가방에 모두 ~. かばんに全部詰め込む。

몰아-대다 〘타〙 駆り立てる｜せきたてる｜やっつける｜やりこめる｜責め立てる。예 말을 전속력으로 ~. 馬を全速力で駆り立てる。

몰아-붙이다 〘타〙 ❶寄せつける｜押しやる｜片寄らせる。예 물건을 벽에 ~. 物を壁によせつける。 ❷責め立てる。예 다른 사람의 실패를 호되게 ~. 他人の失敗を厳しく責め立てる。

몰아-세우다 (激しく)責め立てる｜頭ごなしにどなりつける。

몰아-오다 〘자〙 ❶一度に押し寄せてくる。예 갑자기 손님이 몰아와서 고생했다. 急にお客さんが押し寄せてきて苦労した。 ❷掻き集める。예 갈퀴로 낙엽을 ~. 熊手で落ち葉を掻き集める。

몰아-주다 〘자타〙 まとめて一度に与える。예 사료를 ~. 餌をまとめて与える。

몰아-치다 〘타〙 ❶(一つところに)追い込む｜吹きつける。예 비바람이 ~. 雨風が吹きつける。 ❷いっぺんに片づける｜急いでやる。예 일을 하루에 ~. 仕事を一日で一気に片づける。 ❸せめつける｜せめたてる。예 사방에서 그 사람을 ~. 四方からあの人をせめたてる。

몰-염치(沒廉恥) 〘명〙 恥知らず｜破廉恥｜あつかましいこと。
　몰염치-하다 〘형〙 破廉恥だ｜恥知らずだ｜あつかましい。예 몰염치한 인간 破廉恥な人間／몰염치하기 짝이 없는 행동 破廉恥極まりないふるまい。

몰이 〘명〙 獣の・魚などを捕獲するために追い込むこと。

몰이-꾼 〘명〙 勢子｜狩り子｜獲物の駆り立て役。예 멧돼지를 몰던 ~이 다쳤다. 猪を駆り立てた狩り子がけがをした。

몰-이해(沒理解) 〘명〙 無理解らかい｜理解する心がないこと。

몰-인격(沒人格) 〘명〙 人格を備えていないこと。

몰-인정(沒人情) 〘명〙 不人情｜情知らず｜薄情。

몰인정-하다[형] 不人情ふじんじょうだ｜情なさけ知しらずだ｜薄情はくじょうだ。 囫몰인정한 처사 不人情な仕打しうち。

몰칵[부] 【푼 냄새가 나는 모양】 ぷんと｜むっと｜つんと。 囫음식물 쓰레기 냄새가 ~ 끼쳐 오다. 生なまごみの臭においがつんと吹ふき付つける。

몰칵-몰칵[부] (においが)ぷんぷんと｜つんつんと。

몰캉-거리다[자] (熟うれたり膿うんで)ぐじゅぐじゅする｜ぐにゃぐにゃする｜ぶよぶよする。 囫이마에 생긴 여드름이 ~. 額ひたいにできたにきびがじゅくじゅくする。 =몰캉대다

몰캉-대다[자] ☞몰캉거리다

몰캉-몰캉[부] ぐにゃぐにゃと｜ぶよぶよと｜ぐじゅぐじゅと。

몰캉몰캉-하다[형] ぐにゃぐにゃしている｜ぶよぶよしている。 囫몰캉몰캉한 고름을 짜내다. ぐじゅぐじゅとした膿うみを出だす。

몰캉-하다[형] (熟じゅくして)やわらかい｜ぐにゃぐにゃしている｜ぶよぶよしている。 囫감이 잘 익어 ~. 柿かきがよく熟じゅくしてぶよぶよしている。

몰타(Malta)[명] 〈국〉マルタ。

몰토(molto 이)[명] 〈음〉モルト。

몸[명] ❶【신체】体からだ｜身体しんたい。 囫~이 건강하다. 体が健康だ。 ❷【몸통】胴どう｜胴体どうたい。 囫비행기가 추락하여 ~만 남았다. 飛行機ひこうきが墜落ついらくして胴体だけが残のこった。 ❸【신분】一의 身みI一の分際ぶんざい。 囫학생의 ~으로 그런 행동을 해서는 안 된다. 学生がくせいの分際でそのような行動こうどうをとってはいけない。 ❹【월경】月経げっけいで出でる血ち。 囫~이 없다. 月経がない。 ❺【도자기의 밑감】 釉薬うわぐすりを塗ぬる前まえの陶磁器とうじき。

몸 둘 바를 모르다[관용] 身みの置おき所どころを知しらない。 囫너무나 죄송해서 몸 둘 바를 모르겠습니다. 本当ほんとうに申もうし訳わけなくて、身の置き所どころもありません。

몸(을) 바치다[관용] ❶ (ある対象たいしょうのため)命いのちを犠牲ぎせいにする。 囫조국을 위해 한 몸을 바치다. 祖国そこくのために一身いっしんを犠牲する。 ❷ (惜おしまず)身みを捧ささげる｜なげうつ｜委ゆだねる。 囫의학 발전을 위해 몸을 바치다. 医学発展いがくはってんのために身を捧げる。 ❸女じょが男だんに体からだを許ゆるす。 囫그에게 몸을 바치느니 차라리 죽는 게 낫다. 彼かれに体を許すならいっそ死しんだほうがましだ。

몸(을) 풀다[관용] 出産しゅっさんする｜分娩ぶんべんする。

몸(이) 나다[관용] 太ふとる｜肉にくがつく。 囫임신을 해서 몸이 나다. 妊娠にんしんして太る。 / 오랜만에 보니 몸이 나 보인다. 久ひさしぶりに見みたら太って見みえる。

몸(이) 달다[관용] (思おもうようにならないで)じれったい｜もどかしい｜はがゆい。 囫몸이 달아 잠자코 있을 수가 없다. じれったくてじっとしていられない。

몸-가짐[명] 身みのこなし｜態度たいど｜ふるまい。 囫~이 얌전하다. ふるまいがしとやかだ。 / ~을 조심하다. ふるまいを注意ちゅういする。

몸-값[명] 身みの代しろ｜身の代金だいきん。 囫아이를 유괴하고 ~을 요구했다. 子供こどもを誘拐ゆうかいして身の代を要求ようきゅうした。 / 국제대회에서 우승한 후에 ~이 올랐다. 国際大会こくさいたいかいで優勝ゆうしょうした後あと、身の代金が上あがった。

몸-놀림[명] 体からだの動うごき｜動作どうさ。 囫~이 둔하다. 体の動きが鈍にぶい。

몸-단속(一團束)[명] 身みの用心ようじん｜身固みがため｜身構みがまえ。

몸-단장(一丹粧)[명] 身支度みじたく｜身みごしらえ｜見繕みつくろい。

몸단장-하다 身支度みじたくする｜身みごしらえする｜見繕みつくろいする。 囫일찌감치 몸단장하고 나가다. 早々はやばやと身支度して出でかける。

몸-때[명] 月経時げっけいじ｜生理中せいりちゅう。 囫~가 다가오니 신경질이 늘었다. 月経時がやってくるので、いらいらすることが多おおくなった。

몸-뚱이[명] 【체】体からだ｜身体しんたい。

몸-매[명] 体からだつき｜スタイル｜体格たいかく。 囫~가 좋다. 体つきがいい。

몸-맵시[명] 身みぶり｜身だしなみ｜着きこなし。

몸-무게[명] 体重たいじゅう。 囫~를 재다. 体重を量はかる。 / ~를 줄였다. 体重を減へらした。 =체중

몸-바탕[명] 体質たいしつ｜体からだのたち。 囫~을 바꿔야 건강해진다. 体質を変かえれば健康けんこうになる。 =체질

몸-부림[명] ❶身みもだえ｜もがき｜あがき。 囫최후의 ~ 最期さいごのあがき / 고통으로 ~을 치다. 苦痛くつうで身もだえする。 ❷寝返ねがえり。

몸부림-치다 자 身ㇷﾞもだえする｜もがく｜あがく｜のたうつ。예 몸부림치며 괴로워하다. 身もだえして苦しむ。/ 잊으려고 아무리 몸부림쳐도 잊을 수가 없었다. どんなに忘れようともがいても忘れられなかった。

몸살 명 疲労ﾋﾟによる病気ﾋﾟﾞ。예 ~이 걸리다. 疲労による病気になる。
　몸살이 나다 관용 あることがやりたくてたまらない。

몸-서리 명 嫌気ｹﾝ｜うんざりすること。예 이제 전쟁 이야기라면 ~가 처진다. 戦争ｿｳの話ｼならもううんざりだ。

몸서리-나다 자 身ﾐﾞぶるいする｜身ﾐの毛ｹがよだつ｜ぞっとする｜嫌気ｹﾝがさす。예 빚이라는 말만 들어도 몸서리난다. 借金ｼｬｯｷﾝと聞ｷいただけで身の毛がよだつ。/ 몸서리날 정도로 싫다. 身震ﾐﾌﾞるいするほど嫌ｲﾔだ。 =몸서리치다

몸서리-치다 ☞몸서리나다

몸-소 自ｼﾞら｜親ﾀﾂしく｜じきじきに。예 사장이 ~ 지휘를 하다. 社長ｼﾔﾁｮｳ自ら指揮ｼｷをとる。

몸-수색(一搜索) 명 ボディーチェック。
　몸수색-하다 타 ボディーチェックをする。

몸-싸움 명 体ｶﾗﾀﾞをぶつけ合ｱって争ｱﾗｿう こと。

몸져-눕다 자 病気ﾋﾞｮｳで寝ﾈつく｜倒ﾀｵれる。예 감기로 지난주부터 몸져누워 있다. 風邪ｶｾﾞで先週ｾﾝｼｭｳから寝ついたままだ。

몸-조리(一調理) 명 養生ﾖｳｼﾞｮｳ｜摂生ｾｯｾｲ｜保養ﾎﾖｳ。예 수술 후의 ~가 제일 중요합니다. 手術後ｼﾞｭﾂｺﾞの養生がたいへん重要ｼﾞｭｳﾖｳです。
　몸조리-하다 자 養生する｜摂生する｜保養する。

몸-조심(一操心) 명 ❶体ｶﾗﾀﾞに気ｷをつけること。❷言行ｹﾞﾝｺｳをつつしむこと。
　몸조심-하다 자 ❶体ｶﾗﾀﾞに気ｷをつける。예 무리하지 말고 몸조심하세요. 無理ﾑﾘしないで体に気をつけてください。❷言行ｹﾞﾝｺｳをつつしむ。

몸-종 명 小間使ｺﾏﾂﾞかい。예 시집올 때 데리고 왔던 ~ 嫁に来ｸﾙさいに連ﾂれてきた小間使。

몸-집 명 体ｶﾗﾀﾞつき｜体格ﾀｲｶｸ｜柄ｶﾞﾗ｜なり｜体躯ﾀｲｸ。예 다부진 ~이다. 体つきががっちりしている。

몸-짓 명 身ﾐぶり｜ジェスチャー。예 ~으로 말하다. 身ぶりで話ｽﾊﾅす。/ ~을 하며 연설하다. 身ぶりをして演説ｴﾝｾﾞﾂする。

몸-차림 명 身ﾐなり｜装ﾖｿｵい｜身繕ﾐﾂﾞくろい｜身支度ﾐｼﾞﾀｸ。예 깔끔한 ~ さっぱりとした身なり。
　몸차림-하다 자 装ﾖｿｵう｜身繕ﾐﾂﾞくろいする｜身ごしらえする｜身支度ﾐｼﾞﾀｸする。

몸-채 명 母屋ｵﾓﾔ｜本館ﾎﾝｶﾝ｜本屋ﾎﾝﾔ｜本家ﾎﾝｹ。

몸-치장(一治粧) 명 身繕ﾐﾂﾞくろい｜身支度ﾐｼﾞﾀｸ｜身ﾐなり｜装ﾖｿｵい。
　몸치장-하다 자 身繕ﾐﾂﾞくろいする｜装ﾖｿｵう｜身ごしらえする｜身支度ﾐｼﾞﾀｸする。

몸-통 명 胴体ﾄﾞｳﾀｲ｜胴ﾄﾞｳ。예 ~ 운동 胴体運動ｳﾝﾄﾞｳ。

몹시 부 とても｜大変ﾀｲﾍﾝ｜非常ﾋｼﾞｮｳに｜ひどく｜甚ﾊﾅﾊだしく｜いやに｜大層ﾀｲｿｳ。예 ~ 놀라다. 大変驚ｵﾄﾞﾛく。/ ~ 난처합니다. とても困ｺﾏっています。/ ~ 기쁘다. 非常にうれしい。/ 이 방은 ~ 덥다. この部屋ﾍﾔはいやに暑ｱﾂい。

몹쓸 관 悪ﾜﾙい｜よくない｜たちの悪い。예 ~ 짓 하다가는 벌 받는다. 悪いことしていたら罰ﾊﾞﾂを受ｳける。

못¹ 명 釘ｸｷﾞ。
　못(을) 박다 관용 釘ｸｷﾞを打ｳつ。❶人ﾋﾄに悔ｸやしい思ｵﾓいをさせたり、心ｺｺﾛを傷ｷｽﾞつけたりする。예 남의 가슴에 못 박는 말은 하지 마라. 人の心を傷つけることは言ｲうな。❷ (違約ｲﾔｸのないように)念ﾈﾝを押ｵす｜釘ｸｷﾞを刺ｻす。예 다른 사람에게 말하지 않도록 못을 박아 두다. 他言ﾀｺﾞﾝしないように念を押しておく。

못² 명 胝ﾀｺ。たこ。예 귀에 ~이 박이도록 들었다. 耳ﾐﾐにたこができるほど聞ｷいた。

못³ 명 池ｲｹ｜淵ﾌﾁ。예 ~을 파다. 池を掘ﾎる。/ ~을 메우다. 池を埋ｳめる。=연못❷·지당

못⁴ 부 —られない｜—できない。예 ~ 가다. 行ｲけない。/ ~ 자다. 寝ﾈられない。

　못-하다 Ⅰ 타 下手ﾍﾀだ｜苦手ﾆｶﾞﾃだ。예 노래를 못해서 걱정이다. 歌ｳﾀが下手で心配ｼﾝﾊﾟｲになる。/ 영어를 ~. 英語ｴｲｺﾞが苦手だ。
　Ⅱ 형 ❶ (比較ﾋｶｸの対象ﾀｲｼｮｳに)及ｵﾖばない｜低ﾋｸい｜劣ｵﾄる。예 체력이 예전만 ~. 体力ﾀｲﾘｮｸが以前ｲｾﾞﾝほどに及ばない。/ 기술이 미국에 비해 ~. 技術ｷﾞｼﾞｭﾂがアメリカに比ｸﾗべて劣る。❷ 少ｽｸなくとも｜少なく見積ﾐﾂﾞもっても。예 이 정도면 못

해도 10kg은 되겠다. これぐらいなら、少なく見積もっても10キロにはなる。

Ⅲ [보동] 〖동사 단매에 쓰이어, 뒤의 동사의 구실을 못 나타냄〗—できない｜—しない。 예 슬픔에 빠져 말을 잇지 ~. 悲しみに咽(む)せけて、言葉(ことば)が続(つづ)かない。/ 길이 막혀 가지 ~. 道(みち)が混(こ)んで行(い)くことができない。

Ⅳ [보형] ❶〖형용사 단매에 쓰이어, 뒤의 형용사의 구실을 못 나타냄〗—くない｜—ではない。 예 아름답지 못한 행동 美(うつく)しくない行動(こうどう)/ 하루 지난 음식은 맛이 좋지 ~. 一日(いちにち)過(す)ぎた食(た)べ物(もの)は美味(おい)しくない。❷〖동사의 관형형 연결형에 쓰이어, 정도가 어떤 표준에 미치지 못함을 나타냄〗—のあまり｜—過(す)ぎて。 예 그는 기다리다 못하여 전화를 걸어 보았다. 彼(かれ)は待(ま)ち過(す)ぎて電話(でんわ)をかけてみた。

못 먹는 감 찔러나 본다[속담] 食(く)えない柿(かき)をつついて傷(きず)でもつける：「自分(じぶん)の得(とく)にならないので余計(よけい)な意地悪(いじわる)をする」の意(い)。

못 오를 나무는 쳐다보지도 마라[속담] 登(のぼ)れない木(き)は見上(みあ)げるな：「不可能(ふかのう)なことははじめから断念(だんねん)するほうがいい」の意(い)。

못갖춘-마디[명] 〖음〗不完全小節(ふかんぜんしょうせつ)。
못갖춘-마침[명] 〖음〗不完全終止(ふかんぜんしゅうし)。
못-걸이[명] (衣服(いふく)・帽子(ぼうし)などをかけるために)壁(かべ)に釘(くぎ)を打(う)って作(つく)った物(もの)かけ。
못-나다 (顔(かお)などが)不器量(ぶきりょう)だ｜醜(みにく)い。 예 얼굴은 못났어도 성격이 좋은 사람 顔(かお)は醜(みにく)くても性格(せいかく)が良(よ)い人(ひと)。
→잘나다
못난-이 バカで愚(おろ)かな人(ひと)｜出来(でき)そこない。 예 ~처럼 울지 마라. ばかみたいに泣(な)くな。
못내[부] ❶〖아주 못잊는 모양을 나타내는 말〗しきりに思(おも)い出(だ)すさま。 예 10년이 지나도록 ~ 그리워하다. 十年(じゅうねん)が経(た)ってもまで恋(こい)しがっている。 ❷〖한없이 매우〗限(かぎ)りなく｜この上(うえ)なく。 예 합격 소식에 ~ 기뻐하다. 合格(ごうかく)の知(し)らせにこの上(うえ)もなく喜(よろこ)ぶ。
못-대가리[명] 釘(くぎ)の頭(あたま)。
못-되다 ❶〖성질이 궂거나 하다〗(性質(せいしつ)・素行(そこう)などが)悪(わる)いになっていない。 예 젊었을 때는 못된 짓을 많이 하곤 했었다. 若(わか)いころは悪(わる)いことをたくさんしたものだ。/ 못된 버릇을 고쳐 주마. 悪(わる)い癖(くせ)を直(なお)してやるよ。 ❷〖일이 뜻대로 되지 않다〗事(こと)がうまくいかない｜思(おも)うようにならない｜不出来(ふでき)である。 예 그 일이 못된 것이 제 탓입니까? あの事(こと)がうまくいかなかったのが、私(わたし)のせいですか。

못된 송아지 엉덩이에 뿔이 난다[속담] できそこないの子牛(こうし)のお尻(しり)に、角(つの)が生(は)える：「できそこないやつが傲慢(ごうまん)だ」の意(い)。

못마땅-하다[형] 気(き)に食(く)わない｜気に入(い)らない｜不満(ふまん)だ｜心(こころ)に染(そ)まない｜納得(なっとく)がいかない。 예 못마땅한 얼굴 不満(ふまん)そうな顔(かお)/ 못마땅한 놈일지라도 배울 점은 있다. 気にくわないやつでも学(まな)ぶべき点(てん)はある。/ 부모님께서는 그를 못마땅한 얼굴로 쳐다보고 계셨다. 両親(りょうしん)は彼(かれ)を不満(ふまん)そうな顔(かお)で見(み)つめていた。/ 선생님께서 내 과제물을 못마땅한 표정으로 살피고 계셨다. 先生(せんせい)が私(わたし)のレポートを気に食わないという表情(ひょうじょう)で見(み)ておられた。

못-비 田植(たう)えをするのに十分(じゅうぶん)な雨(あめ)。
못-뽑이[명] 釘抜(くぎぬ)き。
못-살다 ❶貧(まず)しい｜貧乏(びんぼう)だ。 예 우리 집은 못살기 때문에 낭비하면 안 된다. わが家(や)は貧(まず)しいから、無駄遣(むだづか)いをしてはいけない。 ❷〖정도가 심하여 참고 견디기 어렵게 하다〗煩(わずら)わしくて耐(た)え難(がた)くする｜いじめる。 예 못살게 굴지 마. いじめるな。

못살면 터 탓[속담] 貧乏暮(びんぼうぐ)らしは土地(とち)のせい：「物事(ものごと)がうまくいかない時、責任(せきにん)を他人(たにん)に転嫁(てんか)する」の意(い)。

못-생기다[형] 醜(みにく)い｜無器量(ぶきりょう)だ｜不細工(ぶさいく)だ。 예 못생긴 얼굴 醜(みにく)い顔(かお)。

못생긴 며느리 제삿날에 병난다[속담] 不器量(ぶきりょう)な嫁(よめ)、祭(まつ)りの日(ひ)に病(や)む：「憎(にく)い人(ひと)がますます憎いことばかり仕出(しで)かす」の意(い)。

못-쓰다[자] 〖주로 '못써'의 형태로 함께 쓰임〗いけない｜よくない｜駄目(だめ)だ。 예 실내에서 뛰면 못써요. 室内(しつない)では走(はし)ってはいけないよ。
못-자리 〖농〗❶苗代(なえしろ)｜苗床(なえどこ)。 ❷苗代(なえしろ)に種(たね)をまくこと。
못자리-하다[자] 苗代(なえしろ)に種(たね)をまく。
못-줄 〖농〗間縄(けんなわ)。
못지-않다[형] 劣(おと)らない｜遜色(そんしょく)ない。 예 전문가 ~. 専門家(せんもんか)に遜色(そんしょく)ない。/ 백포도주도 적포도주 못지않게 몸에 좋다. 白(しろ)ワインも赤(あか)ワインに劣(おと)らず体(からだ)によい。

못-질 釘打(くぎう)ち。
못질-하다[자] 釘(くぎ)を打(う)つ。
못-하다 ☞'못'의 부표제어.
몽고(蒙古) ☞몽골

몽고-반(蒙古斑)[명] ☞'몽고점'의 구 용어.
몽고-어(蒙古語)[명] ☞몽골 어
몽고-족(蒙古族)[명] ☞몽골 족
몽고-점(蒙古點)[명] 〔의〕蒙古斑もうこはん｜小児斑しょうにはん.
몽고-풍(蒙古風)[명] 蒙古風もうこふう.
몽골(Mongol) 《국》モンゴル｜蒙古もうこ. 예 ~ 인종 蒙古人種もうこじんしゅ. =몽고
몽골 어(Mongol語) 《언》モンゴル語ご｜蒙古語もうこご. =몽고어
몽골 족(Mongol族) モンゴル族ぞく｜蒙古族もうこぞく. =몽고족
몽구스(mongoose) 《동》マングース.
몽그라-지다[자] (積つまれたものが)崩くずれる.
몽그작-거리다[자타] しきりにためらう｜ぐずぐずする｜もじもじする. 예 아침에 일어나기가 싫어서 몽그작거리고 있다. 朝あさ起おきるのが嫌いやでぐずぐずしている. =몽그작대다
몽그작-대다[자타] ☞몽그작거리다
몽그작-몽그작[부] ぐずぐず｜のろのろ.
준몽굿몽굿
몽글[부] ❶【먹은 음식이 소화가 안되어 뭉쳐있는 느낌】食たべ物ものがもたれるさま. ❷【슬픔·노여움 따위가 북받쳐 오르는 모양】ぐっと. ❸【물건이 매끄러운 모양】ぬるぬる｜つるつる.
몽글-몽글[부]【물이나 음식이 말랑말랑한 모양】ぬるぬる｜つるつる.
몽굿-거리다[자타] しきりにためらう｜ぐずぐずする｜もじもじする. =몽굿대다
몽굿-대다[자타] ☞몽굿거리다
몽굿-몽굿[부] ☞'몽그작몽그작'의 준말.
몽니[명]【마음이 순하지 못하고 심술궂음】意地悪いじわるなこと｜陰険いんけんなこと. 예 짓궂게 ~를 부리는 성격이 있다. 意地悪で陰険な性格せいかくがある.
몽니(가) 사납다[관용] とても意地悪いじわるだ.
몽니-쟁이[명] 意地悪いじわるな人ひと｜つむじ曲まがり. 예 놀부야말로 ~지. ノルブこそ意地悪な人だよ.
몽당-붓[명] 禿ちびた筆ふで.
몽당-비[명] 禿ちびた箒ほうき.
몽당-연필(一鉛筆)[명] 禿ちびた鉛筆えんぴつ.
몽당-치마[명] すりきれて短みじかくなったチマ｜つんつるてんのチマ.
몽둥이[명] 棒ぼう｜棍棒こんぼう. 예 ~ 세례를 받다. 棍棒でさんざんたたかれる.
몽둥이-질[명] 棒ぼうでたたくこと.
몽땅[부] ❶【송두리째 모두】みんな｜全部ぜんぶ｜そっくり｜根こそぎ｜すっかり. 예 돈을 ~ 써 버리다. お金かねを全部使ってしまう. ❷【대번에 잘리거나 잘리어지는 모양】ばっさりと｜ずばっと｜ばさっと. 예 긴 머리를 ~ 자르다. 長ながい髪かみをばっさりと切きる.

몽롱-하다(朦朧—)[형] 朦朧もうろうとしている｜ぼんやりしている. 예 의식이 몽롱해지다. 意識いしきが朦朧となる.
몽매¹(夢寐)[명]〖~에도 잊지 않다〗夢寐むび. 예 ~에도 잊지 않다. 夢寐にも忘わすれない.
몽매²(蒙昧)[명]【어리석고 사리에 어두움】蒙昧もうまい.
몽매-하다[형] 蒙昧もうまいだ. 예 무지 몽매한 무리 無知むち蒙昧のやから.
몽매-간(夢寐間)[명]【꿈꾸는 동안·잠든 사이】夢見ゆめみる間あいだ. 예 ~에도 잊지 못하다. 夢見る間にも忘れられない.
몽상(夢想)[명] 夢想むそう.
몽상-하다[타] 夢想むそうする. 예 장밋빛 결혼 생활을 ~. バラ色いろの結婚生活けっこんせいかつを夢想する.
몽상-가(夢想家)[명] 夢想家むそうか.
몽설(夢泄)[명] ☞몽정
몽설-하다[형] 夢精むせいする.
몽실-몽실[부]【군데군데 동글게 살이 찐 모양】ぽちゃぽちゃと｜まるまると｜ぽっちゃりと｜ぽってりと｜ふっくらと. 예 ~ 살찐 몸매 まるまると太ふとった体からだつき.
몽실몽실-하다[형] ぽちゃぽちゃとする｜まるまるとする. 예 몽실몽실한 엉덩이 まるまるとしたお尻しり/가슴이 몽실몽실하니 풍만해 보인다. 胸むねがふっくらとしていて、豊満ほうまんに見みえる.
몽유-병(夢遊病)[명] 〔의〕夢遊病むゆうびょう.
몽정(夢精)[명] 夢精むせい｜夢ゆめの中なか.
몽중(夢中)[명] 夢中むちゅう｜夢ゆめの中なか.
몽중-몽(夢中夢)[명]【꿈속에서 꿈꾸는 것】夢ゆめの中なかの夢ゆめ.
몽진(蒙塵)[명]〔역〕【임금이 난리를 피하여 나라 밖으로 도망함】蒙塵もうじん.
몽짜[명]【음흉한 방법으로 심술을 부림】陰険いんけんな意地悪いじわるをすること. 예 ~를 부리다. 陰険な意地悪をする. /~를 부리다 망신만 당한다. 意地悪をしたら恥はじをかく.
몽치[명] 短みじかい棒ぼう.
몽치다[자] 固かたまる. 예 상처가 뭉쳐 단단해졌다. 傷きずが固まって固かたくなった.
몽클-몽클[부]【물기가 많아서 말랑말랑한 모양】ぬるぬる｜つるつる.
몽클몽클-하다[형] ぬるぬるする｜つるつるする.
몽클-하다[형] ❶【가슴이 꽉 차는 듯이 느끼어짐】もたれてむかむかする. ❷【슬픔·노여움 등이】(悲かなしみ・憤いきどおりなどで)胸むねがつまる. 예 어린 것이 우는

소리를 듣고 가슴이 뭉클했다. 幼ない子の泣く声を聞いて胸がつまった。❸ 【속어】ぬるぬるする｜つるつるする。

몽타주(montage 프)명 《연》モンタージュ。 예 ~ 영화 モンタージュ映画／범인의 ~ 犯人のモンタージュ／기법 モンタージュ技法／사진 モンタージュ写真。

몽탕부 ばさっと｜ばっさりと｜ずばりと。

몽톡부 【사람이 큰 뒤에】 (細い物の)先が短くて鈍いさま｜ずんぐり。

　몽톡-하다형 ずんぐりする。

몽톡-몽톡부 複数の物が一様に物の先が鈍いさま。

몽혼(朦昏)명 《의》痲酔。

몽환(夢幻) ❶ 夢幻と幻影。❷ はかないことのたとえ。

뫼명 墓。 =묘(墓)

　뫼(를) 쓰다 관용 墓をつくって埋葬する。

뫼비우스의 띠(Mobius—) 《수》メビウスの帯。

묏-자리명 墓をつくるべき場所｜墓地に定まった場所。

묘¹(卯) 《민》【열두 지지의】卯。

묘²(妙) 【매우 교묘한 맛】妙。 예 운용의 ~를 살리다. 運用の妙をいかす。

묘³(墓)명 墓。 =뫼

묘⁴(廟)명 ❶ 宗廟。❷ 文廟。

묘계(妙計)명 妙計｜妙策。예 ~를 궁리하다. 妙計を案じる。

묘기(妙技)명 妙技。 예 ~ 백출 妙技百出／~를 겨루다. 妙技を競う。

묘령(妙齡)명 【꽃다운 여자의 나이】妙齡。예 ~의 여성 妙齢の女性。

묘막(墓幕)명 墓のそばに建てた小屋。

묘명(墓銘)명 墓誌銘。 =묘지명

묘목(苗木)명 苗｜苗木。 =나무모

묘미(妙味)명 妙味｜醍醐味｜おもむき｜あじわい。예 경영의 ~를 알다. 経営の妙味を知る。

묘법(描法)명 【묘사하는 법】描法｜描写の技法。

묘비(墓碑)명 墓碑｜墓石。

묘비-명(墓碑銘)명 墓碑銘。

묘사(描寫)명 描写。 예 심리 ~ 心理描写。

　묘사-하다타 描写する｜描く。 예 명암의 차를 매끄럽게 ~. 明暗の差を滑らかに描写する。

묘상(苗床)명 《농》【모판】苗床。

묘소(墓所)명 墓所｜墓地・坡。 =산소¹

묘수(妙手)명 妙手。 ❶ 非常にすぐれた手段。 예 이 상황을 극복할 ~가 있습니다. この状況を切り抜ける妙手があります。 ❷ (운)すぐれた碁・将棋の手。 예 바둑의 ~ 碁の妙手。

묘시(卯時) 《민》【오전 다섯시부터 일곱시까지】卯の刻。

묘안(妙案) 예 ~이 떠오르다. 妙案が浮かぶ。／~을 짜내다. 妙案を案出する。

묘안-석(猫眼石)명 《광》猫目石。

묘약(妙藥)명 妙薬。

묘역(墓域)명 【묘지의 구역】墓域。

묘연-하다(杳然—)형 ❶ 杳然としている｜はるかに遠い。❷ (久しくなり)記憶がはっきりしない。❸ (行方など を)知らない。 예 행방이 ~. 行方を知らない。

묘주(墓主)명 墓の所有者。

묘전(墓前)명 墓前｜墓の前。 예 부모님의 ~에서 향을 사르다. 両親の墓で香をたく。

묘지¹(墓地)명 墓地。

묘지²(墓誌)명 【죽은 사람의 이름·생몰년월일·행적 따위를 기록한 글】墓誌。

묘-지기(墓—)명 墓守り。 예 도굴꾼들은 ~의 눈을 피해 유물을 훔쳤다. 盗掘犯たちは墓守りの目を盗んで、遺物を盗んだ。

묘지-명(墓誌銘)명 【묘지에 새긴 글】墓誌銘。 =묘명

묘책(妙策)명 妙策｜妙案。

묘출(描出)명 描出する。

　묘출-하다타 描出する。 예 마음의 내면을 ~. 心の内面を描出する。

묘판(苗板)명 苗代。

묘포(苗圃)명 《농》苗圃｜苗床。

묘-하다 妙だ。 ❶ 変だ｜不思議だ｜おかしい。 예 묘한 이야기 妙な話。 ❷ 絶妙だ｜巧妙だ。 예 묘한 계획이 있다. 妙な計画がある。

묘혈(墓穴)명 【송장을 묻는 구덩이】墓穴。

　묘혈을 파다 관용 墓穴を掘る｜滅亡の道をたどる。

무¹《식》大根。 예 ~ 채 썰다. 大根を千切りにする。

무²(戊) 《민》【천간의 다섯째】戊。

무³(無) Ⅰ 명 無。 예 ~에서 유를 창조하다. 無より有を創造する。
 Ⅱ 의 引き分け｜分。 예 3승 2~ 1패 3勝1敗2分。

무-⁴(無)[집] 無―。 예 무면허 無免許/ 무조건 無條件。

무가당(無加糖)[명] 無糖。

무-가치(無價値)[명] 無價値。
　무가치-하다[형] 無価値だ。

무간-지옥(無間地獄)[명] 《종》無間地獄。

무간-하다(無間―)[형] へだたりなく親しい ¦ とても親しい。 예 무간하게 지내다。 何のへだたりもなく親しくまじわる。

무-감각(無感覺)[명] 無感覚。
　무감각-하다[형] 無感覚だ。 예 무감각한 표정 無感覚な表情/ 추위로 손끝이 무감각해지다。寒さで指先が無感覚になる。

무개-차(無蓋車)[명] 無蓋車 ¦ 屋根のない車。

무개 화차(無蓋貨車) 無蓋貨車。

무거리[명] かす。

무겁다[형] ❶[重量] (重量が)重い。예 생각보다 ~。思ったより重い。❷[動] (動きが)鈍い ¦ 重い。예 몸이 무거워 쉬고 싶다。体が重くて休みたい。/ 발걸음이 ~。足取りが重い。❸[役割] (役割・責任が)重い ¦ 重大である。예 무거운 책임이 주어지다。重い責任が課せられる。❹[罰] (病気・罪・罰などが)重い。예 죄가 무거운 범죄 罪の重い犯罪/ 무거운 병에 걸리다。重い病気になる。❺[気分] (気分・雰囲気が)重い ¦ 晴れない。예 막상 거절은 했지만 마음이 무거워 잠을 이룰 수가 없었다。 断りはしたが、気が重くて眠りにつくことができなかった。 ❻[重い]。예 몸이 ~(임신 중이다)。身重である：妊娠中だ。

무게[명] ❶[重さ] 重さ。예 ~가 줄다。重さが減る。/ ~가 늘다。重さが増える。/ 박스 1개의 ~는 10킬로그램이다。箱一つの重さは10キロだ。/ ~를 재 보다。重さを量ってみる。❷[重み] 重み。예 고고학적 가치에 ~를 두다。考古学的な価値に重みを置く。❸[重み] 重み ¦ 慎重さ ¦ 貫禄 ¦ 威厳。예 말 한마디에도 ~가 있어야 한다。 一言でも重みがないといけない。

무게 중심(―中心) 《물》重力の中心 ¦ 重心。예 ~이 한쪽으로 쏠리다。重心が片方に傾く。

무결-하다(無缺―)[형] 無欠だ ¦ 欠点がない。예 완전~。完全然無欠だ。

무고¹(無故)[명] ❶縁故がないこと。 ❷無事。
　무고-하다[형] ❶縁故がない。❷無事だ。예 댁내 제절이 무고하신지요? お宅の皆様も、お変わりございませんでしょうか。

무고²(誣告)[명] 《법》誣告。

무고-죄(誣告罪)[명] 《법》誣告罪。

무곡(舞曲)[명] 《음》舞曲。 ＝춤곡

무골-충(無骨蟲)[명] ❶《동》骨のない虫。❷ほねなし ¦ くらげ。

무공(武功)[명] 武功 ¦ 武勳。예 혁혁한 ~을 세우다。かっかくたる武功を立てる。

무과(武科)[명] 《역》武官を選り抜く科挙。

무관(武官)[명] 《역》武官。

무-관심(無關心)[명] 無関心。 예 ~을 가장하다。無関心を装う。
　무관심-하다[형] 無関心だ。예 무관심한 시선 無関心な視線/ 정치에 무관심한 젊은이 政治に無関心な若者。

무관-하다(無關―)[형] 無関係だ。 예 테마와 무관한 발언 テーマに無関係な発言。

무구(武具)[명] 武具。

무구-하다(無垢―)[형] 無垢だ。예 순진무구한 성격 純真無垢な性格。

무-국적(無國籍)[명] 《법》無国籍。예 ~자 無国籍者。

무궁-무진(無窮無盡)[명] 無尽蔵 ¦ 無窮無尽。
　무궁무진-하다[형] 無窮無尽だ。예 무궁무진한 아이디어 無窮無尽のアイディア。

무궁-하다(無窮―)[형] 無窮だ ¦ 限りない。 귀사의 무궁한 발전을 기원합니다。貴社の限りなき発展をお祈り致します。

무궁-화(無窮花)[명] 《식》木槿。예 삼천리 ムクゲ三千里/ ~ 동산 ムクゲの園/ ~ 무늬를 수놓다。ムクゲの模様に刺繡する。/ ~ 묘목을 우리나라 곳곳에 심기 시작했다。ムクゲの苗木をわが国のあちこちに植え始めた。

무-궤도(無軌道)[명] 無軌道。예 ~ 전차 無軌道電車。

무균(無菌)[명] 無菌。

무균-실(無菌室)[명] 無菌室。

무극-하다(無極―)〖형〗無極*むきょく*だ。
무근(無根)〖명〗無根*むこん*。 예 사실 ~ 事実*じじつ*無根*むこん*。
　무근-하다(無根―)〖형〗無根*むこん*だ。
무급(無給)〖명〗無給*むきゅう*。 예 ~으로 일하다. 無給*むきゅう*で働*はたら*く。
무기¹(武器)〖명〗武器*ぶき*｜兵器*へいき*。 예 핵~ 核*かく*兵器*へいき*/ 눈물은 여자의 ~ 涙*なみだ*は女*おんな*の武器*ぶき*/ ~를 비축하다. 武器*ぶき*を蓄*たくわ*える。/ 어학 실력을 ~로 해외에서 활약하다. 語学力*ごがくりょく*を武器*ぶき*に海外*かいがい*で活躍*かつやく*する。
무기²(無期)〖명〗無期*むき*。 예 ~정학 無期停学*むきていがく*/ ~ 징역 無期懲役*むきちょうえき*を
무기³(無機)〖명〗無機*むき*。 예 ~ 화학 無機化学*むきかがく*/ ~ 화합물 無機化合物*むきかごうぶつ*/ ~ 비료 無機肥料*むきひりょう*。
무기⁴(舞妓)【お座敷などで芸を売る女性】〖명〗踊*おど*り子*こ*。
무기-고(武器庫)〖군〗武器庫*ぶきこ*。
무-기력(無氣力)〖명〗無気力*むきりょく*。
　무기력-하다(無氣力―)〖형〗無気力*むきりょく*だ。 예 무기력한 상태 無気力な状態*じょうたい*。
무기력-증(無氣力症)〖명〗無気力症*むきりょくしょう*。
무-기록(無記錄)〖명〗無記録*むきろく*。
무-기명(無記名)〖명〗無記名*むきめい*。 예 ~ 투표 無記名投票*むきめいとうひょう*/ ~ 주권 無記名株券*むきめいかぶけん*。
무-기물(無機物)〖명〗無機物*むきぶつ*。
무기-산(無機酸)〖화〗無機酸*むきさん*。
무기-수(無期囚)〖법〗無期囚*むきしゅう*。
무기-질(無機質)〖화〗無機質*むきしつ*。
무기-한(無期限)〖명〗無期限*むきげん*。 예 ~ 활동 휴지 無期限活動休止*むきげんかつどうきゅうし*/ ~ 연기 無期延期*むきえんき*。
　무기한-하다(無期限―)〖형〗無期限*むきげん*だ。
무기-형(無期刑)〖법〗無期刑*むきけい*。
무기 화학(無機化學)〖화〗無機化学*むきかがく*。
무기 화합물(無機化合物)〖화〗無機化合物*むきかごうぶつ*。
무-김치〖명〗【大根のキムチ】大根*だいこん*を漬*つ*けたキムチ。
무-나물〖명〗大根*だいこん*のナムル｜大根*だいこん*の和*あ*え物*もの*。
무난-하다(無難―)〖형〗無難*ぶなん*だ｜大丈夫*だいじょうぶ*だ｜当*あ*たり障*さわ*りない。 예 무난한 차림새 無難な身*み*なり。
　무난-히(無難―)〖부〗無難*ぶなん*に｜難*なん*なく｜たやすく｜楽*らく*に。 예 실기를 ~ 통과하다. 実技*じつぎ*を難なく通過*つうか*する。
무-남독녀(無男獨女)〖명〗息子*むすこ*のない家*か*の一人娘*ひとりむすめ*。
무너-뜨리다〖타〗壊*こわ*す｜崩*くず*す｜倒*たお*す｜つぶす。 예 벽을 ~. 壁*かべ*を壊す。/ 산을 ~. 山*やま*を崩す。/ 담을 ~. 塀*へい*を倒す。/ 조직을 ~. 組織*そしき*をつぶす。 ＝무너트리다

무너-지다〖자〗❶【建物など】(建物*たてもの*などが)崩*くず*れる｜壊*こわ*れる｜倒*たお*れる。 예 지진으로 빌딩이 ~. 地震*じしん*でビルが壊れる。/ 산이 ~. 山*やま*が崩れる。 ❷(体*からだ*などが)倒*たお*れる。 예 하루 종일 걸었더니 몸이 무너질 것처럼 피곤하다. 一日中*いちにちじゅう*歩*ある*いたから、体*からだ*が倒れように疲*つか*れた。 ❸【秩序・制度】(秩序*ちつじょ*・制度*せいど*が)崩*くず*れる｜壊*こわ*れる｜つぶれる。 예 신뢰 관계가 ~. 信頼関係*しんらいかんけい*が崩れる。 ❹【計画など】(計画*けいかく*・構想*こうそう*が)壊*こわ*れる｜つぶれる。 예 기획이 ~. 企画*きかく*がつぶれる。 ❺【胸など】(胸*むね*が)つぶれる｜つまる。 예 돌아가신 부모님을 생각할 때마다 가슴이 무너진다. 亡*な*くなった両親*りょうしん*のことを思*おも*い出*だ*すたびに胸がつまる。 ❻【基準など】(基準*きじゅん*・防御陣*ぼうぎょじん*などが)崩*くず*れる｜破*やぶ*られる。 예 한 순간에 전열이 무너졌다. 一瞬間*いっしゅんかん*に戦列*せんれつ*が崩れた。 ❼【政権など】崩*くず*れる｜滅*ほろ*びる。 예 소련이 무너진 후, 많은 변화가 일어났다. ソ連*れん*が崩れてから、多*おお*くの変化*へんか*が生*しょう*じてきた。

무너-트리다 ☞무너뜨리다
무녀(巫女)〖명〗巫女*みこ*。
무념(無念)〖명〗無念*むねん*。 예 ~무상 無念無想*むねんむそう*。
무-논〖명〗【水を張った田んぼ】水田*すいでん*。 ＝수답・수전
무-능력(無能力)〖명〗無能力*むのうりょく*。
　무능력-하다(無能力―)〖형〗無能力*むのうりょく*だ。 예 무능력한 자 無能力な者*もの*。
무능-하다(無能―)〖형〗無能*むのう*だ。 예 무능한 사람 無能な人*ひと*。
무늬〖명〗模様*もよう*｜柄*がら*｜紋*もん*。 예 나비 ~가 들어가 있는 손수건 ちょうちょう柄のハンカチ。 ＝문⁵(紋)・문양
무단¹(武斷)〖명〗【武力で政治を行うこと】武断*ぶだん*。
무단²(無斷)〖명〗無断*むだん*。 예 ~출입 無断の出入*でいり*り/ ~결근 無断欠勤*むだんけっきん*/ ~으로 남의 것을 빌리다. 無断で人*ひと*のものを借*か*りる。
무단 정치(武斷政治)〖정〗武断政治*ぶだんせいじ*。
무단-히(無端―)〖부〗何*なん*のわけもなく｜なんら理由*りゆう*もなしに。 예 ~ 사람을 괴롭히다. 何のわけもなく人*ひと*を苦*くる*しめる。
무-담보(無擔保)〖명〗無担保*むたんぽ*。
무당(巫―)〖민〗シャーマン｜巫女*みこ*｜巫覡*ふげき*。
무당-벌레〖명〗〖동〗天道虫*てんとうむし*。 예 ~를 잡으러 온 동네를 다 뒤졌다. てんとう虫*むし*を

捕まえるために、村中をくまなく探した。

무당-서방(-書房)명 巫女の夫。

무대²⇨해류

무대¹(武大)명 [지저리 못나고 어리석] 愚かでろくでない人。うすのろ。ばか。まぬけ。例 왜 그렇게 궁상을 떨어? 사람 참 —일세. どうしてそんなあからさまに窮状を訴えるんだ。本当にばかだよ。

무대(舞臺)명 舞台。例 화려한 ~ 장치 派手な舞台装置。/ ~ 위에 서다. 舞台の上に立つ。/ 첫 ~를 밟다. 初舞台を踏む。/ 세계 ~에 진출하다. 世界の舞台に進出する。

무대 감독(舞臺監督)〈연〉舞台監督。

무더기명 堆積。盛り。山。例 돌 ~ 石の堆積 / 쌓은 것은 ~로 있다. 書くことは山ほどある。/ 당근 한 ~에 300엔 人参一山で300円。

무더기-무더기부 積み重ねたものが、あちこちに山をなしていること。幾山にも。

무-더위명 蒸し暑さ。暑気。例 올 최고의 ~ 今年の最高の蒸し暑さ。

무던-하다형 ❶(程度などが)適当である。調度よい。まあまあである。例 요리 솜씨가 ~. 料理の腕がまあまあだ。❷(性格が)無難だ。寛容である。まあまあである。例 그 사람만큼 무던하고 착한 사람은 없다. 彼ほど無難でやさしい人はいない。/ 그녀의 성격은 ~. 彼女の性格はまあまあだ。

무덤명 墓。墳墓。塚。例 ~을 파다. 墓を掘る。

무-덥다형 蒸し暑い。蒸す。例 몹시 무더운 날 ひどく蒸す日 / 장마철에는 ~. 梅雨時は蒸し暑い。/ 날씨가 무더우니 조금도 움직이고 싶지 않다. 蒸し暑いので少しも動きたくない。

무도¹(武道)명 武道。例 ~를 수련하다. 武道を修練する。

무도(無道)명 無道。非道。例 극악~ 極悪非道。

무도³(舞蹈)명【舞踏】舞踏。

무도-장¹(武道場)명 武道の道場。

무도-장²(舞踏場)명 舞踏場。踊り場。

무도-회(舞蹈會)명 舞踏会。

무독(無毒)명 無毒。例 무해 ~ 無害無毒。

무독-하다형 無毒だ。

무동(舞童)명 ❶宮中の祝宴のとき歌舞を演じた子。❷門付けの仲間등で、人の肩車に乗って舞いや技を演じた子。

무동(을) 서다관용 人の肩の上に立つ。

무두-무미(無頭無尾)명 初めも終わりもないこと。

무두-장이명 皮なめしの業者。例 솜씨 좋은 ~가 호랑이 가죽을 무두질하고 있었다. 腕のいい皮なめしの業者が、虎の皮をなめしていた。

무두-질명 皮をなめすこと。例 이번에는 ~이 잘 되었다. 今度はなめしがうまくいった。

무두질-하다자타 皮なめしする。皮をなめす。例 소가죽을 무두질하여 장갑을 만들다. 牛の皮をなめして手袋を作る。

무드(mood)명 ムード。雰囲気。例 ~를 연출하다. ムードを演出する。/ ~를 잡다. ムードをつかむ。/ ~를 만들다. ムードを作る。

무-득점(無得點)명 無得点。

무디다형 ❶(刃や先ﾄが)鈍い。切れ味が鈍い。例 무딘 송곳 先が鈍いきり / 칼이 무뎌서 잘 잘리지 않는다. 刀が鈍くてよく切れない。❷(勘が)鈍い。鈍感だ。例 마음이 무뎌져서 이제는 아무런 감동도 느낄 수가 없다. 心が鈍くなって、もう何らの感動も感じられない。

무뚝뚝-하다형 無愛想だ。ぶっきらぼうだ。むっつりしている。例 무뚝뚝한 점원 無愛想な店員。

무량(無量)명 無量。

무량-하다형 無量だ。例 감개가 ~. 感慨が無量だ。

무량-무변(無量無邊)명 無量無辺。

무량수-불(無量壽佛)〈종〉【仏】無量寿仏。

무럭-무럭❶【점점 계속해서 빠르게 자라는 모양】すくすく。ぐんぐん。めきめき。例 ~ 자라는 아이 すくすくと育つ子供 / 남동생은 최근 1년 동안 ~ 자랐다. 弟はこの一年間の間、めきめきと大きくなった。❷【연기나 냄새 등이 계속 나오는 모양】もくもく。ぽっぽっ。むくむく。例 ~ 김이 나다. ぽっぽっと湯気が立つ。/ 굴뚝에서 연기가 ~ 피어오르고 있다. 煙突から煙がもくもくと立ち上がっている。❸【생각이나 느낌이 잇달아 일어나는 모양】次々ごと。例 시상이

무럼-생선[명] ❶ (食品として)くらげ。 ❷[활기가 보이지 아니하는 사람] 体質の虚弱な人。 ❸[줏대 없는 사람] 芯のない人;骨なし。 <예>의장이라고는 하지만 사람은 ~이야. 議長だとは言うけど、主体性がないよ。

무려(無慮)[부] [많은 양을 나타내는 말] なんと;実に。 <예>학교까지 ~ 두 시간이나 걸린다. 学校までなんと2時間もかかる。

무력¹(武力)[명] 武力。 <예>~ 진압 武力鎮圧／~을 행사하다. 武力を行使する。

무력²(無力)[명] 無力。
무력-하다[형] 無力だ。 <예>무력한 수뇌부 無力な首脳部。

무력-소치(無力所致)[명] [힘이나 능력이 미치지 못하는 까닭] 無力が致す所で;無能なわけ。

무력-증(無力症)[명] (의)無力症。
무력-화(無力化)[명] 無力化。

무렵[의] ころ;ごろ;時分;時節;頃合い。 <예>메밀꽃 필 ~에 그곳에서 만나자. そばの花が咲くころに、そこで会おう。／저녁 ~에 잠깐 얼굴 좀 보자. 夕方ごろ、ちょっと会おう。

무례-하다(無禮―)[형] 無礼だ。 <예>무례한 놈이다. 無礼な奴だ。／무례한 말을 하다. 無礼なことを言う。

무뢰-한(無賴漢)[명] 無賴漢;ごろつき。

무료(無料)[명] 無料。 <예>입장 ~ 入場無料／~ 서비스 無料サービス。

무료-하다(無聊―)[형] 無聊だ;退屈だ。 <예>무료함을 달래다. 無聊を慰める。／무료한 나날을 보내다. 無聊の日々を送る。

무르-녹다[자] (果物などが)熟しきっている。 <예>무르녹은 감 熟しきった柿。

무르다¹[자] (熟したり煮えたりして)やわらかくなる。 <예>익어서 무른 감 熟れてやわらかくなった柿。

무르다²[타] (やったことを)元へ戻す;取り消す;取り返す;(碁·将棋などで)打ち直す。 <예>물건이 마음에 안 들어 ~. 物が気に入らなくて取り返す。／계약을 ~. 契約を取り消す。／돈으로 ~. お金を取り返す。／물건을 ~. 物を元へ戻す。／한 수 ~. 一手を打ち直す。

무르다³[형] ❶[단단하지 않은] (水気分が多くて)柔らかい;もろい;固くない。 <예>할아버지는 치아가 없어서 무른 음식만 드신다. 祖父は歯がないので、柔らかい物しか食べられない。 ❷[굳세지 못하고] (性格·体力などが)弱い;軟弱だ;甘い;もろい。 <예>성격이 ~. 性格が甘い。／너는 그렇게 물러서 어쩌려고 그러니? お前はそんなに軟弱でどうするんだ。

무르-익다[자] ❶(穀物·果物などが)熟す;実る;よく熟れる。 <예>무르익은 참외 よく熟れたマクワウリ。 ❷(事·時期などが)頃合いになる;熟す。 <예>가을이 ~. 秋が盛りとなる。／때가 무르익기를 기다린다. 機が熟すのを待つ。

무르춤-하다[자] [갑자기 서서] 急にたたずむ;後ずさりする;たじろぐ。 <예>기묘한 소리에 놀라서 무르춤했다. 奇声に驚いて後ずさりした。

무르팍[명] [무릎을 속되게 이르는 말] 膝。 준물팍。

무릅-쓰다[타] (困難だ·恥などを)耐え忍ぶ;押しきる;冒す。 <예>부모의 반대를 무릅쓰고 결혼하다. 親の反対を押しきって結婚する。／눈보라를 무릅쓰고 구조에 나서다. 吹雪を冒して救助に向かう。

무릇¹[명] (식)蔓穂。

무릇²[부] およそ;大体;概して。 <예>~ 사람으로서 부모를 생각하지 않는 자는 없다. およそ人として親を思わぬものはない。 =대범

무릎[명] (의)膝;小膝;膝頭。 <예>~을 꿇고 사죄하다. 跪いて謝罪する。／~을 맞대고 이야기하다. 膝を交えて話す。

무릎-걸음[명] 擦り膝;膝歩き;膝行。 <예>~으로 어른 앞에 다가가다. 擦り膝をして、目上の人の前または近づく。／~으로 걷다. 擦り膝で歩く。

무릎-깍지[명] 両腕だけで膝を抱え込むようにして組むこと。 <예>그녀가 ~를 끼고 앉아 있다. 彼女が膝を抱えて体育座りをしている。

무릎-도가니[명] 牛の膝骨とその肉。
무릎-마디[명] (의)膝の関節。
무릎-베개[명] 膝枕。
무릎-쏴[감] (군)(射撃で)射撃ち;膝射に。
무릎-장단[명] 膝拍子。 <예>~을 치다. 膝拍子をとる。

무릎 치기 《운》[속] 相手の膝の後ろを

무리

手でではらいながら引き倒す技。

무리[1] 명 群れ｜連中｜やから｜集まり。예새가 ~를 짓다. 鳥_{とり}が群れをなす。

무리[2] 명【생산물의 시기】(生産物の)旬｜出盛り｜時期。예오징어 ~ イカの出盛り/ 벚꽃이 필 ~ 桜が咲くとき時。

무리[3] 명 (달)暈。예달~가 지다. 月にかさがかかる。

무리[4] (無理) 명 無理。화내는 것도 ~는 아니다. 怒るのも無理はない。

　무리-하다 형 無理だ。예어린이에게는 무리한 일 子供には無理な仕事だ/ 무리한 주문을 내다. 無理な注文を出す。

무리-수 (無理數) 명 (수)無理數。

무마 (撫摩) 명 ❶【쓰다듬음】(手で)なでさすること。❷【달램】人をなだめること｜なだめかすこと。

　무마-하다 타 ❶ なでさする。❷ なだめる｜なだめすかす。예싫어하는 아이를 무마하여 병원으로 데려가다. いやがる子供をなだめすかして、病院へ連れていく。

무-말랭이 切り干し大根。

무망 (無望) 명 望みがないこと。

무-면허 (無免許) 명 無免許。예 ~ 운전 無免許運転。

무명[1] 명 綿布｜綿織物｜木綿。예 ~옷 木綿の服/ ~베 綿織物；綿布。= 면포·백목

무명[2] (武名) 명 武名。예 ~을 떨치다. 武名をとどろかす。

무명[3] (無名) 명 無名。예 ~ 작가 無名の作家/ ~ 용사의 무덤 無名勇士の墓。

무명-실 명 綿絲｜木綿絲。

무명-씨 (無名氏) 명【이름없는 사람】名もなき人｜失名氏。=실명씨

무명-지 (無名指) 명【藥指】薬指｜無名指。

무명-초 (無名草) 명 名もなき草。

무모 (無毛) 명 無毛。

무모-증 (無毛症) 명 (의)無毛症。

무모-하다 (無謀—) 형 無謀だ｜無茶だ｜無鉄砲だ｜向こう見ずだ。예무모한 등산 계획 無謀な登山計画/ 무모한 용기 向こう見ずの勇気。

무미 (無味) 명 無味。예 ~ 무취 無味無臭。

무미-건조 (無味乾燥) 명 無味乾燥。

　무미건조-하다 형 無味乾燥だ。예무미건조한 이야기 無味乾燥な話。

무-방비 (無防備) 명 無防備。예 ~ 상태 無防備状態。

무-배당 (無配當) 명 (경) 無配当。예 ~ 보험 無配当保険。

무-밥 명 大根飯。

무방-하다 (無妨—) 형 構わない｜差し支えない。예급료는 적어도 ~. 給料は安くても構わない。

무법 (無法) 명 無法。

무법-자 (無法者) 명 無法者。

무법-천지 (無法天地) 명 ❶ 無秩序な世の中。❷ 無法地帯。

무변 (無邊) 명 無辺。예 ~광야 果てしのない広野/ ~ 세계 無辺世界。

무병 (無病) 명 無病。

무병-장수 (無病長壽) 명 無病長寿。

무-보수 (無報酬) 명 無給。예 ~로 일하다. 無給で働く。

무-분별 (無分別) 명 無分別。

　무분별-하다 형 無分別だ。예무분별한 행동 無分別な行動。

무비 (無比) 명【아주 뛰어나 비길 데가 없음】無比。예통쾌 ~의 시대극 痛快無比の時代劇。

무비판-적 (無批判的) 관 명 無批判的。예 ~으로 받아들이다. 無批判に受け入れる。

무사[1] (武士) 명 武士｜武人｜さむらい｜もののふ。예 ~ 계급 武士階級。

무사[2] (無死) 명 (운)【노데드】無死｜ノーアウト。예 ~ 만루 無死満塁。

무사[3] (無事) 명 無事。예 ~ 안일주의 事なかれ主義。

　무사-하다[1] (無事) 無事だ。예무사하기를 빌다. 無事を祈る。/ 전원 ~. 全員無事だ。

　무사-히 부 無事に。예 ~ 도착하다. 無事に着く。

무-사고 (無事故) 명 無事故。예 ~ 운전 無事故運転。

무-사마귀 (의)【살갗에 생기는 군살】疣。

무사-분주 (無事奔走) 명 (する事ともなし)にいたずらに忙しいこと。

무사-태평 (無事泰平) 명 ❶ 平穏無事。❷ のんき。

　무사태평-하다 형 のんきだ。예무사태평한 사람 のんきな人。

무사-하다[2] (無私—) 無私だ。예공평 무사한 정신 公平無私の精神。

무산 (無産) 명 無産。예 ~ 계급 無産階級。

무산²(霧散)[명] 霧散。
　　무산-되다[자] 霧散する。
무산-자(無産者)[명] 無産者。
무산-증(無酸症)[명] 〔의〕無酸症。
무상¹(無上)[명] 無上。最上。|예| ~의 기쁨 無上の喜び/ ~의 영광 無上の光栄。
무상²(無常)[명] 無常。|예| 인생 ~ 人生無常。
　　무상-하다[형] 無常だ。はかない。|예| 무상한 세상 はかない世の中。
무상³(無想)[명] 〔종〕無想。~무념 無想無念。
무상⁴(無償)[명] 無償。|예| ~ 대부 無償貸付/ ~으로 배포하다. 無償で配布する。
무상 계약(無償契約)《법》無償契約。
무상 교육(無償教育)《교》無償教育。
무상 배부(無償配付)[명] 無償配付。
무상-주(無償株)《경》無償株。
무상-출입(無償出入) いつでも自由に出入りすること。
무-색¹(一色)[명] 染めた色｜染色｜色物。
무색²(無色)[명] 無色。|예| ~ 투명 無色透明。
무색-옷(一色一) 色物の服。=색옷
무색-하다(無色一)[형] 面目を失う｜顔負けだ。|예| 전문가를 무색하게 하는 솜씨 專門家が顔負けの腕前。
무생-물(無生物)[명] 〔생〕無生物。
무-생채[명] 大根のナムル。~를 밥에 비벼 먹다. 大根のナムルをご飯にまぜて食べる。
무-서리[명] (秋の終わり頃の)薄く降りた初霜。
무서움[명] 恐れい｜恐怖｜おじけ。|예| ~을 잘 타다. よく怖がる。/ 호러 영화를 보다가 문득 ~이 느껴져 등골이 오싹해졌다. ホラー映画を見ていたら、ふと恐怖を感じて、背筋がぞくぞくしだした。
무선(無線)[명] 無線。|예| ~ 인터넷 無線インターネット。
무선 랜(無線LAN) 無線ラン。
무선 전신(無線電信)[동] 無線電信。
무선 전화(無線電話)[동] 無線電話。
무섬-증(一症)[명] 恐怖症。|예| 그날 이후로 ~이 생겨 밤에 나타니지 못하게 되었다. その日から恐怖症で、夜には外出できなくなった。
무섭다[형] 恐ろしい。❶怖い。|예| 밤길을 혼자 가면 ~. 夜道は一人で行くと怖い。❷心配だ｜不安だ。|예| 당신이 영영 돌아오지 않을까 봐 ~. あなたが永遠に帰って来ないのではないかと心配だ。/ 내 인생이 이렇게 엉망으로 끝날까 봐 ~. 私の人生がこうしてむちゃくちゃに終わるのではないかと思うと恐ろしい。❸(程度が)ひどい｜すごい｜すさまじい。|예| 무서운 솜씨 すごい腕前/ 바람이 무섭게 불다. 風がひどく吹く。
무성(無性)[명]《생》無性。~ 생식 無性生殖。
무성-아(無性芽)[명]《식》無性芽。|예| 북 모양의 ~ 鼓の形の無性芽。
무성 영화(無聲映畫)[연] 無声映画。
무-성의(無誠意)[명] 誠意がないこと。
　　무성의-하다[형] 誠意がない。
무성-하다(茂盛一)[형] 生い茂っている｜繁茂する。|예| 잡초가 ~. 雑草が生い茂っている。
무소〔동〕犀。=코뿔소
무-소득(無所得)[명] 無所得。
무-소속(無所屬)[명] 無所属。
무-소식(無消息)[명] 無消息｜便りのないこと｜無沙汰。
　　무소식이 희소식|속담| たよりがないのはいいたより。
무속(巫俗)[명] 巫俗。~ 신앙 巫俗信仰。
무쇠[명]《광》鑄鐵｜銑鉄。=생철²
무수(無水)[명]《화》無水。|예| ~ 알코올 無水アルコール/ ~ 황산 無水硫酸。
무수-산(無水酸)[명]《화》無水酸。
무수 아비산(無水亞砒酸)《화》無水亜砒酸。
무수 알코올(無水alcohol)《화》無水アルコール。|예| ~은 주정(酒精)으로 쓰인다. 無水アルコールは酒精に使われる。
무수 인산(無水燐酸)《화》無水燐酸｜五酸化燐。
무수 초산(無水醋酸)《화》無水酢酸。
무수 탄산(無水炭酸)《화》【명】無水炭酸。
무수 탄산소다(無水炭酸soda)《화》無水炭酸ソーダ｜無水炭酸ナトリウム。
무수-하다(無數一)[형] 無数だ。|예| 무수한 별 無数の星。
무수 황산(無水黃酸)《화》無水硫酸｜

三酸化硫黄。

무순(無順)몡 順序のないこと｜順序不動。

무술(武術)몡 武術。例 ~ 훈련 武術訓練。

무슨관 ❶【무엇인지 모르는】何だ｜どんな｜どういう｜どの。例 ~ 일이 있어도 참아라. 何があっても我慢しろ。／~ 색 좋아해? 何色が好き。／당신과는 ~ 관계입니까? あなたとはどんな関係ですか。❷【무엇인지 어떤】何か。例 ~ 수를 써야겠어. 何か手をうたなければ。❸【어떤 이유로 왜】何｜なぜ｜どうして。例 ~ 말을 하는 거야? 何を言ってるんだ。／~ 날씨가 이렇게 춥지? どうしてこんなに寒いんだ。❹【반어적으로 강조하기 위해】何。例 그 사람이 ~ 잘못을 했어? 彼が何を間違ったのよ。

무슨 바람이 불어서관용 どういう風の吹き回しで；「どうしたわけで」の意。

무슨 뾰족한 수 있나관용 何か妙案があるのか。

무-승부(無勝負)몡 引き分け。例 시합이 ~가 되다. 試合が引き分けになる。

무시¹(無時)몡 一定の時がないこと。

무시²(無視)몡 無視。

무시-하다타 無視する。例 반대 의견을 ~. 反対意見を無視する。／인권이 무시당하다. 人権が無視される。

무시-로(無時-)부 随時｜いつでも。

무시-류(無翅類)몡〈동〉無翅類。

무시무시-하다톙 (状況・光景などが) とても恐ろしい｜ぞっとするほど怖い｜すさまじい。例 그가 무시무시한 기세로 내게 덤벼들었다. 彼がすさまじい勢いで私にも飛びかかってきた。

무-시험(無試驗)몡〈교〉無試驗。例 ~ 입학 無試驗入學。

무식(無識)몡 無学がない｜無知｜無識。

무식-하다톙 無學だ｜無知だ。例 무식한 사람 無學な人。

무식-꾼(無識-)몡 ☞무식쟁이

무식-쟁이(無識-)몡【무식한 사람을 낮잡아 이르는 말】無知な人｜無学な人。例 이런 ~를 데리고 내가 무슨 일을 하겠어. こんな馬鹿と一緒に何ができるって言うんだい。=무식꾼

무신(武臣)몡 武臣。

무-신경(無神經)몡 無神經。

무신경-하다톙 無神經だ。例 남의 기분에 무신경한 발언 他人の気持ちに無神經な発言。

무신-론(無神論)몡〈철〉無神論。

무실(無實)몡 無実。例 유명~ 有名無実。

무심(無心)몡 ❶【잡념이 없는 상태】無心。❷〈종〉【불교】無心。

무심-하다 ❶何の考えも感情もない｜無心だ。例 그는 무심하게 그 자리에서 있었다. 彼は無心にその場所に立っていた。❷気にかけないこと｜無関心だ。例 요즘 젊은이들은 정치에 ~. 近頃の若者は政治に無關心だ。

무심-히 何気なく｜無心に。例 ~ 한 말 何気なく言った言葉。

무심-결(無心-)몡 無心に｜何気なく｜思わず｜うっかり。例 내가 ~에 한 말이 당신의 가슴을 아프게 했다면 정말 미안합니다. 私が何気なく口にした言葉で心を痛めたのであれば、本当にすみません。／그가 ~에 툭 내뱉은 말이 나의 가슴에는 비수로 꽂혔다. 彼の何気なく吐いた言葉が、私の胸に匕首となって突き刺さった。

무심-재(無心材)몡 芯のない木材。

무심-코(無心-)몡 何気なく｜なんとなく｜思わず。例 ~ 내던진 말이 그녀에게 상처를 주고 말았다. 何気なく言った言葉が、彼女の心を傷つけてしまった。／~ 하늘을 쳐다보았다. なんとなく空を見上げた。

무쌍-하다(無雙-)톙【비교할 만한 것이 없을 정도】無雙だ｜並ぶものがない。例 용감무쌍한 행동 勇敢無雙な行動。

무아(無我)몡【자아가 없음】無我。例 ~몽중 無我夢中。

무아-경(無我境)몡 ☞무아지경

무아지경(無我之境)몡 無我の境。例 ~에 빠지다. 無我の境に入る。=무아경

무-악(舞樂)몡〈음〉【춤과 음악】舞楽。

무안(無顏)몡 合わせる顏がないこと｜面目がないこと｜恥ずかしいこと｜照れくさいこと。例 ~을 주다. 恥をかかせる。／사람들 앞에서 ~을 당하다. 人の前で恥をかく。

무안-하다톙 合わせる顏がない｜面目がない｜恥ずかしい｜照れくさい。例 왠지 무안해서 고개를 숙였다. 何だか照れくさくてうつむいた。

무안-스럽다(無顏-)톙 恥ずかしい｜面目ない。例 무안스러워서 얼굴을 들 수가 없다. 恥ずかしくて顏をあげること

가 できない。/ 무안스러워서 당신을 만날 수 없다. 面目なくて、あなたに会えない。

무안스레 튀 恥ずかしく。

무액면 주식(無額面株式) 〈경〉無額面株式。

무어 대 ☞무엇

무언(無言) 명 無言。예~의 압력 無言の圧力。

무언-극(無言劇) 명 〈연〉無言劇｜パントマイム。예~에서는 제스처로 소통해야 한다. 無言劇では体のジェスチャーで通じなければならない。

무언-중(無言中) 명 無言のうち。예~에 통하는 마음 無言のうちに通じ合う心。

무엄-하다(無嚴—) 형 無作法だ｜不都合だ｜無礼だ。예예의를 모르는 무엄한 행동 礼儀をわきまえぬ無作法な振る舞い。

무엇 대 ❶ 何。예이것은 ~입니까? これは何ですか。/ 당신은 ~을 좋아합니까? あなたは何が好きですか。/ ~을 사 왔어? 何を買ってきたの。❷ 何。예~이라도 좋으니 빨리 먹고 싶다. 何でもいいから早く食べたい。=무어 죤뭐

무엇-하다 형 なんだ。예무엇하면 내가 갈게. なんなら私が行くよ。/ 빈손으로 가기는 좀 무엇합니다. 手ぶらで行くのはちょっとどうかと思います。/ 이렇게 말하기는 무엇하지만 자네는 그 일을 하지 못할 것 같네. こう言うのはなんだけど、君はその仕事ができないと思うよ。 죤멋하다・뭐하다

무역(貿易) 명 貿易。예대일 ~ 対日貿易/ ~ 수지 貿易収支。

 무역-하다 자타 貿易する。

무역 금융(貿易金融) 〈경〉貿易金融。

무역 도시(貿易都市) 명 貿易都市。예자유 ~ 自由貿易都市。

무역-상(貿易商) 명 貿易商。

무역 어음(貿易—) 〈경〉貿易手形。

무역-업(貿易業) 명 貿易業。

무역 의존도(貿易依存度) 〈경〉貿易依存度。

무역-풍(貿易風) 명 貿易風。예해상에서 부는 고온 다습한 ~ 海上で吹く高温多湿な貿易風。

무역-항(貿易港) 명 貿易港。

무역 협정(貿易協定) 〈경〉貿易協定。예자유 ~ 自由貿易協定。

무연(無緣) 명 ❶ 無縁。❷ 無縁故。예~ 분묘 無縁墓地。

무연 가솔린(無鉛gasoline) ☞무연 휘발유

무연-탄(無煙炭) 명 〈광〉無煙炭。

무연-하다(無緣—) 형 ❶ 無縁だ。❷ 縁故がない。

무연 화약(無煙火藥) 〈화〉無煙火藥。

무연 휘발유(無鉛揮發油) 〈화〉無鉛ガソリン。=무연 가솔린

무염(無鹽) 명 無塩味｜塩分がないこと。예~ 간장 無塩醤油。

무염-식(無鹽食) 명 無塩食。

무예(武藝) 명 武芸。예~를 겨루다. 武芸を競う。/ ~를 닦다. 武芸をみがく。

무욕-하다(無慾—) 형 無欲だ。예무욕한 생활 無欲な生活。

무용¹(武勇) 명 武勇。

무용²(無用) 명 無用。
 무용-하다(無用—) 형 無用だ。예무용한 논쟁 無用な論争。

무용³(舞踊) 명 舞踊｜ダンス。예현대 ~ 現代舞踊/ 민속 ~ 民俗舞踊/ 고전 ~ 古典舞踊。
 무용-하다 자 舞踊する。

무용-가(舞踊家) 명 舞踊家。

무용-극(舞踊劇) 명 〈연〉舞踊劇。

무용-단(舞踊團) 명 舞踊団。

무용-담(武勇談) 명 武勇談。

무용-수(舞踊手) 명 踊り手｜ダンサー。

무용-장물(無用長物) 명 無用の長物。

무용지물(無用之物) 명 無用の物。

무운(武運) 명 武運。예~을 빌다. 武運を祈る。

무위(無爲) 명 無為｜無駄。

무위-도식(無爲徒食) 명 無為徒食。

무위-무책(無爲無策) 명 無為無策。

무의-무탁(無依無托) 명 寄る辺のないこと。예~의 노인을 돌보다. 寄る辺のない老人の世話をする。

무의미-하다(無意味—) 형 無意味だ。예무의미하게 지내다. 無意味に暮す。

무-의식(無意識) 명 無意識。예~ 상태 無意識状態/ ~ 중에 남에게 상처 입히다. 無意識に他人を傷つける。

무의식-적(無意識的) 관명 無意識的。

무의-촌(無醫村) 명 無医村。

무이(無二) 명 無二。예유일~ 唯一

무-이자(無利子)[명] 無利息む りそく。│無利子り し。예 이번에는 ~로 빌려드립니다. 今回こんかいは無利子で貸かします。

무익-하다(無益―)[형] 無益む えきだ。예 무익한 싸움 無益な争あらそい。

무인¹(拇印)[명]【指印しいん】拇印ぼ いん。예 ~을 찍다. 拇印を押おす。

무인²(無人)[명] 無人む じん。예 ~ 헬리콥터 無人ヘリコプター/ ~ 판매 無人販売はんばい。

무인-도(無人島)[명] 無人島む じんとう。

무인지경(無人之境)[명]【사람이 없는 쓸쓸한 지경】無人む じんの境さかい。

무-일푼(無――)[명] 無一文む いちもん。│一文いちもんなし。예 ~에서 시작하는 재테크 법 無一文から始はじめる財ざいテク法ほう。

무임(無賃)[명] 無賃む ちん。예 ~ 승객 無賃乗客じょうきゃく。

무임-승차(無賃乘車)[명] 無賃乗車む ちんじょうしゃ。

무-자격(無資格)[명] 無資格む し かく。

무자비-하다(無慈悲―)[형] 無慈悲む じ ひだ。예 무자비한 처사 無慈悲な仕打し うち。

무-자식(無子息)[명] 子こなし│子供こ どものないこと。

　무자식 상팔자[속담] 子供こ どもがないのが幸運こううん:「子供がないと心配しんぱいすることがない」の意い。

무-자위[【논밭에 물을 퍼 올리는 기계】揚水機ようすいき。

무-작정(無酌定)[부]【術量하거나 헤아림이 없이 마구】❶【良よし悪あしの区別く べつがなく】むやみに│やたらに。예 ~ 믿다. むやみに信しんじる。/ ~ 화가 나다. やたらに腹はらが立たつ。❷【見通みとおしもなく│無計画む けいかくに│とにかく。예 ~ 달리다. とにかく走はしる。/ ~ 기차를 타다. 見通しもなく汽車き しゃに乗のる。/ ~ 약속하지 마. とにかく約束やくそくするな。

　무작정-하다[형] ❶ 良よし悪あしの区別がない。❷計画けいかくも見通みとおしもない。예 약간 무서웠지만 무작정하고 들어가 보았다. 少すこし怖こわかったが、計画もなく入はいってみた。

무장¹(武將)[명]【무사의 장수】武将ぶ しょう。

무장²(武裝)[명] 武装ぶ そう。예 ~ 해제 武装解除かいじょ/ ~ 중립 武装中立ちゅうりつ/ ~ 봉기 武装蜂起ほう き。武装を解とく。

　무장-하다[자타] 武装する。예 소총으로 ~. 小銃しょうじゅうで武装する。

무재(無才)[명] 無才む さい。예 무학 ~ 無學む がく無才/ ~ 무능 無能む のう無才。

無二。

무-저울[명]【천】足垂星あしたれぼしの尾おに並ならんでいる二ふたつの星ほし。

무-저항(無抵抗)[명] 無抵抗む ていこう。예 ~주의 無抵抗主義しゅ ぎ。

무적¹(無敵)[명]【짝이 없거나 맞서 맞상대가 없음】無敵む てき。예 천하~ 天下てんか無敵。

무적²(無籍)[명] 無籍む せき。

무적-자(無籍者)[명] 無籍者む せきしゃ。

무적-함대(無敵艦隊)[명] 無敵艦隊むてきかんたい。

무전¹(無電)[명]【통】無電む でん。예 ~으로 연락을 취하다. 無電で連絡れんらくを取とる。

무전²(無錢)[명] 無錢む せん。예 ~취식 無錢飮食いんしょく/ ~여행 無錢旅行りょこう。

무전-기(無電機)[명] 無電機む でんき。

무전-실(無電室)[명] 無電室む でんしつ。

무-절제(無節制)[명] 無節制む せっせい。

　무절제-하다[형] 無節制む せっせいだ。예 무절제한 생활 無節制な生活せいかつ/ 무절제한 카드 사용 無節制なカード使用し よう。

무-절조(無節操)[명] 無節操む せっそう。

무절조-하다[형] 無節操だ。

무정견-하다(無定見―)[형] 無定見む ていけんだ。예 무정견한 시책 無定見な施策し さく。

무정-란(無精卵)[명]【생】無精卵む せいらん。

무-정부(無政府)[명] 無政府む せい ふ。예 ~ 상태 無政府状態じょうたい。

무정부-주의(無政府主義)[명]《시》無政府主義しゅ ぎ。=아나키즘

무정부주의-자(無政府主義者)[명]《시》無政府主義者しゅ ぎ しゃ。=아나키스트

무정-하다(無情―)[형] 無情む じょうだ│つれない。예 무정한 사람 つれない人ひと/ 무정한 처사 無情な仕打し うち。

무-정형(無定形)[명] 無定形む ていけい。예 ~ 물질 無定形物質ぶっしつ。

무제(無題)[명] 無題む だい。

무-제한(無制限)[명] 無制限む せいげん。예 고래의 ~ 포획 鯨くじらの無制限の捕獲ほ かく/ 용돈을 ~으로 주다. 小遣こ づかいを無制限に与あたえる。

무-조건(無條件)[명] 無条件む じょうけん。예 ~ 항복 無条件降伏こうふく/ ~ 승낙하다. 無条件で承諾しょうだくする。

무조건 반사(無條件反射)[명]《심》無条件反射むじょうけんはんしゃ。

무조 음악(無調音樂)[명]《음》無調音樂む ちょうおんがく。

무좀[명]《의》水虫みずむし。예 ~이 생기다. 水虫ができる。

무-종아리[명] 踵きびすとふくら脛はぎとの間あいだの部分ぶ ぶん。

무죄(無罪)[명] 無罪む ざい。예 ~를 주장하다. 無

무주-물(無主物)【명】無主物。例 ~ 선점 無主物先占.

무중(霧中)【명】霧中。例 오리~ 五里霧中/~ 신호 霧中信号.

무-중력(無重力)【울】無重力。例 ~ 상태 無重力状態.

무-즙(一汁)【명】大根おろし.

무지¹(無地)【명】無地。例 ~ 옷감 無地の布地.

무지²(無知)【명】無知。❶知らないこと｜知識・学問がない。例 사람들의 ~를 이용하지 마라. 人々の無知に付け込むな。❷愚かで乱暴なこと.

　무지-하다【형】❶無知だ。例 무지한 사람 無知な人/ 나는 예능계에 관해서는 ~. 私は芸能界に関して無知だ。❷愚かで乱暴だ。例 무지한 짓거리 粗暴なふるまい/ 도대체 그런 무지한 짓을 한 놈이 누구냐? 一体そんな愚かで乱暴なことをした奴は誰か.

무지³(無智)【명】無智｜知識・知恵がないこと。例 ~를 드러내다. 無智をさらけ出す.

무-지각(無知覺)【명】無分別.

　무지각-하다【형】無分別だ。例 무지각한 발언 無分別な発言.

　무지각이 상팔자 속담 何も知らないのがよい身の上.

무지개【명】虹。例 일곱 빛깔 ~ 七色の虹/ ~가 뜨다. 虹が立つ.

무지근-하다【형】❶【생리】便通が悪く気が重い｜すっきりしない。例 아랫배가 ~. 下っ腹が重くてすっきりしない。❷【병리】(頭・手足・気分などが)重苦しい。例 가수를 옮긴 탓인지 팔다리가 ~. 家具を置き換えたせいか、手足が重い。/ 왠지 모르게 가슴이 ~. なんとなく胸が重苦しい.

　무지근-히【부】重苦しく.

무지러-지다【자】(物の先ざきが)すり減る｜禿びる。例 붓 끝이 ~. 筆先がすりへる.

무지렁이【명】何も知らない無知な人。例 시골 ~ 無学校な田舎者.

무지막지-하다(無知莫知—)【형】❶【접시무시】たいへん無知で荒々しい。例 이렇게 무지막지한 놈은 여기에 있을 자격이 없다. こんなに無知で荒々しい奴はここにいる資格がない。❷【몹시】非常に大きい｜でかい。例 그녀는 무지막지한 가방을 들고 왔다. 彼女はどでかい鞄をさげてきた。/ 어머니는 무지막지한 반지를 끼고 있다. 母親は非常に大きな指輪をはめている.

무지-몽매(無知蒙昧)【명】無知蒙昧.

　무지몽매-하다【형】無知蒙昧だ。例 무지몽매한 인간 無知蒙昧な人間.

무지무지-하다【형】ものすごい。例 무지무지하게 어려운 문제 ものすごく難しい問題.

무지-스럽다(無知—)【형】❶無知である。❷愚かで乱暴だ.

무직(無職)【명】無職.

무진(無盡)【명】限りなく｜非常に｜随分。例 ~ 고생했다. 非常に苦労した.

　무진-하다【형】無尽だ｜尽きない。例 무궁무진한 발전 限りない発展.

무진-장(無盡藏)【명】無尽蔵.

　무진장-하다【형】無尽蔵だ。例 무진장한 자원 無尽蔵の資源/ 아이디어는 무진장하게 있다. アイデアは無尽蔵にある.

무-질서(無秩序)【명】無秩序.

　무질서-하다【형】無秩序だ.

무찌르다【타】❶打ち破る｜撃破する。例 강호를 ~. 強豪を打ち破る。❷手当たり次第に殺す.

무-차별(無差別)【명】無差別。例 ~ 폭격 無差別爆撃.

　무차별-하다【형】無差別だ.

무차별 곡선(無差別曲線) 《경》無差別曲線.

무-착륙(無着陸)【명】無着陸。例 ~ 비행 無着陸飛行.

무참-하다(無慘—)【형】無慘だ｜むごたらしい。例 꿈은 무참하げに崩れた. 夢は無惨にもついえた.

　무참-히【부】無惨に。例 둘 사이를 ~ 갈라놓다. 二人の仲を無惨に引き裂く.

무-채【명】大根の千切り、またはそのおかず.

무채-색(無彩色)【명】無彩色.

무-책임(無責任)【명】無責任。❶責任がないこと。例 ~ 행위 無責任行為。❷責任感がないこと.

　무책임-하다【형】無責任だ。例 무책임한 발언 無責任な発言/ 사명감도 없고 무책임한 인간 使命感もなく責任

感責任もない人間。/ 무책임하게 받아들이다. 無責任に引き受ける.

무척[부] 非常に.大変に. とても.大層. 예》— 멋지다. とてもすてきだ. / ~ 기쁘다. とても嬉しい.

무척추-동물(無脊椎動物)[명]《동》無脊椎動物.

무-청 大根の葉と茎.

무체-물(無體物)[명]《법》無体物.

무체 재산권(無體財産權)[법]【[해설생략]】無体の財産権.

무춤[부]【[해설생략]】 はっと. ぱっと. 예》지렁이를 보고 ~ 서다. ミミズを見てはっと立ち止まる.

무춤-하다[자] はっとする. ぱっとする.

무취(無臭)[명] 無臭. 예》무색 — 無色無臭.

무치(無恥)[명] 恥知らず. 예》후안 ~ 厚顔無恥.

무치다[타](調味料して)和える. 예》시금치를 ~. ほうれん草を和える.

무침[명] 和え物. 예》오이~ きゅうりの和え物.

무탈-하다(無頉—)[형] ❶【[해설]】病気.事故などがない.達者だ. 예》지금까지 무탈하게 지내 왔다. 今まで病気もせず過ごしてきた. ❷【[해설]】(他人に対して)気兼ねがない. 예》무탈하게 대하다. 気兼なく接する. ❸【[해설]】けちをつける所がない. 예》그 사람은 신랑감으로 무탈한 사람이다. 彼は婿がねとしてけちをつける所がない人だ.

무턱-대고[부] むやみに. やたらに. 無鉄砲に. 訳もなく. 예》~ 화내다. むやみに怒る. / ~ 사들이다. やたらに買い込む.

무-테(無—)[명] 縁なし. 枠なし.

무통(無痛)[명] 無痛.

무통 분만(無痛分娩)[의] 無痛分娩.

무투표 당선(無投票當選)[명] 無投票当選.

무트로[부] 一度にたくさん. どっさり.

무-트림 生大根を食べて出す臭いげっぷ.

무패(無敗)[명] 無敗. 예》~ 행진을 기록하다. 無敗行進を記録する.

무-표정(無表情)[명] 無表情.
　무표정-하다[형] 無表情だ. 예》무표정한 얼굴 無表情な顔つき.

무풍(無風)[명] 無風. 예》~ 지대 無風地帯.

무피-화(無被花)[명]《무》無被花.

무학(無學)[명] 無学. 学問のないこと.

무한(無限)[명] 無限. 예》~ 궤도 無限軌道 / ~ 책임 無限責任.

무한-급수(無限級數)[명]《수》無限級数.

무한-대(無限大)[명] 無限大. 예》~로 확대하다. 無限大に拡大する.

무한-소(無限小)[명]《수》無限小.

무한 소수(無限小數)[명]《수》無限小数.

무한-수열(無限數列)[명]《수》無限数列.

무-한정(無限定)[명] 無限定. 예》~ 기다릴 수는 없다. いつまでも待つことはできない.
　무한정-하다[형] 無限定だ.

무한 직선(無限直線)[명]《수》無限直線.

무한 집합(無限集合)[명]《수》無限集合.

무한-하다(無限—)[형] 無限だ. 무한한 가능성 無限の可能性.

무한-히[부] 無限に. 限りなく.

무해(無害)[명] 無害. 예》인축 ~ 人畜無害.
　무해-하다[형] 無害だ. 예》인체에 무해한 약 人体に無害な薬.

무-허가(無許可)[명] 無許可. 예》~ 영업 無許可営業.

무혈(無血)[명] 無血. 예》~ 혁명 無血革命.

무-혐의(無嫌疑)[명] 無嫌疑.

무형(無形)[명] 無形. 예》~ 문화재 無形文化財 / 유형 ~의 은혜를 받다. 有形無形の恩恵を受ける.

무화-과(無花果)[명] ❶いちじくの実. ❷《식》無花果.

무화과-나무(無花果—)[명]《식》無花果. 예》이브는 ~ 잎을 엮어 치마를 만들었다. イブはイチジクの葉でスカートを編んだ.

무효(無效)[명] 無効. 예》계약이 ~가 되다. 契約が無効となる.

무효-화(無效化)[명] 無効化. 예》자동 실행 기능을 무효화하다. 自動実行機能を無効化する.

무훈(武勳)[명] 武勲. 武功. 예》~을 세우다. 武勲を立てる.

무휴(無休)[명] 無休. 예》연중~ 年中無休.

무희(舞姫)[명] 舞姫. 踊り子.

묵명【도트·메일 …에우 둥으로 만든】ムク。
묵가(墨家)명【철】【중국 고대에 묵적이 …】墨家か。
묵고(默考)명【묵묵히 생각함】黙考ぼっこう。
　묵고-하다타 黙考こうする。예 심사~. 沈思しんち 黙考こうする。
묵과(默過)명 黙過か。
　묵과-하다타 黙過かする。예 지도부의 비리는 묵과할 수 없다. 指導部しどうぶの非理ひりは黙過できない。
묵념(默念)명 ❶黙念ねん。だまって考かんがえ込こむこと。 ❷黙祷とう。예 ~을 바치다. 黙祷を捧ささげる。
　묵념-하다자 ❶黙念とする。❷黙祷する。예 1분간 ~. 一分間いっぷんかん黙祷する。
묵다자 ❶【어떤 곳에 …】留とまる｜泊とまる｜泊とまり込こむ。예 할아버지 댁에서 1주일간 묵기로 했다. 祖父そふの家いえで一週間しゅうかん泊まることにした。/오늘 묵을 방은 있어? 今日きょう泊まる部屋へやはあるのかい。 ❷【시간이 지나 …이 된 상태가】(時間じかんが経たって)こびりつく｜染しみ付つく｜古ふるくなる。예 묵은 물때를 씻어내다. こびりついた水垢みずあかを洗あらい落おとす。/마음속에 묵은 상처를 내가 낫게 해 줄게. 心こころの奥おくに染み付いた傷跡きずあとを、僕ぼくが癒いやしてあげよう。❸【사용하지 않고 내버려 …】放置ほうちされる。예 이번에 묵어 있는 땅을 팔기로 했다. 今回こんかい放置されていた土地とちを売うることにした。❹【돈이 사용되지 …】(お金かねなどが)寝ねる。예 돈이 묵고 있으면 경제에 부정적인 영향을 미친다. お金が寝ていると、経済けいざいにマイナス影響えいきょうを及およぼす。
묵도(默禱)명【말없이 마음 속으로…】黙祷とう。
　묵도-하다자 黙祷とうする。예 1분간 ~. 一分間いっぷんかん黙祷する。
묵독(默讀)명 黙読もくどく。
　묵독-하다타 黙読する。예 혼자서 조용히 ~. ひとりで静しずかに黙読する。
묵례(默禮)명 黙礼もくれい。
　묵례-하다자 黙礼する。예 묵례하고 지나가다. 黙礼して通とおり過すぎる。
묵매(墨梅)명【먹으로 그린 매화】墨梅ぼくばい。
묵묵-부답(默默不答)명 黙だまりこくって返事へんじをしないこと。
묵묵-하다(默默―)형 黙々もくもくとする。
　묵묵-히 黙々と｜黙だまって。예 ~ 일하다. 黙々と働はたらく。
묵비(默秘)명【어떠한 내용을 말하지 않고…】黙秘ひ。
묵비-권(默秘權)명《법》黙秘權ひけん。

묵-사발(―沙鉢)명 ❶ムクを盛もる鉢はち。 ❷【속】顔かおなどがこっぴどく殴なぐられたさま。예 얼굴이 ~이 되도록 맞았다. 顔がでこぼこになるほど殴られた。❸【속】(戦争せんそうなどで)敗やぶれて滅ほろびること。예 우리 부대는 적군에게 ~이 되어 돌아왔다. うちの部隊ぶたいは敵軍てきぐんに敗れて帰かえってきた。
묵살(默殺)명 黙殺もくさつ。
　묵살-하다자타 黙殺する。예 반대 의견을 ~. 反対意見いけんを黙殺する。
묵상(默想)명 黙想もくそう｜瞑想めいそう。예 ~에 잠기다. 黙想にふける。
　묵상-하다자타 黙想する｜瞑想する。
묵시¹(默示)명【은연중에 의사를 …】黙示もくし。
　묵시-하다타 黙示する。
묵시²(默視)명 黙視もくし。
　묵시-하다타 黙視する。예 묵시할 수 없는 상태 黙視できない状態じょうたい。
묵시-록(默示錄)명《종》【성경의 …】黙示錄もくしろく｜ヨハネ黙示錄。
묵약(默約)명 黙約もくやく。예 업계에는 일정의 ~이 있다. 業界ぎょうかいには一定いっていの黙約がある。
묵연-하다(默然―)黙然もくねんとしている。예 묵연하게 앉아 있다. 黙然と座すわっている。
묵은-세배명 大おおみそかの夕方ゆうがたに、目上めうえの人ひとにする挨拶あいさつ。
묵은-쌀명 古米こまい。
묵은-해명 旧年きゅうねん｜昨年さくねん。
묵인(默認)명 黙認もくにん。
　묵인-하다타 黙認する。예 지각을 ~. 遅刻ちこくを黙認する。
묵정-밭명【오래 내버려 두어 묵어 …】長ながくほったらかして、荒あれ果はてた畑はたけ。
묵정-이명【오래되어 …】古物こぶつ｜古ふるくなったもの｜ひね。
묵주(默珠)명《종》【가톨릭】ロザリオ。
묵죽(墨竹)명 墨竹ぼくちく｜墨で描えがかれた竹たけ。
묵즙(墨汁)명 墨汁ぼくじゅう。=먹물
묵직-하다형 ❶【꽤 무거운 …】見みた目めよりかなり重おもい。예 제법 묵직한 보따리 かなり重い包つつみ/이 상자는 생각보다 꽤 ~. この箱はこは思おもったよりかなり重い。❷【사람의 성격이나 …】(人ひとの性格せいかくや言葉遣ことばづかいが)重おもみがある｜大様おおようだ｜品格ひんかくがあって慎重しんちょうである。예 묵직한 목소리 重みのあ

묵필(墨筆)[명] 墨と筆｜筆墨. =필묵
묵향(墨香)[명] 墨香｜墨の香り.
묵화(墨畫)[명]【미】墨画｜水墨画｜墨絵. ｜~를 치다. 墨絵を描く.
묵흔(墨痕)[명]【하자어】墨痕｜墨の痕.
묵-히다[타]【하자어】放っておく｜遊ばせる｜放置する｜寝かす. 예 책장에 묵혀 둔 책 本棚に寝かしておいた本｜쓰지 않고 묵혀 둔 방에서 곰팡이 냄새가 난다. 使わずに放っておいた部屋から、カビの臭いがする. 예 묵혀 놓았던 기계를 판다. 遊ばせていた機械を売る.

묶다[타] ❶【하자어】(紐・縄などを)縛る｜くくる｜結う. 예 신발 끈을 ~. 靴の紐をくくる. ／도둑을 잡아서 밧줄로 묶어 놓았다. 泥棒を捕まえてロープで縛っておいた. ❷【하자어】(ばらばらになったものを)一つに)まとめる｜くくる. 예 사과 5개를 한 세트로 묶어서 판다. 五つのリンゴをワンセットとして、くくって売る. ／낱권을 묶어서 출간한다. 一つ一つの本をまとめて出版する. ❸【하자어】(法令などで)禁止する｜制限する. 예 정부는 그 땅을 사용하지 못하도록 묶어 놓았다. 政府はその土地を使えないように制限しておいた.

묶-음[명] 束｜くくり. 예 파 한 ~. ネギ一束｜~으로 팔다. 束で売る.

묶-이다[자]【하자어】❶(紐・縄などが)縛られる｜くくられる｜結ゆわれる. 예 신발 끈이 잘 묶여 있는지 확인해라. 靴の紐がしっかりくくられているか確認しなさい. ／그는 밧줄로 묶인 채 발견되었다. 彼はロープで縛られたまま発見された. ❷まとめられる｜くくられる. 예 지금까지 발표한 논문들이 책 한 권으로 묶여졌다. 今まで発表してきた論文が、一冊の本にまとめられた. ❸(法令などで)禁止される｜制限される. 예 이 땅은 그린벨트로 묶여 있다. この土地はグリーンベルトとして制限されている.

문¹(文)[명] 文. ❶〈언〉文章. ❷(武に対して)学問・芸術.
문²(文)의【하자어】文.
문³(門)[명] 門｜戸｜扉｜ドア｜窓. 예 ~을 잘 닫아라. 戸をきちんと閉めろ. ／~이 고장 났다. 扉が故障した. ／~을 열어 두었다. 戸を開けておいた. ／~이 잠겼다. ドアが閉まっちゃった. ❷〈운〉ゴール. 예 아슬아슬하게 ~을 비껴 나가다. ひやひやとゴールを避けて出ていく. ❸【하자어】関門｜門. 예 일류 대학의 ~은 좁다. 一流大学の門は狭い.
문⁴(門)의【하자어】門.
문⁵(紋)[명] ☞무늬
-문⁶(文)[접]【하자어】—文. 예 감상문 感想文｜의문문 疑問文.
문간(門間)[명] 玄関｜戸口｜門口.
문간-방(門間房)[명] 玄関わきの部屋.
문간-채(門間—)[명] 正門の脇にある棟. 예 머슴이 살고 있는 ~ 作男が住んでいる門の横の棟／~를 세놓다. 正門わきの建物を、家賃を取って貸した.
문갑(文匣)[명] 文箱｜手文庫.
문객(門客)[명] 門客.
문고(文庫)[명]〈출〉文庫.
문-고리(門—)[명] 取っ手｜引き手｜握り. 예 ~가 떨어져 나가다. 取っ手が落ちてなくなった.
문고-본(文庫本)[명]〈출〉文庫本.
문고-판(文庫判)[명]〈출〉文庫判.
문과(文科)[명]〈역〉文官を選り抜く科挙.
문관(文官)[명]〈역〉文官.
문교(文敎)[명]【하자어】文教.
문구¹(文句)[명] 文句｜語句. 예 성서 속의 ~를 인용하다. 聖書の中の文句を引用する.
문구²(文具)[명]【하자어】文具.
문-구멍(門—)[명] 障子やふすまなどに破れてあいた穴. 예 ~으로 훔쳐보다. 障子の破れ穴から盗み見る.
문-끈(門—)[명] 握り｜引き手の紐.
문단¹(文段)[명] 文段.
문단²(文壇)[명]【하자어】文壇.
문-단속(門團束)[명] 戸締まり. 예 ~을 단단히 하다. 戸締まりをしっかりする.
문답(問答)[명] 問答.
　문답-하다[자타] 問答する.
문답-법(問答法)[명] 問答法.
문답-식(問答式)[명] 問答式.
문대다[타] こする｜擦る. 예 더러운 손으로 눈을 문대면 눈이 아프다. 汚ない手で目をこすると目が痛い.
문둥-병(—病)[명]〈의〉ハンセン病｜癩病. =나병

문둥-이(명) 癩病ぐにかかった人。

문드러-지다(자) (腐ったり熟れすぎて)崩れ落ちる｜ただれる｜ぐちゃぐちゃになる。예오이가 썩어서 ~. キュウリが腐ってぐちゃぐちゃになる。

문득(부) ふと｜はっと｜不意に。예그 애를 보니 ~ 지난날의 내가 떠오르는 것 같았다. その子を見ると、ふとかつての自分が思い出されるようだった。

문득-문득(부) 何度も不意に。

문뜩(부) はっと｜不意に｜急に。예네가 ~ 떠오를 때마다 나는 기분이 좋아져. 不意に君のことが思い浮かぶたびに、私は気分がよくなるんだ。

문뜩-문뜩(부) はっと。

문란(紊亂)(명) 紊亂。예풍기 ~ 風紀紊亂。
　문란-하다(형) 紊亂する｜乱れている。예사회 질서를 문란하게 하다. 社会秩序を紊亂する。

문례(文例)(명) 文例。

문루(門樓)(명) 門樓。

문리(文理)(명) 文理。예~과 대학 文理科大学。

문맥(文脈)(명) 文脈。예~이 통하다. 文脈が通っている。/ 앞뒤 ~으로 뜻을 파악하다. 前後の文脈から意味を把握する。

문맹(文盲)(명) 文盲。예~ 퇴치 운동 文盲識字化運動。

문맹-자(文盲者)(명) 文盲者。

문명(文明)(명) 文明。예현대 ~ 現代文明/ ~ 발달 文明発達/ ~ 생활 文明生活。

문무(文武)(명) 文武。예~ 겸비 文武兼備。

문무-백관(文武百官)(명) 文武百官。

문문-하다 ❶ 柔かくてもろい。예두부가 문문해서 젓가락으로 집기 어렵다. 豆腐が柔かくて、箸で取りにくい。❷ 扱いやすい｜組みしやすい｜御しやすい。예문문해 보이는지, 모두들 나한테만 주문을 한다. 扱いやすいのか、みんな私にばかり注文をする。

문물(文物)(명) 文物。예~ 제도 文物制度/ 서양의 ~을 받아들이다. 西洋の文物を受け入れる。

문-바람(門一)(명) すき間風。

문-밖(門一)(명) ❶門外｜屋外。❷郊外。

문방-구(文房具)(명) 文房具｜文具。

문방구-점(文房具店)(명) 文房具屋。

문방-사우(文房四友)(명) 文房四宝。

문배-나무(식) 大輪山梨。

문벌(門閥)(명) 門閥。예~을 중시하다. 門閥を重視する。＝문호❸

문법(文法)(명) 《언》文法。예영~ 英文法/ 국어 ~ 国語文法。

문병(問病)(명) (病気)見舞い。예입원 중인 친구의 ~을 가다. 入院中の友達の見舞いに行く。
　문병-하다(자타) (病気)見舞いをする。

문병-객(問病客)(명) 見舞い客。

문-빗장(門一)(명) 門鎖。

문사(文士)(명) 文士｜文人。

문-살(門一)(명) 桟｜骨。

문상(問喪)(명) 弔問｜悔やみ。
　문상-하다(자타) 弔問する。예문상하러 가다. お悔やみに行く。/ 문상하는 사람이 심야까지 끊이지 않는다. 弔問する人が深夜まで続く。

문상-객(問喪客)(명) 弔問客。

문-새(門一)(명) 門構え｜門の造り｜戸の形。

문서(文書)(명) 文書。예~ 위조죄 文書偽造罪。

문서-화(文書化)(명) 文書化。

문선(文選)(명) ❶文選。❷良い文を選ぶこと。
　문선-하다(자타) 文選する。

문선-공(文選工)(명) 《출》文選工。

문-설주(門一)(명) 門柱。예~를 튼튼하게 세워라. 門柱をしっかりと立てろ。/ ~만 남기고 문짝을 모두 뗐다. 門柱だけ残して、門を全てて取り除いた。

문-소리(門一)(명) 門・扉などを開け閉めするときの音。

문-손잡이(門一)(명) (門・扉・障子などの)取っ手｜握り。예~가 잘 돌아가지 않는다. 扉の取っ手がちゃんとくっつかない。

문신¹(文臣)(명) 《역》文臣。

문신²(文身)(명) 入れ墨｜文身。예~을 새긴 사람 入れ墨者/ 팔에 ~을 하다. 腕に文身をする。

문신-하다 困 入れ墨する。

문안¹(門—) 명 ❶門内。❷城門のうち｜都城内。

문안²(問安) 명 お見舞い｜ご機嫌うかがい｜安否をたずねること。 예 ~ 편지 見舞状／병 ~ 病気見舞い／~을 드리다. ご機嫌をうかがう。

　문안-하다 困 お見舞いする｜ご機嫌をうかがう｜安否をたずねる。

문양(文樣) 명 文様。＝무늬

문어¹(文魚) 명 《동》水蛸。예 ~ 다리는 8개이다. タコの足は八本だ。／~는 몸이 위급해지면 먹물을 내뿜는다. タコは身が危険にさらされると、墨を吹き出す。

문어²(文語) 명 《언》文語。＝글말

문어-문(文語文) 명 《언》文語文。

문어-체(文語體) 명 《언》文語体。

문-얼굴(門—) 명 門やや扉などの枠｜框。＝문틀

문예(文藝) 명 文芸。예 ~ 사조 文芸思潮／~ 작품 文芸作品。

문예-극(文藝劇) 명 《연》文芸劇。

문예-란(文藝欄) 명 文芸欄。

문예 부흥(文藝復興) 《역》文芸復興｜ルネサンス。

문외-한(門外漢) 명 門外漢。

문의(問議) 명 問い合わせ。예 ~ 전화에 응하다. 電話での問い合わせに応じる。

　문의-하다 囲 問い合わせる。예 정확한 일정을 메일로 ~. 正確な日程をメールで問い合わせる。

문의-처(問議處) 명 問い合わせ先。

문인(文人) 명 文人。

문인-화(文人畵) 명 《미》文人画。

문자(文字) 명 ❶文字｜字。예 대~ 大文字／그 ~는 뭐라고 읽습니까? その文字は何と読みますか。❷学識や学問のこと。예 그게 ~깨나 배웠다는 사람이 할 소리냐? それが学識のある人が言うことなのか。

문장(文章) 명 ❶文章｜文。예 서툰 ~ 下手な文章。❷文章家。

문장-가(文章家) 명 文章家。

문장-력(文章力) 명 文章力。

문장-론(文章論) 명 文章論。

문장-부호(文章符號) 명 《언》文章符号。

문장-어(文章語) 명 《언》文章語。

문장-체(文章體) 명 《언》文章体。

문적 囯 【무르고 연하여 조금만 건드려도 쉽게 문드러지거나 잘라지는 모양】ぐちゃり。

문적-문적 囯 ぐちゃぐちゃ(と)。

문전(門前) 명 門前。예 ~성시 門前市を成すこと。

문절(文節) 명 《언》文節。

문제(問題) 명 問題。예 ~ 의식 問題意識／~의 인물 問題の人物／~를 풀다. 問題を解く。／영어 ~를 내다. 英語の問題を出す。／실언을 ~로 삼다. 失言を問題にする。／~를 해결하다. 問題を解決する。／취직 ~로 고민하다. 就職の問題で悩む。／이것과 이것은 별개의 ~다. それとこれとは別の問題だ。

문제-극(問題劇) 명 《연》【정치적·사회적 분제 등 중심 소재로 한 연극】問題劇。

문제-시(問題視) 명 問題視。

　문제시-하다 匽 問題視する。

문제-아(問題兒) 명 《심》問題児。

문제-없다(問題—) 혱 問題ない｜造作ない｜大丈夫だ。

　문제없-이 囯 問題なく｜造作なく。예 혼자서도 ~ 할 수 있어. ひとりでも問題なくできる。

문제-작(問題作) 명 問題作。

문제-점(問題點) 명 問題点。

문젯-거리(問題—) 명 やっかいなこと｜問題の種｜面倒なこと。

문조(文鳥) 명 《동》文鳥。

문주-란(文珠蘭) 명 《식》はまゆう。

문중(門中) 명 門中｜一族の者。

문-지기(門—) 명 門番｜門衛。

문지르다 匽 こする｜こすりつける｜もむ。예 세제를 바르고 가볍게 ~. 洗剤を塗って軽くこする。

문-지방(門地枋) 명 《건》敷居｜閾｜戸閾。예 ~에 걸려 넘어지다. 敷居に躓いて倒れる。

　문지방이 닳도록 드나들다 판용 敷居がすり減るほど出入りする：「出入りの激しいこと」の意。

문진(文鎭) 명 文鎮。

문집(文集) 명 文集。예 고교 졸업 ~ 高校の卒業文集。

문-짝(門—) 명 《건》(門の)扉｜戸｜門扉。예 ~을 발로 세게 걷어차다. 門の扉を足で強く蹴る。

문채(文彩) 명 ❶鮮やかな彩り。❷【무늬】模様。

문책(問責) 명 問責。

문책-하다(問責—)[타] 問責$_{もんせき}$する。예 실책을 ~. 失策$_{しっさく}$を問責する。

문체(文體)[명] 《문》文体$_{ぶんたい}$。예 화려한 ~ 派手$_{はで}$な文体。

문체-론(文體論)[명] 文体論$_{ぶんたいろん}$。

문초(問招)[명] 審問$_{しんもん}$ㅣ取$_{と}$り調$_{しら}$べ。

문초-하다(問招—)[타] 審問$_{しんもん}$するㅣ取$_{と}$り調$_{しら}$べる。예 용의자를 ~. 容疑者$_{ようぎしゃ}$を取$_{と}$り調$_{しら}$べる。

문치(門齒)[명] 【이】門歯$_{もんし}$。

문-턱(門—)[명] ❶ 敷居$_{しきい}$ㅣしきみㅣいきㅣ上$_{あ}$がりがまち。예 ~을 넘다. 敷居を跨$_{また}$ぐ。/ ~이 닳다. 出入$_{でい}$りが頻繁$_{ひんぱん}$だ。/ ~을 밟지 마라. 敷居を踏$_{ふ}$むんじゃない。❷ 【어떤 일이 시작되거나 이루어 직전의 무렵을 비유적으로】 間近$_{まぢか}$。예 겨울도 ~에 와 있다. 冬$_{ふゆ}$も間近だ。

문턱 드나들듯[관용] 敷居$_{しきい}$を出入$_{でい}$りするように:「気安$_{きやす}$く出入りするさま」の意$_{い}$。

문턱이 높다[관용] 【상대하기 어렵다・쉽게 넘기 어렵다】 よりつきにくいㅣ入$_{はい}$りにくい。

문턱 밑이 저승이라[속담] 【사람의 한평생은 덧없이 짧다는 뜻으로, 언제 죽을지 모른다는 말】 敷居$_{しきい}$の下$_{した}$があの世$_{よ}$だ:「人$_{ひと}$はいつ死$_{し}$ぬか分$_{わ}$からない」の意:〔日〕門松$_{かどまつ}$は冥土$_{めいど}$の一里塚$_{いちりづか}$。=대문 밖이 저승이라

문투(文套)[명] ❶ 文$_{ぶん}$の形式$_{けいしき}$。❷ 文$_{ぶん}$のくせ。

문-틀(門—)[명] 【건】框$_{かまち}$。=문얼굴

문-틈(門—)[명] 閉$_{と}$じてある戸$_{と}$や門$_{もん}$のすき間$_{ま}$。예 ~으로 들어오는 황소바람 門のすき間から吹$_{ふ}$き込$_{こ}$む強$_{つよ}$いすきま風$_{かぜ}$。

문패(門牌)[명] 門標$_{もんひょう}$ㅣ表札$_{ひょうさつ}$ㅣ門札$_{もんさつ}$。예 ~를 달다. 門標を掲$_{かか}$げる。=명패 ❸

문-풍지(門風紙)[명] 【문틈으로 들어오는 바람을 막기 위해 문짝 주변에 붙이는 종이】 目張$_{めば}$り。

문필(文筆)[명] 【글을 짓거나 글씨를 쓰는 일】 文筆$_{ぶんぴつ}$。

문필-가(文筆家)[명] 文筆家$_{ぶんぴつか}$。

문하(門下)[명] 門弟$_{もんてい}$が出入$_{でい}$りする権勢$_{けんせい}$のある家$_{いえ}$。❷ 師$_{し}$の下$_{もと}$。

문하-생(門下生)[명] 門下生$_{もんかせい}$ㅣ門弟$_{もんてい}$ㅣ弟子$_{でし}$ㅣ門弟子$_{もんていし}$ㅣ門人$_{もんじん}$。

문학(文學)[명] 文学$_{ぶんがく}$。예 아동 ~ 児童$_{じどう}$文学。

문학-가(文學家)[명] 文学を志$_{こころざ}$す人$_{ひと}$。

문학-도(文學徒)[명] 文学家$_{ぶんがく}$。

문학-사(文學史)[명] 《문》文学史$_{ぶんがくし}$。

문학-상(文學賞)[명] 文学賞$_{ぶんがくしょう}$。예 노벨 ~ ノーベル文学賞。

문헌(文獻)[명] 文献$_{ぶんけん}$。예 ~ 검색 文献検索$_{けんさく}$/ ~을 조사하다. 文献を調$_{しら}$べる。

문호¹(文豪)[명] 【학식이 높고 작품이 뛰어나 이름이 널리 알려진 대작가】 文豪$_{ぶんごう}$。

문호²(門戶)[명] ❶ 門戸$_{もんこ}$ㅣ門$_{もん}$ㅣ扉$_{とびら}$。❷【외부와 교류하기 위하여 올어 놓는 곳이나 수단을 비유적으로】出入$_{でい}$りの要所$_{ようしょ}$。예 ~ 개방 門戸開放。❸ 一家$_{いっか}$。=문벌

문화(文化)[명] 文化$_{ぶんか}$。예 ~ 관광부 文化観光部$_{かんこう}$/ ~ 혁명 文化革命$_{かくめい}$/ ~ 자원 文化資源。

문화-권(文化圏)[명] 文化圏$_{ぶんか}$。

문화-비(文化費)[명] 《경》文化費$_{ぶんか}$。

문화-생활(文化生活)[명] 《사》文化生活$_{せいかつ}$。

문화-유산(文化遺産)[명] 文化遺産$_{ぶんかいさん}$。

문화 유형(文化類型)[명] 文化類型$_{るいけい}$。

문화-인(文化人)[명] 文化人$_{ぶんかじん}$。

문화-재(文化財)[명] 文化財$_{ぶんかざい}$。

문화-적(文化的)[관형] 文化的$_{ぶんかてき}$。예 ~ 특성 文化的特性$_{とくせい}$。

묻다¹[자] ❶ (粉$_{こな}$・糊$_{のり}$・水$_{みず}$などが)つくㅣくっつくㅣひっつく。예 얼굴에 흙이 ~. 顔$_{かお}$に泥$_{どろ}$がつく。/ 셔츠에 얼룩이 ~. シャツにしみがつく。❷【이 곁에 붙다】くっついて。예 김 씨 일행에 묻어서 같이 점심을 먹으러 가다. 金$_{きん}$さん一行$_{いっこう}$にくっついて、一緒$_{いっしょ}$にお昼$_{ひる}$を食$_{た}$べに行$_{い}$く。

묻다²[타] ❶ 埋$_{う}$めるㅣうずめる。예 시체를 ~. 死体$_{したい}$を埋める。❷ 隠$_{かく}$すㅣ秘$_{ひ}$める ㅣしまう。예 상대편의 죄를 아무 일도 없었던 것으로 하고 묻어 주다. 相手$_{あいて}$の罪$_{つみ}$を何$_{なに}$もなかったことにして隠してやる。

묻다³[타] ❶ 尋$_{たず}$ねるㅣ問$_{と}$うㅣ伺$_{うかが}$う。예 길을 ~. 道$_{みち}$を尋ねる。/ 선생님께 ~. 先生に尋ねる。/ 이름을 물어 봐도 됩니까? 名前$_{なまえ}$を聞$_{き}$いてもいいですか。/ 안부를 ~. ご機嫌$_{きげん}$を伺う。❷ (責任$_{せきにん}$などを)問$_{と}$うㅣただす。예 책임을 ~. 責任を問う。

묻-히다¹[타] 【묻게 하다】つけるㅣくっつけるㅣまぶす。예 얼굴에 먹을 ~. 顔$_{かお}$に墨$_{すみ}$をつける。/ 떡에 콩고물을 ~. 餅$_{もち}$にきな粉$_{こ}$をまぶす。

묻-히다²[자] ❶ 埋$_{う}$もれるㅣ埋$_{う}$まるㅣ埋$_{う}$められる。예 지하에 묻힌 자원 地下$_{ちか}$に埋もれた資源/ 집이 토사에 ~. 家$_{いえ}$が土砂$_{どしゃ}$に埋もれる。❷ (ある環境$_{かんきょう}$・仕事$_{しごと}$などに)閉$_{と}$じこもるㅣ浸$_{ひた}$る。예 묻혀 있는 천재를 발견하다. 埋もれた天才$_{てんさい}$を発見$_{はっけん}$する。

물¹[명] ❶ 水$_{みず}$ㅣ飲$_{の}$み水$_{みず}$ㅣお冷$_{ひや}$ㅣお湯$_{ゆ}$。예 ~을 먹다. お冷を飲$_{の}$む。/ ~을 흘리다.

水をこぼす。/ ~이 맑다. 水が澄む。/ 화분에 ~을 주다. 鉢に水をまく。/ ~이 뜨거우니 조심하세요. お湯が熱いから気をつけてください。/ 컵라면에 ~을 붓다. カップラーメンにお湯をそそぐ。 ❷ ☞조수 ❸【음식점·술집 등을 비유하여 이르는 말】飲物。예 ~장사를 한다. お茶屋をする。❹【강·호수·바다 등을 통틀어 이르는 말】湖水·海·川などの総称。예 ~을 건너다. 川を渡る。/ 사람이 ~에 빠지다. 人が川に溺れる。/ 가뭄으로 호수의 ~이 마르다. 日照りで湖の水が涸れる。

물과 기름〖관용〗水の上の油。: 「のけ者扱いにされる人」の意。

물과 불〖관용〗水と火。: 「合わない相手」の意。: 〖日〗水と油。

물 끓듯 하다〖관용〗多勢の人がたいへんざわつく。예 연예인을 보기 위해 모인 사람들이 물 끓듯 하였다. 芸能人を見るために集まった人々が、たいへんざわついていた。

물 밖에 난 고기〖속담〗水の外に出た魚。: 〖日〗陸にあがった河童。

물 쓰듯 하다〖관용〗(物·お金などを)浪費する。湯水のように使う。예 그는 앞일을 생각하지 않고 돈을 물 쓰듯 했다. 彼は先のことは考えず、お金を湯水のように使った。

물에 물 탄 것 같다〖관용〗何の味もしない。水っぽい。예 반찬이 물에 물 탄 것 같아서 맛이 없다. おかずが何の味もしなくてまずい。

물에 빠진 생쥐〖관용〗水にびっしょり濡れて、みすぼらしい様子。예 비를 맞아 물에 빠진 생쥐 꼴이 되었다. 雨に降られて、みすぼらしい有り様になった。

물에 물 탄 듯 술에 술 탄 듯〖속담〗水を水で割ったようだ。: 「言動がしまりがない」の意。

물에 빠지면 지푸라기라도 잡는다[움켜쥔다]〖속담〗【절박한 상황에 처하면 하찮은 것에도 의지하게 된다는 말】おぼれる者はわらをもつかむ。

물에 빠진 놈 건져 놓으니까 내 봇짐 내라 한다〖속담〗【남에게 받은 도움에 고맙게 여기기는커녕 도리어 은혜를 베푼 사람을 원망함】水におぼれたやつを引き上げてやったら、自分の風呂敷包みを返せと言う。: 「人の恩を忘れるばかりか、かえって言いがかりをつける」の意。=물에 빠진 놈 건져 놓으니까 망건 값 달라 한다

물은 건너 보아야 알고 사람은 지내 보아야 안다〖속담〗水は渡ってみなければ分からず、人は交わってみなければ分からない。: 〖日〗馬には乗ってみよ、人には添うてみよ。

물(을) 맞다〖관용〗滝に打たれる。

물(을) 잡다〖관용〗【논에 물을 대다】水を引き入れる。水をたたえる。

물이 깊어야 고기가 모인다〖속담〗水が深ければこそ魚が集まる。: 「徳望と人格がなければついてくる人はいない」の意。

물이 너무 맑으면 고기가 아니 모인다[산다]〖속담〗水清ければ魚すまず。

물(이) 잡히다〖관용〗【물집이 생기다】水膨れができる。(皮膚に)水泡ができる。예 익숙지 않은 도구를 쓴 탓인지 손에 물이 잡혔다. 熟れてない道具を使ったせいか、手に水ぶくれができた。

물(이) 젖다〖관용〗(よくない環境に)染まる。浸る。陥る。예 완전히 그쪽 세계에 ~. すっかりその世界に染まってしまった。

물인지 불인지 모른다〖관용〗水やら火やら分からない。: 「物事の区別がつかない」の意。

물²〖명〗【옷감이나 물건 등에서 드러나는 빛깔】(物についた)色。染め。染み。よごれ。예 ~을 들이다. 染める。/ ~이 빠지다. 色があせる。

물³〖명〗【싱싱함】生き。鮮度。예 ~이 좋은 생선 生きのいい魚。/ ~이 가다. 生きが悪くなる。

물⁴(物)〖철〗【물건】物。

-물⁵(物)〖접〗【일부 명사 뒤에 붙어】—物。예 건축물 建築物/ 현대물 現代物。

물-가¹〖명〗(海·川·湖などの)水際。水辺。岸。=수변

물가²(物價)〖명〗〖경〗物価。예 ~ 정책 物価政策/ ~ 연동제 物価スライド制/ ~ 동향 物価の動向/ ~가 오르다. 物価が上がる。/ ~가 내리다. 物価が下がる。/ 높은 ~에 허덕이다. 物価高にあえぐ。

물가 지수(物價指數)〖경〗物価指数。

물-갈이〖명〗❶(水族館・プールなどの)水を入れ替えること。❷【구성원을 비유적으로 바꾸어 이르는 말】メンバーを入れ替えること。

　물갈이-하다〖자〗❶水を入れ替える。❷メンバーを入れ替える。

물-감〖명〗実が細長く水気が多い柿。예 ~을 조심스럽게 잡다. 水気の多い柿をゆっくり握る。

물-감 圏 ❶【染料로 쓰는 가루】染料. ; 染め粉. ❷《미》絵の具.

물-개 《동》オットセイ。 예 동물원의 인기 코너 가운데 ~쇼가 있다. 動物園の人気なコーナーの中に、オットセイのショーがある。=바닷개

물-거품 圏 水泡. ❶ 水の泡. ; みなわ. =포말 ❷ はかないこと ; むなしいこと. 예 ~으로 돌아가다. 水泡に帰する.

물건(物件) 圏 ❶ 物. ; 品物. 예 가격도 싸고 ~도 좋다. 値段も安いし品物もよい. ❷《법》【物件】物件.

물-걸레 圏 濡れ雑巾.

물걸레-질 圏 濡れ雑巾でふくこと.

물결 圏 波. ; うねり. ; 波浪. 예 ~이 일다. 波が立つ. / ~이 밀려오다. 波が押し寄せる. / ~이 잔잔해지다. 波が静まる. / ~을 헤치고 나아가다. うねりをかき分けて進む.

물결-치다 자 波打つ ; 波立つ.

물경(勿驚) 閠【驚】驚くなかれ ; なんと. 예 밀린 집세가 ~ 50만 엔이다. 滞った家賃がなんと50万円ある.

물고(物故) 圏 物故. ❶ (有名な)人の死. ❷ 罪人の死 ; 罪人を死刑に処すること.

  물고-하다 자타 物故·する. ❶ (有名な)人が死ぬ. ❷ 罪人が死ぬ ; 罪人を死刑に処する.

  물고(가) 나다 관용【罪人이 죽다】罪人が死ぬ.

  물고(를) 내다 관용【罪人을 죽이다】罪人を殺す.

물-고기 《동》魚. 예 ~ 낚시 魚釣り / ~를 잡다. 魚を獲る.

  물고기(의) 밥이 되다 관용 水におぼれて死ぬ.

물고기-자리 《천》【물고기 모양의 별자리】魚座.

물-곬 圏【물이 빠져나가는 작은 도랑】排水溝.

물-관(一管) 《식》導管 ; 道管. 예 속씨식물의 ~ 被子植物の導管 / ~을 통해 물을 흡수한다. 道管を通じて水を吸収する.

물-교자(一餃子) 圏 ⇒ 물만두

물구나무서-기 《운》逆立ち. =도립

물구나무-서다 자 《운》逆立ちする. 예 물구나무서서 이야기하다. 逆立ちして話をする.

물-구덩이 圏 水たまり. 예 ~에 빠지다. 水たまりに落ちる.

물-구멍 圏 水を出す穴.

물-굽이 圏 海·川などの湾曲部 ; 曲がり角.

물권(物權) 圏《법》【재산을 직접·독점적으로 지배할 수 있는 권리】物権.

물권 법정주의(物權法定主義) 《법》物権法定主義.

물권 변동(物權變動) 《법》物権変動.

물권 행위(物權行爲) 《법》物権行為.

물-귀신(一鬼神) 圏 ❶《민》【물속에 산다는 귀신】水鬼. ❷【자기가 곤경에 빠질 때 남을 끌어들이는 사람을 비유적으로 이르는 말】自分が窮境に陥ったさいに、他人までに引き入れようとする人. 예 ~ 같은 남자 引きずり込むお化けみたいな男 / 너만 혼나면 되지, 왜 나까지 ~처럼 끌고 들어가려고 그래? お前一人だけひどい目に遭えばいいものを、どうして俺までを窮地に引き込もうとするんだ.

  물귀신(이) 되다 관용 おぼれ死ぬ. 예 설마설마했는데 정말 ~. まさかまさかと思ったが、本当におぼれ死ぬ.

물-기(一氣) 圏 水気 ; 水分. 예 ~가 많다. 水っぽい. / ~를 빼다. 水気を切る. / ~를 닦아 내다. 水気を拭き取る. / ~ 어린 눈으로 쳐다보다. 潤みを帯びた目で見つめる. =수분¹

물-기둥 圏 水柱. 예 웅장한 폭포의 ~ 雄壮な滝の水柱.

물-길 圏 ❶【배가 다니는 길】航路 ; 海路 ; 水先. ❷【水路】水路.

물-꼬 圏 (水田の)水の出入り口.

물꼬러미 閠 まじまじと ; じっと. 예 내가 말을 시작하자 그가 나를 ~ 쳐다보고 있었다. 私が話し始めると、彼は私をじっと見つめていた.

물끄럼-말끄럼 閠【서로 마주보며】まじまじと ; じっと.

물-나라 圏 ❶ 雨の多い地域 ; 多雨地域. ❷ 水国 ; 湖沼·河川の多い国.

물-난리(一亂離) 圏 ❶【홍수로 인한 난리】洪水 ; 大水での洪水騒ぎ. 예 ~가 나서 댐이 범람하다. 洪水でダムが氾濫する. ❷【마실 물이 모자라서 겪는 난리】水不足の騒動.

물납(物納) 圏【조세 등을 금전 대신에 물품으로 납부함】物納. 예 상속세의 ~ 相続税の物納.

물-너울 圏 (大海などの)大波 ; うねり.

물-놀이¹ 圏【잔물결이 일어나는 것】さざ波が立つこと.

물-놀이² 圏 水遊び.

물다¹ 자【과일 따위가 너무 익어서】熟れすぎて元の形を無くす. =물쿠다

물다² 타 支払う ; 納める ; 弁償する

┃償づく。 예 책값을 ~. 本代を支払う。/ 과중한 세금을 ~. 過重な税金を納める。

물다[타] ❶【噛む】くわえる。 예 담배를 ~. たばこをくわえる。 ❷【噛みつく】食いつく。 예 강아지가 손가락을 물었다. 子犬が指にかみついた。 ❸【(蚊など)が】刺す。 예 밤새 모기가 무는 바람에 한숨도 못 잤다. 夜通し蚊が刺したために、一睡もできなかった。 ❹【ある物を】つかむ。 예 돈 많은 여자를 물었다. お金持ちの女の人をつかんだ。 ❺【舐る】しゃぶる。 예 아이가 사탕을 물고 있는 모습이 귀엽다. 子どもが飴をしゃぶっている姿がかわいい。

물-독[명] 水がめ。

물-둑[명] ❶堰。ダム。❷《광》坑道で水が流れ出るのを防ぐために立てた柱。

물-동이[명] (水汲み用の)小さい水がめ。

물-두부(-豆腐)[명] 湯豆腐。 예 고소하고 따뜻한 ~ 香ばしく温かい湯豆腐。

물-들다[자] 染まる。❶色がつく|色が染み込む。 예 단풍이 붉게 ~. 紅葉が紅葉する。 ❷感化される|影響される|かぶれる。 예 나쁜 학생들에게 ~. 悪い学生たちにかぶれる。

물들-이다[타] 染める。❶彩る。 예 천연 염료로 ~. 天然染料で染める。/ 석양이 저녁 하늘을 금빛으로 물들였다. 夕陽が空を金色に彩った。❷影響を及ぼす。

물-딱총(-銃)[명] 水鉄砲。 =물총

물-때[명] ❶満潮時|満ち潮時|潮が満ちるとき。❷潮時|ちょうどよい時期。 예 ~를 기다리다. 潮時を待つ。/ ~ 맞추어 나가 보자. 潮時に合わせて出てみよう。

물-때[명] 水垢|ゆあか。 예 ~가 끼다. 水垢が付く。

물때-썰때[명] 潮時と満ち潮と引き潮の時。

물-떼새《동》千鳥。

물-똥[명] ❶水しぶき|飛び散る水のしずく。❷☞ 물찌똥

물러-가다[자] 後ろへ下がる|後退する|退く|立ち退く|なくなる|去る。 예 뒤로 한 걸음 ~. 後ろに一歩後退する。/ 장마가 물러가고 더운 날이 계속되다. 梅雨が去って暑い日が続く。

물러-나다[자] 後ろへ下がる|後退する|退く|身を引く。 예 선생님 앞을 ~. 先生の前を退く。/ 한 발자국 ~. 一歩退く。/ 관직에서 ~. 官職から身を引く。

물러-서다[자] 退く|後退する|身を引く。 예 한 걸음만 물러서 주세요. 一歩だけ下がってください。/ 일선에서 ~. 第一線から退く。

물러-앉다[자] 後ろに下がって座る。 예 조금씩 뒤로 ~. 少しずつ後ろに下がって座る。

물러-오다[자] 途中で引き返す|逃げ帰る|退く。 예 길을 떠났지만 폭우로 곧 물러오고 말았다. 歩み出したが、暴雨ですぐに引き返してしまった。

물러-지다 ❶柔らかくなる。❷緩む。 예 오랜 비로 지반이 ~. 長雨で地盤がゆるむ。

물렁-거리다[자] ぶよぶよする。 예 허벅지가 ~. 太股がぶよぶよしている。/ 살이 물렁거리면 쉽게 뺄 수 있다고 한다. 肉がぶよぶよしていると、簡単に取れるそうだ。 =물렁대다

물렁-대다[자] ☞ 물렁거리다

물렁-물렁[부] ぶよぶよと|どろどろと。
　　물렁물렁-하다[형] ぶよぶよしている。 예 볼살이 ~. 頬の肉がぶよぶよしている。

물렁-뼈《의》軟骨。 =연골❷

물렁-팥죽(-粥)[명] 心が弱くて意志薄弱な人|優柔不断な人。 예 장사꾼답지 않게 석 씨는 ~이다. ソク氏は商売人らしくなく優柔不断だ。

물렁-하다[형] ❶柔らかだ|ふにゃふにゃとしている。❷腰が弱い|優柔不断だ。

물레[명] 糸繰り車|糸車。 예 ~바퀴 糸車の輪|水車の輪。

물레-방아[명] 水車。

물레-방앗간[명] 水車小屋。

물레-질[명] 糸繰り。 예 ~은 생각보다 어렵다. 糸繰りは思ったよりむずかしい。
　　물레질-하다[자] 糸繰りする。 예 밤새도록 ~. 一晩中糸繰りする。

물려-받다[타] 受け継ぐ|引き継ぐ|譲り受ける|伝承する。 예 부모로

테 물려받은 재산 親から受け継いだ財産 / 소장의 사무를 ~. 所長の事務を引き継ぐ。

물려-주다 圄 譲る；譲り渡す；伝える。 예 가게를 아들에게 ~. 店を息子に譲る。

물론(勿論) Ⅰ 圄 無論；もちろん；言うまでもないこと。예 ~이야. 勿論だよ。그는 외모는 ~ 성격도 좋대. 彼는 外見はもちろん、性格も いいという。
Ⅱ 甼 もちろん；無論。예 ~ 찬성이다. もちろん賛成だ。

물리(物理) 圄 物理ぶつ。❶ 物の道理。❷ 物의 法則。❸ 物理学。예 ~ 원자량 物理原子量 / ~ 변화 物理変化 / ~를 탐구하다. 物理を探究する。

물리 광학(物理光學) 圄 物理光学。

물리다¹ 짜 飽きる；嫌になる；あきあきする。좋아하는 것을 물리도록 먹고 싶다. 好きな物を飽きるほど食べたい。/ 아무리 먹어도 물리지 않는다. いくら食べても飽きない。

물리다² 짜 かまれる；挟まれる。예 개한테 ~. 犬にかまれる。

물리다³ 탸 煮て柔らかくする；うんと煮る。

물리다⁴ 탸 ❶ [시간적] (時間ㆍ期日などを) 延期する；延ばす；遅らせる；長引かせる。예 마감일을 이틀 ~. 締切日を二日に延ばす。/ 그는 약속 날짜를 계속 물리고만 있다. 彼は約束の日を延期ばかりしている。❷ [장소적] (場所を)移す；下げる。예 책상 자리를 물려 놓다. 机の場所を移しておく。/ 밥을 다 먹고 밥상을 물렸다. ご飯を食べきってお膳を下げた。❸ [권리ㆍ지위를] 譲る；譲渡する。예 회사를 장남에게 ~. 会社を長男に譲る。

물리다⁵ 탸 [젖이나 재갈을] かませる；含ませる。예 아기에게 젖을 ~. 赤ちゃんに乳を含ませる。/ 재갈을 ~. 猿ぐつわをかませる。

물리다⁶ 탸 弁償させる；払わせる。예 밥값을 후배에게 ~. 飯代を後輩に払わせる。

물리-치다 탸 ❶ [거절] 拒絶する；断る；受け取らない；はねつける。예 부탁을 ~. 頼みを拒絶する。/ 노조의 요구를 ~. 労働組合の要求を受け取らない。❷ [격퇴] 撃退する；追い払う；退ける。예 적군을 ~. 適軍を追い払う。❸ [극복] 克服する。예 온갖 시련을 ~. あらゆる試練を克服する。

물리 치료(物理治療) ㈜ 物理治療。예 꾸준한 ~를 통해 신경통이 완화될 수 있다. 辛抱強い物理治療を通じて、神経痛が緩和され得る。

물리 탐사(物理探査) 〚지하의 지질ㆍ구조나 물질의 성질을 찾아내는 일〛 物理探査。

물리-학(物理學) 圄 物理学。예 ~적 세계관 物理学的な世界観。

물리 화학(物理化學) ㈜ 物理化学。

물림 ❶ 延期。❷ 譲ること；譲り受けること。

물-마 圄 大雨などで地面にあふれた水。

물-마루 圄 波頭。水平線の一番高い所。波のてっぺん。

물-만두(─饅頭) 圄 水ギョーザ。= 물교자

물만-밥 圄 水や湯に浸しておいたご飯。
　물만밥이 목이 메다 ㈜ 水かけご飯がのどにつかえる；「何も喉を通らないほど非常に悲しいこと」の意。

물-말이 圄 ❶ 水かけ飯。❷ 水にびしょ濡れた服や物。

물망(物望) 圄 人望；名望。예 ~에 오르다. 有力な候補に上る。

물망-초(勿忘草) 圄 〚식〛わすれなぐさ。

물-맞이 圄 (病気を直すために)薬効のある水を飲んだり浴びたりすること。

물매¹ 圄 袋叩き。예 ~를 맞다. 袋叩きにあう。

물매² 圄 (果物などを落とすために投げる短い棒切れ。예 ~를 던져 밤을 따다. 棒切れを投げて栗を落とす。

물매³ 圄 〚건〛 勾配；傾斜。예 ~가 뜨다. 勾配が急だ。/ ~가 싸다. 傾斜が緩やかだ。

물매-질 圄 ❶ 袋叩き；さんざんに叩くこと。❷ (果物などを落とすために)棒切れを投げること。
　물매질-하다 ❶ 袋叩きにする；さんざんに叩く。❷ 棒切れを投げる。

물-먹다 탸 ❶ [식물] (植物が)水を吸い上げる。❷ [물기] (紙ㆍ布などに)水分が染みる；水気を含んでいる；水にぬれる。❸ [시험ㆍ선거] 落ちる。예 올해 승진 시험에서 물먹었다. 今年の昇進試

驗で脱落した。

물-멀미 波や流れを見て酔うこと。

물명(物名) 物名 ¦ 物の名。

물-모래 海辺や川辺などで掘ってきた砂。

물-목¹ 水の流れ出入る口 ¦ 水口。

물-목²(物目) 品物の目録。

물물 교환(物物交換) 〔경〕物々交換。

물-밑 ❶〔건〕水平面より下の部分。 ❷裏。 예~ 교섭 裏交渉。

물-바가지 水を汲むのに使うひさご。

물-바다 一面が水浸しになった状態。 예호우가 내습하여 주차장이 ~가 되었다. 豪雨に見舞われ、駐車場が水浸しになった。

물-바람 海辺や川から吹いてくる風。

물-받이 雨樋 ¦ 樋。 예~가 넘칠 만한 폭우 雨樋が溢れるほどの大雨。

물-발 流れる水の勢い。 예~이 세다. 流れが速い。

물-방개 〔동〕源五郎。

물-방아 ❶水車・水車・ぐるま。 ❷水臼。

물방앗-간(—間) 水車小屋。

물-방울 水滴 ¦ 水玉 ¦ 滴。 예~무늬 水玉模様 ¦ ~을 튀기다. 水滴をはじく。

물-벌레 〔동〕水中に棲む虫の総称。

물-베개 〔의〕水枕。

물-벼락 いきなり水を浴びせられること。 예머리에서부터 ~을 맞다. 頭から水を浴びせられる。 =물세례❶

물-벼룩 〔동〕微塵子。

물-병(—瓶) 水瓶。

물병-자리(—瓶—) 〔천〕水瓶座。

물-보라 水煙 ¦ 水しぶき ¦ しぶき ¦ 飛沫。 예호쾌하게 ~를 일으키는 폭포 豪快に水しぶきをあげる滝。

물-불 水火 ¦ 水と火。
  물불을 가리지[헤아리지] 않다〔관용〕 水火も辞せず。 예성공을 위해서는 물불을 가리지 않는다. 成功のためには水火をも辞さない。

물-비누 水石鹼 ¦ 液体石鹼。

물-비린내 水の生臭いにおい。

물-빛¹ 水色。

물-빛²【색】染料の色。

물-빨래 水洗い。 =水洗濯
  물빨래-하다 他 水洗いする。 예물빨래 할 수 있는 정장을 샀다. 水洗いができるスーツを買った。

물-뿌리개 如雨露 ¦ じょうろ。 예꽃밭에 ~로 물을 뿌리다. 花畑に如雨露で水をまく。

물산(物産) 物産 ¦ 産物。

물-살 流れ ¦ 水勢。 예~이 빠르다. 流れが速い。

물상(物象)【물리 보이는 물체】物象。

물상 보증인(物上保証人) 〔법〕物上保証人。 예동생의 대출에 ~을 서다. 弟の貸出の物上保証人となる。

물-새 〔동〕❶【물가나 물위에서 사는 새】水鳥 ¦ 水禽。 예~가 호수 위를 유유히 헤엄쳐 간다. 水鳥が湖水の上を悠々と泳いでいく。 ❷川蝉。

물-색¹(—色) 水の色。

물색²(物色) ❶物の色。 예~ 좋은 色のいい服。 ❷【어울리는 모양이나 형편】 物色。 예네 방은 지금 ~ 중이다. 君の部屋は今、物色中だ。 ❸【자연의 풍경】自然の景色。 예~ 좋은 곳에서 사진을 찍다. 景色の良い所で写真を撮る。 ❹【사정】事情 ¦ わけ。 예사람들은 ~도 모르고 난리를 부렸다. 人々はわけも分からず大騒ぎをした。
  물색-하다 他 物色する ¦ 探さ出す ¦ 探し求める。 예상품을 ~. 商品を物色する。

물샐틈-없다【물도 샐 틈이 없다】水も漏らさない ¦ 用意周到だ。 예물샐틈없는 경비 水も漏らさない警備。

물-세¹(—税) 潅漑用水の料金 ¦ 水道税。

물-세²(物税) 〔법〕物税。

물-세례(—洗禮) ❶☞물벼락 ❷〔종〕水の洗礼。

물-세탁(—洗濯) ☞물빨래

물-소 〔동〕水牛。 예~ 가죽 水牛の皮 / ~의 뿔은 예로부터 활의 재료로 사용되었다. 水牛の角は昔から弓の材料として使われてきた。

물-소리 水音。

물-손 ぬれ手 ¦ 水にぬれた手。 예이 옷감을 ~으로 만지지 마라. この布地をぬれ手でさわるな。

물-수건(—手巾) ❶お絞り。 ❷濡れ

手ぬぐい。

물-수란(-水卵)몡 (半熟の)落とし卵。

물-수리〈동〉鶚。예~는 해변가 접근이 어려운 절벽에 둥지를 짓고 산다. ミサゴは海辺の接近が難しい絶壁に巣をつくって暮す。

물수제비-뜨다【물 위로 납작한 돌을 물 위로 튀게 하다】水切りをする。

물-시계(-時計)몡 水時計｜漏刻。

물심-양면(物心兩面)몡 物心両面。예~으로 성원하다. 物心両面から応援する。

물-싸움몡 ❶〈놀이 때로 하는 일〉水げんか｜水争い。❷〈장난 때로〉水かけ合戦。
　물싸움-하다재 ❶水げんかをする｜水争いをする。❷水かけ合戦をする。

물-써다자【물이 빠지다 썰물이 되어 나가다】潮が引く。

물썽-하다형 柔弱で意気地に無しに見える。

물씬부【심한 냄새가 자꾸 풍기는 모양】ぷんと｜むっと。예술 냄새가 ~ 풍긴다. 酒の臭いがぷんと鼻をつく。

물씬-거리다자 ぐにゃぐにゃしている｜ふにゃふにゃしている。➡물씬대다

물씬-대다자 ☞물씬거리다

물씬-물씬부【심한 냄새가 자꾸 풍기는 모양】つんと｜ぷんと。예발에서 고린내가 ~ 풍겨 온다. 足からいやな臭いがぷんと漂ってくる。

물씬-하다형 (よく熟して)非常に柔かい｜ぐにゃぐにゃしている｜ふにゃふにゃしている。예물씬한 감이 나무에서 떨어졌다. ぐにゃぐにゃした柿が木から落ちた。

물-안개몡 湖や川や海に漂う霧。

물-안경(-眼鏡)몡 水中眼鏡｜水眼鏡。

물-알 (水分のある)まだ熟してない穀物の粒。
　물알(이) 들다관용 穀物に実が入る。

물-약(-藥)몡〈약〉水薬。

물어-내다타 ❶弁償する｜償う。예깨트린 접시를 돈으로 ~. 壊したお皿をお金で弁償する。❷(内輪話を)そとに言い触らす。❸(物を)こっそり持ち出す。

물어-넣다타 弁償して埋め合わせる｜弁済する。예유용한 공금을 ~. 流用した公金を弁済する。

물어-뜯다타 かみちぎる｜かじりつく｜かみつく。예그물을 ~. 網をかみちぎる。/ 옷자락을 ~. 服の裾をかみちぎる。/ 물어뜯으며 싸우다. かじりついて喧嘩する。

물-엿몡 水飴。

물-오리몡 ❶〈동〉真鴨。예어린 딸이 ~ 장난감을 가지고 놀고 있다. 幼い娘がカモのおもちゃで遊んでいる。=청둥오리

물-오르다자 ❶(春に)草木が水分を吸い上げる。❷【형편이 좋아지다】貧しい人の暮らし向きがよくなる。예장사에 ~. 商売が繁盛しつつある。

물-오징어몡 生いか。

물-외〈식〉【참외에 상대하여 이르는 말】きゅうり。

물욕(物慾)몡 物欲。

물-웅덩이몡 水たまり｜よどみ｜よど。예계속되는 가뭄에 ~도 말라 버렸다. かんばつの続きで、水溜りもすっかり乾いてしまった。

물-위몡 川上｜上流。

물음-표(-標)몡〈언〉疑問符｜クエスチョンマーク。

물의(物議)몡 物議。예~를 빚다. 物議を醸す。

물-이끼몡〈식〉水蘚。

물자(物資)몡 物資。예~ 원조 物資援助／군수 ~ 軍需物資。

물-장구몡【수영】(水泳で)ばた足。예시냇가에서 아이들이 ~을 치며 논다. 小川のほとりで子供達がばた足をして遊ぶ。

물장구-질몡 ばた足の動作。

물장구-치다자 ばた足をする。

물-장난몡 ❶水遊び。❷水害。

물-장사몡 ❶물을 汲んで売る商売｜水売り。❷【술이나 음료를 파는 장사를 속되게 이르는 말】水商売。

물-장수몡 水売り。

물-적(物的)관〈철〉物的。예~인 증거 物的な証拠／~ 원조 物的援助。

물적 담보(物的擔保)〈법〉物的担保｜対物担保。

물정(物情)몡 物情｜世情。예세상 ~을 모르다. 世事にうとい。

물주(物主)몡 ❶資本主｜資金の出資者。❷【도박】(博打で)親｜胴元｜胴親｜胴取り。

물-줄기몡 ❶(川などの)水の流れ｜水流。예~를 따라 떠내려가는 나뭇잎 水

の流れに沿って流れていく木の葉。 ❷水柱。

물증(物證)명 [법]物証。 예~을 잡다. 物証をつかむ。

물-지게명 水運用の背負子。

물질(物質)명 物質。 예~주의 物質主義/~ 상수 物質常数。

물질-문명(物質文明)명 物質文明。

물질-적(物質的)관명 物質的。 예~인 만족 物質的な満足/~ 보상 物質的報償。

물질-파(物質波)명 [물]物質波。

물-짐승명 水生動物。

물-집명 水脹れ。水泡。 예~이 생기다. 水脹れができる。

물쩡물쩡-하다형 (性質が)非常に優柔不断だ。

물쩡-하다형 (性質が)なまぬるい。優柔不断だ。

물찌-똥명 液便。下痢便。=물똥❷

물-차(-車)명 給水車。

물-참명 満潮の時。

물체(物體)명 物体。

물-총(-銃)명 水鉄砲。=물딱총

물총-새(-銃-)명 [동]川蟬。=물새

물컥부 ぷんと。むっと。つんと。 예어시장에 가니 비린내가 ~ 났다. 魚市場に行ったら、生臭いにおいがぷんとした。

물컹-거리다[柔らかすぎて]ぐにゃぐにゃする。=물컹대다

물컹-대다 ☞물컹거리다

물컹-물컹부 ぐにゃぐにゃ。

물컹물컹-하다 ぐにゃぐにゃする。 예뚱뚱해서 뱃살이 ~. 太っているので腹の肉がぐにゃぐにゃする。

물컹-이명 体が虚弱な人。意志が強くない人。意気地なし。弱虫。 예~ 같기만 한 우리 형 ひたすら弱虫なうちの兄。

물컹-하다형 ぐちゃぐちゃになっている。

물쿠다자 ☞물다

물크러-지다자 腐ってつぶれる。熟れすぎて、もとの形がなくなる。

물큰부 ぷんと。ぷんと。 예~ 코를 찌르는 악취 ぷんと鼻をつく悪臭。

물-탕(-湯)명 風呂場。泥水のたまり場。

물-통(-桶)명 ❶水槽。水がめ。=수통 ❷ 水桶。バケツ。

물팍명 膝。

물-편명 蒸してないもち。

물표(物標)명 荷札。預かり札。合い札。

물푸레-나무명 [식]とねりこ。 예~ 지팡이 トネリコの杖。

물품(物品)명 物品。 品物。品。 예~수 品物数/~ 관리 物品管理/귀중한 ~ 貴重な品物。

물품-세(物品稅)명 [법]物品税。

물-한식(-寒食)명 雨の降る寒食。

물-행주명 濡れた布巾。

물-홈명 敷居などにある溝。

묽다형 ❶薄い。水っぽい。緩い。 예묽은 우유 薄い牛乳/죽이 너무 ~. お粥が緩すぎる。 ❷(人が)ひ弱い。頼りない。

뭇¹명 鉈。やす。

뭇²의 束。 예시금치 다섯 ~ ほうれん草 5束/장작 열 ~ 薪 10束。 ❷10尾。10枚。 예미역 다섯 ~ ワカメ 50枚。

뭇³관 多くの。多数の。 예~ 짐승 多くの獣。

뭇-매명 袋叩き。 예~를 맞다. 袋叩きにあう。

뭇매-질명 袋叩き。

뭇매질-하다타 袋叩きにする。

뭇-발길명 大勢で足蹴にすること。

뭇-사람명 多くの人。大勢。

뭇-소리명 大勢の声。群衆の声。世論。 예~에 귀를 기울이다. 群衆の声に耳を傾ける。

뭇-입명 世間一般の非難。大勢の非難。口々。

뭉개다¹타 ぐずぐずする。 예인파에 휩쓸려 선 채로 뭉개고 있다. 人の波に包まれて、立ち往生している。

뭉개다²타 ❶潰す。 예떨어뜨린 떡을 ~. 落とした餅を踏み潰す。 ❷記憶をわざわざ消してしまう。 예따돌림 당했던 기억을 뭉개 버리다. いじめに遭った記憶を消してしまう。

뭉게-구름명 むくむく雲。綿雲。積雲。

뭉게-뭉게부 むくむく。もくもく。 예적란운이 ~ 피어오르다. 入道雲がむくむくとわきあがる。/~ 연기를 내뿜다. もくもくと煙をはく。/

굴뚝에서 연기가 ~ 피어오른다. 煙突から煙がもくもくと立ち上る。

뭉그-대다[타] ぐずぐずする｜もじもじする。

뭉그러-뜨리다[타] 崩す｜壞す｜潰す。 =뭉그러트리다

뭉그러-지다[자] 崩れる｜壞れる。

뭉그러-트리다[타] ☞뭉그러뜨리다

뭉그적-거리다[자타] ぐずぐずする。 예앉은 자리에서 한나절을 ~. 座った場所で半日ぐずぐずする。/ 방에서 뭉그적거리지 말고 빨리 나와라. 部屋でぐずぐずしないで、早く出なさい。 =뭉그적대다

뭉그적-대다[자타] ☞뭉그적거리다

뭉그적-뭉그적[부] ぐずぐず。

뭉근-하다[형] (火力が)弱い｜とろとろと燃えている。 예뭉근한 불로 졸이다. とろ火で煮つめる。

뭉글-거리다[자] ❶ 【먹은 음식이 소화가 잘 되어 위에 괴어 있는 듯하다】 つかえる｜むかつく。 예많이 먹어서 속이 ~. 食べ過ぎて胸がつかえる。 ❷ 【속이 느끼하여 먹은 것이 되올라오는 듯하다】 むかむかとする｜むかつく。 ❸ 【한덩이로 엉기어 굳지 아니하고 매우 무르다】 (塊が)ぐにゃぐにゃして、つるつるする。 =뭉글대다

뭉글-대다[자] ☞뭉글거리다

뭉글-뭉글[부] 【물크러질 정도로 무르고 매끄러운 모양】 ぐにゃぐにゃして、つるつる。

　　뭉글뭉글-하다[형] (塊が)ぐにゃぐにゃして、つるつるする。

뭉기다[타] ❶垂れ込める。 ❷崩す｜崩壞させる。

뭉-때리다[타] 【시치미를 떼고 딴전을 부리다】 しらばくれる｜とぼける。 예뭉때리고 대답하지 않다. しらばくれて返事もしない。

뭉떵[부] 【한꺼번에 제법 큰 덩이로 잘리거나 끊어지는 모양】 ざくっと｜ばっさりと。 예무를 ~ 반으로 자르다. 大根をざっくりと半分に切る。

뭉뚝-하다[형] 【끝이 아주 무디다】 先が鈍い。 예뭉뚝한 못 刃先の鈍った釘。

뭉뚱-그리다[타] 大ざっぱに包む｜大ざっぱにまとめる。 예짐을 ~. 荷物を大ざっぱにまとめる。/ 뭉뚱그리지 말고 자세하게 말해 주세요. 大ざっぱに言わないで、くわしく話してください。

뭉실-뭉실[부] ❶ 【살이 부드럽고 퉁퉁하게 보이는 모양】 むっちりと｜ふっくらと｜まるまると。 ❷ 【연기나 눈송이 같은 것이 둥글둥글 떠오르거나 떠서 움직이는 모양】 むくむくと｜ふわふわと。 예솜구름이 ~ 떠다니다. 綿雲がふわふわと漂う。

　　뭉실뭉실-하다[형] ふっくらとする｜まるまるとする。 예뭉실뭉실한 어깨 まるまるとした肩。/ 살이 쪄 몸매가 ~. 太って、体つきがふっくらとしている。

뭉치[명] 塊｜束｜包み。 예지폐 한 ~ 札束一つ。

뭉치다[자타] ❶固める｜一つにまとめにする｜塊になる｜凝固する。 예눈을 뭉쳐서 눈사람을 만들다. 雪を固めて雪だるまを作る。/ 피가 ~. 血が凝固する。 ❷団結する｜一つにまとまる。 예굳게 ~. 固く団結する。

뭉칫-돈[명] ❶多額の札束。 ❷まとまったお金。

뭉크러-뜨리다[타] 崩す｜ぶち壊す。 =뭉크러트리다

뭉크러-지다[자] (腐ったり熟れすぎたりして) つぶれる｜ぐしゃぐしゃになる。

뭉크러-트리다[타] ☞뭉크러뜨리다

뭉클-뭉클[부] 【잘근잘근 씹히는 모양】 (塊が)ぐにゃぐにゃにして、つるつるする。

뭉클-하다[형] 【마음이】 (悲しみ・怒りりで)胸がつまる｜込み上げる｜じいんとする。 예가슴이 뭉클해져 왔다. 胸が込み上げてきた。

뭉키다[자] (一つに)固まる｜集まる。

뭉텅[부] 【한꺼번에 제법 크게 잘리거나 끊어지는 모양】 ざくりと｜ざくっと｜ばっさりと。 예수박을 ~ 자르다. 西瓜をざくりと切る。

뭉텅-이[명] 塊｜束｜包み。 예돈 ~ 札束。

뭉툭[부] 【끝이 무디어져서 보이는 모양】 先が鈍いこと。

　　뭉툭-하다[형] 先が鈍い｜ずんぐりする。 예뭉툭한 손가락이 엄마를 닮았다. ずんぐりした指は母親に似た。

뭍[명] ❶陸地。 예~에 오르다. 陸に上がる。 ❷島の人が本土をいう語。

뭍-바람[명] 陸地からの陸風。

뭍-짐승[명] 陸地にすむ獸。

뭐 Ⅰ[대] 何。 예~가 갖고 싶니? 何がほしいの。/ ~라 말해야 좋을까? 何と言ったらいいかな。

　　Ⅱ[감] なんだって｜一だよ。 예~, 다시한 번 말해 봐. 何、もう一度言ってみろ。/ 세상이란 그런 거지, ~. 世の中ってそんなものだよ。

뭐-하다[형] 【거북하거나 언짢거나 수줍거나 한 느낌이 있다】 何だ。 예이렇게 말하면 뭐하지만, 자네도 꽤 만만치 않구먼. こう言っちゃあ何だけど、君もなかなかしたたかだね。

뭣[대] 何。

뮤지컬(musical)명 《음》ミュージカル。

-므로어미 —ので ┊ —だから。예 미성년자이므로 출입이 금지됩니다. 未成年者だから出入り禁止になります。

미¹(未)명【민】未だ。

미²(美)명 ❶美。예 자연~ 自然の美/ ~의식 美意識。 ❷《교》美。

미³(美)명【미국】米国。예 재~ 동포 在米同胞。

미⁴(mi)명《음》ミ。

미⁻⁵(未)접 未ー。예 미해결 未解決/ 미완성 未完成。

미가(米價)명 米価。

미각(味覺)명 味覚。예 ~을 돋우다. 味覚をそそる。

미간(未刊)명 未刊。예 ~ 도서 未刊図書。

미간(眉間)명 眉間。예 무심코 ~을 찡그리다. 思わず眉間をしかめる。 =양미간

미감(未感)명【미감염】未感染。

미감(美感)명 美感。

미감-아(未感兒)명 未感染の子供。

미개(未開)명 未開。예 ~ 사회 未開社会。

　미개-하다형 未開だ。

미개-국(未開國)명 未開の国。

미-개발(未開發)명 未開発。

미개-인(未開人)명 未開の人。

미개-지(未開地)명 未開地。

미-개척(未開拓)명 未開拓。예 ~지 未開拓の地/ ~ 분야에 도전하다. 未開拓の分野に挑む。

미거(美擧)명 美挙 ┊ 立派な行為。

미거-하다(未擧—)형《경》ふつつかだ ┊ 未熟だ。예 미거하나마 힘껏 노력하겠습니다. ふつつかながら、精一杯努めます。

미결(未決)명 未決。예 ~ 서류 未決書類/ ~ 사건 未決の事件。

미결-수(未決囚)명《법》未決囚。

미결-안(未決案)명 未決案。

미-결재(未決裁)명 未決裁。예 ~ 서류 未決裁書類。

미-결정(未決定)명 未決定。

미곡(米穀)명 米穀。

미곡-상(米穀商)명 米穀商 ┊ 米屋。

미골(尾骨)명《의》尾骨。

미관(美觀)명 美観。예 ~상 美観上/ ~을 해치다. 美観を損なう。

미관 지구(美觀地區)명《법》美観地区。예 ~로 지정하다. 美観地区に指定する。

미국(美國)명《국》米国 ┊ アメリカ合衆国。

미궁(迷宮)명 迷宮。예 사건은 ~ 속으로 빠지게 되었다. 事件は迷宮入りになった。

미급(未及)명 及ばないこと ┊ 至らないこと。

　미급-하다재 及ばない ┊ 至らない。

미-기상(微氣象)명 ☞미기후

미-기후(微氣候)명【미기후】微気候。＝미기상

미꾸라지명《동》どじょう。＝추어

　미꾸라지 용 됐다속담 どじょうが竜になった：「劣っている者が立派になること」の意。

　미꾸라지 한 마리가 온 웅덩이를 흐려 놓는다속담 どじょう一匹が、よどもの水を濁す：「一人の悪事が、多くの人に迷惑をかける」の意。

미끄러-지다재 滑る ┊ 滑って転ぶ。예 얼음판에서 ~. 氷面で滑る。/ 발이 ~. 足が滑る。

미끄럼명 滑り。예 ~을 타다. 滑り台を滑る；滑って遊ぶ。

미끄럼-틀명 滑り台。

미끄럽다형 つるつるする ┊ なめらかだ ┊ すべすべだ。예 길이 얼어서 ~. 道が凍ってつるつるする。

미끈-거리다재 すべすべする ┊ つるつるする。예 화장품을 바르면 피부가 미끈거린다. 化粧品を塗るとお肌がすべすべする。＝미끈대다

미끈-대다재 ☞미끈거리다

미끈둥-하다형 つるつるしている ┊ 非常にすべすべしている。

미끈-미끈부 つるつると ┊ すべすべと。

미끈-하다형 すんなりしている ┊ すっきりしている ┊ 滑らかだ。예 미끈한 종아리 すっきりしたふくらはぎ/ 미끈한 허리 すんなりした腰/ 미끈하게 빠진 몸매 すっきりと細い体つき。

미끌-미끌부 つるつると ┊ すべすべと。

미끼명 (釣りの)えさ。예 낚시 바늘에 ~를 꿰다. 釣り針にエサを付ける。/ ~를 던지다. えさを投げる。

미나리명《식》芹。예 ~를 생으로 무치다. セリを生で和える。

미나마타-병(minamata病)명《의》水俣

미남(美男)명 美男さん. 예 ~ 미녀 美男美女びょ. =미남자

미-남자(美男子)명 美男子だんし. =미남

미납(未納)명 未納みのう.
미납-하다타 未納みのうする.

미납-세(未納稅)명 未納稅みのうぜい.

미네랄(mineral)명 《생》ミネラル.

미녀(美女)명 美女びじょ | 美人びじん.

미농-지(美濃紙)명 美濃紙みのがみ.

미뉴에트(minuet)명 《음》メヌエット.

미늘명 (釣つり針などの)あご | 戻もどり.

미니(mini)명 ミニ. 예 ~가 유행하다. ミニが流行りゅうこうする.

미니스커트(miniskirt)명 ミニスカート | ミニスカ.

미니어처(miniature)명 ミニチュア | 小型模型こがたもけい. 예 ~는 작기만 한 것이 아니라 모든 것이 똑같아야 한다. ミニチュアは小ちいさいだけじゃなく、そっくりでなければならない.

미니어처-관(miniature管)명 《전》ミニアチュア管かん.

미니카(minicar)명 ミニカー.

미다¹타 (張はった革や障子紙などに誤あやまって)穴あなを開あける | 破やぶる.

미다²타【애칭】のけ者ものにする | 相手あいてにしない.

미닫-이명 引ひき戸ど | やり戸ど | 障子しょうじ | ふすま.

미닫이-문(一門)명 引き戸の門もん.

미닫이-창(一窓)명 引き窓まど.

미달(未達)명 まだ達たっしないこと | 足たりないこと. 예 정원 ~ 定員ていいん割われ.
미달-하다자 まだ達たっしない | 足たりない. 예 기준에 미달하는 노동 조건 基準きじゅんに達しない労働ろうどう条件じょうけん.

미담(美談)명 美談びだん. 예 훈훈한 ~ 心暖こころあたたまる美談.

미답(未踏)명 未踏みとう. 예 전인~ 前人ぜんじん未踏.

미-대다타【책임이나 잘못 등을】(嫌いやな事などを人ひとに)転嫁てんかする | 押おし付つける. 예 책임을 남에게 ~. 責任せきにんを人に転嫁する. ❷【하기로】ずるずる引ひき延のばす. 예 간단한 일인데 미대고 있다. 簡単なことなのに、ずるずる引き延ばしている.

미덕(美德)명 美德びとく. 예 겸양의 ~ 謙讓けんじょうの美德.

미덥다형 頼たのもしい | 信しんじるに足たる. 예 미더운 남자 頼もしい男.

미동(微動)명 微動びどう. 예 ~도 하지 않다. 微動だにしない.
미동-하다자 微動する.

미들-급(middle級)《운》【권투】 ミドル級きゅう. 예 ~ 타이틀 매치 ミドル級タイトルマッチ.

미등(尾燈)명【자동차】 尾灯びとう | テールライト.

미디-스커트(midiskirt)명 ミディスカート.

미디어(media)명 メディア. 예 매스 ~ マスメディア.

미라(mirra 포)명 ミイラ.

미래(未來)명 未來みらい. 예 ~를 짊어질 청년 未来をになう青年せいねん.

미래-상(未來像)명 未來像みらいぞう.

미량(微量)명 微量びりょう. 예 ~ 원소 微量元素げんそ.

미량 영양소(微量營養素)《화》微量びりょう養素ようそ | 微量元素.

미량 천칭(微量天秤)《화》微量天秤びりょうてんびん.

미려-하다(美麗一)형 美麗びれいだ.

미력(微力)명【겸사말로 자신의 힘이나 작은 힘】微力びりょく.
미력-하다형 微力だ. 예 미력하나마 돕겠습니다. 微力ながらお手伝てつだいします.

미련¹명 愚鈍ぐどん.
미련-하다형 愚鈍だ. 예 그렇게 미련하게 살아서 직업을 구할 수 있겠어? そんなに愚鈍に生いきていて職しょくが得えられると思おもっているのか.

미련²(未練)명 未練みれん | 心残こころのこり. 예 ~이 있다. 未練がある. / ~을 남기다. 未練を残のこす.

미련-스럽다형 愚鈍だ.

미련-쟁이명 愚鈍な人ひと | ばか | まぬけ. 예 이~야, 이걸 하나 하나 다 하고 있었어? この馬鹿ばかめ、これ全部ぜんぶ一ひとつずつやっていたのか.

미련-퉁이명【미련한 사람을 낮잡아 이르는 말】おおばか者もの.

미룻-하다형 太ふとっていて二重顎にじゅうあごになっている.

미로(迷路)명 迷路めいろ. 예 복잡한 ~를 빠져나가다. 複雑な迷路をくぐり抜ぬける.

미루-나무명 《식》ポプラ | 箱柳はこやなぎ. 예 꼭대기에 조각구름이 걸려 있다. ポプラのてっぺんに雲くもの切きれ端はしがかかっている.

미루다타 ❶【시간이나 날짜를】(時間じかん・期日きじつなどを)延期えんきする | 延のばす | 遅おくらせる | 後

回ごしにする。예 결혼식을 ~. 結婚式を延期する。/ 저녁 식사를 미루고 숙제를 하다. 晩御飯は後回しにして宿題にをする。❷【책임】(仕事と·責任などを無理に)押し付ける｜おっつける｜転嫁する。예자기 일을 다른 사람에게 미루면 안 돼. 自分の仕事を人に押し付けてはいけない。❸【추측】(物事を)推測する。예지금까지 일로 미루어 보면 그에게 무슨 일이 있었던 게 틀림없다. 今までのことから推測してみると、彼に何かあったのに間違いない。

미류-나무(美柳—)圐 ☞'미루나무'의 잘못.
미륵(彌勒)圐 《종》【불교】❶石仏。❷弥勒菩薩。
미륵-보살(彌勒菩薩)圐 《종》弥勒菩薩。
미리튀 あらかじめ｜前もって。예~ 준비해 놓다. あらかじめ準備しておく。/ ~ 연락하다. 前もって連絡する。
미리-미리튀 前もって｜早いうちから。예~ 예약해 두자. 前もって予約しておこう。
미-립자(微粒子)圐《물》微粒子｜非常に細かな粒状ものもの。예전자는 ~이다. 電子は微粒子だ。
미만(未滿)圐 未満。예5세~은 탑승 금지 5歳未満は搭乗禁止。
미망(迷妄)圐【미혹되어 망령됨】迷妄｜心の迷い。
미망-인(未亡人)圐 未亡人｜やもめ｜後家。
미명¹(未明)圐 未明。
미명²(美名)圐【좋은 이름】美名。예~ 아래 나쁜 짓을 저지르다. 美名に隠れて悪事を働く。
미모(美貌)圐 美貌。예~를 자랑하다. 美貌を誇る。
미모사(mimosa)圐 《식》ミモザ。예~에 손을 대자 꽃이 움츠러들었다. ミモザに手を触れると、花がすぼんだ。
미목(眉目)圐 眉目。❶眉と目。❷顔つき。예~이 수려한 사람 眉目秀麗な人。
미몽(迷夢)圐【미혹한 꿈】迷夢。예~에서 깨어나다. 迷夢から覚める。
미묘-하다¹(美妙—)혱 美妙だ。
미묘-하다²(微妙—)혱【섬세하고 묘하다】微妙だ。예미묘한 기분 微妙な気分。/ 미묘하

게 다른 외래어의 발음 微妙に違う外来語の発音。
미문¹(未聞)圐 未聞。예전대~ 前代未聞。
미문²(美文)圐 美文。예그의 문장은 세계에서 칭송받은 ~이다. 彼の文章は世界中から称賛された美文だ。
미물(微物)圐 ❶小さくてつまらない物。❷つまらない獣。예~에게도 살아갈 권리가 있다. 動物にも生きていく権利がある。❸つまらない人。예그는 한낱 ~에 지나지 않는다. 彼はただつまらない人に過ぎない。
미미-하다(微微—)혱 微々たるものだ｜取るに足りない。예미미한 존재 微々たる存在。
미-발표(未發表)圐 未発表。예~ 악보 未発表楽譜。
  미발표-하다찌 まだ発表していない。예응모작은 미발표한 것에 한한다. 応募作品は未発表のものに限る。
미-배정(未配定)圐 未配分。
미백(美白)圐 美白｜ホワイトニング。예~ 크림 美白クリーム。
미봉(彌縫)圐 弥縫。
  미봉-하다탄 弥縫する。
미봉-책(彌縫策)圐 弥縫策。
미분(微分)圐 《수》微分｜微分学。
미분 기하학(微分幾何學) 《수》微分幾何学。
미분 방정식(微分方程式) 《수》微分方程式。
미분-음(微分音)圐 《음》微分音。
미-분자(微分子)圐 微分子。
미분 적분학(微分積分學) ☞미적분학。
미-분화(未分化)圐 未分化。
미비(未備)圐 不備。
  미비-하다혱 不備だ。예서류에 미비한 점이 있다. 書類に不備な点がある。
미쁘다혱 頼もしい｜真実だ。예그의 행동은 늘 미쁘지 못하다. 彼の行動はいつも頼もしくない。
미사(missa 라)圐 《종》❶ミサ。❷《음》ミサ曲。
미사-여구(美辭麗句)圐 美辞麗句。
미사일(missile)圐 《군》ミサイル。=유도탄。
미상(未詳)圐 未詳｜不詳。예작자 ~ 作者未詳/ 생몰년 ~ 生没年未詳。

미색(美色)몡 美色。 ❶美しい色。 ❷美人。 예~에 빠지다. 美色におぼれる。

미-생물(微生物)몡 《생》微生物。 예~검사 微生物検査。

미생물-학(微生物學)몡 微生物学。

미선-나무 《식》団扇木。 예~는 우리나라에서만 유일하게 자라는 고유종이다. ウチワノキはわが国でしか育たない固有種だ。

미성(美聲)몡 美声。 美しい声。

미-성년(未成年)몡 未成年。

미성년-자(未成年者)몡 未成年者。

미-성숙(未成熟)몡 未成熟。 未熟。

미세(微細)몡 微細。 예~ 가공 微細加工/ ~ 회로 微細回路。

미세-하다휑 微細だ。

미세¹ 《건》戸。 扉。

미세² 몡 満ち潮と引き潮。 潮の干満。

미소¹(美蘇)몡 米ソ。 アメリカとソ連。

미소²(微小)몡 《화》微小。
　미소-하다휑 微小だ。 예미소한 생물 微小な生物。

미소³(微少)몡 《화》微少。
　미소-하다휑 微少だ。 예내 역할은 아주 ~. 私の役割は微少だ。

미소⁴(微笑)몡 微笑。 ほほえみ。 예모나리자의 ~ モナリザの微笑/ ~를 띠다. ほほえみを浮かべる。
　미소-하다³ 휑 微笑する。 ほほえむ。 예미소하고 듣고 있다. ほほえみながら聞いている。

미-소년(美少年)몡 美少年。

미속(美俗)몡 ☞미풍。

미송(美松)몡 《식》アメリカ松。 米松。

미수¹ 몡 はちみつや砂糖を溶かした水に、 香煎を入れた飲み物。

미수²(未收)몡 未収。
　미수-하다탄 未収する。

미수³(未遂)몡 未遂。 예자살 ~ 自殺未遂。
　미수-하다탄 未遂する。

미수⁴(米壽)몡 《화》米寿。 88歳。

미수-금(未收金)몡 《경》未収金。 예~의 회수 未収金の回収。

미수-범(未遂犯)몡 《법》未遂犯。

미수-연(米壽宴)몡 米寿の祝宴。

미수-죄(未遂罪)몡 《법》未遂罪。

미숙-아(未熟兒)몡 《의》未熟児。

미숙-하다(未熟—)휑 未熟だ。 예미숙한 과일 未熟な果物/ 미숙한 솜씨 未熟な腕前。

미술(美術)몡 美術。

미술-가(美術家)몡 美術家。

미술-관(美術館)몡 美術館。

미술-사(美術史)몡 美術史。

미술-품(美術品)몡 美術品。

미숫-가루몡 麦こがし。 香煎。 はったい。

미스¹(miss)몡 ミス。 やりそこない。 예~를 범하다. ミスを犯す。

미스²(Miss)몡 ミス。 ❶未婚の女性。 ❷代表的な美人。 예~ 유니버스 ミスユニバース。

미스터(Mister)몡 ミスター。

미스터리(mystery)몡 ミステリー。 예여름엔 ~ 영화가 인기이다. 夏にはミステリー映画が人気だ。

미스테리오소(misterioso 이)몡 《음》ミステリオソ。

미시-적(微視的)관 微視的。 ミクロ的。 예~ 경제론 ミクロ経済論/ ~인 세계 微視的な世界。

미시즈(Mrs)몡 ミセス。

미식(美食)몡 美食。
　미식-하다자 美食する。

미식-가(美食家)몡 美食家。

미식-축구(美式蹴球)몡 《운》アメリカンフットボール。

미신(迷信)몡 迷信。 예~을 믿다. 迷信を信じる。

미심-스럽다(未審—)휑 疑わしいところがある。 気にかかるところがある。 不審なところがある。 예나는 그가 경찰관인지 미심스러웠기 때문에 조사해 봤다. 私は彼が警察官かどうか疑わしいところがあったので調べてみた。/ 남편의 행동에 미심스러운 점이 있어서 미행하였다. 夫の行動に気にかかるところがあり、 尾行した。

미심-쩍다휑 いぶかしい。 疑わしい。 不審だ。 예일은 진행하지만 자꾸 미심쩍은 생각이 든다. ことは進行するが、 しきりに疑いの気持ちが起こる。

미심-하다(未審—)휑 疑わしい。 気になる。 気にかかる。 不審だ。 예아들의 가방 속이 미심하여 확인해 봤다. 息子の

鞄の中が気になり確認してみた。

미싱(ミシン 일) ☞재봉틀

미안-스럽다(未安—) すまない｜恐れ入る。예생각도 못했는데, 자꾸만 나에게 잘해 주니 ~. 考えもしなかったのに、いつも私によくしてくれてすまない。

미안-쩍다 すまない｜すまなく思っている。예나 혼자 먹는 것이 친구들에게 미안쩍었다. 私たち一人で食べるのが友人たちにすまなかった。

미안-하다(未安) [형] すまない｜申しわけない｜恐縮だ。예늘 신세만 져서 미안합니다. いつもお世話になってばかりで恐縮です。／기다리게 해서 미안해. 待たせてすまない。／내가 잘못했어. 정말 미안해. 私が悪かった。本当にすまない。／미안하지만, 좀 더 자세히 설명해 주시겠어요? すみませんが、ちょっと詳しく説明してくださいませんか。

미약-하다(微弱—) [형] 微弱だ。예미약한 진동 微弱な振動。

미얀마(Myanmar) [명] 《국》ミャンマー。

미어-지다 [자] ❶(革・紙などが)すり減って穴があく。예10년이나 쓴 가죽 지갑이 ~. 10年も使っている革のさいふに穴があいた。❷(いっぱいで)張り裂けるほどだ。예입이 미어질 정도로 밥을 집어넣어 먹다. 口が裂けるほど御飯を入れて食べる。

미역¹ [명] 水浴び。준**멱**²

미역² [명] 《식》わかめ。

미역-국 【わかめのスープ】わかめのスープ。예생일상에 오르는 ~ 誕生日の膳にのせるワカメスープ。

　미역국(을) 먹다 [관용] ❶試験に落ちる。❷首になる｜解雇される。

미연(未然) [명] 未然。예~에 방지하다. 未然に防ぐ。

미열(微熱) [명] 微熱。

미온-적(微溫的) [관형] 微温的｜なまぬるいさま。예~인 조치 微温的な処置。

미완(未完) [명] 未完｜未完成。예~의 작품 未完の作品。

미-완성(未完成) [명] 未完成。예~ 교향곡 未完成交響曲。

미용(美容) [명] 美容。예~ 성형 美容整形。

미용-사(美容師) [명] 美容師。

미용-술(美容術) [명] 美容術。

미용-실(美容室) [명] 美容室。

미용-원(美容院) [명] 美容院。

미용 체조(美容體操) 〈운〉美容体操。

미욱-스럽다 [형] 愚かそうだ。

미욱-하다 [형] 愚鈍だ｜愚かだ。

미움 [명] 憎しみ｜憎さ｜憎悪。예엄마에게 ~을 받다. お母さんに憎まれる。／저 애는 꼭 ~ 받을 행동만 한다. あの子はいつも憎まれる行動ばかりする。

미워-하다 [타] 憎む｜憎悪する。예엄마는 나만 미워한다. お母さんは私ばかり憎む。

미음(米飮) [명] 重湯。예~이라도 먹고 기운을 차려라. 重湯でも飲んで元気を出せ。

미-의식(美意識) [명] 《심》美意識。

미인¹(美人) [명] 美人｜美女。예절세의 ~ 絶世の美人。

미인²(美人) [명] アメリカ人。예~ 회화 アメリカ人による英会話。

미인-계(美人計) [명] 色仕掛け｜つつもたせ。예~에 걸리다. 色仕掛けにひっかかる。

미인-도(美人圖) [명] 美人図。

미인-박명(美人薄命) [명] 美人薄命。

미일(美日) [명] 米日｜日本とアメリカ。

미작(米作) [명] ☞벼농사

미장¹(美粧) 【머리를 아름답게 매만짐】美粧｜美容。

　미장-하다 [타] 美粧する。

미장²(美裝) 【아름답게 꾸밈】美裝。

　미장-하다 [타] 美裝する。

미장-공(—工) [명] 左官。

미장-원(美粧院) [명] 美粧院。

미장이 [명] 左官｜壁塗り。예비가 오기 시작해서 ~들은 서둘러 일을 끝냈다. 雨が降り始めたので、左官たちは急いで仕事を終えた。

미-적(美的) [관형] 美的。예~인 센스 美的なセンス。

미적-거리다 [타] ❶少しずつ前に押し出す。❷ずるずると伸ばす。❸ぐずぐずする。＝미적대다

미적-대다 [타] ☞미적거리다

미적-미적 [부] ❶重いものを少しずつ前に押し出すさま。❷ずるずる。

미적분-학(微積分學) [명] 《수》微積分学。 ＝미분 적분학

미적지근-하다 [형] ❶ぬるい｜生暖かい。예목욕물이 ~. 風呂の湯がぬる

い。/미역국이 ~. ワカメスープがぬるい。❷ (性格·行動·態度などが)煮えきらない｜はっきりしない｜どっちつかずだ｜曖昧だ。예미적지근한 답변 はっきりしない返事/미적지근한 태도에 짜증이 나다. 煮えきらない態度にいらいらする。

미점¹(米點)몡 《미》米点。예~을 찍어 흙산과 여름 숲을 그린다. 米点を打って土山と夏の森を描く。

미점²(美點)몡 美点｜長所。

미정(未定)몡 未定。예졸업 후의 일은 ~이다. 卒業後の事は未定だ。

미제(美製)몡 米国製。

미주¹(米酒)몡 米で醸した酒。

미주²(美洲)몡 《지》米州｜アメリカ州。

미주³(美酒)몡 美酒｜うまい酒。

미주알몡 肛門を成す直腸の下端。

미주알-고주알튀 根掘り葉掘り｜あれやこれやと。예~ 캐묻다. 根掘り葉掘り聞きただす。=고주알미주알

미즈(Ms.)몡 ミズ。

미-증유(未曾有)몡 未曾有。예~의 대사고 未曾有の大事故。

미지(未知)몡 未知。예~의 세계 未知の世界。

미지근-하다혱 ぬるい。❶生暖かい。예차가 ~. お茶がぬるい。❷手ぬるい。예미지근한 태도 手ぬるい態度。

미-지급(未支給)몡 未支給｜未払い。

미지-수(未知數)몡 未知数。❶方程式で値の知られていない数。예일차 방정식은 한 개의 ~를 가진다. 一次方程式は一つの未知数を持つ。❷将来どうなるかわからないこと。예그 일은 아직 ~다. そのことはまだ未知数だ。

미진(微塵)몡 微塵。

미진-하다(未盡一)❶尽きない。예미진한 이야기 尽きない話。❷至らない｜不十分だ。

미착(未着)몡 未着。
　미착-하다(未着一)未着する。

미처튀 まだ｜そこまでは。예~ 준비도 되지 않았는데 행사가 시작되어 버렸다. まだ準備ができていないのに行事が始まってしまった。/제가 ~ 생각을 못 했습니다. 私はそこまでは考えていませんでした。

미추(美醜)몡 美醜。

미추름-하다혱 精力で健康美がある｜つやつやしている。

미치광-이몡 狂人。예저런 ~하고야 상종할 수가 있나! あんな狂った奴と付き合えるか。

미치다¹자타 ❶届く｜至る｜達する。예성적이 기대에 못 미쳤다. 成績が期待に届かなかった。❷及ぶ｜及ぼす。예경제에 영향을 ~. 経済に影響を及ぼす。/피해가 전국에 ~. 被害が全国に及ぶ。

미치다²자 狂う。❶気が違う｜心が乱れる。예그녀는 큰 충격을 받고 미쳐 버렸다. 彼女は大きなショックを受けて狂ってしまった。❷常識に外れた行動をする。예그녀는 미친 듯이 울고 있었다. 彼女は狂ったように泣いていた。❸(気が狂うほど)非常に苦しむ。예화가 나서 미쳐 버릴 것 같다. 腹が立って気が狂いそうだ。❹夢中になる｜凝る。예나는 지금 컴퓨터 게임에 미쳐 있다. 私は今パソコンのゲームに夢中になっている。
　미쳐 날뛰다관용 狂ったように騒ぎ立てる。

미친-개몡 狂犬。
미친-것【경멸하는 말】狂人。
미친-년【경멸하는 말】狂女。
미친-놈【경멸하는 말】狂人。예어떤 ~이 이렇게 장난 전화를 해대? どこかの狂った奴がこんないたずら電話をするんだって。/그런 짓은 ~이나 할 짓이지. それは狂った奴のすることだ。

미칭(美稱)몡 美称。

미크로네시아(Micronesia)몡 《국》ミクロネシア連邦。

미크론(micron)의 ミクロン。

미키 마우스(Mickey Mouse) ミッキーマウス。

미터(meter)의 メートル。예~법 メートル法。

미터-자(meter—)몡 メートル尺。

미투리몡 麻の草鞋。

미트(mitt)몡 《운》(野球の)ミット。예~ 안으로 들어가 아웃된 공 ミットの中に入り、アウトとなったボール。

미팅(meeting)몡 ❶合コン。❷ミー

ティング。
미풍¹(美風)〖명〗美風。=미속
미풍²(微風)〖명〗微風；そよ風。=세풍
미풍-양속(美風良俗)〖명〗美風良俗。
미필(未畢)〖명〗未了ょう；未だ済んでいないこと。⑩병역~자 兵役を終えていない者。
　미필-하다타 未了する。
미필적 고의(未畢的故意)《법》未必の故意。
미학(美學)〖명〗《철》美学。
미학-적(美學的)관명 美学的。⑩~ 가치 美学的価値。
미-해결(未解決)〖명〗未解決。⑩~ 사건 未解決の事件。
미행¹(尾行)〖명〗尾行。~을 따돌리다. 尾行を巻く。
　미행-하다자 尾行する。⑩몰래 ~. ひそかに尾行する。
미행²(美行)〖명〗美行；善行。
미혹(迷惑)〖명〗惑わすこと。
　미혹-하다자 惑わす。
미혼(未婚)〖명〗未婚。
미혼-모(未婚母)〖명〗未婚ママ。
미화(美化)〖명〗美化。⑩환경 ~ 環境を美化。
　미화-하다타 美化する。
미확인 비행 물체(未確認飛行物體)《물》未確認飛行物体；UFO。
미흡-하다(未洽一)형 及ばない；不十分だ；至らない。⑩미흡한 곳이 있다. 不十分なところがある。
믹서(mixer)〖명〗ミキサー。
믹스(mix)〖명〗ミックス；混合。
민-〖접〗❶【꾸밈이나 덧붙음이 없는】민물 淡水；真水。❷【다른 것이 없이 하나인】민소매 袖無し。
민가(民家)〖명〗民家。
민간(民間)〖명〗民間。⑩~ 설화 民間説話/~ 신앙 民間信仰。
민간-요법(民間療法)〖명〗民間療法。
민간-인(民間人)〖명〗民間人。
민감-하다(敏感一)형 敏感だ。⑩기온의 변화에 민감한 피부 気温の変化に敏感な肌。
민권(民權)〖명〗民権。⑩~주의 民権主義/~ 신장 民権伸張/자유 ~ 운동 自由民権運動。
민-낯〖명〗素顔；地顔；化粧をしていない顔。
민단(民團)〖명〗《법》居留民団；民団。=거류민단
민담(民譚)〖명〗民譚；民話。
민둥민둥-하다山に木がほとんど生えていない。⑩여기저기에 있는 산들이 ~. あっちこっちにある山々に木がほとんどみられない。
민둥-산(一山)〖명〗はげ山。=독산
민들레〖명〗《식》たんぽぽ。
민란(民亂)〖명〗民乱。
민망-스럽다(憫忙一)형 きまり悪い；不憫に思う；心苦しい；しのびない。⑩보기에 민망스러운 광경 見るに忍びない光景。
　민망스레不憫に；心苦しく。
민망-하다(憫忙一)형 きまり悪い；不憫に思う；心苦しい；しのびない。
　민망-히不憫に；心苦しく。
민-며느리〖명〗【장래에 며느리로 삼으려고 데려다 기르는 여자아이】将来の嫁にするために、幼いときから家に入れて育てる娘。
민무늬 토기(一土器)《고》青銅器時代の柄のない土器。
민-물〖명〗潮気のない水；淡水；真水。=담수
민물-고기〖명〗《동》淡水魚。=단물고기；담수어
민물-낚시〖명〗川釣り。
민물 양식(一養殖) 淡水養殖；内水面養殖。
민박(民泊)〖명〗民宿；民泊。
민방(民放)〖명〗民間放送；民放。
민-방위(民防衛)〖명〗民間防衛；民間で行なう防衛行為。
민법(民法)〖명〗《법》❶民法。❷民法典。
민병(民兵)〖명〗《군》【민간인으로 이루어진 병사】民兵。
민본(民本)〖명〗民本。⑩~주의 民本主義。
민사(民事)〖명〗《법》民事。⑩~ 재판 民事裁判/~ 소송 民事訴訟/~ 사건 民事件。
민사-법(民事法)〖명〗《법》民事法。
민사 소송(民事訴訟)《법》民事訴訟；民訴。⑩~은 재판 기간이 비교적 길다. 民訴は裁判期間が比較的に長い。
민생(民生)〖명〗民生。⑩~을 안정시키다. 民生を安定させる。
민생-고(民生苦)〖명〗庶民の生活苦。
민선(民選)〖명〗民選。⑩~ 의원 民選議

員ぎ.
민선-하다티 民選せんする。
민속(民俗)몡 民俗ぞく。예) ~ 공예품 民俗工芸品こうげい。
민속-극(民俗劇)몡 〈연〉民俗劇げき。
민속-놀이(民俗-)몡 伝承遊技でんしょうゆうぎや伝統芸能げいのう｜民間みんに伝つたわる民俗遊技ゆうぎ。
민속 무용(民俗舞踊) 〈예〉民俗舞踊ぶよう。
민속-촌(民俗村)몡 民俗村そん。
민속-춤(民俗-) 〈예〉伝統的でんとうてきな民衆みんしゅうの踊おどり｜民俗舞踊ぶよう｜フォークダンス。예) 스페인의 ~ 탱고 スペインのフォークダンス、タンゴ。
민속-하다(敏速-)【행동이나 일 처리 등이 매우 빠르고 날쌔다】敏速そくだ。
민속-학(民俗學)몡 民俗学がく。
민수(民需)몡 民需じゅ｜民間みんの需要じゅよう。예) 산업 民需産業さんぎょう。
민숭민숭-하다휑 ❶【몸에 털이 나지 않아서 반반하다】(体毛たいもうが生はえていなくて)つるつるしている｜すべすべしている。예) 민숭민숭하게 민 머리 つるつるしたはげ頭あたま。 ❷【산에 나무나 풀이 없다】はげている。
민심(民心)몡 民心しん。예) ~을 얻다. 民心を得える。／～을 잃다. 民心を失うしなう。／~을 묻다. 民心を問とう。
민영(民營)몡 民営えい。예) ~ 철도 民営鉄道どう。
민영-화(民營化)몡 民営化みんえいか。
민완(敏腕)몡 敏腕わん。예) ~ 기자 敏腕記者きしゃ。
민요(民謠)몡 〈음〉民謠よう。~풍의 선율 民謠風ふうの旋律せんりつ｜~를 즐기다. 民謠を楽たのしむ。／아리랑은 우리나라의 대표적 ~이다. アリランはわが国くにの代表的だいひょうてきな民謠だ。
민원¹(民怨)몡 国民こくみんの恨うらみ。예) ~을 사다. 国民の恨みを買かう。
민원²(民願)몡 国民こくみんの望のぞみや請願せいがん。예) ~ 서류 国民の請願書類しょるい｜~을 해결하다. 民願の請願を解決かいけつする。
민적(民籍)몡 民籍せき｜戸籍こせき。
민정¹(民政)몡 民政せい。
민정²(民情)몡 民情じょう。예) ~을 시찰하다. 民情を視察しさつする。
민족(民族)몡 民族ぞく。예) ~주의 民族主義しゅぎ／~ 국가 民族国家こっか／~ 대이동 民族大移動だいいどう／~ 문화 民族文化ぶんか／~ 자본 民族資本しほん。
민족 종교(民族宗敎) 〈종〉民族宗教しゅうきょう。예) 이슬람교는 이란 인의 ~이다. イスラム教きょうはイラン人じんの民族宗教だ。
민족-학(民族學)몡 民族学がく。
민족-혼(民族魂)몡 民族ぞくの魂たましい。
민주(民主)몡 民主しゅ。예) ~ 국가 民国国家こっか／~ 정치 民主政治せいじ／~ 공화국 民主共和国きょうわこく。
민주-적(民主的)관 民主的てき。
민주-주의(民主主義)몡 民主主義しゅぎ。
민주-화(民主化)몡 民主化みんしゅか。예) ~ 운동 民主化運動うんどう。
민주화-하다재몡 民主化みんしゅかする。
민중(民衆)몡 民衆しゅう。예) ~ 예술 民衆芸術げいじゅつ／~의 지지를 얻다. 民衆の支持しじを得える。
민-짜몡 装飾そうしょくなし。
민첩-성(敏捷性)몡 敏捷性びんしょう｜手早てばやい性質せいしつ。
민첩-하다(敏捷-)휑 敏捷しょうだ｜はしこい｜素早すばやい。예) 민첩한 동작 敏捷な動作どうさ／민첩하게 옮겨 타다. 敏捷に乗のり移うつる。
민첩-히(敏捷-)튀 敏捷しょうに｜はしこく｜素早すばやく。
민틋-하다휑【울퉁불퉁하지 않고 평평하고도 비스듬하다】高低こうていがない｜のっぺりしている。
민폐(民弊)몡 国民に及およぼす弊害へいがい。
민화¹(民畫)몡 〈미〉民画が。예) ~를 통해 당대 풍속을 알 수 있다. 民画を通つうじてその当時とうじの風俗ふうぞくを知しることができる。
민화²(民話)몡 民話わ。
민활-하다(敏活-)휑 敏活かつだ｜素早すばやい。예) 민활한 두뇌 敏活な頭脳ずのう。
믿다티 ❶ 信しんじる。예) 나는 그의 말을 믿는다. 私は彼かれの言いうことを信じる。／유령을 믿습니까? 幽霊れいを信じますか。 ❷【신임하다】信頼らいする｜信用しんようする。예) 믿을 수 없는 사람 信用できない人ひと／어머니는 아버지를 믿고 있다. 母ははは父ちちを信じている。 ❸【종교】(宗教しゅうきょうを)信仰しんこうする｜帰依きえする。예) 기독교를 ~. キリスト教きょうを信じる。

믿는 도끼에 발등 찍힌다속담 信しんじる斧おのに足あしのこうを切きられる：[日]飼かい犬いぬに手てをかまれる。

믿음 ❶【믿음】信しんじる心こころ｜信頼らい。예) 나에 대한 ~이 있다면 기다려라. 僕を信頼しているなら待まってくれ。／당신에 대한 ~이 나를 살렸다. あなたに対たいする信頼が私を生いかした。 ❷〈종〉【신앙】信

믿음-성(-性)명 信頼性。예 난 ~이 있는 사람이 좋다. 私は信頼性のある人がよい。

믿음직-스럽다형 信頼できる｜頼もしいところがある。

믿음직-하다형 頼もしい。예 믿음직한 청년으로 성장하다. 頼もしい青年に成長する。

心に信仰。예하느님에 대한 ~으로 그 어려움을 이겨낼 수 있었다. 神様に対する信仰によって、その困難に打ち勝つことができた。

밀명〖식〗小麦。=소맥
밀²(蜜)명 蜜蝋｜蝋。
밀-가루명 小麦粉｜メリケン粉。
밀감(蜜柑)명〖식〗蜜柑。
밀-개떡명 小麦粉をこねて薄平たく伸ばして蒸した餅。
밀계(密計)명〖군〗密計。예 ~를 꾸미다. 密計をめぐらす。=밀책
밀고(密告)명 密告。
　밀고-하다타 密告する。예 경찰에 ~. 警察に密告する。
밀고-자(密告者)명 密告者。
밀교(密教)명 ❶〖종〗密教。❷王の秘密の教書という。
밀-국수명 (饂飩・素麺など)小麦粉でつくった麺。
밀-기름명 蜜蝋と胡麻油を混ぜてつくった整髪用の油。
밀-기울명 麩｜麦くず。
밀-깜부기명〖식〗小麦の黒穂病。예 ~에 걸리다. 黒穂病にかかる。
밀다타 ❶〖밀어〗押す。예 휠체어를 ~. 車椅子を押す。/ 친구를 뒤로 밀어 넘어뜨리다. 友達を後ろに押して倒す。❷〖밀어〗取り去る｜削り落とす｜剃る。예 역전의 가게를 밀고 도로를 넓히다. 駅前の店を取り去って道路を広げる。/ 수염을 ~. 髭を剃る。/ 때를 밀다. 垢を落とす。❸〖밀어〗のばす。예 우동 면발을 밀대로 ~. うどんの生地を棒でのばす。❹〖밀어〗謄写機で印刷する。❺〖밀어〗推す｜推薦する。예 반장으로 ~. 班長に推薦する。
밀담(密談)명 密談｜内緒話。
　밀담-하다자 密談する｜内緒話をする。예 남몰래 ~. ひそひそと密談する。
밀-대명 麺棒。

밀도(密度)명 密度。예 인구 ~ 人口密度/ ~ 높은 강의 密度の高い講義。
밀도-도(密度圖)명 密度図。
밀-도살(密屠殺)명 密殺。
　밀도살-하다타 密殺する。
밀-뜨리다타 急に押しのける｜急に突き落とす。=밀트리다
밀랍(蜜蠟)명 蜜蝋。
밀레니엄(millennium)명 ミレニアム。예 ~ 베이비 ミレニアムベビー。
밀려-가다자 ❶〖밀리어〗押しかける｜押しかけて行く。❷〖밀리어〗押し流される。예 시류에 ~. 時流に押し流される。❸〖파〗(波などが)押し返す。
밀려-나다자〖밀리어〗追い出される｜外される。예 공직에서 ~. 公職から追い出される。
밀려-다니다자 後ろから押されて歩く。예 여러 사람이 ~. 多くの人が後ろから押されて歩く。
밀려-들다자 押し寄せる｜なだれ込む｜殺到する。예 일시에 ~. 一時に押し寄せる。
밀려-오다자 ❶〖밀리어〗押し寄せる。❷〖밀리어〗押し寄せる。예 물밀 듯이 ~. 満潮のように押寄せる。/ 적군이 ~. 敵軍が押寄せる。/ 가게에 손님들이 ~. 店に客が押寄せる。❸〖파〗押し寄せる。예 파도가 ~. 波が押し寄せる。
밀렵(密獵)명 密猟。
　밀렵-하다타 密猟する。
밀렵-꾼(密獵-)명 密猟者。
밀리(← millimeter)의 ミリメートル。=밀리미터
밀리그램(milligram)의 ミリグラム。
밀리다¹자 ❶〖밀리어〗(支払い・仕事などが)滞る｜たまる｜積もる。예 일이 ~. 仕事がたまる。/ 집세가 ~. 家賃が滞る。❷〖밀리어〗つかえる。예 차가 밀려 있다. 車がつかえている。
밀-리다²자 ❶〖밀리어〗押される。예 여론에 밀려 방침을 바꾸다. 世論に押されて、方針を変える。/ 휴대 전화에 밀려 삐삐가 사라지다. 携帯電話に押され、ポケベルが消える。❷〖밀리어〗(垢などが)落とされる｜落ちる。예 목욕탕의 물때가 ~. 風呂の水垢が落ちる。❸〖밀리어〗(麺棒などで)伸びる。예 밀가루 반죽이 잘 ~. こねた小麦粉がよく伸びる。
밀리리터(milliliter)의〖단위〗ミリリットル。

밀리미터(millimeter)몡 【길이단위】ミリメートル。=밀리

밀리-볼트(millivolt)몡 《물》【전압단위】ミリボルト。

밀리-암미터(milliammeter)몡 《물》ミリアンメーター。

밀림(密林)몡 密林회;ジャングル。

밀-막다타 【거절】口実하;をつくって断하;る。예그의 부탁을 나는 밀막아 버렸다. 彼하의頼하;みを私하;は口実をつけて断ってしまった。

밀매(密賣)몡 密売바;。예~자 密売人바;/마약 ~을 단속하다. 麻薬하;の密売を取だ;り締다;まる。
　밀매-하다타 密売하;する。

밀매-품(密賣品)몡 密売品하;。

밀-무역(密貿易)몡 密貿易하;き。
　밀무역-하다타 密貿易하;きする。

밀-문(一門)몡 押하;して開하;く形하;になっている戸하;。

밀-물몡 満하;ち潮하;;満潮하;;上하;げ潮。예~이 들어오다. 潮が満ちる。/ ~이 밀려오다. 満ち潮が押하;してくる。/ ~이 들어올 때가 되었다. 満ち潮が入하;ってくる時間하;になった。

밀-방망이몡 麺棒하;。

밀-보리몡 ❶小麦하;と大麦하;。 ❷《식》はだか麦하;。

밀봉¹(密封)몡 密封하;。
　밀봉-하다타 密封하;する。예봉투를 ~. 封筒하;を密封する。

밀봉²(蜜蜂)몡 ☞꿀벌

밀사(密使)몡 密使하;。

밀살(密殺)몡 密殺하;。
　밀살-하다타 密殺하;する。예소를 ~. 牛하;を密殺する。

밀-살구(密—)몡 《식》小粒하;で甘하;いアンズの一種하;。예~가지 アンズの枝하;。

밀생(密生)몡 【빽빽나기】密生하;。
　밀생-하다자 密生하;する。예강모가 밀생해 있다. 剛毛하;が密生している。

밀서(密書)몡 密書하;。예~를 몸에 지니다. 密書を携하;える。

밀선(密船)몡 密航船하;。

밀수(密輸)몡 密輸하;。예~ 조직 密輸組織하;。
　밀수-하다타 密輸하;する。예각성제를 ~. 覚醒剤하;を密輸する。

밀수업-자(密輸業者)몡 密輸하;業者하;。

밀-수입(密輸入)몡 密輸入하;。
　밀수입-하다타 密輸入하;する。

밀-수출(密輸出)몡 密輸出하;。
　밀수출-하다타 密輸出하;する。

밀수-품(密輸品)몡 密輸品하;。

밀실(密室)몡 密室하;。예~ 살인 사건 密室殺人事件하;/~에 갇히다. 密室に閉하;じ込하;められる。

밀알-지다혭 【얼굴두껍】厚하;かましい顔하;つきをしている。

밀약(密約)몡 密約하;。예~을 맺다. 密約を結하;ぶ。
　밀약-하다타 密約하;する。

밀어¹(密語)몡 【밀말】密語하;。예~를 나누다. 密語を交하;わす。

밀어²(蜜語)몡 【단말】蜜語하;。예사랑의 ~를 속삭이다. 愛하;の蜜語をささやく。

밀어-내다타 押하;し出하;す;追하;い出하;す。

밀어-닥치다자 押하;し寄せる;押しかける。예경찰이 ~. 警察하;が押し寄せる。

밀어-붙이다자 ❶【한편으로】(片隅하;に)押しやる;(一方하;に)力強하;く押し付하;ける。예책상을 구석으로 ~. 机하;を隅に押しやる。 ❷【끝까지】一気하;に追하;い込하;む。예끝까지 대전 상대를 ~. 最後하;まで対戦하;相手하;を追い込む。

밀어-젖히다 ❶【밀쳐】押してひっくり返하;す;押しのける。예사람을 밀어젖히고 나가다. 人하;を押しのけて出하;る。 ❷【열다】押し開하;く。예창문을 ~. 窓하;を押し開く。

밀어 차기 《운》【씨름】押蹴하;り。

밀월(蜜月)몡 蜜月하;。 ❶【결혼초】結婚하;したての頃하;;ハネムーン。예~ 여행 蜜月旅行하;。 ❷【친밀】親密하;な関係하;にあること。예노사의 ~ 시대 労使하;の蜜月時代하;。

밀-입국(密入國)몡 密入国하;。

밀-전병(密煎餅)몡 小麦粉하;の煎餅하;。

밀접(密接)몡 密接하;。
　밀접-하다혭 密接하;だ。예밀접한 관계에 있다. 密接な関係하;にある。 / 밀접하게 연결되어 있다. 密接に結하;び付하;いている。

밀정(密偵)몡 【스파이】密偵하;;スパイ。

밀조(密造)몡 密造하;。예아편 ~ アヘンの密造。
　밀조-하다타 密造하;する。

밀주(密酒)몡 密造酒하;。
　밀주-하다자타 無許可하;で酒하;を製造하;する;密造酒하;を作하;る。

밀집(密集)몡 密集하;。

밀집-하다자 密集する。예 주택이 ~. 住宅が密集する。

밀-짚명 麦わら；ストロー。

밀짚-모자(-帽子)명 麦わら帽子。

밀착(密着)명 密着。예 ~ 인화 密着印画；ベタ焼き。
　밀착-하다자 密着する。예 밀착하여 취재하다. 密着して取材する。

밀책(密策)명 ☞밀계

밀-치다타 (强く)押す；押しのける。예 사람을 밀치고 제일 앞으로 나가다. 人を押しのけて一番前へ出る。/ 동료를 밀치고 출세 가도로 나아가다. 同僚を押しのけて出世街道を進む。

밀치락-달치락부 押しつ押されつ；押し合いへし合い。예 ~ 막상막하의 경기 押しつ押されつ互角の試合。

밀크(milk)명 ミルク；牛乳。예 ~셰이크 ミルクセーキ。

밀탐(密探)명 ひそかに探ること。
　밀탐-하다타 ひそかに探る。

밀통(密通)명 密通。
　밀통-하다자타 密通する。예 유부녀와 ~. 人妻と密通する。

밀-트리다타 ☞밀뜨리다

밀파(密派)명 ひそかに派遣すること。

밀폐(密閉)명 密閉。예 ~ 용기 密閉容器。
　밀폐-하다타 密閉する。예 방을 ~. 部屋を密閉する。

밀항(密航)명 密航。예 ~을 기도하다. 密航を企てる。
　밀항-하다자 密航する。예 화물선으로 ~. 貨物船で密航する。

밀행(密行)명 密行。
　밀행-하다자 密行する。예 단신으로 밀행하여 목적지에 잠입하다. 単身で密行して、目的地に潜入する。

밀회(密會)명 密会。예 ~를 즐기다. 密会を楽しむ。
　밀회-하다자 密会する。

밉광-스럽다형 憎たらしい。예 그 애는 하는 행동마다 ~. 彼の行動はいつも見て憎たらしい。

밉다형 ❶憎い；憎らしい。예 당신이 너무 밉습니다. あなたがとても憎いです。/ 불쌍한 사람이야, 너무 미워하지 마. 哀れな人よ、あまり恨んだりしないでね。❷(ようす・格好などが)醜い；美しくない；見苦しい。예 미운 손 醜い手。

밉디-밉다형 非常に憎らしい。예 그때는 밉디미웠던 그 애가 지금은 너무나 보고 싶다. あの時は憎くて仕方なかったあの子に、今はとても会いたい。

밉살-맞다【-殺-】형 憎たらしい。

밉살-스럽다형 かわいげがなく憎らしい。예 그 애는 밉살스러운 행동만 골라 한다. その子はかわいげのない行動ばかり選ぶんです。/ 아무리 예쁘게 보려 해도 밉살스럽게 행동하니 어쩔 수가 없구나. いくら好意的に見ようと思っても、かわいげない行動をとるのでどうしようもない。

밉-상(-相)명 憎らしい顔つきや態度。예 그 여자는 ~이고 성격도 나쁘다. その女性は憎らしい顔に性格も悪い。

밋밋-하다형 (凸凹がなく)のっぺりしている；平べったい。예 밋밋한 얼굴 のっぺりとした顔。

밍근-하다형【-近-】生ぬるい。

밍밍-하다형 ❶(塩気が少なく味が)薄い；水っぽい。❷(酒などが)水臭い；軽すぎる。

밍크(mink)명〖동〗ミンク。예 코트 하나를 만들기 위해 240마리의 ~가 죽는다. 一着のコートを作るのに240匹のミンクが死ぬ。

밍크-코트(mink coat)명 ミンクコート。예 ~를 몸에 두르다. ミンクコートを身にまとう。

및부 及び；ならびに。예 경영 ~ 관리를 맡다. 経営及び管理を受け持つ。

밑명 ❶【물체의】(物体の)下；下の方。예 지붕 ~ 屋根の下／책상 ~ 机の下／다리 ~ 橋の下。❷【계급】下；下位；低いこと。예 회장 ~은 사장이다. 会長の下は社長だ。❸【지배·보호·영향하】—下；—の下。예 할머니 ~에서 자라다. 祖母の下で育つ。❹【물체·사물의】(物事の)基礎。예 ~이 튼튼하다. 基礎がしっかりしている。❺【수】(対数などの)底。❻元金；元値。예 ~을 뽑으려면 열심히 일해야 한다. 元金を取り戻すためには、一生懸命働かなければならない。

밑-거름명 ❶元肥；原肥。예 ~을 주다. 元肥を施す。❷元；土台；下地。

밑-구멍명 ❶そこ穴。❷【-】肛門。

(女性の)陰部。

밑-넓이 명 〈수〉底面積。

밑-돌 명 〈건〉沓石｜礎盤｜根石。예 ~을 깔아야 집을 올리지. 沓石を敷いてこそ家が建つんだ。

밑-돌다 자 下回る。예 성적이 평균을 ~. 成績が平均を下回る。

밑-동 명 根本。❶ 長い物の下の部分。예 기둥 ~ 柱の根本。❷ 木の根本。예 밤나무 ~을 치다. 栗の木の根本を切る。❸ 野菜などの根本。예 파 ~을 잘라 내세요. ネギの根本を切りなさい。

밑-들다 자 【ジャガイモ・大根などの】根が太る。

밑-면(一面) 명 底面。=저면

밑-바닥 명 ❶ 物体の底面。예 호수의 ~이 보인다. 湖の底面が見える。❷ 心の奥｜底意｜本心。예 ~이 뻔한 말은 하지도 마라. 本心が見え見えな話をするな。❸ 最悪の状態。예 ~부터 다시 시작한다. どん底からやりなおす。

밑-바탕 (人間の)天性｜素質｜下地。예 그녀는 피아니스트로서의 ~이 충분히 있다. 彼女はピアニストとしての素質が十分だ。

밑-반찬(一飯饌) 명 保存の効くおかず。

밑-받침 명 ❶ 支え｜支柱｜土台。❷ 下敷き。

밑-변(一邊) 명 〈수〉底辺。=저변

밑-불 명 種火｜火種。

밑-술 명 ❶ 清酒をくみ取った残りの粗酒。❷ 酒が早く発効するように入れる古い酒。

밑-실 명 ミシンの下糸。예 ~을 실패에 감다. 下糸をボビンに巻く。/ ~이 너무 빽빽해서 손을 베었다. 下糸が強すぎて切れた。

밑-씨 명 〈식〉胚珠。예 ~가 심피 속에 들어 있다. 胚珠が雌しべの葉の中にはいっている。=배주

밑-음(一音) 명 〈음〉根音。

밑-자리 명 〈음〉基本位置。

밑-줄 명 〈언〉アンダーライン｜下線。예 ~을 긋다. アンダーラインを引く。

밑-줄기 명 茎の下の部分。

밑-지다 자타 損する。예 밑지는 장사 損をする商売；損な役回り。

밑져야 본전이다 속담 失敗しても元々だ：「ことがうまくいかなくても損はない」の意。

밑-창 명 ❶ 靴の底｜靴底。❷ (船・床などの)一番下の底｜どんぞこ。

밑-천 명 資本。예 그의 성실한 성격이 바로 ~이다. 彼の誠実な性格が、まさに資本だ。

밑-층(一層) 명 下の階｜下層。

밑-판(一板) 명 下に敷く板。

ㅂ

-ㅂ니까어미 —ですか ¦ —ますか。예이 꽃 이름은 무엇입니까? この花の名前は何ですか。/ 몇 시부터 시작합니까? 何時から始めますか。=입니까 참-습니까

-ㅂ니다어미 —です ¦ —ます ¦ —もうします。예그것은 내 가방입니다. それは私のカバンです。/ 나는 야마다입니다. 私は山田ともうします。=입니다 참-습니다

바¹의 ❶[앞에서 말한 내용 그대로 어떤 일이나 방법을 나타내는 말] —のところ ¦ —のこと。예느낀 ~ 感じたところ/ 네가 알 ~가 아니다. あなたの知ったことではない。❷[어떤 방법] —の方法。예어찌할 ~를 몰라 허둥거렸다. どのようにするか方法を知らず、あわててふためいた。

바²(bar)명 バー。

바가지명 [물을 담는] ひさご ¦ ふくべ。예~로 물을 뜨다. バガジで水を汲む。

　　바가지(를) 긁다관용 [(生活の)問題などで)妻が夫に対して愚痴をこぼしたり、がみがみ小言を言ったりする。예아침부터 아내가 바가지를 긁었다. 朝っぱらから妻にがみがみ言われた。

　　바가지(를) 쓰다관용 ❶[실제보다 비싼 값으로 물건을 사서 손해를 보다] ぼられる ¦ ぶったくられる。예사과 2개에 2000원이라니 바가지를 썼다. リンゴが2個で2000ウォンだなんて損をしたな。/ 주인 말에 넘어가 바가지를 썼다. 主人に騙され、ひどくぼられた。❷[어떤 일에 대하여 억울한 책임을 지게 되다] ある事に対して不当な責任を負う。예꽃병은 동생이 깼는데 내가 바가지를 썼다. 花瓶は弟が割ったのに、私が叱られた。

바가지-탈명 ひさごで作った仮面。

바각부 [작고 단단한 물건이 서로 닿아서 갈릴 때 나는 소리] きしきし ¦ きいきい ¦ かりかり。

　　바각-거리다자타 きしきしと鳴る。=바각대다

　　바각-대다자타 ☞바각거리다

바각-바각부 きしきし ¦ きいきい ¦ かりかり。

바겐-세일(bargain sale)명 バーゲンセール。

바구니명 籠 ¦ ざる。

바그르르부 [액체가 넓게 퍼지면서 야단스럽게 끓어오르는 소리 모양] ぐらぐら ¦ ぐつぐつ ¦ ぶくぶく ¦ ふつふつ。예뜨거운 물이 ~ 끓다. 熱湯がぐつぐつと沸く。

바글-거리다자 ❶[많은 양의 액체가 야단스럽게 끓어오르다] ぶくぶくと泡立つ ¦ ぐらぐらと沸き立つ。예바글거리며 끓는 물 ぐらぐらと沸き立つ水/ 물 거품이 바글거린다. 水に泡が泡立っている。❷[벌레나 사람, 동물 등이 한곳에 많이 모여 자꾸 움직이다] うようよする ¦ うじゃうじゃする。예이 마을에는 부랑자들이 바글거린다. この町には浮浪者がうようよしている。/ 하수구에 지렁이가 바글거린다. 溝にミミズがうじゃうじゃしている。❸[정신이 어수선하고 불안하다] 気をもんでいらいらする ¦ 苛立つ。예버스가 제시간에 오지 않아 그는 바글거리고 있었다. バスが遅れて彼は苛立っていた。/ 결과를 알고 싶어 ~. 結果が知りたくていらいらする。=바글대다

바글-대다자 ☞바글거리다

바글-바글부 ❶[액체가 넓게 퍼지면서 야단스럽게 끓어오르는 소리나 모양] ぐらぐら ¦ ぶくぶく ¦ ぐつぐつ ¦ ふつふつ。❷[작은 벌레 등이 한곳에 많이 모여 자꾸 움직이는 모양] うじゃうじゃ ¦ うようよ ¦ わんさ(と)。❸[속이 상하거나 안타까워 자꾸 마음이 쓰이는 모양] いらいら ¦ じりじり ¦ そわそわ。

바깥명 ❶外 ¦ 外側 ¦ 表。❷[집밖] 家の外 ¦ 戸外。❸[남편] 夫。

바깥-날 家の外の天気。예~은 몹시 추운 것 같다. 外はひどく冷えるようだ。

바깥-문(—門) 外側の門 ¦ 表門 ¦ 正門。예~부터 닫고 안문을 닫아라. 表門を先に閉めてから中の門を閉めろ。

바깥-바람명 外気 ¦ 外の空気 ¦ 戸外の空気。예~이 시원하다. 外気がさわやかだ。

바깥-방(—房) 外棟の部屋 ¦ 離れ。

바깥-벽(—壁) 外側の壁 ¦ 外壁。

바깥-부모(—父母)명【】父 ¦ 父親。=밭부모

바깥-사돈(—査頓)명 [남편과 아내의 아버지들끼리] 相舅。예~은 안녕하시지? お父さんはお元気でいらっしゃるの。=밭사돈

바깥-소문(—所聞)명 世間の噂 ¦ 取りざた。

바깥-양반(-兩班)명 ❶[다른 사람에게] その家の男の主人。❷[자기 남편을] 夫｜主人｜宅｜旦那さん。

바깥-일명 ❶(男性の)屋外の仕事。❷家事以外の用事。

바깥-주인(-主人)명 亭主｜男の主。

바깥-쪽명 外側｜表側。

바깥-채명 別棟｜離れ｜外棟。예안채에서 ~까지 십 분은 걸리는 큰 집 母屋から離れまで10分かかる大きな家。

바깥-출입(-出入)명 外出。

바께쓰(バケツ 일)명 [속어] バケツ。

바꾸다타 ❶[교환] 交換する｜換える｜替える。예달러를 엔화로 ~. ドルを円に換える。/내 것을 네 것과 바꾸자. 私のをあなたのと交換しよう。❷[변경] 変更する｜変える。예계획을 ~. 計画を変える。/항로를 ~. 航路を変更する。❸[교체] 交代する｜替える｜代える。예선수를 ~. 選手を交代する。/담당자를 ~. 担当者を替える。❹[번역] 言語を翻訳して置き換える。예이 문장을 일본어로 바꾸세요. この文章を日本語に置き換えなさい。❺[이동] 変える｜移す｜移動する。예자리를 바꾸어 앉다. 席を移して座る。

바꾸-이다자 [아무가 어떤 것으로] 切り替わる｜換えられる｜替えられる｜変わる｜交換する。준바뀌다

바뀌다자 ☞'바꾸이다'의 준말.

바끄러움명 恥ずかしがること｜はにかむこと。예~에 몸 둘 바를 모르겠다. 恥ずかしくて身の置き場所がない。/~ 타지 말고 이리 와서 앉아요. 恥ずかしがらずにこちらに来て、座ってください。준바끄럼

바끄럼명 ☞'바끄러움'의 준말.

바나나(banana)명 《식》バナナ。

바누아투(Vanuatu)명 《국》バヌアツ。

바느-실명 針と糸。

바느-질명 針仕事｜裁縫｜縫い物。
바느질-하다자타 針仕事をする｜裁縫する｜縫い物をする。

바느질-고리명 ☞반짇고리

바늘명 針。예~로 꿰매다. 縫い針で縫う。/주삿~로 찌르다. 注射器の針で射す。/시곗~이 멈추다. 時計の針が止まる。

바늘 가는 데 실 간다속담 針にはいつも糸がついてくる：「人や物などの緊密な関係」の意；〔日〕影の形に添うが如し。◆일본에서는 '그림자가 형체를 따라다니듯이'라고 한다.

바늘-구멍명 ❶針で刺してできた小さな穴。❷針の穴｜針の耳穴。예~만큼 좁은 공간 針の耳のような狭い空間。/~에 실을 꿰다. 針の穴に糸を通す。

바늘구멍으로 하늘 보기속담 小さな針の穴から広い空を覗く：「考えや見識などが非常に狭い」の意。

바늘-귀명 めど｜針の耳。

바늘-방석(-方席)명 [매우 불안하고 거북스러운 자리] 針の筵。예~에 앉은 것처럼 괴로운 자리였다. 針の上に座っているように辛い席だった。

바늘-쌈명 24本入りの針の一包み。

바늘잎-나무명 ☞침엽수

바니시(varnish)명 《화》ワニス｜ニス。= ニス

바닐라(vanilla)명 《식》バニラ。

바닐린(vanillin)명 《화》バニリン｜ワニリン。

바다명 ❶海。예깊은 바닷속 深い海の中/~ 위에 떠 있는 부표 海に浮かんでいる浮き/~가 넘실거린다. 海の波が大きくうねる。/~에 뛰어들었다. 海に飛び込んだ。/~에 파도가 심해 배가 뜰 수 없다. 波が激しくて、船が浮かんでいられない。❷[많이 깔리거나 퍼져 있음] 海。예눈물~ 涙の海/피~ 血の海/불~ 火の海 /크리스마스가 되면 거리에 색색의 전구가 빛의 ~를 이룬다. クリスマスになると、通りに色とりどりの電球が光の海をなす。/친구의 작별 인사에 교실 안은 곧 눈물~가 되었다. 友だちの別れの挨拶で、教室の中はすぐに涙の海と化した。

바다(와) 같다관용 海のように広い｜海のように深い。예바다와 같은 사랑 海のように深い愛/ 바다와 같은 은혜 海のように深い恩。

바다-거북(동)青海亀｜海亀。예~은 육지에서 알을 낳을 때 몸속의 소금기를 줄이기 위해 눈물을 흘린다. ウミガメは陸で卵を産む時、体から塩気を抜くために涙を流す。

바다-코끼리명 《동》海象ホャ┊セイウチ。
바다-표범[—豹—]명 《동》海豹ホャ。=해표
바닥명 ❶【평평한 면】床ホ┊平面ヘィメン┊表面ヒョゥメン。 예화장실 ~까지 세제로 청소하다. トイレの床ホまで洗剤センザィで掃除ソゥジする。 ❷【밑바닥】底ソコ。 예접시를 ~까지 깨끗이 씻어라. 底まできれいに皿洗サラアラぃしなさい。 ❸【장소】場所バショ┊地域チィキ。 예서울에는 친구가 하나도 없다. ソウルには友達トモダチが一人ヒトリもない。 ❹《운》底ソコ。 예제2사분기에 바닥을 칠 전망이다. 第二四半期ダイニシハンキに底を打ウつ見通ミトォしだ。
바닥(이) 드러나다관용 ❶【전부 씀】すっかり使ツゥぃ果ハたす┊底をつく。 ❷【본성이 드러남】正体ショゥタィが現アラワれる。
바닥-나다자 ❶【다 씀】(お金カネ・物モノなどを)すっかり使ツゥぃ果ハたす┊底をつく。 ❷【구멍이 나다】(靴クッなどに)穴アナがあく。
바닥-내다타 (お金カネ・物モノなどを)すっかり使ツゥぃ果ハたす。
바닷-가명 海辺ゥミベ┊海浜カィヒン┊浜ハマ┊海岸カィガン┊海ゥミのある所トコロ。 예물결이 잔잔한 ~에서 아이들이 헤엄치고 있다. 波ナミの穏ォダやかな海辺で、子供コドモたちが泳オョいでいる。 /올 바캉스는 ~로 정했다. 今年コトシのバカンスは海のほうに決キめた。
바닷-개명 ☞물개
바닷-고기명 ☞바닷물고기
바닷-길명 海路カィロ┊船路フナジ。
바닷-모래명 海岸カィガンまたは河口カコゥ附近フキンから採取サィシュされる砂スナ。=해사
바닷-물명 海水カィスィ┊潮シォ。 예~이 넘실거리는 해안을 거닐다. 海ゥミがうねる海岸カィガンを歩ァルく。
바닷-물고기명 《동》海ゥミの魚サカナ┊海魚カィギョ。=바닷고기·해어
바닷-바람명 海風カィフゥ┊潮風シォカゼ。 예~에서 바다 냄새가 난다. 海風から潮シォのにおいがする。
바닷-사람명 船員センィン。 예~들은 성격이 거칠기 마련이지. 船員たちは性格セィカクが荒ァラっぽいはずだ。
바닷-새명 海鳥カィチョゥ·ウミドリ。=해조²
바닷-속명 海ゥミの中ナカ┊海中カィチュゥ。 예~에 사는 생물 海の中に住スむ生物セィブツ。
바동-거리다자타【힘들어 허우적거림】もがく┊じたばたする。 예다리를 바동거리며 떼쓰다. 足ァシをばたばたさせてだだをこねる。 /다리를 바동거리며 울다. 足をじたばたさせて泣ナく。=바동대다

바동-대다자타 ☞바동거리다
바동-바동부 ばたばた┊じたばた。 예~ 발버둥 치다. ばたばたと手足テアシをばたつかせる。
바둑명 《운》碁ゴ┊囲碁ィゴ。 예~을 두다. 碁を打ゥつ。
바둑-돌명 《운》碁石ゴィシ。 예~을 놓다. 碁石を置ォく。
바둑-무늬명 まだら模樣モヨゥ┊ぶち模様。
바둑-이명 《동》ぶち犬ィヌ。
바둑-판[—板]명 碁盤ゴバン。 예~을 닦다. 碁盤を拭フく。
바둥-바둥부 ☞'바동바동'의 잘못.
바드득부【단단히 질린 물건을 세게 문지르는 소리】 きりきり┊ぎりぎり。
 바드득-거리다자타 きりきり鳴ナる。=바드득대다
 바드득-대다자타 ☞바드득거리다
바드득-바드득부 きりきり┊ぎりぎり。
바드름-하다형 (小チィさい物モノなどが)少スコし外ソトに突ック出ィている┊幾分ィクブン張ハリ出ィしている┊やや出ィ っ張ハっている。 예바드름한 이마 やや出っ張った額ヒタィ/바드름한 광대뼈 やや張り出した頬骨ホォボネ。 ⓒ바드하다
바드름-히부 (小チィさい物モノなどが)少スコし外ソトに突ック出ィて┊やや出ィっ張ハって┊張ハリ出ィし気味ギミに。 예앞니가 약간 ~ 나 있다. 前歯マェバが少し出っ張って生ハえている。
바득-바득부 ❶【억지로 부리는 악착】我ガを張ハるさま。 ❷【끈질긴 수고】無理ムリに骨ホネを折オるさま。
바들-거리다자타 体カラダをぶるぶる震フルわせる。 예몸을 바들거리며 떨다. 体をぶるぶる震わせる。 /손을 ~. 手テを震わせる。=바들대다
바들-대다자타 ☞바들거리다
바들-바들부【몸이 떨림】ぶるぶる┊わなわな┊がくがく。 예~ 떨다. ぶるぶると震フルわせる。/ ~ 떨리다. ぶるぶると震える。 /말라리아 고열에 ~ 온몸의 경련이 멎지 않았다. マラリアの高熱コォネッで、ぶるぶると全身ゼンシンの痙攣ケィレンが止トまらなかった。 /언니의 입술은 분해서 ~ 떨리고 있었다. 姉ァネの唇クチビルは怒ィカりでぶるぶる震えていた。
바듬-하다형 ☞'바드름하다'의 준말.
바듯-하다형【꼭 맞거나 빠듯함】きっちりだ┊隙間スキマがない┊ぎっしりだ┊きちきちだ┊ぎりぎりだ。 예제출 기한에 바듯하게 맞추

었다. 提出期限にぎりぎり間に合った.

바라다[타] 願う¦期待する¦望む¦請う¦欲しい. 예 소원 성취를 ~. 所願の成就を請い願う. / 통일을 ~. 統一を願う. / 얼른 일어서기를 ~. すぐに立ち上がる事を期待する. / 자리에 앉기를 ~. 席に座ることを願う.

바라다-보다[타] ☞바라보다

바라-보다[타] ❶ 見渡す¦眺める¦見晴らす. 예 별을 ~. 星を眺める. / 사람을 ~. 人を見渡す. / 먼 산을 ~. 遠くの山を眺める. / 창밖을 ~. 窓の外を眺める. ❷ 願う¦期待する¦望む. 예 우승까지 바라보고 있다. 優勝まで望んでいる. ❸ 手が届く. 예 칠십을 ~. 70に手が届く. =바라다보다

바라지[명] 世話¦面倒¦(食べ物や衣服などの)施し.

바라지-하다[타] 世話をする¦面倒をみる.

바라-지다[자] ❶ いっぱいに広がって開く. 예 꽃송이가 ~. 花房がぱあっと開く. ❷ (横に広がって)ずんぐりする. 예 어깨가 딱 ~. 肩ががっしりしている.

Ⅱ[형] ❶ 器の中は浅く縁は広い. ❷ こましゃくれる. 예 바라진 아이 こましゃくれた子供.

바라크(baraque 프)[명] 〈군〉バラック.

바락[부] ☞버럭

바람¹ Ⅰ[명] ❶ 風. 예 거센 ~. 激しい風/ ~이 불다. 風が吹く. / ~같이 사라졌다. 風のように去った. ❷ 空気. 예 ~이 빠지다. 空気が抜ける. / 자전거 바퀴에 ~을 넣다. 自転車どんの輪どんに空気を入れる. ❸ 浮気性. 예 옆집 여자가 ~이 났다고 하더라. 隣の女が浮気をしているそうだ. ❹ ブーム¦旋風. 예 서구화 ~이 불다. 西洋化が進む. ❺ 誘い¦誘惑. 예 친구에게 ~을 넣어 영화를 보러 가다. 友達に誘って映画を見に行く.

Ⅱ[의] ❶ ―なので¦―のために. 예 급하게 먹는 ~에 체했다. 急いで食べたために, 食しょくもたれした. ❷ ―のまま. 예 속옷 ~으로 뛰어나오다. 下着のままで飛び出す.

바람 앞의 등불[속담] 風前の灯¦風の前の灯.

바람(을) 넣다[관용] そそのかす¦誘うおだてる.

바람(을) 쐬다[관용] (気晴らしに)歩く¦よそに出かける. 예 바람을 쐬러 나가다. ちょっと散歩に出かける.

바람(을) 잡다[관용] ❶ 途方もないことを企む. ❷ 浮ついて遊びまわる.

바람(이) 들다[관용] (大根などに)鬆が入る.

바람²[명] 願い¦望み¦念願. 예 절실한 ~ 切実な願い.

바람-개비[명] ❶ 風車. ❷ 風向計. =풍향계

바람-결[명] ❶ 風の便り¦風聞. 예 ~에 들은 이야기 風の便りに聞いた話. ❷ 風の動き. 예 ~에 흩날리는 꽃잎 風に舞い散る花びら.

바람-구멍[명] 風を通すための穴¦通風孔.

바람-기(―氣)[명] ❶ 浮気性. 예 ~가 있는 사람 浮気性の人/ 너의 ~를 누가 말리겠니? 君の浮気性を誰が抑えられるだろうか. / 그는 ~가 있으니 조심해라. 彼は浮気性があるから用心しなさい. ❷ 風の勢い.

바람-나다[자] ❶ 浮気をする. ❷ 仕事の能率が上がる. ❸ 熱中する.

바람-둥이[명] ❶ ほら吹き. ❷ 多情な人¦浮気者. 예 여자한테 잘하는 남자는 ~야. 女に親切な男は浮気者だよ.

바람-막이[명] 風よけ¦防風林. 예 모닥불이 꺼지지 않도록 ~가 될 만한 것을 찾아라. たき火が消えないように, 風よけになる物を探す.

바람막이-숲[명] 防風林. =방풍림

바람-맞다[자] ❶ 約束にすっぽかされる¦待ちぼうけを食くう. ❷ 中風にかかる. ❸ 心が浮わつく.

바람-받이[명] 風当たりの強い所.

바람-벽(―壁)[명] 〈건〉壁¦外壁.

바람-비[명] 風雨¦風を伴う雨.

바람-세(―勢)[명] 風の吹く勢い.

바람직-하다[형] 望ましい¦願わしい¦好ましい. 예 바람직한 태도 望ましい態度.

바랑[명] 僧侶が背負って歩く袋.

바래다¹ 자타 ❶【퇴색하다】色が褪せる；色が褪める。예색이 바랜 옷 色あせた服。❷【빛이 변하다】晒す；漂白する。

바래다² 타 見送る。예집까지 바래다 드릴게요. 家まで見送ります。

바래다-주다 타 見送ってやる。

바레인(Bahrain) 명 〔국〕バーレーン。

바로 Ⅰ 부 ❶【직선】まっ直ぐ；一直線に。예선을 ~ 긋다. 線をまっすぐ引く。❷【솔직히】(ありのまま)正直に；素直に｜正しく。예거짓말하지 말고 ~ 말해라. 嘘をつかず正直に言え。❸【옳게】きちんと；ちゃんと；正しく。예악법을 ~ 고치다. 悪法を正しく直す。❹【도리·규범】きちんと；ちゃんと；礼儀よく；正しく。예옷을 ~ 입다. 服をきちんと着る。/ ~ 앉아라. 礼儀よく座りなさい。❺【곧】すぐ；直ちに；さっそく。예침대에 눕자 ~ 잠이 들었다. ベッドに寝転ぶと、すぐ眠りに入った。/ 도착하자마자 ~ 그의 집으로 달려갔다. 到着するなり直ちに彼の家へ駆けつけた。❻【지체하지 않고서】すぐ(そこ)。예~ 눈앞에서 막차가 지나갔다. すぐ目の前を終電が過ぎていった。/ ~ 옆집에서 불이 났다. すぐ隣の家が火事になった。❼【틀림없이】正に｜間違いなく｜紛れもなく。예범인은 ~ 너다. 犯人は間違いなくお前だ。/ 문제는 ~ 거기에 있다. 問題はまさにそこにある。

Ⅱ 감 〔군〕【차렷 자세로 돌아가라는 구령】直れ。

바로미터(barometer) 명 バロメーター。

바로-잡다 타 ❶直す；矯める。예자세를 ~. 姿勢を正す。❷(誤りなどを)正しす｜直す｜立て直しす。예기강을 ~. 紀綱を正す。

바로크(baroque 프) 명 〔예〕バロック。예~ 미술 バロック美術。/ ~ 양식 バロック様式。

바로크 음악(baroque音樂 프) 〔음〕バロック音楽。

바루다 타 【바르게】正す｜正しくする。

바륨(barium) 명 〔화〕バリウム。

바르다¹ 타 ❶張る。예벽지를 ~. 壁紙を張る。❷塗る｜つける。예분 바른 얼굴 おしろいを塗った顔 / 입술에 입술 연지를 ~. 唇に口紅を塗る。

바르다² 타 (皮を)むく｜開く｜剥ぐ。

바르다³ 형 ❶【곧은】(体が・物などが)まっすぐだ。❷【가지런한】きちんとしている｜(ものごとが)道理にかなっている｜正しい。예바른 자세 正しい姿勢。/ 예의가 ~. 礼儀 正しい。❸【솔직한】正しい｜正直だ。예바른대로 얘기하면 용서해 주지. 正直に言ったら許してあげるよ。❹【햇볕】日当たりがいい。예양지 바른 곳에 꽃을 심다. 日当たりのいい所に花を植える。

바르르 부 ❶【떨리거나 끓어오르는 모양·소리를 나타내는 말】ぐらぐら｜ぐつぐつ｜ふつふつ。❷【갑자기】かっと。❸【비교적 빠르게 타오르는 모양】めらめら｜ぼっと。❹【떨거나 몸을 보임】ぶるぶる。

바르작-거리다 자타 もがく｜手足をじたばたする。=바르작대다

바르작-대다 자타 ☞바르작거리다

바르작-바르작 부 〖어찌〗じたばた。

바른 관 ☞오른

바른-길 명 ❶まっすぐな道。❷道理にかなった正しい道｜正道。예사람들을 ~로 이끌다. 人々を正道に導く。

바른-대로 부 ありのままに｜正直に。예있었던 일을 ~ 말하다. あったことをありのままに言う。

바른-말 명 道理にかなう話。

바른-손 명 ☞오른손

바른-쪽 명 ☞오른쪽

바른-편(-便) 명 右側｜右の方。

바리¹ 명 ❶馬・牛の背に積んだ荷。❷〖마리의 옛말의 뜻·짐을 세는 단위〗駄。

바리² 명 ❶真鍮製の女性用の食器。❷☞바리때

바리-때 명 〔종〕僧侶の食器。=바리②

바리캉(bariquant 프) 명 バリカン。

바리케이드(barricade) 명 バリケード。

바리톤(baritone) 명 〔음〕バリトン。

바바리(←Burberry) 명 ☞바바리코트

바바리-코트(← Burberry coat) 명 バーバリー｜バーバリーコート。=바바리

바베이도스(Barbados) 명 〔국〕バルバドス。

바벨(barbell) 명 〔운〕(重量挙げなどの)バーベル。예~을 들어 올리다. バーベルを持ち上げる。

바보 명 ばか｜うすのろ｜阿呆｜たわけ｜とんま｜まぬけ｜愚か者。예~ 같은 녀석 ばかみたいなやつ。

바보-짓 명 愚かな行い｜ばかなふるまい。예이 사람아, ~ 좀 하지 마. おいお

前、ばかなふるまいはするな。

바비큐(barbecue)명 バーベキュー。

바쁘다형 ❶忙しい｜暇がない｜せわしい｜多忙だ。예 밀린 빨래를 하느라 ~. 溜まって置いた洗濯のため忙しい。❷【갈 길이 멀거나 하여】急ぎだ｜さし迫っている。예 바쁜 걸음을 옮기다. 急ぎ足で歩く。

바삐부 ❶忙がしく｜せわしく。❷早くすばやく｜急いで。예 ~ 나가다. 急いで出掛ける。

바삭부 ❶【가랑잎을 밟을 때 나는 소리】かさかさ｜がさがさ｜ばさばさ。❷【단단한 것을 깨물 때 나는 소리】ぱりっと｜かりかり｜ぱりぱり。

　바삭-거리다자타 ❶がさがさと鳴る｜かさかさと音を立てる。❷かりかりとかむ。=바삭대다

　바삭-대다자타 ☞바삭거리다

바삭-바삭부 ❶【가랑잎을 밟을 때 자꾸 나는 소리】かさかさ｜がさがさ｜ばさばさ。❷【단단한 물건을 소리내어 씹는 모양】かりかり｜ぱりぱり。

바셀린(vaseline)명 〈화〉ワセリン。

바수다타 【잘게】細かく砕く。

바순(bassoon)명 〈음〉バスーン｜ファゴット。

바스-대다자 (じっとしていられないで) 絶えず体を動かす｜ぞぞろと動く。예 바스대는 아이를 다독다독 잠재우다. じっとせずぞぞろと動きつづける子供を、軽くたたいて寝かし付ける。

바스라기명 ☞부스러기

바스락부【가랑잎을 밟을 때 나는 소리】かさかさ｜がさがさ。

　바스락-거리다자타 かさかさと音がする。=바스락대다

　바스락-대다자타 ☞바스락거리다

바스락-바스락부 かさかさ｜かさこそ｜がさがさ。

바스러-뜨리다타 砕きつぶす｜押しつぶす。=바스러트리다

바스러-지다¹자 砕ける｜こなごなになる。

바스러-지다²자 【얼굴이】(年齢に似合わず) 顔がやつれて老ける。예 그녀의 예쁘던 얼굴이 너무 바스러졌다. 彼女の美しかった顔が、とてもやつれて老けてしまった。

바스러-트리다타 ☞바스러뜨리다

바스스부 ❶【머리털 같은 것이 어지럽게 흐트러진 모양】ぼさぼさ｜ばさばさ。❷【조용하게 가만히 일어나는 모양】静かに｜そっと。❸【마른 가랑잎 따위가】かけらなどがぼろぼろになるさま。❹【열린 문 따위를 가볍게 여는 모양】そっと｜すうっと。예 ~ 열린 문 そっと開かれた扉。

　바스스-하다타【머리털 따위가 어지럽게 일어나다】ぼさぼさだ｜ばさばさだ。예 바스스하게 흩어진 머릿결 ぼさばさに乱れている髪/ 머리가 ~. 髪の毛がぼさぼさだ。

바스켓(basket)명 〈운〉バスケット。

바스켓 카운트(basket count) 〈운〉バスケットカウント。

바슬-바슬부【물기가 적어서】さらさら。

바심명 ☞꽃바심

바싹¹부 ❶かさかさ｜ばさばさ｜からから。예 국화꽃이 ~ 말라 버렸다. 菊の花がかさかさに乾いてしまった。❷【빈틈이 없이 매우 가까이】ぴったり。예 엄마한테 ~ 달라붙은 아이 母親にぴったりとくっついた子供。❸【긴장하고 어려워서】きりり(と)｜かちかち。예 ~ 긴장하고 안으로 들어가다. かちかちに緊張して中に入る。❹【갑자기 살 따위가 빠진 모양】げっそり。예 ~ 마른 몸 げっそりと痩せた体。

바싹²부 ❶【가랑잎을 밟을 때 자꾸 나는 소리】かさかさ｜がさがさ｜ばさばさ。❷【단단한 것을 깨물 때】ぱりっと｜かりかり｜ぱりぱり。

　바싹-거리다자타 ❶かさかさと音を立てる。❷かりかりとかむ。=바싹대다

　바싹-대다자타 ☞바싹거리다

바싹-바싹부 ❶【수분이 많이 빠져서】かさかさ｜からから。예 ~ 마른 입안 ぱさぱさに乾いた口の中。❷【빈틈없는 모양】げっそり｜めっきり。

바야흐로부 まさに｜今や｜今まさに｜今こそ。예 ~ 추수의 계절이 돌아왔다. 今まさに秋の刈り入れの季節がやってきた。/ 소망이 ~ 이루어지다. 望みが今やなし遂げられる。

바운드 패스(← bound pass) 〈운〉バウンドパス。예 ~로 상대 팀 정신을 교란하다. バウンドパスで相手チームの精神を搔き乱す。

바위명 ❶岩｜岩石。❷【가위바위보의】(じゃんけんの)石｜ぐう。

바위-너설명 岩の角。

바위-옷명【암석 이끼】(岩石の)苔。

바위-틈명 岩のすき間。예 ~에서 흘러나오는 맑은 물 岩の間から流れ出る清水/ 이 부근의 ~에 많은 식물들이 자라고 있다. このあたりの岩のすきまに、多くの植物が生えている。

바윗-돌명 岩｜岩石。
바윗-등명 岩の背｜岩の一番上。예 ~에 오르다. 岩の上に登る。
바윗-장명 平たい形の岩。
바이부【全혀】全然｜まったく。
바이너리 파일(binary file)《컴》バイナリファイル。
바이러스(virus)명《생·컴》ウイルス｜ビールス。예 ~가 발견될 때마다 그에 맞서는 백신도 개발되고 있다. ウイルスが発見される度に、それに合うワクチンも開発されている。
바이-메탈(bi-metal)명《물》バイメタル。
바이브레이션(vibration)명《음》バイブレーション。
바이블(bible)명 バイブル。예 연애의 ~ 恋愛のバイブル。
바이애슬론(biathlon)명《운》バイアスロン。
바이어(buyer)명《경》バイヤー。
바이어스(bias)명 バイアス。
바이얼레이션(violation)명《운》【취】バイオレーション。
바이-없다형 ❶ (方法などが) 全くない。예 나로서는 방법이 ~. 私としては方法が全くない。❷【비할 데 없다】言い尽くせないほどだ｜たまらない。예 슬프기 ~. 悲しくてたまらない。
바이없-이부 (方法などが) 全くなく。예 의지할 곳 ~ 이리저리 떠돌아다니다. 頼るところが全くなく、あちこちさまよい歩く。
바이오리듬(biorhythm)명《의》バイオリズム。
바이오-산업(bio産業)명《생》バイオインダストリー。
바이오센서(biosensor)명《공》バイオセンサー。
바이오칩(biochip)명《컴》バイオチップ。
바이올리니스트(violinist)명《음》バイオリニスト｜ヴァイオリニスト。
바이올린(violin)명《음》バイオリン｜ヴァイオリン。
바이트¹(bite)명《공》バイト。
바이트²(byte)명《컴》バイト。
바인더(binder)명 バインダー。
바인딩(binding)명《운》バインディング｜ビンディング。
바자¹명【대나무·갈대·수수 등의 줄기 따위로】竹・葦・黍の茎などで簾だのように編んで作ったもの。예 갈대로 ~를 엮고 있다. 葦で簾を編んでいる。
바자²(bazar 페)명 バザー｜慈善市。= 바자회
바자-회(bazar會 페)명 ☞바자²
바작-바작부 ❶【물기가 있는 물건이 햇볕에 말라서】ばりばり｜ぱりぱり。❷【마른 물건이 타들어가는 모양】ぱちぱち｜めらめら。❸【조여드는 모양】じりじり。
바잡다형 (心配になって) 気が気でない。예 혹시나 일이 잘못될까 하여 ~. 万一~ごとをしくじることになってはと、気が気でない。
바-잡이명 葦や麻でよった綱を引っ張る人。
바장-이다자 ❶【이렇다 할 이유도 없이】(理由もなく) うろうろする｜行ったり来たりする。예 복도를 ~. 通路をうろうろする。/ 집 앞을 ~. 家の前をうろつく。/ 방 안에서 ~. 部屋の中をうろうろする。❷【망설이다】もじもじする。
바-장조(一長調)명《음》ヘ長調。
바주카-포(bazooka砲)명《군》バズーカ砲。
바지¹명 ❶【아랫도리에 입는 옷의 하나】ズボン｜スラックス。예 반~ 半ズボン / ~를 입다. ズボンを履く。❷【파지】パジ。
바지²(barge)명【짐을 운반하는 배】バージ｜バージ船。
바지락(동) あさり。=바지락조개
바지락-조개명 ☞바지락
바지랑-대명 物干し竿｜干し竿。
바지런-스럽다형 まめまめしい｜かいがいしい。
바지런스레부 まめまめしく｜かいがいしく。
바지런-하다형 まめまめしい｜かいがいしい｜勤勉だ。예 바지런한 딸 まめまめしい娘。
바지런-히부 まめまめしく｜かいがいしく｜勤勉に。
바지-저고리명 ❶【파지】パジとチョゴリ。❷【주견 없는 사람을 놀림조로】でくの坊。
바지지부【뜨거운 쇠붙이에 물방울이 떨어질 때】じじっと｜じゅうっと｜じゅわっと。
바지직부 ❶【물기가 있는 물건이 타거나 졸아드는】じゅっと｜じっと。❷【질긴 것이 조금씩 째어지는】びりびり｜びちびち。❸【질·종이 등이 찢어지는】びりびり｜びりっと。예 ~ 터져 버린 바지 びりびりと裂けてしまったズボン。
바지직-거리다자 ❶ じゅっと音が出

る。❷ぴちぴちと音が出る。❸びりびりと音が出る。=바지직대다

바지직-대다짜 ☞바지직거리다

바짓-가랑이명 ズボンの股下のところ。~가 찢어지다. ズボンの股下のところが裂ける。

바짝부 ❶【물기가 매우 마르거나 줄어드는 모양】かさかさ｜からから。예 빨래가 ~ 마르다. 洗濯物がからからに乾く。❷【매우 가까이 다가붙는 모양】ぴったり｜しっかり｜ぎりぎり。❸【매우 세게 힘을 주는 모양】ぐっと｜ぐんぐん｜めっきり。예 몸이 ~ 야위다. 体がめっきり痩せこける。

바짝-바짝부 ❶かさかさ｜からから。입안이 ~ 마르다. 口の中がからからだ。❷ぴったり｜しっかり｜ぎりぎり。❸ぐんぐん｜めっきり。

바치다¹타 ❶【웃어른께】捧げる｜供える｜差し上げる。예 어머니에게 바치는 노래 母に捧げる歌／제물을 ~. 供え物を供える。❷【돈이나 물건을】納める。예 관청에 세금을 ~. 役所に税金を納める。❸【무엇을 위하여】捧げる｜なげうつ｜委ねる｜任せる。예 조국을 위해 몸과 마음을 ~. 祖国のために身も心も捧げる。／그는 죽을 때까지 이 사업에 신명을 바쳤다. 彼は一生この事業に身命をなげうった。

바치다²【지나치게 좋아하거나 즐기다】(度を超す程に)好む｜耽ける。

바캉스(vacance 프)명 バカンス。

바-코드(bar code)명 バーコード。

바퀴¹ Ⅰ 명【輪】車輪。예 자동차 ~가 펑크 났다. 車輪がパンクした。Ⅱ 의【둘레를 돌거나 두르는 횟수】—回り｜—周。예 운동장을 두 ~ 돌다. 運動場を二周する。

바퀴²명【동】ごきぶり。예 ~ 퇴치 ゴキブリ退治／~는 세상에서 가장 오래된 생물체 중 하나이다. ゴキブリは最も古い生物の一種に数えられる。=바퀴벌레

바퀴-벌레명 ☞바퀴²

바퀴-살명 輻。スポーク。

바탕¹명 ❶【근본을 이루는 것】基礎｜根本。❷【타고난 성질】(生)まれつきのたち｜素質｜下地。예 ~이 나쁜 사람 素質の悪い人／그에게는 화가가 될 ~이 있다. 彼には画家になる素質がある。❸【피륙의 짜임새】生地｜地。

바탕² 의【화살이 미치는 거리】弓を射て矢が届く程度の距離。

바터 무역(barter貿易)《경》バーター貿易。

바텐더(bartender)명 バーテンダー。

바투부 (時間・距離・長さなどを)近く｜短く。예 머리를 ~ 깎다. 頭髪を短く刈る。／날짜를 ~ 잡다. 日程を近くに決める。

바특-하다형 ❶【사이】(二つの物体との間の距離が)少し近い。예 그와의 거리가 점점 바특해졌다. 彼との距離がだんだん近くなった。❷【(時間・長さなどが)少し短い。예 준비하기에는 시간이 너무 ~. 準備するのに時間が短すぎる。❸【국물】汁気が少なくて濃い。예 몇 번이나 끓었더니 국물이 졸아서 ~. 何度にも煮たら、汁が煮詰まって濃い。

바특-이부 ❶近く｜近づいて。예 그는 나를 ~ 끌어당겼다. 彼は私を近くに引きつけた。❷短く｜近づいて。예 약속 시간이 ~ 다가왔다. 約束の時間に近づいてきた。❸汁が少し濃く。예 된장국이 ~ 졸아들었다. 味噌汁が濃く煮詰まった。

바티칸(Vatican)명 バチカン。

바티칸 시국(Vatican市國)《국》バチカン市国。

바하마(Bahamas)명《국》バハマ。

박¹ Ⅰ 명【횟수】何度か親をすること。Ⅱ 의【횟수】何度か賭けた掛金を数える単位。

박²명《식》夕顔｜瓢｜瓢箪。

박³부 ❶【세게 긁는 소리나 모양】がりがり｜ぼりぼり｜ごしごし。예 손톱으로 ~ 긁다. つめでボリボリ搔く。❷【세게 찢는 소리나 모양】びりっと｜ぴりっと｜ぱりっと。예 ~ 하고 찢긴 종이 びりっと引き裂かれた紙／옷이 ~ 하고 찢어졌다. 服がびりっと裂けた。=빡

박⁴(拍)명 ❶【음】【악곡의 박자를 헤아리는 단위】拍。❷【박자】拍子。

박⁵(泊)의【숙박하는 밤의 횟수를 세는 단위】泊。예 1~2일 一泊二日。

박⁶(箔)명 箔。예 금~ 金箔。

박격-포(迫擊砲)《군》迫擊砲。

박-고지명 乾瓢。예 ~는 양념에 무쳐 먹는다. 乾瓢はたれにつけて食べる。

박공-널(博栱—)《건》破風板｜破風板。

박-꽃명 夕顔の花。예 ~이 환하게 피었다. ユウガオの花が明るく咲いた。

박다[타] ❶【두들겨 치거나 깊이 들어가게 하다】(釘を)打つ｜打ち込む｜差し込む。◉못을 ~. 釘を打つ。／말뚝을 ~. くいを打ち込む。❷【눈여겨 보다】目を据える｜見据える。◉눈길을 ~. じっと見つめる。❸【사진을 찍거나】(写真を)撮る｜(印刷物を)刷る｜印刷する。◉사진을 한 장 ~. 写真一枚を撮る。／명함을 ~. 名刺を印刷する。❹【박음질】縫い物をする｜返し縫いする。◉재봉틀로 ~. ミシンで縫う。❺【뿌리】(植物が)根を張る｜根を下下さす。◉대지에 깊이 뿌리를 ~. 大地に深く根を下ろす。

박달 ☞박달나무

박달-나무[명]《식》斧折樺(おのおれかんば)。◉~ 몽둥이 オノオレカンバの棒／이 옷장은 단단한 ~로 만들었다. この衣装(いしょう)だんすは丈夫(じょうぶ)なオノオレカンバで作った。=박달

박대(薄待)[명] 冷遇(れいぐう)。
　박대-하다[타] 冷遇(れいぐう)する。

박동(搏動)[명] 搏動(はくどう)｜拍動(はくどう)。◉심장 ~ 心臓(しんぞう)の拍動。
　박동-하다[자] 搏動(はくどう)する｜拍動(はくどう)する。

박두(迫頭)[명] (期日・期限が)さし迫(せま)ること｜切迫(せっぱく)。
　박두-하다[자] さし迫る｜切迫(せっぱく)する。◉기한이 ~. 期限が切迫する。

박람(博覽)[명] 博覽(はくらん)。

박람-회(博覽會)[명] 博覽会(はくらんかい)。

박력(迫力)[명] 迫力(はくりょく)。◉~이 없는 목소리 迫力のない声(こえ)。

박력-분(薄力粉)[명] 薄力粉(はくりきこ)。

박리(薄利)[명]【】薄利(はくり)。

박리-다매(薄利多賣)[명] 薄利多売(はくりたばい)。

박멸(撲滅)[명] 撲滅(ぼくめつ)。
　박멸-하다[타] 撲滅(ぼくめつ)する。◉해충을 ~. 害虫(がいちゅう)を撲滅する。

박명(薄命)[명]【】❶【】短命(たんめい)。◉미인~ 美人(びじん)は薄命。❷【】運(うん)に恵(めぐ)まれないこと。
　박명-하다[형] ❶ 短命(たんめい)だ。❷ 運(うん)に恵まれない｜不幸(ふこう)せだ。

박문(博聞)[명]【】博聞(はくぶん)。

박물(博物)[명] 博物(はくぶつ)。

박물-관(博物館)[명] 博物館(はくぶつかん)。

박박¹[부] ❶【힘주어 긁거나 문지르는 소리나 모양】がりがり｜ぼりぼり｜ごしごし。◉바닥을 ~ 문지르다. 床(ゆか)をごしごしとこする。❷【종이나 천 따위를 세게 찢거나 문지르는 소리】びりびり｜ばりばり。◉서류를 ~ 찢다. 書類(しょるい)をばりばりと引(ひ)き裂(さ)く。❸【털을 아주 짧게 깎는 모양】くりくり。◉머리를 ~ 깎다. 髪(かみ)を坊主頭(ぼうずあたま)に剃(そ)る。

박박²[부]【얼굴이 몹시 얽은 모양】でこぼこ｜ぼこぼこ。◉~ 얽은 곰보 あばた顔(がお)。

박복(薄福)[명] 薄幸(はっこう)｜不幸(ふこう)せ。
　박복-하다 薄幸(はっこう)だ｜不幸せだ。

박봉(薄俸)[명] 薄給(はっきゅう)｜安月給(やすげっきゅう)。◉~으로 살아가다. 薄給で生(い)きていく。

박빙(薄氷)[명]【】薄氷(はくひょう)。

박사(博士)[명] ❶《교》【】博士(はくし・はかせ)。◉~ 과정 博士課程(はかせかてい)／공학 ~ 工学(こうがく)博士。❷【아는 것이 많은 사람】博士(はかせ)。◉척척~ 物知(ものし)り博士。

박살¹[명] (割れて)ばらばらになること｜(壊れて)こなごなになること。◉장난감이 ~이 났다. おもちゃがこなごなに壊れてしまった。

박살²(撲殺)[명]【때려죽임】撲殺(ぼくさつ)。
　박살-하다[타] 撲殺(ぼくさつ)する。

박색(薄色)[명]【】醜(みにく)い顔の女(おんな)｜醜女(しこめ)。

박-속[명] 夕顔(ゆうがお)の実(み)の種(たね)がある白(しろ)い部分(ぶぶん)。◉~을 긁어내다. ユウガオの実の中(なか)をかきとる。

박수¹[명]《민》【】男(おとこ)の巫女(みこ)。

박수²(拍手) 拍手(はくしゅ)。◉~를 치다. 拍手する｜拍手を打つ。／뜨거운 격려의 ~를 보내다. 熱(あつ)い激励(げきれい)の拍手を送る。

박수-갈채(拍手喝采)[명] 拍手喝采(はくしゅかっさい)。

박스(box)[명] ボックス｜箱(はこ)。

박식(博識)[명] 博識(はくしき)｜博学(はくがく)。
　박식-하다[형] 博識(はくしき)だ｜博学(はくがく)だ。◉박식한 사람 博識な人(ひと)。

박애(博愛)[명] 博愛(はくあい)。

박애-주의(博愛主義)[명]《철》博愛(はくあい)主義(しゅぎ)。

박약(薄弱)[명] 薄弱(はくじゃく)。◉의지 ~ 意志(いし)薄弱。
　박약-하다[형] 薄弱(はくじゃく)だ。

박은-이[명]【인쇄한 사람】印刷者(いんさつしゃ)。◉발행인과 ~가 같은 사람이네. 発行人(はっこうにん)と印刷者が同(おな)じ人だね。

박음-질[명]【】返(かえ)し縫(ぬ)い｜返し針(ばり)。
　박음질-하다[타] 返し縫いをする｜返し針をする。

-박이[명] ❶【무엇이 박혀 있는 사람이나 물건】—のある—。◉점박이 ホクロのある人。❷【한곳에 박혀 있거나 들어 있음을 나타내는】—付(つ)き。◉붙박이장 作(つく)り付けのたんす。

박이다¹ 재 ❶【배다】(癖・考え・態度・匂いなどが)染み付く｜身に付く｜こびりつく。 예 나쁜 버릇이 몸에 ~. 悪い癖が身に付く。/담배 냄새가 체내에 染み付く。❷【생기다】(手足などに)たこができる。 예 발바닥에 굳은살이 박여 아프다. 足の裏にタコができて痛い。

박-이다² 타【찍다】写真を写させる｜印刷させる。

박이-옷 명 返し縫いをして作った服。

박자(拍子) 명 〔음〕拍子。 예 감각 박자의 感覚で拍子に合わせて演奏する。拍子に合わせて演奏する。/~에 맞춰 춤을 추다. 拍子に合わせて踊る。

박자-기(拍子器) 명 〔음〕メトロノーム｜拍節器。 예 ~에 맞추어 피아노 연습을 한다. メトロノームに合わせてピアノの練習をする。=메트로놈

박자-표(拍子標) 명 〔음〕拍子記号。

박작-거리다 자 大勢の人でごった返す｜雑踏する｜ひしめく。=박작대다

박작-대다 ☞ 박작거리다

박작-박작 부 ざわざわ｜うじゃうじゃ。

박절-하다(迫切―) 형 不人情で冷たい。

　박절-히 부 不人情に｜つれなく。

박정-하다(薄情―) 형 薄情だ｜不人情だ｜つれない。

　박정-히 부 薄情に｜不人情に｜つれなく。

박제(剝製) 명 剝製。

　박제-하다 타 剝製にする。

박주¹(―主) 명 博打で親の役をする人。

박주²(薄酒) 명 粗酒。

박-쥐 명 〔동〕蝙蝠。 예 흡혈 ~ 吸血コウモリ。/~는 초음파로 장애물의 위치를 파악한다. コウモリは超音波で障害物の位置を把握する。

박쥐-구실 명 あちらについたりこちらについたりすること。

박-지르다 力いっぱい蹴って倒す｜突き倒す。 예 있는 힘껏 박질러 쓰러뜨렸다. 力一杯蹴り倒した。

박차(拍車) 명 拍車。 예 ~를 가하다. 拍車をかける。

박-차다 타 ❶(足で)蹴る｜蹴飛ばす。 예 대문을 박차고 나가다. 門を蹴飛ばして出る。❷【이겨내다】乗り越える｜しりぞける。

박-치기 명 頭突き｜鉢合わせ｜ぶつかること。

　박치기-하다 頭突きをする｜鉢合わせする｜ぶつかる。 예 머리로 박치기하는 행위는 금지한다. 頭突きをする行為は禁止する。

박탈(剝奪) 명 剝奪。

　박탈-하다 타 剝奪する。 예 권리를 ~. 権利を剝奪する。

박태기-나무 〔식〕花蘇芳。

박테리아(bacteria) 명 〔생〕バクテリア。=세균

박토(薄土) 명 【메마른】やせ地｜貧土。

박피(剝皮) 명 皮をむくこと。

　박피-하다 타 皮をむく。

박하(薄荷) 명 〔식〕薄荷｜ペパーミント。

박-하다(薄―) 형 ❶【인정이 없다】薄情だ｜不人情で冷たい｜けちだ｜辛い。❷【적다】(利益・所得などが)非常に少ない。

박하-사탕(―薄荷沙糖) 명 薄荷糖。

박학(博學) 명 博学｜博識。

　박학-하다 형 博学だ｜博識だ。

박학-다식(博學多識) 명 博学多識。

박해(迫害) 명 迫害。 예 종교적 ~ 宗教的迫害。

　박해-하다 타 迫害する。

박-히다 자 ❶【찔리다】(釘・杭などが)突き刺さる｜打ち込まれる｜嵌め込まれる｜打たれる。 예 손가락에 가시가 ~. 指に刺が刺さる。/총알이 다리에 ~. 銃弾が足に打ち込まれる。/반지에 커다란 보석이 박혀 있다. 指輪に大きな宝石が嵌め込まれている。❷【찍히다】刷られる｜印刷される｜写される。 예 명함에 박힌 이름 名刺に印刷された名前/사진이 잘 박혔다. 写真がよく写された。❸【한곳에만 있다】(人が一カ所に)閉じこもる｜引きこもる。 예 그는 일주일 동안 방구석에 박혀 있다. 彼は一週間、部屋の隅に閉じこもっている。❹【새겨지다】刻み込まれる｜焼き付けられる。 예 뇌리에 박힌 모습 脳裏に焼き付けられた姿/그날의 비참한 광경이 아직도 가슴에 박혀 있다. あの日の悲惨な光景が、今も胸に刻み込まれている。❺【끼이다】(型などに)はまる｜はめられる｜取られる。 예

틀에 박힌 생활을 하다. 型にはまった生活をする。

밖[명] ❶ 外と｜外側がわ｜外部がいぶ｜屋外がい。예 ~에 나가다. 外に出る。/ 창문 ~을 내다보다. 窓の外を眺める。/ ~에서 식사를 하다. 外で食事しょくをする。❷【물건의】外と｜外側がわ｜表面ひょう｜表も。예 ~은 깨끗하지만 안쪽이 약간 더럽다. 外側はきれいだが、内側がわに少しし汚よれがある。❸【어떤 범위나 한도 에 들지 않는 부분】(思おもいの)ほか。예 예상 ~으로 반가운 손님이 찾아오다. 思おもいもしなかった懐なつかしい客きゃくが訪ねてくる。

밖에[조]【오로지 그것뿐임을 뜻하는 말】—しか｜—きり｜—外ほか。예 하나밖에 없는 자식 一人ひとりきりの子こども/ 조금밖에 남지 않았다. 少すししか残のこらなかった。/ 자기밖에 모르는 이기주의자이다. 自分じぶんのことしか知しらない利己主義者しゅぎしゃだ。/ 그밖에 질문은 없습니까? ほかに質問しつもんはありませんか。

반¹(反)[명]《철》反はん｜反定立ていりつ｜アンチテーゼ。

반²(半)[명] 半はん。❶ (量りょうの)半分はん｜二分ぶんの一いち。예 사과를 ~으로 자르다. リンゴを半分に切きる。/ 이익이 ~으로 줄다. 利益りえきが半分に減へる。❷ (時間じかん・空間くうかん・仕事しごとなどの)半分はん｜半はんば｜真まん中なかあたり｜中間ちゅうかん。예 두 달 ~ 二ヶ月半にかげつはん/ 한 시간 ~ 一時間半いちじかんはん/ 숙제를 ~쯤 마쳤다. 宿題しゅくだいを半分ほど終えた。

반³(班)[명] 班はん。❶【같은 계급의 집단 또는 그 모임이나 반열】クラス｜グループ｜チーム。예 방송~ 放送班ほうそうはん/ 초급~ 初級しょきゅうのクラス。❷【학년을 몇으로 나눈】組くみ｜クラス。예 1학년 3~1年 3組さんくみ/ 한 학년이 4개 ~으로 되어 있다. 一学年いちがくねんが四よっつのクラスになっている。

반가(半價)[명] ☞반값。

반가움[명] 喜よろこび｜うれしさ。예 크게 웃으며 ~을 표현하다. 大おおきく笑わらいながら喜びを表現ひょうげんする。

반가워-하다[자] 喜よろこぶ｜うれしがる｜懷なつかしがる。

반각¹(半角)[명]《출》半角はんかく。예 ~ 문자 半角文字もじ。

반각²(返却)[명] 返却へんきゃく。
　반각-하다[타] 返却へんきゃくする。

반감¹(反感)[명] 反感はんかん。예 ~을 갖다. 反感を持もつ。/ ~을 사다. 反感を買かう。

반감²(半減)[명] 半減はんげん。
　반감-하다[자][타] 半減はんげんする。예 수입이 ~. 収入しゅうにゅうが半減する。

반감-기(半減期)[명]《물》半減期はんげんき。

반갑다[형] 懷なつかしい｜喜よろこばしい｜うれしい。예 만나서 반갑습니다. お会あいできてうれしいです。/ 오랜만에 만난 친구가 반가워 부둥켜안았다. 久ひさしぶりに友ともだちと会あい、うれしくて抱だきしめた。/ 반가운 손님이 오다. 懷なつかしい客きゃくが来くる。

반가이[부] 懷なつかしく｜喜よろこんで｜うれしく。예 손님을 ~ 맞이하다. 客きゃくを喜よろこんで迎むかえる。

반-값(半—)[명] 半価はんか｜半値はんね。=반가

반개(半開)[명] 半開はんかい｜半開はんびらき。
　반개-하다[타] 半開はんかいする。

반-걸음(半—)[명] 半歩はんぽ。예 ~만 앞으로 나오세요. 半歩だけ前まえに出でてください。=반보

반격(反擊)[명] 反擊はんげき｜反攻はんこう。예 ~ 작전 反攻作戦さくせん。
　반격-하다[타] 反擊はんげきする｜反攻はんこうする。

반경(半徑)[명] ☞'반지름'의 전 용어。

반골(半—)[명] (紙かみ・反物たんものなどの)半幅はんはば。

반공¹(反攻)[명] 反攻はんこう。
　반공-하다[자][타] 反攻はんこうする。

반공²(半空)[명] ☞반공중

반-공일(半空日)[명]【토】半はんドン｜土曜日どようび。

반-공중(半空中)[명] 半空はんくう｜中天ちゅうてん｜中空ちゅうくう。=반공²

반구(半球)[명] 半球はんきゅう。예 북~ 北きた半球/ 남~ 南みなみ半球。

반군¹(反軍)[명]【반정부군.반란군】反軍はんぐん。

반군²(叛軍)[명] 叛軍はんぐん｜反乱軍はんらんぐん｜軍はん。=반란군

반기¹(反旗)[명] 反旗はんき。예 ~를 들다. 反旗を翻ひるがえす。

반기²(半期)[명]【반년】半期はんき。

반기³(半旗)[명] 半旗はんき｜弔旗ちょうき。예 ~를 게양하다. 半旗を揭かかげる。

반기다[타] 喜よろこぶ｜うれしがる｜懷なつかしがる。

반-기생(半寄生)[명]《식》半寄生はんきせい。예 식물 半寄生植物しょくぶつ。

반-나마(半—)[부]【반 이상】半分以上はんぶんいじょう。

반-나절(半—)[명] 半日はんにちの半分はんぶん｜午前ごぜん【午後ごご】の半分｜四半日しはんにち。예 ~ 품삯으로 이 돈은 매우 많습니다. 四半日の労賃ろうちんで、このお金かねはとても多おおいで

す。/ 일을 끝내려면 ~은 걸리겠는데요. 仕事を終わらせるには、四半日はかかりそうなんですが。=한겻

반-날(半一)[명] 小半日¦昼の半分¦半日。[예] ~만 일했으니 더 드릴 수는 없습니다. 半日働いただけなので、これ以上差し上げることはできません。

반납(返納)[명] 返納。

반납-하다[타] 返納する。[예] 도서관에 책을 ~. 図書館に本を返却する。

반년(半年)[명] 半年·半年¦半季。

반농(半農)[명] 半農。

반-달¹(半一)[명] 【하늘의】半月¦弦月¦弓張り月。

반-달²(半一)[명] 【한달의반】半月。

반달 돌칼(半一) 《고》青銅器時代に多く使われた、稲を刈る半月形の道具。

반-달음박질(半一)[명] ☞반달음질

반-달음질(半一)[명] 小走り¦急いで歩くこと。[예] 그녀는 급한 마음에 ~ 쳐 갔다. 彼女はあせって小走りで行った。=반달음박질

반대(反對)[명] 反対。[예] ~ 의견을 말하다. 反対意見を話す。/ 앞뒤가 ~로 되어 있다. 前後が反対になっている。/ 부모님의 ~로 그와 헤어지다. 親の反対で彼氏と別れる。

반대-하다[타] 反対する。[예] 엄마는 내가 유학 가는 것을 반대한다. 母は私が留学することに反対する。

반대-말(反對一)[명] ☞반의어

반대-쪽(反對一)[명] 反対側¦向こう側。

반대-파(反對派)[명] 反対派。

반-덤핑(反dumping)[명] 《경》反ダンピング。

반도(半島)[명] 半島。

반도네온(bandoneón 에)[명] 《음》バンドネオン。

반-도체(半導體)[명] 《물》半導体。[예] ~ 소자 半導体素子/ ~ 공학 半導体工学。

반동(反動)[명] 反動。[예] ~이 크다. 反動が大きい。

반동-적(反動的)[관][명] 反動的。[예] ~인 사상 反動的な思想。

반둥-거리다[자] (何のこともしないで)ぶらぶらする¦のらくらしている¦なまける。=반둥대다

반둥-대다[자] ☞반둥거리다

반둥-반둥[부] 【일을 하지 않고 놀기만 하는 모양】ぶらぶら¦のらくら¦のらりくらり。=빤둥빤둥

반드럽다[형] ❶つやつやして滑らかだ。❷【사람됨이】抜け目がなくて小利口だ。

반드레-하다[형] 【실속 없이 겉으로만 번지르르하다】見掛け倒しだ。[예] 겉보기만 반드레하지 쓸모가 없다. 見掛け倒しで役に立たない。=빤드레하다

반드르르[부] 【윤기가 있고 매끄러운 모양】つやつや¦つるつる¦てかてか¦てらてら。

반드시[부] 必ず¦必ずしも¦きっと¦絶対¦確かに¦決まって。[예] 인간은 ~ 죽는다. 人間は必ず死ぬ。/ 나도 언젠가 ~ 참가해 보고 싶다. 私もきっといつか参加してみたい。

반들-거리다¹[자] ❶【거죽이】つやつやする¦つるつるする。❷【약게 굴다】小利口に立ち回る。=반들대다¹

반들-거리다²[자] 【하는 일 없이 놀기만 하다】ぶらぶらする¦のらくらする。=반들대다²

반들-대다¹[자] ☞반들거리다¹

반들-대다²[자] ☞반들거리다²

반들-반들¹[부] ❶【거죽이 매끄럽고 윤이 나는 모양】つやつや¦つるつる¦てかてか。❷【약게 구는 모양】小利口に立ち回るさま。

반들-반들²[부] 【게으름 피우며 놀기만 하는 모양】ぶらぶら¦のらくら。

반듯-반듯[부] ❶【작은 물체가 비뚤거나 기울지 않고 바른 모양】きちんとまっすぐ¦きちんきちん。[예] ~ 자로 잰 듯하다. きちんとまっすぐ物差しで測ったようだ。/ 책들이 책꽂이에 ~ 꽂혀 있다. 本が本立てにきちんきちんと差し込まれている。❷【생김새가 매우 아담하고 말끔한 모양】(顔·容姿などが)端正に。=반뜻반뜻²

반듯-하다[형] ❶(斜めになったり曲がったりせず)まっすぐだ。[예] 반듯한 콧등 まっすぐな鼻筋。❷【생김새가】整っている。[예] 이목구비가 ~. 目鼻立ちが整っている。/ 얼굴도 옷차림도 ~. 顔も身なりも整っている。=반뜻하다

반듯-이[부] まっすぐに¦しゃんと。

반등(反騰)[명] 反騰。

반등-하다[자] 反騰する。

반디[명] ☞반딧불이

반딧-불[명] 蛍の光¦蛍火·蛍火。=인화³❶

반딧-불이[명] 《동》蛍。=반디

반뜩[부] ☞번뜩

반뜩-이다재태 ☞번뜩이다
반뜩부 【갑자기 빛이 잠깐 나타났다가 없어지는 모양】 ちらり｜ちらっと。
반뜩-반뜩¹ 부 【갑자기 빛이 잠깐 잠깐 나타났다가 없어지는 모양】 ちらちら｜ちらりちらり。
반뜩-반뜩² 부 ☞반듯반듯
반뜩-하다형 ☞번뜩하다
반라(半裸)명 半裸はん。
반란(叛亂・反亂)명 反乱はん｜叛乱はん。
　반란-하다재 反乱はんする｜叛乱はんする。
반란-군(叛亂軍)명 反乱軍はんらん。=난군❷・반군²
반려¹(伴侶)명 【짝이 되는 동무】伴侶はん｜連つれ｜仲間なか。
반려²(返戾)명 【돌려줌】返戻へん｜返還へん。
　반려-하다타 返戻へんする｜返還へんする｜返かえし戻もどす。
반려-자(伴侶者)명 伴侶はんとなる人ひと。예 인생의 ~ 人生じんの伴侶。
반론(反論)명 反論はん。예 ~을 제기하다. 反論を提起ていきする。
　반론-하다자 反論はんする。
반-마침(半—)명 《음》半終止はんしゅう。
반-만년(半萬年)명 五千年ごせん。
반-만성(半蔓性)명 《식》茎くきがほとんど蔓つるのようになる性質せいしつ。
반-말(半—)명 《언》【친구사이 이야기나 어른이 아랫사람에게 대하는 것처럼 말끝을 흐리는 말씨】丁寧ていねいでない言葉ことば｜ぞんざいな言葉。예 왜 ~이니? どうしてぞんざいな言葉づかいをするんだ。
　반말-하다자 丁寧ていねいでない言葉ことばで話はなす｜ぞんざいな言葉づかいをする。예 윗사람에게 반말해서는 안 된다. 目上めうえの人ひとにぞんざいな言葉づかいをしてはいけない。
반말-지거리(半—)명 やたらにぞんざいな言葉ことばで話はなすこと。예 그 녀석의 ~에 더 화가 났다. あいつのぞんざいな話振はなぶりに、もっとむかついてきた。
반면¹(反面)명 【뒷면이나 다른측면】反面はん。예 플라스틱은 생활을 편리하게 하는 ~, 환경 오염을 일으키기도 한다. プラスチックは生活せいかつを便利べんりにする反面、環境かんきょう汚染おせんを引ひき起おこすこともある。
반면²(半面)명 半面はん。
반-모음(半母音)명 《언》半母音はんぼ。
반목(反目)명 反目はんもく。
　반목-하다자 反目はんもくする。
반목-질시(反目嫉視)명 反目嫉視はんもくしっし。
반문¹(反問)명 反問はん。
　반문-하다타 反問はんする｜聞きき返かえす。

반문²(斑紋)명 斑紋はん｜まだら。
반-미치광이(半—)명 狂人きょうじんのように行動こうどうする人ひと。예 그 자식 실연 당한 뒤 ~가 되었어. そいつは失恋しつれんしてから気きがおかしくなったよ。
반-바지(半—)명 半はんズボン。예 ~ 차림 半ズボンの姿すがた／~를 입다. 半ズボンを履はく。
반박(反駁)명 反駁はん｜反論はん｜論駁ろん。
　반박-하다타 反駁はんする｜反論はんする｜論駁ろんする。예 상대방의 주장을 ~. 相手あいての主張しゅちょうに反論する。
반반(半半)명 半分はん｜半分ずつ。예 이익을 ~으로 나누다. 半々で利益りえきを分わける。
반반-하다형 ❶【평탄하다】平たいらだ｜滑なめらかだ。❷【얼굴이】(顔かおだちが)きれいだ｜端正たんせいだ｜立派りっぱに見みえる。예 그 여자는 얼굴이 반반하게 생겼다. その女性じょせいは顔かおだちが上品じょうひんだ。❸【물건이】(物ものが)上品じょうひんだ。❹【집안 따위가】(家柄いえがらなどが)立派りっぱだ。
반발(反撥)명 反発はん。
　반발-하다자 反発はんする。예 회사의 방침에 ~. 会社かいしゃの方針ほうしんに反発する。
반발-심(反撥心)명 反発心はんぱつ。
반백¹(半白)명 ❶【머리털이 희끗희끗하게 된 반늙은이】半白はん｜ごましお頭あたま。=반백³ ❷ 玄米げんまいと白米はくまいの半々はんに混まざった米こめ。
반백²(半百)명 百歳ひゃくさいの半分はんぶん｜五十歳ごじゅっさい。
반백³(斑白・頒白)명 斑白はん｜半白はん｜ごましお頭あたま。=반백¹❶
반-벙어리(半—)명 発声器官はっせいきかんに異常いじょうがある吃音きつおんの人ひと。
반-병신(半病身)명 ❶【병으로 자유롭지 못한 몸】体からだを自由じゆうに動うごかせない人ひと。❷【똑똑하지 못한 사람】薄うすのろ。
반보(半步)명 ☞반걸음
반복(反復)명 反復はん｜繰くり返かえすこと。예 ~ 훈련 反復訓練はん；レペティショントレーニング。
　반복-하다타 反復はんする｜繰くり返かえす。예 유행은 반복된다. 流行りゅうこうは繰り返される。／같은 말을 ~. 同おなじ言葉ことばを繰り返す。
반복 기호(反復記號)명 ☞도돌이표
반분(半分)명 折半せっ。
　반분-하다타 折半せっする。
반-비례(反比例)명 《수》反比例はん。
　반비례-하다자 反比例はんする。

반사¹(反射)[명] 反射はんしゃ。 예빛의 ~ 光ひかりの反射。
  반사-하다[자타] 反射はんしゃする。
반사²(半死)[명] ☞반죽음
반사-경(反射鏡)[명] 《물》反射鏡はんしゃきょう。
반사-광(反射光)[명] ☞반사 광선
반사 광선(反射光線)[명] 《물》反射光線はんしゃこうせん。 =반사광
반사 광학(反射光學) 《물》反射光学はんしゃこうがく。
반사-능(反射能)[명] 《물》反射能はんしゃのう。
반사-선(反射線)[명] 《물》反射光線はんしゃこうせん。
반사-열(反射熱)[명] 《물》反射熱はんしゃねつ。
반사 운동(反射運動)[명] 《의》反射運動はんしゃうんどう。
반사-율(反射率)[명] 反射率はんしゃりつ。
반사 작용(反射作用)[명] 《물·심》反射作用はんしゃさよう。
반사-적(反射的)[관] 反射的はんしゃてき。 예~으로 일어나는 반응 反射的に起こる反応はんのう。
반상¹(返償·反償)[명] 【갚을 상·돌이킬 반】 返償へんしょう｜返済へんさい。
  반상-하다[타] 返償へんしょうする｜返済へんさいする。
반상²(飯床)[명] ☞반상기
반상-기(飯床器)[명] 膳立ぜんだてに用もちいるひとそろいの食器しょっき。 =반상
반색[명] 【기뻐할 색】 非常ひじょうに喜ょろこぶこと｜大変たいへんうれしがること。
  반색-하다[자] 非常ひじょうに喜ょろこぶ｜大変たいへんうれしがる。 예내가 들어서자 모두들 반색하며 맞아 주었다. 私わたしが入はいると、皆みな喜ょろこびながら迎むかえてくれた。
반생(半生)[명] 半生はんせい。
반생-반사(半生半死)[명] 半死半生はんしはんしょう。
반석(盤石·磐石)[명] 盤石ばんじゃく｜磐石ばんじゃく。
반성(反省)[명] 反省はんせい。
  반성-하다[타] 反省はんせいする。 예자신의 잘못을 깊이 ~. 自分じぶんの過あやまちを深ふかく反省する。
반-세기(半世紀)[명] 半世紀はんせいき｜五十年ごじゅうねん。
반소¹(反訴)[명] 《법》【걸어나올 소·거스릴 반】 反訴はんそ。 =맞고소
반소²(半燒)[명] 【사를 소·절반 반】 半焼はんしょう｜半焼はんしょうけ。
  반소-하다[자] 半焼はんしょうする｜半焼はんしょうけだ。
반-소경(半一)[명] ❶視力しりょくが弱よわくてよく見みえない人ひと｜弱視じゃくしの人。 ❷文盲もんもう者しゃ。
반-소매(半一)[명] 半袖はんそで。
반송¹(返送)[명] 返送へんそう。
  반송-하다[타] 返送へんそうする｜送おくり返かえす。 예편지를 ~. 手紙てがみを返送する。
반송²(盤松)[명] 背せが低ひくく、枝えだが横よこに伸のび広ひろがった松まつ。
반-송장(半一)[명] 瀕死ひんしの状態じょうたいにある人ひと。
반송-파(搬送波)[명] 《물》搬送波はんそう｜キャリア。
반수(半數)[명] 半数はんすう。
반숙(半熟)[명] 半熟はんじゅく｜生煮なまにえ｜なまゆで。
  반숙-하다[자] 半熟はんじゅくにする。
반-승낙(半承諾)[명] 【허락할 낙·절반 반】 ほとんど承諾しょうだくすること｜ほぼ受うけ入いれること｜ほぼ聞ききき入いれること。 예~을 얻었다. ほぼ承諾を得えた。／아무 말도 안 했다는 것은 ~을 의미한다. 何なにも言いわなかったことは、ほぼ受け入れたことを意味いみする。
  반승낙-하다[타] ほとんど承諾しょうだくする｜ほぼ受うけ入いれる｜ほぼ聞ききき入いれる。 예상사는 그의 요구를 반승낙했다. 上司じょうしは彼かれの要求ようきゅうをほとんど承諾した。
반시(半時)[명] 【때 시】 非常ひじょうに短みじかい時間じかん｜一時いっとき。
반-식민지(半植民地)[명] 【형식적으로는 독립국이나 실질적인 다른 나라의 지배를 받는 나라】 半植民地はんしょくみんち。
반신¹(半身)[명] 半身はんしん。
반신²(半信)[명] 【반쯤 믿을 반】 半信はんしん。
반신³(返信)[명] 【되돌아올 반】 返信へんしん｜返書へんしょ。
반신-반의(半信半疑)[명] 半信半疑はんしんはんぎ。
반신-불수(半身不隨)[명] 半身不隨はんしんふずい。
반신-상(半身像)[명] 半身像はんしんぞう。
반신-욕(半身浴)[명] 《의》半身浴はんしんよく。
반실(半失)[명] 半なかば失うしなうこと｜半ば損そんをすること。
반심(叛心)[명] 【배반할 반】 叛心はんしん｜叛意はんい。
반액(半額)[명] 半額はんがく｜半金はんきん｜半値はんね。
반야-심경(般若心經)[명] 《종》【경서 경】 般若心経はんにゃしんぎょう。
반어(反語)[명] 《언》反語はんご。
반어-법(反語法)[명] 《언》反語法はんごほう。
반-어업(半漁業)[명] 半漁はんぎょ。
반역(反逆·叛逆)[명] 反逆はんぎゃく。 예~을 꾀하다. 反逆を企くわだてる。
  반역-하다[타] 反逆はんぎゃくする。
반역-자(反逆者)[명] 反逆者はんぎゃくしゃ。
반역-죄(反逆罪)[명] 反逆罪はんぎゃくざい。
반영¹(反映)[명] 反映はんえい。

반영-하다 자타 反映する。 예 내 제안이 반영되다. 私の提案が反映される。

반영²(反影) 명 反影。反照。

반-영구(半永久) 명 半永久。

반영구-적(半永久的) 관명 半永久的。 예 ~으로 사용할 수 있는 제품 半永久的に使える製品。

반-올림(半—) 명 《수》四捨五入。

반원(半圓) 명 《수》半円。

반원-형(半圓形) 명 《수》半円形。

반월(半月) 명 ❶ 半月。弦月｜弓張り月。 ❷ 半月間。

반음(半音) 명 《음》半音。 예 ~을 내리다. 半音下げる。

반음-계(半音階) 명 《음》半音階。

반응(反應) 명 反応。 예 화학 ~ 化学反応。

반응-하다 자 反応する。 예 민감하게 ~. 敏感に反応する。

반응 속도(反應速度) 《화》反応速度。 예 ~가 빠르다. 反応速度が速い。

반응 시간(反應時間) 《심》反応時間。

반응-열(反應熱) 명 《화》反応熱。

반의(叛意) 명 叛意｜叛心。

반의-어(反意語·反義語) 명 《언》反意語｜対義語。=반대말

반-일¹(半—) 명 ❶ 一日の仕事量の半分。 ❷ ある仕事との半分。

반일²(反日) 명 反日｜排日。

반입(搬入) 명 搬入。

반입-하다 타 搬入する。

반자¹ 명 《건》部屋の上部に張る板｜天井板｜天井張り。

반자²(半字) 명 ☞ 약자(略字)

반-자성(反磁性) 명 《물》反磁性。

반자성-체(反磁性體) 명 《물》反磁性体。

반작 부 ☞ 반짝

반작²(半作) 명 ❶《농》【소출이 반밖에 안됨】半作。 ❷ 小作。=소작

반-작용(反作用) 명 反作用。

반작용-력(反作用力) 《물》反作用力。

반장(班長) 명 ❶ 班長。 ❷《교》〈학교의〉級長。 ❖ 현재는 주로『학급위원』을 쓴다.

반-장화(半長靴) 명 半長靴｜半長靴。

반전¹(反戰) 명 反戦。 예 ~ 운동 反戦運動。

반전²(反轉) 명 反転。

반전-하다 자 反転する。 예 좌우가 반전되어 보인다. 左右が反転して見える。

반절(半折) 명 折半｜半分。

반점¹(半點) 명 ❶ 一点の半分。 ❷ 非常に短い時間。 ❸ ごく小量。 ❹〈언〉コンマ。

반점²(斑點) 명 斑点｜ぶち。 예 빨간 ~이 생겼다. 赤い斑点ができた。

반정(反正) 명 ❶ 反正。 ❷ 発乱・撥乱反正。 ❸ 反正体。 예 ~ 음모를 꾸미다. 反正の陰謀を図る。

반-정부(反政府) 명 反政府。

반제(反帝) 〈정〉反帝国｜反帝国主義。

반제-품(半製品) 명 半製品。

반조(返照) 명 反照。

반조-하다 자 反照する。

반주¹(伴奏) 명 《음》伴奏。 예 피아노 ~ ピアノ伴奏。

반주-하다 伴奏する。

반주²(飯酒) 명 食事の時、酒を飲むこと｜晩酌。

반주그레-하다 〈器量〉がよい｜きれい。

반죽 명 練りこねた物｜練りこねること。 예 밀가루 ~이 묽다. 小麦粉の練りが柔かい。

반죽-하다 타 こねる｜練る｜練り合わせる。 예 밀가루를 반죽하여 빵을 만들었다. 小麦粉を練ってパンを作った。 / 찰흙을 ~. 粘土を練る。

반죽(이) 좋다 관용 臆面もない｜ずぶとい。 예 반죽 좋게 돈을 요구하다. 臆面もなく金を要求する。

반-죽음(半—) 명 半死｜半殺し。 예 ~ 상태 半死の状態の / ~을 당하다. 半殺しにされる。=반사(半死)

반죽음-하다 자 半殺しにする。

반증(反證) 명 反証。

반증-하다 反証する。

반지(半指·斑指) 명 指輪｜リング。 예 ~를 끼다. 指輪をはめる。 / ~를 빼다. 指輪をはずす。

반-지기(半—) 명 一混じり。 예 돌 ~ 小石混じり｜砂混じり。

반지랍다 형 〈脂気・水気などがついて〉つやつやして滑らかだ｜つやつやし

반지레 부 てかてか｜つやつや｜つるつる。

반지르르 부 ❶ てかてか｜つやつや｜つるつる。 ❷ 口先だけ滑らかなさま｜口がうまいさま。

반-지름(半—) 명 《수》半徑。

반지-빠르다 형 ❶ 言動がすばやくて抜け目がない｜小利口で憎らしい｜ちゃっかりとしている。 예 만사에 ~. 万事にすばやく抜け目がない。/ 반지빠르게 남의 자리에 앉다. ちゃっかりと人の席に座る。 ❷ 中途半端で釣り合わない。 예 스커트 길이가 반지빨라서 안 어울린다. スカートの丈が中途半端で似合わない。

반-직선(半直線) 명 半直線。

반질-고리 명 裁縫する道具の箱｜針箱=바느질고리

반질-거리다 자 ❶つやつやする｜つるつるする。❷なまける｜ずるける。=반질대다

반질-대다 자 ☞반질거리다

반질-반질 부 ❶ つやつや｜てかてか｜つるつる。 ❷ のらりくらり｜のらくら。

반짝¹ 부 きらっと｜きらり｜ちらっと｜ぴかり。=반작・빤짝

반짝-거리다 자타 光り輝く｜きらめく｜きらめかす。=반짝대다・반짝이다

반짝-대다 자타 ☞반짝거리다

반짝-이다 자타 ☞반짝거리다

반짝² 부 ❶ さっと。 예 몸을 ~ 들어 올리다. 体を軽々と持ち上げる。 ❷ ひょいと。 예 고개를 ~ 들다. 頭をひょいと上げる。 ❸ はっと。 예 눈을 ~ 뜨다. 目をはっと開く。

반짝-반짝 부 きらきら｜ちらちら｜ぴかぴか。

반-쪽(半—) 명 ❶ 二つに分けたものの一つ｜片方｜半分。 ❷ ひどくやせ衰えたさま。 예 얼굴이 ~이 되었다. 顔色がげっそりとやせた。

반찬(飯饌) 명 おかず｜総菜｜菜。=찬

반찬-거리(飯饌—) 명 おかずの材料。=찬거리

반찬-단지(飯饌—) 명 おかずの容器。반찬단지에 고양이 발 드나들듯(속담) おかず

の容器に猫が通うように：「頻繁に出入りすること」の意。

반창-고(絆創膏) 명 絆創膏。

반추(反芻) 명 反芻。 예 ~ 동물 反芻動物。

반추-하다 자타 反芻する。

반출(搬出) 명 搬出。

반출-하다 자타 搬出する。

반-춤(半—) (木の枝などが風に吹かれて)踊るように揺れること。 예 정원의 나무가 ~ 춘다. 庭の木が踊るように揺れる。

반칙(反則) 명 反則。

반칙-하다 자 反則する。 예 반칙해서 이기다. 反則して勝つ。

반칙-패(反則敗) 《운》反則負け。

반침(半寢) 명 大部屋に付いている小部屋｜押し入れ。

반-코트(半coat) 명 半コート。

반-타작(半打作) 명 所得と収穫などが予想の半分ほどしかならないこと。 예 태풍으로 벼농사를 ~밖에 못했다. 台風で米作が予想の半分しかならない。

반타작-하다 자타 予想の半分ほど収穫する。 예 올해 포도 농사는 반타작하게 되었다. 今年のブドウは予想の半分ほどを収穫することになった。

반투-막(半透膜) 《화》半透膜。

반-투명(半透明) 半透明。

반편(半偏) 명 ❶半分。 ❷반편이。

반편-이(半偏—) 명 知能が少し劣っている人｜薄のろ。=반편❷

반-평생(半平生) 명 一生の半分の期間｜半生。

반포¹(反哺) 명 反哺。

반포²(頒布) 명 頒布。

반포-하다 자타 頒布する。

반-품¹(半—) 명 半日の手間。 예 정원을 손질하는 데 ~이 들었다. 庭園の手入れをするのに半日の手間がかかった。

반품²(返品) 명 返品。

반품-하다 자타 返品する。 예 상품을 ~. 商品を返品する。

반-하다¹ 자 (人・物などに)心を奪われる｜ほれる｜ほれ込む。 예 그녀에게 한눈에 반했다. 彼女に一目惚れした。/ 연설에 반해서 넋을 잃고 듣고 있다. 演説に聞き惚れている。

반-하다² 형 ❶ ほのかに明るい｜ほのめ

く。❷忙しい時にちょっと手ですがあく｜手がすく｜わずかに暇がある。❸少し晴れ間がさす。

반-히旦 ほのかに明るく。

반-하다³(反一)困 反する。❶[반대되다] 反対になる。❷[어긋나다] 背く｜従わない。剛 사회의 규범에 반하는 행동 社会のルールに反する行動。

반항(反抗)閏 反抗。
　반항-하다困 反抗する。剛 선생님에게 ~. 先生に反抗する。

반항-심(反抗心)閏 反抗心。

반항-적(反抗的)관형 反抗的。剛 ~인 행동 反抗的な行動。

반핵(反核)閏 反核。剛 ~ 운동 反核運動。

반향(反響)閏 反響。剛 ~을 불러일으키다. 反響を呼び起こす。

반-혁명(反革命)閏 反革命。

반환(返還)閏 返還。
　반환-하다탄 返還する。

반휴(半休)閏 半休｜半日休暇。

반-휴일(半休日)閏 半日。

반흔(瘢痕)閏 瘢痕。

반-흘림(半一)閏 行書と草書のなかばぐらいにくずした書体。

받다¹ Ⅰ 탄 ❶[얻다] 受ける｜もらう｜取る｜受け取る｜収める。剛 소포를 ~. 小包を受け取る。/ 생일 선물을 ~. 誕生日のプレゼントをもらう。/ 집세를 ~. 家賃をもらう。❷[징수] 取る｜取り立てる｜受け取る。剛 세금을 ~. 税金を取り立てる。❸[수령] 受ける｜受け取る｜受け止める。剛 날아오는 공을 받다. 飛んでくるボールを受ける。❹[처벌] 受ける。剛 벌을 ~. 罰を受ける。/ 선생님께 칭찬을 받았다. 先生にほめられた。/ 다른 사람의 도움을 ~. 人に助けてもらう。❺[전화·도전등] 受ける｜受け取る。剛 전화를 ~. 電話を受ける。/ 신인의 도전을 ~. 新人の挑戦を受ける。❻[점수·학위등] 取る。剛 시험에서 만점을 ~. 試験で満点を取る。/ 석사 학위를 ~. 修士の学位を取る。❼[맞이하다] 迎える。剛 손님을 받을 준비를 하다. 客を迎える準備をする。❽[모으다] 溜める。剛 빗물을 ~. 雨水を溜める。
Ⅱ 困 ❶[어울리다] 似合う。剛 귀여운 옷이 잘 받는다. かわいい服がよく似合う。❷【음식물】(食べ物などが)口に合う｜行ける。剛 나에게는 잘 받지 않는 음식이 많다. 私の口には合わない食べ物が多い。

받다² 탄 [머리·뿔로] 突く｜ぶつける。剛 머리로 받아 넘어뜨리다. 頭で突き倒す。

-받다³ 접 [피동형으로]-される｜-(ら)れる。剛 의심받다 疑われる/ 강요받다 強いられる。

받-들다 ❶[공경하다] 敬って恭しく仕える｜仰ぐ｜奉ずる。剛 인생의 스승으로 받들어 모시다. 人生の師として仰ぐ。❷[준수하다] 奉ずる｜謹んで従う。剛 왕명을 ~. 王命を奉じる。❸【떠받치다】(物を落ちないように)支える｜持ち上げる。剛 두 손으로 ~. 両手で支える。/ 잔을 ~. 盃を高く上げる。

받아-넘기다 탄 (質問·攻撃などを)受け流す｜軽くかわす｜いなす。剛 짓궂은 질문을 가볍게 ~. いじわるな質問を軽くいなす。

받아-들이다 탄 ❶[수령] 受け取る｜受領する｜貰う。剛 답례로 보낸 선물을 ~. お礼の贈り物を受け取る。/ 기부금을 ~. 寄付金を貰う。❷[수입] 受け入れる｜取り入れる。剛 구미의 선진 문물을 ~. 欧米の先進文物を受け入れる。/ 새로운 설을 ~. 新説を取り入れる。❸[수용] 聞いてあげる｜受け入れる｜聞き入れる｜承知する。剛 노조의 협상 조건을 ~. 労組の協商条件を受け入れる。/ 사원들의 의견을 적극적으로 ~. 社員たちの意見を積極的に聞き入れる。❹[인수·감수하다] 引き受ける｜受け入れる。剛 그를 가족으로 받아들였다. 彼を家族として引き受けた。

받아-먹다 탄 ❶ 人がくれた物を食べる。剛 아이가 던진 빵부스러기를 연못의 잉어가 받아먹고 있다. 子供が投げたパンくずを、池の鯉が食べている。❷【뇌물】金品などを受け取る｜食う。剛 뇌물을 ~. 賄賂を受け取る。

받아쓰-기閏 書きかきとり。

받아-쓰다 탄 書きかきとる。

받치다¹ ❶[체증] (消化不良で食べたものが)つかえる｜消化されない。❷【감정】(感情などが)込み上げる。剛 화가

받쳐 참을 수가 없다. 怒りが込み上げて我慢できない。 / 설움이 받쳐 오르다. 悲しみが込み上げる。 / ～이 뻐근해서 자리에 눕다. 寝床などが固くて身にこたえる。

받치다[타] ❶[받침대] (下から)支える | あてる. 예 버팀목으로 기둥을 ～. つっかい棒で柱を支える。 / 천 조각을 받치고 깁다. 継ぎをあてる。 ❷[받쳐입다] 合わせる. 예 티셔츠를 받쳐 입다. Tシャツを合わせて着る。 ❸[언] [한글] ハングルで書く時、母音の字''に子音の字を付けて書く. 예 '가'에 'ㄴ'을 받치면 '간'이 된다. 「가」に「ㄴ」を付いて書くと「간」となる。 ❹[도와주다] 助ける | 手伝う. 예 미모가 받쳐 주어서 인기가 많다. 美貌が助けて人気が多い。 ❺[우산] 差す | かざす. 예 우산을 받치고 걷다. 傘をかざして歩く。

받침 ❶ 支え | 下敷き | 台 | 잠 보라. ❷[한글] (ハングルで)音節末に来る子音.

받침-대[-臺][명] 添え木 | 突っかい.

받침-돌[명] 礎 | 礎石.

받침-목[-木][명] 枕木.

받침-쇠[명] 〈건〉座金.

받-히다[자] 突かれる. 예 차에 ～. 車にはねられる。

발¹[명] ❶[사람] (人間·動物の)足. 예 ～을 밟히다. 足を踏まれる。 ❷[가구] (家具などの)脚. 예 장롱의 ～. たんすの脚。 ❸[걸음] 歩み | 歩調 | 足並み. 예 ～이 느리다. 歩みが遅い。 / ～을 멈추다. 歩みを止める。 / ～을 맞추다. 歩調を合わせる。 ❹[걸음] 一歩. 예 한 ～ 앞으로 나와 주세요. 一歩前に出て下さい。

발 벗고 나서다[관용] 積極的に出る. 예 그는 어려운 사람들을 위해서 항상 발 벗고 나선다. 彼は貧乏な人々のために、いつも積極的に出る。

발 없는 말이 천 리 간다[속담] 「言葉はあっという間に遠くまで伝わる」の意 : 〔日〕ささやき千里.

발(을) 끊다[관용] 出入りをしない | 関係に終止符を切る | 絶交する. 예 도박장에 발 끊은 지 오래다. 賭博場には出入りしなくなって随分になる。 / 처가댁과는 발을 끊었다. 妻の実家とは絶交した。

발(을) 빼다[씻다][관용] 悪い所行から関係を完全に切る | 足を洗う. 예 노름판에서 발을 빼고 성실하게 살아가다. 賭事からは足を洗って、誠実に生きていく。

발(을) 뻗다[펴다][관용] 心配事などがなくなり安心する. 예 모든 일이 해결되었으니 이젠 발 뻗고 잘 수 있겠다. 全てが解決されたから、もう安心して寝ることができる。

발이 내키지 않다[관용] 気乗りがしない. 예 그곳에 가야 한다는 건 알지만 발이 내키지 않는다. そこに行かなければならないのは分かっているが、気乗りがしない。

발(이) 넓다[너르다][관용] 顔が広い. 예 미술 방면으로 발이 넓다. 美術の方面で知り合いが多い。

발(이) 뜨다[관용] たまにしか行かない | 時々足が向かない. 예 전에는 매일같이 오더니 요즘에는 발이 뜬다. 前はほとんど毎日来ていたのに、最近はたまにしか来ない。

발이 익다[관용] (何度も往復して)足が慣れる.

발²[명] すだれ. 예 ～을 치다. すだれをかける。

발³[명] [직물] 織り目 | 麺. 예 ～이 촘촘하다. 織り目が詰まっている。 / 우동 ～이 가늘다. うどんの麺が細い。

발⁴[의] [한자어] 尋.

발⁵(發)[의] [한자어] 発. 예 한 ～의 총성 一発の銃声.

발⁶(跋)[명] ☞발문.

-발⁷(發)[접] [한자어] 発. 예 서울발 ソウル発。

발-가락 足の指.

발가벗-기다[타] 丸裸にする.

발가-벗다[자] ❶裸になる | まっぱだかになる. 예 발가벗고 일광욕을 하다. 裸で日光浴をする。 / 발가벗고 뛰놀다. 裸ではしゃぎ回る。 / 발가벗고 뛰어다니다. 裸で飛び回る。 / 발가벗고 목욕하다. 裸で入浴する。 ❷[산] (山が)はげる.

발가-숭이[명] ❶裸になった人 | まる裸の人. 예 아이들이 ～가 되어 헤엄치다. 子供たちがまる裸になって泳ぐ。 ❷[민둥산] はげ山. ❸[맨몸뚱이] 裸一貫. 예 ～에서 대기업의 사장이 됐다. 裸一貫から大手企業の社

長になった。

발각(發覺)명 発覚.
　발각-되다자 発覚する；ばれる。예 경찰에 ~. 警察に発覚する。

발간(發刊)명 発刊.
　발간-하다타 発刊する。예 잡지를 ~. 雑誌を発刊する。

발강명 赤；赤色；赤色の染料。

발강-이명 赤色の物。

발갛다형 うす赤い。예 맛있게 익은 발간 사과 おいしそうに熟れた赤いリンゴ/ 발갛게 상기된 얼굴이 예쁘다. 赤く上気した顔がかわいらしい。
　발간 거짓말관용 真っ赤な嘘。
　발간 상놈관용 下品なやつ；恥知らず；ろくでなし；ならず者。

발개-지다자 赤くなる。

발-걸음명 足どり；歩み。예 가벼운 ~ 軽い足どり/ ~이 빠르다. 足どりが速い。/ ~을 멈추다. 足どりを止める。/ ~이 무겁다. 足どりが重い。/ ~을 옮기다. 足を運ぶ。/ ~이 뜸해지다. 往来が途絶える。

발견(發見)명 発見。예 새로운 ~ 新しい発見。
　발견-하다타 発見する。예 신대륙을 ~. 新大陸を発見する。

발광¹(發光)명 【物理】発光。예 ~ 도료 発光塗料/ ~ 다이오드 発光ダイオード。
　발광-하다¹자 発光する；光を出す。

발광²(發狂)명 【医学】発狂。
　발광-하다²자 発狂する；気が狂う。

발광-체(發光體)명 【물】発光体。

발군(拔群)명 抜群。예 ~의 실력을 발휘하다. 抜群の実力を発揮する。
　발군-하다형 抜群だ。

발굴(發掘)명 発掘。예 신인 ~ 新人発掘。
　발굴-하다타 発掘する。예 유적을 ~. 遺跡を発掘する。

발-굽명 ひづめ。

발권(發券)명 発券。

발그대대-하다형 くすんだ赤色をしている。예 이 옷감은 빛깔이 좀 ~. この服地は色がややくすんだ赤色をしている。=빨그대대하다

발그댕댕-하다형 均等でなく赤みがかっている。

발그레-하다형 ほんのりと赤い；かすかに赤みを帯びている。예 얼굴이 ~. 顔がほんのりと赤い。

발-그림자명 足跡；人影；姿。예 ~도 아니하다. さっぱり姿を見せない。

발그무레-하다형 やや赤い。예 상기된 얼굴이 ~. 上気した顔がうっすらと赤い。

발그속속-하다형 ほどよく赤い。

발그스레-하다형 ☞발그스름하다

발그스름-하다형 いくらか赤い；うっすら赤い；ほんのり赤い；赤みを帯びている。=발그레하다
　발그스름-히부 ほんのり赤く。

발그족족-하다형 ややくすんだ赤色をしている。

발급(發給)명 発給。=발부
　발급-하다타 発給する。예 증명서를 ~. 証明書を発給する。

발굿-발굿부【ㅅ불규칙활용】点々と鮮やかに赤くなっているさま。예 꽃이 들에 ~ 피었다. 花が野原に点々と赤く咲いた。

발굿-하다형 (色が)やや赤いようだ。

발기¹(勃起)명 【의】勃起。
　발기-하다¹자 勃起する。

발기²(發起)명 発起。예 ~ 대회 発起大会。
　발기-하다²타 発起する。

발기다타 ❶切り開く；切り裂く。❷(紙・布などを)引き裂く。

발기-발기부【첩어·부사 부분 반복】切れ切れに；ずたずたに。예 천을 ~ 찢다. 布をずたずたに裂く。

발기-인(發起人)명 発起人。

발-길명 ❶(蹴ったり歩いたり跳ねたりする)足；足先；足どり；きびす。예 ~로 차다. 足で蹴る。/ ~을 돌리다. きびすを返す。/ ~ 닿는 대로 걷다. 足の向くまま歩く。/ ~에 차이다. 足で蹴られる。/ ~이 무겁다. 足どりが重い。❷【사물】往来；行来。예 ~이 뜸해지다. 足どりが途絶える；足どりが遠のく。
　발길이 내키지 않다관용 気乗りがしない。

발길-질명 足蹴；足で蹴ること。예 ~로 장난을 치다. 足蹴でいたずらをす

る。/ 그 애가 난폭하게 ~을 했다. その子が乱暴にも足蹴をした。

발길질-하다 재 足蹴りをする｜足で蹴る。 예 그녀가 발길질하다니 믿을 수가 없다. 彼女が足で蹴るなんて信じられない。

발깍 뛰 ❶【갑자기 벌컥 화를 내는 모양】 かっと。 예 ~ 화를 내다. かっと怒る。 ❷【갑자기 뒤집히거나 뒤집는 모양】 急に引っくり返るさま。 예 집 안이 ~ 뒤집히다. 家の中が大騒ぎになる。 ❸【갑자기 열거나 문 따위를 닫는 모양】 さっと｜ぱっと。 예 문을 ~ 열다. ドアをぱっと開ける。

발깍-거리다 재타 ❶【술이 보기 흉하게 괴는 모양】 (酒が)ぶくぶくと発酵する。 ❷【빨래 삶을 때 빨래가 뒤집히며 끓는 소리를 자꾸 내다】 洗濯物が沸き立って、ぶつぶつ音を立てる。 ❸【발로 걷어차서 자꾸 넘어뜨리다】 足で踏んで横へねじらせる｜こねかえす。 ❹【액체를 시원스럽게 자꾸 마시다】 ごくごくと飲む。 =발깍대다

발깍-대다 재타 ☞ 발깍거리다

발깍-발깍 뛰 ❶【자꾸 갑자기 사납게 소리치는 모양】 かっと。 ❷【자꾸 야단스러워지는 모양】 てんやわんや｜どっと。 ❸【갑자기 열리는 모양】 からり。

발깍-발깍 뛰 ❶【액체가 많이 솟아 나오는 모양 또는 소리】 ぶくぶく。 ❷【부글부글 끓어오르는 모양 또는 소리】 ぶつぶつ。 ❸【머리 부분이 반쯤은 자라서 나는 소리 또는 모양】 べちゃべちゃ｜ぐちゃぐちゃ。 ❹【술이나 음료수를 자꾸 마시는 모양】 ごくごく｜がぶがぶ。

발-꿈치 몡 かかと｜きびす。 =발뒤꿈치

발끈 뛰 ❶【발칵 하는】 かっと。 ❷【떠들썩하게 일어나는 모양】 どっと｜がやがや。

발끈-거리다 재 かっと怒る｜かっと腹を立てる。 =발끈대다

발끈-대다 재 ☞ 발끈거리다

발끈-발끈 뛰 ❶ かっと。 ❷ がやがや｜わいわい。

발-끝 몡 爪先｜足先。 예 아직 선생님의 ~도 못 따라간다. まだまだ先生の足もとにも及ばない。

발단(發端) 몡 発端｜事の起こり｜事の始まり｜糸口。 예 사건의 ~ 事件の発端/이야기의 ~ 話の糸口/그것이 출세의 ~이 되었다. それが出世の糸口となった。

발단-하다 재 事が始まる｜事が起こる｜糸口となる。 예 권력 다툼에서 발단한 전쟁 権力争いが糸口となった戦争/이 놀이는 일본에서 발단하였다. この遊びは日本から始まった。

발달(發達) 몡 発達。 예 두뇌 ~ 頭脳の発達/반도체 기술의 ~ 半導体技術の発達/의학의 ~ 医学の発達/신체의 ~ 身体の発達。

발달-하다 재 発達する。 예 저기압이 ~. 低気圧が発達する。

발-덫 몡 長く歩いて足に生じる病気。

발-돋움 몡 ❶【발뒤꿈치를 듦】 背伸び｜つま先で立つこと｜つま先立ち｜爪立ち。 ❷【밟고 디딤】 踏み台｜足継ぎ。

발돋움-하다 재 背伸びする｜つま先で立つ｜つま立つ｜つま立つ。 예 발돋움하여 선반에서 물건을 내린다. 背伸びして棚から物を下ろす。/발돋움하여 바라보다. 背伸びをして眺めた。

발동(發動) 몡 発動。

발동-하다 재타 発動する。

발동-기(發動機) 몡 発動機｜エンジン。

발동-선(發動船) 몡 《해》発動機船｜モーターボート。

발-뒤꿈치 몡 かかと｜きびす。 =뒤꿈치

발-뒤축 몡 かかと。 =뒤축

발-등 몡 足の甲。 예 ~이 아프다. 足の甲が痛い。

발등에 불(이) 떨어지다 관용 たいへん切羽詰まっている。 예 그는 무슨 일이든 발등에 불이 떨어져야 하기 시작한다. 彼は何かのことでも切羽詰まってからし始める。

발등(을) 디디다 관용 人がしようとすることを先にする｜先手を打つ｜機先を制する。 예 먼저 발등을 디디어 꼼짝 못하게 만들었다. 先に先手を打って、何一つものが言えないようにした。

발등을 밟히다 관용 先手を打たれる｜機先を制される。 예 경쟁 회사에 발등을 밟혔다. ライバル会社に先手を打たれた。

발등(을) 찍히다 관용 裏切られる｜背かれる。

발등의 불을 끄다 관용 目前の急なことを先に処理したり解決する。 예 그는 지금 자기 발등의 불을 끄기에 바쁘다. 彼は今、自分のことを処理するのに忙しい。

발등-걸이 몡 ❶ 先手を打つこと｜機先を制すること。 예 그에게 ~를 당하고 말았다. 彼に先手を打たれてしまっ

た。❷《운》【씨름】シルム(씨름)で、かかとで相手의足의甲을踏んで倒す技術. ❸《운》【체조】体操で、鉄棒やブランコなどに両足の甲を引っ掛けて逆さまにぶら下がる技術.

발등걸이-하다 先手を打つ｜機先を制する. 예남이 하기 전에 잽싸게 ~. 人がする前に素早く先手を打つ.

발딱 ❶【벌떡의 잘못】がばっと｜ぱっと. 예~ 일어나 앉다. がばっと起き上がる. ❷【갑자기 자빠지거나 쓰러지는 모양】ばったり｜ぽたり. 예~ 드러눕다. ばったりと寝転ぶ. /~ 자빠지다. ばったりと倒れる.

발딱-거리다困 ❶【脈】ずきんずきん脈打つ. ❷【胸】(胸が)どきどきする. 예가슴이 ~. 胸がどきどきする. /심장이 발딱거려서 참을 수가 없다. 心臟がどきどきして我慢が出来ない. ❸【물】がぶがぶ飲む. ❹【몸】むずむずする｜ばたばたもがく. =발딱대다

발딱-대다困 ☞발딱거리다

발딱-발딱 ❶【맥박이 빠르게 뛰는 모양】ずきんずきん. ❷【심장이 심하게 뛰는 모양】どきどき. 예내 심장이 ~ 뛰는 소리가 들리니? 私の心臟がどきどきするのが聞こえる? /심장이 ~ 뛰어서 가만히 있을 수가 없었다. 心臟がどきどきして、じっとしていられない. ❸【몸을 심하게 마음대로 움직이는 모양】ばたばた｜むずむず. ❹【물을 잇달아 마음대로 마시는 모양】がぶがぶ. 예너무 목이 말라서 물을 ~ 마신다. とても喉が渇いたので、水をがぶがぶと飲む.

발라-내다囘 (殼やいがなどを)むく｜いて中身を取り出す.

발라드(ballade 프) 《문·음》バラード.

발라-맞추다 甘言でだます｜丸め込む｜お世辞を言う｜おべっかを使う.

발랄-하다(潑剌─)囿 潑剌とする｜元気がよく、生き生きしている. 예발랄한 움직임 きびきびとした動き.

발랑囘【뒤로 가볍게 자빠지거나 눕는 모양】ぱったり. 예~ 드러눕다. ぱったりと横たえる. /~ 자빠지다. ぱったりと転ぶ.

발랑-거리다 身軽に動き回る. 예발랑거리며 뛰놀다. 身軽に動きはしゃぐ. /심장이 ~. 心臟がどきどきする. =발랑대다

발랑-대다困 ☞발랑거리다

발랑-발랑¹囘【자꾸 가볍게 빠르게 뒤로 자빠지는 모양】ぱたぱた｜ごろり(と)｜ごろっと.

발랑-발랑²囘【재빠르고 경쾌하게 움직이는 모양】てきぱき｜ひらりひらり｜どきどき. 예긴장해서 심장이 ~ 움직이다. 緊張して心臟がどきどきする.

발레(ballet 프) 《バレエ. 예~ 모음곡 バレエ組曲.

발레리나(ballerina 이)囘 バレリーナ.

발령(發令)囘 発令.
  발령-하다타 発令する. 예경보가 발령되다. 警報が発令される.

발로(發露)囘 発露.
  발로-하다困 発露する｜現われる.

발록-하다형 (すき間·穴などが)少しあいている.

발론(發論)囘 発論.
  발론-하다 発論する｜議論を起こす.

발름-거리다困 (伸縮性のあるものがゆるやかにしきりに開いたりぼんだりする. =발름대다

발름-대다타 ☞발름거리다

발름-하다형 (伸縮性のあるものが)少し開いている.

발리(volley)囘 《운》ボレー. 예~ 슛 ボレーシュート.

발리다¹타 ☞벌리다¹

발리다²困【발라지다】塗られる｜張りつけられる. 예벽지가 발려 있다. 壁紙が張り付けられている.

발리다³타【발리게 하다】中身を取り出させる.

발림囘 へつらい｜おべっか｜おせじ｜甘言｜口車. 예달콤한 ~으로 아이를 꾀다. 甘いお世辞で子供をそそのかす. =발림수작

발림-수작(─酬酌)囘 ☞발림

발-맞추다타 歩調を合わせる.

발매(發賣)囘 発売.
  발매-하다타 発売する. 예신제품을 ~. 新製品を発売する.

발명(發明)囘 発明. 예~ 특허 発明特許.
  발명-하다타 発明する.

발명-가(發明家)囘 発明家.

발명-품(發明品)囘 発明品.

발-목囘 足首. 예~을 삐다. 足首をくじく.
  발목(을) 잡히다관용 ❶【어떤 일에 얽매어 꼼짝 못함】(ある事に)縛られる｜(引き留められて)抜け出せない. 예그는 하루 종일 그 일에

발목을 잡혀 있다. 彼は一日中、その仕事ごとに縛られている。❷【상대의 약점이나 단점을 잡아】人に弱点や短所を握られる｜つけこまれる。예그에게 발목을 잡힌 채 지금까지 살아 왔다. 彼に弱点を握られたまま、今まで生きてきた。

발목-뼈명《의》足首を成している骨。예~가 부러지다. 足首の骨を折る。

발묵(潑墨)명《미》〔수묵화의 번지는 먹〕潑墨。

발문(跋文)《문》跋文｜跋｜あとがき。=발(跋)

발-밑명 足もと｜脚下。예~에서 피가 난다. 足下から血が出る。

발-바닥명 足の裏。

발발¹부 ❶【추위·두려움으로 몹시 떠는 모양】ぶるぶる｜びくびく。예추위에 ~ 떨다. 寒さにぶるぶる震える。/손이 ~ 떨리다. 手がぶるぶると震える。❷【무엇을 아주 아껴 노심초사하는 모양】けちけち｜こせこせ。

발발²부【엎드려 기어가는 모양】地面を這うさま。

발발³부【종이나 형겊 등이 삭아서 쉽게 찢어지는 모양】(紙や布などが古くなって)ぼろぼろに破けるさま。

발발⁴(勃發)명 勃発。
　발발-하다자 勃発する。예전쟁이 ~. 戦争が勃発する。

발-버둥명 じたばたすること｜地団駄を踏むこと｜足をばたばたさせること｜あがくこと｜身もだえすること。예울면서 ~을 치다. 泣きながら地団駄を踏む。=발버둥이

발버둥-이명 あがくこと｜もがくこと｜じたばたすること｜地団駄だん。예아이가 ~ 치며 울다. 赤ちゃんがじたばたして泣く。=발버둥

발버둥-질명 あがくこと｜もがくこと｜じたばたすること｜地団駄を踏むこと。예이제 와서 ~ 쳐도 소용없다. 今になって、じたばたしてもしようがない。/어려움을 이겨 내려고 ~을 치다. 困難に打ち勝とうともがく。
　발버둥질-하다자 あがく｜もがく｜足ずりする。

발-병¹(一病)명【걸어서 아픈 병】長く歩いて足に生じる病気。

발병²(發病)명【병】発病。
　발병-하다자 発病する。

발-보이다타【신분에 맞지 않는 기운을 드러내다】ひけらかす｜見せびらかす｜衒う。예전교생 앞에서 접영을 발보였다. 全校生徒の前で、バタフライを泳いで見せた。/학력을 ~. 学歴をひけらかす。❷【재능 따위를 조금 보이다】ある物事をほんの少しだけ見せる｜ほのめかす。예미술 선생님께 그림을 발보였더니 크게 칭찬해 주셨다. 美術の先生に絵を少しだけ見せたら、大変誉められた。

발부(發付)☞발급

발-부리명 爪先｜足先。

발분(發憤·發奮)명 発奮。=분발
　발분-하다자 発奮する。

발-붙이다 ❶【기반이나 터전을 마련하다】基盤を固める｜取り付く｜頼る。❷【일정한 자리에 들어서다】入り込む。예전철은 만원이어서 발붙일 곳이 없다. 電車は満員で、入り込む所がない。

발-뺌명 逃げ口上｜言い逃れ｜言い抜け。
　발뺌-하다자 言い逃れる｜言い抜ける。예위반 사실을 인정하지 않고 발뺌하려고 하다. 違反の事実を認めず、言い逃れようとする。

발사(發射)명 発射。
　발사-하다자타 発射する。예로켓을 ~. ロケットを発射する。

발산(發散)명 発散。
　발산-하다자 発散する。예젊음을 ~. 若さを発散する。

발상¹(發喪)명【상제가 상주 된 것을 알림】発喪。
　발상-하다자 発喪する。

발상²(發想)명 発想。예참신한 ~ 斬新な発想/기발한 ~에서 시작된 운동 奇抜な発想から始まった運動。

발상-지(發祥地)명 発祥地。예문명의 ~ 文明の発祥地。

발-샅명 足の指の間。=발새

발-새명 ☞발샅

발생(發生)명 発生。예사건 ~ 事件の発生。
　발생-하다자 発生する。예지진이 발생했다. 地震が発生した。/건설 작업으로 인하여 발생하는 소음에 대해 규제하다. 建設作業に伴って発生する騒音について規制する。

발설(發說)명 口に出すこと｜口外すること。
　발설-하다자타 口に出す｜口外する。예교섭 내용을 발설하는 것을 일체 금지하다. 交渉の内容を、一切口外禁止する。

발성(發聲)명 発声。예~ 연습 発声練

習慣/ ~ 방법 発生方法.
발성-하다[자타] 発声する。

발성-기(發聲器)[명] (동)発声器 ┃ 発声器官.

발성-법(發聲法)[명] (음)発声法.

발성 영화(發聲映畵) (연)発声映画 ┃ トーキー。=토키

발-소리[명] 足音.

발송(發送)[명] 発送.
발송-하다[타] 発送する。예상품을 ~. 商品を発送する。

발신(發信)[명] 発信.
발신-하다[자] 発信する。

발신-인(發信人)[명] 発信人 ┃ 差出人. 예 ~ 불명의 엽서 差出人不明の葉書.

발-싸개 ポソン(버선)を履きやすくするために、足に巻く紙や布。예 ~를 했더니 버선 신기가 훨씬 수월해졌다. 足に布を巻いたら、ポソンを履くのがずいぶんたやすくなった。

발-씨름[명] 足相撲.

발아(發芽)[명] 発芽 ┃ 芽生え。예현미 発芽玄米/ ~가 더디다. 発芽が遅い。=싹트기

발아-하다[자] 発芽する ┃ 芽生える。예씨앗이 발아하기 시작했다. 種が芽を出し始めた。

발아-력(發芽力)[명] (농)発芽力.

발아-율(發芽率)[명] (식)発芽率。예 ~이 뛰어나다. 発芽率に優れる。

발악(發惡)[명] 過度に騷ぎ狂うこと ┃ 大暴れをすること ┃ 悪あがき。예최후의 ~ 最後の悪あがき。
발악-하다[자] 過度に騷ぎ狂う ┃ 大暴れをする ┃ 悪あがきする。예아이는 주사를 맞기 싫다며 발악했다. 子供は注射を打たれたくないと大暴れした。/ 지금 와서 발악해 봤자 소용없다. 今更悪あがきをしても無駄だ。

발암(發癌)[명] 発癌.예 ~ 물질 発癌物質.

발양(發揚)[명] 発揚.
발양-하다[타] 発揚する。

발언(發言)[명] 発言。예부적절한 ~ 不適切な発言。
발언-하다[자] 発言する。예학급 전원에게 발언할 기회를 주다. 学級の全員に発言の機会を与える。

발언-권(發言權)[명] 発言権.

발연 염산(發煙鹽酸) (화)発煙塩酸.

발연 질산(發煙窒酸) (화)発煙硝酸.

발연-하다(勃然―艴然―)[형] 勃然とする。❶急に勢いよく起こる。❷ むっとして怒り出す。예그의 발연한 모습에 모두 긴장했다. 彼の勃然とした姿に、みんなが緊張した。
발연-히[부] 勃然と。

발연 황산(發煙黃酸) (화)発煙硫酸.

발열(發熱)[명] 発熱.
발열-하다[자] 発熱する。

발열-량(發熱量)[명] (물)発熱量.

발열 반응(發熱反應) (화)発熱反応.

발열-체(發熱體)[명] 発熱体.

발원(發源)[명] 発源.
발원-하다[자] 発源する。

발원-지(發源地)[명] 発源地.

발육(發育)[명] 発育 ┃ 成育。예 ~ 불량 発育不全./ 아이의 ~이 늦어서 걱정된다. 子どもの発育の遅さが気になる。
발육-하다[자] 発育する ┃ 成育する。

발음(發音)[명] (언)発音。예정확한 ~을 익히다. 正確な発音を覚える。
발음-하다[자타] 発音する。

발음-기(發音器)[명] (동)発音器官.

발음 기관(發音器官) 発音器官.

발음 기호(發音記號) (언)発音記号.

발의¹(發意)[명] 【법】発意.
발의-하다[타] 発意する。

발의²(發議)[명] 【법】発議.
발의-하다[타] 発議する。

발인(發靷)[명] 発引 ┃ 出棺.
발인-하다[자] 出棺する。

발-자국[명] 足跡・足 ┃ 足形 ┃ 足音。예 ~ 소리를 듣다. 足音を聞く。/ ~을 남기다. 足跡を残す。/ 눈 위의 ~을 따라가다. 雪の上の足跡をついていく。/ ~이 발견되다. 足跡を発見する。

발-자취[명] 足跡・跡 ┃ あとに残ったしるし。예 ~를 남기다. 足跡を残す。

발작(發作)[명] 発作。예 ~을 일으키는 원인 発作を起こす原因。
발작-하다[자] 発作する。

발-장구[명] ❶足をばたばたすること。예 ~를 치다. 足をばたばたさせる。❷(赤子が)這うとき足をばたばたさせること。

발-장단[명] 足拍子。예음악에 맞추어 ~을 치다. 音楽に合わせて足拍子をする。

발전[1] (發展)[명] 発展。[예] 경제 ~에 공헌하다. 経済の発展に貢献する。

발전-하다[1] [자] 発展する。

발전[2] (發電)[명] 【전기를 일으킴】発電。

발전-하다[2] [자] 発電する。

발전-기(發電機)[명] 《전》発電機。

발전-성(發展性)[명] 発展性。

발전-소(發電所)[명] 発電所。

발전-적(發展的)[관][명] 発展的。

발정(發情)[명] 発情。[예] ~이 난 개 さかりのついた犬。

발정-하다[자] 発情する。

발족(發足)[명] 発足。

발족-하다[자] 発足する。[예] 무역협회가 ~. 貿易協会が発足する。

발주(發注)[명] 発注。

발주-하다[타] 発注する。[예] 공사를 ~. 工事を発注する。

발진(發疹)[명] 《의》発疹。

발진-하다[자] 発疹する。

발진 티푸스(發疹typhus) 《의》発疹チフス。

발-질[명] ☞발길질

발-짓[명] 足を動かすこと ¦ 足の動き。[예] 손짓 ~으로 이야기하다. 手足の動きで話しをする。

발짓-하다[자] 足を動かす。

발짝-거리다[자][타] 起き上がろうとして、もがきながら少しずつ動く。=발짝대다

발짝-대다[자][타] ☞발짝거리다

발짝-발짝[부] 【일어나려고 팔다리를 자꾸 움직이는 모양】起き上がろうとして、もがきながら少しずつ動くさま。

발쪽[부] ❶【속의 것이 드러나 보일 듯 말 듯 조금 바라져 있는 모양】ちらちら見え隠れするさま。❷【이가 보일 듯 말 듯 가볍게 웃는 모양】少し歯を見せて笑うさま ¦ にっと。❸【끝이 뾰족이 조금 내민 모양】先が突き出ているさま。=발쪽이

발쪽-거리다[자] (中に隠れたものが)見え隠れする ¦ 開いたり閉じたりする。=발쪽대다

발쪽-대다[자][타] ☞발쪽거리다

발쪽-하다[자][타] ❶ちらちらと見え隠れする。❷にっと笑う。❸先が鋭く突き出る。

발쪽-이[부] ☞발쪽

발차(發車)[명] 発車。[예] ~ 시간이 대폭 변경되다. 発車時間が大幅に変更される。

발차-하다[자] 発車する。

발-차기[명] 《운》【수영에서】ばた脚。

발착(發着)[명] 発着。

발착-하다[자] 発着する。

발-창(—窓)[명] (涼を取るために)すだれをはめ込んだ窓。

발췌(拔萃)[명] 抜粋。

발췌-하다[타] 抜粋する。[예] 일부를 원문에서 ~. 一部を原文から抜粋する。

발췌 검사(拔萃檢査) 《화》抜き取り検査。

발췌-곡(拔萃曲)[명] 《음》抜粋曲。

발-치[1] [명] (寝るとき)足のいく方。[예] 그 물건은 ~에 두어라. その荷物は足下に置け。

발치[2] (拔齒)[명] 抜歯。

발치-하다[자] 抜歯する。

발칙-스럽다[형] 【버릇없고 괘씸하다】けしからぬ素振りをする ¦ 不届きだ ¦ 不埒だ。[예] 발칙스러운 생각을 품다. 不埒な考えを抱く。

발칙스레[부] 不作法に ¦ 不埒に ¦ 不届きに。[예] ~ 행동하다. 不埒に振る舞う。/ 그 아이는 ~ 말대꾸를 했다. その子は不届きに口答えした。

발칙-하다[형] 不埒だ ¦ 不都合だ ¦ 不届きだ。

발칫-잠[명] 人の足下で寝ること。

발칵[부] ❶【갑작스럽게 화를 내거나 기운을 쓰는 모양】かっと ¦ ぱっと。[예] ~ 화를 내다. かっと怒る。/ ~ 뒤집다. ぱっと引っくり返す。❷【'뒤집다·뒤집히다' 등과 함께 쓰여 요란스러운 모양】急に引っくり返るさま。❸【닫혀 있는 것을 갑자기 여는 모양】からり(と) ¦ さっと ¦ ぱっと。

발칵-발칵[1] [부] ❶【자꾸 갑작스럽게 화를 내거나 기운을 쓰는 모양】かっと。❷【'뒤집다·뒤집히다' 등과 함께 쓰여 자꾸 갑자기 소란해지거나 야단스러워지는 모양】てんやわんや ¦ どっと。❸【닫혀 있던 것을 자꾸 갑자기 여는 모양】からり(と) ¦ ぱっと。

발칵-발칵[2] [부] ❶【빚어 놓은 술이 자꾸 발효되는 소리 또는 모양】ぶくぶく ¦ ぼこぼこ。❷【빨래를 삶을 때 빨래가 끓는 소리 또는 모양】ぐらぐら ¦ ふつふつ ¦ ぶつぶつ。❸【술·음료 등을 시원스럽게 자꾸 들이켜는 소리 또는 모양】ごくごく ¦ がぶがぶ。

발코니(balcony)[명] 《건》バルコニー ¦ バルコン。

발탁(拔擢)[명] 抜擢。

발탁-하다[타] 抜擢する。[예] 리더로 발탁되었다. リーダーに抜擢された。

발탄-강아지[명] 【이리저리 쏘다니는 사람을 놀림조로】用事もなく、あちこち忙しそうにほっつき回る人。

발-톱[명] 足の指の爪。

발톱-눈[명] 足の指の爪の左右の隅。

ㅂ

발파(發破)阃 発破^{はっぱ}。 阋 ~ 장치의 버튼을 누르다. 発破装置^{そうち}のボタンを押す。
　발파-하다阃 発破^{はっぱ}をかける。
발-판(一板)阃 ❶【足場^{あしば}】足場^{あしば}｜踏^ふみ台^{だい}｜足掛^{あしが}かり。❷【足掛^{あしが}かり】踏^ふみ台^{だい}｜手^てだて。❸【足踏^{あしぶ}】踏^ふみ板^{いた}｜(ミシンを作動^{さどう}させる)足踏^{あしぶ}み台^{だい}。❹《운》【跳^とび板^{いた}】飛^とび板^{いた}｜踏^ふみ切^きり板^{いた}。

발판-널(一板—)阃 足場板^{あしばいた}。
발포¹(發布)阃【発布^{はっぷ}】発布^{はっぷ}。
　발포-하다¹佴 発布^{はっぷ}する。 阋 헌법이 발포되다. 憲法^{けんぽう}が発布される。
발포²(發泡)阃【発泡^{はっぽう}】発泡^{はっぽう}。 阋 ~ 스티롤. 発泡スチロール。
　발포-하다²孜 発泡^{はっぽう}する。
발포³(發砲)阃【発砲^{はっぽう}】発砲^{はっぽう}。
　발포-하다³孜 発砲^{はっぽう}する。
발표(發表)阃 発表^{はっぴょう}。 阋 공식 ~ 公式^{こうしき}発表/ 중대 ~ 重大^{じゅうだい}発表/ 당선 ~ 当選^{とうせん}発表/ 결과 ~ 結果^{けっか}発表。
　발표-하다佴 発表^{はっぴょう}する。 阋 합격자를 ~. 合格者^{ごうかくしゃ}を発表する。
발표-회(發表會)阃 発表会^{はっぴょうかい}。
발-하다(發一)佴 (光^{ひかり}·音^{おと}などを)出^だす｜発^{はっ}する。 阋 빛을 ~. 光を出す。
발한-제(發汗劑)阃 《의》発汗剤^{はっかんざい}。
발항¹(發航)阃 発航^{はっこう}｜発船^{はっせん}。
　발항-하다孜 発航^{はっこう}する｜発船^{はっせん}する。
발항²(發港)阃 ☞출항
　발항-하다孜 ☞출항하다
발행(發行)阃 発行^{はっこう}。
　발행-하다孜佴 発行^{はっこう}する。 阋 잡지를 ~. 雑誌^{ざっし}を発行する。
발행-인(發行人)阃 発行人^{はっこうにん}｜発行者^{はっこうしゃ}。
발-헤엄阃 立^たち泳^{およ}ぎ。
　발헤엄-하다孜 立^たち泳^{およ}ぎする。
발현(發現·發顯)阃孜 発現^{はつげん}。
　발현-하다孜佴 発現^{はつげん}する。
발현 악기(撥絃樂器)《음》撥弦楽器^{はつげんがっき}。
발호(跋扈)阃 跋扈^{ばっこ}。
　발호-하다孜 跋扈^{ばっこ}する。
발화(發火)阃 発火^{はっか}。 阋 자연 ~ 自然^{しぜん}発火。
　발화-하다孜 発火^{はっか}する。
발화-점(發火點)阃 発火点^{はっかてん}｜着火点^{ちゃっかてん}。
발효¹(發效)阃【発効^{はっこう}】発効^{はっこう}。
　발효-하다¹孜 発効^{はっこう}する。 阋 교토의정서가 발효되다. 京都議定書^{きょうとぎていしょ}が発効される。

발효²(醱酵)阃 《화》発酵^{はっこう}。 阋 ~ 식품 発酵食品^{しょくひん}。
　발효-하다²孜 発酵^{はっこう}する。 阋 효모로 ~. 酵母^{こうぼ}で発酵する。
발휘(發揮)阃 発揮^{はっき}。
　발휘-하다佴 発揮^{はっき}する。 阋 실력을 ~. 実力^{じつりょく}を発揮する。
발흥(勃興)阃【勃興^{ぼっこう}】勃興^{ぼっこう}。
　발흥-하다孜 勃興^{ぼっこう}する。
밝-기(一)阃 光度^{こうど}｜明^{あか}るさ。
밝다Ⅰ孜 (夜^よが)明^あける。
　Ⅱ圐 ❶【明^{あか}るい】(光^{ひかり}·色^{いろ}が)明^{あか}るい。 阋 밝은 조명등 明^{あか}るい照明灯^{しょうめいとう}/ 밝은 색의 스커트를 사다. 明^{あか}るい色のスカートを買^かう。 ❷【明^{あか}るい】(性格^{せいかく}·雰囲気^{ふんいき}などが)明^{あか}るい。 阋 밝은 분위기 明^{あか}るい雰囲気/ 표정이 ~. 表情^{ひょうじょう}が明るい。 ❸【明^{あか}るい·詳^{くわ}しい】(物事^{ものごと}に)通^{つう}じている｜明^{あか}るい｜詳^{くわ}しい。 阋 서울의 지리에 ~. ソウルの地理^{ちり}に明るい。/ 세상 물정에 ~. 世情^{せじょう}に通^{つう}じている。 ❹【聴力^{ちょうりょく}·視力^{しりょく}】(聴力^{ちょうりょく}·視力^{しりょく}が)非常^{ひじょう}によい。 阋 귀가 ~. 耳^{みみ}がさとい。 ❺【明^{あか}るい】明^{あか}るい。 阋 전망이 ~. 見通^{みとお}しが明るい。 ↔ 어둡다

밝-히다 ❶【明^{あか}るい】明^{あか}るくする｜照^てらす。 ❷【夜^よを明^あかす】夜^よを明^あかす｜徹夜^{てつや}する。 ❸【好^{この}む】(女^{おんな}·金^{かね}などを)特^{とく}に好^{この}む。 阋 저 남자는 여자를 너무나 밝힌다. あの男^{おとこ}は女好^{おんなず}きだ。 ❹【明^{あき}らかにする】明^{あき}らかにする｜はっきりさせる｜明^あかす。
밟다 ❶【踏^ふむ】(足^{あし}で)踏^ふむ｜踏^ふみつける。 阋 옆 사람의 발을 ~. 隣^{となり}の人^{ひと}の足^{あし}を踏む。/ 땅을 밟고 서 있다. 地^ちを踏んで立^たっている。 ❷【踏^ふむ·する】踏^ふむ｜する。 阋 비자 수속을 ~. ビザ手続^{てつづ}きを踏む。/ 단계를 ~. 段階^{だんかい}を踏む。 ❸【追跡^{ついせき}·後^{あと}をつける】後^{あと}をつける｜追跡^{ついせき}する。 阋 누군가 내 뒤를 밟아 걸어온다. 誰^{だれ}かが私^{わたし}の後^{うし}ろをたどって歩^{ある}いてくる。 ❹【踏^ふむ】踏^ふむ。 阋 드디어 한국 땅을 밟았다. やがて韓国^{かんこく}の土地^{とち}を踏んだ。

밤¹阃 夜^{よる}｜晩^{ばん}｜夜分^{やぶん}｜夜間^{やかん}。 阋 ~이 깊다. 夜が深^{ふか}い。/ ~늦게까지 돌아다니지 마라. 夜遅^{よるおそ}くまで出歩^{であ}くな。/ ~을 새우다. 夜明^{よあ}かしする；徹夜^{てつや}する。/ ~을 새워 일하다. 徹夜して仕事^{しごと}する。/ ~마다 무서운 꿈에 눈을 뜬다. 夜ごと恐^{おそ}ろしい夢^{ゆめ}で目^めがさめる。↔낮

밤²명 栗。 예삶은 ~ ゆでグリ/ ~을 까다. クリをむく.

밤-거리명 夜の街.

밤-교대(一交代)명 夜交代。 예~ 근무 夜交代勤務/ ~를 하기 위해서는 낮에 푹 자 두어야 한다. 夜交代をするためには、昼間にぐっすり寝ておかなければならない。

밤-길명 夜道.

밤-나무명《식》栗。예 ~ 천지다. 栗の木だらけだ。/ ~를 힘껏 차자 밤송이가 후드득 떨어졌다. クリの木を力一杯蹴ると、クリのいがががぱらぱらと落ちた。

밤-낮명부 昼夜。日夜。いつも。いつでも。しょっちゅう。しじゅう。예 ~ 놀기만 하다. 日夜遊んでばかりいる。/ ~ 잠만 자고 있다. しょっちゅう寝てばかりいる。

  밤낮을 가리지 않다관용 休まずに継続する。昼夜の区別なく続ける。예 밤낮을 가리지 않고 찾아 헤매다. 昼夜間わずに探しまわる。/ 밤낮을 가리지 않고 일하다. 昼夜間わずに働く。

밤낮-없이부 夜も昼も。いつも。朝夕。

밤-눈¹명 夜目。예 ~이 어둡다. 夜目が利かない。

밤-눈²명 夜しずかに降る雪。

밤-느정이명 栗の花。예 ~가 만발하다. クリの花が咲き乱れている。=밤늦

밤-늦명 ☞밤느정이

밤-도둑명 夜盗。예 어젯밤에 우리 집에 ~이 다녀갔다. 昨夜、わが家に夜盗が寄っていった。

밤-떡명 栗を入れて蒸した餅。

밤-바람명 夜の風。夜風。예 찬 ~이 분다. 冷たい夜風が吹く。

밤-밥¹명 【아침밥에 대해 저녁밥】夜食。

밤-밥²명 【밤을넣은밥】栗飯。

밤-볼명 ふっくらとしている頰。

  밤볼(이) 지다관용 頰がふっくらとしている。

밤-비명 夜の雨。夜雨。예 ~가 부슬부슬 내린다. 夜の雨がしとしと降る。

밤-사이명 夜の間。夜間。준밤새

밤-새명 ☞'밤사이'의 준말.

밤새-껏부 夜通し。一晩中。終夜・よもすがら。예 ~ 떠들다. 一晩中しゃべる。

밤-새다자【초저녁부터 날이 밝을 때까지】夜明かしする。徹夜する。예 밤새도록 놀다. 夜通し遊ぶ。

밤-새우다자 夜を明かす。徹夜する。夜を通す。

밤새움명 ☞'밤새'의 본말.

밤-색(一色)명 栗色。焦げ茶色。

밤-샘명 寝ないで夜を明かすこと。徹夜。夜更かし。예 친구와 ~으로 이야기하다. 友達と徹夜で話する。

밤샘-하다자 夜を明かす。徹夜する。夜更かしする。예 상가에서 ~. 喪家で徹夜する。

밤-소일(一消日)명 (遊びなどで)夜を過ごすこと。夜明かしして遊ぶこと。

  밤소일-하다자 夜明かしして遊ぶ。예 윷놀이로 ~. ユンノリで夜明かしして遊ぶ。

밤-손님명【밤에 남의 물건을훔치러오는 사람】夜盗。泥棒。

밤-송이명 いがぐり。栗のいが。예 ~에 찔리다. いがグリに刺される。

밤-안개명 夜霧。

밤-알명 栗の実。

밤-이슬명 夜露。

  밤이슬 맞는 놈속담 夜露にぬれるやつ:「夜盗」の意。

밤-일명 ❶夜業。夜なべ。夜勤。↔낮일 ❷【부부간의】男女の交わり。房事。ねやごと。

  밤일-하다자 ❶夜業をする。夜なべする。❷交わる。

밤-자갈명〈건〉栗石。小さい石。

밤-잠명 夜の眠り。예 ~을 설쳐서 피곤하다. 夜眠れずにつかれた。/ 악몽으로 ~을 설치다. 悪夢で眠りそびれる。

밤-장(一場)명 ☞야시장

밤-중(一中)명 夜中。夜分。夜半。

밤-차(一車)명 夜の便。夜行列車。夜汽車。

밤-참명 夜食。

밤-콩명 栗の味に似た栗色の大豆。예 ~ 씹는 맛 栗の味の大豆の歯応え。

밤-톨명 栗の実。예 ~을 줍다. クリの実を拾う。

밤-하늘명 夜空。예 별 하나 없는 깜깜한 ~ 星一つもない真っ暗な夜空。

밥¹명 ❶飯。ご飯。예 ~을 주식으로 하다. ご飯を主食にする。❷【식사】食事。❸【짐승의】えさ。餌食。예 개에게 ~을 주다. 犬にえさを与える。

밥-하다[자] ご飯を炊く。

밥 먹듯 하다[관용] いつもする ¦ 日常茶飯事にする。[예] 항상 거짓말만 밥 먹듯 한다. いつも嘘ばかりついている。

밥(을) 주다[관용] 【시계의】時計のぜんまいを巻く。

밥[2][명] 【물건의 부스러기】屑。[예] 톱~ のこぎり屑/ 대팻~ かんな屑。

밥-값[명] ❶食費 ¦ 食事代。[예] 오늘 ~은 내가 낼게. 今日の食事代は私が出すわ。/ 이번 달은 ~으로 돈이 다 나갔다. 今月は食費でお金を全部費やした。❷【밥을 먹은 만큼의 일이나 대가를 비유적으로】飯代。[예] 오늘 ~은 했다. 今日の分が食えるように働いた。/ 자기 ~도 못하다. 自分の飯代もまかなえない。

밥-그릇[명] ❶食器。[예] ~을 깨끗이 씻다. 食器をきれいに洗う。❷【밥벌이를 위한 일자리】稼ぎ ¦ 生業。[예] 자기 ~ 챙기기에 바쁘다. 自分の稼ぎを取りそろえるのに忙しい。

밥-도둑[명] 【일은 하지 않고 놀고먹기만 하는 사람을 비유적으로】ごくつぶし。[예] 그는 하는 일 없이 빈둥대는 ~이다. 彼は何の仕事もせずに、ごろごろしているごくつぶしだ。

밥-맛[명] ❶ご飯の味。❷食欲 ¦ 食い気。[예] ~이 없다. 食欲がない。

밥-물[명] ❶飯炊き用の水。❷【밥이 끓어 넘칠 때 흐르는 걸쭉한 물】おねば。

밥-밑[명] 飯を炊くとき、米の下に敷く雑穀。

밥-벌레[명] 【일은 하지 않고 밥만 많이 먹는 사람을 낮잡아】ごくつぶし。[예] 언제까지 ~로 살래? いつまでごくつぶしでいるつもりだい。

밥-벌이[명] ❶生活のための稼ぎ。[예] ~가 될 만한 좋은 일이 없을까? 食べていくためのいい稼ぎはないか。❷やっと食べて暮らしていける程度の稼ぎ。

밥벌이-하다[자] ❶生活するために稼ぐ。[예] 이 나라에서 밥벌이하기란 어렵다. この国で稼ぐのは難しい。/ 밥벌이하러 가다. 稼ぎに出る。❷やっと食べて暮らしていける程度に稼ぐ。[예] 밥벌이할 정도도 안 된다. やっと食べて暮らしていける程度の稼ぎもない。

밥-보[명] 大食漢 ¦ 健啖家 ¦ 大食らい。[예] 개는 ~라서 밥 들어가는 배가 따로 있어. そいつは大食いで、飯は別腹なんだ。

밥-보자(一褓子)[명] ☞밥보자기

밥-보자기(一褓子一)[명] 食膳をかぶせる布。=밥보자

밥-상(一床)[명] 食膳 ¦ お膳。

밥상-머리(一床一)[명] お膳の縁やその辺り。[예] ~에서는 큰 소리 내는 게 아니다. お膳の縁で大声を出すものではない。

밥-솥[명] 飯釜 ¦ 飯たきがま。

밥-숟가락[명] ❶(ご飯を食べるとき使う)さじ。❷【얼마 되지 않는 밥을 비유적으로】いくさじかの少ないご飯。[준]밥숟갈

밥-숟갈[명] ☞'밥숟가락'의 준말.

밥-술[명] ❶さじ。[예] ~로 밥을 먹다. さじで御飯を食べる。❷いくさじかの飯。[예] ~이나 뜨고 일해야지. いくさじかの飯は、食べて働かなきゃ。❸【'생계'의 뜻으로】生計。[예] 아버지 덕분에 ~ 걱정은 안 해도 된다. 父のおかげで生計は心配しなくてもいい。

밥술이나 뜨다[먹다][관용] 暮らしが豊かである。[예] 그는 밥술이나 먹는다고 거들먹거린다. 彼は暮らし向きがかなりいいと偉ぶっている。

밥-쌀[명] 飯米。

밥-알[명] ご飯粒。[예] 먹으면서 얘기하면 ~이 튄다. 食べながら話すると、ご飯粒が飛ぶ。

밥-장수[명] 飯屋の主人 ¦ 食堂の主人。

밥-주걱[명] 飯じゃくし ¦ しゃもじ。=주걱❶

밥-줄[명] ❶【생계 수단·방법을 속되게】職 ¦ 生業。[예] ~이 끊기다. 職を失う。❷《의》食道。

밥줄이 끊어지다[떨어지다][관용] 職を失う ¦ 飯の食い上げになる。

밥-통(一桶)[명] ❶【밥을 담는 통】飯櫃 ¦ 飯つぎ ¦ おひつ。❷【위를 속되게】胃 ¦ 胃袋。❸【제구실도 못하면서 밥만 축내는 사람】ごくつぶし。[예] 그 녀석은 정말 ~이야. そいつは本当にごくつぶしだよ。

밥-투정[명] (ご飯を食べるときの)むずかり。

밥-풀[명] ❶そくい ¦ そっくい。❷ご飯粒 ¦ 飯粒。

밥풀-칠(一漆)[명] そくいで塗ること。

밥풀칠-하다[자] そくいで塗る。

밥-하다[자] ☞'밥[1]'의 부표제어.

밧-줄[명] 綱 ¦ 荒縄 ¦ ロープ。[예] ~로 묶다. ロープで縛る。

방[1](房)[명] 部屋 ¦ 室 ¦ ルーム。[예] 빈~

空き部屋/ ~이 좁다. 部屋が狭い。

방²(放) ❶【총·대포 따위를 쏜 횟수를 세는 말】発. ⑩ 총을 한 ~ 쏘다. 銃じょうを一発いっぱつ打つ。❷【주먹으로 치는 횟수를 세는 말】発. ⑩ 주먹을 한 ~ 먹었다. 拳こぶしで一発いっぱつやられた。❸【사진을 찍는 횟수나 필름의 장수를 세는 말】枚. ⑩ 사진을 한 ~ 찍다. 写真しゃしんを一枚撮とる。/ 이 필름은 30~이나 찍을 수 있다. このフィルムは30枚さんじゅうまいも撮ることができる。❹【방귀를 뀌는 횟수를 세는 말】発. ⑩ 방귀가 몇 ~이나 연달아 나왔다. おならが何発なんぱつも続けて出でた。

방³(榜) 명 ☞방문(榜文)
방갈로(bungalow) 명 バンガロー。
방계(傍系) 명 傍系ぼうけい。
방-고래(房―) 명 【온돌방 구들장 밑으로 불길과 연기가 통해 나가는 길】オンドル部屋べやの下したにある、炎ほのおや煙けむりが通とおっていく通路つうろ。⑩ ~가 막혀서 연기가 빠져나가질 않는다. 部屋の下の通路が詰つまって、煙が通っていない。=고래²
방공(防空) 명 防空ぼうくう。⑩ ~ 훈련 防空演習えんしゅう。
방공-호(防空壕) 명 防空壕ぼうくうごう。
방과(放課) 명 放課ほうか。⑩ ~ 후 放課後ご。
방관(傍觀) 명 傍觀ぼうかん。
　방관-하다(傍觀―) 타 傍觀ぼうかんする。⑩ 말 없이 방관하고 있다. 黙だまって傍觀している。
방관-자(傍觀者) 명 傍觀者ぼうかんしゃ。
방관-적(傍觀的) 관·명 傍觀的ぼうかんてき。⑩ ~인 태도 傍觀的な態度たいど。
방광(膀胱) 명 〔의〕膀胱ぼうこう。
방광-염(膀胱炎) 명 〔의〕膀胱炎ぼうこうえん。
방-구들(房―) 명 【온돌방의 구들】オンドル。=온돌
방-구석(房―) 명 ❶部屋の隅すみ。❷部屋の中なか・室内しつない。
방귀 명 屁へ・おなら・ガス。⑩ ~ 소리가 요란하다. への音おとがけたたましい。/ 고구마를 너무 먹었더니 자꾸 ~가 나온다. さつまいもをたくさん食たべたので、やたらに屁が出でる。
　방귀 뀐 놈이 성낸다 속담 屁へをした者ものが怒おこる:「自分じぶんの過あやまちなのに、かえって他人たにんに腹はらを立たてる」の意い。
방귀-쟁이 명 放屁ほうひをよくする人ひと。⑩ ~ 옆에 가면 구린내가 진동한다. よく屁をこく人の隣となりに行いくと臭くさい。
방그레 부 にっこり。
방글-거리다 자 にこにこ笑わらう。=방글대다
방글-대다 자 ☞방글거리다
방글라데시(Bangladesh) 명 〔국〕バングラデシュ。

방글-방글 부 にこにこ。
방금(方今) 명 今いま・ただいま。⑩ 일이 ~ 끝났습니다. 仕事しごとがちょうど今、終おわりました。
방긋 부 にっこり・にこやかに。=방긋이
　방긋-거리다 자 にこにこする。=방긋대다
　방긋-대다 자 ☞방긋거리다
　방긋-이 부 ☞방긋
방긋-방긋 부 にこにこ。
방년(芳年) 명 芳紀ほうき・妙齢みょうれい。
방대-하다(厖大―・尨大―) 형 厖大ぼうだいだ・膨大ぼうだいだ。⑩ 방대한 데이터 膨大なデータ。
방도(方道・方途) 명 方途ほうと・方法ほうほう・手てだて・仕方しかた。⑩ 해결할 ~가 전혀 떠오르지 않는다. 解決かいけつ方法がまったく思おもい浮うかばない。

방독(防毒) 명 防毒ぼうどく。
방독 마스크(防毒mask) ☞방독면
방독-면(防毒面) 명 《군》防毒面ぼうどくめん・防毒マスク・ガスマスク。=가스 마스크・방독마스크
방둥이 명 獣けものの尻しり。
방랑(放浪) 명 放浪ほうろう・流浪るろう・さすらい。
　방랑-하다(放浪―) 자 放浪ほうろうする・流浪るろうする・さすらう。
방랑-자(放浪者) 명 放浪者ほうろうしゃ・流ながれ者もの・渡わたり者もの。
방략(方略) 명 【일을 꾀하고 해 나가는 꾀와 계략】方略ほうりゃく・計略けいりゃく・はかりごと。
방류(放流) 명 放流ほうりゅう。
　방류-하다(放流―) 타 放流ほうりゅうする。⑩ 담수어가 하천에 방류되다. 淡水魚たんすいぎょが河川かせんに放流される。
방만-하다(放漫―) 형 放漫ほうまんだ。⑩ 방만한 경영 放漫な経営けいえい。
방망이 명 ❶棒ぼう・きぬたの棒。⑩ ~를 휘두르다. 棒を振ふり回まわす。❷【야구에서 치는 동작】バッティング・打撃だげき。⑩ 근처 야구장에서 ~ 소리가 들렸다. 近ちかくの野球場やきゅうじょうから、バッティングの音おとが聞きこえてきた。
　방망이(를) 들다 관용 人事じんじに口くちを挟はさんで邪魔じゃまをする。⑩ 여행을 갈 거라고 하자 아버지는 방망이를 들었다. 旅行に出でると言いったら、父は口を挟んで邪魔をした。
방망이-질 ❶棒ぼうで叩たたくこと。❷【가슴이 두근거리는 일】胸むねがどきどきすること。

방망이질-하다 자 ❶棒で叩く。❷胸がどきどきする。

방매(放賣)명 品物を出して売り払うこと。예 토지 ~ 문제를 둘러싸고 서로 다투었다. 土地を売り払うことをめぐって互いにもめ合った。

방매-하다 타 品物を出して売り払う。예 헌 옷을 싼값에 ~. 古着を安く売り払う。

방면¹(方面)명 方面。예 부산 ~ 으로 가실 분 釜山方面に行く方。/ 여러 ~ 에 관심이 있다. いろんな方面に興味がある。

방면²(放免)명【죄수나 피의자】放免。

방면-하다 타 放免する。

방목(放牧)명 《농》放牧。예 양의 ~ 羊の放牧。=방축

방목-하다 타 放牧する。

방목-장(放牧場)명 《농》放牧場。

방문¹(方文)명 ☞약방문

방문²(房門)명 部屋の入り口にある戸。예 ~ 을 박차고 나가다. 部屋の戸を蹴飛ばして出かける。

방문³(訪問)명 訪問 ¦ 訪れ。예 ~ 판매 訪問販売。

방문-하다 타 訪問する ¦ 訪れる。예 일본을 ~. 日本を訪問する。

방문⁴(榜文)명【여러 사람에게 알리려고】公示文 ¦ 掲示。=방²(榜)

방문-객(訪問客)명 訪問客。

방문-턱(房門一)명 部屋の敷居の上部。

방물-장수명【여자들이 쓰는 일상용품 화장품 따위를 가지고 다니며 파는 여자】女性が使う日常生活用品や化粧品などのこまごましたものを持って売り歩く女性。

방-바닥(房一)명 部屋の床。예 ~ 에 드러눕다. 床に横たわる。

방바닥에서 낙상한다 속담 部屋の床で転んでけがをする:「安全な所で不意に失敗する」の意。

방방곡곡(坊坊曲曲)명 津々浦々 ¦ 全国いたるところ。

방백(傍白)명 《연》傍白 ¦ わきぜりふ。예 객석을 보며 ~ 을 하다. 客席を見て傍白を言う。

방범(防犯)명 防犯。예 ~ 등 防犯灯。

방법(方法)명 方法 ¦ 仕方 ¦ やり方。예 치료 ~ 을 찾다. 治療方法を探す。/ 그렇게 하는 것 외에는 ~ 이 없다. そうするよりほかに仕方がない。

방법-론(方法論)명 《철》方法論。

방부(防腐)명 防腐。

방부-제(防腐劑)명 《의》防腐剤。

방불-하다(彷彿一・髣髴一)형 ❶髣髴とする ¦ 彷彿とする ¦ よく似ている。예 고인과 방불한 데가 있다. 故人に髣髴たるところがある。❷ぼんやりと見える ¦ はっきりと認識できない。예 돌아가신 부모님의 모습이 방불하게 떠오르다. 亡くなった両親の姿がぼんやりと思い浮かぶ。❸【무엇을 방불케 하듯이】—のように思わせる。예 첩보 작전을 방불케 하다. 諜報作戦のように思わせる。

방비(防備)명 防備 ¦ 備え。예 ~ 를 강화하다. 防備を強化する。

방비-하다 타 防備する。

방사¹(放射)명 放射。

방사-하다 자타 放射する。

방사²(紡絲)명 《공》紡糸。

방사-기(放射器)명 放射器。

방사-능(放射能)명 《물》放射能。예 ~ 오염 放射能汚染。/ ~ 원소 放射能元素。/ ~ 진 放射能塵。

방사-림(防沙林)명 防砂林。

방사-상(放射狀)명 ☞방사형

방사-선(放射線)명 《물》放射線。예 ~ 치료 放射線治療。/ ~ 과 放射線科。

방사-성(放射性)명 《물》放射性。예 ~ 폐기물 放射性廃棄物。/ ~ 물질 放射性物質。

방사성 붕괴(放射性崩壞) 《물》放射性崩壊。

방사성 원소(放射性元素) 《물》放射性元素。

방사-열(放射熱)명 《물》放射熱。=복사열

방사-형(放射形)명 放射状。예 도로가 ~ 으로 뻗어 있다. 道路が放射状に伸び出ている。=방사상

방새(防塞)명 防塞。

방석(方席)명 座布団。예 ~ 을 깔다. 座布団を敷く。

방설(防雪)명 防雪。

방설-하다 자 防雪する。

방설-림(防雪林)명 防雪林。

방성(放聲)명 大声を上げること。

방성-하다 자 大声を上げる。

방성-대곡(放聲大哭)명 大声で悲しみに泣くこと ¦ 慟哭。=방성통곡

방성-통곡(放聲痛哭)명 ☞방성대곡
방세(房貰)명 部屋代ゃ｜間代ま｜家賃ゃ｜たる賃ゃ.
방-세간(房—)명 室内用ょうの家財道具ぐ.
방송(放送)명 放送ほう. 예 텔레비전 ~ テレビ放送／녹화 ~ 録画ゃ放送.
   방송-하다타 放送ほうする.
방송-국(放送局)명 放送局ほうきょく.
방송-극(放送劇)명 《연》放送劇ほうそうげき｜ラジオドラマ.
방송-실(放送室)명 放送室ほうそうしつ.
방수¹(防水)명 防水ぼうすい. 예 ~ 가공 防水加工ぼうすいかこう.
   방수-하다자 防水ぼうすいする.
방수²(放水)명 放水ほうすい.
   방수-하다자 放水ほうすいする.
방수-로(放水路)명 放水路ほうすいろ.
방수-제(防水劑)명 《화》防水剤ぼうすいざい.
방수-지(防水紙)명 防水紙ぼうすいし.
방수-포(防水布)명 防水布ぼうすいふ.
방수-화(防水靴)명 防水靴ぼうすいぐつ.
방습(防濕)명 防湿ぼうしつ.
   방습-하다자 防湿ぼうしつする.
방습-제(防濕劑)명 《화》防湿剤ぼうしつざい.
방시레부 にっこり. 예 그녀는 ~ 웃으며 손을 흔들었다. 彼女ゕのじょはにっこり笑ゎらいながら手てを振ふっていた. =빵시레
방식¹(方式)명 方式ほうしき｜遣やり方かた. 예 표현 ~ 表現ひょうげん方式ほうしき.
방식²(防蝕)명 防食ぼうしょく.
방식-제(防蝕劑)명 防食剤ぼうしょくざい.
방실부 にこっと. 예 ~ 웃으며 인사하다. にこっと笑ゎらって挨拶ぁぃさつする. =빵실
방실-거리다자 にこにこする. 예 그녀는 언제나 방실거린다. 彼女ゕのじょはいつもにこにこしている. / 기뻐서 ~. 嬉ぅれしくてにこにこする. =빵실대다
   방실-대다자 ☞방실거리다
방실-방실 にこにこ.
방심¹(放心)명 放心ほうしん｜油断ゅだん｜放念ほうねん. 예 ~은 금물 油断大敵ゆだんたいてき.
   방심-하다자 放心ほうしんする｜油断ゅだんする｜放念ほうねんする.
방심²(傍心)명 《수》傍心ぼうしん.
방싯부 ❶【예쁘게 얼핏 벌어지는 모양】にこやかに. 예 나를 ~ 웃으며 맞아 주었다. 私ゎたしのことをにこやかに笑ゎらって迎むかえてくれた. =빵싯

❷【소리없이】そっと. 예 문이 ~ 열리며 그가 들어왔다. 門もんがそっと開ぁいて彼ゕれが入ぃってきた.
방싯-거리다자 にこやかに笑ゎらう｜にこにこする. 예 방싯거리던 어머니의 얼굴이 보고 싶다. にこやかに笑ゎらっていた母はゎの顔ゕぉが見みたい. =빵싯대다
   방싯-대다자 ☞방싯거리다
방싯-방싯부 【예쁘게 자꾸 벌어지는 모양】にこにこ. 예 아기가 ~ 웃는다. 赤ぁゕぁん坊ぼうがにこにこ笑ゎらう.
방아 穀物こくもつなどを搗っく臼ぅす.
방아-꾼 から臼ぅすで穀類こくるぃをひく人ひと.
방아-쇠 (銃じゅうの)引ひき金がね. 예 ~를 당기다. 引ひき金がねを引ひく.
방안(方案)명 方案ほうぁん.
방안-지(方眼紙)명 ☞모눈종이
방앗-간(—間)명 精米所せぃまぃじょ.
방앗-공이 杵きね.
방약무인(傍若無人)명 傍若無人ぼうじゃくぶじん.
방어¹(防禦)명 防御ぼうぎょ.
   방어-하다타 防御ぼうぎょする. 예 적의 공격을 ~. 敵てきの攻撃ょうげきを防ふせぐ.
방어²(鰤魚)명 《동》ぶり.
방어-선(防禦線)명 《군》防御線ぼうぎょせん.
방어-율(防禦率)명 《운》(野球ゃきゅうの)防御率ぼうぎょりつ. 예 ~이 높다. 防御率ぼうぎょりつが高たゕい.
방어-전(防禦戰)명 防御戦ぼうぎょせん.
방언¹(方言)명 《언》方言ほうげん｜俚言りげん｜なまり.
방언²(放言)명 【거리낌없이 하는 말】放言ほうげん.
   방언-하다타 放言ほうげんする.
방역(防疫)명 防疫ぼうぇき. 예 ~ 대책 防疫対策ぼうぇきたぃさく／~ 활동 防疫活動ぼうぇきかっどう／철저한 ~을 실시하다. 徹底てってぃした防疫ぼうぇきを実施じっしする.
   방역-하다자 防疫ぼうぇきをする. 예 관계 기관이 일체가 되어 방역하기로 하였다. 関係機関ゕんけぃきかんが一体ぃったぃとなって防疫ぼうぇきをすることにした.
방열(放熱)명 放熱ほうねつ.
   방열-하다자 放熱ほうねつする.
방영(放映)명 放映ほうぇぃ.
   방영-하다타 放映ほうぇぃする.
방울¹명 ❶【】玉たま｜水滴すぃてき｜滴しずく. 예 땀 ~ 汗ぁせしずく. ❷【】滴しずく.
방울²명 鈴すず. 예 ~을 울리다. 鈴すずを鳴ならす.
방울-눈 どんぐり眼まなこ.
방울-뱀 《동》がらがら蛇へび.
방위¹(方位)명 方位ほうぃ. 예 ~를 보다. 方位

を見る。

방위²(防衛) 명 防衛。 예 정당~ 正当防衛/ 민간 ~ 民間防衛。
　방위-하다 탄 防衛する。
방위-각(方位角) 명 〔천〕方位角。
방위 도법(方位圖法) 方位図法。
방위-력(防衛力) 명 防衛力。
방음(防音) 명 防音。 예 ~ 장치 防音装置。
　방음-하다 자 防音する。
방일(放逸) 명【~하다 형】放逸。
　방일-하다 자 放逸だ。
방임(放任) 명 放任。
　방임-하다 타 放任する。
방임-주의(放任主義) 명 放任主義。
방자-하다(放恣—) 형 放恣だ。横柄だ。 예 방자한 태도 放恣な態度。
방장(房帳) 명 (部屋の)帳 ¦ カーテン。
방적(紡績) 명 紡績。 예 ~ 공업 紡績工業。
방적-사(紡績絲) 명 紡績糸。
방전(放電) 명〔물〕放電。
　방전-되다 자 放電する。
방점(傍點) 명 傍点。 예 ~을 찍다. 傍点を打つ。
방정 명【~하다 형】おっちょこちょい。예 ~을 떨다. おっちょこちょいに振る舞う。/ 이 밤중에 웬 ~이냐? この夜中に何で軽はずみでそそっかしい行動をとるんだ。
방정-꾸러기 お調子者 ¦ おっちょこちょい。예 그 집 아이 정말 ~더군. その家の子供は本当にお調子者だよ。
방정-꾼 명 軽躁に振る舞う人 ¦ お調子者。 예 왜 이렇게 ~처럼 구니? どうしてこんなに軽率な振る舞いをするんだ。
방정-맞다 형 ❶浮かれて騒ぎまわる ¦ ちょこまかしている ¦ そそっかしい。❷不吉だ ¦ 縁起でもない。 예 자꾸만 방정맞은 생각이 드니 가만히 있을 수가 없구나. しきりに縁起でもない気がするので、じっとしていられない。 =방정스럽다
방정-스럽다 형 ☞방정맞다
방정-식(方程式) 명〔수〕方程式。 예 삼차 ~ 三次方程式/ 다음 ~을 풀어라. 次の方程式を解け。
방정-하다(方正—)형【~히 부】方正だ。 예 품행이 ~. 品行方正だ。
　방정-히 부 方正に ¦ 正しく。
방조(幇助·幫助) 명〔법〕幇助。 예 자살 ~ 죄 自殺幇助罪。
　방조-하다 타 幇助する。
방조-제(防潮堤) 명〔건〕防潮堤。
방종(放縱) 명 放縱 ¦ 放恣 ¦ わがまま。
　방종-하다 형 放縱だ ¦ 放恣だ ¦ わがままだ。 예 방종한 생활을 하다. 放縱な生活を送る。
방죽 명 土堤 ¦ 堤防。
방지(防止) 명 防止。
　방지-하다 타 防止する。 예 재발을 ~. 再発を防止する。
방지-책(防止策) 명 防止策。
방직(紡織) 명 紡織。
방직 공업(紡織工業) 〔공〕紡織工業。
방직-기(紡織機) 명〔공〕紡織機。
방책(方策) 명 方策 ¦ 方略 ¦ 対策 ¦ 策。
방천(防川) 명 堤防を築いて防水すること。
방천-숲(防川—) 川の氾濫を防ぐために作った林。
방첩(防諜) 명〔군〕防諜。
방청(傍聽) 명 傍聽。
　방청-하다 타 傍聽する。
방청-권(傍聽券) 명 傍聽券。
방청-석(傍聽席) 명 傍聽席。
방초(芳草) 명 芳草 ¦ 香りのよい草 ¦ 春の草。
방추(方錐) 명 ❶四つ目ぎり。❷〔수〕方錐形。
방추-형(方錐形) 〔수〕方錐形。
방축(放畜) 명 ☞방목(放牧)
방춘(芳春) 명 芳春。 ❶花盛りの美しい春。 ❷美しい女性の人の若い時代。
방출(放出) 명 放出。
　방출-하다 타 放出する。 예 에너지를 ~. エネルギーを放出する。
방충(防蟲) 명 防虫。
방충-제(防蟲劑) 명〔약〕防虫剤。
방취(防臭) 명 防臭。
방취-제(防臭劑) 명 防臭剤。
방치(放置) 명 放置。
　방치-하다 타 放置する。 예 길바닥에 방치되어 있는 자전거 路上に放置されている自転車。

방침(方針)團 方針$_{しん}$. 匣 해결 ~을 세우다. 解決方針を立てる.

방탄(防彈)團 防彈$_{だん}$. 匣 ~조끼 防彈チョッキ/ ~유리 防彈ガラス.
  방탄-하다丞 防彈$_{だん}$する. 匣 완벽하게 방탄하는 조끼를 만들어 주세요. 完璧$_{ぺき}$に防彈するチョッキを作$_{つく}$ってください.

방탕(放蕩)團 放蕩$_{とう}$ ¦ 遊蕩$_{ゆうとう}$.
  방탕-하다囮 放蕩$_{とう}$する ¦ 遊蕩$_{とう}$する. 匣 방탕한 생활을 하다. 蕩した生活$_{かつ}$を送る.

방탕-아(放蕩兒)團 放蕩$_{ほうとう}$ ¦ 遊蕩兒$_{じ}$ ¦ 蕩兒$_{とう}$.

방파-제(防波堤)團 《건》防波堤$_{ぼうは}$.

방패(防牌·旁牌)團 盾$_{たて}$.

방패-막이(防牌—)團 (어떤 事件$_{けん}$·攻擊$_{げき}$から)防$_{ふせ}$ぎ守ること ¦ 盾$_{たて}$. 匣 권력을 ~로 삼아 제멋대로 굴다. 權力を盾にやりたい放題$_{だい}$にする.

방패-연(防牌鳶)團 方形$_{けい}$の凧.

방패 화산(防牌火山) ☞ 순상 화산

방편(方便)團 方便$_{べん}$.

방풍-림(防風林)團 防風林$_{ぼうふう}$. =바람막이숲

방학(放學)團 《교》學校$_{こう}$の休$_{やす}$み. 匣 여름 ~ 夏休み/내일부터 겨울 ~에 들어간다. 明日から冬休$_{ふゆやす}$みに入る.
  방학-하다丞 學校が休みになる ¦ 學校$_{こう}$が休$_{やす}$みに入$_{はい}$る. 匣 여름 방학하면 미국에 갈 예정이다. 夏休みになったらアメリカに行$_{い}$く予定$_{てい}$だ. / 겨울 방학하기 전에 친구 주소를 알아 두다. 冬休みに入る前に, 友達$_{だち}$の住所$_{じょ}$を聞$_{き}$いておく.

방한(防寒)團 防寒$_{かん}$ ¦ 寒$_{さむ}$さを防$_{ふせ}$ぐこと. 匣 ~ 훈련 防寒訓練$_{れん}$/ ~ 대책 防寒對策$_{さく}$.
  방한-하다丞 防寒$_{かん}$する ¦ 寒$_{さむ}$さを防$_{ふせ}$ぐ. 匣 옷을 껴입어 ~. 重$_{かさ}$ね着$_{ぎ}$で防寒する. / 북쪽 지방에서는 모자로 머리를 방한하는 것이 필수이다. 北國$_{ほっこく}$では帽子$_{ぼうし}$で頭$_{あたま}$を防寒することが必須$_{ひっす}$だ.

방한-구(防寒具)團 防寒具$_{ぼうかん}$.
방한-모(防寒帽)團 防寒帽$_{ぼう}$.
방한-화(防寒靴)團 防寒靴$_{か}$.

방해(妨害)團 妨害$_{がい}$ ¦ 邪魔$_{じゃま}$ ¦ 妨$_{さまた}$げ. 匣 전파 ~ 電波$_{でんぱ}$妨害/다른 사람 일에 ~를 놓으면 안 된다. 人$_{ひと}$のことを邪魔してはならない.
  방해-하다他 妨害$_{がい}$する ¦ 妨$_{さまた}$げる ¦ 邪魔$_{じゃま}$する. 匣 일을 ~. 仕事$_{ごと}$の邪魔をする. / 네 목소리가 편히 자는 것을 방해하고 있다. 君の声が安眠$_{あんみん}$の妨げとなっている.

방해-꾼(妨害—)團 妨$_{さまた}$げになる人$_{ひと}$ ¦ 妨害者$_{がいしゃ}$ ¦ 邪魔者$_{じゃまもの}$. 匣 ~이 들어오지 않도록 지키다. 邪魔者が入$_{はい}$らないように見張$_{みは}$る.

방해-물(妨害物)團 邪魔物$_{じゃまもの}$ ¦ 妨$_{さまた}$げになる物$_{もの}$.

방향(方向)團 方向$_{こう}$ ¦ 向$_{む}$き ¦ 方角$_{かく}$. 匣 ~ 감각 方向感覺$_{かんかく}$/진행 ~ 進行$_{こう}$方向/ ~ 지시기 方向指示器$_{き}$/ ~ 전환 方向轉換$_{かん}$/ ~ 감각이 둔하다. 方向音痴$_{おんち}$だ. / ~을 바꾸다. 向きを変える.

방향-제(芳香劑)團 《약》芳香劑$_{ざい}$.

방향족 화합물(芳香族化合物) 《화》芳香族化合物$_{ほうこうぞく}$.

방향-키(方向—)團 《항》方向舵$_{ほうこう}$ ¦ ラダー. =방향타

방향-타(方向舵)團 ☞ 방향키

방형(方形)團 方形$_{けい}$ ¦ 四角形$_{しかく}$.

방화¹(防火)團 [火災豫防]防火$_{か}$.
  방화-하다¹ 防火$_{か}$する.

방화²(放火)團 [故意放火]放火$_{か}$ ¦ 付$_{つ}$け火$_{び}$.
  방화-하다²丞 放火$_{か}$する.

방화-범(放火犯)團 《법》放火犯$_{か}$.

방화-벽(防火壁)團 《컴》ファイアウォール.

방화-수(防火水)團 防火水$_{ぼうか}$.

방화-죄(放火罪)團 《법》放火罪$_{ざい}$.

방황(彷徨)團 彷徨$_{こう}$.
  방황-하다丞 彷徨$_{こう}$する ¦ さすらう ¦ さまよう. 匣 정처 없이 ~. 當$_{あ}$てどもなくさすらう.

밭團 畑$_{はたけ}$. 匣 배추~ 白菜畑$_{はくさい}$/ 딸기~ イチゴ畑/ 대나무~ 竹畑$_{たけ}$/ ~에 씨를 뿌리다. 畑に種$_{たね}$を撒$_{ま}$く. / ~을 일구다. 畑を掘$_{ほ}$り起こす. / ~을 갈다. 畑を耕$_{たがや}$す.

밭-갈이團 《농》畑$_{はたけ}$を耕$_{たがや}$すこと.
  밭갈이-하다丞 畑$_{はたけ}$を耕$_{たがや}$す.

밭-걷이團 畑作$_{はたさく}$の收穫$_{かく}$. 匣 가을은 ~로 바쁘다. 秋$_{あき}$は畑作の收穫で忙$_{いそが}$しい.
  밭걷이-하다丞 畑作$_{はたさく}$を收穫$_{かく}$する. 匣 밭걷이하는 것을 거들고 있다. 畑作を收穫するのを手伝$_{てつだ}$っている.

밭-걸이團 《운》[씨름]外掛$_{そとが}$け.

밭-고랑團 畑$_{はたけ}$の畝$_{うね}$と畝$_{うね}$との間$_{あいだ}$ ¦ 畝

밭-곡식(一穀食)명 畑の穀物。=전곡
밭-골명 ☞'밭고랑'의 준말.
밭-농사(一農事)명 畑作。
밭다¹재 ❶水分が乾き切って干からびる。예 강물이 완전히 밭아 버렸다. 川の水がすっかり干からびてしまった。❷体が痩せてやつれる。예 그녀는 몸이 밭아서 마치 환자 같았다. 彼女かはやつれて、まるで患者のようだった。❸(悩み・心配などで)いらいらする；気づかわれる。예 아이가 12시가 넘도록 집에 안 들어와서 애가 밭았다. 子どもが12時を過ぎても家に帰ってこなくて気づかわれる。
밭다²타 (布・紙・フィルターなどで)濾す；濾過する。
밭다³형 ❶(時間・空間が)非常に近い；差し迫る；切迫する。예 약속 날이 ~. 約束の日が差し迫る。❷長さが大変短い。예 밭은 다리 短い足/ 목이 밭은 사람 首が短い人。❸好き嫌いが激しかったり、小食である。예 우리 딸이 입이 밭아서 걱정이다. うちの娘は好き嫌いが激しくて心配になる。
밭다⁴형 けちくさい；けちくさい。예 그 사람은 재물에 너무 ~. あの人は財物にけちくさい。
밭다리 걸기〈운〉〖圖〗パッタリコルギ。
밭-도랑명 畑のへりの溝。
밭-두둑명 ❶畝。 ❷畔；くろ。=밭둑
밭-둑명 畔；くろ。=밭두둑 ❷
밭-뙈기명 いくらでもない小さな畑。예 손바닥만 한 ~ 猫の額ほど小さな畑/ ~에서 경작하다. ほんの小さな畑で農作をする。
밭-벼명 陸稲；畑稲。
밭-보리명 畑に植える麦。
밭-부모(一父母)명 ☞바깥부모
밭-사돈(一査頓)명 ☞바깥사돈
밭은-기침명 しきりにする軽い空せき。예 할아버지가 ~을 하신다. 祖父が空咳をする。
밭-이다재 濾される。
밭-이랑명 畑の畝。
밭-일명 畑仕事。예 비가 와도 ~은 할 것이다. 雨が降っても畑仕事はする。/ 나이 들어 ~을 하려니 힘들다. 年をとっての畑仕事は辛い。
밭일-하다재 畑仕事をする。
밭장-다리명 外またの人。↔안짱다리
밭-쟁이명 野菜の農業だけを業とする人。

배¹〈의〉腹；お腹。예 ~가 아프다. 腹が痛い。/ ~가 부르다. お腹が一杯だ。/ 아침을 먹지 않았더니 ~가 고프다. 朝ご飯が食べられなかったので、お腹がすいた。
배(가) 맞다관용 ❶不正な関係の男女が密かに情を通じる。❷(善くないことをするのに)互いに気が合う；うまが合う。예 사기꾼과 배가 맞더니 결국엔 감옥에 갔다. 詐欺師と気が合ったからか、結局、刑務所に行った。
배(가) 아프다관용 人の成功がうらやましくてねたましい。예 친구가 복권에 당첨된 것을 보니 배가 아프다. 友だちが宝くじに当たったことを見ると、うらやましくてねたましい。
배보다 배꼽이 더 크다속담 腹よりへその方が大きい：「主なものより、それに付いているものがもっと大きかったり多かったり」の意：〔日〕提灯より柄が太い。
배²명 船；舟。예 제주도까지 ~를 타고 갔다. 済州島まで船に乗って行った。
배³명 梨。예 ~를 깎아 먹자. ナシをむいて食べよう。
배 먹고 이 닦기속담 ナシを食べて歯を磨くこと：〔日〕一挙両得。
배⁴(胚)명〈生〉胚。
배⁵(倍)명 倍；=갑절
배가(倍加)명 倍加。
배가-하다재타 倍加する。
배각부 ぎいっと；ぎしっと。예 박스가 ~ 갈라지다. 箱がぎしっと破れる。
배각-거리다재타 ぎいぎいと音を立てる；ぎしぎしときしむ。예 사과가 ~. リンゴがごろごろ音を立てる。=배각대다
배각-대다재타 ☞배각거리다
배각-배각부 ぎいぎい；ぎしぎし。예 나무가 ~ 잘렸다. 木がぎしぎし切られた。
배갈(baigar)중명 コーリャン酒；高梁酒。예 중국 요리에 ~ 한 잔 中華料

理(りょうり)に高粱酒一杯(いっぱい)。=고량주

배격(排擊)명 排擊(はいげき)。
　배격-하다타 排擊(はいげき)する。
배경(背景)명 背景(はいけい)。❶後景(こうけい)。예 바다를 ~으로 사진을 찍다. 海(うみ)を背景(はいけい)に写真(しゃしん)を撮(と)る。❷物事(ものごと)の事情(じじょう)。예 시대적 ~ 時代的(じだいてき)背景 / 사건의 ~ 事件(じけん)の背景。❸背後(はいご)の勢力(せいりょく)｜後援(こうえん)｜バック。예 그에게는 ~이 있었다. 彼(かれ)には背後(はいご)の勢力(せいりょく)があった。
배-고프다자 腹(はら)がへる｜腹(はら)が空(す)く｜ひもじい｜ひだるい。예 배고파서 죽을 것 같아. お腹(なか)すいて死(し)にそう。
배-곯다자 腹(はら)をすかす｜飢(う)える。
배관(配管)명 配管(はいかん)。예 ~ 공사 配管工事(はいかんこうじ)。
　배관-하다자타 配管(はいかん)する。
배구(排球)명 (운)排球(はいきゅう)｜バレーボール｜バレー。
배근(配筋)명 (건)配筋(はいきん)。
배근-력(背筋力)명 (운)背筋力(はいきんりょく)。예 ~으로 체력을 판정하다. 背筋力(はいきんりょく)で体力(たいりょく)を判定(はんてい)する。
배금-주의(拜金主義)명 拜金主義(はいきんしゅぎ)。
배급(配給)명 配給(はいきゅう)。
　배급-하다타 配給(はいきゅう)する。예 식량을 ~. 食糧(しょくりょう)を配給(はいきゅう)する。
배급-제(配給制)명 配給制(はいきゅうせい)。
배급-표(配給票)명 配給票(はいきゅうひょう)。
배기¹(排氣)명 排氣(はいき)。예 ~ 장치 排氣裝置(はいきそうち)。
-배기접 【아이아이의 나이를 나타냄】「その年(とし)との子(こ)」の意(い)。예 세 살배기 아이 三歲(さんさい)の子(こ)。
배기-가스(排氣gas)명 排氣(はいき)ガス。
배기-관(排氣管)명 排氣管(はいきかん)。
배기다¹자 【신체에 자극이 계속되어 아픈 느낌이 있다】身(み)にこたえる。예 엉덩이가 배겨서 아프다. 尻(しり)がこたえて痛(いた)い。
배기다²자타 ❶【忍】(苦痛(くつう)などを)耐(た)える｜こらえる｜辛抱(しんぼう)する｜我慢(がまん)する｜やり抜(ぬ)く。예 힘든 시간을 배겨 내다. 辛(つら)い時間(じかん)を耐(た)え抜(ぬ)く。/ 오랜 세월 배겨 낸 보람이 있었다. 長年(ながねん)我慢(がまん)してきた甲斐(かい)があった。❷【주로「배기지 못하다」의 꼴로 부사어와 함께 쓰여】―しないではいられない。예 하루라도 싸우지 않고는 못 배기는 성격 一日(いちにち)たりとも争(あらそ)わないではいられない性格(せいかく)。
배기-량(排氣量)명 (기)排氣量(はいきりょう)。
배-꼬다타 ☞비꼬다
배-꼽명 ❶(의)臍(へそ)。❷(식)果實(かじつ)でがくの付(つ)いているところ。❸牛(うし)の胸(むね)についている肉(にく)。
　배꼽(을) 쥐다[잡다]관용 腹(はら)を抱(かか)えて大笑(おおわら)いする。
배꼽-쟁이명 出(で)べその人(ひと)。예 ~는 수영복 입기를 꺼린다. 出(で)べその人は水着(みずぎ)を着(き)るのをためらう。
배꼽-점(一點)명 (운)(囲碁の)天元(てんげん)｜天元に置(お)いた石(いし)。
배꼽-참외명 へたのついていた所(ところ)が突(つ)き出(で)たまくわうり。
배꼿-거리다자 事(こと)が出来(でき)そうでなかなか出来(でき)ない｜組(く)み合(あ)わせた物(もの)が食(く)い違(ちが)って合(あ)わない。
배꼿-배꼿부 【조성어된 불건이나 사람】ぎくしゃく。예 이가 ~ 나 있다. 歯(は)が不揃(ふぞろ)いに生(は)えている。
배-나무명 (식)梨(なし)の木(き)。예 마당에 심은 ~에서 매미가 울고 있다. 庭(にわ)に植(う)えられたナシの木で、セミが鳴(な)いている。/ ~에 약을 뿌리다. 梨の木に薬(くすり)をまく。
배낭¹(背囊)명 【はいのう】背囊(はいのう)｜リュックサック。예 ~을 꾸리다. リュックサックに荷造(にづく)りする。
배낭²(胚囊)명 (식)胚囊(はいのう)。
배내-똥명 胎便(たいべん)｜かにばば｜かにくそ。
배냇-니명 乳歯(にゅうし)。
배냇-머리명 産毛(うぶげ)。
배냇-버릇명 生(う)まれつきの癖(くせ)。예 그는 ~이 나빠서 사람들에게 인기가 없다. 彼(かれ)は癖(くせ)が悪(わる)くて人々(ひとびと)に人氣(にんき)がない。
배냇-병신(一病身)명 【うまれつきの障害者】生(う)まれつきの障害(しょうがい)。
배냇-저고리명 産着(うぶぎ)。
배냇-짓명 赤(あか)ん坊(ぼう)が寢(ね)ながら笑(わら)ったり目鼻(めはな)をしかめたりするしぐさ。
　배냇짓-하다 赤(あか)ん坊(ぼう)が寢(ね)ながら笑(わら)ったり目鼻(めはな)をしかめたりする。예 배냇짓하는 아기의 얼굴은 마치 천사 같다. 赤ん坊の寝ながら笑う顔(かお)は、まるで天使(てんし)のようだ。
배다¹자 ❶【染】染(し)み込(こ)む｜染(し)みる。예 티셔츠에 땀이 ~. Tシャツに汗(あせ)が染(し)みこむ。❷【慣】慣(な)れる｜身(み)に付(つ)く。예 아침에 일찍 일어나는 것이 몸에 ~. 早起(はやお)きが身につく。
배다²타 ❶【孕】(子(こ)を)孕(はら)む｜みごもる。예 아이를 ~. 子(こ)をみごもる。❷【穂】(穂(ほ)を)膨(ふく)らます｜はらむ。예 이삭을 밴 벼

穂をはらんだ稲。

배다3 형 ❶【사이가 촘촘하다】すき間がない ¦ 目が細かい ¦ 稠密だ。❷【생각·안목이 좁다】(考えなどが)狭い ¦ 狭量だ。

배-다르다 형 【형제가 서로 어머니가 다르다】腹違いである ¦ 異腹である。

배-다리 명 船橋 ¦ 浮き橋。=선교2

배달(配達) 명 配達。예 ~ 증명 配達証明/ ~ 요금 配達料金。

배달-하다 타 配達する。예 우유를 ~. 牛乳を配達する。

배당(配當) 명 配当。예 이익금 ~ 利益金の配当/ 시간 ~ 時間の配当。

배당-하다 타 配当する。

배당-금(配當金) 명 配当金。예 이익 ~ 利益配当金。

배당-률(配當率) 명 《경》配当率。

배당 요구(配當要求) 《법》配当要求。

배당 절차(配當節次) 《법》配当手続き。

배당-주(配當株) 명 《경》配当株。

배-돌다 자 仲間からはずれる ¦ 孤立する。

배동 명 穂ばらみ。예 ~이 서다. 穂が膨らむ。

배-두렁이 명 (幼児の)腹当て ¦ 腹掛け ¦ 腹巻き。

배드민턴(badminton) 명 《운》バドミントン。

배듬-하다 형 ☞'배스듬하다'의 준말.

배딱-배딱 부 【물체가 배스듬하게 이쪽저쪽으로 기울어지는 모양】ぐらぐら ¦ がたがた。예 지진으로 집이 ~ 흔들리다. 地震で家がぐらぐらと揺れる。

배딱-하다 형 物体が一方に少し傾いている。=빼딱하다

배-때 명 ☞배때기

배때가 벗다 관용 言動が非常に傲慢で偉そうだ。예 이제 인사도 하지 않는 걸 보니 배때가 벗었다. もう挨拶もしないのを見ると、傲慢で偉そうだった。

배-때기 명 【'배'를 속되게】「腹」の俗っぽい語。=배때

배뚜로 부 少し傾いて ¦ やや斜めに ¦ 少し曲がって。

배뚜름-하다 형 少し傾いている。

배뚜름-히 부 少し傾いて ¦ 斜めに。

배뚝-거리다 자 ❶(片方が傾いて)ぐらつく ¦ ゆらゆらする。❷【한쪽 다리가 짧거나 해서】(一方の足に障害があって)よたよた歩く ¦ びっこをひく。=배뚝대다 ◈「びっこをひく」는 낮잡아 하는 말이다.

배뚝-대다 자 ☞배뚝거리다

배뚝-배뚝 부 ❶【물체가 한쪽으로 기울어서 자꾸 흔들리는 모양】ぐらぐら。❷【몸을 흔들며 걷는 모양】よたよた。

배뚤다 형 傾いている ¦ 偏っている ¦ 曲がっている。

배뚤-배뚤 부 ❶【물체가 이쪽저쪽으로 기울어지거나 자꾸 흔들리는 모양】ふらふら ¦ ゆらゆら。예 아기가 ~ 걷다. 赤ん坊がふらふらと歩く。❷【요리조리 자꾸 고부라지는 모양】くねくね。

배뚤배뚤-하다 형 くねくねとしている。예 배뚤배뚤한 골목길을 걸어가다. くねくねとした横町を歩いて行く。

배뚤어-지다 자 ❶(物がまっ直ぐでなく一方に少し)傾く ¦ 偏る。예 배가 약간 왼쪽으로 배뚤어져 있다. 船がやや左に偏っている。❷(怒って少し)ひねくれる ¦ ねじくれる ¦ ひがむ。예 남동생은 어제부터 배뚤어져서 아무 말도 하지 않는다. 弟は昨日からひねくれて何もしゃべらない。

배라-먹다 자타 物乞いをして暮らす ¦ 乞食をする。

배란(排卵) 명 《의》排卵。

배란-하다 자 排卵する。

배란-기(排卵期) 명 《의》排卵期。

배래 명 ☞배래기

배래기 명 ❶【물고기의 배 부분】魚の腹部 ¦ すなずり。예 생선은 ~가 맛있다. 魚は腹部がおいしい。❷【한복의 소매 부분】チョゴリの袖の下側の、ふっくらと丸くなった部分。=배래

배럴(barrel) 의 バーレル。

배려(配慮) 명 配慮 ¦ 気配り。

배려-하다 자타 配慮する ¦ 気配りする。예 상대를 ~. 相手に配慮する。

배례(拜禮) 명 拝礼。

배례-하다 자 拝礼する ¦ 拝む。

배리다 형 ❶【날콩·물고기의 맛처럼】生臭い ¦ 青臭い。❷【적어서 마음에 차지 않다】(少なくて)物足りない。❸【행동이 좀스럽다】けちくさい ¦ みみっちい。

배리-배리 부 【야위고 연약한 모양】がりがり ¦ ひょろひょろ。

배리착지근-하다 형 (におい·味が)少し生臭い。=배치근하다 준 배리치근하다

배리치근-하다 형 ☞'배리착지근하다'의 준말.

배릿-배릿 부 ❶【냄새·맛이 배린 듯한 느낌】生臭いさま ¦ 青

臭いさま。❷【인색한모양】けちけち|しみったれて。

배릿-하다 (におい・味が)やや生臭い。

배-밀이명 ❶赤ん坊が這うこと|はいはいして行くこと。예아기가 ~로 기어간다. 赤ん坊がはいはいして行く。❷《운》相手を腹でて押す技。
　배밀이-하다 はいはいする。

배반(杯盤)명 杯盤。~이 낭자하다. 杯盤狼藉だ。

배반(背反・背叛)명【배반】背反|背叛
　배반-하다 背反する|背叛する|背く|裏切る。예조국을 ~. 祖国を裏切る。

배배부【여러번 꼬인 모양】幾度もよじれたさま。예~ 꼬이다. ねじれる|よじれる。

배변(排便)명 排便。
　배변-하다자 排便する。

배부(配付)명 配付。
　배부-하다타 配付する。

배-부르다 ❶【만복】(食べ物をたくさん食べて)お腹が一杯だ|満腹だ。❷【임신】(妊娠して)お腹が膨らんでいる。

배분(配分)명 配分。
　배분-하다 配分する。예이익을 ~. 利益を配分する。

배-불뚝이명【배가 나온 사람】太鼓腹。예아이를 가져서 ~가 되었다. 妊娠して太鼓腹になった。

배불리부 満腹に|腹いっぱいに|たらふく。예~ 먹었다. 腹いっぱい食べた。

배사(背斜)명 背斜。

배산임수(背山臨水)명 背山臨水。

배상(賠償)명【법】賠償。예~ 책임 賠償責任/손해 ~. 損害賠償。
　배상-하다 賠償する。

배상-금(賠償金)명 賠償金。

배상 명령(賠償命令)명【법】賠償命令。

배색(配色)명 配色。예~ 샘플 配色サンプル/이미지에 딱 맞는 배색 イメージにぴったり合った配色。
　배색-하다타 配色する。

배서(背書)명 裏書き。
　배서-하다타 裏書きする。예수표에 ~. 小切手に裏書きする。

배선(配線)명《전》配線。예~ 공사 配線工事。
　배선-하다자 配線する。

배선-도(配線圖)명《전》配線図。

배설(排泄)명 排泄。
　배설-하다 排泄する。예노폐물을 ~. 老廃物を排泄する。

배설-기(排泄器)명《의》排泄器。

배설-물(排泄物)명 排泄物。

배속(配屬)명 配属。
　배속-하다 配属する。예영업부에 배속되다. 営業部に配属される。

배송(配送)명 配送。예무료 ~ 서비스 無料配送サービス。
　배송-하다 配送する。

배수¹(配水)명【배수】配水。
　배수-하다자 配水する。

배수²(倍數)명《수》倍数。예6은 3의 ~ 6は3の倍数。

배수³(排水)명【배수】排水。
　배수-하다²자타 排水する。

배수-관¹(配水管)명 配水管。

배수-관²(排水管)명【배수관】排水管。

배수-로(排水路)명《건》排水路。

배수-지(配水池)명 配水池。

배수-진(背水陣)명 背水の陣。

배스듬-하다형 やや斜めになっている。
　준배듬하다

배스름-하다 ☞비스름하다

배숙-거리다자【내키지 않는 마음이 있어 자꾸 행동하다】しきりに嫌がる|しきりに渋る|しきりにためらう。예그는 참가하기를 배숙거리고 있다. 彼は参加するをしきりに渋っている。=배숙대다

배숙-대다자 ☞배숙거리다

배숙-배숙부【어떤 일에 마음에 내키지 않아】ある事に対して気乗りがしないので、しきりに嫌がったり渋ったりするさま。

배숙-하다형 やや斜めになっている|やや傾いている。

배슬-거리다자(足が)ふらつく|よろめく。예돌에 걸려서 ~. 石につまずいてよろめく。=배슬대다

배슬-대다자 ☞배슬거리다

배슬-배슬부【비틀거리는모양】ふらふら|よろよろ。예~ 걷다. ふらふらと歩く。

배슷-하다형 少し傾いている。

배시시부【살며시 소리 없이 입을 벌려 웃는 모양】にこっと。예~ 웃다. にこっと笑う。/형은 대답 대신에 ~ 웃기만 했다. 兄は答える代わりに、にこっと笑ってばかりいた。

배식(配食)명 食事を配ること。

배식-하다 団 食事を配る。
배신(背信) 圏 背信 ｜ 裏切り。 예 ~행위 背信行為。
    배신-하다 困団 背信する ｜ 裏切る。 예 친구를 ~. 友達を裏切る。
배신-자(背信者) 圏 裏切り者。
배심¹(背心) 圏【背中の中心から】反心。
배심²(陪審) 圏《법》陪審。 예 ~제도 陪審制度 / ~이 유죄 판결을 내리다. 陪審が有罪判決を下す。
배심-원(陪審員) 圏《법》陪審員。
배아(胚芽) 圏《식》胚芽。
배알 圏 ❶【창자를 비속하게】「腸」の俗っぽい語。 ❷【심보를 속되게 이르는 말】「心」の俗っぽい語。
    [준] 밸
배-앓이 圏 腹痛。
배양(培養) 圏 培養。 예 세포 ~ 細胞培養 / 조직 ~ 組織培養。
    배양-하다 団 培養する。 예 섭씨 15~25도의 어두운 곳에서 ~. 15~25℃の暗所で培養する。
배양-액(培養液) 圏《생》培養液。
배양-토(培養土) 圏 培養土。
배역(配役) 圏《연》配役 ｜ 役 ｜ キャスト。
배열(配列・排列) 圏 配列。
    배열-하다 団 配列する。 예 알파벳순으로 ~. アルファベット順に配列する。
배영(背泳) 圏《운》【수】背泳ぎ ｜ バックストローク。
배외(排外) 圏 排外。 예 ~운동 排外運動 / ~사상 排外思想。
    배외-하다 団 排外する。
배우¹(俳優) 圏《연》俳優 ｜ 役者。 예 영화~ 映画俳優。
배우²(配偶・配耦) 圏 ☞배필
배우다 困 習う ｜ 学ぶ ｜ 教わる ｜ 修める。 예 중학교 때 일본어를 처음 ~. 中学校の時、初めて日本語を習う。 / 아버지한테 기타를 배웠다. 父にギターを教わった。 / 오늘은 2과까지 배웠다. 今日は第二課まで学んだ。
배우-자(配偶者) 圏 配偶者。
배움-터 圏 (知識・技術などを)学ぶ所 ｜ 学校。
배웅 圏 見送り。
    배웅-하다 団 見送る。 예 그를 공항까지 배웅하러 갔다. 彼を空港まで見送りにいった。
배유(胚乳) 圏 ☞배젖

배율(倍率) 圏 倍率。
배은(背恩) 圏 忘恩 ｜ 恩に裏切ること ｜ 恩知らず。 예 ~의 무리 忘恩の徒。
    배은-하다 困 恩に裏切る ｜ 恩に背く ｜ 恩知らずだ。 예 부모님을 배은하는 행위 両親の恩に背く行為 / 배은한 녀석 恩知らずめ。
배은-망덕(背恩忘德) 圏 恩知らず ｜ 忘恩。
배음(倍音) 圏《물》倍音 ｜ ハーモニックス。
배일(排日) 圏【배척】排日。
배일-성(背日性) 圏《식》背日性 ｜ 背光性。
배임-죄(背任罪) 圏《법》背任罪。 예 ~로 수배되다. 背任罪で手配される。 / 고객의 돈을 유용하여 ~를 선고받은 은행장 顧客の金を流用して、背任罪を宣告された頭取。
배자(排字) 圏 字配り。
배전(配電) 圏《전》配電。
    배전-하다 団 配電する。
배전-선(配電線) 圏《전》配電線。
배전-소(配電所) 圏《전》配電所。
배점(配點) 圏 配点。 예 ~ 비율 配点比率。
    배점-하다 団 配点する。
배접(褙接) 圏 重ね貼り ｜ 貼り重ね。 예 책의 ~에는 시간이 많이 걸린다. 本の重ね貼りには時間がたくさんかかる。
    배접-하다 団 重ね貼る ｜ 貼り重ねる。 예 종이를 배접하여 새롭게 책을 만들다. 紙を貼り重ねて新しく本を作る。
배정(配定) 圏 割り当てを決めること ｜ 割り振り。
    배정-하다 団 割り当てる ｜ 割り振る。
배-젖(胚—) 圏《식》胚乳。 예 ~ 조직이 없는 무배유종 胚乳組織のない無胚乳種。 =배유・씨젖
배제(排除) 圏 排除。
    배제-하다 団 排除する。
배-좁다 阌 ☞비좁다
배주(胚珠) 圏 ☞밑씨
배주룩-이 囲【물체의 끝이 조금】にょきっと ｜ にゅっと。
배주룩-하다 阌 (物の先が)少し突き出ている。

배죽¹ 🖳【물체의 끝이 조금 내밀려 있는 모양】 物の先が少し突き出ているさま。

배죽² 🖳 ❶【얼굴·물체 같은 내밀】 ちょこっと｜ちらっと。 예문틈으로 얼굴을 ~ 내밀다. 戸の隙間から顔をちらりとのぞかす。 ❷【입 끝을 쏙 내미는 모양】 口をとがらすさま。 예아무 말도 않고 입만 ~ 내밀었다. 何もしゃべらずに口だけとがらせた。

배죽-배죽 🖳【입끝을 자꾸 내미는 모양】 しきりに口先をとがらせるさま。 예 ~ 웃음이 비어져 나온다. 口が突き出て笑いがあふれ出る。

배지(badge) 몡 バッジ。

배-지기 몡 《운》 腰投げ。 예 ~로 들어 모래판에 내리꽂았다. 腰投げで土俵に落しつけた。

배짱 몡 ❶【마음속으로 다짐하는 생각】 腹/腹の中/心中｜つもり。 예내 돈을 떼어먹을 ~이냐? 俺の金を横領するつもりか。 ❷【속으로 다짐하는 생각이나 태도】 肝っ玉｜度胸｜強腰。 예 ~이 크다. 腹が太い／太っ腹だ。／그 녀석 ~ 한번 두둑해서 좋구나. あいつは肝っ玉がすわっている。／사내는 ~이 두둑해야 한다. 男は度胸がなくてはならない。／이런 일에 ~을 부리다니 가만두지 않겠어! こんなことで無理に押しきるとは、ただではおかないぞ。

배짱(이) 맞다 관용 腹が合う｜気心が通じ合う。

배쭉 🖳 ❶【불쾌한 감정으로 입을 내미는 모양】 (不機嫌な時・泣きそうになった時に)口先がとがるさま。 ❷【얼굴·물체 같은 보이는 모양】 ちらっと。 예동창회에 얼굴만 ~ 내밀고 가다. 同窓会に顔だけちょっと出して行く。

배차(配車) 몡 配車。
　배차-하다 재 配車する。

배착-거리다 재타 '배치작거리다'의 준말.

배척(排斥) 몡 排斥。
　배척-하다 타 排斥する。 예다른 사람의 주장을 ~. 人の主張を排斥する。

배추 몡 《식》白菜。 예 ~로 김치를 담그다. 白菜でキムチをつける。

배추-김치 몡 白菜のキムチ。

배추-속대 몡 白菜の芯の部分。

배출¹(排出) 몡 排出。
　배출-하다 타 排出する。 예오염 물질을 ~. 汚染物質を排出する。

배출²(輩出) 몡 輩出。
　배출-하다² 재 輩出する。 예우수한 인재를 계속 배출하고 있다. 優れた人材を輩出し続けている。

배치¹(背馳) 몡 背馳。
　배치-하다 재 背馳する｜行き違う｜反対になる。 예이것은 기본 방침에 배치한다. これは基本方針に背馳する。

배치²(配置) 몡 配置。 예좌석 ~ 座席の配置／가구 ~ 家具の配置/인원 ~ 人員の配置。
　배치-하다² 타 配置する。 예테이블을 중앙에 ~. テーブルを中央に配置する。／입구에 경비원을 ~. 入り口に警備員を配置する。／적재적소에 ~. 適材適所に配置する。

배치근-하다 혱 ☞배리착지근하다

배치작-거리다 재타 よろよろ歩く｜비틀거리다 ふらふらと歩く。 예기운이 없어 배치작거리며 걷다. 気力がなくてよろよろ歩く。／취해서 ~. 酔ってふらふら歩く。 =배치작대다 ⑥배착거리다

배치작-대다 재타 ☞배치작거리다

배치작-배치작 🖳【기운없이 비틀거리며 걷는 모양】 よろよろ｜ふらふら。

배칠-배칠 🖳【기운없이 자꾸 비틀거리는 모양】 よろよろ｜よたよた｜ふらふら。

배타-적(排他的) 관·몡 排他的。 예 ~인 성격 排他的な性格。

배타적 경제 수역(排他的經濟水域) 《법》排他的経済水域。

배타주의(排他主義) 몡 排他主義。

배-탈 몡 【음식】 腹痛｜食あたり。

배태(胚胎) 몡 胚胎。
　배태-하다 재타 胚胎する。

배터리(battery) 몡 バッテリー。

배턴(baton) 몡 《운》 バトン。 예 ~ 터치 バトンタッチ。

배트(bat) 몡 《운》 バット。

배트-거리다 재타 よろよろ歩く。 =배트작대다

배트작-대다 재타 ☞배트작거리다

배트작-배트작 🖳【약간 비틀대며 걷는 모양】 よろよろ｜ふらふら。

배틀 🖳【힘이 없거나 어지러워】 くらっと｜ふらっと。
　배틀-거리다 재타 よろめく｜よろつく｜よろよろ歩く。 예몸을 이리저리 흔들며 ~. 体をあちこち振りながら、よろよろ歩く。 =배틀대다

배틀-대다 재타 ☞배틀거리다

배틀-걸음 몡 ふらついた足どり。 예 ~으로 걷다. ふらついた足どりで歩く。

배틀다 国 ひねる｜ねじる｜よじる｜ねじ曲げる。

배틀-리다 困 ひねられる｜ねじれる｜よじれる。

배틀어-지다 困 ☞비틀어지다

배팅(batting) 圕 《운》バッティング。

배-편(一便) 圕 船便。

배포¹(配布) 【배포】 配布。例 무료 ~ 無料配布。
　배포-하다 配布する。例 자료를 ~. 資料を配布する。

배포²(排布·排鋪) 圕 ❶【머릿속에 계획을 짜서 만든 생각】肝っ玉｜考かた。例 ~가 크다. 肝っ玉が大きい。/ 그에게는 남다른 ~가 있다. 彼には特別な考えがある。❷【벌여 놓는 일의 형편이나 순서】排置。❸【살림살이】所帯を構えること。例 새 ~를 차리다. 新所帯を構える。

배-표(一票) 圕 船の切符。

배필(配匹) 圕 配偶｜配偶者｜つれあい。=배우²(配偶)

배합(配合) 圕 配合。例 생약 ~ 生薬配合/ 사료 配合飼料。
　배합-하다 配合する。

배회(徘徊) 圕 徘徊。
　배회-하다 国 徘徊する｜うろつく｜さまよう。例 밤거리를 ~. 夜の街をさまよう。

배후(背後) 圕 背後。❶【뒷쪽】後ろ｜後方。例 ~를 공격하다. 後方を攻撃する。❷【겉으로 드러나지 않은】(物事の)裏｜陰。例 ~ 관계 背後関係/ ~에서 조종하는 인물 背後から操る人物。

배후 습지(背後濕地) 背後湿地。

배후-지(背後地) 圕 背後地。

백¹(白) 圕 白。❶【흰빛】白色。❷【흰 돌】白の碁石｜白石。例 ~을 쥐고 있다. 白石を握っている。

백²(百) 주관 百。例 ~ 미터 100メートル / ~ 명 百名。

백³(back) 圕 バック。❶【뒤로 물러남】後進｜後退。❷《운》後衛｜バックス。❷【뒤에서 돌봐 주는 사람】後援者。

백⁴(bag) 圕 【가방】バッグ｜かばん。

백-⁴(白) 접 【흰】例 백장미 白いバラ / 백구두 白の靴/ 백포도주 白ワイン。

백곡(百穀) 圕 百穀。

백골(白骨) 圕 ❶ 白骨。❷(漆を塗る前の)白木。
　백골-난망(白骨難忘) 圕 死んで白骨化しても、恩を忘れないこと。例 은혜는 ~이로소이다. 御恩は死んで白骨化しても忘れません。

백골-집(白骨一) 圕 白木造りの家｜何をも塗り付けていない家屋。

백-곰(白一) 圕 白熊。

백과(百科) 圕 百科。

백과-사전(百科事典) 圕 百科事典。

백과-전서(百科全書) 圕 百科全書。

백구(白鷗) 圕 ☞갈매기

백그라운드(background) 圕 バックグラウンド｜背景。

백금(白金) 圕 《화》白金｜プラチナ。例 ~ 반지 白金の指輪/ ~ 이리듐 白金イリジウム。

백금 석면(白金石綿) (화) 白金石綿。

백금족 원소(白金族元素) 《화》白金族元素。

백금 해면(白金海綿) 《화》白金海綿。

백기(白旗) 圕 白旗。例 ~를 들다. 白旗を揚げる。

백-날(白一) Ⅰ 圕 ☞백일²(百日)。Ⅱ 閉 【부질없이 애만 태우고 보내는 동안｜함께 쓰여, 아무리 긴 세월도】どれだけ｜いくら。例 ~ 떠들어 봤자 아무 소용이 없다. どんなに騒いでも無駄だ。/ ~ 가도 못 외우겠다. いくら経っても覚えられない。

백-내장(白內障) 圕 《의》白内障。

백년-대계(百年大計) 圕 百年の計。

백년 전쟁(百年戰爭) 〈역〉百年戦争。

백년-해로(百年偕老) 圕 【부부가 평생을 사이좋게 함께 늙어 감】夫婦が老年になるまでむつまじく連れ添うこと。
　백년해로-하다 困 夫婦が老年になるまでむつまじく連れ添う。

백대(百代) 圕 百代。

백동(白銅) 圕 白銅。例 ~화 白銅貨。

백두(白頭) 圕 【흰머리】白髪頭｜白頭。

백-두루미(白一) 圕 白丹頂。

백-등유(白燈油) 圕 白灯油。

백랍(白蠟) 圕 《의》白蝋。

백로¹(白露) 圕 ❶【이슬】白露｜しらつゆ。❷【절기】白露。

백로²(白鷺) 圕 《동》白鷺。例 까마귀 검다하고 ~야 웃지 마라. カラスが黒いからと言って、シラサギよ、笑うな。

백마(白馬) 圕 《동》白馬｜しろうま。

백만(百萬) 주관 百万。

백만-장자(百萬長者) 圕 百万長者。

백모(伯母) 圕 【큰어머니】伯母。

백목(白木)명 木綿。=무명¹
백-목련(白木蓮)명 《식》白木蓮。
백묘-법(白描法)명 《미》白描。
백-묵¹(白一)명 緑豆の粉でつくった白いムク。
백묵²(白墨)명 白墨。チョーク。=분필
백문(百聞)명 百聞。
  백문이 불여일견[속담] 百聞は一見に如かず。
백물(百物)명 あらゆる物。
백미¹(白米)명 白米。예~로 지은 밥 白米で炊いた飯。
백미²(白眉)명 白眉。예 청춘 소설의 ~ 青春小説の白眉。
백-미러(←back mirror)명 バックミラー。
백반¹(白飯)명 ❶白飯。❷韓国式の定食。예 찌개 ~ チゲ鍋定食。
백반²(白礬)명《화》明礬。=명반
백발(白髪)명 白髪。예 ~노인 白髪の老人。
백발-백중(百發百中)百発百中。
백방(百方)명 百方。예 ~으로 손을 쓰다。百方手を尽くす。
백배(百倍)명 百倍。예 용기~ 勇気百倍。
백병(百病)명 百病。万病。
백병-전(白兵戰)명 白兵戦。
백부(伯父)명 伯父。
백분(白粉)명 白粉。❶白い粉。❷おしろい。=분(粉)❶
백분-율(百分率)명 百分率。パーセンテージ。=퍼센티지
백사¹(白沙·白砂)명 白砂。
백사²(百事)명 百事。万事。
백-사과(白一瓜)명 白い真桑瓜。
백사-장(白沙場)명 (海辺·川辺の)白い砂原。
백삼(白蔘)명 細かい根毛を取り除いて日光に干した高麗人参。
백색(白色)명 白色。
백색 인종(白色人種) 白色人種。白人種。=백인종
백색 테러(白色terror)명 白色テロ。
백서(白書)명 白書。예 경제 ~ 経済白書。
백설(白雪)명 白雪。예 ~ 공주 白雪姫。
백-설기(白一)명 うるち粉を蒸して作った餅。예 아기 백일잔치에 ~를 놓는다。子供の百日祝いにペクソルギをのせる。=설기
백-설탕(←白雪糖)명 白砂糖。=백糖。
백성(百姓)명 国民。民。人民。
백송(白松)명《식》白松。예 ~은 대부분 천연기념물로 지정되어 있다。シロマツはほとんど天然記念物に指定されている。
백수-건달(白手乾達)명 一文無しのごろつき。のらくら者。
백숙(白熟)명 (肉や魚などを)水炊きすること。
백신(vaccine)명《의·컴》ワクチン。
백씨(伯氏)명 他人の長兄の尊敬語。
백악-관(白堊館)명《정》白堊館。ホワイトハウス。
백악-기(白堊紀)명 白亜紀。예 ~의 대표적인 화석 白亜紀の代表的な化石。
백안(白眼)명 白眼。❶白目。❷冷淡な目つき。
백안-시(白眼視)명 白眼視。
백안시-하다 白眼視する。
백야(白夜)명 白夜。예 ~ 현상 白夜現象。
백약(百藥)명 百薬。예 ~이 무효다。いかなる薬も効き目がない。
백양(白楊)명《식》どろのき。どろやなぎ。
백업(back-up)명《운·컴》バックアップ。예 ~ 선수 バックアップ選手。
백-여우(白一)❶毛の白い狐。白狐。❷妖女。妖婦。バンプ。예 애교 많은 그녀는 ~다。愛嬌のある彼女は妖女だ。
백열(白熱)명 白熱。예 ~전구 白熱電球。
백열-등(白熱燈)명《전》白熱灯。
백열-전(白熱戰)명 白熱戦。
백엽-상(百葉箱)명 百葉箱。
백옥(白玉)명 白玉。예 ~같이 흰 피부 白玉のように白い皮膚。
백운(白雲)명 白雲。
백-운모(白雲母)명《광》白雲母。
백의(白衣)명 白衣。
  백의의 천사[관용] 白衣の天使。
백인¹(白人)명 白人。
백인²(白刃)명 白刃。
백-인종(白人種)명 白人種。=백색 인종
백일¹(白日)명 白日。

백일²(百日) 명 子供が産まれて百日目になる日。=백날¹

백일-몽(白日夢) 명 白日夢｜白昼夢。

백일-하(白日下) 명 白日の下。 예 문제점이 ~에 드러나다. 問題点が白日の下に晒す。

백일-해(百日咳) 명 [의] 百日咳。

백일-홍(百日紅) 명 [식] 百日紅。 예 마을마다 ~이 흐드러지게 피었다. 村々でサルスベリが見事に咲いた。

백자(白瓷・白磁) 명 白磁。=백자기

백-자기(白磁器) 명 ☞백자

백자-인(柏子仁) 명 [한] 側柏の種。 예 ~은 심신을 안정시키는 효과가 있다. コノテガシワの種には心身を落ち着かせる効果がある。

백작(伯爵) 명 伯爵。

백-작약(白芍藥) 명 [식] 山芍薬。

백장 명 ☞백정

백전-백승(百戰百勝) 명 百戰百勝。

백절불굴(百折不屈) 명 百折不撓。

백정(白丁) 명 牛や豚などの家畜の屠殺を業とする人。=백장 ●日本語で「白丁(はくてい)」は、「官職に就かない庶民」の意。

백제(百濟) 명 [역] ペクチェ｜百済。

백조(白鳥) 명 [동] 白鳥。=고니

백조-자리(白鳥一) 명 〈천〉 [천문] 白鳥座。

백주(白晝) 명 白昼｜真昼｜真っ昼間。=대낮

백중¹(百中・白衆) 명 ☞백중날

백중²(伯仲) 명 伯仲。

백중-하다 형 伯仲する。 예 두 사람의 실력이 ~. 両者の実力が伯仲している。

백중-날(百中一) 명 〈종〉 盆｜陰暦7月15日。 예 ~은 일손을 쉬고 노는 날이다. 7月15日は仕事を休んで遊ぶ日だ。=백중¹

백중-세(伯仲勢) 優劣のつけにくいこと｜伯仲の形勢。

백지¹(一白子) 명 白の碁石｜白石。

백지²(白紙) 명 ❶[종] 白紙｜白い紙。 ❷[종이] 白紙｜何も書いていない紙。 ❸[상태] 何も知らない状態。 ❹[처음 상태] 白紙｜何かをする前の状態。 예 ~로 돌리다. 白紙に返す；白紙に戻す。

백지-상태(白紙狀態) 명 白紙の状態。

백지 어음(白地一) [상] 白地手形。

백지-장(白紙張) 명 ❶[종이] 白紙の一枚。 ❷[얼굴빛] 真っ白い顔色。
백지장도 맞들면 낫다[속담] 紙一枚でも、二人で持ち上げると軽くなる：「たやすいことでも協力すればもっと能率が上がる」の意。

백출(百出) 명 百出。
백출-하다 자 百出する。

백치(白癡・白痴) 명 白痴。

백탄(白炭) 명 [광물] 白炭｜堅炭。

백태(白苔) 명 ❶[한] 舌苔。 예 혀에 ~가 끼다. 舌に舌苔が着く。 ❷[의] 星眼。

백토(白土) 명 白土。

백통 명 白銅。

백팔 번뇌(百八煩惱) [불] 百八煩悩。

백포(白布) 명 白布。

백-포도주(白葡萄酒) 명 白葡萄酒｜白ワイン。

백학(白鶴) 명 [동] 丹頂｜丹頂鶴。=두루미❷

백합(百合) 명 〈식〉 百合。 예 ~을 코끝에 대고 냄새를 맡는다. 百合を鼻先に当てて臭いを嗅ぐ。=나리²

백합-꽃(百合一) 명 百合の花。 예 긴 꽃줄기 위의 ~ 長い花茎の上のユリの花。=나리꽃・백합화

백합-화(百合花) 명 ☞백합꽃

백해-무익(百害無益) 百害あって一利なし。

백행(百行) 명 百行。 예 효는 ~의 근본 孝は百行の本。

백-혈구(白血球) 명 [의] 白血球。

백혈-병(白血病) 명 [의] 白血病。

백호(白虎) 명 [민] 白虎。

백화(百花) 명 百花｜いろいろの花。

백화-난만(百花爛漫) 명 百花爛漫｜百花繚乱。

백화-점(百貨店) 명 百貨店｜デパート。

밴덕 명 [성질] 気まぐれ。 예 ~이 죽 끓듯 하는구나! 感情の起伏が激しい。

밴덕-꾸러기 お天気屋さん｜気分屋さん。 예 하루에도 열두 번 변하는 ~가 너 말고 또 있겠니? 一日に十二回にも変わる気分屋が、君以外にいるかい。

밴둥-밴둥 부 [하는일없이] ぶらぶら｜のらく

ら｜ごろごろ。

밴드¹(band)명【음악연주 악단】バンド｜楽団。

밴드²(band)명【붕대】バンド｜帯。예 헤어~ ヘアバンド。

밴들-밴들부 ぶらぶら｜のらくら。

밴텀-급(bantam級)명〈운동〉(ボクシングなどの)バンタム級。

밸명 ☞'배알'의 준말.

밸런타인-데이(Valentine Day)명 バレンタインデー。

밸브(valve)명 バルブ。

뱀명〈동〉蛇。예 ~ 꼬리 ヘビの尻尾｜머리가 둥근 ~에는 독이 없다. 頭の丸いヘビは毒がない。

뱀-날《민속》 巳の日。

뱀-딸기《식》 蛇苺。

뱀-띠《민》 蛇年生｜巳の年の生まれ。

뱀-밥《식》 土筆。

뱀뱀이명【예의 범절】 しつけ。예 그녀는 ~가 전혀 없다. 彼女は礼儀が全然ない。

뱀-자리《천문》蛇座。

뱀-장어(一長魚)명〈동〉鰻。예 전기~ 電気ウナギ／~가 정력에 좋다는 소문을 듣고 낚시터에 사람들이 모여들었다. ウナギが精力にいいという噂を聞き、人々が釣り場に集まった。=장어(長魚)

밥-새명〈동〉だるまえなが。

뱁새-눈명 非常に小さくて細い目。

뱁새눈-이명 目が非常に小さくて細い人。

뱃-가죽명 腹の皮。

뱃-고동명 (船の)汽笛。

뱃-길명 船路｜航路｜海路·。

뱃-노래명 舟歌。

뱃-놀이명 舟遊び｜船逍遙。예 ~가 가장 재미있다. 舟遊びが一番面白い。

뱃놀이-하다자 舟遊びをする。예 강에서 ~. 川で舟遊びをする。

뱃-덧명 食もたれ｜食滞。

뱃-머리명 船首｜舳先｜みよし。

뱃-멀미명 船酔い。

뱃멀미-하다자 船酔いする。

뱃-바람《기》船風｜船が受ける風。

뱃-병(一病)명 腹の病気｜腹痛。

뱃-사공(一沙工)명 かこ｜船方｜船乗り｜船頭。=사공

뱃-사람명 船乗り｜船員。예 섬에서 자란 그는 자연스럽게 ~이 되었다. 島で育った彼は自然に船乗りになった。

뱃-삯명 船賃。=선가

뱃-살명 腹の肉。

뱃-소리명 舟歌。

뱃-속명 心の中｜腹。예 그 사람 ~을 알 수가 있어야 말이지. 彼の腹が分からないとな。

뱃-심명 図太さ｜厚かましさ。예 ~이 두둑한 우리 아빠 度胸のある私の父／사내는 ~이 있어야 한다. 男は図太くなくてはならない。／하나는 두둑하구나! 厚かましさだけは一人前だな。

뱃심(이) 좋다관용 図太い｜度胸がある。

뱃-장수명 商品を船に積んで回って行商する人。예 그 섬에는 일주일에 두 번은 ~가 왔다. その島には一週間に二回は船の行商人が来た。

뱃-전명 船端｜船緣｜舷側。

뱃-줄명 船をつなぐ綱｜もやい綱。

뱃-짐명 船荷。

뱅부 ❶【빙빙 돌리는】 くるっと｜くるり(と)｜ぐるり。예 한 바퀴 ~ 돌다. 一周くるりと回る。❷【둘레를 에워쌈】 ぐるり。예 ~ 둘러싸다. ぐるりと囲む。❸【갑자기 정신이】 ふらっと｜ふらり(と)。예 머리가 ~ 돌아 쓰러져 버렸다. ふらっとして倒れてしまった。

뱅그레부 ☞빙그레

뱅그르르부 ❶【몸을 돌리거나 도는 모양】 くるり(と)｜くるっと。예 두 팔을 뻗고 몸을 ~ 돌리다. 両腕を伸ばして体をくるりと回す。❷【갑자기 눈물이 어리는 모양】 涙で急に目がうるむさま。

뱅글부 にっこり。

뱅긋부【소리 없이 가볍게 한 번 빙긋 웃는 모양】 にこっと｜にっこり。

뱅-뱅부 ❶【빙빙 도는】 くるくる。예 ~ 돌리다. くるくる回る。／~ 돌다 뛰어가다. くるくる回って走っていく。❷【여기저기 자주 돌아다니는 모양】 うろうろ。

뱅시레부 にこやかに｜にっこり。=뱅시레

뱅실부 にこっと｜にっこり。

뱅어명〈동〉白魚。

뱅어-포(一脯)명 白子干し。예 칼슘의 보고(寶庫) ~ カルシウムの宝庫の白子干し。

-뱅이접【사람이나 사물을 낮잡아 이르는 말】 예 게으름뱅이 怠け者／주정뱅이 酒癖の悪い人。

뱅충-맞다혱 ☞빙충맞다
뱅충-이명 愚かで恥ずかしがる人。ぐず。うすのろ。예그런 ~도 애인이 있었다. あんなぐずにも恋人がいた。
뱅크(bank)명 バンク。
뱉다타 ❶吐く。예침을 ~. つばを吐く。/음식을 ~. 食べ物を吐く。❷吐き出す。예횡령한 돈을 뱉어 내다. 着服した金を吐き出す。❸むやみに言う;吐く。예그 사람은 하고 싶은 말을 함부로 뱉어 버린다. 彼は言いたいことをむやみに吐き散らす。/너무나 화가 나서 폭언을 뱉어 버렸다. あまりにも腹が立って, 暴言を吐いてしまった。

뱍부 ☞'비약'의 준말.
뱍-뱍부 ☞'비약비약'의 준말. 예 ~ 소리 내는 병아리 ピヨピヨと鳴くひよこ。
밴덕명 ☞변덕
밴덕-쟁이명 気まぐれな人;お天気屋さん;気分屋さん。예그녀는 나를 당황스럽게 하는 ~이다. 彼女は私を慌てさせる気まぐれな人だ。
뱐미주룩-하다혱 ある物体の先っぽが少し突き出ている。예그녀는 내가 마음에 안 들었는지 입술이 ~. 彼女は私のことが気にくわなかったのか, 唇が少し突き出ている。
뱐주그레-하다혱 (身なりなどが)こざっぱりしている;さっぱりしている。예그 아이의 얼굴은 깜찍하고 ~. その子の顔はかわいくて, こざっぱりしている。
버걱부 ぎいっと;ぎしっと。
버걱-거리다자 しきりにきしむ;ぎいぎいと鳴る。예창고 안에서 ~. 倉庫の中でしきりにきしむ。/저쪽에서 버걱거리는 소리가 들린다. あっちの方でぎいぎいと音が聞こえる。=버걱대다
버걱-대다자타 ☞버걱거리다
버걱-버걱부 ぎいぎい;ぎしぎし。
버겁다혱 (扱いが)手に余る;手ごわい。예네가 상대하기에는 버거운 녀석이다. 君には手に余る相手だ。/너에게는 좀 버거운 일이 될 것 같다. 君には少し手に余る仕事になりそうだ。
버그러-뜨리다타 透き間を作る。=버그러트리다
버그러-지다자 透き間ができる。
버그러-트리다타 ☞버그러뜨리다
버그르르부 ❶ふつふつ;ぐつぐつ;ぐらぐら。❷ぶくぶく。
버글-거리다자 ❶湯などがぐらぐらと沸騰する;ぶくぶくと泡立つ。❷(虫・人が)うようよする;うじゃうじゃする。❸気をもむ;いらだつ;気がいらいらする。=버글대다
버글-대다자 ☞버글거리다
버글-버글부 ❶ぐらぐら;ぶくぶく;ぐつぐつ;ふつふつ。❷うじゃうじゃ;うようよ;わんさ(と)。❸いらいら;じりじり;そわそわ。
버금-가다자 (一に)次ぐ。예왕에 버금가는 높은 지위를 주다. 王に次ぐ高い地位を与える。
버금-가온음(一音)명 〈음〉下中音。
버금딸림-음(一音)명 〈음〉下属音;サブドミナント。
버금딸림-조(一調)명 〈음〉下属調。
버금딸림-화음(一和音)명 〈음〉下属和音。
버금 삼화음(一三和音)〈음〉副次三和音。
버긋-하다혱 少し透き間があいている。
버너(burner)명 〈화〉バーナー。
버둥-거리다자타 (手足を)しきりにばたつかせる。예아이가 과자를 사 달라고 팔다리를 버둥거리고 있다. 子供が菓子を買ってくれと, 手足をばたつかせている。=버둥대다
버둥-대다자타 ☞버둥거리다
버둥-버둥부 ばたばた。예일어나려고 애쓰며, 手足をばたばたして起き上がろうと必死になる。
버드-나무명 〈식〉柳。예 ~ 그늘 ヤナギの陰/~ 이파리로 버들피리를 불었다. ヤナギの葉で笛を吹いた。/~ 가지처럼 부드럽다. ヤナギの枝のように柔らかい。=버들・양류
버드러-지다자 ❶出張る;出っ張る。❷硬直する;硬くなる。
버드름-하다혱 少し出っ張っている;幾分出張り出している。예버드름한 앞니 出っ張った前歯。춘버듬하다
버드름-히부 出っ張って;突き出て;張り出し気味に。예이가 ~ 나 있다. 歯が出っ張って生えている。

버들 명 《식》柳^{やなぎ}。 예 ~피리 ヤナギの葉で作った笛／~눈썹 細長い眉／~상자 柳の枝で作った箱。=버드나무

버들-가지 명 柳の枝。

버들-강아지 명 ☞버들개지

버들-개지 명 《식》柳絮^{りゅうじょ}。예 몽실몽실한 ~ ふっくらとした柳絮／~가 하얗게 피어 있다. 柳絮が白く咲いている。／~가 바람에 흔들린다. 柳の種が風に揺れる。=버들강아지

버들-고리 명 柳行李^{やなぎごうり}。

버들-피리 명 ❶柳の皮で作った笛。❷柳の葉を口にくわえて笛の音を出すこと。예 버드나무 잎으로 ~를 불어 보았다. 柳の葉をもって笛を吹いてみた。

버들-하다 자 ☞'버드름하다'의 준말.

버디(birdie) 명 《운》【골】バーディー。예 마지막 홀에서 ~를 기록하다. 最終^{さいしゅう}ホールでバーディーを記録^{きろく}する。

버러지 명 ☞벌레❶

버럭 부 かっと。예 ~ 화를 내다. かっとなる。=바락

버럭-버럭 부 かっかと。

버력¹ 명 《광》【ずり】。

버력² 명 《민》神罰^{しんばつ}｜天罰^{てんばつ}。

버르르 부 ❶ふつふつ｜ぐつぐつ｜ぐらぐら。❷かっと。예 농담인데 ~ 성을 내다. 冗談なのにかっとなって怒る。❸ぶるぶる｜わなわな。예 추위에 온몸이 ~ 떨리다. 寒さで体がぶるぶると震える。

버르장-머리 명 癖｜行儀｜しつけ。

버르적-버르적 부 じたばた｜ばたばた。

버르-집다 타 ❶土を掘って取り出したり広げておく。예 책을 온통 버르집어 놓다. 本を全部広げておく。❷さらけ出す｜暴露する。예 그 일을 굳이 버르집어서 좋을 것 없다. その事を敢えて暴露して良いことはない。❸大げさに構える。예 사소한 일을 그렇게까지 버르집지 마라. ちょっとしたことをそんなにまで大げさに構えるな。

버름-버름 부 少し透き間ができているさま。

버름-하다 자 ❶少し透き間ができている。❷(仲が)しっくりしない。

버릇 명 ❶癖。예 나쁜 ~은 여든까지 간다. 悪い癖は八十までいく。／무심코 낙서하는 ~이 있습니다. 無意識に落書きする癖があります。／손톱을 깨무는 ~이 있다. 爪をかむ癖がある。❷行儀｜しつけ。예 ~이 없다. 行儀が悪い。

버릇-없다 行儀が悪い｜不作法だ｜ぶしつけだ。
　　버릇없-이 부 不作法に｜ぶしつけに。예 ~ 행동하는 아이 無作法に振舞う子供。

버릇-하다 보동 ―し慣れる｜―しつける。예 야식을 먹어 ~. 夜食を食べ慣れる。

버리다 Ⅰ 타 ❶捨てる｜なげ捨てる｜ほうる｜ほうりなげる。예 휴지를 ~. 紙屑を捨てる。／쓰레기를 ~. ごみを捨てる。❷捨てる｜見捨てる｜見放す｜顧みない。예 고향을 버리고 상경하다. 故郷を捨てて上京する。❸(職場を)やめる。예 직장을 버리고 사업을 시작했them. 会社をやめて事業を始めた。❹あきらめる｜捨てる。예 낡은 생각은 버려라. 古い考えは捨てろ。❺(服などを)汚す｜台無しにする｜壊す。예 흙탕물이 튀어서 바지를 버렸다. 泥が跳ねてズボンを汚した。
　Ⅱ 보동 ―てしまう。예 삼켜 ~. 飲んでしまう。／던져 ~. 投げてしまう。

버림-받다 자 捨てられる｜見捨てられる。예 부모에게 버림받아 해외 입양되다. 父母に捨てられて海外の家庭に育つ。／그녀에게 ~. 彼女に振られる。

버마재비 명 ☞사마귀

버무리 명 いろいろなものを混ぜ合わせて作った食べ物。

버무리다 타 混ぜ合わせる｜和える。

버물다 자 (悪事・犯罪に)関わる｜関係する。

버석 부 がさっと｜かさっと。
　버석-거리다 자타 がさがさと鳴る｜かさかさ音がする。예 가랑잎이 바람에 ~. 枯れ葉が風でかさかさと鳴る。／잎사귀를 밟으니 버석거렸다. 葉っぱを踏んだらがさがさと音がした。=버석대다
　버석-대다 자타 ☞버석거리다

버석-버석 かさかさ｜がさがさ。예 ~ 낙엽 밟는 소리 がさがさと

落ち葉を踏む音。

버선명【보선에서 변한】ポソン｜(日本の)足袋。

버선-이 ~이 좁아서 발목이 아프다. ポソンの足首の部分が狭くて足首が痛い。

버선-발명 足袋跣。

버선-본(-本)명 ポソンの型紙。

버선-볼 ポソンの底の幅。囫~이 좁아서 발이 안 들어간다. ポソンの底が狭くて足が入らない。

버선-코 ポソンのつま先の尖った部分。

버섯명〈식〉きのこ｜たけ。

버-성기다형 ❶すき間がある。❷仲が疎い。❸(雰囲気などが)気まずい｜気詰まりだ。

버스(bus)명 バス。囫~터미널 バスターミナル/ ~ 정류장 バス停；バスストップ/ 스쿨~ スクールバス；通学バス。

버스러-지다재【부스러지다】❶崩れてばらばらになる｜潰れる。囫주머니 속에서 쿠키가 버스러졌다. 袋の中でクッキーがばらばらになった。❷剥がれる。囫도금이 ~. めっきが剥がれる。❸(ある範囲内に入らないで)はみ出る｜それる｜外れる。囫기대가 버스러졌다. あてが外れた。

버스럭부【부스럭보다 여린말】がさっ(と)｜かさっ(と)。

버스럭-거리다재 がさがさと音がする｜かさかさ音を立てる。囫버스럭거리는 낙엽 소리 がさがさとする落ち葉の音/ 가을이 되면 나뭇잎이 바람에 버스럭거린다. 秋になると木の葉が風でがさがさ音をさせる。=버스럭대다

버스럭-대다재 ☞버스럭거리다

버스름-하다형 隙間があいている。囫버스름한 울타리를 통해 개가 들어왔다. 隙間のあいた垣根から犬が入ってきた。

버스름-히부 隙間があいているさま。

버슬-버슬부 さらさら｜ぼろぼろ。

버썩¹부 ❶【물기가 말라 버리어 아주 마르거나 타는 모양】 かさかさ｜からから｜ぱさぱさ。囫논이 ~ 말랐다. 田んぼがからからに干上がった。❷【매우 가까이 달린 모양】ぎゅっと｜ぴったり｜ぴたっと。❸【매우 우기거나 조르는 모양】ぐっと｜ぐんと。

버썩²부 ❶【야윈 모양】がさっと｜かさっと。❷【마른 물건이 부스러지는 소리】がさがさ｜かさかさ｜ぱりぱり。

버썩-버썩부【부썩부썩보다 아주 센말】からから｜かさかさ。囫~ 마른 빨래 からからに乾いた洗濯物。

버적-버적부 ❶【야윈것이 적은 물기를 맞대어】 ぱりぱり｜ぱりぱり。❷【마른 것이 잇달아 타는 소리】ぱちぱち｜めらめら。囫~ 타 들어가는 장작 ぱちぱちと燃える薪。

버전(version)명〈컴〉バージョン。

버젓-하다형 堂々としている｜おくするところがない｜れっきとする｜立派だ。=뻐젓하다

버젓-이부 堂々と｜立派に。囫~ 서 있다. 堂々と立っている。/ ~ 살아 있다. 立派に生きている。

버지다재【베지다】切れる｜ひっかかれる。囫턱이 면도날에 ~. 顎が髭そりで切れる。

버짐명〈한〉疥癬。

버쩍부 ❶【물기가 바짝 마르는 모양】かさかさ｜からから｜ぱさぱさ。❷【매우 가까이 달린 모양】ぴったり｜しっかり｜ぎりぎり。❸【매우 세게 우기는 모양】ぐっと｜ぐんぐん｜めっきり。

버쩍-버쩍부 ❶かさかさ｜からから｜ぱさぱさ。❷ぴったり｜しっかり｜ぎりぎり。❸ぐんぐん｜めっきり。

버찌명【벚의 열매】サクランボ｜桜桃。囫~의 꼭지 サクランボのへた。준벚

버캐 液体の中の塩分が凝り固まったかす。

버클(buckle)명 バックル。

버클륨(berkelium)명【화】バークリウム。

버터(butter)명 バター。

버튼(button)명 ボタン。

버티다재 ❶こらえる｜持ちこたえる｜耐え忍ぶ｜辛抱する。囫필사적으로 ~. 必死にもちこたえる。❷ 対抗する｜言い張る｜頑張る。❸支える。

버팀-목(-木)명 支柱｜つっかい棒｜つっぱり｜心張り。

버팅(butting)명〈운〉【체】バッティング。

벅 ❶【물건이 몹시 좋아나가는 소리나 모양】びりっと｜ぴりっと｜ぱりっと。囫신문지가 ~ 찢어져 버렸다. 新聞紙がびりっと破れてしまった。/ 옷이 가시에 걸려 ~ 찢어졌다. 服がとげに引っかかってびりっと破れた。❷【무엇을 긁거나 문지르는 모양】がりっと｜ぱりっと。囫고양이가 발톱으로 나무를 ~ 긁었다. 猫が

벅적-거리다 재 にぎわう｜ざわざわする｜ごった返す。 예 사람이 많아서 ~. 人が多くてごった返す。 =벅적대다

벅적-대다 재 ☞벅적거리다

벅적-벅적 부 ざわざわ｜うじゃうじゃ。 예 ~ 시끄러운 소리 ざわざわとうるさい音。

벅차다 형 ❶手に余る｜手でに負えない｜かなわない｜無理だ。 예 나에게는 벅찬 일이라서 할 수 없다. 私には手に余るからできない。 ❷いっぱいに満ちあふれている。 예 그리운 그 사람을 만나자 가슴이 벅차서 눈물만 쏟아졌다. 懐かしいその人に会うと、胸がいっぱいになって、涙があふれ出るばかりだった。

벅차-오르다 재 いっぱいに満ちあふれている。 예 그 상을 받는 순간 가슴이 벅차올라 아무 말도 할 수가 없었다. その賞をもらった瞬間、胸がいっぱいになって何とも言うことができなかった。

번(番) Ⅰ 명 番｜当番。 Ⅱ 의 番｜回｜度。 예 한 ~ 가 본 적이 있다. 一度行ったことがある。／몇 ~ 이나 시도해 보았다. 何回も試してみた。

번각(翻刻) 명 《출》翻刻。

번각-하다 타 翻刻する。

번-갈다(番-) 재 順番がかわる｜交替する｜入れ替わる。 예 두 사람의 얼굴을 번갈아 보다. 二人の顔を代わる代わる見つめる。

번갈아-들다(番-) 자 (順番に)交替する｜入れ替わる。

번개 명 ❶稲妻｜稲光｜電光。 예 ~가 치다. 稲光がする。 ❷稲妻。 예 ~ 같다. 稲妻のようだ；すばやい；非常に早い。

번갯-불 稲妻が出す光｜稲光｜雷火｜電光。

번갯불에 콩 볶아 먹겠다 속담 稲光で豆を炒って食う：「動作・行動が速い」の意。

번거-롭다 형 ❶煩わしい｜厄介だ｜複雑だ｜回りくどい。 예 번거로운 절차 煩わしい手続き。 ❷騒々しい｜ごたごたしている。

번거로이 부 煩わしく。

번뇌(煩惱) 명 煩悩｜塵労。 예 백팔 ~ 百八煩惱／~에 괴로워하다. 煩悩になやまれる。

번뇌-하다 재 煩悩する｜塵労する。 예 번뇌하는 것조차 못하는 나약한 내 자신 煩悩することすらできない弱い私。

번다-하다(煩多—·繁多—) 형 煩多だ｜繁多だ。

번다-히 부 煩多に｜繁多に。

번데기 《동》蛹。 ~는 애벌레가 성충이 되기 위해 거치는 중간 과정이다. さなぎとは幼虫が成虫になる前の過渡期的な段階だ。

번둥-번둥 부 ぶらぶら｜のらくら｜のらりくらり。

번드럽다 ❶형 つやつやして滑らかだ。 ❷형 抜け目がなくて小利口だ。

번드레-하다 中身なく見掛けだけ立派だ｜見掛けがつやつやして滑らかだ。 =뻔드레하다

번드르르 부 つやつや｜つるつる｜てかてか｜てらてら。 예 머리에 기름을 ~ 발랐다. 髪に油をてかてかと塗りつけた。

번드르르-하다 형 (顔・髪などが)つやつやしている｜てかてかしている。 예 기름을 번드르르하게 바른 머리 油をてかてかと塗りつけた髪／얼굴에 기름이 ~. 顔に脂気がつやつやしている。

번득 부 ぴかっと｜ぴかり。

번득-거리다 자타 ぴかぴかする｜ちらちらする｜きらきらする｜(目を)しきりにぎらりと光らせる。 예 눈을 번득거리며 주위를 둘러보는 사람들 目をぎらりと光らせる人々／어둠 속에서 호랑이가 두 눈을 번득거린다. 暗闇で虎が両側の目をきらっとさせる。 =번득대다

번득-대다 자타 ☞번득거리다

번득-이다 자타 光る｜光らせる｜閃く｜閃かす。

번득-번득 부 ぎらぎら｜ぴかぴか。

번들-거리다 재 ❶つやつやする｜つるつるする｜てかてかする｜てらてらする。 예 그의 얼굴은 땀으로 ~. 彼の顔は汗でつるつるしている。 ❷小利口に立ち回る。 =번들대다¹

번들-거리다² 재 (ずうずうしく)怠けて暮す｜のらくらする｜ぶら

ぶらする。 예집에서 번들거리며 놀기만 한다. 家でのらくらして遊んでばかりいる。 =번들대다

번들-대다¹ 자 ☞번들거리다
번들-대다² 자 ☞번들거리다
번들-번들 閉 ❶【거울이 미끄럽고 윤이 나는 모양】つやつや｜つるつる｜てかてか。 예얼굴에 ~ 마사지 크림을 발랐다。顔にてかてかマッサージクリームを塗った。❷【약빠르게 행동하는 모양】小利口なことに立ち回るさま。 =뺀들뺀들

번들번들-하다 혱 ❶つやつやする。 예번들번들한 대머리 つるつるのはげ頭。 ❷小利口に立ち回る。 예매사에 번들번들한 여자 事々に小利口にふるまう女。

번들-번들 閉【게으름 피우며 빈둥거리는 모양】ぶらぶら｜のらくら。 예2년 전에 대학을 나와 ~ 놀고만 있다。二年前に、大学を出て、ぶらぶらと遊んでばかりいる。

번듯-하다 혱 ❶(斜めになったり曲がったりせず)まっすぐだ｜整っている。 ❷(乱雑でなく)きちんとしている｜まともだ｜整っている｜正しい。 =번뜻하다

번듯-이 閉 まっすぐに｜きちんと。

번뜩 閉 ❶【생각이 갑자기 떠오르거나 눈에 언뜻 보이는 모양】はっと。예~ 좋은 생각이 났다。はっといい考えを思いついた。/ ~ 정신이 들다。はっと我に返る。 ❷【큰 빛이 잠깐 번쩍하는 모양】ぴかっと｜ぴかり。 =반뜩

번뜩-이다 자타 光る｜光らせる｜閃く｜閃かす。 =반뜩이다・뻔뜩이다

번뜩-번뜩 閉【눈빛이 잇달아 빠르게 번쩍이는 모양】ぎらぎら｜ぴかぴか。

번뜻【큰 것이 갑자기 나타났다 사라지는 모양】ちらり｜ちらっと。

번뜻-하다 ☞번듯하다

번망-하다(煩忙・繁忙—) 혱 繁忙だ｜煩忙だ。

번민(煩悶) 몡 煩悶｜悩み。 예~이 극에 달하다。煩悶が極に達する。
  번민-하다 자 煩悶する｜悶える｜悩む。 예이혼 문제로 번민하고 있다。離婚問題で悩んでいる。

번번-이(番番—) 閉 毎度｜度毎に｜その都度｜いつも。 예~ 거절당하다。毎度断られる。/ ~ 신세 지고 있습니다。いつもお世話になっています。 =매양

번번-하다 혱 ❶【반반】平らだ｜滑らかだ。 ❷【단정】端正だ｜きれいだ｜立派だに見える。 예번번한 얼굴 端正な顔。
  번번-히 閉 ❶滑らかに。 ❷きれいに｜立派に。

번복(飜覆・翻覆) 몡 何度も翻覆すること。
  번복-하다 타 何度も翻覆す。 예판결을 ~。判決を翻す。

번성(蕃盛・繁盛) 몡 繁盛｜繁昌。
  번성-하다 자 繁盛する｜繁昌する｜盛んだ｜賑わう。 예장사가 ~。商売が盛んだ。

번쇄-철학(煩瑣哲學) 몡 ☞스콜라 철학
번수(番數) 몡 順番などの数。
번식(繁殖・蕃殖・蕃息) 몡 繁殖。
  번식-하다 자 繁殖する。 예세균이 번식하기 쉽다。細菌が繁殖しやすい。
번식-기(繁殖期) 몡 (동) 繁殖期。
번식-력(繁殖力) 몡 繁殖力。
번식-률(繁殖率) 몡 (동) 繁殖率。

번안(飜案) 몡 翻案。 예~ 소설 翻案小説。
  번안-하다 타 翻案する。

번역(飜譯・翻譯) 몡 翻訳。
  번역-하다 타 翻訳する。 예일본어로 ~。日本語に翻訳する。
번역-서(飜譯書) 몡 翻訳書。

번연-하다(幡然—・翻然—) 혱【翻然とする｜急に心を改める。 예번연한 깨달음 翻然とした悟り。
  번연-히 閉 翻然と｜急に心を改めて。 예 ~ 잘못을 깨닫다。翻然と非を悟る。

번열(煩熱) 몡 ☞번열증
번열-증(煩熱症) 몡 (한) 煩熱症。 예~이 있어서 열이 39도나 된다。煩熱症があって、熱が39度にもなる。 =번열

번영(繁榮) 몡 繁栄。 예나라의 ~을 기원하다。国の繁栄を祈る。
  번영-하다 자 繁栄する｜栄える。

번잡-스럽다(煩雜—) ☞번잡하다
번잡-하다(煩雜—) 혱 繁雑だ｜雑雑だ｜煩わしい。 예번잡한 절차 繁雑な手続き。

번적 閉【큰 빛이 잠깐 나타났다 사라지는 모양】きらっと｜きらりと｜ちらっと｜ぴかり。
  번적-거리다 자타 ひらめく｜ひらめかす。 =번적대다・번적이다
  번적-대다 자타 ☞번적거리다
  번적-이다 자타 ☞번적거리다

번적-번적 閉 きらきら｜ぴかぴか。

번주그레-하다 혱 (見掛けが)きれいだ｜立派だ｜もっともらしい。

번죽-거리다 자 (言動・性格などが)し

つこくて嫌みである｜くどくてしぶとい｜ねちねちする。 ⓔ그는 번죽거리는 성격이다. 彼はねちねちとした性格だ。
=번죽대다

번죽-대다짜 ☞번죽거리다

번지¹명 〈농〉馬鍬。

번지²(番地)명 番地。

번지다짜 ❶[液体などが]にじむ｜染みる｜染む｜染み込む。 ⓔ잉크가 ~. インクがにじむ。 ❷[病気·火·匂いなどが]広がる。 ⓔ전염병이 ~. 伝染病が이웃 마을까지 번졌다. 山火事が隣町まで広がった。 ❸[噂·風潮·不満などが]広まる｜大きくなる。 ⓔ만연한 풍조가 사회 전반에 번지고 있다. 漫然とした風潮が社会に全般に広がっている。 / 사소한 말다툼이 큰 싸움으로 ~. 小さな喧嘩が大きな争いになる。

번지레부 てかてか｜つやつや｜つるつる。

번지르르부 ❶ てかてか｜つやつや｜つるつる。 ⓔ이마에 ~ 땀이 났다. 額にてかてかと汗が出ている。 / ~ 머리에 기름을 발랐다. 髪につやつやと油を塗った。 ❷[口先だけ]滑らかなさま｜口がうまいさま。 ⓔ그럴 듯한 거짓말을 청산유수처럼 ~ 늘어놓는다. もっともらしいうそを立てて、板の水ứをながすように並べ立てる。

번지 점프(bungee jump) 〈운〉バンジージャンプ。

번질-거리다짜 ❶ てかてかする｜つるつるする｜つやつやする｜つやつやと光る。 ⓔ땀으로 번질거리는 이마 汗でつやつや光る額。 ❷ さぼる｜ずるける｜怠ける。 ⓔ일을 안 하려고 ~. 仕事を逃れようとさぼる。 =번질대다

번질-대다짜 ☞번질거리다

번질-번질부 つやつや｜てかてか｜つるつる。

번쩍¹부 ❶ きらっと｜きらりと｜ちらっと｜ぴかり。 ❷ はっと｜ぱっと。 ⓔ앉아 졸고 있는데 이름을 불러 ~ 정신이 들었다. 居眠りしていたら、名前を呼ばれてはっと気がついた。 / 비명 소리에 ~ 잠이 깼다. 悲鳴にぱっと目が覚めた。 / 그 말을 듣자 정신이 ~ 들었다. その言葉を聞いて、はっと正気に戻った。 ❸ はっと｜ふと｜ひょいと。 ⓔ전철을 내리고 나서 깜빡 놓고 온 물건이 ~ 생각났다. 電車を降りてから忘れ物にふと思い付いた。 / 기발한 아이디어가 머리에 ~ 떠올랐다. 奇抜なアイデアがはっと頭に浮かんだ。 ❹ さっと｜さっさと｜間もなく｜素早く。 ⓔ일을 ~ 해치우고 작업장을 떠난다. 仕事を片付けて作業場をあとにする。 / 아이들이 많아서 사과 한 상자도 ~ 하면 없어지고 만다. 子供たちがたくさんいるので、リンゴ一箱ほど、はっと思うとなくなってしまう。 ❺ はっと。 ⓔ솔깃한 이야기에 귀가 ~ 띄었다. うまい話に耳にそばだてた。 / 탐나는 물건이라 눈에 ~ 띄다. とても欲しい物なので、はっと目立つ。 =뻔쩍

번쩍-이다짜타 光り輝く｜きらめく｜きらめかす。

번쩍²부 ❶[軽々と] 軽々と｜さっと｜ぐいっと。 ⓔ큰 바위를 ~ 들어 올리다. 大きな岩を軽々と持ち上げる。 / 손을 ~ 들어라. 手をさっと上げなさい。 / ~ 들어 나르다. 軽々と持って運ぶ。 ❷[一瞬で] さっと。 ⓔ스커트 자락이 바람으로 ~ 들렸다. スカートの裾が風でさっと舞い上がった。 ❸ ぱっと。 ⓔ눈을 ~ 뜨다. 目をぱっと開ける。

번-차례(番次例)명 順番。

번창(繁昌)명 繁昌｜繁盛。
　　번창-하다 繁昌する｜繁盛する。 ⓔ장사가 ~. 商売が繁盛する。

번트(bunt) 〈운〉 バント。 ⓔ희생 ~ 犠牲バント。

번폐(煩弊)명 煩わしい弊害。

번-하다형 ほのかに明るい｜薄明るい。 ⓔ새벽하늘이 ~. 明け方の空が薄明るい。

번호(番號)명 番号。 ⓔ우편 ~ 郵便番号 / 전화 ~ 電話番号 / 비밀~ 暗証番号。

번호-표(番號票)명 番号票。

번화-가(繁華街)명 繁華街。

번화-하다(繁華—)형 繁華だ｜にぎやかだ。 ⓔ번화한 거리にぎやかな街。

벋-가다짜 (正しい道から)外れる｜逸れる｜ぐれる。

벋-나가다짜 ❶ 先が外側にはずれて出る。 ❷ (正しい道から)外れて不

벋-나다 困 ❶正しい道を逸れる｜ぐれる。❷(枝などが)外側に伸びる。

벋-니 명 反っ歯ば｜出っ歯。

벋다¹ 困 ❶(枝·蔓などが)伸びる。❷(道路などが)長くなる。❸延びる。예팔을 벋어 열매를 따다. 腕を伸ばして実を取る。/발을 벋고 자다. 足を伸ばして寝る。❹及ぶ。

벋다² 형 (先が)反っている｜突き出ている。예이가 ~. 歯が反っている。

벋-대다 타 ❶意地を張る｜突っ張る｜抵抗する。❷力を入れて支える｜突っ張る。

벋-디디다 ❶(足に力を入れて)ふんばる。예발을 벋디디고 서다. 足をふんばって立つ。❷(足を)踏みはずす。

준벋딛다

벋-딛다 타 '벋디디다'의 준말.

벋-서다 困 対抗する｜手向かう｜向かいあう。

벋정-다리 명 曲げたり伸ばしたりが出来なくなった足。

벌 명 原｜草原｜野原｜平野。

벌² Ⅰ 의 (衣服·器などの)揃い｜一式｜セット｜組。예~로 맞춰 입다. 一揃いであつらえて着る。
Ⅱ 의 組｜セット｜揃い。예열 개가 한 ~로 된 그릇 10매が一組の器/옷을 몇 ~ 사다. 服を数組買う。/침구 한 ~을 사다. 夜具一揃いを買う。❷着。예양복 두 ~ 背広を2着。

벌³ 〈동〉蜂。예여왕 ~ 女王蜂/~집 ハチの巣/~들이 꿀을 따기 위해 꽃밭으로 날아간다. ハチが蜜を採るために花畑へと飛んでいく。❷蜜蜂。예~들은 침을 쏘면 곧 죽고 만다. ミツバチは針を刺せば、すぐ死んでしまう。/~에 쐬다. ハチに刺される。

벌⁴ (罰) 명 罰。예~을 받다. 罰を受ける。/~을 주다. 罰を与える。/거짓말한 ~이다. 嘘ついた罰だ。

벌-하다 타 罰する。

벌거벗-기다 타 裸にする｜真っ裸にする。=뻘거벗기다

벌거-벗다 困 ❶裸になる｜真っ裸になる。❷はげる。예벌거벗은 산 禿げ山。=뻘거벗다

벌거-숭이 명 ❶真っ裸｜裸。❷一文無し｜丸裸｜無一物。=뻘거숭이

벌거숭이-산(一山) 명 禿げ山。

벌겋다 형 うす赤い｜赤い。예술에 취해서 얼굴이 ~. 酔っ払って顔が赤い。

벌게-지다 困 赤くなる。

벌과-금 (罰科金) 명 ☞벌금

벌그데데-하다 형 (少し下品な感じで)赤みを帯びている｜いやらしくうす赤い。

벌그뎅뎅-하다 형 薄赤い｜うっすらと赤い。

벌그레-하다 형 ほんのり赤い。

벌그름-하다 형 ☞벌그스름하다

벌그무레-하다 형 うっすらと赤い｜ほんのりと赤い。

벌그숙숙-하다 형 ほどよく赤い｜じみに赤い。

벌그스레-하다 형 ☞벌그스름하다

벌그스름-하다 형 わずかに赤い｜やや赤みがかっている。=벌그름하다·벌그스레하다

벌그죽죽-하다 형 (色合いが均等ではなく)薄赤い。

벌금 (罰金) 명 罰金。예~을 내다. 罰金を払う。=벌과금

벌긋-벌긋 부 ぽつぽつと赤みがかって。

벌기다 타 切り開く｜切り裂く｜割る。

벌꺽 부 ❶かっと｜じっと｜ぐっと。예'바보'라는 말을 듣자마자 ~ 화를 냈다. 「ばか。」ということを言われるやいなや、かっと怒った。/~ 용을 썼으나 바위는 조금도 움직이지 않았다. ぐっと力んだが岩はちっとも動かなかった。❷てんやわんや｜どっと。예폭탄 테러의 예고가 있어 공항 내는 ~ 뒤집혔다. 爆弾テロの予告があり、空港の中はてんやわんやの大騒ぎだった。/살아 돌아온다는 소식에 온 마을은 ~ 들끓었다. 生きて帰るというニュースに、村じゅうはどっと沸き返った。❸からり｜ぱっと。예창문을 ~ 열어젖혔다. 窓をからりと開けた。

벌꺽-벌꺽¹ 부 ❶かっと。예비위에 거슬리는지 말을 걸 때마다 ~ 화를 낸다. 気に障るのか話しかけるたびに

かっと怒る。❷【왁자하게 떠들며 한데 엉켜 싸우는 모양】てんやわんや｜どっと。❸【무엇이 세차게 이는 모양】からり｜ぱっと。 예 아기가 잠자고 있으니까 ~ 문을 열지 말아야지. 赤ん坊が眠っているから、戸をからりと開かないようにしなければ。

벌꺽-벌꺽² 〔부〕 ❶【액체를 급히 들이켜는 모양】ぶくぶく。❷【화를 갑자기 자꾸 내는 모양】ぶつぶつ。❸【무른 물건의 반죽을 매우 매끄럽지 않게 자꾸 이기는 모양】べちゃべちゃ｜ぐちゃぐちゃ。❹【힘차게 숨을 자꾸 쉬는 모양】ごくごく｜がぶがぶ。 예 맥주를 ~ 들이마신다. ビールをがぶがぶと飲む。

벌끈 〔부〕 ❶【발칵 화를 내는 모양】かっと。 예 그가 갑자기 ~ 화를 냈다. 彼が突然かっと怒った。❷【갑자기 엎어질 듯이 매우 기우뚱하는 모양】どっと｜がやがや。

벌다¹ 〔자〕 ❶透き間ができる。❷(植物の枝などが)横に伸びる。

벌다² 〔타〕 ❶稼ぐ｜儲ける。 예 아르바이트를 해서 용돈을 ~. バイトしてお小遣いを稼ぐ。❷利益を得る｜儲ける。❸罰を自ら招く。 예 매를 버는 짓만 한다. 罰せられる仕業ばかりする。

벌떡 〔부〕 ❶【급작스럽게 일어나는 모양】ぱっと｜すっくと｜がばっと。 예 자리에서 ~ 일어나다. 席からすっくと立ち上がる。❷【갑자기 자빠지는 모양】ぱったり｜ばたっと。

벌떡-거리다 〔자・타〕 ❶(脈が・胸が)打つ｜どきどきする。 예 가슴이 벌떡거려 눈 뜨고 못 보겠다. 胸がどきどきして目を開けて見られない。❷ばたばたさせる。❸(水などを)がぶがぶ飲む。 =벌떡대다

벌떡-대다 〔자・타〕 ☞ 벌떡거리다

벌떡-벌떡 〔부〕 ❶【급작스럽게 자꾸 일어나는 모양】すっくと｜がばと｜ぱっと。 예 밖에서 이상한 소리가 나자 사람들은 자리에서 ~ 일어섰다. 外で変な物音がすると、人々は席からぱっと立ち上がった。/ 모두 침대에서 ~ 일어나 앉았다. みんなベッドからすっくと起き上がった。❷【갑자기 자꾸 넘어지거나 자빠지는 모양】ぱったり｜ぱたぱた｜ばたばた。 예 비틀비틀 걸어오더니 풀밭에 ~ 쓰러졌다. よろよろ歩いてくると、草原にばったり倒れた。 / 병사들은 ~ 쓰러졌다. 兵士たちはばたっと倒れた。/ 도미노를 ~ 쓰러뜨렸다. ドミノをぱたぱたと倒した。❸【맥박・심장이 자꾸 자꾸 세게 뛰는 모양】どきどき。 예 높은 층계를 걸어 오르니 심장이 ~ 뛴다. 高い階段を歩いて上がると、心臓がどきどきする。 / 거짓말이 발각될까 내심 심장이 ~ 뛰었다. うそがばれるかと内心どきどきした。 / 합격자를 발표한다고 하니 심장이 ~ 뛴다. 合格者を発表するそうで、心臓がどきどき脈打ちつつ。❹【액체를 자꾸 빨리 마시는 모양】がぶがぶ｜ぐいぐい｜ごくごく。 예 요즘 아이들은 음료수를 ~ 마신다. このごろの子供たちは飲み物をがぶがぶ飲む。 / 막걸리를 ~ 들이켠다. マッコリをぐいぐいとあおって飲む。❺【심장이 자꾸 세게 뛰는 모양】ぱたぱた。

벌러덩 〔부〕【뒤로 편안히 넘어지는 가벼운 모양】ごろり(と)｜ごろっと｜ぱたっと｜ぱったり。 예 빙판에서 ~ 자빠졌다. 凍りついた路面で、ぱったりとひっくり返った。 / 침대에 ~ 드러눕다. ベッドにごろりと横になる。 / 노숙자가 벤치에 ~ 누워 등걸잠을 자고 있다. ホームレスがベンチでごろりとごろ寝をしている。 / 마룻바닥에 ~ 나가자빠지다. 床にばたっと仰向けに倒れる。 준 벌렁

벌렁 〔부〕 '벌러덩'의 준말.

벌렁-거리다 〔자〕 ❶【재빠르고 가볍게 자꾸 움직이는 모양】(浮ついて素早く動いて)せかせかする。 예 길거리를 벌렁거리며 쏘다니는 젊은이들 通りをせかせか歩き回る若者たち。❷【심장이 자꾸 세게 뛰거나 코를 자꾸 벌름거리는 모양】(心臓が)どきどきする｜(鼻などが)うごめかす。 예 심장이 ~. 心臓がどきどきする。 / 거사 계획이 들통 날까 가슴이 벌렁거린다. 旗揚げの計画がばれるかと、胸がどきどきする。 / 구수한 냄새에 코를 벌렁거리며 입맛을 다신다. 風味がいいにおいで、鼻をしきりにひくひくさせて舌なめずりをする。 =벌렁대다

벌렁-대다 〔자〕 ☞ 벌렁거리다

벌렁-벌렁¹ 〔부〕【재빠르고 가볍게 잇달아 움직이는 모양】ぱたぱた｜ごろり(と)｜ごろっと。 예 일꾼들은 ~ 누워서 자고 있다. 労働者たちはごろりと寝ている。 / 빙판 위를 걷다가 ~ 몇 번이나 나자빠졌다. 凍りついた路面を歩いていて、ぱたぱたと何度も仰向けに倒れた。

벌렁-벌렁² 〔부〕 ❶【마음이 들뜨는 모양】せかせか。❷【심장이 자꾸 세게 뛰는 모양】どきどき｜ひくひく。

벌렁벌렁-하다 ❶せかせかする。❷鼻がうごめかす｜胸がどきどきする。 예 짙은 향기에 모두들 코를 벌렁벌렁하면서 모여들었다. 濃い香りに、みんなが鼻をひくひくさせながら集まった。 / 초

벌렁-코명 ししばな｜ししっぽな.

벌레명 ❶【虫】虫｜虫けら｜昆虫. 예 ~ 퇴치 虫退治だ/ ~ 먹다. 虫が食う. =버러지 ❷【책 같은 데 열중하는 사람을 비유하여 이르는 말】예 책~ 本の虫.

벌레-집명 虫の巣.

벌레-퉁이명 (材木などの)虫食い. 예 ~를 베어 내다. 木の虫食いを切り取る.

벌룩-거리다자타 (伸縮性のあるものが)開いたりすぼんだりする. =벌룩대다·벌룽거리다·벌룽대다

벌룩-대다타 ☞벌룩거리다

벌룩-벌룩부 ひくひく｜ぱくぱく. =벌룽벌룽

벌룩-하다형 (すき間·穴などが)大きく開いている.

벌룽-거리다자타 ☞벌룩거리다

벌룽-대다자타 ☞벌룩거리다

벌룽-벌룽부 ☞벌룩벌룩

벌름-거리다자타【탄력있는 물체가 자꾸 벌어졌다 오므라졌다 하다】しきりに開いたりすぼんだりする. 예 무슨 냄새가 나는지 코를 벌름거리고 있다. 何のにおいがするのか, 鼻をひくひくとさせている. /냄새를 맡으려고 코를 벌름거린다. においを嗅ごうと, 鼻をひくひくうごめかす. =벌름대다

벌름-대다자타 ☞벌름거리다

벌름-벌름부【탄력있는 물체가 자꾸 벌어졌다 오므라졌다 하는 모양】ひくひく｜ぴくぴく.

벌름-하다자【탄력있는 물체가 벌어졌다 오므라졌다 하다】開いたりすぼんだりする.

벌리다타 ❶【간격】(間隔を)開ける｜広くする. ❷【풀다】開いて中身を取り出す. ❸【벌어지게 하다】(すぼんだものを)開く｜開ける｜広げる. =발리다
　벌린 입을 다물지 못하다관용 非常に感嘆したりあきれたりして, 開いた口が塞がらない. 예 멋있게 변한 그의 모습을 보고 벌린 입을 다물지 못하겠다. 格好よく変わった彼の姿を見て, 開いた口が塞がらない.

벌-리다자【돈이 벌어지다】金をもうかる.

벌림-새명 '벌임새'의 잘못.

벌목(伐木)명 伐木.
　벌목-하다자 伐木をする｜木を切り倒す.

벌-바람명 野風｜野原や草原に吹く風.

벌벌¹부【춥거나 두려움으로 인해 자꾸 떠는 모양】ぶるぶる｜おどおど｜びくびく. 예 추워서 ~ 떨다. 寒くてぶるぶると震える. /온몸이 ~ 떨리는 춥디추운 어느 겨울밤이었다. 全身がぶるぶる震える寒々しいある冬の夜だった. /무서워서 ~ 떨다. 怖くてぶるぶるふるえる. /그는 해고당할까 봐 ~ 떨고 있다. 彼は首になるかとびくびくしている. ❷【재물을 몹시 아끼는 모양】けちけち. 예 부자인데 단 100원에도 ~ 떠는 구두쇠이다. 金持ちのくせに, たった100ウォンにもけちけちするしみったれだ.

벌벌²부【몸을 바닥에 대고 자꾸 기는 모양】地面を這うさま. 예 겁이 많은 그는 ~ 기어서 잔교를 건너갔다. 臆病の彼は四つんばいになって桟橋を渡っていった.

벌-새명〈동〉蜂鳥. 예 ~는 1초에 60번이나 날갯짓을 한다. ハチドリは一秒に60回までも羽をばたつかせる.

벌-술(罰—)명 ☞벌주

벌써부 ❶【예상보다 빨리】もう. 예 ~ 가는 거야? もう行くの. / ~ 12월이 왔구나! もう12月じゅうがつだね. ❷【이미 오래전에】既に｜とっくに｜早くに. 예 그 일은 ~ 알고 있다. そのことは既に知っている. /티켓은 ~ 매진되었다. チケットはとっくに売り切れた.

벌-쓰다(罰—)자 罰を受ける｜罰せられる.

벌어-지다¹자 ❶【(体이·胸·肩 등이) 盛り上がる｜横に張る｜がっちりする. 예 어깨가 ~. 肩ががっちりする. ❷【열림】開く｜開く｜広がる. 예 절반쯤 벌어진 꽃봉오리 半分ほど開いたつぼみ/ 놀라서 눈이 ~. 驚いて目が開く. /너무 좋아서 입이 떡 ~. 嬉しすぎて口が大きく広がる. ❸【벌어진 틈】隔たりができる｜ひびが入る｜すき間や距離が広がる. 예 사이가 ~. 関係が遠くなる.

벌어-지다²자【(事이) 起こる｜繰り広げられる. 예 열전이 벌어지고 있다. 熱戦が繰り広げられている.

벌-이명 稼ぎ｜儲け.
　벌이-하다자 稼ぐ｜儲ける.

벌이다타 ❶【시작하다】(仕事などを)始める｜とりかかる｜着手する｜手を付ける. 예 신규 사업을 ~. 新規事業を始める. /확장 공사를 ~. 拡張工事に着手する. ❷【열다】(宴会·賭場など

을) 準備する｜設ける｜開く。예 잔치를 ~. 宴会を開く。/ 화투판을 ~. 花札の賭場を設ける。❸【いくつかの物を】並べる｜陳列する。예 공부는 하지 않고 책만 벌여 놓다. 勉強はしないで本ばかり並べておく。❹【店を】開く｜開店する｜オープンする。예 돈을 모아 음식점을 ~. お金を貯めて食堂を開く。❺【争い・言い合いなどを】交える｜繰り広げる｜展開する。예 논쟁을 ~. 論争を繰り広げる。/ 승부를 ~. 勝負を交える。

벌이-줄 명 ❶張り綱｜支え綱。❷凧糸。

벌잇-줄 명 稼ぎぐち。

벌임-새 명 物を配置した状態｜並べ具合。

벌점(罰點) 명 罰点。

벌주(罰酒) 명 罰杯｜罰酒。=벌술

벌-집 명 蜂の巣。
　벌집을 건드리다(쑤시다) 관용 蜂の巣をつつく;〔日〕藪をつついて蛇を出す。예 그건 벌집을 건드리는 짓이니까 그냥 가만히 있어라. 그것은 藪をつついて蛇を出すことだから、そのまま黙っていなさい。◆일본에서는 '덤불을 쑤셔 뱀이 나오게 하다'라고 한다.

벌쩍-거리다 자타 立ち上がろうともがく｜もだえ動く｜しきりに動かす。=벌쩍대다

벌쩍-대다 자타 ☞ 벌쩍거리다

벌쩍-벌쩍 부 ばたばた。

벌쭉 부 ❶【속의 것이 보이게 벌어진 모양】中のものがちらちら見え隠れするさま。❷【이를 살짝 보이는 모양】少し歯を見せて笑うさま｜にっと。예 친구가 ~ 웃으며 다가왔다. 友達がにっと笑いながら近づいてきた。❸【끝이 뾰족한 모양】先が突き出ているさま。

벌쭉-거리다 자타 ❶ (中に隠れたものが)見え隠れする｜開いたり閉じたりする。❷にやにや笑う。예 무슨 좋은 일이 있는지 연방 벌쭉거리고 있다. 何かいいことがあるかのように、にやにやしている。=벌쭉대다

벌쭉-대다 자 ☞ 벌쭉거리다

벌쭉-하다 자타 ❶ちらちらと見え隠れする。❷ 口を少し開けて笑う。❸ 先が鋭く突き出る。

벌창 명 ❶【물이 넘쳐흐름】(水などの)氾濫。예 하천의 ~ 河川の氾濫。❷【흔히 매우 많이 나와 있음을 비유하는 말】氾濫。예 외래어의 ~ 外来語の氾濫。

벌창-하다 ❶ (水などが)氾濫する｜溢れる。예 폭우로 강이 ~. 大雨で川が氾濫する。❷ 氾濫する。예 정보가 ~. 情報が氾濫する。/ 시장에 여러 가지 물건이 ~. 市場にはいろいろな物が氾濫する。

벌채(伐採) 명 伐採。
　벌채-하다 伐採する。

벌초(伐草) 명 墓の雑草などを刈ってきれいにすること。
　벌초-하다 墓の雑草などを刈ってきれいにする。예 아버지와 벌초하러 가다. 父と墓の雑草刈りに行く。/ 부모님 산소를 벌초할 때마다 눈물이 난다. 両親の墓の雑草を刈るたびに涙が出る。

벌충 명 補充｜埋め合わせ。
　벌충-하다 補充する｜埋め合わせる｜補う。

벌칙(罰則) 명 罰則。

벌컥 부 ❶【갑자기 화를 내거나】かっと｜ぐいっと｜ぐっと。예 음료수를 ~ 들이키다. 飲料水をぐっと飲む。/ ~ 문을 열다. かっとドアを開ける。❷【갑자기 소란이 일어나는 모양】急に大騒ぎになるさま。

벌컥-거리다 자타 ❶(酒などが)ぶつぶつと発酵する。❷(飲み物を)がぶがぶと飲む。=벌컥대다

벌컥-대다 자타 ☞ 벌컥거리다

벌컥-벌컥¹ 부 ❶【자꾸 갑자기 화를 내는】かっと。❷【술 따위가 괴어오르는 소리나 모양｜급히 마시는 소리나 모양】てんやわんや｜どっと。❸【갑자기 것을 꾸는】からり(と)。

벌컥-벌컥² 부 ❶【액이 높은 곳이 자꾸 부러오르는 모양】ぶくぶく。❷【계속 들끓거나 잘 되지 않는 모양】ぶつぶつ｜ぼこぼこ｜ぐらぐら。❸【감자・밀가루 등이 반죽을 자주 때】べちゃべちゃ｜ぐちゃぐちゃ。❹【술 등을 들이키는 모양】ごくごく｜がぶがぶ。

벌-통(一桶) 명 蜜蜂の巣箱。

벌-판 명 広々とした野原｜平野｜平原。

범 명 〈동〉虎。=호랑이❶

범-고래 명 〈동〉鯱。예 고래 중에서도 가장 사나운 것이 ~이다. クジラの中でも最も狂暴なのがシャチだ。

범-굴(一窟) 명 虎穴。

범-나비 명 ☞호랑나비

범-날 명《민》寅の日。

범-띠 명《민》寅年｜寅年の生まれ。

범람(汎濫·氾濫)명 氾濫はん。
　범람-하다汎濫はんする。

범람-원(氾濫原)명 氾濫原はんらん。

범례(凡例)명 凡例はん。=일러두기

범문(梵文)명 ☞범서

범벅명 ごた混ぜ;ごちゃまぜ。예~이 되다. ごた混ぜになる。

범법(犯法)명 法ほうを犯おかすこと。
　범법-하다자 法ほうを犯おかす。

범사(凡事)명 ❶[불교] 全すべてのこと。 ❷[명사] 平凡へいぼんなこと。

범상-하다(凡常—)형 尋常じんじょうだ;平凡へいぼんだ;普通ふつうだ;世間並せけんなみだ。예그녀는 지금 정신 상태가 범상치 않다. 彼女かのじょは今いま、精神状態せいしんじょうたいが普通ふつうじゃない。/ 범상한 수단으로는 해결이 안 된다. 尋常じんじょうな手段しゅだんでは解決かいけつしない。

　범상-히튀 尋常じんじょうに;平凡へいぼんに;普通ふつうに;世間並せけんなみに。예그는 ~ 싸워도 이길 수 있는 상대이다. 彼かれは尋常じんじょうに争あらそっても勝かてる相手あいてだ。

범서(梵書)명 梵書ぼんしょ;ブラーフマナ。=범문

범선(帆船)명 帆船はんせん;帆前船ほまえせん。

범속-하다(凡俗—)형 凡俗ぼんぞくだ;俗ぞくっぽい。

범신-론(汎神論)명 [철] 汎神論はんしん。

범어(梵語)명 ☞산스크리트

범위(範圍)명 範囲はんい。예시험 ~ 試験しけん範囲はんい/허용 ~ 許容範囲きょようはんい/출제 ~ 出題範囲しゅつだいはんい。

범인¹(凡人)명 [불교] 凡人ぼんじん。

범인²(犯人)명 《법》犯人はんにん;犯罪人はんざいにん。

범자(梵字)명 [언] 梵字ぼんじ。

범재(凡才)명 [불교] 凡才ぼんさい。

범절(凡節)명 作法さほう。예예의~ 礼儀れいぎ作法さほう。

범접(犯接)명 むやみに近付ちかづいて触ふれること。
　범접-하다자 むやみに近付ちかづいて触ふれる。예범접할 수 없는 무서운 사람 むやみに近付ちかづけない怖こわい人ひと/함부로 범접할 수 없도록 에워싸다. むやみに近ちかづいて触ふれないように囲かこむ。

범죄(犯罪)명 犯罪はんざい。예흉악 ~ 凶悪きょうあく犯罪はんざい/사이버 ~ サイバー犯罪はんざい/~ 피해자 犯罪被害者はんざいひがいしゃ/중대 ~를 저지르다. 重大じゅうだい犯罪はんざいを犯おかす。

범죄-자(犯罪者)명 《법》犯罪者はんざいしゃ。

범주(範疇)명 範疇はんちゅう;カテゴリー。

범퍼(bumper)명 《フ》バンパー。

범-하다(犯—)타 犯おかす。예죄를 ~ 罪つみを犯おかす。/실수를 ~. 過あやまちを犯おかす。

범행(犯行)명 犯行はんこう;犯罪はんざいとなる行為こうい。예현장 범행현장はんこうげんば/~ 을 인정하다. 犯行はんこうを認みとめる。
　범행-하다자 犯行はんこうを犯おかす。예범행한 것은 이번이 처음이다. 犯行はんこうを犯おかしたのは今回こんかいが初はじめてだ。

법(法) I 명 法ほう。 ❶[법률] 法律ほうりつ;規範はん。예~을 어기다. 法ほうを犯おかす。/ ~을 지키다. 法ほうを守まもる。 ❷[불교] 仏ぶつを説といた教法きょうほう;仏法ぶっぽう。

　II 의 ❶[일반적으로] 方法ほうほう;方式ほうしき;仕方しかた;手段しゅだん。예만드는 ~ 作つくる方法ほうほう/춤을 잘 추는 ~ 踊おどりを上手じょうずに踊おどる方法ほうほう。 ❷[일반적으로] 礼法れいほう;作法さほう;道理どうり。예다도의 ~ お茶ちゃの作法さほう/어린아이라고 해서 모르라는 ~은 없다. 幼おさない子こだからといって知しらない法ほうはない。 ❸[주로 '-는 법이 없다'의 형태로 쓰여]—ということはない。예그는 무슨 일이 있어도 화를 내는 ~이 없다. 彼かれは何なにがあっても怒おこるということはない。 ❹[~는 법이다'의 꼴로 쓰여, 당연하거나 으레 그러함을 나타내는 말]—するものだ。예주는 대로 받는 ~이다. くれたら貰もらうものだ。/벼는 익을수록 고개를 숙이는 ~이다. 稲いねは実みると首くびを傾かたむけるものだ。 ❺[주로 '-ㄹ 법하다'의 꼴로 쓰여]—ようだ;—そうだ。

　법-하다보형 [주로 '-ㄹ 법하다'의 꼴로 쓰여]—ようだ;—そうだ;—らしい。예일이 잘 될 ~. 仕事しごとがうまく行いきそうだ。

-법(法)접 [명사] —法ほう;—の仕方しかた。예요리법 料理法りょうりほう/표기법 表記法ひょうきほう/공부법 勉強べんきょうの仕方しかた。

법가(法家)명 [역사] 法家ほうか。예한비자는 치국에는 법치가 근본이라 보는 ~였다. 韓非子かんぴしは、治国ちこくには法治ほうちが基本きほんであると見みる法家ほうかだった。

법과(法科大學)명 [교] 法学部ほうがくぶ。

법고-춤(法鼓—)명 [예] 法鼓ほうこを叩たたきながら踊おどる仏教舞踊ぶっきょうぶよう。

법관(法官)명 《법》法官ほうかん;裁判官さいばんかん。

법권(法權)명 《법》❶法律ほうりつの権限けんげん。 ❷法権ほうけん。

법규(法規)명 《법》法規ほうき。

법당(法堂)명 法堂ほうどう。

법도(法度)명 ❶日常生活にちじょうせいかつでの礼儀れいぎ作法さほう。 ❷法度はっと;法律ほうりつと制度せいど。

법랑(琺瑯)명 琺瑯ほうろう;エナメル。

법랑-질(琺瑯質)명 [의] 琺瑯質ほうろうしつ;エナ

メル質。

법령(法令)〖법〗法令。=영(令)❷
법례(法例)〖법〗法例。
법률(法律)〖법〗法律。~ 사무소 法律事務所。
법률-가(法律家)〖법〗法律家。
법률-안(法律案)〖법〗法律案。
법리(法理)〖법〗法理。❶〖법〗法律の原理。❷〖종〗仏法の道理。
법무(法務)〖법〗法務。
법문(法文)❶〖법〗法文 ¦ 法令の文章。❷〖종〗法文。
법서(法書)〖법〗法書。
법석〖법〗わいわい騒ぎ立てること ¦ 大騒ぎ。
　법석-거리다재 わいわい騒ぎ立てる。=법석대다·법석이다
　법석-대다재 ☞법석거리다
　법석-이다재 ☞법석거리다
법식(法式)〖법〗❶法式。❷方式。❸〖종〗〖해설〗法要。
법안(法案)〖법〗法案。예 ~을 제출하다. 法案を提出する。
법열(法悅)〖법〗法悅。
법왕(法王)〖종〗法王。❶〖해설〗仏法の王 ¦ 釈迦。❷〖해설〗教皇。
법원(法院)〖법〗裁判所。
법-의학(法醫學)〖의〗法医学。
법인(法人)〖법〗法人。~ 학교 ~ 学校法人 / 현지 ~ 現地法人。
법인-세(法人稅)〖법〗法人税。
법-적(法的)관형 法的。
법전(法典)〖법〗法典。
법정¹(法廷·法庭)〖법〗法廷。예 ~ 투쟁 法廷闘争。
법정²(法定)〖법〗〖해설〗法定。예 ~ 금리 法定金利 / ~ 상속인 法定相続人。
　법정-하다타 法令で規定する。예 법정한 세율 法律で規定した税率。
법정 과실(法定果實)〖법〗法定果実。
법정 이율(法定利率)〖법〗法定利率。
법제(法制)〖법〗法制。
법조-계(法曹界)〖법〗法曹界。
법치(法治)〖법〗法治。
법치 국가(法治國家)〖종〗法治国家。
법치-주의(法治主義)〖법〗法治主義。
법칙(法則)〖법〗法則。예 관성의 ~ 慣性の法則。
법학(法學)〖법〗法学。

법화-경(法華經)〖법〗法華経。
벗명 友 ¦ 友達 ¦ 友人。=우인
벗-가다 ☞벗나가다
벗겨-지다재 ❶脱げる ¦ 剥ける ¦ 剥げる ¦ 外れる。❷(汚名·冤罪などが) そがれる。
벗-기다타 ❶〖해설〗(服·帽子などを)脱がせる ¦ 脱がす。예 모자를 ~. 帽子を脱がせる。/ 아이의 바지를 ~. 子供のズボンを脱がす。❷〖해설〗(皮·表皮を)むく ¦ はぐ ¦ へぐ ¦ はぎ取る。예 사과 껍질을 ~. リンゴの皮をむく。/ 나무껍질을 ~. 樹皮をはぐ。❸〖해설〗(表面などの汚れ·塗料などを)落とす ¦ はがす ¦ 取り除く。예 때를 ~. 汚れを落とす。/ 칠을 ~. 塗料をはがす。❹〖해설〗(被せてあるものを)はぐる ¦ めくる ¦ 開ける。예 솥뚜껑을 ~. 釜の蓋を開ける。/ 이불 홑청을 ~. 布団のカバーをはぐる。❺〖해설〗(閂·ボタンなどを)外す ¦ 取る。예 대문의 문고리를 ~. 門の取っ手を外す。❻〖해설〗(隠された秘密などを)暴く ¦ 暴露する。예 마술의 비밀을 ~. 手品の秘密を暴く。❼〖해설〗(ぬれぎぬ·汚名などを)はらす。예 남동생의 누명을 ~. 弟のぬれぎぬをはらす。
벗-나가다재 (一定の範囲から)それる ¦ 外れる ¦ 出る ¦ はみ出る。=벗가다
벗다타 ❶〖해설〗(身に付けたものを)脱ぐ ¦ 外す。예 외투를 ~. コートを脱ぐ。/ 안경을 ~. 眼鏡を外す。❷〖해설〗(背負っていたものを)外す ¦ 下ろす。예 어깨에 멘 배낭을 ~. 肩に担いだリュックを下ろす。❸〖해설〗(動物の皮を)脱ぐ。예 뱀이 허물을 ~. 蛇が脱皮する。❹〖해설〗(義務·責任などを)免れる ¦ 脱する。예 책임을 ~. 責任を免れる。/ 납세의 의무는 벗을 수 없다. 納税の義務は脱することができない。❺〖해설〗(ぬれぎぬ·汚名などを)すすぐ ¦ そそぐ。예 억울한 누명을 ~. 悔しいぬれぎぬをすすぐ。❻〖해설〗(野暮くさかったり素人くさかったりした態度·気色などを)脱する ¦ なくす ¦ 垢抜けする。예 때를 벗은 여자 垢抜けした女の人。/ 촌티를 ~. 田舎臭さをなくす。
벗-바리〖해설〗後押しを ¦ 後援者である。
　벗바리(가) 좋다관용 後押しが多い。
벗어-나다재보 ❶〖해설〗(ある基準·範

囲い·境界 などから)外れる｜逸れる。예코스에서 ~. コースから外れる。/ 화살이 과녁에서 ~. 矢が的から逸れる。❷【】(ある状態から)抜け出す｜逃れる｜免れる。예가난한 생활에서 벗어나고 싶다. 貧しい生活から抜け出したい。/ 어려운 고비를 ~. 苦境を免れる。❸【】(拘束・障害から)解放される｜自由になる。예시험에서 ~. テストから解放される。❹【】(話しの流れから)逸れる｜外れる。예화제에서 벗어나지 마세요. 話題から逸れないでください。❺【】(規範・道理などから)外れる｜逸れる｜反する。예사람의 도리에 벗어난 행동 人の道理に外れた行動。

벗어-부치다 자타 勢いよく脱ぎ捨てる。

벗어-지다 자 ❶(身に付けたものが)脱げる｜取れる｜外れる。예신발이 ~. 靴が脱げる。❷(垢·しみなどが)落ちる｜抜ける｜取れる。예묵은 때가 벗어지니 다시 뽀얀 피부가 되었다. こびりついた垢が取れて、また白い皮膚になった。❸(頭髪が)はげる。❹(皮膚などが)擦りむける｜むける。예넘어져 무릎이 벗어져 피가 난다. 転んで膝を擦りむけ血が出る。

벗-하다 타 ❶友とする。❷(敬語を使わないで)気安く付き合う。

벙거지 명 ❶(역)兵卒がかぶった帽子。❷【】帽子。

벙그레 부【】にっこり。

벙글-벙글 부 にこにこ。

벙긋 부 にっこり｜にこやかに。

벙긋-하다 형 少し開いている。

벙벙-하다 형 呆然とする｜ぽかんとする。예그 말을 듣고 어안이 벙벙해서 아무 말도 할 수가 없었다. その言葉を聞き、呆れてものが言えなかった。

벙벙-히 부 呆然と｜ぽかんと。

벙어리 명【】唖に。◆唖は、낮잡는 말이고, 일반적으로는 "構音障害(こうおんしょうがい)·聴覚障害者(ちょうかくしょうがいしゃ)·言語障害者(げんごしょうがいしゃ)"를 쓴다.

벙어리-장갑(一掌匣) 명 ミトン｜二またの手袋。

벙커(bunker) 명【】バンカー。

벙커시-유(bunker C油) 명 バンカー重油｜シー重油。

벚 명 ☞ '버찌'의 준말.

벚-꽃 명 《식》桜花｜桜の花。예~ 축제 桜花祭り。

벚-나무 명 《식》桜。예~ 동산 サクラの園/~에 활짝 핀 벚꽃이 눈처럼 아름답게 보인다. ぱあっと開いたサクラの花が雪のように美しい。

베 명 ❶【】木綿糸、絹糸などで織った布地。❷【】麻布。

베-개 명 枕。예~를 베다. 枕をする。

베갯-머리 명 枕元｜枕頭。

베갯-모 枕の両端につける飾り。

베갯-속 枕のつめもの。

베갯-잇 枕カバー｜枕当て。

베고니아(begonia) 명 《식》ベゴニア。

베끼다 타 書き写す｜写す｜書き取る。예다른 사람의 글을 베껴서 제출하다. 他人の文章を写して提出する。

베냉(Benin) 명 《국》ベナン。

베네수엘라(Venezuela) 명 《국》ベネズエラ。

베네치아-악파(Venezia樂派) 명 《음》ベネチア楽派。

베니어-합판(veneer合板) 명 ベニヤ板。

베다¹ 타【】枕にする。

베다² 타【】❶(刃物で)切る｜刈る。❷(刃物で)傷付ける。

베-돌다 자 仲間から外れる｜孤立する。예친구들을 피하여 혼자서 ~. 友達を避けて一人で孤立する。

베드 신(bed scene) 《연》ベッドシーン。

베드-타운(bed town 조) 명【】ベッドタウン。

베란다(veranda) 《건》ベランダ。

베레(béret 프) 명 ベレー｜ベレー帽。= 베레모

베레-모(béret帽 프) 명 ☞ 베레

베를린-악파(Berlin樂派) 명 《음》ベルリン楽派。

베릴륨(beryllium) 명 《화》ベリリウム。

베스트-셀러(best seller) 명 ベストセラー。

베슥-하다 형 やや斜めになっている｜やや傾いている。

베슥-이 부 やや斜めに。

베-실 명 麻糸。= 삼실

베어링(bearing) 명 《フ》ベアリング。

베-옷 명 麻布の服。

베-이다 자【】切られる｜刈られる。

베이스¹(base)몡 《운》〖야구〗(野球で)ベース｜塁。=누²

베이스²(bass)몡 《음》ベース。

베이지(beige)몡 ベージュ。

베이컨(bacon)몡 ベーコン。

베이킹-파우더(baking powder)몡 ベーキングパウダー。

베일(veil)몡 ベール。

베짱-베짱【의성어·의태어】すいっちょすいっちょ。예~, 베짱이가 잇따라 운다. すいっちょすいっちょと、ウマオイムシが立て続けに鳴く。

베짱이몡 《동》うまおいむし。

베크렐-선(Becquerel線)몡 《물》ベクレル線。

베타(beta 그)몡 《언》ベータ。

베타 붕괴(beta崩壞 그) 《물》ベータ崩壊。

베타-선(beta線 그) 《물》ベータ線｜ベータ粒子の流れ。

베타 입자(beta粒子 그) 《물》ベータ粒子。

베타트론(betatron)몡 《물》〖가속기〗ベータトロン。

베테랑(vétéran 프)몡 ベテラン。

베트남(Vietnam)몡 《국》ベトナム。

베-틀몡 機｜織機。

베풀다目 ❶【베풀다】(パーティー・宴会などを)催す｜主催する｜行なう｜設ける。예 주연을 ~. 酒宴を設ける。/ 성대한 잔치를 베풀었다. 盛大な宴会を催した。❷【베풀다】(哀れに思って人に恵みを)与える｜恵む｜施す。예 자비를 ~. 慈悲を施す。/ 호의를 ~. 好意を与える。

벡터(vector)몡 ベクトル。

벤젠(benzene)몡 《화》ベンゼン｜ベンゾール。

벤졸(benzol)몡 《화》ベンゾール｜ベンゼン。

벤진(benzine)몡 《화》ベンジン｜石油ベンジン。

벤처 기업(venture企業) 《경》ベンチャー企業。

벤치(bench)몡 ベンチ。

벤치마킹(bench-marking)몡 《경》ベンチマーキング。

벤치 프레스(bench press) 《운》ベンチプレス。

벨(bell)몡 ベル。예 현관 ~이 울리다. 玄関のベルが鳴る。/ 비상~을 누르다. 非常ベルを押す。

벨기에(België)몡 《국》ベルギー。

벨라루스(Belarus)몡 《국》ベラルーシ。

벨리즈(Belize)몡 《국》ベリーズ。

벨벳(velvet)몡 ベルベット｜ビロード。=비로드

벨칸토(bel canto 이) 《음》ベルカント。

벨트(belt)몡 ベルト。❶バンド。예 ~를 매다. ベルトをしめる。/ ~를 풀다. ベルトをゆるめる。=허리띠 ❷【벨트】調べ帯｜調べ革。

벼몡 《식》稲。예 ~ 포기 稲の株。/ ~ 이삭 稲穂。/ ~를 베다. 稲を刈る。

벼-까라기몡 稲の芒。图 벼까락

벼-까락몡 ☞'벼까라기'의 준말.

벼-농사(—農事)몡 《농》稲作。=미작

벼락몡 ❶雷｜落雷。예 ~ 맞아 쓰러진 나무 雷に打たれて倒れた木。/ ~이 떨어지다. 雷が落ちる｜雷に打たれる。/ 변압기에 ~이 쳐서 정전되었다. 変圧器へ落雷して停電した。=벽력 ❷【벼락】大目玉を食うこと｜雷が落ちること。❸【벼락】素早く行動したり片付けたりすること。❹【벼락】にわかに水を浴びせかけること。

벼락 맞을 소리관용 道理はずれの発言｜罰当たりな発言。

벼락(을) 맞다관용 雷に打たれる。❶罰が当たる。❷頭ごなしに叱りつける。

벼락(이) 내리다[떨어지다]관용 雷が落ちる｜雷に打たれる。❶異変が起きる。❷頭ごなしに叱りつける｜大目玉を食う｜ひどい目にあう。예 그런 소리 하다간 벼락이 떨어진다. そんなこと言うと、雷が落ちるぞ。

벼락 치는 하늘도 속인다속담 雷を落とす天までもだます：「人間はだまそうと思えば何でもだませる」の意。

벼락 치듯관용 ❶雷のように速く。❷ものすごい音で。예 건물이 무너지면서 벼락 치듯 소리가 났다. 建物が倒れるとき、雷のようなものすごい音がした。

벼락-같다囿 ❶【벼락같다】(行動が雷のように)すばやい｜敏速である。예 벼락 같은 동작으로 범인을 잡다. 雷のようにすばやい動作で、犯人を捕まえる。❷【벼락같다】(音が雷のように)大き

い。예너무 화가 나서 벼락같은 소리를 질렀다. あまりにも腹が立って、雷のように大きな声を出した。
벼락-같이[甲] ❶すばやく｜敏速に。예~ 달려왔다. 雷のようにすばやく走ってきた。❷大きく。예갑자기 ~ 소리를 질러서 깜짝 놀랐다. いきなり雷のように大きく声を出してびっくりした。
벼락-공부(一工夫)【선무리 벼락치기】泥縄式の勉強。
벼락-부자(一富者)[명] 成金｜にわか分限。예그는 복권이 당첨되는 바람에 ~ 가 되었다. 彼は宝くじに当たったために成金になった。
벼락-치기【선무리 벼락치기】泥縄。
벼랑[명] 断崖｜がけっぷち｜がけ。예~을 기어오르다. がけをよじ登る。
벼루¹[명] 硯。
벼루²[명] 海や川辺に位置した険しい断崖。
벼룩〈동〉蚤。예~ 잡기 ノミ取り/개~이 옮다. 犬のノミが移る。
　벼룩도 낯짝이 있다〈속담〉蚤にも面子がある：「ひどく厚かましい人をいさめる語」の意。
　벼룩의 간을{선지를} 내먹는다〈속담〉蚤の肝を取り出して食う：「とても浅ましい；ひどくけちだ」の意。
벼룩-시장(一市場)[명] 蚤の市｜フリーマーケット。
벼룻-돌[명] 硯石。
벼룻-집[명] 硯箱。
벼르다¹[타] (何かの目的を遂げようと準備してその機会を)狙う｜窺う｜覗く。예복수할 기회를 단단히 벼르고 있다. 復讐する機会をしっかりと狙っている。/진작부터 그렇게 하려고 벼르고 있었다. とっくにそうしようと窺っていた。
벼르다²[타] 配分する｜分配する｜取り分ける。
벼리 ❶網のつな｜元綱。예~를 잡아당기다. 元綱を引く。❷(文などの)要｜要点。예이야기의 ~를 파악하다. 話の要をつかむ。
벼리다[타] ❶鍛える。예괭이를 ~. 鍬の切れをよくする。❷鍛える｜強固にする。예전의를 ~. 戦意を強固にする。

벼릿-줄[명] 元綱。예~을 잡아당기다. 元綱を引く。
벼슬[명] 官職｜官位。
벼슬-살이[명] 官束暮らし｜役人生活。예~를 그만두다. 役人生活をやめる。
　벼슬살이-하다[자] 官束暮らしをする｜役人生活をする。예30년 동안 벼슬살이해 왔다. 30年間ずっと、官吏暮らしをしてきた。
벼슬-아치[명] 官吏｜役人｜官員。
벼-쭉정이[명] 粃｜実のない籾。예~를 고르다. 粃を選びだす。
벼-훑이〈농〉稲扱き。
벽¹(壁)[명] 壁。❶【선무리 벽】예~을 쌓다. 壁を築く。/~에 기대어 서 있다. 壁に頼って立っている。❷【선무리 벽】예기술적인 ~을 넘어서다. 技術の壁を乗り越える。❸【선무리 벽】예마음의 ~을 허물다. 心の壁を壊す。
　벽에 부딪치다〈관용〉【선무리 벽】壁に突き当たる。예기술적인 벽에 부딪치다. 技術の壁に突き当たる。
　벽(을) 쌓다〈관용〉【선무리 벽】交わりを絶つ。
벽²(癖)[명] 癖。
벽-걸이(壁—)[명] 壁掛け。
벽계-수(碧溪水) 青く澄んだ谷川の水。
벽-난로(壁暖爐)[명] 壁付きの暖炉｜ペチカ。
벽-담(壁—) 壁の側にぐるりとめぐらせた塀。
벽-돌(甓—)〈건〉煉瓦。=연와
벽돌-공(甓—工) 煉瓦を作る職人｜煉瓦工｜煉瓦職人。
벽돌-담(甓—)[명] 煉瓦塀。
벽돌 쌓기(甓—)〈건〉煉瓦積み。
벽돌-집(甓—)[명] 煉瓦で造られた家屋。예서양식 붉은 ~ 西洋式の赤いれんがが造りの家。
벽두(劈頭)【선무리 벽두】劈頭｜冒頭｜はじめ。
벽력(霹靂)[명] 霹靂｜雷｜落雷。=벼락❶
벽보(壁報)[명] 壁新聞｜張り札｜張り紙。
벽보-판(壁報板)[명] 掲示板。
벽산(碧山) ☞청산(靑山)
벽상(壁上)[명] 壁上｜壁の上。
벽성(僻姓)【선무리 벽성】ごく珍しい姓。

벽-시계(壁時計)圏 柱時計はしらどけい｜掛かけ時計どけい。

벽-신문(壁新聞)圏 壁新聞かべしんぶん。

벽안(碧眼)圏 ❶青あい目め。❷西洋人せいようじん。

벽-오동(碧梧桐)圏 〔植〕青桐あおぎり。

벽자(僻字)圏 あまり使つかわない字じ。

벽장-코圏 あぐら鼻ばな。

벽지¹(僻地)圏 僻地へきち｜片田舎かたいなか｜辺地へんち。=벽처

벽지²(壁紙)圏 壁紙かべがみ。

벽-지다(僻─) ☞ '외지다'의 잘못.

벽창-호(碧昌─)圏 とても我が強つよくて無愛想ぶあいそうな人ひと｜頑固者がんこもの｜分わからず屋や｜朴念仁ぼくねんじん｜強情ごうじょっ張ばり。예저런 ~하고 도대체 말이 통해야지. あんな分からず屋とはまったく話が通つうじないよ。

벽처(僻處)圏 ☞벽지¹(僻地)

벽촌(僻村)圏 僻村へきそん｜片田舎かたいなか。

벽-치다(壁─)재〔건〕(壁代かべしろに赤土あかつちを塗ぬって)土壁つちかべを作つくる。

벽토(壁土)圏 壁土かべつち。

벽화(壁畫)圏 壁画へきが。

변¹〔隱語〕圏 隱語いんご｜隠かくし言葉ことば。

변²(便)圏 〔大小便〕 大小便だいしょうべん｜(多おおくは)大便だいべん。

변³〔漢字〕圏 漢字かんじの偏へん。

변⁴(邊)圏 ☞변리

변⁵(邊)圏 ❶〔あたり〕─ほとり｜─あたり｜へり｜端はし。예강~ 川のほとり/도로~ 道端みちばた。❷〔수〕〔三角形の〕辺へん。예삼각형의 한 ~의 길이를 구하시오. 三角形さんかくけいの一辺いっぺんの長ながさを求もとめよ。❸〔수〕〔左辺・右辺〕 辺へん。예좌~과 우~ 左辺さへんと右辺うへんの部分ぶぶん。❹〔운〕〔的まとの星ほし以外いがいの部分〕화살이 ~에 꽂이다. 矢やが的の星以外の部分に刺ささる。

변⁶(變)圏 変へん｜(突然とつぜんに起こった)災わざわいや異変いへん。예객지를 떠돌다 ~을 당했다. 異郷いきょうを放浪ほうろうして、災難さいなんに遭あった。/이번 겨울은 ~으로 별로 춥지 않다. 今年ことしの冬ふゆは異変があって、あまり寒さむくない。

변개(變改)圏〔變更〕変改へんかい｜変更へんこう。

변개-하다⯅ 変改へんかいする｜変更へんこうする。

변격(變格)圏 変格へんかく｜変則へんそく。

변경¹(邊境)圏 辺境へんきょう。

변경²(變更)圏 変更へんこう｜改変かいへん。예주소~ 住所じゅうしょ変更/예비군 훈련 장소 ~ 予備軍よびぐん訓練所くんれんじょの変更/연금 수령 시기 ~ 年金ねんきん受領じゅりょう時期じきの変更。

변경-하다⯅ 変更へんこうする｜改変かいへんする｜変かわる。예규칙이 변경되다. 規則きそくが変わる。/이민 조건이 변경되다. 移民いみんの条件じょうけんが変わる。/장소를 ~. 場所を変更する。/명의 ~. 名義めいぎ変更する。

변고(變故)圏 不慮ふりょの災難さいなんや事故じこ｜変事へんじ｜異変いへん。

변괴(變怪)圏 ❶異変いへん｜怪異かいいな出来事できごと。❷道理どうりにはずれた悪事あくじ。

변기(便器)圏 便器べんき｜おまる｜おかわ。

변덕(變德)圏 むら気き｜気まぐれ｜移うつり気ぎ。예~을 부리다. 気まぐれだ。/그 애는 이랬다저랬다 ~이 심한 아이이다. その子はああしたりこうしたり、気まぐれの激はげしい子だ。=반덕

변덕-꾸러기(變德─)圏 気まぐれ者もの｜お天気屋てんきや｜気分屋きぶんや。예그새 마음이 바뀐 거야? 누가 아니랄까봐. 그 사이에 心こころが変わったのか。気分屋とでも言いわれるかと思おもって。

변덕-맞다(變德─)圏 ☞변덕스럽다

변덕-스럽다(變德─)圏 気まぐれだ｜移うつり気ぎだ。=변덕맞다

변덕스레(變德─)閉 気まぐれに｜移うつり気ぎに。

변덕-쟁이(變德─)圏 気まぐれ者もの｜気分屋きぶんや｜お天気屋てんきや。예내 딸은 하루에도 옷을 몇 벌씩 갈아입는 ~이다. 私わたしの娘むすめは、一日いちにちに何回なんかいも服ふくを着替きがえるほど気まぐれだ。

변-돈(邊─)圏 〔利子りしを払はらう条件じょうけんで借かりる〕借金しゃっきん。

변동(變動)圏 変動へんどう。예기후 ~ 気候きこう変動/지각 ~ 地殻ちかく変動/금리 변동금리へんどうきんり。

변동-하다재 変動へんどうする。예기준가액이 ~. 基準価額きじゅんかがくが変動する。

변-두리(邊─)圏 ❶〔場末ばすえ〕町外まちはずれ｜出外でばずれ。❷〔縁ふち〕端はし。

변란(變亂)圏 変乱へんらん。

변량(變量)圏〔수〕変量へんりょう。

변론(辯論)圏 弁論べんろん。예구두 ~ 口頭こうとう弁論。

변론-하다 弁論べんろんする。

변리(邊利)圏 金利きんり｜利息りそく｜利子りし。=변(邊)

변리-사(辨理士)圏 〔법〕弁理士べんりし。

변명¹(辨明)명 弁明｜弁解｜言い訳. 예 ~ 따위 하고 싶지 않았다. 弁解なんかしたくなかった. / ~의 여지가 없다. 弁明の余地がない.
변명-하다타 弁明する｜弁解する｜言い訳する. 예 변명하지 마. 言い訳するな.

변명²(變名)【이명을 바꿈】変名.
변명-하다자 変名する.

변모(變貌)명 変貌｜面変わり｜変容.
변모-하다자 変貌する｜面変わりする｜変容する.

변모-없다(變貌—)형 ❶【남의 체면을 생각지 않고 멋대로 행동함】人目をはばからず, 自分勝手である. ❷【고지식하여 융통성이 없음】きまじめで融通がきかない.

변모없-이부 ❶勝手気ままに｜わがままに. 예 ~ 살아가다. 勝手気ままに暮らす. / 그들은 사람들 앞에서도 ~ 서로 껴안았다. 彼らは人前であることも気にせずに抱き合った. / 안사돈 앞인데도 ~ 군다. 両方의 母親의 前であるにも関わらず, 自分勝手に振る舞う. ❷愚直に｜馬鹿正直に｜融通が利かなく.

변박(辯駁·辨駁)명 弁駁｜論駁.
변박-하다타 弁駁する｜論駁する.

변방(邊方)명 辺境.

변변찮다형 ❶【제일이나·얼굴 따위가 훌륭하지 않음】(人の出来·顔立ちなどが) 良くない｜貧弱だ｜ぱっとしない. 예 용모가 ~. 顔立ちがぱっとしない. ❷【제대로 갖추지 못하고 모자람】(きちんと整っておらず) 物足りない｜粗末だ｜つまらない. 예 변변찮은 대접 粗末なもてなし. ❸【별로 넉넉지 못함】(身分·暮らし向きなどが) 人より良くない｜ぱっとしない. 예 변변찮은 집안 ぱっとしない家柄.

변변-하다형 (人となり·格好が) よい｜ひけを取らない｜(事物が) まともである｜出来がよい｜まあまあ人並みだ. 예 얼굴이 변변한 편이다. 顔がまあまあ人並みな方だ.

변변-히부 ❶【남보다 좋게·얼굴을 들만큼】まあまあに｜ろくに. 예 겉보기는 ~ 보이지만 속은 영 아니다. 見た目はまあまあに見えるが, 中味は全くだめだ. ❷【충분하게·흡족하게】十分に. 예 ~ 대접도 못하고 헤어지다. 十分にもてなしもできずに別れる. ❸【신분·살림살이가 남보다 떨어지지 않은 모양】まあまあに. 예 ~ 사는 집으로 시집가다. まあまあに暮らす家へ嫁ぐ.

변별(辨別)명 弁別｜識別.
변별-하다타 弁別する｜識別する.

변별-력(辨別力)명 弁別力. 예 시험이 너무 쉬우면 ~이 없어진다. 試験が簡単すぎると, 弁別力がなくなる.

변복(變服)명 変装.
변복-하다자 変装する.

변비(便秘)명《의》便秘｜糞詰まり. =변비증

변비-증(便秘症)명《의》便秘症. =변비

변사(辯士)명 弁士.

변사(變死)명 変死.
변사-하다자 変死する.

변상(辨償)명 弁償.
변상-하다타 弁償する. 예 컵을 깨서 ~. 割ったコップを弁償する.

변색(變色)명 変色.
변색-하다자타 変色する. ❶【빛깔】色が変わる. 예 노랗게 변색한 잔디 黄色に変わった芝生 / 사진이 ~. 写真が変色する. ❷【성낸 얼굴】(怒ったり驚いたりして) 顔色を変える. 예 어머니는 얼굴빛이 빨갛게 변색하여 방으로 들어왔다. 母は顔色を赤くして部屋に入ってきた.

변설(辯舌)명 弁舌.

변성¹(變姓)명 【성을 고침】改姓｜姓を変えること.
변성-하다자 改姓する｜姓を変える.

변성²(變聲)명 【목소리를 바꿈】変声｜声変わり.
변성-하다자 声変わりする.

변성-기(變聲期)명《의》変声期.

변-성명(變姓名)명 姓名を変えること.
변성명-하다타 姓名を変える.

변성-암(變成巖)명 変成岩.

변소(便所)명 便所｜お手洗い｜トイレ｜かわや｜はばかり.

변속(變速)명 変速.
변속-하다자타 変速する.

변수(變數)명 変数.

변신(變身)명 変身.
변신-하다자 変身する.

변심(變心)명 変心｜心変わり｜心移ろり.
변심-하다자 変心する｜心変わりする.

변압-기(變壓器)[명] 《전》変圧器 ¦ トランス。[예] 전압을 바꾸기 위해서는 ~가 필요하다. 電圧を変えるためには変圧器が必要だ。
변온 동물(變溫動物) 《동》変温動物。=냉혈 동물
변위 전류(變位電流) 《전》変位電流 ¦ 電束電流。
변음(變音)[명] 変音。
변이[1](變異)[명] ☞이변
변이[2](變移)[명] ☞변천
변장(變裝)[명] 変装。
변장-하다[자] 変装する。
변장-술(變裝術)[명] 変装術。
변재(辯才)[명] [말을 잘하는 능력] 弁才·べんさい ¦ 口才。
변전-소(變電所)[명] 《전》変電所。
변절(變節)[명] 変節。
변절-하다[자] 変節する。
변절-자(變節者)[명] 変節者 ¦ 変節漢。
변제(辨濟)[명] 弁済 ¦ 返済 ¦ 借りたものを返すこと。[예] 연체금 ~ 延滞金の返済/ 우선 ~ 優先弁済。
변제-하다[타] 弁済する ¦ 返済する ¦ 返す。[예] 채무를 ~. 債務を弁済する。
변조(變調)[명] 変調。
변조-하다[자][타] 変調する。
변종(變種)[명] 変種。
변주(變奏)[명] 《음》変奏。
변주-하다[자][타] 変奏する。[예] 원곡을 그의 이미지에 가까운 곡으로 ~. 原曲を彼のイメージに近い曲に変奏する。
변주-곡(變奏曲)[명] 《음》変奏曲 ¦ バリエーション。
변죽(邊—)[명] (器物·的などの)縁。[예] 탁자 ~으로 달걀을 깨다. テーブルの縁で玉子を割る。
변죽(을) 울리다[관용] 露骨でなく遠回しに言う。[예] 상처받지 않도록 변죽을 울려서 충고하다. 傷付かないように遠回しに忠告する。
변증(辨證)[명] 弁証。
변증-하다[타] 弁証する。
변증-법(辨證法)[명] 《철》弁証法。
변증법적 유물론(辨證法的唯物論) 《철》弁証法的唯物論。
변질(變質)[명] 変質。
변질-되다[자] 変質する。
변천(變遷)[명] 変遷 ¦ 移り変わり。=변이[2]
변천-하다[자] 変遷する ¦ 移り変わる。
변체(變體)[명] 変体。
변칙(變則)[명] 変則。
변칙-적(變則的)[관][명] 変則的。
변태(變態)[명] 変態。
변통(變通)[명] ❶[융통성 있는 태도] 変通 ¦ 融通。❷[돈·물건을 융통함] 工面 ¦ やりくり ¦ 融通。
변통-하다[타] 変通する ¦ 融通する。
변통-성(變通性)[명] 融通性。
변통-수(變通數)[명] [융통성 있게 잘 처리하는 것] いろいろとやりくりし工面すること ¦ やりくり算段。[예] 돈의 ~ お金のやりくり算段。
변-하다(變—)[자] 変わる ¦ 変化する ¦ 改まる。[예] 사람이 ~. 人が変わる。/ 가치관이 ~. 価値観が変わる。/ 와이셔츠 색이 ~. ワイシャツが変色する。/ 부끄러워 얼굴이 빨갛게 ~. 恥のため顔が赤く変わる。/ 얼음이 물로 ~. 氷が水に変わる。
변함-없다(變—)[형] 変わりない ¦ 変化がない。
변함없-이[부] 相変わらず ¦ ひたむきに。
변혁(變革)[명] 変革 ¦ 改革。[예] 기업 ~ 企業変革。
변혁-하다[자][타] 変革する ¦ 改革する。
변형(變形)[명] 変形。
변형-하다[자][타] 変形する。
변호(辯護)[명] 弁護。
변호-하다[타] 弁護する。
변호-사(辯護士)[명] 《법》弁護士。
변호-인(辯護人)[명] 《법》弁護人。
변화(變化)[명] 変化。[예] 온도 ~ 温度変化/ ~의 물결 変化の波/ 뚜렷한 ~ はっきりとした変化/ 유행의 ~가 심하다. 流行の変化が激しい。
변화-하다[자] 変化する ¦ 変わる。
변화-구(變化球)[명] 《운》変化球。
변화-무쌍(變化無雙)[명] 比べるところが無いほど変化が激しいこと。[예] 변화무쌍한 하늘 変化の激しい空。
변환[1](變幻)[명] [종잡을 수 없이 빠른 변화] 変幻。
변환[2](變換)[명] 変換。
변환-하다[자][타] 変換する。
별[1][명] 星。[예] ~이 뜨다. 星が上る。/ ~이

지다. 星が沈む。

별²(別)[관] これといった｜変ㅆな｜特別な｜別に。 ⑨ ~ 이상은 없다. 目だった異常はない。/ ~ 탈 없이 작업을 완수했다. これといった事故も無く作業を完遂した。

-별³(別)[접] 一別。 ⑨ 성별 性別/ 연도별 年度別/ 성적별 成績別。

별개(別個)[명] 別個。

별거(別居)[명] 別居。
　별거-하다[자] 別居する。

별-걱정(別―)[명] いらぬ心配｜つまらない気苦労｜取り越し苦労。 ⑨ 내가 못 올까봐 걱정했다니 ~을 다 하는구나! 私が来られないかと心配したとは、取り越し苦労にもほどがある。

별-것(別―)[명] ❶ 稀で不思議な事｜珍しい事｜たいした事。 ⑨ 여행 중에 ~을 다 겪었다. 旅行中に珍しい事を経験した。/ ~도 아닌 일로 소란을 피운다. たいした事でもないことで騒ぎ立つ。 ❷ いろんな物｜いろんな事。 ⑨ 그 잡화점에서는 ~을 다 판다. その雑貨店ではいろんな物を売る。

별고(別故)[명] ❶ 変わったこと｜別条。 ⑨ ~ 없으십니까? お変わりありませんか。 ❷ 別の理由。

별곡(別曲)[명] 《문》韓国の古典文学の詩歌の一つ。

별관(別館)[명] 別館。

별-구경(別―)[명] 特別の見物。

별-궁리(別窮理)[명] いろいろの工夫。

별기(別記)[명] 別記。
　별기-하다[타] 別記する。

별-꼴(別―)[명] ぶざまなさま｜見過ごせぬ振る舞い。 ⑨ 살다 보니 ~을 다 보겠다. 生きていれば、ぶざまなさまも全て見そうだ。

별-나다(別―)[형] 変わっている｜変だ｜風変わりだ。 ⑨ 별난 일이 다 있네. 変なことが起こったよ。

별-나라[명] 星の国｜星の世界。

별납(別納)[명] 別納。 요금 ~ 料金別納。

별-놈(別―)[명] 変わった奴｜へんてこなやつ。 ⑨ 세상에 ~ 다 보겠네. 世間には本当に変わった奴がいるよ。

별-다르다(別―)[형] 特に変わっている｜並外れている。 ⑨ 별다르게 전할 말은 없다. 特に伝言はない。

별-달리(別―)[부] 別に｜ほかに｜取り立てて。

별도(別途)[명] 別途。 ⑨ ~의 요금을 받다. 別途料金をいただく。

별동-대(別動隊)[명] 《군》別動隊。

별-동 ☞ 유성(流星)

별똥-별 ☞ 유성(流星)

별-로(別―)[부] 特に｜別に｜さほど｜たいして｜それほど｜あまり。 ⑨ 이사해도 ~ 변할 건 없다. 引っ越してもたいして変化することはない。/ 초등학교 때나 지금이나 ~ 바뀐 건 없다. 小学校のときと今と、あまり変わったことがない。

별리(別離)[명] ☞ 이별(離別)

별-말(別―)[명] ❶ 取り立てて言う話｜取り立てて言うこと。 ❷ とんでもない話｜意外な話。 = 별소리

별-말씀(別―)[명] ☞ '별말'の高尚語。

별-맛(別―)[명] ☞ 별미

별명(別名)[명] 別名｜異名｜あだ名｜ニックネーム。

별-문제(別問題)[명] ❶ 別問題。 ⑨ 이해와 찬동은 ~인 것입니다. 理解と賛同は別問題なのです。 ❷ 変わった問題。

별미(別味)[명] 特別な味｜変わった味｜珍味。 = 별맛

별반(別般)[부] 別段｜特別に｜とりわけ｜さして。 ⑨ ~ 다른 점도 없는 보통의 물건이었다. 別段変わったところもない普通の物だった。

별별(別別)[관] ☞ 별의별

별-빛[명] 星の光｜星影｜星明かり。 ⑨ ~이 반짝이다. 星の光がまばたく。

별-사건(別事件)[명] ❶ 特別な事件。 ❷ 関係のないほかの事件。

별-사람(別―)[명] ❶ おかしい人｜変人｜変わり者。 = 별인 ❷ いろいろな人。

별석(別席)[명] 別席。

별세(別世)[명] 逝去。
　별세-하다[자] 逝去する。

별-세계(別世界)[명] 別世界｜別天地。 = 유토피아, 별천지

별-소리(別―)[명] ☞ 별말

별-수(別―)[명] ❶ 特別な方

法ほう。 예 ~ 없는 노릇이다. 仕方しかたないことだ。 ❷色々いろな方法ほうほう。

별-수단(別手段)명 ❶特別とくべつな手段しゅだん。 ❷いろいろな手段しゅだん｜あらゆる方法ほうほう。

별-스럽다(別—)형 変へんだ｜おかしい｜珍めずらしい｜奇妙きみょうだ。 예 여름에 눈이 오다니 별스러운 일이구나. 夏なつに雪ゆきが降ふるなんて変へんなことだ。

별스레부 変へんに｜おかしく｜珍めずらしく｜奇妙きみょうに。 예 올 겨울은 ~ 전혀 춥지 않다. 今年ことしの冬ふゆはおかしく、全まったく寒さむくない。

별식(別食)명 特別とくべつな食たべ物もの｜変かわった食たべ物もの。

별실(別室)명 ❶別室べっしつ｜別間べつま。 ❷【べつ】妾めかけ。

별안-간(瞥眼間)명 突然とつぜん｜出だし抜ぬけに｜にわかに｜いきなり。

별유-천지(別有天地)명 ☞별세계

별의-별(別—別)관【べつ】ありとあらゆる｜もろもろの。 =별별

별인(別人)명 ❶☞별사람 ❷別人べつじん｜別べつの人ひと｜ほかの人ひと。

별-일(別—)명 別事べつじ｜変かわった事こと｜変事へんじ。

별-자리명《천》星座せいざ。 예 ~로 운세를 점치다. 星座で運勢うんせいを占うらなう。

별장(別莊)명 別莊べっそう｜別邸べってい。

별장-지기(別莊—)명 別荘管理人べっそうかんりにん。 예 ~가 잘 관리하고 있어서, 오랜만에 간 별장은 깨끗했다. 別荘管理人がよく管理していたので、久ひさしぶりに行いった別荘は綺麗きれいだった。

별정-직(別定職)명《법》特別職とくべつしょく。

별종(別種)명 ❶別種べっしゅ｜別べつの種類しゅるい。 ❷へんてこな人ひと。 ❸特別とくべつな贈おくり物もの。

별지(別紙)명 別紙べっし。

별짜(別—)명 おかしう振ふるう舞まう人ひと｜へんてこな人｜風変ふうがわりな人。 예 하여간 ~야. とにかく変かわった人だ。

별차(別差)명 特別とくべつな違ちがい｜大差たいさ。

별찬(別饌)명 特別とくべつに作つくったおかず。

별-채(別—)명 離はなれ｜離はなれ座敷ざしき。

별책(別冊)명 別冊べっさつ。 예 ~ 부록 別冊付録ふろく。

별-천지(別天地)명 ☞별세계

별칭(別稱)명 別称べっしょう。

별-표(—標)명 星印ほしじるし。

별표(別表)명 別表べっぴょう。

별-하다(別—)형【ふつうとはちがう】普通ふつうとは違ちがう｜変わっている｜特別とくべつだ｜珍めずらしい。 예 별한 세상 변하다. 変わった世なか/ 이 요리는 약간 별한 맛이 난다. この料理りょうりは少し変わった味あじがする。

별항(別項)명 別項べっこう。

별행(別行)명 別行べつぎょう。

별호(別號)명 ❶【べつごう】別号｜別名べつめい｜雅号がごう。 ❷【べつめい】あだ名な。

볍씨명《농》種籾たねもみ。

볏¹명【とさか】とさか｜鶏冠けいかん。

볏²명《농》犁すきのへら。

볏-가리명 稲叢いなむら。

볏-가을명《농》刈かり入いれた稲いねを脱穀だっこくすること。 예 수확기가 되면 ~을 해야 한다. 収穫期しゅうかくきになると、刈り入れた稲の脱穀をしなければならない。

볏가을-하다자 刈かり入いれた稲いねを脱穀だっこくする。 예 마당에서 ~. 庭にわで刈り入れた稲を脱穀する。

볏-단명 稲束いなたば。

볏-모명《농》稲いねの苗なえ｜苗なえ。

볏-짚명 稲いねわら。

병¹(丙)명 ❶【十干じっかんの三番目】丙へい。 ❷《민》【ひのえ】丙ひのえ。

병(病)명 ❶病気びょうき｜病やまい。 예 ~에 걸리다. 病気にかかる。 / ~이 낫다. 病気が治なおる。 / ~이 악화되다. 病気が悪化あっかする。 / ~을 고치기 위해 수술을 하다. 病気を治療ちりょうするために手術しゅじゅつをする。 ❷【病気を伴う名詞】—病びょう。 예 심장병 心臓病しんぞうびょう / 알츠하이머병 アルツハイマー病。 ❸【機械などの故障】(機械きかいなどの)故障こしょう。 예 프린터가 ~에 걸렸다. プリンターが故障になった。 ❹【病気｜悪癖｜欠点】病気びょうき｜悪癖あくへき｜欠点けってん。 예 예의 ~이 도지다. 例れいの病気が始はじまる。

병³(瓶)명 ❶瓶びん。 ❷【瓶を数える助数詞】本ほん。 예 주스 세 ~ ジュース三本さんぼん。

병가(病暇)명 病気休暇びょうききゅうか｜病暇びょうか。

병-간호(病看護)명 看病かんびょう。

병간호-하다자타 看病かんびょうする。

병객(病客)명 ❶病弱びょうじゃくな人ひと。 ❷病者びょうじゃ｜病人びょうにん。

병결(病缺)명 病欠びょうけつ。

병결-하다자 病欠びょうけつする。

병고¹(病故)명【病気にかかること】病気びょうきにかかること。

병고²(病苦)명【病苦】病苦びょうく。

병골(病骨)명 病気びょうきで衰弱すいじゃくした体からだ。

병-구완(病—)명 看病かんびょう｜介抱かいほう｜看護かんご。

병균(病菌)[명] 《의》病菌。| 病原菌。=병원균

병근(病根)[명] 病根。

병기¹(兵器)[명] 兵器。

병기²(併記·並記)[명] 併記。
  병기-하다[타] 併記する。예이름 쓰는 칸에 한자를 병기해 주십시오. 名前の欄に漢字を併記して下さい。

병기-고(兵器庫)[명] 兵器庫。

병기-창(兵器廠)[명] 《군》兵器廠。

병-나발(- 甁喇叭)[명] らっぱ飲み。예~을 불다. らっぱ飲みする。

병독(病毒)[명] 《의》病毒。

병동(病棟)[명] 病棟。

병-들다(病-)[자] 病気にかかる。| 病む。

병-따개(瓶-)[명] 栓抜き。

병란(兵亂)[명] 兵乱。| 戦乱。

병력¹(兵力)[명] 《군》兵力。

병력²(病歷)[명] 病歴。

병렬(竝列)[명] 並列。
  병렬-하다[자타] 並列する。

병리(病理)[명] 病理。

병리-학(病理學)[명] 《의》病理学。

병립(竝立)[명] 並立。
  병립-하다[자] 並立する。

병마(病魔)[명] 病魔。

병-마개(瓶-)[명] 瓶の栓。| 王冠。

병명(病名)[명] 病名。

병-목(瓶-)[명] 瓶の首。

병목 현상(瓶-現象) ボトルネック現象。

병-문안(病問安)[명] 病気見舞い。
  병문안-하다[자타] 見舞う。예은사님이 입원했다는 말을 듣고 병문안하러 갔다. 恩師が入院したと聞いて、お見舞いに行った。/ 다친 친구를 ~. ケガをした友達を見舞う。

병발(竝發·併發)[명] 併発。
  병발-하다[자] 併発する。

병-배(瓶-)[명] 《식》洋梨。예~로 만든 케이크 ヨウナシで作ったケーキ。

병법(兵法)[명] 《군》兵法。| 兵術。

병사¹(兵士)[명] 【군】兵士。

병사²(兵舍)[명] 【군인들이 쓰는 건물】兵舍。| 兵営。

병사³(病死)[명] 病死。
  병사-하다[자] 病死する。| 病没する。

병살(併殺)[명] 《운》併殺。| 重殺。| ダブルプレー。| ゲッツー。예1,3루 주자 ~ 아웃 1、3塁走者 ダブルプレーアウト。

병상(病林)[명] 病床。

병색(病色)[명] 病人の顔色。

병서¹(兵書)[명] 兵書。

병서²(竝書)[명] 《언》ハングルの子音を2文字、または3文字を横に並べて書くこと。

병석(病席)[명] 病床。| 病褥。

병선(兵船)[명] 兵船。

병설(竝設·併設)[명] 併設。
  병설-하다[타] 併設する。

병세(病勢)[명] 病勢。| 病状。| 容態。

병-술(瓶-)[명] 瓶詰めの酒。

병-시중(病-)[명] 看病。
  병시중-하다[자타] 看病する。

병신(病身)[명] ❶身体障害者。❷【모자라는 행동을 하는 사람을 낮잡아 속된말】バカみたいな人。| 少し足りない人。| でき損ない。| まぬけ。| とんま。| バカ。예너 같은 ~이 뭘 할 수 있겠니? お前みたいなまぬけに何ができるというのか。❸【제대로 갖추지 못한 부분이 있음】ある部分が欠陥している物。예양말 한 짝이 없어져서 ~이 되었다. 靴下の片方をなくしてしまって欠陥のある物になった。

병신-구실(病身-)[명] ばかなまね。| ばかげた行動。

병신성-스럽다(病身-)[형] 阿保らしい。| ばからしい。

병실(病室)[명] 病室。

병아리[명] ❶ひよこ。| 雛。| 雛鳥。예~ 감별사 ひよこの鑑別師／~가 삐악삐악 운다. ひよこがぴよぴよと鳴く。/ 솔개가 ~ 채 가듯 한다. トビがひよこを奪い取っていくようにする。❷【어떤 일이나 분야에서 별로 경험이 없는 풋내기】一人前でない者。| 新米。

병아리 눈물만큼[관용]【양이나 정도가 매우 적음】雀の涙ほど。| 量が非常に少ない。

병약-하다(病弱-)[형] 病弱だ。

병어[명] 《동》まなかつお。

병역(兵役)[명] 《법》兵役。예~ 기피 兵役忌避。

병영(兵營)[명] 兵営。| 兵舎。

병용(竝用·併用)[명] 併用。
  병용-하다[타] 併用する。

병원¹(病院)[명] 病院。예종합 ~ 総合病院／동물 ~ 動物病院／대학 부속 ~ 大学の付属病院。

병원²(病原·病源)[명] 《의》病原。

병원-균(病原菌)[명] 《의》病原菌。| 病

菌びょうまん。 예 ~에 감염하다. 病菌に感染さする。 =병균
병원-체(病原體)명 《의》病原体びょうげんたい。
병인(病人)명 ☞병자
병인²(病因)명 【병원체】病因びょういん。 예 ~을 밝히다. 病因を明あきらかにする。
병자(病者)명 病者びょうじゃ｜病人びょうにん｜患者かんじゃ。 =병인¹
병-적(病的)관명 病的びょうてき。
병정(兵丁)명 兵丁へいてい｜兵隊へいたい。
병제(兵制)명 《군》兵制へいせい｜軍制ぐんせい。
병-조림(瓶一)명 瓶詰びんづめ。
병존(竝存)명 併存へいぞん。
　병존-하다자 併存へいぞんする。
병졸(兵卒)명 兵卒へいそつ｜軍卒ぐんそつ｜兵士へいし。
병종(兵種)명 《군》兵種へいしゅ。
병중(病中)명 病中びょうちゅう。
병증(病症)명 《의》病症びょうしょう。
병진(竝進)명 並進へいしん。
　병진-하다자 並進へいしんする。
병-집(病一)명 病根びょうこん｜欠点けってん｜(悪いことの)原因げんいん。 예 소심한 게 너의 ~이야. 気きが小ちいさいのがお前まえの欠点だ。
병참(兵站)명 《군》兵站へいたん。
병창(竝唱)명 《음》【병창하다】楽器がっきを演奏えんそうしながら歌うたうこと。
　병창-하다타 楽器がっきを演奏えんそうしながら歌うたう。
병충-해(病蟲害)명 病虫害びょうちゅうがい。
병탄(竝呑·併呑)명 併呑へいどん。
　병탄-하다타 併呑へいどんする。
병태(病態)명 《의》病態びょうたい｜病状びょうじょう。
병폐(病弊)명 病弊びょうへい。
병풍(屛風)명 屛風びょうぶ。
병합(倂合)명 併合へいごう｜合併がっぺい。
　병합-하다타 併合へいごうする｜合併がっぺいする。
병해(病害)명 病害びょうがい。
병행(竝行)명 並行へいこう。
　병행-하다자타 並行へいこうする。
병화(兵火)명 【병란으로】兵火へいか｜戦火せんか。
병환(病患)명 【병의 높임말】病患びょうかん｜患わずらい。
병후(病後)명 病後びょうご｜病やみ上あがり。
볕 日差ひざし｜太陽たいようの光ひかり。 예 ~이 따갑다. 日差しが強つよい。 / ~이 들다. 日ひが差さす｜日が当あたる。 =햇볕
보¹명 ☞보시기의 준말.
보²(洑)명 《건》【보】梁はり｜=들보
보³(步)의 【걸음을 세는 단위】步ほ。 예 일 ~ 앞으로 一步いっぽ前まえへ。
보⁴(保)명 《법》❶【보증】保証ほしょう。 ❷【보증인】保証人ほしょうにん。
보⁵(洑)명 ❶【논에 물을 대기 위한 저수지】堰せき｜井堰いせき。 예 ~가 터지다. 井堰が崩くずれる。 ❷ ☞봇물
보⁶(褓)명 ❶ふろしき。 ❷【종이로 만든】紙かみ｜ぱあ。
-보⁷접 【사람이나 사물을 뜻함】 예 심술보 意地悪いじわるっ子こ/ 울보 泣なき虫むし/ 뚱뚱보 でぶ。
보각¹ 부 【물방울이 방울져 터지면서 잇달아 나는 소리】ぶくっと｜ぼこっと。
　보각-거리다자 ぶくぶくと泡立あわだつ。 =보각대다
　보각-대다 ☞보각거리다
보각²(補角)명 《수》補角ほかく。
보각-보각부 【물방울이 방울져 터지면서 잇달아 나는 소리】ぶくぶく｜ぼこぼこ。
보감(寶鑑)명 宝鑑ほうかん。
보강¹(補強)명 【보완하여 튼튼하게 함】補強ほきょう。
　보강-하다타 補強ほきょうする。 예 병력을 ~. 兵力へいりょくを補強する。
보강²(補講)명 【빠진 강의를】補講ほこう。
　보강-하다자타 補講ほこうする。
보건(保健)명 保健ほけん。
보건-소(保健所)명 保健所ほけんしょ。
보검(寶劍)명 宝剣ほうけん｜宝刀ほうとう。 =보도³(寶刀)
보결(補缺)명 補欠ほけつ。 예 ~ 선거 補欠選挙ほけつせんきょ/ ~ 선수 補欠選手ほけつせんしゅ。 =보궐
보결-생(補缺生)명 補欠ほけつで選えらばれた学生がくせい。
보고¹조 【인칭 대명사 뒤에 붙이어 동작·태도가 대상으로 향함을 나타냄】 ~에｜~に向むかって。 예 나보고 이래라저래라 간섭하지 마세요. 私わたしにああしろこうしろと干渉かんしょうしないでください。 / 부모보고 무슨 소리를 하는 거야? 親おやに向かって何なんてことを言いうんだ。
보고²(報告)명 報告ほうこく｜レポート。
　보고-하다타 報告ほうこくする｜レポートする。 예 회의 결과를 ~. 会議かいぎの結果けっかを報告する。
보고³(寶庫)명 宝庫ほうこ。
보고-문(報告文)명 報告文ほうこくぶん。
보고-서(報告書)명 報告書ほうこくしょ。
보관(保管)명 保管ほかん。 예 장기 ~ 長期ちょうき保管/ 문서 ~ 文書ぶんしょ保管/ ~ 방법 保管方法ほうほう/ ~ 장소 保管場所ばしょ。
　보관-하다타 保管ほかんする。 예 상온에서 ~. 常温じょうおんで保管する。 / 서명을 마친 계약서를 ~. 署名しょめい押印おういんした契約書けいやくしょを保管する。

보관-료(保管料)圏 保管料ほかんりょう。

보국(報國)圏 報国ほうこく。
　보국-하다砌 国恩こくおんにむくいる。예여생은 보국하는 데 힘쓰기로 했다. 余生よせいは我わが国のために力ちからを尽つくすことにした。

보궐(補闕)圏 ☞보결(補缺)

보궐 선거(補闕選擧)《정》補欠選挙ほけつせんきょ。

보균(保菌)圏 保菌ほきん。~이 의심된다. 保菌ほきんが疑うたがわれる。
　보균-하다砌 保菌ほきんする。예콜레라균을 보균하고 있다. コレラ菌きんを保菌ほきんしている。

보균-자(保菌者)圏 保菌者ほきんしゃ。

보그르르囲 ❶【적은 영의 액체가 끓어】 ふつふつ｜ぐらぐら｜ぐつぐつ。❷【적은 거품이 생기는 모양】 ぶくぶく｜ぼこぼこ。

보글-거리다砌 ❶【액체】(液体えきたいが)ぐらぐらと沸わく。❷【거품】(泡あわが)ぶくぶく立たつ｜泡立あわだつ。=보글대다

보글-대다砌 ☞보글거리다

보글-보글囲 ❶ぐらぐら｜ふつふつ。❷ぶくぶく。

보금-자리圏 巣す。❶鳥とりの巣す。예새들의 ~를 훼손해서는 안 된다. 鳥とりの巣すを壊こわしてはならない。=둥지 ❷【비유】예사랑의 ~/愛あいの巣す｜그녀를 위해 ~를 마련해 주다. 彼女かのじょのために巣すを用意よういしてあげる。
　보금자리(를) 치다판용 巣すを作つくる。예참새가 지붕 위에 보금자리를 치다. スズメが屋根やねの上うえに巣すを作つくる。

보급¹(普及)圏 普及ふきゅう。예기술~을 촉진하다. 技術ぎじゅつの普及ふきゅうを促進そくしんする。
　보급-하다¹砌 普及ふきゅうする｜広ひろめる。

보급²(補給)圏 補給ほきゅう。
　보급-하다²砌 補給ほきゅうする。예식량을 ~. 食糧しょくりょうを補給ほきゅうする。

보급-선(補給線)圏 〔군〕補給線ほきゅうせん。

보급-판(普及版)圏 〔출〕普及版ふきゅうばん。

보급-품(補給品)圏 補給品ほきゅうひん。

보-기¹ 例れい。예다음 ~를 보고 정답을 고르세요. 次つぎの例れいの中なかから正答せいとうを選えらんで下ください。

보기²(bogey)圏 〈운〉ボギー。

보깨다砌 【소화】(消化不良しょうかふりょうで)胃いがもたれる｜苦くるしむ。예허겁지겁 먹었더니 속이 보깬다. あたふたと食たべたら胃いがもたれる。

보꾹圏 《건》屋根裏やねうらの天井てんじょう｜屋根やねの裏側うらがわ。

보내다砌 ❶【보냄】送おくる｜届とどける｜出だす｜送付そうふする｜送金そうきんする。예학비를 ~. 学費がくひを送金そうきんする。/ 소포를 ~. 小包こづつみを送おくる。/ 편지를 ~. 手紙てがみを出だす。❷【사람 독촉】(何なにかをさせる目的もくてきで人ひとを)送おくる｜やる｜送おくり込こむ。예자식을 대학에 ~. 子供こどもを大学だいがくにやる。/ 외교 사절단을 ~. 外交がいこう使節団しせつだんを派遣はけんする。❸【結婚】結婚けっこんさせる｜送おくり出だす。예아들을 장가~. 息子むすこを結婚けっこんさせる。❹【이별】(去さる人ひとを)見送みおくる｜送おくり出だす｜死別しべつする。예아들을 먼저 ~. 息子むすこを先立さきだたせる。/ 남편을 보내고 혼자 살고 있다. 夫おっとと死別しべつして、一人暮ひとりぐらしをしている。❺【시간】(時間じかん･月日つきひを)送おくる｜過すごす。예허송세월을 ~. 無為むいに月日つきひを過すごす。❻【기분】(相手あいてに自分じぶんの気持きもちが分わかるように)送おくる。예응원의 박수를 ~. 応援おうえんの拍手はくしゅを送おくる。/ 그는 나에게 추파를 보냈다. 彼かれは私わたしに色目いろめをつかった。❼【공급】(物資ぶっしなどを)供給きょうきゅうする｜送おくる。예산골 마을로 전기를 ~. 山奥やまおくの村むらに電気でんきを送おくる。❽【시선】(視線しせんなどを)向むける｜注そそぐ。예따가운 시선을 ~. 鋭するどい視線しせんを注そそぐ。

보너스(bonus)圏 ボーナス。

보늬圏 渋皮しぶかわ｜(栗くりなどの)内皮ないひ。예잘못하여 ~를 씹었다. 間違まちがって渋皮しぶかわを噛かんだ。

보다¹ Ⅰ他 ❶【봄】(目めで)見みる｜眺ながめる｜見物けんぶつする。예눈으로 직접 ~. 目めで直接ちょくせつに見みる。/ 꽃을 보니 기분이 좋아졌다. 花はなを眺ながめたら気分きぶんが良よくなった。/ 잡지를 보고 있었다. 雑誌ざっしを見みていた。/ 시계를 ~. 時計とけいを見みる。/ 텔레비전을 보다가 잠들었다. テレビを見みてたら寝ねてしまった。/ 내 잘못으로 시합에서 졌으니 친구들을 볼 낯이 없다. 私わたしのミスで試合しあいに負まけたので、友人ゆうじんたちに面目めんぼくが立たたない。❷【만남】(用事ようじ･目的もくてきがあって)会あう。예퇴근 후에 잠깐 보자. 退勤たいきん後ごにちょっと会あおう。/ 맞선을 ~. 見合みあいをする。/ 나 잠깐 봐. 私わたしとちょっと会あいましょう。❸【책임지고 지킴】(受うけ持もって)守まもる｜見みる｜見守みまもる｜番ばんをする。예나 혼자 집을 보고 있다. 私わたし一人ひとりで留守番るすばんしている。/ 아이를 봐 줄 사람을 구하고 있다. 子

守もりをしてくれる人ひとを探さがしている。/ 사무를 ~. 事務じむを受うけ持もつ。 ❹【(事ことの吉凶きっきょう・運勢うんせいなどを)見みる│占うらなう】 ⑩손금을 ~. 手相てそうを見みる│궁합을 ~. 相性あいしょうを占うらなう。 ❺【試験しけんを)受うける】 ⑩시험을 볼 때마다 긴장이 된다. 試験しけんを受うけるたびに緊張きんちょうする。 ❻【(結果けっかが・関係かんけいなどを)結むすぶ│持もつ│つける│得える│取とる】 ⑩결말을 ~. 結末けつまつをつける。/ 합의를 ~. 合意ごういに達たっする。/ 며느리를 ~. 嫁よめを取とる。/ 이익을 보았다. 利益りえきを得えた。 ❼【(食卓しょくたく・寝床ねどこなどを)準備じゅんびする│支度したくをする│作つくる】 ⑩저녁상을 ~. 夕食ゆうしょくを準備じゅんびする。/ 아버지 잠자리를 ~. 父ちちの寝床ねどこの支度したくをする。 ❽【(大小便だいしょうべんを)する│用ようを足たす】 ⑩소변을 아무 데서나 보면 안 된다. 小便しょうべんをどこででもしてはいけない。 ❾【(患者かんじゃを)診みる│診察しんさつする】 ⑩저녁 6時じまで 환자를 본다. 夜よる6時じまで患者かんじゃを診みる。 ❿【(新聞しんぶん・雑誌ざっしなどを)見みる│読よむ│購読こうどくする】 ⑩지금까지는 A사 신문을 봤다. 今いままではA社しゃの新聞しんぶんを購読こうどくした。/ 심심풀이로 잡지를 봤다. 暇ひまつぶしに雑誌ざっしを読よんだ。 ⓫【(食たべ物ものの味あじを)見みる│味見あじみする】 ⑩이 찌개 간 좀 봐 주세요. このチゲの塩加減しおかげんをちょっと見みてください。/ 내가 맛 좀 볼게. 私わたしが味見あじみするわ。 ⓬【(人ひとの短所たんしょ・欠点けってんなどを)言いう│発見はっけんする│見みつける│探さがし出だす】 ⑩흉을 ~. 悪口わるぐちを言いう。/ 남의 단점은 쉽게 본다. 人ひとの短所たんしょは簡単かんたんに見みつける。 ⓭【(機会きかい・時期じきなどを)見みる│探さがす│うかがう】 ⑩기회를 봐서 말씀드리겠습니다. 機会きかいを見みて申もうし上あげます。 ⓮【(市場しじょうなどで)買かい物ものをする】 ⑩시장 ~. 買かい物ものをする。 ⓯【(相手あいての立場たちばなどを)考かんがえる│察さっする】 ⑩저의 사정을 봐 주세요. 私わたしの事情じじょうを考かんがえてください。 ⓰【(ある出来事できごとに)遭あう│見みる】 ⑩쓰라린 맛을 ~. 憂うき目めを見みる。 ⓱【(ある対象たいしょうを)評ひょうする│見みなす│見みる】 ⑩그 여자를 가볍게 보지 마라. 彼女かのじょを軽かるく見みるな。

Ⅱ 【보동】 ❶【~てみる】 ⑩생각해 보겠습니다. 考かんがえてみます。 ❷【~てみる。 ⑩일본에는 가 본 적이 없다. 日本にほんには行いってみたことがない。

Ⅲ 【보형】 ❶【~のようだ│~らしい│~みたいだ】 ⑩집에 아무도 없나 ~. 家いえに誰だれもいないようだ。 ❷【~しよう】 ⑩혼자 놔두고 가 버릴 까 ~. 独ひとり残のこして行いってしまおう。 ❸【~かと思おもって】 ⑩혼날까 봐 아무 말도 못했다. 叱しかられるかと思おもって何なんも言いえなかった。 ❹【~なので│~だから】 ⑩중요한 일이다 보니 다시 생각해 봐야겠다. 重要じゅうような事ことなので、もう一度いちどよく考かんがえてみよう。/ 워낙 춥다 보니 옷을 두 겹으로 껴입었다. 余あまりにも寒さむいので、服ふくを二重にじゅうに重かさねて着きた。

볼 장(을) 다 보다 【관용】 すべてが終おわりである│何なんとも手ての付つけようがない。 ⑩사기를 당한 그는 이제 볼 장을 다 보았다. 詐欺さぎにかかった彼かれは、もう何なんとも手ての付つけようがない。

보다² 【부】 もっと│更さらに│より│いっそう。 ⑩~ 노력이 필요하다. より一層いっそうの努力どりょくが必要ひつようだ。/ ~ 좋은 조건을 찾다. よりよい条件じょうけんを探さがす。

보다³ 【조】 ~より。 ⑩남편은 저보다 두 살 위입니다. 主人しゅじんは私わたしより二歳にさい上うえです。/ 이것보다 그쪽 것이 더 크다. これよりあちらのものがもっと大おおきい。

보답(報答) 【명】 報答ほうとう│報むくい。
보답-하다 【자】 報答ほうとうする│報むくいる。 ◈「報むくい」は'은혜'와 '앙갚음' 양쪽 다 쓸 수 있지만, 현대어에서는 주로 '앙갚음'의 뜻으로 쓴다.

보대끼다 【자】 ❶【 】 (人ひと・仕事しごとに)もまれる│さいなまれる│悩なやまされる。 ❷【 】 腹具合はらぐあいが悪わるい。

보도¹(步道) 【명】 歩道ほどう│人道じんどう。
보도²(報道) 【명】 報道ほうどう。 ⑩발표 자료 報道発表資料ほうどうはっぴょうしりょう/ ~ 특집 報道特集ほうどうとくしゅう/ 신문 ~에 의하면 …. 新聞しんぶん報道ほうどうによると…。
보도-하다 【타】 報道ほうどうする。 ⑩경찰 발표를 ~. 警察けいさつ発表はっぴょうを報道ほうどうする。

보도³(寶刀) 【명】 ☞보검

보독-보독 【부】 【 】 こちこち│かちかち│かさかさ。 ⑩~ 마른 떡 こちこちに乾かわいた餠もち。

보독-하다 【형】 こちこちだ│かちかちだ│かさかさだ。 ⑩보독하게 마른 풀 かちか

ちに乾いた糊。

보동-되다【동】【몸집이 짧고 통통한】ずんぐりとしている｜むっくりとしている。

보동-보동【부】ふっくら｜むっちり。예~살이 찐 아기의 볼 ふっくらと太った赤ちゃんのほっぺ。

보드득❶【단단하고 질긴 것을 문지르거나 씹을 때 나는 소리】ぎりぎり。❷【쌓인 눈 따위를 밟을 때 나는 소리】さくさく。

보드득-거리다【자타】❶きゅっきゅっと音がする。예그는 밤새 이를 보드득거리며 갈았다. 彼дは夜通しきゅっきゅっと音を出して歯ぎしりした。❷さくさくと音がする。예눈을 밟을 때 나는 보드득거리는 소리를 너무 좋아한다. 雪を踏む時にするさくさくという音が大好きだ。=보드득대다

보드득-대다【자타】☞보드득거리다

보드득-보드득❶【단단하고 질긴 것을 자꾸 문지르거나 씹을 때 나는 소리】ぎりぎり。예유리창을 ~ 닦다. ガラス窓をきゅっきゅっと拭く。❷【쌓인 눈 따위를 자꾸 밟을 때 나는 소리】さくさく。예~ 눈 덮인 산을 올라가다. さくさくと雪山を登っていく。

보드랍다【형】❶【부드럽다】柔らかい｜なよやかだ。❷【성질이】優しい｜和やかだ。❸【결이】目が細かい。

보드레-하다【형】柔らかい感じがする。예보드레한 실크 스카프 柔らかく見えるシルクのスカーフ。

보드-지(board紙)【명】ボール紙｜板紙。

보드카(vodka)【명】ウオツカ｜ウォッカ。

보들보들-하다【형】滑らかだ｜柔らかだ｜しなやかだ。

보디가드(bodyguard)【명】ボディーガード。

보디-랭귀지(body language)【명】《동》ボディーランゲージ。

보디빌딩(body-building)【명】《운》ボディービル。

보-따리(褓―)【명】❶包み｜風呂敷包み。❷【봇짐장수들의 짐】包み。

보따리(를) 싸다【관용】関係していたことから手を引く｜職場を完全に辞める。

보따리-장수(褓―)【명】【물건을 싸들고 다니는】行商人｜かつぎ屋。

보라【명】紫色｜紫色合い。

보라-매【명】《동》孵化して1年が足らずのひなを飼い慣らした、狩猟用の若鷹。예~와 함께 사냥에 나섰다. 若鷹

と一緒に狩りに出た。

보라-색(―色)【명】紫色。

보람【명】甲斐｜効き目｜効果。예열심히 한 ~을 느낀다. がんばった甲斐があるようだ。/ 그렇게 말씀해 주시니 일한 ~을 느낍니다. そのようにおっしゃってくださるので、働いた甲斐があるようです。/ 고생한 ~도 없이 일이 어긋나 버렸다. 苦労した甲斐もなく失敗してしまった。

보람-차다 やりがいがある｜張り合いがある。

보랏-빛【명】紫色｜紫色。

보로통-하다【형】（痛くに障って）膨れている｜機嫌が悪い｜むっとしている。예그녀가 보로통하니 토라져 있다. 彼女がむっとしてすねている。

보루(堡壘)【명】堡塁｜とりで。

보류(保留)【명】保留。

보류-하다【타】保留する。예최종 결정을 ~. 最終決定を保留する。

보르르【부】❶【춥거나 무서워서 몸을 떠는 모양】ぶるぶる。예막 목욕을 마친 아기가 작은 몸을 ~ 떤다. たった今、入浴を終えた子供が、小さな体をぶるぶると震わせる。/ 강아지가 추워서 ~ 떨고 있다. 子犬が寒くてぶるぶる震えている。❷【적은 양의 액체가 가볍게 끓어오르거나 넘쳐 나는 모양】ぐらぐら｜ふつふつ。❸【갑자기 화를 내는 모양】むっと。

보름【명】❶15日間。❷(陰暦で)15日。예정월 ~에는 땅콩, 호두와 같은 견과류를 먹는다. 正月15日はピーナッツ、くるみのような堅果類を食べる。=보름날

보름-날(陰暦で)15日。예이 달 ~에 만날 수 있을까요? 今月の15日に会えるでしょうか。=보름❷

보름-달【명】満月｜十五夜の丸い月。=망월

보리【명】《식》麦｜大麦。예~ 파종 麦の種まき/ ~ 농사 麦作/ ~를 밟다. 麦を踏む。/ ~를 찧다. 麦を搗く。=대맥(大麥)

보리-깜부기【명】【깜부기병에 걸린】麦の黒穂。예~병 黒穂病。

보리-논【명】《농》麦田。

보리-등겨【명】麦ぬか。예~를 말려 가루를 만들다. 麦ぬかを乾かして粉にする。

보리-밥【명】麦飯。

보리-밭【명】麦畑。

보리-새우(동) 車海老.
보리-수(菩提樹)(명) 菩提樹.
보리수-나무(菩提樹—)(명)(식) あきぐみ.
보리-술(명) ❶麦を醱酵させた酒. ❷ビール.
보리-쌀(명) 精麦.
보리-죽(—粥)(명) 精麦で作ったお粥.
보리-차(—茶)(명) 麦茶; 麦湯. 예 정수기가 생기자 ~를 먹지 않게 되었다. 浄水器が出てから麦茶を飲まなくなった.
보릿-가을(명) 麦秋; 麦の秋.
보릿-겨(명) 麦の小ぬか.
보릿-고개(명) 春の端境期; 春窮. 예 올해도 무사히 ~를 넘겼다. 今年も無事に春窮を乗り越した.
보릿-짚(명) 麦わら.
보-막이(洑—)(명)(농) 堰を築くこと; 堰を修理すること.
보모(保姆)(명) 保母.
보무(步武)(명) 步武; 足どり; あゆみ.
보무라지(명) 端切れ; 屑.
보물(寶物)(명) 宝; 宝物; 財宝. =보화(寶貨)
보물-섬(寶物—)(명) 宝島.
보물-찾기(寶物—)(명) 宝探し.
보배(명) 貴重な物; 宝物; 財宝. 예 집안의 ~로 간직해 왔다. 家柄の財宝で保管してきた. / 어린이는 나라의 ~다. 子供らは国の宝物だ.
보배-롭다(형) 貴重だ; たいへん価値がある; 非常に大切だ. 예 당신은 보배로운 존재입니다. あなたは貴重な存在です. / 이것은 상당히 보배로운 물건이다. これは非常に大切な物だ.
보배로이(부) 貴重に; 非常に大切に. 예 이것은 고가의 항아리라서 ~ 다뤄야 한다. これは高価な壺なので, 非常に大切に扱わなければならない.
보병(步兵)(명)(군) 步兵; 步卒. =보졸(步卒)
보병-대(步兵隊)(명)(군) 步兵隊.
보병-총(步兵銃)(명)(군) 步兵銃.
보복(報復)(명) 報復; 復讐. 예 ~ 행위 報復行為 / ~ 조치 報復措置 / ~ 테러 報復テロ.
  보복-하다(자) 報復する; 復讐する.
보복 관세(報復關稅)(명)(경) 報復関税.

보부-상(褓負商)(명)(역) 行商人.
보삭(부) かさっと; ぱりっと; がさっと.
  보삭-거리다(자) かさかさ音を立てる; がさがさいう. =보삭대다
  보삭-대다(자) ☞보삭거리다
보삭-보삭(부) かさかさ; ばさばさ; ぱりぱり; ぱりぱり.
보삭-보삭[2](부) 肌が少し腫れているさま.
보살(菩薩)(명)(종) ❶菩薩. ❷女信徒の尊称. ❸高僧の尊称. ❹☞보살할미
보살-감투(菩薩—)(명) 豚の肛門近くの肉.
보-살피다(他) 世話をする; 面倒を見る; 後見する.
보살-할미(菩薩—)(명)(종) 剃髪しない尼僧. =보살❹
보상[1](報償)(명) 報償.
  보상-하다(타) 報償する.
보상[2](補償)(명) 補償; 償い. 예 ~ 제도 補償制度 / 금액 補償金額.
  보상-하다(타) 補償する; 償う. 예 손해를 ~. 損害を補償する.
보상[3](褓商)(명) ☞봇짐장수
보색(補色)(명) 補色; 余色. 예 ~ 대비 補色の対比.
보색 잔상(補色殘像)(명)(물) 補色残像.
보석[1](保釋)(명) 保釈.
  보석-하다(타) 保釈する.
보석[2](寶石)(명)(광) 宝石; 宝玉; 玉. =보옥(寶玉)
보석-금(保釋金)(명)(법) 保釈金.
보석-상(寶石商)(명) 宝石商.
보선[1](保線)(명) 保線.
  보선-하다 保線する. 예 철도 사고가 나지 않도록 항상 ~. 鉄道事故が起こらないように常に保線する.
보선[2](補選)(명)(정) 補選.
보세(保稅)(명)(법) 保稅. 예 ~ 무역 保稅貿易.
보세 공장(保稅工場)(경) 保稅工場.
보세 구역(保稅區域) ☞보세 지역
보세 제도(保稅制度)(경) 保稅制度.
보세 지역(保稅地域)(법) 保稅地域. =보세 구역
보세 창고(保稅倉庫)(법) 保稅倉庫.
보송-보송(부) ❶かさかさ; ばさばさ. ❷すべすべ. ❸ふわふわ. 예 솜털이 ~ 났다. 綿毛がふ

わふわしている。

보송보송-하다〖형〗 ❶かさかさする｜ばさばさする。❷すべすべだ｜すべすべする。엔피부가 ~. 皮膚がすべすべだ。/ 속살이 ~. 肌がすべすべだ。❸ふわふわする。

보수¹(保守)〖명〗 保守。엔~ 세력 保守勢力。
　보수-하다〖타〗保守する。
보수²(報酬)〖명〗報酬。
보수³(補修)〖명〗補修。엔~ 공사 補修工事 / ~ 작업 補修作業。
　보수-하다〖타〗補修する。
보수-당(保守黨)〖정〗保守党。
보수-성(保守性)〖명〗保守性。
보수-적(保守的)〖관〗保守的。
보수-주의(保守主義)〖명〗保守主義。
보스(boss)〖명〗ボス｜親分。
보스니아 헤르체고비나(Bosnia Herzegovina)〖국〗ボスニアヘルツェゴビナ。
보스락〖부〗かさかさ。=뽀스락
보스락-거리다〖자타〗がさつく。엔쥐가 보스락거리는 소리가 신경 쓰인다. ネズミががさつく音を気にする。=보스락대다
보스락-대다〖자타〗☞보스락거리다
보슬-보슬〖부〗❶しとしと。엔봄비가 ~ 내린다. 春雨がしとしとと降る。/ 조용한 밤에 눈이 ~ 내리고 있다. 静かな夜に雪がしんしんと降っている。❷ぼろぼろ。엔벽돌에서 가루가 ~ 떨어진다. 煉瓦から粉がぼろぼろ落ちる。
보슬-비〖명〗小降りの雨｜小雨｜こぬか雨｜ぬか雨。엔조용히 ~가 내린다. 静かに小雨が降っている。/ ~에 잔디밭이 촉촉이 젖었다. ぬか雨に芝生がしっとり濡れた。
보습〖명〗〘농〙鋤先｜犁のへら。
보습²(補習)〖명〗〘교〙補習。
　보습-하다〖타〗補習する。
보시(←布施)〖명〗〘종〙布施。
　보시-하다〖타〗布施する。
보시기〖명〗キムチやカクテギなどの漬物を盛る器｜鉢。엔~에 김치를 담아 상에 내놓다. 鉢にキムチを盛って食卓に出す。준보¹
보신¹(保身)〖명〗保身。
　보신-하다〖자〗自分の身を守る。
보신²(補身)〖명〗体の元気を補うこ

と。엔아내는 몸~이 필요하다. 妻は体の元気を補うことが必要です。
　보신-하다〖자〗体の元気を補う。엔삼계탕으로 ~. 参鶏湯を食べて元気を補う。
보쌈-김치(褓―)〖명〗ポサムキムチ。엔~에 삶은 고기를 싸서 먹는다. ポサムキムチにゆでた肉をまいて食べる。
보아-주다〖타〗❶大目に見る｜見逃す｜目をつぶる。엔이번만 봐주시면 다시는 실수하지 않겠습니다. 今度だけ大目に見てくださったら、二度と過ちしません。❷世話をする｜手伝う。엔빈집을 ~. 留守番をする。/ 저녁에 오빠의 딸을 보아주기로 했다. 夜、お兄さんの娘の世話をすることにした。
보아-하니〖부〗見たところ｜察するに｜一見したところ。
보안¹(保安)〖명〗保安。엔~ 경찰 保安警察。
　보안-하다¹〖타〗保安する｜安全を保つ。
보안²(保眼)〖명〗眼を保護すること。
　보안-하다²〖자〗眼を保護する。
보안-경(保眼鏡)〖명〗(スキーなどの)ゴーグル。
보안-관(保安官)〖명〗保安官。
보암-보암〖명〗見た目｜外見｜外観。엔사람을 볼 때 ~으로는 확실히 모른다. 人を見るとき、外見でははっきり分からない。
보암직-하다〖형〗見るに足る｜見応えがする。
보약(補藥)〖명〗補薬｜強壮剤。
보양(保養)〖명〗保養｜養生。
　보양-하다〖타〗保養する｜養生する。
보얗다〖형〗❶(煙・霧・ほこりなどが立ち込めたように)かすんでいる｜ぼやけている｜ぼんやりしている。❷白っぽい｜白い。
보어(補語)〖명〗〘언〙補語。
보옥(寶玉)〖명〗☞보석²(寶石)
보온(保溫)〖명〗保溫。엔~ 장치 保温装置。
　보온-하다〖자〗保温する。
보온-병(保溫瓶)〖명〗魔法瓶。
보온-재(保溫材)〖건〗保温材。
보완(補完)〖명〗補完。

보완-하다 타 補完する。 예 기술적 단점을 ~. 技術的な欠陥を補完する。

보우(保佑) 명 保佑して助けること。
　보우-하다 타 保護して助ける。 예 부디 저희들을 보우해 주십시오. 是非私たちのことを保護して助けてください。

보위(保衛) 명 保衛。
　보위-하다 타 保衛する。 保ち守る。

보유(保有) 명 保有。
　보유-하다 타 保有する。 예 특허 기술을 ~. 特許技術を保有する。

보유-량(保有量) 명 保有量。

보유스레-하다 형 ☞보유스름하다

보유스름-하다 형 ややかすんでいる｜乳白色だ｜やや濁っている。＝보유스레하다

보유-자(保有者) 명 保持者。

보육(保育) 명 保育。
　보육-하다 타 保育する。

보육-원(保育院) 명 保育園｜保育所。

보은(報恩) 명 報恩｜恩返し。
　보은-하다 자 恩返しする。

보이(boy) 명 ボーイ。

보-이다¹ 자 ❶ (目に)見える｜映る｜目に入る。 예 산이 ~. 山が見える。/ 멀리 우리 집이 보인다. 遠くにわが家が見える。/ 공에 맞은 이후로 눈이 잘 안 보인다. ボールに当たってからは、目がよく見えない。 ❷ (機会・結論などが)見つかる｜見える。 예 좋은 기회가 ~. 良いチャンスが見つかる。/ 결말이 보이기 시작했다. 結末が見え始めた。 ❸ 思われる｜感じられる｜見える｜見られる。 예 그녀는 마치 20대처럼 보였다. 彼女はまるで20代のように思われた。/ 옷이 얇아서 추워 보인다. 服が薄くて寒そうに見える。/ 말이 끝날 것처럼 보이면서도 끝이 안 난다. 話が終わるように思われたのに終わらない。 준 보다¹

보-이다² 타 ❶ 見せる｜見させる。 예 새로 산 옷을 보였다. 新しく買った服を見せた。/ 친구가 영화를 보여 주었다. 友人が映画を見せてくれた。 ❷ (表示・信号などを表すに)表す｜見せる。 예 그 사건에 관심을 ~. その事件に関心を表す。/ 분위기가 이상하자 옆 사람이 그만두라는 눈치를 보였다. 雰囲気がおかしくなったので、隣の人が止めろという合図を見せた。 ❸ (人に損害・悪い結果を)与える｜受けさせる｜被らせる。 예 친구에게 손해를 ~. 友達に損害を与える。 ❹ (誰かに)会わせる｜見合いをさせる。 예 친구에게 직장 동료를 선을 보였다. 友達に会社の同僚を会わせた。 준 보다³

보이 스카우트(Boy Scouts) 《사》ボーイスカウト。

보이콧(boycott) 명 ボイコット。
　보이콧-하다 타 ボイコットする。

보이 프렌드(boyfriend) ボーイフレンド。

보일러(boiler) 명 《기》ボイラー。

보일·샤를의 법칙(Boyle—Charles—法則) 《물》ボイルシャルルの法則。

보일의 법칙(Boyle—法則) 《물》ボイルの法則。

보자기¹ 명 海女。 예 제주도에는 아직도 ~가 많을까? 済州島にはまだ海女がたくさんいるのかな。

보자기(褓—) 풍呂敷。

보잘것-없다 형 醜い｜さえない｜物足りない｜取るに足らない｜つまらない｜ささやかだ。 예 얼굴은 반반하지만 몸매는 ~. 顔は端正だが、体つきはさえない。
　보잘것없-이 부 物足りなく｜つまらなく。

보장(保障) 명 保障。 예 안전 ~ 安全保障。
　보장-하다 타 保障する。

보전(保全) 명 保全。 예 증거 ~ 証拠保全／~ 지역으로 지정하다. 保全地域に指定する。
　보전-하다 타 保全する。

보전 소송(保全訴訟) 《법》保全訴訟。

보정¹(補正) 명 補正。 예 ~ 예산 補正予算。
　보정-하다¹ 타 補正する。

보정²(補整) 명 補整。
　보정-하다² 타 補整する。

보조¹(步調) 명 歩調。 예 ~를 맞추다. 歩調を合わせる。

보조²(補助) 명 補助。
　보조-하다 타 補助する。 예 경비의 일부를 ~. 経費の一部を補助する。

보조개 명 えくぼ。=볼우물
보조-금(補助金) 명 (법)補助金(ほじょきん)。
보조-적(補助的) 관명 補助的(ほじょてき)に。
보존(保存) 명 保存(ほぞん)。예 ~ 기간 保存期間(かん)。/ 냉동 ~ 冷凍(れいとう)保存 / 장기 ~ 용기 長期(ちょうき)保存容器(ようき)。
  보존-하다 타 保存(ほぞん)する。
보졸(步卒) 명 ☞보병(步兵)
보좌(補佐·輔佐) 명 補佐(ほさ)。
  보좌-하다 타 補佐(ほさ)する。
보증(保證) 명 保証(ほしょう)。예 신원 ~ 身元(みもと)保証 / 품질 ~ 기간 品質(ひんしつ)保証期間(きかん) / 아들의 ~을 서다. 息子(むすこ)の保証人(にん)になる。
  보증-하다 타 保証(ほしょう)する ¦ 保証人(にん)になる。예 신분을 보증하는 증명서 身分(みぶん)を保証する証明書(しょうめいしょ) / 그 사람의 신용은 내가 보증하지. その人(ひと)の信用(しんよう)は私(わたし)が保証するよ。
보증-금(保證金) 명 (법)保証金(ほしょうきん)。
보증-서(保證書) 명 (법)保証書(ほしょうしょ)。
보증-인(保證人) 명 (법)保証人(にん)。
보지 명 【비속어】保持(ほじ)。
  보지-하다 타 保持(ほじ)する。
보짱 명 肝(きも)っ玉(たま) ¦ 腹(はら)。예 그놈! ~ 한번 커서 좋구나! そやつ、肝(きも)っ玉(たま)がでかくていいぞ。
보채다 자 むずかる ¦ ねだる ¦ だだをこねる ¦ せがむ。
보청-기(補聽器) 명 (의)補聴器(ほちょうき)。
보초¹(步哨) 명 (군)歩哨(ほしょう) ¦ 哨兵(しょうへい)。예 ~를 서다. 歩哨に立(た)つ。
보초²(堡礁) 명 【지리】堡礁(ほしょう)。
보초-망(步哨網) 명 (군)歩哨網(ほしょうもう)。
보초-병(步哨兵) 명 (군)歩哨兵(ほしょうへい)。
보추 명 【방언】進取性(しんしゅせい)。예 ~ 없는 사람은 리더십이 없다. 進取性のない人(ひと)はリーダーシップがない。
보충(補充) 명 補充(ほじゅう) ¦ 補(おぎな)い。
  보충-하다 타 補充(ほじゅう)する ¦ 補(おぎな)う。
보충 수업(補充授業) (교)補充授業(ほじゅうじゅぎょう)。
보츠와나(Botswana) 명 (국)ボツワナ。
보컬(vocal) 명 (음)ボーカル。
보크(balk) 명 (운)ボーク。
보태-기 ☞더하기
보태다 타 ❶加(くわ)える ¦ 添(そ)える ¦ 足(た)す。❷【비유】補(おぎな)う ¦ 補充(ほじゅう)する。
보통(普通) Ⅰ 명 普通(ふつう) ¦ 並(なみ)。
  Ⅱ 부 普通(ふつう) ¦ 大抵(たいてい) ¦ 一般(いっぱん)に。
보통 교육(普通敎育) (교)普通(ふつう)教育(きょういく)。

보통 명사(普通名詞) (언)普通(ふつう)名詞(めいし)。
보통 선거(普通選擧) (정)普通選挙(ふつうせんきょ)。
보-퉁이(褓―) 명 包(つつ)み ¦ 包(つつ)み物(もの) ¦ 風呂敷(ふろしき)包(つつ)み。
보트(boat) 명 ボート。예 ~ 경기 ボート競技(きょうぎ)。
보편(普遍) 명 普遍(ふへん)。
보편 개념(普遍槪念) (논)普遍(ふへん)概念(がいねん) ¦ 一般(いっぱん)概念(がいねん)。
보편-성(普遍性) 普遍性(ふへんせい)。
보편-적(普遍的) 관명 普遍的(ふへんてき)。예 ~ 가치 普遍的価値(かち)。
보편-화(普遍化) 명 普遍化(ふへんか) ¦ 一般化(いっぱんか)。
  보편화-하다 자타 普遍化(ふへんか)する ¦ 一般化(いっぱんか)する。
보폭(步幅) 명 歩幅(ほはば) ¦ コンパス。예 ~을 넓히다. 歩幅を広(ひろ)げる。
보표(譜表) 《음》譜表(ふひょう) ¦ 五線譜(ごせんふ)。
보푸라기 명 毛羽(けば)。
보풀 명 毛羽(けば) ¦ けばけば。
보풀다 자 毛羽立(けばだ)つ ¦ そそける。
보풀-리다 타 【보풀다】毛羽立(けばだ)たせる。
보풀-보풀 부 【정신없이 가벼이 날리는 모양】けばけば。예 스웨터에 보푸라기가 ~ 일어나 있다. セーターが毛玉(けだま)でけばけばになっている。
보필(輔弼) 명 【정치용어】輔弼(ほひつ)。
  보필-하다 타 輔弼(ほひつ)する。
보-하다(補―) 타 ❶(体(からだ)に栄養(えいよう)のつく食(た)べ物(もの)・補薬(ほやく)などで)気力(きりょく)をつける。예 몸을 보하는 약을 먹다. 体に気力をつける薬(くすり)を飲(の)む。❷【한자어】官職(かんしょく)に任命(にんめい)する ¦ 補(ほ)する。예 차관에 ~. 次官(じかん)に補する。
보합(保合) 명 (경)【증권용어】持(も)ち合(あ)い ¦ 横(よこ)ばい。
보합-세(保合勢) 명 (경)持(も)ち合(あ)い相場(そうば)。
보행(步行) 명 歩行(ほこう)。
  보행-하다 자 歩行(ほこう)する。
보행-기(步行器) 명 歩行器(ほこうき)。
보행-꾼(步行―) 명 飛脚(ひきゃく)。
보행-자(步行者) 명 歩行者(ほこうしゃ)。
보험(保險) 명 保険(ほけん)。예 ~ 설계사 保険募集人(ぼしゅうにん) / 화재 ~에 가입하다. 火災(かさい)保険に加入(かにゅう)する。
보험 계리인(保險計理人) 《경》保険(ほけん)計理人(けいりにん)。
보험-금(保險金) 《경》保険金(ほけんきん)。
보험-료(保險料) 《경》保険料(ほけんりょう)。
보헤미안(Bohemian) 명 (문)ボヘミアン。

보혈(補血)〖명〗《한》補血。
　보혈-하다〖자〗補血する。
보혈-제(補血劑)〖명〗《의》補血剤。
보호(保護)〖명〗保護。
　보호-하다〖타〗保護する。
보호-림(保護林)〖명〗保護林。
보호 무역(保護貿易)〖경〗保護貿易。
　〖예〗～ 정책을 강행하다. 保護貿易の政策を強行する。
보호-색(保護色)〖명〗《동》保護色。
보호-자(保護者)〖명〗保護者。
보호-조(保護鳥)〖명〗《법》保護鳥｜禁鳥。
보화(寶貨)〖명〗☞보물
복¹〖명〗《동》ふぐ。
복²(伏)〖명〗☞복날
복³(福)〖명〗福｜幸い｜幸せ｜幸福。
-복⁴(服)〖접〗—服。 〖예〗작업복 作業服／학생복 学生服／운동복 運動服。
복각(復刻·覆刻)〖명〗《출》覆刻｜復刻。
　복각-하다〖타〗覆刻する｜復刻する。
복간(復刊)〖명〗《출》復刊。
　복간-하다〖타〗復刊する。
복고(復古)〖명〗復古。 〖예〗왕정 ～ 王政復古。
　복고-하다〖자〗復古する。
복고-주의(復古主義)〖명〗復古主義。
복교(復校)〖명〗☞복학
　복교-하다〖자〗☞복학하다
복구(復舊)〖명〗復旧。 〖예〗～ 공사 復旧工事／데이터 ～ データ復旧／재해 ～ 災害復旧。
　복구-하다〖타〗復旧する。
복권¹(復權)〖명〗《법》復権。 〖예〗파산 ～ 破産復権。
　복권-하다〖자〗復権する。
복권²(福券)〖명〗宝くじ｜富くじ。 〖예〗～에 당첨되다. 宝くじに当たる。
복귀(復歸)〖명〗復帰。 〖예〗직장 ～ 職場復帰。
　복귀-하다〖자〗復帰する。 〖예〗현역에 ～ 現役に復帰する。
복근(腹筋)〖명〗《의》腹筋。
복-날(伏—)〖명〗《민》伏日。｜三伏の日｜夏の極暑の期間。＝복²(伏)·복일(伏日)
　복날(에) 개 맞듯〖속담〗伏日に犬がむち打たれるように：「激しくむち打たれる」の意。

복닥-거리다〖자〗ごった返す｜雑踏する。＝복닥대다
복닥-대다〖자〗☞복닥거리다
복닥-복닥〖부〗ごたごた｜ごちゃごちゃ。
복당(復黨)〖명〗復党。
　복당-하다〖자〗復党する。
복대기다〖자〗❶込み合う｜立て込む。 〖예〗복대기는 번화가｜전철이 ～. 電車が込み合う。❷せきたてる｜急かす｜急がせる。 〖예〗빚의 상환을 ～. 借金の返済をせきたてる。
복-더위(伏—)〖명〗☞삼복더위
복덕-방(福德房)〖명〗不動産屋。
복도(複道)〖명〗廊下｜渡り廊下。
복-되다(福—)〖형〗(福を受けて)嬉しくて楽しい｜幸福である。
복류(伏流)〖명〗伏流。 〖예〗～는 수질이 좋아서 수원으로 이용되기도 한다. 伏流は水質がよくて、水源として利用されたりもする。
복리¹(福利)〖명〗福利。 〖예〗～ 후생 福利厚生。
복리²(複利)〖명〗《경》複利。
복막(腹膜)〖명〗《의》腹膜。
복막-염(腹膜炎)〖명〗《의》腹膜炎。
복면(覆面)〖명〗覆面。
　복면-하다〖자〗覆面する。
복명(復命)〖명〗復命。
　복명-하다〖타〗復命する。
복-모음(複母音)〖명〗☞이중 모음
복무(服務)〖명〗服務。
　복무-하다〖자〗服務する。
복-물(伏—)〖명〗伏日またはそのころに降る雨。
복-받치다〖자〗盛り上がる｜込み上げる｜吹き出る。 〖예〗슬픔이 ～. 悲しみが込み上げる。／복받치는 분노를 억누를 수가 없다. 込み上げてきた怒りを押さえることができない。
복병(伏兵)〖명〗伏兵。
복부(腹部)〖명〗《의》腹部。
복분자-딸기(覆盆子—)〖명〗《식》徳利苺。 〖예〗남동생이 ～를 한가득 따 왔다. 弟がトックリイチゴをいっぱい採ってきた。
복비(複比)〖명〗《수》複比。
복-비례(複比例)〖명〗《수》複比例。
복사¹〖명〗☞'복숭아'의 준말。

복사²(複寫)몡 複写 | コピー。
　복사-하다囘 複写する | コピーする。

복사³(輻射)몡 《물》輻射 | 放射。㉠지구의 ~ 에너지 地球の輻射エネルギー。
　복사-하다²困 輻射する | 放射する。

복사-기(複寫機·複寫器)몡 複写機。
복사-꽃몡 桃の花。=복숭아꽃
복사-나무몡 ☞복숭아나무
복사-뼈몡 踝。
복사-선(輻射線)몡 《물》放射線 | 輻射線。
복사 안개(輻射—) 輻射霧 | 放射霧。
복사-압(輻射壓)몡 《물》放射圧 | 輻射圧。
복사-열(輻射熱)몡 《물》放射熱 | 輻射熱。=방사열
복사-지(複寫紙)몡 複写紙 | カーボン紙。=먹지²
복사-체(輻射體)몡 《물》放射体 | 輻射体。
복사-판(複寫版)몡 複写版。
복색(服色)몡 ❶身分·職業によっての衣服の型と色合。❷衣服の色合。
복색-광(複色光)몡 《물》複色光。
복선¹(伏線)몡 伏線。㉠추리 소설의 ~ 推理小説の伏線/~이 깔리다. 伏線が敷かれる。/초반에 ~을 깔아 결말과 연결시키다. 初めの段階で伏線を敷き、結末と繋げる。
복선²(複線)몡 複線。
복선 궤도(複線軌道) 複線軌道。=복선 철도·복선¹
복선 철도(複線鐵道) ☞복선 궤도
복성(複姓)몡 複姓。
복성-스럽다(福星—)혭 【】福々しい。
　복성스레囝 福々しく。
복속(服屬)몡 服属。
　복속-하다困 服属する。
복수¹(復讐)몡 【】復讐 | あだ討ち | 仕返し。
　복수-하다囘 復讐する | 仕返しする。
복수²(複數)몡 複数。↔단수(單數)
복수 민족 국가(複數民族國家) 《정》複合民族国家 | 多民族国家。㉠중국과 미국은 ~이다. 中国とアメリカは複合民族国家である。
복수-심(復讐心)몡 復讐心。
복수-초(福壽草)몡 《식》福寿草。
복숭아몡 桃の実。⭔복사¹
복숭아-꽃몡 桃の花。㉠~이 만발하다. 桃の花が咲き乱れる。=도화·복사꽃
복숭아-나무몡 《식》桃。㉠~ 아래에서 의형제가 될 것을 맹세했다. モモの木の下で義兄弟と契りを交わした。=복사나무
복숭아-씨몡 桃の種。
복숭앗-빛몡 桃色。
복-스럽다(福—)혭 福々しい | ふくよかだ。
　복스레囝 福々しく | ふくよかに。
복슬-복슬囝 【】ふくよかに。
　복슬복슬-하다혭 ふくよかだ。㉠복슬복슬한 털 ふさふさとした毛/우리 집 강아지는 ~. わが家の子犬は丸々としていてふくよかだ。
복습(復習)몡 復習 | おさらい。
　복습-하다囘 復習する | おさらいする。
복식¹(服飾)몡 服飾。
복식²(複式)몡 複式。
복식 경기(複式競技) 《운》ダブルス | 複試合。
복식 호흡(腹式呼吸) 《의》腹式呼吸。
복실-자방(複室子房) ☞겹씨방
복심¹(腹心)몡 腹心。
복심²(覆審)몡 覆審。
복싱(boxing)몡 《운》ボクシング。㉠~ 시합 ボクシングの試合/~ 선수 ボクシング選手/~ 글러브 ボクシンググローブ。=권투(拳鬪)
복안¹(腹案)몡 【】腹案。
복안²(複眼)몡 ☞겹눈
복약(服藥)몡 服薬 | 服用。
　복약-하다囘 服薬する | 服用する。
복어(—魚)몡 《동》ふぐ。⭔복¹
복역(服役)몡 服役。❶兵役に服すること。❷懲役に服すること。
　복역-하다困 服役する。
복염(複鹽)몡 《화》複塩。
복엽(複葉)몡 複葉。
복엽 비행기(複葉飛行機) 《항》複葉飛行機 | 複葉機。
복용(服用)몡 服用 | 服薬。
　복용-하다囘 服用する | 服薬する。

복원-력(復元力)⸤명⸥ 復元力ふくげんりょく。
복원-성(復元性)⸤명⸥ 《물》復元性ふくげんせい。
복음(福音)⸤명⸥ 福音ふくいん。
복일(伏日)⸤명⸥ ☞복날
복자(伏字)⸤명⸥ 《출》伏ふせ字じ。
복-자방(複子房)⸤명⸥ ☞겹씨방
복-자엽(子子葉)⸤명⸥ 《식》双子葉ふたばしょう。
복작-복작⸤부⸥ ❶ざわざわ；ごちゃごちゃ。❷ぶくぶく。
복잡다단-하다(複雑多端—)複雑ふくざつで多端たんだ。⸤예⸥ 복삽다단한 사건 複雑で多端な事件じけん／기분이 ~. 気持きもちが複雑で多端だ。
복잡-하다(複雑—)⸤형⸥ 複雑だ。⸤예⸥ 복잡한 문제 複雑な問題もんだい／복잡한 심경을 밝히다. 複雑な心境しんきょうを明あかす。／매우 복잡해져 버렸다. 大変たいへん複雑になってしまった。／조작이 ~. 操作そうさが複雑だ。／인간 관계가 복잡하다. 人間関係にんげんかんけいが複雑だって。／가정 환경이 ~. 家庭環境かていかんきょうが複雑だ。
복장⸤명⸥ 胸むねの真まん中なか；胸中きょうちゅう；胸むねぐら；腹はらの中なか；心こころの底そこ；腹はら。⸤예⸥ ~을 치며 한탄하다. 胸を叩たたきながら嘆なげく。／~이 터질 것만 같다. 胸むねがはち切きれそうだ。
복장(服装)⸤명⸥ 服装ふくそう。
복제(複製)⸤명⸥ 複製ふくせい。⸤예⸥ 유전자 ~ 遺伝子いでんし複製。
 복제-하다⸤타⸥ 複製する。
복종(服従)⸤명⸥ 服従ふくじゅう。
 복종-하다⸤자⸥ 服従する。
복중(伏中)⸤명⸥ 三伏さんぷく；真夏まなつ；盛夏せいか。=복허리
복지(福祉)⸤명⸥ 福祉ふくし。⸤예⸥ ~ 국가 福祉国家こっか／~ 사회 福祉社会しゃかい。
복직(復職)⸤명⸥ 復職ふくしょく。
 복직-하다⸤자⸥ 復職ふくしょくする。
복창(復唱)⸤명⸥ 復唱ふくしょう。
 복창-하다⸤타⸥ 復唱ふくしょうする。
복철¹(複鐵)⸤명⸥ ☞복선 궤도
복철²(覆轍)⸤명⸥ 覆轍ふくてつ。
복통(腹痛)⸤명⸥ ❶腹痛ふくつう。⸤예⸥ ~으로 학교를 빠지다. 腹痛で学校がっこうを休やすむ。／~을 일으키다. 腹痛を起おこす。❷非常ひじょうに悔くやしいこと，腹立はらだたしいこと。⸤예⸥ 그의 입장에서는 참으로 ~이 날 노릇이다. 彼かれの立場たちばからは，非常に悔しくて，腹立たしいことだ。
복판⸤명⸥ 真まん中なか；中央ちゅうおう。

복학(復學)⸤명⸥ 復学ふくがく；復校ふっこう。=복교(復校)
 복학-하다⸤자⸥ 復学ふくがくする；復校ふっこうする。=복교하다
복합(複合)⸤명⸥ 複合ふくごう。
복합 단백질(複合蛋白質)《화》複合ふくごうたんぱく質しつ。
복합 동사(複合動詞)《언》複合動詞ふくごうどうし。
복합-어(複合語)⸤명⸥ 《언》複合語ふくごうご。
복-허리(伏—)⸤명⸥ ☞복중(伏中)
볶다⸤타⸥ ❶煎いる；炒いためる；いためる。⸤예⸥ 깨를 ~. 胡麻ごまを炒る。／프라이팬에 기름을 넣고 양파를 볶는다. フライパンに油あぶらをいれて，玉たまねぎをいためる。❷いじめる；いびる；ねだる。⸤예⸥ 유원지에 가고 싶다고 아침부터 볶는다. 遊園地ゆうえんちに行いきたいと朝あさからねだる。／엄마를 볶아서 가방을 사 받다. お母かあさんにねだってかばんを買かってもらう。❸パーマをかける。
볶아-치다⸤타⸥ ひどく急せき立たてる。
볶-음⸤명⸥ 炒いため物もの。
볶음-밥⸤명⸥ いためご飯はん；焼やき飯めし；チャーハン。⸤예⸥ 나는 베이컨과 김치를 넣은 ~을 좋아한다. 私はベーコンとキムチを入いれた炒いためご飯が好すきだ。
볶-이다⸤자⸥ ❶煎いられる；いためられる。❷いじめられる；いびられる。
본¹(本)⸤명⸥ ❶☞본보기 ❷始祖しそが生うまれた地ち。❸型紙かたがみ。❹☞본전(本錢)❷
본²(本)⸤관⸥ 本ほん—。⸤예⸥ ~ 사건 本事件じけん；この事件。
본가¹(本家)⸤명⸥ ❶本家ほんけ。❷実家じっか；里さと。=본집
본가²(本價)⸤명⸥ ☞본값
본-값(本—)⸤명⸥ 元値もとね；原価げんか；仕入しいれ値段ねだん。=본가²(本價)
본거(本據)⸤명⸥ 本拠ほんきょ；根拠こんきょ。
본거-지(本據地)⸤명⸥ 本拠地ほんきょち；根拠地こんきょち。=근거지
본격(本格)⸤명⸥ 本格ほんかく。
본격-적(本格的)⸤관⸥ 本格的ほんかくてき。
본견(本絹)⸤명⸥ 本絹ほんけん；純絹じゅんけん；正絹しょうけん。
본-계약(本契約)⸤명⸥《법》本契約ほんけいやく。
본-고장(本—)⸤명⸥ ❶☞본고향 ❷本場ほんば。
본-고향(本故鄕)⸤명⸥ 本郷ほんごう；生うまれ育そだった本来ほんらいの故郷こきょう。=본고장❶
본과(本科)⸤명⸥《교》本科ほんか。

본관¹(本貫)[명] 【성씨】 本貫·本姓 | 始祖が生まれた地。=본¹(本)②

본관²(本館)[명] 本館。

본교(本校)[명] 本校。

본국¹(本局)[명] 本局。

본국²(本國)[명] 本国。

본-길(本一)[명] ❶本来の道。❷正しい道 | 正道。

본-남편(本男便)[명] 先夫 | 前夫。

본능(本能)[명] 本能。

본능-적(本能的)[관형] 本能的。

본당¹(本堂)[명] ❶本堂。❷(カトリック教の)教会堂 | (キリスト教の)礼拝堂。

본당²(本黨)[명] 本党。

본대(本隊)[명] 〈군〉本隊。

본댁(本宅)[명] ご本家。

본-데[명] (見て教わった)礼儀 | しつけ | 作法。 예 ~를 중히 여기다. 礼儀を重んずる。

본데-없다[형] 見て教わったものがない | 礼儀がない | 無礼だ | 不作法だ | ぶしつけだ。 예 본데없는 놈 無礼な奴。

　본데없-이[부] 不作法に | 無礼に | ぶしつけに。 예 ~ 행동하다. 無礼に振る舞う。 / 그는 ~ 우리 대화에 끼어들었다. 彼はぶしつけに、私たちの会話に口を挟んだ。

본 도법(Bonne圖法) ボンヌ図法。

본드(bond) ボンド。

본-등기(本登記)[명] 〈법〉本登記 | 終局登記。

본디(本一) Ⅰ[명] 根 | 根源 | 本来。 Ⅱ[부] 元々と | 本来 | 元来。=본시

본때(本一)[명] 手本になるようなこと | 見事な出来栄え。 예 그는 아무리 험한 일이라도 ~ 있게 해치운다. 彼はどんなに険しい事でも見事にやってしまう。

　본때를 보이다[관용] 見せしめにする | こらしめてやる。

본뜨-기(本一)[명] 型取り。

본-뜨다(本一)[타] ❶見習う | 手本とする | 模範とする | 習う。❷かたどる | 模する | まねる。

본-뜻(本一)[명] (心に秘めた)本意 | 真意 | 本心。 예 그의 ~을 알 수가 없다. 彼の真意を知ることができない。/ 너의 말의 ~은 대체 무엇이냐? 君の言葉の真意は一体に何だ。❷根本となる意味。

본래(本來)[명] 本来 | 元来 | もともと。

본론(本論)[명] 本論。

본-마음(本一)[명] 本心。 예 ~은 그게 아닌데 나도 모르게 거짓말을 하고 말았다. 心とは裏腹に、ついつい嘘をついてしまった。/ 네 ~을 말해 봐. 本心を言ってみな。 준본맘

본말(本末)[명] 本末。

　본말이 전도(顚倒)되다[관용] 本末転倒する。

본-맘(本一)[명] ☞'본마음'의 준말.

본명(本名)[명] 本名·実名。=본이름

본무(本務)[명] 本務。

본문(本文)[명] ❶(序文·跋文に対する)本文。❷(翻訳文に対する)原文。

본-문제(本問題)[명] ❶本来の問題。❷今話立している問題。

본-밑(本一) ☞본밑천

본-밑천(本一)[명] 元手 | 元金。=본밑

본-바닥(本一)[명] ❶元から住んでいる所 | 地元。❷本場。

본-바탕(本一)[명] 本性 | 本質 | 生まれつき | 生地。

본-받다(本一)[타] 手本とする | 見習う | 模範とする。

본보-기(本一)[명] ❶【모범이 될 만한】手本て | 模範。❷【어떠한 본보기】見せしめに。❸【대표적 예시】見本み | 標本 | 例。=본²(本)❶

본봉(本俸)[명] 本俸 | 本給 | 基本給。=기본급

본부(本部)[명] 本部。

본분(本分)[명] 本分。

본사(本社) ❶ 本社。❷ (自分が通っている)この会社 | 当社。

본-살(本一)[명] 【노름에서 따기】(博打などで)元金 | 元手。

본새(本一)[명] ❶【본디의】(ある事物の)元のようす | 最初の出来具合 | 原形。 예 말하는 ~가 꼭 제 아비 같다. 話す姿がその父親にそっくりだ。❷【어떤 물건이나】(ある行為やいや癖などの)本来のようす | 性質 | 気立て。 예 그의 말하는 ~가 의젓하고 어른스럽다. 彼の話す癖が鷹揚で大人っぽい。

본색(本色)[명] 本色。❶本来の色。

❷ 本性ほんしょう | 本領ほんりょう。 예 ~을 드러내다. 本性をあらわす。

본-서방(本書房)명【결혼으로 맺어진 본디의 남편】本夫ほんぷ。

본선[1](本線)명 本線ほんせん | 幹線かんせん。

본선[2](本選)명 本選ほんせん。

본성[1](本姓)명 本姓ほんせい。

본성[2](本性)명 本性ほんしょう・ほんせい | 天性てんせい | 持ち前まえ。

본숭-만숭부【건성으로 보는체 하는 꼴 | 남의 일처럼 보이 듯이 하는 꼴】知らんぷり | 知らん顔かお | そ知しらぬ振ふり | そ知しらぬ顔かお。

　본숭만숭-하다타 知らんぷりする | そ知らぬ顔をする。 예 본숭만숭하지 마. 知らんぷりするな。/ 본숭만숭한 얼굴로 가 버리다. そ知らぬ顔をして行いってしまう。

본시(本是)부 ☞본디

본-시험(本試驗)명 本試驗しけん。

본식(本式)명 本式ほんしき | 正式せいしき。

본심(本心)명 本心ほんしん。 예 ~을 밝히다. 本心を明あかす。

본안(本案)명 本案ほんあん。

본업(本業)명 本業ほんぎょう | 本職ほんしょく。

본연(本然)명 本然ほんぜん。 예 인간 ~의 모습 人間にんげんの本然の姿すがた。

본원(本院)명 本院ほんいん。

본위(本位)명 本位ほんい。

본의(本意)명 本意ほんい | 本心ほんしん。

본-이름(本一)명 ☞본명

본인(本人)명대 ❶本人ほんにん | 当人とうにん。 ❷ 私わたし。

본적(本籍)명 ☞본적지

본적-지(本籍地)명《법》本籍ほんせき | 本籍地ほんせきち。 =본적

본전(本錢)명 ❶【꾸어 주거나 맡긴 돈에 이자가 붙지 않은 돈】元金もときん・がんきん | 本金ほんきん。 ❷【영업의 밑천이 되는 돈】元手もとで | 資本金しほんきん。 =본[1] (本)❹

본점(本店)명 本店ほんてん。 ❶ 本舖ほんぽ。 ❷ 当店とうてん。

본정(本情)명 真心まごころ | 本心ほんしん | 本意ほんい。

본-정신(本精神)명 正気しょうき。

본지[1](本紙)명【발행하고 있는 그 신문】本紙ほんし。

본지[2](本誌)명【발행하고 있는 그 잡지】本誌ほんし。

본직(本職)명대 本職ほんしょく。 ❶本業ほんぎょう。 ❷【책임이 있는 사람이 자기를 가리켜 일인칭 대명사】本官ほんかん。

본질(本質)명 本質ほんしつ。

본질-적(本質的)관명 本質的ほんしつてき。

본-집(本一)명 ❶【처가의 집】本家ほんけ。 ❷【자기의 집】実家じっか | 里さと。 =본가(本家)

본처(本妻)명 本妻ほんさい。

본체(本體)명 本体ほんたい。

본체-만체부 見みて見みぬふり。

　본체만체-하다타 見て見ぬふりをする | 知らん顔をする。 예 본체만체하고 지나가 버리다. 見て見ぬふりをして過すぎてしまう。

본초 자오선(本初子午線) 本初子午線しょごせん | グリニッジ子午線しごせん。

본-치명 人目ひとめにつく態度たいどや姿すがた。

본칙(本則)명 本則ほんそく。

본토(本土)명 ❶【본디의 자기 나라 땅】本土ほんど。❷【고향을 나타내는 말】故郷こきょう | 本郷ほんごう。 ❸【이곳의 땅을 나타내는 말】その地方ちほう。

본토-박이(本土一)명 土地とちっ子こ。 =본토인 ·토박이

본토-인(本土人)명 ☞본토박이

본판(本板)명 型板かたいた。

본형(本形)명 原形げんけい。

본회(本會)명 本会ほんかい。

본-회의(本會議)명 本会議かいぎ。

볼[1]명 頰ほほ | ほっぺた。

볼[2]명 ❶【발이나 물건의 넓이】幅はば。 예 발의 ~이 넓다. 足あしの幅が広ひろい。 ❷【떨어진 곳을 나타내는 말】布切ぬのぎれ | つぎ。 예 구멍 난 양말에 ~을 대어 깁다. 穴あなの開あいた靴下くつしたにつぎを当あてる。

볼-가심명 口くちしのぎ。

　볼가심-하다자 口しのぎをする。

볼가지다자 ☞불거지다

볼각-볼각부 ❶【음식 같은 것을 입에 많이 넣고 씹는 꼴 | 물건이 씹히는 소리나 모양】もぐもぐ。 예 ~ 입을 움직이며 먹다. 口をもぐもぐさせながら食たべる。 ❷【물건을 빠는 소리】ごしごし。 예 더러워진 셔츠를 ~ 비벼서 빨다. 汚よごれたシャツをごしごし洗あらう。

볼-거리명《한》流行性りゅうこうせい耳下腺炎じかせんえん | お多福ふくかぜ。

볼그대대-하다형 (やや下品げひんな感じで) 赤あかみがかっている。

볼그댕댕-하다형 ぶざまなほどに赤あかみがかっている。

볼그레-하다형 ほんのりと赤い。 예 볼그레한 두 볼 ほんのりと赤味あかみがかっている両頬りょうほほ。

볼그름-하다형 ☞볼그스름하다

볼그무레-하다형 うっすらと赤味がかっている | ほんのりと薄赤うすあかい。

볼그스레-하다형 ☞볼그스름하다

볼그스름-하다형 ほんのりと赤い | 赤味あかみを帯おびている。 =볼그름하다・볼그스레하다

볼그족족-하다형 (不揃ふぞろいな感じで) ややくすんだ赤色あかいろである。

볼근-거리다[자] 強くて固いものをしきりに噛む ¦ もぐもぐと噛む。 =볼근대다

볼근-대다[자] ☞볼근거리다

볼근-볼근[부] 【질긴 고기 등을 입에 넣고 씹는 모양】もぐもぐ。

볼긋-볼긋[부] 【군데군데 볼그스름한 모양】所々がうっすらと赤くなっているさま。

볼긋-하다[형] 色が少し赤味がかっている ¦ ほんのりと赤い。

볼기[명] 尻 ¦ 臀部。

볼기-짝[명] 【볼기를 낮잡아 이르는 말】尻べた ¦ 尻っぺた。

볼-꼴[명] 外見 ¦ 外観 ¦ 見かけ ¦ 体裁。 [예] ~이 사납다. 外見が荒々しい；ぶざまだ；みっともない；格好が悪い；不格好だ。/ 앉음새가 ~ 사납다. 座った姿がぶざまだ。

볼꼴 좋다[관용] (皮肉って)実にぶざまな格好だ ¦ いいざまだ。

볼끈[부] ❶【작은 물체 등이 갑자기 치밀거나 주변으로 비오르는 모양】ぽかっと ¦ ぬっと ¦ むくっと。 [예] 힘줄이 ~ 서다. 血管がぶくっと浮き出る。 ❷【흥분하여 화를 내는 모양】かっと ¦ むかっと。 ❸【주먹에 힘을 주어 꽉 쥐는 모양】ぎゅっと。 [예] 주먹을 ~ 쥐다. 拳をぐっと握る。

볼-따구니[명] ☞볼때기

볼-때기[명] 【볼을 낮잡아 이르는 말】ほっぺた。 =볼따구니

볼똑[부] ❶【갑자기 화를 내는 모양】かっと。 [예] ~ 성을 내며 덤벼들었다. かっと怒って飛びかかった。 ❷【갑자기 볼록하게 솟아오른 모양】ぬっと ¦ ぽかっと。 =뽈똑

볼록[부] 【물체의 표면이 조금 도드라지거나 부풀어 오른 모양】ぽっこり。 [예] 너무 먹어서 배가 ~ 나왔다. 食べ過ぎてお腹がぽっこり膨らんでいる。

볼록-거리다[자][타] (物体の表面が)少し膨らんだりへこんだりする。 [예] 개구리가 배를 볼록거리며 울고 있다. カエルが腹を膨らましたりへこましたりしながら鳴いている。 =볼록대다

볼록-대다[자][타] ☞볼록거리다

볼록 거울 《물》凸面鏡。

볼록 렌즈(―lens) 《물》凸レンズ。

볼록-볼록[부] 【물체의 표면 여러 군데가 조금 도드라지거나 부풀어 오른 모양】でこぼこ。

볼록볼록-하다[형] でこぼこする。 [예] 볼록볼록한 바위 でこぼこした岩/ 볼록볼록한 길 でこぼこの道。

볼록-판(―版)[명] 《출》凸版。

볼륨(volume)[명] ボリューム ¦ 声量 ¦ 音量。 [예] ~을 높이다. ボリュームを上げる。/ ~을 낮추다. ボリュームを下げる。

볼리비아(Bolivia)[명] 《국》ボリビア。

볼링(bowling)[명] 《운》ボーリング。

볼만-하다[형] 見ごたえがある ¦ 見物だ ¦ 見るに足る。 [예] 볼만한 영화 見ごたえのある映画。

볼-메다[형] むっとしている ¦ 膨れている ¦ 不機嫌だ。

볼멘-소리[명] ぶっきらぼうな口ぶり。 [예] ~로 불만을 털어놓다. 不機嫌そうな話し方で、不満を打ち明ける。/ 부모님께 ~로 대들었다. 両親に無愛想な口ぶりで歯向かった。

볼모[명] 人質。 [예] ~가 되다. 人質になる。/ ~를 잡히다. 人質に取られる。

볼셰비키(Bol'sheviki 러)[명] 《사》ボルシェビキ。

볼-썽[명] 見かけ ¦ 格好 ¦ 体裁 ¦ 外見。

볼썽-사납다[형] みっともない ¦ 無様だ ¦ 見苦しい ¦ 醜い ¦ 体裁が悪い。 [예] 그 볼썽사나운 물건은 저리 치워라. その見苦しい物を片づけろ。

볼쏙[부] ❶【갑자기 볼록하게 쑥 나오거나 내미는 모양】ひょいと ¦ ひょっこり ¦ にゅっと。 [예] ~ 튀어나오다. ひょっこりと突き出る。/ ~ 일어서다. ひょいと立ち上がる。 ❷【앞뒤 생각 없이 대뜸 말을 하는 모양】でまかせに ¦ いきなりに。

볼쏙-거리다[자] ❶急にひょいと現れたり突き出したりする。 [예] 물속의 돌고래가 연방 머리를 ~. 水の中のイルカが、しきりに頭をひょいと突き出す。 ❷前後の見境もなく、急に話し出す。 =볼쏙대다

볼쏙-대다[자] ☞볼쏙거리다

볼쏙-하다[형] 膨らんでいる ¦ 盛り上がっている ¦ 突き出ている。 [예] 볼쏙한 볼 膨らんでいる頬/ 볼쏙한 이마 突き出ている額/ 배가 ~. 腹が突き出ている。/ 꽃망울이 ~. 花のつぼみが膨らんでいる。

볼-우물[명] ☞보조개

볼-일[명] 用事 ¦ 用件 ¦ 所用 ¦ 用。

볼칵-볼칵[부] 【진흙 등을 밟을 때 나는 소리 또는 모양】ぐちゃぐちゃ。

볼타 전지(Volta電池) 《화》ボルタ電池。

볼통-볼통[부] ❶【걸핏하면 화를 내거나 함부로 말하는 모양】ぶつぶつ ¦ つんつん ¦ つっけんどん。 [예] 그는 항상 ~ 불만을 늘어놓는다. 彼は常にぶつぶつと文句を言っている。 ❷【여기저기 볼록볼록 가져 있는 모양】ぶつぶつ ¦ でこぼこ。 [예] 얼굴에 여드름이 ~ 나다. 顔ににきびがぶつぶつできる。

볼트[1](bolt)[명] 《공》ボルト。

볼트²(volt)의《물》ボルト。
볼-펜(ball pen)閔 ボールペン。
볼-품閔 外見ぱい｜外観がい｜見みかけ｜体裁ぱい｜格好ごう。
볼품-없다嶽 体裁が悪い｜不格好ごうだ｜見すぼらしい。囫 전부 볼품없는 물건만 갖고 왔구나! 全部体裁の悪い物ばかり持ってきたのか。
볼품없-이閔 不格好ごうに｜見すぼらしく。
봄閔 春。囫 ~이 되면 벚꽃이 눈처럼 흩날린다. 春になると桜吹雪ふぶきが舞い散る。
봄(을) 타다관용 ❶【体质的】春に弱い｜春負はるまけする。囫 나는 봄 타는 체질인가 봐. 私は春に弱い体質のようだ。❷【】春になって気持きもちが浮わつついて、落ち着つかない。囫 봄을 타는지 꽃놀이 가고 싶다. 春のせいか花見はなみに行きたい。
봄-가뭄閔 春の日照りり。
봄-가을閔 春と秋｜春秋ゅう。
봄-갈이《농》春耕ぅと｜田打うち｜春の耕作こぅ。=춘경¹
봄-기운閔 春の気配けはい。
봄-날閔 春の日｜春の天気てんき｜春日びる。囫 오늘은 화창한 ~처럼 따사롭구나! 今日きょうはのどかな春の日のように暖あたたかいかなあ。
봄-내閔 春じゅう｜春の初はじめから終おわりまで。
봄-누에閔《농》春蚕る・しゅん・さん。
봄-눈閔 春雪しゅん｜春に降る雪。
봄눈 슬듯[녹듯]관용 ❶ある物事ごとが長く続つづかないですぐ消え失うせる。❷食たべたものの消化しょうが早はやい。
봄-맞이閔 春を迎えること｜春の遊あそび。
봄맞이-하다자 春を迎える。
봄-물閔 春になって雪の解けた水。
봄-바람閔 春の風｜春風はるかぜ・しゅんぷう｜東風ひがしかぜ・こち。=춘풍(春風)
봄바람에 죽은 노인속담 春風に死しんだ老人ろうじん：「ひどい寒さむがり屋や」の意い。
봄-볕閔 春の日差ひざし｜春の陽光ぅ｜春光ぅ。囫 창가에 ~이 비치고 있다. 窓辺まどべから春の日差しがさしてくる。
봄-보리《농》春蒔はるまきの麦。=춘맥
봄-비閔 春雨はるさめ。囫 ~가 내리다. 春雨が降る。
봄-빛閔 春の色いろ｜春の趣おもむき｜春色しょく

｜春光ぅ。
봄-소식(-消息)閔 春信しゅん｜春の兆きざし。
봄-잠閔 春の日のけだるい眠り｜春眠しゅん。
봄-철閔 春の季節つ｜春季しゅん｜春月しゅん。
봄-추위閔 春になるころの寒さ。
봅슬레이(bobsleigh)《운》ボブスレー。
봇-논(洑一)閔 堰せきの水で耕作する田。
봇-도랑(洑一)閔 灌漑用水路かんがい。
봇-둑(洑一)閔 堰せき｜土手どて｜堤防ぼう｜堤つつみ。
봇-물(洑一)閔 堰せきに溜まった水。=보²
봇-짐(褓一)閔 包み(もの)｜風呂敷ふろしき包み。
봇짐-장수(褓一)閔 行商人ぎょうしょう｜かつぎ屋や。囫 ~ 신세야 팔랑개비 신세 아니겠어요? 行商人の運命って、風車かざぐるまのような運命ではありませんかね。=보상(褓商)
봉¹부 ❶【】ぶう。❷【】ぶん。
봉²(封)閔 ❶紙で包んだ物の塊まり。❷物の中身に別に包んで入れた物。❸【】一袋ぅ。囫 배가 고파서 과자 한 ~을 다 먹어 버렸다. お腹が空いて、お菓子を一袋を全部食べてしまった。
봉³(峯)閔 ☞산봉우리
봉⁴(鳳)閔 ❶鳳凰ほぅ。=봉황 ❷鳳凰の雄おす。❸【】だましやすい相手あいて｜鴨かも。囫 ~으로 삼다. 鴨にする。
봉건(封建)《역》封建けん。
봉건 국가(封建國家)《정》封建国家こっか。
봉건-사상(封建思想)《사》封建けん思想ぅ。
봉건 사회(封建社會)《사》封建社会ほぅけん。囫 농노제를 기반으로 한 ~ 農奴制のぅを基盤ばんとした封建社会。
봉건-적(封建的)관형 封建的てき。
봉건-제(封建制)☞봉건 제도
봉건 제도(封建制度)《역》封建けん制度せい。=봉건제
봉건-주의(封建主義)閔《정》封建けん主義ぎ。
봉곳-하다嶽 ❶【】(丘おかなどが)小高たかい｜膨らんでいる｜盛り上がっている。❷【】浮いている。
봉곳-이부 小高たかく。

봉급(俸給)［명］俸給ホゥ゚ポ゚｜給料ポ゚ポ゚｜サラリー。

봉급-쟁이(俸給―)［명］俸給取ポ゚ポ゚ポ゚ポ゚り｜月給取ポ゚ポ゚ポ゚り｜サラリーマン。 예 ~의 한달 생활은 너무 힘들다. サラリーマンの一ヶ月ポ゚の生活ポ゚ポ゚は厳ポ゚しすぎる。

봉기(蜂起)［명］蜂起ポ゚ポ゚。
　봉기-하다［자］蜂起ポ゚ポ゚する。

봉-돌［명］【낚싯줄에 다는 봉돌이】(釣゚り糸ポ゚につける)重ポ゚り。

봉두(峯頭)［명］峰の頂ポ゚ポ゚き。=봉머리

봉두-난발(蓬頭亂髮)［명］【흐트러진 머리】(よもぎのように)ひどく乱ポ゚れた頭髪ポ゚ポ゚。

봉록(俸祿)［명］俸禄ポ゚ポ゚。

봉-머리(峯―)［명］☞봉두(峯頭)

봉명(奉命)［명］奉命ポ゚ポ゚。
　봉명-하다［타］奉命ポ゚ポ゚する。

봉밀(蜂蜜)［명］［？］蜂蜜ポ゚ポ゚。

봉변(逢變)［명］思ポ゚いがけず災難ポ゚ポ゚に遭゚うこと｜恥ポ゚ずかしい目ポ゚に遭゚うこと。예 그럭저럭 ~을 면한다. 何ポ゚とか災難を免ポ゚れた。
　봉변-하다［자］思ポ゚いがけず災難ポ゚ポ゚に遭゚う｜恥ポ゚ずかしい目ポ゚に遭゚う。예 그는 친구에게 봉변하였다. 彼ポ゚は友ポ゚だちから恥ポ゚ずかしい目にあった。

봉분(封墳)［명］土ポ゚を盛ポ゚り上ポ゚げて墓ポ゚を作ポ゚ること。

봉사¹［명］【앞 못 보는 사람】盲人ポ゚ポ゚｜盲者ポ゚ポ゚。

봉사²(奉仕)［명］奉仕ポ゚ポ゚。예 사회 ~ 社会ポ゚ポ゚奉仕/~ 활동 奉仕活動ポ゚ポ゚。
　봉사-하다［자］奉仕ポ゚ポ゚する。

봉사-단(奉仕團)［명］奉仕団ポ゚ポ゚ポ゚。

봉사-료(奉仕料)［명］サービス料ポ゚ポ゚｜チップ。

봉산 탈춤(鳳山―)《민》【황해도 봉산에서 전승되는】ポンサンタルチュム。예 ~이 전승되다. ポンサンタルチュムが伝承ポ゚ポ゚される。

봉서(封書)［명］❶［봉함］封書ポ゚ポ゚。❷〈역〉王ポ゚が王族ポ゚゚・近臣ポ゚ポ゚に下ポ゚した手紙ポ゚ポ゚。❸〈역〉王妃ポ゚ポ゚が実家ポ゚ポ゚に送ポ゚った手紙ポ゚ポ゚。

봉선-화(鳳仙花)［명］《식》鳳仙花ポ゚ポ゚ポ゚。예 담장 밑의 ~ 垣根ポ゚ポ゚の下のホウセンカ。=봉숭아

봉쇄(封鎖)［명］封鎖ポ゚ポ゚。
　봉쇄-하다［타］封鎖ポ゚ポ゚する。

봉숭아［명］☞봉선화

봉싯-거리다［자､타］【소리 없이 입을 벌려 웃다】にこにこ笑ポ゚う。=봉싯대다

봉싯-대다［자､타］☞봉싯거리다

봉싯-봉싯［부］【소리 없이 입을 조금 벌려 귀엽게 자꾸 웃는 모양】にこにこ｜にっこり。

봉양(奉養)［명］奉養ポ゚ポ゚。
　봉양-하다［타］奉養ポ゚ポ゚する｜親ポ゚や目上ポ゚の人ポ゚に仕ポ゚えて養ポ゚う。예 극진하게 ~. 奉養を尽゚くす。

봉오리［명］☞꽃봉오리

봉우리［명］☞산봉우리

봉인(封印)［명］封印ポ゚ポ゚。
　봉인-하다［자］封印ポ゚ポ゚する。

봉접(鳳蝶)［명］☞호랑나비

봉정(奉呈・捧呈)［명］奉呈ポ゚ポ゚。
　봉정-하다［타］奉呈ポ゚ポ゚する。

봉조(鳳鳥)［명］☞봉황(鳳凰)

봉지(封紙)［명］紙袋ポ゚ポ゚｜袋ポ゚ポ゚。예 라면 세 ~를 사다. ラーメン三ポ゚つ買ポ゚う。/~를 뜯다. 袋を開ポ゚ける。

봉착(逢着)［명］逢着ポ゚ポ゚。
　봉착-하다［자］逢着ポ゚ポ゚する｜出会゚う｜出ポ゚くわす。예 난관에 ~. 難関ポ゚ポ゚に逢着する。

봉창(封窓)［명］窓ポ゚を封ポ゚じること。
　봉창-하다¹［자､타］窓ポ゚を封ポ゚じる。예 바람이 못 들어오도록 봉창해 두었다. 風ポ゚が入ポ゚ってこないように窓を封゚じておいた。
　봉창-하다²［타］❶物ポ゚をためて隠ポ゚しておく。❷損害ポ゚ポ゚を埋ポ゚め合ポ゚わせる。

봉토(封土)［명］❶封土ポ゚ポ゚｜土ポ゚を盛ポ゚り上ポ゚げること。❷【제후의 영지】封地ポ゚ポ゚。

봉투(封套)［명］封筒ポ゚ポ゚。예 편지 ~ 手紙ポ゚ポ゚の封筒/서류 ~ 書類ポ゚ポ゚の封筒/~를 스카치테이프로 붙이다. 封筒をセロハンテープで貼ポ゚る。

봉-하다(封―)［타］❶【봉투·봉지 등을 막다】封ポ゚じる｜緘ポ゚ポ゚する。❷【입을 다물다】口ポ゚を封ポ゚じる｜緘ポ゚ポ゚する。❸【봉분을 만들다】墓ポ゚には土ポ゚を盛ポ゚る。❹【영지를 내리다】臣下ポ゚ポ゚に領地ポ゚ポ゚を与ポ゚えて領主ポ゚ポ゚に封ポ゚ずる。❺【작위를 내리다】爵位ポ゚ポ゚を与ポ゚える。

봉함(封緘)［명］封緘ポ゚ポ゚。

봉함-엽서(封緘葉書)［명］封緘葉書ポ゚ポ゚ポ゚。

봉화(烽火)［명］〈역〉烽火ポ゚ポ゚｜飛ポ゚ぶ火ポ゚｜のろし。

봉화-지기(烽火―)［명］飛ポ゚ぶ火ポ゚を見張ポ゚る人ポ゚ポ゚｜のろしの番人ポ゚ポ゚。예 이제부터 마을 사람들이 돌아가며 ~를 맡기로 했다. 今ポ゚からは、村ポ゚の人達ポ゚ポ゚が順番ポ゚ポ゚で、のろしの番人の役ポ゚を担当ポ゚ポ゚することにした。

봉홧-불(烽火―)［명］のろし。

봉황(鳳凰)명 鳳凰ほう。=봉－봉(鳳)❶·봉조

뵈다¹자 見える。

뵈다²타 目上の人に会う｜伺う｜お目にかかる。

뵈다³타 見せる。

뵙다타 伺う｜お伺いする｜お目にかかる。

부¹(父)명 父。

부²(否)명 否。

부³(部)의 ❶部。예1~는 여기까지입니다. 一部はここまでです。 ❷部。예연간 5만 ~를 발행하다. 年間5万部を発行する。

부⁴(富)명 富。예~를 축적하다. 富を築く。

-부⁵(附)접 ❶—付け。예5월 1일부로 발령이 나다. 5月1日付けで発令される。 ❷—付き。예조건부 협상 条件付きの協議。

부-⁶(副)접 副—。예부사장 副社長／부회장 副会長。 ❷ 예부수입 副収入／부업 副業。

-부⁷(部)접 —部。예총무부 総務部／영업부 営業部。

부가(附加)명 付加。

 부가-하다타 付加する｜付け加える。예신기능을 ~. 新機能を付加する。

부가 가치(附加價値)경 付加価値。

부가 가치세(附加價値稅)《법》付加価値税｜VAT。

부각(浮刻)명 浮き彫り。❶ある事物をはっきりと目立たせること。❷《미》リリーフ｜レリーフ。=돋을새김

 부각-하다타 ❶ 際立たせる｜浮き彫りにする。예이미지를 부각할 수 있는 디자인／그 옷은 너의 단점을 부각한다. その服はあなたの短所を浮き彫りにする。 ❷挙げる｜取りあげる｜見える。예김치는 국내뿐 아니라 국외에서도 최고의 식품으로 부각되고 있다. キムチは国内だけでなく、国外でも最高の食品として注目されている。

부감(俯瞰)명 俯瞰｜鳥瞰。

 부감-하다타 俯瞰する｜鳥瞰する。

부감-도(俯瞰圖)명 俯瞰図｜鳥瞰図。=조감도

부강-하다(富強—)형 富強だ。

부걱부 ぶくっと｜ぼこっと。

 부걱-거리다자 ぶくぶくと浮き上がる｜ごぼごぼと泡立つ。=부걱대다

 부걱-대다 ☞ 부걱거리다

부걱-부걱부 ぶくぶく｜ぼこぼこ。

부결(否決)명 否決。예의안 ~ 議案の否決。↔가결(可決)

 부결-하다타 否決する。예과반수의 찬성을 못 얻어서 부결되다. 過半数の賛成を得られないため否決されている。／17표 차로 부결되었다. 17票の差で否決された。

부계(父系)명 父系｜父方。

부고(訃告)명 訃告｜訃報｜訃音。=통부(通訃)

부과(賦課)명 賦課。

 부과-하다타 賦課する。예분담금은 규정에 근거해 부과하는 것으로 한다. 分担金は規定に基づき、賦課するものとする。

부과-금(賦課金)명 賦課金。

부관(副官)명《군》副官。

부교(浮橋)명 浮き橋｜船橋。

부-교수(副教授)명《교》副教授｜教授と助教授の間だ。◆일본에는 부교수 단계가 없다.

부국(富國)명 富国。

부국-강병(富國強兵)명 富国強兵。

부권(父權)명 父権。

부귀(富貴)명 富貴。

 부귀-하다형 富貴だ。

부귀-영화(富貴榮華)명 富貴栄華。

부그르르부 ❶ぐらぐら｜ふつふつ。 ❷ぶくぶく｜ぼこぼこ。

부근(附近)명 付近｜附近｜近所｜あたり｜ほとり。예후지 산 ~에서 지진이 발생했다. 富士山付近に地震が発生した。

부글-부글부 ❶ぐらぐら。예주전자 물이 ~ 끓고 있다. やかんのお湯がぐらぐら沸いている。 ❷ ぶくぶく。예게가 ~ 거품을 뿜고 있다. 蟹がぶくぶく泡を吹いている。 ❸ むしゃくしゃ。예~ 부아가 치밀어 오르다. むしゃくしゃと腹が煮えくり返る。 ❹ うようよ｜うじゃうじゃ。예엿에 개미가 ~ 꾀

어 있다. 飴にアリがうようよ集っている.

부금(賦金)몡 賦金ぷ. ❶賦課金ぷか. ❷掛け金きん.

부기¹(附記)몡【┗⃞써─⃞】付記き｜附記.
　부기-하다타 付記する｜付け加えて記載ざいする. 예참고로 자료를 ~. 参考に資料を付記する.

부기²(浮氣)몡 (의)腫れ｜むくみ｜ふくれ. 예다리의 ~가 가라앉다. 脚の腫れが引く.

부기³(簿記)몡 (경)簿記. 예상업 ~ 商業簿記 / 공업 ~ 工業簿記.

부끄러움몡 恥じらい｜はにかみ｜恥ずかしさ. 예~에 얼굴을 붉히다. 恥ずかしさで顔を赤くする. / ~으로 고개를 들지 못하다. 恥ずかしさで顔をあげることができない. ㉰부끄럼.

부끄러워-하다자 恥ずかしがる｜恥じらう｜はにかむ｜照れる.

부끄럼몡 ☞'부끄러움'의 준말.

부끄럽다형 恥ずかしい｜顔向けできない｜面目なく思う｜気恥ずかしい. 예부끄러워 고개 숙인 처녀의 얼굴 恥ずかしくて、うつむいた乙女の顔 / 부끄러워 얼굴을 못 들겠다. 恥ずかしくて顔をあげられない. / 저의 잘못을 인정합니다. 부끄럽습니다. 私の過ちを認めます. 恥ずかしいです.
　부끄러이부 恥ずかしく｜きまり悪く.

부-나방몡 ☞부나비.

부-나비몡 (동)火取蛾｜灯蛾. =부나방.

부낭(浮囊)몡 浮袋ぶくろ｜浮嚢のう.

부녀¹(父女)몡【┗⃞써─⃞】父と娘むすめ.

부녀²(婦女)몡 ☞부녀자.

부녀-자(婦女子)몡 婦女子｜婦女. =부녀(婦女).

부농(富農)몡 富農.

부닐다자【┗⃞ㄹ불규칙─⃞】人懐なつこく振る舞う｜愛想よく振る舞う.

부닥-뜨리다자 出でくわす｜ぶつかる｜突き当たる. =부닥트리다.

부닥-치다자 突き当たる｜ぶつかる.

부닥-트리다자 ☞부닥뜨리다.

부단-하다(不斷─)형 不断だ｜絶えない. 예부단한 노력에 의한 결과다. 不断の努力による結果だ.
　부단-히부 不断に｜絶え間なく｜いつも.

부담(負擔)몡 負担. 예위험 ~ 危険負担.
　부담-하다타 負担する. 예학비는 엄마가 부담해 주었다. 学費は母が負担してくれた.

부담-금(負擔金)몡 負担金.

부담-스럽다(負擔─)몡 負担に思う｜負担になる. 예아무 일도 안 하는데 돈을 받는 것은 ~. 何もしていないのに、お金をもらうのは負担になる.
　부담스레부 負担に. 예~ 생각하지 마세요. 負担に思わないでください.

부당 이득(不當利得) ⟪법⟫不当利得. 예~을 취하다. 不当利得を得る. / ~을 올리다. 不当利得をあげる.

부당-하다(不當─)형 不当だ.
　부당-히부 不当に.

부대¹(附帶)몡【┗⃞써─⃞】付帯｜附帯.
　부대-하다타 付帯する｜附帯する.

부대²(負袋)몡 ☞포대¹(包袋).

부대³(部隊)몡 部隊.

부대끼다자 ❶(人들이나 일들에)もまれる｜さいなまれる｜悩まされる. ❷腹具合が悪い.

부도(不渡)몡 ⟪경⟫不渡り. 예~ 수표 不渡り小切手 / ~를 내다. 不渡りを出す.

부-도덕(不道德)몡 不道徳.
　부도덕-하다형 不道徳だ. 예부도덕한 행위를 태연하게 하다. 不道徳な行為を平然と行う.

부-도심(副都心)몡 副都心.

부도 어음(不渡─) ⟪경⟫不渡り手形.

부도-체(不導體)몡 ⟪전⟫不導体｜不良導体｜絶縁体. 예나무는 ~이다. 木は不導体だ.

부동¹(不同)몡 不同.
　부동-하다¹형 不同だ｜同じでない.

부동²(不動)몡【┗⃞써─⃞】不動. 예~의 자세 不動の姿勢. / ~의 지위를 확립하다. 不動の地位を確立する.
　부동-하다²형 動かない｜ゆるがない.

부동³(浮動)몡【┗⃞써─⃞】浮動.
　부동-하다³자 浮動する.

부동-산(不動産)몡 ⟪법⟫不動産. 예~ 중개인 不動産仲介人 / ~ 취득세 不動産取得税 / ~ 금융 不動産金融 / ~업 不動産業 / ~ 강제 집행 不動産強制執行 / ~의 압류 不動産の差し

押さえ / ~ 투자 신탁 회사 不動産投資信託会社。

부동산 경매(不動産競賣)《법》不動産競売。

부동-액(不凍液)图《화》不凍液。예 겨울에는 ~을 넣고 운전한다. 冬には不凍液を入れて運転する。

부동-표(浮動票)图 浮動票。

부동-항(不凍港)图 不凍港。

부두(埠頭)图 埠頭。波止場。

부둑-부둑🄱 ごわごわ。

부둑-하다톙 水気がほぼ乾いて、少しごわごわしている。

부둣-가(埠頭—)图 波止場のほとり。

부둥-부둥🄱 まるまる｜ぷくぷく｜ぽっちゃり。예 뱃살이 ~ 찌다. お腹の肉がまるまるしている。

부둥켜-안다🅃 ぎゅっと抱き締める｜抱き込む｜抱える。예 서로 부둥켜안고 울다. 互いに抱き合って泣く。

부둥키다🅃 抱き締める｜ぐいとつかむ。예 어린애를 ~. 幼子を抱きしめる。

부드드-하다톙 けちくさい｜けちけちする｜しみったれだ。예 부드드하게 행동하다. けちくさく振る舞う。/ 그는 돈에 인색한 부드드한 녀석이다. 彼は金に細かいしみったれな奴だ。=뿌드드하다

부드득🄱 ❶ ぎりぎり｜がりがり。예 이를 ~ 갈다. ぎりぎりと歯ぎしりする。❷ ぶりぶり｜びしゃっと。

부드득-거리다🄰🅃 ❶ ぎりぎりする。예 걸을 때마다 마루가 부드득거린다. 歩くたびに床がぎりぎりする。❷ ぶりぶりする｜びしゃっとする。=부드득대다

부드득-대다🄰🅃 ☞부드득거리다

부드득-부드득🄱 ❶ ぎりぎり｜がりがり。예 밤새도록 이를 ~ 갈다. ぎりぎりと一晩中歯ぎしりする。❷ ぶりぶり｜びしゃーびしゃー。

부드럽다톙 ❶ 柔らかい。예 실크는 매우 ~. シルクはとても柔らかい。/ 피부가 부드럽다. 肌が柔らかい。❷ 優しい｜和やかだ｜穏やかだ。예 부드러운 목소리로 시를 읊다. 優しい声で詩を読む。/ 부드러운 동작으로 춤을 추다. しなやかな動作で踊る。/ 부드러운 눈빛을 가진 남자였다. やさしい目つ

きをしている男だった。

부드러이🄱 柔らかく｜和やかに｜穏やかに。

부드레-하다톙 ❶ かなり柔らかい感じがする。예 부드레한 이 직물은 실크입니다. 柔らかい感じのこの生地はシルクです。/ 부드레한 눈길을 보내다. 柔らかい感じの視線を向ける。❷ 弱くて立ち向かう力もない。예 그의 첫인상은 부드레해 보였다. 彼の第一印象は、弱くて立ち向かう力もないように見えた。

부득-부득🄱 ❶ 我を張るさま。예 자기 판단이 옳다고 ~ 우기다. 自分の判断が正しいことを、やいやいと言い張る。❷ やいやい｜やいのやいの。예 허락해 달라고 ~ 조르다. 認めてくれるようにやいやいと催促する。

부득불(不得不)🄱 やむを得ず｜やむなく｜仕方なく。=불가불

부득이(不得已)🄱 仕方なく｜やむなく｜余儀なく。

부득이-하다 仕方がない｜やむを得ない｜余儀ない。

부들图《식》小蒲。예 ~로 만든 부채 コガマで作ったセンス。

부들-부들🄱 ぶるぶる｜がくがく｜わなわな。예 무서워서 ~ 떨다. 恐くてぶるぶると震える。/ 모욕을 받고 ~ 떨다. 侮辱されてわなわなと震える。/ 몸을 ~ 떨다. 体をぶるぶる震わせる。/ 아, 춥구나, 추워. 온몸이 ~ 떨리는구나! おお寒い、寒い、全身が震えるなあ。/ 모욕당한 일을 생각하면 지금도 ~ 떨린다. 侮辱されたことを思い出すと、未だにがくがくする。/ 아버지는 손을 ~ 떨며 화를 냈다. 父は手をわなわな震わせて怒った。

부들부들-하다톙 滑らかだ｜柔らかだ｜しなやかだ｜すべすべする。

부듯-하다톙 ❶ きっちり入っている。❷ ぎっしり詰まっている｜いっぱいだ｜満たされてる。

부듯-이🄱 ❶ きっちり。❷ ぎっしり｜いっぱいに。

부등-깃图 (雛の)産毛。

부등-식(不等式)图《수》不等式。

부등-호(不等號)图《수》不等号。

부디🄱 どうか｜是非とも｜なにとぞ｜ど

うぞ｜くれぐれも｜きっと。예~ 봐 주세요. ぜひともご覧下さい。/ ~ 잘 부탁합니다. どうぞよろしくお願いします。/ ~ 완쾌하길 빕니다. きっと全快するように祈ります。

부딪다[자타] 強くぶつかる｜強くぶつける｜衝突する。예전신주에 이마를 부딪고 쓰러지다. 電柱に額をぶつけて倒れる。

부딪-뜨리다[타] 強くぶつける。=부딪트리다

부딪-치다[자타] ❶ 強くぶつかる｜強くぶつける｜衝突する。예벽에 머리를 부딪치며 울고 있다. 壁に頭をぶつけて泣いている。❷[사람끼리] 出くわす｜ぶつかり合う。예옛 애인과 딱 부딪쳤다. 昔の恋人とにばったりと出くわした。

부딪-트리다[타] ☞부딪뜨리다

부딪-히다[타] 【바람에】ぶつけられる｜ぶつかる。예카페리가 산호초에 부딪혔다. カーフェリーが珊瑚礁にぶつかった。

부뚜막[명] かまど｜へっつい。
부뚜막의 소금도 집어넣어야 짜다[속담] かまどの塩もつまんで入れてこそ塩辛い：「いくらたやすいことでも手を下さなければ成就しない」の意。

부라리다[타] (目玉を)怒らす｜ぎょろぎょろさせる｜(目を)むく。

부락(部落)[명] 部落｜村落。

부란-기(孵卵器)[명] 孵卵器。

부랑(浮浪)[명] 浮浪。
부랑-하다[자] 浮浪する｜さすらう。

부랑-배(浮浪輩)[명] 浮浪者の群れ。

부랑-아(浮浪兒)[명] 浮浪児。

부랑-자(浮浪者)[명] 浮浪者。

부랴-부랴[부] 大急ぎで｜あたふた｜早々に。예~ 달려오다. あたふたと駆けつける。

부러[부] わざと｜故意に。

부러-뜨리다[타] 折る｜へし折る。예나뭇가지를 둘로 ~. 木の枝を二つに折る。=부러트리다·분지르다

부러워-하다[타] 羨む｜羨しく思う。

부러-지다[자] 折れる。

부러-트리다[타] ☞부러뜨리다

부럽다[형] うらやましい｜欲しい。예다복한 그의 집안이 못내 ~. 幸せに満ちた彼の家庭が、この上なくうらやましい。/친구의 합격이 너무 ~. 合格した友だちがとてもうらやましい。/예쁜 딸을 가진 그 여자가 ~. かわいい娘を持ったその女がうらやましい。

부레[명] ❶[동]【鳥】浮き袋｜ふえ。❷にべ｜にべかわ。=부레풀

부레-질[명] にべかわで貼ること。
부레질-하다[타] にべかわで貼る。

부레-풀[명] にべ｜にべかわ。=부레❷

부력(浮力)[명]【물】浮力。예수영은 ~을 이용하는 스포츠이다. 水泳は浮力を利用したスポーツだ。

부록(附錄)[명] 付録｜附録。

부루퉁-하다[형] 膨れっ面をしている｜不機嫌そうだ。예저 사람은 뭐가 불만인지 종일 저렇게 부루퉁한 표정으로 앉아 있다. あの人は何がそんなに不満なのか、一日中ああして不機嫌そうな表情で座っている。
부루퉁-히[부] ぷんと｜むっつりと｜ふくれ上がって。

부룩〈농〉【農】間作。

부룩-소[명] 小さい雄牛。

부룩-송아지[명] まだ慣らしていない子牛。

부룬디(Burundi)[명]〈국〉ブルンジ。

부류(部類)[명] 部類。

부르-걷다[타] (袖の裾·ズボンなどを)まくし上げる。

부르다[타] ❶【말소리로】(言葉·手まねで)呼ぶ。예건너편에 있는 친구를 손짓해 ~. 向こうの友達を手まねで呼ぶ。❷【이름·명단을 읽어】呼ぶ｜読む。예선생님이 출석을 ~. 先生が出席者の名前を呼ぶ。❸【노래를】歌う｜叫ぶ。❹【오라고】招く。예파탄을 ~. 破綻を招く。❺【손님을】招待する。예당신의 생일 파티에 몇 명을 불렀습니까? あなたの誕生日パーティーに何人くらい招待しましたか。❻【명칭】呼ぶ｜言う。예사람들은 그를 바이올린의 천재라고 부른다. 人々は彼をバイオリンの天才だという。❼【값을】(値段を)つける｜言う。예벼룩시장에서는 촛대 하나에 500엔 불렀다. 蚤の市では燭台が一個に500円の値がついた。

부르다[형] ❶【배가】腹が一杯だ。예너무 많이 먹어서 배가 ~. あまりにたくさん食べて腹が一杯だ。❷【물건의 중앙이】(物の中央が)突き出ている｜腹が膨れる｜(身篭って)腹が大きい。예배가 ~. 腹が突き出ている。/과식으로 배가

~.過食でお腹が出る。/아기를 가져 배가 ~.身篭ってお腹が出る。

부르르_부 ❶【떨리는 꼴이나 모양】ぶるぶる｜わなわな｜おどおど。 예 추운지 입술을 ~ 떨고 있다. 寒いのか唇をぶるぶる震わせている。/무서워서 손발이 ~ 떨린다. 怖くて手足がわなわな震える。/소변을 보고 났더니 ~ 몸이 떨려 온다. 小便をしたら、ぶるぶると体がふるえた。❷【액체가 끓어오르는 모양】ぶくぶく｜ぐらぐら。❸【갑자기 가벼운 화를 내는 모양】かっと。 예 그 소리를 듣자마자 ~ 성을 내며 일어서서 나갔다. その話を聞くや、かっとなって立ち上がって出ていった。

부르릉_부【기계가·자동차 등이 발동할 때 나는 소리】ぶうぶう。 예 자동차가 ~ 발동이 걸렸다. 自動車がぶうぶうと始動する。

부르릉-거리다_자 ぶうぶうと音を出す｜エンジンが動き始める。 예 트럭이 부르릉거리며 출발하려고 한다. トラックがぶうぶう音を立てながら出発しようとする。

부르릉-대다_자 ☞부르릉거리다

부르주아(bourgeois 프)_명 ブルジョア。

부르주아지(bourgeoisie 프) 《사》ブルジョアジー｜市民階級｜有産階級｜資本家階級。 예 ~는 오늘날 자본가 계급을 뜻하는 말이 되었다. ブルジョアジーは今日の資本家階級を意味する言葉となった。

부르-쥐다_타 握り締める｜しっかりと握る。

부르-짖다_자 ❶ 大声で叫ぶ｜わめく。❷【어떤 주장】唱える｜主張する｜叫ぶ。

부르키나파소(Burkina Faso)_명 《국》ブルキナファソ。

부르터-나다_자【隱されていたことが】ばれる｜露見する。

부르트다_자 ❶水脹れができる｜まめができる。 예 구두에 쓸려 발이 ~. 靴擦れで水脹れができる。❷あかぎれする。 예 겨울이 되면 손발이 부르튼다. 冬になると手足があかぎれする。❸ (虫などに刺されて) 腫れる。 예 모기에 물려 부르튼 곳이 가렵다. 蚊に刺されて腫れた所が痒い。❹ 腹が立つ｜怒る。 예 자네의 부르튼 마음은 이해하네. 君の怒った気持ちは分かる。

부릅뜨다_타 (目を)むく｜怒らす。 예 깜짝 놀라 눈을 ~. びっくりと驚いて目をむく。

부리¹_명 ❶【새의 주둥이】くちばし。 예 ~로 쪼다. くちばしでつつく。❷【물건의 뾰족한 끝 부분】物の先端のとがった部分｜拳銃などの先との部分。 예 권총의 ~ 부분 拳銃の先との部分。❸【병 등의】(瓶などの)口の先。 예 주전자 ~ やかんの口/~가 넓은 병 口の広い瓶。❹【업신여겨 하는 말】人の口を見下して表わす語。 예 시끄러워! ~ 다물어. うるさい、口を閉じろ。

부리가 잡히다_{관용} お出来が膿んで、まん中の部分がとがってくる。 예 종기의 부리가 잡힐 때까지 기다리세요. お出来のまん中の部分がとがってくる時まで待ってください。

부리²(附利)_명 利子がつくこと。

부리나케_부 急いで｜大急ぎで。

부리다¹_타 ❶【사람·말·소 등을】(人·馬·牛などを)働かす｜働かせる｜労働させる｜使う｜召し使う。 예 일꾼들을 ~. 人夫を働かせる。/소를 부려 밭을 갈다. 牛を使って畑を鋤き起こす。❷【기계】(機械·器具などを)操作する｜操縦する｜操る｜動かす｜使う。 예 그는 차를 부릴 줄 안다. 彼は車を操ることができる。❸【짐 등을】荷物を下ろす｜荷下ろしをする。❹【활시위를】弓弦をはずす。

부리다²_타 ❶【재주 등을】(芸·魔術などを)こなす｜使う｜弄する。 예 요술을 ~. 妖術を使う。/재주를 ~. 芸をこなす。/기교를 ~. 技巧を弄する。❷【성미·고집 등을】(権力などを)振るう｜張る。 예 욕심을 ~. 欲を張る。/허세를 ~. 虚勢を張る。/쓸데없이 고집을 ~. いたずらに我を張る。

부리-망(—網)_명 (牛の)くつこ。

부리부리-하다_형 目が大きくてぎらぎらしている。 예 부리부리한 눈망을 ぎらぎらした目/눈매가 ~. 目がぎょろっとしている。

부리-이다_자【부리다의 피동】使われる｜操られる。

부림-꾼 他人に雇われて働かされる人。 예 그는 늘 ~의 역할에 익숙해 있었다. 彼はいつも雇われて働かされる人の役割に慣れていた。

부메랑(boomerang)_명 ブーメラン。

부모(父母)_명 父母｜親｜両親。

부모-상(父母喪)영 父母の喪。
부문(部門)영 部門。
부본(副本)영 副本。副書き。控え。
부-부튀 ぼうっと。예 배가 ~ 신호를 낸다. 船がぼうっぽうっと信号を出す。
부부²(夫婦)영 夫婦。夫妻。めおと。=내외²②
부분(部分)영 部分。
부분-적(部分的)관 部分的。
부분 집합(部分集合)《수》部分集合。
부분-품(部分品)영 ☞부품
부사(副詞)영 《언》副詞。
부산¹튀 慌てたりうるさく騒いだりして、落ち着かないこと。騒々しいこと。예 ~을 떨다. 仰々しく振る舞う。
　부산-하다형 騒々しい。騒がしい。やかましい。예 시장 안은 사람들로 ~. 市場の中は人たちで騒々しい。
부산²(釜山)영 《지》釜山。
부-산물(副産物)영 副産物。
부-삽영 十能掻き。火かき。
부상¹(負傷)영 負傷。けが。
　부상-하다자타 負傷する。けがする。예 운동 중 ~. 運動中負傷する。/부상당한 원인을 조사하다. 負傷された原因を調査する。
부상²(浮上)영 《체》浮上。
　부상-하다자 浮上する。
부상³(副賞)영 副賞。
부상-자(負傷者)영 負傷者。
부생(腐生)영 《식》腐生。死物寄生。
부서(部署)영 部署。持ち場。
부서-뜨리다타 ❶砕きつぶす。押しつぶす。打ち砕く。❷壊す。取り壊す。破損させる。❸《希望・期待などを》崩す。=부서트리다
부서-지다자 ❶《물건》壊れる。砕ける。❷《희망》壊れる。破れる。崩れる。
부서-트리다타 ☞부서뜨리다
부석튀 ばさっと。かさっと。예 ~ 소리를 내는 발 밑의 낙엽 かさっと音がする足もとの落ち葉。
　부석-거리다자타 ぱさつく。ばさつく。かさつく。예 옆에서 부석거려서 일을 못하겠다. 横でかさつくので仕事とができない。/빵이 말라서 부석거린다. パンが乾いてぱさつく。=부석대다
　부석-대다자타 ☞부석거리다

부석-부석¹튀 ばさばさ。かさかさ(と)。
　부석부석-하다¹자타 ばさばさする。かさかさする。예 부석부석한 빵 ばさばさのパン/머리카락이 ~. 髪の毛がばさばさする。
부석-부석²튀 ぶくぶく。ぶよぶよ。
　부석부석-하다²형 顔がむくんでいる。腫れぼったい。예 부석부석한 얼굴 腫れぼったい顔。
부석-하다형 肌が少しむくんでいる。腫れぼったい。
부설¹(附設)영 付設。附設。예 ~ 연구소 付設研究所。
　부설-하다타 付設する。附設する。예 유치원을 ~. 幼稚園を附設する。
부설²(敷設)영 敷設。布設。
　부설-하다타 敷設する。布設する。예 철도를 ~. 鉄道を敷設する。
부-성분(副成分)영 副成分。
부성-애(父性愛)영 父性愛。
부속(附屬)영 付属。附属。예 ~ 학교 付属学校。
　부속-하다자 付属する。
부속-물(附屬物)영 付属物。
부속-품(附屬品)영 付属品。
부속-해(附屬海)영 付属海。
부수¹(部首)영 《언》部首。예 ~색인 部首索引。
부수²(部數)영 部数。예 발행 ~ 発行部数。
부수다타 壊す。つぶす。砕く。破る。破壊する。준붓다³
부수-뜨리다타 カー杯ぶち壊す。예 조용히 해! 다 부수뜨려 버린다. 静かにしろ、ぶち壊してしまうぞ。=부수트리다
부-수입(副收入)영 副収入。
부수-적(附隨的)관 付随的。
부수-트리다타 ☞부수뜨리다
부숭-부숭튀 ❶ ふわふわ。예 빨래가 ~ 마르다. 洗濯物がふわふわに乾く。❷《肌・顔などが》柔らかくしなやかなさま。예 피부가 ~ 아름답다. 皮膚が柔らかくしなやかで美しい。❸《얼굴이 좀 부은 모양》ぶくぶく。예 얼굴이 ~ 붓다. 顔がぶくぶくと腫れる。
　부숭부숭-하다형 ❶ よく乾いて水気がなく柔らかい。ふわふわしている。

예 이불이 말라서 ~. 布団ふとんが乾かわいてふわふわしている。❷ (肌はだ・顔かおなどが)柔かくしなやかだ。예 세수를 했더니 얼굴이 부숭부숭해졌다. 顔かおを洗あらったら、顔かおが柔やわらかくしなやかになった。❸ ぶくぶくとしている。예 몸이 부어서 ~. 体からだが腫はれてぶくっとしている。

부스-대다 자 ❶ ごそごそする。예 침대에서 남편이 계속 부스대는 바람에 잠이 깨 버렸다. ベッドで夫おっとがしきりに体からだを動うごかすので、私わたしは目めが覚さめてしまった。/ 주머니 속을 ~. ポケットの中なかをごそごそする。❷ 心こころが浮うわついて、しきりに慌あわてる。예 그를 만날 수 있다는 생각에 부스대며 준비했는데, 갑자기 만날 수 없다는 연락이 왔다. 彼かれに会あえる思おもいで慌あわてて準備じゅんびしたが、急きゅうに会あえないという連絡れんらくがきた。

부스러기 몡 屑くず¦残のこりかす¦端はしくれ¦切きれ端はし。=바스라기

부스러-뜨리다 타 砕くだきつぶす¦押おしつぶす¦打うち砕くだく。=부스러트리다

부스러-지다 자 砕くだける¦こなごなになる。

부스러-트리다 타 ☞부스러뜨리다

부스럭 부 ばさっと¦がさっと。

  부스럭-거리다 자타 ばさつく¦がさつく。

  부스럭-대다 자타 ☞부스럭거리다

부스럭-부스럭 부 ばさばさ¦がさがさ。

부스럼 몡 腫はれ物もの¦できもの¦おでき。

부스스 부 ❶ やおら¦むっくり¦おもむろに。예 잠자리에서 ~ 일어나다. 床とこからおもむろに起おき上あがる。/ ~ 몸을 일으키다. おもむろに体からだを起おこす。❷ もじゃもじゃ¦ぐしゃぐしゃ¦ばさばさ¦ぼさぼさ。예 머리가 ~ 엉켜 있다. 髪かみがもじゃもじゃ絡からまっている。❸ ばらばら¦ぱらぱら。예 흙더미가 세찬 바람에 ~ 무너져 내렸다. 砂山すなやまが強つよく激はげしい風かぜで、ばらばらと崩くずれ落おちた。❹ そっと¦すうっと。예 문이 ~ 열렸다. 扉とびらがそっと開ひらいた。

부스스-하다 형 (髪かみの毛けなどが)ひどく乱みだれる¦もじゃもじゃ¦ぐしゃぐしゃだ¦ぼさぼさだ。예 머리가 ~. 頭あたまがぐしゃぐしゃだ。/ 자고 일어나서 머리가 ~. 寝ねて起おきたら頭あたまがぼさぼさだ。

부슬-부슬 부 ❶ しとしと。예 비가 ~ 내리는 아침 雨あめがしとしと降ふる朝あさ。❷ ばらばら¦ぼろぼろ。예 마른 흙이 ~ 떨어진다. 乾かわいた土つちがぼろぼろと落おちる。

부슬-비 몡 小雨こさめ¦こぬか雨あめ。예 소리 없이 조용히 내리는 ~ 音おともなく静しずかに降ふるこぬか雨あめ/ ~ 소리가 적막하게 들린다. 小雨こさめの音おとが寂さびしく聞きこえる。

부시 몡 火打ひうち金がね。

부시다 타 (器うつわなどを)きれいに洗あらう¦すすぐ。

부시다² 형 まぶしい¦まばゆい。예 눈이 부시게 아름답다. 目めにまばゆいほど美うつくしい。/ 햇빛이 찬란하여 눈이 ~. 日差ひざしが燦爛さんらんとしてまぶしい。

부식¹(扶植) 몡 扶植ふしょく。
  부식-하다 타 扶植ふしょくする¦植うえ付つける。

부식²(副食) 몡 ☞부식물

부식³(腐蝕) 몡 腐蝕ふしょく。
  부식-하다 자 腐蝕ふしょくする。예 부식된 철근 腐蝕ふしょくした鉄筋てっきん。

부-식물(副食物) 몡 副食物ふくしょくもつ¦ーさい¦おかず。=부식

부식-제(腐蝕劑) 몡 《의》腐食剤ふしょくざい。

부식-토(腐植土) 몡 《농》腐植土ふしょくど。

부-신경(副神經) 몡 《의》副神経ふくしんけい。

부신 피질(副腎皮質) 몡 副腎皮質ふくじんひしつ。

부실(不實) 몡 (内容ないよう)が十分じゅうぶんでないこと¦不健全ふけんぜんなこと。예 ~ 공사 手抜てぬき工事こうじ;ずさんな工事こうじ/ ~ 기업 不健全ふけんぜん企業きぎょう。

  부실-하다 형 ❶ (身体しんたい・精神せいしん)が丈夫じょうぶでなく弱よわい。예 몸이 ~. 体からだが弱よわくて丈夫じょうぶでない。/ 다리가 부실해서 잘 못 걷겠다. 足あしが丈夫じょうぶでなくて、よく歩あるけない。❷ (内容ないよう)が十分じゅうぶんでない¦物足ものたりない。예 저녁을 부실하게 먹어서 야식을 또 먹었다. 晩御飯ばんごはんが物足ものたりなくて、また夜食やしょくを食たべた。❸ 不実ふじつだ¦信頼性しんらいせいがない。예 부실한 사람 信頼性しんらいせいのない人ひと/ 부실한 행동을 하다. 不実ふじつな行おこないをする。

부심(副審) 몡 《운》副審ふくしん。

부싯-깃 몡 火口ひぐち¦火糞ほくそ。

부싯-돌 몡 火打ひうち石いし。

부쩍¹ 부 ばさばさ¦がさが

사。 예 나무 옆에서 ~ 소리가 나더니 다람쥐가 나왔다. 木の横からばさばさ音がして、リスが現れた。

부썩-거리다재 ばさつく｜がさつく。=부썩대다

부썩-대다재 ☞ 부썩거리다

부썩²튀 ❶【생각이나 행동이 변함없이 굳고 억센 모양】 かたくなに。예 학교에 가지 않겠다고 ~ 우기다. 学校に行かないとかたくなに我を張る。 ❷【힘주어 나아가거나 갑자기 늘거나 주는 모양】 急に｜一層｜著しく｜ぐんと。예 ~ 야윈 모습 著しく痩せた姿が／잔소리가 ~ 늘었다. 文句が急に増えた。

부썩-부썩¹튀【물건이 잇달아 부서지거나 깨지는 소리】 がさがさ｜ばさばさ｜からから。

부썩-부썩²튀【힘주어 자꾸 나아가거나 변하는 모양】 ぐんぐん｜めっきり｜めきめき。

부아명 憤り｜癇癪。예 참으려고 해도 ~가 치밀어 참을 수가 없구나！我慢しようと思っても、込み上げてくる怒りをこらえられない。

부아-통명【부아의 낮은 말】 癇癪｜癇癪玉。

부앗-김명【부아가 치미는 기회나 바람】 腹立ちまぎれ。예 ~에 편지를 찢어 버렸다. 腹立ちまぎれに手紙を破ってしまった。

부양(扶養)명 扶養。예 ~ 인구 扶養人口。

부양-하다타 扶養する｜養う。예 양친을 ~. 両親を扶養する。

부양-가족(扶養家族)명 扶養家族。

부양-료(扶養料)명《법》扶養料。=부양비

부양-비(扶養費)명 ☞ 부양료

부언(附言)명 付言｜附言。

부언-하다타 付言する｜附言する｜付け加えて言う。

부업(副業)명 副業｜内職。

부엉-부엉튀【부엉이가 우는 소리】 ほうほう。예 ~ 우는 부엉이 ホウホウと鳴くみみずく。

부엉-새명 ☞ 부엉이

부엉-이명《동》みみずく｜このはずく。=부엉새

부엌명 台所｜炊事場｜調理場｜キッチン。예 ~에 남은 밥이 있어. 台所に余ったご飯があるよ。

부엌-간(-間)명 台所｜炊事場｜調理場｜キッチン。

부엌-데기명【부엌일을 맡아서 하는 여자】 飯炊き女｜おさん｜おさんどん。

부엌-문(-門)명 台所の出入り口｜勝手口。

부엌-살림명 ❶ 台所用品。예 ~을 새로 장만하다. 台所用品を新しく買い換える。 ❷ 台所仕事。예 ~을 꾸리다. 台所仕事を切り盛りする。

부엌-일명 台所仕事｜水仕事。

부엌-칼명 包丁｜庖丁。

부여(附與)명 付与｜附与。

부여-하다타 付与する｜附与する｜授け与える。예 권리를 ~. 権利を付与する。

부여-안다타 (両腕に)だきしめる。

부여-잡다타 (両手に)しっかりつかむ｜握りしめる。

부역(賦役)명【나라에서 구실 대신으로 시키던 노동】 夫役・ぶえき｜賦役・ぶえき。

부연(敷衍·敷演)명 敷衍｜布衍。

부연-하다타 敷衍する｜布衍する。

부옇다형 ぼやけている｜不透明だ｜不鮮明だ。

부예-지다재 ❶【색깔이 점점】 濁る｜曇る。예 물에 우유를 섞었더니 부예졌다. 水に牛乳を混ぜたら白く濁った。／창문에 입김을 불었더니 부예졌다. 窓に息を吹き掛けたら白く曇った。 ❷【피부 따위가】 (肌などが)白く透き通ってくる。예 결혼하더니 얼굴이 부예졌다. 結婚したら顔が白く透き通った。

부용(芙蓉)명 ❶ 연꽃 ❷《식》芙蓉。예 ~화 フヨウの花。 ❸ 芙蓉の描いた帳。예 방 안에 ~을 치다. 部屋の中にフヨウの帳を張る。

부원¹(部員)명 部員。

부원²(富源)명 富源。

부유(浮遊·浮游)명 浮遊。예 ~ 생물 浮遊生物；プランクトン。

부유-하다재 浮遊する。

부유-세(富裕税)명《법》富裕税。

부유스레-하다형 ☞ 부유스름하다

부유스름-하다형 少し白みがかっている｜ほの白くぼやけている。=부유스레하다

부유스름-히튀 白みがかって｜ほの白く。

부유-하다²(富裕-)형 富裕だ｜裕福だ。

부응(副應)명 (期待などに)添って応じること。

부응-하다재 (期待などに)添って

応じる｜添う。예 기대에 ~. 期待に添う。

부의(賻儀)명 【죽은 사람의 집에 부조로 보내는 돈이나 물건】 香典｜香奠｜香料。

부-의장(副議長)명 副議長。

부이(buoy)명 《해》ブイ｜浮標。

부인¹(夫人)명 【남의 아내를 높여 이르는 말】 夫人｜奥様｜奥さん。

부인²(否認)명 否認。
　부인-하다타 否認する。예 범죄 사실을 ~. 犯罪な事実を否認する。

부인³(婦人)명 【결혼한 여자】 婦人。

부인-과(婦人科)명 《의》婦人科。

부인-병(婦人病)명 《의》婦人病。

부인-복(婦人服)명 婦人服。◆일본어의 '부인복'은 널리 여성복을 뜻한다.

부임(赴任)명 赴任。
　부임-하다자 赴任する。

부자¹(父子)명 父子｜父と子。예 ~가 닮았다. 父と子が似ている。

부자²(富者)명 金持ち。

부자-간(父子間)명 父子の間。

부자연-스럽다(不自然一)형 不自然だ｜わざとらしい。
　부자연스레부 不自然に｜わざとらしく。

부자유-스럽다(不自由一)형 不自由だ。
　부자유스레부 不自由に。

부자유-하다(不自由一)형 不自由だ。

부-작용(副作用)명 副作用。예 백신 ~. ワクチンの副作用。

부잡-스럽다(浮雜一)형 人柄が誠実でなく軽はずみで淫らなところがある。예 부잡스럽게 굴다. 軽はずみで淫らに振る舞う。

부잡-하다(浮雜一)형 人柄が誠実でなく、軽はずみで品がなく淫らだ。예 부잡한 성격은 고치는 편이 좋다. 軽はずみで品のない性格は、直したほうがいい。

부잣-집(富者一)명 金持ちの家｜裕福な家。예 ~에서 태어나 고생 모르고 자라다. 裕福な家に生まれ、なんの苦労も知らずに育つ。
　부잣집 맏며느릿감이다속담 金持ちの長男の嫁候補だ:「顔が福々しく円満な女性は」の意。

부장(部長)명 部長。

부재(不在)명 不在｜留守。예 사장의 ~로 계약을 할 수 없었다. 社長の不在で契約することができなかった。
　부재-하다자 留守する。

부재-중(不在中)명 不在中｜留守。

부-저명 ☞부젓가락

부적(符籍)명 《민》護符｜お守り｜呪符。

부적-하다(不適一) ☞부적당하다

부적당-하다(不適當一)형 不適当だ。=부적하다

부-적응(不適應)명 不適応できぬ。예 ~ 행동 不適応行動。

부전(附箋)명 《법》【간단한 의견 따위를 적어 덧붙이는 쪽지】付箋｜附箋｜張り紙｜添書。

부전-승(不戰勝)명 《운》不戰勝。예 ~으로 결승에 오르다. 不戰勝で決勝に上がる。

부전-자전(父傳子傳)명 父子相伝。

부절(不絶)명 【끊이지 아니하고 계속됨】 不断｜絶えないこと。
　부절-하다자 不断だ｜絶えない。

부-젓가락명 火箸。=부저

부정¹(不正)명 【바르지 못함】 不正。예 ~ 행위 不正行為｜~ 승차 不正乗車。
　부정-하다¹형 不正だ。

부정²(不定)명 【정해지지 않음】 不定。예 ~ 방정식 不定方程式。
　부정-하다²형 定まらない。

부정³(不貞)명 【아내가 정조를 지키지 아니함】 不貞。
　부정-하다³형 不貞だ。

부정⁴(不淨)명 ❶【깨끗하지 못함】不浄｜けがれていること｜よごれていること｜清浄でないこと。예 ~을 씻기다. 不浄を清めたまえ。❷【사람이 죽는 따위의 불길한 일】 人が死ぬなど不吉なこと。예 ~이 일어나다. 不吉なことが起こる。
　부정-하다⁴형 不浄だ｜けがれている｜よごれている｜清浄でない。예 부정한 몸 不浄な身。

부정⁵(否定)명 【옳다고 인정하지 아니함】 否定。
　부정-하다⁵타 否定する。예 범행 사실을 ~. 犯行の事実を否定する。／현실을 ~. 現実を否定する。／일간지 기사에 대해서 부정하고 있다. 日刊紙の記事について否定している。

부정 관사(不定冠詞)명 不定冠詞。

부정당-하다(不正當一)형 正当でない。

부정-적(否定的)관명 否定的。예 ~ 개념 否定的概念。

부정직-하다(不正直―)[형] 不正直(ふしょうじき)だ｜正直(しょうじき)でない。

부정-칭(不定稱)[명] 〖언〗 不定稱(ふていしょう)。

부정확-하다(不正確―)[형] 不正確(ふせいかく)だ。

부제(副題)[명] 副題(ふくだい)｜サブタイトル。＝부표제

부조¹(父祖)[명]【父와 祖】父親(ちちおや)と祖父(そふ)。

부조²(扶助)[명] ❶【도와줌】 扶助(ふじょ)。 ❷【경조사때에 내는 돈이나 물건】 祝儀(しゅうぎ)｜香典(こうでん)。

 부조-하다[타] ❶扶助(ふじょ)する。❷祝儀(しゅうぎ)をおくる｜香典(こうでん)をおくる。

부조³(浮彫)[명]〖미〗浮(う)き彫(ぼ)り｜レリーフ。

부조-금(扶助金)[명] 祝儀(しゅうぎ)｜香典(こうでん)。

부-조리(不條理)[명] 不條理(ふじょうり)。

 부조리-하다[형] 不條理(ふじょうり)だ。(예)부조리한 사회 不條理(ふじょうり)な社会(しゃかい)。

부-조화(不調和)[명] 不調和(ふちょうわ)。

 부조화-하다[자] 不調和(ふちょうわ)だ。

부족¹(不足)[명] 不足(ふそく)。(예)수면 ～ 睡眠(すいみん)不足(ぶそく)。

 부족-하다[형] 不足(ふそく)だ｜不足(ふそく)する｜足(た)りない。(예)의사가 ～. 医師(いし)が不足(ふそく)する。／이번 달의 생활비가 ～. 今月(こんげつ)の生活費(せいかつひ)が不足(ふそく)する。

부족²(部族)[명] 部族(ぶぞく)。

부종(浮腫)[명]〖한〗浮腫(ふしゅ)｜むくみ。＝부종

부주(扶―)[명] '부조²(扶助)'의 잘못.

부-주의(不注意)[명] 不注意(ふちゅうい)。

 부주의-하다[형] 不注意(ふちゅうい)だ。

부줏-술(←父祖―)[명] 家系代々(かけいだいだい)が好(この)んで飲(の)む酒(さけ)。

부증(浮症)[명] ☞부종

부지¹(扶持・扶支)[명] 大変(たいへん)苦労(くろう)して、維持(いじ)したり保存(ほぞん)したりしていくこと。(예)더 이상 살림 ～를 못 할 것 같다. もうこれ以上(いじょう)暮(くら)らしを維持(いじ)することができないと思(おも)う。

 부지-하다[타] たいへん苦労(くろう)して、維持(いじ)したり保存(ほぞん)したりしていく。(예)목숨을 ～. 苦労(くろう)して命(いのち)を維持(いじ)する。

부지²(敷地)[명] 敷地(しきち)。(예)공장 ～ 工場(こうじょう)の敷地(しきち)／아파트 ～ アパートの敷地(しきち)。

부지기수(不知其數)[명] 数(かぞ)えられないほど多(おお)い｜無数(むすう)。

부지깽이[명] 火搔(ひか)き棒(ぼう)｜おきかき。

부지-꾼[명] ふざけたいたずらをよくする意地悪(いじわる)な人(ひと)。

부지런[명] 勤勉(きんべん)｜まめまめしいこと。

 부지런-하다[형] 勤勉(きんべん)だ｜まめまめしい｜かいがいしい｜手(て)まめだ。(예)부지런한 사람이 큰일을 한다. 勤勉(きんべん)な人(ひと)が大(おお)きな事(こと)を為(な)す。

 부지런-히[부] まめまめしく｜せっせと｜勤勉(きんべん)に。

 부지런-스럽다[형] まめまめしい｜かいがいしい。

 부지런스레[부] まめまめしく｜かいがいしく。

부지불식-간(不知不識間)[명]【'부지불식'의 사이】 知(し)らず知(し)らずの間(あいだ)。

부지-중(不知中)[명]〖원뜻은 모르는 사이에〗知(し)らぬ間(ま)に｜思(おも)わぬ間(あいだ)。

부지직[부]〖달아 있는 상태의 물체에〗じじっと｜じゅうっと｜じゅわっと。

부지직[부] ❶【달아 있는 상태의 물체에】 じじっと｜じゅうっと｜じゅわっと。 ❷【단단한 물건이 갈라져 터질 때 나는 소리】 びりびり。(예)뛰다가 바지가 ～ 찢어지다. 走(はし)っている途中(とちゅう)で、ズボンがビリビリと破(やぶ)れる。 ❸【설사하는 소리】 ぶりぶり。

 부지직-거리다[자] ❶じりじりする。(예)고기가 부지직거리며 구워지고 있다. 肉(にく)がじりじりとしながら焼(や)けている。❷びりびりする。❹(下痢(げり)の音(おと)が)ぶりぶりする。＝부지직대다

 부지직-대다[자] ☞부지직거리다

부지직-부지직[부] ❶【달아 있는 물체에서 작은 물기가 닿을 때 나는 소리】 じりじり。 ❷【단단한 물건이 갈라져 터질 때 나는 소리】 びりびり。(예)지혈하기 위해 옷을 ～ 잡아 찢었다. 止血(しけつ)しようと、服(ふく)をびりびりと裂(さ)きちぎる。 ❸【설사하는 소리】 ぶりぶり。

부진(不振)[명] 不振(ふしん)。(예)식욕 ～ 食欲(しょくよく)不振(ふしん)。

 부진-하다[형] 不振(ふしん)だ。

부질-없다[형] つまらない｜しがない｜無駄(むだ)だ｜余計(よけい)だ。

 부질없-이[부] つまらなく｜無駄(むだ)に。

부-집게[명] 火箸(ひばし)。

부쩍[부] ❶【고집스럽게】 かたくなに。(예)아내가 ～ 우기는 바람에 이사하기로 했다. 妻(つま)がかたくなに我(が)を張(は)ったために、引(ひ)っ越(こ)しすることにした。 ❷【아주 많이】 ぐんと｜ぐっと。(예)～ 늘다. ぐんと増(ふ)える。／～ 줄어들다. ぐんと減(へ)る。 ❸【달라붙는 모양】 べったり。(예)벽에 ～ 몸을 붙이고 있다. 壁(かべ)にぴったり体(からだ)をくっつけている。 ❹【힘이 있는 모양】 うんと｜ぐっと｜ぐいっと。(예)～ 힘을 주어 짐을 나르다. うんと力(ちから)を入(い)れて荷物(にもつ)を運(はこ)ぶ。

부쩍-부쩍[부] ❶【고집스럽게 우기는 모양】 かたくなに。(예)차

를 사 달라고 ~ 우기다. 車を買ってくれと、かたくなに意地を張る。❷【】ぐんぐん｜どんどん。예 강물이 ~ 줄어든다. 川の水がぐんぐん減っていく。/ 남동생은 ~ 살이 찐다. 弟はぐんぐん太っていく。❸【】ぺたりと。예 내가 마음에 들었는지, 그 아이는 ~ 들러붙었다. 私のことが気に入ったのか、その子はぺたりと引っ付いてきた。❹【】力を入れたり緊張したりするさま。

부차-적(副次的)관 副次的。

부착(附着·付着)명 付着。
  부착-하다 자타 付着する｜附着する。

부착-력(附着力)명《물》付着力。

부채¹명 扇子｜うちわ｜扇子。

부채²(負債)명 負債｜借金｜負い目。

부채-꼴명 扇形。

부채-질명 ❶扇であおぐこと｜あおること。❷【】扇動すること｜そそのかすこと｜あおること。
  부채질-하다 자타 ❶扇であおぐ｜扇であおる。❷扇動する｜そそのかす｜あおる。

부채-춤명《예》扇子を持って踊る舞踊。

부챗-살명 扇の骨｜扇骨。

부처¹명《종》仏。❶【】釈迦牟尼。❷【】仏道を悟った聖人。❸【】仏像。

부처²(夫妻)명 夫妻｜夫婦。

부처-님명《종》【】仏様｜お釈迦様。

부처님 오신 날《종》【】釈迦誕生日。=강탄절·석가 탄신일

부처-지내다 同じ家で一緒に暮す。예 학교에 다니는 동안 이모 집에 부처 지냈다. 学校に通う間、叔母の家で一緒に暮した。

부촌(富村)명 金持ちの多い村｜暮らしが豊かな村。

부-총재(副總裁)명 副総裁。

부추명《식》韮。

부추기다 타 そそのかす｜けしかける｜焚き付ける｜扇動する｜あおる。

부축명 (体の不自由な人などの)脇を抱えて歩くのを助けること。예 친구의 ~을 받으며 겨우 올라갔다. 友だち

に脇を抱えてもらいながら、やっと上がった。=곁부축❶
  부축-하다 타 (体の不自由な人などの)脇を抱えて歩くのを助ける。예 어르신을 부축해 드렸다. 年寄りの脇を抱えて歩くのを助けてあげた。

부츠(boots)명 ブーツ｜長靴。

부치다¹ 자【】力に余る｜手に余る｜手に負えない。

부치다² 타 ❶【】送る｜届ける｜出す。예 택배로 김치를 ~. 宅配でキムチを送る。❷【】付する｜回する。예 불문에 ~. 不問に付する。

부치다³ 타【】耕す｜耕作する。

부치다⁴ 타【】焼く。예 오코노미야키를 ~. お好み焼きを焼く。

부치다⁵ 타【】(扇などで)風を起こす｜あおぐ｜あおる。

부칙(附則)명《법》付則｜附則。

부친(父親)명 父親｜父上。

부침(浮沈)명 浮沈。
  부침-하다 자 浮沈する。

부침-개【】명 プッチンゲ｜チヂミ。예 비 오는 날이면 생각나는 따뜻한 ~ 雨が降る日に思い出す温かいプッチンゲ。

부케(bouquet 프)명 ブーケ｜花束。

부탁(付託)명 頼み｜願い｜依頼｜付託。
  부탁-하다 타 頼む｜願う｜依頼する｜託する。

부탄¹(Bhutan)명《국》ブータン。

부탄²(butane)명《화》【】ブタン。

부탄-가스(butane gas)명《화》ブタンガス。

부터조【】―から｜―より。예 집에서부터 회사까지 몇 분 걸립니까? 家から会社まで何分かかりますか。/ 수업 시간은 오전 9시부터 오후 5시까지이다. 授業時間は午前9時から午後5時までだ。/ 김 씨부터 발표해 주십시오. 金さんから発表して下さい。/ 지금부터 시작한다. 今から始める。

부-통령(副統領)명《법》副大統領。

부팅(booting)명《컵》起動｜立ち上げ。

부패(腐敗)명 腐敗。예 식품 ~ 食品の腐敗/ 정치의 ~ 政治の腐敗。
  부패-하다 자 腐敗する｜腐る。

부패-균(腐敗菌)명 腐敗菌｜腐敗細菌。=부패 세균

부패-상(腐敗相)圏 腐敗した様相。
부패 세균(腐敗細菌) ☞부패균
부평-초(浮萍草)圏《식》浮き草。=개구리밥
부표¹(否票)圏 (会議の票決で)反対票。
부표²(附表)圏 付表。
부표³(浮標)圏 浮標・ブイ・浮き。
부-표제(副標題) ☞부제(副題)
부푸러기圏 毛羽(の一つ一つ)。
부풀圏 毛羽・けばけば。
부풀다困 ❶毛羽立つ・そそける。예 스웨터가 닳아서 ~. セーターがすれて毛羽立つ。❷腫れる・膨らむ。예 눈이 ~. 目が腫れる。/ 벌에 쏘여 손이 부풀었다. 蜂に刺されて手が膨れた。❸(物の)かさが張る・大きくなる・膨らむ・膨れる。예 빵 반죽이 부푼 후에 오븐에 구우세요. パン生地が膨らんでからオーブンで焼いてください。❹膨らむ・膨れる。예 희망으로 가슴이 ~. 希望に胸が膨らむ。❺(ある事が実際よりも)大げさに言われる。예 사건이 실제보다 부풀었다. 事件が実際よりも大げさに言われた。
부풀-리다囲 ❶(物のかさを)大きくする・膨らます。예 타이어에 공기를 넣어 ~. タイヤに空気を入れて膨らます。❷(希望などで)胸をいっぱいにさせる・膨らます。예 희망으로 가슴을 부풀리고 여행에 나서다. 希望に胸を膨らませて旅に出る。❸(ある事を実際よりも)大げさに言う。예 실적을 실제보다 부풀려서 말하다. 実績を実際よりも大げさに言う。
부풀-부풀囲 毛羽立ったさま。
부품(部品)圏 部品。=부분품
부프다圈 ❶軽いがかさばっている。예 솜은 부퍼서 들기가 어렵다. 綿は軽いがかさばって持ちにくい。❷(言葉遣いや性質などが)短期で荒っぽい。예 그는 성미가 ~. 彼は気性が荒い。❸込み合う・立て込む。예 차가 몹시 ~. 車内が非常に込み合う。
부피圏 かさ・体積・容積。예 ~가 커지다. かさ張る。=체적
부하(部下)圏 部下・手下・子分・配下。

부-하다(富—)圈 ❶暮らしが裕福だ・富裕だ。❷太っている・肥えている。
부합(符合)圏 符合。
부합-하다困 符合する・かなう。예 조건에 부합되는 부동산 조건에 符合した不動産。
부항(附缸)圏 (漢方で)吸角を皮膚に吸い付けて、膿や悪血を吸い出すこと。
부항-단지(附缸—)圏 吸角・吸い玉・吸いふくべ。
부-허영다圈 ほのかに白い・白っぽい。
부형(父兄)圏 父兄。
부호¹(符號)圏 符号。예 모스 ~ モース符号/수학 ~ 数学符号/음악 ~ 音楽符号。
부호²(富豪)圏【부―】富豪・大金持ち・金満家。
부화(孵化)圏 孵化。
부화-하다困困 孵化する。예 병아리가 ~. ひよこが孵化する。
부화-뇌동(附和雷同)圏 付和雷同。
부활(復活)圏 復活。
부활-하다困困 復活する。예 구제도가 ~. 旧制度が復活する。
부활-절(復活節)圏《종》復活節。
부황(浮黄)圏 飢えて皮膚がむくんで、黄色くなる病気。
부흥(復興)圏 復興。
부흥-하다困囲 復興する。
부흥-기(復興期)圏 復興期。
북¹圏 草木の根元を包んでいる土。
북(을) 주다慣用 根元に土を盛る。
북²圏 ❶杼・梭。❷ボビン。
북³圏《음》太鼓。
북④囲 ❶ぼりっ(と)・ごしっ(と)。예 표면을 송곳으로 ~ 긁어 보니 노란색이 보였다. 表面を錐でぼりっと削ってみたら、黄色が見えた。❷びりっ・ばりっと。예 책 표지를 ~ 찢어 버렸다. 本の表紙をびりっと破ってしまった。
북(北)圏 北。=북쪽
북구(北歐)圏 ☞북유럽
북국(北國)圏 北国。
북극(北極)圏 北極。
북극-곰(北極—)圏《동》北極熊。예 ~이 겨울잠을 자기 위해 얼음 구덩이를 파

고 있다. 北極熊が冬眠のために、氷の穴を掘っている。=흰곰

북극-권(北極圈)몡 北極圏。

북극-성(北極星)몡〈천〉北極星。

북극-해(北極海)몡《지》北極海。

북-녘(北─)몡 北の方｜北方。예 ~ 땅 北の方の土地。

북단(北端)몡 北端。

북대서양 조약 기구(北大西洋條約機構)《정》NATO｜北大西洋条約機構。예 벨기에에 본부를 둔 ~ ベルギーに本部を置いたナトー。

북도(北道)몡 [지역이남도] 地域的に北側にある地域。예 경상 ~ 慶尚北道 / 전라 ~ 全羅北道 / 충청 ~ 忠清北道。

북-돋다 ☞ '북돋우다'의 준말.

북-돋우다타 励ます｜(勇気などを)出させる。예 그의 말이 용기를 북돋워 주었다. 彼の言葉で勇気がわいた。 준 북돋다

북동-풍(北東風)몡 北東から吹いてくる風。

북두(北斗) ☞ 북두칠성

북두-성(北斗星)몡 ☞ 북두칠성

북두-칠성(北斗七星)몡〈천〉[별자리의 북극] 北斗七星。=북두・북두성

북마크(Bookmark)몡 ブックマーク。

북면(北面)몡 北面。

북문(北門)몡 北に面した門｜北門。

북미(北美)몡 ☞ 북아메리카

북-반구(北半球)몡 北半球。

북-받치다(感情・力などが)込み上げる｜湧き上がる｜燃え上がる｜突き上がる。예 슬픔이 ~ 悲しみが込み上がる。 / 부모님을 보자 눈물이 북받쳐 올랐다. 両親を見ると涙が込み上げてきた。

북방(北方)몡 北方。예 ~ 민족 北方民族。

북벌(北伐)몡 ❶北方の地方を征伐すること。 ❷《역》[조선시대] 北伐。
　북벌-하다자 北方の地方を征伐する。

북변(北邊)몡 北辺。

북부(北部)몡 北部。

북-북부 ❶[종이같은 것을 찢는 모양] ぼりぼり｜ごしごし。예 의자 덮개를 ~ 벗기다. 椅子のカバーをぼりぼりと捲る。 / 냄비

밑바닥을 ~ 문질러 닦다. 鍋の底をごしごしして洗う。❷[힘들이는 소리] びりびり｜ばりばり。예 포장지를 ~ 찢어서 열어 보았다. 包装紙をびりびりと破って開けた。

북상(北上)몡 北上。
　북상-하다 北上する。예 태풍이 ~. 台風が北上している。

북새 多勢の人がごった返しに集まって騒ぎ立てること。예 ~를 떨다. 多勢の人が集まってもいる。 / ~ 속에서도 냉정을 잃지 않다. 多勢の人が騒ぎ立てている中でも、冷静さを失わない。
　북새(를) 놀다[놓다]관용 多勢の人が騒ぎ立てる。예 연예인을 보기 위해 한바탕 북새를 놓았다. 芸能人を見るために、ひとしきり多勢の人が騒ぎ立てた。

북새-통몡 大騒ぎの最中。예 ~ 속에서도 어머니는 장을 보았다. 大騒ぎの最中でも母は買い物をしていた。

북새-판몡 大騒ぎの場。예 ~에 안경을 잃어버렸다. 大騒ぎしていた場所に眼鏡を落とした。

북서-풍(北西風)몡 北西風。

북서-소리몡 太鼓の音。

북슬-북슬부 [털이 많이 난 모양] もじゃもじゃ｜けむくじゃら。

북-아메리카(北America)몡《지》北アメリカ。=북미(北美)

북-아시아(北Asia)몡《지》北アジア。

북어(北魚)몡 干しすけとうだら。

북어-탕(北魚湯) ☞ 북엇국

북엇-국(北魚─)몡 [우리나라의 북어탕] 干しすけとうだらのスープ。예 술 마신 다음날 어머니가 끓여 주신 ~ 酒を飲んだ翌日に母が作ってくれた干しすけとうだらのスープ。=북어탕

북위(北緯)몡 北緯。

북-유럽(北Europe)몡《지》北ヨーロッパ｜北欧。=북구(北歐)

북-장구몡 太鼓と鼓。

북적-거리다자 ❶(大勢がより集まって)ごった返す｜わいわい騒ぐ。 ❷(酒などが)発酵してぶくぶく泡が立つ。=북적대다

북적-대다자 ☞ 북적거리다

북적-북적부 ❶がやがや｜わいわい｜ごたごた。 ❷ぶくぶく。

북종-화(北宗畵)몡 《미》北宗画。

북진(北進)몡 北進。
　북진-하다재 北進する。

북-쪽(北一)몡 北方｜北の方。=북⁵

북창(北窓)몡 北の窓。

북-채몡 太鼓のばち。

북천(北天)몡 北天。

북-춤몡 《예》太鼓踊り。

북측(北側)몡 北側。

북-태평양(北太平洋)몡 《지》北太平洋。

북태평양 고기압(北太平洋高氣壓) 北太平洋高気圧。예~은 우리나라의 여름에 영향을 미친다. 北太平洋高気圧は我が国の夏に影響を及ぼす。

북-통(一筒)몡 太鼓の胴。예~ 같은 배 太鼓腹；太鼓のような腹/~ 같은 배를 보니 아기가 나올 때가 되었나 보다. 太鼓のような腹を見ると、赤ちゃんが生まれる時期になったみたいだ。

북풍(北風)몡 北風｜朔風。=뒤바람

북풍-받이(北風—)몡 北風をまともに受ける場所。

북한(北韓)몡 《국》北朝鮮｜朝鮮民主主義人民共和国。

북행(北行)몡 北に向かって行くこと。
　북행-하다재 北に向かって行く。

북향(北向)몡 北向き。
　북향-하다재 北を向く。

북향-집(北向—)몡 北向きに建てられた家屋。예~은 햇볕이 안 들어 춥다. 北向きの家は日当たりが悪くて寒い。

북향-판(北向—)몡 北向きの敷地。

북-회귀선(北回歸線)몡 北回帰線。예~은 북반구 열대와 온대의 경계선이다. 北回帰線は北半球の熱帯と温帯の境界線である。

분¹의 ❶方｜様。❷【높임 사람】―人｜―人様｜―名様。예어서 오세요. 몇 분이세요? いらっしゃいませ。何名様ですか。

분²(分)몡【자기 신분에 맞는 한도】分。예~에 넘치다. 身に余る。

분³(分)의【시간】分。예지금은 1시 20분입니다. 今は1時じ20分です。/ 30분 후 만납시다. 30分後会いましょう。

분⁴(扮)몡 ☞분장(扮裝)

분⁵(盆)몡 盆｜鉢｜植木鉢。

분⁶(粉)몡 ❶【화장품】おしろい。=백분❷ ❷【가루】粉｜粉末。❸《미》白い彩色。

분⁷(憤·忿)몡 腹立ち｜憤り｜口惜しさ。예~을 삭이다. 怒りをしずめる。

분⁸(糞)몡 糞・くそ。=똥❶

-분⁹(分)접 ❶【전체를 그양만큼 나누어 부분이 되는】―分。예 3분의1 3分칭의1/ 4분의1 4分칭의1。❷【시간】―分｜―前。예열 명분 十人分／초과분 超過分／부족분 不足分／3인분 三人分。❸【성분】―分。예지방분 脂肪分／당분 糖分／영양분 栄養分。

분가(分家)몡 分家｜別家。
　분가-하다재 分家する｜別家する。

분-가시(粉一)몡 《한》白粉による中毒で、女性の顔にできるにきびのような出来物。

분간(分揀)몡 見分け｜分別｜見境。예어느 쪽이 언니인지 ~이 안 간다. どちらがお姉さんか見分けがつかない。
　분간-하다타 見分ける｜見て区別する｜分別する。

분갑(粉匣)몡 おしろい入れ。

분개(憤慨·憤愾)몡 憤慨。
　분개-하다재타 憤慨する｜憤る。

분격(憤激)몡 【격노】憤激。
　분격-하다재 憤激する。

분-결¹(粉—)몡 おしろいの白くてなめらかな木目。예살결이 ~같이 아름답다. 肌がおしろいのように白くてなめらかで美しい。

분-결²(憤—)몡【분노한 감정의 기세】腹立ちまぎれ｜悔しまぎれ。

분계(分界)몡 分界。

분계-선(分界線)몡 分界線。

분골-쇄신(粉骨碎身)몡 粉骨砕身。

분-공장(分工場)몡【한 공장의 일부 공장】分工場。

분과¹(分科)몡 分科。
　분과-하다타 科目を分ける。예인문 과학을 5개로 ~. 人文科学を五つに分ける。

분과²(分課)몡 分課。
　분과-하다타 分課する。

분관(分館)몡 分館。

분광¹(分光)몡 《물》分光。예~ 분석 分光の分析／~ 현상을 이용한 스펙트럼 分光現象을利用したスペクトル。

분광²(分鑛)몡 《광》鉱主にお金を払っ

て、一定期間、自由に鉱石を採掘すること。

분광-계(分光計)® 《물》分光計｜スペクトロメーター。

분광-기(分光器)® 《물》分光器｜スペクトロスコープ。

분광 사진(分光寫眞) 《물》分光写真。

분광-학(分光學)® 《물》分光学。

분괴(憤愧) 憤り恥じること。
분괴-하다® 憤り恥じる。® 분괴 히여 결국 자살해 버리다. 憤り恥じて、とうとう自殺してしまう。

분교(分校)® 《교》分校。

분구(分區)® 地域を幾つかの区域に分けること。
분구-하다® 地域を幾つかの区域に分ける。® 서울시를 25개로 ~. ソウル市を25区に分ける。

분국(分局)® 分局。

분권(分權)® 分権。® 지방 ~ 地方分権。

분규(紛糾)® 紛糾。

분기¹(分岐·分歧)® 分岐。
분기-하다® 分岐する｜分かれる。

분기²(分期)® 四半期。

분기³(奮起)® 奮起。
분기-하다® 奮起する。

분기⁴(憤氣)® くやしい気持ち。

분기-점(分岐點)® 分岐点｜分かれ目。

분-김(憤—)® 腹立ち紛れ｜悔し紛れ。

분-꽃(粉—) 《식》白粉花。® ~ 향기에 정신이 아득하다. オシロイバナの香りで気が遠くなりそうだ。

분-내(粉—)® おしろいのにおい。

분노(憤怒)® 怒り。® ~ 를 느끼다. 憤怒の念を覚える。
분노-하다® 憤怒する｜怒る。

분단¹(分段)® 分段。
분단²(分團)® 分団。
분단³(分斷)® 分断。® ~국가 分断国家。
분단-하다® 分断する。

분-단장(粉丹粧)® 化粧。

분담(分擔)® 分担。
분담-하다® 分担する。® 집안일을 ~. 家事を分担する。

분대(分隊)® 《군》分隊。

분대-장(分隊長)® 《군》分隊長。

분대-질® 悶着を引き起こすこと。
분대질-하다® 悶着を引き起こすこと。

분-돋움(憤—)® 人を怒らせること｜怒りをあおること。
분돋움-하다® 人を怒らせる｜怒りをあおる。

분등(分等)® 等級を分けること。
분등-하다® 等級を分ける。

분디® 犬山椒の実。

분란(紛亂)® 紛乱。

분량(分量)® 分量｜量。® ~이 많다. 分量が多い。

분류¹(分類)® 分類。
분류-하다® 分類する。

분류²(奔流)® 奔流。

분류-기(分流器)® 《물》分流器｜シャント。

분리(分離)® 分離。
분리-하다® 分離する。

분립(分立)® 分立。® 삼권 ~ 三権分立。
분립-하다® 分立する。

분만(分娩)® 分娩｜出産。® 무통 ~ 無痛分娩 / 자연 ~ 自然分娩。 =해산(解産)
분만-하다® 分娩する｜出産する。® 병원에서 ~. 病院で分娩する。

분말(粉末)® 粉末｜粉。

분망-하다(奔忙—)® 非常に忙しい｜せわしい｜多忙だ。
분망-히® 忙しく｜せわしく。

분명-하다(分明—)® 分明だ｜はっきりしている｜明らかだ｜確かだ。® 분명한 증거가 있다. 確かな証拠がある。
분명-히® 分明に｜はっきりと｜明らかに｜確かに。® ~ 여기에 책을 두었는데 …. 確かにここに本を置いたのに…。=분명코

분명-코(分明—)® ☞분명히

분모(分母)® 《수》分母。® 분자가 ~ 보다 크다. 分子が分母より大きい。

분묘(墳墓)® 墳墓｜墓。

분무(噴霧)® 噴霧。
분무-하다® 霧吹きをする。

분무-기(噴霧器)® 噴霧器｜霧吹き｜スプレー。

분발(奮發)® 奮発。=발분

분발-하다 자 奮発する；頑張る；奮い立つ。 예 좀 더 분발해 주세요, もう少し頑張ってください。

분방-하다(奔放—) 奔放だ。

분배(分配) 명 分配；配分。
　분배-하다 타 分配する；配分する。

분배-율(分配律) 명 《수》分配法則。

분별(分別) 명 ❶【구별】分別；区別；見分け。 ❷【사려】分別。 예 사려 ~ 思慮分別。
　분별-하다 타 ❶ 分別する。 ❷ 分別する。 예 일의 옳고 그름을 ~. 事の正否を分別する。

분별-없다(分別—) 형 分別がない；無分別だ。
　분별없-이 부 分別なく；見境もなく；無分別に。

분복(分福) 명【分】うまれつきの福；天福。

분부(分付・吩咐) 명【분부명・분부】仰せ；ご用命；言いつけ。
　분부-하다 타 仰せ付ける；言い付ける。

분분-하다(紛紛—) 형 ❶【어수선함】騒々しくて、落ち着かず物騒だ。 예 분분한 거리를 달려가다. 物騒な通りを走っていく。/ 이 근처는 밤이 되면 분분해진다. この辺りは夜になると物騒になる。 ❷【뒤숭숭・의견이 많음】紛々としている。 예 분분한 의견 紛々たる意見。 ❸【어수선하고 많음】ごちゃごちゃしている。 예 방은 발 디딜 곳이 없을 정도로 ~. 部屋の中は足の踏み場がないほど、ごちゃごちゃに散らかっている。/ 책상은 책이나 공책으로 ~. 机の上は本やノートでごちゃごちゃだ。

분비(分泌) 명 《의》分泌。
　분비-하다 타 分泌する。

분비-나무 명 《식》椴松。

분비-물(分泌物) 명 《의》分泌物。

분비-선(分泌腺) 명 《의》分泌腺。

분비-액(分泌液) 명 《생》分泌液。

분사[1](分詞) 명 《언》分詞。

분사[2](噴射) 명 噴射。
　분사-하다 타 噴射する。

분산(分散) 명 分散。 예 ~ 투자 分散投資。
　분산-하다 자타 分散する。

분석(分析) 명 分析。
　분석-하다 타 分析する。

분석-구(噴石丘) 명 噴石丘。

분석-적(分析的) 관 명 分析的。

분석 화학(分析化学) 《화》【분석화학】分析化学。

분설(分設) 명 主体となる施設から分かけて設けること。
　분설-하다 主体となる施設から分かけて設ける。

분쇄(粉砕) 명 粉砕。
　분쇄-하다 타 粉砕する。

분쇄-기(粉砕機) 명 《공》粉砕機。

분수[1](分数) 명 ❶【신분・처지】身の程；分際；身分相応。 예 ~에 맞게 살다. 自分の水準に合わせて暮らす。/ 네 ~를 알아라. 君の分際を知れ。 ❷【한계・한도】一定な限界；限度；程。 예 착각도 ~가 있지. 錯覚にも限度があるさ。/ 남의 호의를 무시해도 ~가 있지. 人の好意を無視するにも限度があるさ。 ❸【사물의 어떠함】分別；見境。 예 그에게 무슨 ~가 있겠는가? 彼に何の分別があるのか。

분수[2](分数) 명 《수》分数。 예 ~는 분자와 분모로 이루어진다. 分数は分子と分母で成り立つ。

분수[3](噴水) 명 噴水。

분수-계(分水界) 명 分水界。

분수-령(分水嶺) 명 分水嶺。

분수 방정식(分数方程式) 《수》分数方程式。

분수-식(分数式) 명 《수》分数式。

분수없다(分数—) 형 ❶ 身のほどをわきまえない。 ❷ 分別がない。
　분수없-이 부 身の程知らずに；わきまえもなく；無分別に。

분숙(分宿) 명 分宿。
　분숙-하다 자 分宿する。

분식[1](粉食) 명【粉食】粉食。

분식[2](粉飾) 명 粉飾。 예 ~ 회계 粉飾会計；ウインドードレッシング。
　분식-하다 타 粉飾する。

분신[1](分身) 명 分身。

분신[2](焚身) 명 焼身。 예 ~자살 焼身自殺。
　분신-하다 자 焼身する。

분실[1](分室) 명 分室。

분실[2](紛失) 명 紛失。
　분실-하다 자타 紛失する；無くす。

분압(分圧) 명 《물》分圧。 예 돌턴의 ~ 법칙

ドルトンの分圧の法則。

분야(分野)명 分野。領域。예 연구 ~ 研究。/ 전문 ~ 專門分野。

분양(分讓)명 分讓。예 주택 ~ 住宅分讓/ 택지 ~ 宅地の分讓。
　분양-하다타 分讓する。

분업(分業)명 分業。
　분업-하다타 分業する。

분여(分與)명 分与。
　분여-하다타 分与する｜分け与える。

분연-하다(奮然—)【형용사】奮然としている｜ふるいたっている。
　분연-히부 奮然と。

분열(分裂)명 分裂。예 세포 ~ 細胞分裂。
　분열-하다자 分裂する。

분외(分外)명 分外。過分。
¹분원(分院)명 分院。
분위기(雰圍氣)명 雰囲気。
분유(粉乳)명 粉乳。예 탈지~ 脱脂粉乳。

분자(分子)명 ❶分子。~ 구조 分子構造/ 고~ 高分子。❷分子。예 불평 ~ 不平分子。❸《수》分子。예 ~가 분모보다 작다. 分子が分母より小さい。

분자 간 힘(分子間—)《물》分子間力。

분자-량(分子量)명 分子量。
분자-력(分子力)명 ☞분자 간 힘
분자-설(分子說)명 分子説。
분자 스펙트럼(分子spectrum)《물》分子スペクトル｜帯スペクトル。

분자-식(分子式)명 分子式。예 물의 ~은 H₂O이다. 水の分子式はH₂Oだ。

분자 운동(分子運動)명 分子運動。예 기체의 ~ 気体の分子運動。

분잡-하다(紛雜—)형 混雑する｜ごたごたとこみ合っている。

¹분장(分掌)명 分掌。예 업무 ~ 業務の分掌。
　분장-하다타 分掌する。

²분장(扮裝)《연》扮装する。예 배역에 맞는 ~을 하다. 配役に合う扮装をする。= 분(扮)
　분장-하다자 扮装する。

분재(盆栽)명 盆栽。예 단풍나무 ~를 얻어다 앞마당에 심었다. モミジの盆栽をもらったので前庭に植えた。

분쟁(紛爭)명 紛争。
　분쟁-하다자 紛争する。

분전(奮戰)명【문어】奮戰。
　분전-하다자 奮戰する。

분절(分節)명 分節。예 언어의 ~성 言語の文節性。

분점(分店)명 分店｜支店｜出店。

분젠 버너(Bunsen burner)《화》ブンゼンバーナー｜ブンゼン灯。

분젠 전지(Bunsen電池)《화》ブンゼン電池。

분주-스럽다(奔走—)형 奔走する｜忙しく走り回る。예 후보자들은 선거 운동으로 ~. 候補者は選挙運動に奔走する。

분주-하다(奔走—)형 忙しい｜せわしい。
　분주-히부 忙しく｜せわしく。

¹분지(盆地)명 盆地。예 ~에 위치한 도시 盆地に位置している都市。

-분지²(分之)접 —分の—。예 10분지 1 10分の1。

분지르다타 ☞부러뜨리다
분책(分冊)명《출》分冊。
　분책-하다타 分冊する。

분첩(粉貼)명 白粉たたき｜パフ。예 분을 ~에 바르다. 白粉をパフにつける。

분청-사기(粉青沙器)명【조선 시대의 자기의 하나】粉青沙器。

분초(分秒)명 分秒｜寸刻。
　분초를 다투다관용 分秒を争う。

분출(噴出)명 噴出。
　분출-하다자타 噴出する。

분침(分針)명 分針｜長針。
분탄(粉炭)명《광》粉炭。

분탕-질(焚蕩—)명 ❶【재산을 다 써서 없애는 행동】家の財産を全くして無くしてしまう行動。❷【소란을 일으킴】騒ぎ立てて騒動を起こすこと。예 남의 집에 가서 ~을 놓았다. 人の家に行って騒ぎ立てて騒動を起こした。❸【약탈하는 행위】略奪する行為｜強奪する行為。예 ~로 그들을 괴롭혔다. 略奪行為で彼らをいじめた。

분탕질-하다자 ❶家の財産を全て無くしてしまう。예 전 재산을 분탕질하다니 한심한 놈이다. 財産を全部無くすなんて情けない奴だ。/ 그는 도박으로 전 재산을 분탕질했다. 彼はギャンブルで財産を全部無くした。❷騒ぎ立てて騒動を起こす。예 아이들이 분탕질하며 놀고 있어서 큰 소리로 야단쳤다. 子供たちが騒ぎ立てて遊んでいたので、大声で叱りつけた。❸略奪強奪する。例 핸드백을 ~. ハンドバックを強奪する。／이웃 마을을 ~. 隣の町を略奪する。

분토(糞土)명 黃土。
분통(粉桶)명 おしろい箱。
분통²(憤痛)명 痛憤。怒り。立腹。例 ~이 터지다. 怒りが爆発する。／~을 삭일 방법이 없다. 怒りを静めるすべがない。
분투(奮鬪)명 奮鬪。例 고군~ 孤軍奮鬪。
　분투-하다자 奮鬪する。
분파(分派)명 分派。
　분파-하다자 分派する。
분파-주의(分派主義)명 分派主義。例 ~에 환멸을 느끼다. 分派主義に幻滅を覚える。
분포²(分布)명 分布。
　분포-하다자 分布する。
분포-도(分布圖)명 分布図。例 남북한의 인구~를 비교하다. 北朝鮮と韓国の人口分布図を比較する。
분-풀이(憤—)명 腹いせ。うっぷん晴らし。例 엉뚱한 곳에 ~를 하다. まったく関係のないところで、うっぷんを晴らす。／~를 내게 와서 하면 어떡하니? 俺に対してうっぷんを晴らしてどうするんだ。
　분풀이-하다타 腹いせをする。うっぷんを晴らす。
분필(粉筆)명 白墨。チョーク。=백묵
분-하다¹(扮—)자 [문어] 扮する。扮装する。
분-하다²(憤—·忿—)형 ❶ [여럿] くやしい。いまいましい。腹立たしい。❷ [문어용] 惜しい。残念だ。
분한(分限)명 分限。❶ [문어] 一定の限度。程。限り。例 ~ 없다. 限りない。❷ [문어] 身の程。分際。身分。例 ~을 지키다. 分限を守る。
　분한(이) 있다관용 ❶ 多いようだが、実際はそれ程多くない。❷ 少ししかないようだが、増やして使うことができる。例 옥수수는 분한이 있어서 죽을 쑤면 한 달은 먹을 수 있다. とうもろこしは増やして使うことができるので、お粥を炊けば一ヶ月は食べられる。

분한²(憤恨)명 憤恨さ。
분할¹(分割)명 分割。例 영토 ~ 領土分割。／통치 分割統治。
　분할-하다¹타 分割する。
분할²(分轄)명 分轄。
　분할-하다타 分轄する。
분해(分解)명 分解。
　분해-하다자타 分解する。例 장난감 로봇을 ~. おもちゃのロボットを分解する。
분향(焚香)명 焼香。
　분향-하다 焼香する。香を焚く。
분홍(粉紅) ☞분홍빛
분홍-빛(粉紅—)명 桃色。薄紅さ。ピンク。=분홍·분홍색
분홍-색(粉紅色) ☞분홍빛
분화¹(分化)명 分化。
　분화-하다자 分化する。
분화²(噴火)명 噴火。
　분화-하다자 噴火する。
분화-구(噴火口)명 噴火口。火口。例 한라산의 ~ 漢拏山の火口。=화구¹
분회(分會)명 分会。
붇다자 ❶ [문어] 水ぶくれになる。ふくれる。ふやける。ほとびる。❷ [문어] 増加する。増える。増す。
불명 ❶ [문어] 火。例 ~을 쬐다. 火に当たる。／~을 지피다. 火を炊く。／~에 생선을 굽다. 火に魚をあぶる。❷ [여럿] 火。火災。火事。例 ~조심 火の用心。／~을 지르다. 火を放つ。放火する。❸ [문어] 灯。明かり。灯火。例 거리에 ~이 켜지다. 街に灯が付く。❹ [문어] 火。例 ~ 같은 사랑에 빠지다. 火のような恋に落ちる。／~같이 화를 내다. 火のように腹を立てる。
　불(을) 받다관용 他人からひどい侮辱を受けたり災害を負う。例 남에게 불 받을 짓은 하지 마라. 人に侮辱を受けるような振る舞いはするな。
　불(이) 일 듯관용 (火が燃え立つように)ある形勢が早くて盛んだ。例 세력을 불 일 듯이 늘려서 온 마을을 장악하다. 勢力を火が燃え立つように増やして、村全体を掌握する。
불²(不)접 [문어] 不。—。例 불가능 不可能。／불공정 不公正。／불완전 不完全。
불가¹(不可)명 不可。→가(可)❶

불가-하다[형] よくない｜できない｜いけない。

불가(佛家)[명]《종》仏家ぶっけ。=불문²(佛門)

불가결(不可缺)[명] 不可欠ふかけつ。
　불가결-하다[형] 不可欠ふかけつだ。

불-가능(不可能)[명] 不可能ふかのう。
　불가능-하다[형] 不可能ふかのうだ。

불가리아(Bulgaria)[명]《국》ブルガリア。

불-가물[명]【強調きょうちょう】ひどい日照ひでり。

불-가분(不可分)[명] 不可分ふかぶん。

불가불(不可不)[부] ☞부득불(不得不)

불가사리[명]《동》海星ひとで。[예]~는 바다의 해적이라 불릴 만큼 식성이 좋다. ヒトデは海かいの海賊かいぞくと言いわれるぐらい、何なんでもよく食たべる。

불가사의(不可思議)[명] 不可思議ふかしぎ｜不思議ふしぎ｜謎なぞ。

불가지-론(不可知論)[명] 不可知論ふかちろん。

불가-침(不可侵)[명] 不可侵ふかしん。

불가침 조약(不可侵條約)[정] 不可侵ふかしん条約じょうやく。

불가피-하다(不可避―)[형] 不可避ふかひだ｜避さけられない｜必至ひっしだ。

불가항-력(不可抗力)[명] 不可抗力ふかこうりょく。

불-간섭(不干涉)[명] 不干渉ふかんしょう。
　불간섭-하다[자] 干渉かんしょうしない。

불-강아지[명]【強調きょうちょう】やせこけた子犬こいぬ。

불-개미[명]《동》あかやまあり。

불거-지다[자] ❶はみ出でる｜張はり出だす｜飛とび出でる。[예]씨가 ~. 種たねが飛とび出でる。❷【隠﨏かくれていた事態じたいが表面ひょうめんに現あらわれる】ばれる｜あらわになる。=불거나다

불걱-거리다[타] ❶【食たべ物ものを頬張ほおばって噛かむ】もぐもぐ噛かむ。[예]고기가 질긴지 그는 계속 불걱거리고 있다. 肉にくが固かたいのか、彼かれはいつまでももぐもぐ噛かんでいる。❷【揉もむように繰くり返かえし洗あらう】ごしごしする。[예]모자를 불걱거리며 빨다. 帽子ぼうしをごしごししながら洗あらう。=불걱대다

불걱-대다[타] ☞불걱거리다

불걱-불걱[부] ❶【食たべ物ものを口いっぱい頬張ほおばって噛かむ】もぐもぐ。[예]~ 맛있게 먹다. もぐもぐと美味おいしそうに食たべる。❷【揉もむように繰くり返かえし洗あらう】ごしごし。[예]바지 얼룩을 ~ 빨아서 지우다. ズボンの染しみをごしごしと洗あらい落おとす。

불건전-하다(不健全―)[형] 不健全ふけんぜんだ。[예]불건전한 정신 不健全ふけんぜんな精神せいしん/ 불건전한 도서 不健全ふけんぜんな図書としょ。

불경-거리다[자]【口くちをもぐもぐさせる】もぐもぐする。[예]오징어가 입안에서 불경거린다. イカが口くちの中なかでもぐもぐする。=불경대다

불경-대다[자] ☞불경거리다

불경-불경[부]【口くちをもぐもぐさせる】もぐもぐ。[예]마른 오징어를 입안에서 ~ 씹다. スルメを口くちの中なかでもぐもぐさせて噛かむ。

불결-하다(不潔―)[형] 不潔ふけつだ。

불경(佛經)[명]《종》【経典きょうてん】仏経ぶっきょう｜経典きょうてん｜お経きょう。=경¹(經)❷

불-경기(不景氣)[명]《경》不景気ふけいき。=불황

불경-하다(不敬―)[형] 不敬ふけいだ｜無礼ぶれいだ。

불고(不顧)[명] 顧かえりみないこと｜振ふり返かえらないこと｜気きにかけないこと。[예]체면 ~ 体面たいめんを顧かえりみないこと。
　불고-하다[타] 顧かえりみない｜振ふり返かえらない｜気きにかけない。[예]염치 불고하고 또 왔습니다. 恥はじを顧かえりみず、また来きました。

불-고기[명]【韓国料理かんこくりょうり】プルゴギ｜焼やき肉にく。[예]세계로 수출되는 한국의 ~ 世界せかいに輸出しゅつされた韓国かんこくのプルゴギ。

불-곰[명]《동》ひぐま。

불공(佛供)[명]《종》【経典きょうてん】供養くよう。

불공대천(不共戴天)[명]【恨うらみや憎にくしみが非常ひじょうに深ふかくて相手あいてと一緒いっしょにこの世よに生いきていられないこと】不倶戴天ふぐたいてん。[예]~의 원수 不倶戴天ふぐたいてんの敵てき。=불구대천

불-공정(不公正)[명] 不公正ふこうせい。[예]~ 거래 不公正取引ふこうせいとりひき/~ 무역 不公正貿易ふこうせいぼうえき。
　불공정-하다[형] 不公正ふこうせいだ。

불공평-하다(不公平―)[형] 不公平ふこうへいだ。[예]불공평한 세제 不公平ふこうへいな税制ぜいせい。

불공-하다(不恭―)[형]【恭うやうやしくない】不遜ふそんだ。

불과(不過)[부]【単たんに】ほんの｜わずか｜ものの。[예]은행까지는 걸어서 ~ 5분 거리에 있다. 銀行ぎんこうまでは歩あるいてわずか5分ふんの距離きょりにある。
　불과-하다[형] 一にすぎない。

불관(不關)[명] 関かかわらないこと。
　불관-하다[자] 関かかわらない。

불교(佛敎)[명]《종》仏教ぶっきょう。[예]~ 미술 仏教美術ぶっきょうびじゅつ/ ~ 문학 仏教文学ぶっきょうぶんがく/ ~문화 仏教文化ぶっきょうぶんか。

불교-도(佛敎徒)[명] 仏教徒ぶっきょうと｜仏徒ぶっと｜仏弟子ぶつでし。=불도(佛徒)

불구(不具)[명] 不具ふぐ。❶体からだの一部いちぶに障害しょうがいがあること。❷【備そなわらないこと】不備ふび｜不一ふいつ。

불구대천(不俱戴天)[명] ☞불공대천

불구-자(不具者)[명] 障害者しょうがいしゃ。

불구-하다¹(不久—)형 【요즘지 하고않아】 久しくない｜遠からない。

불구-하다²(不拘—)자 【(なに)か——かかわらず／——にも】—にもかかわらず｜—にもこだわらず。 예 비가 오는데도 불구하고 훈련하다. 雨にもかかわらず訓練する。

불굴(不屈)명 【屈服しない 않는 것】 不屈。 예 ~의 의지 不屈の意志。

불-규칙(不規則)명 不規則。 예 ~ 동사 不規則動詞。

불규칙-하다형 不規則だ。

불-균형(不均衡)명 不均衡｜アンバランス。

불균형-하다형 不均衡だ｜アンバランスだ。

불그데데-하다형 (やや下品な感じで)赤みがかっている。 예 불그데데한 치마 くすんだ赤色のスカート。

불그뎅뎅-하다형 (不自然に)赤みがかっている。

불그레-하다형 (ほどよく)赤みがかっている｜ほんのりと赤い。

불그름-하다형 ☞불그스름하다

불그무레-하다형 (目立たないほどに)赤みがかっている｜赤らんでいる｜やや赤い。

불그숙숙-하다형 (適度に)赤みがかっている｜赤らんでいる。

불그스레-하다☞불그스름하다

불그스름-하다형 やや赤い｜赤みがかっている｜ほんのりと赤い。 예 불그스름한 뺨 ほんのりと赤みを帯びている頬。 =불그름하다·불그스레하다·불긋하다

불그죽죽-하다형 (ややくすんだ)赤みを帯びている。

불근-거리다자타 固い肉などを口に入れて、しきりにもぐもぐ噛む。 =불근대다

불근-대다자타 ☞불근거리다

불근-불근부 【질긴 단단한 고기 등】 もぐもぐ。

불긋-불긋부 【군데군데 붉은】 あっちこっちが赤みがかっているさま｜ところどころが赤らんでいるさま。

불긋-하다형 赤みがかっている｜やや赤い。

불-기(一氣)명 火の気｜火気。

불-기둥명 火柱。

불-기소(不起訴)명 【법】不起訴。

불-기운명 火の気｜火気｜火勢｜火の勢い。

불긴-하다(不緊—)형 緊要でない。

불-길명 ❶【활활 타는 불꽃의 줄기】火｜火の手｜炎。 ❷【확타오르는 정열】燃え上がる情熱｜感情。 예 그 소리를 듣자 분노의 ~이 확 일어났다. それを聞いて怒りの感情がぱっと起こった。

불길-하다(不吉—)형 不吉だ｜縁起が悪い｜まがまがしい。

불-김명 火から出る熱気｜火の気｜火気。

불-깍쟁이명 物凄くけちで狡猾な人｜すれっからし。

불-꽃명 ❶ 炎｜火炎。 ❷ 火花｜スパーク。 =화염

불꽃-놀이명 花火遊び。

불꽃 반응(一反應)【화】炎色反応。

불끈부 ❶【갑자기 불끈 하는 모양】かっと｜かっか(と)｜むかっと。 예 그 이야기를 듣고 ~ 화가 치밀었다. その話を聞いて、むかっと怒りが込み上げた。 ❷【주먹을 힘을 주어 쥐는 모양】ぐっと｜ぐいと｜ぎゅっと。 예 너무 분노한 나머지 나도 모르게 두 주먹을 ~ 쥐었다. 憤怒のあまり、思わず両こぶしをぐっと握った。／두 주먹을 ~ 쥐고 노려보다. 両手の拳をぐっと握りにらみつける。 ❸【갑자기 기운이 생기는 모양】にゅっと。 예 주먹을 꽉 쥐자 힘줄이 ~ 솟다. 拳をぐっと握ると筋がぐっと立つ。

불끈-거리다자타 ❶ かっとする。 예 하찮은 일에 툭하면 불끈거린다. つまらない事に、ともするとかっとする。 ❷ しきりにこぶしを握ってしめる。 예 두 주먹을 불끈거리며 선두에 서서 나아가다. 両こぶしをしきりに握ってしめながら、先頭に立って進む。 ❸ そびえ立つ。 =불끈대다

불끈-대다자타 ☞불끈거리다

불끈-불끈부 ❶【갑자기 자꾸 치미는 느낌의 모양】 かっと｜かっかと。 예 배반당한 것을 깨닫는 순간, 화가 ~ 치밀어 올랐다. 裏切られたと悟った瞬間、よくかっかと込み上げた。／~ 화만 내려고 하지 말고 우선 잘잘못을 따져 보자. しきりにかっかとしようとばかりしないで、まず是非を明らかにしてみよう。／걸핏하면 ~ 화를 낸다. ともするとかっかと怒る。 ❷【주먹을 힘을 주어 꽉 쥐는 모양】ぐっと｜ぎゅっぎゅっ(と)。 예 주먹을 ~ 쥐며 복수를 결심하였다. こぶしをしきりにぐっと握りしめて、復讐を決心した。

불-나다[자] 火が出る｜火事になる｜火災が起こる。
불-난리(一亂離)[명] 火事場騷ぎ。
불납(不納)[명] 不納。
　불납-하다[타] 納めない。예 세금을 ~. 税金を納めない。
불-놀이[명] 提灯に火をともしたり、花火などを打ち上げたりする遊び。
　불놀이-하다[자] 提灯に火をともしたり、花火などを打ち上げたりする。
불-놓이[명] 銃を持って狩りをすること。
　불놓이-하다[자] 銃を持って狩りをする。
불능(不能)[명] 不能。↔가능
　불능-하다[형] 不能だ｜できない｜不可能だ。↔가능하다
불다[타] ❶【입】(風が)吹く。❷【입김을 내어】(息を)吹く｜吹きかける。❸【입을】吹く。❹【입을】吐く｜白状する｜泥を吐く。
불당(佛堂)[명] 仏堂｜仏殿。
불-더위[명] 燃えそうな暑さ｜酷暑｜炎熱。
불-덩어리[명] 火の玉｜火の塊｜火達磨。=불덩이
불-덩이[명] ☞불덩어리
불도¹(佛徒)[명] 불교도。
불도²(佛道)[명] 《종》[불교] 仏道。
불도저(bulldozer)[명] 《기》ブルドーザー。
불-땀[명] 火力の強弱。
불-똥[명] ❶灯心が燃え尽きて固まったかす。❷火花｜火の粉。예 ~이 튀니까 가까이 오지 마세요. 火花が飛び散るので、近くに来ないでください。
　불똥(이) 튀다[관용] 《傍からにいて》災いを被ったり不利になる｜とばっちりを食う｜巻き添えを食う。예 우리한테도 어떤 불똥이 튈지 모른다. 僕たちもどんなとばっちりを食うかわからない。
불뚝[부] ❶【갑자기 불룩하게 솟은 모양】にゅっと｜にょっきり。예 팔에 근육이 ~ 솟아 있다. 腕の筋肉がにょっきりと突き出ている。/ 핏줄이 ~ 나오다. 血筋がにょっきりと出る。❷むっと｜かっと。예 ~ 화를 잘 내는 성미다. かっとよく怒る気性だ。
　불뚝-거리다[자] ❶あちこちと盛り上がって、急きょに突き出る。예 팔을 불뚝거리며 근육を자랑한다. 腕を盛り上げて筋肉を自慢する。❷急によく怒る｜しきりに腹を立てる。예 불뚝거리는 사람とは対話하기가 어렵다. すぐ怒る人とは対話するのが難しい。/ 그는 걸핏하면 불뚝거린다. 彼はともすれば、すぐかっとなる。=불뚝대다
　불뚝-대다[자] ☞불뚝거리다
불뚝-불뚝[부] ❶【여기저기 불쑥 솟은 모양】にょきにょき。❷뛰어나온 팔 筋肉がにょきにょきと突き出た腕。❸【갑자기】かっかと。예 그렇게 ~ 화내지 말고 내 말을 들어 봐. そんなにかっかと怒らないで、私の話を聞いてみて。
불뚝-성[명] にわかにむっと起こる怒り。예 그의 말에 불쑥 ~이 났다. 彼の言葉に突然怒りが生じた。
불뚱-거리다[자]【성이 나서】当たり散らす。예 후배에게 ~. 後輩に当たり散らす。
불뚱-대다[자] ☞불뚱거리다
불뚱-불뚱[부]【성이나서 함부로 벌게벌게하는 모양】ぎゃあぎゃあと。예 그는 사소한 일에도 ~ 불만을 늘어놓는다. 彼はちょっとした事にでも、ぎゃあぎゃあと文句を言う。
불-이[명] 瘧疾持ち。~를 내다. 瘧疾を起こす。
불량(不良)[명] 不良。예 ~ 채권 不良債権｜ 영양 ~ 栄養不良｜ 성적 ~ 成績不良｜ 청소년 不良青少年。
　불량-하다[형] 不良だ。
불량-배(不良輩)[명] 不良｜ならず者｜ごろつき｜与太者｜やくざ｜ぐれん隊。
불량-품(不良品)[명] 不良品。
불러-내다[타] 呼び出す。
불러-들이다[타] 呼び入れる｜呼び寄せる｜呼び込む｜呼び付ける。
불러-일으키다[타]【생각이나 감정을】呼び起こす｜呼び覚ます｜引き起こす｜催す。
불로(不勞)[명] 不労。
　불로-하다[자] 働かない。
불로 소득(不勞所得)[관] 不労所得。
불로장생(不老長生)[명] 不老長寿。
불로-초(不老草)[명] 不老草。예 ~를 먹으니 힘이 난다. 不老草を食べたら元気が出る。
불로-하다(不老─)[자]【나이를】年をとらない

|老ない。

불룩부 膨らんでいるさま｜盛り上がっているさま。

불룩-불룩부 しきりにふくれたりへこんだりするさま。

불륜(不倫)명 不倫。

불리(不利)명 不利。

　불리-하다형 不利だ。예 스코어 1대 2로 불리한 상황이다. スコア1対2で不利な状況だ。/ 불리한 입장에 서 있다. 不利な立場に立っている。

불리다¹타【】(金属などを)錬る｜鍛える｜焼を入れる。

불리다²자 呼ばれる。

불리다³타【】 ❶【】ふやかす。 ❷【】ふやす。

불만(不滿)명 不満。예 욕구 ~ 欲求不満/ 불평~ 不平不満/ 소비자의 ~이 폭발하다. 消費者の不満が爆発する。

불만-스럽다(不滿—)형 不満そうだ｜不満そうだ。

　불만스레부 不満に。

불-만족(不滿足)명 不満足。

　불만족-하다형 不満足だ。

불만족-스럽다(不滿足—)형 不満足である。

　불만족스레부 不満足に。

불망(不忘)명 忘れないこと｜忘れられないこと。

　불망-하다타 忘れない｜忘れられない。

불매(不買)명 不買。예 ~ 운동 不買運動。

　불매-하다타 買わない。

불면불휴(不眠不休)명 不眠不休。

불면-증(不眠症)명 《의》不眠症。

불멸(不滅)명 不滅。

　불멸-하다형 不滅だ｜滅びない。

불명(不明)명 不明。 ❶明らかでないこと｜はっきりしないこと。예 행방~ 行方不明。 ❷物事の道理に暗いこと｜愚かであること。

　불명-하다형 不明だ。 ❶明らかでない｜はっきりしない。 ❷愚かだ。

불명예-스럽다(不名譽—)형 不名誉だ。

불-명확(不明確)명 確かでないこと｜不確かか。

　불명확-하다형 不確かだ｜確かでない。

불모(不毛)명 不毛。

불모-지(不毛地)명 不毛の地。

불목-하다(不睦—)형【】仲がよくない｜むつまじくない。

불문¹(不問)명 不問。

　불문-하다타 不問にする｜問わない。예 나이를 불문하고 사랑받는 상품 年齢を問わず愛される商品。

불문²(佛門)명 ☞불가(佛家)

불문곡직(不問曲直)명 是非を問わないこと｜理非曲直を問わないこと。

불문-법(不文法)명 《법》不文法｜不文律。=불문율

불문-율(不文律)명 ☞불문법

불미-하다(不美—)형 美しくなく淫らだ｜下品な感じがする。예 불미한 행실 下品な身持ち/ 불미한 일로 회사를 어쩔 수 없이 관두었다. 淫らなことで会社を辞めさせられた。

불민-하다(不敏—)형 不敏だ｜不束だ。

불-바다명 火の海。

불발(不發)명 不発。

　불발-하다자 不発になる。

불발-탄(不發彈)명 不発弾。

불-밤송이명 熟さないままで枯れ落ちたいが栗。

불법(不法)명 不法。예 ~ 체류 不法滞在/ 투기 不法投棄/ ~ 점거 不法占拠。

　불법-하다형 不法だ。

불-벼락명 ❶【】急に激しい射撃を受けたり火を引っ被ったりすること。예 적군에게 돌연 ~을 맞았다. 敵軍から突然に激しい射撃を受けた。 ❷【】大目玉｜雷。예 ~을 맞다. 大目玉を食らう。/ 선생님의 ~이 떨어지다. 先生の雷が落ちる。

불변(不變)명 不変。예 ~의 진리 不変の真理。

　불변-하다자타 不変だ｜変わらない。

불-별명 かんかんに照りつける真夏の暑い日差し。예 ~더위 炎熱さ；猛暑；酷暑。

불복(不服)명 不服。

　불복-하다자타 服従しない。예 처분에 ~. 処分に服従しない。

불분명-하다(不分明—)형 不分明だ｜不明瞭だ。예 불분명한 대답 不明

瞭な返答/ 제작 연대가 불분명한 작품이 많다. 製作年代の不分明な作品が多い。

불-붙다[자] ❶火が付く ¦ 燃え始める。❷【비유적으로】激しくなる ¦ 燃え上がる。

불비(不備)[명] 不備。❶揃えていないこと。❷【한문 투의 편지 끝에 쓰는 말】不具 ¦ 不一。

불비-하다[형] 不備だ。

불-빛[명] ❶火の光。❷【전등의】灯の光 ¦ 明かり。＝화광(火光)

불사[1](不死)[명] 不死。

불사-하다[1][자] 死なない。

불사[2](佛寺)[명] ☞절[1]

불-사르다[타] 燃やす。[예] 낙엽을 ~. 落ち葉を燃やす。/ 투지를 ~. 闘志を燃やす。＝사르다

불사-신(不死身)[명] 不死身。

불사-약(不死藥)[명] 不死の薬 ¦ 仙薬。

불사-조(不死鳥)[명] 不死鳥。

불사-하다[2](不辭—)[타] 辞さない。[예] 죽음도 불사하는 각오로 경쟁하다. 死も辞さない覚悟で張り合う。

불상(佛像)[명] 《종》仏像。

불-상놈(—常—)[명] 【매우 천한 사람을 낮잡아】不作法で礼儀を知らない卑しい人 ¦ げす。[예] 세상에 저런 ~을 봤나. あんな礼儀知らずもいるとは。

불상-사(不祥事)[명] 不祥事。

불-성실(不誠實)[명] 不誠実。

불성실-하다[형] 不誠実だ。

불-세출(不世出)[명] 不世出。[예] ~의 영웅 不世出の英雄。

불소(弗素)[명] 《화》弗素 ¦ フッ素。

불소-하다(不少—)[형] 【적지 않다】少なくない。

불손-하다(不遜—)[형] 不遜だ。[예] 불손한 태도 不遜な態度。

불손-히[부] 不遜に。

불수-강(不銹鋼)[명] ☞스테인리스강

불수의-근(不隨意筋)[명] 《의》不随意筋。[예] 내장의 근육은 대부분 ~이라서 마음대로 움직일 수 없다. 内臓の筋肉は大部分不随意筋なので、思うとおりに動きを変えることができない。

불수의 운동(不隨意運動) 《의》不随意運動。

불순-물(不純物)[명] 不純物。

불순-하다[1](不純—)[형] 不純だ。[예] 불순한 동기를 가지고 참가하다. 不純な動機を持って参加する。

불순-히[1][부] 不純に。

불순-하다[2](不順—)[형] 不順だ。

불순-히[2][부] 不順に。

불시(不時)[명] 【주로 '불시에·불시로·불시의' 꼴로 쓰여】不時 ¦ 不意。[예] ~의 재해에 대처하다. 不時の災害に対処する。

불시-착(不時着)[명] 《항》不時着 ¦ 不時着陸。＝불시 착륙

불시 착륙(不時着陸) ☞불시착

불신(不信)[명] 不信。[예] ~ 해소를 위해 노력하다. 不信解消のため努力する。/ 국민의 ~이 커지다. 国民の不信が広がる。

불신-하다[타] 信じない。

불-신임(不信任)[명] 不信任。

불신임-하다[타] 信任しない。

불심 검문(不審檢問) 《법》職務質問。[예] ~을 받다. 職務質問を受ける。

불쌍-하다[형] かわいそうだ ¦ 気の毒だ ¦ 哀れだ。[예] 우는 아이가 ~. 泣いている子供がかわいそうだ。

불쌍-히[부] かわいそうに ¦ 気の毒に ¦ 哀れに。

불-쏘다[타] ❶【과녁 등을 못 맞추다】的などに当て損なう。[예] 마지막 발이 과녁을 불쏘아서 결국 지고 말았다. 最後の玉が的に当て損なって、とうとう負けてしまった。❷【목적 등을 이루지 못하다】目的などが達成できない。[예] 최종 목표를 불쏘았다. 最終の目標が達成できなかった。

불-쏘시개[명] 焚き付け ¦ 付け木 ¦ 燃え種。＝쏘시개

불쑥[부] ❶【갑자기 불룩하게 쑥 나오거나 내미는 모양】ひょいと ¦ にゅっと ¦ 突然。[예] 주먹을 ~ 내밀다. 拳をにゅっと突き出す。/ ~ 말을 꺼내다. だしぬけに話し出す。/ 어둠 속에서 ~ 튀어나오다. 暗闇の中から突然飛び出てくる。/ ~ 손을 내밀다. にゅっと手を突き出す。/ 외국인이 ~ 방문해서 당황하였다. 外国人のだしぬけの訪問にはあわてた。❷【앞뒤 생각 없이 대뜸 함부로 말하는 모양】出放題に ¦ 出任せに ¦ いきなりに。[예] ~ 엉뚱한 말을 꺼내 놀라게 한다. いきなりにとんでもない話を言い出して、驚かせる。

불쑥-거리다[자] ❶立て続けににゅっと現れたり突き出たりする。❷前後の見境もなく急に話し出す。＝불쑥대다

불쑥-대다자 ☞불쑥거리다
불쑥-이부 にゅっと｜いきなりに。
불쑥-하다형 突き出ている｜突き出て膨らんでいる。
불쑥-불쑥부 にゅっと。예 여기저기서 ~ 나타나다. あちこちでにゅっと現れる。/ ~ 엉뚱한 말을 꺼내다. だしぬけに突拍子もない話をし出す。/ 갑자기 소란스러워지자 여기저기 창문에서 ~ 얼굴을 내민다. 急にざわざわになると、あちこち窓から顔を出す。/ 난데없이 ~ 말을 꺼내는 것이 너의 나쁜 버릇이다. いきなりにゅっにゅっと言い出すのが、おまえの悪い癖だ。
불-씨명 ❶ 火種｜種火。❷【비유적】種｜きっかけ。
불안(不安)명 不安。
　불안-하다형 不安だ｜心細い。예 왠지 불안하여 안절부절못하다. なんとなく不安でいらいらする。
　불안-히부 不安に｜心細く。
불안-감(不安感)명 不安感。
불안-스럽다(不安—)형 不安そうだ。
　불안스레부 不安そうに。
불-안전(不安全)명 安全でないこと。
　불안전-하다형 安全でない。
불-안정(不安定)명 不安定。예 정서 ~ 情緒不安定。
　불안정-하다형 不安定だ。
불-알명 睾丸。
불야-성(不夜城)명 不夜城。
불어(佛語)명 〔언〕フランス語。
불어-나다자 増す｜増える｜増加する。예 강물이 급격히 ~. 川の水が急きゅうに増える。
불어-넣다타 吹き込む。예 새로운 바람을 ~. 新しい風を吹き込む。/ 고무 튜브에 공기를 ~. ゴムチューブに空気を吹き込む。/ 애국심을 ~. 愛国心を吹き込む。
불어-오다자 吹いて来る。예 바람이 ~. 風が吹いて来る。
불-여우【비유적】ずる賢くて奸邪な女｜意地の悪い女。예 그 여자 하는 짓이 ~일세. あの女のすることは意地が悪いよ。
불-연속(不連續)명 不連続。
불온(不穩)명 不穩。
　불온-하다형 不穩だ｜穩やかでない。

불-완전(不完全)명 不完全。예 ~ 연소 不完全燃焼。
　불완전-하다형 不完全だ。
불완전 명사(不完全名詞) ☞의존 명사
불완전 변태(不完全變態)《동》不完全変態。예 잠자리는 번데기를 거치지 않는 ~로 성충이 된다. トンボはサナギを経ない不完全変態で成虫になる。/ ~는 원시적 곤충류에서 흔히 볼 수 있다. 不完全変態は原始昆虫類でよく見られる。=안갖춘탈바꿈
불완전-화(不完全花)명 =안갖춘꽃
불요불굴(不撓不屈)명 不撓不屈。
불우(不遇)명 不遇。
　불우-하다형 不遇だ。예 불우한 일생 不遇の一生。
불운(不運)명 不運｜非運。
　불운-하다형 不運だ。예 불운한 사건 不運な出来事。
불원-간(不遠間)부 遠からず｜近いうちに。
불원-천리(不遠千里) 千里の道を遠く思わぬこと。
불원-하다(不遠—)형【문어적】遠くない。
불유쾌-하다(不愉快—)형 不愉快だ。
불응(不應)명 応じないこと。
　불응-하다자 応じない。
불의¹(不意)명【예상하지 못한 판】不意。
불의²(不義)명【비유적】不義｜悪事｜義に背くこと。예 ~를 저지르다. 悪事を犯す。/ ~에 항거하여 싸우다. 不義に手向かって戦う。
　불의-하다형 義に背く｜人の道にはずれる。예 불의한 일은 하면 안 된다. 人の道にはずれてはいけない。/ 불의한 방법을 쓰다. 義に背いた方法を用いる。
불-이익(不利益)명 不利益。
불-이행(不履行)명 不履行。
불일(不一)명 ❶不一致。=불일치 ❷等しくないこと。❸【글을 끝맺을 때】不具｜不一｜不備。
불일-간(不日間)명 ☞불일내
불일-내(不日內)명 不日｜日ならず｜まもなく｜遠からず。=불일간
불-일치(不一致)명 不一致。=불일❶
　불일치-하다형 一致しない。
불임(不妊)명 不妊。예 ~ 수술 不妊手術。
불임-증(不妊症)명 〔의〕不妊症。

불입(拂入) 명 納入。
　불입-하다 타 納入する｜払い込む。 예 수업료를 ~. 授業料を納入する。

불-잉걸 명 じりじりと火が起こった炭火。 예 ~을 꺼내어 후후 불다. じりじりと火が起こった炭火を出して、ふうふう吹く。

불-자동차(-自動車) 명 消防自動車。=소방차

불-장난 명 火遊び。예 고교 시절의 ~ 高校時代の火遊び／라이터로 ~을 하여 커튼에 불이 붙었다. ライターで火遊びしてカーテンに火がついた。
　불장난-하다 자 火遊びする。

불전(佛前) 명 《종》 仏前。

불-조심(-操心) 명 火の用心。

불-질 명 ❶(かまどなどに)焚き付けること。❷(銃砲)(銃砲などを)発射すること｜発砲すること。
　불질-하다 자 ❶(かまどなどに)焚き付ける。❷発射する｜発砲する。

불-집 명 ❶石灯籠などの火をともす所。❷危険性のある所。

불쩍-거리다 자 洗濯物を勢いよくごしごしもみ洗う。=불쩍대다

불쩍-대다 자 ☞ 불쩍거리다

불쩍-불쩍 부 《들이》 洗濯物を勢いよくごしごしもみ洗うさま。

불찰(不察) 명 手落ち｜失策｜不覚｜不注意。

불찰²(佛刹) 명 ☞ 절¹

불참(不參) 명 不参。예 ~ 통지 不参通知。
　불참-하다 자 不参する。 예 사장이 불참한다는 이유로 행사를 취소하다. 社長が不参するという理由で、行事を取り消す。

불철-주야(不撤晝夜) 명 昼夜を問わず｜昼夜を分かたず｜昼夜をおかず｜昼夜に関係なしに。예 형은 ~로 공부한다. 兄は昼夜を問わずに勉強する。／~로 감시를 게을리하지 않는다. 昼夜をおかず監視を怠らない。

불청-객(不請客) 명 勝手に来た人｜招かざる客。

불초(不肖) 대 不肖。

불출(不出) 명 ❶《들이, 피우》 不出。❷《들이, 피우》 愚かな人｜愚か者。
　불출-하다 Ⅰ 자 外出しない｜外に出ない。
　Ⅱ 형 愚かだ。

불-출마(不出馬) 명 出馬しないこと。
　불출마-하다 자 出馬しない。

불충분-하다(不充分-) 형 不十分だ。

불측-하다(不測-) 형 ❶《들이》 予測できない｜思いがけない。❷《들이》 陰険だ｜腹黒い｜よこしまだ。

불-치¹ 명 鉄砲で撃ちとった獲物。

불치²(不治) 명 ❶不治｜病気が治らないこと。❷政治が正しく行われないこと。

불치-병(不治病) 명 不治の病。예 ~으로 절망의 늪에 빠지다. 不治の病で絶望の淵に沈む。

불친절-하다(不親切-) 형 不親切だ。

불침-번(不寢番) 명 不寢番。예 ~을 서다. 不寢番に立つ。

불콰-하다 형 血色がよい｜(酒などで)顔が赤らんでいる｜ほんのり赤い。예 그가 불콰해진 얼굴로 방 안으로 들어왔다. 彼が赤らんだ顔で、部屋のなかに入ってきた。

불쾌-감(不快感) 명 不快感。

불쾌-지수(不快指數) 명 不快指数。

불쾌-하다(不快-) 형 不快。예 불쾌한 생각을 하다. 不快な思いをする。
　불쾌-히 부 不快に。

불-타다 ❶火が燃える。❷《감정이, 열정이》 湧き上がる｜燃える。

불통(不通) 명 不通。예 전화 ~ 電話不通。
　불통-하다 자 通じない。

불-투명(不透明) 명 不透明。예 ~ 유리 不透明ガラス。
　불투명-하다 형 不透明。예 불투명한 자금 관리 不透明な資金管理／사업 전개가 ~. 事業展開が不透明だ。

불투수-층(不透水層) 명 不透水層。예 ~은 점토나 암반으로 된 지층이다. 不透水層は粘土や岩盤でできた地層である。

불퉁-거리다 자 《감정이나 화를 내어》 当たり散らす。=불퉁대다

불퉁그러-지다 節目がごつごつと突き出る。예 아버지의 불퉁그러진 손 父のごつごつした手。

불퉁-대다 ☞불퉁거리다

불퉁-불퉁 ❶【결정하면 화점 내다가 불쑥하는 모양】ぶつぶつ。❷【여기저기 북축 통해 있는 모양】ぶつぶつ｜でこぼこ。

불퉁-스럽다[형] 無愛想にぱっと投げつけて、物を言うところがある。예 불퉁스러운 대답 無愛想な返事。

불퉁스레[부] 無愛想に｜ぶっきらぼうに。예 ～ 대답하다. ぶっきらぼうに答える。/ ～ 대응하다. 無愛想に対応する。

불퉁-하다 ❶【불룩하다】ぷくっと膨らんでいる｜ふっくらと出っ張っている。예 볼이 불퉁해 있다. 頬がぷくっと膨らんでいる。❷【口이 적다】無口でぶっきらぼうだ｜口数が少なく無愛想だ。예 남편은 불퉁한 남자이다. 夫は無口で無愛想な男だ。

불퉁-히[부] ❶ ぷくっと膨らんで｜ふっくらと出っ張って。예 ～ 튀어나온 엉덩이를 보고 웃어 버렸다. ふっくらと出っ張った尻を見て、笑ってしまった。❷ 無口でぶっきらぼうに｜口数が少なく無愛想に。예 점원이 ～ 설명해서 이해가 잘 안 갔다. 店員は口数が少なく無愛想に説明したので、よく理解できなかった。

불-특정(不特定)[명] 不特定。예 ～ 다수 不特定多数。

불-티[명] 火の粉｜小さい火花。

불티-같다【飛ぶように売れる】飛ぶように売れて無くなる｜出すと同時に売れて無くなる。

불티같-이[부] 飛ぶように。

불티-나다[자] 飛ぶように売れる。예 올해 신제품은 불티나게 팔렸다. 今年の新製品は飛ぶように売れた。

불패(不敗)[명] 不敗。

불편(不便)[명] ❶ 不便｜便利でないこと。❷ 体の具合が悪いこと。❸ 気まずくなること。

불편-하다[형] ❶ 不便だ。예 교통이 불편한 지역 交通の不便な地域。/ 코트가 너무 커서 움직이기가 불편하다. コートが大きすぎて、動くことが不便だ。❷ 体の具合が悪い。❸ 気まずくなる｜気詰まりだ。

불평(不平)[명] 不平｜不満｜文句。예 ～을 늘어놓다. 不平を並べる。/ ～불만을 하다. 不平不満を言う。

불평-하다[타] 不平を言う｜文句を言う｜ぼやく｜こぼす。예 선출 방법에 불평하는 의견이 있다. 選出の方法に不平を言う意見がある。

불평-가(不平家)[명] 不平家｜苦情をよく言う人。

불평-꾼(不平—)[명]【불평가】不平家。

불평등(不平等)[명] 不平等。

불평등-하다[형] 不平等だ。

불평등 조약(不平等條約)[정] 不平等条約。

불-포화(不飽和)[명] 不飽和。예 ～ 지방산 不飽和脂肪酸。

불풍-나게【매우 자주】忙しく出入りするさま。

불-필요(不必要)[명] 不必要。

불필요-하다[형] 不必要だ。

불하(拂下)[명]【관청의 재산을 민간에게 팔아 넘김】払い下げ。

불하-하다[타] 払い下げる。

불한-당(不汗黨)[명] ならず者｜ごろつき。예 ～에게 돈을 빼앗겼다. ならず者にお金を奪われた。

불합격(不合格)[명] 不合格｜落第。

불합격-하다[자] 不合格となる｜落第する。예 입학 시험에 ～. 入試に不合格となる。

불합격-품(不合格品)[명] 不合格品。

불-합리(不合理)[명] 不合理｜理不尽。

불합리-하다[형] 不合理だ｜理不尽だ。예 뭔가 불합리한 점이 있다면 말해 주세요. 何か不合理なところがあったら言って下さい。

불행(不幸)[명] 不幸せ｜不幸。예 가족에게 ～이 닥치다. 家族に不幸が起こる。

불행-하다[형] 不幸だ｜不幸せだ。예 불행한 결혼 不幸せな結婚。

불행-히[부] 不幸に｜不幸せに。

불허(不許)[명] 不許。

불허-하다[타] 許可しない｜許さない。

불현-듯[부] ☞불현듯이

불현-듯이[부] ふと｜突然｜だしぬけに｜にわかに。예 ～ 그 친구가 생각난다. ふとその友だちが思い出される。/ ～ 집에 가고 싶은 생각이 나다. 突然家に帰りたい気がする。/ ～ 욕심이 나다. にわかに欲が起こる。＝불현듯

불협화-음(不協和音)[명] 不協和音。

불-호령(—號令)[명] 厳しく叱ること｜が

みがみ言うこと｜雷なり。예～을 내리다. 雷を落とす。

불화(不和)[명] 不和ふわ｜不仲なか。예 가정 ~. 家庭かてい不和。
　불화-하다[타] 仲なかが悪い｜不仲だ。

불-확실(不確實)[명] 不確実ふかくじつ｜不確たしか。
　불확실-하다[형] 不確実｜不確かだ。예 개최일은 아직 ~. 開催日かいさいびはまだ不確実だ。

불-확정(不確定)[명] 不確定ふかくてい。
　불확정-하다[형] 不確定だ。

불황(不況)[명]《경》不況ふきょう｜不景気ふけいき。예 ~이 되면 물가가 오른다. 不景気になると物価ぶっかが上あがる。 =불경기

불효(不孝)[명] 不孝ふこう｜親不孝おやふこう。
　불효-하다[자] 不孝をする｜親不孝する。

불효-자(不孝子)[명] 不孝者ふこうもの｜親不孝者おやふこうもの。

불후(不朽)[명] 不朽ふきゅう。예 ~의 명작 不朽の名作めいさく。

붉-나무《식》白膠木ぬるで。

붉다 赤い。예 붉은 입술 赤い唇くちびる／ 부끄러워서 얼굴이 붉어지다. 恥ずかしくて顔かおが赤くなる。

붉덩-물 黄土おうどで濁にごった大河たいがの流水りゅうすい。

붉디-붉다 真まっ赤だ。

붉으락-푸르락[부] 怒いかったり興奮こうふんしたりしたとき、顔色かおいろが赤くなったり青くなったりするさま。

붉은-색(一色)[명] 赤色あかいろ。

붉은-토끼풀《식》紫詰草むらさきつめくさ。예 ~로 반지를 만들어 끼우다. ムラサキツメクサで指輪ゆびわを作つってはめる。

붉은-팥[명] 赤黒あかくろいあずき。

붉-히다[타] (はじらいや怒いかりなどで)顔かおを赤あかくする｜赤あからめる。

붐(boom)[명] ブーム。예 베이비 ~ 세대 ベビーブーム時代じだい／ 야구 ~ 野球やきゅうブーム／ 한국 영화 ~ 韓国映画かんこくえいがブーム。

붐비다[자] 込こむ｜雑踏ざっとうする｜込こみ合あう｜立たて込こむ。예 러시아워의 지하철은 매우 붐빈다. ラッシュアワーの地下鉄ちかてつは非常ひじょうに込こみ合あう。

붓[명] 筆ふで。❶ 毛筆もうひつ。❷ (鉛筆えんぴつ・万年筆まんねんひつ・ボールペンなどの)字じを書かく道具どうぐの総称そうしょう。

붓-꽃[명]《식》花菖蒲はなしょうぶ。

붓-끝[명] 筆勢ひっせい。

붓다[자] ❶ 腫はれる｜むくむ。❷[심리] ふくれる｜むくれる｜ふてくされる。

붓²다[타] ❶[액체] 注そそぐ｜つぐ｜差さす。❷【씨앗 등을】種たねなどをまく。❸【곗돈을】(掛かけ金きんなどを)払はらい込こむ。

붓³다[타] ☞'부수다'의 준말.

붓-대[명] 筆軸ふでじく｜筆柄ふでがら。

붓-두껍[명] 筆ふでのさや。

붓-질[명] 筆ふでで絵えをかくこと。
　붓질-하다[자] 筆で絵をかく。

붕[부] ❶[큰 벌이 날아가는 소리] ぶう。❷[비행기・풍선이 올라가는 소리] ぶん。❸[자동차의 경적 소리] ぶう｜ぶん。

붕괴(崩壞)[명] 崩壊ほうかい。
　붕괴-하다 崩壊する｜崩くずれる。

붕긋-붕긋[부] ❶[여기저기 솟은 모양] 所々ところどころが盛もり上あがっているさま。❷[들떠 있는 모양] ぶかぶか。
　붕긋붕긋-하다[형] ❶ 所々ところどころが高たかく盛もり上あがっている。❷ (貼はってあった物ものの)あちこちが浮ういている。예 붕긋붕긋한 벽지를 다시 바르다. あちこちが浮いている壁紙かべがみを張はり替かえる。

붕긋-하다[형] ❶[둔덕이 솟아 있다] (丘おかなどが)小高こだかい｜膨ふくらんでいる｜盛もり上あがっている。예 붕긋한 고개 小高い峠とうげ。❷[덩실하게 떠서 있다] 浮ういている。

붕대(繃帶)[명] 包帯ほうたい。

붕-붕[부] ❶[벌이 날 때 내는 소리] ぶんぶん。❷[경적 등이 잇따라 나는 소리] ぶうぶう。❸[가스・방귀 등이 나오는 소리] ぶうぶう。
　붕붕-거리다[자][타] ❶ ぶんぶんと音おとがする。예 붕붕거리며 커다란 벌이 날아왔다. ぶんぶんしながら大おおきな蜂はちが飛とんできた。❷ ぶうぶうする。예 붕붕거리며 차가 빠른 스피드로 달려왔다. ぶうぶうさせながら車くるまが猛もうスピードで走はしって来きた。❸ ぶうとする。예 붕붕거리며 방귀를 뀌다. ぶうとしながら、おならをする。＝붕붕대다
　붕붕-대다[자][타] ☞붕붕거리다

붕사(硼沙・硼砂)[명]《화》硼砂ほうしゃ｜ボラックス。

붕산(硼酸)[명]《화》硼酸ほうさん。

붕-새(鵬—)[명]【상상의 큰 새】鵬ほう｜大鳥おおとり。

붕숭-하다 髪かみの毛けが乱みだれて、ぼさぼさとしている。

붕어¹[명]《동》ふな。

붕어²(崩御)[명]【임금의 죽음】崩御ほうぎょ。
　붕어-하다 崩御ほうぎょする。

붕우(朋友)[명] 朋友ほうゆう｜友達ともだち｜友人ゆうじん。

붕-장어(-長魚)⦗동⦘ 真穴子あなご｜あなご。㈀붕~ 회는 바닷가의 인기 메뉴이다. アナゴの刺身さしみは海辺うみべでの人気にんきメニューだ。

붙다⦗자⦘ ❶【접착】引っ付ける｜張り付く｜くっつく｜離はなれない。㈀종이가 벽에 붙어 있다. 紙かみが壁かべに張り付いている。/ 딱 붙어 앉다. ぴたっとくっついて座すわる。 ❷【시험등】(試験しけんに)合格ごうかくする｜受うかる。㈀대학에 ~. 大学だいがくに合格ごうかくする。/ 회사에 붙었다. 会社かいしゃに受うかった。 ❸【불】(火ひが)付つく｜燃もえる｜燃焼ねんしょうする。㈀산불이 ~. 山火事やまかじになる。/ 담뱃불로 인해 공장까지 불이 붙었다. タバコの火ひによって工場こうじょうまで燃もえた。 ❹【관여하다】(ある事ことに)付つく｜付つき添そう｜従したがう｜関与かんよする｜立たち入いる。㈀그는 이쪽 편에 붙었다 저쪽 편에 붙었다 한다. 彼かれはこちら側がわに付ついたりあちら側がわに付ついたりする。/ 환자 두 명 당 간호사 한 명씩 붙어 있다. 患者かんじゃ二人ふたり当あたり看護婦かんごふが一人ひとりずつ付つき添そっている。 ❺【실력등이】(実力じつりょく・力ちからなどが)付つく｜増ます。㈀영어 실력이 많이 붙었다. 英語えいごの実力じつりょくが増ました。/ 자꾸 살이 붙어 고민이다. しきりに肉にくが付ついて悩なやむ。/ 이자가 많이 ~. 利子りしがたくさん付つく。/ 요령이 붙어 하기가 쉽다. 要領ようりょうがよくなるからやり易やすい。 ❻【목숨】(命いのち・生命せいめいが)ある｜つながる。㈀공부는 목숨이 붙어 있는 한 평생 할 생각이다. 勉強べんきょうは命いのちのある限かぎり一生いっしょうするつもりだ。/ 아직까지는 목이 붙어 있다. 今いままでは首くびがつながっている。 ❼【이름】(名前なまえが)できる｜つく。㈀공주라는 별명이 붙었다. 姫ひめというあだ名なが付ついた。 ❽【시비・경쟁이】(口論こうろん・喧嘩けんか・競争きょうそうなどが)起おこる。㈀길 가던 사람과 시비가 붙었다. 道行みちゆく人ひとと言いい争あらそった。/ 전자 제품 회사끼리 경쟁이 붙었다. 電子製品でんしせいひんの会社かいしゃの同士どうしで競争きょうそうが起おこった。 ❾【감정・감각이】(感情かんじょう・感覚かんかくが)できる｜わく。㈀정이 붙어서 이제는 헤어질 수 없다. 情じょうがわいて、今いまでは別わかれられない。/ 운동하는 데 재미가 ~. 運動うんどうするのに興味きょうみがわく。 ❿【부착】(施設しせつなどが)付つく。㈀라디오가 붙어 있는 회중전등 ラジオ付つきの懐中電灯かいちゅうでんとう。

불-당기다⦗타⦘ (手てでつかんで)引っ張はる。㈀옷자락을 불당기어 이야기하다. 服ふくの裾すそを引っ張はって話はなしする。

불-들다⦗타⦘ ❶【손】(手てで)しっかりつかむ｜ぎゅっと握にぎる。㈀손잡이를 ~. 取とっ手てをぎゅっと握にぎる。/ 붙들고 기어오르다. しっかりつかんで這はい上あがる。 ❷【잡다】(逃にげられないように)つかまえる｜取とり押おさえる。㈀힘껏 붙들고 놓지 않다. 力ちから一杯いっぱいつかんで離はなさない。/ 범인을 ~. 犯人はんにんを取とり押おさえる。 ❸【가지못하게】(行いけないように)引ひき留とめる｜引きとどめる。㈀가는 사람은 붙들지 마라. 去さる人ひとは引ひき留とめるな。/ 돌아가려는 손님을 붙들었다. 帰かえろうとするお客きゃくさんを引ひきとどめた。 ❹【매달리다】(ある事ことに)しがみつく。㈀기획안을 붙들고 절절매고 있다. 企画案きかくあんにしがみついて離はなれられない。

불들-리다⦗자⦘ ❶【손】(手てに)しっかりつかまれる｜ぎゅっと握にぎられる。㈀아이가 엄마에게 손을 붙들린 채 걸어가고 있다. 子供こどもが母親ははおやに手てをぎゅっと握にぎられたまま歩あるいている。 ❷【잡히다】つかまる｜取とり押おさえられる。㈀강도는 100미터도 못 가서 경찰에 붙들렸다. 強盗ごうとうは100メートルも行いかず警察けいさつにつかまった。 ❸【붙잡혀】引ひき留とめられる｜引きとどめられる。㈀친구에게 붙들려 노래방까지 갔다. 友達ともだちに引ひき留とめられてカラオケまで行いった。

불-따르다⦗타⦘ ぴたっと付つき従したがう。

불-박이⦗명⦘ 釘付くぎつけ｜据すえ付つけ｜作つくり付つけ。

불박-이다⦗자⦘ 釘付くぎづけになる｜一カ所いっかしょに固定こていされて動うごかない。㈀하루 종일 TV 앞에 ~. 一日中いちにちじゅう、テレビの前まえに釘付くぎづけになる。/ 너무 무서워서 그 자리에 붙박여 있었다. 恐怖きょうふのあまり、その場ばに釘付くぎづけになっていた。

불박이-별⦗명⦘⦗천⦘恒星こうせい。=항성。

불박이-창(-窓)⦗명⦘⦗건⦘はめこみの窓まど。

불-안다⦗타⦘ 両腕りょううでで抱だきしめる。

불어-먹다⦗타⦘【남녀관계】姦通かんつうする。

-불이⦗접⦘【가족관계・종류를뜻함】㈀피붙이 親類しんるい；血族けつぞく/ 살붙이 肉親にくしん/ 쇠붙이 金物かなもの。

불-이다⦗타⦘ ❶【접착】くっつける。㈀편지 봉투에 우표를 ~. 封筒ふうとうに切手きってを張はり付つける。/ 부러진 자를 본드로 ~. 折おれたさしをボンドでくっつける。 ❷【불】(火ひを)つける。㈀담배에 불을 ~. たばこに火ひをつける。 ❸【

つける。예어려운 말에 주석을 ~.難しい言葉に注釈をつける。/ 하나만 조건을 붙여도 되겠습니까? 一つだけ条件をつけてもいいですか。❹【가까이】つける¦寄せる。예옷장을 벽 가까이 ~.たんすを壁のそばに寄せる。❺【사람을】(人を)つける。예이사에게 비서를 ~.理事に秘書をつける。❻【이름을】(名前を)つける。예강아지에게 이름을 붙여 주었다.子犬に名前を付けてあげた。❼【몸에】【익히다】예일찍 일어나는 습관을 ~.早起きの習慣を身につける。❽【말을】(言葉を)かける。예지나가는 사람에게 말을 ~.通り掛かりの人に言葉をかける。❾【치다】はりとばす¦掌でたたく。예따귀를 한 대 ~.ほっぺたを一発たたく。❿【중매를】取り持つ¦仲立ちする。예흥정을 ~.交渉を取り持つ;取引の仲立ちをする。

붙임-성(-性)명 社交性。예그녀의 있는 성격은 누구나 좋아한다.彼女の社交性のある性格はみんな好きだ。

붙임-줄명《음》タイ。

붙-잡다타 ❶【쥐다】つかむ¦握る。예팔을 ~.腕をつかむ。/ 소매를 ~. 袖をつかむ。/ 손잡이를 ~.取っ手をつかむ。❷【체포하다】捕らえる¦捕まえる。예도둑을 ~. 泥棒を捕まえる。❸【만류하다】引き留める。

붙잡-히다자【붙잡다의 피동사】つかまる¦とらわれる。

뷔페(buffet 프)명 ビュッフェ¦バイキング形式。

브라만(Brahman 산)명《역》【카스트 제도의 승려 계급】ブラーマン¦バラモン。

브라보(bravo 이)감 ブラボー。

브라우저(browser)명 ブラウザ。

브라운-관(Braun管)명《물》ブラウン管。

브라질(Brazil)명《국》ブラジル。

브래지어(brassiere)명 ブラジャー¦ブラ。

브랜드(brand)명《경》ブランド。

브랜디(brandy)명 ブランデー。

브레이크(brake)명 ブレーキ。예~를 걸다.ブレーキを掛ける。

브레인스토밍(brainstorming)명 ブレーンストーミング。

브로마이드(bromide)명 ブロマイド。

브로치(brooch)명 ブローチ。

브로커(broker)명《경》ブローカー。예부동산 ~ 不動産ブローカー。

브롬(Brom 독)명《화》ブロム。

브롬-화(Brom化 독)명《화》臭化。

브롬화-물(Brom化物 독)명《화》臭化物。

브롬화-은(Brom化銀 독)명《화》臭化銀。

브루나이(Brunei)명《국》ブルネイ。

브리핑(briefing)명 ブリーフィング。

브이(V·v)명《언》【영어의 스물두째 알파벳】ブイ。

브이아이피(VIP)명 ブイアイピー¦ビップ。

브이티아르(VTR)명 ブイティーアール¦ビデオテープレコーダー。

블라우스(blouse)명 ブラウス。

블라인드(blind)명 ブラインド。

블랙리스트(blacklist)명 ブラックリスト。

블랙-박스(black box)명 ブラックボックス。

블랙-커피(black coffee)명 ブラックコーヒー¦ブラック。

블로그(blog)명《컴》ブログ。

블로킹(blocking)명《운》ブロッキング。예~으로 공격을 막아 내다.ブロッキングで攻撃を防ぐ。

블록(block)명 ブロック。

블루스(blues)명《음》ブルース。

블루-칩(blue chip)명《경》ブルーチップ¦優良株。

블루-칼라(blue-collar)명 ブルーカラー。

비[1]명 雨。예~가 내리다.雨が降る。/ ~가 그치다.雨がやむ。/ ~에 젖다.雨に濡れる。/ ~가 새다.雨が漏る;雨漏りする。
비 온 뒤에 땅이 굳어진다속담 雨降って地固まる。

비[2]【빗자루】ほうき。예~로 낙엽을 쓸어 모으다.ほうきで落ち葉を掃き集める。

비[3](比)명 ❶《미》比例。예가로와 세로의 ~ 横と縦の比例。❷《수》比。예2대 1의 ~ 二対一の比。❸【비율을 나타내는 말】—比。예혼합 ~ 混合比。

비[4](妃)명《역》【왕비】妃。

비[5](碑)명 碑。

비[6](B·b)명《언》【영어의 둘째 알파벳】ビー。

비-[7](非)【접두】非—。예비인간적 非人間的 / 비공식 非公式 / 비과세 非課税 / 비영리 단체 非営利団体。

비감(悲感)[명] 悲感.
비강(鼻腔)[명] (의) 鼻腔.
비-거스렁이[명] 雨が上がった後の涼しさ.
비걱[부] 【납작한 물건이 서로 닿았다 때날 때 나는 소리】 きいっと. 예 옆집 창문이 ~ 열렸다. きいっと隣の家の窓が開いた.
비걱-거리다[자타] (摩擦のために)きいきいと音が出る. 예 비걱거리는 바퀴 きいきいと音を立てる車輪. =비걱대다
비걱-대다[자타] ☞비걱거리다
비걱-비걱[부] 【납작한 물건이 잇따라 닿았다 때날 때 나는 소리】 きいきい. 예 ~소리를 내는 우리 집 문문 きいきいと音を立てる我が家の窓.
비겁-하다(卑怯—)[형] 卑怯だ. 예 비겁한 사람 卑怯な人間; 卑怯者.
비견(比肩)[명] 比肩.
비견-하다(比肩—)[자] 比肩する; 肩を並べる. 예 세계에 비견하는 독자 기술을 개발하다. 世界に比肩する独自の技術を開発する.
비결(祕訣)[명] 秘訣.
비계¹[명] (豚などの)脂身.
비계²(祕計)[명] 【남모르게 꾸민 꾀】 秘計.
비계-공(—工)[명] 《건》鳶; 鳶の者.
비계-다리[명] 《건》上りか栈橋.
비계-목(—木)[명] 《건》足場を組む丸太.
비고(備考)[명] 備考.
비고-란(備考欄)[명] 備考欄.
비-공개(非公開)[명] 非公開.
비-공식(非公式)[명] 非公式.
비관(悲觀)[명] 悲観.
비관-하다(悲觀—)[자] 悲観する.
비관-론(悲觀論)[명] 悲観論.
비관세 장벽(非關稅障壁)[명] 《경》非関税障壁.
비관-적(悲觀的)[관] 悲観的.
비교(比較)[명] 比較. 예 ~ 검토 比較検討 / 성능 ~ 性能比較 / 한눈에 알도록 ~ 분석해서 작성하다. 一目でわかるように、比較分析して作成する.
비교-하다(比較—) 比較する; 比べる.
비교 언어학(比較言語學)[명] 《언》比較言語学.
비교-적(比較的)[부] 比較的; 割合に.
비구(比丘)[명] 《종》【남자 중】比丘.
비구-니(比丘尼)[명] 《종》【여자 중】比丘尼; 尼.

비-구름[명] 【비 눈을 내리게 하는 구름】 雨雲.
비굴다(卑屈—) 卑屈だ.
비굴스레[부] 卑屈に.
비굴-하다(卑屈—) 卑屈だ. 예 비굴한 태도 卑屈な態度 / 자신감을 갖지 못하고 비굴해지다. 自信が持てず、卑屈になる.
비굴-히[부] 卑屈に.
비극(悲劇)[명] 悲劇. 예 셰익스피어의 4대 ~ シェイクスピアの四大悲劇. ↔희극
비극-적(悲劇的)[관] 悲劇的.
비근-거리다[자] 継ぎ目などがゆるんでがたがたする. =비근대다
비근-대다[자] ☞비근거리다
비근-비근[부] 【흔들리는 모양】 がたがた; ぐらぐら.
비근-하다(卑近—)[형] 【흔히 보고 들을 수 있을 만큼 알기 쉽고 가깝다】 卑近だ.
비-금속(非金屬)[명] 非金属. 예 ~ 원소 非金属元素.
비기다¹[자타] ❶【승부에서】引き分ける; 引き分けになる. ❷【서로의 물건을 맞갚음】相殺する; 互いに帳消しにする.
비기다²[자타] ❶【견주다】比べる; 比較する; 比肩する. ❷【견주다】たとえる; なぞらえる. 예 사람의 인생을 마라톤에 비겨 보다. 人の人生をマラソンにたとえてみる.
비기다³[자타] 【기대다】(何かに)よりかかる; もたれる.
비김-수(—手)[명] 《운》囲碁での持将; 将棋の千日手にも 引き分けになること; 持ち; 無勝負. 예 ~를 두다. 千日手をさす. (준)빅수 ◈「囲碁の持(せき)」는 바둑 용어이다.
비-꼬다[타] ❶【꼬다】なう; 縒る. ❷【비틀다】ねじる; ひねる; よじる. ❸【빈정대다】皮肉る; あてつける; あてこする. =꼬다❸ ◈배꼬다
비꼬-이다[자] ❶【끈이】(紐が)ねじれる; ねじくれる; ねじける; もつれる. 예 벨트가 비꼬여 있다. ベルトがねじれている. / 털실이 ~. 毛糸がもつれる. ❷【체가】(体が)よじれる; もつれる. 예 그는 이미 술에 취해 혀가 비꼬였다. 彼はすでに酒に酔って舌がもつれている. / 다리가 비꼬여 제대로 걸지 못하다. 足がもつれてちゃんと歩くことができない. ❸【일이】(事が)こじれる;

もつれる。예 교섭이 비꼬여 진행이 안 되고 있다. 交渉がこじれて先に進まない。❹(心중が)ひねくれる｜すねる｜ねじける｜こじれる。예 남동생은 성격이 비꼬였다. 弟はひねくれた性格だ。❺皮肉られる。예 그에게 비꼬였지만 참았다. 彼に皮肉られたが我慢した。

비꾸러-지다재 ❶非常にねじれる｜歪む。예 문이 비꾸러져 열리질 않는다. 戸が非常に歪んで開かない。❷誤った方向に外れる｜間違った方面にそれる。예 이야기가 비꾸러지지 않도록 노력하다. 話がそれないように努力する。/ 골프공이 비꾸러져 플레이 금지 구역으로 나가 버렸다. ゴルフボールがそれて、OBに出てしまった。

비꼬리-매다타 縛りつける。

비끗부 ❶ちぐはぐ｜がたぴし。예 문이 비끗 비뚤어지다. 戸ががたぴしと歪む。❷ぴくっと。❸事がうまく行かずに食い違うさま。

비끗-거리다자 ❶なかなかよく合わない｜がたがたする。예 의자 다리가 ~. 椅子の足ががたがたする。❷手や足などを挫く。예 비끗거리는 다리를 질질 끌며 걷다. 挫いた足を引き摺りながら歩く。❸事がうまくいかずに食い違う。예 의견이 엇갈려 비끗거렸다. 意見が食い違ってうまくいかなかった。=비끗대다

비끗-대다자 ☞비끗거리다

비끗-하다자 誤って食い違ってしまう｜挫く。예 발목을 비끗했다. 足首をぴくっと挫した。/ 요즘 사업이 비끗하는 것 같다. 最近は、事業がうまくいかないようだ。

비끗-비끗부 ぎしぎし。

비끼다자 ❶斜めに置いてあったり 伸びている。예 하늘에 비낀 구름 空に斜めに置かれた雲/ 석양을 받아 그림자가 길게 비껴 있다. 夕日に当たって、私の影が長々斜めに伸びている。❷斜めに光る。예 아침 해가 ~. 朝日が斜めに射す。❸顔に、ある表情が一瞬表れる。예 어머니의 얼굴에 고통을 참는 표정이 순간 비꼈다. 母の顔に、痛さを堪える表情が一瞬表れた。

비난(非難)명 非難。예 강한 ~을 받다. 強い非難を受ける。
　비난-하다타 非難する｜責める。예 맹렬하게 ~. 猛烈に非難する。

비너스(Venus)명 ビーナス。

비녀명 簪。

비뇨-기(泌尿器)명《의》泌尿器。

비누명 石鹸｜シャボン。예 세탁 ~ 洗濯石鹸/ 수제 ~ 手作り石鹸/ 세안 ~ 洗顔石鹸/ 손을 ~로 깨끗이 씻다. 手を石鹸できれいに洗う。

비누-질명 せっけんを塗り付けること。
　비누질-하다자 せっけんを塗り付ける。

비눗-갑(一匣)명 石けん箱。
비눗-물명 石けん水。

비늘명 鱗。

비늘-구름명 鱗雲｜いわし雲。

비능률-적(非能率)관명 非能率的。

비닐(vinyl)명《화》ビニール。예 ~ 우산 ビニール傘。

비닐 섬유(vinyl繊維)《화》ビニール繊維。

비닐 수지(vinyl樹脂)《화》ビニール樹脂。

비닐-하우스(vinyl house)명 ビニールハウス。

비다¹자 ❶(空間が)空いている｜空だ｜空っぽだ。예 빈 그릇 空っぽの器/ 빈 택시 空のタクシー/ 그 집은 비어 있었다. その家は空いていた。/ 쌀통이 텅 비었다. 米櫃ががらんと空いた。❷(手·体などに)持っている物が何もない｜手ぶらだ｜身が空だ｜素手だ。예 빈 몸으로 참석만 하면 된다. 体を一つで参席だけすればいい。/ 빈손으로 돌아오다. 手ぶらで帰ってくる。❸(時間が)空いている。예 강의가 없어 2시간이 빈다. 講義がなくて、2時間が空いている。/ 언제 시간이 비니? いつ時間が空いているの。❹(知識·考え·判断力がなくなって)空になる｜空っぽになる。예 머리가 비었다. 頭が空っぽになった。❺(お金·財産などがなくなって)空になる｜空っぽになる｜足りない。예 충동구매를 하여 통장이 텅 비었다. 衝動買いをして通帳が空になった。/ 주머니가 비어 아무 것도 살 수가 없다. 財布が空になって何も買

うことができない。/ 용돈에서 3만 원이 빈다. 小遣いから3万ウォンが足りない。❻【心이】(心이나 胸などが) 空になる | うつろになる | がらんどうになる。예 가슴이 텅 빈 것 같이 쓸쓸하다. 胸が空っぽみたいに寂しい。/ 욕심으로 가득한 머리가 비니까 마음이 편하다. 欲で一杯だった頭が空になったので、心が安らかだ。

비다² 卧 ☞'비우다'의 잘못.

비-다듬다 卧 きれいに手入れする | 美しく繕う。

비단¹(非但) 튀【】ただ | 単に。

비단²(緋緞) 명 絹 | 絹織物 | 錦。

비단-결(緋緞—) 명 ❶絹の織目。예 ~은 참으로 부드럽다. 絹の織目は非常に柔かい。❷【비단결】非常に柔かくて滑らかな様子。예 ~ 같은 마음씨야 상냥한 기운으로 / 피부가 ~ 같다. 肌が滑らかで美しい。

비단-구렁이(緋緞—) 명 ☞비단뱀

비단-뱀(緋緞—) 명《동》錦蛇。=비단구렁이

비단-보(緋緞褓) 명 絹で作られた風呂敷。예 상자를 ~로 싸다. 箱を絹の風呂敷に包む。

비단-옷(緋緞—) 명 絹物。

비-대칭(非對稱) 명 非対称 | アシメトリー。

비대-하다(肥大—) 형 肥大する | 太って大きい。

비-도덕적(非道德的) 관·명 非道徳的。

비-동맹국(非同盟國) 명《정》非同盟国。

비둔-하다(肥鈍—) 형 ❶太っていて体の動きが鈍い。예 살이 쪄서 움직임이 비둔하기 때문에 이동하는 데 시간이 걸린다. 太っていて動きが鈍いので、移動するのに時間がかかる。❷服を分厚く着ていて、動作がのろい。예 추울까 봐 옷을 껴입었더니 움직임이 비둔해져서 불편하다. 寒いかと思って着ぶくれしたら、動作がのろくなって不便だ。

비둘기 명《동》鳩。예 산~ 山鳩 / 공원에서 ~에게 모이를 주었다. 公園でハトにえさをあげた。

비둘기-장(—欌) 명 はと小屋 | 鳩舎。

비듬 명 ふけ。예 ~투성이 ふけだらけ。

비듬-하다 형 ☞'비스듬하다'의 준말.

비등(沸騰) 명 沸騰。
　비등-하다 邓 沸騰する。

비등비등-하다(比等比等—) 형 皆似たり寄ったりだ。

비등-점(沸騰點) 명 沸騰点 | 沸点。

비등-하다(比等—) 형【비등하다】似通っている | 同じぐらいである。

비디오(video) 명 ビデオ。

비디오 아트(video art)《예》ビデオアート。예 건물 로비에 설치된 ~ ビルのロビーに設置されたビデオアート。

비디오-테이프(video tape) 명 ビデオテープ。

비디오테이프-리코더(video tape recorder) 명 ビデオテープレコーダー。

비딱-거리다 邓 (あちらこちらに)よろめく | ふらつく。=비딱대다

비딱-대다 邓 ☞비딱거리다

비딱-비딱 튀 よろよろ | ふらふら。

비딱-하다 형 物体が一方に少し傾いている。
　비딱-이 튀 やや斜めに。

비뚜로 튀 少し傾いて | やや斜めに | 少し曲がって | 歪んで。예 줄을 ~ 서다. 列が曲がっている。/ 글씨를 ~ 쓰다. 文字が歪んでいる。

비뚜름-하다 형 少し曲がっている | 少し傾いている。
　비뚜름-히 튀 少し傾いて | 少し曲がって。

비뚝-거리다 邓 ❶傾いてぐらつく | ぐらぐらする。❷【걸음을】足どりがおぼつかない | ふらつく | よろける。=비뚝대다

비뚝-대다 邓 ☞비뚝거리다

비뚝-비뚝 튀 ❶【불안정하게 흔들리는 기울】ぐらぐら。❷【중심을 잃고 이리저리 흔들리는 기울】ふらふら | よろよろ。예 다리가 아파서 ~ 걷다. 足が痛くてよろよろ歩く。

비뚤-거리다 邓 ❶【흔들리는】ゆらゆらする | よろよろする | ふらつく | よろける | ぐらつく。❷【구불구불】曲がりくねる。=비뚤대다

비뚤다 형 傾いている | 偏っている | 曲がっている。

비뚤-대다 邓 ☞비뚤거리다

비뚤-비뚤 튀 ❶ゆらゆら | ふらふら | よろよろ。❷くねくね。

비뚤어-지다 邓 ❶【곧지 않게】まっ直ぐでなく片方に曲がる | 一方に傾く | 歪む。예 코가 ~. 鼻が歪む。/ 지진으로 집

이 비뚤어졌다. 地震で家が歪んだ。❷【비위】腹が立ってすねる｜へそを曲げる｜つむじを曲げる｜ふくれる｜ふてくされる。 예 어제부터 계속 비뚤어져 있다. 昨日からずっとへそを曲げている。❸【성격이】(性格が・心がなどが)ひねくれる｜ねじける｜こじれる。 예 비뚤어진 성격의 소유자 ひねくれた性格の持ち主。

비뚤-이 명 心のねじけた人｜ひねくれ者｜つむじ曲がり。

비럭-질 명 物乞い。
　비럭질-하다 타 物乞いする。

비렁-뱅이 명 【거지를】乞食｜物貰い。

비련(悲戀) 명 悲恋。

비례(比例) 명 比例。 예 인체의 ～ 人体の比例／그림의 ～ 絵の比例／정～ 正比例／반～ 反比例。
　비례-하다 자 比例する。

비례 상수(比例常數) 《수》比例定数。

비례-식(比例式) 《수》比例式。

비로드(←veludo 포) ☞벨벳

비로소 부 はじめて｜ようやく｜やっと。

비록 부 たとえ｜仮に｜よしんば。

비롯-하다 타 ❶【시작】始まる。❷始めとする。 예 일본 생활을 비롯해 문화에 대한 수업을 하다. 日本の生活を始めとして、文化に対する授業を行なう。

비료(肥料) 명 肥料。 예 배합 ～ 配合肥料／～ 포대 肥料袋／～를 주다. 肥料をやる。

비루-하다(鄙陋—) 형 鄙陋だ｜下劣だ｜品性が卑しい。

비름 명 《식》ひゆ。

비릊다 타 【아이낳을 기미가】産気づく。

비리(非理) 명 非理。

비리다 형 ❶生臭い｜青臭い。❷【행동이 좀스럽다】みみっちい｜けちだ。 예 그만 비리게 굴게. みみっちいことをするな。

비리-비리 부 【마르고 약한】がりがり。 예 몸이 ～ 말랐다. 体ががりがりに痩せこけた。

비리척지근-하다 형 (においや味が)少し生臭い。 ＝비리지근하다・비리근하다 준 비리치근하다

비리치근-하다 형 ☞'비리척지근하다'의 준말.

비린-내 명 生臭いにおい。

비릿-비릿 부 ❶【비린내가・맛이】(におい・味が)生臭いさま。❷【얌전하지 않고 좀 더러운】みみっちくて乳臭いさま。

비릿-하다 형 (におい・味が)少し生臭い。

비만(肥滿) 명 肥満。 예 ～ 아동 肥満児／～ 치료 肥満治療。
　비만-하다 형 肥満する｜肥え太っている。

비만-증(肥滿症) 《의》肥満症。

비망-록(備忘錄) 명 備忘録｜メモ。

비매-품(非賣品) 명 非売品。

비명¹(悲鳴) 명 悲鳴。 예 ～을 지르다. 悲鳴を発する。

비명²(碑銘) 명 【비석에 새긴】碑銘。

비명-횡사(非命橫死) 명 非命の死｜横死。

비몽사몽(非夢似夢) 명 夢うつつ。

비-무장(非武裝) 명 非武裝。

비무장 지대(非武裝地帶) 《군》非武裝地帶。

비문(碑文) 명 碑文。

비밀(秘密) 명 秘密｜内緒。 예 ～ 결사 秘密結社／～ 유지 秘密保持／～이 새다. 秘密が漏れる。／～을 지키다. 秘密を守る。

비밀-리(秘密裏) 명 秘密裏｜秘密裡。 예 ～에 조사하다. 秘密裏に調査する。

비밀-번호(秘密番號) 명 【컴퓨터나 현금카드의】パスワード。

비밀 선거(秘密選擧) 《정》秘密選挙。

비밀 투표(秘密投票) 《법》秘密投票。

비-바람(雨風) 명 ❶【비와 바람】風雨｜風と雨。❷【비가 바람에 날리는】雨混じりの風。

비바리 명 (娘の)海女。

비바체(vivace 이) 《음》ビバーチェ。

비바치시모(vivacissimo 이) 《음》ビバーチッシモ。

비방¹(秘方) 명 ❶秘法。❷《한》秘方｜秘密とされている処方。

비방²(誹謗) 명 誹謗｜そしり。
　비방-하다 타 誹謗する｜そしる。

비배(肥培) 명 《농》【식물을 잘 가꿈】肥培。
　비배-하다 자 肥培する。

비배 관리(肥培管理) 肥培管理。

비번(非番) 명 非番。

비범-하다(非凡—) 형 非凡だ。

비법(秘法) 명 秘法。

비보(悲報) 명 悲報。

비분(悲憤) 명 悲憤。
　비분-하다 자 悲憤する。

비분-강개(悲憤慷慨) 명 悲憤慷慨。

비브라토(vibrato 이)몡 《음》ビブラート。
비비튀【여러 번 꼬면서 비벼대는 모양】ぐるぐる｜くねくね。 예 몸을 ~ 꼬면서 말하다. 体をくねくねよじりながら話す。/ 일이 계속 ~ 꼬이기만 한다. 事がこじれるばかりだ。/ 말을 ~ 꼬아서 하다. 当てこすっている。
비비다태 ❶こする｜もむ。 예 손을 ~. 手をこする。/ 수세미로 가볍게 비벼서 씻다. たわしで軽くこすって洗う。 ❷【뒤섞이게 버무리다】混ぜ合わせる｜混ぜる。 ❸【둥글게 만들다】丸める｜両手でもんで丸める。
비비대기-치다재 ❶【좁은 곳에서 많은 사람이 서로 몸을 비비며 움직이다】押し合いへし合いする。 예 좁은 방 안에서 비비대기치고 있다. 狭い部屋の中で押し合いへし合いしている。 ❷ (物事を処理するために)忙しく動き回る。 예 계약을 맺기 위해서 비비대기치고 있다. 契約を結ぶために、忙しく動き回っている。
비비-대다태 しきりにこすりつける｜すりつける｜(手を)もむ｜もみ続ける。 예 두 손으로 얼굴을 ~. 両手で顔をもむ。/ 등을 나무에 ~. 背中を木にすりつける。
비비배배튀【종달새 우는 소리】ぴいちくぱあちく。 예 종달새가 ~ 운다. ヒバリがぴいちくぱあちく鳴く。
비비-송곳몡 もみ錐。
비비적-거리다태 こすり続ける｜もみ続ける。 예 앉아서 발바닥을 ~. 座って足の裏をもみ続ける。 =비비적대다
비비적-대다태 ☞비비적거리다
비비적-비비적튀 ごしごし。 예 두 손을 ~ 문지르다. 両手をごしごしする。 愈비빗비빗
비빔-국수몡【비벼서 먹는 국수】ビビンクッス。 예 아버지는 매운 ~를 좋아하신다. 父は辛いビビンクッスが好きだ。
비빔-밥몡【여러 가지를 비빈 밥】ビビンバ。
비빗-비빗튀 ☞'비비적비비적'의 준말.
비사(祕史)몡 秘史。
비산¹(砒酸)몡《화》砒酸。
비산²(飛散)몡 飛散。
　비산-하다재 飛散する｜飛び散る。
비상(非常)몡 非常。
　비상-하다¹ 혱 ❶【예사롭지 않다】非常だ。 예 비상한 관심을 가지고 지켜보다. 非常な関心を持って見守る。 ❷【뛰어나다】優れる｜すばらしい。 예 비상한 머리 優れた頭。

비상³(砒霜)몡《약》砒素。
비상³(飛翔)몡 飛翔。
　비상-하다재 飛翔する。
비상-계엄(非常戒嚴)몡《법》非常戒厳。
비상-구(非常口)몡 非常口。
비상-금(非常金)몡 非常用の金。
비상-소집(非常召集)몡 非常召集。
비상-시(非常時)몡 非常時。
비상-용(非常用)몡 非常用。
비색(翡色)몡【고려청자의 푸른빛】高麗青磁の色彩のような青色。
비-생산적(非生産的)관몡 非生産的。
비서(祕書)몡 秘書。
비석(碑石)몡 碑石。
비-설거지몡 雨覆いをすること｜雨よけをすること。 예 오후에 비가 올 것 같아서 미리 ~를 해 두었다. 午後から雨が降るらしいので、予め雨覆いをしておいた。
비소(砒素)몡《화》砒素。
비-소설(非小說)몡《문》非小説｜ノンフィクション。
비속-하다(卑俗—)혱 卑俗だ｜低俗だ。
비수(匕首)몡【날이 날카로운 짧은 칼】匕首｜あいくち。
비스듬-하다혱 やや傾いている｜斜めだ。 愈비듬하다
　비스듬-히튀 やや傾いて｜斜めに。
비스러-지다재 歪む｜曲がる。
비스름-하다혱 ほとんど似ている。 =배스름하다
　비스름-히튀 似たように｜似せて。
비스킷(biscuit)몡 ビスケット。
비슥-거리다재 ❶骨惜しみをする。 ❷尻込みする。 =비슥대다
비슥-대다재 ☞비슥거리다
비슥-하다혱【한쪽으로 기울다】一方に傾いている。
　비슥-이튀 一方に傾いて｜片寄って。
비슬-거리다재【힘없이 비틀거리다】よろめく｜ふらつく。 예 술에 만취되어 비슬거린다. 酒に泥酔してよろめく。/ 오늘은 왜 그렇게 비슬거리니? 今日はなぜこんなにふらつくのか。 =비슬대다
비슬-대다재 ☞비슬거리다
비슬-비슬튀【자꾸 비틀거리는 모양】ひょろひょろ｜よ

ろよろ｜ふらふら。 예 금방이라도 쓰러질 듯 노인이 ~ 걸어온다. 今にも倒れそうに老人がひょろひょろと歩いてくる。

비슬비슬-하다자 よろよろする。 예 저 환자는 부축해 주지 않으면 비슬비슬해서 걷지도 못한다. あの病人は支えてもらわないと、よろよろして歩けない。

비슷비슷-하다형 似たり寄ったりだ。
비슷-하다¹형【한쪽으로 약간 기울어져 있다】一方に少し傾いている。
　비슷-이부 一方に少し傾いて。
비슷-하다²형【비슷하다】❶【닮아 있다】似ている｜似通っている。예 체격이 비슷한 두 사람이 걸어왔다. 体格の似ている二人が歩いて来た。/ 성질이 비슷한 사람과는 금방 친해진다. 性質の似通った人とはすぐに親しくなる。❷【거의 같은 상태에 있는 모양】似ている｜ーようだ。예 기모노 비슷한 옷을 입고 있었다. 着物のと似ている服を着ていた。/ 멀리서 보기에는 사찰 비슷해 보였다. 遠くから見たらお寺のように見えた。

비실-거리다자 ❶ふらつく｜よろめく。예 취객이 앞에서 비실거리며 걸어온다. 酔っぱらいが前方から、ふらふらとよろめきながら歩いて来る。/ 다리에 힘이 없어 비실거리며 일어난다. 足に力がなくて、よろよろしながら立ち上がる。❷卑屈に行動する。=비실대다
비실-대다자 ☞비실거리다
비실-비실부 よろよろ｜ふらふら｜ひょろひょろ。
비싸다형 (値段が)高い｜値が張る｜高値だ。
비쓱-거리다자 ふらつく｜よろける｜よろめく。 예 비쓱거리며 눈길을 걸어가다. よろめきながら雪道を歩いていく。 = 비쓱대다
비쓱-대다자 ☞비쓱거리다
비아냥-거리다자 憎らしく当てこする｜皮肉る。=비아냥대다
비아냥-대다자 ☞비아냥거리다
비악부【병아리의 우는 소리】ぴよ。 준 박
비악-비악부【병아리가 계속하여 우는 소리】ぴよぴよ。 예 ~, 병아리가 먹이를 달라고 좇아온다. ぴよぴよ、ひよこがえさをくれとついて来る。 준 박박
비애(悲哀) 명 悲哀。
비약(飛躍) 명 飛躍。

비약-하다자 飛躍する。
비약-적(飛躍的)관·명 飛躍的。
비-양심적(非良心的)관·명 非良心的。 じょうしんてき
비어¹(卑語·鄙語) 명 【야한 말】卑語｜鄙言。 =비언²
비어²(飛語·蜚語) 명 【뜬소문】飛語｜蜚語｜飛言。 =비언¹
비어-지다자 (中の物が)はみだす。
비언¹(飛言) 명 ☞비어²(蜚語)
비언²(鄙言) 명 ☞비어¹(卑語)
비엔나 왈츠(Vienna waltz)《음》ウィンナワルツ。
비엘(B/L) 명 선하 증권
비열(比熱) 명 《물》比熱。
비열-하다(卑劣·鄙劣一)형 卑劣だ｜下劣だ。 예 비열한 행위를 용서할 수 없다. 卑劣な行為は許せない。
비염(鼻炎) 명 《의》鼻炎｜鼻カタル。
비영비영-하다형【병기운으로 体がすっかり弱っている】病気で体が弱まり·がない｜体が弱ってふらふらする。 예 비영비영한 몸으로 회사에 출근하다. 弱って元気のない体で会社に出勤する。
비-오리 명 (동)川秋沙。
비옥(肥沃) 명 肥沃。
　비옥-하다형 肥沃だ。
비옥-도(肥沃度) 명 肥沃度。
비올라(viola 이) 명 《음》ビオラ。
비-옷 명 雨着｜レインコート｜雨ガッパ。
비용(費用) 명 費用｜入費｜ものいり。
비-우다타【비게 하다】❶中身を空にする｜空ける。 예 접시를 깨끗이 ~. 皿を空にする。❷(家·部屋などを)留守にする｜(席を)外す｜離れる。 예 잠깐 자리를 ~. ちょっと席を離れる。 ❸(家·部屋などを)明け渡す。 예 계약 기간이 끝나서 방을 ~. 契約期間が終わって部屋を明け渡す。
비운(悲運) 명 悲運。 예 ~의 여주인공 悲運の女主人公。
비웃다타 せせら笑う｜あざ笑う｜嘲笑する。 예 사람들은 그의 꿈을 비웃었다. 人々は彼の夢をあざ笑った。/ 앞에서 추어 놓고 뒤에서 비웃는다. 前ではおだてておいて、後ろでせせら笑う。
비웃-음 명 嘲笑。 예 남에게 ~을 사다. 他人に嘲笑を買う。

비웃적-거리다(타) 【형용어찌】 人を あざ笑って 皮肉る。=비웃적대다

비웃적-대다 ☞비웃적거리다

비위(脾胃)(명) 食べ物や物事に対する 好き嫌いの気持ち；気分；機嫌。 예~에 거슬리다. 気に くわない；虫が好かない。/ ~를 맞추다. 機嫌を 取る。/ ~에 거슬리게 행동하면 사람들이 싫어한다. 機嫌を損なうような行動をすると、人々は嫌がる。

  비위(가) 사납다(他人のすることが 気に くわなくて)胸がむかつく；腹が 煮え返る。예 왜 갑자기 비위가 사나워졌니? どうして突然胸がむかついたんだ。

  비위(가) 상하다[뒤집히다](관용) 気に障る ；癪に障る；むかつく。예 그 사람의 행동 때문에 비위가 상해 견딜 수가 없다. その人の行動が癪に障って耐えられない。

비-위생적(非衛生的)(관)(명) 非衛生的。

비유(比喩·譬喩)(명) 比喩；たとえ。
  비유-하다(타) 比喩をする；たとえる；なぞらえる。예 그녀를 장미에 비유하여 설명하다. 彼女を薔薇に比喩をして説明する。

비유-법(比喩法)(명) 〈문〉比喩法。

비육(肥育)(명) 〈농〉肥育。
  비육-하다(타) 肥育する。

비율(比率)(명) 〈수〉比率；割合。=율(率)

비음(鼻音)(명) 鼻音。=콧소리

비-이슬(명) ❶【비와 이슬】雨露。❷【비가 내려서 생긴 이슬】雨が降って草の葉などにたまった水玉。

비 인간-적(非人間的)(관)(명) 非人間的。

비일비재(非一非再)(명) 数多くあること。

비자¹(榧子)(명) 〈한〉榧の実。

비자²(visa)(명) 〈법〉ビザ；査証。

비자-나무(榧子—)(명) 〈식〉榧。

비잔티움(Byzantium)(명) 〈역〉ビザンチウム。

비잔틴 문화(Byzantine文化) 〈역〉ビザンチン文化；東ローマ帝国の文化。

비잔틴 제국(Byzantine帝國) 〈역〉ビザンチン帝国；東ローマ帝国。

비장¹(祕藏)(명) 【남몰래 감춤】秘蔵。
  비장-하다(타) 秘蔵する。

비장²(脾臟)(명) 〈의〉脾臓。

비장-하다²(悲壯—)(형) 悲壮だ。예 비장한 각오를 하다. 悲壮な覚悟をする。

비-저항(比抵抗)(명) 〈물〉比抵抗；抵抗率。

비적(匪賊)(명) 匪賊。

비적-비적(부) 【싸인 것이 여기저기로 비어져 나온 모양】包んである物がところどころはみ出ているさま。

비전¹(祕傳)(명) 秘伝。

비전²(vision)(명) ビジョン。

비-전문가(非專門家)(명) 非専門家。

비-전압(比電壓)(명) 〈물〉比電圧。

비-전 해질(非電解質) 〈화〉非電解質。

비점(沸點)(명) 〈화〉沸点；沸騰点。=끓는점

비-정상(非正常)(명) 正常でないこと。

비정-하다(非情—)(형) 非情だ。예 비정한 현실 非情な現実。

비조(飛鳥)(명) 飛鳥。

비-좁다(형) 非常に狭い；狭苦しい ；手狭だ。예 비좁은 방 狭苦しい部屋。=배좁다

비주룩-비주룩(부) 【길쭉하게】にょきにょき。

비주룩-하다(형) (物の先が)少し突き出ている。
  비주룩-이(부) にょきっと；にゅっと。

비죽¹(부) 【갑자기 길쭉이 내밀려 있는 모양】にゅっと。예 못이 ~ 튀어나와 있다. 釘がにゅっと突き出ている。=비죽이·비쭉·삐쭉

비죽²(부) ❶【슬쩍이 나타나거나 잠깐 보이는 모양】ひょっこり(と)；ひょいと；ちらっと。❷【입술을 내미는 모양】つんと。예 입을 ~ 내밀다. 口をつんと突き出す。/ 그녀는 기분이 상해서 입술을 ~ 내밀었다. 彼女は気分を害して口をつんと突き出した。=삐쭉²

비죽-거리다(자)(타)【비죽거리다】しきりに口をとがらせる；唇がぴくぴくする。=비죽대다

비죽-대다(자) ☞비죽거리다

비죽-하다(자) (口などを)突き出す ；とがらす。예 못마땅해서 입을 ~. 気にくわなくて口をとがらす。

비죽-비죽¹(부) 【길쭉길쭉하게 내밀려 있는 모양】にょきにょき ；つんつん。

비죽-비죽²(부) 【비죽거리며 울려고 할때 소리 없이 입술을 내미는 모양】唇がぴくぴくするさま。

비죽-이(부) ☞비죽¹

비준(批准)(명) 〈법〉批准。
  비준-하다(타) 批准する。

비중(比重)(명) 比重。

비중-계(比重計)【명】《물》比重計。【예】~는 깨어지기 쉽다. 比重計は割れやすい。

비중-병(比重瓶)【명】《물》比重瓶。

비즈니스(business)【명】ビジネス·事業。

비지【명】おから·卯の花は·雪花菜。

비지-땀【명】脂汗。

비지-떡【명】おからに米粉かと小麦粉を入れてこね、丸平たくしたものを油焼きした餅。

비지-찌개【명】おからチゲ。

비-질【명】ほうきで掃くこと。
 비질-하다【자타】ほうきで掃く。

비집다【타】❶こじ開ける·ねじ開ける。❷かき分けて入る·割り込む。❸目をこすって開ける。

비쭉【부】☞비죽。

비쭉【부】❶ひょいと·ひょっこり(と)。❷つんと。【예】토라져서 입술을 ~ 내밀다. すねて口をとがらす。
 비쭉-거리다【자타】しきりに口をとがらせる·唇がびくびくする。=비쭉대다
 비쭉-대다【자타】☞비쭉거리다

비쭉-비쭉【부】びくびく·ひくひく。

비참-하다(悲惨—)【형】悲惨だ·惨めだ。

비책(秘策)【명】秘策。

비척-걸음【명】千鳥足·ふらふら歩く足どり。

비척-비척【부】'비척비척'의 준말.【예】기운이 없어 ~ 걷다. 気力がなくてふらふら歩く。

비척지근-하다【형】☞비릿척지근하다

비천-하다¹(卑賤—)【형】卑賤だ。【예】비천한 신분 卑賤な身分。

비천-하다²(鄙淺—)【형】下品だ。【예】비천하다고 괄시하지 마라. 下品だと見下さげるな。

비-철(非—)【명】季節はずれ。

비추다【타】❶照らす。❷映す。❸比べる·照らし合わせる·鑑みる。

비추-이다【❶照らされる·照らし出される。❷映される。준비추다

비축(備蓄)【명】備蓄。
 비축-하다【備蓄する·蓄える。

비취(翡翠)【명】☞비취옥

비취다 ☞'비추이다'의 준말。

비취-색(翡翠色)【명】翡翠色。

비취-옥(翡翠玉)【명】《광》翡翠。=비취

비치(備置)【명】備えること。
 비치-하다 備える。

비치근-하다【형】☞비리척지근하다

비치다【자타】❶(光が明るく)照る·照らす。【예】달빛이 밝게 ~. 月光が明るく照る。❷(映像·影などが)映る·映り出される。【예】거울에 비친 얼굴 鏡に映った顔/그의 모습이 스크린에 크게 비쳤다. 彼の姿がスクリーンに大きく映った。❸(気持ち·意味などが)見える·見せる。【예】불쾌한 기색이 ~. 不快な気色が見える。/동참할 의사를 비쳤다. 共に参加する意思を見せた。❹透ける·透けて見える。【예】상품이 비치도록 포장하다. 商品が透けて見えるように包装する。/이 옷은 속이 비친다. この服は中が透けて見える。❺映る·見える。【예】아이들의 눈에 비친 어른의 모습 子どもの目に映った大人の姿/속이 좁은 사람으로 비칠까 봐 고민한다. 心の狭い人に見えるのではないかと悩む。

비치적-거리다【자타】よろめく·よろよろする·よたよたする·ふらふらする·ふらつく。【예】술에 취해 비치적거리며 걷다. 酒に酔ってよろよろしながら歩く。/흠씬 얻어맞고 ~. たくさん叩かれてよろよろする。/병을 앓고 나서 ~. 病気になってからよたよたする。=비치적대다

비치적-대다【자타】☞비치적거리다

비치적-비치적【부】よろよろ·よたよた。【예】너무 많이 아파 ~ 걷고 있다. あまりに痛くて、よろよろ歩いていた。준비척비척

비칠-거리다【자타】よろよろする·よたよたする。【예】기운이 없어 비칠거리며 걷다. 気力がなくてよたよたと歩く。/어린 소녀가 동생을 등에 업고 ~. 幼い少女が、弟を背中に背負ってよたよた歩く。/몸이 약해 ~. 体が弱くてよろよろする。=비칠대다

비칠-대다【자타】☞비칠거리다

비칠-비칠【부】よろよろ·よたよた·ふらふら。【예】약에 취해 ~ 걷다. 薬が効いてよろよろする。

비침-도(一度)【명】《물》照度。

비칭(卑稱)【명】《언》卑称。

비커(beaker)몡 《화》ビーカー。
비켜-나다재 (身をよけて)退く｜よける｜避ける。예 자리에서 일어나 ~. 席を立って退く。/ 자전거가 지나갈 수 있도록 ~. 自転車が通れるようによける。
비켜-서다 どく｜よける｜退く。예 옆으로 ~. 橫によける。/ 비켜서라고 손짓하다. どけと手で指図する。/ 놀라서 한쪽 구석으로 ~. 驚いて片隅によける。
비키니(bikini)몡 ビキニ。
비키다재타 のく｜どく｜引き下がる｜退く｜よける。예 자동차를 피하기 위해 ~. 自動車を避けるために退く。/ 뒤로 한 발자국 ~. 後ろに一歩退く。
비타민(vitamin)몡 《화》《藥學》ビタミン。예 약보다는 과일과 채소를 통해 ~을 섭취해라. 薬より果物や野菜を通じてビタミンを取れ。
비타민 비 복합체(vitamin B複合體)《화》ビタミンB複合体。
비타민 시(vitamin C)《화》《藥學》ビタミンC。예 ~ 영양제 ビタミンC栄養剤。
비타민-제(vitamin劑)몡 《약》ビタミン剤｜ビタミン栄養剤。예 ~를 처방하다. ビタミン剤を処方する。
비-타협적(非妥協的)관몡 非妥協的。
비탄(悲歎·悲嘆)몡 悲嘆。예 ~에 잠기다. 悲嘆にくれる。
비탈몡 勾配｜斜面｜傾斜。예 ~이 가파르다. 傾斜が急だ。 =사면²
비탈-길몡 坂｜坂道。
비탈-지다혱 勾配がある｜斜面になっている｜傾斜している。
비통-하다(悲痛—)혱 悲痛だ｜痛ましい。
  비통-히분 悲痛に。
비트(bit)의 《컴》ビット。
비트적-거리다재타 よろめく｜よろける｜よろよろする｜よちよちする｜千鳥足で歩く。예 술이 거나하여 ~. 酒に酔ってよろめく。/ 무거운 짐을 지고 ~. 重い荷物を負ってよろめく。=비트적대다
비트적-대다재타 ☞비트적거리다
비트적-비트적분 よろよろ｜ふらふら｜よたよた。예 만취해서 ~ 걷다. 酔っぱらってよろよろ歩く。/ ~ 일어나 앉다. ふらふらと立ち上がって座る。
비틀분 よろよろ｜ふらふら。예 이리 ~ 저리 ~ 걷다. あっちにふらふらこっちにふらふら歩く。
비틀-거리다재 ひょろつく｜ふらつく｜よろつく｜よろける。예 만취하여 ~. 酔っぱらってふらつく。/ 몸이 심하게 아파 ~. 体がひどく痛くてふらつく。=비틀대다
비틀-대다재 ☞비틀거리다
비틀-걸음몡 よろよろした足どり｜千鳥足。예 ~으로 치다. 千鳥足で歩く。/ ~을 치다. よろよろ歩く。
비틀다타 ねじる｜ひねる｜よじる。예 팔을 ~. 腕をよじる。
비틀-비틀분 ひょろひょろ｜ふらふら｜よろよろ。예 술에 취해 ~ 하다 쓰러지다. 酒に酔ってふらふらして倒れる。
비틀어-지다재 ❶ねじれる。❷【】(物事が)うまくいかない｜もつれる｜こじれる。=배틀어지다
비파¹(枇杷)몡 枇杷の実。
비파²(琵琶)몡 《음》《樂》琵琶。
비판(批判)몡 批判。
  비판-하다타 批判する。
비판-력(批判力)몡 批判力。
비판-적(批判的)관몡 批判的。
비평(批評)몡 批評。
  비평-하다타 批評する。
비평-가(批評家)몡 批評家。
비품(備品)몡 備品。
비프-스테이크(beef-steak)몡 《料理》ビーフステーキ。
비하(卑下)몡 卑下。
  비하-하다타 卑下する。예 자기를 비하하는 경향이 있다. 自己を卑下する傾向がある。/ 여성을 비하하는 발언 女性を卑下する発言/ 필요 이상으로 비하할 건 없다. 必要以上に卑下することもない。
비-하다(比—)타 比べる｜比較する。
비-합리(非合理)몡 非合理。
비 합리-적(非合理的)관몡 非合理的。
비-합법(非合法)몡 非合法。
비 합법-적(非合法的)관몡 非合法的。
비행¹(非行)몡 【】非行。
비행²(飛行)몡 飛行。예 ~ 시간 飛行時

間かん/ ~ 거리 飛行距離きょり/ 야간 ~ 夜間やかん飛行.

비행-하다 자 飛行ひこうする. 예해상을 비행하는 즐거움을 맛보다. 海上かいじょうを飛行する楽たのしさを味あじわう. / 대기 중을 비행하는 항공기는 항상 바람의 영향을 받는다. 大気中ちゅうを飛行する航空機こうくうきは, 常つねに風かぜの影響えいきょうを受うける.

비행-기(飛行機) 명 飛行機こう.
비행기-운(飛行機雲) 명 ☞비행운
비행-모(飛行帽) 명 飛行帽ぼう.
비행-복(飛行服) 명 飛行服ふく.
비행-사(飛行士) 명 飛行士し.
비행-선(飛行船) 명 飛行船せん.
비행 소년(非行少年)《법》非行少年しょうねん.
비행-운(飛行雲) 명 飛行機雲ぐも. =비행기운
비행-장(飛行場) 명 飛行場じょう.
비행-접시(飛行-) 명 空飛とぶ円盤えんばん ¦ UFOユーフォー. 예 ~ 목격 UFO目撃もくげき.
비-현실적(非現實的) 관 명 非現実的げんじつてき.
비호¹(庇護) 명 庇護ごご.
  비호-하다 타 庇護する ¦ 庇かばう.
비호²(飛虎) 명 飛とぶようにすばやく走はしる虎とら.
비호-같다(飛虎-) 형 動作どうさが非常ひじょうに勇猛ゆうもうで素早すばやい. 예 비호같은 몸놀림 非常に勇猛で素早い体からだの動うごき.
  비호같-이 부 非常に素早く. 예 ~ 발차기를 하였다. 非常に素早くばた足あしをした. / 말에서 ~ 뛰어내렸다. 馬うまから非常に素早く飛とび降おりた.
비화¹(祕話) 명 秘話ひわ. 예 탄생 ~ 誕生たんじょう秘話 / 개발 ~ 開発かいはつ秘話 / 감동 ~ 感動かんどう秘話.
비화²(悲話) 명 悲話ひわ. 예 전쟁 ~ 戦争せんそう悲話.
비화-수소(砒化水素)《화》砒化水素かそ ¦ アルシン.
비활성 기체(非活性氣體)《화》不活性ふかっせいガス.
빅-수(一手) 명 ☞'빅김수'의 준말.
빅토리(victory) 명 ビクトリー.
빈가(貧家) 명 貧家ひんか ¦ 貧まずしい家いえ ¦ 困窮こんきゅうしている家.
빈고(貧苦) 명 貧苦ひんく.
  빈고-하다 형 貧しさに苦くるしむ.
빈 고전파(Wien古典派)《음》ウィーン古典派は.

빈곤(貧困) 명 貧困ひんこん.
  빈곤-하다 형 貧困だ ¦ 貧まずしい.
  빈곤-히 부 貧しく.
빈국(貧國) 명 貧まずしい国くに.
빈궁(貧窮) 명 貧窮ひんきゅう ¦ 貧苦ひんく ¦ 貧困こん.
  빈궁-하다 형 貧窮する.
빈농(貧農) 명 貧農ひんのう.
빈대 명 《동》南京虫なんきん.
빈대-떡【우리말 어원】 ピンデトック.
빈도(頻度) 명 頻度ひんど. 예 발생 ~ 発生はっせい頻度 / 출현 ~ 出現しゅつげん頻度 / 사용 ~를 측정하다. 使用しよう頻度を測定そくていする.
빈둥-거리다 자 ぶらぶらする ¦ のらりくらりする ¦ ごろごろする. =빈둥대다
빈둥-대다 자 ☞빈둥거리다
빈둥-빈둥【흉내를 표현하는 낱말】 ぶらぶら ¦ のらくら ¦ ごろごろ ¦ のんべんだらり(と).
빈들-거리다 자 ぶらぶらする ¦ ごろごろする ¦ のらくらする. 예 빈들거리며 하루를 보내다. ぶらぶらしながら一日いちにちを過すごす. / 집에 있다고 해서 마냥 빈들거리는 것은 아니다. 家いえにいるからといって, 専もっぱらのらくらばかりしているのではない. =빈들대다
빈들-대다 자 ☞빈들거리다
빈들-빈들 부【흉내를 표현하는 낱말】のらりくらり ¦ ぶらぶら ¦ ごろごろ. 예 휴일이라고 ~ 보내면 안 된다. 休日きゅうじつだからといって, のらりくらり過ごしてはいけない. / 회사를 관둔 이후로 ~ 놀고만 있다. 会社かいしゃを辞やめてからぶらぶら遊あそんでばかりしている.
빈-말 명 空世辞からせじ ¦ 空言くうげん.
  빈말-하다 자 口先くちさきだけの話はなしをする ¦ 空世辞を言いう.
빈민(貧民) 명 貧民ひんみん.
빈민-가(貧民街) 명 貧民街がいみん.
빈민-굴(貧民窟) 명 貧民窟くつ.
빈민-촌(貧民村) 명 貧民村そんみん.
빈발(頻發) 명 頻発はつ.
  빈발-하다 자 頻発する.
빈-방(一房) 명 ❶【건축물】 空あき部屋べや ¦ 空あき間ま ¦ 空室くうしつ. 예 살던 사람이 나가고 ~이다. 住人じゅうにんが出でていって空き部屋だ. ❷【전물】 空き部屋 ¦ 空き間 ¦ 空室. 예 잠깐 저 ~에서 기다리세요. ちょっとあの空き部屋で待まっててください.
빈번-하다(頻繁-) 형 頻繁ひんぱんだ.
  빈번-히 부 頻繁に ¦ 頻しきりに ¦ ひっきりなしに. 예 코피가 ~ 나다. 鼻血はなぢが頻

빈부(貧富)몡 貧富ふ。 예~의 차 貧富の差さ。

빈사(瀕死)몡 瀕死ひん。 예~ 상태 瀕死の状態じょう。

빈-속몡 空腹くう。 예~에 술을 마시다. 空腹で酒さけを飲のむ。 / ~에 커피를 마셔 속이 쓰리다. 空腹にコーヒーを飲んで胃いが痛いたむ。

빈-손몡 手てぶら ¦ 徒手とし ¦ 素手すで ¦ 空手からで。

빈-악파(Wien樂派)몡《음》ウィーン楽派がくは。

빈약-하다(貧弱—)혱 貧弱ひんじゃくだ。

빈자(貧者)몡 貧者ひん ¦ 貧乏人びんぼうにん。

빈-자리몡 空席くうせき ❶空あいている座席ざせき。 ❷欠員けついんのある地位ちい。

빈정-거리다타 皮肉ひにくる ¦ 当あて擦こする。 =빈정대다

빈정-대다타 ☞빈정거리다

빈정-빈정뷔 しきりにからかったり皮肉ひにくったりするさま。

빈정빈정-하다타 しきりに皮肉ひにくる。 예공부는 안 하고 놀기만 한다고 ~. 勉強べんきょうはしないで遊あそんでばかりいると皮肉る。

빈-주먹몡 空拳くうけん ¦ 徒手とし ¦ 素手すで ¦ 空手からで。

빈지몡 ☞널빈지

빈지-문(—門)몡 <건>繰くり戸ど ¦ 雨戸あまど。

빈-집몡 人ひとのいない家いえ ¦ 空あき家や ¦ 留守るすの家。 예~을 노리는 도둑 留守の家を狙ねらう泥棒どろぼう。

빈천(貧賤)몡 貧賤ひんせん。

빈천-하다 貧賤ひんせんだ。

빈촌(貧村)몡 貧村ひんそん。

빈축(嚬蹙・颦蹙)몡 顰蹙ひんしゅく。 예~을 사다. 顰蹙を買かう。

빈-탈타리몡 ☞빈털터리

빈-탕몡【허명 껍데기의 비유】中身なかみがからっぽなもの。 예주위 보니 ~이었다. 拾ひろってみたらからっぽだった。

빈-털터리몡【허명 껍데기의 비유】一文無いちもんなし ¦ すかんぴん ¦ すってんてん ¦ 無一文むいちもん ¦ おけら ¦ 文もんなし。 예하루아침에 ~가 된 부자 一朝いっちょうにして一文無しになった大金持おおがねもち。 =빈탈타리・털터리

빈-틈몡 ❶【간격】すき ¦ すき間ま。 ❷【허술하거나 보아뒤 틈】すき ¦ 油断ゆだん ¦ 気きのゆるみ。 예사람은 ~을 보이면 안 된다. 人はすきを見みせたらだめだ。

빈틈-없다혱 すきがない ¦ 抜ぬけ目めがない。

빈틈없-이뷔 すき間まなく ¦ 抜ぬけ目めなく。

빈한-하다(貧寒—)혱 貧寒ひんかんとする ¦ 貧まずしくて寒々さむざむとしている。 예빈한한 시골 마을 貧寒とした田舎町いなかまち / 빈한한 가정에서 태어나다. 貧寒とした家庭かていで生うまれる。

빈혈(貧血)몡《의》貧血ひんけつ。

빈혈-증(貧血症)몡《의》貧血症ひんけつしょう。

빌다¹타 ❶【기원】祈いのる ¦ 祈祷きとうする ¦ 願ねがう。 ❷【용서】(許ゆるしを)請こう ¦ 誤あやまる ¦ わびる。 ❸【빌어 먹음】物乞ものごいをする。

빌다² ☞'빌리다'의 잘못.

빌딩(building)몡 ビルディング ¦ ビル。

빌라(villa)몡 ビラ。

빌리다타 ❶借かりる。 예1년 계약으로 집을 ~. 1年契約ねんけいやくで家いえを借りる。 / 망치를 빌려 못을 박다. 金槌かなづちを借りて釘くぎを打うつ。 / 이 자리를 빌려 다시 한번 축하 말씀 드립니다. この場ばを借りて、もう一度いちどお祝いわいのお言葉ことばを申もうし上あげます。 / 뉴스 기사를 빌려 소식을 전하다. ニュースの記事きじを借りて消息しょうそくを伝つたえる。 ❷貸かす。 예돈 좀 빌려 줄래? お金かねちょっと貸してくれる? / 집을 ~. 家いえを貸してもらう。

빌미몡 不幸ふこうの原因げんいん ¦ たたり。 예~를 잡다. たたりのせいにする。

빌-붙다자 へつらう ¦ おもねる ¦ こびる ¦ 取とり入いる。

빌어-먹다자 몡 物乞ものごいをして暮くらす ¦ 乞食こじきをする。

빌어-먹을감【일이 뜻대로 되지 않을 때 욕으로 혼자서 하는 말】くそっ ¦ 畜生ちくしょう。 예~! 되는 일이 없네. くそっ、うまくいかないなぁ。

빗¹몡 櫛くし。

빗-²접【접투 붙임】❶【사선】斜ななめに ¦ 傾かたむいて。 예빗금 斜線しゃせん / 빗대다 ほのめかす。 ❷【잘못된】間違まちがって ¦ 誤あやまって。 예빗나가다 それる ¦ はずれる。

빗-가다타 ☞빗나가다

빗-금몡 斜線しゃせん。

빗-기다타 (人ひとの髪かみを)くしけずってやる。

빗-나가다자 (ねらいが)それる ¦ (的まとから)

はずれる。例 예측이 ~. 予測がはずれる。/ 화살이 과녁에서 ~. 矢が的からはずれる。/ 말이 ~. 話がそれる。/ 주먹이 ~. 拳がそれる。=빗가다・빗나다

빗-나다재 ☞빗가다

빗다타 (櫛で)すく｜くしけずる｜けずる。

빗-대다타 ❶(率直に言わずに)遠回しに言う｜ほのめかす｜たとえる。例 상대방이 기분 나쁘지 않도록 빗대어 거절하다. 相手を怒らせないように遠回しに断わる。/ 미인을 꽃에 ~. 美人を花にたとえる。❷(話を)はぐらかす｜焦点をほかして言い紛らす｜事実と違うように言う。例 솔직한 심정을 말하지 않고 빗대고 있다. 正直な気持ちを言わずにはぐらかしている。

빗더-서다재 向きを少しずらして立つ。例 차가 와서 몸을 ~. 車が来て体をずらして立つ。준빗서다

빗-듣다타〔ㄷ변칙〕聞き違える｜聞き誤る。例 친구의 말을 빗듣고 잘못 전하다. 友達の言葉を聞き違えて間違えて伝えた。

빗-디디다타 踏みそこなう｜踏み誤る｜踏みはずす。例 계단을 빗디디어 넘어지다. 階段を踏みそこなって倒れる。

빗-뛰다재 曲がって走る｜斜めに走る。

빗-뜨다타 横目でにらむ。例 눈을 빗뜨고 노려보다. 横目でにらむ。

빗-맞다재 ❶〔射的〕それる｜はずれる。例 화살이 ~. 矢が外れる。❷〔失敗〕はずれる｜失敗する。

빗-먹다재 (木を切る時)鋸が墨糸から外れる。例 톱이 빗먹지 않도록 주의하다. 鋸が墨糸から外れないように気を付ける。

빗-물명 雨水。

빗-물다타 やや斜めにくわえる。

빗-밑명 雨の上がっていく具合。

빗-발명 雨脚。例 굵은 ~ 強い雨脚。

빗발-치다재 ❶〔비〕(雨が)激しく降り注ぐ。例 빗발치는 소나기를 맞으며 집으로 돌아왔다. 降り注ぐ夕立に降られながら家に帰ってきた。❷〔총탄〕(銃弾などが)降り注ぐ。例 총탄이 빗발치는 가운데 뛰어 도망쳤다. 銃弾が降り注ぐ中を走って逃げた。❸〔의견〕(ある意見・非難などが)降り注ぐ｜降りかかる。例 반대의 목소리가 ~. 反対の声が降り注ぐ。/ 항의가 ~. 抗議が降

り注ぐ。

빗-방울명 雨のしずく｜雨粒。例 처마 끝에서 떨어지는 ~ 소리 軒端から落ちる雨の音。

빗-보다타 見間違える｜見誤る。例 적군을 아군으로 ~. 敵軍を我が軍と見間違える。/ 그의 사람됨을 빗보았다. 彼の人柄を見誤った。

빗-빠지다재 足を踏みはずして落ちる。例 빗빠져 진창을 구르다. 泥沼に転がる。

빗-살명 櫛の歯。

빗살무늬 토기(ー土器)《고》櫛目文土器。例 신석기 시대에는 ~에 곡식을 담아 보관해 두었다. 新石器時代には櫛目文土器に穀物を入れ保管して置いた。

빗살-문(ー門)명 〈건〉細い桟をはすかいにして、櫛目の模様に組んだ扉。

빗살-창(ー窓)명 〈건〉桟をはすかいに組んで作った窓。

빗-서다재 '빗더서다'의 준말.

빗-소리명 雨の音。

빗-자루명 ❶ほうき。❷ほうきの柄。

빗장명 門かぬき。

빗-줄기명 雨脚。

빗-질명 櫛で髪をすくこと｜くしけずること。

빗질-하다자타 (櫛で髪を)すく｜くしけずる。

빗-치개명 毛筋棒｜毛筋立て。

빙부 ❶〔돌아가는 모양〕ぐるっと｜ぐるっと。例 교정을 한 바퀴 ~ 돌다. 校庭をぐるりと一回りする。❷〔둘러앉거나 둘러선 모양〕ぐるり。例 화롯가에 ~ 둘러앉다. 火鉢の周りをぐるっと取り囲んで座る。❸〔정신이 어지러운 모양〕くらくら｜くらっと。例 머리가 ~ 돌아 몸을 가눌 수가 없다. 頭がくらっとして体を支えることができない。/ 정말 이럴 땐 ~ 돌아 버리겠어. 本当にこんな時にはくらくらしてしまいそうだ。❹〔급작스레 눈물이 도는 모양〕急に涙ぐむさま。例 너무 반가위 눈물이 ~ 돌다. あまりの懐かしさに涙がじんとにじむ。

빙고(氷庫)명 氷室。

빙과(氷菓)명 氷菓子｜氷菓。

빙그레부 【얼굴을 살짝 벌리고 소리 없이 부드럽게 웃는 모양】にっこり｜にこっと。例 ~ 웃다. にこっと笑う。/ 미소 짓다. にっこりとほほえむ。=뱅그레

빙그르르부 【미끄러지듯이 경쾌하게 한 바퀴 도는 모양】くるっと。例 두 팔을

벌리고 ~ 돌다. 両手を広げてくるっと回る.

빙글囝 にっこと ¦ にっこり.

빙글-거리다回 にこにこ笑う. =빙글대다

빙글-대다回 ☞빙글거리다

빙글-빙글¹囝【소리 없이 부드럽게 웃는 모양】 にこにこ. ⑩ ~웃다. にこにこと笑う.

빙글-빙글²囝【미끄럽게 도는 모양】 くるくる. ⑩ 두 팔을 벌리고 ~ 돌다. 両手をくるくると広げて回る. / 눈이 ~ 돌다. 目がくるくると回る. / 손목을 ~ 돌리다. 手首をくるくると回す.

빙긋囝【소리 없이 가볍게 한번 웃는 모양】 にこっと ¦ にっこり. ⑩ ~웃으면서 눈을 살짝 흘기다. にこっと笑いながら目をそっとにらむ. =빙긋이

빙긋-거리다回 にこにこ笑う. =빙긋대다

빙긋-대다回 ☞빙긋거리다

빙긋-빙긋囝 にこにこ.

빙긋-이囝 ☞빙긋

빙기(氷期)囘 氷期. ⑩ ~와 ~ 사이 氷期と氷期の間.

빙모(聘母)囘 ☞장모(丈母)

빙부(聘父)囘 ☞장인(丈人)

빙-빙囝 ❶【제자리에서 도는 모양】 ぐるぐる ¦ くるくる. ⑩ 회전문이 ~ 돌다. 回転扉がくるくると回る. / 제자리에서 ~ 돌다. その場でくるくる回る. / 머리를 ~ 돌리다. 頭をくるくる回す. ❷【어지러워서 정신이 흐릿한 모양】 くらくら ¦ ふらふら.

빙산(氷山)囘 氷の山 ¦ 氷山. ⑩ 온난화의 영향으로 ~이 조금씩 녹고 있다. 温暖化の影響で、氷が少しずつ溶けている.

빙산의 일각(一角)관용 氷山の一角. ⑩ 이번 일은 빙산의 일각에 불과하다. 今度のことは氷山の一角に過ぎない.

빙상(氷上)囘 氷上.

빙설(氷雪)囘 氷雪 ¦ 氷と雪.

빙설 기후(氷雪氣候) 氷雪気候.

빙수(氷水)囘 氷水 ¦ かき氷.

빙시레囝 にっこり.

빙식(氷蝕)囘 氷蝕. ⑩ ~작용 氷蝕作用 / ~지형 氷蝕地形.

빙식-곡(氷蝕谷)囘 氷蝕谷.

빙식 단구(氷蝕段丘) 氷蝕段丘.

빙실囝 にっこり ¦ にっこり.

빙실-거리다回 にこにこ笑う. =빙실대다

빙실-대다回 ☞빙실거리다

빙실-빙실囝 にこにこ.

빙싯囝 にっこり.

빙싯-거리다回 にこっと笑う. =빙싯대다

빙싯-대다回 ☞빙싯거리다

빙싯-빙싯囝 にこっと.

빙어囘〈동〉公魚.

빙자(憑藉)囘 ❶【남의 힘을 빌어 의지함】 笠に着ること. ❷【평계로 내세움】 かこつけること ¦ 事寄せること. ⑩ 일을 ~로 집에 안 들어갔다. 仕事にかこつけて、家に帰らなかった.

빙자-하다回 ❶ 笠に着る. ⑩ 그는 돈 많은 아버지를 빙자하여 건방을 떤다. 彼はお金持ちの父を笠に着て、生意気な態度を取る. / 권력을 빙자하여 돈을 빼앗다. 権力を笠に着て、お金を奪う. ❷ かこつける ¦ 事寄せる. ⑩ 어머니의 병환을 빙자하여 학원을 빠졌다. 母の病気を口実にして、塾を休んだ.

빙장(丈丈)囘 ☞장인(丈人)

빙점(氷點)囘〈물〉氷点. =어는점

빙점-하(氷點下)囘 氷点下 ¦ 零下.

빙-초산(氷醋酸)囘〈화〉氷酢酸.

빙충-맞다囵 (利口ではなくて)愚かではにかみ屋だ. ⑩ 빙충맞은 여자지만 나는 그 여자가 좋다. 愚かではにかみ屋だが、僕はそんな彼女が好きだ. =뱅충맞다

빙충-이囘 愚かで恥ずかしがる人. ⑩ 이 ~야, 울긴 왜 울어? この愚か者め, 何で泣くんだ.

빙퇴-석(氷堆石)囘 氷堆石 ¦ 堆石. =모레인

빙판(氷板)囘 一面に氷の張ったところ ¦ 凍りついた路面.

빙하(氷河)囘 氷河. ⑩ 지구 온난화로 ~가 녹고 있다. 地球の温暖化によって氷河が解けつつある.

빙하-기(氷河期)囘 氷河期.

빙하 시대(氷河時代)囘 氷河時代. ⑩ 스위스 루체른 일대에는 ~의 흔적이 남아 있다. スイスのルツェルン一帯には氷河時代の痕跡が残っている.

빙하-토(氷河土)囘 氷河土.

빙하-호(氷河湖)囘 氷河湖.

빚명 借り｜借金｜負い目｜負債. 예 ~을 내다. 借金する. / ~을 갚다. 借金を返す.

빚-꾸러기명 借金まみれの人. 예 ~를 친구로 두어서는 안 될 것이다. 借金まみれの人を友達にしてはだめだ.

빚-내다타 金を借りる｜借金する.

빚다타 ❶(土などの材料を練って)ある形に整える｜形作る｜作る. 예 도자기를 ~. 陶磁器を作る. ❷(粉を練って饅頭などを)作る｜こしらえる. 예 만두를 ~. 饅頭を作る. ❸(酒を)醸す｜醸造する. 예 쌀로 술을 ~. 米で酒を醸す. ❹(ある結果・現象などを)作る｜もたらす｜きたす｜醸す｜引き起こす｜生じさせる. 예 물의를 ~. 物議を醸す. / 차질을 ~. 蹉跌をきたす. / 혼잡을 ~. 混雑を引き起こす.

빚-돈명 借金.

빚-물이명 他人の借金を代わりに返済すること.

빚물이-하다 他人の借金を代わりに返済してやる.

빚-받이 人に貸した金を取り立てること.

빚받이-하다자 人に貸した金を取り立てる.

빚-쟁이명 借金取｜債鬼. 예 밤에도 ~에게 시달려서 잠을 못 잔다. 夜中にも借金取りに責められて寝れない.

빚-지다 借金する｜負債を負う.

빛명 ❶光｜光線. 예 태양 ~. 太陽の光 / ~이 들어오다. 光線が入ってくる. ❷色｜色彩｜色｜いろどり｜色合い. 예 푸른 ~. 青色. ❸気色｜態度. 예 얼굴에 슬픔의 ~을 띠다. 顔に悲しみの気色を浮かべる. ❹雰囲気. 예 따뜻한 ~이 감돈다. 和やかな雰囲気が漂う. ❺輝き｜光彩. 예 다이아몬드가 ~을 발한다. ダイヤモンドが光彩を放つ. / 눈에서 ~이 사라지다. 目から輝きが消える. ❻希望. 예 그가 그린 그림은 아이들에게 ~을 주었다. 彼の描いた絵は, 子供たちに希望を与えた.

빛-깔명 色彩｜色｜いろどり.

빛-나다자 光る｜光を放つ｜輝く｜きらめく. 예 눈동자가 반짝반짝 ~. 瞳がきらきらきらめく. / 이가 하얗게 ~. 歯が白く輝く. / 대머리가 ~. はげ頭が光る.

빛내다타 輝かす｜輝かせる｜光らせる. 예 눈을 반짝 빛내며 쳐다보다. 目をぴかっと光らせて見つめる. / 조국을 빛낸 피아니스트다. 祖国を輝かすピアニストだ.

빛-살명 光線.

빛-없다 面目ない｜会わせる顔がない.

빛없-이 面目なく. 예 그동안의 고생이 ~ 되고 말았다. その間の苦労が面目ないものとなってしまった.

빛-접다 公明正大で堂々としている.

빠각부 きしきし｜きいきい.

빠각-거리다자 きしきし鳴る｜きいきいいう. 예 고장난 문이 빠각거린다. 壊れた扉がきしきしいう. =빠각대다

빠각-대다자타 ☞빠각거리다

빠개다타 ❶割る｜裂く｜分ける. 예 장작을 ~. 薪を割る. / 생나무를 빠개서 불을 지피다. 生木を裂いて火をたく. ❷広く開ける｜あける. 예 조개 입을 ~. 貝の口をあける. ❸つぶす｜ぶちこわす｜だめにする｜台無しにする. 예 모처럼의 좋은 이야기를 빠개 버렸다. せっかくのいい話をぶちこわしてしまった. / 계획을 빠개 버리다. 計画が台無しになってしまう.

빠개-지다자 ❶割れる｜裂ける. ❷だめになる｜台無しになる.

빠그라-지다자 割れてしまう｜壊れてしまう.

빠근-하다형 ☞뻐근하다

빠글-거리다자 ぐらぐら沸く｜ぐつぐつ泡立つ｜沸騰する. =빠글대다

빠글-대다자 ☞빠글거리다

빠글-빠글부 ❶ぐらぐら｜ぐつぐつ. ❷ぶくぶく｜ぼこぼこ.

빠기다자 ☞뻐기다

빠끔-거리다타 ❶すぱすぱ吸う. 예 할아버지께서 담배를 물고 빠끔거리신다. おじいさんがたばこをくわえて, すぱすぱとさせている. ❷口をぱくぱくさせる. =빠끔대다

빠끔-대다[타] ☞빠끔거리다

빠끔-빠끔[부] ❶【담배를 조금씩 피우는 모양】すぱすぱ. 담배 피우는 소리 すぱすぱとたばこを吸う音. ❷【입이 자꾸 조금씩 열렸다 닫혔다 하는 모양】ぱくぱく.

빠끔-하다[형]【조금 열려 있다】(すき間·穴などが)細目ぼそに開ひらいている.

빠끔-히[부] ぽっかり｜ぽっくり.

빠닥-빠닥[부]【물기가 없어 부드럽지 못한 모양】かさかさ｜ぱさぱさ.

빠드득[부] ❶【단단하고 질긴 물건을 세게 갈거나 부빌 때 나는 소리】きりきり｜ぎりぎり. ❷【눈 따위를 세게 밟을 때 나는 소리】ぶりぶり.

빠득-빠득[부] ❶【억지를 부려 제 생각대로 하려고 우기는 모양】我を張るさま. ❷【자꾸 조르는 모양】やいやい｜やいのやいの. ❸【애를 써서 억지로 하는 모양】無理に骨を折るさま.

빠듯-하다[형] ❶【꼭 맞아서 빈틈이 없다】きっちりだ｜隙間がない｜ぎっしりだ｜きちきちだ. 상자에 빠듯하게 들어가다. 箱にきっちりと詰め込む. ❷【어떤 한도에 겨우 미치다】ぎりぎりだ. 시간이 ~. 時間がぎりぎりだ.

빠듯-이[부] きっちりと｜きちきちと｜ぎりぎりに.

빠-뜨리다[타] ❶【떨어지게 하다】落とす. 휴대 전화를 물에 ~. 携帯ほびを水みずに落とす. ❷【함정에 들게 하다】陷れる｜はめる. 친구를 곤경에 ~. 友達を混乱に陷れる. ❸【빠지게 하다】漏らす｜見落とす｜抜かす｜取り落とす. 중요한 서류를 ~. 重要な書類を取り落とす. ❹【잃다】失う｜忘れる｜落とす. =빠트리다

빠르다[형] ❶【속도가 높다】(速度·行動が)速い｜すみやかだ｜迅速だ. 동작이 ~. 動作が速い. ❷【이르다】(時間·時期が)早い. 포기하기에는 아직. 諦めるにはまだ早い. ❸【약삭빠르다】(作用·理解などが)速い. 눈치가 ~. 機転が利く｜目端が利く. 두뇌 회전이 ~. 頭脳の回転が速い. ❹【순서가 앞서다】(順番じゅんばんが)早い｜先だ｜前だ. 입사 시기가 나보다 1년 정도 ~. 私より入社する時期が一年ほど早い. ↔느리다

빠르작-빠르작[부]【작은 몸이 고달프고 힘든 처지에서 벗어나려고 부지런히 애쓰는 모양】じたばた｜ばたばた. ~ 발버둥 치다. じたばたともがく.

빠이빠이(← bye-bye)[감]【헤어질 때 하는 인사】バイバイ.

빠져-나가다[자] くぐり抜ける｜抜け出す. 수사망을 교묘히 ~. 捜査網を巧妙にくぐり抜ける.

빠져-나오다[자] 抜け出る｜抜け出す. 좁은 틈에서 무사히 빠져나왔다. 狭い隙間から無事抜け出た. 많은 인파 속에서 겨우 ~. たくさんの人波の中から, やっと抜け出す. 문이 잠겨 빠져나오지 못했다. 門が閉ざされていて, 抜け出せなかった.

빠지다¹[자] ❶【박힌 것이 나오다】抜ける｜出る｜とれる｜外れる. 떡을 먹다가 이가 ~. もちを食べて歯が抜ける. 의자 못이 ~. 椅子の釘が外れる. ❷【나머지가 있다】(ある程度의 利益을) 残る. 본전은 빠졌다. 元手もとは残った. ❸【순서‧내용‧물 따위가 누락되다】抜ける｜ない｜足りない｜欠ける. 빠진 거 없는지 잘 챙겨라. 抜けている物がないかちゃんと準備しろ. / 10세트 중 하나가 빠진다. 10セット中, 一つがない. / 20만 원에서 만 원이 ~. 20万ウォンから1万ウォンが抜ける. ❹【액체·기체·냄새·색깔 따위가 없어지다】(液体·気体·匂い·汚れ·色などが)とれる｜なくなる｜抜ける｜落ちる. 담배 냄새가 ~. タバコの匂いがとれる. / 자전거 바퀴에 바람이 빠졌다. 自転車のタイヤの空気が抜けた. / 옷에 때가 쏙 ~. 服の汚れがすっきりとれる. ❺【힘 기운 따위가 줄어들다】(力·気などが)なくなる｜抜ける｜弱る. 다리에 힘이 ~. 足の力が抜ける. / 넋이 빠진 채 멍하니 앉아 있었다. 気が抜けたままぼうっと座っていた. / 온몸에 힘이 빠져 그 자리에 주저앉았다. 身体中の力が抜けて, その場に座り込んだ. ❻【모임에 참여 않다】(ある事·集まりに)参加しない｜抜ける｜休む｜サボる. 기념식에 ~. 記念式に参加しない. / 학교를 ~. 学校を休む. ❼【밑바닥이 뚫어지다】(底が)抜ける｜とれる｜外れる. 구두 밑창이 ~. 靴の底がとれる. ❽【체중이 줄다】体重が減る｜やせる. 살이 많이 빠진 것 같다. ずいぶんやせたようだ. ❾【다른 곳으로 벗어나다】(他の所に)抜ける｜それる. 이야기가 샛길로 ~. 話が脇道にそれる. / 지름길로 빠져 달리다. 近道に抜けて走る. ❿【겉모양이 매끈하게 생기다】(見かけが)すらっとしている. 몸매가 잘 빠졌다. 体つきがすらっとしている. / 세련되게 빠진 정장을 입다. あかぬけてすらっとしたスーツを着る. ⓫【수준·정도가 뒤떨어지다】劣る｜及ばない. 내 실력은 절대로 빠지지 않는다. 私の実力は絶対に劣っていない. / 품질은 다른 회사의 것에 비해 좀 빠진다. 品質は他

社ㆍに比ㆍべて少ㆍし劣ㆍる。/ 인물은 빠지지 않는다. 器量ㆍは劣らない。

빠지다² Ⅰ 쟈 ❶【물속으로 잠겨 들다】(水ㆍ)溺ㆍれる ¦ 落ㆍち込ㆍむ ¦ はまる。⑩ 물에 ~. 水におぼれる。❷【계략 등에 걸리다】(計略ㆍなどに)落ㆍちる ¦ 陥ㆍる。⑩ 함정에 ~. 計略におちいる。❸【어떤 일에 열중하다】耽ㆍる ¦ おぼれる。⑩ 주색에 ~. 酒色ㆍに耽る。/ 사랑에 ~. 愛ㆍにおぼれる。❹【잠】眠ㆍり込ㆍむ。⑩ 눈자마자 잠에 ~. 寝ㆍるや否ㆍや眠り込む。❺【으빠지다의 구성요소로 쓰임】 Ⅱ 보형【앞의 말이 뜻하는 상태로 됨】 ーしてしまう ¦ ーし果ㆍてる ¦ ーし切ㆍる。⑩ 낡아 ~. 古ㆍびてしまう。/ 썩어 ~. 腐ㆍり果てる。/ 늙어 ~. 老ㆍいぼける。

빠지지뷔【국물 등이 끓는 소리】じじっ(と)。

빠지직뷔【국물 등이 갑자기 끓는 소리】じじっ(と)。

빠지직-거리다쟈 じじっという。= 빠지직대다

빠지직-대다쟈 ☞ 빠지직거리다

빠짐없-이뷔 漏ㆍれなく。⑩ ~ 기입하다. 漏れなく記入ㆍする。

빠-트리다타 ☞ 빠뜨리다

빡뷔☞박²

빡빡뷔 ❶【얇은 물건이 찢기는 소리나 모양】ぼりぼり。❷【종이 등이 찢기는 소리나 모양】びりびり。⑩ 편지를 ~ 찢다. 手紙ㆍをびりびりと破る。❸【담배를 자꾸 세게 빠는 소리 또는 모양】すぱすぱ。⑩ ~ 담배를 피우다. すぱすぱとタバコを吸ㆍう。❹【문지르는 모양】ぼこぼこ。❺【머리털・수염 등을 짧게 깎는 모양】くりくり。⑩ 머리를 ~ 깎다. 頭ㆍを坊主刈ぼうずりにする。/ 털을 ~ 깎았다. 毛ㆍを短ㆍく刈った。

빡빡-하다형 ❶【휘기】(水気ㆍがなくて)ぼそぼそしている。❷【진기】どろっとしている。⑩ 국이 ~. 汁ㆍがどろっとしている。❸【시간적으로】(時間的ㆍ・経済的ㆍに)ぎりぎりだ ¦ かつかつだ。⑩ 빡빡한 스케줄 ギリギリなスケジュール/ 빡빡한 생활을 하고 있다. ぎりぎりの生活ㆍをしている。/ 예산을 빡빡하게 세우다. 予算ㆍをぎりぎりに立ㆍてる。❹【여유】(余裕ㆍがなく)ぴったりと窮屈ㆍだ ¦ きちきちだ。⑩ 구두가 작아서 빡빡하게 들어간다. 靴ㆍが小ㆍさくて、きつく入ㆍる。❺【기계 등이 매끄럽지 못하여 잘 돌아가지 않는 모양】(機械ㆍなどが滑ㆍらかに回ㆍらないで)ぎしぎしする。❻【융통성이 없는 모양】つっけんどんだ ¦ 融通ㆍがきかない ¦ こちこちだ。

빡작지근-하다형 筋肉ㆍが凝ㆍる ¦ つっぱっている。

빤둥-빤둥뷔 ☞ 반둥반둥

빤드럽다형 ❶ つやつやして滑ㆍらかだ。❷【교활】抜ㆍけ目ㆍがなくて小利口ㆍだ。

빤드레-하다형 ☞ 반드레하다

빤드르르뷔【매끄럽고 윤기가 흐르는 모양】つやつや ¦ つるつる ¦ てかてか。

빤들-빤들뷔 ❶【빠드르르보다 큰말】つやつや ¦ つるつる ¦ てかてか。❷【하는 일 없이 게으름을 피우는 모양】小利口ㆍに立ㆍち回ㆍるさま。❸【아주 뻔뻔스러운 모양】ぶらぶら ¦ のらくら。

빤빤-스럽다형 厚ㆍかましい ¦ ずうずうしい ¦ ふてぶてしい。

빤빤-하다형 厚ㆍかましい ¦ ずうずうしい。

빤지레【윤기가 나고 매끄러운 모양】てかてか ¦ つやつや ¦ つるつる。

빤지르르뷔 ❶【기름기가 돌아 윤이 흐르고 매끄러운 모양】てかてか ¦ つやつや ¦ つるつる。❷【말이나 행동 등이 그럴듯하게 번지르르한 모양】口先ㆍだけ滑ㆍらかなさま ¦ 口がうまいさま。

빤질-빤질뷔 ❶【반질반질보다 큰말】つやつや ¦ てかてか ¦ つるつる。❷【얄미울 정도로 게으름만 부리는 모양】のらりくらり ¦ のらくら。

빤짝뷔 ☞ 반짝

빤-하다형 ❶【어두운 가운데 조금 밝다】ほの明ㆍるい ¦ ほのめく。❷【비 등이 그치어 잠깐 날이 개다】少し晴ㆍれ間ㆍがさして明ㆍるい。❸【일의 결과나 상태가 훤하게 들여다 보이듯이 분명하다】すっかり分ㆍかる ¦ 見ㆍえ透ㆍく ¦ 分ㆍかり切ㆍる。⑩ 결과는 불 보듯 ~. 結果ㆍは火ㆍを見るよりも明ㆍらかだ。

빤-히뷔 ❶ ほんのりと。❷ 確ㆍかに ¦ はっきりと ¦ 明ㆍらかに。❸ じっと ¦ じろじろ。⑩ 그의 얼굴을 ~ 쳐다보다. 彼ㆍの顔ㆍをじっと見ㆍつめる。

빨가벗-기다타 まる裸ㆍにする。

빨가-벗다쟈 ❶ 裸ㆍになる ¦ まっぱだかになる。❷【산 등이】(山ㆍが)はげる。

빨가-숭이명 ❶ すっ裸ㆍの人ㆍ ¦ 真ㆍっ裸ㆍの人。❷【나무나 풀이 없어 벌거숭이가 된 산】はげ山ㆍ。❸【가진 것이 없는 가난한 사람】一文無ㆍいちもんなし ¦ 裸一貫ㆍはだかいっかん。

빨강명 赤ㆍ ¦ 赤色ㆍあかいろ ¦ 赤色の染料ㆍせん。

빨갛다형 赤ㆍい。⑩ 입술이 ~. 唇ㆍが赤い。/ 하늘을 빨갛게 물들이다. 空ㆍを赤く染ㆍめる。

빨개-지다쟈 赤ㆍくなる。

빨갱이명【공산주의자】赤ㆍ。

빨그대대-하다형 ☞ 발그대대하다

빨그스레-하다형 ☞ 빨그스름하다

빨그스름-하다형 うっすらと赤ㆍい ¦ 赤みがかっている。= 빨그스레하다

빨긋-빨긋뷔【군데군데 붉은 점이 있는 모양】赤ㆍく点々ㆍてんと。

빨끈 ❶【갑자기 불쾌한 속으로 치밀어 화를 내는 모양】すっと|がばっと。❷【갑자기 화를 내는 모양】かっと。◉~ 화를 내다. かっと怒る。/~ 울화가 치밀다. かっとうっぷんが込み上げる。

빨다¹ 匣 ❶吸う。◉젖을 ~. 乳をのむ。❷なめる|しゃぶる。◉사탕을 ~. 飴をなめる。

빨다² 匣 洗う|洗濯する。◉운동화를 ~. 運動靴を洗う。

빨다³ 圈【끝이 차차 가늘다】先が尖っている。

빨-대 图 ストロー。

빨딱 囝 ❶【갑자기 일어나는 모양】がばっと|ぱっと|すっと。◉~ 일어나다. がばっと起きる。❷【갑자기 넘어지는 모양】ばったり|ばたっと。◉~ 넘어지다. ばったりと倒れる。

빨딱-거리다 匤 ❶ずきんずきん脈打つ。❷【가슴이 두근거리다】胸がどきどきする。◉심장이 빨딱거려 견딜 수가 없다. 心臓がどきどきして耐えられない。❸水などをがぶがぶ飲む。=빨딱대다

빨딱-대다 匤 ☞빨딱거리다

빨딱-빨딱 囝 ❶【머리가 쑤시는 모양】ずきんずきん。❷【가슴이 뛰는 모양】どきどき。◉긴장해서 심장이 ~ 뛴다. 緊張して心臓がどきどきする。❸【어린이가 넘어지는 모양】ばたばた|じたばた。❹【물을 마구 들이켜는 모양】がぶがぶ。

빨래 图 ❶洗濯。❷洗濯物。◉~를 널다. 洗濯物を干す。

빨래-하다 匤 洗濯する。

빨래-꾼 图 衣服などの洗濯物を洗う人。◉냇가에는 오늘도 ~이 몰려들었다. 川辺には今日も洗濯物を洗う人がより集まった。

빨래-터 图 洗濯場。

빨래-판(一板) 图 洗濯板。

빨랫-감 图 洗濯物。

빨랫-돌 图 洗濯物をもんだりたたいたりするとき使う平たい石。

빨랫-방망이 图 洗濯物をたたく棒。

빨랫-비누 图 洗濯せっけん。

빨랫-줄 图 洗濯物の干しひも。

빨리 囝 速く|素早く|早く|急いで|さっと。◉~ 와. 速く来てね。/ 예정보다 ~ 도착했다. 予定より早く到着した。/~ 일을 끝내 주세요. さっと仕事を終わらせてください。

빨-리다¹ 匤【빨음을 당하다】吸われる。

빨-리다² 匣【빨게 하다】吸わせる|(乳を)飲ませる。◉젖을 ~. 乳を飲ませる。

빨리-빨리 囝 さっさと|早く早く。

빨-병(一瓶) 图 水筒。

빨빨¹ 囝 ばたばた|せかせか。

빨빨-거리다 忙しくせかせかと駆けずり回る。◉빨빨거리며 돌아다니다. せかせかと駆けずり回る。=빨빨대다

빨빨-대다 ☞빨빨거리다

빨빨² 囝【땀이 흐르는 모양】だくだく。◉땀을 ~ 흘리다. 汗をだくだく流す。

빨아-내다 匣 吸い出す。◉독을 ~. 毒を吸い出す。/ 고름을 ~. 膿を吸い出す。

빨아-들이다 匣 吸い込む|吸収する|引きつける。◉물을 ~. 水を吸収する。/ 담배 연기를 ~. たばこの煙を吸い込む。

빨아-먹다 匣【돈을 우려내다】絞り上げる|絞り取る。◉여자를 속여 돈을 ~. 女をだまし金を絞り取る。

빨쪽-거리다 匤匣【열렸다 닫혔다 하다】(中身に隠れたものが)見えつ隠れつする|開いたり閉じたりする。=빨쪽대다

빨쪽-대다 匤匣 ☞빨쪽거리다

빨쪽-하다 圈 先が鋭く突き出ている。

빨치산(←partizan 러) 图 パルチザン|遊撃隊。

빨-판〈動〉吸盤。

빳빳-하다 圈 ❶【물건이】(物が固くて)かちかちだ|こちこちだ|ぱりぱりしている。◉종이가 너무 ~. 紙があまりにもぱりぱりしている。/ 그는 빳빳한 자세로 서 있다. 彼はこちこちの姿勢で立っている。❷【풀기】(糊付けが強かったりして)こわい|ごわごわだ|ぱりぱりだ。◉빳빳하게 풀을 먹인 셔츠 糊のよく利いたシャツ。❸【태도가】(態度が・性格などが)硬い|融通が効かない|頑固だ|我が強い|かちかちだ。◉그는 빳빳한 사람이다. 彼は融通の効かない人間だ。

빳빳-이 囝 ❶かちかちに|こちこちに。◉~ 언 소고기 덩어리 かちかちに凍った牛肉の塊。❷こわい|ごわごわに|ぱりぱりに。◉풀을 너무 ~ 먹인 셔츠 糊がぱりぱりに効きすぎたシャツ。❸頑固に|かちかちに。◉~ 행동하다. 頑固に振る舞う。

빵¹ 图 パン。◉반죽을 오븐에 넣고 ~을 굽다. 練り粉をオーブンに入れてパンを焼く。

빵² 囝 ❶【구멍이 뚫리는 모양】ぽっかり。❷【풍선이 터지는 모양】ぽん

ㅣ퐁ㅅ과. 예 폭탄이 ~ 터졌다. 爆弾がぱんと爆発した。❸【】ぽんと。❹【】ぶうぶう。

빵그레뷔【】にっこり。

빵글-빵글 にこにこ。

빵꾸(←パンク 일)명 '펑크'의 잘못.

빵끗뷔 にっこり｜にこやか。

빵-빵뷔 ❶【】ぱんぱん｜ぽんぽん。❷【】ぽこぽこ。❸【】ぽんぽん。❹【】ぶうぶう。

빵빵-거리다자타 続けて警笛が鳴る。=빵빵대다

빵빵-대다자타 ☞빵빵거리다

빵시레뷔 ☞방시레

빵실뷔 ☞방실

빵싯뷔 ☞방싯❶

빵-점(一點)명 零点｜ゼロ。

빵-집명 パン屋。

빻다타 ついて粉末にする｜砕く｜ひく。

빼뷔 ❶【】ぴいぴい｜ぎゃあぎゃあ｜わあわあ。예 아기가 ~ 하고 울다. 子供がぴいぴいと泣く。❷【】ぴいっと。

빼각뷔【】きいっ(と)。

빼기(수) 引き算｜減法。

빼곡-하다형 ぎっしりと詰まっている。

빼곡-히뷔 ぎっしりと。예 책이 ~ 늘어서 있다. 本がぎっしりと並んでいる。

빼-내다타 ❶【】(填っている物を)抜く｜抜き取る｜抜き出す。예 가시를 ~. とげを抜き取る。/ 마당의 잡초를 ~. 庭の雑草を抜き取る。❷【】選び出す｜選り抜く｜選り分く。예 상자에서 모양이 예쁜 사과만 ~. 箱から形の良いリンゴだけを選り分く。❸【】(不必要な物などを)抜く｜除く｜なくす。예 불순물을 ~. 不純物を除く。❹【】(他人の物などを)抜き出す｜抜き取る。예 경쟁 회사에서 정보를 ~. 競争会社から情報を抜き出す。/ 주운 지갑에서 현금만 ~. 拾った財布から現金だけを抜き取る。❺【】(人を誘って)引き抜く｜スカウトする｜抜き取る。예 타사에서 유능한 인재를 빼내어 오다. 他社から有能な人材を引き抜いて来る。❻【】(縛られている人などを)自由にしてあげる｜請け出す。예 보석금을 지불하고 남동생을 빼냈다. 保釈金を支払って、弟を出所させた。

빼-놓다타 ❶【】選び出す｜抜き取る｜より抜く。❷【】除く｜除外す る｜漏らす｜飛ばす。

빼다타 ❶【】引き抜く｜抜く｜取り出す。예 호주머니에서 손을 ~. ポケットから手を出す。/ 이불 속에서 발을 ~. 布団の中から足を出す。❷【】(一部を)除く｜引く｜引き抜く｜落す。예 10에서 5를 ~. 10から5をひく。/ 우리 모임에서 그를 빼자. 私たちの集まりから彼を除こう。❸【】(長い物を)引く｜抜き出す。예 누에고치에서 실을 ~. 繭から糸をひく。❹【】(貯蓄金·保証金などを)引き出す｜取り出す。예 통장에서 돈을 빼 쓰다. 通帳からお金を引き出して使う。❺【】(貸家などを)空ける。예 월셋방을 빼서 이사 가다. 貸間を空けて引っ越す。❻【】(水分·気体·匂い·汚れなどを)抜く｜抜き取る｜なくす｜出す｜切る｜落す。예 창문을 열어 음식 냄새를 ~. 窓を開けて食べ物の匂いを出す。/ 옷의 얼룩을 ~. 服の染みを落す。/ 채소의 물기를 ~. 野菜の水を切る。❼【】(力が·元気を)抜く。예 어깨 힘을 빼야지 자세가 바르게 나온다. 肩の力を抜くと姿勢が正しくなる。❽【】痩せるようにする｜ダイエットする。예 밥을 먹지 않고 살을 ~. 御飯を食べずに痩せる。❾【】(首を)長くする。예 목을 빼고 기다리다. 首を長くして待つ。❿【】(声を)長く引っ張る。예 마지막 목소리를 길게 빼며 끝난다. 最後は声を長く引っ張って終わる。⓫【】似ている｜うり二つだ。예 그녀는 엄마를 쏙 뺐다. 彼女は母にそっくり似ている。

빼다² 자 ☞내빼다

빼-돌리다타 (人や物を)こっそりと引き抜いて隠す。

빼딱-하다형 ☞배딱하다

빼뚜로뷔 少しく傾いて｜斜めに｜曲がって｜方向が少しずれて｜歪んで。

빼뚜름-하다형 少しく傾いている。

빼뚝-빼뚝뷔 ❶【】ぐらぐら。❷【】よたよた。

빼뚤-빼뚤뷔 ❶【】ゆらゆら。❷【】くねくね。예 글씨를 ~ 쓰다. 文字をぐにゃぐにゃ書く。

빼뚤어-지다재 ❶(一方ぽうに)傾かたむく｜傾斜けいしゃする。❷怒おこってむくれる。

빼-먹다타 ❶【漏ろす】漏もらす｜抜ぬかす｜飛とばす。❷【땡땡】サボる。囫2교시 강의를 ~. 2時限目じげんめの講義こうぎをサボる。❸【남의 것을】かすめとる｜抜ぬき取とる。

빼-물다타 ❶(怒おこって)口くちをとがらせる。❷舌したを突つき出だす｜舌したを垂たらす。囫혀를 ~. 舌したを突つき出だす。

빼빼Ⅰ튀【뺏뺑】がりがりに。囫몸이 ~ 마르다. 体からだががりがりに痩やせる。Ⅱ명ひどく痩やせた人ひと｜やせこけた人ひと｜がりがりな人ひと。

빼-빼² ❶【어린아이가 우는 소리】ぎゃあぎゃあ｜おぎゃあ。❷【피리 같은 것을 불 때】ぴいぴい。

빼앗-기다【피동】取とられる｜奪うばわれる。㈜뺏기다

빼앗다타 ❶【강탈하다】(人ひとの物もの·仕事しごと·資格しかくなどを)奪うばう｜攫さらう｜ふんだくる｜取とり上あげる｜引ひったくる｜のっとる。囫자유를 ~. 自由じゆうを奪うばう。/자전거를 ~. 自転車じてんしゃを引ひったくる。/무력으로 성을 ~. 武力ぶりょくで城しろをのっとる。❷【남의 마음을】(人ひとの心こころを)奪うばう｜魅了みりょうする｜捕とらえる｜引ひき付つける。囫그녀의 마음을 ~. 彼女かのじょの心こころをとらえる。❸【남의 정조를】(人ひとの操みさおを)奪うばう｜踏ふみ躙にじる。囫정조를 ~. 貞操ていそうを蹂躙じゅうりんする。㈜뺏다

빼어-나다형 秀ひいでる｜ずば抜ぬける｜ぬきんでる。

빼-입다타 (服ふくを)着きこなす｜おしゃれをする｜めかしこむ。囫양복을 쪽 ~. 洋服ようふくでおしゃれをする。

빼주룩-하다형 (物ものの先さきが)少すこし突つき出でている。

빼죽튀 ❶【불만이 있거나 울음이 터질 때 입술을 내미는 모양】唇くちびるを前まえに突つき出だして尖とがらせるさま。❷【나왔거나 솟아난 모양】にゅっと｜ちらっと。

빼죽-거리다재타 唇くちびるを突つき出だして尖とがらせる。囫무엇이 못마땅해서 빼죽거리느냐? 何なんの不満ふまんで口くちを尖とがらせているの。=빼죽대다

빼죽-대다재타 ☞빼죽거리다

빼죽-빼죽튀【빼죽한 모양】ぴくぴく｜ひくひく。

빼죽-하다형 物ものの先さきがとがっている｜つんと突つき出でている。囫코가 ~. 鼻はながつんと出でている。

빼쪽-빼쪽튀【빼쪽한 모양】尖とがって。

빼쪽-하다형 先さきが鋭するどい｜先さきが尖とがっている。

빼쭉¹튀【물건의 끝이 쑥 내밀려 있는 모양】物ものの先さきが少すこし突つき出でているさま。

빼쭉-하다형 先さきがとがっている。囫구두 굽이 ~. 靴くつのかかとがとがっている。/코가 ~. 鼻はながとがっている。/그녀의 손톱이 ~. 彼女かのじょの爪つめの先さきがとがっている。

빼쭉²튀【불쑥 솟구쳐 밖으로 나타나는 모양】にゅっと｜ちらっと｜ひょっこり(と)。

빼쭉-거리다재타 唇くちびるを突つき出だしてひくひくさせる。

빼쭉-빼쭉튀【여럿이 쑥 내민 모양】つんつん｜にょきにょき。囫손톱이 ~ 길어 있다. 爪つめがにょきっと長ながい。

빼치다 ❶抜ぬき出だせる｜振ふり離はなす｜振ふり放はなつ。囫붙들린 손을 빼치고 달아나다. 掴つかまれた手てを振ふり離はなして逃にげる。❷物ものの先さきを細ほそく尖とがらせる。囫가지 끝을 빼치는 모양으로 깎다. 枝えだの先さきを尖とがらせるように削けずる。

빼트작-거리다재타 よろめく｜よろける｜よろよろ歩あるく。=빼트작대다

빼트작-대다재타 ☞빼트작거리다

빼트작-빼트작튀 よろよろ｜ふらふら。

빼틀-거리다재타 よろよろ歩あるく｜よろめく。=빼틀대다

빼틀-대다재타 ☞빼틀거리다

삑¹튀 ❶【어린아이나 새끼 짐승이 우는 소리】ぎゃあぎゃあ｜ぴいぴい。囫~ 소리친다. ぎゃあぎゃあと叫さけぶ。❷【피리 소리】ぴいぴい。

삑²튀【여럿이 촘촘히 둘러 있는 모양】ぎっしり｜ぎっちり｜びっしり｜こんもり。囫화롯가에 ~ 둘러앉다. 火鉢ひばちの回まわりにびっしりと座すわる。

삑-삑튀 ❶【어린아이나 새끼 짐승이 자꾸 우는 소리】ぎゃあぎゃあ｜ぴいぴい。❷【피리 소리】ぴいぴい。囫숲 속에서 ~ 우는 소리가 들린다. 森もりの中なかからぴいぴいと鳴なく音おとが聞きこえる。

삑삑-거리다 ❶ぎゃあぎゃあ泣なく｜きゃあと悲鳴ひめいをあげる。囫갓난아이가 ~. 赤あかん坊ぼうがぴいぴい泣なく。❷(汽笛きてきなどが)ぴいぴいと音おとを出だす｜ぴいぴいと音おとを鳴ならす。=삑삑대다

삑삑-대다재타 ☞삑삑거리다

삑삑-하다형 ❶【촘촘】びっしりだ｜ぎっしりだ｜ぎっちりだ｜窮屈きゅうくつだ。囫러시아워의 전철은 통근하는 회사원으로 ~. ラッシュアワーの電車でんしゃは通勤つうきんする会社員かいしゃいんでびっしりだ。/강당은 사람들로 ~. 講堂こうどうは人ひとでぎっしりだ。❷

빡빡-이[부] びっしり｜ぎっしり｜ぎっち り。 예 책장에 ~ 늘어선 책 本棚にぎっ しりと並んだ本／상자에 ~ 가득 찬 사 과 びっしりと箱に詰まったリンゴ。

뺀둥-뺀둥[부]【걱정 따위가 없이 게을리 하는 모양】ぶらぶら｜のらく ら｜ごろごろ。

뺀들-뺀들[부]【걱정 따위가 없이 게을리 하는 모양】ぶらぶら｜のらく ら｜ごろごろ。

뺄-셈[명]〈수〉引き算。

뺏-기다[타] ☞'빼앗기다'의 준말.

뺏다[타] ☞'빼앗다'의 준말.

뺑[부] ❶【작은 물체가 빠르게 도는 모양】くるっと｜ぐるっと｜く るり(と)。❷【둘레를 빙 에워싸는 모양】ぐるり。예 ~ 둘러 서다。ぐるりと囲んで立つ。❸【갑자기 어지 러운 모양】ふらっとめまいがするさま。

뺑그레[부] にっこり｜にこっと。

뺑그르르[부] ❶【작은 물체가 빠르게 도는 모양】くるくる。예 두 팔을 벌리고 ~ 돌다。両手を広げてく るくる回る。❷【갑자기 눈가에 눈물이 핑 도는 모양】目が急 に涙でうるむさま。

뺑글[부] にっこり。

뺑글-거리다[자] にこにこする｜にんま りする。=뺑글대다

뺑글-대다[자] ☞뺑글거리다

뺑글-뺑글[부] ❶【자꾸 웃음을 속으로 담아 짓는 모양】にこにこ。❷【큰 물체가 매끄럽게 자꾸 도는 모양】くるくる。예 눈알이 ~ 돌아가는 것 같다。目玉がくるくる回るようだ。

뺑끗[부] にっこり｜にこっと。

뺑-뺑[부]【작은 물체가 빠르게 계속 도는 모양】くるくる。【자꾸 돌아다 니는 모양】うろうろ。

뺑소니[명] 素早く逃げること｜ひき逃 げ。예 ~ 운전기사 ひき逃げ運転手／ ~를 치다。ひき逃げする。

뺑소니-차(-車)[명] ひき逃げの車。예 ~를 쫓아라。ひき逃げの車を追え。

뺑소니-치다[자] ひき逃げする｜逃げ去 る｜ずらかる。

뺑시레[부] ☞뺑시레

뺑실[부] にこっと｜にこっと。

빠드득[부] ❶【단단한 물건이 맞닿을 때 나는 소리】ぎりぎり。예 밤에 이를 ~ 갈아서 잠을 못 잔다。夜にぎりぎ りと歯ぎしりするので眠れない。❷【단단한 물건이 빠르게 비비어지는 소리】ぴいぴい。

빠드득-거리다[자][타] ❶(音が出るほど に)きしむ｜きしませる｜ぎいぎいす る。예 성나서 이를 ~。腹が立って歯は ぎしりする。❷ぴいぴいと音が出る ｜ぴいぴいと音を出す。=빠드득대다

빠드득-대다[자][타] ☞빠드득거리다

빡[부]【예상】ぴよ。

빡-빡[부] ぴよぴよ。예 병아리 한 마리 가 ~ 하며 걸어가고 있다。ひよこ一匹が ぴよぴよと鳴きながら歩いている。

뺨[명] 頬｜ほっぺた。

뺨-따귀[명]【속어】「頬」の俗っぽい語｜ ほっぺた。

뺨-치다[자][타]【속어】劣らない｜顔負けす る。예 프로 뺨치는 작품을 완성시키다。プロ 顔負けの作品を完成させる。

뻐개다[타] ❶割る｜裂く。예 벽돌 을 맨손으로 ~。煉瓦を素手で二つに 割る。／통나무를 ~。丸太を二つに割 る。❷【부수다】ぶち壊す｜だめにする｜ 台無しにする｜めちゃくちゃにす る。예 혼담을 ~。結婚話をぶち壊 す。／계획을 ~。計画を台無しにする。 ❸【속어】人をひどく殴る。예 반 죽을 정 도로 뻐갔다。半殺しにするほど殴った。

뻐걱[부]【단단하고 큰 물건이 맞닿을 때 나는 소리】ぎしぎし｜きしきし｜ ぎいぎい｜きいきい。예 대문이 ~ 열렸 다。門がぎいっと開いた。

뻐걱-거리다[자][타] きしきしときしむ。 예 의자가 ~。椅子がきしきしときし る。=뻐걱대다

뻐걱-대다[자][타] ☞뻐걱거리다

뻐걱-뻐걱[부]【단단하고 큰 물건이 맞닿을 때 자꾸 나는 소리】きいきい｜ぎい ぎい｜ぎしぎし｜きしきし。예 책상이 자꾸 ~ 소리를 낸다。机がしきりにみし みし音を立てる。

뻐그러-지다 ❶【벌어지다】透き間ができ る。❷【사이가】仲たがいする。❸【속어】駄目だ になる。

뻐그르르[부] ❶【물이 넓게 퍼지면서 끓어 오르는 소리 또는 모양】ぐらぐら｜ふ つふつ。❷【거품이 빠르게 부풀며 일어나는 말】ごぼごぼ｜ぶく ぶく。

뻐근-하다[형] ❶【뻐근】けだるい｜(筋肉が)凝 る。❷【열정 등】(ある感情で)胸が いっぱいになっている。예 감격으로 가 슴이 뻐근해졌다。感激で胸がいっぱい になった。❸【속어】手に負えない。= 뻐근하다

뻐근-히[부] じいんと。

뻐기다[자] えらぶる｜いばる｜高ぶる。= 뻐기다

뻐꾸기[명]〈동〉郭公。=뻐꾹새

뻐꾹[부]【뻐꾸기가 우는 소리】カッコー｜クックー。 예뻐꾸기가 ~ 울고 있다. カッコウがカッコーと鳴いている。

뻐꾹-뻐꾹[부]【뻐꾸기가 잇달아 우는 소리】カッコーカッコー。 예~ 우는 뻐꾸기 カッコーカッコーと鳴くカッコウ。

뻐꾹-새[명] ☞뻐꾸기

뻐끔-거리다[자] ❶タバコをすぱすぱ吸う。 ❷魚が口をぱくぱくする。=뻐끔대다

뻐끔-대다[자] ☞뻐끔거리다

뻐끔-뻐끔[부]❶【연기를 계속 내뿜는 모양】すぱすぱ。 ❷【물고기가 입을 벌렸다 오므렸다 하는 모양】ぱくぱく。

뻐끔-하다[형]【구멍이 뚫린 모양】(すき間·穴などが)ぽっかり開いている。

뻐덕-뻐덕[부]【물기가 없어 빳빳한 모양】かさかさ。

뻐드러-지다[자] ❶外側に出っ張る。 ❷硬直する｜硬くなる。

뻐드렁-니[명] 反っ歯｜出っ歯。

뻐드렁-이[명]【뻐드렁니가 난 사람】反っ歯の人。 예목격자 증언에 따르면 범인은 ~라고 한다. 目撃者の証言によれば、犯人は出っ歯だそうだ。

뻐드름-하다[형] 少し出っ張っている。

뻐르적-뻐르적[부]【힘겹게 움직이는 모양】ばたばた。

뻐-세다[형] 強ばって荒い。

뻐젓-하다[형] ☞버젓하다

뻐쭉-하다[형]【뾰족하게 내민 모양】にゅっと出っ張っている。

뻑[부] ❶【갑자기 몹시 긁거나 찢는 소리 또는 그 모양】びりっと｜ぴりっと｜ぱりっと。 ❷【힘주어 갈거나 밀 때 나는 소리 또는 그 모양】がりっ(と)｜ばりっ(と)。

뻑-뻑[부] ❶【잇달아 자꾸 긁거나 내는 소리 또는 그 모양】がりがり｜ぼりぼり｜ばりばり。 예다리를 ~ 긁다. 足をぼりぼりと掻く。 ❷【잇달아 종이나 천이 찢어지는 소리 또는 그 모양】ばりばり｜びりびり。 예서류를 ~ 찢다. 書類をびりびりと破る。 ❸【빨리 세게 뻐는 모양】ごしごし｜きゅっきゅっ(と)｜むやみやたらに。 ❹【연거푸 세게 빨거나 들이켜는 모양】

뻑뻑²[부]【많이 박힌 모양】ぼつぼつ。

뻑뻑³[부]【담배를 자꾸 세게 빠는 모양 또는 그 소리】ぷかぷか｜すぱすぱ。 예~ 담배를 피우다. すぱすぱとタバコを吸う。

뻑뻑-하다[형] ❶【물기가 적다】(水気が少なくて)ぱさぱさしている｜かさかさしている。 예빵이 ~. パンがぱさぱさだ。 ❷【여유가 없다】(余裕がなくて)きちきちだ｜切羽つまっている｜ぎりぎりだ。 예마감일이 뻑뻑해서 걱정이다. 締め切りの日が切羽つまっていて心配になる。 ❸【융통성이 없다】(融通性がなく)こせこせしている｜生まじめだ｜ゆとりがない。 예뻑뻑한 사람 こせこせとした人。 ❹【국물보다 건더기가 많다】(汁よりだし汁より具が多くて)どろっとしている｜どろどろだ。 예오늘 조림은 약간 ~. 今日の煮物は少しどろどろだ。 ❺【관계가 서먹하다】(関係などが)きまずい。 예그와 말다툼한 이후로 관계가 뻑뻑해졌다. 彼と言い合いした以降、関係がきまずくなった。

뻑적지근-하다 (体の一部が)凝って痛い｜ぐったりする。 예어깨가 ~. 肩が凝って痛い。

뻑적지근-히[부] ぐったりと。 예어제의 피로로 몸 전체가 ~ 아프다. 昨日の疲れで、身体中がぐったりと痛い。

뻔둥-뻔둥[부]【게으르게 노는 모양】ぶらぶら｜のらくら｜のらりくらり。

뻔드레-하다[형] ☞번드레하다

뻔들-뻔들[부] ☞번들번들

뻔뜩-이다[자] ☞번득이다

뻔뻔-스럽다[형] 厚かましい｜ずうずうしい｜ふてぶてしい｜横着だ。

뻔뻔스레[부] 厚かましく｜ずうずうしく｜ぬけぬけ。

뻔뻔-하다[형] 厚かましい｜ずうずうしい。 예모르는 체하면서 뻔뻔한 소리 하지마. 知らないふりしてずうずうしいこと言うな。/그의 행동은 생각하면 할수록 ~. 彼の行動は思えば思うほど厚かましい。

뻔지레[부]【겉만 보기 좋은】てかてか｜つやつや｜つるつる。

뻔지르르[부] ❶【겉만 보기 좋은 상태로 보이는 모양】てかてか｜つやつや｜つるつる。 ❷【말을 그럴 듯하게 잘 하는 모양】口先だけ滑らかなさま｜口がうまいさま。

뻔질-나다[형]【잇달아서 자주】しばしばだ｜度々だ｜足繁くだ。 예오락실에 뻔질나게 드나들다. ゲームセンターに頻繁に出入りする。/그는 뻔질나게 술집을 다닌다. 彼は足繁く飲み屋に通う。

뻔쩍[부] ☞번쩍¹

뻔쩍-이다[자] 光り輝く｜きらめく｜きらめかす。

뻔-하다[보형]【금방 일어날 뻔했음】—するところだった。 예하마터면 미끄러져 넘어질 뻔했다. 危うく滑って転ぶところだった。

뻔-하다[형] ❶【어둡지 않고 밝다】(真っ暗い中で)ほんのり明るい。 ❷【매우 뚜렷하다】少し

晴れ間がさして明るい。❸【확실히 결정 분명히】すっかり分かる｜見え透く｜分かり切る。예뻔한 거짓말을 하다. しらじらしい嘘をつく。

뻔-히튀 確かに｜はっきりと｜明らかに。

뻗-가다 (正しい道から)外れる｜逸れる｜ぐれる。

뻗다째타 ❶【길게나옴】伸ばす｜伸びる｜延びる｜成長する｜(根などが)張る。예나뭇가지가 ~. 枝が伸びる。❷【손발을펼침】(手・足などを)伸ばす｜差し出す。예다리를 ~. 足を伸ばす。/ 팔을 위로 ~. 腕を上に伸ばす。❸【힘이나영향등이미침】(力が)及ぶ。

뻗-대다째타 ❶意地を張る｜抵抗する｜突っ張る。예말을 듣지 않고 ~. 話を聞かずに意地を張る。=뻗장대다 ❷力を入れて支える｜突っ張る。예다리를 땅에 ~. 足を地に踏みしめる。

뻗-디디다타 ❶(足に力を入れて)ふんばる。❷(範囲・線の外に)踏みはずす。준뻗딛다

뻗-딛다 ☞'뻗디디다'의 준말.

뻗-서다 対抗する｜手向かう｜向かいあう。예어른에게 뻗서는 것은 옳은 일이 아니다. 目上の人に対抗することはいいことではない。

뻗장-대다째 ☞뻗대다

뻗-지르다타 (伸ばして)差し渡す｜突き出す。예주먹을 ~. 拳を突き出す。

뻗쳐-오르다째 (水などが)噴き上がる｜(火などが)燃え上がる｜噴出する。

뻗-치다째타 ❶強く伸びる。예힘이 ~. 力が伸びる。❷強く伸ばす｜張る。예다리를 ~. 足を伸ばす。

-뻘접【일정한 촌수 친족 관계에 있는 사람】—にあたる｜—分。예조카뻘 되는 아이 甥にあたる子｜삼촌뻘 伯父分。

뻘거벗-기다타 ☞벌거벗기다

뻘거-벗다째 ☞벌거벗

뻘거-숭이명 ☞벌거숭이

뻘겅명 真っ赤な色｜赤色の染料。

뻘겅-이명 真っ赤な色をしたもの。

뻘걸다형 真っ赤だ。

뻘게-지다째 真っ赤になる。

뻘그뎅뎅-하다형 薄赤い｜うっすらと赤い。

뻘그스레-하다형 ☞뻘그름하다

뻘그스름-하다형 わずかに赤い｜やや赤みがかっている。=뻘그레하다

뻘그죽죽-하다형 (色合いが均等ではなく)薄赤い。

뻘긋-뻘긋튀【뻘긋뻘긋하게】ぽつぽつと赤みがかって。

뻘끈튀 ❶【왈칵성을내는모양】かっと。예내 말에 그가 ~ 성을 냈다. 私の言葉に彼がかっと憤った。❷【갑자기뒤집히는모양】どっと｜わっと。예~ 뒤집히다. わっとひっくり返る。

뻘떡튀 ❶【급히일어나는모양】がばと｜ぱっと。예상사가 부르는 소리에 그가 ~ 일어났다. 上司が呼ぶ声に彼がぱっと立ち上がった。❷【갑자기자빠지는모양】ばたっと｜ばたん。예이불 위에 ~ 드러눕다. 布団の上にばたんと寝転ぶ。

뻘떡-뻘떡튀 ❶【급히자꾸일어났다자빠졌다하는모양】がばと｜ぱっと｜かっぱと。예의자에서 ~ 일어난 학생 椅子からがばと立ち上がった学生。❷【심장이세게뛰는모양】ずきんずきん。❸【심장이빨리뛰는소리】どきどき。예어찌나 놀랐던지 아직도 심장이 ~ 뛴다. どんなに驚いたのか、まだ心臓がどきどきしている。❹【팔다리를내저으며몸부림치는모양】ばたばた｜むずむず。❺【물따위를한꺼번에들이켜는모양】がぶがぶ。

뻘렁-거리다째 (すばしこく動いて)せかせかする｜落ちつきなく動く。=뻘렁대다

뻘렁-대다째 ☞뻘렁거리다

뻘뻘튀【매우급히서두르는모양】せかせか。

뻘뻘튀【땀을많이흘리는모양】だくだく｜ぼとぼと｜たらたら。예땀을 ~ 흘리다. 汗をたらたら流す。

뻘쭉튀 ❶【이를드러내고살짝웃는모양】ちらちら。❷【입을약간벌리는모양】にっと。❸【갑자기나타나는모양】ぽこんと。

뻘쭉-거리다째타 ちらちら見え隠れする｜ぱくぱくする。=뻘쭉대다

뻘쭉-대다째타 ☞뻘쭉거리다

뻘쭉-하다형 細目に開かれている｜少しすき間があいている。

뻣뻣-하다형 ❶【꼿꼿하고억세다】(物が)固く強張っている｜硬直している｜強い｜こちこちだ｜かちかちだ。예뻣뻣한 몸 硬直した体。❷【강하다】(糊付けが強くかかったりして)こわい｜ごわごわする｜ぱりぱりだ。예와이셔츠의 풀이 너무 ~. ワイシャツののりが強すぎる。❸【성질이나태도가억세다】(行動・性質などが)我が強い｜強

情じょうだ｜意地いっ張ぱりだ｜頑固がんこだ｜硬いかたい｜かちかちだ. 예 뻣뻣한 성격 頑固な性格ごうかく/ 뻣뻣한 태도를 보이다. 強情ごうじょうな態度どを見みせる.

뻣뻣-이 튀 ❶ こちこちに｜かちかちに. 예 너무 긴장한 나머지 ~ 서 있었다. 緊張きんちょうしたあまり、こちこちになって立たっていた. ❷ こわく｜ごわごわに｜ぱりぱりに. ❸ 頑固がんこに｜強情ごうじょうに. 예 그는 ~ 자신의 의견을 끝까지 밀고 나갔다. 彼かれは強情に自分じぶんの意見いけんを押しおし通とおした.

뻣-세다 형 強こわばって荒あらい.

뻥 튀 ❶【구멍이 뚫리는소리 또는 모양】ぽっかり. ❷【갑자기 폭탄 등이 터지는 소리】ぱん. 예 폭탄이 ~ 터졌다. 爆弾ばくだんがぱんと爆発ばくはつした. ❸【둥을 세게 차는 소리】ぽんと.

뻥그레 튀 【소리 없이 웃는 모양】にっこり.

뻥글-뻥글 튀 にこにこ.

뻥긋 튀 にっこり｜にこやか.

뻥-나다 자 秘密ひみつがばれる.

뻥-놓다 타 ❶【비밀】秘密ひみつをばらす. ❷【거짓말】うそをつく｜ほらを吹ふく.

뻥-뻥 튀 ❶【폭탄등이】ぱんぱん. ❷【구멍이 뚫리는】ぽんぽん｜ぽかりぽかり. ❸【둥을 세게 차는】ぼんぼん. ❹【실없이 큰소리를】続つづけざまに大おおきなことを言いうさま.

뻥시레 튀 にっこり.

뻥싯 튀 にこっと.

뻥-쟁이 명 【거짓말을 잘하는·허풍이 심한 사람】うそつき｜ほらふき. 예 ~의 말을 믿는 게 아니었어. 嘘うそつきの言いうことを信しんじるんじゃなかった.

뻥끼(ペンキ 일) 명 ☞ '페인트²'의 잘못.

뼈 명 骨ほね. ❶【인간·동물의】(人間にんげん·動物どうぶつの)骨ほね｜骨格こっかく. 예 ~가 부러졌다. 骨が折おれた. /~가 아프다. 骨が痛いたい. ❷【건물 등의】(建物たてものなどの)骨組ほねぐみ. 예 ~가 튼튼한 건물 骨組みの丈夫じょうぶな建物/ 빌딩의 ~부터 세우다. ビルの骨組みから建たてる. ❸【이야기의】(話はなしなどの)中心ちゅうしん｜核心かくしん｜あらすじ. 예 이야기의 ~만 간단히 말하세요. あらすじだけを簡単かんたんに話しなさい. ❹【기개·줏대】気概きがい｜気骨きこつ｜芯しん. 예 ~ 있는 사람이 되어라. 気概のある人ひとになれ. ❺【속에 품은 뜻】意図いと｜底意そこい｜下心したごころ. 예 그는 ~ 있는 말만 한다. 彼かれは底意のある事ことばかり言いう.

뼈(가) 빠지게 관용 骨ほねを惜おしまずに.

뼈-끝 명 ❶ 骨ほねの先さき. ❷ 骨についた肉にく.

뼈-다귀 명 ❶【비유적】「骨ほね」の俗ぞくっぽい語ご.

❷個々ここの骨ほね｜骨のかけら.

뼈-대 명 ❶【의】骨格こっかく｜骨組ほねぐみ. ❷【건물·문장】(建物たてもの·文章ぶんしょうなどの)骨組ほねぐみ. ❸【혈통】伝統でんとう｜由緒ゆいしょ. 예 ~ 있는 가문에서 태어나다. 立派りっぱな家柄いえがらに生うまれる.

뼈-마디 명 【의】関節かんせつ｜骨ほねの節ふし.

뼈-바늘 명 《고》骨ほねでつくった編あみ針ばり.

뼈-아프다 형 骨身ほねみにしみる｜痛切つうせつに感かんじる. 예 이제 와서 뼈아프게 후회해봐야 아무 소용이 없다. 今いまになって骨身にしみるほど後悔こうかいしたところで、何なんにもならない. / 뼈아픈 고통을 당해 봐야 알겠니? 骨身にしみる苦痛くつうを受うけないと分わからないのか. = 뼈저리다.

뼈-저리다 ☞ 뼈아프다

뼈-지다 형 ❶【말 等의】(言いう事ことが)非常ひじょうにしっかりしている｜骨がある. 예 같은 말이라도 그녀는 뼈지게 말한다. 同おなじ話はなしでも、彼女かのじょが言うとしっかりと上手じょうずに話す. ❷【체형이 골태하고 단단하다】骨太ほねぶとだ. 예 뼈진 체형 骨太な体型たいけい/ 그녀는 보기와 달리 뼈진 사람이다. 彼女は見みかけによらず芯しんのしっかりした人ひとだ. ❸【힘들게 애써서】苦労くろうする. 예 10년 동안 뼈지게 모은 재산입니다. 十年間じゅうねんかん、力ちからを入いれて集あつめた財産ざいさんです.

뼘 명 【손을 폈을 때 엄지와 새끼 손가락 사이 거리】指尺ゆびじゃく. 예 굵기는 어른 ~으로 셋쯤 된다. 太ふとさは大人おとなの指尺で三みっつぐらいだ. / 길이를 ~으로 재다. 長ながさを指尺で測はかる.

뼘다 타 指尺ゆびじゃくで測はかる.

뼛-골(-骨) 명 骨髄こつずい.

뼛-성 명 痛癇かんしゃく. 예 ~을 내다. 癇癪を起おこす.

뽀그르르 튀 【조그만 액체가 좁은 범위 안에서 잠까 끓어 오르거나 거품이 일어나는 모양】ぐつぐつ.

뽀글-뽀글 튀 ❶【액체가 끓는】ぐらぐら｜ふつふつ. ❷【거품이 이는】ぶくぶく.

뽀도독 튀 ❶【단단하고 맑은 것을 갈거나 깨물 때】きりきり｜ぎりぎり. ❷【성이 나서】ぶりぶり.

뽀독-하다 형 【물기 수분이】ばさばさする.

뽀드득 튀 ❶【단단하고 맑은 것을 갈거나 깨물 때】きりきり｜ぎりぎり. ❷【성이 나서】ぶりぶり. ❸【쌓인 눈을 밟을 때 나는 소리】さくさく.

뽀로통-하다 형 (癇かんに障さわって)膨ふくれている｜機嫌きげんが悪わるい｜むっとしている.

뽀뽀 명 キス｜チュー.

뽀뽀-하다 자 キスする｜チューする.

뽀스락 튀 ☞ 보스락

뽀얗다 형 【흐릿하고 깨끗하다】かすんでいる｜ぼやけて

いる｜ぼんやりしている｜白っぽい｜白い。예 얼굴이 ~. 顔が白い。／살결이 ~. 肌が白い。／먼지가 뽀얗게 앉아 있다. ほこりが白っぽく積もっている。

뽀얘-지다(자) ❶【曇る｜濁る｜ぼやける｜かすむ。예 창문이 김으로 ~. 窓が湯気で曇る。／담배 연기로 온 방 안이 뽀얘졌다. タバコの煙で部屋中が白くなった。❷【肌が白く透き通る。예 새로 산 화장품 덕분에 피부가 뽀얘졌다. 新しく買った化粧品のおかげで、肌が透き通ってきた。

뽀유스레-하다(형) ☞뽀유스름하다

뽀유스름-하다(형) ややかすんでいる｜乳白色だ｜やや濁っている。=뽀유스레하다

뽈그스레-하다(형) ☞뽈그스름하다

뽈그스름-하다(형) 鮮やかな赤色をしている｜鮮紅色だ。=뽈그스레하다

뽈그족족-하다(형) くすんだ赤色をしている。

뽈긋-하다(형) 濃い赤色をしている｜深紅色だ。

뽈똑(부) ☞볼똑

뽈록(부) ぽっこり｜ぽこっと｜ぷくっと。예 요즘 배가 ~ 나온 것 같다. 最近お腹がぽっこりと出てきたようだ。

뽈록-뽈록(부) ぷくぷく。예 ~ 아기의 볼이 귀엽다. ぷくぷくとした赤ちゃんのほっぺがかわいい。

뽐-내다(자타) ❶【威張る｜えらぶる｜勿体ぶる。❷【誇る｜自慢する｜てらう。예 최고의 실력을 ~. 最高の実力を誇る。

뽑다(타) ❶【(填っている物を)抜く｜引き抜く。예 이를 ~. 歯を抜く。／무를 ~. 大根を引き抜く。❷【(中に入っている液体・気体を)抜く｜外に出す。예 타이어 공기를 약간 ~. タイヤの空気を少し抜く。／피를 ~. 血を抜く。❸【(いくつかの中から)選ぶ｜選出する。예 회장을 ~. 会長を選出する。／이 중에서 하나만 뽑으세요. この中から一つだけ選びなさい。❹【(元金などを)取り戻す｜取り返す｜回収する。예 우선 본전은 뽑았다. とりあえず元金は取り戻した。❺【(原料・材料から)長い物を作る。예 실을 ~. 糸を紡ぐ。／우동 면발을 ~. うどんの麺を作る。❻【(首を)長く伸ばす。예 목을 길게 뽑고 어머니가 돌아오기를 기다리다. 首を長く伸ばして、母の帰りを待つ。❼【(声を)長く伸ばす｜歌う。예 노래를 한 곡 ~. 歌を一曲歌う。❽【(競技などで点数を)得る｜取る｜獲得する。예 만루 홈런으로 한 번에 4점이나 뽑았다. 満塁ホームランで一気に4点を取った。❾【(良くない考え・習慣を)なくす｜取り除く。예 아이의 나쁜 버릇은 뽑아 버리겠다. 子供の悪い癖をなくしてしまおう。

뽑-히다(자) ❶ 抜かれる。❷ 選ばれる。예 회장으로 ~. 会長に選ばれる。

뽕(명) 〈식〉❶ 桑の葉。❷ 桑。

뽕(부) ぶう｜ぽん。

뽕-나다(자) ❶【秘密がばれる。❷【すっからかんになる｜一文無しになる。

뽕-나무(명) 〈식〉桑。예 산~ ヤマグワ／누에의 먹이로 쓰이는 ~잎 カイコの餌になるクワの葉。=상목

뽕나무-벌레(명) 〈동〉くわかみきりの幼虫。

뽕-놓다(자) 秘密をばらす。

뽕-밭(명) 桑畑｜桑田。

뽕-빠지다(자) すっからかんになる｜一文無しになる。

뽕-뽕(부) ぶうぶう｜ぽんぽん。

뽕-잎(명) 〈식〉桑の葉。

뽀두라지(명) ☞뽀루지

뽀로통-하다(형) つんとしている｜膨れっ面をしている。예 왜 그렇게 뽀로통하니 앉아 있어? どうしてそんなにつんとして座っているんだ。

뽀루지(명) 吹き出物｜できもの｜おでき。=뽀두라지

뽀조록-하다(형) ☞뽀족하다
  뽀조록-이(부) つんと。

뽀족-구두(명) ハイヒール。

뽀족-뽀족(부) つんつん。=뽀쪽뽀쪽

뽀족-집(명) ❶ 屋根がとんがっている洋館。❷【キリスト教の教会堂。

뽀족-하다(형) 先が尖っている。=뽀조록하다・뽀쪽하다

뽀쪽-뽀쪽(부) ☞뽀족뽀족

뽀쪽-하다[형] ☞뽀족하다

뿌그르르[부] ❶[많은 양의 액체가 갑자기 끓어오르는 소리나 모양] ぐらぐら｜ふつふつ。❷[큰 거품이 약하게 갑자기 일어나는 소리나 모양] ぶくぶく｜ごぼごぼ。

뿌글-뿌글[부] ❶[부글부글] ぐらぐら｜ふつふつ。❷[뽀글뽀글] ぶくぶく。❸[마음속이 뒤숭숭하고 어지러운 모양] いらいら｜むしゃむしゃ。

뿌다구니[명] 物の突つき出た部分ぶぶん。[준]뿌다귀

뿌다귀[명] ☞'뿌다구니'의 준말.

뿌둑-하다[형] 水気みずけがほぼ乾かわいて、少すこしざわざわしている。

뿌드드-하다[형] ☞뿌드드하다

뿌드득[부] ❶[단단하고 질긴 물건을 힘껏 문지를 때 나는 소리] きりきり｜ぎりぎり。❷[비늘리거나 미끄러운 소리] ぶりぶり｜びちびち。

뿌드득-거리다[자][타] ❶ ぎりぎり音おとを立たてる。[예] 분한 마음에 이를 ~. 慎いきって歯はぎしりする。❷ びちびち音おとを立たてる。 =뿌드득대다

뿌드득-대다[자][타] ☞뿌드득거리다

뿌득-뿌득[부] 我がを張はるさま。

뿌듯-하다[형] ❶[넘치도록 가득 차있다] きっちり入はいっている。❷[매우] ぎっしり詰つまっている｜いっぱいだ｜満みたされてる。[예] 내가 그 일을 해냈다고 생각하니 가슴이 ~. 私わたしがその仕事しごとをやりとげたと思おもうと、胸むねがいっぱいだ。

뿌듯-이[부] ❶ きっちり。❷ ぎっしりと｜いっぱいに。

뿌루퉁-하다[형] (怒おこって)ぷんぷんしている。[예] 아까부터 그가 뿌루퉁하니 아무 말도 안 하고 있다. さっきから彼かれがぷんぷんしていて、何なにも言いわないでいる。

뿌르르[부] ❶[추워 살이 떨리는 모양] ぶるぶる。❷ ~ 떨다. ぶるぶる震ふるえる。❷[어린 아이나 작은 짐승이 매우 급히 내닫는 모양] あたふた｜そそくさ。[예] ~ 쫓아가다. あたふたとついていく。/ ~ 달려가다。あたふたと走はしっていく。

뿌리[명] ❶(식)根ね。❷[사물의 본바탕] 根元こんげん。❸[사물의 밑바탕] 根本こんぽん｜根ね｜根元こんげん｜根拠こんきょ。

뿌리(를) 뽑다[관용] 根ねを絶たつ。

뿌리-내리다[자] 根ねを下おろす。

뿌리다[자][타] ❶[눈비가 날리어 떨어지다] (雪ゆき・雨あめが)降ふる｜ばらつく｜ばらまく。[예] 비가 뿌리기 시작했다. 雨あめがばらつき始はじめた。/ 내일부터 비가 뿌린다고 한다. 明日あすから雨あめが降ふるそうだ。❷[가루나 액체 따위를 흩어지게 던지다] (粉こ・水みずなどを)撒まく｜振ふり掛かける｜ばら撒まく｜散ちらす。[예] 후춧가루를 뿌려서 먹다. 胡椒こしょうを振ふり掛かけて食たべる。/ 마당에 물을 ~. 庭にわに水みずを撒まく。❸[お金かねをやたらに]撒まき散ちらす｜ばら撒まく｜浪費ろうひする。[예] 학생인 주제에 돈을 뿌리면서 호사스럽게 놀러 다닌다. 学生がくせいの分際ぶんざいで、お金かねをばら撒まきながら豪勢ごうせいに遊あそび回まわる。❹[말을] (よくない噂うわさなどを)流ながす｜まく。[예] 염문을 ~. 浮うき名なを流ながす。

뿌리-등걸[명] 切きり株かぶ。

뿌리-박다[자] ❶ 根付ねつく｜根差ねざす。❷ 定着ていちゃくする。

뿌리-줄기[명] (식)根茎こんけい。=근경(根莖)

뿌리-치다[타] 振ふり切きる。❶[붙잡음을 뿌리치다] 振ふり払はらう｜払はらいのける。[예] 소매를 ~. 袖そでを振ふり切きる。/ 손목을 ~. 手首てくびをはらいのける。❷[거절] 断たわる｜拒絶きょぜつする。[예] 초청을 ~. 招まねきを断たつ。/ 유혹을 ~. 誘惑ゆうわくを振ふりきる。

뿌리-털[명] (식)根毛こんもう。

뿌리-혹[명] (식)根粒こんりゅう｜根瘤こんりゅう。[예] ~박테리아 根粒ねりゅうバクテリア；根粒菌こんりゅうきん。=근류(根瘤)

뿌스럭[부][마른 풀이나 가랑잎 따위를 밟거나 건드릴 때 나는 소리] ばさっ｜かさっ。

뿌옇다[형] (不透明ふとうめいに)ぼうっとしている｜ぼやけている｜かすんでいる｜白しろっぽく濁にごっている｜曇くもっている。

뿌예-지다[자] ❶[희미하게 보이다] 曇くもる｜濁にごる。[예] 안경이 입김으로 뿌예졌다. 鏡かがみが息いきで曇くもった。/ 무대는 드라이아이스로 뿌예졌다. ステージはドライアイスで白しろくなった。❷[살결이] 肌はだが白しろく透すき通とおってくる。[예] 얼굴 마사지를 받아서인지 얼굴이 뿌예진 것 같다. 顔かおマッサージをしたせいか、顔かおが白しろく透すき通とおっているようだ。

뿌유레-하다[형] ☞뿌유스름하다

뿌유스름-하다[형] 不鮮明ふせんめいに白しろみがかっている｜白しろっぽく濁にごったようにかすんでいる。[예] 강물 색이 왠지 ~. 川水かわみずの色いろがなぜか濁にごっているように見みえる。=뿌유스레하다

뿌지지[부][뜨거운 쇠붙이에 물이 닿을 때 나는 소리] じじっ(と)。

뿌지직[부][뜨거운 쇠붙이에 물기가 닿을 때 나는 소리] じじっ(と)。

뿌지직-거리다[자][타] 焼やけた金属きんぞくがじじっと音おとを出だす。 =뿌지직대다

뿌지직-대다[자][타] ☞뿌지직거리다

뿐¹[의] ―だけ｜―のみ｜―ばかり。[예] 나는 단지 열심히 공부했을 ~이다. 私わたしはただ一生懸命いっしょうけんめいに勉強べんきょうしただけだ。

뿐²[조][체언이나 부사어 뒤에 붙어] ―だけ｜―のみ｜―それきり。[예] 가진 돈은 이것~이야? 持もっ

뿔 ® ❶(동)角。 예 사슴의 ~ 鹿の角。❷物の突き出た部分。突出部。

뿔그스레-하다 혱 ☞뿔그스름하다

뿔그스름-하다 혱 (色が)やや赤い。=뿔그스레하다

뿔그죽죽-하다 혱 (色が)まだらに黒ずんで赤い。

뿔긋-뿔긋 분 点々と赤く。

뿔긋-하다 혱 (色が)非常に赤い。

뿔-따구 명 (不快・怒り・不満などによる)立腹。癇癪。 예 대화를 하다가 ~가 나서 나가 버리다. 対話中に癇癪を起こして出ていく。

뿔뚝 분 ❶にゅっと｜にょっきり。❷むっと｜かっと。

뿔룩 분 膨らんでいるさま｜盛り上がっているさま。

뿔룩-뿔룩 분 しきりにふくれたりへこんだりするさま。

뿔-매미 명 (동)角蝉。

뿔뿔-이 분 ばらばら｜散り散り｜別れ別れ｜離れ離れ。 예 가족이 ~ 흩어졌다. 家族がばらばらになった。

뿔-잔(一盞) 명 角でつくった杯。

뿜다 타 ❶吹き出す｜吹く｜噴く｜吐く。 예 연기를 ~. 煙りを吹き出す。❷(光・香りなどを)発散する｜出す。 예 장미꽃이 좋은 향기를 ~. バラの花がいい香りを出す。

뿜어-내다 타 吹き出す｜噴出する。

¹뿡 분 ❶ぷう｜ぽん。❷ぶうぶう。

²뿡-뿡 분 ❶ぷうぷう。❷울리면서 지나가는 차의 경적 소리 ぶうぶうと鳴らしながら通り過ぎる車のクラクションの音。

뾰루퉁-하다 혱 膨れっ面をしている｜むっとしている。

뾰주룩-하다 혱 ☞뾰죽하다

뾰죽-하다 혱 先が鋭く尖っている｜突き出ている。 ☞뾰주룩하다

삐 분 ❶ぎゃあ。❷ぴい。 예 ~ 소리가 나면 번호를 눌러 주세요, ぴいっと鳴ったら番号を押してください。

삐거덕 분 きいっ(と)｜ぎいっ(と)。 예 의자가 ~ 소리를 낸다. 椅子がきいっときしむ。

삐거덕-거리다 자타 きいきいきしむ｜ぎいぎい鳴る。 예 계단이 삐거덕거려서 위험하다. 階段がぎいぎいきしむので危険だ。=삐거덕대다

삐거덕-대다 자타 ☞삐거덕거리다

삐걱 분 きいっ(と)｜ぎいっ(と)。 예 ~ 소리와 함께 목발이 부러졌다. きいっと音を立てながら松葉杖が折れた。

삐걱-거리다 자타 ぎいぎいと鳴る。 예 의자가 자꾸 삐걱거려서 수리해야겠다. 椅子がしきりにきいきいというので、修理しなければいけない。=삐걱대다

삐걱-대다 자타 ☞삐걱거리다

삐끗 분 ❶ちぐはぐ｜がたぴし。 예 창문이 ~ 어긋나 있다. 窓がぴったり合わず食い違っている。❷ぴくっ(と)。❸事がうまくいかずに食い違うさま。

삐끗-거리다 ❶ちぐはぐだ｜がたぴしする。 예 부속품이 ~. 付属品ががたぴしする。❷ぴくっとする。❸事がうまくいかずに食い違う。 예 회의가 삐끗거렸다. 会議がうまくいかなかった。

삐끗-하다 자 ❶ちぐはぐだ｜がたぴしする。❷ぴくっとする。 예 손목을 삐끗했다. 手首をぴくっと捻った。❸事がうまくいかずに食い違う。 예 하는 일마다 ~. 成す事ごとにうまくいかない。

삐다 자 (たまった水が)引く。

삐다² 자타 挫く｜筋違いする。 예 발을 ~. 足を挫く。

삐-대다 자 (長くとどまって)迷惑をかける。

삐드득 분 ❶きいきい｜ぎいぎい。 예 이를 갈 때 ~ 소리가 난다. 歯ぎしりすると、ききいきいと音がする。❷ぴいぴい。

삐드득-거리다 자타 ❶ぎしぎしという｜きいきいと鳴る｜しきりにきしむ。 예 이를 삐드득거리며 가는 습관은 좋지 않다. 歯をきいきいいわせながら噛む癖はよくない。❷(笛などが)ぴいぴいと鳴る｜ぴいぴいと音が出る。=삐드득대다

삐드득-대다 자타 ☞삐드득거리다

삐드득-삐드득[부] ❶ きいきい｜ぎいぎい。❷ぴいぴい。

삐딱-삐딱[부] よろよろ｜ぐらぐら。

삐딱-하다[형] ❶【물체가 한쪽으로 조금 기울어져 있다】物体が一方に少し傾いている。예 몸을 삐딱하게 앉지 말고 자세를 바로 하세요. 体を傾けて座らずに、姿勢を正しなさい。/ 낡은 가옥이 삐딱하게 서 있다. 古い家屋が傾って建っている。❷【생각·행동이 옳지 못하다】(考え・行動が正しくなく)ひねくれる｜歪む｜曲がる｜ねじける｜ひがむ。예 삐딱한 말투 ひねくれたものの言い方/ 삐딱한 성격 歪んだ性格。

삐뚜로[부] 少し傾いて｜やや斜めに｜少し曲がって｜歪んで。

삐뚜름-하다[형] 少し曲がっている｜少し傾いている。

삐뚝-거리다[자][타] ❶ ぐらつく。예 의자가 ~. 椅子がぐらつく。❷ よろける｜ふらつく。=삐뚝대다

삐뚝-대다[자][타] ☞ 삐뚝거리다

삐뚝-삐뚝[부]【기울어져 자꾸 흔들리거나 자꾸 그렇게 하는 모양】ぐらぐら｜ふらふら｜よろよろ。

삐뚤다[형] 傾いている｜ひどく偏っている｜曲がっている。예 그녀는 코가 삐뚤게 생겼다. 彼女は鼻が曲がっている。/ 찬 곳에서 자면 입이 삐뚤어진다. 冷たい所で寝ると口が曲がる。/ 마음이 삐뚤면 세상이 삐뚤어져 보이는 법이다. 心が傾いていれば、世の中も傾いて見えるものだ。

삐뚤-삐뚤[부] ❶ ゆらゆら｜ふらふら｜よろよろ。❷ くねくね。

삐뚤어-지다[자] ❶【한쪽으로 쏠리다】一方に傾く｜偏る｜歪む｜曲がる。예 삐뚤어지지 않도록 글씨를 쓴다. 傾かないように字を書く。/ 넥타이가 삐뚤어져 있어요. ネクタイが曲がっていますよ。❷【성격이 비뚤어지다】(性格などが)ひねくれる｜ひがむ｜ねじける｜曲がる｜歪む。예 그는 성격이 삐뚤어져 있다. 彼は性格が曲がっている。/ 삐뚤어진 성격은 고치기 어렵다. ひねくれた性格は直らない。❸【성내다】(怒って)すねる｜ふくれる｜ふてくされる。예 여동생은 지금 삐뚤어져 있어서 심기가 불편하다. 妹は今すねていて、機嫌が悪い。

삐뚤-이[명] 心のねじけた人｜へそ曲がり。

삐라(びら 일)[명] ☞ '전단'(傳單)의 잘못.

삐-빼[부]【어린아이 울음소리】ぎゃあぎゃあ｜おぎゃあ。

삐삐¹[명]【휴대용 호출기】ポケットベル｜ポケベル。

삐삐²[부]【몸이 바짝 여윈 모양】がりがり。예 몸이 ~ 마르다. 体ががりがりに痩せている。

삐-삐³[부] ❶【어린아이의 울음소리】ぴいぴい｜おぎゃあ。예 아이가 ~ 울어서 시끄럽다. 子供がぴいぴい泣くのでうるさい。❷【피리 등 시끄럽게 들리는 소리】ぴいぴい。

삐악[부]【병아리의 울음소리】ぴよ。예 ~ 소리를 내며 걸어가는 병아리 ぴよぴよと鳴きながら歩くひよこ。준빽

삐악-삐악[부]【어린이아 울음소리】ぴよぴよ。예 병아리가 ~ 울며 닭을 향해 걸어가고 있다. ひよこがぴよぴよと鳴きながら親鳥の方に向かって歩いている。준빽빽

삐주룩-하다[형] (物の先が)少し突き出ている。

삐죽[부] ❶【불쑥 나타나는 모양】ひょっこり(と)｜ひょいと｜ちらっと。❷【입을 내미는 모양】つんと。예 화가 났는지 입을 ~ 내밀다. 怒ったのか口をつんと突き出す。

삐쭉¹[부] ☞ 비죽¹

삐쭉²[부] ☞ 비죽²

삐쭉-삐쭉[부] ❶【물체 끝이 조금 내밀려 있는 모양】つんつん。예 장미에는 가시가 ~ 돋아 있다. バラにはとげがつんつんと突き出ている。❷【입술을 내미는 모양】ひくひく｜ぴくぴく。예 아이가 ~ 울고 있다. 子供が唇をひくひくとさせながら泣いている。

삐치다¹[자]【토라지다】すねる。

삐치다²[타]【글씨를 쓸 때】筆をはねる。

삐트적-거리다[자][타] よろめく｜よろよろ歩く｜よちよちする。=삐트적대다

삐트적-대다[자][타] ☞ 삐트적거리다

삐트적-삐트적[부] ふらふら｜よろよろ｜よちよち。

삐틀-거리다[자][타] ふらふら歩く｜よろめく。=삐틀대다

삐틀-대다[자][타] ☞ 삐틀거리다

삐틀-삐틀[부]【힘이 빠져나 어지러워서 자꾸 쓰러질 듯이 걷는 모양】ふらふら｜よろよろ。

삑[부] ❶【호루라기 소리】ぴいぴい。예 ~ 울리는 기적 소리 ぴいぴいと響く汽笛の音。❷【어린아이가 세게 우는 소리】ぎゃあぎゃあ。

삑-삑[부] ❶【호루라기 소리】ぴいぴい。❷【어린아이가 세게 우는 소리】ぎゃあぎゃあ。

삑삑-거리다 ❶ ぴいぴいと鳴る。❷ (子供や鳥などが)ぎゃあぎゃあ叫ぶ｜きゃあきゃあと叫ぶ｜わめき続ける

る。㉑ 삑삑거리며 보채지 마라. ぎゃあぎゃあいいながらねだるな。/ 갑자기 삑삑거리기 시작했다. 突然ぎゃあぎゃあ言い出す。=삑삑대다

삑삑-대다㉚ ☞삑삑거리다

삔둥-삔둥㉘【게으름 피우며 노는 하는 모양】 ぶらぶら｜のらくら｜ごろごろ｜のんべんだらり(と)。

삔들-삔들㉘【염치없이 놀기만 하는 모양】 のらりくらり。

삘기㉓ 《식》茅の新芽。㉑ 봄이 되면 ~를 먹기도 했다. 春になるとチガヤの新芽を食べたりもした。

삥㉘ ❶【대상을 넓게 둘러싸는 모양】 ぐるり。㉑ ~ 둘러앉다. ぐるりと座る。❷【한 바퀴 도는 모양】 ぐるっと｜ぐるり。㉑ 한 바퀴 ~ 돌다. 一周ぐるっと回る。/ 몸을 ~ 돌리다. 体をぐるっと回す。❸【갑자기 정신이 아찔해지는 모양】 くらっと。

삥그레㉘【입을 약간 벌리고 소리없이 부드럽게 웃는 모양】 にっこり｜にこっと。

삥그르르㉘【날쌔게 한 번 빙 돌아가는 모양】 ぐるり｜くるり(と)。㉑ 거울을 보고 몸을 한 바퀴 ~ 돌리다. 鏡を見て、体を一回転させる。

삥글-거리다㉚ 口を少し開けて、声を立てずにしきりに笑う｜にこにこする。=삥글대다

삥글-대다㉚ ☞삥글거리다

삥글-삥글㉘ ❶【웃는 모양】 にこにこ。❷【잇달아 비끼엄 돌게 되는 모양】 ぐるぐる。㉑ 몸을 ~ 돌리다. 体をぐるぐる回す。/ 눈이 ~ 돌아가다. 目がぐるぐる回る。

삥긋㉘【소리 없이 가볍게 한 번 웃는 모양】 にこっと｜にっこり。

삥-삥㉘【잇달아 빙빙하는 자꾸 도는 모양】 ぐるぐる。

ㅅ

사¹〈음〉[자음으로서의]ㅅ｜ㆍGジー。
사²(巳)몡〈민〉[지지(地支)의]巳み。
사³(四)㊄괸 四しょん。㉠～ 개월 四しヶ月げつ/～월 四月しがつ/ 일 더하기 삼은 ～이다. 一いちたす三さんは四よんである。
사⁴(死)몡 死し。㉠생과 ～의 기로에 서 있다. 生死せいしの境さかいに立たっている。≒죽음
사⁵(私)몡 私わたくし。㉠공과 ～의 구별을 하다. 公私こうしの区別くべつをする。↔공²(公)
사⁶(社)몡 社しゃ。㉠우리 ～에서 발간한 잡지 わが社で発刊はっかんした雑誌ざっし。
사⁷(紗)몡【織物】紗しゃ。
-사⁸(史)젒 一史し。㉠ 경제사 経済史けいざいし/ 종교사 宗教史しゅうきょうし
-사⁹(社)젒 一社しゃ。㉠ 출판사 出版社しゅっぱんしゃ/ 신문사 新聞社しんぶんしゃ/ 통신사 通信社つうしんしゃ
사가(史家)몡 史家しか≒歴史家れきしか。≒역사가
사가(私家)몡 私家しか≒個人こじんの家いえ。
사각뛰 ❶【발소리를 나타내는 말】すぱっと。❷【눈을 밟을 때 나는 소리】さくさく。㉠눈 쌓인 정원에 발을 내딛자 ～ 소리가 났다. 雪ゆきの積つもった庭園ていえんに足あしを踏ふみ入いれると、さくさくと音おとがした。❸【과일 등을 깨물어 먹을 때 나는 소리】さくっと｜さくさく。㉠～ 소리를 내며 배를 한 입 베어 먹었다. さくっと音おとを立たてて梨なしを一口ひとくちかじった。❹【마른 잎이 부딪쳐 나는 소리】かさかさ。
사각-거리다자 ❶すぱすぱと刈かる音おとがする。❷さくさくとする。❸さくさくと音おとがする。㉠동생은 사각거리며 맛있는 듯 사과를 먹고 있다. 弟おとうとはさくさくと音おとを立たてながら、美味おいしそうにリンゴを食たべている。❹かさかさと音おとがする。㉠치맛자락을 사각거리며 걸어가는 부인 치마의 裾すそをかさかさとさせながら歩あるいている婦人ふじん。≒사각대다·사각사각하다
사각-대다자 ☞사각거리다
사각¹(四角)몡 四角しかく。
사각³(死角)몡〈군〉死角しかく。
사각-사각뛰 ❶【반복·빠른 동작을 나타내는 말】すぱすぱ。❷【눈을 밟으며 간다】さくさく。㉠～ 눈을 밟으며 간다. さくさく雪ゆきを踏ふんで行いく。❸【과자 따위를 깨물어 먹는 소리】さくさく。㉠～ 쿠키를 먹다. さくさくとクッキーを食たべる。❹【마른잎이 부딪칠 때 나는 소리】かさかさ。㉠바람에 갈대가 스치는 소리가 ～ 들린다. 風かぜで葦あしが擦こすれる音おとが、かさかさと聞きこえる。
사각사각-하다자 ☞사각거리다
사각-형(四角形)몡〈수〉四角形しかくけい。≒각형·네모
사갈(蛇蝎)몡【動物】蛇蝎だかつ≒蛇へびと蝎さそり。
사감(舍監)몡 舎監しゃかん。㉠엄격한 기숙사 ～ 厳きびしい寄宿舎きしゅくしゃの舎監。
사-거리(四一)몡 ☞네거리
사-거리(射距離)몡〈군〉射距離しゃきょり。
사건(事件)몡 事件じけん。㉠～ 번호 事件番号ばんごう/～기자 事件記者きしゃ/ 소송 ～ 訴訟そしょうじけん/ 큰 ～이 일어났다. 大おおきい事件が起おこった。
사격(射擊)몡 射擊しゃげき。㉠～ 경기 射擊競技きょうぎ/ ～ 훈련 射擊訓練くんれん。
　사격-하다 射擊する。
사격-술(射擊術)몡 射擊術じゅつ。
사격-장(射擊場)몡 射擊場じょう。
사견(私見)몡 私見しけん。㉠약간의 ～을 말하다. 若干じゃっかんの私見を述のべる。
사경(死境)몡｜生死せいしの境さかい。㉠～을 헤매다. 死の境に迷まよう。/ ～에 빠져 꼼짝할 수 없다. 死地に陥おちいって身動みうごきできない。
사계¹(四季)몡 四季しき。㉠～를 묘사한 작품 四季を描えがく作品さくひん。
사계²(射界)몡 射界しゃかい。
사고¹(事故)몡 事故じこ。㉠교통～ 交通こうつう事故/ 의료 ～ 医療いりょう事故/ ～를 일으키다. 事故を起おこす。
사고²(思考)몡 思考しこう。㉠수직 ～ 垂直すいちょく思考/ 수평 ～ 水平すいへい思考。
　사고-하다 思考しこうする。㉠논리적으로 ～. 論理的ろんりてきに思考する。
사고-결(事故缺)몡 事故欠じこけつ。
사고-력(思考力)몡 思考力しこうりょく。
사고-뭉치(事故一)몡【일의 까닭·속내용】悶着もんちゃくの種たね｜【처리하기 어려운 일】厄介者やっかいもの。
사고-방식(思考方式)몡 考かんがえ方かた。
사고-사(事故死)몡 事故死じこし。
사공(沙工·砂工)몡 船頭せんどう。≒뱃사공
사과¹(沙果·砂果)몡【植物】林檎りんご。㉠아이

들이 사과나무에서 ~를 따고 있다. 子どもたちが木からリンゴを採っている。/ 뉴턴은 사과나무 아래에서 ~ 떨어지는 것을 보고 만유인력의 법칙을 발견했다. ニュートンは木からリンゴが落ちるのを見て、万有引力の法則を発見した。

사과²(謝過)명 謝罪。詫び。예~의 편지를 보내다. 謝罪の手紙を送る。
　사과-하다타 謝罪する。詫びる。謝る。예예의에 어긋남을 ~. 非礼を詫びる。

사과-나무(沙果-)명 (식)林檎。
사관¹(士官)명 士官。예~학교. 士官学校/~ 후보생 士官候補生。
사관²(史觀)명 史観。歴史観。=역사관
사교¹(邪敎)명【불교】邪教。
사교²(私交)명【불교】私交。
사교³(社交)명 社交。
　사교-하다 社交する。
사교-가(社交家)명 社交家。
사교-계(社交界)명 社交界。
사교-댄스(社交dance)명 ☞사교춤
사교-성(社交性)명 社交性。
사교-술(社交術)명 社交術。
사교-적(社交的)관형 社交的。
사교-춤(社交-)명 社交ダンス。ソーシャルダンス。=사교댄스
사구¹(四球)명《운》【야구】(野球の)四球。フォアボール。예~로 주자 출루 四球で走者出塁。
사구²(死球)명《운》【야구】死球。デッドボール。
사구³(沙丘·砂丘)명 砂丘。
사-군자(四君子)명 [미]四君子。梅·菊·蘭·竹のこと。예~ 그림 四君子の絵。
사귀다자타 付き合う。交わる。交際する。예새로운 친구와 ~. 新しい友達と付き合う。
사귐-성(-性)명 人付き合い。社交性。예그는 ~이 좋다. 彼は人付き合いがよい。
사규(社規)명 会社の規則。社内規定。会社規定。
사그라-지다자【불교】❶消える。なくなる。❷【불교】おさまる。静まる。和らぐ。예화가 사그라지지 않는다. 腹の虫がおさまらない。
사극(史劇)명《연》史劇。歴史劇。

사근사근-하다형 ❶【불교】(姿や性格が)優しくさっぱりしている。愛想が良い。気さくだ。예성격이 사근사근하여 친구가 많다. 性格が気さくで友達が多い。❷【불교】(リンゴ・梨を噛むように)柔らかい。軟らかい。歯触りが良い。さくさくしている。예동치미의 무가 사근사근하게 씹힌다. トンチミの大根が歯触り良く噛める。
　사근사근-히부 ❶優しく。愛想良く。예그녀는 누구에게나 ~ 대한다. 彼女は誰にでも愛想良く対応する。❷柔らかく。軟らかく。歯触り良く。예이 사과는 ~ 씹힌다. このリンゴは軟らかく噛める。
사글사글-하다형 ❶【불교】(姿が·性格が)優しくて思いやりがある。優しくて穏やかだ。예사글사글한 성격 優しくて穏やかな性格。❷目鼻立ちがすっきりしている。예얼굴 생김새가 사글사글한 사람이 내 남생이다. 目鼻立ちがすっきりとしている人が私の弟だ。
사글-세(-貰)명 月払いの家賃。=월세
사금(沙金·砂金)명【광】砂金。
사기¹(士氣)명 士気。예~ 향상 士気向上/~ 저하 士気低下/ どうしたら~를 높일 수 있을까? どうやったら士気を高められるだろう。
사기²(史記)명【불교】歴史書。
사기³(史記)명【불교】史記。예사마천이 쓴 ~ 司馬遷が書いた史記。
사기⁴(死期)명 死期。
사기⁵(沙器·砂器)명 ☞사기그릇
사기⁶(詐欺)명 詐欺。예~를 당하다. 詐欺にひっかかる。
　사기-하다 詐欺を働く。
사기-그릇(沙器-)명 陶器。瀬戸物。=사기
사기-꾼(詐欺-)명 詐欺師。いかさま師。ぺてん師。
사기-전(沙器廛) ☞사기점
사기-점(沙器店)명 陶器を作って販売する所。=사기전
사기-죄(詐欺罪)명《법》詐欺罪。예경찰을 사칭하여 금품을 요구한 일당이 ~로 구속되었다. 警察のふりをして金品を要求した一団が、詐欺罪で拘束された。
사기-충천(士氣衝天)명 士気が空を衝くように高いこと。

사나이 명 男ᄋᄐ｜男子ᄃᅠᆫ. ⓒ사내

사-나흘 명 三日ᄁᅠ か四日ᄁᅠ. 예~만 앓으면 일어날 수 있을 겁니다. 三・四日ᄆᅠᆺか くらい患ᄋᅠᆯᅀᅠᆯらったあと、起ᄋᅠᆾきられるでしょう。 =사날¹

사날¹ 명 ☞사나흘

사날² 명 ❶【제멋대로 행동】 勝手気ᄁᅠᆺってままにふるまうこと。 ❷【쓸데없는 참견】 おせっかい。 예그 여자는 ~ 좋게 남의 일에 간섭한다. その女ᄋᅠᆫなはおせっかいが好ᄉᅠきで、人ᄋᅠᆺとの事ᄋᅠᆮとを干渉ᄁᅠᆫしょうする。

사납다 형 ❶【성질이】 荒々ᄋᅠらあらしい｜粗暴ᄀᅠそぼうだ｜獰猛ᄃᅠᆼもうだ｜たけだけしい。 예성질이 ~. 荒々ᄋᅠらあらしい性質ᄊᅠᆯいしつだ。 / 사납게 굴다. 粗暴ᄀᅠそぼうに振ᅀᅠᆯふる舞ᄆᅠᆫまう。 / 사납게 달려들다. 荒々ᄋᅠらあらしく飛ᄒᅠとびかかる。 / 개가 사납게 짖는다. 犬ᄋᅠᆫぬが荒々ᄋᅠらあらしく吠ᄒᅠᆯほえる。 ❷【(얼굴) 생김이】(顔付ᄁᅠᆰがおつきが)険ᅀᅠᆯけわしい｜獰猛ᄃᅠᆼもうだ｜たけだけしい。 예사나운 눈초리 険ᅀᅠᆯけわしい目ᄆᅠᆫつき。 ❸【세차다】 激ᄒᅠᆯはげしい｜ひどい。 예비가 사납게 내리고 있다. 雨ᄋᅠᆯあめが激ᄒᅠᆯはげしく降ᄉᅠらっている。 ❹【팔자가】 悪ᄋᅠᆯわるい｜不運ᄒᅠᆷふうんである。 예사나운 팔자 不運ᄒᅠᆷふうんな人生ᄋᅠᆫじんせい。

사내¹ 명 '사나이'의 준말.

사내² (社內) 명 社內ᄉᅠᆫゃない。 ~보 社內報ᄉᅠᆫゃないほう / ~ 연애 社內恋愛ᄂᅠᆫれんあい / ~ 문서 社內文書ᄆᅠᆫしょ / ~ 메일 社內ᄉᅠᆫメール。

사내-아이 명 男ᄋᅠᆫの子ᄋᅠᆫこ。

사내-자식 (-子息) 명 ❶男ᄋᅠᆫ。 ❷息子ᄆᅠᆫすこ。

사내-종 명 下男ᄀᅠなん｜下僕ᄀᅠᆨげぼく｜奴僕ᄂᅠᆨどぼく｜しもべ。 예짝사랑으로 괴로워하는 ~ 片想ᄋᅠᆯかたおもいに悩ᄂᅠᆯなやんでいる下男ᄀᅠなん。

사냥 명 狩ᄁᅠᆯかり｜狩猟ᄉᅠᆫゅりょう。 예~ 금지 구역 狩猟禁止区域ᄉᅠᆫゅりょうきんしくいき。 =수렵(狩獵)

사냥-하다 자타 狩ᄁᅠᆯかる｜狩猟ᄉᅠᆫゅりょうする。

사냥-개 명 猟犬ᄅᅠᆼりょうけん。 예토끼를 쫓는 ~ ウサギを追ᄋᅠᆯおう猟犬ᄅᅠᆼりょうけん。 =엽견(獵犬) ❷【배신한 사람】 回ᄆᅠᆯまわし者ᄆᅠᆯもの｜犬ᄋᅠᆫいぬ。

사냥-꾼 명 狩人ᄁᅠᆯかりゅうど｜猟師ᄅᅠᆼりょうし。 예~에게 포획된 호랑이 猟師ᄅᅠᆼりょうしに捕ᄐᅠᆯとらえられたトラ。

사냥-철 ❶ 狩猟期ᄉᅠᆫゅりょうき。 ❷ 狩ᄁᅠᆯかりをするに適ᄐᅠᆨてきした時期ᄀᅠき。 예~에는 산에 올라가지 마라. 狩猟期ᄉᅠᆫゅりょうきには山ᄋᅠᆷやまに登ᄂᅠᆯのぼるな。

사냥-총 (一銃) 명 猟銃ᄅᅠᆼりょうじゅう。

사냥-터 명 狩ᄁᅠᆯかり場ᄀᅠば｜猟場ᄅᅠᆼりょうば。 예~에 몰린 사냥꾼 狩り場ᄀᅠばに殺到ᄉᅠᆯさっとうする猟師ᄅᅠᆼりょうし。

사념¹ (邪念) 명 邪念ᄌᅠᆷじゃねん。

사념² (思念) 명 思念ᄉᅠᆫしねん。

사념-하다 타 思念ᄉᅠᆫしねんする。

사농공상 (士農工商) 명 士農工商ᄉᅠᆫしのうこうしょう。

사느랗다 형 ❶【꽤 차다】やや少ᄉᅠᆨすこし冷ᄐᅠᆷつめたい。 예손이 ~. 手ᄐᅠᆯてが冷ᄐᅠᆷつめたい。 / 방이 사느랗게 식었다. 部屋ᄒᅠᆯへやが冷ᄒᅠえ冷ᄒᅠえとしてきた。 ❷【끔찍한 느낌을 때어서】 ひやっとする｜どきっとする。

사늘-하다 형 ❶【차다】冷ᄐᅠᆷつめたい｜冷ᄒᅠえ冷ᄒᅠえしている｜ひんやりしている。 예방이 ~. 部屋ᄒᅠᆯへやが冷ᄒᅠえ冷ᄒᅠえしている。 ❷【놀람・공포로】(驚ᄋᅠᆯおどろき・恐怖ᄀᅠきょうふで)ひやっとする｜ぞっとする。 예그의 눈빛을 본 순간 가슴이 사늘해져 왔다. 彼ᄁᅠᆯかれの眼差ᄆᅠᆫまなざしを見ᄆᅠᆫみた瞬間ᄉᅠᆫしゅんかん、ぞっとしてきた。 ❸【감정이】冷ᄐᅠᆷつめたい｜冷淡ᄃᅠᆷれいたんだ。 예이제는 그의 마음이 사느랗게 식어 버렸다. もう彼ᄁᅠᆯかれの心ᄋᅠᆯこころはひんやりと冷ᄒᅠひえめてしまった。

사늘-히 부 冷ᄐᅠᆷつめたく。

사다 타 ❶【사들이다】(物ᄆᅠᆯもの・権利ᄁᅠᆫけんりなどを)買ᄁᅠᆯかう｜購入ᄀᅠᆸこうにゅうする。 예문방구에서 노트 2권을 샀다. 文房具屋ᄆᅠᆫぶんぼうぐやでノート2冊ᄉᅠᆯさつを買ᄁᅠᆯかった。 / 생애 처음으로 내 집을 ~. 生涯ᄉᅠᆫせいがい初ᄒᅠはじめて私ᄒᅠᆯわたしの家ᄋᅠᆫいえを買ᄁᅠᆯかう。 / 주식을 ~. 株ᄁᅠᆯかぶを買ᄁᅠᆯかう。 / 사랑은 돈으로 살 수 없다. 愛情ᄋᅠᆸあいじょうは金ᄋᅠᆷかねで買ᄁᅠᆯかうことができない。 ❷【팔아서 돈을 얻다】 (物ᄆᅠᆯものを売ᄋᅠᆯうって)お金ᄋᅠᆷかねに換ᄁᅠᆯかえる。 예사과를 팔아서 돈을 ~. リンゴを売ᄋᅠᆯうってお金ᄋᅠᆷかねに換ᄁᅠᆯかえる。 ❸【인정하다】 (態度ᄐᅠᆯたいど・価値ᄁᅠᆾかちなどを)認ᄆᅠᆫみとめる｜買ᄁᅠᆯかう。 예그의 공로를 높이 ~. 彼ᄁᅠᆯかれの功労ᄀᅠᆯこうろうを高ᄁᅠᆯたかく買ᄁᅠᆯかう。 ❹【자초하다】 (自ᄌᅠᆯみずから進ᄉᅠᆫすすんで苦労ᄀᅠᆯくろう・病気ᄋᅠᆯびょうきを)わざわざ招ᄉᅠᆯまねく。 예젊어서 고생은 사서 한다. 若ᄋᅠᆯわかい頃ᄀᅠᆯころの苦労ᄀᅠᆯくろうは買ᄁᅠᆯかうするべ。 ❺【품삯을 주고 고용하다】 (お金ᄋᅠᆷかねを払ᄒᅠᆯはらって)雇ᄋᅠᆯやとう。 예아르바이트를 ~. アルバイトを雇ᄋᅠᆯやとう。 ❻【남에게 어떤 감정을 가지게 하다】 (他人ᄐᅠᆯたにんにある感情ᄀᅠᆷかんじょうを)抱ᄋᅠᆯいだかせる｜買ᄁᅠᆯかう｜持ᄆᅠᆾもたせる。 예친절을 베풀어 호감을 ~. 親切ᄉᅠᆫしんせつを与ᄋᅠᆮあたえて好感ᄀᅠᆷこうかんを買ᄁᅠᆯかう。 / 같잖은 행동으로 비웃음을 ~. こしゃくな振ᅀᅠᆯふる舞ᄆᅠᆫまいで人ᄂᅠᆫひとの嘲笑ᄌᅠᆯちょうしょうを買ᄁᅠᆯかう。 / 비위에 거슬리는 말을 해서 노여움을 ~. 気ᄀᅠきに障ᄉᅠᆫさわることを言ᄋᅠᆯいって怒ᄋᅠᆯいかりを買ᄁᅠᆯかう。

사-다리 ☞사닥다리

사다리-꼴 (-) 명 梯子形ᄒᅠᆷはしごけい。

사다리-차 (-車) 명 梯子車ᄉᅠᆫはしごしゃ。

사닥-다리 명 梯子ᄒᅠᆷはしご。 =사다리

사단¹ (事端) 명【】事端ᄐᅠᆫじたん｜事件ᄀᅠᆫじけんの糸口ᄀᅠᆾいとぐち。

사단² (社團) 명 《법》社団ᄃᅠᆫしゃだん。 예~ 법인 社団法人ᄋᅠᆫしゃだんほうじん。

사단³ (師團) 명 《군》師団ᄃᅠᆫしだん。

사단-장(師團長)〖명〗〈군〉師団長。

사담(私談)〖명〗個人的な話。
　사담-하다〖자〗個人的な話をする。

사당(祠堂)〖명〗祠堂。ほこら。やしろ。

사-대부(士大夫)〖명〗士大夫。官吏。〖예〗~의 체통 士大夫のメンツ/ ~ 집안 士大夫の身内。

사대-주의(事大主義)〖명〗事大主義。

사도(私道)〖명〗私道。

사도(邪道)〖명〗邪道。

사도³(使徒)〖명〗使徒。〖예〗평화의 ~ 平和の使徒。

사돈(査頓)〖명〗❶相舅。❷姻戚。
　사돈의 팔촌〖관용〗他人と変わらないほど遠い姻戚。

사돈-댁(査頓宅)〖명〗☞사돈집

사돈-집(査頓―)〖명〗相舅の家。姻戚の家。=사돈댁

사둔 ☞'사돈(査頓)'의 잘못.

사-들이다〖타〗買い入れる。買い込む。仕入れる。仕込む。〖예〗화장품을 ~. 化粧品を買い入れる。

사디즘(sadism)〖명〗〈심〉サディズム。サド。

사라지다〖자〗❶(姿形・跡形などが)無くなる。消える。消え去る。〖예〗어느새 모습이 ~. いつの間にか姿が消える。/그 여자는 인파 속으로 사라져 버렸다. 彼女は人ごみの中に消えた。/자취도 없이 ~. 跡形もなく消える。❷(ある考えや・感情などが)無くなる。消える。去る。〖예〗조그만 희망조차 사라졌다. わずかな希望さえも無くなった。/근심이 ~. 心配が消える。/위험이 ~. 危険が消える。❸消える。死ぬ。〖예〗한 목숨이 이슬로 ~. 一つの命が露と消える。

사락-거리다〖자타〗(軽く擦れて)さらさらと音がする。〖예〗잎이 바람에 사락거리는 소리 葉が風でさかさかと立てる音。=사락대다

사락-대다〖자타〗☞사락거리다

사락-사락〖부〗さらさら。〖예〗~ 옷깃 스치는 소리 さらさらと衣擦れの音。

사람〖명〗人。❶人間。〖예〗우리나라 ~ わが国の人/동양 ~ 東洋の人/광장에 ~들이 많이 모여 있었다. 広場にはたくさんの人々が集まっていた。/~은 직립 보행을 한다. 人間は直立歩行をする。❷人柄。人格。〖예〗좋은 ~이다. いい人だ。
　사람은 죽으면 이름을 남기고 범은 죽으면 가죽을 남긴다〖속〗人は死して名を残し、トラは死して皮を残す。

사람-됨〖명〗人となり。人品。人柄。〖예〗내 남동생은 ~이 좋다. 私の弟は人となりがよい。

사람-멀미〖명〗人込みに酔うこと。〖예〗시내 한복판에서 ~가 나서 집으로 돌아왔다. 市内の真ん中で人込みに酔って、家に帰って来た。=인멀미

사랑¹〖명〗❶愛。愛情。慈しむ心。〖예〗하느님에 대한 ~이 나를 살렸다. 神様に対する愛が私を生かした。/자식 ~은 내리사랑이다. 子に対する愛は上の子から下の子に移りゆく。❷恋愛。恋。恋人。〖예〗우리의 ~이 영원하길 바란다. 僕らの愛が永久に続きことを願う。❸愛好。〖예〗음악에 대한 각별한 ~ 音楽に対する特別な愛情。
　사랑-하다〖타〗愛する。慈しむ。恋する。好む。〖예〗철수는 영희를 사랑한다. チョルスはヨンヒを愛している。

사랑²(舍廊)〖명〗サラン。居間。〖예〗손님을 ~으로 모시다. お客様をサランにお連れする。

사랑-니〖명〗〈의〉親知らず。知恵歯。知歯。

사랑-방(舍廊房)〖명〗サランバン。居間。

사랑-스럽다〖형〗愛らしい。かわいい。かわいらしい。いとしい。〖예〗사랑스러운 입술 愛らしい唇/사랑스러운 눈동자 愛らしい瞳/네 하는 양이 몹시 ~. 君のすることがとてもかわいらしい。/얼굴도 행동도 ~. 顔も行動もかわいらしい。
　사랑스레〖부〗愛らしく。かわいらしく。

사랑-싸움〖명〗痴話喧嘩。

사랑-채(舍廊―)〖명〗サランバン(사랑방)に使われている別棟。〖예〗~에 손님이 여러 명 오시다. サランバンへ何人かのお客様がいらっしゃる。

사량(思量)〖명〗思量。
　사량-하다〖타〗思量する。

사례(명) むせること。 예 매운 국을 먹다가 ~가 들렸다. 辛い汁を食べてむせた。

사려(思慮)(명) 思慮。 예 ~ 깊게 행동하다. 思慮深くふるまう。
　사려-하다(타) 思慮する。

사력(死力)(명) 死力。必死の力。= 죽을힘

사령¹(司令)(명)(군) 司令。

사령²(辭令)(명) 辞令。 예 전근 ~을 받다. 転勤の辞令をもらう。

사령-관(司令官)(명)(군) 司令官。

사령-서(辭令書)(명) ☞사령장

사령-장(辭令狀)(명) 辞令状。=사령서

사례¹(事例)(명) 事例。ケース。 예 ~를 조사하다. 事例を調べる。

사례²(謝禮)(명) 謝礼。お礼。
　사례-하다(타) 謝礼する。

사례-금(謝禮金)(명) 謝礼金。礼金。

사로-자다(자) (不安・心配事などで)浅く眠る。うつらうつらする。うとうとする。ぐっすり眠れない。 예 간밤에 사로자서 무척 피곤하다. ゆうべ、うつらうつらして、とても疲れた。

사로-잡다(타) ❶ 生け捕りにする。生け捕る。 예 토끼를 사로잡았다. ウサギを生け捕りにした。 ❷ 虜にする。引き付ける。魅惑する。 예 인상파 그림은 나의 마음을 사로잡았다. 印象派の絵は私の心を魅了した。

사로잡-히다(자) ❶ 生け捕りにされる。生け捕られる。 예 사로잡힌 호랑이 生け捕りにされたトラ。 ❷ 虜になる。引き付けられる。魅惑される。 예 아이들이 사로잡힌 애니메이션 子供が虜になったアニメ。

사론(私論)(명) 私論。↔공론(公論)

사료¹(史料)(명) 史料。

사료²(思料)(명) 思料。思量。
　사료-하다(타) 思料する。思量する。

사료³(飼料)(명) 飼料。飼い葉。えさ。 예 ~ 작물 飼料作物/ ~ 돼지의 飼料/ ~를 주다. 飼料を与える。

사륙 배판(四六倍版)(출) 四六倍判。

사륙-판(四六版)(출) 四六判。

사륜(四輪)(명) 四輪。 예 ~ 구동 四輪駆動。

사르다(타) ☞불사르다

사르르(부) ❶ そろり。そっと。 예 ~ 눈을 감고 잠이 들다. そっと目を閉じて寝入る。 ❷ そっと｜すうっと｜すっと。 예 ~ 긴장이 풀리다. すうっと緊張が解ける。/ 따뜻한 말에 노여움도 ~ 풀리다. 思いやりのある言葉で怒りがすっと解ける。 ❸ そろり｜とろり。 예 쌓인 눈이 ~ 녹다. 積った雪がとろりと解ける。

사리¹(명) 玉。束。巻き。 예 국수 ~를 추가하다. 麺をひと玉追加する。

사리²(私利)(명) 私利。

사리³(事理)(명) 事理。 예 ~를 분별하다. 事理をわきまえる。

사리⁴(舍利)(명)(종) 舎利。

사리⁵(sari 인)(명) サリー。

사리다(타) ❶ (蛇が)とぐろを巻く。 예 몸을 사린 뱀이 쥐를 노리고 있다. とぐろを巻いたヘビが、鼠を狙っている。 ❷ 巻き入れる。巻く。丸める。 예 개가 겁이 났는지 꼬리를 사리고 달아났다. 犬が怖いからか、尻尾を巻き入れて逃げていった。 ❸ (体が・心を) 引き締める。気をつける。気遣う。 예 불똥이 튈까 봐 몸을 ~. とばっちりを食うか、用心深く行動する。/ 몸을 사리지 않고 일한다. 体を気遣わずに働く。

사리-사리(부) ❶ ぐるぐる｜くるくる。 ❷ ある感情が鬱積しているさま。 예 ~ 얽힌 생각을 털어놓다. 鬱積して絡み合った考えを打ち明ける。

사리-사욕(私利私慾)(명) 私利私欲。 예 ~으로 치닫는 정치인 私利私欲に走る政治家。

사림(士林)(명) ☞유림

사립¹(명) ☞사립문

사립²(私立)(명) 私立。 예 ~ 학교 私立学校/ ~ 대학 市立大学校。

사립-문(-門)(명) 柴の戸。柴の門。しおり戸。=사립¹

사마귀¹(명)(의) 疣。

사마귀²(명)(동) 蟷螂。=당랑・버마재비

사막(沙漠・砂漠)(명) 砂漠。 예 ~에는 오아시스가 있다. 砂漠にはオアシスがある。/ ~ 지대에는 다양한 동물과 식물이 서식한다. 砂漠地帯にも多様な動物と植物が生息する。/ 선인장은 ~ 식물이다. サボテンは砂漠の植物である。

사막 기후(沙漠氣候) 砂漠気候。

사망(死亡)명 死亡する。예 ~ 보험 死亡保険/ ~ 신고 死亡届け/ ~ 진단서 死亡診断書。

　　사망-하다자 死亡する｜死ぬ。

사망-률(死亡率)명 死亡率。예 신생아 ~이 높다. 新生児の死亡率が高い。

사망-자(死亡者)명 死亡者｜死亡人。

사면¹(四面)명 四面｜四方。
사면²(斜面)명 斜面。
사면³(赦免)명《법률》赦免。
　　사면-하다타 赦免する。
사면⁴(辭免)명 辞任。
　　사면-하다타 辞任する。

사면-장(赦免狀)명 赦免状｜赦状。
사면-체(四面體)명《수》四面体。
사면-초가(四面楚歌)명 四面楚歌。

사멸(死滅)명 死滅する。예 세균을 사멸시키다. 細菌を死滅させる。

사명¹(使命)명 使命。
사명²(社名)명 社名。
사명³(社命)명 社命。
사명-감(使命感)명 使命感。
사모¹(思慕)명 思慕。
　　사모-하다타 思慕する｜慕う。예 선생님을 사모하는 마음 先生を慕う心。
사모²(師母)명 先生様の夫人。
사모³(紗帽)명 黒い紗の帽子。
사모-님(師母-)명 【奥様】奥さま｜奥さん。
사모아(Samoa)명《국》サモア。
사무¹(私務)명 【私務】私務。
사무²(事務)명 事務。예 ~ 용품 事務用品/ ~ 관리 事務管理/ ~ 총장 事務総長。
사무³(社務)명 社務｜会社の仕事。
사무-관(事務官)명《수》事務官。
사무-국(事務局)명 事務局。
사무-소(事務所)명 事務所。
사무-실(事務室)명 事務室。
사무 자동화(事務自動化)《경》事務自動化｜OA化。=오에이

사무-장(事務長)명 事務長。
사무-적(事務的)관형 事務的。예 ~으로 답하다. 事務的に答える。

사무치다자 【深く身に】染みる｜深く感じる。예 이제야 그 사람의 고마움이 사무치게 느껴진다. 今になって彼の有難さが身にしみて感じられる。/ 원한이 ~. 恨みが身に染みる。/ 사무치게 그립다. 身に染みて恋しい。

사-문서(私文書)명《법》私文書｜私署証書。예 ~ 위조 혐의로 체포되다. 私文書偽造の嫌疑で逮捕される。
　→공문서

사물¹(私物)명 私物。=사유물
사물²(事物)명 事物。
사물-거리다자【】(皮膚に小さな虫がはい回るように)くすぐったい｜こそばゆい｜むずむずする。예 왜 이렇게 배가 사물거리는지 모르겠다. どうしてこんなに腹がむずむずするのかわからない。=사물대다¹

사물-거리다자【】物がぼんやり目の前に浮かんで、ちらちらする。=사물대다²

사물-대다¹자 ☞사물거리다
사물-대다²자 ☞사물거리다

사뭇부 ❶【】お構い無く｜思い切り。❷【】続けて｜ずっと｜ひたすら。❸【】すっかり｜全然｜まるっきり。예 내가 생각했던 것과 ~ 다르다. 私が思ったこととは全然違う。❹【】まったく｜ほんとうに｜いかにも。예 그가 ~ 놀랍다는 표정으로 나를 바라보았다. 彼がいかにも驚いたという表情で、私を見つめた。

사민(四民)명 【】四民。예 ~ 평등 四民平等。

사바(娑婆)명《종》【】娑婆。
사바나(savanna)명 サバンナ｜サバナ。
사바나 기후(savanna氣候) サバンナ気候。예 건기와 우기가 뚜렷한 ~ 乾季と雨季が明瞭なサバンナ気候。
사바-세계(娑婆世界)명 娑婆の世界。

사박-거리다 ❶【】しきりにさくさく噛む音がする。예 사박거리면서 맛있는 듯이 사과를 베어 먹다. さくさく音を立てながら美味しそうにリンゴをかじる。❷【】しきりにさくさく音がする。예 나는 새로 내린 눈 위를 사박거리며 걷기를 좋아한다. 私は新雪の上を、さくさくと音を鳴らしながら歩くのが好きだ。=사박대다・사박사박하다

사박-대다자 ☞사박거리다
사박-사박부 ❶【】さくさく。예

싱싱한 사과를 ~ 씹는 느낌 みずみずしいリンゴをさくさくと噛む歯ざわり。❷【모래나 눈 따위를 밟는 소리 따위로】さくさく｜ざくざく。

사박사박-하다 Ⅰ 困 ☞사박거리다
Ⅱ 匣 やわらかい。⑨사박사박한 빵 やわらかいパン。

사박-스럽다 団 (気性きしょうが)見みるからに毒々どくどくしく、不人情ふにんじょうである｜毒々しく非常ひじょうに冷つめたい｜残忍ざんにんだ。

사박스레 匣 毒々どくどくしく不人情ふにんじょうに｜残忍ざんにんに｜とげとげしく。

사-박자(四拍子) 图 (音)四拍子よんびょうし。
사발(沙鉢) 图 鉢はち｜どんぶり。
사발-밥(沙鉢-) 图 どんぶり飯めし｜どんぶりに盛もったご飯はん。
사발-시계(沙鉢時計) 图 どんぶりのように丸まい置おき時計どけい。
사방¹(四方) 图 四方しほう。=사처
사방²(沙防·砂防) 图 (건)砂防さぼう。
사방-등(四方燈) 图 角行灯かくあんどん。
사방-팔방(四方八方) 图 四方しほう八方はっぽう。
사범¹(事犯) 图 (법)事犯じはん。
사범²(師範) 图 師範しはん。
사범 교육(師範教育) 《교》師範教育しはんきょういく。
사범 대학(師範大學) 《교》師範学校しはんがっこう。
사법¹(司法) 图 《법》司法しほう。⑨ ~ 경찰 司法警察しほうけいさつ／~ 시험 司法試験しほうしけん／~ 재판 司法裁判しほうさいばん／~ 국가 司法国家しほうこっか／~ 기관 司法機関しほうきかん。
사법²(射法) 图【활이나 총 따위를 쏘는 방법】射法しゃほう｜射術しゃじゅつ。
사법-관(司法官) 图 《법》司法官しほうかん。
사법-권(司法權) 图 《법》司法権しほうけん。
사벽(四壁) 图 四壁しへき。
사변¹(四邊) 图 四辺しへん。
사변²(事變) 图 事変じへん。
사변³(斜邊) 图 《수》【직각삼각형의 빗변】斜辺しゃへん。
사변-형(四邊形) 图 《수》四辺形しへんけい｜四角形しかくけい。=사각형
사별(死別) 图 死別しべつ。
사별-하다 困 死別しべつする。⑨5년 전에 부인과 사별했다. 五年前ごねんまえ、奥おくさんに死別した。
사병¹(士兵) 图 《군》士卒しそつ｜兵士へいし。
사병²(死病) 图 死病しびょう｜死しに病やまい｜不治ふじの病やまい。
사보(社報) 图 社内報しゃないほう。⑨ ~ 를 발행하다. 社内報を発行はっこうする。
사보타주(sabotage 프) 图 《사》サボタージュ｜怠業たいぎょう｜サボ。=태업
사복¹(私服) 图 私服しふく。⑨ ~ 형사 私服刑

事じ／~ 을 입다. 私服を着きる。
사복²(私腹) 图【사욕】私腹しふく。
사본(寫本) 图 写本しゃほん。
사본-하다 他 原本げんぽんをそのまま書かきうつす。
사부(師父) 图 師父しふ。⑨ ~ 로 모시다. 師父として仕つかえる。
사부랑-삽작 匣【가볍게 살짝 건너뛰는 모양】すばしこく｜身軽みがるく｜すばやく｜機敏きびんに。
사-부인(査夫人) 图【사돈의 부인】娘むすめの姑しゅうとめ｜嫁よめのお母かあさま。
사부자기 匣【남이 거의 깨닫지 못할 만큼 가만히】軽かるく静しずかに｜そっと。⑨ ~ 뛰어내리다. そっと飛とび降おりる。／~ 열다. 軽く開あける。
사부작-사부작 匣 力ちからを入いれずに、続つづけて軽かるく行動こうどうするさま。
사분-거리다 困 ❶【가만가만 이야기하다】ひそひそとおしゃべりをする。⑨무엇 때문인지 사분거리며 웃고 있다. 何なんなのかひそひそとしながら笑わらっている。❷【가벼운 농담을 하며 자꾸 귀찮게 굴다】(軽かるく冗談じょうだんを交まじえながら)しつこくからかう｜しきりにいじめる。=사문대다
사분-대다 困 ☞사분거리다
사분-기(四分期) 图 四半期しはんき。
사분-사분 匣 ❶【조용하게 가볍게 행동하는 모양】そっと｜こそこそ｜ひそひそ。❷【성질이 부드럽고 친절한 모양】ねちねち。
사분사분-하다 気きだてが和やわらかでやさしい。
사분-쉼표(四分-標) 图 《음》四分しぶん休符きゅうふ。
사분-오열(四分五裂) 四分しぶん五裂ごれつ。=삼분오열
사분-음표(四分音標) 图 《음》四分しぶん音符おんぷ。
사분의사 박자(四分-四拍子) 图 《음》四分しぶんの四拍子よんびょうし。
사붓 匣【소리가 거의 나지 아니할 정도로 발을 옮겨 놓는 모양】そっと。⑨한 걸음 ~ 내디디다. 一歩いっぽ軽かるやかに踏ふみ出だす。
사붓-이 匣 そっと。
사붓-사붓 匣【소리가 하나도 나지 않게 자꾸 가볍게 발걸음을 옮겨 놓는 모양】そっと｜軽かるやかに｜静しずかに。⑨ ~ 걷다. 軽やかに歩あるく／자그만 꽃신을 신고 ~ 발을 내디뎠다. 小ちいさな花柄はながらの靴くつをはき、軽やかに足あしを踏ふみ出だした。
사비(私費) 图 私費しひ。⑨ ~ 유학 私費留学りゅうがく。
사빈(沙濱·砂濱) 图 砂浜すなはま。
사뿐 匣【소리나지 않게 가볍게 내디디는 모양】ひらりと｜軽かるく静しずかに｜ふわりと。⑨ ~ 내려와 앉다. そっと降おりて座すわる。／~ 올라서다. 静しずかに立たちあがる。／~ 뛰어내리다. ひらりと飛とび降おりる。

사뿐-사뿐[부] 【(원래)사뿐사뿐을 줄인 말로】 しずしず｜軽やかに。 예 그녀가 ～ 걸어 내게로 왔다. 彼女が軽やかに歩いて、私のところに来た。

사뿐사뿐-하다[형] しずしずとする｜軽やかだ。 예 사뿐사뿐하게 걷다. 軽やかに歩く。／사뿐사뿐하게 춤추다. 軽やかに踊る。／사뿐사뿐하게 앉다. 軽やかに座る。

사뿐-하다[형] 軽やかだ。
사뿐-히[부] 軽やかに。

사뿟[부] 軽々かると。

사뿟-사뿟[부] 足を軽やかにそっと。 예 ～ 춤을 추다. 軽やかに踊る。／～ 발을 옮기다. 軽やかに足を運ぶ。

사뿟사뿟-하다[형] 足を軽やかにそっと踏み出す。 예 사뿟사뿟한 발걸음으로 걷다. 軽やかな足取りで歩く。

사사¹(私事)[명] 【(원래)사사을 줄인 말로】 私事。
사사²(師事)[명] 師事。
　사사-하다[타] 師事する。

사사건건(事事件件)[명][부] すべての事｜あらゆる事件｜ことごとに。 예 상사에게 매일 ～을 보고해야 한다. 上司に毎日、すべての事を報告しなければならない。／～ 방해만 한다. ことごと邪魔ばかりしている。

사사-롭다(私私—)[형] 私的だ｜個人的だ。 예 사사로운 일 私的な用事／사사로운 의견 個人的な意見／사사로운 일에까지 관여하지 마라. 個人的なことにまで首を突っ込むな。

사사로이[부] 個人的に｜私的に。 예 ～ 부탁하다. 個人的に頼む。／～ 모으다. 個人的に集める。／공금을 ～ 유용하다. 公金を個人的に流用する。

사사-오입 (四捨五入)[명] 《수》四捨五入。◆'반올림'의 전 용어.

사산(死産)[명] 《의》死産。
　사산-하다[자] 死産する。

사산-아(死産兒)[명] 《의》死産兒。

사살(射殺)[명] 射殺。
　사살-하다[타] 射殺する。

사상¹(史上)[명] 史上｜歴史上。 예 ～ 최대의 사건 史上最大の事件。

사상²(私商)[명] 個人が経営する商業。

사상³(思想)[명] 思想。 예 ～의 자유 思想の自由／과격 ～ 過激な思想／근대 ～ 近代思想。

사상-가(思想家)[명] 思想家。
사상-계(思想界)[명] 思想界。
사상균-증(絲狀菌症)[명] 《의》真菌症｜糸状菌症。
사상-누각(沙上樓閣)[명] 砂上の楼閣。
사상-범(思想犯)[명] 《사》思想犯。
사상-자(死傷者)[명] 死傷者。
사색¹(四色)[명] 四つの色。
사색²(死色)[명] 死色。
사색³(思索)[명] 思索。 예 ～에 잠기다. 思索にふける。
　사색-하다[자][타] 思索する。
사색⁴(辭色)[명] 【(원래)사색을 줄인 말로】辭色。
사생¹(死生)[명] 死生。
사생²(寫生)[명] 写生｜スケッチ。 예 ～ 대회 写生大会。
　사생-하다[타] 写生する。
사생-결단(死生決斷)[명] 生死に構わないで決断すること。
사생-아(私生兒)[명] 私生児｜私生子。 =사생자
사생-자(私生子)[명] ☞사생아
사생-화(寫生畵)[명] 《미》写生画｜スケッチ。
사-생활(私生活)[명] 私生活。 예 ～에 간섭하지 마. 私生活に干渉するな。
사서¹(司書)[명] 司書。 예 국립 도서관에서 ～로 일하다. 国立図書館で司書として働く。
사서²(四書)[명] 【(원래)사서을 줄인 말로】四書。◆「大学(だいがく)」・「中庸(ちゅうよう)」・「論語(ろんご)」・「孟子(もうし)」を言う。
사서-함(私書函)[명] 《통》私書箱｜私書函。◆'私書函'은 '私書箱'의 전 용어.
사석(私席)[명] 私的な席。
사선¹(死線)[명] 死線。 예 ～을 넘다. 死線を越える。
사선²(斜線)[명] 【(원래)사선을 줄인 말로】斜線。
사설¹(私設)[명] 私設。 예 ～ 기관 私設機関。
　사설-하다[타] 私設する。
사설²(社說)[명] 社説。 예 신문 ～ 新聞の社説。
사설³(辭說)[명] 小言を並べ立てること。
사성(四聲)[명] 《언》四声。
사세(事勢)[명] 事의 成り行き。
사소-하다(些少—)[형] 些少だ｜些細だ｜わずかだ｜つまらない。 예 사소한 일로 싸우다. つまらないことでけんかする。

사수¹(死守)〔명〕死守。
　사수-하다〔타〕死守する。例 업계 1위를 사수하자. 業界一位を死守しよう。

사수²(射手)〔명〕射手。

사숙(私塾)〔명〕私塾。

사술(射術)〔명〕射術。

사슬 ☞쇠사슬

사슴〔명〕〈동〉鹿。例 ~ 농장 鹿農場/~의 뿔은 귀중한 약재로 사용된다. シカの角は貴重な薬剤として用いられる。

사슴-벌레〔명〕〈동〉みやまくわがた。

사시¹(四時)〔명〕四時·四季。

사시²(斜視)〔명〕〔의〕斜視。

사시-나무〔명〕〈식〉山鳴。例 ~ 떨듯 떨고 있다. ヤマナラシが揺れるように震えている。

사-시절(四時節)〔명〕☞사철

사신¹(四神)〔명〕〔민〕【청룡·주작·백호·현무】 四神。

사신²(私信)〔명〕【개인적인 편지】 私信。

사신³(使臣)〔명〕【임금의 명령을 받고 외국에 가는 신하】 使臣。

사실¹(史實)〔명〕史実。

사실²(事實) Ⅰ〔명〕事実·実。例 소문은 ~이었다. うわさは事実であった。/ 바람피운 ~을 알았다. 浮気の事実を知った。/ 신문 기사는 ~과 다르다. 新聞記事は事実と異なる。
　Ⅱ〔부〕事実·実。例 ~ 은 전부터 당신을 좋아하고 있습니다. 実はずっと前からあなたが好きです。

사실³(寫實)〔명〕写実。

사실-무근(事實無根)〔명〕事実に無根。

사실-적(寫實的)〔관〕写実的だ。

사실-주의(寫實主義)〔명〕【예】写実主義·リアリズム。例 ~ 미술 リアリズム美術/ ~ 양식 リアリズム様式。

사실-혼(事實婚)〔명〕【법】事実婚。例 3년간 동거한 그들은 ~ 관계로 볼 수 있다. 3年間同棲した彼らは、事実婚関係とみることができる。

사심¹(死心)〔명〕死を覚悟した心。

사심²(私心)〔명〕私心。例 ~을 없애다. 私心を無くす。/ ~을 갖다. 私心を持つ。

사심³(邪心)〔명〕邪心。

사십(四十)〔수〕四十·四十。例 내년이면 ~이 된다. 来年で四十になる。

사악(邪惡)〔명〕邪悪。
　사악-하다〔형〕邪悪だ。例 사악한 여자 邪悪な女。

사안(事案)〔명〕事案。

사암(沙巖·砂巖)〔명〕〔지〕砂岩。

사약(死藥)〔명〕死の薬。

사양¹(飼養)〔명〕飼養。=사육(飼育)
　사양-하다〔타〕飼養する。

사양²(辭讓)〔명〕辞譲·辞退·遠慮。
　사양-하다〔타〕辞譲する|辞退する|遠慮する。例 사양하는 마음 辞譲の心/ 자 어서, 사양하지 말고, 자아 어서, 사양하지 말고, 어서, 자, さあどうぞ、遠慮しないで。/ 사양하지 말고 먹어, 遠慮しないで食べて。

사업(事業)〔명〕事業。例 ~ 계획 事業計画/ ~ 소득 事業所得。

사업-가(事業家)〔명〕事業家。

사역(使役)〔명〕使役。
　사역-하다〔타〕使役する。

사연¹(事緣)〔명〕事由|理由|訳|事情。例 ~을 자세히 설명하다. 事由を詳しく説明する。/ 타인에게 말할 수 없는 ~이 있는 것 같다. 他人に言えない事情があるようだ。

사연²(辭緣·詞緣)〔명〕手紙や話の内容。例 방송국에 ~을 보내 경품을 받았다. 放送局に話を送って、景品をもらった。/ 편지에는 슬픈 ~이 쓰여 있었다. 手紙に悲しい話が書かれていた。

사열(査閱)〔명〕査閲。例 군대 ~을 견학하다. 軍隊の査閲を見学する。
　사열-하다〔타〕査閲する。

사염화-규소(四鹽化硅素)〔명〕〔화〕四塩化珪素。

사염화-탄소(四鹽化炭素)〔명〕〔화〕四塩化炭素。

사영¹(私營)〔명〕私営。例 ~ 기업 私営企業。

사영²(射影)〔명〕射影。

사오(四五)〔관〕四五。

사오-월(四五月)〔명〕四五月。

사옥(社屋)〔명〕社屋。例 ~을 이전하다. 社屋を移転する。

사외(社外)〔명〕社外。例 ~ 이사 社外理事/ ~ 사람 社外の人間。↔사내²

사욕¹(沙浴·砂浴)〔명〕砂浴び。❶【모래찜질】 砂浴び。❷【모래 목욕탕】砂風呂│砂蒸し。❸砂를 用いて間接に加熱すること、またはその装置。

사욕²(私慾)〔명〕私欲。例 ~을 부리다. 私欲を持つ。

사용¹(私用)〔명〕私用。

사용-하다¹ 屆 私用ょうする。

사용²(使用) 閔 使用しょう。 예 ~ 가치 使用価値ち。
　사용-하다 国 使用しょうする | 使っう | 用もちいる。

사용 대차(使用貸借) 閔 使用貸借たいしゃく。

사용-료(使用料) 閔 使用料りょう。

사용-자(使用者) 閔 使用者しゃ。

사우나(sauna) 閔 サウナ。

사우디아라비아(Saudi Arabia) 閔 〈국〉サウジアラビア。

사원¹(寺院) 閔 寺院いん。

사원²(私怨) 閔 私怨えん。

사원³(社員) 閔 社員いん。 예 ~ 모집 社員募集ぼしゅう / ~ 여행 社員旅行りょう / 계약 ~ 契約けい社員 / 신입 ~ 新入しん社員 / 파견 ~ 派遣はん社員。

사월(四月) 閔 四月がつ。 예 ~ 십 일 四月十日とお。

사위¹ 閔 婿むこ。 예 ~를 얻다. 婿を取とる。

사위²(四圍) 閔 四囲しい｜周囲しゅう。

사위다 困 火ひが燃もえ尽つきて灰はいになる｜火がすっかり消きえる。 예 모닥불이 ~. 焚火たきびが燃もえ尽きる。/ 연탄불이 아직 사위지 않았다. 練炭れんたんの火がまだ消えていなかった。

사위-스럽다 囤 縁起えんぎが悪わるいような気きがする｜不吉ぎつな気がする｜忌いま忌ましい。 예 갑자기 사위스러운 생각이 들었다. 突然とつぜん不吉な予感よかんがした。
　사위스레 围 忌ま忌ましく。

사윗-감 閔 婿むこに取とりたい人ひと。

사유¹(私有) 閔 私有ゆう。 예 ~ 관념 私有観念かん / ~ 재산 私有財産ざん。
　사유-하다 国 私有ゆうする。

사유²(事由) 閔 事由ゆう｜理由りゆう。 예 청구 ~를 밝히다. 請求ゅう事由を明あきらかにする。

사유³(思惟) 閔 思惟い。
　사유-하다 国 思惟いする。

사유-물(私有物) 閔 私有物ぶつ。

사유-지(私有地) 閔 私有地ち。

사육(飼育) 閔 飼育いく。
　사육-하다 国 飼育いくする。

사은¹(私恩) 閔 私恩おん。

사은²(師恩) 閔 師恩おん。

사은³(謝恩) 閔 謝恩しゃ。
　사은-하다 困 謝恩しゃする。

사은-회(謝恩會) 閔 謝恩会かい。

사의¹(私意) 閔 私意い。

사의²(事宜) 閔 事宜ぎ。

사의³(謝意) 閔 謝意しゃ。 ❶感謝かんしゃの心こころ。 예 ~를 표하다. 謝意を述のべる。 ❷謝罪しゃの心。

사의⁴(辭意) 閔 辞意じ。 예 ~를 표명하다. 辞意を表明ひょうめいする。

사이 閔 ❶（距離きょ・空間的くうかんの）間あいだ。 예 부산과 제주도 ~에 바다가 있다. 釜山ふさんと済州道さいしゅうの間には海うみがある。/ 책상과 책상 ~에 칸막이가 처 있다. 机つくえと机の間に仕切しきりが立たててある。 ❷（時間的じかんの）余裕ゆう｜暇ひま。 예 은행에 갈 ~도 없이 바빴다. 銀行ぎんこうに行いく間もなく忙いそがしかった。 ❸間あいだ｜うち。 예 밖에 나간 ~에 도둑이 들었다. 外そとに出でている間に泥棒どろぼうが入はいった。/ 어제 오늘 ~에 꽃이 활짝 피었다. 昨日きのうと今日きょうの間に、花はながぱっと咲さいた。/ 12시에서 1시 ~가 점심시간이다. 12時じから1時までの間が昼食ちゅうしょくの時間じかんだ。/ 숙제를 하는 ~에 어두워졌다. 宿題しゅくだいをする間に暗くらくなった。/ 눈 깜짝할 ~에 먹어 치우다. あっという間に平たいらげる。 ❹間あい｜間柄がら｜仲なか｜中ちゅう。 예 오빠와 ~가 나쁘다. 兄あにと仲が悪い。/ 우리는 애인이 아니라 그냥 친구 ~이다. 私わたしたちは恋人こいびとではなく、ただの友達ともだちの間柄だ。/ 개와 원숭이 ~다. 犬猿けんえんの仲だ；仲が非常ひじょうに悪い。/ 친한 ~를 갈라놓다. 親したしい仲を裂さく。/ ~에 끼어들어 중재하다. 中に入はいって仲裁ちゅうさいする。〔준〕새¹

사이다(cider) 閔 サイダー。

사이드라인(sideline) 閔 〈운〉サイドライン。→터치라인

사이드 브레이크(side break) サイドブレーキ。

사이드 스텝(side step) サイドステップ。 ❶〈운〉ボクシングなどのフットワークの一つひと。 ❷〈예〉ダンスでの足取あしどり。

사이드 아웃(side out) 〈운〉サイドアウト。 ❶テニスなどでボールがサイドラインの外そとに出でること。 ❷バレーボールでサーブ権けんが移うつること。

사이렌(siren) 閔 サイレン。

사이버(cyber) 閔 サイバー。

사이보그(cyborg) 閔 サイボーグ。

사이비(似而非) 閔 えせ｜偽にせ。 예 ~ 종교 えせ宗教しゅうきょう。

사이-사이 ❶【공간적】(空間的)な)あいだあいだ。 예 책갈피 ~에 메모를 끼워 두다. 本のページのあいだあいだにメモを挟んでおく。 ❷【시간적】(時間的な)合間｜合間合間。 예 일하는 ~에 쉬기도 한다. 仕事との合間に休みもする。 준새새

사이-좋다 親しい｜むつまじい｜仲がよい。 예 친구와 사이좋게 놀다. 友だちと仲よく遊ぶ。

사이즈(size)명 サイズ。 예 신발 ~ 靴のサイズ／옷 ~ 服のサイズ／~를 재다. サイズを測る。

사이-짓기〈농〉間作。 예 무는 보통 ~로 재배된다. 大根は普通間作で栽培される。 =간작

　사이짓기-하다자타 間作する。 =간작하다

사이클(cycle) Ⅰ명 サイクル。 ❶〈물〉周期。 ❷ 自転車。 ❸〈물〉周波数｜周波数。
　Ⅱ의〈물〉【헤르츠의 구칭】ヘルツ。

사이클론(cyclone)명 サイクロン。 예 ~의 규모는 태풍에 비해 매우 작다. サイクロンの規模は台風に比べて、とても小さい。

사이클링(cycling)명 サイクリング。

사이트(site)명〈컴〉サイト。 예 검색 ~ 検索サイト。

사익(私益)명 私益｜私利。

사인¹(死因)명 死因。

사인²(私人)【사사로운 개인】名 私人。

사인³(私印)【사인】名 私印。

사인⁴(sign)명 サイン。 ❶ 署名。 ❷ 合図｜暗号。
　사인-하다자 サインする。 예 이 책에 사인해 주시겠어요? この本にサインしていただきませんか。

사인 곡선(sine曲線)〈수〉正弦曲線。

사임(辭任)명 辞任。
　사임-하다자타 辞任する。 예 회장을 ~. 会長を辞任する。

사자¹(死者)명 死者｜死人。

사자²(使者)명 使者。

사자³(師資)명 師資。

사자⁴(獅子)〈동〉獅子｜ライオン。 예 암 ~ メスのライオン／~는 밀림의 왕이다. ライオンはジャングルの王様だ。
　사자 없는 산에 토끼가 왕[대장] 노릇 한다속담 獅子のいない山ではウサギが王の代わりをやる：「優れた人のいないところで、そうじゃない人が自惚れて仕切ること」の意：〔日〕鳥無き里の蝙蝠。◆日本では'새 없는 마을에 박쥐'라고 한다.

사자-놀음(獅子—)명〈민〉獅子の仮面をかぶって演ずる民俗遊び。 예 북청 ~ 北青獅子遊び。 =사자놀이

사자-놀이(獅子—)명 ☞사자놀음

사자-무(獅子舞)명 ☞사자춤

사자-자리(獅子—)명 獅子座。

사자-춤(獅子—)명〈민〉獅子舞。 =사자무

사자-코(獅子—)명 獅子鼻。 예 성형 수술로 ~를 고쳤다. 整形手術で獅子鼻を直した。

사자-탈(獅子—)명〈민〉獅子頭｜獅子の仮面。

사장¹(死藏)【활용할 수 있는 것을 쓰지 않고 묵혀 둠】명 死蔵。
　사장-하다타 死蔵する。 예 콘텐츠를 사장하지 마라. コンテンツを死蔵するな。

사장²(沙場·砂場)명 砂浜｜砂原。 =모래사장

사장³(私藏)【개인이 사사로이 간직함】명 私蔵。
　사장-하다타 私蔵する。

사장⁴(社長)명 社長。

사장⁵(射場)명 射場。 =활터

사장⁶(師長)명 師長。

사장⁷(謝狀)명 謝状。

사-장조(一長調)명〈음〉ト長調。

사재(私財)명 私財。 예 막대한 ~를 투자하다. 莫大な私財を投じる。

사재-기명 買い溜め｜買い占め。
　사재기-하다타 買い溜めする。

사-적¹(史的)관명 史的。 예 ~ 고찰 史的考察。

사-적²(私的)관명 私的。 예 ~ 사용 私的使用／~인 관계 私的な関係。

사적³(史跡·史蹟)명【역사적으로 중요한 일이나 건축물의 자취】史跡｜史蹟。

사적⁴(史籍)명 史籍。 =사기(史記)

사적⁵(事跡·事迹)【사업의 자취】명 事跡｜事蹟。

사적⁶(射的)명 射的。

사전¹(事典)명 事典。 예 백과 ~ 百科事典。

사전²(事前)【일이 일어나기 전】명 事前。 예 ~ 준비 작업 事前準備作業／~ 평가를 실시하다. 事前評価を実施する。

사전³(辭典)명 辞典。 예 국어 ~ 国語辞典。

사절¹(四節) 명 ☞사철
사절²(使節) 명 使節₅₃。예 외교 ~ 外交使節/친선 ~ 親善使節。
사절³(謝絶) 명 【~하다 타】謝絶₅₃。예 면회 ~ 面会₅₃謝絶。
　사절-하다 타 謝絶する。
사절⁴(辭絶) 명 【~하다 타】遠慮₃₃して受け入れないこと。
　사절-하다 타 遠慮して受け入れない。
사절-단(使節團) 명 使節団₅₃₃。
사정¹(私情) 명 【~하다 자】私情₃₃。
사정²(事情) 명 ❶ 【~하다 자】事情₃₃₃ │ わけ │ 理由₃₃ │ 都合₃₃ │ 具合₃₃。예 심각한 ~이 있다. 深刻な事情がある。 ❷ 【~하다 자】頼むこと │ 懇請₃₃すること │ 事情を訴えること。
　사정-하다 자 頼む │ 懇請する │ 事情を訴える。예 아무리 사정해 봐도 소용없다. いくら事情を訴えてもだめだ。
사정³(査定) 명 【~하다 타】査定₃₃。
　사정-하다 타 査定する。예 판매 실적을 ~. 販売実績₃₃₃を査定する。
사정⁴(射程) 명 〖군〗射程₅₃₃。예 ~거리 射程距離₃₃。=사거리
사정⁵(射精) 명 【~하다 자】射精₅₃₃。
　사정-하다 자 射精する。
사정-사정(事情事情) 명 拝み倒して頼んで │ 拝み倒って │ 頼みまくって。
　사정사정-하다 자타 哀願₃₃する │ 懇願₃₃する。예 사정사정하여 집세를 내려 받았다. 頼みに頼んで家賃を下げてもらった。/ 사정사정하여 봉급을 가지급 받았다. 拝み倒して給料₃₃₃を前借りした。/ 사정사정해도 막무가내로 듣지 않는다. 拝み倒しても頑として聞かない。
사정-없다(事情一) 형 (人の事情₃₃₃も察しず)思いやりがない │ 手加減₃₃しない │ 容赦₃₃しない │ 無慈悲だ。예 사정없는 처사 無慈悲な仕打ち/ 사정없는 말로 남의 마음에 상처를 입히다. 思いやりのない言葉で、人の心₃₃を傷つける。
　사정없-이 부 思いやりがなく │ 容赦無く │ 無慈悲に。예 ~ 거부하다. 無慈悲に拒否する。/ ~ 때리다. 容赦無く殴り付ける。
사제¹(司祭) 명 〖종〗【~하다 타】司祭₃₃。
사제²(私製) 명 【~하다 타】私製₃₃。예 ~엽서 私製葉書/ ~ 폭탄 私製爆弾₃₃₃。
　사제-하다 타 個人₃₃でものを作る。
사제³(師弟) 명 【~하다 자】師弟₃₃。예 ~ 관계 師弟関係₃₃₃。
사조(思潮) 명 思潮₃₃₃。예 시대~ 時代思潮。
사족¹(四足) 명 四足₃₃。
　사족(을) 못 쓰다 관용 目がない。
사족²(蛇足) 명 【~하다 자】蛇足₃₃。예 ~을 달다. 蛇足を加える。
사죄¹(死罪) 명 死罪₃₃。
사죄²(謝罪) 명 【~하다 자】
　사죄-하다 자 謝罪₃₃する。예 잘못을 솔직히 ~. 過ちを率直₃₃に謝罪する。
사주¹(四柱) 명 〖민〗生まれた年月日₃₃₃と時の四つの干支₃₃ │ 生まれた年月日と時の干支に基づいた占い。
사주²(沙洲・砂洲) 명 〖지〗砂州₃₃ │ 砂洲₃₃。
사주³(使嗾) 명 【~하다 타】使嗾₃₃。=사촉
　사주-하다 타 使嗾する │ そそのかす │ けしかける。=사촉하다
사주⁴(社主) 명 【~하다 타】社主₃₃。
사주-팔자(四柱八字) 명 〖민〗❶ 生まれた年月日時₃₃₃₃₃の干支の八つの字。 ❷ 【~하다 자】星回り │ 定め。
사중-주(四重奏) 명 〖음〗四重奏₃₃₃₃ │ カルテット。예 현악 ~ 弦楽₃₃四重奏。
사중-창(四重唱) 명 〖음〗四重唱₃₃₃₃ │ カルテット。
사증(査證) 명 査証₃₃ │ ビザ。
사지¹(四肢) 명 四肢₃₃。
사지²(死地) 명 死地₃₃。
사지³(沙地・砂地) 명 砂地₃₃₃ │ 砂。
사직(辭職) 명 辭職₃₃₃。
　사직-하다 자타 辞職する。예 회사를 ~. 会社₃₃を辞職する。
사직-서(辭職書) 명 ☞사직청원서
사직-원(辭職願) 명 ☞사직청원서
사직-청원서(辭職請願書) 명 辭職願₃₃₃₃。예 ~를 제출하다. 辞職願を提出する。=사직서・사직원
사진¹(沙塵・砂塵) 명 砂塵₃₃ │ 砂ぼこり │ 砂煙₃₃₃。
사진²(寫眞) 명 写真₃₃。예 ~ 견관 写真乾板₃₃₃/ ~을 찍다. 写真を撮る。
사진-가(寫眞家) 명 【~하다 자】写真家₃₃₃。예 아버지는 유명한 ~였다. 父は有名な写真家だった。
사진-관(寫眞館) 명 写真館₃₃₃。
사진-기(寫眞機) 명 写真機₃₃₃ │ カメラ。

사진-사(寫眞師)명 写真師 | カメラマン。예 나는 ~가 되고 싶다. 僕はカメラマンになりたい。

사진-술(寫眞術)명 写真術。

사진-첩(寫眞帖)명 写真帳 | アルバム。 =앨범

사진-틀(寫眞-)명 写真の枠 | 額縁。

사-차원(四次元)명《수》四次元。예 ~공간 四次元空間。

사찰¹(寺刹)명 寺 | 寺院。=절

사찰²(査察)명 査察。

사창-가(私娼街)명 私娼の多い街。

사채(私債)명 個人間の借金 | ヤミ金。

사채²(社債)명《법》社債。

사처(四處)명 ☞사방

사-철(四一)명 四季 | 四時。=사시절·사절¹

사철-나무(四一)명《식》正木、柾。예 양 옆에 심어진 ~가 매우 멋들어지다. 両側に植えられたマサキがとてもすてきだ。

사철-쑥(四一)명《식》河原艾。예 모래땅에서 자라는 ~ 砂地で育つカワラヨモギ。

사체(死體)명 死体 | 屍体 | 死骸。

사촉(唆囑)명 ☞사주(使嗾)
  사촉-하다타 ☞사주하다

사촌(四寸)명 ❶いとこ。❷四親等。

사춘-기(思春期)명 思春期。

사취(沙嘴·砂嘴)명 砂嘴。

사취(詐取)명 詐取。예 연구비 ~ 사건 研究費の詐取事件。
  사취-하다타 詐取する。예 현금 10억 원을 ~. 現金十億ウォンを詐取する。

사치(奢侈)명 奢侈 | 贅沢。예 ~ 문화 奢侈文化 / ~ 생활 奢侈生活 / 이 순간 슬픔을 느끼는 것조차 ~라고 느껴졌다. この瞬間、悲しみを感じることさえ贅沢だと感じた。
  사치-하다자 奢侈だ | 贅沢だ。

사치-세(奢侈稅)명《법》奢侈稅。

사치-품(奢侈品)명 奢侈品。

사칙(四則)명《수》四則。예 ~ 계산 四則計算。

사칭(詐稱)명 詐稱。
  사칭-하다타 詐稱する。예 정부 기관을 사칭하는 스팸 메일이 속속 발생하고 있다. 政府機関を詐称するスパムメールが続々発生している。

사카린(saccharin)명《화》サッカリン。예 설탕 대신 ~을 넣다。砂糖の代わりにサッカリンを入れる。

사타구니명《俗》股ぐら。준 사타귀

사타귀명 ☞'사타구니'의 준말.

사탄(Satan)명《종》サタン。

사탕(-砂糖·砂糖)명 ❶キャンデー | 砂糖菓子 | 飴菓子。예 ~을 빨아 먹다. キャンデーを嘗める。❷砂糖。=설탕

사탕-가루(-砂糖-)명 砂糖の粉。

사탕-무(-砂糖-)명《식》砂糖大根 | 甜菜 | ビート。

사탕-발림(-砂糖-)명【관용】お世辞 | おべんちゃら | おだて。예 ~에 솔깃해지다. おべんちゃらにつられる。/ ~에 넘어가지 마라. おだてに乗るな。

사탕-수수(-砂糖-)명《식》砂糖黍。

사탕-절이(-砂糖-)명 砂糖漬け。장기 저장법 중의 하나인 ~ 長期保存法の一つである砂糖漬け。 =사탕절임

사탕-절임(-砂糖-)명 ☞사탕절이

사태¹명《동물》牛の膝の後ろに付いている肉。

사태²(死胎)명 死胎。

사태³(事態)명 事態。예 무력 ~ 武力事態 / 긴급 ~가 발생하였다. 緊急事態が発生した。

사택(私宅)명【법】私宅 | 私邸 | 自宅 | 持ち家。

사택²(社宅)명【법】社宅。

사택³(舍宅)명 官舎 | 公務員用住宅。예 교장 선생님은 ~에 사신다. 校長先生は公務員用住宅にお住まいだ。

사토(沙土·砂土)명 砂土。=모래흙

사토-질(沙土質)명 砂土質。

사통(私通)명 密通。
  사통-하다자 私通する | 密通する。

사통-팔달(四通八達)명 四通八達。

사퇴(辭退)명 辞退。
  사퇴-하다자 辞退する。예 초대를 ~. 招待を辞退する。

사투(死鬪)명 死鬪。예 적과 ~를 벌이다. 敵との死闘を繰り広げる。
  사투-하다자 死闘する。

사투리명《언》訛り | 方言 | 俚言。

사파리(safari)명 サファリ。

사파이어(sapphire)명《광》サファイア | 青玉。

사팔-눈[명]【의학】やぶにらみ｜斜視。 예 B 사감의 눈은 ~이다. B舎監の目は斜視だ。

사팔-뜨기[명]【의학용어】ロンパリの人。

사포(沙布·砂布)[명] 紙鑢｜鑢紙｜サンドペーパー。

사표¹(師表)[명]【모범인물】師表。 예 그분은 우리의 ~가 되는 인물이다. あの方は私たちの師表になる人物だ。

사표²(辭表)[명] 辞表｜辞職願。 예 ~를 내다. 辞表を出す。/ ~를 수리하다. 辞表を受理する。

사푼[부]【발을 가벼운 소리가 나게 딛는】そっと。 예 ~ 내려와다. そっと降りて座る。/ 발을 ~ 내딛다. 足をそっと踏み出す。

사푼-사푼[부]【자꾸 가벼운 소리가 나게 걷거나 움직이는 모양】しきりにそっと。

사뿟[부]【발을 가벼운 소리가 나게 딛는】【발 가볍게 움직이는 모양】そっと｜軽くひそやかに。

사뿟-사뿟[부]【자꾸 가벼운 소리가 나게 걷거나 움직이는 모양】しきりにそっと｜しきりに軽くひそやかに。예 ~ 걸어가다. 軽やかに歩いて行く。

사필귀정(事必歸正)[명] すべての事は必ず正理に帰するということ。

사-하다(赦—)[타] (罪)などを許す。

사학¹(史學)[명] 史学｜歴史学。=역사학

사학²(私學)[명]【교】私学｜私立学校。=사립학교

사항(事項)[명] 事項｜事柄。 예 개개의 ~을 설명하다. 個々の事柄を説明する。

사해¹(四海)[명] 四海。

사해²(死海)[명]【지】死海。

사행(蛇行)[명] ☞곡류(曲流)

사향(麝香)[명]【한】麝香。

사향-고양이(麝香—)[명]【동】麝香猫。

사향-노루(麝香—)[명]【동】麝香鹿。

사향-소(麝香—)[명]【동】麝香牛。

사혈(瀉血)[명]【한】瀉血。
　사혈-하다[자] 瀉血する。

사형¹(死刑)[명]【법】死刑。 예 ~에 처하다. 死刑に処する。

사형²(舍兄)[명]【자기의 형을 이르는】舎兄。

사형-수(死刑囚)[명]【법】死刑囚。

사형-장(死刑場)[명]《법》刑場｜仕置き場。

사화¹(史話)[명] 史話｜史談。

사화²(私和)[명] 私和｜内済｜示談。
　사화-하다[자] 私和する｜内済する｜示談する。

사-화산(死火山)[명] 死火山。

사환(使喚)[명]【심부름】給仕。

사활(死活)[명] 死活。 예 우리 회사의 ~이 걸리다. わが社の死活にかかる。

사-활강(斜滑降)[명]【운동】斜滑降。

사회¹(司會)[명] ❶ 司会。 ❷ ☞사회자
　사회-하다[타] 司会する。

사회²(社會)[명] 社会。 예 ~의식 社会意識。/ ~ 운동 社会運動。/ ~ 현상 社会現象。/ ~ 구조 社会構造。

사회 간접 자본(社會間接資本)《경》社会間接資本｜社会資本。

사회 과학(社會科學)《사》社会科学。

사회 보장 제도(社會保障制度)《사》社会保障制度。

사회-생활(社會生活)[명] 社会生活。

사회-성(社會性)[명]【심】社会性。

사회-악(社會惡)[명] 社会悪。

사회-인(社會人)[명]《사》社会人。

사회-자(司會者)[명] 司会者。=사회¹ ❷

사회-적(社會的)[명] 社会的。

사회-주의(社會主義)[명]《사》社会主義。 예 ~ 사상 社会主義思想。/ ~ 국가 社会主義国家。

사회-학(社會學)[명]《사》社会学。

사회-화(社會化)[명] 社会化。 예 생산 수단의 ~ 生産手段の社会化。

사후¹(死後)[명] 死後｜没後。

사후²(事後)[명] 事後。 예 ~ 관리 事後管理。

사흔-날[명] 三日間。=사흘

사흘[명] ☞사흔날

삭[부] ❶【종이·천 따위를 단번에 거침없이 베거나 자르는】さあっと｜すぱっと｜すっと。 예 가위로 종이를 ~ 잘랐다. はさみで紙をすぱっと切った。 ❷【종이 따위를 단번에 거침없이 쓸거나 문지르는】さあっと｜さっと｜すっと。 예 ~ 쓸어버리다. さあっと掃く。/ ~ 치워 버리다. さっと片付ける。 ❸【소수 하나 남김 없이 완전히 없어지는 모양】ひとつ残らず｜完全に｜すっかり｜根こそぎ。 예 그 많던 음식을 ~ 먹어 치우다. そのたくさんあった食べ物を、すっかり食べ尽くす。

삭²(朔)[명]의【천】ヶ月。

삭감(削減)[명] 削減。 예 예산의 ~ 予算の削減。
　삭감-하다[타] 削減する。

삭과(蒴果)[명]《식》蒴果｜蒴。

삭다[자] ❶【물건이 오래되어 썩은 듯이 힘없이 부스러지다】ぼろぼろになる｜よれよれになる｜朽ちる。 ❷【김치 따위 음식이 맛들다】(漬物などが)漬かる｜味がつく。 예 김

치가 ~. キムチが漬かる。❸【음식물이】(食べたものが)消化される。こなれる。예먹은 것이 잘 삭지 않는다. 食べたものが良くこなれない。❹【노여움·】(怒り·悔しさが)静まる。和らぐ。

삭둑[부][부드러운 것을 한번에] ちょきんと。すぱっと。예 풀 베는 소리가 들린다. ちょきんと草を切る音がする。

삭둑-거리다[자][타] しきりにちょきんとする。しきりにすぱっとする。=삭둑대다

삭둑-대다[자][타] ☞삭둑거리다

삭둑-삭둑[부] ちょきちょき。すぱすぱ。

삭막-하다(索莫—·索寞—·索漢—)[형] 索漠としている。索寞としている。索寛としている。예삭막한 거리 索漠たる街。

삭발(削髪)[명] 剃髪。예~식 剃髪式。

삭발-하다[자][타] 剃髪する。髪を剃る。

삭-삭[부] ❶【부드럽고 가볍게 자르는 소리를 나타내는 말】 ちょきちょき。すぱすぱ。예 재단 선을 가위로 ~ 자르다. 裁断する線をハサミでちょきちょき切る。❷【가볍고 힘있게 비비거나 쓸거나 닦는 모양】 さっさっと。예두 손을 ~ 비비다. 両手をさっさっと擦る。❸【남김없이】 きれいに。すっかり。예밥 한 그릇을 순식간에 ~ 비우다. 御飯 一杯を、あっという間にすっかり空にする。

삭삭-거리다[자][타] ❶ちょきちょきとす る。예아이가 삭삭거리며 가위로 종이를 자르고 있다. 子供がちょきちょきさせながらハサミで紙を切っている。❷さっさっと音がする。예삭삭거리는 소리를 내며 마른 잎을 비로 쓸다。しきりにさっさっと音を立てながら、枯葉をほうきで掃く。=삭삭대다

삭삭-대다[자][타] ☞삭삭거리다

삭신[명] 体중의 筋肉と 骨과 節등。

삭월-세(朔月貰)[명] ☞'사글세'의 잘못.

삭이다[타] ❶【음식】(食べた物を)消化させる。こなす。❷【노여움】(怒りや悔しさを)静める。和らげる。예참을 수 없겠지만 분을 삭여야 한다. 我慢できないだろうが、怒りを静めないといけない。

삭일(朔日)[명] 【음력 초하루】朔日。

삭정-이[명] (生きた木についている)枯れ枝。

삭제(削除)[명] 削除。

삭제-하다[타] 削除する。예데이터가 삭제되다。データが削除される。

삭풍(朔風)[명] 朔風。

삭-히다[타][【절임류 등에】](漬物などを)発酵させる。

삯[명] ❶【일삯】賃ちん」賃金」報酬。❷【이용료】賃ちん」代」代金。예뱃~ 船賃。

삯-꾼[명] 臨時雇い。예집안에 큰 행사가 있는 날에는 ~이 열 명이나 있었다. 家の大事な行事がある日には、臨時雇いが10人いもいた。

삯-돈[명] ☞삯전

삯-바느질[명] 賃金をもらってやる針仕事。

삯-전(一銭)[명] 賃金」賃ちん」報酬。=삯돈

삯팔이-꾼[명] 日雇い労働者」賃金労働者。예~ 일이라도 하지 않으면 굶어 죽을지도 모른다. 賃金労働者の仕事とでもしないと、飢え死にするかも知れない。

산¹(山)[명] ❶山。예~을 내려가다. 山を下る。/가파른 ~을 오르다. 急傾斜の山を登る。/~에서 산들바람이 불어온다. 山からそよ風が吹いて来る。/~이 험하다. 山が険しい。/~ 너머 동네 사람들 山向うの村人たち。❷ 墓。=산소。

산²(酸)[명] 酸さん。

-산³(産)[접][【어느 나라나 고장에서 난】] 産さん。예한국산 韓国産 / 일본산 日本産。

산간(山間)[명] 山間」山あい。예~벽지 山間の僻地。

산개(散開)[명] 散開。

산개-하다[자][타] 散開する。

산고¹(産故)[명] 【아이를 낳는 일】子供を産むこと」出産。

산고²(産苦)[명] 【아이를 낳는 고통】子供を産む苦しみ。

산곡(山谷)[명] ☞산골짜기

산곡-풍(山谷風)[명] ☞산골바람

산-골(山—)[명] ❶山奥」山里。❷ ☞산골짜기

산골-바람(山—)[명] 山谷風。예~때문에 산바람은 밤낮으로 방향이 바뀐다. 山谷風のために、山風は昼夜に方向が変わる。=산곡풍

산-골짜기(山—)[명] 山の谷間」谷あい。=산곡·산골❷ ☞산골짝

산-골짝(山—)[명] ☞'산골짜기'의 준말.

산과(産科)명《의》産科。
산국(山菊)명《식》油菊。예~의 꽃을 따다. アブラギクの花を採る。=들국화·국화
산-국화(山菊花)명 ☞산국
산굴(山窟)명 山窟。山中の洞窟。
산-굽이(山—)명 山道のくねくねしている曲がり角。
산-그늘(山—)명 山陰。山の陰になった場所。예등산 도중 ~에서 한숨 잔다. 山登りの途中、山の陰で一眠りする。
산기¹(産氣)명 産気。예~가 들다. 産気づく。
산기²(産期)명 出産の時期。
산-기슭(山—)명 山すそ。山のふもと。예~에 있는 마을에 살고 있다. 山すその町に住んでいる。
산-길(山—)명 山道。예구불구불한 ~을 올라가다. くねくねとした山道を登って行く。
산-꼭대기(山—)명 山頂。山の頂。頂上。=산머리·산정
산-나물(山—)명 山菜。=산채
산-놀이(山—)명 山遊び。
산-누에(山—)명《동》野蚕。
산-달(産—)명 産み月。臨月。=산월·해산달
산-더미(山—)명 山。예재활용 쓰레기가 ~처럼 쌓여 있다. リサイクルゴミが山のように積もっている。
산도(酸度)명《화》酸度。❶水酸基の数。❷酸性度。=산성도(酸性度)
산-돼지(山—)명《동》猪。=멧돼지
산득부 ひやり|ぞっと。
　산득-거리다자 しきりにひやりとする|しきりにぞっとする。=산득대다
　산득-대다자 ☞산득거리다
　산득-하다형 ひやりとする|ぞっとする。예등골이 산득하니 시리다. 背筋がぞっとして、ひやりとする。/생각만 해도 ~. 思っただけでもぞっとする。/그 광경을 보자 산득하니 등골이 시려 왔다. その光景を見て、背筋がひやりとした。
산득-산득부 しきりにひやりとするさま。
산들-거리다자 そよそよとする|そよぐ。=산들대다
산들-대다자 ☞산들거리다
산들-바람 すがすがしいそよ風|涼風。예언덕에서 ~이 불어온다. 峠からそよ風が吹いてくる。
산들-산들부 そよそよ。예~봄바람이 분다. そよそよと春風が吹く。
산-등(山—) ☞산등성이
산-등성(山—)명 ☞산등성이
산-등성-마루(山—)명 尾根の高くなったところ。=산마루
산-등성이(山—)명 尾根。稜線。예~를 타고 가다. 尾根を伝って行く。=능선·산등·산등성
산-딸기(山—) 熊苺。예봄이면 ~를 따 먹는다. 春になるとクマイチゴを採って食べる。
산딸기-나무(山—)명《식》熊苺。
산뜩부 ひやり|ぞっと|ぞくっと。
　산뜩-거리다자 しきりにひやりとする|しきりにぞっとする。예날씨가 추워져 살갗에 닿는 바람이 ~. 天気が寒くて、肌に触れる風がひやりとする。=산뜩대다
　산뜩-대다자 ☞산뜩거리다
　산뜩-하다형 ひやりとする|ぞっとする。예찬물로 샤워를 해 몸이 ~. 冷水でシャワーをして、体がひやりとする。
산뜻부 すっと。
산뜻-산뜻부 さわやか。
산뜻-하다형 ❶(気分や感じが)すがすがしい|さわやかだ|すっきりとしている。예그 애에게 사과를 하고 나자 기분이 산뜻해졌다. その子に謝罪をしてから、すがすがしい気分になった。/내일은 산뜻한 마음으로 시작하자. 明日はすっきりとした気持ちで始めよう。❷(身なりなどが)こざっぱりしている|すっかりとしている。예산뜻한 옷차림 こざっぱりした身なり。
　산뜻-이부 ❶すがすがしく。❷こざっぱりと。
산란(産卵)명 産卵。
　산란-하다자 産卵する。
산란-하다(散亂—)형 散乱する|散り乱れる。예마음이 ~. 心が散乱する。
산록(山麓)명 山麓。山のふもと。山すそ。
산류(酸類)명《화》酸類。
산림(山林)명 山林。山と林。
산-마루(山—)명 ☞산등성마루

산마리노(San Marino) 〖국〗サンマリノ。
산막(山幕) 山小屋。
산만-하다(散漫―) 散漫だ。예 주의가 ~. 注意が散漫だ。
산망(散亡) 散り散りになってなくなること。
산맥(山脈) 〖명〗山脈; 山並み。
산-머리(山―) 〖명〗 ☞산꼭대기
산-멀미(山―) 〖명〗高山病; 山岳病。
산-멱 〖명〗 ☞산멱통
산-멱통 生きている動物の喉。=산멱
산모(産母) 産婦。
산-모롱이(山―) 〖명〗山のすその曲がり角。
산-모퉁이(山―) 〖명〗山すその突き出た角。
산-목숨 生きている命。예 살아도 ~이 아니다. 生きていても生きている命ではない。
산문(散文) 〖문〗散文。
산문-시(散文詩) 〖문〗散文詩。
산물(産物) 産物。예 노력의 ~ 努力の産物。
산미(酸味) 酸味; すっぱい味。=신맛
산-바람(山―) 山風。예 ~이 분다. 山風が吹く。
산발¹(散發) 〖명〗【하여】散発。
　산발-하다 〖자〗散発する。
산발²(散髮) 〖명〗【하여】散髪; 乱れ髪; 散らし髪。
　산발-하다 〖자〗散髪する。
산발-적(散發的) 〖관〗散発的。
산-밤(山―) 柴栗の実。예 ~ 줍기 シバグリの実拾い。
산-밤나무(山―) 〖식〗柴栗。
산방 꽃차례(繖房―次例) 繖房花序。=산방화서
산방-화서(繖房花序) 〖명〗 ☞산방 꽃차례
산-벚나무(山―) 〖식〗山桜。
산-벼락 【하여】 やっとのこと命びろいできるくらいの落雷の意のたとえ。예 ~을 맞다. ひどい目に遭う; こわい目に遭う; 大変な目や苛酷の目に遭う。
산-벼랑(山―) 〖명〗山に接している崖; 絶壁。
산병(散兵) 〖군〗散兵。
산보(散步) 散步。예 저녁 ~를 나가다. 夕方の散步に出掛ける。=산책
　산보-하다 〖자〗散步する。

산복(山腹) 〖명〗 ☞산비탈
산봉(山峯) 〖명〗 ☞산봉우리
산-봉우리(山―) 〖명〗(山々の)峰; 高嶺; 山嶺。¦=봉³·봉우리·산봉
산부(産婦) 産婦。=산모(産母)
산부인-과(産婦人科) 〖명〗〖의〗産婦人科。¦産科と婦人科。
산-부처 生き仏。예 거참 ~라 할 만하다. 本当に生き仏だと言えるぐらいだ。
산-불(山―) 〖명〗山火事; 山火。=산화
산-비둘기(山―) 〖동〗山鳩; 雉鳩。
산-비탈(山―) 〖명〗山すその急斜面。=산복
산-뽕나무(山―) 〖식〗山桑。
산사(山寺) 山寺。
산사(山査) ☞산사나무
산사-나무(山査―) 〖식〗山査子。=산사
산-사람(山―) 〖명〗山人。
산-사태(山沙汰) 山崩れ。예 ~가 발생하다. 山崩れが発生する。=산태
산산-이(散散―) 〖부〗散々に; 散り散りに; ばらばらに; 粉々に。예 ~ 부서지다. 粉々に砕ける。/사람들이 ~ 흩어지다. 人々がばらばらに散らばる。
산산-조각(散散―) 〖명〗こっぱみじん; 粉々。예 떨어뜨린 유리 접시가 ~이 났다. 落としたガラス皿がこっぱみじんになった。/ ~으로 부서지다. こっぱみじんに壞れる。/ ~으로 깨지다. こなごなに割れる。
산산-하다 ひんやりする; 少し冷たい。예 가을이 되어 날씨가 산산하니 독서하기에 좋다. 秋になって気候が涼しいので、読書には最適だ。
산삼(山蔘) 〖식〗深い山中に野生する高麗人参。
산상(山上) 〖명〗山上; 山の上。
산-새(山―) 〖명〗山鳥。
산성¹(山城) 〖명〗山城。
산성²(酸性) 〖화〗酸性。예 ~ 용액 酸性溶液/ ~ 반응 酸性反応/ ~ 식품 酸性食品/ ~ 토양 酸性土壤。
산성-도(酸性度) 〖명〗〖화〗酸性度。예 ~ 검사 酸性度検査。=산도❷
산성-비(酸性―) 〖명〗酸性雨。예 ~를 맞으면 피부에 좋지 않다. 酸性雨にあたると皮膚によくない。
산성-화(酸性化) 〖명〗酸性化。
　산성화-하다 〖자〗酸性化する。

산세(山勢)[명] 山勢。｜山の姿。

산소¹(山所)[명] ❶ お墓。❷ 墓地。｜墓場。=묘소·산②

산소²(酸素)[명]《화》酸素。⑩ 무미 무취한 ~ 無味無臭の酸素／~ 흡입 酸素吸入／~ 결핍증 酸素欠乏症。

산소-땜(酸素-)[명]《공》酸素溶接。

산소-마스크(酸素mask)[명] 酸素マスク。

산소-산(酸素酸)[명]《화》酸素酸。｜オキソ酸。

산-속(山-)[명] 山の中。｜山中。｜山奥。⑩ ~의 절 山中の寺。=산중

산-송장[명] 生ける屍。⑩ ~이 다 되다. ほとんど生ける屍になる。

산수¹(山水)[명] ❶ 山水。⑩ ~가 아름답다. 景色が美しい。❷ ☞산수화

산수²(算數)[명]《수》算数。

산-수유(山茱萸)[명]《한》山茱萸の実。

산수-화(山水畫)[명]《미》山水画。=산수¹

산술(算術)[명]《수》算術。

산스크리트(Sanskrit)[명]《언》サンスクリット｜梵語。⑩ 불경은 ~로 기록되어 있다. 仏経はサンスクリットで記録されている。=범어(梵語)

산-신령(山神靈)[명]《민》山神・｜山の神。

산실(産室)[명] 産室。｜産屋。

산아(産兒)[명] 産児。
　　산아-하다[자] 子を産む。

산아 제한(産兒制限)《사》産児制限。

산악(山岳·山嶽)[명] 山岳。

산악-병(山岳病)[명]《의》山岳病。｜高山病。=고산병

산악-자전거(山岳自轉車)[명] マウンテンバイク。

산악-회(山岳會)[명] 山岳会。

산야(山野)[명] 山野。｜野山。

산약(散藥)[명] ☞가루약

산양(山羊)[명]《동》❶ 山羊。=염소 ❷ 羚羊。=영양

산-언덕(山-)[명] 小山。｜山の丘。｜丘陵。

산업(産業)[명]《경》産業。⑩ ~ 단지 産業団地／~ 지원 産業志願。

산업 구조(産業構造)[명]《경》産業構造。⑩ 21세기의 ~는 19세기와는 큰 차이가 있다. 21世紀の産業構造は19世紀とは大きな差がある。

산업 디자인(産業design)《미》産業デザイン。

산업 혁명(産業革命)《역》産業革命。

산업-화(産業化)[명] 産業化。
　　산업화-하다[자타] 産業化する。⑩ 문화재를 산업화할 수 있는 방안이 필요하다. 文化財を産業化させられる方案が必要だ。

산욕-열(産褥熱)[명]《의》産褥熱。

산-울림(山-)[명] ❶【지】山鳴り。❷ 山びこ｜こだま。=메아리

산-울타리[명] 生け垣。

산원(産院)[명] 産院。

산월(産月)[명] 産み月｜臨月。=산달·해산달

산유-국(産油國)[명] 産油国。

산일(散佚·散逸)[명] 散逸｜散佚。
　　산일-하다[자] 散逸する｜散佚する。

산입(算入)[명] 算入。
　　산입-하다[타] 算入する。⑩ 예산에 ~. 予算に算入する。

산-자전(一字典)[명] 生きる字引｜物知りの人。⑩ 척척박사 조 선생님은 ~이시다. 物知り博士のチョウ先生は生き字引だ。

산장(山莊)[명] 山莊。

산재(散在)[명] 散在。
　　산재-하다[자] 散在する。

산적¹(山賊)[명]【역】山賊。

산적²(山積)[명] 山積｜山積み。
　　산적-하다[형] 山積する｜山積みする。⑩ 산적한 과제 山積した課題。

산적³(散炙)[명]【전통적】サンジョク｜(牛肉)などの串焼き。

산전¹(山田)[명] 山畑。

산전²(産前)[명] 産前。

산전-수전(山戰水戰)[명] 世の中のすべての苦難や経験。

산정¹(山亭)[명]【전통적】山亭｜山荘。

산정²(山頂)[명] ☞산꼭대기

산정³(算定)[명] 算定。
　　산정-하다[타] 算定する。

산-줄기(山-)[명] 山脈。｜山並み｜山のつながり。

산중(山中)[명] ☞산속

산지¹(山地)[명] 山地。⑩ 지괴 ~ 地塊山地／습곡 ~ 褶曲山地。

산지²(産地)[명] 産地。⑩ ~ 직송 産地直送。

산-지기(山-)[명] 山守｜墓守。=산직

산지-대(山地帶)**명** 山地帯さんちたい。
산-지식(-知識)**명** 実用知識じつようちしき。
산-지옥(-地獄)☞생지옥
산직(山直)☞산지기
산질(散帙)**명** 散逸さんいつ｜散佚さん。 =낙질(落帙)
　산질-하다재 散逸さんいつする｜散佚さんいつする。
산-짐승(山-)**명** 野獣やじゅう｜野生やせいの獣けだもの。
산채(山菜)☞산나물
산책(散策)**명** 散策さんさく｜散歩さんぽ。 =산보
　산책-하다재 散策さんさくする｜散歩さんぽする。
산천(山川)**명** ❶山川さんせん｜山やまと川かわ。 ❷自然しぜんの景色けしき。
산천초목(山川草木)**명** 山川草木さんせんそうもく｜自然しぜん。
산-철쭉(山-)**명**《식》朝鮮山躑躅ちょうせんやまつつじ。 **예** 소담스럽게 핀 ~이 등산객들을 맞이하다. ふっくらと咲さいたチョウセンヤマツツジが、登山客とざんきゃくらを迎むかえる。
산초-나무(山椒-)**명**《식》山椒さんしょう。 **예** ~가지를 꺾어 벽에 걸어 두고 모기를 쫓았다. サンショウの枝えだを折おり壁かべにかけておいて、蚊かを追おい払はらった。 / ~ 열매로 향신료를 만든다. サンショウの実みで香辛料こうしんりょうを作つくる。
산촌[1](山村)**명** 山村さんそん｜山里やまざと。
산촌[2](散村)**명**【지리용어】散村さんそん。
산출[1](産出)**명** 産出さんしゅつ。 **예** 화석 ~ 化石かせき産出。
　산출-하다[1]재타 産出さんしゅつする。
산출[2](算出)**명** 算出さんしゅつ
　산출-하다[2]타 算出さんしゅつする。 **예** 평균 사용료를 ~. 平均へいきん使用料しようりょうを産出さんしゅつする。
산출-량(産出量)**명** 産出量さんしゅつりょう。 **예** 연간 ~ 年間ねんかん産出量。
산출-물(産出物)**명** 産出物さんしゅつぶつ｜産物さんぶつ。
산출-지(産出地)**명** 産出地さんしゅつち｜産地さんち。 =산지[2]
산타클로스(Santa Claus)**명** サンタクロース｜サンタ。
산탄(霰彈)**명**《군》散弾さんだん｜霰弾さんだん。
산태(山汰)☞산사태
산-턱(山-)**명** 山やまの頂上ちょうじょうと山腹さんぷくの中間ちゅうかん。
산-토끼(山-)**명**《동》野兎のうさぎ。
산토닌(santonin)**명**《약》サントニン。
산통[1](産痛)**명**《의》産痛さんつう。
산통[2](算筒)**명** 易者えきしゃが占うらなうときに使つかう算木さんぎを入いれる筒つつ。
　산통(을) 깨다관용 ほとんどできあがった仕事しごとが完成かんせいしないように、邪魔じゃまをしてこじらせる。
산파(産婆)**명** 産婆さんば｜助産婦じょさんぷ。
산포(散布)**명** 散布さんぷ。
　산포-하다재타 散布さんぷする。
산-포도[1](山葡萄)**명**《식》山葡萄やまぶどう。
산포-도[2](散布度)**명**《수》散布度さんぷど。
산하[1](山下)**명** 山下さんか｜山やまの下した。
산하[2](山河)**명** 山河さんが｜自然しぜん。
산하[3](傘下)**명** 傘下さんか。 **예** A 그룹 ~ Aグループ傘下。
산학(産學)**명** 産学さんがく。 **예** ~ 협동 産学協同きょうどう。
산해(山海)**명** 山海さんかい｜山やまと海うみ。
산해진미(山海珍味)**명** 山海さんかいの珍味ちんみ。
산행(山行)**명** 山行さんこう｜山歩やまあるき。
　산행-하다재 山行さんこうをする。
산-허리(山-)**명** ❶山腹さんぷく｜山腰さんよう。 ❷尾根おねのくぼんだ所ところ｜鞍部あんぶ。
산협(山峽)**명**☞두메
산형(山形)**명** 山容さんよう｜山やまの形かたち。
산형 꽃차례(繖形-次例)**명**《식》繖形花序さんけいかじょ。 **예** 인 미나리 繖形花序のセリ。 =산형 화서·우산 꽃차례
산형 화서(繖形花序)☞산형 꽃차례
산호(珊瑚)**명**《동》珊瑚さんご。 **예** ~ 보석 珊瑚の宝石ほうせき／~바다 珊瑚さんごの海うみ／~ 숲 珊瑚の森もり。
산호-섬(珊瑚-)**명** 珊瑚島さんごとう。
산호-초(珊瑚礁)**명** 珊瑚礁さんごしょう。 **예** ~가 우거진 남국의 바다 珊瑚礁の生はえる南国なんごくの海うみ。
산호-충(珊瑚蟲)**명**《동》珊瑚虫さんごちゅう。
산화[1](山火)☞산불
산화[2](酸化)**명**《화》酸化さんか。 **예** ~ 방지제 酸化防止剤ぼうしざい／~를 일으키다. 酸化さんかを起おこす。
　산화-하다재 酸化さんかする。 **예** 산화되어 녹슬다. 酸化さんかして錆さびる。
산화-구리(酸化-)**명**《화》酸化銅さんかどう。 =산화동
산화-나트륨(酸化Natrium 독)**명**《화》酸化さんかナトリウム。
산화-동(酸化銅)☞산화구리
산화-마그네슘(酸化magnesium)**명**《화》酸化さんかマグネシウム｜苦土くど。
산화-물(酸化物)**명**《화》酸化物さんかぶつ。
산화-바륨(酸化barium)**명**《화》酸化さんかバリウム｜バライタ｜重土じゅうど。
산화-아연(酸化亞鉛)**명**《화》酸化亜鉛さんかあえん｜亜鉛華あえんか｜亜鉛白あえんぱく。

산화-알루미늄(酸化aluminium)몡《화》酸化アルミニウム；礬土。

산화 염료(酸化染料)《화》酸化染料。

산화-은(酸化銀)몡 酸化銀。

산화-제(酸化劑)몡《화》酸化剤。

산화-질소(酸化窒素)몡《화》酸化窒素。

산화-철(酸化鐵)몡《화》酸化鉄。

산화-칼슘(酸化calcium)몡《화》酸化カルシウム。=생회(生灰)

산-회(散會)몡 散会。
  산회-하다재 散会する。예 집회를 마치고 ~。集会を終えて散会する。

산후(産後)몡 産後。예 ~ 건강 회복 産後の肥立ち。

살¹몡 ❶(人·動物의)肉；身。예 뱃~이 찌다。お腹の肉が付く。/ ~이 빠졌다。身がとれた；肉が落ちた。❷(果物의)果肉。예 ~이 두꺼운 매실 果肉の厚い梅/ 복숭아나 토마토 등은 ~이 많다。桃やトマトなどは果肉が多い。❸皮膚；肌。예 그 여자는 ~이 하얗다。彼女は肌が白い。/ ~이 타다。肌が焼ける。❹肉や魚の身の部分。예 참치의 붉은 ~ まぐろの赤身/ 생선 ~을 발라내다。魚の身をむしる。❺むき身；中身。예 대합조갯~ はまぐりのむき身。
  살로 가다관용 食べたものが肉になる。
  살(을) 붙이다관용 肉付ける。
  살을 에다관용 身を切るようだ。예 살을 에는 듯한 슬픔이 밀려오다。身を切るような悲しみが押し寄せる。

살²몡 ❶(障子·戸などの)桟；格子；(凧·扇子·傘などの)骨。❷☞화살

살³의《옛말》歳；才。예 스무 ~ 二十歳/ 열 한 ~ 十一歳 / 몇 ~입니까? おいくつですか。

살⁴(煞)몡《민》悪鬼のしわざ；妖気。예 ~을 풀다。厄払いをする。
  살이 끼다관용 妖気が作用する。

살-가죽몡 皮膚；肌。

살갑다형 ❶(家·家具などの内部が)見掛けより広い。예 자네 집은 살갑군。君の家は見掛けたより広いね。❷気立てが優しく思いやりがある。예 살가운 그 여자 優しく思いやりのある彼女。=곰살갑다

살강-거리다【...】こりこりする；かりかりする。예 살강거리는 덜 익은 검정콩을 먹는다。こりこりした生煮えの黒豆を食べる。=살강대다

살강-대자☞살강거리다

살강-살강【...】かりかり；がりがり；こりこり。

살-갗【...】(人間의)皮膚；肌。

살-결몡 肌理；肌のきめ。예 ~이 매끄럽다。肌理が細かい。

살구몡 杏子の実。

살구-꽃몡 杏子の花。예 ~의 향기 アンズの花の香り。

살구-나무몡《식》杏子；杏子の木。

살-균(殺菌)몡 殺菌。예 ~ 처리 殺菌処理。=멸균
  살균-하다재 殺菌する。

살균-제(殺菌劑)몡《약》殺菌剤。

살그머니부 そっと；こっそり；密かに。예 유리잔을 ~ 놓다。グラスをそっと置く。

살근-살근부 ❶軽く擦れ合うさま；さらさら。예 다치지 않게 ~ 문지르다。痛めないように軽くもむ。❷そっと軽く行動するさま。

살금-살금부 こっそり；こそこそ；ひそかに。예 ~ 걷고 있다。こっそりと歩いている。/ ~ 문을 열다。こっそりとドアを開ける。/ ~ 기어오다。こっそり這ってくる。/ ~ 걷다。そろりそろりと歩く。

살-기¹몡 肉付きの程度。

살기²(殺氣)몡 殺気。예 ~를 느끼다。殺気を感じる。

살기등등-하다(殺氣騰騰―)형 殺気立つ。예 살기등등한 표정으로 노려보다。殺気立つ表情で睨む。

살-길¹【...】矢の飛んで行く道筋；矢筋。예 ~이 포물선을 그린다。矢の飛んで行く道筋が曲線を描く。

살-길²【...】生きる術；生活手段；生計。예 이제부터 ~을 찾아봐야지, 이제부터는 살아가는 手立てを探してみなければ。/ ~이 막막하다。生計が漠然としている。

살-깃몡 矢羽根。

살-날몡 ❶余命；残りの命。예 ~이 얼마 남지 않았다。余命が残りわずかだ。/ ~ 창창한 젊은이가 이게 무슨 짓인가? 前途洋々の若者が何事だ。

❷【윤택함】豊かに暮らせる日。예 우리도 잘 ~이 올 것이다. 私たちも豊かに暮らせる日が来るだろう。

살다자 ❶【생존】生きる｜生存する。예 살아 있어서 행복합니다. 生きていて幸せです。／이렇게 밖으로 나오니 다시 살아난 것 같다. こうやって外に出てきたから、生き返ったようだ。❷【생활】暮らす｜生活する。예 할아버지와 같이 삽니다. お祖父さんと一緒に暮らしています。❸【거주】住む｜居住する。예 사는 곳이 어디입니까? どこに住んでいますか。❹【돋보임】(個性などが)引き立つ｜生きる｜生き生きとしている。예 개성이 살아 있는 작품 個性の生きた作品。❺【어떤 직업】従事する｜勤める｜服す。예 아버지는 평생 공무원으로 살았다. 父は一生公務員に従事した。❻【어떤 상태가】残る｜生きる。예 민속촌에는 옛 전통이 살아 있다. ミンソクチョンには伝統が残っている。❼【불】(火などが)ついている｜燃えている。

살-담배명 刻みタバコ｜刻み。예 쌈지에서 ~를 꺼내다. タバコケースから刻みタバコを取り出す。

살-대명 ☞화살대

살-덩어리명 肉の塊｜肉塊。＝살덩이

살-덩이명 ☞살덩어리

살뜰-하다형 ❶【검소】つましい｜質素だ｜つつましい。예 살뜰한 생활 つましい生活。❷【자상】愛情が深く細やかだ。

　살뜰-히부 つましく｜質素に。

살랑부【바람이 가볍게 부는 모양】そよ。

살랑-거리다자 ❶ しきりにそよそよとする。❷ 軽く手や尻尾を振る。＝살랑이다

　살랑-대다자 ☞살랑거리다

살랑-하다형 やや冷え冷えしている｜ひやりとする。

살랑-살랑부 ❶【바람이 자꾸 부는 모양】そよそよと。❷【꼬리를 자꾸 흔드는 모양】軽やかに振るさま。예 ~ 꼬리를 흔들다. ふりふりとしっぽを振る。／~ 팔을 흔들다. しなやかに腕を振る。

살래-살래부【머리를 가로로 자꾸 흔드는 모양】頭を軽く横に振るさま。예 고개를 ~ 젓다. 首を横に振る。

살륙(殺戮)명 ☞'살육'의 잘못.

살-리다타 ❶【살게】(命を)生かす｜生き返らせる｜蘇らせる｜助ける｜救う。예 내 목숨을 살린 은인이십니다. 私の命を生かした恩人です。／물에 빠진 사람을 살려냈다. 水中に溺れいた人を救い出した。／죽이든 살리든 네 좋을 대로 해라. 生かすも殺すもおまえの好きなようにしろ。／제발 목숨만 살려 주세요. どうか命だけは助けてください。❷【이용】(本来の色彩・性質・特性などを)生かす｜活かす｜活用する。예 전공을 살려 컴퓨터 업계에 취직하였다. 専攻を生かして、コンピューター業界に就職した。／요리 솜씨를 살려 식당을 차렸다. 料理の腕を生かし、食堂を開いた。

살림 ❶ 家庭生活｜暮らし｜所帯。예 ~을 차리다. 暮らしを立てる；所帯を構える。／따로 ~을 내다. 別に分家させる；所帯を構えさせる。❷【생계】暮らし向き｜家計｜生計。예 아버지가 실직하여 생계를 꾸려 나가기가 어렵다. 父が失職して生計が苦しい。／~ 형편이 넉넉해졌다. 暮らし向きが楽になった。❸【살림살이】所帯道具｜家財道具。예 ~을 사러 시장에 가다. 所帯道具を買いに市場に行く。

살림-하다자 暮らす｜生活する｜所帯を持つ。예 살림하기가 어렵다. 生活するのが苦しい。／근근이 ~. 細々と暮らす。／알뜰하게 ~. 節約して生活する。

살림-꾼명 ❶ 所帯を引き受ける人｜主婦。예 회사를 그만두고 ~으로 들어앉았다. 会社をやめて主婦の座におさまった。❷ 所帯持ちが上手な人。예 우리 엄마는 알뜰한 ~이다. 母はつましい主婦である。

살림-방(-房)명 住む部屋。예 ~을 차리다. 居処を構える。

살림-살이명 ❶【살림꾸리기】暮らし(向き)｜家事のやりくり｜家計。예 ~를 시작하다. 新所帯を始める。❷【살림】所帯道具｜家財道具。예 ~를 갖추다. 家財道具を揃える。

살림-집명 生活する家｜住処｜住居｜住まい。예 깨끗한 ~을 구하다. 清潔な住居を希望する。

살-맛명 生きてゆく楽しみ｜生きがい。예 ~이 나다. 生きがいを感じる。

살며시부 そっと｜こっそり｜ひそかに｜ひっそり。예 ~ 쳐다보다. ひそかに見

つめる。/ ～ 돌아앉다. そっと背をむけて座る。/ ～ 눈물 흘리다. ひそかに涙を流す。/ ～ 웃음 짓다. こっそりほほえむ。

살몃―살몃 튀 こそこそ｜ひそひそ。 예 ～ 뛰어가다. こそこそ走っていく。/ ～ 걸어가다. こそこそ歩いていく。

살모―사(殺母蛇) 명 ☞살무사

살무사 (동) 蝮. 예 ～는 대표적인 독사이다. マムシは代表的な毒蛇である。/ 사람들은 그를 ～라고 부르며 두려워한다. 人々は彼をマムシと言って怖がる。=살모사

살―문(一門) 명 〈건〉格子戸

살―밀 명 ☞화살촉

살―바람 ❶ 隙間風. 예 문틈으로 ～이 스며들다. 戸のすき間から隙間風が忍び込む。❷ 早春の冷たい風. 예 ～에 몸을 움츠리다. 冷たい春風に体をすくめる。

살벌―하다(殺伐―) 형 殺伐としている｜殺伐だ。 예 살벌한 분위기 殺伐とした雰囲気 / 살벌한 공기가 떠돌고 있다. 殺伐とした空気が漂っている。

살―별 명 〈천〉彗星｜ほうき星。=혜성

살―붙이 명 肉親｜身内。

살―빛 명 皮膚の色｜肌色。

살살 튀 ❶ ふつふつ｜ぐつぐつ。 예 냄비 물이 ～ 끓기 시작했다. 鍋の水がふつふつと沸き始めた。/ 약한 불로 ～ 끓이다. 弱火でぐつぐつ煮込む。❷ ぽかぽか。 예 방바닥이 ～ 끓어 따듯하다. (オンドル)部屋の床がぽかぽかして暖かい。❸ もぞもぞ。 예 개미가 설탕 위를 ～ 기어가다. アリが砂糖の上をもぞもぞと這っていく。❹ こそこそ｜そろそろ。 예 얼음판 위를 ～ 걷다. 氷のついた路面の上をそろそろと歩く。/ 자동차를 ～ 몰다. 車をそろそろと走らせる。❺ いやいや。 예 아니라는 듯이 머리를 ～ 흔들었다. 違うように頭をいやいやと振った。

살살 튀 ❶ こっそり｜こそこそ｜そっと。 예 남의 눈을 피해 ～ 돌아다니다. 他人の目を避けて、こっそり出回る。/ 눈웃음을 ～ 치다. 目でそっと笑う。❷ とろとろ。 예 아이스크림이 입 안에서 ～ 녹는다. アイスクリームが口の中でとろとろと解ける。❸ そっと。 예 ～ 씻다. そっと洗う。/ ～ 문지르다. そっともむ。/ 등을 ～ 긁어 주다. 背中をそっとかいてあげる。❹ こっそり。 예 ～ 눈웃음을 치며 꾀어내다. こっそり色目をつかって誘き出す。

살살 튀 しくしく。 예 배가 찌르듯 ～ 아프기 시작했다. お腹が刺すようにしくしく痛くなり始めた。

살살―이 명 ずる賢くおべっかを使う人｜ごますり。 예 ～처럼 굴어도 안 봐줄 거야. おべっかを使っても駄目だ。

살상(殺傷) 명 殺傷
　살상―하다 타 殺傷する。 예 동물을 무차별 ～. 動物を無差別に殺傷する。

살―색(一色) 명 肌色。

살생(殺生) 명 殺生。
　살생―하다 자타 殺生する。

살―성(一性) 명 皮膚の質。

살수(撒水) 명 散水｜撒水。
　살수―하다 자 散水する｜撒水する。

살수―차(撒水車) 명 散水車。

살신성인(殺身成仁) 명 自分の身体を犠牲にして、仁を成す。

살아―가다 자 生きて行く｜暮らして行く。 예 어떻게 살아가야 할지 모르겠다. どう生きて行ったらいいか分からない。

살아―나다 자 ❶ 生き返る｜蘇る｜蘇生する。 예 심장 마사지를 하여 다시 ～. 心臓マッサージをして、再び生き返る。/ 시든 꽃에 물을 주니 살아났다. しおれた花に水をやると、生き返った。❷ (消えかけていた火が)再び燃え上がる。 예 불씨가 다시 살아나 산불이 번지고 있다. 火種が再びよみがえって、山火事が広がっている。❸ (記憶｜気持ち)蘇る。 예 문득 옛 기억이 ～. ふとはるか昔の記憶がよみがえる。

살아―남다 자 ❶ (死目から)生き残る。 예 살아남은 사람 生き残り / 3중 추돌 교통사고에서 살아남았다. 3重の衝突事故から生き残った。❷ (の分野であと回されない)生き残る。 예 경쟁에서 살아남아 교수가 되었다. 競争に生き残って教授となった。

살아―생전(一生前) 명 生きている間｜命のある中。

살아―오다 자 ❶ 生活して来る｜

暮らして来る。❷【활용】生きて帰る｜生還する。예전쟁터에서 살아온 아들 戦場から生きて帰った息子.

살-얼음 薄氷す｜薄氷. 예밟듯이 조심하다. 薄氷を踏むように気をつける。/호수에 ~이 끼다. 湖に薄氷が張る。

살얼음-판(一板)명 ❶薄く氷が張った所. ❷【얘위를러산위형한 상황】非常に危険な状況. 예회사는 ~ 위에 서 있다. 会社は非常に危険な状況に直面している。

살육(←殺戮)명 殺戮.
　살육-하다타 殺戮する.

살의(殺意)명 殺意. 예~를 품다. 殺意を抱く.

-살이접 ―住まい｜―暮らし. 예셋집살이 借家住まい.

살인(殺人)명 殺人.
　살인-하다자 殺人をする｜人を殺す.

살인-귀(殺人鬼)명 殺人鬼.
살인-범(殺人犯)명【법】殺人犯.
살인-적(殺人的)관 殺人的つき.
살인-죄(殺人罪)명【법】殺人罪.
살-점(一點)명【고기에서 떼어 낸】肉片.
살-지다 ❶【살이 많다】肉づきがいい｜肥えている. 예살진 소 肉付きがいい牛. ❷【땅이 기름지다】肥沃だ｜肥えている.
살-집형 (体の)肉付き. 예~이 좋은 몸매 肉付きのいい体つき.
살짝 ❶【남들이 모르게】(人に分からないように)素早くそっと｜こっそり｜すっと. 예~ 훔쳐보다. こっそりのぞく。/ ~ 윙크하다. そっとウインクする。/ ~ 미소 짓다. そっとほほえむ. ❷【쉽게】たやすく｜軽く. 예~ 엉덩방아 찧다. 軽くしりもちをつく. ❸【약간】かすかに｜ちょっと. 예~ 부끄러웠다. ちょっと恥ずかしかった.
살짝-살짝부【조심스럽게】こそこそ｜こっそりこっそり. 예~ 알려 주다. こっそり教える.
살쩍【관자놀이의 머리】鬢びん｜鬢毛びん.
살-찌다자 肥える｜太る. 예살찐 허리 太った腰. / 살찐 허벅지 肉付きのいい太股.
살찌-우다 肥やす｜太らす.
살-창(一窓)명 格子窓｜連子窓.
살-촉(一鏃)명 鏃やじり. =화살촉
살충(殺蟲)명 殺虫.

　살충-하다타 殺虫する.
살충-제(殺蟲劑)명【약】殺虫剤.
살캉-거리다【설익은 곡식・열매 따위가 자꾸 씹히다】こりこり音がする。=살캉대다
살캉-대다자 ☞살캉거리다
살캉-살캉부 こりこり｜ぽりぽり｜かりかり. 예땅콩이 덜 볶여 ~ 씹힌다. ピーナッツが十分に煎られてなくて、こりこりとする.
살코기명 精肉.
살쾡이명〈동〉山猫. =삵
살팍-지다형 肉付きがよく、がっしりしている｜筋肉がしまっている. 예살팍진 엉덩이 肉付きがしまって、がっしりとしたお尻.
살판-나다자 ❶【형편이 매우 좋아지다】突然運が開けて、暮らし向きが良くなる. ❷【신을 편다】羽を伸ばすようになる. 예방학도 했으니 살판나겠군. 学校が休みに入ったから、のんびりと羽を伸ばしたね.
살펴-보다타 (注意して)探る｜目で探す. 예주위를 샅샅이 ~. 周囲をいちいち探る.
살포(撒布)명 散布｜撒布. 예~ 방법 散布方法.
　살포-하다타 散布する｜撒布する. 예약제를 ~. 薬剤を散布する.
살포시부 軽く｜そっと. 예~ 눈을 감다. そっと目を閉じる。/ ~ 내려놓다. そっと下ろす。/그녀가 ~ 내게 안겨 왔다. 彼女がそっと私に抱きついてきた.
살-풀이(煞―)명 ❶【민】悪運を避けるための厄払いの行事. ❷【음】ムーダンの舞楽の一つ.
살-풍경(殺風景)명 殺風景. ❶情緒に欠けていて物寂しい風景. ❷殺気を帯びた光景. 예깡패들의 싸움은 ~이었다. ごろつきたちのけんかは殺風景だった.
　살풍경-하다형 殺風景だ. 예살풍경한 방 안 殺風景な部屋のなか/살풍경한 민둥산에 나무를 심자. 殺風景なはげ山に木を植えよう。/사는 사람이 없는 폐가 주위는 ~. 住む人のいない廃家の周りは殺風景だ。/앙상한 나무가 늘어서 있는 살풍경한 거리를 혼자 걷는다. 枝だけ寂しく残った木がならんでいる、殺風景な街を一人で歩く.

살피다[타] (注意深(ちゅういぶか)く)調査(ちょうさ)する｜探(さぐ)る｜うかがう｜見回(みまわ)す｜調(しら)べる。 例 집 안의 동정을 ~. 家(いえ)の状況(じょうきょう)を探る。/ 주변을 ~. 周辺(しゅうへん)を探る。/ 적진을 ~. 敵陣(てきじん)を探る。

살피다[2][형] (織物(おりもの)・編(あ)み物(もの)などの)目(め)が粗(あら)い。

살핏-살핏[부] (織物(おりもの)・編(あ)み物(もの)などの)あちこち目(め)が粗(あら)いさま。

살핏-하다[형] (織物(おりもの)・編(あ)み物(もの)などの)目(め)が粗(あら)い。

살해(殺害)[명] 殺害(さつがい)。 예 ~ 사건 殺害事件(じけん)。

살해-하다 殺害(さつがい)する。 예 누군가에게 살해당하다. 誰(だれ)かに殺(ころ)される。

삵[☞살쾡이]

삶[명] ❶生(せい)｜生(い)きていること｜人生(じんせい)。 예 ~을 되돌아보다. 人生(じんせい)をかえりみる。/ ~에 회의를 느끼다. 人生(じんせい)に懐疑(かいぎ)を感(かん)じる。/ ~의 보람을 느끼다. 生(い)きがいを感(かん)じる。 ❷[높임말]命(いのち)｜生命(せいめい)。

삶다[타] ❶煮(に)る｜茹(ゆ)でる。 예 계란을 ~. 卵(たまご)を茹(ゆ)でる。 ❷[고어어투]丸(まる)め込(こ)む｜抱(だ)き込(こ)む。

삼[명][한의학용어]胞衣(ほうい)｜羊膜(ようまく)と胎盤(たいばん)。

삼[2][명] 〈식〉麻(あさ)｜大麻(たいま)。 예 껍질을 벗기다. アサの皮(かわ)を剥(む)く。=대마・마[2]

삼[3][명] 〈의〉星(ほし)｜星明(ほしあ)り。

삼[4](三)[수관] さん｜みっつ。 예 ~ 일 三日(みっか)/ ~십일 三十日(さんじゅうにち)/ ~인분 三人前(さんにんまえ)/ ~차원 三次元(さんじげん)。

삼[5](蔘)[명] 〈식〉高麗人参(こうらいにんじん)。=인삼

삼가[부] 謹(つつし)んで。

삼가다[자타] 慎(つつし)む｜遠慮(えんりょ)する｜控(ひか)える。 예 강의 중 잡담을 삼가 주세요. 講義中(こうぎちゅう)の雑談(ざつだん)はつつしんでください。/ 실내에서 흡연은 삼가 주십시오. 室内(しつない)での喫煙(きつえん)はご遠慮(えんりょ)願(ねが)います。/ 당분간 술은 삼가는 것이 좋겠죠. 当分(とうぶん)の間(あいだ)、お酒(さけ)は控(ひか)えるのが良(よ)いでしょう。/ 앞으로는 삼가겠습니다. 向後(こうご)は慎(つつし)みます。

삼각[1](三角)[명] 三角(さんかく)。 예 ~ 관수 三角関数(さんかくかんすう)

삼각[2](三脚)[명] 三脚(さんきゃく)。 ❶三脚椅子(さんきゃくいす) ❷三脚架(さんきゃくか)。

삼각-가(三脚架)[명] [사진 용어] 三脚架(さんきゃくか)。=삼각[2]

삼각-강(三角江)[명] 三角江(さんかくこう)。

삼각-건(三角巾)[명] 〈의〉三角巾(さんかくきん)。

삼각-관계(三角關係)[명] 三角関係(さんかくかんけい)。

삼각-자(三角一)[명] 三角定規(さんかくじょうぎ)。

삼각-점(三角點)[명] 三角点(さんかくてん)。

삼각-주(三角洲)[명] 三角州(さんかくす)｜デルタ。

삼각-팬티(三角~panties)[명] ブリーフ。

삼각-형(三角形)[명] 〈수〉三角形(さんかくけい)。 예 직각 ~ 直角(ちょっかく)三角形/ 이등변 ~ 二等辺(にとうへん)三角形。=세모꼴

삼-거리(三一)[명] 三叉路(さんさろ)｜三差路(さんさろ)。

삼겹-살(三一)[명] 三枚肉(さんまいにく)｜ばら肉(にく)。

삼겹-실(三一)[명] 三(み)つ縒(よ)りの糸(いと)。=삼합사

삼경(三更)[명] [옛말투]三更(さんこう)｜夜(よる)11時(じゅういちじ)から翌日(よくじつ)の午前(ごぜん)1時(いちじ)まで。

삼계-탕(蔘鷄湯)[명] [한국 음식] 参鶏湯(サムゲタン)。=계삼탕(鷄蔘湯)

삼관-왕(三冠王)[명] 三冠王(さんかんおう)。

삼국(三國)[명] 三国(さんごく)。 예 ~ 무역 三国貿易(ぼうえき)/ ~ 간섭 三国干渉(かんしょう)。

삼국 동맹(三國同盟) 三国同盟(さんごくどうめい)。

삼국-사기(三國史記)[명] 三国史記(さんごくしき)。 예 ~는 왕명으로 편찬된 역사책이다. 三国史記は王(おう)の命(めい)により編纂(へんさん)された歴史書(れきししょ)だ。

삼국-유사(三國遺事)[명] 三国遺事(さんごくいじ)。

삼국-지(三國志)[명] 三国志(さんごくし)。

삼권(三權)[명] 〈법〉三権(さんけん)｜立法権(りっぽうけん)・行政権(ぎょうせいけん)・司法権(しほうけん)。 예 ~ 분립 三権分立(さんけんぶんりつ)。

삼-꽃[명] 大麻(たいま)の花(はな)。 예 ~ 밭 アサの花畑(はなばたけ)。

삼-나무(杉~)[명] 〈식〉杉(すぎ)。 예 울창한 ~ 숲 鬱蒼(うっそう)とした杉林(すぎばやし)。=삼목

삼년-상(三年喪)[명] 三年(さんねん)の喪(も)。

삼-노[☞삼노끈]

삼-노끈[명] 麻縄(あさなわ)。=삼노

삼다[1][타] ❶[관용구](関係(かんけい)を結(むす)んで)―にする。 예 그 사람의 딸을 며느리로 ~. 彼(かれ)の娘(むすめ)を嫁(よめ)にする。/ 의붓아들로 ~. 継息子(ままむすこ)にする。 ❷[비유적](物(もの)を―とする｜―と思(おも)う｜―と見(み)なす。 예 우산을 지팡이 삼아 의지하다. 傘(かさ)を杖(つえ)と見なして頼(たよ)る。/ 장래 희망을 화제로 ~. 将来(しょうらい)の希望(きぼう)を話題(わだい)とする。/ 팔을 베개 삼아 자고 있다. 腕(うで)を枕(まくら)にして眠(ねむ)っている。/ 화초 재배를 벗 삼아 시간을 보내다. 草花(くさばな)の栽培(さいばい)を友(とも)として日(ひ)を過(す)ごす。

삼다[2][타] (わらじなどを)編(あ)む｜こしらえる｜つくる。 예 짚신을 ~. わらじを編む。

삼-단¹ 명 麻の束。

삼단²(三段) 명 三段。

삼단 논법(三段論法) 《논》三段論法。

삼대(三代) 三代。 예 ~에 걸쳐 이어가는 가업 三代に渡って受け継がれている家業。

삼동(三冬) 冬の三ヶ月。

삼두 정치(三頭政治) 《역》三頭政治。 예 고대 로마의 ~ 古代ローマの三頭政治。

삼라-만상(森羅萬象) 명 森羅万象。

삼루(三壘) 《운》三塁。

삼루-수(三壘手) 명 《운》三塁手 | サード。 예 ~가 공을 떨어뜨렸다. 三塁手がボールを落とした。

삼루-타(三壘打) 명 《운》三塁打 | スリーベースヒット。

삼류(三流) 명 三流。 예 ~ 구단 三流の球団。

삼륙-판(三六版) 명 《출》三六判。

삼림(森林) 명 森林。 예 ~ 자원 森林資源。

삼림-대(森林帶) 명 森林帶。

삼림-욕(森林浴) 명 森林浴。

삼매-경(三昧境) 명 三昧境。

삼면(三面) 명 三面。

삼모(三毛) 명 ☞삼모작

삼모-작(三毛作) 명 《농》三毛作。 =삼모

삼목(杉木) 명 ☞삼나무

삼민-주의(三民主義) 명 《정》三民主義 | 孫文主義。

삼바(samba) 명 《음》サンバ。

삼박¹ 부 【여린말은 삽박, 센말은 쌉박】 すっぱっと | さくっと | ばっさり。

삼박² 부 【여린말은 삽박, 센말은 쌉박】 目を一度しばたくさま。

삼박-거리다 자 (目が) ぱちぱちする | (目を) しばたく。 예 눈에 먼지가 들어가 눈을 ~. 目にごみが入って、目をぱちぱちさせる。 =삼박대다·삼박삼박하다

삼박-대다 자 ☞삼박거리다

삼박-삼박¹ 부 【여린말은 삽박삽박, 센말은 쌉박쌉박】 すぱすぱ | ざくざく。

삼박-삼박² 부 【여린말은 삽박삽박, 센말은 쌉박쌉박】 ぱちぱち | ぱちくり。

삼박삼박-하다 자 ☞삼박거리다

삼발-이(三一) 명 ❶ 【삼발이 모습이 쉽게 부러진다는 뜻】 五德。=동그랑쇠❷ ❷ 【삼발이 모습에서 나온말】 三脚架。

삼-밭 명 麻畑。

삼백예순-날(三百一) 명 一年中 | 年がら年中 | 毎日 | いつでも。 예 ~ 방에 틀어박혀 책만 보고 있는 것은 건강에 해롭다. 年がら年中部屋に閉じこもって本ばかり読んでいるのは、健康に悪い。

삼-베 명 麻布 | 麻。 =베

삼복(三伏) 명 三伏。

삼복-더위(三伏一) 명 三伏の暑さ。 =복더위

삼부(三部) 명 三部。 예 ~ 합창 三部合唱。

삼분(三分) 명 三分。

삼분-하다 타 三分する。

삼분-법(三分法) 명 《논》三分法。

삼분-오열(三分五裂) 명 ☞사분오열

삼빡 부 目を一度しばたくさま。

삼빡-거리다 자 (目が) ぱちぱちする | (目を) しばたく。 =삼빡대다

삼빡-대다 자 ☞삼빡거리다

삼빡-삼빡 부 【여린말은 삽빡삽빡】 ぱちくり | ぱちぱち。

삼-사반기(三四半期) 명 ☞삼사분기

삼-사분기(三四分期) 명 第三四半期。 =삼사반기

삼사-월(三四月) 명 三·四月。

삼삼오오(三三五五) 부 三々五々。 예 ~ 모이다. 三々五々集まる。

삼삼-하다¹ 형 目の前にちらつく | ありありと目に浮かぶ。 예 영광스러웠던 그 때의 광경이 눈앞에 ~. 栄光に満ちたあの時の光景が、ありありと目の前に浮かぶ。

삼삼-하다² 형 ❶ 【주로 먹을거리에 쓰임】 (食べ物が) 塩気が薄いながらも美味しい。 예 이 김치는 삼삼하면서 맛있다. このキムチは薄味ながらも美味しい。 ❷ 【주로 여성의 얼굴을 형용하는 말에 쓰임】 なかなかいける | まあまあいける。 예 그 아가씨 삼삼하게 생겼다. あの女の子はまあまあに見える。

삼색(三色) 명 三色。

삼색-판(三色版) 명 《출》三色版。

삼세(三世) 명 三世 | 三代。

삼-세번(三一番) 명 ちょうど三回。

삼순(三旬) 명 三旬。

삼시(三時) 명 ❶ 三時。❷ 過去·現在·未来。

삼식(三食) 명 三食。

삼-실 명 ☞베실

삼십(三十) 주관 三十。 예 ~ 년 三十年 / ~ 명 三十名 / 창립 ~ 주년 기념

일 創立三十周年の記念日。

삼십육-계(三十六計)명 三十六計。
　삼십육계 줄행랑이 제일[으뜸]속담 三十六計逃げるに如かず。

삼-씨명 麻の種。

삼엄-하다(森嚴―)형 森厳だ。예 삼엄한 분위기 森厳な雰囲気。

삼엽-충(三葉蟲)명〈동〉三葉虫。

삼오-야(三五夜)명 ⇨십오야(十五夜)

삼용(蔘茸)명〈한〉高麗人参と鹿茸。

삼-원색(三原色)명〈미〉三原色。

삼월(三月)명 三月。예 ~ 삼 일 三月三日/ ~이 되고 개나리가 피었다. 三月になって連翹の花が咲いた。

삼위-일체(三位一體)명 三位一体。

삼인-칭(三人稱)명〈언〉三人称。= 제삼인칭

삼일 운동(三一運動)〈역〉サミルウンドン | 三一運動。

삼자(三者)명 ❶三者。❷ 第三者。=제삼자

삼자-대면(三者對面)명 三者対質。= 삼조대질

삼조-대질(三造對質)명 ☞삼자대면

삼중(三重)명 三重。

삼중 결합(三重結合)〈화〉三重結合。

삼중-고(三重苦)명 三重苦。

삼중 수소(三重水素)〈화〉三重水素 | トリチウム。

삼중-주(三重奏)명〈음〉三重奏。

삼중-창(三重唱)명〈음〉三重唱。

삼지-창(三枝槍)명 三つまたの槍。

삼진(三振)명〈운〉三振。

삼질-날(三―)명 陰暦の三月三日。

삼차 산업(三次産業)〈경〉三次産業。

삼-차원(三次元)명〈수〉三次元。

삼척-동자(三尺童子)명 三尺の童子 | 頑是無い子供。

삼천리-강산(三千里江山)명 韓国の山川 | 韓国の自然。

삼촌(三寸)명 叔父 | 伯父。

삼추(三秋)명 三秋。❶秋の三ヶ月。❷三回の秋。

삼춘¹(三―)명 ☞'삼촌'의 잘못.

삼춘²(三春)명 三春。❶春の三ヶ月。❷三回の春。

삼치¹〈동〉鰆。

삼칠-일(三七日)명〈민〉三七日のお七夜 | 出産後二十一日目の日。=세이레

삼칠-제(三七制)명 利益を分配する時、一方が三割、他の一方が七割を持つこと。

삼키다타 飲む | 呑む。❶喉で飲み込む | 呑み込む | 飲み下す。예 알약을 ~. 丸薬を飲み込む。/ 뱀이 알을 통째로 삼켰다. ヘビが卵を丸ごと飲み込んだ。❷(他人のお金や物を)横取りする | 着服する | 横領する。예 남의 재산을 ~. 人の財産を横取りする。❸こらえる | 抑える。예 분노의 감정을 삼키고 이야기를 계속하다. 怒りの感情を抑えて、話を続ける。/ 눈물을 삼키며 편지를 쓴다. 涙をこらえながら手紙を書く。/ 나오려는 웃음을 ~. 出そうになる笑いを飲む。

삼투(滲透)명 滲透 | 浸透。예 ~ 작용 滲透作用。
　삼투-하다재 滲透する | 浸透する。

삼투-압(滲透壓)〈물〉浸透圧。

삼판-양승(三―兩勝)명 三回勝負で、先に二勝した方が勝つこと。

삼포(蔘圃)명 高麗人参畑。

삼-하다형 (子供の性質が)荒い | 腕白だ。

삼한 사온(三寒四溫)三寒四温。

삼합-사(三合絲)명 ☞삼겹실

삼-화음(三和音)명〈음〉三和音。

삽명 シャベル | ショベル | スコップ。예 ~으로 흙을 파다. シャベルで土を掘る。

삽도(插圖)명 ☞삽화(挿畵)

삽목(插木)명 挿木。=꺾꽂이
　삽목-하다타 挿木する。

삽사리¹명〈동〉むく犬。=삽살개

삽살-개명 ☞삽사리

삽삽-하다¹(颯颯―)형 涼しい風が吹く。

삽삽-하다²(澁澁―)형 ❶ざらざらする。예 손바닥이 삽삽하게 거칠다. 掌がざらざらに荒れる。❷理解しにくい。❸ 非常に渋い。예 감 맛이 ~. 柿の味が渋い。

삽상-하다(颯爽―)형 ❶風が涼しく吹いてさわやかだ。❷颯爽としている。

삽시간-에(霎時間―)瞬く間に | 一瞬間 | 一瞬の間。예 ~ 벌어진 사

건 瞬く間に起こった事件。=삽시에

삽시-에(霎時一) ☞삽시간에

삽입(挿入)명 挿入。
　삽입-하다타 挿入する。

삽입-구(挿入句)명 挿入句。

삽지(挿枝)명 ☞꺾꽂이

삽-질명 ❶シャベルですくうこと。❷空しい事をすること。
　삽질-하다자 ❶シャベルですくう。❷空しい事をする。

삽화¹(挿花)명 生け花｜挿し花。=꽃꽂이
　삽화-하다자 生け花をする｜挿し花をする。

삽화²(挿畵)명 〖출〗挿絵。예 잡지 ~를 그리게 되었다. 雑誌の挿絵を描くことになった。=삽도(挿圖)

삽화³(挿話)명 〖문〗挿話｜逸話｜エピソード。

삽화-가(挿畵家)명 挿絵画家。

샀명 ☞삿자리

삿-갓명 葦や竹で編んだ笠。

삿갓-구름명 〖기〗笠雲。

삿갓-집명 〈관〉屋根の形が笠の様になっている家屋。

삿대명 ☞'상앗대'의 준말.

삿대-질명 ❶竿を漕ぐこと。❷〖관용〗言い争いをする時や、相手の顔に向かって拳や指先を突きつけること。

삿-자리명 葦で編んだ敷物。=샀

상¹(上)명 ❶〖높은 사람〗王様。❷〖위쪽〗上。예 품질 검사에서 ~ 등급을 받다. 品質検査で、上の等級をとる。❸〖위〗上｜上部。

상²(床)명 膳｜机｜床几。예 ~ 위에 요리를 올려놓다. 膳の上に料理を置く。

상³(相)명 相。❶〖민〗〖관상〗人相｜面相。예 너는 장수할 ~이야. おまえは長生きする人相だ。/ ~을 보다. 人相を見る。❷〖드러난 얼굴 표정〗顔｜面。예 죽을 ~을 하고 시험장으로 들어가다. 死にそうな顔をして試験場に入っていく。/ 울 ~을 짓다. 泣き面をする；べそをかく。

상⁴(喪)명 喪。예 ~을 치르다. 葬式を出す。

상⁵(像)명 像。예 인간~ 人間像/ 불 ~ 仏像。

상⁶(賞)명 賞。예 ~을 받았다. 賞を受けた。

-상⁷(上)접 ❶〖그것과 관련해서〗—上。예 사실상 事実上／관계상 関係上。❷〖문제에 나오는〗上。예 서류상 書類上／인터넷상 インターネット上。

-상⁸(商)명 〖장사치〗—商。예 소매상 小売商／고물상 古物商／무역상 貿易商。

상가(商街)명 商店街。

상가(喪家)명 喪家。

상감(上監)명 〖왕의 높임말〗王様。=상감마마

상감-마마(上監媽媽)명 ☞상감

상강(霜降)명 〖절기〗〖이십사절기의 하나〗霜降。

상객(上客)명 〖중요한 사람〗上客。

상거(相距)명 お互いの距離｜互いに離れていること。
　상거-하다자 互いに離れている。

상-거래(商去來)명 〈경〉商取引。

상-거지(上—)명 とても悲惨でみすぼらしい乞食。예 거지 중의 ~ 乞食の中の乞食。

상견¹(相見)명 相見ること。
　상견-하다자 相見る｜対面する。

상견²(想見)명 想見。
　상견-하다타 想見する。

상견-례(相見禮)명 初対面の挨拶をすること。예 ~ 자리를 가졌다. 公式的に初対面の挨拶の場をもった。

상경(上京)명 上京。
　상경-하다자 上京する。예 서울로 ~. ソウルに上京する。

상계¹(上計)명 〖상책〗上計｜上策。

상계²(相計)명 〈법〉相殺。

상계 관세(相計關稅)명 〈법〉相殺関税。

상고¹(上古)명 〖상대〗上古。

상고²(上告)명 ❶目上の人に告げること。❷〈법〉上告こと。
　상고-하다자타 ❶目上の人に告げる。❷上告する。

상고³(高高)명 〈교〉〖상업고등학교〗商高。

상고⁴(詳考)명 詳しく検討して参考すること。
　상고-하다타 詳しく検討して参考する。

상고대명 〖나무서리〗樹霜｜樹氷｜霧氷。

상고-머리명 角刈り。

상공(上空)명 上空。

상-공업(商工業)명 商工業。

상공 회의소(商工會議所)〈경〉商工会議所。

상관¹(上官)뗑 上官ょぅ｜上役ゃく｜上司ょぅし。
상관²(相關)뗑 相関ホゥ｜関係ホミ。똄 너하고 무슨 ~이 있니? あなたと何ホミの関係があるの。
　상관-하다ꇰ 関係ホミする｜相関ホミする。
상관 계수(相關係數) (수)相関係数ホミホミホゥ。
상관-관계(相關關係)뗑 相関関係ホミホミホミ。
상관-도(相關圖)뗑 (수)相関図ホミホミ。
상관-없다(相關—)ꇰ 互ホホいに関係ホミない｜構ホまわない。
　상관없이-이뭣 関係ホミなく｜構ホまわなく。
상관-표(相關表)뗑 (수)相関表ホミホミホゥ。
상구(喪具)뗑 喪具ホゥぐ｜葬具ホゥぐ。
상권¹(上卷)뗑 上巻ホゥホミ。똄 ~과 하권으로 나누다. 上巻と下巻の二冊に分ける。
상권²(商圈)뗑 (경)商圈ホゥホミ｜商勢圈ホゥホミホミ。
　똄 ~의 확장을 도모하다. 商圈の拡張ホミを図る。 / ~을 장악하다. 商圈を掌握ホミホミする。
상권³(商權)뗑 《법》商権ホゥホミ。
상규(常規) 通常ホミホゥの規則ホミ・規定ホミ・標準ホミホゥ｜常規ホミホゥ｜常軌ホミホゥ。
상그레뭣 にこっと｜にこりと。
상극(相剋)뗑 相克ホゥホく｜相剋ホゥホく。
상글-거리다ꇰ にこにこする。=상글대다
상글-대다ꇰ ☞상글거리다
상글-상글뭣 にこにこ。
상금(賞金)뗑 賞金ホゥホミ。똄 ~으로 100만 원을 받았다. 賞金で100万ホミウォンを貰ホゥった。
상급¹(上級)뗑 上級ホゥホミ。똄 ~생 上級生ホミ。
상급²(賞給)뗑 褒賞ホゥホゥで与ホたえること。
　상급-하다ꇰ 褒賞ホゥホゥで与ホたえる。똄 텔레비전을 ~. テレビを褒賞ホゥホゥで与える。
상긋뭣 にこっと｜にこりと。
　상긋-거리다ꇰ にこにこする。=상긋대다
　상긋-대다ꇰ ☞상긋거리다
　상긋-이뭣 にこっと｜にこりと。
상긋-상긋뭣 にこにこ。
상기¹(上氣)뗑 上気ホゥホミ。
　상기-하다¹ 上気ホゥホミする｜のぼせる。똄 얼굴이 벌겋게 상기되었다. 顔ホミが赤ホミく上気していた。
상기²(上記)뗑 上記ホゥホミ。똄 ~ 내용을 읽고 질문에 답하시오. 上記の内容を読んで質問に答えて下さい。
　상기-하다ꇰ 上ホゥや前ホミに書く。
상기³(想起)뗑 想起ホゥホミ。
　상기-하다ꇰ 想起ホゥホミする｜思い出ホゥす

｜思ホゥい浮ホゥかべる。
상기⁴(詳記)뗑 詳記ホゥホミ。
　상기-하다ꇰ 詳記ホゥホミする。
상기다ꇰ 目ホミが粗ホゥらい｜疎ホゥらだ。
상-길(上—)뗑 上質ホゥホミ｜上等ホゥホゥ。
상깃-하다ꇰ 目ホミがちょっと粗ホゥいちょっと疎ホゥらだ。
상끗뭣 にこっと｜にこりと。
상납(上納)뗑 上納ホゥホゥ。
　상납-하다ꇰ 上納ホゥホゥする。
상냥-스럽다ꇰ 優ホゃさしそうだ。
　상냥스레-레뭣 優ホゃさしそうに。
상냥-하다ꇰ 優ホゃさしい｜にこやかだ。똄 A/S 직원은 매우 상냥하였다. アフターサービスの職員ホミはとても優ホゃさしかった。
　상냥-히뭣 優ホゃさしく｜にこやかに。
상념(想念)뗑 想念ホゥホミ。똄 ~에 잠기다. 思ホゥいにふける。
상-다리(床—)뗑 お膳ホぜんの脚ホし。
　상다리가 부러지다[**휘어지다**]관용 お膳ホぜんに一杯ホっぱいごちそうを並ホゃべる。
상단¹(上段)뗑 上段ホゥホミ。
상단²(上端)뗑 上端ホゥホミ。
상담¹(相談)뗑 相談ホゥホミ。똄 법률 ~ 法律ホゥ相談。
　상담-하다¹ꇰ 相談ホゥホミする。똄 취직 문제로 ~. 就職ホゥホミについて相談する。
상담²(商談)뗑 【ホゥホミ】商談ホゥホミ。똄 ~ 코너 商談コーナー。
　상담-하다²ꇰ 商談ホゥホミをする。
상답(上畓)뗑 上田ホゥホミ。
상당(相當)뗑 相当ホゥホゥ。
　상당-하다 ❶相当ホゥホゥする｜相応ホゥホゥする｜該当ホゥホゥする｜値ホゥする。똄 1년 연봉에 상당하는 퇴직금을 지급하기로 했다. 一年ホミの年俸ホゥに相当する退職金ホミを支払ホゥホゥうことにした。❷相当ホゥホゥだ｜かなりだ。똄 상당한 손해를 보다. かなりの損害ホミをこうむる。
　상당-히뭣 相当ホゥホゥに｜かなり｜よほど。똄 ~ 많은 사람이 모였다. かなり大勢ホゥの人ホミが集ホっまった。
상당-수(相當數)뗑 相当数ホゥホゥホゥ｜かなりの数ホゥ。똄 ~의 학생이 시험에 통과했다. 相当数の生徒ホミが試験ホミに通過ホゥホゥした。
상대(相對)뗑 ❶相対ホゥホゥ｜相手ホミ。❷相手ホミ｜相手方ホミホミ｜先方ホミホゥ。똄 경쟁 ~ 競争ホゥホゥ相手。
　상대-하다ꇰ 相対ホゥホゥする｜向ホゥかい合ホゥう｜あい対ホゥする｜対立ホゥホゥする。

상대-방(相對方)몡 ☞상대편
상대-성(相對性)[−썽]몡 相対性そうたい。
상대성 원리(相對性原理)《물》相対性そうたい原理げんり。
상대성 이론(相對性理論)《물》相対性そうたい理論りろん。
상대-역(相對役)몡 相手役あいてやく。
상대-자(相對者)몡 相手あいて。 몌 결혼 ~를 찾다. 結婚けっこん相手を探さがす。
상대-적(相對的)관 相対的そうたいてき。 몌 ~ 평가가 실시되다. 相対的評価ひょうかが行おこなわれる。
상대-주의(相對主義)《철》相対主義しゅぎ。
상대-편(相對便)몡 相手方あいてがた ┃ 先方せんぽう。 =상대방
상도(商道)몡 商道しょうどう。
상동(同同)몡 同上どうじょう。
상-되다(常−)혱【여불】下品げひんだ ┃ 卑いやしい ┃ はしたない。
상두(喪−) ☞상여
상등(上等)몡 上等じょうとう。
상등-병(上等兵)몡《군》上等兵じょうとうへい。=상병¹
상등-하다(相等−)혱 相等あいひとしい ┃ 互たがいに等ひとしい。
상량¹(上樑·上梁)몡《건》棟上むねあげ ┃ 建たて前まえ ┃ 上棟じょうとう。 몌 ~식 上棟式しき ; 棟上むねあげ式しき。
상량²(商量)몡【여불】商量しょうりょう。
　상량-하다타 商量しょうりょうする。
상량-하다¹(爽凉−)혱 爽涼そうりょうだ ┃ 清涼せいりょうだ ┃ すがすがしい。
상련(相連)몡 あい連つらなること ┃ あい連つらねること。
　상련-하다자타 あい連つらなる ┃ あい連つらねる。
상례¹(上例)몡【여불】上例じょうれい。
상례²(常例)몡【여불】常例じょうれい。=항례
상록-수(常綠樹)몡《식》常緑樹じょうりょくじゅ ┃ 常磐木ときわぎ。 몌 ~ 가로수 常緑樹の街路樹がいろじゅ。 =늘푸른나무
상록 활엽수(常綠闊葉樹)《식》常緑じょうりょく広葉樹こうようじゅ。
상론(相論·商論)몡 相論そうろん。
　상론-하다타 相論そうろんする ┃ 互たがいに論ろんじ合あう。
상류(上流)몡 上流じょうりゅう。 ❶【강이 발원잘하는】 川かわ上かみ。 몌 ~ 하천 上流河川かせん。 ❷程度ていどが高たかい身分みぶんや生活せいかつ。 몌 ~ 社上

流社会じょうりゅうしゃかい / ~ 가정 上流の家庭かてい / ~ 계급 上流階級かいきゅう。
상륙(上陸)몡 上陸じょうりく。 몌 ~ 작전 上陸作戦さくせん / ~ 거부 上陸拒否きょひ。
　상륙-하다자타 上陸じょうりくする。 몌 일본에 ~. 日本にほんに上陸する。
상-말(常−)몡 下品げひんな言葉ことば。
상-머리(床−)몡 膳ぜんの前まえや横よこ。
상면¹(上面)몡 上面じょうめん ┃ 上辺うわべ。=윗면
상면²(相面)몡 ❶対面たいめん。 ❷初はじめて互たがいにあいさつすること。
　상면-하다자타 ❶対面たいめんする ┃ 顔かおを合あわせる。 ❷初はじめて互たがいにあいさつする。
상모(相貌·狀貌)몡 相貌そうぼう ┃ 容貌ようぼう。
상목¹(桑木)몡 ☞뽕나무
상목²(橡木)몡 ☞상수리나무
상무(常務)몡 常務じょうむ。 ❶日常にちじょうの業務ぎょうむ。 ❷常務じょうむ取締役とりしまりやく。=상무이사
상미(上米)몡 上米じょうまい ┃ 上等じょうとうの米こめ。
상민(常民)몡 一般いっぱんの庶民しょみん ┃ 常民じょうみん。
상박(上膊)몡《의》【어른말】 上膊じょうはく ┃ 上腕じょうわん。
상반(相反)몡 相反あいはん ┃ 相反そうはんすること。
　상반-하다자 相反あいはんする。 몌 상반하는 의견 相反する意見いけん。
상-반기(上半期)몡 上半期かみはんき ┃ 上期かみき。 몌 ~ 결산 上半期決算けっさん / ~ 랭킹 上半期ランキング。
상-반부(上半部)몡 上半部じょうはんぶ。
상-반신(上半身)몡 上半身じょうはんしん·かみはんしん。 ↔ 하반신
상-밥(床−)몡 一膳飯いちぜんめし ┃ 膳立ぜんだてにして売うる食事しょくじ。
상번(上番)몡 ❶当直とうちょくの中なかの上司じょうし。 ❷当番とうばん。
상벌(賞罰)몡【여불】賞罰しょうばつ。
상법(商法)몡 商法しょうほう。 몌 ~은 자주 개정되는 법 중 하나이다. 商法は頻繁ひんぱんに改定かいていされる法ほうの一ひとつだ。
상병¹(上兵) ☞상등병
상병²(傷兵)몡 傷兵しょうへい。
상보¹(床袱)몡【어른말】膳立ぜんだてを覆おおう布ぬの ┃ お膳ぜんかけ。
상보²(詳報)몡 詳報しょうほう。
　상보-하다타 詳報しょうほうする。 몌 비행기 사고를 ~. 飛行機ひこうきの事故じこを詳報する。
상보-성(相補性)몡 相補性そうほせい。 몌 염색체는 ~을 가진다. 染色体だんしょくたいは相補性を持もつ。

상복(喪服)[명] 喪服もふく・そう。
상봉(相逢)[명] 対面たいめん|あい見みること。
　상봉-하다[자] 対面たいめんする|あい見みる. [예]졸業後10年ぶりに〜. 卒業後そつぎょうご、十年ねんぶりにあい見みる.
상부(上部)[명] 上部じょうぶ。
상부 구조(上部構造) 上部構造じょうぶこうぞう。
상부-상조(相扶相助)[명] 相互そうご扶助ふじょ|互助ごじょ。
상비(常備)[명] 常備じょうび。
　상비-하다[타] 常備じょうびする.
상비-군(常備軍)[명] 〔군〕常備軍じょうびぐん。
상비-약(常備藥)[명] 常備藥じょうびやく。[예]가정 〜. 家庭かていの常備薬じょうびやく。
상빈(上賓)[명] 上客じょうきゃく。=상객(上客)
상사¹(上士)[명] ❶〔군〕下士官かしかん[副士官ふくしかん]の中ちゅう、一番いちばん上うえの地位ちい. ❷〔종〕上士じょうし|菩薩ぼさつ.
상사²(上司)[명] 上司じょうし|上役うわやく。
상사³(相似)[명] 相似そうじ。
　상사-하다[자] 相似そうじする|相似にる.
상사⁴(商事)[명] 商事しょうじ。
상사⁵(商社)[명] 商社しょうしゃ|商事会社しょうじがいしゃ。
상사⁶(喪事)[명] 人ひとの死しんだこと。
상-사람(常—)[명] 常民じょうみん|庶民しょみん。
상사-병(相思病)[명] 恋煩こいわずらい|恋病こいやみ|恋こいの病やまい。
상상(想像)[명] 想像そうぞう。[예]〜 임신 想像妊娠そうぞうにんしん/〜의 동물 想像の動物どうぶつ/〜의 날개를 펴다. 想像の羽はねを広ひろげる.
　상상-하다[자] 想像そうぞうする.
상상-력(想像力)[명] 想像力そうぞうりょく。
상상-봉(上上峯)[명] 最高さいこうの峰みね。
상상-품(上上品)[명] 最上品さいじょうひん。
상상-화(想像畵)[명] 〔미〕想像画そうぞうが。
상서(上書)[명] 上書じょうしょ。
　상서-하다[자] 上書じょうしょする.
상서-롭다(祥瑞—)[형] めでたい前触まえぶれがある|縁起えんぎが良よさそうだ|吉兆きっちょうがありそうだ. [예]그 꿈은 상서로운 조짐이다. その夢ゆめは縁起えんぎの良よい前触まえぶれだ.
　상서로이[부] めでたく|幸先さいさきのよく.
상석(上席)[명] 上座じょうざ・かみざ|上席じょうせき。
상선(商船)[명] 商船しょうせん。
상설¹(常設)[명] 常設じょうせつ。[예]〜관 常設館じょうせつかん/〜 시장 常設市場じょうせついちば.
　상설-하다[타] 常設じょうせつする.
상설²(詳說)[명] 〔상세히설명〕詳説しょうせつ。
　상설-하다[타] 詳説しょうせつする|詳説しょうせつする。

상성(上聲)[명] 〔언〕〔聲의높낮이〕上声じょうしょう。
상세-하다(詳細—)[형] 詳細しょうさいだ|詳くわしい。
　상세-히 詳細しょうさいに|詳くわしく. [예]〜 설명하다. 詳しく説明せつめいする.
상소¹(上疏)[명] 〔역〕〔임금께올리는글〕上疏じょうそ|上書じょうしょ。
상소²(上訴)[명] 〔법〕上訴じょうそ。
　상소-하다 上訴じょうそする.
상-소리(常—)[명] 下品げひんな言葉ことば|卑語ひご。
상속(相續)[명] 相続そうぞく。[예]호주(戸主) 〜 戸主こしゅ相続/재산 〜 財産相続ざいさんそうぞく。
　상속-하다[타] 相続そうぞくする.
상속-세(相續稅)[명] 〔법〕相続税そうぞくぜい。
상속-인(相續人)[명] 〔법〕相続人そうぞくにん。
상쇄(相殺)[명] 相殺そうさい。
　상쇄-하다[타] 相殺そうさいする. [예]채권과 채무를 〜. 債権さいけんと債務さいむを相殺そうさいする.
상수¹(上手)[명]【上手じょうず・うま】[예]〜를 만나다. 上手じょうずに会あう.
상수²(上數)[명] 上策じょうさく。=상책(上策)
상수³(常數)[명] 常数じょうすう|定数ていすう。[예]적분 〜 積分せきぶん定数.
상수-도(上水道)[명] 上水道じょうすいどう|水道すいどう。=수도
상수리[명] 櫟くぬぎの実み|どんぐり。[예]〜의 꼭지 どんぐりの傘かさ。
상수리-나무[명] 〔식〕櫟くぬぎ。=도토리나무❷・상목・참나무
상순(上旬)[명] 上旬じょうじゅん|初旬しょじゅん。
상술¹(上述)[명] 上述じょうじゅつ。
　상술-하다[타] 上述じょうじゅつする. [예]사용 방법은 상술한 것과 같다. 使つかい方かたは上述のとおりだ.
상술²(商術)[명] 商売しょうばいの手腕しゅわん。
상술³(詳述)[명] 【자세히말함】詳述しょうじゅつ。
　상술-하다[타] 詳述しょうじゅつする. [예]보고서에 〜. 報告書ほうこくしょに詳述しょうじゅつする.
상-스럽다(常—)[형] 下品げひんだ|卑いやしい.
　상스레[부] 下品げひんに.
상습(常習)[명] 常習じょうしゅう。
상습-범(常習犯)[명] 〔법〕常習犯じょうしゅうはん。
상습-적(常習的)[관명] 常習的じょうしゅうてき。
상승(上昇・上升)[명] 上昇じょうしょう。[예]〜 작용 上昇作用じょうしょうさよう/〜 곡선을 그리고 있다. 上昇曲線じょうしょうきょくせんを描えがいている.
　상승-하다[자] 上昇じょうしょうする. [예]해수면이 상승할 가능성이 있다. 海水面かいすいめんが上昇する可能性かのうせいがある.
상승 기류(上昇氣流) 上昇気流じょうしょうきりゅう。[예]

글라이더는 ~를 이용한 스포츠이다. グライダーは上昇気流を利用したスポーツだ。

상시(常時)[명] 常時 ¦ 普段 ¦ いつも。[예] 딸의 사진을 ~ 지니고 다닌다. 娘の写真を常時持っている。=평상시

상식[1](常食)[명]【늘 먹음】常食。

상식-하다[타] 常食する。[예] 우리나라 사람은 밥을 상식한다. わが国の人々はご飯を常食する。

상식[2](常識)[명] 常識。[예] 가정 ~ 家庭常識/ 일반 ~ 一般常識。

상식-적(常識的)[관][명] 常識的。[예] ~인 판단 常識的な判断。

상신(上申)[명]【의견 등을 글로 보고함】上申。

상신-하다[타] 上申する。[예] 사장에게 ~. 社長に上申する。

상실(喪失)[명] 喪失。

상실-하다[타] 喪失する ¦ なくす ¦ 失う。

상실-감(喪失感)[명] 喪失感。[예] ~에 사로잡히다. 喪失感にとらわれる。

상심(傷心)[명] 傷心。

상심-하다[자] 傷心する。

상-씨름(上―)[명] 《운》シルム(씨름)の決勝戦。

상아(象牙)[명] 象牙。

상아-색(象牙色)[명] 象牙色。

상아-질(象牙質)[명] 《동》象牙質。

상아-탑(象牙塔)[명] 象牙の塔。

상앗-대[명] 棹 ¦ 竿。[준] 삿대

상앗대-질[명] 竿を漕ぐこと。

상앗대질-하다[자] 竿を漕ぐ。

상약[1](相約)[명] 互いに約束しあうこと。

상약-하다[타] 互いに約束しあう。

상약[2](常藥)[명] 民間薬。

상어[명] 《동》鮫 ¦ ふか。

상업(商業)[명] 商業。

상업 등기(商業登記) 《법》商業登記。

상업 자본(商業資本) 《경》商業資本。

상업-주의(商業主義)[명] 商業主義。

상업 지역(商業地域) 《법》商業地域。[예] 9할의 택지 지역과 1할의 ~ 9割の宅地地域と1割の商業地域。

상-없다(常―)[형] 下品だ。

상없-이[부] 下品に。

상여(喪輿)[명] 棺ごし¦柩ごし¦柩車。=상두

상여-금(賞與金)[명] 賞与金 ¦ ボーナス。

상여-꾼(喪輿―)[명] 棺桶をのせた輿を担ぐ人。

상연(上演)[명] 上演。[예] ~ 시간 上演時間/ ~ 중지 上演中止。

상연-하다[타] 上演する。[예] 5월에 상연될 연극 5月に上演される演劇。

상영(上映)[명] 上映。[예] 영화 ~ 映画上映。

상영-하다[타] 上映する。[예] 단편작을 상영하는 극장 短編作品を上映する劇場。

상오(上午)[명] ☞오전[1]

상온(常溫)[명] 常温。[예] ~에서 보관하다. 常温で保存する。=항온

상용[1](商用)[명] 商用。

상용[2](常用)[명] 常用。

상용-하다[타] 常用する。

상용-어(常用語)[명] 常用語。

상용-한자(常用漢字)[명] 常用漢字。

상원(上院)[명] 《정》上院。

상위[1](上位)[명] 上位。[예] ~ 개념 上位概念。

상위[2](相違)[명]【서로 틀리거나 어긋남】相違。

상위-하다[형] 相違する ¦ 違いがある。

상응(相應)[명] 相応。

상응-하다[자] 相応する。[예] 죄에 상응하는 벌을 받다. 罪に相応する罰を受ける。/ 이론과 연구에 상응하는 커리큘럼을 제시해야 한다. 理論と研究に相応するカリキュラムを提示すべきである。

상의[1](上衣)[명] 上衣 ¦ 上着。=윗옷

상의[2](相議·商議)[명] 相談 ¦ 商議 ¦ 協議。

상의-하다[1][타] 相談する ¦ 商議する ¦ 協議する。

상이(傷痍)[명] 傷痍。[예] ~군인 傷痍軍人。

상이-하다(相異―)[형] 相違する。[예] 견해가 ~. 見解が相違する。

상인(商人)[명] 商人。

상-일(常―)[명] 力仕事 ¦ 土方。

상일-하다[자] 力仕事をする。

상임(常任)[명] 常任。[예] ~ 위원 常任委員/ ~ 이사국 常任理事国。

상임-하다[자] 常任する。

상자(箱子)[명] 箱。[예] ~에 넣다. 箱に入れる。

상장[1](上場)[명] 《경》上場。[예] ~주 上場

株/～ 회사 上場会社。
상장-하다囯 上場する。
상장(喪章)閉 喪章。
상장(賞狀)閉 賞狀。囫 ～을 수여하다. 賞狀を授与する。
상재(霜災)閉 霜害。=상해³
상쟁(相爭)閉 互いに争うこと。
상쟁-하다冏 互いに争う。
상전(上典)閉【옛날 쓰던】主人。
상전-벽해(桑田碧海)閉 滄海桑田、桑田碧海。
상점(商店)閉 商店。囫 ～에 가서 물건을 사다. 商店に行って買物をする。
상점-가(商店街)閉 商店街。
상접(相接)閉 互いにくっつくこと。
상접-하다冏 互いにくっつく|相接する。
상정¹(上程)閉 上程。
상정-하다¹囯 上程する。囫 내년도 예산안을 ～. 来年度の予算案を上程する。
상정²(常情)閉【사람이 가지고 있는】常情。
상정³(想定)閉 想定。
상정-하다囯 想定する。囫 조선 시대의 유물로 상정된다. 朝鮮時代の遺物だと想定される。
상제(上帝)閉 上帝。
상조(相助)閉 互助。=호조
상조-하다冏 互助する。=호조하다
상종(相從)閉 互いに親しく付き合うこと。囫 비겁한 그들과는 ～ 못한다. 卑怯な彼たちとは親しく付き合うことができない。
상종-하다冏 親しく付き合う。囫 그 이후 우리는 상종하는 사이가 되었다. あれ以来、私たちは親しく付き合う仲になった。/ 그들과 상종하지 마라. 彼たちとは親しく付き合うな。
상좌(上座)閉 上座・かみざ。囫 ～에 앉다. 上座にかける。/ 운전자가 윗사람이거나 손님일 때는 조수석이 ～가 된다. 運転手が目上の人やお客様の場合は、助手席が上座になる。
상주¹(常住)閉 常住。
상주-하다冏 常住する。
상주²(喪主)閉 喪主。
상주-인구(常住人口)閉 常住人口。
상중(喪中)閉 喪中。
상중하(上中下)閉 上中下。
상지(上肢)閉《의》上肢。=팔

상직(常職)閉 常職。
상질(上質)閉 上質。
상징(象徵)閉 象徵|シンボル。囫 개선문은 파리의 ～이다. 凱旋門はパリのシンボルだ。
상징-하다囯 象徵する。
상징-적(象徵的)冠 象徵的。
상징-주의(象徵主義)閉《문》象徵主義|シンボリズム。
상찬(賞讚)閉 賞讚。
상책(上策)閉 上策。
상처¹(喪妻)閉 妻に死なれること。
상처-하다冏 妻に死なれる。
상처²(傷處)閉 傷|傷口。囫 마음의 ～. 心の傷/～를 입다. 傷付ける。
상체(上體)閉 上体|上半身。囫 ～를 구부리다. 上体を曲げる。
상추(식)萵苣。
상춘(賞春)閉【봄 경치 등을】春の景色を見て楽しむこと。囫 ～객 春の景色を楽しむ行楽客。
상춘-하다冏 春の景色を見て楽しむ。囫 요즘 설악산에는 상춘하러 온 관광객으로 가득하다. 近頃、雪岳山には春の景色を楽しみにやって来る観光客でいっぱいだ。
상충(相衝)閉 互いに衝突すること|食い違うこと|相反すること。
상충-하다冏 互いに衝突する|食い違う|相反する。
상층(上層)閉 上層。囫 ～ 계급 上層階級。
상층-부(上層部)閉 上層部。
상층-운(上層雲)閉 上層雲。
상치¹閉 '상추'의 잘못.
상-치²(上一)閉 同じ種類の中で上質の物。
상친(相親)閉 互いに親しく過ごすこと。
상친-하다冏 互いに親しく過ごす。
상쾌-하다(爽快—)冏 爽快だ|さわやかだ。囫 상쾌한 공기 さわやかな空気。
상쾌-히튀 爽快に|さわやかに。
상큼튀【다리를 높이 들어 걷는 모양】さっさと|さっと。
상큼-상큼튀 さっさと|すたすた。囫 ～ 걸어오다. すたすたと歩いてくる。
상큼-하다閉【향기가】香りよくさわやかだ。
상큼-하다閉 ❶下肢が上体に比べて不釣り合いに長ない。❷げっそりやせて目がくぼんでいる。囫 상큼한 눈망울 げっそりした目。

상태(狀態)〖명〗狀態。｜調子。 ⑩ 영양 ~ 栄養状態／건강 ~ 健康状態／정신 ~ 精神状態／경영 ~ 経営状態。

상통(相通)〖명〗相通ずること。
　상통-하다〖자〗相通ずる。⑩ 우리의 목표와 상통하는 것이 있다. 私たちの目標と相通ずるものがある。

상투¹〖명〗韓国式の髷。

상투²(常套)〖명〗常套。⑩ ~ 수단 常套手段。

상투메 프린시페(São Tomé and Príncipe) 〈국〉サントメプリンシペ。

상투스(Sanctus 라)〖종〗サンクトゥス。｜感謝の賛歌。

상투-적(常套的)〖관〗常套的。お決まり。⑩ ~ 인 말 決まり文句。

상-판대기(相一)〖속〗面。

상-팔자(上八字)〖명〗非常によい運命。

상패(賞牌)〖명〗賞牌。

상편(上篇)〖명〗上編。

상표(商標)〖경〗商標。｜トレードマーク。⑩ ~ 등록 商標登録。

상표-권(商標權)〖법〗商標権。

상품¹(上品)〖명〗上品。

상품²(商品)〖명〗商品。⑩ 작물 商品作物／가격 商品価格／계절 ~ 季節商品／짝퉁 ~ 偽ブランド商品。

상품³(賞品)〖명〗賞品。

상품-권(商品券)〖경〗商品券。｜商品切手。

상품-화(商品化)〖명〗商品化。

상하(上下)〖명〗上下。⑩ ~ 로 움직이다. 上下に動く。

상-하다(傷—)〖자타〗❶〖자〗(食べ物が)腐る｜傷む。⑩ 상한 음식을 먹고 배탈이 나다. 傷んだ食べ物を食べて, 腹痛を起こす。／음식이 상해서 먹을 수 없다. 食べ物が腐っていて食べられない。❷〖자〗(物が)傷む｜壊れる。⑩ 의자가 상해서 고치다. 椅子が傷んだので直す。／그릇이 상하지 않도록 조심해서 다루어 주세요. 器が壊れないように気をつけて扱ってください。❸〖자〗(健康を)痩せ衰える｜やつれ果てる｜壊す。⑩ 과로로 몸이 상해서 휴가 중이다. 過労で体を壊して休暇中だ。❹〖타〗(体を)傷つける｜傷める｜つく｜傷む。⑩ 무리해서 허리가 ~. 無理をして腰が傷む。／돌에 맞아 이마가 상하였다. 石に当たって額が傷ついた。❺〖타〗(心が)傷つく｜損なう。⑩ 독한 말을 듣고 마음이 상했다. ひどい言葉を聞いて心が傷ついた。／쓸데없는 말을 해서 기분을 상하게 하지 마라. つまらないことを言って機嫌を損なうな。

상-하수도(上下水道)〖명〗上下水道。｜上水道と下水道。⑩ ~ 요금 上下水道料金。

상합(相合)〖명〗互いに合致すること。
　상합-하다〖자〗互いに合致する。

상항(上項)〖명〗上の項目。

상항²(商港)〖명〗商港。｜貿易港。＝무역항

상해¹(傷害)〖명〗傷害。⑩ ~ 치사죄 傷害致死罪／보험 傷害保険。
　상해-하다¹〖타〗傷害する｜傷つける。

상해²(詳解)〖명〗詳解。
　상해-하다²〖타〗詳解する。

상해³(霜害)〖명〗霜害。

상해-죄(傷害罪)〖법〗傷害罪。

상행(上行)〖명〗❶ 上の方に上ること。❷ 地方から上京すること。⑩ ~ 열차 上り列車。

상향(上向)〖명〗上向き。

상현(上弦)〖천〗上弦。

상현-달(上弦—)〖천〗上弦の月。

상형(象形)〖명〗象形。

상형 문자(象形文字)〈언〉象形文字。

상호(相互)Ⅰ〖명〗相互。⑩ ~ 작용 相互作用／~ 의존 相互依存。Ⅱ〖부〗互いに。

상호²(商號)〖법〗商号。

상환(償還)〖명〗償還。⑩ ~ 기일 支払期日。
　상환-하다〖타〗償還する｜返済する。⑩ 대출금을 ~. ローンを返済する。

상황(狀況)〖명〗状況｜様子。⑩ ~ 판단 状況判断／불안한 ~ 이 계속되고 있다. 不安な状況が続いている。／나라마다 ~ 이 다르다. 国ごとに状況が異なる。

상회¹(上廻)〖명〗上回ること。
　상회-하다〖타〗上回る。⑩ 전국 평균을 ~. 全国平均を上回る。

상회²(商會)〖경〗商会。｜商店。

상흔(傷痕)〖명〗傷痕。

샅〖명〗股。｜またぐら。

샅-바〖운〗〖체〗腰帯。｜(シルムの)まわし。⑩ 청 ~ 青帯／홍 ~ 赤帯／~ 를 꼭 잡아라. 腰帯をしっかりつかめ。／~

를 당기다. まわしを引く。

살살-이[부] くまなく｜漏れなく｜全部{ぜんぶ}｜隅々{すみずみ}まで。예 방 안을 ~ 뒤지다. 部屋{へや}の中{なか}をくまなく捜{さが}す。

새¹[명]【사이】間{あいだ}｜すき間{ま}。예 벌어진 문 ~로 사람이 보였다. 開{あ}いた戸{と}のすき間{ま}から人{ひと}が見{み}えた。/ 눈 깜짝할 ~에 지갑이 없어졌다. あっという間{ま}に財布{さいふ}が無{な}くなった。/ 쉴 ~도 없이 바빴다. 休{やす}む間{ま}もなく忙{いそが}しかった。/ 내가 집을 비운 ~에 택배가 왔다. 私{わたし}が家{いえ}を空{あ}けた間{あいだ}に宅配便{たくはいびん}が来{き}た。

새²[명] ❶鳥{とり}。예 하늘 높이 ~가 날아간다. 鳥が空高{そらたか}く飛{と}んでいく。❷〈동〉雀{すずめ}。=참새

새³[명]《茅》ちがや。예 ~ 지붕 茅葺{かやぶ}き。

새⁴[관] 新{あたら}しい｜新{しん}。예 ~ 목욕물 新湯{しんゆ}／~ 시대 新しい時代／한국은 3월에 ~ 학기가 시작된다. 韓国{かんこく}は3月{がつ}に新学期{しんがっき}が始{はじ}まる。/ ~ 옷을 샀다. 新しい服{ふく}を買{か}った。/ ~ 건물을 짓고 있다. 新しい建物{たてもの}を建{た}てている。/ ~ 가정을 갖다. 新所帯{しんじょたい}を持{も}つ。

새-⁵[접]【접두사】真{ま}っ。새빨갛다. 真{ま}っ赤{か}だ。/ 새까맣다. 真{ま}っ黒{くろ}だ。

새-가슴[명] 鳩胸{はとむね}。

새-것[명] 新{あたら}しいもの｜新品{しんぴん}。예 ~과 헌것 新品と古物{こぶつ}。

새겨-듣다[타] ❶【음미해서】(言葉{ことば}の意味{いみ}を)かみしめる｜聞{き}き分{わ}ける｜納得{なっとく}する。예 부모님 말씀을 ~. 両親{りょうしん}の言葉{ことば}をかみしめる。❷【주의해서】注意{ちゅうい}して聞{き}く｜心{こころ}に刻{きざ}みつける。예 선생님의 말씀을 ~. 先生{せんせい}の言葉{ことば}を注意{ちゅうい}して聞{き}く。/ 충고를 ~. 忠告{ちゅうこく}を心{こころ}に刻{きざ}む。

새곰-새곰[부] ❶すべてがすっぱいさま。❷非常{ひじょう}にすっぱいさま。

새곰-하다 ややすっぱい。

새-그물[명] 鳥網{とりあみ}｜雀羅{じゃくら}。예 ~을 놓다. 鳥網を置{お}く。

새근-거리다[자] ❶【숨소리】はあはあと息{いき}をはずませる｜ぜいぜいとあえぐ。❷【어린아이 잠자는 소리】(子供{こども}が)ぐっすり眠{ねむ}り込{こ}む｜すやすやと眠{ねむ}る。예 새근거리는 아이의 모습이 사랑스럽다. すやすや寝{ね}ている子供は愛{あい}らしい。/ 아기가 새근거리며 잔다. 赤{あか}ちゃんがすやすや寝{ね}る。= 새근대다・새근새근하다¹

새근-대다[자] ☞ 새근거리다

새근-새근¹[부] ❶はあはあ｜ぜいぜい。❷すやすや｜すうすう。예 우리 아기 ~ 잘도 자는구나. うちの赤{あか}ちゃんは、すやすやと良{よ}く寝{ね}るなあ。/ 아이가 ~ 잠이 들었다. 子供{こども}がすやすやと眠{ねむ}りについた。

새근새근-하다[자] ☞ 새근거리다

새근-새근²[부]【아픈 모양】ずきずき。예 무릎이 ~ 아프다. 膝{ひざ}がずきずき痛{いた}い。

새근새근-하다[형] ずきずきとする。

새근-하다[형] (関節{かんせつ}などが)軽{かる}くずきずきと痛{いた}む。예 무릎이 새근하여 걷기가 어렵다. 膝{ひざ}がずきずきと痛み、歩{ある}きにくい。

새기다¹[타] ❶【조각하다】(尖{とが}った道具{どうぐ}で)字{じ}や形象{けいしょう}を)彫{ほ}る｜彫{ほ}りつける｜刻{きざ}む｜刻みつける｜刻み込{こ}む。예 새 도장을 ~. 新しい判子{はんこ}を彫{ほ}る。/ 목판에 꽃 그림을 새겨 넣었다. 木版{もくはん}に花{はな}の絵{え}を刻{きざ}み込{こ}んだ。❷【명심하다】(心{こころ}の中{なか}に深{ふか}く)刻{きざ}み付{つ}ける｜刻み込{こ}む。예 교훈을 마음속에 깊이 ~. 教訓{きょうくん}を心の奥深{おくふか}くに刻み込む。

새기다²[타] ❶【알기쉽게】(文{ぶん}や言葉{ことば}などの意味{いみ}を分{わ}かりやすく)明{あき}らかにする｜噛{か}み砕{くだ}く｜解{と}き明{あ}かす。예 알기 쉽게 새겨 설명해 주다. 分かりやすく噛み砕いて説明{せつめい}してあげる。❷【번역하다】翻訳{ほんやく}する｜訳{やく}する｜訳{やく}す。예 중국어를 ~. 中国語{ちゅうごくご}を訳{やく}する。/ 일본어 새겨로 ~. 日本語{にほんご}を韓国語{かんこくご}に訳{やく}する。

새기다³[타] (牛{うし}などが)反芻{はんすう}する。예 소가 먹이를 새기고 있다. 牛がエサを再{ふたた}び噛{か}み直{なお}している。

새김¹[명]【조각】尖{とが}った道具{どうぐ}で彫{ほ}り刻{きざ}むこと｜刻み込むこと｜彫刻{ちょうこく}。= 새김질¹

새김²[명]【주해】注解{ちゅうかい}。예 어려운 문장에 ~을 붙이다. 難{むずか}しい文章{ぶんしょう}に注解をつける。

새김-질¹[명] ☞ 새김

새김-질²[명]【반추】(反芻動物{はんすうどうぶつ}の)反芻{はんすう}。예 ~을 되풀이하다. 反芻を繰{く}り返{かえ}す。= 반추(反芻)

새김질-하다[자][타] 反芻{はんすう}する。예 소가 되풀이하여 ~. 牛{うし}が繰{く}り返{かえ}して反芻する。/ 소나 양은 반추하는 동물이다. 牛や羊{ひつじ}などは反芻する動物{どうぶつ}だ。

새김-칼[명] 彫刻刀{ちょうこくとう}。= 각도²

새-까맣다[형] ❶【색】真{ま}っ黒{くろ}だ。예 새까

만 머리카락 真っ黒な髮の毛。/ 볕에 얼굴이 새까맣게 탔다. 日に顔が真っ黒に焼けた。❷【전혀 모르다】まったく知らない｜うとい。예 연예인에 대해서는 ~. 芸能人にはうとい。❸【전혀 기억이 없다】全く記憶にない｜すっかり忘れている。예 회비를 내는 걸 새까맣게 잊고 있었다. 会費を払うのをすっかり忘れていた。❹【거리상·시간상】(距離的·時間的に)非常に遠く離れている｜はるかだ。예 그녀의 집까지는 새까맣게 멀다. 彼女の家まではははるかに遠い。

새까맣게 되다〖관용〗(心配事などで)気がもめる。

새까매-지다 〖자〗真っ黒になる。
새끼¹ 〖명〗縄。=새끼줄
새끼² 〖명〗子。❶【동물의】動物の子。예 개가 ~를 낳다. 犬が子を産む。❷【아이】子供。❸【연예인·부하】奴｜野郎。
새끼-가락 〖명〗手足の小指。
새끼-발가락 〖명〗足の小指。
새끼-발톱 〖명〗足の小指の爪。
새끼-손가락 〖명〗手の小指。
새끼-손톱 〖명〗手の小指の爪。
새끼-줄 〖명〗 ☞새끼
새끼-집 〖명〗動物の子袋。
새-날 〖명〗❶新しい日｜新しく迎える日｜新しく明ける日。예 ~에는 좀 더 최선을 다하여 노력하자. 新しく明ける日には、さらに最善を尽くそう。❷新時代｜未来。예 너희들은 ~의 일꾼이다. 君たちは未来の担い手だ。
새다¹ 〖자〗❶(すき間から)漏れる｜洩れる。예 바람이 ~. 風が漏れる。/ 빗물이 ~. 雨水が漏れる。❷【소리가】漏れる｜ばれる。예 방 안에서 말소리가 새어 나오다. 部屋の中から声が流れ出る。/ 비밀이 ~. 秘密が漏れる。❸【몰래 빠져나가다】(分からないように)そっと抜け出す。예 집에 가는 길에 샜다. 家に帰る途中に抜け出た。
새다² 〖자〗【날이】(夜が)明ける。예 6시가 되니 날이 샜다. 6時になったので夜が明けた。
새-달 〖명〗次の月｜来月。=내달
새-댁(-宅) 〖명〗 ☞새색시
새-되다 〖형〗(声が)甲高い｜(声が)高くて鋭い。예 새된 목소리로 소리를 지르다. 甲高い声で叫ぶ。
새-둥주리 〖명〗(わらなどで作った)鳥の巣。

새들-새들 〖부〗【시들어·물이 마른 모양】しなしな｜なよなよ。예 파가 ~ 시들었다. ネギがしなしなとしてしまった。
　새들새들-하다 〖형〗(穀物や·野菜などが)しなしなする｜しおれる｜しなびる。예 새들새들한 배추. しなしなした白菜。
새-때 〖명〗食事と食事との間｜食間。
새뜻-하다 〖형〗新しくさっぱりしている｜すがすがしい。예 새뜻하게 하루를 시작하자. すがすがしく一日を始めよう。
　새뜻-이 〖부〗すがすがしく。
새-로 〖부〗新たに｜新しく。예 ~ 산 옷. 新しく買い取った衣服。/ 입대한 병사. 新しく入隊した兵士；新手や/ ~ 시작하는 마음으로 나오너라. 新たに始める気持ちで出てこい。=새로이
새록-새록 〖부〗❶【새로운 사물이나 일이 잇따라 생기는 모양】(新しい物事などが)次々つぎつぎと｜続々と｜相次いで。예 대형 쇼핑몰이 ~ 생기다. 大型のショッピングモールが次々とできる。/ 새싹이 ~ 돋아나고 있다. 新芽が相次いで芽生えている。❷【생각·느낌이】(考えが·気持ちが)続々と｜新しく次々と｜相次いで。예 그와 정다웠던 일들이 ~ 떠올랐다. 彼と仲睦まじく過ごしたことが、次々と思い出された。❸【잠든 아기가 숨쉬는 모양】すうすう｜すやすや。예 갓난아기가 ~ 자고 있다. 赤ん坊がすやすやと寝ている。
새-롭다 〖형〗❶【새롭다】新しい｜初めてだ。예 새로운 소식이 있어. 新しい知らせがある。/ 새로운 방법을 창안하다. 新しい方法を創案する。❷【더욱】なお新しく感じられる｜なお鮮やかだ。예 그 소식은 언제 들어도 ~. その知らせはいつ聞いても新しく感じられる。/ 이제 새롭게 시작하는 거야! これから新しく始めるんだ。
　새로이 〖부〗❶新たに｜新しく｜初めて。❷改めて｜更に。
새-말 〖명〗 ☞신어
새-매 〖명〗〈동〉鶴。
새무룩-하다 〖형〗むっつりしている｜膨れっ面をしている｜すねている。예 부모님께 야단을 맞은 애가 새무룩하게 앉아 있다. 両親に叱られた子が、膨れっ面をして座っている。

새무룩-이囝 すねているさま｜むっつり(と)。

새-물몡 果物や魚などの初物｜走り。

새-밭【새·억색음】 茅の生い茂った所｜茅原。

새벽몡 夜明け｜明け方｜暁。 예 ~ 하늘의 별 暁の空の星/ ~을 알리는 닭 울음소리 夜明けを告げる鶏の鳴き声/ 나는 ~ 4시에 일어난다. 私は明け方の4時に起きる。

새벽-같이囝 朝早くに｜明け方早くに｜朝っぱらから。 예 일요일인데도 ~ 놀러 나갔다. 日曜日なのに、朝っぱらから遊びに出かけた。

새벽-녘몡 暁の頃｜明け方｜夜明け頃。

새벽-달몡 残月｜有明の月｜夜明けの月。

새벽달 보려고 으스름달 안 보랴속담 夜明けの月を見ようとして、おぼろ月は見ないだろうか：「未来の不確実なことを考えるより、現在の当面していることを処理すべきだ」の意。

새벽-닭몡 明け方に鳴く鶏。

새벽-바람몡 明け方に吹く冷たい風。

새벽-별몡 ☞ '샛별'의 잘못.

새벽-일몡 明け方にする仕事。

새벽-잠몡 朝方頃に寝入る深い眠り。 예 ~이 많아 아침에 일어나기 힘들다. 夜明けに深く眠って、朝起きるのが大変だ。

새-봄몡 初春｜新春。

새-빨갛다혱 真っ赤だ。 예 새빨간 사과 真っ赤なリンゴ/ 얼굴이 새빨갛게 되다. 顔が真っ赤になる。

새빨간 거짓말관용 真っ赤な嘘。 예 ~이다. 真っ赤な嘘だ。

새빨개-지다잗 真っ赤になる。

새-사람몡 生まれ変わったような人。 예 개심하여 ~이 되었다. 改心して、別人のように生まれ変わった。

새-살몡 肉芽｜肉芽組織。

새살-거리다잗 にこにこしながらおもしろそうに喋る。 =새살대다

새살-궂다혱 軽々しく行動する｜尻軽だ。

새살-대다잗 ☞ 새살거리다

새-살림몡 新所帯｜新生活。

새살-새살囝 にこにこしながら、しきりにおもしろそうに喋るさま。

새삼囝 今更｜今更のように｜事新しく。 =새삼스레

새삼-스럽다혱 今更のようだ｜事新しい。 예 새삼스럽게 그때 일을 뭐하러 다시 말하니! 何でまた、今更その時のことを言うんだ。/ 그의 우정이 새삼스럽게 고마웠다. 彼の友情が、今更のようにありがたかった。

새삼스레囝 ☞ 새삼

새-새¹몡 '사이사이'의 준말.

새새²囝 やたらにしきりに笑いはしゃぐさま。

새새-거리다잗 やたらにしきりに笑いはしゃぐ。 =새새대다

새새-대다잗 ☞ 새새거리다

새새-틈틈몡 合間合間｜暇々｜すきますきま。

새-색시몡 結婚したばかりの新婦｜花嫁。 =새댁·색시

새-소리몡 鳥の鳴き声。

새-순(一筍)몡 新芽｜若芽。

새시(sash)몡 サッシュ｜サッシ。

새-신랑(一新郎)몡 新郎｜花婿。

새실-스럽다혱 軽々しく行動する。

새-싹몡 若芽｜新芽。 예 ~이 나다. 若芽が生える。

새-아기몡 夫の両親が嫁を呼ぶ語。

새-알 ❶ 鳥の卵。 ❷ 雀の卵。

새알-사탕(一一沙糖)몡 小さな飴玉。

새알-심(一心)몡 白玉餠。 예 ~이 없는 팥죽은 심심하다. 白玉団子のない汁粉はつまらない。

새앙 ☞ 생강

새앙-쥐 ☞ '생쥐'의 잘못.

새앙-차(一茶)몡 生姜茶。 예 ~와 곶감을 함께 먹으면 몸에 좋다. 生姜茶と干しがきを一緒に食べると体にいい。 =생강차

새옹지마(塞翁之馬)몡 塞翁が馬。

새우〈동〉蝦｜海老。

새우다탇 (夜を)明かす｜徹夜する。 예 밤을 새워 공부하다. 徹夜で勉強する。

새우-등몡 猫背。 예 ~ 할머니 猫背のおばあさん。 ◆日本では「猫背」(고양이 등)라고 한다.

새우-잠몡 猫背のようになって寝ること

と。例~을 자고 나면 몸이 뻐근하다. 猫背になって寝たら体がだるい。

새우-젓명 子蝦の塩辛。
새-잎명 若葉。
새-장(-欌)명 鳥籠｜巣箱。
새-조개명 〈동〉鳥貝。
새-중간(-中間)명【~에】間｜中間。
새-집¹명 新居｜新築の家｜新宅。例~ 짓다. 新居を構える。
새-집²명 鳥の巣｜ねぐら。
새-참명 間食｜おやつ。
새척지근-하다형 食べ物が饐えて、少し酸っぱい。㊤새치근하다
새-총(-銃)명 ❶鳥打ち用の空気銃。❷【俗】ぱちんこ。例아이들이 ~을 쏘다. 子供たちがパチンコを撃つ。
새치명 若白髪。
새치근-하다형 ☞'새척지근하다'의 준말.
새-치기명 割り込み。
　새치기-하다재 割り込む。
새치름-하다형 何かくわぬ顔をしている｜つんと取り澄ましている。例그 귀여운 아이가 새치름해 있는 꼴이 너무 예뻤다. そのかわいらしい子どもが、つんと取り澄ましている様子は、とてもかわいかった。
　새치름-히부 つんと取り澄ましているさま。
새침-데기명 取り澄ましている人｜澄まし屋｜お澄まし。例~ 여학생 澄まし女子学生。
새침-하다형 つんと澄ましている。例새침해 있는 그녀의 모습조차 사랑스럽다. つんと澄ましている彼女の姿さえも愛らしい。
새-카맣다형 ❶真っ黒だ。例새카만 눈동자 真っ黒な瞳｜햇볕에 日焼けで真っ黒に日焼けにする。❷【轉】記憶が全然残っていない。例새카맣게 잊고 있었다. すっかり忘れていた。
새카매-지다재 真っ黒になる。
새콤-새콤부 ❶すべてが酸っぱいさま。❷非常に酸っぱいさま。
새콤-하다형 やや酸っぱい。
새크무레-하다형 やや酸っぱい。
새큰-거리다재 骨節がしきりにうずく｜ずきずきする。例다친 무릎이 ~. 痛めた膝がずきずきうずく。=새큰대다
새큰-대다재 ☞새큰거리다
새큰-새큰부【~하다】ずきずき。

새큰-하다형 骨節がうずく｜ずきずきする。
새큼-새큼부 (味やにおいが)非常に酸っぱいさま。
새큼-하다형 (味やにおいが)非常に酸っぱい。
새-털명 鳥毛。例~처럼 가볍다. 非常に軽い。
새털-구름명 巻き雲｜巻雲｜絹雲｜すじ雲。
새-파랗다형 ❶濃い青色だ｜真っ青だ｜濃い青だ。例맑게 갠 새파란 가을 하늘 晴れ上がった真っ青な秋空｜저 나무의 잎사귀는 ~. あの木の葉っぱは真っ青だ。❷【轉】(とても寒かったりおびえたり驚いたりして顔色が)真っ青だ｜青白い｜蒼白だ。例두려움에 새파랗게 질리다. 恐ろしさに真っ青になる。／몹시 추운 나머지 입술이 새파래졌다. とても寒さのあまり、唇が真っ青になった。❸【轉】非常に若い｜とても若い｜(まだ)尻が青い｜(まだ)青二才だ。例새파랗게 젊은 녀석이 어른 앞에 다리를 꼬고 앉다. まだ尻が青いやつが、大人などの前で足を組んで座っているなんて。／아직 새파란 젊은이가 주제넘은 말을 한다. まだ青二才が生意気な口をきく。
새파래-지다재 真っ青になる。
새-판명 (賭博・囲碁・将棋などの)新しい局｜やり直しの勝負｜新たな場。例~을 시작하자. やり直しの勝負を始めよう。
새-하얗다형 真っ白だ｜たいへん白い｜真っ白い。例새하얀 종이 真っ白な紙／새하얀 피부 真っ白な肌／더러워진 와이셔츠를 새하얗게 빨다. よごれたワイシャツを真っ白に洗い上げる。
새하얘-지다재 真っ白になる｜真っ白くなる。例눈이 쌓여 주위가 온통 새하얘졌다. 雪が積って、周り一面が真っ白くなった。
새-해명 新年。例~ 복 많이 받으세요. 明けましておめでとうございます。=신년
색¹(色)명 ❶色｜色彩。❷【俗】女色｜色事。
색²(sack)명 サック。
색감(色感)명 色感。例~이 좋다. 色感がいい。
색골(色骨)명 好色漢｜すけべえ。

색광(色狂)몡 色情狂しょくじょう｜色気違いろけちがい。=색마

색깔(色―)몡 色いろ｜色彩しきさい。囫커튼 ~이 바뀌네. カーテンの色が替かわる。=빛깔

색-다르다(色―)혱 変かわっている｜風変ふうがわりだ｜目新めあたらしい｜特色とくしょくがある. 囫색다른 맛 変かわった味あじ/이 빌딩은 색다른 데가 있다. このビルはちょっと変わったところがある.

색동(色―)몡【색동저고리】囫~옷 袖先そでさきに五色ごしきの縞しまを入いれて縫ぬったハンボック/~저고리 袖先に五色のしまを入れたチョゴリ.

색등(色燈)몡 カラー灯火とうか。

색마(色魔)몡 ☞색광(色狂)

색맹(色盲)몡 〖미〗色盲しきもう。

색-바람 初秋しょしゅうに吹ふく涼すずしい風かぜ。

색상(色相)몡 色相しきそう｜色調しきちょう｜色合いろあい. 囫~의 다양한 색상의 다양さ/유행 ~ 流行りゅうこう~の色合い.

색색¹ 뷔 ❶【잠자는 모양】すやすや｜すうすう. 囫아기가 ~ 자고 있다. 子供こどもがすやすや寝ねている. ❷【숨쉬는 모양】はあはあ｜ぜいぜい.

색색-거리다재 ❶すやすや寝息ねいきを立たてる｜すやすやと静しずかに眠ねむる. 囫아기가 색색거리며 잘 잔다. 赤あかちゃんがすやすやとよく眠ねむる. ❷はあはあと息いきを切きらす｜ふうふうあえぐ｜ぜいぜいとあえぐ. 囫색색거리며 올라가다. はあはあしながら登のぼっていく. =색색대다

색색-대다재 ☞색색거리다

색색²(色色)몡 色々いろいろ. ❶様々さまざまな色いろ｜色いろとりどり. ❷各種かくしゅ｜さまざま.

색색-이 뷔 色々いろいろに｜色いろとりどりに.

색소(色素)몡 色素しきそ。

색소폰(saxophone)몡 〖음〗サキソホン｜サックス。

색-스럽다(色―)혱 風変ふうがわりだ.

색시 몡 ☞새색시

색-실(色―)몡 色糸いろいと。

색싯-감 花嫁候補はなよめこうほ。

색-안경(色眼鏡)몡 色眼鏡いろめがね. ❶カラーレンズの眼鏡. ❷先入観せんにゅうかんを持もって見みること.

 색안경(을) 쓰다관용 先入観せんにゅうかんを持もつ.

색-연필(色鉛筆)몡 色鉛筆いろえんぴつ。

색-옷(色―)몡 ☞무색옷

색욕(色慾)몡 色欲しきよく｜情欲じょうよく。

색인(索引)몡 索引さくいん｜インデックス。=찾아보기

색정(色情)몡 色情しきじょう。

색정-적(色情的)관 色情的しきじょうてき。

색조(色調)몡 色調しきちょう｜色合いろあい.

색-종이(色―)몡 色紙いろがみ。

색즉시공(色卽是空)몡 〖종〗【불】色卽是空しきそくぜくう。

색채(色彩)몡 色彩しきさい. ❶色いろ｜色合いろあい｜色取いろどり. ❷物事ものごとの性質せいしつ｜傾向けいこう. 囫보수적인 ~가 강하다. 保守的ほしゅてきな色彩が強つよい.

색채-감(色彩感)몡 《미》色彩感しきさいかん。

색출(索出)몡 捜さがし出だすこと.

 색출-하다 捜さがし出だす. 囫범인을 ~. 犯人はんにんを捜し出す.

색칠(色漆)몡 色いろを塗ぬること｜色付いろづけ｜彩色さいしき.

 색칠-하다재 色いろを塗ぬる｜色付いろづけする｜彩色さいしきする.

샌-님몡【생원님의 준말】堅物かたぶつ｜頑固者がんこもの。

샌드백(sandbag)몡 《운동》(ボクシングの)サンドバッグ. 囫~을 치다. サンドバッグを打うつ.

샌드위치(sandwich)몡 サンドイッチ。

샌들(sandal)몡 サンダル。

샐그러-뜨리다 탸 (物体ぶったいを)一方いっぽうに傾かたける｜一方いっぽうに歪ゆがめる. 囫입술을 ~. 唇くちびるを一方に歪める. =샐그러트리다

샐그러-지다 재 (物体ぶったいが)一方いっぽうに傾かたむく｜一方いっぽうにゆがむ. 囫샐그러진 눈으로 쳐다보다. つり上あがった目めで見みつめる.

샐그러-트리다 탸 ☞샐그러뜨리다

샐긋 뷔 (物体ぶったいが)一方いっぽうに少すこし傾かたむいたりゆがんだりするさま.

 샐긋-거리다재 しきりに傾かたむいたりゆがんだりする. =샐긋대다

 샐긋-대다재/탸 ☞샐긋거리다

 샐긋-하다 Ⅰ 타 (物体ぶったいが)一方いっぽうに少すこし傾かたむいたりゆがんだりする.
 Ⅱ 혱 (物体ぶったいが)一方いっぽうに少すこし傾かたむいている.

샐긋-샐긋 뷔 しきりに傾かたむいたりゆがんだりするさま.

샐기죽-거리다재/탸 ゆったりしきりに歪ゆがみ傾かたむいて動うごく. 囫입술을 샐기죽거리며 비웃다. 唇くちびるをゆがめてあざ笑わらう. =샐기죽대다

샐기죽-대다재/탸 ☞샐기죽거리다

샐기죽-샐기죽 뷔 ゆったりしきりに歪ゆがみ

傾く動くさま。

샐-녘 명 夜明け｜明け方。

샐러드(salad) 명 サラダ。

샐러리-맨(←salaried man) 명 サラリーマン｜俸給生活者｜月給取り。

샐룩 부【갑작한 부분이 매우 여겨서 움직이는 모양】ぴくり｜ぴくっと。

샐룩-거리다 재 ぴくぴくする｜ひくひくする。예 금방이라도 울음이 터질 듯이 입술을 ~. 今にでも泣き出しそうに、唇をひくひくさせる。=샐룩대다

샐룩-대다 재타 ☞샐룩거리다

샐룩-하다 재타 ぴくりとする｜ぴくっとする。예 눈썹이 ~. 眉毛がぴくりとする。

샐샐 부 声を出さないで、へらへらと笑うさま。

샐쭉 부 すねているさま。예 그녀가 ~ 삐쳐 있다. 彼女がつんとすねている。

샐쭉-하다 형 すねる｜ふくれっ面をする。예 그녀가 샐쭉한 얼굴로 나를 바라보았다. 彼女がすねた顔で、私を見つめた。

샘¹ 명【남의 물건을 탐내고 그 사람을 미워함】嫉妬｜妬み｜やきもち。예 그 여자는 ~이 많다. 彼女は嫉妬心の強い女だ。

샘-하다 타 妬む｜嫉妬する｜やきもちを焼く。예 갓 태어난 남동생을 ~. 赤ん坊の弟をねたむ。

샘² 명 泉。

샘³ 명 ☞선(腺)

샘-구멍 명 泉の湧き出る穴。

샘-나다 자 妬ましくなる｜やける。예 귀여운 사람을 보면 샘난다. かわいい人を見るとやけてくる。

샘-내다 자타 妬む｜羨む｜やきもちを焼く。예 남이 가진 것을 ~. 他人の持っているものに対してねたむ。

샘-물 명 泉から出る水｜わき水。예 ~을 긷다. 泉の水をくむ。

샘-바르다 妬みがひどい｜嫉妬が深い。

샘-솟다 자 (勇気・力・感情・涙などが)あふれ出る｜わき上がる｜起こる。예 그 말을 듣는 순간 희망이 샘솟는 것을 느꼈다. その言葉を聞いた瞬間、希望があふれ出るのを感じた。

샘-터 명 水のわき出る場所。

샘플(sample) 명 サンプル｜見本。예 ~ 작업 サンプル作業／~을 채취하다. サンプルを採取する。

샛-강(-江) 명 (大きな川から)支流。

샛-길 명 抜け道｜間道。

샛-노랗다 真っ黄色だ。예 샛노란 은행잎 真っ黄色のイチョウの葉。

샛-눈 명 薄目｜細目。

샛-문(-門) 명 脇門。

샛-별 명 明けの明星｜金星。=금성

생¹ 명 ☞생강

생²(生) 명 生。예 ~과 사의 갈림길 生と死の分かれ目。=삶

-생³(生) 접【그때에 태어남】—生まれ。예 8월생 8月生まれ。

생가(生家) 명 生家｜実家。

생-가슴(生—) 명 取り越し苦労｜無駄な気遣い。예 ~을 앓다. 無駄な気遣いをする。

생-가죽 명 生皮。

생각 명 ❶【머릿속에 떠오름】思い｜考え｜気。예 올바른—正しい考え／사람은 다 제 나름대로 ~이 있다. 人はみんな自分なりに考えがある。／자식 일로 ~에 잠기다. 子供のことで物思いに沈む。／~이 바뀌다. 気が変わる。❷【기억】記憶｜思い出｜考え。예 어렸을 때의 ~ 幼いときの思い出／네 ~으로 잠을 잘 수가 없다. 君のことが思い出されて、夜さえも眠れない。／돌아가신 어머니 ~이 난다. 亡くなったお母さんが思い出される。❸【어떤 일을 하고 싶어 하는 마음】気｜願い。예 갑자기 술 ~이 나다. 急に酒が飲みたい。／별로 하고 싶은 ~이 없다. 別に欲しくない。／여자 ~만 한다. 女のことばかり考える。❹【마음먹음】決心｜意図｜つもり｜予定｜気。예 유학 갈 ~이다. 留学に行くつもりだ。／이사 갈 ~이다. 引っ越すつもりだ。／모레 떠날 ~이다. あさって出発する予定だ。❺【의견】意見や感じ｜思い｜考え。예 그 여자가 불쌍하다는 ~이 들었다. 彼女が可哀想だという気がした。／문득 좋은 ~이 떠올랐다. ふといい考えが浮かんだ。／~을 말하다. 思いを述べる。／자네 ~은 어떤가? 君の考えはどうだ。／네 ~과는 다르다. お前の考えとは違う。❻【마음먹음】思い｜考え。예 아무리 해도 ~대로는 되지 않는다. いくらしても思いどおりにならない。／그런 일은 ~도 못하였다. そんなこ

とは考えにも及ばばない。

생각-하다[타] 考かんえる｜思おもう。 예제가 생각하는 것은 당신과 다릅니다. 私わたしの考かんがえは、あなたとは違ちがいます。／골똘히 생각해 보다. よくよく考かんがえてみる。／상대방의 기분을 생각해 보다. 相手あいての気持きもちを考かんがえてみる。／부끄럽게 생각하였다. 恥はずかしく思おもった。／전혀 생각지 않은 일이 일어났다. まったく思おもいもかけないことが起おこってしまった。

생각-나다[자] ❶[예문] (意見いけんや気持きもちなどが心こころに)思おもい浮うかぶ｜思おもいつく｜考かんがえつく。 예좋은 의견이 생각났어. 良よい意見いけんが思おもいついた。／자네와의 약속이 생각나서 되돌아왔다. 君きみとの約束やくそくを思おもいついて、戻もどってきた。 ❷[예문] 思おもい出だす。 예졸업 앨범을 보니 친구들이 생각난다. 卒業そつぎょうアルバムを見みたら、友達ともだちのことが思おもい出だされる。／친구와 함께 놀러갔던 내장산 단풍이 생각난다. 友達ともだちといっしょに遊あそびに行いった内藏山ナジャンの紅葉こうようが思おもい浮うかぶ。 ❸[예문] 一たい｜欲ほしい。 예너무 더우니 찬 막걸리 한 잔이 생각난다. 暑あつすぎて冷つめたいマッコリ一杯いっぱいが飲のみたい。

생-감(生一)[명] 熟じゅくしていない柿かき。
생강(生薑)[명]《식》生薑しょうが。 =새앙・생
생강-즙(生薑汁)[명] 生薑汁しょうがじる。 =강즙
생-거름(生一)[명] 十分じゅうぶんに腐くさっていない堆肥たいひ。
생-걱정(生一)[명] 取とり越こし苦労くろう｜要いらない心配しんぱい。 예별 ~을 다 하는구나. 取とり越こし苦労くろうにもほどがある。
생-것(生一)[명] 生物なまもの。
생경-하다(生硬一)[형] 生硬せいこうだ。 예생경한 문장 生硬せいこうな文章ぶんしょう。
생계(生計)[명] 生計せいけい。 예~를 유지하다. 生計せいけいを維持いじする。
생계-비(生計費)[명] 生計費せいけいひ。
생-고기(生一)[명] ☞날고기
생-고무(生一)[명] 生なまゴム。
생-고생(生苦生)[명] つまらない苦労くろう。
생-고집(生固執)[명] つまらない意地じっ張ばり。 예~을 부리다. 片意地かたいじを張はる。
생-고치(生一)[명] 生繭なままゆ。
생-과부(生寡婦)[명] 夫おっとと別居中べっきょちゅうの女おんな。
생-과실(生果實)[명] 熟じゅくしていない果物くだもの。
생-과자(生菓子)[명] 生菓子なまがし。
생-굴(生一)[명] 生牡蠣なまがき。

생그레[부] にこりと｜にこっと。
생글[부] にこりと｜にこっと。
생글-거리다[자] しきりににこにこする｜しきりににこっとする。 =생글대다
　생글-대다[자] ☞생글거리다
생글-생글[부] にこにこ。
생금(生金)[명] 《광》精鍊せいれんされていない黄金おうごん。
생긋[부] にこりと｜にこっと。
생긋-거리다[자] しきりににこっとする。 =생긋대다
　생긋-대다[자] ☞생긋거리다
생긋-생긋[부] にこにこ。
생기(生氣)[명] 生気せいき｜活気かっき｜生色せいしょく。 예~를 잃다. 生色せいしょくを失うしなう。
생기다 I [자] ❶[예문] (無なかった物ものが)生しょうじる｜生しょうずる｜できる。 예옷에 구멍이 ~. 服ふくに穴あながができる。／동네에 도서관이 ~. 町まちに図書館としょかんができる。／아이가 생겼다. 子供こどもができた。／나무에 뿌리가 ~. 木きに根ねが生しょうじる。／녹이 ~. さびが生しょうじる。 ❷[예문] (私わたしの物ものとして)手てに入はいる｜得える。 예공돈이 ~. あぶく銭ぜにが手てに入はいる。／예쁜 가방이 ~. かわいいカバンが手てに入はいる。 ❸[예문] (ある事ことが)起おきる｜起おこる｜生しょうじる｜発生はっせいする。 예문제가 ~. 問題もんだいが起おこる。／사고가 ~. 事故じこが発生はっせいする。／계획에 차질이 ~. 計画けいかくに狂くるいが生しょうじる。／바이러스로 생기는 병이다. ウィルスで起おこる病気びょうきだ。 ❹[예문] (姿すがたが)―のように見みえる。 예서양인처럼 생긴 미인 西洋人せいようじんのように見みえる美人びじん／장난감 같이 생긴 자동차 おもちゃのように見みえる自動車じどうしゃ／남자답게 ~. 男おとこらしく見みえる。

II [보형] [예문] ―(し)そうだ｜―はめになる。 예거짓말한 것이 탄로 나게 생겼다. 嘘うそをついた事ことがばれそうだ。／오늘은 아무도 없으니 혼자 하게 생겼다. 今日きょうはだれもいないのでひとりでするはめになった。／감기 들게 생겼다. 風邪かぜを引ひきそうだ。

생기발랄-하다(生氣潑剌一)[형] 活発かっぱつだ｜活気かっきにあふれる。
생김-새[명] 顔付かおつき｜顔かたち｜顔だち｜格好かっこう｜姿すがた。
생-나무(生一)[명] 生木なまき。 =생목³
생남(生男)[명] ☞득남
생녀(生女)[명] ☞득녀

생년(生年)﹇명﹈ 生年 ｜ 生まれた年。

생년월일(生年月日)﹇명﹈ 生年月日。

생도(生徒)﹇명﹈ ❶士官学校などの学生。❷[초등학교 이하의 학생을 이르던 말] 生徒。◆요즘 우리나라에서는 초등학생에게 '생도'라고 하지 않고, 일본에서는 중·고등학교 학생을 이르는 말로 쓴다.

생-돈(生一)﹇명﹈ 無駄金 ｜ 無駄に使うお金。◑~을 쓰다. 無駄金を使う。

생동(生動)﹇명﹈ 生動。
　생동-하다﹇자﹈ 生動する ｜ 生き生きとする。生動する 그림 生き生きとして動くような絵。

생-되다(生一)﹇형﹈ 不慣れだ ｜ 未熟だ。

생-땅(生一)﹇명﹈ 未開墾地 ｜ 更地 ｜ 新地。◑~을 일구다. 未開墾地を開く。

생때-같다(生一)﹇형﹈ 元気で病気一つがない ｜ 丈夫だ。

생-떼(生一)﹇명﹈ 無理にねだること ｜ 横車。◑~를 부리다. 横車を押す。 = 생떼거리

생-떼거리(生一)﹇명﹈ ☞생떼

생래(生來)﹇명﹈ 生来。❶生まれつき。❷生まれて以来。

생략(省略)﹇명﹈ 省略。
　생략-하다﹇타﹈ 省略する ｜ 省く。◑2단계는 생략하기로 했다. 2段階は省略することにした。

생략-표(省略標)﹇명﹈ ☞줄임표

생량(生凉)﹇명﹈【가을에 이르러 서늘해지는 기운】 秋になって涼しくなること。
　생량-하다 Ⅰ ﹇자﹈ 秋になって涼しくなる。
　Ⅱ ﹇형﹈ 秋になって涼しい。

생로병사(生老病死)﹇명﹈ 生・老・病・死 ｜ 四苦。

생률(生栗)﹇명﹈ ☞날밤

생리(生理)﹇명﹈ ❶(生物の)生理。◑~현상 生理現象。❷(의)生理 ｜ 月経 ｜ メンス。◑~ 주기 生理周期 / ~ 불순 月経不順 / ~ 휴가 生理休暇。 = 월경(月經)

생리-대(生理帶)﹇명﹈ ナプキン。

생리-적(生理的)﹇관형﹈ 生理的だ。

생리-통(生理痛)﹇명﹈《의》生理痛 ｜ 月経痛。

생리-학(生理學)﹇명﹈《생》生理学。

생-매장(生埋葬)﹇명﹈ ❶生き埋め。❷社会的に葬ること。
　생매장-하다﹇타﹈ ❶生き埋めする。❷社会的に葬る。

생-맥주(生麥酒)﹇명﹈ 生ビール。

생-머리(生一)﹇명﹈ ❶パーマしていない髪。❷理由もなく頭が痛い。

생-먹다(生一)﹇타﹈ ❶人の言うことを聞かない。❷知らぬ顔をする。

생면부지(生面不知)﹇명﹈ 一度も会ったことのない人。

생명(生命)﹇명﹈ 生命。◑ 과학 生命科学 / ~ 윤리 生命倫理 / ~의 은인 生命の恩人 / 피아니스트の~은 손가락이다. ピアニストの生命は指である。

생명-권(生命權)﹇명﹈ 《법》生命権。

생명-력(生命力)﹇명﹈ 生命力。

생명 보험(生命保險)﹇명﹈ 《경》生命保険。

생명-선(生命線)﹇명﹈ 生命線。

생명-수(生命水)﹇명﹈ 生命の水 ｜ キリストの福音。

생명-체(生命體)﹇명﹈ 生命体。

생모(生母)﹇명﹈ 実母。= 친어머니

생-모시(生一)﹇명﹈ 生麻。

생목¹(生一)﹇명﹈ 食べ物が消化されずに、胃液や食べ物が口の中に逆流すること。

생목²(生木)﹇명﹈ 生木綿。

생목³(生木)﹇명﹈ ☞생나무

생-목숨(生一)﹇명﹈ ❶生きている命 ｜ 生ける命。◑~을 끊은 것은 죄악이다. 命を断つことは罪悪だ。❷罪なき人の命。

생-무지(生一)﹇명﹈ まったくの素人。= 생수¹

생물(生物)﹇명﹈ 生物。◑ ~ 공학 生物工学 / 심해 ~ 深海生物 / ~ 의 다양성 生物多様性。

생물-자원(生物資源)﹇명﹈ 生物資源。

생물-체(生物體)﹇명﹈ 生物体。

생물-학(生物學)﹇명﹈ 《생》生物学。

생-밤(生一)﹇명﹈ ☞날밤

생-방송(生放送)﹇명﹈ 《언》生放送。

생-베(生一)﹇명﹈ 生麻。

생-벼락(生一)﹇명﹈ ☞날벼락

생병(生病)﹇명﹈ 無理に仕事をしてかかった病気。

생부(生父)﹇명﹈ 実父。= 친아버지

생-부모(生父母)﹇명﹈ 実父母。= 친부모

생불(生佛)﹇명﹈ 《종》【生】生き仏 ｜ 生き菩薩。

생사(生死)﹇명﹈ 生死。◑~의 갈림길 生死の境。

생-사람(生一)﹇명﹈ 何の罪もない人 ｜ 無

생사의 人。
생사-존망(生死存亡)圏 生死存亡ぞんぼう。
생산(生産)圏 生産せいさん。예 ~ 조합 生産組合くみあい/ ~ 요소 生産要素ようそ/ 대량 ~ 大量たいりょう生産。
　생산-하다囲 生産せいさんする。
생산-가(生産價)圏 ☞생산 가격
생산 가격(生産價格)《경》生産価格せいさんかかく。=생산가
생산-고(生産高)圏《경》生産高せいさんだか。
생산-량(生産量)圏《경》生産量せいさんりょう。
생산-력(生産力)圏《경》生産力せいさんりょく。
생산-물(生産物)圏《경》生産物せいさんぶつ。
생산-비(生産費)圏《경》生産費せいさんひ。
생산-성(生産性)圏 生産性せいさんせい。
생산 수단(生産手段)《경》生産せいさん手段しゅだん。
생산-액(生産額)圏《경》生産額せいさんがく/ 生産高せいさんだか。
생산 양식(生産樣式)《경》生産様式せいさんようしき。
생산-자(生産者)圏《경》生産者せいさんしゃ。
생산-재(生産財)圏《경》生産財せいさんざい。
생산-적(生産的)団 生産的せいさんてき。
생산-지(生産地)圏《경》生産地せいさんち。
생산-품(生産品)圏《경》生産品せいさんひん。
생-살(生一)圏 肉芽にくが。=새살
생살²(生殺)圏 生殺せいさつ。
생살-여탈(生殺與奪)圏 生殺与奪よだつ。
생삼(生蔘)圏 乾かわいていない高麗人参こうらいにんじん。=수삼
생색(生色)圏【남 앞에 당당히 나타내는】面目めんぼくが立たつこと/ 恩着おんきせがましい顔かお/ 手柄顔てがらがお/ 得意顔とくいがお。
생색-나다(生色一)困【남 앞에 당당히 나타낼】面目めんぼくが立たつ/ 体面たいめんが保たもたれる/ 顔かおが立たつ。예 생색나지 않는 일도 열심히 한다. 面目めんぼくが立たたない仕事しごとでも、一生懸命いっしょうけんめいにする。
생색-내다(生色一)匣【남 앞에 당당히 나타낼】自分じぶんの手柄てがらだと自慢じまんする/ 顔かおを立たてる/ 面目めんぼくを立たてる/ 恩おんに着きせる。예 하찮은 선물로 생색내다니. みすぼらしいお土産みやげで恩に着せるなんて。
생생-하다(生生一)囲 生いき生いきしている/ 生々なまなましい。예 생생한 생선 生き生きしている魚さかな/ 생생한 감동을 받았다. 生々なまなましい感動かんどうを受うけた。
　생생-히甼 生いき生いきと/ 生々なまなましく。
생-석회(生石灰)圏《화》生石灰せいせっかい/ 酸化さんかカルシウム。=산화칼슘

생선(生鮮)圏 魚さかな/ 生魚なまざかな。예 ~ 가게 魚屋さかなや/ ~ 구이 焼やき魚ざかな。
생선-국(生鮮一)圏 魚さかなを煮込にこんだスープ。
생선-젓(生鮮一)圏 魚さかなの塩辛しおから。
생선-찌개(生鮮一)圏 魚さかなのチゲ。예 고등어로 ~ 를 만들었다. さばでチゲを作つくった。
생선-회(生鮮膾)圏 刺身さしみ/ 作つくり身み/ お作つくり。
생성(生成)圏 生成せいせい。
　생성-하다囲 生成せいせいする。
생성-물(生成物)圏《화》生成物せいせいぶつ。
생-소리(生一)圏 理不尽りふじんな話はなし。
　생소리-하다困 理不尽りふじんな話はなしをする。
생소-하다(生疏一)囲 ❶【생소】不慣ふなれだ/ 見慣みなれない/ 不案内ふあんないだ/ 疎うとい。예 생소한 타향 不慣れない異郷いきょう/ 생소한 사람들 見慣れない人々ひとびと/ 타국이라 생활 방식이 ~. 他国たこくであるので、生活せいかつ方式ほうしきが不案内だ。/ 서울 지리에는 ~. ソウルの地理ちりには疎い。❷【扱あつかい方かたが未熟みじゅくだ】下手へただ/ 不慣ふなれだ/ 手慣てなれていない。예 생소한 손놀림으로 접시를 씻다. 不慣れな手てつきで、お皿さらを洗あらう。/ 이런 일에는 생소해서 해낼 수가 없다. こんな仕事しごとには手慣れていないので、やり遂とげることができない。
생-손圏 ☞생인손
생수¹(生手)圏 ☞생무지
생수²(生水)圏 ❶生水なまみず。❷【자연수】生命せいめいの水みず。
생숙(生熟)圏 ❶生物なまものと熟じゅくしたもの。❷【자연수】生熟せいじゅく。
생시(生時)圏 ❶生時せいじ/ 生うまれた時刻じこく/ 生時せいじ/ 生いきている間あいだ。❸寝ねていない時とき。
생식¹(生食)圏【생식】生食なましょく・せいしょく。
　생식-하다¹囲 生食せいしょくする。
생식²(生殖)圏 生殖せいしょく。예 ~ 능력 生殖能力のうりょく/ ~ 기능 生殖機能きのう。
　생식-하다²囲 生殖せいしょくする。
생식-기¹(生殖期)圏《생》生殖期せいしょくき。
생식-기²(生殖器)圏《생》生殖器せいしょくき。=성기
생식 세포(生殖細胞)《생》生殖細胞せいしょくさいぼう。
생신(生辰)圏【생일의 높임말】お誕生日たんじょうび。예 오늘은 선생님의 ~ 이다. 今日きょうは先生せんせいのお誕生日である。
생-쌀(生一)圏 なま米こめ/ 火ひにかけてない

米を 예 ~을 물에 불려 솥에 안치다. 米を水に浸して釜にかける。

생애(生涯)图 生涯しょうがい│一生いっしょう。 예 ~ 교육 生涯教育きょういく。

생-야단(生惹端)图 やたらに騷ぎ立てること。

생약(生藥)图《약》生薬しょうやく│きぐすり。 예 ~ 성분 生薬成分せいぶん/ ~ 함유 生薬含有がんゆう。

생-억지(生一)图 無理押むりおし│橫車よこぐるま│難癖なんくせ。 예 ~를 써도 유분수지. 여기가 어디라고! 難癖をつけるにもほどがある。ここがどこだと思おもってるんだ。

생업(生業)图 生業せいぎょう│なりわい。

생-우유(生牛乳)图 生牛乳なまぎゅうにゅう。

생육(生育)图 生育せいいく。
　생육-하다자 生育せいいくする。

생-으로(生一)튀 ❶生なまで│生のままで。 예 고구마를 ~ 썩어 먹다. さつま芋いもを生で嚙かむ。 ❷無理むりに│無理やりに。

생-이별(生離別)图 生いき別わかれ│生別せいべつ。
　생이별-하다자타 生別せいべつする│生いき別わかれる。 예 전쟁 때 어머니와 생이별하였다. 戦争の時せんそうのとき、母ははと生別した。

생인(生因)图 (現象げんしょうと物事ものごとが)生しょうじる原因げんいん。

생인-손图 《한》手ての指先ゆびさきの皮下組織ひかそしきに起おこる炎症えんしょう│手のひょう疽そ。 예 ~을 앓다. 手のひょう疽そにかかる。=생손

생일(生日)图 誕生日たんじょうび。 예 ~ 선물 誕生日プレゼント/ ~ 축하 誕生日祝いわい/ ~ 파티 誕生日パーティー/ ~ 축하합니다. お誕生日おめでとうございます。

생일-날(生日一)图 誕生日たんじょうび。

생장(生長)图 生長せいちょう。
　생장-하다자 生長せいちょうする。

생장-점(生長點)图《식》生長点せいちょうてん。 예 ~이 다르다. 生長点が違ちがう。=자람점

생전(生前)I 图 生前せいぜん│死しぬ前まえ。 예 ~에 쓰시던 방 生前せいぜんにお使つかいになった部屋へや。
　II 튀 ❶いくらやって見みても│いくら努力どりょくしても。 예 ~ 해 봐라, 네가 할 수 있나. まあやってみろ、お前ができるものか。 ❷生うまれてこのかた。 예 이런 경험은 ~ 처음이다. こんな経験けいけんは生まれて初はじめてだ。

생존(生存)图 生存せいぞん。
　생존-하다자 生存せいぞんする。

생존 경쟁(生存競爭)《생》生存競争せいぞんきょうそう。

생존-권(生存權)图 生存権せいぞんけん。
생존-자(生存者)图 生存者せいぞんしゃ。

생-죽음(生一)图 (自殺じさつ・事故じこ・殺ころしなどの)非命ひめいの死し。

생-쥐图《동》二十日鼠はつかねずみ。 예 ~가 창고에 들어가 쌀을 갉아 먹었다. ハツカネズミが倉庫そうこに入はいって、お米こめをかじって食たべた。

생즙(生汁)图 野菜やさいや果物くだものの汁しる。

생지(生地)图 ❶未開墾地みかいこんち│更地さらち。 ❷《속》知しらない土地とち。 ❸《경》生地きじ│出生地しゅっしょうち。

생-지옥(生地獄)图 生いき地獄じごく。 =산지옥

생질(甥姪)图《인척》姉妹しまいの息子むすこ│甥おい。

생-질녀(甥姪女)图 【인척】姉妹しまいの娘むすめ│姪めい。

생-질부(甥姪婦)图 【인척】姉妹しまいの息子むすこの妻つま│甥おいの妻。

생-질서(甥姪壻)图 【인척】姉妹しまいの娘むすめの夫おっと│姪めいの夫。

생-짜(生一)图 生なまの物もの。

생채(生菜)图 青菜あおなのあえもの。

생-채기图 搔かき傷きず│擦すり傷きず。 예 팔에 ~가 나다. 腕うでに擦り傷がつく。

생-철¹(一鐵)图 ☞양철
생철²(生鐵)图 ☞무쇠

생체(生體)图 生体せいたい。 예 ~ 리듬 生体リズム/ ~ 실험 生体実験じっけん。

생-크림(生cream)图 生なまクリーム。

생태(生態)图 生態せいたい。

생태-계(生態系)图《생》生態系せいたいけい。 예 ~ 보호 지역 生態系保護地域ほごちいき/ ~ 파괴 生態系破壞はかい。

생-트집(生一)图 無理むりな言いいがかり│無理難題むりなんだい。
　생트집-하다자 無理難題むりなんだいをふっかける。

생판(生一)I 图 なにも知しらないこと│全まったく手てをつけていないこと。 예 나는 서양 미술사에는 ~이다. 私わたしは西洋美術史びじゅつしに関かんしては、なにも知らない。
　II 튀 全まったく│大変たいへん疎うとくて。 예 ~ 모르는 사람에게 말을 걸다. 全く知らない人ひとに話はなしかける。

생포(生捕)图 生いけ捕どり。
　생포-하다타 生いけ捕どる。 예 멧돼지를 ~. 猪いのししを生け捕る。

생-핀잔(生一)图 理由りゆうのない叱責しっせき。
생필-품(生必品)图 生活必需品せいかつひつじゅひん。
생-호령(生號令)图 理由りゆうのない叱しかり。

=강호령

생호령-하다자 理由もなく叱る。

생화(生花)명 生花。

생환(生還)명 生還。

생환-하다자 生還する。

생활(生活)명 生活。예 ~ 가전 生活家電/~ 잡화 生活雑貨/~ 지도 生活指導/~ 공간 生活空間。

생활-하다자 生活する。예 노년은 연금으로 생활한다. 老年は年金で生活する。

생활-고(生活苦)명 生活苦。

생활-권(生活圏)명 生活圏。

생활-난(生活難)명 生活難。

생활-력(生活力)명 生活力。

생활-비(生活費)명 生活費。

생활 수준(生活水準)(경)生活水準。

생활 통지표(生活通知表) 通知表｜通信簿。=통지표

생활-화(生活化)명 生活化。

생활화-하다자타 生活化する。

생활 환경(生活環境)(사)生活環境。

생회(生灰)명 《화》生石灰。

생후(生後)명 生後。예 ~ 6개월 된 강아지 生後六ヶ月になった子犬。

생-흙(生一)명 掘り返したことのない土地の土。

샤를의 법칙(Charles―法則) 《물》シャルルの法則。

샤머니즘(shamanism)명 《종》シャーマニズム｜巫俗｜巫術。

샤워(shower)명 シャワー。

샤워-하다자 シャワーをする｜シャワーを浴びる。

샤프(sharp)명 シャープ。

샤프-펜슬(sharp pencil)명 シャープペンシル｜シャープ。=샤프(sharp)

샴페인(champagne)명 シャンペン｜シャンパン。

샴푸(shampoo)명 シャンプー。

샹들리에(chandelier 프)명 シャンデリア。

샹송(chanson 프)명 《음》シャンソン。

서¹(西)명 西。=서쪽

서²(署)명 署。예 ~에 가다. 警察署に行く。

서³조 《[수]》―で。예 명동서 친구를 우연히 만났다. ミョンドンで友だちに偶然に会った。

서⁴조 《[처]》―で。예 둘이서 영화를 보러 갔다. 二人ぶたりで映画えいがを見みに行いった。

서가(書架)명 書架｜書棚｜本棚。

서간(書簡・書束)명 ☞편지

서간-문(書簡文)명 《문》書簡文。

서거(逝去)명 逝去。

서거-하다자 逝去する。예 왕이 ~. 王様が逝去する。

서걱부 ❶《[베・보리 등을]》すぱっと。❷《[발을 옮기는 소리]》さくさく。❸《[눈을 밟아 내는 소리]》さくさく。❹《[빳빳한 이부자리 때나는 소리]》かさかさ。

서걱-거리다 ❶すぱすぱとする。❷さくさくとする。❸さくさくとする。❹かさかさする。=서걱대다・서걱서걱하다

서걱-대다자타 ☞서걱거리다

서걱-서걱부 ❶すぱすぱと。❷さくさくっと。❸さくさく。예 ~ 사과를 씹다. さくさくとリンゴを噛む。❹かさかさ。

서걱서걱-하다자 ☞서걱거리다

서경(西經)명 《지》《[경도]》西經。

서고(書庫)명 書庫。

서곡(序曲)명 《음》序曲。예 카르멘 ~ カルメンの序曲。

서광(曙光)명 曙光。예 ~이 비치다. 曙光がさす。

서구(西歐)명 西欧。

서근서근-하다형 ❶《[성격]》(姿や性格が)優しくさっぱりしている｜愛想が良い｜気さくだ。❷《[식감]》(リンゴやナシを噛むように)柔かい｜軟かい｜歯触りが良い｜さくさくしている。

서근서근-히부 ❶優しく｜愛想良く。❷柔かく｜軟かく｜歯触り良く。

서글서글-하다형 ❶《[성격]》(姿や性格が)優しくて思いやりがある｜優しくて穏やかだ。❷《[이목구비가 시원스럽다]》目鼻立ちがすっきりしている。

서글프다형 うら悲しい｜やるせない｜もの悲しい｜わびしく哀れだ。예 너와의 이별은 생각만 해도 ~. 君との別れは考えただけでもやるせない。/ 우리 서로 서글픈 생각일랑 그만두자. 互いに悲しい考えはもうやめよう。

서글피부 うら悲しく｜もの悲しく。

서기¹(西紀)명 西紀｜西暦。=기력후・서력・에이디

서기²(書記)명 書記。

서기-관(書記官)명 書記官。

서까래명 《건》垂木｜たりき｜はえき。=연목

서남(西南)명 西南・なん。

서남-풍(西南風)〖명〗南西風なんせいふう。=남서풍(南西風)

서남-향(西南向)〖명〗西南向せいなんむき;南westi向なんむき。

서낭-당(-堂)〖명〗《민》村むらの守護神しゅごしんをまつる堂どう。

서-너〖관〗三みっつか四よっつ;三、四さん、し。

서넛〖수〗三みっつか四よっつ;三、四さん、し。

서느렇다〖형〗❶【推】やや少すこし冷つめたい;冷ひえている;ひんやりする。〖例〗서느런 공기 ひんやりした空気くうき。❷【推喩的ひゆてきに】(急きゅうに)ひやっとする;ぞっとする。〖例〗그를 보자 간담이 서느렇졌다. 彼かれを見みると、心こころの底そこからぞっとした。

서-녘(西-)〖명〗西にしの方ほう;西方にしかた。

서늘-바람〖명〗(初秋しょしゅうの)涼すずしい風かぜ。

서늘-하다〖형〗❶【推】涼すずしい;ひんやりしている;やや冷つめたい。〖例〗가을이 되니 바람이 ~. 秋あきになったので、風かぜがひんやりしている。/서늘한 날씨가 계속되다. 涼すずしい天気てんきが続つづく。/이 셔츠는 입으면 서늘할 것 같다. このシャツを着きれば涼すずしそうだ。❷【推喩的ひゆてきに】(態度たいど・性格せいかくなどが)冷つめたい。〖例〗그의 서늘한 태도에 나는 당황하였다. 彼かれの冷つめたい態度たいどに私わたしは慌あわてた。❸【推喩的ひゆてきに】(驚おどろいたり恐おそろしくなったりして)ひやりとする;ぞっとする;ぞくぞくする。〖例〗간담을 서늘하게 하는 살인 현장 肝胆きもたんをぞっとさせる殺人さつじんの現場げんば。/공포 영화를 보고 등골이 서늘해졌다. 怖こわい映画えいがを観みて、背中せなかがぞっとした。❹【推喩的ひゆてきに】(目めなどが)さっぱりして清きよらかだ;涼すずしい。〖例〗그 여자의 서늘한 눈매 彼女かのじょの涼すずしい目もと。

서늘-히〖부〗やや冷つめたく;涼すずしく;ひんやり。〖例〗~ 부는 늦가을 바람 ひんやりと吹ふく晩秋ばんしゅうの風かぜ。/에어컨을 ~ 틀어 놓은 방 クーラーを涼すずしくきかせておいた部屋へや。/간담을 ~ 하는 귀신 이야기 肝きもをひんやりとさせるお化ばけの話はなし。

서다〖자〗❶【推喩的ひゆてきに】立たつ。〖例〗사람은 두 발로 서서 걷는다. 人ひとは両足りょうあしで立たって歩あるく。/문 밖에서 서서 30분을 기다렸다. 門もんの外そとで立たって30分ぷん待まった。/이순신 장군의 동상이 서 있는 광화문 네거리 李舜臣イスンシン将軍しょうぐんの銅像どうぞうが立たっている光化門クァンファムンの交差点こうさてん。❷【推】(動うごいていたものが)止とまる。〖例〗거기 서! そこ止とまれ。/횡단보도 앞에서 자동차는 일단 서야 한다. 横断歩道おうだんほどうの前まえでは車くるまは一旦いったん止とまらなければならない。/이 기차는 큰 역만 선다. この列車れっしゃは大おおきな駅えきだけに停車ていしゃする。❸【推喩的ひゆてきに】(国こく・機関きかん・建物たてものなどが)建たつ;設立せつりつされる。〖例〗이곳은 정부 청사가 설 자리이다. ここは政府せいふの庁舎ちょうしゃが建つ場所ばしょだ。/새로운 정당이 ~. 新あたらしい政党せいとうが設立せつりつされる。❹【推喩的ひゆてきに】(市場いちば・行事ぎょうじが)立たつ;開ひらかれる。〖例〗여기에 5일장이 선다. ここに五日いつかごとに市いちが立つ。❺【推】(秩序ちつじょ・規則きそく・条理じょうりなどが正ただしく)守まもられる;保たもたれる;立たつ;通つうじる。〖例〗질서가 바로 선 사회 秩序ちつじょが正ただしく保たもたれた社会しゃかい/사내 규율이 바로 서야 한다. 社内しゃないの規律きりつが正ただしく守まもられなければならない。/논리가 정연히 서 있다. 論理ろんりが整然せいぜんと通つうじている。❻【推喩的ひゆてきに】立たつ。〖例〗식칼 날이 퍼렇게 ~. 包丁ほうちょうの刃はがぴんと立つ。/톱날이 ~. のこぎりの刃は ~。/눈에 핏발이 ~. 目めが血走ちばしる。❼【推喩的ひゆてきに】(虹にじなどが)現あらわれる;立たつ;出でる。〖例〗무지개가 ~. 虹にじが出る。❽【推】妊娠にんしんする。〖例〗아이가 ~. 身みごもる。❾【推喩的ひゆてきに】(計画けいかく・決心けっしんなどが)つく;立たつ;決きまる。〖例〗확실한 계획이 섰다. はっきりとした計画けいかくが立った。/결심이 서면 전화해라. 決心けっしんがついたら電話でんわしろ。❿【推】(役割やくわり・本分ほんぶんなどを)-に 立たつ;-を 務つとめる。〖例〗중매를 ~. 仲立なかだちをする。/교대로 위병을 ~. 交代こうたいで衛兵えいへいに立つ。/틀림없다고 보증을 서라. 間違まちがいないと保証ほしょうしろ。/친구 데이트에 들러리를 ~. 友達ともだちのデートに付つき添そう;わき役やくを務つとめる。

서당(書堂)〖명〗〖推〗漢文かんぶんなどを教おしえた私塾しじゅく。=글방

서당 개 삼 년에 풍월(을) 한다[읊는다/짓는다]〖속담〗〔日〕門前もんぜんの小僧こぞう習ならわぬ経きょうを読よむ。

서덜〖명〗❶石いしの多おおい川辺かわべ。❷魚さかなのあら。

서두¹(序頭)〖명〗〖推〗(順序じゅんじょの)初はじめ;前口上まえこうじょう;冒頭ぼうとう。

서두²(書頭)〖명〗〖推〗文章ぶんしょうの始はじめ;冒頭ぼうとう;書かき出だし。

서두르다〖타〗急いそぐ;逸はやる;焦あせる;急いそく。〖例〗서둘러라, 늦겠다. 急げ、遅おくれるぞ。/퇴근을 서두르는 것을 보니 뭔가 중한 일이 있는가 보다. 退勤たいきんを急いそくのをみ

ると、何か重要な事があるようだ。/ 이기고 싶어 서두르는 마음을 억누르다. 勝ちたいと逸る心を抑える。/ 빨리 하려고 너무 서두르면 실패하는 수가 많다. 早くしようとして、あまり焦れば失敗することが多い。 [준]서둘다

서둘다[타] ☞'서두르다'의 준말.

서랍[명] 引き出し。[예] ~을 열다. 引き出しを引く。=설합

서러움[명] 悲しみ。[예] ~에 목이 메다. 悲しみでのどが詰まる。/ 부모님 생각을 하자 ~이 북받쳐 올랐다. 両親のことを思うと、悲しみが込み上げてきた。 =설움

서러워-하다[타] 悲しく思う ¦ 悲しむ。

서럽다[형] 悲しい ¦ 悲痛だ ¦ つらい。 [예] 무엇이 그리 서러워 우느냐? 何がそんなに悲しくて泣くんだ。/ 그녀가 서럽게 우는 양이 못내 안타깝다. 彼女が悲しみ泣く様子は、この上なく不憫だ。 =섧다

서력(西曆)[명] 西暦 ¦ 西暦紀元 ¦ 西紀。 =기원후·서기·에이디

서로 Ⅰ [명] 互い ¦ 相互。 [예] 형제는 ~를 사랑한다. 兄弟はお互いを愛する。/ ~의 행복을 빌다. 互いの幸福を祈る。 Ⅱ [부] 互いに ¦ 共に。 [예] ~ 협력하여 좋은 결과가 나왔다. お互いに協力していい結果が出た。

서로-서로[부] 互いに ¦ 共々に。

서론(序論·緒論)[명] ☞머리말

서류(書類)[명] 書類 ¦ 文書。 [예] 비밀 ~ 秘密書類/ 증거 ~ 証拠書類/ ~를 작성하다. 書類を作成する。

서류-철(書類綴)[명] 書類綴じ。

서른[수][관] 三十。 [예] ~ 살 三十歳/ ~ 개 三十個。

서리[1] [명] 【과일 등을 훔쳐 먹는 장난】群れをなして人の畑のスイカ、マクワウリ、鶏などを盗んで食べるいたずら遊び。

서리[2] [명] 霜。 [예] ~가 내리다. 霜が降りる。
서리(가) 내리다[앉다][관용] ☞서리(를) 이다
서리(를) 이다[관용] 霜をいただく ¦ 霜を置く ¦ 白髪になる。 =서리(가) 내리다·서릿발(을) 이다

서리-꽃[명] 窓ガラスなどの表面に、水蒸気が氷結してできた花のような模様。

서리다[1] [자] ❶【수증기가】息で曇る ¦ 水蒸気で曇る。 [예] 안경에 김이 ~. 眼鏡が水蒸気で曇る。 ❷【어떤 기운이】こもる ¦ 漂う ¦ 現れる。 [예] 슬픔이 서린 눈 悲しみを湛えた瞳。

서리다[2] [타] 【뱀·끈·국수 등을】渦状に巻きくるめる。 [예] 노끈을 ~. 紐を渦状に巻きくるめる。/ 뱀이 몸을 서리고 있다. 蛇が巻きくるめている。

서리-서리[부] 【둥그렇게 포개어 감아 놓은 모양】幾重にも巻かれているさま ¦ ぐるぐる。

서림(書林)[명] ☞서점(書店)

서릿-김[명] 霜が降りた気配。

서릿-바람[명] 霜の降りた朝に吹く冷たい風。

서릿-발[명] 霜柱。
서릿발(을) 이다[관용] ☞서리(를) 이다
서릿발(이) 서다[관용] ❶霜柱が立つ。 ❷(権威·刑罰などが)厳しい。 [예] 서릿발이 서서 야단치다. とても厳しく叱る。

서막(序幕)[명] 序幕。

서머서머-하다[형] とても面目がない。

서머 타임(summer time) 《사》サマータイム ¦ 夏時間。

서머-하다[형] 面目がない。

서먹서먹-하다[형] よそよそしい ¦ 気まずい ¦ 照れくさい。 [예] 서로 인사는 하였으나 서먹서먹하여 아무 말도 없이 앉아 있었다. 挨拶は交わしたが、よそよそしくて何も言わずに座っていた。

서먹-하다[형] よそよそしい ¦ 気まずい ¦ 照れくさい。 [예] 왜 그렇게 서먹하게들 앉아 있니? どうしてそんな気まずそうに座っているの。/ 화해는 했지만 그와의 관계는 여전히 ~. 和解はしたが、彼との関係は相変わらずよそよそしい。

서면(書面)[명] 書面。 [예] ~으로 연락드리겠습니다. 書面にてご連絡いたします。

서명(署名)[명] 署名 ¦ サイン。 [예] ~ 운동 署名運動/ ~ 날인 署名捺印。
서명-하다[자] 署名する ¦ サインする。 [예] 계약서에 ~. 契約書に署名する。

서모(庶母)[명] お父さんの妾。

서목(書目)[명] 書目 ¦ 図書目録。

서무(庶務)[명] 庶務。 [예] ~과 庶務課。

서문(序文)[명] ☞머리말

서민(庶民)[명] 庶民 ¦ 平民。

서민-적(庶民的)[관][명] 庶民的。

서민-층(庶民層)[명] 庶民の階層。

서-반구(西半球)[명] 西半球。

서방[1] (西方)[명] ❶【서쪽】西方 ¦ 西の方。

❷【서울행정 지】西側に. ❸【】西方に.

서방²(書房)명 夫と.

서방 국가(西方國家) 〈정〉西側の国家. ¦西にヨーロッパ諸国. ☞서방 세계

서방 세계(西方世界) ☞서방 국가

서버(server)명 《컴》サーバ.

서벅-거리다재 ❶【사박ㆍ행성보다 큰 소리가 자꾸 나는 모양】しきりにさくさく音がする. ❷【메밀ㆍ눈 등의 소리가 자꾸】しきりにさくさく音がする. =사박대다

서벅-대다재 ☞서벅거리다

서벅-돌명 【단단하지 못하고 부스러지기 쉬운 돌】もろい石.

서벅-서벅부 【무ㆍ사과 등이 씹히는 소리 또는 모양】さくさく. ❷【보쇄ㆍ눈을 밟는 때】さくさく¦ざくざく.

서법(書法)명 書法.

서부(西部)명 西部. 예~ 전선 西部戦線

서북(西北)명 西北ㆍ¦北西¦西と北.

서분서분-하다형 気だてが和やかでやさしい.

서붓부【발소리가 거의 나지 않게끔 발을 가만히 옮기는 모양】さっと¦そっと. 예발을 ~ 옮기다. 足をそっと運ぶ.

서붓-서붓부【소리가 거의 나지 않게끔 발을 가만히 자꾸 옮기는 모양】続けざまに軽やかに歩くさま.

서브(serve)명 〈운〉サーブ. 예~를 넣다. サーブを入れる.

서브타이틀(subtitle)명 サブタイトル. 예메인타이틀은 추상적으로, ~은 구체적으로 지어라. メーンタイトルは抽象的であるで、サブタイトルは具体的につけろ.

서비스(service)명 サービス.

서비스 산업(service産業) 〈경〉サービス産業.

서비스-업(service業) 《사》サービス業.

서뿐부【발소리가 나지 않게 걸으며】そっと¦軽く静かに¦ひらりと. 예~ 방으로 들어오다. そっと部屋に入る.

서뿟부【소리가 거의 나지 않게 빨리】さっと¦そっと.

서뿟-서뿟부【소리가 거의 나지 않게 빨리 자꾸 걷는 소리 또는 모양】足を軽やかにそっと踏み出すさま.

서사¹(書寫)명 書写.
서사-하다재 書写する¦書き写す.

서사²(敍事)명 叙事.

서사-시(敍事詩)명 《문》叙事詩.

서산(西山)명 西の山.

서산-낙일(西山落日) 西の山に沈む太陽.

서생(書生)명 書生.

서서-히(徐徐—)부 徐々に¦ゆっくり. 예~ 회복하다. 徐々に回復する.

서설(序說)명 序説¦序論.

서성-거리다재 うろうろする¦うろつく¦歩き回る. 예밖에서 ~. 外でうろうろする. /방 안을 ~. 部屋をうろうろする. /초조하여 ~. いらだって歩きまわる. =서성대다

서성-대다재 ☞서성거리다

서성-서성부 うろうろ¦ぶらぶら. 예문 밖에서 ~ 아들을 기다리는 어머니 門の外でうろうろと息子を待つ母親.

서수(序數)명 〈수〉序数¦順序数.

서수-사(序數詞)명 〈언〉序数詞.

서술(敍述)명 叙述.
서술-하다타 叙述する. 예사건을 ~. 出来事を叙述する.

서스펜스(suspense)명 サスペンス. 예스릴과 ~가 있는 영화 スリルとサスペンスのある映画 /~가 넘친다. サスペンスが溢れる.

서슬명 ❶【날카로움】(刃物などの刃やガラスの破片などの)鋭い部分¦刃先. 예~이 날카롭게 선 칼날 刃先が鋭く立った刃. ❷【강렬한 기세】剣幕¦見幕¦権幕. 예그의 당당한 ~에 모두가 기가 죽었다. 彼の堂々とした剣幕に、みんなの気が減入った. /~이 시퍼렇다. 権勢や気勢などが物すごい. /~이 시퍼래서 아들 역성을 든다. 物すごい剣幕で息子の肩を持つ.

서슴-거리다재타 (言動を)躊躇する¦もじもじする¦おずおずする¦ぐずぐずする. 예서슴거리지 말고 대답하세요. もじもじしないで答えなさい. /유리창을 깬 아이는 서슴거리며 선생님 앞으로 나갔다. ガラス窓を割った子供は、おずおずしながら先生の前に出て行った. =서슴대다

서슴다재타 (言動を)もじもじためらう¦躊躇する. 예서슴지 말고 의견을 말하세요. 躊躇せずに意見を言いなさい. /서슴지 않고 앞에 나서다. ためらわずに前に出る.

서슴-대다재타 ☞서슴거리다

서슴-서슴부【매우 망설이는 모양】もじもじ¦おずおず¦ぐずぐず. 예~ 몸을 움직이지 말고 빨리 풀 안으로 들어가세요. もじもじと体を動かさないで、早くプールの中に入りなさい. /지각한 학생이 ~ 교실로 들어왔다. 遅刻した生徒はおず

おずと教室㋖ょうに入㋪いってきた。

서슴-없다[형] (言動㋖ぉどぅを)ためらわない｜躊躇㋖ゅうちょしない。

서슴없-이[부] (言動㋖ぉどぅを)ためらわずに｜躊躇㋖ゅうちょせずに｜ためらいなく。 예 ~ 문을 열었다. ためらいなくドアを開けた。/ 내용도 묻지 않고 ~ 승낙하였다. 内容㋖ぉぅも聞㋖かないで、ためらわずに承諾㋖ょぅだくした。/ 자신의 잘못도 ~ 털어놓았다. 自分㋖ぶんの誤㋖ゃまりもためらいなく打㋖ち明㋖けた。

서시(序詩)[명] 〔문〕序詩㋖ょし。
서식¹(書式)[명] 書式㋖ょしき。
서식²(棲息)[명] 棲息㋖いそく｜生息㋖いそく。
서식-하다[자] 棲息㋖いそくする｜生息㋖いそくする。 동물이 서식하는 지역 動物㋖ぅぶつが棲息㋖いそくする地域㋖いき。

서신(書信)[명] 書信㋖ょしん｜手紙㋖がみ。
서약(誓約)[명] 誓約㋖いやく。
서약-하다[타] 誓約㋖いやくする。
서약-서(誓約書)[명] 誓約書㋖いやくしょ。
서양(西洋)[명] 西洋㋖いよう。 예 ~ 요리 西洋料理㋖ょぅり / ~ 의학 西洋医学㋖いがく。
서양-사(西洋史)[명] 西洋史㋖いようし。
서양-식(西洋式)[명] 西洋式㋖いようしき。 =양식(洋式)
서양 음악(西洋音樂)〈음〉西洋音楽㋖いようおんがく。=양악(洋樂)
서양-인(西洋人)[명] 西洋人㋖いようじん。
서양-장기(西洋將棋)[명] 〔운〕西洋将棋㋖いようしょぅぎ｜チェス。=체스
서양-풍(西洋風)[명] 西洋風㋖いようふう｜洋風㋖ぅふう。=양풍
서양-화(西洋畵)[명] 〔미〕西洋画㋖いようが。
서언(序言·緖言)[명] ☞머리말
서얼(庶孼)[명] 庶子㋖ょしとその子孫㋖そん。 예 ~을 차별하다. 庶子とその子孫を差別㋖べつする。
서역(西域)〔역〕西域㋖いいき。
서열(序列)[명] 序列㋖ょれつ。 예 연공~ 年功㋖んこう序列。
서예(書藝)[명] 書道㋖ょどう。
서운-하다[형] なんとなく寂しい｜名残㋖ごり惜しい｜残念㋖んねんだ。 예 그가 한 말이 몹시 ~. 彼の言った言葉㋖とばがとても残念だ。/ 내가 떠난다고 너무 서운하게 생각하지 마라. 私㋖たしが去㋖るからといって、あまり残念に思㋖もわないでくれ。
서운-히[부] 寂しく｜名残惜㋖ごりおしく。
서울[명] ❶〈지〉ソウル。 예 ~ 태생 ソウル生㋖まれ/ 우리나라 수도는 ~이다. 韓国㋖んこくの首都㋖ゅとはソウルだ。 ❷首都｜都㋖やこ。

서원(署員)[명] 署員㋖いん。
서-유럽(西Europe)〈지〉西㋖しヨーロッパ。
서자(庶子)[명] 庶子㋖ょし。
서장(署長)[명] 署長㋖ょちょう。
서재(書齋)[명] 書斎㋖ょさい。
서적(書籍)[명] 書籍㋖せき｜本㋖ん｜図書㋖ょ。
서점(書店)[명] 書店㋖ょてん｜本屋㋖んや。=서림
서정(抒情·敍情)[명] 抒情㋖ょじょう｜叙情㋖ょじょう。
서정-문(抒情文)[명] 抒情文㋖ょじょうぶん。
서정-시(抒情詩)[명] 〔문〕抒情詩㋖ょじょうし。
서정-적(抒情的)[관][명] 叙情的㋖ょじょうてき。
서증(書證)[명] 〔법〕書証㋖ょしょう。 예 ~을 남기다. 書証を残す。
서-쪽(西-)[명] 西㋖し｜西方㋖いほう。
서창(西窓)[명] 西側㋖しがわの窓㋖ど。
서책(書冊)[명] 書冊㋖ょさつ｜本㋖ん｜書籍㋖ょせき。
서체(書體)[명] ☞글씨체
서커스(circus)[명] サーカス｜曲馬団㋖ょくばだん。
서클(circle)[명] サークル。
서투르다[형] ❶下手㋖たた｜不慣㋖れだ｜未熟㋖ゅくだ｜不器用㋖ょうだ｜不得手㋖てだ｜まずい。 예 업무가 아직 ~. 仕事㋖ごとがまだ下手だ。 ❷疎㋖とい｜ぎこちない｜よそよそしい。 예 우리는 아직 서로 서투른 관계이다. 私㋖たしたちの関係㋖んけいはまだよそよそしい。 준서툴다
서툴다[형] ☞'서투르다'의 준말.
서평(書評)[명] 書評㋖ょひょう。
서표(書標)[명] しおり。
서푼[부] そっと｜軽㋖るく。 예 발뒤꿈치를 들고 ~ 내딛다. かかとを上㋖げてそっと踏㋖み出㋖だす。
서풋[부] そっと｜さっと。
서풍(西風)[명] 西風㋖いふう｜西風㋖しかぜ。 예 ~ 기류 西風気流。
서학(西學)[명] 西学㋖いがく｜西洋㋖いようの学問㋖くもん。
서한(書翰)[명] 書簡㋖ょかん｜手紙㋖がみ。
서함(書函)[명] ❶☞편지 ❷書函㋖ょかん。
서해(西海)[명] ❶西海㋖いかい｜西㋖しの海㋖み。 ❷〈지〉黃海㋖うかい。
서행(徐行)[명] 徐行㋖ょこう。
서행-하다[자] 徐行㋖ょこうする。 예 학교 앞에서는 서행하세요. 学校㋖っこうの前㋖えでは徐行して下さい。
서향(西向)[명] 西向㋖しむき。
서향-하다[자] 西㋖しに向㋖むく。
서향-집(西向-)[명] 西向㋖しむきに建てられ

た家屋ゕぉく。
서화(書畫)⟨명⟩ 書画ゎ。
석¹(石)의 ☞섬
-석²(席)⟨접⟩ 一席。⟨예⟩외야석 外野席ゃゎせき/ 조수석 助手席じょしゅせき。
석가(釋迦)⟨명⟩ 釈迦しゃゕ。
석가-모니(釋迦牟尼)⟨명⟩⟨종⟩【불교】釈迦牟尼しゃゕむに。
석-가산(石假山)⟨명⟩ 築山つきやま。=가산(假山)
석가 탄신일(釋迦誕辰日) ☞부처님 오신 날
석각(石刻)⟨명⟩ 石刻せっこく。
  석각-하다⟨타⟩ 石いしに彫刻ちょうこくする。
석간(夕刊)⟨명⟩ 夕刊ゅぅゕん。=석간신문
석간-신문(夕刊新聞)⟨명⟩ 夕刊新聞ゅぅゕんしんぶん。=석간
석경(石鏡)⟨명⟩ ☞거울❶
석고(石膏)⟨명⟩⟨광⟩石膏せっこう。⟨예⟩~ 보드 石膏ボード。
석고 붕대(石膏繃帶)⟨의⟩ギプス。=깁스
석공(石工)⟨명⟩ 石工いしく・せっこう｜石屋いしや。=석수(石手)
석곽(石槨)⟨명⟩ 石槨せっかく。
석굴(石窟)⟨명⟩ 石窟せっくつ｜岩窟がんくつ。⟨예⟩~ 사원 石窟寺院せっくつじいん。
석권(席卷・席捲)⟨명⟩ 席卷せっけん｜席捲せっけん。
  석권-하다⟨타⟩ 席巻せっけんする｜席捲せっけんする。
석금(石金)⟨명⟩⟨광⟩石いしに含ふくまれている金きん。
석기(石器)⟨명⟩ 石器せっき。
석기 시대(石器時代)⟨역⟩石器時代せっきじだい。
석둑⟨부⟩【물건을 크게 한번에 자르는 모양】すぱっと｜ばっさりと。⟨예⟩머리카락을 ~ 잘라 버렸다. 髪かみの毛けをすぱっと切きってしまった。
  석둑-거리다⟨자⟩⟨타⟩ 柔やわらかいものをすぱすぱ切きり続つづける｜ばっさばっさと切きる。⟨예⟩가위로 석둑거리면서 자르다. ハサミですぱすぱ切きり続つづける。=석둑대다
  석둑-대다⟨자⟩⟨타⟩ ☞석둑거리다
석둑-석둑⟨부⟩ すぱすぱ｜ばっさばっさ。⟨예⟩무를 ~ 잘라 먹었다. 大根だいこんをすぱすぱと切きって食たべた。
석랍(石蠟)⟨명⟩⟨화⟩石蠟せきろう｜パラフィン。=파라핀
석류(石榴)⟨명⟩⟨식⟩石榴ざくろ｜石榴ざくろの実み。⟨예⟩~가 빨갛게 익었다. 石榴の実が赤あかく熟じゅくした。
석류-꽃(石榴-)⟨명⟩ 石榴ざくろの花はな。
석류-나무(石榴-)⟨명⟩⟨식⟩石榴ざくろ｜石榴の木き。⟨예⟩~에 가지가 휘어질 듯 열매가 열려 있다. 枝えだが曲まがるほどにザクロの実みがなっている。

석면(石綿)⟨명⟩⟨광⟩石綿せきめん・いしわた。⟨예⟩~ 슬레이트 石綿スレート。=돌솜
석방(釋放)⟨명⟩⟨법⟩釈放しゃくほう。
  석방-하다⟨타⟩ 釈放しゃくほうする。⟨예⟩경제 사범을 ~. 経済事犯けいざいじはんを釈放する。
석벽(石壁)⟨명⟩ 石壁せきへき・いしかべ｜石垣いしがき。
석별(惜別)⟨명⟩ 惜別せきべつ。⟨예⟩~의 정 惜別の情じょう。
  석별-하다⟨자⟩⟨타⟩ 惜おしくなく別わかれる。
석불(石佛)⟨명⟩ ☞돌부처
석사(碩士)⟨명⟩⟨교⟩修士しゅうし。
석산(石山)⟨명⟩ 石山いしやま。
석상¹(石像)⟨명⟩ 石像せきぞう。⟨예⟩시청 광장에 ~이 세워져 있다. 市役所しやくしょの広場ひろばに石像が建たてられている。
석상²(席上)⟨명⟩ 席上せきじょう。⟨예⟩회의 ~ 会議かいぎの席上。
석석⟨부⟩❶【사부 비로 쓸듯이 나는 소리 또는 모양】さっさっと。❷【종이나 과일 따위를 베거나 자르는 소리 또는 모양】ちょきちょき｜さくさく。⟨예⟩~ 과일 써는 소리 さくさくと果物くだものを切きる音おと。
석-쇠 焼やき網あみ。=적쇠
석수¹(石手)⟨명⟩ 石屋いしや｜石工いしく・せっこう。=석공
석수²(石獸)⟨명⟩【동물 석상】石獣せきじゅう。
석수-장이(石手-)⟨명⟩【비칭】石切いしきり｜石工いしく・せっこう｜石屋いしや。
석순(石筍)⟨명⟩⟨광⟩石筍せきじゅん。
석순(席順)⟨명⟩ 席順せきじゅん｜席せきの順序じゅんじょ。=석차(席次)
석양(夕陽)⟨명⟩ 夕陽ゆうひ。❶【지는 해】夕日ゅぅひ｜入いり日ひ｜斜陽しゃよう。⟨예⟩~이 비치다. 夕日が射さす。❷【저녁 무렵】夕方ゅぅがた｜夕暮ゅぅぐれ。
석연-하다(釋然-)釈然しゃくぜんとする｜すっきりする。⟨예⟩석연치 않은 기분이다. 釈然としない気持きもちである。
  석연-히⟨부⟩ 釈然しゃくぜんと｜すっきり。
석영(石英)⟨명⟩⟨광⟩石英せきえい。⟨예⟩~ 유리 石英ガラス。
석유(石油)⟨명⟩⟨광⟩石油せきゆ。⟨예⟩~ 화학 石油化学かがく/ ~난로 石油ストーブ/ ~ 에테르 石油エーテル/ ~ 탐사 石油探査たんさ/ ~ 램프 石油ランプ。
석유-등(石油燈)⟨명⟩ 石油灯せきゆとう。
석유 화학 공업(石油化學工業)⟨공⟩石油化学工業せきゆかがくこうぎょう。
석이(石耳・石栮)⟨명⟩⟨식⟩岩茸いわたけ｜石茸いしたけ。=석이버섯
석이-버섯(石耳-)⟨명⟩ ☞석이
석일(昔日)⟨명⟩ 昔日せきじつ｜昔むかし。
석자(席子)⟨명⟩ ☞돗자리

석재(石材)〖명〗石材ざい。

석조(石造)〖명〗石造ぞう。│石造づく り。예건축 石造建築けんちく。

석주(石柱)〖명〗石柱せきちゅう。=돌기둥

석죽(石竹)〖식〗石竹せきちく│唐撫子からなでしこ。

석차(席次)〖명〗席次せきじ│席順せきじゅん。

석찬(夕餐)〖명〗☞만찬(晩餐)。

석-창포(石菖蒲)〖식〗石菖しょうぶ。

석총(石塚)〖명〗☞돌무덤。

석탄(石炭)〖광〗石炭せきたん。예매장량 石炭埋藏量まいぞうりょう/~을 캐다. 石炭を掘ほる。=탄(炭)

석탄 가스(石炭gas)〖화〗石炭せきたんガス。

석탄-갱(石炭坑)〖광〗石炭坑せきたんこう。

석탄 건류(石炭乾溜)〖화〗石炭乾溜せきたんかんりゅう。

석탄-기(石炭紀)〖지〗石炭紀せきたんき。~에 파충류와 곤충류가 나타났다. 石炭紀に爬虫類はちゅうるいと昆虫類こんちゅうるいが現あらわれた。

석탄-산(石炭酸)〖화〗石炭酸せきたんさん│フェノール。

석탄-층(石炭層)〖지〗石炭層せきたんそう。

석탑(石塔)〖명〗石塔とう。

석태(石苔)〖명〗☞돌김。

석판¹(石板)〖명〗石盤ばん。

석판²(石版)〖출〗石版ばん。

석판 인쇄(石版印刷)〖출〗石版印刷ばんいんさつ。=석판(石版)

석판-화(石版畵)〖미〗石版画ばんが。

석패(惜敗)〖명〗惜敗せきはい。
  석패-하다〖자〗惜敗する。

석필(石筆)〖명〗石筆せきひつ。

석학(碩學)〖명〗碩学せきがく。

석호(潟湖)〖명〗潟湖せきこ│潟かた。

석회(石灰)〖화〗石灰せっかい。예~ 비료 石灰肥料ひりょう。=회(灰)

석회-굴(石灰窟)〖명〗☞석회 동굴

석회 동굴(石灰洞窟)〖명〗石灰洞せっかいどう│鍾乳洞しょうにゅうどう。=석회굴

석회-수(石灰水)〖명〗〖화〗石灰水せっかいすい│石灰液せっかいえき。

석회-암(石灰巖)〖명〗石灰岩せっかいがん。

석회-유(石灰乳)〖명〗〖화〗石灰乳せっかいにゅう。

석회-질(石灰質)〖명〗石灰質せっかいしつ。

석회-질소(石灰窒素)〖명〗〖화〗石灰窒素せっかいちっそ。

섞다〖타〗(二つ以上の違ちがう物ものを)混まぜる│交まじえる。예말과 손짓을 섞어서 표현하다. 言葉ことばと手振てぶりを交えて表現ひょうげんする。/농담 섞인 말을 하다. 冗談じょうだん混まじりのことを言いう。/밀가루에 설탕을 넣고 잘 섞는다. 小麦粉こむぎこに砂糖さとうを入いれてよく混まぜる。

섞-바꾸다〖타〗交互こうごに順番じゅんばんを替かえる│交互にする│代かわる代わる順番をかえる。예흰색과 검정색을 섞바꾸어 칠하다. 白色はくしょくと黒色くろしょくを交互に塗ぬる。/여자아이와 남자아이를 섞바꾸어 앉히다. 女おんなの子と男おとこの子を代わる代わるに座すわらせる。

섞바뀌다〖자〗交互こうごに順番じゅんばんが替かわる。

섞어-짓기〖명〗〖농〗混作こんさく。=혼작
  섞어짓기-하다〖타〗混作する。예밀과 콩을 ~. 小麦と豆まめを混作する。

섞-이다〖자〗混まざる│混まじる│交まじる│交わる。예빨간색 바탕에 흰색 물방울무늬가 섞인 블라우스 赤地あかじに白しろの水玉模様みずたまもようが混まざったブラウス/한글에 한자가 섞인 글 ハングルに漢字かんじが混じった文章ぶんしょう。

섞〖명〗かっとなること│癇癪かんしゃく。예~ 김에 상을 엎어 버리다. かっとなってお膳ぜんを引っくり返かえす。

선¹〖명〗見合みあい。예~을 보다. 見合いする。

선²(善)〖명〗善ぜん。예~과 악 善と悪あく。
  선-하다〖형〗善良ぜんりょうだ。예평생을 선하게 살다. 一生いっしょうを善良に暮くらす。

선³(腺)〖의〗腺せん。=샘³

선⁴(線)〖명〗❶〖수〗ライン。예곧은 ~ 真まっ直すぐな線/하얀 ~ 白しろい線/~을 긋다. 線を引ひく。❷〖교〗線路せんろ│路線ろせん。예전화 ~ 電話でんわ線。❸〖예〗ものの輪郭りんかく。예이 곰다. 線が美うつくしい。❹〖법〗ある限度げんど│ライン。예합격~에 이르다. 合格ごうかくの線に達たっする。/그 ~에서 타협하자. その線で妥協だきょうしよう。
  선이 가늘다〖관용〗線せんが細ほそい。
  선이 굵다〖관용〗線せんが太ふとい。

선가(船價)〖명〗=뱃삯

선각-자(先覺者)〖명〗先覚者せんかくしゃ。

선거(選擧)〖명〗選挙せんきょ。예~ 운동 選挙運動うんどう。
  선거-하다〖타〗選挙する。

선거-구(選擧區)〖명〗〖법〗選挙区せんきょく。

선거-권(選擧權)〖명〗〖법〗選挙権せんきょけん。

선거-인(選擧人)〖명〗〖법〗選挙人せんきょにん。

선-걸음〖명〗出でかけたついでに│出でかけたその足あしで。예~에 다녀와라. ついでに行いってこい。/~에 다른 곳도 들르다. ついでに違ちがう所ところにも寄よる。

선견(先見)〖명〗先見せんけん。

선견지명(先見之明)[명] 先見の明。

선결(先決)[명] 先決。[예] ~문제 先決問題。

선결-하다[타] 先決する。

선경(仙境)[명] 仙境 ¦ 仙郷。

선고(宣告)[명] 宣告。[예] ~ 유예 宣告猶予 / 파산 ~ 破産宣告。

선고-하다[타] 宣告する。[예] 판사가 벌금형을 선고하였다. 判事が罰金刑を宣告した。

선곡(選曲)[명] 選曲。

선곡-하다[타] 選曲する。

선광(選鑛)[명] 《광》選鉱。

선광-하다[자] 選鉱する。

선교[1](宣教)[명] 《종》宣教。[예] ~ 활동 宣教活動。

선교-하다[자] 宣教する。

선교[2](船橋)[명] ☞배다리

선교-사(宣教師)[명] 宣教師。

선구(船具)[명] 船具。

선구-자(先驅者)[명] 先駆者。

선글라스(sunglass)[명] サングラス。[예] ~를 끼다. サングラスをかける。

선금(先金)[명] 前金。[예] 1개월 치를 ~으로 내다. 一ヶ月分の前金を出す。

선남-선녀(善男善女)[명] 善男善女。

선납(先納)[명] 前納 ¦ 先納。[예] ~ 보험료 先納保険料。 =전납

선납-하다[타] 前納する ¦ 先納する。

선녀(仙女)[명] 仙女。

선단(船團)[명] 《해》船団。

선대[1](先代)[명] 先代 ¦ 前代。

선대[2](先貸)[명] 先貸し。

선대-하다[타] 先貸しする。

선도[1](先導)[명] 【앞장서 서 이끎】 先導。

선도-하다[1][타] 先導する。

선도[2](善導)[명] 【바른 길로 이끎】 善導。[예] 청소년 ~ 青少年善導。

선도-하다[2][타] 善導する。

선동(煽動)[명] 煽動 ¦ 煽り。

선동-하다[타] 煽動する ¦ 煽る。[예] 민중을 ~. 民衆を煽動する。

선동-적(煽動的)[관][명] 扇動的。

선두[1](先頭)[명] 先頭 ¦ 一番さき。[예] ~ 주자 先頭走者。

선두[2](船頭)[명] ☞이물

선드레스(sundress)[명] サンドレス。

선득[부] 【갑자기 서늘한 느낌이 드는 모양】 ひやり ¦ ひやっと ¦ ぞっと ¦ ぞくっと。

선득-거리다[자] ひやひやする ¦ ひやっとする ¦ 少し寒気がする。[예] 아침저녁으로 선득거리는 것을 보니 가을이 온 것 같다. 朝晩ひやっとするのを見ると、秋が来たようだ。 =선득대다

선득-대다[자] ☞선득거리다

선득-하다[형] ぞっとする ¦ ひやっとする。[예] 가슴이 ~. ぞっとする。/ 귀신이 나타나 ~. 幽霊が現れてひやっとする。

선득-선득[부] ひやひや ¦ ひやり ¦ ぞくっと。

선들-바람[명] そよ風 ¦ 涼風。

선들-선들[부] 涼しげに風の吹くさま ¦ そよそよ。[예] 가을바람이 ~ 불어온다. 秋風がそよそよ吹いてくる。

선뜩[부] 【갑자기 한기를 느끼거나 놀라서 마음에 서늘한 느낌이 드는 모양】 ひやっと ¦ ひやり ¦ ぞっと。

선뜩-거리다[자] ひやっとする ¦ ひやひやする。 =선뜩대다

선뜩-대다[자] ☞선뜩거리다

선뜩-하다[형] ぞっとする ¦ ひやっとする。[예] 손이 칼날에 닿는 순간 선뜩했다. 手が刃に触れる瞬間、ひやりとした。/ 갑자기 선뜩한 기운이 느껴졌다. 突然ひやりとした気配を感じた。

선뜩-선뜩[부] ひやひや ¦ ぞくぞく。

선뜩선뜩-하다[자][형] ひやひやする ¦ ぞくぞくする。[예] 살갗에 와 닿는 공기가 ~. 肌に触れる空気が、ひやひやとする。/ 얘기를 듣는 것만으로도 ~. 話を聞くだけでも、ぞくぞくとしてくる。

선뜻[부] 気軽に快く ¦ さっさと ¦ あっさり ¦ すっと。[예] 내 말에 그녀가 ~ 일어나 앉았다. 私の言葉に彼女がさっと起きて座った。/ 그녀의 차가운 태도에 ~ 다가설 수가 없었다. 彼女の冷たい態度のため、気軽に近づくことができなかった。

선뜻-하다[형] (服装などが)優雅できちんとしている ¦ すっきりする ¦ しゃんとする。[예] 선뜻한 콧날 すっきりとした鼻筋。

선량(善良)[명] 善良。

선량-하다[형] 善良だ。[예] 선량한 시민 善良な市民。

선례(先例)[명] 先例 ¦ 前例。

선로(線路)[명] 線路。

선린(善隣)[명] 善隣。[예] ~ 외교 善隣外交。

선망(羨望)[명] 羨望。[예] ~의 대상이 되다. 羨望の的になる。

선망-하다[타] 羨望する。

선매(先賣)[명] 先売り。

선-머슴[명] 【のんびりしない子】 腕白小僧｜いたずら坊主。예 계집아이가 ~같이 굴어야 되겠느냐? 娘が腕白小僧のように振る舞ってはいかん。

선명(鮮明)[명] 鮮明。

 선명-하다[형] 鮮明だ｜鮮やかだ。예 선명한 영상 鮮明な画像。

 선명-히[부] 鮮明に｜鮮やかに。

선묘(線描)[명] 《미》線描き｜線がき。

선-무당[명] 《민》経験や修練などが十分でない未熟な巫女｜霊験の薄い巫女。

 선무당이 사람 잡는다[죽인다]〔속담〕未熟な巫女が人を殺す；〔日〕生兵法は大けがのもと。

선물¹(先物)[명] 《경》先物。예 ~ 거래 先物去来。

선물²(膳物)[명] 贈り物｜プレゼント｜お土産。예 여행 ～ 旅行のお土産/ 산타클로스의 ～ サンタクロースからの贈り物/ 생일 ～로 주다. 誕生日のプレゼントにあげる。/ 이 시계는 아버지한테서 받은 ~이다. この時計は父から貰ったプレゼントだ。/ 파리에서 ～을 사 왔다. パリで御土産を買って来た。/ 립스틱을 ～ 받다. 口紅をプレゼントに貰う。

 선물-하다[타] (贈り物を)贈る｜贈り物をする｜プレゼントする。예 어머니날에 카네이션을 ~. 母の日にカーネーションを贈る。/ 친구 생일에 선물하는 것을 잊었다. 友達の誕生日にプレゼントするのを忘れた。/ 크리스마스에 스카프를 ~. クリスマスにスカーフをプレゼントする。

선민-사상(選民思想)[명] 選民思想。

선박(船舶)[명] 船舶｜(檣櫓舟楫以外の)船。예 ～ 관광 船舶観光/ 부두에 정박하고 있는 외국 ～ 埠頭に停泊している外国船舶/ 100톤 ～ 100トン船舶。=배²

선반[명] 棚。예 꽃병을 ～에 올려놓다. 花瓶を棚に上げる。

선발¹(先發)[명] 先発。예 ～ 투수 先発投手；スターティングピッチャー。

 선발-하다[자] 先発する。

선발²(選拔)[명] 選抜。예 ～ 시험 選抜試験。

 선발-하다[타] 選抜する。

선발-대(先發隊)[명] 先発隊。

선배(先輩)[명] 先輩。예 ～, 이것 좀 가르쳐 주세요. 先輩、これちょっと教えてもらえませんか。

선별(選別)[명] 選別。

 선별-하다[타] 選別する｜より分ける。

선-보다[타] 見合いする。예 일요일 2시에 선보기로 했다. 日曜日の2時に見合いする。

선-보름(先一)[명] (一ヶ月の)前半の十五日間。예 ~은 도시에서, 후보름은 지방에서 근무한다. 1ヶ月の前半は都市で、後半は地方で働く。

선보-이다[타] ❶ 見合いをさせる。❷ お目見えする。예 새롭게 선보이는 상품 新しくお目見えする商品。

선봉(先鋒)[명] 先鋒。예 ～에 서다. 先鋒に立つ。

선분(線分)[명] 《수》線分。예 두 점을 이은 ~ 二点をつないだ線分。

선불(先拂)[명] 先払い｜前払い。

 선불-하다[타] 先払いする｜前払いする。

선비[명] 士｜士人｜人士。예 고명한 ~ 高名な士人。

선사¹(先史)[명] 先史｜史前。예 ～ 시대 先史時代。

선사²(膳賜)[명] 人に贈り物をすること。

 선사-하다[타] 人に贈り物をする。

선사³(禪師)[명] 《종》【불교】禅師。

선산(先山)[명] ❶ 祖先の墓地。=선영 ❷ 祖先の墓のある山。

선상¹(船上)[명] 船上｜船の上。

선상²(線上)[명] 線上。

선상-지(扇狀地)[명] 扇状地。예 충적 ~ 沖積扇状地。

선-샘[명] 長雨のときに地の中に染み込んだ水が、わき出る泉。

선생(先生)[명] 先生｜師匠。예 미술 ～ 美術の先生/ 꽃꽂이 ～ 生け花の師匠/ 김 ～ 이쪽으로 오세요. キムさんこちらへどうぞ。

선생-님(先生一)[명] 【선생】先生様。예 국어 ～ 国語の先生/ 의사 ～ お医者さん/ ～, 질문 있습니다. 先生、質問です。

선서(宣誓)[명] 宣誓。

 선서-하다[타] 宣誓する。

선선-하다¹[형] 【날씨】すがすがしいほど涼

しい｜ほどよく涼しい｜さわやかだ。 예 선선한 가을바람 ほどよく涼しい秋の風/ 선선하여 기분 좋은 하루였다. すがすがしいほど涼しくて、気持ちの良い一日だった。

선선-하다[형]【】(性質や態度が)快活でさっぱりしている｜はきはきしている｜あっさりしている。예 선선한 태도 はきはきした態度/그 사람은 언제나 선선하고 명랑하다. あの人はいつも快活でさっぱりして明るい。

선선-히[부] あっさりと｜快く｜気持良く。예 선생님은 나의 부탁을 ~ 들어주셨다. 先生は私の頼みを快く聞いてくださった。/ 아무런 조건도 없이 ~ 승낙하였다. 何の条件もなく、あっさりと承諾した。

선-셈(先—)[명] 先払い。
　선셈-하다[타] 先払いする。

선-소리[명] 理屈に合わない話｜道理にはずれた話。예 ~는 그만하고 얼른 가라. 理屈に合わない話はもうやめて早く行け。
　선소리-하다[자] 理屈に合わない話をする｜とんでもないことを言う。예 익은 밥 먹고 ~. 炊きたての熱いご飯を食べて、下らない話やばかげた話をする。

선-손(先—)[명] ☞선수¹
선손-질(先—)[명] 先に手出しすること。
　선손질-하다[자] 先に手出しする｜先に殴る。
　선손질 후 방망이[속] 先に手を出した後に棒：「先に損害を与えれば、後でもっとひどい損害を受けること」の意。

선수¹(先手)[명] 先手。❶【】先回り｜機先を制する。예 ~를 치다. 先手を打つ。/ ~를 빼앗기다. 先手を取られる。=선손 ❷【】先番｜先。

선수²(船首)[명] ☞이물
선수³(選手)[명] 選手。예 ~ 대기석 選手待機席；ダッグアウト/ 야구 ~ 野球選手/ ~들이 심판에게 항의하다. 選手たちが審判に抗議する。

선수-권(選手權)[명]《운》選手権。예 ~대회 選手権大会。
선수-촌(選手村)[명]《운》選手村。
선술-집[명] 居酒屋｜飲み屋。
선실(船室)[명] 船室｜キャビン｜ケビン。

선심¹(善心)[명] 善心。
선심²(線審)[명] ☞선심판
선-심판(線審判)[명]《운》(野球などの)線審；ラインズマン。예 ~이 깃발을 올려 오프사이드를 선언하다. 線審が旗を挙げてオフサイドを宣言する。=선심²

선악(善惡)[명] 善悪。
선약¹(仙藥)[명] 仙薬。
선약²(先約)[명] 先約。예 일요일은 ~ 이 있다. 日曜日は先約がある。
　선약-하다[타] 先約をする。

선양(宣揚)[명] 宣揚。
　선양-하다[타] 宣揚する。예 국위를 ~. 国威を宣揚する。

선언(宣言)[명] 宣言。예 독립 ~ 独立の宣言。
　선언-하다[타] 宣言する。예 개회를 ~. 開会を宣言する。

선언-문(宣言文)[명] 宣言文。=선언서
선언-서(宣言書)[명] ☞선언문
선염-법(渲染法)[명]《미》水分が渇く前に塗って、にじむ効果を出す技法。
선영(先塋)[명] ☞선산(先山)❶
선용(善用)[명] 善用。
　선용-하다[타] 善用する。

선-웃음[명] 作り笑い｜空笑い。
선원(船員)[명] 船員。
선율(旋律)[명]《음》旋律｜メロディー。
선의(善意)[명] 善意。예 ~의 경쟁 善意の競争/ ~취득 善意取得。
선인(先人)[명] ☞선친
선인-장(仙人掌)[명]《식》サボテン。예 거대한 ~ 巨大なサボテン。

선-일[명] 立ち仕事。
선임¹(先任)[명] 先任。
선임²(選任)[명] 選任。
　선임-하다[타] 選任する。예 이사를 ~. 取締役を選任する。

선입-견(先入見)[명] ☞선입관
선입-관(先入觀)[명] 先入観｜先入見。예 ~에 사로잡히다. 先入観にとらわれる。=선입견

선-잠[명] うたた寝｜仮寝。예 ~을 깨다. うたた寝から覚める。/ ~을 자 몹시 피곤하다. うたた寝をして、とても疲れた。

선장(船長)[명] 船長｜キャプテン。
선적¹(船積)[명] 船積み。예 ~ 서류 船積み書類。
　선적-하다[타] 船積みする。
선적²(船籍)[명]《법】船籍。예 일본 ~

어선 日本ほん船籍せきの漁船ぎょせん.

선적-항(船積港)몡 船積ふなづみする港みなと.

선전(宣傳)몡 宣伝せんでん.

　선전-하다턈 宣伝する. 몐신문을 통해 ~. 新聞しんぶんを通つうじて宣伝する.

선전²(宣戰)몡 宣戦せんせん.

　선전-하다짜 宣戦する.

선전³(善戰)몡 善戦せんせん.

　선전-하다³짜 善戦する.

선전 포고(宣戰布告)몡 宣戦布告せんせんふこく.

선점(先占)몡 先占せんせん.

　선점-하다턈 先占する.

선정¹(善政)몡 善政せんせい. 몐 ~을 베풀다. 善政を施ほどこす.

선정²(煽情)몡 煽情せんじょう.

선정³(選定)몡 選定せんてい. 몐 ~ 기준 選定基準きじゅん.

　선정-하다턈 選定する.

선정-적(煽情的)관몡 煽情的せんじょうてき.

선제(先制)몡 先制せんせい. 몐 ~공격 先制攻撃こうげき.

선조(先祖)몡 祖先そせん ǀ 先祖せんぞ.

선종¹(選種)몡《농》良よい種たねを選えらぶこと.

　선종-하다짜 良い種を選ぶ.

선종²(禪宗)몡《종》禅宗ぜんしゅう.

선주(船主)몡 船主せんしゅ・ふなぬし.

선지몡 鮮血せんけつ ǀ 生血なまち. =선지피

선지-자(先知者)몡 先知せんち ǀ 予言者よげんしゃ.

선지-피몡 ☞선지

선진(先進)몡 先進せんしん. 몐 ~ 기술 先進技術ぎじゅつ.

선진-국(先進國)몡 先進国せんしんこく. 몐 ~의 복지 제도 先進国の福祉制度ふくしせいど.

선집(選集)몡《문》選集せんしゅう.

선짓-국몡 牛うしの血ちの凝固ぎょうこしたものを入いれて煮込にこんだスープ.

선착(先着)몡 先着せんちゃく.

　선착-하다짜 先着する.

선-착수(先着手)몡 人ひとより先さきに着手ちゃくしゅすること.

선착-순(先着順)몡 先着順せんちゃくじゅん.

선착-장(船着場)몡 船着ふなつき場ば.

선창¹(先唱)몡 先さきに唱となえること ǀ 先に歌うたうこと.

　선창-하다턈 先に唱える ǀ 先に歌う ǀ 音頭おんどを取とる.

선창²(船艙)몡 埠頭ふとう ǀ 波止場はとば. =잔교

선책(善策)몡 よい対策たいさく.

선처(善處)몡 善処ぜんしょ.

　선처-하다짜 善処する.

선척(船隻)몡 船ふね. =배²

선천(先天)몡 先天せんてん.

선천-성(先天性)몡 先天性せんてんせい.

선천-적(先天的)관몡 先天的せんてんてき. 몐 ~ 기형 先天的の奇形きけい. ∕ 사람의 성격은 ~으로 정해지는 것일까? 人間にんげんの性格せいかくは先天的に決きまっているのか.

선철¹(先哲)몡 先哲せんてつ ǀ 前賢ぜんけん.

선철²(銑鐵)몡《공》銑鉄せんてつ ǀ ずく ǀ ずく鉄てつ.

선체(船體)몡 船体せんたい.

선출(選出)몡 選出せんしゅつ. 몐 ~ 방법 選出方法ほうほう.

　선출-하다턈 選出せんしゅつする. 몐회장으로 선출되다. 会長かいちょうに選出される.

선취(先取)몡 先取さきどり. 몐 ~ 득점 先取り得点とくてん. ∕ 특권 先取特権とっけん.

　선취-하다턈 先取りする. 몐 1점을 ~. 一点いってんを先取りする.

선친(先親)몡 先考せんこう ǀ 亡父ぼうふ. =선인

선-키 立たった時ときの背丈せたけ.

선태(蘚苔)몡 ☞이끼

선택(選擇)몡 選択せんたく.

　선택-하다턈 選択せんたくする.

선택 과목(選擇科目)몡《교》選択科目せんたくかもく.

선택-지(選擇肢)몡 選択肢せんたくし.

선-팽창(線膨脹)몡《물》線膨張せんぼうちょう.

선팽창-률(線膨脹率)몡 線膨張率せんぼうちょうりつ 계수

선팽창 계수(線膨脹係數)몡《물》線膨張係数せんぼうちょうけいすう. =선팽창률

선포(宣布)몡 宣布せんぷ.

　선포-하다턈 宣布する. 몐 계엄령을 ~. 戒厳令かいげんれいを宣布する.

선풍(旋風)몡 ❶☞회오리바람 ❷【갑자기 일어나 세상을 놀라게 하는 사건】旋風せんぷう. 몐 패션계에 ~을 일으키다. ファッション界かいに旋風を巻まき起こす.

선풍-기(扇風機)몡《기》扇風機せんぷうき.

선-하다혬 はっきりと思おもい出だされる ǀ ありありと目めに浮うかぶ. 몐 그 사람의 얼굴이 눈앞에 선하게 떠오른다. その人ひとの顔かおが, 目の前まえにはっきりと浮かぶ. ∕ 그때 그 광경이 지금도 눈앞에 ~. その時ときの光景こうけいが, 今いまも目の前にありありと浮かぶ.

　선-히몣 ありありと.

선하 증권(船荷證券)몡《경》船荷証券ふなにしょうけん ǀ BLビーエル. =비엘・선화 증권

선-하품몡 生なまあくび ǀ 中途半端ちゅうとはんぱなあくび. 몐 ~을 하다. 生あくびをする. ∕ ~이 나오다. 生あくびが出でる.

선행¹(先行)|명| 先行せんこう。 |예| ~ 지표 先行指標ひょう。
　선행-하다 |자| 先行せんこうする。
선행²(善行)|명| 善行ぜんこう。
선험(善驗)|명| 〈철〉先驗せんけん。
선험-론(善驗論) |명| 先驗論せんけんろん。
선험 철학(善驗哲學) 〈철〉先驗哲学せんけんてつがく。
선-헤엄 |명| 立たち泳およぎ。 |예| 바다에서 ~을 치다. 海うみで立ち泳ぎする。=입영(立泳)
선혈(鮮血) |명| 鮮血せんけつ。
선형(扇形) |명| 扇形せんけい・おうぎがた。 |예| ~ 모형 扇形模型もけい。
선호(選好) |명| 選好せんこう。
　선호-하다 |타| えり好このみする | より好みする。
선-홍색(鮮紅色) |명| 鮮紅せんこう | 鮮紅色せんこうしょく。
선화 증권(船貨證券) ☞선하 증권
선회(旋回) |명| 旋回せんかい。
　선회-하다 |자| 旋回せんかいする。 |예| 헬리콥터가 공중에서 ~. ヘリコプターが空中くうちゅうを旋回する。
선후(先後) |명| 先後せんご | 後先あとさき。
　선후-하다 |타| 先後せんごする。
선-후배(先後輩) |명| 先輩せんぱいと後輩こうはい。
선후-책(善後策) |명| 善後策ぜんごさく。
섣-달 |명| 陰曆いんれきの十二月じゅうにがつ。
섣-부르다 |(腕前が)足りなくて生半可はんかだ | 生半可で下手へただ。 |예| 섣부른 행동 下手であぶなげな行動。
섣불리 |부| なまじ | なまじっか | 下手へたに。 |예| ~ 나서지 마라. なまじ口出くちだしするな。
설¹ |명| ❶元日がんじつ | 元旦がんたん | 正月しょうがつ。 ❷1年ねんの初はじめ | 年頭ねんとう。 |예| 이제 ~까지 얼마 남지 않았다. もう元旦までわずかだ。 / ~을 쇠면 네 나이가 몇 살이냐? 新年しんねんを迎むかえたらお前まえは何歳なんさいだい。=연시
설²(說) |명| 説せつ。 |예| 이 건에 대해서는 여러 가지 ~이 있다. この件けんについては様々さまざまな説がある。
설거지 |명| 後片付あとかたづけ | 皿洗さらあらい。=뒷설거지❶
　설거지-하다 |자| 後片付あとかたづけする。 |예| 저녁 식사 후 ~. 夕食ゆうしょく後、片付けする。
설경-거리다【첩임은 규칙・별책 활용 부위 종류마다 소리가 다르다】ごりごりする | がりがりする。 |예| 콩이 아직 덜 익었는지 씹을 때마다 설경거린다. 豆まめがまだ煮にえていなかったのか、噛かむ度たびにこりこりと音おとがする。=설경대다

설경-대다 |자| ☞설경거리다
설경-설경 |부|【첩임은 규칙・별책 활용 부위 종류마다 소리가 다르다】ごりごり | こりこり。
설겆-이 |명| ☞'설거지'의 잘못.
설경(雪景) |명| 雪景せっけい | 雪景色ゆきげしき。=설색
설계(設計) |명| 設計せっけい。 |예| ~ 사무소 設計事務所じむしょ / 신축 ~ 新築しんちく設計 / 기계 ~ 機械きかい設計 / 주택 ~ 住宅じゅうたく設計。
　설계-하다 |타| 設計せっけいする。
설계-도(設計圖) |명| 設計図せっけいず | 設計図面ずめん。
설교(說敎) |명| 説敎せっきょう。
　설교-하다 |자| 説敎せっきょうする。
설기 |명|【첩임은 규칙입니다】うるち粉こを段だんに重かさねず、そのまま蒸むした餠もち。=백설기
설기-떡 |명| ☞'백설기'의 잘못.
설-깨다 |자| 寝足ねたりないまま目めが覚さめる | はっきり目が覺めていない。 |예| 아기가 설깨어 마구 울어댄다. 赤あかちゃんがはっきりと目が覚めず、やたらに泣なく。
설-날 |명| 元旦がんたん | 元日がんじつ | 正月しょうがつ。 |예| ~ 아침에는 차례를 지낸다. 元旦の朝あさには祭祀さいしを行おこなう。
설다¹ |자| ❶(食たべ物ものが)十分じゅうぶん煮にえていない | 生煮なまにえだ。 |예| 감자가 설었다. ジャガイモが煮えていない。 ❷寝不足ねぶそくだ | 眠ねむりが浅あさい。 |예| 걱정거리가 생겨서 잠이 ~. 心配事しんぱいごとができて寝不足だ。
설다² |형| 未熟みじゅくだ | 不慣ふなれだ。 |예| 이곳이 올 때마다 설게 느껴진다. ここは来くるたびに不慣れな感かんじがする。 / 이 거리는 눈이 설어서 어딘지 잘 구분을 못하겠다. この通とおりはよく知しらない通とおりなので、どこがどこかよく区別くべつできない。
설-다루다 |타| おろそかに扱あつかう。
설단(舌端) ☞혀끝
설득(說得) |명| 説得せっとく。
　설득-하다 |타| 説得せっとくする。 |예| 가출 청소년을 설득하여 집으로 돌려보내다. 家出いえで青少年せいしょうねんを説得して家いえへ帰かえす。
설득-력(說得力) |명| 説得力せっとくりょく。
설-듣다 |타| いいかげんに聞きく。 |예| 강의를 ~. 講義こうぎをいいかげんに聞く。 / 부모님 말씀을 ~. 両親りょうしんの言葉ことばを真剣しんけんに聞かない。
설령 |부|【첩임은 규칙・별책 활용 부위 종류마다 소리가 다르다】そよ。
　설령-하다 Ⅰ |자| 風かぜが軽かろやかに吹ふく。 Ⅱ |형| ❶(空氣くうきなどが)やや冷つめたい | 冷ひやっとする。 |예| 난방이 되지 않아서 방이 ~. 暖房だんぼうがきかなくて部屋へやがひ

やっとする。❷(驚いて)冷やっとする｜ぞっとする。例 가슴이 설렁하니 내려앉다. 胸がひやっとして座り込んだ。

설렁-설렁[부]【바르고 마음으로 있는 꾸미지 아니하고 움직이는 모양】さっそうとしたさま。例 강의를 ~ 듣다. 講義をさっそうと聞く。/이야기를 ~ 듣다. 話をさっそうと聞く。

설렁-탕(一湯)[명] ソルロンタン。

설레다[자]❶【마음 속이】心がうわつく｜胸がわくわくする｜どきどきする。例 기대감에 가슴이 ~. 期待感で胸がわくわくする/소풍 가기 전날은 설레기 마련이다. 遠足に行く前日は、心がわくわくするものだ。❷【부산하게】じっとしておれず、あちこちしきりに動く。例 너무 설레지 말고 가만히 앉아 기다려라. しきりに動かずに、じっと座って待ちなさい。

설레발-치다 虛勢を張って騷ぎ立てる。

설레-설레[부] (頭・尾など)を軽く大きく横に振るさま。例 고개를 ~ 젓다. 首を横に振る。

설령(設令)[부]【설혹(設或)】たとえ｜仮に。例 ~ 시험에 떨어지더라도 실망하지 마라. 仮に試験に落ちたとしても失望するな。/~ 부모님의 말씀이라고 해도 바르지 않은 일은 따르지 않겠다. たとえ親の言う事でも、正しくないことには従わない。⇒설사·설혹

설립(設立)[명] 設立。
　설립-하다[타] 設立する。例 회사를 ~. 会社を設立する。

설마[부] まさか｜いくら何でも｜よもや。例 ~ 야근하게 되는 건 아니겠지? まさか夜勤することになるんじゃないよね。/~, 그럴 리가 없다. いくら何でもそんなことはない。

설-마르다[형]【반쯤】生乾きである｜半乾きである。例 설마른 빨래 半乾きの洗濯物

설-맞다[자]❶【총알・화살】(銃弾・矢などが)急所を外れて当たる｜急所から外れる。例 총알을 설맞은 멧돼지가 도망치다. (急所でない所に)銃弾を打たれた猪が逃げる。❷【매를】(鞭などで)本気で殴られない｜軽く打たれる｜手加減して殴られる。例 설맞았는지 아직도 말을 듣지 않는다. 手加減して殴られたからか、まだ言うことを聞かない。

설멍-설멍[부]【가늘고 긴 다리로 걷는 모양】ひょろりひょろりと。例 얼음판 위를 ~ 걸어갔다. 氷の上をひょろりひょろりと歩いた。

설명-하다[형]【몸에 비해 다리가 가늘고 긴 모양】全身に比べて脚が不似合いに細長い。

설면-하다[형]【서먹】顔なじみが薄い。

설명(說明)[명] 説明。例 취급 ~ 取扱説明/회사 ~ 会社説明会。
　설명-하다[타] 説明する。

설명-문(說明文)[명]〈문〉説明文。

설명-서(說明書)[명] 説明書。

설문(設問)[명] 設問。例 2백 명을 대상으로 ~ 조사를 하다. 二百名を対象に設問調査を行なう。
　설문-하다[자타] 設問する。

설미지근-하다[형] 生温い。例 설미지근한 태도 生ぬるい態度。

설-밑[명] ☞세밑

설법(說法)[명] 説法。
　설법-하다[자] 説法する。

설-보다[타] いいかげんに見る｜大まかに見る。例 설보아서 그런지 통 기억이 안 나요. 그 때 설보아서 그런지, 어쨌든 통 기억이 없어요. その時いいかげんに見たのか、全く記憶がない。

설복(說伏·說服)[명] 説伏｜説服。
　설복-하다[타] 説伏する｜説服する。

설봉(舌鋒)[명]【말씨】舌鋒。

설분(雪憤)[명] 憤りをはらすこと。
　설분-하다[자] 憤りをはらす。

설비(設備)[명] 設備。
　설비-하다[타] 設備する。

설-빔[명] お正月の晴れ着。

설사(泄瀉)[명]〈의〉下痢｜腹下し。
　설사-하다[자] 下痢する｜腹下しする。

설사(設使)[부] ☞설령(設令)

설사-약(泄瀉藥)[명]〈약〉下痢止め｜止瀉剤。=지사제

설-삶다[타] 生煮えにする。例 감자를 ~. じゃが芋を生煮えにする。

설상-가상(雪上加霜)[명]【불행한 일이 겹쳐 일어남】雪上に霜を加えよう｜泣きっ面に蜂。例 홍수로 집이 떠내려가고 ~으로 아들까지 잃었다. 洪水で家が流されて、不幸続きに息子も亡くした。

설색(雪色)[명] ☞설경(雪景)

설선(雪線)[명] 雪線。=항설선

설설[부]❶【끓는 모양】ぐらぐら。例 냄비의 물이 ~ 끓다. 鍋の水がぐらぐらと沸く。❷【훈훈하게 더운 모양】ほかほか。例 차가웠던 마루가 ~ 따뜻하게 되었다. 冷たかった床が、

ほかほか暖かくなった。❸【정色・범벅가 기뻐】 もぞもぞ。❹【예아니라는 뜻으로】首を横に振るさま。

설설 기다〖관용〗 はいつくばう｜卑屈になる。

설설²〖부〗 ☞'슬슬'의 잘못.

설욕(雪辱)〖명〗雪辱。 예～의 승리를 거두다. 雪辱を果たす。=설치²

설욕-하다〖타〗 雪辱する。

설욕-전(雪辱戰)〖명〗 雪辱戰。

설움〖명〗 悲しみ｜悲しさ。 예부모 없는 ～이 가장 크다. 親のいない悲しみが最も大きい。 ｜～에 겨워 엉엉 울었다. 悲しみのあまりわあわあ泣いた。

설원¹(雪原)〖명〗 雪原。

설원²(雪寃)〖명〗 雪寃。

설원-하다〖자〗 雪寃する。

설유(說諭)〖명〗 說諭。

설유-하다〖타〗 說諭する。

설음(舌音)〖명〗 ☞혓소리

설-음식(一飮食)〖명〗 ☞세찬

설-익다〖자〗 生煮えになる。

설-자다〖자〗 寝そびれる｜寝はぐれる｜寝そこなう。 예설잤더니 무척 피곤하다. 寝そびれてとても疲れた。

설-자리〖명〗〖운〗(射場で)矢を射るときに立つ場所。

설-잡다〖타〗 いい加減に摑む。

설전¹(舌戰)〖명〗 舌戰｜口論｜口争い。=말다툼

설전²(雪戰)〖명〗 ☞눈싸움

설정(設定)〖명〗 設定。

설정-하다〖타〗 設定する。

설중-매(雪中梅)〖명〗 雪の中に咲く梅。 예～의 빛이 더욱 붉다. 雪の中に咲く梅はさらに赤みを増す。

설-취하다(一醉一)〖자〗 生酔いする｜酔い切らない｜半ば酔う。 예술이 설취하여 더 잠이 안 온다. 酒に酔い足りなくて、もっと眠れなくなった。

설측-음(舌側音)〖명〗〖언〗舌側音。

설치¹(設置)〖명〗 設置。 예～작업 設置作業／～방법 設置方法。

설치-하다〖타〗 設置する。 예컴퓨터를 ～. コンピューターを設置する。

설치²(雪恥)〖명〗 ☞설욕(雪辱)

설-치다¹〖자〗 ❶【마구 덤비다】やたらに暴れ回る｜横行する。 예시중에 가짜 금이 설치고 있다. 市中で偽物の金がのさばっている。 ❷【경솔하다】慌ただしく行動する

｜落ち着きを失って動き回る。 예내일 여행 갈 생각에 마음이 들떠 ～. 明日旅行に行くことを思うって、気が落ち着かなくてあちこち動き回る。

설-치다²〖타〗 【충분히 하지 못하다】そびれる｜そこなう。 예밤에 잠을 설쳐 눈이 빨갛게 충혈되었다. 夜寝そびれて目が赤く充血した。

설컹-거리다〖자〗 (生煮えの栗・豆などを嚙んだ時)がりがりする。=설컹대다

설컹-대다 ☞설컹거리다

설컹-설컹〖부〗 がりがり｜かりかり｜こりこり。 예밤을 ～ 씹다. 栗をがりがりと嚙む。

설탕(←雪糖)〖명〗 砂糖。 예물에 잘 녹는 ～ 水によく溶ける砂糖／커피에 ～ 한 스푼을 넣다. コーヒーに砂糖一匙を入れる。

설태(舌苔)〖명〗 舌苔。

설파(說破)〖명〗 說破。

설파-하다〖타〗 說破する。

설피다〖형〗 ❶【성긴】(織物・編み物などの)目が粗い。 ❷【허술】 大ざっぱでそそっかしい。

설핏-하다〖형〗 ❶【성긴】(織物・編み物などの)目が粗い。 ❷【해질】(日暮れで)薄暗い。 예해가 설핏할 무렵 日が落ち薄暗くなるころ。

설한(雪寒)〖명〗 雪が降るか降った後の寒さ。

설한-풍(雪寒風)〖명〗 雪が降るときの寒い風。

설합(舌盒)〖명〗 ☞서랍

설형 문자(楔形文字)〖언〗楔形文字。

설혹(設或)〖부〗 ☞설령(設令)

설화(說話)〖명〗 說話。

설화 문학(說話文學)〖문〗說話文學。

설화-집(說話集)〖명〗〖문〗說話集。

섧다〖형〗 ☞서럽다

섬¹〖의〗 俵。 예쌀 한 ～ 米俵一つ。 =석¹

섬²〖명〗 ❶石段。 ❷踏み石｜沓脱ぎ石。 =섬돌

섬³〖명〗 島。 예～사람들은 부지런하다. 島の人たちは働き者だ。／남쪽 ～에 가고 싶다. 南方の島へ行きたい。

섬광(閃光)〖명〗 閃光。

섬기다〖타〗 仕える。

섬-나라〖명〗 島国。 예～근성 島国根性。

섬-돌 圓 踏み石；沓脱ぎ石。囫～ 위에 꽂신 한 켤레 沓脱ぎ石の上にお花柄の靴が一足。=섬²❷

섬뜩-섬뜩 凰 ひやひや。
　섬뜩섬뜩-하다 囮 ひやひやとする。

섬뜩-하다 囮 (身の毛)がよだつほど)ひやっとする；ぎくっとする；ひやりとする。囫 갑작스러운 여자의 비명 소리에 가슴이 섬뜩했다. 女の突然の悲鳴に、胸がひやっとした。

섬멸(殲滅) 圓 殲滅。
　섬멸-하다 囮 殲滅する。

섬서-하다 囮 ❶(間柄や仲が)よそよそしい；親しみがない；他人行儀だ。囫 오랜만에 만난 탓인가 섬서하였다. 久しぶりに会ったせいか、よそよそしかった。❷なおざりだ；おろそかだ。

섬섬-하다(閃閃—) 囮 閃々としている；きらきらする。囫 섬섬한 칼날 きらきらする刃。

섬세-하다(纖細—) 纖細だ。❶か細くて優美だ。囫 섬세한 모습 纖細な姿／작은 붓으로 섬세하게 글을 쓰다. 小さい筆で纖細に字を書く。❷(感情・感覚・気持ちなどが)細やかだ；デリケートだ。囫 섬세한 곳까지 마음을 쓰다. 細かい所まで気をつかう。

섬유(纖維) 圓 纖維。囫～ 기계 纖維機械／～ 조직 纖維組織／천연 ～ 天然纖維／합성 ～ 合成纖維／식물성 ～ 植物性纖維／～ 제품 纖維製品等。

섬유-소(纖維素) 圓 纖維素。
섬유-질(纖維質) 圓 纖維質。

섬쩍지근-하다 囮 胸がどきどきするぐらい恐ろしい感じが、いつまでも抜けない。

섭렵(涉獵) 圓 涉獵。
　섭렵-하다 囮 涉獵する。囫 삼국지를 ～. 三国志を涉獵する。／남쪽 지방을 ～. 南方面の地方を涉獵する。

섭리(攝理) 圓 摂理。囫 자연의 ～ 自然の摂理。

섭생(攝生) 圓 摂生；養生。=양생
　섭생-하다 囲 摂生する；養生する。

섭섭-하다 囮 ❶名残惜しい。囫 네가 나에게 그런 말을 하다니 정말 ～. 君が私にそんなことを言うとは、本当に残念だ。❷惜しい；残念だ；心残りだ。囫 충분히 실력을 발휘하지 못하여 ～. 十分に実力を発揮できず、心残りだ。❸寂しい；恨めしい；もの足りない。
　섭섭-히 凰 ❶名残惜しく。❷残念に。❸寂しく；恨めしく。

섭씨(攝氏) 圓《물》摂氏。=섭씨온도
섭씨-온도(攝氏溫度) 圓《물》摂氏温度。=섭씨

섭외(涉外) 圓 涉外。
　섭외-하다 囮 涉外をする。

섭취(攝取) 圓 摂取。
　섭취-하다 囮 摂取する。囫 칼슘을 ～. カルシウムを摂取する。

성¹ 圓 怒り；憤り；癇癪。囫 ～이 나 어쩔 바를 모르다. 腹が立ってどうしようもない。／왜 내게 ～을 내느냐? どうして私に腹を立てるんだ。

성²(姓) 圓 名字；姓。囫 한국인 중에는 김이라는 ～이 가장 많다. 韓国人には金という名字の人が一番多い。

성³(性) 圓 性。❶生まれつき。❷セックス。❸セックス；性交。

성⁴(城) 圓 城；城郭。囫 ～을 쌓다. 城を築く。

성⁵(省) 圓《정》省。囫 외무～ 外務省。

성가(聖家) 圓 聖家族。=성가정・성가족

성가(聖歌) 圓 聖歌。
성가-대(聖歌隊) 圓 聖歌隊。=찬양대

성가시다 囮 やっかいだ；煩わしい；うるさい；面倒だ；迷惑だ；面倒くさい。囫 그가 우리 집에 또 온다는 말에 문득 성가신 마음이 들었다. 彼がまた家に来るという言葉に、ふと面倒だという気がした。／형의 잔소리가 ～. 兄の小言が煩わしい。

성-가정(聖家庭) 圓 ☞성가
성-가족(聖家族) 圓 ☞성가
성감(性感) 圓 性感。
성감-대(性感帯) 圓 性感帯。
성게 圓《동》海胆。
성격(性格) 圓 性格。囫 ～ 분석 性格分析／～ 진단 테스트 性格診断テスト／～이 맞지 않다. 性格が合わない。

성격 검사(性格檢査) 《심》性格検査。
성격 배우(性格俳優) 《연》性格俳優。
성격 이상(性格異常) 《의》性格異常；異常性格。

성-결(性—)[명] 気立て|心ごこ|性質せいしつ。 예 고운 ~ 美うつくしい心/~이 고약하다. 性質が気難むずかしい。=결❶

성경(聖經)[명] 聖書せいしょ|バイブル。

성공(成功)[명] 成功せいこう。 예 ~ 사례 成功事例じれい。

　성공-하다 成功する。 예 성공하기 위해서 열심히 일하고 있다. 成功を収おさめるために一生懸命けんめい働はたらいている。

성공-리(成功裏)[명] 成功裏せいこうり。 예 프로젝트를 ~에 마치다. プロジェクトを成功裏に終おわる。

성과(成果)[명] 成果せいか。 예 ~를 거두다. 成果を収める。/ ~가 오르다. 成果が上あがる。

성곽(城郭·城廓)[명] 城郭じょうかく|城壁じょうへき。

성교(性交)[명] 性交せいこう|交合こうごう。

　성교-하다[자] 性交する|交合する|交わる。

성-교육(性教育)[명] 《교》性教育せいきょういく。

성구(成句)[명] 成句せいく。

성그레[부] [참하게] 可愛かわいくにこっと|にこりと。

성근-하다(誠勤—)[형] 誠実せいじつで勤勉きんべんだ。

성글다[형] ☞성기다

성금(誠金)[명] 真心まごころから出だす金きん|献金けんきん。

성급-하다(性急—)[형] 性急せいきゅうだ|せっかちだ。 예 성급한 성격 せっかちな性格せいかく。

　성급-히[부] 性急せいきゅうに|せっかちに。

성기(性器)[명] ☞생식기²

성기다[형] ❶[틈이] (物ものの)隙間すきまなどが大おおきい|目めが粗あらい。 예 대바구니의 눈이 ~. 竹たけかごの目が粗い。/ 이 그물은 그물코가 성기므로 조그마한 물고기는 빠져나간다. この網あみは網目あみめが粗いから、小ちいさな魚さかなは抜ぬけ出でる。 ❷[뜸하게] 疎うとらだ|遠退とおのく。 예 사람의 발길이 ~. 人ひとの脚あしが遠退く。 ❸[멀어] 疎遠そえんになる|疎うとい。 예 그와는 틀어져서 요즈음은 성기게 지낸다. 彼かれとは仲なかたがいして、この頃ごろは疎遠になっている。=성글다

성깃-하다[형] 目めがちょっと粗い|ちょっと疎うとらだ。

성-깔(性—)[명] たちが悪わるいこと|性悪しょうわる。 예 ~을 부리다가 웃음거리가 되었다. 性悪の性格せいかくで笑わらい物ものになった。/ 그 사람과 지내보니 보통 ~이 아니다. その人と過すごしてみると、普通ふつうの性悪しょうわるではない。

성-나다[자] ❶[부해] 腹はらが立たつ|怒おこる。 ❷【興奮こうふんして気きが荒々あらあらしくなる。 예 성난 파도 荒々しい波なみ。 ❸【傷きずや腫ばれ物ものなどが悪わるくなる。

성내(城內)[명] ☞성안

성-내다[자] 腹はらを立てる|怒おこる。

성냥[명] マッチ。 예 ~을 긋다. マッチを擦する。

성냥-갑(—匣)[명] マッチ箱ばこ。

성냥-개비[명] マッチの軸木じくぎ。

성냥-불[명] マッチの火ひ。

성년(成年)[명] 《법》成年せいねん。 예 ~이 되다. 成年に達たっする。

성년-식(成年式)[명] 成年式せいねんしき。

성능(性能)[명] 性能せいのう。 예 ~ 비교 性能比較ひかく/ ~측정 性能測定そくてい/ ~이 좋은 컴퓨터 性能のよいパソコン。

성당(聖堂)[명] 《종》【기독】聖堂せいどう。

성대(聲帶)[명] ☞목청❷

성대-모사(聲帶模寫)[명] 声帯模写せいたいもしゃ|ものまね。

성대 토양(成帶土壤) 成帯土壌せいたいどじょう。

성대-하다(盛大—)[형] 盛大せいだいだ。 예 성대한 행사 盛大な行事ぎょうじ。

　성대-히[부] 盛大せいだいに。

성도¹(聖徒)[명] 《종》聖徒せいと。

성도²(聖都)[명] 聖都せいと。

성-도착(性倒錯)[명] 性倒錯せいとうさく。

성량(聲量)[명] 声量せいりょう。 예 풍부한 ~ 豊富ほうふな声量。

성력(誠力)[명] 誠まことと力ちから。

성령(聖靈)[명] 《종》【기독】聖霊せいれい。

성리-학(性理學)[명] 《철》性理学せいりがく。 예 송나라에서 일어난 ~ 宋そうの国くにから起おこった性理学。

성립(成立)[명] 成立せいりつ。

　성립-하다[자] 成立せいりつする|成なり立たつ。 예 계약이 성립되다. 契約けいやくが成立する。

성-마르다(性—)[형] [性格せいかくが]気忙きぜわしい|こらえ性しょうがなく短気たんきだ。 예 성마른 성격 こらえ性がなく短気な性格。

성망(聲望)[명] 声望せいぼう。

성명¹(姓名)[명] 姓名せいめい|氏名しめい。

성명²(聲名)[명] ☞명성(名聲)

성명³(聲明)[명] 声明せいめい。 예 ~을 발표하다. 声明を発表はっぴょうする。

　성명-하다[타] 声明せいめいする。

성명-서(聲明書)[명] 声明書せいめいしょ。

성모(聖母)[명] ❶聖母せいぼ|聖人せいじんの生母せいぼ。 ❷《종》【기독】聖母せいぼマリア。

성묘(省墓)[명] 墓参はかまいり|墓参ぼさん。

성묘-하다 재 墓参りする | 墓参す
る。

성문²(成文) 명 成文。
　성문-하다 재타 文章化する | 文章で書き表す。
성문²(城門) 명 城門。
성문³(聲門) 명 (의)声門。
성문-법(成文法) 명 (법) 成文法。=성문율
성문-율(成文律) 명 (법) 成文律。
성문-화(成文化) 명 成文化。
　성문화-하다 타 成文化する。
성미(性味) 명 性質 | 癖 | 気性 | 気立て | 気質。예 까다로운 ~ 気難かしい気立て。
성벽¹(性癖) 명 性癖 | 癖。
성벽²(城壁) 명 城壁。
성별(性別) 명 性別。예 인사 서류를 ~로 구분하다. 人事書類を性別に区分する。
성병(性病) 명 (의)性病。
성복(成服) 명 喪に当たり、初めて喪服を着ること。
성부¹(聖父) 명 (종) 父である神。
성부²(聲部) 명 (음) 声部 | パート。
성분(成分) 명 成分。예 ~ 검사 成分検査 / 식품 ~표 食品成分表 / ~을 분석하다. 成分を分析する。
성비(性比) 명 (생)性比。
성사(成事) 명 成事 | 仕事となること。
　성사-하다 재 仕事となる | 成就する。
성사(盛事) 명 盛事。
성-생활(性生活) 명 性生活。
성서(聖書) 명 聖書。
성성-하다(星星—) 형 髪の毛が白い | 胡麻塩頭である。예 백발이 성성한 노인 胡麻塩頭の老人。
성세(聲勢) 명 名声と威勢。
성쇠(盛衰) 명 盛衰。예 영고~ 栄枯盛衰。
성수¹(成遂) 명 物事を成し遂げること。
　성수-하다 타 物事を成し遂げる。
성수²(聖水) 명 (종) 聖水。
성수-기(盛需期) 명 (경) オンシーズン | ピークシーズン | 需要期。
성숙(成熟) 명 成熟。
　성숙-하다 재 成熟する。
성숙-기(成熟期) 명 成熟期。
성숙-란(成熟卵) 명 (생)成熟卵。

성숙-토(成熟土) 명 成熟土壌。
성-스럽다(聖—) 형 神聖だ | 神々しい。
성시¹(城市) 명 城市。
성시²(盛時) 명 盛時。
성신(星辰) 명 (천)星辰 | 星。
성실-하다(誠實—) 형 誠実だ。예 성실하게 일하다. 誠実に働く。
　성실-히 부 誠実に。
성심(誠心) 명 誠心 | 真心。
성심-껏(誠心—) 부 誠心を尽くして。
성-싶다 보형 —ようだ | —そうだ | —と思われる。예 비가 안 올 ~. 雨が降らないようだ。 / 나쁜 사람은 아닌 ~. 悪い人ではなさそうだ。 / 그의 짓이 아닌 ~. 彼の仕業ではないと思われる。
성씨(姓氏) 명 姓氏。
성악(聲樂) 명 《음》声楽。
성악-가(聲樂家) 명 (음)声楽家。
성악-설(性惡說) 명 (철)性惡說。
성-안¹(城—) 명 城内。=성내
성안²(成案) 명 成案。
　성안-하다 타 案件を作る。
성어(成語) 명 成語。예 고사~ 故事成語。
성어-기(盛漁期) 명 盛漁期。
성업(盛業) 명 盛業。
성에 명 ❶冬の寒い時、窓などについた霜。 ❷➡성엣장
성엣-장 명 流氷。=성에❷
성역(聖域) 명 聖域。
성연(盛宴·盛筵) 명 盛宴。
성-염색체(性染色體) 명 《생》性染色体。
성외(城外) 명 城外。
성욕(性慾) 명 性欲 | 肉欲。
성우(聲優) 명 (연)声優。
성운(星雲) 명 (천)星雲。
성원¹(成員) 명 成員。
성원²(聲援) 명 声援。예 열렬한 ~을 보내다. 熱い声援を送る。
　성원-하다 타 声援する。예 목청을 높여 ~. 声の限りに声援する。
성육(成育) 명 成育。
　성육-하다 재 成育する。
성은(聖恩) 명 聖恩。
성의(誠意) 명 誠意。예 ~ 부족 誠意不足 / ~를 다하다. 誠意を尽くす。
성의-껏(誠意—) 부 誠意を尽くして。
성인¹(成人) 명 成人。예 ~ 영화 成人映画 / ~ 교육 成人教育。

성인²(聖人)㊅ 聖人(せいじん)。

성인-군자(聖人君子)㊅ 聖人君子(せいじんくんし)。

성인-병(成人病)㊅ 成人病(せいじんびょう)。 ¶고혈압, 당뇨병 등의 ~이 젊은이들에게도 나타나고 있다. 高血圧(こうけつあつ)・糖尿病(とうにょうびょう)などの 成人病(せいじんびょう)が, 若者(わかもの)たちにも 現(あらわ)れている。

성인-식(成人式)㊅ 成人式(せいじんしき)。

성자(姓字)㊅ 姓(せい)を 表(あらわ)す 文字(もじ)。

성장¹(成長)㊅ 成長(せいちょう)。 ¶~ 곡선 成長曲線(せいちょうきょくせん)/ 경제 ~ 経済(けいざい)成長/ 고도 ~ 高度(こうど)成長。

성장-하다¹㊅ 成長(せいちょう)する。

성장²(盛裝)㊅【盛装】盛裝(せいそう)。

성장-하다²㊅ 盛裝(せいそう)する。

성장 거점(成長據點) 成長拠点(せいちょうきょてん)。

성장-기(成長期)㊅ 成長期(せいちょうき)。

성장-선(成長線)㊅《생》成長線(せいちょうせん)。

성장-점(成長點)㊅《식》成長点(せいちょうてん)。

성장 호르몬(成長hormone)《의》成長(せいちょう)ホルモン。

성-적¹(性的)㊅ 性的(せいてき)。 ¶~ 매력 性的(せいてき)な魅力(みりょく)/ ~ 관심 性的(せいてき)な関心(かんしん)/ ~ 차별이 문제시되다. 性的差別(せいてきさべつ)が 問題視(もんだいし)される。

성적²(成績)㊅ 成績(せいせき)。 ¶~이 오르다. 成績(せいせき)が上(あ)がる。/ 지난달보다 판매 ~이 떨어지다. 先月(せんげつ)より販売成績(はんばいせいせき)が下(さ)がる。

성적-표(成績表)㊅ 成績表(せいせきひょう)。

성전¹(盛典)㊅【盛典】盛典(せいてん)。

성전²(聖殿)㊅【聖殿】聖殿(せいでん)。

성전³(聖戰)㊅【聖戦】聖戦(せいせん)。

성정(性情)㊅ 性情(せいじょう)。

성조(聲調)㊅《언》声調(せいちょう)。 ¶중국어의 ~ 中国語(ちゅうごくご)の声調(せいちょう)。

성종(成腫)㊅ 腫(は)れ物(もの)になること。

성종-하다㊅ 腫(は)れ物(もの)になる。

성좌(星座)㊅《천》星座(せいざ)。 =별자리

성주(城主)㊅ 城主(じょうしゅ)。 =별자리

성중(城中)㊅ 城内(じょうない)。 =성안

성지¹(城址)㊅ ⇒성터

성지²(聖地)㊅《종》聖地(せいち)。 ¶~ 순례 聖地巡礼(せいちじゅんれい)。

성직-자(聖職者)㊅ 聖職者(せいしょくしゃ)。

성질(性質)㊅ 性質(せいしつ)。 ❶[성품] ¶~이 거친 사람 性質(せいしつ)の荒(あら)い人(ひと)。 ❷[속성] ¶화학적 ~ 化学的(かがくてき)性質(せいしつ)/ 금속 ~ 金属(きんぞく)性質/ 특별한 ~을 가지고 있다. 特別(とくべつ)な性質(せいしつ)を持(も)っている。

성찬(盛饌)㊅ たっぷりある御馳走(ごちそう)。

성찰(省察)㊅ 省察(せいさつ)。

성찰-하다㊅ 省察(せいさつ)する。

성충(成蟲)㊅《동》成虫(せいちゅう)。 ¶투구벌레의 ~ 兜虫(かぶとむし)の成虫。

성취(成就)㊅ 成就(じょうじゅ)。 ¶소원 ~ 大願(たいがん)成就。

성취-하다㊅ 成就(じょうじゅ)する。

성취-도(成就度)㊅ 成就度(じょうじゅど)。

성층(成層)㊅ 成層(せいそう)。

성층-권(成層圈)㊅ 成層圏(せいそうけん)。

성큼㊅ ❶[성큼성큼] つかつか。 ¶~ 다가오다. つかつかで近(ちか)づく。/ ~ 다가서다. 大股(おおまた)で近(ちか)より立(た)つ。/ ~ 올라서다. 大股(おおまた)で登(のぼ)り立(た)つ。 ❷[어떤 때가 갑자기 가까워진 모양] ¶봄이 ~ 다가왔다. 春(はる)に一歩(いっぽ)近(ちか)づいた。

성큼-성큼㊅ つかつか。 ¶~ 걷다. つかつかか歩(ある)く。

성큼-하다㊅ 下肢(かし)が上体(じょうたい)に比(くら)べて不釣(ふつ)り合(あ)いに長(なが)い。

성탄(聖誕)㊅【聖誕日】聖誕(せいたん)¦聖人(せいじん)の誕生日(たんじょうび)。

성탄-절(聖誕節)㊅ ⇒크리스마스

성-터(城—)㊅ 城跡(しろあと)¦城址(じょうし)。 =성지

성토(聲討)㊅ 多(おお)くの人(ひと)が集(あつ)まって糾弾(きゅうだん)すること。

성토-하다㊅ 多(おお)くの人(ひと)が集(あつ)まって糾弾(きゅうだん)する。

성패(成敗)㊅ 成敗(せいはい)。

성-폭행(性暴行)㊅ 強姦(ごうかん)。

성폭행-하다㊅ 強姦(ごうかん)する。

성-풀이㊅ 怒(いか)りを晴(は)らすこと¦腹(はら)いせ。

성풀이-하다㊅ 怒(いか)りを晴(は)らす¦腹(はら)いせをする。 ¶아랫사람에게 ~. 目下(めした)の人(ひと)に腹(はら)いせをする。

성품(性品)㊅ 品性(ひんせい)¦人(ひと)となり¦気性(きしょう)。

성하(城下)㊅ 城下(じょうか)。

성-하다¹㊅ ❶[성하다](物(もの)が)損(そこ)なわれていない¦傷(いた)んでいない。 ¶성한 물건이 하나도 없다. 損(そこ)なわれてない物(もの)が一(ひと)つもない。 ❷[건강하다] (体(からだ)が)健康(けんこう)だ¦健(すこ)やかだ¦元気(げんき)だ¦丈夫(じょうぶ)だ。

성-히㊅ 健(すこ)やかに¦元気(げんき)に。 ¶몸 ~ 돌아와 주기를 바란다. 元気(げんき)に戻(もど)ってくれることを願(ねが)う。

성-하다²(盛—)㊅ Ⅰ㊅ ❶【盛】盛(さか)んだ。 ❷【茂】生(お)い茂(しげ)っている。 ¶잡초가 ~. 雑草(ざっそう)が生(お)い茂(しげ)っている。

Ⅱ㊅ ❶【盛】盛(さか)んに起(お)こる。 ❷【繁栄】繁栄(はんえい)する。

성-히²[부] 盛んに。
성함(姓銜)[명] お名前 ¦ ご芳名。
성행(盛行)[명] 盛行。
성행-하다[자] 盛行する ¦ はやる。
성향(性向)[명] 性向 ¦ 気だて ¦ 気質。
성현(聖賢)[명] 聖賢。
성형(成形)[명] ❶ 成形。❷【신체 일부를 고침】 整形。
성형-하다[타] ❶ 成形する。❷ 整形する。
성형 수술(成形手術) 《의》整形手術。
성형-외과(成形外科)[명] 《의》形成外科 ¦ 美容外科。
성-호르몬(性hormone)[명] 性ホルモン。
성혼(成婚)[명] 成婚。
성혼-하다[자] 結婚が成立する。
성화¹(成火)[명] ❶【일이 잘 안 되어】 (物事がうまくいかず)気をもむこと ¦ いらいらしていること。[예] 작품이 맘대로 안 되어 ~가 난다. 作品が自分に思うようにできなくていらいらしている。❷【몹시 귀찮게 구는 것】 非常に煩わしくすること ¦ だだをこねること。[예] 아이가 졸음이 오자 엄마에게 ~를 부린다. 子供が眠くなって、母親にだだをこねる。
성화-하다[자] ❶ (物事がうまくいかず)気をもむ ¦ いらいらする。❷ 非常に煩わしくする ¦ だだをこねる。[예] 컴퓨터를 사달라고 성화한다. パソコンを買ってくれとだだをこねる。
성화²(星火)[명] ☞유성³
성화-같다(星火—)[형] 【독촉 등이】 非常に急で激しい ¦ 矢のようだ。[예] 빚 독촉이 ~. 借金の督促が矢のようだ。/ 성화같은 재촉에 하는 수 없이 가다. 矢の催促に仕方なく行く。
성화같-이[부] 非常に急に ¦ 矢のように。
성황(盛況)[명] 盛況。[예] 공연은 ~이었다. 公演は盛況だった。
섶¹[명] ☞옷섶
섶²[명] ☞섶나무
섶-나무[명] 柴 ¦ 柴木。=섶²
세¹[관] 三 ¦ 三つ ¦ 三つ。[예] ~ 사람 三人/ ~ 가지 종류 三つの種類 ; 三種類/ 사과 ~ 개를 사다. リンゴ3個を買う。
세²(稅)[명] 税 ¦ 租税 ¦ 税金。=조세
세³(貰)[명] ❶【빌린 값으로 내는 돈】 借り賃 ¦ 貸し賃。[예] ~를 내다. 借り賃を支払う。❷【남의 것을 빌려 쓰는 일】 賃貸し ¦ 賃借り。[예] ~를 내다. 賃借りする。
세⁴(歲)[의] 歳。[예] 오십 ~ 五十歳。
세간¹[명] 所帯道具 ¦ 家財道具。
세간²(世間)[명] 世間。[예] ~의 소문 世間のうわさ。
세간-살이[명] ☞'세간¹'의 잘못.
세-거리[명] 三叉路。[예] ~에서 우회전하세요. 三叉路で右側に曲がってください。=삼거리
세계¹(世系)[명] 【조상 대대로 내려오는 계통】 世系。
세계²(世界)[명] 世界。[예] ~ 유산 世界遺産/ ~ 지도 世界地図/ 동물의 ~ 動物の世界/ 미지의 ~를 동경하다. 未知の世界に憧れる。
세계 공황(世界恐慌) 《경》世界恐慌。
세계-관(世界觀)[명] 《철》世界観。
세계 기록(世界記錄) 《운》世界記録。
세계 대전(世界大戰) 《역》世界大戦。
세계 도시(世界都市) 《사》世界都市。
세계 무대(世界舞臺) 世界舞台。[예] ~에서 활동하고 있다. 世界を舞台にして活動している。
세계 무역 기구(世界貿易機構) 《경》世界貿易機関。
세계 보건 기구(世界保健機構) 《의》世界保健機関 ¦ WHO。
세계-사(世界史)[명] 世界史。
세계-시(世界時)[명] 《천》世界時。
세계-어(世界語)[명] 《언》世界語 ¦ 国際語。=국제어
세계-은행(世界銀行)[명] 《경》世界銀行 ¦ 国際復興開発銀行 ¦ IBRD。=국제 부흥 개발 은행
세계-적(世界的)[관][명] 世界的。
세계-주의(世界主義)[명] 世界主義 ¦ コスモポリタニズム。=코즈모폴리터니즘
세계-화(世界化)[명] 世界化。[예] ~ 시대 世界化時代。
세곡(稅穀)[명] 租税として納める穀物。
세공(細工)[명] 細工。[예] 유리 ~ ガラス細工/ 보석 ~ 宝石細工。
세공-하다[타] 細工する。[예] 사파이어 원석을 ~. サファイアの原石を細工する。
세공-사(細工師)[명] ☞세공인
세공-인(細工人)[명] 細工人 ¦ 細工師。=세공사
세관¹(細管)[명] 【가는 관】 細管。
세관²(稅關)[명] 《법》税関。[예] ~ 신고서 税関申告書/ ~ 검사 税関検査/ 서류

세균(細菌)[명] 《생》細菌. 예 ~ 감염 細菌感染. =박테리아

세금(稅金)[명] 《법》税金. 예 ~을 내다. 税金を納める. / ~을 징수하다. 税金を徴収する.

세기(世紀)[명] 世紀. 예 21~ 二十一世紀/ ~의 대폭발 世紀の大爆発.

세기-말(世紀末)[명] 世紀末.

세기말-적(世紀末的)[관] 世紀末的.

세기-적(世紀的)[관] 世紀的.

세-나다[자] (傷口·腫れ物などが) 悪化する; ぶり返す. 예 수술한 상처가 ~. 手術した傷口が悪化する.

세납(稅納)[명] 納税. =납세(納稅)
　세납-하다[자] 納税する.

세-내다(貰—)[타] 賃貸がりする; 賃貸しする. 예 세낸 지하실 賃貸がしの地下室/ 방 두 칸짜리 아파트를 세내어 살다. 部屋が二つあるアパートを賃借りして住む.

세네갈(Senegal)[명] 《국》セネガル.

세농(細農)[명] ☞세농가

세-농가(細農家)[명] 零細農家. =세농

세뇌(洗腦)[명] 洗腦.
　세뇌-하다[자] 洗腦する. 예 어느 사이엔 세뇌되어 있었다. いつの間にか洗腦されていた.

세다¹[자] ❶ [髮] 髪が白くなる. 예 나이가 들어 머리가 하얗게 ~. 年を取って頭が白くなる. / 신경을 많이 썼더니 머리가 하얗게 세는 것 같다. 神経をたくさん使ったら, 頭が白くなったようだ. ❷ [顔色] (顔の)血の気がひく; 青白くなる. 예 얼굴 혈색이 ~. 血色が悪くなる.

세다²[타] 数える. 예 사람 수를 ~. 人の数を数える. / 금고의 돈을 ~. 金庫のお金を数える.

세다³[형] ❶ [力] (力が)強い. 예 힘이 아주 센 장사 とても力の強い壮士. ❷ [기세] (押し付ける気勢が)強い. 예 고집이 센 아이 我の強い子. ❸ [바람·불·물 등의 기세] (風·火·水の勢いが)強い; ひどい; 激しい. 예 수압이 센 지역 水圧の強い地域/ 물살이 ~. 水の流れが速い. / 바람이 세서 창에 부딪힌다. 風が強く窓に当たる. / 불빛이 세서 눈부시다. 灯りが強くてまぶしい. ❹ [能

力·水準などが]高い; 激しい; 強い. 예 경쟁률이 너무 ~. 競争率がかなり激しい. / 아버지술이 ~. 父は酒が強い. / 그는 바둑이 ~. 彼は碁が強い. ❺ [촉감] (物の感触が)ごわごわして硬い. 예 천이 너무 세서 접기가 어렵다. 布が非常にごわごわしてたたみにくい. ❻ 運勢や地相が悪い. 예 타고난 팔자가 ~. 生まれながらの星回りが悪い.

세단(細斷)[명] 細かく切ること.
　세단-하다[타] 細かく切る.

세단-뛰기(一段—)[명] 《운》 《체》 三段跳び. =삼단뛰기

세대¹(世代)[명] 世代. 예 ~ 간 격차 世代間格差/ ~ 간 불공평 世代間不公平/ ~가 바뀌다. 世代がかわる.

세대²(世帶)[명] 《법》 世帶; 所帶. 예 단독 ~ 単独 世帯/ 여덟 ~가 살고 있는 빌라 8世帯が住んでいるビラ. =가구(家口)

세대-교체(世代交替)[명] 世代交代; 世代交番.

세대-주(世帶主)[명] 世帶主. =가구주(家口主)

세도(勢道)[명] 政治的な権勢.
　세도-하다[자] 権勢を振るう.

세라믹(ceramics)[명] セラミックス.

세레나데(serenade)[명] 《음》セレナーデ; 小夜曲. 예 사랑의 ~ 愛のセレナーデ. =소야곡

세력(勢力)[명] 勢力. 예 ~을 뻗치다. 勢力を張る. / ~을 늘리다. 勢力を伸ばす.

세력-가(勢力家)[명] 勢力家.

세력-권(勢力圈)[명] 勢力圏; 勢力範囲.

세련(洗練·洗鍊)[명] 洗練.
　세련-하다[타] 洗練する. 예 세련된 문체 洗練された文体.

세례(洗禮)[명] 洗礼. 예 ~를 받다. 洗礼を受ける.

세례-명(洗禮名)[명] 《종》 洗礼名.

세로 Ⅰ [명] 縱.
　Ⅱ [부] 縱に; 垂直に.

세로쓰-기[명] 縱書き. =종서 ↔ 가로쓰기

세로-줄[명] 縱の線; 縱線; 小節線. =종선

세로-축(一軸)[명] 《수》縱軸.

세론(世論)[명] ☞ 여론

세류¹(細流)[명] 細流; 小川.

세류²(細柳)[명] ☞세버들

세르비아(Serbia)영《국》セルビア。
세리신(sericin)영《화》セリシン｜絹膠。
세말(歲末)명 ☞세밑
세면(洗面)명 ☞세수
세면-기(洗面器)명 ☞세숫대야
세면-대(洗面臺)명 洗面台。
세면-장(洗面場)명 洗面場。
세-모¹명《수》三角｜三角形。
세모²(歲暮)명 ☞세밑
세모-꼴명 ☞삼각형
세-모시(細—)명 織り目が細かい苧。
세모-지다형 三角に尖っている。
세목(細木)명 織り目が細かい木綿。
세무(稅務)명 稅務。
세무-사(稅務士)명《법》稅理士。
세무-서(稅務署)명《법》稅務署。
세무 조사(稅務調査)명《법》稅務調査。
세무 회계(稅務會計)명《경》稅務会計。
세미나(seminar)명《교》セミナー｜ゼミナール。
세미-하다(細微—)형 細微だ｜細かい｜微細だ。
세밀-하다(細密—)형 細密だ。예세밀한 분석 細密な分析/ 작은 점까지 세밀하게 그리다. 小さい点まで細密に描く。
세밀-히(細密—)부 細密に。
세밀-화(細密畵)명《미》細密画。=미니아튀르
세-밑(歲—)명 年の暮れ｜歲暮｜歲末｜年末等。=설밑・세말・세모・연종
세발-자전거(—自轉車)명 三輪車。
세배(歲拜)명 新年のあいさつ｜年始回り。=세알
  세배-하다재 年始回りをする。
세뱃-돈(歲拜—)명 お年玉。
세-버들(細—)명《식》枝が細い柳。=세류²◆일본어의「細柳(さいりゅう)」는 '잎이 아직 나지 않아 가지가 가늘어 보이는 버드나무'를 뜻한다。
세법(稅法)명《법》稅法。
세별(細別)명【세별히 구별함】細別。
  세별-하다타 細別する。
세부(細部)명 細部。예~ 사항 細部事項。
세부득이(勢不得已)부 やむなく｜仕方なく。=사세부득이
세분(細分)명 細分。
  세분-하다타 細分する。
세분-화(細分化)명 細分化。

세비(歲費)명 歲費。=세용
세사(世事)명 世事。예~에 어둡다. 世事に疎い。
세사(細絲)명 細絲。
세살-창(細—窓)명 桟が細くなっている障子窓。
세상(世上)❶명【사람이 살고 있는 사회적 환경을 이루는 것】 世の中｜世間。예~에서 제일 키가 큰 사람은? 世の中でいちばん背の高い人は? / 10년의 세월이 지나니 ~이 많이 변했다. 10年の歲月が経ったので、世の中がずいぶん変わった。/~은 참으로 넓다. 世間は本当に広い。/너무도 ~을 모른다. あまりにも世間を知らない。 ❷【사람이 태어나서 죽을 때까지의 기간】一生｜生涯。예한 ~ 후회 없는 삶을 살았다. 一生後悔のない人生を暮した。 ❸【여행, 행진・단체가 아닌데도 활동할 수 있는 시간이나 공간】天下｜世｜世の中。예제 ~을 만난 듯 기량을 한껏 뽐내다. 自分の世の中に会ったように、思い切り腕前を見せる。 ❹【삶의 정황이나 상태, 인심】世の中の人々の人情。예야박한 ~ せちがらい世の中。 ❺【절・오두막・벽두에 돌아갈 바깥 세상】しゃば｜俗世。예~에 돌아가다. しゃばに戾る。
  세상을 등지다관용 ❶世を捨てる。❷世を去る｜死ぬ。
  세상(을) 떠나다[뜨다]관용 世を去る｜死ぬ。
세상-만사(世上萬事)명 世の中の万事｜世事。
세상-모르다(世上—)자 ❶世間の事情をよく知らなくて、身のまわりで起きていることに疎い。예세상모르고 3년 동안 연구만 했다. 世間のことをよく知らずに3年間、研究ばかりしていた。 ❷ぐっすりと居眠りに落ちて、何も気づかない。예세상모르고 잠을 잔다. 何も分からずにぐっすりと寝る。
세상-사(世上事)명 世事。=세상일
세상-살이(世上—)명 処世｜世渡り。
세상-없어도(世上—)부 何がなんでも｜どんな事があっても｜必ず｜きっと。예~ 오늘 부산에 가야 한다. どんな事があっても今日、釜山に行かなければならない。/올해는 ~ 결혼해야 한다. 今年には必ず結婚しなければならない。
세상없-이(世上—)부 世にまたとない程｜比類なく｜いくら。예~ 멋진 풍경

世にまたとない程すばらしい風景/~좋은 여자다. またとない良い女だ。

세상-인심(世上人心)囘 世の中の人々の心. 예 ~이 변하기 쉽다. 世人の人情が移ろいやすい。

세상-일(世上一) ☞세상사

세상-천지(世上天地)【~하다】一体いったい. まったく. 예 ~에 이렇게 끔찍한 일이 …. まったくこんなに惨たらしいことが。

세선(細線)囘 細い線。

세세(歲歲)囘 歲々. 年々。

세세손손(世世孫孫)囘 子々孫々 = 대대손손

세세-하다(細細-)囘 ❶【~하다】非常に詳しい. きわめて細かい. 예 세세하게 기록하다. 非常に細かく記録する。/세세한 설명을 듣다. 非常に詳しく説明を聞く。/세세하게 마음을 쓰다. 非常に細かく気をつかう。❷【~하다】物の太さがきわめて細い. 예 세세한 머리카락 非常に細い髪の毛/세세한 나뭇가지 非常に細い木の枝。❸【~하다】細かくてつまらない. 예 세세한 일들은 무시해 버려라. きわめて細かなことは無視しなさい。

세세-히囘 細々と. 細々しく. 예 ~이리저리 살펴보다. 細々とあちこちをよく見る。/보고서를 ~ 검토하다. 報告書を細々しく検討する。

세속(世俗)囘 世俗. 예 ~에 물들다. 世俗に染まる。

세속-적(世俗的)囘 世俗的。

세수(洗手)囘 洗面. =세면

세수-하다(洗手-)囘 洗面する｜顔を洗う。

세수-간(洗手間)囘 洗面場｜洗面所。

세숫-대야(洗手-)囘 洗面器。=세면기

세숫-물(洗手-)囘 洗面のための水。

세숫-비누(洗手-)囘 化粧石鹸。

세슘(cesium)囘《화》セシウム。

세습(世襲)囘 世襲. 예 ~ 재산 世襲財産。

세습-하다(世襲-)囘 世襲する. 예 대대로 세습하는 땅 代々世襲する土地。

세심-하다(細心-)囘 細心だ｜注意深い｜細心の所までも配慮する. 예 세심한 곳까지 보살피다. 細かい所まで世話をする。/어린아이를 세심하게 다루다. 幼い子どもに細かな注意を払って扱う。/그는 일을 세심하게 처리한다. 彼は仕事を抜かりなく処理する。

세심-히囘 細心に｜細かく｜注意深く｜細かく.

세-쌍둥이(-雙-)囘 三つ子。

세안¹(洗顏)囘 洗面。

세안-하다囘 洗面する｜顔を洗う。

세안²(細案)囘 細密な案件。

세알(歲謁)囘 ☞세배

세액(稅額)囘 稅額. 예 ~ 공제 稅額控除。

세언(世諺)囘 ☞속담(俗談)

세용(歲用)囘 ☞세비

세우(細雨)囘 ☞가랑비

세우다囘【~하다】❶【~하다】(上の方に)立てる｜(倒れているものを)起こす. 예 몸을 꼿꼿이 ~. 体を真っ直ぐに立てる。/넘어진 의자를 ~. 倒れている椅子を起こす。/셔츠 깃을 ~. シャツの襟を立てる。❷【~하다】(計画・目標・作戦などを)立てる｜定める. 예 작전을 ~. 作戦を立てる。/구체적인 계획을 ~. 具体的な計画を立てる。❸【~하다】(刃物などの刃を鋭く)立てる｜目立てをする. 예 칼날을 ~. 刃を立てる。/톱날을 ~. 鋸の目立てをする。❹【~하다】(規則・学説・紀綱などを)作る｜立てる｜樹立する｜成立させる. 예 사내 규율을 ~. 社内の規律を立てる。/전통을 ~. 伝統を作る。/질서를 ~. 秩序を作る。/국가 기강을 ~. 国家紀綱を樹立する。❺【~하다】(機械・車などを)止める. 예 일요일에는 기계를 세운다. 日曜日には機械を止める。/주차장에 차를 ~. 駐車場に車を止める。❻【~하다】(主張・我などを強く)通す｜我を張る. 예 그렇게 고집만 세우지 말고 남의 말도 들어 보세요. そんなに我ばかり張らずに, 人の言うことも聞いてみなさい。❼【~하다】(功労・業績などを)挙げる｜(ある事を)新たに作り示す｜成し遂げる. 예 수영 자유형에서 신기록을 ~. 水泳のクロールで新記録を立てる。/이번 프로젝트에 큰 공을 세웠다. 今回のプロジェクトに大功功した。❽【~하다】(建物を)建てる｜建設する｜造る. 예 양로원을 ~. 老人ホームを建てる。/회사를 ~. 会社を建設する。❾【~하다】(面目・プライドを)保つようにする｜立てる. 예 체면을

~. 顔を立てる。/ 친구들에게 자존심을 ~. 友達にプライドを立てる。⓾【列等】(列)を作る。가로로 줄을 ~. 横に列を作る。⓫【突起】(청근따위를)突っき出す¦立てる。예이마에 핏대를 세우고 화내다. 額に青筋を立てて怒る。⓬【任命等】(어떤 역할이나·지위에)立てる。예우리 반 대표로 ~. 私たちのクラスの代表に立てる。/ 그를 증인으로 ~. 彼を証人として立てる。

세월(歲月)【명】❶【시간】歲月¦年月。예~이 흘러 어른이 되다. 歳月が流れて大人になる。/ ~이 참 빠르다. 歳月が実に早い。❷【처세나·형편】暮らしの具合や事情。예그는 요즘 ~이 좋은 모양이다. 彼は近頃、暮らし向きが良いようだ。❸【시대】(生)きている)世の中¦時代¦時世。예10년 전에 비하면 ~이 참 좋아졌다. 10年前に比べると、いい時代になった。

세월-없다(歲月一)【형】いつ終わるか見当がつかないほど仕事とぶりがのろい。예회의가 언제 끝날지 ~. 会議がいつ終わるか見当がつかない。

　세월없-이【부】のろのろと。예~ 걷고 있다. のろのろと歩いている。

세율(稅率)【명】【법】稅率¦課稅率。예표준 ~ 標準稅率/ 비례 ~ 比例稅率/ 누진 ~. 累進稅率を適用する。

세이셸(Seychelles)【명】【국】セイシェル。

세이프(safe)【명】【운】(野球·テニスなどで)セーフ。예심판이 ~를 선언하다. 審判がセーフを宣言する。

세이프티 번트(←safety bunt)【운】(野球で)セーフティーバント。

세인(世人)【명】世人。

세인트루시아(Saint Lucia)【국】セントルシア。

세인트빈센트 그레나딘(Saint Vincent and the Grenadines)【국】セントビンセントおよびグレナディーン諸島。

세인트크리스토퍼 네비스(Saint Christopher and Nevis)【국】セントクリストファーネイビス。

세일(sale)【명】セール。

세일러-복(sailor服)【명】セーラー服。

세일즈-맨(salesman)【명】セールスマン¦販売員¦外販員。

세입¹(稅入)【명】【경】稅収入。

세입²(歲入)【명】【경】歳入。

세자(世子)【명】王位を継ぐ王子。=왕세자

세전(世傳)【명】世伝。
　세전-하다【자타】世伝する¦代々に伝えて行く。

세정¹(世情)【명】世情。예~에 어둡다. 世情に疎い。

세정²(洗淨)【명】☞세척(洗滌)

세제¹(洗劑)【명】洗劑¦洗浄剤。예합성 ~ 合成洗劑/ 세탁 ~ 洗濯洗剤。

세제²(稅制)【명】【법】税制。

세-제곱【수】三乘。=삼승

세제곱-미터(—meter)의 立方メートル。

세주(歲酒)【명】お正月用の酒。=설술

세-주다(貰—)【자】賃貸がしする。

세-째【수관】☞'셋째'의 잘못.

세차(洗車)【명】洗車。
　세차-하다【자타】洗車する。

세-차다【형】激しい¦強い¦強烈だ。예세찬 인상의 남자 強烈な印象の男だ/ 현관을 세차게 두드리다. 玄関を強くたたく。/ 비바람이 ~. 風雨が激しい。

세찬(歲饌)【명】お正月のごちそう。=설음식

세찰(細察)【명】細密に観察すること。
　세찰-하다【자타】細密に観察する。

세척(洗滌)【명】洗滌¦洗浄。=세정²
　세척-하다【자타】洗滌する¦洗浄する。예상처를 세척하여 화농을 막다. 傷口を洗滌して、化膿を防ぐ。

세척-기(洗滌器)【명】【의】洗浄器。예위 ~ 胃洗浄器/ 초음파 ~ 超音波洗浄器。

세척-제(洗滌劑)【명】❶洗剤。❷【약】洗浄剤。

세초(歲初)【명】☞정초

세출(歲出)【명】【경】歲出。

세칙¹(細則)【명】【법】細則。예~을 세우다. 細則を立てる。

세칙²(稅則)【명】【법】税金に関する規則。

세칭(世稱)【명】いわゆる。

세탁(洗濯)【명】洗濯。예~ 세제 洗濯洗剤/ ~ 표시 洗濯表示。=빨래
　세탁-하다【자타】洗濯する。예커튼을 ~. カーテンを洗濯する。

세탁-기(洗濯機)【명】洗濯機。

세탁-물(洗濯物)【명】洗濯物。

세탁-소(洗濯所)【명】クリーニング屋。

세탄(洗炭) 명 石炭を洗って不純物をなくすこと。

세태(世態) 명 世態。世相。예 ~를 반영한 소설 世相を反映した小說。

세트(set) 명 セット。❶【한벌】 ひとそろい。❷【무대】 (映画などで)撮影用に組まれる設備。예 오픈 ~ オープンセット/ 대규모 ~ 大規模なセット/ ~를 보존하여 공원을 만들다. セットを保存して公園を作る。/ ~를 분해하다. セットを分解する。❸ 〈운〉 (テニスなどで)一試合の単位。예 첫 ~는 졌지만, 남은 ~를 모두 이겼다. 1セット目は負けたが、残りのセットは全部勝った。

세팅(setting) 명 セッティング。예 다이아몬드 ~ ダイヤセッティング/ 테이블 ~을 하다. テーブルセッティングをする。

세팅-하다 타 セッティングする。예 국제회의를 ~. 国際会議をセッティングする。

세파(世波) 명 世の荒波。예 어떤 ~에도 흔들리지 않다. いかなる世の荒波にもめげない。/ 혹독한 ~에 완전히 지쳤다. 厳しい世の荒波に疲れきった。

세평(世評) 명 世評。

세포(細胞) 명 細胞。예 ~ 배양 細胞培養/ ~ 분열 細胞分裂。

세포-막(細胞膜) 명 細胞膜。

세포-벽(細胞壁) 명 細胞壁。

세포 호흡(細胞呼吸) 〈생〉 細胞呼吸。内呼吸。=내호흡

세풍(細風) ☞ 미풍(微風)

세-피리(細一) 명 〈음〉 細く長い笛。

섹스(sex) 명 セックス。예 ~ 심벌 セックスシンボル。

섹스-어필(sex-appeal) 명 セックスアピール。性的魅力。

섹시-하다(sexy—) 형 セクシーだ。예 섹시한 여자 セクシーな女の人。

센-머리 명 白髪。

센-물 명 〈화〉 硬水。예 ~에서는 빨래를 할 수 없다. 硬水では洗濯ができない。=경수

센-박(―拍) 명 〈음〉 強拍。예 ~을 지켜라. 強拍を守れ。

센서(sensor) 명 〈물〉 センサー。예 ~ 라이트 センサーライト/ 체온 감지 ~ 体温感知センサー。

센서스(census) 명 〈사〉 センサス。調査。예 인구~ 人口センサス。

센세이션(sensation) 명 センセーション。예 ~을 불러일으키다. センセーションを巻き起こす。

센스(sense) 명 センス。예 ~가 넘치다. センスに恵まれる。/ ~가 부족하다. センスに欠ける。

센터(center) 명 センター。

센터링(centering) 〈운〉 センタリング。

센터 서클(center circle) 〈운〉 センターサークル。

센터 포워드(center forward) 〈운〉 センターフォワード。

센터 하프(center half) 〈운〉 センターハーフ。

센-털 명 白くなった毛。

센티(←centimeter) 의 センチ。=센티미터

센티-그램(centigram) 의 センチグラム。

센티-리터(centiliter) 의 センチリットル。

센티멘털(sentimental) センチメンタル。感傷的。

센티-미터(centimeter) 의 センチメートル。=센티

셀러리(celery) 〈식〉 セロリ。

셀로판(cellophane) 명 〈공〉 セロハン。=셀로판지

셀로판-지(cellophane紙) ☞ 셀로판

셀로판-테이프(cellophane tape) 명 セロハンテープ。

셀룰로오스(cellulose) 명 〈화〉 セルロース。繊維素。

셀룰로이드(celluloid) 명 〈화〉 セルロイド。예 ~ 책받침 セルロイドの下敷き/ ~ 로봇 セルロイドロボット。

셀프-서비스(self-service) 명 セルフサービス。

셈 I 명 ❶【수효】 数を数えること。예 사과가 몇 개 남았는지 ~을 하다. リンゴが何個残ったか数える。❷【계산】 (一つ一つ具体的に)計算。勘定。예 산수 ~이 복잡해서 머리가 아프다. 算数の計算が複雑で頭が痛い。/ 나는 ~에 약하다. 私は計算に弱い。

Ⅱ 의 ❶【어떻게 하는 셈인지】 考え。つもり。意図。예 무슨 ~으로 여기까지 찾아왔을까? 何のつもりでここまで訪ねてきたのかな。/ 그럴 ~은 아니었다. そんなつもりではなかった。❷【사정, 결과나 형편】 ―も同然だ。―のわけだ。예 그의 실수는 회사에 큰 손해를 끼친 ~이었다. 彼の失

敗ぱは会社がに大おきな損害そんを与あえたのも同然だ。/ 한 사람마다 1000엔 냈으니까 1만 엔이 모인 ~이다. 一人ひとり当あたり1000円えん出だしたから、1万円まんえんになったわけだ。❸【지금까지… 치고】—こととして ¦ 一つもりで。예지금까지 잘못이 없던 ~ 치고 다시 잘해 보자. 今いままでの誤あやまりは無なかったこととして、もう一度いちどよくやってみよう。/ 술을 마신 ~ 치고 저축을 했다. 酒さけを飲のんだつもりで貯金ちょきんした。

셈-하다囲 ❶数かずを数かぞえる。예아직 두 살밖에 안 돼서 셈할 줄 모른다. まだ2歳さいにしかなっていないので、数かずを数かぞえられない。❷計算けいさんする ¦ 勘定かんじょうする。예과일 값을 ~. 果物くだものの値段ねだんを計算けいさんする。/ 손가락을 꼽아 ~. 指ゆびを折おって勘定かんじょうする。/ 이자를 ~. 利息りそくを計算けいさんする。

셈-들다囝 物事ものごとを分別ふんべつする判断力はんだんりょくがつく。예19살이면 셈들 나이이다. 19歳じゅうきゅうさいなら分別ふんべつがつく年齢ねんれいだ。/ 부모를 여의고 일찍 ~. 両親りょうしんを亡なくして早はやく分別ふんべつがつく。

셈-속 ❶物事ものごとの内幕うちまく。❷本心ほんしん ¦ 下心したごころ。

셈-판(一板) 囲 ❶物事ものごとの事情じじょう ¦ 理由りゆう ¦ わけ。❷⇒수판

셈-평 囲 ❶【타산적인 생각】打算的ださんてきな考かんがえ。예그는 ~이 밝은 사람이다. 彼かれは打算的ださんてきな人ひとだ。❷暮くらし向むき。예취직을 하고 나서부터 집안의 ~이 차차 폈다. 就職しゅうしょくをしてからは、家いえの暮くらし向むきが少すこしずつ良よくなった。

셋囹 三さん ¦ 三みっつ ¦ 三みっつ。예~이서 여행 가다. 三人さんにんで旅行りょこうする。/ ~보다 넷이 좋은데. 三みっつより四よっつがいいのに。

셋-방(貰房) 囲 貸かし間ま。예~을 놓다. 部屋へやを貸かす。/ ~에 들어가다. 貸間かしまに入居にゅうきょする。

셋-잇단음표(一音標) 囲 《音》三連符さんれんぷ ¦ 三連符さんれん。

셋-집(貰—) 囲 貸家かしや ¦ 借家しゃくや ¦ 賃貸住宅ちんたいじゅうたく。예더 싼 ~을 구하다. もっと安やすい借家しゃくやを希望きぼうする。

셋-째 Ⅰ 囹囲 【三番】三番さんばん。예~ 딸 三女さんじょ / ~는 아들을 낳았다. 三番目さんばんめは息子むすこを産うんだ。 Ⅱ 囲 【세번째】三番目さんばんめ。예사과를 ~ 먹고 있다. リンゴを三個目さんこめ食たべている。

셔츠(← shirt) 囲 シャツ。예오늘은 빨간색 ~를 입어야겠다. 今日きょうは赤色あかいろのシャツを着きる。

셔츠-블라우스(← shirt blouse) 囲 シャツブラウス。

셔터(shutter) 囲 ❶【연사】シャッター。❷【여닫이 문】シャッター ¦ よろい戸ど。예영업을 마치고 가게의 ~를 내리다. 営業えいぎょうを終おえ、店みせのシャッターを降おろす。

셔틀-버스(shuttle bus) 囲 シャトル ¦ シャトルバス。

셔틀콕(shuttlecock) 囲 《운》シャトルコック ¦ シャトル。

셰어웨어(shareware) 囲 シェアウエア。

소¹ 囲 餡あん。

소² 囲 牛うし。예~가 외양간에서 음매 울고 있다. 牛うしが小屋こやでモーモーと鳴ないている。/ ~는 예로부터 농사일에 도움을 주는 중요한 가축으로 여겨져 왔다. 牛うしは昔むかしから農業のうぎょうに役立やくだつ重要じゅうような家畜かちくと考かんがえられてきた。

소 닭 보듯 (닭 소 보듯) 舎団 牛うしが鶏にわとりを見みるように、鶏にわとりが牛うしを見みるように:「互たがいに無関心むかんしんなこと」の意い。예그 두 사람은 서로를 소 닭 보듯 닭 소 보듯하는 사이더라. 二人ふたりは互たがいに関心かんしんのない仲なかだったよ。

소 뒷걸음질 치다 쥐 잡기 舎団 牛うしが後あとずさりしてネズミとり。〔日〕怪我けがの功名こうみょう。

소 잃고 외양간 고친다 舎団 牛うしを失うしなって牛小屋うしごやを直なおす。〔日〕泥棒どろぼうを捕とらえて縄なわをなう。◆일본에서는 '도둑 잡고 새끼 꼰다'라고 한다.

소³(沼) 囲 沼ぬま。=늪

소-가족(小家族) 囲 小家族しょうかぞく。

소-가죽 囲 牛革ぎゅうかわ ¦ 牛うしの皮かわ。=쇠가죽

소각(燒却) 囲 燒却しょうきゃく。
　소각-하다 囲 燒却しょうきゃくする。

소각-로(燒却爐) 囲 燒却炉しょうきゃくろ。

소감(所感) 囲 所感しょかん。예수상 ~을 말하다. 受賞じゅしょうの所感しょかんを述のべる。

소강(小康) 囲 小康しょうこう。예~ 상태 小康状態しょうこうじょうたい。

소개¹(紹介) 囲 紹介しょうかい。
　소개-하다 囲 紹介しょうかいする。예우리나라의 전통 문화를 ~. わが国くにの伝統でんとう文化ぶんかを紹介しょうかいする。/ 여자 친구를 아버지에게 ~. ガールフレンドを父ちちに紹介しょうかいする。

소개²(疏開) 囲 疏開そかい。
　소개-하다 囲囲 疏開そかいする。

소개-장(紹介狀)명 紹介状しょうかい。
소거(消去)명 消去しょうきょ。
　소거-하다타 消去しょうきょする。
소거-법(消去法)명 《수》消去法しょうきょ。
소격(疏隔)명 疎遠えん。=소원²
　소격-하다자 疎遠えんだ。=소원하다²
소견(所見)명 所見しょけん ┃ 意見いけん ┃ 考かんがえ。⑩의사의 ~을 듣다. お医者いしゃさんの所見を聞きく。
소견-머리(所見—)명 ☞'소견'의 속된 말.
소경명 ❶盲人もうじん。❷字じが分わからない人ひと ┃ 文盲もんもう。❸世情せじょうにうとい人ひと。
소계(小計)명 小計しょうけい。
소고(小鼓)명《음》小太鼓こだいこ。
소-고기명 牛肉ぎゅう。=쇠고기
소곡(小曲)명《음》小曲しょうきょく。
소곤-거리다자타 (人ひとに聞きこえないように)ひそひそと話はなす ┃ 小声こごえでささやく。⑩수업 중에 소곤거리다가 선생님께 야단맞았다. 授業中じゅぎょうちゅうにひそひそと話したので、先生せんせいに叱しかられた。／뒤에서 남의 험담을 ~. 陰口かげぐちをひそひそと話す。=소곤대다
소곤-대다자타 ☞소곤거리다
소곤-소곤부 ひそひそ ┃ こそこそ ┃ ぼそぼそ。⑩두 사람이 나란히 앉아 ~ 대화를 나누고 있다. 二人ふたりが並ならんで座すわり、こそこそと対話たいわをしている。／사랑을 ~ 속삭이다. 愛あいをひそひそとささやく。
소곳-하다형 少すこしうつむいている ┃ うなだれている。
　소곳-이부 うつむき加減かげんに ┃ 少すこしうつむいて。
소관(所管)명【행정】所管しょかん。
소-괄호(小括弧)명《언》小括弧しょうかっこ。=손톱묶음
소구(小―)명 ☞'소고'의 잘못.
소국(小國)명 小国しょうこく。
소굴(巢窟)명 巣窟そうくつ。⑩소매치기의 ~. すりの巣窟。=굴(窟)
소-규모(小規模)명 小規模しょうきぼ。
소극¹(消極)명 消極しょうきょく。
소극²(笑劇)명《연》笑劇しょうげき ┃ ファルス。⑩~을 상연하다. 笑劇を上演じょうえんする。
소극-적(消極的)관 消極的しょうきょくてき。⑩~개념 消極的概念がいねん／~인 태도를 취하다. 消極的な態度たいどを取とる。
소금¹명 塩しお。⑩~을 넣다. 塩を入いれる。／~에 찍어 먹다. 塩をつけて食たべる。／오이를 ~에 절이다. きゅうりを塩漬しおづけにする。

소금²(小金)명 ☞괭과리
소급(遡及)명 遡及そきゅう。⑩~ 적용 遡及適用てきよう。
　소급-하다자 遡及そきゅうする。
소기(所期)명 所期しょき。⑩~의 목적을 달하다. 所期の目的もくてきを達たっする。
소-기름명 牛脂ぎゅうし ┃ ヘット。=쇠기름
소-기업(小企業)명 小企業しょうきぎょう。
소-기후(小氣候)명 小気候しょうきこう。
소꿉명 飯事ままごと。⑩딸에게 ~ 세트를 선물하다. 娘むすめに飯事セットをプレゼントする。
소꿉-놀이명 飯事遊ままごとあそび。
　소꿉놀이-하다자 飯事遊ままごとあそびをする。⑩옆집 아이와 소꿉놀이하며 놀다. 隣となりの友ともだちと飯事遊びをする。
소꿉-장난명 飯事遊ままごとあそび。
소나기명 夕立ゆうだち ┃ にわか雨あめ ┃ 驟雨しゅうう。⑩~를 만나다. 夕立にあう。／~가 내릴 것 같다. にわか雨が降ふりそうだ。=소나비
　소나기 삼 형제속담 夕立ゆうだち三兄弟さんきょうだい：「にわか雨は一度いちどではやまず、少すこし間まを置おいて必かならず三回さんかい降ふる」の意い。
소나기-구름명 ☞적란운
소나기-술명 普段ふだんの時ときは飲のまないが、一旦いったん飲のみ出だしたら止とまらず続つづけて飲む酒さけ。⑩~ 먹고 길에서 잠들다. 大酒たいしゅして道端みちばたに眠ねむりこける。
소-나무명《식》松まつ。⑩~ 숲 松林まつばやし。／~는 사시사철 푸르다. マツは四季しきを通つうじて青あおい。=솔³
소나타(sonata 이)명《음》ソナタ。⑩피아노 ~ ピアノソナタ。
소나타 형식(sonata形式 이)《음》ソナタ形式けいしき。
소나티네(sonatine 독)《음》ソナチネ。
소낙-비명 ☞소나기
소녀(少女)명 少女しょうじょ。⑩~취미 少女趣味しゅみ。
소년(少年)명 少年しょうねん。⑩~ 범죄 少年犯罪はんざい。
소년-기(少年期)명 少年期しょうねんき。
소년-원(少年院)명【법】少年院しょうねんいん。
소농(小農)명 小農しょうのう。
소뇌(小腦)명《의》小脳しょうのう。=작은골
소다(soda)명 ソーダ ┃ 曹達ソーダ ┃ 重曹じゅうそう ┃ 炭酸ソーダたんさんソーダ ┃ 苛性かせいソーダ ┃ 灰汁あく ┃ 洗剤せんざい ┃ 泡あわ ┃ 泡立あわだち ┃ 炭酸水たんさんすい ┃ 石けんせっけん ┃ ソーダ水すい ┃ 비누 ソーダせっけん。／~는 수용성 물질이다. ソーダは水溶性物質すいようせいぶっしつだ。
소다 석회(soda石灰)《화》ソーダ石灰せっかい。

소다 석회 유리(soda石灰琉璃)《화》ソーダ石灰琉璃ガラス｜ソーダガラス。例~는 가장 널리 쓰이는 유리이다. ソーダガラスは最もよく使われるガラスだ。=소다 유리

소다-수(soda水)명《화》ソーダ水｜炭酸水。=탄산수

소다 유리(soda琉璃) ☞소다 석회 유리

소다-회(soda灰)명《화》ソーダ灰。

소담(笑談)명 笑談｜笑い話。

소담-스럽다형 ❶みずみずしい｜ふくよかだ。❷(食べ物が)おいしそうだ。
　소담스레부 みずみずしく｜ふくよかに｜おいしそうに。

소담-하다형 ❶ふっくらとしている｜ほどよく整って風雅である。❷(食べ物が)豊かでおいしそうだ。
　소담-히부 ふっくらと｜おいしそうに。

소대(小隊)명《군》小隊。

소대-장(小隊長)명 小隊長。

소-도구(小道具)명《연》小道具。

소-도둑 ❶牛盗人｜牛泥棒。例동네 ~ 때문에 발칵 뒤집혔다. 村中が牛盗人で大騒ぎになった。❷ あつかましくて欲張りな人。

소도록-하다 こんもりと盛り上がっている｜山盛りだ。
　소도록-이부 こんもりと｜うずたかく。

소독(消毒)명《의》消毒。
　소독-하다타 消毒する。

소독-면(消毒面) ☞탈지면

소독-약(消毒藥)명《의》消毒薬。

소독-저(消毒―) ☞나무젓가락

소동(騷動)명 騷動｜騒ぎ。例~을 일으키다. 騷動を起こす。
　소동-하다자 騷動する｜騒ぐ。

소두(小豆)명 ☞팥

소득(所得)명 所得。例~ 분배 所得分配／급여 ~ 給与所得／영업 ~ 営業所得／근로 ~ 勤労所得。

소득 공제(所得控除)《경》所得控除。

소득-세(所得稅)명《경》所得税。

소등(消燈)명 消灯。
　소등-하다자 消灯する。

소라명《동》栄螺。=소라고둥

소라-고둥명 ☞소라

소라-딱지명 栄螺の貝殻。

소라-젓명 さざえを塩漬けにした塩辛。例~은 흔하지 않다. さざえの塩辛はあまりない。=나해

소란(騷亂)명 騷乱。
　소란-하다형 騒がしい｜やかましい｜騒々しい。

소량(少量)명 少量。例~의 물 少量の水。

소렴(小殮・小斂)명 小斂。

소로(小路)명 小路・こうじ｜小道。

소론(小論)명【간단한 논설】小論。

소르르부 ❶【부드럽게 잘된 모양】するする｜するっと｜するりと。❷【바람이 보드랍게 부는 모양】そよそよ。❸【물이나 가루 등이 새어 나오거나 흘러 내리는 모양】さらさら。❹【졸음이 살짝 오는 모양】とろとろ｜うとうと。

소름명 鳥肌。例~ 끼치다. 鳥肌が立つ。／그 이야기를 듣는 순간 오싹 ~이 끼쳤다. その話を聞いた瞬間、ぞくぞくと身の毛がよだった。

소리명 ❶【물체의 진동으로 생겨 귀청을 울리어 귀에 들리는 것】音声。例 텔레비전 ~를 낮추다. テレビの音を下げる。／현관문 닫히는 ~가 들리다. 玄関の戸が閉まる音が聞こえる。／강아지가 낑낑거리는 ~를 내다. 子犬がキャンキャンと声を出す。❷【말】言葉など｜話など。例 무슨 ~인지 알아듣지 못하다. 何の言葉なのか聞き取れない。／같은 ~만 반복하고 있다. 同じ話ばかり繰り返している。❸【사람】人の声。例 지르지 마라. 声を張り上げるな。／~를 크게 질러라. 声を大きく張り上げろ。／~가 작다. 声が小さい。❹【소문】噂など｜世話よん。例 들리는 ~에 의하면 그는 결혼했다. 聞くところによると、彼は結婚した。／취직했다는 ~가 있다. 就職したという噂がある。／이상한 ~가 나돌고 있다. 変なうわさが広まっている。

소리개명 ☞'솔개'의 잘못.

소리-소리부【한마디로 크게 외치는 목소리로 자꾸 지르는 모양】わあわあ。例~ 지르며 꾸짖다. 大声で怒鳴りながら叱りつける。

소리-쟁이명 歌手｜歌うたい。例~나 불러다 놓고 뱃놀이나 하세. 歌うたいでも呼んでおいて、舟遊びでもしよう。

소리-판명 歌を歌う場。例~을 벌이고 놀다. 歌を歌う場を開いて遊ぶ。

소립(小粒)명 小粒。

소립-자(素粒子)명《물》素粒子。

소마-소마부【마음이 불안하고 초조한 모양】恐がるさま｜びくびく｜おどおど。

　소마소마-하다형 びくびくする｜おど

おどする。예 야단맞지나 않을까 소마소마 해 하다. しかられたりはしないだろうかと、おどおどする。

소만(小滿)명【절기명】小満。

소말리아(Somalia)명《국》ソマリア。

소망(所望)명 所望。願い | 願望。
　소망-하다타 所望する | 願う | 願望する。

소매¹명 袖。예 ~를 걷어 올리다. 袖を折り返す。

소매²(小賣)명 小売り。
　소매-하다타 小売りする。

소매-가격(小賣價格)명 小売価格。

소매-길이(小賣—)명 袖丈 | 袖の長さ。

소매-상(小賣商)명 小売商人。

소매 시장(小賣市場)[구] 小売市場。

소매-치기명 すり | 巾着切り | ちぼ。예 지명 수배중인 ~가 잡혔다. 指名手配中のすりが捕まった。=쓰리

소매-통명 袖の幅。

소맥(小麥)명 ☞밀¹

소맥-분(小麥粉)명 小麦粉。

소맷-부리명 袖口。

소맷-자락명 袖。예 ~을 펄럭이다. 袖を翻す。

소면(素麵)명 肉を入れていない麺類。

소멸¹(消滅)명【철학】消滅。
　소멸-하다자 消滅する。

소멸²(燒滅)명 燒滅。
　소멸-하다²자 燒滅する。

소멸 시효(消滅時效)명〔법〕消滅時效。예 ~가 지나서 쓸모없는 계약서 消滅時效が過ぎて、役にたたない契約書。

소모(消耗)명 消耗。
　소모-하다자타 消耗する。예 체력을 ~. 体力を消耗する。

소모-전(消耗戰)명 消耗戰。

소모-품(消耗品)명 消耗品。

소목-장이(小木—)명 指物師。예 ~에게 조카가 쓸 책상을 부탁했다. 指物師に甥っ子が使う机を頼んだ。

소-몰이명 牛追い。
　소몰이-하다자 牛追いをする。

소몰이-꾼명 牛追い | 牛飼い | 牛方。예 한가롭게 낮잠을 자는 ~ のんびりと昼寝をしている牛方。

소묘(素描)명《미》素描 | デッサン。예 연필 ~ 鉛筆デッサン | 목탄 ~ 木炭デッサン | 콩테 ~ コンテデッサン。

소문(所聞)명 噂。예 ~이 자자하다. 噂がやかましい。/ユ ~ 들었어? あの噂、聞いた。/ ~을 퍼뜨리다. 噂を広める。/ 엉뚱한 ~이 나다. とんでもない噂が立つ。

소문-나다(所聞—)자 ある噂が立つ | 噂が広まる | 評判になる。예 소문 난 미인이다. 評判の美人だ。/ 똑똑하다고 ~. 賢いと噂がたつ。/ 바람둥이로 ~. 浮気者とうわさが立つ。
　소문난 잔치에 먹을 것 없다속담 名物に旨い物なし。

소-문자(小文字)명【철학】小文字。

소미(小米)명 ☞좁쌀❶

소밀(疏密)명【철학】疎密 | 粗密。

소박(疏薄)명 妻を疎んじて冷遇すること。
　소박-하다타 妻を疎んじて冷遇する。

소박-데기(疏薄—)명 夫にうとんじて冷遇される妻。

소-박이(素—)명 ❶ ☞오이소박이김치 ❷ 中に具を入れた食べ物の総称。

소박-하다(素朴—)형 素朴だ。예 소박한 꿈 素朴な夢。

소반¹(小盤)명 小さい膳。

소반²(素飯)명 ☞소밥。

소-밥(素—)명 肉・魚がおかずにない食事。예 채식주의자들이 즐기는 ~ 菜食主義者たちが好む精進料理。=소반・소식³

소방(消防)명 消防。
　소방-하다타 火災時を鎮圧する。

소방-관(消防官)명 消防官。

소방-기(消防器)명 消防器具。

소방-서(消防署)명 消防署。

소방-수(消防手)명 消防官 | 消防士。

소방-차(消防車)명 消防車。=불자동차・불차

소방-펌프(消防pump)명 消防ポンプ。

소변(小便)명 小便 | 小水 | 小用。

소변-보다(小便—)자 小便する。

소복(素服)명 素服 | 喪服。

소복-소복【철학】こんもりと | うずたかく。예 마당에 ~ 눈이 쌓였다. 庭にうずたかく雪が積もっている。/ 그릇에 음식을 ~ 담다. 器に食べ物をこんもりと盛る。

소복-하다형 ❶【철학】積まれたり盛ってある物がいっぱいだ | 山盛りだ |

うずたかく盛られている。❷【부어서 붓기가 제나와 있다】(まぶたやはれた物などが浮腫んで)腫れている｜盛り上がっている。❸【풀이나 털이 마구나 있다】(草や毛が伸びて)ぼうぼうと生えている。

소복-이 ㉮ 山盛りに｜いっぱいに｜うずたかく。

소비(消費) 图 消費。 예 운동의 종류와 자세에 따라 ~ 열량은 다르다. 運動の種類と姿勢によって、消費熱量は異なっている。

소비-하다 타 消費する。

소비 대차(消費貸借) 〈법〉消費貸借。

소비-량(消費量) 图 消費量。

소비 성향(消費性向) 〈경〉消費性向。

소비-자(消費者) 图 消費者。 예 ~의 권리 消費者の権利 / ~ 보호 센터 消費者生活センター; 消費者センター。

소비자 가격(消費者價格) 〈경〉消費者価格。

소비자 물가 지수(消費者物價指數) 〈경〉消費者物価指数。

소비-재(消費財) 〈경〉消費財。

소비재 공업(消費財工業) 〈공〉消費財工業。

소비-조합(消費組合) 图 〈사〉消費組合。

소비-품(消費品) 图 消費品。

소사(掃射) 图 掃射。

소사-나무 图 〈식〉こしで。

소사-스럽다 톓 見るに、行動ややり方などがこせこせしていてずる賢い。 예 소사스럽게 행동하다. ずる賢く行動する。

소산¹(所産) 图 所産。 =소산물

소산²(消散) 图 消散。

 소산-하다 消散する｜消えてなくなる。

소산-물(所産物) 图 所産｜産物。 =소산¹

소상-하다(昭詳―) 톓 あきらかで詳しい。 예 소상하게 사건의 전말을 고하라. 詳しく事件の顛末を告げろ。 / 이 주변 지리에 ~. この辺の地理に詳しい。

 소상-히 ㉮ 詳しく。 예 임금께 ~ 알리다. 王様に詳しく申し上げる。 / 사건을 ~ 기록하다. 事件を詳しく記録する。

소생(蘇生·甦生) 图 蘇生。 =회생(回生)

 소생-하다 자 蘇生する｜生き返る｜よみがえる。

소서(小暑) 图 〈이십사 절기의〉小暑。

소-석회(消石灰) 〈화〉消石灰｜水酸化カルシウム。=수산화칼슘

소설¹(小雪) 图 〈이십사 절기의〉小雪。

소설²(小說) 图 〈문〉小説。 예 ~을 쓰다. 小説を書く。 / 이 ~은 재미있다. この小説は面白い。

소설-가(小說家) 图 小説家。

소설-책(小說冊) 图 小説の本。

소성(笑聲) 图 笑声｜笑い声。

소소리-바람 图 ❶ 身にしみるような早春の冷たい風。 ❷ ☞회오리바람

소소-하다¹(小小―) 톓 細々している｜取るに足りない。 예 소소한 일들은 비서가 처리한다. 細々しい事は秘書が処理する。 / 소소한 일로 자주 싸운다. 取るに足りないことでよく喧嘩する。

 소소-히 ㉮ 細々と。 예 ~ 보고하지 않아도 된다. 細々と報告しなくてもいい。 / 선현의 자취가 ~ 남아 있다. 先賢の跡が細々と残っている。

소소-하다²(蕭蕭―) 톓 【갯】(風や雨の音が)物寂しい｜蕭々としている。 예 소소한 밤비의 소리 蕭々たる夜雨の音。

소속(所屬) 图 所属。 예 ~ 팀 所属チーム。

 소속-하다 자 所属する。

소송(訴訟) 图 〈법〉訴訟。 예 ~ 기록 訴訟記録。 / ~ 사건 訴訟事件。 / ~ 비용 訴訟費用。 / ~에서 패소하다. 訴訟で敗訴する。

 소송-하다 타 訴訟する。

소송 대리인(訴訟代理人) 〈법〉訴訟代理人。

소송-물(訴訟物) 图 〈법〉訴訟物。

소송-법(訴訟法) 图 〈법〉訴訟法。

소송 판결(訴訟判決) 〈법〉訴訟判決。

소수¹(小數) 图 〈수〉小数。

소수²(少數) 图 少数。 예 ~ 의견 少数意見。 / ~ 참가 인원은 ~였다. 参加者は少数だった。

소수³(素數) 图 〈수〉素数。 예 7과 11은 모두 ~이다. 7と11はどちらも素数だ。

소수 민족(少數民族) 〈사〉少数民族。

소수-점(小數點) 图 〈수〉小数点。

소스¹(sauce) 图 ソース。 예 우스터~ ウースターソース。

소스²(source) 图 【정보통신】ソース。 예 ~를 제공하다. ソースを提供する。

소스라-치다 타 びっくりして体をのけぞらせる｜びっくり仰天する。 예

소스라치게 놀라다. びっくり仰天する。

소스-치다 体을 震わす。예 몸을 소스쳐 달려들다. 体を震わせて走ってくる。

소슬-바람(蕭瑟—)명 寂しげに吹く肌寒い秋風。

소슬-하다(蕭瑟—)형 うすら寒くもの寂しい。예 몸에 부딪히는 바닷바람이 소슬하게 느껴진다. 体にぶつかる海の風が、うすら寒く感じられる。

소승 불교(小乘佛敎)〈종〉小乘仏教 ¦ 小乘。

소시(少時)명 少時 ¦ 若い時。=소싯적

소-시민(小市民)〈사〉小市民。

소시지(sausage)명 ソーセージ。

소식¹(小食)명 小食 ¦ 少食。
　소식-하다재 小食だ ¦ 少食だ。

소식²(消息)명 消息 ¦ 便り ¦ 知らせ。예 휴전 ~이 들리다. 休戦の消息が聞こえる。/ ~이 끊겼다. 消息が途絶えた。/ ~을 끊고 지내다. 消息を断って暮す。/ 이메일로 ~을 전하다. 電子メールで消息を伝える。

소식³(素食)명 ☞소밥

소식-통(消息通)명 消息通。예 정부 ~의 말을 인용하다. 政府消息通の話を引用する。

소신(所信)명 所信。예 ~을 표명하다. 所信を表明する。

소실¹(小室)명 ☞첩(妾)

소실²(消失)명【화학】消失。
　소실-하다¹재 消失する。예 1년간의 기록이 소실되다. 一年間の記録が消失される。

소실³(燒失)명【화학】焼失。
　소실-하다²자타 焼失する。예 산불로 절이 소실되어 버렸다. 山火事でお寺が焼失されてしまった。

소심-하다(小心—)형 小心ようだ ¦ 臆病だ ¦ 度量が狭まい。예 소심한 성격 小心な性格だ / 소심하게 굴지 말고 사랑 고백을 해 봐. 臆病にならないで、恋の告白をしてごらん。

소싯-적(少時—)명 ☞소시

소-싸움명【민】南部地方で、端午の日に行われる闘牛。예 ~에 돈을 걸다. 闘牛でお金を賭ける。

소아(小兒)명 ☞어린아이

소아-과(小兒科)명【의】小兒科。

소아-마비(小兒痲痺)명【의】小兒麻痺。

소-아시아(小Asia)명〈지〉小アジア。

소안(笑顏)명 笑顏。

소액(少額)명 少額。예 ~ 지폐 少額紙幣。

소야-곡(小夜曲)명〈음〉小夜曲 ¦ セレナード。=세레나데

소양(素養)명 素養。예 학문적 ~ 學問的な素養。

소여(所與)명 所与。

소연(小宴)명 小宴。예 ~을 열다. 小宴を張る。

소연-하다(騷然—)형 騷然とする ¦ 騒がしい。
　소연-히 騷然と。

소염-제(消炎劑)명【의】消炎剤。

소외(疏外)명 疎外。예 인간 ~ 人間の疎外。
　소외-하다타 疎外する。

소외-감(疏外感)명 疎外感。

소요¹(所要)명 所要。예 ~ 시간 所用時間。
　소요-하다¹타 必要とする。

소요²(逍遙)명【철학】逍遙 ¦ そぞろ歩き。
　소요-하다²재 逍遙する ¦ そぞろ歩きする。

소요³(騷擾)명 騷擾。예 ~ 사건 騒擾事件 / ~가 일어나다. 騷擾が起こる。
　소요-하다³재 騷擾する。

소요-량(所要量)명 所要量。예 정확한 ~을 계산하다. 正確な所要量を計算する。

소욕(少慾)명 小欲 ¦ 少欲。

소용(所用)명 所用 ¦ 何かに用いられること ¦ 使い道。예 현대에서 축음기는 ~ 가치가 없다. 現代では、蓄音機は所用する価値がない。

소용돌-이명 渦 ¦ 渦巻き。예 분쟁의 ~ 紛爭의 渦巻き / ~에 휘말리다. 渦に巻き込まれる。

소용돌이-치다재 渦巻く。예 머릿속에서 불길한 생각이 소용돌이치기 시작했다. 頭の中で不吉な考えが渦を巻き始めた。

소용-없다(所用—)형 仕様がない ¦ 仕方がない ¦ 役に立たない ¦ 無駄だ ¦ 使い道がない。예 이젠 후회해도 ~. もう後悔しても仕様がない。/ 돈이 있어도 쓸 줄 모르면 ~. お金があっても使い方を知らないと、仕方がない。/ 지금에 와서 노력해 봤자 ~. 今になって

努力してしたって無駄だ。

소용없-이튀 仕様がなく｜仕方なく. 예 우리 팀은 최선을 다했는데도 ~ 지고 말았다. 我がチームは最善を尽くしたのに、仕様がなく負けてしまった。

소원¹(所願)명 所願｜願望｜願い. 예 올해는 ~ 성취하세요. 今年は所願成就して下さい. / 세 가지 ~을 들어주겠다. 三つの願いを聞いてあげる. / 평생의 ~을 풀다. 一生の願望を遂げる. =원(願)

소원-하다타 願望する｜念願する｜願う｜望む. 예 대학에 합격하기를 ~. 大学に合格することを願う. / 통일을 소원하고 있다. 統一を念願している.

소원²(疏遠)명 疎遠.

소원-하다형 疎遠だ｜疎々しい. 예 대학에 입학한 후 고등학교 친구와 소원해지다. 大学に入学してから、高校の友達と疎遠になる.

소원-히튀 疎遠に｜疎々しく.

소위¹(少尉)명 〈군〉少尉.
소위²(所爲)명【예】所為｜しわざ.
소위³(所謂)튀 いわゆる｜世にいう. 예 ~ 아버지라는 사람이 …. いわゆるお父さんという人が…. =이른바

소유(所有)명 所有. 예 개인 ~의 섬 個人所有の島.
소유-하다타 所有する. 예 그 집을 ~. その家を所有する.

소유-권(所有權)명 〈법〉所有権.
소유 대명사(所有代名詞)명 〈언〉所有代名詞.
소유-물(所有物)명 所有物.
소유-욕(所有欲)명 所有欲.
소유-인(所有人)명 ☞소유자
소유-자(所有者)명 所有者｜所有主. =소유인・소유주
소유-주(所有主)명 ☞소유자
소유-지(所有地)명 所有地.
소음(騷音)명 騷音. 예 ~ 공해 騷音公害.
소의 취하(訴─取下)〈법〉訴訟取り下げ.
소이(所以)명【예】所以｜いわれ｜わけ.
소이-하다(小異─)형 小異がある｜少し異なる.
소인¹(小人) I 명 ❶【예】小人・子供. ❷【예】小人｜小人物.
Ⅱ 대 小生.

소인²(消印)명 消印. 예 ~을 찍다. 消印を押す.
소인³(燒印)명 ☞낙인

소-인수(素因數)명 〈수〉素因数. 예 12의 ~는 2와 3이다. 12の素因数は2と3さんだ.

소인수 분해(素因數分解)〈수〉素因数分解.

소일(消日)명 ❶消日｜大したこともせずに日々を過ごすこと. 예 그렇게 ~만 할 거니? そのようにして日を過ごすつもりなの. ❷ある事に味を占めて退屈を紛らすこと｜ある事を楽しみとして日を過ごすこと. 예 ~ 삼아 피아노를 가르친다. 退屈しのぎにピアノを教える.

소일-하다자 ❶消日する｜大したこともせずに、日々を過ごす. ❷ある事に味を占めて、退屈を紛らす｜ある事を楽しみとして日を過ごす. 예 하루를 몽땅 독서로 ~. 一日をすっかり読書で過ごした.

소일-거리(消日─)명 暇潰しの種.
소임(所任)명 任務｜任｜役目.
소자¹(消磁)명 〈물〉消磁.
소자²(素子)명 〈물〉素子. 예 반도체 ~ 半導体素子.
소작(小作)명 〈농〉小作. =반작❷
소작-하다타 小作をする.
소작-농(小作農)명 〈농〉小作農.
소작-인(小作人)명 小作人. =작인
소장¹(小腸)명 〈의〉小腸. =작은창자
소장²(少將)명 〈군〉少将.
소장³(所長)명【예】所長.
소장⁴(所藏)명 所蔵.
소장-하다타 所蔵する. 예 역사적 가치가 높은 자료를 소장하고 있다. 歴史的・価値の高い資料を所蔵している.

소장⁵(訴狀)명 〈법〉訴状. 예 ~을 작성하다. 訴状を作成する.
소장-파(少壯派)명 少壮派.
소장-품(所藏品)명 所蔵品.
소재¹(所在)명 ❶所在｜ありか. ❷所在地. =소재지
소재²(素材)명 素材. ❶原料. ❷題材.
소재-지(所在地)명 所在地.
소전(小傳)명 小伝｜略伝.

소절(小節) 명 小節しょう。❶大たいしたことのない礼儀れいぎや節操せっそうのためではない、ちょっとした義理ぎり。예~을 지키지 못한다고 꾸짖어서는 안 된다. ちょっとした礼儀れいぎを守まもれないからと言いって、叱しかってはいけない。❷[음악] 歌うたの節ふしのこと。예앞~만 불러 주세요. 前まえの小節こふしだけ歌うたってください。

소정(所定) 명 所定しょてい。예~의 상품을 보내 드리겠습니다. 所定しょていの賞品しょうひんをお送おくりします。

소제(掃除) 명 掃除そうじ。=청소
　소제-하다 타 掃除そうじする。

소-제목(小題目) 명 小題目だいもく。

소조(塑造) 명 (미)塑造そぞう。

소주(燒酒) 명 焼酎しょうちゅう。

소주-잔(燒酒盞) 명 焼酎しょうちゅうの杯さかずき ¦ 猪口ちょこ。예~을 비우다. 杯さかずきを干ほす。/ ~을 주고받다. 杯さかずきを交かわす。

소줏-고리(燒酒一) 명 [소주를 내리는 데 쓰는 재래식 증류기] 焼酎しょうちゅう蒸溜器じょうりゅうき。

소중-하다(所重一) 형 きわめて大切たいせつだ ¦ 貴重きちょうだ ¦ 大事だいじだ ¦ 重要じゅうようだ。예소중한 가족 大切たいせつな家族かぞく。
　소중-히 부 大切たいせつに ¦ 大事だいじに。예결혼반지를 ~ 보관하다. 結婚けっこん指輪ゆびわを大切たいせつにしまっておく。

소증(素症) 명 (菜食さいしょくばかりして)肉にくが食たべたくなる症状しょうじょう。

소지[1](所持) 명 所持しょじ。
　소지-하다 타 所持しょじする。예무기를 소지하고 있다. 武器ぶきを所持しょじしている。

소지[2](素地) 명 素地そじ ¦ 下地したじ。예그 말은 오해의 ~가 있다. その言葉ことばは誤解ごかいの可能性かのうせいがある。

소지-자(所持者) 명 所持者しょじしゃ。

소진[1](消盡) 명 消尽しょうじん。
　소진-하다 자 消尽しょうじんする。

소진[2](燒盡) 명 [타서 없어짐] 焼尽しょうじん。
　소진-하다 자 焼尽しょうじんする。

소질(素質) 명 素質そしつ ¦ 下地したじ ¦ 資質ししつ ¦ (技芸ぎげいの)手筋てすじ。예~이 있는지 없는지 모르겠다. 素質そしつがあるかどうか分わからない。

소집(召集) 명 召集しょうしゅう。예~ 영장 召集令状しょうしゅうれいじょう。
　소집-하다 타 召集しょうしゅうする。예긴급 회의를 ~. 緊急きんきゅう会議かいぎを召集しょうしゅうする。

소쩍-새 명 (동)ほととぎす ¦ 不如帰ほととぎす。

소찬(素饌) 명 肉にくや魚さかなのない食事しょくじ。

소채(蔬菜) 명 ☞채소

소-책자(小册子) 명 小冊子しょうさっし ¦ 小冊しょうさつ ¦ パンフレット。

소철(蘇鐵) 명 (식)蘇鉄そてつ。예100년에 한 번 핀다는 ~ 꽃이 만개했다. 百年ひゃくねんに一度いちどしか咲さくというソテツの花はなが満開まんかいした。

소청(所請) 명 頼たのみ。

소초(小哨) 명 少すくない人数にんずうで道路どうろなどの警備けいびをする部隊ぶたい。

소총(小銃) 명 《군》小銃しょうじゅう。예~ 사격 小銃しょうじゅう射撃しゃげき。

소축척 지도(小縮尺地圖) 小縮尺しょうしゅくしゃく地図ちず。

소출(所出) 명 田畑たはたからの上あがり物もの ¦ 収穫しゅうかく。

소치(所致) 명 【이른 바】致いたすところ ¦ せい ¦ ゆえ ¦ ため。예저의 부덕의 ~입니다. 私わたしの不徳ふとくの致いたすところです。/ 모든 것은 저의 무능의 ~로 돌려주십시오. すべてのことは、私わたしの無能むのうのせいにしてください。

소침[1](小針) 명 時針じしん ¦ 短針たんしん。

소침[2](消沈・銷沈) 명 [기운이 사라지고 가라앉음] 消沈しょうちん。
　소침-하다 자 消沈しょうちんする。

소켓(socket) 명 ソケット。

소쿠리 명 ざる ¦ かご。

소탈-하다(疏脫一) 형 気きさくだ ¦ 無造作むぞうさだ ¦ 磊落らいらくだ。예소탈한 성격 気きさくな性格せいかく。

소탕(掃蕩) 명 掃蕩そうとう ¦ 掃討そうとう。
　소탕-하다 타 掃蕩そうとうする ¦ 掃討そうとうする。예적군을 ~. 敵軍てきぐんを掃討そうとうする。

소태 명 ❶(식)にがき。=소태나무 ❷にがきの樹皮じゅひ。예입 안이 ~ 같다. 口くちの中なかがひどく苦にがい。

소태-나무 명 (식)にがき。=소태❶

소택(沼澤) 명 [늪] 沼沢しょうたく。

소택-지(沼澤地) 명 沼沢地しょうたくち。

소테(sauté 프) 명 [소테 요리] ソテー。

소-톱(小一) 명 小ちいさい鋸のこ。

소통(疏通) 명 疎通そつう。예의사~이 원활하다. 意思いしの疎通そつうが円滑えんかつだ。
　소통-하다 자 疎通そつうする。

소파(sofa) 명 ソファー。

소포(小包) 명 小包こづつみ。❶小ちいさい包つつみ。❷☞소포 우편

소포 우편(小包郵便) (통)小包こづつみ郵便ゆうびん。=소포❷

소품(小品) 명 ❶小品しょうひん。❷《연》小道具こどうぐ

具ぐ。例 ~ 담당 책임자 小道具担当の責任者。=소도구

소품-곡(小品曲)명〖음〗小曲。=소곡
소풍(逍風·消風)명 ❶散歩；散策。❷〖교〗遠足；ピクニック。例 오사카로 ~을 가다. 大阪へ遠足に行く。
소프라노(soprano) 이명〖음〗ソプラノ。例 ~ 가수 ソプラノ歌手／~ 부분 ソプラノ部分。
소프트볼(softball)명〖운〗ソフトボール。
소프트웨어(software)명〖컴〗ソフトウエア。
소피스트(sophist)명〖철〗ソフィスト；詭弁学派。例 ~ 철학 ソフィスト哲学。
소학(小學)명 小学。
소-학교(小學校)명〖교〗【초등학교】小学校。
소한(小寒)명【24절기】小寒。
소해(掃海)명〖군〗掃海。
소행¹(所行)명【所爲】所作；所爲；業；仕業；ふるまい。例 누구의 ~ 인지 모르겠다. 誰の仕業か分からない。
소행²(素行)명【품행】素行。
소-행성(小行星)명〖천〗小惑星。
소형¹(小型)명【조그마한 형태】小型。
소형²(小形)명【작은 형상】小形。
소홀-하다(疏忽—)형 粗忽だ；疎かだ；いいかげんだ；なおざりだ。例 관리가 소홀해지다. 管理が疎かになる。
  소홀-히부 粗忽に；疎かに；いいかげんに；なおざりに。
소화¹(消化)명 消化。
  소화-하다타 消化する。例 국내에서는 전부 소화할 수 없을 정도의 재고 国内では消化しきれないほどの在庫／참고서 내용을 ~. 参考書の内容を消化する。
소화²(消火)명 消火。
  소화-하다자 消火する。
소화³(消和)명〖화〗消和。
소화⁴(笑話)명 笑話；笑い話。
소화-기¹(消化器)명〖의〗消化器；消化器官。
소화-기²(消火器)명 消火器。
소-화물(小貨物)명 小荷物。
소화 불량(消化不良)명 消化不良。
소화-전(消火栓)명 消火栓。
소화-제(消化劑)명〖의〗消化剤。
소환¹(召喚)명〖법〗召喚。例 증인 ~을 청구하다. 証人の召喚を請求する。

  소환-하다타 召喚する。
소환²(召還)명〖법〗召還。
  소환-하다타 召還する。例 본국으로 소환되다. 本国に召還される。
소환-장(召喚狀)명〖법〗召喚状。
소회(所懷)명 所懷；心中に抱く思い。

속명 ❶内；中；内部。例 가방 ~에 지갑이 있다. カバンの中に財布がある。／빗~을 울면서 걷고 있다. 雨の中を泣きながら歩いている。❷【마음】心；心中；胸中；腹中(の)；内。例 그 사람 ~을 알 수가 없어야. その人の心が分かればいいですが。／열 길 물속은 알아도 한 길 사람 ~은 모른다. 十尋の水の底は分かっても、一尋の人の心の底は分からない。／냉수 먹고 ~ 차려라. 冷たい水を飲んでしゃきっとしろ。／그렇게 ~을 끓이면 몸이 견뎌내겠냐. そんなに気をもんだら体がもたんぞ。❸【위장】腹の具合。例 아침부터 ~이 안 좋다. 朝から腹の具合が悪い。❹【사물을 분별하는 지각】物心；分別。
속(을) **뜨다**[**떠보다**]관용 かまを掛ける。
속(을) **태우다**관용 胸を痛める；気をもむ。例 30대 후반이 되어서도 결혼을 못해서 속을 태우고 있다. 30代の後半になっても結婚できなくて、気をもんでいる。
속(이) **뒤집히다**관용 ❶吐き気がする。❷しゃくにさわる；むかむかする。例 그의 얼굴만 봐도 속이 뒤집힌다. 彼の顔を見ただけでむかむかする。
속(이) **시원하다**관용 気がせいせいする。例 시험이 끝나니 ~. 試験が終わったので、気がせいせいする。／그 문제가 속 시원하게 해결되어 기쁘다. その問題がすっきりと解決したのでうれしい。
속(이) **타다**관용 心配して気がもめる。例 거짓말이 들킬까봐 속이 탄다. 嘘がばれるかと気がもめる。
속가(俗歌)명 ☞잡가(雜歌)❸
속-가량(一假量)명 胸算用；胸勘定；胸積もり。例 모두 해서 만원은 될 것이라고 ~을 해보다. 全部で1万ウォンはするだろうと胸算用をしてみる。
  속가량-하다타 胸算用する；胸勘定する；胸積もりする。

속간(續刊)명 続刊.
　속간-하다타 新聞や雑誌などを引き続いて刊行する。

속개(續開)명 続開.
　속개-하다타 続開する。囫 회의를 ~. 会議を続開する。

속-겨명 小糠｜糠. 囫 ~를 베개 속에 넣다. 小糠をまくらの中に入れる。

속결(速決)명 速決.
　속결-하다타 速決する。

속-고갱이명 (白菜などの)芯部の柔らかい所.

속곡(俗曲)명 俗曲｜端歌.

속-곳명 (チマの下に着る)女性の下穿き。=단의②

속공(速攻)명《운》速攻. 囫 수비에 성공하면 바로 ~으로 반격한다. 守備に成功すると、すぐ速攻で反撃する。
　속공-하다타 速攻する。

속국(屬國)명《정》属国｜従属国.

속-귀명《의》内耳. =내이(內耳)

속기(速記)명 速記.
　속기-하다타 速記する。

속기-사(速記士)명 速記者.

속-꺼풀명 内皮｜外皮に覆われた皮.

속-껍데기명 内殼.

속-껍질명 内皮｜渋皮｜甘皮.

속-나깨명 蕎麦のふすま.

속-내명 ❶속내용｜腹. 囫 ~를 털어놓다. 腹を打ち明ける。 ❷内情｜内幕. =속내평

속-내복(一內服)명 ☞속내의

속-내의(一內衣)명 下着｜肌着. =속내복

속-내평명 ☞속내

속-눈명【감은 척하면서 뜨는】薄目. 囫 ~을 뜨고 보다. 薄目を開けて見る。

속-눈썹명 睫｜睫毛.

속-눈치명 内心. 囫 겉으로는 웃고 있지만 ~는 그게 아닐걸! 見た目では笑っているが、内心は違うだろうよ。

속다자 騙される｜欺かれる｜謀られる｜乗る。囫 겉모습에 속지 마라. 見かけに騙されるな。

속닥-거리다자 ささやく｜ひそひそと話す｜こそこそ話す。=속닥대다・속닥이다

속닥-대다자 ☞속닥거리다

속닥-속닥부 ひそひそ｜こそこそ.

속닥-이다자 ☞속닥거리다

속단(速斷)명 速断｜早合点｜早がってん｜早呑み込み。囫 ~은 금물이다. 速断は禁物だ。
　속단-하다타 速断する。

속달(速達)명 速達. 囫 소포를 ~로 보내다. 小包を速達で送る。
　속달-하다자타 速達する。

속달 우편(速達郵便)(동) 速達郵便. =속달

속답(速答)명 速答.
　속답-하다자 速答する。

속-대명 野菜の中心部にある、やわらかい茎や葉.

속-대중명 心の中での推量｜胸算用. 囫 몰래 ~으로 재 보다. こっそり胸算用をしてみる。

속댓-국명 白菜の芯部のやわらかい葉を煮込んだスープ。

속도(速度)명 速さ｜スピード。囫 ~가 빠르다. 速度が速い。

속도-계(速度計)명《물》速度計.

속독(速讀)명 速読.
　속독-하다타 速読する。

속-되다(俗一)형 ❶俗っぽい｜俗だ｜世俗的だ。 ❷卑しい｜下品だ。

속-등겨명 ☞'쌀겨'의 잘못.

속력(速力)명 速力｜スピード。囫 최대 ~ 最大速力 / 전 ~ 全速力 / ~을 내다. スピードを出す。/ ~을 줄이다. 速力を下げる。/ 조금씩 ~을 떨어뜨리다. 少しずつスピードを落とす。

속-마음명 内心｜本心｜気心｜腹中｜下心. 囫 너의 ~을 잘 모르겠다. 君の本心がよく分からない。/ 서로 ~을 아는 사이라서 편하다. 互いに気心を知っている間柄なので楽だ。/ 그녀의 ~을 알다가도 모르겠다. 彼女の内心がわかるようでわからない。/ 나에게 ~을 말해 보아라. 私に本心を言ってみろ。/ ~과 다른 말을 하다. 真意と裏腹な事を言う。 준속맘

속-말명 本音｜本心からの言葉.

속-맘명 ☞'속마음'의 준말.

속명(俗名)명 俗名.

속물(俗物)명 俗物｜俗人.

속물-근성(俗物根性)명 俗物根性.

속-바지명 ズボンやスカートの下に重

ねて着る肌袴ばかま。예 엉겁결에 ~ 차림으로 나가 버렸다. うっかりして肌袴のまま出て行ってしまった。

속박(束縛)명 束縛そくばく。예 ~에서 벗어나 자유의 몸이 되다. 束縛から脱して自由の身となる。
　속박-하다타 束縛そくばくする。

속-밤명 いがの中に入っているクリの実み。

속-배포(一排布)명 腹案ふくあん。

속-병(一病)명 ❶体からだの中の病気びょうき。예 그는 여러 가지 ~이 겹쳐서 결국 죽었다. 彼はいろいろな病気で、結局死んでしまった。❷胃腸いちょうの病気びょうき。예 ~이 들어서 아무것도 먹지 못하고 말랐다. 胃腸の病気にかかって何も食べられず、痩せこける。❸(怒おこったり悩なやんだりして起おこる)心こころの病やまい。예 어린 자식을 잃은 어머니가 ~으로 괴로워하다. 幼おさない息子むすこを亡なくした母ははが、心の病に苦くるしむ。

속보¹(速步)명 速步そくほ・はやあし｜早足はやあし。

속보²(速報)명 速報そくほう。예 뉴스 ~ ニュース速報。
　속보-하다타 速報そくほうする。

속보³(續報)명 続報ぞくほう。
　속보-하다타 続報ぞくほうする。

속사¹(速射)명 速射そくしゃ。

속사²(速寫)명 速写そくしゃ。
　속사-하다타 速写そくしゃする。

속-사랑명 表面ひょうめんに出ださないで、心こころの中なかでする恋こい。

속삭-거리다 ささやく｜ひそひそと話はなす。예 사랑을 ~. 愛あいをささやく。＝속삭대다・속삭이다

속삭-대다자 ☞속삭거리다

속삭-속삭부 ひそひそ｜こそこそ。

속삭-이다자 ☞속삭거리다

속삭임명 ささやき｜ささめき。

속-살명 ❶着物きものに隠かくされている肌はだ。❷見掛みかけより充実じゅうじつした肉体にくたい。❸牛うしの口くちの中なかの肉にく。
　속살(이) 찌다관용 【속살이充実じゅうじつする】 中身なかみが充実じゅうじつしている。

속살-거리다 しきりにひそひそ話はなす｜こそこそと話す。예 아이들이 속살거리는 것 같다. 子供こどもたちがひそひそ話しているようだ。＝속살대다

속살-대다자 ☞속살거리다

속살-속살부 ひそひそ｜こそこそ。예 작

은 목소리로 ~ 이야기했다. 小声こごえでひそひそと話はなした。

속-상하다(一傷一)형 気きに障さわる｜しゃくに障る｜気が病やむ｜心こころが痛いたむ。예 속상할 일이 있니? 気に障る事でもあったの。／그에게 져서 ~. 彼かれに負まけてしゃくに障る。

속-생각명 心こころの中なかで思おもった考かんがえ｜心中しんちゅうの思おもい。예 그의 ~이 무엇인지 알 수가 없다. 彼が心の中で何を考えているか分からない。／너의 ~을 말해 보아라. 君の思いを語かたってみなさい。
　속생각-하다자 心こころの中なかで考かんがえを巡めぐらす。

속설(俗說)명 俗説ぞくせつ。

속성¹(速成)명 速成そくせい。예 ~ 강좌 速成講座ざ。
　속성-하다자타 速成そくせいする。

속성²(屬性)명 属性ぞくせい。

속세(俗世)명 俗世ぞくせ・ぞくせい｜俗世間ぞくせけん。

속-셈 명 ❶胸算用むねざんよう｜下心したごころ。예 너의 ~은 대체 무엇이냐？ 君きみは一体いったいどんな下心を抱いだいているんだ。／그 사람의 ~을 알 수가 있어야 말이지. あの人ひとが心こころの中なかで何を考かんがえているか分からなくちゃいけないんだが。＝심산 ❷暗算あんざん。
　속셈-하다자타 暗算あんざんする。

속속(續續)부 続々ぞくぞく｜次々つぎつぎに。예 사람들이 ~ 도착했다. 人々ひとびとが続々と到着とうちゃくした。

속속-들이부 奥おくの奥おくまで｜隅すみから隅まで｜すっかり｜くまなく。예 나에 대해서 ~ 알고 있었다. 私わたしについて隅から隅まで知しっていた。

속속-히(速速一)부 早々はやはやに｜非常ひじょうに早はやく。예 ~ 돌아오세요. はやく帰かえりなさい。

속수-무책(束手無策)お手上あげ｜なすすべを失うしなうこと。예 그의 완고함에는 이제 ~이다. 彼の頑固がんこさにはもうお手上げだ。／~으로 바라보고 있다. なすべを失って眺ながめている。

속심(俗心)명 俗心ぞくしん｜世俗せぞくに引ひかれる心こころ。

속씨-식물(一植物)명《식》被子ひし植物しょくぶつ。

속악(俗樂)명《음》俗楽ぞくがく。

속어(俗語)명 俗語ぞくご｜スラング｜俚言りげん。

속-어림명 胸算用むねざんよう。
　속어림-하다자타 胸算用むねざんようする｜推お

し量る。예그 사람의 생각을 속어림해 보았는데 전혀 모르겠다. 彼の考えを推し量ってみたんだが、まったく分からない。

속언¹(俗言)명 俗言｜俗語。
속언²(俗諺)명 俗諺｜俚言。
속-없다형 ❶定見がない。❷悪意がない。
  속없-이부 ❶無定見に。예~ 행동하는 아들 無定見に振る舞う息子。❷悪意がなく。
속-옷명 肌着｜下着。
속-이다騙す｜欺く｜ごまかす｜偽つる｜ちょろまかす。예친구를 속여 먹다니 …. 友達をだましてしまうなんて。
속임-수(一數)명 詭計｜手管｜手練｜ごまかし｜トリック｜いんちき｜ぺてん。예~를 쓰다. 詭計をめぐらす；手練を弄ろう。
속-잎명 ❶白菜などの内側の葉。❷草や木の若葉。
속자(俗字)명 俗字。
속-장(一張)명 本などの表紙以外の内側にあるページ。
속-저고리명【】中に着る女性のチョゴリ。
속-적삼명 チョゴリの中に着るひとえの上着。
속전-속결(速戰速決)명 速戰即決。예~로 바로 결정하다. 速戰即決でぱっと決める。
속절-없다형 どうしようもない｜はかない｜やるせない｜むなしい。예속절없는 사랑 むなしい恋。
  속절없-이부 どうしようもなく｜やるせなく｜むなしく。
속-정(一情)명 ❶密かな事情や内容。❷密かで真実な情。예무뚝뚝해 보여도 ~이 깊은 사람이다. 無愛想そうに見えても情の深い人だ。
속-종명 心に秘めている考え。예~을 알 수가 있어야 말이지. 何を考えているか分からなくちゃならないんだが。
속죄(贖罪)명 贖罪｜罪滅ぼし。
  속죄-하다자 贖罪する｜罪滅ぼしする。예속죄하는 마음을 갖다. 贖罪の心を持つ。
속-짐작(一斟酌)명 推量｜見当。

속짐작-하다타 推量する｜推し量る｜見当をつける。예그 사람이 어떻게 나올지 속짐작해 보다. 彼がどう出るか推し量ってみる。
속-창명 靴の敷皮。
속출(續出)명 続出。
  속출-하다자 続出する。예사기 피해자가 속출하고 있다. 詐欺の被害者が続出している。
속-치마명 下に着るチマ。
속칭(俗稱)명 俗稱｜通稱。
  속칭-하다타 俗稱する｜通稱する。
속-탈명 消化不良。
속태(俗態)명 俗体｜下品な様子。
속편(續篇)명 続編｜続篇。
속-표지(一表紙)명【출】本の扉。
속필(速筆)명 速筆。
속-하다¹(速一)형 早い｜速い。
  속-히부 早く｜速く。예~ 귀가하세요. はやく帰りなさい。
속-하다²(屬一)자 属する。예이 조직에 속해 있다. この組織に属している。
속화¹(俗化)명【】俗化。
속화²(俗畫)명【】俗画。
속화³(俗話)명【】俗話。
속회(續會)명 中止された会議を続けること。
  속회-하다 会議を続ける。
솎다타 間引きする｜間引く｜うろ抜く。예상추를 솎아 내다. ちしゃを間引く。
손¹명 手。❶【】手首から指の先までの部分。예~을 잡고 걷다. 手をつないで歩く。/당신이 악수를 안 해 주시면 내민 제 ~이 부끄럽습니다. あなたが握手をしてくださらなければ、差し出した私の手が恥ずかしいです。❷【】指。❸【】人手｜働き手。예~이 부족하다. 働き手が足りない。❹【】手間｜手数。예~이 많이 가는 작업이다. 手間のかかる作業だ。❺【】力量｜力。예우리 ~으로 이뤄 낸 성공 我々の手で成し遂げた成功／우리 조직의 운명은 ~에 달렸다. 我々の組織の運命は、私の手にかかっている。❻【】手段｜策略。예이럴 줄 알고 미리 ~을 써 두었다. こうなると思って予め手を回しておいた。❼【】所有｜手中。

[예] 드디어 그것을 ~에 넣었다. やっとそれを手に入れた。❽【관계】関係 ¦ 交際。[예] 사업에서 ~을 뗐다. 事業から手を引いた。/ 그녀와 ~을 끊은 지 오래다. 彼女とは手を切って久しい。❾【손바닥】手のひら。[예] ~에 땀을 쥐다. 手に汗を握る。❿【사람의 수완】ある人のたくらみ ¦ 手腕。[예] 장사꾼의 ~에 놀아나다. 商人のたくらみに陥る。

손(을) 끊다[관용] 手を切る ¦ 関係を絶つ ¦ 交際をやめる。

손(을) 떼다[관용] (以前からしていた)仕事をやめる ¦ 手を引く。[예] 회사 경영에서 ~. 会社の経営から手を引く。

손(을) 씻다[털다][관용] ❶否定的な全ての関係を清算する ¦ 足を洗う。[예] 범죄 조직에서 손을 씻고 착실히 살아가고 있다. 犯罪組織から足を洗って、着実に暮らしている。❷(賭博などで)元手を全部無くす ¦ すってんてんになる。

손(이) 거칠다[관용] 万引きなど手癖が悪い。

손(이) 맞다[관용] お互いに手が合う ¦ 気が合う。

손(이) 맵다[관용] ❶【손으로 살짝 때려도 아프다】手先の力が強い。❷【일하는 것이】手落ちがなくてしっかりしている。[예] 우리 며느리는 손이 맵기 때문에 무엇을 맡겨도 안심이다. うちの嫁はしっかりしているので、何を任せても安心だ。❸【가축・작물 등을 기른 결과가 나쁜 경우에】(家畜などを)うまく育てられない。[예] 손끝이 매우니까 이제 애완동물을 기르는 것은 관두자. うまく育てられないのだから、もうペットを飼うのはやめよう。=손끝(이) 맵다

손(이) 크다[관용] 金銭などを出し惜しみしない ¦ 気前がいい ¦ けちけちしない。[예] 어머니는 손이 커서 항상 푸짐하게 음식을 만든다. 母は気前がよくて、いつもたっぷり食べ物を作る。

손²[명] 客。[예] ~을 맞다. 客を迎える。=객¹

손³(孫)[명] 子孫 ¦ 後裔 ¦ 後。[예] ~이 끊기다. 後が絶える。=후손

손-가락[명] 指。[예] ~을 걸고 약속하다. 指切りして約束する。/ ~이 부러지다. 指が折れる。

손가락-질[명] ❶指差し ¦ 指でさし示すこと。❷(人を)指差すこと ¦ 後ろ指。[예] ~을 당하다. 後ろ指を指される。

손가락질-하다[타] 指差す。❶指でさし示す。❷後ろ指をさす。[예] 모두가 그를 손가락질하며 욕을 한다. 皆が彼を指さして、悪口をいう。

손-가방[명] 手提げかばん ¦ ハンドバッグ。

손-거스러미[명] 逆むけ ¦ ささくれ。

손-거울[명] 手鏡。

손겪-이[명]【손을 대접하여 치르는 일】客をもてなすこと。

손겪이-하다[자] 客をもてなす。

손-결[명] 手の肌触り ¦ 手のきめ。

손괴-죄(損壞罪)[명] 《법》損壊罪。[예] ~를 저지른 사람에게 피해 배상을 명령하다. 損壊罪を犯した人に、被害賠償を命令する。

손-금[명] 掌の線 ¦ 手筋 ¦ 手相。[예] ~을 보다. 手相を見る。

손금-쟁이[명] 手相見。[예] 잘 알아맞히는 ~ よく当てる手相見。

손-길[명] ❶(差し伸べる)手。[예] ~이 닿는 곳에 두다. 手の届く場所に置く。❷(救い・悪の)手。[예] 침략의 ~을 뻗치다. 侵略の手を延ばす。/ 구원의 ~이 우리에게 왔다. 救いの手が私たちに差し伸べられた。

손-꼽다[자][타] ❶指を折って数える。[예] 손꼽아 기다리다. 指折り数えて待つ。❷屈指に値する。[예] 손꼽는 부자 屈指の金持ち。

손꼽-히다[자]【손꼽다의 피동사】屈指に値する。[예] 손꼽히는 수재 指折りの秀才 / 손꼽히는 대재벌 屈指の大財閥 / 손꼽히는 미인 指折りの美人。

손-끝[명] ❶【손가락 끝】手先 ¦ 指先。[예] ~이 저리다. 手先がしびれる。❷【손을 놀려 하는 일솜씨】手際 ¦ 手並み。[예] ~이 야무지다. 手際がよい。

손끝(이) 맵다[관용] ☞손(이) 맵다

손녀(孫女)[명] 孫娘。=여손

손녀-딸(孫女—)[명]【손녀를 귀엽게 이르는 말】孫娘。

손-님[명] お客さん ¦ お客さま。[예] 문을 열고 ~을 맞다. 扉を開けてお客さんを迎える。

손-대다[자][타] ❶【만지다】手を触れる ¦ 触る。[예] 진열품에 손대지 마세요. 陳列品に手を触れないでください。❷【일을 시작하다】(仕事などを)始める ¦ 着手

する ¦ とりかかる。例어디서부터 손대야 할지 모르겠다. どこから始めればいいか分からない。❸【관계를 가지다】手を出す ¦ 関係(かんけい)を持つ。예노름에 ~. 賭事(かけごと)に手を出す。❹【수정하다】修正(しゅうせい)する ¦ 訂正(ていせい)する。예원작에 ~. 原作(げんさく)に手をつける。❺【남의 재물을 범하다】手を出す ¦ 手をつける。예공금에 손댔다가 발각되었다. 公金(こうきん)に手を出して発覚(はっかく)された。❻【때리다】人(ひと)を叩(たた)く ¦ 手をあげる。예화가 나서 자식에게 손을 댔다. 腹(はら)が立(た)って子供(こども)に手をあげた。❼【여성과 관계하다】女性(じょせい)と関係(かんけい)する ¦ 手をつける。❽【먹기 시작하다】食(た)べ物(もの)を食(た)べる ¦ 手をつける。예이 케이크, 내 거니까 손대지 마! このケーキ、私(わたし)のだから手をつけるな。

손-대야명 小(ちい)さい洗面器(せんめんき)。

손-대중명 手加減(てかげん) ¦ 手心(てごころ)。
　손대중-하다타 手加減(てかげん)する。

손-더듬이명 手探(てさぐ)り。예깜깜한 방에서 ~로 초를 찾는다. 真(ま)っ暗(くら)な部屋(へや)で、手探(てさぐ)りでろうそくを捜(さが)す。
　손더듬이-하다자타 手探(てさぐ)りする。

손-덕(―德)명 偶然(ぐうぜん)にうまく当(あ)たる賭博(とばく)の運(うん)。

손-도장(―圖章)명 拇印(ぼいん) ¦ 爪印(つめいん)。

손-독(―毒)명 痒(かゆ)いところやはれ物(もの)の患部(かんぶ)に手をつけて生(しょう)じる毒気(どっき)。예너무 만지면 ~이 오른다. 触(さわ)りすぎると手の毒気が移る。

손-동작(―動作)명 手(て)の動(うご)き。예~이 날래다. 手の動きが素早(すばや)い。／~이 예리하다. 手の動きが鋭(するど)い。

손-들다자 ❶【손】手(て)を上(あ)げる。❷【항복】閉口(へいこう)する ¦ 参(まい)る。

손-등명 手(て)の甲(こう)。

손-때명 手垢(てあか) ¦ 手沢(しゅたく)。예~ 묻은 책상 手垢のついた机(つくえ)。

손-모가지명 ❶【손】「手(て)」の俗(ぞく)っぽい語(ご)。❷【손목】「手首(てくび)」の俗(ぞく)っぽい語(ご)。

손-목명 手首(てくび)。

손목-뼈명 (의)腕骨(わんこつ)。=완골

손목-시계(―時計)명 腕時計(うでどけい)。

손-바꿈명 ❶優(すぐ)れた腕前(うでまえ)を互(たが)いに交換(こうかん)すること。❷その日(ひ)の人手(ひとで)を交換(こうかん)して仕事(しごと)をすること。
　손바꿈-하다타 ❶優(すぐ)れた腕前(うでまえ)を互(たが)いに交換(こうかん)する。❷その日(ひ)の人手(ひとで)を交換(こうかん)する。예내일부터는 손바꿈해서 일을 합니다. 明日(あした)からは人手を交換して仕事(しごと)をします。

손-바느질명 手縫(てぬ)い ¦ 手でする縫(ぬ)い物(もの)。
　손바느질-하다자타 手縫(てぬ)いをする ¦ 手で縫(ぬ)う。

손-바닥명 手(て)のひら ¦ 掌(てのひら・しょう) ¦ 平手(ひらて)。

손-바람명 ❶手(て)を振(ふ)った時(とき)に出(で)る風(かぜ) ¦ 手で扇(あお)いだ風(かぜ)。예교실 안이 매우 더워 계속 ~을 부쳐댔다. 教室(きょうしつ)の中(なか)がとても暑(あつ)くて、ひっきりなしに手で扇(あお)いだ。❷(仕事(しごと)を処理(しょり)する)調子(ちょうし) ¦ 腕前(うでまえ) ¦ 技量(ぎりょう)。예~ 내서 일에 힘쓰다. 調子を出して仕事に励(はげ)む。

손-발명 手足(てあし)。예~을 묶다. 手足を縛(しば)る。
　손발(이) 맞다관용 呼吸(こきゅう)が合(あ)う。예손발이 척척 맞는 사람 呼吸のぴったり合う人(ひと)。

손-버릇명 手癖(てくせ)。예그는 ~이 나쁘다. 彼(かれ)は手癖が悪(わる)い。

손-보다 ❶【돌보】手入(てい)れする。예기계를 ~. 機械(きかい)の手入れをする。❷【혼내주다】制裁(せいさい)を加(くわ)える ¦ ひどい目(め)に遭(あ)わせる。

손부(孫婦)명 孫(まご)の妻(つま)。=손자며느리

손-부끄럽다형 (差(さ)し出(だ)した手(て)が)恥(は)ずかしい ¦ きまりが悪(わる)い。

손-뼉명 手(て)のひら ¦ 手の裏(うら)。예~을 치다. 手をたたく ¦ 拍手(はくしゅ)する。

손-사래【손을 펴 휘젓거나 하라는 시늉을 하는 짓】手(て)を広(ひろ)げて横(よこ)に振(ふ)ること。
　손사래(를) 치다관용 手(て)を広(ひろ)げてやたらに横(よこ)に振(ふ)る。예정말 아니라고 손사래를 치며 부인하다. 本当(ほんとう)に違(ちが)うと、手を横に振って否認(ひにん)する。

손사랫-짓명 やたらに手(て)を振(ふ)ること。

손상(損傷)명 損傷(そんしょう)。예사고로 뇌에 ~을 입다. 事故(じこ)で脳(のう)に損傷を受(う)ける。
　손상-하다자타 損傷(そんしょう)する。

손색(遜色)명 遜色(そんしょく)。예국산에 비교해도 전혀 ~이 없다. 国産(こくさん)に比(くら)べてまったく遜色がない。

손수부 手(て)ずから ¦ 自(みずか)ら。예~ 만든 음식 手ずから作(つく)った食(た)べ物(もの)。

손-수건(―手巾)명 ハンカチ ¦ 手拭(てぬぐ)い。

손-수레명 手押(てお)し車(ぐるま)。

손수레-꾼명 手車(てぐるま)を引(ひ)く人(ひと)。

손-쉽다 たやすい ¦ 容易(ようい)だ ¦ 楽(らく)だ。예손쉬운 방법으로 해결하다. たやすい方

法으로 解決する。

손-시늉몡 手まね｜手振り。 몐 ~으로 말하다. 手振りで話す。

손실(損失)몡 損失る｜損そん。 몐 경제적 ~이 크다. 経済的な損失が大きい。

손실-하다탄 損そない失うしなう。

손-심부름몡 手の回りのこまごまとした使い。

손실 보상(損失補償) (법)損失補償そうしつほしょう。

손-쓰다 ❶必要ひつような処置しょちをとる｜手を回す。 몐 미리 손써 두다. あらかじめ手を回しておく。 ❷(利害関係りがいかんけいのある人にに)心こころづけをする。

손-아귀 ❶親指おやゆびと他の4本ゆびの指ゆびの間あいだ。 ❷[내친 범위]手ての内うち｜手中しゅちゅう｜掌中しょうちゅう。 몐 성이 우리 ~에 들어왔다. 城は我々われの手の内に入はいってきた。／ 적의 ~에서 벗어나려면 싸워야 한다. 敵の手の内から逃のがれようとするならば、戦たたかわなければならない。

손-아래몡 目下めした｜年下とした。
손아래-뻘몡 目下めしたの関係かんけい。＝아래뻘
손아랫-사람몡 目下めしたの者もの。
손-안몡 手中しゅちゅう｜手の中なか｜手の内うち。
손-어림몡 手加減てかげん｜手ばかり｜手心てごころ。＝손짐작
손어림-하다탄 手加減てかげんする。＝손짐작하다
손-위몡 目上めうえ｜年上としうえ。
손윗-사람몡 目上めうえ(の者もの)。
손익(損益)몡 損得そんとく。 몐 ~ 분기점 損益分岐点そんえきぶんきてん。
손자(孫子)몡 孫まご。
손-자국몡 手てのあと。 몐 뺨에 ~이 남아 있다. 頬ほほに手のあとが残のこっている。
손자-며느리(孫子—)몡 孫まごの妻つま。
손-잡다자 ❶[손을 맞잡다]手をつなぐ｜手を取と り合あう。 ❷[협력하다]手を握にぎる｜互たがいに協力きょうりょくする。
손-잡이몡 取とっ手て｜つまみ｜握にぎり｜柄え｜つり革かわ。 몐 ~를 잡고 서 있다. つり革につかまって立たっている。
손-장난몡 手遊てあそび｜手慰てなぐさみ。
손장난-하다자 手遊てあそびをする。
손-재간(—才幹) ☞손재주
손-재주몡 手際てぎわ｜手ての器用きようさ｜小手先こてさき。＝손재간
손-저울몡 手秤てばかり。
손-전등(—電燈)몡 懐中電灯かいちゅうでんとう。
손-질몡 ❶手入てれ。 ❷手てで殴なぐること。

손질-하다탄 ❶手入てれする。 몐 정원을 ~. 庭園ていえんを手入れする。 ❷手てで殴なぐる。

손-짐작(—斟酌) ☞손어림
손짐작-하다탄 ☞손어림하다

손-짓몡 手ぶり｜手まね。
손짓-하다자 手まねする。 몐 손짓하여 부르다. 手招てまねきして呼よぶ。／손짓해서 가리키다. 手振てぶりをして指さす。

손-찌검몡 手出てだし｜手で殴なぐること。 몐 힘센 형이 어린 동생에게 ~을 하면 못써. 力ちからの強つよい兄あにが、幼おさない弟おとうとに手出ししてはいけない。／걸핏하면 ~이다. ともすれば手出しする。

손찌검-하다탄 手出てだしする｜手で殴なぐる。 몐 먼저 손찌검한 네가 나쁘다. 先さきに手出ししたお前まえが悪わるい。

손-치다탄 [숙박업에서](料金りょうきんをもらって)客きゃくを泊とめる。

손-톱몡 爪つめ。 몐 ~을 깎다. 爪を切る。
손톱-깎이몡 爪切つめきり。
손톱-묶음몡 소괄호
손톱-자국몡 爪つめあと。 몐 얼굴에 ~을 내다. 顔かおに爪あとを残のこす。

손-풍금(—風琴)몡《음》手風琴てふうきん｜アコーディオン。＝아코디언

손해(損害)몡 損害そんがい｜損そん。 몐 ~ 배상 損害賠償そんがいばいしょう／~를 보다. 損害を受うける。

솔¹몡 刷毛はけ｜ブラシ。
솔²몡 ☞솔기
솔³《식》松まつ。 몐 ~ 향 マツの香かおり／~ 가지 マツの枝えだ／~ 잎 マツの葉は／사시사철 푸른 ~아. 四季しきを通つうじて青あおいマツよ。＝소나무

솔⁴(sol 이)《음》【솔음】ソ。

솔가(率家)몡 家族かぞくを連つれて行いくこと。
솔가-하다자 家族かぞくを連つれて行いく。

솔-가리 ❶枯かれ落おちた松葉まつば。 ❷松まつの枝えだを束たばねた薪まき。
솔-가지몡 薪用たきぎようの松枝まつえだ。
솔개몡 (동)とび｜とんび。
솔기몡 縫ぬい目め。＝솔
솔깃-하다톙 気きが向むく｜乗のり気きになる｜心こころがひかれる。 몐 몸에 좋다는 말에 귀가 ~. 体からだにいいという言葉ことばに心がひかれる。／그 사람의 말을 들어 보니 마음이 솔깃해진다. その人の話はなしを聞きいてみて、乗り気になってくる。
솔깃-이툰 乗のり気きになって。

솔다¹ 【형어가 가로다 활용】 乾いて固くなる。
솔다² 형 幅が狭い。
솔다³ 【귀가 아프다】 耳が痛い｜耳にたこが出来る。
솔다⁴ 搔くと痛くて、そのままにしておくとかゆい。
솔-대 명 弓의的を支える木。
솔로(solo 이) 명《음》ソロ。❶独唱。❷独奏。
솔-방울 명 松かさ。예 ~을 던지다. 松かさを投げる。
솔-밭 명 松林。｜松原。
솔선(率先) 명 率先。
　솔선-하다 자 率先する。예 솔선해서 쓰레기를 줍다. 率先してごみを拾う。
솔선-수범(率先垂範) 명 率先垂範。
솔솔 부 ❶【물이 가늘게 흐르는 모양】ちょろちょろ｜さらさら。❷【바람이 상쾌하게 부는 모양】そよそよ。❸【비나 눈이 내리는 모양】しとしと｜しょぼしょぼ。❹【말을 잘하는 모양】すらすら｜ぺらぺら。❺【있던 것이 잘 빠져 나오는 모양】するする。
솔솔-바람 명 そよ風。
솔-숲 명 松林。=송림
솔-이끼 명 (식) 杉苔。예 ~는 광합성으로 양분을 얻는다. スギゴケは光合成によって養分を取る。
솔-잎 명 松葉。
솔직-하다(率直—) 형 率直だ。예 솔직하게 마음을 열고 이야기하다. 率直に心を開いて話す。
　솔직-히 率直に。
솔-질 명 ブラシをかけること。
　솔질-하다 자타 ブラシをかける。
솔-포기 명 枝の茂った小さい松の木。
솜 명 綿｜木綿。예 ~으로 만든 이불 綿で作った布団／~을 타다. 綿打ちをする。
솜-방망이 명 綿を棒の先に丸めて結び付けたもの。
솜-버선 명 綿入れのポソン。
솜-사탕(-—沙糖) 명 綿菓子｜綿あめ。
솜솜 부 うすあばたになったさま。예 ~ 마맛자국이 난 얼굴 天然痘のあとがついた顔。
솜씨 명 手並み｜手の内｜手際｜手腕｜腕前。예 음식 ~가 훌륭하다. 料理の腕前がすばらしい。
솜-옷 명 【솜을 넣어 지은 옷】綿入れ。

솜-이불 명 中に綿を入れて作った布団｜綿布団。예 푹신하고 부드러운 ~ ふっくらと柔かい綿布団／~은 따뜻하다. 綿布団は暖かい。
솜-털 명 うぶげ｜綿毛。
솜-틀 명 綿打ち機械。
솟-구다 타 跳ね上がる。예 몸을 솟구어 달려들다. 体を跳ね上がって走ってくる。
솟구-치다 자타 (勢いよく)跳ね上がる｜突き上がる｜ほとばしる。예 피가 ~. 血がほとばしる。
솟다 자 ❶(感情・力・汗・涙などが)出る｜込み上げる｜湧き上がる。예 더워서 땀이 ~. 暑くて汗が出る。❷突き出る｜隆起する。예 바닷가 조그마한 바위 틈에 예쁜 꽃 한 송이가 뾰족이 솟아 있다. 海辺の小さな岩のすきまから、かわいらしい花が一輪、すっくと生えている。
솟아-나다 자 わき出る｜噴き出る｜突き出る｜あふれ出る。예 수액이 ~. 樹液が噴き出る。／갑자기 눈물이 솟아나기 시작했다. 突然涙があふれ出した。／과격한 운동을 했더니 땀이 솟아났다. 過激な運動をしたら、汗が噴き出した。
솟아-오르다 자 湧き上がる｜噴き出る｜ほとばしる。예 힘이 ~. 力が湧き上がる。
솟을-대문(-大門) 명 (건)【한식】左右の建物の屋根よりも高く作った正門。
솟을-무늬 명 反物などに少し浮彫りにさせた模様。
송가(頌歌) 명 頌歌。
송골-송골 부 【방울방울 맺힌】ぶつぶつ｜ぽつぽつ。
송곳 명 錐。
송곳-눈 명 鋭い目つき。
송곳-니 명 《의》糸切り歯｜犬歯。
송곳-칼 명 片方に錐がついている刀。
송구(送球) 명 送球。❶ボールを投げ送ること。❷(운)ハンドボール。=핸드볼
　송구-하다 자 送球する。
송구-하다(悚懼—) 형 恐縮だ｜恐れ入る｜恐れ多い。예 송구합니다만, 성함이? 恐れ入りますが、お名前は。

송구-히[부] 恐縮に。[예] ~ 생각합니다. 恐縮に存じます。

송금(送金)[명] 送金。[예] 해외 ~ 海外送金/~ 수수료 送金手数料。

송금-하다[타] 送金する。[예] 대금을 ~. 代金を送金する。

송기(松肌)[명] 松の内皮。

송년(送年)[명] 年を送ること。

송달(送達)[명] 送達。

송달-하다[타] 送達する。[예] 편지를 ~. 手紙を送り届ける。

송달 증서(送達證書)[명] 送達証書。

송당(送當)[부] ❶ざくざく。すぱすぱ。❷とびとびに。=쏭당쏭당

송덕(頌德)[명] 頌德。

송덕-하다[자타] 德をほめたたえる。

송도(松都)[명] 〈지〉松都。

송독(誦讀)[명] 誦読。

송독-하다[타] 誦読する。

송두리-째[명] 根こそぎ｜全部｜ことごとく｜すっかり｜丸ごと。[예] 재산을 ~ 잃었다. 財産を全部無くした。

송료(送料)[명] 送料。

송림(松林)[명] ☞솔숲

송백(松柏)[명] 松柏。

송별(送別)[명] 送別｜見送り。

송별-하다[타] 送別する。

송별-사(送別辭)[명] 送別の辞｜別辞。=송사(送辭)

송별-연(送別宴)[명] 送別の宴｜別宴。

송별-회(送別會)[명] 送別会。

송부(送付)[명] 送付。[예] 서류 ~를 의뢰하다. 書類の送付を依頼する。

송부-하다[타] 送付する。

송사¹(送辭)[명] ☞송별사

송사²(訟事)[명] 〈법〉訴訟をすること｜裁判ざた。

송사-하다[자타] 訴訟をする。

송사³(頌辭)[명] 頌辞。

송사리[명] ❶〈동〉めだか。❷小物｜ちんぴら｜雑魚。

송송[부] ❶ざくざく。[예] 라면에 파를 ~ 썰어 넣다. ネギをざくざく刻んで、ラーメンに入れる。❷ぽつぽつ｜ぽつぽつ。[예] 옷에 구멍이 ~ 나 있다. 服에 穴がぽつぽつと空いている。

송시(頌詩)[명] 〈문〉頌詩。

송신(送信)[명] 送信。

송신-하다[자타] 送信する。

송신-기(送信機)[명] 〈통〉送信機。

송아리[명] (花や実の)房。[예] 포도 ~가 주렁주렁하다. ブドウの房が鈴なりになっている。

송아지[명] 子牛。

송알-송알[부] ❶ぶつぶつ｜ぽつりぽつり。❷ぶくぶく。

송어(松魚)[명] 〈동〉鱒。[예] ~ 낚시장 マスの釣り場。

송연-하다(悚然·竦然-)[형] 悚然として身震いする｜恐れてびくびくする｜ぞっとしてすくむ。[예] 모골이 ~. ぞっとして身の毛がよだつ。

송연-히[부] 悚然と。

송유-관(送油管)[명] 油送管｜パイプライン。

송이¹[명] ❶(花・雪などの)房。[예] 꽃 ~ 花房/포도~ ブドウの房/밤~ クリのいが。❷輪。[예] 장미 한 ~ バラ一輪。

송이²(松耳·松相)[명] 〈식〉松茸。=송이버섯

송이-밥[명] いが栗。

송이-밥(松耳-)[명] 松茸を入れ、味付けをして炊いた飯。[예] 자연산 송이로 지은 ~은 향이 강하다. 自然産の松茸で炊いた松茸ご飯の香りが強い。

송이-버섯(松耳-)[명] ☞송이²(松耳)

송이-송이[부] ふさふさと｜房ごとに｜鈴なりに。[예] ~ 탐스럽게 열린 포도나무 ふさふさとみごとに実ったブドウの木。

송장¹[명] 屍｜死骸｜なきがら｜死体｜屍体。=시체

송장²(送狀)[명] 送り状。❶仕切り状。❷〈경〉インボイス。

송전(送電)[명] 〈전〉送電。

송전-하다[자타] 送電する。

송죽(松竹)[명] 松竹｜松と竹。

송지(松脂)[명] ☞송진

송진(松津)[명] 松脂。=송지(松脂)

송충-이(松蟲-)[명] 〈동〉松毛虫。

송치(送致)[명] 送致。

송치-하다[타] 送致する。[예] 소년원에 송치되다. 少年院に送致される。

송판(松板)[명] 松の板。

송편(松-)[명] ソンピョン。[예] 추석에는 모두 모여 ~을 빚는다. 秋夕には皆が集まってソンピョンを作る。

송풍-기(送風機)[명] 〈기〉送風機。

송화(松花)【명】松葉の花粉懿。=송홧가루
송화-기(送話器)【명】送話器懿。
송환(送還)【명】送還懿。
  송환-하다【타】送還懿する。예본국에 강제 ~.本国懿に強制懿送還する。
송홧-가루(松花—)【명】☞송화(松花)
솥【명】釜懿。
솥-귀【명】釜の取っ手で。
솥-땜장이【명】鋳掛け屋｜鋳掛け師。
솥-뚜껑【명】釜の蓋。
솥-발【명】釜の鼎足。
솨【부】❶【비얌이 적게 쏟아지는 소리】ひゅう｜びゅう。❷【비바람이 직접 쏟아지는 소리】ざあっと。예소나기가 ~ 하고 내리는 소리 ざあっと夕立が降る音。❸【물이 쏟아져 나오는 소리】ざあざあ｜しゃあしゃあ｜じゃあじゃあ。예~ 하고 물이 쏟아지다. ざあざあと水があふれる。
솨-솨【부】❶【비얌이 나무 ─ 잎을 스치는 소리】ざあざあ。❷【바람 바바람이 직접 물높이 밀려오는 소리】ひゅうひゅう｜びゅうびゅう｜ざあざあ。❸【물이 영달아 쏟아지는 소리】しゃあしゃあ｜じゃあじゃあ｜ざあざあ。
솰솰【부】❶【물줄기 가럽게 흐르는 소리 모양】ざあざあ｜じゃあじゃあ。예~ 흐르는 많은 양의 물 ざあざあと流れるたくさんの量の水。❷【가는 모래 같은 것이 순부럽게 쏟아지는 소리 모양】さらさら。❸【새가 힘을 순서 내는 소리 모양】すうすう｜すっすっと。
쇄¹【부】❶【거센 힘찬바람 따위가 세게 부는 소리】ひゅう｜びゅう｜ぴゅう。❷【소나기가 쏟아지는 소리】ざあっと。❸【물이 갑자기 나오는 소리】ざあざあ｜しゃあしゃあ。
쇄²(刷)【의】刷り。예1판 4~ 第一版懿第四刷懿り。
쇄골(鎖骨)【명】(의)鎖骨懿。
쇄국(鎖國)【명】鎖国懿。
  쇄국-하다【자】鎖国懿する。
쇄도(殺到)【명】殺到懿。
  쇄도-하다【자】殺到懿する。예주문이 ~. 注文懿が殺到する。
쇄빙(碎氷)【명】砕氷懿。
  쇄빙-하다【자】砕氷懿する｜氷をくだく。
쇄빙-선(碎氷船)【명】《해》砕氷船懿。
쇄석(碎石)【명】砕石懿。
  쇄석-하다【자】砕石懿する。
쇄신(刷新)【명】刷新懿。
  쇄신-하다【자타】刷新懿する。예정치를 ~. 政治懿を刷新する。
쇠¹【명】❶【쇠붙이】鉄懿｜真金懿。❷【쇠붙이로 만든 물건】金物懿。❸【열쇠】鍵懿｜キー。❹【자물쇠】錠懿｜錠前懿｜ロック。예~를 채우다. 錠を掛ける。❺【돈】「お金」の俗っぽい語。❻【자석】「磁石懿」の俗っぽい語。
쇠²【접두】【소의】牛懿の─｜牛懿─。
쇠-가죽【명】牛懿の皮懿。
쇠-간(一肝)【명】牛懿の肝懿。
쇠-갈고리【명】鉄の手かぎ｜とび口懿。
쇠-고기【명】牛肉懿。
쇠-고랑【준】【수갑】手錠懿。예~을 채우다. 手錠をはめる。=고랑懿
쇠-고리【명】金属性の輪懿｜金輪懿。
쇠-고집(一固執)【명】頑固懿な固執懿｜意固地懿。예그의 고집은 ~이다. 彼の意固地は頑固だ。
쇠골(衰骨)【명】か細くて弱々しい骨格懿。
쇠-공이【명】鉄製の杵懿。
쇠-귀【명】牛懿の耳懿。
  쇠귀에 경 읽기【속】馬の耳に念仏懿｜牛懿に経文懿。
쇠-귀신(一鬼神)【명】【마음이 굉장히 끈질긴 사람】性質懿が非常にしつこい人。예그는 10년이 걸려도 계속할 ~이야. 彼は10年懿かかっても続けつづける頑固者懿さ。
쇠-기름【명】☞소기름
쇠-기침【명】痼疾懿となった咳懿。
쇠-꼬챙이【명】金串懿。
쇠-끄트러기【명】❶鉄屑懿。❷金属の かけら。
쇠-나다【자】❶【쇠붙이 녹이 물들다】釜についた錆の色が食べ物に染まる。예쇠난 음식은 버려라. 釜についた錆の色が染まった食べ物は捨てなさい。❷【못자리】できものがぶり返す。
쇠다【자】❶【푸성귀 등이 쇄어 빳빳해지다】(野菜などが盛りを過ぎて)やわらかみがなくなる｜薹が立つ。예쇤 풀만 무성하다. みずみずしくない草だけが茂っている。❷【병적이 나빠지다】(病気などが)重くなる｜悪化する。
쇠다²【타】【쇠어 과거내다｜맞이해 과거내다】祝って過ごす｜迎えて過ごす。예추석을 ~. チュソクを過ごす。
쇠-똥¹【명】【쇠불이 때때려낼 때】(鉄を鍛えるときに出る)くず鉄。
쇠-똥²【명】【소동】牛糞懿。
쇠똥-구리【명】☞말똥구리
쇠뜨기【명】《식》杉菜懿。
쇠망(衰亡)【명】衰亡懿。
  쇠망-하다【자】衰亡懿する。예국가가 ~. 国家懿が衰亡する。
쇠-망치【명】金槌懿｜ハンマー。
쇠-메【명】金槌懿｜玄能懿。

쇠멸(衰滅)몡 衰滅ᄊᆡ.
  쇠멸-하다재 衰滅する.
쇠-못몡 金釘ᄁᆞ.
쇠-문(一門)몡 鉄製の門ᄆᆞ.
쇠-뭉치몡 鉄のかたまり.
쇠-뭉치몡 鉄のかたまり.
쇠발-개발몡 【쇠발과 개발이라는 뜻으로 아주 더럽게 된 발】非常に汚された こと.
쇠-뿔몡 牛の角.
  쇠뿔도 단김에 빼랬다[빼라]속담 【쇠뿔은 단김에 빼야 쉽게 빠지듯이 무슨 일이건 하려고 생각했을 때 망설이지 말고 곧 행동으로 옮겨야 함이라는 말】〔日〕善は急げ┊思い立つ日が吉日.●日本では'좋은 일은 서둘러라', '생각이 떠오른 날이 길일'이라고 한다.
쇠-사슬몡 金鎖┊鉄鎖┊鎖. 예 ~로 묶다. 鎖でつなぐ. =사슬
쇠살-문(一門)몡《건》(城의 水口나 監獄などに用いる)鉄格子でできている門.
쇠-살창(一窓)몡 鉄格子がはめ込まれている窓.
쇠-서(食用としての)牛の舌.
쇠-숟가락몡 真鍮製のさじ.
쇠스랑몡【농】三叉状に分かれた鉄製のくわ. 예 농부는 ~으로 흙을 고르고 있었다. 農夫は三つまたのくわで土をならしていた.
쇠-시위몡 鉄製の弓弦. 예 ~를 당기다. 鉄製の弓弦を引く.
쇠약(衰弱)몡 衰弱.
  쇠약-하다재 衰弱する. 예 몸이 쇠약해졌다. 体が衰弱してきた.
쇠양배양-하다형 思慮分別がなく軽々しい.
쇠운(衰運)몡 衰運.
쇠잔(衰殘)몡 衰残.
  쇠잔-하다재 衰える.
쇠-주먹몡 鉄拳┊固く握りしめたこぶし. 예 ~으로 한 방 맞었다. 鉄拳で一発くらった.
쇠-줄몡 鉄線┊針金.
쇠진(衰盡)몡 衰えてなくなること.
  쇠진-하다재 衰える. 예 기력이 ~. 気力が衰える.
쇠-창살(一窓一)몡 鉄でできた格子┊鉄格子. 예 감옥의 ~ 監獄の鉄格子.
쇠-코뚜레몡 鼻木┊鼻輪┊鼻がい. =코뚜레
쇠-톱몡 金物用のこぎり.
쇠퇴(衰退·衰頹)몡 衰退┊衰頹.

쇠퇴-하다재 衰退する┊衰頹する.
쇠-파리몡《동》牛蝿.
쇠-하다(衰一)재 衰える. 예 국력이 ~. 国力が衰える.
쇳-내몡 金臭いにおい. 예 ~가 나다. 金臭い.
쇳-소리몡 ❶金属音. ❷金切り声.
쇳-조각몡 ❶鉄片. ❷思いやりがなくそそっかしい人.
쇼(show)몡 ショー. 예 패션~ ファッションショー/ 모터 ~ モーターショー/ 디너 ~ ディナーショー.
쇼룸(showroom)몡 ショールーム.
쇼-윈도(show window)몡 ショーウインドー.
쇼크(shock)몡 ショック. 예 ~사 ショック死/ ~로 쓰러지다. ショックで倒れる. / ~를 받다. ショックを受ける.
쇼킹-하다(shocking—)형 ショッキングだ. 예 쇼킹한 일이 있다. ショッキングな事件がある.
쇼트(short)몡 ショート. 예 ~케이크 ショートケーキ.
쇼트-커트(short cut)몡 ショートカット.
쇼트 트랙(short track)《운》ショートトラック.
쇼핑(shopping)몡 ショッピング. 예 ~ 카트 ショッピングカート.
  쇼핑-하다재타 ショッピングをする┊買い物をする.
쇼핑-몰(shopping mall)몡 ショッピングモール.
쇼핑-센터(shopping center)몡 ショッピングセンター.
숄(shawl)몡 ショール. 예 ~을 어깨에 걸치다. ショールを肩にかける.
숄더-백(shoulder bag)몡 ショルダーバッグ.
수¹몡【수컷】雄·牡.
수² Ⅰ 몡【방법】手段┊方法┊仕方┊仕様. 예 좋은 ~가 생각났다. 良い方法が思いついた.
  Ⅱ 의 ❶【취할】(取るべき)方法┊仕方┊仕様. 예 어쩔 ~ 없이 그 일을 떠맡았다. 仕方なくその仕事を引き受けた. / 분위기상 마시지 않을 ~ 없었다. 雰囲気上、飲まないわけにはいかな

かった。❷【가능성】可能性がありうる｜ありうる｜ありえない。예있을 ~ 없는 일이 일어났다. ありえない事が起こった。❸【능력】能力がある｜ー(することが)できる。예너라면 할 ~ 있을 것이다. お前ならできるだろう。❹【경우】場合がある｜ーすることがある。예원숭이도 나무에서 떨어지는 ~가 있다. 猿も木から落ちることがある。／종업원의 요구를 받아들일 수 없는 ~도 간혹 있다. 従業員の要求を受け入れられない場合も時折ある。

수³(手)명【솜씨】手て｜技わざ。예내가 한 ~ 위다. 俺の方が一枚上手だ。

수⁴(水)❶【오행】水すい｜水曜日ようび。❷〈민〉【오행의 하나】水すい。

수⁵(首)의 ❶【시】首しゅ。예시 한 ~ 詩一首いっしゅ。❷【마리】匹ひき｜羽わ。예닭 다섯 ~ にわとり五羽ごわ。

수⁶(數)명 ❶【운】運うん｜運勢うんせい。=운수｜❷【행운】幸運こううん｜つき。

수⁷(數)명 数かず・すう。예~를 세다. 数を数える。

수⁸(繡)명 刺繡ししゅう｜縫い取とり｜ステッチ。예~를 놓다. 刺繡する；縫い取りする。

수⁻⁹접 雄おす・ー｜牡ぼー。예수컷 雄おす／수캐 雄犬おすいぬ／수평아리 雄ひなのヒナ／수탉이 새벽에 꼬끼오 하고 운다. 雄おすの鶏にわとりが明け方にこけこっこうと鳴なく。↔암-

수⁻¹⁰(數)접【몇의 뜻】数すうー。예수백만 数百万すうひゃくまん。

수-간호사(首看護士)명 看護婦長かんごふちょう。

수감(收監)명 收監しゅうかん。
  수감-하다타 收監しゅうかんする。예교도소에 수감되다. 刑務所けいむしょに収監される。

수갑(手匣)명 手錠てじょう。예~을 채우다. 手錠をはめる。

수강(受講)명 受講じゅこう。
  수강-하다자타 受講じゅこうする。예온라인 강좌를 ~. オンライン講座こうざを受講する。

수강-생(受講生)명 受講生じゅこうせい。

수-개월(數個月)명 数ヶ月すうかげつ。

수거(收去)명 收去しゅうきょ｜回收かいしゅう。예폐품 ~ 廃品はいひん回収。
  수거-하다타 收去しゅうきょする｜回收かいしゅうする。

수건(手巾)명 手拭てぬぐい｜タオル。예~으로 얼굴을 닦다. タオルで顔をぬぐう。

수경¹(水耕)명〈농〉水耕すいこう。예~ 재배 水耕栽培さいばい。

수경²(水鏡)명 水中眼鏡すいちゅうめがね｜水眼鏡みずめがね。

수고명 苦労くろう｜手間てま｜手数てすう・てかず｜めんどう。
  수고-하다자 手間てまがかかる｜苦労くろうする。예더운 와중에 수고하셨습니다. 暑い中、ご苦労様くろうさまでした。
  수고-롭다형 (何なにかを処理しょりすることが)苦労くろうで面倒めんどうだ｜大変たいへんだ｜大儀たいぎだ。예수고롭지만, 제 책상 위에 있는 서류를 가져다주시겠습니까? 面倒めんどうですが、私の机の上にある書類しょるいを持ってきてくれませんか。
  수고로이부 ご苦労くろうなことに。예~ 비가 오는 와중에 출석해 주셔서 진심으로 감사합니다. ご苦労なことに雨の中出席せきしていただき、誠まことにありがとうございます。

수-곰명 熊くまの雄おす。

수공(手工)명 手工しゅこう。

수공-업(手工業)명 手工業しゅこうぎょう。

수공예(手工藝)명 手工芸しゅこうげい。

수교¹(手交)명【외교】手交しゅこう。
  수교-하다¹타 手交しゅこうする｜手渡てわたす。

수교²(修交)명【외교】修交しゅうこう｜修好しゅうこう。
  수교-하다²자 修交しゅうこうする｜修好しゅうこうする。

수구(水球)명〈운〉水球すいきゅう｜ウォーターポロ。

수국(水菊)명〈식〉紫陽花あじさい。

수군(水軍)명〈군〉水軍すいぐん｜海軍かいぐん。

수군-거리다자타 ささやく｜ひそひそと話はなす｜こそこそと話す。=수군대다

수군-대다자타 ☞수군거리다

수군덕-거리다자타 しきりにひそひそと話はなす｜こそこそと話す。예그가 보이지 않는 곳에서 ~. 彼が見えないところで、ひそひそと話している。／뒤에서 수군덕거렸다. 後うしろでひそひそと話した。=수군덕대다

수군덕-대다자타 ☞수군덕거리다

수군덕-수군덕부 ひそひそ｜こそこそ。

수군-수군부 ひそひそ｜こそこそ｜ぼそぼそ。

수굿-하다형 ややうつむいている｜(頭あたまを)やや下さげている。예고개를 수굿하게 숙이고 있다. 頭をやや下げている。
  수굿-이부 うつむき加減かげんに｜ややう

つむいて。예고개를 ~ 하고 있다. 首を うつむき加減にしている。

수궁(水宮)몡 竜宮。

수그러-지다재 ❶下がる。예머리가 ~. 頭が下がる。/벼 이삭이 ~. 稲穂が垂れる。❷(勢いが)弱まる｜和らぐ｜静まる。

수그리다 下げる｜垂れる｜うつむく。예허리를 ~. 腰をかがめる。/고개를 ~. 首を垂れる。

수근(鬚根)몡 ☞수염뿌리

수금(收金)몡 集金。
　수금-하다재 集金する。예대금을 ~. 代金を集金する。

수급¹(受給)몡 受給。
　수급-하다재 受給する。예연금을 ~. 年金を受給する。

수급(首級)몡【전쟁에서】首級｜首。

수급(需給)몡【수요공급】需給。예~ 균형이 붕괴되다. 需給のバランスが崩れる。

수긍(首肯)몡 首肯。
　수긍-하다재타 首肯する｜うなずく。예수긍하기 어려운 부분이 있다. 首肯しがたい部分がある。

수기¹(手記)몡 手記。예사형수의 ~를 읽다. 死刑囚の手記を読む。

수기²(手旗)몡 手旗。

수-꽃(―)몡〔식〕雄花。➡웅화(雄花)↔암꽃

수-꽃술(―)몡〔식〕雄蕊。➡수술

수-나무(雌雄異種)몡〔식〕雄の木。

수-나사(―螺絲)몡〔공〕雄ねじ。➡볼트

수난(受難)몡 受難。예~의 시대 受難の時代。

수난-곡(受難曲)몡〔음〕受難曲｜パッション。예마태 ~ マタイ受難曲。

수납¹(收納)몡 収納。
　수납-하다¹타 収納する。

수납²(受納)몡【받아들임】受納｜収納。
　수납-하다²타 受納する｜収納する。예~ 가구 収納家具。

수녀(修女)몡《종교》修道女。

수년(數年)몡 数年。예~ 전의 일이다. 数年前のことだ。

수-놈

수-놓다(繡―)재 ❶刺繡する｜縫い取る。❷刺繡したかのような美しい景色。예하늘을 수놓은 별들 空に刺繡をしたかのような星々。

수뇌(首腦)몡 首脳。예~ 회의 首脳会議。

수뇌-부(首腦部)몡 首脳部。

수다몡 口数の多いこと｜無駄口｜おしゃべり｜多弁。예~를 떨다. ぺちゃくちゃしゃべる。

수다-스럽다 おしゃべりだ｜口数が多い。예수다스러운 친구 おしゃべりな友達。
　수다스레튀 口数が多く。

수다-쟁이몡 おしゃべりな人。

수다-하다(數多―)형【수가많다】数が多い。
　수다-히튀 数多く｜たくさん。

수단¹(手段)몡 手段｜手立て｜方法。예교통~ 交通手段。

수단²(Sudan)몡〔국〕スーダン。

수달(水獺)몡〔동〕川獺。

수달-피(水獺皮)몡 川獺の皮。

수답(水畓)몡 ☞무논

수당(手當)몡 手当。예~을 받다. 手当を受ける。

수더분-하다(性質이) 気難しくなく、純朴でおとなしい。예그녀는 수더분하게 보인다. 彼女は純朴でおとなしそうに見える。

수도¹(水道)몡 水道。예~ 시설 水道施設。/요금 水道料金。

수도²(首都)몡 首都｜首府。예한국의 ~는 서울입니다. 韓国の首都はソウルです。

수도³(修道)몡 修道｜宗教的な修行。예~ 생활 修道生活。
　수도-하다재 修行する。

수도-권(首都圈)몡 首都圏。

수도-꼭지(水道―)몡 水道の栓｜蛇口｜カラン。예~를 잠그다. 蛇口を閉める。/~를 틀다. 蛇口をひねる。

수도-사(修道士)몡《종》修道士。

수도-원(修道院)몡《종》修道院。

수돗-물(水道―)몡 水道の水。

수동¹(手動)몡 手動｜手回し。예~으로 움직이는 장치 手動で動かす装置。

수동²(受動)몡 受動｜受け身。

수동-식(手動式)몡 手動式。

수동-적(受動的)관명 受動的。예~인 태도를 보이다. 受動的な態度を示す。

수동-태(受動態)몡〔언〕受動態。

수두(水痘)몡〔의〕水痘｜水疱瘡。

수두룩-하다형 おびただしい｜ありふれている｜ざらにある。
　수두룩-이튀 おびただしく｜ざらに。

수득¹(收得)몡【자기의것】収得。

수득-하다¹ 国 収得する。
수득²(修得) 圏 【공부하여 배워 얻음】 修得。
　수득-하다² 国 修得する。
수들-수들 囲 (草・実などが)しおれて生気を失ったさま。
수라-장(修羅場) 圏 修羅場。=아수라장
수락(←受諾) 圏 受諾｜承諾。
　수락-하다 国 受諾する｜承諾する｜受け入れる。例요청을 ~. 要請を受諾する。
수란(水卵) 圏 【달걀의 흰자와 노른자위를 깨뜨려 끓는 물에 넣어 반쯤 익힌 음식】 半熟の落とし卵。例~을 뜨다. 半熟の落とし卵をこしらえる。
수란-관(輸卵管) 圏 (의)輸卵管。
수량¹(水量) 圏 【물의 분량】 水量｜水かさ。
수량²(數量) 圏 数量。例~이 부족하다. 数量が足りない。
수럭-수럭 囲 言行がはきはきとして、元気のあるさま。
수런-거리다 囚国 ざわつく｜騒立つ。
수렁 圏 ぬかるみ｜泥沼。例~에 빠지다. 泥沼にはまり込む。/ ~에서 헤어나다. 泥沼から抜け出る。
수렁-논 圏 泥田。
수레 圏 車。例~를 끌다. 車を引く。
수레-바퀴 圏 車輪。
수려-하다(秀麗—) 囮 秀麗だ｜すぐれて麗しい。例외모가 ~. 容貌がうるわしい。
수력(水力) 圏 水力。
수력 발전(水力發電) 圏 (전)水力発電。
수련¹(修鍊・修練) 圏 修練｜修錬。
　수련-하다 国 修練する｜修鍊する。例정신을 ~. 精神を修練する。
수련²(睡蓮) 圏 (식)睡蓮。例절의 연못에 떠 있는 ~ お寺の池に浮いているスイレン。
수렴(收斂) 圏 ❶【의견 등을 한데 모음】(意見などを)集約。❷【오그라져 모임】収斂。例~ 작용 収斂作用。
　수렴-하다 国 ❶集約する。例의견을 ~. 意見を集めてまとめる。❷収斂する。◆日本語の「収斂」には❶の意味がない。
수렵(狩獵) ☞사냥
수렵-도(狩獵圖) 圏 【사냥하는 모습을 그린 그림】 狩猟図。例고구려의 ~ 高句麗の狩猟図。
수령¹(受領) 圏 受領。例~ 방법 受領方法。

수령-하다 国 受領する｜受け取る。例상품을 ~. 商品を受領する。
수령²(首領) 圏 【우두머리】 首領｜頭かしら｜頭目。例산적의 ~ 山賊の首領。
수령³(樹齢) 圏 【나무의 나이】 樹齢。
수로(水路) 圏 水路。
수로식 발전(水路式發電) 圏 (전)水路式発電。
수록(收錄) 圏 収録。
　수록-하다 国 収録する。例앨범에 수록되어 있는 곡 アルバムに収録されている曲。
수뢰(水雷) 圏 (군)水雷。
수료(修了) 圏 修了。
　수료-하다 国 修了する。例석사 과정을 ~. 修士の課程を修了する。
수류(獸類) 圏 (동)獣類｜獣もの。
수-류탄(手榴彈) 圏 (군)手榴弾・しゅりゅうだん。
수륙(水陸) 圏 水陸。
수르르 囲 ❶【붙지어나 얽힌 물건이 쉽게 풀리는 모양】 するする｜するっと｜するりと。❷【바람이 부드럽게 불어오는 모양】 そよそよ。❸【슬며시 빠지거나 새어 나오는 모양】 すうっと｜さらさら。❹【슬며시 잠이 드는 모양】 とろとろ｜うとうと。
수리¹ 圏 (동)鷲。
수리²(水利) 圏 水利。例~ 시설 水利施設。
수리³(受理) 圏 【받아들임】 受理。
　수리-하다 国 受理する。例사표를 ~. 辞表を受理する。
수리⁴(修理) 圏 【고침】 修理｜修繕。
　수리-하다² 国 修理する｜修繕する。例자동차를 ~. 自動車を修理する。
수리⁵(數理) 圏 【수학의 이론】 数理。例~에 밝다. 数理に明るい。
수리남(Surinam) 圏 (국)スリナム。
수림(樹林) 圏 樹林。例침엽~ 針葉樹林。=나무숲
수립(樹立) 圏 樹立。
　수립-하다 国 樹立する。例최고 기록을 ~. 最高記録を樹立する。
수마¹(水魔) 圏 【수해】 水魔。
수마²(睡魔) 圏 睡魔。
수막-염(髓膜炎) 圏 (의)髄膜炎。
수만(數萬) 冠 数万。
수-많다(數—) 囮 数多い｜おびただしい。
수-말 圏 雄馬｜牡馬。
수매(收買) 圏 買い収めること。
　수매-하다 国 買い収める。例추곡을

~. 秋の穀物を買い収める。

수맥(水脈)[명] 水脈。

수메르 문명(Sumer文明)《역》シュメール文明。[예]~의 발상지 シュメール文明の発祥地。

수면[1](水面)[명] 水面。

수면[2](睡眠)[명] 睡眠。[예]~ 부족 睡眠不足。

수면-제(睡眠劑)[명]《약》睡眠薬 ¦ 催眠薬。[예]잠을 잘 수 없어 ~를 먹다. 眠れなくて睡眠薬を飲む。

수명(壽命)[명] 寿命。[예]평균 ~ 平均寿命。

수모(受侮)[명] 侮辱を受けること。[예]~를 겪다. 侮辱を受ける。

수목(樹木)[명] 樹木。

수몰(水沒)[명] 水没。

수몰-하다[자] 水没する。

수묵(水墨)[명] ❶淡い墨汁。❷《미》水墨。=수묵화

수묵(이) 지다[관용] (墨絵や字の画に)墨が淡くにじみ出る。

수묵 담채화(水墨淡彩畵)《미》水墨淡彩画。

수묵-화(水墨畵)[명]《미》水墨画 ¦ 墨絵。

수문[1](水門)[명]《건》水門。

수문[2](水紋)[명]【물결 무늬】水紋。

수미[1](秀眉)[명]【아름다운 눈썹】秀眉。

수미[2](首尾)[명] 首尾。❶頭と尾。❷始めと終わり。

수-바늘(繡—)[명] 刺繡に使う針。

수박[명]《식》西瓜。[예]잘 익은 ~ よく塾したスイカ。

수박 겉핥기[속담]〔日〕胡椒の丸呑み。

◈일본에서는 '통후추 통째로 삼키기'라고 한다.

수반[1](水盤)[명]【꽃꽂이할 때】水盤。

수반[2](首班)[명]【으뜸가는 자리, 우두머리】首班。

수반[3](隨伴)[명]【어떤 일에 더불어 생김】随伴。

수반-하다[자] 随伴する ¦ 伴う。

수-반구(水半球)[명] 水半球。[예]육반구의 반대편에 ~가 위치한다. 陸半球の反対側に水半球が位置している。

수발[명] 付き添って世話をすること。

수발-하다[자] 付き添って世話をする。[예]환자를 ~. 患者の世話をする。

수배(手配)[명] 手配 ¦ 手配り。[예]지명 ~ 指名手配。

수배-하다[타] 手配する ¦ 手配りする。

수백(數百)[수][관] 数百。[예]~ 미터 数百メートル。

수-백만(數百萬)[수][관] 数百万。

수-벌[명] 雄の蜂。

수-범[1][명] 雄の虎。

수범[2](垂範)[명]【모범】垂範。[예]솔선~ 率先垂範。

수범-하다[자] 垂範する。

수범[3](首犯)[명]《법》主犯。

수법(手法)[명] 手法。❶【수단과 방법】手口 ¦ 手段 ¦ やり方 ¦ 方法 ¦ 手。[예]교묘한 ~을 쓰다. 巧妙な手口を使う。❷【예술품을 만드는 솜씨】技巧 ¦ 技術 ¦ 手際 ¦ 手並み。[예]사실주의 ~을 살리다. リアリズムの手法を活かす。

수변(水邊)[명] ☞물가[1]

수병(水兵)[명]《군》水兵。

수복[1](收復)[명]【잃었던 권리 등을 되찾음】失った土地を取り戻すこと。

수복-하다[1][타] 失った土地を取り戻す。

수복[2](修復)[명]【수리하여 본모습과 같게 함】修復。

수복-하다[2][타] 修復する。

수복[3](壽福)[명]【오래 살고 복을 누리는 일】寿福。

수본(繡本)[명] 刺繡の下絵。

수부(水夫)[명] 水夫 ¦ かこ。

수북-수북[부] ❶【쌓이거나 담긴 물건이 불룩하게 많은 모양】どっさり ¦ うずたかく。[예]~ 쌓인 눈 うずたかく積まれた雪/ 주운 밤을 바구니에 ~ 쌓아서 집에 가지고 갔다. 拾った栗をかごにどっさりと積んで家に持って帰った。❷【살이 찌거나 부어 볼록하게 도드라져 있는 모양】ぶくぶく。[예]너무 많이 자서 눈이 ~ 부어 있다. 寝過ぎで目がぶくぶく腫れている。

수북-하다[형] ❶【담기거나 쌓인 것이】いっぱいだ ¦ 山盛りだ ¦ うずたかく盛られている。[예]밥공기에 밥이 ~. 茶碗にご飯が山盛りだ。❷【살이 찌거나 부어】浮腫んでいる ¦ 腫れている ¦ 盛り上がっている。[예]눈두덩이 부어 ~. 上まぶたが腫れ上がっている。❸【풀·털 등이】(草や毛が伸びて)ぼうぼうと生えている。[예]수북하게 자란 잡초를 뽑다. ぼうぼうと生えた雑草を抜き取る。

수북-이[부] ❶山盛りに ¦ いっぱいに。[예]배가 고팠기 때문에 밥을 밥공기에 ~ 담아 달라고 했다. お腹が空いていたので、御飯を茶碗いっぱいに入れてもらった。❷ぼうぼうと。[예]턱에 수염이 ~ 자랐다. あごにひげがぼうぼうと

生えている。

수분¹(水分) ☞물기

수분²(受粉) 명 《식》受粉。
　수분-하다 자 受粉する。

수비(守備) 명 守備 ; 守り ; ディフェンス。예 ~ 지역 守備エリア。
　수비-하다 타 守備する。
　수비-수(守備手) 명 守備手。

수사¹(修士) 명【개신교】修道士。◆일본어 「修士(しゅうし)」는 학위의 하나인 '석사(碩士)'의 뜻이다.

수사²(修辞) 명【형이상학】修辞。예 ~법 修辞法。

수사³(捜査) 명 捜査。예 ~기관 捜査機関 / ~본부 捜査本部。
　수사-하다 타 捜査する。

수사⁴(数詞) 명《언》数詞。

수산(水産) 명 水産。예 ~ 가공업 水産加工業 / ~ 자원 水産資源。

수산-물(水産物) 명 水産物。

수산-업(水産業) 명 水産業。

수산화-나트륨(水酸化Natrium 독) 《화》水酸化ナトリウム ; 苛性ソーダ。

수산화-물(水酸化物) 명 《화》水酸化物。

수상¹(手相) 명 手相。

수상²(水上) 명 水上。예 ~ 안전 요원 水上安全要員 / ~ 경기 水上競技。

수상³(受賞) 명【수상】受賞。
　수상-하다 자 受賞する ; 賞をもらう。

수상⁴(首相) 명《정》首相 ; 内閣総理大臣。

수상⁵(授賞) 명【수상】授賞。
　수상-하다 자 授賞する ; 賞をさずける。

수상 스키(水上ski) 운 水上スキー。

수상-쩍다(殊常─) 형 疑わしい ; 怪しい ; 不審に思う。예 수상쩍은 사건을 조사하다. 疑わしい事件を取り調べる。

수상-하다(殊常─) 형 怪しい ; 疑わしい ; いぶかしい ; いかがわしい。예 수상한 인물 怪しい人物。
　수상-히 부 いかがわしく ; 怪しく ; 疑わしく。

수색¹(愁色) 명【수색】愁色。

수색²(捜索) 명 捜索。예 가택 ~ 家宅捜索。
　수색-하다 타 捜索する。

수생(水生) 명 水生。
수생 동물(水生動物) (동) 水生動物。
수생 식물(水生植物) 《식》水生植物。

수석¹(水石) 명 水石。

수석²(首席) 명 首席。예 ~ 입학 首席入学。

수선 명 騒がしいこと ; 喧騒 ; 気ぜわしいこと。예 ~을 떨다. 騒ぎ立てる ; ざわつく。
　수선-거리다 자 気が散るようにざわつく。수선거려서 일이 되지 않는다. ざわついて仕事ができない。/ 뭘 그렇게 수선거리고 있니? 何をそんなにざわついているの。=수선대다
　수선-대다 ☞수선거리다
　수선-하다¹ 형 騒がしい ; 気ぜわしい ; やかましい。

수선²(水仙) 명 ❶ 水の中に住むと言われる仙人。❷《식》水仙。=수선화

수선³(垂線) 명《수》垂線 ; 垂直線。예 선분에 ~을 긋다. 線分に垂直線を引く。=수직선

수선⁴(修繕) 명 修繕 ; 修理。
　수선-하다² 타 修繕する ; 修理する ; 繕う ; 直す。예 구두를 ~. 靴を修繕する。

수선-공(修繕工) 명 修繕職人。예 구두 ~ 靴直し。

수선-수선 부【형이상학 부사】ざわざわ ; 騒がしく。예 선생님이 없어서 교실은 ~ 떠들썩해졌다. 教室は先生がいないので、ざわざわと騒がしくなってきた。/ ~ 수다를 떨고 있다. 騒がしくおしゃべりしている。

수선-화(水仙花) 명 《식》水仙。예 ~를 연상시키는 그녀 スイセンを連想させる彼女。=수선(水仙)❷

수성¹(水性) 명 水性。예 ~ 페인트 水性ペイント / ~ 펜 水性ペン。

수성²(水星) 명 《천》水星。

수성-암(水成巌) 명 水成岩 ; 堆積岩。=퇴적암

수세¹(水勢) 명【물이 내려가는 기세】水勢。

수세²(守勢) 명 守勢。

수세미 명 ❶【설거지할 때 쓰는 것】たわし。❷《식》糸瓜。=수세미외

수세미-외 명 《식》糸瓜。예 ~가 내 얼굴만 하다. ヘチマが私の顔ぐらいだ。

수세-식(水洗式) 명 水洗式。예 ~ 화장실 水洗便所。

수-소¹ 몡 雄牛. ; 牡牛.
수소² (水素) 몡 《화》水素.
수-소문(搜所聞) 몡 風説をたよりに探して調べること。例 ~ 끝에 그의 행방을 알아냈다. 噂をたよりに探したすえ、彼の行方を突き止めた。
　　수소문-하다 配 風説をたよりに探して調べる。例 수소문한 결과 그 사람은 중국에서 살고 있다고 한다. 風説をたよりに探した結果、あの人は中国で暮らしているそうだ。
수소 이온(水素ion) 《화》水素イオン。例 ~ 농도 水素イオン濃度。
수소 폭탄(水素爆彈) 군 水素爆弾。
수속(手續) 몡 手続き。例 입원 ~을 하다. 入院の手続きをする。
　　수속-하다 配 手続きする。
수송(輸送) 몡 輸送。
　　수송-하다 配 輸送する。
수송-기(輸送機) 몡 輸送機。
수수¹ 몡 《식》蜀黍 ; 唐黍。例 떡 黍餅/ ~ 밭 黍畑 =고량
수수² (收受) 몡 収受。
　　수수-하다 配 収受する。例 금품을 ~. 金品を収受する。
수수³ (授受) 몡 授受 ; 受け渡し ; やりとり。
　　수수-하다 配 授受する ; 受け渡しする ; やりとりする。
수수-경단(一瓊團) 몡 黍だんご。
수수-깡 몡 黍の茎。
수수께끼 ❶ なぞなぞ ; 謎。例 ~를 내다. なぞなぞを出す。 ❷ 謎。例 ~의 인물 謎の人物。
수수-료(手數料) 몡 手数料。
수수-밥 몡 黍飯。
수수-방관(袖手傍觀) 몡 袖手傍観。
수수-엿 몡 黍飴。
수수-하다 혱 (装い·物の品質などが) よくも悪くもない ; 地味だ ; 渋い。例 수수한 옷차림 地味な装い。
수-술¹ 몡 《식》雄蕊。=웅예(雄蕊)
수술² (手術) 몡 手術。例 성형 ~ 整形手術/ ~을 받다. 手術を受ける。
　　수술-하다 配 手術する。
수술-대¹ 《식》(雄蕊の)花糸。=화사(花絲)
수술-대² (手術臺) 몡 《의》手術台。
수술-머리 몡 《식》雄蕊の一番上の部分。

수술-실(手術室) 몡 手術室。
수습¹ (收拾) 몡 収拾。例 사태 ~ 事態収拾。
　　수습-하다 配 収拾する。
수습² (修習) 몡 修習。
수습-생(修習生) 몡 見習い。例 ~ 모집 見習い募集/ 조리사 ~ 調理師見習い/ 미용사 ~ 美容師見習い。
수습-책(收拾策) 몡 収拾策。
수시(隨時) 몡 随時。例 ~ 모집 随時募集。
수시-로(隨時一) 쀠 随時 ; しばしば ; たびたび。例 ~ 의견을 교환하다. 随時意見を交換する。
수식¹ (水蝕) 몡 水食 ; 水蝕。
수식² (修飾) 몡 修飾。
　　수식-하다 配 修飾する。例 문장을 ~. 文章を修飾する。
수식³ (數式) 몡 《수》数式。
수식-어(修飾語) 몡 《언》修飾語。
수-신(繡-) 몡 刺繡の入った絹の履物。例 고운 분홍 ~을 신었다. きれいな刺繡の入ったピンクの履物を履いた。
수신² (受信) 몡 受信。例 ~ 거부 受信拒否。
　　수신-하다 자타 受信する。
수신³ (修身) 몡 修身。例 ~제가 修身斉家。
　　수신-하다 자 身を修めて立派な行いをするように努める。
수신-기(受信機) 몡 《통》受信機。
수심¹ (水深) 몡 水深。例 ~이 깊다. 水深が深い。
수심² (垂心) 몡 《수》垂心。
수심³ (愁心) 몡 心配 ; 憂い ; 物思い。例 그는 무엇 때문인지 ~에 잠긴 듯이 보인다. 彼は何のせいだろうか、憂いに沈んでいるように見える。
　　수심-하다 자 心配する ; 思い悩む ; 憂いに沈む。
수심⁴ (獸心) 몡 獣心。例 인면~ 人面獣心。
수십(數十) 쥐 数十。
수압(水壓) 몡 《물》水圧。例 ~이 낮다. 水圧が低い。
수액(樹液) 몡 樹液。
수양¹ (收養) 몡 他人の子を引き取って、我が子として養育すること。

수양-하다¹ 他人の子を引き取って、我が子として養育する。 ⓔ 고모의 자식을 수양하기로 했다. 叔母の子を我が子として養育することにした。

수양²(垂楊) ☞수양버들

수양³(修養) 修養。
　수양-하다² 修養する。 ⓔ 정신을 ~. 精神を修養する。

수양-버들(垂楊—) 《식》垂柳 ¦ しだれやなぎ。 ⓔ ~이 축 늘어져 있다. シダレヤナギの枝が真っ直ぐに垂れ下がっている。 =수양²

수양-딸(收養—) 養女。 ⓔ ~를 들이다. 養女を入れる。/ 여자아이를 ~로 맞았습니다. 女の子を養女として迎えました。/ ~을 결혼시키다. 養女を結婚させる。 =양녀・양딸

수양-아들(收養—) 養子。 ⓔ ~을 보다. 養子をとる。/ ~가 되다. 養子になる。 =양아들・양자⁴

수양-아버지(收養—) 養父。 =양부・양아버지

수양-어머니(收養—) 養母。 =양모²・양어머니

수양-부모(收養父母) 養父母 ¦ 養しい親。 ⓔ ~ 밑에서 자라났다. 養父母の下で育った。 =양부모

수업¹(修業) 修業。
　수업-하다¹ 修業する。

수업²(授業) 《교》授業。 ⓔ ~을 받다. 授業を受ける。
　수업-하다² 授業する。

수업-료(授業料) 授業料。

수-없다(數—) 数え切れないほど多い。
　수없-이 数え切れなく。

수여(授與) 授与。
　수여-하다 授与する。 ⓔ 석사 학위를 ~. 修士の学位を授与する。

수역(水域) 水域。 ⓔ 경제 ~ 経済水域。

수연(壽宴・壽筵) 寿宴 ¦ 長寿の祝いの酒宴。

수염(鬚髥) ❶ 髭。 ⓔ 메기의 ~ ナマズのひげ/~을 밀다. ひげをそる。/~이 나다. ひげが生える。 =나룻 ❷ (麦・トウモロコシなどの実の先などについている)のぎ。 ⓔ 옥수수의 ~을 깨끗하게 없애다. トウモロコシの毛を綺麗に取り除く。

수염-뿌리(鬚髥—) 《식》(稲・麦などの)ひげ根 ¦ 鬚根。 =수근(鬚根)

수영(水泳) 《운》水泳 ¦ 泳ぎ ¦ スイミング。 ⓔ ~ 선수 水泳選手。 =유영
　수영-하다 水泳する ¦ 泳ぐ。 ⓔ 바다에서 느긋하게 ~. 海でゆっくりと泳ぐ。

수영-모(水泳帽) 水泳帽。

수영-복(水泳服) 水着 ¦ 海水着。

수영-장(水泳場) 水泳場 ¦ プール。

수예(手藝) 手芸。

수온(水溫) 水温。

수온-계(水溫計) 水温計。

수완(手腕) ❶ 手首のくびれたところ。 ❷ 手腕 ¦ 腕前 ¦ 才腕 ¦ 技量。 ⓔ 대단한 ~을 발휘하다. 優れた手腕を発揮する。

수완-가(手腕家) 手腕家 ¦ やり手。

수요(需要) 《경》需要。 ⓔ ~와 공급 需要と供給/~가 증가하다. 需要が増加する。

수-요일(水曜日) 水曜日 ¦ 水曜。

수욕(獸慾) 獣欲。

수용¹(收容) 収容。 ⓔ 강제 ~ 強制収容。
　수용-하다¹ 収容する。 ⓔ 200명을 수용할 수 있는 시설 二百名を収容できる施設。

수용²(受容) 受容。
　수용-하다² 受容する ¦ 受け入れる。 ⓔ 새로운 문화를 ~. 新しい文化を受容する。

수용³(需用) 需用。

수용-성(水溶性) 《화》水溶性。 ⓔ ~ 잉크 水溶性インク/~ 비타민 水溶性ビタミン。

수용-소(收容所) 収容所。 ⓔ 강제 ~ 強制収容所。

수용-액(水溶液) 《화》水溶液。

수운(水運) 水運。

수원(水源) 水源。

수원-지(水源地) 水源地。

수월(數月) 数ヶ月。

수월-내기 自分の思い通りに扱いやすい人。 ⓔ 그 ~는 나한테 맡겨. その扱いやすい奴は俺に任せろ。

수월-스럽다 容易いようだ。 ⓔ 그가 도와주어서 일하기가 ~. 彼が手伝ってくれて、仕事がたやすい。
　수월스레 容易く ¦ 容易に ¦ 楽に。 ⓔ 생각한 것보다 ~ 도착했다. 思っ

たより容易に到着した。

수월찮다 ❶ 容易でない;たやすくない。예 해결책을 찾는 것은 ~. 解決策を見出すのは容易ではない。/ 오랜만의 등산은 ~. 久しぶりの山登りはたやすくない。❷ かなり多い。예 누전에 의한 전기 요금도 ~. 漏電による電気代もばかにならない。/ 수입이 꽤 ~. 収入がかなり多い。

수월찮-이 뭐 かなり多く。예 아이들의 수업료도 ~ 든다. 子供の月謝もかなり多くかかる。

수월-하다 혱 ❶ たやすい;容易ようだ;楽だ。예 비교적 수월하게 처리하다. 比較的容易に処理する。❷ 気持ちよい;快い。예 수월하게 승낙하다. 快く承諾する。

수월-히 뭐 易しく;たやすく;容易ように;楽に。

수위¹(水位) 몡 水位。
수위²(守衛) 몡 守衛。
수위³(首位) 몡 首位。예 ~에 오르다. 首位に立つ。

수유(授乳) 몡 授乳。
  수유-하다 재 授乳する。

수유-기(授乳期) 몡 授乳期。

수육(-肉) 몡 ゆでて煮えた牛肉。예 삶아서 부드러운 ~. 煮えて柔らかい牛肉。

수은(水銀) 몡 (화) 水銀;みずがね。예 ~ 온도계 水銀温度計/ ~ 전지 水銀電池/ ~ 중독 水銀中毒。

수은-등(水銀燈) 몡 (전) 水銀灯。
수은-주(水銀柱) 몡 (물) 水銀柱。

수의¹(囚衣) 몡 獄衣;囚人服。
수의²(壽衣) 몡 寿衣;経帷子。
수의³(獸醫) 몡 ☞수의사
수의-근(隨意筋) 몡 (의) 随意筋。

수-의사(獸醫師) 몡 獣医師;獣医。=수의³

수의-학(獸醫學) 몡 獣医学。

수익(收益) 몡 収益。예 투자 ~ 投資収益。

수익-성(收益性) 몡 (경) 収益性。
수인(囚人) 몡 囚人。
수-인사(修人事) 몡 ❶ 礼儀をわきまえて挨拶をすること。예 ~를 나누다. お互いに挨拶を交わす。❷ 人事を尽くすこと。

  수인사-하다 재 ❶ 礼儀をわきまえて挨拶する。예 그들은 서로 수인사하며 얼굴을 익혔다. 彼らはお互いに挨拶を交わして知り合いになった。❷ 人事を尽くす。

수일(數日) 몡 数日。

수입¹(收入) 몡 収入。예 고~ 高収入/ 부~ 副収入/ ~이 늘다. 収入が増える。

수입²(輸入) 몡 輸入。예 ~ 의존도 輸入依存度。
  수입-하다 타 輸入する。

수입-상(輸入商) 몡 (경) 輸入商。
수입-세(輸入稅) 몡 (법) 輸入税。
수입 인지(收入印紙) 몡 (법) 収入印紙。
수입-품(輸入品) 몡 輸入品。

수-자원(水資源) 몡 水資源。예 유엔은 ~ 고갈을 경고했다. UNは水資源の枯渇を警告した。

수작¹(秀作) 몡 秀作。
수작²(酬酌) 몡 ❶ 言葉のやり取り。웃기지도 않은 ~을 걸다. とんでもないことを話しかける。❷ 杯を交わすこと。예 여기까지 온 김에 너와 ~이라도 하고 가자. ここまで来たついでに、あなたと杯でも交わして行こう。❸ 他人の言動や計画を見下げて言う語。예 허튼 ~은 그만둬. いい加減な話はやめろ。/ 속이 빤히 들여다보이는 ~에 넘어가다. 茶番劇にだまされる。

  수작-하다 재 ❶ お互いに言葉を交わす。예 두 사람이 수작하는 동안 모두 가만히 듣고 있었다. 二人が言葉を交わす間、みんなはじっと聞いていた。❷ 杯を交わしている모습은 참 꼴불견이다. 彼らが杯を交えているのは、とても見ていられない。

수장¹(水葬) 몡 水葬;水葬礼。
  수장-하다 타 水葬する。

수장²(收藏) 몡 収蔵。
  수장-하다 타 収蔵する。예 500점이 넘는 작품을 수장하고 있다. 500点を超える作品を収蔵している。

수장³(首長) 몡 首長;頭。
수재¹(水災) 몡 水災;水害;水難。예 ~를 당하다. 水害にあう。

수재²(秀才) 몡 秀才。
수저 몡 ❶ 匙と箸。❷ 匙。
수저(水底) 몡 水底;みそこ。
수저-통(-筒) 몡 箸箱。

수-적(數的)관명 数的そう。예~으로 우세한 상황 数的に優勢な状況。

수전(水田)명 ☞무논

수전-노(守錢奴)명 守錢奴しゅせんど。

수절(守節)명 ❶【?】守節しゅせつ｜節義を守ること。❷【?】貞節を守ること。
　수절-하다자 ❶節義を守る。❷貞節を守る。

수정¹(水晶)명 〈광〉水晶すいしょう。예~ 유리 水晶ガラス。

수정²(受精)명 〈생〉受精じゅせい。
　수정-하다자 受精する。

수정³(修正)명【?】修正しゅうせい。
　수정-하다²타 修正する。예 계획을 ~. 計画を修正する。

수정⁴(修訂)명【?】修訂ていせい。예 초고 ~ 草稿を修訂。
　수정-하다³타 修訂する。예 예문을 ~. 例文を修訂する。

수-정과(水正果)명【?】スジョングァ。

수정-관(輸精管)명〈동〉精管せいかん｜輸精管ゆせいかん。

수정-란(受精卵)명〈생〉受精卵じゅせいらん。예 다세포 동물의 ~ 多細胞たさいぼう動物どうぶつの受精卵。

수정-막(受精膜)명〈의〉受精膜じゅせいまく。

수정-안(修正案)명 修正案しゅうせいあん。

수정-체(水晶體)명〈의〉水晶体すいしょうたい。

수제(手製)명 手製てせい｜手作てづくり。예 ~ 쿠키 手作りクッキー。

수제비명 すいとん。

수-제자(首弟子)명 一番いちばん弟子でし。

수조(水槽)명 水槽すいそう。

수족¹(手足)명 手足てあし。예 ~이 마비되다. 手足が麻痺する。

수족²(水族)명 水族すいぞく｜水中すいちゅうにすむ動物どうぶつ。

수족-관(水族館)명 水族館すいぞくかん。

수종(水腫)명〈의〉水腫すいしゅ｜浮腫ふしゅ。

수준(水準)명 水準すいじゅん。예 생활 ~ 生活水準/ 임금 ~ 賃金ちんぎん水準/ ~이 높다. レベルが高い。

수준-기(水準器)명〈물〉水準器すいじゅんき。

수준-점(水準點)명 水準点すいじゅんてん。

수준 측량(水準測量)〈건〉水準測量すいじゅんそくりょう。

수줍다형 内気うちきだ｜はにかみ屋やだ｜恥ずかしがり屋やだ。예 그녀가 수줍은 듯 서 있다. 彼女がはにかみそうに立っている。/ 시집가라는 말만 나오면 수줍어 고개를 들지도 못한다. 嫁よめにいきなさいという言葉ことばが出でるだけで、恥ずかしくて顔かおをあげることもできない。

수줍어-하다자 恥ずかしがる｜はにかむ｜恥じらう。

수줍-음명 恥はじらい｜はにかみ。예 그 애는 ~을 잘 탄다. あの子こははにかみ屋やだ。

수중¹(手中)명 手中しゅちゅう。❶【?】手での中なか｜掌中しょうちゅう。❷【?】手での内うち｜掌中しょうちゅう。예 ~에 넣다. 手中に収おさめる。

수중²(水中)명 水中すいちゅう。예 ~ 식물 水中植物しょくぶつ/ ~ 카메라 水中カメラ。=물속

수-증기(水蒸氣·水烝氣)명 水蒸気すいじょうき。=증기

수지¹(收支)명 ❶【?】収支しゅうし｜収入しゅうにゅうと支出ししゅつ。❷【?】算盤そろばん｜出入でいり。예 ~가 맞다. 利益がある；算盤が合あう；もうかる。/ ~가 맞지 않다. 算盤が持てない；算盤が合わない；出入りが合わない。

수지²(樹脂)명〈화〉樹脂じゅし。예 합성~ 合成ごうせい樹脂/천연 ~ 天然てんねん樹脂。

수지니(手-)명〈동〉飼かい慣ならした鷹たかやはやぶさ。=수진매

수직¹(手織)명【?】手織ており。
　수직-하다타 手で織おる。

수직²(垂直)명 垂直すいちょく。예 ~ 낙하 垂直落下らっか/ ~ 방향 垂直方向ほうこう/ ~ 분포 垂直分布ぶんぷ。

수직-갱(垂直坑)명〈광〉縦坑たてこう。

수직-선(垂直線)명〈수〉垂直線すいちょくせん｜垂線すいせん。

수직 이등분선(垂直二等分線)〈수〉垂直二等分線すいちょくにとうぶんせん。예 선분 AB에 ~을 그어라. 線分せんぶんABに垂直二等分線を引ひけ。

수진-매(手陳—)명 ☞수지니

수질(水質)명 水質すいしつ。예 ~ 검사를 실시하다. 水質検査けんさを実施じっしする。

수질 오염(水質汚染)〈사〉水質汚染おせん｜水質汚濁おだく。예 ~으로 강과 바다에서 나는 먹을거리도 오염되고 있다. 水質汚染によって川かわや海うみの産物さんぶつも汚染されている。

수집¹(收集)명【?】収集しゅうしゅう。
　수집-하다타 収集する。예 대형 쓰레기를 ~. 粗大そだいごみを収集する。

수집²(蒐集)명【?】蒐集しゅうしゅう｜収集しゅうしゅう｜コレクション。예 정보 ~ 情報じょうほう収集。

수집-하다(蒐集─)囸 蒐集しゅうしゅうする｜収集しゅうしゅうする。囫 골동품을 ~. 骨董品こっとうひんを収集しゅうしゅうする。

수집-광(蒐集狂)圀 収集狂しゅうしゅう｜コレクトマニア。

수집-벽(蒐集癖)圀 収集癖しゅうしゅう。

수차¹(水車)圀 水車すいしゃ・みずぐるま。

수차²(數次)圀 数次すうじ｜数回すうかい｜数度すうど｜何度なんど。囫 ~에 걸쳐 개혁을 추진하다. 数次にわたって改革を推進すいしんする。

수창(首唱)圀 ❶首唱しゅしょう｜いちばん先さきに言いい出だすこと。❷座中ざちゅうでいちばん先さきに詩しを書かいて詠よむこと。

수창-하다囸 ❶首唱しゅしょうする｜いちばん先さきに唱となえる。囫 자네가 수창해 놓고 도망치는 것은 비겁하잖아. お前まえがいちばん先さきに言いい出だしておいて、逃にげるとは卑怯ひきょうだぞ。❷座中ざちゅうでいちばん先さきに詩しを書かいて詠よむ。囫 당신이 수창하시겠습니까? あなたが先さきに詩しを書かいて詠よみますか。

수채圀 どぶ｜下水道げすいどう。囫 ~가 막히다. 下水道げすいどうがつまる。

수채-통(─筒)圀 下水管げすいかん。=하수관・하수통

수채-화(水彩畵)圀 《미》水彩画すいさいが。

수챗-구멍圀 下水げすいの出口でぐち。

수처(數處)圀 数すうヶ所しょ。

수척-하다(瘦瘠─)彨 やせる｜やつれる｜やせほそる｜やせこけている。囫 얼굴이 수척하다. 顔かおがやせこける。

수-천만(數千萬)주관 数千万すうせんまん。

수첩(手帖)圀 手帳てちょう。

수초(水草)圀 《식》水草すいそう・みずくさ。

수축¹(收縮)圀 収縮しゅうしゅく。囫 근육의 ~ 筋肉きんにくの収縮しゅうしゅく。

수축-하다짜 収縮しゅうしゅくする｜縮ちぢまる。

수축²(修築)圀【建築けんちく、土木どぼく】修築しゅうちく。

수축-하다囸 修築しゅうちくする。囫 학교를 ~. 学校がっこうを修築しゅうちくする。

수출(輸出)圀 輸出ゆしゅつ。囫 ~을 규제하다. 輸出ゆしゅつを規制きせいする。

수출-하다囸 輸出ゆしゅつする。囫 제품을 해외에 ~. 製品せいひんを海外かいがいに輸出ゆしゅつする。

수-출입(輸出入)圀 輸出入ゆしゅつにゅう。

수출-품(輸出品)圀 輸出品ゆしゅつひん。

수취(受取)圀 受うけ取とり。囫 상대가 ~를 거부하다. 相手あいてが受取うけとりを拒否きょひする。

수취-하다囸 受うけ取とる。

수취-인(受取人)圀 受取人うけとりにん。

수치¹(羞恥)圀 羞恥しゅうち｜恥はじらい｜恥はじ。 囫 집안의 ~로 여기다. 家柄いえがらの恥はじだ。

수치²(數値)圀 《수》数値すうち。

수치-스럽다(羞恥─)彨 恥はずかしい。
수치스레튀 恥はずかしく。

수치-심(羞恥心)圀 羞恥心しゅうちしん。

수-치질(─痔疾)圀 《의》疣痔いぼじ｜痔核じかく。

수칙(守則)圀 守まもるべき規則きそく。

수캐圀 雄おすの犬いぬ。

수컷圀 動物どうぶつの雄おす。

수탁(受託)圀 受託じゅたく。囫 ~ 판매 受託販売じゅたくはんばい。

수탁-하다囸 受託じゅたくする。

수탁-자(受託者)圀 受託者じゅたくしゃ。

수탈(收奪)圀 収奪しゅうだつ。

수탈-하다囸 収奪しゅうだつする。

수탉圀 おんどり。囫 날이 밝자 ~이 꼬끼오 하며 아침을 알렸다. 夜よが開あけるとオンドリがこけこっこうと鳴ないて、朝あさを告つげた。=장닭

수탉이 울어야 날이 새지속담 おんどりが鳴なかなければ、夜よが明あけない:「家庭かていでは夫おっとがリードしないとうまくいかない」の意い。

수태(受胎)圀 受胎じゅたい。囫 ~ 고지 受胎告知じゅたいこくち。

수태-하다자 受胎じゅたいする｜妊娠にんしんする｜身みごもる。

수토(水土)圀 水土すいど。

수통(水桶)圀 ☞물통❶

수퇘지圀 豚ぶたの雄おす。

수-틀(繡─)圀 刺繡枠ししゅうわく｜刺繡台ししゅうだい。

수판(數板)圀 そろばん。=셈판❷

수평(水平)圀 水平すいへい。

수평 뛰기(水平─)《운》【체조たいそう】(体操たいそうで)水平すいへい跳とび。

수평-면(水平面)圀 《수》水平面すいへいめん。

수평-선(水平線)圀 水平線すいへいせん。

수평아리圀 ひよこの雄おす。

수포¹(水泡)圀 水泡すいほう｜みなわ。囫 10년의 노력이 ~로 돌아갔다. 10年ねんの努力どりょくは水泡すいほうに帰きした。=물거품

수포²(水疱)圀 《의》水疱すいほう｜水みずぶくれ｜水泡疹すいほうしん。

수표(手票)圀 《경》小切手こぎって。

수풀 ❶森林しんりん｜森もり｜林はやし。❷藪やぶ｜草木そうもく｜茂しみ｜草くさむら。囫 ~ 속에 숨다. 茂しみに隠かくれる。준숲

수프(soup)圀 スープ。

수피¹(樹皮)圀 ☞나무껍질

수피²(獸皮)圀【獣皮じゅうひ】獣皮じゅうひ。

수필(隨筆)명 《文》随筆ずいひつ｜漫筆まんひつ｜エッセー。

수필-가(隨筆家)명 随筆家ずいひつか。

수필-집(隨筆集)명 《文》随筆集ずいひつしゅう。

수하(手下)명 ❶ 目下めした｜年下としした。❷ 【身近な】手下てした。

수-하다(壽―)자 《文》長生ながいきする。

수-하물(手荷物)명 手荷物てにもつ。

수학¹(修學)명 《教育》修学しゅうがく。
　수학-하다자타 修学しゅうがくする。

수학²(數學)명 《수》数学すうがく。

수학-여행(修學旅行)명 修学旅行しゅうがくりょこう。

수해(水害)명 水害すいがい。예 ~를 입다. 水害を被こうむる。

수행¹(修行)명 《불교》《교육》修行しゅぎょう。
　수행-하다타 修行しゅぎょうする。

수행²(遂行)명 【実行】遂行すいこう。
　수행-하다타 遂行すいこうする。예 업무를 ~. 業務ぎょうを遂行する。

수행³(隨行)명 【あとにつき従う】随行ずいこう。
　수행-하다타 随行ずいこうする。예 대통령을 ~. 大統領だいとうりょうに随行する。

수행-원(隨行員)명 随行員ずいこういん｜随員ずいいん。

수행-자(修行者)명 修行者しゅぎょうしゃ。

수험(受驗)명 受験じゅけん。
　수험-하다자 受験じゅけんする。

수험-생(受驗生)명 受験生じゅけんせい。

수험-표(受驗票)명 受験票じゅけんひょう。

수혈(輸血)명 《의》血けつ。
　수혈-하다자 輸血ゆけつする。

수형(受刑)명 受刑じゅけい。
　수형-하다자 受刑じゅけいする。

수호¹(守護)명 【擁護する事】守護しゅご。
　수호-하다¹타 守護しゅごする｜守まもる。예 인권을 ~. 人権じんけんを守護する。

수호²(修好)명 【友好関係 結ぶ事】修好しゅうこう｜修交しゅうこう。 예 ~ 조약 修好条約じょうやく。
　수호-하다²자 修好しゅうこうする｜修交しゅうこうする。

수호-신(守護神)명 守護神しゅごしん。

수화¹(手話)명 手話しゅわ。예 ~로 이야기하다. 手話で話はなす。

수화²(水化)명 水化すいか｜水和すいわ。

수화³(水和)명 (화)水和すいわ｜水化すいか。

수화-기(受話器)명 受話器じゅわき。

수확(收穫)명 収穫しゅうかく。❶ 取とり入いれ。❷ 成果せいか。
　수확-하다타 収穫しゅうかくする。예 콩을 ~. 豆まめを収穫する。

수확-량(收穫量)명 収穫量しゅうかくりょう。

수회(數回)명 数回すうかい。

수효(數爻)명 物事ものごとの数かず・分ぶん。

수훈¹(受動)명 【受勳】受動じゅどう。
　수훈-하다자 勲章くんしょうを受うける。

수훈²(殊動)명 【殊勳】殊勳しゅくん。

숙고(熟考)명 熟考じゅっこう｜熟慮じゅくりょ。
　숙고-하다타 熟考じゅっこうする｜熟慮じゅくりょする。예 장기간에 걸쳐 숙고한 결과 長期間ちょうきかんに渡わたり、熟考した結果けっか。

숙녀(淑女)명 淑女しゅくじょ｜レディー。

숙다자 ❶ 【傾】傾かたむく。❷ 【衰】元気げんきが衰おとろえる｜減へる｜気力きりょくがなくなる。예 점차 기세가 숙어들다. だんだん気勢きせいが衰えていく。

숙달(熟達)명 熟達じゅくたつ。
　숙달-하다자 熟達じゅくたつする。예 업무에 숙달되다. 業務ぎょうむに熟達している。

숙덕-거리다자 【多おおくの人ひとが集あつまって】しきりにささやき合あう｜ひそひそと話はなし合あう。예 사람들이 ~. 人達ひとたちがひそひそと話す。

숙덕-숙덕부 【声こえを忍しのばせ 意味深ゆいみしんな 話はなしを続つづけたりする音おとまたは 模様もよう】ひそひそ｜こそこそ。예 ~ 비밀 이야기를 한다. ひそひそと秘密ひみつの話をする。

숙독(熟讀)명 熟読じゅくどく。
　숙독-하다타 熟読じゅくどくする。

숙려(熟慮)명 熟慮じゅくりょ。
　숙려-하다타 熟慮じゅくりょする。

숙련(熟練·熟鍊)명 熟練じゅくれん。
　숙련-하다자 熟練じゅくれんする。예 숙련된 기술 熟練した技術ぎじゅつ。

숙련-공(熟鍊工)명 熟練工じゅくれんこう。

숙망(宿望)명 宿望しゅくぼう｜宿志しゅくし｜宿願しゅくがん。

숙맥(菽麥)명 菽麦しゅくばく。❶ 豆まめと麦むぎ。❷ 愚おろかで物ものの区別くべつがつかない人ひと。

숙면¹(熟面)명 【顔見知かおみしり】なじみの顔かお｜よく知しっている顔｜見慣みなれた顔。예 ~인 사람 見慣れた顔の人ひと。

숙면²(熟眠)명 【熟睡じゅくすい】熟眠じゅくみん｜熟睡じゅくすい。
　숙면-하다자 熟眠じゅくみんする｜熟睡じゅくすいする。

숙명(宿命)명 宿命しゅくめい。

숙명-론(宿命論)명 《철》宿命論しゅくめいろん｜運命論うんめいろん。

숙명-적(宿命的)관명 宿命的しゅくめいてき。예 ~인 대결 宿命的な対決たいけつ。

숙모(叔母)명 叔母しゅくぼ｜おば。=작은어머니

숙박(宿泊)명 宿泊しゅくはく。예 ~ 시설 宿泊施設しせつ。

숙박-하다(宿泊)자 宿泊する｜泊まる｜宿る。

숙박-부(宿泊簿)명 宿帳。

숙박-업(宿泊業)명 宿泊業。

숙부(叔父)명 叔父｜おじ。=작은아버지

숙-부드럽다형 ❶ (物体が)柔かい。예 숙부드러운 가죽점퍼 柔かい皮ジャンパー。❷ (心や態度が)おとなしくて穏やかだ｜行儀がいい。예 숙부드러운 태도 おとなしくて行儀のいい態度/그는 붙임성이 있고 ~. 彼は人つきあいがよくて、行儀がいい。

숙사(宿舍)명 宿舍。

숙설-거리다자 小声でひそひそと話す｜ささやき合う。예 수다스럽게 ~. おしゃべりのように、しきりに小声でひそひそ話す。=숙설대다

숙설-대다자 ☞숙설거리다

숙설-숙설부 こそこそ｜ひそひそ。예 이제는 ~ 이야기하는구나. 今となってこそこそ話すのか。

숙성(熟成)명 熟成。예 ~ 기간 熟成期間。

숙성-하다자 熟成する。

숙성-하다²(夙成一)형 大人おびている｜早熟そうだ。

숙소(宿所)명 宿所｜宿。예 ~를 제공하다. 宿所を提供する。

숙식(宿食)명 ❶ 寝食｜寝ることと食べること。예 ~을 함께하다. 寝食を共にする。/ ~을 제공하다. 侵食を提供する。❷《한》一日に過ぎても食べたものが消化しないで、胃にたまること。

숙식-하다자 寝食する。

숙어(熟語)명 (언)熟語。

숙어-지다자 ❶ (頭や首などが)前に傾く｜下がる｜垂れる。예 고개가 절로 ~. 頭が自然に下がる。/상체가 ~. 上体が前に傾く。❷ 衰える｜だんだん弱まる。예 사춘기가 지나서 반항심이 숙어진다. 思春期が過ぎって反抗心が弱まった。

숙연-하다(肅然一)형 肅然としている。

숙연-히부 肅然と。

숙영(宿營)명 (군) 宿営。

숙영-하다자 宿営する。

숙원¹(宿怨·夙怨)명 宿怨｜恨。

숙원²(宿願)명 宿願｜宿望。

숙-이다타 (頭・首を)下げる｜うなだれる｜うつむく｜うつむける。예 부끄러워 얼굴을 깊이 ~. 恥ずかしくて顔を深くうなだれる。/고개를 ~. 頭をうなだれる。

숙적(宿敵)명 宿敵。

숙제(宿題)명 宿題。예 ~가 많다. 宿題が多い。/~를 도와주다. 宿題を手伝ってくれる。

숙주¹ ☞숙주나물

숙주²(宿主)명 《생》宿主｜寄主。예 ~관계 宿主関係/기생충은 인간의 몸을 ~로 삼아 번식한다. 寄生虫は人間の体を宿主として繁殖する。=임자몸

숙주-나물명 ❶ (八重なりの)もやし。❷ 八重なりのもやしを軽くゆでて和えたもの。예 ~은 쉬 상한다. 八重なりのモヤシはすぐに腐る。=숙주¹

숙지(熟知)명 熟知。

숙지-하다타 熟知する。예 회의 내용은 숙지하고 있다. 会議の内容はよく知っている。

숙지근-하다형 下火になる｜勢いがおさまりかける｜弱くなる。

숙-지다자 衰える｜弱まる。

숙직(宿直)명 宿直。

숙직-하다자 宿直する。

숙질(叔姪)명 叔父と甥[姪]｜伯父と甥[姪]。

숙청(肅清)명 肅清。

숙청-하다타 肅清する。

숙체(宿滯)명 (한) 長引いた食もたれ症。예 의사는 ~라고 진단했다. 医者は長引いた食もたれ症と診断した。

숙취(宿醉)명 宿醉｜二日醉い。

숙친(熟親)長く付き合って、とても親しい間柄。예 ~의 정이 하루아침에 무너지다. とても親しい間柄が一朝に崩れる。

숙친-하다형 間柄がとても親しい。예 그와 나는 숙친한 사이이다. 彼と私たちは非常に親しい間柄だ。

숙환(宿患)명 宿病｜長患い｜長病み。

순¹부 예 ~ 거짓말 まっかなうそ/그 사람은 ~ 도둑놈이다. その人は全くのぬすっとだ。

순²(純)관 純｜本当に｜真っ赤に｜全く。예 ~ 우리말 純の韓国語

순³(筍)[?] 植物の芽。

순간¹(旬刊)圏【旬刊】旬刊。
　순간-하다囮 新聞や雜誌などを、10日ごとに刊行する。囫 이번 달부터 사보를 순간하기로 했다. 今月から社内報を、10日ごとに刊行することにした。

순간²(瞬間)圏【瞬間】瞬間。瞬たく間。囫 행복한 ～ 幸せな瞬間。

순결(純潔)圏 純潔。囫 결혼 전까지 ～을 지키다. 結婚まで純潔を守る。
　순결-하다囮 純潔だ。囫 순결한 영혼 純潔な魂。

순경¹(巡警)圏 ❶ 巡察。見回って警戒すること。囫 주택가를 ～ 돌다. 住宅街を巡察に回る。 ＝순찰 ❷ 〈法〉【巡査부장】巡查。囫 교통～ 交通巡査／～에게 붙잡히다. 巡査に捕まる。

순경²(順境)圏【順境】順境。↔ 역경(逆境)

순교(殉敎)圏〈宗〉殉敎。
　순교-하다虮 殉敎する。

순교-자(殉敎者)圏〈宗〉殉敎者。

순국(殉國)圏 殉国。
　순국-하다虮 国のために命を捨てること。

순금(純金)圏 純金。金無垢。

순난(殉難)圏 殉難。
　순난-하다虮 殉難する。

순-담배(筍―)圏 芽を乾かして作ったタバコ。

순대圏【순대】スンデ。囫 한국식 소시지라고 할 수 있는 ～ 韓国式ソーセージと言われるスンデ。

순도(純度)圏 純度。囫 ～가 높다. 純度が高い。

순-두부(―豆腐)圏【スンドゥブ】スンドゥブ。

순두부-찌개(―豆腐―)圏【スンドゥブチゲ】スンドゥブチゲ。囫 ～는 남녀노소 먹기 편하고 건강에 좋다. スンドゥブチゲは老若男女、皆で食べやすく、健康によい。

순량-하다(順良―)囮 順良だ。

순례(巡禮)圏 巡礼。囫 성지 ～ 聖地巡礼。
　순례-하다재囮 巡礼する。

순로(順路)圏 順路。

순록(馴鹿)圏〈動〉トナカイ。

순류(順流)圏 順流。
　순류-하다虮 順流する。

순리(順理)圏 ❶ 道理に従うこと。囫 ～를 거역하다. 道理に逆らう。 ❷ 順当な道理。囫 ～에 맞게 행동하다. 順当な道理にかなって行動する。
　순리-하다虮 道理に従う。囫 순리한 해결법을 찾아내다. 道理に従った解決法を見つけ出す。／상황을 순리하게 진전시키다. 状況を道理に従って進める。

순리-롭다(順理―)囮 道理に外れることなく、素直で無理がない。囫 일이 순리롭게 잘 풀려 간다. 事が道理に外れることなく解決されていく。

순면(純綿)圏 純綿。

순모(純毛)圏 純毛。

순-무(⟨―⟩―)圏 かぶ。かぶら。

순-문학(純文學)圏〈文〉純文学。

순박-하다(淳朴―・淳樸―・醇朴―)囮 淳朴だ・純朴だ・醇朴だ。囫 순박한 농부 純朴な農夫。

순발-력(瞬發力)圏 瞬発力。囫 한국팀의 골키퍼는 ～이 뛰어나다. 韓国チームのゴールキーパーは、瞬発力がすぐれる。

순방(巡訪)圏 歴訪。
　순방-하다囮 歴訪する。囫 유럽 6개국을 ～. ヨーロッパ6ヶ国を歴訪する。

순백(純白・醇白)圏 純白。真っ白。囫 ～의 웨딩드레스 純白のウエディングドレス。
　순백-하다囮 純白だ。

순-백색(純白色)圏 純白。純白色。 ＝순백

순번(順番)圏 順番。

순보(旬報)圏 旬報。

순사¹(巡査)圏〈歴〉巡査。

순사²(殉死)圏 ❶【主君のために】殉難。 ❷【後を追って殉死】殉死。
　순사-하다虮 ❶ 殉難する。 ❷ 殉死する。

순산(順産)圏 安産。
　순산-하다囮 安産する。囫 쌍둥이를 순산했다. 双子の子を難なく無事に産んだ。

순상-지(楯狀地)圏 楯状地。

순상 화산(楯狀火山) 楯状火山。アスピーテ。＝방패 화산

순색(純色)圏 純色。

순서(順序)圏 順序。囫 ～에 따라 행하다. 順序に従って行なう。

순-소득(純所得)圏〈経〉純所得。

순수(純粹)몡 純粋。｜生っ粋。예 ~ 이성 純粋理性。
　순수-하다 형 純粋だ。예 순수한 마음 純粋な心。
순수 문학(純粹文學) 《문》純文学。
순순-하다(順順─)형 ❶ 【성질】おとなしい｜すなおである｜温順だ。❷【【맛】】淡白である。
　순순-히¹ 閉 おとなしく｜すなおに。예 ~ 충고를 받아들이다. すなおに忠告を受け取る。
순순-히²(諄諄─)閉 諄々と｜懇ろに。
순시(巡視)몡 巡視。
　순시-하다 匪 巡視する。
순시-선(巡視船)몡 巡視船。
순식-간(瞬息間)몡 瞬く間。예 ~에 매진되었다. 瞬く間に完売した。
순애(純愛)몡 純愛。
순연(順延)몡 順延。
　순연-하다 囲 順延する｜繰り延べる。
순열(順列)몡 《수》順列。
순위(順位)몡 ランキング。예 득표 ~ 得票ランキング／~를 결정하다. 順位を決める。
순은(純銀)몡 純銀｜銀無垢。
순음¹(純音)몡 《물》純音｜単純音。
순음²(脣音)《언》唇音。
순응(順應)몡 順応。
　순응-하다 匪 順応する。예 주어진 환경에 ~. 与えられた環境に順応する。
순-이익(純利益)몡 純利益｜純益｜純利。=순익
순익(純益)몡 ☞순이익
순장(殉葬)몡 【풍속】王や貴族などが死んだ時、その臣下なども一緒に生き埋めすること。
　순장-하다 囲 王や貴族などが死んだ時、その臣下なども一緒に生き埋めする。
순전-하다(純全─)형 純粋で完全である。
　순전-히 閉 純然と｜全く。
순정¹(純正)몡 【부품·약품】純正。예 ~ 부품 純正部品／~ 화학 純正化学。
　순정-하다 형 純正だ。
순정²(純情)몡 【감정】純情。
순조-롭다(順調─)형 順調だ。예 일은

순조롭게 진행되고 있다. 仕事は順調に進んでいる。
　순조로이 閉 順調に。
순종¹(純種)몡 《생》純血。
순종²(順從)몡 順従｜従順。
　순종-하다 匪 おとなしく従う｜従順だ。예 부모님 말씀에 ~. 親の言うことにおとなしく従う。
순직¹(殉職)몡 殉職。
　순직-하다 匪 殉職する。
순직-하다²(純直─)형 【성격·성질】純直だ。
순진-하다(純真─)형 純真だ｜純真だ｜あどけない。예 순진한 어린아이 純真な子供。
순차(順次)몡 順次｜順。
순차-적(順次的)관몡 順次的。예 ~ 발전 順次的発展／~ 치료 順次的治療／시간의 흐름에 따라 사건이 ~으로 전개되었다. 時間の流れに従って、事件が順次的に展開された。
순찰(巡察)몡 巡察。=순경❶
　순찰-하다 匪 巡察する｜見回る。예 우지역을 ~. あの地域を巡察する。
순찰-대(巡察隊)몡 巡察隊。
순치-음(脣齒音)몡 《언》唇歯音。
순탄-하다(順坦─)형 ❶【성격】気難しくない｜おとなしい。예 순탄한 성격 気難しくない性格。❷【길】平坦である。예 순탄한 길 平坦な道。❸【일·상황】順調である｜平穏である。예 식당 운영이 순탄하지 않다. 食堂の運営が順調でない。
　순탄-히 閉 坦々と｜順調に。
순풍(順風)몡 ❶【바람】穏やかに吹く風。❷【배가 가는 쪽으로 부는 바람】順風｜追い風。
　순풍에 돛을 달다속담 順風に帆を揚げる：「物事が順調にいく」の意。
순-하다(順─)형 ❶【성격】穏やかだ｜素直だ｜おとなしい。예 순한 아기 とてもおとなしい赤ちゃん。❷【맛】軽い｜薄い｜マイルドだ。예 순한 맛 まろやかな味。❸【일·작업】やさしい｜たやすい。
순항¹(巡航)몡 【군사】巡航。
　순항-하다 匪 巡航する。
순항²(順航)몡 ❶順調に航行すること。❷仕事などが順調に進むこと。

순항-하다² 짜 ❶順調に航行する。❷仕事などが順調に進む。

순행¹(巡行) 명 【순회와 같음】 巡行。
　순행-하다¹ 타 巡行する。

순행²(順行) 명 【역행의 반대】 順行。
　순행-하다² 짜 順行する。

순화(純化) 명 純化。예 언어 ~ 운동 言語純化運動。
　순화-하다 타 純化する。

순환(循環) 명 循環。예 ~ 운동 循環運動。
　순환-하다 짜타 循環する。예 혈액이 ~. 血液が循環する。

순환-계(循環系) 명 (의)循環系。| 循環系統。| 脈管系統。=순환 계통

순환 계통(循環系統) ☞순환계

순환-기(循環器) 명 (의)循環器。

순환 마디(循環-) (수) 循環節。

순환 소수(循環小數) (수) 循環小數。

순회(巡廻) 명 巡回。
　순회-하다 타 巡回する。예 전국을 ~. 全国を巡回する。

순후-하다(淳厚-·醇厚-) 형 【순수하고 정이 두터움】醇厚だ。| 淳厚だ。

숟-가락 명 匙。=숟갈

숟가락-질 명 匙を使うこと。

숟-갈 명 ☞'숟가락'의 준말。

술¹ 명 酒。예 ~을 마시다. 酒を飲む。/ ~이 세다. 酒に強い。/ ~이 약하다. 酒に弱い。

술² 명 【장식으로 다는 여러 가닥의 실】総。| 房。

술³ 의 【한 숟가락의 음식을 세는 단위】 一匙。예 한 ~이라도 좋으니까 먹고 기운 차려라. 一匙でもいいから食べて元気になってね。/ 그는 밥 두어 ~인가를 먹고는 가 버렸다. 彼はご飯を一匙か二匙食べて行ってしまった。

술⁴(戌) 명 (민) 【십이지의 열한째】 戌。

-술⁵(術) 접 【기술·재주】 一術。예 항해술 航海術 / 최면술 催眠術 / 처세술 処世術。

술-값 명 酒代。| 飲み代。| 酒手。예 ~은 내가 계산한다. 飲み代は私が払う。

술-고래 명 大酒飲み。| 飲み助。| 大酒家。| 飲んべえ。| うわばみ。예 ~끼리 사귀다. のんべえ同士で付き合う。=고래³

술-구더기 명 清酒をすくったあとの酒に浮いている飯粒。

술-국 명 ❶飲み屋で肴として出すみそ汁。❷【해장국】二日酔いを和らげるために飲む汁。

술-기(-氣) 명 酒気。| 酒。=술기운

술-기운 명 酒の勢い | 酒の力 | 酒の酔い。예 ~을 빌려 진실을 말하다. 酒の勢いを借りかりて真実を話す。/ ~이 없이는 말할 수 없다. 酒の酔いなくしては話せない。

술-김 명 酔いまぎれ | 酒の上(で) | 酔った勢い。예 ~에 말해 버렸다. 酔いまぎれに言ってしまった。

술-꾼 명 酒飲み | 酒客 | 上戸 | 左党。

술-내 명 酒のにおい。

술-대접(-待接) 명 酒のもてなし | 酒のふるまい | 酒の接待。
　술대접-하다 타 酒をふるまう。

술덤벙-물덤벙 분 【경솔하게 행동하여】 何事にも軽率に動き回るさま。

술-도가(-都家) 명 酒を醸造して卸す家 | 酒問屋。

술-독¹ 명 ❶【술항아리】 酒甕。| 酒がめ。❷【술을 많이 마시는 大酒家】 酒豪。| 大酒飲み。예 저 친구는 ~이야. あいつは飲んべえだぞ。
　술독에 빠지다 관용 酒を飲み過ぎる。

술-독²(-毒) 명 【한자 술소하けけ】。 =주독

술래 명 (鬼ごっこ・隠れん坊の)鬼。

술래-잡기 명 隠れん坊。

술렁-거리다 짜 ざわめく | ざわつく | どよめく。 =술렁이다

술렁-대다 짜 ☞술렁거리다

술렁-술렁 분 ざわざわ | そわそわ。

술렁-이다 짜 ☞술렁거리다

술-마당 명 酒宴が行われている場所。

술-망나니 명 【술주정이 무엇인 사람】 酔漢 | 酔いどれ | 酔っ払い。예 저 ~에게 술 주지 마. あの酔っぱらいには酒を注つぐな。

술-밑 명 酒母。

술-밥 명 ❶醸酒用の強飯。❷米に酒・砂糖・しょう油などを混ぜて炊いたご飯。

술-벗 명 ☞술친구

술-병¹(-病) 명 酒病。

술-병²(-瓶) 명 酒の瓶 | 酒壺 | 徳利・とくり | ちょうし。

술-상(-床) 명 酒肴をそなえたお膳。

술수(術數) 명 ☞술책

술술 〔부〕 ❶〔막힘이 없이 잘 나오는 모양〕 ちょろちょろ｜さらさら。 ❷〔미풍이 부는 모양〕 そよそよ。 ❸〔가랑비가 내리는 모양〕 しとしと｜しょぼしょぼ。 ❹〔말을 막힘없이 하는 모양〕 すらすら｜べらべら。 ❺〔일이 거침없이 잘 되어 가는 모양〕 するすると｜すらすら。

술-안주(一按酒)〔명〕 肴さかな｜酒肴しゅこう｜酒のつまみ。〔예〕~로는 얼큰한 국물이 좋다. 酒肴には辛からいスープがよい。

술어(述語)〔명〕 述語じゅつご。

술-자리〔명〕 酒席しゅせき｜酒盛さかもり。〔예〕~가 길어지다. 宴会えんかいが長ながく。

술-잔(一盞)〔명〕 ❶ 杯さかずき｜盃さかずき｜酒杯しゅはい。〔예〕~을 주고받다. 杯をかわす。 ❷ 数杯すうはいの酒さけ。

술잔-거리(一盞一)〔명〕 数杯すうはいの酒代さかだいにしかならないわずかなお金かね。

술-잔치〔명〕 酒宴しゅえん｜酒盛さかもり｜うたげ｜宴会えんかい。

술-장수〔명〕 酒屋さかや。

술-주정〔명〕 酒乱しゅらん｜悪わるい酒癖さけぐせ。
술주정-하다〔자〕 酒癖さけぐせが悪わるい。〔예〕술주정하는 사람 酒乱しゅらんの人ひと。

술-집〔명〕 酒屋さかや｜酒場さかば。

술-찌끼〔명〕 酒粕さけかす。

술책(術策)〔명〕 術策じゅっさく｜策略さくりゃく｜計略けいりゃく｜策さく。〔예〕~을 짜내다. 術策をめぐらす。 =술수

술-추렴〔명〕 ❶ 数人すうにんが割わり勘かんで酒さけを飲のむこと。 ❷ 順々じゅんじゅんに酒さけをおごること。〔예〕한 집씩 돌아가며 ~을 하세. 一軒いっけんずつ回まわって順番じゅんばんに酒をおごりなされ。

술-친구(一親舊)〔명〕 飲のみ友達ともだち｜飲のみ仲間なかま。 =술벗

술-타령(一打令)〔명〕 他ほかのことはうっちゃらかしておいて、酒さけばかり欲ほしがって飲のむこと。〔예〕그는 실연 이후 ~만 하고 있다. 彼かれは失恋しつれんして以来いらい、酒ばかり飲んでいる。

술-통(一桶)〔명〕 酒樽さかだる。

술-판〔명〕 酒さけを飲のんで楽たのしむ場ば｜酒盛さかもり。〔예〕~을 벌이다. 酒盛りを始はじめる。

술회(述懷)〔명〕 述懷じゅっかい。
술회-하다〔타〕 述懷じゅっかいする。

숨〔명〕 ❶〔鼻はなや口くちで吸すってはく〕息いき｜呼吸こきゅう。〔예〕~을 쉬다. 息をする｜呼吸こきゅうする。／~을 가다듬다. 息を整ととのえる。／~이 가쁘다. 息が切きれる。／~을 크게 내쉬다. 深呼吸しんこきゅうをする。／~이 끊어지다. 息が途絶とだえる。／~을 헐떡거리다. 息をあえぐ。／너무 빨리 뛰어와 숨을 몰아쉬고 있다. あまりに速はやく走はしってきて、息がはずんでいる。 ❷〔野菜やさいなどの〕生いき生いきとした勢いきおい。〔예〕야채가 ~이 죽었다. 野菜やさいがしおれて生気せいきがなくなる。

숨(을) 거두다〔관용〕 息いきを引ひき取とる｜死しぬ｜息が絶たえる。

숨(을) 돌리다〔관용〕 ❶ 息切いきぎれを鎮しずめる｜呼吸こきゅうを整ととのえる｜息を継つぐ。〔예〕일단 숨을 돌리고 이야기하세요. 一旦いったん息を鎮めて話はなしてください。 ❷ 息いきを抜ぬく｜息をつく｜一息ひといきつく｜一休ひとやすみする。〔예〕이곳에서 숨을 돌리고 가자. ここで一休みしていこう。

숨(이) 막히다〔관용〕 ❶ 息苦いきぐるしい。〔예〕지하철에 사람이 너무 많아 숨이 막힌다. 地下鉄ちかてつの中なかが混こんでいて息苦しい。 ❷ 激はげしい緊張感きんちょうかんや圧迫感あっぱくを受うける。〔예〕숨 막히는 승부 息詰いきづまるような勝負しょうぶ。

숨(이) 붙어 있다〔관용〕 息いきが絶たえていない｜生いきている。〔예〕숨이 붙어 있는 동안은 최선을 다하겠습니다. 息が絶えていない間あいだは最善さいぜんを尽つくします。

숨이 턱에 닿다〔관용〕 ひどく息切いきぎれがする｜呼吸こきゅうするのが苦くるしい｜息がつまる。〔예〕숨이 턱에 닿을 때까지 뛰다. ひどく息切れがするまで走はしる。

숨-결〔명〕 息遣いきづかい｜息吹いぶき。〔예〕거친 ~로 이야기하다. 荒あらい息遣いをしながら話はなす。

숨-구멍〔명〕 ❶〔新生児しんせいじの〕ひよめき｜おどり｜おどりこ。 =숫구멍 ❷〔답답한 상황에서 벗어날 수 있는 것〕 気管かん。〔예〕~이 트이다. 止とめていた気管かんが通つうじる。 ❸〔동〕 気管きかん。

숨-기(一氣)〔명〕 息いきの気配けはい｜息の勢いきおい｜呼吸こきゅうの調子ちょうし。〔예〕~가 도는 것을 보니 살아나겠다. 息の気配がするのを見ると、生いき返かえりそうだ。 =숨기운

숨-기다〔타〕 ❶〔감추어서 보이지 않게 하다〕潜ひそめる｜隠かくす。〔예〕벽장 속에 몸을 ~. 押おし入いれに身みを潜ひそめる。 ❷〔사물을 남이 알지 못하게 하다〕 隠かくす。〔예〕신분을 ~. 身分みぶんを隠す。／너에게 숨길 생각은 없었어. あなたに隠すつもりはなかったの。／게임기를 가방 속에 ~. ゲーム機きをカバンの中なかに隠す。

숨-기운〔명〕 ☞숨기

숨-기척〔명〕 息いきをする気配けはい｜息遣いきづかい。

숨김없-이〔부〕 隠かくさずに｜ありのまま。〔예〕

숨다 고민을 ~ 털어놓다. 悩みを隠さずに打ち明ける。

숨다[자] ❶【潜伏】隠れる｜潜む｜忍ぶ。⑩ 엄마 뒤에 ~. 母の後ろに隠れる。❷【모습이 많다, 보이지 않게 되다】隠れた―｜見えない―。⑩ 숨은 실력자 隠れた実力者。

숨바꼭-질[명] 隠れん坊。

숨-소리[명] 呼吸の音｜息づかい。

숨숨[부]【얼굴에 마맛자국 따위가 많은 모양】顔にあばたなどがまばらにあるさま。

숨-쉬기[명] 呼吸(の運動)｜息をすること。⑩ ~가 거북하다. 呼吸しにくい。／~가 편안하다. 呼吸が楽だ。

숨은-열(-熱)[명]〔물〕潜熱. =잠열

숨-죽이다[자] 息を殺す｜息を凝らす｜息をのむ。⑩ 숨죽이고 지켜보다. 息を殺して見守る。

숨-지다[자] 事切れる｜息を引き取る｜死ぬ。⑩ 불의의 사고로 ~. 不意の事故で死ぬ。

숨-차다[형] 息切れがする｜息苦しい。

숨-통(-筒)[명]〔의〕息の根。⑩ ~을 끊다. 息の根を止める。

숨-표(-標)[명]〔음〕ブレス。

숫-[접]【처녀막이 있는】生―｜純じゅん―。⑩ 숫총각 生息子。／숫처녀 生娘。

숫-구멍[명] ひよめき｜おどりこ。

숫-기(-氣)[명] 人なつこく活発なこと。⑩ 나는 ~가 없어서 친구가 없다. 私は人なつこさがなくて友達がいない。

숫-놈[명] ☞'수놈'의 잘못。

숫-닭[명] ☞'수탉'의 잘못。

숫-돌[명] 砥石。⑩ ~에 칼을 갈다. 砥石で包丁をとぐ。

숫-되다[형]【순진하고 어수룩하다】純真で人擦れしていない｜うぶだ。⑩ 숫된 시골 사람 純真な田舎者。／요즘 숫된 사람을 찾기 힘들다. 今時純真で人擦れしていない人を探すのは難しい。／그 사람은 숫된 데가 조금도 없다. あの人はうぶなところが全くない。

숫-병아리[명] ☞'수평아리'의 잘못。

숫-보기[명] ❶ 童貞や処女。❷ 純真でおめでたい人。

숫-사람[명] 純真で偽りのない人。

숫-색시[명] ☞숫처녀。

숫-소[명] ☞'수소'의 잘못。

숫-음식(-飮食)[명] いっさい手をつけてない食べ物。⑩ 제상에 올릴 것은 ~이어야 한다. 祭壇に供えるものは、手をつけていないものでなくてはいけない。

숫자(數字)[명] 数字。⑩ ~에 밝다. 数字に明るい。

숫-접다[형] 純朴で正直だ。⑩ 그녀같이 숫저운 사람은 처음이다. 彼女のように純朴で正直な人は初めてだ。

숫제[부] ❶ 本当に。⑩ 이제 그는 ~ 성실하게 일하고 있다. もう彼は本当にまじめに働いている。❷【차라리, 전혀부터】かえって｜むしろ｜いっそのこと。⑩ 이렇게 아픈 거라면 ~ 죽는 것이 낫다. こんなに痛いのなら、むしろ死んだほうがましだ。／중간에 하다 말 것이라면 ~ 하지 않는 것이 나을지도 모른다. やりかけて止めるなら、かえってしないほうがいいかもしれない。

숫-지다[형] 人情深くて純朴だ。⑩ 그는 겉보기는 거칠지만 숫진 사람이다. 彼は見た目は荒いが、人情深くて純朴な人だ。／그녀는 숫져서 호감이 간다. 彼女は人情深くて純朴なので、好感がもてる。

숫-처녀(-處女)[명] 生娘｜処女｜おぼこ娘。=숫색시

숫-총각(-總角)[명] 生息子｜童貞の男。

숫-티[명] 素朴でおめでたい態度や姿。⑩ 아직도 소녀다운 ~가 남아 있다. まだ少女らしい素朴さが残っている。

숫-하다[형] 純粋でういういしい。⑩ 숫한 처녀와 총각이 결혼하다. ういういしい未婚の娘と男が結婚する。

숭고-하다(崇高-)[형] 崇高だ。⑩ 숭고한 정신의 소유자 崇高な魂の持ち主。

숭굴숭굴-하다[형] ❶【얼굴 생김이 귀엽고 원만한 모양】(顔付きが)かわいらしく円満だ。⑩ 그녀는 이제 막 스무 살이 되어 ~. 彼女は二十歳になったばかりで、顔付きがかわいらしくて円満だ。❷【성질이 까다롭지 않고 순하다】(性質が)気難しくなく純朴で円満だ。⑩ 아버지는 숭굴숭굴한 성격이다. 父親は気難しくなく円満な性格だ。

숭늉[명] スンニュン｜おこげ湯。⑩ 식사 후에 먹는 구수한 ~ 食後に口にする香ばしいおこげ湯。

숭덩-숭덩[부] ❶【물건을 거칠게 빨리 써는 모양】ざくざく｜すぱす

ぱ。囫 돼지고기를 ～ 썰어 넣다. 豚肉を ざくざく切って入れる。❷とびとびに。

숭배(崇拜)圀 崇拜。囫 우상 ～ 偶像崇拜。
　숭배-하다囲 崇拜する。

숭상(崇尚)圀 崇め尊ぶこと。
　숭상-하다囲 崇め尊ぶ。

숭숭囲 ❶ ざくざく。囫 야채를 ～ 썰다. 野菜をざくざく切る。❷ ぼこぼこ。囫 도로에 구멍이 ～ 뚫려 있다. 道路に穴がぼこぼこあいている。❸ぶつぶつ。

숭어圀〈동〉ぼら。

숭어-뜀圀〈민〉とんぼがえり。囫 ～을 할 때마다 환호가 쏟아졌다. とんぼがえりをする度に歓呼が殺到した。

숭어리圀 花・実などが群がり、一つの塊をなしているもの。囫 ～가 큰 꽃 塊が大きい花。

숭엄-하다(崇嚴—)圈 崇高で尊厳だ。

숯圀 炭。木炭。

숯-가마圀 炭焼きがま。炭窯。

숯-검정圀 炭の煤。

숯-등걸圀 焼け残った太い炭のかけら。囫 손이 ～처럼 거칠다. 手が焼け残った太い炭のかけらのようにかさかさだ。

숯-머리圀 炭火のガスを吸って起こる頭痛。囫 ～를 앓다. 炭火のガスを吸って頭痛が起こる。

숯-불圀 炭火。

숯-장수圀 ❶炭を売る人。炭屋。～라도 저렇게 얼굴이 검지는 않다. 炭屋でもあんなに顔が黒くはない。❷顔が黒い人。

숱圀 髪の毛などの嵩や分量。囫 머리～이 많다. 髪の毛が濃い。

숱-지다圈 (髮・ひげなどが)濃い。囫 숱진 머리칼 濃い髮。

숱-하다圈 多い。ありふれている。いくらでもある。囫 숱한 실패를 경험하다. たくさんの失敗を経験する。

숲圀 森。林。茂り。

숲-길圀 森の中の道。

숲-정이圀 村の近くにある森。

쉬[1]圀 蠅の卵。

쉬[2]囝【】しい。しっこ。しし。
　쉬-하다囲 おしっこする。小便する。

쉬[3]囝 '쉬이'의 준말。

쉬[4]囂【】しい。しっ。

쉬다[1]囲【】すえる。囫 쉰 밥 すえたご飯。

쉬다[2]囲【】(声が)かすれる。かれる。しわがれる。しゃがれる。囫 목소리가 쉬어서 나오질 않는다. 声がかれて出ない。/ 감기에 걸려 목이 ～. 風邪を引いてのどがかれる。

쉬다[3]囲囲 ❶【】休む。憩う。囫 잠깐 쉽시다. ちょっと休みましょう。❷寝る。眠る。❸【】欠勤する。欠席する。囫 감기가 심해서 오늘은 회사를 쉬었다. 今日は風邪がひどくて欠勤した。❹【】泊まる。留まる。❺【】中断する。囫 비는 쉬지 않고 계속 내리고 있다. 雨は止むことなく降り続けている。

쉬다[4]囲【】息をする。呼吸する。息をつく。囫 깊은 숨을 ～. 深呼吸をする。/ 너무나 걱정이 되서 한숨을 ～. あまりにも心配でため息をつく。

쉬쉬-하다囲 内密にする。内緒にする。内聞にする。もみ消す。口止めする。

쉬엄-쉬엄囝 休み休み。休みながら。囫 ～ 걷다. 休みながら歩く。/ ～ 일하다. 休みながら仕事をする。/ ～ 달리다. のんびり走る。

쉬이囝 ❶【】遠からず。近いうちに。間もなく。囫 ～ 또 만나 뵙게 될지 모르겠습니다. 近いうちにまたお目にかかれるかもしれません。❷【】たやすく。簡単に。容易に。囫 해결할 수 있는 문제. 簡単に解決できる問題。준 쉬

쉬지근-하다圈 すえぎみだ。すえかけている。

쉬척지근-하다圈 ひどくすえかけている。

쉬-파리圀〈동〉青蠅。囫 ～떼가 들끓다. あおばえが群らがる。＝왕파리
　쉬파리 끓듯관용 あおばえが湧くように：「無秩序で複雑に集まっているさま」の意。

쉰囝관 五十。五十歳。囫 ～ 번째 五十番目。/ ～ 한 살 五十一歳。/ 올해 ～이 된다. 今年五十歳になる。

쉰-내圀 (食べ物がすえて出る)すっぱい臭い。

쉰-둥이[명] 五十代に産んだ子。

쉰-밥[명] すえた飯 | 古くなり酸っぱくなった飯。

쉼-터[명] 休息の場 | 憩いの場。예 마음의 ~ 心の憩いの場/ 나무 그늘이 시원한 ~ 木陰が涼しい休息の場。

쉼-표(ー標)[명] ❶〈언〉点 | コンマ。 ❷〈음〉休止符 | 休符。

쉽다[형] たやすい | 容易だ | 易やしい。예 그 일은 누구라도 쉽게 할 수 있다. その仕事とは誰でもたやすくできる。 ❷可能性が多い | ーしやすい | ーしがちだ。예 실수하기 ~. 間違えやすい。

쉽-사리[부] 楽々と | たやすく | 難なく | むずむずと | おいそれと。예 ~ 손에 넣다. たやすく手に入れる。

슈팅(shooting)[명] ☞ 슛

슈트(suit)[명] スーツ。예 ~ 케이스 スーツケース。

슈퍼(← supermarket) ☞ 슈퍼마켓

슈퍼마켓(supermarket)[명] スーパーマーケット | スーパー。 =슈퍼

슈퍼스타(superstar)[명] スーパースター。

슈퍼 헤비급(super heavy級)〈운〉スーパーヘビー級。

슛(shoot)[명]〈운〉シュート。 =슈팅

스낵-바(snack bar)[명] スナックバー | スナック。

스냅(snap)[명] スナップ。

스냅 사진(snap寫眞)〈연〉スナップ写真。

스노보드(snowboard)[명] スノーボード。

스노-타이어(snow tire)[명] スノータイヤ。

스님[명]〈종〉お坊さん | お寺様。

스라소니[명]〈동〉大山猫。

스러지다[자] 消え失せる | 消えてなくなる。

스로인(throw-in)〈운〉スローイン。

스루 패스(through pass)〈운〉スルーパス。

스르르[부] ❶うつらうつら | とろとろ | うとうと。예 ~ 잠이 들다. うつらうつらと寝入る。 ❷そろり | そっと。예 그녀가 ~ 눈을 떴다. 彼女がそっと目を開けた。 ❸するする | するりと。예 ~ 풀리다. するりとほどける。 ❹すっと | そっと | すうっと。 ❺すうっと。예 미안하다는 한마디에 마음이 ~ 녹아 버렸다. すまないという一言で、恨みや怒りがすうっと消えた。 ❻そろり | とろり。

스리랑카(Sri Lanka)[명]〈국〉スリランカ。

스릴(thrill)[명] スリル | 戦慄。예 ~ 만점 スリル満点/ 급류 타기는 ~이 있어 좋다. 急流滑りはスリルがあって良い。

스릴러(thriller)[명] スリラー。예 ~ 장르의 영화 スリラージャンルの映画。

스마일(smile)[명] スマイル。

스마트(smart)[명] スマート。

스매시(smash)〈운〉スマッシュ。

스멀-거리다[자] 肌がむずがゆい | むずむずする | もぞもぞする。 =스멀대다

스멀-대다[자] ☞ 스멀거리다

스멀-스멀[부] むずむず | もぞもぞ。예 벌레가 기어가는 것처럼 등이 ~ 가렵다. 虫が這うように背中がもぞもぞかゆい。

스며-들다[자] 染みる | 染み入る | 染み込む。예 빗물이 지하로 ~. 雨水が地下に染み込む。

스모그(smog)[명] スモッグ。예 ~가 낮게 깔렸다. スモッグが低く張った。

스모그 현상(smog現象) スモッグ | スモッグ現象。예 ~으로 현대인에게 비염과 천식은 흔한 병이 되었다. スモッグによって、現代人に鼻炎と喘息はよくある病となった。

스모르찬도(smorzando 이)[명]〈음〉スモルツァンド。

스무[관] 二十。예 ~ 살 二十歳。

스무-고개[명] 二十の扉。예 ~로 알아맞히기 二十の扉ゲームで当てあい。

스무-날[명] ❶20日間。예 그 과제를 끝내는 데 ~이 걸렸다. その課題を終わらせるのに20日間かかった。 ❷(暦の上でその月の)20日。예 내 생일은 유월 ~이다. 私の誕生日は6月20日ろくがつだ。

스물[수] 二十 | 二十。

스미다[자] ❶染みる | にじむ | 染み込む | 入り込む。예 옷에 피가 ~. 服に血がにじむ。 ❷染みる | にじむ。예 마음에 스미는 한마디 心に染みる一言。

스산-하다[형] ❶(心が)荒涼とし

てもの寂しい｜うら寂しい｜切ない。예 괜히 마음이 스산해서 일을 할 수가 없다. いたずらに心が切なくて、仕事をすることができない。❷【天気가】天気が荒れて物寂しい。예 바람 소리가 ~. 風の音がもの寂しい。/비를 머금은 스산한 바람에 나뭇잎이 흔들리고 있다. 雨まじりの冷たく激しい風に、木の葉が震えている。

스스럼-없다혱 気安い｜心安い｜隔たりがない｜気兼ねしない。
　스스럼없-이튀 気安く｜心安く｜気兼ねなく。예 그는 나를 ~ 대한다. 彼は私に気安く接する。

스스럽다혱 ❶【상대가】気兼ねする｜よそよそしい。❷【숫스러워】気恥ずかしい｜恥じらう。

스스로 I 똅 自分自身。예 ~를 온전히 알다. 自分自身を完全に知る。
　II 튀 ❶【혼자서】自分の力で。예 ~ 해결할 수 있는 문제 自分で解決できる問題。❷【앞장】進んで｜自ら。예 ~ 선두에 서서 개혁을 행하다. 自ら先頭に立って改革を行なう。

스승몡 師｜師匠｜先生。예 ~님 お師匠さま/~의 가르침 師の教え。

스와데시(Swadeshi 힌)【영국 독립 운 동에서의 국산품 장려 운동】スワデシ。

스와라지(Swaraj 힌)몡 〈정〉スワラジ。

스와질란드(Swaziland)몡 〈국〉スワジランド。

스웨덴(Sweden)몡 〈국〉スウェーデン。

스웨터(sweater)몡 セーター｜スエーター。

스위스(Suisse)몡 〈국〉スイス。

스위치(switch)몡 〈전〉スイッチ。예 ~를 켜다. スイッチを入れる。/~를 끄다. スイッチを切る。

스윙(swing)몡 スイング。예 헛~ 空振り。

스쳐-보다타 ❶【힐끗】盗み見る｜横目でちらっと見る｜流し目で見る｜かいま見る。예 얼굴을 스쳐보아서 기억이 안 난다. 顔をちらっとだけ見たので、記憶がない。❷【대강】ざっと目を通す。예 책을 ~. 本にざっと目を通す。

스치다재 かすめる｜かする｜すれる｜よぎる。예 옷자락이 ~. 服の裾をかすめる。/어깨를 ~. 肩をかすめる。

스카우트(scout)몡 スカウト。
　스카우트-하다타 スカウトする。예 우수한 선수를 ~. 優秀な選手をスカウトする。

스카치-테이프(Scotch tape)몡 スコッチテープ｜セロハンテープ。

스카프(scarf)몡 スカーフ。

스칸듐(scandium)몡 〈화〉【원소기호 Sc】スカンジウム。

스칼라(scalar)몡 〈물〉スカラ｜スカラー量。

스캐너(scanner)몡 スキャナー。

스캔들(scandal)몡 スキャンダル｜醜聞。

스커트(skirt)몡 スカート。

스컬(scull)몡 〈운〉スカル。

스컹크(skunk)몡 〈동〉スカンク。

스케르찬도(scherzando 이)몡 〈음〉スケルツァンド。

스케르초(scherzo 이)몡 〈음〉スケルツォ。

스케르초소(scherzoso 이)몡 〈음〉スケルツォーソ。

스케이트(skate)몡 〈운〉スケート。

스케이트-장(skate場)몡 〈운〉スケート場｜スケートリンク。

스케이팅(skating)몡 〈운〉スケーティング。

스케일(scale)몡 スケール。예 ~이 큰 사람 スケールの大きな人/~이 큰 사업 スケールの大きな事業。

스케줄(schedule)몡 スケジュール。

스케치(sketch)몡 スケッチ。
　스케치-하다타 スケッチする。

스케치북(sketchbook)몡 〈미〉スケッチブック。

스코어(score)몡 スコア。❶〈운〉競技の得点。❷〈음〉音楽の総譜。

스콜(squall)몡 スコール。예 갑자기 불어닥친 ~로 배가 방향을 잃었다. 急に吹いてきたスコールで、船は方向を失った。

스콜라 철학(schola哲学)〈철〉スコラ哲学｜スコラ学。예 신학을 중심으로 한 ~ 神学を中心とじたスコラ哲学。
　=번쇄철학

스쿠버 다이빙(scuba diving)〈운〉スキューバダイビング。

스쿠터(scooter)몡 スクーター。

스퀘어 댄스(square dance)〈예〉スクエアダンス。

스크랩(scrap)명 スクラップ。
스크랩-하다타 スクラップをする。
스크랩북(scrapbook)명 スクラップブック。
스크럼(scrum)명 スクラム。
스크롤-바(scroll bar)《컴》スクロールバー。
스크린(screen)명 スクリーン。
스크립터(scripter)명 《연》スクリプター ¦ 映画の撮影の記録係。예영화의 모든 진행을 기록하는 ~ 映画の全ての進行を記録するスクリプター。
스크립트(script)명【연】スクリプト。
스키(ski)명 《운》スキー。예~ 알파인 종목 スキーのアルパイン種目/~ 노르딕 종목 スキーのノルディック種目/~를 타다. スキーを滑る。
스키-장(ski場)명 スキー場。
스킨 다이빙(skin diving)《운》スキンダイビング。
스킨-로션(skin lotion)명 スキンローション。
스타(star)명 スター。
스타 시스템(star system)《연》スターシステム。
스타일(style)명 スタイル。
스타카토(staccato 이)명 《음》スタッカート。
스타킹(stocking)명 ストッキング。예~을 신다. ストッキングを履く。
스태그플레이션(stagflation)명 《경》スタグフレーション。
스태프(staff)명 《연》スタッフ。예~를 정하다. スタッフを決める。/~를 모으다. スタッフを集める。
스탠드(stand)명 スタンド。
스탠드오프(stand-off)명 《운》【럭비】スタンドオフ。
스탠드인(stand-in)명 《연》スタンドイン ¦ 吹き替え ¦ 替え玉。
스탠딩 스타트(standing start)《운》【육상】スタンディングスタート。
스탬프(stamp)명 スタンプ。
스턴트-맨(stunt man)명 《연》スタントマン。
스테레오(stereo)명 《연》ステレオ。
스테로이드(steroid)명 《화》ステロイド。
스테롤(sterol)명 《화》ステロール ¦ ステリン。
스테아르-산(← stearic酸)명 《화》【유기 화학】ステアリン酸。
스테아린(stearin)명 《화》ステアリン。
스테이지(stage)명 ステージ。예~에서 노래하다. ステージで歌おう。
스테이크(steak)명 ステーキ。
스테이플러(stapler)명 ステープラー ¦ ホチキス。
스테인드-글라스(stained glass)명 《미》ステンドグラス。
스테인리스-강(stainless鋼)명 《공》ステンレス鋼 ¦ 不銹鋼。=불수강
스테인리스 스틸(stainless steel)《공》ステンレススチール。
스텝¹(step)명 ステップ。예~을 밟다. ステップを踏む。
스텝²(steppe)명【지리】ステップ。
스텝 기후(steppe氣候) ステップ気候。예~는 어느 정도 강우가 있어 초원을 볼 수 있다. ステップ気候は多少の降雨があるので、草原をみることができる。
스토리(story)명 ストーリー。예전체 ~는 이러이러하다. 全体のストーリーはこうこうだ。/~에 변화를 주다. ストーリーに変化を与える。
스토아 철학(Stoa哲學)《철》【고대 철학】ストア哲学。예~은 그리스 철학의 하나이다. ストア哲学はギリシア哲学の一つだ。
스토퍼(stopper)명 ストッパー。
스톡(stock)명 《경》ストック。예~옵션 ストックオプション/~이 바닥을 치다. ストックが底をつく。
스톱워치(stopwatch)명 ストップウオッチ。
스튜디오(studio)명 スタジオ。
스튜어디스(stewardess)명 スチュワーデス。
스트라이크¹(strike)명 《운》ストライク。
스트라이크²(strike)명 《사》ストライキ ¦ 同盟罷業 ¦ スト。=동맹 파업
스트레스(stress)명 《의》ストレス。예~ 지수 ストレス指数。
스트레이트(straight)명 《운》ストレート。예~를 던지다. ストレートを投げる。/~를 먹이다. ストレートを食らう。
스트레칭(stretching)명 ストレッチング ¦ ストレッチ体操。
스트로크(stroke)명 ストローク。
스티렌(styrene)명 《화》スチレン。예~ 수지 スチレン樹脂。

스티로폼(styrofoam)⠀명⠀発泡スチロール。
스트리밍(streaming)⠀명⠀ストリーミング。
스티커(sticker)⠀명⠀ステッカー。
스틱(stick)⠀명⠀スティック。
스틸¹(steel)⠀명⠀《공》スチール｜鋼鉄。
스틸²(still)⠀명⠀《연》スチール。예 ~ 사진 スチール写真。
스팀(steam)⠀명⠀スチーム。
스파게티(spaghetti 이)⠀명⠀スパゲッティ｜スパゲティ。
스파링(sparring)⠀명⠀《운》スパーリング。예 ~ 상대 スパーリングの相手；スパーリングパートナー。
스파이(spy)⠀명⠀間諜
스파이크(spike)⠀명⠀❶《운》スパイク。예 ~ 서브 スパイクサービス。❷ ☞스파이크 슈즈
스파이크 슈즈(spike shoes)⠀《운》スパイクシューズ｜スパイク。＝스파이크❷
스패너(spanner)⠀명⠀《공》スパナ。
스팸 메일(spam mail)⠀《컴》迷惑メール。
스펀지(sponge)⠀명⠀スポンジ。
스페어(spare)⠀명⠀❶スペア｜予備。예 ~ 타이어 スペアタイヤ。❷《운》スペア。예 제2투에서 완벽하게 ~를 처리하다. 第2投で完璧にスペアを処理する。
스페이스(space)⠀명⠀スペース。
스페인(Spain)⠀명⠀《국》スペイン。
스펙트럼(spectrum)⠀명⠀《물》スペクトラム。
스펠링(spelling)⠀명⠀スペリング｜スペル。
스포르찬도(sforzando 이)⠀명⠀《음》スフォルツァンド。
스포이트(spuit 네)⠀명⠀《화》スポイト。
스포츠(sports)⠀명⠀《운》スポーツ。예 ~ 카 スポーツカー。
스포트라이트(spotlight)⠀명⠀スポットライト。예 ~를 받다. スポットライトを浴びる。
스폰서(sponsor)⠀명⠀スポンサー。
스푼(spoon)⠀명⠀スプーン。
스프레이(spray)⠀명⠀スプレー。
스프린트(sprint)⠀명⠀《운》スプリント。예 ~ 경기 スプリント競技。
스프링(spring)⠀명⠀☞용수철
스프링-코트(← spring coat 조)⠀명⠀スプリングコート。

스프링클러(sprinkler)⠀명⠀スプリンクラー。
스피드(speed)⠀명⠀スピード。
스피드 스케이팅(speed skating)⠀《운》スピードスケーティング。
스피카토(spiccato 이)⠀명⠀《음》スピッカート。
스피커(speaker)⠀명⠀スピーカー。
스핀(spin)⠀명⠀スピン。
스핑크스(Sphinx)⠀명⠀スフィンクス。
슬겁다⠀형⠀❶家などが見かけより内部が広い。❷ 【心】心が広くて頼もしい。예 마음이 슬거운 그는 모두에게 인기 있다. 心が広くて頼もしい彼はみんなの人気者だ。/ 마음 씀씀이가 ~. 心遣いが広くて頼もしい。
슬그머니⠀부⠀❶ 【은밀】ひとりでに。예 그의 말을 듣고 있는 동안 ~ 화가 치밀어 올랐다. 彼の言葉を聞いている間に、ひとりでに怒りが込み上げてきた。/ 그의 행동을 보자니 ~ 의심스러운 마음이 들었다. 彼の行動を見ようと思うと、ひとりでに疑いの気持ちが起こった。❷ 【눈치를 살펴 가만히 행동하는 모양】そっと｜こっそりと｜それとなく。예 ~ 사라지다. それとなく去る。/ ~ 일어나 앉다. そっと起きて座る。/ ~ 돌아가 버렸다. こっそりと帰ってしまった。
슬근-거리다⠀재⠀しきりに物同士が軽く擦れ合う。예 옷깃이 목에 슬근거려서 신경 쓰인다. 服の襟が首に擦れ合って気になる。/ 앞머리가 자꾸 슬근거린다. 前髪がしきりに擦れ合う。＝슬근대다
슬근-대다⠀재⠀☞슬근거리다
슬근-슬근⠀부⠀軽く擦れ合うさま｜さらさら。
슬금-슬금⠀부⠀【눈치를 살펴 가면서 자꾸 행동하는 모양】こそこそ｜こっそり｜ひそかに｜そっと｜ひそひそ。예 ~ 도망가다. こっそり逃げる。/ ~ 뒷걸음치다. こそこそ後ずさりする。/ ~ 훔쳐보다. こっそり盗み見る。
슬기⠀명⠀知恵｜才知。예 조상님의 ~와 지혜 ご先祖様の才知と知恵。
슬기-롭다⠀형⠀知恵がある｜賢明だ｜賢い｜才知に富む。예 우리에게 닥친 어려움을 슬기롭게 극복하자. 私たちに迫った困難を、賢明に克服しよう。/ 이렇게 어려울 때 그러한 생각을 하다니 참으로 슬기롭구나. こんな困難な時にそんな考えをするとは、実に才知

に富んでいる。
슬기로이图 賢かしく｜賢明けんめいに｜聡明そうめいに。

슬기-주머니图〖지혜를 많이 지닌 사람〗知恵袋ちえぶくろ｜知恵者ちえしゃ。예지혜가 많으신 할머니는 ~이시다. 知恵の豊ゆたかなお祖母ばあさんは知恵袋だ。

슬다¹困 ❶〖녹이〗(鉄てつが)さびつく｜さびる。❷〖곰팡〗(かびが)生はえる。

슬다²困〖채소들이 시들하게 물이 축축하게 되다〗(野菜やさいがアブラムシなどにたかられて)黄色きいろく枯かれていく｜しおれる｜傷いたむ。예배추가 듬성듬성 슬어 있다. 白菜はくさいの所々ところどころが傷んでいる。

슬다³타〖낳다〗(虫むし・魚さかななどが)卵たまごを産うみつける。

슬라이드(slide)图 スライド。

슬라이딩(sliding)图〈운〉スライディング。

슬라이딩 태클(sliding tackle)〈운〉スライディングタックル。예~을 걸다. スライディングタックルをかける。

슬래브(slab)图〈건〉スラブ。예~ 지붕 スラブ屋根やね。

슬럼-가(slum街)图 スラム街がい。

슬럼프(slump)图 スランプ。예~에 빠지다. スランプに陥おちいる。/ ~에서 벗어나다. スランプから抜ぬけ出でる。

슬렁-슬렁图〖급하지 않게 자꾸 느릿느릿 행동하는 모양〗急いそがずにゆっくりと｜のそのそ｜のろのろ。예~ 다가오다. ゆっくりと近ちかづく。/ ~ 일을 하다. のそのそと仕事しごとをする。

슬레이트(slate)图〈건〉スレート。

슬로건(slogan)图 スローガン。

슬로 모션(slow motion)〈연〉スローモーション。

슬로바키아(Slovakia)图〈국〉スロバキア。

슬로베니아(Slovenia)图〈국〉スロベニア。

슬롯-머신(slot machine)图 スロットマシン。

슬리퍼(slipper)图 スリッパ。

슬립(slip)图 スリップ。

슬며시图〖남이 모르게〗そっと｜こっそりと｜それとなく｜内々ないないに｜ひそかに。예~ 다가서다. ひそかに近ちかづく。/ ~ 눈을 감다. そっと目めを閉とじる。/ ~ 좋은 생각이 떠올랐다. ひそかにいい考かんがえが浮うかんだ。

슬몃-슬몃图 (何度なんども続つづけて)そっと｜こっそりと｜こそこそと｜内々ないないに。예~ 처다보다. こっそり見みつめる。

슬슬图 ❶〖남이 모르게 행동하는 모양〗こっそり｜こそこそ｜そっと。예집 안의 동정을 ~ 살피다. こっそり家いえの中なかの動静どうせいを探さぐる。 ❷〖서두르지 아니하고 천천히 행동하는 모양〗そろそろ｜ぼつぼつ｜ゆるゆる。예~ 움직이다. そろそろと動うごく。/ ~ 걷다. そろそろと歩あるく。 ❸〖가볍게 만지거나 쓰다듬는 모양〗軽かるくこすったりかいたりするさま｜軽くそっと。예~ 간질이다. こちょこちょとくすぐる。/ 등을 ~ 긁어 주다. 背中せなかを搔かいてあげる。 ❹〖슬그머니 꾀는 모양〗それとなく誘さそったりだましたりするさま｜それとなくうまく｜巧たくみに。 ❺〖눈・얼음 따위가 녹아서 없어지는 모양〗雪ゆきなどがとけるさま｜とろとろ。

슬쩍图 ❶〖남몰래〗(他人たにんに気きづかれないように)こっそり｜さっと｜そっと｜ふっと｜すっと｜するりと。예~ 집어넣다. こっそりと入いれる。/ ~ 꼬집다. こっそりつねる。/ ~ 처다보다. こっそり見みつめる。 ❷〖가볍게〗軽かるく｜さっと。예~ 찔러보다. 軽くつついてみる。/ ~ 물다. 軽く噛かむ。/ 내 옷깃을 ~ 스치고 지나가다. 私わたしの襟えりをさっとかすめて通とおり過すぎる。/ 브로콜리를 ~ 데치다. ブロッコリーをさっとゆでる。

슬쩍-슬쩍图 (続つづけて)こそこそり｜こっそり｜軽く。

슬프다혱 悲かなしい。예너의 말이 나를 너무나 슬프게 한다. 君きみの言葉ことばが私わたしをとても悲しませる。/ 그 영화는 지난날의 슬픈 추억을 떠오르게 했다. その映画えいがはかつての悲しい記憶きおくを思おもい出ださせた。
↔기쁘다

슬픔图 悲かなしみ｜嘆なげき｜悲哀ひあい。예~에 목이 메다. 悲しみで喉のどが詰つまる。/ ~이 강물처럼 흐른다. 悲しみが川かわの水みずのように流ながれる。/ 당신의 ~이 내게 전해져 온다. あなたの悲しみが私わたしに伝つたわってくる。 ↔기쁨

슬피图 悲かなしく｜痛いたましく。예그녀는 ~ 울고 있었다. 彼女かのじょは悲しく泣ないていた。

슬하(膝下)图 膝下しっか｜膝元ひざもと。예부모님 ~를 떠나 상경하다. 親おやの膝元を離はなれて上京じょうきょうする。

슴벅图〖눈을 감았다 떴다 하는 모양〗まばたくさま。

슴벅-거리다困 ❶しきりにまばたく｜ぱちぱちさせる。예눈에 티가 들어가 눈을 ~. 目にごみが入はいって目をぱちぱちさせる。 ❷ (目めが)しょぼつく｜(目めを)しょぼしょぼさせる。=슴벅대다

습벅-대다[자] ☞습벅거리다
습벅-이다[자][타] ❶ まばたきをする；ぱちぱちする；ぱちくりする。❷ しょぼつく。例 눈을 비비며 ~. 目をこすってまたたかせる。
습벅-습벅[부]【눈을 자주 감았다 뜨는 모양】ぱちぱち；しょぼしょぼ。
습베[명](刀な・くわなどの)刀心；中子。
습격(襲擊)[명] 襲擊。
　습격-하다[타] 襲擊する。例 관저를 ~. 官邸を襲擊する。
습곡(褶曲)[명] 褶曲。例 ~ 산지 褶曲山地。
습곡 산맥(褶曲山脈)[명] 褶曲山脈。
습관(習慣)[명] 習慣。例 나쁜 ~ 悪いくせ/ 생활 ~ 生活習慣/ ~을 바꾸다. 習慣を変える。/ 좋은 ~을 몸에 익히다. 良い習慣を身につける。
습관-성(習慣性)[명] 習慣性。
습기(濕氣)[명] 濕氣；湿り氣。例 ~가 많다. 湿気が多い。
-습니까[어미] ーですか；ーますか。例 방은 넓습니까? 部屋は広いですか。/ 밥은 먹었습니까? 食事はしましたか。[참] ーㅂ니까
-습니다[어미] ーです；ーます。例 책을 읽습니다. 本を読みます。/ 결혼했습니다. 結婚しています。[참] ーㅂ니다
습도(濕度)[명]《물》湿度。例 ~가 높은 장마 湿度の高い梅雨。
습도-계(濕度計)[명]《물》湿度計。
습득(拾得)[명]【주운것을 얻음】拾得。
　습득-하다[타] 拾得する；拾う。例 지갑을 ~. 財布を拾得する。
습득²(習得)[명]【배워서 자기것으로 얻음】習得。
　습득-하다[타] 習得する。例 직무에 필요한 기술을 ~. 職務上に必要な技術を習得する。
습득-물(拾得物)[명] 拾得物。
습성(習性)[명] 習性。例 동물의 ~ 動物の習性。
습속(習俗)[명] 習俗。
습윤(濕潤)[명] 湿潤。
　습윤-하다[형] 湿潤だ。
습윤 기후(濕潤氣候)[명] 湿潤気候。
습자(習字)[명] 習字。
습작(習作)[명]【연습으로 만든 작품】習作；エチュード。
　습작-하다[자][타] 練習で作品を作る。例 시를 습작하면서 시인을 꿈꾸었다. 詩を作りながら詩人を夢見た。

습지(濕地)[명] 湿地。例 ~ 공원 湿地公園/ ~ 식물을 보호해야 한다. 湿地植物を保護しなければならない。
습진(濕疹)[명]《의》湿疹。
습-하다(濕—)[형] じめじめする；湿っている；湿っぽい。例 방 안이 습해서 기분이 안 좋다. 部屋の中がじめじめして気持ち悪い。
습-하다²(襲—)[타]【시체를 목욕시키다】死体を清めて新たしい服に着替えさせる。
승¹(升)[명] ☞되 II
승²(乘)[명]《수》❶【제곱】自乘；二乘。❷【곱셈】乘；乘法；掛け算。
　승-하다[타] ❶【곱하다】かける；乘ずる。❷【제곱】自乘する；二乘する。
승³(僧)[명] ☞중¹
승강¹(昇降・陞降)[명] ❶ 昇降；升降。❷ ☞승강이
　승강-하다[자] 昇降する；升降する。
승강²(乘降)[명]【차・기차 등을 타고 내림】乘降；乘り降り。
　승강-하다² 乘降する；乘り降りする。
승강-구(昇降口)[명] 昇降口。
승강-기(昇降機)[명] 昇降機；エレベーター。
승강-이(昇降—)【서로 옥신각신하며 다툼】いざこざ；いさかい；押し問答；揉め事。=승강¹❷
승강-장(昇降場)[명] 昇降場。
승객(乘客)[명] 乘客。
승격(昇格)[명] 昇格。
　승격-하다[자] 昇格する。例 직원을 승격시키다. 職員を昇格させる。
승경(勝景)[명]【아름다운 경치】勝景。
승계(承繼)[명]《법》承継；継承。
　승계-하다[타] 承継する；継承する。例 경영권을 ~. 経営権を承継する。
승급(昇級・陞級)[명] 昇級。例 ~ 시험 昇級試験。
　승급-하다[자] 昇級する。
승낙(承諾)[명] 承諾；承知。
　승낙-하다[타] 承諾する；承知する。例 조건 변경을 ~. 条件変更を承諾する。
승냥이[명]《동》山犬。
승려(僧侶)[명]【중】僧侶；僧；坊主。
승률(勝率)[명] 勝率。例 ~이 올라가다. 勝

率が上ぁがる。

승리(勝利)_명 勝利_{しょう}｜勝^かち。 _예~ 투수 勝^かち投手_{とうしゅ}。
   승리-하다_자 勝利_{しょうり}する｜勝^かつ。_예 싸움에서 ~. 戦_{たたか}いで勝利する。

승마(乘馬)_명 乗馬_{じょうば}。_예~ 경기 乗馬の競技_{きょうぎ}。
   승마-하다_자 乗馬_{じょうば}する。

승마-복(乘馬服)_명 乗馬服_{じょうばふく}。

승무(僧舞)_명【예】【한국에만 있다】 山形_{やまがた}の笠_{かさ}をかぶり僧衣_{そうい}をまとい、僧_{そう}のように装_{よそお}って踊る舞_{まい}。

승무-원(乘務員)_명 乗務員_{じょうむいん}｜乗組員_{のりくみいん}｜乗員_{じょういん}。

승법(乘法)_명《수》【일반】乗法_{じょうほう}｜掛_かけ算_{ざん}。

승복¹(承服)_명 承服_{しょうふく}｜承諾_{しょうだく}。
   승복-하다_자 承服_{しょうふく}する｜承伏_{しょうふく}する。_예 판결에 승복할 수 없다. 判決_{はんけつ}に承服できない。

승복²(僧服)_명【예스런】僧服_{そうふく}｜僧衣_{そうい}｜法衣_{ほうい}。

승부(勝負)_명 勝負_{しょうぶ}。_예 무~ 無勝負_{むしょうぶ}；引_ひき分_わけ/~를 걸다. 勝負をかける。

승산(勝算)_명 勝算_{しょうさん}｜勝^かち目_め。_예~이 있다. 勝算がある。

승선(乘船)_명 乗船_{じょうせん}。
   승선-하다_자 乗船_{じょうせん}する。

승세(勝勢)_명 勝勢_{しょうせい}。_예~를 타다. 勝勢に乗_{じょう}じる。

승소(勝訴)_명《법》勝訴_{しょうそ}。
   승소-하다_자 勝訴_{しょうそ}する。

승수(乘數)_명《수》【일반】乗数_{じょうすう}。

승승-장구(乘勝長驅)_명 戦_{たたか}いに勝^かった勢^{いきお}いに乗^のって、いっそう追_おい込_こむこと。

승용(乘用)_명 乗用_{じょうよう}。

승용-차(乘用車)_명 乗用車_{じょうようしゃ}。

승인(承認)_명 承認_{しょうにん}。_예~을 받다. 承認を受_うける。
   승인-하다_타 承認_{しょうにん}する。

승자(勝者)_명 勝者_{しょうしゃ}。 ↔패자

승전(勝戰)_명 戦_{たたか}いに勝^かつこと｜戦勝_{せんしょう}。
   승전-하다_자 戦_{たたか}いに勝^かつ｜戦勝_{せんしょう}する。

승지(勝地)_명【예스런】勝地_{しょうち}｜景色_{けしき}のよいところ。

승직(昇職·陞職)_명 昇任_{しょうにん}。
   승직-하다_타 昇任_{しょうにん}する。

승진(昇進·陞進)_명 昇進_{しょうしん}｜陞進_{しょうしん}。
   승진-하다_자 昇進_{しょうしん}する｜陞進_{しょうしん}する。_예 과장으로 ~. 課長_{かちょう}に昇進する。

승차(乘車)_명 乗車_{じょうしゃ}。
   승차-하다_자 乗車_{じょうしゃ}する。_예 버스에 ~. バスに乗車する。

승차-구(乘車口)_명 乗車口_{じょうしゃぐち}。

승차-권(乘車券)_명 乗車券_{じょうしゃけん}。 =차표(車票)

승천(昇天)_명 昇天_{しょうてん}。_예 그리스도의 ~ キリストの昇天。
   승천-하다_자 昇天_{しょうてん}する。

승패(勝敗)_명 勝敗_{しょうはい}｜勝^かち負^まけ｜勝負_{しょうぶ}。_예~를 좌우하다. 勝敗を左右_{さゆう}する。

승하(昇遐)_명【임금의 죽음을 높이어 이르는 말】崩御_{ほうぎょ}。
   승하-하다_자 崩御_{ほうぎょ}する。

승합-차(乘合車)_명 乗^のり合^あい自動車_{じどうしゃ}。

승화(昇華)_명 昇華_{しょうか}。
   승화-하다_자 昇華_{しょうか}する。_예 드라이아이스는 승화한다. ドライアイスは昇華する。

승화-열(昇華熱)_명《화》昇華熱_{しょうかねつ}。

시¹(市)_명 ❶【행정 단위】市_し。❷【시청】市役所_{しやくしょ}｜市庁_{しちょう}。

시²(時) Ⅰ_명【시각이나 시간을 나타내는 말】人_{ひと}の生^うまれた時刻_{じこく}｜刻_{こく}。
   Ⅱ_의 ❶【시간의 단위】時_じ｜刻_{こく}。_예 열 ~ 十時_{じゅうじ}/ 지금 몇 ~입니까? 今_{いま}、何時_{なんじ}ですか。/ 정각 12~이다. ちょうど12_{じゅうに}時だ。❷【경우·때】とき｜場合_{ばあい}。_예 주차 위반 ~에는 벌금을 부과한다. 駐車_{ちゅうしゃ}違反_{いはん}のときは罰金_{ばっきん}を賦課_{ふか}する。

시³(詩)_명《문》詩_し。_예 산문~ 散文_{さんぶん}詩。

시⁴(C·c)_명【언】【영어의 세번째 자모】シー。

시⁵(si 이)_명【음악 용어】シ。

시-⁶_집 真^{まっ}〜。_예 시퍼렇다 真_{まっ}青_{さお}だ/ 시뻘겋다 真_{まっ}赤_かだ。

시-⁷(媤)_집【남편의 가족을 이르는 말】시어머니 姑_{しゅうとめ}/ 시누이 小姑_{こじゅうとめ}。

시가¹(市街)_명 市街_{しがい}｜町_{まち}｜通_{とお}り。

시가²(市價)_명【시장에서 거래되는 가격】市価_{しか}。_예~보다 싸다. 市価より安_{やす}い。

시가³(時價)_명【일정한 시기의 물건 값】時価_{じか}。

시가⁴(媤家)_명 婚家_{こんか}｜嫁入_{よめい}り先_{さき}の家_{いえ}。

시가⁵(詩歌)_명 詩歌_{しいか}。

시가⁶(cigar)_명 シガー。

시가-전(市街戰)_명 市街戦_{しがいせん}。

시가-지(市街地)몡 市街地ちがいち。
시각¹(時刻)몡 ❶【어떤 시점의 시간】 時刻じこく。❷ 短かい間。몐 ~을 다투다. 一刻いっこくを争あらそう; 時刻を争う。
시각²(視角)몡 ❶【사물을 관찰하거나 이해하는 기본자세】観点かんてん｜見地けんち。몐 ~의 차이 観点の相違。❷《물》視角。
시각³(視覺)몡 《의》視覚しかく。몐 ~ 장애 視覚障害しょうがい。
시간(時間) Ⅰ 몡 ❶【어떤 시각에서 다른 시각까지의 사이】 時間じかん。몐 책을 읽으면서 ~을 보내다. 本ほんを読よみながら時間を過すごす。/이 일은 생각보다 ~이 걸린다. この仕事しごとは思おもったより時間がかかる。❷【시간이 흐르는 그 어느 순간】 時間じかん｜時刻じこく。몐 약속한 ~ 約束やくそくした時間/마감 ~ 締しめ切ぎりの時間。=시각 ❸【어떤 일을 하도록 정해진 동안】時間じかん。몐 휴식 休息きゅうそく時間/회의 会議かいぎの時間/수업 ~에 졸다. 授業じゅぎょう時間に居眠いねむりする。❹【틈】 時間じかん。몐 밥 먹을 ~도 없이 바쁘다. 食事しょくじをとる時間もなく忙いそがしい。❺【동안】 時間じかん。몐 ~이 흐르면 알게 될 것이다. 時間が経たつと分わかるだろう。
Ⅱ 의【하루의 24분의 1의 동안】時間じかん。몐 한 ~ 동안 운동을 하다. 1時間の間あいだ、運動うんどうをする。/하루에 몇 ~ 정도 잠을 잡니까? 一日いちにちに何なん時間くらい寝ねますか。

시간-대(時間帯)몡 時間帯じかんたい。
시간 외 수당(時間外手當)《사》時間外手当じかんがいてあて。
시간-적(時間的)관 時間的じかんてき。
시간차 공격(時間差攻擊)《운》時間差攻撃じかんさこうげき。
시간-표(時間表)몡 時間表じかんひょう。
시감(詩感)몡 詩的してき感興かんきょう。
시-건방지다혱 生意気なまいきだ｜小癪こしゃくだ。
시계¹(時計)몡 時計とけい。몐 회중~ 懐中時計かいちゅうどけい/모래~ 砂時計すなどけい/~가 맞다. 時計が合あう。/~를 맞추다. 時計を合あわせる。/~가 10분 늦다. 時計が十分じっぷん遅おくれる。/~가 움직이지 않는다. 時計が動うごかない。/~가 멎다. 時計が止とまる。
시계²(視界)몡 視界しかい｜視野しや。
시계-추(時計錘)몡 時計とけいの振ふり子こ。
시계-탑(時計塔)몡 時計台とけいだい｜時計塔とけいとう。
시-고모(媤姑母)몡【남편의 고모】夫おっとの父ちちの姉妹しまい。
시골몡 田舎いなか。❶【촌락】村むら｜里さと｜在方ざいかた。몐 ~에 살고 있다. 田舎に住すんでいる。❷【고향】生うまれ故郷こきょう｜郷里きょうり。

시골-뜨기몡 田吾作でんごさく｜お上のぼりさん。
시공¹(施工)몡 施工せこう。
　시공-하다타 施工せこうする。
시공²(時空)몡 時空じくう。몐 ~을 초월한 사랑 時空を超こえた恋こい。
시과(時果)몡 時果じか｜その季節きせつの果物くだもの。몐 여름철 ~ 夏場なつばの時果。
시구(詩句)몡 《문》詩句しく。
시구-식(始球式)《운》始球式しきゅうしき。
시국(時局)몡 時局じきょく。몐 ~의 악화 時局の悪化あっか。
시굴(試掘)몡 《공》試掘しくつ。
　시굴-하다타 試掘しくつする。
시굼-하다혱 やや酸すっぱい。
시궁汚水おすいの溜たまり｜どぶ。
시궁-창下水げすいの溜たまり。몐 ~에 빠지다. 下水の溜まりに嵌はまる。/~에 처박히다. 下水の溜まりに押おし込こまれる。
시그널(signal)몡 シグナル。
시그러-지다자 ❶【점차 기운이 ~】衰おとろえる。몐 점차 기운이 ~. 次第しだいに気力きりょくが衰える。❷【흥분한 상태가】鎮しずまる｜弱よわる。
시그무레-하다혱 少しすっぱい。
시극(詩劇)몡 《문》詩劇しげき｜韻文劇いんぶんげき。
시근-거리다¹자【만복감의 때나 노여움으로 가쁘게 숨을 쉬다】(満腹感まんぷくかんの時ときや怒いかりで)息いきを弾はずませる｜あえぐ｜息をきらす。몐 그가 분을 참지 못하고 시근거리고 있다. 彼かれが怒りを我慢がまん出来できずにあえいでいる。
시근-거리다²자【뼈마디 따위가 자꾸 쑤시듯이 저리다】(骨ほねの関節かんせつなどが)しきりにうずく｜ずきずきする｜しくしく痛いたむ。몐 어제 다친 발목이 시근거려서 걸을 수가 없다. 昨日きのう痛いためた足首あしくびが、ずきずきして歩あるけない。
시근덕-거리다자 激はげしく息いきをする｜はあはあいう。몐 화가 나서 몹시 ~. 怒いかりではあはあいう。=시근덕대다
시근덕-대다자 ☞시근덕거리다
시근덕-시근덕부【숨소리가 매우 거친 모양】ふうふう｜はあはあ。
시근-벌떡부【아이 거칠게 숨쉬는 모양】ふうふう｜はあはあ。
　시근벌떡-거리다자 (息苦いきぐるしくて)ふうふういう｜はあはあいう。오래달리기를 하고 나서 ~. 長距離ちょうきょりを走はしってふうふういう。/밖에서 사람이 시근벌떡거리며 뛰어 들어오다. 外そとから人ひとがふうふうとかけ込こんできた。=시근벌떡대다
　시근벌떡-대다자 ☞시근벌떡거리다

시근-시근¹ 甼【숨이 가쁘게 쉬는 소리 또는 모양】ふうふう｜はあはあ。

시근-시근² 甼【관절이 쑤시는 모양】ずきずき｜ずきんずきん。

시근-하다 (関節などが)ややうずく｜ずきずきする。

시글-시글 甼【벌레 등이 많이 모여 우글거리는 모양】群がってうごめくさま｜うじゃうじゃ｜うようよ。
　시글시글-하다(형) うじゃうじゃする｜うようよする。 예공원에 비둘기들이 ~. 公園にハトがうようよしている。/놀이 공원에 사람들이 ~. 遊園地に人々がうようよしている。

시금-석(試金石)(명) 試金石せっきん。

시금쌉-하다(형) (味が)すっぱくてにがい。

시금치(명) 《식》ほうれん草そう。 예~를 삶다. ほうれんそうを茹でる。

시금털털-하다(형) (味やにおいなどが)やすっぱくて渋い。

시금-하다(형) ややすっぱい味がする。

시급(時給)(명) 《경》時給じきゅう｜時間給じかんきゅう。 =시간급

시급-하다(時急—)(형) 急きゅうだ｜急きゅうを要ようする。 예시급한 문제 急きゅうな問題もんだい。

시급-히(甼) 急きゅうに｜急いで。

시기¹(時期)(명) 【때】時期じき｜時とき｜折おり。 예개화 — 開花かいかの時期じき／수확 — 収穫しゅうかくの時期じき／이사하기 가장 좋은 ~ 引ひっ越こしに最もっとも適てきな時期じき。

시기²(時機)(명) 【적당한 기회】時機じき｜潮時しおどき｜機会きかい｜チャンス。 예~를 놓치다. チャンスを逸いっする。

시기³(猜忌)(명) 猜忌さいき｜ねたみ｜そねみ。
　시기-하다(타) 猜忌さいきする｜ねたむ｜そねむ。 예그의 성공을 ~. 彼の成功をねたむ。

시기⁴(試技)(명) 《운》【역도나 투창 등의】試技しぎ。 예1차 ~ 第一だいいちの試技しぎ。

시기-상조(時機尚早)(명) 時期尚早じきしょうそう。

시-꺼멓다(형) ❶真まっ黒くろだ｜真まっ黒くろい。 예시꺼먼 손 真まっ黒くろな手て／시꺼멓게 탄 얼굴 真まっ黒くろに焼やけた顔かお。 ❷【마음이 엉큼하다】腹黒はらぐろい。 예시꺼먼 뱃속을 몰랐었다. 腹黒はらぐろいことを知しらなかった。

시꺼메-지다(자) 真まっ黒くろくなる。

시끄럽다(형) ❶【떠들썩하다】やかましい｜騒々そうぞうしい｜騒さわがしい｜うるさい｜賑にぎやかだ。 예차 소리가 ~. 車くるまの音おとがやかましい。/라디오 소리가 시끄러워서 공부를 못하겠다. ラジオの音おとが騒々そうぞうしくて勉強べんきょうができない。/그렇게 시끄럽게 하면 선생님한테 야단맞는다. そんなにやかましくすると先生せんせいに叱しかられる。 ❷【귀찮다】面倒めんどうだ｜やっかいだ｜わずらわしい。 예문제가 점점 시끄럽게 되어 간다. 問題もんだいがだんだんわずらわしくなっている。/문제가 복잡해지니 시끄러운 생각이 들었다. 問題もんだいが複雑ふくざつになったので面倒めんどうだという気きがした。

시끌시끌-하다(형) ❶【떠들썩하다】騒々そうぞうしい｜わいわいがやがやしている。 예애들이 시끌시끌하게 떠든다. 子供こどもたちがわいわいがやがや騒さわぐ。 ❷【복잡하다】もめている｜ごたごたしている｜(頭あたまの中なかが)ごちゃごちゃだ｜ぐちゃぐちゃだ。 예머리가 ~. 頭あたまの中なかがごちゃごちゃだ。/여러 가지 문제로 회사가 ~. いろんな問題もんだいで会社かいしゃがごたごたしている。/여러 가지 생각으로 머릿속이 ~. 様々さまざまな考かんがえで頭あたまの中なかがごちゃごちゃしている。

시나리오(scenario)(명) シナリオ。 예~ 작가 シナリオライター；シナリオ作家さっか。

시나브로(甼)【모르는 사이에 조금씩】知しらぬうちに少すこしずつ｜気きづかないうちに少しずつ。 예그 많은 재산을 ~ 다 없애 버렸다. その多おおい財産ざいさんを知しらぬ間まに、少しずつすべて失うしなってしまった。

시내¹(명) 小川おがわ｜細ほそい流ながれの川かわ。

시내²(市内)(명) 市内しない。

시내-버스(市內bus)(명) 市内しないバス。

시냇-가 小川おがわのほとり。

시냇-물 小川おがわに流ながれる水みず。

시너(thinner)(명) 《화》シンナー。

시녀(侍女)(명) ❶侍女じじょ｜腰元こしもと。 ❷《역》宮女きゅうじょ｜女官にょかん。 =나인

시-누(媤—)(명) ☞'시누이'의 준말.

시-누이(媤—)(명) 【남편의 누이】小姑こじゅうとめ｜義姉ぎし｜義妹ぎまい｜夫おっとの姉妹しまい。 준시누

시늉(명) (ある動作どうさ・姿すがたの)真似まね｜ふり。 예죽는 ~을 하다. 死しんだふりをする。/먹는 ~을 하다. 食たべるふりをする。/우는 ~을 하다. 泣なき真似まねをする。/~만 내다. まねばかりする。
　시늉-하다(자) 真似まねる｜まねをする｜ふりをする。

시다(형) ❶【맛이】酸すい｜酸すっぱい。 예레몬이 너무 ~. レモンがすっぱすぎる。 ❷

【쑤시듯】うずくように痛む｜ずきずきする。예무릎이 ~. 膝がずきずきする。❸【눈부시다】まぶしい｜まばゆい。

시단(詩壇)명 詩壇。

시달(示達)명 示達。
　시달-하다타 示達する。

시달리다자 苦しむ｜悩まされる｜苦しめられる。예많은 빚에 ~. 多額の借金に悩まされる。/ 물 부족에 ~. 水不足で苦しむ。/ 불면증에 ~. 不眠症に悩まされる。/ 잔업에 ~. 残業に苦しめられる。

시답다(←實-)형【마음에 들다】気に入る｜満足する｜心にかなう。예시답지 않다. 気乗りがしない；もの足りない。

시대(時代)명 時代｜世の中｜時世｜世。예~착오 時代錯誤/~사조 時代思潮/~에 뒤떨어진다. 時代後れだ。

시대-극(時代劇)명 〈연〉時代劇。

시대-사(時代史)명 時代史。

시대-상(時代相)명 時代相｜時代の様相。

시댁(媤宅)명【시집】夫の実家｜嫁ぎ先。예~에서 시부모와 함께 살다. 夫の実家で舅姑と一緒に暮らす。/ ~ 식구들에게 인사하다. 夫の実家の家族にあいさつする。

시도(試圖)명 試圖｜試し｜試み。
　시도-하다타 試しに企てる｜試みる。예여러 가지 방법을 시도해 보다. いろいろな方法を試してみる。

시동(始動)명 始動。예~을 걸다. エンジンをかける。

시-동생(媤同生)명【남편의 남동생】夫の弟｜義弟。

시드(seed)명〈운〉シード。예 ~ 배정 シード権の割り当て。

시드럭-부드럭부【몹시 굳어 시들고 거친 모양】しおしお｜しなくな｜くなくな。

시드럭-시드럭부【몹시 굳어 시들고 거친 모양】しおしお｜しなくな｜くなくな。

시들다자 ❶ しぼむ｜しおれる｜枯れる。예아름다웠던 꽃잎이 시들어 버렸다. 美しかった花がしおれてしまった。
❷【기운이 쇠하다】(体力などが)弱まる｜元気がなくなる｜勢いがなくなる｜衰える｜廃れる。예이제는 기력이 시들어서 아무 일도 못하겠다. 今は気力が衰えて

何も出来そうにない。

시들먹-하다형【시들한 느낌이 있다】気乗りがしないように見える｜気が進まないようだ。예시들먹한 답장 気乗りのしない返事/그녀의 얼굴은 보아하니 시들먹해 보인다. 彼女の顔を見てみると、あまり気が進まないようだ。/ 입맛이 떨어져서 음식을 보아도 ~. 食欲がおとろえて、食べ物を見ても食べる気がしない。

시들-방귀명【대수롭지 않게 여김】(物事を)軽視すること｜へとも思わないこと。예남의 일이라고 ~. 他人のことだからと、へとも思わない。

시들-부들부【힘이 없어 기운이 없이 시드는 모양】しなくな｜しなしな。예가뭄으로 벼가 ~ 시들어 버렸다. 日照りで稲がしなくなと萎れてしまった。

시들-시들부 しおれて生気のないさま｜しなくな。

시들-하다형 ❶【시들다】しおれて生気がない。예꽃이 ~. 花がしおれて生気がない。❷【기운이 없다】気乗り薄だ｜気乗りがしない｜もの足りなさそうだ｜興味がない。예아까부터 시들한 표정으로 딴전만 부린다. さっきから興味のなさそうな表情で、とぼけてばかりいる。/ 해 달라는 대로 다 해 주었는데도 시들해하니 도대체 뭘 더 해 달라는 거냐? してくれというままにすべてしてやったのに、物足りなさそうにして、いったい何をしてほしいと言うんだい。

시디(CD)명〈물〉シーディー｜コンパクトディスク。=콤팩트디스크

시디-롬(CD-ROM)명〈컴〉シーディーロム。

시뜻-하다형 ❶【달갑지 않아 내키지 아니하다】気にくわない｜気乗りしない。예시뜻한 표정으로 입을 계속 다물고 있다. 気乗りしないという表情で、ずっと口をつぐんでいる。/ 아무 말도 없이 시뜻해서 돌아앉다. 気乗りしなくて、何も言わずに背を向けて座る。❷【물리어 싫증나다】嫌気がさす｜うんざりしている。
　시뜻-이부 不満げに｜気のなさそうに｜うんざりして。

시래기명 干し菜｜大根の干葉。

시럽(syrup)명 シロップ。

시렁명 二本の長い棒を渡して作った棚。

시력(視力)명 視力。예~ 저하 視力低

시련(試鍊·試練)명 試錬。試煉。예 ~을 견뎌내다. 試錬を耐え忍ぶ。/ ~을 극복하다. 試錬を乗り越える。

시론¹(時論)명 時論。

시론²(詩論)명〖문〗詩論。

시료(試料)명〖화〗試料。サンプル。예 ~를 준비하고 실험을 시작해라. 試料を準備して実験を始めよ。

시루명 こしき ¦ 蒸し器 ¦ せいろう。

시루-떡명 シルトック ¦ こしきで蒸して作った餅。

시룽-시룽부【헤벌쭉 자꾸 싱겁게 웃어 대는 모양】へらへら。

시류(時流)명 時流。예 ~의 변화 時流の変化。/ ~를 타다. 時流に乗る。

시르-죽다자 元気がなくなる ¦ 気が抜ける。예 시르죽은 목소리로 대답하다. 元気のない声で答える。

시름명 心配。¦ 憂い ¦ 嘆き ¦ 悩み。예 깊은 ~에 잠기다. 深い憂いに沈む。/ ~에 겨워 눈물 흘리다. 嘆きのあまり涙を流す。/ ~을 잊고 기운을 내세요. 悩みを忘れて元気を出してください。

시름-시름부【병이 좋아지지도 나빠지지도 않고 오래 가는 모양】病気が良くも悪くもならず長びくさま。예 ~ 앓다. 長々と患う。

시름-없다형 ❶憂いや悩みで元気がない。예 시름없는 나날을 보내고 계시다. 憂いや悩みで元気のない日々を過ごしている。❷ぼんやりしている ¦ ぼうぜんとしている。

시름없-이부 ❶元気がなく。❷ぼんやりと。

시리다형 ❶【몸의】(身体の一部が)しびれるように冷たい ¦ 冷たく感じる。예 손발이 ~. 手足がしびれるように冷たい。/ 한 시간이나 밖에 서 있었더니 코끝이 시려 왔다. 一時間も外で立っていたら、鼻先が冷たく感じてきた。❷【이가】(冷たいものが当たって)しみる。예 얼음물을 마셨더니 이가 ~. 氷水を飲んで歯がしみる。❸【눈이】(光が強くて)目が眩しい。예 눈이 시리도록 파란 하늘 目が眩しいほど青い空 / 거울에 빛이 반사되어 눈이 시렸다. 鏡に光が反射して目が眩しかった。

시리아(Syria)명〖국〗シリア。

시리즈(series)명 シリーズ。예 공포 영화 ~ 恐怖映画シリーズ / 인기가 있어 ~로 제작되었다. 人気があり、シリーズで製作された。

시립(市立)명 市立。예 ~ 박물관 市立博物館 / ~ 대학교 市立大学。

시말-서(始末書)명 始末書。

시멘트(cement)명〖건〗セメント。=양회

시모(媤母)명 ☞시어머니

시무룩-하다형 膨れっ面をしている ¦ ぶすっとしている ¦ 仏頂面をしている。예 선물을 해 주었는데도 여전히 시무룩한 표정으로 앉아 있다. プレゼントをあげたのに、相変わらず仏頂面をして座っている。

시무룩-이부 ふくれて ¦ むっつりして ¦ 膨れっ面で ¦ 仏頂面で。예 아이는 실망했는지 ~ 앉아 있다. 子供は失望したのかふくれて座っている。/ 선생님에게 야단을 맞고 ~ 서 있다. 先生に叱られて仏頂面で立っている。

시무-식(始務式)명 御用始めの式。

시문¹(詩文)명〖문〗詩文。

시문²(試問)명〖교육〗試問。
 시문-하다타 試問する。

시 문학(詩文學)명〖문〗詩文学。

시민(市民)명 市民。예 ~운동 市民運動 / ~ 계급 市民階級 / ~ 혁명 市民革命 / ~ 사회 市民社会。

시민-권(市民權)명〖법〗市民権。

시발(始發)명 始発 ¦ 初発。
 시발-하다자타 ❶【버스·열차 등이】(バス·列車などが)始発する。예 버스가 시발하는 시간을 확인해 두다. バスが始発する時間を確認しておく。/ 이 열차는 서울에서 시발한다. この列車はソウルから始発する。❷【연원 당이 처음 시작되다】(事などが)いちばん最初に始められる。예 여기가 전쟁이 시발한 곳이다. ここが戦争がいちばん最初に起こったところだ。❸【병상이 처음 나타나다】(病状が)初めて起こる。예 병의 증상은 4년 전에 시발하였다. 病状は4年前に起こった。

시방(時方)명부【지금】今 ¦ 現在 ¦ ただ今。

시범(示範)명 示範。예 ~ 수업을 실시하다. 示範授業を行なう。/ ~을 보이다. 示範を見せる。
 시범-하다타 模範を示す。

시베리아 기단(Siberia氣團) シベリア気団。

시보(時報)〖명〗【표준 시간을 알리는 일】時報ほう。

시부(媤父)〖명〗☞시아버지

시부렁-거리다〖자〗しゃべり散ちらす｜無駄口ぐちをたたく。=시부렁대다

시부렁-대다〖자〗☞시부렁거리다

시부렁-시부렁〖부〗ぺちゃくちゃ｜べちゃべちゃ。

시-부모(媤父母)〖명〗【남편의 부모】舅姑きゅう。｜舅しゅうと と姑しゅうとめ。

시부저기〖부〗【그다지 힘들이지 않고】特とくに力ちからを入いれずに｜手軽がるく。예 어려운 일을 ～ 해치워 버렸다. 難むずかしい事ことを手軽がるくやってのけた。

시부적-시부적〖부〗静しずかにさりげなく行動こうどうするさま。

시비¹(是非)〖명〗是非ぜひ。 ❶理非りひと｜良よいことと悪わるいこと。예 ～를 가리다. 是非ぜひをわきまえる。 ❷是非ぜひを論ろんじること｜言いい争あらそい｜口論こうろん。예 ～를 걸다. 文句もんくをつける。

시비-하다〖자〗是非ぜひする｜言いい争あらそう｜口論こうろんする。

시비²(詩碑)〖명〗詩碑しひ。

시비-곡직(是非曲直)〖명〗理非曲直りひきょくちょく。

시비-조(是非調)〖명〗けんか腰ごし｜けちをつけてけんかを売うる調子ちょうし。

시-뻘겋다 真まっ赤かだ。예 시뻘건 핏자국 真まっ赤かな血ちの痕あと/ 시뻘건 김치 真まっ赤かに染そまったキムチ/ 시뻘겋게 물든 석양 하늘 真まっ赤かに染そまった夕焼やけの空そら/ 난로가 시뻘겋게 달아올랐다. ストーブが真まっ赤かに熱あつくなっている。 /그는 밤이라도 새웠는지 눈이 ～. 彼かれは徹夜てつやでもしたのか目めが真まっ赤かだ。

시뻘게-지다〖자〗真まっ赤かになる。

시-뿌옇다 白しろくかすんでいる｜白濁はくだくしている。예 안개가 끼어 하늘이 ～. 霧きりが立たちこめて空そらがぼうっとかすんで見みえる。

시뿌예-지다〖자〗白しろっぽくなる。

시쁘다〖형〗【마음에 차지 않아】不満ふまんだ｜気きにくわない｜物足ものたりない。예 달라는 걸 다 주었는데도 여전히 시쁜 표정이다. くれというものをすべてあげたのに、まだもの足たりない表情ひょうじょうだ。

시쁘둥-하다〖형〗とても気きにくわないといった顔がおだ｜仏頂面ぶっちょうづらだ。

시사¹(示唆)〖명〗【미리 암시하여 일러 줌】示唆しさ。

시사-하다〖타〗示唆しさする。예 해고의 가능성을 시사했다. 解雇かいこの可能性かのうせいを示唆しさした。

시사²(時事)〖명〗【현재의 여러 가지 사회적 사실】時事じじ。예 ～ 문제 時事じじ問題もんだい。

시사³(試寫)〖명〗試写ししゃ。

시사-하다〖타〗試写ししゃする。

시사-회(試寫會)〖명〗試写会ししゃかい。예 영화 ～ 映画えいが試写会ししゃかい。

시산(試算)〖명〗(수)試算しさん。

시산-하다〖타〗試算しさんする。

시-삼촌(媤三寸)〖명〗舅しゅうとの兄弟きょうだい。

시상¹(施賞)〖명〗【상을 줌】授賞じゅしょう。

시상-하다〖타〗授賞じゅしょうする｜賞しょうをさずける。

시상²(詩想)〖명〗詩想しそう。

시상-식(施賞式)〖명〗授賞式じゅしょうしき。예 노벨상 ～ ノーベル賞しょう授賞式じゅしょうしき/ 아카데미상 시상식 アカデミー賞しょう授賞式じゅしょうしき。

시새다〖타〗☞'시새우다'의 준말.

시새우다〖타〗 ❶【샘이 나서】妬ねたむ｜嫉妬しっとむ｜焼やく｜焼やき餅もちをやく。 ❷【경쟁하여】競きそう｜張はり合あう｜競きそい合あう。 ⓒ시새다

시새움 ねたみ｜嫉妬しっと。예 너무 뛰어나서 남의 ～을 받다. とても優すぐれていて他人たにんに嫉妬しっとされる。 ⓒ시샘

시선(視線)〖명〗視線しせん｜眼差まなざし｜目めの向むき。예 ～을 딴 데로 돌리다. 視線しせんを逸そらす。 / 뜨거운 ～을 보내다. 熱あつい視線しせんを送おくる。

시설(施設)〖명〗施設しせつ。예 공공～ 公共こうきょう施設しせつ/ 사회 복지 ～ 社会福祉しゃかいふくし施設しせつ。

시설-하다〖타〗施設しせつする。

시설-궂다〖형〗(性格せいかくがおとなしくなく)非常ひじょうにはしゃいで喧やかましい｜あまりにもおしゃべりだ。예 항상 시설궂은 이웃집 세 자매 いつもはしゃいで喧やかましい隣となりの三姉妹さんしまい/ 남자가 너무 시설궂으면 못쓴다. 男おとこがあまりにもおしゃべりだったら駄目だめだ。

시설-스럽다〖형〗(性格せいかくがおとなしくなく)やたらにふざけたがる｜騒さわぎたがる。예 시설스러운 사람과 같이 있으면 정신이 없다. やたらにふざけたがる人ひとと一緒いっしょにいると、何なにが何なんだか分わからなくなる。

시설스레〖부〗(性格せいかくがおとなしくなく)やたらにふざけて｜騒々さわぞうしく。예 ～ 여기저기 뛰어다니고 있는 아이 騒々さわぞうしく跳はね回まわっている子こ/ ～ 굴지 말고 좀 진지해져라. ふざけ回まわらずに、少すこしは真

剣になれ。

시설-시설[부]【:】ぺちゃくちゃ。 예 아이들은 교실에서 ~ 떠들어 대고 있었다. 子供たちは教室でぺちゃくちゃしゃべり立てていた。

시성(詩聖)[명] 詩聖。

시세(時勢)[명] ❶【:】時勢。 ❷[:] 相場 ¦ 市価 ¦ 時価。 예 ~ 하락 値崩れ/ ~가 높다. 値が張る。

시소(seesaw)[명] シーソー。

시속¹(時俗)[명]【:】時俗。

시속²(時速)[명] 時速。

시숙(媤叔)[명]【:】小姑 ¦ 夫の兄弟。

시술(施術)[명] 施術。 예 ~을 받다. 施術を受ける。
  시술-하다[자] 施術する。

시스템(system)[명]《컴》システム。 예 영화 ~의 문제 映画のシステムの問題/ 관리 ~ 管理システム。

시승(試乗)[명] 試乗。
  시승-하다[타] 試乗する。 예 신형 자동차를 ~. 新型車を試乗する。

시시각각(時時刻刻)[명] 時々刻々 ¦ 刻々。 예 ~으로 변하다. 時々刻々と変化する。

시시덕-거리다[자]【:】はしゃぐ ¦ 浮かれてしゃべり立てる。 =시시덕대다

시시덕-대다[자] ☞시시덕거리다

시시덕-이[명] はしゃぎ屋 ¦ おしゃべり。

시시때때-로(時時—)[부]【:】時々とき ¦ 時たま ¦ 時折おり ¦ 折々。

시시-로(時時—)[부] ☞때때로

시시비비(是是非非)[명] 是々非々。

시시-콜콜[부]【:】根掘り葉掘り。 예 ~ 물어서 알아내다. 根掘り葉掘り聞き出す。 =시시콜콜히

시시콜콜-히[부] ☞시시콜콜

시시 티브이(CCTV) ☞폐회로 텔레비전

시시풍덩-하다[형] 取るに足りない ¦ つまらない。

시시-하다[형] つまらない ¦ 取るに足りない ¦ くだらない ¦ ばからしい。 예 그녀는 이 일을 시시하게 생각하는 것 같다. 彼女はこの仕事をくだらないと思っているようだ。

시식(試食)[명] 試食。 예 ~회 試食会。
  시식-하다[타] 試食する。

시신(屍身)[명] 屍 ¦ 死体 ¦ 屍体。

시-신경(視神經)[명]《의》視神経。

시-아버지(媤—)[명]【:】舅 ¦ 夫の父。=시부

시-아주버니(媤—)[명]【:】夫の兄。

시안¹(試案)[명] 試案。

시안²(cyaan)《화》シアン。

시안화-나트륨(cyaan化Natrium 네-독)[명]《화》シアン化ナトリウム。

시안화-수소(cyaan化水素 네)《화》シアン化水素。

시안화-칼륨(cyaan化Kalium 네-독)《화》シアン化カリウム。

시야(視野)[명] 視野。 예 ~를 넓히다. 視野を広める。

시약(試藥)《화》【:】試藥。 예 ~을 넣고 반응을 기다리다. 試薬を入れて反応を待つ。

시어(詩語)[명]《문》詩語。

시-어머니(媤—)[명]【:】姑 ¦ 夫の母。=시모

시업(始業)[명] 始業。
  시업-하다[자] 始業する。

시에라리온(Sierra Leone)[명]《국》シエラレオネ。

시에이 티브이(CATV) シーエーティーブイ ¦ ケーブルテレビ。

시엠(←CM)《언》シーエム ¦ コマーシャル。

시에프(CF)《언》シーエフ。

시연(試演)[명] 試演。
  시연-하다[타] 試演する。

시오니즘(Zionism)《역》シオニズム。

시외(市外)[명] 市外。 예 ~ 전화 市外電話。

시외-버스(市外bus)[명] 市外バス。

시용(試用)[명] 試用。 예 ~ 기간 試用期間。
  시용-하다[타] 試用する。

시운(時運)[명] 時運 ¦ 時の運。 예 ~을 타다. 時運に乗る。

시-운전(試運轉)[명] 試運転。
  시운전-하다[타] 試運転する。

시울[명] (目·口などの)ふち。

시원섭섭-하다[형] せいせいしている一方で、寂しくもある ¦ ほっとする一方で名残惜しい。 예 헤어지려니 시원섭섭하다. 別れようとしたらせいせいする一方で、名残惜しくもあるな。

시원-스럽다[형] さっぱりしている ¦ はきはきしている ¦ てきぱきしている。 예 문제를 시원스럽게 해결하였다. 問題を

てきぱきと解決した。

시원스레 早 さっぱりと｜はきはきと｜てきぱきと.

시원-하다 형 はっきりしている｜しゃきっとしている｜きびきびする. 예 성격이 ~. 性格がさっぱりしている.

시원시원-히 早 しゃきっと｜はきはきと｜さっぱりと｜きびきびと.

시원찮다 형 思わしくない｜かんばしくない｜すっきりしない｜どうももの足りない｜はかばかしくない｜さえない. 예 시원찮은 성적 はかばかしくない成績｜일을 하는 꼴이 ~. 仕事をするなりが、はかばかしくない. 참 션찮다

시원-하다 형 ❶涼しい｜すがすがしい｜さわやかだ｜快い. 예 아, ~. ああ涼しい. / 시원한 바람이 불어 지나다. すがすがしい風が吹き渡る. / 가을의 시원한 바람이 기분 좋게 느껴지다. 秋のすがすがしい風が気持ちよく感じられる. ❷(気分が)すっきりしている｜せいせいしている. 예 그 애가 떠나 버려서 ~. 彼が去ってせいせいしている. / 헤어지자는 말에 시원하다는 생각이 먼저 들었다. 別れようという言葉に、まずせいせいするという気がした. ❸(言行が)はっきりしている｜질문에 시원하게 대답하다. 質問にはっきりと答える. ❹(味が)さっぱりしている｜あっさりしている. 예 시원한 맛 さっぱりした味.

시원-히 早 涼しく｜すがすがしく｜すっきりと｜さわやかに｜快く｜明快に.

시월(十月) 명 十月.

시위¹ 명 (雨がたくさん降って)川が氾濫すること. 예 ~가 나다. 大水が出る｜洪水になる.

시위²명 弦｜ゆみづる. =활시위

시위³(示威) 명 示威｜デモンストレーション｜デモ. 예 ~행진 示威行進. =데모

시위-하다 자 示威する.

시위-운동(示威運動) 명 示威運動｜デモ.

시음(試飲) 명 試飲. 예 무료 ~ 無料試飲 / ~회 試飲会.

시음-하다 타 試飲する.

시의(猜疑) 명 猜疑.
시의-하다 타 猜疑する.

시 의회(市議會) 《법》 市議会. 예 ~ 의원 市議会議員.

시인(是認) 명 是認.
시인-하다 타 是認する. 예 자기 잘못을 ~. 自分のあやまちを認める.

시인²(詩人) 명 詩人.

시일(時日) 명 ❶ 時日. ❷ 期日｜期限. 예 ~이 임박하다. 期日がさし迫る.

시작¹(始作) 명 始め｜開始.
시작-하다¹ 자타 始める｜開始する. 예 오늘부터 운동을 ~. 今日から運動を始める. / 경기가 시작되다. 競技が始まる. / 업무를 ~. 業務を開始する.

시작²(詩作) 명 詩作｜作詩.
시작-하다² 자 詩作する｜作詩する.

시작³(試作) 명 試作.
시작-하다³ 타 試作する.

시장¹ 명 お腹がすくこと｜ひもじいこと｜空腹.
시장이 반찬(속담) "空き腹にまずいものなし"の意.
시장-하다 형 お腹がすく｜ひもじい.

시장²(市長) 명 《법》 市長.

시장³(市場) 명 市場｜市｜マーケット. 예 어~ 魚市場｜②市場. 예 국내 ~ 国内市場 / ~ 가격 市場価格 / ~ 조사 市場調査；マーケティングリサーチ.

시장-기(-氣) 명 空腹感｜ひもじさ.

시장 점유율(市場占有率) 《경》 市場占有率｜マーケットシェア｜シェア.

시재(時在) 명 ❶(その場での)持ち合わせのお金や穀物など. 예 ~는 5천원밖에 없다. 持ち合わせは5千ウォンしかない. / ~의 돈을 다 합쳐도 가방을 살 수 없다. 手持ちのお金を全部合わせても、鞄を買うことができない. ❷現在｜今. 예 ~의 세계정세를 파악하다. 今の世界の情勢を把握する.

시-적(詩的) 관·명 詩的な. 예 ~인 표현 詩的な表現.

시적-거리다 자타 いやいやながらする｜しぶしぶする｜ぶらぶらする. 예 공부를 ~. 勉強をしぶしぶする. =시적대다

시적-대다 匪 ☞시적거리다
시적-시적 图【시적시적】 しぶしぶ｜いやいや｜不承不承に。 囫 ~ 걷다. しぶしぶ歩く。
시절(時節) 图 時節。 ❶【계절】 季節｜時候。 ❷【시기】 時代｜時期｜ころ。 囫 학생 ~ 学生の時代。 ❸【세상살이】 時世。
시점(時點) 图 時点。 囫 종료 ~ 終了の時点。
시점²(視點) 图《문》視点。 囫 일인칭 ~ 一人称の視点。
시접 图 縫い代。
시정¹(市政) 图【시행정】 市政。
시정²(施政) 图【시행정】 施政。
　　시정-하다¹ 困 政治を行う。
시정³(是正) 图【바로잡음】 是正。
　　시정-하다² 匪 是正する。 囫 격차 문제를 ~. 格差問題を是正する。
시정-배(市井輩) 图 ☞시정아치
시정-아치(市井-) 图 人が多おおく集まるところに商売をする群むれ。=시정배
시제(時制) 图《언》時制｜テンス。
시조¹(始祖) 图 始祖｜元祖。 囫 유교의 ~인 공자 儒教の始祖である孔子。
시조²(時調) 图《문》【시체가요】 時調。 囫 먼 산을 바라보며 ~를 읊다. 遠山を眺めながら時調を吟ずる。
시종(始終) Ⅰ 图 始終｜始めと終り。 Ⅱ 團 始終｜常に｜いつも。 囫 ~ 웃고 있다. いつも笑っている。
　　시종-하다 困 終始する。
시종-여일(始終如一) 始めから終りまで変わりなく一様なこと。
시종-일관(始終一貫) 图 終始一貫。
시주(施主) 图《종》 ❶ (僧や・寺などに金品などを)施し与えること｜布施。 ❷【시주자】 施主｜だんな。
　　시주-하다 匪 布施する。
시준-선(視準線) 图《물》視準線。
시중 图 側でかしずくこと｜面倒を見ること｜世話。
　　시중-하다 匪 ☞시중들다
시중(市中) 图 市中。 囫 ~ 금리 市中金利 / ~ 은행 市中銀行。
시중-꾼 图 付き添いな人｜世話人。
시중-들다 困 かしずく｜付き添う｜面倒を見る｜世話をする。 囫 부모님을 ~. 親の面倒を見る。=시중하다
시즌(season) 图 シーズン。

시지르다 困【졸음이 오다】 居眠りする｜うとうとする｜まどろむ。
시-집¹(媤—) 图【시가】 夫ォッの家柄｜夫ォッの父母の家。
시집²(詩集) 图 詩集。 囫 ~을 읽다. 詩集を読む。
시집-가다(媤—) 困 嫁ぐ｜嫁に行く｜縁づく｜嫁入りする。
시집-보내다(媤—) 匪 嫁がせる｜嫁入りさせる｜嫁にやる｜嫁づける。
시집-살이(媤—) 图 ❶ 嫁入り暮らし。 囫 ~는 힘들다. 嫁入り暮らしはたいへんだ. / 지금까지 고된 ~를 견디어 왔다. 今まで苦しい嫁入り暮らしを我慢してきた。 ❷【시집살이】 他人だの厳しい監督や干渉などを受けること。 囫 회사에서 상사에게 겪는 ~ 때문에 스트레스가 쌓인다. 会社での上司から受ける干渉のためにストレスがたまる。
시차(時差) 图 時差。 囫 ~병 時差ぼけ / 3시간 이상 ~가 나다. 3時間以上の時差がある。
시찰(視察) 視察。
　　시찰-하다 匪 視察する。 囫 연구 시설을 ~. 研究施設を視察する。
시책(施策) 图 施策。 囫 ~을 마련하다. 施策をつくる。
　　시책-하다 困 施策する。
시척지근-하다 颬【음식이】 食べ物が腐りかけて】味や匂いが少し酸っぱい。 囫 어제 만든 김초밥에서 시척지근한 냄새가 난다. 昨日作った海苔巻きから酸っぱい匂いがする. / 시척지근한 맛이 나는 것을 보니 음식이 쉰 것 같다. 酸っぱい味がするのをみると、食べ物がすえたようだ。 ㉠ 시치근하다
시청¹(市廳) 图 市庁｜市役所。
시청²(視聽) 图 視聴。
　　시청-하다 匪 視聴する。 囫 텔레비전을 ~. テレビを視聴する。
시청-각(視聽覺) 图 視聴覚。 囫 ~ 교육 視聴覚教育。
시청-률(視聽率) 图 視聴率。
시청-자(視聽者) 图 視聴者。
시체¹(屍體) 图 ☞송장
시체²(詩體) 图 詩体。
시쳇-말(時體—) 图 その時代に広く流行する言葉｜流行語。 囫 혼전에 아이가 생겨서 하는 결혼은 ~로 속도위반 결혼이라고 한다. 婚前に子供ができ

てする結婚を、流行語でできちゃった結婚という。

시초(始初)_명 始め｜始まり｜起こり｜出だし。_예 비극의 ~ 悲劇の始まり.

시추(試錐)_명《공》試錐。ボーリング。
　시추-하다_타 試錐する｜ボーリングする。

시추에이션(situation)_명《예》シチュエーション。

시취(詩趣)_명 詩趣。

시치근-하다_형 '시척지근하다'의 준말.

시치다_타 仮縫いする｜下縫いする。_예 블라우스를 ~. ブラウスを仮縫いする。/ 나중에 박음질할 거니까 우선 시쳐 놓아라. 後で返し縫いするから、まず仮縫いしておきなさい。

시치미_명 ❶【】タカの飼い主を示すため住所を書いて、尾の毛の中に結んでおく四角い名札。❷とぼけること｜そらとぼけ。 _준시침
　시치미(를) 떼다(따다)_{관용} しらを切る｜しらばくれる｜とぼける｜猫をかぶる。_예 시치미를 떼고 거짓말을 하다. 何食わぬ顔で嘘をつく。

시침¹_명 ❶ ☞'시치미'의 준말。 ❷ ☞시침질.

시침²(時針)_명【】時針｜短針｜短剣。

시침-질_명 仕付け｜仮縫い｜下縫い。=시침❷
　시침질-하다_타 仕付ける｜仮縫いする｜下縫いする。

시-커멓다_형 真っ黒だ｜真っ黒い｜真っ黒。_예 얼굴이 시커멓다. 顔が真っ黒に日焼けした。/ 빵이 타서 시커멓게 되었다. パンが焦げて真っ黒になる。

시커메-지다_자 真っ黒になる。

시쿰-시쿰_부 非常にすっぱいさま。

시쿰-하다_형 ややすっぱい。

시퀀스(sequence)_명 シーケンス｜シークエンス。

시크무레-하다_형 ややすっぱい。

시큰-거리다_자 (関節が)ずきずきする｜うずく。_예 다친 발목이 시큰거려서 걷기가 힘들다. 痛めた足首がずきずきして歩きにくい。=시큰대다

시큰-대다_자 ☞시큰거리다

시큰둥-하다_형 言動に誠意がなく生意気だ。

시큰-시큰_부【】ずきずき｜ずきんずきん。

시큰-하다_형 (関節などが)うずく｜ずきずきする。

시클라멘(cyclamen)_명《식》シクラメン。

시큼-시큼_부 とてもすっぱいさま。

시큼-하다_형 いやにすっぱい。

시키다_타 ❶【】させる｜やらせる。_예 청소를 ~. 掃除をさせる。 ❷【】注文する｜頼む。_예 레스토랑에서 식사를 ~. レストランで食事を注文する。

-시키다_접【】-せる｜-させる。_예 감동시키다. 感動させる。/ 프로젝트를 성공시키다. プロジェクトを成功させる。

시퉁-스럽다_형 生意気なところがある｜差出がましい。
　시퉁스레_부 生意気に｜差出がましく。

시트(sheet)_명 ❶【】シーツ。 ❷【】シート。

시트콤(sitcom)_명《연》シットコム｜シチュエーションコメディー。

시틋-하다_형【】飽きて嫌気がさす｜うんざりする。_예 이젠 그 일은 ~. もうそのことはうんざりだ。

시판(市販)_명《경》市販。
　시판-하다_타 市販する。_예 시판되고 있는 약 市販されている薬。

시-퍼렇다_형 ❶【】真っ青だ｜深い青だ。 ❷【】(驚いたり怒ったりして)顔に血の気がない｜真っ青だ。_예 귀신이라도 보았는지 얼굴이 시퍼렇게 되었다. 鬼にでも見たのか顔が真っ青になった。 ❸【】(研ぎ澄まされた刃が)ぎらぎらする。 ❹【】(威勢)などがものすごい。

시퍼레-지다_자 真っ青になる。

시평(詩評)_명 詩に対する批評。_예 제 ~을 들려 주세요. 私の詩に対する批評を聞かせてください。/ 잡지에 좋아하는 시의 ~을 실었다. 雑誌に好きな詩の批評を載せた。

시풍(詩風)_명 詩風。

시학¹(視學)_명【】視学。

시학²(詩學)_명《문》詩学。

시한(時限)_명 時限。

시한-폭탄(時限爆彈)_명 時限爆弾。

시-할머니(媤一)_명【】夫の祖母。

시-할아버지(媤一)_명【】夫の祖父。

시합(試合)_명 試合。_예 축구 ~ サッカー

の試合/~을 관전하다. 試合を観戦する.

시합-하다 재 試合する.

시행(施行) 명 施行. ❶施行 ¦ 実行. ❷施行. 예~ 세칙 施行細則/~ 규칙 施行規則.

시행-하다 타 施行する.

시행-령(施行令) 명 〖법〗施行令.

시행-착오(試行錯誤) 명 試行錯誤.

시-허옇다 재 真っ白い ¦ 真っ白だ. 예머리가~. 頭髮が真っ白だ.

시허예-지다 재 真っ白になる ¦ 真っ白くなる.

시험(試驗) 명 試験 ¦ テスト. 예~지옥 試験地獄/~을 보다. 試験を受ける./~에 붙다. 試験に受かる./~에 떨어지다. 試験に落ちる.

시험-하다 타 試験する ¦ テストする. 예~를 시험해 보다. 強度をテストしてみる.

시험-관(試驗管) 명 《화》試験管. 예~ 아기 試験管ベビー/~이 떨어져 깨지다. 試験管が落ちて割れる.

시험-대(試驗臺) 명 試験台.

시험-장(試驗場) 명 試験場.

시험-적(試驗的) 관 試験的.

시험-지(試驗紙) 명 ❶問題用紙 ¦ 答案用紙. ❷《화》試験紙.

시화(詩畵) 명 ❶詩と絵. ❷詩を書き入れた絵.

시황(市況) 명 《경》市況. 예주식 ~ 株式市況.

시효(時效) 명 時效. 예~ 기간 時効期間/~가 지나다. 時効が過ぎる./~가 정해지다. 時効が決められる.

시흥(詩興) 명 詩興.

식¹(式) Ⅰ 명 ❶式 ¦ 方式 ¦ やり方 ¦ 風. ❷式 ¦ 儀式 ¦ 式典. 예~을 거행하다. 式典を行なう. ❸《수》式. 예~을 세워 풀다. 式を立てて解く.

Ⅱ 의 方 ¦ 風. 예그런 ~으로 얘기하면 듣는 사람이 기분이 나쁘다. そんな風に話すと, 聞き手が気持ち悪い.

-식²(式) 접 一式. ❶예건식 乾式/최신식 最新式. ❷예개회식 開会式/금혼식 金婚式.

식간(食間) 명 食間. 예~에 복용하세요. 食間に服用してください.

식객(食客) 명 食客 ¦ 居候.

식견(識見) 명 識見. 예~이 높은 사람 見識の高い人. =견식

식경(食頃) 명 食事をするほどの間.

식구(食口) 명 家族. 예세 ~ 三人家族.

식권(食券) 명 食券. 예~을 구입하다. 食券を購入する.

식기(食器) 명 食器.

식다 재 ❶冷える ¦ さめる. 예밥이 식었다. ご飯がさめた. ❷さめる ¦ 冷びえる ¦ 薄れる ¦ 消え去る. 예애정이~. 愛情がさめる.

식은 죽 먹듯관용 (冷えた粥を食べるように)容易うだ ¦ 朝飯前だ.

식단(食單) 명 献立表 ¦ 献立表 ¦ メニュー.

식당(食堂) 명 食堂. 예간이~ 簡易食堂/대중~ 大衆食堂.

식당-차(食堂車) 명 食堂車.

식대(食代) 명 食事代 ¦ 飯代.

식도¹(食刀) 명 ☞식칼

식도²(食道) 명 食道.

식-도락(食道樂) 명 食い道楽.

식도-암(食道癌) 명 《의》食道癌.

식량¹(食量) 명 食べ物の量 ¦ 食べられる分量.

식량²(食糧) 명 食糧 ¦ 糧食. =양식

식량-난(食糧難) 명 食糧難.

식료(食料) 명 食料.

식료-품(食料品) 명 食料品.

식모(食母) 명 お手伝いさん ¦ 家政婦.

식목(植木) 명 ☞식수²

식물(植物) 명 《생》植物. 예~ 도감 植物図鑑/원예~ 園芸植物.

식물-성(植物性) 명 植物性.

식물-원(植物園) 명 植物園.

식물-인간(植物人間) 명 《의》植物人間.

식민(植民) 명 재 植民 ¦ 殖民. 예~ 도시 植民都市.

식민-지(植民地) 명 《정》植民地.

식별(識別) 명 識別.

식별-하다 타 識別する. 예색채를 ~. 色彩を識別する.

식복(食福) 명 食べ物に恵まれた幸せ.

식비(食費) 명 食費.

식-빵(食—) 명 食パン.

식사(食事)[명] 食事。 예아침 ~ 朝食/ 함께 ~를 하다. 一緒に食事をする。

식사-하다[자] 食事する。

식상(食傷)[명] 食傷。

식상-하다[자] 食傷する。 예사랑 이야기는 식상할 정도로 흘러넘치고 있다. 恋の物語は食傷するほどあふれている。

식-생활(食生活)[명] 食生活。 예~을 개선하다. 食生活を改善する。

식성(食性)[명] ❶(食べ物に対する)好み｜嗜好。 ❷(動)食性。

식솔(食率)[명] 家族。

식수¹(食水)[명] 飲水｜飲用水。

식수²(植樹)[명] 植樹。=식목

식수-하다 植樹する｜木を植える。

식순(式順)[명] 式次｜式次第。

식식[부]【가쁘고 거친 숨소리를 내는 모양】 はあはあ｜ふうふう｜ぜいぜい。

식식-거리다[자] はあはあいう｜ふうふうあえぐ｜ぜいぜいとあえぐ。 예그 애는 나를 노려보며 식식거렸다. その子は私をにらみ付けて息を切らした。/ 식식거리며 걸어오다. ふうふういいながら歩いてくる。=식식대다

식식-대다 ☞식식거리다

식언(食言)[명] 食言。

식언-하다[자] 食言する。

식염(食鹽)[명] 食塩。

식염-수(食鹽水)[명] 食塩水。

식욕(食慾)[명] 食欲｜食慾。 예~이 없다. 食欲がない。

식용(食用)[명] 食用。 예~ 꽃 食用花/ ~ 색소 食用色素。

식용-하다[타] 食物として用いる。

식용-유(食用油)[명] 食用油｜食油。

식육(食肉)[명] 食肉。 예~ 가공품 食肉加工品。

식은-땀[명] ❶【병적으로 나는 땀】体が衰弱して病的に出る汗。 ❷【긴장하거나 놀랐을 때 나는 땀】冷や汗。 예~을 흘리다. 冷や汗をかく。

식음(食飮)[명] 飮み食い｜飮食。 예~을 전폐하다. 飮み食いを一切しない。

식음-하다[타] 飮み食いする｜飮食する。

식이 요법(食餌療法)[명]《의》食餌療法。

식인-종(食人種)[명] 食人種。

식자¹(植字)[명]《출》植字。

식자-하다[타] 植字する。

식자²(識字)[명]【읽기】識字。

식자³(識者)[명] 識者。

식자-공(植字工)[명] 植字工。

식장(式場)[명] 式場。 예결혼~ 結婚式場。

식전¹(式典)[명] 式典｜儀式。=의식(儀式)

식전²(食前)[명] ❶【밥먹기 전】食前｜食事をする前。 예약을 ~에 먹다. 薬を食前に飲む。 ❷【아침의 이른 때】朝食の前｜早朝｜朝っぱら。 예~부터 찾아오다. 朝っぱらから訪ねてくる。

식전-바람(食前一)[명] 朝食の前まの時。

식-중독(食中毒)[명]《의》食中毒｜食あたり。

식지(食指)[명] ☞집게손가락

식초(食醋)[명] 食酢｜酢。=초(醋)

식충-이(食蟲一)[명]【아주 먹보이면서도 하는 일이 없는 사람】穀潰し｜能無し。

식-칼(食一)[명] 包丁｜出刃包丁｜出刃。=식도

식탁(食卓)[명] 食卓｜ちゃぶ台｜飯台。

식탁보(食卓褓)[명] テーブル掛け｜テーブルクロス。

식탈[명] 食あたり。

식탐(食貪)[명] 食い意地。 예~을 부리다. 食い意地が張る。

식탐-하다[자] 食べ物に欲張る。

식품(食品)[명] 食品｜食料品。 예~ 첨가물 食品添加物/ 건강~ 健康食品/ 즉석~ 即席食品/ 위생 食品衛生/ 자연~ 自然食品/ 냉동~ 冷凍食品。

식혜(食醯)[명]【한국 고유의 음료】甘酒。

식후(食後)[명] 食後。 예~에는 커피가 마시고 싶어집니다. 食後にはコーヒーが飲みたくなります。

식-히다[타]【식게 하다】冷やす｜冷ます。 예머리를 ~. 頭を冷やす。/ 뜨거운 물을 ~. お湯を冷ます。

신¹[명]【신발】履き物の総称。 예~을 신다. 靴を履く。/ ~을 벗다. 靴を脱ぐ。

신²[명]【흥겹거나 재미나서 우쭐해지는 기분】浮かれること｜得意になること｜いい調子になること。 예아이는 ~이 나서 손뼉을 쳤다. 子どもは興に乗って手を叩いた。

신³(申)図 【날이름】申신.
신⁴(臣) I 図 臣신 ¦ 臣下신하. =신하(臣下)
Ⅱ 대 【임금 앞에서 자신을 가리켜】臣신.
신⁵(辛)図 【천간의 여덟째】辛신・しん.
신⁶(神)図 神かみ・しん ¦ 神様かみさま. 例 ~의 존재를 믿다. 神の存在そんざいを信しんじる.
신⁷(scene)図 《연》シーン. 例 두 번째 ~부터 촬영하다. 二番目にばんめのシーンから撮影さつえいする.
신-⁸(新)접 【새로운】新―. 例 신대륙 新大陸しんたいりく/ 신학기 新学期しんがっき/ 신기록 新記録しんきろく.
신간(新刊)図 新刊しんかん. 例 ~을 내다. 新刊を出だす.
신격-화(神格化)図 神格化しんかくか.
　　신격화-하다재 神格化しんかくかする. 例 태양을 ~. 太陽を神格化する.
신경(神經)図 神経しんけい. 例 ~ 세포 神経細胞さいぼう/ ~을 건드리다. 神経に触さわる. / ~이 날카롭다. 神経が鋭するどい.
신경-계(神經系)図 《의》神経系しんけいけい. 例 중추 ~ 中枢ちゅうすう神経系/ 말초 ~ 末梢まっしょう神経系.
신경-과민(神經過敏)図 神経過敏しんけいかびん.
신경 쇠약(神經衰弱)《의》神経衰弱しんけいすいじゃく.
신경-전(神經戰)図 神経戦しんけいせん.
신경-질(神經質)図 神経質しんけいしつ.
신경-통(神經痛)図 《의》神経痛しんけいつう.
신고¹(申告)図 申告しんこく. 例 납세 ~ 納税のうぜい申告.
　　신고-하다¹ 타 申告しんこくする ¦ 届とどけ出でる.
신고²(辛苦)図 【어려운 일을 겪으며 고생함】辛苦しんく.
　　신고-하다² 재 辛苦しんくする.
신-고전주의(新古典主義)図 《문》新古典主義しんこてんしゅぎ. 例 신낭만주의에 대한 반동으로 일어난 ~ 新ロマン主義に対たいする反動はんどうで起おこった新古典主義.
신곡(新曲)図 新曲しんきょく. 例 ~을 발표하다. 新曲を発表はっぴょうする.
신-골図 【신의 볼】足型あしがた・靴型くつがた.
신관¹(信管)図 《군》信管しんかん.
신관²(新館)図 【새로 지은】新館しんかん.
신교¹(信敎)図 【종교를 믿음】信敎しんきょう.
　　신교-하다재 宗教しゅうきょうを信しんずる.
신교²(新教)図 【기독교】新教しんきょう ¦ プロテスタンティズム. =프로테스탄트
신구(新舊)図 新旧しんきゅう. 例 ~의 대립 新旧の対立たいりつ.
신권 정치(神權政治)《정》神權政治しんけんせいじ ¦ 神政しんせい.
신규(新規)図 新規しんき. 例 ~ 채용 新規採用さいよう/ ~ 사업 新規事業じぎょう/ ~ 계약 新規契約けいやく.
신극(新劇)図 《연》新劇しんげき.
신기(神技)図 神技しんぎ ¦ 神業かみわざ. 例 ~에 가까운 묘기 神業に近ちかい妙技みょうぎ.
신-기다타 【신발을】履はき物ものを履はかせる.
신-기록(新記錄)図 新記録しんきろく. 例 세계 ~을 수립하다. 世界せかい新記録を樹立じゅりつする.
신기-롭다(神奇―)형 不思議ふしぎだ. 例 신기로운 현상 不思議な現象げんしょう.
　　신기로이부 不思議ふしぎに.
신기루(蜃氣樓)図 蜃気楼しんきろう.
신-기원(新紀元)図 新紀元しんきげん.
신기-하다¹(神奇―)형 【정도를 넘음】神妙しんみょうだ ¦ 不思議ふしぎだ. 例 신기한 마술 不思議な魔術まじゅつ.
신기-하다²(新奇―)형 【새로움】新奇しんきだ ¦ 珍めずらしい ¦ 目新めあたらしい ¦ 物珍ものめずらしい. 例 신기한 물건 物珍しい物もの.
신년(新年)図 ☞새해
신념(信念)図 信念しんねん. 例 확고한 ~을 갖다. しっかりとした信念を持もつ.
신다타 (靴くつなどを)履はく. 例 양말을 ~. 靴下くつしたを履く.
신답(新畓)図 新田しんでん.
신당(新黨)図 新党しんとう.
신-대륙(新大陸)図 新大陸しんたいりく. =신세계❷
신데렐라(Cinderella)図 シンデレラ.
신도(信徒)図 信徒しんと ¦ 信者しんじゃ ¦ 教徒きょうと ¦ 宗徒しゅうと.
신-도시(新都市)図 新都市しんとし. 例 ~ 건설 계획 新都市建設けんせつ計画けいかく.
신동(神童)図 神童しんどう.
신드롬(syndrome)図 シンドローム ¦ 症候群しょうこうぐん. 例 피터 팬 ~ ピーターパンシンドローム.
신라(新羅)図 《역》シルラ ¦ シンラ ¦ 新羅しらぎ.
신랄-하다(辛辣―)형 (分析ぶんせき・批評ひひょうなどが)極きわめて手厳てきびしい ¦ 辛辣しんらつだ. 例 전문가에게 신랄한 비판을 받았다. 専門家せんもんかから辛辣な批判ひはんを受うけた.
　　신랄-히부 辛辣しんらつに ¦ 手厳てきびしく. 例 현 시대의 부패를 ~ 풍자한 소설 現代げんだいの腐敗ふはいを手厳しく風刺ふうしした小説しょうせつ/ ~ 비평하다. 辛辣に批評ひひょうする.
신랑(新郎)図 新郎しんろう ¦ 花婿はなむこ.

신랑-감(新郎—)몡 婿むこがね｜婿むこの予定者よていしゃ。

신령(神靈)몡《민》神靈しんれい。
　신령-하다혱 いとも霊妙れいみょうだ。

신록(新綠)몡 新緑しんりょく。

신뢰(信賴)몡 信頼しんらい。
　신뢰-하다타 信頼しんらいする。예 다른 사람을 신뢰할 수 없다. 他人たにんを信頼できない。

신-맛몡 酸すっぱい味｜酸味さんみ。

신망(信望)몡 信望しんぼう。예 ～이 두텁다. 信望が厚い。
　신망-하다타 信じて期待きたいする。

신명¹몡 興きょうに乗のった愉快ゆかいな気分きぶん｜わき起おこる興。예 오늘은 정말 ～ 나게 놀았다. 今日きょうは本当ほんとうに愉快に遊あそんだ。

신명²(身命)몡《불》身命しんめい。

신명-지다혱 面白おもしろく愉快ゆかいだ。예 그 일은 생각만 해도 ～. そのことは考かんがえただけでも愉快だ。

신문(訊問)몡 尋問じんもん｜訊問じんもん。
　신문-하다타 尋問じんもんする｜訊問じんもんする。예 피고를 ～. 被告ひこくを尋問する。

신문²(新聞)몡 新聞しんぶん。예 ～ 기자 新聞記者しんぶんきしゃ／～ 기사 新聞記事しんぶんきじ／～ 광고 新聞広告しんぶんこうこく。

신문-사(新聞社)몡 新聞社しんぶんしゃ。

신문-지(新聞紙)몡 新聞紙しんぶんし。

신문-팔이(新聞—)몡 新聞売しんぶんうり。

신-문학(新文學)몡《문》新文学しんぶんがく。

신-물몡 ❶むしず。❷ひどく不快ふかいでたまらないこと｜こりごりすること。예 이제 그 얘기라면 ～이 난다. もうその話はなしにはむしずが走はしる。

신-바람 得意とくいになって肩かたで風かぜを切きること。예 ～이 나다. 調子ちょうしに乗のる。

신발몡 履物はきもの。

신-발견(新發見)몡 新発見しんはっけん。

신-발명(新發明)몡 新発明しんはつめい。
　신발명-하다타 新発明しんはつめいする。

신발-장(—欌)몡 げた箱ばこ｜履物はきものを収納しゅうのうする家具かぐ。＝신장(—欌)

신방(新房)몡 新婚しんこん夫婦ふうふのため、新あらたに設もうけた部屋へや。

신변(身邊)몡 身辺しんぺん｜身みの回まわり。예 ～을 정리하다. 身辺を整理せいりする。

신변-잡기(身邊雜記)몡 身辺雑記しんぺんざっき。

신병¹(身柄)몡 身柄みがら。예 ～ 인도 身柄の引ひき渡わたし。

신병²(身病)몡【신병(身病)】身みの病やまい。

신병³(新兵)몡【신병(新兵)】新兵しんぺい。

신보(新譜)몡 新譜しんぷ。예 ～를 발표하다. 新譜を発表はっぴょうする。

신복(信服・信伏)몡【신복(信服)】信服しんぷく。
　신복-하다자 信服しんぷくする。

신-폭【신폭】履物はきものの幅はば｜靴幅くつはば。

신봉(信奉)몡 信奉しんぽう。
　신봉-하다타 信奉しんぽうする。예 민주주의를 ～. 民主主義みんしゅしゅぎを信奉する。

신봉-자(信奉者)몡 信奉者しんぽうしゃ。

신부¹(神父)몡《종》神父しんぷ。

신부²(新婦)몡 新婦しんぷ｜花嫁はなよめ。예 5월의 ～ 5月がつの花嫁。

신-부전(腎不全)몡《의》腎不全じんふぜん。

신분(身分)몡 身分みぶん。예 ～을 뛰어넘은 사랑 身分を超こえた恋こい／～을 감추다. 身分を隠かくす。

신분 제도(身分制度)《사》身分みぶん制度せいど。

신분제 의회(身分制議會)《역》身分制議会みぶんせいぎかい。

신분-증(身分證)몡 ☞신분증명서

신분-증명서(身分證明書)몡 身分みぶん証明書しょうめいしょ。＝신분증

신붓-감(新婦—)몡 花嫁はなよめにふさわしい人ひと｜嫁よめの予定者よていしゃ。

신비(神秘)몡 神秘しんぴ。
　신비-하다혱 神秘しんぴだ｜不思議ふしぎだ｜ミステリーだ。예 신비한 우주의 세계를 밝히다. 神秘な宇宙ちゅうの世界せかいを解とき明あかす。／이 세상에는 신비한 일들이 많이 일어나고 있다. この世よの中なかでは不思議な事ことがたくさん起おっている。

신비-롭다(神秘—)혱 神秘的しんぴてきだ｜ミスティックだ。예 신비로운 미소를 띠다. 神秘的な微笑びしょうみを浮うかべる。／이 마을에는 신비로운 전설이 전해지고 있다. この村むらには神秘的な伝説でんせつが伝つたえられている。
　신비로이甼 神秘的しんぴてきに｜ミスティックに。예 ～ 빛나는 광선 神秘的に光ひかる光線こうせん。

신비-주의(神秘主義)몡《철》神秘しんぴ主義しゅぎ。

신빙(信憑)몡 信憑しんぴょう。
　신빙-하다타 信憑しんぴょうする｜信頼しんらいする｜信用しんようする。

신빙-성(信憑性)몡 信憑性しんぴょうせい。예 이 연구 결과는 ～이 없다. この研究けんきゅう結果けっか

は信憑性がない。

신사(紳士)명 紳士. 예~답다. 紳士らしい。

신사-복(紳士服)명 紳士服. ¦ 背広.

신-사실주의(新寫實主義)명 新写実主義.

신사-적(紳士的)관 紳士的. 예~ 행동 紳士的行動.

신사 참배(神社參拜) 《역》神社参拝.

신사-협약(紳士協約)명 紳士協約. ¦ 紳士協定.

신산(辛酸)명 ❶(味が)辛くてすっぱいこと。❷[힘들고 고생스러움] 辛酸 ¦ 辛苦 ¦ 苦しみ。

신산-하다(혱 ❶(味が)辛くてすっぱい。❷辛苦する ¦ つらく苦しい。

신상(身上)명 身上. ¦ 身の上. 예~ 조사 身上調査.

신색(神色)명 [얼굴빛과 기색]神色.

신생(新生)명 新生.
　신생-하다자 新生する。

신생-대(新生代)명 新生代. 예~ 말기에 출현한 인간 新生代末期に出現した人間.

신생-아(新生兒)명 新生児.

신서(信書)명 ☞편지

신석기 시대(新石器時代) 《고》新石器時代.

신선(神仙)명 神仙. 예~ 사상 神仙思想.

신선-도¹(神仙圖)명 《미》神仙を描いた絵.

신선-도²(新鮮度)명 鮮度. 예~가 떨어지다. 鮮度が落ちる。

신선-로(神仙爐)명 [전골 냄비의 하나] シンソルロ。

신선-하다(新鮮—)혱 新鮮だ ¦ フレッシュだ。예신선한 과일 新鮮な果物.

신설(新設)명 新設.
　신설-하다타 新設する。예경제 학과를 ~. 経済学科を新設する。

신성(神聖)명 神聖.
　신성-하다혱 神聖だ。예신성한 교회 神聖な教会.

신성 동맹(神聖同盟) 《역》神聖同盟.

신세¹(身世)명 [불운한 처지]身 ¦ 身の上 ¦ 境遇. 예~ 가여워 ~ 可哀想な身の上/자기의 불행한 ~를 한탄하다. 自分の不幸な身を嘆く。

신세²(身世)명 [신세에 대하여 도움을 받음] 世話になる ¦ 面倒 ¦ 厄介. 예여러모로 ~를 지다. 色々世話になる。/~를 끼쳐서 죄송합니다. 面倒をかけて申し訳ありません。

신-세계(新世界)명 新世界. ❶新天地. ❷☞신대륙

신-세대(新世代)명 新世代. ¦ 新しい世代.

신세-타령(身世—)명 自分の不幸な身の上を嘆くこと。예그의 ~은 질리도록 들었다. 彼の嘆き話はもう聞き飽きた。/그는 술만 마시면 꼭 ~을 한다. 彼はお酒さえ飲めば必ず嘆き話をする。

신-소설(新小說)명 《문》[갑오경장 이후부터 이광수의 소설 발표되기 전의] 新小説.

신속(迅速)명 迅速.
　신속-하다혱 迅速だ ¦ すばやい。예신속한 해결 迅速な解決.
　신속-히부 迅速に。예~ 대응하다. 迅速に対応する。

신수(身手)명 ❶[용모]人의 見かけ ¦ 容貌と風采. 예~가 좋은 사람 風采の良い人/~가 멀끔한 남자와 결혼하다. 風采がさっぱりしている男の人と結婚する。❷[얼굴에 나타난 건강의 기색]顔に現れた健康の状態 ¦ 顔色. 예못 본 사이에 ~가 좋아졌다. 会わないうちに顔がよくなった。

신시사이저(synthesizer)명 《음》シンセサイザー。

신식(新式)명 新式. 예~ 무기 新式の武器.

신신-당부(申申當付)명 繰り返してねんごろに頼むこと。
　신신당부-하다타 繰り返してねんごろに頼む。

신실-하다(信實—)혱 信実だ。

신앙(信仰)명 信仰. 예~ 고백 信仰告白。
　신앙-하다타 信仰する。

신약¹(神藥)명 [신통한 효력이 있는 약]神薬 ¦ 霊薬.

신약²(新約)명 [새로 맺은 약속]新約.

신약³(新藥)명 ❶[새로 제조한 약]新薬. 예~ 개발 新薬開発. ❷☞양약(洋藥)

신약 성서(新約聖書) 《종》新約聖書.

신약-하다(身弱—)혱 体が弱い。

신어(新語)명 ☞새말

신-여성(新女性)명 [개화기 신교육을 받은] 新女性.

신역¹(身役)명 《역》労役.

신역²(新譯)명 [새로 번역함]新訳.
　신역-하다타 新しく翻訳する。

신열(身熱)〖명〗 身熱しんねつ｜体からだの熱ねつ。=열

신예(新銳)〖명〗 新鋭しんえい。예 ~ 작가 新鋭作家しんえいさっか。

신-예술(新藝術)〖명〗《미》新芸術しんげいじゅつ｜アールヌーボー。=아르 누보

신용(信用)〖명〗 信用しんよう。예 ~ 기관 信用機関しんようきかん／ ~ 거래 信用取引しんようとりひき／ 협동조합 信用協同組合しんようきょうどうくみあい。

　신용-하다〖타〗 信用しんようする｜信しんじる。

신용 공여(信用供與)〖경〗信用供与しんようきょうよ。

신용 금고(信用金庫)〖경〗信用金庫しんようきんこ。

신용 보증(信用保證)〖경〗信用保証しんようほしょう。

신용-장(信用狀)〖명〗 信用状しんようじょう。=엘시

신용 카드(信用card)〖경〗クレジットカード。=크레디트 카드

신우-염(腎盂炎)〖명〗《의》腎盂炎じんうえん。

신원(身元)〖명〗 身元みもと。예 ~ 보증 身元保証みもとほしょう。

신월(新月)〖명〗 新月しんげつ。

신음(呻吟)〖명〗 呻吟しんぎん。

　신음-하다〖자〗 呻吟しんぎんする｜呻うめく。예 아파서 신음하고 있다. 痛いたくてうめいている。

신의¹(信義)〖명〗【しんぎ】信義しんぎ。~를 지키다. 信義を守まもる。

신의²(神醫)〖명〗【しんい】名医めいい。

신인(新人)〖명〗 ❶【しんじん】新妻にいづま。 ❷ 新人しんじん。예 ~ 가수 新人歌手しんじんかしゅ。

신-인상주의(新印象主義)〖명〗《미》新印象主義しんいんしょうしゅぎ。

신임¹(信任)〖명〗【しんにん】信任しんにん。예 ~ 투표 信任投票しんにんとうひょう／ 국민의 ~을 얻다. 国民こくみんの信任を得える。

　신임-하다〖타〗 信任しんにんする。

신임²(新任)〖명〗【しんにん】新任しんにん。예 ~ 교원 新任教員しんにんきょういん。

　신임-하다〖자〗 新あたらしく任命にんめいされる。

신임-장(信任狀)〖명〗〖경〗信任状しんにんじょう。

신입(新入)〖명〗 新入しんにゅう。예 ~ 사원 新入社員しんにゅうしゃいん。

　신입-하다〖자〗 新あたらしく入はいる。

신입-생(新入生)〖명〗 新入生しんにゅうせい。

신자(信者)〖명〗 信者しんじゃ｜信徒しんと｜教徒きょうと。예 가톨릭 ~ カトリック信者。

신작(新作)〖명〗 新作しんさく。예 ~ 영화 新作映画しんさくえいが。

　신작-하다〖타〗 新作しんさくする。

신작-로(新作路)〖명〗 新道しんどう。

신-장¹(一欌)〖명〗 ☞신발장

신장²(伸長)〖명〗【しんちょう】伸長しんちょう。

　신장-하다¹〖자〗〖타〗 伸長しんちょうする。

신장³(伸張)〖명〗【しんちょう】伸張しんちょう。예 국력의 ~ 国力こくりょくの伸張。

　신장-하다²〖자〗〖타〗 伸張しんちょうする。

신장⁴(身長·身丈)〖명〗【?】身長しんちょう｜背丈せたけ｜背せい。

신장⁵(腎臟)〖명〗 ☞콩팥

신장⁶(新裝)〖명〗 新装しんそう。예 ~개업 新装開業しんそうかいぎょう。

　신장-하다³〖타〗 新装しんそうする。

신장-염(腎臟炎)〖명〗《의》腎臓炎じんぞうえん｜腎炎じんえん。

신장 결석(腎臟結石)《의》腎臓結石じんぞうけっせき｜腎結石じんけっせき。

신저(新著)〖명〗 新著しんちょ。

신전(神殿)〖명〗 神殿しんでん。

신접(新接)〖명〗 ❶ 新あらたに所帯しょたいを持もって家庭かていを築きずくこと。 ❷ 他ほかの地域ちいきから移うつり、新あらたな場所ばしょに身みを据すえて住すむこと。

　신접-하다〖자〗 ❶ 新あらたに所帯しょたいを持もって家庭かていを築きずく。 ❷ 他ほかの地域ちいきから移うつり、新あらたな場所ばしょに身みを据すえて住すむ。

신접-살림(新接─)〖명〗 初はじめて構かまえた所帯しょたい。=신접살이

신접-살이(新接─)〖명〗 ☞신접살림

신정¹(新正)〖명〗 ❶【しんしょう】陽暦ようれきの一月いちがつ一日ついたち。 ❷【?】陽暦ようれきのソルラル｜お正月しょうがつ。

신정²(新訂)〖명〗【しんてい】新訂しんてい。

　신정-하다〖타〗 新訂しんていする。

신제(新制)〖명〗【しんせい】新制しんせい。

신-제품(新製品)〖명〗 新製品しんせいひん。예 ~을 발표하다. 新製品を発表はっぴょうする。

신조(信條)〖명〗 信条しんじょう。예 생활 ~ 生活せいかつ信条。

신조-어(新造語)〖명〗《언》新造語しんぞうご｜新語しんご。

신종(新種)〖명〗 新種しんしゅ。예 ~ 발견 新種発見はっけん／ ~을 개발하다. 新種を開発かいはつする。

신주(神主)〖명〗 神主しんしゅ。

　신주 모시듯〖관용〗 極きわめて大切たいせつに扱あつかう。

신-중〖명〗《종》【あまに対する呼び名】尼僧にそう｜尼あま｜比丘尼びくに。

신중-하다(愼重─)〖명〗 慎重しんちょうだ。예 신중한 자세를 보이다. 慎重な姿勢しせいを示しめす。

　신중-히〖부〗 慎重しんちょうに。예 ~ 검토하다.

慎重に検討{けんとう}する。

신진(新進)〖명〗 ❶ 新進{しんしん}。예 여성 ~ 작가 女性{じょせい}新進作家{しんしんさっか}。❷ 新{あら}たに官職{かんしょく}につくこと。

신진-대사(新陳代謝)〖명〗《생》新陳代謝{しんちんたいしゃ}。

신참(新參)〖명〗 新參{しんざん}｜新入{しんにゅう}り｜新米{しんまい}。

신-창〖명〗 履物{はきもの}の底{そこ}｜靴底{くつぞこ}。

신-천지(新天地)〖명〗 新天地{しんてんち}。

신청(申請)〖명〗 申請{しんせい}｜申{もう}し込{こ}み。예 온라인 ~ オンライン申請。
  신청-하다 申請{しんせい}する｜申{もう}し込{こ}む。예 특허를 ~. 特許{とっきょ}を申請する。

신청-서(申請書)〖명〗 申請書{しんせいしょ}｜申込書{もうしこみしょ}。

신체(身體)〖명〗 身體{しんたい}。예 ~의 자유 身体{しんたい}の自由{じゆう}。

신체-검사(身體檢査)〖명〗 身體{しんたい}検査{けんさ}。 = 신검

신체-시(新體詩)〖명〗《문》新体詩{しんたいし}。

신체-장애(身體障礙)〖명〗 身体障害{しんたいしょうがい}。

신축¹(伸縮)〖명〗〖물〗伸縮{しんしゅく}｜伸{の}び縮{ちぢ}み。
  신축-하다¹〖자타〗 伸縮{しんしゅく}する｜伸{の}び縮{ちぢ}みする。

신축²(新築)〖명〗〖건〗新築{しんちく}。예 ~ 가옥 新築家屋{しんちくかおく}。
  신축-하다〖타〗 新築{しんちく}する。

신춘(新春)〖명〗 新春{しんしゅん}。

신출(新出)〖명〗 ❶ 新{あたら}しく世{よ}に出{で}た人{ひと}や品物{しなもの}｜新出{しんしゅつ}。❷〖농〗初物{はつもの}。
  신출-하다〖자〗 新出{しんしゅつ}する｜初{はじ}めて出{で}る。

신출-귀몰(神出鬼沒)〖명〗 神出鬼没{しんしゅつきぼつ}。

신출-내기(新出-)〖명〗 駆{か}け出{だ}し｜新米{しんまい}。예 ~가 뭘 알겠어? 新米{しんまい}に何{なに}が分{わ}かるって言{い}うんだ。

신-코〖명〗 履{は}き物{もの}のつま先{さき}の尖{とが}ったところ。

신탁(信託)〖명〗 信託{しんたく}。예 ~ 은행 信託銀行{しんたくぎんこう}/ 투자 ~ 投資{とうし}信託{しんたく}/ ~ 회사 信託会社{しんたくがいしゃ}。
  신탁-하다〖타〗 信託{しんたく}する。

신탁 계약(信託契約)《법》信託契約{しんたくけいやく}。
신탁-법(信託法)〖명〗《법》信託法{しんたくほう}。
신탁 통치(信託統治)〖명〗《정》信託統治{しんたくとうち}。
신탄(薪炭)〖명〗 薪炭{しんたん}。
신통(神通)〖명〗 神通{しんつう}。 =신통력
  신통-하다〖형〗 ❶〖신기하게 뛰어나고 묘하다〗不思議{ふしぎ}なほどに巧{たく}みだ｜不思議{ふしぎ}なほど奇妙{きみょう}だ。예 저 화가는 신통하게 꼭 닮은 초상화를 그린다. あの画家{がか}は不思議{ふしぎ}なほどそっくりな似顔絵{にがおえ}を描{か}く。/ 그는 신통하게 사람들의 속마음을 잘 맞춘다. 彼{かれ}は不思議{ふしぎ}なほど人々{ひとびと}の奥底{おくそこ}をよく当{あ}てる。❷〖효력이 빠르고 고르고 도타워서〗効{き}き目{め}が早{はや}い｜あらたかだ。예 아주 신통한 약 非常{ひじょう}に早{はや}く効{き}く薬{くすり}。❸〖어떤 도에 달해서〗(ある道{みち}に達{たっ}して)絶妙{ぜつみょう}に深{ふか}く通達{つうたつ}する｜熟達{じゅくたつ}する。예 그의 신통한 외국어 실력을 시험해 보다. 彼{かれ}の熟達{じゅくたつ}している外国語{がいこくご}の実力{じつりょく}を試{ため}してみる。❹〖칭찬할만 하다〗誉{ほ}めるべきだ｜感心{かんしん}だ。예 이 아이는 주사를 맞아도 울지 않으니 참 ~. この子{こ}は注射{ちゅうしゃ}を射{う}たれても泣{な}かないなんて感心{かんしん}だな。/ 우리 딸은 뭐든 혼자서 척척 해내서 참 ~. うちの娘{むすめ}は何{なん}でもしゃきしゃきと事{こと}をこなして、本当{ほんとう}に感心{かんしん}だ。

신통-력(神通力)〖명〗 神通力{じんつうりき}。 =신통

신-트림〖명〗 すっぱい液{えき}の出{で}るげっぷ。예 자꾸만 ~이 올라오는 것을 보니 속이 많이 나빠졌나 보다. やたらにすっぱいげっぷが出{で}るのを見{み}ると、内臓{ないぞう}がずいぶん悪{わる}くなっているみたいだ。

신파(新派)〖명〗 新派{しんぱ}。
신파-극(新派劇)〖명〗《연》新派劇{しんぱげき}。
신판(新版)〖명〗 新版{しんぱん}。
신편(新編)〖명〗 新編{しんぺん}。
신-풀이(新-)〖명〗 新{あら}たに田{た}を開墾{かいこん}すること。
  신풀이-하다〖타〗 新{あら}たに田{た}を開墾{かいこん}する。

신품(新品)〖명〗 新品{しんぴん}。
신하(臣下)〖명〗 臣下{しんか}｜臣{しん}。 =신¹(臣)Ⅰ
신학(神學)〖명〗《종》神学{しんがく}。
신학-교(神學校)〖명〗《종》神学校{しんがっこう}。
신-학기(新學期)〖명〗 新学期{しんがっき}。예 ~를 맞이하다. 新学期{しんがっき}を迎{むか}える。

신해-혁명(辛亥革命)〖명〗《역》辛亥革命{しんがいかくめい}。예 중국의 ~은 근대화 운동의 하나이다. 中国{ちゅうごく}の辛亥革命{しんがいかくめい}は近代化{きんだいか}運動{うんどう}の一{ひと}つだ。

신형(新型)〖명〗 新型{しんがた}｜新形{しんけい}。예 ~ 자동차를 발매하다. 新型{しんがた}の自動車{じどうしゃ}を発売{はつばい}する。

신호(信號)〖명〗 信号{しんごう}。예 교통 ~ 交通{こうつう}信号{しんごう}/ ~를 위반하다. 信号無視{しんごうむし}をする。
  신호-하다〖자타〗 信号{しんごう}する。

신호-기(信號機)〖명〗 信号機{しんごうき}。

신호-등(信號燈)명 信号灯しんごうとう；信号しんごう。
신호-탄(信號彈)명 曳光弾えいこうだん。
신혼(新婚)명 新婚しんこん。예~ 생활 新婚生活しんこんせいかつ。
  신혼-하다자 結婚けっこんしたばかりだ；新たに結婚けっこんする。
신혼-여행(新婚旅行)명 新婚旅行しんこんりょこう。
신화¹(神火)명 ☞도깨비불
신화²(神話)명 神話しんわ。예로마 ~ ローマ神話/ 건국 ~ 建国けんこく神話。
신효(神效)명 神效しんこう。
신흥(新興)명 新興しんこう。예~ 시장 新興市場しんこうしじょう/~ 종교 新興宗教しんこうしゅうきょう/~ 계급 新興階級しんこうかいきゅう。
  신흥-하다자 新あたらしく興おこる。
싣다 ❶載せる；積む。예짐을 차에 ~. 荷物にもつを車くるまに載のせる。❷載のせる；掲げる；掲載けいさいする。예신문에 광고를 ~. 新聞しんぶんに広告こうこくを掲載けいさいする。
실¹ 예~을 뽑다. 糸をつむぐ。/~을 감다. 糸を巻まく。
실²(失) ❶賭博場とばくじょうでなくしたお金かね。❷失うしなう；損失そんしつ。예~이 많다. 損失そんしつが多い。
실²(室)명의 室しつ。
실-³접 실개천 細流さいりゅう；細い川かわ/ 실핏줄 毛細血管もうさいけっかん；細い血管。
-실⁴(室)접 一室しつ。예의무실 医務室いむしつ/ 화장실 化粧室けしょうしつ/ 대합실 待合室まちあいしつ/ 회의실 会議室かいぎしつ。
실가(實價)명 実価じっか。
실-가지명 糸いとのように細い木きの枝えだ。
실각(失脚)명 失脚しっきゃく。
  실각-하다자 失脚しっきゃくする。
실감(實感)명 実感じっかん。예~ 나는 이야기 実感のわく話はなし。
  실감-하다타 実感じっかんする。
실-감개명 糸巻いとまき。
실-개울명 ☞실개천
실-개천(-川)명 細流さいりゅう。=실개울
실격(失格)명 失格しっかく。
  실격-하다자 失格しっかくする。예시간 초과로 ~. 時間じかんオーバーで失格しっかくする。
실경(實景)명 実景じっけい。예~ 산수화 実景山水画さんすいが。
실-고추명 糸状いとじょうに細く刻きざんだ唐辛子とうがらし；千切せんぎりの唐辛子とうがらし。
실과(實果)명 ☞과일
실-구름명 糸いとのように細長ほそながく見みえる雲くも。
실-국수명 そう麺めん。
실권(失權)명 失権しっけん。
  실권-하다자 失権しっけんする。
실권(實權)명 実権じっけん。예정치의 ~을 잡다. 政治せいじの実権じっけんを握にぎる。
실그러-뜨리다타 片方かたほうに傾かたむかせる；ゆがませる。=실그러트리다
실그러-지다자 一方いっぽうに傾かたむく；一方に歪ゆがむ。
실그러-트리다타 ☞실그러뜨리다
실-금명 ❶器うつわなどの細い ひび。❷細い線せん。
실긋-거리다자 物ものが片方かたほうに傾かたむきかかっている。예입술을 ~. 口くちを曲まげる。=실긋대다
실긋-대다자타 ☞실긋거리다
실긋-샐긋부 しきりに一方いっぽうにゆがめたり傾かたけたりするさま。
실긋-실긋부 しきりに片方かたほうにゆがめたり傾かたけたりするさま。
실긋-하다형 (物ものが)片方かたほうに少しゆがんでいる。
  실긋-이부 やや斜ななめに；やや斜ななめに。예두 기둥이 ~ 기울어져 있다. 二ふたつの柱はしらがやや斜ななめに傾かたむいている。/~ 모자를 쓴 사람이 김 씨이다. やや斜に帽子ぼうしを被かぶっている人ひとがキムさんだ。
실기¹(失機)명 好機を逸いっすること。
  실기-하다 好機を逸いっする。
실기²(實技)명 実技じつぎ。예~ 시험 実技試験じつぎしけん/ ~ 평가 実技の評価ひょうか。
실기³(實記)명 実記じっき；実録じつろく。
실기죽-거리다자타 ゆったりしきりに歪ゆがみ傾かたむき動うごく。예입술을 실기죽거리며 비웃다. 唇くちびるをひきつらせてあざ笑わらう。=실기죽대다
실기죽-대다자타 ☞실기죽거리다
실기죽-샐기죽부 ゆったりしきりに歪ゆがみ傾かたむき動うごくさま。
실기죽-실기죽부 ゆったりしきりに歪ゆがみ傾かたむき動うごくさま。
실-꾸리명 糸いとを丸まるく巻まきくるめたもの。=꾸리
실-낱명 糸筋いとすじ。
실낱-같다형 ❶とてもか細い。예실낱같은 그녀의 눈이 나를 향하고 있다. か細い彼女かのじょの目めが、私わたしのほうに向むいている。❷一縷いちるである。예실

낱같은 목숨을 구해 주다. 今にも絶えそうな命を助けてくれる。/ 실낱같은 희망을 걸어 보다. 一縷の希望をかけてみる。

실내(室内)명 室内ᄂᆞᆫ。예 ~ 장식 室内装飾ᄂᆞᆫᄂᆞᆨ。/ ~ 협주곡 室内協奏曲ᄂᆞᆨᄂᆞᆨᄂᆞᆨ。

실내 교향곡(室内交響曲)《음》室内ᄂᆞᆫ交響曲ᄂᆞᆨᄂᆞᆨᄂᆞᆨ。

실내-복(室内服)명 室内服ᄂᆞᆫᄂᆞᆨ │ 部屋服ᄒᆞᆫᄂᆞᆨ。

실내-악(室内楽)명《음》室内楽ᄂᆞᆨᄂᆞᆨ。예 궁정에서 즐기던 ~ 宮廷ᄒᆞᆫᄒᆞᆫで楽ᄒᆞᆯしまれた室内楽。

실내-화(室内靴)명 上履ᄒᆞᆫき。

실-눈명 ❶ 細ᄒᆞᆯく小ᄒᆞᆯさな目ᄒᆞᆫ。❷ 細ᄒᆞᆯめ│細ᄒᆞᆯく開ᄒᆞᆯいた目ᄒᆞᆫ。예 ~ 뜨고 보지 마라. 細目をして見ᄒᆞᆯるな。

실-답다(實一)형 (飾ᄒᆞᆯり気ᄒᆞᆯや嘘ᄒᆞᆯがなく)信頼ᄂᆞᆫできる │ 信用ᄂᆞᆫがおける │ 頼ᄒᆞᆯもしい。예 실답지 않은 이야기 信用できない話ᄒᆞᆫ。/ 실다운 친구를 만나라. 信頼できる友達ᄒᆞᆫを持て。/ 그 청년은 참 실다워서 마음에 든다. あの青年ᄒᆞᆫはとても頼もしくて気ᄒᆞᆫに入ᄒᆞᆯる。

실-도랑명 細ᄒᆞᆯい溝ᄒᆞᆫ。

실떡-거리다자 ふざけて無駄口ᄒᆞᆫをたたく。=실떡대다

실떡-대다자 ☞실떡거리다

실떡-실떡부 ふざけて無駄口ᄒᆞᆫをたたくさま。

실뚱머룩-하다형 [ᄒᆞᆫᄒᆞᆯ]気ᄒᆞᆯが進ᄒᆞᆯまない│乗ᄒᆞᆫりがしない。예 말은 그렇게 했지만 여전히 그 일을 하기가 ~. 口ᄒᆞᆫではああ言ᄒᆞᆫったが、まだその仕事ᄒᆞᆫをするのは気ᄒᆞᆫが進まない。

실-뜨기명 あや取りᄒᆞᆫり │ 糸取りᄒᆞᆫり。예 ~에서 지다. あや取りで負ᄒᆞᆫける。

실랑이명 ☞실랑이질

실랑이-질명 ❶ 人ᄒᆞᆫにつべこべ文句ᄒᆞᆫをつけていじめること。예 ~은 이제 그만 하고 빨리 자자. もうつべこべ文句をつけることはやめて早ᄒᆞᆯく寝ᄒᆞᆯよう。❷ 互いにああだこうだと言ᄒᆞᆫい争ᄒᆞᆯうこと。예 술만 마시면 사람들과 ~을 하는 통에 모두 지쳐 버렸다. お酒ᄒᆞᆫさえ飲ᄒᆞᆫめば人々ᄒᆞᆫとああだこうだと言い争うので、皆ᄒᆞᆫ疲ᄒᆞᆫれてしまった。=실랑이

실랑이질-하다자 ❶ 人ᄒᆞᆫにつべこべ文句ᄒᆞᆫをつけていじめる。예 매일같이 실랑이질하는 것도 이제 지겹다. 毎日ᄒᆞᆫつべこべ文句をつけていじめるのは、もううんざりだ。❷ 互いにああだこうだと言ᄒᆞᆫい争ᄒᆞᆯう。예 그들은 실랑이질한 끝에 화해하고 집으로 돌아왔다. 彼ᄒᆞᆫらは言い争ったあげく仲直ᄒᆞᆫりして家ᄒᆞᆫに帰ってきた。

실력(實力)명 実力ᄒᆞᆫᄒᆞᆫ。예 ~ 행사 実力行使ᄒᆞᆫᄒᆞᆯ。/ ~을 붙이다. 実力をつける。/ ~을 시험해 보다. 実力を試ᄒᆞᆯす。

실력-자(實力者)명 実力者ᄒᆞᆫᄒᆞᆫᄒᆞᆨ。

실례¹(失禮)명 失礼ᄒᆞᆫする。예 실례지만 몇 살입니까? 失礼ですがお幾ᄒᆞᆫつですか。

실례-하다자 失礼ᄒᆞᆫする。예 먼저 실례하겠습니다. お先ᄒᆞᆫに失礼します。/ 대단히 실례했습니다. 大変ᄒᆞᆫ失礼しました。/ 아무 말도 하지 않는 것은 실례야. 何ᄒᆞᆫも言ᄒᆞᆫわないのは失礼だろう。

실례²(實例)명 【ᄒᆞᆫᄒᆞᆫᄒᆞᆫ】実例ᄒᆞᆫᄒᆞᆫ。예 ~를 들다. 実例を挙げる。

실-로(實一)부 実ᄒᆞᆫに │ まさに。예 ~ 아름다운 광경이다. 実に美ᄒᆞᆯしい光景ᄒᆞᆫだ。

실로폰(xylophone)명《음》シロホン。

실루엣(silhouette 프)명 シルエット。

실록(實録)명 実録ᄒᆞᆫᄒᆞᆨ。

실룩부 [ᄒᆞᆫᄒᆞᆫᄒᆞᆫ 피부의 한 부분] ぴくり │ ぴくっと。

실룩-거리다자타 ぴくぴくする。예 볼이 ~. 頬ᄒᆞᆫがぴくぴくする。/ 입을 실룩거리며 말하다. 口ᄒᆞᆫをぴくぴくさせながら話ᄒᆞᆫす。/ 눈꺼풀이 ~. まぶたがぴくぴくする。=실룩대다

실룩-대다자타 ☞실룩거리다

실룩-샐룩부 ぴくぴく。

실룩-실룩부 ぴくぴく。예 입술을 ~ 움직이다. 唇ᄒᆞᆫをぴくっと動ᄒᆞᆯかす。/ 엉덩이를 ~ 움직이며 걷다. 尻ᄒᆞᆫを振ᄒᆞᆫりながら歩ᄒᆞᆯく。

실리(實利)명 実利ᄒᆞᆫᄒᆞᆫ。예 ~주의 実利主義ᄒᆞᆫᄒᆞᆫᄒᆞᆫ。/ ~를 중시하다. 実利を重視ᄒᆞᆫᄒᆞᆫする。

실리다자 掲載される │ 載ᄒᆞᆫせられる │ 積ᄒᆞᆫまれる。예 신문에 실린 기사 新聞ᄒᆞᆫに載せられた記事ᄒᆞᆫ。

실리다타 【ᄒᆞᆫᄒᆞᆫᄒᆞᆫ】載ᄒᆞᆫせる │ 積ᄒᆞᆫませる。

실리콘(silicon)명《화》シリコン。

실린더(cylinder)명 シリンダー。=기통

실링(shilling)의【ᄒᆞᆫᄒᆞᆫ】シリング。

실-마리명 糸口ᄒᆞᆫᄒᆞᆫ。❶【ᄒᆞᆫᄒᆞᆫᄒᆞᆫ】糸ᄒᆞᆫの端ᄒᆞᆫ。❷【ᄒᆞᆫᄒᆞᆫᄒᆞᆫ】手ᄒᆞᆫがかり │ 端緒ᄒᆞᆫᄒᆞᆫ。예 사건의 ~를 잡다. 事件ᄒᆞᆫの手がかりをつかむ。

실망(失望)명 失望ᄒᆞᆫᄒᆞᆨ。예 굉장한 ~을 안겨 주다. 非常ᄒᆞᆫᄒᆞᆫな失望を与える。

실망-하다자 失望ᄒᆞᆫᄒᆞᆨする │ がっかりす

る. 예신뢰하던 사람에게 실망했습니다. 信頼しんらいしていた人ひとに失望しつぼうしました。/ 크게 ~. 大おおいに失望しつぼうしている。/ 실망하면 안 된다. 失望しつぼうしてはならない.

실-머슴(實—)명 不愉快ふゆかいで嫌気いやけがする仕事しごとでも, まじめに働はたらく下男げなん.

실명¹(失名)명 [성명이 전하지 아니함] 失名しつめい.

실명²(失命)명【죽음】失命しつめい.
　실명-하다 재 失命しつめいする ¦ 死しぬ.

실명³(失明)명【눈이 어두워짐】失明しつめい. 예~의 위험이 있다. 失明しつめいの危険きけんがある.
　실명-하다 재 失明しつめいする.

실명⁴(實名)명 実名じつめい ¦ 本名ほんみょう. 예~을 공개하다. 実名じつめいを公開こうかいする.

실명-씨(失名氏)명 ☞무명씨

실무(實務)명 実務じつむ. 예~에 종사하다. 実務じつむに携たずさわる.

실무-적(實務的)관 実務的じつむてき. 예~ 지식 実務的じつむてきの知識ちしき.

실물¹(失物)명【물건을 잃음】物ものを失うしなうこと.
　실물-하다 재 物ものを失うしなう.

실물²(實物)명【실제의 물건】実物じつぶつ. 예~ 거래 実物取引じつぶつとりひき.

실물-대(實物大)명 実物大じつぶつだい ¦ 原寸大げんすんだい ¦ 等身大とうしんだい.

실미적지근-하다형 ❶【조금 따뜻함】生暖なまあたたかい ¦ 生ぬるい. 예실미적지근한 맥주 生なまぬるいビール. ❷【不精】不精ぶしょうで不真面目まじめだ. =실미지근하다

실미지근-하다형 ☞실미적지근하다

실-바람명 そよ風かぜ. 예~이 솔솔 부니 사르르 잠이 온다. そよ風かぜがそよそよ吹ふくと, すうっと眠気ねむけがさす.

실-밥명 ❶衣服いふくに縫ぬってある糸いと. ❷糸いとくず.

실-뱀명 (동)黄背筋蛇きすじへび.

실-버들명 (식)糸柳いとやなぎ ¦ 枝垂えだれ柳やなぎ.

실-보무라지명 糸屑いとくず.

실-비¹명 いと雨あめ ¦ 糸雨いとあめ

실비²(實費)명 実費じっぴ.

실사¹(實事)명【실제의 일】実事じつじ.

실사²(實査)명【실제로 조사함】実査じっさ.
　실사-하다 타 実査じっさする.

실사³(實寫)명【실제로 찍음】実写じっしゃ.
　실사-하다 타 実写じっしゃする.

실사-구시(實事求是)명 (철) 事実じじつに基もとづいて真理しんりを探究たんきゅうすること. 예지금 가장 요구되는 것이 ~의 정신이다. 現在げんざい最もっとも要求ようきゅうされるのが, 事実じじつに基もとづいて真理しんりを探求たんきゅうする精神せいしんである.

실상¹(實狀)명 [실제의 상태] 実状じつじょう. 예범죄의 ~을 파악하다. 犯罪はんざいの実状じつじょうを把握はあくする.

실상²(實相)명【실제의 모양】実相じっそう. 예전쟁의 ~ 戦争せんそうの実相じっそう.

실상³(實像)명 実像じつぞう. 예영웅의 ~ 英雄えいゆうの実像じつぞう.

실색(失色)명 驚おどろいて顔色かおいろが変かわること ¦ 色いろを失うしなうこと.
　실색-하다 재 驚おどろいて顔色かおいろが変かわる ¦ 色いろを失うしなう.

실-생활(實生活)명 実生活じっせいかつ.

실선(實線)명 実線じっせん.

실성(失性)명 精神異常せいしんいじょうを来きたすこと ¦ 狂くるうこと ¦ 気きがふれること.
　실성-하다 재 精神異常せいしんいじょうを来きたす ¦ 狂くるう ¦ 気きがふれる.

실세(實勢)명 実勢じっせい.

실소(失笑)명 失笑しっしょう. 예~를 금할 수 없다. 失笑しっしょうを禁きんじ得えない.
　실소-하다 재 失笑しっしょうする.

실-속(實—)명 ❶【실제의 알맹이】実際じっさいの中身なかみ. ❷【겉에 드러나지 않는】(外そとに現あらわれない)実利じつり ¦ 実益じつえき. 예선물을 하려면 ~ 있는 걸로 해라. 贈おくり物ものをするなら, 実益じつえきのあるものにしなさい. / 제 ~만 차리려 든다. 自分じぶんの利益りえきだけを得えようとする.

실수¹(失手)명 ❶失策しっさく ¦ 失敗しっぱい ¦ しくじり ¦ へま. 예~를 저지르다. 過あやまちを犯おかす. / 같은 ~를 반복하다. 同おなじ失敗しっぱいを繰くり返かえす. ❷失礼しつれい.
　실수-하다 재 ❶失策しっさくする ¦ 失敗しっぱいする ¦ やり損そこなう ¦ しくじる ¦ へまをする. ❷失礼しつれいする.

실수²(實收)명【실제의 수입】実収じっしゅう.

실수³(實數)명 実数じっすう. ❶実際じっさいの数かず. ❷(수)有理数ゆうりすうと無理数むりすうの総称そうしょう.

실-수요자(實需要者)명 実際じっさいの需要者じゅようしゃ.

실-수익(實收益)명 実際じっさいの収益しゅうえき.

실-수입(實收入)명 実収じっしゅう ¦ 実際じっさいの収入しゅうにゅう.

실습(實習)명 実習じっしゅう. 예교육 ~ 教育きょういく実習じっしゅう.
　실습-하다 타 実習じっしゅうする.

실습-생(實習生)명 実習生じっしゅうせい.

실시¹(失時)명【시기를 놓침】時期じきを逸いっすること.
　실시-하다¹ 재 時期じきを逸いっする.

실시²(實施)〖명〗 実施じっし.
　실시-하다〖타〗 実施じっしする. 예 훈련을 ~. 訓練くんれんを実施する.

실신(失神)〖명〗 失神しっしん｜失心しっしん.
　실신-하다〖자〗 失神しっしんする｜失心しっしんする.

실실〖부〗〖소리 없이 실없〖웃는 모양〗〗 へらへら｜にやにや. 예 ~ 웃다. へらへらと笑わらう.

실심(失心)〖명〗 心配しんぱいで心こころが乱みだれること.
　실심-하다〖자〗 心配しんぱいで心こころが乱みだれる.

실-안개 薄霧うすぎり.

실어-증(失語症)〖명〗〖의〗失語症しつごしょう.

실언(失言)〖명〗 失言しつげん.
　실언-하다〖자〗 失言しつげんする.

실업¹(失業)〖명〗〖경〗〖정치〗 失業しつぎょう. 예 ~ 문제 失業問題しつぎょうもんだい/ 자발적 ~ 自発的じはつてき失業.
　실업-하다〖자〗 失業しつぎょうする.

실업²(實業)〖명〗〖경제〗〖경영〗 実業じつぎょう. 예 ~ 학교 実業学校じつぎょうがっこう.

실업-가(實業家)〖명〗 実業家じつぎょうか.

실업-률(失業率)〖명〗〖경〗失業率しつぎょうりつ.

실업-자(失業者)〖명〗〖경〗失業者しつぎょうしゃ.

실-없다(實—) 不真面目まじめだ｜不実ふじつだ｜中身なかみがない｜たわいない. 예 실없는 이야기 たわいない話はなし.
　실없-이〖부〗 不真面目まじめに｜おどけて｜ふざけて.

실연¹(失戀)〖명〗 失恋しつれん. 예 ~의 상처를 치유하다. 失恋の傷きずを癒いやす.
　실연-하다〖자〗 失恋しつれんする.

실연²(實演)〖명〗〖경영〗 実演じつえん.
　실연-하다〖자타〗 実演じつえんする.

실-오라기 ☞ 실오리

실-오리 一糸いっし｜一筋ひとすじの糸いと. =실오라기

실외(室外)〖명〗 室外しつがい｜屋外おくがい.

실용(實用)〖명〗 実用じつよう.

실용 단위(實用單位)〖물〗〖구체적인 측정에 편리〗 実用単位たんい.

실용-성(實用性)〖명〗 実用性じつようせい.

실용-적(實用的)〖관명〗 実用的じつようてき.

실용-주의(實用主義)〖명〗〖철〗実用主義じつようしゅぎ｜プラグマティズム.

실용-품(實用品)〖명〗 実用品じつようひん.

실-은(實—)〖부〗 実じつは｜その実じつ｜実際じっさいのところ. 예 ~ 너에게 묻고 싶은 것이 있어. 実は君きみに聞ききたいことがあるんだ.

실의(失意)〖명〗 失意しつい. 예 깊은 ~에 잠겨 있다. 深ふかい失意に沈しずんでいる.

실익(實益)〖명〗 実益じつえき｜実利じつり.

실인(實印)〖명〗 実印じついん.

실-잠자리〖명〗〖동〗灯心蜻蛉とうしんとんぼ.

실재(實在)〖명〗 実在じつざい. 예 ~의 인물 実在の人物.
　실재-하다〖자〗 実在じつざいする.

실재-론(實在論)〖명〗〖철〗実在論じつざいろん.

실적(實績)〖명〗 実績じっせき. 예 판매 ~ 販売はんばい実績.

실전(實戰)〖명〗 実戦じっせん. 예 ~에 강하다. 実戦に強つよい. / ~에 임하다. 実戦に臨のぞむ.

실점(失點)〖명〗 失点しってん.

실정¹(失政)〖명〗〖정치〗失政しっせい.

실정²(實情)〖명〗〖정치〗実情じつじょう｜実状じつじょう. 예 회사의 ~에 맞추다. 会社かいしゃの実情に合あわせる.

실제(實際)〖부〗 実際じっさい. 예 ~로 일어난 사건에 근거하다. 実際の出来事できごとに基もとづく.

실조(失調)〖명〗 失調しっちょう. 예 영양~ 栄養えいよう失調.

실족(失足)〖명〗 ❶足あしを踏ふみ外はずすこと. ❷行動こうどうを誤あやまること.
　실족-하다〖자〗 ❶足あしを踏ふみ外はずす. ❷行動こうどうを誤あやまる.

실존(實存)〖명〗 実存じつぞん.
　실존-하다〖자〗 実存じつぞんする.

실존-주의(實存主義)〖명〗〖철〗実存主義じつぞんしゅぎ｜実存哲学てつがく.

실종(失踪)〖명〗 失踪しっそう｜失跡しっせき. 예 ~ 사건 失踪事件じけん.
　실종-되다〖자〗 失踪しっそうする｜失跡しっせきする.

실종 선고(失踪宣告)〖법〗失踪宣告せんこく.

실종-자(失踪者)〖명〗 失踪者しっそうしゃ｜失跡者しっせきしゃ.

실증(實證)〖명〗 実証じっしょう.
　실증-하다〖타〗 実証じっしょうする.

실증-적(實證的)〖관명〗 実証的じっしょうてき.

실증-주의(實證主義)〖명〗〖철〗実証主義じっしょうしゅぎ｜実証論じっしょうろん. 예 ~ 철학 実証主義哲学てつがく.

실지¹(失地)〖명〗 失地しっち.

실지²(實地)〖부〗 実地じっち. 예 ~ 시험 実地試験しけん / ~ 검증 実地検証けんしょう.

실지-로(實地—)〖부〗 実地じっちに. 예 ~ 조사해 보기로 했다. 実地に調査ちょうさしてみることにした.

실직(失職)〖명〗 失職しっしょく｜失業しつぎょう. 예 ~을 당하다. 失職される.
　실직-하다〖자〗 失職しっしょくする｜失業しつぎょうする.

실질(實質)〖명〗実質。

실질 소득(實質所得)《경》実質所得。

실질 임금(實質賃金)《경》実質賃金。

실질-적(實質的)〖관〗実質的。 예 ~인 권리가 없다. 実質的な権限がない。

실쭉 〖부〗❶ぴくっと｜ぴくり。예 눈을 ~ 움직이다. 目をぴくっと動かす。/ 그는 ~ 웃으며 다가왔다. 彼はにやりと笑いながら近付いてきた。❷ぷいと。예 그 여자는 화가 나서 ~ 얼굴을 돌리고 가 버렸다. 彼女は怒ってぷいと顔を反らして行ってしまった。

실쭉-하다 Ⅰ〖자타〗❶すねる｜ふてくされる。❷口などを一方に歪める。Ⅱ〖형〗すねている｜ふくれている。

실쭉-샐쭉 〖부〗しきりに口をゆがめるさま。

실책(失策)〖명〗失策｜失錯｜しくじり。예 ~을 범하다. 失策を犯す。

실천(實踐)〖명〗実践。예 ~ 이성 実践理性。

실천-하다 〖타〗実践する。예 계획을 ~. 計画を実践する。

실천-적(實踐的)〖관〗実践的。

실체(實體)〖명〗実体。예 ~를 폭로하다. 実体を暴く。

실추(失墜)〖명〗失墜。

실추-하다 〖자〗失墜する。예 권위가 ~. 権威が失墜する。

실측(實測)〖명〗実測。

실측-하다 〖타〗実測する。예 폭을 ~. 幅を実測する。

실측-도(實測圖)〖명〗実測図。

실컷〖부〗思う存分｜飽きるほど｜たっぷり｜たらふく｜さんざん。예 너 혼자 ~ 그렇게 생각해라. 君一人で心ゆくまでそう考えていろ。/ 우동을 먹고 싶다. うどんをたっぷり食べたい。

실크(silk)〖명〗シルク。

실크 로드(Silk Road) 《역》シルクロード。

실큼-하다 〖형〗嫌気がさす｜気乗りしない。예 그 제안은 실큼하여 썩 대답하기가 어렵다. その提案は気乗りがしなくて、さっと答えにくい。

실탄(實彈)〖명〗実弾。예 ~을 발사하다. 実弾を発射する。

실태[1](失態)〖명〗失態｜失体。

실태[2](實態)〖명〗実態｜実情。예 이용 ~를 조사하다. 利用実態を調査する。

실토(實吐)〖명〗事実をありのままに言うこと。

실토-하다 〖타〗事実をありのままに言う。예 진실을 ~. 真実をありのままに述べる。

실-톱〖명〗糸鋸。

실-파〖명〗細いねぎ｜わけぎ。

실팍-지다 〖형〗丈夫だ｜壮健だ｜がっちりしている｜引き締まっていて丈夫だ。예 실팍진 몸매 がっちりした体つき。

실팍-하다 〖형〗(人が・物が)非常に丈夫そうだ｜見るからに頑丈だ。예 몸집이 ~. 体格が頑丈だ。

실-패[1] 〖명〗糸巻など。

실패[2](失敗)〖명〗失敗｜しくじり。

실패-하다 〖자타〗失敗する｜やり損なう｜しくじる。예 다이어트에 실패했다. ダイエットに失敗した。

실-핏줄 〖명〗毛細血管｜毛細管。=모세 혈관

실-하다(實-) 〖형〗❶(体などが)丈夫で健やかだ｜たくましくがっちりしている｜屈強だ。예 몸이 실한 사람이 좋다. 体の丈夫な人がいい。/ 요즘 아이들은 실하지가 못하다. 近頃の子供たちはたくましくない。❷(財産などが)豊かだ｜たくさんある。예 재산이 실한 사람에게 시집가다. 財産が豊かな人に嫁ぐ。/ 살림이 실하니 마음도 여유롭다. 暮らし向きがいいから、心も豊かである。❸頼りになって真面目だ。예 그는 실하게 일한다. 彼は真面目に働く。

실-히〖부〗十分に。

실학(實學)〖명〗実学。예 ~주의 実学主義。/ ~을 연구하다. 実学を研究する。/ ~ 운동이 일어나다. 実学運動が起こる。

실학-파(實學派)〖역〗実学派。예 ~의 선구자 実学派の先駆者。

실행(實行)〖명〗実行。예 작전을 ~에 옮기다. 作戦を実行に移す。

실행-하다 〖타〗実行する。

실행-력(實行力)〖명〗実行力。

실향(失鄕)〖명〗故郷を失うこと。

실험(實驗)〖명〗実験。예 ~ 소설 実験小説。

실험-하다[타] 実験じっけんする。

실험-대(實驗臺)[명] 実験台じっけんだい。

실험-실(實驗室)[명] 実験室じっけんしつ。

실험-적(實驗的)[관][명] 実験的じっけんてき。 예 ~ 연구 実験的研究けんきゅう。

실현(實現)[명] 実現じつげん。 예 자기~의 욕구 自己じこ実現の欲求よっきゅう。
  실현-하다[자] 実現じつげんする。

실혈(失血)[명] 失血しっけつ。
  실혈-하다[자] 失血しっけつする。

실형(實刑)[명] 《법》実刑じっけい。 예 ~을 선고하다. 実刑を言いい渡わたす。

실화¹(失火)[명] 失火しっか。
  실화-하다[자] 失火しっかする。

실화²(實話)[명] 実話じつわ。 예 ~에 바탕을 둔 이야기 実話に基もとづいたストーリー。

실황(實況)[명] 実況じっきょう。 예 ~ 방송 実況放送ほうそう。

실효¹(失效)[명] 【법률용어】失効しっこう。
  실효-하다[자] 失効しっこうする │ 効力こうりょくを失うしなう。

실효²(實效)[명] 【실제의 효과】実効じっこう。 예 ~가 있을지 모르겠다. 実効があるかどうか分わからない。

싫다[형] 嫌いやだ │ 嫌いやいだ │ 欲ほしくない。 예 잔뜩 인상을 쓰고 있는 그 사람이 문득 싫다는 생각이 들었다. とても険悪けんあくな表情ひょうじょうをしているその人ひとが、ふと嫌だという気きがした。/ 그 일을 맡기가 싫은 건 아니지만 그렇다고 좋다는 생각도 들지 않았다. その仕事しごとを引うき受うけるのが嫌なのではないが、だからといっていいという気きもしなかった。

싫어-하다[타] 嫌いやがる │ 嫌きらう。 예 이 닦는 것을 ~. 歯はみがきを嫌がる。

싫-증(-症)[명] 嫌気いやけ │ 飽あき。 예 이제 그 일에는 ~이 났다. もうそのことには嫌気いやけがさした。 =염증(厭症)

심¹[명] 【소힘줄】 牛うしの筋すじ。

심²(心)[명] ❶【심떡】 粥かゆなどに入いれる団子だんご。 예 죽에 ~을 넣어야 맛있다. 粥に団子を入れたらおいしい。 ❷【상처에 바르는 약】 傷口きずぐちに薬くすりを塗ぬってあてるガーゼや紙かみ。 예 당분간 상처에 ~을 대고 있어라. しばらくの間あいだ、傷口にガーゼをあてていなさい。 ❸【심줄】 根ねの中なかに混まざっている固かい筋すじ。 ❹【연필심】 (鉛筆えんぴつなどの)芯しん。 예 연필~이 부러지다. 鉛筆の芯が折おれる。 ❺【초심】 芯しん。 예 양초 ~이 얼마 안 남았다. ろうそくの芯が少すこししか残のこっていない。 ❻【초목】 草木くさきの髄ずい │ 芯しん。 ❼【심지】 (洋服ようふくなどの)芯地しんじ │ 芯しん。 衿えりに用もちいる芯地は、成型性せいけいせいが良よいことが要求ようきゅうされる。

-심(心)[접] 【접미사】 一心いっしん。 예 경쟁심 競争心きょうそうしん / 허영심 虚栄心きょえいしん / 의협심 義侠心ぎきょうしん。

심각-하다(深刻―)[형] 深刻しんこくだ。 예 심각한 문제에 직면하다. 深刻な問題もんだいに直面ちょくめんする。
  심각-히[부] 深刻しんこくに。

심경(心境)[명] 心境しんきょう。 예 ~의 변화가 있다. 心境の変化へんかがある。

심곡(深谷)[명] 【깊은 골짜기】 深谷しんこく。

심근 경색(心筋梗塞)《의》 心筋梗塞しんきんこうそく。

심금(心琴)[명] (心こころの)琴線きんせん。 예 ~을 울리는 노래 琴線に触ふれる歌うた。

심기(心氣)[명] 心気しんき │ 気持きもち │ 気分きぶん。

심-기다[자] 植うえられる。

심기-일전(心機一轉)[명] 心機一転いっしんいってん。
  심기일전-하다[자] 心機一転いっしんいってんする。

심난-하다(甚難―)[형] 至難しなんだ │ 非常ひじょうに難むずかしい。 예 심난한 일을 맡게 되었다. 至難な仕事しごとを引うき受うけることになった。

심다[타] ❶【초목 따위를】 (草木くさきなどを)植うえる │ 植うえ付つける │ 蒔まく。 예 나무를 ~. 木を植える。/ 화분에 꽃을 ~. 植木鉢うえきばちに花を植える。 ❷【마음속에】 (心こころの中なかに)植うえる │ 植うえ付つける │ 刻きざみ込こむ。 예 그에게 좋은 인상을 심어 주고 싶다. 彼かれに良よい印象を刻きざみ込みたい。/ 아이들에게 애국심을 심어 주다. 子供こどもたちに愛国心あいこくしんを植え付ける。 ❸【몰래 들여보내다】 送おくり込こむ │ 入いれる。 예 경쟁사에 스파이를 몇몇 심어 두었다. 競争会社きょうそうがいしゃにスパイを若干じゃっかん送り込んでおいた。 ❹【물건을 꽂다】 (ある対象たいしょうに物ものを差さし入いれて)植うえ付つける。 예 머리를 ~. 髪かみを植え付ける。

심대-하다(甚大―)[형] 【접미사】 甚大じんだいだ │ はなはだしい。

심도(深度)[명] 深度しんど。

심드렁-하다[형] 興味きょうみがわかない │ 関心かんしんがない。

심란-하다(心亂―)[형] 心こころが乱みだれて落おち着つかない。

심려¹(心慮)[명] 【심배】 心配しんぱい │ 気きがかり │ 懸念けねん。 예 ~ 마세요. 心配しないで下くだ

さい。/ ~가 되어 잠이 안 온다. 気がかりになって眠れない。

심려-하다 🅣 心配する｜気遣う｜懸念する｜案じる。囫어머니의 건강을 ~. 母の健康を案じる。/ 심려하지 말고 어서 주무세요. 心配しないで早くお休みください。

심려²(深慮) 🖲【深慮】深慮。
　심려-하다🅟 深く考える｜慎重に考える。

심령(心靈) 🖲 心靈。囫~ 현상 心靈現象。

심령-술(心靈術) 🖲《민》心靈術。

심로(心勞) 🖲 心労。

심리¹(心理) 🖲《심》心理。囫~ 검사 心理検査 / ~ 묘사 心理描写。

심리²(審理) 🖲 審理。
　심리-하다🅣 審理する。囫형사 사건을 ~. 刑事事件を審理する。

심리-극(心理劇) 🖲 心理劇｜サイコドラマ。

심리-적(心理的) 🖳 心的。

심리-전(心理戰) 🖲《군》心理戦。

심리-학(心理學) 🖲《심》心理学。

심마니 【蔘取り業者】奥深い山に野生する高麗人参を選びとることを業とする人。

심문(審問) 🖲 審問。
　심문-하다🅣 審問する。囫용의자를 ~. 容疑者を~。

심미(審美) 🖲 審美。

심미-안(審美眼) 🖲 審美眼。

심미-적(審美的) 🖳 審美的。

심방¹(心房) 🖲《의》心房。

심방²(尋訪) 🖲【尋訪】訪問。
　심방-하다🅣 訪問する｜訪ねる｜尋ねる。

심벌(symbol) 🖲 シンボル。囫~마크 シンボルマーク。

심벌즈(cymbals) 🖲《음》シンバル。

심-보(心-) 🖲【根性･気立て】気立て｜心掛け｜心のばえ｜心根･こころ｜根性。=마음보

심복(心腹) 🖲【心腹･腹心の部下】心腹｜腹心の人。

심부름 🖲 お使い。囫~을 가다. お使いに行く。
　심부름-하다🅙 お使いをする。

심부름-꾼 🖲 使い｜使いの者。囫~이 간 지 한 시간이 흘렀다. 使いの者が行ってから1時間が経った。

심사¹(心事) 🖲【心事】心事｜心中。

심사²(心思) 🖲 ❶【所存】心中の思い。❷【意地悪な性分】意地の悪い根性。

심사³(深思) 🖲 深思｜深い考え。
　심사-하다🅣 深思する｜深く思う。

심사⁴(審査) 🖲【審査する】審査。囫~ 위원 審査委員。
　심사-하다🅣 審査する。囫자격을 ~. 資格を審査する。

심사-숙고(深思熟考) 🖲 深思熟考する｜深く思ってよく考えること。
　심사숙고-하다🖳 深く思ってよく考える。囫심사숙고하고 결정해라. 深く考えてから決めなさい。/ 내일까지 심사숙고해 보겠습니다. 明日までに深く考えてみます。

심산¹(心算) 🖲 ⇨ 속셈❶

심산²(深山) 🖲 深山｜奥山。

심산-유곡(深山幽谷) 🖲 深山幽谷。

심상-하다(尋常-) 🖳【尋常】尋常でない｜特別でなく普通うだ｜世間並である。囫적들의 움직임이 심상치 않다. 敵の動きが普通でない。/ 그가 말하는 것을 듣고 있으면 심상한 사람 같지는 않다. 彼の言うことを聞いていると、世間並の人ではないようだ。

심상-히🗩 尋常に｜普通に｜世間並に。囫아무 일도 없는 듯 ~ 행동하다. 何事もないように普通に振る舞う。/ 그 여자는 ~ 보이지만 실제로는 재벌의 딸이다. 彼女は世間並に見えるが、実は財閥の娘である。

심성(心性) 🖲 ❶【心性】心性。❷【気質】心性。

심술(心術) 🖲 ❶かたくなに意地を張る心。❷意地悪な心。囫~을 부리다. 意地悪な行動をする。

심술-궂다(心術-) 🖳 意地悪だ。囫그 애가 심술궂은 표정으로 실실 웃고 있다. 彼が意地悪な表情でへらへらと笑っている。

심술-기(心術氣) 🖲 意地悪だったり強情をはったりしそうな気配。囫~ 있는 그녀의 얼굴 意地悪そうな彼女の顔。

심술-꾸러기(心術-) 🖲 意地悪｜天の邪鬼。囫조카 녀석은 다른 사람에게는 천사면서 나에게만 ~다. 甥は他の人には天使なのに、私には意地悪

심술-꾼(心術—)몡 ☞심술꾸러기
심술-딱지(心術—)몡【속어】❶かたくなに意地を張る心。❷意地悪じな心。
심술-쟁이(心術—)몡 ☞심술꾸러기
심술-퉁이(心術—)몡 とっても意地悪な性格の人。예 동생이 태어나자 형은 샘이 나서 ~가 되었다. 弟が生まれると、上の子は妬んで意地悪をするようになった。
심술-패기(心術—)몡 意地悪な行いをする子供。예 아이가 ~라 얄밉다. 子どもが意地悪で憎たらしい。
심신(心身)몡 心身。예 ~을 단련하다. 心身を鍛える。
심실(心室)몡 《의》心室。
심심찮다혱 退屈ではない｜退屈させない程度にある。예 그에 대한 소문이 심심찮게 들려온다. 彼の噂はしばしば聞こえてくる。
심심-풀이몡 消閑｜暇つぶし｜退屈しのぎ。
심심-하다¹혱【적적하다】退屈だ｜所在ない。예 심심해서 산보를 나갔다. 退屈で散歩に出かけた。
심심-하다²혱【맛이—】(味が)薄い。
심심-하다³(甚深—)혱【깊다】深甚だ。예 심심한 사죄의 뜻을 표하다. 深甚な謝罪の意を表する。
심악-스럽다(甚惡—)혱【참혹하고 야박하다】不人情だ｜悪そうだ。예 참담하고 심악스러운 현실 むごたらしく苛酷な現実。
심악스레튀 苛酷に｜むごく｜薄情じょうに｜不人情に。예 그렇게 ~ 굴면 천벌을 받을 거야. そんなに不人情に振る舞うと、天罰を受けることになるだろう。
심악-하다(甚惡—)혱 ❶甚だしく悪い。❷過酷で容赦ない。
심안(心眼)몡 心眼。=마음눈
심야(深夜)몡 深夜｜夜更け｜真夜中。예 ~ 영업 深夜営業／~ 버스 深夜バス。
심약-하다(心弱—)혱 気が弱い。
심연(深淵)몡 深淵。
심오-하다(深奧—)혱 深奥だ。예 심오한 의의 深奥な意義。
심원-하다(深遠—)혱 深遠だ。예 심원한 주제 深遠な主題。
심의¹(深意)몡【깊은 뜻】深意。

심의²(審議)몡 審議。예 국회 ~ 国会審議／~에 들어가다. 審議に入る。
심의-하다티 審議する。예 법률안을 ~. 法律案を審議する。
심장(心臟)몡《의》心臟。=염통
심장 마비(心臟痲痺)《의》心臟麻痺。
심장 마사지(心臟massage)《의》心臟マッサージ。예 멈춘 심장을 ~로 소생시켰다. 止まった心臟を心臟マッサージで蘇生させた。
심장-병(心臟病)몡《의》心臟病。
심장-부(心臟部)몡 心臟部。예 회사의 ~ 会社の心臟部。
심장-하다(深長—)혱 深長だ。예 매우 의미가 ~. 大変意味が深長だ。
심-적(心的)관 心的。예 ~ 부담 心的の負担。
심전-도(心電圖)몡《의》心電図。예 ~ 검사를 해 보다. 心電図検査を受けてみる。
심정(心情)몡 心情。예 ~ 고백 心情告白／~적으로는 찬성합니다. 心情的には賛成します。／~을 헤아리다. 心情を察する。
심-줄몡 腱｜筋。
심중(心中)몡 心中｜心の中｜胸中。=마음속
심증(心證)몡 心証。예 ~만으로 판단을 내리다. 心証だけで判断を下す。
심지¹(心—)몡 (ろうそくなどの)芯。예 촛불의 ~에 불을 붙이다. ろうそくの芯に火をつける。
심지²(心地)몡【심성】心根｜気立て。=마음자리
심지어(甚至於)튀 甚だしくは｜それだけでなく｜さらには。
심천(深淺)몡【깊다】深浅。
심취(心醉)몡 心酔。
심취-하다자 心酔する。예 그의 작품과 생각에 심취해 있다. 彼の作品や考え方に心酔している。
심층(深層)몡 深層。예 ~ 면접 深層面接。
심토(心土)몡《농》心土。
심통(心—)몡 心根｜根性｜意地悪。예 원하는 대로 되지 않아 ~이 늘었다. 思った通りにならず、意地悪が増えた。
심판(審判)몡 審判。예 공정한 ~을 보다. 公正な審判をする。

심판-하다 〖타〗 審判する。

심판-관(審判官) 〖명〗 ❶〖법〗審判官。 ❷〖운〗審判員｜審判。

심판-대(審判臺) 〖명〗 審判臺。

심포니(symphony) 〖명〗〖음〗シンフォニー｜交響曲。 예 ~ 오케스트라 シンフォニーオーケストラ。 =교향곡

심포지엄(symposium) 〖명〗 シンポジウム。

심-하다(甚一) 〖형〗 ひどい｜甚だしい｜はげしい。 예 코를 심하게 골다. いびきがひどい。

　심-히 〖부〗 ひどく｜甚だしく｜はげしく。

심해(深海) 〖명〗 深海。

심해-어(深海魚) 〖명〗〖동〗深海魚。

심혈(心血) 〖명〗 心血。 예 ~을 기울이다. 心血を注ぐ。

심-호흡(深呼吸) 〖명〗 深呼吸。 예 ~을 내쉬다. 深呼吸を吐く。 = 깊은숨

　심호흡-하다 〖자〗 深呼吸する。

심화¹(心火) 〖명〗 心火｜胸の火。

심화²(深化) 〖명〗 深化。

　심화-하다 〖타〗 深化する。 예 금융 위기가 심화되다. 金融が危機が深化する。

심회(心懷) 〖명〗 心懷｜意中。

심후-하다(深厚一) 〖형〗深厚だ。

심흉(心胸) 〖명〗 心胸｜胸中｜胸のうち。

십(十) 〖수〗 十｜とお。

십간(十干) 〖명〗〖민〗十干。 예 ~ 십이지 十干十二支。

십계(十誡) 〖명〗〖종〗十戒。 〖기〗十誡。

십만(十萬) 〖수〗 十万。

십분(十分) 〖부〗 十分に。 예 ~ 이해하다. 十分に理解する。

십상¹ 〖명〗 好都合｜持って来い｜打って付け｜ぴったり。 예 이 장소는 텐트를 치기에 딱 ~이다. この場所はテントを張るのにもってこいだ。

십상²(十常) 〖명〗 ほとんど例外がない｜ちょうど一ことになっている｜一に決まっている。 예 아무 계획도 없이 사업을 하면 실패하기 ~이다. 何の計画もなく事業をすると、失敗するに決まっている。

십상-팔구(十常八九) 〖명〗 →십중팔구

십시일반(十匙一飯) 〖명〗 大勢の人が少しずつ力を合わせれば、一人を救うのは容易くなるという言葉。 예 ~으로 얼마씩 돈을 모아 어려운 사람들을 돕다. 大勢が少しずつお金を集めて、貧しい人々を助ける。

십오-야(十五夜) 〖명〗 十五夜。 =삼오야

십육분-음표(十六分音標) 〖명〗〖음〗十六分音符。

십이-월(十二月) 〖명〗 十二月｜師走。

십이-지(十二支) 〖명〗 十二支。

십이지-장(十二指腸) 〖명〗 〖의〗十二指腸。 예 ~ 궤양 十二指腸潰瘍。

십이지장-충(十二指腸蟲) 〖명〗 〖동〗十二指腸虫。

십일-월(十一月) 〖명〗 十一月。

십일-조(十一租) 〖명〗 〖기〗十分の一の献金。 예 교회에 ~를 내다. 教会に十分の一、献金を出す。

십자(十字) 〖명〗 十字。

십자-가(十字架) 〖명〗 十字架。

십자-군(十字軍) 〖명〗 〖기〗十字軍。 예 ~ 전쟁 十字軍戦争。

십자-로(十字路) 〖명〗 十字路。

십자-형(十字形) 〖명〗 十字形。

십종 경기(十種競技) 〖운〗 十種競技。

십중-팔구(十中八九) 〖명〗 十中八九｜おおかた｜大部分。 =십상팔구

십진-법(十進法) 〖수〗 十進法。

십팔-금(十八金) 〖명〗 十八金。

싯-누렇다 〖형〗 真っ黄色い｜真っ黄色だ。

싯누레-지다 〖자〗 真っ黄色くなる。

싱가포르(Singapore) 〖명〗〖국〗シンガポール。

싱겁다 〖형〗 ❶〖음식〗(食べ物の味が)薄い｜水くさい｜淡い。 예 된장국이 ~. 味噌汁が水くさい。/ 싱거우면 소금을 쳐서 드세요. 味がうすければ塩を振って食べてください。 ❷(タバコ・酒などの味が)薄い｜弱い｜水っぽい。 예 싱거운 담배로 바꾸다. 弱いタバコにかえる。 ❸(人の言行が)つまらない｜くだらない。 예 싱거운 소리 그만 둬. つまらない話はもうやめろ。 ❹(文・言葉・行動などが)曖昧だ｜はっきりしない｜うやむやだ。 예 드라마가 너무 싱겁게 끝나 버렸다. ドラマが非常につまらなく終わってしまった。/ 부부 싸움은 싱겁게 끝나기

마련이다. 夫婦喧嘩はうやむやに終わるものだ.

싱그럽다 혱 爽やかだ｜すがすがしい｜爽快だ。 예 싱그러운 아침 さわやかな朝.

싱그레 튀 【소리 없이 부드럽게】 にこっと｜にっこり.

싱글¹ 튀 にこっと｜にっこり.
　싱글-거리다 재 にこっと笑う。=싱글대다
　싱글-대다 재 ☞싱글거리다

싱글²(single) 뎡 シングル。 예 ~베드 シングルベッド.

싱글-벙글 튀 【소리 없이 환하게 웃는 모양】 にこにこ.

싱굿 튀 にこっと｜にっこり.
　싱굿-거리다 재 にっこり笑う。=싱굿대다
　싱굿-대다 재 ☞싱굿거리다

싱굿-벙굿 튀 にんまり.

싱굿-싱굿 튀 にこにこ.

싱둥-하다 혱 生気がある｜いきいきしている.

싱숭-생숭 튀 【마음이 불안하고 들떠서 어수선한 모양】 そわそわ｜うきうき.
　싱숭생숭-하다 혱 そわそわする｜うきうきする。 예 내일이 입학식이라 그런지 마음이 싱숭생숭해서 잠을 잘 수가 없다. 明日が入学式だからか、そわそわして眠ることができない.

싱싱-하다 혱 ❶【생명력이 넘쳐】 生きがよい｜生き生きしている. 예 야채가 ~. 野菜が生き生きしている. ❷【기운이 넘쳐】 元気旺盛だ｜活発だ｜ぴんぴんしている. ❸【빛깔이 뚜렷하게】 色がはっきりしている｜鮮やかである｜みずみずしい.

싱크-대(sink臺) 뎡 シンク｜(台所などの)流し台.

싱크로나이즈드 스위밍(synchronized swim-ming) 《운》 シンクロナイズドスイミング.

싶다 보혱 ❶【희구】 ―たい。 예 시원한 물을 마시고 ~. 冷たい水が飲みたい。 ❷【추측】 ―ようだ. 예 오늘은 답장이 오지 않을까 싶은데. 今日は返事が来るんじゃないかな. ❸【~기를 바라다】 ―で欲しい｜―でもらいたい｜―たい. 예 밥을 더 먹었으면 ~. ご飯をもっと食べて欲しい.

싸가지 뎡 ☞'싹수'의 방언.

싸-개 뎡 包み紙｜風呂敷｜覆い｜カバー.

싸고-돌다 타 ❶ 周りを動き回る。❷ 【감싸】 かばう｜庇護する｜肩を持つ. 예 장남을 ~. 長男をかばう.

싸구려 뎡 安物。 예 ~ 손목시계 安物の腕時計.

싸느랗다 혱 ❶【차갑게】 ひんやりしている｜冷え冷えしている｜冷たい｜冷やかだ. 예 싸느란 밤공기 冷ややかな夜の空気/방이 싸느랗게 식었다. 部屋が冷え冷えと冷えた。❷【표정이】 (表情などが)冷たい｜冷ややかだ. 예 헤어지자는 말을 듣자 그녀의 얼굴이 싸느랗게 굳어 버렸다. 別れようという言葉を聞き、彼女の顔が驚きのため固まってしまった。❸【섬뜩해】 ぞっとする｜ひやっとする. 예 그 소식을 듣자 가슴이 싸느랗게 내려앉았다. その知らせを聞き、急に胸がひやっとして座り込んだ.

싸늘-하다 혱 ❶【차갑게】 冷ややかだ｜冷え冷えしている｜冷やっこい｜冷たい. 예 싸늘한 아침 공기 冷え冷えした朝の空気/늦가을의 밤바람이 싸늘하게 느껴진다. 晩秋の夜風が冷ややかに感じられる。/네 손은 왜 이렇게 싸늘하냐? お前の手はどうしてこんなに冷たいのか。❷【섬뜩해서】 ぞっとする｜ひやっとする。❸【표정이】 冷ややかだ｜冷たい｜冷淡だ。 예 싸늘한 웃음 冷ややかな笑い.

싸늘-히 튀 冷たく｜冷ややかに｜冷淡に.

싸다¹ 타 ❶ 包む. 예 종이로 ~. 紙で包む。❷【둘러싸다】 取り囲む｜包囲する. 예 주위를 싸고 있다. 周りを取り囲んでいる。❸【짐 따위를】 荷造りする｜支度をする. 예 도시락을 ~. 弁当をつめる.

싸다² 타 (耐えきれずに大小便を)垂れる｜もらす. 예 아기가 기저귀에 똥을 ~. 赤ちゃんがおしめにウンチをする.

싸다³ 혱 ❶【빨리】 (足が)すばやい｜速い｜敏捷だ. ❷【입이】 口が軽い. 예 너는 입이 너무 싸서 탈이다. お前は口が軽くて困る。❸【불이】 火が強い.

싸다⁴ 혱 ❶【값이】 (値段が)安い. 예 가격도 생각보다 ~. 価格も思ったより安い。❷【당연】 当然だ｜当たり前だ. 예 욕을 먹어도 ~. 悪く言われても当然だ.

싸-다니다 재 あちこちをうろつく｜ほっ

つき回る ┆ 出歩く。 =싸다니다
싸-대다 ☞싸다니다
싸라기-눈명 あられ。 준싸락눈
싸라기-밥명 屑米をを米にたくさん混ぜて炊いた飯。
싸락-눈명 ☞'싸라기눈'의 준말.
싸리명 ☞싸리나무
싸리-나무명〔식〕萩。 예~로 울타리를 치다. ハギで垣根をめぐらす。 =싸리
싸리-문(一門)명 萩で作ったしおり戸 ┆ 萩を編んだ扉。
싸리-비명 萩で作ったほうき。
싸릿-대명 萩の茎。
싸-매다타 包み、しっかり結ぶ ┆ 包む ┆ 巻く ┆ 巻きつける。예머리에 붕대를 싸매고 있다. 頭に包帯を巻いている。
싸우다자 ❶ 争う ┆ いさかいをする ┆ けんかをする。예친구와 ~. 友達とけんかをする。 ❷ 争う ┆ 戦う ┆ 競う。예결승 진출을 목표로 ~. 決勝進出を目指して戦う。 ❸ 戦う ┆ 努力する。예주위의 편견과 ~. 周囲の偏見と闘う。
싸울-아비명 武人 ┆ 武士 ┆ もののべ ┆ さむらい。 =무사
싸움명 けんか ┆ 争い ┆ 戦い。예언제나 ~만 하고 있는 부부 いつもケンカばかりしている夫婦。준쌈
　싸움-하다자 けんかする ┆ 争う ┆ 戦う。
싸움-꾼명 けんかをしきりにする人。
싸움-닭명 闘鶏。 준쌈닭
싸움-질명 けんか ┆ 争い ┆ 戦い。 준쌈질
　싸움질-하다자 けんかする ┆ 争う ┆ 戦う。
싸움-터명 戦場。 준쌈터
싸움-판명 争いの場。 준쌈판
싸움-패(一牌)명 ならずもの ┆ 無頼漢 ┆ ごろつき。예너는 절대로 ~에 끼지 마라. お前は絶対にごろつきの仲間にはなるな。 준쌈패
싸-이다¹자 囲まれる ┆ 包まれる ┆ 取りまかれる。예포장지에 싸인 상자 包装紙に包まれた箱。 준쌔다
싸-이다²타 大小便をさせる。
싸-전(一廛)명 米屋。
싸전-쟁이(一廛一)명 米穀商 ┆ 米屋。

싸-지르다¹자 うろつきまわる。
싸-지르다²타 ❶ (火を)たく ┆ 付ける。 ❷ 大小便をやたらに垂らす。
싸-하다형 (舌や喉が)ひりつく ┆ ひりひりする ┆ ぴりっとする。
싹¹명 ❶ 芽。예~이 트다. 芽生える ; (植物の)芽が出る ; 芽を吹く ; 萌える。/봄이 되면 초목이 ~ 튼다. 春になると草木が芽を吹く。 ❷ 芽。예부정의 ~을 자르다. 不正の芽を摘む。 ☞싹수
싹²부 ❶ さあっと ┆ すぱっと ┆ すっと。 ❷ さあっと ┆ さっと ┆ すっと。예먼지를 ~ 쓸어 버리니 기분이 한결 나아졌다. ほこりをさあっと掃いたので、気持ちがいっそう良くなった。 ❸ (少しも残さず)すっかり ┆ きれいに ┆ 完全に。예~ 잊어 버리다. すっかり忘れてしまう。 /~ 마셔 버리다. きれいに飲んでしまう。 /~ 토해 내다. すっかり吐き出す。
싹둑부 ちょきん ┆ すかっと ┆ すぱっと ┆ ばっさり。예멋대로 ~ 잘라 버렸다. 勝手にちょきんと切ってしまった。 =썩둑
싹-수명 兆し ┆ 芽 ┆ 望み ┆ 見込み ┆ 将来性。예~가 없다. 将来性がない。 /벌써부터 ~가 보인다. すでに将来性が見える。 =싹¹❸
싹-싹부 ❶ ちょきちょき ┆ すぱすぱ。 ❷ さっと ┆ さっさと。예손이 발이 되도록 ~ 빌다. 手が足になるほど手を擦り合わせて謝る。 ❸ きれいに ┆ すっかり。
싹싹-하다형 気さくだ ┆ 愛想がよい。예싹싹한 성격 気さくな性格。
싹-트기명 ☞발아
싹-트다자 兆す ┆ 芽生える ┆ 芽ぐむ。예사랑이 ~. 恋が芽生える。
쌀명 米。
쌀-가게명 米屋。
쌀-가루명 米の粉 ┆ しん粉 ┆ 米紛。
쌀-값명 米価 ┆ 米代。 =쌀금
쌀-강정명 米でつくったカンジョン ┆ おこし。
쌀-겨명 米糠 ┆ 糠 ┆ 小糠。
쌀-광명 米蔵。
쌀-금명 ☞쌀값

쌀-누룩囘 米こうじ。

쌀-눈囘 米の胚芽。

쌀-독囘 米を入れておくかめ。

쌀-되囘 ❶米を計る升。❷一升程度の米。

쌀-뜨물囘 米のとぎ汁｜とぎ水｜白水。

쌀랑-거리다邓 【…】❶しきりにそよそよとする。❷軽く手や尻尾を振る。囫쌀랑거리며 걷다. 軽く手を振って歩く。=쌀랑대다

쌀랑-대다邓 ☞쌀랑거리다

쌀랑-쌀랑튀 ❶冷ややかな風が吹くさま｜そよそよ。❷(手や尻尾などを)軽く振るさま。囫엉덩이를 ~ 흔들다. 尻を軽く振る。

쌀랑-하다ひやりとする｜冷たい｜肌寒い。囫오늘 아침은 좀 쌀랑하군. 今朝はちょっとひんやりするなあ。

쌀래-쌀래튀 いやいやをするように頭を強く横に振るさま。囫머리를 ~ 젓다. 頭を強く横に振る。

쌀-밥囘 米で炊いたご飯。

쌀-벌레囘 ❶米虫｜穀象虫｜米食い虫。❷米食い虫｜ごくつぶし。囫그는 한동안 누나네 집에 얹혀 있으면서 ~ 노릇만 했다. 彼はしばらくの間、お姉さんの家で居候しながら、ごくつぶしの生活を送った。

쌀-보리囘《식》裸麦。

쌀-부대(―負袋)囘 米袋。

쌀쌀¹튀 ❶ふつふつ｜ぐつぐつ。❷ぽかぽか。❸もぞもぞ。❹いやいや。囫고개를 ~ 젓다. 首を横に振る。

쌀쌀²튀 しくしく。

쌀쌀-맞다冷たい｜冷ややかだ｜よそよそしい｜冷淡だ。囫쌀쌀맞은 목소리로 거절하다. 冷淡な声で断る。

쌀쌀-하다❶冷たい｜冷ややかである｜肌寒い｜ひんやりしている。囫아직 여름이 끝나지 않았는데 바람이 ~. まだ夏が終わってないのに、風が肌寒い。❷冷たい｜冷ややかである｜よそよそしい。囫쌀쌀하게 굴다. よそよそしく振る舞う。

쌀-알囘 米粒。囫~ 한 톨이라도 米粒一つでも｜米一粒だつでも。=낟알❷

쌀-장사囘 米商売。

쌀장사-하다邓 米商売をする。

쌀-장수囘 米穀商｜米屋｜米商人。

쌀-풀囘 米の粉で作った糊。

쌈¹囘 【…】サム。

쌈² ☞'싸움'의 준말.

쌈박튀 【…】すっぱと｜さくっと｜ばっさり。

쌈박-거리다邓 【…】(目が)ぱちぱちする｜(目を)しばたく｜しきりにまばたきする。囫눈을 ~. 目をしきりにまばたきする。=쌈박대다

쌈박-대다邓 ☞쌈박거리다

쌈박-쌈박¹튀 【…】すぱすぱ｜ざくざく。

쌈박-쌈박²튀 【…】ぱちぱち｜ぱちくり。

쌈지囘 【…】(タバコやお金などを入れて持ち歩ける)小袋｜タバコ入れ。囫할아버지는 ~에서 돈을 꺼내 손자에게 용돈을 주다. お祖父さんは小袋からお金を出して、孫に小遣いをやる。

쌈-질囘 ☞'싸움질'의 준말.

쌉싸래-하다味がほろ苦い｜いくらか苦みがある。

쌉쌀-하다ほろ苦い｜少し苦みがある。

쌍(雙)囘 双。❶対｜ペア｜そろい。囫부부가 ~으로 참석했다. 夫婦がペアで参席した。/병풍 한 ~을 선물로 받다. 屏風一対をプレゼントにもらう。❷組｜つがい。囫한 ~의 아름다운 신혼 부부 一組の美しい新婚夫婦／암수 한 ~ 雌雄ひとつがい。❸二つで一対に成っている物。囫~ 가락지 二つで一対の指輪／~ 권총 両手に持った二丁の拳銃。

쌍-가마(雙―)囘 二つのつむじ。囫~가 있다. 二つのつむじがある。

쌍겹-눈(雙―)囘 【…】二重瞼。

쌍-고치(雙―)囘 玉繭｜二つ繭｜ふたごもり。

쌍-곡선(雙曲線)囘《수》双曲線。囫~을 그려라. 双曲線を描け。

쌍곡선-면(雙曲線面)囘《수》双曲面。

쌍-권총(雙拳銃)囘 (両手に持った)二丁の拳銃。

쌍-그네(雙—)囘 一つのぶらんこに二人乗ったりりして遊ぶこと。囘 ~를 타는 누나들 ぶらんこに二人乗りする姉たち。

쌍-꺼풀(雙—)囘 二重瞼｜二皮眼

쌍-놈囘 下郎｜卑しい男｜げす。

쌍동-밤(雙童—)囘 二子グリ。 =쪽밤

쌍-되다囫 賎しい｜下品だ｜はしたない。

쌍두-마차(雙頭馬車)囘 二頭立ての馬車。

쌍-둥이(雙—)囘 双子｜二子｜双生児。 =쌍생아

쌍둥이-자리(雙—)囘 《천》双子座。

쌍-말囘 下品なことば｜卑語。

쌍무 계약(雙務契約)囘 《법》双務契約。囘 고용주와 고용인의 계약은 ~이다. 雇い主と雇われ人との契約は双務契約だ。

쌍-무지개(雙—)囘 二重虹。

쌍-바라지(雙—)囘 両開き｜二枚開き｜観音開き。

쌍방(雙方)囘 双方｜両方。

쌍방 대리(雙方代理)囘 《법》双方代理。

쌍-벽(雙璧)囘 双璧。囘 러시아 문학의 ~을 이루다. ロシア文学の双璧をなす。

쌍봉-낙타(雙峯駱駝)囘 《동》二瘤駱駝。

쌍생-아(雙生兒)囘 ☞쌍둥이

쌍-소리囘 下品なことば｜卑しいことば。

쌍수(雙手)囘 双手｜両手｜諸手。囘 ~를 들어 찬성하다. もろ手を挙げて賛成する。

쌍-스럽다囫 下品だ｜卑しい。

쌍-심지(雙心—)囘 二筋の灯心。囘 눈에 ~를 켜고 달려들었다. 目が血走って飛びかかった。

쌍쌍-이(雙雙—)囘 二人ずつ｜雌雄がつれそって。

쌍-안경(雙眼鏡)囘 《물》双眼鏡。

쌍-지팡이(雙—)囘 一対の松葉杖。 **쌍지팡이(를) 짚고[들고] 나서다**관용 あることに対して積極的に反対したり、干渉したりする。囘 부모님께 분가한다고 말씀드렸더니 아버지는 쌍지팡이를 짚고 나섰다. 両親に分家すると申し上げたら、父は積極的に反対した。

쌍창(雙窓)囘 《건》二枚開きになっている窓。

쌍창 미닫이(雙窓—)囘 《건》二枚開きになっている障子。

쌍태(雙胎)囘 双胎｜双子をみごもること。

쌓다 ❶積む｜積み重ねる｜積み上げる。囘 잡지를 쌓아 두다. 雑誌を積み重ねておく。❷築く｜築造する。囘 성을 ~. 城を築く。❸積む｜築き上げる｜立てる。囘 경험을 ~. 経験を積む。

쌓-이다囨 積もる｜積まれる｜たまる｜重なる。囘 스트레스가 ~. ストレスがたまる。/ 지식이 ~. 知識が積み重なる。

쌔근-거리다囨 ❶はあはあ息をはずませる。❷(子供などが)ぐっすり眠って、すやすやと呼吸する。囘 쌔근거리며 자는 아이 すやすやと寝る子供。=쌔근대다

쌔근-대다囨 ☞쌔근거리다

쌔근덕-거리다囨 激しく息をはずませる｜ひどくあえぐ。囘 아이가 쌔근덕거리며 뛰어온다. 子供がはあはあしながら走ってくる。=쌔근덕대다

쌔근덕-대다囨 ☞쌔근덕거리다

쌔근덕-쌔근덕囲 ふうふう｜はあはあ。

쌔근-발딱囲 はあはあ｜ふうふう。

쌔근발딱-거리다囨 せわしく息をはずませる｜しきりにあえぐ。囘 그 아이가 쌔근발딱거리며 뛰어와 내게 안겼다. その子供が息をはずませながらかけてきて、私に抱きついた。=쌔근발딱대다

쌔근발딱-대다囨 ☞쌔근발딱거리다

쌔근-쌔근囲 ❶はあはあ｜ふうふう。❷すやすや｜すうすう。囘 아기가 ~ 자다. 赤ちゃんがすやすやと寝る。

쌔다囨 ☞'싸이다'의 준말.

쌔무룩-하다囫 仏頂面をしている｜つんとしている｜ふくれている。囘 왜 또 쌔무룩하게 앉아 있니? どうしてまたつんとして座っているの。

쌔비다囘 盗む｜掠める｜ちょろまかす。

쌕囲 にっと｜にこっと。

쌕쌕囲 ❶すやすや｜すうすう。囘 아기가 ~ 숨소리를 내며 평화롭게 자고 있

다. 赤ちゃんがすやすやと息を立てながら、安らかに眠っている。❷【숨이 끊어질 듯이 내는 소리】 はあはあ ¦ ぜいぜい.

쌕쌕-거리다 쟈 ❶ すやすやと寝息を立てる ¦ すやすやと眠る. 예 귀여운 아기가 유모차에서 쌕쌕거리며 자고 있다. かわいい赤ちゃんが、乳母車ですやすやと眠っている. ❷ はあはあ息をはずませる ¦ ぜいぜいとあえぐ. 예 가쁜 숨을 몰아쉬며 쌕쌕거린다. 苦しい息を激しくしながらはあはあいう. ≒쌕쌕대다

쌕쌕-대다 쟈 ☞ 쌕쌕거리다

쌜그러-뜨리다 타 (片方に)傾ける ¦ ゆがめる. ≒쌜그러트리다

쌜그러-지다 쟈 (片方に)傾く ¦ 歪む.

쌜그러-트리다 타 ☞ 쌜그러뜨리다

쌜긋-거리다 쟈타 しきりに傾いたりゆがんだりする. ≒쌜긋대다

쌜긋-대다 쟈타 ☞ 쌜긋거리다

쌜긋-쌜긋 부 しきりに傾いたりゆがんだりするさま.

쌜긋-하다 형 (物が)片方にやや傾いている ¦ ゆがんでいる.

쌜기죽-거리다 쟈타 【몸체가 한쪽으로 쓰러질 듯이 자꾸 기우뚱거리는 모양】 ぐらぐらする. ≒쌜기죽대다

쌜기죽-대다 쟈타 ☞ 쌜기죽거리다

쌜기죽-쌜기죽 부 ぐらぐら.

쌜룩 【근육의 한 부분이 한번 갑자기 심하게 움직이는 모양】 ぴくっと ¦ ぴくり. 예 입술을 ~ 움직이다. 唇をぴくっと動かす.

쌜룩-거리다 쟈타 ぴくぴくする ¦ ひくひくする. ≒쌜룩대다

쌜룩-대다 쟈타 ☞ 쌜룩거리다

쌜룩-쌜룩 부 ぴくぴく ¦ ひくひく.

쌩 부 【작은 바람이 매우 빠르고 세차게 스쳐 지나가는 소리】 ひゅう ¦ ぴゅう ¦ びゅう. 예 바람이 ~ 분다. 風がひゅうと吹く.

쌩그레 부 にこっと ¦ にこっり.

쌩글 부 にこっと ¦ にこっり.

쌩긋 부 にこっと ¦ にこっり.

쌩-쌩 부 【작은것이 잇따라 매우 빠르고 세차게 스쳐 지나가는 소리】 ひゅうひゅう ¦ ぴゅうぴゅう ¦ びゅうびゅう. 예 겨울이 되면 찬바람이 ~ 불어 을씨년스럽다. 冬になると、冷たい風がぴゅうぴゅうと吹き、荒涼としている.

쌩쌩-하다 형 ぴちぴちしている ¦ 生き生きしている ¦ とても新鮮だ ¦ 生気がある. 예 늙었지만 기운은 ~. 老いているが、気力は生き生きしている.

써-내다 타 書いて出す. 예 매일 주소를 ~. メールアドレスを書いて出す.

써느렇다 형 ❶ 【온도】 (温度が・気候が)冷たい ¦ ひんやりしている ¦ 冷え冷えしている ¦ 冷ややかだ. 예 밤바람이 ~. 夜風が冷たい. ❷ 【표정】 (表情などが)冷たい ¦ 冷ややかだ. ❸ 【놀라거나 두려움을 느끼는 모양】 ぞっとする ¦ ひやっとする. 예 가슴이 ~. 肝を冷やす.

써늘-하다 형 ❶ 【온도】 (風が・空気が・物が)冷たい ¦ ひんやりする ¦ 冷ややかだ. 예 밤공기가 꽤 ~. 夜の空気がひんやりする. ❷ 【표정】 冷たい ¦ 冷ややかだ. 예 그녀의 써늘한 태도가 불쾌했다. 彼女の冷淡な態度が不愉快だった. ❸ 【놀람】 ひやりとする ¦ ぞっとする.

써다 쟈 潮が引く ¦ たまり水が干る.

써레 명 〈農〉 馬ぐわ ¦ まんが.

써레-질 명 代掻き ¦ 馬ぐわで耕地をならすこと.

써레질-하다 쟈 代掻きをする.

써-먹다 타 ある目的に利用する. 예 연애할 때 써먹는 수법이 있다. 恋愛の時、利用する手がある.

썩¹ 부 ❶ 【뛰어나게】 ずばぬけて ¦ すばらしく ¦ とても ¦ 非常に. 예 스페인 어를 ~ 잘한다. スペイン語がとても上手だ. ❷ 【지체없이】 (ぐずぐずせずに)早く ¦ さっさと ¦ さっと. 예 ~ 일어나거라. さっさと起きろ.

썩² 부 ❶ 【종이・천 따위를 단숨에 거침없이 배거나 베어 내는 소리 또는 모양】 さあっと ¦ すぱっと ¦ さっと ¦ すっと. ❷ 【망설임 없이 선뜻 나서거나 하는 모양】 さあっと ¦ さっと ¦ すっと. ❸ 【전혀】 (少しも)残さず ¦ すっかり ¦ きれいに.

썩다 쟈 ❶ 腐る ¦ 腐敗する. 예 냉장고 안에서 음식이 썩고 있다. 冷蔵庫の中の食べ物が腐っている. ❷ 【묻히다】 くちる ¦ 埋もれる. 예 지역에서 썩고 있는 인재를 발굴하다. 地域に埋もれている人材を発掘する. ❸ 【타락되다】 乱れる ¦ 腐る ¦ 堕落する. 예 정신이 썩어 빠졌다. 精神が腐り切っていた. ❹ 【걱정 때문에 속태우다】 心を痛める ¦ 気が腐る. ❺ 【불우한 처지에 있음의 비유】 使われずにくちる ¦ 腐る.

썩둑 부 ☞ 싹둑

썩-썩 부 ❶ 【거침없이 계속해서 자르거나 베는 모양】 ちょきちょき ¦ すぱすぱ. ❷ 【거침없이 자꾸 움직이는 모양】 さっさっと ¦ ごしごし. 예 ~ 문지르다. ごしごしこする.

썩-이다 타 【썩게 하다】 腐らせる.

썩-정이圀 ❶腐った物。❷☞'삭정이'의 잘못.

썰겅-거리다젠【썰겅거리어·썰겅거려】ごりごりする｜がりがりする。=썰겅대다

썰겅-대다젠 ☞썰겅거리다

썰겅-썰겅뮈【썰겅은 무부의 거친 모양】ごりごり｜こりこり。예콩을 ~ 씹다. 豆をごりごりと噛む。

썰다탄 切る｜刻む。예야채를 ~. 野菜を切る。

썰래-거리다젠【썰래는 꼬리를 천천히 흔드는 모양】❶(凉しい風が)軽くそよそよ吹く。❷(手·尻尾などを)軽く振る。=썰래대다

썰래-대다젠 ☞썰래거리다

썰렁-썰렁뮈 ❶(선선한 바람이 부는 모양】そよそよ。❷(손·꼬리 같은 것을 가볍게 흔드는 모양)(手·尻尾などを)軽く振るさま。

썰렁썰렁-하다혱 (風がそよいで)ちょっとひやりとする。

썰렁-하다혱 少し冷たい｜ひんやりしている。예방 안이 ~. 部屋の中が冷やっとする。

썰레-썰레뮈【머리를 가로로 흔드는 모양】(頭や尾などを)軽く左右に振るさま。예고개를 ~ 젓다. 頭を左右に振る。

썰-리다젠【썰리어·썰리여】切られる｜刻まれる｜切れる。

썰매圀 そり。예사슴이 끄는 ~ 鹿が引くそり。

썰-물圀 引き潮｜落ち潮｜干潮。예~이 시작되다. 干潮がはじまる。/~로 개펄이 드러났다. 干潮で干潟が現れた。

썰썰뮈 ❶【썰썰은 끓는 모양】ぐらぐら｜ふつふつ｜ぐつぐつ。❷【따뜻한 모양】ほかほか。❸【기어다니는 모양】もぞもぞ。❹【내키지 않는 모양】いやいや。

썰음-질圀 のこぎりで木を切ること。
썰음질-하다탄 のこぎりで木を切る。

썰컹-거리다젠【썰컹거리어·썰컹거려】ごりごりする｜がりがりする。=썰컹대다

썰컹-대다젠 ☞썰컹거리다

썰컹-썰컹뮈【썰컹은 무르지 않으면서 연하고 굵은 물건을 써는 모양】ごりごり｜がりがり。예~ 씹히는 맛이 있다. ごりごりと噛みごたえがある。

썸벅뮈【연한 물건이 쉽게 베어지는 모양】すっぱと｜さくっと｜ばっさり。

쏘가리圀 (동)高麗ケツギョ。예~를 잡아 올리다. 高麗ケツギョを釣り上げる。

쏘개-질圀【쏘개는 고자질】告げ口｜密告。

쏘개질-하다젠 告げ口する｜密告する。

쏘곤-쏘곤뮈 ひそひそ｜こそこそ｜ぼそぼそ。

쏘다탄 ❶【쏘다】射る｜撃つ｜放つ。예활을 ~. 矢を放つ。❷【벌레 따위가】刺す。예벌이 ~. ハチが刺す。❸【말이나 시선으로】はげしくなじる｜鋭く言い放つ。❹【혀나 코로】(舌や鼻などを)刺す。

쏘-다니다젠 歩き回る｜うろつき回る。예하루 종일 거리를 쏘다녔다. 一日中じゅう街中を歩き回った。

쏘삭-거리다탄 ❶【자꾸 뒤지다】つっつき回す｜ひっかき回す。❷【부추겨 꾀다】おだててそそのかす。=쏘삭대다

쏘삭-대다탄 ☞쏘삭거리다

쏘삭-쏘삭뮈 ❶しきりにひっかき回すさま。❷しきりにおだてるさま。

쏘시개圀 焚き付け。=불쏘시개

쏘아-보다탄 にらむ｜にらみつける。예매서운 눈초리로 ~. 恐ろしい目つきでにらむ。/상대의 얼굴을 ~. 相手の顔をにらむ。/분노의 눈으로 ~. 憤怒の目でにらむ。

쏘아-붙이다탄 鋭く言い放つ。

쏘이다탄 ☞쐬다❶

쏘-이다젠【쏘이어·쏘여】刺される。예벌레에 ~. 虫に刺される。준쐬다

쏙뮈 ❶【안으로 깊숙이 들어가는 모양】にゅっと｜ぬっと｜ぽっかり｜ぐいっと｜ぐっと。예~ 들어간 허리 ぐっとくびれた腰/혀를 내밀다. 舌をぺろりと出す。❷【갑자기 빠지는 모양】ぐいっと｜すぽっと｜きゅっと。예와인 마개가 ~ 빠졌다. ワインの栓がすぽっと抜けた。

쏙닥-거리다젠 ひそひそ話をする｜内緒話をする。예시끄럽게 ~. うるさくひそひそ話をする。=쏙닥대다

쏙닥-대다젠 ☞쏙닥거리다

쏙닥-쏙닥뮈 ひそひそ｜こそこそ。예뒤에서 ~ 떠들지 마라. 後ろでひそひそとするな。

쏙살-쏙살뮈 ひそひそ｜こそこそ。

쏙-쏙뮈 ❶【안으로 자꾸 깊숙이 들어가는 모양】ずんずん｜どんどん｜ぽこぽこ｜ぺろぺろ。예싹이 ~ 돋아나다. 芽がずんずん突き出てる。/그 아이는 혀를 ~ 내밀었다. あの子は舌をぺろぺろと出した。/신인이 ~ 등장하다. 新人がどんどん登場する。❷【연달아 잡아 뽑거나 뽑히는 모양】ぐいぐい。예잡초를 ~ 뽑아

내다. 雑草^{ぞう}をぐいぐいと引^ひき抜^ぬく. / 밧줄을 ~ 끌어 올렸다. ロープをぐいぐいと引^ひき上^あげた. ❸[경솔하게 참견하는 모양] 軽率^{けいそつ}にでしゃばるさま. 예 남의 일에 ~ 끼어들다. 他人事^{たにんごと}にぐいぐいと首^{くび}を突^つっ込^こむ. ❹[자꾸 쑤시는 모양] ずきずき｜ずきんずきん｜ずんずん. 예 온몸이 ~ 쑤신다. 身体中^{からだじゅう}がずきずき痛^{いた}む. / 가슴이 ~ 찌르는 것처럼 아프다. 胸^{むね}がずきんずきんと刺^さすように痛^{いた}い. ❺[자꾸자꾸 들어오거나 들어가는 모양] どんどん｜ずんずん. 예 선생님은 수업 내용이 머리에 ~ 들어오게 가르치신다. 先生^{せんせい}は授業^{じゅぎょう}の内容^{ないよう}が, 頭^{あたま}にどんどん入^{はい}ってくるように教^{おし}えてくださる.

쏜-살 圀 射^いた矢^や.
쏜살-같다 匓 矢^やのようだ｜(矢^やのように)非常^{ひじょう}に速^{はや}い. 예 쏜살같은 세월 矢^やの如^{ごと}く過^すぎる歳月^{さいげつ}.
쏜살같-이 囝 矢^やのように｜素早^{すばや}く｜非常^{ひじょう}に速^{はや}く. 예 나를 보고는 ~ 숨어 버렸다. 私^{わたし}を見^みつけては素早^{すばや}く隠^{かく}れてしまった.
쏟다 囲 ❶[그릇을 기울여] こぼす｜流^{なが}す｜空^あける. 예 실수로 물을 ~. 誤^{あやま}って水^{みず}をこぼす. ❷[눈물 등을] 流^{なが}す｜出^だす｜こぼす. 예 눈물을 ~. 涙^{なみだ}を流^{なが}す. ❸[정성을] 注^{そそ}ぐ｜傾^{かたむ}ける. 예 애정을 ~. 愛^{あい}を注^{そそ}ぐ. ❹[속에 있는 것을 털어놓다] 打^うち明^あける｜ぶちまける. 예 고민을 쏟아 놓다. 悩^{なや}みを打ち明ける.
쏟아-지다 囧 ❶ こぼれる｜こぼれ落^おちる. 예 바닥에 물이 쏟아졌다. 床^{ゆか}に水^{みず}がこぼれた. ❷[넘쳐서] あふれる｜とめどなく流^{なが}れる. 예 눈물이 ~. 涙^{なみだ}があふれる. ❸[비가] 降^ふりしきる｜降^ふり注^{そそ}ぐ. 예 비가 쏟아지며 내리다. 雨^{あめ}が降り注ぐ. ❹[어떤 일이나 물건이] 群^{むら}がり来^くる｜出^でてくる. 예 사람들이 한꺼번에 쏟아져 나온다. 人^{ひと}たちがどっと出てくる.
쏠다 囲 (ねずみやしみなどが)かじる｜食^くう.
쏠리다 囧 傾^{かたむ}く. ❶[한쪽으로] かたよる｜斜^{なな}めになる. 예 오른쪽으로 ~. 右^{みぎ}に傾^{かたむ}く. ❷[마음이] 注^{そそ}がれる｜集^{あつ}まる｜引^ひかれる. 예 그녀에게 마음이 쏠렸다. 彼女^{かのじょ}に気持^{きも}ちが傾いた.
쏠쏠-하다 匓 ❶[품질이] かなり良^よい｜なかなかだ. ❷[수준이] かなり上^あがる｜うまみがある. 예 재미가 쏠쏠한 투자 うまみのある投資^{とうし}.

쏠쏠-히 囝 かなり良^よく｜相当^{そうとう}に.
쏭당-쏭당 囝 ☞송당송당
싸 囝 ❶[바람이 빠르게 지나가는 소리] ひゅう｜ぴゅう｜びゅう. 예 바람이 ~ 하고 불어온다. 風^{かぜ}がひゅうと吹^ふいてくる. ❷[비바람이 치거나 물이 갑자기 쏟아지는 소리] ざあっと｜ざあざあ. ❸[물 같은 것이 급하게 내려가는 소리] ざあざあ｜じゃあじゃあ.
쐐 囝 ❶[바람이 세게 스쳐 지나가는 소리] ひゅうぴゅう｜ぴゅう. ❷[물줄기가 급하게 내려가는 소리] ざあっと｜ざあざあ.
쐐기 圀 〈건〉楔^{くさび}.
쐐기(를) 박다[치다] 관용 楔^{くさび}を刺^さす.
쐐기-돌 圀 〈건〉楔石^{くさびいし}. 예 ~을 박다. 楔石を打^うつ.
쐐기-풀 圀 〈식〉刺草^{いらくさ}｜蕁麻^{じんま}.
쐬다 囲 ❶[빛, 바람 따위를 몸에 받다] 当^あてる｜さらす. 예 선풍기 바람을 ~. 扇風機^{せんぷうき}の風^{かぜ}を当てる. =쏘이다 ❷[평가를 받게 하다] 評価^{ひょうか}させる｜見^みてもらう.
쐬다 囧 ☞'쏘이다'의 준말.
쑤군-거리다 囧囲 ささやく｜ひそひそと話^{はな}す｜こそこそと話す.
쑤군덕-쑤군덕 囝 ひそひそ｜こそこそ.
쑤군-쑤군 囝 ひそひそ｜こそこそ.
쑤다 【숑·줘】 炊^たく. 예 약한 불로 죽을 ~. 弱火^{よわび}でお粥^{かゆ}を炊く.
쑤석-쑤석 囝 ❶しきりにひっかき回^{まわ}すさま. ❷しきりにおだてるさま.
쑤시다 囧 [쑤시게 하는 듯한 느낌으로 아프다] ちくちく痛^{いた}む｜ずきずきする｜うずく. 예 어금니가 욱신욱신 쑤신다. 奥歯^{おくば}がずきずき痛む.
쑤시다 囲 ❶[구멍이나 틈 따위에 가늘고 긴 것을 넣다] ほじくる｜せせる｜刺^さす｜(蜂^{はち}の巣^すなどを)つつく. 예 이쑤시개로 이를 ~. つまようじで歯^はをほじくる. ❷[선동하거나 부추기다] そそのかす.
쑥 圀 ❶[시골에서 갓 올라와서 어리숙한 사람을 낮잡아 이르는 말] 間抜^{まぬ}け｜お人^{ひと}よし｜ばか. 예 말하는 것을 들어 보니 그놈은 정말 ~이더군. 話^{はな}すのを聞^きいてみたんだけれど, あいつは本当^{ほんとう}にばかだよ.
쑥 圀 〈식〉蓬^{よもぎ}｜艾^{よもぎ}.
쑥³ 囝 ❶[안으로 깊이 들어가거나 밖으로 불룩하게 내미는 모양] にゅっと｜ぬっと｜ぽっかり｜ぐいっと｜ぐっと. 예 볼이 ~ 들어가다. 頬^{ほお}がぐっと引^ひっ込^こむ. ❷[깊숙이 밀어 넣거나 뽑는 모양] ぐいっと｜きゅっと｜ずぼっと. 예 이빨을 ~ 뽑다. 歯^はをぐいっと抜^ぬく. / 손을 ~ 집어넣다. 手^てをぐっと突^つっ込^こむ. / 올 여름에 키가 ~ 컸구나. この夏^{なつ}に背^せがぐっと大^{おお}きくなったんだな.
쑥-갓 圀 〈식〉春菊^{しゅんぎく}. 예 ~을 자르다. シュ

ンギクを切る。
쑥-대〖명〗よもぎの茎。
쑥대-머리〖명〗ひどく乱れた頭髪｜蓬頭。
쑥 대-밭〖명〗❶よもぎがたくさん生い茂っている荒れ地。❷廃墟。囫~이 된 마을 廃墟となった村。
쑥덕-거리다〖자〗(多くの人が集まって)しきりにささやき合う｜ひそひそと話し合う。
쑥덕-공론(一公論)〖명〗多おおくの人がひそひそと話すこと｜ひそひそと相談したりうわさしたりすること。
쑥덕-쑥덕〖부〗ひそひそ｜こそこそ。
쑥-떡〖명〗蓬餠｜草餠。囫쑥이 많이 자랐으면, ~이나 해 먹자. ヨモギがたくさんなったら、草餠を作って食べよう。
쑥-버무리 うるち米の粉によもぎを混ぜて蒸した餠。
쑥설-쑥설〖부〗ひそひそ｜こそこそ。
쑥-스럽다 照れくさい｜きまり悪い｜気恥ずかしい｜恥ずかしい。囫쑥스러워서 말을 붙일 수 없었다. 照れくさくて言葉をかけることができなかった。/ 무엇이 그리 쑥스러운지 고개를 들지 못한다. 何がそんなに恥ずかしいのか、顔をあげることができない。
쑥-쑥〖부〗❶ずんずん｜どんどん｜ぽこぽこ｜ぺろぺろ。❷ぐいぐい。❸ぐんぐん。囫~ 자라다. ぐんぐんと育つ。❹ずきずき｜ずきんずきん｜ずんずん。囫상처가 ~ 쑤시다. 傷がずきんずきんと痛む。❺軽率にでしゃばるさま。
쑹덩-쑹덩〖부〗❶ざくざく｜すぱすぱ。❷とびとびに。
쓰-개〖명〗被り物の総称。
쓰다〖타〗❶書く。囫글씨를 정확하게 ~. 字をきちんと書く。❷書かく｜(文章を)作る。囫소설을 쓰기 시작했다. 小説を書き始めた。
쓰다〖타〗❶(頭に)かぶる｜(眼鏡を)かける。囫안경을 ~. 眼鏡をかける。❷(顔などを)覆おう｜かぶる。囫감기에 걸려서 마스크를 썼다. 風邪を引いてマスクをつけた。❸(ごみなどを)かぶる。❹(傘などを)さす。❺(罪などを)かぶる｜着せられる。囫반역자의 오명을 ~. 反逆者の汚名を着せられる。
쓰다〖타〗❶動うごかす｜使つかう。囫손가락을 ~. 指を使う。/ 머리를 ~. 頭を使う。❷雇う｜使う｜使役する。囫아르바이트를 ~. アルバイトを雇う。❸使う｜使用する｜用いる｜費やす。囫생일 선물에 돈을 많이 썼다. 誕生日のプレゼントにお金をたくさん使った。❹使う｜傾ける｜尽す｜注ぐ｜働かす｜張る。囫신경을 ~. 気にする。/ 힘을 ~. 力を注ぐ。❺(だだを)こねる｜(意地を)張る。囫억지를 ~. 意地を張る。❻おごる｜もてなす。囫오늘은 내가 한턱 쓸게. 今日は私がおごるよ。
쓰다〖타〗埋葬する。
쓰다〖형〗苦い。❶苦味がある。囫한약은 매우 ~. 漢方薬は非常に苦い。/ 좋은 약은 입에 ~. 良薬は口に苦し。❷苦々しい｜つらい。囫주식 실패로 쓴 경험을 한 후로 다시는 주식에 손대지 않았다. 株に失敗して苦い経験をした後、二度と株に手をつけなかった。
쓰다듬다〖타〗❶なでる｜なでさする｜さする。囫머리를 ~. 頭をなでる。/ 수염을 ~. ひげをなでる。/ 등을 ~. 背中をなでる。❷なだめる｜すかす。囫우는 아이를 ~. 泣く子をなだめたりすかしたりする。
쓰디-쓰다〖형〗❶(味が)ひどく苦い。❷苦々しい｜(心が)苦しい｜つらい。囫그것은 내 인생에서 쓰디쓴 경험이었다. それは私の人生において苦々しい経験だった。
쓰라리다〖형〗❶(傷が)ひりひりする｜ずきずきする。❷つらい｜苦しい｜痛い。囫너와 헤어질 생각을 하니 가슴이 ~. 君と別れることを考えるとつらい。
쓰라림〖명〗苦しさ｜つらさ。囫이 가슴의 ~을 누가 알아주랴! この心の苦しみを誰が分かってくれようか。
쓰러-뜨리다〖타〗立っている物を横にする｜倒す｜ぶっ倒す。囫펀치로 ~. パンチして倒す。/ 밀어서 ~. 押し倒す。
=쓰러트리다

쓰러-지다 倒れる。❶【넘어지다】転ぶ。例 태풍으로 나무가 ~. 台風で木が倒れる。❷【눕다】床につく。例 병으로 ~. 病気で倒れる。❸【망하다】滅びる｜破産する｜倒産する。例 대기업이 잇따라 ~. 大手企業が相次いで倒れる。

쓰러-트리다타 ☞쓰러뜨리다

쓰레기명 ごみ｜(物の)屑｜ちり。例 ~를 버리다. ごみを捨てる。

쓰레기-꾼【쓰레기 치우는 사람을 낮잡아】ごみさらい｜ごみ取り。

쓰레기-통(一桶)명 ごみ箱｜ちり箱。

쓰레-받기명 ごみ取り｜ちりとり。

쓰레-질명 掃き仕事。
　쓰레질-하다자 掃き仕事をする。

쓰르라미명 〈동〉ひぐらし｜かなかな。

쓰리(一すり 일)명 ☞소매치기

쓰리다형 ❶ひりひり痛む｜焼ける。例 상처 난 자리가 ~. 傷口がひりひり痛む。❷【배가】(腹が)ぺこぺこだ。❸【마음이】(心が)ちくちく痛む。例 마음이 무척 쓰리지만 참아야 하겠지. 心がとてもちくちく痛むけど、我慢しなくてはね。

쓰-이다자【쓰다의 피동】書ける｜書かれる。

쓰-이다자【쓰다의 피동】使われる｜用いられる｜使用される。例 이 말이 널리 쓰이고 있다. この言葉が広く使われている。

쓰적-거리다자타 ❶【닿다】触れる｜擦れ合う。❷【쓸다】大ざっぱに掃く｜とびとびに掃く。=쓰적대다

쓰적-대다자타 ☞쓰적거리다

쓰적-쓰적부 ❶すっすっと擦れ合うさま。❷大ざっぱに掃くさま。

쓱부 ❶【슬며시 나타나거나 사라지는 모양】それとなく現れたり消えたりするさま｜そっと｜すっと｜さっと。❷【빨리 지나가는 모양】速く通り過ぎるさま｜さっと｜すっと。例 ~ 지나가다. さっと通りすぎる。/ ~ 스치다. さっとかすめる。❸【가볍게 쓰는 모양】軽くこすったり、もんだり、触れたりするさま｜そっと｜さっと。例 바지에 ~ 문지르다. ズボンにそっとこすり付ける。/ ~ 닦다. さっと拭く。

쓱싹부 ❶【톱질·줄질 소리】ぎこぎこ｜ごしごし。例 나무를 톱으로 ~ 잘라 내다. 木をのこぎりで、ぎこぎこ切り出す。❷【얼른】さっさと。例 분규를 ~ 해결하다. 揉め事をさっさと解決する。/ 돈을 ~ 나누어 주다. お金をさっさと配る。❸【셈속이는 일을】(勘定などを)棒引きにするさま。

쓱싹-거리다자 ごしごしする｜ぎこぎこ音を立てる。=쓱싹대다

쓱싹-대다자 ☞쓱싹거리다

쓱싹-하다타 ❶【없애다】(不正などを)もみ消す｜隠す。❷【셈속이다】(勘定などを)棒引きにする。

쓱싹-쓱싹부 ぎこぎこ｜ごしごし。

쓱-쓱부 ❶【여러 번 문지르는 모양】何度もこすったりもんだりするさま。❶ 문지르다。ごしごし揉む。/ ~ 비비다. ごしごしこする。❷【쉽게 해치우는 모양】仕事をたやすくやってのけるさま。

쓴-맛명 苦い味｜苦味。

쓴-술명 ❶(もち米の酒に対して)粳米の酒。❷ 苦い薬酒。

쓴-웃음명 苦笑い｜苦笑。例 그가 ~을 지으며 돌아섰다. 彼は苦笑いしながら背を向けた。

쓸개명 〈의〉胆囊。=담낭(膽囊)
　쓸개(가) 빠지다관용 ふ抜けだ｜主観がない。

쓸개-즙(一汁)명 〈의〉胆汁。=담즙

쓸다타 ❶掃く。例 방을 ~. 部屋を掃く。/ 마당을 ~. 庭を掃く。❷手で軽くなでる。例 배를 쓸어 주다. 腹をなでてあげる。/ 아기의 등을 쓸어 주어 잠들게 하다. 赤ちゃんの背中を撫でて寝かし付ける。❸【독점】独り占めする｜席巻する。例 수많은 상을 ~. 数々の賞を独り占めにする。❹【퍼지다】広がる｜蔓延する。例 전염병이 전국을 쓸었다. 伝染病が全国に広がった。

쓸다²타【문지르다】擦る。

쓸데-없다형 使い所がない｜無用である｜役に立たない｜要らない｜つまらない｜くだらない。例 쓸데없는 걱정 よけいな心配。
　쓸데없-이부 いたずらに｜無駄に｜無用に。

쓸리다자【쏠리다의 피동】傾く｜なびく。

쓸리다자【쓸리다의 피동】擦り剥く。

쓸-모명 使い道｜用途｜取り柄。

쓸모-없다형 取り柄のない。例 쓸모없는 인간 取り柄のない人間。

쓸쓸-하다형 ❶【적막하다】寂しい｜うら寂しい｜孤独だ｜わびしい。例 네 뒷모습

이 쓸쓸해 보인다. 君の後ろ姿が寂しく見える。 ❷薄ら寒い｜肌寒い。

쓸쓸-히|부| 寂しく｜つくねんと｜ぽつねんと｜しょんぼり.

씀바귀|명|《식》苦菜。

씀벅|부| まばたくさま。

　씀벅-거리다|자| ❶ しきりにまばたく｜(目を)ぱちぱちさせる。 @공연히 눈을 ~. やたらに目をぱちぱちさせる。❷(目が)しょぼつく｜(目を)しょぼしょぼさせる。=씀벅대다

　씀벅-대다|자타| ☞씀벅거리다

　씀벅-이다|자타| しょぼつく｜ぱちぱちする。

씀벅-씀벅|부| ぱちぱち｜ぱちくり｜しょぼしょぼ.

씀씀-이|명| (金銭・物・心などを)費やすこと。 @돈 ~가 너무 크면 곤란하다. 金遣いの程度が大きすぎると困る。/그녀는 마음 ~가 매우 좋다. 彼女は心遣いがとてもよい。

씁쓰레-하다|형| ほろ苦い｜苦っぽい。=씁쓰름하다

씁쓰름-하다|형| ☞씁쓰레하다

씁쓸-하다|형| ❶ ほろ苦い｜少し苦味がある。 ❷ ほろ苦い｜苦々しい。 @그것은 참으로 씁쓸한 경험이었다. それは実にほろ苦い経験だった。

씌우-개|명| 覆い｜かぶせ物。

씌우다|타| ❶(頭に)かぶせる。 @아기에게 모자를 ~. 赤ちゃんに帽子をかぶせる。 ❷(物の上に)覆う｜掛ける。 ❸(罪などを)着せる｜かぶせる。 @부하에게 죄를 ~. 部下に罪を着せる。

씨¹|명| ❶種｜(植物などの)種子。 種をまく。 @~를 뿌리다. 種をまく。 ❷(果実の中の)種｜さね。 @호박~ カボチャの種/복숭아~ モモのたね/사과~ リンゴのたね。 ❸種｜血筋｜血統。 ❹種｜根本｜原因。 @분쟁의 ~가 되다. 紛争の種になる。

　씨를 말리다|관용| 種を絶やす。

씨²|緯| (織物の)よこ糸。

씨³|(氏)의| 一氏｜一さん｜一殿。 @박 ~ 朴氏

-씨⁴|(氏)접| 一氏。

씨그둥-하다|형| 耳障りだ。 @씨그둥한 소리만 늘어놓는다. 耳障りな話だけを並べ立てる。

씨근-거리다|자| (怒りなどで)息をはずませる｜あえぐ｜息を切らす。 @화가 나서 몹시 ~. 怒って息をはずませる。=씨근대다

씨근-대다|자| ☞씨근거리다

씨근덕-거리다|자| 非常に荒く息をはずませる｜ふうふうあえぐ｜はあはあいう。 @그가 씨근덕거리며 문을 열었다. 彼がふうふうあえぎながらドアを開けた。=씨근덕대다

씨근덕-대다|자| ☞씨근덕거리다

씨근덕-씨근덕|부| はあはあ｜ふうふう。

씨근-벌떡|부| ふうふう｜はあはあ。

　씨근벌떡-거리다|자| ふうふうあえぐ。 @씨근벌떡거리며 뛰어들어 와 털썩 앉다. ふうふうと走って来て、べたりと座る。=씨근벌떡대다

　씨근벌떡-대다|자| ☞씨근벌떡거리다

씨근-씨근|부| ❶ はあはあ｜ふうふう。 ❷ すやすや｜すうすう。

씨-눈|명|《생》胚。

씨-닭|명| 種付け用の血統の良い品種の鶏。

씨도리-배추|명| 種をとるために根元を残した白菜。

씨-돼지|명| 種豚。=종돈

씨르래기|명| ☞여치

씨름|명| ❶ (운) シルム｜韓国の相撲。 @~ 선수 シルム選手/모래판에 ~ 경기가 한창이다. 土俵場でシルムの競技が真っ最中だ。 ❷ (ある事に真剣に)取り組むこと。

　씨름-하다|자| ❶ 相撲を取る。 ❷(ある事に真剣に)取り組む。 @하루 종일 수학 문제와 ~. 一日中、数学の問題に取り組む。

씨름-꾼|명| シルムを取る人｜相撲取り｜力士。 @~은 덩치가 커야 한다. 力士は図体が大きくなければならない。

씨름-판|명| シルム土俵場｜シルム場｜相撲場｜土俵場。 @~이 벌어지다. シルムの場が開かれる。

씨-말|명| 種馬・種駒。=종마

씨무룩-하다|형| むっつりしている｜膨れっ面をしている。 @그녀가 씨무룩한

얼굴로 나를 보았다. 彼女$_{ĸǎ}$がむっつりとした顔$_{ĸǎ}$で私$_{ǎlǎ}$を見$_{ǎ}$た.

씨무룩-이[부] むっつりと｜膨$_{ǎ}$れっ面$_{ǎ}$で｜仏頂面$_{ǎ}$で. 예 남동생은 아직까지 기분이 나빠서 ~ 입을 다물고 있다. 弟はまだ機嫌$_{ǎǎ}$が悪く、むっつりと黙り込$_{ǎ}$んでいる.

씨받이[명] ❶[정밭에 씨앗을 뿌림] 採種$_{ǎǎ}$. 예 빨리 ~를 해 두어야지. 早目$_{ǎǎ}$に採種しておかないと。 ❷[혈통이 명확한 자손을 얻기 위해] 家系$_{ǎǎ}$を継$_{ǎ}$ぐ子$_{ǎ}$を、他$_{ǎ}$の女$_{ǎǎ}$が代$_{ǎ}$わりに生$_{ǎ}$んでやること. 예 아이가 생기지 않아 결국 ~를 집에 들였다. 子供$_{ǎǎ}$が出来$_{ǎ}$ず、結局$_{ǎǎ}$、代$_{ǎ}$わりに生んでくれる女を家に入$_{ǎ}$れた.

씨-방(-房)[명] [식] 子房$_{ǎǎ}$. =자방(子房)

씨부렁-씨부렁[부] ぺちゃくちゃ｜ぺちゃぺちゃ.

씨-소[명] 種牛$_{ǎǎ}$. =종우

씨-실[명] 緯糸$_{ǎǎ}$｜よこ糸｜緯$_{ǎ}$. =씨줄❶ ↔날실

씨아[명] 綿繰$_{ǎǎ}$り車$_{ǎ}$.

씨아-손[명] 綿繰$_{ǎǎ}$り機$_{ǎ}$の取$_{ǎ}$っ手$_{ǎ}$.

씨-알[명] ❶ 種卵$_{ǎǎ}$. =종란 ❷ 穀物$_{ǎǎ}$などの種$_{ǎ}$としての粒$_{ǎ}$. 예 ~이 굵다. 種粒が太$_{ǎ}$い.

씨알-머리[명] [사람의 혈통을 속되게 이르는 말] 素姓$_{ǎǎ}$｜毛並$_{ǎǎ}$み.

씨-암탉[명] 種$_{ǎ}$を取$_{ǎ}$るために飼育$_{ǎǎ}$するめんどり.

씨앗[명] (作物$_{ǎǎ}$·植物$_{ǎǎǎ}$の)種$_{ǎ}$. 예 ~을 뿌리다. 種をまく。/ ~을 받다. 種をとる.

씨-젖[명] ☞배젖

씨족(氏族)[명] [사] 氏族$_{ǎǎ}$. 예 ~ 사회 氏族社会$_{ǎǎǎǎ}$.

씨-줄[명] ❶ ☞씨실 ❷ ☞위선²(緯線)

씩¹[부] 【소리없이 싱겁게 한번 웃는 모양】にっと｜にこっと.

-씩[접] —ずつ. 예 한 개씩 一個$_{ǎǎ}$ずつ/ 조금씩 少$_{ǎ}$しずつ.

씩둑-거리다[자타] 【쓸데없는 말을 함부로 지껄이다】つまらないことをぺちゃくちゃとしゃべる｜でたらめをしゃべる. =씩둑대다

씩둑-대다[자] ☞씩둑거리다

씩둑-씩둑[부] ぺちゃくちゃ｜ぺちゃぺちゃ.

씩씩[부] 【숨을 매우 가쁘고 세게 쉬는 소리】はあはあ｜ふうふう｜ぜいぜい.

씩씩-거리다 はあはあ喘$_{ǎǎ}$ぐ｜ふうふうと荒$_{ǎǎ}$い息$_{ǎǎ}$をする｜息$_{ǎǎ}$をはずませる｜息があがる. 예 씩씩거리며 산에 올라가다. はあはあいいながら山$_{ǎǎ}$に登$_{ǎǎ}$る。/ 분하다고 너무 씩씩거리지 마라. 腹$_{ǎǎ}$がたつからといって、あまり息遣$_{ǎǎǎ}$いを荒らくするな。/ 화를 못 이겨서 ~. 怒$_{ǎǎ}$りを我慢$_{ǎǎ}$できず荒らい息遣いをする. =씩씩대다

씩씩-대다[자] ☞씩씩거리다

씩씩-하다[형] 凛々$_{ǎǎ}$しい｜雄々$_{ǎǎ}$しい. 예 얼굴이 한층 더 씩씩해 보인다. 顔がさらに凛々しく見$_{ǎ}$える.

씰그러-뜨리다 (片方$_{ǎǎǎ}$に)傾$_{ǎǎ}$かせる｜ゆがませる. =씰그러트리다

씰그러-지다[자] (片方$_{ǎǎǎ}$に)傾$_{ǎǎ}$く｜歪$_{ǎǎ}$む.

씰그러-트리다 ☞씰그러뜨리다

씰긋-거리다[자타] 【물체가 한쪽으로】しきりにゆがもうとする｜しきりに傾$_{ǎǎ}$こうとする. =씰긋대다

씰긋-대다[자타] ☞씰긋거리다

씰긋-씰긋[부] ぐらぐら｜ゆらゆら.

씰긋-하다[형] (物体$_{ǎǎǎ}$が)やや傾$_{ǎǎ}$いている｜ゆがんでいる.

씰기죽-거리다[자타] ゆったりしきりに歪み傾$_{ǎǎ}$き動$_{ǎǎ}$く. =씰기죽대다

씰기죽-대다[자타] ☞씰기죽거리다

씰룩[명] 【근육의 한 부분이 실그러짐】ぴくり｜ぴくっと.

씰룩-거리다[자타] ひくひくする｜ぴくぴくする. =씰룩대다

씰룩-대다[자타] ☞씰룩거리다

씰룩-쌜룩[부] ぴくぴく｜ひくひく.

씰룩-씰룩[부] ぴくぴく｜ひくひく.

씹다[타] ❶ 【이로】嚙$_{ǎ}$む｜咀嚼$_{ǎǎǎ}$する. 예 껌을 ~. ガムをかむ. ❷ 【남의 험담을】そしる｜陰口$_{ǎǎǎ}$をきく｜けなす. 예 뒤에서 친구를 ~. 陰で友$_{ǎǎ}$だちをそしる.

씹-히다¹[자] 【씹음을 당하다】 ❶ かまれる. ❷ (人$_{ǎǎ}$から)そしりを受$_{ǎ}$ける｜悪口$_{ǎǎǎ}$を言$_{ǎ}$われる.

씹-히다²[타] 【씹게 하다】かませる.

씻-기다¹[자] 【씻음을 당하다】洗$_{ǎǎ}$われる.

씻-기다²[타] 【씻게 하다】洗$_{ǎǎ}$わせる｜すすがせる.

씻다 ❶ 【물로 더러운 것을 없애다】洗$_{ǎǎ}$う｜流$_{ǎǎ}$す. 예 몸을 ~. 体$_{ǎǎǎ}$を洗う. ❷ 【오물을】そそぐ｜すすぐ. 예 오명을 ~. 汚名$_{ǎǎǎ}$をすすぐ. ❸ 【(恨)みなどを】晴$_{ǎ}$らす. 예 씻을 수 없는 원한 晴らせない恨み.

씽[부] 【바람이 세게 스쳐 부는 소리】ぴゅう｜ぴゅう. 예 ~ 불어오는 바람 소리 ぴゅうと吹$_{ǎ}$いてくる風$_{ǎǎ}$の音$_{ǎǎ}$.

씽글-뱅글[부] にこにこ.

씽긋[부] にこっと｜にっこり｜にこり。
씽긋-빵긋[부] にんまり。
씽-씽[부] ❶【바람이 잇달아 세차게 부는 소리 또는 모양】 ひゅうひゅう｜ぴゅうぴゅう｜ぴゅうぴゅう。 예~ 부는 바람 때문에 춥다. ぴゅうぴゅうと吹いてくる風のせいで寒い。 ❷【물체가 빠르게 나는 소리 또는 모양】 びゅんびゅん。 예넓은 도로를 차로 ~ 달리다. 広い道路を車でびゅんびゅん走る。 ❸【귓전에서 울리는 높은 소리】 にいにい｜じいじい。

씽씽-하다[형] ❶【신선하고 생기차게 싱싱하다】生きがよい｜生き生きしている。 ❷【힘이 그득하다】元気だ｜旺盛だ｜活発だ｜ぴんぴんしている。 ❸【원빛 들이나 환하게 산뜻하다】色がはっきりしている｜鮮やかである｜みずみずしい。

ㅇ

아¹ 감 【감탄·흥분·감격·놀람을 나타내는 소리】 ❶ あっ｜ああ. 예 ~, 깜짝했다. あっ, 忘れた. / ~, 잘됐다. ああ, 良かった. ❷ 【말하기에 앞서 상대의 주의를 끌기 위해 가볍게 하는 소리】 ああ｜ええ｜ちょっと. 예 ~, 아무도 안 계신가요? ああ, 誰かいませんか. / ~, 여기 좀 주목해 주세요. ちょっとここに注目してください.

아² 조 【어린애나사랑어린 짐승의 이름 뒤에 해아 쓰는 조사】 —や｜—よ｜—め｜—ちゃん. 예 멍멍아 왕강아지/이놈아 こいつめ.

-아³(—兒) 접 —児に. 기형아 奇形児きけいじ/ 행운아 幸運児こううんじ.

아가 명 감 ❶ 赤子あかご｜赤ちゃん｜坊ぼうや. ❷ 舅しゅうと・姑しゅうとめが若い嫁を呼よぶ語ご.

아가리 명 ❶ 【속된말】 「口くち」の俗ぞくっぽい語ご｜くちばし. 예 ~질 言いい争あらそい; 悪わるたれ口ぐち / ~ 다물어라. だまれ. ❷ (瓶びんなどの)口くち.

아가미 명 〈動〉 えら｜あぎと.

아가씨 명 ❶ お嬢じょうさん｜娘むすめさん｜お姉ねえさん. ❷ 夫おっとの妹いもうとを呼よぶ語ご.

아가위-나무 명 〈植〉 山査子さんざし. 예 ~는 골프채의 헤드를 만들기에 제격이다. サンザシはゴルフクラブのヘッドに最適さいてきだ.

아감-젓 명 魚さかなのえらを塩漬しおづけにした塩辛しおから. 예 입맛 없을 때 ~이 좋다. 食欲しょくよくがないときエラの塩辛がよい.

아교(阿膠) 명 にかわ｜阿膠あきょう. 예 ~질에 かわ質しつ.

아-교목(亞喬木) 명 〈植〉 亜高木あこうぼく. 예 ~의 숲 亜高木の林はやし.

아교-풀(阿膠—) 명 にかわ｜膠糊にかわ. = 갖풀.

아구 명 ☞ '아귀'의 잘못.

아구-창(鵝口瘡) 명 〈의〉【病】 鵞口瘡がこうそう｜したとぎ.

아군(我軍) 명 我わが軍ぐん｜味方みかた｜友軍ゆうぐん.

아궁이 명 竈かまど｜焚たき口ぐち｜火口ほくち. 예 ~에 불을 때다. 竈の火をたく.

아귀¹ 명 ❶ 【사물의끝】 物ものの分わかれ目め. ❷ 【팔등의 올라붙은 부분】 脇あけ｜八やつ口ぐち. 예 ~에 손을 넣고 걷다. 脇あけに手を入れれて歩あるく. ❸ 【씨앗·줄기에 새로 트는 싹】 (種たねの)新芽しんめが出でるところ. 예 봄이 되면 나무들의 ~가 트기 시작한다. 春はるになると木々きぎが芽めぐみ始はじめる.

　아귀(가) 맞다 관용 ❶ 前後ぜんごのずれがなくぴったりだ. 예 이야기의 앞뒤 아귀가 맞는지 확인하다. 話はなしの前後にずれがないか確認かくにんする. ❷ 量りょうや数すうがぴったり合あっている. 예 계산해 보니 돈의 아귀가 딱 맞았다. 計算けいさんしてみるとお金かねがぴったりと合っていた.

아귀² 동 アンコウ.

아귀³(餓鬼) 명 ❶ 【佛】 餓鬼がき. ❷ 食くいしん坊ぼう. ❸ けんか好ずきな人ひと.

아귀-다툼 명 口くちげんか｜ののしり合あい.

아귀-차다 意志いしが強固きょうこだ.

아근-바근 부 ❶ 【헐겁게 하다가】 がたぴし. ❷ 【의견이 맞지 않아서 벌어짐】 ごたごた(と). 예 ~ 다투다. ごたごたと争あらそう.

아긋-하다 ❶ 少すこしずれている. ❷ (基準きじゅん・目的もくてきに)ほぼ達たっしている｜やっととどく. 예 목표액에 아긋하게 이르다. 目標額もくひょうがくにほぼ達っしている.

아기 명 ❶ 赤あかちゃん｜赤子あかご. 예 ~가 들어서다. 妊娠にんしんする. ❷ 若い嫁よめ・娘むすめの愛称あいしょう.

아기똥-거리다 자 気取きどって歩あるく. 예 아기똥거리며 걷다. 気取って歩く. = 아기똥대다.

아기똥-대다 자 ☞ 아기똥거리다

아기똥-아기똥 부 【뒤뚱뒤뚱 아니꼽게 걷는 모양】 よたよた. 예 걸어가는 살이 찐 아주머니 よたよたと歩く太ふとったおばさん.

아기-별 명 小ちいさい星ほし.

아기-살 短みじかくて小ちいさい矢や｜小矢こや.

아기자기 부 ❶ いろんな物ものがこまごまと交まじったりして見事みごとなさま. ❷ (暮くらしなどが)面白おもしろくて楽たのしいさま.

　아기자기-하다 ❶ いろんな物ものがこまごまと交まじったりして見事みごとなさま. 예 아기자기한 정원 手際てぎわがこまごまと行き届とどいて美うつくしい庭園ていえん / ユ 애의 얼굴은 볼수록 아기자기하게 생겼다. その子の

顔は見れば見るほどかわいらしい。❷(暮らしなどが)面白くて楽しい。예그는 결혼해서 아내와 아기자기하게 살고 있다. 彼は結婚して妻と楽しく暮らしている。

아기작-거리다 幼児がよちよちと歩く｜横太りの人がよたよたと歩く。예아이가 아기작거리며 걷다. 赤ちゃんがよちよちと歩く。 =아기작대다

아기작-대다짜 ☞아기작거리다

아기작-아기작부【분작거리는 모양을 나타내는 말】よたよた。예〜 걷다. よたよたと歩く。

아기족-거리다짜 よちよちと歩く。=아기족대다

아기족-대다짜 ☞아기족거리다

아기족-아기족부【분작거리는 짓을 하는 모양을 나타내는 말】よちよち(と)。

아기-집명 자궁(子宮)

아까부 ❶前に｜ちょっと前｜さっき｜先ほど｜先刻。예그 사람 누구입니까? さっきのあの人は誰ですか。 ❷さっき。예〜 일은 제가 잘못했습니다. 죄송합니다. さっきのことは私の過ちです。すみません。

아까워-하다타 惜しく思う｜惜しむ｜惜しがる。예작은 수고를 〜. わずかな手間を惜しむ。

아깝다형 惜しい｜もったいない｜残念だ｜大事だ｜大切だ。예그 여자를 해고하는 것이 문득 〜는 생각이 들었다. ふと、その女を解雇するのは惜しいという気がした。/ 아까운 인재를 잃었다. 惜しい人材をなくした。/ 그 사람은 놓치기에는 아까운 사람이다. その人は逃すには惜しい人だ。

아끼다타 ❶節約する｜惜しむ。예비용을 아끼지 않고 만든 건물 費用を惜しまず造った建物/칭찬을 아끼지 않다. 称賛しょうを惜しまない。/촌가를 아껴 공부하다. 寸暇を惜しんで勉強する。❷大切にする｜いたわる｜いとおしむ。예아끼는 제자 大切にする弟子。

아낌-없다형 惜しまない｜惜しみない。예아낌없는 성원을 부탁드립니다. 惜しみない声援をお願いします。

아낌없-이부 惜しみなく｜惜しみなしに｜惜しまず。예〜 줘라. 惜しみなく与えなさい。/여러분! 모두 〜 박수를 보내 주시기 바랍니다. 皆さん、惜しみない拍手をお願いします。

아나감 ほら｜そら｜ほれ。예〜, 보렴. ほら、見てごらん.

아나운서(announcer)명 アナウンサー｜アナ。

아나키스트(anarchist) ☞무정부주의자

아나키즘(anarchism)명 ☞무정부주의

아낙 ☞아낙네

아낙-네명【친근한 말투로】女房｜かかあ。=아낙

아날로그(analogue)명【물】アナログ。예〜 계산기 アナログ計算機／〜 텔레비전 アナログテレビ。

아날로그 회선(analogue回線)《컴》アナログ回線。

아내명 家内｜妻｜女房。=처(妻)

아느작-거리다짜 ゆらゆら揺れる。=아느작대다

아느작-대다짜 ☞아느작거리다

아느작-아느작부【가볍고 부드럽게 자꾸 흔들리는 모양을 나타내는 말】ゆらゆら(と)｜ひらひら(と)。

아늑-하다형 (風もなく静かで)ぽかぽかと暖かい｜이른 봄 햇살이 〜. 春先の日差しが暖かい。

아늑-히부 こぢんまりと｜居心地よく。

아니¹부【부정이나 반대를 나타내는 말】—ない。예〜 가다. 行かない。/〜 놀다. 遊ばない。준안²

아니²감 ❶【부정하는 뜻을 나타내는 말】いえ｜いいえ｜いや。예〜, 나는 안 갔어. いいえ、私は行かなかったわ。/〜, 그게 아니야. いや、それは違うよ。❷いや。예〜, 그게 정말이야? いや、それは本当かい。❸【놀람이나 감탄을 나타내는 말】いや｜いな。예만 원, 〜, 백만 원을 준다고 해도 학교에는 안 갈 것이다. 一万ウォン、いな、百万ウォンをくれるといっても学校には行かない。

아니꼽다형 ❶【불쾌하게 느끼다】癇にさわる｜目障りだ｜鼻につく。❷【거들먹거리는 꼴이 〜는 생각이 들었다. 威張り散らす様子が目障りだと思った。❷【메스꺼워 토할 것 같다】(むかむかして)吐き気がする。

아니꼽살-스럽다형【보기에 몹시 아니꼽다】見るからにむかむかする｜とても癇に障る｜きざなようすが目障りだ。예그 애의 하는 짓이 〜. あいつのすることは見るからにむかむかする。

아니꼽살스레부 見るからにむかむかして。

아니다형【어떠어떠하지 아니하다】—でない｜—ではない｜—じゃない。예관광이 아닌 수학여행 観

光ではない修学旅行／나는 일본인이 아닙니다. 한국인입니다. 私は日本人ではないです。韓国人です。／빨간색이 아니고, 파란색을 원한다. 赤色じゃなくて、青色のがほしい。／아버지는 공무원이 아니라 회사원입니다. 父は公務員ではなく、会社員です。

아니나 다를까[다르랴]관용 案の定｜予想通り。예신칸센은 아니나 다를까 혼잡했다. 新幹線は案の定、込んでいた。

아닌 게 아니라관용 ほんとうに｜果たして｜なるほど｜まったく｜まさしく｜さすがに。예경치가 좋은 온천이 있다기에 와 보니, 아닌 게 아니라 전망이 좋았다. 景色のいい温泉があるって言うから来てみたら、なるほど眺めがよかった。

아닌 밤중에관용 突然｜思わぬ時に｜不意に｜いきなり｜やぶから棒。예아닌 밤중에 홍두깨 내밀듯 真夜中に綾巻姿；やぶから棒に／아닌 밤중에 돈을 내놓으라니 대체 무슨 일인가? やぶから棒に金を出せとは、一体どういうことか。

아니마토(animato 이)명《음》アニマート。
아니-하다 Ⅰ 타 【앞말의 뜻을 부정하여】 やらない｜ない。준않다Ⅰ
　Ⅱ 보조【앞말의 뜻을 부정하여】—しない。예아침도 먹지 아니하고 등교하다. 朝ご飯も食べないで登校する。준않다Ⅱ
　Ⅲ 보조형【앞말의 뜻을 부정하여】—ではない｜—くない。예예쁘지 ~. きれいでない。／좋지 ~. よくない。준않다Ⅲ

아닐린(aniline)명《화》アニリン。예구두약에는 ~이 포함되어 있다. 靴磨き粉にはアニリンが含まれている。

아닐린 블랙(aniline black)《화》アニリンブラック。

아닐린 수지(aniline樹脂)《화》アニリン樹脂｜アニリンで作った樹脂。

아닐린 염료(aniline染料)《화》アニリン染料｜アニリンで作った染料。

아다지시모(adagissimo 이)명《음》アダージッシモ。

아다지에토(adagietto 이)명《음》アダージエット。

아다지오(adagio 이)명《음》アダージョ。

아다지오 아사이(adagio assai 이)《음》アダージョアッサーイ。

아담-하다(雅淡—)형 こぢんまりとして上品だ。예아담한 가게를 내다. こぢんまりとして上品な店を出す。

아동(兒童)명 예 ~ 학대 児童虐待／~ 상담소 児童相談所。
아동-극(兒童劇)명〈연〉児童劇。준동극
아동-기(兒童期)명《심》児童期。
아동 문학(兒童文學) 児童文学。
아동-복(兒童服)명 児童服。

아둔-패기명【얕잡아】とんま｜まぬけ｜のろま。예아무리 설명해 줘도 ~는 잘 모른다. どんなに説明しても、とんまにはよく分からない。준둔패기

아둔-하다형 とても鈍い｜(頭が)冴えない｜愚鈍だ。예아둔하여 번번이 일을 그르쳐 놓기만 한다. 愚鈍でいつも事をこじらせてばかりいる。

아드-님【상대를 높여】명 息子さん｜御子息。

아드득부 ❶【단단한 것을 세게 깨무는 소리】がりっ｜ばりっ。❷【이를 아주 세게 가는 소리】ぎりっ。

아드득-거리다자 ❶【단단한 것을 세게 깨무는 소리】がりがりする｜ばりばりする。❷【이를 세게 가는 소리】ぎりぎりと歯軋りする。＝아드득대다

아드득-대다자 ☞아드득거리다

아드득-아드득부 ❶がりがり。❷ぎりぎり。

아드등-거리다자 いがみ合う｜強情に言い争う。＝아드등대다

아드등-대다자 ☞아드등거리다

아드등-아드등부【고집부려 다투는 모양】がみがみ。

아드레날린(adrenaline)명《화》【부신수질호르몬】アドレナリン｜エピネフリン｜エピレナミン。예~은 혈당량 조절에 꼭 필요한 호르몬이다. アドレナリンは血糖量の調節に必ず必要なホルモンだ。

아득-바득부【몹시 고집을 부리며 애쓰는 모양】ねちねち(と)｜かたくなに。예병원에는 안 가겠다고 ~ 우기다. 病院には行かないと、かたくなに言い張る。

아득-하다형 (時間・空間が)はるかだ｜はるかに遠い｜果てしなく遠い。예아득하게 먼 수평선 果てしなく遠い水平線／그와의 일을 생각하자 아득한 옛일처럼 느껴졌다. 彼とのことを考えると、果てしなく遠い昔のことのように感じられた。

아득-히부 遙かに。

아들명 息子｜せがれ。예나에게는 아들과 딸이 하나씩 있습니다. 私には息子と娘が一人ずつあります。

아들-딸 명 息子と娘。｜子女。

아들-아이 명 うちの小倅。

아들-자식(一子息) 명 うちの小倅。｜息子。↔딸자식

아등그러-지다 자 ❶干からびて反り返る。❷(天気が)だんだん曇ってくる。

아등-바등 부 がりがり｜一生懸命。 예 지금까지 ~ 살아왔다. 今までがりがりな生活だった。/ ~ 공부하여 대학에 들어가다. がりがり勉強して大学に入る。

아따 감 ああ｜もう。 예 ~, 참 시끄럽네. ああ、うるさいな。/ ~, 어째서 우는 거야. もう、どうして泣くの。

아뜩-수(一手) 명 (運)将棋をさす時、にわかに駒を進める行動。 ~로 상대를 놀라게 하다. 突然に駒を進めて相手をびっくりさかす。

아뜩-아뜩 부 ふらふら(と)｜くらくら(と)。

아뜩-하다 형 くらっと目まいがする｜気が遠くなる。 예 너무나도 갑자스러운 충격에 정신이 ~. あまりにも突然の衝撃に気が遠くなる。

아라베스크(arabesque 프) 명 アラベスク。

아라비아 숫자(Arabia数字) 수 アラビア数字。

아람 명 十分に熟した栗やどんぐりの実。

아랍 에미리트(Arab Emirates) 국 アラブ首長国連邦。

아랑 명 焼酎を蒸留したすぐ後に残ったかす。

아랑곳 명 知るところ｜おせっかい｜必要のない口出し。 예 남이 무어라 하든지 ~도 하지 않다. 他人が何を言おうと気にもしない。

아랑곳-하다 자타 他人事に立ち入ったり気にしたりする。 예 그녀는 사람들의 차가운 시선에 아랑곳하지 않고 말을 이어갔다. 彼女は人々の冷たい視線を気にせずに話は続けた。

아랑곳-없다 형 知ったことではない｜関心がない。 예 비가 내리거나 말거나 나는 ~. 雨が降ろうが降るまいが私の知ったことではない。

아랑곳없-이 부 知らん顔をして｜関係なく。

아랑-주(一酒) 명 酒かすで作った酒。

아래 명 ❶(位置などが)下。 예 나무 그늘 ~에서 쉬다. 木陰の下で休む。/ 연필이 책상 ~로 떨어졌다. 鉛筆が机の下に落ちた。 ❷(身分・年齢・能力などが)下｜下位。 예 나이는 나보다 한 살 ~이다. 年は私より一歳下だ。/ 아무리 공부해도 성적은 항상 ~이다. いくら勉強しても成績はいつも下位である。 ❸(条件・影響などが及ぶ)下。 예 정부의 보호 ~에 있다. 政府の保護の下にある。 ❹(後に来る内容などの)次。 예 상세 조건은 ~와 같다. 詳細の条件は次の通りだ。

아래-뻘 ☞손아래뻘

아래-옷 명 下半身に着る着物。

아래-위 명 上下と下と｜上下・上下。=위아래

아래윗-벌 명 衣服の下のズボン・チマと上着。

아래-짝 명 (上下ひとそろいの)下の部分。

아래-쪽 명 下の方。

아래-채 명 母屋の前方に建てられた別棟。

아래-층(一層) 명 下の階｜下層。 예 ~에 이사 온 사람 下の階に引っ越してきた人物。

아래-턱 명 (의)下顎。

아랫-간(一間) 명 部屋が二つある場合に、オンドルの焚口に近い方の部屋。

아랫-것 명 下部と｜目下の者。

아랫-길 명 ❶下の方の道。 ❷品質の劣る物。

아랫-눈썹 명 下まつげ。

아랫-니 명 下歯。

아랫-도리 명 ❶下半身。 ❷腰の下につける着物。=아랫도리옷 ❸地位の低い階級。

아랫도리-옷 명 ☞아랫도리❷

아랫-동아리 명 ❶(物体の)下の部分。 ❷「下半身」の俗っぽい語。

아랫-마을 명 下の方の村。

아랫-목 명 オンドル部屋の焚口に近い場所。 예 ~을 차지하다. オンドルに近い場所を取る。

아랫-물〖명〗下에 流れる水。

아랫-바람〖명〗❶下流の方向から吹き上がる風。❷(凧を揚げるときの)東風。 예～이 불어 연이 잘 뜬다. 東風が吹いて凧がよく上がる。

아랫-반(一班)〖명〗❶【下級】下の学年の学級。❷【下班】下のクラス。 예성적에 따라 윗반과 ～으로 나누었다. 成績に従って上位クラスと下位クラスに分けた。↔ 윗반

아랫-방(一房)〖명〗❶二つの部屋がつながっている場合に下の部屋。❷別棟の部屋。=뜰아랫방

아랫-배〖명〗下腹。 예～를 들어가게 하는 운동 下腹をへこませる運動。

아랫-벌〖명〗下半身につける衣服。

아랫-사람〖명〗❶目下の人。=손아랫사람 ❷地位や身分の低い人。

아랫-수(一手)〖명〗下手。=하수

아랫-입술〖명〗下唇。

아랫-자리〖명〗❶下座。❷〖수〗【下位】下の位。

아랫-집〖명〗下の方角にある隣の家。 예～에 기거하는 노파 隣の家で生活する老婆。

아량(雅量)〖명〗雅量。 예～이 있다. 雅量がある。/ ～을 베풀다. 雅量をもって処する。

아련-하다〖형〗おぼろげだ｜かすかだ｜はっきりしない。 예아련한 기억 おぼろげな記憶。

  아련-히〖부〗おぼろげに｜かすかに。

아렴풋-하다〖형〗❶【소리】(声が)かすかに聞こえる｜(物が)かすかに見える。 예서울타워가 아렴풋하게 보인다. ソウルタワーがかすかに見える。❷【기억】(記憶が)かすかだ｜おぼろげだ｜はっきりしない｜ぼおっとしている。 예벌써 10년 전 일이라 기억이 ～. もう10年も前のことで記憶がはっきりしない。

  아렴풋-이〖부〗ぼうっと｜おぼろげに｜かすかに。

아령(啞鈴)〖명〗〘운〙亜鈴｜ダンベル。 예～체조 ダンベル体操。

아령칙-하다〖형〗はっきりしない｜おぼろげだ。 예이제는 그때 그 일이 ～. 今ではその時のそのこともおぼろげだ。

아로롱-다로롱〖부〗全体的にまだらなさま。

아로-새기다〖타〗❶(模様·文字などを)彫り込む。 예정원 바위에 이름과 거북이를 ～. 庭にある岩に名前と亀を彫り込む。❷【마음】心の中に刻みこむ｜深く心に留めておく｜記憶しておく。 예아버지의 임종을 마음속에 ～. 父の最期の時を心の中に刻み込む。/ 그의 행동은 내 가슴속에 감명을 아로 새겨 주었다. 彼の行動は私の胸の中に感銘を刻み込んでくれた。

아롱-거리다〖자〗目に浮かぶ｜ちらちらする｜ちらつく。=아롱대다

아롱-다롱〖부〗【형형색색 총총히】点・紋様などが不ぞろいにちりばめられたさま。

  아롱다롱-하다〖형〗まだらだ。 예아롱다롱한 무늬의 비단 まだら模様の絹織物。

아롱-대다〖자〗☞아롱거리다

아롱-무늬〖명〗まだら模様。

아롱-사태〖명〗【쇠고기】牛の後足の股肉。

아롱-아롱〖부〗【아른아른】ちらちら｜ちらほら(と)｜ぼうっと。

아롱-지다〖자〗まだらになっている｜斑をなす。

아뢰다〖타〗❶【말씀】申し上げる。❷(音楽を)奏でる｜演奏する。

아류(亞流)〖명〗亜流。

아르¹(R・r)〖명〗〘언〙アール。

아르²(are 프)〖의〗〘수학〙アール。

아르곤(argon)〖명〗〘화〙アルゴン。

아르기닌(arginine)〖명〗〘화〙【염기성아미노산】アルギニン。

아르 누보(art nouveau 프)〖명〗アールヌーボー｜新芸術。 예～ 양식 アールヌーボー様式。

아르렁〖부〗ううっ｜ぐるる。

  아르렁-거리다〖자〗(猛獣などが)うなり続ける｜威嚇している。 예아르렁거리는 사자 ううっとうなっているライオン。=아르렁대다

  아르렁-대다〖자〗☞아르렁거리다

아르메니아(Armenia) 〘국〙アルメニア。

아르바이트(Arbeit 독) 〖명〗アルバイト｜バイト。 예～로 학비를 벌다. バイトで学費をもうける。/ 편의점에서 ～를 하고 있다. コンビニでバイトしている。

아르페지오(arpeggio 이)〖명〗〘음〙アルペッジョ。

아르헨티나(Argentina)〖명〗〘국〙アルゼンチン。

아른-거리다재 ❶(何かがかすかに)見え隠れする｜ちらちらする｜ちらつく。예그녀의 모습이 ~. 彼女の姿がちらつく。/ 파도 사이로 섬들이 아른거린다. 波間に島が見え隠れする。❷(水や鏡に影が)ゆらつく｜ゆらゆらとする。예수면에 아른거리는 달빛 水面にゆらつく月明かり。=아른대다

아른-대다재 ☞아른거리다

아른-아른부 ❶ちらちら(と)。❷ゆらゆら(と)。

아름명 抱え。예한 ~의 장작 一抱えの薪。

아름-거리다재 ごまかす｜言葉をぼかす。예아름거리지 말고 분명하게 대답해라. ごまかさないではっきり答えろ。=아름대다

아름-답다형 ❶[외형적으로] 美しい｜綺麗だ。예아름다운 얼굴 美しい顔/ 아름다운 눈망울 美しい瞳/ 아름다운 목소리 綺麗な声/ 한강은 밤 경치가 ~. ハンガンは夜の景色が美しい。❷[내면이] 美しい。예마음이 아름다운 사람들 心の美しい人々。

아름-대다재 ☞아름거리다

아름-드리명 一抱えに余る木や物。예~ 나무 一抱えに余る木。

아름-아름부 ❶[최후로 감추는] うやむやに。❷[그저 그럴 듯] ものごとをいい加減にして、ごまかすこと。

아름아름-하다재타 ❶うやむやにする。❷ものごとをいい加減にして、ごまかす。예일을 ~. 仕事をいい加減にする。

아름작-거리다재 ❶(仕事を)うやむやにする。❷ものごとをいい加減にして、ごまかす。=아름작대다

아름작-대다재 ☞아름작거리다

아름작-아름작부 うやむやに。예~ 일어나다. のらりくらりと起きる。

아리다형 ❶[혀끝이나 상처가] (舌などが)ひりひりする｜ぴりぴりする。예고추를 먹었더니 혀가 ~. 唐辛子を食べたら舌がひりひりする。❷[상처] (傷口が何かに刺されるように)ちくちくする｜ひりひりつく。예화상 자국이 ~. 火傷の跡がちくちくする。/ 넘어져서 까진 곳이 ~. 転んで擦りむいたところがひりひりつく。❸[마음이] 痛む｜苦しい。예마음이 ~. 心が痛む。

아리땁다형 きれいだ｜あでやかだ｜美しい｜麗しい。예아리따운 앉음새 美しく座った姿/ 아리따운 춤사위 あでやかな舞/ 아리따운 얼굴 きれいな顔。

아리송-아리송부 朦朧ぼやっと。

아리송-하다형 不明瞭だ｜はっきりしない｜曖昧だ。예그 애의 말에는 아리송한 구석이 한두 군데가 아니다. その子の言葉には、はっきりしない点が一つや二つではない。=알쏭하다

아리아(aria 이)명 アリア。❶(オペラの)詠唱法。예오페라 ~ オペラのアリア。=아리·영창 ❷ 叙情的な小曲。예주인공의 ~ 主人公のアリア。

아리아리-하다형 すべてが曖昧だ｜ぼうっとしている。예정신이 아리아리하여 아무것도 확실하게 생각나지 않는다. ぼうっとしていて何も確実には思い出せない。

아리잠직-하다형 背が低く子供っぽい｜かわいらしい。

아린(芽鱗)명 《식》芽鱗。예~ 냉각기 芽鱗冷却器。

아릿-거리다재 (口が)ひりひりする。=아릿대다

아릿-대다재 ☞아릿거리다

아릿-아릿부 ひりひり(と)。

아릿-하다형 (口が)ひりひりする。

아마¹부 おそらく｜たぶん｜おおかた。예~ 오지 않을 것이다. おそらく来ないだろう。

아마²(亞麻)명 《식》亜麻。

아마³(←amateur)명 アマ｜アマチュア。

아마-도부 [강조하여] おそらく｜たぶん｜おおかた。예~ 갈 수 있을 거라고 생각해. たぶん行けると思うよ。

아마릴리스(amaryllis) 《식》アマリリス。예~의 잎은 넓고 두껍다. アマリリスの葉は広くて厚い。

아마빌레(amabile 이) 《음》アマービレ。

아마-유(亞麻油)명 亜麻油。

아마추어(amateur)명 アマチュア｜アマ。준아마

아마추어 스포츠(amateur sports) アマチュアスポーツ。

아말감(amalgam) 《화》アマルガム。

아망명 子供の負けん気｜強がり。예~을 부리다. 強情を張る。/ ~을 떨다. 片意地を張る。

아메리슘(americium) 명 《화》アメリシウム.

아메리카(America) 명 《지》アメリカ.

아메바(amoeba) 명 《동》アメーバ. 예 ~ 운동 アメーバ運動ﾞ.

아멘(amen) 히 명 《종》アーメン.

아명(兒名) 명 幼名ﾞ.

아모로소(amoroso 이) 명 《음》アモローソ.

아몬드(almond) 명 ☞편도²(扁桃)

아무 Ⅰ 대 【활동체인 사람을 불특정하게 대신하는 대명사】誰ﾞ | 何人ﾞ | 何者ﾞ | どいつ. 예 ~도 모른다. 誰も知ﾞらない. / ~나 할 수 있는 일 誰にでもできる仕事ﾞと. / ~도 들어가지 마라. 何人も立ﾞち入ﾞるな.
Ⅱ 관 【활동체인 사람·물건 따위의 명사 앞에 쓰이는 대명사적 관형사】何ﾞの | どの | どんな | どういう. 예 이 사람과는 ~ 관계도 없다. この人ﾞとは何の関係ﾞもない. / ~ 핑계로도 통하지 않는다. どんな言ﾞい訳ﾞも通ﾞ じない. / ~ 옷이나 입어도 됩니다. どの服ﾞでも着ﾞていいです. / ~ 데도 없다. どこにもない. / ~ 데라도 좋다. どこでもいい. / ~ 때나 좋다. いつでもいい. / ~ 때라도 좋으니 놀러 오십시오. いつでもいいですから遊ﾞびに来ﾞてください. / 나는 ~ 때라도 좋으니 약속을 정해라. 私ﾞはいつでもいいから約束ﾞを決ﾞめろ.

아무-개 명 なにがし. 예 김 ~의 회사 金ﾞなにがしの会社ﾞ.

아무-것 명 何ﾞか. 예 ~이나 좋다. 何ﾞでもいい. / ~도 필요 없다. 何もいﾞらない.

아무래도 부 ❶ どうしても | どうやっても. 예 ~ 이상하다. どうしても怪ﾞしい. ❷【어쨌든지 간에】どうでも. 예 그런 일은 ~ 좋다. そんなことはどうでもいい.

아무러-하다 형 こうこうである | どうどうである | しかじかだ. 준 아무렇다

아무렇다 형 【지정하고 정해지지 않고 일반적이며 여러 상황에 놓여 있음】❶ どうでも | どうしようと | 何ﾞでも | 何ﾞらの | いかなる. 예 나는 아무렇든 상관없다. 私ﾞはどうでも構ﾞわない. / 아무런 이유도 없다. 何らの理由ﾞもない. ❷【어찌할 것 없이】でたために | でまかせに. 예 잘 몰라서 아무렇게나 대답해 버렸다. よく分ﾞからなくて, でたらめに答ﾞえてしまった.

아무려나 감 どうでも. 예 ~ 좋을 대로 해라. どうでも好ﾞきなようにしなさい.

아무려면 감 もちろん | 言ﾞうまでもなく | むろん. 예 ~, 그렇고 말고. もちろん, そうだとも. = 아무렴·암²

아무렴 감 ☞ 아무려면

아무리 Ⅰ 부 【정도가 매우 심하다는 뜻】 どんなに | いくら | どれほど. 예 ~ 열심히 해도 금주 중에 마무리하는 것은 무리다. どんなに頑張ﾞっても, 今週中ﾞに仕上ﾞげるのは無理ﾞだ.
Ⅱ 감 【설마 하면서 말리거나 섭섭해 하라거나 할 때】いくらなんでも | まさか. 예 ~, 그럴 리가 있겠어? いくらなんでも, そんなはずはないだろう.

아무-짝 명 【방향이나 장소를 가리키는 말】どの方面ﾞも | どうにも. 예 ~에도 쓸모없는 물건 何ﾞの役ﾞにも立ﾞたない物ﾞ.

아무-쪼록 부 なにとぞ | どうか | くれぐれも | ぜひとも. 예 ~ 잘 부탁드립니다. なにとぞ宜ﾞしくお願ﾞい申ﾞし上ﾞげます.

아무튼 부 とにかく | いずれにせよ | ともあれ. 예 ~ 해 보자. とにかく, やってみよう. = 여하튼

아무튼지 부 とにかく | 何ﾞはともあれ. 예 ~ 무사히 돌아오시기를 …. 何はともあれ, 無事ﾞに帰ﾞって来ﾞられますように.

아물-거리다 자 ❶ (かすかに) 見ﾞえ隠ﾞれする | ちらちらする. 예 들판에 아지랑이가 ~. 野原ﾞにかげろうが立ﾞつ. ❷ (言動ﾞが明快ﾞでなく) もたつく | もたもたする. 예 그렇게 아물거리고 있으면 약속 시간에 늦는다. そんなにもたついていたら, 約束ﾞ時間ﾞに遅ﾞれるぞ. = 아물대다

아물다 자 癒ﾞえる | 治ﾞる. 예 상처가 ~. 傷ﾞが癒える.

아물-대다 자 ☞ 아물거리다

아물-리다 타 ❶【(傷ﾞなどを)治ﾞす | 癒ﾞやす. 예 상처에 약을 발라 빨리 ~. 傷口ﾞに薬ﾞを塗ﾞって早ﾞく治す. ❷ (事態ﾞ·仕事ﾞなどを) 収拾ﾞする | 取ﾞりまとめる | おさめる | 終ﾞえる. 예 사건을 잘 ~. 事件ﾞをうまく取りまとめる. / 일을 다 아물리고 나니 벌써 12시가 넘었다. 仕事をやり終えたら, もう12時ﾞを過ﾞぎていた.

아물-아물 부 ❶【작게 움직이는 것이 보일 듯 말 듯 아주 희미하게 움직이는 모양】ちらちら | ちらほら | ゆらゆら. 예 거리의 불빛이 ~ 보인다. 街ﾞの灯ﾞがちらほら見ﾞえる. ❷【말·행동이 명쾌하지 못함】ぐずぐず. 예 입속으로 ~ 말하지 마라. 口ﾞの中ﾞでぐずぐずと言ﾞうな. ❸【정신이 기억이 잘 떠오르지 않는 모양】ぼんやりと | ぼ

うっと。
아물아물-하다 困 ❶ちらちらする；ゆらゆらする。❷ぐずぐずする。❸ぼんやり(と)する；ぼうっとする。例오랜만에 왔더니 기억이 ~. 久しぶりに来て、記憶がぼんやりとしている。

아미노-기(amino基) 名《化》アミノ基；アミノ。

아미노-산(amino酸) 名《化》アミノ酸。例간장 アミノ酸醬油。

아미노 수지(amino樹脂) 名《化》アミノ樹脂。

아미타(阿彌陀) 名《宗》阿弥陀。

아미타-경(阿彌陀經) 名《宗》阿弥陀経。

아미타-불(阿彌陀佛) 名《宗》阿弥陀仏。

아민(amine) 名《化》アミン。

아밀라아제(Amylase 독) 名《化》アミラーゼ；ジアスターゼ。=디아스타아제

아밀로오스(amylose) 名《化》アミロース。例~는 요오드를 가하면 청자색으로 변한다. アミロースはヨードを加えると青藍色になる。

아밀로이드(amyloid) 名《化》アミロイド；類でんぷん体。

아밀롭신(amylopsin) 名《化》アミロプシン；膵液アミラーゼ。

아밀-알코올(amyl alcohol) 名《化》アミルアルコール；ペンタノール。

아바-마마(一媽媽) 名 父君。

아방가르드(avant-garde 프) 名《예》アバンギャルド。❶前衛派。❷前衛芸術。

아버-님 名 お父様；父上。

아버지 名 父；お父さん；父親。例우리 ~ 우리의 아버지/~와 같이 할아버지 댁에 다녀왔다. 父と一緒にお祖父さんの家に行ってきた。

아범 名 ☞아비

아베날린(avenalin) 名《化》アベナリン。

아부(阿附) 阿付；へつらうこと；おもねること。
아부-하다 困 阿付する；へつらう；おべっかを使う。例상사에게 ~. 上司にへつらう。

아비 名 ❶父；親父。❷内の人。❸お父さん。=아범

아빠 名 お父ちゃん；パパ。

아뿔싸 感 しまった。例~, 돈을 깜빡했다. しまった、金を忘れた。

아사(餓死) 名 餓死；うえじに。例~지경 餓死線上。
아사-하다 餓死する。

아사이(assai 이) 名《音》アッサイ。

아삭 副 さくっ(と)
아삭-거리다 困 他 さくさくいう。=아삭대다
아삭-대다 困 他 ☞아삭거리다

아삭-아삭 副 さくさく。

아상블레(assemblé 프) 名《예》(バレエの)アッサンブレ。

아서 感 ☞'아서라'의 준말.

아서라 感 やめろ；よせ。例~, 그러면 못쓴다. よせ、そんな事をするんじゃない。준아서

아성(牙城) 名 牙城。例개혁파의 ~ 改革派の牙城。

아세아-주(亞細亞洲) 名《지》アジア州。

아세톤(acetone) 名《化》アセトン。

아세트-산(←acetic酸) 名《化》酢酸。例~ 발효 酢酸発酵/~ 비닐 酢酸ビニル/~은 식초의 원료이다. 酢酸は酢の原料だ。=초산

아세틸렌(acetylene) 名《化》アセチレン。例~ 용접 アセチレン溶接。

아손(兒孫) 名 児孫；息子と孫；子孫。

아쉽다 形 もの足りない；心残りだ。例우리의 만남은 늘 아쉽기만 했다. 私たちの出会いは、物足りないばかりであった。/여러분과 헤어지는 것이 아쉽습니다. 皆さんと別れるのが心残りです。

아쉬운 대로 慣用 もの足りないままに；十分ではないがそのまま；一時の間に合わせに。例아쉬운 대로 점심으로 샌드위치를 먹었다. 十分ではないが、昼ご飯にサンドイッチを食べた。

아스라-하다 形 ❶(高さ·距離が)非常に高い；遥かに遠い。例아스라하게 먼 이국에서 살아보고 싶다. 遥か遠い異国で住んでみたい。/아스라하게 높은 절벽을 기어오르다. 非常に高い絶壁をよじ登る。❷かすかだ；ぼうっとしている。例아스라한 기억을 더듬어 옛 친구의 집을 찾다. かすかな記

憶を辿って、旧友の家を探す。/ 멀리서 물결치는 소리가 아스라하게 들려온다. 遠くから波立つ音が、かすかに聞こえてくる。[준]아스랗다

아스라-이[부] はるかに ¦ かすかに。

아스러-뜨리다[타] 砕きつぶす ¦ 粉々にする。=아스러트리다

아스러-지다[자] ❶粉々になる。❷(皮膚が)擦りむける。

아스러-트리다[타] ☞아스러뜨리다

아스스[부] 【추위나 두려움으로 몸에 약간 소름이 돋는 모양】ぞくぞく ¦ ぞくっと ¦ ぞおっと ¦ ひんやり(と) ¦ ひやっと。

아스스-하다[형] ぞくぞくする ¦ ぞくっとする ¦ ひんやりする。[예]새벽 공기가 ~. 夜明けの空気がひんやりする。

아스코르브-산(←ascorbic酸)[명] 《화》アスコルビン酸 ¦ ビタンミンシー。[예]~은 약보다 음식으로 섭취하는 편이 좋다. アスコルビン酸は薬より食べ物で取った方がいい。=비타민 시

아스타틴(astatine)[명] 《화》【방사성 원소의 하나】アスタチン。

아스트린젠트(astringent)[명] アストリンゼン。

아스파라거스(asparagus)[명] 《식》アスパラガス。[예]~ 한 다발 アスパラガス一束。

아스팔트(asphalt)[명] 《화》アスファルト ¦ 地瀝青 ¦ 土瀝青。[예]~ 포장도로 アスファルトの舗装道路。

아스피린(Aspirin 독)[명] 《약》【아세틸살리실산의 상품명】アスピリン。[예]~은 진통 해열제로 널리 이용된다. アスピリンは鎮痛解熱薬として広く利用される。

아슬랑-아슬랑[부] 【몸집이 작은 사람이나 동물 등이 몸을 흔들며 천천히 걸어 다니는 모양】のろのろ(と) ¦ うろうろ(と)。[예]여기저기 ~ 돌아다니다. あちこちうろうろ歩きまわる。

아슬-아슬[부] ❶【찬기가 잇따라 드는 모양】ぞくぞく(と)。❷【불안해서 마음이 약간 위태로운 모양】はらはらと ¦ ひやひやと。

아슬아슬-하다[형] はらはらする ¦ ひやひやする。[예]아슬아슬한 곡예 ぞくぞくとするアクロバット / 우리는 남몰래 만나는 것이 늘 아슬아슬하기만 했다. 私たちが人知れず会うことに、いつもはらはらした。

아슴푸레[부] ❶【빛이 조금 어둑하고 희미한 모양】ぼんやり ¦ ほんのり ¦ ぼうっと。❷【눈·귀가 희미하고 흐릿한 모양】ぼうっと ¦ かすかに ¦ うすうす。[예]어둠 속에 그의 모습이 ~ 보였다. 闇の中で彼の姿がおぼろげに見えた。❸【기억·의식이 조금 희미한 모양】ぼんやり。

아슴푸레-하다[형] ❶(光が薄くて)ほの暗い ¦ 薄暗い。[예]아직 아슴푸레한 새벽 まだほの暗い明け方。❷おぼろげだ ¦ かすかだ。[예]아슴푸레하게 들리는 파도 소리 かすかに聞こえる波の音。❸かすかだ ¦ おぼろげだ ¦ ぼんやりとしている。[예]어렸을 적을 아슴푸레하게 기억하고 있다. 子供の頃をおぼろげに覚えている。

아시아(Asia)[명] 《지》アジア。

아시아 개발 은행(Asia開發銀行) 《경》ADB。

아시아 경기 대회(Asia競技大會) 《운》アジア競技大会。

아시안 게임(Asian game) 《운》アジア大会。

아싹[부] 【과일 등을 베어 물 때 나는 소리】さくっ(と)。

아쓱[부] 【무섭거나 차가울 때 움츠러드는 모양】びくっと ¦ ぞくっと ¦ ひやりと。

아악(雅樂)[명] 《음》雅楽。

아악-기(雅樂器)[명] 《음》雅楽器。

아야[감] 【갑자기 아픔을 느낄 때 나오는 소리】あいたっ ¦ 痛い。[예]~, 아파. あいたっ、痛いよ。

아양[명] 愛嬌 ¦ 媚 ¦ 嬌態。[예]~을 떨다. 愛嬌を振り撒く。/ ~을 부리다. 媚びる ; 媚びへつらう。

아연(亞鉛)[명] 《화》亜鉛。[예]~광 亜鉛鉱 / ~ 도금 亜鉛めっき。

아연-실색(啞然失色)[명] 唖然として顔色が変わること。

아연-철(亞鉛鐵)[명] 《공》トタン。=함석

아연 철판(亞鉛凸版) 《출》亜鉛凸版。

아연-판(亞鉛版)[명] 《출》亜鉛版。

아연-하다(啞然—)[형] 唖然としている。[예]아연하여 말도 안 나오다. 唖然として言葉も出ない。

아연-히[부] 唖然と。

아-열대(亞熱帶)[명] 亜熱帯。[예]제주도는 ~ 기후이다. 済州島は亜熱帯気候である。/ ~림이 형성되다. 亜熱帯林が形成される。=난대(暖帶)

아예[부] ❶てんで ¦ 初めから ¦ 最初から ¦ はなっから ¦ まったく。[예]남을 속이는 짓 따위는 ~ 생각하지도 마. 人を騙すことなんか、初めから考えないで。/ ~ 선생 노릇은 하기가 싫었다. 初めから教師にはなりたくなかった。❷

絶対(ぜったい)に｜決(けっ)して｜まったく。 例 ~ 거짓말은 하지 마. 絶対に嘘はつくな。

아옹 부 【입을 벌렸다 오므렸다 하면서 내는 소리】 にゃあ｜にゃあおお｜にゃあん。

아옹-거리다 자 しきりににゃあにゃあする｜にゃおにゃおする。 ＝아옹대다¹

아옹-대다 자 ☞아옹거리다¹

아옹-거리다 자 ❶ぶつぶつ言(い)う。愚痴(ぐち)をこぼす。 ❷言(い)い争(あらそ)う｜いがみ合(あ)う。 ＝아옹대다²

아옹-다옹 부 ああだこうだ。 예 ~ 다투다. ああだこうだ言(い)い争(あらそ)う。

아옹-대다 자 ☞아옹거리다²

아옹-하다 형 ❶【구멍들이 좁고 깊다】 (穴(あな)などが)ぼこっとへこんでいる。 예 아옹한 구멍에 빠져 버렸다. ぼこっとへこんでいる穴(あな)に落(お)ちてしまった。 ❷【마음이 좁아 불만이 있다】 心(こころ)の狭(せま)い人(ひと)が)不満(ふまん)に思(おも)っている。 예 아옹해서 투덜투덜 불평을 하다. 不満(ふまん)に思(おも)っていて、ぶつぶつ文句(もんく)を言(い)う。

아우 명 ❶【남동생이나 여동생】 弟(おとうと)｜妹(いもうと)。 예 ~ 를 보다. 弟(妹)が産(う)まれる。 ❷ (同僚(どうりょう)の中(なか)で)年下(としした)の者(もの)。

아우(를) 타다 관용 母(はは)の妊娠(にんしん)で乳飲(ちの)み子(ご)がやせる。

아우르다 타 ❶集(あつ)め合(あ)う｜出(だ)し合(あ)う。 예 친구들과 돈을 아울러서 선물을 사다. 友達(ともだち)とお金(かね)を出(だ)し合(あ)って、プレゼントを買(か)う。 ❷【둘 이상을】 (二駒(ふたこま)以上(いじょう)を)一緒(いっしょ)に合(あ)わせる。 예 윷을 아울러서 가는 것이 더욱 유리하다. ユッを一緒(いっしょ)に合(あ)わせて行(い)くのが、もっと有利(ゆうり)である。

아우성 명 (大勢(おおぜい)の)叫(さけ)び｜わめき声(ごえ)。 예 아이들이 너무 춥다고 ~ 이다. 子供(こども)たちが寒(さむ)くてたまらないと、わめき声(ごえ)をあげる。

아욱 명 〘식〙冬葵(ふゆあおい)。 예 ~ 줄기는 버리고 요리하세요. フユアオイの茎(くき)は捨(す)てて料理(りょうり)してください。 ＝동규

아욱-국 명 梅雨葵(つゆあおい)を煮込(にこ)んだスープ。

아울러 부 合(あ)わせて｜ともに。 예 ~ 여러분의 건승을 기원합니다. 合(あ)わせて、皆様(みなさま)の御健勝(ごけんしょう)を祈(いの)り上(あ)げます。

아울리다 자 ❶いっしょになる｜仲間入(なかまい)りする｜つき合(あ)う。 ❷似合(にあ)う｜よく釣(つ)り合(あ)う。

아웃(out) 명 〘운〙【야구 등에서】 (野球(やきゅう)の)アウト。

아웃사이드 킥(outside kick) 〘운〙【축구】 アウトサイドキック。

아웃코스(← out course 조) 명 〘운〙アウトコース。 예 ~ 에서 인코스로 파고들다. アウトコースからインコースに入(はい)り込(こ)む。

아이¹ 명 ❶【어린 사람｜어린이】 子供(こども)｜子(こ)｜わらべ。 예 ~ 는 출입 금지이다. 子供(こども)は立入禁止(たちいりきんし)だ。 / 울고 있는 ~ 는 누구냐? 泣(な)いている子(こ)は誰(だれ)だ。 ❷【자식｜아들이나 딸】 子供(こども)｜子(こ)。 예 이 ~ 가 제 딸입니다. この子(こ)が私(わたし)の娘(むすめ)です。 / 우리 ~ 는 몸이 약해서 걱정입니다. うちの子(こ)は体(からだ)が弱(よわ)くて心配(しんぱい)です。 ❸【아직 태어나지 않거나 갓 태어난 아기】 赤(あか)ちゃん｜赤(あか)ん坊(ぼう)｜赤子(あかご)｜胎児(たいじ)。 예 3월에 ~ 를 낳았다. 3月(がつ)に赤ん坊(あかんぼう)を産(う)んだ。 준 애²

아이를 지우다 관용 流産(りゅうざん)させる｜人工流産(じんこうりゅうざん)する｜子(こ)を下(お)ろす。

아이² 감 ❶【귀찮음을 나타낼 때 쓰는 말】 やい｜ねえ。 예 ~, 무슨 짓을 하는 거야! やい、何(なに)しやがるんだ。 ❷【피곤함이나 힘들 때】 ああ｜まあ。 예 ~, 피곤해. ああ、疲(つか)れた。

아이³(ㅣㆍㅣ) 명 〘언〙アイ。

아이고 감 ❶【반갑거나 놀랄 때】 あら｜まあ｜やあ｜わあ｜ほう。 예 ~, 오랜만에 뵙겠습니다. まあ、お久(ひさ)しぶりです。 ❷【못마땅할 때】 まあ｜やれやれ｜はあ｜もう。 예 ~, 그걸 또 잃어버렸니? やれやれ、それをまた無(な)くしたの。 / ~ 큰일 났네. まあ、大変(たいへん)だな。 ❸【놀랐을 때】 ひゃあ｜ああ｜わあ｜わっ｜なんと｜何(なに)だって。 예 ~ 세상에. あれれ、これはなんていうことなの。 ❹【싫어서 한 말】 いやだよ｜まあ｜ひゃあ｜そんな｜ああ。 ❺【가엽게 볼 때】 ああ｜まあ｜はあ。 예 ~, 불쌍해서 어쩌나. まあ、気(き)の毒(どく)に。 ❻【아프거나 괴로울 때】 ああ｜ふうっ｜はあ｜わあっ｜痛(いた)っ。 예 ~, 피곤해. ふう、疲(つか)れた。 ❼【곡할 때 내는 소리】 (葬式(そうしき)などで)故人(こじん)を偲(しの)んで泣(な)くときの声(こえ)。 준 아이・애고

아이고-머니 감 【아이고보다 더 강한 말】 あらまあ。 예 ~, 야단났네. あらまあ、大変(たいへん)。

아이-년 명 【여자아이를 낮게 이르는 말】 「女(おんな)の子(こ)」の俗(ぞく)っぽい語(ご)。

아이-놈 명 【남자아이를 낮게 이르는 말】 「男(おとこ)の子(こ)」の俗(ぞく)っぽい語(ご)。

아이디어(idea) 명 アイディア｜アイデア。 예 좋은 ~ 가 떠오르다. 良(よ)いアイデアが浮(う)かぶ。

아이러니(irony) 〘언〙アイロニー｜反語(はんご)｜皮肉(ひにく)。

아이리스(iris) 명 〘식〙アイリス。 예 ~ 는 무

지개의 여신이란 뜻이다. アイリスは虹の女神の意味だ.

아이리스 인(iris in)《연》アイリスイン.

아이보리(ivory)명 アイボリー.

아이브로-펜슬(eyebrow pencil)명 アイブローペンシル.

아이섀도(eye shadow)명 アイシャドー.

아이-쇼핑(← eye shopping 조)명 アイショッピング.

아이스 댄싱(ice dancing)《운》(スケートで)アイスダンス.

아이스박스(icebox)명 アイスボックス.

아이스-크림(ice cream)명 アイスクリーム.

아이스-하키(ice hockey)명《운》アイスホッケー.

아이슬란드(Iceland)명《국》アイスランド.

아이-아버지명 ❶子持ちの男. ❷夫. 主人. 준애아버지

아이-아범명 ☞'아이아버지'의 낮춤말.

아이-아비명 ☞'아이아버지'의 낮춤말.

아이-어머니명 ❶子持ちの女. ❷妻. 女房. 家内. 준애어머니

아이-어멈명 ☞'아이어머니'의 낮춤말.

아이-어미명 ☞'아이어머니'의 낮춤말.

아이엠에프(IMF)명 ☞국제 통화 기금

아이젠(Eisen 독)명《운》アイゼン.

아이-종명 年の若い召し使い. 家童. 小舎人童. 예~이 제대로 일이나 할 수 있을꼬? 年の若い召し使いがろくに働けるものか.

아이-참감 ちぇっ. 本当に. 예~, 재미없다. ちぇっ, 面白くないな. / ~, 창피해 죽겠네. ほんとうに恥ずかしくてたまらない.

아이코감 あっ. ああ. ひゃあ.

아이콘(icon)명《컴》アイコン.

아이쿠감 ☞'아이코'의 잘못.

아이큐(IQ)명 ☞지능 지수

아이템(item)명《컴》アイテム. 項目. 種目. 品目.

아이티(Haïti)명《국》ハイチ.

아일랜드(Ireland)명《국》アイルランド.

아작부 さくっ(と). がぶっ(と). 예과자가 ~ 하고 씹혔다. お菓子がさくっと噛めた.

아작-거리다재타 ぽりぽりする. かりかりする. =아작대다

아작-대다재타 ☞아작거리다

아작-아작부 ぽりぽり. かりかり. さくさく.

아장-거리다재 よちよち歩く. ちょこちょこ歩く. =아장대다

아장-걸음명 よちよち歩き. ちょこちょこ歩き. 예아기가 ~을 걷다. 赤ちゃんがよちよち歩きをする.

아장-대다재 ☞아장거리다

아장-바장부 ぶらぶら. 예~ 걷다. ぶらぶら歩く.

아장-아장부 よちよち(と). ちょこちょこ(と). 예귀여운 아기가 ~ 걷고 있다. かわいい赤ちゃんが, よちよちと歩いている.

아재명 ☞'아저씨·아주버니'의 낮춤말.

아저씨명 ❶おじさん. 小父. 叔父. ❷おじさん. 예~, 이거 얼마예요? おじさん, これいくらですか.

아전인수(我田引水)我田引水.

아제르바이잔(Azerbaidzhan)명《국》アゼルバイジャン.

아주¹부 ❶とても. 非常に. たいへん. 예~ 멋지다. とてもすてきだ. / ~ 기쁘다. 非常にうれしい. ❷まったく. 完全に. すっかり. 永久に. 예~ 건강해졌다. まったく健康になった. / ~ 잊고 있었다. すっかり忘れていた. / ~ 가 버렸다. 永久に去ってしまった.

아주²감 ふん. なんだい. いやはや. 예~, 제법인데. ふん, なかなかやるじゃん.

아주까리명《식》蓖麻. 唐胡麻. 예~의 큰 잎으로 가면을 만들어 놀다. ヒマの大きな葉で仮面を作って遊ぶ.

아주머니명 ❶おばさん. 小母. 伯母. 叔母. ❷お姉さん. ❸おばさん.

아주머님명 ☞'아주머니'의 높임말.

아주버니명 兄さん.

아주버님명 お兄さん.

아지랑이명 かげろう. 예~가 피다. かげろうが立つ.

아지랭이명 ☞'아지랑이'의 잘못.

아지작부 さくっ(と). がぶっ(と).

아지작-거리다재타 ぽりぽりする. かりかりする. =아지작대다

아지작-대다[자][타] ☞아지작거리다
아지작-아지작[부]【아지작을 여러번 하는 모양】ぽりぽり｜かりかり｜さくさく。
아지직[부]【아지직을 짧게 이르는 말】めりめり｜めきめき(と)。
아지직-거리다[자][타] めりめり音がする｜めきめきと鳴る。=아지직대다
아지직-대다[자][타] ☞아지직거리다
아지직-하다[자][타] めりめりと言う。예 아지직하는 소리가 나며 불이 꺼졌다. めりめりと音がしながら火が消えた。
아지타토(agitato 이)[명]〔음〕アジタート。
아지트(←agitpunkt 러)[명] アジト。
아직[부] まだ｜いまだ｜いまだに｜今なお。예 ~ 먹지 않았다. まだ食べていない。 / ~까지 나만 모르는 사실 いまだに私だけ知らない事실 / 방학이 끝나려면 ~ 3주일이 남았다. 休みが終わるのにあと三週間も残っている。 / 숙제를 ~ 못 했다. 宿題をまだ済ませていない。 / ~년 ― 어려서 성인 영화를 볼 수 없다. お前はまだ幼いのでアダルト映画を見ることができない。 / 날이 새려면 ~ 조금 더 있어야 한다. 夜が明けるにはもう少しかかる。 / ~은 그 사람을 만나고 싶지 않다. 今のところは彼に会いたくない。 / ~은 남을 가르칠 실력이 안 된다. まだ人を教えるには実力が足りない。 / ~ 답장이 오지 않다. いまだに返事が来ない。 / 그때의 충격은 ~ 생생하게 기억하고 있다. その時のショックは今なお生々しく覚えている。
아직-껏[부]【지금까지】今まで｜今なお。예 ~ 한 번도 결석한 적이 없다. 今まで一度も欠席したことがない。
아직-도[부] まだ｜いまだに。예 ~ 자고 있다. まだ寝ている。
아질-아질[부]【정신이 아찔해지는 모양이 여러번이거나 계속되는 모양】くらくら。
아집(我執)[명] 我執。
아짝[부]【덩군 단단한 물건을 깨물어 깨뜨리는 소리】ぱりっと。예 소세지를 ~ 씹어 먹었다. ソーセージをぱりっと噛んで食べた。 / 쿠키를 ~ 깨물다. クッキーをぱりっとかじる。
아짝-거리다[자][타] ぱりぱりとかむ｜ぽりぽりと食べる。예 과자를 ~. お菓子をぽりぽりと食べる。=아짝대다
아짝-대다[자][타] ☞아짝거리다
아찔-아찔[부]【자꾸 정신이 아득해지거나 어지러워지는 모양】くらくら｜ふらふら(と)。

아찔아찔-하다[형] (目眩がして)くらくらする｜ふらふらする。예 생각만 해도 ~. 考えただけでもくらくらする。
아찔-하다[형] くらっとする。예 그 후로도 아찔한 상황이 한두 번이 아니었다. その後もくらっとする状況は一度や二度ではなかった。 / 그 일은 생각만 해도 눈앞이 ~. そのことは考えただけでも目の前がくらっとする。
아차[감]【뜻밖의 일을 갑자기 깨달았을 때 내는 소리】あっ｜しまった。예 ~, 지갑을 깜빡했다. しまった、財布を忘れた。 =아차차
아차차[감] ☞아차
아창-거리다[자] ちょこちょこ歩く。=아창대다
아창-대다[자] ☞아창거리다
아창-아창[부]【어린아이가 천천히 걷는 모양】ちょこちょこ(と)。예 어린아이가 ~ 걷다. 幼子がちょこちょこと歩く。
아첨(阿諂)[명] へつらい｜媚びること｜おべっか。
아첨-하다[자] 媚びる｜へつらう｜おべっかを使う。예 권력에 ~. 権力に媚びる。 / 상사에게는 아첨하고, 부하에게는 큰소리친다. 上役にはへつらい、部下には威張る。
아첨-쟁이(阿諂―)[명] ごますり｜ご機嫌とり。예 아무리 성공에 눈이 멀어도 그렇게 ~ 짓을 하고 싶을까? いくら成功に目が眩んでも、そんなご機嫌とりになりたいだろうか。
아취(雅趣)[명] 雅趣。예 ~가 그득한 정원 雅趣に富んだ庭園。
아치(arch)[명]〔건〕アーチ。
아치랑-거리다[자] (背の低い人が)よたよたと歩く。예 기죽은 표정으로 아치랑거리며 나가다. 力ない表情で、よたよたと出かける。=아치랑대다 준아칠거리다
아치랑-대다[자] ☞아치랑거리다
아치랑-아치랑[부]【몸집이 작은 사람이나 동물이 찬찬히 걷는 모양】よたよた｜よろよろ。준아칠아칠
아치장-거리다[자] 疲れぎみによたよたと歩く。=아치장대다
아치장-대다[자] ☞아치장거리다
아치장-아치장[부]【힘이 없이 걷는 모양】よたよた｜よろよろ。
아칠-거리다[자] '아치랑거리다'의 준말.
아침[명] ❶ 아침｜夜明け｜(比喩的に物事の)始まり。예 ~ 햇살을 받으며 일

어나다. 朝日を浴びて起きる。 / ~ 일찍 집을 나선 사람이 여태 소식이 없다. 朝早く家を出た人から、いまだに音沙汰がない。 / ~ 아홉 시까지 출근한다. 9時までに出勤する。 ❷【아침】朝食 ¦ 朝ご飯。

아침-거리명 朝食の材料。

아침-결명 ❶朝方 ¦ 朝の内 ¦ 朝の間 ¦ 早朝の頃 ¦ 夜明け頃。 ❷午前 ¦ 午前中。 예~에 논을 돌아보다. 朝の内に田んぼを見回まわる。

아침-나절명 朝食後から昼までの間 ¦ 午前中。 예~에 빨래를 다했다. 午前中に洗濯を全部した。 / ~에 일을 다 끝내다. 午前中に仕事を全て終わらせる。

아침-노을명 朝焼け。 준아침놀

아침-놀명 ☞'아침노을'의 준말.

아침-때명 ❶朝方 ¦ 朝のうち ¦ 朝の間。 예~쯤 만날까? 朝会おうか。 ❷朝食の時間 ¦ 朝食時。

아침-밥명 朝飯 · 朝ご飯 ¦ 朝食。=아침

아침-쌀명 朝飯を炊くための米。

아침-잠명 朝寝 ¦ 朝遅くまで寝ていること。 예~이 많아 매일 지각하다. 朝寝が多くて毎日遅刻する。

아침-저녁명 朝夕。

아침-참(─站)명 朝食と昼食の間にとる間食 ¦ 午前中の休み時間。

아치-거리다자 よちよち歩く。=아칫대다

아칫-대다자 ☞아치거리다

아치-아치부【아칫아칫】 よちよち ¦ よろよろ。 예아기가 ~ 다가오다. 赤ちゃんがぎこちなく、よちよちと近づいてくる。

아카데미(academy)명 アカデミー。

아카데미-상(Academy賞)명【연】アカデミー賞。 예~ 시상식 アカデミー賞授賞式 / ~을 수상하다. アカデミー賞を受賞する。

아카시아(acacia)명【식】アカシア。 예~꿀 アカシアの蜜 / ~가 눈꽃처럼 흩날리다. アカシアは雪花のように舞う。

아카이브(archive)명 アーカイブ。

아 카펠라(a cappella 이) アカペラ。

아코디언(accordion)명 ☞손풍금

아크-등(arc燈)명 アーク灯。

아크릴(← acrylic)명 アクリル。 예~ 섬유 アクリル繊維 / ~산 アクリル酸 / ~판 アクリル板。

아크 방전(arc放電)《물》 アーク放電。

아킬레스-건(Achilles腱)명 《생》アキレス腱。

아 템포(a tempo 이)음 アテンポ。

아톰(atom)명 《물》アトム ¦ 原子。

아트-지(art紙)명 《화》アート紙 ¦ アート。

아틀리에(atelier 프)명 アトリエ。

아파시오나토(appassionato 이)음 パッショナート。

아파트(← apartment)명 アパート ¦ マンション ¦ 集合住宅。 예고층 ~를 사려고 하다. 高層マンションを買おうとする。

아편(阿片)명 《약》阿片 ¦ オピウム。 예~ 중독 あへん中毒 / 고통이 심한 환자에게 ~ 성분의 진통제를 주다. 痛みのひどい患者に、あへん成分の鎮痛剤を与える。

아편-쟁이(阿片─) 阿片に中毒になった人。 예아편 전쟁 당시 중국에는 ~가 매우 많았다. 阿片戦争当時、中国には阿片中毒の人がとても多かった。

아편 전쟁(阿片戰爭) 《역》阿片戦争。 예영국과 청의 ~은 영국의 승리로 끝났다. 英国と清の阿片戦争は英国の勝利に終わった。

아 포코(a poco 이)음 アポコ。

아폴로(Apollo)명 アポロ。

아프가니스탄(Afghanistan)명 《국》アフガニスタン。

아프다형 ❶【아픔】痛い ¦ 具合が悪い。 예어디가 아프세요? どこが痛いんですか。 / 머리가 아파요. 頭痛がします。 / 배가 ~. お腹が痛い。 / 어딘가 아파 보이는데요. 体の具合が悪くみえますが。 ❷【마음이】(心が)苦しい ¦ 痛い。 예그녀와 헤어진다는 생각만 해도 마음이 ~. 彼女との別れを考えただけでも心が痛む。 / 너와의 만남은 아픈 기억이다. 君との出会いは痛い記憶となった。

아프리카(Africa)명 《지》アフリカ。

아플리케(appliqué 프)명 アプリケ。

아하감【아하 생각지이 못한 뜻을 때의 감탄 소리】 ははあ ¦ ああ。 예~, 그렇군요, ははあ、なるほど。

아하하[부]【~】 あはは｜わはは｜ぎゃはは｜がはは。例 시원하게 ~ 하고 웃어 넘겼다. 軽くあははと笑いっ流した。

아-한대(亞寒帶)[명] 亜寒帯。

아해(兒孩)[명] '아이'의 잘못.

아호(雅號)[명] 雅号。⇒호

아홉[주][관] 九つ｜九、きゅう、く。例 ~ 살 九歳／~ 개 九つ／~ 시 九時。

아홉-무날[명] 潮の干満を測る3日と18日。

아홉-째[주][관][명] 九つ目｜9番目。

아-황산(亞黃酸)[명] 亜硫酸。

아흐레[명] ❶9日間。例 과제물을 끝내는 데 ~나 걸렸다. 課題物を終えるのに9日間もかかった。❷【~날】9日。❸【~날】(暦の上でその月の)9日。例 이달 ~에 한번 만나 뵙고 싶은데요, 今月の9日に、一度でお会いしたいのですが。

아흐레-날[명] 9日。

아흔[주][관] 90。例 ~ 살 생일을 맞이하다. 九十歳の誕生日を迎える。

악¹[명] ありったけの力をふりしぼったり、声を張り上げること。例 ~을 쓰며 울어 대다. ありったけの声を張り上げて泣き叫ぶ。

악²(惡)[명] 悪。例 사회가 내포하는 ~ 社会が内包する悪。

악³(萼)[명] 꽃받침

악-감정(惡感情)[명] 悪感情。例 ~을 품다. 悪感情を抱く。

악곡(樂曲)[명]《음》楽曲。

악귀(惡鬼)[명] 悪鬼｜悪霊。

악극(樂劇)[명]〈연〉楽劇。例 바그너의 ~ ワグナーの楽劇。

악기(惡氣)[명] 悪気する｜悪意。=악의(惡意)

악기(樂器)[명]《음》楽器。例 ~를 취급하는 악기점 楽器を扱うミュージックストア／세 가지 ~를 연주할 수 있습니다. 三つの楽器が演奏できます。

악다구니[명] 激しく言い争うこと｜のしり争うこと｜悪態をつくこと。例 ~를 퍼붓다. 罵詈雑言を浴びせる。

악-다물다[타] (歯を食いしばるように)ぎゅっと口をつぐむ。例 고통으로 이를 ~. 苦痛で歯をくいしばる。

악단(樂團)[명] 楽団。

악담(惡談)[명] 悪口雑言｜憎まれ口。例 다른 사람의 ~을 해서는 안 된다. 人の憎まれ口をきいてはいけない。
　악담-하다(惡談—)[명] 悪口雑言を言う｜憎まれ口をたたく。

악당(惡黨)[명] 悪党。

악대(樂隊)[명]《음》楽隊。例 군~ 軍楽隊／~에서 대원을 모집하고 있다. 楽隊で隊員を募集している。

악덕(惡德)[명] 悪徳。例 ~ 상법 悪徳商法。

악독-하다(惡毒—)[형] 邪悪でむごい。
　악독-히[부] 邪悪にであくどく。

악랄-하다(惡辣—)[형] 悪辣だ｜あくどい。例 악랄한 수법 悪辣な手口。
　악랄-히[부] 悪辣に｜あくどく。

악력(握力)[명] 握力。例 ~ 지수 握力指数。

악력-계(握力計)[명]《운》握力計。例 ~로 악력을 재다. 握力計で握力を量る。

악마(惡魔)[명] 悪魔。例 ~주의 悪魔主義／~의 속삭임 悪魔のささやき／~에 들리다. 悪魔に憑かれる。

악명(惡名)[명] 悪名・悪名。例 ~이 높다. 悪名が高い。

악몽(惡夢)[명] 悪夢。例 ~ 같은 사건 悪夢のような事件／~을 꾸다. 悪夢を見る。／~에서 깨다. 悪夢から覚める。／~에 시달리다. 悪夢にうなされる。

악-물다[타] 歯をくいしばる。例 아파도 이를 악물고 참아야 한다. 痛くても歯を食いしばって我慢しないといけない。

악물-리다[자][피동사] 食いしばられる。

악-바리[명] こちこちした性質で悪賢い人。例 그의 ~ 근성은 누구도 못 당한다. 彼の根性には誰もかなわない。

악법(惡法)[명] 悪法。❶悪い法律。例 ~도 법이다. 悪法もまた法なり。❷悪い方法。

악보(樂譜)[명] 楽譜。例 ~를 읽다. 楽譜を読む。／~를 보다. 楽譜を見る。／~를 넘기다. 楽譜をめくる。=음보

악부(岳父)[명] ☞장인(丈人)

악사(樂士)[명]《음》楽士。

악상(樂想)[명] 楽想。例 ~이 떠오르다. 楽想が浮かぶ。

악서(惡書)[명] 悪書。例 ~ 추방 悪書追放。

악-선전(惡宣傳)圐 悪宣伝あくせんでん。

악성¹(惡性)圐 悪性あくせい。剛 ~ 종양 悪性腫瘍あくせいしゅよう／ ~ 빈혈 悪性貧血あくせいひんけつ。

악성²(樂聖)圐 楽聖がくせい。剛 ~ 베토벤 楽聖ベートーベン。

악-세다혱 (意志いしが)強ごうだ。

악센트(accent)圐 《언음》アクセント。剛 ~를 주다. アクセントをつける。

악수¹(惡手) (碁·将棋しょうぎなどで)悪手あくしゅ｜まずい手で。

악수²(握手)圐 握手あくしゅ。剛 ~를 나누다. 握手を交かわす。
　악수-하다재 握手あくしゅする。

악-순환(惡循環)圐 悪循環あくじゅんかん。剛 ~을 되풀이하다. 悪循環を繰くり返かえす。

악습(惡習)圐 悪習あくしゅう。剛 ~을 고치다. 悪習を直なおす。

악식¹(惡食)圐 悪食あくじき｜粗食そしょく。
　악식-하다재 悪食あくじきする｜粗食そしょくする。

악식²(樂式)圐 《음》楽式がくしき。

악심(惡心)圐 悪心あくしん｜悪意あくい。剛 ~을 품다. 悪心を抱いだく。

악-쓰다재 わめきあばれる｜わめきちらす｜わめく。

익익-거리다재 (不満ふまん·憤いきどうりで)さけびたてる｜どなりたてる。＝악악대다

악악-대다재 ☞악악거리다

악어(鰐魚)圐 《동》鰐わに。剛 ~의 눈물 ワニの涙なみだ／오래 가고 고급스러운 ~ 가죽은 최고의 가죽 재료 중 하나이다. 耐久性たいきゅうせいがあり高級感こうきゅうかんの漂ただようワニ革かわは、革かわの材料ざいりょうとして最もっとも優すぐれたものの一ひとつだ。

악연-하다(愕然—)혱 愕然がくぜんとしている。剛 뜻밖의 결과를 듣고 악연해 하다. 意外いがいな結果けっかを聞きいて愕然とする。
　악연-히튀 愕然がくぜんと。

악-영향(惡影響)圐 悪影響あくえいきょう。剛 ~을 주다. 悪影響を与あたえる。

악용(惡用)圐 悪用あくよう。
　악용-하다타 悪用あくようする。剛 지위를 ~. 地位を悪用する。

악운(惡運)圐 悪運あくうん。剛 ~이 세다. 悪運が強つよい。／ ~이 다하다. 悪運が尽つきる。

악음(樂音)圐 《음》楽音がくおん。

악의¹(惡衣)圐 悪衣あくい｜粗衣そい｜あくえ。剛 ~ 악식 悪衣悪食。

악의²(惡意)圐 悪意あくい。剛 ~에 찬 비평 悪意に満みちた批評ひひょう／ ~를 품다. 悪意を抱いだく。／ ~를 가지다. 悪意をもつ。／ ~로 해석하다. 悪意に解釈かいしゃくする。

악인(惡人)圐 悪人あくにん｜悪者わるもの。剛 ~역 悪役あくやく；敵役かたきやく。

악장¹(樂長)圐 楽長がくちょう。

악장²(樂章)圐 ❶《음》楽章がくしょう。剛 제삼-第3だい3楽章。 ❷《문》(宮中きゅうちゅうの祭典さいてん·宴会えんかいで)音楽おんがくに合あわせて歌うたう奏楽そうがくの文ぶん。

악재(惡材)圐 《경》悪材料あくざいりょう。剛 ~가 겹치다. 悪材料が重かさなる。

악전¹(惡戰)圐 悪戦あくせん｜苦戦くせん。
　악전-하다재 悪戦あくせんする｜苦戦くせんする。

악전²(樂典)圐 《음》楽典がくてん。

악전-고투(惡戰苦鬪)圐 悪戦苦闘あくせんくとう。

악절(樂節)圐 《음》楽節がくせつ。

악정(惡政)圐 悪政あくせい。剛 ~에 시달리다. 悪政に苦くるしむ。

악-조건(惡條件)圐 悪条件あくじょうけん。剛 ~을 극복하고 승리하다. 悪条件を克服こくふくして勝利しょうりする。

악종(惡種)圐 たちの悪わるい人ひと｜たちの悪い動物どうぶつ。

악질¹(惡疾)圐 悪疾あくしつ。＝악병(惡病)

악질²(惡質)圐 悪質あくしつ。剛 ~ 범죄 悪質な犯罪はんざい。

악착-같다(齷齪—)혱 ひどくしつこくて粘ねばり強つよい｜勝かち気きだ｜負まけん気きだ。剛 악착같은 수비를 하다. ひどくしつこい守備しゅびをする。
　악착같-이튀 しつこく｜粘ねばり強つよく｜負まけん気きに。剛 ~ 일해서 돈을 모으다. 粘り強く働はたらいてお金かねを貯ためる。

악착-꾸러기(齷齪—)圐 とても粘ねばり強つよい人ひと。剛 그 아이가 어린애라도 ~라니까. その子こが幼おさないのに頑張がんばり屋やなんだよ。

악착-빼기(齷齪—)圐 非常ひじょうに粘ねばり強つよい子供こども。剛 ~들은 커서도 성공할거야. 根気強こんきづよい子こは大おおきくなっても成功せいこうするだろう。

악착-스럽다(齷齪—)혱 ひどくしつこくて粘ねばり強つよい所ところがある｜勝かち気きな所がある｜負まけん気きな所がある。剛 악착스러운 사람이 마지막에 승리한다. しつこい人ひとが最後さいごに勝かつ。／악착스러운 여자와 결혼하다. 勝ち気な女おんなの人ひとと結婚けっこんする。

악처(惡妻)圐 悪妻あくさい。

악-천후(惡天候)〖명〗悪天候。〖예〗무모하게도 ~를 무릅쓰고 겨울 산에 오르다. 無謀にも悪天候をついて冬山に登る。

악취(惡臭)〖명〗悪臭。〖예〗~를 풍기다. 悪臭を放つ。

악-취미(惡趣味)〖명〗悪趣味。

악-패듯〖부〗容赦なく｜はげしく｜手荒く。〖예〗아까부터 ~ 울고 있다. さっきから激しく泣いている。

악편(萼片)〖식〗萼片。〖예〗~이 큰 편이다. 萼片が大きいほうだ。=꽃받침 조각

악평(惡評)〖명〗悪評。〖예〗~이 나다. 悪評が立つ。

악폐(惡弊)〖명〗悪弊。〖예〗~를 일소하다. 悪弊を一掃する。

악풍(惡風)〖명〗悪風｜悪習。〖예〗~에 물들다. 悪風に染まる。

악필(惡筆)〖명〗悪筆。

악-하다(惡―)〖형〗悪い｜邪悪だ。〖예〗악한 인간 悪い人間／악한 마음 邪悪な心。

악한(惡漢)〖명〗悪漢｜悪者｜悪人。

악행(惡行)〖명〗悪行｜あっこう｜悪事。〖예〗온갖 ~을 다하다. 悪行の限りを尽くす。

악화(惡化)〖명〗悪化。
　악화-하다〖자〗悪化する。〖예〗병세가 ~. 病状が悪化する。

안¹〖명〗❶【あんぶ】内部｜中｜内｜内側。〖예〗집 ~에서 기다리세요. 家の中でお待ち下さい。／건물 ~은 어떻게 되어 있습니까? 建物の内部はどのようになっているんですか。❷【정해진 시간이나 한계를 넘지 않은 범위】内｜以内。〖예〗한 시간 ~에 해결해라. 一時間内に解決せよ。／5일 ~에 과제를 끝마쳐야 한다. 5日以内に課題を済まさなければならない。❸【안방을 뜻하는 말】奥の間｜奥座敷。〖예〗어머니는 ~으로 들어간 후 나오지 않았다. 母は奥の間に入ってから出てこなかった。=안방 ❹服の裏地。〖예〗~을 대어 봉제하다. 裏地をつけて縫製する。=안집 ❺【결혼한 여자가 자기의 남편을 이르는 말】家内。〖예〗~과는 두 살 차이입니다. 家内とは二つ違いです。

안〖부〗【아니】―しない｜―くない。〖예〗~ 춥다. 寒くない。／장마철에 들어서도 비가 ~ 온다. 梅雨入りしても雨が降らない。

안³(案)〖명〗案。〖예〗~을 세우다. 案をたてる。／~을 짜다. 案を練る。／좋은 ~이 떠오르다. いい案が浮かぶ。／집행부의 ~을 검토하다. 執行部の案を検討する。

안-간힘〖명〗必死のあがき｜歯を食いしばる努力｜ありったけの力。〖예〗그는 일어나려고 ~을 썼으나 끝내 일어나지 못했다. 彼は必死に立ち上がろうとしたが、ついに立ち上がることができなかった。

안-감〖명〗裏｜裏地｜服の内側｜内側に当てる生地。=안집

안갖춘-꽃〖식〗不完全花。=불완전화

안갖춘-탈바꿈☞불완전 변태

안-갚음親に恩返しをすること。
　안갚음-하다〖자〗❶反哺する。❷親の恩に報いる。〖예〗까마귀가 부모에게 안갚음한다는 것은 이미 유명한 이야기이다. カラスが親に恩返しをするのは、すでによく知られている話だ。

안개〖명〗霧｜もや｜霞。〖예〗~가 끼다. 霧が立ち込める。／~가 걷히다. 霧が晴れる。

안개-구름霧雲。

안개-비霧雨。〖예〗~로 눈앞이 보이지 않는다. 霧雨で目の前が見えない。

안거(安居)〖명〗安居。
　안거-하다〖자〗安居する。

안건(案件)〖명〗案件。〖예〗중요 ~ 重要案件。

안경(眼鏡)〖명〗眼鏡。〖예〗~ 자국 眼鏡のかけ跡／~을 쓰다. 眼鏡をかける。／~을 벗다. 眼鏡を外す。

안경-다리(眼鏡―)〖명〗眼鏡のつる。

안경-알(眼鏡―)〖명〗眼鏡の玉｜眼鏡のレンズ。

안경-잡이(眼鏡―)〖명〗眼鏡をかけている人。〖예〗시력이 너무 나빠 ~ 신세를 면치 못한다. 視力がとても悪くて、これからもずっと眼鏡をかけていなければならない。

안경-집(眼鏡―)〖명〗眼鏡入れ。

안경-테(眼鏡―)〖명〗眼鏡の縁｜眼鏡のフレーム。

안계(眼界)〖명〗眼界｜視野。

안-골〖명〗❶深かい谷底。❷谷間の村。〖예〗~에 사는 사람 谷間の村に住む人。

안과(眼科)〖명〗《의》眼科。

안과-의(眼科醫)【명】【의】眼科医(がんかい)。
안광(眼光)【명】眼光(がんこう)。
안구(眼球)【명】眼球(がんきゅう)｜目玉(めだま)。
안구-근(眼球筋)【명】【의】眼球筋(がんきゅうきん)｜眼筋(がんきん)。
안-기다¹【자】【안기이】抱(だ)かれる。예어머니 품에 안겨 잠들다. 母(はは)の懐(ふところ)に抱(だ)かれて眠(ねむ)る。
안-기다²【타】【안기이】❶【안기일】抱(だ)かせる。예아버지에게 아기를 안기고 어머니는 요리를 만들었다. 父(ちち)に赤(あか)ん坊(ぼう)を抱(だ)かせて母(はは)は料理(りょうり)をした。／친구에게 꽃다발을 안겨 주었다. 友人(ゆうじん)に花束(はなたば)を抱(だ)かせてあげた。❷【안기이】(責任(せきにん)·打撃(だげき)などを)負(お)わせる｜引(ひ)き受(う)けさせる。예그의 실수가 회사에 큰 손해를 안겼다. 彼(かれ)のミスが会社(かいしゃ)に大(おお)きな損害(そんがい)を負(お)わせた。❸【안기이】(鳥(とり)に卵(たまご)を)抱(だ)かせる｜かえさせる。예오리에게 닭의 알을 ~. アヒルに鶏(にわとり)の卵(たまご)をかえさせる。❹【안기이】(感情(かんじょう)を)抱(だ)かせる｜持(も)たせる。예이번 사건으로 불쾌한 감정을 안기게 되었다. 今回(こんかい)の事件(じけん)で嫌(いや)な感情(かんじょう)を抱(いだ)かせることになった。／아이들에게 꿈과 희망을 안겨 주었다. 子供(こども)たちに夢(ゆめ)と希望(きぼう)を持(も)たせてくれた。

안-깃【명】【복】チョゴリ(저고리)やトゥルマギ(두루마기)などの裾(すそ)に差(さ)し込(こ)まれた襟(えり)。예저고리 ~이 너무 크다. チョゴリの襟(えり)が大(おお)きすぎる。
안-날【명】(ちょうど)その前日(ぜんじつ)｜昨日(きのう)。예지금부터 ~에 내주었던 숙제 검사를 하겠다. 今(いま)から昨日(きのう)、出(だ)した宿題(しゅくだい)をチェックするぞ。
안내(案內)【명】案内(あんない)｜手引(てび)き。예입학 ~ 入学(にゅうがく)案内(あんない)／접수처에서 ~를 청하다. 受付(うけつけ)で案内(あんない)を請(こ)う。
  안내-하다【타】案内(あんない)する。예선두에 서서 ~. 先(さき)に立(た)って案内(あんない)する。
안내-도(案內圖)【명】案内図(あんないず)。
안내-서(案內書)【명】案内書(あんないしょ)。
안내-소(案內所)【명】案内所(あんないじょ)。
안내-인(案內人)【명】案内者(あんないしゃ)｜案内人(あんないにん)。
안내-장(案內狀)【명】案内状(あんないじょう)。
안녕(安寧)Ⅰ【명】安寧(あんねい)。예사회의 ~ 社会(しゃかい)の安寧(あんねい)。
Ⅱ【감】【만날 때, 헤어질 때】さようなら｜こんにちは。
  안녕-하다【형】❶安寧(あんねい)だ｜安泰(あんたい)だ｜安(やす)らかだ｜この世(よ)が穏(おだ)やかで平和(へいわ)だ。예안녕한 나라를 만들기 위해 노력하다. 安寧(あんねい)な国(くに)を作(つく)るために努力(どりょく)する。❷【안부를 묻는 말】元気(げんき)だ。예부모님은 안녕하십니까? ご両親(りょうしん)はお元気(げんき)でいらっしゃいますか。
  안녕-히【부】安(やす)らかに｜無事(ぶじ)に。예~ 계세요, 사요나라. ／ ~ 주무세요, お休(やす)みなさい。

안다【타】抱(だ)く｜かかえる｜抱(だ)きしめる。예아기를 ~. 赤(あか)ちゃんを抱(だ)く。／가슴에 ~. 胸(むね)に抱(だ)く。／등을 ~. 背中(せなか)を抱(だ)く。
안다미【명】他人(たにん)の責任(せきにん)を背負(せお)うこと。=안담
안다미-씌우다【타】(人(ひと)に自分(じぶん)の)責任(せきにん)をなすりつける。
안-단【명】見返(みかえ)し｜身頃(みごろ)の前裾(まえすそ)。
안단테(andante 이)【명】【음】アンダンテ。
안단테 칸타빌레(andante cantabile 이)【음】アンダンテカンタービレ。
안단티노(andantino 이)【명】【음】アンダンティーノ。
안달いらだち｜やきもきすること｜気(き)をもむこと｜焦(あせ)ること。예과자를 사달라고 ~을 하다. やきもきしながらお菓子(かし)をねだる。／허락해 달라고 ~을 하다. やきもきしながら許可(きょか)を願(ねが)う。
  안달-하다【자】やきもきする｜焦(あせ)る｜いらいらする｜気(き)をもむ。
안달-뱅이ともすると心配(しんぱい)してやきもきする人(ひと)。예좀 느긋해져봐, 이 ~야. そんなにいらいらしないで、もうちょっとゆったりと構(かま)えたらどうだ。=안달이
안달-복달(気(き)をもんで)いらいらすること｜やきもきすること。
  안달복달-하다【자】ひどく気(き)をもむ｜やきもきする｜いらいらする｜落(お)ち着(つ)かない。예안달복달하며 사정하다. やきもきして哀願(あいがん)する。／애가 타서 ~. 気(き)をもんでやきもきする。／여동생은 빨리 놀이터에 가자고 안달복달하고 있다. 妹(いもうと)は早(はや)く遊(あそ)び場(ば)に行(い)こうと、やきもきしている。／그렇게 안달복달해 봐야 아무 소용없다. そんなにやきもきしたところで、どうにもならない。
안달-이 ☞안달뱅이
안담(按擔)【명】☞안다미
안-대문(一大門)【명】外(そと)にある棟(むね)から母屋(おもや)に通(つう)ずる内側(うちがわ)の大門(だいもん)。
안도(安堵)【명】安堵(あんど)。예~의 한숨을 쉬다.

安堵の胸をなで下ろす。
안도-하다[자] 安堵する。예 무사함을 알고 ~.無事を知って安堵する。
안도-감(安堵感)[명] 安堵感。
안도라(Andorra)[명] 〖국〗アンドラ。
안-돌이[명]【예벨리와 같은 험한 곳에서 바위를 안고 도는 길】細いがけ道。
→지돌이
안-되다¹[자] ❶【일이 이루어지지 못하다】うまくいかない。예 사업이 잘 안돼서 접었다. 事業がうまくいかなくて止めた。❷【일정한 수준・정도에 이르지 못하다】ならない。예 단체 여행은 10명이 안되면 출발할 수 없다. 団体旅行は10名以上にならないと出発できない。/ 안돼도 일주일 안에 끝내야 한다. せめても一週間内に終わらせてください。
안-되다²[형] 気の毒で残念だ。哀れだ。예 부모님께서 편찮으시다니 정말 안되었구나. ご両親の具合がよくないとは、本当にお気の毒だ。/ 제 딴에는 최선을 다한 모양인데 안됐군. 自分なりでは最善を尽くしたようだが、残念だったな。
안-뜰[명] 中庭。内廷。
안락(安樂)[명] 安樂。
안락-하다[형] 安樂だ。예 안락하게 살다. 安樂に暮らす。
안락-사(安樂死)〖법〗安樂死。
안락-의자(安樂椅子)[명] 安樂椅子。
안력(眼力)[명] 眼力。예 진위를 분간하는 ~ 真贋を見分ける眼力。
안료(顔料)[명] 絵具。
안마¹(按摩)[명] 按摩。예 ~를 받다. 按摩を受ける。
안마-하다[타] 按摩する。
안마²(鞍馬)[명] 鞍馬。
안-마당[명] 内廷。中庭。
안-마루[명] 縁側。
안면¹(安眠)[명] 安眠。
안면-하다[형] 安眠する。
안면²(顔面)[명] ❶顔面。顔。예 ~ 골절 顔面骨折 / ~ 신경 마비 顔面神経麻痺。❷顔見知り。顔なじみ。예 ~이 있는 사람 顔見知りの人 / ~이 넓다. 顔が広い。/ ~을 바꾸다. 突然態度を変える。
안면-근(顔面筋)[명]〖의〗表情筋。顔面筋。=얼굴 근육
안면-방해(安眠妨害)[명] 安眠妨害。
안면부지(顔面不知)[명] 会ったこともない人。

안목(眼目)[명] 眼識。예 높은 ~을 지니다. 高い眼識をもつ。
안무(按舞)[명] 振りつけ。振付。예 발레의 ~를 하다. バレエの振り付けをする。
안무-하다 振りつける。
안무-가(按舞家) 振付師。
안-문(―門)[명] 二重になっている窓や門などのうち内側にある窓や門。예 바깥문 닫고 ~까지 닫으면 조용하다. 外側の門を閉じ、内側の門まで閉じれば静かだ。
안-방(―房)[명] ❶主婦が生活する部屋。❷奥の間。
안방에 가면 시어머니 말이 옳고 부엌에 가면 며느리 말이 옳다[속담] 主婦部屋に行くと姑の言うことが正しく、台所に行くと嫁の言うことが正しい：「是非の判断が非常に難がしいこと」の意。
안배(按配)[명] 按配。
안배-하다[타] 按配する。예 적당히 안배해 놓다. 適当に按配しておく。
안-벽(―壁)[명] 内側の壁。内壁。
안부(安否)[명] 安否。예 ~를 묻다. 安否を尋ねる。
안-부모(―父母)[명] 母親。
안분(按分)[명] 按分。
안분-하다[타] 按分する。예 출자액에 따라서 이익을 ~.出資額に応じて利益を按分する。
안-사돈(―査頓)[명] 相舅の婦女。
안-사람[명] 女房。家内。
안-사랑(―舍廊)【한】(母屋にある)客間。男主人が使用する居間。예 그 부인을 ~으로 모셔라. そのご婦人を客間にお連れしろ。
안-살림[명] (主婦による)家計の切り盛り。=안살림살이
안살림-살이[명] →안살림
안-상제(―喪制)[명] 喪中の婦女。
안색(顔色)[명] 顔色。気色。血相。예 ~이 나쁘다. 顔色が悪い。/ ~을 살피다. 顔色をうかがう。/ ~이 변하다. 顔色が変わる。/ ~을 바꾸다. 血相を変える。
안성-맞춤(安城―)[명] あつらえ向き。打ってつけ。好都合。예 초심자에게 ~인 기종 初心者にあつらえ向きの機種。

안-속[명] 秘めている心。｜内心。｜心中。 예 내게 ~을 털어놔 봐라. 僕に心中を打ち明けてみな。

안-손님[명] 女の客。

안수(按手)[명]【기】按手。 예 ~ 기도 按手祈祷。

안식(安息)[명] 安息。
안식-하다[자] 安息する。

안-식구(一食口)[명] ❶ 女の家族。 ❷【자기 아내를 이르는 말】女房。｜家内。

안식-년(安息年)[명] 安息年。

안식-산(安息酸)[명] ☞안식향산

안식-일(安息日)[명] 安息日。

안식-처(安息處)[명] 安息の場。

안식향-산(安息香酸)[명]【화】安息香酸。 예 방부제로 쓰이는 ~ 防腐剤に使われる安息香酸。=벤젠산·안식산

안-심¹[명] (牛の)ヒレ｜ヒレ肉。｜テンダーロイン。

안심²(安心)[명] 安心。 예 그에게 맡겨 두면 ~이다. 彼に任せておけば安心だ。
안심-하다[자] 安心する。 예 어머니를 안심시키다. 母を安心させる。

안심찮다(安心―)[형] ❶ (人に迷惑をかけて)すまない。｜申し訳ない。 ❷ 安心できない。｜心配である。 예 내가 방문한다고 하니 안심찮은 안색이다. 私が訪問すると言うので、安心できないという顔色だ。/ 어린아이를 혼자 보내자니 ~. 子供を一人で行かせるなんて心配だなあ。

안쓰럽다[형] ❶ (目下の人に)迷惑をかけて非常にすまない。 ❷ いじらしい。｜痛々しい。｜気の毒だ。 예 소녀가장의 사정이 몹시 ~. 家長である少女の境遇は、とても気の毒だ。

안아-맡다[타] (人の責任などを)受け持つ。｜引き受ける。

안아 조르기[운] 送襟締。

안압(眼壓)[명]【의】眼圧。

안약(眼藥)[명] 目薬。 예 ~을 넣다. 目薬をさす。=눈약

안온-하다(安穩―)[형] ❶ 安穩だ。 예 안온하게 살다. 安穩に暮らす。 ❷ (天気が)穩やかだ。
안온-히[부] 安穩に。

안위(安危)[명] 安危。

안이-하다(安易―)[형] ❶ 安易だ。 예 안이한 발상 安易な発想/ 이 문제는 그렇게 안이하게 처리할 일이 아니다. この問題はそんなに安易に処理することではない。 ❷ 心配なくのんきだ。

안-일¹[명] 家で主に主婦がする仕事。

안일²(安逸)[명] 安逸。 예 무사~ 無事安逸/ ~을 탐하다. 安逸をむさぼる。
안일-하다[형] 安逸だ。 예 안일한 사고방식 いいかげんな考え方。

안-자락[명] 下前前｜前の合わせの部分が内に入る方の裾。

안장¹(安葬)[명] 安らかに葬ること。
안장-하다[타] 安らかに葬る。

안장²(鞍裝)[명] ❶鞍。 ❷【자전거 등의】(自転車などの)サドル。

안장-코(鞍裝―)[명]【안장코처럼 생긴 코】あぐら鼻。 예 그의 유일한 콤플렉스는 잘록한 ~였다. 彼の唯一のコンプレックスは、低いあぐら鼻だった。

안-전¹(―殿)[명]【궁】王や主人が使用する部屋。｜内殿。 예 전하에서 ~으로 납시었다. 殿下が内殿にお出ましになられた。

안전²(安全)[명] 安全。 예 ~유리 安全ガラス/ ~장치 安全装置/ ~ 운전 安全運転/ 생명의 ~을 보장하다. 生命の安全を保障する。
안전-하다[형] 安全だ。 예 안전한 장소 安全な場所/ 각서를 받아 놓는 편이 안전해. 念書をとっておいた方が安全だよ。
안전-히[부] 安全に。

안전³(眼前)[명]【명】眼前。｜目の前。

안전-등(安全燈)[명] 安全灯。

안전-띠(安全―)[명] 安全ベルト。 예 ~를 매 주십시오. 安全ベルトを締めて下さい。=안전벨트

안전-모(安全帽)[명] 安全帽。

안전-벨트(安全―)[명] ☞안전띠

안전-지대(安全地帶)[명] 安全地帯。

안절부절-못하다[자] そわそわして落ち着かない。｜いらいらする。｜居ても立ってもいられない。 예 발표를 기다리며 ~. 発表待ちで、居ても立ってもいられない。/ 수술이 성공할지 걱정이 되어 ~. 手術が成功するか心配で落ち着かない。

안절부절-하다[자] ☞'안절부절못하다'의 잘못.

안정¹(安定)[명] 安定。 예 ~을 유지하다. 安定を保つ。

안정-하다¹ 困 安定する。囫안정된 경제 安定した経済状態。/ 산에 대해 안정된 물질 酸に対して安定な物質。

안정²(安靜) 圀 安静。囫절대 ~을 요함 絶対安静を要す。

안정-하다 困囹 安静する。

안정³(眼睛) 圀 ☞눈동자

안정-감(安定感) 圀 安定感。

안정-도(安定度) 圀 《물》安定度。

안주¹(安住) 圀

안주-하다 困 安住する。囫안주할 땅을 구하다. 安住の地を得る。

안주²(按酒) 圀 酒の肴｜つまみ。囫마른~ 干し物の肴;乾きもの/ 술~ 酒の肴/ 소주에 어울리는 ~ 焼酎に合う肴。

안-주머니 圀 ふところ｜内ポケット。

안-주인(-主人) 圀 女主人｜主婦｜(旅館などの)女将。

안-주장(-主張) 圀 ☞내주장

안줏-감(按酒-) 圀 肴の材料。

안중(眼中) 圀 眼中。囫~에 두다. 眼中に留める。/ ~에 없다. 眼中にない。/ ~에 두지 않다. 眼中に置かない。

안-중문(-中門) 圀 中庭に出るための門。

안질(眼疾) 圀《의》眼疾｜眼病。

안-집 圀 ❶母屋。❷家主の家。❸(召し使いの立場から)主人の家。

안-짝 圀 (距離·時間などの)以内｜以下｜一足らず。囫여기에서 10분 ~이다. ここから10分以内だ。

안짱-다리 圀 内股｜うちわに。↔밭장다리

안-쪽 圀 内｜内側。囫~에서 자물쇠를 채우다. 内側から鍵をかける。

안-찝 圀 ❶(服の)裏地。囫~을 대다. 裏をつける。❷ (牛や豚の)臓物。❸ 棺 おけ。

안착(安着) 圀 安着。

안착-하다 困 安着する。

안-창 圀 (靴の)中敷き。

안-채 圀 母屋｜主棟｜本宅｜中心となる家屋。

안출(案出) 圀 案出。

안출-하다 囹 案出する。

안치(安置) 圀 安置。

안치-하다 囹 安置する。囫불상을 ~. 仏像を安置する。

안치다 囹 (煮炊きすべき物を)しかける。囫밥솥에 쌀을 ~. 炊飯器に米をしかける。

안타(安打) 圀《운》【야】安打｜ヒット。囫3타수 무~ 3³打数ノーヒット/ ~를 치다. ヒットを打つ。

안타까워-하다 囹 気の毒がる｜気の毒に思う｜もどかしがる｜じれったがる。

안타깝다 혭 (見るに)気の毒だ｜不敏だ｜もどかしい｜切ない。囫그렇게 착한 아이가 혼자가 되다니 안타까운 일이구나. あんなにいい子が一人になるなんて、不憫なことだ。/ 그 애의 안타까운 사정을 이렇게 호소합니다. 도와주세요. その子の不憫な境遇をこのように訴えます。助けてください。/ 진심을 몰라주니 ~. 本心を分かってくれないからもどかしい。/ 어린것이 혼자 고생하는 것을 보니 ~. 幼い子どもが一人で苦労しているのを見て、切なくなる。

안타까이 囯 切ない気持ちで｜もどかしく｜じれったく。

안타깝-이 圀 ちょっとしたことでも、もどかしがる人｜常にじれったがる人。

안태(安泰) 圀 安泰。囫국가의 ~ 国家の安泰。

안테나(antenna) 圀 アンテナ。=공중선

안-통 圀 ❶(器の)内側の広さ。❷心。｜内心｜心中。

안티몬(Antimon 독) 圀《화》アンチモニー｜アンチモン。

안티테제(Antithese 독) 圀《철》アンチテーゼ。=반정립(反定立)

안팎 圀 ❶内外｜内と外｜内部と外部。囫빌딩 ~을 청소하다. ビルの内外を掃除する。/ 나라 ~의 정세를 파악하다. 国の内外の情勢を捉える。❷【주로 초급 보아서 만큼】一前後｜~くらい｜ほど｜一あたり。囫그 사람은 서른 ~으로 보였다. その人は30歳前後に見えた。/ 한 시간 ~으로 도착할 것 같다. 一時間くらいで到着するようだ。

안팎-벽(-壁) 圀 内と外の壁｜内壁と外壁。

안팎-일 圀 家の内外の用事。

안팎-채 圀 母屋と外棟｜本宅と離れ。

안표(眼標)[명] 目印. 標識.
안피-지(雁皮紙)[명] 雁皮紙.
안하(眼下)[명] 眼下. 目の下.
안하무인(眼下無人)[명] 傍若無人. 예~ 태도 傍若無人な態度.
앉다[자] ❶【사람】座る. 腰掛ける. 着く. 예의자에 ~. 椅子に腰掛ける. / 마룻바닥에 ~. 床に座る. / 길바닥에 ~. 道ばたに座る. / 식탁에 ~. 食卓に着く. ❷【새·벌레·비행기 따위가】(鳥·昆虫·飛行機などが)止まる. 着地する. 예나비가 꽃에 ~. 蝶が花wにとまる. / 참새가 전선에 앉아 있다. 雀が電線にとまっている. / 여기에는 비행기가 앉을 수 없다. ここには飛行機が着陸できない. ❸【직위·자리 따위에】(職位·座などに)座る. つく. 예회장 자리에 ~. 会長の座に座る. ❹【먼지·이끼 따위가】積もる. たまる. 生える. 예모래 먼지가 앉은 바닥 砂埃が積もった床/ 지붕 위에 이끼가 앉았다. 屋根の上に苔が生えた.

앉은-걸음[명] 膝行. 擦り膝. 膝歩き. 예~으로 한 바퀴 돌아라. 膝行で一周しろ.
앉은-뱅이[명]【다리 병신이 되어 앉아서만 지내는 사람】いざり.
앉은뱅이-걸음[명]【앉은뱅이가 걷듯이 걷는 걸음】いざり.
앉은뱅이-저울[명] 台秤.
앉은뱅이-책상(一冊床)[명] (筆記用の)座卓.
앉은-일[명] 座ってする仕事.
앉은-자리[명] 即座. 即席. (すぐ)その場. 예~에서 다 팔다. その場で売りつくす.
앉은-키[명] 座高.
앉은-헤엄[명] 座泳. 예도랑물에서 ~을 치다. 水路で座泳する.
앉음-새[명]=앉음앉음
앉음-앉음[명] 座り方. 예~에도 그 사람의 교양이 나타난다. 座り方にもその人の教養が現れる. =앉음새
앉-히다[타]【서거나 한 사람을】 ❶【의자에】座らせる. 着かせる. 예여동생을 의자에 ~. 妹を椅子に座らせる. / 아이는 뒷좌석에 앉혀주세요. 子供は後部座席に座らせてください. ❷【직위·자리에】(職位·座に)座らせる. つかせる. 据える. 예후임으로 앉힐 사람을 구하다. 後釜に座らせる人を求める. / 사장님은 나를 부장 자리에 앉혔다. 社長は私を部長の座につかせた. ❸【새·벌레·비행기 따위를】(鳥·昆虫·飛行機などを)止まらせる. 着地させる. 예나뭇가지에 잠자리를 ~. 木の枝にトンボを止まらせる. / 어깨 위에 잉꼬를 ~. 肩の上にインコを止まらせる. ❹【먼지 따위를】積もらせる. たまらせる. 예밖에서 옷에 먼지를 잔뜩 앉히고 돌아왔다. 外で服に埃を一杯積もらせて帰ってきた.

않다 I [타] やらない. しない. 예세수를 않고 밥을 먹다. 顔を洗わないでご飯を食べる.
Ⅱ [보동]【본용언 뒤에 쓰이어 부정을 나타냄】—しない. 예같이 도와주지 않을래? いっしょに手伝ってくれない.
Ⅲ [보형]【본형용사 뒤에 쓰이어】—くない. —ではない. 예춥지 ~. 寒くない. / 청소를 해도 깨끗해지지 않는다. 掃除をしてもきれいにならない. / 사랑을 해도 행복하지 ~. 恋をしても幸せせにならない.

알 I [명] ❶【생물】卵. 예뱀이 ~을 먹다. 蛇が卵を食べる. / 바다거북이 ~을 낳다. ウミガメが卵を産む. / 새가 ~을 부화시키다. 鳥が卵をかえす. ❷【열매나 곡식의 낱개】粒. 예~이 꽉 찬 옥수수 粒のぎっしりと詰まったトウモロコシ/ 사과 ~이 아직 여물지 않았다. リンゴの実がまだなっていない. ❸【구슬 따위】珠. 玉. 예주판의 ~ — そろばん玉/ 굵은 ~이 박힌 반지 分厚い珠が填められた指輪. ❹【전구】電球. 예전등에 ~을 갈아 끼우다. 電灯に電球を取り替える.
Ⅱ [의]【작고 둥근 것의 낱개】粒. 個. 예아스피린 두 ~ アスピリン2粒/ 사탕 세 ~ 飴玉を3個.

알-[접] ❶【껍질을 제거하여 알맹이만 남은】素. 예알몸 すっぽんだか/ 알토란 皮をむいた里芋. ❷【작은】小さい. 예알항아리 小さいつぼ. ❸【전혀·완전】素. 예알거지 すっからかん.
알갱이[명] 一つ一つの粒. 예큰 ~ 大きい粒.
알-거지[명] 無一文の乞食. すっからかん. 丸裸. 예하루아침에 ~가 되다. 一朝一夕に無一文の乞食になる. / 홍수로 집과 땅을 잃고 ~ 신세가 되었다. 洪水で家と土地を失い, 一文なしのものもらいになった.
알-건달(一乾達)[명] 一文なしのならずもの. 根っからのごろつき.
알겨-내다[타]【남의 것을 좀스럽게 빼앗아 내다】(金品などを)だ

알겨-먹다 かすめ取る｜だまし取る。
알-고명 金糸玉子｜錦糸玉子。
알-곡(一穀) 몡 ❶混じり物の入っていない穀類。❷粒になっている穀物。❸莢をむいた豆類。=알곡식
알-곡식(一穀食) 몡 ☞알곡
알-과녁 的の真ん中。 ❹~에 꽂힌 살 的の真ん中に突き刺さった矢。
알-괘(一卦) 몡 ☞알조
알-궁둥이 まる出しの尻。 ❹아기의 ~가 토실토실하다. 赤ちゃんのお尻がまるまるとしている。
알근-하다 혭 ほろ酔い機嫌だ。 ❹알근하게 취하다. ほろ酔い機嫌になる。
알근-히 튀 ぴりっと｜ほろ酔いに。
알금-알금 小さいあばたがまばらにあるさま。 ❹얼굴이 ~ 얽었다. 顔にあばたがある。
알-까기 몡 孵化。=부화
알-깍쟁이 ❶たちの悪いケチな人。❷抜け目がないケチな子供。
알-껍질 卵殻。
알-눈 《동》胚盤。
알다 ❶【이해】知る｜分かる。 ❹답을 아는 사람은 손을 드세요. 答えの分かる人は手を挙げてください。/뉴스에서 들어 사고를 알고 있다. ニュースで事故を知っている。/독일어를 ~. ドイツ語を知っている。/요령을 알았다. コツが分かった。❷【경험】(経験して)知る｜分かる｜悟る。 ❹인생의 괴로움을 ~. 人生の辛さを知っている。/이 나이가 되니 세상을 조금은 알게 되었다. この年になると、世の中が少しは分かるようになった。/세상의 무상함을 ~. 世の無常さを悟る。❸【면식】(面識があって)知る｜知り合いだ。 ❹김 씨를 잘 알고 있다. 金氏のことをよく知っている。/그는 아는 사람이 많다. 彼は知り合いの人が多い。❹【관지】(関知して)知る。 ❹내 알 바가 아니다. 私の知ったことではない。❺【기억】(忘れずに)知る｜覚える。 ❹그는 옛날의 내 모습을 알고 있다. 彼は昔だての私を知っている。/선생님의 이름을 아직도 알고 있다. 先生のお名前をいまだ覚えている。❻【의식】(意識・感覚などで)感じとる｜知る｜分かる。 ❹분위기로 ~. 雰囲気で分かる。/그의 표정을 통해서 무슨 일이 있었다는 것을 알았다. 彼の表情から何かあったと感じとった。❼【도리】(物の道理などを)弁える｜知る。 ❹자기 분수를 ~. 自分の身のほどを弁える。/예의를 아는 사람이 되어라. 礼儀を知る人になれ。❽【이해 명령이나 요청에 대해 동의의 뜻을 나타내는 말】分かる｜かしこまる｜承知する。 ❹네, 알겠습니다. はい、分かりました。

알데히드(aldehyde) 몡 《화》アルデヒド。
알-도요 몡 小千鳥。=꼬마물떼새
알-둥지 (鳥類の)卵を生む巣。
알-땅 몡 ❶風雨にさらされている土地。❷草木のまったく生えていない荒地。=나지(裸地)
알뜰-살뜰 家事の切り盛りが上手なさま。
알뜰-하다 혭 ❶(家事の切り盛りが)つましくしっかりしている。❷愛情がこまやかで深い。 ❹알뜰한 어머니의 사랑이 그 애를 살렸다. こまやかで深い母の愛が、その子を生かした。❸こまやかでつつましい｜充実している。
알뜰-히 튀 つましく｜抜け目なく｜愛情こまやかに。 ❹~ 키우다. 愛情こまやかに育てる。
알라(Allah) 몡 《종》【이슬람교】アッラー｜アラー。
알라꿍-달라꿍 튀 (色が)けばけばしくてまだらなさま。
알락 斑点｜ぶち｜まだら。
알락-달락 まだらなさま｜色とりどりなさま。
알락-할미새 몡 《동》ほおじろはくせいれい。
알랑-거리다 困 こびへつらう｜おもねる｜おべっかを使う。=알랑대다
알랑-대다 困 ☞알랑거리다
알랑-방귀 こびへつらい｜おべっか｜追従。
　알랑방귀를 뀌다 관용 こびへつらう｜取り入る｜おもねる｜追従する。 ❹상사에게 알랑방귀를 뀌다. 上司にこびへつらう。
알랑-쇠 몡 おべんちゃら。 ❹아부만 떠는 ~는 정말 밉상이다. おべっかを使ってばかりいる人は本当に憎らしい。
알랑-알랑 튀 こびへつらうさま。
　알랑알랑-하다 困 こびへつらう。 ❹여

알량하다 자에게 ~. 女性の機嫌を取る。

알량-하다 형 みすぼらしい｜取るに足りない｜つまらない。 예 알량한 솜씨 取るに足りない腕前。

알레그레토 스케르찬도(allegretto scherzando 이) 《음》 アレグレットスケルツァンド。

알레그로(allegro 이) 명 《음》 アレグロ。

알레르기(Allergie 독) 명 《의》 アレルギー。 예 ~ 반응 アレルギー反応 / ~ 체질 アレルギー体質 / ~를 일으키다. アレルギーを起こす。

알레르기-성(Allergie 독) 명 アレルギー性。 예 ~ 질환 アレルギー性疾患 / ~ 비염 アレルギー性鼻炎。

알려-지다 자 知られる｜有名になる｜知れ渡る。 예 일본에서 가장 알려진 음악가 日本で最も知られている音楽家 / 과학은 알려진 사실에서 이론을 만든다. 科学は知られている事実から理論を作る。

알력(軋轢) 명 軋轢。 예 양자 간에 ~을 만들어 내다. 両者間に軋轢を生ずる。

알로록-달로록 부 色とりどりの斑点や縞模様がまばらなさま。

알로록-알로록 부 色とりどりの斑点や縞模様が一様にまだらなさま。

알로에(aloe) 명 《식》 アロエ｜蘆薈。

알록-달록 부 斑点や縞模様がまばらにまだらなさま。

알록-알록 부 斑点や縞模様が一様にまだらなさま。

알롱-달롱 부 まばらにまだらなさま。

알롱-알롱 부 一様にまだらなさま。

알롱-이 명 まだら模様の動物や物。

알루멜(alumel) 명 《화》 アルメル。

알루미나(alumina) 명 《화》 アルミナ。 예 ~ 시멘트 アルミナセメント。

알루미늄(aluminium) 명 《화》 アルミニウム。 예 ~박 アルミニウム箔 / ~ 새시 アルミニウムサッシュ。

알루미늄 경합금(aluminium 軽合金) 《화》 アルミニウム軽合金。

알-리다 타 知らせる。 예 점심을 알리는 벨 昼食を知らせるベル / 환자의 상태를 본인에게 알리지 말아 주세요. 患者の状態について本人に知らせないで下さい。 / 12시를 알리는 종이 울리다. 12時を知らせる鐘が鳴る。

알리바이(alibi) 명 《법》 アリバイ。 예 ~가 입증되다. アリバイが立証される。

알리자린(alizarine) 명 《화》 アリザリン。

알-맞다 형 適当だ｜ふさわしい｜程よい｜手ごろだ。 예 알맞은 값 手ごろな値段 / 그 장소에 알맞은 복장 その場にふさわしい服装 / 다음 문장의 괄호 속에 알맞은 말을 써넣어 보세요. つぎの文の括弧の中に適当な言葉を書き入れてみましょう。

알-맞추 부 適当に｜程よく｜ふさわしく。 예 ~ 먹다. 程よく食べる。

알맹이 명 中身｜中味。 예 이야기의 ~ 話の中身。

알-몸 명 裸｜裸体｜裸身。 예 ~이 되다. 裸になる。 / ~으로 뒹굴다. 裸でごろごろする。 / ~으로 헤엄치다. 裸で泳ぐ。 =나신・나체

알-몸뚱이 명 裸。

알바니아(Albania) 명 《국》 アルバニア。

알-밤 명 (殻を取り除いた)栗の実。 예 땅에 떨어진 ~을 줍다. 地面に落ちたクリを拾う。

알배-기 명 ❶ 子持ちの魚。 ❷ (うわべより)中身が詰まっていること。 예 ~ 배추 中身が詰まっている白菜。

알-배다 자 卵が入をはらむ。

알부민(albumin) 명 《화》 アルブミン｜単純たんぱく質の総称。 예 ~ 주사 アルブミン注射。

알-뿌리 명 《식》 球根。

알-사탕(一砂糖) 명 飴玉｜どんぐり飴。 예 입에 넣으면 볼이 불룩해지는 ~ 口に入れると、ほっぺたが膨らむどんぐり飴。

알-새 명 (果物などの)実の大きさ。 예 ~가 큰 복숭아 実の大きいモモ。

알선(斡旋) 명 斡旋。

알선-하다 타 斡旋する。 예 취직을 ~. 就職を斡旋する。

알-섬 명 小さい無人島。

알-세포 명 《생》 卵細胞。

알-속 명 ❶【秘密內容】密かに知らせた内容。 예 ~이 무엇이었는지 알고 싶다. その内容が何だったのか知りたい。 ❷【充実內容】見た目より充実した中身。 예 ~ 있는 생활을 하다. 中身のある生活をする。 ❸【充實 除外】中身。 예 ~의 무게만 재어라. 外装を取り除い

た中身だけの重さを測りなさい。 ❹ 【신소리】 (物事の)要点. 核心. 예 무엇보다도 ~을 먼저 파악하는 것이 중요하다. 何よりもまず要点を先に捉えることが大事だ。

알-슬기 몡 (의)排卵管. =배란

알-심 몡 ❶ 思いやりのある心. 예 부모님 생각에 노인만 보면 ~이 든다. 親のことが思い出されて、お年寄りを見るといつも同情する。 ❷ 底力. 예 보기에는 약하지만 ~이 있다. 見た目は弱いが底力がある。

알싸-하다 톙 (辛い味·煙などで)ひりひりする. えがらっぽい。

알쏭-달쏭 튀 ❶ 【여러 선·점이 뒤섞이고 고르게 무늬를 이룬 모양】(不規則に)まだらなさま. ❷ 【분명하지 않아 알쏭한 모양】ややこしいさま.

　알쏭달쏭-하다 톙 ❶ まだらになっている. 예 표면이 노랑과 검정으로 ~. 表面が黄色と黒でまだらになっている。 ❷ はっきりとしない. 알쏭달쏭하여 생각이 나지 않는다. こんがらがっていて思い出せない。 / 그런 일이 있었는지 ~. そんなことがあったのか、こんがらがってよく分からない。 / 알쏭달쏭한 태도를 취하다. はっきりとしない態度を取る。

알쏭-알쏭 튀 ❶ まだらなさま. ❷ 【분명하지 않은 모양】ややこしいさま. ❸ 【생각이 정리되지 않은 모양】あいまいに. ぼうっと. ぼやっと.

　알쏭알쏭-하다 톙 ❶ まだらになっている. 예 알쏭알쏭한 무지갯빛. まだらな虹色. ❷ ややこしい. ❸ ぼんやりしている. ぼうっとする. 예 그가 누구였는지 ~. 彼が誰だったか記憶がぼんやりしている。

알쏭-하다 톙 不明瞭だ. はっきりしない. =아리송하다

알아-내다 톕 明らかにする. 見つけ出す. 突き止める. 探り出す. 예 새로운 방법을 ~. 新しい方法を見つけ出す。 / 구입처를 ~. 仕入れ先を探り出す。 / 범인이 숨어 있는 곳을 ~. 犯人の隠れ家を突き止める。

알아-듣다 톕 聞き取る. 聞き分ける. 理解する. 예 선생님 말씀을 ~. 先生の話を聞き分ける。 / 아이의 말을 ~. 子供の言葉を聞き取る。 / 충고를 ~. 忠告を聞き分ける。

알아-맞히다 톕 当てる. 言い当てる. 예 이 시, 누가 썼는지 알아맞혀 보렴. この詩、誰が書いたか当ててごらん。 예 퀴즈를 알아맞히면 상금이 주어진다. クイズを当てると賞金が贈られる。

알아-먹다 톕 【알아듣다의 속어】 分かる. ぴんと来る. 合点がいく.

알아-보다 톕 ❶ 見分ける. 記憶する. 覚える. 예 아기가 엄마를 알아보고 미소짓다. 赤ちゃんが母を見分けて微笑む。 / 십 년 만에 다시 만났는데 금방 알아보았다. 十数年ぶりの再会なのに、すぐに分かってくれた。 ❷ 【자세히 조사하거나 살피다】 調べてみる. 探る. ようすを見る. 예 향토의 역사를 ~. 郷土の歴史を調べる。 / 상대방의 속내를 ~. 相手の腹の内を探る。

알아-주다 톕 ❶ (長所·実力などを)認める. 예 모두가 실력을 ~. 誰もが実力を認める。 ❷ (立場を)理解する. 察してやる. 예 딱한 처지를 ~. 苦しい境遇を思いやる。

알아-차리다 톕 気づく. 予知する. 見抜く. 見破る. 예 실수를 ~. ミスに気づく。

알아-채다 톕 気づく. 感づく. 機微を知る。

알알-이 튀 粒ごとに. 粒々に.

알알-하다 톙 ❶ 【매워】 (辛味などで)ひりひりする. 예 이 김치는 입안이 알알할 정도로 맵다. このキムチは口の中がひりひりするほど辛い。 ❷ 【상처가】 (傷などが)ひりひりする. ちくちくする. 예 까진 데가 알알하게 아프다. すりむいた所がひりひり痛い。 ❸ 【술에】 ほろ酔い機嫌だ.

알-약(一藥) 몡 錠剤. 丸薬.

알은-척 몡 ❶ (他人のことに)かかわり合う態度. ❷ 知り合いぶる態度. =알은체

　알은척-하다 톕 ❶ かかわり合う. 예 남의 일에 알은척하지 마. 人のことになんのかのと口を入れるなよ。 / 나중에 아쉬워도 알은척하지 마. 後で惜しくなっても頼るなよ。 ❷ 知り合いぶる. =알은체하다

알은-체 몡 ☞알은척

　알은체-하다 톕 ☞알은척하다

알음 몡 見識. 知ること. 知識. 예 천박한 ~으로 무엇을 하겠다는 건지 모르

졌다. 浅はかな知識で何をしようと言うのかわからない。

알음-알음 명 つて｜よしみ。예 ~으로 취직하다. つてで就職する。

알음-알이 명 ❶親しい人｜知人｜知り合い。예 ~들이 모이는 홈 파티 親しい人たちが集まるホームパーティ。❷ すばらしい手段。

알음-장 명 目配せ。예 ~을 알아채지 못하다. 目配せを感づかない。

　알음장-하다 타 目配せする。예 잠자코 있으라고 ~. 黙っているように目配せする。

알-젓 명 ❶漁卵を塩漬けにした塩辛。예 단백질이 많은 ~ たんぱく質の多い漁卵の塩辛。❷【俗】破れた靴下からはみ出た足の指。

알제리(Algérie) 명 《국》アルジェリア。

알-조 명 うなずけること｜合点のいくこと。예 일 안 하고 노는 것을 보니 그의 앞날도 ~이다. 仕事をせずに遊んでいるのを見れば、彼の未来ももうなずける。=알괘

알-종아리 명 むき出しの膨らはぎ。예 바지를 걷어 올리게 하여 회초리로 ~를 때리다. ズボンを上げさせて鞭でふくらはぎをたたく。

알짜 명 ❶最も肝心なもの｜選り抜き｜粒選り｜めぼしいもの。예 시골의 ~ 땅을 구입하다. 田舎のめぼしい土地を購入する。❷ 典型｜生粋。

알짝지근-하다 형 (酒で)ほろ酔いかげんだ。예 알짝지근하게 취하여 기분이 좋다. ほろ酔いかげんになって気分がいい。

알짱-거리다 자 ❶取り入ってだます｜ぺこぺこする。❷ うろつき回る｜うろうろする｜ぶらつく。예 고양이가 부엌 앞을 ~. 猫が台所の前をうろうろする。=알짱대다

알짱-대다 자 ☞알짱거리다

알짱-알짱 부 ❶ぺこぺこ(と)。❷ うろうろ(と)｜ぶらぶら(と)。

알-차다 형 ❶充実する。예 알찬 하루를 보내다. 充実した一日を過ごす。❷ (中身が)ぎっしり詰まっている｜実入りがよい。예 완두콩이 ~. えんどう豆の実入りがよい。

알-천 명 (食べ物の中で)一番おいしいもの。예 ~은 도미점이다. 食べ物の中で最もおいしいものは鯛蒸しだ。

알칼로시스(alkalosis) 명 《의》アルカローシス｜アルカリ血症。

알칼로이드(alkaloid) 명 《화》アルカロイド｜植物塩基。

알칼리(alkali) 명 《화》アルカリ。예 ~ 금속 アルカリ金属/ ~ 중독 アルカリ中毒/ ~ 건전지 アルカリ乾電池。

알칼리-성(alkali性) 명 《화》アルカリ性｜塩基性。예 ~ 식품 アルカリ性食品。=염기성

알칼리 토금속(alkali土金屬) 《화》アルカリ土類金属。

알코올(alcohol) 명 《화》アルコール。예 에틸~ エチルアルコール/ 메틸~ メチルアルコール/ ~ 소독 アルコール消毒/ ~ 음료 アルコール飲料。

알코올 발효(alcohol醱酵) 《화》アルコール発酵。

알코올 의존자(alcohol依存者) 《의》アルコール依存者｜アルコール中毒者。

알코올 의존증(alcohol依存症) 《의》アルコール依存症｜アルコール中毒。예 만성 ~ 慢性アルコール中毒。

알코올 중독(alcohol中毒) 《의》アルコール中毒｜アル中。◆'알코올 의존증'의 전 용어이다.

알코올 중독자(alcohol中毒者) 《의》アルコール中毒者。◆'알코올 의존자'의 전 용어이다.

알큰-하다 형 酒に酔って頭がやや朦朧とする。예 알큰하게 취하다. やや朦朧とするほどに酔う。

알킬-기(alkyl基) 명 《화》アルキル基｜アルキル。

알-탄¹(一炭) 명 豆炭。
알-탄²(一彈) 명 弾丸。=탄알

알토(alto 이) 명 《음》アルト。예 ~ 가수 アルト歌手/ ~ 부분 アルト部分。

알-토란(一土卵) 명 皮をむいた里芋。

알-통 명 力こぶ。예 ~이 나오다. 力こぶが盛り上がる。

알파(alpha 그) 명 アルファ。예 ~와 오메가다. アルファでありオメガである。

알파벳(alphabet) 명 《언》アルファベット。예 ~순 abc順。

알파 붕괴(alpha崩壞 그) 《물》アルファ崩壊｜アルファ壊変。

알파-선(alpha線 그)⦗명⦘アルファ線｜アルファ粒子の流れ。

알파인 스키(alpine ski)⦗운⦘アルパインスキー。

알파 입자(alpha粒子 그)⦗물⦘アルファ粒子。

알파카(alpaca) ❶⦗동⦘アルパカ。❷アルパカの毛糸｜アルパカの織物。 예 ~ 코트 アルパカのコート。

알-팔(一八)⦗명⦘かぶ（ばくちで）1과 8의 수를 쥐는 것。

알프스 산맥(Alps山脈)⦗지⦘アルプス山脈。

알 피네(al fine 이)⦗음⦘アルフィーネ。

알현(謁見)⦗명⦘謁見。
　알현-하다⦗타⦘謁見する。 예 여왕을 ~. 女王に謁見する。

앍둑-빼기⦗명⦘顔にでこぼこにあばたがある人。

앍둑-앍둑⦗부⦘ぼつぼつ（と）｜ぽつぽつ（と）。

앍박-앍박⦗부⦘ぶつぶつ（と）｜ぷつぷつ（と）。

앍작-앍작⦗부⦘ぶつぶつ（と）｜ぼつぼつ（と）。

앎⦗명⦘知ること｜知識。 예 ~에 대한 욕구가 대단하다. 知識に対する欲求がすごい。

앓다⦗자타⦘❶病気になる｜かかる｜患う｜病む。病気にかかる。/ 어릴 때 한 번 심하게 앓은 적이 있다. 子供の時、一度ひどく患ったことがある。❷心配して悩む｜煩う｜痛める｜くよくよする。 예 마음을 ~. 心を痛める。/ 그렇게 끙끙 앓아 봤자 소용없다. あんなにくよくよしても役に立たない。

암¹⦗명⦘雌馬｜牝。↔수¹

암²⦗감⦘もちろん。 예 ~, 그렇지. もちろん、そうだよ。

암³(癌)⦗의⦘癌。 예 ~ 유전자 癌遺伝子 / 사회의 ~인 존재 社会の癌のような存在。

암-⁴⦗접⦘雌ー｜牝ー。 예 암꽃 雌花의 / 암소 雌牛。

암각-화(巖刻畫)⦗고⦘岩刻画。

암-갈색(暗褐色)⦗명⦘暗褐色。

암-거래(暗去來)⦗명⦘やみ取引。 예 ~ 상 やみ屋 / ~가 이루어지다. やみ取引が行われる。

암굴(巖窟)⦗명⦘岩窟｜洞穴。

암기¹(一氣)⦗명⦘嫉妬心。

암기²(暗記)⦗명⦘暗記。
　암기-하다⦗타⦘暗記する。 예 공식을 ~. 公式を暗記する。

암-꽃⦗식⦘雌花。

암-꽃술⦗식⦘雌しべ。=암술

암-나무⦗식⦘（イチョウなどの）雌株。 예 ~와 떨어져 있다. 雌株と離離れている。

암-나사(一螺絲)⦗명⦘雌ねじ｜ナット。

암-내¹⦗명⦘雌が発情期に発するにおい。 예 ~가 나다. 発情する；さかりがつく。

암-내²⦗명⦘腋臭。

암-녹색(暗綠色)⦗명⦘暗緑色。

암-놈⦗명⦘（動物の）雌。

암-달러(暗dollar)⦗명⦘闇ドル。

암담-하다(暗澹一)⦗형⦘暗澹としている。 예 암담한 심정 暗澹たる思い。

암-되다⦗형⦘女々しい｜男らしくない。

암만⦗부⦘いくら｜これこれ｜なにがし｜しかじか。 예 ~의 돈을 치르고 포장마차를 빌리다. なにがしの金を払って屋台を借りる。

암만²⦗부⦘いくら。 예 ~ 기다려도 그는 오지 않는다. いくら待っても彼は来ない。=아무리
　암만-하다⦗형⦘どうする。 예 암만해도 삭제되지 않는 파일 どうやっても削除できないファイル。

암-말⦗명⦘雌馬 = 雌の馬｜牝馬。

암-매매(暗賣買)⦗명⦘闇取引。

암-매장(暗埋葬)⦗명⦘密葬。

암모늄(ammonium)⦗화⦘アンモニウム。

암모니아(ammonia) ⦗화⦘アンモニア｜硫安。 예 화장실에서 ~ 냄새가 난다. トイレからアンモニアの匂いがする。

암모니아-수(ammonia水)⦗화⦘アンモニア水｜アンモニアの水溶液。

암묵(暗默)⦗명⦘暗黙。 예 ~리에 인정하다. 暗黙のうちに認める。

암-물⦗명⦘いくらか濁った泉の水。

암반(巖盤)⦗명⦘岩盤。

암-범⦗명⦘雌の虎。

암벽(巖壁)⦗명⦘岩壁。

암벽 등반(巖壁登攀)⦗운⦘岩壁登攀｜岩登り｜ロッククライミング。

암산(暗算)⦗명⦘暗算。 예 ~으로 답을 내다. 暗算で答えを出す。
　암산-하다⦗타⦘暗算する。

암살(暗殺)⑲ 暗殺さつ。⑩ ~을 기도하다. 暗殺を企くわだてる。
  암살-하다㉣ 暗殺あんさつする。
암상⑲【嫉妬しっとを内うちに秘ひめる心】嫉妬心しっとしん｜ねたみ｜やきもち。⑩ ~이 나다. 嫉妬心が起おこる。/ ~을 부리다. 嫉妬しっとする。/ ~을 떨다. ひどく焼きもちを焼やく。/ ~을 내다. 嫉妬する。
암상-궂다⑲ ひどく嫉妬深しっとぶかく意地悪いじわるい。
암상-꾸러기 嫉妬深しっとぶかい人ひと。
암상-스럽다⑲ そねみがましい｜ねたみがましい。
  암상스레㉱ そねみがましく。
암상-쟁이 嫉妬深しっとぶかい人ひと。
암석(巖石)⑲ 岩石がんせき。
암석-권(巖石圈)⑲ 岩石圈がんせきけん｜岩圈がんけん｜リソスフェア。
암석 사막(巖石沙漠) 岩石砂漠がんせきさばく。
암석-학(巖石學)⑲ 岩石学がんせきがく。
암-세포(癌細胞)⑲《의》癌細胞がんさいぼう。
암선(暗線)⑲《물》【スペクトルの中に現れる黒い線】暗線あんせん。=흡수선
암-소⑲ 牝牛めうし｜雌牛めうし。
암송(暗誦)⑲ 暗唱あんしょう｜暗誦あんしょう｜空読そらよみ。
  암송-하다㉣ 暗唱あんしょうする｜暗誦あんしょうする。⑩ 시를 ~. 詩しを暗唱する。
암-수¹⑲ 牝めと雄おす｜雌雄しゆう。
암수(暗數)²⑲ 悪計わるだくみ｜奸計かんけい｜トリック。=속임수
암수-딴그루⑲《식》雌雄異株しゆういしゅ。⑩ 종자식물에서 ~는 드물다. 種子植物しゅししょくぶつでは雌雄異株は多おおくない。=자웅 이주(雌雄異株)
암수-딴몸⑲《동》雌雄異体しゆういたい。⑩ 척추동물이나 절지동물은 ~이다. 脊椎動物せきついどうぶつや節足動物せっそくどうぶつは雌雄異体だ。
암수-한그루⑲《식》雌雄同株しゆうどうしゅ。⑩ 호박, 오이는 ~이다. カボチャ、キュウリは雌雄同株である。=자웅 동주(雌雄同株)
암-술⑲《식》雌めしべ。⑩ ~이 먼저 성숙한다. 雌めしべが先さきに成熟せいじゅくする。=자예
암술-대⑲《식》花柱かちゅう。⑩ ~는 둥근기둥 모양이다. 花柱は丸まるい柱はしらの形かたちをしている。=화주(花柱)
암술-머리⑲《식》柱頭ちゅうとう。⑩ 꽃가루가 바람에 날려 ~에 붙었다. 花粉かふんが風かぜに飛とばされ柱頭についている。=주두(柱頭)
암시(暗示)⑲ 暗示あんじ。⑩ ~ 요법 暗示療法りょうほう / ~를 주다. 暗示を与あたえる。
  암시-하다㉣ 暗示あんじする。⑩ 거절하는 뜻을 암시하는 몸짓 拒絶きょぜつの意いを暗示するしぐさ。
암-시세(暗時勢)⑲ やみ値ね｜やみ相場そうば。
암-시장(暗市場)⑲《경》闇市やみいち｜闇市場やみいちば。
암실(暗室)⑲ 暗室あんしつ。
암암-리(暗暗裡)⑲ 暗々裏あんあん｜内々ないない。⑩ ~에 일을 진행하다. 暗々裏に事ことを運はこぶ。
암야(暗夜)⑲ 暗夜あんや。
암염(巖鹽)⑲ 岩塩がんえん｜山塩さんえん。
암운(暗雲)⑲ 暗雲あんうん。⑩ ~이 드리우다. 暗雲が垂たれこめる。/ ~이 끼다. 暗雲が立たちこめる。
암-자색(暗紫色)⑲ 暗紫色あんししょく。
암-적색(暗赤色)⑲ 暗赤色あんせきしょく。
암전(暗轉)⑲《연》暗転あんてん。
  암전-하다㉠ 暗転あんてんする。
암-죽(一粥)⑲ 母乳ぼにゅう代用だいようの重湯おもゆ。⑩ 젖이 모자라 ~을 먹고 자란 아이 母乳が足たりず重湯を飲のんで育そだった子供こども。
암중-모색(暗中摸索) 暗中模索あんちゅうもさく。
암초(暗礁)⑲ 暗礁あんしょう。⑩ 배가 ~에 걸리다. 船ふねが暗礁に乗のり上あげる。
암-치질(一痔疾)⑲《의》内痔核ないじかく。
암캐⑲ 雌犬めすいぬ。
암컷⑲ (動物どうぶつの)雌めす。
암키와⑲《건》雌瓦めがわら。
암탉⑲ めんどり。
  암탉이 울면 집안이 망한다《속담》 めんどり歌うたえば家いえ滅ほろぶ:「家いえで婦人ふじんが夫おっとより先立さきだって権力けんりょくを持もつようになると、夫の権威けんいが立たてなくて、ついには家が滅びる」の意い。
암퇘지⑲ 雌豚めすぶた。
암투(暗鬪)⑲ 暗闘あんとう。⑩ 파벌 내부의 ~ 派閥はばつ内部ないぶの暗闘。
  암투-하다㉠ 暗闘あんとうする。
암팡-스럽다⑲ 精悍せいかんだ｜荒々あらあらしい｜ちゃっかりしている。
  암팡스레㉱ 精悍せいかんに｜荒々あらあらしく。
암팡-지다⑲ 精悍せいかんだ｜負まけん気きが強つよい。⑩ 암팡진 얼굴 精悍な顔立かおだち。
암페어(ampere)⑲《물》【電気の流れる量の単位】アンペア。
암페어-시(ampere時)⑲《물》【電気量の単位】アンペア時じ。
암페어의 법칙(ampere—法則)⑲《물》アンペアの法則ほうそく｜アンペールの法則。

암표(暗票)〘명〙闇取引の切符。 예 ~상。

암행(暗行)〘명〙密行する｜微行する｜潜行する。
　암행-하다〘자〙密行する｜微行する｜潜行する。

암행-어사(暗行御史)〘명〙〈역〉朝鮮時代、王命によりひそかに官吏や民の実情を調査するために派遣した勅使。㊤어사

암호(暗號)〘명〙暗号。 예 ~ 해독 暗号解読。

암호-문(暗號文)〘명〙暗号文。

암흑(暗黑)〘명〙暗黑。 예 ~시대 暗黑時代／~세계 暗黑世界。

암흑-가(暗黑街)〘명〙暗黑街。

암흑-기(暗黑期)〘명〙暗黑期。

압권(壓卷)〘명〙圧巻。 예 마지막 장면이 ~이었다. ラストシーンが圧巻だった。

압도(壓倒)〘명〙圧倒。
　압도-하다〘타〙圧倒する。 예 체력으로 ~. 体力で圧倒する。／웅대한 스케일에 압도당하다. 壮大なスケールに圧倒される。

압도-적(壓倒的)〘관명〙圧倒的。 예 ~인 승리를 거두다. 圧倒的な勝利を収める。

압력(壓力)〘명〙圧力。 예 ~ 단체 圧力団体／무언의 ~ 無言の圧力／~을 가하다. 圧力をかける。／여론의 ~에 굴복하다. 世論の圧力に屈する。

압력-계(壓力計)〘명〙《물》圧力計。

압력-선(壓力線)〘명〙《물》圧力線。

압력-솥(壓力-)〘명〙圧力釜。

압류(押留)〘명〙差し押さえ。
　압류-하다〘타〙差し押さえる。 예 설비를 ~. 設備を差し押さえる。／집을 ~. 家を差し押さえる。

압맥(押麥)〘명〙押し麦｜平麦。

압박(壓迫)〘명〙圧迫。 예 ~ 붕대 圧迫包帯／정신적・정신적인 圧迫。
　압박-하다〘타〙圧迫する。 예 적을 측면에서 ~. 敵を側面から圧迫する。

압박-감(壓迫感)〘명〙圧迫感。

압사(壓死)〘명〙圧死。

압살(壓殺)〘명〙圧殺。
　압살-하다〘타〙圧殺する。

압송(押送)〘명〙《법》押送。
　압송-하다〘타〙押送する。 예 피의자를 ~. 被疑者を押送する。

압수(押收)〘명〙《법》押収。 예 ~ 증거물 제1호. 押収証拠物 第1号。
　압수-하다〘타〙押収する。 예 증거물을 ~. 証拠物件を押収する。／마약을 ~. 麻薬を押収する。

압승(壓勝)〘명〙圧勝。

압연(壓延)〘명〙《공》圧延。

압연-기(壓延機)〘명〙《공》圧延機。

압-전기(壓電氣)〘명〙《물》圧電気｜ピエゾ電気。

압정¹(押釘)〘명〙画鋲｜押しピン。

압정²(壓政)〘명〙圧政。 예 ~에 시달리다. 圧政に苦しむ。

압제(壓制)〘명〙圧制。
　압제-하다〘타〙圧制する。

압지(押紙)〘명〙押し紙｜吸い取り紙。

압착(壓搾)〘명〙圧搾。
　압착-하다〘타〙圧搾する。

압착-기(壓搾機)〘명〙《기》圧搾機。

압축(壓縮)〘명〙圧縮。❶圧搾。❷文章を要約して短くすること。❸《컴》ファイルを変換して容量を小さくすること。
　압축-하다〘타〙圧縮する。 예 데이터를 반으로 ~. データを半分に圧縮する。／대용량 파일을 압축하여 보내다. 大容量ファイルを圧縮して送る。

압축-기(壓縮機)〘명〙《기》圧縮機。

압축 업로드(壓縮 upload)〘명〙《컴》圧縮アップロード。

압축 풀기(壓縮—)〘명〙解凍。

앗〘감〙あっ。 예 ~, 지갑을 깜빡했다. あっ、財布を忘れた。

앗-기다〘자〙奪われる。

앗다〘타〙❶無理に奪う｜奪い取る｜横取りする｜ひったくる。 예 재산을 ~. 財産を横取りする。／신 정권이 국민의 자유를 앗았다. 新政権が国民の自由を奪い取った。❷(穀物などの)皮を剥いて種を取る。 예 팥을 ~. 小豆の皮を剥いて種を取る。❸削る｜削り取る｜削ぐ。 예 나무껍질을 ~. 木の皮を削り取る。／대나무를 앗아 칼을 만들다. 竹を削いで刀を作る。

앗-사위〘명〙(さいころなどで)勝負の決まる局面。

앙 I〘부〙わっと｜えんえん｜わんわん(と)。 예 아이가 ~ 하고 울어버렸다. 子供がわんわんと泣いてしまった。
II〘감〙わっと。 예 ~ 하며 놀래주었다. わっといってびっくりさせた。

앙가-발이[명] ❶ 足が短くて、蟹股の人。❷ (自分の利のために)人にうまく諂う人。예 그는 선천적으로 ~다. 彼は先天的に人に取り入いるのが上手い。

앙-가슴[명] 両乳房の間。

앙가조촘[부] ❶ 中腰のさま。예 ~ 서 있다. ぐずぐずと立っている。❷ ぐずぐずとためらっているさま。

앙가조촘-하다[자] ❶ 中腰に立つ。❷ ぐずぐずとためらう。예 왜 앙가조촘하니 결정을 못 내리니? どうしてぐずぐずとためらっていて決定を下せないの。

앙각(仰角)[명] 仰角。=올려본각

앙감-질[명] 片足跳び。

앙감질-하다[자] 片足跳びをする。예 아이들이 앙감질하며 논다. 子供達が片足跳びをして遊ぶ。

앙-갚음[명] 報復 ¦ 復讐 ¦ かたき討ち ¦ 仕返し。예 그에게 속아 골탕 먹은 ~으로 이번에는 그를 골려 주었다. 彼に騙されてひどい目に遇った仕返しに、今度は彼をこらしめてやった。

앙갚음-하다[자] 報復する ¦ 復讐する ¦ 仕返しをする。

앙고라-모(Angora毛)[명] アンゴラ毛。

앙골라(Angola)[명] (국) アンゴラ。

앙금[명] 沈澱物 ¦ 渣滓 ¦ 澱 ¦ 滓。예 ~이 앉다. 沈澱物がたまる。

앙금-앙금[부]【뒤뚱거리며 느리게 걷는 모양】よちよち(と) ¦ のそのそ。

앙-다물다[타] かみしめる ¦ 固くつぐむ。예 입술을 앙다물고 견디다. 唇をかみしめて耐える。

앙달-머리[명] 大人でない人が大人ぶること。

앙당-그리다[타] (寒さ・恐ろしさに身を)縮める ¦ 縮こまる ¦ うずくまる。

앙등(昂騰)[명] 高騰。=등귀

앙등-하다[자] 高騰する。예 땅값이 ~. 地価が高騰する。

앙망(仰望)[명] 仰望。

앙망-하다[타] 仰望する。

앙바틈-하다[형] 背が低くて、ずんぐりしている。예 앙바틈한 체격 ずんぐりした体格。

앙-버티다[자] 粘り強くしんぼうする ¦ (最後まで)突っ張る ¦ 頑張る。

앙분-풀이(怏憤—)[명] 恨みを晴らすこと。예 네가 나를 다치게 한 ~를 반드시 하고 말 것이다. 僕にに怪我をさせた恨みを必ず晴らしてやるつもりだ。

앙살[명] ❶ 大げさに反抗すること。❷ 毒突くこと。

앙상-궂다 ひどくやつれている ¦ ひどくやせ衰えている ¦ やせて衰弱する。예 몸이 뼈만 남아서 ~. 体が骨だけになるほどやつれる。

앙상블(ensemble 프)[명] アンサンブル。

앙상-스럽다 ひどくやせ衰えて見える ¦ やせて衰弱しくして見える。

앙상-하다[형] ❶【볼품 없이 마르거나 여위어서】無様だ ¦ 不格好だ ¦ 見窄らしい ¦ 体裁が悪い。예 앙상한 살림 見窄らしい生活。❷【뼈만 남도록】やつれている ¦ げっそりしている ¦ 痩せて衰えている。예 기근이 들어 앙상하게 말랐다. 飢饉に見舞われて、げっそりと痩せた。/앙상한 얼굴로 여행에서 돌아왔다. やつれた顔で旅行から帰ってきた。❸【잎이 떨어지고 가지만 남아서】物寂しい ¦ 寒々しい。예 앙상한 나뭇가지밖에 보이지 않다. 寒々しい木の枝しか見えない。

앙상-히[부] ❶ 無様に ¦ 不格好に ¦ 見窄らしく ¦ 体裁が悪く。예 방에 아무것도 없어서 ~ 보인다. 部屋に何もなくて、みすぼらしく見える。❷ やつれて ¦ げっそりと ¦ 痩せ衰えて。예 ~ 마른 어린아이 げっそりと痩せた幼い子 / ~ 뼈와 가죽만 남았다. 痩せ衰えて骨と皮だけになった。❸ 物寂しく ¦ 寒々しく。예 잎이 떨어져 가지만 ~ 남았다. 葉が落ちて枝だけ寒々しく残った。

앙숙(怏宿)[명] 恨みがあって仲が悪いこと ¦ 犬猿の仲。예 서로 ~이다. 互いに憎み合っている。

앙심(怏心)[명] 恨み ¦ 復讐心 ¦ 執念。예 ~을 품다. 恨みを抱く。

앙알-거리다[자] (目上の人に恨めしく)ぶつぶつ言う。=앙알대다

앙알-대다[자] ➡앙알거리다

앙알-앙알[부] ぶつぶつ。

앙앙[부]【어린아이가 우는 소리】えんえん(と) ¦ わあわあ(と) ¦ わんわん(と)。예 얼굴을 파묻고 울다. 顔を埋めてわんわんと泣く。

앙앙-거리다[자] わんわんと泣く ¦ 泣きわめく。예 속상해서 ~. 心気が傷付いて、わんわんと泣く。=앙앙대다

앙앙-대다[자] ☞앙앙거리다

앙양(昂揚)[명] 高揚. 昂揚.

앙양-하다[타] 高揚する. 昂揚する. 예사기를 ~. 士気を鼓舞する.

앙증-맞다[형] 小さくて可愛らしい. 예앙증맞은 입술 かわいらしい唇/ 형제들과 놀고 있는 새끼 판다가 참 ~. 兄弟たちと遊んでいる子どものパンダが、小僧たらしいほどにかわいらしい. / 인형이 ~. 人形が小さくて可愛い.

앙증-스럽다[형] 小さくて可愛い. 예앙증스러운 발가락 小さくてかわいい足の指/ 앙증스러운 손 ちいさくて可愛らしい手.

앙증스레[부] よくととのって可愛く.

앙증-하다[형] こぢんまりして可愛い. 예바구니 속에서 자고 있는 새끼 고양이가 앙증하기 그지없다. かごの中で寝ている猫の子どもが、この上もなくかわいらしい.

앙짜[명] ❶気取ったふり. 예~를 부리다 큰코다친다. 気取ったふりしていると、ひどい目にあうぞ. ❷ねちねちして嫉妬深い人.

앙칼-스럽다[형] とげとげしい. 예앙칼스러운 표정으로 아이를 야단치다. とげとげしい顔つきで子供をしかる.

앙칼스레[부] とげとげしく.

앙칼-지다[형] ❶(声などが)鋭い; 荒々しい. 예앙칼진 목소리를 내다. 荒々しい声を出す. ❷腹黒い. ❸負けず嫌いだ. 예겉보기와는 달리 앙칼진 데가 있다. 外見とは異なって負けん気の強いところがある.

앙케트(enquête 프)[명] アンケート.

앙코르(encore 프)[명] アンコール. 예~에 응하다. アンコールに応える.

앙큼-상큼[부] さっさと; とっとと. 예그는 내 앞을 ~ 걸어갔다. 彼は私の前をさっさと歩いて行った.

앙큼-스럽다[형] 悪賢い; 狡猾だ; 陰険だ.

앙큼-앙큼[부] さっさと; とっとと.

앙큼-하다[형] 悪賢い; 狡猾だ; 陰険だ.

앙탈[명] ❶言い逃れ; 逃げ口上. ❷無理言う; むちゃくちゃだ. 예절대로 가지 않겠다고 ~을 부리다. 絶対に行かないとだだをこねる.

앙탈-하다[자] わがままを言う; だだをこねる.

앞[명] ❶前; 前方; 手前. 예학교 ~에서 만나기로 했다. 学校の前で会うことにした. / ~으로 쭉 가다. 前方にまっすぐ行く. ❷前; 先. 예맨 ~에 서서 걷다. 一番前に立って歩く. /~을 다투어 나아가다. 先を争って出ていく. ❸前; 以前; 先. 예~ 세대가 이뤄 놓은 발전 前の世代に成し遂げた発展. ❹先; この先; 今後; 将来; 前途. 예~으로 잘 부탁드립니다. この先よろしくお願いします. / ~을 내다보고 투자하다. 先を見通して投資する. ❺分け前; 取り分. 예아들 ~으로 유산을 남겨 두었다. 息子の取り分として遺産を残しておいた. ❻前面; 前; 表面. 예~만 겨우 가리고 뛰쳐나왔다. 前だけやっと隠して飛び出してきた. / 지폐의 ~에는 번호가 쓰여져 있다. 紙幣の表には番号が書かれている. ❼宛; 一へ. 예선생님 ~으로 편지를 보내다. 先生宛に手紙を出す.

앞-가림[명] 自分の身に降り掛かった事を、自力で解決すること. 예제 ~도 못하면서 남의 일에 간섭하지 마라. 自分の事も解決できないのに、他人の事に干渉するな.

앞가림-하다[자] 自分の身に降り掛かった事を、自力で解決する. 예혼자 앞가림할 수 있는 나이가 되었다. 一人で自分の事を解決できる年になった.

앞-가슴[명] ❶胸部; 胸元. ❷(上着の)前裾. ❸(동)(昆虫の)前胸部.

앞-길[명] ❶家や村の前ての方にある道. ❷これから行くべき道. ❸将来.

앞길이 구만 리 같다[속담] まだ若いから何でも成し遂げる可能性がたくさんある.

앞길이 멀다[관용] ❶これからすべきことが多い. ❷これから生きて行く日々がたくさん残っている.

앞-꾸밈음(一音)[명] 《음》前打音; 倚音.

앞-날[명] ❶【장래】後日ごじつ｜後ごち｜未来みらい｜将来しょうらい。예 여러분의 ~은 꼭 순조롭다고만 할 수는 없습니다. 皆さんの未来は必かならず順調じゅんちょうとは限かぎりません。/ ~을 생각해서 열심히 공부해라. 自分じぶんの将来を考かんがえて一生懸命けんめい勉強べんきょうしなさい。/ 여러분의 ~을 상상해 보십시오. 皆さんの未来を想像そうぞうしてみてください。❷【죽을 때까지】(死しぬまでに)残のこった日ひ｜余命よめい。❸【過거】過すぎ去さった日ひ。예 ~에는 그렇게 말하지 않았잖아. 以前いぜんはそう言いわなかったでしょ。❹【기한까지】(期限きげんまでに)残のこった日ひにち。

앞-날개[명] ❶【곤충】前翼ぜんよく。❷【새】前羽ぜんう。

앞-니[명] 前歯まえば｜門歯もんし。예 ~가 부러지다. 前歯が折おれる。/ ~가 안쪽으로 나 있다. 前歯が内側うちがわに生はえている。

앞-다리[명] (動物どうぶつ・昆虫こんちゅうの)前足まえあし。예 강아지를 ~로 걷게 하다. 子犬こいぬを前足で歩あるかせる。

앞-당기다[타] 繰くり上あげる｜早はやめる。예 예정을 하루 앞당겨 귀국하다. 予定よていを一日いちにち繰り上げて帰国きこくする。

앞-대문(一大門)[명] 家いえの正門せいもん。

앞-도련【】前裾まえすそ。

앞-두다[타] 控ひかえる｜目前もくぜんに迫せまる｜目めの前まえにする。예 개점을 사흘 앞두고 준비에 바쁘다. 開店かいてんを三日後みっかごに控えて準備じゅんびに忙いそがしい。

앞-뒤[명] ❶【전후】前まえと後うしろ｜前後ぜんご｜前後うしろ後先さきあと。예 옷을 ~ 반대로 입다. 服を前後ご反対はんたいに着きる。/ 적은 ~에서 공격해 왔다. 敵は前後から攻撃こうげきしてきた。/ ~를 둘러보다. 後先を見回みまわる。❷【선후】先さきと後あと｜後先さきあと。예 ~가 바뀌다. 後先を間違まちがえる。/ ~ 생각 없이 행동해 버리다. 後先を考かんがえずに行動こうどうしてしまう。❸【말】(話はなしの中なかで)先さきに言いった言葉ことばと後あとで言いった言葉ことば。예 그는 항상 말의 ~가 맞지 않는다. 彼かれはいつも先に言った事ことと後で言った事が合あわない。

앞뒤가 막히다[관용] 融通ゆうずうが利きかなくて頑なんなだ。예 그는 그렇게까지 앞뒤가 막힌 사람은 아니다. 彼はそんなにまで融通の利かない人ひとではない。

앞뒤가 맞다[관용] (話はなしなどの)つじつまが合あう｜道理どうりにかなう。예 당신의 질문은 앞뒤가 맞지 않습니다. あなたの質問しつもんはつじつまが合っていません。

앞뒤를 재다[관용] あれこれと計算けいさんする。예 그 일은 앞뒤를 재 볼 것도 없이 좋다. その事はあれこれと計算してみることもなく良い。

앞-뒷문(一門)[명] 正門せいもんと後門こうもん｜表門おもてもんと裏門うらもん｜前門ぜんもんと後門。

앞-뒷집[명] 前まえの家いえと後うしろの家。예 ~에 살던 아이 隣となりに住すんでいた子こ。

앞-뜰[명] 家前いえまえの庭にわ｜前庭ぜんてい。

앞-마당[명] 前庭まえにわ。

앞-머리[명] 前髪まえがみ。예 ~를 기르다. 前髪を伸のばす。

앞-면(一面)[명] 前面ぜんめん。

앞-모습[명] 前姿まえすがた。

앞-몸[명] 前身ぜんしん。

앞무릎 치기〈운동〉【씨름】相手あいての重心じゅうしんがこちら側がわに傾かたむいている時、右手みぎてで相手の右膝みぎひざをはらう技わざ。

앞-문(一門)[명] 表もんの門もん｜表門おもてもん｜正門せいもん｜前門ぜんもん。예 ~으로 받고 뒷문으로 돌려주다. 表門で受取うけとり裏門で返かえす。

앞-바다[명] 沖おき｜沖合おきあい。

앞-발[명] 先さきに踏ふみ出だす足あし。

앞발-질[명] 前足蹴まえあしげり。예 ~로 걷어차다. 前足蹴りで蹴飛けとばす。/ 그의 앞발질에 나동그라졌다. 彼の前足蹴りに仰あおのけ反そって倒たおれた。

앞-산(一山)[명] 前方ぜんぽうの山やま。

앞-서[부] ❶先さきに｜この間あいだ｜先日せんじつ｜前まえに。예 ~ 말했듯이 先に述のべたように / ~ 찾아뵈었을 때 この間お伺うかがいした時。❷あらかじめ｜前まえもって。예 ~ 연락하다. 前もって連絡れんらくする。

앞-서다[자] ❶【전에】前まえに立たつ｜先さきに進すすむ。예 묵묵히 앞서서 걷다. 黙々もくもくと先に進んで歩あるく。/ 어머니가 앞서고 딸은 뒤에 서다. 母ははが前に立って、娘むすめは後うしろに立つ。❷【먼저】先さきに起おきる｜先立さきだつ。예 이성보다는 감정이 ~. 理性りせいよりは感情かんじょうが先立つ。❸【능력】(他ほかより)勝まさる｜優すぐれる｜ぬきんでる。예 나보다 실력이 앞서 있다. 私わたしより実力じつりょくが優れている。❹【부모보다 먼저 죽다】先さきに死しぬ｜先立さきだつ。예 부모님을 앞서는 불효를 용서해 주세요. 親おやに先立つ不孝ふこうをお許ゆるし下ください。

앞서거니 뒤서거니[관용] 先さきになったり後あとになったり。

앞선-음(一音)[명]〈음〉先行音せんこうおん。=선행음

앞세우다[타] ❶先に立たせる¦前面に押し立てる。⑩공권력을 앞세워 파업을 진압하다. 公権力を先に立たせてストライキを鎮圧する。/감정을 앞세워 평가 절하하려는 네티즌도 가끔 있다. 感情を先に立たせて評価切り下げしようとするネチズンも、たまにいる。❷先に死なせる¦先立たれる。⑩아들을 병으로 앞세우다. 息子さんに病気で先立たれる。

앞-수표(一手票)[명] 〈경〉先日付小切手¦先付小切手。

앞앞-이[부] 銘々に¦各自の前に¦それぞれの前に。

앞-이마[명] 額の真ん中¦おでこ。

앞-일[명] ❶これからの事¦将来のこと¦先のこと。⑩～을 걱정하다. 先のことを心配する。❷自分に与えられた事¦自分のこと。

앞-자락[명] 前裾。

앞-잡이[명] 走狗¦いぬ¦スパイ。⑩경찰의 ~ 警察の手先。

앞-장[명] 先頭¦真っ先。

앞장-서다[자] 先頭に立つ¦先立つ。

앞장세우다 先に立たせる¦先頭に立たせる。⑩강아지를 앞장세우고 산책하다. 子犬を先に立たせて散歩する。

앞-줄[명] 前列¦前の列。

앞지르-기[명] 追い越し。

앞-지르다[타] 追い越す¦出し抜く。⑩달리기를 시작하자 내 옆에 있던 친구가 단번에 나를 앞지르기 시작했다. かけっこを始めると、私の横の友達が一挙に私を追い越し始めた。

앞-집[명] 前にある家¦向かいにある家¦お向かいさん。⑩～ 사람과 인사를 나누다. お向かいさんと挨拶を交わす。
> 앞집 처녀 믿다가 장가 못 간다[속담] 前の家の娘を当てにしていて結婚できない:「独りり合点して失敗する」の意: 〔日〕取らぬ狸の皮算用。
◆일본에서는 '잡히지도 않은 너구리 가죽 값부터 계산한다'라고 한다.

앞-쪽[명] 前方¦前面。

앞-차(一車)[명] 前の車¦前方の車。⑩～를 쫓다. 前の車を追う。/～를 앞지르다. 前の車を追い越す。

앞-채[명] 本宅の前に建っている別棟。

앞채-잡이[명] 駕籠・輿・柩車などの前の方を担ぐ人。

앞-처짐[명] 前下がり。

앞-치마[명] 前掛け¦エプロン。⑩아버지가 ~를 두르고 설거지를 하고 있습니다. お父さんがエプロンを掛けて後片付けをしています。

앞-품[명] 胸幅。

애[명] 気苦労¦心配¦苦労。⑩～가 타다. やきもきする;ひどく気づかわれる。/～를 먹다. ひどく気苦労する;もてあます;手を焼く。/～를 쓰다. 努力する;心づかいする。/～를 끊다. 気をつかう。/시험에서 나쁜 점수를 받지 않을까 ~를 태우다. テストで悪い点を取らないか気をもむ。/약속 시간까지 친구가 오지 않아서 ~가 탄다. 約束の時間に友だちが来なくていらいらする。/～가 닳다. 大変気にかかっていらいらする。

애²[준] ☞'아이¹'의 준말.

애가(哀歌)[명] 哀歌¦悲歌。

애-간장(一肝腸)[명] 気苦労¦心配。⑩～을 태우다. 気をもませる¦やきもきさせる。

애개[감] ❶あっ¦あらっ¦しまった。⑩～, 틀렸네. あっ、間違えた。/～, 약속 시간에 늦었다. しまった、約束の時間に遅れた。❷ちぇっ¦なんだ。⑩~, 케이크가 조금밖에 없잖아. ちぇっ、ケーキが少ししかないじゃないか。/～, 고작 천 원밖에 없어? なんだ、たかが千ウォンしかないの。

애개개[감] ありゃりゃ¦あれれえ¦なあんだ。

애걸(哀乞)[명] 哀願。
애걸-하다[자타] 哀願する。

애걸-복걸(哀乞伏乞) 平身低頭して哀願すること。

애견(愛犬)[명] 愛犬。
애견-가(愛犬家)[명] 愛犬家。

애고[감] ああ¦まあ。

애고-대고[부] わあわあ(と)。

애고머니[감] ああ。

애고-애고[감] ❶やあ¦やれやれ¦ああ¦まあ。❷哀号哀号。

애곡(哀哭)[명] 哀哭。
애곡-하다[자타] 哀哭する。

애교¹(愛校)[명] 愛校。

애교-하다 재 学校がっを愛あいする。

애교²(愛嬌) 명 愛嬌あいきょう。 예 ~ 있는 딸 愛嬌のある娘むすめ/ ~를 부리다. 愛嬌を振ふり撒まく。

애국(愛國) 명 愛国あいこく。 예 ~선열 愛国烈士れっし。

애국-하다 재 国くにを愛あいする。

애국-가(愛國歌) 명 愛国歌あいこくか。

애국-심(愛國心) 명 愛国心あいこくしん。

애국-자(愛國者) 명 愛国者あいこくしゃ。

애국-지사(愛國志士) 명 愛国あいこくの志士しし。

애기명 ☞'아기'의 잘못。

애기-메꽃명 《식》小昼顔こひるがお。

애기-뿌리명 《식》幼根ようこん。

애기-풀《식》姫萩ひめはぎ。

애꾸명 片目かため | 片目の人ひと。

애꾸-눈명 片目かため | 独眼どくがん。 =외눈

애꾸눈-이명 片目かためが見みえない人ひと | 片目の人。独眼どくがんの人。 예 선장은 ~로 거구의 사나이었다. 船長せんちょうは片目で巨体きょたいの男おとこだった。 =외눈박이

애-꽂다형 とばっちりをうける | 巻まき添ぞえを食くう | 割わりを食う。 예 애꿎은 나만 야단을 친다. とばっちりを受うけた私わたしだけを大声おおごえで叱しかる。

애-긇다재 断腸だんちょうの思おもいをする。

애-긇다재 心こころを焦こがす | やきもきする | いらいらする。

애-나무명 幼おさない木き。

애-늙은이명 おじんくさいこと | 若年寄じゃくねんより。 예 ~ 같은 말만 골라 한다. おじんくさいことばかりする。

애니메이션(animation) 명 《연》アニメーション | アニメ | 動画どうが。 예 극장용 ~ 劇場用げきじょうようアニメ。

애니미즘(animism) 명 《종》アニミズム | 精霊崇拝せいれいすうはい。

애달프다형 ❶つらい | 耐たえがたい。 예 저의 애달픈 사연을 들어 보세요. 私わたしの辛つらい境遇きょうぐうを聞きいてみてください。 ❷切せつない | やるせない。 예 애달파서 눈물을 흘린다. 切せつなくて涙なみだを流ながす。 / 네 이야기는 애달파서 듣지 못하겠다. 君きみの話はなしは切せつなくて聞きいていられない。

애달피부 切せつなく | ふびんに | 哀切あいせつに。

애-당초(一當初) 명 初はじめ | 当初とうしょ。 예 결론은 ~부터 정해져 있었다. 結論けつろんは初はじめから決きまっていた。

애도(哀悼) 명 哀悼あいとう。 예 ~의 뜻을 표하다. 哀悼の意いを表ひょうする。

애도-하다 타 哀悼あいとうする。

애독(愛讀) 명 愛読あいどく。

애독-하다 타 愛読あいどくする。

애독-자(愛讀者) 명 愛読者あいどくしゃ。

애동대동-하다형 若々わかわかしい。

애드리브(ad lib) 명 アドリブ | 即興的そっきょうてきな演奏えんそうやせりふ。 예 ~의 달인 アドリブの達人たつじん/ ~를 넣다. アドリブを入いれる。

애락(哀樂) 명 哀楽あいらく。 예 희로~을 함께하다. 喜怒哀楽きどあいらくを共にする。

애련¹(哀憐) 명 哀憐あいれん。

애련²(哀戀) 명 悲恋ひれん。

애로(隘路) 명 隘路あいろ。 ❶狭せまく険けわしい道みち。 ❷難関なんかん。

애림(愛林) 명 山林さんりんの愛護あいご。 예 ~ 주간 山林愛護週間あいごしゅうかん。

애림-하다 山林さんりんを愛護あいごする。

애마(愛馬) 명 愛馬あいば。

애매(曖昧) 명 曖昧あいまい | あやふや。

애매-하다¹ 曖昧あいまいだ | あやふやだ。 예 애매한 말을 하다. 曖昧なことを言いう。 / 태도가 ~。 態度たいどが曖昧だ。

애매모호-하다(曖昧模糊一) 형 曖昧模糊あいまいもことする。 예 애매모호한 표현 曖昧模糊とした表現ひょうげん。

애매-하다²형【억울하게 죄나 책망을 받아 억울하다】 無実むじつである | とんでもない | 罪つみがない。 예 애매한 사람을 들볶다. 罪のない人をさいなむ。 / 애매한 죄에 걸리다. 無実むじつの罪つみにきせられる。 / 애매한 사람을 잡아가다. 罪つみの無ない人ひとを捕つかまえていく。 ㈜앰하다

애매-히부 罪つみなく | 無実むじつに。

애-먹다재 気きが焦あせる | 困こまり切きる | (手でを)焼やく | てこずる。

애-먹이다타 心配しんぱいをかける | 困こまらせる | 手てを焼やかせる | てこずらせる。

애모(愛慕) 명 愛慕あいぼ | 愛あいし慕したうこと。 예 스승에게 ~의 정을 품다. 師匠ししょうに愛慕の情じょうを抱いだく。

애모-하다 타 愛慕あいぼする | 愛あいし慕したう。 예 남몰래 ~。 ひそかに愛慕する。 / 고인을 ~。 故人こじんを愛し慕う。

애무(愛撫) 명 愛撫あいぶ。

애무-하다 타 愛撫あいぶする。

애-물(一物) 명 ❶【몹시 애를 태우거나 성가시게 구는 사람이나 물건】非常ひじょうにてこずられて面倒めんどうな人ひと | 苦労くろうの種たね。 예 자식은 ~이다. 子供こどもは苦労の種だ。 ❷父母ふぼより先さきに死しんだ幼おさない子こ。

애-바르다 利害打算が早い｜利にさとい。 예 보기보다는 무척 애바른 데가 있다. 見かけよりとても利にさといところがある。

애-바리 명 利に敏感な人。 예 나이는 어려도 ~야. 年は若くても利にさとい人だ。

애-벌 명 下ごしらえ｜最初の手出し｜一回目。 =초벌

애벌-갈이 명 《농》(田畑の)最初の耕作。

애벌-구이 素焼き。

애-벌레 《동》幼虫。 예 작고 징그러운 ~도 시간이 지나면 아름다운 나비가 된다. 小さくて気持悪い幼虫も、時間が経てば美しいチョウチョウになる。

애벌-빨래 下洗い。

애사¹(哀史) 명 哀史。

애사²(愛社) 명 愛社。 예 ~ 정신을 기르다. 愛社精神を育む。

애살-스럽다 형 物欲もしそうなようすだ。

애상¹(哀傷) 명 哀傷｜悲しみ心をいためること。
　애상-하다 자 哀傷する。

애상²(哀想) 명 悲しい思い。

애-새끼 명 息子さん。

애석-하다(哀惜—) 형 哀惜する｜実らに惜しい。
　애석-히 부 哀惜に。

애-성이 명 いらだつこと｜いらだち。 예 ~가 난 목소리로 울부짖었다. いらだった声で泣き叫んだ。

애송(愛誦) 명 愛誦。
　애송-하다 타 愛誦する。

애-송이 명 《俗》青二才｜若造｜小僧っ子。 예 ~ 기자 記者のたまご/그 사람은 입사한 지 얼마 되지 않은 ~ 사원이지. 彼は入社したばかりの青二才さ。

애수¹(哀愁) 명 哀愁｜哀感。 예 ~를 띤 멜로디 哀愁を帯びたメロディー/~에 젖다. 哀感にふける。

애-쓰다 자 努力する｜努める｜尽くす。

애-아버지 명 ☞'아이아버지'의 준말.

애애-하다(靄靄—) 藹々としている。 예 화기애애한 분위기 和気藹々とした雰囲気。

애-어른 行動や言葉が大人のような子供。

애-어머니 명 ☞'아이어머니'의 준말.

애연-가(愛煙家) 명 愛煙家。

애오라지 부 ❶《俗》わずか｜たった。 ❷《あらた》ひたすら｜単に｜何はさておいて。

애완(愛玩) 명 愛玩。
　애완-하다 타 愛玩する。

애완-동물(愛玩動物) 명 愛玩動物。

애완-용(愛玩用) 명 愛玩用。

애욕(愛慾) 명 愛欲｜性欲。 예 ~에 빠지다. 愛欲に溺れる。

애용(愛用) 명 愛用。
　애용-하다 타 愛用する。

애원(哀願) 명 哀願。
　애원-하다 타 哀願する。 예 슬픈 눈으로 애원하듯이 쳐다보다. 悲しい瞳で哀願するように眺める。

애육(愛育) 명 愛育。
　애육-하다 타 愛育する。

애음(愛飲) 명 愛飲。
　애음-하다 타 愛飲する。 예 소주를 ~. 焼酎を愛飲する。

애인(愛人) 명 ❶恋人。 ❷愛人｜人を愛すること。 예 경천~ 敬天愛人。

애자(礙子) 명 《전》(電線等の)碍子。

애잔-하다 형 ❶弱々しい｜ひ弱い。 ❷もの悲しい｜うら寂しい。 예 애잔한 곡조 もの悲しい曲調。
　애잔-히 부 ❶弱々しく｜ひ弱く。 ❷もの悲しく｜うら寂しく。

애장(愛藏) 명 愛蔵。

애장-품(愛藏品) 명 愛蔵品。

애절-하다(哀切—) 형 ❶気に病む｜気疲れする。 ❷(耐えられないほど)気苦労が多い。 예 그의 이야기는 너무도 애절하여 눈물이 절로 나온다. 彼の話はあまりにも気苦労が多くて、自然と涙が出てくる。
　애절-히 부 哀切に。

애정¹(哀情) 명 哀情｜悲しく思う心。

애정²(愛情) 명 愛情。 예 ~을 품다. 愛情を抱く。/~을 쏟다. 愛情を注ぐ。/~어린 눈빛으로 바라보다. 愛情のこもった目つきで見つめる。

애조(哀調) 명 哀調。 예 ~를 띤 멜로디 哀調を帯びたメロディー。

애주(愛酒) 명 愛酒｜愛飲。

애주-하다 재 愛酒する。
애주-가(愛酒家) 명 愛酒家。
애증(愛憎) 명 愛憎。 예 ~이 상반하다. 愛憎相半ばする。
애지중지(愛之重之) 부 非常に愛して大切にすること。
　애지중지-하다 타 非常に愛して大切にする。 예 애지중지하는 유품 非常に大切にする祖父の形見。
애착(愛着) 명 ❶愛着。 예 고향에 강한 ~을 품다. 故郷に強い愛着を抱く。 ❷【불교】愛着|愛執。
　애착-하다 재 ❶愛着する。 ❷【불교】愛着する。
애착-심(愛着心) 명 愛着心。
애창(愛唱) 명 愛唱。
　애창-하다 타 愛唱する。 예 가곡을 ~. 歌曲を愛唱する。
애창-곡(愛唱曲) 명 愛唱曲。
애처(愛妻) 명 愛妻。
애처-가(愛妻家) 명 愛妻家。
애처-롭다 ふびんだ|気の毒だ|かわいそうだ|痛ましい|いじらしい|痛々しい。 예 고아 신세가 ~. 孤児の身の上が気の毒だ。
　애처로이 부 かわいそうに|ふびんに|いじらしく。
애첩(愛妾) 명 愛妾|寵妾。
애청(愛聽) 명 愛聽|好んで聞くこと。
　애청-하다 재 愛聽する。 예 애청하는 곡 好んで聞く曲。
애초 初め|最初|当初。 예 ~부터 初めから/~의 계획 最初の計画/~에 불쾌감을 않게 주의하다. 初めに嫌な思いをさせないように気をつける。
애칭(愛稱) 명 愛稱。
애타(愛他) 명 愛他。 예 ~주의 愛他主義。
애-타다 気が気でない|気が焦る|いらいらする|いら立つ|気苦労する。
애-태우다 타 気をもむ|やきもきする|気苦労をかける。 예 부모를 ~. 父母に気苦労をかける。
애통(哀痛) 명 哀痛。
애틋-하다 형 ❶うら悲しい|物悲しい|やるせない|切ない。 ❷ 哀惜の念がある。
　애틋-이 부 やるせなく|切なく|哀切に。

애-티 명 子供っぽさ|子供らしさ|稚気。 예 ~가 남아 있다. 子供っぽさが残っている。/~를 다 벗지 못하다. 子供っぽさが抜けきらない。
애프터-서비스(after service) 명 アフターサービス。=에이에스
애플-파이(apple pie) 명 アップルパイ。
애피타이저(appetizer) 명 アピタイザー。
애해해 부 【입을 벌리고 싱겁게 웃는 모양】 へへへ|えへへ|いひひ。 예 크게 웃었다. へへへと大きな声で笑った。
애햄 감 【점잔을 드러내거나 인기척을 낼 때 내는 기침 소리】 えへん|おほん。 예 옆집 할아버지가 ~ 헛기침을 하셨다. となりの家のおじいさんが、えへんと咳払いをなさった。
애향(愛鄕) 명 愛鄕。
　애향-하다 타 故鄕を愛する。
애향-심(愛鄕心) 명 愛鄕心。
애호¹(愛好) 명 愛好。
　애호-하다 타 愛好する。 예 고전 음악을 ~. 古典音楽を愛好する。
애호²(愛護) 명 愛護。 예 동물 ~ 주간 動物愛護週間。
　애호-하다 타 愛護する。
애호-가(愛好家) 명 愛好家。
애-호박 熟してないかぼちゃ。 예 부드러운 ~ 軟らかいカボチャ。
애화(哀話) 명 哀話|悲話。
액¹ 감 【먹은 음식을 토할 때 내는 소리】 げえげえ(と)|おえっ(と)。 예 ~ 토했다. げえげえと吐いた。
액²(厄) 명 厄|災い|災難|不運。 예 ~을 면하다. 災難を免れる。
액³(液) 명 液|汁。
-액⁴(額) 접 —額。 예 예산액 予算額/초과액 超過額。
액년(厄年) 명 厄年。
액때움(厄—) 명 ☞`액땜'의 본말.
액땜(厄—) 명 厄払い|厄落とし。
　액땜-하다 厄払いする|厄落としをする。
액-막이(厄—) 명 【민】厄よけ|厄払い|厄落とし。
　액막이-하다 재 厄よけをする|厄払いする|厄落としをする。
액면(額面) 명 額面。 예 상대방의 말을 ~ 그대로 받아들이다. 相手の言葉を額面どおりに受け取る。
액면 가격(額面價格) 《경》額面價格。 준액면
액면-주(額面株) 명 額面株。

액비(液肥)〖농〗液肥。

액상(液狀)液狀。

액세서리(accessory)アクセサリー。

액셀러레이터(accelerator)〖기〗アクセレレーター｜アクセル。=가속 페달

액션(action)アクション｜行為｜動作。예 배우의 실감나는 ~ 연기 俳優の実感のわくアクション演技。

액션 페인팅(action painting)《미》アクションペインティング。

액수(額數) ❶ 金額｜金高。❷ 人数。

액운(厄運)厄運。예 ~을 없애다. 厄運を払う。

액자(額子)額縁。

액정(液晶)〖물〗液晶。예 ~ 화면 液晶画面／컬러 ~ カラー液晶。

액체(液體)〖물〗液体。예 ~ 폭탄 液体爆弾／~ 온도계 液体温度計。

액체 연료(液體燃料)《공》液体燃料。

액취(腋臭)腋臭。=암내²

액틴(actin)〖의〗アクチン。

액화(液化)〖물〗液化。예 ~ 가스 液体ガス。

액화-하다〖자〗液化する。

액화 석유 가스(液化石油gas)〖화〗液化石油ガス｜プロパンガス｜LPガス｜LPG。

액화 천연가스(液化天然gas)〖화〗液化天然ガス｜メタンを液化したもの｜LNG。

앤티가 바부다(Antigua and Barbuda)《국》アンティグア・バーブーダ。

앨범(album)アルバム。예 졸업 ~ 卒業アルバム。

앰뷸런스(ambulance)救急車｜アンビュランス。

앰풀(ampoule)〖의〗アンプル。

앰프(←amplifier)アンプリファイア｜アンプ｜増幅器。

암-하다〖형〗☞'애매하다'의 준말.

앳-되다〖형〗子供っぽい｜幼く見える。예 언뜻 보기에는 앳되어 보이지만 어른스러운 말도 한다. 一見子供っぽく見えるが、大人びたことも言う。

앳 마크(at mark)〖컴〗アットマーク。

앵〖상징〗ぶうん、(と)～ぶうん。예 ~하는 소리와 함께 벌이 지나갔다. ぶうんという音と共にハチが通りすぎた。

앵글(angle)《연》アングル｜角｜角度。예 카메라 ~을 잡다. カメラアングルをつかむ。

앵-돌아앉다〖자〗(すねて)くるっと背を向けて座る｜後ろ向きになって座る。예 그 말 한마디에 앵돌아앉아 아무 말도 하지 않았다. あの一言にくるっと背を向けて座って、何にも言わなかった。

앵-돌아지다〖자〗❶〖감정〗腹を立ててすねる。예 여동생은 앵돌아진 표정으로 방으로 들어왔다. 妹はすねた表情で部屋に入ってきた。❷〖형태〗こじれる｜ねじれる｜よじれる｜つまずく。예 다툰 이후로 사이가 앵돌아져 버렸다. 喧嘩した後、仲がこじれてしまった。

앵두〖식〗桜桃の実｜桜桃｜ゆすら。예 ~ 같은 입술 ユスラウメのような唇。

앵두-나무〖식〗桜桃｜ゆすら。예 ~에 자그마한 앵두가 조랑조랑 달려 있다. ユスラウメに小さめの実が鈴なりになっている。

앵무-새(鸚鵡—)〖동〗鸚鵡。앵무새는 말 잘하여도 날아다니는 새다 オウムは人をまねして言葉がよく言えるけど、飛び回る鳥にすぎない:「口だけで実践できない人のこと」の意。

앵-앵〖상징〗ぶんぶん。

앵앵-거리다〖자〗(蚊・蜂などが)ぶんぶん音を立てる｜うるさく飛び回る。예 앵앵거리는 벌 ぶんぶんと飛び回るハチ／벌집 옆은 항상 앵앵거리는 소리로 시끄럽다. 蜂屋の横はいつもぶんぶんいってうるさい。=앵앵대다

앵앵-대다 ☞앵앵거리다

앵초(櫻草)〖식〗桜草。예 화단에 ~를 심어 놓았다. 花壇にサクラソウを植えておいた。

앵커-맨(anchor man)アンカーマン。

앵포르멜(informel 프)《미》アンフォルメル｜非定形派｜非定形絵画。

앵-하다〖형〗(損をして)残念がる｜悔しがる。예 장사에 손해 본 것이 앵해서 한동안 잠을 이룰 수가 없었다. 商売で損をしたのが悔しくて、しばらくの間眠れなかった。

앵화(櫻花)〖식〗❶梅桜の花。❷ 桜｜桜花｜桜の花。

야〖감〗❶〖주로 놀이나 감탄·놀라는 소리〗わあ｜まあ｜おう｜おお｜やあ。예 ~, 오랜만이다. やあ、久

야(2)(野)® 野°。 ❶野党°。❷民間°°。

야(3)图【갑오의 뜻을 나타내는 보조사】—は│—こそ│—はじめて。 圆나야 갈 수 있지. 私°°は行°けるよ。/아버지야 7시면 들어오시지. 父°°は7時°°には帰°って来°られるよ。/ 그는 1년이 지나서야 돌아왔다. 彼°°は1年°°が経°って、はじめて帰°って来た。趨이야

야(4)图【어린 사람이나 아랫사람을 부르거나 짐승 같은 것을 부를 때 쓰는 조사】ちゃん│よ。 圆수미야, 이리 와 봐. スミちゃん、こっちに来°てごらん。/ 새야 새야 파랑새야. 鳥°よ鳥よ、青°い鳥よ。

야간(夜間)® 夜間°°。 圆 ~부 夜間部°°/ ~ 학교 夜間学校°°°°/ ~ 열차 夜行°°列車°°/ ~ 조명 夜間照明°°°°/ ~ 대학원 夜間大学院°°°°°°/ ~ 비행 夜間飛行°°°°。

야경(1)(夜景)® 夜景°°。 圆백만 불짜리 ~ 百万弗°°°°ドルの夜景。

야경(2)(夜警)® 夜警°°。 圆 ~꾼 夜警員°°°。

야광(夜光)® 夜光°°。 圆 ~ 시계 夜光時計°°°°。

야광-주(夜光珠)® 夜光°°の玉°°。

야광-충(夜光蟲)®《生》夜光虫°°°°。

야구(野球)®《運》野球°°│ベースボール。 圆 ~방망이 野球のバット/ 아마추어 ~ アマチュア野球。

야구-공(野球—)® 野球°°ボール。

야근(夜勤)® 夜勤°°。 圆 ~ 수당 夜勤手当°°°°。

야근-하다재 夜勤°°する。

야금(冶金)® 冶金°°。

야금-거리다재 ❶少°°しずつ食°べ続°ける。 圆수업 중에 과자를 ~. 授業中°°°°°°にお菓子°°を少しずつ食べ続ける。 ❷少しずつ使°°い続°°けて無°°くす。 圆아르바이트로 번 돈을 야금거리며 다 써 버렸다. アルバイトで稼°°いだお金°°を、少しずつ使い続けて全部°°無°°くしてしまった。 =야금대다

야금-대다재 ☞야금거리다

야금-술(冶金術)® 冶金術°°°°。

야금-야금图 ❶【조금씩 천천히 먹는 모양】もぐもぐ。 圆소가 건초를 ~ 먹다. 牛°°が干°°し草°°をもぐもぐ食°べる。 ❷【알뜰히 조금씩】ちびちび│ちびりちびり│なしくずしに。 圆용돈을 ~ 쓰다. 小遣°°°°いをちびちび使°°う。/ 생활비를 ~ 쓰다 보니 한푼도 안 남았다. 生活費°°°°をなしくずしに使°°ってみたら、一文°°も残°°っていない。

야금-학(冶金學)® 冶金学°°°°。

야긋-야긋图 鋸°°の歯°°のようにぎざぎざのあるさま。

야기(1)(夜氣)® 夜気°°。

야기(2)(惹起)® 惹起°°°│(問題°°などを)引°き起°こすこと。

야기-하다国 惹起°°°する。

야뇨-증(夜尿症)®《医》夜尿症°°°°。

야단(惹端)® ❶ひどく騒々°°しかったり、がやがや騒°°ぎ立°てたりすること。 圆그녀는 한바탕 ~을 부리고 나서야 잠잠해졌다. 彼女°°はひとしきりがやがや騒ぎ立ててから静°かになった。 ❷(声°°を立°てて)むやみに叱°°ること。 圆아버지에게 ~을 맞았다. 父°°にむやみに叱られた。

야단-하다재 ❶ひどく騒々°°しかったり、がやがや騒°°ぎ立°てたりする。 圆그는 혼자서 야단하였다. 彼°°は一人°°で騒ぎ立てていた。 ❷(声°°を立°てて)むやみに叱°°る。 圆이유도 물어보지 않고 야단하지 마라. 理由°°°も聞°°かずに、むやみに叱るな。

야단-나다(惹端—)재 ❶【좋지 못한 일이 벌어지다】良°°いことで騒々°°しいことが起°°こる。 圆가을 축제로 온 마을이 야단났다. 秋祭°°°°で町中°°°°が騒々しい。 ❷【困란하거나 하찮은 일이 생기다】困°°ったり可哀想°°°°だったりしたことが起°きる。 圆너무 바빠서 일손이 모자라니 야단났네. 大忙°°°°しで人手°°は足°°りずり困ったものだ。

야단-맞다(惹端—)재 叱°°られる│怒°°られる。 圆밤 12시까지 집에 돌아가지 않아서 엄마한테 야단맞았다. 夜°°12時°°°まで家°°に帰°°らなくて母°°に叱られた。

야단-받이(惹端—)® 人°°に怒°°られて叱°°られる人。 圆나는 오나가나 억울한 ~ 노릇만 한다. 私°°はどこに行°°っても訳°°なく叱°°られる役°°だ。

야단-법석(惹端—)® 大騒°°°°ぎ│らんちき騒°°ぎ│どんちゃん騒°°ぎ。

야단-스럽다(惹端—)® ひどく騒々°°しい│がやがや騒°°ぎ立°てる。 圆야단스러운 한때를 보내다. 騒々しい一時°°を送°°る。

야단스레图 ひどく騒々°°°°しく│がやがや騒°°がしく。 圆 ~ 굴지 말고 침착해라.

騒々しく振る舞わないで落ち着け.

야단-치다(惹端—)[자][타] ❶叱りつける. ❷やたらに騒ぐ.

야담(野談)[명] 野史の講談｜野史物語.

야당(野黨)[명] 野党. 준야(野)

야드(yard)[의] ヤード. 예~파운드법 ヤードポンド法. ◆1야드는 99.44cm이다.

야드르르[부] すべすべ.

야들-야들[부] すべすべ(と).

야들야들-하다[형] 柔らかくてつやつやしている｜すべすべしている. 예야들야들한 살결 すべすべした肌/떡이 야들야들하니 맛있다. 餅が柔らかくて美味しい.

야로[명] 内密なはかりごと｜たくらみ｜下心. 예~를 꾸미다. はかりごとをめぐらす./그 제안 속에는 틀림없이 무슨~가 있다. その提案には間違いなく何かの下心がある.

야료(惹鬧)[명] 無理な言いがかりをつけて騒ぎ立てること.

야릇-하다 おかしい｜不思議だ｜変だ｜風変わりだ｜奇怪だ. 예그 영화를 보는 동안 야릇한 마음이 들었다. その映画を見ている間, 変な気がした.

야마리[명] 廉恥. =얌통머리

야만(野蠻)[명] 野蛮.

야만-스럽다(野蠻—)[형] 野蛮だ. 예야만스러운 풍습 野蛮な風習.

야만-인(野蠻人)[명] 野蛮人.

야만-적(野蠻的)[관명] 野蛮な. 예~인 사람 野蛮な人/~인 행위 野蛮な行為.

야망(野望)[명] 野望. 예~을 품다. 野望を抱く./~을 꺾다. 野望をくじく.

야맹-증(夜盲症)[명] 〔의〕夜盲症｜鳥目.

야멸-스럽다[형] つれない｜冷たい｜薄情だ.

야멸스레[부] つれなく｜冷たく｜薄情に.

야멸-치다[형] つれない｜無情だ｜冷淡だ. 예야멸치게 거절하다. つれなく断る.

야무-지다[형] (性質・行動・様子などが)しっかりしている｜がっちりしている｜抜け目がない. 예그녀는 야무져 보인다. 彼女はしっかりしているように見える./돈을 야무지게 관리하다. お金をしっかりと管理する.

야물-거리다[자] ❶(幼児・羊・兎などが)口をもぐもぐさせる. 예야물거리며 빨다. 口をもぐもぐさせて吸う./야물거리며 먹다. もぐもぐして食べる. ❷軽々しく口を動かす｜軽々しくしゃべり立てる. =야물대다

야물다 I[자] (実などが)しっかりと結ぶ｜よく実っている. 예콩이 야물게 영글었다. 大豆が固よく実った.
II[형] (物事・言動などが)しっかりしている｜抜け目がない｜ちゃっかりしている. 예일을 야물게 처리하다. 仕事を抜け目なく処理する./혼자서 야물게 살림을 꾸려 나가다. 一人でしっかりと家計を切り盛りする.

야물-대다[자] ☞야물거리다

야물-야물[부] もぐもぐ(と). 예귀여운 아기가 ~ 잘도 먹는다. かわいい赤ちゃんが, もぐもぐしながら良く食べる.

야바위[명] (中国式の)いかさま賭博の一つ. 예~를 치다. いかさま賭博をする.

야바위-꾼[명] ペテン師｜いかさま師｜詐欺師. 예시장 통 한구석에 모인 ~들 市場の片隅に集まったぺてん師/~에게 속지 않도록 조심해. ぺてん師に騙されないように気をつけてね.

야박-스럽다(野薄—)[형] 薄情だ｜不人情だ｜無情だ.

야박스레[부] 薄情に｜不人情に｜無情に.

야박-하다(野薄—)[형] 薄情だ｜不人情だ｜無情だ.

야박-히[부] 薄情に｜不人情に｜無情に.

야반(夜半)[명] 夜半｜夜中.

야반-도주(夜半逃走)[명] 夜逃げ.

야발-스럽다[형] (言動が)小憎らしくてずるがしこい.

야발-쟁이[명] 小憎らしくてずるがしこい人.

야-밤(夜—)[명] 深夜.

야밤-중(夜—中)[명] 真夜中.

야비-하다(野卑—)[형] 野卑だ. 예야비한 사기꾼 野卑な詐欺師.

야사(野史)[명] 野史｜外史.

야산(野山)[명] 外山 ¦ 端山。

야살[명] 生意気な言動 ¦ 小憎らしくこましゃくれた言動。[예] ~을 까다. 小憎らしくふるまう。

야살-스럽다[형] (言動が)小憎らしい。

야살스레[부] 小憎らしく ¦ こましゃくれて。

야살-쟁이[명] (言行が)小憎らしい人。[예] 너는 ~라서 사람들이 싫어하는 거야. 君は小賢しく振る舞うから、人が嫌うんだよ。

야-삼경(夜三更)[명] (夜12時前後の)深夜。

야상-곡(夜想曲)[명] 《음》ノクターン ¦ 夜想曲 ¦ 夜曲。[예] 쇼팽의 ~ 작품 19번 ショパンのノクターン第19番。

야생(野生)[명] 野生。[예] ~ 동물 野生動物。

야생-하다[자] 野生する。[예] 사슴이 야생하는 장소 鹿が野生している場所。

야생-적(野生的)[관][명] 野生的。

야성(野性)[명] 野性。

야성-미(野性味)[명] 野性味。[예] ~가 넘치는 남자 野性味溢れる男。

야성-적(野性的)[관][명] 野性的。

야속-스럽다(野俗—)[형] 薄情だ ¦ 恨めしい ¦ 冷淡だ。

야속스레[부] 薄情にも ¦ 恨めしく ¦ 冷淡にも ¦ 無情にも。

야속-하다(野俗—)[형] 薄情だ ¦ 恨めしい ¦ 冷淡だ。

야속-히[부] 薄情にも ¦ 恨めしく ¦ 冷淡にも ¦ 無情にも。

야수1(野手)[명] 《운》【야구에서】野手 ¦ フィルダー。

야수2(野獸)[명] 野獣。

야수 선택(野手選擇) 《운》野手選択 ¦ 野選 ¦ フィルダーズチョイス。

야수-파(野獸派)[명] 《미》野獣派 ¦ フォービスム。[예] 강렬한 색채는 ~의 특징이다. 強烈な色彩は野獣派の特徴だ。

야습(夜襲)[명] 夜襲 ¦ 夜討ち。

야습-하다[자][타] 夜襲する。

야시(夜市)[명] 夜市 ¦ 夜店。

야-시장(夜市場)[명] 夜市 ¦ 夜店。 =밤장 [준]야시

야식(夜食)[명] 夜食。

야식-하다[자] 夜食をする。

야심(野心)[명] 野心。[예] ~을 품다. 野心を抱く。

야심-가(野心家)[명] 野心家。

야심-작(野心作)[명] 野心作。

야심만만-하다(野心滿滿—)[형] 野心満々だ。

야심-하다(夜深—)[형] 夜が深い ¦ 深夜だ。

야영(野營)[명] 夜営 ¦ 露営 ¦ 野営 ¦ キャンプ。 =노영

야영-하다[자] 夜営する。

야영-지(野營地)[명] 夜営地。 =노영지

야옹[부] 【고양이 울음소리】にゃあにゃあ。[예] 도둑고양이가 ~ 하고 울다. のら猫がにゃあにゃあと鳴く。

야옹-거리다[자] にゃあにゃあとする。 =야옹대다

야옹-대다[자] ☞야옹거리다

야옹-야옹[부] にゃあにゃあ。

야옹-이[명] 【유아어로 고양이를 이르는 말】にゃあにゃあ。

야외(野外)[명] 野外。[예] ~ 활동 野外活動/ ~ 음악당 野外音楽堂/ ~ 훈련 野外訓練/ ~ 스포츠 野外スポーツ。

야욕(野慾)[명] ❶野心。❷野卑な情欲。

야위다[자] やせ衰える ¦ やせ細る ¦ やつれる ¦ やせる ¦ やせこける。[예] 얼굴이 많이 야위어 보인다. 顔がかなりやつれて見える。

야유(揶揄)[명] 揶揄 ¦ からかうこと ¦ なぶること。

야유-하다[타] 揶揄する。

야유-회(野遊會)[명] 野遊び。

야음(夜陰)[명] 夜陰。[예] ~을 틈타다. 夜陰に乗ずる。

야자(椰子)[명] 椰子。❶《식》椰子の木。❷椰子の実。

야자-나무(椰子—)[명] 《식》椰子。 =야자수

야자-수(椰子樹)[명] ☞야자나무

야자-유(椰子油)[명] 椰子油。

야잠(野蠶)[명] 野蚕 ¦ 桑蚕・くわご。 =산누에

야적(野積)[명] 野積み。

야적-하다[타] 野積みする。

야적-장(野積場)[명] 野積み場。

야전(野戰)[명] 野戦。[예] ~ 병원 野戦病院。

야전-군(野戰軍)[명] 野戦軍。

야전-포(野戰砲)[명] ☞야포(野砲)

야조1(夜鳥)[명] 夜鳥。

야조2(野鳥)[명] 野鳥 ¦ 野禽。

야지랑-스럽다[형] 小憎らしいまでに澄ま

まし込んでいる｜そらとぼけている。 예 나의 조카는 ~. 私の甥はとぼけている。

야채(野菜) 명 野菜｜青物｜青菜。 예 ~ 가게 八百屋／ ~ 수프 野菜スープ。 =소채

야트막-하다 형 やや低い｜低めだ。 예 야트막한 산을 오르다. やや低い山に登る。 춘야틈하다

야틈-하다 ☞'야트막하다'의 준말.

야포(野砲) 명 野砲。／ ~대 野砲隊。 = 야전포

야-하다(野—) 형 下品でなまめかしい｜派手でけばけばしい。 예 야한 디자인 下品で派手なデザイン。

야학(夜學) 명 夜学｜夜学校。 예 ~에 다니다. 夜学に通う。

야학-하다 자 夜に勉強する。

야-학생(夜學生) 명 夜学生。

야합(野合) 명 ❶野合｜私通。 ❷ぐるになること｜(正しくない目的で)ひそかに通じること。

야합-하다 자 ❶野合する。 ❷ぐるになる｜ひそかに通じる。

야행(夜行) 명 夜行。

야행-하다 자 夜行する。

야행-성(夜行性) 명 夜行性。 예 ~ 동물 夜行性の動物。

야-호 감 ヤッホー。

야화(夜話) 명 夜話。

야화(野話) 명 巷間に広まっている話。

야회(夜會) 명 夜会。

야회-복(夜會服) 명 夜会服。

약¹ ❶植物が成長して持つ刺激性のある成分。 ❷癪に障ること。 예 그가 나를 ~ 올렸으니 가만두지 않겠다. 彼が私を怒らせたので、ただではおかない。

약(을) 올리다 관용 (刺激して)怒らせる。

약(이) 오르다 관용 ❶(十分に熟れて)刺激性が強くなる。 예 고추가 약이 오르다. 唐辛子がぴりりとする程辛くなる。 ❷腹が立つ。

약²(約) 명 (윷) ❶花札遊びでモミジ・雨・草の各4枚ずつを合わせた役の総称。 ❷花札などで特別な点数が得られる特権。

약³(約) 명 約｜およそ。 예 ~ 열흘 걸린다. 約十日かかる。

약⁴(葯) 명 ☞꽃밥

약⁵(藥) 명 ❶薬。 예 감기~ 風邪薬／ 종기에 ~을 바르다. 腫れ物に薬を付ける。 ❷殺虫剤。 예 정원수에 ~을 치다. 植木に薬をまく。 ❸火薬｜薬。 예 총에 ~을 재다. 鉄砲に火薬を込める。 ❹艶だし｜靴磨きクリーム｜靴墨。 예 구두에 ~을 바르고 헝겊으로 닦아 내다. 靴に靴磨クリームを塗ってから布で拭き取る。 ❺麻薬｜阿片。 예 ~을 끊은 지 이제 3년이 되었다. 麻薬を止めてもう3年になった。／ ~은 절대 안 된다. 麻薬は絶対にだめだ。 ❻乾電池。 예 ~이 떨어지다. 電池がなくなる。／ ~이 다 돼서 교환하다. 電池がきれたので交換する。 ❼ ため｜薬。 예 다 너에게 ~이 되는 말이니 잘 들어 두어라. 全部あなたのためになる話だから、ちゃんと聞いておきなさい。／ 독이 되지도 않고 ~이 되지도 않는다. 毒にも薬にもならない。

약-가심(藥—) 명 薬の口直し。

약가심-하다 자 薬を飲んだ後、口直しをする。 예 쓴 약을 먹고 요구르트로 ~. 苦い薬を飲んでヨーグルトで口直しをする。

약간(若干) 명 부 若干｜いくらか｜わずか｜ちょっと｜やや｜幾分｜少しばかり。 예 사원 ~ 명 社員若干名／ ~의 비용 いくらかの費用／ ~ 야윈 것 같네. やや瘦せたようだね。

약-값(藥—) 명 薬代｜薬価。

약계-바라지(藥契—) 명 漢方薬店にある小型のつり上げ窓。

약골(弱骨) 명 ❶病弱な人。 ❷弱い骨格。

약과(藥果) 명 ❶ヤックァ。 예 아이들은 모두 손에 ~를 하나씩 들고 있다. 子どもたちはみんな手にヤックァを一つずつ持っている。 =과줄 ❷何でもないこと。 예 내가 당한 일에 비하면 그 정도는 ~다. 俺がされたことに比べるとそれは何でもない。

약국(藥局) 명 薬局｜薬屋。 예 약을 사러 ~에 가다. 薬を買いに薬局に行く。

약-그릇(藥—) 명 薬器｜薬を入れる器。

약기(略記) 명 略記。

약기-하다[他] 略記する。 예 경력을 ~. 経歴を略記する。

약다[형] ❶ 利口だ。 예 약게 굴기보다는 성실히 하는 것이 가장 효과가 있다. 利口に立ち回るより、誠実にやるのが最も効果がある。 ❷ (機転が効いて)利口だ；賢い。 예 머리가 잘 돌아가고 약은 사람 頭が回って賢い人。

약대¹ ☞낙타(駱駝)

약대²(藥大)[교] 薬学系大学；薬大。

약도(略圖)[명] 略図。

약독(藥毒)[명] 薬毒。

약동(躍動)[명] 躍動。
  약동-하다[自] 躍動する。

약동-감(躍動感)[명] 躍動感。

약력(略歷)[명] 略歷。 예 집필자 ~ 執筆者略歷。

약리-학(藥理學)[명] 《의》薬理学。

약명(藥名)[명] 薬名。

약-물¹(藥—)[명] ❶ 薬水。 ❷ 薬の成分が入っている水。 ❸ 煎じ薬の水。

약물²(藥物)[명] 《의》薬物。 예 ~ 요법 薬物療法 / ~ 중독 薬物中毒 / ~ 남용 薬物乱用 / ~ 오용 薬物誤用。

약물 검사(藥物檢査) 《운》ドープチェック。 예 경기 전에는 반드시 ~를 한다. 競技する前には必ずドープチェックを実施する。 =도프 체크・도핑 테스트

약물-터(藥—)[명] 薬のような効果のある泉の出る所。

약-밥(藥—)[명] ヤクパ；ヤクシク。 예 ~은 꼬들꼬들해야 맛있다. ヤクパはほどよく硬めなのがおいしい。 =약식(藥食)

약방(藥房)[명] 薬局；薬屋；薬舖。 예 ~에 감초 薬局に甘草；欠くことのできないもの；でしゃばりな人。

약방-문(藥方文)[명] 《의》処方箋。 예 사후 ~ 死後の処方箋；あとの祭り。 =방문¹

약-밭(藥—)[명] 薬圃；薬園。

약-보(藥—) 利口に立ち回る人をからかっていう語。

약-봉지(藥封紙)[명] 薬袋。

약분(約分)[명] 約分；通約。
  약분-하다[他] 約分する。

약-빠르다[형] すばしこい；はしこい；利口さい。 예 약빠른 아이 はしこ
い子供 / 어린 녀석이 ~. 若い者が利にさとい。

약빠른 고양이 밤눈이 어둡다 [속담] すばしこい猫は夜目がきかない：「利口な人でも抜けたところがある」の意。

약빠리[명] すばしこい人の卑語。

약사¹(略史)[명] 略史；小史。

약사²(藥師)[명] 薬剤師；調剤師。

약삭-빠르다[형] すばしこい；こざかしい。 예 약삭빠르게 처신하다. こざかしく立ちまわる。

약산(弱酸)[명] 《화》弱酸。

약-산성(弱酸性)[명] 《화》弱酸性。 예 ~ 화장품 弱酸性化粧品。

약-샘(藥—)[명] 薬水のわき出る泉。

약세(弱勢)[명] ❶ 弱い勢力；劣勢。 ❷ (物価・株価などの)下降する相場。

약소(弱小)[명] 弱小。
  약소-하다¹[형] 弱小だ。 예 약소한 팀 弱小チーム。

약소-국(弱小國)[명] ☞약소국가

약소-국가(弱小國家)[명] 弱小国家。 =약소국

약소-하다²(略少—) 少なくて粗末だ；ほんのわずかだ。 예 약소합니다만 받아 주십시오. ほんのわずかなものですが、どうぞお受け取りください。

약속(約束)[명] 約束。 예 ~의 땅 約束の地 / ~을 지키다. 約束を守る。 / ~을 어기다. 約束を破る。
  약속-하다[他] 約束する。

약속 어음(約束—)[경] 約束手形；約手。 예 ~을 발행하다. 約束手形を発行する。

약-손(藥—)[명] 薬指。 =약손가락

약-손가락(藥—)[명] 薬指；名無し指；無名指；紅差し指。 =약손・약지

약-솜(藥—)[명] ☞탈지면

약수¹(約數)[수] 約数。 예 2는 4의 ~ 2는 4の約数。

약수²(藥水)[명] 薬水。

약-수건(藥手巾) 煎じ薬を搾るときに使う布。

약수-터(藥水—)[명] 薬水の出る所。

약-술¹(藥—)[명] 薬酒；薬になる酒。 =약주(藥酒)

약술(略述)[명] 略述。
  약술-하다[他] 略述する。

약-시중(藥—)[명] (病人への)薬の世

話_わ. 예 남편의 식사와 ~을 들다. 夫^{おっと}の食事^{しょく}と薬^{くすり}の世話をする。

약시중-하다[자] 薬^{くすり}の世話^{せわ}をする。

약식¹(略式)[명] 略式^{りゃくしき}。

약식²(藥食)[명] ☞약밥

약식 절차(略式節次)《법》略式^{りゃくしき}手続^{てつづ}き｜書面審理^{しょり}での裁判^{さいばん}手続き。예 ~를 거쳐 10만 원의 벌금을 부과하다. 略式手続きを経て、10万^{まん}ウォンの罰金^{ばっきん}を賦課^{ふか}する。

약-쑥(藥—)[명] 薬用蓬^{やくようよもぎ}。

약아-빠지다[형] 大変^{たいへん}悧^りにさとい｜ずるがしこい｜こざかしい。

약약-하다[형][旣然]うんざりだ｜あきあきしている。예 똑같은 일을 되풀이하며 약약해 하다. 同^{おな}じことを繰^くり返^{かえ}しながらうんざりする。

약어(略語)[명]《언》略語^{りゃくご}。

약연(藥碾)[명]《한방》薬研^{やげん}。

약용(藥用)[명] 薬用^{やくよう}。~ 비누 薬用石鹸^{せっけん}。

　약용-하다[타] 薬用^{やくよう}する。

약용 식물(藥用植物)《식》薬用植物^{やくようしょくぶつ}｜薬草^{やくそう}。예 ~을 이용한 민간요법 薬用植物を利用^{りよう}した民間療法^{みんかんりょうほう}。

약육-강식(弱肉强食)[명] 弱肉強食^{じゃくにくきょうしょく}。

약음-기(弱音器)[명]《음》弱音器^{じゃくおんき}｜ミュート。

약자¹(弱者)[명] 弱者^{じゃくしゃ}。예 ~의 편에 서다. 弱者の側^{がわ}に立^たつ。

약자²(略字)[명] 略字^{りゃくじ}。=반자

약장¹(略章)[명] 略章^{りゃくしょう}｜略綬^{りゃくじゅ}。

약장²(藥欌)[명] 薬^{くすり}だんす。

약-장수(藥—)[명] ❶薬^{くすり}を売^うる人^{ひと}｜薬屋^{くすりや}。❷[속담] いろんな話題^{わだい}を持^もってきてしゃべり上手^{じょうず}な人^{ひと}。예 그 사람 말하는 거 들어 보면 딱 ~야. その人^{ひと}は薬売^{くすりう}りのように話すんだ。

약재(藥材)[명] 薬料^{やくりょう}｜薬^{くすり}の材料^{ざいりょう}。=약종

약전¹(略傳)[명] 略伝^{りゃくでん}。

약전(藥箋)[명] ☞처방전(處方箋)

약점(弱點)[명] 弱点^{じゃくてん}｜欠点^{けってん}｜よわみ。예 ~을 드러내다. 弱点をさらけ出^だす。/ ~을 잡다. 弱点を握^{にぎ}る。

약정(約定)[명] 約定^{やくじょう}。예 ~ 이자 約定利息^{りそく}。

　약정-하다[타] 約定^{やくじょう}する。

약정-서(約定書)[명] 約定書^{やくじょうしょ}。

약제(藥劑)[명] 薬剤^{やくざい}。

약제-실(藥劑室)[명] 調剤室^{ちょうざいしつ}。

약조(約條)[명] 条件付^{じょうけんつ}きの約束^{やくそく}｜約束で決めた条項^{じょうこう}。

　약조-하다[타] (条件付^{じょうけん}きで)約束^{やくそく}する。

약종(藥種)[명] ☞약재(藥材)

약주(藥酒)[명] ❶薬酒^{やくしゅ}。❷[합성원료] 清酒^{せいしゅ}。❸[경어원료] お酒^{さけ}。=약주술

약-주릅(藥—)[명][옛말] かつて、薬材料^{やくざいりょう}の仲介人^{ちゅうかいにん}。

약주-술(藥酒—)[명] ☞약주(藥酒)

약지(藥指)[명] ☞약손가락

약진¹(弱震)[명] 弱震^{じゃくしん}。

약진²(躍進)[명] 躍進^{やくしん}。

　약진-하다[자] 躍進^{やくしん}する。

약질(弱質)[명] 弱質^{じゃくしつ}｜虚弱体質^{きょじゃくたいしつ}。

약체(弱體)[명] 弱体^{じゃくたい}。

약초(藥草)[명] 薬草^{やくそう}。=약풀

약취(略取)[명] 略取^{りゃくしゅ}。

약-칠(藥—)[명] ❶(患部^{かんぶ}に)薬^{くすり}を塗^ぬること。❷(つや出^だしのために)薬^{くすり}を塗^ぬってこすること。예 구두에 ~을 하다. 靴^{くつ}にクリームを塗ってつやを出^だす。

약칭(略稱)[명] 略称^{りゃくしょう}。

　약칭-하다[타] 略称^{りゃくしょう}する。

약탈(掠奪)[명] 略奪^{りゃくだつ}｜掠奪^{りゃくだつ}。예 ~ 농업 略奪農業^{のうぎょう} / ~ 행위 略奪行為^{こうい}。

　약탈-하다[타] 略奪^{りゃくだつ}する。예 약탈된 도시 掠奪された都市^{とし}。

약탈-자(掠奪者)[명] 略奪者^{りゃくだつしゃ}。

약-탕관(藥湯罐)[명] 薬^{くすり}を煎^{せん}じる陶器^{とうき}。=약탕기 준탕관

약-탕기(藥湯器)[명] ☞약탕관

약포(藥圃)[명] 薬圃^{やくほ}｜薬園^{やくえん}。

약-풀(藥—)[명] ☞약초

약품(藥品)[명] 薬品^{やくひん}。예 화학 ~ 化学^{かがく}薬品。

약-하다¹(弱—)[형] ❶[힘이] (力^{ちから}が)弱い。예 팔 힘이 ~. 腕^{うで}の力が弱い。/ 약한 사람을 괴롭히다. 弱い人^{ひと}をいじめる。❷[체력이] (体^{からだ}が)弱^{よわ}い｜軟弱^{なんじゃく}だ｜丈夫^{じょうぶ}でない。예 아이가 몸이 약해서 걱정이다. 子供^{こども}が体が軟弱で心配^{しんぱい}だ。❸[의지가] (意志^{いし}・覚悟^{かくご}などが)弱い｜もろい｜軟弱^{なんじゃく}だ｜しっかりしていない。예 의지가 약해서 금방 그만두고 말았다. 意志が弱くて、すぐに辞^やめてしまった。❹[인내력이] (耐^たえる力^{ちから}が)弱い｜もろい。예 술에 약한 사람 酒^{さけ}に弱い人^{ひと}/ 정에 ~. 情^{じょう}にもろい。❺[능력이] (能力^{のうりょく}・技術^{ぎじゅつ}な

약하다 どに) 弱い ¦ 乏しい ¦ 下手だ ¦ 劣っている。 ⑩ 그는 기계에 ~. 彼は機械に弱い。/ 그 주장은 설득력이 ~. その主張は説得力に乏しい。

약-하다(略—)<u>他</u> 略する ¦ 省略する。

약학(藥學)<u>名</u> 薬学。

약호(略號)<u>名</u> 略号。 ⑩ 전신 ~ 電信略号。

약혼(約婚)<u>名</u> 婚約。 ⑩ ~반지 婚約指輪。
　약혼-하다<u>自</u> 婚約する。

약혼-식(約婚式)<u>名</u> 婚約式。

약혼-자(約婚者)<u>名</u> 婚約者 ¦ いいなずけ。

약화(弱化)<u>名</u> 弱化。
　약화-하다<u>自</u> 弱化する。 ⑩ 전력이 ~. 戦力が弱化する。

약효(藥效)<u>名</u> 薬効。 ⑩ ~가 있다. 薬効がある。/ ~가 떨어지다. 薬効が劣る。

얄궂다<u>形</u> 奇妙で意地悪だ。 ⑩ 얄궂은 사건 奇妙な事件/ 얄궂은 운명 数奇な運命/ 얄궂은 질문을 하다. 意地悪な質問をする。

얄긋-거리다<u>自</u> (組み立てたものが)ぐらつく。 =얄긋대다

얄긋-대다 ⇒얄긋거리다

얄긋-얄긋<u>副</u> ぐらぐら ¦ ふらふら。

얄기죽-거리다<u>自</u> 腰をふらふらと振る。 =얄기죽대다

얄기죽-대다<u>自</u> ⇒얄기죽거리다

얄기죽-얄기죽<u>副</u>【얄기죽거리는 모양을 본떠서】ふらふら(と)。 ⑩ ~ 춤추다. 腰をゆっくりと揺らして踊る。

얄망-궂다<u>形</u> 憎たらしい ¦ 憎らしい。

얄망-스럽다<u>形</u> 憎たらしい ¦ 憎らしい。

얄-밉다<u>形</u> 憎たらしい ¦ 憎らしい。

얄쭉-거리다<u>自他</u> 腰をしゃなりしゃなりと振る。 =얄쭉대다

얄쭉-대다<u>自他</u> ⇒얄쭉거리다

얄쭉-얄쭉<u>副</u>【얄쭉거리는 모양을 본떠서】ゆらゆら ¦ しゃなりしゃなり。
　얄쭉얄쭉-하다<u>自他</u> ゆらゆらする ¦ しゃなりしゃなりする。 ⑩ 얄쭉얄쭉하며 춤추다. しゃなりしゃなりと踊る。

얄찍-하다<u>形</u> 薄い ¦ 薄っぺらだ ¦ 薄べったい。
　얄찍-이<u>副</u> 薄く ¦ 薄っぺらに ¦ 薄べったく。

얄팍-스럽다<u>形</u> ❶薄っぺらだ ¦ 薄べったった。 ❷浅はかだ ¦ 浅薄だ。

얄팍-얄팍<u>副</u> みんな薄っぺらなさま。

얄팍-하다<u>形</u> 薄っぺらだ ¦ 薄べったい。 ⑩ 얄팍한 월급봉투 薄べったい給料袋 ❷浅はかだ ¦ 浅薄だ。 ⑩ 얄팍한 생각 浅はかな考え。

얇다<u>形</u> ❶【厚さが】薄い。 ⑩ 얇은 책 薄い本/ 벽이 ~. 壁が薄い。/ 입술이 ~. 唇が薄い。 ↔두껍다 ❷【考えなどが】浅薄だ ¦ 浅はかだ。 ⑩ 얇은 생각 浅はかな考え。 ❸【色이】色が薄い。 ⑩ 그 옷은 색깔이 ~. その服は色が薄い。

얌생이<u>名</u> こそこそと盗み出すこと。
　얌생이 몰다(치다)<u>慣用</u> こそこそと盗み出す。

얌생이-꾼<u>名</u> こそ泥 ¦ こそこそこむすびと ¦ こそすっと。 ⑩ 가난한 ~들은 입에 풀칠을 하기 위해 석탄 도둑질을 했다. 貧乏なこそ泥たちは糊口をしのぐために石炭を盗んだ。

얌심<u>名</u> ねたみ深い心 ¦ 嫉妬心。

얌심-꾸러기<u>名</u> 妬み心が深い人。

얌심-데기<u>名</u> 妬み深い人。

얌전<u>名</u> しとやかなこと ¦ おとなしいこと。 ~을 빼다. しとやかさを出す。 ~을 피우다. おとなしくする。 / ~ 떨지 말고 빨리 먹어라. おとなしそうに振る舞わないで、早く食べなさい。

얌전-하다<u>形</u> ❶淑やかだ ¦ おとなしい。 ⑩ 어린 여자아이가 의자에 얌전하게 앉아 있다. 幼い女の子が椅子にしとやかに座っている。/ 그녀는 얌전해서 그런지 참 꼼꼼하다. 彼女はおとなしいためか、非常に几帳面だ。 ❷【모양새가】(姿形などが)きちんとしている ¦ 整っている。 ⑩ 오늘은 얌전한 복장을 입어 주세요. 今日はきちんとした服装で来てください。 ❸【일솜씨가】見事だ ¦ 几帳面だ。

얌전-스럽다<u>形</u> おとなしい ¦ 淑やかだ ¦ 慎ましやかだ ¦ 神妙だ。
　얌전스레<u>副</u> おとなしく ¦ 淑やかに ¦ 慎ましやかに ¦ 神妙に。

얌전-이<u>名</u> 慎ましやかな人。

얌전-하다<u>形</u> 慎ましやかだ ¦ おとなしい ¦ 淑やかだ。 ⑩ 그 얌전한 학생이 그럴 리가 없다. そのおとなしい学生がそんなはずはない。

얌전-히 慎ましやかに｜おとなしく｜淑やかに｜神妙に。例 ~ 있어라. おとなしくしていなさい。/ 사고 치지 말고 ~ 있어. 事故を起こさずに、おとなしくしていろ。

얌체 명 恥知らずな人｜破廉恥な人。例 ~ 짓을 하다니 꼴繼다. 恥知らずなことをしてみっともない。

얌치 명 廉恥。例 ~가 없다. 恥を知らない。/ ~가 없으면 욕먹는다. 恥知らずは悪く言われるぞ。

얌통-머리 【'얌치'의 속어】 명 廉恥。

양¹ 의 ❶【'는'・'이다'와 쓰여 '짐짓 그런 체함'을 나타냄】―のように｜―らしく｜―のふりをして。例 못 들은 ~ 딴청을 피우고 있다. 聞かなかったふりをしてとぼけている。/ 중병이라도 걸린 ~ 소란을 피우고 있다. 重病にでもかかったように大騒ぎになっている。❷【'이다'・'이었다'와 쓰여】―つもり。例 다시는 안 만날 ~으로 연락을 끊었다. もう会わないつもりで連絡を切った。

양² (羊) 명 羊。❶〈동〉緬羊。例 그녀의 머리가 ~처럼 꼬불꼬불하다. 彼女の頭髪が羊のようにちりちりに曲がっている。=면양(緬羊) ❷【기독교 에서】信徒。例 희생 ~ 生け贄の羊。/ 불쌍한 어린 ~을 구원하소서. 憐れな子羊らを救い給え。❸【비유적으로】性質이 온순한 사람。例 그는 ~처럼 온순하다. 彼は羊のように穏やかだ。

양³ (兩) 명 両。例 ~ 무릎을 펴다. 両膝を伸ばす。/ ~ 집안의 반대를 무릎쓰고 결혼하다. 両家の反対を押しきって結婚する。

양⁴ (陽) 명《철》陽。

양⁵ (量) 명 量。例 ~보다 질 量より質。/ 소금의 ~을 줄이다. 塩の量を減らす。

양⁵ (孃) 명 의【아름 여자를 이름 뒤에 붙여】嬢｜さん。例 김 ~ キムさん/ 아유미 ~ あゆみ嬢。

양-⁶ (洋) 관 洋―｜洋式などの一。例 양주 洋酒/ 양과자 洋菓子。

-양⁷ (洋) 접 ―洋。例 태평양 太平洋/ 대서양 大西洋。

양-⁸ (養) 접 養う―｜養い―の一。例 양자 養子/ 양부모 養父母。

양가¹ (良家) 명 良家｜名家｜名門。例 ~ 규수 良家の娘さん。

양가² (兩家) 명 両家｜両方の家。例 어르신 両家のお父様/ ~ 부모님 両家のご両親。

양가³ (養家) 명 養家｜養子先の家｜養父の家。

양각 (陽刻) 명 陽刻｜浮き彫り。
양각-하다 타 陽刻する｜浮き彫りにする。

양감 (量感) 명 量感｜ボリューム。

양갓-집 (良家-) 명 良家｜名家｜名門。例 ~ 규수 良家の閨秀。=양가(良家)

양갱 (羊羹) 명 羊羹。例 밤 ~ 栗羊羹。=단팥묵

양계 (養鷄) 명 養鶏。
양계-하다 자 養鶏をする。

양계-업 (養鷄業) 명 養鶏業。
양계-장 (養鷄場) 명 養鶏場。

양곡 (糧穀) 명 食糧としての穀物。

양과자 (洋菓子) 명 洋菓子。

양광¹ 명 【분수에 넘치는】(身に余る)豪奢の暮らし。

양광² (陽光) 명 陽光。

양국 (兩國) 명 両国。例 ~의 우호를 다지다. 両国の友好を深める。

양궁 (洋弓) 명《운》洋弓｜アーチェリー。

양귀비 (楊貴妃) 명《식》罌粟。

양귀비-꽃 (楊貴妃-) 명《식》罌粟の花。例 ~에 비유하다. ケシの花に比較する。

양-그루 (兩-) 명 ☞이모작(二毛作)

양극¹ (兩極) 명 両極。❶南極と北極。❷陽極と陰極。❸両極端。

양극² (陽極) 명《물》陽極｜プラスの極。

양극-단 (兩極端) 명 両極端。=양극(兩極)❸

양극-성 (兩極性) 명 両極性。

양기 (陽氣) 명 ❶陽光の気。❷陽気｜万物が動き、生まれ出ようとする気。❸〈한〉男子の精気。

양-껏 (量-) 부 思う存分に｜ありったけ。例 ~ 드십시오. 存分に召し上がってください。

양난 (兩難) 명 二つの難儀。

양-날¹ (羊-) 명【간지】未일の日。=미일

양-날² (兩-) 명 両刃｜もろは。

양날-톱 (兩-) 명 もろはの鋸。

양냥-거리다 자 (満足せずに)しきりにねだる。=양냥대다

양냥-고자 명《운》弓弭。

양냥-대다 자 ☞양냥거리다
양녀(養女) ☞수양딸
양년(兩年) 명 両年^{りょう}｜二年^{に}｜二ヶ年$^{か}_{ねん}$。
양념 명 薬味$^{やく}_{み}$｜調味料$^{ちょうみ}_{りょう}$｜味付$^{あじ}_{つ}$け。 예 ~을 하다. 薬味をきかせる。
양념-감 명 薬味^{やくみ}の材料^{ざいりょう}｜味付^{あじつ}けの材料^{ざいりょう}。 =양념거리
양념-거리 명 ☞양념감
양념-장(一醬) 명 薬味醤油$^{やくみ}_{じょうゆ}$｜薬味^{やくみ}だれ。
양-다리(兩—) 명 両足^{りょうそく}。 예 ~를 걸치다. 二股^{ふたまた}をかける。
양단(兩端) 명 ❶ 両端^{りょうたん}・^{りょうはし}。 ❷ 婚礼^{こんれい}に使^{つか}う青^{あお}と紅色^{べにいろ}の絹織物^{きぬおりもの}の両端$^{りょう}_{はし}$。
양단(兩斷) 명 両断^{りょうだん}。 예 일도 ~ 一刀$^{いっとう}_{りょうだん}$両断。
  양단-하다 타 両断^{りょうだん}する。
양단(洋緞) 명 高級^{こうきゅう}の絹織物^{きぬおりもの}の一種^{しゅ}。
양단-간(兩端間) 명 とにかく｜どちらかともかく。 예 ~에 결정을 내려야 한다. どちらかに決^{き}めなければならない。
양달(陽—) 명 日^{ひ}の当^{あ}たる所^{ところ}｜日^{ひ}なた。 예 ~ 쪽에 있는 식물의 성장이 더 좋다. 日当^{ひあ}たりのいい所の植物^{しょくぶつ}の成長^{せいちょう}がよりいい。
양-담배(洋—) 명 西洋^{せいよう}たばこ｜洋^{よう}もく。 예 ~를 피우다. 西洋タバコを吸^{す}う。
양도^1(糧道) 명 糧道^{りょうどう}｜❶ 一定^{いってい}の期間^{きかん}に食^{た}べられる食料^{しょくりょう}｜❷ 軍量^{ぐんりょう}を運^{はこ}ぶ道^{みち}。
양도^2(讓渡) 명 譲渡^{じょうと}｜他人^{たにん}に譲^{ゆず}ること。 예 ~ 소득세 譲渡^{じょうと}所得税^{しょとくぜい} / ~ 증서 譲渡証書^{しょうしょ}。
  양도-하다 타 譲渡^{じょうと}する。 예 건물을 ~. 建物を譲渡する。 / 권리를 ~. 権利^{けんり}を譲渡する。 / 재산을 ~. 財産^{ざいさん}を譲渡する。
양돈(養豚) 명 養豚^{ようとん}。
  양돈-하다 자 養豚^{ようとん}する。
양-동이(洋—) 명 バケツ。
양두(羊頭) 명 羊^{ひつじ}の頭^{あたま}。
양두-구육(羊頭狗肉) 【$^{겉으로는 그럴듯하나}_{속은 변변치 않음}$】羊頭狗肉$^{ようとう}_{くにく}$。
양-딸(養—) ☞수양딸
양-딸기(洋—) 명 《식》オランダ苺^{いちご}。
양떼-구름(羊一) 명 絹積雲^{けんせきうん}｜うろこ雲^{ぐも}。

양-띠(羊—) 명 《민》羊年^{ひつじどし}の生^{う}まれ。
양력(揚力) 명 《물》揚力^{ようりょく}。 예 비행기는 날개에서 생기는 ~으로 날아갈 수 있다. 飛行機^{ひこうき}は翼^{つばさ}に生^{しょう}じる揚力^{ようりょく}によって飛^{と}ぶことができる。
양력^2(陽曆) 명 《천》陽暦^{ようれき}｜新暦^{しんれき}。 =태양력
양로(養老) 명 養老^{ようろう}。
양로-원(養老院) 명 老人^{ろうじん}ホーム｜養老院$^{ようろう}_{いん}$。 ◆일본어에서「養老院」은 구칭이다.
양론(兩論) 명 両論^{りょうろん}。 예 찬부 ~ 賛否^{さんぴ}両論。
양류(楊柳) ☞버드나무
양립(兩立) 명 両立^{りょうりつ}。
  양립-하다 자 両立^{りょうりつ}する。
양막(羊膜) 명 《의》【$^{포유류의 태아를}_{싸는 투명한 얇은 막}$】羊膜^{ようまく}。 =모래집
양말(洋襪) 명 靴下^{くつした}｜ソックス。 예 ~을 신다. 靴下をはく。
양면(兩面) 명 両面^{りょうめん}。 예 ~ 복사 両面コピー / 물심 ~으로 돕다. 物心^{ぶっしん}両面にわたって援助^{えんじょ}する。
양명-학(陽明學) 명 《철》【$^{중국 명나라 때}_{왕양명의 학설}$】陽明学^{ようめいがく}。 예 ~과 陽明学派^{は}/ 명나라의 ~ 明^{みん}の国^{くに}の陽明学。
양모^1(羊毛) 명 羊毛^{ようもう}｜ウール。 예 ~ 코트 ウールコート。
양모^2(養母) ☞수양어머니
양모-사(羊毛絲) 명 ☞양털실
양모-제(養毛劑) 명 養毛剤^{ようもうざい}｜毛生^{けは}え薬^{ぐすり}。
양모-지(羊毛脂) 명 《화》羊毛脂^{ようもうし}｜羊毛蝋^{ようもうろう}｜ラノリン。 예 ~ 비누 羊毛脂せっけん。
양목(洋木) ☞당목(唐木)
양몰-이(羊—) 명 羊^{ひつじ}を駆ること〔ひと〕。
양미^1(兩眉) 명 双眉^{そうび}｜左右^{さゆう}の眉^{まゆ}。
양미^2(糧米) 명 糧米^{りょうまい}。
양미-간(兩眉間) 명 眉間^{みけん}｜まゆあい。 예 ~을 찌푸리다. 眉間にしわを寄せる。 =미간
양민(良民) 명 良民^{りょうみん}。
양반(兩班) 명 《역》【$^{조선시대의}_{지배 계급}$】両班^{ヤンバン}。
양반-집(兩班—) 명 両班^{ヤンバン}の家柄^{いえがら}。 예 ~만 모여 사는 마을 両班の家柄だけが集^{あつ}まった村。
양방(兩方) 명 両方^{りょうほう}｜双方^{そうほう}。
양-배추(洋—) 명 《식》キャベツ｜玉菜^{たまな}。
양-버들(洋—) 명 《식》ポプラ。 예 가로수로 ~이 심겨져 있다. ポプラの木^{き}が街路

樹木として植えられている。

양변(兩邊)圏 両辺。❶図形などの二つの辺。❷(수)等号、不等号の右辺と左辺。

양병(養病)圏 ❶【섭생】養生｜摂生。❷【치료】治療を怠って病気がこじれること。
　양병-하다재 ❶養生する｜摂生する。❷治療を怠って病気がこじれる。

양보(讓步)圏 譲步｜譲ること。예 ~를 강요하다. 譲步を強いる。
　양보-하다타 譲步する｜譲る。예 서로 ~. 互いに譲步する。/ 길을 ~. 道を譲る。

양복(洋服)圏 洋服｜背広。예 맞춤 ~ あつらえの背広。

양복-감(洋服-)圏 洋服の生地｜服地。=양복지

양복-바지(洋服-)圏 背広のズボン。

양복-장(洋服欌)圏 洋服だんす。

양복-장이(洋服-)圏 紳士服の仕立屋。

양복-쟁이(洋服-)圏【경멸】紳士服の仕立屋を見下げて言う語。

양복-점(洋服店)圏 洋服店｜テーラー。

양복-저고리(洋服-)圏 背広の上着。

양복-지(洋服地)圏 ☞양복감

양복-짜리(洋服-)圏 背広を着た人を見下げて言う語。예 낯선 ~가 마을에 나타났다. 洋服姿の見知らぬ人が村に現れた。

양봉(養蜂)圏 養蜂。
　양봉-하다재 養蜂する。

양봉-업(養蜂業)圏 養蜂業。

양부(養父)圏 ☞수양아버지

양-부모(養父母)圏 ☞수양부모

양분¹(兩分)圏 両分｜二分。
　양분-하다타 両分する｜二分する。예 이익을 ~. 利益を両分する。

양분²(養分)圏 養分｜栄養分｜滋養分。

양산(陽傘)圏 日傘。예 ~ 효과 日傘効果。

양상(樣相)圏 様相｜様態｜有様。

양-상추(洋-)圏 (식)レタス。

양생(養生)圏 ❶摂生。❷保養。❸(건)打ったコンクリートやモルタルが十分に硬化するよう保護する作業。
　양생-하다재 養生する。

양서¹(良書)圏 良書。

양서²(洋書)圏 洋書｜洋本。

양서-류(兩棲類)圏 両生類。

양성¹(兩性)圏〈화〉両性。예 ~ 산화물 両性酸化物 / ~ 화합물 両性化合物。

양성²(陽性)圏 陽性。예 ~ 모음 陽母音 / ~ 반응 陽性反応。

양성³(養成)圏 養成。
　양성-하다타 養成する。예 후계자를 ~. 後継者を養成する。

양성 생식(兩性生殖)圏〈생〉両性生殖。예 대부분 생물은 ~으로 자손을 퍼뜨린다. ほとんどの生物は両性生殖で子孫を増やす。

양성-소(養成所)圏 養成所。

양성-자(陽性子)圏 ☞양자

양속(良俗)圏 良俗。예 미풍~ 美風良俗。

양-손(兩-)圏 両手｜もろて。예 ~을 들어 찬성하다. もろてを挙げて賛成する。
　양손의 떡속담 両手にお餅を：「二つのものを同時に持っていて、どっちが先か決めかねる」の意。

양손-잡이(兩-)圏 両手利き。

양-송이(洋-)圏〈식〉マッシュルーム｜作り茸。

양수¹(羊水)圏〈의〉【태생】羊水。예 ~ 검사 羊水検査。

양수²(兩手)圏【신체】両手｜双手｜もろて｜両方の手。

양수³(揚水)圏【토목】揚水。예 ~ 펌프 揚水ポンプ。
　양수-하다재 揚水する。

양수⁴(陽數)圏〈수〉正数｜正の数。예 ~는 0보다 큰 수이다. 正数は0より大きい数だ。↔음수(陰數)。

양수-걸이(兩手-)圏〈운〉【장기】石や駒の両あたり。

양수-기(揚水機)圏 揚水機。

양수식 발전(揚水式發電)圏〈전〉揚水式発電。

양수-잡이(兩手-)圏〈운〉【장기】両りょうアタリをかけること。

양순-하다(良順-)형 順良だ｜善良だ。

양순-히囲 順良じゅんりょうに｜善良ぜんりょうに。
양식¹(良識)囤 良識りょうしき。例 ~있는 사람 良識のある人/~에 호소하다. 良識に訴うったえる。
양식²(洋式)囤 洋式ようしき｜西洋式せいようしき。
양식³(洋食)囤 洋食ようしょく。
양식⁴(様式)囤 様式ようしき。スタイル。❶方式ほうしき。例 생활 ~의 차이 ライフスタイルの差さ。❷一定いっていの形式けいしき。例 서류의 ~ 書類しょるいの様式。❸表現ひょうげん形態けいたい。例 바로크 ~ バロック様式/로코코 ~ ロココ様式。
양식⁵(養殖)囤 養殖ようしょく。例 ~진주 養殖真珠しんじゅ。
　양식-하다囤 養殖ようしょくする。
양식⁶(糧食)囤 ❶糧食りょうしょく｜食料しょくりょう。❷(精神的せいしんてき)糧かて。例 독서는 마음의 ~ 読書どくしょは心こころの糧。
양식-업(養殖業)囤 養殖業ようしょくぎょう。
양심(良心)囤 良心りょうしん。例 ~의 자유 良心の自由じゆう/~의 가책을 느끼다. 良心の呵責かしゃくを感かんずる。
양심-수(良心囚)囤 良心りょうしんの囚人しゅうじん。
양심-적(良心的)관형 良心的りょうしんてき。例 ~병역 거부 良心的兵役拒否へいえききょひ/~인 가게 良心的な店みせ。
양-아들(養—)囤 ☞수양아들
양-아버지(養—)囤 ☞수양아버지
양아치囤【걸인뜻에서】乞食こじき。
양악(洋楽)囤 洋楽ようがく。
양안(両岸)囤 両岸りょうがん｜左右さゆうの岸きし。
양약(良薬)囤 良薬りょうやく｜よく効きく薬くすり。例 ~은 입에 쓰다. 良薬口くちに苦にがし。
양약(洋薬)囤 西洋薬せいようやくの薬くすり。=신약❷
양양-하다¹(洋洋)형 洋々ようようとしている。例 전도양양한 미래 前途ぜんとようようたる未来みらい。
　양양-히¹甲 洋々ようようと。
양양-하다²(揚揚)형 揚々ようようとしている。例 의기양양하게 돌아오다. 意気いきを揚々と引ひき揚あげる。
　양양-히²甲 揚々ようようと。
양어(養魚)囤 養魚ようぎょ。
　양어-하다囤 養魚ようぎょする。
양-어머니(養—)囤 ☞수양어머니
양어-장(養魚場)囤 養魚場ようぎょじょう。
양여(譲与)囤 譲与じょうよ。
　양여-하다囤 譲与じょうよする。
양옥(洋屋)囤 洋式ようしきの家屋かおく。=양옥집
양옥-집(洋屋—)囤 ☞양옥

양용(両用)囤 両用りょうよう。例 수륙 ~ 水陸すいりく両用。
양원(両院)囤《법》両院りょういん。
양원-제(両院制)囤 両院制りょういんせい｜二院制にいんせい。
양위(譲位)囤 譲位じょうい。
양육¹(羊肉)囤 羊肉ようにく｜羊ひつじの肉にく。
양육²(養育)囤 養育よういく。例 ~ 포기 養育放棄ほうき。
　양육-하다囤 養育よういくする。
양육-권(養育権)囤 養育権よういくけん。例 ~청구 養育権請求せいきゅう。
양육-비(養育費)囤 養育費よういくひ。
양-으로(陽—)囤 陽ように。例 음으로 ~ 돕다. 陰いんに陽に助たすける。
양은(洋銀)囤 洋銀ようぎん。例 ~그릇 洋銀の器うつわ。
양의¹(良医)囤 良医りょうい。
양의²(洋医)囤 洋医ようい。
양이(攘夷)囤 攘夷じょうい。
양이-론(攘夷論)囤 攘夷論じょういろん。
양-이온(陽ion)囤《화》陽ようイオン｜正せいの電気を帯おびたイオン。
양익(両翼)囤 両翼りょうよく。
양일(両日)囤 両日りょうじつ｜二日ふつか。例 ~간 二日間かん。
양자¹(両者)囤 両者りょうしゃ｜二者にしゃ｜両方りょうほう。例 ~택일 二者択一たくいつ。
양자²(陽子)囤《물》陽子ようし｜プロトン。=양성자
양자³(量子)囤《에너지의 최소 양자 단위》量子りょうし。
양자⁴(養子)囤 ☞수양아들
　양자(로) 가다관용 養子ようしに行いく。
양-자리(羊—)囤《천》【황도의 제1궁】牡羊座おひつじざ。
양자-화(量子化)囤《물》量子化ようしか。
양잠(養蚕)囤 養蚕ようさん。
　양잠-하다囤 養蚕ようさんする。
양잠-업(養蚕業)囤 蚕業さんぎょう。
양장(洋装)囤 洋装ようそう。例 ~ 미인 洋装美人びじん。
　양장-하다囤 洋装ようそうする。
양장-본(洋装本)囤 洋装本ようそうぼん。
양재¹(良材)囤 良材りょうざい。
양재²(洋裁)囤 洋裁ようさい。
양-재기(←洋瓷器)囤 アルミの器うつわ。
양-잿물(洋—)囤 洗濯用せんたくようの苛性かせいソーダ｜水酸化すいさんかナトリウム。준잿물
양-적(的)관형 量的りょうてき。例 ~으로는 충분한데, 질적으로 떨어진다. 量的には十分じゅうぶんだが、質的しつてきに劣おとる。

양-전기(陽電氣)〖명〗《물》陽電気ようでんき｜正電気でんき。

양-전자(陽電子)〖명〗《물》陽電子ようでんし｜ポジトロン。

양-젖(羊—)〖명〗羊乳ようにゅう｜羊ひつじの乳ちち。

양조(釀造)〖명〗醸造ぞうぞう。〖예〗~주 醸造酒しゅ。
　양조-하다〖타〗醸造ぞうぞうする。〖예〗전통적인 수법으로 ~. 伝統的でんとうてきな手法しゅほうで醸造ぞうぞうする。

양조-장(釀造場)〖명〗醸造場じょうぞうじょう。

양주¹(兩主)〖명〗夫婦ふうふ。

양주²(洋酒)〖명〗洋酒ようしゅ。

양주³(釀酒)〖명〗醸酒じょうしゅ｜酒さけをかもすこと。
　양주-하다〖타〗醸酒じょうしゅする。

양지¹(洋紙)〖명〗洋紙ようし｜西洋紙せいようし。

양지²(陽地)〖명〗日ひなた｜~ 식물 陽性植物ようせいしょくぶつ。

양지³(諒知)〖명〗了承りょうしょう｜承知しょうち。
　양지-하다〖타〗了承りょうしょうする。〖예〗양지하여 주십시오. ご了承ください。

양지-꽃(陽地—)〖명〗《식》雉筵ちえん。〖예〗~ 전체에 가늘고 하얀 털이 많다. キジムシロの全体ぜんたいに細ほそくて白しろい毛けが多おおい。

양지-머리〖명〗牛うしの胸部きょうぶの肉にく。

양지-바르다(陽地—)〖형〗日ひなたである｜日当ひあたりがよい。

양지-쪽(陽地—)〖명〗日ひの当あたるほう｜日ひなたのほう。〖예〗~에 꽃을 심다. 日の当たるほうに花はなを植うえる。

양질(良質)〖명〗良質りょうしつ。〖예〗~의 교육 良質の教育きょういく。

양-짝(兩—)〖명〗一対いっつい。

양-쪽(兩—)〖명〗両方りょうほう｜双方そうほう。〖예〗~에서 잡아당기다. 両方から引ひっ張ぱる。/ ~ 다 먹고 싶다. 両方とも食たべたい。

양쯔 강(揚子江)〖지〗揚子江ようすこう。

양쯔 강 기단(揚子江氣團)〖명〗揚子江気団ようすこうきだん。

양차(兩次)〖명〗両次りょうじ｜二度にど。

양책(良策)〖명〗良策りょうさく。

양처(兩妻)〖명〗良妻りょうさい。〖예〗현모~ 良妻賢母けんぼ。

양철(洋鐵)〖명〗ブリキ。=생철

양철-통(洋鐵桶)〖명〗ブリキ缶かん。〖예〗~에 든 통조림 ブリキ缶に入はいった缶詰かんづめ。

양-초(洋—)〖명〗ろうそく。〖예〗~를 켜다. ろうそくをともす。

양춘(陽春)〖명〗陽春ようしゅん。〖예〗~가절 陽春の佳節かせつ。

양측(兩側)〖명〗❶両方りょうほう。❷両側りょうがわ。

양치(養齒)〖명〗歯磨はみがき。

양-치기(羊—)〖명〗羊飼ひつじかい。〖예〗양 떼를 급히 뒤로 모는 ~ 羊を急いそいで追おい込こむ羊飼い／~ 소년 羊飼いの少年しょうねん。

양치-식물(羊齒植物)〖명〗《식》羊歯植物しだしょくぶつ。

양치-질(養齒—)〖명〗歯磨はみがき。〖예〗~을 어릴 때부터 습관 들이다. 歯磨きを小ちいさい時ときから習慣しゅうかんづける。 ㉔양치
　양치질-하다〖자〗歯磨はみがきをする｜歯はを磨みがく。

양친¹(兩親)〖명〗両親りょうしん｜二親ふたおや。〖예〗~을 여의다. 二親を失うしなう。

양친²(養親)〖명〗❶養親ようしん｜養やしないの親おや。❷父母ふぼを保護ほごすること。

양치-물(養齒—)〖명〗うがいの水みず｜口くちすすぎの水。

양-코(洋—)〖명〗❶【서양인을 놀림조로】西洋人せいようじんをからかって言いう語ご。❷【코가 높은 사람】鼻はなが非常ひじょうに大おおきくて高たかい人ひとをからかって言う語。〖예〗~라서 외국인인줄 알았다. 鼻が高くて外国人がいこくじんかと思おもった。

양키(Yankee)〖명〗【서양사람을 얕잡아 이르는 말】ヤンキー｜アメリカ人じん。

양-탄자(洋—)〖명〗絨緞じゅうたん｜カーペット。

양태(樣態)〖명〗様態ようたい｜様相ようそう｜状態じょうたい。

양-털(羊—)〖명〗羊毛ようもう｜ウール。

양털-실(羊—)〖명〗毛糸けいと。〖예〗~ 뜨개질을 하다. 毛糸を編あむ。=양모사

양토(壤土)〖명〗壌土じょうど。

양-파(洋—)〖명〗《식》玉葱たまねぎ。〖예〗~를 채 썰다. タマネギを千切せんぎりにする。/ ~를 다지려면 매워서 눈물이 난다. タマネギをみじん切りにしようとすると、しみて涙なみだが出でる。

양-팔(兩—)〖명〗両腕りょううで。

양편(兩便)〖명〗❶両方りょうほう｜両側りょうがわ。❷両方とも便利べんりなこと。

양-편짝(兩—)〖명〗両側りょうがわ。

양푼〖명〗(口くちの広ひろい)真鍮製しんちゅうせいの鉢はち。

양품(洋品)〖명〗洋品ようひん。

양품-점(洋品店)〖명〗洋品店ようひんてん。

양풍(洋風)〖명〗洋風ようふう｜西洋風せいようふう。

양피(羊皮)〖명〗羊皮ようひ｜ヤンピー｜シープスキン。〖예〗~ 지갑 ヤンピー財布さいふ。

양피-지(羊皮紙)〖명〗羊皮紙ようひし。

양해(諒解)〖명〗了解りょうかい｜了承りょうしょう。
　양해-하다〖타〗了解りょうかいする。〖예〗사정을 ~. 事情じじょうを了解する。

양행(洋行)[명] 洋行こう。❶欧米おうべいへ行いくこと。❷(外国がいことの貿易ぼうえきを専門せんもんとする)西洋式せいようしきの商店しょうてん。

양호¹(良好)[명] 良好りょうこう。
  양호-하다[형] 良好りょうこうだ。예양호한 성적 良好りょうこうな成績せいせき。

양호²(養護)[명] 養護ようご。~ 시설 養護施設ようごしせつ。

양화¹(洋靴)[명] ☞구두¹

양화²(陽畫)[명] 《연》陽画ようが。ポジティブ。

양회(洋灰)[명] ☞시멘트

얕다[형] ❶【깊이가】浅あさい｜低ひくい。예강물이 생각보다 얕다. 川かわが思おもったより浅あさい。/운두가 얕은 수반에 꽃꽂이를 하다. 縁ふちの浅あさい水盤すいばんに生いけ花ばなをする。/산이 얕아서 쉽게 오르다. 山やまが低ひくくて軽かるく登のぼる。↔깊다❶ ❷【깊지 않다】深ふかくない｜軽率けいそつだ｜浅あさはかだ。예얕은 생각에 들키지 않을 줄 알았다. 浅あさはかな考かんがえでは、ばれるはずがないと思おもった。/경험이 얕아서 잘할지 걱정이다. 経験けいけんが浅あさいで上手じょうずにできるか心配しんぱいだ。↔깊다❷ ❸【색깔·향기가】(色いろ·香かおりが)薄うすい｜弱よわい｜淡あわい。예얕은 파란색 티셔츠를 샀다. 薄青うすあおのティーシャツを買かった。❹【기간이】浅あさい｜長ながくない｜短みじかい。예완성하기에는 기간이 ~. 完成かんせいさせるには期間きかんが短みじかい。

얕-보다[타] 見みくびる｜見みくだす｜あなどる。예사람을 얕보는 듯한 태도｜人ひとを見下みくだしたような態度たいど/상대 팀을 얕보아 참패하다. 相手あいてチームを見みくびって惨敗ざんぱいする。

얕은-꾀[명] 浅知恵あさぢえ。예여우의 ~에 넘어가지 마라. 狐きつねの浅知恵あさぢえにだまされるな。

얕은-맛[명] 薄うすくあっさりした味あじ。

얕-잡다[타] なめる｜あなどる｜さげすむ｜甘あまくみる。예상대를 얕잡아 보고 덤비다. 相手あいてをなめてかかる。

얕추[부] ❶浅あさく。예구멍을 ~ 파다. 穴あなを浅あさく掘ほる。❷さげすんで｜あなどって。

얘¹[감] あら｜まあ｜おお｜おや。예~, 놀랐어. あら、おどろいたわ。

얘기[명] 話はなし。예또 ~가 길어졌습니다만…. また話はなしが長ながくなりましたね。

얘깃-거리[명] 言いい草くさ｜話はなしの種たね｜話題わだい。

어¹[감] ❶【놀라거나 당황하거나 초조할 때 내는 소리】あっ｜おっ。예~, 깜짝이야. あっ、びっくりした。/~, 위험해. あっ、危あぶない。❷【기쁘거나 슬프거나 뉘우칠 때 힘을 주어 내는 소리】わぁ｜あぁ。예~, 열심히 했구나. あぁ、よく頑張がんばったな。/~, 피자다. わぁ、ピザだ。❸【말을 꺼낼 때 상대방의 주의를 끌기 위해 내는 소리】えっと｜あの｜ちょっと。예~, 여기예요. あの、ここです。/여러분 ~, 여기 좀 봐 주세요. 皆みなさん、ちょっとここを見みてください。

어간(魚肝)[명] 魚ぎょの肝臓かんぞう。

어간(語幹)[명]《연》語幹ごかん。

어간-유(魚肝油)[명] 肝油かんゆ。

어감(語感)[명] 語感ごかん。예~의 미묘한 차이 語感ごかんの微妙びみょうな違ちがい。

어개(魚介)[명] 魚介ぎょかい。

어개-류(魚介類)[명] 魚介類ぎょかいるい。

어거지[명] ☞'억지'의 잘못.

어구¹(漁具)[명] 漁具ぎょぐ。

어구²(漁區)[명] 漁区ぎょく。

어구³(語句)[명]《연》語句ごく。

어군(魚群)[명] 魚群ぎょぐん。예~ 탐지기 魚群探知機ぎょぐんたんちき。

어귀¹[명] 入いり口ぐち。예동네 ~ 村むらの入いり口ぐち。

어귀²(語句)[명] ☞'어구(語句)'의 잘못.

어그러-뜨리다[타] ❶【어긋나게 하다】食くい違ちがわせる｜反そらす｜歪ゆがます｜狂くるわせる。예문짝을 발로 차서 ~. 扉とびらを足あしで蹴けって歪ゆがませる。❷【期待きたいに反はんする｜そむく。예나는 어머니의 기대를 어그러뜨리고 대학에 진학하지 않았다. 私わたしは母はははの期待きたいにそむいて大学だいがくに進学しんがくしなかった。❸【仲なか·関係かんけいなどを】引ひき裂さく。예아버지는 그와 나의 사이를 어그러뜨렸다. 父ちちが彼かれと私わたしの仲なかを引ひき裂さいた。=어그러트리다

어그러-지다[자] ❶【어긋나다】食くい違ちがう｜反それる｜歪ゆがむ｜狂くるう。예잘못 힘을 주어서 지퍼가 어그러졌다. 変へんに力ちからを入いれてファスナーが食くい違ちがった。❷【計画けいかく·予想よそう·期待きたいなどが】食くい違ちがう｜はずれる｜狂くるう。예예상이 어그러져 손해를 보다. 予想よそうがはずれて損そんをする。/일정이 어그러져서 집에만 있었다. 日程にっていが狂くるって、ずっと家いえにいた。❸【仲なかが悪わるくなる｜不仲ふなかになる｜仲違なかたがいする。예그날 사건 이후로 우리들은 사이가 어그러져 버렸다. あの日ひの事件じけん以来いらい、私わたしたちは仲なかが悪わるくなってしまった。

어그러-트리다[타] ☞어그러뜨리다

어근(語根)⟨언⟩語根ごこん。
어근-버근🔍 ❶がたがた｜ぐらぐら。❷ちぐはぐ｜ぎくしゃく。
　어근버근-하다 ❶がたがたする。❷ちぐはぐだ｜ぎくしゃくする。例 어근버근한 관계 ぎくしゃくした関係かんけい。
어글-어글🔍 (顔立かおだちが)大作おおづくりなさま。
　어글어글-하다🔍 ❶(目鼻立めはなだちが)大作りだ。❷心こころが広ひろい｜質たちがやわらかい。
어금-니⟨의⟩奥歯おくば｜臼歯きゅうし。
어금버금-하다🔍 ☞어금지금하다
어금지금-하다🔍 似にたり寄よったりだ｜どっこいどっこいだ。＝어금버금하다
어긋나-기⟨식⟩互生ごせい。例 ～ 꽃잎 互生の花びら。＝호생(互生)
어긋나기-잎⟨식⟩互生ごせいの葉は。
어긋-나다 ❶(物ものが)はずれる｜それる｜食くい違ちがう｜合あわない｜狂くるう。例 어깨뼈가 ～. 肩の骨がはずれる。/ 문짝이 어긋나서 꼭 닫히지 않는다. 建具たてぐが狂ってきて、ぴったり閉しまらない。❷反はんする｜食い違う｜狂う。例 예상에 ～. 予想よそうに反する。/ 그의 이야기는 사실과 크게 어긋나 있다. 彼の話はなしは事実と大おおきく食い違っていた。❸行いき違ちがう｜行き違いになる｜擦すれ違ちがう。例 어디에서 어긋났는지 아버지를 만나지 못했다. どこで行き違ったのか父ちちに会あえなかった。/ 그와는 항상 어긋나기만 한다. 彼とはいつも擦れ違ってばかりいる。
어긋-매끼다 互たがい違ちがいにする｜交差こうさする。例 어긋매겨 실을 엮다. 互い違いに糸いとを編あむ。☞ 엇매끼다
어긋-물다 互たがい違ちがいに組くみ合あわせる。☞ 엇물다
어긋물-리다🔍 互たがい違ちがいに組くみ合あわされる。
어긋버긋-하다 一様いちようでない｜ちぐはぐだ。
어긋-어긋🔍 ちぐはぐに。
어긋-하다 食くい違ちがっている｜はずれている。
어기(漁期)⟨의⟩漁期ぎょき。
어기다 (約束やくそく・規則きそくなどを)破やぶる｜反はんする｜そむく｜違反いはんする｜守まもらない｜従したがわない。例 약속을 ～. 約束を破る。/ 명령을 ～. 命令にそむく。/ 기일을 ～. 日ひにちを守らない。
어기-대다 素直すなおに従したがわない｜さからう。
어기뚱-거리다 ❶のそのそする。例 큰 호랑이는 어기뚱거리며 사라져 버렸다. 大おおきな虎とらはのそのそと歩あるいて消きえてしまった。❷驕慢きょうまんで腹黒はらぐろい言動げんどうをする。例 어기뚱거리는 그의 태도가 마음에 들지 않는다. 驕慢で腹黒い彼かれの態度たいどが気きに入いらない。❸身みの程ほど知しらずで、とんでもない言動をする。例 그는 자꾸 어기뚱거리는 소리만 해서 주위 사람을 당혹스럽게 만든다. 彼はしきりにとんでもないことばかり言って、回まわりの人ひとを当惑とうわくさせる。＝어기뚱대다
어기뚱-대다 ☞어기뚱거리다
어기뚱-어기뚱🔍 のっしのっし。例 그가 저쪽에서 ～ 걸어오고 있다. 彼があっちからのっしのっしと歩いてくる。
어기뚱-하다📝 ❶(言動げんどうが)驕慢きょうまんで腹黒はらぐろい。例 그는 어릴 때부터 어기뚱한 말을 자주 하곤 했다. 彼れは子供こどもの頃ころから驕慢で、腹黒いことをよく言ったものだ。❷身の程知らずで、とんでもないところがある。例 스스로 생각해도 내 행동이 약간 어기뚱하다 싶었다. 自みずから考かんがえても、私わたしの行動こうどうに少すこしとんでもないところがあるように見みえた。
어기여차🔍 よいしょ｜よいさ｜どっこい。例 사람들은 ～, ～, 밧줄을 끌어당겼다. 人々ひとびとはよいしょ、よいしょと綱つなをたぐった。
어기적-거리다 もたもた歩あるく｜よたよた歩く。＝어기적대다
어기적-대다 ☞어기적거리다
어기적-어기적🔍 もたもた｜よたよた。例 ～ 걷다. よたよたと歩く。
어기죽-거리다 もたもた歩く｜よたよた歩く。＝어기죽대다
어기죽-대다 ☞어기죽거리다
어기죽-어기죽🔍 よたよたと歩くさま。
어기-차다🔍 気丈きじょうだ｜気丈夫きじょうぶだ。例 5시간의 공연을 어기차게 마쳤다. 5時間じかんの公演こうえんを気丈に勤つとめ上あげた。
어김-없다 間違まちがいない｜確たしかだ。
　어김없-이🔍 間違いなく｜確かに｜

決まって。

어깃-장몡 わざと逆らう行動。囫 ~을 놓다. わざとひねくれる。

어깨몡 ❶肩。囫 ~를 치다. 肩を叩く。/ ~에 가방을 걸치다. 肩にかばんを掛ける。/ ~가 뻐근하다. 肩が凝る。❷ (衣服などの)肩。囫 요즘에는 ~가 좁은 옷이 유행이다. 最近は肩の狭い服が流行っている。❸「やくざ」の俗っぽい語。囫 ~들이 내 쪽으로 다가와서 재빨리 도망쳤다. やくざたちが私のところに近寄ってきて、すばやく逃げた。

어깨너멋-글몡 耳学問。囫 다섯 살에 ~로 한글을 뗐다. 五歲の時、耳学問でハングルを習得した。

어깨 누르기(운) 肩固め。

어깨-동무몡 ❶肩を組むこと｜肩を組んで遊ぶ遊び。❷竹馬のとも｜幼なじみ。

어깨-뼈몡 肩骨｜肩甲骨。=견갑골

어깨-선(一線)몡 肩線。

어깨-솔기몡 肩縫い目。

어깨-심(一心)몡 肩のパッド。

어깨-차례(一次例)몡 ❶前からの順番。❷背丈の順。

어깨-총(一銃)감몡 (軍)担え銃。

어깨-춤몡 うれしくて肩を振ることや踊り。

어깻-바람몡 肩で風を切る気勢。

어깻-숨몡 肩息。囫 ~을 내쉬다. 肩で息をする。

어깻-죽지몡 肩先｜肩口。

어깻-짓몡 肩の動作｜肩の動き。
어깻짓-하다타 肩の動きをする。囫 어깻짓하며 춤추다. 肩の動きで踊る。

어눌-하다(語訥—)혱 訥弁だ。

어느관 ❶どれ｜どの｜どちら。囫 ~ 것이 당신의 구두입니까? どれがあなたの靴ですか。/ ~ 집이 선생님 집이야? どの家が先生の家なの。❷ある｜某る｜とある。囫 ~ 날 어느 날/ 옛날 옛날 ~ 마을에 할아버지와 할머니가 살고 있었습니다. 昔々ある町にお爺さんとお祖母さんが暮らしていました。❸どの｜どれ｜いくら。囫 월급은 ~ 정도 받고 있어? 給料はどれ程貰っているの。/ 비용은 ~ 정도 들어? 費用はどのくらいかかるの。

어느-덧부 いつのまにか。囫 ~ 어른이 되었다. いつのまにか大人になった。

어느-새부 いつのまにか｜はや｜もはや｜もう｜すでに。囫 ~ 날이 저물다. もはや日が暮れる。

어-는점(一點)몡 ☞빙점

어두(語頭)몡 (언)語頭。

어두커니부 未明の薄暗いときに。

어두컴컴-하다혱 薄暗い。囫 어두컴컴한 복도를 걸어가다. 薄暗い廊下を歩いて行く。

어둑-새벽몡 夜明け｜あけがた｜未明。

어둑어둑-하다혱 ほの暗い｜薄暗い。

어둑-하다혱 ❶薄暗い。❷世間ずれせずうぶだ。

어둔-하다(語鈍—)혱 言葉がのろい｜どもりがちだ。

어둠몡 暗がり｜暗闇｜闇。

어둠-별몡 宵の明星｜金星。

어둠침침-하다혱 暗くうっとうしい。
어둠침침-히부 暗くうっとうしく。

어둡다혱 ❶(光・色などが)暗い。囫 이 방은 ~. この部屋は暗い。/ 나는 어두운 색을 좋아한다. 私は暗い色が好きだ。❷(目・耳などが)よく見えない｜よく聞こえない。囫 요즘 귀가 어두워졌다. 最近は、耳が遠くなってきた。❸よく知らない｜暗い｜うとい。囫 나는 이 근처 지리에 ~. 私はこの近くの地理に暗い。/ 그는 세상 물정에 ~. 彼は世情にうとい。❹暗い｜陰気である｜晴々しない。囫 어머니는 어두운 얼굴로 돌아왔다. 母は暗い顔をして帰ってきた。/ 이 어두운 분위기를 어떻게 좀 해 줘. この暗い雰囲気をどうにかしてくれ。/ 그는 어두운 과거를 갖고 있다. 彼は暗い過去を持っている。

어드레스(address)몡 (컴)アドレス。

어드밴티지 룰(advantage rule) (운)アドバンテージルール。

어득-하다혱 ❶はるかに遠い。❷(音・声が)遠く聞こえる｜かすかに見える。囫 그의 기억이 이제는 어득해졌다. 彼の記憶も今ではもうかすかになった。

어디 I대 ❶どこ｜どちら。囫 집이

~야? どこに住んでいるの。/차는 ~에 있어? 車はどこ。/~ 가고 싶어? どこへ行きたいの。❷【どこか ある所】 どこか ある所。 예~ 좀 갔다 올 테니까 기다리고 있어. どこかへちょっと行ってくるから待っていてね。

Ⅱ갑【아랫사람이나 친한 사이에서 부를 때】 あの｜よし｜ようし。 예~, 네가 김 씨 딸이니? あの、あなたがキムさんの娘なの？/~, 잘하나 보자. うまくするか見よう。

어디 (두고) 보자 관용 よし、今に見ろ｜ようし、覚えておけ。 예나를 이렇게까지 바보 취급하다니, 어디 두고 보자, 私のことをこんなにまでばか扱いするなんて、ようし、覚えておけ。

어따 갑 【못마땅해 짜증이 났을 때】 ちえっ｜もう。 예~, 참 재미없게. ちえっ、面白くないな。/~, 무슨 말을 그렇게 하냐. ちえっ、何を言うんだ。

어떠-하다 형 どうである｜どういうふうになっている。 예어떠한 물건이 좋을까요? どんな品がいいでしょうか。/어떠한 목적으로 사용됩니까? どういう目的で使われますか。 준어떻다

어떡-하다 타 【'어떻게 하다'가 줄어든 말】 どうする｜どういうふうにする｜どうする。 예네가 떠나면 나는 어떡하라는 말이니? お前が去っていったら私はどうしろというのか。

어떻다 どうだ｜どういうふうだ。 예몸의 컨디션은 어떻습니까? 体の調子はどうですか。

어뜩 부 ちらっと｜ちらりと。 예~ 보니 선생님이었다. ちらっと見たら先生だった。

어뜩-어뜩 부 【어찔어찔하게】 くらくら(と)。

어뜩-하다 急にふらふらする｜(気が遠くなって)くらくらする｜ぐらっとする。

어란(魚卵) 명 塩漬けにして干した魚の卵。

어레미 명 目の粗いふるい。

어려워-하다 타 ❶(目上の人を敬遠して)気兼ねする｜遠慮する。 예어려워하지 말고 말해 보아라. すまないと思わないで言ってみなさい。 ❷(仕事などを)もてあます。

어련무던-하다 형 (別に欠点もなく)まずまずだ｜まあまあだ｜どうやらだ。 예특별히 좋지도 나쁘지도 않은 어련무던한 사람과 결혼하다. 特別に良くも悪くもない、まあまあな人と結婚する。/여행하기에는 어련무던한 날이었다. 旅行にはまずまずの日だった。 =어리무던하다

어련-하다 형 【틀림 여지가 없이】 間違いがなかろう｜違うはずがない｜確かだ。 예그분의 말씀인데 어련하겠소. その方のお言葉ですから間違いないでしょう。

어련-히 부 間違いなく｜確かに。

어련-성(-性) 명 気兼ね｜はばかり｜遠慮。

어렴풋-하다 ❶【흐릿하게 들리게】 かすかだ｜わずかだ｜ぼんやりとする。 예멀리서 어렴풋하게 사람들이 웅성거리는 소리가 들린다. 遠くから人々のざわめく声が、かすかに聞こえる。/안개 속에 어렴풋하게 빛이 보인다. 霧の中に光が、かすかに見える。 ❷(記憶などが)ぼんやりしている｜かすかだ｜おぼろげだ。 예어렴풋하게 생각난다. ぼんやりと思い出される。/10년 전의 사건에 대해서는 어렴풋한 기억 뿐이다. 十年前の事件については、ぼんやりとした記憶だけだ。 ❸【잠이 깊이】 (眠りなどが)浅いうつらうつらする。

어렴풋-이 부 ぼんやりと｜おぼろげにうつらうつら(と)。 예문득문득 ~ 그 일이 떠오른다. ふとそのことがぼんやりと思い出される。

어렵다 형 ❶【어려운】 難しい｜困難だ。 예그 일을 해결하는 것은 무척 어려울 것 같다. その問題を解決するのは非常に難しそうだ。/이 책은 중학생에게는 너무 어렵다. この本は中学生には難しすぎる。 ❷【거북하게】 気兼ねしい。 ❸【상대가 거리끼어 있음】 気まずい｜気詰まりである。 예과장님은 말수가 적어서 대하기가 어렵다. 課長は口数が少なくて、気まずい。 ❹【곤란함】 困る。 예회사가 어려워 월급이 지급되지 않다. 会社が経営難で月給は支払わない。 ❺【가난하고 힘듦】 貧しい｜厳しい。 예초등학교 때 우리 집은 살기가 어려웠다. 小学校の時、わが家は貧しかった。 ❻【가능성이 적어】 ―しにくい。 예합격하기 어려울 것 같다. 合格しにくく見える。

어령칙-하다 형 (記憶などが)はっきりしない｜ぼんやりする。 예그때의 일은 어령칙해서 잘 모르겠다. あの時のことははっきりしなくて、よく分からない。

어령칙-이囲 ぼんやり(と)｜おぼろげに。

어로(漁撈)圀 漁労ぎょろう｜りょう。
　어로-하다囮 漁労する。

어로-권(漁撈權)圀 漁労権ぎょろうけん。

어로-선(漁撈船)圀 漁労船ぎょろうせん。

어록(語錄)圀 語録ごろく。

어뢰(魚雷)圀 魚雷ぎょらい。

어뢰-정(魚雷艇)圀〈군〉魚雷艇ぎょらいてい。

어루-꾀다囮 ❶たぶらかす｜口車くちぐるまに乗のせる。❷だます。

어루-더듬다囮 ❶撫なでる｜愛撫あいぶする。囫아이의 머리를 ~. 子供こどもの頭あたまを撫でる。/얼굴을 ~. 顔かおを撫でる。❷手探てさぐりする｜探さぐる。囫벽장 안을 ~. 戸棚とだなのなかを手探りする。

어루러기圀〈의〉癜なまず。

어루룽-더루룽囲【여러 가지 발깔의 얼룩이 줄이 떡득하게 있는 모양】ぽつぽつ｜ぽつりぽつり。

어루룽-어루룽囲【여러 가지 발깔의 얼룩이 줄이 떡득하게 있는 모양】ぽつぽつ｜ぽつりぽつり。

어루-만지다囮 軽かるくなでる｜さする。囫뺨을 ~. 頬ほおをさする。/등을 ~. 背中せなかをさする。

어룽-어룽¹囲【회미한 모양】ちらちら｜ちらほら(と)｜ぼうっと。

어룽-어룽²囲 ぽつぽつ｜ぽつりぽつり。

어룽-지다囻 まだらになっている｜斑まだらをなす。

어류(魚類)圀 魚類ぎょるい。

어르다囮 ❶【어린아이나 짐승을 좋게 하느라고 달래다】(子供こどもを)あやす｜なだめる｜なだめすかす。囫우는 아이를 ~. 泣なく子こをあやす。❷【놀려서 장난하다】(人ひと・動物どうぶつなどを)あやしてふざける。囫아이가 고양이를 어르며 놀고 있다. 子供こどもが猫ねこをあやしてふざけながら遊あそんでいる。❸【추어서 어떤 행동을 취하게 만들다】おだてる｜もちあげる｜丸まるめ込こむ。囫남편을 얼러서 노래자랑에 나가게 하다. 夫おっとをおだててのど自慢じまんに出場しゅつじょうさせる。/돈을 받기 위해 어르기도 하고 협박도 해 봤지만 소용이 없었다. お金かねをもらうためおだてたり脅おどしたりもしたが無駄むだだった。

어르신 ☞어르신네

어르신-네圀【남의 아버지 또는 나이많은 어른의 존칭】お父とうさん｜お父様とうさま。囫자네 ~는 안녕하시지? 君きみのお父さんはお元気げんきでいらっしゃるんだね。=어르신

어른圀 ❶大人おとな｜成人せいじん。囫~이 되다. 大人になる。❷目上めうえの人ひと｜上長じょうちょう。

囫집안의 ~. 身内みうちの上長。

어른-거리다囻 ❶見みえかくれする｜ちらつく｜ちらちらする。囫태양이 구름 사이로 ~. 太陽たいようが雲間くもまに見えかくれする。❷ゆらめく｜ゆらゆらする。囫수면에 어른거리는 양초의 불빛 水面すいめんにゆらめくろうそくの光ひかり。=어른대다

어른-대다囻 ☞어른거리다

어른-스럽다圈 (子供こどもが)大人おとなっぽい｜大人びている。囫어른스러운 복장 大人っぽい服装ふくそう。

어른-어른囲 ❶【보이다 말다 하는 모양】ちらちら。❷【크럼거리는 모양】ゆらゆら。

어름圀 ❶(二ふたつの物ものが)接せっするところ。❷(物ものと物の)真まん中なか。

어름-거리다囻囮 ❶ぐずぐずする｜しどろもどろにものを言いう。囫어름거리며 말하지 못하다. しどろもどろで話はなせない。❷仕事しごとなどをいいかげんにして片付かたづける。囫어름거리며 일을 끝냈다. ぐずぐずと仕事しごとを終おえた。=어름대다

어름-대다囻囮 ☞어름거리다

어름-어름囲【말이나 행동이 분명하지 않고 우물쭈물하는 모양】ぐずぐず(と)｜しどろもどろに。

　어름어름-하다囻 ぐずぐずする。囫문 앞에서 어름어름하다가 그냥 돌아가다. 門もんの前まえでぐずぐずしていたら、そのまま帰かえった。

어름적-거리다囻囮 ぐずぐずする。囫어름적거리며 대답을 못하다. ぐずぐずして答こたえられない。=어름적대다

어름적-대다囻囮 ☞어름적거리다

어름적-어름적囲【말이나 행동이 분명하지 않고 우물쭈물하는 모양】のろのろ｜ぐずぐず｜もたもた。

어리광圀 (大人おとなに)あまえること。囫~을 떨다. あまったれる。/~을 부리다. わざとあまえる。/~을 피우다. あまえる態度たいどを取とる。

　어리광-하다囻 あまえる。

어리광-스럽다圈 甘あまえる｜甘あまったれる。囫어리광스러운 목소리로 말을 걸다. 甘えた声こえで話はなしかける。/그녀는 30살이나 먹었는데도 아직 어리광스러운 구석이 있다. 彼女かのじょは30歳さいにもなるのに、いまだ甘ったれるところがある。

　어리광스레囲 甘あまえて｜甘あまったれて。囫그녀는 ~ 그의 어깨에 기댔다. 彼女かのじょは甘えて彼かれの肩かたにもたれた。

어리광-쟁이圀 甘あまえん坊ぼう｜甘あまったれ。囫한두 살 먹은 어린애도 아닌데 무척

~네. 一歳や二歳の子どもでもないのに、ひどい甘えん坊だね。

어리-굴젓[명] 牡蠣の塩辛。 예 매콤한 ~ ピリッと辛いカキの塩辛。

어리-눅다[자] 馬鹿を装う。

어리다[자] ❶[눈물이] にじむ | たまる | 浮かぶ | 涙ぐむ。 예 눈에 어린 눈물을 손수건으로 닦다. 目にたまった涙をハンカチで拭く。/ 결혼하는 딸의 모습을 보고 있으니 어느덧 두 눈에 눈물이 어려 있었다. 結婚する娘の姿を見ていると、いつのまにか両目に涙がたまっていた。❷[빛・그림자・모습 따위가] (光が・影が・姿が などが) かすかに映る。 예 눈에 어린 그녀의 얼굴 目に映った彼女の顔/ 수면에 그의 그림자가 어렸다. 水面に彼の影が映った。❸[기운이 스미어 있다] (力が・現象が・感情が などが) こもる | 含まれる。 예 열의가 어린 연주 熱のこもった演奏/ 진심 어린 말 한마디 真心のこもった一言。

어리다[형] ❶[나이가] (年齢が) 幼さい。 예 아직 어린 아이 まだ幼い子/ 어릴 때는 친구와 자주 싸웠다. 幼い頃は友達とよく喧嘩した。/ 아내는 나보다 두 살 어리다. 家内は私より二歳年下だ。 ❷[미숙하다] 浅い | 浅はかだ | 未熟だ。子供っぽい。 예 그것은 어린 생각이었다. それは浅はかな考えだった。/ 언제까지나 어리게 행동하려고 한다. いつまでも子供っぽく振る舞おうとする。 ❸[동물이나 식물이] (動物や植物などが) 若い | 幼い | まだ久しくない。 예 어린 나무 若木/ 어린 토끼는 귀엽다. 幼いウサギはかわいい。

어리-대다[자] ❶ うろつく | うろうろする。 예 일하는 데 와서 어리대지 마라. 仕事をする所に来て、うろうろするな。 ❷ぐずぐずする。

어리둥절-하다[형] めんくらう | とまどう | まごつく | おどおどする。 예 갑작스러운 소식에 모두들 어리둥절하였다. 突然の知らせに皆に戸惑った。/ 느닷없는 일이라서 ~. 不意のことで面食らった。

어리-마리[부] うとうと(と) | うつらうつら(と)。 예 ~ 잠이 들었을 때 그 소리가 다시 들려왔다. うとうとと眠りについた時、その音がまた聞こえてきた。

어리무던-하다[형] ☞ 어련무던하다

어리벙벙-하다[형] ❶ まごつく | 呆然となる。 ❷ (態度が) 曖昧だ。 예 어리벙벙한 상태로 수상 소감을 말하다. 呆然とした状態で受賞の感想を語る。/ 그 소식은 여전히 저를 어리벙벙하게 하는군요. その知らせは相変わらず私をまごつかせます。

어리벙벙-히[부] 呆然と | あっけにとられて | あきれはてて。

어리-보기[명][에] とんま | 愚鈍な人。 예 ~는 봉변을 당하는 게 다반사이다. とんまは人に侮辱されるのが日常茶飯事だ。=어저리

어리빙빙-하다[형] ❶呆然となる | まごつく。 ❷ (態度が) 曖昧だ | はっきりしない。

어리석다[형] 愚かだ | 間抜けだ | 馬鹿だ。 예 어리석은 소리 하지 마라. 愚かなことを言うな。

어리숭-하다[형] ❶ 見るからに愚かだ。 ❷ 似たり寄ったりだ。

어리어리-하다[형] ❶ 似たり寄ったりだ | 見分けがつかない。 ❷ 愚かに見える。

어리-젓[명] 塩を少なめに漬けた塩辛から。

어리-치다[자][머리가] 頭がくらっとする | ぼうっとなる。 예 가스 냄새가 독해서 머리가 ~. ガスの臭いがきつくて頭がくらっとする。

어리칙칙-하다[형] しらを切って幼く間抜けたふりをする。

어린-것[명] 幼子 | ちび。

어린-아이[명] 幼児 | 幼子 | 子供。=소아 [준] 어린애

어린-애[명] 幼児 | 幼子 | 子供。

어린-이[명] 子供 | 児童。 예 ~ 헌장 児童憲章

어린이-날[명] 子供の日。

어림[명] 概算 | 見積り | 見当。 예 ~으로도 대략 백 명은 넘을 것 같다. 大雑把に見積もっても百人は超えそうだ。

어림-하다[타] 見積る | 見当する | 概算する。

어림-셈[명] 概算 | 見積り算。

어림셈-하다[타] 概算する | 見積る | 見当する。

어림-수(-數)[명] 概数 | おおよその数。

어림-없다[형] ❶[가망이 없다] 見込みがない | 不可能だ | できない。 예 어림없는 말만

하지 마라. 見込みのない事ばかり言うな。/그 일은 3명이 달려들어도 ~. その仕事とは3人が加わってもできない。 ❷〖결정을 할〗 見当もつかない。예 어머니는 어림없을 정도로 멀리 가 버렸다. 母は見当もつかない程遠くに行ってしまった。 ❸〖옳고 그름〗 見境がない｜弁えがない｜分別がない。예 저래 보여도 저 녀석은 어림없는 놈은 아니다. ああ見えてもあいつは見境のない奴ではない。/그는 어림없이 깡패들에게 마구 덤벼들었다. 彼は弁えもなく、やくざにむやみにつっかかった。

어림없-이🔡 遠く及ばなくて｜とんでもなく。

어림-잡다🔡 概算してみる｜見積もる｜見当をつける。 =어림치다

어림-재기🔡 (大きさ・重さ・長さなどの)推量。예 그 도랑물의 깊이를 ~를 해 보니 대략 어른 키 정도 될 것 같았다. その溝の深さは、目測でだいたい大人の背ぐらいになりそうだった。

어림-쟁이🔡【얼빠진 듯한 사람】 見識のない人。예 무슨 남자가 그렇게 ~같이 굴어. そんな思慮に欠けた行動を取る男がどこにいる。

어림-짐작🔡 おおよその見当｜おおよその見積もり｜当て推量。예 지금이 몇 시인지 ~으로 알아맞혀 봐. 今何時に当ててみな。

어림짐작-하다🔡 いいかげんに推量する。예 사람의 성격을 어림짐작해서는 알 수 없다. 人の性格を当て推量ではわからない。

어림-치다🔡 ☞어림잡다

어릿-거리다🔡 ❶ (舌先が)ぴりっとする｜ひりひりする。예 너무 매워 혀가 ~. あまりに辛くて舌がひりひりする。/상처가 ~. 傷がひりひりする。 ❷ 言動に活気がなくてぐずぐずする。 =어릿대다

어릿-광대🔡 ピエロ。예 ~는 얼굴에 하얗게 분칠하였다. ピエロは顔を真っ白に化粧した。/그의 ~처럼 우스꽝스런 몸짓에 아이들은 까르르 웃었다. 彼のピエロのような馬鹿げた身ぶりに、子どもたちはきゃっきゃっと笑った。

어릿-대다🔡 ☞어릿거리다
어릿-어릿🔡 (舌先が)ひりひり｜ぴりっと。

어릿어릿-하다🔡 ひりひりする。예 목구멍이 ~. 喉がひりひりする。/상처가 ~. 傷がひりひりする。

어릿-하다🔡 (舌先が)ぴりっとする。

어마🔡【놀라서 여자들이 외침】 あら｜あらまあ｜ああ｜あっ｜まあ。

어마나🔡【놀라거나 기막힐 때 쓰는 소리】 あら｜あらまあ｜ああ｜あっ｜まあ。 ⓒ어마

어마어마-하다🔡 ものものしい｜ものすごい｜いかめしい。예 어마어마한 행렬 ものものしい行列。 ⓒ어마하다

어망(魚網)🔡 魚網。

어망🔡【여자가 함께 놀람 또는 기막힐 때 쓰는 소리】 あら｜あらまあ｜ああ｜あっ｜まあ。

어머나🔡【놀라거나 기막힐 때 쓰는 소리】 あら｜あらまあ｜ああ｜あっ｜まあ。

어머니🔡 母｜母親｜お母さん｜お袋。예 ~ 교실 母親学校/필요는 발명의 ~ 必要は発明の母/김 군의 ~ 金君のお母さん/한 아이의 ~가 되다. 一児の母になる。/~, 다녀왔습니다. お母さん、ただ今。/좋은 ~가 되세요. いいお母さんになってください。

어머-님🔡 母上様｜お母様。

어멈🔡 ❶【아내를 호칭 또는 지칭하는 말】 お母さん。예 수미 ~ スミのお母さん/(시부모가 아들에게 말할 때) ~은 어디 나갔니? ○○さんはどこにでかけたの。◆우리나라의 시부모가 며느리를 말할 때 '어멈·어미'라고 하지만, 일본에서는 며느리의 이름을 직접 넣어 말한다. ❷ 女中｜お手伝いさん。예 ~ 좀 불러오라. ちょっとお手伝いさんを呼んでこい。

어묵(漁一)🔡 かまぼこ。

어문(語文)🔡 言葉と文章。예 ~ 일치 言文一致。

어-문학(語文學)🔡 語学と文学。

어물(魚物)🔡 ❶ 魚。 ❷ 干物｜干し魚。

어물-거리다🔡 まごまごする｜もたもたする｜ぐずぐずする。예 길을 몰라서 ~. 道を知らずにまごまごする。/어물거리며 말하지 못하다. ぐずぐずして話ができない。 =어물대다

어물-대다🔡 ☞어물거리다

어물-어물🔡 ❶ ぐずぐず｜もたもた。 ❷ ちらちら。

어물어물-하다🔡 ❶ ぐずぐずする｜もたもたする。예 어물어물하다가 시간에 늦는다. ぐずぐずしていて時間に遅れ

る。❷ちらちらする。

어물-전(魚物廛)명 魚屋さかな。

어물쩍부 曖昧에…｜ぼやかして。예 별다른 해명도 없이 ~ 넘어가다. 特に釈明もせずに、うやむやにする。

어물쩍-거리다자 (言行등이) 曖昧하다｜ぼやかす。=어물쩍대다

어물쩍-대다자 ☞어물쩍거리다

어물쩍-어물쩍부 (言行등을) ぼやかすさま。

어미¹명 ❶【어머니의 낮춤말】お母かぁさん。예 친정 ~ 実家のお母さん/ 스무 살에 ~를 잃었다. 二十歳にお母さんを亡くした。❷【결혼하여 아이를 가진 딸을 이르는 말】結婚して子どもを持つ娘を称しょうする語。예 오랜만에 ~가 아이들과 같이 찾아왔다. 久ひさしぶりに娘が子供たちと一緒いっしょにやってきた。❸【자식에게 그 어머니 되는 사람을 이를 때 쓰는 말】妻っま｜お母かぁさん。예 내일은 ~와 같이 오너라. 明日あすは お母さんと一緒いっしょに来い。❹【남편에게 자기 아내를 이르는 말】家内かない。예 ~는 지금 아파서 누워 있습니다. 家内は 今いま、病気びょうきで寝ねています。❺【아이들에게 자기 어머니를 일컫는 말】お母かぁさん。예 어째서 ~가 하는 말을 안 듣는 거니? どうしてお母さんの言う事ことを聞きかないの。

어미²(語尾)명 〈언〉語尾ごび。

어미-변화(語尾變化)명 〈언〉語尾変化へんか。

어민(漁民)명 漁民ぎょみん。

어버이명 父母ふぼ｜親おや｜両親りょうしん。

어버이-날명 父母の日｜父の日｜母の日。◆우리나라는 '어버이날'이지만, 일본은 '어머니날'과 '아버지날'이 따로 있다.

어법(語法)명 〈언〉語法ごほう。

어부(漁夫)명 漁夫ぎょふ｜猟師りょうし。예 ~지리를 얻다. 漁夫の利を占める。

어부바감 おんぶ。쭌부바

어분(魚粉)명 魚粉ぎょふん。

어불성설(語不成說)명 話はなしが理屈りくつに合あわないこと。

어비¹명감 ☞에비

어비²(魚肥)명 魚肥ぎょひ。

어뿔싸감 【실망이나 뉘우침을 나타낼 때 쓰는 소리】しまった。

어사(語辭)명 言辞げんじ。

어-사리(漁-)명 網あみを張はってたくさん魚うおをとること。

어상(一商)명 牛商人うしじょうにん｜牛買うしかい。예 ~에게 팔려 가는 소 牛商人に売られて行く牛。

어색-하다(語塞一)형 ❶【서먹서먹하고 쑥스럽다】ぎこちなくて照てれくさい。예 그와 나는 아직 어색한 사이이다. 彼かれと私わたしはまだぎこちない間柄あいだがらだ。/ 3년 만에 가족들의 얼굴을 보니 왠지 어색했다. 3年さんねんぶりに家族かぞくたちの顔かおを見みたら、なんだかぎこちなくて照れくさった。❷【말이 궁하다】困り果てる。예 어색한 변명을 하다. 困って苦くるしい弁明べんめいをする。❸【잘 맞지 않다】不自然ふしぜんだ｜似合わない。예 그의 글에는 어색한 표현이 많이 보인다. 彼かれの文ぶんには不自然な表現ひょうげんが多おおく見られる。

어서부 早はやく｜さあ。예 ~ 치우자. 早く片付かたづけよう。/ ~ 오십시오. いらっしゃいませ。

어서-어서부 ❶【행동을 빨리 하도록 재촉하는 말】早はやく早はやく。예 ~ 가지 않으면 시간을 못 맞춰. 早く早く行いかないと間まに合あわないよ。/ ~ 자라서 훌륭한 사람이 되어라. 早く早く育そだって立派りっぱな人ひとになれ。❷【집안 환영하거나 맛있는 것을 먹으라고 권할 때 쓰는 말】どうぞどうぞ｜さあさあ。예 ~ 이쪽으로 들어오세요. どうぞどうぞ、こちらにお入はいりください。/ ~ 앉으세요. さあさあ、お掛かけ下ください。

어석부【행동이 빨리 동작하는 소리】しゃきっと。

어석-거리다자 しゃきしゃきとする。=어석대다

어석-대다자 ☞어석거리다

어석-버석부 ❶【마른 물건 등이 부서지는 소리】さくさく(と)｜さくさく。❷【무엇을 씹는 소리】ざくざく。

어석-어석부【계속 어석 어석 동작하는 소리】しゃきしゃき(と)｜さくさく。

어선(漁船)명 漁船ぎょせん。

어설프다형 ❶粗雑そざつだ｜不手際ふてぎわだ。❷生半可なまはんかだ｜中途半端ちゅうとはんぱだ。예 저의 어설픈 생각으로는 가는 것이 낫겠습니다. 私わたしの中途半端な考かんがえでは、行くのがいいと思おもいます。/ 그의 어설픈 생각이 옳았다. 彼かれの中途半端な考えが正ただしかった。

어설피부 生半可なまはんかに｜なまじ｜うかつに｜がさつに。

어수룩-하다형 ❶【순진하고 순박하다】うぶだ｜ういういしい｜世間慣せけんなれしていない。예 어수룩한 시골 소녀 うぶな田舎いなかの少女しょうじょ/ 그런 터무니없는 말을 믿을 만큼 어수룩하지 않다. あんなにとんでもないことを信しんじるほど、うぶではない。❷【단속이나 제한이】緩ゆるい｜たるんでいる｜厳きびしくない。예 요즘 세상은 ~. 最近さいきんの世の中はたるんでいる。/ 전에는 주차 금지 단속이 어

수록했다. 前まえは駐車禁止ちゅうしゃきんしの取締とりしまりが緩かった。❸【생각하던 것보다 어려하지 아니하다】生易なまやさしい｜たやすい｜ぼろい。예생각보다 어수룩한 상대는 아니다. 思おもったほど生易なまやさしい相手あいてではない。

어수선산란-하다[형] とても慌あわただしい｜(心こころが)落おち着つきを失うしなって乱みだれている｜とても散ちらかっている。예마음이 어수선산란하여 일이 손에 잡히지 않는다. 落おち着つきを失うしなっていて、仕事しごとが手てにつかない。

어수선-하다[형] 慌あわただしい｜気きが散ちる｜落おち着つかない。예마음이 어수선하여 일이 손에 잡히지 않는다. 気きが散ちって仕事しごとが手てにつかない。

어순(語順)[명] 《언》語順じゅん.

어스러기[명] (縫ぬい目めの縁ふちの)すりきれ。

어스러-지다[자] ❶【벗어나다】(言行げんこうが正常せいじょうから)逸それる。❷【기울다】外はずれる。❸【편향되다】傾かたむく｜偏かたよる。예옷의 박음질이 약간 어스러졌다. 服ふくの縫ぬい目めが少すこし傾かたむいた。

어스레-하다[형] 薄暗うすぐらい｜ほの暗くらい。예어스레한 달빛 薄暗うすぐらい月つきの光ひかり。

어스름[명] (明あけ方がた·夕方ゆうがたの)薄暗うすぐらくなった状態じょうたい。예저녁～｜たそがれ/사방에～이 내린다. 四方しほうが薄暗うすぐらくなる。

어스름-하다[형] 薄暗うすぐらい｜おぼろだ。

어스름-달[명] ☞으스름달'의 잘못.

어슬렁-거리다[자] うろつく｜うろうろする｜のそのそ歩あるき回まわる。예어슬렁거리며 동네를 배회하다. うろつきながら町中まちじゅうを徘徊はいかいする。=어슬렁대다

어슬렁-대다[자] ☞어슬렁거리다

어슬렁-어슬렁[부] ぶらぶら｜のそのそ｜のそりのそり。예큰 개가～ 걷다. 大おおきな犬いぬがのそのそ歩あるく。/호랑이가～ 걷다. 虎とらがのそりのそりと歩あるく。=어슬렁²

　어슬렁어슬렁-하다[자] ぶらぶらする｜のそのそする。예그 주변을 어슬렁어슬렁하다가 오다. その辺へんをぶらぶらしてくる。

어슬-어슬¹[부] 【날이 어두워지거나 밝아오며 그 속에서 조금 어둡게】ほのぼの｜うすうす。예날이～ 밝기 시작하다. ほのぼのの夜よが明あけ始はじめる。

어슬-어슬²[부] ☞어슬렁어슬렁

어슬-하다[형] 薄暗うすぐらい｜ほの暗くらい。

어슴-새벽[명] 薄暗うすぐらい夜明よあけ｜未明みめい｜黎明れいめい。

어슴푸레[부] ❶【빛이】薄暗うすぐらく｜ほの暗うすぐらく。예～ 달이 비친다. 月つきが薄暗うすぐらく照てらす。❷【소리가】かすかに｜わずかに。❸【기억이】かすかに｜おぼろげに｜うろ覚おぼえに。

어슴푸레-하다[형] ❶【빛이】薄暗うすぐらい｜ほの暗くらい｜かすかだ｜ぼんやりしている。예해 질 녘의 어슴푸레한 하늘 夕方ゆうがたの薄暗うすぐらい空そら/어슴푸레한 달빛 ぼんやりしている月つきの光ひかり。❷ぼんやりと見みえる｜かすかに聞きこえる。예멀리서 기적 소리가 어슴푸레하게 들려온다. 遠とおくから汽笛きてきの音ねがかすかに聞きこえてくる。❸ぼんやりとしてかすかだ。예어릴 때 일들은 어슴푸레하게 기억하고 있다. 幼おさない頃ころの出来事できごとはぼんやりと覚おぼえている。

어슷-거리다[자] 力ちからなくのそのそ歩あるく｜とぼとぼ歩あるく。예이곳에서 어슷거리지 마라. ここでのそのそ歩あるくな。=어슷대다

어슷-대다[자] ☞어슷거리다

어슷비슷-하다[형] ❶【엇비슷하다】似にたり寄よったりだ｜どっこいどっこいだ。예양 팀의 실력은～. 両りょうチームの実力じつりょくはどっこいどっこいだ。❷(形かたちや調子ちょうしなどが)ちぐはぐだ｜不揃ふぞろいだ。예어슷비슷한 색의 배합 ちぐはぐな色いろの組くみ合あわせ/나무를 어슷비슷하게 쌓아 올리다. 木きを不揃ふぞろいに積つみ上あげる。

어슷-어슷¹[부] 【힘없이 느리게】のそのそと｜とぼとぼと。예환자들이 병원 복도를～ 다닌다. 患者かんじゃたちが病院びょういんの廊下ろうかをのそのそ歩あるく。

어슷-어슷²[부] (多おおくの物ものが)やや傾かたむいているさま。

어슷-하다[형] やや傾かたむいている｜少すこし斜ななめである。예오이를 어슷하게 썰다. キュウリを斜ななめに切きる。

어시스트(assist)[명] 《운》アシスト。

어-시장(魚市場)[명] 魚市場うおいちば。

어썩[부] ❶【베물 때 나는 소리】しゃきっと｜さくさく。예사과를～ 물었다. リンゴをしゃきっと噛かんだ。❷【단단한 물건이 부서지는 소리】かりかり｜がりがり。

어안¹[명] 【어이가 벙벙하여 말을 못하는 혀 안쪽이 어색하는 뜻에서】唖然あぜんとなること。어안이 벙벙하다[관용] 唖然あぜんとなる｜呆気あっけにとられる｜あきれて物ものが言いえない。예그 말을 듣는 순간 어안이 벙벙하여 아무 말도 할 수가 없었다. その言葉ことばを聞きいた瞬間しゅんかん、呆気あっけにとられて何なに

も言えなかった。

어안²(魚眼)명 魚眼. 예 ~ 렌즈 魚眼レンズ／~ 사진 魚眼写真.

어안-석(魚眼石)명 【광】魚眼石.

어언(於焉)⇒어언간

어언-간(於焉間)튀 いつのまにか｜はや. 예 ~ 5년의 세월이 지났습니다. いつのまにか5年の歳月が経ちました. =어언·어언지간

어언지간(於焉之間)⇒어언간

어업(漁業)명 漁業. 예 ~ 협동조합 漁業協同組合／~ 협정 漁業協定／원양 ~ 遠洋漁業.

어업-권(漁業權)명 【법】漁業權. 예 ~ 보호 漁業權の保護.

어여쁘다형 【예쁘다의 예스러운 말】 きれいだ｜美しい｜かわいい.

어여삐튀 きれいに｜美しく｜かわいく.

어여차감 【여럿이 힘을 합할 때 일제히 내는 소리】 よいしょ｜えんやこりゃ.

어연간-하다형 並大抵に近い｜ほどよい｜相当だ｜まあまあだ. 예 어연간히 해 둬라. 適当にしておきな.／어연간한 거리가 아니다. 並大抵の距離ではない.

어연번듯-하다형 堂々として恥じるところがない. 예 어연번듯한 집안 れっきとした家柄.

어연번듯-이튀 堂々と｜れっきと.

어엿-하다형 正々堂々としている｜ひけめな所がない｜立派だ｜正当だ.

어엿-이튀 堂々と｜ひけめなく.

어용(御用)명 御用. 예 ~ 신문 御用新聞／~ 문학 御用文学.

어용-학자(御用學者)명 御用学者.

어우러-지다자 一団となる｜一塊になる. 예 꽃이 어우러져 피어 있다. 花が咲き乱れている.／남녀노소가 어우러져 즐겁게 논다. 老若男女が一団となって楽しく遊ぶ.

어우르다타 一つにする｜合わせる｜一団とする.

어울리다자 ❶似合う｜釣り合う｜調和する｜ふさわしい. 예 모자가 잘 ~. 帽子がよく似合う.／나이에 어울리지 않게 야무지다. 年に似合わずしっかりしている. ❷交わる. 예 나쁜 아이들과 자주 ~. 不良たちとよく交わる. ⓒ얼리다¹

어울림 음정(一音程)【음】協和音程. =협화 음정

어웅-하다형 (洞穴などが)うつろで薄暗い.

어원(語源)명 【언】語源.

어유(魚油)명 魚油. 예 ~ 소시지 魚油ソーセージ.

어육(魚肉)명 魚肉.

어음(경) 手形. 예 ~ 결제 기간 手形決済期間／~ 지불인 手形支払人.

어음 보증(一保證)【경】手形保証.

어음 할인(一割引)【경】手形割引.

어의(語義)명 【언】語義.

어이구감 ❶【몹시 아프거나 슬프거나 기쁘거나 남을 때 내는 소리】 ああ｜わあ｜おう｜おお. 예 ~, 분해. ああ, 悔しい.／~, 큰일이다. 大変だ！／~, 허리 아파. ああ, 腰が痛い.／~, 가엽어라. おお, かわいそうに. ❷【몹시 반갑거나 놀라울 때 내는 소리】 おう｜おお｜あお｜わお. 예 ~, 재미있다. わあ, 面白い.／~, 잘한다. おう, 上手い.／~ 기분 좋다. ああ, 気持ちいい. ⓒ에구

어이구-머니감 【어이구보다 더 강한 소리】 ああ｜おう｜うん. ⓒ어구머니·에구머니

어이-없다형 あきれる｜とんでもない｜あいた口がふさがらない. 예 내가 범인이라니 어이없어 말이 다 안 나온다. 私が犯人だなんて, あきれてものも言えない.

어이없-이튀 あきれて｜あっけなく｜どうしようもなく. 예 팬의 관심을 모은 첫 대결은 ~ 끝났다. ファンの関心を集めた初対決は, あっけなく終わった.

어이쿠감 ああ｜おう｜あっ｜いや.

어장(漁場)명 漁場｜ぎょば. 예 원해 ~ 遠海漁場.

어저께명튀 ⇒어제

어적튀 【단단한 음식물을 깨물 때 나는 소리】 かりかり.

어적-거리다자타 かりかりと噛む. =어적대다

어적-대다타 ⇒어적거리다

어적-어적튀 かりかり.

어정-거리다자 のそのそと歩く｜うろうろする｜ぶらつく. 예 집 주위를 ~. 家の周囲をぶらつく.／어정거리며 걷다. のんびりぶらつき歩く. =어정대다

어정-대다자 ⇒어정거리다

어정-뜨다[형] いいかげんだ；雑だ。예 보기보다 어정뜬 데가 있다. 見た目より雑なところがある。

어정-버정[부] うろうろ(と)。예 운동장을 ~ 걸어 다니다. 運動場をうろうろと歩きまわる。

어정-어정[부] のそのそ(と)；うろうろ(と)。예 집 앞을 ~ 걸어 다니다. 家の前をうろうろと歩きまわる。

어정-잡이[명] ❶見かけ倒し；見えっ張り。❷しまりのない人；だらしない人。예 그 ~, 저자 잘하라고 그래. そのだらしない奴に、自分こそしっかりしろと言え。

어정쩡-하다[형] どっちかつかずだ；曖昧だ；はっきりしない。예 둘 다 친한 친구이기에 어느 편도 들 수가 없어 어정쩡한 상태이다. 二人はとも親しい友だちなので、どちらの味方にもなることができず、曖昧な状態だ。/ 이렇게 심각한 상황에서 어정쩡한 그 태도는 도대체 뭐니? このような深刻な状況で、その曖昧な態度はいったい何なんだ。

어정쩡-히[부] どっちかつかずに；曖昧に。

어제 Ⅰ[명] 昨日・きのう；前日。예 ~부터 기다렸지만 전화는 오지 않았다. きのうから待っていたが、電話は来なかった。 =작일

Ⅱ[부] 昨日・きのう；前日。예 네 작품이 ~ 팔렸단다. 君の作品がきのう売れたそうだ。/ ~ 다녀가신 분이 다시 오셨습니다. きのういらっしゃった方がまたいらっしゃいました。/ ~ 내가 했던 말은 잊어버려라. 私がきのう言ったことは忘れろ。/ 내가 ~ 말했는데, 기억하니? 私がきのう言ったんだけど覚えている。 =어저께

어제(가) 다르고 오늘(이) 다르다[관용] 昨日が違い、今日がまた違う：「とても速く変化する」の意。

어제 보던 손님[관용] 昨日の会った客：「会ってすぐに親しくなること」の意。

어제-오늘[명] ❶昨日と今日；すぐに；昨日今日。예 이 일은 ~ 사이에 해결될 수 있는 일이 아니다. この仕事は昨日今日で解決できることではない。❷昨今；最近；近ごろ。예 그가 그러한 행동을 하는 것은 ~ 일이 아니다. 彼がそんな行動をするのは、昨日今日のことではない。❸【時事的に】最近；このごろ；昨今。

어제-저녁[명] 昨日の夕方；夕べ。예 아무래도 ~에 먹은 밥이 체한 모양이다. やはり夕べ食べたご飯がもたれたようだ。/ ~에 내가 한 이야기 기억하니? 夕べ私が話したこと、覚えている。

어젯-밤[명] 昨日の夜；昨夜；前夜；昨晩。예 ~ 꿈속에서 너를 보았다. 昨夜の夢の中でおまえを見た。/ ~ 네 전화를 끊고서 바로 잠들었다. 昨夜、君の電話を切ってからすぐ寝た。

어조(語調)[명] 語調；口調。예 ~를 다듬다. 語調を整える。/ 격렬한 ~로 비난하다. 激しい語調で非難する。

어줍다[형] ❶身ぶりがぎこちない；きびきびしない。예 발걸음이 ~. 足取りがぎこちない。/ 어줍은 태도로 이야기하다. ぎこちない態度で話をする。❷手・足・腰などの自由がきかない。

어중간(於中間)❶中ほど；中ぐらい。❷中途半端；どっちつかずなさま；なまはんか；なまじっか。

어중간-하다[형] ❶中ほどだ；中ぐらいだ。❷中途半端だ；どっちつかずだ；なまはんかだ。예 찬성도 반대도 아닌 어중간한 태도 賛成でも反対でもない中途半端な態度。

어중간-히[부] 中途半端に；どっちつかずに；なまじっかに。

어중-되다(於中—)[형] 中途半端だ；どっちつかずだ。예 어중된 나이 中途半端な年齢。

어중이-떠중이[명] 烏合の衆；野次馬。예 ~ 다 모여들다. 野次馬が寄り集まる。

어지간-하다[형] ❶相当だ；かなり良い。예 눈치가 어지간해 속뜻을 알아들었을 것이다. 勘がかなりよくて、本心を分かっているはずだ。/ 어지간히 센 상대를 만났다. 相当強い相手に会った。❷普通だ；並大抵だ；一通りだ。예 어지간하면 합격할 수 있다. 普通だったら合格できる。/ 어지간한 노력으로는 성공할 수 없다. 一通りの努力では成功

できない。❸【비슷・대단찮다】無難ぶなんだ｜まあまあだ｜まずまずだ｜適当てきとうだ。예성격이 어지간한 그도 화를 내고 말했다. 性格せいかくが無難な彼もも怒おこってしまった。

어지러-뜨리다[타] 散ちらかす｜取とり散ちらかす。예온 방 안에 장난감을 ~. 部屋へや中じゅうにおもちゃを散らかす。=어지러트리다

어지러-트리다[타] ☞어지러뜨리다

어지럼-증(一症)[명] 目眩めまい。=현기증

어지럽다[형] ❶【현기・기운이 없을 정도로 아찔한 느낌이다】目まいがする｜目まぐるしい。예갑자기 어지러워 몸이 휘청거린다. 急きゅうに目まぐるしくて、体からだがふらふらする。❷【혼란스럽고 뒤숭숭하다】気ぜわしい｜慌あわただしい｜落おち着つかない。예너무나 혼란하여 정신이 ~. あまりにも混乱こんらんしていて心こころが落ち着かない。/ 마음이 어지러워 안정을 좀 취해야겠다. 心が落ち着かないので少し安静あんせいにしていなくては。❸【사방에 흩어져 있다】入いり乱みだれている｜収拾しゅうしゅうがつかない状態じょうたいだ。

어지럽-히다[타] ❶惑まどわす。예인심을 ~. 人心じんしんを惑わす。❷散ちらかす。

어지르다[타] 散ちらかす｜取とり散ちらかす。예방을 어지른 채 외출한다. 部屋へやを散らかしたまま外出がいしゅつする。

어지-빠르다[형] 中途半端ちゅうとはんぱだ｜どっちつかずだ。

어질다[형] 情じょう深ぶかく寛大かんだいだ｜善良ぜんりょうだ。예어진 마음 善良な心こころ。

어질-병(一病)[명] 目眩めまいがする病気びょうき。
　어질병이 지랄병 된다[속담] 目眩めまいが癲癇てんかんになる：「小ちいさなことでも放ほうっておくと大事だいじなことになる」の意い。

어질-어질[부] くらくら｜ふらふら。
　어질어질-하다[형] くらくらする｜ふらふらする。예머리가 ~. 頭あたまがくらくらする。

어째[부] どうして｜なぜ。예~ 안 오니? どうして来こないの。

어째서[부] どうして｜なぜ。

어쨌든[부] とにかく｜ともかく｜何なにはともあれ｜いずれにせよ。예~ 해 보자. とにかくやってみよう。

어쩌고-저쩌고[부] なんだかんだと｜ああだこうだと。

어쩌다[부] ❶偶然ぐうぜんに｜思おもいがけなく。예~ 만난 사람 偶然に会あった人ひと。❷ときおり｜たまに｜時ときに。예~ 생기는 일 ときおり起おこること。

어쩌다가[부] ❶偶然ぐうぜんに｜思おもいがけなく。예~ 길에서 만난 사람 道みちで偶然に出会であった人。❷ときおり｜たまに｜時ときに。준어쩌다

어쩌면[부] ❶どうすれば｜どのようにすれば。예~ 좋을까? どうすればいいか。❷どうかすると｜もしかしたら｜ひょっとしたら｜事ことによると。예~ 비가 올지도 몰라. ひょっとしたら雨あめになるかもしれない。

어쩐지[부] どういうわけか｜どうやら｜なぜか｜なんだか｜何なんとなく。

어쭙잖다[형] ❶取とるに足たらない｜たいしたことない｜ばかばかしい｜くだらない。예그 어쭙잖은 태도는 무엇이니? その馬鹿ばかにした態度たいどは何なんだ。/ 그가 어쭙잖은 말투로 물어 왔다. 彼かれが馬鹿ばかにした口調くちょうで尋たずねてきた。❷身みのほどをわきまえない｜生意気なまいきだ。

어찌[부] ❶【이유】どうして｜どういうわけで｜なぜ｜何なんで。예~ 그런 심한 말을 하니? どうしてそんな酷ひどい事ことを言いうの。/ 너는 ~ 그렇게 생각하는 거야? あなたはなぜそんなに考かんがえるんだ。❷【어떠한 방법으로】どのように｜どんなに。예이 고통을 ~ 참으면 뻔하다. この痛いたさをどのように我慢がまんすればいいのか。❸【어느 정도로】どのように｜どう｜他ほかに。예~ 생각하면 그 설명도 납득은 간다. 他ほかに考かんがえるとその説明せつめいも納得なっとくはいく。❹【상당】どんなに｜どれほど。예~ 놀랐는지 소리도 나오지 않았다. どんなに驚おどろいたのか声こえも出でなかった。

　어찌-하다[자][타] ❶どうする。❷どんなだ。

어찌나[부] ❶【어떠한 방법으로】どのように｜どんなに。❷【상당】どんなに｜どれほど。

어쩔-어쩔[부] くらくら。

어쩔-하다[형] 頭あたまがくらっとする｜(急きゅうに)目まいがする。

어차피(於此彼)[부] どうせ｜どっちみち｜いずれにしても｜どのみち｜所詮しょせん。예~ 질 게 뻔하다. どうせ負まけるにきまってる。/ ~ 만들 거면 좋은 걸 만들자. どうせ作つくるならいいものを作ろう。

어처구니-없다[형] あきれる｜あっけにとられる｜とんでもない。

　어처구니없-이[부] あきれたことに｜思おもいもよらず｜あっけなく。

어청-거리다 勢$_{いきお}$いよく歩$_{ある}$く｜大$_{おお}$またに歩く。=어청대다

어청-대다 ☞어청거리다

어청-어청 〔부〕〔기운 있게 시원하게 걷는 꼴〕のっしのっし(と)。예 ~ 걸어 학교에 가다. のっしのっしと歩いて学校に行く。

어초(漁礁) 〔명〕 漁礁$_{ぎょしょう}$。

어촌(漁村) 〔명〕 漁村$_{ぎょそん}$。예 ~이 점점 쇠퇴하고 있다. 漁村がだんだん衰退$_{すいたい}$している。

-어치 〔접〕〔금액에 맞는 양을 나타냄〕 一分$_{ぶん}$｜一程度$_{ていど}$。예 만원어치 一万$_{まん}$ウォン分。

어치렁-거리다〔느린 걸음새〕とぼとぼ歩$_{ある}$く｜そろそろ歩く。=어치렁대다

어치렁-대다 자 ☞어치렁거리다

어치렁-어치렁 〔부〕 とぼとぼ｜そろそろ。㉣어칠어칠

어치정-거리다 力$_{ちから}$なくゆっくり歩$_{ある}$く｜とぼとぼ歩く。=어치정대다 ㉣어칠어칠거리다

어치정-대다 자 ☞어치정거리다

어치정-어치정 〔부〕 とぼとぼ｜そろそろ。예하는 일 없이 ~ 걸어 다니다. やることがなくて、とぼとぼ歩$_{ある}$きまわる。㉣어칠어칠

어칠-거리다 자 ☞'어치렁거리다'의 준말. =어칠대다

어칠-대다 자 ☞어칠거리다

어칠-비칠 〔부〕〔힘없이 걷는 모양〕 のっしのっし。예 힘없이 ~ 걸어오다. 力$_{ちから}$なくよろめきながら歩いてくる。

어칠-어칠 〔부〕 ☞'어치렁어치렁'의 준말.

어탕(魚湯) 〔명〕 魚$_{さかな}$を煮込$_{にこ}$んだスープ。예 바닷가에 흔한 ~ 海辺$_{うみべ}$に多$_{おお}$い魚のスープ。

어투(語套) 〔명〕 語気$_{ごき}$｜話$_{はな}$しぶり｜口$_{くち}$ぶり。예 ~가 거칠다. 語気が荒$_{あら}$い。=말투

어퍼컷(uppercut) 〔명〕《운》〔권〕 アッパーカット。

어폐(語弊) 〔명〕 語弊$_{ごへい}$。예 이렇게 말하면 ~가 있을지 모르지만 ···. こう言$_{い}$っては語弊があるかもしれないが···。

어푸-어푸 〔부〕〔물에 빠져서 허우적거리며, 내뿜는 소리의 꼴〕あっぷあっぷ。예 ~ 헤엄쳐 갔다. あっぷあっぷと泳$_{およ}$いでいった。

어프로치(approach) 〔명〕《운》〔골〕 アプローチ。

어필(appeal) 〔명〕 アピール。
어필-하다 자 타 アピールする。예 관객에게 ~. 観客$_{かんきゃく}$にアピールする。

어-하다 〔타〕〔어린아이를 쥐여 싸듯 어르는 태도를 보이다〕 甘$_{あま}$やかす。

어학(語學) 〔명〕 語学$_{ごがく}$｜言語学$_{げんごがく}$。예 ~에 약하다. 語学に弱い。

어학-자(語學者) 〔명〕 言語学者

어한-기(漁閑期) 〔명〕 魚$_{さかな}$がよくとれない時期。

어항^1(魚缸) 〔명〕〔金魚鉢〕 金魚鉢$_{きんぎょばち}$。

어항^2(漁港) 〔명〕〔부〕漁港$_{ぎょこう}$。

어해-화(魚蟹畵) 〔명〕〔미〕 魚$_{さかな}$や蟹$_{かに}$などを描$_{えが}$いた絵$_{え}$。

어허 〔감〕 ❶〔놀라거나 뜻밖의 일에 가볍게 내는 소리〕 ほう｜おお｜おう｜なるほど。예 ~, 벌써 시간이 이렇게 되었네. おお、もうこんな時間$_{じかん}$か。/ ~, 그건 처음 듣는 소리야. ほう、それは初耳$_{はつみみ}$だ。 ❷〔언짢아 내는 소리〕 おい｜あれ。예 ~, 거기 들어가면 안 돼. おい、そこに入$_{はい}$っては駄目$_{だめ}$だ。

어허허 〔감〕〔호탕하게 웃는 소리〕 ははははは。

어험 〔감〕〔점잖게 내는 기침 소리〕 えへん｜おほん｜ごほん。예 할아버지께서 ~ 하고 인기척을 냈다. おじいさんがわざとえへんと咳払$_{せきばら}$いをした。

어혈(瘀血) 〔명〕《한》 瘀血$_{おけつ}$。

어화(漁火) 〔명〕 漁火$_{いさりび}$｜いさりび。

어회(魚膾) 〔명〕 魚$_{さかな}$の刺身$_{さしみ}$｜膾$_{なます}$。

어획(漁獲) 〔명〕 漁獲$_{ぎょかく}$。
어획-하다 타 漁獲する。

어획-량(漁獲量) 〔명〕 漁獲量$_{ぎょかくりょう}$。

어획-물(漁獲物) 〔명〕 漁獲物$_{ぎょかくぶつ}$。

어휘(語彙) 〔명〕 語彙$_{ごい}$。

어흥 〔부〕〔호랑이가 크게 내는 소리〕 うおお。예 무서운 호랑이가 ~ 하며 앞발을 내밀었다. 怖いトラがうおおと吠$_{ほ}$えながら前足$_{まえあし}$を出$_{だ}$した。

억(億) 〔수〕 億$_{おく}$。예 ~을 헤아리다. 億を数$_{かぞ}$える。

억-누르다 抑え付ける｜抑える｜抑圧$_{よくあつ}$する。예 억누르는 힘 抑え付ける力$_{ちから}$/ 마음속에 분노를 억누르고 있다. 心$_{こころ}$の中$_{なか}$に憤怒$_{ふんぬ}$を抑え付けている。/ 슬픔을 억누르다. 悲しみをおさえる。/ 반대파를 억누르고 관철시키다. 反対派$_{はんたい は}$を抑圧して貫徹$_{かんてつ}$させる。

억눌리다 자 抑えられる｜抑え付けられる｜圧迫$_{あっぱく}$される。

억단(臆斷) 〔명〕 臆断$_{おくだん}$。예 그것은 당신의 ~일 뿐이오. それはあなたの臆断であるだけです。
억단-하다 臆断する。

억류(抑留) 〔명〕 抑留$_{よくりゅう}$。예 ~ 생활 抑留生活$_{せいかつ}$。
억류-하다 타 抑留する。

억류-자(抑留者)ــ 抑留者よくりゅうしゃ。
억만(億萬)ــ 億万おくまん。
억만-년(億萬年)ــ 億万年おくまんねん。
억만-장자(億萬長者)ــ 億万長者おくまんちょうじゃ。
억병ــ 底無そこなしの酒量しゅりょう｜泥酔でいすいの状態たい｜大酒たいしゅ｜へべれけ。예 ~으로 취하다. へべれけに酔よう。/ ~으로 취해서 비틀대다. 大酒に酔って足元あしもとがふらつく。

억-보ــ 頑固者がんこもの｜意地じっ張ばり｜強情者ごうじょうもの。예 ~도 그런 ~가 없어. これ以上いじょうない頑固者だよ。

억산(臆算)ــ 憶測おくそくの計算けいさん。
　억산-하다ــ 憶測で計算する。

억새《식》薄すすき。산꼭대기의 ~ 山やまの頂いただきのススキ。

억설(臆說)ــ 憶説おくせつ。멋대로 ~을 늘어놓다. いいかげんな憶説を述のべている。

억-세다 ❶ (体たい・骨格こっかくなどが)頑丈がんじょうで力強ちからづよく見みえる。굵고 억센 넓적다리 太ふとくて頑丈な太股ふともも。❷激はげしい。예 기질이 억센 여자 気性きしょうの激しい女おんな/그의 목소리에는 억센 기백이 넘쳐흘렀다. 彼かれの声こえには激しい気力きりょくが溢あふれてきた。❸かたくてごわごわしている。예 고사리 줄기가 억세어서 손으로 꺾을 수가 없다. ワラビの茎くきが, かたくて手てで採とれない。❹運うんの良よし悪あしの差さが大おおきい。예 억세게 운 좋은 사나이 強運きょううんの男おとこ。❺ (口くちぶりなどが) 荒あらい｜荒あらっぽい。예 사투리는 약간 억세게 들린다. なまりは少し荒あらっぽく聞こえる。

억수ــ 土砂降どしゃぶり｜豪雨ごうう。예 ~같이 쏟아지는 비 どしゃぶりの雨あめ／~로 퍼붓다. 激はげしく降ふりつける。

억수-장마ــ 豪雨ごううが何日なんにちも続つづく梅雨つゆ。

억실억실-하다ــ 顔かおの彫ほりが深ふかくはっきりしている。예 이목구비가 ~. 目鼻立めはなだちがはっきりしている。

억압(抑壓)ــ 抑圧よくあつ。
　억압-하다ــ 抑圧する。예 정치 활동을 ~. 政治せいじ活動かつどうを抑圧する。

억양(抑揚)ــ 抑揚よくよう｜イントネーション。

억울-하다(抑鬱ー)ــ 悔くやしい｜無念むねんだ｜口惜くやしい。예 너무 억울해서 잠을 잘 수가 없다. あまりにも悔しくて眠ねむれない。/ 무고한 죄를 뒤집어써서 너무 ~. 無実むじつの罪つみを着きせられ, 悔しくてたまらない。

억울-히ــ (不当ふとうな目めに遭あって) 悔くやしく｜無念むねんに｜口惜くやしく。예 나에게 죄를 덮어씌운 일을 ~ 여기다. 私わたしに罪を擦すり付つけたことを悔しく思おもう。/ 손해를 봤다고 ~ 생각하지 마라. 損そんをしたといって口惜しく思うな。

억장(億丈)ــ とても高たかいこと。
　억장이 무너지다ــ (悲かなしみ・悔くやしさなどで)胸むねが裂さける｜胸が破やぶれるようだ。예 억장이 무너지는 것 같이 슬프다. 胸が裂けるように悲しい。

억제(抑制)ــ 抑制よくせい。예 재발 ~ 再発さいはつ抑制。
　억제-하다ــ 抑制する。예 감정을 ~. 感情かんじょうを抑制する。

억조(億兆)ــ 億兆おくちょう。예 창생 億兆蒼生そうせい。

억지ــ 強引ごういん｜ごり押おし。예 ~를 세우다. 我がを通とおす。/ 제발 ~ 좀 부리지 마. 頼たのむから意地いじを張はらないでくれ。

억지-다짐ــ 強引に承諾しょうだくさせること。예 그 남자가 그녀로부터 ~을 받은 것은 이번이 처음이 아니다. その男おとこが彼女かのじょから強引に承諾を得えたのは, 今回こんかいが初はじめてではない。

억지-떼ــ だだ｜やんちゃ。예 아이가 아이스크림을 사 달라고 엄마에게 ~를 쓴다. 子供こどもがアイスクリームを買かってくれとお母かあさんにだだをこねる。

억지-로ــ むりやりに｜むりおしに。

억지-스럽다ــ 無理強むりじいするところがある｜無理押むりおしするところがある。예 그의 행동에는 어딘가 억지스러운 데가 있다. 彼の行動こうどうには, どこか無理強いするところがある。

　억지스레ــ 無理むりに｜むりやり｜無理強むりじいして｜無理押むりおしして。예 ~ 먹지 않아도 돼. 無理強いして食たべなくてもいいよ。/ 갖고 싶지 않은 물건을 ~ 사게 하다. 欲ほしくない物ものを無理に買かわせる。

억지-웃음ــ 作つくり笑わらい。예 순간 그녀가 ~을 웃어 위기를 모면하게 해 주었다. とっさに彼女が作り笑いをして, 危機ききを免まぬがれさせてくれた。

억짓-손ــ 強引ごういんなやり方かた。

억척ــ 我慢強がまんづよさ｜辛抱強しんぼうづよさ｜根気強こんきづよさ｜粘ねばり強つよさ。예 ~을 부리다.

我慢強さを発揮する。/혼자서 다 하다니 너도 꽤 ~이구나. 一人で全部やるなんて、あなたもかなり粘り強い人だな。

억척-같다 형 がむしゃらだ｜根気強い｜粘り強い｜しつこい。

억척같-이 튀 がむしゃらに｜根気強く｜粘り強く｜しつこく。 예 ~ 마지막까지 일을 끝까지 해내다. 根気強く最後まで仕事をやり抜く。

억척-꾸러기 명 大変な根気が強い人。예 남편이 죽더니 그 아줌마 ~ 다 됐어. 夫が死んで、そのおばさんはとても根気強くなった。

억척-빼기 명 とても粘り強い子供｜根気強い子供。예 저 집 ~는 아이다운 맛이 없어. あの家の子どもはとても根気強くて子どもらしさがない。

억척-스럽다 형 がむしゃらだ｜粘り強い｜根気強い。

억척스레 튀 がむしゃらに｜粘り強く｜根気強く。

억측(臆測) 명 憶測。

억측-하다 타 憶測する。

억패-듯 튀 情け容赦なく。

언걸 명 ❶とばっちり｜巻き添え。예 ~을 입다. 巻き添えを食う。 ❷ ひどい苦労。

언급(言及) 명 言及。

언급-하다 자 言及する。

언니 명 お姉さん｜姉さん｜姉。"너는 ~가 있니?" "난 ~는 없고 여동생은 있어." "あなたはお姉さんがあるの。"「私には姉はなく妹はあるよ。」/ ~, 엄마가 불러. お姉ちゃん、お母さんが呼んでる。

언더그라운드(underground) 명 アンダーグラウンド｜アングラ。

언더 바(under bar) 〈컴〉アンダーバー。

언덕 명 ❶丘｜峠｜丘陵。예 ~을 넘다. 丘を越える。/ ~ 밑에 초가집이 한 채 있다. 丘のふもとに草ぶきの家が一軒ある。 ❷ 坂。=구릉

언덕-길 명 坂道。

언덕-바지 명 坂道の頂上｜傾斜の激しい坂。

언덕-배기 명 丘の最頂上｜傾斜の急な坂。

언덕-지다 형 傾斜している｜坂になっている。

언도(言渡) 명 言い渡し。예 판결 ~ 判決の言い渡し。

언도-하다 타 言い渡す。

언동(言動) 명 言動。예 ~을 삼가다. 言動を慎む。

언뜻 튀 ❶ちらっと｜ちらりと。예 ~ 보다. ちらりと見る。/ ~ 눈앞을 스치다. ちらちらと目の前をかすめる。/ ~ 보이다. ちらっと見える。 ❷ちょっと｜ふと。예 그 종이 인형을 보자 ~ 좋은 생각이 떠올랐다. その紙人形を見て、ふといい考えが浮かんだ。

언뜻-언뜻 튀 ❶ちらっと｜ちらりと｜ちらちらと。 ❷ふと。

언뜻-하면 튀 ややもすれば。예 ~ 눈물을 글썽인다. ややもすれば涙ぐむ。

언론(言論) 명 言論。예 ~ 기관 言論機関。/ ~의 자유 言論の自由。/ ~ 통제 言論統制。

언론-계(言論界) 명 言論界。

언론-인(言論人) 명 言論人。

언-막이(堰—) 명 灌漑用の堰堤。

언명(言明) 명 言明。

언명-하다 言明する。

언문¹(言文) 명 言文｜言語と文章。

언문²(諺文) 명 諺文。

언문-일치(言文一致) 명 言文一致。

언변(言辯) 명 話術｜口弁。예 ~이 좋다. 口が達者だ。

언사(言辭) 명 言辞｜言葉｜話。예 불온한 ~ 穏やかでない言葉。

언성(言聲) 명 話し声。예 ~이 높다. 声が高い。

언약(言約) 명 口約束｜固め。예 부부의 ~을 하다. 夫婦の口固めをする。

언약-하다 타 口約束する｜固めする｜約束する。

언어(言語) 명 言語。예 ~ 예술 言語芸術。/ ~ 장애 言語障害。

언어-도단(言語道斷) 명 言語道断。 준 도단

언어-학(言語學) 명 〈언〉言語学。=어학

언어-학자(言語學者) 명 〈언〉言語学者｜語学者。=어학자

언쟁(言爭) 명 言い争い｜口げんか｜口論｜言い合い。

언쟁-하다 자 言い争いする｜口げんかする｜口論する｜言い合いする。예 아까부터 둘이서 언쟁하고 있다.

さっきから二人で言い争いしている。

언저리 명 回りǀ縁ǀほとりǀ周囲。

언제 대 いつ。예~ 끝날지 모른다. いつ終わるか分からない。/~든지 좋아. いつでもいいよ。/~인가 만날 수 있겠지. いつか会えるだろう。/~인가 온 적이 있다. いつだったか来たことがある。

언제-나 부 いつもǀ常にǀしょっちゅう。예~ 생글생글 웃는 아이 いつもにこにこしている子。

언죽-번죽 부 ずけずけ(と)ǀずうずうしく ふてぶてしく。

언질(言質) 명 言質ǀ言葉質。
  언질(을) 잡다 관용 言質を取る。
  언질(을) 주다 관용 言質を与える。

언짢다 형 (気持ちが)優れないǀやりきれない思いだ。예 요즘 기분이 ~. 最近気分が優れない。/단지 막연하게 세월이 지나간 것 같아서 왠지 언짢은 기분이 든다. ただ漠然と月日が過ぎたようで、なんだかやりきれない思いだ。

언청이 명 兎唇の人。예 요즘 ~ 수술은 일도 아니지. 最近では兎唇の手術は何でもないよ。

언치 명 鞍下にしく毛布。

언턱 명 ❶段。❷坂の登り口。

언턱-거리 명 口実ǀ言いがかりǀ難癖。예 그때 ~를 잡혀 몹시 난처해졌다. その時、難癖をつけられて非常に苦しくなった。 =턱거리

언틀-먼틀 부 凸凹。

언해(諺解) 명 漢文をハングルに翻訳すること。

언행(言行) 명 言行。

언행-록(言行錄) 명 言行録。

언행-일치(言行一致) 명 言行一致。

얹다 타 (他人のものの上などに)置くǀ載せる。예 선반에 ~. 棚に載せる。/소스를 ~. ソースを載せる。/불에 ~. 火に掛ける。

얹은-머리 명 髪をつかねて頭にぐるりと巻き上げた女の髪型。

얹은-활 명 弦を張った弓。

얹혀-살다 자 居候するǀ寄食する。예 누나 집에 얹혀살고 있다. 姉夫婦のところに居候している。

얹-히다 자 ❶載せられる。예 선반 위에 트렁크가 얹혀 있다. 棚の上にトランクが載せられている。❷(船が暗礁などに)乗り上げる。❸やっかいになるǀ頼る。❹食がもたれるǀ胃にもたれる。

얻다 타 ❶(ただで)貰うǀ譲り受ける。예 헌 책상을 ~. 古机を貰う。/막대한 유산을 얻어 부자가 되었다. 莫大な遺産を譲り受けてお金持ちとなった。❷得るǀ貰うǀ受ける。예 승낙을 ~. 承諾を得る。/1주일간 휴가를 ~. 一週間の休暇を貰う。/선생님이 격려해 주셔서 용기를 얻었다. 先生が激励してくださって勇気を得た。❸得るǀ手に入れる ǀ有り付く。예 겨우 일자리를 얻었다. やっと職に有り付いた。❹借りる。예 돈을 얻어서 집세를 내다. お金を借りて家賃を払う。/신혼집을 ~. 新居を借りる。❺得るǀ獲得するǀ手に入れる。예 일찍 가서 줄을 선 결과 좋은 자리를 얻었다. 早く行って並んだ結果、良い場所を手に入れた。/원하는 결과를 얻을 때까지 노력하다. 望ましい結果を得る時まで努力する。❻(嫁ǀ子供ǀ夫ǀ妻などを)貰うǀ得るǀ迎えるǀめとる。예 며느리를 ~. 嫁を貰う。/아내를 ~. 妻をめとる。❼病気になるǀ病む。예 병을 얻어 회사를 그만두었다. 病気になって会社を辞めた。

얻다[2] どこにǀに。예 ~ 두었니? どこに置いたの。

얻어-걸리다 자 ありつく。예 직장이 ~. 職場にありつく。

얻어-듣다 타 人伝に聞くǀ聞き込むǀ小耳にはさむ。예 소문을 ~. うわさを人づてに聞く。/비밀을 ~. 秘密を人づてに聞く。/소식을 ~. 情報を聞き込む。

얻어-맞다 타 殴られるǀぶたれる。예 아내에게 얻어맞는 남편이 증가하고 있다. 妻に殴られる夫が増加している。/따귀를 ~. びんたを食らう。

얻어-먹다 타 ❶乞食するǀ貰い食いする。❷おごってもらうǀごちそうになるǀもてなされる。예 선배에게 저녁을 얻어먹었다. 先輩に晩御飯をおごってもらった。❸(悪口などを)言われるǀののしられる。예 영문도 모르고 욕을 ~. わけも分からずののしられる。

얼[명] 精神・魂・霊・みたま。㋞그 순간 ~이 빠져 버려서 아무 생각도 나지 않는다. その瞬間, 気が抜けて何とも思い出せない。

얼-간¹[명] (魚・野菜などの)浅漬け・薄塩・甘塩。

얼간²[명] ☞얼간이

얼간-망둥이[명] 愚かな人・うすのろ・間抜け・とんま。㋞내 살다가 너 같은 ~는 보다보다 처음 본다. 今まで生きてきた中で, お前のような間抜けは初て見るよ。

얼간-이[명] うすのろ・間抜け・とんま。=얼간²

얼-갈이[명] ❶田畑を冬に粗くすきかえすこと。❷冬に蔬菜を植えること。

얼갈이-하다[자] ❶田畑を冬に粗くすきかえす。❷冬に蔬菜を植える。

얼갈이-김치[명] 【料】冬季にとれる野菜でつくったキムチ。㋞초겨울의 얼갈이배추로 담근 ~ 初冬の白菜で漬けた冬キムチ。

얼거리[명] 事のあらまし・概要。

얼-결[명] どさくさ紛れ・気づかぬ瞬間。㋞~에 따라나서다. どさくさまぎれについて行く。/~에 손을 들다. うっかり手を上げる。=얼떨결

얼굴[명] 顔。❶面・めん・おもて・顔。㋞귀여운 ~ かわいい顔/모르는 ~ 知らない顔/~이 두껍다. 面の皮が厚い。/~을 씻다. 顔を洗う。/~에 철판을 깔다. 非常に図々しい。=용안 ❷[표정] 表情。㋞그는 언짢은 ~을 하고 있었다. 彼は嫌な顔をしていた。❸【체면・명예】㋞~을 세우다. 顔を立てる。/그것은 내 ~과 관련하는 문제입니다. それは私たちの顔にかかわる問題です。/학교의 ~을 깎지 않도록 주의해서 행동하다. 学校の面目を潰さないように, 気を付けて振る舞う。❹[어떤 분야에] ㋞정계의 새로운 ~ 政界の新しい顔/묵은 ~들은 점차 사라져 간다. 古い顔はだんだん消えていく。❺【대표적・상징적】㋞대통령은 국가의 ~이다. 大統領は国家の顔だ。

얼굴을 들다[관용] 堂々としている。㋞그는 미안하다며 얼굴을 들지 못했다. 彼は悪いといって堂々とすることができなかった。

얼굴이 두껍다[관용] 面の皮が厚い・図々しい・厚かましい。㋞매일같이 돈을 빌리다니 참 얼굴이 두껍구나. 毎日のようにお金を借りるなんて, 本当に厚かましいなあ。

얼굴-값[명] 顔つきにふさわしい行ない。㋞~도 못하는 녀석 見掛けにもよらない奴。

얼굴 근육(一筋肉) ☞안면근

얼굴 막기[운동] 上段受け。

얼굴-빛[명] 顔色・血色・顔の表情。㋞그가 어두운 ~으로 방 안으로 들어왔다. 彼が暗い表情で部屋の中に入ってきた。=얼굴색

얼굴-색(一色)[명] ☞얼굴빛

얼굴 지르기[운동] 上段突き。

얼근덜근-하다[형] 甘辛い。

얼근-얼근[부] ❶【매움이 입안에 얼얼하게 퍼져 있는 모양】 ひりひり(と)。 ❷【술이 취해서 정신이 어렴풋한 정도】多くの者がみなほろ酔い機嫌であるさま。

얼근-하다[형] ほろ酔い機嫌だ。㋞술이 얼근하여 정신이 혼미하다. ほろ酔い機嫌になって精神が乱れている。

얼근-히[부] ひりひりと・ほろ酔い機嫌で。

얼금-뱅이[명] 顔にでこぼこにあばたがある人。

얼금-숨숨[부] 【얼굴에 굵게 얽은 자국이 많이 있는 모양】 ぼこぼこ・ぽつぽつ。㋞~ 얽은 얼굴 ぽつぽつあばたのある顔。

얼금-얼금[부] 【얼굴에 잘게 얽은 자국이 많이 있는 모양】 ぶつぶつ(と)。㋞얼굴이 ~ 얽다. 顔にあばたがある。

얼기-설기[부] ごちゃごちゃ。㋞털실이 ~ 얽혔다. 毛糸がごちゃごちゃもつれている。

얼-넘기다[타] うやむやにやりのける・いい加減にやりのける。

얼-넘어가다[자] うやむやに過ごしてしまう。

얼-녹다[자] 凍ったり溶けたりする。

얼녹-이다[타] 凍らせたり溶かせたりする。

얼다[자] ❶凍る・しみる。㋞강물이 ~. 川の水が凍る。/눈이 얼어서 길이 미끄럽다. 雪が凍って道が滑りやすい。❷【몸이 차가워서】凍える・かじかむ・かじける。㋞추워서 몸이 얼어 버릴 것 같다. 寒くて体がこごえそうだ。/손이 꽁꽁 얼었다. 手がかちかちにかじけた。❸【긴장하거나 부끄러워서 낯빛이】上がる・逆上せ上がる・か

たくなる。例무대에만 서면 얼어 버린다. 舞台ぶたいに立たつと、いつも上がってしまう。/ 면접관 앞에서 얼어 버렸다. 面接官めんせつかんの前まえでかたくなってしまった。

얼떨-결[명] うっかりして｜どさくさまぎれに。예~에 돈을 주었다. どさくさまぎれにお金かねをあげた。/ ~에 약속을 하고 말았다. どさくさまぎれに約束やくそくをしてしまった。囹얼결

얼떨떨-하다[형] ❶頭あたまがふらつく｜めんくらう｜戸惑とまどってなすすべを知しらない｜どぎまぎする。예갑작스러운 소식에 정신이 ~. 突然とつぜんの知しらせに面食めんくらう。❷(頭あたまが)くらくらする｜めまいがする。예술 석 잔에 정신이 ~. お酒さけ三杯さんぱいで頭あたまがくらくらする。

얼떨-하다[형] ❶【원뜻은 얼을 얼빠뜨리다】目めが回まわりそうだ｜めんくらう｜戸惑とまどう。예회사가 갑자기 부도가 나자 직원들은 모두 얼떨했다. 会社かいしゃが突然とつぜん不渡ふわたりを出だすと、職員しょくいんは皆みな戸惑とまどった。❷【원뜻은 얼을 떨뜨리다】(頭あたまが)くらくらする｜めまいがする。

얼뚱-아기[명] 可愛かわいらしいしぐさをする赤あかちゃん。예고 녀석 참 ~구나! 本当ほんとうにかわいい赤ちゃんだなあ。

얼뜨기[명]【원뜻은 얼을 뜨는 사람】阿呆あほう｜うすのろ｜間抜まぬけ｜とんま。예~같이 굴지 말고 정신 똑바로 차려! 馬鹿ばかなことはせずに気きをしっかりと持もて。

얼-뜨다[형] (人ひととなりが)しっかりしない｜間抜まぬけだ｜愚おろかだ。예얼뜬 사람 間抜まぬけな人ひと。

얼락-녹을락[부] ❶凍こりそうで溶とけそうに｜凍こったり溶とけたり。❷人ひとを引ひき締しめたり緩ゆるめたりして弄もてあそぶさま。

얼러-맞추다[타] 機嫌きげんを取とる｜なだめる。

얼러-붙다[자] 組くみつく｜組くみ合あう。예얼러붙어 싸우다. 組くみついて争あらそう。

얼러-치다[타] ❶(二ふたつ以上いじょうのものを)いっぺんに殴なぐる。❷一ひとまとめに計算けいさんする。

얼럭[명] 染しみ｜ぶち｜まだら｜むら。
얼럭-덜럭[부] まだらになるさま。
얼럭-말[명] 毛色けいろが段だんだらな馬うま。
얼럭-얼럭[부] 点々てんてんとまだらになっているさま。
얼럭-지다[자] 染しみができる｜むらがある。

얼렁-거리다[자] 機嫌きげんを取とろうとへつらう。=얼렁대다

얼렁-대다[자] ☞얼렁거리다

얼렁-뚱땅[부] いい加減かげんに処理しょりするさま。예일을 ~ 해치우다. 仕事しごとをごまかして、いい加減かげんに片付かたづけてしまう。=엄벙뗑

얼렁뚱땅-하다[자][타] いい加減かげんに処理しょりする。

얼렁-쇠[명]【원뜻은 아부하는 사람】おもねる人ひと｜ごますり。

얼렁-얼렁[부] おべっかを使つかうさま｜取とり入いるさま｜へつらうさま。

얼레[명]【원뜻은 실을 감는 것】(凧糸たこいとを巻まく)かせ｜糸巻いとまき。예~를 돌려 연줄을 풀다. かせを回まわして凧糸たこいとをほどく。

얼레지[명]〈식〉片栗かたくり。
얼레짓-가루[명] 片栗粉かたくりこ。

얼루룩-덜루룩[부]【원뜻은 여기저기 얼룩진 것이 균일하지 않게 섞여 있는 모양】まだらに。
얼루룩-얼루룩[부] まだらに。
얼루룽-덜루룽[부] まだらに。
얼루룽-얼루룽[부] まだらに。

얼룩[명] ❶まだら｜斑点はんてん｜段だんだら。예~ 고양이 三毛猫みけねこ。❷染しみ。예~을 빼다. 染しみを取とる。

얼룩-덜룩[부]【원뜻은 여기저기 얼룩진 것이 균일하지 않게 섞여 있는 모양】まだらに。
얼룩-말[명]〈동〉❶縞馬しまうま。❷斑点はんてんの馬うま。
얼룩-무늬[명] 斑紋はんもん｜まだら模様もよう。
얼룩-빼기[명] 縞物しまものの｜縞しまのある動物どうぶつやもの。
얼룩-소[명]〈동〉(毛色けいろが)まだらの牛うし。
얼룩-얼룩[부] まだらに｜段だんだらに。
얼룩얼룩-하다[형] (整然せいぜんと)まだらになっている。
얼룩-점(-點)[명] 斑点はんてん｜まだら。
얼룩-지다[자] 染しみがつく｜むらができる｜まだらになる。
얼룽-덜룽[부] まだらに。

얼른[부] すぐ｜早はやく｜急いそいで｜素早すばやく｜さっさと。예갖고 싶은 물건은 매진되기 전에 ~ 카트에 넣어라. 欲ほしい物ものは売うり切きれになる前まえに、すぐにカートに入いれなさい。

얼른-거리다[자] ❶ちらつく｜ちらちらする。예불빛이 ~. 明あかりがちらつく。❷(影かげが)ゆらゆらする。예수면에 비친 그림자가 ~. 水面すいめんに映うつった物影ものかげがゆらゆらする。=얼른대다

얼른-대다[자] ☞얼른거리다

얼른-얼른¹[부]【원뜻은 빛이나 그림자 따위가 잠깐씩 나타나는 모양】ちらちら(と)。❷

얼른얼른【물결쳐져 자꾸 흔들거리는 모양】ゆらゆら(と).

얼른-얼른²界【얼른얼른의 힘줌말】さっさと｜速やかに｜すぐ｜早く｜急いで｜素早く.

얼리다재 ❶【어울리다】似合おう｜ふさわしい. ❷【凧が】絡み合おう.

얼-리다퇴 凍らせる｜冷凍にする. 예 탄산음료를 지나치게 얼리면 폭발한다. 炭酸飲料などを凍らせ過ぎると爆発する. /더워서 물을 얼려 왔다. 暑いから水を凍らせてきた.

얼마명 ❶【값이나 분량·수량】いくら｜どれほど｜どのくらい. 예 이 바지 ~예요? このズボンはいくらですか. /일당으로 ~를 벌었나요? 日給にはいくら稼いだの. /명하니 기다린 시간이 ~인가? ぼうっと待った時間がどれくらいなの. ❷【정해지지 않은 값】いくら｜どれほど｜いくばく. 예 ~ 안되지만 용돈으로 써라. いくらもしないけど小遣いに使いなさい.

얼마-간(一間)명 ❶ いくらか｜どのくらい｜いくらぐらい｜多少. 예 ~이라도 보탬이 되고 싶소. いくらかでもお役に立ちたい. ❷ しばらくの間｜当分. 예 ~ 못 만날지도 모르겠다. しばらく会えないかも知れない.

얼마-나界 いくらぐらい｜どれぐらい｜どんなに. 예 ~ 걱정했는지 아니? どれだけ心配したか分かってるの.

얼-마큼界【얼마만큼】どのくらい｜どれくらい｜どれほど｜いくらぐらい. 예 고무줄은 ~ 늘어날까? 輪ゴムはどのくらい伸びるかしら.

얼-망(一網)명 (縄·紐などで)網みたいに編んだ籠.

얼-맞다형 ちょうどよい｜ほどよい｜適当だ.

얼바람-둥이 たわむれにでたらめなことをする人｜調子に乗りやすい人. 예 김 선생은 사기꾼은 아니지만 ~야. キム先生は詐欺師ではないが、いいかげんな人だ.

얼-버무리다자티 ❶【얼렁 뚱땅하다】にごす｜にごらせる｜はぐらかす｜ごまかす｜つくろう. 예 나는 대답을 얼버무렸다. 私では返事をにごらせた. /대답 대신에 웃음으로 얼버무렸다. 返事の代わりに笑いでごまかした. /그 자리를 얼버무리고 얼른 나와 버렸다. その場をつくろって早く出てしまった. ❷【여럿이 대충 섞다】大体に混ぜる. 예 재료는 갖춰져 있으니까 이제 얼버무리기만 하면 된다. 材料は揃ってあるからもう大体に混ぜさえすればいい. ❸【음식물을 제대로 씹지 아니하다】(食べ物を)よく噛まずに飲み込む｜大まかに噛む. 예 배가 고파서 밥을 얼버무려 먹었다. お腹が空いてご飯をよく噛まずに食べた.

얼-보다타 直視できない｜はっきり見えない. 예 얼보아서인지 기억이 안 난다. はっきり見てなかったからか記憶がない. /남자인지 여자인지 얼보아서 분명치 않다. 男とか女とかはっきり見てないのでわからない.

얼보-이다자 ❶ はっきり見えない. ❷ 正しく見えない｜ゆがんで見える｜かすんで見える. 예 얼보여서 누군지 잘 모르겠다. はっきり見えず誰だかよくわからない.

얼-부풀다 凍って膨れ上がる.

얼-비치다 (光が)目に反射するようにさす.

얼-빠지다자 ❶ 気が抜ける｜間が抜ける｜気抜けする. 예 너무 소란스러워서 ~. あまり騒がしくて間が抜ける. ❷ 気がぼうっとする｜失神する.

얼싸감 それら｜そうら｜よいよいやさ.

얼싸-둥둥감【아이를 어를 때 흥겨워 내는 소리】ああよしよし｜あばばあ

얼싸-안다 (両腕を広げて)抱き込む｜抱き締める. 예 자식을 ~. 子供を抱きしめる. /손자를 ~. 孫を抱きしめる.

얼싸-절싸界 ❶【흥이 나서 뛰노는 모양】よいやよいやさ. ❷ 仲立ちして両方とも被害のないようにするさま.

얼쑹-덜쑹 ❶ (模様·色などが雑然と入り交じって)段だらに｜まだらに. ❷【정신 못 차리게 되는 모양】ごちゃごちゃ.

얼쑹-얼쑹 ❶ (整然でなく)段だらに｜まだらに. ❷ (目·考えなどが)かすんだようにぼんやりしているさま.

얼쑹-하다형 ❶ ぼんやりしている｜間抜けて見える. ❷ 見分けがつかない｜似たりよったりだ.

얼씨구 ❶【흥겨워 하며 내는 소리】よいやよいやさ. 예 ~ 좋다. 아러리얼이요. ❷【남의 하는 짓이 하찮을 때 내는 소리】ようよう. =얼씨구나.

얼씨구나감 ☞ 얼씨구

얼씨구-절씨구감【거듭하여 흥겨워 내는 소리】よいやよいや

│よいやよいやさと。

얼씬 目の前にちょっと現われて去るさま。

얼씬-거리다 자 しきりに現われたり消えたりする。예 그 집 문전에 얼씬거리다가는 맞아 죽는다。その家の前でうろちょろするものなら、殴られて死ぬぞ。=얼씬대다

얼씬-대다 자 ☞얼씬거리다

얼씬-하다 자 目の前にちょっと現われて去る。예 이 근처에는 얼씬하지 마라。この近所には近寄るな。

얼씬-얼씬 부 ちらちら。

얼씬-없다 형 全く現われない│全く来ない。

얼어-붙다 凍りつく│凍結する│氷結する│凍りが張り詰める。예 창문이 얼어붙어서 열리지 않는다。窓が凍りついてあかない。/ 도로가 ~。道路が凍りつる。

얼얼-하다 ❶ひりひりする。예 너무 매워서 입술이 ~。すごく辛くて唇がひりひりする。❷(皮膚などが)ひりひりする│(体が)しびれる。

얼-요기(一療飢) 명 不十分な腹拵え。

얼-음 명 氷。예 ~ 베개 氷まくら/ ~이 얼다。氷が張る。/ ~을 깨고 겨울 낚시를 즐기다。氷を割って冬つりを楽しむ。/ ~을 지치다。氷滑りをする。/ ~이 박이다。凍傷にかかる。

얼음-과자(一菓子) 명 氷菓子│アイスキャンデー│アイスクリーム。예 여름에 제일 맛있는 ~ 夏に一番おいしい氷菓子。

얼음-덩이 명 氷塊。

얼음-물 명 氷水。

얼음-사탕(一砂糖) 명 氷砂糖│砂糖を煮て氷の形state로 固めた飴。

얼음-장 명 (オンドル・手足などが)氷のように冷たいこと。

얼음-지치기 명 氷滑り。예 ~로 시간 가는 줄 모르다。氷滑りで時間が経つのも知らない。

얼음-집 ☞이글루

얼음-찜질 명 氷湿布。예 코에 ~을 하다。鼻に氷湿布をする。

얼음-차(一茶) 명 氷を入れて冷たくしたお茶。

얼음-판 명 氷の面│氷の表面。

얼-젓국지 명 塩辛の汁を少し入れた汁の少ないキムチ。

얼-조개젓 명 浅漬けた貝の塩辛。

얼쩍지근-하다 형 ❶(肌が)ややひりひりする│ずきずきと痛む。❷(味が)やや辛い│ひりひりする。❸ほろ酔い機嫌だ。

얼쩡-거리다 자 ❶たぶらかす。❷うろうろする│ぶらつく。=얼쩡대다

얼쩡-대다 자 ☞얼쩡거리다

얼쩡-얼쩡 부 ❶甘言で弄し人をたぶらかすさま。❷ぶらぶら│うろうろ。

얼찐-거리다 자 そばに付き回っておべっかを使う│こびへつらう。=얼찐대다

얼찐-대다 자 ☞얼찐거리다

얼찐-얼찐 부 おべっかを使うさま。

얼추 부 ほとんど│だいたい│大概│おおかた。예 ~ 완성되었다。ほとんど出来上がっている。

얼추-잡다 타 大체 ざっぱに見積もる。

얼-치기 명 態度があいまいで、どっちつかずの状態の人│中途半端な人。예 ~ 신사 えせ紳士/ ~ 의사 やぶ医者。

얼크러-뜨리다 타 互いに絡むようにする│絡ませる。예 고양이가 털실을 얼크러뜨리다。猫が毛糸を絡ませる。/ 소나무에 등나무를 얼크러뜨려 놓았다。松に藤を絡ませておいた。=얼크러트리다

얼크러-지다 자 絡む│もつれる│入り乱れる。예 담쟁이덩굴이 ~。蔦のつるが絡む。/ 머리카락이 ~。髪の毛がもつれる。

얼크러-트리다 타 ☞얼크러뜨리다

얼큰-하다 형 ほろ酔い機嫌だ。얼큰하게 취하여 횡설수설하다。ほろ酔い機嫌になって、出鱈目なことを言う。

얼키-설키 부 ごしゃごしゃ(と)。예 머릿속이 ~ 뒤얽혀 아무 생각도 할 수가 없다。頭の中がごちゃごちゃに絡まっていて、何も考えることができない。

얼토당토-아니하다 ❶とんでもない│見当違いだ│まったく的外れだ。예 얼토당토아니한 계획이다。とんでもない計画だ。❷全く関係がない。준얼토당토않다

얼토당토-않다 형 ☞'얼토당토아니하다'의 준말。

얼핏 甼 ❶ちらっと。❷ふと。=언뜻

얽다¹ 困 ❶あばたになる。예 얽은 얼굴 あばた面_{ﾂﾞﾗ}。❷(表面_{ﾋｮｳﾒﾝ}に)ぼこぼこしたきずが出来る。예 책상이 많이 얽었다. 机_{ﾂｸｴ}の表面にきずがたくさん出来ている。

얽다² 他 ❶(紐_{ﾋﾓ}・縄_{ﾅﾜ}などで)縛る｜編む｜結ぶ｜絡_{ｶﾗ}げる。❷(うそなどを)でっちあげる｜捏造_{ﾈﾂｿﾞｳ}する。

얽둑-얽둑 甼【얼굴에 얽은 자국】ぽつぽつ(と)。

얽-매다 他 ❶(物_{ﾓﾉ}を)くくる｜縛る｜結ぶ。❷束縛_{ｿｸﾊﾞｸ}する。❸(仕事_{ｺﾞﾄ}に)心身_{ｼﾝｼﾝ}を傾_{ｶﾀﾑ}ける。

얽매-이다 困 ❶縛られる｜縛り付けられる｜くくられる。❷束縛_{ｿｸﾊﾞｸ}される。예 시간에 ~. 時間_{ｼﾞｶﾝ}に束縛される。❸(仕事_{ｺﾞﾄ}などに)縛られる｜かまける。예 육아에 얽매어서 신문 읽을 틈도 없다. 育児_{ｲｸｼﾞ}にかまけて新聞_{ｼﾝﾌﾞﾝ}を読_ﾖむ暇_{ﾋﾏ}もない。

얽벅-얽벅 甼【얼굴이 심히 얽은 모양】ぼこぼこ(と)。

얽히고-설키다 困 (物事_{ﾓﾉｺﾞﾄ}が)複雑_{ﾌｸｻﾞﾂ}にもつれる｜こんがらかる。

얽-히다 困【얽다의 피동】巻_ﾏき込_ｺまれる｜絡_{ｶﾗ}まる｜縺_{ﾓﾂ}れる｜こぐらかる。예 줄이 ~. 紐_{ﾋﾓ}が絡まる。／생각이 ~. 考_{ｶﾝｶﾞ}えがもつれる。／사건에 ~. 事件_{ｼﾞｹﾝ}に巻き込まれる。

엄격-대위법(嚴格對位法) 名 《音》厳格_{ｹﾞﾝｶｸ}対位法_{ﾀｲｲﾎｳ}。

엄격-변주곡(嚴格變奏曲) 名 《音》厳格_{ｹﾞﾝｶｸ}変奏曲_{ﾍﾝｿｳｷｮｸ}。

엄격-하다(嚴格—) 形 厳_{ｷﾋﾞ}しい｜厳格_{ｹﾞﾝｶｸ}だ。예 엄격한 선생님 厳しい先生_{ｾﾝｾｲ}。

 엄격-히 甼 厳_{ｷﾋﾞ}しく｜厳格_{ｹﾞﾝｶｸ}に。예 학생들을 ~ 대하다. 生徒_{ｾｲﾄ}たちに厳しく接_{ｾｯ}する。

엄계(嚴戒) 名 厳戒_{ｹﾞﾝｶｲ}｜厳重_{ｹﾞﾝｼﾞｭｳ}な警戒_{ｹｲｶｲ}。
 엄계-하다 他 厳戒_{ｹﾞﾝｶｲ}する。

엄금(嚴禁) 名 厳禁_{ｹﾞﾝｷﾝ}。
 엄금-하다 他 厳禁_{ｹﾞﾝｷﾝ}する。

엄-나무 名 〔植〕針桐_{ﾊﾘｷﾞﾘ}｜栓_{ｾﾝ}の木_ｷ。

엄동(嚴冬) 名 厳冬_{ｹﾞﾝﾄｳ}。

엄동-설한(嚴冬雪寒) 名 雪_{ﾕｷ}の降_ﾌる極寒期_{ｺﾞｸｶﾝｷ}。

엄두 名 意欲_{ｲﾖｸ}｜考_{ｶﾝｶﾞ}え。예 ~가 나지 않다. 意欲が沸_ﾜかない。／도저히 ~도 못 내다. まったく思_{ｵﾓ}いもよらない。

엄령(嚴令) 名 ☞엄명

엄마 名【어머이어린이가 어머니를 이르는 말】お母_{ｶｱ}さん｜お母ちゃん｜ママ。예 ~는 집에 없어요. お母ちゃんは家_{ｲｴ}にいません。／~, 배고파. ママ、お腹_{ﾅｶ}空_ｽいた。／~, 계시니? お母さんはいらっしゃる。／~, 책 살 돈 좀 줘. ママ、本_{ﾎﾝ}を買_ｶうお金_{ｶﾈ}ちょうだい。

엄매 甼【송아지가 애처롭게 우는 소리】もうもう。예 송아지가 배고파서 ~ 울고 있다. 子牛_{ｺｳｼ}がお腹が空いて、もうもうと鳴_ﾅいている。

엄명(嚴命) 名 厳命_{ｹﾞﾝﾒｲ}。예 ~을 내리다. 厳命を下_{ｸﾀﾞ}す。=엄령
 엄명-하다 他 厳命_{ｹﾞﾝﾒｲ}する。

엄밀-하다(嚴密—) 形 厳密_{ｹﾞﾝﾐﾂ}だ。예 엄밀한 검사 厳密な検査_{ｹﾝｻ}。
 엄밀-히 甼 厳密_{ｹﾞﾝﾐﾂ}に。예 ~ 말하면 厳密に言_ｲうと。

엄벌(嚴罰) 名 厳罰_{ｹﾞﾝﾊﾞﾂ}。예 ~에 처하다. 厳罰に処_{ｼｮ}する。
 엄벌-하다 他 厳罰_{ｹﾞﾝﾊﾞﾂ}する。

엄벙-덤벙 甼 向_{ﾑｺｳ}こう見_ﾐずに｜無鉄砲_{ﾑﾃｯﾎﾟｳ}に｜あたふたと｜上_{ｳﾜ}っ調子_{ﾁｮｳｼ}に。
 엄벙덤벙-하다 困 上_{ｳﾜ}っ調子_{ﾁｮｳｼ}だ。예 언제나 엄벙덤벙한다. いつも上っ調子だ。

엄벙-뗑 甼 ☞얼렁뚱땅

엄벙-통【어정쩡하여 종잡을 수 없는 경황】ぼやぼやしている間_{ｱｲﾀﾞ}｜ごたごたする間｜そわそわしているうち。예 ~에 지갑을 두고 왔다. ごたごたする間に財布_{ｻｲﾌ}を忘_{ﾜｽ}れてきた。

엄벙-판 ぼやぼやしている最中_{ｻｲﾁｭｳ}｜雑踏_{ｻﾞｯﾄｳ}の最中_{ﾅｶ}。

엄벙-하다【어정쩡하다】いい加減_{ｶｹﾞﾝ}だ｜でたらめだ。

엄부럭 名 (痛_{ｲﾀ}み・苦_{ｸﾙ}しみなどを)大_{ｵｵ}げさに訴_{ｳﾀﾀ}えること。

엄살 名 (痛_{ｲﾀ}み・苦_{ｸﾙ}しみなどを)大_{ｵｵ}げさに訴_{ｳﾀﾀ}えること｜わざと困_{ｺﾏ}った振_ﾌりをすること。예 ~ 좀 그만 부려라. 大げさに訴えるのはやめろ。
 엄살-하다 困 大_{ｵｵ}げさに痛い[苦しい]ふりをする｜仮病_{ｹﾋﾞｮｳ}する。

엄살-꾸러기 名 痛_{ｲﾀ}がり屋_ﾔ。

엄살-떨다 (痛_{ｲﾀ}み・苦_{ｸﾙ}しみなどを)大_{ｵｵ}げさに訴_{ｳﾀﾀ}える。예 엄살떨지 말고 얼른 일어나지 못해? 痛い振_ﾌりをしていないで早く立_ﾀち上_ｱがれ。

엄살-스럽다 形 大_{ｵｵ}げさに痛い[苦しい]ふりをする。
 엄살스레 甼 痛_{ｲﾀ}がるのが大_{ｵｵ}げさに｜苦_{ｸﾙ}しがるのが大げさに。

엄선(嚴選)몡 厳選ゼん。
　엄선-하다타 厳選する。
엄수(嚴守)몡 厳守。예시간 ~ 時間厳守。
　엄수-하다타 厳守する。예비밀은 엄수해 주십시오. 秘密は厳守してください。
엄숙-하다(嚴肅—)혱 厳粛だ。예엄숙한 분위기 厳粛な雰囲気。
　엄숙-히튀 厳粛に。
엄습(掩襲)몡 不意打ち｜掩撃。
　엄습-하다타 不意打ちをくらう｜掩撃する。예불시에 적군을 ~. 不意に敵軍を掩襲する。
엄연-하다(儼然—)혱 厳然としている。예엄연한 사실 厳然たる事実。
　엄연-히튀 厳然と。
엄정-하다(嚴正—)혱 厳正だ。예엄정한 판정 厳正な判定。
　엄정-히튀 厳正に。
엄중-하다(嚴重—)혱 厳重だ。예엄중한 처벌 厳重な処罰。
　엄중-히튀 厳重に｜厳しく｜厳に。
엄지몡 親指。
엄지-가락몡 親指。준엄지
엄지머리-총각(一總角)몡 一生をチョンガーで過ごす男。
엄지-발몡 足の親指。
엄지-발가락몡 足の親指。준엄지발
엄지-발톱몡 足の親指の爪。
엄지-손몡 手の親指。
엄지-손가락몡 手の親指。준엄지손
엄지-손톱몡 手の親指の爪。
엄책(嚴責)몡 厳責。
　엄책-하다타 厳責する。예부당한 행위가 엄책받다. 不当な行為が厳責される。
엄청-나다혱 途方もない｜とてつもない｜どえらい｜度外れだ。예엄청나게 큰 계획 途方もない大きな計画／15호 태풍에 의한 피해가 ~고 한다. 台風15号による被害が甚大だそうだ。
엄폐(掩蔽)몡 掩蔽。
　엄폐-하다타 掩蔽する。
엄폐-물(掩蔽物)몡 《군》掩蔽物。
엄폐-호(掩蔽壕)몡 《군》掩蔽壕。
엄포몡 こけおどし｜わざとおどかすこと。예~를 놓다. こけおどしをする；わざとおどかす。
엄-하다(嚴—)혱 ❶(規律・規則などが)厳しい｜厳かだ｜厳重だ。통금 시간이 엄한 기숙사 門限時間に厳しい寄宿舎／엄한 규칙을 지키다. 厳格な規則を守る。❷(しつけ・礼儀などに)厳しい｜厳格だ。예우리 부모님은 예의범절이 ~. 私の両親はしつけに厳しい。／그 집은 가르침이 ~. あの家は教えが厳格だ。❸(性格が・行動などが)厳しい｜むごい｜苛酷だ。예며느리에게 엄한 시어머니 嫁に苛酷な姑／엄한 훈련 苛酷な訓練／학생에게 엄한 선생님 生徒に厳しい先生。
엄한(嚴寒)몡 厳寒。
엄호(掩護)몡 掩護。예~ 사격 掩護射撃。
　엄호-하다타 掩護する。예부대를 ~. 部隊を掩護する。
엄혹-하다(嚴酷—)혱 厳酷だ。
　엄혹-히튀 厳酷に｜ごっぴどく。
업¹몡 《민》一家の福の神。
업²(業)몡 ❶業｜職業｜仕事と｜業務。예대대로 의술을 ~으로 삼다. 代々医を業とする。❷(종)《불교》業。예~이 깊다. 業が深い。
업계(業界)몡 業界。
업그레이드(upgrade)몡 《컴》アップグレード。
업다타 ❶(背に)負う｜おんぶする｜背負う。예여동생을 업어 주다. 妹をおんぶしてあげる。❷(ある勢力を)背景にする｜後ろ楯にする。예권력자를 등에 업고 선거에 출마하다. 権力者を後ろ楯にして選挙に出馬する。
업로드(upload)몡 《컴》アップロード。
업무(業務)몡 業務。예~ 관리 業務管理／~ 방해죄 業務妨害罪／~ 재해 業務災害。
업신-여기다타 蔑視する｜さげすむ｜見くびる｜侮る｜ばかにする｜軽んずる。예젊다고 ~. 若いからとて軽んずる。／자신보다 약하다고 생각하는 사람을 ~. 自分より弱いと思う者をさげすむ。
업신여김몡 蔑視｜軽蔑。＝업심
업심몡 ☞업신여김
업어 치기(운)《유도》背負い投げ。예~

업적(業績)[명] 業績ぎょう。 예 ~주의 業績主義しゅぎ/ 신제품 개발로 ~을 올리다. 新製品しんひん開発かいはつで業績をあげる。

업종(業種)[명] 業種ぎょうしゅ。

업체(業體)[명] 事業じぎょう・企業きぎょうの主体しゅたい。

업-히다[자] 背負せおわれる｜おんぶされる｜おぶわれる。 예 아기가 엄마에게 ~. 赤あかちゃんが母ははにおんぶされる。/ 술에 취해 동생에게 업혀서 집으로 돌아가다. 酔よっぱらって弟おとうとに背負われ自宅じたくに帰かえる。

업-히다[타] 背負せおわせる｜負おわせる｜おんぶさせる。 예 잠든 아이를 아버지에게 ~. 寝入ねいった子こを父親ちちおやに背負わせる。

없다[형] ❶【총체そうたい】無ない｜いない。 예 우리 동네에는 도서관이 ~. 私わたしの町まちには図書館としょかんがない。/ 이 세상에 너 같은 사람은 아무도 ~. 世よの中なかにあなたみたいな人ひとは誰だれもいない。 ❷【성질せいしつ・재능さいのう】無ない。 예 마술에는 재능이 ~. マジックには才能さいのうがない。/ 나는 자가용이 ~. 私はマイカーがない。/ 현금이 하나도 ~. 現金げんきんがひとつもない。 ❸【양りょう】あまりない。 예 차린 건 없지만 많이 드세요. 準備じゅんびしたものはあまりないですが、たくさん召めし上あがってください。/ 저는 아는 것이 별로 없습니다. 私わたしは知しっている事ことがあまりありません。 ❹【빈곤ひんこん】貧まずしい｜貧乏びんぼうだ。 예 없는 집안에 시집가 고생하다. 貧しい家いえに嫁よらいで苦労くろうする。 ❺【존재そんざい】無ない｜いない。 예 그렇게 극진한 효자는 없을 거야. あんなに至極しごくな親孝行おやこうこうはいないだろう。 ❻【어떤일いちおこりごと】無ない。 예 행사가 취소되는 일은 없을 것이다. 行事ぎょうじが取とり消けされる事ことはないだろう。/ 건물 순찰을 돌고 아무 이상이 ~고 보고하다. 建物たてものを巡回じゅんかいして、何なんの異常いじょうもないと報告ほうこくする。 ❼【구별くべつ】(上下じょうげ・左右さゆうなどの)区別くべつがつかない。 예 그는 위아래 구별 없이 제멋대로 군다. 彼かれは上下の区別もつかず勝手かってに振ふる舞まう。

없-이[부] ―なしに｜―なく｜―のない 状態じょうたいで。 예 까닭 ~ 슬프다. わけもなく悲かなしい。

없-애다[타] ❶なくす｜取とり除のぞく。 예 의욕을 ~. やる気きをなくす。/ 이 세상에서 전쟁을 ~. この世よから戦争せんそうをなくす。 ❷浪費ろうひする。 예 모은 돈을 전부 ~. 儲もうけた金かねを全部ぜんぶなくす。 ❸殺ころす。 예 없애 버려라. 殺してしまえ。

엇-가다[자] (言行げんこうが)常軌じょうきにはずれる。

엇-각(―角)[명][수] 錯角さっかく。

엇-갈리다 ❶行ゆき違ちがう｜いき違う。 예 도중에 ~. 途中とちゅうで行き違う。 ❷食くい違う。 예 의견이 ~. 意見いけんが食い違う。 ❸交錯こうさくする。 예 희비가 ~. 悲かなしみと喜よろこびが交錯する。

엇-걸다[타] 互たがい違ちがいに掛かける｜筋違すじちがいに掛ける。

엇걸-리다[자] 互たがい違ちがいに掛かかる｜筋違すじちがいに掛かる。

엇-견다[타] 互たがい違ちがいになるように編あむ。

엇견리다[자] 互たがい違ちがいに編まれる。

엇구수-하다[형] (ふるまい・身なりなどが)地味じみだがなかなかいい｜自然しぜんでそれらしい。 예 엇구수한 생김새가 정이 간다. 自然な姿すがたに情じょうが行く。

엇-그루[명] 斜ななめに切きった根株ねかぶ。

엇-나가다[자] ❶(線せんなどが)斜ななめにゆがむ｜横よこへそれる。 ❷(言行げんこうが)常軌じょうきを逸いつする｜ねじける｜ひねくれる。 예 엇나간 행동 ねじけた行動こうどう。

엇-놀리다[자] (両手りょうて・両足りょうあしなどを)斜ななめにゆがめる｜横よこへする。 예 손발을 엇놀리며 사다리를 오르다. 手足てあしを交互こうごに出だしながらハシゴを上あがる。

엇-대다 当あてこする｜当あてつける。 예 엇대어 말하다. 当てつけて話はなす。

엇-뜨다 横目よこめで見みる｜やぶにらみする。 예 눈을 엇뜨고 쳐다보다. 横目で見つめる。

엇-메다[타] たすき掛がけにする。 예 가방을 ~. かばんをたすきがけにする。/ 핸드백을 ~. ハンドバッグをたすき掛けにする。

엇-물다 交互こうごに噛かむ｜互たがい違ちがいに噛む。

엇물-리다[자] 交互こうごに噛かます｜互たがい違ちがいに噛ませる。

엇-바꾸다 互たがいに交換こうかんする。

엇-박다 (釘くぎ・文様もんようなどを)互たがい違ちがいに打うつ。

엇-베다 斜ななめに切きる。

엇-붙다[자] 斜ななめにくっつく｜斜ななめにつく。

엇붙-이다 타 斜めにくっつける。
엇비뚜름-하다 형 やや斜めだ。
　엇비뚜름-히 부 やや斜めに。
엇비스듬-하다 형 やや傾いている；少し斜めだ；ややはすかいだ。
　엇비스듬-히 부 少し斜めに；ややはすかいに。
엇비슷-하다 형 ほぼ似ている；ほとんど同じだ；似たり寄ったりだ。
　엇비슷-이 부 ほぼ等しく；ほとんど同じに。
엉 부 わんわん(と)。
엉거주춤 부 ❶ 〔허리를 반쯤 굽히고 앉을 듯 말 듯한 모양〕中腰どうの姿勢せいで；上半身はんしんうずくまって。❷ 〔이러지도 저러지도 못하고 망설이는 모양〕及および腰こしで。
　엉거주춤-하다 형 ❶中腰の姿勢でいる。예엉거주춤하게 서 있다. 中腰の姿勢で立っている。/ 엉거주춤하게 앉아 있다. 中腰の姿勢で座わっている。❷及び腰だ。예이 편도 저 편도 들 수가 없어 엉거주춤한 태도를 취할 수밖에 없다. どちらの味方みかたをすることもできなくて、及び腰になるしかない。
엉겁결-에 부 思おもわず；とっさに；瞬間的しゅんかんてきに。예~ 손을 들었다. 思わず手をあげた。
엉겅퀴 〈식〉野薊のあざみ。예~는 바람에 씨를 날려 번식한다. ノアザミは風に種を飛ばして繁殖はんしょくする。
엉구다 타 (事ことが)成なり立たつようにする；取とりまとめる。
엉금-엉금 부 〔느릿느릿하게 기어다니는 동작〕のろのろ(と)；のそのそ(と)；のっそりのっそり(と)。예~ 기어가다. のろのろと這っていく。
엉기다 자 〔凝〕 ❶ 固かたまる；凝固ぎょうこする；凝こり固まる。예두부가 ~. 豆腐とうふが固まる。❷ (蔓つるなどが)からまる；からみつく。예담쟁이덩굴이 돌담에 ~. 蔦つたの蔓が石垣いしがきにからみつく。❸群むらがる；集あつまる；たかる。
엉기다 자 ❶〔滯〕(仕事しごとなどがはかどらずに)手間取てまどる。예손에 익지 않은 일이라서 일이 ~. 手慣てなれていない仕事で手間取る。❷やっと這はって行いく。
엉너리 명 おべっか；追従ついしょう。예~를 치다가 혼났다. おべっかを使ったら怒おこられた。
엉덩-방아 명 尻餅しりもち。예스케이트를 타다가 ~를 찧었다. スケートに乗っている途中とちゅうで尻餅をついた。

엉덩이 명 尻しり。예~ 부분에 흙이 묻다. お尻の部分に土がつく。=둔부
　엉덩이가 무겁다[질기다] 관용 尻が長ながい；長尻ながじりである；長居ながいをする。◎일본어에서 「尻が重おもい」는 '몸이 무거워 행동이 굼뜨다'의 뜻이니.
엉덩잇-바람 명 (得意とくいになって)威勢いせいよく尻を振ふりながら歩あるくこと。예~을 일으키며 걷다. 威勢よく尻を振りながら歩く。
엉덩잇-짓 명 尻を振ったり動うごかしたりするしぐさ。
엉덩-춤 명 (喜よろこびのあまり)尻を振っておどる踊おどり。예아이가 매우 신이 나 ~을 추다. 子こどもがとても興きょうに乗のり、尻を振って踊る。
엉덩-판 명 尻の平たいら部分ぶぶん。
엉뚱-스럽다 형 とんでもないようだ；いかにも突飛とっぴだ；突拍子とっぴょうしもない。
　엉뚱스레 부 とてつもなく；突拍子もなく。
엉뚱-하다 형 ❶身分みぶん不相応ふそうおうだ；身のほど知しらずだ。예엉뚱한 야망을 품다. 身のほど知らずの野望を抱いだく。❷とんでもない；突飛だ；突拍子もない。예엉뚱한 생각을 하다. とんでもないことを考かんがえる。
엉망 명 めちゃくちゃ；めちゃめちゃ；散々さんざん；台無だいなし。예지진으로 가재도구가 넘어져 방이 ~이 되었다. 地震じしんで家財道具かざいどうぐが倒たおれ、部屋へやがめちゃくちゃになった。
엉망-진창 〔強勢語〕 めちゃくちゃ；めちゃめちゃ；散々；台無し。
엉성-궂다 大変たいへん粗あらい；念入ねんいりでない；疎まばらだ；整ととのっていない。
엉성-하다 형 ❶ 〔조잡하다〕(物ものの形態けいたい・内容ないようなどが)いい加減かげんだ；粗末そまつだ；不手際ぶてぎわだ。예엉성한 매듭 いい加減な締しめくくり／그는 엉성한 무대 인사밖에 못 한다. 彼かれは粗末な舞台挨拶ぶたいあいさつしかできない。❷〔여위다〕げっそり瘦やせている；瘦せこける。예아버지는 엉성하게 야위어 초라해 보인다. 父ちちはげっそり瘦せて、見窄みすぼらしく見みえる。／볼이 엉성하게 홀쭉해졌다. 頰ほおがげっそりとやせた。❸〔짜임새가 없다〕(ぎっしり詰つまっておらず)すきすきだ；まばらだ。예이 마을은 사람이 적어서 집이 엉성하게 흩어져 있다. この村むらは人が少すくなくて家いえがまばらに

엉성-히 やつれて｜締まりなく｜まばらに｜雑に.

엉얼-거리다 ❶ぶつぶつ不平をこぼす｜不平たらたら｜ぐちぐちと文句をいう. ❷☞'웅얼거리다'의 잘못. =엉얼대다

엉얼-대다 ☞엉얼거리다

엉얼-엉얼【부사어】ぶつぶつ(と)｜ぐちぐち(と). 예 ~ 중얼거렸다. ぶつぶつとつぶやいた.

엉-엉 ❶【울음소리가 크고 굵은 모양】わあわあ(と)｜あんあん(と)｜わんわん(と). 예 너무 속이 상해서 ~ 울었다. とても心が傷付きいて、あんあんと泣いた. ❷【정상을 부디며 괴로워 크게 하는 모양】あんあん(と)｜うんうん(と).

엉엉-거리다 ❶ しきりに大声を出して泣く｜泣きわめく. 예 분해서 ~. くやしくて大声で泣く. ❷ 大げさに苦境を訴える. =엉엉대다

엉엉-대다 ☞엉엉거리다

엉이야-벙이야 事의 당좌의ごまかしをもって取り繕うさま.

엉절-거리다 愚痴をこぼす｜ぶつぶつ言う｜不平をこぼす. 예 자꾸 나에게 ~. しきりに私に愚痴をこぼす. =엉절대다

엉절-대다 ☞엉절거리다

엉절-엉절 ぶつぶつ｜ぐだぐだ｜ぐちぐち. 예 ~ 잔소리를 했다. ぶつぶつと小言を言った.

엉클다 ❶(糸やつるなどを)もつらせる. ❷(物をごちゃまぜにする｜散らかす. ❸(物事を)こじらせる｜からませる.

엉클어-뜨리다【타동】❶【부사어】(糸などを解けないほどに)絡み合わせる｜巻き付かせる｜絡み付かせる｜縺れさせる｜こぐらからせる. 예 머리카락을 손가락으로 ~. 髪の毛を指に絡ませる. / 아이는 실을 엉클어뜨리며 놀고 있다. 子は糸を縺れさせながら遊んでいる. ❷【부사어】(ある物などを)ばらばらに散らかす｜撒き散らす｜乱す. 예 강아지가 정리해 둔 서류들을 엉클어뜨렸다. 子犬が片付けておいた書類をばらばらに散らかした. ❸【부사어】(物事を)縺れさせる｜乱す. 예 말참견을 해서 일을 엉클어뜨리지 마라. 口を挟んで物事を縺れさせるな. / 둘 사이를 ~. 二人の仲を縺れさせる. ❹【부사어】(感情などを)分別がつかないほど)絡ませる｜乱す. 예 나의 감정을 엉클어뜨리는 말을 하다. 自分の感情を絡ませる話をする. / 마음을 엉클어뜨리는 사건이 계속되다. 心を乱す出来事が続く. =엉클어트리다

엉클어-지다 ❶【부사어】(糸などが)縺れる｜絡まる｜こぐらかる. 예 엉클어진 머리카락 縺れた髪の毛 / 낚싯줄이 나무에 ~. 釣糸が木に絡まる. ❷【부사어】(物事や問題などが)縺れる｜絡まる｜こじれる｜乱れる. 예 교섭이 ~. 交渉が縺れる. / 둘 사이는 엉클어져 버렸다. 二人の間はこじれてしまった. ❸【부사어】(感情などが)絡む｜もつれる｜乱れる. 예 엉클어진 감정을 하나하나 풀다. 縺れた感情を一つ一つ解きほぐす. / 엉클어진 마음을 추스르다. 乱れた心を鎮める. 준엉키다

엉클어-트리다 ☞엉클어뜨리다

엉큼-대왕(-大王)【부사어】腹黒い人｜陰険な人. 예 그 아가씨 네가 ~인 거 눈치챘구나. そのお嬢さん、君が見かけによらず陰険なのに気付いたな.

엉큼-성큼【부사어】のしのし(と)｜のっしのっし(と). 예 ~ 뛰어가다. のっしのっしと走っていく. / ~ 계단을 올라가다. のしのしと階段を上がっていく.

엉큼-스럽다【형】とても腹黒い.
엉큼스레【부사】腹黒げに.

엉큼-엉큼【부사어】のしのし(と)｜のっしのっし(と). 예 ~ 걸어가다. のしのしと歩いていく.

엉큼-하다【형】腹黒い｜陰険だ｜腹に一物がある. 예 엉큼한 사람 腹黒い人間.

엉키다 ❶もつれる｜からむ｜乱れる. ❷凝固する｜凝り固まる｜固まる.

엉터리【명】❶でたらめ｜いい加減｜いんちき｜へぼ. 예 ~ 이론 でたらめ理論 / ~ 의사 へぼ医者. ❷大体の輪郭｜あらまし｜あらすじ.

엉터리-없다【형】とんでもない｜とてつもない｜根拠がない｜途方もない｜法外だ｜無茶だ. 예 엉터리없는 주장을 하다. 根拠のない主張をする.

엉터리없-이[부] 根拠こがなくⅠとてつもなくⅠ途方とほうもなくⅠ法外ほうがいにⅠ無茶むちゃに。

엊-그저께[명] 数日前すうじつまえⅠおとといか先日せんじつおととい。[예]그곳은 ~ 다녀왔다. そこは数日前行すうじつまえいってきた。/ ~까지는 더위가 지긋지긋했는데, 요즘은 밤이 되면 쌀쌀하다고 느낄 정도이다. 数日前すうじつまえまでは暑あつさにうんざりしていたのに、最近さいきんでは夜よるになると肌寒はださむいと感かんじる程ほどだ。 ㈜엊그제

엊-그제[명] ☞'엊그저께'의 준말.

엊-저녁[명] 夕ゆうべⅠ昨日きのうの夕方ゆうがた。

엎-누르다[타] 伏ふせて押おさえるⅠ押おさえつける。

엎다[타] ❶覆くつがえすⅠ引ひっくり返かえすⅠ伏ふせる。❷(政権せいけん・体制たいせいを)打うち倒たおすⅠ覆くつがえすⅠ滅ほろぼす。[예]현 체제를 ~. 現体制げんたいせいを覆くつがえす。❸(それまでのことなどを)否定ひていし改あらためるⅠ覆くつがえす。[예]유죄 판결을 ~. 有罪判決ゆうざいはんけつを覆くつがえす。

엎드러-뜨리다[타] 倒たおすⅠ伏ふせる。[예]힘껏 밀어서 ~. 力ちから一杯いっぱい押おして倒たおす。 =엎드러트리다

엎드러-지다[자] 倒たおれるⅠ(前まえへ)転ころぶⅠつんのめる。[예]주먹을 한 방 맞고 ~. 拳骨げんこつを一発いっぱつ受うけて倒たおれる。 ㈜엎더지다

엎드러-트리다[타] ☞엎드러뜨리다

엎드려-쏴[감][명]〈군〉【伏射ふくしゃの姿勢しせいをとれ】(射撃しゃげきで)伏射ふくしゃⅠ寝射ねいしゃ。

엎드리다[자] 四よつん這ばいになるⅠうつ伏ぶせになるⅠ身みを伏ふせるⅠ腹這はらばいになる。[예]땅에 ~. 地ちにうつぶせになる。/엎드려 책을 읽다. うつぶせになって本ほんを読よむ。/엎드려서 기다. 四よつんばいになって這はう。 ㈜엎디다

엎디다[자] ☞'엎드리다'의 준말.

엎어-누르다[타] (起おきられないように)押おさえつけるⅠ伏ふせて押おさえる。[예]이불을 씌워 엎어누르다. 布団ふとんを被かぶせて押おさえ付つける。 ㈜엎누르다

엎어-뜨리다[타] 倒たおすⅠ引ひっくり返かえす。 =엎어트리다

엎어-말다[타] ❶(うどん・雑煮ぞうになどの)二杯分にはいぶんを一杯いっぱいに盛もる。❷(うどん・雑煮ぞうになどの)肉にくが見みえないように下したに入いれて盛もる。

엎어-삶다[타] ❶甘言かんげんで言いいくるめるⅠだます。❷(賭博とばくで)勝かった金かねを全部ぜんぶかける。

엎어-지다[자] ❶(前まえに)倒たおれるⅠ転ころぶⅠ転ころげる。[예]그녀는 그 자리에서 엎어졌다. 彼女かのじょはその場ばで倒たおれた。/엎어진 담을 다시 세우다. 倒たおれた塀へいを建たて直なおす。❷引ひっくり返かえるⅠ逆さかさまになるⅠ覆くつがえる。[예]이불에 엎어져 책을 읽다. 布団ふとんに引ひっくり返かえって本ほんを読よむ。/쟁반이 ~. お盆ぼんが引ひっくり返かえる。/배가 ~.船ふねが覆くつがえる。

엎어-트리다[타] ☞엎어뜨리다

엎-지르다 こぼす。[예]커피를 ~. コーヒーをこぼす。

엎지른 물[관용] こぼした水みず:〔日〕覆水ふくすい盆ぼんに返かえらず。

엎-치다 伏ふせる。

엎친 데 덮치다[관용] 倒たおれたところへ覆おおい被かぶさる:〔日〕泣なきっ面つらに蜂はち。◆일본에서는 '우는 얼굴에 벌침'이라고 한다.

엎치락-뒤치락[부] 上うえになったり下したになったりして。

엎치락뒤치락-하다[자] 寝ねつけずに何度なんども寝返ねがえりをうつⅠ上うえになったり下したになったりする。[예]엎치락뒤치락하며 싸우다. 上うえになったり下したになったりしながらけんかする。

엎친-물[명] こぼれた水みず。

에[감] ❶【힘을 줄 때 내는 말】えい。[예]~, 참 재수 없네. えい、ついてないな。/ ~. 잘 안 되네. えい、うまく行いかないな。❷【거절의 기분을 나타낼 때】いやⅠいえ。[예]~, 괜찮습니다. いや、結構けっこうです。/~, 필요 없습니다. いえ、要いりません。❸【싫음을 나타낼 때】いや。[예]~, 그런 말 하면 안 돼. いや、そんな事ことを言いってはいけないよ。❹【어떤 결심을 하는 소리】よしⅠえい。[예]~, 그만 잊어버리고 자자. よし、もう忘わすれて寝ねよう。❺【뜻밖의 일을 당했을 때 내는 소리】에えとⅠええっと。[예]~, 누구더라. ええっと、誰だれだっけ。❻【기분이 상쾌한 때】ああⅠわあ。[예]~, 상쾌하다. ああ、爽さわやかだな。/ ~, 시원하다. わあ、涼すずしい。❼【무엇을 생각하거나 노골하면서 자연스럽게 나내는 소리】ええⅠええっと。[예]~, 그럼 질문 있으신 분? ええ、それでは何なにか質問しつもんのある人ひとは? /사실은 ~, 부탁이 있습니다. 実じつはええと、頼たのみがあります。

에[조] ❶【처소】—에Ⅰ—へ。[예]방에 있다. 部屋へやに居いる。/ 옆에 앉다. 隣となりに座すわる。 ❷【시간】—に。[예]3시에 돌아오다. 3時じに帰かえってくる。/ 오후에 만납시다. 午後ごごに

会いましょう。❸【원인이나 이유를 나타냄】—に｜—で。예차에 치였다. 車にひかれた。/빗소리에 잠을 깼다. 雨の音で目を覚ました。❹【목적지나 방향】—に｜—へ。예학교에 가다. 学校に行く。/부산에 간 적이 있다. 釜山へ行ったことがある。❺【비교의 기준】—に。예건강에 좋은 운동 健康に良い運動／이것은 어디에 쓰는 거야? これはどこに使うの。❻【동작이 미치는 대상을 나타냄】—に。예꽃에 물을 주다. 花に水をやる。❼【시간적 범위】—に。예시대에 뒤떨어지는 사고방식 時代に遅れる考え方。❽【수단·방법】—に｜—で。예햇볕에 옷을 말리다. 天日に服を干す。❾【어떤 개체 동등하는 자리로 나타냄】—に。예꽃에 케이크에 선물에 많이 받았다. 花にケーキにプレゼントとたくさんもらった。

에게 조 【사람·동물 등에 붙어서】❶【행위·작용의 대상을 나타냄】—へ｜—に。예아버지에게 무슨 일이 있었습니까? 父に何か起こったんですか。/형에게는 책이 많다. 兄には本が多い。❷【주는 대상】—に。예금붕어에게 먹이를 주다. 金魚にえさをやる。/친구에게 돈을 빌려주다. 友達にお金を貸す。❸【행위의 주체】—に。예모기에게 물리다. 蚊に刺される。/아버지에게 혼나다. 父親に叱られる。 준게

에구 감 【가벼운 느낌】 おう｜わあ｜あれ｜ああ。

에구머니 감 ああ｜あれ｜おう｜ううん。

에구-에구 부 【우는 대상】 おうおう(と)｜あんあん(と)｜わんわん(と)。예~ 하며 발을 동동 굴렀다. おうおうと泣きながら足をばたばたさせた。

에그 감 【안타깝거나 싫거나 할 때 내는 소리】 ええ｜おやまあ｜あれまあ｜おっと。

에기 감 【마음이 달갑지 않을 때 내는 소리】 えい｜くそ。예~, 멋대로 해라. えい、勝手にしろ。 준역

에꾸 감 ☞에꾸나의 준말.

에꾸-나 감 【깜짝 놀랄 때】 あららっ｜あら｜おやまあ。 준에꾸

에끼 감 【깜짝 놀랐을 때 내는 소리】 えいっ｜くそっ｜ちくしょう。예~, 이 못난 놈아. くそっ、このろくでなしめ。

에끼다 타 相殺する｜埋め合わせる｜帳消しにする。

에나멜(enamel) 명 《화》エナメル｜琺瑯。예~ 구두 エナメルの靴。

에나멜-질(enamel質) 명 《의》エナメル質。=사기질

에너지(energy) 명 エネルギー。예~ 절약 エネルギーの節約／~ 보존의 법칙 エネルギー保存の法則。

에네르지코(energico 이) 명 《음》エネルジコ。

에누리 명 ❶【실제보다 덧붙여 값을 부름】 掛け値。예~ 없는 가격 掛け値なしの値段。❷【값을 깎음】 値引き｜値切り。❸【실제보다 더하거나 덜해서 말함】 大げさに言うこと｜掛け値。

에누리-하다 ❶掛け値をする。❷値引きする｜値切りする。예재고를 에누리해서 팔다. 在庫品を値引きして売る。❸大げさに言う｜掛け値をする。예말을 에누리해서 듣다. 話を割り引いて聞く。

에다 타 えぐる。예살을 에는 듯한 혹독한 추위 肌をえぐるような厳しい寒さ／가슴을 에는 듯한 아픔 胸をえぐるような痛み。

에덴(Eden) 명 《종》エデン。

에덴-동산(Eden東山) 명 《종》エデンの園。

에델바이스(Edelweiss 독) 명 《식》エーデルワイス｜西洋薄雪草。예~는 알프스의 영원한 꽃으로 유명하다. エーデルワイスはアルプスの永遠な花で有名だ。

에-돌다 타 遠回りする。예일부러 에돌아서 이야기를 나누며 돌아가다. わざと遠回りして話をしながら帰る。❷ぐるぐる回る。

에-두르다 ❶取り囲む｜張り巡らす。❷遠回しに言う。예에둘러서 표현하다. 遠回しに表現する。

에라 ❶【실망이나 단념의 뜻을 나타냄】 えい｜くそ｜えいくそ｜ちくしょう。❷【만류하는 뜻으로 내는 소리】こらっ｜さあさあ｜よせよせ｜やめろ。❸【체념】 よいよい｜それよいよい。

에로스(Eros) 명 エロス。

에로틱-하다(erotic—) 형 エロチックだ。

에르븀(erbium) 명 《화》エルビウム。

에리트레아(Eritrea) 명 《국》エリトリア。

에머네이션(emanation) 명 《화》エマネーション。

에멀션(emulsion) 명 《화》エマルション｜乳濁液。

에메랄드(emerald) 명 《광》エメラルド｜緑玉｜翠玉｜翠緑玉。

에보나이트(ebonite) 명 《화》エボナイト｜硬化ゴム｜硬質ゴム。

에부수수-하다 형 (物事が整頓され

ずばらばらしている¦粗くまばらだ。 예 바람에 에부수수해진 머리 風でぼさぼさになった頭。 🔁 부수수하다

에비 【붙잡혀 가리키거나 무엇을 하지 못하게 할 때 내는 소리】 おお¦こわい¦お化け¦おに。 =어비

에서 조 ❶ 【행동이 이루어지고 있는 장소를 나타냄】 —で。 예 운동장에서 뛰어놀다. 運動場で遊び回る。 ❷ 【출발점을 나타냄】 —から。 예 버스 정류장은 집에서 멀다. バス停は家から遠い。/ 서울에서 부산까지 열차로 가다. ソウルから釜山まで列車で行く。 ❸ 【근원을 나타냄】 —から。 예 손님들께 감사하는 마음에서 선물을 준비했습니다. お客様に感謝する心からプレゼントを用意しました。 ❹ 【주어 단체】 —が。 예 우리 회사에서 주최한 패션쇼. うちの会社が主催したファッションショー。 🔁 서³

에세이 (essay) 명 《문》 エッセー¦エッセイ¦随筆。

에스 (S·s) 명 〈언〉【문자이름】 エス。

에스 극 (S極) 명 《물》 エス極。

에스에프 (SF) 명 《문》 エスエフ¦サイエンスフィクション。

에스오에스 (SOS) 명 エスオーエス。 예 ~를 발하다. エスオーエスを発する。

에스컬레이터 (escalator) 명 エスカレーター。 =자동계단

에스키모 (Eskimo) 명 エスキモー。

에스테르 (ester) 명 《화》 エステル。

에스토니아 (Estonia) 명 《국》 エストニア。

에스프레시보 (espressivo 이) 명 《음》 エスプレッシーヴォ。

에야-디야 【힘을 쓸 때 외치는 소리】 えんやら¦えんやらや¦えいや。

에어로빅-댄스 (aerobic dance) 명 《운》 エアロビクスダンス。

에어로빅스 (aerobics) 명 《운》 エアロビクス¦有酸素さんそ運動。

에어로졸 (aerosol) 명 エーロゾル¦エアゾール¦エアロゾル¦煙霧質。 예 살충제는 대개 ~ 형태이다. 殺虫剤はだいたいエアゾール形態だ。

에어-백 (air bag) 명 エアバッグ。

에어컨 (←air conditioner) 명 エアコン¦エアコンディショナー。

에어컨디셔너 (air conditioner) 명 エアコンディショナー¦エアコン。

에오신 (eosin) 명 《화》 エオシン。 예 ~으로 염색한 붉은 옷감 エオシンで染色した赤い生地。

에우다 타 ❶ 【사방을 빙 둘러싸다】 (四方を)ぐるっと取り囲む。 예 밥상을 에우고 앉다. お膳を取り囲んで座る。/ 경찰들은 범인을 에우고 있었다. 警察は犯人を取り囲んでいた。 ❷ 【지나는 길을 딴 데로 돌리다】 (他の道に)回らせる¦回り道をさせる¦迂回させる。 예 공사 때문에 다른 길로 ~. 工事のため他の道に回らせる。 ❸ 【다른 것으로 대신하다】 済ます¦間に合わす。 예 아침을 떡으로 ~. 朝食を餅で済ます。/ 시간이 없어서 끼니를 빵으로 에웠다. 時間がなくて、食事をパンで間に合わせた。 ❹ 【장부 따위에 적힌 것을 지우다】 消す¦抹消する。 예 명부에서 그의 이름을 에웠다. 名簿から彼の名前を消した。 🔁 에다

에움-길 명 曲がり道¦迂回路。

에워-가다 타 回り道をする¦迂回して行く。 예 약국에 들르려면 에워가야 한다. 薬局に寄るならば、回り道をしなければならない。

에워-싸다 타 囲む¦取り囲む¦包囲する¦取り巻く。 예 경찰들이 집을 ~. 警官達が家を包囲する。/ 성을 ~. 城を取り囲む。

에이¹ 감 ❶ 【속이 상하거나 마음에 차지 않을 때 내는 소리】 ええい¦ままよ。 예 ~, 때려치워야지. ええい、やめてやる。 ❷ 【실망하거나 비난할 때 내는 소리】 えい¦くそ¦やい。

에이² (A·a) 명 〈언〉【문자이름】 エー¦エイ。

에이그 감 【뜻밖의 일을 당하거나 언짢을 때 가볍게 내는 소리】 なんと¦えい¦まあ。

에이디 (A.D.) 명 ☞기원후

에이스 (ace) 명 《운》 エース。

에이즈 (AIDS) 명 《의》 エイズ¦後天性免疫不全症候群。

에이치 (H·h) 명 〈언〉【문자이름】 エッチ。

에이트 (eight) 명 《운》 (ボートで)エイト¦8人乗り。

에잇 감 【비위에 거슬리거나 못마땅할 때 내는 소리】 えいっ¦くそっ。 예 ~, 귀찮아. えいっ、面倒くさい。

에참 감 【못마땅할 때 내는 소리】 ちぇっ。 예 ~, 어쩔 수 없군. ちぇっ、しょうがないな。

에칭 (etching) 명 エッチング。 예 ~ 바늘 エッチング針。

에칭-판 (etching版) 명 エッチング版。

에칭-화 (etching畵) 명 エッチング画。

에콰도르 (Ecuador) 명 《국》 エクアドル。

에쿠 감 【놀랐을 때 내는 소리】 あっ¦やっ。

에쿠나 감 【놀랐을 때 내는 소리】 あっ¦やっ。

에크 감 【갑자기 놀랐을 때 내는 소리】 あっ¦やっ¦おっ¦ひゃあ。

에크나【감】あっ｜やっ｜おっ｜ひゃあ。

에탄(ethane)【명】《화》エタン。

에탄올(ethanol)【명】《화》エタノール｜酒精｜エチルアルコール。

에테르(ether)【명】《화》エーテル｜エチルエーテル。

에튀드(étude 프)【명】エチュード。

에티오피아(Ethiopia)【명】《국》エチオピア。

에티켓(étiquette 프)【명】エチケット。【예】~에 어긋나다. エチケットに反する。

에틸(ethyl)【명】《화》エチル。=에틸기

에틸-기(ethyl基)【명】《화》エチル基。=에틸

에틸렌(ethylene)【명】《화》エチレン。

에틸-알코올(ethyl alcohol)【명】《화》エチルアルコール｜エタノール｜酒精。

에프(F·f)【명】《언》エフ。

에프아이(FI)【명】《연》溶明｜フェードイン。=페이드인

에프엠 방송(FM放送)【명】エフエム放送。

에프오(FO)【명】《연》溶暗｜フェードアウト。=페이드아웃

에피소드(episode)【명】エピソード｜逸話｜挿話。

에필로그(epilogue)【명】エピローグ。【예】자막이 다 올라가고 ~가 나오는 경우가 많다. 字幕が全部出てからエピローグが出ることが多い。

에헤【감】❶えへえ｜ふうん。❷歌うとき、調子を出すための声。

에헤야【감】えへや｜えいや。

에헤헤【부】えへへ｜へへ｜ひひ｜いひひ。【예】~ 하며 비웃었다. えへへとあざ笑った。

에헴【감】えへん。

엑스(X·x)【명】《언》エックス。

엑스-레이(X-ray)【명】☞엑스선

엑스-선(X線)【명】《물》エックス線｜レントゲン線｜X光線。【예】~ 촬영 X線撮影。=엑스레이

엑스트라(extra)【명】《연》エキストラ。【예】~ 백 명이 동원되었다. エキストラ百人が動員された。

엑스포(Expo)【경】エキスポ。

엔¹(えん 일)【의】円。【예】신주쿠까지 전차 요금은 200엔입니다. 新宿までの電車料金は200円です。=원⁵

엔²(N·n)【명】《언》エヌ。

엔간찮다【형】普通でない｜並大抵でない｜手ごわい。

엔간-하다【형】普通だ｜並大抵だ｜ほどほどだ。【예】엔간한 고생이 아니다. 並大抵の苦労ではない。

엔간-히【부】適当に｜程よく。【예】~ 좀해. もういい加減にしたら. / ~ 구워지다. 適度に焼ける。

엔드 라인(end line)《운》(バスケットボールなどの)エンドライン。

엔엔피(NNP)【명】国民純生産

엔진(engine)【명】エンジン。

엔트로피(entropy)【명】エントロピー。【예】~의 법칙 エントロピーの法則。

엘(L·l)【명】《언》エル。

엘니뇨(el Niño 에)【명】海流の異変現象｜エルニーニョ。

엘레간테(elegante 이)【명】《음》エレガンテ。

엘레지(élégie 프)【명】《음》エレジー。

엘리베이터(elevator)【명】エレベーター。

엘리트(élite 프)【명】エリート。

엘살바도르(El Salvador)【명】《국》エルサルバドル。

엘시(L/C)☞신용장

엘엔지(LNG)【명】《화》エルエヌジー｜液化天然ガス。

엘피 가스(LP gas)☞엘피지

엘피-반(LP盤)【명】《연》エルピー｜レコード盤｜エルピー盤。

엘피지(LPG)【명】《화》エルピージー｜液化石油ガス。=엘피 가스

엠(M·m)【명】《언》エム。

엠보싱(embossing)【명】エンボス。【예】~ 가공 エンボス加工。

엠브이피(MVP)【명】《운》エムブイピー｜最優秀選手。

엠시(MC)【명】エムシー。

엠앤드에이(M&A)【명】M&A｜エムアンドエー。

여¹【조】—よ｜—な。【예】주여, 기도드립니다. 神様よ、お祈りします。참이여

여²(女)【접】女—｜女—。【예】여주인 女主。

-여³(餘)【접】—余｜—余り。【예】2년여의 투병 생활 2年余の闘病生活 / 출석은 10여 명 出席は10人余り。

여가(餘暇)【명】❶余暇｜ひま。❷レジャー。【예】~ 활동 余暇活動。

여각¹(旅閣)☞객줏집

여각²(餘角)【명】《수》余角。

여간(如干)【부】普通｜尋常｜並なみ｜

並大抵ない。 예 솜씨가 ~이 아니다. 腕が大抵でない。

여간-내기(如干—) 명 只者ただもの｜並みの者｜凡人ぼんじん｜普通ふつうの人ひと。 예 ~가 아니다. 只者ではない。 =보통내기·예사내기

여간-하다 형 普通ふつうだ｜まあまあだ｜並大抵おおていだ｜一通ひととおりだ。 예 그녀가 화내는 일은 여간해서는 없다. 彼女の怒りはふつうではない。／여행은 여간한 고생이 아니다. 旅行りょこうは一通りの苦労くろうではない。

여객(旅客) 명 旅客りょかく｜旅人たびびと。
여객-기(旅客機) 명 旅客機りょかくき。
여객-선(旅客船) 명 旅客船りょかくせん。 =객선❶
여객 열차(旅客列車) 旅客列車りょかくれっしゃ。
여걸(女傑) 명 女傑じょけつ。
여겨-듣다 타 聞き入る｜傾聴けいちょうする｜耳を傾かたむける。
여겨-보다 타 見入みいる｜注視ちゅうしする｜念入ねんいりに見みる。
여공(女工) 명 女工じょこう｜女子じょし工員こういん。
여과(濾過) 명 濾過ろか。
　여과-하다 타 濾過する。
여과-기²(濾過器) 명 (물) 濾過器ろかき。
여과-지¹(濾過池) 명 (건) 濾過池ろかち。
여과-지²(濾過紙) 명 (화) 濾過紙ろかし。
여관(旅館) 명 旅館りょかん｜宿屋やどや。 =여사²
여광(餘光) 명 余光よこう。 ❶ 残光ざんこう。 ❷ 余徳よとく。
여권¹(女權) 명 《사》 女権じょけん。 예 ~ 신장 女権の拡張かくちょう。
여권²(旅券) 명 旅券りょけん｜パスポート。
여급(女給) 명 女給じょきゅう。
여기 대 ここ｜ここの所ところ｜こちら。 예 ~가 어디지? ここはどこだろう。 준 예²
여기(餘技) 명 余技よぎ。
여기다 타 思おもう｜感かんずる。 예 엄마 잃은 아이를 가엾게 ~. 母ははをなくした子こをあわれに思う。
여기-저기 명 あちこち。 예 ~ 보이다. あちこちで見みられる。／지금도 마을 ~에 남아 있다. 今いまも町まちのあちこちに残のこっている。
여뀌 명 《식》柳蓼やなぎたで。 예 벌레가 ~ 잎사귀를 먹고 있다. 虫むしがヤナギタデの葉はをかじっている。
여년(餘年) 명 ☞여생(餘生)
여념(餘念) 명 余念よねん｜他念たねん。
여느 관 普通ふつうの｜通常つうじょうの｜普段ふだんの｜なみの。 예 그는 ~ 사람과는 다른 데가 있다. 彼かれは普通の人ひととは違ちがうところがある。

여단(旅團) 명 《군》旅団りょだん。
여단-장(旅團長) 명 《군》旅団長りょだんちょう。
여-닫다 타 開けけ閉しめする｜開閉かいへいする｜あけたてする。
여닫-이 명 引ひき戸とや上あげ下おろし戸となどの通称つうしょう。 예 ~ 창문 引き戸になっている窓まど。
여담(餘談) 명 余談よだん｜雑談ざつだん。
여당(與黨) 명 与党よとう。
여덟 수관 8ゃっつ｜八やっつ｜8人はち。 예 ~ 살 8才さい。
여덟-무날 (潮しおの干満かんまんの差さを見みるときの)陰暦いんれきの2日ふつかと12日じゅうににち。
여덟-째 수관 八番目はちばんめ｜八個目はっこめ。
여덟팔자-걸음(―八字―) 【거드름피우며 걷는 걸음】 いばった歩あるき方かた｜外股そとまた。 예 ~을 걸으며 큰기침을 하고 거드름을 피운다. 外股で歩き、大おおきな咳払せきばらいをし、傲慢ごうまんな態度たいどを取とる。 =팔자걸음
여독¹(旅毒) 명 旅疲たびづかれ。 예 ~을 풀다. 旅疲れをいやす。
여독²(餘毒) 명 余毒よどく。
여-동생(女—) 명 妹いもうと。 예 나는 ~이 둘 있습니다. 私わたしには妹が二人ふたりあります。／너의 ~은 몇 살이니? 君きみの妹さんは何歳なんさいなのか。
여드레 ❶ 8日間はちにちかん。 예 완성하려면 ~는 걸릴 것 같습니다. 完成かんせいするには8日間はかかりそうです。 ❷ 《달력》 (暦こよみの上うえでその月つきの)8日ようか。 예 다음 달 ~가 우리 엄마 생신이다. 来月らいげつの8日が母ははの誕生日たんじょうびだ。

　여드레 팔십 리 (걸음) 속담 8日間で8里はちりを歩あるく｜「動作どうさ・行動こうどうが大変たいへんのろいこと」の意い。

여드렛-날 ❶ 8日目ようかめ。 ❷ 《달력》 (暦こよみの上でその月つきの)8日ようか。 예 이 일은 다음 달 ~까지 마쳐 주시면 감사하겠습니다. この仕事しごとは来月らいげつ8日までに終おわらせていただけると、ありがたいです。
여드름 명 にきび。 예 ~이 나다. にきびができる。／~을 짜다. にきびをつぶす。
여든 수관 八十はちじゅう。 예 할아버지는 ~에 돌아가셨다. 祖父そふは八十で亡なくなった。
여든-대자 【무리하게 강요함】 無理押むりおしをする｜強情ごうじょうを張はる。
여들-없다 형 【어리석고 미련하여 아둔하다】 愚鈍ぐどんでやぼったい。

여들없-이 🅱 愚鈍で やぼったく.

여러 🅒 色々な｜数々の｜様々な. 🅔 ~ 문제 いろいろな問題／~ 가지 いろいろ／~ 곳 あちこち／~ 사람 色々なひと.

여러-분 皆さん｜皆様. 🅔 ~ 덕분에 모두 잘 지냅니다. みなさんのおかげで皆 元気です.

여러해-살이 🅜 (식) 多年生. 🅔 ~ 식물 多年生の植物. =다년생(多年生)

여럿 🅜 多数｜多くの人｜たくさん｜大勢다. 🅔 ~이 신청하다. 多くの人が申し込ము.

여력(餘力) 余力. 🅔 아직 ~이 있다. まだ余力がある.

여로¹(旅路) 旅路. 🅔 ~에 오르다. 旅路につく.

여로²(藜蘆) 🅜 (식) 棕櫚草.

여론(輿論) 🅜 世論·よん｜輿論. 🅔 ~ 조사 世論調査／~에 호소하다. 世論に訴える／~이 비등하다. 世論が沸騰する／~에 귀를 기울이다. 世論に耳を傾ける. =세론

여류(女流) 🅜 女流. 🅔 ~ 화가 女流画家／~ 시인 女流詩人／~ 작가 女流作家.

여름 🅜 夏. 🅔 ~날 夏の日／~ 방학 夏休み.

여름-날 🅜 夏の日. 🅔 더운 ~ 暑い夏の日. =하일(夏日)

여름-낳이 🅜 夏に織った布.

여름-내 🅱 夏中. 🅔 ~ 놀고 지내다. 夏中遊び暮らす.

여름-냉면(-冷麵) 🅜 氷を入れた冷麵.

여름-잠 🅜 ☞하면²(夏眠)

여름-철 🅜 夏期.

여름-타다 🅙 夏負けする｜夏やせする.

여리-꾼 🅜 客引き.

여리다 🅗 ❶(살결이) 細い｜細くて柔らかい. 🅔 아기 살갗은 ~. 赤ん坊の肌は柔らかい. ❷ 薄い｜かすかだ. 🅔 여린 파란색 薄い靑色／소리가 여려서 알아 들을 수가 없었다. 声がかすかで聞き取れないでいた. ❸ (意志·感情が) もろい｜弱い. 🅔 여린 마음에 부탁을 거절하지 못하다. もろい心で頼みを断られない.

여린-박 🅜 (음) 弱拍.

여망¹(餘望) 🅜 (まだ残っている)望み｜(将来の)希望. 🅔 ~이 없다. 希望がない.

여망²(輿望) 🅜 輿望｜衆望. 🅔 ~을 한 몸에 지다. 輿望を一身に担う.

여명¹(黎明) 🅜 黎明｜明け方｜夜明け. 🅔 ~기 黎明期.

여명²(餘命) 🅜 ☞여생(餘生)

여무-지다 🅗 しっかりしている.

여물¹ 🅜 ❶ まぐさ｜かいば. 🅔 소에게 ~을 주다. 牛にまぐさをやる. ❷ (壁土がひび割れないように混ぜる)藁. 🅔 흙에 ~을 섞어 벽을 바르다. 土に藁を混ぜて壁を張る.

여물² 🅜 塩気がある井戸水.

여물다 Ⅰ 🅙 (穀物이·果実などが) よく実る｜熟する｜熟れる. 🅔 벼가 잘 여물었다. 稲がよく実った.／밤이 잘 여물었다. 栗がよく熟した.
Ⅱ 🅗 (言動이·体つきが) 立派である｜がっちりしている｜しっかりしている｜ちゃっかりしている.

여물-통(-桶) 🅜 秣桶.

여미다 🅕 整える｜合わせる｜ただす｜直す. 🅔 옷깃을 ~. 襟元を合わせる.

여반장(如反掌) 🅜 (手のひらを返すようにたやすいこと) 朝飯前.

여-배우(女俳優) 🅜 女優. 🅐 여우

여백(餘白) 🅜 余白｜空白. 🅔 동양화의 ~ 東洋画の余白／~을 남기다. 余白を残す.

여-벌(餘-) 🅜 ❶ 余分の物｜余った分. ❷ 余分の着替え.

여-보감 ❶ もし. 🅔 ~, 저좀 보세요. もし, 私をごらんなさい. ❷ おい｜おまえ｜あなた. 🅔 ~, 잠깐 나갔다 올게. おい, ちょっと出てくるから.／~, 오늘은 일찍 들어와요. あなた, 今日は早く帰ってきてね.

여-보게 ねえ｜君.

여-보시오 🅒 もしもし｜ちょっと.

여-보십시오 🅒 もしもし.

여복(女服) 🅜 ❶ 女の服. ❷ 女のような身なり.

여봐란-듯이 🅱 これ見よがしに. 🅔 ~ 차려입다. これ見よがしに着飾る.

여부(如否) 🅜 可否｜当否｜よしあし.

여부〜가 있겠습니까? 当然のことです；もちろんですとも。/ 성공 〜를 물어보다. 成功したかどうかを聞いてみる。

여부-없다(如否—)톙 ちっとも間違いない。

여북튀 どんなにか｜どれほど｜さぞかし｜さだめし｜当然。 예 〜 답답했으면 그러한 행동을 했을까요? どんなにもどかしくてそのような行動をとったのでしょうか。/ 〜 안타까웠을까? どんなに残念だったろうか。/ 〜 곤란했으면 도둑질을 할까? どれほど困まってたら盗みをはたらくか。/ 둘도 없는 친구를 잃었으니 〜이나 슬프겠나? またとない親友を亡くしたのだから、さぞかし悲しいだろう。

여북-하다[형] どれほど｜どんなに｜いかほど｜さぞかし。 예 여북했으면 직접 나섰을까요? どれだけもどかしくて、直接出てしゃべったのでしょうか。

여분¹(餘分)톙 余分。｜余り。예 〜이 조금 있다. 余りが少しある。

여분²(餘憤)톙 余憤。

여비(旅費)톙 旅費。｜路用。

여사¹(女史)톙 女史。

여사²(旅舍)톙 ☞여관(旅館)

여색(女色)톙 女色。예 〜에 빠지다. 女色に耽ける。

여생(餘生)톙 余生。｜余命。｜老い先。예 〜을 즐겁게 보내다. 余生を楽しく送る。 =여년·여명²

여-선생(女先生)톙 女性の教師｜女の先生。

여섯[수관] 六つ｜6。예 〜 살 6歳。/ 〜 사람 6人。

여섯-무날톙 (潮を見るときの)陰曆の15日のこと雨日。

여섯-째[수관] 6番目。

여성¹(女性)톙 女性。❶女。예 〜 전용 女性専用/ 〜 해방 운동 女性解放の運動。❷(인)文法上ぶんぽうじょうの性。

여성²(女聲)톙 女声。예 〜 합창 女声合唱。

여성-적(女性的)관톙 女性的。

여성-학(女性學)톙 女性学。

여세(餘勢)톙 余勢。〜를 몰아 단숨에 결승전까지 계속 이겨 나가다. 余勢を駆って一気に決勝戦まで勝ち進む。

여손(女孫)톙 ☞손녀

여수¹(女囚)톙 女囚。

여수²(旅愁)톙 旅愁。예 〜를 달래다. 旅愁を慰める。

여수³(餘數)톙 余数。｜余った数。

여습(餘習)톙 余習。｜前からまだ続いている習慣。

여승(女僧)톙 尼僧。｜女僧｜あま｜びくに。

여식(女息)톙 娘。

여신(女神)톙 女神。예 승리의 〜 勝利の女神。

여실-하다(如實—)형 如実だ。

여실-히(如實—)튀 如実に。예 개성이 〜 나타나다. 個性が如実に現れる。

여아(女兒)톙 ❶女児｜女の子。❷娘。

여액(餘額)톙 残りの金額。

여열(餘熱)톙 余熱。 =여주

여왕(女王)톙 女王。

여왕-개미(女王—)톙 ⟨동⟩女王蟻。

여왕-벌(女王—)톙 ⟨동⟩女王蜂。 =여왕봉

여왕-봉(女王蜂)톙 ☞여왕벌

여우¹ ⟨동⟩狐。예 〜 목도리 きつねのマフラー/ 꼬리 아홉 달린 〜 九つの尻尾がついたきつね/ 〜 같은 마누라 きつねのような女房。

　여우를 피해서 호랑이를 만났다[속담] 狐を避けて虎に会おう」：「もっとひどい目に遭う」の意。

여우²(女優)톙 女優。예 〜 주연상 女優主演賞。

여우-별톙 雨天に一瞬あらわれてすぐに消える日差し。

여우-비톙 日照り中の雨｜天気雨｜狐の嫁入り。

여운(餘韻)톙 余韻。예 〜이 남다. 余韻が残る。/ 〜을 맛보다. 余韻を味わう。/ 〜이 있는 표현 余韻を持たせた表現/ 〜이 가시지 않다. 余韻がさめない。

여울톙 瀬｜早瀬｜細流。예 얕은 〜을 건너다. 早瀬を渡る。/ 〜이 지다. 流れとなる。

여울-목톙 瀬｜小川。

여울-여울튀 ゆらゆら。

여위다자 やせる｜やせる｜やせ細る｜ひどくやつれる。예 아프다고 하더니 몹시 여위었구나. 病んでいると言っていたが、かなりやつれたなあ。

여원-잠 명 不十分な眠り.

여유(餘裕) 명 余裕; ゆとり. 예~ 있는 태도 余裕のある態度. / 시간에 ~가 있다. 時間に余裕がある.

여의(女醫) 명 女医.

여의다 타 ❶ 死に別れる. 예부모를 ~. 親に死に別れる; 父母をなくす. ❷ (娘を)嫁がせる; 嫁にやる. 예큰딸을 ~. 長女を嫁にやる.

여-의사(女醫師) 명 女医; 女の医者.

여의-주(如意珠) 명 如意宝珠.

여의찮다(如意-) 형 思いどおりにならない; 不如意だ; 思わしくない. 예자금 마련이 ~. 資金繰りが思わしくない.

여의-하다(如意-) 형 如意である; 思うままになる.

여인¹(女人) 명 女人; 女性; 婦女子.

여인²(旅人) 명 旅人; 旅の者.

여인-숙(旅人宿) 명 宿屋; 木賃宿.

여일(餘日) 명 余日; 残りの日.

여일-하다(如一一) 형 終始変わりない. 예시종 ~. 始めから終わりまで同じである.

　여일-히 부 終始変わりなく; 一様に; 同様に.

여자(女子) 명 女子; 女; 女の人; 女性. 예~ 100미터 예선 女子100メートル予選.

여장¹(女裝) 명 女装.

　여장-하다 자 女装する.

여장(旅裝) 명 旅装; 旅の装い.

여-장군(女將軍) 명 女将軍; 女性将軍.

여-장부(女丈夫) 명 女丈夫; 女傑.

여전-하다(如前-) 형 相変わらずだ. 예바쁜 것은 여전하구나! 忙しいのは相変わらずだ.

　여전-히 부 相変わらず; 依然として. 예~ 가난한 생활 相変わらずの貧乏暮らし. / 나이를 먹어도 ~ 귀엽다. 年をとっても相変わらずかわいい.

여정¹(旅情) 명 旅情. 예~에 잠기다. 旅情にひたる.

여정²(旅程) 명 旅程; 旅行の日程. 예빡빡한 ~ ぎりぎりの旅程.

여정³(餘情) 명 余情. 예~이 넘치는 시 余情溢れる詩.

여-종(女-) 명 下女; 下働きの女.

여죄(餘罪) 명 余罪. 예~를 추궁하다. 余罪を追及する.

여주(女主) 명 ☞여왕(女王)

여-주인공(女主人公) 명 女主人公.

여지(餘地) Ⅰ 명 余分の土地.
Ⅱ 의 余地. 예입추의 ~도 없다. 立錐の余地もない. / 변명의 ~가 없다. 弁解の余地がない.

여지-없다(餘地-) 형 余地ない. 예여지없이 해고하다. 余地なく首にする.

여직 부 ☞'여태'의 잘못.

여-직공(女職工) 명 女工; 女子工員.

여직-껏 부 ☞'여태껏'의 잘못.

여진(女眞) 명 [역] 女真.

여진-족(女眞族) 명 [역] 女真族.

여-집합(餘集合) 명 〈수〉補集合; 余集合.

여쭈다 타 申し上げる; 言上する.

여쭙다 타 申し上げる; 言上する.

여차 감 영차.

여차여차-하다(如此如此-) 형 かくかくしかじかである.

여차-하다¹(如此-) 형 かくのことである; かくかくしかじかである.

여차-하다²(如此-) 자 いざとなったら. 예여차하면 도망갈 작정이다. いざとなったら逃げるつもりだ. / 여차하면 달아나는 게 상책이다. いざとなったら逃げるのが上策だ.

여창(女唱) 명 ❶ 女性の歌. ❷ 男性が女性の声色で歌うこと.

　여창-하다 자 ❶ 女性が歌う. ❷ 男性が女性の声色で歌う.

여치 〈동〉朝鮮太ぎりぎりす. =씨르래기

여태 부 今まで; いまだに; 今になっても.

여태(女態) 명 女振り.

여태-껏 부 今まで; 今になっても. 예어릴 적 버릇이 ~ 고쳐지지 않는다. 子供の頃の癖が今になっても直らない. =입때껏

여파(餘波)阌 余波は。예 해일의 ~ 津浪の余波。

여편-네(女便-)阌 ❶[既婚女性] 既婚女性ふ。❷[卑称] 妻ま。

여폐(餘弊)阌 余弊。

여풍(餘風)阌 余風｜遺風。예 봉건 시대의 ~ 封建時代の遺風。

여필(女筆)阌 女筆じ｜女流の筆法｜おんなで。

여하(如何)阌 如何。예 이유 ~를 불문하다. 理由を問わない。/ 사정 ~에 따라서는 고려한다. 事情の如何によっては考慮する。

여하-하다[휑[여하여, 여하하니] (性質ぜ・成り行きの結果・状態などが) どのようである｜どのような｜どんな｜いかなる。예 여하한 일이 있어도 그와 결혼할 거다. どんな事があっても彼と結婚する。/ 여하한 이유가 있더라도 용서하지 않겠다. いかなる理由があっても許さないぞ。

여하-히甼 どのように｜どう｜どんなに｜いかに。예 다른 사람들이 ~ 생각하든 이 옷을 입고 갈 것이다. 他人がどう思おうともこの服を着て行く。/ 앞으로의 인생을 ~ 살아가면 좋을까? これからの人生をいかに生きていけば良いだろうか。

여하-간(如何間)甼 とにかく｜ともかく。예 ~ 해 보자. とにかくやってみよう。

여하-튼(如何一)甼 ☞아무튼

여-학교(女學校)阌 女子学校。

여-학생(女學生)阌 女子学生じ｜女生徒。

여한¹(餘恨)阌 遺恨い。예 ~을 풀다. 遺恨を晴らす。

여한²(餘寒)阌 늦추위

여행¹(旅行)阌 旅行り｜旅。예 신혼~ 新婚旅行；ハネムーン / 관광 ~ 観光旅行。

　여행-하다¹ 他 旅行する。예 한 달 예정으로 ~. 一ヶ月の予定で旅行する。

여행²(勵行)阌 励行。

　여행-하다² 他 励行する。

여행-가(旅行家)阌 旅行家。

여행-자(旅行者)阌 旅行者。예 ~ 수표 旅行者小切手。

여혼(女婚)阌 娘の結婚。

여흔(餘痕)阌 残っている痕跡。

여흥(餘興)阌 余興。예 ~을 즐기다. 余興を楽しむ。

역¹(役)阌 役。예 왕 ~을 연기하다. 王の役を演ずる。

역²(易)阌 ☞주역(周易)

역³(逆)阌 逆。❶さかさま。예 ~으로 말하면. 逆に言うと。❷[논] 命題に対し、前と後を入れ替えた命題のこと。

역⁴(譯)阌[접미어적용법] 訳ゃ。

역⁵(驛)阌 駅。예 ~까지 빠른 걸음으로 3분 駅まで早足で3分。

역-겹다(逆-)휑 むかつくようだ｜腹立たしい｜頭にくる。예 얼굴만 봐도 역겨워진다. 顔を見るだけでむかついてくる。

역경(逆境)阌 逆境。예 ~에 빠지다. 逆境に陥る。/ ~과 싸우다. 逆境と戦う。/ ~에 굴하지 않고 살다. 逆境にめげず生きる。

역군(役軍)阌 ❶働き手。❷(工事現場で)賃仕事をする人夫。

역기¹(力技)阌《운》重量挙げ。=역도¹

역기²(力器)阌《운》バーベル。

역기³(逆氣)阌 ☞욕지기

역-기전력(逆起電力)阌《전》逆起電力。

역대(歷代)阌 歴代。예 ~ 수상 歴代の首相 / ~ 대통령 歴代の大統領。

역도¹(力道)阌 ☞역기¹

역도²(逆徒)阌 逆徒。

역두(驛頭)阌 ☞역전(驛前)

역량(力量)阌 力量。예 ~ 부족 力量不足 / 리더로서 ~을 갖추다. リーダーとしての力量を持つ。/ ~을 높이다. 力量を高める。

역력-하다(歷歷-)휑 歴々としている｜歴然としている｜はっきりしている｜ありありと見える。예 차이는 ~. 差は歴然としている。/ 역력한 증거가 있다. 歴然たる証拠がある。

　역력-히 歴々と｜歴然と｜はっきり｜ありありと。

역류(逆流)阌 逆流。

　역류-하다 自 逆流する。예 바닷물이 강으로 ~. 海水が川に逆流する。

역마¹(役馬)阌 労役にあてる馬｜役馬｜駄馬。

역마²(驛馬)阌 駅馬｜はゆま。=역말

역마-살(驛馬煞)阌 流浪の星回り。예

~이 끼다. 流浪の星回りにつかれる。

역-마차(驛馬車)뗑 駅馬車しゃ。

역모(逆謀)뗑 逆謀ぎゃくぼう。예~를 꾀하다. 逆謀を企くわだてる。

역무-원(驛務員)뗑 駅務員えきむいん｜駅員えきいん。

역병(疫病)뗑 疫病びょう。

역본(譯本)뗑 ☞ 역서(譯書)

역부¹(役夫)뗑 役夫えきふ｜人夫にん。

역부²(驛夫)뗑 駅夫えきふ。

역부족(力不足)뗑 力不足ぶそく。

역사¹(力士)뗑 力士りきし｜力持ちからもち。

역사²(役事)뗑 普請ふしん。

역사³(歷史)뗑 歷史れきし。예 민요의 ~ 民謡みんようの歷史/~에 길이 남을 사건 長ながく歷史に残のこる事件じけん/~는 되풀이한다. 歷史は繰くり返かえす。

역사⁴(轢死)뗑 轢死れきし。
  역사-하다쟈 轢死れきしする。

역사⁵(驛舍)뗑 駅舎えきしゃ。

역사-가(歷史家)뗑 歷史家れきしか。 준 사가

역사-상(歷史上)뗑 歷史上れきしじょう。예~의 인물 歷史上の人物じんぶつ。

역사 소설(歷史小說) 《문》歷史小説れきししょうせつ。

역사-학(歷史學)뗑 歷史学れきしがく。 준 사학

역산(逆產)뗑 ❶反逆者はんぎゃくしゃの財産ざいさん。❷《의》逆産ぎゃくざん｜逆子さかご。

역산(逆算)뗑 逆算ぎゃくさん。
  역산-하다퇴 逆算ぎゃくさんする。예 나이에서 태어난 해를 ~. 年齢ねんれいから生うまれた年を逆算する。

역서¹(曆書)뗑 曆書れきしょ。❶こよみ。=책력 ❷曆学れきがくに関かんする書籍しょせき。

역서²(譯書)뗑 訳書やくしょ｜翻訳書ほんやくしょ｜訳本やくほん。=역본

역-선전(逆宣傳)뗑 逆宣伝ぎゃくせんでん。
  역선전-하다퇴 逆宣伝ぎゃくせんでんする。

역설¹(力說)뗑 力説りきせつ。
  역설-하다퇴 力説りきせつする。예 복지 시설의 증설을 ~. 福祉施設ふくししせつの増設ぞうせつを力説する。

역설²(逆說)뗑 逆説ぎゃくせつ｜パラドックス。

역설-가(逆說家)뗑 逆説家ぎゃくせつか。

역설-적(逆說的)관 逆説的ぎゃくせつてき。

역성 えこひいき｜肩かたを持もつこと。
  역성-하다퇴 えこひいきする｜肩かたを持もつ。

역성-들다퇴 えこひいきする｜肩かたを持もつ。예 아내의 ~. 女房にょうぼうの肩を持つ。

역성-혁명(易姓革命)뗑 易姓革命えきせいかくめい。

역세-권(驛勢圈)뗑 《건》駅勢圏えきせいけん。예 ~의 집값이 더 비싸다. 駅勢圏の家いえの値段ねだんがもっと高たかい。

역수¹(逆水)뗑 逆水ぎゃくすい。

역수²(逆數)뗑《수》逆数ぎゃくすう｜反数はんすう。

역-수입(逆輸入)뗑《경》逆輸入ぎゃくゆにゅう。
  역수입-하다퇴 逆輸入ぎゃくゆにゅうする。

역-수출(逆輸出)뗑《경》逆輸出ぎゃくゆしゅつ。
  역수출-하다퇴 逆輸出ぎゃくゆしゅつする。

역순(逆順)뗑 逆順ぎゃくじゅん。

역술(譯述)뗑 訳述やくじゅつ。
  역술-하다퇴 訳述やくじゅつする。

역습(逆襲)뗑 逆襲ぎゃくしゅう。
  역습-하다퇴 逆襲ぎゃくしゅうする。

역시(亦是)뛰 やはり｜やっぱり｜やっぱし。❶【역시】(他と同様に)また。예 그도 ~ 탐험가다. 彼かれもまた探検家たんけんかだ。/나도 ~ 시금치를 싫어한다. 私わたしもやはりほうれん草くさが嫌きらいだ。❷【역시】(思おもった通とおりに)案あんの定じょう。예 ~ 오길 잘했다. やっぱり来きて良よかった。/~ 비가 왔다. やはり雨あめが降ふった。/~ 그 녀석의 짓이었다. 案の定あいつのしわざだった。❸【역시】(昔むかしと同おなじく)もとのまま。예 그녀는 ~ 예쁘다. 彼女かのじょはやっぱり綺麗きれいだ。/~ 어머니의 김치는 맛있다. やはり母ははのキムチは美味おいしい。❹【역시】(いくら考かんがえても)やはり。예 아버지가 이 시간에 돌아오는 것은 이상하다. やっぱり父ちちがこの時間じかんに帰かえってくるのはおかしい。/아무리 똑똑하다고 해도 ~ 아이는 아이다. いくら利口りこうだと言いっても、やっぱり子供こどもは子供だ。

역암(礫巖)뗑【역암】礫岩れきがん。

역어(譯語)뗑 訳語やくご。

역우(役牛)뗑 役牛えきぎゅう｜使役しえきにあてる牛うし。

역원(驛員)뗑 駅員えきいん。

역임(歷任)뗑 歷任れきにん。
  역임-하다퇴 歷任れきにんする。

역자(譯者)뗑 訳者やくしゃ｜翻訳者ほんやくしゃ。

역작(力作)뗑 力作りきさく｜労作ろうさく。

역장(驛長)뗑 駅長えきちょう。

역적(逆賊)뗑 逆賊ぎゃくぞく。

역전¹(力戰)뗑 力戦りきせん｜力闘りきとう。예~의 용사 力戦の勇士ゆうし。

역전²(逆轉)뗑 逆転ぎゃくてん。예 ~ 홈런 逆転ホームラン。
  역전-하다쟈 逆転ぎゃくてんする。예 형세가 ~. 形勢けいせいが逆転する。

역전³(驛前)團 駅前。=역두

역전-승(逆轉勝)團 逆転勝ち。

역전-패(逆轉敗)團 逆転負け。

역점(力點)團 力点。예 ~을 두다. 力点をおく。

역정(逆情)團 癇癪｜癇癖。예 ~을 내다. 癇癪を起こす。/아버지는 내가 매일같이 늦게 들어온다고 버럭 ~을 부렸다. 父は私が毎日夜遅く帰ってくると言って、かっと腹を立てた。=역증

역정-풀이(逆情—)團 八つ当たり。예 왜 내게 ~를 하는 것이냐! どうして僕に八つ当たりをするんだ。

역조(歷朝)團 歷朝。예 ~의 치적 歷朝の治績。

역증(逆症)團 ☞역정(逆情)

역질(疫疾)團〈한〉天然痘。

역청(瀝青)團〈화〉瀝青。=아스팔트

역청-암(瀝青巖)團 瀝青岩。

역촌(驛村)團 駅のある村｜宿場町。

역축(役畜)團 役畜｜労役を目的とする家畜。

역풍(逆風)團 逆風｜向い風。

역-하다(逆—)形 ❶(気分が悪くて)吐気がするようだ｜むかむかする｜むかつく。예아버지의 구두에서 역한 냄새가 난다. 父の靴からむかむかする臭いがする。/비린내를 맡았더니 속이 ~. 生臭い臭いを嗅いだら、胸がむかむかする。❷気に障ってむかつく。예그의 행동이 ~. 彼の行動にむかつく。/그의 이름을 듣기만 해도 역했다. 彼の名前を聞くだけでもむかついてきた。

역학(力學)團〈물리역학〉力学｜ダイナミックス。예응용 ~ 応用力学。

역할(役割)團 役割。예 ~ 연기 役割演技／맡은지는 ~ 損された役割／~을 바꾸다. 役割を替える。

역해(譯解)團 訳解。
　역해-하다他 訳解する。

역행¹(力行)團 力行。
　역행-하다¹ 力行する。예고학 ~. 苦学に力行する。

역행²(逆行)團 逆行。예 ~ 운동 逆行運動。
　역행-하다²自他 逆行する。예시대에 ~. 時代に逆行する。

역-회전(逆回轉)團 逆回転｜バックスピン。

역-효과(逆效果)團 逆効果。예 ~를 가져오다. 逆効果をもたらす。

엮다 ❶【綱】(綱・縄などを)編む。예대나무로 바구니를 ~. 竹で籠を編む。❷【組み合わせる】組み合わせる｜編み作る。예사실과 거짓을 절묘하게 엮은 이야기를 짓다. 事実と嘘をうまく組み合わせて物語を作る。/그 작가는 이야기를 잘 엮어 내는 재주가 있다. あの作家は話をうまく組み合わせる才がある。❸【編集】(本を)編む｜編集する｜編纂する。예잡지를 ~. 雑誌を編集する。/논문집을 ~. 論文集を編む。

엮은-이團 編集者｜編纂者｜編者。

연¹(年)團 年｜1年。예 ~ 5%의 이자 年5パーセントの利子。

연²(延)團 延べ。예 ~ 10만 명 延べ10万人。

연³(連)の〈인쇄제본〉連。예 한 ~ 1連。

연⁴(鉛)團 ☞납

연⁵(鳶)團 凧。예 ~을 만들다. 凧を作る。/~을 날리다. 凧を揚げる。

연⁶(蓮)團〈식〉蓮｜蓮の花。

연간(年間)團 年間。예 ~ 소득 年間所得。

연-감¹(軟—)團 熟柿。예 ~이 쌓여 있다. 熟柿が積もっている。

연감(年鑑)團 年鑑｜イヤーブック。예경제 ~ 経済年鑑。

연갑(年甲)團 同年輩。=연배(年輩)

연-거푸(連—)副 続けざまに｜引き続き。예 ~ 담배에 불을 붙이다. 続けざまに煙草に火をつける。

연결(連結)團 連結｜つなぐこと｜つぐこと。예 어미 連結語尾。
　연결-하다他 連結する｜つなぐ｜つぐ。예차량을 ~. 車両を連結する。

연결-부(連結符)團〈언〉連結符号。

연계(連係)團 連係。예 긴밀한 ~를 하다. 緊密な連係を取る。
　연계-하다他 連係する。

연계-성(連係性)團 連係性。

연고¹(軟膏)團〈약〉軟膏。예 ~를 바르다. 軟膏をつける。

연고²(緣故)團 ❶事由｜理由｜わけ。❷縁故｜よしみ｜関係。예 ~가 아무도 없는 땅 一人の縁故もいない土

地/ 친척의 ~로 편의를 제공받았다. 親戚の縁故で便宜をはからってもらった。

연고-로(然故—) 그러니까 ! それゆえに ! 然るがゆえに。

연고-자(緣故者)명 縁故者。

연고-지(緣故地)명 縁故地。

연골(軟骨) ❶幼い者。 예 그는 ~이라 넘어지지 않게 조심해야 한다. 幼い子どもなので、こけないよう気をつけなければならない。 ❷《으》軟骨。 예 무릎·膝の軟骨/ 허리 ~이 어긋나면 디스크에 걸려 수술을 해야 한다. 腰の軟骨がずれれば椎間板ヘルニアにかかるので、手術をしなければならない。 =물렁뼈

연공(年功)명 年功。 예 ~을 쌓다. 年功を積む。

연공-서열(年功序列)명 年功序列。

연관¹(連貫)명 《운》引き続き的中させること。

연관²(鉛管)명 鉛管。

연관³(聯關)명 連関。 関連。
　연관-하다囸 連関する。関連する。예 서로 연관된 문제 互いに連関した問題。

연관-성(聯關性)명 関連性 ! 関連性。

연광(鉛鑛)명 《광》鉛鉱。

연교-차(年較差)명 年較差。 예 ~가 큰 대륙성 기후 年較差が大きい大陸性気候。

연구(研究)명 研究。 예 ~ 개발 研究開発。
　연구-하다囼 研究する。예 역사를 ~. 歴史を研究する。

연-구개(軟口蓋)명 《으》軟口蓋。

연구개-음(軟口蓋音)명 《언》軟口蓋音。

연구-비(研究費)명 研究費。 예 ~를 받다. 研究費をもらう。

연구-소(研究所)명 研究所。

연구-실(研究室)명 研究室。

연구-원(研究員)명 研究員。

연극(演劇)명 演劇 ! 劇 ! 芝居。 = 연희

연근(蓮根)명 《식》蓮根。

연금¹(年金)명 《법》年金。 예 ~ 기금 年金基金/ ~ 보험 年金保険/ ~을 받다. 年金を受け取る。

연금²(捐金)명 義捐金。

연금-술(鍊金術)명 錬金術。

연 금 술 -사(鍊金術師)명 錬金術師。

연급(年給) ☞연봉(年俸)

연기¹(年期) ☞연한(年限)

연기²(延期)명 延期。
　연기-하다囼 延期する ! (期限·期日などを)のばす。예 출발을 ~. 出発を延期する。/ 어음 결제일이 연기되었다. 手形の決済日が延期された。

연기³(煙氣)명 煙。 예 담배 ~ タバコの煙/ ~가 눈에 맵다. 煙が目にしみる。/ 아니 땐 굴뚝에 ~ 날까? 火のない所に煙は立たぬ。

연기⁴(演技)명 《연》演技。 예 ~가 능숙하다. 演技がうまい。/ 그녀의 눈물은 ~였다. 彼女の涙は演技だった。
　연기-하다囼 演技する ! 演ずる。

연기-자(演技者)명 《연》演技者。

연기-파(演技派)명 演技派。 예 ~ 배우 演技派俳優。

연-꽃(蓮—)명 《식》蓮の花。 예 ~색으로 가지다. ハスの花の色が色々だ。 =연화²·부용 ❶

연-날리기(鳶—)명 凧揚げ。 예 ~ 대회 凧揚げ大会。

연내(年内)명 年内。 예 공사는 ~에 끝낼 전망이다. 工事は年内に終わらせる見通しだ。

연년¹(年年)囲 年々 ! 毎年。 예 ~세세 年々歳々。

연년²(連年)명 連年 ! 何年も続くこと。 예 ~의 풍작 連年の豊作。

연년-생(年年生)명 年子。 예 형과 나는 ~이다. 兄と僕は年子だ。

연년-이(年年—)囲 毎年 ! 年々 ! 年に ! 年ごとに。

연-놈【계집과 사내를 낮잡아 이르는 말】野郎とあま。

연단¹(演壇)명 演壇。 예 ~에 오르다. 演壇にのぼる。

연단²(鍊鍛) ☞단련

연-달다(連—)재타 相次ぐ ! 引き続く。 예 사고가 연달아 발생하다. 事故が相次いで起こる。

연담(緣談) ☞혼담

연당(鉛糖)명 《화》鉛糖 ! 酢酸鉛。

연대¹(年代)명 年代。 예 ~ 미상 年代未詳/ ~ 측정법 年代測定法/ 화석으

로 ~를 알 수 있다. 化石で年代がわかる。

연대²(連帶)몡 連帯。
　연대-하다재 連帯する。예 연대해서 채무를 지다. 連帯して債務を負う。

연대³(聯隊)몡 《군》連隊。

연대-감(連帶感)몡 連帯感。

연대-기(年代記)몡 《역》年代記。

연대 무한 책임(連帶無限責任)《法》連帯無限責任。예 ~을 지다. 連帯無限責任を負う。

연대 보증(連帶保證)《法》連帯保証。예 ~인 連帯保証人 | ~을 서다. 連帯保証をたてる。

연대-순(年代順)몡 年代順。예 ~으로 나열하다. 年代順に並べる。

연대-장(聯隊長)몡 《군》連隊長。

연대 채무(連帶債務)《法》連帯債務。

연대 책임(連帶責任)《法》連帯責任。

연대-표(年代表)몡 年代表 | 年表。=연표(年表)。

연도¹(年度)몡 年度 | 年次。예 회계 ~ 会計年度/~ 초 年度初め/~ 말 年度末/다음 ~로 이월하다. 次の年度に繰り越す。

연도²(沿道)몡 沿道 | みちばた。예 ~에 늘어서다. 沿道に立ち並ぶ。=연로²

연도³(煙道)몡 煙道 | 火気の通路。

연독¹(煙毒)몡 煙毒 | 煙の有毒成分。

연독²(鉛毒)몡 鉛毒。

연동¹(鉛銅)몡 鉛と銅。

연동²(聯動・連動)몡 連動。예 ~ 장치 連動装置。
　연동-하다¹자 連動する。

연동³(蠕動)몡【명・ハする】蠕動。예 ~ 운동 蠕動運動。
　연동-하다²자 蠕動する。

연두¹(年頭)몡 年頭 | 年明け | 年始。예 ~ 교서 年頭教書。

연두²(軟豆)몡 薄緑 | あさみどり。=연두색・연둣빛

연두-사(年頭辭)몡 年頭の辞。

연두-색(軟豆色)➡연두²

연둣-빛(軟豆一)➡연두²

연등-회(燃燈會)몡【名】燃灯会。

연락(連絡)몡 連絡 | ~을 취하다. 連絡をとる。/ ~을 끊다. 連絡を断つ。/ ~이 두절되다. 連絡がとだえる。
　연락-하다타 連絡する。예 보호자에게 ~. 保護者に連絡する。

연락-망(連絡網)몡 連絡網。

연락-병(連絡兵)몡 《군》連絡兵 | 伝令。

연락-선(連絡船)몡 連絡船。

연락-처(連絡處)몡 連絡先。

연래(年來)몡 年来。예 ~의 소망 年来の望み。

연령(年齡)몡 年齡。예 당신의 정신 ~은? あなたの精神年齡は。

연례(年例)몡 年例 | 毎年のしきたり。예 ~ 행사 年例の行事。

연례-회(年例會)몡 毎年行う例会。

연로¹(年老)몡 年老 | 年老いていること。
　연로-하다혱 年老いている。예 연로한 부모를 보살피다. 年老いた親の面倒を見る。

연로²(沿路)몡 ➡연도(沿道)

연료(燃料)몡 燃料。예 ~ 전지 자동차 燃料電池自動車。

연료-비(燃料費)몡 燃料費。

연루(連累)몡 連累 | 連座 | 巻き添え。
　연루-하다재 連累する | 連座する | 巻き込む。예 사건에 연루되다. 事件に巻き込まれる。

연루-자(連累者)몡 連累者。

연륜(年輪)몡 年輪。

연리(年利)몡 年利。

연립(聯立)몡 連立。예 ~ 내각 連立内閣/~ 방정식 連立方程式/~ 정부 連立政府。
　연립-하다재 連立する。예 유력 후보가 ~. 有力候補が連立する。

연립 방정식(聯立方程式)《수》連立方程式。예 ~의 해를 구하여라. 連立方程式の正解を求めよ。

연립 부등식(聯立不等式)《수》連立不等式。

연립 주택(聯立住宅)《建》テラスハウス。

연마(研磨・練磨・鍊磨)몡 研磨 | 練磨 | 鍊磨。
　연마-하다타 研磨する | 練磨する | 鍊磨する。예 보석을 ~. 宝石を研磨する。/ 정신을 ~. 精神を鍊磨する。

연마-기(研磨機)몡 ➡연삭기

연-마루(椽一)몡 《建》ベランダ | 露台 | 濡れ縁。

연마-반(練磨盤)몡 ➡연삭기

연막(煙幕)몡 煙幕まく。예 ~ 전술 煙幕戰術せんじゅつ/~을 치다. 煙幕を張る。

연막-탄(煙幕彈)몡 〔군〕煙幕弾だん。

연만(年晩)몡 年老としより｜老境ろうきょうに至いたること。

　연만-하다 年老いている｜年としをとる。

연말(年末)몡 年末ねんまつ｜歳暮さいぼ・せいぼ｜年としの暮くれ｜暮れ｜年の瀬せ。예 ~ 수당 年末手当てあて/~이 가까워지다. 年の瀬が近ちかづく。/~에 고향에 돌아가다. 歳暮に郷里きょうりへ帰る。

연말-연시(年末年始)몡 年末年始ねんまつねんし。

연맹(聯盟)몡 連盟れんめい。예 국제 ~ 규약 国際こくさい連盟規約きやく/~에 가입하다. 連盟に加入かにゅうする。

연맹-전(聯盟戰)몡 ☞리그전

연메-꾼(輦—)몡 鳳輦ほうれんを担かつぐ人。예 ~ 은 힘도 힘이지만 기술이 누구보다 좋아야 해. 鳳輦をかつぐ人は力ちからも力だが、それよりも技術ぎじゅつがよくないとね。

연면(連綿)몡 連綿れんめん｜途絶とだえず長ながく続つづくこと。

　연면-하다 連綿れんめんとしている。

　연면-히男 連綿れんめんと。예 ~ 이어지는 혈통 連綿と続つづく血統けっとう。

연명¹(延命)몡 延命えんめい。

　연명-하다¹ 延命えんめいする。예 인공호흡기를 달고 간신히 ~. 人口じんこう呼吸器こきゅうきをつけて、かろうじて延命する。

연명²(連名)몡 連名れんめい｜連署れんしょ。예 ~ 으로 탄원서를 내다. 連名で嘆願書たんがんしょを出だす。

　연명-하다² 再 連名れんめいする｜連署れんしょする。

연모¹몡 (物ものを作つくったり仕事しごとに使つかう)器具きぐと材料ざいりょう。

연모²(年暮)몡 年との暮くれ｜歳暮さいぼ・せいぼ｜年の瀬せ。

연모³(戀慕)몡 恋慕れんぼ｜恋こい慕したうこと。예 ~의 정 恋慕の情じょう。

　연모-하다 恋慕れんぼする｜恋こい慕したう。예 남몰래 ~. ひそかに恋い慕う。

연목(椽木)몡 ☞서까래

연-못(蓮—)몡 ❶池いけ。예 ~에서 들려오는 개구리 울음소리 池から聞こえてくるカエルの鳴なき声こえ/~의 비단잉어 池の錦鯉にしきごい。=못³ ❷蓮を植うえた池。

연무(煙霧)몡 煙霧えんむ｜煙けむりと霧きり。

연민(憐憫)몡 憐憫れんびん｜憐愍れんびん｜憐憫の情を느끼다. 憐憫の情じょうをおぼえる。

　연민-하다覆 憐憫れんびんする。

연발(連發)몡 連発れんぱつ。예 육 ~의 권총 六連発の拳銃けんじゅう。

　연발-하다재타 連発れんぱつする。예 원더풀을 ~. ワンダフルを連発する。

연발-총(連發銃)몡 連発銃れんぱつじゅう。

연-밥(蓮—)몡 蓮はすの実み。=연실³

연방¹(連方)男 続つづけざまに｜ひっきりなしに｜引ひき続いて｜しきりに。예 재채기가 ~ 나오다. くしゃみがひっきりなしに出でる。

연방²(聯邦)몡 〔정〕連邦れんぽう。예 ~ 국가 連邦国家こっか。

연방 준비 제도 이사회(聯邦準備制度理事會)〔경〕連邦準備じゅんび制度せいど理事会りじかい。

연배(年輩)몡 年輩ねんぱい｜同年輩どうねんぱい。같은 ~의 사람 同じ年輩の人。=연갑

연변(沿邊)몡 沿道えんどう｜沿線えんせん｜ほとり。

연별(年別)몡 年別ねんべつ。예 ~로 나누다. 年別に分わける。

연병-장(練兵場)몡 練兵場れんぺいじょう。

연보¹(年報)몡 年報ねんぽう。예 학회의 ~ 学会がっかいの年報。

연보²(年譜)몡 年譜ねんぷ。예 작가의 ~를 조사하다. 作家さっかの年譜を調しらべる。

연-봉¹(蓮—)몡 開ひらき始はじめたハスのつぼみ。

연봉²(年俸)몡 年俸ねんぽう｜年給ねんきゅう。예 ~ 제 年俸制せい。=연급

연봉³(連峯)몡 連峰れんぽう｜連山れんざん。

연부(年賦)몡 年賦ねんぷ｜年払ねんばらい。

연부-금(年賦金)몡 年賦金ねんぷきん。

연-부년(年復年)男 毎年まいねん｜年ごとに｜年々ねんねん。

연분(緣分)몡 ❶縁えん｜因縁いんねん。❷夫婦ふうふの縁。

연-분홍(軟粉紅)몡 薄桃色うすももいろ。

연불 수출(延拂輸出)〔경〕延のべ払ばらい輸出ゆしゅつ。=연급 수출

연-붉다(軟—)薄赤うすあかい。

연사(演士)몡 演説者えんぜつしゃ。

연삭-기(研削機)몡 〔공〕研磨機けんまき｜錬磨盤れんまばん｜グラインダー。=연마기・연마반

연산¹(年産)몡 年産ねんさん。예 ~ 100만 대 年産100万台ひゃくまんだい。

연산²(連山)몡 連山れんざん｜山並やまなみ。

연상¹(年上)몡 年上としうえ｜年長ねんちょう。예 언니는 나보다 세 살 ~이다. 姉あねはわたしより

三つ年上だ。

연상²(聯想)[명]《심》連想。[예]~ 심리학 連想心理学。

연상-하다[타] 連想する。[예] 음악가라고 하면 베토벤을 연상한다. 音楽家というとベートーベンを連想する。

연생-보험(連生—)[명]《경》連生保険。

연생이[명]【얕잡아 보잘것없는 사람 또는 물건】ぐうたら。[예] 너 같은 ~가 군대 훈련을 견디어내겠어? 君のようなぐうたらが軍隊の訓練に耐えられるか。

연서¹(連署)[명]《법》連署。
　연서-하다[타] 連署する。

연서²(戀書)[명] 恋文。ラブレター。

연석¹(宴席)[명] 宴席。酒席。

연석²(連席)[명] 列座。
　연석-하다[자] 列座する。

연선(沿線)[명] 沿線。[예] 철도 ~ 鉄道沿線。

연설(演説)[명] 演説。[예]~조 演説口調／대통령의 대국민 ~ 大統領の国民向け演説。
　연설-하다[자] 演説する。[예] 가두에서 ~. 街頭で演説する。

연성¹(延性)[명]《물》延性。[예] 금은 ~이 풍부하다. 金は延性に富んでいる。

연성²(軟性)[명] 軟性。軟かな性質。[예] 유리를 가열하면 ~이 생긴다. ガラスを加熱すると軟性が起きる。

연세(年歲)[명] お年。[예]~가 어떻게 되십니까? お年はおいくつですか。

연소¹(年少)[명] 年少。
　연소-하다[형] 年少だ。

연소²(延燒)[명] 延焼。
　연소-하다[자] 延焼する。

연소³(燃燒)[명]《화》燃焼。[예]~ 효율 燃焼効率。
　연소-하다[자] 燃焼する。

연소-로(燃燒爐)[명]《화》燃焼炉。

연소-실(燃燒室)[명] 燃焼室。

연소-자(年少者)[명] 年少者。

연속(連續)[명] 連続。[예]~범 連続犯。
　연속-하다[자] 連続する。[예] 2년 연속하여 수상하다. 2年連続して受賞する。

연속-극(連續劇)[명] 連続ドラマ。

연속 스펙트럼(連續spectrum)[명]《물》連続スペクトル。

연속-적(連續的)[관] 連続的。

연쇄(連鎖)[명] 連鎖。[예]~ 구균 連鎖球菌／ 살인 사건 連鎖殺人事件。
　연쇄-하다[타] 連鎖する。

연쇄 반응(連鎖反應)《물》連鎖反応。

연쇄-점(連鎖店)[명] 連鎖店。チェーンストア。

연수¹(年收)[명] 年収。

연수²(年數)[명] 年数。[예] 근속 ~ 勤続年数。

연수³(延髓)[명]《의》延髄。

연수⁴(研修)[명] 研修。[예] 어학 ~ 語学研修。

연수⁵(軟水)[명] ☞단물❹

연수-생(研修生)[명] 研修生。

연습¹(演習)[명] 演習。

연습²(練習)[명] 練習。[예]~ 부족 練習不足。
　연습-하다[타] 練習する。[예] 피아노를 ~. ピアノを練習する。

연습-장(練習帳)[명] 練習帳。

연승(連勝)[명] 連勝。[예]~식 連勝式／ 연전 ~ 連戦連勝／3~에 도전하다. 3連勝に挑戦する。
　연승-하다[자] 連勝する。

연시(年始)[명] ☞설❷

연신[부] '연방'의 잘못.

연-실¹(鳶—)[명] 凧糸。[예]~을 풀다. 凧糸をほどく。

연실²(鉛室)[명]《화》鉛室。

연실³(蓮實)[명] ☞연밥

연안(沿岸)[명] 沿岸。[예]~ 경비대 沿岸警備隊／~ 무역 沿岸貿易／~ 어업 沿岸漁業／~ 항로 沿岸航路。

연안-류(沿岸流)[명] 沿岸流。

연애(戀愛)[명] 恋愛。恋。[예]~ 결혼 恋愛結婚／~지상주의 恋愛至上主義／~ 소설 恋愛小説。
　연애-하다[자] 恋愛する。恋をする。

연애-편지(戀愛便紙)[명] 恋文。ラブレター。[예] 한 번도 ~를 받아 본 적이 없다. 一度もラブレターをもらったことがない。

연액(年額)[명] 年額。

연야(連夜)[명] 連夜。毎夜。[예] 연일 ~ 連日連夜。

연약-하다(軟弱—)[형] 軟弱だ。柔弱だ。か弱い。[예] 연약한 몸 軟弱な体／ 연약한 남자 軟弱な男。

연어(鰱魚)[명]《동》鮭。[예]~ 회 サケの刺身／ 훈제 ~ 薫製にしたサケ／~는 산란기가 되면 강물을 거슬러 올라가 자신이 태어났던 곳으로 돌아간다. サケは産卵期を迎えると、川をさかのぼって自分の生まれた所に帰る。

연역(演繹)圏《논》演繹。예~ 논리학 演繹論理學。

　연역-하다 演繹する。

연역-법(演繹法)圏 演繹法。

연역-적(演繹的)관 演繹的。

연연-하다(戀戀一)Ⅰ困団 恋々としている。예지위에 ~. 地位に恋々とする。

Ⅱ圏 恋々する。恋い慕う。예연연한 정 恋々の情。

연엽(蓮葉)圏 ☞연잎

연예(演藝)圏 芸能。演芸。

　연예-계(演藝界)圏 芸能界。

　연예-란(演藝欄)圏 芸能欄。

　연예-인(演藝人)圏 芸能人。

연와(煉瓦)圏 ☞벽돌

연우(煙雨)圏 ☞는개

연원(淵源)圏 淵源。根元。

연월일(年月日)圏 年月日。年と月と日。예제조~ 製造年月日。

연월일시(年月日時)圏 年月日時。

연유¹(煉乳)圏 練乳。コンデンスミルク。

연유²(緣由)圏 緣由。理由。

연음(連音)圏 連音。

연의(演義)圏 演義。예~ 소설 演義小說 / 삼국지~ 三國志演義。

연-이어(連一)☞연잇다

연인(戀人)圏 恋人。

연-인원(延人員)圏 延べ人員。

연일(連日)圏 連日。毎日毎日。

연-일수(延日數)圏 延べ日数。

연일-연야(連日連夜)圏 連日連夜。예~ 몰려오는 손님 連日連夜おしかける客。

연-잇다(連一)困団 相次ぐ。引き続く。예졸업식에 연이어 기념 파티가 열립니다. 卒業式に引き続いて記念パーティーが開かれます。

연-잎(蓮一)圏《식》蓮の葉。=연엽

연자-매(研子一)☞연자방아

연자맷-간(研子間)圏 '연자방아'のある小屋。

연자-방아(研子一)圏 牛馬に引かせて回す穀物を碾く臼。=연자매

연장¹圏 ❶道具。예~주머니 道具袋 / ~을 쓰다. 道具を使う。 ❷【속】男根。

연장²(年長)圏 年長。年上。目上。

연장³(延長)圏 延びすこと。延長30~30분에 겨우 승부가 나다. 延長30分でやっと勝負がつく。/ 수학여행도 수업의 ~이다. 修学旅行も授業の延長である。

　연장-하다 延長する。延ばす。예기한을 ~. 期限を延ばす。

연장-자(年長者)圏 年長者。예~를 공경하다. 年長者を敬う。

연장-전(延長戰)圏 延長戦。

연재(連載)圏 連載。예~ 소설 連載小說。

　연재-하다 連載する。

연재-물(連載物)圏 連載物。예~을 쓰다. 連載物を書く。

연적(硯滴)圏 硯滴。(すずりの)水さし。

연전¹(年前)圏 先年。예~ 퇴직하시고 현재는 지역에서 활약하고 계십니다. 先年退職され、現在は地域で活躍されています。

연전²(連戰)圏 連戦。예~연승 連戦連勝 / ~연패 連戦連敗。

연전-길(揀箭一)圏 (的場に)落ちた矢を拾いに行く道。

연접(連接)圏 連接。

　연접-하다困 連接する。

연정(戀情)圏 恋情。恋心。예~을 품다. 恋情を寄せる。=염정

연제(演題)圏 演題。

연조¹(年條)圏 ❶経歴年数。年功。예~를 쌓다. 年功を積む。 ❷歴史と由来。

연조²(捐助)圏 義捐。

　연조-하다団 義捐する。

연-존장(年尊長)圏 自分より20歳以上の方。

연종(年終)圏 ☞세밑

연좌(連坐)圏 連座。

　연좌-하다困 連座する。

연좌-구들圏 煙道の上に石を置いて造ったオンドル。

연좌-제(連坐制)圏 連座制。

연주(演奏)圏 演奏。예~ 기호 演奏記号。

　연주-하다 演奏する。奏する。奏でる。예피아노를 ~. ピアノを演奏する。

연주-가(演奏家)圏 演奏家。

연주-법(演奏法)® 演奏法えんそうほう｜奏法そうほう。
연주-자(演奏者)® 演奏者えんそうしゃ。⊕주장
연주-회(演奏會)® 演奏会えんそうかい。
연-줄¹(鳶─)® [연에] 凧糸たこいと。㉑~은 탱탱하고 길어야 한다. 凧糸はピンとして長ながくなければならない。
연-줄²(緣─)® [연에] コネ｜縁故えんこ｜縁えん。㉑~로 취직하다. コネで就職しゅうしょくする。/ ~을 대다. コネをつける。
연줄-연줄(緣─緣─)® 縁故えんこづたいに。
연중(年中)® 年中ねんじゅう。
연중-무휴(年中無休)® 年中無休ねんじゅうむきゅう。㉑24시간 ~로 일하다. 24時間じかんは年中無休ねんじゅうむきゅうで働はたらく。
연중-행사(年中行事)® 年中行事ねんちゅう・ねんじゅうぎょうじ。
연즉(然則)📒 それゆえ｜それであるから。
연지(硯池)® 硯池けんち｜すずりの海うみ。
연직-선(鉛直線)® 鉛直線えんちょくせん。
연질(軟質)® 軟質なんしつ。㉑~ 유리 軟質なんしつガラス。
연차(年次)® 年次ねんじ。㉑~ 계획 年次計画ねんじけいかく/ ~ 휴가 年次有給休暇ねんじゆうきゅうきゅうか。
연착(延着)® 延着えんちゃく。
　연착-하다🅣 延着えんちゃくする。㉑도로 사정에 따라 연착할 염려가 있습니다. 道路どうろ事情じじょうにより延着えんちゃくする恐おそれがあります。
연찬(研鑽)® 研鑽けんさん。
　연찬-하다🅣 研鑽けんさんする。
연철(鍊鐵)® 錬鉄れんてつ｜鍛鉄たんてつ。㉑철판은 ~로 만든다. 鉄板てっぱんは錬鉄れんてつで作つくる。
연체(延滯)® 延滯えんたい。
　연체-하다🅣 延滞えんたいする。
연체-금(延滯金)® 延滞金えんたいきん。㉑~을 내다. 延滞金えんたいきんを払はらう。/ 관리비 수납 기간이 지나서 ~을 물었다. 管理費かんりひの収納しゅうのう期間きかんが過すぎて延滞金えんたいきんを払はらった。
연체-동물(軟體動物)®《동》軟体動物なんたいどうぶつ。
연체-료(延滯料)® 延滞料えんたいりょう｜延滞金えんたいきん。
연체 이자(延滯利子)《경》延滞利息えんたいりそく｜遅延利息ちえんりそく。㉑~율 遅延利息率ちえんりそくりつ/ ~가 높다. 延滞利息えんたいりそくが高たかい。
연초(年初)® 年初ねんしょ｜年頭ねんとう｜年始ねんし。㉑~ 계획 年初計画ねんしょけいかく。
연-초자(鉛硝子)® (화)鉛えんガラス｜フリントガラス。=플린트 유리

연출(演出)® 演出えんしゅつ。
　연출-하다🅣 演出えんしゅつする。
연출-가(演出家)® 演出家えんしゅつか。
연타(連打)® 連打れんだ。❶続つづけて打うつこと。❷野球やきゅうで安打あんだが続つづくこと。㉑~석 홈런을 날리다. 連打席れんだせきホームランを飛とばす。
연탄(煉炭)® 練炭れんたん｜煉炭れんたん。=탄❷
연통(煙筒)® 煙筒えんとう｜煙突えんとつ。
연판(連判)® 連判れんぱん。㉑~장 連判状れんぱんじょう。
연판(鉛版)® (출)鉛版えんぱん。
연패(連敗)® 連敗れんぱい。㉑연전~ 連戦れんせん連敗れんぱい。
　연패-하다🅲 連敗れんぱいする。
연표(年表)® ☞연대표
연풍(連豊)® 引ひき続つづく豊年ほうねん。
연필(鉛筆)® 鉛筆えんぴつ。㉑~ 한 다스 鉛筆えんぴつ一ひとダース/ ~ 한 자루 鉛筆えんぴつ一ひとつ。
연필-깎이(鉛筆─)® 鉛筆削えんぴつけずり。
연필-심(鉛筆心)® 鉛筆えんぴつの芯しん。
연필-향나무(鉛筆香─)®《식》鉛筆えんぴつの木き。㉑연필을 만들기 위해 ~를 베고 있다. 鉛筆えんぴつを作つくるために鉛筆えんぴつの木きを切きっている。
연필-화(鉛筆畵)® 鉛筆画えんぴつが。
연하¹(年下)® 年下としした。㉑~의 남자 年下とししたの男おとこ/ 열두 살 ~ 一回ひとまわり年下としした。
연하²(年賀)® 年賀ねんが。㉑~ 전보 年賀電報ねんがでんぽう。
연-하다¹(軟─) ❶軟やわらかい。㉑연한 살코기 軟やわらかい赤身あかみの肉にく。❷(色いろ・濃度のうど が)薄うすい。化粧けしょうを薄うすくする。
연-하다²(連─)🅲 連つらねる｜連つらなる｜引ひき続つづく。
연하-우편(年賀郵便)® 年賀郵便ねんがゆうびん。
연하-장(年賀狀)® 年賀状ねんがじょう。㉑~을 보내다. 年賀状ねんがじょうを送おくる。
연한(年限)® 年限ねんげん。㉑복무 ~ 服務ふくむ年限ねんげん。=연기¹
연합(聯合)® 連合れんごう。㉑~ 함대 連合艦隊れんごうかんたい/ 국제 ~ 国際こくさい連合れんごう；国連こくれん。
　연합-하다🅣 連合れんごうする。
연합-국(聯合國)® 連合国れんごうこく。
연합-군(聯合軍)® 連合軍れんごうぐん。
연해(沿海)® 沿海えんかい。㉑~ 어업 沿海漁業えんかいぎょぎょう。
연해-안(沿海岸)® 沿岸えんがん。
연해-연방(連─連─)📒 続つづきざまに｜ひっきりなしに｜絶たえ間まなく。

연행(連行)⃞ 連行ੑ.
　연행-하다⃞ 連行する。예용의자를 ~. 容疑者を連行する。

연혁(沿革)⃞ 沿革ੑ. 예대학의 ~ 大学の沿革.

연호(年號)⃞ 年号ੑ；元号ੑ.

연화¹(軟化)⃞ 軟化ੑ. 예~병 軟化病／근육의 ~ 筋肉の軟化.
　연화-하다⃞ 軟化する。

연화²(蓮花) ☞연꽃

연회(宴會)⃞ 宴会ੑ；宴. 예~를 열다. 宴会を催す；宴を張る。／~에 초대받다. 宴会に呼ばれる。

연회-석(宴會席)⃞ 宴会席ੑ；宴席ੑ.

연후(然後)⃞ そうした後；しかるのち。예졸업한 ~에 진로를 정하다. 卒業ੑしたのちに進路ੑを決める。

연휴(連休)⃞ 連休ੑ. 예지난 주말부터 3일 ~였다. 先週末ੑから三日連休だった。

연희(演戲)⃞ ☞연극

열¹⃞ 十ੑ；10ੑ. 예일본에는 ~ 번이나 갔다. 日本には十回ੑも行ੑった。／운동장을 ~ 바퀴 뛰다. 運動場ੑを十周ੑ走る。

열²(列)⃞ 列ੑ. 예~을 지어 행군하다. 列を作ੑって行軍ੑする。

열³(熱)⃞ 熱ੑ. 예~이 내리다. 熱が下がる。／~이 나다. 熱が出る。／~이 식다. 熱が冷める。／토론에 ~을 올리다. 討論ੑに熱を上げる。

열-가소성(熱可塑性)⃞ 《화》熱可塑性ੑ. 예유리 공예는 ~을 이용한 것이다. ガラス工芸ੑは熱可塑性を利用ੑしたものだ。

열가소성 수지(熱可塑性樹脂) 《화》熱可塑性樹脂ੑ.

열강(列强)⃞ 列強ੑ. 예~과 어깨를 나란히 하다. 列強と肩を並べる。

열거(列擧)⃞ 列挙ੑ；並べたてること。
　열거-하다⃞ 列挙する；並べたてる。예죄상을 ~. 罪状ੑを列挙する。

열광(熱狂)⃞ 熱狂ੑ. 예~의 도가니 熱狂のるつぼ。
　열광-하다⃞ 熱狂する。예승리에 ~. 勝利に熱狂する。

열광-적(熱狂的)⃞ 熱狂的ੑ. 예~인 환영을 받다. 熱狂的な歓迎ੑを受ੑける。

열-구름⃞ 行雲ੑ；行ੑく雲；流れ雲。

열국(列國)⃞ 列国ੑ；各国ੑ.

열기⃞ 目の精気ੑ. 예그 애의 눈에서 뜨거운 ~가 느껴졌다. その子の目から熱い精気が感ੑじられた。

열-기관(熱機關)⃞ 《기》熱機関ੑ. 예디젤 기관은 ~의 일종이다. ディーゼル機関は熱機関の一種ੑだ。

열-김(熱—)⃞ 胸の底ੑから込ੑみ上ੑがる勢ੑい. 예~에 벌떡 일어났다. 勢いでぱっと起ੑき上ੑがった。

열-나다(熱—)⃞ ❶【現象】熱が出る。예40도 가깝게 열나서 끙끙 신음하다. 40度近ੑくの熱が出て、うんうんとうなる。❷【熱中】熱を上げる；熱中ੑする。예열나게 공부하다. 熱心ੑに勉強ੑする。❸【怒】怒る；腹が立つ。예열나서 못 참겠다. 腹が立ってたまらない。

열-나절⃞ (ある期間内ੑで)非常に長ੑい間ੑ. 예학교에 늦었는데 ~이나 꾸물거리고 있다. 学校に遅ੑれるのに、ずっとぐずぐずしている。

열녀(烈女)⃞ 烈女ੑ；烈婦ੑ.

열녀-문(烈女門)⃞ 烈女を表彰ੑして建ੑてた門ੑ.

열녀-비(烈女碑)⃞ 烈女の行跡ੑを称ੑえる碑ੑ.

열녀-전(烈女傳)⃞ 烈女伝ੑ.

열다¹⃞ (実ੑが)実ੑる；なる。예귤이 ~. ミカンがなる。

열다²⃞ ❶【開放】開ੑける；開く。예창문을 열고 환기를 시키다. 窓ੑを開けて換気ੑする。／아직 뚜껑을 열면 안 된다. まだ蓋ੑを開けてはいけない。／좀처럼 입을 열지 않는다. なかなか口を開かない。❷【開】(会合ੑ·会議ੑなどを)開ੑく；開催ੑする；催ੑす；起こす。예총회를 ~. 総会ੑを開催する。／미술전을 ~. 美術展ੑを開く。❸【開業】(事業ੑ·経営ੑなどを)開業ੑする；始ੑめる；開ੑく。예병원 옆에 약국을 ~. 病院ੑの横ੑに薬局ੑを開く。／새롭게 가게를 ~. 新ੑしく店ੑを始める。❹【関】(ある関係ੑを)結ੑぶ；開ੑく。예친교를 ~. 親交ੑを結ぶ。／중국과 국교를 열게 되었다. 中国ੑと国交ੑを結ぶことになった。❺【開】(心ੑ·胸ੑなどを)開く。예그녀는 겨우 마음을 열었다. 彼女ੑはやっと心を開いた。／가슴을 열고 당당하게 살아가다. 胸を開いて堂々ੑと生ੑきていく。

열대(熱帶)몡 熱帶ねったい。예~ 식물 熱帶植物ねったいしょくぶつ。/~ 과일 熱帶果物ねったいくだもの。

열대 계절풍 기후(熱帶季節風氣候) 熱帶ねったい季節風きせつふう気候きこう ¦ 熱帶ねったいモンスーン気候きこう。=열대 몬순 기후

열대 기단(熱帶氣團)몡 熱帶気団ねったいきだん。

열대 기후(熱帶氣候)몡 熱帶気候ねったいきこう。

열대-림(熱帶林)몡 熱帶林ねったいりん。

열대 몬순 기후(熱帶monsoon氣候) ☞열대 계절풍 기후

열대-병(熱帶病)몡 《의》熱帶病ねったいびょう。예~에 걸리다. 熱帶病にかかる。

열대-야(熱帶夜)몡 熱帶夜ねったいや。예 일주일 동안 ~가 계속되고 있다. 1週間しゅうかんの間、熱帶夜が続いている。

열대-어(熱帶魚)몡 《동》熱帶魚ねったいぎょ。예~를 키우다. 熱帶魚を飼かう。

열대 우림 기후(熱帶雨林氣候) 熱帶雨林気候ねったいうりんきこう ¦ 赤道雨林気候せきどううりんきこう。

열대 저기압(熱帶低氣壓) 熱帶低気圧ねったいていきあつ。

열도¹(列島)몡 列島れっとう。예 일본 ~ 日本にほん列島。

열도²(列度)몡 列度れつど。

열독(閱讀)몡 閱讀えつどく。

열독-하다国 閱讀えつどくする。예 구인란을 ~. 求人欄きゅうじんらんを閱讀した。

열등(劣等)몡 劣等れっとう。

열등-하다혱 劣等れっとうだ。예 열등한 품질 劣等な品質ひんしつ。

열등-감(劣等感)몡 劣等感れっとうかん。예~을 가지다. 劣等感を抱いだく。

열등-생(劣等生)몡 劣等生れっとうせい。

열람(閱覽)몡 閱覽えつらん。

열람-하다国 閱覽えつらんする。예 도서관에서 과학 논문을 열람했다. 図書館としょかんで科学かがく論文ろんぶんを閱覽した。

열람-권(閱覽券)몡 閱覽券えつらんけん。

열람-실(閱覽室)몡 閱覽室えつらんしつ。

열람-자(閱覽者)몡 閱覽者えつらんしゃ。

열량(熱量)몡 《물》熱量ねつりょう。예~이 낮은 식품 熱量の低ひくい食品しょくひん。

열력(閱歷)몡 ☞경력(經歷)

열렬-하다(熱烈―)혱 熱烈ねつれつだ ¦ 烈々れつれつだ。예 열렬한 연애 熱烈な恋愛れんあい。

열렬-히閈 熱烈ねつれつに。예~ 응원하다. 熱烈に応援おうえんする。

열리다¹ 因 (実みが)実みる ¦ なる。예 사과가 ~. リンゴがなる。/ 포도송이가 ~. ブドウの房ふさが実る。

열-리다² 因【열리어/열려】❶【열리어/열려】開あく ¦ 開ひらく。예 창문이 ~. 窓が開く。/ 언제나 문은 열려 있다. いつでも門もんは開いている。/ 꽃봉오리가 열렸다. つぼみが開いた。❷【열리어/열려】開ひらく ¦ 開催かいさいされる ¦ 催もよおされる。예 1시에 열린 회의가 5시에 끝났다. 1時じに開いた会議かいぎが5時じに終わった。/ 선생님의 송별회가 열렸다. 先生せんせいの送別会そうべつかいが催された。❸【해】 (ある関係かんけいが)結むすばれる。예 양국 간에 우호 관계가 열렸다. 両国間りょうこくかんに友好関係ゆうこうかんけいが結ばれた。❹【열리어/열려】開花かいかする ¦ 開ひらく。예 새로운 문명이 ~. 新あらたな文明ぶんめいが開く。❺【해】 (心こころ・胸むねなどが)開ひらく。예 열린 마음으로 세상을 바라보다. 開いた心で世よの中なかを見みつめる。

열망(熱望)몡 熱望ねつぼう。

열망-하다国 熱望ねつぼうする。예 평화를 ~. 平和へいわを熱望する。

열매몡 《식》実み ¦ 果実かじつ。예~가 열리다. 実がなる。

열매(를) 맺다관용【열리어/열리어】実みを結むすぶ。예 평소의 노력이 열매를 맺다. 日頃ひごろの努力どりょくが実を結ぶ。

열매-껍질몡 《식》果物くだものの皮かわ ¦ 木きの実みの殻から。예~이 얇다. 果物の皮がうすい。/~이 견고하다. 果物ががっちりしている。

열매-꼭지몡 《식》果梗かこう ¦ 果柄かへい。예~가 말라 있다. 果梗が枯かれている。

열매-맺이몡 ☞결실❶

열-무몡 《식》幼おさない大根だいこん。

열무-김치몡【열무낌치/열무낌치】幼おさない大根だいこんのキムチ。

열변(熱辯)몡 熱弁ねつべん。예~을 토하다. 熱弁を振ふるう。

열병¹(熱病)몡 熱病ねつびょう。예 사랑은 ~ 愛あいは熱病 /~으로 쓰러지다. 熱病で倒たおれる。

열병²(閱兵)몡 閱兵えっぺい。

열병-하다因国 閱兵えっぺいする。

열병-식(閱兵式)몡 《군》閱兵式えっぺいしき。

열-복사(熱輻射)몡 《물》熱輻射ねつふくしゃ ¦ 熱放射ねつほうしゃ ¦ 溫度放射おんどほうしゃ。

열-분해(熱分解)몡 《물》熱分解ねつぶんかい。

열브스름-하다혱 やや薄うすい ¦ 薄うすめだ。

열사(烈士)몡 烈士れっし。

열사-병(熱射病)몡 《의》熱射病ねっしゃびょう。

열-삼(―蔘)몡 《식》種子用しゅしようの高麗こうらい人参にんじん。

열상(裂傷)몡 裂傷する。 ⑩ ~을 입다. 裂傷を負う。

열석(列席)몡 列席する。
　열석-하다쟈 列席する。

열선(熱線)몡 《물》熱線。 =적외선(赤外線)

열-섬(熱一) ヒートアイランド︱熱の島。

열성¹(列聖)몡 列聖。

열성²(劣性)몡 劣性。 ⑩ ~ 유전 劣性遺伝。

열성³(熱誠)몡 熱誠︱真心がこもっていること。

열성-껏(熱誠一)튄 真心を尽くして。

열성-적(熱誠的)관몡 熱烈だ︱熱心だ。 ⑩ ~인 지원 熱心い支援。

열-쇠몡 鍵︱キー。 ⑩ ~ 구멍 鍵穴/ ~ 꾸러미 鍵束/ 사건 해결의 ~를 쥐고 있다. 事件解決の鍵を握っている。

열심(熱心)몡 熱心。 ⑩ ~인 연습 태도 熱心な練習態度。

열심-히(熱心一)튄 熱心に︱一生懸命に。 ⑩ ~ 공부하다. 熱心に勉強する。 / ~ 해 보자. 一生懸命やってみよう。

열쌔다혱 すばしこい︱敏捷だ(よく気がつく︱回る)。 ⑩ 열쌔게 뛰어오르다. すばしこく走り上がる。 / 열쌔게 걷어차다. すばやく蹴飛ばす。

열악-하다(劣悪一)혱 劣悪だ。 ⑩ 열악한 환경 劣悪な環境。

열애(熱愛)몡 연예인의 ~에 전혀 흥미가 없다. 芸能人の熱愛にまったく興味がない。
　열애-하다쟈타 熱愛する。

열어-젖히다타 (戸・窓などを)開け放つ。 ⑩ 창문을 ~. 窓を開け放つ。

열어-제치다타 ☞'열어젖히다'의 잘못。

열-없다혱 ❶照れくさい︱きまりが悪い︱気恥ずかしい。 ❷(性格・行動が)しまりがない。 ❸臆病だ︱ものおじする。
　열없-이 恥ずかしそうに︱照れくさく。 ⑩ ~ 웃었다. 照れくさそうに笑った。

열없-쟁이몡 【】❶恥ずかしがり屋。 ❷締まりがなくもろい人。 ❸怖ろがり︱弱虫。

열-에너지(熱energy)몡 《물》熱エネルギー。

열-역학(熱力學)몡 【】熱力学。

열연(熱演)몡 熱演︱力演。
　열연-하다타 熱演する。 ⑩ 대역을 ~. 大役を熱演する。

열-용량(熱容量)몡 《물》熱容量。

열원(熱源)몡 熱源。

열-음극(熱陰極)몡 熱陰極。

열의(熱意)몡 熱意。 ⑩ ~를 보이다. 熱意を示す。 / ~가 부족하다. 熱意に欠けている。 / 일에 대한 ~가 없다. 仕事に対する熱意がない。

열-적도(熱赤道)몡 熱赤道。

열전(列傳)몡 列伝。 ⑩ 위인 ~ 偉人列伝。

열-전달(熱傳達)몡 《물》熱伝達。

열-전도(熱傳導)몡 熱伝導。 ⑩ ~율 熱伝導率。

열 전도-도(熱傳導度)몡 《물》熱伝導度︱熱電導率。

열-전쌍(熱電雙)몡 熱電対︱熱電池。 =열전지

열-전자(熱電子)몡 《물》熱電子。

열-전지(熱電池)몡 《물》熱電池︱熱電対。 =열전쌍

열정(熱情)몡 熱情。 ⑩ ~이 넘치는 연설 熱情あふれる演説/ ~에 불타다. 熱情に燃える。

열정-적(熱情的)관몡 熱情的。 ⑩ ~인 연주 熱情的な演奏。

열중(熱中)몡 熱中︱夢中。
　열중-하다쟈 熱中する︱夢中になる。 ⑩ 공부에 ~. 勉強に専念する。 / 아이가 게임에 열중하는 것을 걱정하다. 子供がゲームに熱中することを心配する。

열중-쉬어(列中一)감 (号令で)休め。 ⑩ ~ 자세로 서 있어라. 休めの姿勢で立っていろ。

열쭝이몡 【】臆病者︱弱虫︱腰抜け。 ⑩ 저런 ~가 무얼 하겠나? あんな臆病者に何ができるものか。

열차(列車)몡 列車。 ⑩ 상행 ~ 上り列車/ 하행 ~ 下り列車/ 급행 ~ 急行列車。

열차-원(列車員)몡 列車乗務員。

열창(熱唱)몡 熱唱。

열-처리(熱處理)몡 《공》熱処理。 ⑩ ~로 熱処理炉。

열-치다(戸などを)押し開く︱ぱっと開く。

열탕(熱湯)몡 熱湯。

열퉁-적다〖형〗 ぶしつけだ｜ぶっきらぼうだ。

열패(劣敗)〖명〗劣敗。
　열패-하다〖자〗劣敗する。

열-팽창(熱膨脹)〖물〗熱膨張。囫~계수 熱膨張係数。

열풍(熱風)〖명〗熱風。

열학(熱學)〖물〗熱学。

열핵(熱核)〖물〗熱核｜熱原子核。囫~ 융합 熱核融合/~ 병기 熱核兵器。

열핵 반응(熱核反應)〖물〗熱核反応｜核融合反応。

열혈(熱血)〖명〗☞열혈남아

열혈-남(熱血男)〖명〗☞열혈남아

열혈-남아(熱血男兒)〖명〗熱血男児｜熱血漢。＝열혈남·열혈한

열혈-한(熱血漢)〖명〗☞열혈남아

열화¹(烈火)〖명〗❶烈火｜激しく燃えている火。❷濃い赤色。

열화²(熱火)〖명〗熱火｜烈火。囫~와 같이 성을 내다. 烈火のごとく怒る。/~와 같은 성원을 보내다. 烈火のごとき声援を送る。

열-효율(熱效率)〖물〗熱効率。囫~이 높으면 에너지를 절약할 수 있다. 熱効率が高ければエネルギーを節約できる。

열흘〖명〗❶10日｜10日間｜旬日。囫감기를 ~ 동안 앓았더니 얼굴이 핼쑥해졌다. 風邪を10日間患って、顔がやつれた。/~간의 휴가는 너무나 달콤했다. 10日間の休暇はとてもよかった。/~간 집을 나와 있었다. 十日間家を出ていた。❷十日目。❸(曆の上でその月の)10日。囫삼월 초~에 저희 집을 방문해 주십시오. 3月10日に我が家をお訪ねください。
　열흘 붉은 꽃이 없다〔속담〕10日間とか赤い花はない：「権勢とか·栄華とは長く続くことはない」の意。

열흘-날〖명〗❶10日目。❷(曆の上でその月の)10日。囫지난달 초~이 할아버지 제삿날이었다. 先月の10日が祖父の命日だった。囹열흘

얇다〖형〗❶(厚さが)薄い。囫얇은 이불 薄い布団。❷(味·色などが)薄い｜淡い。囫얇은 하늘색 薄い空色。❸(学識や·知識などが)浅い｜おろそかだ｜不完全だ｜(態度が)軽薄だ。❹(眠りが)浅い｜軽い。囫얇은 잠이 들었다. 軽い眠気に襲われた。❺(密度や·濃度が)薄い｜うっすらとしている。囫얇은 안개가 끼었다. うっすらと霧が立ちこめる。

얇-붉다〖형〗ほのかに赤い｜やや赤い。

염〖명〗岩石でできた小島。

염²(炎)〖의〗炎｜炎症。

염³(殮)〖명〗死体を清めたのち、衣服を着せて布で縛ること。＝염습

염⁴(鹽)〖명〗❶塩。❷(화)塩。囫황산 ~ 硫酸塩。

염가(廉價)〖명〗廉価｜安価｜安値。囫~품 廉価品/~로 팔다. 安価で売る。

염기(鹽基)〖화〗塩基。囫~도 塩基度/~류 塩基類/~는 산을 중화한다. 塩基は酸を中和する。

염기-산(鹽基酸)〖화〗塩基酸。

염기-성(鹽基性)〖화〗塩基性｜塩基としての性質｜アルカリ性。囫~ 산화물 塩基性酸化物/~ 염료 塩基性染料。

염낭(―囊)〖명〗巾着。

염도(鹽度)〖명〗塩気の程度｜塩度。

염두(念頭)〖명〗念頭。囫~에 두다. 念頭に置く。/조금도 ~에 없다. さらさら念頭にない。

염라-대왕(閻羅大王)〖종〗閻魔大王。

염량(炎凉)〖명〗❶炎涼｜暑さと涼しさ。❷善悪·是非をわきまえる智慧。❸勢力の盛衰。❹人情の厚さと冷たさ。

염려(念慮)〖명〗心配｜気遣い｜気がかり｜懸念。囫여러모로 ~를 끼쳐 죄송합니다. いろいろご心配かけてすみません。
　염려-하다〖타〗気遣う｜心配する｜懸念する。囫아무것도 염려하지 마세요. 何にも心配しないで下さい。/여러분들이 염려해 주신 덕분에 금방 나았습니다. 皆さんが気づかってくださったお陰で、すぐ治りました。

염려-스럽다(念慮―)〖형〗気遣わしい｜気掛かりだ｜心配になる。
　염려스레〖부〗気遣わしく。

염료(染料)〖명〗染料。囫합성 ~ 合成染料。

염-발(鹽—)圀 ☞염전(鹽田)
염병(染病)圀 ❶[속]腸ちょうチフス。❷《의》伝染病でんせんびょう。
염분(鹽分)圀 塩分えんぶん|塩気しおけ。예~을 함유하다. 塩分を含ふくむ。/~을 제거하다. 塩分を取とり除のぞく。
염불(念佛)圀《종》❌念仏ねんぶつ。예~ 삼매 念仏三昧ざんまい|~을 외다. 念仏を唱となえる。
 염불-하다困 念仏ねんぶつする。
 염불에는 맘이 없고 잿밥에만 맘이 있다속담 念仏ねんぶつには上うわの空そらで、供物くもつ物だけに気きがある。
염산(鹽酸)圀《화》塩酸えんさん。
염산-가스(鹽酸gas)圀 ☞염화수소
염산-칼륨(鹽酸Kalium 독)圀 ☞염소산칼륨
염색(染色)圀 染色せんしょく。예~사 染色糸いと|~방법 染そめ方かた。
 염색-하다타 染色せんしょくする|染そめる。예머리를 검게 ~. 髪かみを黒くろく染そめる。
염색-체(染色體)圀《생》染色体せんしょくたい。예~ 이상 染色体異常いじょう|~ 지도 染色体地図ちず。
염세(厭世)圀 厭世えんせい。예~자 厭世者しゃ。
염세-관(厭世觀)圀 ☞염세주의
염세-적(厭世的)관 厭世的えんせいてき。예~인 생각 厭世的な考かんがえ。
염세-주의(厭世主義)圀《철》厭世主義えんせいしゅぎ|厭世観かん|ペシミズム。=염세관
염소[1]圀《동》山羊やぎ。예흑~ 黒くろヤギ/~ 수염 ヤギのひげ/~ 자리 山羊座やぎざ。
염소[2](鹽素)圀《화》塩素えんそ。예~계 표백제 塩素系漂白剤えんそけいひょうはくざい。
염소-산(鹽素酸)圀《화》塩素酸えんそさん。
염소산-칼륨(鹽素酸kalium 독)圀《화》塩素酸えんそさんカリウム。=염산칼륨
염소-자리(—)圀《천》山羊座やぎざ。
염소-젖 ヤギから絞しぼった乳ちち。
염수(鹽水)圀 塩水えんすい。
염습(殮襲)圀 死体したいを清きよめたのち、衣いを着きせて布ぬので縛しばること。준염습(殮)
 염습-하다타 死体したいを清きよめたのち、衣いを着せて布で縛しばる。
염알이-꾼(廉—)圀 密偵みってい|間諜かんちょう|スパイ。
염열(炎熱)圀 炎熱えんねつ|炎暑えんしょ。
염오(厭惡)圀 厭悪えんお|嫌悪けんお。
 염오-하다타 厭悪えんおする|いやがる。
염원(念願)圀 念願ねんがん。예~이 이루어지다. 念願がかなう。
 예성공을 ~. 成功せいこうを念願する。
 염원-하다타 念願ねんがんする|念ねんずる。
염장(鹽藏)圀 塩蔵えんぞう|塩しおづけ。예~ 미역 塩蔵わかめ。
염장[2](鹽醬)圀 ❶塩しおと醬油しょうゆ。❷味あじをととのえる調味料ちょうみりょうの総称そうしょう。
염전(鹽田)圀 塩田えんでん。=염밭
염정(艶情)圀 ☞연정(戀情)
염좌(捻挫)圀《의》捻挫ねんざ。
염주-나무(念珠—)圀《식》大葉菩提樹おおばぼだいじゅ。예~를 절 주위에 둘러 심었다. 寺てらの回まわりを囲かこむようにオオバボダイジュを植うえた。
염증[1](炎症)圀《의》炎症えんしょう。준염(炎)
염증[2](厭症)圀 嫌気いやき|飽あきること。예~이 나다. 嫌気が差さす。/나태한 생활에 ~을 느끼다. 怠惰たいだな生活せいかつに嫌気を覚おぼえる。=실증
염직(染織)圀 染織せんしょく。
염창(簾窓)圀 すだれをかけた窓まど。
염천(炎天)圀 ❶炎天えんてん|炎暑えんしょ。❷(九天てんの一ひとつで)南みなみの空そら。
염치(廉恥)圀 廉恥れんち|恥はじを知しること。예내 집에 또 오다니 정말 ~도 없구나. 또한 僕ぼくの家に来くるとは、本当ほんとうに恥を知らないんだな。/사람이란 ~가 있어야 한다. 人は廉恥がなくてはいけない。
염치-없다(廉恥—)圀 恥知はじしらずだ|破廉恥はれんちだ。예염치없는 일을 하다. 恥知らずなことをする。
염탐(廉探)圀 ひそかに様子ようすを探さぐること。
 염탐-하다타 ひそかに様子ようすを探さぐる。
염탐-꾼(廉探—)圀 密偵みってい|間者かんじゃ|スパイ|回まわし者もの|間諜かんちょう。
염탐-질(廉探—)圀 ひそかに様子ようすを探さぐること。
염통圀 ☞심장(心臟)
염통-구이圀 牛うしの心臓しんぞうを味あじつけして焼やいたもの。예쫄깃한 ~ しこしこした牛の心臓焼き。
염포(殮布)圀【葬儀用語そうぎようご】(葬礼そうれいで)死体したいを縛しばる布ぬの。
염피(厭避)圀【嫌気いやきが差さして避さけること。
 염피-하다타 嫌気いやきが差さして避さける。
염화(鹽化)圀《화》塩化えんか。
염화-나트륨(鹽化Natrium 독)圀《화》塩化えんかナトリウム。
염화-물(鹽化物)圀《화》塩化物えんかぶつ|塩素えんその化合物かごうぶつ。

염화 비닐(鹽化vinyl)《화》塩化ビニル｜塩ビ。

염화-수소(鹽化水素)명《화》塩化水素｜塩酸ガス。=염산가스

염화 제이수은(鹽化第二水銀)《화》塩化第二水銀｜昇汞。

염화-칼륨(鹽化Kalium 독)명《화》塩化カリウム。

염화-칼슘(鹽化calsium)명《화》塩化カルシウム。

엽견(獵犬)명 ☞사냥개❶

엽-궐련(←葉卷煙)명 葉巻｜シガー｜葉を切らずに巻いたタバコ。

엽기(獵奇)명 猟奇。예 ~ 소설 猟奇小説。

엽기-적(獵奇的)관명 猟奇的。예 ~인 행동 猟奇的な行動。

엽록-소(葉綠素)명《식》葉緑素。예 ~ 생성 葉緑素の生成。

엽록-체(葉綠體)명《식》葉緑体。예 ~ 기관 葉緑体器官。

엽맥(葉脈)명 ☞잎맥

엽병(葉柄)명 葉柄。=잎자루

엽산(葉酸)명《화》葉酸｜ビタミンM。예 ~이 부족하면 빈혈을 일으킨다. 葉酸が不足すると貧血を起こす。

엽서(葉書)명 葉書。예 그림~ 絵葉書。

엽신(葉身)명 葉身。예 ~이 반짝이고 있다. 葉身が光っている。

엽아(葉芽)명《식》葉芽。예 ~에서 싹이 나다. 葉芽から芽が出る。

엽-연초(葉煙草)명 ☞잎담배

엽전(葉錢)명 真鍮で作った昔の通貨。

엽초(葉草)명 葉たばこ。

엽총(獵銃)명 猟銃。

엽탁(葉托)명 ☞턱잎

엿¹명 飴。

엿²관 六つ｜6。예 쌀 ~ 되 米6升／~ 말 6斗。

엿-가락명 ☞엿가래

엿-가래명 棒状の飴。예 가는 ~ 細いあめの棒／~가 굵다. 棒状の飴が太い。=엿가락

엿-강정명 飴にピーナッツ・ゴマ・エゴマ・豆などを入れた菓子。

엿-기름명 麦芽。=엿길금

엿-길금명 ☞엿기름

엿-듣다타 盗み聞きする｜立ち聞きする｜盗聴する。예 전화를 ~. 電話を盗み聞きする。

엿-물명 水飴。

엿-반대기명 薄く平べったい飴。

엿-밥명 飴粕。

엿-방망이명 銭打ち・骨牌の遊びの一種。

엿-보다타 ❶のぞき見する｜のぞく｜盗み見る。예 구멍으로 ~. 穴からのぞき見する。／곁눈질로 ~. 横目で盗み見る。／밖에서 안을 ~. 外から中をのぞく。／문틈으로 ~. 戸のすきまからのぞき見る。／살그머니 ~. こっそりのぞき見る。❷(機)をうかがう｜ねらう。예 기회를 ~. 機会をうかがう。

엿-살피다타 ひそかにうかがう｜ひそかに見回す。

엿새명 6日間。❶6日間。예 ~의 휴가를 얻었으니 알차게 보내야겠다. 6日間の休暇を得たから、充実した休暇を送らないと。❷6日目。=엿샛날 ❸(暦の上でその月の)6日。예 2월 초~가 저의 생일입니다. 2月の6日が私の誕生日です。=초엿새

엿샛-날명 ❶6日目。❷(月の)6日。예 다음 달 초~에 우리 집에서 모이자. 来月の6日に私の家に集まろう。=초엿샛날 준엿새

엿-자박명 薄平べったい飴。

엿-장수명 飴売り｜飴屋。예 ~의 가위 소리 飴売りのハサミの音。

엿-치기명【語】棒飴を折って、断面の空洞のあるなしで、または穴の大小で勝負する賭け。

영¹명《건》(わらぶき用の)屋根わら。

영²부 全く｜全然。예 ~ 의욕이 없다. まったくやる気がない。

영³(令)명 ❶令｜命令。=명령 ❷《법》令りょう｜法令。=법령

영⁴(永)부 とわに｜永遠に。=영영

영⁵(零)명 零｜ゼロ。

영⁶(嶺)명 峰｜峠。

영⁷(靈)명 霊。❶(巫)神霊。❷霊魂。

영감¹(令監)명 ❶老夫婦の間で妻が夫のことを呼ぶ語。예 죽은 ~이 그립다. 亡くなった夫のことが恋しい。❷お年寄り。❸身分の高い人や公務員などをもてなして表す語。

영감²(靈感)명 霊感｜霊応｜インスピレーション。예 ~이 떠오르다. 霊感が浮かぶ。

영걸(英傑)圏 英傑ホッゥ。
영겁(永劫)圏 《종》永劫ホッゥ。 예~ 회귀 永劫回帰ホッゥ。
영격(迎擊) ☞요격(邀擊)
영결(永訣)圏 永訣ホッゥ｜死別ホッ。
　영결-하다자 永訣する。
영결-식(永訣式)圏 告別式ホッゥルッ。
영계(-鷄)圏 若鷄ホッゥ。 예~찜 若鷄の丸蒸マミし。
영계-백숙(-鷄白熟)圏 若鷄ホッゥの水炊タッき。
영고(榮枯)圏 栄枯ホッ。 =영락²
영고-성쇠(榮枯盛衰)圏 栄枯盛衰ホッホッスマ。
영공(領空)圏 領空ホッゥ。 예한국 ~ 韓国ホッの領空/~을 침범하다. 領空を侵犯ホッする。
영과(穎果)圏 《식》穎果ホッ｜穀実ミッ。 예~ 열매 껍질 穎果の実の皮。
영광(榮光)圏 光栄ホッ｜栄光ホッ。 예분에 넘치는 ~ 身に余る光栄/승리의 ~에 빛나다. 勝利ホッゥの栄光に輝ホッく。
영광-스럽다(榮光-)협 光栄ホッだ｜映ハえ映ハえしい。 예영광스러운 상을 받다. 映えある賞を受賞ホッゥする。
　영광스레뷔 光栄ホッに。
영구¹(永久)圏 永久ホッゥ｜永遠ホッ｜恒久ホッゥ。 예~ 보존 永久保存ホッ/~불변 永久不変ホッ/~ 자석 永久磁石ホッゥ。
　영구-하다협 永久ホッゥだ｜永遠ホッだ。
　영구-히뷔 永久ホッゥに｜永遠ホッに。
영구²(靈柩)圏 霊柩ホッゥ。
영구 경수(永久硬水) 《화》永久硬水ホッホッ｜沸騰ホッゥしても軟水ホッに ならない硬水。
영구-성(永久性)圏 永久性ホッゥ｜恒久性ホッゥ。
영구-적(永久的)관명 永久的ホッゥ｜恒久的ホッ。
영구-차(靈柩車)圏 霊柩車ホッゥッ。
영구-치(永久齒)圏 《의》永久歯ホッゥッ。
영구-화(永久化)圏 永久化ホッゥッ。
영국(英國)圏 《국》イギリス。
영내(領內)圏 領内ホッゥ｜領地内ホッゥッ。
영농(營農)圏 営農ホッゥ。
　영농-하다자 営農ホッゥする。
영농-가(營農家)圏 営農家ホッゥッ。
영농 자금(營農資金) 《농》営農資金ホッゥッ。
영단(英斷)圏 英断ホッ。 예~을 내리다. 英断を下ホッす。
　영단-하다타 英断ホッする。
영달(榮達)圏 栄達ホッゥ｜出世ホッゥ。 예~을 누리다. 栄達を極ホッゥめる。
　영달-하다자 栄達ホッゥする。
영도¹(零度)圏 【이】零度ホッ。
영도²(領導)圏 【이】領導ホッゥ。
　영도-하다타 領導ホッゥする。
영도-자(領導者)圏 領導者ホッゥッ。
영락¹(零落)圏 零落ホッ｜おちぶれること。
　영락-하다자 零落ホッする｜おちぶれる。 예영락하여 지금은 옛 모습을 찾을 수 없다. おちぶれて今ホッは見る影ホッもない。
영락²(榮落) ☞영고(榮枯)
영락-없다(零落-)협 間違ホッがいない｜確ホッかだ。
　영락없-이뷔 間違ホッいなく｜確ホッかに。 예그 목소리는 ~ 그의 것이었다. その声は間違いなく彼のものだった。
영령(英靈)圏 英霊ホッ。 예순국 ~ 殉国ホッゥッの英霊。
영롱-하다(玲瓏-)협 玲瓏ホッゥとしている｜澄ホッんでいる｜きらきら輝ホッいている。
　영롱-히뷔 玲瓏ホッゥと。
영리(營利)圏 営利ホッ。 예~사업 営利事業ホッゥ/~주의 営利主義ホッゥ/~ 법인 営利法人ホッゥ/~ 회사 営利会社ホッゥ。
영리-하다(怜悧-)협 利口ホッゥだ｜怜悧ホッだ｜賢ホッこい。 예영리한 두뇌 怜悧な頭脳ホッゥ。
영-마루(嶺-)圏 山ホッの頂上ホッゥッ｜山ホッの頂ホッゥ。 예~는 눈에 덮여 있다. 山の頂は雪ホッに覆ホッわれている。
영매(靈媒)圏 霊媒ホッ。
영매-술(靈媒術)圏 霊媒術ホッッ。
영매-하다(英邁-)협 英邁ホッだ。
영맹-하다(獰猛-)협 【이】獰猛ホッゥだ。
영면(永眠)圏 永眠ホッ｜死去ホッ｜永逝ホッ｜長逝ホッゥ。 =영서
　영면-하다자 永眠ホッする｜死去ホッする｜永逝ホッする｜長逝ホッゥする。 예여든에 영면했다. 80歳ホッで永眠した。
영명-하다(英明-)협 英明ホッだ。 예영명한 군주 英明な君主ホッ/~을 날리다. 英明をあげる。
영묘-하다(靈妙-)협 霊妙ホッゥだ。
영문¹圏 わけ｜理由ホッ｜成ナり行ュき。 예~을 모르다. わけが分ホッからない。
영문²(英文)圏 英文ホッ。
영문-과(英文科)圏 英文科ホッ｜英文学科ホッッ。
영-문법(英文法)圏 《언》英文法ホッッ。
영-문학(英文學)圏 《문》英文学ホッッ。

영민-하다(英敏—)〖형〗明敏だ。㉠영민한 두뇌를 가지다. 明敏な頭脳をもつ。

영-바람〖명〗得意顔をしてらう様子。

영봉(靈峯)〖명〗霊峰。

영-부인(令夫人)〖명〗令夫人。

영빈(迎賓)〖명〗迎賓。

영빈-관(迎賓館)〖명〗迎賓館。

영사¹(映寫)〖명〗映写。

영사²(領事)〖명〗《정》領事。㉠~ 재판 領事裁判。

영사³(影寫)〖명〗影写。敷き写し。透き写し。

영사-하다〖타〗影写する。敷き写す。透き写す。

영사-관(領事館)〖명〗領事館。

영사-기(映寫機)〖연〗映写機。

영사-막(映寫幕)〖연〗映写幕。

영사-본(影寫本)〖명〗影写本。

영사-실(映寫室)〖연〗映写室。

영상¹(映像)〖명〗映像。

영상²(零上)〖명〗零度以上の気温。氷点以上。

영상³(影像)〖명〗映像。㉠~ 문화의 발전 映像文化の発展。선명한 ~ 鮮明な映像。

영생(永生)〖명〗永生。

영생-하다〖자〗永生する。

영생불멸(永生不滅)〖명〗永生不滅。

영서(永逝)〖명〗☞영면(永眠)。

영세¹(永世)〖명〗永世。永代。永久。

영세²(零細)〖명〗零細。㉠~ 기업 零細企業。

영세-하다〖형〗零細だ。

영세-농(零細農)〖사〗零細農。小前。

영세-민(零細民)〖명〗零細民。

영세불망(永世不忘)〖명〗いつまでも忘れないこと。

영세 중립국(永世中立國)〖정〗永世中立国。㉠스위스, 오스트리아는 ~이다. スイス、オーストリアは永世中立国である。

영속(永續)〖명〗永続。長続き。

영속-하다〖자타〗永続する。㉠영속하는 제도 永続する制度。

영속-성(永續性)〖명〗永続性。

영속-적(永續的)〖관용〗永続的。~인 관계 永続的な関係。

영송(迎送)〖명〗送迎。

영송-하다〖타〗送迎する。

영수¹(領收)〖명〗領収。受領。

영수-하다 領収する。受け取る。

영수²(領袖)〖명〗領袖。㉠여당의 ~ 与党の領袖。

영수-인(領收印)〖명〗領収印。受領印。

영수-증(領收證)〖명〗領収証。領収書。受取り。受領証。レシート。㉠현금 ~ 現金領収書/카드 승인 ~ カード承認の領収証。

영시(零時)〖명〗零時。12時。24時。

영아(嬰兒)〖명〗☞젖먹이。

영악-스럽다(靈惡—)〖형〗がめつい。抜け目がない。利にさとい。

영악스레〖부〗がめつく。

영악-하다(靈惡—)〖형〗がめつい。抜け目がない。利にさとい。㉠영악한 녀석 利にさとい小僧。

영안-실(靈安室)〖명〗霊安室。

영애(令愛)〖명〗令愛。令嬢。お嬢様。

영약(靈藥)〖명〗霊薬。妙薬。仙薬。

영양¹(羚羊)〖동〗羚羊。㉠~ 떼가 사자를 피해 초원을 가로질러가다. レイヨウの群れがライオンを避けて草原を横切って行く。

영양²(營養)〖생〗栄養。㉠~ 불량 栄養不良/~ 생식 栄養生殖/~ 장애 栄養障害/~을 섭취하다. 栄養をとる。

영양-가(營養價)〖명〗栄養価。

영양-분(營養分)〖명〗栄養分。

영양-사(營養士)〖명〗栄養士。

영양-소(營養素)〖생〗栄養素。㉠~를 골고루 섭취해야 한다. 栄養素をあれこれと取らなければならない。

영양-식(營養食)〖명〗栄養食。

영양-실조(營養失調)〖의〗栄養失調。

영양-제(營養劑)〖약〗栄養剤。栄養補助食品。サプリメント。

영양-학(營養學)〖명〗栄養学。

영어¹(囹圄)〖명〗囹圄。牢獄。

영어²(英語)〖언〗英語。㉠~ 회화 英会話/~로 말하다. 英語で話す。

영업(營業)〖경〗営業。㉠~ 금지 営業禁止/~ 소득 営業所得/~ 시간 営業

時間/ ~ 연도 営業年度/ ~ 정지 営業停止.
영업-하다 営業する. ◉10시부터 영업한다. 10時から営業する.

영업-권(營業權)명 営業権.
영업-비(營業費)명 営業費.
영업-세(營業稅)명《법》営業税.
영업 양도(營業讓渡)《경》営業譲渡.
영업-용(營業用)명 営業用. ◉ ~ 택시 営業用タクシー.
영역¹(英譯)명 英訳.
영역²(領域)명 領域. ◉ 과학의 ~ 科学の領域 / 타국의 ~을 침범하다. 他国の領域を侵犯する.
영영(永永)부 永久に｜いつまでも｜永遠に. ◉ ~ 볼 수 없게 되다. 永久に見られなくなる. =영⁴(永)
영예(榮譽)명 栄誉｜誉れ. ◉ 가문의 ~로 삼다. 家門の誉れとする. / 수상의 ~을 안다. 受賞の栄誉に浴する.
영예-롭다(榮譽—)형 栄誉である｜誉れである.
　영예로이 부 光栄に.
영예-스럽다 栄誉と思われる｜誉れと思われる.
　영예스레 부 光栄に.
영욕(榮辱)명 栄辱｜栄誉と恥辱.
영외(營外)명 営外｜兵営の外. ◉ 거주 営外居住.
영웅(英雄)명 英雄｜ヒーロー. ◉ 국민적 ~ 国民的英雄 / 불세출의 ~ 不世出の英雄.
영웅-심(英雄心)명 英雄心.
영웅-적(英雄的)관 英雄的. ◉ ~ 행위 英雄の行為.
영웅-전(英雄傳)명 英雄伝.
영웅-주의(英雄主義)명 英雄主義.
영웅-호걸(英雄豪傑)명 英雄豪傑.
영웅-호색(英雄好色)명 英雄色を好む.
영원¹(永遠)명 永遠｜永久｜とこしえ. ◉ ~ 무궁 永遠無窮 / ~ 불멸 永遠不滅.
　영원-하다 형 永遠だ｜永久だ. ◉ 영원한 진리 永遠の真理 / 영원한 사랑을 맹세하다. 永遠の愛を誓う.
　영원-히 부 永遠に｜永久に｜とこしえに. ◉ 이 상태가 ~ 계속되면 좋겠다. この時が永遠に続けばよい.
영원²명《동》井守.

영위(營爲)명 営為｜営み.
　영위-하다 타 営為する｜営む.
영유(領有)명 領有.
　영유-하다 타 領有する.
영유-권(領有權)명《법》領有権. ◉ ~ 다툼 領有権争い.
영유-지(領有地)명 領有地.
영육(靈肉)명 霊肉｜霊魂と肉体. ◉ 일치 霊肉一致.
영-이별(永離別)명 永訣｜永別｜永の別れ.
　영이별-하다 자타 永訣する｜永別する.
영인(影印)명《출》影印.
영인-본(影印本)명《출》影印本.
영입-하다(迎入—) 迎え入れる. ◉ 유능한 경력자를 ~. 有能な経歴者を迎え入れる.
영자(英字)명 英字. ◉ ~ 신문 英字新聞.
영자-팔법(永字八法)명《예》【書】永字八法. ◉ 한나라에서 고안된 ~ 漢の国で考案された永字八方.
영작(英作)명 英作｜英作文.
영장¹(令狀)명《법》令状. ◉ ~ 주의 令状主義 / 소집 ~ 召集令状 / 수색 ~ 捜索令状 / ~을 청구하다. 令状を請求する.
영장²(靈長)명 霊長. ◉ 만물의 ~ 万物の霊長.
영장-류(靈長類)명 霊長類.
영재(英才)명 英才. ◉ ~ 교육 英才教育.
영전¹(榮轉)명 栄転.
　영전-하다 자 栄転する. ◉ 서장으로 ~. 署長に栄転する.
영전²(靈前)명 霊前. ◉ ~에 꽃을 바치다. 霊前に花をたむける.
영절(永絕)명 永遠に絶えること.
　영절-하다 자 永遠に絶える.
영점(零點)명 零点. ◉ 시험에서 ~을 받다. 試験で零点を取る. / 아버지로서 ~이었다. 父親として零点だった.
영접(迎接)명 迎接｜出迎えて応接すること.
　영접-하다 타 迎接する｜出迎えて応接する.
영정(影幀)명 影像｜肖像の掛け軸.
영존(永存)명 永存.

영존-하다 자 永存する。

영주¹(永住) 명 永住。
　영주-하다 자 永住する。 예 영주할 땅 永住の地。

영주²(英主) 명 英主。¦ 名君。

영주³(領主) 명 領主。 예 ~ 재판권 領主裁判権。

영주-권(永住權) 명 永住権。

영지¹(領地) 명 領地。¦ 領土。

영지²(靈芝) 명 [식]万年茸、霊芝。

영차 감 よいしょ¦よいさ。=여차

영창¹(映窓) 명 [건]部屋と板の間との間に設けて部屋を仕切り明かりを取るための二枚の引き障子。

영창²(影窓) 명 ガラス戸の窓。

영창³(營倉) 명 [군]営倉。

영채(映彩) 명 明るく輝く色彩。

영치(領置) 명 [법]領置。
　영치-하다 타 領置する。 예 피의자의 유류품을 ~. 被疑者の遺留品を領置する。

영치-금(領置金) 명 領置金。

영치기 감 よいしょ¦よいさ¦どっこいしょ¦えいやこら。

영탄(詠歎) 명 詠嘆。
　영탄-하다 자 詠嘆する。

영토(領土) 명 領土。 예 ~ 분쟁에 휘말리다. 領土紛争に巻き込まれる。 / 확장을 위해 노력하다. 領土拡張のために努力する。 / 광대한 ~를 자랑하다. 広大な領土を自慢する。

영특-하다(英特—) 형 英明だ。

영판 ☞'아주'의 잘못.

영하(零下) 명 零下¦氷点下。 예 ~ 8도 零下8度。

영한(英韓) 명 英韓。 ❶ イギリスと韓国。 ❷ 英語と韓国語。 예 ~ 번역 英韓翻訳。

영합-하다(迎合—) 자 迎合する。 예 권력자에 ~. 権力者に迎合する。

영해(領海) 명 [법]領海。 예 ~ 어업 領海漁業。 / ~선 領海線。 / ~를 침범하다. 領海を侵犯する。

영해-(領海權) 명 [법]領海権。 예 ~을 주장하다. 領海権を主張する。

영향(影響) 명 影響。 예 ~을 주다. 影響を与える。 / 좋은 ~을 미치다. よい影響を及ぼす。 / ~을 크게 받다. 強い影響を受ける。

영향-력(影響力) 명 影響力。 예 ~을 가진 사람 影響力を持っている人/ ~을 행사하다. 影響力を行使する。

영험(靈驗) 명 霊験。
　영험-하다 霊験である。

영혼(靈魂) 명 霊魂¦魂。 예 ~ 불멸 霊魂不滅。

영화¹(映畵) 명 [연]映画。 예 ~계 映画界 / ~ 감독 映画監督 / ~ 음악 映画音楽 / ~화 映画化 / ~를 보러 가다. 映画を見に行く。

영화²(榮華) 명 栄華¦栄え。 예 ~를 누리다. 栄華を極める。

영화-관(映畵館) 명 映画館。

영화-롭다(榮華—) 栄華を極める。
　영화로이 부 栄華を極めて。

영화-배우(映畵俳優) 명 映画俳優。

영화-인(映畵人) 명 映画人。

영화-제(映畵祭) 명 映画祭。

옅다 형 ❶ [깊이](深さが)浅い。 예 옅은 곳에서 헤엄치다. 浅い所で泳ぐ。 ❷ [색깔](色·香気·濃度が)薄い¦淡い。 예 옅은 색으로 바르다. 薄い色で塗る。 / 소금으로 옅게 간을 하다. 塩で薄く味付けをする。 ❸ [생각] (考え·知識など)が浅い¦短い。 예 옅은 생각으로 행동하지 마라. 浅い考えで行動するな。 / 나는 과학 지식이 ~. 私には科学の知識が浅い。 ❹ [적다]少ない¦浅い。 예 미국은 그 역사가 ~. アメリカはその歴史が浅い。 ❺ (程度など)が浅い。 예 상처가 옅어서 다행이다. 傷が浅くてよかった。

옅디-옅다 형 非常に浅い¦とても浅はかだ。 예 옅디옅은 생각 非常に浅い考え。

옆 명 橫¦そば¦傍から¦隣¦わき¦端¦傍。 예 ~ 사람 となりの人/ ~을 보다. 横を見る。 / ~으로 눕다. 横向きに寝る。 / ~에서 말참견하다. 横から差し出口をする。 / 선생님 ~에 앉다. 先生のわきに座る。

옆-구리 명 脇¦横腹¦脇腹¦脾腹。 예 ~가 당기다. 横腹がつっぱる。 / ~를 차다. 脾腹を蹴る。

옆-길 명 橫道¦わき道。 예 이야기가 ~로 새다. 話がわき道にそれる。

옆-눈 명 ☞'곁눈'의 잘못.

옆-들다 타 傍から手伝ってやる¦手助けする。

옆-바람 명 船の帆の左右を吹き抜

ける風か。

옆-발치[명] 寝ている人の足下の方ほう。 예~에서 봐라. 足下の方で見ろ。

옆-방(一房)[명] 隣の部屋。 예~의 소음 때문에 잠을 잘 수 없다. 隣の部屋の騒音のせいで眠れない。

옆-벽(一壁)[명] 部屋の両側にある壁。

옆-얼굴[명] 横顔。

옆 지르기[운][제:기] 横突き。

옆-질(船─)[명] 横揺れ｜ローリング。
옆질-하다[자] 横揺れする。

옆-집[명] 隣の家｜隣家。 예~에 새로운 사람이 이사 왔다. 隣に新しい人が引っ越して来た。

옆-쪽[명] 横の方向。

옆-찌르다[타] (ひそかに知らせるために)脇をつつく。

옆 차기[운][제:기] 横蹴り。

예¹[명] 昔｜古｜かつて。 예~로부터 전해 오는 이야기 昔から伝わる物語／~나 지금이나 변함없다. 昔も今も変わらない。

예²[대] [이:ㄱ:] ここ｜ここに。 예~ 두거라. ここに置いておきなさい。

예³[감] [윗사람에게 대답하는 말] はい｜ええ。 예~, 다녀오겠습니다. はい、行ってきます。 ❷[말을 되묻는 말] はい｜えっ。 예~, 뭐라고요? えっ、何ですって？／~, 다시 한번 말씀해 주시겠어요? はい、もう一度言っていただけますか。 =네³

예⁴(例)[명] 例。❶実例｜見本。 예~를 들어 설명하다. 例を挙げて説明する。❷[멀리 떨어져 있는 곳을 가리키는 말] いつもの。 예~의 그 찻집에서 만나다. いつものあの喫茶店で会おう。❸[흔히 이르는 말] ならわし｜しきたり。

예⁵(禮)[명] 礼。 예~를 다하다. 礼をつくす。／~를 지키다. 礼をまもる。

예각(銳角)[명] 《수》銳角。 예~ 삼각형 銳角三角形。

예감(豫感)[명] 予感｜予覚｜虫の知らせ。 예불길한 ~이 들다. 不吉な予感がする。
예감-하다[타] 予感する。

예거(例舉)[명] 挙例｜例を挙げること。
예거-하다[자:타] 挙例する｜例を挙げる。

예견(豫見)[명] 予見｜予知。

예견-하다[타] 予見する｜予知する。 예사고 발생을 ~. 事故の発生を予見する。

예고(豫告)[명] 予告｜前ぶれ。 예~편 予告編へ。

예고-하다[타] 予告する。

예고 등기(豫告登記)《법》予告登記。

예과(豫科)[명] 《교》予科｜予備の課程。 예~생 予科生。

예광-탄(曳光彈)[명] 《군》曳光彈。

예규(例規)[명] 例規。

예금(預金)[명] 《경》預金。 예~ 계좌 預金口座／~ 은행 預金銀行／~ 증서 預金證書／~ 준비율 預金準備率／~ 통장 預金通帳／~ 보험 預金保險。

예금-하다[타] 預金する。 예은행에 ~. 銀行に預金する。

예기¹[감] [예의 뜻의 가벼운 나무람] やい｜こら。

예기²(銳氣)[명] 銳氣。 예~를 기르다. 銳氣を養う。／~를 꺾다. 銳氣を挫く。

예기³(豫期)[명] 予期｜予想。
예기-하다[타] 予期する。 예예기치 못한 사건 予期し得なかった出来事。

예끼[감] [아주 큰 가벼운 나무람] やい｜こら。 예~, 이 녀석아. こら、こいつめ。

예년(例年)[명] 例年。 예~에 없이 춥다. 例年になく寒い。

예-니레[명] (月の)6日か7日｜6、7日間。 예한 ~ 걸릴 것이다. 6、7日かかりそうだ。

예-닐곱[수] 六七つ｜六つか七つ。

예단(豫斷)[명] 予斷｜予測。 예~을 불허하는 상황 予斷を許さない狀況。

예단²(禮單)[명] 祝儀の品を書いた目錄。

예둔(銳鈍)[명] ❶鋭いことと鈍いこと。 ❷敏捷と愚鈍。

예라[감] ❶[남의 말을 듣지 않는 사람에게] おい｜やい｜こら｜これ。 예~, 저쪽으로 가라. おい、あっち行け。／~, 저리 비켜. こら、そこのけ。 ❷[결심을 하거나 스스로 마음을 굳게 할 때 쓰는 말] えい。 예~, 집으로 가자. えい、家に帰ろう。／~, 모르겠다. えい、もう知らない。／~, 될 대로 되라. えい、どうにでもなれ。

예리-하다(銳利─)[형] 銳利だ｜銳い。 예예리한 비평 鋭い批評／예리한 두뇌 鋭利な頭脳。

예망(曳網)[명] 曳き網｜引き網。

예매(豫賣)[명] 前売り。 예~ 티켓 前売りチケット。

예매-하다[타] 前売まえうりする。
예매-권(豫賣券)[명] 前売券まえうりけん。
예매-처(豫賣處)[명] 前売先まえうりさき。
예멘(Yemen)[명] 《국》イエメン。
예모(禮帽)[명] 礼帽れいぼう。
예문(例文)[명] 例文れいぶん。[예]～을 만드는 법 例文の作つくり方かた/～으로 나타내다. 例文で示しめす。
예물(禮物)[명] 礼物れいもつ。❶[고마움을 표시하기 위해 보내는 물건] 贈おくり物もの｜遺おくり物もの。[예]이것은 김 씨가 주신 ～입니다. これはキムさんからの贈り物です。❷[결혼식 신랑 신부가 주고받는 물건] 婚礼品こんれいひん。[예]～ 반지를 준비하다. 婚礼品の指輪ゆびわを準備じゅんびする。/결혼할 때 ～을 주고받는 것은 옛날부터 이어진 관례이다. 結婚けっこんの時とき、婚礼品を取とり交かわすのは昔むかしからのしきたりである。❸[신부가 친정으로 답례로 보내는 물건] 返礼品へんれいひん。❹典礼てんれいと文物ぶんぶつ。

예민-하다(銳敏—)[형] 鋭敏えいびんだ｜聡さとい。[예]예민한 감각 鋭敏な感覚かんかく/신경이 예민해지다. 神経しんけいが尖とがる。/귀가 ～. 耳みみが聡い。

예-바르다(禮—) 礼儀れいぎ正ただしい。

예방¹(豫防)[명] 予防よぼう。[예]～ 의학 予防医学いがく/～ 접종 予防接種せっしゅ/～ 조치 予防措置そち。
　예방-하다[타] 予防する。[예]재난을 ～. 災難さいなんを予防する。

예방²(禮訪)[명] 挨拶あいさつのために訪問ほうもんすること｜儀礼的ぎれいてきな訪問。
　예방-하다[타] 挨拶のために訪問する。

예방 주사(豫防注射)[명] 《의》予防注射ちゅうしゃ。

예방-책(豫防策)[명] 予防策よぼうさく。[예]～을 강구하다. 予防策を講こうずる。

예배(禮拜)[명] 《종》礼拝れいはい・らいはい。[예]～를 드리다. 礼拝れいはいをして拝おがむ；礼拝を行おこなう。
　예배-하다[자] 礼拝する。

예배-당(禮拜堂)[명] 《종》礼拝堂れいはいどう・らいはいどう。

예법(禮法)[명] 礼法れいほう｜礼儀作法れいぎさほう。[준]예(禮)。

예보(豫報)[명] 予報よほう。[예]일기 ～ 天気てんき予報/～가 맞지 않는다. 予報が当あたらない。
　예보-하다[타] 予報する。

예복(禮服)[명] 礼服れいふく｜式服しきふく。

예봉(銳鋒)[명] 鋭鋒えいほう。[예]～을 피하다. 鋭鋒を避さける。/～을 꺾다. 鋭鋒を挫くじく。

예비(豫備)[명] 予備よび。[예]～ 교육 予備教育きょういく/～ 조사 予備調査ちょうさ/～ 지식을 주다. 予備知識ちしきを与あたえる。
　예비-하다[타] 予備する。

예비-군(豫備軍)《군》予備軍よびぐん。
예비 등기(豫備登記)《법》予備登記とうき。
예비-비(豫備費)[명] 予備費よびひ。
예비-역(豫備役)[명] 予備役よびえき。

예쁘다[형] きれいだ｜かわいい｜美うつくしい。[예]예쁜 눈 かわいい目め/예쁜 보조개 かわいいえくぼ/입술이 ～. 唇くちびるがかわいい。/예쁜 꽃이 피어 있다. きれいな花はなが咲さいている。

예쁘장-스럽다[형] かわいらしい｜きれいに見みえる。
　예쁘장스레[부] かわいらしく。

예쁘장-하다[형] 可愛かわいらしい｜愛あいらしい。[예]예쁘장한 입술 可愛らしい唇くちびる/예쁘장한 눈 可愛らしい目め。

예사(例事) ありふれたこと｜平気へいきなこと｜日常茶飯事にちじょうさはんじ。

예사-로(例事—)[부] 平気へいきで｜ありふれたこととして。[예]거짓말을 ～ 하는 사람들 平気で嘘うそをつく人ひとたち。

예사-롭다(例事—)[형] 当あたり前まえだ｜ありふれたことだ｜尋常じんじょうだ。[예]둘은 예사로운 사이가 아니다. 二人ふたりはただの仲なかではない。

　예사로이[부] 当あたり前まえに｜平気へいきで｜ありふれたこととして。[예]～ 여기다. 尋常じんじょうに思おもう。

예산(豫算)[명] 予算よさん。[예]～ 편성 予算編成へんせい/～을 세우다. 予算を立たてる。

예산-안(豫算案)[명] 予算案よさんあん。

예삿-일(例事—)[명] ただ事こと｜普通ふつうのこと｜日常茶飯事にちじょうさはんじ。[예]이것은 정말 ～이 아니다. これは本当ほんとうにただ事ではない。

예상(豫想)[명] 予想よそう。[예]～이 적중하다. 予想が的中てきちゅうする。/～대로 합격하다. 予想どおり合格ごうかくする。/～이 어긋나다. 予想がはずれる。
　예상-하다 予想よそうする。[예]결과를 ～. 結果けっかを予想する。

예상-고(豫想高)[명] 予想高よそうだか。

예상-사(例常事)[명] 常つねのこと｜ありふれたこと｜日常茶飯事にちじょうさはんじ。

예상-외(豫想外)[명] 予想外よそうがい。[예]～의 수확 予想外の収穫しゅうかく。

예서(隷書)[명]《예》[한자 서체의 하나] 隷書れいしょ。

예선(豫選)[명] 予選よせん。[예]～을 통과하다. 予選を通過つうかする。

예선-하다 予選する。

예속(隷屬)圏 隷属。
　예속-되다자 隷属する。예 대국에 ~. 大国に隷属する。

예속-국(隷屬國)圏 隷属国。

예속 자본(隷屬資本)《경》隷属資本。

예수(←Jesus)圏《종》イエス ¦【가톨릭】イエズス。

예수-교(←Jesus敎)圏《종》❶キリスト教。❷新教 ¦ プロテスタント。

예수-회(←Jesus會)圏《종》【가톨릭】イエズス会 ¦ 耶蘇会。

예순수관 60。예 ~ 살 60歳。

예술(藝術)圏 芸術。예 ~원 芸術院/ ~ 지상주의 芸術至上主義/ ~을 위한 ~ 芸術のための芸術/ ~은 길고 인생은 짧다. 芸術は長く人生は短し。

예술-가(藝術家)圏 芸術家。

예술-가곡(藝術歌曲)圏《음》芸術歌曲。

예술-계(藝術界)圏 芸術界。

예술-적(藝術的)관圏 芸術的。예 ~인 사진 芸術的な写真。

예술-제(藝術祭)圏 芸術祭。

예술-품(藝術品)圏 芸術品。

예-스럽다휑 古風だ ¦ 古めかしい。예 예스러운 간판 古風な看板。
　예스레튀 古風に ¦ 古めかしく。

예습(豫習)圏 予習 ¦ 下調べ。
　예습-하다타 予習する。

예시¹(例示)圏 例示。
　예시-하다타 例示する。예 해답을 ~. 解答を例示する。

예시²(豫示)圏 予示。
　예시-하다타 予示する。

예식(禮式)圏 礼式。

예식-장(禮式場)圏 結婚式場。

예심(豫審)圏《법》予審。

예약(豫約)圏 予約。예 ~ 취소 予約取り消し。
　예약-하다타 予約する。예 자리를 ~. 席を予約する。

예약-금(豫約金)圏 予約金。

예언¹(例言)圏 例言。

예언²(豫言)圏 予言。예 ~이 빗나가다. 予言が外れる。
　예언-하다타 予言する。

예언-자(豫言者)圏 予言者。

예외(例外)圏 例外。예 ~ 없이 들어맞다. 例外なく当てはまる。/ ~로 하다. 例外にする。/ ~ 없는 규칙은 없다. 例外のない規則はない。

예우(禮遇)圏 礼遇。

예의(禮儀)圏 礼儀。예 ~상 礼儀上/ ~ 바르다. 礼儀正しい。

예장¹(禮狀)圏 ❶☞혼서(婚書) ❷礼状 ¦ お礼の書状。

예장²(禮裝)圏 礼装。
　예장-하다자 礼装する。

예전圏 以前 ¦ 昔 ¦ ずっと前。예 ~에 방문했던 곳 以前訪問した所。

예절(禮節)圏 礼儀 ¦ 礼節。예 ~ 바르다. 礼儀正しい。/ ~을 모르다. 礼儀を知らない。

예정(豫定)圏 予定。예 ~대로 끝나다. 予定どおりに終わる。/ ~보다 늦어졌습니다. 予定より遅れました。
　예정-하다타 予定する。예 다음 달로 예정한 수술을 연기하다. 来月に予定した手術を延期する。

예정-일(豫定日)圏 予定日。예 출산 ~ 出産予定日。

예정-표(豫定表)圏 予定表。

예제(例題)圏 例題。

예증(例證)圏 例証。예 적당한 ~을 찾아내다. 適当な例証を見つける。
　예증-하다타 例証する。

예지¹(叡智)圏 英知 ¦ 叡知 ¦ 叡智。예 ~가 번득이는 젊은이 英知がひらめく若者。

예지²(豫知)圏 予知。예 ~몽 予知夢。
　예지-하다타 予知する。예 화산 폭발을 ~. 火山の爆発を予知する。

예진(豫診)圏《의》予診。
　예진-하다타 予診する。

예찬(禮讚)圏 礼賛 ¦ 礼讃。
　예찬-하다타 礼賛する ¦ 礼讃する。예 선인의 업적을 ~. 先人の業績を礼賛する。

예측(豫測)圏 予測。예 ~이 빗나가다. 予測がはずれる。
　예측-하다타 予測する。예 내년의 매상을 ~. 来年の売上高を予測する。

예치(預置)圏 預け。
　예치-하다타 お金を預ける。

예치-금(預置金)圏 預けたお金。

예컨-대(例―)튀 例えば ¦ 例をあげれば。예 ~ 내가 너였더라면 그렇게는 하지 않는다. 例えば僕が君だったら、そうはしない。

예탁(預託)명 預託。예~ 증서 預託証書/~금 預託金。

예포(禮砲)명 礼砲。예~를 쏘다. 礼砲を放つ。

예-황제(一皇帝)명 特にこれといった仕事をせずに、度をすぎてぜいたくな暮らしをする王。

예황제 부럽지 않다속담 豪奢な王もうらやましくない:「安楽な生活をしている」の意。

옐로-카드(yellow card)명 イエローカード。

옛관 昔の|かつての|いにしえの|往時。예~ 모습 昔の面影/~ 친구 昔の友達/~ 추억 往時の思い出。

옛-길명 昔の道。

옛-날명 昔|往時|昔日。예아주 ~ 옛날。

옛날-이야기명 昔話|おとぎ話|昔語り。예~ 속에 나오는 귀신 昔話の中に出る鬼。=고담・옛이야기

옛-말명 ❶古語|古言。예~을 다시 쓰다. 古語を復帰させる。/ 대학에서 ~을 연구하고 있다. 大学院で古語を研究している。 ❷古語|古諺。예~ 그대로다. 昔の人の言った言葉通りだ。/ 티끌 모아 태산이라는 ~이 있다. 塵も積もれば山となるという古諺がある。 ❸昔の事。예평생직장이란 것도 이제는 ~이 되어 버렸다. 生涯職場というのも、今では昔の事となってしまった。 ❹昔話。예어렸을 적에 할아버지는 ~을 들려 주시곤 했다. 子供の頃、祖父は昔話を聞かせてくださったのだ。

옛-사람명 ❶昔の人|古人。예~의 말에 의하면 古人の言葉によれば。 ❷死んだ人|故人。 ❸古風な人|古めかしい人。

옛-사랑명 ❶昔の恋。 ❷昔の恋人。

옛-이야기명 ☞옛날이야기

옛-일명 ❶昔の事。 ❷過去の事|往時の事。예~은 묻지 않겠다. 過去のことは問わない。

옛-적명 昔|以前|遠い過去。

옛-정(一情)명 旧情。

옛-집명 ❶古家|古屋。 ❷昔住んでいた家。

오감 ❶ああ|おお|おう。예~, 그래? ああ、そうか。/ ~, 이제 집에 가고 싶은 거구나! ああ、もう家に帰りたいんだな。 ❷ああ|うん。예~, 알았어. うん、分かった。/ ~, 그렇게 할게. ああ、そうするよ。/ ~, 좋고말고. ああ、いいとも。 ❸おお|ああ。예~, 참 아름답다. おお、ほんとうに綺麗だ。/ ~, 맛있다. ああ、美味しい。

오²(五)수관 五|五つ。

오³(午)명 《민》午。

오⁴(O・o)명 《언》オー。

오-가다자타 行き来する|往来する。예편지가 ~. 手紙が往来する。/ 선물이 ~. 贈り物が行き来する。/ 가슴속에 만감이 ~. 胸の中に万感の思いが行き来する。

오가리명 ❶(大根・かぼちゃなどの)切り干し|かんぴょう。 ❷(植物の葉が)枯れてしおれること。예~가 들다. 植物の葉が枯れてしおれる。준오갈

오가리-솥명 上が内側に曲がりこんだ陶器の釜。

오가피-나무명 ☞오갈피나무

오각(五角)명 《수》五角。

오각-형(五角形)명 《수》五角形。

오갈명 ☞'오가리'의 준말.

오갈피-나무명 《식》五加木。=오가피나무

오감(五感)명 五感。

오감-스럽다형 気難しくて軽々しい。예무지에서 오는 오감스러운 발언 無知からの軽々しい発言。

오감스레부 軽々しく。

오-거리(五一)명 五つの股道。

오경(五經)명 五経。예사서~ 四書五経。

오계(誤計)명 誤った計画。

오곡(五穀)명 五穀。예~이 풍성하게 익다. 五穀が豊かに実る。

오곡-밥(五穀一)명 五穀を混ぜて炊いた飯|五穀飯。

오곡-백과(五穀百果)명 あらゆる穀物と果実。예논밭에 ~가 풍성하다. 田畑にあらゆる穀物と果実が豊かで多い。

오골-계(烏骨鷄)명 《동》烏骨鶏。

오관[1] 명 《운》 花札や骨牌の一人遊びの一つ。 예 ~을 떼다. 花札で一人で遊ぶ。

오관[2] (五官) 명 《의》(目·耳·舌·鼻·皮膚の)五官。

오그라-들다 재 ❶【형체】 縮む｜縮こまる｜縮まる。 예 추위로 몸이 ~. 寒さで体が縮こまる。 ❷【세력·살림】 (勢力·暮らし向きなどが)悪くなる｜細る｜傾く｜窮する。 예 살림이 오그라들었다. 暮らし向きが悪くなった。 =우그러들다

오그라-뜨리다 타 縮める｜収縮させる。 예 두려움에 몸을 ~. 恐れに身を縮める。 =오그라트리다·우그러뜨리다·우그러트리다

오그라-지다 재 ❶【형체】 (物が)内側に曲がる｜へこむ｜へここむ｜くぼむ｜落ち込む。 예 안으로 오그라진 빈 깡통 内側にへこんだ空き缶/사고로 차가 약간 오그라졌다. 事故で車が少しへこんだ。 ❷【형체의 표면이 쭈글쭈글해지면서】 (物の表面が)しわくちゃになって縮む｜しわが寄って縮れる。 예 말라서 오그라진 귤 干からびてしわくちゃになったミカン/공기가 빠진 풍선이 오그라졌다. 空気が抜けた風船がしわくちゃに縮んだ。 ❸【두려움·추위】 (恐れ·寒さに体が)縮こまる。 예 깡패들을 보자 무서워서 오그라졌다. ごろつきを見たら怖くて縮こまった。/추운 겨울날 고양이가 밖에서 오그라져 자고 있다. 寒い冬の日に猫が外で縮こまって眠っている。 ❹【형세】 (物事の形勢·都合などが)うまく行かず傾く。 예 회사 경영이 ~. 会社の経営が傾く。 =우그러지다

오그라-트리다 타 ☞오그라뜨리다

오그랑-이 명 心掛けが正しくない人。 예 그런 ~에게 가까운 친구가 있을 리 있나? そんな根性の曲がった奴に親しい友だちがいると思うか。 =우그렁이

오그랑-장사 명 凹み商売｜損をする商事。

오그랑-쪽박 명 ❶【실제의 쪽박】 萎びて縮んだ瓢。 ❷【성숙한 모습의 쪽박】 熟していないもので作って萎びて縮んだ瓢。 ❸【물건】 (勢力·規模などが)細る｜窮する。 =우그렁쪽박

오그랑-하다 형 内側にやや曲がり傾いている。 =우그렁하다

오그르르 부 【소량의 액체가 끓는 또는 작은 것이 모이는 모양】 ふつふつ(と)｜ぐつぐつ(と)。

오그리다 타 (物を)内側にへこませる｜曲げる｜引っ込める｜すぼめる。 예 입술을 ~. 唇をすぼめる。/아파서 몸을 ~. 痛くて体を曲げる。/다리를 오그리고 자다. 足を曲げて寝る。 =우그리다

오글-거리다 재 ❶ (湯が)たぎる｜ぐつぐつと沸き立つ。 ❷ (小さい虫などが集まって)うじゃうじゃとうごめく。 =오글대다

오글-대다 재 ☞오글거리다

오글-보글 부 【액체가 끓어오르는 모양】 ふつふつ(と)｜ぐつぐつ(と)｜ぐらぐら(と)。

오글-오글[1] 부 【액체가 요란하게 끓는 또는 작은 것이 모이는 모양】 ふつふつ(と)｜ぐつぐつ(と)｜ぐらぐら(と)。

오글-오글[2] 부 【벌레 따위가 한데 많이 모여 움직이는 모양】 うようよ｜うじゃうじゃ。

오글-자글 부 【액체가 요란하게 끓는 모양】 ふつふつ(と)｜ぐつぐつ(と)｜ぐらぐら(と)。

오글-쪼글 부 【쭈글쭈글한 모양】 くしゃくしゃ｜しわくちゃ。 =우글쭈글

오금 명 ❶【다리 뒤쪽의 부분】 ひかがみ｜よぼろ。 예 왼쪽 ~이 아프다. 左ひかがみが痛い。/다리의 ~을 펴다. 足のひかがみを伸ばす。 ❷ 肘の内側。 예 운동 후에 ~이 아파 왔다. 運動の後、肘の内側が痛くなった。 ❸ 弓の鳥打ち。

오금(을) 박다 관용 (日ごろの大言にそぐわぬ言動を取り上げて)やり込める｜ねじ込む。

오굿-오굿 부 そろって凹んでいるさま。

오굿-하다 형 (内側に)やや曲がり気味だ｜やや凹んでいる。 =우긋하다

오굿-이 부 やや曲がり気味に｜やや凹み気味に。 =우긋이

오기 (傲氣) 명 負けず嫌い｜痩せ我慢｜勝気｜意地。 예 억지로 ~를 부리다. 無理に痩せ我慢する。

오나-가나 부 どこへ行っても｜どこでも｜至るところ｜いつも。 예 ~ 말썽이다. どこへ行っても悶着だ。

오냐 감 ❶【대답하는 말】 うん。 예 ~, 금방 나가마. うん、すぐ出て行くよ。 ❷【승낙이나 긍정의 뜻으로】 うん｜よし。 예 ~, 네 생각은 잘 알았다. よし、お前の考えはよく分かった。/~, 돈을 빌려 주마. うん、お金を貸してあげるよ。 ❸【아랫사람의 괴로움을】よ

し｜ようし。예 ~, 힘내자! ようし, 頑張ろう。/ ~, 가자. よし, 行くぞ。/ ~, 이번이야말로 이길 테다. よし, 今度こそ勝つぞ。준오

오뇌(懊惱)명 懊惱おう。
　오뇌-하다자 懊惱おうする。

오-누명 ☞ '오누이'의 준말.

오-누이명 兄と妹おとう｜姉と弟おとう。준 오누·오뉘

오-뉘명 ☞ '오누이'의 준말.

오뉘-죽(-粥)명 粳米に挽いた小豆あずを入れて炊いた粥かゆ。

오뉴-월(- 五六月)명 (陰曆いんれきの)5、6月ろく｜真夏なつ。
　오뉴월 감기는 개도 아니 걸린다속담 5、6月の風邪かぜは犬いぬも引ひかない。

오늘 Ⅰ 명 ❶今日きょう｜本日ほん。예 ~ 아침 今朝けさ｜과제물은 ~까지만 받습니다. 課題物かだいは今日まで受うけとります。/ 일기 예보에 의하면 ~은 한때 비가 올 것이라고 한다. 天気予報てんきよほうによると、今日は一時いちじ雨あめが降ふるそうだ。/ ~이 무슨 날인지 아니? 今日きょうが何なんの日ひか知しってる。/ ~ 밤 약속 잊지 마세요. 今夜こんやの約束やくそく忘わすれないでください。/ ~ 저녁은 무엇 먹을까? 今晩こんばんは何なにを食たべようか。/ ~ 기분이 무척 좋다. 今日気分きぶんがとてもいい。=금일 ＝오늘날 Ⅱ 부 今日きょう｜本日ほん。예 ~ 하루만 저와 함께해 주세요. 今日一日いちにちだけ私わたしといっしょにいてください。

오늘-날명 今日こん｜現時げんじ｜現今げん。예 ~의 번영 今日の繁栄はんえい/ ~의 청년 現時の青年ねん。＝오늘Ⅰ❷

오늘-내일(-來日)명 今日明日あしたきょう｜今日明日の間に｜すぐに｜ごく近ちかい将来しょうらい。예 ~로 될 일도 아니니 느긋하게 기다려 보자. 今日明日でできることでもないから、ゆっくり待まとう。

오늬명 矢筈やはず。

오니(汚泥)명 汚泥おでい｜へどろ｜スラッジ。

오다 Ⅰ자 ❶(こちらに向かって)来くる｜やって来る。예 택시가 ~. タクシーが来る。/ 집에 ~. 家いえに来る。/ 학교에 ~. 学校がっこうに来る。/ 왔다 갔다 하면서 서성거리다. 行いったり来たりしながらぶらぶらする。 ❷(時期･機会･季節･順番じゅんなどが)来くる｜やって来くる。예 여름이 가고 가을이 오고 있다. 夏なつは去さり、秋あきが来ている。/ 기다리고 기다리던 기회가 왔다. 待まちに待ったチャンスがやって来た。/ 겨우 내 차례가 왔다. やっと私わたしの順番が来た。 ❸(雨あめ·雪ゆきなどが)降ふる。예 밖에는 비가 오고 있다. 外そとは雨が降っている。/ 오늘 첫눈이 왔다. 今日きょう、初雪はつゆきが降った。 ❹(手紙てがみ·知しらせなどが)来る｜届とどく。예 파리에서 엽서가 왔다. パリから葉書はがきが来た。/ 시골에 계신 어머니로부터 소포가 왔다. 田舎いなかの母からから小包こづつみが届いた。 ❺(ある職務しょくむに着ついて)来る。예 교장 선생님이 새로 오셨다. 校長先生こうちょうせんせいが新あたらしく来られた。/ 신입 사원이 왔다. 新入社員しんにゅうしゃいんが来た。 ❻(病気びょうき·眠気ねむけなどが)なる｜さす。예 졸음이 ~. 眠気がさす。/ 감기가 ~. 風邪かぜになる。 ❼(影響えいきょうなどが)及およぶ。예 미국의 불경기가 한국에까지 ~. アメリカの不景気ふけいきが韓国かんこくにまで及ぶ。 ❽(ある現象げんしょうが)する｜起おこる｜来る。예 사고는 사소한 부주의에서 온다. 事故じこは些細ささいな不注意ふちゅういから起こる。/ 텔레비전은 영어에서 온 말이다. テレビは英語えいごから由来ゆらいした言葉ことばだ。 ❾(ある感かんじが)する。예 훌륭한 선생님일 것이라는 느낌이 왔다. 立派りっぱな先生せんせいだろうという感じがした。
　Ⅱ 보동 【동사 뒤에서 '～어 오다' 형태로】 ーしてくる。예 옛날부터 전해 오는 이야기 昔むかしから伝つたえてくる話はなし / 이 일은 10년 동안 해 왔다. この仕事ごとを10年間じゅうねんかんしてきた。

오다-가다 부 ❶たまたま｜偶然ぐうぜんに｜何なにかの拍子ひょうしで。예 ~ 만난 사람 何かの拍子で会あった人ひと。 ❷通とおりすがりに｜行ゆき来きのついでに。예 ~ 들르다. 通りすがりに立たち寄よる。 ❸ときどき｜たまに。예 ~ 한 번씩 만나다. たまに一度いちどずつ会う。

오달-지다 如才ない｜達者たっしゃだ。준 오지다·올지다

오답(誤答)명 誤答ごとう。
　오답-하다타 誤答ごとうする。

오-대양(五大洋)명 五大洋ごたいよう。

오-대주(五大洲)명 五大州ごたいしゅう。

오뎅(おでん 일)명 ☞ '어묵'의 일본어.

오도(誤導)명 誤あやまった道みちに導みちびくこと。
　오도-하다타 誤あやまった道みちに導く。

오도당-거리다자 (積つみ上あげた物ものががらがらと)崩くずれる｜崩れ落おちる。예 나무판이 떨어지며 ~. 木きの板いたが落ちな

がら、がらがら崩れる。=오도당대다

오도당-대다 재 ☞오도당거리다

오도당-오도당 부 がらがら(と)｜がたがた(と)。

오도독 부 ぱりっ｜かりっ。

오도독-거리다 재타 ぽりぽりと嚙む｜こりこりと嚙み砕く。=오도독대다

오도독-대다 재타 ☞오도독거리다

오도독-뼈 명 軟骨。

오도독-오도독 부 ぽりぽり(と)｜こりこり(と)。

오-도미 명 ☞옥돔

오도카니 부 (気力を失って)ぼんやりと｜しょぼんと｜しょんぼりと。예~ 앉아 있다. しょんぼりと座っている。/~ 서 있다. しょんぼりと立っている。

오독-오독 부 ぽりぽり(と)｜こりこり(と)。=우둑우둑

오돌-오돌 부 ❶こりこり(と)｜かりがり(と)。❷小さいものが生煮えで軟らかくないさま。❸ふっくらとして柔らかいさま。=우둘우둘

오돌-토돌 부 でこぼこ｜ぶつぶつ。예 얼굴에 여드름이 ~ 났다. 顔ににきびがぶつぶつできた。=우둘투둘

오돌토돌-하다 형 でこぼこする。예 바닥이 오돌토돌해서 엉덩이가 아프다. 床がでこぼこして尻が痛い。

오동-나무(梧桐—) 명 《식》桐。예 ~ 옷장 桐の衣装ダンス/ ~ 지팡이 桐の杖/ ~는 부드럽고 질긴 성질 때문에 주로 가구나 악기를 만드는 데 사용된다. 桐は柔らかくて丈夫なので、主に家具や楽器の材料として用いられる。

오동-보동 부 丸々と太っているさま。

오동보동-하다 형 丸々と太っている。예 볼살이 ~. 頬がぽってりとしている。/ 어깨가 ~. 肩がまるまるとしている。

오동통 부 体つきが小さくずんぐりとしたさま。

오동통-하다 형 ぽっちゃりする｜まるぽちゃだ｜まるまっちい。예 오동통한 팔뚝 ずんぐりとした腕/ 오동통한 종아리 ずんぐりとしたふくらはぎ/ 오동통한 여자아이 ぽっちゃりとした女の子。

오동-포동 부 まるまる｜ぽっちゃりと。예 ~ 살진 종아리 ぽっちゃりとしたふくらはぎ。

오-되다 재 ❶(織物などの)目が詰んでいる。❷(年のわりに)ませる｜早熟する｜大人びる。❸(作物などが)早熟する。

오두-막(一幕) 명 小屋｜苫屋｜あばら屋。

오두막-집(一幕—) 명 小さく粗末な家｜小屋｜苫屋｜あばら屋。예 한적한 산속에 ~ 한 채 閑寂とした山の中に小屋が一軒。

오들-오들 부 ぶるぶる(と)。예 무서워서 ~ 떨다. 怖くてぶるぶると震える。/ 추위에 ~ 떨다. 寒くてぶるぶる震える。

오디 명 《식》桑の実。예 ~ 빛 桑の実の色。

오디-새 명 《동》戴勝。

오디션(audition) 명 オーディション。예 ~을 받다. オーディションを受ける。

오디오(audio) 명 オーディオ。

오뚜기 명 ☞'오뚝이'의 잘못.

오뚝 부 高く｜屹然と。=우뚝

오뚝-하다 형 (小さいものが)高くそびえている｜突き出ている。예 큰 눈, 오뚝한 코, 얇은 입술, 작은 얼굴 大きい目、高い鼻、薄い唇、小顔。

오뚝-이 부 ❶高く｜屹然と。❷続けて起き直るさま。

오뚝-오뚝 부 ❶あちらこちら高く突き出ているさま。❷そろって起き直るさま。

오뚝-이² 명 起き上がり小法師｜だるま。예 ~처럼 일어나라. だるまのように起き上がれ。

오라기 명 (糸・紐・布切れなどの)細長い切れ端。

오라버니 명 お兄様｜お兄さん。

오라버님 명 お兄様。

오라비 명 ❶兄。❷(他人に対して)女が自分の弟をさして言う語。❸女が自分の男兄弟をさして言う語。

오라토리오(oratorio 이) 명 《음》オラトリオ｜聖譚曲。

오락(娛樂) 명 娯楽。예 ~ 시설 娯楽施設/ 건전한 ~을 즐기다. 健全な娯楽を楽しむ。

오락-가락 부 行ったり来たり。

오락가락-하다㉝ 行ったり来たりする。예 어머니가 집 앞을 오락가락하며 딸이 돌아오기를 기다리고 있다. 母が家の前を行ったり来たりして、娘の帰りを待っている。

오락-실(娛樂室)명 娯楽室。

오락-회(娛樂會)명 娯楽会。예 학생들을 격려하려고 ~를 열다. 生徒たちを元気づけようと娯楽会を開く。

오랑캐명 ❶野蛮人｜蛮人｜蛮夷｜えびす。❸異民族をさげすんで言う語。

오랑캐-꽃명 ☞ 제비꽃

오래부 (時間が)長くく｜久しく｜永らく｜長い間。예 수술 시간이 ~ 걸리다. 手術の時間が長くかかる。/ 그녀를 ~ 못 봤다. 彼女に久しく会っていない。/ 일본에 ~ 머물렀다. 日本に長い間留まった。

오래-가다㉝ 長持ちする｜長く持つ。예 튼튼하고 오래가는 물건 丈夫で長持ちする品。

오래간-만명 久しぶり｜久々｜しばらくぶり。예 ~입니다. お久しぶりです。/ ~에 친척이 모이다. 久しぶりに親戚が集まる。

오래다형 長く経っている｜久しい｜長年になる。예 오랜 옛날 久しい昔／그를 본 지 이미 ~. 彼に会ってからもう久しい。

오래-달리기 《운》(陸上競技で)長距離走。

오래-도록부 長くく｜長らく｜久しく。예 ~ 기억에 남다. 長く記憶に残る。

오래-되다㉝ 古い｜久しい。예 오래된 친구 古い友人。

오래-오래부 長くいつまでも｜いついつまでも｜幾久しく。예 어머니, ~ 사세요. お母さん、いついつまでも長生きなさってください。

오래-전명 ずっと以前｜前々。예 ~에 엄마한테 받은 것이다. ずっと以前に母からもらったものだ。

오랫-동안명 長い間｜久しい間。예 ~ 기다리게 하다. 長い間待たせる。

오렌지(orange)명 《식》オレンジ。예 ~ 주스 オレンジジュース。

오렌지-색(orange色)명 オレンジ色｜橙色。

오련-하다형 (形や色が)はっきりしない｜ぼんやりしている｜ぼやけている。

오로라(aurora)명 オーロラ。

오로지부 もっぱら｜ひたすら｜ひとえに｜一途に｜ただ。예 최근에는 ~ 블로그 갱신만 하고 있다. 最近はもっぱらブログの更新だけやっている。/ ~ 공부만 하다. ひたすらに勉強する。

오롯-하다형 完全に具わっている｜不足がない。

오롯-이부 完全に。예 이 책에는 선조의 지혜가 ~ 남아 있다. この本には祖先の知恵がみんな入っている。

오롱이-조롱이명 種々雑多なもの｜とりどりのもの。

오롱-조롱부 [작은 물건 여럿이 제각기 크기가 모양이 다른 모양] さまざまに｜とりどりに。

오류(誤謬)명 過ち｜誤り｜間違い｜誤謬。예 ~를 범하다. 過ちを犯す。

오륙(五六)관 5、6｜五つか六つ。예 ~세 5、6歳。

오륙-월(五六月)명 ☞'오뉴월'의 잘못.

오륜(五輪)명 五輪。

오륜-기(五輪旗)명 《운》五輪旗。

오르가슴(orgasme 프)명 オルガスムス｜オーガズム。

오르간(organ)명 ☞ 풍금

오르골(←orgel 네)명 《음》オルゴール｜自鳴琴。

오르-내리다㉝ ❶(높이 곳을)上り下りする｜上がったり下がったりする。예 산길을 ~. 山道を上り下りする。/ 계단을 ~. 階段を上り下りする。❷食べ物が消化されずつかえる。❸(熱などが)上がったり下がったりする。예 열이 오르내리는 것을 보니 오늘은 조심해야겠다. 熱が上がったり下がったりするので、今日は注意しないといけない。❹人の話題にのぼる。

오르다㉝ ❶(上に)登る｜上がる。예 산에 ~. 山に登る。/ 계단을 ~. 階段を上る。/ 옥상에 ~. 屋上に上がる。❷ [지위・신분・정도] (地位・身分・程度に)至る｜上がる｜乗る。예 사장 자리에 ~. 社長の座に上がる。/ 공장은 두 달 만에 정상 궤도에 올랐다. 工場は二ヶ月で正常軌道に乗った。❸ [乗り物] (乗り物に)乗る。예 버스를 ~. バスに

乗る。/ 말에 ~. 馬に乗る。↔ 내리다❷ ❹出発ｼｭｯﾊﾟﾂする；出でかける。䘚 여행길에 ~. 旅行ﾘｮｺｳに出でかける。❺【배따위에 옮겨 타다】(船ﾌﾈなどから陸上ﾘｸｼﾞｮｳに)移ｳﾂる；上ｱがる。䘚 배에서 내려 뭍에 ~. 船から降ｵりて陸ﾘｸに上ｱがる。❻【살따위가 붙다】(体ｶﾗﾀﾞなどに)身ﾐがつく；肉ﾆｸがつく。䘚 최근에 살이 많이 올랐다. 最近ｻｲｷﾝ肉ﾆｸがたくさんついた。/ 얼굴에 약간 살이 올랐다. 顔ｶｵに若干ｼﾞｬｯｶﾝ肉ﾆｸがついた。↔ 내리다❺ ❼【식탁따위에 놓이다】(食卓ｼｮｸﾀｸ・まな板ｲﾀなどに)置ｵかれる；上ｱがる；出でる。䘚 점심상에 갈비가 올랐다. 昼ﾋﾙの食卓ｼｮｸﾀｸにカルビが上ｱがった。❽【화제따위가 되다】(話題ﾜﾀﾞｲに)なる；上ｱがる。䘚 구설수에 오르지 않게 조심해라. 悪口ﾜﾙｸﾁを言ｲわれる羽目ﾊﾒにならないように気ｷをつけろ。/ 화제에 오른 책을 읽어 보라. 話題ﾜﾀﾞｲになった本ﾎﾝを読ﾖんでみる。❾【기록되다】(記録ｷﾛｸなどに)載ﾉる；書ｶかれる。䘚 호적에 ~. 戸籍ｺｾｷに載ﾉる。/ 신문에 기사가 ~. 新聞ｼﾝﾌﾞﾝに記事ｷｼﾞが載ﾉる。❿【수치따위가 높아지다】(数値ｽｳﾁ・成績ｾｲｾｷ・金額ｷﾝｶﾞｸ・実績ｼﾞｯｾｷなどが)増ﾌえる；高ﾀｶくなる；上ｱがる。䘚 물가가 ~. 物価ﾌﾞｯｶが上ｱがる。/ 연봉이 10% 올랐다. 年俸ﾈﾝﾎﾟｳが10％ﾊﾟｰｾﾝﾄ上ｱがった。/ 혈압이 ~. 血圧ｹﾂｱﾂが上ｱがる。/ 체온이 ~. 体温ﾀｲｵﾝが上ｱがる。/ 판매 실적이 오르지 않으면 해고될 것이다. 販売ﾊﾝﾊﾞｲ実績ｼﾞｯｾｷが上ｱがらないと首ｸﾋﾞになるだろう。⓫【감정・원기따위가 끓어오르다】(感情ｶﾝｼﾞｮｳ・元気ｹﾞﾝｷなどが)高ﾀｶまる；沸ﾜき上ｱがる；込ｺみ上ｱげる。䘚 서러움이 복받쳐 ~. 悲ｶﾅしみが込ｺみ上ｱげる。/ 얼굴이 빨갛게 ~. 顔ｶｵが赤ｱｶく沸ﾜき上ｱがる。⓬【병기따위가 옮다】(病気ﾋﾞｮｳｷ・毒ﾄﾞｸなどが)移ｳﾂる；伝染ﾃﾞﾝｾﾝする；回ﾏﾜる。䘚 옴이 올라 몸이 가렵다. 疥癬ｶｲｾﾝが伝染ﾃﾞﾝｾﾝして体ｶﾗﾀﾞがかゆい。/ 독이 올라 반점이 생기다. 毒ﾄﾞｸが回ﾏﾜって斑点ﾊﾝﾃﾝができる。

오르락-내리락뷔 上ｱがったり下ｻがったりするさま。

오르락내리락-하다져태 上ｱがったり下ｻがったりする。䘚 체온이 ~. 体温ﾀｲｵﾝが上ｱがったり下ｻがったりする。/ 가슴이 ~. 胸ﾑﾈが上ｱがったり下ｻがったりする。

오르르뷔 ❶【많은 것이 한꺼번에 바쁜 모양】ばたばた(と)；ぞろぞろ(と)；わらわら(と)。䘚 아이들이 ~ 몰려들다. 子供ｺﾄﾞﾓたちがばたばたと集ｱﾂまってくる。❷【액체가 급격히 끓는 모양】ばらばら(と)；どっ(と)；どばっ(と)；はらっ(と)；がらっ(と)；ぼろぼろ(と)。䘚 구슬이 ~ 떨어졌다. ビー玉ﾀﾞﾏがばらばら落ｵちた。❸【작은 그릇에서 액체가 끓어 오르는 소리 또는 모양】ふつふつ(と)；ぐらぐら(と)；ぐつぐつ(と)。❹【추위와 무서움으로 몸을 떠는 모양】ぶるぶる(と)；ぶるぶる(と)；がたがた(と)；がくがく(と)。

오르-막뎽 上ｱのぼり道ﾐﾁ；上ｱのぼり坂ｻﾞｶ。䘚 여기서부터 길은 ~이다. ここから上ｱのぼり坂ｻﾞｶだ。↔ 내리막

오르막-길뎽 上ｱのぼり道ﾐﾁ；上ｱのぼり坂ｻﾞｶ。

오른관 右ﾐｷﾞの；右側ﾐｷﾞｶﾞﾜの。=바른

오른-발뎽 右足ﾐｷﾞｱｼ。

오른-배지기뎽《운》【씨름】右脇ﾐｷﾞﾜｷを相手ｱｲﾃの腹ﾊﾗの中ﾅｶに入ｲれて投ﾅげ倒ﾀｵす技ﾜｻﾞ。䘚 ~로 한판을 따내다. オルンベジギで一勝ｲｯｼｮｳする。

오른-손뎽 右手ﾐｷﾞﾃ。=바른손

오른손-잡이뎽 右利ﾐｷﾞｷき；右手利ﾐｷﾞﾃｷき。䘚 왼손잡이보다 ~의 경우가 더 많다. 左利ﾋﾀﾞﾘきよりは右利ﾐｷﾞきの方ﾎｳの場合ﾊﾞｱｲが多ｵｵい。

오른-씨름뎽《운》【씨름】右相撲ﾐｷﾞｽﾞﾓｳ；太股ﾌﾄﾓﾓの帯ｵﾋﾞを左足ﾋﾀﾞﾘｱｼにかけ、肩ｶﾀは右側ﾐｷﾞｶﾞﾜにあてて組ｸむシルム。

오른-쪽뎽 右ﾐｷﾞ；右側ﾐｷﾞｶﾞﾜ；右ﾐｷﾞの方ﾎｳ。=바른쪽・우방(右方)

오른-팔뎽 右腕ﾐｷﾞｳﾃﾞ。

오른-편(一便)뎽 右ﾐｷﾞ；右側ﾐｷﾞｶﾞﾜ；右ﾐｷﾞの方ﾎｳ。

오름-세(一勢)뎽 上ｱがり気味ｷﾞﾐ；騰勢ﾄｳｾｲ。

오리¹ (糸ｲﾄ・竹ﾀｹなどの)細長ﾎｿﾅｶﾞいもの。䘚 실 세 ~. 糸三筋ｲﾄﾐｽｼﾞ。

오리² 뎽《동》❶ 鴨ｶﾓ。❷【집오리】家鴨ｱﾋﾙ。䘚 ~ 주둥이 アヒルの口ｸﾁ。

오리³ (汚吏)뎽 汚吏ｵﾘ。탐관~ 貪官ﾄﾞﾝｶﾝ汚吏ｵﾘ。

오리-걸음뎽 アヒルのようによたよたと歩ｱﾙくこと。䘚 ~으로 운동장을 돌다. しゃがんだ姿勢ｼｾｲで、歩ｱﾙきながら運動場ｳﾝﾄﾞｳｼﾞｮｳを回ﾏﾜる。

오리-나무뎽《식》榛ﾊﾝの木ｷ。

오리-너구리뎽《동》鴨嘴ｶﾓﾉﾊｼ。

오리다틔 切ｷり取ﾄる；切ｷり抜ﾇく。䘚 그림을 ~. 絵ｴを切ｷり取ﾄる。

오리-목(一木)뎽《건》角材ｶｸｻﾞｲ；貫ｶﾝ；木舞ｺﾏｲ。

오리무중(五里霧中)뎽 五里霧中ｺﾞﾘﾑﾁｭｳ。

오리-발뎽 ❶ 足ｱｼひれ；フィン；水ｶｷ。~을 신고 수영하다. 足ｱｼひれをつけて泳ｵﾖぐ。❷ とんでもなくとぼける態度ﾀｲﾄﾞ。䘚 ~을 내밀다. とぼける；ごまかす。

오리엔테이션(orientation)⟨명⟩ オリエンテーション。

오리지널(original)⟨명⟩ オリジナル。

오막-살이⟨명⟩ ❶粗末な家｜小屋｜あばら家。❷あばら家暮らし。

오막살이-집(-粗末な家)⟨명⟩ 粗末な家｜あばら屋｜苦屋｜小屋。⟨예⟩기찻길 옆 쓰러져 가는 ~ 線路橫の倒れかけているあばら屋。

오만¹(五萬)⟨관⟩ ごまんと｜非常に多い数量｜ありとあらゆる。⟨예⟩~ 소리를 다하다. ありとあらゆることを言う。

오만²(傲慢)⟨명⟩ 傲慢。
　오만-하다⟨형⟩ 傲慢だ。⟨예⟩오만한 태도 傲慢な態度。

오만³(Oman)⟨명⟩ ⟨국⟩オマーン。

오만-불손(傲慢不遜)⟨명⟩ 傲慢不遜。

오만-상(五萬相)⟨명⟩ しかめっ面｜渋面。⟨예⟩~을 찌푸리다. しかめっ面を作る。

오망(迂妄)⟨명⟩ 邪険でそそっかしいさま。⟨예⟩~을 부리다. そそっかしく邪な言動をする。

오매(寤寐)⟨명⟩ 寤寐｜目が覚めている時と寝ているとき。

오매-불망(寤寐不忘)⟨명⟩ 寝ても覚めても忘れられないこと。

오면-가면⟨부⟩ 行きつ戻りつ｜行きしな帰りしな。

오명(汚名)⟨명⟩ 汚名。⟨예⟩~을 쓰다. 汚名を着せられる。/ ~을 씻다. 汚名をそそぐ。

오목¹⟨부⟩ ぺこんと。=우묵
　오목-하다⟨형⟩ 凹む｜ぺこんとくぼむ。=우묵하다

오목²(五目)⟨명⟩ ⟨운⟩五目｜五目ならべ｜連珠。ごならべ。
　오목 거울⟨물⟩凹面鏡。

오목-눈⟨명⟩ くぼめ｜金壷眼｜奥目。

오목눈-이⟨동⟩ 目がくぼんだ人をからかって言う語。

오목 렌즈(-lens)⟨물⟩凹レンズ｜中央が縁より薄いレンズ。⟨예⟩근시를 교정하는 ~ 안경 近視を矯正する凹レンズ。

오목-오목⟨부⟩ぺこぺこ｜ぼこぼこ。

오목-조목⟨부⟩ ところどころぼこぼこ凹んでいるさま。

오목-판(-版)⟨명⟩ ⟨출⟩凹版。

오묘-하다(奥妙-)⟨형⟩ 奥妙だ｜玄妙だ。

오물(汚物)⟨명⟩ 汚物。

오물-거리다¹⟨자⟩(小さい虫・魚などが)うようよする｜うざうざする。=오물대다¹

오물-거리다²⟨자⟩❶ぼそぼそ話す。❷口をもぐもぐさせる。⟨예⟩마른 오징어를 ~. スルメをもぐもぐする。❸(唇・筋肉などを)しきりにつぼめる。=오물대다²

오물-대다¹⟨자⟩ ☞오물거리다¹
오물-대다²⟨자⟩ ☞오물거리다²

오물-오물¹⟨부⟩うようよ｜うざうざ。

오물-오물²⟨부⟩❶ぼそぼそ(と)。❷もぐもぐ(と)。⟨예⟩껌을 ~ 씹다. ガムをもぐもぐ噛む。

오므라-들다⟨자⟩ 縮む｜つぼむ｜すぼむ。⟨예⟩옷이 ~. 服が縮む。/ 발에 쥐가 나서 발가락이 ~. 足が痙攣して足の指がすぼむ。/ 상처가 ~. 傷が小さくなる。/ 풍선이 ~. 風船が縮む。=우므러들다

오므라-뜨리다⟨타⟩ すぼめる｜つぼめる｜縮める。⟨예⟩입술을 ~. 唇をすぼめる。/ 몸을 ~. 体を縮める。/ 발가락을 ~. 足の指をつぼめる。=오므라트리다

오므라이스(←omelet rice)⟨명⟩ オムライス。

오므라-지다⟨자⟩ すぼむ｜つぼむ｜縮む。⟨예⟩밑단이 오므라진 바지 裾のすぼんだズボン。=우므러지다

오므라-트리다⟨타⟩ ☞오므라뜨리다

오므리다⟨타⟩ つぼめる｜縮める｜すぼめる。⟨예⟩손바닥을 ~. 手の平をすぼめる。/ 입을 ~. 唇をすぼめる。

오믈렛(omelet)⟨명⟩ オムレツ。

오미¹⟨명⟩ 水分がたまって水草などが生えているくぼ地。

오미²(五味)⟨명⟩ 五味｜5種の味。

오미자-나무(五味子-)⟨식⟩朝鮮五味子｜五味子。⟨예⟩그는 ~를 발견하고 숲 속으로 뛰어들었다. 彼はチョウセンゴミシを発見して、森の中に走って行った。

오밀-조밀(奥密稠密)⟨부⟩ ❶(意匠が)細かく凝っているさま。❷(手際が)細々と行き届いているさま。
　오밀조밀-하다⟨형⟩ ❶意匠の細かく

凝っている。❷(手際が)細々と行き届いている。

오발(誤發)명 ❶(ピストルなどの)暴発。 예~ 사고 暴発事故。❷失言。
오발-하다타 ❶(ピストルなどの)暴発する。❷失言する。

오-밤중(-中) 真夜中｜深夜。

오배-자(五倍子)명 〈한〉付子｜五倍子。 예~를 삶은 물에 명주를 넣어 염색하였다. 五倍子を茹でて水に、絹織物を浸つけて染色した。

오버(over)명 オーバー｜オーバーラップ。

오버랩(overlap)명 〈연〉オーバーラップ｜二重写し。 예두 장면이 ~이 되다. 二場面が二重写しされる。

오버코트(overcoat)명 オーバーコート。 준오버

오버타임(overtime)명 〈운〉オーバータイム。

오버헤드 킥(overhead kick) 〈운〉【축구】(サッカーで)オーバーヘッドキック。

오벨리스크(obelisk)명 〈고〉オベリスク。 예태양 숭배의 상징 ~ 太陽崇拝の象徴オベリスク。

오보(誤報)명 誤報。 예~를 내보내다. 誤報を出す。
오보-하다자타 誤報する。

오보록-하다형 (小さいものが)一所にこんもりと茂っている。=우부룩하다 준오복하다
오보록-이부 こんもり｜ぼうぼうと。 =우부룩이

오보에(oboe 이)명 〈음〉オーボエ。

오복-하다형 【오보록하】一所にこんもりと茂っている。

오봇-하다형 ❶こぢんまりとしている｜ほどよくまとまっている。❷充実している｜心豊かだ。 예우리 가족끼리 모이니 정말 ~. 家族だけが集まったので、本当にこぢんまりしている。
오봇-이부 こぢんまりと｜心豊かに。

오븐(oven)명 オーブン｜天火。 예~에서 갓 구워낸 빵을 꺼내다. オーブンから焼きたてのパンを出す。

오블리가토(obbligato 이)명 〈음〉オブリガート。

오비¹(OB)명 【올드 보이】 OB는｜卒業生｜先輩。

오비²(OB)명 〈운〉【축구】ゴルフで、コースの区域外にボールを打ち出してしまうこと｜OB는。

오비-이락(烏飛梨落)명 (烏が飛んで梨が落ちる意で)偶然の一致から人に疑がわれること。

오빠명 お兄にいさん｜お兄にいちゃん｜兄ある。 예우리 ~는 공무원이다. 私の兄は公務員だ。/아까 ~한테 전화가 왔었습니다. さっき、お兄さんから電話がありました。

오사리¹〈식〉トウモロコシの包葉。 예~를 벗겨내다. トウモロコシの包葉をはずす。

오-사리²명 【옛말이 아닌 이름】❶早い季節の大潮の時にとれた海老などの海産物。❷【농산물이름】農産物を早い季節に収穫すること。

오사리-잡놈(-雜―)명 【옥샤리잡놈】あるかぎりの悪い行いをやらかす無頼漢。 예그런 ~은 잊어버리는 것이 상책이야. 그런 悪党は忘れてしまうのが一番だ。 =오색잡놈

오산(誤算)명 誤算｜計算違い｜見込み違い。 예전략에 중대한 ~이 있었다. 戦略に重大な誤算があった。
오산-하다타 誤算する。

오색(五色)명 五色。 예~실 五色の糸｜ ~ 찬란 五色燦然。

오색-잡놈(五色雜―)명 ☞오사리잡놈

오서(誤書)명 誤って書いた文字｜書き誤り。
오서-하다타 誤って書く。

오선(五線)명 五線。 예~보 五線譜。

오선-지(五線紙)명 五線紙。

오성(悟性)명 〈철〉悟性。

오세아니아(Oceania)명 〈지〉オセアニア。

오소리명 〈동〉穴熊｜猯など。 예~는 앞발의 날カロな爪を利用して瞬く間に土の中に穴をあける。アナグマは前足の鋭い爪を使って、瞬く間に地面に穴を掘る。

오손(汚損)명 汚損。
오손-하다타 汚損する。

오솔-길명 寂しい小道。 예~을 걷다. 寂しい小道を歩く。

오수¹(午睡)명 午睡｜昼寝。
오수²(汚水)명 汚水。

오순-도순부 仲むつまじく｜仲よく。 예평생을 ~ 살다. 一生仲むつまじく暮らす。

오순-절(五旬節)圀 〈종〉五旬節ごじゅん。
오스카(Oscar)圀 〈연〉【오스카영화상의 원어는 아카데미상】 オスカー。
오스카-상(Oscar賞)圀 オスカー賞しょう。 =아카데미상
오스트레일리아(Australia)圀 〈국〉オーストラリア。
오스트리아(Austria)圀 〈국〉オーストリア。
오슬-오슬閉【춥거나 무시무시하여 몸이 옴츠러지며 자꾸 소름이 끼치는 모양】ぞくぞく(と)。
오식(誤植)圀 〈출〉【오식된 글자】誤植ごしょく｜ミスプリント。
　오식-하다囲 誤植ごしょくする。
오신(誤信)圀 誤信ごしん｜誤あやまって信しんじること。
　오신-하다囲 誤信ごしんする｜誤あやまって信しんじる。
오실로그래프(oscillograph)圀 オシログラフ。
오실로스코프(oscilloscope)圀 〈물〉オシロスコープ｜陰極線いんきょくせんオシログラフ。
오심('惡心)圀 〈한〉悪心おしん｜むかつき｜吐はき気け。
오심(誤審)圀 誤審ごしん。
오십(五十)囚遑 50ごじゅう。囘 ~ 등 50位い / 창립 ~ 주년 創立そうりつ50周年しゅうねん。
오십보-백보(五十步百步)圀 五十歩百步ごじっぽひゃっぽ｜似にたりよったり。
오싹閉【갑자기 추워지거나 무서워져서 몸이 움츠러지는 모양】ひやりと｜ぶるっと｜ぞくっと｜ぞっと。囘 몸을 ~ 떨다. 体からだがぶるっとふるえる。
　오싹-하다囲 ぶるっとする｜ぞくっとする。囘 등골이 오싹해지다. 背筋せすじがぞくっとする。
오싹-오싹閉 ぞくぞく｜ひしひし。
오아시스(oasis)圀 オアシス。囘 ~에 정착하다. オアシスに定着ていちゃくする。
오아시스 농업(oasis農業)圀 〈농〉オアシス農業のうぎょう。囘 ~은 과실나무를 기르기에 좋다. オアシス農業は果樹かじゅを育そだてるのに適合てきごうしている。
오얏圀 ☞'자두'의 잘못.
오언(五言)圀 〈문〉五言ごごん。囘 ~시 五言詩ごごんし / ~ 절구 五言絶句ごごんぜっく / ~ 율시 五言律詩ごごんりっし。
오에이(OA)圀 ☞사무 자동화
오역(誤譯)圀 誤訳ごやく。
　오역-하다囲 誤訳ごやくする。囘 부주의로 ~. 不注意ちゅういから誤訳する。

오열(嗚咽)圀 嗚咽おえつ｜むせび泣なき。
　오열-하다囲 嗚咽おえつする｜むせび泣なく。囘 오열하는 소리가 새어 나오다. 嗚咽する声こえがもれる。
오염(汚染)圀 汚染おせん。囘 대기 ~ 大気たいき汚染 / ~도 汚染度ど。
　오염-되다囲 汚染おせんする。囘 방사능에 ~. 放射能ほうしゃのうに汚染される。
오염-물(汚染物)圀 汚染物おせんぶつ。
오염-원(汚染源)圀 汚染源おせんげん。
오욕(汚辱)圀 汚辱おじょく。囘 ~을 씻다. 汚辱をそそぐ。
오용(誤用)圀 誤用ごよう。囘 약물의 ~ 薬物やくぶつの誤用 / ~을 막다. 誤用を防ふせぐ。
오월(五月)圀 五月ごがつ。
오음(五音)圀 〈음〉五音ごおん。
오음 음계(五音音階)圀 〈음〉五音音階ごおんおんかい。
오이圀 〈식〉胡瓜きゅうり。囘 ~를 소금에 절인다. キュウリを塩漬しおづけにする。 囹외 오이는 씨가 있어도 도둑은 씨가 없다속담 キュウリは種たねがあるが泥棒どろぼうは種はない；「泥棒は遺伝いでんによるものではない」の意い。
오이-김치圀【오이로 담근 김치】キュウリのキムチ。
오이-소박이圀 ☞오이소박이김치
오이소박이-김치圀【소를 넣은 오이김치】オイソバギキムチ。囘 손이 많이 가는 ~ 手てがかかるオイソバギキムチ。 =소박이❶・오이소박이
오이-씨圀 胡瓜きゅうりの種たね。 囹외씨
오이-지圀【오이로 담근 장아찌】キュウリの漬物つけもの。囘 짭짤한 밑반찬 ~ 少々しょうしょう塩辛しおからいおかずのオイジ。
오이-풀圀 〈식〉吾亦紅われもこう｜吾木香われもこう。
오인(誤認)圀 誤認ごにん｜見誤みあやまり。
　오인-하다囲 誤認ごにんする。
오일 쇼크(oil shock)圀 〈경〉オイルショック｜石油危機せきゆきき。
오입(誤入)圀 女郎買じょろうがい｜遊女買ゆうじょがい。囘 ~질을 女郎買い。
　오입-하다囲 女郎じょろうを買かう｜遊女ゆうじょを買う。
오입-쟁이(誤入-)圀 放蕩者ほうとうもの｜浮気者うわきもの｜女おんなたらし。
　　오입쟁이 제 욕심 채우듯속담 放蕩者ほうとうものが自分じぶんの欲よくを満足まんぞくさせるように；「人ひとのことは少すこしも考かんがえないで、自分のやりたいことだけする」の意い。
오자(誤字)圀 誤字ごじ。囘 ~를 수정액으로 고치다. 誤字を修正液しゅうせいえきで直なおす。
오작(烏鵲)圀 ☞까막까치

오장(五臟)[명] 《한》五臟ぞう。 예~이 뒤집히다. 腸はらが煮えくり返る。
　오장을 긁다[관용] 気分きぶんをそこねる。

오장-육부(五臟六腑)[명] 《한》五臟六腑ごぞうろっぷ｜臟腑ぞうふ。

오쟁이[명] 小ちいさい藁わらの俵たわら。

오적어(烏賊魚)[명] ☞오징어

오전¹(午前)[명] 午前ごぜん。 예수업은 거의 ~ 중에 끝난다. 授業じゅぎょうはほとんど午前中に終おわる。 =상오 ↔오후

오전(誤傳)[명] 誤伝ごでん｜誤報ごほう。
　오전-하다[타] 誤伝ごでんする。

오전-반(午前班)[명] 午前ごぜんの組くみ。

오점(汚點)[명] 汚点おてん｜汚けがれ。 예역사에 ~을 남기다. 歴史れきしに汚点を残のこす。

오정(午正)[명] 正午しょうご。

오-조[명] 《식》早生わせの粟あわ。

오존(ozone)[명] 《화》オゾン。

오존-층(ozone層)[명] オゾン層そう。 예지구 온난화 현상은 ~의 파괴와 깊은 관련이 있다. 地球ちきゅう温暖化おんだんか現象げんしょうはオゾン層の破壊はかいに深ふかく関係かんけいしている。

오종(五種)[명] 五種ごしゅ。

오종 경기(五種競技)[운] 《체육》五種競技ごしゅきょうぎ。 예철인 ~ 鉄人てつじん五種競技。

오종종-하다[형] 顔かおつきが貧相ひんそうで見栄みばえがしない｜こせこせしている。

오죽[부] さぞかし｜いかに｜どんなにか。 예아프잖어, 어찌 痛いたかろう。 / ~ 예쁘랴. いかに美うつくしいだろう。 =오죽이

오죽-하다[형] さぞかし大変たいへんだ｜いかに大変だ。 예병든 아내와 아이 다섯을 혼자서 키우는 남편은 오죽할까? 病気びょうきの妻つまに5人にんの子供こどもをひとりで養やしなう夫おっとは、どんなに大変か。 / 오죽하면, 집까지 나가고. いかに大変だったろうか、家出いえでまでして。

오죽²(烏竹)[명] 《식》黒竹くろたけ｜紫竹しちく。 예~으로 죽세공품을 만들어 전시할 예정이다. 黒竹くろたけで竹細工品たけざいくひんを作つくり、展示てんじする予定よていである。

오죽-이[부] ☞오죽¹

오죽잖다[형] 取とるに足たらない｜つまらない。 예솜씨가 오죽잖아서 일을 맡기지 못하겠다. 取るに足らない腕前うでまえなので、仕事しごとを任まかせることができない。

오줌[명] 小便しょうべん｜尿にょう｜おしっこ｜小水しょうすい｜小用しょうよう。 예~소태 頻尿症ひんにょうしょう / ~장군 小便たごしにないおけ / ~을 누다. 小便をする。 / ~이 마렵다. 小便がしたい；尿意にょういを催もよおす。 / ~을 싸다. 小便を漏もらす。

오줌-싸개[명] ❶小便しょうべんたれ。 ❷不注意ふちゅういから小便しょうべんを漏らした子供こどもをからかう語ご。 예~들은 키를 쓰고 소금을 얻어 와야 고쳐지지. 寝小便ねしょうべんは箕みに塩しおをもらってこなければ治なおらない。

오줌-줄[명] ☞요도(尿道)

오줌-통(一桶)[명] ❶小便桶しょうべんおけ｜小便しょうべんつぼ。 ❷膀胱ぼうこう。

오중-주(一奏)[명] 《음》五重奏ごじゅうそう。

오중-창(一唱)[명] 《음》五重唱ごじゅうしょう。

오지¹[명] ❶陶器とうき。 ❷うわぐすり｜釉薬ゆうやく。

오지²(五指)[명] 五指ごし。

오지³(奧地)[명] 奧地おくち。

오지-그릇[명] 陶器とうき。 =도기 준오지

오지끈[부] ❶《작고 단단한 것이 부러지거나 부서지는 소리》 かちゃん(と)｜かちゃり(と)。 예컵이 ~ 깨졌다. コップがかちゃんと割われた。 ❷《굳고 단단한 물건이 세게 부러지는 소리》 ぽきっと。 예나뭇가지가 ~ 부러졌다. 木きの枝えだがぽきっと折おれた。

오지끈-거리다 しきりにがちゃんと割われたり音おとを立たてる。 =오지끈대다

오지끈-대다[자] ☞오지끈거리다

오지다[형] ❶しっかりしている｜堅実けんじつだ。 ❷激はげしい｜こっぴどい。 예오지게 얻어맞다. こっぴどく殴なぐられる。

오지랖[명] (上着うわぎなどの)前裾まえすそ。 예~이 넓다. でしゃばる；差さし出でがましい。

오지직[부] ❶《불기가 남아 잇는 장작이 타는 소리》 ぶすぶす(と)。 예나뭇가지가 ~ 하고 불탔다. 枝えだがぶすぶすと燃もえた。 ❷《물기가 많은 것이 타거나 졸아드는 소리》 じりじり(と)｜ぶすぶす(と)。 ❸《작고 단단한 물건이 부러지거나 깨어지는 소리》 かちゃん(と)。

오직[부] ただ｜ひたすら｜ひとえに｜もっぱら。 예지금은 ~ 무사하기를 빌 수밖에 없다. 今はただ無事ぶじを祈いのるしかない。

오진(誤診)[명] 誤診ごしん。
　오진-하다[타] 誤診ごしんする。

오징어[명] 《동》烏賊いか。 예~ 구이 イカ焼やき / 마른 ~ スルメ / ~는 10개의 발을 가지고 있다. イカは十本じゅっぽんの足あしを持もっている。 =오적어

오징어-포(一脯)[명] 機械きかいで薄うすく伸のばしたするめ。 예간식으로 먹는 ~ おやつに食たべるするめ。

오쯜-거리다[자타] ちょこちょこと体からだを動うごかす。 예병아리가 어미 닭을 쫓아서

~. ひよこが親どりを追っってちょこちょこする。=오쫄대다
오쫄-대다[자][태] ☞오쫄거리다
오쫄-오쫄[부]【작은것이 자꾸 몸을 흔들며 자주 움직이는 모양】ちょこちょこ｜ひよこひよこ。
오차(誤差)[명] 誤差。 에)~를 최소한으로 억제하다. 誤差を最小限に抑える。
오차-율(誤差率)[명] 誤差率。 에)~을 구하여라. 誤差率を求めよ。
오착(誤錯)[명] ☞착오(錯誤)
오찬(午餐)[명] 午餐。昼食。昼食会。 에)~을 함께하다. 午餐を共にする。
오찬-회(午餐會)[명] 午餐会。
오체(五體)[명] 五体。❶全身。❷【한자의 다섯가지 서체】(書道で)五つの書体。
오촌(五寸)[명] 五親等の間柄。=종숙
오침(午寢)[명] 午睡。昼寝。
　오침-하다[자] 午睡する｜昼寝する。
오케스트라(orchestra)[명] 《음》オーケストラ。
오케스트라 박스(orchestra box 조)[명] 《음》オーケストラボックス。
오토바이(← auto bicycle 조)[명] オートバイ。
오톨-도톨[부]【거죽이나 바닥이 고르게 도드라져 오돌한 모양】ぶつぶつ｜でこぼこ｜ぼこぼこ。
　오톨도톨-하다[형] ぶつぶつしている｜でこぼこする。 에)닭 껍질처럼 ~. 鶏の皮みたいにぶつぶつしている。
오트밀(oatmeal)[명] オートミール。
오팔(opal)[명] 《광》オーパール。=단백석
오퍼(offer)[명] 《경》オファー。
오페라(opera)[명] 《음》歌劇｜オペラ。 에)~ 공연 オペラ公演。=가극
오페레타(operetta)[명] 《음》オペレッタ｜軽歌劇｜喜歌劇。=경가극
오프사이드(offside)[명] 《운》(サッカー・ラグビーなどの)オフサイド。 에)~를 선언하다. オフサイドを宣言する。
오프셋 인쇄(offset印刷)[출] オフセット印刷。
오픈 세트(open set) 《연》オープンセット。
오픈-카(open car)[명] オープンカー。
오픈 코스(open course) 《운》【경기자가 자유로이 달릴수 있는 코스】オープンコース。
오피스텔(← office hotel 조)[명] 住居兼用オフィス。
오한(惡寒)[명] 悪寒｜寒気。 에)~이 나다. 悪寒がする。
오합지졸(烏合之卒)[명] 烏合の衆。
오해(誤解)[명] 誤解｜思い違い。 에)얼토당토않은 ~. とんでもない誤解。/~를 부르다. 誤解を招く。/~를 풀다. 誤解を解く。
　오해-하다[타] 誤解する。
오행(五行)[명] 五行。
오호츠크 해 기단(Okhotsk海氣團) オホーツク海気団。 에)~과 북태평양 기단이 만나 한국에 장마 전선을 형성한다. オホーツク海気団と北太平洋気団があって、韓国に梅雨前線が形成される。
오호호[부]【점잖게 웃는 여자의 웃음소리를 나타내는 말】おほほ｜ほほ｜うふふ｜ふふ。 에)아주머니께서 ~ 하고 웃으셨다. おばさんがおほほと笑われた。
오회(悟悔)[명] 過ちを悟り悔いること。
　오회-하다[타] 過ちを悟り悔いる。
오후(午後)[명] 午後。 에)아침에는 하늘이 흐렸는데 ~가 되면서 파란 하늘이 보이기 시작했다. 朝は空が曇っていたが、午後になって青空が見えてきた。=하오(下午) ↔오전
오히려[부] かえって｜むしろ。 에)~ 실례가 된다. かえって失礼になる。/휴일보다 ~ 휴일 전날 밤이 좋다. 休日よりむしろ休日前夜が好きだ。준외려
옥¹(玉)[명] 《광》玉｜宝石。 에)금이야 ~이야 하고 기르다. 蝶よ花よと育てる。
　옥에도 티가 있다[속담] 玉にも瑕あり。
　옥에 티[속담] 玉に瑕。
옥²(獄)[명] ☞감옥
옥-가락지(玉-) 玉指輪｜宝石の指輪。
옥고(獄苦)[명] 獄中生活の苦しみ。
옥내(屋内)[명] 屋内。
옥-니¹[명] 内向きの歯。
옥-니²(玉-)[명] 玉の入れ歯。
옥니-박이[명] 内向きの歯の人。
옥다[형] ❶(商売などで)損をする｜元手を食い込む。❷内側にに曲がり込んでいる。
옥답(沃畓)[명] 沃田｜美田。
옥-당목(玉唐木)[명] 品質の悪いキャラコ。
옥도-정기(沃度丁幾)[명] ☞요오드팅크

옥-돌(玉―)圏 玉の混じっている石。加工をしない玉。

옥-돔(玉―)圏 (動)赤甘鯛。=오도미

옥-동자(玉童子)圏 ❶玉のような子。❷幼い男の子を可愛らしく言う語。

옥리(獄吏)圏 獄吏。

옥매(玉梅)圏 (植)庭桜。

옥문(獄門)圏 獄門。

옥-바라지(獄―)圏 囚人に差し入れなどの世話をすること。

옥사(獄死)圏 獄死。
　옥사-하다(国) 獄死する。

옥사-쟁이(獄―)圏 (俗)獄丁。獄卒。

옥-살이(獄―)圏 監獄暮らし。服役。=감옥살이

옥상(屋上)圏 屋上。囲~ 정원 屋上庭園。

옥상-가옥(屋上家屋)圏「屋上に屋を架す」の意で)無用のことを重ねてすること。

옥새(玉璽)圏 玉璽。御璽。

옥색(玉色)圏 翡翠色。空色。

옥-생각圏 ひねくれた考え。ひがんだ考え。囲 허물없이 한 말에 ~을 품다니. 気安い言葉にひがむとは。

　옥생각-하다(国) ❶融通がきかなく狭量に思う。囲 나를 용서해 주지 않는 남편을 ~. 私のことを許してくれない夫のことを狭量に思う。❷誤解して自分に悪くとる。囲 허물없이 한 말에 그녀는 옥생각하였다. 気兼ねなしに言った言葉に、彼女は自分のことを悪くとった。

옥석(玉石)圏 玉石。囲 ~혼효 玉石混淆/ ~을 가리다. 玉石を見分ける。

옥석-구분(玉石俱焚)圏「玉石俱に焚く」の意。悪いものと一緒によいものも滅びること。

옥-셈圏 誤算。見込み違い。

옥소(沃素)圏 (化)沃素。ヨード。=요오드

옥-수수(植)玉蜀黍。唐黍。囲 ~ 수염 トウモロコシのひげ/ ~ 밭 トウモロコシ畑。=강냉이

옥신-각신(副) ああだこうだ(と)ごちゃごちゃ(と)。囲 ~ 싸우고 있다. ああだこうだと言い争っていた。

　옥신각신-하다(国) ああだこうだと言い争う。揉める。囲 지금 옥신각신할 때가 아니다. 今はああだこうだと言い争っているところではない。/ 더 이상 옥신각신하는 일은 절대로 없을 것이다. もうこれ以上揉める事は絶対にない。

옥신-거리다(国) ❶(여러 사람이 한 장소에 자꾸 수선스럽게 들끓다)(多勢が込み合って)押し合いへし合いする。ごった返す。囲 옥신거리는 시가지 ごった返している市街地/ 옥신거리며 길을 빠져나가다. 押し合いへし合いしながら道を通り抜ける。❷(머리나 상처가 쑤시듯이 아프다)(頭部や傷口が)うずく。ずきずきする。囲 충치가 옥신거려서 한숨도 못 잤다. 虫歯がうずいて一睡もできなかった。/ 머리가 옥신거려서 참을 수 없다. 頭がずきずきして我慢できない。❸(티격태격 다투다)ああだこうだと言い争う。揉める。囲 옥신거린 끝에 둘은 헤어져 버렸다. ああだこうだと言い争ったあげく、二人は別れてしまった。/ 사소한 일로 옥신거리지 마라. 些細なことで揉めるな。=옥신대다

옥신-대다(国) ☞옥신거리다

옥신-옥신 押し合いへし合い圧し合い。ずきずき。ごたごた。

옥야(沃野)圏 沃野。

옥-양목(玉洋木)圏 (織物)キャラコ。

옥외(屋外)圏 屋外。戸外。囲 ~ 광고물 屋外広告物。

옥외-등(屋外燈)圏 屋外灯。國 외등

옥-이다(他) (内側に)曲げる。折り曲げる。

옥자-둥이(玉子―) かわいい赤子。

옥잠-화(玉簪花)圏 (植)玉のかんざし。

옥졸(獄卒)圏 (歴)獄卒。牢番。

옥-죄다(他) ❶(体の一部分を)固く締めつける。囲 목을 ~. 首を締め付ける。❷突っぱるように痛む。

옥죄-이다【옥죄다의 피동】締めつけられる。食い入る。食い込む。囲 밤중에 가슴이 옥죄여 숨이 찼다. 夜中に胸が締めつけられ息が苦しくなった。

옥중(獄中)圏 獄中。囲 ~기 獄中記。

옥체(玉體)圏 玉体。

옥타브(octave)圏 (音)オクターブ。囲 2 ~의 음계 2ºオクターブの音階/ 그는 ~ 이상의 성역을 가졌다. 彼は2オクターブ以上の声域を持っている。

옥토(沃土)圏 沃土。沃地。囲 메마른 땅을 ~로 바꾸다. 痩せ地を沃土と化す。

옥-토끼(玉-)圕⓵月にいるといわれる伝説上の兎。⓶白い兎。

옥-퉁소(玉-)圕⟪음⟫玉簫｜玉で作った簫の笛。

옥편(玉篇)圕 玉篇｜漢字の字引｜字典｜字書。

옥화(沃化)圕⟪화⟫沃化｜沃素と化合すること。＝요오드화

옥화-물(沃化物)圕⟪화⟫沃化物｜沃素を含む化合物。

옥화-수소(沃化水素)圕⟪화⟫沃化水素｜ヨード化水素。

옥화-은(沃化銀)圕⟪화⟫沃化銀｜ヨード化銀。

옥황-상제(玉皇上帝)圕【도교에서】天帝｜上帝。＝천황❶

온冠 全｜すべての｜あらゆる。예～ 힘 全力 / ～ 국민 全国民。

온-갖 圕 あらゆる｜すべての。예～ 수단을 강구하다. あらゆる手段を講ずる。

온건-파(穩健波)圕 穩健派。

온건-하다(穩健-)圕 穩健だ｜穩やかだ。예온건한 사상 穩健な思想 / 온건한 조치 穩やかな処置。
　온건-히囲 穩健に。

온고지신(溫故知新)圕 温故知新。

온-공일(-空日)圕【옛】全休みの日｜日曜日｜一日中休むこと。예오늘은 ～이니 나도 좀 쉬어야겠다. 今日は日曜日だから私もちょっと休まなきゃ。

온기(溫氣)圕 温気｜温もり｜温み。예이불 속의 ～ 布団の中の温もり / ～가 돈다. 温もってくる；暖まってくる。＝난기(暖氣)

온난(溫暖)圕 温暖。
　온난-하다圕 温暖だ。예온난한 기후 温暖な気候。

온난 기단(溫暖氣團)温暖気団。

온난 습윤 기후(溫暖濕潤氣候) 温暖湿潤気候｜温暖東岸気候。

온난 전선(溫暖前線) 温暖前線。예～이 다가오다. 温暖前線が近づいてくる。

온-달圕 陰暦十五夜のまん丸い月。

온당-하다(穩當-)圕 穩当だ。예온당한 조치 穩当な処置。
　온당-히囲 穩当に。

온대(溫帶)圕 温帯。예한국은 ～ 기후에 속한다. 韓国は温帯気候に属する。 / ～ 식물은 계절에 잘 적응한다. 温帯植物は季節によく適応する。

온대 계절풍 기후(溫帶季節風氣候) 温帯季節風気候。

온대 기후(溫帶氣候) 温帯気候。예～는 사계절이 뚜렷하다. 温帯気候は四季が明らかだ。

온대-림(溫帶林)圕 温帯林。

온대 몬순(溫帶monsoon氣候) 温帯モンスーン気候。

온대 습윤 기후(溫帶濕潤氣候) 温帯湿潤気候。

온대 저기압(溫帶低氣壓) 温帯低気圧。

온대 혼합림(溫帶混合林) 温帯混合林。

온데간데-없다 影も形もない｜行方不明だ｜跡形もない。예아무리 찾아도 ～. いくら探しても影も形もない。

온도(溫度)圕 温度。예～ 조절 장치 温度調節装置。

온도-계(溫度計)圕⟪물⟫温度計。

온돌(溫突)圕【건축】オンドル。

온돌-방(溫突房)圕 オンドル部屋。

온두라스(Honduras)圕⟪국⟫ホンジュラス。

온-라인(on-line)圕⟪컴⟫オンライン。예～ 은행 オンライン銀行 / ～ 게임 オンラインゲーム / ～ 광고 オンライン広告 / ～ 서점 オンライン書店 / ～ 거래 オンライン取引。

온라인 쇼핑(on-line shopping) オンラインショッピング｜オンライン通販。

온라인 시스템(on-line system)圕⟪컴⟫オンラインシステム。

온랭(溫冷)圕 温かさと冷たさ。

온량 지수(溫良指數) 温良指数。

온면(溫麵)圕 温かい汁をかけた麺｜オンミョン。＝국수장국

온-몸圕 全身｜体全体。예～의 힘이 다 빠지다. 全身の力が抜けきる。/ ～을 수건으로 싸다. 体全体をタオルでくるむ。＝만신

온-밤圕 一晩中｜夜通し｜終夜。예～을 새워 놀다가 새벽에 잠자리에 들다. 夜通し遊んで明け方に眠りにつく。

온-벽(-壁)圕⟪건⟫窓や穴などが一切空いていない壁。

온색(溫色)⃞명 ❶温色しょく｜暖色だんしょく。❷《미》穏おだやかな顔色かおいろ。

온상(溫床)⃞명 温床おんしょう。例 ~ 재배 温床栽培さいばい／범죄의 ~ 犯罪はんざいの温床。

온수(溫水)⃞명 温水おんすい。例 ~ 난방 温水暖房だんぼう。

온순-하다(溫順—)⃞형 温順おんじゅんだ｜従順じゅうじゅんだ｜おとなしい。例 온순한 성질 温順な性質せいしつ。

온순-히⃞부 温順おんじゅんに｜従順じゅうじゅんに｜おとなしく。

온-쉼표(—標)⃞명 《음》全休符ぜんきゅうふ｜全休止符ぜんきゅうしふ。

온스(ounce)의【도량형 단위】オンス。

온실(溫室)⃞명 温室おんしつ。例 ~에서 자란 밀감 温室育そだちの蜜柑みかん。

온실 효과(溫室效果) 温室効果おんしつこうか。

온아-하다(溫雅—)⃞형 温雅おんがだ。

온 에어(—on the air)【방송용어】オンエア｜放送ほうそう中ちゅう。

온유(溫柔)⃞명 温柔おんじゅう。

온유-하다⃞형 温柔おんじゅうだ｜穏おだやかでやさしい。例 온유한 자비 温柔おんじゅう的てきな慈悲じひ。

온음-계(—音階)⃞명 《음》全音階ぜんおんかい。

온음 음계(—音音階) 全音音階ぜんおんおんかい。

온-음정(—音程)⃞명 《음》全音程ぜんおんてい｜全音ぜんおん。

온-음표⃞명(—音標) 《음》全音符ぜんおんぷ。

온-장(—張)⃞명 (紙かみ・布ぬのなどの)一枚いちまい｜全部ぜんぶ。

온전-하다(穩全—)⃞형 (欠かけたところがなく)完全かんぜんだ｜まともだ｜無事ぶじだ。

온전-히⃞부 (欠かけたところがなく)完全かんぜんに｜まともに｜無事ぶじに。

온정¹(溫井)⃞명 ☞온천(溫泉)

온정²(溫情)⃞명 温情おんじょう。例 ~주의 温情主義しゅぎ／~이 넘치는 대접 温情あふれるおもてなし／~을 보내다. 温情を贈おくる。

온-종일(—終日)⃞명 一日中いちにちちゅう｜終日しゅうじつ。例 ~ 서 있었더니 이제는 다리에 감각이 없다. 一日中立たっていたからもう足あしの感覚かんかくがない。

온-채⃞명 家屋かおく全体ぜんたい。

온천-집(—集)⃞명 一軒いっけんを全すべて使つかっている家いえ。例 식구가 많아 ~을 써야 한다. 家族かぞくが多おおいので家いえを全すべて使つかわなければならない。

온천(溫泉)⃞명 温泉おんせん｜温泉場おんせんじょう。例 ~에 들어가 일상의 피로를 풀다. 温泉に入はいり、日ひごろの疲つかれをいやす。＝온정¹

온천-수(溫泉水)⃞명 温泉湯おんせん。

온천-장(溫泉場)⃞명 温泉場おんせんじょう。

온탕(溫湯)⃞명 温湯おんとう。

온-통⃞명 全部ぜんぶ｜すべて｜皆みな｜一面いちめんに｜すっかり｜ことごとく。例 가을이 되면 낙엽이 이 일대를 ~ 뒤덮는다. 秋あきになると落おち葉ばがこのあたりを一面におおう。

온-폭(—幅)⃞명 (紙かみ・織物おりものなどの)全幅ぜんぷく。

온풍(溫風)⃞명 温風おんぷう。

온혈(溫血)⃞명 《한》温血おんけつ。

온혈 동물(溫血動物) ☞정온 동물(定溫動物)

온화-하다¹(溫和—)⃞형 温和おんわだ｜のどかだ。例 기후가 온화한 지방 気候きこうの温和な土地とち。

온화-하다²(穩和—)⃞형 穩和おんわだ｜和やわらかやかだ。例 온화한 성격 穩和な性格せいかく。

온후-하다(溫厚—)⃞형 温厚おんこうだ。

올¹⃞명 (糸いと・縄なわなどの)より｜糸筋いとすじ｜布目ぬのめ。例 ~이 굵다. 布目ぬのめがあらい。／~이 촘촘하다. 目めが詰つんでいる。

올²⃞【시간관련】今年ことし。例 ~ 3월에 초등학교에 입학하다. 今年の三月さんがつに小学校しょうがっこうに入学にゅうがくする。

올가미⃞명 わな。例 ~에 걸리다. わなにかかる。／~를 씌우다. わなをかける。／~를 놓고 기다리다. わなを仕掛しかけて待まつ。

올가미-질⃞명 罠わなを仕掛しかけること。

올-가을⃞명 今年ことしの秋あき。例 ~에 결혼할 예정이다. 今年の秋に結婚けっこんするつもりだ。

올각-거리다⃞자 ❶食たべたものを少すこしずつ吐はき出だす。❷(口くちにふくんだ水みずを)がらがらと鳴ならす。＝올각대다

올각-대다⃞자 ☞올각거리다

올각-올각⃞부 ❶【먹은 것을 토해내는 모양】げえげえ。❷【입 안에 물을 머금고 내는 소리】がらがら。例 ~ 입 안을 헹구다. がらがら嗽うがいをする。

올-겨울⃞명 今年ことしの冬ふゆ。例 ~은 예년에 비해서 춥다. 今年の冬は例年れいねんと比くらべて寒さむい。

올-곧다⃞형 まっすぐだ｜生真面目きまじめだ｜実直じっちょくだ。例 올곧은 기질 まっすぐな気性きしょう。

올근-거리다⃞자 頬ほおをもぐもぐさせる。＝올근대다

올근-대다⃞자 ☞올근거리다

올근-볼근¹ 〖부〗【얼굴이 아주 밉게 생긴 모양】 がりがり(と)｜ぎすぎす(と). 〖예〗~ 드러난 뼈마디. ぎすぎすと浮き出た関節 / 깡말라서 갈비뼈가 ~ 드러나 보이다. がりがりにやせて肋骨が浮き出て見える。

올근-볼근² 〖부〗【질긴 것을 입에 넣고】 もぐもぐ(と). 〖예〗닭고기를 ~ 씹다. 鶏肉をもぐもぐと噛む。

올근-올근 〖부〗【질긴 것을 입에 넣고 씹거나 빨때 하는 모양】 もぐもぐ(と). 〖예〗껌을 ~ 씹는다. ガムをもぐもぐと噛む。/ 볼을 ~ 움직이다. 頬をもぐもぐ動かす。

올긋-볼긋 〖부〗色とりどりに. 〖예〗인형의 옷을 ~ 재미있게 꾸몄다. 人形の服を色とりどりに面白く仕立てた。

올깍 〖부〗【먹은 것을 갑자기 토하는 모양】 げえっ(と)｜おえっ(と). 〖예〗아이가 우유를 ~ 뱉었다. 子供が牛乳をげえっと吐き出した。

올깍-거리다 〖자타〗 げえげえと吐く｜おえっとえずく. 〖예〗~. 子供がげえげえと吐く。=올깍대다

올깍-대다 〖자타〗 ☞올깍거리다

올-내년(-來年) 〖명〗 ① 今年と来年. ② 今年か来年.

올-되다 ① (織物などの)目が詰んでいる. ② (年のわりに)ませる｜早熟する｜大人びる. ③ (作物などが)早熟する. ≒오되다

올드-미스(old miss) 〖조〗〖명〗노처녀

올딱 〖부〗【먹은 것을 다 토하는 모양】 げえげえ. 〖예〗조금 전에 먹은 것을 ~ 토해 버렸다. さっき食べたものをげえげえ吐いてしまった。

올딱-올딱 〖부〗 げえげえ.

올라-가다 〖자〗 ❶ (上쪽에 高く)登る｜上がる. 〖예〗계단을 ~. 階段を上がる。/ 산에 ~. 山に登る。/ 이층에 ~. 二階に上がる。/ 지붕에 ~. 屋根に上がる。 ❷ 【水準이・身分이・実力이・数値이 등이】(水準・身分・実力・数値などが)上がる｜高くなる. 〖예〗다음 달에는 상급으로 올라갈 수 있다. 来月には上級に上がることができる。/ 열심히 공부를 했더니 성적이 올라갔다. 一生懸命に勉強をしたら成績が上がった。/ 장마철에는 습도가 올라간다. 梅雨時期には湿度が上がる。 ❸ 【내용이・명칭이 등이】(内容・名前などが)上がる｜書かれる｜載る. 〖예〗승진자 명단에 ~. 昇進者の名簿に載る。 ❹ (地方から中央へ)行く｜上がる. 〖예〗시험을 준비하러 서울로 ~. 試験を準備しに ソウルに上がる。 ❺ (上쪽의 方へ)遡る｜上がる. 〖예〗게임의 역사는 18세기로 거슬러 올라간다. ゲームの歴史は18世紀に遡る。/ 강을 따라 ~. 川に沿って遡る。

올라-서다 〖자〗 ❶ (高い所に)上がる｜登る. 〖예〗언덕에 ~. 丘に上がる。/ 교단에 ~. 教壇に上がる。/ 정상에 ~. 頂上に登る。/ 의자에 ~. 椅子に上がる。 ❷ 【지위에】上がる.

올라-앉다 〖자〗 (あるものの上に)上がって座る｜乗る｜またがる. 〖예〗승용차에 ~. 乗用車に乗る。/ 말안장에 ~. 馬の鞍に乗る。

올라-오다 〖자〗 ❶ 上がってくる｜登ってくる. 〖예〗정상으로 ~. 頂上に上がってくる。/ 2층에 ~. 二階に上がってくる。 ❷ 【수준이・지위에 등이】(高い水準・地位などに)達する｜上がる｜上る. 〖예〗고등학교에 올라오니 대학 입시가 걱정된다. 高等学校になると大学入試が心配になる。 ❸ 【어떤】(ある力・気配 などが)及ぶ｜満ちる｜上がる. 〖예〗취기가 올라온다. 酔いが上がってくる。/ 약 기운이 올라와 졸리다. 薬の効力が及んで眠い。 ❹ (地方から中央へ)上がってくる. 〖예〗서울로 올라온다는 전화가 왔다. ソウルに上がってくるという電話が来た。 ❺ (上쪽의 方へ)遡ってくる｜上がってくる. 〖예〗강의 상류로 올라왔다. 川の上流に遡ってきた。

올라-타다 〖자〗 (乗り物に)乗る｜乗り込む. 〖예〗열차에 ~. 列車に乗り込む。/ 앞사람의 등에 ~. 前の人の背中に乗る。/ 비행기에 ~. 飛行機に乗り込む。

올랑-거리다 〖자〗 ❶ (吐き気がして)むかつく. 〖예〗뱃속이 올랑거려서 차에서 잠시 내려야겠다. お腹がむかつくので、車から少し降りないといけない。 ❷ (落ち着かず)そわそわする｜ときめく｜どきどきする. =올랑대다

올랑-대다 〖자〗 ☞올랑거리다

올랑-올랑 〖부〗【속이 자꾸 울렁거리는 모양】 むかむか(と). ❷ 【가슴이 두근거리는 모양】 どきどき(と).

 올랑올랑-하다 〖자〗 ❶ むかむかする. 〖예〗차를 오래 탔더니 뱃속이 ~. 車に長く乗っていたので、お腹がむかむかする。 ❷ どきどきする.

올려-놓다 〖타〗 ❶ 【위에】 (他の物の上に)置

くㅣ載せる。例냄비를 가스레인지 위에 ~. 鍋をガスレンジの上に置く。/ 이것을 선반에 올려놓아라. これを棚の上に載せなさい。❷(水準·程度·地位などを)上げる。例수준을 고급까지 ~. 水準を高級まで上げる。/ 경험도 없는 사람을 간부에 ~니. 経験もない人を幹部に上げるなんて。❸(名簿などに名前を)載せる；書き込む。例수강 희망자에 이름을 ~. 受講希望者に名前を載せる。

올려다-보다 자타 見上げる；仰ぎ見る。例푸른 하늘을 ~. 青空を見上げる。/ 국민에게 있어서 국왕은 멀리서 올려다보는 존재였다. 国民にとって国王は遠くから仰ぎ見る存在だった。

올려-붙이다 타 ❶貼る；付ける。例벽시계를 높이 ~. 掛け時計を高く貼る。❷殴りつける；くらわせる。例갑자기 따귀를 ~. いきなり頬を殴りつける。

올록-볼록 부 でこぼこ；凹凸。
 올록볼록-하다 형 でこぼこする。例~올록볼록한 표면으로 데코보코한 표면。

올리다 타 ❶(値段·数値·実績·成績などを)上げる；高くする；高める；増やす。例제품의 소비자 가격을 ~. 製品の消費者価格を上げる。/ 속력을 올려 달리다. 速力を上げて走る。/ 제한 시간에 최대 성과를 ~. 制限時間内に最大の成果を上げる。❷(上に高く)上げる。例찬성하는 사람은 손을 올려 주세요. 賛成の人は手を上げてください。/ 연극의 막을 ~. 演劇の幕を上げる。/ 의자를 위로 올리는 것이 좋을 것 같다. 椅子を上に上げた方が良さそうだ。❸(儀式·礼式·行事などを)挙げる；行う。例다음 달에 결혼식을 ~. 来月に結婚式を挙げる。/ 지금부터 개회식을 올리겠습니다. 今から開会式を行います。❹(大きな声を)出す；上げる；張り上げる。例크게 함성을 ~. 大きく喚声を張り上げる。/ 흥분한 나머지 소리를 올려 이야기했다. 興奮したあまり声を上げて話した。❺(ある地位·身分·程度に)到達させる；上げる；乗せる。例사업은 어느 정도 정상 궤도에 올랐다. 事業はある程度、正常軌道に乗せた。/ 그를 사장으로 올리기에는 아직 이르다. 彼を社長に上げるにはまだ早い。❻(食卓·やま板に)置く；上げる。例밥상 위에 국을 ~. 食卓に汁を上げる。❼(話題に)上げる；口にする。例사내 기밀 사항을 입에 올리지 마라. 社内の機密事項を口にするな。❽(記録などに)上げる；載せる。例신기록자 명단에 이름을 올렸다. 新記録者の名簿に名前を載せた。❾(漆などを)塗る。例도자기에 유약을 ~. 陶磁器に上薬を塗る。❿(書類などを目上の人に)上げる；差し上げる。例기획안 결재를 ~. 企画案の決済を差し上げる。/ 중앙 위원회에 올린 안건이 채택되었다. 中央委員会に上げた案件が採択された。⓫(目上の人に)申し上げる。例사장님, 올릴 말씀이 있습니다. 社長、申し上げる事がございます。/ 새해를 맞아 은사님께 인사를 올리러 갑니다. 新年を迎えて、恩師に挨拶を申し上げに行きます。

올리브(olive) 명 《식》オリーブ。
올리브-유(olive油) 명 オリーブ油。
올림 명 《수》切上げ。=절상(切上)
올림-표(一標) 명 《음》シャープ。=샤프(sharp)
올림픽(Olympic) 명 《운》オリンピック。例~촌 オリンピック村 / ~ 경기 オリンピック競技 / ~ 종목 オリンピック種目 / ~ 헌장 オリンピック憲章。
올림-활 명 《음》アップボウ。
올막-졸막 부 小さいかたまりが不揃いに並んでいるさま。
올망-졸망 부 小さいものが不揃いに多く並んでいるさま。例~ 아이들이 많다. 小さい子供が大勢いる。
올무¹ 명 (鳥·獣を捕らえる)罠；括り。例~에 걸린 여우 罠にかかったキツネ。
올-무² 명 《식》早生の大根。
올-바로 부 正しく；正直に。例~ 이해하다. 正しく理解する。/ ~ 말해라. 正直に言いなさい。
올-바르다 형 正しい；正当である；正直だ。例올바른 보도 正しい報道 / 마음이 올바른 사람 心の正しい人。
올-밤 명 《식》早生の栗。

올-백(all back)〖조〗〖명〗 オールバック。
올-벼〖명〗《식》早稲。
올-봄〖명〗 今年の春。예 ~부터 영어 회화 학원에 다니고 있습니다. 今年の春から英会話の塾に通っています。
올빼미〖명〗《동》梟。예 ~의 성 フクロウの城。/ ~의 눈은 어두운 밤에 사냥을 하기에 적합하다. フクロウの目は暗い夜に狩りを行うのに適している。
  올빼미 눈 같다〖관용〗 フクロウの目のようだ：「昼間はよくみえない、夜が昼よりよくみえる」の意。
올-새〖명〗 (生地の)織り目。
올-서리〖명〗 早霜。
올쏙-볼쏙〖부〗【많은 것이 고르지 않게 여기저기 튀어 나온 모양】ぽつんぽつん｜ぼつぼつ。
올-여름〖명〗 今年の夏。예 ~에는 하와이에 가고 싶다. 今年の夏にはハワイに行きたい。/ ~은 더운 날들이 계속된다. 今年の夏は暑い日々が続く。
올-지다〖형〗 ☞올되다.
올-차다〖형〗 がっしりしていて気丈で中味が充実している。
올챙이〖명〗《동》お玉杓子。
올칵〖부〗【먹은 것을 갑자기 게우는 모양이나 그 소리】げえっと｜おえっ(と)。예 아이가 먹은 것을 ~ 토했다. 子供が食べたものをげえっと吐いた。
  올칵-거리다〖자〗〖타〗 げえげえする｜おえっとする。예 속이 답답한지 계속 ~. お腹がむかつくのか、げえげえし続ける。=올칵대다
  올칵-대다〖자〗〖타〗 ☞올칵거리다
올칵-올칵〖부〗❶【먹은 것을 갑자기 자꾸 게우는 모양이나 그 소리】げえげえ(と)｜おえおえ(と)。예 저녁에 먹은 것을 ~ 토해냈다. 夕食に食べたものを、げえげえと吐き出した。❷【많은 양의 물을 한꺼번에 조금씩 쏟아지는 소리나 모양】ぐちゅぐちゅ(と)｜がらがら(と)。
올케〖명〗 (女性から見て)兄嫁｜弟嫁。
올톡-볼톡〖부〗 でこぼこ｜ぼこぼこ。
올통-볼통〖부〗 でこぼこ｜ぼこぼこ。
올-해〖명〗 今年｜この年｜本年。예 ~도 얼마 남지 않았습니다. 今年もあとわずかとなりました. 준말 올²
옭-걸다〖타〗 からげて引っかける｜括ってかける。
옭다〖타〗❶【매다】(糸・紐などで)くくりつける｜縛る｜縛り付ける｜結わえる。예 양팔을 밧줄로 ~. 両腕を縄でくくりつける。/ 짐을 끈으로 옭아 놓았다. 荷物を紐で縛っておいた。❷【다른 사람을 꾀에 빠지게 하다】(他人を)罠に掛ける｜陥れる。❸【꼼짝하지 못하게 하다】取りひ押さえる｜拘束する｜がんじがらめにする。예 국가는 국민의 자유를 옭아맬 권리가 없다. 国家は国民の自由らを拘束する権利がない。
옭-매다〖타〗 玉結びにする｜小間結びにする。
옭-매듭〖명〗 玉結び｜小間結び。
옭매-이다〖자〗【옭아 매이다】玉結びにされる｜小間結びにされる。
옭아-내다〖타〗❶ 罠などをかけて引っ張り出す。❷(人のものを)だまし取る｜巻き上げる｜かすめ取る。
옭아-매다〖타〗❶ 縛る｜拘束する。❷ 無実の罪を着せる。
옭-히다〖자〗❶ (縄などで)縛られる。❷ 絡む｜もつれる。예 다리에 낚싯줄이 옭혀서 움직이지 못하다. 脚に釣糸が絡んで動けない。
옮-기다〖타〗❶ 移す｜移動させる｜運ぶ。예 자리를 ~. 席を移動する。/ 짐짝을 ~. 荷物を運ぶ。/ 직장을 ~. 職場を移す。/ 걸음을 ~. 足を運ぶ。/ 한 발짝 ~. 一歩移動する。❷ 病気を移す。예 감기를 ~. 風邪をうつす。
옮다〖자〗❶ (場所・位置などが)移る｜変わる｜移動する。❷ 病気が移る。예 눈병이 ~. 目の病気がうつる。/ 감기가 ~. 風邪がうつる。
옮아-가다〖자〗 (場所・位置などが)移っていく｜移る｜変わる｜転じる。예 독감이 여러 사람에게로 옮아갔다. インフルエンザが何人にもうつった。
옮아-오다〖자〗 (他の所から)移ってくる。예 학교에서 친구에게 눈병을 ~. 学校で友達に目の病気をうつされてくる。
옳다〖형〗 正しい｜間違いない。예 옳은 방법 正しい方法/ 어느 쪽이 옳습니까? どっちが正しいですか。
옳다〖감〗 そのとおり｜そうそう｜そうだ｜よろしい。예 ~、그렇게 하면 되겠다. そうそう、そうすればいいんだ。
옳지〖감〗 そのとおり｜そうそう｜よし｜そうだ。예 ~、참 잘하는구나. そうそう、とても上手だね。
옴¹〖명〗《의》疥癬｜皮癬｜湿瘡。
옴²(Ohm 독)〖의〗《물》オーム。

옴-나위명 (やっと身動きできる)わずかなすきま；ごくわずかな余地；身動き。예~가 없다. わずかなすきまもない.

옴니버스(omnibus)명 オムニバス。예~형식 オムニバス形式/인권을 주제로 하는 3개의 ~ 영화 人權をテーマとした3本釼のオムニバス映画。

옴니-암니 I 명 雜費。
II 부 (細々しいところまで)何やかやと；あれやこれやと。예~ 따지다. 何やかやと問いつめる。

옴-딱지명 疥癬の瘡蓋。

옴살명 親身のように親しい間柄。

옴실-거리다자 うごめく；うようよする。=옴실대다

옴실-대다자 ☞옴실거리다

옴실-옴실자 うようよ。

옴쏙부【오목하게 들어가 있는 모양】ぺこんと；ぺこりと；ぼこんと。예~ 들어가다. ぺこんと凹む。

옴쏙-옴쏙부 ぺこんぺこん(と)；ぼこんぼこん(と)。

옴씰부 びくっとして身をすくめるさま。

옴씰-옴씰부 びくっびくっと。

옴-쟁이명 疥癬にかかった人。

옴죽부【오목하게 들어가게 움직이는 모양】びくっと；びくり。예독감에 걸려 몸을 ~ 못하고 누워 있다. インフルエンザにかかって、体をぴくりともせず寝ている。

옴죽-거리다자 ぴくぴく動く；うごめく；ぴくりとする。예몸을 ~. 体をぴくぴく動かす。=옴죽대다

옴죽-대다자타 ☞옴죽거리다

옴죽-옴죽부 ぴくぴく(と)。

옴지락-거리다자 ❶うごめく；口がもぐもぐ動く。❷ぐずぐずする。

옴지락-옴지락부【움직이거나 씹는 모양】のろのろ(と)；ぐずぐず(と)。

옴직-거리다자타 少しずつ体を動かす。예날씨가 추워서 몸을 움직거리기가 싫다. 寒い天気なので体を動かすのが嫌だ。=옴직대다

옴직-대다자타 ☞옴직거리다

옴직-옴직부 ぴくぴく(と)。

옴질-거리다¹자타 (考えがまとまらなくて)ぐずぐずする。=옴질대다¹

옴질-거리다²자 (固いものを口に入れて)もぐもぐと噛む。예온종일 옴질거리며 껌을 씹다. 一日中もぐもぐとガムを噛む。=옴질대다²

옴질-대다¹자타 ☞옴질거리다¹

옴질-대다²자타 ☞옴질거리다²

옴질-옴질¹부【망설이며 자꾸 주저주저하는 모양】ぐずぐず(と)。

옴질-옴질²부【음츠리며 씹는 모양】もぐもぐ。

옴짝-달싹부【꼼짝 않거나 달싹 않는 모양】ぴくっと。~ 않다. ぴくっともしない；微動だにしない。예관절이 아파서 ~ 못하다. 関節が痛くて身動きもできない。/ ~ 못하다. ぴくりとも出来ない。=꼼짝달싹

옴짝달싹-하다자 ぴくっとする。예자리가 비좁아 옴짝달싹할 수가 없다. 席が狭苦しくて、ぴくりとも出来ない。

옴쭉부 ぴくっと｜ぴくり。예~도 안 하다. ぴくりともしない。

옴쭉-거리다자타 ぴくりとする；ぴくぴくする。예옴쭉거리지 말고 가만있어. ぴくりとせずじっとしていろ。/몸을 옴쭉거리지 마라. 体をぴくぴくさせるな。=옴쭉대다

옴쭉-대다자타 ☞옴쭉거리다

옴쭉-옴쭉부 ぴくぴく(と)。

옴찍-거리다자타 少しずつ身動きをする。=옴찍대다

옴찍-대다자타 ☞옴찍거리다

옴찍-옴찍부 ぴくっぴくっ(と)。

옴찔부【깜짝 놀라는 모양】びくっと｜ぎくりと。예~ 놀라다. ぎくりと驚く。/ ~ 입을 다물다. 驚いて口をつぐむ。

옴찔-거리다자타 怖がってびくびくする。=옴찔대다

옴찔-대다자타 ☞옴찔거리다

옴찔-옴찔¹부 びくっびくっと｜ぴくぴく。

옴찔-옴찔²부 ❶うじゃうじゃ。❷うじうじ；ぐずぐず。

옴츠러-들다자 縮こまる；すくみあがる；恐縮して小さくなる。예꽃망울이 옴츠러들었다. 花のつぼみが縮こまっている。/손가락이 ~. 指が縮こまる。/몸이 ~. 体がすくむ。

옴츠러-뜨리다 (身を)すくめる；縮める。예잠자리가 몸을 ~. とんぼが体を縮める。/ 몸을 움츠러뜨리며 진저리를 치다. 身をすくめて身震いする。=옴츠러트리다

옴츠러-지다자 寒さ・怖さに身がすくむ｜ちぢこまる。예추워서 몸이 ~. 寒くて身がちぢこまる。/긴장해서 몸이 ~.

緊張して身がすくむ。

옴츠러-트리다 타 ☞옴츠러뜨리다

옴츠리다 타 (身を)すくめる｜すぼめる｜縮める。예 수줍어서 몸을 ~. 恥ずかしくて身をすくめる。/ 추워서 목을 ~. 寒くて首をすくめる。/ 옴츠리고 잠을 자다. 身をすくめて寝る。준옴치다

옴치다 【움】 (身を)すくめる。

옴켜-잡다 타 (手で)握りしめる｜つかみ取る。예 고양이가 쥐를 ~. ネコがねずみを捕まえる。/ 독수리가 먹이를 ~. 鷲が獲物を捕らえる。/ 소매를 ~. 袖をつかむ。/ 지갑을 ~. 財布をつかみ取る。

옴켜-쥐다 타 しっかりと手に入れて放さない｜手中に収める。

옴큼 의 握り。예 팥 한 ~. 小豆一つ握り。

옴키다 しっかりつかむ｜わしづかみにする｜ひっつかむ。예 과자를 ~. 菓子をわしづかみにする。/ 돈을 ~. 金をしっかりつかむ。

옴-파다 타 深く掘る｜ほじくる。

옴팡-눈 명 くぼめ｜金壷眼｜奥目。

옴패다 자 えぐられたり掘られて深く凹む。

옴포동이-같다 형 (子供が)丸々と太っている。예 아이가 ~. 子供がまるまると太っている。/ 옴포동이같이 옷을 입다. ぷっくりと服を着る。

옴폭 부 ぺこんと。예 만지면 ~ 패일 듯한 느낌 触るとぺこんと凹みそうな感じ。

옴폭-옴폭 부 ぺこんぺこんと。예 페트병을 양 손바닥 사이에 넣고 ~ 찌그러뜨리다. ペットボトルを両手のひらではさみ、ぺこんぺこんと凹ませる。

옵서버 (observer) 명 オブザーバー。

옵션 (option) 명 オプション｜選択権。

옵티미즘 (optimism) 명 【哲】オプチミズム｜楽天主義｜楽観主義。

옷 명 服｜衣服｜衣装｜洋服。예 바느질이 잘된 ~ 仕立てのいい服/ 갈아입을 ~ 着替え/ ~을 입다. 服を着る。/ ~을 벗다. 服を脱ぐ。/ ~을 꺼입다. 重ね着をする。/ ~이 젖다. 服が濡れる。/ ~이 더러워져서 갈아입다. 服が汚れて着替える。

옷이 날개라 속담 【옷이 한다리】衣装が翼だ：〔日〕馬子にも衣装。

옷-가지 명 何着かの服｜衣類。예 변변한 ~가 하나도 없다. めぼしい服が一着もない。/ ~를 전당 잡히다. 衣類を質にに入れる。

옷-감 명 生地｜服地｜反物。예 올이 촘촘한 ~ 目のつんだ生地/ ~을 마르다. 服地を裁断する。

옷-거리 명 着こなし。예 ~가 좋다. 着こなしがいい。

옷-걸이 명 衣桁｜衣紋かけ｜みぞかけ｜ハンガー。

옷-고름 명 (チョゴリなどの)結び紐。=고름

옷-깃 명 襟。예 ~을 여미다. 襟を正す。준깃³

옷-단 명 (上着の裾・袖口などの)折り返し。=단¹

옷-맵시 명 ❶着映え｜着こなし。예 ~가 나다. 着映えがする。❷身なり。

옷-보 명 着る服がとっても好きで、欲しがる人をからかっていう語。

옷-본 (一本) 명 型紙。예 ~을 뜨다. 型紙を取る。

옷-섶 명 【옷섶】チョゴリやトゥルマギなどの襟の下側に縫い付けた長細い布｜おくみ。예 ~을 대는 대신에 옷길을 잡고 깁다. おくみを付ける代わりに、身ごろをつまんで縫う。=섶¹

옷-소매 명 袖。예 ~를 걷어 올리다. そでをまくり上げる。

옷-솔 명 衣服ブラシ。

옷-자락 명 裾。예 땅바닥에 ~을 질질 끌다. 地面に裾を引きずる。준자락

옷-장 (一欌) 명 衣装だんす。

옷-차림 명 身なり｜服装｜装い。예 산뜻한 ~ さっぱりした身なり/ 초라한 ~ みすぼらしい身なり/ 단정한 ~ 端正な装い/ ~이 수수하다. 服装が地味だ。

옷-치레 명 服飾｜着飾ること。예 ~에 돈을 쓰다. おしゃれに金を使う。

　옷치레-하다 着飾る｜飾り立てる。

옹 (癰) 명 《의》癰よう。

옹-고집 (壅固執) 명 片意地｜強情｜意固地｜意固っ張り。예 ~을 부리다. 片意地を張る。

옹고집-쟁이 (壅固執—) 명 意固地な人｜意固っ張り。

옹골-지다 형 【옹골지다】(中身などが)充

実どうしている｜みっちりしている。
옹골-차다【形】(非常に充実して)ぎっしり詰まっている｜がっしりしている｜がっしりしている。例 토마토가 옹골차게 열렸다. トマトがぎっしり実った。／아이가 튼튼하고 옹골차 보인다. 子供が丈夫でがっしりしているように見える。=옹차다
옹구【명】駄籠。
옹그리다[타] (身を)すくめる｜うずくまる｜すぼめる｜かがめる。例 추위서 몸을 ~. 寒くて身をすくめる。／옹그리고 앉다. うずくまって座る。
옹글다 ❶ (壊れたり欠けたところなく)そっくりそのままである｜完全である。❷ 堅実だ。
옹굿-옹굿【副】ぎつぎつ。
옹기(甕器)【명】陶器。例 ~ 가마 陶器の焼き釜／~ 전 陶磁器店。
옹기-그릇(甕器—)【명】陶器の器。
옹기옹기【副】小さいものがたくさん集まっているさま。
옹기-장수(甕器—)【명】陶器屋｜陶器商。
옹기-장이(甕器匠—)【명】焼き物師｜陶工。例 ~는 조용히 가마 속으로 들어갔다. 焼き物師は静かに釜の中に入って行った。=도공
옹기-종기【副】(大きさの違うものが)不揃いに集まっているさま。
옹달-샘【명】小さな泉。
옹달-우물【명】口が狭い井戸。
옹당이【명】雨や大水でできた水たまり。
옹동고라-지다[자] すっかり萎みよじれる｜(内側に)反り返る。
옹-동이(甕—)【명】小形の瓶。
옹두라지【명】木の小さい瘤・節。
옹두리 ❶ 木の瘤｜木の節。❷ 膝蓋骨。
옹두리-뼈 膝蓋骨。
옹립(擁立)【명】擁立。
　옹립-하다[타] 擁立する。
옹벽(擁壁)【명】擁壁。
옹색-하다(壅塞—)【形】❶ (生活が)困窮している｜生活に貧乏して苦しい。例 지금까지 상당히 옹색한 생활을 보내왔다. 今まで非常に貧乏で苦しい生活を送ってきた。❷ (場所が)狭苦しい｜せまくるしい。例 옹색한 방에서

나왔다. 狭苦しい部屋から出てきた。❸ (考えが浅く)融通が利かない｜せせこましい。例 옹색한 사람 融通の利かない人／그런 옹색한 사고방식은 버려라. そんなせせこましい考え方は捨てなさい。
옹-생원(一生員)【명】偏狭でみみっちい人｜偏屈居士。
옹송-그리다[타] (寒さ・恐怖などで)身を縮める｜すくめる。例 사지를 옹송그리고 몸을 떨다. 四肢を縮めて体を震わせる。
옹송-크리다[타] (寒さ・恐怖などで)身を縮める｜すくめる。
옹-솥(甕—)【명】陶製の釜。
옹알-거리다[자] ❶ ぶつぶつつぶやく。❷ (乳飲み子が)ぶつぶつ言う。=옹알대다
옹알-대다[자] ☞옹알거리다
옹알-옹알【副】ぶつぶつ。
옹알-이【명】喃語。
옹이【명】木の節目。
옹잘-거리다[자] (不満などを)口の中でぶつぶつ言う。=옹잘대다
옹잘-대다[자] ☞옹잘거리다
옹잘-옹잘【副】ぶつぶつ。
옹졸-하다(壅拙—)【形】狭量で融通がきかない。例 옹졸한 생각 狭量な考え。=옹하다❶
옹종-하다【形】偏狭でみすぼらしい。=옹하다❷
옹-차다【形】☞옹골차다
옹크리다[타] 身を縮める｜うずくまる｜体をすくめる。例 몸을 옹크리고 떨다. 身を縮めて震える。
옹-하다【形】❶ 狭量で融通がきかない。=옹졸하다 ❷ 偏狭でみすぼらしい。=옹종하다
옹호(擁護)【명】擁護。
　옹호-하다[타] 擁護する。例 인권을 ~. 人権を擁護する。
옻【명】❶ 漆。例 ~이 오르다. 漆にかぶれる。❷ 漆かぶれ｜うるしまけ｜うるしかせ。
　옻(을) 타다[관용] 肌がウルシに負ける｜ウルシに負けやすい体質である。
옻-나무【(식)명】ウルシ。
옻-칠(一漆)【명】漆の塗料｜漆塗り。例 ~을 해서 검은 윤기가 돌다. 漆塗りをして黒い艶がでる。준칠

옻칠-하다재 漆を塗る。

와¹튀 ❶[많은 인파가 ~ 하고 밀려왔다] わあっと¦どっと。例 많은 인파가 ~ 하고 밀려왔다. たくさんの人波がどっと押し寄せた。/ ~ 몰려들다. どっと集まる。 ❷[많은 사람이 한꺼번에] わあっと¦どっと。例 그가 재미있어서 ~ 웃었다. 彼がおもしろくてどっと笑った。/ ~ 하고 소리치다. わあっと叫ぶ。

와²감 ☞'우아'의 준말.

와³조 ❶[둘 이상의 사물이나] ―と¦―に。例 사고방식이 너와 다르다. 考え方が君とは違う。/ 오랜만에 아내와 이야기하다. 久しぶりに妻と話す。/ 개는 늑대와 비슷하게 생겼다. 犬は狼に似ている。 ❷[둘 이상의 사물을] ―と。例 자유와 평등 自由と平等 / 개와 고양이를 기르다. 犬と猫を飼う。

와가(瓦家)명 ☞기와집

와각-거리다재[여럿이 서로 닿으며] がしゃがしゃと音を立てる。=와각대다

와각-대다재 ☞와각거리다

와각-와각튀 がしゃがしゃと。例 ~ 휘젓다. がしゃがしゃとかきまわす。

와그르르튀 ❶[쌓여 있던 단단한 물건이 갑자기] がらがら(と)。例 돌담이 ~ 무너지다. 石垣ががらがらと崩れる。 ❷[많은 물이 야단스레 끓을 때] ぐらぐら(と)。 ❸[우레 같은 소리가 울릴 때] ごろごろ(と)¦がらがら(と)。

와그작-거리다재[여럿이 모여 시끄럽게] どよめく¦ひしめく。=와그작대다

와그작-대다재 ☞와그작거리다

와그작-와그작튀 非常にひしめくさま。

와글-거리다재 ❶ がやがやと騒ぐ。 ❷ ぐらぐらと沸騰する。=와글대다

와글-대다재 ☞와글거리다

와글-와글튀 ❶[사람이나 벌레가 한 곳에] わいわい(と)¦がやがや(と)¦わあわあ(と)¦ざわざわ(と)。 ❷[많은 양의 액체가 자꾸 끓는] ぐらぐら(と)。例 ~ 끓고 있는 물 ぐらぐらと沸いている水。

와니스명 ☞'바니시'의 잘못.

와닥닥튀[별안간 갑자기 뛰어나가거나] 驚いて急きゅうに飛び出すさま¦だだっと。例 선생님이 들어오시자 학생들이 ~ 달아났다. 先生が入ってくると、学生達はだだっと逃げた。

와당탕튀[넓은 마루 따위에서 엎어지거나] ばたん(と)¦がたん(と)。例 ~ 소리가 시끄럽다. がたんという音がうるさい。

와당탕-거리다재 どたんばたんする。=와당탕대다

와당탕-대다재 ☞와당탕거리다

와당탕-와당탕튀 どたんばたん¦ばたんばたん。

와당탕-퉁탕튀[넓은 마루 따위에서 몹시 시끄럽게] どたんばたん(と)¦ばたんばたん(と)。例 책상이 ~ 하고 부딪쳤다. 机がどたんばたんとぶつかった。

와드득튀[단단한 것을 깨물 때 나는 소리] ばりばり。例 밥을 먹다가 돌멩이를 ~ 씹었다. ご飯を食べていたら、石をじゃりっと嚙んだ。/ 사탕을 ~ 깨물어 먹다. あめをばりばりと嚙んで食べる。

와드득-거리다재타 ばりばりと食う。=와드득대다

와드득-대다재타 ☞와드득거리다

와드득-와드득튀[단단한 것을 씹을 때 나는 소리] ばりばり(と)。

와들-와들튀[춥거나 무서워서] がたがた(と)¦わなわな(と)¦ぶるぶる(と)。例 혹된 추위에 ~ 떨다. 厳しい寒さでがたがたと震える。/ 무서워서 ~ 떨다. 怖くてがたがたと震える。준 왈왈²

와락튀[갑자기 힘껏 달려들거나] ぐいと¦にわかに¦突然¦不意に。例 ~ 껴안다. ぐいっと抱きしめる。/ ~ 잡아당기다. ぐいと引っ張る。/ ~ 달려들다. 突然飛びつく。

와르르튀 ❶[쌓이거나 된단한 물건이 갑자기] がらがら(と)。例 ~ 무너졌다. がらがらと倒れた。/ 돌덩이가 산 위에서 ~ 무너져 내렸다. 大きめの石ころが、山の上からがらがらと崩れ落ちた。 ❷[우레 같은 소리가 울릴 때] ごろごろ(と)。例 천둥이 ~ 치다. 雷がごろごろと鳴る。 ❸[많은 양의 액체가 갑자기 끓을 때] ぐらぐら(と)。 ❹[사람이나 동물이 한꺼번에] がやがや(と)¦わいわい(と)¦ざわざわ(と)¦わあわあ(と)。例 사람들이 ~ 모여들었다. 人々ががやがやと集まってきた。

와르릉튀[무너지는 소리가 요란하게] がらがら(と)。

와르릉-거리다재 がらがらと音を立てて崩れる。例 끊임없이 ~. 絶え間なくがらがら音を立てる。=와르릉대다

와르릉-대다재 ☞와르릉거리다

와르릉-와르릉튀 がらがら(と)。

와륵(←瓦礫)명 瓦礫と小石。 ❶瓦と小石。 ❷[대수롭지 않은 하찮은] 大したことのない人・もの。例 ~이지만 받아 주세요. つまらないもの

와병(臥病)명 臥病がびょう｡病臥びょうが｡

와사-등(瓦斯燈)명 ☞가스등

와삭부 かさっと。

와삭-거리다자 がさつく｜かさこそと音を立てる。=와삭대다

와삭-대다자 ☞와삭거리다

와삭-하다자 かさっという｜かさこそと音を立てる。예 와삭하는 소리와 함께 향긋한 냄새가 났다. かさっという音と共に芳ぐわしい臭いがした。

와삭-와삭부 かさかさ｜がさがさ。예 나뭇잎 소리가 ~ 난다. 木この葉はの音がかさかさとした。

와스스부 ❶ はらはら(と)｜ぱらぱら(と)｜ひらひら(と)｜はらり(と)。예 나뭇가지에서 이파리들이 ~ 떨어지다. 枝から木この葉はがぱらぱらと落おちる。❷ ぱらぱら(と)｜ばらばら(と)｜はらり(と)。

와신상담(臥薪嘗膽)명 臥薪嘗胆がしんしょうたん｡

와싹¹부 ❶ かさこそ｜かっと｜ばりっと。❷ かさっと｜ばりっと。

와싹²부 ❶ ぐっと｜ぐんと。❷ どっと。

와싹-와싹부 ぐんぐんと｜ぐいぐい。

와-와부 ❶ わあわあ(と)｜わいわい(と)｜ざわざわ(と)｜がやがや(と)。예 ~ 하고 웅성거리다. ざわざわとひしめく。❷ わあっ(と)｜どっと。예 사람들이 ~ 소리 질렀다. 人々がわあっと声を上あげた。

와이(Y·y)명〔언〕ワイ。

와이드 스크린(wide screen)연 ワイドスクリーン。예 ~으로 보면 더 실감 나는 장면 ワイドスクリーンで見みればもっと実感じっかんのわく場面ばめん。

와이-셔츠(← white shirts 조)명 ワイシャツ。

와이어-로프(wire rope)명 ワイヤロープ｜鋼索こうさく｜ワイヤ。

와이엠시에이(YMCA)명〔사〕ワイエムシーエー。

와이퍼(wiper)명 ワイパー。

와인(wine)명 ワイン。

와작-와작부 ❶ ばりばり｜もりもり。예 일을 ~ 해치우다. 仕事しごとをばりばりとやってのける。❷ ばりばり｜がりがり｜ぼりぼり。예 무

를 ~ 씹다. 大根だいこんをばりばりと噛かむ。

와전(訛傳)명 訛伝かでん。
　와전-하다타 訛伝かでんする。

와중(渦中)명 渦中かちゅう。

와지끈부 ぽきりと｜どかんと｜がちゃんと｜がたんと。예 나뭇가지가 ~ 하고 부러졌다. 木この枝えがぽきりと折おれた。
　와지끈-거리다자 しきりにがちゃんがちゃんと音を立てる。=와지끈대다
　와지끈-대다자 ☞와지끈거리다

와지끈-뚝딱부 がちゃんがちゃん(と)｜がたんがたん(と)｜どかんどかん(と)。

와지끈-와지끈부 どかんどかん｜がちゃんがちゃん｜がたんがたん。

와짝부 ぱっと｜ぐっと｜ずっと。예 머리칼이 ~ 짧아졌다. 髪かみの毛けがぐっと短みじかくなった。

와짝-와짝부 ばりばり｜がりがり｜ぼりぼり。예 오이를 ~ 먹다. キュウリをばりばりと食たべる。/ 강아지가 밥을 ~ 먹는다. 子犬こいぬがえさをばりばりと食べる。

와트(watt)명의〔물〕ワット。

와트-시(watt時)명〔물〕ワット時。

와하하부 わはは(と)｜がはは(と)｜ぎゃはは(と)。예 재미있는 장면을 보고 ~ 웃었다. おもしろい場面ばめんを見てわははと笑わらった。

와해(瓦解)명 瓦解がかい。
　와해-하다자 瓦解がかいする。예 체제가 조금씩 와해되어 가다. 体制たいせいが少しずつ瓦解していく。

왁다그르르부 ころころ(と)｜からから(と)｜ばさっ(と)。예 가방에서 책들이 ~ 하고 떨어졌다. 鞄かばんから本ほんがばさっと落おちた。

왁살-스럽다형 粗野そやだ｜乱暴らんぼうだ。

왁스(wax)명 ワックス。예 ~를 바르다. ワックスをかける。

왁시글-거리다자 込こみ合あう｜ひしめく。=왁시글대다

왁시글-대다자 ☞왁시글거리다

왁시글-덕시글부 (人じん・動物どうぶつなどが)込こみ合あって騒々そうぞうしくうごめくさま。 준왁실덕실

왁시글-왁시글부 込こみ合あうさま。

왁실-거리다자 込こみ合あう｜ひしめく。

=왁실대다

왁실-대다[자] ☞왁실거리다
왁실-덕실[부] ☞왁시글덕시글'의 준말.
왁자그르르[부] ❶【여럿이 한데 모여 시끄럽게 떠들고 웃는 소리 또는 모양】 가야가야│わいわい。 예 밖은 ~ 떠들썩하다. 外はわいわいと騒がしい。/ 아이들이 ~ 떠들며 놀고 있다. 子供たちががやがや騒ぎながら遊んでいる。❷【소문이 갑자기 나서 매우 떠들썩하거나 시끄러움】 騒々しいさま。

왁자그르르-하다[자][형] 騒々しい。 예 이상한 소문이 퍼져서 온 마을이 ~. 変な噂が広まって町中が騒々しい。

왁자지껄[부] 가야가야。
왁자지껄-하다[자][형] 多くの人が集まり大声でしゃべりまくる│大騒ぎする。 예 옆집에서 파티를 하느라고 ~. となりの家でパーティーをしていて大声でしゃべっている。

왁자-하다[형] ❶ 目が回るほど騒々しい│さんざめく。❷ うわさが村中に広まって騒々しい。

완강-하다(頑強—)[형] 頑強だ。 예 완강한 저항에 부딪히다. 頑強な抵抗にあう。
완강-히[부] 頑強に│頑として。 예 ~ 거부하다. 頑強に拒む。

완결(完結)[명] 完結。 예 시리즈 ~ シリーズ完結/ ~편 完結編。
완결-하다[타] 完結する。 예 무사히 ~. 無事完結する。/ 조사를 ~. 調査が完結する。

완고-하다(頑固—)[형] 頑固だ│かたくなだ。 예 완고한 태도 かたくなな態度/ 완고한 아버지 頑固なおやじ。
완고-히[부] 頑固に│かたくなに。

완곡-하다(婉曲—)[형] 婉曲だ。 예 완곡한 표현 婉曲な表現。
완곡-히[부] 婉曲に│遠回しに。 예 ~ 거절하다. 婉曲に断る。

완골(腕骨)[명] ☞손목뼈
완공(完工)[명] 完工。
완공-하다[타] 完工する。
완구(玩具)[명] 玩具│おもちゃ。
완구-점(玩具店)[명] 玩具店。
완급(緩急)[명] 緩急。 예 속도의 ~을 두다. 速度の緩急をつける。
완납(完納)[명] 完納。
완납-하다[타] 完納する。 예 세금을 ~. 税金を完納する。
완두(豌豆)[명] 《식》 豌豆。

완두-콩(豌豆—)[명] 豌豆。
완력(腕力)[명] 腕力。 예 ~을 행사하다. 腕力を行使する。/ ~을 휘두르다. 腕力を振るう。/ ~에 호소하다. 腕力に訴える。
완료(完了)[명] 完了。 예 준비 ~ 準備完了。
완료-하다 完了する。

완만-하다(緩慢—)[형] 緩慢だ│緩やかだ│緩い。 예 완만한 움직임 緩慢な動き/ 완만한 오르막길 緩い上り坂/ 완만한 흐름 緩やかな流れ。
완만-히[부] 緩慢に│緩やかに│緩く。

완미-하다(頑迷—)[형] 頑迷だ。 예 완미한 노인 頑迷な老人。
완벽(完璧)[명] 完璧。 예 ~을 기하다. 完璧を期する。
완벽-하다[형] 完璧だ。 예 완벽한 조건을 갖추다. 完璧な条件を備える。

완보(緩歩)[명] 緩歩│ゆっくり歩くこと。
완보-하다[자] 緩歩する│ゆっくり歩く。

완불(完拂)[명] 完納。
완불-하다[타] 完納する。 예 월부금을 ~. 月賦払いを完納する。

완비(完備)[명] 完備。 예 냉난방 ~ 冷暖房完備。
완비-하다[타] 完備する。 예 탁아실을 ~. 託児室を完備する。/ 영상 설비가 완비되어 있다. 映像設備が完備している。

완상(玩賞)[명] 鑑賞│観賞。
완상-하다[타] 鑑賞する│観賞する。

완성(完成)[명] 完成。 예 ~을 보지 못하고 죽다. 完成を見ることなく死ぬ。
완성-하다[타] 完成する。 예 설계가 완성되고 바로 생산에 들어가다. 設計が完成して、すぐ生産に入る。

완성-도(完成度)[명] 完成度。 예 ~를 높이다. 完成度を高める。
완성-품(完成品)[명] 完成品。
완수(完遂)[명] 完遂。
완수-하다[타] 完遂する│全うする│果たす│成し遂げる。 예 임무를 ~. 任務を完遂する。

완숙(完熟)[명] 完熟。
완숙-하다[타] 完熟する。 예 계란을 ~.

卵^{らん}を完熟する。

완숙-기(完熟期)圏 完熟期$^{かんじゅく き}$。

완승(完勝)圏 完勝^{かんしょう}。 예 ~을 거두다. 完勝を収める。

완승-하다재 完勝^{かんしょう}する。예 선거에서 야당이 완승했다. 選挙^{せんきょ}で野党が完勝した。/ 미국전에서 ~. アメリカ戦^{せん}で完勝する。

완역(完譯)圏 完訳^{かんやく}。

완연-하다(宛然—)협 ❶(目^{め}に見^{み}えるように)はっきりしている丨とてもはっきり現^{あらわ}れる。예 완연한 겨울 날씨 はっきり現れた冬^{ふゆ}の気候^{きこう} / 어릴 적 기억이 지금도 ~. 幼^{おさな}い頃^{ころ}の記憶^{きおく}は今^{いま}でもはっきりしている。 ❷ そっくりだ丨よく似ている。

완연-히틘 ❶ 宛然^{えんぜん}と丨はっきりと丨ありありと丨まざまざと。예 눈앞에 그녀의 모습이 ~ 떠올랐다. 目^{め}の前^{まえ}に彼女^{のじょ}の姿^{すがた}がありありと浮^{う}かんだ。❷ そっくりに丨さながら。예 딸은 점점 엄마를 ~ 닮아 간다. 娘^{むすめ}はだんだん母親^{ははおや}そっくりに似^{に}ていく。

완완-하다(緩緩—)협 緩々^{かんかん}としている丨ゆるやかだ。

완완-히틘 緩々^{かんかん}と。

완자¹圏【完子 중】ワンジャ丨ミンチにした牛肉^{ぎゅうにく}に豆腐^{とうふ}・卵^{たまご}などを混^{ま}ぜ合^{あ}わせて鉄板^{てっぱん}に丸^{まる}く焼^{や}いた食^{た}べ物^{もの}。예 한입 크기로 지진 ~ 一口^{ひとくち}サイズに焼いたワンジャ。

완-자²(卍子 중)圏 卍模^{まんも}。예 ~문 卍の模様^{もよう} / ~창 卍窓^{まんそう}。

완자-탕(一湯)圏【完子탕 중】ワンジャを入^{い}れた鍋^{なべ}。

완장(腕章)圏 腕章^{わんしょう}。예 ~을 두르다. 腕章を巻^{ま}く。/ ~을 차고 순찰하다. 腕章をつけてパトロールする。

완전(完全)圏・图 完全^{かんぜん}。예 ~ 동사 完全動詞^{どうし} / ~ 범죄 完全犯罪^{はんざい} / 연소 完全燃焼^{ねんしょう} / ~을 기하다. 完全を期^{き}する。

완전-하다협 完全^{かんぜん}だ。예 완전한 형태로 보존하다. 完全な形^{かたち}で保存^{ほぞん}する。

완전-히틘 完全^{かんぜん}に。예 ~ 실패했다. 完全に失敗^{しっぱい}した。

완전-무결(完全無欠)圏 完全無欠^{かんぜんむけつ}。

완전 변태(完全變態)圏(동)完全変態^{かんぜんへんたい}。예 애벌레, 번데기를 거쳐 ~ 하여 나비가 되었다. 幼虫^{ようちゅう}, さなぎを経^{へ}て完全変態し, チョウチョウになった。=갖춘탈바꿈・완전 탈바꿈

완전 어울림 음정(完全—音程)〈음〉完全協和音程^{かんぜんきょうわおんてい}。

완전 음정(完全音程)〈음〉完全音程^{かんぜんおんてい}。

완전 제곱(完全—)〈수〉完全平方^{かんぜんへいほう}。

완전 제곱식(完全—式)〈수〉完全平方式^{かんぜんへいほうしき}。

완전 탈바꿈(完全—)☞완전 변태

완전-화(完全花)圏 갖춘꽃

완제-품(完製品)圏 完成品^{かんせいひん}。

완주(完走)圏 完走^{かんそう}。예 마라톤의 ~를 목표로 하다. マラソンの完走を目標^{もくひょう}にする。

완주-하다재 完走^{かんそう}する。예 반드시 완주해야 한다. 絶対^{ぜったい}に完走するんだ。

완충(緩衝)圏 緩衝^{かんしょう}。예 ~기 緩衝器^{き}。

완충-하다재 緩衝^{かんしょう}する。

완충-국(緩衝國)圏 緩衝国^{かんしょうこく}。예 영세 중립국은 ~의 일종이다. 永世^{えいせい}中立国は緩衝国の一種である。

완충 장치(緩衝裝置)〈기〉緩衝装置^{かんしょうそうち}。

완충 지대(緩衝地帶)〈지〉緩衝地帯^{かんしょうちたい}。

완치(完治)圏 完治^{かんち}。

완치-하다타 完治^{かんち}する。예 암을 ~. 癌^{がん}を完治する。/ 완치될 가망은 있나요? 完治する見込^{みこ}みはあるでしょうか。

완쾌(完快)圏 全快^{ぜんかい}丨全治^{ぜんち}丨本復^{ほんぷく}。

완쾌-하다재 全快^{ぜんかい}する丨全治^{ぜんち}する丨本復^{ほんぷく}する。예 지병이 완쾌되다. 持病^{じびょう}が全快する。

완투(完投)圏 完投^{かんとう}。

완투-하다재 完投^{かんとう}する。예 연속해서 두 시합 ~. 連続^{れんぞく}して二試合^{にしあい}完投する。

완패(完敗)圏 完敗^{かんぱい}。

완패-하다재 完敗^{かんぱい}する。

완행(緩行)圏 緩行^{かんこう}丨鈍行^{どんこう}。예 ~차 緩行車^{しゃ}。

완행-하다재 緩行^{かんこう}する丨鈍行^{どんこう}する。

완행-열차(緩行列車)圏 緩行列車^{かんこうれっしゃ}丨鈍行列車^{どんこうれっしゃ}。

완화(緩和)圏 緩和^{かんわ}。예 긴장 ~ 緊張^{きんちょう}緩和。

완화-하다타 緩和^{かんわ}する。예 규제를 ~. 規制^{きせい}を緩和する。

완화-책(緩和策)圏 緩和策^{かんわさく}。

왈가닥¹圏 おてんちゃん・おきゃん。예 ~ 하나는 인기가 많다. おてんばのハナは人気^{にんき}がある。

왈가닥²틘【왈가닥의 평안도식 서부 지방의 방언의 비슷한 소리 표기】がちゃがちゃ(と)

｜かたかた(と)｜がんがん(と)｜ごんごん(と)。 준 왈각

왈가닥-거리다자 がちゃがちゃする｜がんがんいわせる。 =왈각거리다 준 왈각거리다

왈가닥-대다자 ☞왈가닥거리다

왈가닥-달가닥튀 がちゃがちゃ(と)｜かたかた(と)。 준 왈각달각

왈가닥-왈가닥튀 がちゃがちゃ(と)｜かたかた(と)。 예 천장에서 쥐들이 돌아다녀서 ~ 소리가 난다. 天井でネズミがうろうろしているせいで、かたかたと音がする。

왈각튀 '왈가닥'의 준말.

　왈각-거리다자 ☞'왈가닥거리다'의 준말. =왈각대다

　왈각-대다자 ☞왈각거리다

왈각-달각튀 ☞'왈가닥달가닥'의 준말.

왈각-왈각튀 がちゃがちゃ(と)｜かたかた(と)。

왈강-달강튀 がちゃがちゃ(と)｜かたかた(と)。 예 트렁크 안에서 물건들이 ~ 하는 소리를 내며 서로 부딪친다. トランクの中で荷物ががちゃがちゃと音を立てながらぶつかり合っている。

왈딱튀 げえっ(と)。 예 ~ 토하고 나니 뱃속이 편안해졌다. げえっと吐いたらお腹が楽になった。

왈왈튀 ざあざあ。

왈왈튀 ☞'와들와들'의 준말。

왈츠(waltz)명 (음)ワルツ。 예 ~를 추다. ワルツを踊る。 / ~를 연주하다. ワルツを演奏する。 =원무곡(圓舞曲)

왈카닥 ❶ ぎゅっと｜ぐいっと｜ぐっと。 예 ~ 문을 열다. ぐいっと戸を開ける。 ❷ どっと｜どわっと。 준 왈각

왈카닥-거리다자타 ❶ (急に食べた物を)しきりに吐き出す。 예 그녀는 수술하는 장면을 보고 왈카닥거렸다. 彼女は手術する場面を見て、しきりに吐き出した。 ❷ しきりにたくさん溢れ出る。 예 욕조의 물이 왈카닥거린다. 風呂桶の水がしきりに溢れ出る。 ❸ しきりに引っ張ったり押し付けたりする。 예 수레를 아무리 왈카닥거려도 움직이지 않는다. 車をいくら引っ張っても動かない。 ❹ (急に) 激しい感情が しきりに込み上げてくる。 예 증오심이 왈카닥거렸다. 憎しみがしきりに込み上げてきた。 ❺ しきりに丸ごと引っくり返す。 =왈카닥대다

왈카닥-대다자타 ☞왈카닥거리다

왈카닥-왈카닥튀 ぎゅっぎゅっ(と)｜ぐいぐい(と)｜ぐいっと。 예 누군가가 내 손을 ~ 잡아당겼다. 誰かが私の手をぐいぐいと引っ張った。

왈칵튀 ❶ げえっと｜おえっと。 예 술에 취해 ~ 토하다. 酒によってげえっと吐いた。 ❷ どっと｜わっと｜どわっと。 ❸ ぐいっと｜ぐっと｜どっと。 예 화가 나서 방문을 ~ 닫아 버렸다. 怒って部屋の扉をぐいっと閉めてしまった。 ❹ ぐっと｜かっと｜どっと。 예 ~ 치솟는 분노 かっと突き上がる怒り / 설움이 ~ 솟구치다. 悲しみがぐっと突き上げてくる。 ❺ 急に引っくり返るさま。

왈칵-하다형 非常にせっかちだ。 예 그녀는 왈칵하는 성미가 있다. 彼女は非常にせっかちな性質がある。

왈칵-왈칵 ❶ げえげえ。 예 갑자기 속이 안 좋아서 ~ 토해 냈다. 急に気持ち悪くなって、げえげえと吐き出した。 ❷ ぐいっと｜ぎゅっぎゅっと。 예 어머니는 나를 ~ 끌어안았다. 母が私をぎゅっぎゅっと抱きしめた。 ❸ どぼどぼと｜どっと。 예 눈물이 ~ 쏟아졌다. 涙がどっと溢れた。 ❹ どっと。 예 큰 파도에 보드가 ~ 뒤집어졌다. 大波にボートがどっと引っくり返った。 ❺ 大柄な物同士が手荒くぶつかり合うさま。 ❻ かっかと。 예 왜인지 아버지는 항상 ~ 화를 내신다. なぜか父はいつもかっかと怒っている。

왈패(-牌) 言動がふしだらで騒々しい人。

왕(王)명 王｜王様｜国王。 예 백수의 ~ 百獸の王。

왕²(王)❶ 왕밤 大きな栗 / 왕개미 大蟻。 ❷ 왕고모 大伯母様；大叔母様。

-왕³(王)집 —王。 예 홈런왕 ホームラン王 / 저축왕 貯金王。

왕-감(王一)圀 非常に大きな柿。

왕-겨(王一)圀 粗糠。籾殻。

왕-고집(王固執)圀 意地っ張り。예 그는 툭하면 ~을 쓴다. 彼はともすると強い我を張る。/ 남동생은 상당한 ~이다. 弟はかなりの意地っ張りだ。

왕-골圀【식】ワングル。예 ~ 껍질 ワングルの皮。

왕골-논圀 ワングルを植える田。

왕골-속圀 ワングルの茎の中身。

왕골-자리圀 ワングルの莫蓙。

왕관(王冠)圀 王冠。예 ~을 쓰다. 王冠をかぶる。

왕국(王國)圀 王国。

왕궁(王宮)圀 王宮。

왕권(王權)圀 王権。예 ~신수설 王権神授説。

왕녀(王女)圀 王女。

왕년(往年)圀 年年;昔;往時。예 ~의 명작 往年の名作/ ~의 인기 年年の人気。=왕세

왕눈-이(王一)圀【눈이 큰 사람】目の大きい人。

왕당(王黨)圀 王党。예 ~파 王党派。

왕-대(王一)圀 真竹。예 ~ 밭으로 들어가 죽창을 만들다. マダケの畑に入って竹槍を作る。

왕도¹(王都)圀 王都;都;首都。

왕도²(王道)圀 王道。

왕래(往來)圀 往来。❶行き来。예 ~가 빈번하다. 往来がはげしい。❷つきあい。예 두 집안 사이는 ~가 있다. 両家の間は往来がある。

왕래-하다재 往来する;行き来する;つきあう。예 가깝게 ~. 親しく往来する。

왕릉(王陵)圀 王陵。

왕림(枉臨)圀 来臨;枉駕;=내림².

왕림-하다재 来臨する;枉駕する。

왕명(王命)圀 王命。예 ~을 받다. 王命を受ける。/ ~에 따르다. 王命に従う。/ ~을 거스르다. 王命に逆らう。

왕-모래(王一)圀 粒の大きい砂。

왕-못(王一)圀 大きい釘。

왕-바위(王一)圀 大きな岩。

왕-밤(王一)圀 大きい栗。

왕-방울(王一)圀 大きい鈴。예 눈 大目玉眼; どんぐり眼。

왕-뱀(王一)圀 ❶大蛇。❷王蛇。

왕-벌圀 ❶熊蜂。❷雀蜂。=말벌

왕복(往復)圀 往復。行き帰り。예 ~ 승차권 往復乗車券/ 차표 往復切符/ ~ 기관 往復機関。

왕복-하다재 往復する。예 두 시간이면 왕복할 수 있다. 二時間あれば往復できる。

왕비(王妃)圀 王妃;后;王侯。=왕후

왕사(往事)圀 往時;昔のこと。

왕-새우(王一)圀【동】(伊勢海老·箱海老などの)大海老。

왕생(往生)圀【종】【불】往生。예 극락 極楽往生。

왕성-하다(旺盛一)曽 旺盛だ;盛んだ。예 왕성한 식욕 旺盛な食慾/ 혈기가 왕성한 젊은이 血気盛んな若者。

왕성-히튀 旺盛に;盛んに。

왕세(往歲)圀 ☞왕년(往年)

왕-세자(王世子)圀 王世子;太子。예 ~비 王世子妃; 太子妃。(尊세자(世子))

왕-소금(王一)圀 粗塩。

왕손(王孫)圀 王孫。

왕수(王水)圀【화】王水。

왕시(往時)圀 往時;昔。

왕신圀【성질이 비뚤어져 여긴 사람】ひねくれた資質でなかなか近づきにくい人;つむじ曲がり。예 저런 ~을 보았나. 何というつむじ曲がりの人間だろう。

왕실(王室)圀 王室;王家。예 ~의 관습을 따르다. 王室のしきたりに従う。

왕-왕¹튀【개가 멍멍 짖는 소리】わんわん。예 아이가 ~ 울고 있다. 子供がわんわんと泣いている。/ 환성이 ~ 울려 퍼지다. 歓声がわんわんと鳴り響く。

왕왕-거리다재 わんわんと騒ぎたてたり泣いたりする;大声でわあわあ喚く。예 소풍 온 학생들 때문에 공원이 왕왕거렸다. 遠足に来た生徒たちのため、公園から騒ぎ立てる声がした。/ 뭘 그렇게 왕왕거리냐? 何をわあわあ喚いているんだ。=왕왕대다

왕왕-대다재 ☞왕왕거리다

왕왕²(往往)튀 往往;しばしば。예 ~ 있는 일 往往にあること/ ~ 찾아가다. しばしば訪れる。

왕위(王位)圀 王位。예 ~에 오르다. 王位につく。

왕자¹(王子)圀 王子。예 비운의 ~ 悲運の王子/ 멋진 ~님을 찾다. 素敵な王子様を探す。

왕자(王者)〔명〕王者ᠠᠠ。〔예〕밀림의 ~ 密林ᠠᠠ の王者。

왕정(王政)〔명〕王政ᠠᠠ。~ 복고 王政復古ᠠᠠ。

왕조(王朝)〔명〕王朝ᠠᠠ。〔예〕~ 시대 王朝時代ᠠᠠ。/ ~ 문학 王朝文学ᠠᠠ。

왕족(王族)〔명〕王族ᠠᠠ。

왕좌(王座)〔명〕王座ᠠᠠ。〔예〕~ 에 오르다. 王座につく。/ ~ 를 지키다. 王座を守る。/ ~ 를 빼앗다. 王座を奪う。

왕-지네(王-)〔동〕鳶頭百足ᠠᠠ。

왕진(往診)〔명〕往診ᠠᠠ│来診ᠠᠠ。
　왕진-하다〔타〕往診ᠠᠠする│来診ᠠᠠする。

왕창〔부〕とてつもなく大規模ᠠᠠに│物凄ᠠᠠく│度外ᠠᠠれに。〔예〕이 가게는 ~ 비싸다. この店はとてつもなく高い。/ 그는 ~ 취해서 소란을 피웠다. 彼は物凄く酔っ払って騒ぎ立てた。

왕청-스럽다〔형〕大差ᠠᠠがあるようだ│へだたりが大ᠠᠠきいようだ。

왕초(王-)〔명〕(乞食ᠠᠠ･屑拾ᠠᠠいなどの)親分ᠠᠠ│頭ᠠᠠ。〔예〕그는 타고난 근성과 뛰어난 싸움 실력으로 그 지역 불량배들의 ~ 가 되었다. 彼は生まれつきの根性ᠠᠠと優れた喧嘩ᠠᠠの実力ᠠᠠで、その地域ᠠᠠの不良ᠠᠠたちの頭ᠠᠠになった。

왕-콩(王-)〔명〕大ᠠᠠきい豆ᠠᠠ。

왕-파리(王-)〔명〕☞쉬파리

왕후(王后)〔명〕☞왕비(王妃)

왜¹〔부〕なぜ│どうして│何ᠠᠠで│なにゆえ。〔예〕~ 못 가? どうして行けないの。/ ~ 그럴까? 何でだろう。/ 지진은 ~ 일어나는 걸까요? 地震ᠠᠠはなぜ起きるのでしょうか。

왜²〔감〕ほら。〔예〕~, 그 사람은 항상 혼자서 행동하잖아. ほら、あの人ᠠᠠはいつも一人ᠠᠠで行動ᠠᠠするじゃないか。/ ~, 저기 있잖아. ほら、あそこにあるじゃないか。

왜³(倭)〔명〕❶倭ᠠᠠ│倭国ᠠᠠ│倭人ᠠᠠ。❷日本ᠠᠠの│日本式ᠠᠠ。〔예〕~ 된장 日本式の味噌。

왜가리〈동〉青鷺ᠠᠠ。〔예〕~ 가 개울에 서서 긴 부리로 물고기를 잡고 있다. アオサギが小川ᠠᠠに立ち、長いくちばしで魚ᠠᠠを捕まえている。

왜각-대각〔부〕がちゃがちゃ(と)│がちゃんがちゃん(と)│ぱりんぱりん(と)│ばりんばりん(と)。〔예〕그릇이 깨지면서 ~ 소리가 났다. お皿が割れながらがちゃがちゃと音がした。

왜-간장(倭-醬)〔명〕(日本式ᠠᠠの)醬油ᠠᠠ。

왜곡(歪曲)〔명〕歪曲ᠠᠠ。
　왜곡-하다 歪曲ᠠᠠする。〔예〕왜곡하여 보도하다. 歪曲して報道ᠠᠠする。

왜골〔명〕大ᠠᠠきい体格ᠠᠠをしていて、言行ᠠᠠがつつましやかではない人ᠠᠠ。〔예〕하는 짓이라곤 ~ 이 따로 없군. することといったら粗暴ᠠᠠなことしかないね。

왜구(倭寇)〔명〕〔역〕倭寇ᠠᠠ。
왜국(倭國)〔명〕〔역〕倭国ᠠᠠ。
왜군(倭軍)〔명〕倭国ᠠᠠの軍隊ᠠᠠ。

왜냐-하면〔부〕なぜかというと│なぜならば。〔예〕~ 지금까지 나는 결혼에 대해서 심각하게 생각한 적이 없기 때문입니다. なぜかというと、今ᠠᠠまで私ᠠᠠは結婚ᠠᠠについて深く考えたことがないからです。/ ~ 아직 어린아이이기 때문이다. なぜならば、まだ子供ᠠᠠだからだ。/ ~ 요즘은 해가 짧아졌기 때문이다. なぜかというと、この頃ᠠᠠは日ᠠᠠが短くなったからだ。

왜-놈(倭-)〔명〕倭人ᠠᠠ。
왜-말(倭-)〔명〕倭語ᠠᠠ。
왜-바람(倭-)〔명〕あっちこっちから吹きまくる風ᠠᠠ。
왜병(倭兵)〔명〕昔ᠠᠠの倭国ᠠᠠの兵ᠠᠠ。
왜소-하다(矮小-)〔형〕矮小ᠠᠠだ│背が低い。

왜왜〔부〕ひゅうひゅう(と)│ぴゅうぴゅう(と)│びゅうびゅう(と)。〔예〕폭풍이 ~ 하고 몰아친다. 暴風ᠠᠠがぴゅうぴゅうと吹く。

왜인(倭人)〔명〕倭人ᠠᠠ。
왜적(倭敵)〔명〕敵国ᠠᠠとしての日本･日本人ᠠᠠ。
왜정(倭政)〔명〕日本ᠠᠠ統治下ᠠᠠの政治ᠠᠠ。=일정(日政)

왜죽-왜죽〔부〕手を横に振りながら早く歩くさま。〔예〕할머니가 ~ 걷고 있다. お祖母さんが手を振りながら歩いている。

왜쭉-거리다〔자〕(すぐ)ぷいと腹を立てる。=왜쭉대다
왜쭉-대다〔자〕☞왜쭉거리다
왜쭉-비쭉〔부〕ちょっとしたことで腹を立てて口をとがらすさま。
왜쭉-왜쭉〔부〕ちょっとしたことで腹を

立てて口をとがらすさま。[예] ~ 성내다. ぷいと腹を立てる。

왜퉁-스럽다[형] 普通でない ¦ かなり変わっている。[예] 그 사람은 왜퉁스러운 구석이 있다. その人にはかなり変わった一面がある。

왜틀-비틀[부] 【몸을 몹시 흔들면서 걷는 모양】 よろよろ(と) ¦ よたよた(と)。

왝[부] ❶【토하는 소리 또는 모양】げえっと ¦ おえっと。[예] ~ 구역질을 했다. げえっと嘔吐した。/ 헛구역질을 ~ 하다. 空嘔をげえっとする。❷【왜가리 등이 우는 소리】があっと ¦ ぎゃあっと ¦ ぐえっと。[예] 왜가리가 ~ 하고 울었다. 青鷺ががあっと鳴いた。

왝-왝[부] ❶【잇따라 토하는 소리 또는 모양】げえげえ(と) ¦ おえおえ(と) ¦ おええっ(と)。[예] 속이 안 좋아서 ~ 하고 토했다. お腹の調子がよくなくて、げえげえと吐いた。❷【왜가리 등이 잇따라 우는 소리】があがあ(と) ¦ ぐえっぐえっ(と)。

왝왝-거리다[자] ❶しきりにげえげえと吐く ¦ 吐き続ける ¦ しきりにえずく。[예] 더러운 것을 보고 ~. 汚いものを見てしきりに吐く。/ 멀미를 해서 ~. 乗り物酔いして、げえげえと吐く。❷(青鷺が)しきりに鳴く ¦ 鳴き続ける。[예] 물가에서 오리가 ~. 水辺でアヒルががあがあとしきりに鳴く。=왝왝대다

왝왝-대다[자] ☞왝왝거리다

왱[부] ❶【강한 바람이 가는 전깃줄 등에 부딪쳐 울리는 소리】びゅん(と) ¦ ひゅん(と)。❷【작은 날벌레 등이 빠르게 날아가는 소리】ぶん(と) ¦ ぶうん(と) ¦ びゅん(と) ¦ びゅうん(と)。[예] 벌레들이 ~ 지나간다. 虫がぶんと過ぎる。

왱강-댕강[부] ☞'왱그랑댕그랑'의 준말.

왱그랑-거리다[자][타] ちりんちりんと鳴る。=왱그랑대다

왱그랑-대다[자][타] ☞왱그랑거리다

왱그랑-댕그랑[부] 【작은 방울 등이 흔들려 부딪치며 울리는 소리】ちりんちりん(と) ¦ りんりん(と)。[준]왱강댕강

왱그랑-왱그랑[부] 【작은 방울 등이 흔들리며 잇따라 부딪쳐 내는 소리】ちりんちりん(と) ¦ りんりん(と)。

왱댕[부] 【요란스럽게 떠드는 소리 또는 모양】わいわい ¦ がやがや。

왱댕그랑[부] 【얇은 쇠붙이 등이 요란스럽게 마구 부딪치는 소리】ちゃりんちゃりん。

왱-왱[1][부] ❶【강한 바람이 가는 전깃줄 등에 잇따라 부딪쳐 울리는 소리】(強い風が電線などにしきりにぶつかって)ひゅうひゅう(と) ¦ ぴゅうぴゅう(と) ¦ びゅうびゅう(と) ¦ びゅんびゅん(と) ¦ ひゅんひゅん(と)。❷【작은 날벌레 등이 잇따라 빠르게 날아가는 소리】(ハチなどが)ぶんぶん(と) ¦ びゅんびゅん(と) ¦ びゅびゅん(と)。

왱왱-거리다[자] ❶びゅんびゅんと音を立てる ¦ ひゅうひゅうと吹き抜ける。❷飛び回る ¦ ぶんぶんとうなる ¦ ぶんぶんと鳴る ¦ びゅんびゅんと飛んでいく。[예] 시끄럽게 왱왱거린다. うるさくぶんぶんいってる。/ 벌들이 왱왱거리면서 머리 위를 지나간다. ハチがぶんぶんいいながら頭の上を通りすぎる。=왱왱대다

왱왱-대다[자] ☞왱왱거리다

왱-왱[2][부] 高くてきれいな声ですらすら本を読む音。

외[1][명] 《식》【'오이'의 준말】胡瓜。

외 덩굴에 가지 열릴까[속담] キュウリの蔓にナスビはならぬ：〔日〕カエルの子はカエル。

외[2](外)[의] 外 ¦ 以外。[예] 그 ~의 사람 その外の人 / 저 ~ 3명이 참가합니다. 私以外三人で参加します。

외-[3][접] 【'혼자인', '하나인', '한쪽에 치우친'의 뜻】 [예] 외나무다리 一本橋 / 외아들 一人息子。

외-[4](外)[접] ❶【모계 혈족 관계임】外— ¦ 母方の—。[예] 외할머니 外祖母；母方の祖母。❷【밖·바깥의 뜻】外— ¦ 外側の—。[예] 외분비 外分泌 / 외출혈 外出血。

외가(外家)[명] 母の実家。=외갓집

외-가닥[명] 一筋 ¦ 一本より。

외가-댁(外家宅)[명] 【'외가'를 높여】母の里 ¦ 母のご実家。

외각[1](外角)[명] 外角。

외각[2](外殼)[명] 外殼。

외갓-집(外家—)[명] ☞외가(外家)

외견(外見)[명] ☞외관(外觀)

외-겹[명] 一重。

외겹-실[명] ☞외올실

외계(外界)[명] 外界。

외계-인(外界人)[명] 【지구 이외의 우주에 존재한다고 하는 지적인 생명체】宇宙人。◈일본어에서 「宇宙人」은 '외계인'의 뜻이고, '우주 비행사'를 말할 때는 「宇宙飛行士」라고 한다.

외-고집(—固執)[명] えこじ ¦ 片意地 ¦ 意地っ張り ¦ 強情っぱり ¦ 意固地。[예] ~쟁이 頑固者 / ~을 부리다. 意地を張る。/ 그의 ~은 이만저만이 아니다. 彼の強情さは並大抵ではない。/ 그 사람의 ~은 누구도 따라올 수 없다. その人の強情はだれもまねできない。

외-골목[명] 袋小路。

외-곬圏 ❶一方ほうにだけ通つうじた道みち。❷一向いっき｜ひたむき｜一筋ひとすじ｜一途いっと。例～で 생각하다. 一向きに考かんがえる；一筋に思おもい詰つめる；一途に思い込こむ。

외과(外科)圏《의》外科げか。

외과-의(外科醫)圏《의》外科医げかい。

외-과피(外果皮)圏 外果皮がいかひ。

외곽(外郭)圏 外郭がいかく。例～ 단체 外郭団体がいかくだんたい。

외관(外觀)圏 外観がいかん｜見みかけ｜体裁ていさい｜外見がいけんなど｜うわべ。例건물의 ～ 建物たてものの外観／～을 꾸미다. 外見をつくろう。=외견

외교(外交)圏《정》外交がいこう。例～ 문서 外交文書がいこうぶんしょ／～ 사절 外交使節がいこうしせつ／～ 정책 外交政策がいこうせいさく。

외교-가(外交家)圏 外交家がいこうか。

외교-관(外交官)圏《법》外交官がいこうかん。

외교-술(外交術)圏 外交術がいこうじゅつ。

외구(外咎)圏 ☞외적(外敵)

외국(外國)圏 外国がいこく。例～산 外国産がいこくさん／～영화 外国映画がいこくえいが／～ 자본 外国資本がいこくほん。

외국-어(外國語)圏 外国語がいこくご。

외국-인(外國人)圏 外国人がいこくじん。例～ 학교 外国人学校がいこくじんがっこう。 ⺠외인

외국-환(外國換)圏 外国為替がいこくかわせ。

외근(外勤)圏 外勤がいきん。

　외근-하다函 外勤がいきんする。

외기(外氣)圏 外気がいき。例～권 外気圏がいきけん。

외-기러기圏 孤雁こがん。

외-길圏 一本道いっぽんみち｜一筋道ひとすじみち。

외길-목圏 数本すうほんの道から一本道いっぽんみちに入はいる入口いりぐち。

외-꼬부랑이圏 曲まがったかっこうのよくないキュウリ。例이번 오이는 전부 ～다. 今回こんかいのキュウリは全部ぜんぶ曲がっている。

외나무-다리圏 一本橋いっぽんばし｜丸木橋まるきばし。

외-눈圏 ☞애꾸눈

외눈-박이圏 ☞애꾸눈이

외다他 ❶避さけて場所ばしょを横よこに移うつす。❷避けて逃にげる。

외다他 暗記あんきする｜覚おぼえる｜記憶きおくする。例공식을 ～. 公式こうしきを暗記する。／학생의 이름과 얼굴을 ～. 生徒せいとの名前なまえと顔かおを覚える。

외다²圏 (心こころが)ねじけている。

외-대圏 (木き・草くさなどの)一本いっぽんの幹みき｜一本の茎くき。

외-대다他 事実じじつと反対はんたいに言いってやる。

외대다²他 ❶おろそかにする｜冷遇れいぐうする。❷忌いみ嫌きらって遠とおざける。

외대-박이圏 ❶一本いっぽんマストの船ふね。❷(白菜はくさい・大根だいこんなどの)一株ひとかぶを一束ひとたばにしたもの。

외-돌토리圏 一人ひとりぼっち｜独ひとり身み｜孤児こじ。=외톨이 ⺠외톨

외동-딸圏【외동이딸의준말】一人娘ひとりむすめ。

외-둥이圏【외동이의준말】一人息子ひとりむすこ。

외등(外燈)圏 外灯がいとう。=옥외등

외-따님圏【외동이따님의높임말】一人娘ひとりむすめさん。

외-따로副 一人ひとりぼっちに｜一つだけ別べつに｜ぽつんと。

외-따롭다圏 人里ひとざとから離はなれているようだ｜一人ひとりだけ離れているようだ。

　외따로이副 人里ひとざとから離れて｜一人ひとりだけ離れて。

외딴冠 ただ一つの｜人里ひとざとから離はなれた。例～ 마을 人里離れた村むら／～ 방 他ほかの部屋へやから遠とおく離れている部屋；離はなれ。

외딴-집圏 一軒家いっけんや。例조용한 ～ 静しずかな一軒家。

외-딸圏 一人娘ひとりむすめ。=독녀

외-딸다圏 かけ離はなれている｜人里ひとざとから離はなれている。

외-떡잎圏《식》単子葉たんしよう。例～식물 単子葉植物たんしようしょくぶつ。=단자엽

외람-되다(猥濫—)圏 僭越せんえつである｜身分みぶん不相応ふそうおうである｜おこがましい。例외람되지만 … 僭越ながら…／외람된 표현 僭越な言いい方かた。

　외람되-이副 僭越せんえつにも｜おこがましくも。

외래(外來)圏 外来がいらい。例～ 문화 外来の文化ぶんか／～ 사상 外来思想がいらいしそう。

외래-어(外來語)圏《어》外来語がいらいご。

외래-종(外來種)圏 外来種がいらいしゅ。

외래 하천(外來河川) 外来河川がいらいかせん。

외래 환자(外來患者)《의》外来患者がいらいかんじゃ。

외려副【외오려의준말】かえって｜むしろ。

외력(外力)圏 外力がいりょく。例～이 가해지다. 外力が加くわわる。

외로副 ❶左ひだりに｜左側ひだりがわに｜左の方ほうに。例고개를 ～ 돌리다. 首くびを左に回まわす。❷斜ななめに｜はすかいに。

외로움圏 寂さびしさ｜孤独こどく。例～이 뼈에 사무치다. 寂しさが骨身ほねみに染しみる。

외롭다圏 (頼たよりなくて)心細こころぼそい｜寂さび・ま

しい｜孤独ぎ。例 그는 외로운 사람이다. 彼は孤独な人だ。／외롭게 홀로 살다. 寂しく一人ぼっちで暮す。／얼굴이 오늘은 왠지 외롭게 보인다. 今日はなぜか顔が寂しそうに見える。

외로이閉 心細く｜寂しく｜ぽつんと。例 혼자 ～ 밸런타인데이를 보내다. 一人で寂しくバレンタインデーを過ごす。

외-마디图 ❶ 一言｜一声。 ❷ 一節。

외면¹(外面)图 外面｜見た目｜うわべ。例 ～ 묘사 外面描写／～은 금실이 좋아 보이는 부부 見た目は仲のよさそうな夫婦。

외면²(外面)图 顔をそむけること｜目をそらすこと｜無視。
  외면-하다自他 顔をそむける｜目をそらす｜そっぽを向く｜無視する。例 남의 아픔을 외면해 버리다. 人の痛みから顔をそむけてしまう。

외면-적(外面的)冠图 外面的。

외면-치레(外面—)图 見せかけ｜うわべの飾り。

외모(外貌)图 外貌｜外見など。例 ～를 꾸미다. 外見をつくろう。

외목-장수图 一手に商売をする人｜独占商売人。例 지금 ～로 장사하겠다는 거야? 今、独占商売人として商売をするということなのか。

외무(外務)图 外務。

외-바퀴图 一つの輪｜片輪。例 ～ 차 一輪車。

외박(外泊)图 外泊。
  외박-하다自 外泊する。例 무단으로 ～. 無断で外泊する。

외-발图 片方の足。例 ～뛰기 片足飛ばしとび。

외발-제기图 片足で蹴るチェギ(제기)。

외방(外方) ☞외지(外地)❶

외-밭图 胡瓜や真桑瓜などの畑。

외벽(外壁)图〈건〉外壁。

외변(外邊)图 外辺｜外側｜外面。

외부(外部)图 外部｜外側｜外。例 ～ 감사 外部監査／～에 알려지다. 外部に知れる。

외분비-선(外分泌腺)图〈의〉外分泌腺。

외빈(外賓)图 外賓。例 ～을 영접하다. 外賓を迎えもてなす。

외-사촌(外四寸)图 母の兄弟の息子・娘｜いとこ｜そといとこ。＝외종。

외-삼촌(外三寸)图 ☞외숙・외숙부。

외삼촌-댁(外三寸宅)图 ❶母方のおば｜外叔の妻。＝외숙모 ❷母方のおじの家。

외상¹图 つけで買うこと｜掛け｜掛け売り。例 ～값 掛け値／～ 장부 掛け売り帳；通い帳／이 가게는 ～을 받는다. この店はつけがきく。／～으로 물건을 사다. つけで買い物をする。
  외상이면 소도 잡아먹는다俗 つけなら牛だとて屠って食べる。〔日〕後は野となれ山となれ。

외-상²(一床)图 一人用の膳。

외상³(外相)〈법〉外相｜外務大臣。

외상⁴(外傷)图〈의〉外傷。例 ～을 입다. 外傷を負う。

외상-없다 少しも間違いない。
  외상없-이閉 少しも間違いなく。

외선(外線)图 外線。

외설(猥褻)图 猥褻。例 ～물 猥褻物／～죄 猥褻罪。

외설-적(猥褻的)冠图 猥褻的。例 ～인 행위 猥褻な行為／～인 그림 猥褻な絵。

외성(外城)图 外城｜城の外廓。

외세(外勢)图 ❶外国の勢力。 ❷外の情勢。

외-손¹ 片手。

외손²(外孫)图 外孫など。

외-손녀(外孫女)图 外孫など｜娘が産んだ女の子。

외-손뼉图 片手の掌・ぴら。
  외손뼉이 울지 못한다俗 片手の掌では鳴らし難し。

외-손자(外孫子)图 外孫など｜娘が産んだ男の子。

외-손잡이图 ❶片手利き。例 그는 ～라 양손으로 노 젓는 일은 서툴다. 彼は片手利きなので、両手で櫓を漕ぐのは下手だ。 ❷【競】技に優れた人が片方の手だけで勝負すること。

외손-질图 片手で仕事をすること。例 ～로 일하다. 片手で仕事をする。
  외손질-하다自 ❶片手だけ使う。 ❷ひったくる。

외숙(外叔) 명 ☞외삼촌
외-숙모(外叔母) 명 ☞외삼촌댁❶
외-숙부(外叔父) 명 ☞외삼촌
외식(外食) 명 外食。
외신(外信) 명 外信。
외심(外心) 명 《수》外心。| 三角形の外接円の中心。
외-씨 명 《식》きゅうりの種。예 ~가 크다. キュウリの種が大きい。
외-아들 명 一人息子。
외알-박이 명 (豆粒銃弾・眼鏡などの)玉を一つだけ入っているもの。
외압(外壓) 명 外壓。정치적 ~ 政治的な外圧。
외야(外野) 명 《운》外野。
외야-수(外野手) 명 《운》外野手。예 ~의 활약이 두드러진 경기 外野手の活躍が目立った競技。
외양(外樣) 명 見かけ | 外見など | うわべ。예 ~만으로는 알 수 없다. 見かけだけでは分からない。
외양-간(一間) 명 牛小屋 | 牛舎 | 馬小屋。
외어-서다 자 ❶ 道をよける。❷方向を変えて立つ。예 자동차가 와서 외어섰다. 自動車が来てわきによけた。
외연(外延) 명 《논》外延。
외연 기관(外燃機關) 명 《기》外燃機関。
외염(外炎) 명 外炎。| 炎の外側の部分。| 酸化炎とも。
외-올 명 (糸・縄などをより合わせる前の)一筋 | 一本。
외올-실 명 片縒 | 一本撚の糸と。=외겹실
외용¹(外用) 명 外用。
　외용-하다 타 外用する。
외용²(外容) 명 外容 | うわべの形。
외용-약(外用藥) 명 《의》外用薬。
외우(外憂) 명 外憂。
외우다 ❶ 暗記する | 覚える | 記憶する。예 연표를 ~. 年表を暗記する。/영어 단어를 ~. 英語の単語を覚える。❷となえる | そらんじる。예 주문을 ~. 呪文をとなえる。준외다
외유(外遊) 명 外遊。
외유-내강(外柔內剛) 명 外柔内剛。
외-음부(外陰部) 명 《의》外陰部。
외이(外耳) 명 《의》外耳。
외인(外人) 명 外人。❶ 他人 | 部外者。예 ~ 출입 금지 部外者たち入り禁止。❷外国人。예 ~ 부대 外人部隊。

외자(外資) 명 外資。예 ~ 도입 外資導入。
외-자식(一子息) 명 一人子 | ひとりっこ。
외적¹(外的) 관 外的。예 ~ 조건 外的条件。
외적²(外敵) 명 外敵。예 ~을 물리치다. 外敵をしりぞける。=외구
외전(外電) 명 外電。
외접(外接) 명 《수》外接。
　외접-하다 자 外接する。예 삼각형에 외접하는 원 三角形に外接する円。
외접-구(外接球) 명 《수》外接球。
외접 다각형(外接多角形) 명 《수》外接多角形。
외접-원(外接圓) 명 《수》外接円 | 円や多角形に外接する円。
외-조모(外祖母) 명 ☞외할머니
외-조부(外祖父) 명 ☞외할아버지
외종(外從) 명 ☞외사촌
외주(外注) 명 《경》外注 | アウトソーシング。예 ~를 주다. 外注に出す。
외주물-집 명 庭がなく家の中が丸見えの粗末な家屋。
외-줄 명 一本の線 | 単線 | 一筋。
외-줄기 명 ❶一筋 | 一本筋。❷枝のない茎。
외지(外地) 명 外地。❶よその地方。=외방 ❷外国。❸(本国に対して)植民地。
외-지다 형 へんぴだ | ひっそりしている | 人里離れている。예 외진 곳에 살다. へんぴなところに住む。
외-짝 명 片方 | 片一方 | 片側。
외짝-다리 명 ❶片足 | 一方の足。❷【의】片足 | 足が一本ない人。❸【상】片足のもの。
외-쪽 ❶(相対しているものの)片方。예 ~ 미닫이 一枚の障子。❷たった一切れ。
외쪽-생각 명 片想い。예 ~은 오해를 불러일으키기 쉽다. 片想いは誤解を招きやすい。
외쪽-어버이 명 片親。
외-채¹ 명 一軒家。
외채²(外債) 명 《경》外債。
외챗-집 명 一軒家 | 一戸建ての家。예 ~도 겨우 장만했다. 一戸建ての家をやっとのことで準備した。

외처(外處)【명】他所。他郷。
외척(外戚)【명】外戚。母方の親戚。
외촌(外村)【명】よその村。
외출(外出)【명】外出。出かけ。예 ~ 중 外出中/ ~증을 만들다. 外出証を作る。
　외출-하다(자) 外出する。出かける。예 엄마와 둘이서 ~. 母と二人で出かける。
외출-복(外出服)【명】外出着。
외측(外側)【명】外側。
외치(外治)【명】外交。
　외치-하다(타) 外交をする。
외치다(자) 叫ぶ。声を張り上げる。예 살려 달라고 ~. 助けてと叫ぶ。/ 수입 금지를 ~. 輸入禁止を叫ぶ。
외-탁(外—)【명】母方に似ていること。
　외탁-하다(자) 母方に似ている。
외-톨【명】❶(にんにく・栗などの)実が一つしか入っていないもの。❷一人ぼっち。独り身。孤児。
외톨-박이【명】一粒だけ入っている栗。一粒でなるにんにく。
외톨-밤【명】一つしか入っていない栗。
외-톨이 ☞외돌토리
외-통(一通)【명】(운)【제】一手詰めの王手。
외통-길(一通—)【명】一筋道。
외통-목(一通—)【명】(운)【제】一手詰めの王手になる要所の場所。
외통-수(一通手)【명】一手詰め。예 ~를 두어 이기다. 一手詰めを置いて勝つ。
외통-장군(一通將軍)【명】(운)【제】一手詰めの王手をかけること。
외투(外套)【명】外套。オーバー。
외틀어-지다(자) 一方にねじれる。左の方にねじれる。
외-팔【명】片腕。隻腕。
외팔-이【명】片腕の人。
외패부득(一覇不得)【명】(운)【제】劫を打つべきところが一か所もないこと。
외풍(外風)【명】❶【집안】すきま風。예 ~이 세다. すきま風がひどい。❷【외국】外来物の風俗。
외피(外皮)【명】外皮。
외-할머니(外—)【명】外祖母。=외조모
외-할아버지(外——)【명】外祖父。=외조부
외향-성(外向性)【명】外向性。

외형(外形)【명】外形。見かけ。예 성능은 잘 모르겠지만 ~만은 좋아 보인다. 性能はよくわからないが、外形だけはよく見える。
외-호흡(外呼吸)【명】《생》外呼吸。肺呼吸。
외화(外貨)【명】《경》外貨。
외환[1](外患)【명】外患。
외환[2](外換)【명】《경》外国為替。예 ~ 관리 外国為替管理/ ~ 시세 外国為替相場。
외환-율(外換率)【명】《경》為替レート。
외환 은행(外換銀行)《경》外国為替銀行。
왼(관) 左の。左側の。
왼-발【명】左足。
왼-소리【명】人が死んだといううわさ。
왼-손【명】左手。
왼손-잡이【명】左利き。左ぎっちょ。예 그 권투 선수는 ~에게 강했다. そのボクシングの選手は左利きには強かった。
왼-씨름【명】(운)太股の帯を右足にかけ、肩は左側にあてて組むシルム。左相撲。
왼-쪽【명】左側。左。左の方。
왼편(一便)【명】左側。左。左の方。
왼-편짝(一便—)【명】左側(のもの)。
욀-재주(—才—)【명】よく覚える才能。예 보는 재주가 있으면 ~도 있을 터이니 걱정할 것 없다. 見る才能があれば覚える才能もあるだろうから、心配することはないよ。
욀-총(—聰)【명】暗記力。記憶力。예 그 아이는 ~이 뛰어나다. その子は暗記力に優れている。
욍(부) ❶【작은 벌레나 물건이 빠르게 돌아가는 소리】ひゅうっ(と)。ぴゅうっ(と)。びゅん(と)。❷【작은 벌레 따위가 날아가는 소리】ぶん(と)。びゅん(と)。예 파리가 ~ 하고 팔에 앉았다. ハエがぶうんといって腕にとまった。❸【가는 물건・모터 따위가 빠르게 돌아가는 소리】ぶうん(と)。ぶるん(と)。
욍-욍(부) ❶【작은 벌레나 물건이 빠르게 돌아가는 소리】ひゅうひゅう。びゅうびゅう。예 찬바람이 ~ 불고 있다. 冷たい風がひゅうひゅう吹いている。❷【작은 벌레 따위가 날아다니는 소리】ぶんぶん。びゅんびゅん。예 파리가 ~ 날아왔다. ハエがぶんぶん飛んできた。/ 돌멩이가 어딘가에서 ~ 날아왔다. 小石がどこかから、びゅんびゅん飛んできた。❸【가는 물건・모터 따위가 빠르게 돌아가는 소리】

윙윙-거리다[자] ❶ひゅうひゅう吹く｜びゅうびゅう吹く。예윙윙거리는 바람 속을 걸어가다. びゅうびゅう吹く風の中を歩いて行く。❷ぶんぶんする｜びゅんびゅんする。예벌이 윙윙거리며 날아왔다. 蜂がぶんぶんしながら飛んできた。/비행기가 윙윙거리며 상공을 날고 있다. 飛行機がぶんぶんしながら上空を飛んでいる。❸ぶんぶんする｜ぶるんぶるんする。예드라이어가 윙윙거리는 소리에 잠을 깼다. ドライヤーのぶんぶんする音で目が覚めた。=윙윙대다

윙윙-대다[자] ☞윙윙거리다

요¹[명] 敷き布団。예바닥에 ~를 깔다. 床に敷き布団をしく。/~를 개다. 敷き布団を折り畳む。

요²[관] この｜これ｜ここ。예~ 시간부터 この時間から/~ 녀석 こいつ/~ 집에 살아요. この家に住んでいる。

요³[조] ❶【존칭보조사 경칭보조사】—であり—。예유명한 소설가요 정치가인 A씨 有名な小説家であり政治家のA氏/이것은 내 것이요 저것은 동생 것이다. これは私のものであり、あれは弟のものである。❷【보조사に입혀一종조사로 사용되기도 함】—です。예여기가 초등학교요. ここが小学校です。❸【의문형 종결조사】—か。예지금 출발할까요? いま出発しようか。/여기가 어디지요? ここはどこですか。❹【감탄】—ですね｜—よ。예나도 가고 싶어요. 私も行きたいです。=이요

요가(yoga 산)[명] ヨガ。

요강[명] 尿瓶｜おまる｜おかわ。

요강²(要綱)[명] 要綱。예대학 입시 ~ 大学入試の要綱。

요-거[대] これ｜こいつ。예~ 얼마예요? これいくらですか。

요건(要件)[명] 要件。

요-것[대] これ｜こいつ。예~이 문제였다. これが問題だった。/~ 참 귀엽다. こいつ、なかなかかわいい。춘요거

요격(邀擊)[명] 邀擊｜迎擊。예~ 미사일 迎擊ミサイル。=영격
　요격-하다[타] 邀擊する｜迎擊する。

요결(要訣)[명] 要訣。

요골(腰骨)[명] ☞허리뼈

요괴(妖怪)[명] ❶【요망한 귀신】妖怪｜化け物。
❷【요사스러운】よこしまで怪しいこと。
　요괴-하다[형] よこしまで怪しい。예요괴한 일이다. 怪しいことだね。

요괴-스럽다(妖怪—)[형] よこしまで怪しい。
　요괴스레[부] よこしまで怪しく。

요구(要求)[명] 要求。예시대의 ~ 時代の要求。
　요구-하다[타] 要求する。예임금 인상을 ~. 賃上げを要求する。

요구르트(yoghurt)[명] ヨーグルト。

요귀(妖鬼)[명] 妖鬼｜妖怪｜化け物。

요금(料金)[명] 料金。예전기 ~ 電気料金/버스 ~ バス代/우편 ~ 郵便料金。

요-기¹[대] ここ｜こちら。예~에서 기다리겠습니다. ここで待っています。/~에서부터 조기까지 こちらからあちらまで。

요기²(妖氣)[명] 妖気。예~가 서리다. 妖気が漂う。

요기³(療飢)[명] 腹の足し｜虫押さえ｜口しのぎ。예~가 될 만한 것이 없다. 腹の足しになるものがない。
　요기-하다[자] 腹の足しになる｜虫押さえをする｜口しのぎをする。

요긴-목(要緊—)[명] 要所。

요긴-하다(要緊—)[형] 緊要だ｜重要だ。예요긴한 이야기 緊要な話。
　요긴-히[부] 緊要に｜重要に。

요-까짓[관] これくらいの｜これしきの｜これほどの。예~ 일로 그렇게 소란을 피웠느냐? これくらいのことで、そんなに騒ぎ立てたのか。춘까짓

요-냥[부] このまま(で)。예~ 기다리고만 있을 작정이냐? このままで、いつまでも待っているつもりか。

요-다지[부] このようにも｜こんなにまでも｜こうまでも。예~ 재미있을 줄은 몰랐다. こうまでもおもしろいとは思わなかった。

요담(要談)[명] 要談。
　요담-하다[타] 要談を交わす。

요대(腰帶)[명] ☞허리띠

요도(尿道)[명] 〔의〕尿道。=오줌줄

요동(搖動)[명] 揺動｜動揺｜揺れ。
　요동-하다[자타] 揺動する｜動揺する｜揺れる｜揺るがす。예바람 때문에 배가 ~. 風のために船が揺れる。

요들(yodel)명 〈음〉ヨーデル。 예~을 부르다. ヨーデルを歌う。

요란(擾亂)명 ❶【騒亂】騒がしいこと｜騒々しいこと。 ❷【けばけばしいこと。

요란-하다형 ❶騒がしい｜騒々しい。 예요란한 시장 騒がしい市場/밖이 ~. 外が騒々しい。 ❷けばけばしい。 예차림새가 ~. 身なりがけばけばしい。

요란-히부 騒がしく｜やかましく｜けばけばしく。

요람(要覽)명 要覽よう。

요람(搖籃)명 搖籃よう｜揺り篭 かご。 예인류의 ~ 人類じんの搖籃/작은 ~에 싸이다. 小ちいさな揺り篭に抱だかれる。

요람-기(搖籃期)명 搖籃期ようらんき。

요람-지(搖籃地)명 搖籃ようらんの地ち。

요래-조래부 こうしてああして｜あれこれして。 예~ 시간만 보내다. あれこれ時間ばかりつぶす。

요략(要略)명 要略ようりゃく。
요략-하다타 要略ようりゃくする。

요량(料量)명 つもり｜見当けんとう｜推量すいりょう｜考かんがえ。 예어쩌할 ~인가? どうするつもりなのか。
요량-하다타 推量りょうりょうする｜考かんがえる。

요러요러-하다형 ああこうである｜かくかくである｜ああだこうだ。 예사건의 경위는 ~. 事件じけんのいきさつはああこうである。

요러-하다형 こうだ｜このようだ。 준요렇다

요럭-조럭부 ❶【副】どうやらこうやら｜どうにかこうにか。 예~ 일이 끝나다. どうやらこうやら仕事しごとが終おわる。 ❷【副】いつの間まにか｜知しらず知しらず。 예~ 3년이 흘렀다. いつの間にか三年さんねんが過すぎた。

요런¹관 こんな。 예~ 일은 처음이다. こんなことは初はじめてだ。

요런²감 おや｜まあ｜何なんと。 예~, 다 망쳤다. まあ, 全部ぜんぶ駄目だめになった。

요렇다형 こうだ｜このようだ｜このとおりだ。 예이 모양은 요렇게 만든다. この形かたちはこのように作つくる。

요럴-듯부 このように｜こんなに｜かくも。

요령(要領)명 ❶【核心본심】要領ようりょう｜こつ。 예~을 터득하다. 要領をのみこむ。/장사의 ~을 익히다. ❷【使用使법법방】要領ようりょう。 예~이 좋다. 要領がいい。 ❸【才】浅知惠あさぢえ。 예~을 피우다. 浅知惠を働はたらかせる。

요로(要路)명 要路ようろ。 예~를 점령하다. 要路を占領せんりょうする。/정부의 ~에 앉다. 政府せいふの要路につく。

요르단(Jordan)명 〈국〉ヨルダン。

요리¹부 こちらへ｜こちらに。 예~ 오너라. こちらへこい。

요리²부 こう｜このように。 예어쩜 ~도 예쁠까? あら, このようにきれいなのがあるか。

요리-하다¹자타 こうする｜このようにする。

요리³(料理)명 料理りょう。 예한국 ~ 韓国かんこく料理/사천 ~ 四川しせん料理/광동 ~ 広東かんとん料理。
요리-하다²타 料理りょうりする。 예두부를 ~. 豆腐とうふを料理する。

요리-사(料理師)명 料理人りょうりにん｜コック。

요리-조리부 ❶【핑계】あれこれに。 예~ 핑계대다. あれこれ言いい訳わけをする。 ❷【場所장소방향】あちらこちら｜あっちこっちに。 예~ 바쁘게 다니다. あちらこちら忙いそがしく行いく。

요릿-집(料理—)명 料理店りょうりてん｜料理屋りょうりや。 =요정²

요마(妖魔)명 妖魔ようま｜妖怪ようかい。

요마마-하다형 このくらいだ｜これくらいだ。

요-마적명 最近さいきん｜近頃ちかごろ。

요-만¹관【副】これくらい｜これしきの｜このくらい。 예~ 일로 화를 내다니. これくらいのことで怒おこるとは。

요-만²부【副】これだけで｜これくらいにして｜これくらいで。 예오늘은 ~ 하고 쉬자. 今日きょうはこれくらいにして休やすもう。

요만-조만형 並大抵なみたいていだ｜普通ふつうだ。 예값이 ~ 비싼 게 아니다. 値段ねだんがとても高たかい。

요-만큼부 これくらい｜このくらい。

요맘-때명 今頃いまごろ｜今時分いまじぶん。 예매년 ~가 되면 생각이 난다. 毎年まいとし今頃になると思おもい出でする。

요망¹(要望)명 要望ようぼう。
요망-하다타 要望ようぼうする。

요망²(遙望)명 遠とおく眺ながめること。
요망-하다타 遠とおく眺ながめる。

요망-스럽다(妖妄—)형 怪あやしく邪悪じゃあくだ。

요망-하다³(妖妄—)〖형〗怪しく邪悪だ。
요면(凹面)〖명〗凹面。
요모-조모〖명〗あれこれ。 예 문화계의 ~ 文化界のあれこれ。
요목(要目)〖명〗要目。
요물(妖物)〖명〗魔物。
요밀요밀-하다(要密要密—)〖형〗とても細密だ。
요밀-하다(要密—)〖형〗細密だ。
요-번(—番)〖명〗このたび｜今度｜今回。 예 ~만 용서해 주겠다. 今度だけ許すわ。
요법(療法)〖명〗療法。
요변-스럽다(妖變—)〖형〗怪しく気まぐれだ。
 요변스레〖부〗怪しく気まぐれに。
요부(妖婦)〖명〗妖婦。
요부²(腰部)〖명〗腰部。
요사(夭死)〖명〗夭折。
 요사-하다〖자〗夭折する。
요사-스럽다(妖邪—)〖형〗怪しげで邪悪だ。
 요사스레〖부〗怪しげで邪悪に。
요-사이〖명〗この頃｜最近｜近頃。 예 ~ 어떻게 지내십니까? この頃いかがお過ごしですか。/~ 보이지 않는다. この頃見ることができない。 준 요새
요사-하다²(妖邪—)〖형〗怪しげで邪悪だ。
요-새¹〖명〗☞'요사이'의 준말.
요새²(要塞)〖명〗要塞。
요소¹(尿素)〖명〗《화》尿素。 예 ~의 배출을 위해 소변을 꼭 봐야 한다. 尿素を排出するために、必ず小便をしなければならない。
요소²(要所)〖명〗要所。
요소³(要素)〖명〗要素。
요소 수지(尿素樹脂)〖명〗《화》尿素樹脂｜ユリア樹脂。
요술(妖術)〖명〗妖術。 예 ~을 부리다. 妖術を使う。
 요술-하다〖자〗妖術を使う。
요술-쟁이(妖術—)〖명〗魔術を使う才能がある人｜魔術師｜魔法使い。 예 ~는 만화에 많이 등장한다. 魔法使いは漫画によく登場する。
요약(要約)〖명〗要約。
 요약-하다〖자타〗要約する。 예 요약해서 말하면 … 要約して言えば…。
요양(療養)〖명〗療養。

요양-하다〖자타〗療養する。
요양-소(療養所)〖명〗療養所。
요언(妖言)〖명〗妖言。
요업(窯業)〖명〗窯業。
요연-하다(瞭然—)〖형〗瞭然としている。
요염-하다(妖艶—)〖형〗妖艶だ。
요오드(Jod 독)〖명〗《화》ヨード｜沃度｜沃素。 =옥소
요오드-팅크(← Jodtinktur 독)〖명〗《약》ヨードチンキ。 =옥도정기
요오드-포름(Jodform 독)〖명〗《화》ヨードホルム。
요오드-화(Jod化)〖명〗《화》ヨード化｜沃化。 =옥화(沃化)
요요(yoyo)〖명〗ヨーヨー。
요원(燎原)〖명〗燎原。
요원-하다(遙遠—)〖형〗遼遠だ｜遥遠だ。
요인¹(要人)〖명〗要人。 예 ~을 경호하다. 要人を警護する。
요인²(要因)〖명〗要因。 예 실패의 ~이 무엇일까? 失敗の要因は何だろう。
요일(曜日)〖명〗曜日。 예 오늘은 무슨 ~입니까? 今日は何曜日ですか。/저번 주 무슨 ~이었습니까? 先週は何曜日でしたか。
요-전(—前)〖명〗この前｜先日｜この間。 예 ~에 본 적이 있다. この前見たことがある。/~의 일은 정말 고마웠습니다. 先日は本当にありがとうございました。
요-전번(—前番)〖명〗この前｜先日｜先頃。 예 ~에 만났던 곳에서 만나기로 하자. 先日会ったところで会うことにしよう。
요절¹(夭折)〖명〗夭折。
 요절-하다〖자〗夭折する。 예 작가는 40세에 요절하였다. 作家は四十歳に夭折した。
요절²(腰絶)〖명〗笑いこけること。
 요절-하다〖자〗笑いこける。
요절-나다(撓折—)〖자〗❶【속】壊れる｜台無しになる。 예 장난감 자동차가 ~. おもちゃの自動車が壊れる。❷【속】台無しになる｜駄目になる。
요점(要點)〖명〗要点。 예 ~ 정리 要点のまとめ。
요정¹(妖精)〖명〗妖精。
요정²(料亭)〖명〗☞요릿집

요조-숙녀(窈窕淑女)명 窈窕たる淑女.

요-주의(要注意)명 要注意. 예 ~ 인물. 要注意人物.

요-즈막명 この頃.

요-즈음명 この頃 ¦ 最近 ¦ 近頃. 예 ~ 유행하는 스타일 最近はやっているスタイル/~ 보기 드문 일이다. 近頃稀に見ることだ. 준요즘

요-즘명 '요즈음'의 준말.

요지¹(要地)명 要地.

요지²(要旨)명 要旨. 예 회견 ~ 会見要旨/~를 파악하다. 要旨を把握する.

요지³(窯址)명 ☞가마터

요지-경(瑤池鏡)명 覗き眼鏡 ¦ 覗きからくり. 예 ~ 속이다. 覗き眼鏡の中身のようだ; 物事が入り乱れて, 何が何だか理解できない.

요지부동(搖之不動)명 揺るぎないこと ¦ 動かないこと. 예 아무리 설득해도 ~이다. いくら説得しても動かない.

요직(要職)명 要職. 예 ~에 앉다. 要職につく.

요처(要處)명 要所

요철(凹凸)명 凹凸形 ¦ でこぼこ.
　요철-하다형 でこぼこする.

요청(要請)명 要請. 예 협력 ~ 協力要請/~ 내용 要請内容/ 검사 결과를 보고해 달라는 ~을 받았다. 検査の結果を報告することを求める要請を受けた.
　요청-하다타 要請する ¦ 請う. 예 대처를 강화할 것을 요청했습니다. 取組みを強化するように要請しました.

요추(腰椎)명 (의)腰椎. =허리등뼈

요-축(饒—)명 生活に余裕のある人々.

요충¹(要衝)명 ☞요충지

요충²(蟯蟲)명 (동)ぎょう虫.

요충-지(要衝地)명 要衝 ¦ 要地. 예 전략적 ~ 戦略的な要地. =요충¹

요-컨대(要—)부 要するに. 예 ~ 그것은 내 책임이다. 要するにそれは私の責めだ.

요통(腰痛)명 (의)腰痛. 예 만성 ~에 시달리다. 慢性な腰痛に悩まされる.

요트(yacht)명 ヨット. 예 ~ 경기 ヨット競技/ 천천히 바다를 헤엄치듯이 흔들리는 ~ ゆっくり海を泳ぐように揺れるヨット.

요하(腰下)명 ☞허리춤

요항¹(要港)명 要港.

요항²(要項)명 要項.

요해(了解)명 了解.
　요해-하다타 了解する.

요행(僥倖)명 僥倖. 예 ~을 바라다. 僥倖を望む.
　요행-하다형 幸いだ ¦ 幸運だ.
　요행-히부 幸いに ¦ 運よく ¦ 幸運に.

요행-수(僥倖數)명 まぐれ当たり.

욕(辱)명 ❶悪口 ¦ 悪罵. ❷恥辱 ¦ 辱しめ. 예 ~을 당하다. 恥辱をこうむる.
　욕-하다자 悪口を言う.

욕-가마리(辱—)명 [처럼이] 人に悪罵を浴びせられても当たり前な人.

욕-감태기(辱—)명 [처럼이] しょっちゅう人に悪罵を浴びせられる人. =욕바가지

욕구(欲求)명 欲求. 예 ~ 불만 欲求不満/~를 충족하다. 欲求を満たす.

욕기(慾氣)명 欲気. 예 ~가 생기다. 欲気が生じる.

욕-되다(辱—)형 恥辱になる. 예 욕되게 사느니 죽는 게 낫다. 恥ずかしい人生を生きるより死ぬほうがましだ.

욕망(欲望)명 欲望. 예 출세에 대한 ~이 강하다. 出世への欲望が強い.
　욕망-하다타 ほしいと思う.

욕-바가지(辱—)명 ☞욕감태기

욕-보다(辱—)자 ❶[처럼이] 苦労をする ¦ 骨を折る. 예 혼자서 무거운 짐을 나르다니, 욕봤어. 一人で重い荷物を運ぶとは, 苦労をしたな. ❷[처럼이] 恥をかく ¦ 恥辱を受ける. ❸[처럼이] 強姦される.

욕설(辱說)명 悪口 ¦ 罵のり. 예 ~을 퍼붓다. 悪口を浴びせる. 준욕
　욕설-하다타 悪口を言う.

욕실(浴室)명 浴室 ¦ 風呂場. =목욕실

욕심(欲心)명 欲 ¦ 欲心 ¦ 欲気 ¦ 欲念. 예 ~을 부리다. 欲張る. /~을 버리다. 欲念を去る.
　욕심이 눈을 가리다관용 欲に目がくらむ.
　욕심(이) 사납다관용 ごうつくばりだ ¦ 強欲だ.

욕심-꾸러기(慾心—)명 貪欲な人 ¦ 欲張り. 예 그걸 혼자 다 가지면 영락없는

~지. それを一人占めすればたしかに欲張りだ。

욕심-쟁이(慾心—)명 欲張り。

욕-쟁이(辱—)명 人によく毒づく人。예 ~ 할머니 悪口をよく言うお祖母さん。

욕정(欲情・慾情)명 欲情。❶情欲｜愛欲の情。❷欲心。

욕조(浴槽)명 浴槽｜湯船｜風呂おけ。

욕-지거리(辱—)명 悪口｜罵り。

욕지기명 吐き気。예 잔인한 장면을 보니 ~가 났다. 残忍なシーンを見たら吐き気がした。=역기

욕-질(辱—)명 悪口を言うこと｜ののしること。
  욕질-하다자 悪口を言う｜ののしる。

욕탕(浴湯)명 風呂屋｜洗湯。

욕통(浴桶)명 浴船｡=목욕통

옷-잇명 敷布団のカバー。

용¹(茸) 《四》鹿茸。

용²(龍) 《四》竜。
  용의 초리관용 ❶滝口から滝つぼまでの水流。❷(昔の未婚の男女の)編み垂らした髪。

-용³(用)접 —用。예 여성용 婦人用／교육용 教育用。

용감-무쌍(勇敢無雙)명 勇敢無双。
  용감무쌍-하다형 勇敢極まる。

용감-하다(勇敢—)형 勇敢だ｜勇ましい。예 용감한 형제 勇敢な兄弟／용감하게 싸우다. 勇ましく戦う。
  용감-히부 勇敢に｜勇ましく。

용건(用件)명 用件｜用事。예 급한 ~이 있어서 전화를 하다. 急ぎの用件があって、電話をかける。／~만 말하다. 用件のみ話す。

용광-로(鎔鑛爐)명 《工》溶鉱炉。

용구(用具)명 用具。

용궁(龍宮)명 竜宮。

용기¹(勇氣)명 勇気。예 ~를 내어 고백하다. 勇気を出して告白する。

용기²(容器)명 容器。

용-꿈(龍—)명 竜をみた夢｜吉兆の夢｜瑞祥の夢。예 ~을 꾸면 대길한다. 竜の夢を見れば大吉となる。

용-날(龍—)명 《四》辰の日｜十二支の辰の日。=진일(辰日)

용납(容納)명 受け入れ｜容認。

용납-하다타 受け入れる｜容認する。예 그 행동은 더는 용납할 수 없다. その行動はもう受け入れることができない。

용단(勇斷)명 勇断。예 ~을 내리다. 勇断を下す。
  용단-하다자 勇断する。

용담(龍膽)명 《四》竜胆。

용도¹(用度)명 用度。

용도²(用途)명 用途。예 ~가 다양하다. 用途がいろいろだ。

용-돈(用—)명 小遣い｜小遣い銭｜ポケットマネー。예 ~ 벌이 お小遣い稼ぎ。

용두-머리(龍頭—)명 【建築物・駕籠・柩車につける竜の頭を型どった装飾品。예 상여의 ~ 棺을 載せる輿의 装飾品。

용두-사미(龍頭蛇尾)명 竜頭蛇尾。

용-띠(龍—)명 辰年生まれ。

용량(用量)명 用量。

용량²(容量)명 《物》容量｜容積。예 ~ 분석 容量分析。

용렬-스럽다(庸劣—)형 庸劣だ。

용렬-하다(庸劣—)형 庸劣だ。

용례(用例)명 用例。

용립(聳立)명 聳立。
  용립-하다자 聳立する。

용-마루《四》屋根の最も高い部分｜屋根の棟。

용-마름《四》わら屋根や土塀などを上から覆うための「へ」の字型の覆い。

용매(溶媒)명 《化》溶媒。예 소금을 녹일 ~로 물을 사용하다. 塩を溶かす溶媒として水を使用する。

용맹(勇猛)명 勇猛。예 ~을 떨치다. 勇猛を振るう。
  용맹-하다형 勇猛だ。

용맹-스럽다(勇猛—)형 勇猛だ。
  용맹스레부 勇猛に。예 ~ 싸우다. 勇猛に戦う。

용명(勇名)명 勇名。예 ~을 떨치다. 勇名を轟かす。

용모(容貌)명 容貌｜顔つき｜顔形。예 ~가 뛰어나다. 容貌に優れる。／반듯한 ~ 整っている容貌。

용무(用務)명 用務。

용범(鎔范)명 ☞거푸집

용법(用法)명 用法。

용변(用便)⟨명⟩ 用便ᄼᄁᆫ。㉠~을 보다. 用便をする。/ ~을 가리다. 大小便ᄼᄁᆫをᄀもらさない。
　용변-하다⟨자⟩ 用便ᄼᄁᆫをする ¦ 用ᄇᆞᆨを足ᄑᆞす。

용사(勇士)⟨명⟩ 勇士ᄂᆞ。㉠6인의 ~ 6人ᄎᆞᆫの勇士。

용서(容恕)⟨명⟩ 容恕ᄀᆞᆸ ¦ 勘弁ᄭᆞᆫ ¦ 許ᄑᆞし。㉠~를 구하다. 容恕を求ᄆᆞめる。/ ~를 빌다. 許しを請ᄀᆞう。
　용서-하다⟨타⟩ 容恕ᄀᆞᆸする ¦ 勘弁ᄭᆞᆫする ¦ 許ᄑᆞす。㉠제발 용서해 주세요. どうぞ許してください。

용설-란(龍舌蘭)⟨식⟩ 竜舌蘭ᄀᆞᆮᆸ。㉠~은 10년 동안 꽃을 피우지 않는다. リュウゼツランは10年間ᄀᆞᆫᄀᆞᆫ花ᄑᆞなを咲ᄡᆞかさない。

용소(龍沼)⟨명⟩ 滝壺ᄐᆞᆨᄂᆞ。

용솟-음(-)⟨명⟩ (液体ᄂᆞᆨᄐᆞ·力ᄎᆞᆸなどが)勢ᄀᆞいよくほとばしること ¦ わき立ᄃᆞつこと ¦ たぎること。
　용솟음-하다⟨자⟩ ☞용솟음치다

용솟음-치다⟨자⟩ ほとばしる ¦ たぎり立ᄃᆞつ ¦ 沸ᄂᆞきあがる。㉠용솟음치는 젊은 혈기 / 용기가 ~. 勇気ᄀᆞᆨᄀᆞがたぎっている。/ 혈기가 ~. 血気ᄀᆞᆨᄀᆞがほとばしる。/ 그 순간 피가 용솟음치는 것을 느꼈다. その瞬間ᄡᆞᆫᄀᆞᆫ、血ᄎᆞが沸き上がるのを感ᄀᆞᆫじた。=용솟음하다

용수(用水)⟨명⟩ 用水ᄂᆞ。

용수-권(用水權)⟨명⟩《법》用水権ᄂᆞᄀᆞᆫ ¦ 水利権ᄂᆞᄀᆞᆫ。

용수-철(龍鬚鐵)⟨명⟩ ばね ¦ ぜんまい ¦ スプリング。=스프링

용심(用心)⟨명⟩ 用心ᄀᆞᆫ。
　용심하다⟨자⟩ 用心する。

용심-꾸러기(用心-)⟨명⟩ 人ᄂᆞᆫのことを嫉妬ᄀᆞᆮᆨして嫌ᄀᆞう意地悪ᄂᆞᄀᆞな人ᄂᆞᆨ。㉠욕심꾸러기보다 ~가 더 얄미워. 欲ᄂᆞの深ᄀᆞᄀᆞい人ᄂᆞᆨより意地悪な人の方ᄡᆞが憎ᄀᆞᄀᆞらしいよ。

용-쓰다⟨자⟩ 頑張ᄀᆞᆫᄡᆞる ¦ 必死ᄂᆞになる ¦ ありったけの力ᄎᆞᆨを出ᄃᆞす ¦ 力ᄎᆞᆨむ。㉠아무리 용써도 소용이 없다. いくら頑張ってもしようがない。

용안(容顔)⟨명⟩ ☞얼굴❶

용암(鎔巖)⟨명⟩ 溶岩ᄂᆞᄀᆞᆫ。㉠화산에서 ~이 분출되었다. 火山ᄀᆞᄡᆞᆫから溶岩が噴出ᄑᆞᆫᄎᆞᆮされた。

용암-구(鎔巖丘)⟨명⟩ 溶岩丘ᄂᆞᄀᆞᆫ。

용암-굴(鎔巖窟)⟨명⟩ 溶岩窟ᄂᆞᄀᆞᆫ ¦ 溶岩トンネル。㉠제주도에는 많은 ~이 분포되어 있다. チェジュドには数多ᄀᆞᄀᆞくの溶岩トンネルが分布ᄂᆞᆫᄑᆞされている。

용암 대지(鎔巖臺地) 溶岩台地ᄂᆞᄀᆞᆫᄃᆞᆨᄎᆞ。

용암-층(鎔巖層) 溶岩層ᄂᆞᄀᆞᆫ。

용암-탑(鎔巖塔)⟨명⟩ 溶岩塔ᄂᆞᄀᆞᆫ ¦ 火山岩尖ᄀᆞᄡᆞᆫ ¦ 溶岩尖塔ᄂᆞᄀᆞᆫᄐᆞ ¦ ベロニーテ。

용액(溶液)⟨명⟩《화》溶液ᄂᆞᄀᆞᆨ。

용어(用語)⟨명⟩《언》用語ᄂᆞ。

용언(用言)⟨명⟩《언》用言ᄂᆞᄀᆞᆫ。

용역(用役)⟨명⟩ 用役ᄂᆞ。㉠~ 수출 サービス輸出ᄑᆞᆫ / ~ 회사 用役会社ᄀᆞᄡᆞ。

용왕(龍王)⟨명⟩【神】竜王ᄂᆞᄀᆞᆫ。

용융(鎔融)⟨명⟩《화》溶融ᄂᆞᄀᆞᆫ。
　용융-하다⟨자⟩ 溶融する。

용의(用意)⟨명⟩ 用意ᄂᆞ。㉠함께 갈 ~가 있다. いっしょに行ᄀᆞく用意がある。

용의주도-하다(用意周到-)⟨형⟩ 用意周到ᄂᆞᄀᆞᆫᄃᆞ。

용이-하다(容易-)⟨형⟩ 容易ᄂᆞᄀᆞだ ¦ たやすい。㉠사용법이 ~. 使い方ᄀᆞᄀᆞが容易だ。

용이-히⟨부⟩ 容易ᄂᆞに ¦ たやすく。

용익-권(用益權)⟨명⟩《법》用益権ᄂᆞᄀᆞᄀᆞᆫ ¦ 使用収益権ᄂᆞᄀᆞᆨᄂᆞᄀᆞᄀᆞᆫの略ᄂᆞᄀᆞ。

용익 물권(用益物權)⟨명⟩《법》用益物権ᄂᆞᄀᆞᄂᆞᄀᆞᆫ。

용인(容認)⟨명⟩ 容認ᄂᆞᆫ ¦ 認容ᄂᆞᄂᆞ。
　용인-하다⟨타⟩ 容認する ¦ 認容する。

용자(容姿)⟨명⟩ 容姿ᄂᆞ。

용장(勇將)⟨명⟩ 勇将ᄂᆞᄀᆞ。㉠~ 밑에 약졸 없다. 勇将の下ᄂᆞに弱卒ᄀᆞᄀᆞᆮなし。

용재(用材)⟨명⟩ 用材ᄂᆞ。

용적(容積)⟨명⟩ 容積ᄂᆞᄀᆞ。

용적-률(容積率)⟨명⟩《건》容積率ᄂᆞᄀᆞᆨ。㉠300퍼센트의 ~ 300ᄀᆞᆨパーセントの容積率。

용접(鎔接)⟨명⟩《공》溶接ᄂᆞᄀᆞᆫ。
　용접-하다⟨타⟩ 溶接する。

용제(溶劑)⟨명⟩《화》溶剤ᄂᆞᄀᆞᆫ ¦ 溶媒ᄂᆞᄀᆞ。㉠산성 ~는 단백질을 쉽게 녹인다. 酸性ᄂᆞᄀᆞᆫ溶剤はたんぱく質を簡単ᄀᆞᆫᄂᆞに溶ᄂᆞかす。

용존 산소(溶存酸素)⟨생⟩ 溶存酸素ᄂᆞᄂᆞᆫᄂᆞᄂᆞ。

용지¹(用地)⟨명⟩ 用地ᄂᆞ。㉠공업 ~ 工業ᄀᆞᄀᆞᄂᆞ用地。

용지²(用紙)⟨명⟩ 用紙ᄂᆞ。㉠투표 ~ 投票ᄒᆞᄒᆞᆫ用紙。

용지-판(-板)⟨명⟩《건》【문지방 옆의 기둥 옆댐 목판】壁ᄀᆞが崩ᄀᆞᄂᆞれ落ᄂᆞちないよう補強ᄂᆞᄀᆞᆫの目的ᄂᆞᄀᆞで敷居ᄂᆞᄀᆞの側ᄀᆞᄀᆞに取ᄐᆞりつける板切ᄂᆞᄀᆞれ。

용질(溶質)⟨명⟩《화》溶質ᄂᆞᄀᆞ。㉠물에 ~인 소금

을 녹이다. 水に溶質である塩を溶かす。

용처(用處)圏 使い道｜使いどころ｜使い先。

용체(溶體)圏〖화〗溶体。

용출(湧出)圏 湧出。
　용출-하다 湧出する。

용-춤¹圏〖남이 추어주는 바람에 좋아서 하는 짓〗おだてに乗る事。
　용춤(을) 추다관용 人におだてられて言いなりになる｜言われるがままにする｜おだてに乗る。◉잘 구슬리면 쉽게 용춤을 춘다. うまく言いくるめれば、言いなりになりやすい。

용-춤²(龍一)圏 竜の仮面をかぶって踊る踊り｜竜踊り。◉다들 즐거워하니 넝달아 ~을 추다. みんなが楽しむので、まねて竜踊りを踊る。

용태(容態)圏 ❶〖용자〗容態｜容体｜容姿。 ❷〖병태〗容態｜容体。◉돌연 ~가 나빠지다. 突然容態が悪化する。/ ~가 좋아졌을 가능성이 있다. 容態が好転した可能性がある。◉일본어 「容体」를 「ようたい」で読めば '혼합물'의 뜻이다.

용퇴(勇退)圏 勇退。
　용퇴-하다困 勇退する。

용-트림(龍一)圏 もったいぶったげっぷ。
　용트림-하다困 もったいぶったげっぷをする。

용-틀임(龍一)圏 竜を描いた絵や刻んだ装飾。◉~이 살아 움직이는 듯한 전각 竜の装飾が今にも動き出しそうな殿閣。

용품(用品)圏 用品。

용-하다圈 ❶腕がいい｜巧みだ。◉용한 의사에게 진찰을 받다. 腕のいい医者に診てもらう。 ❷奇特で立派だ｜健気ですばらしい。◉세상에는 용한 사람들이 많다. 世間には奇特で立派な人がたくさんいる。/ 지금까지 용하게도 잘 버텨 왔구나. 今まで健気によく頑張ってきたな。 ❸非常に運がいい｜幸運だ。◉사고를 당했지만 용하게도 크게 다치지 않았다. 事故に遭ったが幸運にも大けがはしなかった。

용-히（부）❶〖재주가〗腕がよく｜巧みに。◉그는 그림을 ~ 그린다. 彼は絵を巧みに描く。 ❷〖신기하게〗立派に｜健気に。◉신입 사원이 혼자서 그 일을 ~ 해냈구나. 新入社員が一人でその仕事を立派にやり遂げたんだ。 ❸〖매우 운이 좋게〗

幸運に。◉~ 잃어버린 거금을 찾았다. 幸運に落とした大金が見つかった。

용-해¹(龍一)圏〖민〗辰年記。=진년

용해²(溶解)圏 溶解｜溶けること｜溶かすこと。
　용해-하다困 溶解する。◉소금물은 소금을 용해한 물 塩水は塩を溶解した水。

용해³(鎔解)圏〖화〗熔解。
　용해-하다困 熔解する。

용해-도(溶解度)圏〖화〗溶解度。

용허(容許)圏 許容。
　용허-하다困 許容する。

우¹（부）❶〖여럿이 한꺼번에 갑자기 몰려드는 모양〗どやどや(と)｜どっと。◉선생님을 보자 아이들이 ~ 몰려들다. 先生を見ると子供たちがどっと押寄せた。/ ~ 몰려나오다. どっと出てくる。 ❷〖한꺼번에 먼저 내쏟거나 내뿜는 모양〗びゅうっ(と)｜ざあっ(と)｜ごおっ(と)。

우²(右)圏 右｜右側。

우³(優)圏〖교육성적 평가 기호〗優。

우각-호(牛角湖)圏 牛角湖｜三日月湖。

우간다(Uganda)圏〖국〗ウガンダ。

우거(寓居)圏 寓居。
　우거-하다困 寓居する。

우거지〖외거진의 준말〗外の茎｜下葉。

우거지다困 生い茂る｜茂る｜はびこる。◉잡목이 ~. 雑木が生い茂る。

우거지-상(一相)圏 渋面｜しかめっ面｜苦り切った顔。◉대체 왜 ~을 하고 앉아 있는 것이냐? いったいどうしてしかめっ面をして座っているんだい。

우거짓-국圏 大根の葉や白菜のくず葉を入れて煮込んだスープ。

우걱-우걱（부）❶〖크거나 높은 물건이 이리저리 쏠리는 소리 또는 모양〗きいきい(と)｜きしきし(と)。 ❷〖음식을 거칠고 많이 씹어 먹는 모양〗がつがつ(と)。◉배고파서 ~ 먹는다. お腹が空いてがつがつと食べる。

우격-다짐圏 無理やり｜無理強い｜無理往生。

우경(右傾)圏 右傾。
　우경-하다困 右傾する。

우구(雨具)圏 雨具。

우국(憂國)圏 憂国。
　우국-하다困 国を心配する。

우국지사(憂國之士)圏 憂国の志士。

우군(友軍)圏 友軍。

우그러-들다困 ☞오그라들다

우그러-뜨리다[타] ☞오그라뜨리다
우그러-지다[자] ☞오그라지다
우그러-트리다[타] ☞오그라뜨리다
우그렁-이[명] ☞오그랑이
우그렁-쪽박[명] ☞오그랑쪽박
우그렁-하다[형] ☞오그랑하다
우그르르[부] ❶【떼지어·한꺼번에·사람 들어 찬 상태】うようよ(と)｜うじゃうじゃ(と)｜ごちゃごちゃ(と)｜わらわら(と). 예 선생님이 들어오자 아이들이 ~ 몰려들었다. 先生が入ってくると、子供たちはわらわらと群がってきた. / 운동장에 아이들이 ~ 몰려 있다. 運動場に子供たちがごちゃちゃと集まっている. ❷【끓는, 그릇에 들어 있는 게 자꾸 끓어 넘치는 소리모양】ふつふつ(と)｜ぐつぐつ(と)｜ぐらぐら(と).
우그리다[타] ☞오그리다
우글-거리다[자]【끓어】ぐらぐらと煮え立つ. =우글대다
우글-거리다[자]【벌레】うようよする｜うじゃうじゃする. 예 벌레가 ~. 虫がうようよしている. =우글대다
우글다[형] へこんでいる.
우글-대다[자] ☞우글거리다
우글-대다[자] ☞우글거리다
우글-부글[부]【끓어오르는 소리 또는 모양】ふつふつ(と)｜ぐつぐつ(と)｜ぐらぐら(と).
우글-우글¹[부]【액체가 자꾸 끓어오르는 소리나 모양】ふつふつ(と)｜ぐつぐつ(と)｜ぐらぐら(と).
우글-우글²[부]【사람·동물·벌레 많이 한데 몰려 있는 모양】うようよ｜うじゃうじゃ.
우글-지글[부]【액체가 요란스럽게 끓는 소리모양】ふつふつ(と)｜ぐつぐつ(と)｜ぐらぐら(と).
우글-쭈글[부] ☞오글쪼글
우금¹[명] 急な流れになる狭い谷間.
우금(于今)[부] 今まで.
우긋-우긋[부]【여기저기 우긋한 모양】あちこちへこんでいるさま.
우긋-하다¹[형] あちこちへこんでいる. 예 냄비가 ~. 鍋のあちこちがへこんでいる.
우긋-하다²[형] ☞오긋하다
우긋-이[부] ☞오긋이
우기(雨期)[명] 雨期. 예 지금은 ~이다. 今は雨期である. / ~에 접어들다. 雨期に入る.
우기다[타] 言い張る｜意地を張る｜我を張る. 예 자기가 맞다고 ~. 自分が正しいと言い張る.

우김-성(一性)[명] 強情っ張り.
우꾼우꾼-하다[자] ある種の勢いが強く沸き上がる. 예 우꾼우꾼하니 기운이 마구 솟는 것 같다. 沸き上がる勢いがあふれるようだ.
우꾼-하다[자] ある種の勢いが、どっと沸き上がる. 예 기운이 ~. 気運がどっと沸き上がる.
우는-살[명] 鳴り矢｜鏑矢｜嚆矢. 예 ~은 속도가 빠르다. 鏑矢はスピードが速い.
우는-소리[명] 泣き言｜愚痴.
우단(羽緞)[명] ビロード｜ベルベット.
우당탕[부]【묵직한 것이 아주 떨어지거나 마룻바닥에 부딪힐 때 나는 소리】どしん(と)｜どん(と)｜がたん(と)｜ばたん(と).
우당탕-거리다 しきりにどしんと鳴る｜がたんと音が出る. 예 세탁기 안에서 옷들이 ~. 洗濯機の中で服がしきりにどしんと鳴る. =우당탕대다
우당탕-대다 ☞우당탕거리다
우당탕-하다 どしんという. 예 다락방에서 우당탕하는 소리가 들린다. 屋根裏部屋からがたんと音が聞こえる.
우당탕-우당탕[부]【묵직한 것이 자꾸 떨어지거나 마룻바닥에 부딪힐 때 나는 소리】どしんどしん(と)｜がたんがたん(と)｜どんどん(と)｜ばたんばたん(と).
우당탕우당탕-하다 どしんどしんという. 예 우당탕우당탕하는 소리에 놀랐다. がたんがたんという音に驚いた.
우당탕-퉁탕[부] がたんがたん(と)｜がらがらがたん.
우대(優待) 優待.
우대-하다[타] 優待する.
우대-권(優待券)[명] 優待券.
우동(饂飩 일)[명] 饂飩.
우두(牛痘)[의] ❶【한】牛痘. ❷【수】種痘.
우두덩-거리다[자] がらがらと音がする｜がたがたと鳴る. 예 큰 짐이 떨어지며 ~. 大きな荷物が落ちながら、がらがらと音を立てる. =우두덩대다
우두덩-대다[자] ☞우두덩거리다
우두덩-우두덩[부]【떨어져 놓은 것이 난단히 부딪혀 무겁게 떨어지며 나는 소리】がらがら(と)｜がたがた(と)｜どどっ(と). 예 사다리가 ~ 떨어졌다. はしごががらがらと落ちた.
우두둑[부] ❶【단단한 물건을 깨물거나 갑자기 부러지는 소리】がりがり(と)｜ぽきん(と)｜ぽりぽり(と)｜ばりばり(と). 예 얼음을 씹는 소리가 ~ 들리다.

る。❷【얼음이 부딪치는 소리 또는 모양】ばらばら(と)｜ばらばら(と).

우두둑-거리다 자 ❶がりがりと噛む. ❷ばらばらと音がする｜ばらばらと音がする. =우두둑대다

우두둑-대다 자 ☞우두둑거리다

우두둑-우두둑 부 ❶【단단한 물건을 깨물거나 끊는 소리 또는 모양】がりがり(と)｜ぽきんぽきん(と)｜ばりばりと｜ぼりぼり(と). ❷【비·우박 등이 떨어지는 소리 또는 모양】ばらばら(と)｜ばらばら(と). 예~ 쏟아지는 우박 ばらばらと降るひょう.

우두머리 명 ❶【물건】(品物しなの)先端せんたん｜頂頂いただきてっぺん. ❷【집단·단체의 으뜸】親方おやかた｜親分おやぶん｜頭目とうもく｜頭かしら｜ボス.

우두커니 부 ぼんやりと｜ぼさっと｜呆然と. 예그가 망연자실하여 ~ 서 있다. 彼が呆然自失ぼうぜんじしつとした体ていで、ぼんやりと立っている。/~ 먼 산만 바라보고 있다. ぼんやりと遠とおくの山ばかり眺ながめている.

우둑-우둑 부 ☞오독오독

우둔-하다(愚鈍—) 형 愚鈍ぐどんだ.

우둘-우둘 부 ☞오돌오돌

우둘-투둘 부 ☞오돌토돌

우둥퉁 부 【살이 쪄서 뚱뚱한 모양】肉付にくづきがよい.

우둥퉁-하다 大兵だいひょうだ｜大柄おおがらだ. 예우둥퉁하게 살이 찌다. 肉付きよく太る.

우둥-푸둥 부 太く膨ふくれているさま.

우드(wood) 명 《운》【골프】ウッド.

우드 합금(Wood合金) 《화》ウッド合金ごうきん.

우들-우들 부 【몹시 추워서】ぶるぶる(と). 예몹시 추워서 ~ 떨다. とても寒くてぶるぶる震ふるえる.

우등(優等) 명 優等ゆうとう.

우등-생(優等生) 명 優等生ゆうとうせい.

우뚝 부 ☞오뚝

우뚝-우뚝 부 ❶【군데군데 아주 두드러지게】にょきにょき. 예구름 위로 산들이 ~ 솟아 있다. 雲の上に山々やまやまがにょきにょきそびえている. ❷【움직이고 있던 것이 머무르는 모양】ぴたっと｜ぴたぴたっと. 예뛰어가던 아이들이 왜인지 갑자기 ~ 멈추어 섰다. 走り去っていく子供たちが、なぜか急きゅうにぴたっと立ち止まった. ❸【눈에 두러지게 보임 모양】ぐんぐんと. 예학생들 성적이 ~ 올랐다. 生徒せいとたちの成績がぐんぐんと上がった.

우라늄(uranium) 명 《화》【방사성 원소】ウラニウム｜ウラン. 예가장 무거운 방사성 원소 ~ 最もっとも重い放射線ほうしゃせん元素げんそウラン.

우라닐(uranyl) 명 《화》ウラニル.

우락-부락 【인상·성질 등이 험상한 모양】人相にんそうが険しい.

우락부락-하다 형 荒々あらあらしい｜険しい. 예생김새가 우락부락하니 산적 같다. 人相に凄すみがあって、山賊さんぞくのようだ.

우란분(盂蘭盆) 명 《종》盂蘭盆うらぼん.

우랄 어족(Ural語族) 《언》ウラル語族ごぞく.

우람-스럽다 형 雄大荘厳ゆうだいそうごんである｜威風堂々いふうどうどうとしている.

우람스레 雄大荘厳ゆうだいそうごんに.

우람-지다 雄大荘厳ゆうだいそうごんだ｜雄大ゆうだいでおごそかだ.

우람-하다 雄大荘厳ゆうだいそうごんだ｜堂々どうどうとしている｜たくましい. 예우람한 체격 たくましい体格たいかく/우람한 어깨 たくましい肩かた.

우량(雨量) 명 雨量うりょう.

우량(優良) 명 優良ゆうりょう.

우량-하다 優良ゆうりょうだ.

우량-계(雨量計) 명 雨量計うりょうけい.

우량-주(優良株) 명 《경》優良株ゆうりょうかぶ.

우러-나다 にじみ出る｜染み出る. 예떫은맛이 ~. 渋しぶい味がにじみ出る.

우러-나오다 자 ❶【솟아나다】湧わき出る. 예우러나오는 용기 湧き出る勇気ゆうき. ❷【치밀다】湧わき出る. 예우러나오는 기쁨의 눈물을 억누를 수가 없다. 湧き出る喜よろこびの涙なみだを押ぉさえることができない.

우러러-보다 타 仰あおぐ｜仰ぎ見る｜見上げる. 예하늘을 ~. 空を仰ぐ. /스승으로서 ~. 師匠ししょうとして仰ぎ見る.

우러르다 자 ❶頭あたまをもたげる｜仰ぐ. ❷仰ぐ｜敬う. 예푸른 하늘을 ~. 青い空を仰ぐ. /우러러 받들다. 敬って仰ぎ見る. /우러러 모시다. 敬ってかしずく.

우렁쉥이 명 ☞멍게

우렁-우렁 부 【소리가 크게】がらがら(と)｜がんがん(と)｜がらんがらん(と)｜ごろごろ(と).

우렁우렁-하다 자 형 がんがん響ひびく.

우렁이 명 《동》田螺たにし.

우렁잇-속 명 ❶【복잡하여 알기 어려움】田螺たにしの体からだのように内容ないようが複雑ふくざつで、計はかりがたいこと. ❷【털어놓지 않고 감추어 있는 속마음】打ち明けない本心ほんしん. 예그녀의 마음은 ~ 같다. 彼女かのじょの心はよく分からない.

우렁-차다 형 響ひびきが大おおきく力強ちからづよ

이. 예우렁찬 박수 소리 力強い拍手の音/우렁차게 노래를 부르다. 力強く歌を歌う.

우레¹ 명 雷다. 예~와 같은 박수를 보내다. 大きな拍手を送る.

우레² 명【사냥狩】(雉狩り用の)キジ笛. 예~를 켜다. キジ笛を吹く.

우레탄(urethane) 명 《화》ウレタン. 예~수지 ポリウレタン樹脂.

우렛-소리 명 ☞천둥소리

우려(憂慮) 명 憂慮다 | 憂다 | 恐다れ. 예실명할 ~가 있는 병 失明의 恐れがある病다.

우려-하다 타 憂慮する. 예환경 오염이 우려되다. 環境 汚染が 憂慮される. /우려할 만한 일이다. 憂慮すべきことだ.

우려-먹다 타 ❶【水약】(水に浸してあくなどを)抜いて食べる. 예우엉은 우려먹어야 한다. ゴボウはあくを抜いて食べないといけない. ❷【기존】(既に使った內容を)もう一度 利用する. 예작년 프로젝트를 올해에도 ~. 去年의 プロジェクトを, 今年도 もう一度 利用する.

우련-하다 형【형】(形·色등가)かすかだ | ほのかだ.

우련-히 부 かすかに | ほのかに.

우로(雨露) 명 雨露다.

우론(愚論) 명 愚論다.

우롱-차(─.烏龍茶) 명 ウーロン茶다.

우뢰' ☞'우레'¹의 잘못.

우루과이(Uruguay) 명 《국》ウルグアイ.

우루과이 라운드(Uruguay Round) 《경》ウルグアイラウンド.

우르르 부 ❶【여러 사람이 한꺼번에 몰려나오거나 몰려드는 모양】わあっ(と) | どやどや(と). ❷【무엇이 얼른 쏟아지거나 갑자기 무너지는 소리나 모양】がらがら(と) | ごろごろ(と) | どどっ(と) | どばっ(と). 예~ 쏟아지는 바위 がらがらと降る岩. ❸【많이 갑자기 끓어오르거나 넘치는 소리나 모양】ぐらぐら(と) | ざあっ(と) | ふつふつ(と).

우르릉 부【천둥 번개나 큰 물건 등이 무너지는 소리나 모양】ごろごろ(と) | どろどろ(と) | ごおごお(と).

우르릉-거리다 자타 しきりにごろごろと音를 出す | ごおごおと 轟다. 예천둥 번개가 ~. 雷다といなずまが, しきりにごろごろと鳴りだす. =우르릉대다

우르릉-대다 자타 ☞우르릉거리다

우르릉-우르릉 부【잇달아 무너지거나 천둥 등이 울리는 소리나 모양】ごろごろ(と) | ごおごお(と). 예밤새 ~ 소리가 났다. 一晩中 ごろごろと 音がしていた.

우리¹[울] 명【축사畜舍】檻다 | 小屋다. 예돼지 ~ 豚小屋다.

우리² 대 私들たち | 我々다 | 我が들 | うち. 예~ 나라 わが国다 / ~ 학교 うちの学校다 / ~ 엄마 私の母다 / ~는 형제입니다. 私たちは兄弟입니다. 줄말²

우리다 타 ❶【약재】抜く | 取る. 예감을 ~. かきの渋みを抜く. ❷【빼앗】巻き上げる | 奪い取る. 예폭력으로 금품을 ~. 暴力を使ってお金を巻き上げる.

우리-판(一板) 명 《건》上質의 木材다で 枠を組んで, 中다に板다をはめた扉다. 예~문 上等다な扉다.

우마(牛馬) 명 牛馬다.

우-마차(牛馬車) 명 牛車다と馬車다.

우매-하다(愚昧─) 형 愚昧だ.

우모¹(牛毛) 명 牛의毛다.

우모²(羽毛) 명 羽毛다.

우무 명 ところてん. =우무묵·한천

우묵 부 ☞오목

우묵-하다 형 ☞오목하다

우묵-우묵 부【군데군데 옥 패어있는 모양】ぼこぼこ(と) | でこぼこに.

우물 명 井戸다 | 井다. 예~이 마르다. 井戸が 涸れる.

우물 들고 마시겠다 속담 井戸を持ち上げて 飲みそうだ:「非常에 せっかちなこと」의 意.

우물 안 개구리[고기] 속담 井戸의 中의 蛙다大海를 知らず.

우물 옆에서 목말라[말라] 죽는다 속담 井戸のすぐそばにいて, のどが渴いて 死にそうだ:「融通の利かない人다」의 意.

우물을 파도 한 우물을 파라 속담 井戸を 掘るにしても 一つの井戸を掘れ:「何事다でも一つのことに 励다めば 成功다する」의 意.

우물-가 명 井戸端다 | 井戸の周辺다.

우물가에 애 보낸 것 같다 속담 子供을 井戸端다に 行かせたようだ:「心配다で たまらない」의 意.

우물-거리다 자타 ❶(食べ物을 口に含んで)もぐもぐする | もぐもぐ 噛む. 예군밤을 입에 넣고 ~. 焼き栗を口に入れてもぐもぐする. /오징어를 우물거리며 씹다. スルメをもぐもぐして噛む. /

껌을 ~. ガムをもぐもぐする. ❷(はっきり言わずに)もぐもぐする｜口ごもる. =우물대다

우물-대다[자타] ☞우물거리다

우물-물(井戸水)[명] 例 ~이 솟다. 井戸水がわく. / ~을 푸다. 井戸をくむ.

우물-우물[부]【動】うようよ(と)｜うじゃうじゃ(と).

우물-우물[부]【態度】もじもじ(と). 例 ~ 말하다. もじもじと話す. / ~ 씹다. もぐもぐと噛む.

우물-지다[자] ❶えくぼができる. 例 웃으면 볼에 우물지는 얼굴 笑えば頬にえくぼができる顔. ❷へこむ｜くぼむ. 例 우물지지 않도록 땅을 고르다. へこみがないように土地をならす.

우물쩍[부] ❶【動作や態度が曖昧なさま】まごまご(と)｜もたもた｜曖昧に. 例 ~ 대답하다. 曖昧に答える. ❷もじもじ｜のらりくらり. 例 ~ 넘어가다. のらりくらりと受け流す.

우물쩍-거리다[자] (動作・態度が)もたもたする｜もじもじする｜のらりくらりする. 例 대답하지 않고 ~. 答えずにもじもじする. =우물쩍대다

우물쩍-대다[자타] ☞우물쩍거리다

우물쩍-주물쩍[부] ぐずぐず(と)｜もたもた(と)｜もじもじ(と).

우물쩍주물쩍-하다[자타] ぐずぐずする. 例 우물쩍주물쩍하며 대답하지 못하다. ぐずぐずしていて答えられない.

우물-쭈물[부] ぐずぐず(と)｜もたもた(と)｜もじもじ(と).

우물쭈물-하다[자타] ぐずぐずする. 例 우물쭈물하지 말고 빨리 가거라. もたもたしないで早く行け. / 우물쭈물하다가는 시간이 늦는다. ぐずぐずしていると時間に遅れるぞ.

우뭇-가사리[명]【植】天草. 참가사리

우므러-들다[자] ☞오므라들다

우므러-뜨리다[타] すぼめる｜縮める. =우므러트리다

우므러-지다[자] ☞오므라지다

우므러-트리다[타] ☞우므러뜨리다

우므리다[타] すぼめる｜縮める. 例 입을 ~. 口をすぼめる. / 손을 ~. 手を縮める.

우미-하다(優美—)[형] 優美だ.

우박(雨雹)[명] ひょう. 例 ~이 내리다. ひょうが降る. =누리²

우발레(Uvale)[명] 石灰岩地域に生じる特殊な地形. ウバーレ.

우발-적(偶發的)[관][명] 偶發的. 例 ~ 행동 偶發的行動.

우방¹(友邦)[명] 友邦. =우방국

우방²(右方)[명] ☞오른쪽

우방-국(友邦國)[명] ☞우방

우범(虞犯)[명] 虞犯. 例 ~ 지대 虞犯地帯.

우변(右邊)[명] 右辺.

우부룩-하다[형] ☞오보록하다
　　우부룩-이[부] ☞오보록이

우북-하다[형] 生い茂っている.

우불-구불[부]【曲がりくねる】くねくね. =우불꾸불

우불-꾸불[부] ☞우불구불

우비다[타] えぐり出す｜ほじる｜ほじくる. 例 귀를 ~. 耳をほじくる.

우비적-거리다 しきりにえぐり出す｜しきりにほじくる. =우비적대다

우비적-대다[타] ☞우비적거리다

우산(雨傘)[명] 傘｜雨がさ. 例 ~ 살 傘の骨 / ~을 쓰다. 傘を差す. / ~을 접다. 傘を畳む.

우산-걸음(雨傘—)[명] 体を上下に揺すりながら歩くこと. 例 그 애가 웃으며 ~으로 다가오고 있다. その子が笑って上下に揺すりながら歩いてくる.

우산 꽃차례(雨傘一次例) ☞산형 꽃차례

우상(偶像)[명] 偶像.

우상 복엽(羽狀複葉)[식] 羽狀複葉. 例 ~에는 등나무 등이 있다. 羽狀複葉には藤などがある. =짓꼴 겹잎·깃모양 겹잎

우상 숭배(偶像崇拜)[종] 偶像崇拜.

우상-화(偶像化)[명] 偶像化.
　　우상화-하다[자타] 偶像化する.

우생-학(優生學)[명] 優生学.

우선¹(于先)[부] まず｜先に｜取りあえず. 例 ~ 식사부터 합시다. まず食事からしましょう. / ~ 중요한 것을 먼저 하자. 先に重要なことからしよう.

우선²(優先)[명] 優先.
　　우선-하다¹[자] 優先する.

우선-권(優先權)[명] 優先権.

우선 변제(于先辨濟)[법] 優先弁済.

우선-순위(優先順位)[명] 優先順位.

우선-주(優先株)[명]《경》(株式で) 優先株.

우선-하다²[형] ❶(病狀が)少し回復する. 例 병이 우선하니 마음이 놓이다. 病気が少し回復して安心する. /

이제 우선하니 집에 가 보아라. もう大丈夫だから家にお帰り。 ❷[흥분됨이 잠잠해짐] 楽になったようだ。

우설(雨雪)명 雨と雪。

우세¹명 恥さらし｜物笑いの種｜嘲笑されること。

　우세-하다재 (人の)物笑いになる｜恥さらしになる。예그런 엉터리 짓을 하면 우세 뻔하다. そんなでたらめをやると、物笑いになるに決まっている。

우세²(優勢)명 優勢。

　우세-하다형 優勢だ。

우세-승(優勢勝)명 《운》【유도】優勢勝ち。

우셋-거리명 物笑いの種｜恥さらしなこと。예그는 ~ 될 만하다. 彼は物笑いになるにふさわしい。

우송(郵送)명 郵送。예~ 방법 郵送方法／해외 ~ 海外郵送／~ 절차 郵送手続き。

　우송-하다타 郵送する。

우송-료(郵送料)명 郵送料。

우수¹(雨水)명 ❶[빗물] 雨水。❷[빗물] 雨水｜天水。

우수²(偶數)명 《수》 偶數。

우수³(憂愁)명 憂愁。예~에 잠긴 얼굴 憂愁に沈んだ顔。

우수리명 거스름돈

우수-성(優秀性)명 優秀性。

우수수부 ❶[나뭇잎 따위가 떨어지는 모양] さらさら(と)｜ぱらぱら(と)｜はらはら(と)｜ひらひら(と)。예이파리 떨어지는 소리 ぱらぱらと木の葉が落ちる音。❷[단단한 여러 개의 물건이 나부끼는 모양] ばらばら(と)｜するする(と)｜ぱらぱら(と)｜はらはら(と)。

우수-하다(優秀—)형 優秀だ。예우수한 성적으로 졸업하다. 優秀な成績で卒業する。

우스개명 おどけ｜たわむれ。

우스갯-소리명 笑い話｜冗談｜おどけ話。

우스갯-짓명 おどけたしぐさ｜おどけたまね。

우스꽝-스럽다형 見るからにおどけている｜とてもこっけいだ。예그 애가 걷는 모양이 오늘따라 우스꽝스럽게 느껴진다. その子の歩く様が、今日に限ってとてもこっけいに感じられる。

　우스꽝스레부 とてもこっけいに。

우습다형 ❶面白い。❷[우스꽝스러움] お笑いだ｜こっけいだ。예제가 우습게 보입니까? 私がこっけいに見えますか。❸【이상함】おかしい｜こっけいだ。예정말 우스운 상황이 되었습니다. 本当におかしな状況になりました。❹[하찮게 여김] 軽んじる｜見くびる｜軽くみる。예저를 우습게 생각하지 마십시오. 私をこっけいに思わないでください。／상대의 실력을 우습게 보다. 相手の実力を見くびる。／내가 그렇게 우습게 보이냐? 私がそんなに軽く見えるか。

우승(優勝)명 優勝。

　우승-하다재 優勝する。

우승-자(優勝者)명 優勝者。

우승-컵(優勝cup)명 優勝カップ｜優勝杯。

우-시장(牛市場)명 牛市。

우-심방(右心房)명 《의》 右心房。

우-심실(右心室)명 《의》 右心室。

우심-하다(尤甚—)형 もっとひどい｜極めて甚だしい。

우아감 [놀라움을 나타냄] わあ。쥰와²

우아-하다(優雅—)형 優雅だ。예우아한 자태 優雅な姿態。

우악살-스럽다(愚惡—)형 粗野だ｜荒々しい｜乱暴だ。쥰왁살스럽다

　우악살스레부 粗野に｜荒々しく｜乱暴に。

우악-스럽다(愚惡—)형 粗野だ｜荒々しい｜乱暴だ。예행동이 ~. 行動が荒々しい。

우애(友愛)명 友愛。

　우애-하다타 【형제간이나】 友愛に過ごす｜仲よく過ごす。예친구끼리 우애해야지. 友達同士は仲よく過ごさなきゃ。

우애-롭다(友愛—)형 友愛が多おい｜友愛に満ちている｜仲がよい。예우애로운 관계를 유지하다. 仲のよい関係を維持する。

　우애로이부 友愛的に｜仲よく。예형을 ~ 생각하다. 兄のことを仲よく思う。

우어【소 따위를 몰 때 쓰는 소리】どう。

우언(寓言)명 寓言。

우엉명 《식》牛蒡。예찐 ~은 부드럽다. 蒸したゴボウはやわらかい。 ＝우방(牛蒡)

우여감 [새를 쫓는 소리] ほい。

우여-곡절(迂余曲折)명 紆余曲折。예~을 거치다. 紆余曲折を経る。

우연(偶然)|명| 偶然ぜん。|예| ~의 일치 偶然の一致いっち。

　우연-하다|형| 偶然ぜんだ。|예| 우연한 만남 偶然の出会い。

　우연-히|부| 偶然ぜんに｜たまたま。|예| ~ 마주치다. 偶然に出会う。

우연-성(偶然性)|명| 偶然性ぜん。

우열¹(右列)|명| 右ぎの列れつ。

우열²(優劣)|명| 優劣れつ。|예| ~을 가리다. 優劣をつける。/ ~을 다투다. 優劣を争あらそう。

우완(右腕)|명|【야】右腕わん・うで。↔좌완

우왕좌왕(右往左往)|명| 右往左往おうさおう。

　우왕좌왕-하다|자| 右往左往おうさおうする。

우-우|부| ❶ わあっと｜わあわあと｜どっと。|예| 타임 서비스 코너에 ~ 사람들이 모여 있다. タイムサービスのコーナーに、わあわあと人が集まっている。/ 군중이 ~ 쇄도하기 시작했다. 群集がどっと殺到し始めた。❷ ひゅうひゅう｜ぴゅうぴゅう｜ぴゅうぴゅう。|예| 바람이 ~ 불면서 비도 오고 있다. 風がぴゅうぴゅう吹きながら雨も降っている。

우-우²|감| うう｜やあいやあい。

우울-증(憂鬱症)|명|《의》憂鬱症しょう。

우울-하다(憂鬱—)|형| 憂鬱うつだ｜うっとうしい。|예| 우울한 표정 憂鬱な表情/ 우울한 나날을 보내다. 憂鬱な日々を送る。

우월-감(優越感)|명| 優越感ゆうえつ。|예| ~을 갖다. 優越感を抱く。

우월-하다(優越—)|형| 優越えつだ｜優すぐれている｜勝まさっている。

우위(優位)|명| 優位い。|예| ~를 차지하다. 優位を占める。

우유(牛乳)|명| 牛乳ぎゅう｜ミルク。|예| ~에 약한 사람 牛乳が苦手な人/ ~를 매일 마시다. 牛乳を毎日飲む。

우유부단(優柔不斷)|명| 優柔不斷ゆうじゅう。

우유-하다(優柔—)|형| 優柔ゆうじゅうだ｜煮にえきらない。

우의¹(友誼)|명| 友誼ゆうぎ。

우의²(羽衣)|명| 羽衣ごろも。=짓옷

우의³(雨衣)|명| 雨着あまぎ。=비옷

우이-독경(牛耳讀經)|명| 馬うまの耳みみに念仏ぶつ。

우익(右翼)|명| 右翼よく。

우익-수(右翼手)|명|【운】右翼手よく｜ライト。|예| ~ 앞으로 떨어진 공 ライト前まえに落ちたボール。

우인(友人)|명| ☞벗

우자(愚者)|명| 愚者しゃ｜愚人じん。

우장(雨裝)|명| 雨具ぐ。

　우장-하다|자| 雨具ぐをつける。

우적-우적¹|부| ❶【단단한 물체가 깨지는 소리】めりめり(と)｜めきめき(と)。❷【억센 음식을 깨무는 소리】がりがり(と)｜しゃくしゃく(と)｜むしゃむしゃ。|예| ~ 맛있게도 먹는다. がりがりとおいしそうに食べる。/ 고기를 ~ 씹어 먹다. 肉をむしゃむしゃ食べる。

우적-우적²|부| ❶【무엇이 순조롭게 진행되는 모양】ずんずん(と)｜どんどん(と)。❷【비가 계속 오는 모양】びしびし(と)。

우정(友情)|명| 友情じょう。|예| ~이 싹트다. 友情が芽生める。/ ~이 깊어지다. 友情が深まる。/ ~보다 큰 재산은 없다. 友情より大きな財産はない。

우주(宇宙)|명| 宇宙ちゅう。|예| ~ 공학 宇宙工学がく/ ~ 산업 宇宙産業ぎょう/ ~ 정류장 宇宙ステーション。

우주-관(宇宙觀)|명| 宇宙觀うちゅう。

우주-선¹(宇宙船)|명| 宇宙船うちゅう。

우주-선²(宇宙線)|명|《물》宇宙線うちゅう。

우주-여행(宇宙旅行)|명| 宇宙旅行うちゅうりょこう。

우주-인(宇宙人)|명| ❶ 宇宙ちゅう飛行士ひこうし。❷【영】宇宙人じん。

우죽-거리다|자| 用事ようもないのに何だか用ありげに忙せわしげに歩ぁるく。|예| 키다리 박 군이 우죽거리며 다가왔다. ノッポのパク君が、せかせかと近ちかづいてきた。=우죽대다

우죽-대다|자| ☞우죽거리다

우죽-우죽|부|【어깨를 흔들며】せかせかと。|예| 그 소식을 들은 그가 ~ 걸어갔다. その知らせを聞いた彼が、せかせかと歩いていった。

우줄-거리다|자| リズミカルにゆらゆらりする｜リズミカルにゆらゆらする。=우줄대다

우줄-대다|자| ☞우줄거리다

우줄-우줄|부|【몸집이 큰 것이 동작이 큰 모양】ゆらりゆらり(と)。|예| ~ 춤추다. ゆらりゆらりと踊りを踊る。

우중(雨中)|명| 雨中ちゅう｜雨の中。

우중충-하다|형| ❶ 暗くてじめじめしている。|예| 우중충한 날씨 暗くてじめじめした天気。❷ 色いろあせて鮮ぁざやかでない。

우즈베키스탄(Uzbekistan)|명|《국》ウズベ

キスタン。

우지끈囝【단단하고 긴 물건이 부러지거나 부러지는 소리 또는 모양】ぼきん(と)｜ぼきりと。

우지끈-거리다쟈 ぼきんと折れる。囲모르고 밟은 나무가 ~. 知らずに踏んだ木がぼきんぼきんと折れる。=우지끈대다

우지끈-대다쟈 ☞우지끈거리다

우지끈-하다쟈 ぼきんと折れる。囲나뭇가지가 우지끈하고 부러졌다. 枝がぼきんと折れた。

우지끈-뚝딱囝【단단한 물건이 부러지거나 부딪치는 소리 또는 모양】ぼきん(と)｜ぼきりと。囲나무가 ~ 갈라졌다. 木がぼきんと折れた。

우지끈-우지끈囝【단단하고 긴 물건이 부러지거나 부서지는 소리 또는 모양】ぼきんぼきん(と)｜ぼきぼき(と)。囲~ 소리를 내며 부러지는 대나무 ぼきんぼきんと音を立てながら折れる竹。

우지직囝 ❶【단단한 물건이 부러지는 소리 또는 모양】ぼきん(と)｜ぼきりと。❷【물건이 타는 소리 또는 모양】ばりばり｜ぼりぼり。❸【물건이 눌리어 찢어지는 소리 또는 모양】ぱちぱち(と)。❹【찌개 따위 졸아붙으며 끓는 모양】ぐつぐつ(と)。

우지직-거리다쟈 ❶ ぼきぼきと音がする。囲나이를 먹어서 뼈마디가 우지직거린다. 年を取って、骨からぼきぼきと音がする。❷ ばりばりと音がする。囲고추를 우지직거리며 씹어 먹다. 唐辛子をばりばりと音を立てながらかじる。❸ ぱちぱちと音がする。囲지푸라기가 우지직거리며 타고 있다. 藁がぱちぱちと音を立てながら燃えている。❹ ぐつぐつと音がする。囲불에 얹어 놓은 된장국이 우지직거리며 졸아들고 있다. 火にかけた味噌汁が、ぐつぐつと音を立てながら煮詰まっている。=우지직대다

우지직-대다쟈 ☞우지직거리다

우지직-우지직囝 ❶【크고 단단한 물건이 자꾸 부러지는 소리 또는 모양】ぼきぼき｜ぼきん ぼきん(と)。囲나뭇가지를 ~ 꺾다. 枝をぼきぼき折る。❷【계속 눌리는 소리 또는 모양】ばりばり｜ぼりぼり。囲어머니가 오이를 ~ 맛있게 먹고 있다. 母がキュウリをばりばりと美味しそうに食べている。❸【여러가지가 자꾸 눌리는 소리 또는 모양】ぱちぱち。囲모닥불이 ~ 타고 있다. 焚火がぱちぱちと燃えている。❹【찌개 따위 바쁜 졸아붙는 소리 또는 모양】ぐつぐつ。囲어묵을 ~ 조리고 있다. おでんをぐつぐつと煮ている。

우-짖다쟈 ❶【새】さえずる。❷【사람】泣き叫ぶ｜泣きわめく｜吠える。

우쩍囝【갑자기 많이 커지거나 자라는 모양】ぐんぐん(と)｜ずんずん(と)。囲이번 방학 동안 ~ 키가 컸구나. この長期休みの間に~にぐんぐんと背が伸びたんだなあ。

우쩍-우쩍¹囝 ❶【빨리 먹는 모양】めりめり(と)。❷【깨물어 씹는 소리 또는 모양】がりがり(と)｜むしゃむしゃ(と)。

우쩍-우쩍²囝 ❶【자꾸 흥분하는 모양】ずんずん(と)｜どんどん(と)。❷【물건을 우그러뜨리는 모양】びしびし(と)。

우쭉-우쭉囝 ❶【키가 빠르게 자라는 모양】ぐんぐん(と)｜すくすく(と)｜どんどん(と)。囲올여름에 키가 ~ 자랐구나. この夏に背がぐんぐんと伸びたのだなあ。/키 클 때가 되니 ~ 크는구나. 背が伸びる年頃になったので、ぐんぐん大きくなるんだなあ。❷【몸집 커다란 것이 느릿느릿 걷는 모양】のっしのっし(と)｜のっそのっそ(と)。

우쭐-우쭐囝 ❶【자꾸 우쭐거리는 모양】ずんずん(と)。❷【우쭐거리며 으쓱대는 모양】もったいぶるさま｜偉そうにふるまうさま。

우쭐-하다쟈태 偉そうにふるまう｜いばる。囲칭찬을 받고 ~. 誉められて偉そうにする。/재주가 좀 있다고 ~. 才能が少しあると偉そうにする。

우차(牛車)圀 牛車。

우천(雨天)圀 雨天。

우체(郵遞)圀 ☞우편(郵便)。

우체-국(郵遞局)圀 郵便局。

우체-부(郵遞夫)圀 郵便配達人。

우체-통(郵遞筒)圀 郵便ポスト｜郵便箱。

우측(右側)圀 右側。=오른쪽

우측-통행(右側通行)圀 右側通行。

우크라이나(Ukraina)圀〔국〕ウクライナ。

우둔-하다(動作が)鈍いのろまだ｜のろのろだ。

우툴-두툴囝 でこぼこ。

우툴두툴-하다휑 でこぼこしている。

우파(右派)圀 右派。囲~ 정당 右派政党。

우편¹(右便)圀 右側｜右手。

우편²(郵便)圀 郵便。囲~ 요금 郵便料金。/~ 배달 郵便配達人。=우체

우편 번호(郵便番號)圀〔통〕郵便番号。

우편 사서함(郵便私書函)圀〔통〕郵便私書箱。

우편-엽서(郵便葉書)圀〔통〕郵便はがき｜はがき。☞엽서

우편-집배원(郵便集配員)圀〔통〕郵便集配人｜郵便配達人。

우편-함(郵便函)圀〔통〕郵便受け。

우표(郵票)명 郵便切手ゆうびんきって｜切手きって。예 ~를 붙이다. 切手を貼る。

우표-딱지(郵票—)명 郵便切手ゆうびんきって｜切手きって。

우피(牛皮)명 牛皮ぎゅうひ｜牛うしの皮かわ。

우호(友好)명 友好ゆうこう。예 ~ 협력 단체 友好協力ゆうこうきょうりょく団体だんたい/ ~ 관계를 다져 가다. 友好関係かんけいを固かためて行いく。

우호-적(友好的)관명 友好的ゆうこうてき。예 ~인 분위기 友好的ゆうこうてきな雰囲気ふんいき。

우호 조약(友好條約)(법)友好条約ゆうこうじょうやく。

우화(寓話)명 寓話ぐうわ。

우환(憂患)명 憂患ゆうかん。

우황(牛黃)명 (한)牛黄ごおう。

우회(迂廻)명 迂回うかい｜遠回とおまわり。
　우회-하다자타 迂回うかいする。遠回とおまわりする。예 혼잡한 길을 우회하여 지나가다. 込こんでいる道みちを遠回とおまわりして通とおる。

우-회전(右回轉)명 右折うせつ。
　우회전-하다자 右折うせつして曲まがる。예 똑바로 가다가 우회전해 주세요. まっすぐ行いって右うへ曲まがってください。

우후죽순(雨後竹筍)명 雨後うごの竹たけの子こ。예 쇼핑 사이트가 ~처럼 생겨나고 있습니다. ショッピングサイトが雨後うごの竹たけの子このようにできています。

우후후부【＾＾＾】うふふ(と)｜くくっ(と)｜くくく(と)。예 승자가 패자를 향해 ~하고 웃다. 勝者しょうしゃが敗者はいしゃに向むかって、くくくと笑わらう。

욱-기(—氣)명 かっとなる性質せいしつ。예 그는 ~가 대단한 사람이다. 彼かれはかっとなる性質せいしつの大変たいへんな人ひとだ。

욱다형 すぼんでいる｜へこんでいる。

욱-대기다타 ❶【＾＾＾】脅おどす｜脅おびやかす｜脅おどかす。❷【＾＾＾】言いい張はる｜我がを通とおす。

욱-둥이명 かっとなる性質せいしつの人ひと。

욱시글-거리다자 ひしめき合あう｜うようようごめく｜うじゃうじゃする。＝욱시글대다

욱시글-대다자 ☞욱시글거리다

욱시글-득시글부 うようよ(と)｜うじゃうじゃ(と)。[준]욱실득실

욱시글-욱시글부 うようよ(と)｜うじゃうじゃ(と)。[준]욱실욱실

욱신-거리다자【＾＾＾】うずく｜ずきずき痛いたむ。예 칼에 베인 데가 ~. ナイフで切きられたところがずきずき痛いたむ。＝욱신대다

욱신-대다자 ☞욱신거리다

욱신-욱신부 ずきずき｜ずきんずきん。

욱실-득실부 ☞'욱시글득시글'의 준말.

욱실-욱실부 ☞'욱시글욱시글'의 준말.

욱-이다타 へこます。

욱적-거리다자 ごったがえす｜ひしめく。＝욱적대다

욱적-대다자 ☞욱적거리다

욱-죄다타 強つよく締しめ付つける｜食くい込こませる。

욱죄-이다자【＾＾＾】固かたく締しめ付つけられる｜きつく引ひき締しめられる。예 목이 점점 욱죄어 왔다. 首くびがだんだん固かたく締しめ付つけられてきた。/ 허리띠가 욱죄여 배가 아프다. 帯おびがきつく引ひき締しめられて腹はらが痛いたい。

욱-지르다타 きゅっと締しめ付つけられる。

욱-하다자 かっとする。예 욱하는 성미 かっとしやすい気性きしょう。

운(運)명 運うん｜巡めぐり合あわせ。예 ~이 좋다. 運うんが良よい。/ ~이 나쁜 하루였다. 運うんが悪わるい日ひだった。/ ~에 맡기다. 運うんに任まかせる。

운(韻)명 (문)韻いん｜韻字いんじ。
　운(을) 떼다관용 話はなしを切きり出だす｜話はなし始はじめる。

운-김명 気勢きせい｜勢いきおい｜余勢よせい。예 ~에 끝까지 해치우다. 勢いきおいで最後さいごまでやり遂とげる。

운동(運動)명 運動うんどう。예 ~ 경기 運動競技うんどうきょうぎ/ ~ 신경 運動神経うんどうしんけい/ ~ 요법 運動療法うんどうりょうほう/ 회전 ~ 回転運動かいてんうんどう/ 학생 ~ 学生運動がくせいうんどう。
　운동-하다자 運動うんどうする。예 매일 30분씩 ~. 毎日まいにち30分ふんずつ運動うんどうする。

운동-가(運動家)명 運動家うんどうか。

운동-량(運動量)명 運動量うんどうりょう。

운동 마찰(運動摩擦) (물)運動摩擦うんどうまさつ｜動摩擦どうまさつ。

운동 에너지(運動energy) (물)運動うんどうエネルギー。예 ~를 가진 물체 運動うんどうエネルギーを持もつ物体ぶったい。

운동의 법칙(運動—法則) (물)【＾＾＾】運動うんどうの法則ほうそく。

운동-장(運動場)명 運動場うんどうじょう。

운동-화(運動靴)명 運動靴うんどうぐつ。

운동-회(運動會)명 運動会うんどうかい。

운두명 ❶【＾＾＾】縁ふち。❷【＾＾＾】へり。

운명(運命)명 運命うんめい。예 ~의 사람 運命うんめいの人ひと/ ~을 맞이하다. 運命うんめいを迎むかえる。＝명❷

운명²(殞命)[명] 殞命(めい)｜落命(らく).
　운명-하다[자] 落命(らくめい)する｜死(し)ぬ.
운명-론(運命論)[명]〔철〕運命論(うんめいろん).
운명-적(運命的)[관형] 運命的(うんめいてき). 예 사랑 運命的愛(あい)/ ~인 만남 運命の出会(であ)い.
운모(雲母)[명]〔광〕雲母(うんも)｜きらら. =돌비늘
운무(雲霧)[명] 雲霧(うんむ).
운문(韻文)[명]〔문〕韻文(いんぶん).
운반(運搬)[명] 運搬(うんぱん).
　운반-하다[타] 運搬(うんぱん)する. 예 자재를 ~. 資材(しざい)を運搬する.
운반-비(運搬費)[명] 運搬費(うんぱんひ).
운석(隕石)[명]〔천〕隕石(いんせき).
운세(運勢)[명] 運勢(うんせい). 예 새해의 ~를 점치다. 新年(しんねん)の運勢を占(うらな)う.
운송(運送)[명] 運送(うんそう). 예 화물 ~ 貨物(かもつ)の運送.
　운송-하다[타] 運送(うんそう)する.
운송-료(運送料)[명] 運送料(うんそうりょう).
운송-비(運送費)[명] 運送費(うんそうひ). 예 ~는 유통의 큰 조건이다. 運送費は流通(りゅうつう)の大(おお)きな条件(じょうけん)である.
운송-장(運送狀)[명] 運送狀(うんそうじょう).
운수¹(運數)[명] 運(うん)｜運勢(うんせい)｜星回(ほしまわ)り. 예 ~가 사납다. 運が非常(ひじょう)に悪(わる)い./ 올해의 ~를 보다. 今年(ことし)の運を占(うらな)う. =수(數)❶·운(運)
운수²(運輸)[명] 運輸(うんゆ).
　운수-하다[타] 運輸(うんゆ)する.
운수-업(運輸業)[명] 運輸業(うんゆぎょう).
운신(運身)[명] 身動(みうご)き｜身(み)じろぎ. 예 다리를 다쳐서 ~을 못하다. 足(あし)をけがして身動きもできない.
　운신-하다[자] 身動(みうご)きする｜身(み)じろぎする.
운영(運營)[명] 運營(うんえい). 예 ~ 방침 運營方針(ほうしん).
　운영-하다[타] 運營(うんえい)する. 예 학원을 ~. 塾(じゅく)を運營する.
운용(運用)[명] 運用(うんよう).
　운용-하다[타] 運用(うんよう)する.
운운(云云)[명] 云々(うんぬん).
　운운-하다[자,타] 云々(うんぬん)する. 예 과거의 일은 운운하지 맙시다. 過去(かこ)のことを云々するのはよそう.
운율(韻律)[명]〔문〕韻律(いんりつ)｜リズム.
운임(運賃)[명] 運賃(うんちん)｜運送料(うんそうりょう).
운자(韻字)[명]〔문〕韻字(いんじ). 준운(韻)
운적-토(運積土)[명] 運積土(うんせきど).

운전(運轉)[명] ❶[자동차] 運轉(うんてん). 예 ~ 연습 運轉練習(れんしゅう)/ ~을 잘하다. 運轉が上手(じょうず)だ. ❷[금융] 運轉(うんてん). 예 자금의 ~이 여의찮다. 資金(しきん)の運用(うんよう)が思(おも)わしくない.
　운전-하다[타] 運轉(うんてん)する.
운전-대(運轉—)[명] ハンドル.
운전-사(運轉士)[명] 運轉手(うんてんしゅ). =운전수
운전-수(運轉手)[명] ☞운전사
운지-법(運指法)[명]〔음〕運指法(うんしほう).
운집(雲集)[명] 雲集(うんしゅう).
　운집-하다[자] 雲集(うんしゅう)する.
운치(韻致)[명] 韻致(いんち).
운필(運筆)[명] 運筆(うんぴつ)｜筆遣(ふでづか)い｜書(か)き方(かた)｜筆(ふで)の動(うご)かし方.
　운필-하다[자] (字(じ))や絵(え)などを書(か)くために)筆(ふで)を動(うご)かす｜筆(ふで)を運(はこ)ぶ. 예 운필할 때의 마음가짐이 중요하다. 筆を運ぶ時(とき)の心構(こころがま)えが大切(たいせつ)だ.
운하¹(雲霞)[명] 雲霞(うんか)｜雲(くも)と焼(や)け.
운하²(運河)[명] 運河(うんが).
운해(雲海)[명] 雲海(うんかい).
운행(運行)[명] 運行(うんこう).
　운행-하다[자,타] 運行(うんこう)する.
운휴(運休)[명] 運休(うんきゅう).
　운휴-하다[자] 運休(うんきゅう)する.
울¹[명] 身内(みうち)｜内輪(うちわ)｜一族(いちぞく).
울²[대] ☞'우리'의 준말.
울거미[명]〔건〕框(かまち).
울걱-거리다[자,타] ぶくぶくうがいをする｜울걱거리며 양치질하다. ぶくぶくうがいをして歯(は)をみがく. =울걱대다
울걱-대다[자,타] ☞울걱거리다
울걱-울걱[부] ぶくぶく(と)｜ぐじゅぐじゅ(と)｜がらがら(と). 예 이를 닦고 ~ 입 안을 헹구다. 歯(は)を磨(みが)いてぶくぶくとうがいする.
울겅-불겅[부] もぐもぐ｜がりがり｜こりこり.
울근-울근[부] もぐもぐ｜ぐちゃぐちゃ.
울긋-불긋[부] 色(いろ)とりどり. 예 ~ 꽃이 만발했다. 色とりどりの花(はな)が咲(さ)き乱(みだ)れている.
울기¹[명] 顔面(がんめん)が赤(あか)くほてって熱(あつ)く感(かん)じること. 예 ~를 느껴 밖으로 산책을 나갔다. ほてりを感(かん)じて外(そと)に散歩(さんぽ)に出(で)た.
울기²(鬱氣)[명] 鬱気(うっき)｜気(き)ふさぎ.
울꺽[부] ❶[먹은 것이 갑자기 도로 넘어올 때] げえっと. ❷[갑자기 감정이 일어날 때] かっ(と)｜むかっ(と). 예 그 말을 듣는 순간 ~ 화가 치밀어 올랐다. その言葉

を聞いた瞬間、むかっと怒りが込み上げた。

울꺽-거리다자타 ❶げえっという音を出す。శ술을 너무 많이 마신 탓인지 자꾸 울꺽거리며 토했다. お酒を飲みすぎたせいか、しきりにげえっと吐き出した。❷かっとなる¦むかつく。శ그 말을 듣자마자 갑자기 울꺽거려서 후려갈겨 버렸다. その言葉を聞くなり、いきなりかっとなって殴り飛ばしてしまった。=울꺽대다

울꺽-대다자타 ☞울꺽거리다

울꺽-울꺽부 ❶げえげえと。❷かっと¦むかつく。శ차멀미를 참지 못하고 먹은 것을 ~ 토해 놓았다. 車酔いに我慢出来ず、食べたものをげえげえと吐いた。

울-남(―男)명 《俗》泣虫の男の子。

울-녀(―女)명 《俗》泣虫の女の子。శ툭하면 우는 ~는 피곤해. 何かあるとすぐ泣く女 $^{$ おんな $}$は疲れるよ。

울다자 ❶《사람》泣く。శ울고 싶다. 泣きたい。/어머니에게 야단을 맞고 울었다. 母に叱られて泣いた。/쪼그리고 앉아서 우는 시늉을 하다. しゃがんで泣きまねをする。/울면서 걷다. 泣きながら歩く。/합격 소식을 듣고 너무 기쁜 나머지 울어 버렸다. 合格の知らせを聞いて嬉しさのあまり泣いてしまった。/우는 소리 좀 그만하라, 泣き言を言うのはいい加減にしろ。❷《동물이》(動物や虫などが)鳴く¦さえずる。శ벌레가 ~. 虫が鳴く。/어딘가에서 이리가 울고 있는 소리가 들렸다. どこかから狼が鳴いている声が聞こえた。/새가 나무에 앉아 울고 있다. 小鳥が木に止まってさえずっている。❸《어떠한 충격이나 진동으로 소리가 나다》(鐘や風に振動して物体から)音がする¦音が鳴る¦響く。శ사이렌이 ~. サイレンが鳴る。/전깃줄이 바람에 윙윙 운다. 電線が風でびゅんびゅんと鳴る。/지진으로 땅울음이 울렸다. 地震で地鳴りが響いた。❹《귀가》耳鳴りがする。శ계속 귀에서 우는 소리가 나서 병원에 가 왔다. ずっと耳鳴りがして、病院に行ってみた。

울며 겨자 먹기속담 嫌なことを無理やりすることを比喩的に表わした語。శ울며 겨자 먹기로 그의 일을 도와주었다. 嫌だったが無理やり彼の仕事を手

伝ってあげた。

울다P자【張물이나 꿰物이】(張物や縫物などが)ひずむ¦ゆがむ。

울-대명《俗》鳴管。

울대-뼈명《의》結喉¦喉仏。

울뚝부《성질이 급하게 발동》かっと。

울뚝-하다형 かっとする。శ울뚝하는 성질이 있다. かっとする性質がある。

울뚝-뺄명 かっとしやすい性格。

울뚝-불뚝부 かっと¦かっかっ。శ걸핏하면 ~ 화를 낸다. ともすればかっとなる。

울뚝-울뚝부 かっと。

울렁-거리다자 ❶《놀라거나》(驚いたり興奮したりして)胸がどきどきする¦わくわくする。శ발표하기 전 긴장이 되어 속이 울렁거렸다. 発表する前に緊張して、胸がどきどきした。/우연히 길에서 첫사랑을 만나 가슴이 울렁거렸다. 偶然道で初恋の人に会って、胸がわくわくした。❷《吐》(吐気がして)むかつく¦むかむかする。శ속이 울렁거려서 약을 먹었다. 胸がむかついて薬を飲んだ。/차멀미를 해서 ~. 車酔いでむかむかする。❸《波》(波が)ゆらゆらする¦ぐらぐら揺れる。శ울렁거리는 배를 타고 낚시하러 나서다. ゆらゆらする船に乗って釣に出かける。=울렁대다·울렁이다

울렁-대다자 ☞울렁거리다

울렁-울렁부 ❶《자꾸 울렁거리는 모양》むかむか(と)。❷《놀라거나 두려워서 가슴이 자꾸 두근거리는 모양》わくわく¦どきどき。శ속이 ~ 금방이라도 토할 것 같다. 腹がむかむかして、今にも吐きそうだ。

울렁-이다자 ☞울렁거리다

울레-줄레부【여러 사람이 앞서거니 뒤서거니 하면서 몰려가는 모양】ぞろぞろ(と)。

울력명 力を合わせて仕事をすること¦合わせた力。

울력-하다자 力を合わせて仕事をする。

울력-다짐명 力を合わせた気勢。

울룩-불룩부 でこぼこ。

울름-대다타 脅す¦脅かす¦怖がらせる。

울리다자 ❶《鳴》鳴る¦音が出る。శ종이 ~. 鐘が鳴る。/전화벨이 ~. 電話のベルが鳴る。❷《こだまする¦響いて¦響き渡る¦とどろく¦どよめく。శ메아리가 ~. こだまする。/환호성이 울려 퍼지다. 歓声がどよめく。

울-리다[타] ❶【울리어】(人을)泣かせる｜泣かす。 예친구를 때려서 ~. 友達を殴って泣かせる。/ 여자 아이를 울려선 안 돼. 女の子を泣かせてはいけない。 ❷【울리어】(ある物体가 音을)鳴らす｜響かせる。 예벨을 ~. ベルを鳴らす。/ 경적을 ~. 警笛を鳴らす。/ 발소리가 여기까지 울린다. 足音をここまで響かせる。 ❸【울리어】(感動을 起こさせて) 泣かす｜泣かせる。 예그 가수는 사람을 울리는 노래를 잘 부른다. あの歌手は人を泣かせる歌が上手だ。/ 심금을 ~. 心琴の琴線に触れる。 ❹【울리어】(名声이나 威勢 등을)とどろかす｜鳴らす。 예천하에 명성을 울린 인물 天下に名声をとどろかせた人物。

울림명 鳴り｜響き。

울먹-거리다자 べそをかく。 예울먹거리는 아이를 달래다. 泣き出しそうな子をあやす。=울먹대다・울먹이다

울먹-대다자 ☞울먹거리다

울먹-울먹부 泣き出しそうに。

울먹-이다자 ☞울먹거리다

울긋-줄긋부【크고 작은 것이 일정하지 않게 여럿이 많이 벌여 있는 모양】 ごちゃごちゃ｜ごろごろ。

울긋-줄긋명 大小이 不揃いに｜似たり寄ったり。 예~ 아이들이 다섯이나 있다. 似たり寄ったりの子供が五人もいる。

울며-불며부 泣き泣き｜泣く泣く。 예~ 사정하다. 泣き泣き懇々と願う。

울-바자명【울타리에】 籬。

울-보명 泣き虫。

울부짖다자 泣き叫ぶ｜ほえたける。 예처참하게 울부짖는 소리가 들리다. 凄惨に泣き叫ぶ声が聞こえる。/ 거기에 가자 친구의 울부짖음이 들리는 것 같았다. そこに行くと友だちの叫びが聞こえるようだった。

울분(鬱憤)명 鬱憤。 예~을 터뜨리다. 鬱憤を爆発させる。/ ~을 참다. 鬱憤を我慢する。

울분-하다형 憤りが心にいっぱいある。

울산(蔚山)명 [지]蔚山ウルサン。

울-상(一相)명 泣きべそ顔｜泣きべそ｜吠え面。 예왜 ~을 짓고 있는 거니? どうして泣きべそをかいているんだ。

울-새명【동】島駒とまら。

울쑥-불쑥부【여기저기에 불규칙하게 솟아 나온 모양】 にょきにょき(と)｜うねうね(と)。

울-안 (檻이나 塀 등의)囲いの中。 예~에 핀 봉선화 囲いの中に咲いた鳳仙花。

울울창창-하다(鬱鬱蒼蒼─)형 鬱蒼としている。 예울울창창한 삼림 鬱蒼たる森。

울울-하다(鬱鬱─)형 ❶【우거져】鬱々としている。 ❷【답답】鬱々としている。

울-음명 泣くこと｜涙を流すこと。 예~이 복받쳐 오르다. 涙が込み上げてくる。/ ~을 참다. 泣くのをこらえる。

울음-기명 泣く気配。 예아직까지 ~ 있는 목소리로 말하고 있다. 今にも泣きそうな声で話している。

울음-바다명 大勢의 人이 いっせいに泣いている情景。 예이제 그곳은 온통 ~가 되었다. 今やそこでは大勢の人が泣いていた。

울음-보명 泣くこと。 예길을 잃었던 꼬마는 엄마를 보자 ~를 터뜨렸다. 迷子になっていた子供がお母さんを見て、わっと泣き出した。

울적-하다(鬱寂─)형 寂しい｜憂鬱だ｜くしゃくしゃする。 예기분이 ~. 気分がくしゃくしゃする。

울증(鬱症)명 [의]憂鬱症。=우울증

울짱명 ❶【책】柵｜木柵。 ❷【울】垣根｜囲い。

울창-하다(鬱蒼─)형 鬱蒼としている。 예울창한 삼림 鬱蒼たる森。/ 뜰에 소나무가 울창하게 심어져 있다. 庭に松が鬱蒼と植えられている。

울컥부 ❶【먹은 것을 급하게 토할 듯한 모양】 げえっと｜おえっと｜うえっと。 예새색시가 ~ 구역질을 했다. 新妻がげえっと吐いた。 ❷【갑자기 격한 감정이 치밀어 오르는 모양】 かっと｜むかっと｜むっと。 예~ 화가 치밀어 올랐지만 참았다. 怒りがかっと込み上げてきたが、我慢した。

울컥-거리다자타 ❶げえっと音がする。 예체해서 하루 종일 울컥거리며 토하다. 食もたれして、一日中げえっと吐き出す。 ❷かっとなる｜むかつく。 예파렴치한 그의 행동을 보고 있으면 나도 모르게 울컥거린다. 恥知らずな彼の行動を見ていると、ついむかつく。=울컥대다

울컥-대다자타 ☞울컥거리다

울컥-울컥부 ❶【먹은 것을 급하게 자꾸 토하는 모양】 げえっと｜お

울타리 垣根か̆き｜囲い。

울툭-불툭 でこぼこ｜ごつごつ。

울퉁-불퉁 でこぼこ｜ごつごつ(と)。
  울퉁불퉁-하다 でこぼこしている。 예 울퉁불퉁한 자갈길 でこぼこの砂利道。

울-하다(鬱-) うっとうしい。

울화(鬱火) 鬱憤う̆っぷん｜憤ふ̆んする。

울화-병(鬱火-) 《한》心気症しんきしょう｜心気病しんきびょ̆み。

울화-통(鬱火-) 堪忍袋か̆んにんぶ̆くろ｜癇癪か̆んしゃく。 예 그 애만 보면 ~이 터져 살 수가 없다. あいつを見ると堪忍袋の緒が切れて、どうしようもない。=화통

움 芽め｜若芽わ̆かめ｜新芽し̆んめ。 예 ~이 돋다. 芽が出る。 =맹아

움-돋이 ひこばえ。

움-막(-幕) 地中ち̆ちゅうに穴あ̆なを掘ほ̆って作つく̆った倉庫そう̆こ｜穴蔵あ̆なぐら。=움막집·움파리

움막-집(-幕-) ☞움막

움실-거리다 うようよする｜うじゃうじゃする。=움실대다

움실-대다 ☞움실거리다

움실-움실 うようよ(と)｜うじゃうじゃ(と)。

움쑥 ぺこん(と)｜ぽこん(と)。 예 ~ 들어간 곳 ぺこんとへこんだところ。

움쑥-움쑥 ぺこん(と)｜ぽこん(と)。

움씰 ぎょっと｜ぞっと｜ぎくっと。

움씰-움씰 ぎょっと｜ぞっと｜ぎくっと。

움죽 身動み̆みうごきするさま。 예 ~ 못하게 묶어 놓았다. 身動き出来ないように縛っておいた。
  움죽-거리다 しきりに身動み̆みうごきする｜続つ̆づけて身震み̆みぶるいする。=움죽대다
  움죽-대다 ☞움죽거리다

움죽-움죽 しきりに身動み̆みうごきするさま｜続つ̆づけて身震み̆みぶるいするさま。

움직-거리다 身動み̆みうごきする｜しきりに動う̆ごく。 예 몸을 자꾸 움직거려야 빨리 낫는다. 体からだをしきりに動う̆ごかせば早はや̆く良よ̆くなる。=움직대다

움직-대다 ☞움직거리다

움직-움직 しきりに動う̆ごくさま。

움직-이다 (物も̆のが)動う̆ごく｜動う̆ごかす。
❶ (姿勢し̆せい·席せ̆きなどが)移う̆つる｜移う̆つす。 예 움직이지 말고 가만히 있어라. 動う̆ごかないでじっとしていなさい。 / 손을 움직여서 일을 하다. 手て̆を動う̆ごかして仕事し̆ごとをする。 / 계속 자리를 움직이며 돌아다니다. 席せ̆きを移う̆つり続つ̆づけて歩ある̆き回まわ̆る。 ❷ (考かん̆がえ·心こころ̆などが)動揺ど̆うようする｜感動か̆んどうする。 예 그의 이야기로 마음이 움직였다. 彼かれ̆の話はなし̆で心こころ̆が動う̆ごいた。 / 아버지의 마음을 움직이려고 노력하다. 父ちち̆の心こころ̆を動う̆ごかそうと努力ど̆りょくする。 ❸ 活動か̆つどうする｜行動こ̆うどうする。 예 적들이 은밀하게 움직이고 있다. 敵て̆きは密み̆つかに動う̆ごいている。 / 군사를 움직여 공격하다. 兵士へ̆いしを動う̆ごかして攻撃こ̆うげきする。 ❹ (ある事実じ̆じつ·現象げ̆んしょうなどが)変か̆わる｜変か̆える。 예 상황이 점점 우리에게 불리한 쪽으로 움직이기 시작했다. 状況じょ̆うきょうがだんだんと我々わ̆れわれに不利ふ̆りな方ほ̆うに動う̆ごき始はじ̆めた。 / 돈이 모든 것을 움직인다. お金か̆ねが全す̆べてのことを動う̆ごかす。 ❺ (機械き̆かいが)稼働か̆どうする。 예 자동차는 휘발유로 움직인다. 車くる̆まはガソリンで動う̆ごく。 / 빨리 기계를 움직여라. 早はや̆く機械き̆かいを稼働か̆どうしなさい。 ❻ 運営う̆んえいする｜経営け̆いえいする。 예 회사가 움직이려면 자금 문제가 해결되어야 한다. 会社か̆いしゃが運営う̆んえいされるには、資金問題し̆きんもんだいが解決か̆いけつされなければならない。 / 자금 부족으로 공장을 움직일 수 없다. 資金不足し̆きんぶそくで工場こ̆うじょうを経営け̆いえいすることができない。

움직임 動う̆ごき。 ❶ 動う̆ごくさま｜動作ど̆うさ。 예 ~이 뚜렷하다. 動う̆ごきがはっきりしている。 / ~이 전혀 보이지 않는다. まったく動う̆ごきが見み̆られない。 / ~이 자연스럽다. 自然し̆ぜんな動う̆ごきだ。 / ~이 크다. 動う̆ごきが大お̆おきい。 ❷ 変動へ̆んどう｜変化へ̆んか。 예 변화무쌍한 ~ 他た̆に並なら̆ぶ者も̆のがないほどにひどい変化へ̆んか。 ❸ 動静ど̆うせい｜動向ど̆うこう。 예 적의 ~을 살피다. 敵て̆きの動静ど̆うせいを探さぐ̆る。

움질-움질¹ ❶ うじゃうじゃ。 예 벌레가 ~ 기어가다. 虫む̆しがうじゃうじゃ這は̆って行い̆く。 ❷ ぐずぐず。
  움질움질-하다¹ ❶ うじゃうじゃする。 ❷ ぐずぐずする。 예 움질움질하지 말고 빨리 정해라. ぐずぐずせずに早はや̆く決き̆めろ。

움질-움질² かたいものをもぐもぐかむさま。

움질움질-하다² もぐもぐ噛む。
움-집 穴蔵。 ⑩ ~을 짓다. 穴蔵を建てる。/ 빈민이 산자락에 ~을 지었다. 貧民らが山の麓に穴蔵を掘って住み着いた。
움쭉 〖몸의 일부를 움츠리거나 펴지거나 하는 모양〗 (体の一部分を) 勢いよく縮めたり伸ばしたりするさま。⑩ ~ 못하게 묶이다. 身じろぎ出来ないように縛られる。
움쭉-거리다 縮めたり伸ばしたりする。⑩ 움쭉거리지 못하게 하다. 身動き出来ないようにする。=움쭉대다
움쭉-대다 ☞움쭉거리다
움쭉-달싹 身動きするさま。⑩ 한가운데 끼어 ~ 못하다. 真ん中に挟まって身動きもできない。
움찍-거리다 身動きする しきりに動く。
움찍-움찍 しきりに動くさま。
움찔 〖놀라 갑자기 몸을 움츠리는 모양〗 びくりと ぎくりと どきんと ぎょっと。
움찔-거리다 びくびくする。⑩ 그 이야기를 듣자 마음에 걸려 ~. その話を聞くと気にかかってびくびくした。=움찔대다
움찔-대다 ☞움찔거리다
움찔-하다 ぎくりとする。⑩ 화를 내자 그가 움찔하며 뒷걸음질 쳤다. 怒ると彼がぎくりとして後ずさりした。
움찔-움찔 びくびく(と)。⑩ 죄를 지어 ~ 놀라다. 罪を犯してびくびくとおののく。
움찔-움찔² ❶〖곤충 따위가〗 うじゃうじゃ うようよ。❷〖주저하는 모양〗 ぐずぐず。
움찔움찔-하다 ❶ うじゃうじゃする うようよする。⑩ 건물 옥상에서 사람들이 움찔움찔하는 모습을 바라보다. 建物の屋上から人々がうじゃうじゃしているのを眺める。❷ ぐずぐずする。⑩ 그는 그 여자의 집 앞에서 움찔움찔했지만 얼마 지나지 않아 안으로 들어왔다. 彼は彼女の家の前でぐずぐずしていたが、間もなく中に入ってきた。
움츠러-들다 縮こまる すくむ すぼまる。⑩ 추워서 몸이 ~. 寒くて体が縮こまる。/ 무서워서 ~. 怖くて身がすくむ。
움츠러-뜨리다 (寒さ・恐ろしさで体を) すくませる 縮める 縮み上がらせる。⑩ 몸을 움츠러뜨리고 앉아 있다. 体をすくませて座っている。=움츠러트리다
움츠러-지다 (寒さ・恐怖さで体が) 縮み上がる すくむ。⑩ 추위에 몸이 ~. 寒くて体が縮み上がる。/ 무서워서 발이 ~. 恐ろしくて足がすくみあがる。
움츠러-트리다 ☞움츠러뜨리다
움츠리다 (寒さ・恐怖のため体を) すくめる 縮める。⑩ 어깨를 움츠리고 걷다. 肩をすくめて歩く。/ 무서워 몸을 ~. 恐ろしくて体を縮める。/ 몸을 잔뜩 움츠리고 두려운 눈으로 바라보다. 体を最大限に縮めて、おびえた目で見つめる。㊁움치다
움치다 ☞'움츠리다'의 준말.
움칠 〖놀라 갑자기 몸을 움츠리는 모양〗 びくっと ぎくっと。⑩ ~ 놀라다. ぎくっと驚く。
움칫 〖놀라 갑자기 몸을 움츠리는 모양〗 びくっと びくっと。⑩ 선생님 말씀에 ~ 놀라다. 先生の言葉にびくっと驚かす。
움켜-잡다 つかむ つかみ取る 握る 鷲づかみする ひっつかむ。⑩ 멱살을 ~. 胸ぐらをつかむ。/ 칼을 ~. 刃物を握る。/ 배를 움켜잡고 웃다. 腹を抱えて笑う。/ 옷자락을 ~. 服の裾をつかむ。
움켜-쥐다 握る 握り締める。⑩ 손목을 꽉 ~. 手首をしっかり握り締める。/ 멱살을 ~. 胸ぐらをつかむ。/ 돈을 ~. 金を握る。/ 권력을 ~. 権力を握る。
움큼 すくい 握り。⑩ 과자 한 ~ 一握りのお菓子。
움키다 握りしめる つかむ。⑩ 과자를 ~. 菓子を握りしめる。/ 서류를 ~. 書類を握りしめる。
움-트다 ❶〖草〗 芽生える 芽吹く 芽ぐむ 萌え出る。❷〖比〗 芽生える。⑩ 사랑이 ~. 愛が芽生える。
움-파 ❶〖움속에서 키운〗 穴蔵などで育てた黄色いネギ。❷〖베어낸 줄기에서 다시 돋아 나온 파〗 ひこばえネギ。
움-파다 掘る。
움파리 ☞움막
움패다 掘られる くぼむ へこむ。
움퍽 ぺこん(と) ぼこん(と)。
움퍽-움퍽 ぼこぼこ(と)。
움펑-눈 窪目 金壺眼。
움푹 ぺこん(と) ぼこん(と)。⑩ ~ 들어

간 곳 ぺこんとへこんだところ。
움푹-움푹 및 ぼこぼこと(と)。
웃-거름 《농》追肥ついひ 追肥ひ。=추비
　웃거름-하다 재 追肥ひをやる。
웃-국 명 (酒しゅ・しょう油ゆ・油ゆなどの)上澄うわずみ。 예 ~은 떠서 버렸다。 上澄みはすくって捨てた。
웃-기다 타 笑わせる｜笑わす。 예 원숭이 흉내로 남을 ~. 猿まねをして人ひとを笑わせる。／웃기는 세상이다. 笑わせる世の中だ。
웃기-떡 명 (器うつわに盛もった)餅もちの上部じょうぶを飾かざるためにのせる餅もち。 예 생일 떡 위에 얹힌 ~이 예뻐서 먹기에 아깝다。誕生日たんじょうび祝いわいの餅の上うえにのせられた重かさね餅がきれいで、食たべるのがもったいない。
웃-눈썹 명 ☞'윗눈썹'의 잘못。
웃-니 명 ☞'윗니'의 잘못。
웃다 자 ❶【대】笑わらう。 예 큰 소리로 ~. 高笑たかわらいする。／빙그레 ~. にこっと笑う。／웃는 얼굴로 인사하다。笑顔えがおで挨拶あいさつする。 ❷【微】笑ほほえむ。 예 방긋 웃는 나팔꽃 にこりと笑うアサガオ。 ❸【嘲】あざ笑わらう｜せせら笑う。 예 그렇게 행동하면 사람들이 웃는다。 そんなに行こうと人ひとに馬鹿ばかにされる。
웃-더껑이 명 蓋ふた｜覆おおい｜カバー。
웃-도리 명 ☞'윗도리'의 잘못。
웃-돈 명 追錢おいせん。
웃-목 명 ☞'윗목'의 잘못。
웃-물 명 ❶ 【상층】上水うわみず。 ❷ 【한국음식】 うわべに溜たまる汁しる。
웃-방(一房) 명 ☞'윗방'의 잘못。
웃-배 명 ☞'윗배'의 잘못。
웃-비 명 雨あめがやむこと。 예 ~가 걷히자 귀로를 재촉했다。 雨が一時いちじあがるやいなや帰きり道を急いそいだ。
웃-사람 명 ☞'윗사람'의 잘못。
웃-아귀 명 【엄지손가락과 집게손가락 사이】 親指おやゆびと人差ひとさし指ゆびの間あいだ。
웃-어른 명 目上めうえの人ひと。
웃-옷 명 上着うわぎ｜上衣じょうい。
웃-음 명 笑わらい｜笑わらみ｜嘲笑ちょうしょう。 예 ~은 사람을 건강하게 한다。 笑わらいは人ひとを健康けんこうにする。
웃음-가마리 명 【조롱의 대상】笑わらいもの。 예 온 동네가 ~가 되고 말았다。 街中まちじゅうの笑わらいぐさになってしまった。
웃음-거리 명 人ひとに嘲弄ちょうろうされる人｜笑いぐさ。
웃음-기(一氣) 명 笑わらおうとするそぶり。 예 너는 ~ 있는 얼굴이 보기 좋다. あなたの笑みをたたえた顔かおは印象いんしょうがいい。
웃음-꽃 명 多おおくの人ひとが楽たのしく笑わらうさま。 예 아기가 태어나자 그 집안에는 늘 ~이 피었다. 赤あかちゃんが生うまれると、その家いえには常つねに笑わらいの花はなが咲さいた。
웃음-보 명 大笑たいしょう｜笑わらいこけること。 예 내가 말을 마치기도 전에 그가 ~를 터뜨렸다。 私わたしが話はなし終おえる前まえに彼かれが笑いこけた。
웃음엣-짓 명 笑わらわせるためのしぐさ。 예 그 애는 ~만 골라 한다. その子こは笑わせるしぐさばかりする。
웃음-판 명 笑わらいの渦うず。 예 갑자기 장내가 ~으로 변해 버렸다。 突然とつぜん場内じょうないが笑いの渦と化かした。
웃-입술 명 ☞'윗입술'의 잘못。
웃-짐 명 上荷うわに。
웃-층(一層) 명 ☞'위층'의 잘못。
웃-턱 명 ☞'위턱'의 잘못。
웃-통 명 ☞윗옷。
웅거(雄據) 명 【의지하여 자리잡음】盤踞ばんきょ。
　웅거-하다 자 盤踞ばんきょする。
웅건-하다(雄健一) 형 雄健ゆうけんだ。
웅그리다 타 【움츠리다】身みを縮ちぢめる｜すくめる。 예 구석에서 몸을 웅그리고 앉아 있다. 隅すみっこで体からだを縮めて座すわっている。
웅긋-쭝긋 부 ぼこんぼこん(と)｜にょきにょき(と)。
웅담(熊膽) 명 《한》熊くまの胆嚢たんのう。
웅대-하다(雄大一) 형 雄大ゆうだいだ。 예 웅대한 꿈을 품다. 雄大な夢ゆめを抱いだく。
웅덩이 명 水みずたまり｜よどみ。 예 비가 와서 군데군데 ~가 패어 있다. 雨が降ふった後あと、ところどころに水たまりができている。
웅도(雄圖) 명 【웅대한 계획】雄図ゆうと。
웅변(雄辯) 명 雄弁ゆうべん。
웅변-가(雄辯家) 명 雄弁家ゆうべんか。 예 타고난 ~ 生うまれつきの雄弁家。
웅변-술(雄辯術) 명 雄弁術ゆうべんじゅつ。
웅변-조(雄辯調) 명 雄弁調ゆうべんちょう。
웅-보(雄一) 명 雄大ゆうだいな度量どりょう。
웅성(雄性) 명 雄性ゆうせい。
웅성-거리다 자 ざわめく｜ざわつく｜ひしめく。 예 교실에서 웅성거리는 소리가 들리다. 教室きょうしつからざわめいている声こえが

웅성대다

聞こえる。=웅성대다
웅성-대다자 ☞웅성거리다
웅성-웅성부 ざわざわ(と)がやがや(と)。
웅숭-그리다타 (寒さ·恐ろしさなどで)体をすくめる│かがめる。예 몸을 웅숭그리고 울다. 体をかがめて泣く。
웅숭-깊다형 ❶【도량이 넓다】度量が広い。❷【사려 깊다】奥ゆかしい│慎つみ深い。
웅숭-크리다타 体をすくめる。예 웅숭크리고 앉아 허겁지겁 먹다. 体をすくめて座り、あたふたと食べる。
웅얼-거리다 つぶやく│一人言を言う。예 웅얼거려 무슨 말인지 모르겠다. ぶつぶつつぶやいて、何を言うのかわからない。=웅얼대다
웅얼-대다자 ☞웅얼거리다
웅얼-웅얼 ぶつぶつ。
웅예(雄蕊)명 ☞수술
웅자(雄姿)명 雄姿。
웅장-하다(雄壯—)형 雄壯だ。예 웅장한 성 雄壮な城。
웅천(熊川)명【허황된 일】無稽なことを考える人。예 ~처럼 뜬구름만 잡는다. 空に浮かぶ雲をつかむように、とりとめのないことを考える。
웅크리다타 (寒さ·恐ろしさで)体をすくめる│縮める│しゃがむ│しゃがみこむ。예 몸을 웅크리고 있다. 体を縮めている。/ 어깨를 ~. 肩を縮める。
웅큼명 ☞움큼의 잘못.
워감【마소를 멈추게 할 때】どう。
워그르르부 ❶【단단한 물건이 무너지는 소리】がらがら(と)│ごろごろ(と)│どどっ(と)│どばっ(と)。❷【많은 양의 뻑뻑한 액체가 쉽게 끓어오르는 소리】ふつふつ(と)│ぐつぐつ(と)│ぐらぐら(と)。❸【천둥이 요란한 소리】ごろごろ(と)│がらがら(と)。예 ~ 천둥 치는 소리 ごろごろと雷が鳴る音。
워그적-워그적부【좁아서 시끄럽게 떠드는 소리】がやがや(と)│ざわざわ(と)│がさがさ(と)│わいわい(と)。
워그적워그적-하다자 がやがやする│ざわざわする。예 시끄럽게 워그적워그적한다. うるさくざわざわしている。
워글-거리다자【많은 사람이 뒤섞여 들끓는 소리】ざわざわする。예 사람들이 길거리에서 ~. 人々が道でざわざわしている。=워글대다
워글-대다자 ☞워글거리다
워글-워글부【여러 사람이 시끄럽게 떠드는 소리】がやがや(と)│ざわざわ(と)│わいわい(と)。
워글워글-하다자 がやがやする│ざわざわする。예 사람이 많아서 ~. 人が多くてざわざわしている。
워낙부 ❶【본디】もともと。예 ~ 나쁜 녀석이다. もともと悪いやつだ。❷【너무】あまりにも│なにせ│なにしろ。예 ~ 키가 크다. あまりにも背が高い。/ 비싸서 살 수가 없다. あまりにも高くて買えない。

워드 프로세서(word processor) 《컴》ワードプロセッサ│ワープロ。
워럭부 (犬などが)急に飛びかかったりかみついて引っ張るさま。예 ~ 달려들다. わっと飛びかかる。/ ~ 안기다. わっと抱かれる。
워럭-워럭【화가 치밀어 오르는 모양】かっかと。
워르르부 ❶【쌓여 있던 물건이 무너지거나 쏟아지는 소리 또는 모양】がらがら(と)│ごろごろ(と)│どどっと│どばっと。예 탑이 ~ 무너졌다. 塔ががらがらと崩れた。❷【끓어오르는 소리나 모양】ごろごろ(と)│がらがら(と)。❸【액체가 끓어오르는 모양】ぐらぐら(と)│ふつふつ(と)│ぐつぐつ(と)。❹【많은 사람이 한꺼번에 몰리는 모양】どっと│わっと。예 많은 학생이 ~ 몰려온다. 多くの生徒がどっと集まってくる。/ 연예인이 나타나자 사람들이 ~ 몰려들었다. 芸能人が現れると、人々がどっと押寄せた。

워리감【개를 부르는 소리】おいで。
워밍업(warming-up)명 ウオーミングアップ│ワープロ。
워석부【빳빳한 물건이 서로 스치거나 부서지는 소리】かさっと│がさっと│さっと。
워석-거리다자 かさかさと擦れ合う│しきりに衣擦れされる。=워석대다
워석-대다자 ☞워석거리다
워썩부【빳빳한 물건이 서로 세게 스치거나 부서지는 소리】がさっと│かさっと│さっと。
워썩-거리다자 がさがさと音を立てる│かさかさ衣擦れされる。=워썩대다
워썩-대다자 ☞워썩거리다
워썩-워썩부【빳빳한 물건이 자꾸 스치거나 부서지는 소리 또는 모양】がさがさ(と)│かさかさ(と)│がりがり(と)。예 얼음을 ~ 씹어 먹다. 氷をがりがりと噛んで食べる。

워-워감【마소를 멈추게 할 때 하는 소리】どうどう。
워크숍(workshop)명《교》ワークショップ。
워크아웃(walkout)명《사》ワークアウト│同盟罷業。

워키토키(walkie-talkie)명《통》ウォーキートーキー。

워킹 스텝(walking step)《예》ウォーキングステップ。

웍더그르르부【…】ごとごと(と)｜がらがら(と)。예 ~ 쏟아지는 장난감들 がらがらとあふれるおもちゃ。

웍더글-덕더글부【…】ごとごと(と)｜がたごと(と)。예 ~ 소리가 시끄러워서 잠을 못 자겠다. がたごとと音がうるさくて眠れそうにない。

원¹의【…】ウォン。예 아르바이트는 시급 5000~이다. バイトは時給5000万ウォンである。

원²감【…】あら｜これは｜まあ。예 ~, 도대체 이건 뭐냐? まあ、いったいこれは何なんだ。/ ~, 이제 그만해라. まあ、もう止めろ。

원³(怨)명 恨み。❶怨恨さん。예 ~을 사다. 恨みを買う。/ ~을 품다. 恨みを抱く。❷怨望えん。

원⁴(圓)명《수》円えん。예 ~을 그리다. 円を描く。/ 컴퍼스로 ~을 그리다. コンパスで円を描く。

원⁵(圓)의【…】☞엔

원⁶(願)명 ☞소원(所願)

-원⁷(員)접 —員いん。예 회사원 会社員/ 공무원 公務員/ 역무원 役務員

-원⁸(院)접 —院。예 양로원 養老院/ 학술원 学術院

-원⁹(園)접 —園。예 유치원 幼稚園/ 동물원 動物園/ 식물원 植物園

원가(原價)명 原価。

원-거리(遠距離)명 遠距離。

원격(遠隔)명 遠隔。예 ~ 제어 遠隔制御/ ~ 조작 遠隔操作。

원격-하다형 遠く離れている。예 원격한 지역 遠隔の地。

원격 탐사(遠隔探査)명《물》遠隔探査。예 해저 ~ 海底遠隔探査/ 우주 ~ 宇宙遠隔探査。=리모트 센싱

원경(遠景)명 遠景。

원고¹(原告)명《법》原告。↔피고

원고²(原稿)명 原稿。예 마감일 原稿の締め切り日。

원고-료(原稿料)명 原稿料。=고료

원고-용지(原稿用紙)명 原稿用紙。준원고지

원고-지(原稿紙)명 原稿用紙。

원광(圓光)명 円光。❶円形の光。❷《불》後光。

원교 농업(遠郊農業)《농》遠郊農業。

원군(援軍)명 援軍。

원근(遠近)명 遠近。

원근-법(遠近法)명《미》遠近法。예 ~으로 평면에 입체감을 드러낼 수 있다. 遠近法で表面に立体感を出すことができる。

원금(元金)명《경》元金｜元金。예 마저 까먹다. 元金までなくしてしまう。

원기(元氣)명 元気。예 ~가 왕성하다. 元気で旺盛だ。

원-기둥(圓—)명《수》円柱。=원주²,원통

원년(元年)명 元年。

원단(元旦)명 元旦。=원조²(元朝)

원대-하다(遠大—)형 遠大だ。예 원대한 포부 遠大な抱負。

원대-히부 遠大に。

원동-기(原動機)명《물》原動機。~장치 原動機装置。

원동-력(原動力)명 原動力。

원두-막(園頭幕)명 (マクワウリ・スイカなどの)番小屋。

원-둘레(圓—)명《수》円周。

원래¹(元來·原來)부 元来｜もと｜もそもそも｜もともと。예 ~부터 이런 모양이었다. 元からこんな形だった。/ ~자리로 가져다 두다. 元のところに戻す。

원래²(遠來)명 遠来。

원래-하다자 遠くから来る。

원려(遠慮)명 遠慮。

원려-하다타 遠慮する。

원로¹(元老)명 元老。

원로²(遠路)명 遠路｜遠い道程。=원정²

원로-원(元老院)명《역》元老院。

원론(原論)명 原論。

원료(原料)명 原料。

원류(源流)명 源流。예 강의 ~ 川の源流/ 중국 문명의 ~ 中国文明の源流。

원리¹(元利)명 元利。

원리²(原理)명 原理。예 지렛대의 ~ 梃子の原理。

원만-스럽다(圓滿—)형 円満だ。

원만스레부 円満に。

원만-하다(圓滿—)형 ❶【…】円満だ。예 성격이 ~. 性格が円満だ。❷【…】円

滑らかだ｜順調だ。예 일이 원만하게 진행되다. 仕事とが順調に進む。❸【속칭】円満に【속칭】예 원만한 관계를 유지하다. 円満な関係を保つ。

원만-히부 円満に｜円滑に。

원망(怨望)명 怨望み｜恨み。예 ~의 눈초리로 보다. 恨みの目付きでみる。=원❷

원망-하다타 恨む。예 이제 와서 원망해도 소용없다. 今になって恨んでも仕方がない。

원망-스럽다(怨望—)형 恨めしい｜悔しい。

원망스레부 恨めしそうに｜くやしく。

원맨-쇼(one-man show)명 ワンマンショー。

원면(原綿)명【섬유용】原綿。

원명(原名)명 原名｜もとの名前。

원목(原木)명 原木。

원무(圓舞)명 (예) 円舞｜輪舞。

원무-곡(圓舞曲)명 (음) 円舞曲｜ワルツ｜ロンド。=왈츠

원문(原文)명 原文。

원반¹(原盤)명【음반 복제의 바탕】原盤。

원반²(圓盤)명 円盤。❶ 丸きい板のもの。❷ (운) 円盤投げの用具。◆일본어에서는 '円盤'에 '음반'의 뜻도 있다.

원반-던지기(圓盤—)명 (운) (陸上競技の)円盤投げ。=투원반

원방(遠方)명 遠方｜遠地。

원병(援兵)명 援兵｜援軍。

원보(原譜)명 原譜。

원본(原本)명 抄本、妙本などのもとになる文書｜原本。

원-불교(圓佛敎)명 (종) 円仏教｜韓国仏教の教派の一つ。

원-뿌리(元—)명 (식) 支柱根。예 ~는 꽃을 지탱한다. 支柱根は花を支える。

원-뿔(圓—)명 (수) 円錐体｜円錐体。예 ~ 도법 円錐図法。=원추

원뿔-대(圓—臺)명 (수) 円錐台。

원뿔 도법(圓—圖法) 円錐図法。

원산(原産)명 原産。

원산-지(原産地)명 原産地。예 ~ 표시 제도 原産地表示制度。

원상(原狀)명 原狀。예 ~ 회복 原狀回復。

원색(原色)명 原色。예 삼~ 三原色。

원색-판(原色版)명 (출) 原色版。

원생-동물(原生動物)명 (동) 原生動物。

원생-식물(原生植物)명 (식) 単細胞植物。=단세포 식물

원서¹(原書)명 原書。예 ~를 읽다. 原書を読む。

원서²(願書)명 願書。예 입학 ~ 入学願書。

원성(怨聲)명 怨声｜恨み声。

원소(元素)명 元素｜元。예 ~ 기호 元素記号。

원소 나열법(元素羅列法) (수) 元素羅列法。

원소 분석(元素分析) (화) 元素分析。

원소 주기율(元素週期律) (화) 元素週期律｜周期律。예 ~표 元素週期律表。=주기율

원수¹(元帥)명 元帥。

원수²(元首)명 (법) 元首。예 국가 ~ 国家の元首。

원수³(怨讐)명 怨讐｜仇、かたき｜仇敵。예 ~를 갚다. 仇を討つ。
원수는 외나무다리에서 만난다속담 かたきは丸木橋で出会う。

원수-지다(怨讐—)자 互いに仇になる。

원숙-하다(圓熟—)형 円熟している。예 원숙한 연기를 보여주다. 円熟した演技を見せる。

원숭이명 (동) 猿。예 ~는 바나나를 좋아한다. サルはバナナが好きだ。/ 그는 다른 사람의 흉내를 잘 내기 때문에 ~라고 불린다. 彼は他人の真似をするのが上手で、サルと呼ばれている。=잔나비
원숭이도 나무에서 떨어진다속담 猿も木から落ちる：〔日〕弘法にも筆の誤り。◆일본에서는 '서예의 대가도 잘못 쓸 때가 있다'라고 한다.

원숭이-날명 (민)【申】申の日｜申日｜十二支の申の日。=신일(申日)

원숭이-띠명 (민) 申年生まれ。

원시¹(原始)명 原始。예 ~ 생활 原始生活／~ 종교 原始宗教。

원시²(遠視)명 遠視｜遠目。

원시-경(遠視鏡)명 遠視鏡｜老眼鏡。

원시 공동체(原始共同體) (사) 原始共同体。

원시-림(原始林)명 原始林。

원시-안(遠視眼)명 遠視眼。준 원시

원시-인(原始人)명 原始人。

원시-적(原始的)관·명 原始的。예 ~ 농업 原始的農業。

원심¹(原審) 몡 原審。
원심²(圓心) 몡 円心。
원심-력(遠心力) 몡 《물》遠心力。 예 포환던지기 선수가 빙빙 돌며 던지면 ~이 생겨 더 멀리 나간다. 砲丸投げ選手がぐるぐるとまわりながら投げると、遠心力ができてもっと遠くに飛んでいく。
원심 분리기(遠心分離機) 《물》遠心分離機。
원아¹(院兒) 몡 院児。
원아²(園兒) 몡 園児。 예 ~ 모집 園児募集。
원안(原案) 몡 原案。
원앙(鴛鴦) 몡 《동》鴛鴦 ¦ おしどり。=원앙새
원앙-새(鴛鴦—) 몡 ⇒원앙
원액(原液) 몡 原液。
원양(遠洋) 몡 遠洋。 예 ~ 어선 遠洋漁船。=원해
원양 어업(遠洋漁業) 遠洋漁業。 예 참치는 대개 ~을 통해서 포획한다. マグロは大体遠洋漁業で捕獲する。
원어(原語) 몡 原語。
원예(園藝) 몡 園芸。 예 ~ 작물 園芸作物。
원예 농업(園藝農業) 《농》園芸農業。 예 ~의 부가가치가 높아지다. 園芸農業の付加価値が高くなる。
원예-사(園藝師) 몡 園芸師。
원유(原油) 몡 原油。 예 ~ 시세 原油相場。
원음(原音) 몡 原音。
원의(原義) 몡 原義。
원인¹(原因) 몡 原因。 예 ~ 불명의 사건 原因不明の事件/ 사고의 ~을 밝히다. 事故との原因を明かす。
　원인-하다 재 原因する。
원인²(猿人) 몡 《고》猿人。
원인³(遠因) 몡 遠因。
원인 요법(原因療法) 《의》原因療法。
원자¹(元子) 몡 (王世子になる前の) 王の長男。
원자²(原子) 몡 《물》原子。 예 ~ 기호 原子記号/ ~ 번호 原子番号。
원자-가(原子價) 몡 《화》原子価。
원자-구름(原子—) 몡 【핵·원자 폭탄이 터지며 버섯 모양의 구름】原子雲。
원자-량(原子量) 몡 原子量。
원자-력(原子力) 몡 《물》原子力。

원자력 발전(原子力發電) 《물》原子力発電。 예 ~소를 건설하다. 原子力発電所を建設する。
원자-로(原子爐) 몡 《물》原子炉。
원자-병(原子病) 몡 《의》原子病。
원-자재(原資材) 몡 原料になる資材。
원자-탄(原子彈) 몡 《군》原子爆弾。
원자 폭탄(原子爆彈) 《군》原子爆弾。=원자탄
원자-핵(原子核) 몡 《물》原子核。=핵❸
원자핵 화학(原子核化學) 《화》原子核化学 ¦ 核化学。
원작(原作) 몡 原作。 예 ~ 만화를 읽다. 原作漫画を読む。
원작-자(原作者) ⇒원저자(原著者)
원장¹(元帳) 몡 《경》元帳 ¦ 原簿。
원장²(院長) 몡 院長。
원-재료(原材料) 몡 原材料。
원저(原著) 몡 原著。
원-저자(原著者) 몡 原著者 ¦ 原作者。=원작자
원적(原籍) 몡 《법》原籍。
원적-지(原籍地) 몡 《법》原籍地。
원전(原典) 몡 原典。 ~에 따르면 原典によると。
원점(原點) 몡 原点。 예 좌표의 ~ 座標の原点/ ~으로 돌아가다. 原点に立ち返る。
원정¹(遠征) 몡 遠征。 예 ~ 경기 遠征競技。
원정²(遠程) ⇒원로(遠路)
원제(原題) 몡 原題。
원조¹(元祖) 몡 元祖 ¦ 始祖。
원조²(元朝) ⇒원단(元旦)
원조³(援助) 몡 援助。 예 경제 ~ 経済援助。
　원조-하다 타 援助する。
원족(遠族) 몡 血筋の遠い親族。
원종(原種) 몡 原種。
원죄(原罪) 몡 《종》原罪。
원주¹(圓周) 몡 《수》円周 ¦ 円の周り。=원둘레
원주²(圓柱) ⇒원기둥
원주-각(圓周角) 몡 《수》円周角。
원주-민(原住民) 몡 原住民。
원주-율(圓周率) 몡 《수》円周率 ¦ π。
원지-점(遠地點) 몡 《천》【달·인공 위성이 지구에서 가장 멀리 떨어지는 점】遠地点。

원질(原質)⑲ 原質しつ。
원-채(原—)⑲ 母屋おもや｜本家ほんけ｜本宅ほんたく。
  예 집주인은 ~에 기거한다. 家いえの主人しゅじんは母屋で寝起ねおきする。 =원¹❶
원처(遠處)⑲ 遠とおいところ。
원척-도(原尺圖)⑲ 原寸図げんすんず。
원천(源泉)⑲ 源泉げんせん。예 젊음의 ~ 若わかさの源泉/~ 과세 源泉課税かぜい。
원체¹(元體) Ⅰ⑲ 本体ほんたい。 Ⅱ튀 元来がんらい｜本来ほんらい｜もともと。예 ~ 두뇌가 명석하다. 元来頭脳ずのうが明晰めいせきだ。
원체²(院體)⑲ [미] 院体いんたい。
원촌(遠村)⑲ 遠とおい村むら。
원추(圓錐)⑲ ☞원뿔
원추-근(圓錐根)⑲ 〈식〉(ダイコンなどの)円錐形えんすいけいの根ね。
원추리 〈식〉忘草わすれぐさ。예 ~ 뿌리에 영양분이 많다. ワスレグサの根ねに栄養分えいようぶんが多おおい。
원칙(原則)⑲ 原則げんそく。예 기본 ~ 基本きほん原則。
원칙-적(原則的)관⑲ 原則的げんそくてき。예 ~으로 2시에 하교할 것 原則的に二時にじに下校げこうすること。
원친(遠親)⑲ 遠とおい親戚しんせき。
원탁(圓卓)⑲ 円卓えんたく。
원탁-회의(圓卓會議)⑲ 円卓会議えんたくかいぎ。
원통(圓筒)⑲ ☞원기둥
원통 도법(圓筒圖法) 円筒図法えんとうずほう。
원통-하다(寃痛—)휑 悔くやしい｜恨うらめしい｜残念ざんねんだ。예 분하고 원통하여 참을 수가 없다. あまりにも悔しくてたまらない。
  원통-히튀 悔くやしく｜恨うらめしく｜残念ざんねんに。
원판¹(原版)⑲ 原版げんぱん。
원판²(圓板)⑲ 円板えんばん。
원폭(原爆)⑲ [준말] 原爆げんばく。
원-풀이¹(怨—)⑲ 恨うらみを晴はらすこと。
  원풀이-하다 冏 恨うらみを晴はらす。
원-풀이²(願—)⑲ 願ねがいをかなえること。
  원풀이-하다冏 願ねがいをかなえる。
원품(原品)⑲ 原品げんぴん。
원피스(one-piece)⑲ ワンピース。
원-하다(願—)囲 願ねがう｜望のぞむ｜求もとめる。예 행복해지기를 마음속으로 ~. 幸しあわせになることを心こころに願う。/ 네가 원하는 일을 해라. あなたがしたいことをしなさい。
원한(怨恨)⑲ 怨恨えんこん｜恨うらみ。예 ~에 의한 살인 怨恨による殺人さつじん/ ~을 품다. 怨恨を抱いだく。/ ~을 풀다. 恨みを晴はらす。 =원¹❶
원해(遠海)⑲ ☞원양(遠洋)
원행(遠行)⑲ 遠行えんこう｜遠出とおで。
  원행-하다冏 遠とおいところに行いく｜遠出とおでする。
원형¹(原形)⑲ [철] 原形げんけい。예 ~을 유지하다. 原形を保たもつ。
원형²(原型)⑲ 原型げんけい。❶[鋳物] 鋳物いものの型かた。❷[製図] 製図せいずの型かた。
원형³(圓形)⑲ 円形えんけい。예 ~ 극장 円形劇場げきじょう。
원형-질(原形質)⑲ 〈생〉原形質げんけいしつ。
원호(援護)⑲ 援護えんご。
  원호-하다厄 援護えんごする。
원혼(寃魂)⑲ 寃魂えんこん。예 원통한 ~ 無念むねんの寃魂。
원활-하다(圓滑—)휑 円滑えんかつだ。예 일의 진행이 원활하지 못하다. 仕事しごとが円滑に取とり運はこばない。
  원활-히튀 円滑えんかつに。
원흉(元兇)⑲ 元兇げんきょう。
월¹(月)⑲ ❶[월급] 月つき。예 ~ 백만 원 月百万ひゃくまんウォン/ ~에 한 번 생기는 일 月つきに一度いちどにできること。❷[달] 月つき。
월²(月)의 [월명] —月がつ。예 1월 一月いちがつ/ 3월 三月さんがつ。
월간¹(月刊)⑲ 月刊げっかん。예 ~ 잡지 月刊雑誌ざっし/ ~ 소비량 月刊消費量しょうひりょう。
월간²(月間)⑲ 月間げっかん。
월강(越江)⑲ 河かわを越こえること。
  월강-하다冏 河かわを越こえる。
월경¹(月經)⑲ 《의》月経げっけい｜メンス。예 ~ 통 月経痛げっけいつう。 =경수²・달거리
월경²(越境)⑲ 越境えっきょう。
  월경-하다冏 越境えっきょうする。
월계(月計)⑲ 月計げっけい。예 ~ 표 月計表げっけいひょう。
월계-관(月桂冠)⑲ 月桂冠げっけいかん。예 머리에 ~을 쓰다. 頭あたまに月桂冠をかぶる。
월계-수(月桂樹)⑲ 〈식〉月桂樹げっけいじゅ。
월계-화(月季花)⑲ 〈식〉月季花げっきか｜コウシンバラ。
월광(月光)⑲ 月光げっこう。
월권(越權)⑲ 越権えっけん。예 ~ 행위 越権行為こうい。
  월권-하다冏 権限けんげんを越こえる。
월급(月給)⑲ 月給げっきゅう｜サラリー。
월급-날⑲ 給料日きゅうりょうび。예 저의 ~은 매

월 25일입니다. 私の月給日は毎月25日です。

월급-쟁이(月給—)[명] 月給取り ¦ サラリーマン。[예] ~ 생활을 하다. サラリーマンの暮らしをする。

월남1(越南)[명] 《지》ベトナムの音訳。

월남2(越南)[명] ❶境界線を超えて南の方に行くこと。❷北朝鮮から脱出して韓国に来ること。

월내(月内)[명] 月内。

월동(越冬)[명] 越冬。[예] ~ 준비 越冬準備。=겨울나기

월동-하다[자] 越冬する。

월드 와이드 웹(World Wide Web) 《컴》ワールドワイドウェブ。

월드-컵(World Cup)[명] 《운》ワールドカップ。

월등-하다(越等—)[형] 格段に違う ¦ けた外れだ ¦ 並外れている ¦ ずば抜けている。[예] 그의 실력이 ~. 彼の実力がけたはずれだ。

월등-히[부] 格段に ¦ けた外れに ¦ ずば抜けて。

월력(月曆)[명] ☞달력

월례(月例)[명] 月例。[예] ~ 회의 月例会議 / ~ 보고 月例報告。

월말(月末)[명] 月末。[예] ~ 누계 月末累計。

월면(月面)[명] 月面。[예] ~차 月面車。

월반(越班)[명] 飛び級。

월반-하다[자] 飛び級する。

월별(月別)[명] 月別。[예] ~로 나누다. 月別に分ける。

월보(月報)[명] 月報。

월부(月賦)[명] 月賦 ¦ 月割り。

월북(月北)[명] ❶境界線を超えて北の方に行くこと。❷韓国から抜け出て北朝鮮へ行くこと。

월사-금(月謝金)[명] 月謝 ¦ 授業料。

월색(月色)[명] 月色。

월세(月貰)[명] ☞사글세

월-세계(月世界)[명] 月世界。=달나라

월수(月收)[명] 月収。

월식(月蝕)[명] 《천》月食。[예] 개기 ~ 皆既月食。

월야(月夜)[명] 月夜。

월여(月餘)[명] 月余。

월요-병(月曜病)[명] 月曜病。

월-요일(月曜日)[명] 月曜日 ¦ 月。

[준]월

월일(月日)[명] 月日。

월전(月前)[명] 一ヶ月くらい前。

월중(月中)[명] 月中。[예] ~ 행사 月中行事。

월초(月初)[명] 月初 ¦ 月初め ¦ 月の初め。

월커덕[부] 【갑자기 힘껏 잡아당기거나 밀치는 모양】ぎゅっと ¦ どんと。[예] 도둑이 행인을 ~ 밀치고 달아났다. どろぼうが通行人をどんと押し退けて逃げた。

월커덕-월커덕[부] ぎゅうぎゅう ¦ ざあざあ。

월컥[부] ❶【갑자기 먹은 것을 다 토해 내는 모양】げえっと。[예] 술에 취해 ~ 토하다. 酒に酔ってげえっと吐いた。❷【갑자기 격한 감정이 치미는 모양】ぎゅっと。[예] 그 순간 ~ 화가 치밀었다. その瞬間、ぐっと怒りが沸き上がった。

웨딩-드레스(wedding dress)[명] ウエディングドレス。

웨스턴 그립(western grip) 《운》(テニスの握り方で)ウエスタングリップ。

웨이터(waiter)[명] ウエーター。

웨이트리스(waitress)[명] ウエートレス。

웨이트 트레이닝(weight training) 《운》ウエイトトレーニング。

웨죽-웨죽[부] 【팔을 저으면서 천천히 걸어가는 모양】のっしのっし。[예] 노인이 ~ 이쪽으로 걸어오고 있었다. 老人がのっしのっしと、こちらに歩いて来た。

웩[부] ❶【먹은 것을 갑자기 마구 토하는 소리 또는 모양】おえっ(と) ¦ うえっ(と)。[예] 그녀가 갑자기 ~ 구역질을 시작했다. 彼女が突然うえっと嘔吐し始めた。❷【새나 짐승 등을 쫓을 때 외치는 소리】わあっ(と)。

웩-웩[부] ❶【먹은 것을 잇따라 마구 토하는 소리 또는 모양】げえげえ(と)。[예] ~ 토하다. げえげえと吐く。❷【마구 고함을 지르는 소리 또는 모양】わあわあ(と)。

웩웩-거리다[자] ❶引き続き吐き出す音がする ¦ げえげえする ¦ げえっとする。[예] 웩웩거리며 화장실로 뛰어들다. げえげえしながらトイレに駆け込む。❷引き続き大声を出す ¦ わあわあ叫ぶ。[예] 이 한밤중에 누가 웩웩거리는 거냐? こんな夜中に誰がわあわあ叫んでいるのか。/ 기를 쓰며 웩웩거렸다. ありったけの力を込めてわあわあ言った。=웩웩대다

웩웩-대다[자] ☞웩웩거리다

웬[관] どんな ¦ どうした ¦ 何という。[예] ~ 사람들이 이렇게 많지? どうして人々

がこんなに多いのか。/ ～ 소란이냐? どうした騒ぎなのか。見知らぬ人が訪ねた。

웬-만큼🔤 いい加減に；そこそこに。 ❹ ～ 해라. いい加減にしろ。

웬만-하다🔤 まあまあだ；まずまずだ。 ❹ 학교 성적은 ～. 学校の成績はまあまあだ。/ 웬만하면 그만해라. できればやめなさい。

웬-일🔤 どうしたこと；何事。 ❹ ～이냐? どうしたのか。/ ～로 여기에 왔느냐? 何事でここまできたのか。

웰터-급(welter級)🔤〈운〉(ボクシングの)ウエルター級。 ❹ ～ 챔피언 ウエルター級チャンピオン。

웹 메일(web mail)🔤 ウェブメール。

웹 사이트(web site)🔤 ウェブサイト。

웽🔤 ❶ひゅうっ(と)。 ❷ぶん(と)。

웽겅-뎅겅🔤 からんからん；からんころん。

웽그렁-뎅그렁🔤 がらんがらん(と)；からんからん(と)。

웽-웽🔤 ❶ひゅうひゅう(と)。 ❷ぶんぶん(と)。 ❹ 여름만 되면 모기들이 밤마다 ～ 운다. 夏になると蚊が毎晩ぶんぶんいう。/ 한 무리 파리 떼가 ～ 지나갔다. 一群れのハエの群がぶんぶんといいながら通り過ぎた。

위¹(上)🔤 ❶〈위〉(ある基準となる物より)上の方；上部。 ❹ 머리 ～ 頭の上/ ～를 보다. 上の方を見る。 ❷〈物体の〉(物体の)表面；表層；うわべ。 ❹ 의자 ～에 서다. 椅子の上に立つ。/ 모래 ～를 걷다. 砂の上を歩く。 ❸〈높은 곳〉高い所；頂上。 ❹ 하늘 ～ 空の上/ 산 ~에 올랐다. 山の頂上に登った。 ❹〈地位·品質·程度·年齢などが〉高いこと；良いこと。 ❹ 너보다 내가 실력이 ～이다. 君より私の方が腕は上だ。/ 아버지보다 어머니 나이가 ～이다. 父より母の方が年が上だ。 ❺〈위 문장 내용〉上記；以上。 ❹ ～를 참고해 주세요. 上記を参考にしてください。/ ～에서 설명한 것처럼. 以上で説明したように。 ❻〈앞서 말한 것 외에〉—した上に；—に加えて；—以外に。 ❹ 용돈 줬으면 됐지 그 ～에 뭘 더 해 줘야 해? 小遣いをあげたんだから

いいじゃないか、それ以外に何をしてあげないといけないの。

위²(位)🔤 位。 ❹ 우리나라가 올림픽에서 종합 1위를 했다. 韓国がオリンピックで総合一位になった。 ❷〈영령·출생 숫자를 세는 단위〉 ❹ 영령 10위 英霊に十位。

위³(胃)🔤〈의〉胃。=위장²。

위경(危境)🔤 危篤な状態。

위-경련(胃痙攣)🔤〈의〉胃痙攣。

위관(尉官)🔤〈군〉尉官。

위구(危懼)🔤 危惧。
    위구-하다🔤 危惧する。

위구-스럽다(危懼—)🔤 危惧している。
    위구스레🔤 危惧して。

위구-심(危懼心)🔤 危惧の念。

위국¹(危局)🔤 危局。

위국²(爲國)🔤 国のためになること。
    위국-하다🔤 国のためになる。

위국³(衛國)🔤 国を守ること。
    위국-하다🔤 国を守る。

위-궤양(胃潰瘍)🔤〈의〉胃潰瘍。

위급(危急)🔤 危急。
    위급-하다🔤 危急だ。 ❹ 매우 위급한 상황이다. 非常に危急を要する状況である。

위급존망지추(危急存亡之秋)🔤〈사느냐 죽느냐 하는 위급한 때〉危急存亡の秋。

위기(危機)🔤 危機。 ❹ ～ 의식 危機意識/ ～를 벗어나다. 危機を脱する。

위기-일발(危機一髮)🔤 危機一髮。

위난(危難)🔤 危難。

위대-하다(偉大—)🔤 偉大だ；偉い。 ❹ 위대한 인물 偉大な人物/ 위대한 업적을 남기다. 偉い業績を残す。

위덕(威德)🔤 威德。

위도(緯度)🔤 緯度。 ❹ ～가 높다. 緯度が高い。/ ～를 관측하다. 緯度を観測する。

위독-하다(危篤—)🔤 危篤だ。

위력¹(威力)🔤 威力。 ❹ ～을 발휘하다. 威力を発揮する。

위력²(偉力)🔤〈偉力〉偉力。

위로(慰勞)🔤 慰労；慰め。 ❹ ～의 말을 전하다. 慰めの言葉を伝える。
    위로-하다🔤 慰労する；慰める。 ❹ 유족을 ～. 遺族を慰める。

위무¹(威武)🔤 威武。

위무²(慰撫)🔤 慰撫。
    위무-하다🔤 慰撫する。

위문(慰問)🔤 慰問。 ❹ ～ 연주 慰問演

奏そう/~ 편지 慰問手紙もん。
위문-하다 慰問もんする。예 재난 피해자를 ~. 被災者ひさいしゃを慰問する。
위문-품(慰問品)명 慰問品いもんひん¦慰問袋ぶくろ。
위반(違反)명 違反いはん。예 교통 ~ 交通こうつう違反/ 선거 ~ 選挙せんきょ違反。
위반-하다 違反いはんする。예 헌법에 위반된다. 憲法けんぽうに違反する。
위배(違背)명 違背いはい。
위배-하다 違背いはいする。예 공동 성명에 위배된다고 비난했다. 共同きょうどう声明せいめいに違背すると非難ひなんした。
위법(違法)명 違法いほう。예 ~ 사이트 違法サイト/ ~ 주차 違法駐車ちゅうしゃ/ ~ 행위 違法行為こうい。
위법-하다 違法いほうする。
위벽(胃壁)명 《의》胃壁いへき。
위병¹(胃病)명 《의》胃病いびょう。
위병²(衛兵)명 衛兵えいへい¦~소 衛兵所しょ。
위빙(weaving)명 《운【직】》ウィービング。
위산(胃酸)명 《의》胃酸いさん。
위산 과다증(胃酸過多症)《의》胃酸過多症いさんかたしょう。
위-샘(胃—)명 《의》胃腺せん。
위생(衛生)명 衛生えいせい。
위생-병(衛生兵)명 衛生兵えいせいへい。=간호병
위생-적(衛生的)관명 衛生的えいせいてき。
위생-학(衛生學)명 衛生学えいせいがく。
위선¹(偽善)명 偽善ぎぜん。
위선-하다자 偽いつわりで善ぜんを繕つくろう。
위선²(緯線)명 緯線いせん。=씨줄❷
위선-자(偽善者)명 偽善者ぎぜんしゃ。
위선-적(偽善的)관명 偽善的ぎぜんてき。
위성(衛星)명 《천》衛星えいせい。예 ~ 전화 衛星電話でんわ/ 기상 衛星気象きしょう。=달별
위성 도시(衛星都市)명 衛星都市えいせいとし。
위성-사진(衛星寫眞)명 《항》衛星写真えいせいしゃしん。예 ~으로 본 지구 衛星写真で見みた地球ちきゅう。
위세(威勢)명 威勢いせい。
위수(衛戍)명 衛戍えいじゅ。
위스키(whiskey)명 ウイスキー。
위시-하다(爲始—)타 始はじめとする。예 큰형을 위시하여 온 형제가 다 모였다. 長兄ちょうけいを始めとして兄弟きょうだいが全部ぜんぶ集あつまった。
위신(威信)명 威信いしん。예 국가의 ~이 걸린 문제 国家こっかの威信がかかった問題もんだい。
위-아래명 上下じょうげ¦上うえと下した。예 ~ 구별

없이 원탁에 앉았다. 上下の区別くべつなく円卓えんたくに座ざる。
위안(慰安)명 慰安いあん¦慰なぐさめ。예 ~ 거리 慰なぐさみ物もの/ ~을 삼다. 慰めにする。
위안-하다 慰安いあんする¦慰なぐさめる。
위안-부(慰安婦)명 慰安婦いあんふ¦従軍慰安婦じゅうぐんいあんふ。
위암(胃癌)명 《의》胃癌いがん。
위압(威壓)명 威圧いあつ。
위압-하다 威圧いあつする。
위압-감(威壓感)명 威圧感いあつかん。
위압-적(威壓的)관명 威圧的いあつてき。예 ~인 태도 威圧的な態度たいど/ ~인 분위기 威圧的な雰囲気ふんいき。
위액(胃液)명 《의》胃液いえき。
위약(違約)명 違約いやく。
위약-하다 違約いやくする。
위약-금(違約金)명 《법》違約金いやくきん。예 계약을 어겼으므로 ~을 물어야 한다. 契約けいやくを破やぶったので、違約金を支払しはらわなければならない。
위언(違言)명 偽いつわり¦うそ。
위언-하다 偽いつわる。
위엄(威嚴)명 威厳いげん。예 ~ 있는 행동을 하다. 威厳のある行動こうどうをする。
위엄-스럽다(威嚴—) 威厳いげんがある¦厳きびしい。
위엄스레부 厳きびしく。
위엄-차다(威嚴—) 威厳いげんがこもる。
위업(偉業)명 偉業いぎょう。예 후세에 ~을 남기다. 後世こうせいに偉業を残のこす。
위염(胃炎)명 《의》胃炎いえん。
위요(圍繞)명 囲繞いじょう。
위요-하다타 囲繞いじょうする。
위용(威容)명 威容いよう。예 ~을 과시하다. 威容を誇ほこる。
위용²(偉容)명 偉容いよう。
위원(委員)명 委員いいん。예 학급 ~ 学級がっきゅう委員。
위원-장(委員長)명 委員長いいんちょう。
위원-회(委員會)명 委員会いいんかい。예 공정 거래 ~ 公正取引こうせいとりひき委員会/ 교육 ~ 教育きょういく委員会。
위-으뜸음(—音)《음》第二音だいにおん。
위인¹(偉人)명 偉人いじん。
위인²(爲人)명 人ひととなり¦うまれつき¦人柄ひとがら。예 그런 일을 할 ~도 못 된다. そんなことをする人となりでもない。
위인-전(偉人傳)명 偉人伝いじんでん。
위임(委任)명 委任いにん。

위임-하다 委任する。 例 전권을 부사장에게 ~. 全權を副社長に委任する。

위임-장(委任狀) 《법》委任狀。

위자(慰藉)명 【慰藉料】慰藉。

위자-하다 慰藉する。

위자-료(慰藉料)명 《법》慰謝料。

위작(僞作)명 僞作。 例 ~ 논쟁 僞作論爭。

위작-하다 僞作する。

위장¹(胃腸)명 【의】 胃腸。

위장²(胃臟)명 ☞위³(胃)

위장³(僞裝)명 僞裝。 例 ~ 결혼 僞裝結婚。

위장-하다 僞裝する。

위장-병(胃腸病)명 【의】 胃腸病。

위장-약(胃腸藥)명 胃腸藥。

위장-염(胃腸炎)명 【의】 胃腸炎。

위정-자(爲政者)명 爲政者。

위조(僞造)명 僞造。 例 문서 ~ 文書僞造 / ~ 방지책 僞造防止策。

위조-하다 僞造する。

위조-문서(僞造文書) 僞造文書。

위조-죄(僞造罪)명 《법》僞造罪。

위조-지폐(僞造紙幣)명 僞造紙幣 ¦ 僞造手形。

위조-품(僞造品)명 僞造品。

위족(僞足)명 【생】僞足。

위주(爲主)명 主とすること。 例 고기~의 식사 肉を主とする食事。

위중-하다(危重-)형 病が重い ¦ 危篤だ。 例 ~는 연락을 받다. 危篤だという連絡を受ける。

위증(僞證)명 僞證。

위증-죄(僞證罪)명 《법》僞證罪。

위지(危地)명 例 ~에서 벗어나다. 危地を脫する。

위-쪽명 上の方 ¦ 上 ¦ 上側。 例 가장 ~에 있는 것부터 사용해라. 一番上にあるものから使いなさい。 / ~을 올려다보다. 上の方を見上げる。

위-채명 多くの棟がある中で上から見たときに前方に建っている棟。

위촉(委囑)명 委囑。 例 ~ 계약서 委囑契約書 / ~ 위임 委囑委任。

위촉-하다 委囑する。

위축(萎縮)명 萎縮。

위축-하다 萎縮する。

위축-감(萎縮感)명 萎縮感。

위-층(-層)명 ❶上層 ¦ 上の層。 ❷(1階に対して)二階 ¦ 上の階 ¦ 上階。 例 ~이 너무 소란하다. 上の階が騷々しい。

위치(位置)명 位置。 例 건물의 ~ 建物の位置 / 자기의 ~를 정확히 알다. 自分の位置をはっきり知る。 / 중요한 ~를 차지하다. 重要な位置を占める。

위치-하다 位置する。 例 학교는 시의 남쪽에 위치한다. 學校は市の南の方に位置する。

위탁(委託)명 委託。 例 ~ 계약서 委託契約書。

위탁-하다 委託する。

위탁 가공(委託加工) 《경》委託加工。

위탁 판매(委託販賣) 《경》委託販賣。

위태-롭다(危殆-)형 危ない ¦ 危うい。 例 목숨이 ~. 命が危ない。

위태로이 危なく ¦ 危うく。

위태위태-하다 大變危ない。 例 나무에 위태위태하게 매달려 있다. 大變危なく木にぶら下がっている。

위태-하다(危殆-)형 危ない ¦ 危うい。

위-턱명 【의】上顎。

위트(wit)명 ウイット ¦ 才知 ¦ しゃれ。 例 ~가 있다. ウイットがある。

위패(位牌)명 位牌。 例 ~를 모시다. 位牌をまつる。

위풍(威風)명 威風。

위풍-당당(威風堂堂) 威風堂々。

위풍당당-하다형 威風堂々とする。

위-하다(爲-)타 ❶【소중히】-ためにする ¦ 大事にする ¦ 大切にする ¦ 愛する ¦ 敬う ¦ 思う。 例 어머니를 위한 선물을 사다. 母のための御土産を買う。 / 아들을 끔찍하게 ~. 息子をこの上なく大切にする。 ❷【목적으로】-ためにする。 例 승리를 위한 단결 勝利のための團結 / 성공을 위하여 열심히 공부하다. 成功のために一生懸命勉強する。

위해(危害)명 危害。 例 ~를 가하다. 危害を加える。

위험(危險)명 危險 ¦ リスク。 例 ~ 지대 危險地帶 / ~ 회피 リスクヘッジ / ~을 무릅쓰다. 危險を冒す。

위험-하다형 危險だ。

위험-스럽다(危險-)형 危ない ¦ 危うい ¦ 危なっかしい。 例 몹시 위험스러운 행동을 하다. 大變危なっかしい行動をする。

위험스레(부) 危なく｜危うく｜危なっかしく.

위협(威脅)(명) 脅かし｜脅しかし｜威嚇｜脅威.

위협-하다(타) 脅かす｜脅かす｜威嚇する｜脅威する. (예)총으로 목숨을 ~. 銃で命を脅かす.

위협-적(威脅的)(관) 威嚇的な.

위훈(偉勳)(명) 偉勲.

윈도(window)(명) 《컴》ウインドー.

윈드서핑(windsurfing)(명) 《운》ウインドサーフィン.

윗-간(一間)(명) 【건축】二間続きの部屋のうち、オンドルの焚口から離れている方の部屋. (예)~에서 자다가 감기에 걸렸다. オンドルから離れている部屋で寝たら、風邪を引いた.

윗-길(명) ❶【길】上の道. ❷【품질】上質の品物.

윗-눈썹(명) 上まつげ.

윗-니(명) 上歯.

윗-대(명) 先代｜先祖.

윗-도리(명) ❶ 上着｜上衣｜上半身に着る服. ❷ 上半身. ❸ 高い階級.

윗-동(명) ☞윗동아리

윗-동아리(명) 上の方の部分｜上部. =윗동

윗-머리(명) 上端.

윗-목(명) 【건축】オンドル部屋の焚口から最も離れている場所. (예)아랫목이 아무리 뜨거워도 ~은 차다. 焚口の側がどんなに熱くても、離れた場所は冷たい.

윗-물(명) ❶ 上流の水. ❷ ☞걸물 ❸ (粥などの)差水.

윗물이 맑아야 아랫물이 맑다(속담) 川上の水が澄んでこそ川下が澄む:「上に立つ者の行ないが正しければ、下の者の行ないも正しくなる」の意.

윗-바람(명) ❶ 川の上流から吹いてくる風. ❷ (凧を揚げるときの)西風.

윗-반(一班)(명) 上のクラス｜上の組.

윗-방(一房)(명) 【건축】二間続きの部屋のうち、オンドルの焚口から離れている方の部屋.

윗-배(명) 上腹.

윗-벌(명) 【옷】上着.

윗-사람(명) 目上の人.

윗-어른(명) ☞'웃어른'의 잘못.

윗-옷(명) 上着｜上衣. =웃옷

윗-입술(명) 上唇.

윗-잇몸(명) 上歯茎.

윗-자리(명) ❶【자리】上座. ❷【지위가 높은 사람의 자리】上席.

윗-집(명) 上の方にある家.

윙(부) ❶【세찬 바람이 물체에 부딪칠 때 나는 소리】ひゅうっ(と)｜ぴゅうっ(と)｜びゅうっ(と)｜びゅん(と)｜ひゅん(と). (예)바람이 ~ 몰아쳤다. 風がひゅうっと吹き付けた. ❷【조금 큰 벌레·동물이 빨리 날아갈 때 나는 소리】ぶん(と). (예)벌이 ~ 날아갔다. はちがぶんと飛んでいった. ❸【기계가 돌아가는 소리】ひゅうっ(と)｜ぴゅうっ(と)｜びゅうっ(と)｜ぶうん(と)｜ぶるん(と). (예)~ 지나가는 자동차 소리 때문에 집중이 안 된다. ぶうんと過ぎていく車の音のせいで集中できない.

윙-윙(부) ❶【세찬 바람이 물체에 부딪칠 때 잇달아 나는 소리】ひゅうひゅう(と)｜ぴゅうぴゅう(と)｜びゅうびゅう(と)｜びゅんびゅん(と)｜ひゅんひゅん(と). (예)바람이 ~ 불다. 風がびゅうびゅうと吹く. ❷【벌레들이 날아가는 소리】ぶんぶん(と)｜びゅんびゅん(と)｜ぴゅぴゅん. ❸【기계들이 돌아가는 소리】ぶうんぶうん(と)｜ぶるんぶるん(と).

윙윙-거리다(자) ❶ (虫などが)ぶんぶんと音を立てる. (예)윙윙거리며 벌이 날아오다. ぶんぶんしながら蜂が飛んでくる. ❷ (風が)ひゅうひゅうと音を立てる. (예)윙윙거리는 바람 소리를 들으니 왠지 무서워졌다. ひゅうひゅうとする風の音を聞いたら、物恐ろしくなった. ❸ (機械が)ぶるんぶるんと音を立てる. (예)윙윙거리며 오토바이가 지나가다. ぶるんぶるんさせながらオートバイが通りすぎる. =윙윙대다

윙윙-대다(자) ☞윙윙거리다

윙크(wink)(명) ウインク.

윙크-하다(자) ウインクする.

유¹(西)(명) 《민》酉・とり.

유²(類)(명) ❶【무리】類. ❷【종류】類.

유³(U·u)(명) 《언》【문자】ユー.

유가(儒家)(명) 儒家｜儒者の家｜儒者. ～ 사상 儒家思想.

유-가족(遺家族)(명) 遺家族. (예)~을 위로하다. 遺家族を慰める.

유감(遺憾)(명) 遺憾｜残念. (예)~의 뜻을 표하다. 遺憾の意を表す. / 만나 뵙

지 못해서 ~입니다. お会いできずに残念です。

유감-스럽다(遺憾—)〖형〗遺憾だ｜残念だ。예그 일은 유감스럽게 생각합니다. そのことについては残念だと思います。

　유감스레〖부〗遺憾に｜残念に｜口惜しく。

유감-없다(遺憾—)〖형〗遺憾なし｜申し分ない。

　유감없-이〖부〗遺憾なく｜申し分なく。예~ 실력을 발휘하다. 実力を遺憾なく発揮する。

유감-천만(遺憾千萬)〖명〗遺憾千万。

유개-차(有蓋車)〖명〗有蓋車。

유객(遊客)〖명〗遊客。

유격(遊擊)〖명〗《군》遊擊。

　유격-하다〖타〗遊擊する。

유격-대(遊擊隊)〖명〗遊擊隊。

유격-수(遊擊手)〖명〗《운》遊擊手｜ショート。예뜬공을 ~가 잡아 아웃시켰다. フライをショートが取ってアウトにさせた。

유격-전(遊擊戰)〖명〗《군》遊擊戰。=게릴라전

유고¹(有故)〖명〗事故があること。

　유고-하다〖형〗事故がある｜事情がある。

유고²(遺稿)〖명〗遺稿。

유고³(Yugo)〖명〗☞유고슬라비아

유고슬라비아(Yugoslavia)〖국〗ユーゴスラビア。=유고³

유곡(幽谷)〖명〗幽谷。예심산 ~ 深山幽谷。

유골(遺骨)〖명〗遺骨。예~ 함 遺骨箱。

유공(有功)〖명〗有功。

유공-자(有功者)〖명〗有功者。

유곽(遊廓)〖명〗遊郭。

유관-속(維管束)〖명〗☞관다발

유괴(誘拐)〖명〗誘拐｜かどわかし。예~ 사건 誘拐事件。

　유괴-하다〖타〗誘拐する｜かどわかす。예회사에서 돌아가는 길에 유괴되었다. 会社からの帰り道に誘拐された。

유괴-범(誘拐犯)〖명〗誘拐犯。

유교(儒敎)〖명〗儒敎。예~ 사상 儒敎思想。

유구무언(有口無言)〖명〗弁解する余地がないこと。

유구-하다(悠久—)〖형〗悠久だ。예유구한 역사를 자랑하다. 悠久の歴史を誇る。

　유구-히〖부〗悠久に。

유권(有權)〖명〗有權。

유권-자(有權者)〖명〗有權者。

유급¹(有給)〖명〗有給。

유급²(留級)〖명〗留年｜落第。

　유급-하다〖자〗留年する｜落第する。

유급 휴가(有給休暇)〖관〗有給休暇。

유기¹(有期)〖명〗有期。예~ 공채 有期公債。

유기²(有機)〖명〗有機。

유기³(遺棄)〖명〗遺棄。예시체 ~죄 死体遺棄罪。

　유기-하다〖타〗遺棄する。

유기⁴(鍮器)〖명〗真鍮の器。

유기-물(有機物)〖명〗有機物。

유기-음(有氣音)〖언〗有気音。

유기-적(有機的)〖관〗有機的。

유기-체(有機體)〖명〗有機體。

유-기한(有期限)〖명〗有期限。

　유기한-하다〖형〗一定の期限がある。

유기-형(有期刑)〖법〗有期刑。

유기 화학(有機化學)〖화〗有機化学。

유기 화합물(有機化合物)〖화〗有機化合物。

유난〖명〗格別なこと｜変わっていること｜際立っていること。예~을 떨다. 大げさにする。

　유난-하다〖형〗格別だ｜変わっている｜際立っている。예성격이 유난하여 사귀기 어렵다. 性格が変わっていて付き合いにくい。

　유난-히〖부〗際立って｜ひときわ｜格別に。예~ 사랑하는 딸 ひときわ愛する娘が/ 얼굴이 ~ 하얗다. 顔の色が際立って白い。

유난-스럽다〖형〗いかにも変わっている｜いかにも際立っている。

　유난스레〖부〗際立って｜ひときわ｜格別に。예오늘은 ~ 아기가 운다. きょうは普段とは違って赤ちゃんが泣く。

유년(幼年)〖명〗幼年。예~ 시절 幼年時代。

유년-기(幼年期)〖명〗幼年期。

유념(留念)〖명〗留意。

　유념-하다〖자〗留意する。

유능-하다(有能—)〖형〗有能だ。예유능한 영업 사원 有能な営業社員。

유니폼(uniform)〖명〗ユニホーム。

유-다르다(類—)〖형〗異なっている｜変わっている｜格別だ｜異様だ｜特別だ。예유다른 인생 特別な人生／다른 사람과는 유다르게 생각하다. 人とは変わっていることを思う。

유-달리(類—)〖부〗格別に｜ひときわ｜目立って｜取り分け。예오늘은 ～ 아름답게 보인다. きょうはひときわ美しく見える。

유당(乳糖)〖명〗☞젖당

유대(紐帯)〖명〗つながり｜結び付き。예돈독한 ～ 관계를 유지하다. 厚い紐帯関係を保つ。

유대-교(←Judea教)〖명〗〖종〗ユダヤ教。=유태교

유대 인(←Judea人)ユダヤ人。=유태인

유덕-하다(有徳—)有徳だ。

유도¹(乳道)〖명〗❶〖생리〗乳腺。❷〖생리〗乳の出る分量。

유도²(柔道)〖명〗〖운〗柔道。예～ 선수 柔道選手。

유도³(誘導)〖명〗誘導。예～ 신문 誘導尋問／～ 저항 誘導抵抗／～ 작전 誘導作戦／～ 전류 誘導電流／～ 전기 誘導電気／～ 계수 誘導係数／～ 기전력 誘導起電力／～ 미사일 誘導ミサイル／～ 분만 誘導分娩。

유도-하다〖타〗誘導する｜誘う。예물건을 사도록 ～. 品物を買うように誘う。／사고 차량을 안전한 곳으로 ～. 事故車両を安全な場所へ誘導する。

유도-탄(誘導彈)〖명〗☞미사일(missile)

유독¹(有毒)〖명〗有毒。예～ 가스 有毒ガス／～ 물질 有毒物質。

유독-하다〖형〗有毒だ。

유독²(惟獨)〖부〗ただ一人｜ただ一つ。예너만 반대하고 있다. ただ一人あなただけ反対している。

유동(流動)〖명〗流動。예～ 자산 流動資産。

유동-하다〖자〗流動する。

유동-성(流動性)〖명〗流動性。

유동-식(流動食)〖명〗流動食。

유동 자본(流動資本)〖경〗流動資本。

유동-체(流動體)〖명〗〖물〗流動体。

유들-유들〖부〗❶〖태도〗ずうずうしいさま。❷〖모양〗つやつや(と)。

유들유들-하다〖형〗❶恥も知らずに図々しい｜厚かましい。예유들유들하게 굴다. 図々しく振る舞う。／유들유들하게 웃으며 다가오다. 厚かましく笑いながら近づいてくる。❷(ふっくらと艶があり)つやつやしている｜つるつるしている。예얼굴이 유들유들하니 부드럽다. 顔がつやつやしていて柔らかい。

유디오미터(eudiometer)《화》〖기계〗ユージオメーター｜水電量計。

유람(遊覽)〖명〗遊覽。

유람-하다〖타〗遊覽する。

유람-선(遊覽船)〖명〗遊覽船。

유랑(流浪)〖명〗流浪｜さすらい。

유랑-하다〖자타〗流浪する｜さすらう。예평생을 유랑하며 살다. 一生を流浪しながら暮らす。

유랑-민(流浪民)〖명〗流浪の民。

유래(由來)〖명〗由來。

유래-하다〖자〗由來する。예이곳의 지명은 장군의 이름에서 유래한다. ここの地名は将軍の名に由来する。

유량(流量)〖명〗流量｜～계 流量計。

유럽(Europe)〖명〗《지》ヨーロッパ｜欧州。

유럽 공동체(Europe共同體)《정》ヨーロッパ共同体｜欧州共同体｜イーシー(EC)。예터키는 ～에 가입하기 위해 노력하고 있다. トルコはECに加入するため努力している。

유럽 연합(Europe聯合)《정》EU｜ヨーロッパ連合。

유려-하다(流麗—)〖형〗流麗だ。예유려한 필치 流麗な筆致。

유력(有力)〖명〗有力。예～ 잡지 有力誌。

유력-하다〖형〗有力だ。예유력한 인사 有力な人士／유력한 우승 후보 有力な優勝候補。

유령(幽靈)〖명〗幽靈。예～ 회사 幽靈会社／～ 도시 幽靈都市／～이 나타났다고 한다. 幽靈が出たそうだ。

유례(類例)〖명〗類例｜類い。예그런 ～를 찾아볼 수가 없다. そんな類例がない。

유례-없다(類例—)〖형〗類例がない｜類いがない。예유례없는 이상 기후 類例のない異常な気候。

유례없-이〖부〗類例がなく｜類いがなく。

유로(Euro)의〖명〗ユーロ。

유료(有料)〖명〗有料。예～ 도로 有料道路。

유루(遺漏) 圏 遺漏ぃろぅ｜手抜てぬかり｜手落てぉち。
 유루-하다 手抜てぬかりをする｜手落てぉちをする。

유류¹**(油類)** 圏 油類ゅるぃ。예 ~ 파동 油類波動ゅるぃはどぅ。

유류²**(遺留)** 圏 遺留ぃりゅぅ。
 유류-하다 타 遺留ぃりゅぅする。

유류-품(遺留品) 圏 遺留品ぃりゅぅひん。

유르트(yurt) 圏 ユルト。

유리(琉璃) 《화》ガラス。예 깨진 ~ 조각 割ゎれたガラス破片はへん／간 ~ すりガラス。

유리²**(遊離)** 圏 遊離ゅぅり。
 유리-하다 자 遊離ゅぅりする。예 현실과 유리된 생활 現実げんじつとは遊離した生活せいかつ。

유리-걸식(流離乞食) 圏 流浪るろぅしながら貰もらい食くいをすること。

유리-기(遊離基) 圏 《화》遊離基ゅぅりき｜ラジカル｜フリーラジカル。

유리 섬유(琉璃纖維) ガラス繊維せんい。

유리-수(有理數) 圏 《수》有理数ゅぅりすぅ｜無理数むりすぅ以外いがぃの実数じっすぅ。

유리-잔(琉璃盞) 圏 ガラスの杯さかずき。

유리-창(琉璃窓) 圏 ガラス窓まど。

유리-하다(有利―) 톙 有利ゆぅりだ。예 우리에게 유리한 상황이다. われわれに有利な状況じょぅきょぅだ。

유린(蹂躪) 圏 蹂躪じゅぅりん。예 인권 ~ 人権じんけん蹂躪。
 유린-하다 타 蹂躪じゅぅりんする。

유림(儒林) 圏 儒林じゅりん。=사림

유망(有望) 圏 有望ゅぅぼぅ。예 ~ 직종 有望の職種しょくしゅ。
 유망-하다 톙 有望ゅぅぼぅだ。예 앞길이 유망한 청년 前途ぜんとの有望な青年せいねん。

유머(humour) 圏 ユーモア。예 ~가 있는 영화 ユーモアのある映画えぃが。

유명(有名) 圏 有名ゅぅめぃ。예 ~ 온천 有名温泉おんせん／~ 메이커 有名メーカー。
 유명-하다 톙 有名ゅぅめぃだ。예 세계적으로 유명한 배우 世界的せかぃてきに有名な俳優はぃゆぅ。

유명-무실(有名無實) 圏 有名無実ゅぅめぃむじっ。
 유명무실-하다 톙 有名無実ゅぅめぃむじっだ。예 유명무실한 제도 有名無実な制度せぃど。

유모(乳母) 圏 乳母ぅば。

유모-차(乳母車) 圏 乳母車ぅばぐるま｜ベビーカー。

유목(遊牧) 圏 遊牧ゅぅぼく。예 ~ 민족 遊牧民族ゅぅぼくみんぞく。
 유목-하다 자 遊牧ゅぅぼくする。

유무(有無) 圏 有無ぅむ。예 ~에 관계없이 有無に関かんわらず。

유무-상통(有無相通) 圏 有無ぅむ相通あぃつぅずること。

유물(遺物) 圏 遺物ぃぶっ。

유물-론(唯物論) 圏 《철》唯物論ゆぃぶっろん。

유미-주의(唯美主義) 《문》唯美主義ゆぃびしゅぎ。=탐미주의

유민(流民) 圏 流民るみん。

유박(油粕) 圏 ゴマの油粕あぶらかす。

유방(乳房) 圏 乳房ちぶさ。

유배(流配) 圏 流配るはぃ｜島流しまながし。예 ~지 配所はぃしょ。
 유배-하다 타 配する。

유별¹**(有別)** 圏 区別くべつのあること。예 부부 ~ 夫婦ふぅふに別あるあり。
 유별-하다 톙 区別くべつがある。예 남녀가 ~. 男女だんじょの区別あり。

유별²**(類別)** 圏 類別るぃべつ。
 유별-하다 타 類別るぃべつする。

유별-나다(有別―) 格別かくべつだ｜変かわっている｜風変ふぅがわりだ｜並外なみはずれている。예 유별난 행동으로 사람들을 놀래다. 風変わりな振舞ふるまぃをして、人々ひとびとを驚おどろかす。

유별-스럽다(有別―) 톙 (普通ふつぅとは)異ことなっている｜違ちがっている｜はっきり区別くべつしている。
 유별스레 뷔 (ふつうとは)異ことなって｜違ちがって。예 올해는 ~ 덥다. 今年ことしは例年れぃねんとは違って特とくに暑ぁつい。

유보(留保) 圏 留保りゅぅほ｜保留ほりゅぅ。예 등기 ~ 登記とぅき留保。
 유보-하다 타 留保りゅぅほする｜保留ほりゅぅする。

유보 지역(留保地域) 《법》留保地域りゅぅほちぃき。

유복-자(遺腹子) 圏 遺腹ぃふくの子こ。

유복-하다(有福―) 톙 裕福ゆぅふくだ｜福ふくがある。

유복-하다(裕福―) 톙 裕福ゆぅふくだ。예 유복한 집안에서 자라다. 裕福な家いえで育そだつ。

유부(油腐) 圏 油揚あぶらあげ。

유부-남(有婦男) 圏 有婦ゅぅふの男性だんせぃ｜既婚きこん男性だんせぃ。

유부-녀(有夫女) 圏 有夫ゅぅふの女性じょせぃ｜人妻ひとづま｜既婚女性きこんじょせぃ。

유비-무환(有備無患) 圏 備そなえあれば憂ぅれいなし。

유빙(流氷)〔명〕流氷。

유사¹(有史)〔명〕有史。例 ~ 시대 有史時代。

유사²(有事)〔명〕有事。

유사³(類似)〔명〕類似。例 ~ 종교 類似宗教。
　유사-하다〔형〕類似する。

유사-시(有事時)〔명〕有事｜有事の際｜非常時。例 ~에 대비하다. 有事に備える。

유사-점(類似點)〔명〕類似点。

유산¹(有産)〔명〕有産。

유산²(流産)〔명〕《의》流産。
　유산-하다〔자〕流産する。

유산³(硫酸)〔명〕《화》硫酸。

유산⁴(遺産)〔명〕遺産。例 아름다운 문화~ 美しい文化の遺産/ 할아버지의 ~을 상속하다. 祖父の遺産を相続する。

유산 계급(有産階級)《사》有産階級。

유산-균(乳酸菌)〔명〕乳酸菌。

유산소 운동(有酸素運動)《운》有酸素運動。

유상¹(有償)〔명〕有償。例 ~ 지급 有償支給。

유상²(遺像)〔명〕☞ 잔상(殘像)

유상 계약(有償契約)《법》有償契約。

유색(有色)〔명〕有色。例 ~ 인종 有色人種。

유생(儒生)〔명〕儒生｜儒者。

유생-물(有生物)〔명〕生物｜生き物。

유서¹(由緒)〔명〕由緒。例 ~ 깊은 건축물 由緒深い建物。

유서²(遺書)〔명〕遺書。例 ~를 쓰다. 遺書を書く。/ ~를 남기다. 遺書を残す。

유선¹(有線)〔명〕有線。例 ~ 전화 有線電話。

유선²(乳腺)〔명〕젖샘。

유선 방송(有線放送)〔통〕有線放送。

유선-염(乳腺炎)〔명〕乳腺炎。

유선 통신(有線通信)〔통〕有線通信。

유선-형(流線型)〔명〕流線型。

유성¹(有性)〔명〕《생》有性。例 ~ 생식 有性生殖。

유성²(油性)〔명〕油性。例 ~ 페인트 油性ペイント。

유성³(流星)〔명〕《천》流星。例 ~우 流星雨。 =별똥·별똥별·성화

유성⁴(遊星)〔명〕☞ 행성(行星)

유성-음(有聲音)《언》有声音。=울림소리·탁음

유세¹(有勢)〔명〕❶ 勢力のあること。❷ 権力を振るうこと。例 ~를 떨다. 勢力を振るう。/ ~ 부리다. 権力を振るう。

유세²(遊說)〔명〕遊説。例 선거 ~ 選挙遊説。
　유세-하다〔자〕遊説する。例 전국 각지를 유세하며 돌다. 全国の各地を遊説して回る。

유세³(誘說)〔명〕甘言で誘うこと。
　유세-하다〔타〕甘言で誘う。

유-소년(幼少年)〔명〕幼年と少年。

유소-하다(幼少—)〔형〕幼少だ｜幼い。

유속(流速)〔명〕流速。

유수¹(有數)〔명〕有数。例 국내 ~의 기업 国内の有数の企業。
　유수-하다〔형〕有数だ。例 학계의 유수한 교수들이 많이 있다. 学界の有数の教授が多数いる。

유수²(流水)〔명〕流水。

유숙(留宿)〔명〕止宿。
　유숙-하다〔자〕止宿する。

유순-하다(柔順—)〔형〕柔順だ｜従順だ。
　유순-히〔부〕柔順に｜従順に。

유스 호스텔(youth hostel)《사》ユースホステル。

유습(遺習)〔명〕遺習。

유시(幼時)〔명〕幼時｜幼いとき。

유시무종(有始無終)〔명〕始めはあって終りがないこと｜始めたことを仕上げしないこと。

유시유종(有始有終)〔명〕【책상어】始めがあって終りがあること｜始めたことを最後まで終えること。

유식(有識)〔명〕有識。
　유식-하다〔형〕有識だ。

유신(維新)〔명〕維新。
　유신-하다〔타〕新たにする。

유신-론(有神論)《철》有神論。

유실¹(流失)〔명〕流失。
　유실-되다〔자〕流失する。例 가옥이 홍수에 ~. 家屋が大水で流失する。

유실²(遺失)〔명〕遺失。例 ~물 遺失物。
　유실-되다〔자〕遺失する。

유실-수(有實樹)〔명〕実を結ぶ木。

유심-론(唯心論)《철》唯心論。

유심 사관(唯心史觀)《철》唯心史観。

유심-하다(有心—)〔형〕❶【책상어】深い意味がある。❷【책상어】注意深い。

유심-히 注意深く｜つくづく。 예~ 살펴보다. 注意深く調べる。
유아¹(幼兒) 幼児。 예~ 교육 幼児教育。
유아²(乳兒) 乳児。 예~ 용품 乳児用品。
유아³(遺兒) 遺児。
유아-기¹(幼兒期) 幼児期。
유아-기²(乳兒期) 乳児期。
유아독존(唯我獨尊) 唯我独尊。
유압(油壓) 油圧。
유아르엘(URL) 〈컴〉URL。
유액(乳液) 乳液。
유야무야(有耶無耶) うやむや。 예 협의가 ~로 끝나다. 協議がうやむやに終わる。
유약(釉藥) 釉薬｜釉薬。=잿물
유약-하다¹(幼弱) 幼弱だ。
유약-하다²(柔弱) 柔弱だ。 예 성품이 너무 ~. 性分に柔弱さがあまりに柔弱だ。
유언¹(流言) 流言｜デマ。
유언²(遺言) 遺言。 예 재산 분배에 대해 ~을 남기다. 財産の分配について遺言を残す。
　유언-하다 遺言する。
유언-비어(流言蜚語) 流言飛語。
유언-장(遺言狀) 遺言状。
유업¹(乳業) 乳業。
유업²(遺業) 遺業。
유에프오(UFO) 〈물〉ユーフォー。
유엔(UN) 〈정〉国際連合｜国連。=국제 연합
유엔-군(UN軍) 〈군〉国連軍。
유여-하다(有餘—) 有り余る。
유역(流域) 流域。 예 한강 ~을 개발하다. 漢江が流域を開発する。
유연(類緣) 類縁。
유연-성(柔軟性) 柔軟性｜柔軟な性質。 예 체조 선수가 되려면 ~을 길러라. 体操選手になりたいなら柔軟性を鍛えろ。
유연-탄(有煙炭) 〈광〉有煙炭。
유연-하다(柔軟—) 柔軟だ｜柔らかい。 예 유연한 사고가 필요하다. 柔軟な思考が必要だ。/상황에 유연하게 대처하다. 状況に柔軟に対処する。
　유연-히 柔軟に｜柔らかく。
유영(游泳) ☞수영
유예(猶豫) 猶予。 예 집행 ~ 執行猶予。
　유예-하다 猶予する。
유요-하다(有要—) 必要だ｜緊要だ。
유용¹(有用) 有用。 예~ 가격 有用価格/~ 식물 有用植物。
　유용-하다¹ 有用だ。 예 유용한 인재 有用な人材。
유용²(流用) 流用。
　유용-하다² 流用する。 예 공금을 ~. 公金を流用する。
유우(乳牛) 乳牛。
유원-지(遊園地) 遊園地。
유원-하다(悠遠—) 悠遠だ。
유월(←六月) 六月。
유유상종(類類相從) 類は友を呼ぶ。
유유자적(悠悠自適) 悠々自適。
유유-하다(悠悠—) 悠々としている。
　유유-히 悠々と。 예 반대자들의 앞을 ~ 걸어가다. 反対者たちの前を悠々と歩いていく。
유의(留意) 留意。 예~ 사항 留意事項。
　유의-하다 留意する。 예 건강에 유의해라. 健康に気をつけなさい。/유의할 사항을 기억하다. 留意する事項を覚える。
유의-어(類義語) 類義語｜類語。
유익-하다(有益—) 有益だ。 예 이 책에는 유익한 정보가 있다. この本のなかには有益な情報がたくさんある。
유인¹(有人) 有人。 예~ 비행 有人飛行/~ 우주선 有人宇宙船。↔무인
유인²(誘引) 誘引。
　유인-하다 誘引する｜誘い込む。
유인-물(油印物) 印刷物｜プリント。 예~을 나누어 주다. プリントを配る。
유인-원(類人猿) 類人猿。
유일(唯一) 唯一。
　유일-하다 唯一だ。 예 유일한 생존자 唯一の生存者。
유일-무이(唯一無二) 唯一無二。
유임(留任) 留任。
　유임-하다 留任する。 예 이번 인사에서 유임되다. 今度の人事で留任される。
유입(流入) 流入。
　유입-하다 流入する。 예 오수가 강

으로 유입되다. 汚水が川に流入する。

유자(柚子)명《식》柚子。예 ~차 ゆず茶。

유자-나무(柚子—)명《식》柚子。예 겨울이 되면 ~에 샛노란 열매가 열린다. 冬になればユズの木に真っ黄色の実がなる。

유작(遺作)명 遺作。

유저(遺著)명 遺著。

유적(遺跡)명 遺跡。예 ~ 발굴 조사 遺跡発掘調査。

유적-하다(幽寂—)형 幽寂だ。

유전¹(油田)명 油田。예 ~ 개발 油田開発/ 해저 ~ 海底油田/ ~에서 채굴한 원유 油田から採掘した原油。

유전²(流傳)명 流転。
　유전-하다자타 流転する。

유전³(遺傳)명 遺伝。
　유전-하다자 遺伝する。

유전 공학(遺傳工學)명 遺伝子工学。

유전-병(遺傳病)명《의》遺伝病。

유전-성(遺傳性)명 遺伝性。예 ~ 질환 遺伝性疾患。

유전-자(遺傳子)명《생》遺伝子。예 ~ 변형 식품 遺伝子組み換え食品。

유전자 공학(遺傳子工學)명《생》遺伝子工学。=유전 공학

유전-학(遺傳學)명 遺伝学。

유정(遺情)명

유제¹(乳劑)명《화》乳剤。=에멀션

유제²(油劑)명《약》油剤。

유제³(遺制)명 遺制。

유제⁴(類題)명 類題。

유-제품(乳製品)명 乳製品。

유조(油槽)명 油槽 ¦ 石油タンク。

유조-선(油槽船)명 油槽船 ¦ タンカー。

유조-차(油槽車)명 タンクローリー。

유족(遺族)명 遺族。

유족-하다¹(有足—)형 十分足りる。
　유족-히부 十分に。

유족-하다²(裕足—)형 暮らしが裕福だ ¦ 暮らしが豊かだ。예 유족한 집안에서 태어나다. 暮らしが豊かな家に生まれる。
　유족-히부 暮らしが裕福に ¦ 暮らしが豊かに。

유종지미(有終之美)명 有終の美。

유죄(有罪)명 有罪。예 ~ 판결이 내려지다. 有罪判決が下される。/ ~ 판결을 받다. 有罪判決を受ける。

유즐-동물(有櫛動物)명《동》有櫛動物。

유지¹(有志)명 有志。예 ~를 모으다. 有志を募る。

유지²(油紙)명 油紙。

유지³(油脂)명《화》油脂。예 ~ 공업 油脂工業。

유지⁴(維持)명 維持。예 ~비 維持費。
　유지-하다타 維持する ¦ 保つ。예 질서를 ~. 秩序を維持する。

유지³(遺址)명 遺址。

유지⁴(遺志)명 遺志。

유질(流質)명《법》流質 ¦ 質流れ。

유착(癒着)명 癒着。예 정경 ~ 政経癒着/ ~ 태반 癒着胎盤。
　유착-하다 癒着する。

유찰(流札)명 入札流され。
　유찰-하다 入札が流される。예 입찰 물량 전체가 유찰되었다. 入札物量の全てが入札流れとなった。

유창-하다(流暢—)형 流暢だ。예 프랑스 어를 유창하게 말하다. フランス語をすらすらと話す。
　유창-히부 流暢に ¦ すらすらと。

유채¹(油彩)명《미》油彩 ¦ 油絵。

유채²(油菜)명《식》油菜。예 ~ 밭이 장관이다. アブラナ畑がすばらしい。

유채-색(有彩色)명《미》有彩色。

유채-화(油菜畵)명 ☞유화

유책(有責)명 有責。예 ~ 배우자 有責配偶者。

유체¹(流體)명《물》流体。예 ~ 역학 流体力学。

유체²(遺體)명 遺体。❶遺骸。❷父母の残してくれた体。

유체 동산(有體動産)명《법》有体動産。

유추(類推)명 類推。
　유추-하다타 類推する。

유출¹(流出)명 流出。
　유출-하다자타 流出する。예 시험 문제를 외부로 ~. 試験問題を外部に流出する。

유출²(溜出)명《화》溜出。
　유출-하다자 溜出する。예 독극물이 강으로 유출되다. 毒物が川に溜出される。

유충(幼蟲)명《동》幼虫。

유치¹(乳齒)명 ☞젖니

유치²(留置)명《법》留置。

유치-하다 타 留置する。예 용의자를 ~. 容疑者を留置する。

유치³(誘致) 명 誘致. 예 관광객 ~를 위하여 힘쓰다. 観光客の誘致のために努力する。

유치-하다 타 誘致する。

유치-권(留置權) 명 〈법〉留置権。

유치-원(幼稚園) 명 幼稚園。

유치-장(留置場) 명 留置場。

유치-하다³(幼稚—) 형 幼稚だ｜幼稚い。예 유치한 생각이다. 幼稚な考えだ。

유쾌-하다(愉快—) 형 愉快だ。예 유쾌한 한때를 보내다. 愉快なひとときを過ごす。

유쾌-히 부 愉快に。

유탄(流彈) 명 流弾。

유태-교(猶太敎) 명 ☞유대교

유태-인(猶太人) 명 ☞유대 인

유-턴(U turn) 명 ユーターン。

유턴-하다 자 ユーターンする。

유토(油土) 명 《미》油土｜人工の粘土。

유토피아(Utopia) 명 ユートピア。

유통(流通) 명 流通。예 ~ 시장 流通市場。

유통-하다 자 流通する。예 유통되는 상품이 다양하다. 流通する商品が多様だ。

유통-망(流通網) 명 流通網。

유통 자본(流通資本) 〈경〉流通資本。

유파(流派) 명 流派。

유폐(幽閉) 명 幽閉。

유폐-하다 자 幽閉する。

유포(流布) 명 【流布】流布。

유포-하다 자 流布する。예 유언비어를 ~. 流言飛語を流布する。

유풍(遺風) 명 遺風。

유피-화(有被花) 명 〈식〉有被花。예 ~의 대부분은 속씨식물이다. 大体の有被花は皮子植物だ。 =꽃덮이꽃

유-하다¹(柔—) 형 ❶柔らかい。❷ゆったりしている｜穏やかだ。

유-하다²(留—) 자 留まって寝る。예 이 곳에서 하루 유하고 가자. ここで一泊して行こう。

유학¹(留學) 명 留學。예 외국 ~ 外国留学/ 단기 ~ 短期留学。

유학-하다 자 留学する。

유학²(儒學) 명 儒學。예 ~자 儒学者。

유학-생(留學生) 명 留学生。

유한¹(有閑) 명 【한가함, (閑暇)의 뜻을 더하는 접두사】有閑。예 ~ 계급 有閑階級/ ~ 마담 有閑マダム。

유한-하다¹ 형 生活に余裕があり、暇が多い。

유한²(遺恨) 명 遺恨｜恨み。

유한-급수(有限級數) 명 〈수〉有限級数。

유한 소수(有限小數) 〈수〉有限小数。

유한 직선(有限直線) 〈수〉有限直線｜線分。

유한 집합(有限集合) 〈수〉有限集合。예 원소의 개수가 정해진 ~ 元素の個数が定められた有限集合。

유한 책임(有限責任) 〈법〉有限責任。

유한-하다²(有限—) 형 有限だ。예 유한한 인생 有限な人生。

유한 회사(有限會社) 〈법〉有限会社。

유해¹(有害) 명 有害。예 ~ 사이트 有害サイト。

유해-하다 형 有害する。예 몸에 유해한 음식을 삼가다. 体に有害な食べ物を控える。

유해²(遺骸) 명 遺骸｜遺体。

유해-무익(有害無益) 명 有害無益。

유행(流行) 명 流行｜はやり。예 ~이 지나간 스타일 流行の去ったスタイル/ ~에 민감하다. 流行に敏感だ。/ 지금 독감이 ~이다. 今、インフルエンザがはやっている。

유행-하다 자 流行する｜はやる。예 작년에 유행한 노래 昨年にはやった歌/ 유행하는 색 はやっている色。

유행-가(流行歌) 명 流行歌。

유행-병(流行病) 명 ☞돌림병

유행-성(流行性) 명 流行性。예 ~ 결막염 流行性結膜炎。

유행-어(流行語) 명 流行語｜はやり言葉。

유혈(流血) 명 流血。예 ~이 낭자하다. 血まみれだ。

유형¹(有形) 명 有形。예 ~ 재산 有形財産。↔무형

유형²(流刑) 명 〈역〉流刑・る｜流罪。

유형³(類型) 명 類型。

유형-무형(有形無形) 명 有形無形。

유형 문화재(有形文化財) 〈고〉有形文化財。

유혹(誘惑) 명 誘惑。예 ~에 빠지다. 誘惑に陥る。/ ~을 이겨 내다. 誘惑にうちかつ。

유혹-하다 타 誘惑する。
유혹-적(誘惑的) 관 誘惑的な。
유화(油畵) 명 《미》油絵。油彩。=유채화
유화(宥和) 명 宥和。예 ~ 정책 宥和政策。
유화³(硫化) 명 硫化。硫黄と化合すること。=황화(黃化)
유화-물(硫化物) 명 《화》硫化物。=황화물(黃化物)
유화-제(乳化劑) 명 《화》乳化剤。
유황(硫黃) 명 《화》硫黄。
유황-천(硫黃泉) 명 《화》硫黄泉。
유효¹(有效) 명 有効。예 ~ 기간 有効期間/ ~ 수요 有効需要。
　유효-하다 형 有効だ。예 무좀 치료에 유효한 약 水虫の治療に有効な薬/ 올해까지는 ~. 今年までは有効だ。
유효²(有效) 《운》有効。예 ~ 하나를 따내고 앞서 가는 우리 선수 有効を一つ取って有利な我が選手。
유효 숫자(有效數字) 《수》有効数字。
유휴(遊休) 명 遊休。
유휴 자본(遊休資本) 《경》遊休資本。
유휴-지(遊休地) 명 遊休地。
유흥(遊興) 명 遊興。예 ~장 遊興場/ ~에 빠지다. 遊興にふける。
　유흥-하다 자 遊興ずる。
유흥-가(遊興街) 명 遊興の街。
유흥-비(遊興費) 명 遊興費。
유희(遊戲) 명 遊戲。
　유희-하다 자 遊戯する。
육(六) 주관 《수》六つ。六つ。예 ~ 일 六日。
육각(六角) 명 六角。
육각-형(六角形) 명 《수》六角形。
육감¹(六感) 명 《심》第六感。
육감²(肉感) 명 肉感。
육감-적(肉感的) 관 肉感的な。예 ~인 자태 肉感的な姿態。
육-개장(肉—) 【음식이름】ユッケジャン。예 ~에 고기는 보이지 않고 파만 잔뜩 들었다. ユッケジャンに肉は見えず、ネギだけたくさん入っている。
육계-도(陸繫島) 명 陸繫島。=목섬
육계-사주(陸繫沙州) 【지명】陸繫砂州。
육교(陸橋) 명 陸橋・歩道橋。
육군(陸軍) 명 《군》陸軍。
육권(陸圏) 명 地球で陸地の範囲

陸圏。
육-대주(六大洲) 명 六大州。
육도(陸島) 명 陸島。
육로(陸路) 명 陸路。예 ~ 무역 陸路貿易/ ~ 수송 陸路輸送。
육류(肉類) 명 肉類。
육면-체(六面體) 명 《수》六面体。
육모(六—) 명 六角。
육묘(育苗) 명 育苗。
　육묘-하다 育苗する。
육미¹(六味) 명 六味。
육미²(肉味) 명 ❶【맛】肉の味。❷【음식】肉料理。
육미-붙이(肉味—) 肉類。各種の食用の肉。예 안주로 ~를 꺼내라. 酒のつまみに肉を出せ。
육박(肉薄) 명 肉薄。
　육박-하다 肉薄する。
육박-전(肉薄戰) 명 《군》肉薄戦。
육-반구(陸半球) 명 陸半球。
육발-이(六—) 【병명이나 예절상 피해야 할 어휘】六指 i 駢拇。
육보(肉補) 肉料理で体力を補うこと。
　육보-하다 자 肉料理で体力を補う。
육산-물(陸産物) 명 陸産物。
육상(陸上) 명 陸上。
육상 경기(陸上競技) 《운》陸上競技。예 ~의 꽃은 마라톤이다. 陸上競技の花はマラソンだ。 준 육상
육성¹(肉聲) 명 肉声。예 연설을 ~으로 듣다. 演説を肉声で聞く。
육성²(育成) 명 育成。예 인재 ~ 人材育成/ ~ 선수로 지명하다. 育成選手として指名する。
　육성-하다 타 育成する。예 미래의 지도자를 많이 육성해야 한다. 未来の指導者を多数育成しなければならない。
육성-층(陸成層) 명 陸成層。
육손-이(六—) 【병명이나 예절상 피해야 할 어휘】指を六本持っている人 i 六指 i 駢拇。
육수¹(肉水) 명 肉汁。
육수²(陸水) 명 陸水。
육수 꽃차례(肉穗—) 《식》肉穂花序。예 ~는 많은 잔 꽃이 핀다. 肉穂花序は多くの小花が咲く。=육수 화서
육수 화서(肉穗花序) ☞육수 꽃차례
육순(六旬) 명 六十歳。

육식(肉食)명 肉食にく。
　육식-하다자 肉食にくする。
육식 동물(肉食動物)〔동〕肉食動物にくしょくどうぶつ。
육신(肉身)명 肉身にくしん｜体たい。
육십(六十)준관 六十ろくじゅう。 예 ~ 세 六十歳ろくじゅっさい。／~ 분 六十分ろくじゅっぷん。
육아(育兒)명 育児いくじ。 예 일을 그만두고 ~ 에 전념하다. 仕事しごとをやめて育児いくじに專念せんねんする。
　육아-하다자 育児いくじする。
육아-법(育兒法)명 育児法いくじほう。
육안(肉眼)명 肉眼にくがん｜裸眼らがん。예 ~으로는 식별할 수 없다. 肉眼にくがんでは識別しきべつすることができない。＝맨눈
육영(育英)명 育英いくえい。
　육영-하다자 育英いくえいする。
육욕(肉慾)명 肉欲にくよく。
육용(肉用)명 肉用にくよう。
　육용-하다자 食肉しょくにくとして使つかう。
육우(肉牛)명 肉牛にくぎゅう。
육운(陸運)명 陸運りくうん。
육전(陸戰)명《군》陸戰りくせん｜地上戰ちじょうせん。
육종¹(肉腫)명 ☞종양(腫瘍)
육종²(育種)명 育種いくしゅ。
　육종-하다타 育種いくしゅする。
육중-주(六重奏)명《음》六重奏ろくじゅうそう。
육중-창(六重唱)명《음》六重唱ろくじゅうしょう。
육중-하다(肉重——)【형여】どっしりしている｜大おおきくて重おもみがある。예 몸이 육중하여 움직이기가 힘들다. 体からだが大おおきく重おもくて動うごきにくい。
육지(陸地)명 陸地りくち。
육지니(育—)명〔동〕（まだ飛とべないうちに捕とらえて）狩用かりように馴ならした1歳さい未満みまんの幼おさない鷹たか。
육질(肉質)명 肉質にくしつ。
육체¹(肉滯)명〔한〕肉にくの食しょくあたり。
육체²(肉體)명 肉体にくたい。예 ~파 肉体派は／~노동 肉体労働にくたいろうどう。
육체-미(肉體美)명 肉体美にくたいび。
육촌(六寸)명 ❶【동】六寸ろくすん。 ❷【친】ふたいとこ｜またいとこ｜再從兄弟さいじゅうけいてい。
육친(肉親)명 肉親にくしん。
육탄(肉彈)명 肉彈にくだん。
육탄-전(肉彈戰)명 肉彈戰にくだんせん。
육포(肉脯)명 ほじし｜干ほし肉にく｜ほしじし。
육풍(陸風)명 陸風りくふう。
육필(肉筆)명 肉筆にくひつ。
육 해공-군(陸海空軍)명《군》陸海空軍りくかいくうぐん。
육혈-포(六穴砲)명《군》リボルバー。
육-화음(六和音)명 六和音ろくわおん。
육회(肉膾)명 肉にくの膾なます。
윤(潤)명 つや｜照てり。
　윤을 내다관용 光沢こうたくを出だす｜照てりを出だす。
윤간(輪姦)명 輪姦りんかん。
　윤간-하다타 輪姦りんかんする。
윤곽(輪廓)명 輪郭りんかく。예 대강의 ~을 잡다. 大綱たいこうの輪郭りんかくをつかむ。／얼굴의 ~이 뚜렷하다. 目鼻立めはなだちがはっきりしている。／~이 드러나다. 輪郭りんかくが現あらわれる。
윤곽-선(輪廓線)명 輪郭線りんかくせん。예 ~이 또렷하다. 輪郭線りんかくせんがはっきりしている。
윤기(潤氣)명 つや｜光沢こうたく。 예 ~가 흐르다. つやつやしている。 ㊣윤(潤)
윤-날(閏—)【한밑】うるう日び。＝윤일
윤년(閏年)명〔천〕閏年うるうどし｜うるう年とし。
윤-달(閏—)명〔천〕閏月うるうづき｜うるう月つき。
윤독(輪讀)명 輪讀りんどく。
　윤독-하다타 輪讀りんどくする。
윤락(淪落)명 淪落りんらく。예 ~ 여성 淪落の女性じょせい｜淪落女性りんらくじょせい。
　윤락-하다자 淪落りんらくする。
윤리(倫理)명 倫理りんり。
윤리-적(倫理的)관명 倫理的りんりてき。
윤리-학(倫理學)명 倫理学りんりがく。
윤번(輪番)명 輪番りんばん｜回まわり番ばん。
　윤번-하다타 輪番りんばんする｜回まわり番ばんをする。
윤번-제(輪番制)명 輪番制りんばんせい。
윤색(潤色)명 潤色じゅんしょく。
　윤색-하다타 潤色じゅんしょくする。예 사실을 윤색한 흔적이 보이다. 事実じじつを潤色じゅんしょくしたあとが見みえる。
윤생(輪生)명〔식〕輪生りんせい。＝돌려나기
윤일(閏日)명 ☞윤날
윤작(輪作)명 ☞돌려짓기
　윤작-하다타 輪作りんさくする。
윤전-기(輪轉機)명《출》輪転機りんてんき。
윤택-하다(潤澤——)형 潤沢じゅんたくだ｜豊ゆたかだ。예 윤택한 생활을 하다. 豊ゆたかな生活せいかつをする。
윤필(潤筆)명 潤筆じゅんぴつ。
윤필-료(潤筆料)명 潤筆料じゅんぴつりょう。
윤형(輪形)명 輪形りんけい。
윤활(潤滑)명 潤滑じゅんかつ｜滑なめらかなこと。
　윤활-하다형 潤滑じゅんかつだ｜滑なめらかだ。
윤활-유(潤滑油)명《공》潤滑油じゅんかつゆ。

윤활-제(潤滑劑)명 潤滑剤。

율¹(率)명《수》率。割合。=비율

-율²(率)집【앞에 오는 말에 받침이 없을 때】—率。 할인율 割引率/ 백분율 百分率/ 증가율 増加率。 참-률

율동(律動)명 律動。リズム。 예 ~ 체조 律動体操。

율무명《식》鳩麦。 예 ~ 가루를 내다. ハトムギを粉にする。

율법(律法)명 律法。 예 ~ 주의 律法主義。

율시(律詩)명《문》律詩。

융(絨)명【중국어에서】絨。

융기(隆起)명 隆起。
　융기-하다자 隆起する。 예 지진으로 지반이 ~. 地震で地盤が隆起する。

융기-도(隆起島)명 隆起島。

융기 산호초(隆起珊瑚礁) 隆起珊瑚礁。

융기 해안(隆起海岸) 隆起海岸。

융단(絨緞)명 絨毯。 カーペット。 ~ 폭격 絨毯爆撃。

융모(絨毛)명《식》絨毛。=융털

융성(隆盛)명 隆盛。
　융성-하다형 隆盛する。

융성-기(隆盛期)명 隆盛期。

융숭-하다(隆崇—)형 丁重だ。 예 융숭한 접대를 받다. 丁重なもてなしを受ける。

융자(融資)명 融資。 예 주택 자금 ~ 住宅資金の融資/ ~를 받다. 融資してもらう。
　융자-하다자 融資する。

융점(融點)명 ☞녹는점

융털(絨—)명 ☞융모

융통(融通)명 融通。 예 ~ 어음 融通手形。
　융통-하다타 融通する。 예 사업 자금을 ~. 事業資金を融通する。

융통-성(融通性)명 融通性。

융합(融合)명 融合。
　융합-하다자 融合する。

융해(融解)명 融解。
　융해-하다자 融解する。

융해-열(融解熱)명《화》融解熱。

융해-점(融解點)명《화》融解点。=녹는점

융화(融和)명 融和。 예 사원들의 ~가 중요하다. 社員たちの融和が重要だ。
　융화-하다자 融和する。

융흥(隆興)명 隆興。
　융흥-하다 隆興する。

윷《민》【윷】ユッ。 ❶木を割ってつくるユンノリ用の道具。 예 ~을 꺼내고 윷판을 펼쳐라. ユッを出してユンノリの場を準備しろ。 ❷ユンノリで4本のユッが全部裏側になった時のこと。

윷-가락명 ☞윷짝

윷-놀이명《민》ユンノリ。 예 ~가 한창이다. ユンノリの真最中だ。
　윷놀이-하다자 ユンノリをする。

윷-말명 ユンノリの駒。

윷-밭명《민》駒の進む位置図。

윷-짝명 ユンノリに使う4本のユッ。 예 ~을 잡고 던진다. ユッを持って投げる。=윷가락

윷-판(—板)명《민》ユンノリの場。ユンノリの集い。 예 ~을 벌이다. ユンノリの場をひらく。

으러-뜨리다타 押し潰す。へこませる。=으끄르트리다

으그러-지다자 押し潰される。ゆがめられる。 예 자동차 바퀴에 빈 깡통이 ~. 自動車の車輪に空き缶が押し潰される。

으그러-트리다타 ☞으그러뜨리다

으깨다타 つぶす。すりつぶす。 예 감자를 으깨어 샐러드를 만든다. じゃがいもをつぶしてサラダを作る。

으드득부 ❶【단단한 물건을 힘껏 깨물었을 때 나는 소리】がりっと。 ばりっと。 ぽりっと。 かりっ(と)。 ぽりぽり(と)。 예 땅콩을 ~ 깨물다. ピーナッツをかりっとかむ。 ❷【이를 갈때의 소리】ぎりりと。きりっと。 예 ~ 이를 갈며 분해하다. ぎりりと歯がみをして悔しがる。

　으드득-거리다자 ❶がりがりと音を立てる。ばりばりと音を出す。 ばりばりとかみ砕く。 ❷ぎりぎりと歯ぎしりをする。沸き上がる感情をこらえる。 예 화가 나서 이를 으드득거린다. 怒ってぎりぎり歯ぎしりをする。=으드득대다

　으드득-대다자 ☞으드득거리다

으드득-으드득부 ❶【계속 깨물어서 내는 소리】ばりばり。 がりがり。 예 얼음을 ~ 씹어 먹다. 氷をがりがり噛んで食べる。/ 아이는 사탕을 입에 넣자마자 ~ 씹었다. 子供は飴玉を口に入れるなりばりばり噛んだ。 ❷【이를 악물때 내는 소리】きりきり。ぎしぎし

し。예 밤새 ~ 이를 갈다. 一晩中きりきりと歯軋りする。

으드등-거리다재 (互いに意地を張って)いがみ合う｜がみがみ口論する。 예 어느 부부라도 으드등거리며 산다. どこの夫婦でもいがみ合いながら暮らしている。/그 둘은 만나기만 하면 꼭 으드등거린다. あの二人は会いさえすれば必ずいがみ合う。 =으드등대다

으드등-대다재 ☞으드등거리다

으드등-으드등뮈 がみがみ。예 우리 엄마는 ~ 잔소리가 많다. うちの母はがみがみ煩い。

으등그러-지다재 ❶(からからに乾いて)反り返る｜ねじける。 예 으등그러진 판자는 쓸 수가 없다. 乾いて反り返った板は使えない。/가뭄으로 농작물이 으등그러졌다. 日照りで農作物がねじけた。❷(天気が)だんだん曇ってくる｜崩れてくる。 예 내일부터는 날씨가 으등그러진다고 한다. 明日からは天気が崩れるらしい。

으뜸명 ❶基本｜根本。 예 인류의 ~ 되는 덕목 人倫の根本になる徳目を。❷第一｜一番｜トップ。 예 성적이 반에서 ~이다. クラスで成績がトップである。/이 나라의 포도 산지 중 ~이다. この国の葡萄の産地の中で一番である。

으뜸-가다 最高だ｜最上だ。 예 세계에서 으뜸가는 부자다. 世界中で最高の金持ちである。

으뜸-음(一音)명 《음》主音。

으뜸 칠화음(一七和音) 《음》主音の7和音。

으뜸-화음(一和音)명 《음》主和音。

으레뮈 ❶言うまでもなく｜当然だう｜もちろん。 예 그것은 ~ 내가 해야 할 일이다. それは当然あなたがすべきことだ。❷間違いなく｜いつも｜きまって。 예 이맘때가 되면 ~ 그가 보인다. 今頃になるといつも彼が見える。

으례뮈 ☞'으레'의 잘못。

으로서조 —として。 참 로서

으로써조 ❶—で｜—をもって。❷—で。 참 로써

으르다타 脅す｜脅かす｜威嚇する。

으르-대다 脅迫する｜いきまく｜脅しつける。 예 가만두지 않겠다고 ~. ただではすまないといきまく。

으르렁뮈 ウォーン(と)｜ガオーッ(と)｜ガルル(と)｜グルル(と)。

으르렁-거리다재 ❶(獣が)うなる｜威嚇する。 예 호랑이 한 마리가 우리에게 으르렁거리고 있다. 一頭のトラが私たちに向かってウォーンとうなっている。❷いがみ合う｜憎しみ合う。 =으르렁대다

으르렁-대다재 ☞으르렁거리다

으르렁-으르렁뮈 ❶ウォーンウォーン。

으르렁으르렁-하다 ウォーンウォーンと言う。 예 으르렁으르렁하는 호랑이를 보고 겁을 먹다. ウォーンウォーンと唸っているトラを見て恐れる。❷激しく言い争うさま。

으르르뮈 ぶるぶる(と)。 예 놀라움에 ~ 떨다. 驚きでぶるぶるとふるえる。

으름명 通草の実。 예 ~의 맛을 잘 모르겠다. アケビの実の味がよく分からない。

으름-덩굴(식)通草。

으름장 脅し｜脅迫する｜威嚇する。 예 ~을 놓다. 脅かす｜威嚇する。

으리으리-하다형 豪壮だ｜ぴかぴかだ。 예 으리으리한 집에 산다. 豪壮な家に住む。

으밀-아밀뮈 ひそひそ｜こそこそ。

으스-대다재 威張る｜威張りちらす。

으스러-뜨리다타 つぶす｜押し潰す｜砕く。 =으스러트리다

으스러-지다재 砕ける｜つぶれる｜壊れる｜崩れる。 예 뼈가 ~. 骨が砕ける。/사과가 ~. リンゴがつぶれる。

으스러-트리다타 ☞으스러뜨리다

으스름명 月明かりがぼやけていること｜おぼろであること。

으스름-달 おぼろ月。 예 봄밤의 ~ 春の夜のおぼろ月。

으스름-달밤명 おぼろ月夜。

으스름-하다형 (光が)ぼやけている｜おぼろだ。

으스스뮈 ぞくぞく｜ぞっと。 예 몸이 ~ 춥다. 体がぞくぞく寒い。

으스스-하다형 ぞくぞくする｜ぞっとする。 예 이야기가 어쩐지 ~. 話が何となくぞっとする。

으슥-하다 [형] ❶ 【아주 조용한 모양】 ひっそりしている ¦ しんとしている。 예 으슥한 주택가 ひっそりしている住宅街になっている。 ❷ 【장소가 외지고 후미져서 무서울 만큼】 気味悪いほどおくまっている。 예 으슥한 골목을 지나가야 한다. 奥まっている路地を通らなければならない。

으슬-으슬 [부] ぞくぞく(と)。 예 몸이 ~ 오한이 나다. 体がぞくぞくと寒気がする。

으슴푸레 [부] 【달빛】 (月の光・明かりなどが)ほのかに明るく・明かるく ¦ わずかに ¦ かすかに。 예 동녘 하늘에 ~ 초승달이 뜬다. 東の空にほのかに明るい三日月が昇る。

　으슴푸레-하다 [형] ほの暗い ¦ 薄暗い ¦ おぼろだ。 예 달빛이 으슴푸레하게 비치다. 月の光が薄暗く照る。/ 흰 눈으로 마당이 ~. 白い雪で庭がかすかに明るい。

으시-대다 [자] ☞'으스대다'의 잘못.

으쓱[1] [부] ❶ 肩をそびやかすさま。 ❷ 得意になるさま。

　으쓱-거리다 [자] ❶ しきりに肩を怒らす。 ❷ 気取る ¦ 得意になる ¦ 尊大ぶる。 예 잘났다고 으쓱거리는 것이 보기 싫다. 出来がいいと得意になるのは見苦しい。/ 그는 자기가 천재라도 되는 양 으쓱거린다. 彼は自分が天才であるかのようにしきりに気取っている。 =으쓱대다

　으쓱-대다 [자] ☞으쓱거리다

　으쓱-하다 [자] ❶ (しきりに肩を)いからす ¦ そびやかす ¦ 上下する。 예 양쪽 어깨를 ~. 両肩をそびやかす。 ❷ しきりに気取る ¦ 得意になる。 예 남들에게 칭찬을 받으니 으쓱해서 좋았다. みんなに誉められて気になって良かった。/ 그 애는 공부를 잘한다고 너무 으쓱해 하며 다닌다. その子は勉強がよくできると、とても得意になっている。

으쓱[2] [부] 【갑자기 공포나 차가움을 느끼는 모양】 (寒気や恐怖などで体の力)びくっと ¦ ぶるっと。

　으쓱-하다[2] [형] ぞっとする ¦ びくっとする ¦ ぶるっとする ¦ ひやっとする。 예 등골이 ~. 背筋がぶるっとする。/ 밖에 나가니 으쓱해질 정도로 추웠다. 外に出てたらぞっとするほど寒かった。

으쓱-으쓱 [부] ❶ 【어깨를 자꾸 들썩이는 모양】 ぐっぐっと。 예 어깨를 ~ 움직이다. 肩をぐっぐっと動かす。 ❷ しきりに気取ったり得意になったりするさま。

으아 I [부] 【어린아이 우는 소리】 おぎゃあ ¦ ふぎゃあ。

　II [감] ああ ¦ ああ ¦ はあ ¦ ふう。 예 ~, 어떡하면 좋아. ああ, どうすればいい。

으악 I [부] 【메스꺼움】 げえ ¦ おえっ。

　II [감] 【놀라거나 깜짝 놀랐을 때】 あっ ¦ わっ ¦ わあっ。 예 발을 헛디뎌서 ~ 하고 소리 질렀다. 足を踏み外して、あっと声を出した。

으앙 [부] ❶ 【어린아이 우는 소리】 おぎゃあ ¦ ふぎゃあ。 ❷ 【크게 울 때】 うわあん ¦ あんあん ¦ ええん。 예 아프다고 ~ 울었다. 痛いとあんあん泣いた。

으앙-으앙 [부] おぎゃあおぎゃあ ¦ うわあんうわあん ¦ あんあん ¦ わんわん。 예 창피해서 ~ 울어 버렸다. みっともなくうわあんうわあんと泣く。

으지직 [부] 【단단한 물건이 찌그러지거나, 깨어지거나 비집어지는 소리】 めりめり(と) ¦ めきめき(と)。 예 종이 상자가 ~ 찢어졌다. 紙の箱がめりめりと破れた。

　으지직-거리다 [타] めりめりと音を立てる ¦ めきめきと折れる。 예 자꾸 ~. しきりにめりめりと音を立てる。 =으지직대다

　으지직-대다 [자][타] ☞으지직거리다

으지직-으지직 [부] 【단단한 물건이 잇따라 찌그러지거나 비집어지는 소리】 めりめり。 예 거목이 ~ 쓰러졌다. 大木がめりめりと倒された。/ 기둥이 ~ 무너졌다. 柱がめりめりと倒された。

으쩍 [부] ❶ 【단단한 물건 씹을 때】 がりっ(と) ¦ ぽりっ(と)。 예 밤을 ~ 씹었다. 栗をがりっと噛んだ。 ❷ 【갑자기 물체가 부러지거나 동강 날 때】 かしゃっ(と) ¦ かしゃん(と) ¦ がしゃっ(と) ¦ がしゃん(と)。

　으쩍-거리다 [자][타] ばりばりと音を立てる ¦ がしゃんと音がする。 예 바위가 으쩍거리며 갈라졌다. 岩がばりばりと裂けた。 =으쩍대다

　으쩍-대다 [자][타] ☞으쩍거리다

으쩍-으쩍 [부] 【단단한 물건을 계속 씹을 때】 がりがり ¦ ぽりぽり。 예 눈깔사탕을 ~ 깨물어 먹는다. 飴玉をがりがりと噛み砕いて食べる。

으흐흐 [부] 【기분 나쁘게 웃는 소리】 ひひひ ¦ うひひ ¦ いひひ。 예 ~ 정말 잘됐다. ひひひ、うまくいった。

윽-다물다 (口を)固くつぐむ ¦ (歯を)食いしばる。

윽-물다 [타] ❶ (唇を)かみしめる ¦ (歯を)

くいしばる。例이를 악물고 참다. 歯をくいしばって我慢する。❷かみついて放さぬ。

윽-박다囲 押さえ付ける｜やり込める。

윽박-지르다囲 押さえ付ける｜さんざんにやり込める｜叱りつける｜どやす｜頭ごなしにやり込める。예 윽박지르지 말고 잘 타일러서 가르쳐라. どやさないでよく言い聞かせて教えなさい。

은¹조 —は｜—には｜—では。예 이곳은 사람이 살지 않는다. ここは人が住まない。/ 귀중한 것은 아니지만 잘 보관해 두어라. 大事なものではないが、良く保管してください。/ 내 것은 아니다. 私のものではない。/ 지금 당장은 갈 수 없다. 今すぐには行けない。참는

은²(銀)명 《화》銀。참 금(金)

은-가락지(銀—)명 銀の指輪。

은-가루(銀—)명 銀粉。참 금가루

은거(隱居)명 隱居。
　은거-하다재 隱居する。

은결(銀—)☞은파(銀波)

은결-들다재 ❶【처음에】内に傷ができる｜傷を負う。❷【마음】心が傷付く｜心が痛む。

은공(恩功)명 恩｜恩惠と功勞。예 ~ 도 모르는 사람 恩知らずの人。

은광(銀鑛)명 《광》銀鑛。=은점(銀店)

은괴(銀塊)명 銀塊。

은근(慇懃)명 慇懃なこと。

은근-짜(慇懃—)명 外見は間抜けのように見えるが、腹に一物もある人。예 저놈은 상당한 ~야. あいつは相当の狸だ。

은근-하다(慇懃—)형 慇懃だ。❶【고요하고】情緖深く静かだ。예 그 집에는 은근한 분위기가 감돌고 있다. あの家は情緖深く静かな雰囲気が漂っている。❷【남몰래】隱密だ｜内密だ｜密かだ。예 은근한 관계 隱密な間柄／은근한 계획을 세우다. 密かな計画を立てる。❸真心がこもって礼儀正しい。예 은근한 인사를 하다. 慇懃な挨拶をする。

은근-히튀 慇懃に｜密かに｜それとなく｜こっそりと。예 ~ 그녀를 생각하다. 密かに彼女のことを思う。／ ~ 자랑하다. それとなく自慢する。

은급(恩給)명 《역》恩給。

은닉(隱匿)명 隱匿。
　은닉-하다囲 隱匿する。

은닉-죄(隱匿罪)명 隱匿罪。

은덕(恩德)명 恩德｜恩惠。

은-도금(銀鍍金)명 銀メッキ。
　은도금-하다囲 銀メッキする。예 은도금한 숟가락 銀メッキのスプーン。

은-돈(銀—)명 銀貨。=은자(銀子)

은두 꽃차례(隱頭—)《식》隱頭花序。=은두 화서

은두 화서(隱頭花序)☞은두 꽃차례

은둔(隱遁)명 隱遁｜遁世。예 ~ 생활 隱遁生活。
　은둔-하다재 隱遁する｜遁世する。

은랍(銀蠟)명 《공》銀蠟｜銀と真鍮との合金。

은린(銀鱗)명 銀鱗。❶【비】銀色の鱗。❷【물】魚。

은막(銀幕)명 銀幕。예 ~ 의 여왕 銀幕の女王。

은-메달(銀medal)명 銀メダル。참 금메달·동메달

은-물결(銀—)명 銀波｜銀色に光る波。=은파

은밀-하다(隱密—)형 隱密だ｜内密だ。예 은밀한 이야기를 나누다. 内密な話を交わす。
　은밀-히튀 隱密に｜内密に。예 ~ 만나다. 内密に会う。

은박(銀箔)명 銀箔。참 금박

은반(銀盤)명 銀盤。예 ~ 의 요정 銀盤の妖精。

은-반지(銀半指)명 銀の指輪。

은방(銀房)명 金銀製品を売る店。

은방울-꽃(銀—)명 《식》鈴蘭。예 ~ 이 잎에 가려져 있다. スズランが葉に隱れている。

은배(銀杯)명 銀杯｜銀製のカップ。

은-백색(銀白色)명 銀白色。

은-붙이(銀—)명 銀製品。

은-비녀(銀—)명 銀製の簪。=은잠

은-빛(銀—)명 銀色。

은사¹(恩師)명 【가르침을 받은】恩師。

은사²(恩賜)명 【임금이 신하에게 내리신 물건】恩賜。
　은사-하다囲 王から褒美をいただく。

은사³(銀沙)명 銀色のような白い砂。=은모래

은사⁴(隱士)명 【학덕이 있으면서도 벼슬하지 않고 숨어 사는 선비】隱士。

은색(銀色)_명 銀色。｜銀色。｜しろがね色。
은-세계(銀世界)_명 銀世界。｜雪景色。
은-수저(銀—)_명 銀製の匙と箸。
은신(隱身)_명 身を隠すこと。
　은신-하다_자 身を隠す。
은-실(銀—)_명 銀糸。
은애(恩愛)_명 恩愛。
은어¹(銀魚)_명〖동〗鮎。
은어²(隱語)_명 隱語。｜隠し言葉。
은연-중(隱然中)_뷔 隱然たる中に｜人知らずに。ⓔ ~에 정이 깊어지다. 隠然の中に情が深くなる。
은연-하다(隱然—)_형 人知らずにする｜密かだ。
　은연-히_뷔 人知らずに｜密かに。
은유(隱喩)_명 ☞은유법
은유-법(隱喩法)_명《언》隱喩法。=은유
은은-하다¹(殷殷—)_형【소리가】殷々としている。ⓔ 은은한 대포 소리 殷々たる砲声。
　은은-히¹_뷔 殷々と。
은은-하다²(隱隱—)_형 ❶【소리모양이】ほのかだ｜かすかだ。ⓔ 달빛이 은은하게 비치다. 月光がほのかに照る。/ 은은한 향기가 감돌다. ほのかな香りが漂う。❷【소리가】隱々としている。
　은은-히²_뷔 ❶ほのかに｜かすかに。❷隱々と。ⓔ 멀리서 종소리가 ~ 들려오다. 遠くから鐘の音が隠々と聞こえてくる。
은의(恩義)_명 恩義。
은익(銀翼)_명 銀翼。
은인(隱人)_명 隱者｜隠遁者。=은자²(隱者)
은자¹(銀子)_명 ☞은돈
은자²(隱者)_명 ☞은인(隱人)
은잔(銀盞)_명 銀杯。
은잠(銀簪)_명 ☞은비녀
은-장도(銀粧刀)_명 銀製の懐刀。
은재(隱才)_명 隠れた才能｜隠れた才能のある人。
은-저울(銀—)_명 銀・金などを計る秤。
은전¹(恩典)_명 恩典。
은전²(銀錢)_명 銀錢。
은점(銀店)_명 ☞은광(銀鑛)
은정(恩情)_명 恩情。
은제(銀製)_명 銀製。

은-종이(銀—)_명 銀紙。
은총(恩寵)_명 恩寵｜恵み。
은택(恩澤)_명 恩沢｜恩恵。
은-테(銀—)_명 銀縁。ⓔ ~ 안경 銀縁眼鏡。
은퇴(隱退)_명 隱退｜退隠。
　은퇴-하다_자 隱退する｜退隠する。ⓔ 은퇴하여 고향에서 살다. 隠退して故郷で暮らす。
은파(銀波)_명 銀波。=은결・은물결
은폐(隱蔽)_명 隱蔽。
　은폐-하다_타 隱蔽する。ⓔ 의도적으로 사건을 ~. 意図的に事件を隠蔽する。
은하(銀河)_명〖천〗銀河｜天の川。
은하-수(銀河水)_명 天の川｜天の河。
은행¹(銀行)_명《경》銀行。
은행²(銀杏)_명《식》銀杏。ⓔ 바닥에 떨어진 ~들이 지독한 냄새를 풍긴다. 地面に落ちたギンナンが、ひどい臭いを漂わせている。
은행-가(銀行家)_명 銀行家。
은행-권(銀行券)_명《경》銀行券。
은행-나무(銀杏—)_명《식》銀杏。ⓔ ~ 한 그루가 노랗게 물들었다. 一本のイチョウの木が黄色く染まった。
은행-원(銀行員)_명 銀行員。
은행-장(銀行長)_명 銀行の頭取。
은현(隱現)_명 隠見｜見え隠れ。
　은현-하다_자 隠見する｜見え隠れする。
은혜(恩惠)_명 恩恵｜恩｜恵み。ⓔ ~를 입다. 恩をこうむる。/ ~에 보답하다. 恩に報いる。
은혜-롭다(恩惠—)_형 恵み深い｜ありがたい。
　은혜로이_뷔 恵み深く｜ありがたく。
은혼-식(銀婚式)_명 銀婚式。
은화(銀貨)_명 銀貨。
은화-식물(隱花植物)_명《식》隱花植物。ⓔ 양치식물은 고등 ~이다. 羊歯植物は高等隠花植物である。
은환(銀環)_명 ❶【고리】銀の輪。❷【반지】銀の指輪。
은-회색(銀灰色)_명 銀灰色。
을¹(乙)_명【십간】乙。｜【순서에서】乙・2。
을²_조【받침 있는 체언에】【목적어로】—を｜—に｜—が。ⓔ 밥을 먹다. ご飯を食べる。/ 선생님을 만나다. 先生に会う。/ 과일을 좋아한다. 果物が好きだ。/ 운전을 할 수 있다. 運

을러-메다[타] 脅かす｜脅かす｜威'たけ高になる.

-을수록[어미] —(すれば)するほど｜—(あれば)あるほど. 예 읽으면 읽을수록 재미있는 소설 読めば読むほど面白い小説. 참 -ㄹ수록

을씨년-스럽다[형] ❶ 薄ら寒い｜うっすらとわびしい. 예 을씨년스러운 가을날이다. うっすらとわびしい秋の日だ. ❷ 貧しそうだ｜みすぼらしい.

읊다[타] ❶ 吟ずる｜誦ずる. 예 세계의 명시를 ~. 世界の名詩を吟ずる. ❷ 詠む｜作る. 예 어버이의 사랑을 읊은 시 親の愛を詠む詩.

읊-조리다[타] 吟ずる｜詠ずる.

음¹(音)[명] 音.

음²(陰)[명] ❶ 陰. ❷ 負数. 음으로 양으로 관용 陰に陽に｜陰になり日向になり. 예 음으로 양으로 도움을 많이 받다. 陰になり日向になり大変お世話になる.

음가(音價)[명] 音価. =소릿값

음각(陰刻)[명] 陰刻. 예 파서 새긴 ~ 彫ってできた陰刻.
　음각-하다[타] 陰刻する.

음계(音階)[명] 音階. 예 오음 ~ 五音音階｜단~ 短音階.

음곡(音曲)[명] ❶ 曲調. ❷ 音曲｜音楽.

음공(陰功)[명] ❶ 陰で助ける功徳. ❷ 隠れた功労.

음극(陰極)[명] 陰極.

음극-관(陰極管)[명] 陰極管.

음기(陰氣)[명] 陰気.

음-길이(音—)[명] 음장.

음낭(陰囊)[명] 陰囊｜ふぐり.

음녀(淫女)[명] 淫女. =음부(淫婦)

음-높이(音—)[명] 音高｜ピッチ.

음담(淫談)[명] 猥談.

음담-패설(淫談悖說)[명] 猥談.

음덕(陰德)[명] 陰徳. 예 ~을 베풀다. 隠徳を施す.

음독¹(音讀)[명] 音読.
　음독-하다[타] 音読する.

음독²(飲毒)[명] 服毒.
　음독-하다[자] 服毒する.

음독-자살(飲毒自殺)[명] 服毒自殺.

음란-물(淫亂物)[명] 淫乱物. 예 ~에 빠지다. 淫乱物にはまる. /~을 유포하다. 淫乱物を流布する.

음란-하다(淫亂—)[형] 淫乱だ｜淫らだ.

음량(音量)[명] 音量. 예 ~ 조절 音量調節/~을 내리다. 音量を下げる. /~을 올리다. 音量を上げる.

음력(陰曆)[명] 〈천〉陰曆｜旧曆. =태음력

음료(飲料)[명] 飲料.

음료-수(飲料水)[명] 飲料水｜飲み物.

음률(音律)[명] 音律.

음매[부] モーモー. 예 송아지가 ~ 울고 있다. 子牛がモーモーと鳴いている.

음모¹(陰毛)[명] 陰毛｜恥毛.

음모²(陰謀)[명] 陰謀｜悪巧み. 예 ~론자 陰謀論者/~를 꾸미다. 陰謀をめぐらす.
　음모-하다[타] 陰謀する｜悪巧みを企てる. 예 쿠데타를 ~. クーデターを陰謀する.

음미(吟味)[명] 吟味.
　음미-하다[타] 吟味する. 예 글의 내용을 찬찬히 ~. 文章の内容を細かく吟味する. /포도주의 맛을 ~. ワインの味を吟味する.

음반(音盤)[명] 音盤｜レコード.

음보(音譜)[명] ☞악보(樂譜)

음복(飲福)[명] 直会.
　음복-하다[타] 祭司の供え物を分けて食べる.

음부¹(音符)[명] ☞음표(音標)

음부²(陰部)[명] 〈의〉陰部｜局部.

음부³(淫婦)[명] ☞음녀

음산-하다(陰散—)[형] ❶ 曇って薄ら寒い. 예 날씨가 ~. 天気が薄ら寒い. ❷ 陰々としている. 예 음산한 실내 陰々としている室内.
　음산-히[부] ❶ 曇って薄ら寒く. ❷ 陰々と.

음색(音色)[명] 〈음〉音色. 예 ~이 아름답다. 音色が美しい. /~이 거칠다. 音色が悪い. /~이 특이하다. 音色が変わっている.

음서(淫書)[명] 猥本｜淫本法｜猥書.

음성¹(音聲)[명] 音声｜声. 예 또렷한 ~ はっきりした声.

음성²(陰性)[명] 陰性. 예 ~ 반응 陰性反応.

음성 기호(音聲記號)[연] 音声記号.

음성 모음(陰性母音)《언》陰性母音ぼいん。
음성-학(音聲學)《언》音声学がく。
음수(陰數)명《수》負数ふすう ¦ マイナスの数。예~는 0보다 작다. 負数は0ぜろより小ちいさい。
음습-하다(陰濕—)형 陰湿いんしつだ ¦ 暗くらくて湿しめっている。
음식(飮食)명 飮食いんしょく ¦ 食たべ物もの。예~을 가리다. 食べ物をより好このみする。
음식-물(飮食物)명 飮食物いんしょく。
음식-점(飮食店)명 飮食店いんしょく ¦ 食堂どう。
음심(淫心)명 淫みだらな心こころ。
음악(音樂)명 音楽おんがく。예~의 역사 音楽の歴史れきし / ~ 책 音楽の本ほん / ~ 비평 音楽批評ひひょう / ~을 감상하다. 音楽を鑑賞かんしょうする。/ ~을 배우다. 音楽を習ならう。
음악-가(音樂家)명 音楽家おんがくか。
음악-계(音樂界)명 音楽界おんがくかい。
음악-당(音樂堂)명 音楽堂おんがくどう。
음악-적(音樂的)관명 音楽的おんがくてきだ。예~ 재능이 뛰어나다. 音楽的才能さいのうに優すぐれている。
음악-회(音樂會)명 音楽会おんがくかい。
음양(陰陽)명 陰陽いんよう。예~도 陰陽道どう。
음역(音域)명《음》音域おんいき ¦ 音おんの幅はば。예~이 넓은 가수 音域の広ひろい歌手かしゅ。
음영¹(吟詠)명 吟詠ぎんえい。
음영-하다타 吟詠ぎんえいする。
음영²(陰影)명 陰影いんえい ¦ かげ。
음영-법(陰影法)명《미》陰影法いんえいほう。예~으로 입체감을 주다. 陰影法で立体感りったいかんを与あたえる。
음욕(淫慾)명 淫欲いんよく ¦ 色欲しきよく。
음용(飮用)명 飮用いんよう。예~로 적합하다. 飮用水すいに適てきしている。
음용-하다타 飮用いんようする。
음우(陰雨)명 陰雨いんう。
음운¹(音韻)명《언》音韻おんいん。예~학 音韻学がく。
음운(陰雲)명 陰雲いんうん。
음운-론(音韻論)명《언》音韻論おんいんろん。
음울-하다(陰鬱—)형 陰鬱いんうつだ ¦ 陰気いんきだ。예음울한 분위기가 감돌다. 陰気な雰囲気ふんいきが漂ただよう。
음유 시인(吟遊詩人)문 吟遊詩人ぎんゆうししん。예~의 노래 吟遊詩人のうた。
음-이름(音—)명《음》階名かいめい ¦ 音名おんめい。
음-이온(陰ion)명《화》陰いんイオン。
음자리-표(音—標)명《음》音符記号おんぷきごう。예

높은 ~ 高音部記号こうおんぶきごう / 낮은 ~ 低音部記号ていおんぶきごう。
음-장(音長)명《음》音声おんせいの長ながさ ¦ 音声の発音はつおんにかかる時間じかん。=음길이
음-전기(陰電氣)명 陰電気いんでんき。
음전-하다형 言行げんこうがおとなしく上品じょうひんだ。예아가씨가 ~. お嬢じょうさんがおとなしくて上品だ。
음절(音節)명《언》音節おんせつ。
음절 문자(音節文字)《언》音節文字もじ。
음정(音程)명《음》音程おんてい。예~을 조정하다. ピアノの音程を調整ちょうせいする。/ ~이 높다. 音程が高たかい。/ ~을 맞추다. 音程を合あわせる。
음조¹(音調)명 音調おんちょう。
음조²(陰助)명 陰で助たすけること。
음조-하다타 陰で助ける。
음주(飮酒)명 飮酒いんしゅ。예~ 운전 飮酒運転うんてん。
음주-하다자 飮酒いんしゅする。
음지(陰地)명 日陰ひかげ ¦ 陰地いんち。예~ 식물 陰生植物いんせいしょくぶつ ; 陰地植物いんちしょくぶつ。
음질(音質)명 音質おんしつ。예~이 좋다. 音質がいい。/ ~이 나쁘다. 音質が悪わるい。
음충-맞다형 陰険いんけんだ ¦ 猫被ねこかぶりする ¦ 腹黑はらぐろい。
음충-스럽다형 陰険いんけんだ ¦ 猫被ねこかぶりする。예음충스러운 웃음소리 陰険な笑わらい声こえ。
음충스레부 陰険いんけんに ¦ 腹黑はらぐろく。
음충-하다형 陰険いんけんだ ¦ 猫被ねこかぶりする。
음침-하다(陰沈—)형 ❶【氣】うっとうしい。❷【雰囲】薄暗うすぐらい ¦ 陰気いんきだ。예음침한 방에 홀로 앉아 있다. 陰気な部屋に一人ひとりで座すわっている。❸【腹】腹黑はらぐろい ¦ 陰気いんきだ。
음탕-하다(淫蕩—)형 淫蕩いんとうだ ¦ 淫みだらだ。
음파(音波)명《물》音波おんぱ。예~를 측정하다. 音波を測定そくていする。/ ~가 나오다. 音波が出でる。
음표(音標)명《음》音符おんぷ。예이분 ~ 二部音符にぶおんぷ / 팔분 ~ 八分音符はちぶおんぷ。=음부(音符)
음풍¹(淫風)명 淫風いんぷう。
음풍²(陰風)명 ❶【氣】陰風いんぷう ¦ 朔風さくふう。❷【雰囲】陰気いんきな風かぜ。
음풍-농월(吟風弄月)명 吟風弄月ぎんぷうろうげつ。준 풍월
음해(陰害)명 密ひそかに害がいすること。

음해-하다 団 密かに害する。

음행(淫行) 몡 淫らな行ない。

음향(音響) 몡 音響。예 ~ 신호 音響信号/ ~ 효과 音響効果/ ~기 音響器。

음험-하다(陰險—) 혱 陰険だ。

음화(陰畫) 《연》陰画。ネガ。

음훈(音訓) 《연》音訓。

음흉-스럽다(陰凶—) 혱 陰険で凶悪だ。

음흉스레 閂 陰険で凶悪に。

음흉-주머니(陰凶—) 몡 とても陰険で性質が残忍な人。

음흉-하다(陰凶—) 혱 陰険で凶悪だ。예 음흉한 미소를 띠다. 陰険で凶悪な微笑を浮かべる。

읍¹(邑) 몡 邑。町。

읍²(揖) 몡 揖。

읍-하다 困 両手を合わせ腰をかがめて挨拶する。

읍내(邑內) 몡 邑内。町内。

읍성(邑城) 몡 邑城。

응 ❶【대답하는 구두말】うん。ああ。なあ。ねえ。예 알겠지, 응? 分かった、うん。❷【물음말】ううん。ふん。예 또 늦었니, 응? またおそかったか、ううん。

응결(凝結) 몡 凝結。

응결-하다(凝結) 困 凝結する。

응결-력(凝結力) 몡 《물》凝結力。

응고(凝固) 몡 凝固。

응고-하다(凝固) 困 凝固する。예 혈액이 ~. 血液が凝固する。

응그리다 타 ❶【얼굴을】しかめる。예 잔뜩 응그린 얼굴 しかめっ面。❷【주먹을】握る。

응급(應急) 몡 応急。예 ~ 조치 応急措置。

응급-하다(應急) 타 とりあえず急場をしのぐ。

응급 처치(應急處置) 《의》応急処置。応急手当て。예 ~를 잘못하면 목숨이 위태롭다. 応急処置を間違えると命が危うい。

응급 치료(應急治療) 《의》応急治療。

응낙(應諾) 몡 応諾。承諾。

응낙-하다(應諾) 困타 応諾する。承諾する。

응달 몡 日陰。예 ~이 지다. 陰になる。
→ 양달
응달에도 햇빛 드는 날이 있다 속담 陰地にも陽のあたる日がある:〔日〕待てば海路の日和あり。◆일본에서는 '기다리다 보면 항해하기 좋은 때가 된다'고 한다.

응달-쪽 몡 日陰になる側。

응답(應答) 몡 応答。受け答え。答え。예 아무런 ~이 없다. 何の答えもない。

응답-하다(應答) 困 応答する。受け答えする。

응당(應當) 閂 当然。当たり前に。예 그이라면 ~ 그럴 것이다. 彼なら当然そうするだろう。

응당-하다(應當) 혱 当然だ。当たり前だ。예 응당한 대가를 치르다. 当然の代価を支払おう。

응대¹(應待) 몡 ☞응접(應接)

응대²(應對) 몡 応対。예 전화 ~ 電話の応対。

응대-하다(應對) 困 応対する。

응등그러-지다 ❶【물체가】反り返る。反る。よじれる。❷【몸이】縮こまる。

응등-그리다 타 (寒さ・恐ろしさなどで) 体を縮こまらせる。응등그리고 앉아 떨고 있는 저 아이를 좀 보세요. 体を縮こまらせて座ってふるえているあの子供を見てください。

응모(應募) 몡 応募。예 ~ 방법 応募方法/ ~ 서류 応募書類/ ~ 마감 応募締切り。

응모-하다(應募) 困 応募する。

응보(應報) 몡 応報。報い。

응분(應分) 몡 応分。相応。예 ~의 보수를 받다. 相応の報酬をうける。

응사(應射) 몡 応射。

응사-하다(應射) 困 応射する。

응석 몡 甘えること。だだ。わがままを言うこと。예 ~을 부리다. だだをこねる;甘ったれる;~은 이제 안 통한다. 甘えることはもう通じない。

응석-꾸러기 몡 甘ったれ。甘えっ子。だだっ子。예 ~는 어른이 될 수 없어。甘えっ子は大人にはなれない。

응석-둥이 몡 甘ったれ。甘えん坊。だだっ子。예 어이구, 저런 ~를 어떻게 장가를 보내누. やれやれ、あんな甘えん坊では結婚させられない。

응석-받이 몡 ❶甘やかすこと。예 지금까지 아이를 키우면서 ~ 한 번 못했다. 今まで子供を育てながら甘やかすことすらできなかった。❷【아이】甘えん坊。だだっ子。예 할머니 손에서 ~로

크다. 祖母の手ででだだっ子として育つ。

응소(應訴)[명]《법》応訴。
　응소-하다[자] 応訴する。
응수¹(應手)[명]《운》応手。
　응수-하다[자] 応手する。
응수²(應酬)[명] 応酬する｜言い返し。
　응수-하다[자] 応酬する｜言い返す。[예] 한마디도 지지 않고 ~. 一言も負けずに言い返す。
응시¹(凝視)[명] 凝視。
　응시-하다[타] 凝視する。
응시²(應試)[명] 受験。
　응시-하다[자] 試験に応じる。
응아-응아[부] おぎゃあおぎゃあ。
응애-응애[부] おぎゃあおぎゃあ。[예] 아기가 ~ 울다. 赤ちゃんがおぎゃあおぎゃあ泣く。
응어리 ❶[명] (筋肉の)しこり。❷[명] (心の中の)しこり｜わだかまり。❸[명] (果実の)核｜さね。
응얼-거리다[자][타] ❶(詩や文章を)口ずさむ｜暗唱する。❷(不平などを)ぶつぶつ言う｜ぶつくさ言う。[예] 어제부터 계속 ~. 昨日からずっとぶつぶつ言っている。＝응얼대다
응얼-대다[자][타] ☞응얼거리다
응얼-응얼[부] ❶(詩や文章を)口ずさむさま｜ぶつぶつ言うさま。❷[명](口のなかでぶつぶつと)独り言を言うさま｜ぶつぶつ言うさま。[예] ~ 치대지 마라. ぶつぶつ言うな。
응용(應用)[명] 応用。[예] ~ 미술 応用美術／~ 통계학 応用統計学。
　응용-하다[타] 応用する。
응용-문제(應用問題)[명] 応用問題。
응원(應援)[명] 応援。
　응원-하다[타] 応援する。
응원-가(應援歌)[명] 応援歌。
응원-단(應援團)[명] 応援団。
응응¹[부] わあんわあん(と)。[예] 크게 소리 내어 ~ 울다. 大きな声でわあんわあんと泣く。
응응²[감] うんうん。
응전(應戰)[명] 応戦。
　응전-하다[자] 応戦する。
응접(應接)[명] 応接。
　응접-하다[자] 応接する。
응접-실(應接室)[명] 応接室｜客間｜応接間。
응집(凝集)[명] 凝集。

응집-하다[자] 凝集する。[예] 그 동안의 노력이 응집된 결과다. その間の努力が凝集した結果だ。
응집-력(凝集力)[명] 凝集力。[예] ~이 세다. 凝集力が強い。
응징(膺懲)[명] 膺懲。
　응징-하다[타] 膺懲する。
응착(凝着)[명]《물》凝着する｜付着。[예] ~력 凝着力。
응체(凝體)[명] 固くなった物体。
응축(凝縮)[명] 凝縮。
　응축-하다[자] 凝縮する。
응축-열(凝縮熱)[명]《화》凝縮熱。
응-하다(應-)[자] 応ずる。[예] 일본 대학의 초청에 ~. 日本の大学の招請に応ずる。／질문에 ~. 質問に応ずる。
응혈(凝血)[명] 凝血。
　응혈-하다[자] 凝血する。
의¹(義)[명] 義。❶ 道義。[예] ~를 지키다. 義を守る。❷ 情誼。[예] 모녀의 ~를 맺다. 母と娘の義を結ぶ。
의²(誼)[명] 情誼。[예] ~가 두텁다. 情誼に厚い。＝정의
의³[조] —の。[예] 나의 책 私の本／우리의 소원 我々の願い／해 질 녘의 풍경 夕暮れの景色／세 자루의 연필 三本の鉛筆／아내의 친구 家内の友だち。
의가(衣架)[명] 衣桁。
의거¹(依據)[명] 依拠｜よること｜基づくこと。
　의거-하다[자][타] 依拠する｜よりどころとする。[예] 국민의 힘에 ~. 国民の力に依拠する。
의거²(義擧)[명] 義挙。
의걸이-장(衣—欌)[명] 衣装簞笥。
의견(意見)[명] 意見。[예] ~을 묻다. 意見を聞く。／~을 말씀해 주십시오. ご意見をおっしゃってください。
의결(議決)[명] 議決。＝결의²
　의결-하다[타] 議決する。
의결-권(議決權)[명]《법》議決権。
의결 기관(議決機關)[명]《법》議決機関。
의과(醫科)[명]《교》医科。
의관(衣冠)[명] 衣冠｜衣服と冠。
의구(疑懼)[명] 疑懼。
　의구-하다[타] 疑懼する。
의구-심(疑懼心)[명] 疑懼の念。[예] ~을 품다. 疑懼の念を抱く。
의구-하다²(依舊—)[형] 昔のそのままである。

의기(意氣) 圏 ❶【기개】意気。気概。예 ~가 드높다. 意気軒昂だ。/ 필승의 ~로 싸우다. 必勝の意気で戦う。❷【심정】気丈な心。

의기-양양(意気揚揚) 意気揚々。

의기-투합(意気投合) 意気投合。

의-남매(義男妹) 圏 ❶【의형제】義理の兄妹。❷【아버지나 어머니가 다른 남매】父の異なる兄妹｜母の異なる兄妹。

의논(議論) 相談｜話し合い｜打ち合わせ。

의논-하다 他 相談する｜話し合う｜打ち合わせる。

의당(宜當) 当然。예 ~ 그래야 될 일이다. 当然そうなるべきだ。

의당-하다 当然だ｜当たり前だ。예 네가 가는 것이 ~. あなたが行くのが当たり前のことだ。

의당-히 副 当然に｜当たり前に。예 그건 ~ 아버지가 결정할 일이다. それは当然に父が決めることだ。

의도(意圖) 意図。예 상대의 ~를 알아차리다. 相手の意図に気づく。

의도-하다 他 意図する。예 의도하는 대로 일이 진행되다. 意図のとおりに仕事が進む。

의례-건(依例件) 圏 例によってなすべきこと。

의론(議論) ☞ '의논'의 잘못.

의-롭다(義—) 義気がある｜義理がある｜律儀だ。예 의로운 사람 律儀な人 / 의로운 행동 義理のある行動。

의로이 副 律儀に。예 그와의 약속을 ~ 지키다. 彼との約束を律儀に守る。

의롱(衣籠) 圏 衣装箱。

의뢰(依賴) 圏 依頼。

의뢰-하다 他 依頼する。

의뢰-인(依賴人) 圏 依頼人。

의료(醫療) 圏 医療。예 ~계 医療界 / ~보장 제도 医療保障制度。

의료 보험(醫療保險) 〈사〉医療保険。

의료-비(醫療費) 圏 医療費。

의류(衣類) 圏 衣類。

의리(義理) 圏 義理。

의모(義母) 圏 義母｜義理の母。

의무(義務) 圏 義務。예 납세 ~ 納税義務 / 부양 ~ 扶養義務 / ~를 지우다. 義務を負わす。

의무-감(義務感) 圏 義務感。

의무 교육(義務教育) 〈교〉義務教育。

의문(疑問) 圏 疑問。예 ~이 풀리다. 疑問が晴れる。

의문-문(疑問文) 圏 〈언〉疑問文。

의문-부(疑問符) 圏 〈언〉疑問符。

의문-스럽다(疑問—) 疑わしい｜怪しい。예 그가 진실을 말하는지 ~. 彼が真実を言っているのか疑わしい。

의문스레 副 疑わしく｜怪しく。

의뭉-스럽다 見た目と違って腹黒い｜惚ける。예 의뭉스러운 체하다. 惚けた振りをする。/ 의뭉스러운 표정을 짓고 있다. 惚けた顔をしている。

의뭉스레 副 ずる賢く｜腹黒く｜惚けて。예 ~ 모르는 체하다. 惚けて知らない振りをする。/ 그는 ~ 바보 시늉을 하고 있을 뿐이다. 彼は腹黒く馬鹿のまねをしているだけだ。

의뭉-하다 見掛けによらず腹黒い。예 의뭉한 소년 見掛けによらず腹黒い少年。

의미(意味) 圏 意味。예 말의 ~ 言葉の意味 / 한자의 ~ 漢字の意味 / ~를 부여하다. 意味付けする。

의미-하다 他 意味する。

의미-론(意味論) 圏 意味論。

의미심장-하다(意味深長—) 意味深長だ。예 매우 의미심장한 말을 하다. 大変意味深長な言葉を言う。

의병(義兵) 圏 義兵。

의복(衣服) 圏 衣服｜服｜着物。

의부(義父) 圏 義父｜養父。

의분(義憤) 圏 義憤。

의붓-딸 圏 まま娘｜女のままこ。

의붓-아들 圏 まま息子｜男のままこ。

의붓-아버지 圏 まま父｜継父。=계부

의붓-아비 圏【의붓아버지의 낮춤말】まま父｜継父。

의붓-어머니 圏 まま母｜継母。=계모

의붓-어미 圏【의붓어머니의 낮춤말】まま母｜継母。

의붓-자식(—子息) 圏 まま子｜連れ子。

의사(意思) 圏 意思。예 반대 ~를 분명히 밝히다. 反対の意思をはっきり表す。

의사²(擬似) 圏 《의》擬似。예 ~ 콜레라 擬似コレラ / ~ 환자 擬似患者。

의사³(醫師) 圏 医者｜医師。예 ~가 되다. 医者になる。/ ~ 선생님이 나를 진찰하다. お医者さんが僕を診る。

의사⁴(議事) 圏 議事。예 ~록 議事録 / 방해 議事妨害。

의사-당(議事堂) 圏 議事堂。

의상(衣裳)[명] 衣装。
의생(醫生)[명] 韓方医。
의서(醫書)[명] 医書。
의석(議席)[명] 議席。[예] ~ 수 議席数 / 다수 ~을 차지하다. 多数の議席を占める。
의성(擬聲)[명] 《언》擬声。
의성-어(擬聲語)[명] 《언》擬声語。
의수(義手)[명] 義手。
의술(醫術)[명] 医術。
의식[1](衣食)[명] 衣食。
의식[2](意識)[명] 意識。❶【깨어 있는 마음의 상태】[예] ~을 잃다. 意識を失う。/ ~을 되찾다. 意識を取り戻す。❷【견해·사상 등】[예] 역사 ~ 歴史意識/ 국가 ~ 国家意識。
　의식-하다[자][타] 意識する。[예] 남을 ~. 人を意識する。
의식[3](儀式)[명] 儀式。 =의전 [준]식
의식-적(意識的)[관][명] 意識的。[예] ~ 행동 意識的行動/ ~으로 친구를 만나지 않다. 意識的に友だちに会わない。
의식주(衣食住)[명] 衣食住。
의심(疑心)[명] 疑心 ¦ 疑い。
　의심-하다[타] 疑心する ¦ 疑う。[예] 범인으로 의심되는 사람이 한 사람 있다. 犯人に疑われる人が一人いる。/ 의심하는 듯한 눈으로 바라보다. 疑うような目付きで見る。
의심-꾸러기(疑心―)[명]【의심 많은 사람】疑念が多い人。[예] 신중한 사람인 거니, 아니면 ~인 거니? 慎重な人なのかい、あるいは疑い深い人なのかい。
의심-스럽다(疑心―)[형] 疑わしい。[예] 의심스러운 데가 있다. 疑わしいところがある。
　의심스레[부] 疑わしく。
의심-쩍다(疑心―)[형] 疑わしい。
의아-스럽다(疑訝―)[형] 怪訝だ ¦ いぶかしい。
　의아스레[부] 怪訝に ¦ いぶかしく。
의아-하다(疑訝―)[형] 怪訝だ ¦ いぶかしい。[예] 의아한 표정이다. 怪訝な表情だ。
　의아-히[부] 怪訝に ¦ いぶかしく。
의안[1](義眼)[명] 義眼 ¦ 入れ目。
의안[2](議案)[명] 議案。
의약(醫藥)[명] 医薬。
의-약품(醫藥品)[명] 医薬品。
의역(意譯)[명] 意訳。
　의역-하다[타] 意訳する。
의연(義捐)[명] 義捐 ¦ 寄付。
　의연-하다[1][타] 寄付する。
의연-금(義捐金)[명] 義捐金。
의연-하다[2](依然―)[형] 依然としている。
　의연-히[1][부] 依然と。
의연-하다[3](毅然―)[형] 毅然としている。[예] 사건을 의연하게 대처하다. 事件を毅然と対処する。
　의연-히[2][부] 毅然と。
의외(意外)[명] 意外 ¦ 思いの外。[예] ~의 결과가 나오다. 意外な結果が出る。
의외-로(意外―)[부]【뜻밖에】意外に ¦ 意外と ¦ 案外に。[예] 시험은 ~ 쉬웠다. 試験は意外に易しかった。/ ~ 간단하다. 意外と簡単だ。
의욕(意欲)[명] 意欲。
의욕-적(意欲的)[관][명] 意欲的。[예] 언제나 ~으로 일하다. いつも意欲的に働く。
의용[1](義勇)[명] 義勇。[예] ~군 義勇軍。
의용[2](儀容)[명] 儀容。[예] ~을 가다듬다. 儀容をつくろう。 =의표[2]·의형[2]
의원[1](醫員)[명]【의사와 의생】医員。
의원[2](醫院)[명]【진료 시설을 갖추고 의료 행위를 하는 곳】医院。
의원[3](議員)[명] 議員。
의원[4](議院)[명]【국정을 심의하는 곳】議院。
의의(意義)[명] 意義。[예] ~ 있는 일 意義ある仕事。
의인[1](義人)[명] 義人 ¦ 義士。
의인[2](擬人)[명] 擬人。
　의인-하다[타] 人になぞらえて現わす。
의인-법(擬人法)[명] 《문》擬人法。
의인-화(擬人化)[명] 擬人化。
　의인화-하다[타] 擬人化する。
의자(椅子)[명] 椅子。[예] ~에 앉다. 椅子に座る。
의장(議長)[명] 議長。
의장-단(議長團)[명] 《군》議長団。
의장-대(儀仗隊)[명] 儀仗隊。
의적(義賊)[명] 義賊 ¦ 侠盗。
의전(儀典)[명] ☞의식[3](儀式)
의절(義絶)[명] 義絶。
　의절-하다[자] 義絶する。
의젓잖다[형] 鷹揚でない ¦ しっかりしていない。
　의젓잖-이[부] 鷹揚でなく ¦ しっかりしていなく。

의젓-하다[형] 鷹揚ようだ｜しっかりしている｜立派りっぱだ。[예]어린데도 행동이 ~. 子供こどもなのに行おこないが鷹揚だ。

의젓-이[부] 鷹揚ように｜しっかりして｜立派りっぱに。

의정-서(議定書)[명]議定書ぎていしょ。

의제¹(義弟)[명] 義弟ぎてい。

의제²(擬制)[명]《법》擬制ぎせい。

의제³(議題)[명] 議題ぎだい。

의제 상인(擬制商人)《법》擬制商人ぎせいしょうにん。

의족(義足)[명] 継つぎ足たし。

의존(依存)[명] 依存いぞん。

　의존-하다[자] 依存する。[예]원유를 외국에 ~. 原油げんゆを外国がいこくに依存する。

　의존 명사(依存名詞)《언》形式名詞けいしきめいし。
　=불완전 명사

의중(意中)[명] 意中いちゅう｜心こころの中なか｜腹はらの中なか。[예]그 사람의 ~을 알 수가 없다. 彼かれの意中がわからない。/ ~을 떠보다. 腹の中を探さぐる。

의지¹(依支)[명] 頼たより｜支ささえ。

　의지-하다 頼る｜支える。[예]지팡이를 의지해서 걷다. 杖つえを頼りに歩あるく。/ 도대체 언제까지 부모님을 의지해서 살 작정이냐? 一体いったいいつまで親おやを頼りに生いきるつもりなのか。/ 의지할 곳이 없다. 拠よりどころがない。

의지²(意志)[명] 意志いし。[예]~가 강하다. 意志が強つよい。/ ~를 관철시키다. 意志を貫つらぬき通とおす。

의지가지-없다[형] 身寄みよりが全まったくない｜拠りどころが全然ぜんぜんない。

　의지가지없-이[부] 頼たよりなく。

의지-박약(意志薄弱)[명] 意志薄弱いしはくじゃく。

의처-증(疑妻症)[명] 妻つまの貞操ていそうを疑うたがう性癖せいへき。

의치(義齒)[명] 義歯ぎし｜入いれ歯ば。

의타-심(依他心)[명] 他人たにんに頼たよる心こころ。

의탁(依託)[명] 依託いたく。

　의탁-하다[타] 依託する。

의태-어(擬態語)[명]《언》擬態語ぎたいご。

의표¹(意表)[명] 意表いひょう。[예]상대의 ~를 찌르다. 相手あいての意表をつく。

의표²(儀表)[명] ☞의용(儀容)

의-하다(依一)[자] ❶【よる】よる。[예]지진에 의한 피해 地震じしんによる被害ひがい / 개인 사정에 의하여 퇴사하다. 個人こじんの事情じじょうによって退社たいしゃする。❷【もとづく】基もとづく。[예]법에 의하여 처벌되다. 法律ほうりつに基づいて罰ばつに処しょする。

의학(醫學)[명] 医学いがく。[예]임상 ~ 臨床りんしょう医学。

의합-하다(意合一)❶【あいあう】意見いけんが合あう｜心こころが合う。❷【なかがよい】仲なかが良よい。

의향(意向)[명] 意向いこう。

의협(義俠)[명] 義俠ぎきょう。

의협-심(義俠心)[명] 義俠心ぎきょうしん。

의형¹(義兄)[명] 義兄ぎけい。

의형²(儀形)[명] ☞의용(儀容)

의-형제(義兄弟)[명] 義兄弟ぎきょうだい。[예]~를 맺다. 義兄弟のちぎりを結むすぶ。

의혹(疑惑)[명] 疑惑ぎわく｜疑うたがい。~을 품다. 疑惑を抱いだく。/ ~에 휩싸이다. 疑惑につつまれる。

　의혹-하다[자][타] 疑う。

의-화학(醫化學)[명]《화》医化学いかがく。

의회(議會)[명]《법》議会ぎかい。[예]정치 ~ 政治せいじ議会。

이¹[명] 風しらみ。

이² ❶【(의)】【は】歯は。[예]~가 나다. 歯が生はえる。/ ~가 빠지다. 歯が抜ぬける。/ ~를 닦다. 歯をみがく。/ ~가 다시 나다. 歯が生えかわる。/ ~를 갈 나이가 되다. 乳歯にゅうしが抜け替かわる歳としになる。❷【は】歯は。

　이(가) 갈리다[관용] 自ずから歯軋はぎしりをするほどあまりにも悔くやしい。

　이(가) 빠지다[관용]【は】刃はがかける｜【ふち】縁ふちがかける。

　이(를) 갈다[관용] 臥薪嘗胆がしんしょうたんする｜肝きもを嘗なむ。[예]분해서 이를 갈다. 悔しくて歯を食くいしばる。

　이를 악물다 歯を食いしばる。

　이에 신물이 돈다[난다][속담] 嫌気いやけがさしてこりごりする。

이³[의][ひと]。[예]저기 앉아 있는 ~에게 물어보아라. あそこに座すわっている人ひとに聞ききなさい。

이⁴ Ⅰ[대] これ。[예]~와 관련된 책 これと連関れんかんした本ほん / ~는 사상 초유의 일이다. これは史上しじょうはじめてのことである。Ⅱ[관] この。[예]이 책 この本 / 이 이야기 この話はなし / 이분 こちらの方かた。

이⁵(二)[수][관] 二に｜二ふたつ。[예]~월 二月にがつ / ~일 二日ふつか / ~권 二冊にさつ。

이⁶[조] ❶【が】一が。[예]형이 학교에 가다. 兄あにが学校がっこうに行いく。/ 꽃이 예쁘다. 花はながきれい。❷【に】一に｜と。[예]물이 얼음이 되다. 水みずが氷こおりになる。❸

—では。예이것은 내 것이 아니다. これは私のものではない. 참가

이⁷(E·e)몡〈언〉【알파벳】イー。

이가(二價)몡二価。
　이가 원소(二價元素)〈화〉二価元素。

이간(離間)몡離間。
　이간-하다타 離間する。예부자 사이를 ~. 父子の間を離間する.
　이간 붙이다관용 仲たがいさせる。

이간-질(離間—)몡 仲を裂くこと。
　이간질-하다자 仲を裂く。

이간-책(離間策)몡 離間策。

이-거대 これ」これは」こりゃ。예~ 얼마예요? これはいくらですか.

이거²(移居)몡 ☞이주(移住)

이-것대 ❶【사물】これ」これは」こりゃ。예~으로 주세요. これ下さい。❷【사람】こいつ。예~들을 가만두지 않겠다. こいつらをただではすまない。준이Ⅰ·이거

이견(異見)몡 異見。

이경(二更)몡【십이시·옛시각】二更。

이골【없음】慣れること」慣れ」ある方面에 熟達하고 있는 것。
　이골(이) 나다관용 すっかり慣れる。예이사하는 데 이골이 나다. 引っ越しすることにすっかり慣れる。/ 이제 그 일이라면 이골이 난다. 今ではその事においては熟達している.

이-곳대 ここ」こちら。예~ 사람들의 생활 이곳의 人々の生活을 / ~으로 오세요. こちらにどうぞ. / ~에다 두어라. ここに置きなさい.

이공(理工)몡 理工。예~학부 理工学部。

이과(理科)몡 理科。

이관(移管)몡 移管。
　이관-하다타 移管する。

이교(異教)몡 異教。

이교-도(異教徒)몡 異教徒。

이구-동성(異口同聲)몡 異口同音。예~으로 대답하다. 異口同音に答える.

이국(異國)몡 異国。예~ 정서 異国情緒を / ~ 생활 異国生活.

이권(利權)몡 利権。예~을 손에 넣다. 利権を掌中にする.

이극 진공관(二極眞空管)〈물〉二極真空管。

이글(eagle)몡〈운〉【골프】イーグル。

이글-거리다자 赤々と燃える。예한여름의 이글거리는 태양 真夏の赤々と燃える太陽。=이글대다

이글-대다자 ☞이글거리다

이글루(igloo)몡 イグルー。예~의 내부는 따뜻하다. イグルーの内部は暖かい。=얼음집

이글-이글부 ❶【모양·상태】かっかと」赤々と。❷【모양·상태】かっかと。예그의 눈이 ~ 타오르는 것 같다. 彼の目がかっかと燃え上がるようだ.

이기¹(利己)몡 利己。

이기²(利器)몡 利器。예문명의 ~ 文明の利器。

이기³(理氣)몡 理気」理と気。

이기다타 ❶【경쟁·싸움】(喧嘩や試合などで) 勝つ」負かす」破る。예축구 시합에서 우리 팀이 ~. サッカーの試合でわがチームが勝つ. / 소송에서 ~. 訴訟に勝つ. / 이길 수 있는 승부에서 졌다. 勝てる勝負に負けた. / 강적을 이길 자신이 있다. 強敵を破る自信がある。❷【감정·상태】(感情・欲望・苦痛などに)打ち勝つ」押える」耐える」乗り越える。예유혹을 ~. 誘惑に打ち勝つ. / 엄청난 고통을 이기지 못하고 비명을 질러 버렸다. すごい痛さに耐えられず、悲鳴をあげてしまった。❸【상태】(体を)まっすぐに支える」保つ。예몸을 이기지 못하다. 体をまっすぐ支えられない.

이기다²타 ❶【상태】こねる」練り混ぜる。예밀가루를 이겨 국수를 만들다. 小麦粉をこねて麺を作る。❷【상태】微塵切りにしてたたく。예마늘을 이겨 넣다. にんにくを微塵切りしていれる。

이기-심(利己心)몡 利己心。

이기-작(二期作)몡 ☞이모작

이기-적(利己的)관·몡 利己的。

이기-주의(利己主義)〈철〉利己主義。=자기주의·자애주의

이기죽-거리다자 ねちねちと嫌がらせを言う。=이기죽대다

이기죽-대다자 ☞이기죽거리다

이기죽-이기죽부 ねちねち(と)。준이죽이죽

이-까짓관 これくらいの」これしきの。예~ 일이야 식은 죽 먹기다. これくらいの仕事なら朝飯前だ。준까짓

이깔-나무몡〈식〉朝鮮唐松。

이끌다타 ❶【사물】引く。예강아지를 이끌고 산책을 하다. 子犬を引いて散歩を

する。❷【거느리다】率いる ¦ 連れる。[예] 선수단을 이끌고 대회에 참가하다. 選手団を率いて大会に参加する。❸【안내하다】導く。[예] 청소년을 바른 길로 ~. 青少年を正道に導く。❹【주의를 끌다】引く。[예] 빨간색 원피스가 시선을 ~. 赤いワンピースが視線を引く。[준] 끌다

이끌-리다[자] 【'이끌다'의 피동사】引かれる ¦ 導かれる ¦ 率いられる。[예] 나도 모르게 그에게 마음이 이끌린다. 自分知らずに彼に心が引かれる。

이끎-화음(一和音)[명] 《음》導音を最も低い音にし、その上に成す和音。

이-끗(利一)[명] 利益。

이끼[1][명] 《식》苔。[예] ~가 끼다. 苔が生える；苔むす。=선태

이끼[2][감] 【놀라 뒤로 물러설 때 나는 소리】うわっ ¦ やっ ¦ あれっ。

이나[조] 【받침이 있는 체언에 붙는 조사】❶【선택의 뜻을 나타내는 말】―でも ¦ ―も。[예] 볼펜이나 사인펜이나 갖고 싶은 것은 다 사도 돼. ボールペンでもサインペンでも欲しいものは買っていいよ。/ 죽이나 먹을까? お粥でも食べようか。/ 유람선이나 타 볼까? 遊覧船にでも乗ってみようか。❷【수량이 많거나 정도가 높음을 나타내는 말】―も。[예] 한 시간이나 늦었다. 1時間も遅れた。/ 광장에 500명이나 모였다. 広場に500人も集まった。❸【수량・정도를 어림잡는 뜻을 나타내는 말】―くらい ¦ ―ぐらい ¦ ―ほど。[예] 몇 명이나 왔습니까? 何人くらい来ましたか。/ 몇 분이나 걸리나요? 何分ぐらいかかりますか。❹【용인의 뜻을 나타내는 말】―でも。[예] 된장이 없으면 고추장이나 주세요. 味噌がなければコチュジャンでもください。❺【나열을 나타내는 말】―や ¦ ―とか。[예] 역이나 버스정류장에서 전단지를 나눠 주다. 駅やバス停でちらしを配る。/ 그는 돈이나 선물을 좋아한다. 彼はお金とかプレゼントとかが好きだ。

이나마[조] ―ながら ¦ ―ですが ¦ ―でも。[예] 변변찮은 것이나마 받아 주세요. つまらないものですがお受け取り下さい。/ 밥이나마 잘 먹고 있으면 좋을 텐데. せめて食事だけでもきちんと取っていればいいものを。[준] 이나

이-날[명] 今日 ¦ この日 ¦ 本日。[예] 내가 ~을 얼마나 기다렸는지 아니? 私がこの日をどれだけ待っていたかわかるか。/ ~ 이때까지 먹이고 입혔더니 저 혼자 큰 줄 아는 모양이다. 今日のこの時まで育ててきたのに、自分一人で大きくなったと思っているようだ。/ ~ 저 날 미루기만 하고 대답을 안 하니 답답하기만 하다. 今日明日と延ばして返事をしないとはもどかしい。

이남(以南)[명] 【그보다 남쪽】以南。

이-내[1][관] この私の。[예] 슬프다, ~ 신세 悲しい、この私の身の上。

이내[2][부] ❶【시간적으로】すぐ ¦ まもなく ¦ ただちに ¦ 立ち所に。[예] 수업이 끝나면 ~ 집으로 오너라. 授業が終わったらすぐ家に帰ってきなさい。/ 약을 먹으니 ~ 두통이 가라앉는다. 薬を飲んだらまもなく頭痛が和らぐ。❷【공간적으로】すぐ ¦ 直ちに。[예] 사거리를 지나면 ~ 학교다. 十字路を過ぎるとすぐ学校である。❸【그대로 계속】ずっと ¦ つづけて。[예] 그때 헤어지고 ~ 소식이 없다. そのとき別れてからずっと便りがない。

이내[3](以内)[명] 以内。

이-네[대] この人たち ¦ あの人たち。[예] ~들도 그곳에 함께 있었다. この人たちもそこに一緒にいた。

이-녁[대] ❶【상대】あんた ¦ 君 ¦ そちら。❷【자기 자신】自分 ¦ こちら ¦ こっち。

이년-삼작(二年三作)[명] 《농》2年の間に一つの畑で3回農作をすること ¦ 二年三作。

이념(理念)[명] 理念。[예] 경영 ~ 経営理念/ 교육 ~ 教育理念。

이노신산 소다(←inosinic酸soda) 《화》【독특한 맛이 있는 흰색 결정】イノシン酸ソーダ。

이농(離農)[명] 《사》離農。

이뇨(利尿)[명] 《의》利尿。[예] ~ 작용 利尿作用。

이뇨-제(利尿劑)[명] 《약》利尿剤。

이눌린(inulin)[명] 《화》【다당류의 하나】イヌリン。

이니[조] ❶【까닭】―だから。[예] 네가 형이니 모범을 보여라. 君が兄だから模範を示しなさい。❷【주로 '―이니 ―이니'의 꼴로】―とか ¦ ―やら。[예] 아들이니 딸이니 모두 모였다. 息子やら娘やら全部集まった。=니[1]

이니셜(initial)[명] イニシアル。

이다[1][타] ❶【머리에 얹다】頭にのせる。[예] 책을 이고 걷는 연습을 하다. 本を頭にのせて歩く練習をする。❷【머리 위쪽에 있다】いただく。[예] 눈을 이고 있는 산 雪をいただく山。

이다[2][타] 【지붕을 덮다】葺く。

이다[3][조] ―だ ¦ ―である。[예] 꽃이다. 花だ。/ 동생이다. 弟である。/ 이것은

내 책이다. これは私の本だ。

이다³조【―이다→이다】―と―と│―や―や。 예 수영이다 노래연습이다 하루가 너무 바쁘다. 水泳や歌などの練習など、一日中とても忙しい。

이-다지부 こんなにまで│これほどにまで。 예 ~ 비쌀 줄이야. こんなにまで高いとは。

이다지-도부【―이다지―도】こんなにまでも│これほどにまでも。 예 ~ 괴로울 줄이야. こんなにまでも辛いとは。

이단(異端)명 異端.

이단-시(異端視)명 異端視する.
　이단시-하다타 異端視する.

이단-자(異端者)명 異端者.

이단 평행봉(二段平行棒)《운》(体操)の 段違い平行棒.

이-대명 〔식〕篠竹. 예 ~로 소쿠리를 만들다. シノダケでざるを作る.

이데아(idea 독)명《철》イデア.

이데올로기(Ideologie 독)명《철》イデオロギー.

이동(移動)명 移動. 예 ~ 통신 移動通信/ ~ 경찰 移動警察.
　이동-하다자타 移動する.

이동성 고기압(移動性高氣壓) 移動性高気圧.

이동 표적(異動標的)《군》【건설】移動標的.

이두(吏讀)명〔언〕吏読.

이드르르부【형변동형】てかてかと. 준이드를
　이드르르-하다형 てかてかとする. 예 얼굴에 개기름이 ~. 顔が脂肪でつやつやしている.

이드를부 ☞'이드르르'의 준말.

이득(利得)명 利得│もうけ. 예 ~을 보다. もうける.

이들-이들부 (顔などが)とてもつややかなさま│てかてか.

이듬-달명 翌月.

이듬-해명 翌年│明くる年.

이등변 삼각형(二等邊三角形)《수》二等辺三角形.

이 등분-선(二等分線)《수》二等分線.

이따가부 ☞이따가.

이따가부 あとで│のちほど│すこしして から. 예 ~ 전화해 주세요. 後程、電話してください. / ~ 학교에서 보자. あとで学校で会おう. =이따

이따금부 たまに│時たま│時々│時折. 예 ~ 전화해서 만나다. 時たま電話して会う. / ~ 있는 일이다. たまにあることである.

이-똥명 歯屎│歯垢.

이라조 ❶【이라】─だ│─である. 예 봄은 계절 중의 여왕이라. 春は季節の中の女王である. ❷【이라서→이라】─なので│─だから│─であるので. 예 오래된 것이라 구하기 어렵다. 古いものだから求めにくい. / 여기는 여름이라 덥다. ここは夏だから暑い. / 처음이라 서투르다. 初めてなので下手だ. 참라³

이라²조 ☞'이라고❶'의 준말.

이라고조【─이라고】❶【전하는 말이 인용】―と│―だ と. 예 김수영이라고 합니다. キム・スヨンと言います. / 옛날에 한국은 조선이라고 불렸다. むかし韓国は朝鮮と呼ばれていた. 준이라² ❷【앞에 오는 내용이 뒤의 내용을 나타내는】―だからといって. 예 선생님이라고 해서 뭐든 아는 것은 아니다. 先生だからといって何でも知っているものではない. / 남동생이라고 해서 용서할 수는 없다. 弟だからといって容赦するわけにはいかない. ❸【상대의 의견을 반문】―だと. 예 이런 게 명작이라고 하는 건가? これが名作だと言うのか. / 남동생이라고 있는 게 어쩜 저렇게 못됐을까? 弟だと言うのに、なんであんなに冷たくできるのか. / 이것은 사랑이라고는 할 수 없다. これは愛だとは言えない. 참라고

이라도조 ―でも│―であっても. 예 너만이라도 참석해라. あなただけでも参加しなさい. / 겨울이라도 그다지 춥지 않다. 冬であってもあんまり寒くない. 참라도

이라든지조 ❶【이라는 것과 비슷한】―とか. 예 예를 들면 햇빛이라든지 공기라든지. たとえば日光とか空気とか. ❷【이라든지와 다른 내용】―とも│―とでも. 예 선생님이라든지 아저씨라든지 좋을 대로 불러라. 先生とでもおじさんとでも勝手に呼びなさい. 참라든지

이라야조 ―でなければ―ならない. 예 너의 아들이라야 허락하겠다. あなたの息子でなければ許すことができない. 참라야

이라야만조【뜻을 확실히 해 말하는】―でなければ―ない│―であってはじめ. 참라야만

이라크(Iraq)명《국》イラク.

이란¹ (Iran) 명 〈국〉イラン。
이란² 조 ❶ ―と言う｜―は。 예 사람이란 동물은 생각을 한다. 人間というという動物は思考をする。 ❷ ―と言うものは｜―とは。 예 인생이란 유한하다. 人生とは限りがある。 참 란²
이랑¹ 명 畝。
이랑² 조 ―と｜―や。 예 백화점에서 옷이랑 구두랑 샀다. デパートで洋服や靴などを買った。 참 랑
이래(以來) 명 以來。 예 유사 ~ 초유의 일이다. 有史以来、初めてのことである。
이랬다-저랬다 ああ言ったりこう言ったり｜ああしたりこうしたり。 예 동생은 ~ 변덕이 심한 성격이다. 弟はあれやこれやなかなか決められず、気まぐれな性格の持ち主だ。
이러-구러 부 ❶ 計らずも｜偶然に。 예 ~ 이 마을에서 살게 되었다. 計らずもこの村で暮らすことになった。 ❷ かれこれ｜あれこれ。 예 학교를 졸업한 지 ~ 10년이 지났다. 学校を卒業してから、かれこれ十年が過ぎた。
이러나-저러나 부 どちらにせよ｜どうであれ｜どうせ｜どっちみち｜とにかく｜いずれにしても。 예 서둘러도 ~ 시간에 못 댈 것이다. 慌ててもどっちみち時間に合わないだろう。 / ~ 가 보자, 어느 쪽이든 가 봐야지. 기니자, どちらにせよ行ってみよう。 준 이나저나
이러니-저러니 何のかのと｜何やかんやと言っても｜どうのこうの。 예 ~ 해도 내 집이 최고다. 何と言っても自分の家が最高だ。
이러저러-하다 형 そんなこんなである。 예 이러저러한 일로 그동안 고향에 갈 수 없었다. そんなこんなでの間、故郷に帰ることができなかった。
이러쿵-저러쿵 부 なんだかんだと｜こうだああだと｜何のかのと｜あれこれと。
이러-하다 형 このようだ｜こうである｜こんな具合だ。 예 이러한 모양으로 만들어라. このような形で作りなさい。 / 소설의 결말은 ~. 小説の結末はこうである。 준 이렇다
이럭-저럭 부 ❶ いつのまにか｜かれこれ。 예 ~ 한 해가 다 가고 있다. いつのまにか一年がほとんど過ぎている。 ❷ なんとかかんとか｜どうにかこうにか。 예 저는 ~ 살고 있습니다. 私は何とかかんとか生きています。 ❸ このようにあのように。 예 ~ 해보니 글자가 맞추어졌다. このようにあのようにしてみたら文字が合わせられた。
이런¹ 관 このような｜こんな。 예 ~ 사진은 본 적이 없다. このような写真は見たことがない。 / ~ 때는 어떻게 해? こんなときはどうするの。
이런² 감 あれ｜や｜おやっ｜しまった。
이렁성-저렁성 あれやこれや｜ああでもありこうでもある。
이렁-저렁 부 どうやらこうやら｜どうにかこうにか。
이렇다 형 こうだ｜このようだ｜このとおりだ。 예 움직이는 모습은 이렇게 그리면 된다. 動いている姿はこのように描くといい。 / 겉모양은 이렇게 못 생겼어도 맛있어. 見かけはこのように悪いが、味はいいよ。 / 네가 이럴 줄은 상상도 못 한 일이다. あなたがここまでやるとは想像も付かなかったことだ。 / 내가 꼭 가야 할 이유는 이래. 私がきっと行かなければならない理由はこのとおりだ。
이럴-듯 부 このように｜こんなに｜これほどの。 예 ~ 과분한 칭찬을 받다니…. こんなに過分なおほめにあずかるとは。
이럴-듯이 부 こんなに｜このように｜これほどに。 준 이렇듯
이레 명 ❶ 7日間。 예 그 일은 ~ 동안 진행된다. その仕事とは7日間進行される。 ❷ ☞이렛날❷
이렛-날 명 ❶ 7日目。 ❷ (暦の上でその月の)7日。 예 내달 ~에 너희 집을 방문하겠다. 来月7日にお前の家に行くぞ。 = 이레・초이렛날
이력(履歷) 명 履歷。
이력-서(履歷書) 명 履歷書。
이론¹(理論) 명 理論。 예 상대성 ~ 相対性理論/ ~ 을 확립하다. 理論を確立する。
이론²(異論) 명 異論。 예 ~의 여지가 없다. 異論の余地がない。
이론-가(理論家) 명 理論家。
이론-적(理論的) 관 理論的。
이-롭다(利―) 형 得だ｜有利だ｜有益だ。 예 건강에 이로운 음식 健康に

よい食べ物/이쪽을 선택하는 것이 너에게 ~.こちらを選ぶのがあなたに得だ。

이루 튀 とうてい｜ことごとく｜到底｜すべて。 예 고생은 ~ 말할 수 없다. 苦労は到底言うに言い尽くせない。

이루다 타 ❶ (ある状態や結果になるように)成す｜作る｜造る。 예 이제 가정을 이루고 살고 싶다. もう家庭を作って暮したい。 ❷ (望みなどを)果たす｜達する｜遂げる｜成し遂げる。 예 소원을 이루었다. 望みを遂げる。/목적대로 이루고야 말겠다. 目的通り果たして見せる。/뜻을 이루기 위해서는 참고 견뎌야 한다. 志なすためには耐えなければならない。

이루-수(二壘手) 명 (운) 二壘手｜セカンド。 예 ~가 도루에 성공하다. 二塁手が盗塁に成功する。

이룩-되다 成し遂げられる。

이룩-하다 타 なす｜成し遂げる｜達成する｜築く。 예 통일을 ~. 統一を成し遂げる。/건강한 사회를 ~. 健康な社会をなす。

이륙(離陸) 명 離陸。
　이륙-하다 자 離陸する。

이륜-차(二輪車) 명 二輪車。

이르다 자 ❶ (ある場所に)着く｜至る｜到着する。 예 최종 목적지에 ~. 最終目的地に到着する。/집에 이르자 그때까지의 긴장이 풀렸다. 家に着くとそれまでの緊張が取れた。 ❷ (ある時間に)至る｜達する｜及ぶ｜なる。 예 5시간에 이르는 회의 5時間に及ぶ会議/이 상태로 현재까지 이르게 되었다. この状態で現在にまで至ることになった。/12시에 이르러서야 잠이 들었다. 12時になってはじめて眠りこんだ。 ❸ (ある程度・範囲に)及ぶ｜至る。 예 1억 엔에 이르는 공사비 1億円に及ぶ工事費/결론에 ~. 結論に至る。

이르다 타 ❶ 言う｜称する｜申す｜話す。 예 내가 알고 있는 것은 모두 일렀습니다. 私の知っていることは全部言いました。/그는 아내에게 음식을 더 가지고 오라고 일렀다. 彼は家内に食べ物をもっと持って来いと言った。 ❷ (前もって)知らせる。 예 내일부터 단수라고 일러 주다. 明日から断水であると知らせてあげる。 ❸ 言い聞かせる｜教えさとす。 예 똑같은 실수는 하지 말라고 ~. 同じ失敗はするなと言い聞かせる。/위험한 곳에 가면 안 된다고 몇 번이나 일렀다. 危ない所に行ってはいけないと、何度も言い聞かせた。 ❹ 言いつける｜告げ口をする。 예 선생님에게 ~. 先生に言いつける。/동생은 내가 학교를 빼먹은 사실을 어머니에게 일렀다. 弟は私が学校をサボったことを母に言いつけた。

이르다 형 早い。 예 결혼하기에는 아직 ~. 結婚するにはまだ早い。

이른-바 부 いわゆる。

이를-터이면 부 たとえば｜いわば｜たとえて言えば。 예 ~ 사과 같은 과일이 …. たとえば、リンゴのような果物が…。
　준 이를테면

이를-테면 부 ☞'이를터이면'의 준말.

이름 명 名。 ❶ 名前｜姓名｜名。 예 당신의 이름은 무엇입니까? あなたの名前は何ですか。/~을 기입해 주세요. 氏名を記入してください。 ❷ 名称｜呼ぶ名。 예 이 나무의 ~은 은행나무이다. この木の名はイチョウだ。/따로 ~을 붙여 부르다. 別に呼ぶ名を付けて呼ぶ。 ❸ 名声｜評判｜うわさ。 예 배우로서의 ~이 높다. 俳優としての名が高い。/학교의 ~을 손상시키면 안 된다. 学校の名を傷つけてはいけない。 ❹ 名義。 예 아내 ~으로 집을 사다. 妻の名で家を買う。 ❺ 名誉。 예 ~을 더럽히다. 名を汚す。 ❻ 名分｜口実。 예 애국의 ~으로 제한되어 가는 자유 愛国の名の下に制限されていく自由/정의의 ~으로 용서하지 않겠다. 正義の名で許さないぞ。

이름(이) 없다 관용 世の中にあまり知られていない｜無名だ。 예 이름 없는 감독의 영화 따위 보고 싶지 않다. 無名の監督の映画なんか見たくない。

이름(이) 있다 관용 世の中に広く知られている｜有名だ。 예 이름 있는 연예인들이 많이 나오는 프로그램 有名な芸能人がたくさん出演する番組。

이름-나다 자 名が知られる｜有名だ｜有名になる。 예 이름난 소설가 名が知られた小説가/배우로 ~. 俳優と

して有名になる。

이름-표(--標)몡 名札。
이리¹몡 〈동〉狼。
이리²用【指】こちらへ｜こっちへ。
　이리 뒤척 저리 뒤척판용 寝返りをうつ ようす。예이리 뒤척 저리 뒤척 하느라고 한잠도 자지 못했다. 寝返りして一睡も出来なかった。
이리³用【指】●このように｜こんなに｜こう。예～도 냉혹한 사람이 있을까? こんなにも冷酷な人がいるのか。
이리-저리用 ●【指】あちこち｜あちらこちら。예망아지가 ～ 뛰어다니다. 子馬があちこち走り回る。 ❷【指】あれこれ｜かれこれ。예～ 핑계를 대다. あれこれと言い訳を並べる。
이마몡 額｜おでこ。
이마마-하다톙 これくらいだ｜この程度である。
이-마적用【時】最近｜近頃。
이-만관 これくらいの｜この程度の｜こればかりの｜この一事に火を立てるとは。 これくらいのことに怒るとは。
이-만²用 これで｜これぐらいで｜この程度で。예오늘은 ～ 합시다. 今日はこれで終わりましょう。
이만-저만用 なみなみならず｜少なからず｜なかなか。예～ 비싼 게 아니다. 少な からず高い。
이-만큼用 これぐらいに｜こんなに｜これほど。예키가 ～ 더 자랐다. 背がこれほどもう延びた。
이맘-때몡 今頃｜今頃分。예～가 되면 꽃이 핀다. 今頃になると花が咲く。
이맛-돌몡〈건〉(かまどの上の前方に)横にかけた長い石。
이맛-살몡 額のしわ。예～을 찌푸리다. 額にしわを寄せる。
이메일(email)몡 〈컴〉E-メール｜電子メール。
이메일 주소(email住所)〈컴〉メールアドレス。
이며조【例列】●【接続】一や｜一やら｜一であれ。예말이며 소며 ウマやらウシやら/아들이며 딸이며 모두 모였다. 息子や娘や全部皆集まった。/입이며 눈이며 엄마를 꼭 닮았다. 口にであれ目にであれ母にそっくりだ。❷【接続】一ながら｜一であると同時に。예그는 학생이며 혁명가이다. 彼は学生であると同時に革命家である。

이면(裏面)몡 裏面。●【전】内｜中。❷【転】裏。예서류의 ～에도 서명해 주세요. 書類の裏面にもサインしてください。❸【속】内幕。예정치의 ～을 경험하다. 政治の内幕を経験する。
이명¹(耳鳴)몡〈의〉耳鳴り。
이명²(異名)몡 異名｜異名。
이모(姨母)몡 母の姉妹｜おば。
이모-부(姨母夫)몡 母の姉妹の夫｜おじ。
이모-작(二毛作)몡 〈농〉二期作。예벼를 ～ 하다. 稲を二期作する。=양그루・이기작
이모-저모몡 あれこれ｜この面あの面。예～로 생각해 보다. あれこれと考えてみる。
이모티콘(emoticon)몡 〈컴〉エモーティコン｜顔文字。
이목¹(耳目)몡 耳目。●【전】耳と目。❷【비유】人目。예남의 ～이 신경 쓰인다. 人目が気になる。/～을 끌다. 人目を引く。
이목²(移牧)몡〈농〉【축】移牧。
이목구비(耳目口鼻)몡 目鼻立ち｜顔立ち。예～가 반듯하다. 目鼻立ちが整っている。
이무기몡〈동〉大蛇。うわばみ。=대망²
이문(利文)몡 利益｜利鞘。예～이 박하다. 利益がうすい。
이물몡 船首｜へさき。=선두²・선수³
이미用 すでに｜もう｜もはや｜さきに｜前に。예입장 시간이 ～ 지났다. 入場時間がもう過ぎた。/～ 알고 있다. すでに知っている。
이미지(image)몡 イメージ。
이민(移民)몡 移民。
　이민-하다자 移民する。
이바지몡 貢献｜寄与｜役に立つこと。
　이바지-하다자 貢献する｜寄与する｜役に立つ。예사회에 ～. 社会に貢献する。
이발(理髪)몡 理髪｜調髪｜散髪。
　이발-하다자 理髪する｜調髪する｜散髪する。
이발-관(理髪館)몡 ☞이발소
이발-기(理髪機)몡 バリカン。
이발-사(理髪師)몡 理髪師｜床屋。
이발-소(理髪所)몡 理髪店｜床屋。

=이발관

이-밥®白い米で炊いた飯。

이-번(一番)®今度;この度;今回。예여름 방학에는 수영을 배울 생각이다. 今度の夏休みには水泳を習うつもりである。

이벤트(event)®イベント;行事。예스포츠 ~ スポーツイベント/ ~ 정보 イベント情報/ ~를 개최하고 있다. イベントを開催している。

이변(異變)®異変;変事。=변이

이별(離別)®別れ;離別。예~의 슬픔 別れの悲しみ/ ~을 아쉬워하다. 別れを惜しむ。=별리

　이별-하다®別れる;離別する。

이병(罹病)®罹病。

　이병-하다®罹病する;病気にかかる。

이복(異腹)®腹違い;異腹。

이복-동생(異腹同生)®腹違いの弟。

이복-형제(異腹兄弟)®腹違いの兄弟。

이본(異本)®〖문〗異本。

이부-자리®掛け布団と敷き布団。

이부-제(二部制)®二部制。

이부 합창(二部合唱)〖음〗二部合唱。

이북(以北)® ❶以北。 ❷北朝鮮。

이-분® こちらの方。

이분-쉼표(二分-)〖음〗二分休符。

이분-음표(二分音標)〖음〗二分音符。

이불®布団;掛け布団。예~을 덮다. 掛け布団をかける。=포단

이불-보(一褓)®布団を包む大きな風呂敷。

이불-잇®布団カバー。

이불-장(一欌)®布団入れの箪笥。

이비인후-과(耳鼻咽喉科)〖의〗耳鼻咽喉科。

이빨®「歯」の俗っぽい語。

이사(理事)®〖법〗理事。

이사²(移徙)®引っ越し;転居;移転。

　이사-하다®引っ越す;転居する;移転する。예새로운 곳으로 ~. 新居に引っ越す。

이사-국(理事國)®〖정〗理事国。

이-사분기(二四分期)®二四分期。

이사-회(理事會)®〖법〗理事会。

이삭®穗。예조~ アワの穂/ 벼~ 稲穂/ ~을 줍다. 落ち穂を拾う。

　이삭(이) **패다**관용 穂が出る。

이삭-여뀌®〖식〗水引草。

이산(離散)®離散。예~ 가족 離散家族。

　이산-하다®離散する。

이산 염기(二酸鹽基)〖화〗二酸塩基。

이-산화(二酸化)®〖화〗二酸化。

이산화-규소(二酸化硅素)®〖화〗二酸化硅素;珪素の酸化物。

이산화-망간(二酸化Mangan)®〖화〗二酸化マンガン。

이산화-수소(二酸化水素)®〖화〗過酸化水素。예~로 상처를 소독하다. 過酸化水素で傷を消毒する。

이산화-질소(二酸化窒素)®二酸化窒素。

이산화-탄소(二酸化炭素)®二酸化炭素;無水炭酸。예~는 온실 효과의 주범 二酸化炭素は温室効果の主犯だ。=탄산가스

이산화-황(二酸化黃)®〖화〗二酸化硫黃;無水亜硫酸。

이삿-짐(移徙-)®引っ越し荷物。

이상¹(以上)®以上。❶ 예세 명 ~은 탈 수 없다. 3人以上は乗れない。/더 ~은 마실 수 없다. もうこれ以上は飲めない。❷예약 내용은 ~과 같다. 契約内容は以上の通りだ。❸(既に)—した以上;—からには。예결심한 ~ 끝까지 해보겠다. 決心した以上最後までやってみる。/태어난 ~ 열심히 살아야지. 生まれてきたからには頑張って生きていかなきゃ。❹終わり。예이제 해산해도 좋다. ~. もう解散してもいい、以上。

이상²(理想)®理想。예현실과 ~ 現実と理想。

이상³(異狀)®異状。예몸에 ~은 없다. 体に異状はない。

이상⁴(異常)®異常。예~ 저온 異常低温/ 성격 ~ 異常性格。

　이상-하다® ❶異常だ;変だ;おかしい。예이상한 성격 おかしな性格/ 이상한 행동을 보이다. 異常な行動を見せる。/ 오늘따라 머리가 이상한 것 같다. 今日に限って頭が変なようだ。❷不思議だ;奇

妙だ ¦ めずらしい。[예] 이상한 이야기를 듣다. 不思議な話を聞く。/ 이상한 경험을 하다. 奇妙な経験をする。❸【의심스럽다】怪しい ¦ いぶかしい ¦ 変だ。[예] 이상한 사람이 집 앞을 서성이고 있다. 怪しい人が家の前をうろうろしている。/ 그의 행동에는 이상한 점이 많다. 彼の行動にはいぶかしい所が多い。

이상-히[부] 異常に ¦ 変に ¦ おかしく ¦ 不思議に ¦ 奇妙に ¦ めずらしく ¦ 怪しく。[예] ~ 생각하다. 変に思う。/ ~ 보이다. 異常に見える。

이상 광선(異常光線) 《물》異常光線。

이상 기체(理想氣體) 《물》理想気体 ¦ 完全気体。

이상 기후(異常氣候) 異常気候。

이상-론(理想論)[명] 理想論。

이상-스럽다(異常—)[형] 異常だ。

이상스레[부] 異常に。

이상야릇-하다(異常—)[형] 変だ ¦ 不思議だ。[예] 이상야릇한 소문이 떠돈다. 変なうわさが立っている。

이상야릇-이[부] 変に ¦ 不思議に。

이상-적(理想的)[관][명] 理想的。

이상-주의(理想主義)[명] 《철》理想主義。

이상-화(理想化)[명] 《철》理想化。

이상화-하다[자][타] 理想化する。

이색[1](二色)[명] 二色。

이색[2](異色)[명] 異色。

이-생(—生)[명] ☞이승

이서[1](以西)[명] 以西。

이서[2](裏書)[명] 《법》【뒷면에 씀】裏書き。=배서

이서-하다[자] 裏書きする。

이설[1](異說)[명] 異説。

이설[2](移設)[명] 移して設けること。

이설-하다[타] 移して設ける。

이성[1](理性)[명] 理性。[예] ~을 잃은 행동이다. 理性を失った行いである。

이성[2](異性)[명] 異性。[예] ~에 눈을 뜨다. 性に目覚める。/ ~을 의식하다. 異性を意識する。

이성-적(理性的)[관][명] 理性的。

이세(二世)[명] 二世。[예] 미국 이민 ~ 米国移民二世 / 미래의 ~를 위한 교육 未来の二世のための教育 / 요한 바오로 ~ ヨハンバオロー二世 / 다음 달에 ~가 태어난다. 来月に二世が生まれる。

이소옥탄(isooctane)[명] 《화》イソオクタン ¦ オクタンの異性体。

이소프렌(isoprene)[명] 《화》イソプレン。

이속(異俗)[명] 異俗 ¦ 異風。=이풍

이송(移送)[명] 移送。

이송-하다[타] 移送する ¦ 移し送る。[예] 환자를 병원으로 ~. 患者を病院に移送する。

이수 해안(離水海岸) 離水海岸。[예] ~의 해안선은 단조롭다. 離水海岸の海岸線は単調だ。

이슈(issue)[명] イシュ ¦ 論点 ¦ 争点。

이스라엘(Israel)[명] 《국》イスラエル。

이스트(yeast)[명] イースト。

이슥-하다[형] 夜が更けている。

이슬[명] ❶露。[예] ~이 맺힌 풀숲 露が降りた草むら / 밤~이 내리다. 夜露が降りる。❷【비유적으로】涙。[예] 눈에 ~을 글썽이다. 目に涙を浮かべる。❸【비유적으로】はかない命。[예] 단두대의 ~로 사라지다. 断頭台の露と消える。

이슬-기(—氣)[명] 露が降りたかのような感じ ¦ 露気。[예] ~를 머금은 풀밭 露気を帯びた草原。

이슬람-교(Islam教)[명] 《종》【세계 3대 종교의 하나】イスラム教。=회교·마호메트교(Mahomet教)

이슬-방울[명] 露の水玉。

이슬-비[명] 霧雨 ¦ 小糠雨。=실비[1]

이슬-점(—點)[명] 《물》露点。[예] ~ 온도 露点温度 / ~ 습도계 露点湿度計。

이승[명] この世 ¦ 現世。[예] ~을 떠나다. この世を去る；死ぬ。=이생

이승-잠[명] 病気中の昏睡。[예] ~에서 깨어나지 못할까 봐 걱정이다. 昏睡から目覚めないのかと心配だ。

이식(移植)[명] 移植。

이식-하다[자] 移植する。[예] 묘목을 ~. 苗木を移植する。/ 피부를 ~. 皮膚を移植する。

이실직고(以實直告)[명] 事実通り告げること。

이심전심(以心傳心)[명] 以心伝心。[예] ~으로 알아차리다. 以心伝心で心得る。

이십(二十)[수][관] 二十。

이십사-금(二十四金)[명]【순금】二十四金 ¦ 純金。

이십사-절기(二十四節氣)[명] 二十四節気。

이-쑤시개[명] 楊枝 ¦ 爪楊枝 ¦ 小楊枝。[예] ~로 쑤시다. 楊枝でほじくる。

이악-스럽다 형 ❶【형용사】 がむしゃらだ. 예 이악스럽게 일하다. がむしゃらに働く. / 이 연구에 이악스럽게 매달리는 이유가 뭐냐? この研究になにがむしゃらにがみつく理由は何なんだ. ❷【얌전하고 태평한 데가 있지않고 눈치빠르며】 抜け目がない. 예 돈에 이악스러운 남자. お金に抜け目のない男を.

이악스레 부 がむしゃらに ¦ 抜け目なく. 예 ~ 남은 물건을 싸 갖고 가다. 抜け目なく残り物を持って帰る.

이악-하다 형 利"にさとい ¦ 抜け目がない ¦ がむしゃらだ. 예 이악하게 달려들다. がむしゃらに飛びかかる.

이-알 【밥알의】 白米を炊いた飯の粒を. 이알이 곤두선다 속담 ご飯の粒が逆立ちする：「暮らし向きが少し楽になったのを鼻にかける」意.

이-앓이 명《의》 歯痛ぃた.

이앙(移秧) 명 모내기

이앙-기(移秧機) 명 田植機たぅえ. 예 요즘에는 대부분 ~로 모내기를 한다. この頃はほとんど田植機で田植えをする.

이야기 명 話はなし. ❶話はなすこと ¦ 会話かい ¦ 談話だん ¦ 話題だい. 예 너와는 ~가 안 된다. あなたとは会話にならない. / ~가 바뀌는데…. 話題が変わるけど…. / 시시한 ~는 이제 그만하자. つまらない話はもうやめよう. ❷ 相談そぅだん ¦ 意見いけん ¦ 交渉こぅしょぅ. 예 그럼 ~를 해도 되겠습니까? では、話をしてもいいですか. / 잠깐 할 ~가 있습니다만. ちょっと話がありますが. ❸物語ものがたり. 예 옛날 ~ 昔話はなし / 재미있는 ~를 알고 있다. 面白い話を知っている. ❹우와사 ¦ 評判ひょぅばん. 예 그 ~는 처음 듣는다. その話は初耳みみだ. / 너에 대한 이상한 ~가 퍼지고 있어. あなたに関かんする変へんなうわさが広ひろまっている. 준얘기

이야기-하다 자타 話はなす ¦ 語る. 예 너와 이야기하고 싶다. あなたと話したい. / 자신의 체험담을 이야기하였다. 自分じぶんの体験談たいけんだんを語った.

이야기-꾼 명 話はなし上手じょぅず. 예 입담이 좋은 ~ 話術じゅつのいい話し手.

이야기-쟁이 명 話はなしのうまい人ひと ¦ しゃべりたてる人ひと. 예 ~ 김 씨 しゃべりたてる金きむさん.

이야기-책(一册) 명 昔話むかしばなしの本ほん ¦ 小説本しょぅせつぼん. 준얘기책

이야깃-거리 명 話はなしの種たね ¦ 話題わだい. 준얘깃거리

이야깃-주머니 명 (話はなしの袋ふくろの意ぃで)豊富ほぅふな話題わだいがあること ¦ 面白おもしろい話をたくさん持もっていること. 예 ~를 풀어 놓았다. お得意とくぃの面白い話が始はじまった.

이야-말로 부【강조하여】 これこそ. 예 ~ 최신형이다. これこそ最新型さぃしんがたである.

이어¹ 부 続つづいて ¦ 引ひき続つづき. 예 2등에 ~ 1등을 발표한다. 二位にいに続いて一位いちを発表する.

이어²(耳語) 명 ☞귓속말

이어-달리기《운》 継走けいそぅ ¦ リレー競技きょぅぎ. 예 ~에서는 바통을 잘 넘겨 받은 팀이 유리하다. リレー競技ではバトンをうまく受うけ渡わたしたチームが有利ゆぅりだ.

이어-받다 타 受うけ継つぐ ¦ 引ひき継つぐ ¦ 継承けぃしょぅする. 예 가업을 ~. 家業かぎょぅを受け継ぐ. / 왕위를 ~. 王位いを継承する.

이어-치기《음》 打継うちつぎ.

이어폰(earphone) 명 イヤホーン.

이언(俚言) 명 俚言りげん ¦ 俗言ぞくげん.

이엄-이엄 부 続つづきざまに ¦ めんめんと.

이엉 명 藁わらを編あんだもの. =개초② 준영¹

이-에 부 ここによって ¦ ゆえに. 예 ~ 상장을 수여합니다. ここに賞状しょぅじょぅを授与じゅょします.

이에-짬 명 継つぎ目め.

이여 조【받침있는 체언 아래에 붙어, 부를 때에 쓰이는 호격】—よ. 예 소년들이여 큰 꿈을 가져라. 少年しょぅねんよ、大おぅきな夢ゆめを抱いだきなさい. 참여¹

이여차 감 よいしょ ¦ よいやさ.

이역(異域) 명 異域いいき.

이열치열(以熱治熱) 熱ねつをもって熱を治ぢすこと.

이-염기산(二鹽基酸) 명《화》二塩基酸えんきさん.

이영차 감 よいしょ ¦ よいやさ ¦ どっこい. 준여차·영차·이여차

이온(ion) 명《화》イオン.

이온 결합(ion結合)《화》イオン結合けつごぅ ¦ 陽ょぅイオンと陰ぃんイオンとの結合.

이온 교환 수지(ion交換樹脂)《화》イオン交換樹脂こぅかんじゅし.

이온-화(ion化) 명《화》イオン化か ¦ 電離でんり. 예 ~ 현상 イオン化現象げんしょぅ.

이왕(已往) I 명 以前いぜん ¦ 前まえ. 예 ~의 일은 잊어버리자. 以前のことは忘わすれることにしよう.

Ⅱ 🖫 ☞이왕에

이왕-에(已往-)🖫 せっかく|どうせ。 例 ~ 여기까지 왔으니 끝까지 가자. どうせこまで来たのに、最後までいこう。 =이왕Ⅱ

이왕-이면(已往-)🖫 どうせなら|おなじことなら。 例 ~ 많은 것으로 사자. どうせなら多いもので買おう。 =기왕이면

이외(以外)🖫 以外。

이욕(利慾)🖫 利欲。

이용(利用)🖫 利用。 例 ~ 가치 利用価値。

  이용-하다🖫 利用する。 例 폐품을 이용하여 작품을 만들다. 廃品を利用して作品をつくる。/지위를 이용하여 나쁜 짓을 하다. 地位を利用して悪い行いをする。

이울다🖫 (花·葉などが)しなびる|しおれる。 例 꽃이 ~. 花がしおれる。

이웃🖫 隣|近所|隣近所。 例 ~나라 燐国/~ 마을에 산다. 隣の村に住んでいる。/~끼리 잘 지내다. 隣同士で仲よく暮らす。

이웃-사촌(一四寸)🖫 隣近所の人。

이웃-집🖫 隣|隣家|隣の家。

이원-론(二元論)🖫 二元論。

이월¹(二月)🖫 二月。

이월²(移越)🖫 繰り越し。 例 ~ 상품 繰り越し商品。

  이월-하다🖫 繰り越す。 例 잔액을 다음 달로 ~. 残額を翌月に繰り越す。

이유¹(理由)🖫 理由|わけ。 例 무슨 ~로 늦었니? どういうわけで遅れたのか。/마땅한 ~가 있을 것이다. しかるべき理由があるだろう。

이유²(離乳)🖫 離乳|乳離れ。

이유-기(離乳期)🖫 離乳期。

이유-식(離乳食)🖫 離乳食。

이윤(利潤)🖫 利潤|もうけ。

이윤-율(利潤率)🖫 《경》利潤率。

이율(利率)🖫 《경》利率|利子率。 例 ~이 좋은 통장 利率の良い通帳/연 5퍼센트의 ~ 年5パーセントの利率。

이 율 배 반(二律背反)🖫 《논》二律背反。

이융 합금(易融合金)🖫 《화》易融合金|可融合金|融点の低い合金。

이윽고🖫 やがて|まもなく|ほどよく。 例 ~ 기차가 도착했다. まもなく汽車がついた。/~ 해가 떠올랐다. やがて日がのぼった。

이음-매🖫 継ぎ目|(ダンスなどの)つなぎ目。

이음-줄🖫 《음》スラー。

이음-표(一標)🖫 《언》ハイフン。 例 ~를 적절히 사용하여 글을 쓰다. ハイフンを適切に使って文を書く。

이의¹(異義)🖫 異義。 例 동음 ~ 同音異義。

이의²(異議)🖫 異議。 例 ~ 없음. 異議なし。/~를 제기하다. 異議を申し立てる。

이의 신청(異議申請)《법》異議の申し立て。

이익(利益)🖫 利益|もうけ|得。 例 ~ 집단 利益集団/공공의 ~ 公共の利益/~을 내다. 利益をあげる。/이것을 사면 네게는 ~이다. これを買うとあなたには得だ。/국가의 ~을 도모하다. 国家の利益を計る。

이익-금(利益金)🖫 利益金。

이익 배당(利益配當)《경》利益配当。

이익 사회(利益社會)《사》利益社会。

이 인-삼 각(二人三脚)🖫 《운》二人三脚。

이-인칭(二人稱)🖫 《언》二人称。

이임¹(移任)🖫 ☞전임。

  이임-하다🖫 ☞전임하다。

이임²(離任)🖫 離任。

  이임-하다🖫 離任する。

이입(移入)🖫 移入。 例 감정 ~ 感情移入。

  이입-하다🖫 移入する。 例 한국에서 배를 ~. 韓国から梨を移入する。

이자¹(利子)🖫 利子|利息。 例 ~를 붙이다. 利子をつける。/은행 ~로 생활하다. 銀行の利子で生活する。/빌린 돈의 ~를 치르다. 借りた金の利息を払う。

이자² ☞췌장(膵臓)

이자 제한법(利子制限法)《법》利息制限法。

이장(移葬)🖫 改葬。

  이장-하다🖫 改葬する。

이재¹(理財)🖫 理財。 例 ~에 밝다. 理財にたける。

이재²(罹災)🖫 罹災。

  이재-하다🖫 罹災する。

이재-민(罹災民)🖫 罹災民。 준재민

이적(利敵)몡 利敵. 예 ~ 행위 理的行為.
　이적-하다짜 利敵する.
이전¹(以前)몡 以前. 예 3월 ~에 일을 끝내야 한다. 三月以前に仕事を終えなければならない.
이전²(移轉)몡 移転. 예 ~ 비용 移転費用 / ~ 등록 移転登録 / ~ 등기 移転登記 / 소유권 ~ 所有権移転.
　이전-하다타 移転する. 예 본사를 지방으로 ~. 本社を地方に移転する.
이점(利點)몡 利点. 예 온라인의 ~을 살리다. オンラインの利点を生かす.
이정(里程)몡 里程, 里数.
이정-표(里程標)몡 里程標.
이제몡囝 今. ❶【現在】ただいま. 예 ~ 집에 돌아가야 할 시간이다. 今, 家に帰る時間である. ❷【現在】今の時代. 예 ~는 옛날과는 다르다. 今の時代は昔とは違う.
이제-껏囝 今まで｜今だ｜いまに至るまで. 예 ~ 보지 못한 일이다. いまだかつて見たことのないことだ.
이제나-저제나囝 今か今かと. 예 ~ 기다려도 아들은 오지 않았다. 今か今かと待っても息子は帰って来なかった. / ~ 소식이 올까 하며 애를 태우다. 今か今かと知らせを待ちながらやきもきする.
이젤(easel)몡 【미】イーゼル.
이종¹(姨從)몡 【이종사촌】いとこ.
이종²(異種)몡 異種.
이종³(移種)몡 苗木を植えかえること.
　이종-하다타 苗木を植えかえる.
이주(移住)몡 移住. ≒이거
　이주-하다짜 移住する｜移り住む. 예 일본으로 ~. 日本に移住する.
이주-민(移住民)몡 移住民.
이-죽(一粥)몡 粳を炊いた粥.
이죽-이죽囝 ねちねち(と).
이중(二重)몡 二重. 예 ~ 결혼 二重結婚 / ~ 구조 二重構造.
이중 가격(二重價格)《경》二重価格.
이중 결합(二重結合)《화》二重結合. 예 ~ 구조 二重結合構造.
이중 과세(二重課稅)《경》二重課稅.
이중 국적(二重國籍)《법》二重国籍.
이중 노출(二重露出)《연》二重露出.
이중 모음(二重母音)《언》二重母音. =복모음

이중-생활(二重生活)몡 二重生活.
이중 수소(二重水素)《화》重水素.
이중-인격(二重人格)몡 二重人格.
이중-주(二重奏)《음》二重奏.
이중-창¹(二重唱)《음》二重唱.
이중-창²(二重窓)《건》二重窓.
이중 카논(二重canon)《음》二重カノン.
이중 화산(二重火山) 二重火山｜二重式火山.
이-즈막몡 この頃｜最近｜近頃. 예 ~에는 통 보이지가 않는다. この頃は全然見えない.
이-즈음몡 この頃｜最近｜近頃. 예 ~에 유행하는 색이다. この頃に流行っている色だ. 준이즘
이-즘몡 ☞'이즈음'의 준말.
이지(理智)몡 理知.
이지다짜【재료/짐승 기름지다】(魚・豚・鶏などの動物が)肥えて脂肪がよくのっている｜丸々と太っておいしそうだ. 예 이진 돼지를 잡아 잔치를 열자. 丸々と肥えた豚をつぶして祝宴を開こう.
이지러-지다짜 ❶【달이】欠ける. 예 찻잔이 ~. 湯呑み茶碗が欠ける. ❷【달이】欠ける. ❸【얼굴이】歪む. 예 표정이 ~. 表情が歪む.
이지-적(理智的)괸 理知的.
이직¹(移職)몡【전직하다】転職.
　이직-하다짜 転職する.
이직²(離職)몡【퇴직・전직하다】離職.
　이직-하다짜 離職する.
이직-률(移職率)몡 転職率.
이직-자(移職者)몡 転職者.
이진-법(二進法)《수》二進法. 예 컴퓨터의 원리는 ~이다. コンピューターの原理は二進法だ.
이질¹(姨姪)몡 姉妹の子供.
이질²(異質)몡 異質.
이질³(痢疾)몡 【의】疫痢.
이집트(Egypt)몡 【국】エジプト.
이-쪽대 こちら｜こっち.
이차(二次)몡 二次. 예 ~ 산업 二次産業.
이차 방정식(二次方程式)《수》二次方程式.
이차 성징(二次性徵)《동》二次性徵. 예 사춘기 남녀는 ~을 보인다. 思春期の男女は二次性徵が見られる.

이-차원(二次元)몡 《수》二次元。
이차-적(二次的)관 二次的。
이차 함수(二次函數) 《수》二次関数。
이-착륙(離着陸)몡 離着陸。
이채(異彩)몡 異彩。
  이채-롭다휑 ひときわ目立つ。
이층-집(二層—)몡 二階家｜二階建ての家屋。예 저 ~이 관사이다. あの二階建ての住宅は官舎だ。
이치(理致)몡 理致｜筋道。예 ~가 맞는 이야기 筋道の通った話。
이칭(異稱)몡 異稱｜別稱。
이키감 ☞이키나
이키나감 あっ！おっと。=이키
이타(利他)몡 利他。
이타이이타이-병(イタイイタイ病 일)몡 《의》イタイイタイ病。
이타-주의(利他主義)몡 利他主義。
이탄(泥炭)몡 《광》泥炭。=토탄(土炭)
이탈(離脫)몡 離脫。예 무단 ~ 無斷離脫。
  이탈-하다재 離脫する。
이탈리아(Italia)몡 《국》イタリア。
이탓-저탓 ああだこうだ｜何かにかこつけて。예 ~은 이제 그만하고 일을 시작하세. ああだこうだ言ってないで、仕事を始めよう。
이태몡 二年。
이탤릭(italic)몡 《출》イタリック。=이탤릭체
이탤릭-체(italic體)몡 ☞이탤릭
이테르븀(ytterbium)몡 《화》イッテルビウム。
이토(泥土)몡 泥土｜泥。
이-토록뷔 このように｜こんなに｜これほどまで。
이트륨(yttrium)몡 《화》イットリウム。
이튿-날몡 ❶次の日｜あくる日｜翌日。예 밤새 이가 아프더니 ~ 아침에는 말끔했다. 夜中中歯が痛いと思ったら、あくる日の朝はなんともなかった。❷(曆の上でその月の)2日。예 오월 초~이 내 남동생 생일이다. 5月の2日が私の弟の誕生日だ。 =초이튿날
이틀몡 ❶2日間。예 ~ 안에 할 수 있으니 맡겨만 주십시오. 2日間でできるので、任せてください。/ ~ 동안 얼굴을 못 보았더니 너무나 보고 싶다. 2日間会えなかったので、とても会いたい。 ❷(曆の上でその月の)2日。예 지난달 초~에 그를 보고 여태 한 번도 보지 못했다. 先月の2日に彼には会って、いまだに一度も会っていない。 =이튿날·초이튿날
이-틀²몡 《의》歯槽。
이파리몡 葉。
이판-화(離瓣花)몡 《식》離弁花。예 얼핏 보기에는 ~처럼 보인다. ふと見るには離弁花のようだ。
이팔-청춘(二八青春)몡 若者｜青年男女。
이풍(異風) ☞이속(異俗)
이하(以下)몡 以下。❶(기준이 되는 수량을 포함하여 그보다 아래) 예 130cm ~ 탑승 금지 130センチ以下搭乗禁止。❷(글이 아래에 있음을) 예 ~ 생략 以下省略。
이하-선(耳下腺)몡 《생》耳下腺。
이하선-염(耳下腺炎)몡 《의》耳下腺炎｜おたふく風邪。
이학(理學)몡 理學。예 ~ 박사 理学博士。
이합-사(二合絲)몡 二本の糸をより合わせた糸。
이합-집산(離合集散)몡 【離合集散】離合集散。
이항¹(二項) 《수》二項｜二つの項。
이항²(移項) 《수》移項。예 ~ 분포 移項分布。
이항 방정식(二項方程式) 《수》二項方程式。
이항-식(二項式)몡 《수》二項式｜項が二つある式。
이항 정리(二項定理) 《수》二項定理。
이해¹(利害)몡 利害。예 ~가 얽혀 있는 일이다. 利害が絡んでいる仕事である。
이해²(理解)몡 理解。예 ~가 빠르다. 理解が早い。/ 뜻이 ~가 되지 않는다. 意味が理解できない。
  이해-하다재 理解する。예 이해하기 어렵다. 理解しにくい。
이해-관계(利害關係)몡 利害関係。
이해관계-인(利害關係人)몡 《법》利害関係人。
이해-득실(利害得失)몡 利害得失。
이해-력(理解力)몡 理解力。
이해-타산(利害打算)몡 利害と打算。
이행¹(移行)몡 移行｜移り変わり。
  이행-하다¹재 移行する｜移り変わる。

이행²(履行)圏 履行。
　이행-하다㉠ 履行する。囫 약속을 ~. 約束を履行する。

이행 지체(履行遲滯)圏 履行遲滯。

이향(離鄕)圏 離鄕。

이형(異形)圏 異形。囫 ~ 배우자 異形配偶子/~ 분열 異形分裂。

이혼(離婚)圏 離婚。囫 ~ 사유 離婚事由/~ 수속 離婚手續き/~ 서류 離婚書類/~ 조정 離婚調停/협의 ~ 協議離婚。
　이혼-하다㉦ 離婚する。

이화(異化)圏 異化。

이-화학(理化學)圏 理化學。

이환-율(罹患率)圏 (의)罹患率。

이황화-탄소(二黃化炭素)圏 《화》二硫化炭素。

이후(以後)圏 以後;以降;以來。 囫 ~에는 더 잘하자. 以後、もっとうまくやりましょう。/개교 ~ 처음 있는 일이다. 開校以後、初めて起こったことである。

이히히 ❶〖웃음소리〗 わはは;ははは;あはは;がはは。 ❷〖비열함이나교활함이느껴지는웃음소리〗 ひひ;いひひ;えへへ;きひひ;ぎひひ。 囫 ~, 고소하구나. ひひ、いい気味だ。

익다¹囧 ❶〖열매등이〗 (実が)熟れる;熟す;実る。 囫 빨갛게 익은 토마토 赤く熟れたトマト/잘 익은 감이 먹음직스럽다. よく熟した柿が美味しそうに見える。 ❷〖음식이〗 (生物が加熱されて)煮える;焼ける。 囫 속까지 익었는지 보다. 中まで煮えたか見てみる。/고기가 지글지글 익고 있다. 肉がじりじり焼けている。 ❸〖발효〗 (キムチや酒などが)漬かる;発酵する。 囫 김치가 맛있게 익었다. キムチが美味しく漬かった。/된장이 ~. 味噌が発酵する。 ❹〖햇볕에탐〗 (日ざし・熱などで)皮膚が赤くなる;ほてる;焼ける。 囫 햇볕에 빨갛게 익은 아이의 얼굴이 눈부시다. 日差しに赤く焼けた子供の顔がまぶしい。

익다²匿 〖익숙해지다〗 慣れている;馴染んでいる。 囫 귀에 익은 소리 耳慣れた声/일이 손에 ~. 仕事が手慣れる。/낯이 익은 얼굴이다. 見覚えのある顔だ。

익명(匿名)圏 匿名。
　익명-하다㉦ 本名を隱す。

익모-초(益母草)圏 ❶〘식〙益母草;目弹き。 囫 ~를 말리다. ヤクモソウを干す。 ❷〘한〙花が咲いたメハジキの全草を乾かしたもの。

익-반죽圏 粉に湯を入れながらこねること。 囫 ~을 차게 해 두다. 粉に湯を入れながらこねた物を冷やしておく。
　익반죽-하다㉧ 粉に湯を入れながらこねる。 囫 쌀가루를 익반죽하여 익히다. 米の粉に湯を入れながらこねて煮る。

익사(溺死)圏 溺死;溺れ死に;水死。
　익사-하다㉦ 溺死する。

익살圏 おどけ;こっけい;洒落;ひょうきん。 囫 ~을 떨다. おどける;ふざける。

익살-꾸러기圏 ☞익살꾼

익살-꾼圏 おどけ者;ひょうきん者。 囫 그 사람 ~이더만. その人はひょうきん者だったよ。 =익살꾸러기·익살쟁이

익살-맞다圏 こっけいだ。

익살-스럽다圏 こっけいだ。
　익살스레圎 こっけいに。

익살-쟁이圏 ☞익살꾼

익숙-하다圏 ❶〖능숙〗 慣れている;手慣れている。 囫 익숙한 솜씨로 톱질을 하다. 慣れた手つきで木挽きをする。 ❷〖친숙·낯익음〗 慣れている。 囫 이 길은 ~. この道には慣れている。 ❸〖친함〗 良くしている;なじみだ;親しい。 囫 그분과는 익숙한 사이다. あの方とは親しい間柄だ。
　익숙-히圎 ❶上手に;巧みに。 ❷よく。 ❸親しく。

익월(翌月)圏〖한〗 翌月;次の月。

익일(翌日)圏〖한〗 翌日;その次の日;あくる日。

익충(益蟲)圏〖동물세계〗 益虫。

익-히圎 ❶〖잘익힘〗 よく;十分に。 囫 ~ 아는 사이다. 良く知っている間柄だ。 ❷〖아주 보거나 들어서 익숙하게〗 なれなれしく。 囫 귀에 못이 박히도록 ~ 들었던 말이다. 耳にたこができるほど聞き慣れた話だ。

익-히다㉠ 〖익게하다〗 ❶〖성숙시킴〗 (実を)実らせる;熟させる。 囫 열매를 잘 익힐 수 있는 방법을 연구하다. 実をよく熟させられる方法を研究する。 ❷〖음식물을 加熱して〗 煮る;火を通す;焼く。 囫 쇠고기를 푹 익혀 먹다. 牛肉をじっくり煮て食べる。/돼지고기는 완전히 익혀 먹어라. 豚肉は完全に火を通

して食べなさい。❸【漬物】(キムチや酒などを)よく漬かるようにする¦発酵させる。예잘 익힌 술이 맛있다. よく発酵させた酒はうまい。❹【習慣化】慣らす¦身につける¦熟練させる。예미용 기술을 몸에 ~. 美容技術を身につける。

인¹(習慣性)中毒の意で)一般の程度を越したタバコ・コーヒーなどの中毒。

인²(人)명 人。예3인의 검객 三人の剣士。

인³(印)명 ☞도장(圖章)

인⁴(寅)명〈민〉寅。

인⁵(燐)명〈화〉燐。

-인⁶(人)접 -人。예외국인 外国人/문화인 文化人。

인가(人家)명 人家。예~가 드문 곳 人家の稀なところ。

인가(認可)명 認可。
 인가-하다타 認可する。

인가(隣家)명 隣家¦隣家。

인각(印刻)명 印刻。
 인각-하다타 印刻する。

인간(人間)명 人間。❶【人】人。❷【人柄】人柄。예그는 ~이 됐다. 彼は人間ができている。❸【世間】世間¦人間。❹【輩】者¦やつ。예저 인간의 말은 믿지 마라. あの者の話は信じないで。

인간-관계(人間關係)명 人間関係。

인간-미(人間味)명 人間味。예~가 있는 사람 人間味のある人。

인간-사(人間事)명 人の生活で起こるいろんな事。

인간 생태학(人間生態學)《사》人間生態学。

인간-성(人間性)명 人間性。예~을 상실하다. 人間性を失う。

인간-적(人間的)관명 人間的。

인감(印鑑)명〈법〉印鑑¦実印。예등록 ~ 印鑑登録。

인감-도장(印鑑圖章) 印鑑として登録したはんこ。

인감 증명(印鑑證明)《법》印鑑証明。

인감 증명서(印鑑證明書)《법》印鑑証明書。

인건-비(人件費)명〈경〉人件費。

인걸(人傑)명 人傑。

인격(人格)명 人格¦人柄。예훌륭한 ~의 소유자 立派な人格の持ち主/이중~ 二重人格。

인격-자(人格者)명 人格者。

인경(隣境)명 隣境。

인계(引繼)명 引き継ぎ¦引き渡し。
 인계-하다타 引き継ぐ¦引き渡す。예업무를 ~. 業務の引き継ぎを行なう。

인골(人骨)명 人骨。

인공(人工)명 人工。예~ 감미료 人工甘味料/~ 관절 人工関節/~ 장기 人工臓器/~ 지능 人工知能。

인공 강우(人工降雨) 人工的に雨を降らせること¦人工降雨。예가뭄으로 ~를 시도하다. かんばつで人工降雨を試みる。

인공-미(人工美)명 人工美¦人工の美。

인공 수정(人工受精)《의》人工受精。

인공-위성(人工衛星)명〈천〉人工衛星。준위성

인공-적(人工的)관명 人工的。

인공-호흡(人工呼吸)명《의》人工呼吸。예물에 빠진 사람에게 ~을 실시하다. 水中に溺れた人に人工呼吸を実施する。

인공호흡-기(人工呼吸器)명《의》人工呼吸器。

인과(因果) 因果。

인과 관계(因果關係)《법·철》因果関係。

인과-응보(因果應報)《종》【불교】因果応報。

인광(燐光)명 燐光。예~체 燐光体。

인교(隣交)명 隣交。

인구(人口)명 人口。❶【人数】人の数。예~ 고령화 人口高齢化/~ 공동화 人口空洞化/~ 증가 人口増加/~가 늘다. 人口が増える。/~가 줄다. 人口が減る。❷【世間話】人のうわさ。예~에 회자되다. 人口に膾炙する。

인구 구조(人口構造)《사》人口構造。

인구 문제(人口問題)《사》人口問題。

인구 밀도(人口密度)《사》人口密度。예~가 높은 지역 人口密度が高い地域。

인구 변천(人口變遷)《사》人口変遷。

인구-센서스(人口census)명《사》人口センサス。

인구 정책(人口政策)《사》人口政策。예~은 출산 억제에서 출산 장려로 변했다. 人口政策は出産抑制から出産奨

인구 조사(人口調査) 《사》人口調査。

인구 피라미드(人口pyramid) 《사》人口ピラミッド。 예~가 종 모양으로 변하다. 人口ピラミッドが鐘の形へと変わる。

인국(隣國) 隣国。

인권(人權) 《법》人權。 예~ 선언 人權宣言。

인권 위원회(人權委員會) 《정》人權委員会。

인권 유린(人權蹂躪) 《법》人權蹂躪。

인권 침해(人權侵害) 《법》人權侵害。

인근(隣近) 近隣。

인-물(人一) 人間としての価値。人となり。 예그분은 ~이 된 사람이다. その方は人となりが出来た人だ。

인기(人氣) 人気。評判。 예~가 좋은 책 評判のある本。/~가 있다. 人気がある;持てる。

인-기척(人一) 人気。人の気配。 예아무런 ~이 없다. 何の人気もない。

인낙 조서(認諾調書) 《법》認諾調書。

인-날(人一) 《민》陰暦の正月の7日の人日。

인내(忍耐) 忍耐。
　인내-하다[타] 忍耐する;こらえる;耐える;忍ぶ。

인내-력(忍耐力) 忍耐力。

인내-성(忍耐性) 忍耐性。

인내-심(忍耐心) 忍耐心。

인대(靭帶) 《의》靭帶。 예~가 늘어나다. 靭帯が伸びる。

인덕(人德) ☞인복(人福)

인덱스(index) インデックス。

인도¹(人道) 《불》人道界。

인도²(人道) 【보행자】歩道。 예위험하니 ~로 다녀라. 危ないから歩道を通りなさい。 =보도(步道)

인도³(引渡) 【명의변경】引き渡し。 예범인 ~ 조약 犯人引渡し条約/권리의 ~ 権利の引き渡し。
　인도-하다[타] 引き渡す。 예범인의 신병을 ~. 犯人の身柄を引き渡す。/죄인을 관할 경찰서로 ~. 罪人を管轄の警察署に引き渡す。

인도⁴(引導) 【명의안내】引導。❶【길안내】引導;手引き。 예친구의 ~로 교회에 가다. 友だちの~で教会に行く。
　인도-하다[타] ❶導く。 예청소년을 바른길로 ~. 青少年を正しい道に導く。❷案内する;手引きする。

인도⁵(印度) 《국》インド。=인디아

인도-교(人道橋) 人向けの橋。

인-도깨비(人一) 鬼のように悪い行ないばかりする人を言う単語。

인도네시아(Indonesia) 《국》インドネシア。

인도 명령(引渡命令) 《법》引渡命令。

인도-양(印度洋) 《지》インド洋。

인도-적(人道的) 《관》人道的。 예~ 차원에서 다루다. 人道的次元で扱う。

인도-주의(人道主義) 人道主義。

인동¹(忍冬) 《식》忍冬。=인동덩굴

인동²(隣洞) 【이웃마을】隣の村。

인동-덩굴(忍冬一) ☞인동

인두¹ こて。 예~로 지지다. こてで焼く。

인두²(人頭) 人頭。❶人の頭。❷人数;人頭。

인두³(咽頭) 《의》咽頭。

인-두겁(人一) 人面。人間の顔。

인두-질 こてを当てること。
　인두질-하다[타] こてをかける。

인듐(indium) 《화》インジウム。

인디아(India) ☞인도⁵

인디언(Indian) インディアン。

인디오(Indio 에) インディオ。 예~와 에스파냐인의 혼혈을 메스티소라 부른다. インディオとスペイン人との混血をメスチゾと呼ぶ。

인력¹(人力) ❶【체력】人力;じん-りょく。 예~으로는 안 되는 일이다. 人力の及ばないことである。❷労働力。 예~이 부족하다. 労働力が足りない。

인력²(引力) 《물》引力。 예만유~ 万有引力。

인력-거(人力車) 人力車。

인류(人類) 人類。 예~의 기원 人類の起原。/~ 진화론 人類進化論。

인류-애(人類愛) 人類愛。

인류-학(人類學) 《사》人類学。

인륜(人倫) 人倫。 예~에 어긋나다. 人倫に背く。

인마(人馬) 人馬。

인망(人望) 人望。 예~이 두텁다. 人望が厚い。

인맥(人脈) 人脈;手づる;コネ。

인면-수심(人面獸心) 人面獸心。

인멸(湮滅)명 =인몰
  인멸-하다자타 湮滅する。예 증거를 ~. 証拠を湮滅する。

인명¹(人名)명 人名。예 ~사전 人名辞典。

인명²(人命)명 人命。예 ~ 구조 人命救助。

인명-록(人名錄)명 人名録。

인몰(湮沒)명 ☞인멸(湮滅)

인문(人文)명 人文。

인문 과학(人文科學)교 人文科学。

인문-주의(人文主義)사 人文主義｜人本主義｜ヒューマニズム。예 신학 중심의 세계에 반기를 들고 ~를 제창하다. 神学中心の世界に反旗を掲げて人文主義を提唱する。

인문 지리학(人文地理學) 人文地理学。

인문 환경(人文環境) 人文環境。

인물(人物)명 人物。❶[외모] 예 ~ 묘사 人物描写。❷[인격] 예 등장 ~ 登場人物。❸[인재] 예 일을 맡길 ~이 없다. 仕事を任せる人物がいない。❹[풍채] 器量｜顔立ち｜顔付き。예 신랑이 ~이 없다. 新郎の顔付きが悪い。/ 신부의 ~이 좋다. 新婦の器量がいい。❺[성격] 人柄｜人となり。

인물-화(人物畫)명 (미)人物画。

인민(人民)명 人民。

인-발(印-)명 [찍혀진] 印影。

인방(隣邦)명 隣邦｜隣国。

인베르타아제(invertase)명 (화)インベルターゼ｜サッカラーゼ。

인벤션(invention)명 (음)インベンション。

인복(人福)명 (人付き合いがよく)他人に助けられる福。=인덕

인본(印本)명 (출)印本。

인봉(印封)명 封印。
  인봉-하다타 封印する。예 서류를 ~. 書類に封印する。

인부(人夫)명 人夫｜人足。

인분(人糞)명 人糞。

인-분뇨(人糞尿)명 人糞尿。

인비(人秘)명 ☞인사비밀

인사¹(人士)명 人士。예 저명 ~ 著名人士。

인사²(人事)명 ❶[일상] (日常の)挨拶。예 반갑게 ~를 나누다. 喜んで挨拶を交わす。❷[처음 만났을 때] (初対面で紹介する時の)挨拶。예 부모님에게 ~를 시키다. 両親に挨拶をさせる；両親に紹介する。❸[예의로서] (守るべき)礼儀｜お辞儀｜お礼。예 ~를 차리다. 礼儀をわきまえる。/ 고맙다는 ~를 올리고 와라. ありがとうとお礼を申し上げてきなさい。
  인사-하다자 挨拶する。예 아침에 활기 차게 ~. 朝から元気に挨拶する。/ 서로 ~. お互いに挨拶する。/ 잘 인사하고 헤어지자. きちんと挨拶してから別れよう。/ '새해 복 많이 받으세요'라고 ~. 「明けましておめでとうございます」と挨拶する。

인사³(人事)명 人事。❶[도리] 人としてなすべきこと。예 ~를 다하여 천명을 기다린다. 人事を尽くして天命を待つ；人間にとしてできるだけの努力をして、あとは運にまかせる。❷[직원의 임용, 평가] ~과 人事課｜낙하산 ~ 天下り人事。

인사-말(人事-)명 挨拶の言葉。

인사불성(人事不省)명 人事不省。예 ~에 빠지다. 人事不省に陥る。

인사-비밀(人事秘密)명 人事秘密。=인비

인사-성(人事性)명 挨拶を良くする習性。예 ~이 밝다. 礼儀正しい。

인사-이동(人事移動)명 人事異動。예 ~을 단행하다. 人事異動を断行する。

인사이드 킥(inside kick) (운) インサイドキック。

인산(燐酸)명 (화)燐酸。

인산-나트륨(燐酸Natrium 독)명 (화)燐酸ナトリウム。

인산 비료(燐酸肥料) (농)燐酸肥料｜燐酸肥。예 천연 ~와 인조 ~ 天然燐酸肥料と人工燐酸肥料。

인산-암모늄(燐酸ammonium)명 (화)燐酸アンモニウム｜燐安｜燐酸のアンモニウム塩。

인산-인해(人山人海)명 人の山に人の海｜たくさんの人の群れ。

인산-칼슘(燐酸calcium)명 (화)燐酸カルシウム｜燐酸石灰｜燐酸のカルシウム塩。

인삼(人參)명 (식)朝鮮人参｜人参。예 고려 ~ 高麗人参｜ニンジン。준삼

인삼-주(人參酒)명 人参酒｜高麗人参を漬け込んだ酒。

인상¹(人相)명 [인상하다] 人相。
인상²(引上)명 ❶[인상하다] 引き上げ；値上げ。❷[인상하다] スナッチ。
  인상-하다자타 引き上げる；上げる；引上げる。예 전기 요금을 ~. 電気料金を引き上げる。
인상³(印象)명 印象。예 ~이 강하다. 印象が強い。／~이 나쁘다. 印象が悪い。／좋은 ~을 주다. よい印象を与える。
인상-적(印象的)관명 印象的。
인상-주의(印象主義)명 《문·미·음》印象主義。
인상-파(印象派)명 《미》印象派。
인색-하다(吝嗇하다)형 けちだ；けち臭い；しみったれだ。예 돈에 인색한 사람 金にけち臭い人；けちん坊。／칭찬에 ~. 褒めることがとても苦手だ。
  인색-히부 けちに；けち臭く；しみったれに。
인생(人生)명 人生。예 ~ 철학 人生哲学／~ 상담 人生相談。／내 황금기 私の人生の黄金期／밑바닥 ~ どん底人生／내 ~의 큰 전환점이었다. 私の人生の大きな転換点であった。
인생-관(人生觀)명 人生觀。
인선(人選)명 人選。예 ~을 그르치다. 人選を誤る。
  인선-하다자 人選する。
인성¹(人性)명 人性。예 ~론 人性論。
인성²(人聲)명 人の声。
인성³(靭性)명 《공》靭性。
인세(印稅)명 《법》印税。예 ~로 2만 엔을 받다. 印税として2万円を受け取る。
인센티브(incentive)명 《심》インセンティブ。＝보상책·유인책
인솔(引率)명 引率。예 ~ 교사 引率教師。
  인솔-하다타 引率する；引き連れる；導く。예 학생들을 인솔하여 수학여행을 가다. 生徒たちを引率して修学旅行に行く。
인솔-자(引率者)명 引率者。
인쇄(印刷)명 《출》印刷。
  인쇄-하다타 印刷する。예 달력을 ~. カレンダーを印刷する。
인쇄-기(印刷機)명 《출》印刷機。
인쇄-소(印刷所)명 印刷所。
인수¹(人數)명 人数。
인수²(引受)명 引き受け。예 ~ 거절 引受拒絶／신변 ~ 身元引き受け。
  인수-하다타 引き受ける。예 전임자에게서 자료를 ~. 前任者から資料を引き受ける。
인수³(因數)명 《수》因數；因子。예 공통 ~ 共通因数。
인수 분해(因數分解)《수》因数分解。
인수-인(引受人)명 《경》引受人。
인수 인계(引受引繼)명 受け渡し；引き継ぎと受け継ぎ。
인술(仁術)명 仁術。
인슐린(insulin)명 《화》インシュリン。
인스턴트 메신저(instant messenger)《컴》インスタントメッセンジャー。
인스턴트-식품(instant食品)명 インスタント食品。
인스텝 킥(instep kick)《운》《축》インステップキック。
인스톨(install)명 《컴》インストール。
인습¹(因習)명 [인습하다] 因習。예 ~을 타파하다. 因習を打ち破る。／~에 얽매이다. 因習に縛られる。
인습²(因襲)명 [인습하다] 因襲。
  인습-하다타 古い慣習に従う。
인식(認識)명 認識。예 역사에 대한 ~이 부족하다. 歴史に対する認識が不足している。
  인식-하다타 認識する。
인식-론(認識論)명 《철》認識論。
인신(人身)명 人身。
인신-공격(人身攻擊)명 人身攻擊。
인신-매매(人身賣買)명 人身売買。
인심(人心)명 ❶ 人心；ことろ。❷ 人心；民心。❸ 人情。예 ~이 후하다. 人情が厚い。／~이 사납다. 人情がない；薄情だ。
  인심(을) 쓰다관용 人情を施す。
  인심(을) 잃다관용 人に悪い人と言われる。
인안(燐安)《화》[인산암모늄] 燐安；燐酸アンモニウム。
인양(引揚)명 引き上げ。
  인양-하다타 引き上げる。예 침몰한 배를 ~. 沈没船を引き上げる。
인어(人魚)명 ❶ (想像上の)人魚。예 ~ 공주 人魚姫／~의 눈물 人魚の涙／반인 반어의 모습인 ~는 아름다운 목소리로 뱃사람を誘惑한다. 半人半魚の姿をした人魚の美しい声を船乗りを誘惑する。❷ 《동》ジュゴン。

인연(因緣)[명] 因縁えん。❶[사람의] 縁えん。 ㉠나는 상과는 ~이 없다. 私はしょうとは縁がない。/ ~을 맺다. 因縁を結むすぶ。/ ~이 깊은 마을 因縁の深ふかい村むら。/그와는 부부의 ~이 없는 것 같다. 彼とは夫婦ふうふの縁がないようだ。❷[내력] 由来ゆらい。いわれ。❸[불교] 因縁いんねん。

인욕(人慾)[명] 人間にんげんの欲望よくぼう。

인용¹(引用)[명] 引用いんよう。
　인용-하다[타] 引用いんようする。

인용²(認容)[명] 認容にんよう。
　인용-하다[타] 認容にんようする。

인용-구(引用句)[명]⟨언⟩引用句いんようく。

인용-부(引用符)[명]⟨언⟩引用符いんようふ。=따옴표

인원(人員)[명] 人員じんいん。

인위(人爲)[명] 人為じんい。人工じんこう。㉠~ 분류 人為分類ぶんるい。

인위-적(人爲的)[관] 人為的じんいてき。

인유(引喩)[명] 引喩いんゆ。
　인유-하다[타] たとえを引ひく。

인육(人肉)[명] 人肉じんにく。

인의(仁義)[명] 仁義じんぎ。

인자(印字)[명] 印字いんじ。

인자-기(印字機)[명] 印字機いんじき。

인자-스럽다(仁慈─)[형] 仁慈じんじだ。慈愛じあいに満みちている。
　인자스레[부] 仁慈じんじに。

인자-하다(仁慈─)[형] 仁慈じんじだ。慈いつくしみ深ふかい。㉠인자한 얼굴을 하고 있다. 仁慈な顔かおをしている。

인장(印章)[명] ❶[도장] 印章いんしょう。印鑑いんかん。 ❷【법률】印影いんえい。

인재¹(人才)[명] [재능이 빼어난 사람] 才能さいのうの優すぐれた人ひと。

인재²(人材)[명] [어떤 일에 적합한 사람ㆍ일을 맡을 사람] 人材じんざい。人才じんざい。㉠~을 발굴하다. 人材発掘はっくつ。/~를 등용하다. 人材を登用とうようする。❋우리말은 '人材'와 '人才'의 뜻이 다르지만, 일본어는 '인재'의 뜻으로 '人材'와 '人才' 양쪽 다 쓴다.

인재³(人災)[명] 人災じんさい。

인-적¹(人的)[관] 人的じんてき。

인적²(人跡)[명] 人跡じんせき。人足ひとあし。㉠~이 드문 두메산골 人跡稀きまれな山奥やまおく。/~이 끊기다. 人足が絶たえる。

인적 자원(人的資源)⟨경⟩人的資源じんてきしげん。

인적 담보(人的擔保)⟨법⟩人的担保にんてきたんぽ。対人たいじん担保。

인절미[명]【요리】インゾルミ。餅もち。

인접¹(引接)[명][맞이하여 대접함] 引接いんせつ。引見いんけん。
　인접-하다[타] 引接いんせつする。引見いんけんする。㉠손님을 ~. 客きゃくを引見する。

인접²(隣接)[명] 隣接りんせつ。㉠~ 거리 隣接距離きょり / ~ 지역 隣接地域ちいき。
　인접-하다[자] 隣接りんせつする。㉠인접한 국가와 분쟁이 계속되다. 隣接している国家こっかと紛争ふんそうが続つづく。

인정¹(人情)[명] 人情にんじょう。情なさけ。思おもいやり。㉠~이 많다. 情け深ふかい。/~에 끌려 일을 처리할 수는 없다. 情じょうにほだされて仕事しごとを処理しょりすることができない。

인정²(認定)[명] 認定にんてい。㉠국가의 정식 ~을 받다. 国くにの正式せいしき認定を受うける。
　인정-하다[자] 認定にんていする。認みとめる。㉠실력을 인정받다. 実力じつりょくが認められる。/잘못을 ~. 過あやまちを認める。

인정-미(人情味)[명] 人情味にんじょうみ。情味じょうみ。思おもいやり。

인정-스럽다(人情─)[형] 情なさけ深ふかい。
　인정스레 情け深ふかく。

인정 신문(人定訊問)⟨법⟩人定訊問にんていじんもん。

인제[부] ❶[지금에 이르러] 今いまになって。今に至いたって。㉠~ 말해도 소용없다. 今いってもしようがない。/ ~ 와서 못하겠다니. 今になってできないとは。❷[이제부터] 今いまから。今すぐ。㉠~ 시작하려고 한다. 今から始はじめようとする。/~ 담배를 끊겠다. 今からたばこをやめる。

인조(人造)[명] ❶人造じんぞう。❷【섬유】人絹じんけん。レーヨン。

인조-견(人造絹)[명] 人絹じんけん。レーヨン。⊕인견ㆍ인조

인조 견사(人造絹絲) 人造絹糸じんぞうけんし。⊕인견사

인조 고무(人造─) ⟨공⟩人造じんぞうゴム。合成ごうせいゴム。

인조 섬유(人造纖維) 人造繊維じんぞうせんい。

인조-인간(人造人間)[명] ☞로봇

인종¹(人種)[명] 人種じんしゅ。㉠~주의 人種主義しゅぎ / ~ 차별 문제가 심각하다. 人種差別さべつ問題もんだいが深刻しんこくである。/ ~적 편견을 버려야 한다. 人種的偏見へんけんを捨すてなければならない。

인종²(忍從)[명] 忍従にんじゅう。
　인종-하다[자] 忍従にんじゅうする。

인주(印朱)[명] 朱肉しゅにく。

인중(人中)[명] 人中にんちゅう・じんちゅう。鼻溝びこう。㉠~이 길다. 鼻はなの下したが長い。

인증[1](人證)[명] 《법》【인적 증거】 人証。
인증[2](引證)[명]【인용하여 증거로 삼음】 引証。
　인증-하다[1][타] 引証する。
인증[3](認證)[명] 《법》【공기관의 증명】 認証・。 [예] 공증인의 ~ 公証人の認証。
　인증-하다[2][타] 認証する。
인증-서(認證書)[명] 認証書。
인지[1](人智)[명] 人智 ¦ 人の知恵。
인지[2](印紙)[명] 印紙。
인지-세(印紙稅)[명] 印紙税。
인-지질(燐脂質)[명] 《화》燐脂質 ¦ ホスファチド。
인질(人質)[명] 人質。 [예] ~로 잡다. 人質に取る。
인책(引責)[명] 引責。 [예] ~ 사직 引責辞職。
　인책-하다[자] 引責する。
인척(姻戚)[명] 姻戚 ¦ 姻族。
인천(仁川)[명] 《지》仁川。
인-청동(燐靑銅)[명] 《공》【청동에 인을 넣은 합금】 燐青銅。
인체(人體)[명] 人体。
인촌(隣村)[명] 隣村・。
인출(引出)[명] 預金などを引き出すこと。
　인출-하다[타] 引き出す ¦ おろす。 [예] 통장에서 인출되다. 通帳から引き出される。
인치(inch)[의]【길이의 단위. 1인치는 2.54cm】 インチ。
인칭(人稱)[명] 《언》人称。
인칭 대명사(人稱代名詞) 《언》人称代名詞。
인코스(in course 조)[명] 《운》インコース。
인큐베이터(incubator)[명] 《의》インキュベーター。
인터넷(internet)[명] 《컴》インターネット。 [예] ~ 주소 インターネットアドレス/ ~ 텔레비전 インターネットテレビ/ ~ 방송 インターネット放送。
인터넷 뱅킹(internet banking) 《경》ネットバンキング。
인터넷 쇼핑(internet shopping) 《컴》インターネットショッピング ¦ インターネット通販。
인터넷 옥션(internet auction) 《컴》ネットオークション。
인터넷 전화(internet 電話) 《컴》インターネット電話 ¦ IP電話。
인터벌 트레이닝(interval training) 《운》インターバルトレーニング。
인터뷰(interview)[명] インタビュー。
　인터뷰-하다[타] インタビューする。
인터셉트(intercept)[명] 《운》インターセプト。
인터폰(interphone)[명] インターホン。
인터피어(interfere)[명] 《운》【상대방의 플레이를 방해하는 것】 インターフェア。
인턴(intern)[명] インターン。
인테리어(interior)[명] 《건》インテリア ¦ 室内装飾。 [예] ~ 잡지 インテリア雑誌/ ~ 공사 インテリア工事。
인테리어 디자인(interior design) 《건》インテリアデザイン。
인텔리[명] ☞인텔리겐치아
인텔리겐치아(intelligentsia 러)[명] 《사》インテリ ¦ インテリゲンチャ。 =인텔리
인파(人波)[명] 人波 ¦ 人出。 [예] ~를 헤치고 가다. 人並をかき分けて行く。
인편(人便)[명] 人伝。 [예] ~에 편지를 보내다. 人伝に手紙を託ける。
인품(人品)[명] 人品 ¦ 人柄 ¦ 品性。 [예] ~이 좋다. 人柄がいい。/ ~을 보다. 人柄を見る。
인프라(←infrastructure)[명] 《건》インフラ。
인플레(←inflation)[명] 《경》インフレ。
인플레이션(inflation)[명] 《경》インフレーション ¦ インフレ。 [예] 물가의 ~ 현상 物価のインフレ現象。 =인플레·통화팽창
인플루엔자(influenza)[명] 《의》インフルエンザ。
인하(引下)[명] 引き下げ。
　인하-하다[타] 引き下げる ¦ 下げる。 [예] 금리를 ~. 金利を引き下げる。
인-하다(因―)[자] 因る。 [예] 음주로 인한 사고 飲酒による事故/ 추위로 인하여 나무가 얼어 죽다. 寒さによって木が凍って死ぬ。
인허(認許)[명] 認許 ¦ 認可。
　인허-하다[타] 認許する ¦ 認可する。
인형[1](人形)[명] 人形。 [예] 봉제 ~ ぬいぐるみ。
인형[2](仁兄)[대] 仁兄。
인형-극(人形劇)[명] 《연》人形劇。
인화[1](人和)[명] 人和。
　인화-하다[1][자] 多くの人が和する。
인화[2](引火)[명] 引火。
　인화-하다[2][자] 引火する。
인화[3](印畫)[명] 《연》印画 ¦ 焼き付け ¦

プリント。

인화-하다³[타] 焼き付ける；プリントする。예디지털 카메라의 사진을 ~ デジカメの写真を焼きつける。

인화³(燐火)[명] ❶반딧불 ❷[燐火]鬼火；狐火。

인화-점(引火點)[명] 〈화〉引火点。

인화-지(印畫紙)[명] 〈연〉印画紙。

인회-석(燐灰石)[명] 〈광〉燐灰石。

인후(咽喉)[명] ☞목구멍

인후-하다(仁厚—)[형] 仁厚だ。

일¹[명] ❶仕事。예오늘은 ~이 바빴다. 今日は仕事が忙しかった。/ ~을 마치고 퇴근하다. 仕事を終えて退勤する。/ ~을 꾸미다. 仕事を企てる。❷事。예지난 ~이 떠오르다. 過ぎし日の事が思い浮かぶ。❸事。예좋은 ~을 하다. 良い事をする。/ 그는 지난번 ~로 나와 말도 안 한다. 彼は前の事で私と口も利かない。❹用；用事；用件。예집안의 크고 작은 ~ 家庭の大小の事柄/ 급한 ~이 생겼다. 急な用事ができた。/ 무슨 ~로 오셨습니까? 何のご用で来られましたか。❺事。예무슨 ~이 있니? 何かあるのか。/ 오늘 뜻밖에 ~이 터져 정신이 없었다. 今日は思いがけない事が起きて、事が何だか分からなかった。❻事；事情；事由。예~이 복잡하게 됐다. 事がややこしくなった。/ 가지 못할 ~이 있다. 行けない事情がある。❼こと。예나는 미국에 가 본 ~이 있다. 私はアメリカに行ったことがある。/ 나도 들은 ~이 있다. 私も聞いたことがある。❽こと；出来事。예젊은 나이에 암이라니 슬픈 ~이다. 若い年で癌だとは悲しいことだ。/ 주변에서 일어난 ~ 身のまわりの出来事。❾事；出来事；事故。예~을 당하다. 悪い事に遭う；悪い目に遭う。/ ~을 저지르다. 問題を引き起こす。/ ~을 내고 말았다. 事故を起こしてしまった。/ 보통 ~이 아니다. ただごとではない。

일-하다[자] 働く；仕事をする。예열심히 ~. 熱心に働く。/ 서서 일하는 시간이 많다. 立ち仕事の時間が多い。/ 오전 9시부터 오후 5시까지 일한 다. 午前9時から午後5時まで働く。

일에는 베돌이 먹을 땐 감돌이[속담] 仕事は怠ける者、食べる時は欲ばり。

일²(一)[관] 一；一つ。예-월 一月／~ 일 一日／- 원 一ウォン／~ 엔 一円。

일²(日)[명] 【日】日曜日。

일⁴(日) Ⅰ [명] 【日】日。
Ⅱ [의] 【日】—日；一日か。예15일이 지나다. 十五日が過ぎる。

일가¹(一家)[명] ❶一家。예휴일에는 ~가 다 모인다. 休日には一家が全部集まる。❷一族。【一族】同族。❸一家。例~를 이루다. 一家を成す。

일가²(一價) 原子価が1であること；一価。예나트륨은 ~ 원소이다. ナトリウムは一価元素だ。

일가-견(一家見)[명] 一見識。

일가-붙이(一家—)[명] 親族；一族。

일가 알코올(一價alcohol) 〈화〉一価アルコール；水酸基を一個に持つアルコール。

일가-친척(一家親戚)[명] 親類；身内。

일각¹(一角) 一角。예빙산의 ~ 氷山の一角。

일각²(一刻) 一刻。예~을 다투는 일이다. 一刻を争うことである。

일간¹(日刊) 日刊。

일간²(日間) Ⅰ — 日の間；一日中。
Ⅱ [부] 近いうちに；いずれ。예~ 다시 찾아뵙겠습니다. いずれまた参ります。

일간 신문(日刊新聞) 〈연〉日刊新聞；日刊紙。=일간지

일간-지(日刊紙)[명] ☞일간 신문

일-감[명] 仕事。예~이 없다. 成すべき仕事がない。

일-개미[명] 〈동〉働きあり。

일-개인(一個人)[명] 一個人；一個人。

일거(一擧) 一挙。예~에 점수를 만회하다. 一挙に点数を挽回する。

일-거리[명] 成すべき仕事。例~를 찾고 있다. 仕事を探している。

일거-양득(一擧兩得)[명] 一挙両得。=일석이조

일거-일동(一擧一動)[명] 一挙一動。

일건(一件)[명] 一件。

일격(一擊)⟨명⟩ 一撃いちげき｜一打いちだち。 ⟨예⟩ ~을 가하다. 一撃を加える。

일견(一見)⟨명⟩ 一見いっけん。 ⟨예⟩ ~에 그가 누구인지 알아챘다. 一見して彼がだれだったかきづいた。/ ~ 얌전해 보이지만 …. 一見おとなしく見えるが….
일견-하다⟨타⟩ 一見いっけんする。

일계¹(一計)⟨명⟩ 一計いっけい。
일계²(日計)⟨명⟩ 日計にっけい。

일고¹(一考)⟨명⟩ 【考慮する価値】一考いっこう。 ⟨예⟩ ~의 여지가 없다. 一考の余地がない。
일고-하다⟨타⟩ 一考いっこうする。

일고²(一顧)⟨명⟩ 【かえりみること】一顧いっこ。 ⟨예⟩ ~의 가치도 없다. 一顧の価値もない。
일고-하다⟨타⟩ 一顧いっこする。

일고-여덟⟨수관⟩ 七八しちはち｜七つつか八やっつ。 ⟨준⟩일여덟

일곱⟨수관⟩ 七つななつ｜七人しちにん。 ⟨예⟩ ~ 사람 七人しちにん・ななにん/ ~ 가지 색깔의 색연필 七色なないろの色鉛筆いろえんぴつ。

일곱-째⟨수관⟩⟨명⟩ 七つ目ななつめ｜七番目しちばんめ。

일공(日工)⟨명⟩ ❶【日雇いの賃金】一日いちにちの賃金ちんぎん｜日給にっきゅう。 ❷【日雇いの仕事】日雇いの仕事｜日給の仕事。

일공-쟁이(日エ-)⟨명⟩ 日雇労働者ひやといろうどうしゃ。

일과(日課)⟨명⟩ 日課にっか。
일과-표(日課表)⟨명⟩ 日課表にっかひょう。

일관(一貫)⟨명⟩ 一貫いっかん。
일관-하다⟨자⟩ 一貫いっかんする。 ⟨예⟩ 일관된 정책 一貫した政策せいさく。

일관-성(一貫性)⟨명⟩ 一貫性いっかんせい。

일괄(一括)⟨명⟩ 一括いっかつ｜くくり。
일괄-하다⟨타⟩ 一括いっかつする。 ⟨예⟩ 시안을 일괄하여 처리하다. 試案しあんを一括して処理しょりする。

일광(日光)⟨명⟩ 日光にっこう。 ⟨예⟩ ~ 소독 日光消毒しょうどく。

일광-욕(日光浴)⟨명⟩ 日光浴にっこうよく。

일교-차(日較差)⟨명⟩ 日較差にっかくさ。 ⟨예⟩ 가을은 ~가 매우 크다. 秋あきは日較差がとっても大おおきい。

일구(一口)⟨명⟩ 一口いっこう。

일구-난설(一口難說)⟨명⟩ 一言ひとことでは説明せつめいしがたいこと。

일구다⟨타⟩ 掘ほり起おこす。 ⟨예⟩ 밭을 ~. 畑はたを掘り起こす。

일구-이언(一口二言)⟨명⟩ 一口両舌いっこうりょうぜつ｜二枚舌にまいじた。
일구이언-하다⟨자⟩ 二枚舌にまいじたを使つかう。 ⟨예⟩ 일구이언하는 사람 二枚舌を使う人ひと。

일국(一國)⟨명⟩ 一国いっこく。
일군¹(一軍)⟨명⟩ 一軍いちぐん。
일군²(一群)⟨명⟩ 一群いちぐん｜一群ひとむれ。

일그러-지다⟨자⟩ 歪ゆがむ。 ⟨예⟩ 일순 얼굴이 ~. 一瞬いっしゅん顔かおが歪む。

일근(日勤)⟨명⟩ 日勤にっきん。
일근-하다⟨자⟩ 日勤にっきんする。

일금(一金)⟨명⟩ 一金いっきん。 ⟨예⟩ ~ 일백만 엔정 一金壱百萬円也いちきんひゃくまんえんなり。

일급(一級)⟨명⟩ 一級いっきゅう。 ⟨예⟩ 일본어 능력 시험 ~ 日本語能力試験にほんごのうりょくしけん一級/ 자격 一級資格いっきゅうしかく。

일긋-거리다⟨자⟩【物が固定されないで揺れて傾く様子】ぐらぐらする｜がたがたする。 =일긋대다

일긋-대다⟨자⟩ ☞일긋거리다

일긋-일긋⟨부⟩ ぐらぐら(と)｜がたがた(と)。

일긋-하다⟨형⟩ やや傾かたむいている｜斜ななめになっている。

일기¹(一技)⟨명⟩ 一技いちぎ｜一芸いちげい。 ⟨예⟩ 일인 ~ 一人ひとり一芸。

일기²(一期)⟨명⟩ 一期いちご｜一生いっしょう。 ⟨예⟩ 60세를 ~로 세상을 떠났다. 六十年間ろくじゅうねんかんの一時いちじを過すごして亡なくなった。

일기³(日氣)⟨명⟩ 天気てんき｜天候てんこう。 ⟨예⟩ ~가 좋지 않다. 天気が悪わるい。

일기⁴(日記)⟨명⟩ 日記にっき。

일기-도(日氣圖)⟨명⟩ 天気図てんきず。

일기 예보(日氣預報) 天気予報てんきよほう。 ⟨예⟩ 라디오의 ~ ラジオの天気予報。

일기-장(日記帳)⟨명⟩ 日記帳にっきちょう。

일기죽-거리다⟨자⟩ ❶腰こしや尻しりを左右さゆうに振ふりながら歩あるく｜しゃなりしゃなりする。 ❷(話はなしをするとき)口くちをしきりにゆがめる。 =일기죽대다

일기죽-대다⟨자⟩ ☞일기죽거리다

일기죽-얄기죽⟨부⟩ 【腰や尻を揺らして歩く様子】しゃなりしゃなり(と)。

일기죽-일기죽⟨부⟩ 【腰や尻を揺らしながら歩く様子】しゃなりしゃなり(と)｜くねくね(と)。 ⟨예⟩ ~ 걷다. しゃなりしゃなりと歩く。

일-깨다⟨자⟩ (早はやめに)目覚めざめる｜起おきる。

일-깨우다¹⟨타⟩【眠っている人を早めに起こす】(早はやめに)起おこす｜目覚めざめさせる。 ⟨예⟩ 늦으면 안 되니까 내가 일깨워 줄까요? 遅おくれるといけないので、私わたしが早めに起こしてあげましょうか。

일-깨우다²⟨타⟩【悟らせる】悟さとらせる。 ⟨예⟩ 애국심을 ~. 愛国心あいこくしんを悟らせる。

일-껏囝 せっかく｜わざわざ。囘~ 알려 주었더니 딴소리다. せっかく知らせてやったのにとんでもない話をする。

일-꾼冏 ❶労働者ろうどうしゃ｜手伝てつだい。囘도로 공사장의 ~ 道路こうじ工事現場げんばの労働者。❷担にない手て。❸仕事しごとがよくできる人ひと｜人手ひとで｜働はたらき手て。

일-내다困 問題もんだいを起おこす｜事故じこを起こす。

일년-감(一年-)冏 ☞토마토

일년-생(一年生)冏 ❶【學】一年生いちねんせい。❷【植】一年生せい。

일년생 식물(一年生植物)《식》一年生植物いちねんせいしょくぶつ。=일년초 ⑥일년생

일년-초(一年草)冏 ☞일년생 식물

일념(一念)冏 一念いちねん。

일다困 立たつ。❶【뜻이】起おきる。囘 파문이 ~. 波紋はもんが起る。/ 거품이 ~. 泡あわが立つ。/ 열정이 ~. 熱情ねつじょうが起る。/ 보푸라기가 ~. 毛羽けばが立つ。❷【살림이】良よくなる｜興おこる。囘 살림이 ~. 暮くらしが立つ。

일다囤 ❶【들어서 흔들다】よなげる｜揺ゆる。❷【앵미를 일다】ふるい分わける。

일단(一旦)囝 一旦いったん。❶【우선】ひとたび｜ひとまず。囘~ 출근하고 다시 나오다. 一旦出勤しゅっきんしてからまた出掛でかける。/ 정한대로 합시다. 一旦決きめたとおりにしましょう。❷【잠깐】しばらく。囘~ 정지 しばらく停止ていし。

일단(一段)冏 一段いちだん。

일단³(一團)冏【덩어리의 뜻】一団いちだん。

일단⁴(一端)冏【끝부분】一端いったん｜片端かたはし｜一部分いちぶぶん。

일-단락(一段落)冏 一段落いちだんらく｜一区切くぎり。

일단락-하다困 一段落いちだんらくする。囘사건이 일단락되다. 事件じけんが一段落する。

일당(一黨)冏 一党いっとう｜一味いちみ。

일당(日當)冏 日当にっとう｜日給にっきゅう。

일당백(當百)冏 一騎当千いっきとうせん。

일대(一大)冠 一大いちだい。囘~ 파란을 일으키다. 一大波乱はらんを起おこす。

일대²(一代)冏 一代いちだい。

일대³(一帶)冏 一帯いったい。囘~에 전염병이 돌다. 一帯に伝染病でんせんびょうがはやる。=일원³

일대⁴(一隊)冏 一隊いったい。

일대⁵(一對)冏 一対いっつい。

일대-기(一代記)冏 一代記いちだいき。

일대-사(一大事)冏 一大事いちだいじ。

일-더위冏 早目はやめに来くる暑あつさ。↔늦더위

일도(一道)冏 一道いちどう。

일도-양단(一刀兩斷)冏 一刀両断いっとうりょうだん。

일동(一同)冏 一同いちどう。囘 재학생 ~ 在学生ざいがくせい一同。

일-되다困 (人ひとが)早熟そうじゅくする｜ませる。囘 일된 아이 ませた子供こども。

일등(一等)冏 一等いっとう。囘~을 차지하다. 一等を占しめる。

일등-병(一等兵)冏 一等兵いっとうへい。

일등-성(一等星)冏 一等星いっとうせい。

일등-품(一等品)冏 一等品いっとうひん。

일-떠나다困 元気げんきよく立たち上あがる｜勢いきおいよく立ち上がる。囘 일떠나 달려가다. 元気よく起き上がって駆かけ付つける。

일떠-서다困 勢いきおいよく立たち上あがる｜ぱっと跳はね起おきる。囘 오늘은 일떠서니 매우 신통하구나. 今日きょうはぱっと飛とび起きて、とても感心かんしんだなあ。

일떠세우다囤 勢いきおいよく立たち上あがらせる。囘 어머니가 아이를 일떠세우게 하다. 母ははが子供こどもを勢いよく立ち上がらせる。

일락-서산(日落西山)冏 日ひが西山せいざんに沈しずむこと。

일란성 쌍생아(一卵性雙生兒)冏《생》一卵いちらん性双生児せいそうせいじ。

일람(一覽)冏 一覧いちらん。
일람-하다囤 一覧する。

일람-표(一覽表)冏 一覧表いちらんひょう。

일러두-기冏 凡例はんれい｜はしがき｜例言れいげん。=범례

일러-바치다囤 付つけ口くちする｜言いいつける。囘 사장에게 ~. 社長しゃちょうに付つけ口くちする。

일러스트레이션(illustration)冏 イラストレーション｜イラスト。

일렁-거리다困 ゆらゆらする｜揺ゆれる。=일렁대다・일렁이다

일렁-대다困 ☞일렁거리다

일렁-이다困 ☞일렁거리다

일렁-일렁囝 ゆらゆら｜ゆらりゆらり。

일력(日曆)冏 日ひめくり｜暦こよみ。

일련¹(一連)冏 一連いちれん。囘~의 사건 一連の事件じけん。/ ~ 체조 一連の体操たいそう。

일련²(一聯)冏《문》一聯いちれん。

일련-번호(一連番號)冏 一連番号いちれんばんごう。⑥연번

일렬(一列)冏 一列いちれつ。囘~로 늘어서다. 一

列に並ぶ。
- **일례(一例)**[명] 一例。⑩~를 들다. 一例を上げる。
- **일로(一路)**[명] 一路｜一途｜一途。
- **일루(一縷)**[명] 一縷。
- **일루-수(一壘手)**[명] 《운》一壘手｜ファースト。⑩땅볼을 ~가 잡아 아웃시켰다. ゴロをファーストが取ってアウトにさせた。
- **일루-타(一壘打)**[명] 《운》単打｜シングルヒット。=단타
- **일류(一流)**[명] 一流。⑩~ 기업 一流企業。
- **일륜(一輪)**[명] 一輪。
- **일-률¹(一率)**[명] 仕事率｜工率｜単位時間に当たりの仕事量。
- **일률²(一律)**[명] 一律。
- **일률-적(一律的)**[관명] 一律的｜一律。⑩모든 일을 ~으로 처리하다. すべてのことを一律に処理する。
- **일리¹(一利)**[명] 一利。
- **일리²(一理)**[명] 一理。⑩그것도 ~ 있는 이야기다. それも一理ある話である。
- **일리일해(一利一害)** 一利一害。
- **일막-극(一幕劇)**[명] ☞단막극(單幕劇)
- **일말(一抹)**[명] 一抹。⑩~의 희망을 걸다. 一抹の希望を託する。
- **일망(一望)**[명] 一望。
- **일망-무제(一望無際)** 一望千里。
- **일망타진(一網打盡)**[명] 一網打盡。
- **일맥(一脈)**[명] 一脈。
- **일맥-상통(一脈相通)**[명] 一脈相通ずること。
- **일면(一面)**[명] ❶一面。⑩육면체의 ~ 六面体の一面。❷一面｜面。⑩그에게는 수줍어하는 ~이 있다. 彼には恥ずかしがる面がある。❸周辺一帯。❹初対面。
- **일-면식(一面識)**[명] 一面識。⑩그와는 ~도 없다. 彼とは一面識もない。
- **일명¹(一名)**[명] 一名。
- **일명²(一命)**[명] 一命。❶一人の命。❷一つの命令。
- **일모-작(一毛作)**[명] 一毛作。
- **일모-하다(日暮―)**[형] 日がくれる。
- **일목요연-하다(一目瞭然―)**[형] 一目瞭然だ。
- **일몰(日沒)** 日沒｜日の入り。
  - **일몰-하다**[자] 日没する。
- **일무(佾舞)**[명] 《예》数人をいくつもの列らに並べ立たせて舞わせる踊り。
- **일무-소식(一無消息)**[명] 便たよりが全然ないこと。
- **일문(一門)**[명] 一門。
- **일문-일답(一問一答)**[명] 一問一答。
- **일미(一味)**[명] ❶最上の味。⑩천하 ~ 天下の美味。❷一種の味わい。
- **일박(一泊)**[명] 一泊。⑩~ 이일 一泊二日。
  - **일박-하다**[자] 一泊する。
- **일반¹(一半)**[명] ☞절반
- **일반²(一般)**[명] 一般。⑩피차 ~ お互いさま。
- **일반 개념(一般概念)** 一般概念。
- **일반-도(一般圖)**[명] 一般図。
- **일반-석(一般席)**[명] 一般席。
- **일반-인(一般人)**[명] 一般人。
- **일반-적(一般的)**[관명] 一般的。⑩~인 현상 一般的の現象。
- **일발(一發)**[명] 一発。
- **일방(一方)**[명] 一方。⑩~ 통행 一方通行。
- **일방-적(一方的)**[관명] 一方的。⑩~ 주장 一方的主張／~으로 이기다. 一方的に勝つ。
- **일배-주(一杯酒)**[명] 一杯の酒。
- **일벌**《생》働き蜂。
- **일변¹(一邊)**[명] 一方。❶片方。❷傍から。⑩그 사람의 친절은 ~으로는 고맙고, ~으로는 부담스럽다. 彼の親切さは一方ではありがたいが、一方ではいかにも負担だ。
- **일변²(一變)**[명] 一変。
  - **일변-하다**[자] 一変する。⑩태도가 ~. 態度が一変する。
- **일변도(一邊倒)**[명] 一辺倒。⑩강경 ~ 強硬一辺倒。
- **일별(一瞥)**[명] 一瞥。
  - **일별-하다**[타] 一瞥する。
- **일보¹(一步)**[명] 一歩。⑩~를 양보하다. 一歩を譲る。
- **일보²(日報)**[명] 日報。
- **일복(一福)**[명] 仕事が多いこと。⑩~이 터졌구나! 仕事が山ほどある。
- **일본(日本)**[명] 《국》日本。
- **일본 뇌염(日本腦炎)**[의] 日本脳炎。
- **일부¹(一夫)**[명] 一夫。⑩~다처 一夫多妻／~일처 一夫一妻。

일부²(一部)[명] 一部ぶ。
일부³(日賦)[명] 日賦ぷ｜日払はらい。
일부러[부] わざと｜故意こいに｜わざわざ｜せっかく。[예]그는 ~ 나를 모른 체한다. 彼かれはわざと私わたしのことを知しらないふりをする。/ ~ 여기까지 오시다니 고맙습니다. わざわざここまで来きていただけるとは、ありがとうございます。/ ~ 나를 넘어뜨렸다. 故意に私を押おし倒たおした。
일-부분(一部分)[명] 一部分ぶぶん。
일부-인(日附印)[명] 日付印ひづけいん。
일부 조사(一部調査)[수] 一部調査ちょうさ｜抜ぬき取とり検査けんさ。
일비(日費)[명] 毎日まいにちの費用ひよう。
일사¹(一事)[명] 一事じ。[예] ~ 부재리 一事不再理ふさいり。
일사²(日射)[명] 日射しゃ。
일사³(逸史)[명] 逸史いっし。
일사⁴(逸事)[명] 逸事いつじ。
일사-량(日射量)[명] 《물》日射量しゃりょう。[예] ~ 이 많아서 포도가 달게 익었다. 日射量が多おおくてブドウが甘あまく熟じゅくした。
일사-병(日射病)[명] 《의》日射病しゃびょう。
일-사분기(一四分期)[명] 第一四半期だいいちしはんき。
일사-천리(一瀉千里)[명] 一瀉千里せんり。
일산¹(日産)[명] ❶【생산량】一日いちにちの生産量せいさんりょう。❷【명】日本産にほんさん。
일산²(日傘)[명] 日傘ひがさ。
일산 염기(一酸鹽基)《화》一酸塩基えんき。
일산화-탄소(一酸化炭素)《화》一酸化炭素いっさんかたんそ。[예] ~ 중독 一酸化炭素中道ちゅうどう。
일-삼다[타] 仕事しごととしてする｜専念せんねんする｜ふける｜明あけ暮くれる。[예]싸움을 ~. けんかに明け暮れる。
일상(日常)[명] 日常にちじょう｜普段ふだん。[예] ~의 대화 日常の対話たいわ / ~ 있는 일이다. 日常のことである。
일상-생활(日常生活)[명] 日常生活にちじょうせいかつ。
일상-적(日常的)[관명] 日常的にちじょうてき。[예] ~ 인 생활이 따분하다. 日常的な生活せいかつが退屈たいくつだ。
일색(一色)[명] ❶【색】一色いっしょく・ぶ。❷【명】ずば抜ぬけた美人びじん。❸【명】一色いっしょく｜そればかり。[예]노란 셔츠 ~이다. 黄色きいろいシャツばかりだ。
일생(一生)[명] 一生しょう｜生涯しょうがい。[예] ~ 일대의 기회 一生一代いちだいの機会きかい / ~ 잊을 수 없는 일이다. 一生忘わすれられないことである。/ ~ 독신으로 살다. 一生独身どくしんで通とおす。
일석(一夕)[명] 一夕せき。[예]일조~ 一朝いっちょう一夕。
일석이조(一石二鳥)[명] ☞일거양득(一擧兩得)
일선(一線)[명] 一線せん。
일설(一說)[명] 一說せつ。
일세(一世)[명] ❶一世いっせい・ぶ｜一生しょう。❷一世いっせい｜当代とうだい。
일소¹(一笑)[명] 一笑しょう。[예] ~에 부치다. 一笑に付ふす。
일소²(一掃)[명] 一掃そう。
 일소-하다[타] 一掃する。[예]부정부패를 ~. 不正腐敗ふはいを一掃する。
일-손[명] ❶【일할 사람】働はたらく人ひと｜人手ひとで。[예]농번기에는 ~이 부족하다. 農繁期のうはんきは人手が足たりない。❷【솜씨】(仕事しごとの)手並なみ｜腕前うでまえ｜腕うで。[예]우리 며느리는 ~이 시원스러워 척척 한다. うちの嫁よめは腕がてきぱきしている。❸【일하는 손】仕事しごとをしている手て。[예] ~을 멈추지 마라. 仕事の手を止とめるな。/ ~이 빠르다. 仕事の手が早はやい。
 일손(을) 놓다[관용] 仕事しごとの手てを休やすめる｜仕事をやめる。[예]일손을 놓고 담배 한 대 피울까? 仕事の手を休めて一服いっぷくしようか。
 일손이 잡히다[관용] 仕事しごとに意欲いよくが出でる。
일-솜씨[명] 仕事しごとの腕うで｜腕前うでまえ｜手際てぎわ。[예] ~ 좋은 장인 腕の良よい職人しょくにん。
일수¹(日收)[명] ❶【수입】日収にっしゅう｜日銭ひぜに。❷【돈】日済ひなし。
일수²(日數)[명] 日数にっすう。
일순(一瞬)[명] 一瞬しゅん。[예] ~ 착각하다. 一瞬思おもい違ちがう。
일순-간(一瞬間)[명] 一瞬間しゅんかん｜一瞬しゅんの間あいだ。[준]일순。
일시¹(一時) I [명] 一時じ。[예] ~에 일어난 사건 一時に起おきた事件じけん / ~도 방심할 수 없다. 一時も油断ゆだんできない。
 II [부] 一時じ。[예] ~ 보류하다. 一時見合みあわせる。
일시²(日時)[명] 日時じ。
일시-적(一時的)[관명] 一時的じてき。[예] ~인 충동 一時の衝動しょうどう。
일식¹(日食)[명] 和食わしょく｜日本料理にほんりょうり。
일식²(日蝕)[명] 《천》日食しょく。
일신¹(一身)[명] 一身しん。
일신²(一新)[명] 一新しん。

일신-하다[자타] 一新する。 예 면모를 ~. 様相を一新する。

일신³(日新)[명] 日新。
　일신-하다[자] 日新する。

일신-교(一神教)[명] 〔종〕一神教。

일실 이익(逸失利益)[법] 逸失利益。

일심(一心)[명] 一心。

일심-동체(一心同體)[명] 一心同体。

일심-전력(一心專力)[명] 一心になって力を尽くすこと。

일심-하다(日甚—)[형] 日々に甚だしくなる。

일쑤 Ⅰ[명] —するのが常だ。 예 점심 대신 샌드위치로 식사를 때우기가 ~이다。 昼ごはんの代わりにサンドイッチを食べるのが常だ。
Ⅱ[부] よく；しばしば。 예 ~ 다리를 떤다。 よく脚を振る。

일야¹(一夜)[명] 一夜；一晩。

일야²(日夜)[명] 日夜；昼夜。

일약(一躍)[부] 一躍。 예 ~ 유명 인사가 되다。 一躍有名人士になる。

일어(日語)[명] 〔언〕日本語。

일어-나다[자] ❶ 立ち上がる；立つ。 예 얼마나 많이 컸는지 어디 일어나 보아라. どれだけ大きくなったのか、ちょっと立ってみろ。 ❷ 起きる；起き上がる；起床する。 예 아침 일찍 ~. 朝早く起きる。 ❸ 生じる。 예 갈지 말지 갈등이 ~. 行くか行くまいか葛藤している。 ❹ 生じる；起こる；出来る。 예 전쟁이 일어났어. 戦争が起こった。 ❺ 起こる；立つ。 예 보푸라기가 ~. 毛羽が立つ。

일어-서다[자] ❶ 立ち上がる；立つ；起立する。 예 자리에서 벌떡 ~. 席からぱっと立つ。/ 모두 ~, 全員立ち上がる。 ❷ 立ち直る。 예 회사를 일으키기 위해 다시 ~. 会社を栄えさせるために立ち直る。

일어-앉다[자] 起き上がって座る。 예 아침 일찍 ~. 朝早く起き上がって座る。

일언(一言)[명] 一言；片言。

일언-반구(一言半句)[명] 一言半句。

일언지하(一言之下)[명] 一言の下に；言下。 예 ~에 거절하다. 一言の下に拒絶する；言下に断る。

일-없다[형] 構わない；大丈夫だ。 예 네 도움은 ~. 君の助けは必要ない。/ 염려하지 않아도 ~. 心配しなくても大丈夫だ。

일없-이[부] (何の)用よう も無く；わけも無く。 예 ~ 밤거리를 돌아다니는 아이 わけも無く夜の街を歩き回っている子供/ 냉장고를 열지 마라. 용도 무く冷蔵庫を開けるな。/ 어머니는 아까부터 집 앞을 ~ 왔다 갔다 하고 계시다. 母はさっきから用もないのに家の前を行ったり来たりしている。

일-염기산(一鹽基酸)[명]《화》一塩基酸。 예 염산은 ~이다. 塩酸は一塩基酸だ。

일엽-편주(一葉片舟)[명] 一葉船；一艘の小舟；一葦。

일요(日曜)[명] 日曜。

일-요일(日曜日)[명] 日曜日。 =일³(日)·요(日曜)

일용¹(日用)[명] 日用。

일용²(日傭)[명] 日雇い。 예 ~ 노동자 日雇い労働者。

일용-품(日用品)[명] 日用品。

일우(一隅)[명] 一隅；一角；片隅。

일원¹(一元)[명] 一元。

일원²(一員)[명] 一員。

일원³(一圓)[명] 일대(一帶)

일원-론(一元論)[명]《철》一元論。 =단원론

일원-화(一元化)[명] 一元化。
　일원화-하다[자타] 一元化する。 예 조직을 ~. 組織を一元化する。

일월¹(一月)[명] 一月。 =정월(正月)

일월²(日月)[명] 日月。 ❶ 日と月。 예 ~성신 日月星辰。 ❷ 月日。

일으키다[타] ❶ 起こす；起き上がらせる；引き起こす。 예 몸을 ~. 体を起こす。 넘어진 아이를 일으켜 주었다. 転んでいる子供を起こしてやった。 ❷ 起こす；引き起こす。 예 가는 곳마다 말썽을 일으키는 말썽꾼 行く先々でもめごとを起こす厄介者/ 문제를 ~. 問題を起こす。 ❸ 繁栄させる；起こす。 예 쓰러져 가는 가세를 ~. 倒れかかった暮らし向きを起こす。 ❹ (ある現象を)起こす；立てる；生じさせる；発生させる。 예 부연 먼지를 ~. ぼやける埃を立てる。/ 전기를 ~. 電気を起こす。 ❺ (生理的や心理的な現

象(げん)を)起(お)こす。 예 극심한 갈등을 일으킨 사건 激しい葛藤(かっとう)を起こした事件(じけん) / 심한 경련을 ~. ひどい痙攣(けいれん)を起こす。 / 착각을 일으켰다. 錯覚(さっかく)を起こした。

일이(一二)괸 一二(いち)｜一(ひと)つか二(ふた)つ。

일익¹(一翼)명 一翼(いちよく)。 예 ~을 담당하다. 一翼を担(にな)う。

일익²(日益)튀 日(ひ)ごとにますます｜なお一層(いっそう)。 예 귀사의 ~ 번창하심을 경하드립니다. 貴社(きしゃ)のますますのご隆昌(りゅうしょう)をお慶(よろこ)び申(もう)し上(あ)げます。

일인¹(一人)명 一人(いちにん・ひとり)。 예 ~자 一人者(しゃ) / ~ 이역 一人二役(いちにんふたやく)。

일인²(日人)명 日本人(にほんじん)。

일-인칭(一人稱)명《언》一人称(いちにんしょう)。예 ~ 소설 一人称小説(いちにんしょうしょうせつ)。

일일¹(一日)명 一日(いちにち・いちじつ)。 예 ~ 생산량 一日の生産量(せいさんりょう)。

일일²(日日)명튀 日々(ひび)。

일일여삼추(一日如三秋)명 一日三秋(いちじつさんしゅう)｜一日千秋(いちじつせんしゅう)。

일일-이¹튀《も》事々(ことごと)に｜ことごとく。 예 트집을 잡다. 事々にけちをつける。

일일-이²(一一一)튀【個別】一々(いちいち)｜事々(ことごと)に。 예 ~ 확인하다. いちいち確認(かくにん)する。

일임(一任)명 一任(いちにん)。

일임-하다타 一任する。 예 모든 일을 아내에게 ~. すべてのことを家内(かない)に一任する。

일자¹(一字)명【文字】一言(ひとこと)の文(ぶん)｜短(みじか)い文。 예 ~ 소식도 없다. 一言の便(たよ)りもない。

일자²(一字)명【文字】一(ひと)つの字(じ)。 예 입을 ~로 다물다. 口(くち)を真一文字(まいちもんじ)に結(むす)ぶ。

일자³(日字)명 ☞날짜

일-자리명 勤(つと)め口(ぐち)｜職(しょく)｜職場(しょくば)。 예 ~를 얻다. 職にありつく。 / ~를 구하다. 勤め口を探(さが)す。

일자-무식(一字無識)명 一文不知(いちもんふち)｜一文不通(いちもんふつう)。

일자-집(一字-)명〈건〉長屋(ながや)。

일-잠명 早寝(はやね)｜宵寝(よいね)。 예 어린이는 ~를 자야 키가 큰다. 子供(こども)は早寝をすれば背(せ)が伸(の)びる。

일장(一場)명 一場(いちじょう)｜一席(いっせき)。 예 ~ 연설을 하다. 一場の演説(えんぜつ)をする。

일장일단(一長一短)명 一長一短(いっちょういったん)。

일장-춘몽(一場春夢)명 一場(いちじょう)の夢(ゆめ)。

일-재간(一才幹)명 仕事(しごと)の手並(てな)み｜仕事の腕前(うでまえ)。

일전¹(一轉)명 一転(いってん)。 예 심기 ~ 心機(しんき)一転。
  일전-하다자 一転(いってん)する。

일전²(日前)명 先日(せんじつ)｜先般(せんぱん)｜この間(あいだ)。 예 ~에 말한 대로 先日言(い)った通(とお)りに。 / ~에는 여러 가지로 고마웠습니다. 先日はいろいろとありがとうございました。

일절(一切)튀【限定・絶対・전면】一切(いっさい)｜全(まった)く｜全然(ぜんぜん)。 예 지각은 ~ 허용하지 않는다. 遅刻(ちこく)は一切許(ゆる)さない。 / 걱정할 필요가 ~ 없다. 心配(しんぱい)は一切不要(ふよう)だ。

일정¹(日政)명 ☞왜정(倭政)

일정²(日程)명 日程(にってい)。 예 여행 ~을 잡다. 旅行(りょこう)の日程を決(き)める。

일정-표(日程表)명 日程表(にっていひょう)。

일정-하다(一定-)형 一定(いってい)だ｜一定している。 예 만기까지 일정한 금리 満期(まんき)まで一定している金利(きんり) / 일정하게 나누다. 一定に分(わ)ける。 / 일정한 방향으로 나아가다. 一定の方向(ほうこう)に進(すす)む。

일제¹(一齊)명 一斉(いっせい)。 예 ~ 고사 一斉考査(いっせいこうさ) / 음주 운전을 ~ 단속하다. 飲酒運転(いんしゅうんてん)を一斉取(と)り締(し)まる。

일제²(日帝)명〈역〉日帝(にってい)。

일제 강점기(日帝强占期)명《역》《광복 우리나라 역사 경학편에 시기》日帝(にってい)の強制(きょうせい)占領期(せんりょうき)。

일제-히(一齊-)튀 一斉(いっせい)に｜そろって。 예 자리에서 ~ 일어서다. 席(せき)から一斉に起立(きりつ)する。

일조¹(一朝)명 ❶☞일조일석 ❷【仮定】一朝(いっちょう)｜一日(いちにち)の朝(あさ)。 ❸【만일의경우】万一(まんいち)の場合(ばあい)。

일조²(日照)명 日照(にっしょう)。

일조-권(日照權)명 日照権(にっしょうけん)。

일조 시간(日照時間)명 日照時間(にっしょうじかん)。 예 꽃은 ~의 영향을 받아 핀다. 花(はな)は日照時間の影響(えいきょう)を受(う)けて咲(さ)く。

일조-일석(一朝一夕)명 一朝(いっちょう)｜一朝一夕(いっちょういっせき)。 예 나라가 ~에 망하다. 国(くに)が一朝に滅(ほろ)びる。 ≒일조(一朝)❶

일족(一族)명 一族(いちぞく)。

일종(一種)명 一種(いっしゅ)。 예 국화의 ~ 菊(きく)の一種。

일좌(一座)명 一座(いちざ)。

일주(一周)명 一周(いっしゅう)｜一回(いっかい)り｜一巡(いちじゅん)り。 예 전국 ~ 全国(ぜんこく)一周。
  일주-하다타 一周(いっしゅう)する。 예 배를 타고

세계를 ~. 船に乗って世界を一周する。

일주-기(一週忌)〖명〗 一周忌｜一回忌。

일-주일(一週日)〖명〗 一週間。

일지(日誌)〖명〗 日誌。

일직(日直)〖명〗 日直。

일-직선(一直線)〖명〗 一直線。

일진¹(一陣)〖명〗 一陣｜ひとしきり。

일진²(日辰)〖명〗 日柄｜日並み。〖예〗 ~이 좋다. 日柄が良い。

일진-광풍(一陣狂風)〖명〗 ひとしきりの暴風。

일진일퇴(一進一退)〖명〗 一進一退。〖예〗 ~를 거듭하다. 一進一退を繰り返す。

일쩝다〖형〗【귀찮아서 번거롭다】うるさい｜煩わしい。〖예〗 몸이 아파 밥을 먹는 것도 ~. 体の具合いが悪くて、ご飯を食べるのも煩わしい。

일쭉-거리다〖자〗 腰を左右に揺り動かす。〖예〗 허리를 얄밉게 일쭉거리며 춤을 추다. 腰を小憎らしく揺り動かして踊りを踊る。=일쭉대다

일쭉-대다〖자〗 ☞ 일쭉거리다

일쭉-얄쭉〖부〗【흔들리는 모양】ぐらぐら(と)｜ゆらゆら(と)。

일쭉-일쭉〖부〗 しきりに腰を揺り動かすさま。
 일쭉일쭉-하다〖자타〗 しきりに腰を揺り動かす。〖예〗 일쭉일쭉하며 춤추다. 腰を揺り動かして踊る。

일찌감치〖부〗 早めに｜もう少し早く。〖예〗 약속 장소에 ~ 나가다. 約束の場所に早めに出る。=일찌거니 ↔느지감치

일찌거니〖부〗 ☞ 일찌감치

일찌기〖부〗 '일찍이'의 잘못.

일찍〖부〗 早く｜早めに。〖예〗 출근을 ~ 하다. 出勤を早くする。/ ~ 잠자리에 들다. 早く寝床に入る。

일찍-이〖부〗 ❶【일찍】早く｜早めに｜早々。〖예〗 아침에 ~ 일어나다. 朝早めに起きる。=일찍 ❷【이전에】かつて｜以前｜これまで。〖예〗 ~ 없었던 일이다. かつてなかったことである。

일차(一次)〖명〗 一次。〖예〗 ~ 산업 一次産業。

일차 방정식(一次方程式)《수》一次方程式。〖예〗 ~의 해를 구하다. 一次方程式の解を求める。

일차 부등식(一次不等式)《수》一次不等式。

일차 성징(一次性徵)《동》一次性徵。〖예〗 ~은 태어날 때 가지고 있는 남녀의 신체적 특징이다. 一次性徵は生まれ持っている男女の身体的特徴だ。

일차-식(一次式)《수》一次式。

일차-적(一次的)〖관〗 一次的。〖예〗 ~인 문제 一次的問題。

일차 함수(一次函數)《수》一次関数。〖예〗 ~의 그래프 一次関数のグラフ。

일체¹(一切) I 〖명〗【모든 것, 전부】一切｜全部｜すべて。〖예〗 생활용품 ~를 판매하다. 生活用品の一切を販売する。
 II 〖부〗【모두】一切。〖예〗 ~ 책임을 지다. 一切の責任を負う。

일체²(一體)〖명〗 一体。

일촉즉발(一觸卽發)〖명〗 一触即発。〖예〗 ~의 위기 一触即発の危機。

일축(一蹴)〖명〗 一蹴。
 일축-하다〖자타〗 一蹴する。〖예〗 반대 의견을 ~. 反対の意見を一蹴する。

일출(日出)〖명〗 日出｜日の出。
 일출-하다〖자〗 日が出る。

일취월장(日就月將)〖명〗【나날이 다달이 성장하여 발전함】日進月歩。

일층(一層)〖명〗 一層。

일치(一致)〖명〗 一致。〖예〗 만장~ 満場一致 / 완전 ~ 完全な一致。
 일치-하다〖자〗 一致する。

일치-단결(一致團結)〖명〗 一致団結。

일컫다〖타〗 ❶【칭하다】称する｜言う。〖예〗 그를 일컬어 음악의 아버지라고 한다. 彼を称して音楽の父という。/ 사람들은 이곳을 흔히 평화의 광장으로 일컫는다. 人々はここを俗に平和の広場という。 ❷【기리다, 칭찬하다】ほめたたえる。〖예〗 충성심을 길이 ~. 忠誠心を長らくほめたたえる。 ❸【핑계】かこつける。〖예〗 병을 일컬어 결근하다. 病気にかこつけて欠勤する。

일탈(逸脫)〖명〗 逸脱。〖예〗 일상으로부터 ~을 꿈꾸다. 日常からの逸脱を夢見る。
 일탈-하다〖자타〗 逸脱する。

일-터〖명〗 ❶作業場。 ❷職場｜仕事場｜働き口。〖예〗 ~를 찾다. 働き口を探す。

일파(一派)〖명〗 ❶【한 갈래·유파】一派｜一流派。〖예〗 다도에서 ~를 이루다. 茶道で一派を成す。 ❷【한패】一派｜一味｜仲間。

일-판[명] 作業場ば｜現場げん。
일편¹(一片)[명] 一片いっぺん。
일편²(一便)[명] 一方いっぽう。
일편-단심(一片丹心)[명] 一片いっぺんの赤誠せきせい｜真心まごころ。
일-평생(一平生)[명] 一生涯しょうがい。예 ~ 잊을 수 없는 일 一生涯忘われられないこと。
일품¹(一品)[명] ❶【최상】 一品いっぴん。 ❷【재주가뛰어남】 優すぐれた手際てぎわ｜優すぐれた腕前うでまえ。예 음식 솜씨가 ~이다. 料理りょうりの腕前がとても良い。
일품²(逸品)[명] 逸品いっぴん。
일품-요리(一品料理)[명] 一品料理いっぴんりょうり。
일필(一筆)[명] 一筆いっぴつ。
일-하다[자] ☞'일'의 부표제어.
일한(日限)[명] 日限にちげん｜日切ひぎり。=한일(限日)
일행(一行)[명] 一行いっこう。예 ~의 리더가 누구냐? 一行のリーダーはだれなのか。
일혈(溢血)[명] 溢血いっけつ。◆'출혈'의 전 용어이다. 일본어에서는「溢血」를 쓴다.
일호(一毫)[명] 一毫いちごう｜ほんの少すこし。
일화(逸話)[명] 逸話いつわ｜エピソード。
일확-천금(一攫千金)[명] 一攫千金いっかくせんきん。
일환(一環)[명] 一環いっかん。예 환경 보호의 일으로 입안된 정책 環境保護かんきょうほごの一環として立案りつあんした政策せいさく。
일후(日後)[명] 後日ごじつ。
일훈(日暈)[명] 日暈にちうん｜日傘ひがさ。
일흔[수관] 七十ななじゅう・ちじゅう。
일희일비(一喜一悲)[명] 一喜一憂いっきいちゆう。
읽다[타] ❶【글】 読よむ。예 책을 읽어 달라고 조르다. 本ほんを読んでくれとせがむ。/ 악보를 읽을 줄 안다. 楽譜がくふが読める。 ❷【뜻을 헤아림】 読よむ｜読み取とる。예 상대의 마음을 ~. 相手あいての心こころを読む。 ❸【앞일을 헤아림】 読よむ。예 수를 ~. 手てを読む。
잃다[타] ❶【잃음】 (持もっていた物ものを)無なくす｜失うしなう。예 지갑을 ~. 財布さいふを無くす。/ 직장을 ~. 職場しょくばを失う。/ 시력을 ~. 視力しりょくを失う。 ❷【죽음·이별】 (死しんで)亡なくす｜失う。예 어려서 어머니를 잃었다. 幼おさなくして母ははを亡くす。/ 전쟁으로 아들을 잃었다. 戦争せんそうで息子むすこを失った。 ❸【정신】 (精神せいしんなどを)失う。예 의식을 잃고 쓰러졌다. 意識いしきを失って倒たおれた。/ 용기를 잃지 마라. 勇気ゆうきを失うな。 ❹【길】 (道みち・方向ほうこうを)迷まよう｜失う。예 길을 잃고 헤매다. 道に迷って

さまよう。 ❺【돈】 (お金かねを)失うしなう。 화투판에서 가진 돈을 전부 잃었다. 花札はなふだの賭場とばで、持もち金かねを全部ぜんぶ失った。 ❻【기회】 (機会きかいなどを)失う｜逃のがす。예 재기할 기회를 ~. 再起さいきする機会を逃す。 ❼【본래의모습】 (本来ほんらいの姿すがたを)失う。예 명성을 ~. 名声めいせいを失う。
임¹ 愛いとしの君きみ｜あなた｜彼氏かれし。예 ~을 그리워하다. 愛しの君を恋こいしがる。
임²(壬)[명] 壬みずのえ。
임간(林間)[명] 林間りんかん。예 ~ 학교 林間学校がっこう。
임검(臨檢)[명]《법》臨検りんけん。
 임검-하다[타] 臨検する。
임계(臨界)[명] ☞경계❶
임계 압력(臨界壓力)[물] 臨界圧力りんかいあつりょく。
임금¹[명] 君王くんおう｜君主くんしゅ。예 어지신 ~ 慈いつくしみ深ぶかい王おう。
임금²(賃金)[명] 賃金ちんぎん。예 최저 ~ 最低さいてい賃金/ ~ 체불 賃金未払みばらい。
임기(任期)[명] 任期にんき。예 ~가 끝나다. 任期が切きれる。
임기-응변(臨機應變)[명] 臨機応変りんきおうへん。[준] 응변。
임대(賃貸)[명] 賃貸ちんたい｜賃貸ちんたいし｜賃借ちんしゃく。예 ~ 계약서 賃貸契約書けいやくしょ / ~ 사무실 賃貸事務所じむしょ。
 임대-하다[타] 賃貸ちんたいする｜賃貸ちんたいしする｜賃借ちんしゃくする。
임대-료(賃貸料)[명] 賃貸料ちんたいりょう。
임대-인(賃貸人)[명] 賃貸人ちんたいにん。
임-대차(賃貸借)[명] 賃貸借ちんたいしゃく。예 ~계약 賃貸借契約けいやく。
임립(林立)[명] 林立りんりつ。
 임립-하다[자] 林立する。
임면(任免)[명] 職務しょくむに任にんじることと免めんじること｜任免にんめん。
 임면-하다[타] 任免する。
임면-권(任免權)[명] 任免権にんめんけん。
임명(任命)[명] 任命にんめい。[준] 명(命)。
 임명-하다[타] 任命する。예 부사장으로 임명되다. 副社長ふくしゃちょうに任命される。
임목(林木)[명] 林木りんぼく。
임무(任務)[명] 任務にんむ。예 특수 ~ 特殊とくしゅ任務/ 막중한 ~를 띠다. 重大じゅうだいな任務を帯おびる。
임박-하다(臨迫-)[자] 差さし迫せまる｜切迫せっぱくする。예 마감일이 ~. 締切日しめきりびが差し迫る。
임부(姙婦)[명] 妊婦にんぷ。

임산(臨産)몡 お産する時期になること。
　임산-하다재 お産する時期になる。
임산-물(林産物)몡〘농〙林産物。
임-산부(姙産婦)몡 妊産婦。
임상(臨床)몡〘의〙臨床。몐 ~ 의학 臨床医学。
임석(臨席)몡 臨席。
　임석-하다재 臨席する。
임시(臨時)몡 臨時。몐 ~ 열차 臨時列車／~ 주주총회 臨時株式総会／~ 휴업 臨時休業。
임시-변통(臨時變通)몡 一時しのぎ；その場逃れ。
임시-비(臨時費)몡〘경〙臨時費。
임시 정부(臨時政府)몡 臨時政府。춘 임정(臨政)
임시-표(臨時標)몡〘음〙臨時記号。
임신(姙娠)몡 妊娠；懐妊。몐 자궁 외 ~ 子宮外妊娠；임신이라는 말을 듣고 무척 기뻐하다。妊娠という言葉を聞いてとても喜ぶ。= 회임
　임신-하다재 身ごもる；妊娠する。몐 임신한 아내 妊娠した妻。
임야(林野)몡 林野。
임업(林業)몡 林業。몐 ~ 공업 지역 林業工業地域。
임용(任用)몡 任用。몐 ~ 시험 任用試験。
임원(任員)몡 役員。
임의(任意)몡 任意。몐 ~ 제 ~ 로 정했습니다. 自分が任意に決めました。
임의-롭다(任意—)형 ❶ 任意だ；自由だ；勝手だ；気のままだ。❷〘사이좋은〙気安い；打ち解けている。몐 우리는 임의로운 사이다. 私たちは気安い間柄だ。
　임의로이뿌 ❶ 任意に；自由に；勝手に。몐 ~ 선택하다. 自由に選ぶ。❷ 気安く。
임자¹ 몡 持ち主；主。
임자² 대 ❶〘상대는 사람에게〙あんた；君。❷〘부부 사이〙あなた；あんた；お前。
임자-몸몡 ~숙주
임전(臨戰)몡 臨戦。
　임전-하다재 臨戦する。
임정(臨政)몡〘역〙臨時政府。
임종(臨終)몡 ❶〘죽음에 이를〙臨終；死に際；最後。몐 편안한 ~을 맞이하다. 安らかな臨終をむかえる。❷〘부모가 돌아가실 때 옆을 지키는 일〙親の臨終を見届けること。몐 아버지의 ~을 못하다. 父の死に立ち会えない。
　임종-하다재 ❶ 死に臨む。❷ 死に立ち会う。
임지(任地)몡 任地。
임직(任職)몡 任職。
　임직-하다타 任職する。
임진-왜란(壬辰倭亂)몡〘역〙文禄の役；文禄・慶長の役。
임-직원(任職員)몡 役職員。
임질¹ 몡 物を頭の上に載せること。
　임질-하다재 物を頭の上に載せる。
임질²(淋疾)몡〘의〙痳疾；淋病。
임차(賃借)몡 賃借；賃借り。
　임차-하다타 賃借する；賃借りする。
임차-권(賃借權)몡〘법〙賃借権；賃借人が使用する権利。
임치(任置)몡 寄託。몐 ~ 제도 寄託制度。
임파(淋巴)몡〘의〙リンパ。= 림프
임파-선(淋巴腺)몡〘의〙リンパ腺。= 림프샘
임-하다(臨—)재 ❶〘어떤 사태에 있다〙臨む；直面する。몐 경기에 임하는 자세 競技に臨む姿勢。❷〘어떤 장소에〙向かう。몐 현장에 ~. 現場に向かう。❸ 面する。몐 그 집은 바닷가に임해 있다. その家は海辺に面している。
임학(林學)몡〘농〙林学。
임화(臨畫)몡〘미〙臨画。몐 화집을 베낀 ~ 画集を写した臨画。
입몡 口。❶〘사람〙食べたり声を出す器官。몐 ~을 다물다. 口をつぐむ。／~을 벌리다. 口をあける。／~이 근질근질하다. (しゃべりたくて)口がむずむずする。／함부로 ~을 놀리지 마라. やたらに軽はずみに物を言うな。❷〘식구〙家族の数；ものを食べる人数。몐 ~이 늘다. 口が増える。／~을 줄이다. 口を減らす。❸〘말〙人が言う言葉。몐 ~이 걸다. 口が汚い。❹〘맛〙味覚。몐 음식이 ~에 맞다. 食べ物が口に合う。❺〘한 번에 먹거나 마시는 양만큼의〙一度に食べる量りょうの単位。몐 사과를 한 ~ 베어 먹다. リンゴを一口かじる。❻〘입술〙唇。몐 ~을 맞추다. キスをする；口づけをする。
입(을) 맞추다관용 (話が合うように)口裏を合わせる。몐 탄로 나지 않도록

입을 맞추다. ばれないように口裏を合わせる。
입(이) 쓰다관용 (思い通どおりにならなくて精神的せいしんてきに)苦くるしい。
입-가심명 口直くちなおし｜口くちをすすぐこと。
　입가심-하다자 口くちをすすぐ｜うがいをする。
입각¹(入閣)명 入閣にゅうかく。예~ 후보 入閣候補にゅうかくこうほ。
　입각-하다¹자 入閣にゅうかくする。
입각²(立脚)명 立脚りっきゃく。
　입각-하다²자 立脚りっきゃくする。예사실에 입각하여 주장하다. 事実じじつに立脚して主張しゅちょうする。
입-간판(立看板)명 立たて看板かんばん。
입건(立件)명 《법》立件りっけん。예형사 ~ 刑事けいじ立件。
　입건-하다타 立件りっけんする。
입경(入京)명【during】入京にゅうきょう。
　입경-하다자 入京にゅうきょうする。
입고(入庫)명 入庫にゅうこ。
　입고-하다타 入庫にゅうこする。예신제품을 ~. 新製品しんせいひんを入庫する。
입관(入棺)명 入棺にゅうかん。
　입관-하다타 入棺にゅうかんする。
입교¹(入校)명 ☞입학(入學)
입교²(入教)명 ❶洗礼せんれいを受うけてキリスト教きょう教徒きょうとになること。❷宗教しゅうきょうを信しんじ始はじめること。
입구(入口)명 入いり口ぐち。예야구장 ~ 野球場やきゅうじょうの入り口。/동물원 ~에서 기다리다. 動物園どうぶつえんの入り口で待まつ。
입국(入國)명 入国にゅうこく。예~ 허가서 入国許可書にゅうこくきょかしょ/~을 거부하다. 入国を拒否きょひする。
　입국-하다자타 入国にゅうこくする。
입국 사증(入國査證)《법》入国査証にゅうこくさしょう｜ビザ。=비자
입궐(入闕)명 宮殿きゅうでんに入はいること。
　입궐-하다자타 宮殿きゅうでんに入はいる。
입금(入金)명 入金にゅうきん。예~ 수수료 入金手数料にゅうきんてすうりょう/~ 날짜 入金日にゅうきんび。
　입금-하다자타 入金にゅうきんする。예내일까지는 입금해 주세요. 明日あしたまでに入金して下ください。
입-김명 ❶息いき｜息遣いきづかい。❷【비유】影響力えいきょうりょく｜圧力あつりょく。예~을 넣다. 圧力を加くわえる。/~이 세다. 影響力が強つよい。
입-내¹【during】口くちまね。예~를 내다. 口まねをする。

입-내²명 口臭こうしゅう。=구취
입니까 ☞-ㅂ니까
입니다 ☞-ㅂ니다
입다 ❶【착용】着きる｜はく｜まとう。예바지를 ~. ズボンをはく。/검은 양복을 ~. 黒くろい背広せびろを着る。❷【당함】受うける｜負おう｜こうむる。예은혜를 ~. 恩おんを受ける。/손해를 ~. 損害そんがいをこうむる。/상처를 ~. 傷きずを負う。
입-담명 話はなしぶり｜弁舌べんぜつ｜話術わじゅつ｜口才くちざい。예~이 좋다. 弁舌が上手じょうずだ。
입당(入黨)명 入党にゅうとう。예~ 신청서 入党申込書もうしこみしょ。
　입당-하다자 入党にゅうとうする。예가족 당원으로 ~. 家族かぞく党員とういんとして入党する。
입대(入隊)명 入隊にゅうたい。
　입대-하다자 入隊にゅうたいする。예스무 살에 입대했다. 二十歳はたちに入隊した。
입-덧명 つわり｜悪阻あくそ。예~을 하다. つわりを起おこす。
입동(立冬)명【절기】立冬りっとう。
입때부 今いまだに。
입때-껏부 今いまだにずっと。
입력(入力)명《물·컴》入力にゅうりょく｜インプット。예데이터 ~ データ入力。
　입력-하다자타 入力にゅうりょくする。
입론(立論)명 立論りつろん。
　입론-하다자 立論りつろんする。
입-막음명 口止くちどめ｜口塞くちふさぎ。
　입막음-하다타 口止くちどめする。예비밀이 새나가지 않도록 ~. 秘密ひみつを漏もらさぬよう口止めする。
입-맛명 食欲しょくよく｜食くい気け｜口当くちあたり｜口くちざわり。예~을 돋우다. 食欲をそそる。/~이 당기다. 食たべたくなる。/~이 떨어지다. 食欲が衰おとろえる；食欲がなくなる。/오늘은 ~ 도는 반찬 좀 먹고 싶다. 今日きょうは食欲が出るおかずをちょっと食べたい。=구미¹
　입맛(이) 쓰다관용 思おもいどおりにならずに腹立はらだたしい。예일이 그렇게 되다니 입맛이 쓰게 되었구나. ことがそのようになるとは、腹立たしい思おもいだけをすることになったな。
입-매명 口くちつき｜口元くちもと。
입목(立木)명【임업·임학】立木たちき・りゅうぼく。
입문(入門)명 入門にゅうもん。
　입문-하다자 入門にゅうもんする。예정계에 ~. 政界せいかいに入門する。
입문-서(入門書)명 入門書にゅうもんしょ。

입-바르다[형] 正しいことを言う；直言して言う. 歯に衣を着せないで言う.

입방아[명] 無駄口.
  입방아(를) 찧다[관용] 無駄口をたたく. 예그 소문에 대해서 이러쿵저러쿵 입방아를 찧다. あのうわさに関してつべこべ無駄口をたたく.

입방-체(立方體)[명] 《수》立方体；正六面体. =정육면체

입-버릇[명] 口癖. ~처럼 말하다. 口癖のように言う. / 그 여자는 ~이 나쁘다. その女性は口癖が悪い. =구습¹

입법(立法)[명] 立法. 예~ 기관 立法機関.
  입법-하다[타] 立法する.

입법-권(立法權)[명] 《법》立法権.

입-비뚤이[명] 口の歪んだ人.

입-빠르다[형] ❶口が軽い；おしゃべりだ. ❷口が過ぎる.

입사¹(入社)[명] 入社. 예~ 동기 入社同期 / ~ 동기 入社動機.
  입사-하다[자] 入社する.

입사²(入射)[명] 《물》入射；投射. 예~각 入射角 / ~ 광선 入射光線 / ~점 投射点.

입산(入山)[명] 入山.
  입산-하다[자] 入山する.

입상(入賞)[명] 入賞.
  입상-하다[자] 入賞する.

입상²(立像)[명] 立像.

입석(立席)[명] 立ち席.

입선(入選)[명] 入選.
  입선-하다[자] 入選する.

입성(入城)[명] 入城.
  입성-하다[자] 入城する.

입소(入所)[명] 入所.
  입소-하다[자] 入所する.

입속-말[명] つぶやき；一人言. 예~로 중얼거리다. ぶつぶつつぶやく.

입수(入手)[명] 入手. 예~처 入手先 / ~방법 入手方法 / ~ 경로 入手経路.
  입수-하다[자][타] 入手する；手に入れる. 예새로운 정보를 ~. 新たな情報を入手する.

입술[명] 唇. 예얇은 ~ 薄い唇 / ~이 트다. 唇が荒れる.
  입술에 침이나 바르지[속담] 嘘をつけるつもりなら, 舌をなめずりでもやろう：「平気で見え透いた嘘がつける」の意.
  입술을 깨물다[관용] ❶唇を噛む. ❷固く決心する；決意を固くする.

입술-감[명] 口布.

입술-소리[명] 《언》唇音.

입술-연지(一臙脂)[명] 口紅；ルージュ. 예~를 바르다. 口紅をつける.

입시(入試)[명] 入試. 예고교 高校入試 / ~ 문제 入試問題.

입신¹(入神)[명] 入神. 예~의 기술 入神の技.
  입신-하다[자] 技能が上達し, すぐれた域に達すること.

입신²(立身)[명] 立身. 예~ 영달 立身栄達 / ~양명 立身揚名 / ~출세 立身出世.
  입신-하다[자] 立身する.

입실(入室)[명] 入室.
  입실-하다[자] 入室する.

입쌀[명] 粳；うるごめ；粳米. ㉜쌀

입쌀-밥[명] 生飯；白い飯. 예하얀 ~에 고기반찬 白いご飯に肉のおかず.

입-씨름[명] ❶言葉で努力する事；口で説得したり納得させる事. ❷言い争い；口論. 예또 ~이 시작되었다. また言い争いが始まった.
  입씨름-하다[자] ❶口で説得したり納得させる. ❷言い争う；口論する. 예입씨름하고 있을 때가 아니다. 言い争っている場合ではない.

입-아귀[명] 口角.

입안(立案)[명] 立案.
  입안-하다[타] 立案する. 예자본 정책을 ~. 資本政策を立案する.

입양(入養)[명] 養子縁組.
  입양-하다[타] 養子縁組をする；養子にする. 예버려진 아이를 ~. 捨て子を養子にする.

입어-권(入漁權)[명] 《법》入漁権.

입욕(入浴)[명] 入浴.
  입욕-하다[자] 入浴する.

입욕-제(入浴劑)[명] 入浴剤.

입원(入院)[명] 入院. 예~ 수속 入院手続き.
  입원-하다[자] 入院する.

입자(粒子)[명] 《물》粒子.

입장¹(入場)[명] 入場. 예무료 ~ 無料入場.
  입장-하다[자] 入場する.

입장²(立場)圏 立場たち。例 곤란한 ~에 있다. 困こまった立場に置おかれている。/ 고용인의 ~에서 생각한다. 雇やとい人にんの立場で考かんがえる。=처지

입장-권(入場券)圏 入場券にゅうじょうけん。

입-장단圏 口拍子くちびょうし。

입장-료(入場料)圏 入場料にゅうじょうりょう。

입적¹(入寂)圏【불교】入寂にゅうじゃく ¦ 入滅にゅうめつ。
　입적-하다¹ 困 入寂にゅうじゃくする ¦ 入滅にゅうめつする。

입적²(入籍)圏 入籍にゅうせき。
　입적-하다² 囲 入籍にゅうせきする。

입정¹圏 ❶【癖】口癖くちぐせ。❷ 食たべるときや言いうとき動うごく口くち。
　입정(이) 사납다관용 ❶【말버릇】口汚くちぎたない。❷【먹는 버릇】がつがつしている ¦ むさぼり食くう。

입정²(入廷)圏【법률】入廷にゅうてい。
　입정-하다 囲 入廷にゅうていする。

입주(入住)圏 入居にゅうきょ。
　입주-하다 囲 入居にゅうきょする。例 새 아파트에 ~. 新あたらしいマンションに入居にゅうきょする。

입증(立證)圏 立証りっしょう。
　입증-하다 囲 立証りっしょうする。例 입증할 자료가 없다. 立証する資料しりょうがない。

입증 책임(立證責任)《법》立証責任りっしょうせきにん ¦ 挙証きょしょう責任。

입지¹(立地)圏 立地りっち。例 ~ 조건이 좋다. 立地条件じょうけんがいい。

입지²(立志)圏 立志りっし。
　입지-하다 囲 志こころざしを立たてる。

입지-전(立志傳)圏 立志伝りっしでん。例 ~적인 인물 立志伝的じってきな人物じんぶつ。

입-질【낚시】当あたり ¦ 魚信ぎょしん。例 한 시간째 ~이 없다. 一時間じかんの間あいだ、当たりがない。
　입질-하다【낚시】餌えさに当あたる。

입질 배서(入質背書)《법》入質裏書にゅうしつうらがきしょ。

입-짓圏 口くちの動うごき ¦ 口くちでの合図あいず。

입찬-소리圏 大言壮語たいげんそうご ¦ 自慢話じまんばなし。

입찰(入札)圏《경》入札にゅうさつ ¦ いれふだ。例 ~ 공고를 내다. 入札公告こうこくを出だす。
　입찰-하다 入札にゅうさつする。

입-천장(-天障)圏《의》口蓋こうがい。=구개

입천장-소리(-天障--)圏《언》口蓋音こうがいおん。=구개음(口蓋音)

입체(立體)圏《수》立体りったい。例 ~ 도형 立体図形ずけい。/ 교차 立体交差こうさ。

입체-미(立體美)圏 立体美りったいび。

입체 영화(立體映畫)《연》立体映画りったいえいが。

입체-주의(立體主義)圏《미》立体主義りったいしゅぎ。例 추상 미술의 모태인 ~ 抽象美術ちゅうしょうびじゅつの基礎きそとなった立体主義。

입추¹(立秋)圏【절기】立秋りっしゅう。

입추²(立錐)圏 立錐りっすい。
　입추의 여지가 없다속담 立錐りっすいの余地よちもない。

입춘(立春)圏【절기】立春りっしゅん。

입출(入出)圏 収入しゅうにゅうと支出ししゅつ。

입하¹(入荷)圏 入荷にゅうか。
　입하-하다¹ 入荷にゅうかする。

입하²(立夏)圏【절기】立夏りっか。

입학(入學)圏 入学にゅうがく。例 ~ 원서 入学願書がんしょ。=입교¹(入校)
　입학-하다 囲 入学にゅうがくする。

입학-금(入學金)圏 入学金にゅうがくきん。

입학-시험(入學試驗)圏 入学試験にゅうがくしけん。
　준 입시

입항(入港)圏 入港にゅうこう。
　입항-하다 囲 入港にゅうこうする。

입헌(立憲)圏 立憲りっけん。例 ~ 정치 立憲政治せいじ / ~ 군주국 立憲君主国くんしゅこく。
　입헌-하다 憲法けんぽうを制定せいていする。

입회¹(入會)圏 入会にゅうかい。例 ~ 신청서 入会申込書もうしこみしょ / ~ 방법 入会方法ほうほう。
　입회-하다¹ 囲 入会にゅうかいする。例 당 협회에 입회하면 … 当協会きょうかいに入会すると…。

입회²(立會)圏 立たち会あい。
　입회-하다² 囲 立たち会あう。

입회-인(立會人)圏《법》立会人たちあいにん。

입-후보(立候補)圏 立候補りっこうほ。
　입후보-하다 囲 立候補りっこうほする。例 회장에 ~. 会長かいちょうに立候補する。

입-히다 囲 ❶【着용】着きせる ¦ はかせる。例 코트를 입혀서 외출한다. コートを着きせてでかける。❷【받게】負おわせる ¦ 与あたえる ¦ こうむらせる。例 상처를 ~. 傷きずを負おわせる。/ 손해를 ~. 損害そんがいを与える。❸【덮이게】施ほどこす ¦ 張はる。例 금박을 ~. 金箔きんぱくを施す。/ 정원에 잔디를 ~. 庭にわに芝しばを植うえる。

잇¹圏【이불】カバー。

잇²圏 ☞잇꽃

잇-기圏 接つぎ。

잇-꽃圏《식》紅花こうか。例 ~으로 붉은 염료를 만들었다. ベニバナで赤あかい染料せんりょうを作つくった。=잇²

잇다 囲 ❶【연결】結むすぶ ¦ つなぐ。例 끈을 ~. 紐ひもを結ぶ。❷【계속】継つぐ ¦ 続つづける。예

가업을 ~. 家業を継ぐ。/ 말을 ~. 言葉を続ける。

잇-달다[자타] 引き続く｜相次ぐ。 예 잇단 차량 행렬 相次ぐ車両の列/ 화재 사고가 잇달아 발생하다. 火事の事故が引き続いて起こる。

잇-닿다[자] 接する｜つながる｜続く。 예 해안에 잇닿은 길 海岸に接する道/ 두 산맥이 잇닿아 있다. 二つの山脈がつながっている。

잇-대다[타] つなぎ合わせる｜継ぎ合わせる。 예 두 개의 밧줄을 잇대어 길게 만들다. 二つの綱をつなぎ合わせて長くする。

잇-따르다[자] 引き続く｜相次ぐ。 예 잇따른 사건 사고 引き続く事件と事故/ 불운이 ~. 不運が引き続く。/ 아버지가 일어나자 잇따라 그도 일어났다. お父さんが席から立ち上がると、彼も立て続けに立った。

잇-몸[명] (의)歯肉｜歯茎。
잇-바디[명] 歯列｜歯並び。
잇-새[명] 歯のすきま。
잇-소리[명] (언)歯音。=치음(齒音)
잇-속[명] 歯の形｜歯並び。
잇-속²(利-)[명] 実利｜打算。 예 자신의 ~만 채우다. 自分の実利だけ満たす。/ ~이 있다. もうけになる。

잇-자국[명] 歯形｜噛んだ歯のあと。 예 개가 물어서 ~이 선명하게 났다. 犬に噛まれて歯形が鮮明についた。

있다 Ⅰ [자] ❶[존재] いる。 예 금요일까지 기숙사에 ~. 金曜日まで寄宿舍にいる。/ 떠들지 말고 조용히 있어라. 騷がないで静かにしていろ。 ❷[시간] (時間が)経つ。 예 조금 있으니 버스가 왔다. 少ししたらバスが来た。/ 이틀만 있으면 내 생일이다. 二日が経てば私の誕生日だ。
Ⅱ [형] ❶[존재] いる｜ある。 예 기회가 ~. 機会がある。/ 증거가 ~. 証拠がある。/ 나는 그와 만난 적이 ~. 私は彼と会った事がある。/ 나의 가족으로는 아내와 딸 하나가 ~. 私の家族は妻と娘の一人がいる。 ❷[사건] (事が)起こる｜ある。 예 오늘 저녁 동창 모임이 ~. 今日の夜に同級生の集まりがある。/ 무슨 일 있어? 何かあるの。/ 좋은 일이 ~. 良い事がある。/ 몸에 열이 있는 걸 보니 감기에 걸렸나 보다. 体に熱があるところを見ると、風邪を引いたようだ。 ❸[소유]財産が多い。 예 그는 꽤 있는 집안에서 성장하였다. 彼はかなり財産のある家で育った。 ❹【가능】—できる。 예 잘할 수 ~. よくできる。 ❺【위치】(ある場所に)ある｜いる。 예 차 열쇠는 책상 서랍 속에 ~. 車の鍵は机の引き出しの中にある。/ 지하철 안에 있는 아기가 손을 흔들었다. 地下鉄の中にいる赤ちゃんが手を振った。 ❻【거주】(ある所に)住む｜滞在する｜いる。 예 나는 1년간 부산에 있었다. 私は1年間釜山にいた。 ❼【직장】(ある職場に)いる｜勤務する。 예 나는 시청에 ~. 私は市役所にいる。 ❽ (立場·状況·水準·段階に)ある｜置かれる｜状態にある。 예 신사옥 건설은 마무리 단계에 ~. 新社屋の建設は仕上げ段階にある。/ 어려운 처지에 있는 이웃을 돕다. 貧しい立場にある隣家を助ける。 ❾ 含まれる｜ある。 예 승진자 명단에는 내 이름도 있었다. 昇進者の名簿には私の名前もあった。/ 이 차에는 텔레비전이 ~. この車にはテレビがある。 ❿ (物体的·能力などを)所有する｜持つ｜ある｜いる。 예 능력이 ~. 能力がある。/ 이 사과나무는 주인이 ~. このリンゴの木は持ち主がいる。/ 나에게도 선택권이 ~. 私にも選択権がある。/ 고집 있네. 我があるね。
Ⅲ [보동] —ている｜—つつある。 예 책을 읽고 ~. 本を読んでいる。/ 음악을 듣고 ~. 音楽を聞いている。/ 비가 오고 ~. 雨が降りつつある。/ 꽃이 피어 ~. 花が咲いている。/ 아직도 불이 켜 ~. まだ明かりがついている。/ 아빠는 지금 집으로 오고 ~. 父は今、家に来ている。

잉[부] びゅん(と)｜ぶん(と)。

잉걸-불[명] ❶【잔불】熾火｜熾。 ❷【타다남은】燃えさし｜燃え残り。

잉글리시 그립(English grip)《운》イングリッシュグリップ｜コンチネンタルグリップ。

잉꼬(いんこ 일)[명] (동)鸚哥。 예 그 부부는 ~같이 사이가 좋다. その夫婦はとても仲がいい。/ 기르던 ~가 새장에서 날아가 버렸다. 飼っていたインコが鳥かごから飛んで行った。

잉어[명]《동》鯉ᴳ。
잉여(剩餘)[명] 剰余ᴶ゚゚ᵃ。
잉여 가치(剩餘價値)[경] 剰余価値ᴶ゚゚ᵃ゚ᵘ。
잉잉[부]【어린아이가 잇달아서 느릿느릿 우는 모양】ああんああん(と)｜わあんわあん(と)。
잉잉-거리다[자] ああんああんと泣くᴺᵃ｜わんわんと泣く。[예] 한 번만 더 잉잉거리면 혼날 줄 알아라. もう一度ᴵ゚ᵈでもわんわんと泣いたら怒ᴼᵏると思ᴼᵐえ。 =잉잉대다
잉잉-대다[자] ☞잉잉거리다
잉크(ink)[명] インク。
잉태(孕胎)[명] 懐妊ᴷᵃⁱⁿⁱⁿ｜妊娠ⁿⁱⁿˢⁱⁿ。
　잉태-하다[자] 懐妊ᴷᵃⁱⁿⁱⁿする｜妊娠ⁿⁱⁿˢⁱⁿする。

잊다[타] 忘れる。❶【기억】記憶ᴷⁱᴼᵏᵘがなくなる｜思ᴼᵐい出ᴰせない。[예] 약속 시간을 깜빡 잊고 있었다. 約束時間ʸᵃᵏᵘˢᵒᵏᵘᶻⁱᵏᵃⁿをすっかり忘れていた。／침식도 잊고 연구에 열중하다. 寝食ˢⁱⁿˢʸᵒᵏᵘをも忘れて研究ᴷᵉⁿᵏʸᵘᵘに熱中ⁿᵉᵗᵗⁱʸᵘᵘする。／도착하면 잊지 말고 전화해. 着ᵗᵘいたら忘れないで電話ᵈᵉⁿʷᵃしろよ。／버스 안에 우산을 놓고 잊고 왔다. バスの中ⁿᵃᵏᵃに傘ᴷᵃˢᵃを置ᴼᵏき忘れてきてしまった。❷【시름 고통】[예] 시름을 잠시 ~. 悩ⁿᴬʸᵃみをしばらくの間ᴬⁱᵈᵃ忘れる。❸【은혜 등】[예] 이 은혜 잊지 않겠습니다. この恩ᴼⁿは忘れません。

잊어-버리다[타] 忘れてしまう｜忘れる。[예] 약속을 까맣게 ~. 約束ʸᵃᵏᵘˢᵒᵏᵘをすっかり忘れてしまう。

잎[명]《식》葉ᴴᵃ。[예] ~이 시들다. 葉が茂ˢⁱᵍᵉる。／~이 마르다. 葉が枯ᴷᵃれる。／~이 떨어지다. 葉が落ᴼᵗちる。／~이 나오기 시작하다. 葉が出ᴰてくる。

잎-나무[명] (枝ᴱᵈᵃに)葉ᴴᵃのついた薪ᵀᵃᵏⁱᵍⁱ。
잎-눈[명]《식》葉芽ʸᵒᵘᵍᵃ。
잎-담배[명] 葉ᴴᵃタバコ。[예] ~보다는 살담배가 좋다. 葉タバコより刻ᴷⁱᶻᵃみタバコがよい。 =엽연초
잎-맥(一脈)[명]《식》葉脈ʸᵒᵘᵐʸᵃᵏᵘ。[예] ~은 수분과 양분의 통로가 된다. 葉脈は水分ˢᵘⁱᵇᵘⁿと養分ʸᵒᵘᵇᵘⁿの通路ᵀᵘᵘʳᵒになる。 =엽맥(葉脈)
잎-몸[명]《식》葉身ʸᵒᵘˢⁱⁿ。
잎-사귀[명] 葉ᴴᵃ｜葉ᴴᵃっぱ。
잎-샘[명] 春ᴴᵃʳᵘに木ᴷⁱの葉ᴴᵃが出ᴰてくるころ、急ᴷʸᵘᵘに寒ˢᵃᴹᵘくなること。
잎-자루[명]《식》葉柄ʸᵒᵘʰᵉⁱ。 =엽병
잎-줄기[명]《식》葉茎ʸᵒᵘᵏᵉⁱ。
잎-집[명]《식》葉鞘ʸᵒᵘˢʸᵒᵘ。[예] ~이 줄기를 싸고 있다. 葉鞘が茎ᴷᵘᴷⁱを包ᵀᵘᵗᵘⁿでいる。
잎-차례(一次例)[명]《식》葉序ʸᵒᵘˢʸᵒ。[예] 마주나기 ~ 対生ᵀᵃⁱˢᵉⁱ葉序。

잎-채소(一菜蔬)[명] 葉物ᴴᵃᴹᴼⁿᴼ｜葉物野菜ᴴᵃᴹᴼⁿᴼʸᵃˢᵃⁱ。

ㅈ

자¹ 圀 【곱자에서】 定規じょう｜物差ものし｜物指ものし. 예 ~로 재다. 物差しで測はかる.

자² 의 【척관법 길이 단위】 尺しゃく. 예 두 ~ 二尺にしゃく. =척⁵

자³ 갑 ❶ 【남에게 권하거나 재촉할 때 쓰는 말】 さあ｜さて. 예 ~, 시작할 게요. さあ, 始はじめるぞ. ❷ 【생각나지 아니하여 망설일 때나 무엇을 생각할 때 쓰는 말】 はてな｜さあ｜さて｜あれ. 예 ~, 어찌해야 되지. はてな, どうしたらいいだろう.

자⁴ (子) 圀 《민》 【십이지에서 첫째】 子ねずみ.

자⁵ (字) 圀 ❶ 【글자를 세는 단위】 字あざ. ❷ 字じ｜文字もじ. 예 무슨 ~인지 맞추는 퀴즈 何なんの字が当あてってるクイズ.

자⁶ (者) 圀 者もの｜人ひと｜やつ. 예 저 ~ 아이つ ; あの者/ 약한 ~ 弱よわい者.

-자⁷ (者) 접 —者しゃ. 예 과학자 科学者かがくしゃ / 노동자 労働者ろうどうしゃ.

자가(自家) 圀 自家じか. 예 ~ 수정 自家受精じゅせい / ~ 중독 自家中毒ちゅうどく.

자가-당착(自家撞着) 圀 自家撞着どうちゃく. 예 ~에 빠지다. 自家撞着に陥おちいる.

자가-용(自家用) 圀 ❶ 自家用じかよう. ❷ 自家用車じかようしゃ｜マイカー.

자각(自覺) 圀 自覚じかく.
　자각-하다 타 自覚する. 예 자기의 책임을 ~. 自分じぶんの責任せきにんを自覚する.

자각 증상(自覺症狀) 의 自覚症状じかくしょうじょう.

자간(子癇) 圀 《의》 子癇しかん.

자갈 圀 砂利じゃり.

자갈-길 圀 砂利道じゃりみち.

자갈-밭 圀 砂利じゃりの覆おおわれている土地とち.

자-갈색(紫褐色) 圀 焦こげ茶色ちゃいろ.

자강(自强·自彊) 圀 自彊じきょう.

자개 圀 螺鈿らでん. 예 ~농 螺鈿のたんす.

자객(刺客) 圀 刺客しかく·しきゃく. 예 ~을 보내다. 刺客をさしむける.

자격(資格) 圀 資格しかく. 예 수험 ~ 受験じゅけん資格 / ~ 시험 資格試験しけん / ~을 얻다. 資格をとる. / ~을 잃다. 資格を失うしなう. / ~을 결여하다. 資格を欠かく. / 개인 ~으로 발언하다. 個人こじんの資格で発言はつげんする.

자격-증(資格證) 圀 資格証しかくしょう. 예 교사 ~ 教員きょういん免許状めんきょじょう.

자격지심(自激之心) 圀 自力じりきでは及およばぬ念ねん.

자결(自決) 圀 自決じけつ. ❶ 自害じがい. =자살 ❷ 他人たにんの力ちからを借かりずに決きめること. 예 민족 ~ 民族みんぞく自決.
　자결-하다 자 自決じけつする.

자결-권(自決權) 圀 自決権じけつけん.

자계(磁界) 圀 《물》 磁界じかい.

자고-로(自古—) 부 昔むかしから｜古来こらい.

자고이래-로(自古以來—) 부 昔むかしから今いまに至いたるまで｜昔からずっと｜古来こらい. 예 ~ 인습이 뿌리 깊이 남다. 昔からの因習いんしゅうが根強ねづよく残のこる. =고래로·자래로

자괴¹ (自愧) 圀 自みずから恥はじること.

자괴² (自壞) 圀 自壊じかい. 예 ~ 작용 自壊作用さよう.

자괴지심(自愧之心) 【스스로 부끄러워하는 마음】 圀 自みずから恥はじる心こころ.

자구¹ (字句) 圀 字句じく. 예 ~의 수정 字句の修正しゅうせい.

자구² (自救) 圀 自救じきゅう｜自力救済じりききゅうさい. 예 ~ 행위 自救行為こうい.

자국¹ 圀 跡あと｜痕跡こんせき｜跡形あとかた. 예 수술 ~ 手術しゅじゅつの跡 / 태풍이 할퀸 ~ 台風たいふうの爪痕つめあと / ~이 나다. 跡がつく ; 跡ができる ; 跡が残のこる. / ~을 밟다. 足跡あしあとを踏ふむ ; 先人せんじんの業わざに倣ならう.

자국² (自國) 圀 自国じこく. 예 ~ 기업 自国企業きぎょう / ~ 선수 自国選手せんしゅ.

자국-눈 圀 【발자국이 겨우 날 정도로 적게 내린 눈】 淡雪あわゆき.

자국-물 圀 ❶ 【발자국에 고인 물】 足跡あしあとに溜たまった少量しょうりょうの水みず. ❷ 【발목이 잠길 정도】 (足首あしくびが漬つかるほどの)浅あさい水みず.

자국-민(自國民) 圀 ☞자국인

자국-인(自國人) 圀 自国人じこくじん｜自国民じこくみん. =자국민

자궁(子宮) 圀 《의》 子宮しきゅう. 예 ~ 외 임신 子宮外妊娠にんしん / ~ 근종 子宮筋腫きんしゅ. =아기집

자귀 圀 手斧ちょうな·て.

자귀-질 圀 (材木ざいもくを)手斧ちょうなで削けずること.
　자귀질-하다 타 手斧ちょうなで削けずる.

자귓-밥 手斧ちょうなから出でる屑くず.

자규(子規) 圀 ☞두견새

자그락-거리다 자 もめる｜つまらないことで言いい争あらそう. =자그락대다

자그락-대다 자 ☞자그락거리다

자그락-자그락 부 つまらないことで言いい争あらそうさま.

자그르르【소량의 물·기름 등이 갑자기 끓어오르면서 나는 소리 또는 모양】じいじい｜じゅうじゅう。例프라이팬 위에서 소고기가 ~ 구워지고 있다. フライパンの上で牛肉がじいじいと焼けている。

자그마치围 予想外に多く｜なんと。例그게 일본에서는 ~ 10만 엔이나 한대. それが日本ではなんと10万円もするんだって。

자그마-하다[형] やや小さい｜小さめだ｜小ぶりだ。 자그마한 체구 小ぶりの体格／자그마한 손가락 小さめの指／자그마한 코 小ぶりの鼻。⇒자그말다

자그맣다[형] '자그마하다'의 준말.

자그시围 ❶【약하게 누르는 모양】ぎゅっと｜じっと。例그가 내 손목을 ~ 눌렀다. 彼が私の手首をぎゅっと押した。/ 발로 ~ 밟다. 足でぎゅっと踏む。❷【살그머니 감거나 닫는 모양】そっと。例눈을 ~ 감다. 目をそっと閉じる。❸【고통이나 참음을 견디는 모양】じいっと｜じっと。例아픔을 ~ 참다. 痛みをじいっとこらえる。

자극(刺戟)图 刺激。例~이 강하다. 刺激が強い。/ 햇빛을 강하게 쏘여 피부가 ~을 받다. 強い日差しをあびて皮膚が刺激される。

자극-하다[타] 刺激する。

자극²(磁極)图【물】磁極。

자극-성(刺戟性)图 刺激性。

자극-제(刺戟劑)图 刺激剤。

자근-거리다[자][타] ❶【자꾸 귀찮게 하는 모양】うるさくねだる｜しつこくせびる。❷【자꾸 누르는 모양】続けて押しくだいたり踏む。❸【자꾸 깨무는 모양】軽くかみつづける。=자근대다

자근-거리다[자][타]【쑤시듯 아픈 모양】ずきずきする｜ずきんずきんする。

자근-대다[자][타] ⇒자근거리다

자근덕-자근덕围【끈질기게 귀찮게 하는 모양】ねちねちと。例졸라서 허락을 받다. ねちねちとせがんで承諾させる。

자근-자근¹围 ❶【성가시게 권유·부탁하는 모양】ねちねちと｜しつれとなく。例~ 약을 올리는 말투 ねちねちとした言い方／~ 귀찮게 굴다. ねちねちとうるさく振る舞う。❷【가볍게 누르는 모양】しきりに軽く押さえたり踏んだりするさま。例다리를 ~ 주무르다. しきりに足を軽く揉む。❸【자꾸 씹는 모양】くちゃくちゃと。例풀을 ~ 씹다. しきりに草をくちゃくちゃと噛む。

자근-자근²围【은근히 아픈 모양】ずきずき｜ずきんずきん。例한쪽 머리가 ~ 쑤신다. 片方の頭がずきずきと痛む。

자근자근-하다[자][타] ずきずきする｜ずきんずきんする。例상처가 ~. 傷口がずきずきと痛い。

자글-자글围 ❶【소량의 액체가 끓어오르는 모양】ぐつぐつと。例찌개가 ~ 끓다. チゲがぐつぐつと沸く。❷【마음을 졸임】いらいらと。例기다리는 사람이 오지 않아 ~ 애가 탄다. 待ち人が来なくていらいらする。/ 여자아이가 밤늦게까지 돌아오지 않아 ~ 애가 탄다. 女の子が夜遅くまで帰ってこないので、いらいらと気を揉める。❸【열이 나며 뜨거운 모양】かっかと。例독감으로 몸이 ~ 달아오르다. インフルエンザで体がかっかと火照る。

자금(資金)图 資金。例~ 세탁 資金洗淨／~ 통제 資金統制／~ 공여 資金供与。

자금-거리다[자]【음식에 모래 따위가 섞이는 모양】(食べ物に砂などが混じって)じゃりじゃりする。=자금대다

자금-난(資金難)图 資金難。

자금-대다[자] ⇒자금거리다

자금 동결(資金凍結)〈경〉資金凍結。

자금-자금围 じゃりじゃりと。

자급(自給)图 自給。

자급-하다[타] 自給する。例식량을 ~. 食糧を自給する。

자급 비료(自給肥料)〈농〉自給肥料。

자급-자족(自給自足)图 自給自足。例~주의 自給自足主義。

자급적 농업(自給的農業)〈농〉自給的農業。例~으로는 이익을 남길 수 없다. 自給的農業では利益を得られない。

자굿-자굿围 ❶【사뿐 가볍게 밟는 모양】ぎゅっと｜じっと。例~ 발로 밟다. そっと足で踏む。❷【고요히 앉는 모양】じっと。

자긍(自矜)图 自負｜自らを誇ること。

자긍-하다[자] 自負する｜自らを誇る。

자기¹(自己)图 自己｜自分。例~ 과시 自分顯示／~ 모순 自己矛盾／~ 자신 自分自身／~ 주장 自分の主張／~ 중심주의 自己中心主義／~ 자본 비율 自己資本比率／~ 암시 自己暗示／~ 표현 自己表現／~ 일은 ~가 해라. 自分のことは自分でやれ。/ ~ 마음대로 하다. 自分の思いどおりにする。/ 너무 웃겨서 ~도 모르게 웃음이 터져 나왔다. あまりのおかしさに思わず吹き出した。

자기²(自記)〖명〗 自記。 예 ~ 온도계 自記温度計／~ 우량계 自記雨量計。

자기³(自棄)〖명〗 自棄、やけ、すてばち。 예 자포~ 自暴自棄。
　자기-하다〖자〗 自棄する、すてばちになる。

자기⁴(瓷器·磁器)〖명〗 磁器。 예 고려~ 高麗磁器。

자기⁵(磁氣)〖명〗〖물〗磁気。 예 ~ 회로 磁気回路／~ 녹음 磁気録音／~ 유도 磁気誘導／~를 띠다. 磁気を帯びる。

자기-력(磁氣力)〖명〗 ☞자력³

자기-류(自己流)〖명〗 自己流。

자기-만족(自己滿足)〖명〗 自己満足。

자기 본위(自己本位)〖명〗 自己本位。

자기-비판(自己批判)〖명〗 自己批判。

자기-장(磁氣場)〖명〗〖물〗磁場。

자기-주의(自己主義)〖명〗 ☞이기주의

자깝-스럽다〖형〗 ❶【나이에 비해 깜찍하게 해가 있다】(年のわりに)ませている、こましゃくれている、大人びている。 ❷【품은 것이 없다】下品だ。
　자깝스레〖부〗 こましゃくれて。

자꾸〖부〗 しきりに、ひっきりなしに。 예 눈이 ~ 온다. 雪がしきりに降っている。／전화가 ~ 오다. 電話がひっきりなしにかかる。

자끈〖부〗【단단한 것이 갑자기 부러지는 소리】 ぽきん(と)、ぽきり(と)、がちゃん(と)。 예 ~ 나뭇가지를 부러뜨리다. ぽきんと木の枝を折る。
　자끈-거리다〖자〗 ぽきんと折れる、がちゃんと割れる。 번개 맞은 나무가 자끈거리는 소리를 내다. 雷撃の落ちた木が、がちゃんと音を立てる。=자끈대다
　자끈-대다〖자〗 ☞자끈거리다

자끈-자끈〖부〗【여러가지 자끈거리는 모양】 ぽきんぽきん、ぽきぽき。

자끔-거리다〖자〗【음식에 모래 같은 것이 자꾸 씹히다】 じゃりじゃりする。=자끔대다
　자끔-대다〖자〗 ☞자끔거리다
　자끔-자끔〖부〗 じゃりじゃり。

자나 깨나 ☞자다

자낭(子囊)〖명〗〖식〗子嚢。

자네〖대〗 君よ、貴君よ。 예 ~도 함께 오지 않겠나? 君も一緒に来ないか。

자녀(子女)〖명〗 子女よ、子供も。 예 귀국 ~ 帰国く子女。

자닝-하다〖형〗【애처롭고 불쌍하여 차마 볼 수가 없다】 かわいそうで見ていられない。 예 병고에 시달리는 그의 모습이 참으로 ~. 病苦にさいなまれた彼の姿が、本当にかわいそうで見ていられない。

자다〖자〗 ❶【자는】 寝る、眠る。 예 일찍 자고 일찍 일어나는 생활 早寝早起きの生活／한잠 ~. 一眠りする。 아이들은 자는 동안 키가 큰다. 子供は寝ているときに背が伸びる。／잘 자라, 아가야. おやすみ、赤ちゃん。／자고 있는 자금을 투자로 돌리다. 寝ている資金を投資に回する。 ❷【움직임】(動きが)止まる、収まる、なぐ、止む。 예 시계가 자고 있다. 時計が止まっている。／바다가 ~. 海がなぐ。 ❸【남녀가 잠자리】同衾する、共寝する。 ❹【대로 전개 받아서】(下敷きになって)平たくなる。
　자나 깨나〖관용〗 寝ても覚めても。 예 자나 깨나 자식이 걱정됩니다. 寝ても覚めても子供が気になります。

자담(自擔)〖명〗 自己負担、自弁。
　자담-하다〖타〗 自己負担する、自弁する。

자답(自答)〖명〗 自答、自分で答えること。 예 자문~ 自問自答。
　자답-하다〖자〗 自答する、自分で答える。

자당¹(慈堂)〖명〗【남의 어머니】母堂、御母堂。

자당²(蔗糖)〖명〗〖화〗蔗糖、サッカロース。

자동(自動)〖명〗 自動。 예 ~ 제어 自動制御／~ 소총 自動小銃／~ 화기 自動火器／~ 변속기 自動変速機／~ 판매기 自動販売機。

자동-계단(自動階段)〖명〗 エスカレーター

자동-문(自動門)〖명〗 自動ドア。

자-동사(自動詞)〖명〗《언》自動詞。

자동-식(自動式)〖명〗 自動式。

자동-저울(自動−)〖명〗 自動秤。

자동-적(自動的)〖관〗 自動的。 예 ~으로 문이 열리다. 自動的にドアが開く。

자동-차(自動車)〖명〗 自動車。 예 경주 自動車レース／~ 보험 自動車保険／~ 사고 自動車事故／~ 도로 自動車道。

자동-화(自動化)〖명〗 自動化。 예 ~ 설비 自動化設備。
　자동화-하다〖자·타〗 自動化する。 예 데이터 처리를 자동화하는 소프트웨어 データ処理を自動化するソフト。

자두〖명〗 李の実。

자두-나무〖명〗〖식〗李。 예 어린 ~ すももの若木。

자드락〖명〗【산기슭의 비탈진 땅】山麓のなだらかな傾斜地。

자드락-거리다자타【...】うるさく絡みつく｜ねちねちする。=자드락대다

자드락-길 すそ野の小道。

자드락-대다자타 ☞자드락거리다

자드락-밭 すそ野の畑。

자드락-자드락부 うるさく絡みつくさま｜ねちねちするさま。

자디-잘다 非常に細かい｜とても小さい。예 씨앗이 ~. 種が非常に細かい。

자라〈동〉鼈。

자라 보고 놀란 가슴 소댕[솥뚜껑] 보고 놀란다속담〔日〕羹に懲りて膾を吹く。◆일본 속담으로는 '뜨거운 국에 데어 냉채를 후후 분다'라고 한다.

자라-나다자 育つ｜成長する｜伸びる。예 무럭무럭 ~. すくすくと育つ。

자라다¹자 ❶【...】育つ｜成長する｜大きくなる。예 잘 먹고 잘 자라야 한다. 良く食べて大きくなれ。❷【...】(背丈などが) 伸びる｜長くなる。예 클 때가 되니 키가 쑥쑥 자라는구나. 大きくなる時なので、背がぐんぐん伸びるんだなあ。/ 손톱이 많이 자랐다. 爪が長く伸びた。❸【...】成長する｜大きくなる。예 그 아이는 훌륭한 인물로 자랐다. あの子は立派な人物に成長した。

자라다² Ⅰ자 達する｜届く｜及ぶ。예 힘이 자라는 데까지 도와주겠다. 力の及ぶ限り力添えをする。Ⅱ형 足りる｜十分だ。

자라-목명 猪首。예 너는 ~이라 폴라 스웨터가 어울리지 않아. 君は首が短いから、ポーラネックのセーターは似合わないよ。◆우리나라에서는 '자라목'이라고 하지만 일본에서는 '猪首'(돼지 목) 라고 한다.

자라목 오그라들듯관용 スッポンが首をすくめるように:「恐れ入ったり恥ずかしがったりして首をすくめるさま」の意。

자라목(이) 되다관용 スッポンの首となる:「縮こまる｜縮み上がる」の意。

자락 (衣服などの)裾。

자락-자락부【...】ますます遠慮なく｜ふてぶてしく｜ますます自分勝手に。

자람-점(一點)명 ☞생장점

자랑명 自慢｜誇り。예 우리 학교 ~ 한 번 해 볼까요? 私の学校の自慢をちょっとしてみましょうか。

자랑-하다 自慢する｜誇る。예 오래 역사를 자랑하는 학교 古い歴史を誇る学校 / 자식 ~. 子どもの自慢をする。

자랑-거리 自慢の種。

자랑-스럽다형 誇らしい｜自慢げだ｜誇らしげだ。예 자랑스럽게 여기다. 誇らしく思う。/ 그 일을 해내다니 역시 자랑스러운 내 딸이다. その仕事をやり遂げるとは、やっぱり自慢の我が娘だ。

자랑스레부 誇らしく｜自慢げに｜誇らしげに。

자래-로(自來—)부 ☞자고이래로

자력¹(自力)명 自力。예 ~으로 해결하다. 自力で解決する。

자력²(資力)명 資力。

자력³(磁力)명〈물〉磁力｜磁気力。예 자석의 ~은 세다. 磁石の磁力は強い。=자기력

자력-갱생(自力更生)명 自力更生

자력-계(磁力計)명〈물〉磁力計。

자력-구제(自力救濟)명〈법〉自力救済｜自救行為。

자료(資料)명 資料｜データ。예 ~ 수집 資料収集 / ~를 모으다. 資料を集める。

자루¹명 袋。예 쌀 한 ~ 米一袋 / ~를 벌려 안에 넣다. 袋を広げて中に入れる。

자루²명 ❶柄｜取っ手。예 괭이 ~ くわの柄。❷【...】本｜挺｜口。예 연필 한 ~ 鉛筆一本 / 소총 두 ~ 小銃二挺 / 칼 두 ~ 刀二口。

자르다타 ❶【...】切る｜切断する｜切り離す｜切り落とす｜裁ち切る。예 나무를 ~. 木を切る。/ 머리를 짧게 ~. 髪を短かく切る。/ 옷감을 ~. 布地を裁ち切る。❷【...】解雇する｜首にする｜首を切る。예 직원을 ~. 職員を首にする。/ 적의 목을 ~. 敵の首を切る。❸【...】断る｜拒絶する。예 부탁을 딱 잘라 버리다. 頼みをきっぱりと断ってしまう。❹【...】区切りをつける｜短くする｜短くする。예 잘라 말해라. 手短かに言え。/ 요점만 잘라 말하다. 要点だけ手短かに述べる。

자르랑 튀 ちゃりん｜がちゃん(と)。

자르랑-거리다 재타 ちゃらちゃら音がする｜がちゃがちゃいわせる｜じゃらじゃら鳴らす。 =자르랑대다

자르랑-대다 ⇒자르랑거리다

자르랑-자르랑 튀 ちゃらちゃら｜がちゃがちゃ｜じゃらじゃら。

자르르¹ 튀 つやつや｜てかてか。예 윤기가 ～ 흐르는 구두 てかてかの靴/기름기가 ～ 흐르는 햅쌀밥 つやつやの新米で炊いた飯。

자르르-하다 형 てかてかする。예 개기름이 자르르한 얼굴 脂ぎっててかてかした顔。

자르르² 튀 ❶ ぴりぴりと｜ぴりっと。예 다리가 ～ 저리다. 足がぴりぴりとしびれる。/팔이 ～ 저렸다. 腕がじんとしびれた。 ❷ ぴりっと。예 전기가 ～ 손에 통했다. 電気が手にぴりっと伝わった。

자리¹ 명 ❶ 席｜座席｜場｜場所｜所。예 빈 ～ 空いている席/냉장고를 넣을 ～ 冷蔵庫を置く場所/～에 앉다. 座席に座る。/～가 좁다. 席が狭い。/～를 뜨다. 席を外す。/～에서 일어나다. 席を立つ。/～를 양보하다. 席を譲る。/차를 세울 ～를 찾다. 車を止める場所を探す。 ❷ 機会。예 이 자리를 빌려 감사를 드립니다. この場をお借りしてお礼を申し上げます。 ❸ 跡。예 개에게 물린 ～ 犬に噛まれた跡/종두(예방 백신) 맞은 ～ 種痘の跡/차가 지나간 ～ 車の通った跡。 ❹ 職位｜地位。예 정부의 중요한 ～ 政府の重要な地位/사장이라는 ～ 社長という職位。 ❺ 一定の対象になう。예 불경기라서 좀처럼 ～가 나지 않는다. 不景気でなかなか空きがない。/마땅한 혼처 ～를 찾다. 適当な結婚相手を見つける。 ❻ (수) 位｜桁。예 소수점 아래 둘째 ～ 小数点以下第2位/세 ～ 수 3桁の数/자릿수를 잘못 보다. 桁数を見間違える。

자리(가) 잡히다 관용 ❶ (仕事などに)慣れてくる。 ❷ (規律などが)定着する｜落ち着く。 ❸ (生活が)安定する｜落ち着く。

자리(를) 뜨다 관용 席をはずす。예 잠깐 자리를 뜨다. しばらく席をはずす。/일찍 자리를 뜨다. 早めに席をはずす。/조용히 자리를 뜨다. 静かに席をはずす。

자리(를) 잡다 관용 ❶ 場所を取る。 ❷ (職についたり結婚したりして)落ち着く｜据える。 ❸ (感情などが)頭にこびりつく。

자리² 명 ❶ ござ｜敷物｜むしろ。 ❷ 布団。예 ～를 깔다. 布団を敷く。 ❸ 寝床｜床。예 ～에 들다. 床につく。 =잠자리

자리(를) 보다 관용 布団を敷く｜寝床の支度をする。

자리-공 명 (식) 山牛蒡。

자리-끼 명 就寝前に枕元におく飲み水。

자리다 형 しびれる｜ちくちくする。

자리-다툼 명 地位争い｜座席取りの喧嘩。

자리-바꿈 명 《음》転回。예 음정 転回 音程/～ 화음 転回和音。

자리-옷 명 寝巻き｜寝間着。

자립(自立) 명 自立。

자립-하다 재 自立する。예 부모 곁을 떠나 ～. 親もとを離れて自立する。

자립-성(自立性) 명 自立性。

자립-적(自立的) 관형 自立的。

자릿-자릿 튀 ぴりぴり。

자릿-조반(一早飯) 명 朝に目が覚めるとともに、その場で食べる口凌ぎ。

자릿-하다 형 しびれる｜ぴりぴりする。

자막(字幕) 명 字幕。예 ～ 방송 字幕放送。

자-막대기 명 (竹など)物差しに用いる棒。

자만¹(自慢) 명 自慢。

자만-하다¹ 재 自慢する。

자만²(自滿) 명 自らから満足に思うこと。

자만-하다² 재 自らが満足に思う。

자만-심(自慢心) 명 慢心｜自慢する心。

자매(姉妹) 명 姉妹。예 형제～ 兄弟姉妹/～기관 姉妹機関。

자매-결연(姉妹結緣) 명 姉妹の縁組み。

자매-편(姉妹篇) 명 姉妹編。

자매-질 명 潜り。

자맥질-하다 재 潜る。

자메이카(Jamaica) 명 (국) ジャマイカ。

자멸(自滅) 명 自滅。예 ～을 초래하다. 自滅を招く。

자멸-하다 재 自滅する。

자명-종(自鳴鐘)圏 目覚まし時計。

자명-하다(自明-)働 自明だ。囫 자명한 이치 自明の理。

자모¹(字母)圏《언》字母。

자모²(慈母)圏 慈母。

자모-순(字母順)圏 字母の配列の順序。

자-모음(子母音)圏《언》子母音。

자모-회(姉母會)圏 女性親の保護者会。

자-목련(紫木蓮)圏《식》紫木蓮。囫 ~은 잎보다 먼저 꽃을 피운다. 紫木蓮は葉に先立って花を咲かす。

자못囝 思ったよりずっと｜とても｜いとも。

자문¹(自問)圏 自問。

 자문-하다¹ 働 自問する。

자문²(諮問)圏【제치 스뭄 /제뭄 뭄문】 諮問。囫 재정 ~ 財政諮問/ ~위원회 諮問委員会。

 자문-하다² 働 諮問する。囫 심의회에 ~. 審議会に諮問する。

자문 기관(諮問機關) 諮問機関。

자문-자답(自問自答)圏 自問自答。

자물-쇠圏 錠。錠前。囫 ~를 채우다. 錠をかける。=자물통

자물-통(-筒)圏 자물쇠

자미¹(紫薇)圏《식》紫薇。猿滑り。

자미²(滋味)圏 '재미'의 잘못.

자바라예《음》にようはち。

자바 원인(Java猿人)《고》ジャワ原人。

자박【가볍게 발소리를 내며 건는 모양】足を軽く一回踏み出す音。囫 ~ 발소리가 나다. 軽く一回 踏み出す足音がする。

 자박-거리다働 続けてそっと歩く｜軽く足音を立てて静かに歩く。눈 위를 ~. 雪の上を足音を立てながらそっと歩く。/ 조용히 자박거리며 걷다. 静かにそっと歩く。=자박대다

 자박-대다 ☞자박거리다

자박-자박囝【가볍고 발소리를 내며 건는 모양】静々と。囫 ~ 나아가는 장례 행렬 静々と進む葬列/ ~ 걷다. 足音を立てながら静々と歩く。

자반(佐飯)圏 塩物。塩引き。囫 ~ 고등어 塩サバ。

자발-적(自發的)관 自発的だ。囫 ~인 기부 自発的な寄付/ ~으로 참가하다. 自発的に参加する。

자밤의【가는 가루 등을 손가락 끝으로 집어 잡을 만한 분량】つまみ。囫 소금 한 ~ 一つまみの塩。

자밤-자밤囝 一つまみ一つまみ取るさま。

자방(子房)圏《식》씨방

자배기【】甑に似た陶器の一つ。

자백(自白)圏 自白｜白状。囫 ~ 강요 自白強要。

 자백-하다働 自白する｜白状する。囫 범행을 ~. 犯行を自白する。

자별-하다(自別-)働 ❶他と違って特別だ。❷格別に親しい。囫 자별한 사이다. 格別に親しい間柄だ。

 자별-히囝 格別に親しく。

자본(資本)圏 資本｜元手。囫 자기 自己(資本)/ 퇴직금을 ~으로 커피숍을 차렸다. 退職金を資本としてコーヒーショップを開業した。

자본-가(資本家)圏 資本家。

자본가 계급(資本家階級) 資本家階級。=자본 계급

자본 계급(資本階級) ☞자본가 계급

자본-금(資本金)圏《경》資本金。❀ 자금

자본 수출(資本輸出) 資本輸出。

자본-재(資本財)《경》資本財。囫 고정 ~ 固定資本財/ 유동 ~ 流動資本財。

자본-주의(資本主義)《경》資本主義。

자본 축적(資本蓄積)《경》資本蓄積。

자부¹(子婦)圏 며느리

자부²(自負)圏 自負。

 자부-하다働 自負する。囫 세계 제일의 솜씨라고 ~. 世界一の腕前だと自負する。

자부-심(自負心)圏 自負心。囫 강한 ~ 갖다. 強い自負心を持つ。

자분-거리다자타 ❶しきりに嫌がらせる｜ねちねちする。❷(食べ物に砂などが混じって)じゃりじゃりする｜ざくざくする。=자분대다

자분-대다자타 ☞자분거리다

자분-자분¹囝【】ねちねち。❷【】じゃりじゃり｜ざくざく。

자분-자분²囝【부드럽고 조용한】淑やかに。

자비¹(自費)圏 自費｜私費。囫 ~ 출판 自費出版。

자비²(慈悲)圏 慈悲。囫 ~를 청하다. 慈悲を乞う/ ~를 베풀다. 慈悲を施す。

자비-롭다(慈悲-)働 慈悲深い。囫 자비로운 노인 慈悲深い老人。

자비-심(慈悲心)圏 慈悲心｜慈悲の心。囫 ~을 일으키다. 慈悲心を起こ

す。/ ～に매달리다. 慈悲心にすがる。

자빠-뜨리다 倒す｜転がす。=자빠트리다

자빠-지다 [자] ❶ 倒れる｜転ぶ｜ひっくり返る。 例 앞으로 ~. 前に倒れる。/자빠져 코가 부러지다. ひっくり返って鼻が折れる。/돌풍으로 전봇대가 ~. 突風で電信柱が倒れる。 ❷ 横になる｜寝転ぶ。 例 귀찮게 굴지 말고 그냥 자빠져 자라. うるさくしないでそのまま横になって寝ろ。/늘 자빠져 있지 말고 일 좀 해라. いつも寝転んでばかりいないで、ちょっと仕事をやれよ。 ❸ (ある事から)手を引く。 例 회사 경영에서 ~. 会社の経営から手を引く。 ❹ 一カ所に閉籠もる。 例 집 안에 자빠져서 잔소리만 한다. 家に閉籠って文句ばかり言う。/지랄하고 자빠졌네. 悪ふざけしてるね。

자빠-트리다 ☞자빠뜨리다

자산(資産) 資産。 例 ~ 동결 資産凍結 / ~ 평가 資産評価。

자산-가(資産家) 資産家。

자살[1](自殺) 自殺。 例 ~ 미수 自殺未遂 / ~ 방조죄 自殺幇助罪 / ~ 유전자 自殺遺伝子。

　　자살-하다 [자] 自殺する。

자살[2](刺殺) 刺殺｜刺し殺すこと。=척살

　　자살-하다[2] [타] 刺殺する｜刺し殺す。

자상[1](自傷) 自傷｜自分の身体を傷つけること。

　　자상-하다[1] [자] 自傷する｜自分の身体を傷つける。

자상[2](刺傷) 刺傷。 例 ~을 입다. 刺傷を負う。

자상-하다[2](仔詳—) [형] ❶ 細かくて詳しい｜詳細だ｜子細だ。 例 자상하게 설명하다. 細かく詳しく説明する。/자상하게 점검하다. 子細に点検する。 ❷ やさしくて心が広い｜細やかで気が利く。 例 성격이 자상한 사람 性格が細やかな人/자상한 남편 人情深い夫/자상하게 신경을 써 주다. 細やかに気を遣ってあげる。

　　자상-히 [부] ❶ 詳細に｜子細に｜細かくて詳しく｜やさしくて心が広く。 例 한 번 더 ~ 설명해 주십시오. も

う一度詳しく説明してください。 ❷ やさしく｜きめ細かく。 例 ~ 간호한 덕분으로 빨리 나았다. やさしく行き届いた看病のお陰で早く治った。

자새 糸車｜糸巻とき。

자새-질 糸車を回する仕事。

　　자새질-하다 [자] 糸車を回す。

자색[1](姿色) 姿色｜容色。

자색[2](紫色) 紫色。=자주색

자생(自生) 自生。 例 ~ 식물 自生植物。

자생-적(自生的) 自生的。

자생-지(自生地) 自生地。

자서[1](字書) ☞자전(字典)

자서[2](自序) 自序。

자서[3](自書) 自書｜自筆。=자필(自筆)

자서[4](自署) 自署｜自分の署名。

　　자서-하다 [타] 自署する。 例 조서에 ~. 調書に自署する。

자서-전(自敍傳) 自叙伝｜自伝。
준 자전

자석(磁石) [물] 磁石。 例 막대 ~ 棒磁石/말굽 ~ 馬蹄形磁石。=지남석・지남철❶

자석-강(磁石鋼) 《공》磁石鋼。

자선[1](自選) 自選。 例 ~ 시집 自選詩集。

　　자선-하다 [타] 自選する。

자선[2](慈善) 慈善。 例 ~ 단체 慈善団体 / ~ 사업 慈善事業 / ~을 베풀다. 慈善を施す。

자선-가(慈善家) 慈善家。

자선-냄비(慈善—) 社会鍋。

자설(自說) 自説。 例 ~을 굽히지 않다. 自説を曲げない。

자성[1](自省) 自省。 例 ~을 촉구하다. 自省を促す。/~의 목소리가 높아지고 있다. 自省の声が高まっている。

　　자성-하다 [자] 自省する。

자성[2](資性) ☞천성(天性)

자성[3](雌性) 《생》雌性。

자성[4](磁性) [물] 磁性。 例 ~을 띠다. 磁性を帯びる。

자세(姿勢) 姿勢。 例 ~를 바로 하다. 姿勢を正す。/~가 좋다. 姿勢がよい。/방어 ~를 취하다. 防御の姿勢を取る。

자세-하다(仔細—) 詳しい｜仔細だ｜細かい。 例 자세한 것은 모른다. 詳しいことは分からない。

　　자세-히 [부] 詳しく｜仔細に｜詳

細に。[예] ~ 물어보다. 詳しく聞いてみる。

자손(子孫)[명] 子孫。[예] 13대째 ~ 13代目の子孫。[준] 손(孫)

자수1(自手)[명]【자기 손, 자기 힘】自分の手 ¦ 自力。

자수2(自首)[명]《법》自首。

자수-하다1 [자] 自首する。

자수3(自修)[명]【남의 도움 없이 스스로 공부함】自修 ¦ 独学。

자수-하다2 [자][타] 自修する ¦ 独学する。

자수4(刺繡)[명] 刺繡 ¦ 縫い取り。

자수-하다3 [자] 刺繡する。[예] 식탁보에 ~. テーブルクロスに刺繡する。

자수-성가(自手成家)[명] 自力で財産を成すこと。

자-수정(紫水晶)[명]《광》紫水晶 ¦ アメシスト。

자숙(自肅)[명] 自粛。

자숙-하다 [자] 自粛する。

자습(自習)[명] 自習。[예] 자학 ~ 自学自習/ ~ 시간 自習時間。

자습-하다 [자][타] 自習する。

자습-서(自習書)[명] 自習書。

자승(自乘)[명] ☞제곱

자승-근(自乘根)[명] ☞제곱근

자승-자박(自繩自縛)[명] 自縄自縛。

자시다 [타]【'먹다'의 높임말】召し上がる ¦ 上がる。

자식(子息)[명] ❶子供 ¦ 子息 ¦ 子。[예] ~을 기르다. 子供を育てる。/ ~이 셋입니다. 子供が三人おります。/ ~을 생각하는 부모의 마음 子を思う親の心。❷【'남자'를 욕하여】やつ ¦ 野郎。[예] 저 ~ あの野郎。❸【'어린아이'를 귀엽게】こいつ ¦ こいつめ。

자식-새끼(子息—)[명]【자기의 아들과 딸을 속되게】「自分の息子と娘」の俗っぽい語。[예] ~를 보려고 첩을 얻었다. 息子を持とうと妾をもらった。

자신1(自身)[명] 自身 ¦ 自分 ¦ 自己。[예] 내 ~의 책임이다. 私自身の責任だ。

자신2(自信)[명] 自信。[예] ~에 찬 목소리 自信に満ちた声/ ~을 가지다. 自信を持つ。/ ~을 잃다. 自信をなくす。

자신-하다 [타] 自信する。[예] 승리를 ~. 勝利を自信する。

자신-감(自信感)[명] 自信がわいてくる心。

자신만만-하다(自信滿滿—)[형] 自信満々だ。[예] 자신만만한 태도 自信満々な態度/ 자신만만하게 대답하다. 自信満々に答える。

자실(自失)[명] 自失。

자실-하다 [자] 自失する。

자심-하다(滋甚—)[형] ますます甚だしい。

자심-히 [부] ますます甚だしく。

자아(自我)[명] 自我。

자아-내다 [타] ❶【실을】糸を紡ぎ出す。❷【감정·생각 등을】(感情·興味などを)起こさせる ¦ 醸し出す ¦ そそる ¦ かき立てる。[예] 웃음을 ~. 笑いを起こさせる。/ 차분한 분위기를 ~. 落ち着いた雰囲気を醸し出す。/ 호기심을 ~. 好奇心をそそる。

자아-실현(自我實現)[명]《철》自我実現。

자아-의식(自我意識)[명] ☞자의식

자애1(自愛)[명] 自愛。

자애-하다 [자] 自愛する。

자애2(慈愛)[명] 慈愛 ¦ 慈しみ。

자애-롭다(慈愛—)[형] 慈しみ深い。

자애로이 [부] 慈しみ深く。

자애-주의(自愛主義)[명] ☞이기주의(利己主義)

자약-하다(自若—)[형] 自若としている。

자양(滋養)[명] 滋養。

자양-물(滋養物)[명] 滋養物。

자양-분(滋養分)[명] 滋養分。

자양-제(滋養劑)[명]《약》滋養剤。

자양-품(滋養品)[명] 滋養品。

자업-자득(自業自得)[명] 自業自得。

자연(自然) Ⅰ [명] 自然。[예] ~의 이치 自然の理/ ~의 조화 自然の営み/ ~을 사랑하다. 自然を愛する。/ ~을 파괴하다. 自然を破壊する。

Ⅱ [부] 自然 ¦ 自然に。[예] 익숙해지면 ~ 알게 된다. 慣れれば自然と分かるようになる。

자연-하다 [형] 自然だ。

자연-히 [부] 自然に ¦ 自然と ¦ ひとりでに ¦ おのずと。

자연-가스(自然gas)[명] ☞천연가스

자연 경관(自然景觀) 自然景観。[예] ~이 빼어나다. 自然景観がずば抜けている。

자연 경제(自然經濟)《경》自然経済。

자연-계(自然界)[명] 自然界。

자연 과학(自然科學)《교》自然科学。

자연 단음계(自然短音階)《음》自然的短音階。

자연 도태(自然淘汰)《생》自然淘汰. =자연 선택(自然選擇)
자연-력(自然力)명 自然力.
자연-물(自然物)명 自然物.
자연-미(自然美)명 自然美; 天然の美.
자연-법(自然法)《법》自然法.
자연-법칙(自然法則)명《철》自然法則.
자연 보존(自然保存) 自然保存.
자연-보호(自然保護)명《사》自然保護. 예 ~ 기금을 마련하다. 自然保護の基金を設ける.
자연-사¹(自然史)명 自然史.
자연-사²(自然死)명 自然死.
자연 선택(自然選擇) ☞자연 도태
자연-수(自然數)명《수》自然數.
자연-스럽다(自然一)형 自然だ. 예 자연스러운 동작 自然な動作.
　자연스레부 自然に.
자연-인(自然人)명 自然人.
자연-재해(自然災害)명 自然災害.
자연-적(自然的)관명 自然的.
자연 제방(自然堤防)명 自然堤防.
자연-주의(自然主義)명 自然主義.
자연 지리학(自然地理學)【지연지리학】 自然地理學.
자연 채무(自然債務)《법》自然債務.
자연 철학(自然哲學)《철》自然哲學.
자연-체(自然體)명《운》自然体.
자연-현상(自然現象)명 自然現象.
자연-환경(自然環境)명 自然環境. 예 ~을 보호해야 한다. 自然環境を保護すべきだ.
자엽(子葉)명 ☞떡잎
자예(雌蕊)명 ☞암술
자오록-하다형 (霧·煙などが)濃く立ちこめている; とてももやもやしている.
　자오록-이부 もやもやと; 濃く; 深く.
자오-선(子午線)명《천》子午線. 예 ~ 관측 子午線觀測/ ~ 통과 子午線通過.
자오-의(子午儀)명《천》子午儀.
자옥-하다형 (霧·煙などが)立ちこめている; もやもやしている; 濃い; 深い. 예 방에 연기가 ~. 部屋に煙が立ちこめている.
　자옥-이부 もやもやと; 濃く; 深く.
자외-선(紫外線)명《물》紫外線; 化學線. 예 ~ 알레르기 紫外線アレルギー/ ~이 강한 여름 紫外線が強い夏.

자우룩-하다형 (霧·煙などが)濃く立ちこめている; とてももやもやしている.
자욱-포수(一砲手)【짐승의 발 자욱을 따라 잡는 포수】獣の足跡をたどって狩りをする猟師.
자욱-하다형 (霧·煙などが)立ちこめている; もやもやしている; 濃い; 深い. 예 자욱한 안개 深い霧.
자운영(紫雲英)명《사》紫雲英; 翹搖. 예 ~ 군락 紫雲英の群落.
자웅(雌雄)명【참】雌雄. 예 ~ 동체 雌雄同体/ ~ 이체 雌雄異体/ ~을 겨루다. 雌雄を争う.
자웅 동주(雌雄同株) ☞암수한그루
자웅 이주(雌雄異株) ☞암수딴그루
자원¹(字源)명 字源.
자원²(自願)명 自ら願い出ること; 志願.
　자원-하다타 自ら願い出る; 志願する. 예 자원하여 출연하다. 自ら志願して出演する.
자원³(資源)명 資源. 예 ~ 개발 資源開發/ 지하 ~ 地下資源.
자원 민족주의(資源民族主義)《사》資源民族主義.
자위¹【자기의 몸이 가진 일정한 범위】目; 身. 예 노른~ 黃身/ 흰~ 白身; 白目/ 검은~ 黑目.
자위²(自慰)명 自慰. ❶自分で自分を慰めること. ❷手淫. =수음
　자위-하다자 自慰する.
자위³(自衛)명 自衛.
　자위-하다자타 自衛する.
자위-대(自衛隊)명 自衛隊.
자유(自由)명 自由. 예 보도의 ~ 報道の自由/ 의사 ~ 自由意思/ 두발 ~ 髮型自由/ 보편적 ~ 普遍的な自由/ 이동의 ~를 제한하다. 移動の自由を制限する.
자유 곡류(自由曲流) 自由曲流.
자유 권총(自由拳銃)《운》フリーピストル競技.
자유-노동(自由勞動)명 自由労働.
자유-롭다(自由一)형 自由だ. 예 자유로운 시간 自由になる時間.
　자유로이부 自由に.
자유 무역(自由貿易)《경》自由貿易.
자유 무역항(自由貿易港)《경》自由貿易港; 自由港; フリーポート. 예

홍콩은 거주가 가능한 ~이다. ホンコンは居住が可能なフリーポートである。

자유-스럽다(自由—)<형> 自由だ。
　자유-스레<부> 自由に。
자유-시(自由詩)<명> 《문》自由詩。
자유-자재(自由自在)<명> 自由自在。
자유 종목(自由種目)<운> 【체조】(体操などの)自由演技。
자유-주의(自由主義)<명> 自由主義。
자유-투(自由投)<운> 【농구】フリースロー。
자유-항(自由港)<명> 自由港。
자유-형¹(自由刑)<명> 【법】自由刑。
자유-형²(自由型)<운> 【수영】(水泳の)自由形｜フリースタイル｜クロール。
자유-화(自由化)<명> 自由化。
자율(自律)<명> 自律。<예> ~ 신경 自律神経。
자음¹(子音)<명> 《언》子音。=닿소리
자음²(字音)<명> 《언》字音。<준> 음(音)
자의¹(字義)<명> 字義｜文字の意味。
자의²(意義) 自分の意思｜自分の考え。
자의³(恣意)<명> 恣意｜気ままな考え。
자-의식(自意識)<명> 自意識。<예> ~이 강하다. 自意識が強い。=자아의식
자이브(jive)<명> (社交ダンスの)ジャイブ。
자인(自認)<명>
　자인-하다<타> 自認する。
자일(Seil 독)<명> ザイル｜クライミングロープ｜ロープ。
자임(自任)<명> 自任。
　자임-하다<타> 自任する。
자자손손(子子孫孫)<명> 子々孫々。<예> ~에 전하다. 子々孫々に伝える。
자자-하다(藉藉—)<형> 多くの人々の口に上る｜(うわさなどが)広まっている。<예> 평판이 ~. 評判が高い。
자작(自作)<명> 自作。❶ 手作り｜自製。<예> ~ 소설 自作小説。❷ 自作農。
　자작-하다<타> 自作する。
자작-거리다 幼児がよちよちと歩く。=자작대다
자작-나무 《식》白樺。<예> ~ 숲을 거닐다. 白樺の森を散策する。
자작-농(自作農)<명> 自作農。<준> 자농
자작-대다 ☞ 자작거리다
자작-자급(自作自給)<명> 自作自給。
자작-자작¹<부> 【어린아이가 발을 함께 내디디며 이제 위태롭게 걷는 모양】よちよちと。<예> 아기가 ~ 걸음마를 하다. 子供がよちよちとあんよをする。

자작-자작²<부> 【졸음이 액체가 점점 줄어 거의 적어지는 모양】ひたひた。<예> 건더기가 ~ 잠길 만큼 물을 붓다. 具がひたひたに浸かるくらい水を注ぐ。
　자작자작-하다<자> ひたひただ。<예> 물을 자작자작하게 하여 야채를 삶는다. 水をたたひたにして野菜を煮る。
자잘-하다<형> みな小粒である｜みな小さい｜みな細かい。<예> 휴대 전화의 자잘한 글씨 携帯の細かい字。
자장(磁場)<명> 【물】磁場。
자장-가(—歌)<명> 子守唄。
자장면(—炸醬麵 중)<명> 【중국 요리】ジャージャー麺。
자장-자장<감> 【어린아이를 재울 때 부르는 노랫말】ねんねん。<예> ~, 우리 아기 ねんねん、わが子よ。
자재¹(自在)<명> 自在。
　자재-하다<자> 自在だ。
자재²(資材)<명> 資材。<예> 건축 ~ 建築資材。
자전¹(字典)<명> 字典。=자서¹
자전²(自傳)<명> 《문》自伝。<예> ~ 소설 自伝小説。
자전³(自轉)<명> 自転。<예> ~ 주기 自転周期。
　자전-하다<자> 自転する。
자전-거(自轉車)<명> 自転車。<예> ~ 도둑 自転車泥棒。
자정(子正)<명> 夜の12時｜零時。
자정 작용(自淨作用) 自浄作用。<예> 강물의 ~ 河水の自浄作用/ 대기의 ~ 大気の自浄作用。
자제¹(子弟)<명> ❶【남을 높여 그의】令息。❷【남의 집안의 젊은이를 높여】子弟。<예> 명문가의 ~ 名門の子弟。
자제²(自制)<명> 自制。
　자제-하다<타> 自制する。<예> 실명 보도를 ~. 実名報道を自制する。
자조(自嘲)<명> 自嘲。
　자조-하다<자> 自嘲する。<예> 자조하는 웃음을 띠다. 自嘲の笑いを浮かべる。
자족(自足)<명>
　자족-하다 Ⅰ<자> 自足する。<예> 작은 성공에 ~. 小さな成功に自足する。
　　Ⅱ<형> 【충분히】自足する。
자족-감(自足感)<명> 自足感。
자존¹(自存)<명> 自存。
자존²(自尊)<명> 自尊。
　자존-하다<자> 自尊する。

자존-심(自尊心)명 自尊心。プライド。예~이 강하다. 自尊心が強い。/~이 상하다. 自尊心が傷つく。/~이 허락하지 않다. 自尊心が許さない。

자주¹ 부 しばしば｜度々｜よく｜しきりに。예~ 손을 씻다. よく手を洗う。/~ 누워 있다. よく横になっている。/정당한 이유 없이 ~ 회사를 결근하다. 正当な理由なく、しばしば会社を休む。

자주²**(自主)**명 自主。
자주³**(紫朱)**명 赤紫色。
자주-권(自主權)명 自主権。
자주-독립(自主獨立)명 自主独立。
자주-색(紫朱色)명 赤紫色｜赤紫。=자줏빛・자지
자주-성(自主性)명 自主性。
자주-자주부 頻繁に｜ひっきりなしに｜しきりに｜しげしげ。예 목욕을 ~ 한다. 入浴を頻繁にする。
자주-적(自主的)관형 自主的。
자주-정신(自主精神)명 自主精神。
자줏-물(紫朱-)명 赤紫色の染料。예 천을 ~로 물들이다. 布を赤紫色の染料で染める。
자줏-빛(紫朱-)명 ⇒자주색
자중¹**(自重)**명 [물건의 무게] 自重｜物の自体の重量。
자중²**(自重)**명 ❶[언행을 삼감] 自重する。 ❷[자기를 아낌] 自重。예~자애 自重自愛하다.
자중-하다타 自重する。예 테러에 대한 보복을 ~. テロへの報復を自重する。

자지(紫地)명 ⇒자주색
자지러-뜨리다타 ❶(びっくりして)身をすくめる｜すくませる｜縮まらせる。 ❷(病気になって)弱る。=자지러트리다

자지러-지다자 ❶[몹시 놀라다] びっくりして身がすくむ｜びくっとする。예 자지러지게 놀랐다. 身がすくむほどびっくりした。 ❷[풀·화이 나서 매행] (病気で)弱る｜よく育たずにしおれる。예 옮겨 심은 파키라가 자지러졌다. 植えかえたパキラがしおれた。 ❸[웃음소리·울음소리 들이 촘촘하여 빠르게 일리이 보이는] (笑い声・泣き声・拍子取りなどが)いらだたしいほどしくなる。예 자지러진 웃음소리 / 자지러지게 울다. いらだたしいほどしきりに泣き叫ぶ。

자지러-트리다타 ⇒자지러뜨리다
자지레-하다형 [자술구레하다 の方言] 細々しい。

자지리부 非常に｜とても｜きわめて｜何とも言いようもなく。
자진(自進)명 自分から進んですること｜自発。
자진-하다자 自分から進んでする。
자-질¹ 尺を取ること。
자질-하다타 尺を取る。
자질(資質)명 資質。예 뛰어난 ~을 갖추다. 優れた資質を備える。
자질구레-하다형 細々しい。예 자질구레한 것을 상자에 담다. 細々しいものを箱に入れる。준 자지레하다
자질-자질튼 水気が乾いてだんだん減っていくさま。
자차분-하다형 細々として落ち着きがある。
자차분-히부 細々しく落ち着きがあって。
자찬(自讚)명 自賛。
자찬-하다타 自賛する。
자책(自責)명 自責。
자책-하다타 自責する。
자책-감(自責感)명 自責感｜自責の念。예~에 사로잡히다. 自責感にとらわれる。
자책-점(自責點)명 (운) 自責点。
자처(自處)명 ❶[자신을 그렇게 처신함] 自任｜自負。 ❷自分のことは自分で片付けること。 ❸自決。
자처-하다자타 ❶自任する｜自負する。예 형은 천재라고 자처하고 있다. 兄はみずから天才だと自任している。/요리의 명인이라고 ~. 料理の名人だと自任する。/일류라고 ~. 一流であると自負する。 ❷自分のことは自分で片付ける。 ❸自決する。
자처-울다자 (鶏が)だんだんせわしげに鳴く。
자철-광(磁鐵鑛)명 (광) 磁鉄鉱。
자체¹**(字體)**명 字体｜書体。
자체²**(自體)**명 自体。예 제도 ~가 나쁜 것은 아니다. 制度自体が悪いのではない。
자초(自招)명 自ら招くこと。
자초-하다타 自ら招く。예 비난을 ~. 非難を自ら招く。
자초지종(自初至終)명 一部始終｜始末｜顛末。예 ~을 이야기하다. 一部始終を物語る。
자축-거리다자타 少しびっこを引く。

=자축대다

자축-대다〔자〕〔타〕 ☞자축거리다

자축-자축〔부〕 よろよろ。 예 ~ 걷다. よろよろ歩く。

자춤-거리다〔자〕〔타〕 (足の力が抜けて)少し足を引きずる。=자춤대다

자춤-대다〔자〕〔타〕 ☞자춤거리다

자춤발-이〔명〕 足に力が無くて足を引きずる人。

자춤-자춤〔부〕 (足の力が抜けて)少し足を引きずるさま。

자취 跡き | 跡形き | 痕跡さ。 예 ~를 감추다. 痕跡を隠す。/ ~를 남기다. 痕跡を残す。/ ~도 없이 사라지다. 跡形もなく消える。

자치(自治)〔명〕 自治。 예 ~ 기관 自治機関。/ ~ 단체 自治団体。/ ~ 활동 自治活動。
　자치-하다〔자〕 自治する。

자치-권(自治權)〔명〕〔법〕自治権。

자치-제(自治制)〔명〕〔법〕自治制。=자치제도

자치 제도(自治制度)☞자치제

자치 행정(自治行政) 自治行政。

자친(慈親)〔명〕 母。| お袋。

자침(磁針)〔물〕磁針。=지남철・지남침

자칫〔부〕 ❶ まかり間違えば | 万が一。 예 ~ 잘못하면 큰일 난다. まかり間違えば大変なことになる。 ❷ やや | 少し。
　자칫-하다〔자〕 ほんの少し食い違っている。 예 자칫하면 감전될 뻔했다. もう少しで感電するところだった。

자칫-거리다〔자〕〔타〕 よちよち歩く。=자칫대다

자칫-대다〔자〕〔타〕 ☞자칫거리다

자칫-자칫〔부〕 よちよち | よたよた。

자칭(自稱)〔명〕 自称。 예 ~ 교수 自称教授。/ ~ 프로 自称プロ。
　자칭-하다〔자〕 自称する。 예 페미니스트를 ~. フェミニストを自称する。

자켓(jacket)〔명〕 '재킷'의 잘못.

자타(自他)〔명〕 自他。 예 ~가 공인하다. 自他ともに許す。

자탄(自歎・自嘆)〔명〕 (自分のことに対して)自ら嘆くこと。 예 ~의 한숨을 쉬다. 自らを嘆いてため息を吐く。
　◆일본어「自嘆(じたん)」은「自分で自分をほめること」(자기가 자기를 칭찬하다)라는 뜻임.

　자탄-하다〔자〕〔타〕 自らを嘆く。 예 무능력에 대하여 자탄하는 나날을 보내다. 無能力さに対して自らを嘆く日々を送る。/ 어째서 나는 이런 불행한 운명인걸까 ~. どうして私はこんな不幸な運命にあるのかと、自らを嘆く。

자태(姿態)〔명〕 姿態。| 姿。

자택(自宅)〔명〕 自宅。| うち。

자퇴(自退)〔명〕 自ら退くこと。
　자퇴-하다〔자〕〔타〕 自ら退く。

자투리 端切れ | 切れ端 | 切れ地。

자파(自派)〔명〕 自派。 예 ~ 세력 自派勢力。

자판(字板)〔명〕 ❶ 文字版。 ❷ キーボード。 예 ~을 두드리다. キーボードを叩く。

자판-기(自販機)〔명〕 自販機 | 自動販売機。

자평(自評)〔명〕 自評 | 自己評価。

자폐-증(自閉症)〔명〕〔의〕自閉症。

자포-동물(刺胞動物)〔동〕刺胞動物 | 腔腸動物。

자포-자기(自暴自棄) 自暴自棄 | やけ。 예 ~에 빠지다. 自暴自棄に陥る。
　자포자기-하다〔자〕 自暴自棄に陥る。

자폭(自爆)〔명〕 自爆。 예 ~ 행위 自爆行為。
　자폭-하다〔자〕 自爆する。

자-풀이〔명〕 ❶ (反物を)一尺当たりの値段を割り出すこと。 ❷ (反物を)尺単位で売ること。
　자풀이-하다 ❶ 一尺当たりの値段を割り出す。 ❷ 尺単位で売る。

자필(自筆)〔명〕 自筆。 예 ~ 이력서 自筆の履歴書。
　자필-하다〔자〕〔타〕 自筆する。

자학(自虐)〔명〕 自虐。
　자학-하다〔자〕 自分で自分を痛めつける。

자학-자습(自學自習) 自学自習。

자해¹(字解)〔명〕 字解。

자해²(自害)〔명〕 自害 | 自殺。 예 용의자의 ~ 행위를 저지하다. 容疑者の自害行為を阻止する。
　자해-하다〔자〕 自害する。

자행(恣行)〔명〕 恣行。
　자행-하다〔자〕〔타〕 恣行する。 예 대학살을 ~. 大虐殺を恣行する。

자형¹(字形)명 字形。
자형²(姉兄)명 姉の夫ः｜義兄ः。
자혜(慈惠)명 慈惠ः。
자혜-롭다(慈惠-)형 慈しみ深い。
　자혜로이부 慈しみ深く。
자홍-색(紫紅色)명 紫紅色｜紫がかった紅色。
자화-상(自畫像)명 (미)自画像。
자화-자찬(自畵自贊)명 自画自賛。
자황-색(赭黃色)명 橙色。＝주황색
자획(字劃)명 字画。
자훈(字訓)명 字訓。
자흑-색(紫黑色)명 紫黑色。

작¹(勺)명 勺。❶合の10分の一。❷坪の100分の一。
작²(作)명 作。예 1953년 ～ 1953年に一せんひりゃく 作。
-작³(作)접 ❶一作。예 야심작 野心作／최신작 最新作。❷一作。예 이모작 二毛作／평년작 平年作。
작가(作家)명 作家。예 방송 ～ 放送作家／구성 ～ 構成作家／인기 ～ 人気作家／도예 ～ 陶芸作家。
작가-론(作家論)명 (문)作家論。
작고(作故)명 逝去。
　작고-하다자 逝去する。예 투병 끝에 작고하셨다. 闘病の末に逝去された。
작곡(作曲)명 (음)作曲。
　작곡-하다타 作曲する。
작곡-가(作曲家)명 (음)作曲家。
작금(昨今)명 昨今。예 ～의 정세 昨今の情勢。
작년(昨年)명 昨年｜去年。예 ～의 무역 적자 昨年の貿易赤字／～ 5월 去年の5月。
작년-도(昨年度)명 昨年度。
작농(作農)명 農作｜耕作。
　작농-하다자 作物を作る｜耕作する。
작다형 ❶(大きさが)小さい｜細かい。예 작은 회사 小さな会社／작은 사이즈 ちいさいサイズ／작은 곰 인형 小さな熊人形。❷(背が)低い。예 키가 ～. 背が低い。／몸집은 작지만 세다. 体格は小さいが力持ちだ。❸年が若い｜小さい｜幼い。예 작은 형 下のお兄さん／우리 아이는 아직 ～. うちの子はまだ小さい。❹(度量が)狭い｜小さい。예 통이 ～. 度量が小さい。❺(声・音が)小さい。예 목소리가 ～. 声が小さい。❻(物事が)些細である｜小さい｜細かい。예 작은 실수까지 지적하다. 小さいミスまで指摘する。❼(量が)少ない。예 작은 돈도 헛되이 써서는 안 된다. わずかなお金でも無駄なことに費やしてはいけない。
　작은 고추가 더 맵다속담 小さいトウガラシのほうがもっと辛い：〔日〕山椒は小粒でもぴりりと辛い。
작다리명 体格の割りには背が低い人｜ちび。
작달막-하다형 (体の大きさに比べて)背丈が低い｜ずんぐりしている。예 작달막한 체구 ずんぐりした体格。
작달-비명 どしゃ降りの雨。＝장대비
작당(作黨)명 群れをなすこと｜仲間を作ること｜徒党を組むこと。
　작당-하다자 群れをなす｜仲間を作る｜徒党を組む。
작대기 ❶長い木の棒。❷(答案などの)誤答に引く斜線。
작대기-바늘명 太く長い針。
작도(作圖)명 作図。예 삼각형의 ～ 三角形の作図。
　작도-하다타 作図する。
작도-법(作圖法)명 (수)作図法。준 도법
작두 (まぐさ・藁などを切る)押し切り｜飼い葉切り。
작두-질명 (まぐさ・藁などを)押し切りで切ること。
　작두질-하다자타 押し切りで切る。
작렬(炸裂)명 炸裂。
　작렬-하다자 炸裂する。예 수류탄이 ～. 手榴弾が炸裂する。
작명(作名)명 名付け｜命名。
작문(作文)명 作文。
작물(作物)명 作物。예 ～ 한계 作物限界。
작물-학(作物學)명 《농》作物学。
작벼리명 川辺などの砂利と砂が混じっている所｜河原。
작별(作別)명 別れ｜訣別。예 ～을 고하다. 別れを告げる。
　작별-하다자타 別れる｜訣別する。
작부(酌婦)명 酌婦。
작사(作詞)명 作詞。

작사-하다 자 作詞する.
작살 명 銛. やす. 例 ～로 잡은 물고기 銛で捕まえた魚.
작살-나다 めちゃめちゃにつぶれる; ちりぢりに砕ける.
작살-나무 《식》紫式部. 例 ～의 가장 큰 아름다움은 열매에 있다. 紫式部の最も美しい所は実だ.
작살-내다 타 めちゃめちゃにつぶす; ちりぢりに砕く.
작설-차(雀舌茶) 명 新芽を摘んで作った茶.
작성(作成) 명 作成.
　작성-하다 타 作成する.
작성-자(作成者) 명 作成者.
작시(作詩) 명 作詩.
　작시-하다 자 作詩する.
작시-법(作詩法) 명 《문》作詩法.
작심(作心) 명 決心; 決意.
　작심-하다 타 決心する.
작심-삼일(作心三日) 決心が三日と続かないこと; 三日坊主.
작야(昨夜) 명 昨夜.
작약(芍藥) 《식》芍藥.
작업(作業) 명 作業. 例 단순 ～ 単純作業/～ 공정 作業工程.
　작업-하다 자 作業する.
작업-량(作業量) 명 作業量.
작업-반(作業班) 명 作業班.
작업-복(作業服) 명 作業服; 仕事着.
작업-장(作業場) 명 作業場.
작업 표시줄(作業表示─) 《컴》タスクバー.
작열(灼熱) 명 灼熱.
　작열-하다 자 灼熱する.
작용(作用) 명 作用. 例 ～ 반작용의 법칙 作用反作用の法則.
　작용-하다 자 作用する.
작용-량(作用量) 명 《물》作用量.
작용-력(作用力) 명 作用力.
작용-점(作用點) 명 《물》作用点.
작은-골 명 ☞소뇌
작은곰-자리 명 《천》【별자리】(星座の)小熊座.
작은-누이 명 下の姉.
작은-달 명 【별자리 옛말】小さい月.
작은-댁(─宅) 명 分家.
작은-마누라 명 ☞첩(妾)
작은-마마(─媽媽) 명 【의】水痘; 水疱瘡.

작은-며느리 명 下の嫁.
작은-방(─房) 명 奥の間に付属する小さな部屋. 例 ～에서 아기가 잔다. 隣の小部屋で赤ん坊が寝ている.
작은-북 《음》小太鼓.
작은-사랑(─舍廊) 명 息子や甥など若い世代が生活する部屋.
작은-사위 명 下の婿.
작은-설(元旦に対して)大晦日.
작은-아버지 명 父の弟; 叔父. =숙부
작은-악절(─樂節) 명 《음》小楽節.
작은-어머니 명 ❶父の弟の妻; 叔母. =숙모 ❷(実母と区別して)継母.
작은-집 명 ❶別居の子や弟の家; 分家. ❷妾の家. ❸【변소사랑말】【완곡한 표현】便所.
작은-창자 명 ☞소장
작인(作人) 명 ☞소작인
작일(昨日) 명 ☞어제 I
작자(作者) 명 ❶作者. 例 ～ 미상 作者未詳. ❷制作者. ❸小作人. ❹買い手. 例 ～가 없다. 買い手がない. ❺【낮잡아이르는말】者; 奴. 例 이상한 ～ 変な奴.
작작¹ 부 いいかげんに; ほどほどに; 適度に. 例 거짓말 좀 ～ 해라. うそもほどほどにしとけよ.
작-작² 【끌리는 소리를 생생히 묘사】 ずるずる.
　작작-거리다 타 履き物を引きずる. =작작대다
　작작-대다 타 ☞작작거리다
작잠(柞蠶) 명 《농》柞蚕. =산누에
작잠-견(柞蠶繭) 명 《농》柞蚕繭.
작잠-사(柞蠶絲) 명 柞蚕糸.
작잠-아(柞蠶蛾) 명 《동》柞蚕蛾. =산누에나방
작전(作戰) 명 作戰. 例 ～ 계획 作戰計画/매복 ～ 待ち伏せ作戰/～을 세우다. 作戰を立てる.
　작전-하다 자 作戰する.
작정(作定) 명 事を決めること; つもり; 考え. 例 어찌할 ～인지 통 모르겠다. どうするつもりかさっぱり分からない. /유학할 ～이다. 留学するつもりだ.
　작정-하다 자 決心する.
작중 인물(作中人物) 作中人物.
작태(作態) 명 ❶ある態度をとること;

작파(作破)	명【예쁜 일을 중간에서 깨뜨려 버림】 (やりかけた仕事・計画などを)取りやめること；中止すること。

작폐(作弊)	명 弊害をつくること。
　　작폐-하다	자 弊害をつくる。

작품(作品)	명 作品。 예 예술 ~ 芸術作品/ 상영 ~ 上映作品/ 입상 ~ 入賞作品/ ~을 전시하다. 作品を展示する。

작품-집(作品集)	명 作品集。

작풍(作風)	명 作風。 예 고전적인 ~ 古典的な作風。

작호(爵號)	명 爵号。

작황(作況)	명〔농〕作況；作柄。

작히	부 どんなに；どれほど。

작히-나	부 どんなに；どれほど。 예 그렇게 된다면야 ~ 좋으랴! そのようになるのなら、どんなにいいだろうか。/ 합격만 한다면 ~ 좋겠나! 合格さえすればどんなにいいだろう。 준 작히

잔¹(盞)	명 ❶コップ；小さい茶碗；杯。 예 ~을 돌리다. 杯を回す。 ❷〔수량을 나타내는 말〕一杯。 예 맥주 두 ~ ビール二杯。

잔²	접【작거나 작은・자잘구레한 것의 뜻】 小さい；細い；細かい。 예 잔소리 小言/ 잔털 細かい毛/ 잔지식 浅知識。

잔-가락	명 短くて急な拍子；小さく速い拍子。

잔-가시	명 (魚などの)小骨。

잔-가지	명 小枝；梢。

잔-걱정	명 細々とした心配ごと。 예 자식이 많아 ~이 끊일 날이 없구나. 子どもが多くて心の休まる日がないね。
　　잔걱정-하다	細々しく心配する。

잔-걸음	명 ❶狭い範囲内がに歩きを回ること。 ~을 치다. 近えしいところを行ったり来たりする。 ❷早い足どり。 예 ~으로 걷다. 速い足どりで歩く。

잔결-꾸밈음(一音)	명〔음〕モルデント。

잔고(殘高)	명 残高；残金。 예 은행의 예금 ~를 조사하다. 銀行の預金残高を調べる。 준 잔액

잔-고기	명 小魚；雑魚。

잔광(殘光)	명 残光；残照。

잔교(棧橋)	명 ☞ 선창

잔구(殘丘)	명 残丘；モナドノック。

잔-구멍	명 狭い考え。 예 그 일을 ~으로 바라보는 것은 곤란하다. それを小さな視点で考えるのは良くない。

잔-글씨	명 細字。

잔-금¹	명 ❶細い線。 ❷細いひび。 예 접시에 ~이 갔다. 皿に細いひびが入った。

잔금²(殘金)	명 残金；残額。 예 ~을 치르다. 残金を支払う。

잔-기침	명 連続して出る軽い咳。 예 감기에 걸리지 않았는데 자꾸만 ~이 난다. 風邪を引いてないのにやたらと咳が出る。

잔-꾀	명 猿知恵；浅知恵；こざかしい策。 예 녀석의 ~가 날이 갈수록 느는구나. あいつの浅知恵はますますよく働くね。/ ~ 부릴 생각하지 마라. 浅知恵を働かせようと思うな。

잔나비	명 ☞원숭이

잔-누비	명 刺子縫い；間を狭く縫うった縫い。

잔-눈치	명 (人の行動から)細かい機微まで感じ取る勘。 예 그 사람은 ~가 빠르다. その人は勘が鋭い。

잔당(殘黨)	명 残党。 예 ~을 소탕하다. 残党を掃討する。

잔대	명《식》釣鐘人参。

잔도(棧道)	명 桟道。 예 ~을 가지고 있지 않다. 小銭の持ち合わせがない。 ❷おつり；つり銭。 예 ~을 받다. おつりをもらう。

잔-돈	명 ❶小銭。

잔돈-푼	명 小銭；わずかなお金。 예 ~을 모으다. 小銭をためこむ。 준 잔돈

잔-돌	명 小石。

잔돌-밭	명 小石の多い土地。

잔드근-하다	형 非常に重厚で落ち着いている；根気がある。
　　잔드근-히	부 焦らないで；辛抱強く。

잔득-거리다	자 ❶【끈적끈적하게 달라붙다】 ねばつく；べとつく；ねばねばする。 ❷【음식이 물렁지지 않다】 固くてなかなか噛み切れない。 = 잔득대다

잔득-대다	자 ☞잔득거리다

잔득-잔득	부 ❶べとべと；ねばねば；ねちねち。 ❷噛みきれない。

잔득-하다	형 ❶【성질이 참을성이 있다】 重みがあって辛抱強い。 ❷【끊어지지 않고 끈기가 있다】 粘りけがある。
　　잔득-이	부 落ち着いて辛抱強く；粘り強く。

잔등(殘燈)[명] 残灯ざん┆残燭しょく。
잔등-이[명] ☞등.
잔디[명] 〔식〕芝生しば┆こうらいしば。<예>~를 손보다. 芝の手入れをする。
잔디-밭[명] 芝生しば。
　잔디밭에서 바늘 찾기[속담] 芝生しばで針針さがし┆水みの底そこの針をさがす。
잔뜩[부] いっぱい┆たっぷり┆たくさん┆かなり┆激しく。<예>~ 마시다. たっぷり飲のむ。／화가 나다. 激しく怒おこる。／볼이 ~ 부어 있다. 頬ほおがかなり腫はれている。
잔량(殘量)[명] 残量ざんりょう。
잔류(殘留)[명] 残留ざんりゅう┆居残のこること。
　잔류-하다[자] 残留ざんりゅうする┆居残のこる。
잔-말[명] つまらない話はなし┆無駄口むだぐち┆小言こごと。<예>~ 말고 가만있어라. 無駄口むだぐちたたかないで黙だまっていなさい。
잔망-스럽다(孱妄―)[형] ❶【보기에 몹시 약하고 가냘프게 보이다】(体からだが)弱よわくてほっそりしているところがある。❷【행동이 찬찬하지 못하고 가볍다】(見みるに態度たいどや行動こうどうが)くだらなくて軽かるいところがある。❸【얄밉도록 맹랑한 데가 있다】憎にくたらしいほどちゃっかりしているところがある。
　잔망스레[부] ❶弱々よわよわしく。<예>저렇게 ~ 보여도 그는 우리 팀의 주장입니다. あんなに弱々よわよわしく見みえても彼かれは我わがチームのキャプテンです。❷くだらなく軽率けいそつに┆軽かるはずみに。<예>~ 답장을 하고 말았다. ／그 자리에서 くだらなく軽かるはずみにその場ばで返事へんじをしてしまった。／~ 말하지 마. 軽かるはずみに物ものを言いうな。❸憎にくたらしいほどちゃっかりと。
잔망-하다(孱妄―)[형] ❶(体からだが)弱よわくてほっそりしている。❷(態度たいどや行動こうどうが)くだらなくて軽かるい┆くだらなく軽率けいそつだ。<예>잔망한 남자에게 걸려들다. くだらなく軽かるはずみな男おとこにひっかかる。❸憎にくたらしいほどちゃっかりしている。
잔명(殘命)[명] 残のこりの命いのち┆余命よめい。
잔-모래[명] 細こまかい砂すな。
잔무(殘務)[명] 残務ざんむ。<예>~ 정리 残務ざんむ整理せいり。
잔-무늬[명] 細々こまごました縞しまや模様もよう。
잔-물결[명] さざなみ。<예>~이 일다. さざなみが立たつ。
잔-밉다[형] とても小憎こにくらしい。<예>행동 하나 하나가 ~. 行動こうどう一つ一つがとても小憎こにくらしい。
잔-바느질[명] 細々こまごました針仕事はりしごと。

잔반(殘飯)[명] 残飯ざんぱん。
잔-방귀[명] (弱よわくて続つづけざまに出でる)小ちいさなおなら。<예>라면을 먹었더니 ~가 자꾸만 나온다. ラーメンを食たべたら小ちいさいおならがやたらと出でる。
잔-별[명] 小ちいさい星ほし。
잔-병¹(―病)[명] 軽かるい病気びょうき。<예>~이 많다. 病気びょうきがちだ。
잔병²(殘兵)[명] ☞패잔병
잔병-꾸러기(―病―)[명] 病気びょうきがちな人ひと。<예>딸이 ~라 정말 속상해. 娘むすめが病気びょうきがちで本当ほんとうに癪しゃくに障さわる。
잔병-치레(―病―)[명] 病気びょうきがちであること。
잔-부끄럼[명] ちょっとしたことにもすぐ恥はずかしがること。<예>저 애는 시원시원하기는 하는데 ~을 잘 탄다. あの子こははきはきしてはいるけど、恥はずかしがり屋やだ。
잔-불[명] 小獣狩しょうじゅうがり用ようの火力かりょくの弱よわい弾薬だんやく。
잔-뼈[명] (十分じゅうぶんに成長せいちょうしていない)細ほそい骨ほね。<예>~가 굵어지다. 細ほそい骨ほねが太ふとくなる；幼おさない時ときからある職場しょくばや環境かんきょうの中なかで成長せいちょうする。
잔-뿌리[명] 〔식〕細根さいこん。
잔-사단(―事端)[명] ☞잔사설
잔-사설(―辭說)[명] くどくどしい話はなし┆無駄口むだぐち。＝잔사단
잔상(殘像)[명] 残像ざんぞう。<예>~이 남다. 残像ざんぞうが残のこる。／~이 사라지다. 残像ざんぞうが消きえ去さる。＝유상
잔생-이[부] ❶【지긋지긋할 정도로 아주 못나게】てんで┆まったく┆まるで┆あくまで。❷【지극히 애를 써서】せつに┆ひどく。❸☞'지지리'의 잘못.
잔서(殘暑)[명] 残暑ざんしょ。
잔설(殘雪)[명] 残雪ざんせつ。
잔-셈[명] 細こまかい計算けいさん┆勘定かんじょう。
잔-소리[명] ❶【쓸데없이 늘어놓는 말】つまらない話はなし┆無駄口むだぐち。❷【필요 이상으로 듣기 싫게 꾸짖거나 참견하는 말】小言こごと。<예>~를 듣다. 小言こごとを食くう。
잔소리-꾼[명] 口くちうるさい人ひと┆やかましや。
잔-속[명] 詳くわしい内情ないじょう┆細々こまごました内幕うちまく┆心配事しんぱいごと。<예>~도 모르면서 아는 체한다. 詳くわしい事情じじょうも知しらないのに知しったかぶりをする。／아이들이 ~을 많이 썩인다. 子こどもたちがとても煩わずらわせる。
잔-손[명] 細々こまごました手数てすう┆手間てま。<예>~

이 가는 일 手数のかかる仕事ごと。
잔-손금 몡 (手のひらの)細かいしわ。
잔-손질 몡 細々しい手入れ。
　잔손질-하다 자타 細々しい手入れをする。
잔-솔 몡 小松ご｜若松わか。
잔솔-밭 몡 小松ごの林はやし。
잔솔-잎 몡 小松ごの葉は。
잔-술(盞—) 몡 ❶杯さかの酒さけ｜杯についだ酒。❷1杯いっ単位で売る酒｜コップ酒。
잔-시중 몡 細こまかい世話せわや手伝てつだい。
잔-심부름 몡 細々とうしたことの使つかい｜雑用よう。
잔심부름-꾼 몡 細こまかくて雑多ざつな使つかいをする人。 예 나이가 제일 어려서 모임의 ~이 될 수밖에 없다. 年ねんが一番いちばん若わかいので、集あつまりの雑多ざった仕事ごとをする人になるしかない。
잔악-하다(殘惡—) 형 残虐ざんぎゃくだ。 예 잔악한 행위 残虐な行為こうい／상상을 초월할 만큼 ~. 想像そうぞうをはるかに越こえて残虐である。
　잔악-히 부 残虐ざんぎゃくに。
잔액(殘額) 몡 残額ざんがく。
잔업(殘業) 몡 【잔업】残業ざんぎょう｜オーバータイム。
잔여(殘余) 몡 残余ざんよ｜残のこり｜余あまり。 예 ~ 임기 残余任期にんき。
잔월(残月) 몡 残月ざんげつ｜ありあけの月つき。
잔인(殘忍) 몡 残忍ざんにん。
　잔인-하다 형 残忍ざんにんだ。 예 잔인한 처사 残忍な仕打しうち。
잔인-성(殘忍性) 몡 残忍性ざんにんせい。
잔-일 몡 細々こまごまとした仕事ごと｜手間仕てましごと事ごと。
잔-입 몡 朝起あさおきたばかりで何なにも食たべていないし｜朝起きてまだすすいでもいない口くち。 예 ~에 냉수 한 컵은 보약이다. 起おき抜ぬけの冷水れいすい一杯いっぱいは薬くすりだ。 =마른입❷
잔-자갈 몡 小ちいさな小石こいし。
잔작-하다 (年としのわりに)発育はついくが悪わるい。
잔잔-하다¹ 형 静しずかだ。❶【바람・풍랑 따위가 자리잡혀】(風ふう・波なみ・勢いきおいなどが)静しずまり返かえっている｜弱よわい｜さらっている。 예 잔잔한 바람 静しずかに返かえった風かぜ。❷【분위기 따위가】(雰囲気ふんいき)が静しずかで平和へいわだ｜穏おだやかだ。 예 험악한 분위기도 점점 잔잔해져 왔다. 険けん

しい雰囲気ふんいきもだんだん穏おだやかになってきた。❸【態度など】落おち着ついて穏おだやかだ。 예 잔잔한 웃음 띤 얼굴로 미소 짓다. 穏おだやかな笑顔えがおで微笑ほほえむ。❹【소리가】(声こえが)低ひくく落おち着ついている。
잔잔-하다²(潺潺—) 형 ❶【물소리】(水みずの音おとが)物静ものしずかだ｜穏おだやかだ。 예 잔잔한 시냇물 소리 物静ものしずかな小川おがわの音おと。❷【빗소리】(雨あめが)細こまかくて静しずかだ。 예 비가 잔잔하게 내리고 있다. 雨あめが静しずかに降ふっている。
잔재(殘滓) 몡 残滓ざんし・ざんさい。 예 구체제의 ~ 旧体制きゅうたいせいの残滓ざんし。
잔-재미 몡 細々こまごまとした楽たのしいこと。 예 그 남자는 잘생기기는 했는데 ~가 없다. その男おとこは顔かおはいいが面白味おもしろみがない。
잔-재비 몡 細こまかい物事ものごとをうまく処理しょりする手際てぎわ。 예 ~가 좋은 사람 手際のいい人ひと。
잔-재주 몡 小細工ございく｜小才しょうさい。 예 화려한 ~ 華麗かれいな小細工ごさいく／~를 부리다. 小細工を弄ろうする。
잔-정(—情) 몡 細こまやかな情じょう。
잔존(殘存) 몡 残存ざんそん・ざんぞん。
　잔존-하다 자 残存ざんそん・ざんぞんする。
잔-주름 몡 小こじわ。 예 눈초리에 ~이 잡히다. 目尻めじりに小じわが寄よる。
잔-주름살 몡 小こじわ。
잔-주접 몡 軽々かるがるしい言行げんこう。
잔지러-뜨리다 타 (びっくりさせて)身みをすくませる｜縮ちぢみあがらせる。 =잔지러트리다
잔지러-지다 자 (ひどく驚おどろいて)身みがすくむ｜いじける｜縮ちぢみあがる。
잔지러-트리다 타 ☞ 잔지러뜨리다
잔-짐승 몡 小ちいさい獣けもの。
잔챙이 몡 【지엽적인 부분】雑魚ざこ｜小物こもの｜ちんぴら。 예 ~만 남이다. 雑魚ざこばかりかかる。
잔치 몡 宴会えんかい｜宴うたげ｜祝宴しゅくえん｜パーティー｜うたげ。 예 생일 ~ 誕生たんじょうパーティー／혼인 ~ 結婚披露宴けっこんひろうえん／~를 벌이다. 宴うたげを張はる。／~를 마련하다. 宴を設もうける。
잔칫-날 몡 宴会日えんかいび。
잔칫-집 몡 宴えんを催もよおす家いえ。
잔-칼질 몡 (魚さかな・肉にくなどを)千切せんぎりにすること｜細こまかい切きれ目めを入いれること。
잔-털 몡 細こまかい毛け｜生毛うぶげ。
잔-풀 몡 細こまかい草くさ。❶若草わかくさ。❷小ちい

잔품(殘品)[명] 残品ざんぴん.

잔학(殘虐)[명] 残虐ざんぎゃく.
　잔학-하다[형] 残虐ざんぎゃくだ.

잔해(殘骸)[명] 残骸ざんがい.

잔-허리[명] 細腰さいよう.

잔혹(殘酷)[명] 残酷ざんこく.
　잔혹-하다[형] 残酷ざんこくだ. 예 잔혹한 장면 残酷ざんこくな場面ばめん./더할 나위 없이 ~. 残酷極ざんこくきわまりない.

잔-다랗다[형] 非常ひじょうに細こまかい. 준 잘다랗다

잘[명] 黒貂くろてんの毛皮けがわ.

잘[부] ❶【바르게】正ただしく｜ちゃんと｜きちんと｜まっすぐ. 예 마음을 ~ 써야 복이 온다. 心こころを正ただしく持もてはじめると福ふくが来くる./종이를 ~ 놓고 쓰세요. 紙かみをまっすぐに置おいて書かきなさい./그는 일을 ~ 마무리한다. 彼かれは仕事しごとをちゃんと仕上しあげる. ❷【훌륭하게｝ 立派りっぱに｜見事みごとに. 예 자식을 ~ 키우다. 子供こどもを立派りっぱに育そだてる./~ 차려입다. 見事みごとに着飾きかざる./~ 알아맞히다. 見事みごとに言いい当あてる./~ 해치우다. 見事みごとにやってのける. ❸【잘하게】上手じょうずに｜うまく. 예 말을 ~ 하는 사람 話はなし上手じょうずな人ひと/노래를 아주 ~ 부른다. 歌うたを非常ひじょうにうまく歌うたう./껍질을 ~ 벗긴다. 皮かわを上手じょうずに剥むく. ❹【자세히 정확하게 또는 분명하게 또렷이】 詳くわしく｜正確せいかくに｜はっきりと｜よく. 예 ~ 모르다. はっきりと知しらない./~ 듣고 따라하시오. よく聞きいて真似まねてください./~ 안 들립니다. よく聞きこえません. ❺【알맞게】 都合良つごうよく｜よく. 예 마침 ~ 왔다. ちょうどよく来きた. ❻【자주】 よく｜しばしば｜たびび. 예 ~ 놀러 다닌다. よく遊あそびに出でかける./겨울이 되면 감기가 ~ 걸린다. 冬ふゆになるとよく風邪かぜを引ひく./교통사고가 ~ 나는 곳이다. 交通事故こうつうじこがたびたび起おこる所ところだ. ❼【인사말로서】 無事ぶじに｜気きをつけて. 예 다녀오세요. 気きをつけていってらっしゃい./~ 가라. 気きをつけて行いきな；さようなら；バイバイ./제주도에 ~ 도착하다. 済州道チェジュドに無事ぶじに到着とうちゃくする./~ 지냈니? 元気げんきにしてた./~ 지내십니까? お元気げんきですか./~ 지냅니다. 元気げんきです./~ 주무셨습니까? 昨夜ゆうべはよくお休やすみになられましたか./덕분에 ~ 지냅니다. お陰様かげさまで元気げんきです. ❽【쉽게】 簡単かんたんに｜たやすく｜すぐ. 예 토라지는 아이 すぐすねる子こ/종이가 얇아서 ~ 찢어진다. 紙かみが薄うすくて簡単かんたんに千切ちぎれる./~ 운다. すぐ泣なく./~ 웃다. すぐ笑わらう./어려워서 그렇게 ~ 할 수 없다. 難むずかしくてそう簡単かんたんにできない.

잘-하다[타] ❶【바르게 하다】正ただしく行おこなう｜正ただしくする. 예 누가 잘하고 잘못했는지 시비를 가려야 한다. 誰だれが正ただしくて誰だれが間違まちがったのかを是非ぜひをただすべきだ. ❷【능숙하다｜솜씨가 좋다】上手じょうずだ｜うまい｜うまくやる｜達者たっしゃだ. 예 말을 ~. 話はなしがうまい./노래를 아주 잘한다. 歌うたがたいへん上手じょうずだ./축구를 잘한다. サッカーがうまい. ❸【습관적으로 자주하다】(癖くせで)しきりによく一する. 예 외식을 잘한다. よく外食がいしょくをする./거짓말을 잘한다. 嘘うそをよくつく./저 애는 울기를 잘한다. あの子こはよく泣なく. ❹【어떤 음식을 즐겨 먹거나 마시다】 好このんで―する. 예 그는 술을 잘한다. 彼かれはお酒さけを好このんでよく飲のむ./술은 잘하지 않는 편이다. 酒さけはたしなまないほうだ. ❺【―するのが気きに入いらないという意いを表あらわす】 잘한다! 이제 어떻게 할래? よくもやったな, これからどうするつもりなんだ./엉덩방아를 다니, 잘했어. 尻餅しりもちをついたなんて, おもしろいことをやってしまったなあ. ❻【친절하게 대하다】 親切しんせつにする｜よく仕つかえる｜誠意せいいを尽つくす. 예 부모님께 잘해야 한다. 両親りょうしんにはよく仕つかえなければならない./남에게 잘해야 자기도 대접받는다. 人ひとに誠意せいいを尽つくしてはじめて自分じぶんももてなされる.

잘가닥[부] ❶【단단한 물체가 가볍게 맞부딪치는 소리나 모양】 かしゃっ(と)｜かちっと. 예 ~ 카메라 셔터를 눌렀다. かしゃっとカメラのシャッターを切きった./~ 자물쇠를 잠그는 소리 かちっと錠前じょうまえを閉しめる音おと. ❷【끈기 있는 물건이 세차게 달라붙는 소리나 모양】 べったり｜べたっ｜べっとり.

잘가닥-거리다[자타] かちゃかちゃいう｜かちゃと音おとを立たてる. 예 가방 안에서 잘가닥거리는 열쇠 소리가 들린다. かばんの中なかからかちゃかちゃと鍵かぎの音おとが聞きこえる. =잘가닥대다

잘가닥-대다[자타] ☞잘가닥거리다

잘가닥-잘가닥[부] かちゃかちゃ｜かしゃかしゃ.

잘가당[부]【쇠붙이 쇳불이 둥이 가볍게 부딪혀 울리는 소리나 모양】 かしゃっ(と)｜かちっと.
　잘가당-거리다[자타] かちゃかちゃする｜かしゃかしゃする. =잘가당대다

잘가당-대다자태 ☞잘가당거리다
잘가당-잘가당부 かちゃかちゃ。
잘각부 かしゃっ(と)｜かちっと。예~ 잠기는 문소리 かちゃっと閉まる扉の音。
　잘각-거리다자태 かちゃかちゃいう｜かちっと音を立てる。=잘각대다
　잘각-대다자태 ☞잘각거리다
잘각-잘각부 かちゃかちゃ｜かしゃかしゃ。
잘강-거리다 (ガム・固い肉などを)ひっきりなしに噛む｜くちゃくちゃ噛む。=잘강대다
잘강-대다태 ☞잘강거리다
잘강-잘강부 くちゃくちゃ。
잘그락부 かちゃっ(と)｜かしゃっ(と)。
　잘그락-거리다자태 かちゃっと音がする。=잘그락대다
　잘그락-대다자태 ☞잘그락거리다
잘그락-잘그락부 かちゃかちゃ｜かしゃかしゃ。
잘그랑부 ちゃりん｜ちゃりっ(と)。
　잘그랑-거리다자태 ちゃりんと音を立てる｜ちゃらんとする。=잘그랑대다
　잘그랑-대다자태 ☞잘그랑거리다
잘그랑-잘그랑부 ちゃらんちゃらん。
잘근-잘근부 くちゃくちゃ(と)。예껌을 ~ 씹다. ガムをくちゃくちゃと噛む。/ 말린 오징어 다리를 ~ 씹다. するめの足をくちゃくちゃと噛む。
잘-나다자 ❶ 目見がよい｜器量がよい｜顔立ちが整っている｜美しい。예잘난 외모 見目よい外見/ 얼굴이 ~. 顔の器量がよい。❷ 優れていて賢い｜利口だ｜秀でている｜偉い。예너무 잘나서 탈이다. 優れすぎているのが欠点だ。/ 잘난 체하는 건방진 태도 偉ぶった生意気な態度。❸たいしたことない｜くだらない｜ろくでもない。예그 잘난 것 하나 가졌다고 뻐긴다. たいしたことでもないものを一つ持ったと言って威張っている。/ 그리 잘난 남자는 아니다. たいした男ではない。
잘다형 ❶ (粒が)小さい｜細かい｜細い。예밤알이 ~. 栗の粒が小さい。/ 파를 잘게 썰다. ねぎを細かく刻む。❷ 心が狭い｜こせこせしている。예사람이 너무 ~. 人間があまりこせこせしている。

잘-되다자 ❶ よくできる。예공부가 ~. 勉強がよくできる。❷うまくいく｜成功する。예그 사람과 잘되면 한잔 사세요. 彼とうまくいったら一杯おごってくださいね。
잘똑-거리다자태 足を引きずる｜ちんばをひく。예발이 유난히 작은 여자가 잘똑거리며 걷고 있다. 足が著しく小さい女が足を引きずって歩いている。=잘똑대다
　잘똑-대다자태 ☞잘똑거리다
잘똑-잘똑¹부 足を引きずるさま。
잘똑-잘똑²부 長い物が所々くびれているさま。
잘똑-하다형 くびれている。예몸통이 잘똑한 꽃병 胴のくびれた花瓶。
잘라-매다 (ひもで)きつく縛る｜くくる。
잘라-먹다태 ❶ ちぎって食べる。❷ 横領する。❸話を切る。❹踏み倒す。
잘랑부 ちゃりん｜ちゃらん。
　잘랑-거리다자태 ちゃらちゃらする。=잘랑대다
　잘랑-대다자태 ☞잘랑거리다
잘랑-잘랑부 ちゃらちゃら。
잘래-잘래부 頭を左右に軽く振るさま。예머리를 ~ 흔들다. 頭を左右に振る。
잘록-거리다자태 少し足を引きずる。예그는 다리를 약간 잘록거리면서 걷는다. 彼は若干足を引きずって歩く。=잘록대다
잘록-대다자태 ☞잘록거리다
잘록-잘록¹부 足を引きずるさま。
잘록-잘록²부 所々くびれているさま。
잘록-하다형 くびれている｜へこんでいる。예섬의 가운데가 ~. 島の中央がくびれている。
잘름-거리다자태 軽く足を引きずる｜ひょこひょこと歩く。예다리를 다쳐 잘름거리며 걷다. 足を怪我して軽く足を引きずって歩く。=잘름대다
잘름-대다자태 ☞잘름거리다
잘름-발이명 びっこ｜片足の不自由な人。
잘름-잘름부 軽く足を引きずるさま。

잘리다 재 【아프다】 ❶【切】切られる｜切断される。 예 가지가 잘린 나무 枝えだを切られた木き。 ❷【解】首くびになる｜やめさせられる｜解雇かいこされる。 예 회사에서 목이 ~. 会社かいしゃを首くびになる。 ❸ 貸かし倒たおされる｜踏ふみ倒たおされる。

잘못 Ⅰ 명 過あやまち｜誤あやまり｜間違まちがい｜落おち度ど｜ミス｜やりそこない。 예 ~을 저지르다. 誤あやまちを犯おかす。 / ~을 인정하다. 過あやまちを認みとめる。 / 기록에 ~이 있다. 記録きろくに間違まちがいがある。 / 담당자에게는 ~이 없다. 担当者たんとうしゃには落おち度どはない。 Ⅱ 부 ❶【틀리게】間違まちがって｜誤あやまって｜ ~ 가르치다. 間違まちがって教おしえる。 / 깜빡 생각하다. うっかり考かんがえ違ちがいする。 / 길을 ~ 들어서 헤매다. 道みちを間違まちがって迷まよう。 / 동생을 형이라고 ~ 쓰고, '사'를 '자'라고 ~ 썼다. 弟おとうとを兄あにと誤あやまって書かき、「サ」を「ザ」と書かき間違まちがえた。 / ~ 배달되어 왔다. 間違まちがって配達はいたつされて来きた。 ❷【뒤섞어】間違まちがって。 예 음식에 조미료를 ~ 넣다. 食たべ物ものに調味料ちょうみりょうを間違まちがって入いれる。 ❸【잘못하여】気きづかずに｜むやみに｜うっかり｜やたらに。 예 그를 ~ 건드리면 큰일 난다. 彼かれをうっかり刺激しげきしたらたいへんな事ことになる。 / ~ 말하면 오해 사기 쉽다. やたらに口くち出だししたら誤解ごかいされやすい。 ❹【불행하게】 不幸ふこうに｜運悪うんわるく。 예 사기꾼에게 ~ 걸려들어 재산을 날리다. 詐欺師さぎしにうんわるく引ひっ掛かかって、財産ざいさんをふいにする。 / 남의 말다툼에 ~ 말려들까 봐 입을 다물고 있었다. 人ひとの言いい争あらそいに運悪うんわるく巻まき添ぞえを食くうかと思おもって黙だまっていた。

잘못-되다 자 ❶ 間違まちがう｜誤あやまる。 예 잘못된 상식 間違まちがった常識じょうしき。 ❷ 悪わるい道みちに進すすむ。 ❸ (事故じこ・病気びょうきなどで) 命いのちを落おとす｜死しぬ。

잘못-하다 자타 間違まちがう｜間違まちがえる。 ❶【그르치다】しくじる｜誤あやまる。 예 계산을 ~. 計算けいさんを間違まちがえる。 ❷【실패하다】 ーに失敗しっぱいして｜ーが上手うまくできなくて。 예 감자 보관을 잘못하여 썩었다. ジャガイモの貯蔵ちょぞうが上手うまくできなくて腐くさった。 ❸【잘못하면】 잘못하여 강도라도 만나면 큰일이니 조심해라. 運うんがわるく強盗ごうとうにでも遭あったらたいへんだから、気きをつけろ。 ❹【잘못하다가는】 예 잘못하다가는 익사할 위험이 있다. 間違まちがえれば溺おぼれ死じにする 危険きけんがある。 ❺【어쩌면】 예 자칫 잘못하면 불합격할 수도 있다. まかり間違まちがえば不合格ふごうかくになることもある。

잘바닥 부 【ぴちゃっ(と)｜じゃぶっ(と)。 참 잘박

잘바닥-거리다 자타 ぴちゃぴちゃと音おとを立たてる。 = 잘바닥대다 참 잘박거리다

잘바닥-대다 자타 ☞잘바닥거리다

잘바닥-잘바닥 부 【 ぴちゃぴちゃ｜じゃぶじゃぶ。 참 잘박잘박

잘박 부 ☞'잘바닥'의 준말.

잘박-거리다 자타 ☞'잘바닥거리다'의 준말. = 잘박대다

잘박-대다 자타 ☞잘박거리다

잘박-잘박 부 ☞'잘바닥잘바닥'의 준말.

잘-빠지다 형 ❶ (体からだつきが)すらっとしている｜体からだのスタイルがよい｜抜ぬきん出でている。 예 잘빠진 몸매 すらっとした体からだつき。 ❷ (洋服ようふくの)仕立したて上あがりがよい。

잘-살다 자 ❶ 裕福ゆうふくだ｜豊ゆたかに暮くらす。 예 잘사는 집 裕福ゆうふくな家庭かてい。 / 잘사는 나라 豊ゆたかな国くに。 ❷ つつがなく暮くらす｜無事ぶじに過すごす。

잘-생기다 자 見目みめよい｜ハンサムだ。

잘쏙-잘쏙 부 (長ながいものの)ところどころがくびれているさま。

잘쏙-하다 형 くびれている。

잘잘[1] 부 ❶ 頭あたまを横よこに振ふるさま。 예 고개를 ~ 흔들다. 頭あたまを横よこに振ふる。 = 잘래잘래 ❷【액체나 물질의 모양】 さらさら｜ぱたぱた。

잘잘[2] 부 ❶【끓는 모양】ぐらぐら。 예 물이 ~ 끓어오르다. お湯ゆがぐらぐら煮にえ立たつ。 ❷【온도가 높은 모양】ほかほか。

잘잘[3] 부 【바쁘게 행동하는 모양】せかせか(と)｜せわしく。

잘잘-거리다 자 あちこちとせかせか歩あるきまわる。 예 잘잘거리며 돌아다니다. あちこちとせかせか歩あるきまわる。 = 잘잘대다

잘잘-대다 자 ☞잘잘거리다

잘잘[4] 부 【바닥에 끌리는 모양】ずるずる。 예 치맛자락을 ~ 끌며 가다. チマの裾すそをずるずると引ひきずって行いく。

잘잘[5] 부 【기름기・윤기가 도는 모양】てかてか｜つややかに｜つやつや。 예 윤기가 ~ 흐르다. 光沢こうたくがつやつやしている。

잘잘[6] 부 【작은 물건이 흐르는 모양】ちょろちょろ。

잘-잘못 명 是非ぜひ｜よしあし。 예 ~을 따지다. 是非ぜひを正ただす。

잘잘못-간에(一間—) 부 是非ぜひはともかく。

잘카닥 부 ❶【조그만 단단한 물체 서로의 마찰이 맞부딪치는 소리 또는 모양】がちゃん(と)｜

かちゃかちゃ。예 ~ 잠기는 대문 소리가 ちゃんと閉まる門_{もん}の音_{おと}。❷【강도단단한 사물이 많이 부딪칠 때 나는 소리를 나타냄】くちゃっと｜ぺたり。준잘칵

잘카닥-거리다자타 ❶かちゃかちゃする。❷ぺたりぺたりする。=잘카닥대다

잘카닥-대다자타 ☞잘카닥거리다

잘카닥-잘카닥부 かちゃかちゃ｜がちゃっがちゃっ。준잘칵잘칵

잘카당【강도단단한 사물이 많이 부딪쳐 울리는 소리 또는 모양】がちゃん(と)｜かちゃかちゃ。

잘카당-거리다자타 かちゃかちゃする。=잘카당대다

잘카당-대다자타 ☞잘카당거리다

잘카당-잘카당부 がちゃんがちゃん。

잘칵부 ☞'잘카닥'의 준말.

잘칵-잘칵부 ☞'잘카닥잘카닥'의 준말.

잘-하다타 ☞'잘'의 부표제어.

잠명 眠_{ねむ}り｜睡眠_{すいみん}。예 깊은 ~에 빠지다. 深_{ふか}い眠_{ねむ}りに落_おちる。/ ~을 잘 잤다. 良_よく寝_ねた。/ ~이 보약이다. 睡眠が増強剤_{ざいきょうざい}だ。/ ~이 온다. 眠_{ねむ}くなる。/ 眠気_{ねむけ}がさす。/ ~을 설치다. 寝_ねそびれる。/ 시끄러운 소리에 ~을 깨다. うるさい音_{おと}で目_めを覚_さます。/ 일찍 ~이 깼다. 早_{はや}く目覚_{めざ}めた。/ 서서히 ~ 속으로 빠져들다. しだいに眠_{ねむ}りに入_{はい}る。

잠을 깨우다관용 【잠을 자지 않게 하다】目覚_{めざ}める。

잠을 자야 꿈을 꾸지속담 眠_{ねむ}らないと夢_{ゆめ}は見_みられない：「一定_{いってい}の結果_{けっか}を出_だすためには、それにふさわしい順序_{じゅんじょ}を踏_ふむべきだ」の意_い。

잠견(蠶繭)명 ☞누에고치

잠-결명 うとうとしている間_{あいだ}｜夢_{ゆめ}うつつ｜夢_{ゆめ}か現実_{げんじつ}かはっきりとしない間。예 ~에 어머니의 목소리가 들렸다. 夢_{ゆめ}うつつに母_{はは}の声_{こえ}が聞_きこえた。

잠-귀명 寝耳_{ねみみ}。예 ~가 밝다. 寝耳がさとい；目_めざとい。/ ~가 어둡다. 寝耳がにぶい。

잠그다타 ❶(戸_と・口_{くち}などを)閉_とざす。예 문을 단단히 ~. 固_{かた}く戸を閉ざす。❷(錠_{じょう}などを)かける｜おろす｜さす。예 금고를 ~. 金庫_{きんこ}に錠_{じょう}をかける。❸(水道_{すいどう}の栓_{せん}などを)しめる。예 가스 밸브를 ~. ガスの栓をしめる。❹(ボタンを)かける｜とめる。예 단추를 ~. ボタンをかける。

잠그다타 (水_{みず}に)浸_{ひた}す｜つける。예 발을 개울물에 ~. 足_{あし}を小川_{おがわ}の水に浸す。

잠-기(一氣)명 眠気_{ねむけ}｜眠_{ねむ}たい気分_{きぶん}。예 눈을 비벼서 ~를 쫓다. 目_めをこすって眠気を覚_さます。

잠기다¹【잠그다의 피동】❶(戸_と・口_{くち}などが)閉_とざされる｜閉_とまる。❷(錠_{じょう}などが)かかる｜かけられる｜おろされる｜さされる。예 자물쇠가 잠긴 방. 鍵_{かぎ}のかかった部屋_{へや}。❸(水道_{すいどう}の栓_{せん}などが)しめられる。❹(ボタンが)かけられる｜とめてある。

잠기다² (喉_{のど}が)しゃがれる｜声_{こえ}がつぶれる。

잠기다³자 ❶【침】(水中_{すいちゅう}に)浸_{ひた}る｜浸_つかる｜沈_{しず}む。예 바닷속에 잠겨 있던 신안의 해저 유물 海_{うみ}の中に沈んでいた新安_{シナン}の海底_{かいてい}の遺物_{いぶつ}。/ 배가 물에 ~. 船_{ふね}が水に沈む。/ 홍수로 논밭이 물에 잠기다. 洪水_{こうずい}で田畑_{たはた}が水に浸る。❷【사장】(財産_{ざいさん}などが)死蔵_{しぞう}される｜寝_ねかせられる｜回_{まわ}される。예 돈이 부동산에 잠겨 있다. お金_{かね}が不動産_{ふどうさん}に回されている。❸【매몰】(ある物_{もの}に)埋_うもれる｜覆_{おお}われる｜取_とり囲_{かこ}まれる。예 폭설로 집이 눈 속에 잠겼다. 大雪_{おおゆき}で家_{いえ}が雪の中_{なか}に埋もれた。❹【탐닉】耽_{ふけ}る｜暮_くれる｜沈_{しず}む。예 생각에 ~. 物思_{ものおも}いに耽る。/ 시름에 ~. 憂_{うれ}いに沈む。/ 슬픔에 ~. 悲_{かな}しみに暮れる。

잠깐 Ⅰ 명 しばらくの間_{あいだ}｜ちょっとの間。예 ~의 여유 ちょっとした余裕_{よゆう}。
Ⅱ 부 ちょっと｜しばらく。예 ~ 기다려 주세요. ちょっと待_まってください。

잠-꼬대명 寝言_{ねごと}。❶眠_{ねむ}っている間_{あいだ}に発_{はっ}するうわごと。예 자주 ~를 한다. よく寝言を言_いう。❷たわごと。예 무슨 ~ 같은 소리를 하는 거야? 何_{なん}たわごとを言っているんだ。

잠꼬대-하다자 寝言_{ねごと}を言_いう。

잠-꾸러기명 寝坊_{ねぼう}｜朝寝坊_{あさねぼう}｜寝坊助_{ねぼうすけ}。예 ~ 아이 寝坊な子_こ。=잠보

잠-들다자 ❶寝_ねつく｜寝入_{ねい}る。예 잠들 때까지 등을 토닥여 주다. 寝つくまで背中_{せなか}をたたいてあげる。/ 네가 잠드는 것을 보고 갈게. お前_{まえ}が寝つくのを見_みてから行_いくよ。❷永眠_{えいみん}する｜死亡_{しぼう}する。예 영원히 ~. 永眠の眠_{ねむ}りにつく。

잠망-경(潜望鏡)명 《물》潜望鏡_{せんぼうきょう}。

잠바(←jumper)명 ☞점퍼

잠방【갑으로 묵직한 물건이 얕은 물에 떨어질 때 가볍게 나는 소리 또는 모양】ぽちゃん(と)｜ぽちゃり。

잠방-거리다자 ぽちゃんと音_{おと}がする。

=잠방대다
잠방-대다[자] ☞잠방거리다
잠방-잠방[부] ぽちゃんぽちゃん。
잠방이 (主に農夫が野良仕事をするとき着る)丈の短い一重のももひき。
잠-버릇[명] 寢癖。 예~이 나쁘다. 寢癖が悪い。
잠-보[명] ☞잠꾸러기
잠복(潛伏)[명] 潛伏。 예~ 기간 潛伏期間。
　잠복-하다[자] 潛伏する。
잠복-기(潛伏期)[명] 潛伏期。
잠복 초소(潛伏哨所)[군] 潛伏哨所。
잠비아(Zambia)[명] 〈국〉ザンビア。
잠수(潛水)[명] 潛水。潛り。
잠수-복(潛水服)[명] 潛水服。
잠수-부(潛水夫)[명] 潛水夫。潛水士。
잠수-함(潛水艦)[명] 〈군〉潛水艦。 준잠함
잠시(暫時) Ⅰ[명] しばらくの間。 예~ 기다려 주십시오. しばらくお待ちください。 Ⅱ[부] しばらく。しばし。 예~ 있다가 다시 해 주십시오. しばらくしてからやり直してください。
잠식(蠶食)[명] 蠶食。
　잠식-하다[타] 蠶食する。 예영토를 잠식당하다. 領土を蠶食される。
잠실(蠶室)[명] 蠶室。養蠶室。
잠심(潛心)[명] 潛心。
　잠심-하다[자] 潛心する。
잠언(箴言)[명] 箴言。戒めの言葉。
잠업(蠶業)[농] 蠶業。養蠶業。 예~ 시험장 蠶業試驗場。
잠열(潛熱) ☞숨은열
잠-옷[명] 寢間着。寢卷。パジャマ。 예~ 차림의 사진 パジャマ姿の写真。
잠입(潛入)[명] 潛入。 예~ 수사 潛入捜査。
　잠입-하다[자] 潛入する。 예무대 뒤로 ~. 舞台うらに潛入する。
잠-자다[자] 寢る。眠る。 예해저에 잠자는 자원 海底に眠る資源。
잠-자리[명] 寢床。寢る所。床。ふとん。ベッド。 예~를 펴다. 寢床を敷く。 / ~에 들다. ふとんに入る。 / ~에서 책을 보지 마라. ベッドで本を読むな。 =자리❸
　잠자리(를) 보다[관용] 布団を敷く。寢床の支度をする。 =자리를 보다

잠자리²[명] 〈동〉蜻蛉。 예새파란 가을 하늘에 ~가 날아든다. 真っ青な秋の空にとんぼが飛んでいく。
　잠자리 날개 같다[관용] とんぼの羽のようだ:「(苧麻などが)きわめて薄く透けて見える」の意。 예잠자리 날개 같은 옷을 입고 있다. すけすけの服を着ている。
잠자리-비행기(—飛行機)[명] ヘリコプター。ヘリ。
잠자리-채[명] とんぼを捕まえる網。捕虫網。
잠자-코[부] 黙って。黙々と。無口で。 예~ 있어라. 黙っていなさい。
잠잠-하다(潛潛—)[명] ❶静かだ。ひっそりしている。 ❷黙っている。口をきかない。
　잠잠-히[부] ❶静かに。ひっそり(と)。 ❷黙りこくって。
잠재(潛在)[명] 潛在。 예~ 수요 潛在需要。 / ~ 실업 潛在失業。
　잠재-하다[자] 潛在する。 예잠재하는 세력 潛在する勢力。
잠재-력(潛在力)[명] 潛在力。 예~을 끌어내다. 潛在力を引き出す。
잠재-의식(潛在意識)[명] 〈심〉潛在意識。
잠재-적(潛在的)[관] 潛在的。
잠적(潛跡·潛迹)[명] 潛匿。姿をくらますこと。
잠정(暫定)[명] 暫定。 예~ 예산 暫定予算。
　잠정-하다[타] 暫定する。
잠정-적(暫定的)[관] 暫定的。 예~인 조치 暫定的な処置。
잠-투정[명] (子供が就寢前後に)むずかったりぐずること。寢ぐず。 예아이가 졸려서 ~을 하다. 子供が眠くてむずかる。
　잠투정-하다[자] 寢ぐずをする。むずかる。 예잠투정하는 아이를 달래다. 寢ぐずをする子供をなだめる。
잠함¹(潛函)[건] 潛函。
잠함²(潛艦)[군] 潛艦。
잠항(潛航)[명] 潛航。
　잠항-하다[자] 潛航する。
잠행(潛行)[명] 潛行。
　잠행-하다[자] 潛行する。
잡가(雜歌)[명] ❶俗っぽい歌。俗楽。 ❷〈문〉(朝鮮末期に作られ

た)世俗音楽｜俗楽。❸〈음〉雅楽以外の歌｜雑楽。=속가

잡거(雑居)몡 雑居。 ᅄ~ 생활 雑居生活。

잡거-하다재 雑居する。

잡건(雑件)몡 雑件。

잡-것(雑一)몡 ❶(いろいろな物が混ざって)純粋でないもの。❷下品なやつ｜ごろつき｜雑輩。

잡곡(雑穀)몡 雑穀。

잡곡-밥(雑穀一)몡 雑穀飯｜雑穀ご飯｜雑穀入りご飯。

잡귀(雑鬼)몡 (正体不明の)いろいろな鬼神。

잡균(雑菌)몡 雑菌。

잡기(雑技)몡 ❶いろいろな賭事｜賭博｜博打。❷雑技。

잡기(雑記)몡 雑記。

잡기-하다재타 雑記する。

잡기-꾼(雑技一)몡 博打打ち｜やくざ。

잡기-장(雑記帳)몡 雑記帳｜ノート。

잡기-판(雑技一)몡 賭博場｜賭場。

잡-년(雑一)몡 ふしだらな女｜下品な女。

잡념(雑念)몡 雑念。ᅄ~을 떨쳐 버리다. 雑念を払う。/ ~이 떠오르다. 雑念が湧く。

잡-놈(雑一)몡 みだらなやつ｜下品な男。

잡다타 ❶(手に)つかむ｜握る｜取る。ᅄ손을 꼭 잡고 걷다. 手をぎゅっとかんで歩く。/ 버스 손잡이를 잡고 서다. バスの手すりを握って立つ。/ 멱살을 ~. 胸倉をつかむ。/ 아이의 손을 잡고 길을 건넜다. 子供の手をとって道を渡った。/ 자동차 핸들을 잡다. 自動車のハンドルを握る。❷(動物・犯人などを)捕る｜捕らえる｜捕まえる。ᅄ도둑을 ~. 泥棒を捕まえる。/ 매미를 잡으러 나무에 올라가다. セミを捕りに木に登る。❸屠殺する｜殺す｜屠る｜つぶす。ᅄ돼지를 잡아 잔치를 벌이다. 豚をつぶして宴会を開く。❹(権限・機会・証拠などを)つかむ｜握る｜得る｜手にいれる。ᅄ주도권을 잡기 시작했다. 主導権を握り始めた。/ 행운을 ~. 幸運をつかむ。/ 시장의 상권을 ~. 市場の商権を得る。/ 기회를 ~. 機会をつかむ。❺(弱み・粗・証拠・糸口など

を)探し出す。ᅄ사건의 단서를 ~. 事件の糸口をつかむ。/ 남의 흠을 ~. 人の粗を探す。/ 트집을 잡으려고 한다. けちをつけようとする。❻(車を)拾う｜捕まえる。ᅄ택시를 ~. タクシーを拾う。❼(要点・意味などを)捕らえる｜把握する｜つかむ。ᅄ일의 요령을 ~. 仕事の要領をつかむ。/ 문장의 요점을 ~. 文章の要点を捕らえる。❽(職場・計画・方向・時間などを)定める｜決める｜選ぶ｜取る｜落ち着く。ᅄ드디어 직장을 잡았다. 遂に職場を決めた。/ 여행 일정을 ~. 旅行の日程を定める。/ 결혼 날짜를 ~. 結婚の日を選ぶ。/ 호텔을 ~. ホテルをとる。/ 서울에 자리를 ~. ソウルに落ち着く。❾(均衡・調和・姿勢を)取る。ᅄ몸의 균형을 ~. 体のバランスを取る。/ 카메라 앞에서 포즈를 ~. カメラの前でポーズをとる。❿(乱れた気持ち・状態を)正常にする｜抑える｜鎮める｜消す。ᅄ부동산 투기 열기를 ~. 不動産投資の熱気を鎮める。/ 치솟는 물가를 ~. 突き上がる物価を抑える。/ 마음을 잡고 열심히 살다. 心を入れ替えて一生懸命に生きる。/ 바람이 세차게 불어 불길을 잡기 어려웠다. 風が激しかったので消火が容易でなかった。⓫(感情・成り行きなどを)感づく｜感じる。ᅄ도무지 감을 잡을 수 없다. 全く感づかない。⓬(担保として)取る｜質にとる。ᅄ집을 담보로 잡고 대출하다. 家を担保に取って貸出する。/ 자동차를 담보로 잡고 돈을 빌려 주다. 自動車を担保に取って金を貸してやる。⓭(大까ざっぱに)見積もる｜概算する｜推しはかる。ᅄ권당 1,000원으로 잡아 5만 원에 사다. 一冊当たり千ウォンで計算して5万ウォンで買う。/ 공사 기간을 길게 ~. 工事の期間を長めに見積もる。/ 어림셈 잡아 약 2,000만 원의 적자가 났다. 概算してみて、約二千万ウォンの赤字が出た。⓮(ひだ・折り目を)つける｜入れる。ᅄ바지에 주름을 ~. ズボンに折り目をつける。⓯(電波・信号を)探知する｜捕捉する｜捕える。ᅄ라디오 주파수를

잡다하다

~. ラジオの周波数を探知する。/ レーダーで敵機の位置を捕捉した。

잡다-하다(雜多—)혱 雑多だ。예 잡다한 사람이 드나들다. 雑多な人間が出入りしている。

잡다-히튄 雑多に。

잡담(雜談)명 雑談｜無駄話。예 ~으로 시간을 보내다. 雑談に時を過ごす。

잡답(雜沓)명 人ごみ。

잡답-하다혱 雑踏する。

잡도리명 (誤りのないように)厳しく取り締まること｜厳しくしつけること。

잡동사니명 がらくた｜雑物。

잡-되다(雜—)혱 ❶入り混じって純粋でない。❷下品でみだらだ｜ふしだらだ。

잡-말(雜—)명 雑言｜つまらない雑談。

잡말-하다자 雑言する。

잡-맛(雜—)명 持ち味以外に混じりこんだ味。

잡-매다타 ❶一つにまとめてくくる｜束ねる。❷縛りつける。

잡목(雜木)명 雑木。

잡무(雜務)명 雑務。예 ~에 쫓기다. 雑務に追われる。

잡문(雜文)명 ⟨문⟩雑文。

잡물(雜物)명 雑物。

잡배(雜輩)명 雑輩。

잡범(雜犯)명 政治犯以外の犯罪や犯人｜雑犯。

잡병(雜病)명 様々なはやり病。

잡부(雜夫)명 ❶雑役夫。❷(鉱山で)鉱夫以外の使用人夫。

잡비(雜費)명 雑費。

잡상-스럽다(雜—)혱 下品だ｜みだらだ｜ふしだらだ｜いやしい。

잡상스레튄 下品に｜みだらに｜ふしだらに｜いやしく。

잡-상인(雜商人)명 各種の行商人。

잡서(雜書)명 雑書。❶雑本｜雑著。❷くだらない書物。❸書物の分類上、一定の部類に入らない書物。❹漢学で経史子集に属しない書物。

잡설(雜說)명 雑説｜雑多な説。

잡세(雜稅)명 雑税。

잡-소리(雜—)명 ❶雑音。❷【잡말】雑言｜つまらない雑談。

잡-손(雜—)명 こまごました手入れ。

잡-손질(雜—)명 ❶こまごました手入れ。❷不必要な手入れ｜無駄手間。

잡수다¹자 耳が遠くなられる。

잡수다²타 召し上がる｜お飲みになる。

잡수-시다튄 ☞'잡수다'의 높임말.

잡-수입(雜收入)명 雑収入。

잡-스럽다(雜—)혱 淫らで卑しい｜ふしだらだ｜下品だ。

잡스레튄 淫らで卑しく｜ふしだらに｜下品に。

잡식(雜食)명 雑食。예 ~ 동물 雑食動物。

잡식-하다자 雑食する。

잡신(雜神)명 正体の分からない鬼神。

잡아-가다 ❶連行する｜捕まえていく。❷(あの世に)連れていく。

잡아-내다 ❶(欠点などを)つまみ出す｜指摘する。❷(隠れていた物・人を)探し出す｜つかみ出す。❸⟨운⟩【야】アウトさせる｜取る。예 9번 타자를 삼진으로 ~. 9番打者を三振に取る。

잡아-넣다 捕まえていれる｜押し込む｜拘禁する。

잡아-당기다타 引っ張る｜引きよせる｜たぐる｜引く。예 줄을 ~. 綱を引っ張る。

잡아-들다자 ❶(ある年齢・時期に)近づく｜なる｜入る。❷(ある場所に)乗り込む｜入る。

잡아-들이다 ❶捕まえて入れる｜押し込める｜引っ張り込む。❷検挙する｜逮捕する。예 용의자를 ~. 容疑者を検挙する。

잡아-떼다타 ❶もぎ取る｜引き離す。❷しらを切る｜しらばくれる｜知らぬふりをする。예 끝까지 ~. 最後までしらを切る。

잡아-매다타 ❶一つにまとめてくくる｜束ねる。❷(逃げないように)つないでおく。예 염소를 말뚝에 ~. 山羊を杭につないでおく。 준잡매다

잡아-먹다타 ❶【동물을 죽여, 그 고기를 먹다】(動物を)殺して食べる｜捕って食う。예 족제비가 닭을 ~. イタチが鶏を捕って食う。/ 소를 잡아먹으려면 허가를 받아야 한다. 牛

を屠畜して食べようとするには、許可をもらわなければならない。 ❷【(人을)いじめる｜いびる｜やりこめる。 ⑩너 날 잡아먹으려고 작정을 했구나. おまえ、俺をやりこめようと作戦したな。/ 나를 잡아먹지 못해 기를 쓰는군. 俺をやりこめられずに躍起になっているんだな。 ❸【(経費・時間などを)要する｜食う｜費やす。 ⑩시간만 잡아먹고 능률은 오르지 않는다. 時間だけ食って能率が上がらない。/ 하찮은 일로 공연히 품삯만 잡아먹었군. つまらない事で労賃ばかり費やしたなあ。 ❹【(空間을)占める｜取る。 ⑩자리만 잡아먹는 가구. 場所だけ取る家具。

잡아-채다 引ったくる｜たくる。⑩가방을 ~. かばんを引ったくる。

잡아-타다(他)(車などを)拾って乗る。

잡역(雜役)(名) ❶公役以外の各種の賦役。 ❷雜役。

잡용(雜用)(名) ❶雑用。 ❷雑費。

잡음(雜音)(名) 雑音。

-잡이(접) ❶【⑩고기잡이 漁労/ 오징어잡이 いか取り。 ❷【⑩총잡이 ガンマン。

잡인(雜人)(名)(その場所・仕事などに)無関係な人｜第三者。

잡-일(雜一)(名) 雑事｜雑役。

잡종(雜種)(名) 雑種｜混血種。⑩~개 雑種の犬。

잡종-세(雜種稅)(名) 雑種税。

잡-죄다(他) ❶厳しく取り締まる。 ❷厳しく追究する｜せき立てる。

잡지(雜誌)(名) 雑誌｜マガジン。⑩월간 ~ 月刊雑誌。

잡채(雜菜)(名) チャプチェ｜野菜・肉などを千切りにして炒めた物を春雨と混ぜ合わせた料理。

잡초(雜草)(名) 雑草。⑩~를 뽑다. 雑草を抜く。

잡치다 ❶(事を)損なう｜失敗する｜しくじる｜台無しにする。⑩일을 ~. 事をしくじる。 ❷(気分・雰囲気などを)損なう｜害する。⑩기분을 ~. 気分を損なう。

잡-티(雜一)(名) ❶細かいほこり。 ❷(顔などにある)細かいほくろ。

잡-풀(雜一)(名) 雑草。

잡혼(雜婚)(名) 《사》雑婚｜乱婚。

잡화(雜貨)(名) 雑貨。

잡화-상(雜貨商)(名) 雑貨商。

잡히다¹(自) ❶(水氣が)張る。⑩호수에 살얼음이 잡혔다. 湖面に薄氷が張った。 ❷(水腫れ・膿などが)できる。⑩코끝에 고름이 잡혔다. 鼻先に膿ができた。/ 발가락에 물집이 잡혔다. 足の指に水脹れができた。 ❸(花芽が)つぼむ。⑩꽃망울이 ~. 花がつぼむ。

잡-히다²(自) ❶【(手で)掴まれる｜取られる｜握られる。⑩손에 잡히는 대로 다 먹어 치우다. 目の前のものは何一つ残さず食べてしまう。/ 멱살을 ~. 胸倉をつかまれる。/ 유리컵이 잡히지 않아 떨어져 깨졌다. ガラスのコップが掴まれず落として割れた。 ❷【(動物・犯人などが)捕まる｜捕えられる｜取れる。⑩범인이 잡혔다. 犯人が捕まった。/ 지붕 위의 닭이 ~. 屋根の上の鶏が捕えられる。/ 고등어가 많이 ~. 鯖がたくさん取れる。 ❸【屠殺される｜屠られる｜つぶされる。⑩소는 도살장으로 끌려가 잡혔다. 牛は屠畜場に引っ張って行かれてつぶされた。 ❹【(権限・機会などが)握られる｜取られる。⑩주도권이 상대편에 잡히면서 우리는 게임에 졌다. 主導権が相手側に握られながら、我々は試合に負けた。 ❺【(糸口・粗・証拠などが)捕まれる｜捕えられる｜握られる。⑩증거가 잡혔으니 시치미 떼도 소용없다. 証拠が捕えられたので、とぼけても無駄だ。/ 카메라에 웃는 모습이 잡혔다. カメラに笑う姿が捕えられた。/ 약점이 잡혀 두고두고 심부름을 하게 생겼다. 弱みが握られて、返えす返えす使いをさせられることになった。 ❻【(車などが)つかまる。⑩택시가 10분 만에 겨우 잡혔다. タクシーが10分後にやっと捕まった。 ❼【(要点・意味などが)つかまれる｜把握される｜決まる。⑩연설문 초안이 ~. 演説文の草案が決まる。 ❽【(職場・計画・方向・時間などが)定まる｜決まる｜選ばれる｜落ち着く。⑩직장이 잡히지 않아 세 달째 놀고 있다. 職場が決まらず3ヶ月間、遊んでいる。/ 구체적인 계획은 아직 잡히지 않았다. 具体的な計画はまだ決まっていない。/ 언니의 결혼 날짜가 잡혔

다. 姉の結婚の日取りが決まった。/ 항로가 남쪽으로 잡혔다. 航路が南側に選ばれた。/ 이사하고 자리가 잡히는 대로 연락을 하겠습니다. 引っ越して、落ち着き次第、連絡します。❾【균형·조화】(均衡·調和·姿勢が)取られる。 ⓔ 균형이 잡히지 않아 빙판에서 넘어지다. バランスがとれず、凍りついた路面で転ぶ。/ 연은 가볍고 균형이 잡힌 것이어야 한다. 凧は軽くてバランスのとれたものでなくてはならない。❿【정상상태】(正常い状態に)鎮まる|落ち着く|消される。ⓔ 산불이 초기에 잡혔다. 山火事が初期に消された。/ 마음이 잘 잡히지 않다. 気持ちがなかなか落ち着かない。⓫【감정】(感情・成り行きなど)がつかまる。ⓔ 너무 시끄러워 감정이 잡히지 않는다. 煩雑すぎて感情がつかまらない。⓬(担保として)取られる。ⓔ 공장 건물은 은행에 담보로 잡혀 있다. 工場の建物は銀行に担保として取られている。⓭【가격】(価格·計算などが大おざっぱに)決まる。ⓔ 이번 신간은 8000원으로 잡혔다. 今回の新刊は8000ウォンに決まった。/ 시중가보다 10% 낮게 잡혀 나와 있었다. 市中価格より10%パーセント低めに決めて出ていた。⓮【주름】(ひだ·しわ·折り目が)つけられる|入る|寄る。ⓔ 치마에 주름이 잡히도록 다림질하다. スカートにひだが入るようにアイロンをかける。/ 이마에 주름이 ~. 額にしわが寄る。

잡-히다[3] 国 ❶つかませる|取らせる|握らせる。ⓔ 아이한테 연필을 ~. 子供たちに鉛筆を握らせる。❷(家畜などを)屠らせる。

잡힐-손 몡 【유용한 기량】(有用な)技量|手際|腕前。~이 있는 사람 技量のある人。

잣 몡 朝鮮松の実|松の実。=해송자

잣-기름 몡 松の油。

잣-나무 몡 《식》朝鮮松|五葉松|朝鮮五葉松。ⓔ ~ 가지가 길쭉길쭉하늘을 향해 뻗다. 朝鮮松の枝が細長く空に向かって伸びる。

잣-눈 몡 一尺ほど降り積もった雪。

잣다 툐 ❶(糸を)紡ぐ。❷(水を)汲む|汲み上げる。

잣-송이 몡 (朝鮮松の)松かさ。

잣-엿 몡 松の実飴。

잣-죽(一粥) 몡 松の実粥。ⓔ 고소한 ~ 香ばしい松の実粥。

장[1] 몡 【게의 딱지 속】(蟹の甲の中にある)黄色き蟹みそ。

장[2](帳) 몡 【장부】帳とば。

장[3](章) 몡 【글의 나뉜 절】章しょう。

장[4](將) 몡 ☞장군[2]

장[5](場) 몡 市|市場。ⓔ ~이 서다. 市が立つ。/ ~을 보다. 市場で買い物をする。/ ~에 가다. 市場に行く。

장[6](場) 몡 場。❶ 場所。ⓔ 대화의 ~ 話し合いの場。❷ (芝居などの)場面。ⓔ 2막 3~ 2幕3場。

장[7](腸) 몡 《생물》腸。

장[8](醬) 몡 ❶ 醤油。=간장 ❷ 醤油·味噌·コチュジャンなどの総称。

장(欌) 몡 箪笥·本箱など物を入れる家具の総称。

장[10](張) 몡 【종이 등을 세는 단위】枚|張。ⓔ 종이 세 ~ 紙3枚/ 유리 여섯 ~ ガラス6枚。

-장[11](狀) 젭 【증서·증명】一状じょう。ⓔ 소개장 紹介状/ 졸업장 卒業証書/ 초대장 招待状。

-장[12](長) 젭 【길이의 단위】長一。ⓔ 장모음 長母音/ 장시간 長時間。

-장[13](長) 젭 【직위】一長。ⓔ 위원장 委員長/ 이사장 理事長。

-장[14](場) 젭 【장소】一場。ⓔ 경기장 競技場/ 운동장 運動場。

장가 男が結婚すること|妻をめとること。

장가-가다 자 (男が)結婚する。

장가-들다 結婚して妻をめとる。

장가들-이다 툐 ☞장가보내다

장가-보내다 툐 (目上の立場から)妻をめとらせる|結婚させる。=장가들이다

장갑(掌甲) 몡 手袋。ⓔ ~을 끼다. 手袋をはめる。

장갑[2](裝甲) 몡 装甲。ⓔ ~ 부대 装甲部隊。

장갑-하다 툐 装甲する。

장갑 자동차(裝甲自動車) ☞장갑차

장갑-차(裝甲車) 《군》装甲車。=장갑자동차

장거(壯擧) 壮挙。

장-거리[1](場—) 몡 【장이 서는 곳】市場通り。

장-거리[2](場—) 몡 ❶【장보러 가는 길】市場で商

売(う)る物(もの)に使(つか)う物(もの)。❷【시장말】市場(いちば)での買(か)い物(もの)｜市場で買った物。

장-거리(長距離)명 長距離。예 ~ 수송 長距離輸送(ゆそう)。

장거리 경주(長距離競走)명 ☞장거리 달리기

장거리 달리기(長距離―)《운》長距離競走(きょうそう)。=장거리 경주

장거리 전화(長距離電話)명 長距離電話(でんわ)。

장-건건이(醬―)명 ❶みそ・コチュジャン・しょう油(ゆ)などの総称(そうしょう)。❷しょう油・みそで味(あじ)つけしたおかずの総称(そうしょう)。예 반찬이 없으면 ~라도 모두 내와요. おかずがなければみそ、しょうゆものでも全部(ぜんぶ)出(だ)してね。

장검(長劍)명 長劍(ちょうけん)。

장계(長計)명 ☞장구지계

장골(壯骨)명 がっちりした骨格(こっかく)。

장과(漿果)명 《식》液果(えきか)｜漿果(しょうか)｜多肉果(たにくか)。=다육과

장관¹(壯觀)명 【풍경말】壯觀(そうかん)｜見(み)もの。예 ~인 망 壯觀な眺(なが)め/ 모두 모이니 실로 ~이다. 全員(ぜんいん)そろうと実(じつ)に壯觀だ。

장관²(長官)명 《법》長官(ちょうかん)。

장관³(將官)명 ❶將帥(しょうすい)。❷ 將軍(しょうぐん)。❸ 將官(しょうかん)。

장광-설(長廣舌)명 長広舌(ちょうこうぜつ)。예 ~을 늘어놓다. 長広舌をふるう。

장교(將校)명 《군》將校(しょうこう)。

장구명 《음》【악기말】チャング。예 ~를 치다. チャングを打(う)つ。/ ~를 메다. チャングをかつぐ。

장구²(長軀)명 ☞장신

장구³(長驅)명 【한자말】長驅(ちょうく)｜馬(うま)で追(お)い続(つづ)けること。

　장구-하다자 長驅(ちょうく)する。

장구⁴(葬具)명 《장》葬具(そうぐ)。

장구⁵(裝具)명 《군》裝具(そうぐ)。

장구-벌레명 《동》ぼうふら。

장구지계(長久之計)명 【평생꾀말】長久(ちょうきゅう)の計(けい)。=장계

장구-채명 チャングを打(う)つ細(ほそ)いばち。예 두 개의 ~ 二(ふた)つのチャングのばち。

장구-춤《예》チャングの舞(まい)。

장구-통명 チャングの胴部(どうぶ)。

장구-하다(長久―)형 長久(ちょうきゅう)だ。예 장구한 역사 長久の歴史(れきし)／ 왕실이 장구하기를 바라다. 王室(おうしつ)が長久であることを願(ねが)う。

　장구-히튀 永久(えいきゅう)に｜末長(すえなが)く。

장-국(醬―)명 ❶澄(す)まし汁(じる)。=맑은장국

❷みそ汁(しる)以外(いがい)の汁物(しるもの)の総称(そうしょう)。❸しょう油(ゆ)を入(い)れた汁物(しるもの)。

장국-밥(醬―)명 熱(あつ)いスープをかけたご飯(はん)。

장군¹(將軍)명 《군》【군인말】將軍(しょうぐん)。

장군²(將軍)명 【장기말】(將棋)で王手(おうて)。예 ~을 부르다. 王手をかける。=장(將)

장군-목(將軍木)명 《건》城門(じょうもん)など大門(だいもん)のかんぬき。

장군-석(將軍石)명 陵(りょう)の前(まえ)に立(た)てた武人(ぶじん)の石像(せきぞう)。

장-금(場―)명 市場(いちば)での価格(かかく)。

장기¹(長技)명 特技(とくぎ)｜十八番(じゅうはちばん)｜おはこ｜お手物(てもの)｜お株(かぶ)。

장기²(長期)명 長期(ちょうき)。예 ~ 결석 長期欠席(けっせき)。

장기³(將棋・將碁)명 《운》將棋(しょうぎ)。예 ~를 두다. 將棋をさす。

장기⁴(臟器)명 《의》臟器(ぞうき)。예 ~ 이식 臟器移植(いしょく)｜ ~ 은행 臟器バンク。

장-기간(長期間)명 長期間(ちょうきかん)。

장기-적(長期的)관명 長期的(ちょうきてき)。

장기-전(長期戰)명 長期戰(ちょうきせん)。

장기-짝(將棋―)명 將棋(しょうぎ)の駒(こま)。

장기-튀김(將棋―)명 將棋倒(だお)し。

장기-판(將棋板)명 將棋盤(しょうぎばん)。

장기-화(長期化)명 長期化(ちょうきか)。

　장기화-하다자타 長期化(ちょうきか)する。

장-꾼(場―)명 市場(いちば)で物(もの)を売買(ばいばい)する人(ひと)。

장끼명【한자말】雄(おす)の雉(きじ)。

장난명 いたずら｜悪(わる)ふざけ｜やんちゃ。예 ~ 삼아 いたずら半分(はんぶん)に/ ~이 심하다. いたずらがひどい。/ ~치고는 도가 지나치다. いたずらにしては度(ど)が過(す)ぎる。

　장난-하다자 いたずらをする｜ふざける｜戯(たわむ)れる。

장난-감명 玩具(がんぐ)｜おもちゃ。예 ~을 사달라고 조르다. おもちゃを買(か)ってとねだる。

장난-기(―氣)명 茶目(ちゃめ)っ気(け)。예 그의 ~는 아무도 못 말려. 彼(かれ)の茶目っ気はだれにも止(と)められない。

장난-꾸러기명 いたずらの激(はげ)しい子(こ)｜いたずら小僧(こぞう)｜いたずらっ子｜わんぱく。

장난-꾼명 いたずらの激(はげ)しい人(ひと)。예 눈만 뜨면 장난칠 궁리를 하는 ~ 常時(じょうじ)いたずらばかりを工夫(くふう)しているいたず

らの激しい人。

장난-치다 자 いたずらをする；ふざける；戯れる。

장-날(場—)명 市日；市の立つ日。

장남(長男)명 長男；長子。＝맏아들

장내(場内)명 場内。예 공이 ～에 떨어지자 주자들은 일제히 달리기 시작했다. ボールが場内に落ちると、ランナーは一斉に走り始めた。

장녀(長女)명 長女。＝맏딸

장년(壯年)명 壯年。

장년-기(壯年期)명 壯年期。예 ～ 지형 壯年期地形。

장뇌(樟腦)명《화》樟腦。

장님명 盲人；盲者。

장다리명 大根・白菜などの茎。예 ～ 끝에 핀 꽃 茎の上に咲いた花。

장다리-무명 採種用の大根。

장단(長短)명 長短。❶長いことと短いこと；長短。❷長所と短所。❸拍子；リズム；調子。예 ～을 맞추다. 調子を合わせる。

장-닭명 ☞수닭

장담(壯談)명 壯語。
  장담-하다 자 壯語する。

장-대(長—)명 竿；長竿。

장대-높이뛰기(長—)명 (운)【체육】棒高跳び；ポールジャンプ。

장대-비(長—)명 どしゃぶりの雨。

장대-하다¹(壯大—)형 壯大だ。예 장대한 구상 壯大な構想。
  장대-히부 壯大に。

장대-하다²(長大—)형 長大だ；長くて大きい。

장도¹(壯途)명 壯途。예 ～에 오르다. 壯途につく。

장도²(壯圖)명 壯圖；雄圖。예 ～를 품다. 壯圖を抱く。

장도³(粧刀)명 (保身・裝飾用の)鞘のある小刀。

장도리명 金槌兼用の釘抜き。

장-독(醬—)명 醬油甕；みそ甕。

장독-대(醬—臺)명 醬油甕やみそ甕などを置く置き台。

장돌-뱅이(場—)명 各地の市場を回りながら物を売る商人。

장등(長燈)명 ❶一晩中明かりをつけておくこと。❷【불】仏前に火を灯すこと。

장딴지명 ふくらはぎ；こむら；ふくらっぱぎ。

장떡(醬—)명 コチュジャン・みそ・醬油などで味つけしたお好み燒き。

장래(將來)명 將來。예 ～가 촉망되는 젊은이 途有望な若者／～를 약속하다. 將來を約束する。

장래-성(將來性)명 將來性。예 ～이 있는 청년 將來性のある青年。

장려(奬勵)명 奬勵。
  장려-하다 타 奬勵する。예 스포츠를 ～. スポーツを奬勵する。

장려-금(奬勵金)명 奬勵金。

장려-하다²(壯麗—)형 壯麗だ。

장렬-하다(壯烈—)형 壯烈だ。예 장렬한 최후를 마치다. 壯烈な最期を遂げる。
  장렬-히부 壯烈に。예 ～ 산화하다. 壯烈に散る。

장례(葬禮)명 葬儀；葬式。예 ～를 치르다. お葬式を執り行なう。

장례-식(葬禮式)명 葬式。

장로(長老)명 長老。

장로-교(長老敎)명《종》【기독教】長老敎会；長老派。

장롱(欌籠)명 たんす。＝농²

장르(genre 프)명 ジャンル。예 멜로 ～가 가장 인기 있다. メロジャンルが最も人気がある。

장리(長利)명 ❶年5割以上の利息。❷(長さ・数量において)元の1.5倍であること。

장마명 梅雨；長雨。예 ～가 길어지다. 梅雨が長引く／～가 좀처럼 그치지 않는다. 梅雨がなかなか明けない。
  장마(가) 들다 관용 梅雨が始まる；梅雨入りとなる。
  장마(가) 지다 관용 長雨になる。

장마 전선(—前線) 梅雨前線。예 ～의 영향을 받다. 梅雨前線の影響を受ける。

장마-철명 梅雨期；長雨の季節。예 ～이 되다. 梅雨の季節になる；梅雨期になる。
  장마철에 비구름 모여들 듯속담 梅雨時の雨雲のように、わっと集まるさま。

장막(帳幕)명 とばり；天幕；テント；カーテン。예 철의 ～ 鉄のカーテン。

장막-극(長幕劇)명 《연》幕数の多くて長い演劇。

장만명 作りそろえること；準備すること；用意；支度。

장만-하다[타] 作りそろえる｜準備する｜用意する｜支度する。예 여름옷을 ~. 夏物を準備する。/ 가재도구를 ~. 家財道具を用意する。

장맛-비 梅雨時の雨。

장면(場面)[명] 場面｜光景｜シーン。예 ~이 바뀌다. 場面が変わる。

장명-등(長明燈)[명] ❶軒下·庭などに吊るしておく常夜灯。❷(墓·寺など)の石灯籠。

장모(丈母)[명] 妻の母｜義母。=빙모·처모

장목 雉の尾の羽を束ねて作った旗竿の先の飾り。

장목-비 雉の羽で作った箒｜はねぼうき。

장문[1](一門)[명] 開けっ放しの門。

장문[2](長文)[명] 長文。

장-물[1](醬—)[명] ❶醤油を醗酵させるときに使う塩水。❷醤油を入れた水。

장물[2](贓物)[명]《법》贓物｜贓品｜ぞうもつ。

장물-아비(贓物—)[명] 故買屋｜系図買い。

장물-죄(贓物罪)[명]《법》贓物罪。

장미(薔薇)[명]《식》薔薇。예 가시 바라의 刺/ ~의 화원 바라의 花園/ 백 ~ 白ばら/ 흑 ~ 黒ばら/ 생일에 ~ 100송이를 보내다. 誕生日にばらを百本贈る。

장미-꽃(薔薇—)[명] 薔薇の花｜ばら。

장미 전쟁(薔薇戰爭) (역)薔薇戦争。

장미-화(薔薇花)[명] 薔薇の花｜ばら。

장미-빛(薔薇—)[명] 薔薇色。예 인생 薔薇色の人生。

장-바구니(場—)[명] 買い物籠。

장-바닥(場—)[명] 市場の中。

장발(長髮)[명] 長髪。

장방-형(長方形)〈수〉長方形。=직사각형

장법(章法)[명] 典章と法度。

장벽[1](腸壁)[명]《의》腸壁。

장벽[2](障壁)[명] 障壁。예 ~을 제거하다. 障壁を取り除く。/ ~을 부수다. 障壁を突き崩す。/ 인생의 ~을 극복하다. 人生における障壁を乗り越える。

장병[1](長病)[명] 長病い｜長患い。

장병[2](將兵)[명]〈군〉将兵。

장복(長服) (薬など)長期間服用。

장복-하다 長期間服用する。

장본(張本) 張本。❶悪事などを起こすもと。❷張本という人。

장본-인(張本人) 張本人。예 소문을 퍼뜨린 ~ うわさをばらまいた張本人。

장부[1](丈夫)[명] 丈夫。❶一人前の男子｜ますらお。❷夫。

　장부의 한 말이 천금같이 무겁다[속담] 男の一言は千金のように重い。

장부[2](帳簿)[명] 帳簿。예 회계 ~에 기재하다. 会計簿に記載する。/ ~에 기입하다. 帳簿に付けこむ。

장부[3](臟腑)[명]〈한〉臟腑。

장비[1](葬費)[명] 葬儀の費用。

장비[2](裝備)[명] 装備。예 안전 ~ 安全装備。

장비-하다 装備する。

장사[1](商事)[명] 商売｜商い。예 ~ 밑천 商売の元手。/ ~로 먹고 산다. 商売して暮らしている。

장사-하다[자] 商売する｜商う。

장사[2](將士)[명] 壯士。

장사[3](葬事)[명] 葬式｜葬儀。예 ~를 지내다. 葬式を執り行なう。

장사-하다[타] 葬式を行なう｜葬る。

장사-꾼[명] 商人｜あきんど｜商売人。예 ~이 남는 것 없다고 하는 말은 믿기 어려운 이야기다. 商人がもうけがないと言ってるのは信じがたい話だ。=장사치

장사-아치[명] ☞'장사치'의 잘못.

장사-진(長蛇陣)[명] ❶長蛇の陣。예 ~을 이루다. 長蛇の陣を成す。❷長蛇の列。예 기념우표를 구하려고 ~을 치다. 記念切手を求めて長蛇の列を作る。

장사-치[명] 商人｜あきんど｜商売人。예 돈을 좇는 ~의 눈치만큼 빠른 것도 없을 것이다. お金を追う商売人の勘ほど早いのはないだろう。

장살(杖殺)[명]〈역〉刑杖で打ち殺す刑罰。

장삼(長衫)[명]〈종〉緇衣｜墨染めの衣。

장-삼화음(長三和音)〈음〉長三和音。

장삿-속〈利〉を図る商人の)打算的な考え。

장상(將相)[명] 将相｜将軍と宰相。

장상지재(將相之材)몡【[장수 또는 재상이 될 만한 인물]】将相しょうの材ざい。

장생(長生)몡 長生ちょう｜長生ながき｜長寿じゅ。

장서(藏書)몡 蔵書ぞう｜蔵本ほん。
　장서-하다잗 蔵書ぞうする。

장서-가(藏書家)몡 蔵書家ぞうしょか。

장서-표(藏書票)몡 蔵書票ぞうしょひょう。

장선(長線)몡 《건》根太ねだ。

장성¹(長成)몡 成長せいちょうして大人おとなになること。
　장성-하다잗 成長せいちょうして大人おとなになる。몡 장성한 아들 成人せいじんになった息子むすこ。

장성²(長城)몡 長城ちょうじょう。

장성³(將星)몡《군》将星しょうせい｜将軍ぐん。

장소(場所)몡 場所ばしょ｜場ば｜所ところ。몡 약속~에 도착하다. 約束ゃくそくの場所にとうちゃくする。｜넓은 ~를 전부 차지하다. 広ひろい場所を全部ぜんぶ占有せんゆうする。

장손(長孫)몡 嫡孫ちゃくそん｜初孫ういまご。

장송(長松)몡 ❶大おおきな松まつの木き。❷幅25cm, 厚あつさ4cm, 長ながさ250cmの板いた。

장송²(葬送)몡 葬送そうそう｜送葬そうそう。

장송-곡(葬送曲)몡《음》葬送曲そうそうきょく。

장수¹몡 商人しょうにん｜商売人しょうばいにん｜あきんど。몡 과일 ~ 果物商くだものしょう/ 생선 ~ さかな屋や。

장수²(長壽)몡 長寿ちょうじゅ｜長生ながいき｜長命ちょうめい。몡 ~ 비결 長寿の秘訣ひけつ/ 프로그램 長寿番組ばんぐみ。=만수
　장수-하다잗 長寿ちょうじゅする｜長生ながいきする。

장수³(將帥)몡 将帥しょうすい｜将軍ぐん。

장수⁴(張數)몡 枚数まいすう。몡 전표의 ~를 세다. 伝票でんぴょうの枚数を数かぞえる。

장수-벌(將帥—)몡《동》女王蜂じょおうばち。=여왕벌

장승몡 ❶[마을이나 절의]チャンスン｜村むら・寺てらの入口いりぐちに立たてておいた木像もくぞう。❷いやに背せだけ高たかい人ひと｜のっぽ。몡 ~같이 키가 크다. とても背が高い。/ ~처럼 서 있지만 말고 이쪽에 앉아라. ぽかんと突っ立ってばかりいないで、こちらに座りなさい。

장-시간(長時間)몡 長時間ちょうじかん。몡 ~에 걸친 수술 長時間にわたる手術しゅじゅつ。

장-시세(場時勢)몡 市場いちばの相場そうば。

장-시일(長時日)몡 長時日ちょうじじつ。

장식(裝飾)몡 装飾そうしょく｜飾かざり。몡 ~ 미술 装飾美術びじゅつ。
　장식-하다탇 装飾そうしょくする｜飾かざる。몡 실내를 꽃으로 ~. 室内しつないを花はなで装飾する。

장식-품(裝飾品)몡 装飾品そうしょくひん。

장신(長身)몡 長身ちょうしん｜長躯ちょうく。=장구²

장신-구(裝身具)몡 装身具そうしんぐ。

장심(掌心)몡 掌しょう・足あしの裏うらの中心部ちゅうしんぶ。

장아찌몡【[장아찌라는 뜻]】チャンアチ｜大根だいこん・白菜はくさい・きゅうりなどを塩しお・しょう油ゆ・コチュジャン・味噌みそなどに漬つけたもの。

장악(掌握)몡 掌握しょうあく。몡 경영권 ~ 経営権けいえいけんの掌握。
　장악-하다탇 掌握しょうあくする。

장애(障礙)몡 障害しょうがい｜障碍しょうがい。몡 발달 ~ 発達障害/ 갱년기 ~ 更年期こうねんきしょうがい/ ~를 가지다. 障碍を持もつ/ ~를 극복하다. 障害を乗のり越こえる。

장애-물(障礙物)몡 障害物しょうがいぶつ。

장애물 경주(障礙物競走)몡 障害物競走しょうがいぶつきょうそう。=장애물 달리기

장애물 달리기(障礙物—) ☞장애물 경주

장애-인(障礙人) ☞장애자

장애-자(障礙者)몡 障害者しょうがいしゃ。몡 ~ 교육 障害者教育きょういく/ ~ 수첩 障害者手帳てちょう。=장애인

장액¹(腸液)몡《의》腸液ちょうえき。

장액²(漿液)몡 漿液しょうえき。

장약(裝藥)몡《군》火薬かやくを装填そうてんすること｜装薬そうやく。
　장약-하다잗 装薬そうやくする。

장어(長魚)몡《동》鰻うなぎ。=뱀장어

장엄-하다(莊嚴—)형 荘厳そうごんだ。

장염(腸炎)몡《의》腸炎ちょうえん｜腸カタル。

장외(場外)몡 場外じょうがい。몡 ~ 거래 場外取引とりひき/ ~ 홈런을 치다. 場外ホームランを打うつ。

장원¹(壯元・狀元)몡《역》科挙かきょに首席しゅせき合格ごうかくすること。몡 ~ 급제하다. 科挙に首席合格する。
　장원-하다잗 科挙かきょに首席合格しゅせきごうかくする。

장원²(莊園)몡 荘園しょうえん｜荘そう。몡 중세의 ~ 제도 中世ちゅうせいの荘園制度せいど。

장유-유서(長幼有序)몡 長幼ちょうようの序じょあり。

장음(長音)몡《언》長音ちょうおん。

장음-계(長音階)몡《음》長音階ちょうおんかい。

장음-부(長音符)[명]《음》長音符ちょうおん｜長音符号ごう。

장-음정(長音程)[명]《음》長音程ちょうおんてい。

장의-사(葬儀社)[명] 葬儀屋そうぎや。

장인¹(丈人)[명] 妻つまの父ちち｜義父ぎふ｜岳父がくふ。=빙부·빙장·악부

장인²(匠人)[명] 職人しょくにん｜匠人しょうにん｜たくみ。

장자¹(長子)[명] 長子ちょうし｜長男ちょうなん。

장자²(長者)[명] 長者ちょうじゃ。❶おだやかな人柄ひとがらの人ひと。❷金持かねもち。❸年長者ねんちょうしゃ。

장작(長斫)[명] 薪まき｜たきぎ｜割わり木き。 예 ~ 패기 薪割まきわり / ~을 지피다. 薪をくべる。

장작-개비(長斫—)[명] 割わり木きの一片いっぺん。

장작-더미(長斫—)[명] (積つみ上あげた)薪まきの山やま。

장작-불(長斫—)[명] 薪まきの火ひ。 예 ~로 구워 먹다. 薪の火で焼やいて食たべる。

장장-추야(長長秋夜)[명] 長ながい秋あきの夜よる。

장전(裝塡)[명]《군》装塡そうてん。

장점(長點)[명] 長所ちょうしょ。 예 ~을 찾아서 칭찬하다. 長所を見みつけて褒ほめる。

장정¹(壯丁) 壯丁そうてい。❶若わかくて血気けっき盛さかんな男子だんし。❷賦役ぶえき·軍役ぐんえきに召集しょうしゅうされた男子だんし。❸徴兵ちょうへいの適齢者てきれいしゃ。

장정²(長征)[명] 長征ちょうせい。

장정³(章程)[명] 章程しょうてい。

장정⁴(裝幀·裝訂)[명] 装幀そうてい。
　장정-하다[타] 装幀する。

장조(長調)[명]《음》長調ちょうちょう。

장-조림(醬—)[명] 牛肉ぎゅうにくの醤油煮しょうゆに。 예 아이들이 좋아하는 ~ 子供こどもたちが好きな牛肉の醤油煮。

장-조모(長祖母)[명] ☞처조모(妻祖母)

장-조부(長祖父)[명] ☞처조부(妻祖父)

장-조카(長—)[명] 長兄ちょうけいの長男ちょうなん。=맏조카·장질·큰조카

장족(長足)[명] 長足ちょうそく。 예 ~의 발전을 거두다. 長足の発展はってんを遂とげる。

장죽(長竹)[명] 長ながいキセル。

장중(掌中)[명] 掌中しょうちゅう。

장중-보옥(掌中寶玉)[명] 掌中しょうちゅうの珠たま。

장중-하다(莊重—)[형] 荘重そうちょうだ。
　장중-히[부] 荘重に。

장지¹(障—)[명] ☞장지문의 준말.

장지²(壯紙)[명] 厚あつくて強つよい大おおきな紙かみの一種いっしゅ。

장지³(長指·將指)[명] 長指ちょうし｜中指なかゆび。=가운뎃손가락

장지⁴(葬地)[명] 葬地そうち｜埋葬地まいそうち。

장지-문(障—門)[관] 障子しょうじ｜ふすま｜明あかり障子。 준장지

장지-틀(障—)[명] 障子しょうじをはめる枠わく。

장질(長姪)[명] 長兄ちょうけいの長男ちょうなん。

장-질부사(腸窒扶斯)[명] 장티푸스

장차(將次)[부] 将来しょうらい｜今後こんご。

장-차다(長—)[형] ❶まっすぐで長ながい。❷(距離きょり)が遠とおい。❸(時間じかん)が長い。

장착(裝着)[명] 装着そうちゃく。

장총(長銃)[명] (銃身じゅうしんの長い)小銃しょうじゅう。

장치(裝置)[명] 装置そうち｜仕掛しかけ。 예 주변 ~ 周辺しゅうへん装置。
　장치-하다[타] 装置する｜仕掛ける。

장-치다(場—)[자] 一人舞台ひとりぶたいだ｜独壇場どくだんじょう。=독장치다

장침(長針)[명] ❶長ながい針はり。❷(時計とけいの)分針ふんしん｜長針ちょうしん。=분침(分針)

장쾌-하다(壯快—)[형] 壮快そうかいだ。 예 장쾌한 기분 壮快な気分きぶん。
　장쾌-히[부] 壮快に。

장타(長打)[명] 長打ちょうだ｜ロングヒット。 예 ~를 때리다. 長打を打うつ。

장 탄¹(長歎·長嘆)[명] 長嘆ちょうたん｜長嘆息ちょうたんそく。

장탄²(裝彈)[명]《군》装弾そうだん。 예 산탄총 ~ 散弾銃さんだんじゅう装弾。
　장탄-하다[자] 装弾する。

장-탄식(長歎息)[명] 長嘆息ちょうたんそく。
　장탄식-하다[자] 長嘆息する。 예 하늘을 우러러 ~. 天てんを仰あおいで長嘆息す る。

장통(醬桶)[명] 醤油樽しょうゆだる。

장-티푸스(腸typhus)[명]《의》腸ちょうチフス。=장질부사

장파(長波)[명]《물》長波ちょうは｜キロメートル波は。

장-파장(長波長)[명]《물》長波長ちょうはちょう｜長波ちょうはの波長はちょう。

장-판¹(場—)[명] ❶市いちの立たつ場所ばしょ。❷(市場いちばのように)人ひとごみのする所ところ。

장판²(壯版)[명] ❶油紙あぶらがみを張はったオンドルの床ゆか。❷ ☞'장판지'의 준말.

장판-방(壯版房)[명] 油紙あぶらがみを張はったオンドル部屋べや。

장판-지(壯版紙)[명] オンドルの床ゆかに張はる厚あつい油紙あぶらがみ。 준장판(壯版)❷

장편¹(長篇)〖명〗〖문〗[진장편소설]長編ちょう.

장편²(掌篇)〖명〗〖문〗[발篇みじか]掌編しょう.

장편 소설(長篇小說) 長編小説ちょうへんしょうせつ.

장-하다(壯―)〖형〗❶見事みごとだ｜立派りっぱだ. 예 장한 어머니 立派りっぱな母はは. ❷殊勝しゅしょうだ｜けなげだ｜奇特きとくだ.

　장-히〖부〗❶見事みごとに｜立派りっぱに. ❷殊勝しゅしょうに｜けなげに｜奇特きとくに.

장학(奬學)〖명〗 奨学しょうがく. 예 ~ 제도 奨学制度せいど.

장학-금(奬學金)〖명〗 奨学金しょうがくきん.

장학-생(奬學生)〖명〗 奨学生しょうがくせい.

장해(障害)〖명〗 障害しょうがい.

　장해-하다〖타〗 障害しょうがいする｜妨さまたげる｜邪魔じゃまをする.

장해-물(障害物)〖명〗 障害物しょうがいぶつ.

장형(長兄)〖명〗 ☞맏형

장화(長靴)〖명〗 長靴ちょうか.

장황-하다(張皇―)〖형〗 冗長じょうちょうだ｜だらだらと長ながたらしい｜くどい｜冗漫じょうまんだ. 예 장황하게 쓰다. だらだらと書かく.

　장황-히〖부〗 だらだら(と)｜冗漫じょうまんに｜くどくどと.

잦다¹〖자〗❶[액체가점점적어지다/바닥이드러나다]だんだん少すくなくなる｜だんだんなくなる｜干上ひあがる. 예 가뭄이 계속되어 논물이 잦았다. 日照ひでりが続つづき, 田たんぼが干上ひあがった. ❷[잠잠해지다]【勢いきおいが】静しずまる｜収おさまる.

잦다²〖자〗(後うしろに)反そらす｜傾かたむく.

잦다³〖형〗 頻繁ひんぱんだ｜たびたびある｜よくある｜激はげしい. 예 사람의 출입이 잦은 집 人ひとの出入でいりが頻繁ひんぱんな家いえ.

잦-뜨리다〖타〗(力ちからを入いれて)後うしろに反そらせる｜反そらす｜のけぞる｜仰向あおむかせる. 예 그가 내 발을 걸어 잦뜨렸다. 彼かれが私わたしの足あしをかけて体からだを反そらせた. =잦트리다

잦바듬-하다〖형〗❶[뒤로자빠질듯이]ふんぞり返かえっている. 예 잦바듬하게 서 있다. ふんぞり返かえって立たっている. ❷[마음에들어하지않고쭈뼛거리며망설이다]気乗きのりしない｜尻込しりごみしそうだ. 예 내가 인사를 했지만 교수님은 잦바듬하게 쳐다보기만 하실 뿐이었다. 私わたしの挨拶あいさつに, 先生せんせいは気乗きのりがしないように見みつめられただけだった.

　잦바듬-히〖부〗❶後うしろに倒たおれんばかりに反そり返かえって｜ふんぞり返かえって. ❷気乗きのりしなく｜尻込しりごみしそうに.

잦아-들다〖자〗❶【점점줄어지다】だんだん減へる｜だんだんなくなる. ❷【勢いきおいが】静しずまる｜収おさまる｜弱よわまる. 예 바람이 ~. 風かぜが静しずまる.

잦은-걸음〖명〗 小股こまたの早足はやあし.

잦은-장단(―長短)〖명〗 速はやい拍子ひょうし.

잦추〖부〗【잇달아재빠르게】しきりに｜しげしげと｜絶たえ間まなく. 예 뛰듯이 발을 ~ 놀려 걷다. 飛とび上あがるように足あしをしきりに動うごかして歩あるく.

잦추다〖타〗【빨리하도록재촉하다】しきりに催促さいそくする｜せきたてる. 예 수탉 울음소리가 아침을 ~. 雄鳥おんどりの鳴なき声こえが朝あさをせきたてる. / 잦추어 가다. せき立たてて行ゆく.

잦-트리다〖타〗☞잦뜨리다

잦혀-지다〖자〗❶(後うしろに)反そり返かえる. ❷(内側うちがわが見みえるように)裏返うらがえしにされる｜開ひらく.

잦-히다¹〖타〗【밥물을바특하게졸이다】だんだん減へらす.

잦-히다²〖타〗❶(後うしろに)反そらす. 예 몸을 ~. 体からだを反そらす. / 고개를 ~. 頭あたまを反そらす. ❷ひっくり返かえす｜裏返うらがえしにする.

재¹〖명〗 灰はい. 예 불에 타 ~가 되다. 火ひに焼やけて灰はいになる.

　재가 되다〖관용〗仕事しごとや考かんがえなどが無駄むだになる. ◆日本にほんでの「灰はいになる」は「불에 타 없어지다, 죽어 화장되다」の意味い.

재²〖명〗 峠とうげ｜丘おか. 예 ~를 넘어가다. 峠とうげを越こえていく.

　재는 넘을수록 험하고[높고] 내는 건널수록 깊다〖속담〗峠とうげは越こえれば越こえるほど高たかく, 川かわは渡わたれば渡わたるほど深ふかい : 「物事ものごとがますます難むずかしくなっていくこと」の意い.

재³〖명〗 将棋盤しょうぎばんの手前てまえの端はしの線せん.

재⁴〖의〗《건》【건물의부피를세는단위】才さい.

재-⁵(再)〖접〗【다시하는것을뜻하는접두사】再さい―. 예 재확인 再確認さいかくにん. / 재작년 一昨年いっさくねん. おととし.

재가(再嫁)〖명〗 再嫁さいか｜(女性じょせいの)再婚さいこん. =개가(改嫁)

　재가-하다〖자〗 再嫁さいかする｜再婚さいこんする.

재간¹(才幹)〖명〗 才幹さいかん｜才能さいのう｜うでまえ.

재간²(再刊)〖명〗《출판》再刊さいかん.

　재간-하다〖타〗 再刊さいかんする.

재간-꾼(才幹―)〖명〗 色々いろいろな才幹さいかんのある人ひと.

재갈〖명〗 くつわ｜くつばみ. 예 말에게 ~을 물리다. 馬うまにくつわをかませる.

　재갈 먹인 말 같다〖속담〗 くつわをはめた馬うまのようだ : 「一言ひとこともはなせなくなること」の意い.

재갈(을) 먹이다 관용 ❶くつわをはめる。❷声が出せなく口をふさぐ。

재감(在監)圏《법》在監中。

재강圏【술을 거르고 남은 찌끼】酒かす。=지게미

재개(再開)圏 再開。
　　재개-하다囤 再開する。

재-개발(再開發)圏 再開発。囫 ~ 지구 再開発地区。

재건(再建)圏 再建。
　　재건-하다囤 再建する。

재-건축(再建築)圏 再建築｜再建設。囫 ~ 사업 再建設事業。

재-검토(再檢討)圏 再検討。
　　재검토-하다囤 再検討する。囫 조약을 ~. 条約を再検討する。

재결(裁決)圏 裁決。囫 ~ 신청 裁決の申請/~을 구하다. 裁決を仰ぐ。
　　재결-하다囤 裁決する。囫 이사회에서 ~. 理事会が裁決する。

재-결정(再結晶)圏 再結晶。

재경(在京)圏 在京。囫 ~ 동창회 在京同窓会。

재-경매(再競賣)圏《경》再競売。

재계(財界)圏 財界。囫 ~의 거물 財界の大物。

재고(再考)圏 再考。囫 ~를 촉구하다. 再考を促がす/~의 여지가 없다. 再考の余地がない。
　　재고-하다囤 再考する。囫 냉정하게 ~. 冷静になって再考する。

재고²(在庫)圏 在庫｜在庫品。囫 ~가 쌓이다. 在庫がたまる。

재고-품(在庫品)圏 在庫品。囫 ~ 정리 棚ざらえ/~ 관리 在庫管理。

재-교육(再教育)圏 再教育。囫 ~을 받다. 再教育を受ける。
　　재교육-하다囤 再教育する。

재-구성(再構成)圏 再構成。
　　재구성-하다囤 再構成する。

재귀(再歸)圏 再帰。

재귀 대명사(再歸代名詞)《언》再帰代名詞。

재귀 동사(再歸動詞)《언》再帰動詞。

재귀-열(再歸熱)圏《의》再帰熱｜回帰熱。

재근(在勤)圏 在勤｜在職。
　　재근-하다囝 在勤する。

재기¹(才氣)圏 才気。囫 ~ 발랄 才気溌剌/~ 넘치는 젊은이 才気あふれる若者。

재기(再起)圏 再起。囫 ~ 불능 再起不能/~를 도모하다. 再起を図る。
　　재기-하다囤 再起する。囫 밑바닥에서 ~. どん底から再起する。

재깍¹囲【시계 톱니바퀴가 돌아가는 소리】(時計などが)がちっと｜かちっと。
　　재깍-거리다囝 かちかちいう。=재깍대다
　　재깍-대다囤 ☞재깍거리다

재깍²囲【일을 빠르고 시원스럽게 해치우는 모양】てきぱきと｜さっさと｜敏捷に。囫 일을 ~ 해치우다. 仕事をてきぱきと片付ける。

재깍-재깍囲【계속 잇달아 나는 소리】かちかち。

재깔-거리다囝 ぺちゃくちゃしゃべり立てる。囫 자꾸 재깔거리며 이야기하다. ひっきりなしにぺちゃくちゃ話す。=재깔대다

재깔-대다囤 ☞재깔거리다

재깔-재깔囲【여럿이 작은 목소리로 지껄이는 소리】ぺちゃくちゃ｜ぺちゃぺちゃ｜がやがや。囫 떠들썩하게 ~ 소리가 난다. 賑やかにぺちゃくちゃと話す声が聞こえる。

재난(災難)圏 災難｜わざわい｜難儀。囫 ~을 입다. 災難に見舞われる。=화해²

재-넘이圏 山嵐｜山風。

재년(災年)圏 ❶災難の多い年。❷凶年。≠흉년

재능(才能)圏 才能。囫 ~을 살리다. 才能を生かす。/~이 풍부하다. 才能に恵まれている。

재다¹囤【잘난 체하며 뽐내다】もったいぶる｜いばる｜うぬぼれて気取る。

재다²囤 ❶【길이・분량・무게 등을 헤아리다】(量·時間·重さ·長さなどを)測る｜計る｜量る。囫 자로 높이를 ~. 物差しで高さを測る。/키를 ~. 身長を測る。/체중을 ~. 体重を量る。/길이가 얼마나 되는지 ~. 長さがどれくらいになるか測る。/열차의 속도를 ~. 列車の速度を計る。/수영장의 깊이를 ~. プールの深さを計る。 ❷【여러모로 생각하다】(物事をあれこれと)考えてみる｜察する｜推し量る。囫 일의 앞뒤를 잘 ~. 事の前後をよく察する。/너무 ~가 시기를 놓치다. あまり考えすぎて時期を逃す。

재다³囤 ❶【차곡차곡】(物をきちんと)積み重ねる。囫 곳간에 양식을 차곡차곡 재어 놓다. 倉庫に食糧をきちんと積み重ねておく。/겨울이 오기 전에 연탄을 광에 재어 놓다. 冬が来る前に練炭を物置に積み重ねておく。 ❷【고기 등에 양념을 재우다】(肉을

などの食べ物に味付けをして)きちんと盛っておく。 예 쇠고기를 양념에 재어 놓다. 牛肉を味付けして盛っておく。/ 매실을 설탕에 ~. 梅をを砂糖漬けにして盛っておく。 =재우다

재다⁴[타]【裝－】(火薬·弾丸を)詰め込む。 예 총에 실탄을 ~. 銃に実弾を詰める。❷【煙】(キセルに煙草を)詰め込む。 예 곰방대에 연초를 재어서 피우다. 短かいキセルに煙草を詰め込んで吸う。

재다[형] (動作が)軽く速い｜素早い｜敏捷だ｜軽い。 예 입이 잰 남자 口の軽い男。/ 걸음을 재게 놀린다. 足取りが敏捷である。

재단¹(財團)[명]《법》財団。
재단²(裁斷)[명] 裁断。=마름질
　재단-하다[타] 裁断する。
재단-기(裁斷機)[명] 裁断機。
재단 법인(財團法人)《법》財団法人。
　준 재단
재단-사(裁斷師)[명] 仕立屋。
재담(才談)[명] 才知に富んだ面白い話｜漫才。
재담-가(才談家)[명]【漫談をする職業の人】ひょうきんな人｜おどけ者｜漫才師｜漫談家。 예 어쩌나 말을 재미있게 하는지 ~ 인 줄 알았다. あまりにも話をおもしろく言うので、漫談家だと思った。
재담-꾼(才談-)[명] ☞ 재담가를 낮잡은 말.
재덕(才德)[명] 才徳｜才知と徳行。
재독(再讀)[명] 再読。
　재독-하다[타] 再読する。
재-두루미[명]《동》真鶴。
재-떨이[명] 灰皿。
재래(在來)[명] 在来。 예 ~의 풍습 在来の風習。
재래-식(在來式)[명] 在来式。
재래-종(在來種)[명] 在来種。
재략(才略)[명] 才略。
재량(裁量)[명] 裁量。 예 ~에 맡기다. 裁量にゆだねる。
　재량-하다[타] 裁量する。
재력¹(才力)[명] 才力。
재력²(財力)[명] 財力｜金力。
재련(再鍊)[명] ❶(金属類を)二度製錬すること。❷《건》(木材·石材を)もう一度手入れをすること。
　재련-하다[타] ❶二度製錬する。❷もう一度手入れをする。

재록(再錄)[명] 再録。
　재록-하다[타] 再録する。
재론(再論)[명] 再論。
　재론-하다[타] 再論する。
재롱(才弄)[명] (子供の)面白くかわいいしぐさ。
재롱-둥이(才弄-)[명] 可愛らしいしぐさをよくする子｜茶目っ子。 예 우리집 ~ 인 막내 我が家の茶目っ子である末っ子。
재롱-떨다(才弄-)[자] 面白くかわいいしぐさをする。
재롱-부리다(才弄-)[자] 面白くかわいいしぐさをする｜かわいく振る舞う。
재료(材料)[명] 材料。 예 건축 ~ 建築材料/ 제과 ~ 製菓材料/ 역학 材料力学。
재류(在留)[명] 在留。 예 ~ 자격 在留資格。
　재류-하다[자] 在留する。
재류-민(在留民)[명] ☞ 거류민(居留民)
재림(再臨)[명] 再臨。 예 그리스도의 ~ キリストの再臨。
재목(材木)[명] ❶材木。❷人材｜材。 예 유능한 ~ 을 키우다. 有為の材を育成する。
재무(財務)[명] 財務。 예 ~ 회계 財務会計。
재-무장(再武裝)[명] 再武装。
　재무장-하다[자타] 再武装する。
재무-제표(財務諸表)[명]《경》財務諸表。
재물(財物)[명] 財物。 준 재(財)
재미(財물)[명] ❶楽｜楽しみ｜楽しさ｜面白み｜興味。 예 아이 바라보는 ~ 에 시간 가는 줄 모르다. 子どもを見ているのが楽しくて、時間の経つのも忘れる。/ 드라마 ~ 에 빠져 약속 시간에 늦다. ドラマがとても面白くて、約束の時間に遅れる。/ 일에 ~ 를 붙이다. 仕事に興味を持つ。❷【成果】成果｜利益｜満足感。 예 ~ 를 톡톡히 보다. たっぷり成果を上げる。❸【調子･形勢】調子｜ようす｜景気｜儲け。 예 ~ 가 좋은 사업 儲けのいい事業。
재미-나다[자] 楽しみがわく｜面白くなる｜楽しくなる。 예 하루 종일 재미나게 놀다. 一日中楽しく遊ぶ。

재미-스럽다[형] 楽しそうに見える｜面白そうだ。[예] 그에게는 이 상황이 재미스럽게 보이는 듯하다. 彼にはこの状況が楽しそうに見えるようだ。
　재미스레[부] 楽しそうに｜面白そうに。

재미-없다[형] 面白くない｜楽しくない｜つまらない。[예] 그의 농담은 늘 ~. 彼の冗談はいつもつまらない。/ 이렇게 재미없는 영화는 처음이다. こんなにつまらない映画は初めてだ。

재미-있다[형] 面白い｜興味がある｜楽しい。[예] 그 만화는 정말 ~. その漫画は本当に面白い。/ 재미있는 소설은 읽다 보면 시간 가는 줄 모른다. 面白い小説は読んでいて、時間の経つのも分からない。

재미-적다[형] (結果が)好ましくなさそうだ｜面白くなさそうだ｜何となく気にかかる｜どうも面白くない。[예] 이 장사는 ~. この商売はどうも面白くない。

재-바르다[형] 素早い｜すばしこい。

재발(再發)[명] 再発。
　재발-하다[자] 再発する。[예] 병이 ~. 病気が再発する。

재-발견(再發見)[명] 再発見。[예] 역사의 ~ 歴史の再発見。
　재발견-하다[타] 再発見する。

재-방송(再放送)[명] 再放送。[예] 드라마 ~ ドラマ再放送。
　재방송-하다[타] 再放送する。

재배¹**(再拜)**[명]【편지글】再拝。
　재배-하다[자] 再拝する。

재배²**(栽培)**[명]【농업】栽培。[예] 온실 ~ 温室栽培。
　재배-하다[타] 栽培する。

재배-법(栽培法)[명] 栽培法。

재벌(財閥)[명] 財閥。[예] ~ 해체 財閥解体。

재범(再犯)[명] 再犯。
　재범-하다[타] 再犯する。

재변¹**(才辯)**[명]【예스러운】才弁。
재변²**(災變)**[명] 災変｜天変地異。
재보(財寶)[명] 財宝。
재봉(裁縫)[명] 裁縫｜(ミシンでの)針仕事｜ミシン縫い。
　재봉-하다[자][타] 裁縫する｜ミシンをかける。

재봉-기(裁縫機)[명] ミシン。=재봉틀

재봉-사(裁縫師)[명] 仕立屋。
재봉-실(裁縫―)[명] ミシン糸。
재봉-틀(裁縫―)[명] ミシン。=미싱
재-분배(再分配)[명] 再分配。
　재분배-하다[타] 再分配する。
재-분할(再分割)[명] 再分割。
　재분할-하다[타] 再分割する。
재-빠르다[형] 素早い｜すばしこい｜手早い｜はしこい｜敏捷だ。[예] 재빠르게 발을 놀리다. 素早く足を動かす。/ 눈치가 제법 ~. なかなか気が利く。

재빨리[부] 素早く｜敏捷に｜手早く｜はしこく。[예] ~ 일어나다. 素早く起きる。

재사(才士)[명] 才子｜才人。
재산(財産)[명] 財産。[예] 사유 ~ 私有財産/ ~ 상속 財産相続/ ~ 소득 財産所得/ 친구가 가장 큰 ~이다. 友人が最大の財産だ。

재산-가(財産家)[명] 財産家。
재산-권(財産權)[명]【법】財産権。
재산-세(財産稅)[명]【법】財産税。
재삼(再三)[부] 再三。[예] ~ 주의하다. 再三注意する。

재삼-재사(再三再四)[부] 再三再四。
재상(宰相)[명]【역】宰相｜首相｜総理大臣。

재색(才色)[명] 才色。
재생(再生)[명] 再生。
　재생-하다[자][타] 再生する。
재생-고무(再生―)[명] 再生ゴム。
재-생산(再生産)[명]《경》再生産。
　재생산-하다[타] 再生産する。
재생-성(再生性)[명]《생》再生性。
재선(再選)[명] 再選。
　재선-하다[자][타] 再選する。
재-선거(再選擧)[명]【법】再選挙。
재수¹**(再修)**[명] 浪人。[예] 대학 ~ 大学浪人/ 취직 ~ 就職浪人。
재수²**(財數)**[명] 縁起｜運｜金運。[예] ~가 좋다. 縁起がよい。
재수-생(再修生)[명] 浪人。
재-수입(再輸入)[명]《경》再輸入。
　재수입-하다[타] 再輸入する。
재-수출(再輸出)[명]《경》再輸出。
　재수출-하다[타] 再輸出する。
재스민(jasmine)[명]【식】ジャスミン。
재-시공(再施工)[명] 再施工。
　재시공-하다[타] 再施工する。
재-시동(再始動)[명]《컴》再起動。

재식(才識)[명] 才識ざい。｜才知ちと識見けん。

재심(再審)[명] 〈법〉再審しん。～을 청구하다. 再審を請求せいきゅうする。
　재심-하다[타] 再審する。

재-심사(再審査)[명] 再審査しんさ。
　재심사-하다[타] 再審査する。

재앙(災殃)[명] 災殃さいおう｜わざわい｜災難さいなん。

재야(在野)[명] 在野ざいや。

재야-당(在野黨)[명] 在野党ざいやとう｜野党やとう。

재양(載陽)[명] 洗あらい張ばり｜張はり物もの｜板いた張ばりとアイロン仕上しあげ。

재양-치다(載陽—)[타] 洗あらい張ばりをする｜張はり物ものをする。

재양-판(載陽板)[명] 張はり板いた。

재언(再言)[명] 再言げん。
　재언-하다[자타] 再言する。

재연¹**(再演)**[명] 〖거듭재, 이미 행한 일을 또다시 행함〗 再演ざいえん。 예 대망의 ～ 결정 待望たいぼうの再演決定けってい／～ 작품 再演作品さくひん。
　재연-하다[타] 再演する。

재연²**(再燃)**[명] 〖거듭 재, 불이 다시 탐〗 再燃ざいねん。
　재연-하다[자] 再燃する。 예 분쟁이 재연되다. 紛争ふんそうが再燃する。

재염(再鹽)[명] 精製せいせいした塩しお｜再製塩さいせいえん。

재외(在外)[명] 在外ざいがい。 예 ～ 동포 在外同胞どうほう／～ 공관 在外公館こうかん。

재욕(財欲)[명] 〖貪〗 財欲ざいよく。

재우[부] 〖매우〗 素早すばやく｜敏捷びんしょうに｜一目散いちもくさんに。 예 손을 ～ 놀리다. 手をすばやく動うごかす。

재우다[타] ❶寝ねかす｜寝ねかせる｜眠ねむらせる。 예 업어서 ～. おんぶして寝かす。／아이를 재워 놓고 갈 테니 기다려. 子供こどもを寝ねかしつけてから行いくので待まってて。 ❷泊とめる。 예 하룻밤 재워 주다. 一晩ひとばん泊めてやる。

재우다[타] ☞재다³

재우-치다[타] 督促とくそくする｜せきたてる。

재운(財運)[명] 財運ざいうん｜金運きんうん。

재원(才媛)[명] 才媛さいえん｜才女さいじょ。

재원(財源)[명] 財源ざいげん。 예 ～ 확보 財源確保かくほ。

재위(在位)[명] 在位ざいい。

재-인식(再認識)[명] 再認識にんしき。
　재인식-하다[타] 再認識する。 예 가족의 소중함을 ～. 家族かぞくの大切たいせつさを再認識する。

재임¹**(再任)**[명] 再任にん。
　재임-하다[자] 再任する。 예 보좌관에 재임되다. 補佐官ほさかんに再任される。

재임(在任)[명] 在任にん｜在勤ざいきん。 예 ～ 기간 在任期間きかん。

재자(才子)[명] 才子さいし。

재자-거리다[자] (鳥とりなどが)しきりにさえずる。＝재자대다

재자-대다[자] ☞재자거리다

재자-재자[부] (鳥とりなどが)ひっきりなしにさえずるさま。

재-작년(再昨年)[명] 一昨年いっさくねん｜おととし。

재-작일(再昨日)[명] ☞그저께

재잘-거리다[자] ❶ぺちゃくちゃしゃべる。 ❷(小鳥ことりが)さえずる。＝재잘대다

재잘-대다[자] ☞재잘거리다

재잘-재잘[부] ❶〖수다스럽게 빠른 목소리로 말하는 소리나 모양〗 がやがや｜ぺちゃぺちゃ｜ぺちゃくちゃ｜ざわざわ。 예 ～ 잘도 이야기한다. ぺちゃくちゃとよく話はなす。 ❷〖작은 새들이 어울려 우짖는 소리나 모양〗 ぴよぴよ。 예 참새들이 ～ 지저귄다. すずめがぴよぴよとさえずる。

재장-바르다[형] 〖어떤 일을 시작할 즈음에 흉〗 忌いまわしい。 예 그런 일이 있었다니 정말 재장바른 일이구나. そんなことがあったとは、本当ほんとうに忌いまわしいことだな。

재재-거리다[자] ❶しきりにおしゃべりをする。 ❷しきりにさえずる。＝재재대다

재재-대다[자] ☞재재거리다

재재-재재[부] ❶〖수다스럽게 재잘거리는 소리나 또는 모양〗 がやがや｜ぺちゃくちゃ｜わいわい。 ❷〖작은 새가 자꾸 지저귀는 소리〗 ぴよぴよ。 예 먹이를 다투며 ～ 울어대는 제비새끼들 えさを奪うばい合あい、ぴよぴよと鳴なくつばめのひな。

재재-하다[형] (おしゃべりで)騒々そうぞうしい。

재적¹**(在籍)**[명] 在籍せき。
　재적-하다[자] 在籍する。

재적²**(載積)**[명] 〖실을재〗 載積せき｜積載せきさい。
　재적-하다[타] 載積する｜積載する。

재적-생(在籍生)[명] 在籍生せい。

재정¹**(財政)**[명] 財政ざいせい。 예 ～ 경직화 財政硬直化こうちょくか／긴축 ～ 緊縮きんしゅく財政。

재정²**(裁定)**[명] 裁定さいてい。 예 ～ 기간 裁定期間きかん／～ 신청 裁定申請しんせい。
　재정-하다[타] 裁定する。

재정-난(財政難)[명] 財政難なん。 예 ～에 허덕이다. 財政難にあえぐ。

재-정비(再整備)[명] 再整備せいび。
　재정비-하다[타] 再整備する。

재정-적(財政的)[관] 財政的てき。

재정-학(財政學)[명] 財政学がく。

재제(再製)[명] 再製せい。

재제-하다[타] 再製[さいせい]する。
재제-염(再製鹽)[명] 再製塩[さいせいえん]。=재염
재-조직(再組織)[명] 再組織[さいそしき]。
　재조직-하다[타] 再組織[さいそしき]する。
재종(再從)[명] またいとこ｜はとこ。
재종-간(再從間)[명] またいとこの間柄[あいだがら]。
재종-매(再從妹)[명] またいとこの妹[いもうと]。
재종-제(再從弟)[명] またいとこの弟[おとうと]。
재종-형(再從兄)[명] またいとこの兄[あに]。
재주(才)[명] ❶(生[う]まれつきの)才能[さいのう]｜才[さい]｜才知[さいち]｜一生[いっしょう]。[예]〜가 뛰어나다. 才[さい]たける。/ 나는 아무런 〜도 없다. 私[わたし]は何[なん]の才能[さいのう]もない。❷(何[なに]かをこなす)腕前[うでまえ]｜手際[てぎわ]｜技[わざ]｜芸[げい]。[예]사람을 모으는 〜가 있다. 人[ひと]を集[あつ]める腕前[うでまえ]がある。
재주-껏(才—)[부] 能力[のうりょく]の限[かぎ]り｜腕[うで]をふるって。[예]〜 해 보아라. 力[ちから]の限[かぎ]りやってみなさい。
재주-꾼(才—)[명] 才能[さいのう]が秀[ひい]でている人[ひと]。[예]하여간 〜이야. とにかく才能[さいのう]が秀[ひい]でている人[ひと]だな。
재중(在中)[명] 在中[ざいちゅう]。[예]견적서 〜 見積書[みつもり]在中[ざいちゅう]。
재즈(jazz)[명]〖음〗ジャズ。[예]〜 연주 ジャズ演奏[えんそう]／ 발레 ジャズバレエ／〜 밴드 ジャズバンド。
재직(在職)[명] 在職[ざいしょく]。[예]〜 증명서 在職証明書[しょうめいしょ]。
　재직-하다 在職[ざいしょく]する。
재질(才質)[명] 才能[さいのう]と気質[きしつ]。
재창(再唱)[명] もう一度[いちど]歌[うた]うこと。
　재창-하다 もう一度[いちど]歌[うた]う。
재채기[명] くしゃみ｜くさめ。[예]먼지 때문에 〜가 나오다. 埃[ほこり]のせいでくしゃみが出[で]る。
　재채기-하다[자] くしゃみが出[で]る。
재천(在天)[명] ❶在天[ざいてん]。❷天意[てんい]によること。[예]인명은 〜이라. 人命[じんめい]は天意[てんい]による。
재청(再請)[명] ❶もう一度[いちど]請[こ]うこと｜アンコール。❷(会議[かいぎ]などで)他人[たにん]の動議[どうぎ]に対[たい]し賛成[さんせい]すること。
　재청-하다 ❶もう一度[いちど]請[こ]う｜アンコールする。❷動議[どうぎ]に対[たい]し賛成[さんせい]する。
재촉 ❶急[いそ]がせること｜はやめること。❷催促[さいそく]｜促[うなが]すこと｜急[せ]き立[た]てること。[예]〜을 받다. 催促[さいそく]を受[う]ける。=최촉

재촉-하다 ❶急[いそ]がせる｜はやめる。[예]죽음을 〜. 死[し]を早[はや]める。/ 걸음을 〜. 足[あし]を速[はや]める。❷催促[さいそく]する｜促[うなが]す｜急[せ]き立[た]てる。[예]원고를 〜. 原稿[げんこう]を催促[さいそく]する。
재-출발(再出發)[명] 再出発[さいしゅっぱつ]。
　재출발-하다[자] 再出発[さいしゅっぱつ]する。[예]새로운 기분으로 〜. 新[あら]たな気分[きぶん]で再出発[さいしゅっぱつ]する。
재취(再娶)[명] ❶二度目[にどめ]の妻[つま]を迎[むか]えること。❷後添[のちぞ]い｜後妻[ごさい]。=후취
　재취-하다[타] 二度目[にどめ]の妻[つま]を迎[むか]える。
재치(才致)[명] 才覚[さいかく]｜機転[きてん]｜機知[きち]｜とんち。[예]〜가 있다. 機転[きてん]が利[き]く。
재침(再侵)[명] 再侵略[さいしんりゃく]｜再侵攻[さいしんこう]。
　재침-하다[자][타] 再侵略[さいしんりゃく]する｜再侵攻[さいしんこう]する。
재킷(jacket)[명] ジャケット。
재탕(再湯)[명] 二番煎[にばんせん]じ。[예]〜 상연물 二番煎[にばんせん]じ出[だ]し物[もの]。
　재탕-하다 二番煎[にばんせん]じをする。[예]재탕の薬[くすり] 二番煎[にばんせん]じの薬[くすり]。
재-테크(財tech)[명]〖경〗財[ざい]テク。
재-통일(再統一)[명] 再統一[さいとういつ]。
　재통일-하다[타] 再統一[さいとういつ]する。
재-티[명] 灰[はい]の埃[ほこり]｜灰[はい]の粉[こな]。
재판[재版](再版)[명] ❶再版[さいはん]。❷再[ふたた]び繰[く]り返[かえ]されること。
　재판-하다¹[타] ❶再版[さいはん]する。❷再[ふたた]び繰[く]り返[かえ]される。
재판²(裁判)[명] 裁判[さいばん]。[예]형사 〜 刑事[けいじ]裁判[さいばん]／〜을 받다. 裁判[さいばん]を受[う]ける。/ 〜을 걸다. 裁判[さいばん]を申[もう]し立[た]てる。
　재판-하다²[타] 裁判[さいばん]する。
재판-관(裁判官)[명]〖법〗裁判官[さいばん]。
재판-권(裁判權)[명]〖법〗裁判権[さいばんけん]。
재판-소(裁判所)[명]〖법〗裁判所[さいばんしょ]。=법원
재판-장(裁判長)[명]〖법〗裁判長[さいばんちょう]。
재판-정(裁判廷)[명]〖법〗法廷[ほうてい]。=법정
재편(再編)[명] 再編[さいへん]。
재-편성(再編成)[명] 再編成[さいへんせい]。[예]팀의 〜 チームの再編成[さいへんせい]。
　재편성-하다[타] 再編成[さいへんせい]する。
재-평가(再評價)[명] 再評価[さいひょうか]。
　재평가-하다[타] 再評価[さいひょうか]する。
재학¹(才學)[명]【재학】才学[さいがく]。
재학²(在學)[명] 在学[ざいがく]。[예]〜 증명서 在学証明書[しょうめいしょ]。
　재학-하다[자] 在学[ざいがく]する。
재학-생(在學生)[명] 在学生[ざいがくせい]。

재해(災害)[명] 災害。 예~ 보상 災害補償。

재해-지(災害地)[명] 災害地 ¦ 被災地。

재현(再現)[명] ❶再現。예명장면의 ~ 名場面の再現。❷再生。
　재현-하다[자타] ❶再現する。❷再生する。

재현-부(再現部)[명] 《음》再現部。

재혼(再婚)[명] 再婚。
　재혼-하다[자] 再婚する。

재화¹(災禍)[명] 災禍 ¦ 災い。

재화²(財貨)[명] 財貨。

재-확인(再確認)[명] 再確認。
　재확인-하다[자] 再確認する。

재활(再活)[명] ❶再び活動すること。❷リハビリ ¦ 社会復帰 ¦ リハビリテーション。~ 기간 リハビリ期間 / ~ 병동 リハビリ病棟。
　재활-하다[자] ❶再び活動する。❷社会復帰する。

재회(再會)[명] 再会。예5년 만의 ~ 5年ぶりの再会 / ~를 기약하다. 再会を期する。
　재회-하다[자] 再会する。

재흥(再興)[명] 再興。
　재흥-하다[자] 再興する。

잭나이프(jackknife)[명] ジャックナイフ。

잴잴[부] ❶《적은 양의 물이 자꾸 흐르는 모양》ぽろぽろ ¦ ぽろぽろ。❷【적은 양의 액체가 자꾸 흐르는 모양】たらたら ¦ ちょろちょろ。예물이 ~ 흐르다. 水がちょろちょろ流れる。

잼(jam)[명] ジャム。예딸기 ~ いちごジャム / 빵에 ~을 듬뿍 바르다. パンにジャムをたっぷり塗る。

잽(jap)[명] 《운》《권》(ボクシングの)ジャブ。예~을 먹이다. ジャブを食らわす。

잽-싸다[형] 素早い ¦ 敏捷だ。

잿-간(一間)[명] 灰納屋。

잿-날(齋一)[명] 《불》斎日。

잿-더미[명] ❶灰の山 ¦ 灰の堆積。❷灰燼。예화재로 상점가가 ~로 변하다. 火災によって商店街が灰燼と化す。

잿-물[명] ❶灰汁。❷苛性ソーダ。=양잿물

잿-밥(齋一)[명] 《종》【불】供養に備えるご飯。

잿-밭[명] 将棋盤のいちばん手前の駒を、一つ一つ並べる位置。

잿-빛[명] 灰色 ¦ ねずみ色。예~ 하늘 灰色の空。

쟁¹(箏)[명] 《음》箏。

쟁²(錚)[명] 《음》手持ち鉦。=쟁과리

쟁강[부] 《쇠붙이・유리 등이 무엇에 부딪거나 바닥에 떨어질 때 울리는 소리》かちゃん(と) ¦ かちん(と)。
　쟁강-거리다[자타] かちゃんかちゃんする ¦ かちんかちんする。=쟁강대다
　쟁강-대다[자타] ☞쟁강거리다

쟁강-쟁강[부] かちゃんかちゃん ¦ かちんかちん。

쟁그랍다[형] (見かけ・感触が)ぞっとするほど醜く汚い ¦ 鳥肌が立つほど無気味だ ¦ 嫌らしい ¦ いとわしい。예이제 이 쟁그라운 장사 팍 때려치우고 싶다. もうこんな嫌らしい商売はばったりとやめたい。

쟁그랑[부] 《쇠붙이・유리 등이 부딪거나 떨어질 때 나는 소리》かちゃん(と) ¦ かちん(と)。예컵이 ~ 깨지다. コップがかちゃんと割れる。/ 동전이 떨어져서 ~ 소리가 났다. 硬貨が落ちてちゃりんと鳴った。
　쟁그랑-거리다[자타] かちゃんかちゃんする ¦ かちんかちんする。=쟁그랑대다
　쟁그랑-대다[자타] ☞쟁그랑거리다

쟁그랑-쟁그랑[부] かちゃんかちゃん ¦ かちんかちん。

쟁글쟁글-하다[형] ❶(憎い人の失敗を見て)気が晴れる。❷ぞっとするほど醜く汚い ¦ 鳥肌が立つほど嫌らしい。

쟁기[명] 《농》犂。

쟁기-질[명] 犂で田起こしをする仕事。
　쟁기질-하다[자] 犂で田起こしをする。

쟁론(爭論)[명] 争論 ¦ 言い争い。
　쟁론-하다[자] 争論する ¦ 言い争う。

쟁반(錚盤)[명] 盆。예~같이 둥근 달 盆のように丸い月 / ~에 얹어서 나르다. 盆に載せて運ぶ。

쟁송(爭訟)[명] 争訟。

쟁의(爭議)[명] 争議。예노동 ~ 労働争議。
　쟁의-하다[자] 争議する。

쟁이다[타] 積み重ねる ¦ 重ねておく。

쟁쟁-하다¹(琤琤―)[형] ❶玉の音がさえている。❷(前耳に聞いた音・声が)聞こえるようだ ¦ 響くようだ。예아직도 귀에 ~. 今なお耳元に聞こえるようだ。❸声がさえている。

쟁쟁-하다²(錚錚―)[형] 錚々としてい

る。 몌 쟁쟁한 멤버 錚々たるメンバー。
쟁점(爭點) 몡 争点ᡷᡲᢇ。
쟁취(爭取) 몡 勝ᢇち取ること｜戦ᢇい取ること。
　쟁취-하다 타 勝ᢇち取る｜戦ᢇい取る。몌 사랑을 ～. 恋を勝ち取る。
쟁탈(爭奪) 몡 争奪ᡷᡲᡫ。
　쟁탈-하다 争奪ᡷᡲᡫする。
쟁탈-전(爭奪戰) 몡 争奪戦ᡷᡲᡫᡫ。
쟁투(爭鬪) 몡 争闘ᡷᡲᡫ｜闘争ᡫᡷᡲ｜争ᡷᡲい｜争ᡷᡲう。
　쟁투-하다 자 争闘ᡷᡲᡫする｜闘争ᡫᡷᡲする｜争ᡷᡲう。
쟁퉁이 몡 ❶ 偉ᡫᢇそうな顔をして高慢ᡫᢇᢇな態度ᡫᡫをとる人。❷ 貧乏ᡫᢇᢇな生活ᡫᡫᡫに追ᡫわれて、ひがみっぽくなった人。몌 너처럼 꼬인 ～는 처음 봐. お前ᡫᢇのように拗ᡫじれてひがみっぽい人は初ᡫじめてだ。
저[1] 몡 ☞젓가락
저[2] 대 ❶ 私ᡫᡫ・᠊᠊。 몌 ～도 동행하겠습니다. 私もお供ᡫᡫいたします。❷ 自分ᡫᢇ。 몌 ～도 모르게 自分も知らずに／～는 아무 것도 안 하면서 남이 하길 바란다. 自分は何ᡫᡫもしようとしないくせに、人ᡫᡫにはやってほしいと思ᡫᡫう。
저[3] 대 あれ｜それ。 몌 이도 ～도 다 싫다. あれもこれもみな嫌ᡫᢇだ。
저[4] 관 あの。 몌 ～ 아이 あの子。
저[5] 감 ❶ ええ｜ええと。 몌 ～, 뭐라더라. ええ、なんて言ᡫᡫったけな。❷ あのう。 몌 ～, 잠간 할 이야기가 있는데요. あのう、ちょっと話ᡫᢇがありますが。
저[6](著) 몡 著ᢇᡷᡫ。
저가(低價) 몡 安価ᢇᡲ｜廉価ᢇᡫ。
저간(這間) 몡 最近ᢇᡷᡫᡫ｜この頃ᡫᢇ。
저-거 대 あれ｜あのもの。
저-것 대 ❶ あれ｜あのもの。 ❷ あいつ。
저격(狙擊) 몡 狙撃ᡫᢇᢇ。
　저격-하다 狙撃ᡫᢇᢇする。
저격-병(狙擊兵) 몡 〘군〙狙撃兵ᡫᢇᢇᡫᡫ。
저격-수(狙擊手) 몡 〘군〙狙撃手ᡫᢇᢇᡫᢇ。
저고리 몡 【韓】チョゴリ。 몌 치마 ～ チマチョゴリ。
저공(低空) 몡 低空ᡫᡫᡫᡲ。
저공-비행(低空飛行) 몡 〘항〙低空ᡫᡫᡫᡲ飛行ᡫᡫᢇ。
저금(貯金) 몡 貯金ᡫᡫᡫᡫ。
　저금-하다 자 貯金ᡫᡫᡫᡫする。
저금-통(貯金筒) 몡 貯金箱ᡫᡫᡫᡫᢇ。

저급(低級) 몡 低級ᡫᡫᢇᡫᢇ。
　저급-하다 형 低級ᡫᡫᢇᡫᢇだ。 몌 저급한 사상 低級な思想。
저기 あそこ｜あちら｜かなた。 몌 여기보다 ～가 더 따뜻한 것 같다. ここよりあそこの方ᡫᢇは暖ᡫᡫかそうだ。
저-기압(低氣壓) 몡 低気圧ᡫᡫᡫᡫᢇ。 몌 열대성 ～ 熱帯性ᡫᢇᡲᡫᡫᡫ低気圧／～의 영향으로 많은 비가 내리다. 低気圧の影響ᡫᡫᡫᢇᡫでたくさんの雨が降る。
저-까짓 관 あれしきの｜たったあれだけの｜たかがあれくらいの。 몌 왜 ～ 일로 낙담하는지 이해할 수 없다. なぜあれしきのことで落胆ᡫᢇᡫᢇするのか、理解ᡫᡫᢇできない。
저-냥 부 あのままに。
저널리스트(journalist) 몡 ジャーナリスト。
저-네 대 あの人ᡫᡫたち｜あちらの人たち。
저녁 몡 ❶ 夕方ᡫᡫᡫ｜夕ᡫᡫ｜夕暮ᡫᡫᢇれ｜晩ᡫᢇ。 몌 내일 ～ 明日ᢇᡷᡫの夕方。 ❷ 夕食ᡫᡫᡫᢇᡫ｜夕飯ᡫᡫᡫᡫ・ᡫᡫᢇᡫ｜夕御飯ᡫᡫᡫᡫᡫ｜ゆうげ。 몌 ～을 먹다. 夕食を食ᡫᡫべる。
저녁-거리 몡 夕飯ᡫᡫᡫᡫの材料ᡫᡫᡫᢇ。
저녁-나절 몡 日暮ᡫᡫᢇれ時ᡫᡫ｜たそがれ時ᡫᡫ。 몌 아침에 집을 나간 어머니가 ～이 되어서야 돌아왔다. 朝ᡫᡫ家ᡫᡫを出ᡫᡫた母ᡫᡫが、夕方ᡫᡫᡫになって帰ᡫᢇってきた。
저녁-노을 몡 夕焼ᡫᡫᡫけ。 몌 ～에 물들다. 夕焼けに染ᡫᡫまる。／～이 지다. 夕焼けになる。⮑ 저녁놀
저녁-놀 【略】 夕焼ᡫᡫᡫけ。
저녁-때 몡 夕方ᡫᡫᡫ｜夕暮ᡫᡫᢇれ時ᡫᡫ｜夕飯ᡫᡫᡫᡫ時ᡫᡫ｜夕飯時ᡫᡫᡫᡫᡫᡫ。 몌 ～가 다 되었는데 왜 이렇게 늦지? 夕方になったのに、どうしてこんなに遅ᡫᢇいんだ。
저녁-밥 몡 夕飯ᡫᡫᡫᡫ・ᡫᡫᢇᡫ｜夕御飯ᡫᡫᡫᡫᡫ｜夕食ᡫᡫᡫᢇᡫ｜ゆうげ｜晩飯ᡫᡫᡫᡫ。 ⮑ 저녁
저녁-상(一床) 몡 夕食ᡫᡫᡫᢇᡫのお膳ᡫᡫ。
저녁-쌀 몡 夕食ᡫᡫᡫᢇᡫを炊ᡫᡫく米ᡫᡫ。
저능-아(低能兒) 몡 低能児ᡫᡫᡫᢇᡫᡫ。
저-다지 부 あんなにまで｜あれほどに。
저당(抵當) 몡 抵当ᡫᡫᡫᡲ｜担保ᡫᢇᡫ｜かた。 몌 집을 ～ 잡히다. 家ᡫᡫを担保に取ᡫられる。／땅을 ～으로 돈을 빌리다. 土地ᡫᡫを抵当に金ᡫᡫᡫを借りる。
저당-권(抵當權) 몡 〘법〙抵当権ᡫᡫᡫᡲᡫᢇ。
저당-물(抵當物) 몡 〘법〙抵当物ᡫᡫᡫᡲᡫᡫ。
저돌(猪突) 몡 猪突ᡫᢇᡫᡫ。
저락(低落) 몡 低落ᡫᡫᡫᢇ。
　저락-하다 자 低落ᡫᡫᡫᢇする。

저러루-하다 형 あのようだ｜あのようなものに似ている。

저러저러-하다 형 かくかくである｜まあそんなところだ。

저러-하다 형 あのようだ｜あんな具合だ。

저런 감【뜻밖에 놀라운 일 또는 딱한 일을 보거나 들었을 때 하는 말】あら｜まあ｜おや｜なんとまあ。 예 ~ 너무하다. まあ、ひどい。

저렇다 형 ああだ｜あのようだ｜あのとおりだ。 예 이렇다 저렇다 말이 많다. ああだこうだと口数^{くちかず}が多^{おお}い。/ 왜 저렇게 비싼지 모르겠다. なぜあんなに高^{たか}いのか分^{わ}からない。

저력(底力) 명 底力^{そこぢから}。 예 ~을 발휘하다. 底力を発揮^{はっき}する。

저렴-하다(低廉—) 형 低廉^{ていれん}だ｜安い。 예 저렴한 가격 低廉な価格^{かかく}。

저류(底流) 명 底流^{ていりゅう}。

저르렁 부【쇠붙이 등이 부딪치거나 흔들릴 때 울리어 나는 소리】がらん(と)｜がちん(と)。

　저르렁-거리다 자타 がらんがらんと響^{ひび}く｜がちんがちんと響く。 ＝저르렁대다

　저르렁-대다 자타 ☞저르렁거리다

저르렁-저르렁 부 がらんがらん｜がちんがちん。

저리[1] 부 あちらに｜あそこに｜あっちに。 예 ~로 가. あっちへ行^{い}け。

저리[2] 부 あのように｜あんなに。 예 ~ 좋은 사람은 없다. あんなにいい人^{ひと}はいない。

저리[3](低利) 명 低利^{ていり}。

저리다 형 痺^{しび}れる｜麻痺^{まひ}する。 예 다리가 ~. 脚^{あし}が痺れる。

저리-저리 부【피가 통하지 못해서 자꾸 저린 모양】びりびり。

저릿-저릿 부【자꾸 몹시 저린 듯한 느낌】びりびり。

저릿-하다 형 びりびりと痺れる。

저마(苧麻) 명 〈식〉苧麻^{ちょま}｜カラムシ。 예 ~를 재배한다. チョマを栽培^{さいばい}する。

저-마다 부 各自^{かくじ}｜各々^{おのおの}｜それぞれ｜ひとりひとり。 예 어떤 물건이든 ~ 특색이 있다. どの品物^{しなもの}にもそれぞれ特色^{とくしょく}がある。

저-만치 부 ❶ あの位^{くらい}｜あの程度^{ていど}に。 ❷ 少^{すこ}し離^{はな}れたところに｜そこらへんに。

저-만큼 부 あのくらい｜あの程度^{ていど}に。

저만-하다 형 あれくらいだ｜あの程度^{ていど}だ。

저맘-때 명 あれくらいの頃^{ころ}｜あのくらいの頃。

저면(底面) 명 ☞밑면

저명(著名) 명 著名^{ちょめい}。

　저명-하다 著名^{ちょめい}だ。 예 학계의 저명한 사람들 学界^{がっかい}の著名な人^{ひと}たち。

저-물가(低物價) 低物価^{ていぶっか}。 예 ~ 정책 低物価政策^{ていさく}。

저물다 자 暮^{く}れる。 예 해가 ~. 日^{ひ}が暮れる。

저미다 타 薄^{うす}く切^{き}る｜薄切^{うすぎ}りにする。

저-버리다 타 ❶【도리^{どうり}・의무^{ぎむ} 등을】破^{やぶ}る｜犯^{おか}す｜背^{そむ}く。 예 약속을 ~. 約束^{やくそく}を破る。/ 부디 이 맹세를 저버리지 말아줘. ぜひこの誓^{ちか}いを破らないでくれ。 ❷【호의^{こうい}】(人^{ひと}の好意^{こうい}などを)無^{む}にする｜拒絶^{きょぜつ}する。 예 호의를 저버릴 수 없어 선물을 받다. 好意を無にすることができず、贈^{おく}り物^{もの}を受^{う}け取^{と}る。/ 밥을 사겠다는 친구의 호의를 저버렸다. 食事をおごりたいと言^{い}う友達^{ともだち}の好意を無にしてしまった。 ❸【은의^{おんぎ}】(恩義^{おんぎ}などに)背^{そむ}く｜忘^{わす}れる。 예 모두의 신의를 저버리고 적군에 비밀을 누설하다. 皆^{みな}の信義^{しんぎ}に背いて敵軍^{てきぐん}に秘密^{ひみつ}をもらす。/ 기대를 ~. 合格圏^{ごうかくけん}に背く。 ❹【목숨・생명^{せいめい}】(命^{いのち}を)断^{た}つ。 예 나라를 위해 목숨을 ~. 国^{くに}のために命を断つ。

저벅 부【발걸음을 크고 묵직하게 내디디는 소리】のっしのっし(と)。

　저벅-거리다 자타 のっしのっしと歩^{ある}く。 ＝저벅대다

　저벅-대다 자타 ☞저벅거리다

저벅-저벅 부【발걸음을 크고 묵직하게 내디디며 걷는 소리의 모양】のっしのっし(と)。

저번(這番) 명 この間^{あいだ}｜この前^{まえ}。 예 아직 ~에 받은 초콜릿이 남아 있다. まだこの間もらったチョコレートが残^{のこ}っている。

저변(底邊) 명 ☞밑변

저서(著書) 명 著書^{ちょしょ}。 예 주요 ~ 主^{おも}な著書 / ~ 소개 著書紹介^{しょうかい}。

저속(低俗) 低俗^{ていぞく}。

　저속-하다 형 低俗^{ていぞく}だ。 예 저속한 프로그램 低俗な番組^{ばんぐみ}。

저수(貯水) 명 貯水^{ちょすい}。

　저수-하다 타 貯水^{ちょすい}する。

저수-량(貯水量) 명 貯水量^{ちょすいりょう}。

저수-지(貯水池) 명 貯水池^{ちょすいち}。

저술(著述) 명 著述^{ちょじゅつ}｜著作^{ちょさく}。 예 ~ 활동 著述活動^{かつどう}。

　저술-하다 타 著述^{ちょじゅつ}する。 예 많은 소설을 ~. 多数^{たすう}の小説^{しょうせつ}を著述する。

저습(低濕)명 低湿ていしつ。
저승명 あの世よ｜黄泉よみ｜冥土めいど。
저승-길명 黄泉路よみじ｜冥途めいどへの道みち。
저압(低壓)명 低圧ていあつ。
저압-계(低壓計)명〈물〉低圧計ていあつけい。
저액(低額)명 低額ていがく。
저어-새명〈동〉篦鷺へらさぎ。
저어-하다타【저어하여/저어해】恐おそれる｜不安ふあんがる｜懸念けねんする｜心配しんぱいする。
저열-하다(低劣—)형 低劣ていれつだ｜俗悪ぞくあくだ。
　저열-히 低劣ていれつに｜俗悪ぞくあくに。
저온(低溫)명 低温ていおん。예 ～ 살균 低温殺菌さっきん/～ 핵융합 低温核融合かくゆうごう。
저울명 秤はかり。예 ～에 달다. 秤にかける。
저울-눈명 秤目はかりめ。예 ～을 속이다. 秤目をごまかす。
저울-대명 秤竿はかりざお。
저울-질명 秤はかりにかけること｜秤量ひょうりょう。
　저울질-하다타 秤はかりにかける。예 의리와 인정을 ～. 義理ぎりと人情にんじょうを秤にかける。
저울-추(—錘)명 おもり｜分銅ふんどう。준 추.
저울-판(—板)명 秤皿はかりざら。
저-위도(低緯度)명 低緯度ていいど。
저육(猪肉)명 ☞돼지고기
저율(低率)명 低率ていりつ。
저인-망(底引網)명 底引そこびき網あみ。
저자¹명 ①市場いちば｜市いち。②市場の店みせ。③(朝夕ちょうせきに総菜そうざいを売うる)小ちいさな店みせ。
저자²(著者)명 著者ちょしゃ｜著作者ちょさくしゃ｜筆者ひっしゃ。
저자-상어명〈동〉糟鮫かすざめ。=전자리상어
저작¹(咀嚼)명【저작하여/저작해】咀嚼そしゃく。
　저작-하다타 咀嚼そしゃくする。
저작²(著作)명 著作ちょさく。
　저작-하다타 著作ちょさくする。
저작-권(著作權)명〈법〉著作権ちょさくけん。
저작-근(咀嚼筋)명〈의〉咀嚼筋そしゃくきん。
저작-자(著作者)명 著作者ちょさくしゃ｜著者ちょしゃ｜作者さくしゃ。
저장(貯藏)명 貯蔵ちょぞう。예 ～ 전분 貯蔵澱粉でんぷん。
　저장-하다타 貯蔵ちょぞうする。예 양분을 ～. 養分ようぶんを貯蔵する。
저장-실(貯藏室)명 貯蔵室ちょぞうしつ。
저적-거리다자 ❶とぼとぼ歩あるく。❷よちよち歩く。=저적대다
저적-대다자 ☞저적거리다

저적-에부 この間あいだに｜この前まえに。
저적-저적부 ❶【저적거리는 모양】とぼとぼ。예 아픈 몸을 이끌고 ～ 걷다. 痛いたい体からだを引ひきずって、とぼとぼ歩ある く。❷【얼방이어가 잘 짝 없계 건는 모양】よちよち。
저-절로부 自然しぜんに｜ひとりでに｜おのずと｜おのずから。예 듣고만 있어도 ～ 눈물이 나오는 곡 聴きいているだけで自然に涙なみだが出でてくる曲きょく。
저조¹(低潮)명 低潮ていちょう｜干潮かんちょう。
저조²(低調)명 低調ていちょう。
　저조-하다형 低調ていちょうだ。
저주(詛呪)명 呪詛じゅそ｜のろい。
　저주-하다타 呪詛じゅそする｜のろう。
저주-스럽다(詛呪—)형 のろわしい。
　저주스레부 のろわしく。
저-주파(低周波)명〈물〉低周波ていしゅうは。예 ～ 지진 低周波地震じしん。
저지¹(低地)명【저지를】低地ていち。
저지²(沮止)명【저지하여/저지해】阻止そし。
　저지-하다타 阻止そしする。예 댐 건설을 ～. ダム建設けんせつを阻止する。
저-지대(低地帶)명【저지대를】低ひくい地帯ちたい。
※일본어에서 '低地帯(ていちたい)'는 '구릉대'의 뜻이다.

저지르다타 ❶(罪つみ·過あやまちなどを)犯おかす｜しでかす。예 죄를 ～. 罪を犯す。/ 잘못을 ～. 過ちを犯す。❷(事件じけんなどを)引ひき起おこす。예 일을 ～. 事ことを引き起こす。
저질(低質)명 低質ていしつ。예 ～ 게임 低質なゲーム。
저-쪽대 あっち｜あちら｜あそこ｜あちら側がわ。예 ～에 보이는 산이 남산입니다. あちらに見みえる山やまが南山ナムサンです。/ ～의 이야기도 들어보자. あちら側の話はなしも聞きいてみよう。
저촉(抵觸)명 抵触ていしょく。
　저촉-하다자 抵触ていしょくする。예 법에 저촉하는 행위 法ほうに抵触する行為こうい。
저축(貯蓄)명 貯蓄ちょちく。예 ～ 성향 貯蓄性向せいこう/ ～ 예금 貯蓄預金よきん/ ～ 은행 貯蓄銀行ぎんこう。
　저축-하다타 貯蓄ちょちくする。예 노후에 대비하여 ～. 老後ろうごに備そなえて貯蓄する。
저탄(貯炭)명 貯炭ちょたん。
저탄-장(貯炭場)명 貯炭場ちょたんじょう。
저택(邸宅)명 邸宅ていたく｜豪邸ごうてい｜お屋敷やしき。예 웅장한 ～ 勇壮ゆうそうなお屋敷。
저-편(—便)대 あちら側がわ｜向むこう側｜あちら｜向こう。

저포(紵布)몡 ☞모시❶

저하(低下)몡 低下。예 식욕의 ~ 食欲の低下。
　저하-하다자 低下する。예 품질이 저하되다. 品質が低下する。

저-학년(低學年)몡 低学年。

저항(抵抗)몡 抵抗。예 공기의 ~을 줄이다. 空気の抵抗を減らす。
　저항-하다자 抵抗する。예 저항하면 쏘겠다. 抵抗すると撃つぞ。

저항-력(抵抗力)몡 抵抗力。예 ~을 높이다. 抵抗力を高める。

저해(沮害)몡 阻害。
　저해-하다타 阻害する。예 발전을 저해하는 요인 発展を阻害する要因。

저-혈압(低血壓)몡 (医)低血圧。

저희대 私たち・私ども｜私の｜わが。예 ~ 부부 私ども夫婦／~가 권해 드리는 시스템을 봐 주십시오. 私どもがお勧めするシステムをご覧になってください。

적¹몡 ❶[시] 時。예 어릴 ~ 幼いとき。❷【경우】こと。예 5시간 이상 잔 ~이 없다. 5時間以上寝たことがない。

적²(炙)몡【꼬챙이】肉・魚などの串焼き。

적³(笛)몡【音】笛。

적⁴(敵)몡 敵。예 ~을 쓰러뜨리다. 敵を倒す。

적⁵(籍)몡 籍。예 병원에 ~을 두다. 病院に籍を置く。

-적⁶(的)접 的。예 비교적 比較的／문화적 文化的。

적-갈색(赤褐色)몡 赤褐色。

적개-심(敵愾心)몡 敵愾心。예 ~을 갖다. 敵愾心を持つ。

적격(適格)몡 適格。예 ~ 심사 適格審査。
　적격-하다형 適格だ。

적격-자(適格者)몡 適格者。

적공(積功)몡 ❶功を積むこと。❷一生懸命に努力すること。
　적공-하다자 ❶功を積む。❷一生懸命に努力する。

적국(敵國)몡 敵国。

적군(赤軍)몡 赤軍。

적군(敵軍)몡 敵軍。

적극(積極)몡 積極。예 ~ 지원하다. 積極的に支援する。

적극-성(積極性)몡 積極性。예 ~이 부족하다. 積極性に欠けている。

적극-적(積極的)관몡 積極的。예 ~으로 발언하다. 積極的に発言する。

적극-화(積極化)몡 積極化。
　적극화-하다자타 積極化する。

적금(積金)몡 ❶積み金｜積立金。❷月掛け貯金。

적기¹(赤旗)몡 赤旗。

적기²(適期)몡 適期。

적기³(敵機)몡 敵機。

적나라-하다(赤裸裸—)형 赤裸々だ｜あからさまだ。예 적나라한 표현 赤裸々な表現／적나라하게 말하다. 赤裸々に言う。

적다타 記す｜書きとめる｜記録する。예 노트에 이름을 ~. ノートに名前を記す。

적다형 少ない｜わずかだ｜浅い｜薄い。예 생각보다 신청이 ~. 思ったより申し込みが少ない。／적은 비용으로 끝나다. わずかな費用で済む。／경험이 ~. 経験が浅い。

적당(賊黨)몡 賊党｜賊徒。

적당-하다(適當—)형 適当だ｜ほどよい。예 적당한 예 適当な例／적당한 거리를 유지하다. ほどよい距離を保つ。

적당-히부 適当に。예 ~ 얼버무리다. 適当にはぐらかす。

적대(敵對)몡 敵対。예 ~ 세력 敵対勢力。
　적대-하다자 敵対する。

적대-시(敵對視)몡 敵視。
　적대시-하다타 敵視する。

적대-적(敵對的)관몡 敵対的。예 ~ 매수 敵対的買収。

적도¹(赤道)몡 赤道。예 ~ 반경 赤道半径／~ 해류 赤道海流／~ 역류 赤道逆流／~ 직하 赤道直下。

적도²(賊徒)몡 賊徒。

적도-권(赤道圈)몡《천》赤道圏。

적도 기니(赤道Guinea)〈国〉赤道ギニア。

적도-의(赤道儀)몡《천》赤道儀。

적동(赤銅)몡 (鉱)赤銅。

적동-색(赤銅色)몡 赤銅色。

적란-운(積亂雲)몡 積乱雲｜入道雲｜雷雲。예 하늘 가득한 ~은 한 폭의 그림 같다. 空いっぱいの積乱雲が、まるで絵のようだ。=소나기구름

적량(適量)몡 適量。

적령(適齡)몡 適齢。

적령-기(適齡期)몡 適齢期。예 출산 ~ 出産適齢期。

적례(適例)圏 適例れい。 ⑩ ~를 들다. 適例をあげる。

적리(赤痢)圏 《의》赤痢せきり。 ⑩ ~ 아메바 赤痢アメーバ。

적린(赤燐)圏 《화》赤燐せきりん。

적립(積立)圏 積立つみたて。 ⑩ ~ 펀드 積立ファンド/~ 방식 積立方式ほうしき。
　적립-하다囲 積立つみたてする｜積つみ立たてる。

-적립-금(積立金)圏 積立金つみたてきん。

적막(寂寞)圏 寂寞せきばく。
　적막-하다囲 寂寞せきばく・じゃくまくとする。
　적막-히囲 寂寞せきばく・じゃくまくとして。

적몰(籍沒)圏 《역》籍没せきぼつ。

적-바르다囲 (基準きじゅん・限度げんどに)ようやく達たっする。

적-바림圏【ひらがなの注記が薄くて読めず】書かき付つけ｜メモ。
　적바림-하다囲 書かき付つける｜メモする。

적발(摘發)圏 摘発てきはつ。 ⑩ 밀수 사범의 ~ 密輸事犯みつゆじはんの摘発。
　적발-하다囲 摘発てきはつする。 ⑩ 테러 계획을 ~. テロ計画けいかくを摘発する。

적병(敵兵)圏 敵兵てきへい。

적부(適否)圏 適否てきひ。 ⑩ 구속 ~ 심사 拘束こうそく適否審査しんさ。

적분(積分)圏 《수》積分せきぶん。 ⑩ ~ 방정식 積分方程式ほうていしき。
　적분-학(積分學)圏 《수》積分学せきぶんがく。㈜적분

적빈(赤貧)圏 赤貧せきひん。
　적빈-하다囲 赤貧せきひんだ。

적산¹(敵産)圏 敵国てきこくの財産ざいさん。

적산²(積算)圏 積算せきさん。 ⑩ ~ 전력계 積算電力計でんりょくけい。

적삼圏【한자 흐림】ひとえのチョゴリ。=단삼

적색(赤色)圏 赤色せきしょく・あか｜赤あか。 ⑩ ~ 테러 赤色せきしょくテロ/~ 조합 赤色組合くみあい。
　적색-토(赤色土)圏 《농》赤色土せきしょくど。

적서(嫡庶)圏 嫡庶ちゃくしょ。 ⑩ ~의 차별 嫡庶の差別さべつ。

적석-총(積石塚)圏 《고》積石塚つみいしづか｜石塚いしづか｜ケルン。

적선¹(敵船)圏 敵船てきせん。

적선²(積善)圏 積善せきぜん。
　적선-하다囲 積善せきぜんする。

적설(積雪)圏 積雪せきせつ。
　적설-량(積雪量)圏 積雪量せきせつりょう。

적성¹(適性)圏 適性てきせい。 ⑩ ~ 검사 適性検査けんさ/~을 보다. 適性を見みる。

적성²(敵性)圏 敵性てきせい。 ⑩ ~ 국가 敵性国家こっか。

적소(適所)圏 適所てきしょ。 ⑩ ~에 배치하다. 適所に配はいする。

적손(嫡孫)圏 嫡孫ちゃくそん。

적송(赤松)圏 《식》赤松あかまつ。

적-쇠(炙-)圏 ⇒석쇠

적수(赤手)圏 赤手せきしゅ｜素手すで｜空手からで。

적수²(敵手)圏 敵手てきしゅ。❶ライバル。❷敵てきの勢力下せいりょくか。

적수-공권(赤手空拳)圏 赤手空拳せきしゅくうけん｜徒手とくしゅ空拳くうけん｜手てに何なにも持もたないこと｜資本しほんなどが全まったくないこと。

적시¹(摘示)圏【적시】摘示てきじ｜あばき示しめすこと。
　적시-하다囲 摘示てきじする。

적시²(適時)圏【적씨】適時てきじ。

적시³(敵視)圏 敵視てきし。=대시
　적시-하다囲 敵視てきしする。

적시다囲 濡ぬらす｜湿しめす｜浸ひたす。 ⑩ 눈물로 소매를 ~. 涙なみだで袖そでを濡らす。

적시-타(適時打)圏 《운》【적씨타】適時打てきじだ｜適時安打あんだ。

적신(賊臣)圏 賊臣ぞくしん。

적-신호(赤信號)圏 赤信号あかしんごう。 ⑩ 식욕 부진은 건강의 ~ 食欲不振しょくよくふしんは健康けんこうの赤信号。

적실¹(嫡室)圏 嫡室ちゃくしつ｜正妻せいさい。

적실²(敵失)圏 敵失てきしつ｜(野球やきゅうで)相手あいての失策しっさく。

적심(摘心)圏 摘心てきしん｜頂芽ちょうがを摘つみ取とること。

적-십자(赤十字)圏 赤十字せきじゅうじ。 ⑩ ~ 정신 赤十字精神せいしん。

적십자-기(赤十字旗)圏 赤十字旗せきじゅうじき。

적십자-사(赤十字社)圏 赤十字社せきじゅうじしゃ。

적어도囲 ❶少すくなくとも｜せめて。 ⑩ ~ 100명은 모인다. 少なくとも100名めいは集あつまる。/~ 규칙만은 지켜라. 少なくとも規則きそくだけは守まもれ。❷いやしくも｜仮かりにも。 ⑩ ~ 이를 확대 해석하는 일이 있어서는 안 된다. いやしくもこれを拡張かくちょうして解釈かいしゃくするようなことがあってはならない。

적역(適役)圏 適役てきやく｜はまり役やく。

적연-하다(寂然-)囲【적년하다】寂然せきぜんとしている。
　적연-히囲 寂然せきぜんとして。

적외-선(赤外線)圏 《물》赤外線せきがいせん。 ⑩ ~ 사진 赤外線写真しゃしん/~ 요법 赤外線療法りょうほう。

적요(摘要)_명_ 摘要。

적용(適用)_명_ 適用。
　적용-하다_타_ 適用する。

적운(積雲)_명_ 積雲｜綿雲｜むくむく雲。

적응(適應)_명_ 適応。예 ~ 장애 適応障害。
　적응-하다_자_ 適応する。

적응-성(適應性)_명_ 適応性。

적의(敵意)_명_ 敵意。예 ~를 품다. 敵意を抱く。/ ~를 느끼다. 敵意を感じる。

적의-하다(適宜—)_형_ 適宜だ｜適当だ。

적이_부_ 多少｜いくらか｜少し｜いささか｜ちょっと。예 ~ 부담이 된다. 多少負担になる。

적이-나_부_ 多少でも｜いくらかでも｜ちょっとでも。

적임(適任)_명_ 適任。예 회장에는 그가 ~이다. 会長には彼が適任だ。

적임-자(適任者)_명_ 適任者。예 ~를 채용하다. 適任者を採用する。

적자¹(赤字)_명_ 赤字。예 ~ 재정 赤字財政。/ ~를 내다. 赤字を出す。

적자²(嫡子)_명_ 嫡子。

적자³(適者)_명_ 適者。

적자-생존(適者生存)_명_ 適者生存。

적잖다_형_ 少なくない。
　적잖-이_부_ 少なからず。예 기사를 읽고 ~ 놀랐다. 記事を読んで、少なからず驚いた。

적장(敵將)_명_ 敵将。

적재¹(適材)_명_ 適材。

적재²(積載)_명_ 積載。예 ~ 하중 積載荷重。
　적재-하다_타_ 積載する。예 화물을 ~. 貨物を積載する。

적재-량(積載量)_명_ 積載量。

적재-적소(適材適所)_명_ 適材適所。

적적-하다(寂寂—)_형_ 寂々としている｜静かでさびしい。
　적적-히_부_ 寂々として。

적절-하다(適切—)_형_ 適切だ。
　적절-히_부_ 適切に｜いみじくも。예 ~ 표현하다. 適切に表現する。

적정(敵情)_명_ 敵情。예 ~을 살피다. 敵情をさぐる。

적정²(適正)_명_ 適正。예 ~ 인구 適正人口 / ~ 온도 適正温度。
　적정-하다_형_ 適正だ。예 적정한 수단 適正な手段。

적조¹(赤潮)_명_ 赤潮｜苦潮｜厄水。
　예 ~ 현상 赤潮現象。

적조²(積阻)_명_ 無沙汰｜無音。
　적조-하다_자_ 無沙汰する。예 오랫동안 적조했습니다. 長らくご無沙汰しました。

적중(的中)_명_ 的中｜当たること。
　적중-하다_자_ 的中する｜当たる。예 한가운데 ~. 真ん中に的中する。/ 예상이 ~. 予想が的中する。

적지¹(敵地)_명_ 敵地。

적지²(適地)_명_ 適地｜適当な土地。

적지-적작(適地適作)_명_ 適地適作。

적진(敵陣)_명_ 敵陣。예 ~에 뛰어들다. 敵陣に乗り込む。

적-철광(赤鐵鑛)_명_ 《광》赤鉄鉱。

적출¹(嫡出)_명_ 嫡出。예 ~ 자식 嫡出の息子。

적출²(摘出)_명_ 摘出。예 종양 ~ 腫瘍摘出。
　적출-하다_타_ 摘出する。예 탄환을 ~. 弾丸を摘出する。

적측(敵側)_명_ 敵側。

적치(積置)_명_ 積んで置くこと。

적치-장(積置場)_명_ 積置き場。

적침(敵侵)_명_ 敵の侵入。예 ~을 막다. 敵の侵入を防ぐ。

적탄(敵彈)_명_ 敵弾。

적토(赤土)_명_ ❶ 赭土。❷ 赤い土。

적평(適評)_명_ 適評。

적-포도주(赤葡萄酒)_명_ 赤葡萄酒｜赤ワイン。

적하(積荷)_명_ 積み荷。예 ~ 보험 積み荷保険。

적함(敵艦)_명_ 敵艦。

적합(適合)_명_ 適合。
　적합-하다_자_ 適合する。예 조건에 ~. 条件に適合する。/ 기준에 적합하지 않다. 基準に適合していない。

적혈(赤血)_명_ 赤血｜赤い血。

적-혈구(赤血球)_명_ 〈의〉赤血球。예 ~ 침강 속도 赤血球沈降速度。

적화(赤化)_명_ 赤化。

적확-하다(的確—)_형_ 的確だ。예 적확한 지시의 확실な指示。
　적확-히_부_ 的確に。

적-히다_자_ 記される｜書かれる｜記録される。

전¹_명_【*가장자리*】縁｜へり。

전²_명_【*한번에 껴안을 정도의 땔감*】一抱えぐらいの柴など

の分量ぶんりょう。

전³(前)[명] 前ぜん ¦ 以前いぜん ¦ 過去かこ。<예> 3년 ~ 3年ねん前まえ / ~에 본 적이 있다. 前まえに見みたことがある。/ 그 이야기는 ~부터 이상하다고 생각했다. その話はなしは前まえから変へんだと思おもっていた。

전⁴(煎)[명] 魚さかな・肉にく・野菜やさいなどを薄うすく切きって、小麦粉こむぎこのころもを被かぶせて、油あぶらで焼やいたもの。

전⁵(全)[관] 全ぜん。<예> ~ 국민 全国民ぜんこくみん / ~ 20권 全20巻ぜんにじゅっかん。

-전⁶(戰)[접] 一戦いっせん。<예> 후반전 後半戦こうはんせん / 공중전 空中戦くうちゅうせん。

전가(轉嫁)[명] 転嫁てんか。
　전가-하다[타] 転嫁てんかする。<예> 책임을 ~. 責任せきにんを転嫁てんかする。

전각¹(全角)[명] 〈출〉全角ぜんかく。<예> ~ 문자 全角ぜんかく文字もじ。

전각²(殿閣)[명] 殿閣でんかく。

전각³(篆刻)[명] 篆刻てんこく ¦ 印刻いんこく。

전간(癲癇)[명]〈의〉癲癇てんかん。

전갈¹(全蠍)[명]〈동〉蠍さそり。

전갈²(傳喝)[명] 言伝ことづて ¦ 伝言でんごん。

전갈-자리(全蠍—)[명]【천문별자리 명칭】さそり座ざ。

전개(展開)[명] 展開てんかい。
　전개-하다[타] 展開てんかいする。<예> 재미있는 장면이 전개되다. 面白おもしろい場面ばめんが展開てんかいする。

전개-부(展開部)〈음〉展開部てんかいぶ。

전개-식(展開式)[명]〈수〉展開式てんかいしき。

전갱이[명]〈동〉真鰺まあじ。

전거¹(典據)[명] 典拠てんきょ。

전거²(轉居)[명] 転居てんきょ。
　전거-하다[자] 転居てんきょする。

전격(電擊)[명] 電撃でんげき。<예> ~ 작전 電撃作戦でんげきさくせん。

전격-적(電擊的)[관형] 電撃的でんげきてきな。

전격-전(電擊戰)[명]〈군〉電撃戦でんげきせん。

전결(專決)[명] 専決せんけつ。

전경¹(全景)[명] 全景ぜんけい。<예> ~을 내려다보다. 全景ぜんけいを見下みおろす。

전경²(戰警)[명]【전투 경찰대】戦闘警察隊せんとうけいさつたい。

전고¹(典故)[명] ❶【전례와 고사】典例てんれいと故事こじ。 ❷【전거와 고실】典故てんこ ¦ 典例てんれいと故実こじつ。

전고²(前古)[명]【전대】前古ぜんこ。

전고³(銓考)[명] 選考せんこう。
　전고-하다[타] 選考せんこうする。

전고-미증유(前古未曾有)[명]【전례가 없었던 전대 미증유】前古未曾有ぜんこみぞう。<예> ~의 혁명 前古未曾有ぜんこみぞうの革命かくめい。

전곡(田穀)[명] ☞밭곡식

전골[명]【쇠고기와 여러 가지 야채로 끓인 찌개류의 전골냄비】チョンゴル。

전공¹(專攻)[명] 専攻せんこう。<예> ~ 과목 専攻科目せんこうかもく。
　전공-하다[타] 専攻せんこうする。

전공²(電工)[명] 電工でんこう。

전공³(戰功)[명] 戦功せんこう。<예> ~을 세우다. 戦功せんこうを立たてる。

전과¹(全科)[명] ❶全科ぜんか ¦ 全科目ぜんかもく。 ❷(小学校しょうがっこうの)学習がくしゅう参考書さんこうしょ。

전과²(前科)[명]〈법〉前科ぜんか。<예> ~ 2범 前科2犯ぜんかにはん / ~가 있어서 채용되지 않다. 前科ぜんかがあって採用さいようされない。

전과³(轉科)[명]〈교〉転科てんか。
　전과-하다[자] 転科てんかする。<예> 피아노과로 ~. ピアノ科かに転科てんかする。

전과-자(前科者)[명]〈법〉前科者ぜんかもの。

전관¹(前官)[명] 前官ぜんかん。

전관²(專管)[명] 専管せんかん。<예> ~ 수역 専管水域せんかんすいいき。
　전관-하다[타] 専管せんかんする。

전광(電光)[명] 電光でんこう。❶いなびかり ¦ いなずま。 ❷電気でんきの光ひかり。<예> ~ 게시판 電光掲示板でんこうけいじばん。

전광-석화(電光石火)[명]【전광처럼 부시돌이 번쩍임→ 아주 빠른 짧은 시간이나 재빠른 동작의 비유어】電光石化でんこうせっか。<예> ~와 같이 電光石化でんこうせっかのごとく / ~와 같은 빠른 기술 電光石化でんこうせっかの早業はやわざ。

전교¹(全校)[명] 全校ぜんこう。

전교²(傳敎)[명]〈역〉王命おうめいを下くだすこと ¦ 王おうの命令めいれい。

전교³(傳敎)[명]〈종〉伝教でんきょう ¦ 宗教しゅうきょうを広ひろく伝つたえること。

전교⁴(轉交)[명] ❶(手紙てがみ・書類しょるいなどを)人ひとづてに交付こうふすること。 ❷人ひとづてに交付こうふするという意いで、手紙てがみの封筒ふうとうに書かく語ご。
　전교-하다[타] 人ひとづてに交付こうふする。

전교⁵(轉校)[명] ☞전학

전구(電球)[명] 電球でんきゅう。

전-국(全—)[명] 煮につめた濃こいスープ ¦ 煮出にだし汁じる。<예> ~에 물을 타서 간을 맞추다. 煮出にだし汁じるに水みずをたし、味あじを整ととのえる。

전국²(全國)[명] 全国ぜんこく。

전국³(戰局)[명] 戦局せんきょく。

전국 시대(戰國時代)〈역〉【혼란기】戦国時代せんごくじだい。

전국-적(全國的)[관형] 全国的ぜんこくてき。<예> ~인 행사 全国的ぜんこくてきな行事ぎょうじ。

전군(全軍)〖명〗全軍。

전권(全權)〖명〗全権。 예 ~을 위임하다. 全権を委任する。

전권 공사(全權公使)《법》全権公使。
=특명 전권 공사

전권 대사(全權大使)《법》全権大使。
=특명 전권 대사

전극(電極)〖명〗《물》電極。

전근(轉勤)〖명〗転勤。
전근-하다〖재〗転勤する。 예 본사에서 지사로 ~. 本社から支社へ転勤する。

전기¹(前記)〖명〗【】前記。
전기-하다〖타〗前記する。

전기²(前期)〖명〗【】前期。

전기³(傳奇)〖명〗《문》伝奇。 예 ~ 소설 伝奇小説。

전기⁴(傳記)〖명〗伝記。 예 위인 ~ 偉人伝記。

전기⁵(電氣)〖명〗《물》電気。 예 ~ 공학 電機工学/ ~ 기관차 電気機関車。

전기⁶(電機)〖명〗電機｜電気機械。

전기⁷(戰記)〖명〗戦記。

전기⁸(轉機)〖명〗転機。 예 인생의 ~를 맞이하다. 人生の転機を迎える。

전기-량(電氣量)〖명〗《물》電気量｜電荷。

전기-력(電氣力)〖명〗《물》電気力｜クーロンカ。

전기-로(電氣爐)〖명〗《공》電気炉｜電炉。

전기 분해(電氣分解)〖명〗《물》電気分解｜電解。 예 ~로 물을 만들다. 電気分解で水を作る。

전기-세탁기(電氣洗濯機)〖명〗電気洗濯機。

전기 용접(電氣鎔接)《공》電気溶接。

전기-장(電氣場)〖명〗《물》電場・電界。

전기 저항(電氣抵抗)《물》電気抵抗。 예 ~이 크다. 電気抵抗が大きい。

전기 전도(電氣傳導)〖전〗電気伝導。

전기 철도(電氣鐵道)電気鉄道｜電鉄。

전기 치료(電氣治療)《의》電気治療。

전기-파(電氣波)〖명〗《물》電波。

전기-학(電氣學)〖명〗《물》電気学｜電磁気学。

전기 회로(電氣回路)〖전〗電気回路。

전깃-불(電氣―)電灯｜電灯の明かり。

전깃-줄(電氣―)電線。 =전선

전-나무(―)〖명〗~ 숲이 맑은 호수에 비치어 한 폭의 그림처럼 아름답다. モミの森が澄んだ湖水に映り、一幅の絵のように美しい。

전-날(前―) ❶前日｜前の日。 예 출발 ~ 出発の前日。 ❷以前｜過去｜かつて。

전-남편(前男便) 元主人｜元夫。

전납(前納)〖명〗前納｜先納。
전납-하다前納する｜先納する。

전-내기(全―)〖명〗生酒｜醇酒。 예 ~는 독해서 마실 수 없다. 生酒は強くて飲めない。

전년(前年)〖명〗前年。 ❶昨年。 ❷先年。

전념(專念)〖명〗専念。
전념-하다〖자〗専念する。 예 공부에 전념할 수 있는 환경 勉強に専念できる環境。

전능(全能)〖명〗全能。
전능-하다〖형〗何事でもなしうる能力がある。

전단¹(全段)〖명〗全段。 예 ~짜리 기사 全段抜きの記事。

전단²(專斷)〖명〗専断。 예 기관의 ~에 맡기다. 機関の専断に委ねる。

전단³(傳單)〖명〗伝単｜ビラ｜ちらし。 예 ~을 뿌리다. ビラをまく。

전-달¹(前―)〖명〗前月。 ❶先月。 ❷(ある月の)前の月。

전달²(傳達)〖명〗伝達。
전달-하다〖타〗伝達する。 예 정보를 ~. 情報を伝達する。

전담¹(全擔)〖명〗全部担当すること。
전담-하다〖타〗全部担当する。

전담²(專擔)〖명〗専門に担当すること。
전담-하다〖자〗専門に担当する。

전답(田畓)〖명〗田畑。

전당¹(全黨)〖명〗全党。 예 ~ 대회 全党大会。

전당²(典當)〖명〗典当｜質入れ｜担保｜かた。 예 ~을 잡다. 質に取る。 / ~을 잡히다. 質に入れる。

전당³(殿堂)〖명〗殿堂。 예 배움의 ~ 学びの殿堂。

전당-포(典堂鋪)〖명〗質屋。

전대(前代)〖명〗前代。

전대-미문(前代未聞)〖명〗前代未聞。 예

~의 사건 前代未聞の出来事。

전-대차(轉貸借)〖명〗〖법률·공문서〗転貸借。
　전대차-하다〖타〗転貸借する。

전도¹(全圖)〖명〗全図。 예 세계 ~ 世界全図。

전도²(前途)〖명〗前途。 예 ~ 유망한 젊은이 前途有望な若者。

전도³(前渡)〖명〗前渡し。
　전도-하다〖타〗前渡しする。

전도⁴(傳道)〖명〗伝道｜宣教。
　전도-하다〖타〗伝道する。

전도⁵(傳導)〖명〗伝導。 예 전기 ~ 電気伝導。
　전도-하다〖자〗伝導する。

전도⁶(轉倒)〖명〗転倒。
　전도-하다〖자〗転倒する。 예 주객이 전도되다. 主客が転倒する。

전도-사(傳道師)〖명〗伝道師。

전도양양-하다(前途洋洋—)〖형〗前途洋々だ。

전도-율(傳導率)〖명〗伝導率｜伝導度。

전동¹(電動)〖명〗電動。 예 ~ 발전기 電動発電機。

전동²(—箭筒)〖명〗矢筒｜矢を入れる筒。 예 화살이 가득한 ~을 둘러메다. 矢でいっぱいの矢筒を担ぐ。

전동³(顫動)〖명〗顫動。

전동-기(電動機)〖명〗〈전〉電動機｜モーター。

전동-차(電動車)〖명〗電動車。

전두(前頭)〖명〗❶前｜前の方。❷〈의〉前頭｜頭部の前部。

전-두리〖명〗円形の器の上のへり｜丸い蓋の縁回り。

전두-엽(前頭葉)〖명〗〈의〉前頭葉。

전등(電燈)〖명〗電灯。 예 ~이 켜지다. 電灯がともる。

전등-갓(電燈—)〖명〗電灯のかさ。

전등-불(電燈—)〖명〗電灯｜電灯の明かり。

전등-알(電燈—)〖명〗電球｜玉。＝전구(電球)。

전라(全裸)〖명〗全裸。

전라-남도(全羅南道)〖명〗〈지〉全羅南道。

전라-도(全羅道)〖명〗〈지〉全羅道。

전라-북도(全羅北道)〖명〗〈지〉全羅北道。

전락(轉落)〖명〗転落。❶転がり落ちること。❷落ちぶれること。 예 ~의 길을 걷다. 転落の道をたどる。
　전락-하다〖자〗転落する。

전란(戰亂)〖명〗戦乱。 예 ~을 겪다. 戦乱を経験する。

전람(展覽)〖명〗展覧。
　전람-하다〖타〗展覧する。

전람-회(展覽會)〖명〗展覧会。

전래(傳來)〖명〗伝来。
　전래-하다〖자〗伝来する。 예 15세기에 전래된 문물 15世紀に伝来した文物。

전략¹(前略)〖명〗前略。
　전략-하다〖자타〗前略する。

전략²(戰略)〖명〗戦略。 예 ~ 무기 戦略兵器／~ 산업 戦略産業／~ 정보 시스템 戦略情報システム／~을 세우다. 戦略を立てる。

전략-가(戰略家)〖명〗戦略家。

전량(全量)〖명〗全量。 예 ~ 폐기 全量廃棄。

전력¹(全力)〖명〗全力。 예 ~ 질주하다. 全力をつくして走る。／~을 기울이다. 全力を傾ける。

전력²(前歷)〖명〗前歴。 예 ~을 속이다. 前歴を偽る。

전력³(專力)〖명〗一つのことに力を傾けること。
　전력-하다〖자〗一つのことに力を傾ける。 예 오로지 청소년 육성에 ~. もっぱら青少年の育成に力を傾ける。

전력⁴(電力)〖명〗〈물〉電力。 예 ~ 공급 電力供給／~ 소비량 電力消費量。

전력⁵(戰力)〖명〗戦力。 예 ~을 보강하다. 戦力を補強する。

전령(傳令)〖명〗伝令。 예 ~을 보내다. 伝令を出す。

전례¹(典例)〖명〗〖법률·공문서〗典例。

전례²(典禮)〖명〗〖법률·공문서〗典礼。

전례³(前例)〖명〗〖법률·공문서〗前例。 예 ~가 없는 일 前例のないこと／~를 만들다. 前例を作る。

전로(電爐)〖명〗〈공〉電炉｜電気炉。

전류(電流)〖명〗〈전〉電流。 예 ~가 통하고 있다. 電流が通っている。

전륜(前輪)〖명〗前輪。 예 ~ 구동 前輪駆動。

전리(戰利)〖명〗戦利。

전리-품(戰利品)〖명〗戦利品。

전립-선(前立腺)〖명〗〈의〉前立腺。 예 ~

비대증 前立腺肥大症ひだい。

전말(顚末)® 顚末てんまつ。 예일의 ~을 이야기하다. 事ごとの顚末を語る。

전말-서(顚末書)® 顚末書てんまつ。

전망(展望)® 展望てんぼう｜見通みとおし｜見晴みはらし｜眺ながめ。 예~이 좋다. 見晴らしがよい。/ 장래에 대한 ~이 없다. 将来しょうらいへの展望がない。

 전망-하다® 展望する。 예정국을 ~. 政局せいきょくを展望する。

전망-대(展望臺)® 展望台だい｜見晴みはらし台だい｜みはらし。

전망-차(展望車)® 展望車てんぼうしゃ。

전매¹(專賣)® 專売せんばい。 예~ 특허 專売特許とっきょ。

 전매-하다® 專売する。

전매²(轉賣)® 転売てんばい。

전매-권(專賣權)® [법]專売権せんばいけん。

전매-품(專賣品)® 專売品せんばいひん。

전면¹(全面)® 全面ぜんめん。 예~ 광고 全面広告こうこく/ ~ 전쟁 全面戦争せんそう/ ~ 지원 全面支援しえん。

전면²(前面)® 前面ぜんめん。 예교섭의 ~에 나서다. 交渉こうしょうの前面に出でる。

전면-적(全面的)® 全面的ぜんめん。 예~으로 개정하다. 全面的に改訂かいていする。

전멸(全滅)® 全滅ぜんめつ。

 전멸-하다® 全滅する。

전모(全貌)® 全貌ぜんぼう。 예사건의 ~가 밝혀지다. 事件じけんの全貌が明あきらかになる。

전몰(戰歿)® 戦没せんぼつ。 예~ 장병 戦没将兵しょうへい。

 전몰-하다® 戦没する。

전무¹(全無)® 皆無かいむ｜まったくないこと。

 전무-하다® 皆無だ｜まったくない。

전무²(專務)® 專務せんむ。

전무-이사(專務理事)®〖경〗專務理事せんむ｜專務取締役とりしまりやく。

전무-후무(前無後無)®【이전에도 앞으로도 없음】空前絶後くうぜんぜつご。

 전무후무-하다® 空前絶後ぜんごのことだ｜非常ひじょうにめずらしい。 예전무후무한 자연재해 空前絶後の自然災害しぜんさいがい。

전문¹(全文)® 全文ぜんぶん。 예~ 검색 엔진 全文検索けんさくエンジン。

전문²(前文)® 前文ぜんぶん。

전문³(專門)® 專門せんもん。 예~ 교육 專門教育きょういく/ ~ 용어 專門用語ようご/ 반주를 ~으로 연구하다. 伴奏ばんそうを專門に研究けんきゅうする。

전문⁴(傳聞)® 伝聞でんぶん。

 전문-하다® 伝聞する。

전문⁵(電文)® 電文でんぶん。

전문-가(專門家)® 專門家せんもんか。

전문-대학(專門大學)®〖교〗專門大学せんもんだいがく｜短期大学たんきだいがく。

전문-어(專門語)® 專門語せんもんご。

전문-의(專門醫)®〖의〗專門医せんもんい。

전문-적(專門的)® 專門的せんもん。

전문-직(專門職)® 專門職せんもんしょく。

전문-화(專門化)® 專門化せんもんか。

 전문화-하다® 專門化する。

전반¹(全般)® 全般ぜんぱん。 예국정 ~에 걸쳐서 토의하다. 国政こくせい全般にわたって討議とうぎする。

전반²(前半)® 前半ぜんはん。

전반-기(前半期)® 前半期ぜんはんき。

전반-부(前半部)® 前半部ぜんはんぶ。

전-반사(全反射)®〖물〗全反射ぜんはんしゃ。 예~ 프리즘 全反射プリズム。

전-반생(前半生)® 前半生ぜんはんせい。 예~을 돌이켜 보다. 前半生を省かえりみる。

전반-적(全般的)® 全般的ぜんぱんてき。 예~으로 성적이 향상됐다. 全般的に成績せいせきは向上こうじょうした。

전반-전(前半戰)®〖운〗前半戦ぜんはんせん。

전방¹(前方)® 前方ぜんぽう。

전방²(廛房)® 店みせ｜商店しょうてん。

전번(前番)® 先番せんばん｜この前まえ｜この間あいだ。

전범¹(典範)® 典範てんぱん。

전범²(戰犯)®〖법〗戦犯せんぱん。

전범-자(戰犯者)®〖법〗戦犯者せんぱんしゃ。

전법(戰法)® 戦法せんぽう。

전변(轉變)® 転変てんぺん｜移うつり変かわり。

 전변-하다® 転変する｜移り変わる。

전별(餞別)® 餞別せんべつ。

 전별-하다® 餞別する。

전별-금(餞別金)® 餞別金せんべつきん。

전병(煎餅)® 煎餅せんべい。

전보¹(電報)® 電報でんぽう。 예~를 치다. 電報を打うつ。

전보²(戰報)®【전쟁이나 경기 등에서 전투 상황을 알리는 보고】戦況せんきょうに関かんする報告ほうこく。

전보³(轉補)®【같은 직급에서 다른 관직으로 임명함】転補てんぽ。

 전보-하다® 転補する。 예교장으로 전보되다. 校長こうちょうに転補される。

전보-료(電報料)® 電報料でんぽうりょう。

전보-문(電報文)® 電文でんぶん。

전복¹(全鰒)®〖동〗鮑あわび。

전복²(顚覆)® 転覆てんぷく。 예열차의 탈선 ~ 列

車の脱線を転覆/ 정부의 ~을 기도하다. 政府の転覆を企てる。

전복-하다 자 타 転覆する。

전복-죽(全鰒粥) あわびのお粥。

전봇-대(電報一) 명 ❶電柱｜電信柱。=전선주 ❷のっぽ。

전부¹(全部) I 명 全部｜全て｜みんな。예사원 ~의 의견 社員の全部の意見。II 부 全部｜全て｜みんな。예번 돈을 ~ 써 버리다. 稼いだ金を全部使ってしまう。/ 문제는 ~ 해결되었다. 問題はすべて解決された。

전부²(前部) 명 前部。

전분(澱粉) 명 澱粉。

전분-질(澱粉質) 명 澱粉質。

전비¹(戰備) 명 戰備｜戦争の準備。예~를 갖추다. 戦備を整える。

전비²(戰費) 명 戦費。예~ 삭감 戦費削減。

전사¹(前事) 명 前事｜以前にあった事。

전사²(戰士) 명 戦士。예무명 ~ 無名戦士。

전사³(戰史) 명 戦史｜戦争の歴史。

전사⁴(戰死) 명 戦死。
　전사-하다 자 戦死する。

전사⁵(轉寫) 명 転写。
　전사-하다 타 転写する。

전사-자(戰死者) 명 戦死者。

전산(電算) 명 컴電算｜電子計算機｜コンピューター。

전산-기(電算機) 명 컴電算機｜コンピューター。

전상(戰傷) 명 戦傷。예~을 입다. 戦傷を負う。

전상-병(戰傷兵) 명 戦傷兵。

전상-자(戰傷者) 명 戦傷者。

전-색맹(全色盲) 명 의全色盲。

전생(前生) 명 종前生｜前世。

전서¹(全書) 명 全書。

전서²(篆書) 명 篆書。

전서-구(傳書鳩) 명 伝書鳩。

전선¹(前線) 명 前線。예~ 기지 前線基地/ 한랭 ~ 寒冷前線/ 온난 ~ 温暖前線。

전선²(電線) 명 電線。=전선줄・전신선・전신줄

전선³(戰線) 명 군戰線。예서부 ~ 西部戦線。

전선-주(電線柱) 명 ☞전봇대❶

전선-줄(電線—) 명 ☞전선²

전설(前說) 명 前説。예~을 뒤집다. 前説を覆す。

전설(傳說) 명 伝説。예~의 퀴즈왕 伝説のクイズ王／~상의 인물 伝説上の人物。

전설-적(傳說的) 관형 伝説的。예~인 존재 伝説的な存在。

전설-화(傳說化) 명 伝説化。
　전설화-하다 타 伝説化する。

전성¹(全盛) 명 全盛。예~ 시대 全盛時代。
　전성-하다 자 全盛する。

전성²(轉成) 명 転成。예~ 명사 転成名詞。
　전성-하다 자 転成する。

전성-기(全盛期) 명 全盛期。

전세¹(前世) 명 前世。❶前代。❷종前世｜前生。

전세²(專貰) 명 貸し切り。예~ 버스 貸し切りバス。=대절(貸切)

전세³(傳貰) 명 경チョンセ｜一定の金額を払って不動産を一定期間借りること。

전세⁴(戰勢) 명 戦勢。예~가 불리해지다. 戦勢が不利になる。

전-세계(全世界) 명 全世界｜世界中。

전세-권(傳貰權) 명 법一定の金額を払って借りた不動産を占有し、使用・収益できる権利。

전-세기(前世紀) 명 前世紀。

전세-기²(專貰機) 명 貸し切りの飛行機。

전소(全燒) 명 全燒。
　전소-하다 자 全燒する。예주택 한 동이 전소되다. 住宅一棟などが全焼する。

전속¹(專屬) 명 専属。예~ 계약 専属契約。
　전속-하다 자 専属する。

전속²(轉屬) 명 転属。예영업직으로 ~을 희망하다. 営業職へ転属を希望する。

전-속력(全速力) 명 全速力｜全速。예~을 내다. 全速力を出す。

전송¹(傳送) 명 伝送｜伝えて送ること。
　전송-하다 타 伝送する。

전송²(電送) 명 電送。예~ 사진 電送写真。
　전송-하다 타 電送する。예메일을 ~.

メールを電送する。

전송³(餞送)圏【보낼 전·보낼 송】見送〔みおく〕り。
　전송-하다³(餞送―) 見送〔みおく〕る。예 공항까지 전송하러 가다. 空港〔くうこう〕まで見送〔みおく〕りに行〔い〕く。

전송⁴(轉送)圏【구를 전·보낼 송】転送〔てんそう〕。
　전송-하다⁴(轉送―) 転送〔てんそう〕する。

전수¹(專修)圏【오로지 전·닦을 수】專修〔せんしゅう〕。예 ~ 학교 専修学校〔せんしゅうがっこう〕。
　전수-하다¹(專修―) 專修〔せんしゅう〕する。

전수²(傳授)圏【전할 전·줄 수】伝授〔でんじゅ〕。
　전수-하다²(傳授―) 伝授〔でんじゅ〕する。

전술¹(前述)圏 前述〔ぜんじゅつ〕。
　전술-하다¹(前述―) 前述〔ぜんじゅつ〕する。예 전술한 바와 같이 前述〔ぜんじゅつ〕のごとく。

전술²(戰術)圏 戦術〔せんじゅつ〕。예 ~을 바꾸다. 戦術〔せんじゅつ〕を変〔か〕える。

전술-적(戰術的)판명 戦術的〔せんじゅつてき〕。

전습(傳習)圏 伝習〔でんしゅう〕。
　전습-하다(傳習―) 伝習〔でんしゅう〕する。

전승¹(全勝)圏 全勝〔ぜんしょう〕。예 세 경기 ~을 달성하다. 3試合〔しあい〕全勝〔ぜんしょう〕を達成〔たっせい〕する。
　전승-하다¹(全勝―) 全勝〔ぜんしょう〕する。

전승²(傳承)圏 伝承〔でんしょう〕。예 ~ 문학 伝承文学〔でんしょうぶんがく〕。
　전승-하다²(傳承―) 伝承〔でんしょう〕する。

전승³(戰勝)圏 戦勝〔せんしょう〕。
　전승-하다³(戰勝―) 戦勝〔せんしょう〕する。

전승-국(戰勝國)圏 戦勝国〔せんしょうこく〕。

전시¹(展示)圏 展示〔てんじ〕。예 ~ 효과 展示効果〔てんじこうか〕。
　전시-하다¹(展示―) 展示〔てんじ〕する。예 휴대 전화 두 기종을 ~. 携帯電話〔けいたいでんわ〕2機種〔きしゅ〕を展示〔てんじ〕する。

전시²(戰時)圏 戦時〔せんじ〕。예 ~ 복구 戦時復旧〔せんじふっきゅう〕/ ~ 봉쇄 戦時封鎖〔せんじふうさ〕。

전시 체제(戰時體制)《사》戦時体制〔せんじたいせい〕。

전시-품(展示品)圏 展示品〔てんじひん〕。

전시-회(展示會)圏 展示会〔てんじかい〕。

전신¹(全身)圏 全身〔ぜんしん〕。예 ~ 마취 前身麻酔〔ぜんしんますい〕/ ~의 힘을 빼고 긴장을 풀다. 前身〔ぜんしん〕の力〔ちから〕を抜〔ぬ〕いてリラックスする。＝온몸

전신²(前身)圏 前身〔ぜんしん〕。

전신³(電信)圏《통》電信〔でんしん〕。예 무선 ~ 無線電信〔むせんでんしん〕。

전신-기(電信機)圏《물》電信機〔でんしんき〕。

전신-불수(全身不隨)圏《한》前身不隨〔ぜんしんふずい〕。

전신-상(全身像)圏《미》全身像〔ぜんしんぞう〕。

전신-선(電信線)圏(口)☞전선²

전신-주(電信柱)圏 電信柱〔でんしんばしら〕｜電柱〔でんちゅう〕。＝전주³

전신-줄(電信―)圏 ☞전선²

전신-환(電信換)圏《경》電信為替〔でんしんかわせ〕｜TTティーティー。

전실(前室)圏 前妻〔せんさい〕｜先妻〔せんさい〕。예 ~ 자식 先妻の子供〔せんさいのこども〕。

전심(專心)圏 専心〔せんしん〕｜専念〔せんねん〕。
　전심-하다(專心―)재 専心〔せんしん〕する｜専念〔せんねん〕する。예 학문에 ~. 学問〔がくもん〕に専心〔せんしん〕する。

전심-전력(專心專力)圏 心〔こころ〕と力〔ちから〕を集中〔しゅうちゅう〕させること｜専心〔せんしん〕全力〔ぜんりょく〕。

전압(電壓)圏《전》電圧〔でんあつ〕。예 ~이 내려가다. 電圧〔でんあつ〕が下〔さ〕がっていく。

전압-계(電壓計)圏《전》電圧計〔でんあつけい〕｜ボルトメーター。

전액(全額)圏 全額〔ぜんがく〕。

전야¹(田野)圏 田野〔でんや〕。

전야²(前夜)圏 前夜〔ぜんや〕。예 혁명 ~의 숨겨진 역사 革命〔かくめい〕前夜〔ぜんや〕の隠〔かく〕れた歴史〔れきし〕。

전야-제(前夜祭)圏 前夜祭〔ぜんやさい〕。

전어(錢魚)圏《동》鮗〔このしろ〕。

전언¹(前言)圏 前言〔ぜんげん〕。예 ~을 번복하다. 前言〔ぜんげん〕を翻〔ひるがえ〕す。

전언²(傳言)圏 伝言〔でんごん〕｜言〔い〕づけ。
　전언-하다²(傳言―) 伝言〔でんごん〕する。

전업¹(專業)圏【오로지 전·업 업】専業〔せんぎょう〕。예 ~ 주부 専業主婦〔せんぎょうしゅふ〕。

전업²(轉業)圏【지킬 전·업 업】転業〔てんぎょう〕。
　전업-하다²(轉業―)재 転業〔てんぎょう〕する。예 채소 가게로 ~. 八百屋〔やおや〕に転業〔てんぎょう〕する。

전업-농(專業農)圏 専業農〔せんぎょうのう〕｜専業農家〔せんぎょうのうか〕。

전역¹(全域)圏【다 역】全域〔ぜんいき〕。

전역²(戰役)圏 戦役〔せんえき〕。

전역³(轉役)圏【구를 전·부릴 역】転役〔てんえき〕。
　전역-하다³(轉役―) 転役〔てんえき〕する。

전연(全然)튀 全然〔ぜんぜん〕｜まったく｜さっぱり｜まるで。예 ~ 흥미가 없다. 全然興味〔ぜんぜんきょうみ〕がない。

전열¹(電熱)圏《물》電熱〔でんねつ〕。

전열²(戰列)圏 戦列〔せんれつ〕。예 ~을 가다듬다. 戦列〔せんれつ〕を整〔ととの〕える。

전열-기(電熱器)圏《물》電熱器〔でんねつき〕。

전염(傳染)圏 伝染〔でんせん〕。
　전염-하다(傳染―) 伝染〔でんせん〕する。

전염-병(傳染病)圏《의》伝染病〔でんせんびょう〕。예 ~ 예방 伝染病予防〔でんせんびょうよぼう〕/ ~이 돌다. 伝染病〔でんせんびょう〕が流行〔りゅうこう〕する。

전염-성(傳染性)圏 伝染性〔でんせんせい〕。

전용¹(專用)圏 専用〔せんよう〕。예 ~ 회선 専用回線〔せんようかいせん〕。

전용-하다¹ 타 專用する。

전용²(轉用) 명 転用する。예 기사의 무단 ~을 금합니다. 記事の無断転用を禁じます。

전용-하다² 타 転用する。

전우(戰友) 명 戦友。

전우-애(戰友愛) 명 戦友愛。

전운(戰雲) 명 戦雲。예 ~이 감돌다. 戦雲が漂う。

전원¹(田園) 명 田園。예 ~ 교향곡 田園交響曲／한가로운 ~ 생활을 꿈꾸다. のどかな田園生活を夢見る。

전원²(全員) 명 全員。

전원³(全院) 명 全院 ¦ その院の全体。예 ~ 위원회 全院委員会。

전원⁴(電源) 명 〖물〗電源。예 ~을 끊다. 電源を切る。

전월(前月) 명 前月 ¦ 先月。

전위(前衛) 명 前衛。예 ~ 부대 前衛部隊／~ 예술 前衛芸術。

전위-계(電位計) 명 〖전〗電位計。

전위-대(前衛隊) 명 〖전〗前衛隊。

전위-차(電位差) 명 〖전〗電位差。

전위-파(前衛派) 명 《예》前衛派 ¦ アバンギャルド。

전유(專有) 명 專有。

전유-하다 타 專有する。

전율(戰慄) 명 戦慄。예 ~을 느끼다. 戦慄を覚える。

전율-하다 자 戦慄する。

전음(顫音) 명 〖음〗顫音 ¦ トリル。

전의(轉義) 명 転義。

전이(轉移) 명 転移。

전이-하다 자 転移する。예 위의 종양이 간으로 전이되었다. 胃の腫瘍が肝に転移した。

전인¹(全人) 명 【지·정·의의 조화를 이룬 인격】全人。예 ~ 교육 全人教育。

전인²(前人) 명 前人 ¦ 先人。

전인-미답(前人未踏) 명 前人未到 ¦ 前人未踏。

전일¹(全日) 명 全日。❶【하루 종일】一日中。❷【매일】毎日。

전일²(前日) 명 前日 ¦ 先日。

전임(前任) 명 前任。예 ~ 목사 前任の牧師。

전임²(專任) 명 專任。예 ~ 강사 專任講師。

전임-하다 타 專任する。

전임³(轉任) 명 転任。=이임¹

전임-하다² 자 転任する。예 국가 기관으로 ~. 国家の機関に転任する。=이임하다¹

전입(轉入) 명 転入。예 ~ 신고 転入届け。

전입-하다 자 転入する。

전자¹(前者) 명 ❶ この間。❷ 前者 ¦ 前のもの。예 ~보다 후자 쪽이 좋다. 前者より後者の方がいい。

전자²(電子) 명 〖물〗電子。예 ~ 음악 電子音楽／~ 오르간 電子オルガン。

전자³(篆字) 명 〖출〗篆字。

전자 게시판(電子揭示板) 〖컴〗電子揭示板。

전자-계산기(電子計算機) 〖컴〗❶ 電子計算機。❷ コンピューター。

전자 공학(電子工學) 〖전〗電子工學。

전자-관(電子管) 명 〖물〗電子管。

전자 금융(電子金融) 電子金融 ¦ エレクトロニックバンキング。

전자기-장(電磁氣場) 명 〖물〗電磁場 ¦ 電磁界。

전자기-파(電磁氣波) 명 〖물〗電磁波。

전자-레인지(電子range) 명 〖물〗電子レンジ。

전자-론(電子論) 명 《물》電子論。

전자리-상어 명 ☞ 저자상어

전자 메일(電子mail) 명 〖컴〗電子メール。

전자 무역(e-Trade) 電子貿易。

전자-볼트(電子volt) 의 電子ボルト。

전자 상거래(電子商去來) 電子商取引。

전자-석(電磁石) 명 〖물〗電磁石。

전자-장(電磁場) 명 〖물〗電磁場。

전자 정부(電子政府) 電子政府。

전자-총(電子銃) 명 〖물〗電子銃。

전자-파(電磁波) 명 〖물〗電磁波。

전자 현미경(電子顯微鏡) 〖물〗電子顯微鏡。

전작(田作) 명 畑作。

전장¹(全長) 명 全長。

전장²(電場) 명 〖물〗電場。

전장³(戰場) 명 戦場。

전재¹(戰災) 명 戦災。

전재²(轉載) 명 転載。예 무단 ~를 금한다. 無断転載を禁ずる。

전재-하다 타 転載する。

전재-고아(戰災孤兒) 명 戦災孤児。

전재-민(戰災民) 명 戦災民。

전쟁(戰爭) 명 戦争。예 ~ 범죄 戦争犯

전쟁-하다 재 戦争する。

전쟁-놀이(戦争—) 명 戦争ごっこ。 예 늘 아군이 이기는 ~. いつも我が軍が勝つ戦争ごっこ。

전쟁-터(戦争—) 명 戦地。戦場。

전적¹(全的) 관 全的。全体的。全面的。 예 ~인 책임을 지다. 全的な責任を取る。

전적²(戦跡) 명 戦跡。 예 ~을 남기다. 戦跡を残す。

전적³(戦績) 명 戦績。

전적⁴(転籍) 명 転籍。
　전적-하다 재 転籍する。

전적-지(戦跡地) 명 戦跡地。 예 ~를 답사하다. 戦跡地を踏査する。

전전¹(前前) 명 前々。前々の前。先々。

전전²(前前) 명 戦前。

전전³(転転) 명 転々。
　전전-하다 재 転々とする。 예 직장을 구하러 ~. 職を求めて転々とする。

전전-걸식(転転乞食) 명 転々して物乞いすること。
　전전걸식-하다 転々して物乞いする。

전전긍긍(戦戦兢兢) 명 戦々恐々。

전전긍긍-하다 戦々恐々とする。 예 언제 야단맞을까 몰라 전전긍긍하고 있다. いつしかられるかと戦々恐々としている。

전전-달(前前—) 명 前々月。先々月。

전정¹(前庭) 명 前庭。❶前方の庭。❷(의) 예 ~ 기관 前庭器官。

전정²(前情) 명 旧情。

전정³(剪定) 명 (농) 剪定。

전정-가위(剪定—) 명 剪定鋏。

전제¹(前提) 명 前提。 예 ~ 조건 前提条件。 원상회복을 ~로 대여하다. 原状回復を前提に貸与する。
　전제-하다 타 前提する。

전제²(専制) 명 専制。 예 ~ 군주 専制君主。
　전제-하다 타 専制する。

전제-주의(専制主義) 명 (정) 専制主義。

전조¹(前兆) 명 前兆。兆し。 예 지진의 ~를 포착하다. 地震の前兆をつかまえる。

전조²(転調) 명 (음) 転調。=조바꿈

전조-등(前照燈) 명 前照灯。ヘッドライト。

전주¹(前奏) 명 (음) 前奏。

전주²(前週) 명 前週。先週。

전주³(電柱) 명 電柱。電信柱。

전주⁴(箋註) 명 【본문의 주해】 箋注。注釈注解。

전주⁵(錢主) 명 【국가 권력을 쥔 사람이 개인적 또는 의사에 따라 처리함】 金主。金本。貸主。スポンサー。

전주-곡(前奏曲) 명 (음) 前奏曲。プレリュード。

전주르다 (動作の合間に力を込めるため)一休みする。中休みする。 예 잠시 전줄렀다가 단숨에 잡아당기다. しばらく一休みして、一息入れに引き寄せる。

전지¹(田地) 명 田地。

전지²(全知) 명 全知。

전지³(全紙) 명 全紙。

전지⁴(剪枝) 명 剪枝。

전지⁵(電池) 명 (전) 電池。

전지⁶(戦地) 명 戦地。戦場。

전지⁷(転地) 명 転地。 예 ~ 훈련 転地訓練。~ 요양 転地療養。

전지-전능(全知全能) 명 全知全能。
　전지전능-하다 형 全知全能だ。 예 전지전능하신 하느님 全知全能の神様。

전직¹(前職) 명 前職。 예 ~ 장관 前職長官。

전직²(転職) 명 転職。
　전직-하다 재 転職する。

전진¹(前進) 명 前進。 예 ~ 기지 前進基地。
　전진-하다¹ 재 前進する。 예 부대를 전진시키다. 部隊を前進させる。

전진²(戦陣) 명 戦陣。

전진³(戦塵) 명 戦塵。

전진⁴(転進) 명 転進。
　전진-하다² 재 転進する。

전질¹(全帙) 명 丸本。完本。

전질²(転質) 명 (법) 転質する。

전집(全集) 명 全集。 예 세계 문학 ~ 世界文学全集。

전차¹(電車) 명 電車。

전차²(戦車) 명 戦車。

전차-금(前借金) 명 前借金。

전처(前妻) 명 前妻。先妻。元妻。

전처-소생(前妻所生) 명 先妻の生んだ子。

전철¹(前轍)圀 前轍ぜん。 ~을 밟다. 前轍を踏む。

전철²(電鐵)圀 電鉄でん｜電車でん。 ~의 환승 안내 電車の乗り換え案内あんない。

전철-기(轉轍機)圀【경찰 인도를 바꾸는 무기 위에 설치하는 장치】転轍機てんてつ｜ポイント。

전철-수(轉轍手)圀【경찰 인도를 바꾸는 일을 맡은 사람】転轍手てんてつ｜ポイントマン。

전체(全體)圀 全体ぜん。 ~ 집합 全体集合ごう / 회원 ~의 의견 会員かい全体の意見いけん。~를 파악하다. 全体をつかむ。

전체-성(全體性)圀 全体性ぜんたい。

전체-적(全體的)관圀 全体的ぜんたい。 ~으로 보다. 全体的に見みる。

전체-주의(全體主義)圀《사》全体主義ぜんたい。 ~ 국가 全体主義国家こっか。

전초(前哨)圀《군》前哨ぜん。

전초-전(前哨戰)圀《군》前哨戦ぜんしょう。 전국 대회의 ~ 全国大会たいかいの前哨戦。

전축(電蓄)圀 電蓄でん。

전출(轉出)圀 転出てん。
 전출-하다囼 転出てんしゅつする。

전취(戰取)圀 戦たたかい取とること。
 전취-하다囻 戦たたかい取とる。

전치(全治)圀 全治ぜん。 ~ 3주 全治3週間しゅうかん。

전치-사(前置詞)圀《언》前置詞ぜん。

전쾌(全快)圀 全快ぜん｜全治ぜん。 ~를 축하하다. 全快を祝いわう。
 전쾌-하다囼 全快ぜんかいする｜全治ぜんちする。

전토(全土)圀 全土ぜん。

전통(傳統)圀 伝統でん。 ~ 의학 伝統医学いがく / ~ 음악 伝統音楽おんがく / ~을 지키다. 伝統を守まもる。 / ~을 이어받다. 伝統を受うけ継つぐ。

전통-적(傳統的)관圀 伝統的でんとう。

전투(戰鬪)圀《군》戦闘せん。 ~ 경찰대 戦闘警察隊けいさつたい / ~를 벌이다. 戦闘を繰くり広ひろげる。=투전²
 전투-하다囼 戦闘せんとうする。

전투-기(戰鬪機)圀 戦闘機せんとう。

전투-력(戰鬪力)圀《군》戦闘力せんとう。

전투-모(戰鬪帽)圀《군》戦闘帽せんとう。

전투-원(戰鬪員)圀《군》戦闘員せんとう。

전투-함(戰鬪艦)圀《군》戦艦せん｜戦闘艦せんとう。

전파¹(傳播)圀 伝播でん。
 전파-하다囼囻 伝播でんぱする。

전파²(電波)圀《물》電波でん。

전파 탐지기(電波探知機)圀《물》電波探知機たんち｜レーダー。

전판(全判)圀《출》全判はん｜全紙ぜん。

전패¹(全敗)圀 全敗ぜん。 ~ 1차 리그 6전 ~ 1次じ リーグ6戦ぜん全敗。
 전패-하다囼 全敗ぜんぱいする。

전패²(戰敗)圀 戦敗せん。
 전패-하다囼 戦敗せんぱいする。

전편¹(全篇)圀 全編ぜん。

전편²(前篇)圀 前編ぜん。

전폐(全廢)圀 全廃ぜん。
 전폐-하다囻 全廃ぜんぱいする。

전폭(全幅)圀 全幅ぜん。

전폭-적(全幅的)관圀 全幅的ぜんぷく。 ~인 지원 全幅的な支援しえん。

전표(傳票)圀 伝票でん。 입금 ~ 入金にゅうきん伝票。

전하¹(殿下)圀【왕의 아들이나 왕족을 높여 부르는 말】殿下でんか。

전하²(電荷)圀 電荷でん｜荷電かでん｜電気量でんきりょう。

전-하다(傳─)囼囻 伝つたわる｜伝つたえる。 ~ 이 마을에 전해 내려오는 옛이야기 この村むらに伝わる昔話むかしばなし / 만나서 내 마음을 전하고 싶다. 会あって私わたしの気持きもちを伝えたい。 / 전통 공예를 후세에 ~. 伝統工芸こうげいを後のちの世よに伝える。

전학(轉學)圀 転学がく。=전교⁵
 전학-하다囼 転学がくする。 ~사립 학교로 전학시키다. 私立学校しりつがっこうへ転学させる。

전함(戰艦)圀 戦艦せん｜軍艦ぐん。

전항(前項)圀 前項ぜん。

전-해¹(前─)圀 前年ぜん。 ❶先年せん。 ❷前まえの年とし。

전해²(電解)圀《물》電解でん。

전해-동(電解銅)圀《화》電解銅でんかい。

전해-조(電解槽)圀《화》電解槽でんかいそう｜電槽でん。

전해-질(電解質)圀《화》電解質でんかい。 ~을 용매에 녹이다. 電解質を溶媒ようばいに溶とかす。

전행(專行)圀 専行せん。 ~ 독단 ~ 独断どくだん専行。

전향(轉向)圀 転向てん。 ~ 문학 転向文学ぶんがく。
 전향-하다囼 転向てんこうする。 ~ 아마추어에서 프로로 ~. アマチュアからプロに転向する。

전혀(全一)囝 全然ぜん｜全まったく｜さっぱり｜てんで｜まるっきり。 ~ 이상하지 않다. 全然変へんじゃない。 / ~ 아프지 않

다. 全然痛くない。

전형(典型)[명] 典型. 例 한국 어머니의 ~ 韓国の母の典型.

전형-적(典型的)[관][명] 典型的. 例 ~인 예를 들다. 典型的な例を上げる。

전호(前號)[명] 前号.

전화¹(電話)[명] 電話. 例 휴대 – 携帯電話/ 자동 응답 – 留守番電話/ 국제 ~ 国際電話/ ~ 번호부 電話帳/ ~를 걸다. 電話をかける。/ ~를 받지 않다. 電話に出ない。/ ~를 끊다. 電話を切る。/ ~를 들다. 電話を取る。

전화-하다[자] 電話する。例 전화해서 문의하다. 電話して問い合わせる。

전화²(戰火)[명] 戦火. ❶兵火. ❷戦争.

전화³(戰禍)[명]【전쟁으로 말미암은 피해】戦禍. 例 ~를 입다. 戦禍を被る。

전화⁴(轉化)[명]【다른 것으로 바뀜】転化.
전화-하다[자][타] 転化する。

전화 교환원(電話交換員)〈통〉電話交換手.

전화-국(電話局)[명] 電話局.

전화-기(電話機)[명] 電話機. =전화통

전화-번호(電話番號)[명] 電話番号. 例 ~를 변경하다. 電話番号を変更する。

전화-선(電話線)[명] 電話線.

전화-통(電話筒)[명] ☞전화기

전환(轉換)[명] 転換. 切り替えること。例 ~ 사채 転換社債/ ~ 주식 転換株式.
전환-하다[자][타] 転換する。切り替える。例 기분을 ~. 気分を転換する。/ 화제를 ~. 話題を転換する。

전환-기¹(轉換期)[명] 転換期. 例 생애 ~를 맞이하다. 生涯の転換期を迎える。

전환-기²(轉換器)[명] 〈전〉転換器. ❶切り替え装置. ❷スイッチ.

전환-점(轉換點)[명] 転換点.

전황(戰況)[명] 戦況. 例 ~이 불리해지다. 戦況が不利になる。

전회(前回)[명] 前回. 例 ~까지의 줄거리 前回までのあらすじ。

전횡(專橫)[명] 専横.
전횡-하다[자] 専横する。

전후¹(前後)[명] 前後. 例 삼십 ~의 여성 三十歳前後の女性/ 휴일 ~는 혼잡하다. 休日前後は混雑する。
전후-하다[타] 前後する。例 오후 3시 전후해서 도착한다고 한다. 午後三時前後して到着するそうだ。

전후²(戰後)[명] 戦後.

전후-곡절(前後曲折)[명] ☞전후사연

전후-사연(前後事緣)[명] 前後のいきさつ。=전후곡절

절¹[명]〈종〉【절】寺. 寺院. =불사(佛寺)·불찰(佛刹)

절²[명] お辞儀. 敬礼. 拝むこと. 会釈.
절-하다[자] お辞儀する。敬礼する。拝む。会釈する。例 가볍게 고개 숙여 ~. 軽く会釈する。

절³(節)[명] ❶節. 例 창세기 1장 1~ 創世記第1章1節から1節/ ~을 바꿔 이어 쓰다. 節を改めて書き継ぐ。❷志操. 節操. ❸(歌など)の番. 例 2~까지 부르다. 2番まで歌う。

절-간(一間)[명]【절】「寺」の俗っぽい語.

절감¹(切感)[명] 切実に感じること。痛感.
절감-하다[타] 痛感する。例 책임을 ~. 責任を痛感する。/ 번역의 어려움을 새삼 ~. 翻訳の難しさをあらためて痛感する。

절감²(節減)[명] 節減. 例 원가 ~을 도모하다. 原価節減を図る。
절감-하다²[명] 節減する。例 자원을 ~. 資源を節減する。

절개¹(切開)[명] 切開. 例 환부 ~ 患部の切開.
절개-하다¹[타] 切開する。例 피부 4cm를 ~. 皮膚4センチを切開する。

절개²(節槪)[명] 節操. 志操. 例 ~를 지키다. 節操を守る。

절거덕[부]【크고 단단한 물체가 맞부딪쳐 나는 소리】❶がちり(と)│がちゃり(と)│がちゃん│がちっと. 例 큰 문이 ~ 잠겼다. 大きな扉ががちゃりと閉まった。❷【끈기있는 물체가】べたっと│べったり│べったり. 例 진흙이 다리에 ~ 붙다. 泥がべたっと足に付く。 쥰 절각
절거덕-거리다[자][타] ❶がちゃがちゃとする。❷べたべたする│べたつく。=절거덕대다 ☞절컥거리다
절거덕-대다[자][타] ☞절거덕거리다

절거덕-절거덕[부] ❶がちゃがちゃ。❷べたべた。 쥰 절걱절걱

절거덩[부]【크고 단단한 쇠붙이 따위가 맞부딪쳐 나는 소리】がちり(と)│がちゃり(と)│がちゃん│がちっと.
절거덩-거리다[자][타] がちゃがちゃする。=절거덩대다

절거덩-대다〔자〕☞절거덩거리다
절거덩-절거덩〔부〕がちゃがちゃ。
절걱〔부〕☞'절거덕'의 준말.
　절걱-거리다〔자타〕☞'절거덕거리다'의 준말. =절걱대다
　절걱-대다〔자타〕☞절걱거리다
절걱-절걱〔부〕☞'절거덕절거덕'의 준말.
절경(絶景)〔명〕絶景。
절곡(絶穀)〔명〕絶食。｜斷食。
절교(絶交)〔명〕絶交。 예 ~를 선언하다. 絶交を宣言ںまた。
　절교-하다〔자〕絶交する。
절구〔명〕 예 ~에 떡을 넣고 찧다. 臼に餅を入れてつく。
절구-떡〔명〕臼で搗いた餅。
절구-질〔명〕臼搗き。
　절구질-하다〔자타〕臼搗きをする。
절구-통(一桶)〔명〕❶臼。❷ずんどう｜ビヤ樽。
절굿-공이〔명〕杵。
절규(絶叫)〔명〕絶叫。
　절규-하다〔자타〕絶叫する。
절그럭〔부〕がちゃん。
　절그럭-거리다〔자타〕がちゃがちゃする。 =절그럭대다
　절그럭-대다〔자타〕☞절그럭거리다
절그럭-절그럭〔부〕がちゃがちゃ。
절그렁〔부〕がちゃん。
　절그렁-거리다〔자타〕がちゃんがちゃんする。 =절그렁대다
　절그렁-대다〔자타〕☞절그렁거리다
절그렁-절그렁〔부〕がちゃんがちゃん。
절기(節氣)〔명〕❶節気。❷二十四節気の中で毎月の上旬にある節気。❸季節。
절꺼덕〔부〕❶がちん(と)。예 문이 ~ 잠겼다. 門がががちんと閉まった。❷べったり｜べたっと｜べっとり。 줌절꺽。
절꺽〔부〕☞'절꺼덕'의 준말.
절다¹〔자〕(野菜や・鮮魚などが塩に)漬かる。예 배추가 ~. 白菜が漬かる。
절다²〔자타〕足を引きずる。
절단(切斷)〔명〕切斷。
　절단-하다〔자타〕切斷する。
절단-기(切斷機)〔기〕切斷機。
절대(絶對)〔명〕絶對。예 ~ 안정 絶對安静／~ 빈곤 絶對貧困／~ 권력을 지니다. 絶対の権力を持つ。
절대-량(絶對量)〔명〕絶対量。

절대-로(絶對一)〔부〕絶対に。예 ~ 가지 않겠다. 絶対に行かない。
절대 습도(絶對濕度)〈물〉絶対湿度。
절대 온도(絶對溫度)〈물〉絶対温度｜ケルビン温度。
절대 음감(絶對音感)〈음〉絶対音感。예 ~은 선천적인 재능이다. 絶対音感は先天的な才能だ。
절대 음악(絶對音樂)〈음〉絶対音楽。
절대-적(絶對的)〔명〕絶対的。예 ~인 우위에 서다. 絶対的な優位に立つ。
절대-주의(絶對主義)〔명〕《미·법》絶対主義。
절대-치(絶對値)〔명〕《수》絶対値。 =절댓값
절댓-값(絶對一)〔명〕☞절대치
절도¹(絶島)〔명〕絶海の孤島。
절도²(絶倒)〔명〕絶倒。❶気絶して倒れること。❷抱腹絶倒。=포복절도
　절도-하다¹〔자〕絶倒する。
절도³(節度)〔명〕節度。예 ~ 있는 행동 節度ある振る舞い。
절도⁴(竊盜)〔명〕窃盗。예 ~를 하다. 窃盗を働く。
　절도-하다²〔자〕窃盗する。
절도-범(竊盜犯)〔명〕《법》窃盗犯。
절도-죄(竊盜罪)〔명〕《법》窃盗罪。
절뚝-거리다〔자타〕足を引きずる。예 다리를 다쳐 ~. 足を怪我して足を引きずる。=절뚝대다
절뚝-대다〔자타〕☞절뚝거리다
절뚝발-이〔명〕足の不自由な人｜足を引きずる人。
절뚝-절뚝〔부〕足を引きずるさま。
절량(絶糧)〔명〕食糧が尽きること。
절렁〔부〕ちりん(と)｜ちりりん｜りん(と)。
　절렁-거리다〔자타〕ちりんちりんと鳴り続ける。=절렁대다
　절렁-대다〔자타〕☞절렁거리다
절렁-절렁〔부〕ちりんちりん｜りんりん。
절레-절레〔부〕いやいや。예 고개를 ~ 흔들다. 首を左右に振る。
절로¹〔부〕ひとりでに｜おのずと｜おのずから。예 ~ 한숨이 새어 나오다. ひとりでに溜め息が漏れる。
절로²〔부〕あっちに｜あちらに。예 ~가 있어라. あっちに行っていなさい。
절룩-거리다〔자타〕軽く足を引きずる。

=절룩대다
절룩-대다[자타] ☞절룩거리다
절룩-절룩[부] 足を引きずるさま。
절름-거리다[자] 少し足を引きずる。
=절름대다
절름-대다[자] ☞절름거리다
절름발-이[명] ❶【한쪽 다리가 짧거나 다쳐서 절룩거리는 사람을 낮잡】足の不自由な人｜足を引きずる人。❷【짝을 이루어야 할 물건의 한쪽이 온전하지 못한 물체】片方の脚が完全でない物体。❸【사물의 조화나 균형이 잘 맞지 않음】不釣り合い｜ちぐはぐ。예 ~ 교육 행정 ちぐはぐな教育行政。
절름-절름[부] 軽く足を引きずるさま。
절리(節理)[명] 節理。예 주상 ~ 柱状節理。
절망¹(切望)[명]【간절히 바람】切望。
　절망-하다[타] 切望する。
절망²(絶望)[명]【희망이 없음】絶望。예 ~의 구렁텅이에서 헤어 나오다. 絶望のどん底から這い上がる。
　절망-하다[자] 絶望する。
절망-적(絶望的)[관] 絶望的。예 ~인 상황 絶望的な状況。
절멸(絶滅)[명] 絶滅。예 ~의 위기에 직면하다. 絶滅の危機に瀕する。
　절멸-하다[자타] 絶滅する。
절명(絶命)[명] 絶命。
　절명-하다[자] 絶命する。
절묘-하다(絶妙―)[형] 絶妙だ。예 절묘한 조화 絶妙な調和/절묘한 타이밍 絶妙なタイミング。
절무-하다(絶無―)[형] 絶無だ。
절미(節米)[명] 節米。
절박-하다(切迫―)[형] 切迫する。예 절박한 상황 切迫した状況。
절반(折半)[명] ❶折半｜半分。예 이익을 ~씩 나누다. 利益を半分ずつ分ける。❷(운)(柔道의)技あり。=일반
절버덕[부]【얕은 물 따위를 세게 부딪거나 칠 때 나는 소리】ぴちゃっ(と)｜じゃぶっ(と)。[준]절벅
　절버덕-거리다[자] ぴちゃぴちゃする。
　=절버덕대다 [준]절벅거리다
　절버덕-대다[자타] ☞절버덕거리다 [준]절벅대다
　절버덕-절버덕[부]【얕은 물 따위를 자꾸 부딪거나 칠 때 나는 소리】ぴちゃぴちゃ｜びしゃびしゃ。[준]절벅절벅
절버덩[부]【크고 묵직한 물체가 물에 떨어져 부딪칠 때 가볍게 나는 소리】ざぶん(と)｜どぼん(と)。
　절버덩-거리다[자타] ざぶんざぶんする｜どぼんどぼんする。=절버덩대다
　절버덩-대다[자타] ☞절버덩거리다
　절버덩-절버덩[부] どぶんどぶん｜どぼんどぼん。
절벅[부] '절버덕'의 준말.
　절벅-거리다[자타] ☞'절버덕거리다'의 준말.
　절벅-대다[자타] ☞'절버덕대다'의 준말.
　절벅-절벅[부] '절버덕절버덕'의 준말.
절벙[부]【얕은 물에 떨어지는 소리】どぼん(と)。
　절벙-거리다[자타] どぼんどぼんする。=절벙대다
　절벙-대다[자타] ☞절벙거리다
　절벙-절벙[부] どぼんどぼん｜どぶんどぶん。
절벽(絶壁)[명] ❶絶壁｜崖。예 ~을 기어오르다. 絶壁をよじ登る。❷【잘 알아듣지 못하는 사람의 비유】よく聞こえない耳｜聴覚の障害者。
절삭(切削)[명] 切削。예 ~ 공구 切削工具。
　절삭-하다[타] 切削する。
절상(切上)[명] 切り上げ。예 평가 ~ 評価切り上げ。
　절상-하다[타] 切り上げる。
절색(絶色)[명] 絶色。
절세(絶世)[명] 絶世。예 ~의 미인 絶世の美人。
절수(節水)[명] 節水。
절승(絶勝)[명]【경치가 비할 데 없이 빼어남】絶勝｜絶景。
절식¹(絶食)[명] 絶食｜断食。예 ~ 요법 絶食療法。
　절식-하다¹[자] 絶食する。
절식²(節食)[명] 節食。
　절식-하다²[자] 節食する。
절실-하다(切實―)[형] 切実だ。예 절실한 문제 切実な問題/절실하게 고민하다. 切実に悩む。
　절실-히[부] 切実に。예 ~ 느끼다. 切実に感じる。
절써덕[부]【살이 담긴 액체가 단단한 물체에 부딪치는 소리 모양】ぴしゃっ(と)。[준]절썩
　절써덕-거리다[자타] ぴしゃぴしゃする。
　=절써덕대다 [준]절썩거리다
　절써덕-대다[자타] ☞절써덕거리다 [준]절썩대다
　절써덕-절써덕[부] ぴしゃぴしゃ。[준]절썩절썩
절썩[부] ☞'절써덕'의 준말.
　절썩-거리다[자타] ☞'절써덕거리다'의 준말.
　절썩-대다[자타] ☞'절써덕대다'의 준말.

절썩-절썩[부] '절써덕절써덕'의 준말.
절쑥-절쑥[부]【걸음걸이 모양】ひょこひょこ(と).
절약(節約)[명] 節約$_{やく}$. 예 시간 ~ 時間$_{かん}$の節約/~ 생활 節約生活$_{かつ}$/식비 ~ 食費$_{ひ}$節約/기름값 ~ ガソリン代$_{だい}$の節約.
　절약-하다[타] 節約$_{やく}$する. 예 비용을 ~. 費用$_{よう}$を節約する.
절연(絶緣)[명] 絶緣$_{えん}$. ❶縁$_{えん}$を切$_{き}$ること. ❷《전》電氣$_{き}$や熱が通$_{つう}$じるのを斷$_{た}$つこと. 예 저항 絶緣抵抗$_{ていこう}$.
　절연-하다[자타] 絶緣$_{えん}$する.
절연-물(絶緣物)[명]《전》絶緣物$_{ぶつ}$.
절연-선(絶緣線)[명]《전》絶緣線$_{せん}$.
절연-장(絶緣狀)[명] 絶緣狀$_{じょう}$.
절연 재료(絶緣材料)《전》絶緣材料$_{ざいりょう}$ ｜ 絶緣材$_{ざい}$.
절연-체(絶緣體)[명] 絶緣體$_{たい}$ ｜ 絶緣$_{えん}$.
절음(節飮)[명]【음주】節飮$_{いん}$.
　절음-하다[자] 節飮する.
절의(節義)[명] 節義$_{ぎ}$. 예 ~를 지키다. 節義を守$_{まも}$る.
절-이다[타] 漬$_{つ}$ける. 예 배추에 소금을 뿌려 ~. 白菜$_{はくさい}$に塩$_{しお}$をふって漬ける.
절임[명] 漬$_{つ}$けること ｜ 漬物$_{もの}$ ｜ 一漬$_{ひとつ}$け. 예 무 ~ 大根漬$_{だいこんづ}$け.
절절[부] ❶【물이 끓는 모양】ぐらぐら ｜ くらくら. 예 주전자의 물이 ~ 끓다. やかんのお湯がぐらぐら煮$_{に}$え立$_{た}$つ. ❷【온도가 높이 달궈】かっか(と). 예 아랫목이 ~ 끓다. オンドルの焚口$_{たきぐち}$がかっかと熱$_{あつ}$い./열로 온몸이 ~ 끓었다. 熱$_{ねつ}$で全身$_{ぜんしん}$がかっかと火照$_{ほて}$った. ❸【땀이 흐르는 모양】だらだら ｜ ざあざあ. 예 온몸에서 땀이 ~ 흐른다. 体中$_{からだじゅう}$から汗$_{あせ}$がだらだら流$_{なが}$れている.
절절[부]【우왕좌왕하는 모양】うろちょろ ｜ うろうろ.
　절절-거리다[자] うろちょろする ｜ うろうろする. ＝절절대다
　절절-대다[자] ☞절절거리다
절절[부] ❶【여럿을 흔드는 모양】いやいや. ＝절레절레 ❷【붓이나 몸을 가볍게 흔드는 모양】ゆらゆら.
절절-하다(切切—)[형] 切々$_{せつせつ}$としている. 예 절절한 표현 切々たる表現$_{げん}$.
　절절-히[부] 切々と ｜ 切に. 예 ~ 호소하다. 切々と訴$_{うった}$える.
절정(絶頂)[명] 絶頂$_{ちょう}$. 예 인기의 ~ 人氣$_{き}$の絶頂.
절제¹(切除)[명]【의학】切除$_{じょ}$.
　절제-하다[타] 切除$_{じょ}$する. 예 궤양을 ~.

潰瘍$_{かいよう}$を切除する.
절제²(節制)[명]【한도를 넘지 않도록】節制$_{せい}$.
　절제-하다[타] 節制$_{せい}$する. 예 음식의 양을 ~. 食$_{た}$べ物の量$_{りょう}$を節制する.
절조(節操)[명] 節操$_{そう}$.
절지-동물(節肢動物)[명]《동》節足動物$_{どうぶつ}$.
절차(節次)[명] 手續$_{つづ}$き ｜ 手順$_{じゅん}$. 예 정규 ~를 밟다. 正規$_{き}$の手続きを踏$_{ふ}$む.
절차-탁마(切磋琢磨)[명]【학문·기술 등을 갈고 닦아 덕행을 닦음】切磋琢磨$_{せっさたくま}$.
절찬(絶贊)[명] 絶贊$_{さん}$. 예 ~ 판매 중 絶贊販売中$_{ばんばいちゅう}$/~을 받다. 絶贊を博$_{はく}$する.
　절찬-하다[타] 絶贊$_{さん}$する.
절창(絶唱)[명]【뛰어난 명창】絶唱$_{せっしょう}$.
절충¹(折衷)[명]【서로 다른 의견을 조화시킴】折衷$_{ちゅう}$.
　절충-하다[자타] 折衷$_{ちゅう}$する. 예 두 가지 안을 ~. 兩案$_{りょうあん}$を折衷する.
절충²(折衝)[명]【이해관계가 다른 쌍방이 담판함】折衝$_{しょう}$. 예 ~을 반복하다. 折衝を重$_{かさ}$ねる.
　절충-하다[타] 折衝$_{しょう}$する.
절충-주의(折衷主義)[명] 折衷主義$_{しゅぎ}$.
절취¹(切取·截取)[명]【잘라냄】切$_{き}$り取$_{と}$ること.
절취²(竊取)[명]【훔침】竊取$_{しゅ}$.
　절취-하다[타] 竊取$_{しゅ}$する. 예 남의 재물을 ~. 他人$_{たにん}$の財物$_{ぶつ}$を竊取する.
절취-선(截取線)[명] 切$_{き}$り取$_{と}$り線$_{せん}$.
절치(切齒)[명] 切齒$_{し}$ ｜ (悔$_{くや}$しくて)歯軋$_{はぎし}$りすること.
　절치-하다[자] 切齒$_{し}$する.
절치-부심(切齒腐心)[명]【이를 갈며 속을 태움】切齒腐心$_{せっしふしん}$.
절친-하다(切親—)[형] 極$_{きわ}$めて親$_{した}$しい ｜ 親密$_{しんみつ}$だ.
　절친-히[부] 親密$_{みつ}$に ｜ 親$_{した}$しく.
절커덕[부] ❶【크고 단단한 물체가 맞닿을 때 나는 소리 모양】かちゃん(と). 예 ~ 대문이 열렸다. がちゃんと門$_{もん}$が開$_{あ}$いた. ❷【끈기 있는 물건이 세차게 들러붙는 소리 모양】べたっ ｜ べったり.
　절커덕-거리다[자타] ❶かちゃかちゃとする. ❷べたべたする ｜ べたつく. ＝절커덕대다
　절커덕-대다[자타] ☞절커덕거리다
절커덕-절커덕 ❶かちゃかちゃ. ❷べたべた.
절커덩[부]【크고 단단한 물체가 세게 부딪칠 때 나는 소리 모양】かちゃん(と).
　절커덩-거리다[자타] かちゃんかちゃんする. ＝절커덩대다
　절커덩-대다[자타] ☞절커덩거리다
절커덩-절커덩[부] かちゃんかちゃん.
절-터[명] 寺$_{てら}$の敷地$_{しきち}$ ｜ 寺のあった跡$_{あと}$.

절통(切痛)몡 非常に恨み深く悔しいこと。
절통-하다혱 非常に恨み深く悔しい。
절판(絶版)몡 絶版。
절판-하다자타 絶版する。
절편¹【절떡·놀이 함편】몡 チョルピョン。円形・方形の花模様などを押した白米の白餅。예 ~은 떡살 무늬 보는 재미로 먹는다。チョルピョンは餅の模様を見て楽しみながら食べる。
절편²(切片)몡《생》切片。
절품¹(切品)몡 品切れ。
절품-하다자 品切れになる。
절품²(絶品)몡 絶品｜逸品。
절필(絶筆)몡 絶筆。
절필-하다자 絶筆する。
절하(切下)몡 切り下げ。예 평가 ~ 平価切り下げ。
절하-하다타 切り下げる。
절해-고도(絶海孤島)몡 絶海孤島｜絶島。
절호(絶好)몡 絶好。예 ~의 기회 絶好のチャンス。
절호-하다혱 絶好である。
절후(節候)몡 節気。＝절기
젊다혱 若い。예 젊은 인재 若い人材／10년은 젊어 보인다。10年は若く見える。／젊어서 남편을 잃다。若くして夫に先立たれる。
젊은-것몡【젊은이】若僧。
젊은-이몡 ❶血気盛んな人。❷(年が)若い人｜若者｜若人｜若手。예 ~와 늙은이 若者と年寄り。
젊음몡 若さ。예 당신의 ~의 비결은 무엇입니까? あなたの若さの秘訣は何ですか。／~을 유지하는 비법이 있다。若さを保つ裏技がある。
점¹(占)몡 占い｜卜筮｜易。예 ~을 보다。占いを見る。
점²(點) Ⅰ 몡 ❶点。예 종이에 작은 ~을 찍다。紙に小さな点を打つ。／~과 ~을 이어 줄을 긋다。点と点を繋いで線を引く。｜丸を다 쓰고 ~을 찍다。句読点｜読点｜ピリオド。예 문장을 다 쓰고 ~을 찍다。文章を全部書いてピリオドを打った。／문장이 너무 기니까 중간에 ~을 찍어라。文章が長すぎるので、中間に読点を打ちなさい。❸【사마귀·점은 털점】ホクロ｜痣｜染み。예 볼에 큰 ~이 하나 있다。頬に大きなホクロが一つある。／얼굴에 ~이 너무 많아서 빼고 싶다。顔にあざがたくさんあるので取りたい。❹小数点。예 1.3에서 ~ 이하를 버리면 1이 된다。1.3から小数点以下を切り捨てると1となる。❺【부분·대목】点｜所。예 나쁜 ~이 한 가지 있다。悪い点が一つある。／배울 ~이 많은 선배이다。習うところの多い先輩だ。／나쁜 ~만 지적하지 마세요。悪いところばかり指摘しないでください。
Ⅱ의 ❶【점수】点｜点数｜得点。예 백 ~을 맞다。100点を取る。／그는 혼자서 3~이나 득점했다。彼は一人で3点も入れた。❷【그림·물건】点。예 그림 한 ~을 사다。絵を1点買う。／의류 열 ~을 기부하다。衣類を10点を寄付する。❸【아주 조금】ひとつ。예 구름 한 ~ 없는 맑은 하늘 雲一つないの晴れた空／고기를 한 ~도 먹지 못했다。肉をひとつも食べられなかった。
-점³(店)접 -店｜-屋。예 음식점 飲食店／백화점 百貨店。
점거(占據)몡 占拠。예 불법 ~ 不法占拠。
점거-하다타 占拠する。
점검(點檢)몡 点検。
점검-하다타 点検する。예 엔진을 ~。エンジンを点検する。
점괘(占卦)몡 (占いの)卦。예 좋은 ~가 나오다。よい卦が出る。＝괘
점-내기(點一)몡《운》碁の勝敗により一目ずつ置かせること。
점두(店頭)몡 店頭｜店先。예 세일 품목은 ~에 진열한다。セール品目は店頭に並べる。
점-둥이(點一)몡 ☞점박이❶
점령(占領)몡 占領。
점령-하다자타 占領する｜落とす｜乗っ取る。예 진지를 ~。陣地を落とす。
점막(粘膜)몡《의》粘膜。예 위의 ~을 보호하다。胃の粘膜を保護する。
점멸(點滅)몡 点滅。
점멸-하다자 点滅する。
점묘-법(點描法)몡 点描法。
점-박이(點一)몡 ❶(顔·体に)大きなあざやほくろのある人｜獣。＝점둥이 ❷後ろから指さされて非難される人。
점방(店房)몡 店｜商店｜店舗。

점벙[부]【큰 물체가 물에 깊이 잠기거나 잠길 때의 소리를 나타냄】 どぶん(と)｜どぶん(と)｜じゃぶん(と)｜ざぶん(と)｜ざぶん(と)｜ぼっちゃん(と).

점벙-거리다[자][타] しきりにどぶんどぶんする｜しきりにざぶんざぶんする.
=점벙대다

점벙-대다[자][타] ☞점벙거리다

점벙-점벙[부] どぶんどぶん｜どぶんどぶん.

점선(點線)[명] 点線せん. 예 ~을 긋다. 点線を引く.

점성-술(占星術)[명] 占星術せんせいじゅつ.

점수(點數)[명] 点数すう. 예 ~를 따다. 点数を取とる. / ~를 매기다. 点数をつける. / ~가 짜다. 点数が辛からい.

점술(占術)[명] 占術じゅつ｜卜占ぼくせん｜占うらない.

점-쉼표(點一標)[명]《음》付点休符ふてんきゅうふ.

점심(點心)[명] 昼食ちゅうしょく｜昼飯ばん｜ちゅうじき. 예 ~ 시간 昼休やすみ / ~을 거르고 연습하다. 昼飯を抜ぬいて練習れんしゅうする.

점심-나절(點心一)[명] 昼食ちゅうしょくを食たべるまでの半日はんにち.

점심-때(點心一)[명] 昼食時ちゅうしょく｜昼ひるごろ｜昼時どき｜昼休やすみ. 예 ~쯤 만나서 점심 식사를 같이하자. 昼休みに会あって、いっしょに昼ご飯はんを食たべよう.

점심-밥(點心一)[명] 昼飯ばん｜昼食ちゅうしょく. 예 ~은 간단히 먹어라. 昼食は簡単かんたんに済ませなさい.

점안(點眼)[명] 点眼がん.

점안-제(點眼劑)[명]《약》点眼剤がんざい.

점액(粘液)[명] 粘液えき.

점용(占用)[명] 占用せんよう｜占拠せんきょして使つかうこと. 예 도로의 무단 ~ 道路どうろの無断むだん占用.

점용-하다[타] 占用せんようする.

점원(店員)[명] 店員いん.

점유(占有)[명] 占有ゆう.

점유-하다[타] 占有ゆうする. 예 주택을 점유하고 시위하다. 住宅じゅうたくを占有してデモする.

점유-물(占有物)[명]《법》占有物ぶつ.

점-음표(點音標)[명]《음》付点音符ふてんおんぷ.

점이(漸移)[명] 漸移い｜次第しだいに移うつっていくこと. 예 ~ 지대 漸移地帯ちたい.

점입-가경(漸入佳境)[명] だんだん興味きょうみ深ふかくなること.

점자(點字)[명] 点字じ. 예 ~ 도서관 点字図書館としょかん / ~ 그림책 点字絵本えほん.

점잔[명] 上品じょうひんで重厚じゅうこうな物腰ものごし｜(言行ごうが)重々おもおもしく上品な態度たいど. 예 ~을 부리다. しきりに上品な態度をとる. / ~을 피우다. いやに上品を気取きどる. / ~을 떨다. 上品を装よそおう.

점잖다[형] ❶【언행이나 태도 따위가】 温厚おんこうだ｜物静ものしずかだ｜おとなしい. 예 아이를 점잖게 타이르다. 子供こどもにおとなしく言いい聞きかせる. / 노인은 점잖게 말을 하기 시작했다. 老人ろうじんは物静かに話はなし始はじめた. ❷【모습이나 취향이】 品格ひんかくがある｜上品じょうひんだ｜地味じみだ. 예 점잖은 집안의 장남이다. 上品な家の長男ちょうなんだ. / 사장님은 웃을 때도 점잖게 웃는다. 社長しゃちょうは笑わらう時ときも上品に笑う. / 치마 무늬가 ~. スカートの柄がらが地味だ.

점잖-이[부] おとなしく｜上品じょうひんに｜大様おおように｜もの柔やわらかく.

점재(點在)[명] 点在ざい｜散在さんざい.

점-쟁이(占一)[명] 易者えきしゃ｜占師うらないし｜八卦見はっけみ. 예 ~에게 사주 적은 종이를 내밀다. 占師に生うまれた年とし、月つき、日ひ、時ときの四本しほんの柱はしらを書かいた紙かみを差さし出だす.

점점(漸漸)[부] だんだん｜次第しだいに｜ますます｜いよいよ｜徐々じょじょに. 예 ~ 밝아지다. だんだん明あかるくなる. / ~ 추워지다. 次第に寒さむくなる. / ~ 날씨가 나빠지다. ますます天候てんこうが悪わるくなる.

점점-이(點點一)[부] 点々てんてんと. 예 발자국이 ~ 찍혀 있다. 足跡あしあとが点々と付ついている.

점주(店主)[명] 店主しゅ.

점증(漸增)[명] 漸増ぞう.

점증-하다 漸増ぞうする. 예 교통사고가 ~. 交通事故こうつうじこが漸増する.

점지[명] ❶(神仏しんぶつが子供こどもを)授さずけること｜申もうし子ごを授けること. ❷【앞일을】 何なにかが起おこることを予あらかじめ示しめしてくれること.

점지-하다[타] ❶神仏しんぶつが子供こどもを授さずけてくれる. 예 관음보살이 점지해 준 아이 観音菩薩かんのんぼさつが授けてくださった子. ❷【앞일을】 何なにかが起おこることを予あらかじめ示しめしてくれる. 예 하늘이 점지해 준 배필 天てんが示してくれた配偶者はいぐうしゃ.

점진(漸進)[명] 漸進しん.

점진-하다[자] 漸進しんする.

점진-적(漸進的)[관] 漸進ぜんしんの. 예 ~인 개방 漸進的な開放かいほう.

점-찍다(點一)[타] 目めをつける｜目星めぼしを

つける。

점차(漸次)퇴 だんだん｜次第に｜徐々に。예공부가 ~ 어려워지다. 勉強がだんだん難しくなる。

점착(粘着)명 粘着。
　점착-하다자 粘着する。

점착-제(粘着劑)명 粘着剤。

점철(點綴)명 点綴・てん・てん。
　점철-하다자 点綴する。

점체(粘體)명 粘体。

점-치다(占—)타 占う｜トする。예트럼프로 ~. トランプで占う。/ 미래를 ~. 未来をトする。

점토(粘土)명 粘土。예~를 발로 이겨 공기를 빼다. 粘土を足で練り、空気をぬく。

점토-질(粘土質)명 粘土質。

점파(點播)명 〈농〉点播。
　점파-하다타 点播する。

점파-기(點播機)명 〈농〉点播機。

점퍼(jumper)명 ジャンパー。=잠바

점포(店鋪)명 店舗。

점프(jump)명 ジャンプ。예~ 경기 ジャンプ競技。

점-하다(占—)타 占める。예농가가 다수를 ~. 農家が多数を占める。

점화(點火)명 点火。예~ 장치 点火装置。

점획(點畫)명 点画。

접¹의 (果物・野菜などの)100個を指す単位。예마늘 한 ~ 大蒜100個 / 감을 ―으로 사들이다. 柿を100個単位で仕入れる。

접²(接)명 《식》接ぎ木。예~을 붙이다. 接ぎ木をする。

접객(接客)명 接客。
　접객-하다자 接客する。

접견(接見)명 接見。예변호인 ~ 弁護人接見。
　접견-하다자타 接見する。예외국 대사를 ~. 外国大使を接見する。

접경(接境)명 相接する境界。예~ 지대 相接する地帯。
　접경-하다자 相接している。

접골(接骨)명 接骨。
　접골-하다타 接骨する。

접근(接近)명 接近。예~ 금지 接近禁止。
　접근-하다자 接近する｜近づく｜近寄る｜寄る。예태풍이 ~. 台風が接近する。

접근-성(接近性)명 接近性。

접다타 ❶ 【접함】 (布・紙などを)折る｜折り畳む。예색종이로 종이비행기를 ~. 色紙で紙飛行機を折る。/ 행주를 빨아 ~. ふきんを洗って畳む。❷ 【펴짐】 (開いてある物を元通りに)畳む｜もどす。예우산을 ~. 傘を畳む。/ 의자를 접어 두다. 椅子をもどしておく。❸ 【경견・겸손】 (意見・主張などを)控えめにする｜ひっこめる。예내 의견을 접고 친구의 주장에 따르기로 했다. 私の意見はひっこめて友達の主張に従うことにした。❹ 【양해・용서】 (人の誤りや欠点などを)理解する。예누구나 단점은 있으니까 접어 두자고. 誰にも欠点はあるものだから理解しておこうよ。❺ 【무시・묵살】 (人の言葉を)聞き捨てる。예그가 하는 말은 허풍이 많아서 반은 접어 듣는다. 彼の言うことはでたらめが多いので、半分は聞き捨てる。

접대(接待)명 接待。
　접대-하다타 接待する。예거래처 사람을 ~. 取引先の人を接待する。

접대-비(接待費)명 接待費。

접두-사(接頭辭)명 〈언〉接頭辞｜接頭語。

접때명 この前｜この間｜先日。

접목(椄木)명 ☞접붙이기

접미-사(接尾辭)명 〈언〉接尾辞｜接尾語。

접붙이-기(椄—)명 〈농〉接ぎ木｜接ぎ穂。예배나무의 ~를 하다. ナシの接ぎ木をする。=접목

접사(接辭)명 〈언〉接辞。

접선(接線)명 〈수〉接線。예~의 기울기는 0이다. 接線の勾配は0である。

접속(接續)명 接続。예인터넷 ~ インターネット接続 / ~ 조사 接続助詞 / ~ 부사 接続副詞 / ~ 수역 接続水域。
　접속-하다자타 接続する。

접속-사(接續詞)명 〈언〉接続詞。

접수(接受)명 受付。예~ 창구 受付窓口 / ~ 마감일 受付締切りの日。
　접수-하다타 受け付ける。예반품을 ~. 返品を受け付ける。

접수-처(接受處)명 受付｜受付場所。

접시명 皿。예~ 닦기 皿洗い / 샐러드 두 ~를 먹어 치우다. サラダ二皿をたいらげる。

접시-꽃(명)《식》立葵ᅟᅡᆮち。 예~은 시골에서는 흔히 볼 수 있다. タチアオイは田舎ではよく見られる。

접안-렌즈(接眼lens)(명)《물》接眼レンズ。

접어-놓다(타)[신청에 한다] さておく。 예일본 제일인지 어떤지는 접어놓더라도 정말 훌륭한 건물이다. 日本一かどうかはさておいて、結構立派な建物だ。

접어-들다(자) さしかかる｜近づく｜迫る｜入る。 예사춘기에 ~. 思春期にさしかかる。

접어-주다(타) ❶大目に見てやる｜寛大に処置する。 ❷(囲碁などで)ハンデを与える。 예두 점 접어주는 바둑 二目の置き碁。

접영(蝶泳)(명)《운》[점하여 헤엄친다] バタフライ。

접-의자(摺椅子)(명) 折り畳み椅子。

접-자(摺一)(명) 折り尺。

접잠(蝶簪)(명) 나비잠。

접전-하다(接戰)(명) 接戰。 예~을 펼치다. 接戰を繰り広げる。/ ~ 끝에 이기다. 接戰の末勝つ。

접전-하다 接戰する。

접점(接點)(명)《수》接点。

접종(接種)(명)《의》接種。 예예방 ~ 予防接種。

접종-하다(자타) 接種する。

접지¹(接地)(명) アース｜接地。

접지²(摺紙)(명) ❶紙を折ること｜折り紙。 ❷《출》(製本する時)印刷した紙を折ること。

접지-하다(자타) 紙を折る。

접지-선(接地線)(명)《전》アース｜接地線｜接地。

접-질리다(자) (関節などを)くじく｜捻挫する｜筋違いする。 예발목을 접질려 당분간 걸을 수가 없다. 足首を捻挫して当分歩けない。

접착(接着)(명) 接着。 예~ 테이프 接着テープ。

접착-하다(자타) 接着する。 예풀로 ~. 糊で接着する。

접착-제(接着劑)(명) 接着剤。

접책(摺册)(명) 折り本。

접촉(接觸)(명) 接触。 예~ 사고 接触事故。/ ~ 감염 接触感染。/ ~ 반응 接触反応。

접촉-하다(자타) 接触する。 예접촉할 기회를 찾다. 接触する機会を探す。

접-칼(摺一)(명) 折りたたみナイフ。

접-톱(摺一)(명) 折りたたみ鋸。

접-하다(接一)(명)(자타) 接する。 ❶[소식·명령] (知らせ·命令などを)聞く｜受ける。 예사고 소식을 ~. 事故の知らせを受ける。/ 뉴스 보도를 접하고 경악을 금치 못했다. ニュースの報道を聞いて驚愕を抑えることができなかった。 ❷【神通力】神通力を持つ。 예신을 접한 뒤 무당이 되다. 神に接した後で、巫女となる。 ❸【인접하】連なっている｜すぐそばにある。 예파출소에 접해 있는 소방서 交番のすぐそばにある消防署。/ 삼면이 바다에 접해 있다. 三面が海に接している。 ❹【교제】近くに付き合う。 예자연과 ~. 自然と接する。/ 다른 분야의 사람을 접할 기회가 많다. 他の分野の人と付き合う機会が多い。 ❺【만나】当たる｜出会う｜ぶつかる。 예어려운 문제에 ~. 困難な問題にぶつかる。

접합(接合)(명) 接合。

접합-하다(자타) 接合する。

접-히다(자)[점하다의 피동] ❶折られる｜畳まれる｜折り畳まれる。 예접힌 종이를 펴다. 折られた紙をのばす。 ❷大目に見てもらう。 ❸(囲碁などで)ごみだしを与えられる。

젓(명) 塩辛。 예오징어 ~ いかの塩辛。

젓-가락(명) 箸。 예~을 잡다. 箸を取る。/ ~을 대다. 箸をつける。 =저¹ ☞젓갈²

젓가락-질(명) 箸使い。 예~이 서투르다. 箸使いが苦手だ。

젓-갈¹(명) 塩辛。 예흰밥에 ~을 얹어 먹다. 白ご飯に塩からをのせて食べる。

젓-갈²(명)【젓가락】箸。

젓-국(명) 塩辛の汁。

젓다(타) ❶かき混ぜる｜かき回す。 예설탕을 넣고 저어서 마시다. 砂糖を入れてかき回して飲む。 ❷(櫓などを)漕ぐ。 예노를 ~. 櫓をこぐ。 ❸振る。 예고개를 ~. 首を振る。/ 팔을 힘차게 저으며 걷다. 腕を力一杯振って歩く。

젓-조기(명) 塩辛漬けに漬け込んだ石持ち。

정¹(명)[돌을 쪼는 연장] 石切りのみ｜石のみ。

정²(부) 本当に｜本気で｜まことに。 예~ 싫으면 그만두면 돼. 本当に嫌だったら辞めればいい。

정³(丁)《민》[넷째 천간] 丁。

정⁴(情)(명) 情。 ❶感じて起きる心

の動き｜思いやり。 예연민의 ～ 憐憫の情/～에 호소하다. 情にうたれる。/～에 약하다. 情にもろい。/～이 많다. 情に厚い。/오는 ～이 있어야 가는 ～이 있다. 魚心あれば水心。 ❷ 恋情。예~이 깊다. 情が濃い。/～를 통하다. 情を通ずる。

-정⁵(整)접【금액뒤】―也。예일금 300만 원 정 一金さん300万まんびゃく ウォン也。

-정⁶(錠)접【알약뒤】―錠。예당의정 糖衣錠。

정가¹(正價)명【판매뒤】正価。예 ～ 판매 正価販売。

정가²(定價)명【상품뒤】定価。예~의 30퍼센트 할인 定価の三割引。

정각¹(正刻)명 ちょうどその時刻｜きっかりその時刻。예 ～ 12시 ちょうど12時。

정각²(定刻)명 定刻｜定時。예~에 도착하다. 定刻に到着する。

정각 도법(正角圖法) 〈수〉正角図法｜同角図法。

정간(停刊)명 停刊。
  정간-하다 停刊する。예정간된 잡지 停刊になった雑誌。

정갈-스럽다형 こざっぱりしている｜小ぎれいだ｜清潔だ。
  정갈스레부 こざっぱりと｜小ぎれいに｜清潔に。

정갈-하다형 こざっぱりしている｜小ぎれいだ｜清潔だ。예정갈한 옷차림 こざっぱりとした身なり。
  정갈-히부 こざっぱりと｜小ぎれいに｜清潔に。

정감(情感)명 情感。예~이 풍부한 표현 情感の豊かな表現。

정강(政綱)명 政綱。

정강-다리명 ☞정강이

정강이명 脛｜向こう脛｜むかはぎ。=정강다리

정강이-뼈명 ☞경골

정거(停車)명 停車。
  정거-하다자타 停車する。

정거 도법(正距圖法)【정거도뒤】正距図法。

정거-장(停車場)명 停車場。

정견(政見)명 政見。예 ～ 발표 政見発表。

정결-하다(精潔―)형 浄潔だ｜清らかだ。예정결한 사랑 清らかな愛。
  정결-히부 浄潔に｜清らかに。

정-겹다(情―)형 情愛深い｜情が溢れる。

정경¹(政經)명 政経。

정경²(情景)명 情景。예눈물겨운 ～ 涙ぐましい情景。

정계(政界)명 政界。예~를 떠나다. 政界を去る。

정곡(正鵠)명 正鵠。예~을 찌르다. 正鵠を射る。

정공(精工)명 精工。

정공-법(正攻法)명 正攻法。

정관¹(定款)명〈법〉定款。

정관²(精管)명〈동〉精管。

정-관사(定冠詞)명《언》定冠詞。

정교¹(正敎)명 ❶ 正教会。예東方正教会。 ❷ 正しい宗教。

정교²(情交)명 情交。
  정교-하다자 情交する。

정-교사(正敎師)명〈교〉正教員。

정교-하다(精巧―)형 精巧だ。예정교한 부품 精巧な部品。
  정교-히부 精巧に。

정구(庭球)명《운》庭球｜テニス。

정국(政局)명 政局。예혼돈스러운 ～ 混沌とした政局/～을 주시하다. 政局を見つめる。

정권(政權)명 政権。예혁명 ～ 革命政権/～을 잡다. 政権を握る。

정규(正規)명 正規。예 ～ 교육 正規の教育。

정규-군(正規軍)명〈군〉正規軍。

정근(精勤)명 精勤。예 ～ 수당 精勤手当。

정글(jungle)명 ジャングル｜密林。

정글-짐(jungle gym)명 ジャングルジム｜ジャングル。

정금(正金)명 ❶ 正金。 ❷〈경〉純金。

정기¹(正氣)명 正気。예민족 ～ 民族の正気。

정기²(定期)명 定期。예 ～ 승차권 定期乗車券/～ 적금 定期積み立て金。

정기³(精氣)명 精気。

정기 간행물(定期刊行物)《출》定期刊行物。

정기-권(定期券)명 定期券。

정기-물(定期物)명 定期物。

정기-선(定期船)명 定期船。

정기-적(定期的)관명 定期的。예~으로 모이다. 定期的に集まる。

정나미(情―)명 愛着｜愛想。예~가

떨어지다. 愛想が尽きる。

정-남방(正南方)[명] 正南 ¦ 真南。

정낭(精嚢)[명] 《의》精嚢。

정녀(貞女)[명] ❶ 生娘 ¦ 処女。❷ 貞女 ¦ 貞婦。❸ (圓仏教で)一生結婚しない女性の教役者。

정년(停年)[명] 定年 ¦ 停年。[예] ~ 퇴직 定年退職。

정념(情念)[명] 情念。

정녕(丁寧)[부] 間違いなく ¦ 本当に ¦ 必ず ¦ きっと。

정녕-코(丁寧)[부] 【정녕의 힘줌말】 間違いなく ¦ 本当に ¦ 必ずしも。

정-다각형(正多角形)[명] 正多角形 ¦ 正多辺形。[예] ~의 작도 正多角形の作図。

정-다면체(正多面體)[명] 正多面体。

정담1(政談)[명] 政談。

정담2(情談)[명] ❶ 情話。[예] ~으로 밤을 새우다. 情話で夜を明かす。❷ 打ち明け話。

정답(正答)[명] 正解 ¦ 正答。[예] 문제의 ~을 맞추다. 問題に正解する。

정-답다(情—)[형] 睦まじい ¦ 仲がよい ¦ 情愛深い ¦ 温かい。[예] 그는 언제 봐도 정다운 얼굴로 웃고 있다. 彼はいつ見ても温かい顔で笑っている。/ 정다운 친구가 되다. 仲の良い友だちになる。/ 남녀가 정답게 이야기하다. 男女が仲睦まじく話す。

정다이[부] 睦まじく ¦ 仲よく ¦ 情愛深く ¦ 温かく。

정당(政黨)[명] 《정》政党 ¦ 党。[예] ~ 정치 政党政治。

정당-방위(正當防衛)[명] 《법》正当防衛。

정당-하다(正當—)[형] 正当だ。[예] 정당한 주장 正当な主張。

정당-히[부] 正当に。

정당-화(正當化)[명] 正当化。

정당화-하다[자][타] 正当化する。[예] 자신의 행동을 ~. 自分の行動を正当化する。

정도1(正道)[명] 【올바른 길, 정당한 도리】 正道 ¦ 正路。[예] ~를 걷다. 正道を歩む。=정로

정도2(程度)[명] 程度 ¦ 程 ¦ くらい。[예] 어느 ~는 알고 있다. ある程度は知っている。/ 사원을 2명 ~ 채용하다. 社員を2名程度採用する。/ 장난에도 ~가 있다. いたずらにも程がある。/ 밥 ~는 할 수 있어요. ご飯くらい炊けるよ。/ 10분 ~ 가면 역에 도착한다. 10分くらい行くと駅につく。

정도3(精度)[명] 【정밀도】 精度。

정독(精讀)[명] 精読。

정독-하다[타] 精読する。

정돈1(停頓)[명] 停頓 ¦ 行き詰まり。

정돈-하다1[자] 停頓する。

정돈2(整頓)[명] 整頓。[예] 정리 ~ 整理整頓。

정돈-하다2[타] 整頓する ¦ 片付ける ¦ 整える。

정동(正東)[명] 正東 ¦ 真東。=정동방

정-동방(正東方)[명] 真東 ¦ 正東。=정동

정-들다(情—)[자] なじむ ¦ 親しくなる。[예] 어릴 때부터 정든 맛 小さい頃から慣れ親しんだ味 / 정든 학교 慣れ親しんだ学校。

정-떨어지다(情—)[자] 愛想が尽きる。

정략(政略)[명] 政略。

정략-결혼(政略結婚)[명] 政略結婚。

정량(定量)[명] 定量。[예] ~ 분석 定量分析。

정력(精力)[명] 精力。

정력-가(精力家)[명] 精力家。

정력-적(精力的)[관][명] 精力的。

정력-제(精力劑)[명] 精力剤。

정련1(精練)[명] 【잘 연습함, 섬유의 불순물을 걸러 없앰】 精練。

정련-하다1[타] 精練する。

정련2(精鍊)[명] 【잘 단련함, 광석 등에서 금속을 뽑아 정제함】 精錬 ¦ 冶金。

정련-하다2[타] 精錬する。

정렬(整列)[명] 整列。

정렬-하다[자] 整列する。

정령(精靈)[명] 精霊。[예] ~ 숭배 精霊崇拝。

정례(定例)[명] 定例。[예] ~ 회의 定例会議。

정로(正路)[명] ☞정도1

정론1(正論)[명] 【정당한 논리】 正論。

정론2(定論)[명] 【결론에 도달하여 확정된 논리】 定論 ¦ 定説。[예] ~을 뒤엎다. 定論を覆す。

정론3(政論)[명] 【정치 관련 의견·주장】 政論。

정류1(停留)[명] 停留。

정류-하다[자][타] 停留する ¦ 止まる。

정류2(整流)[명] 整流。[예] ~ 회로 整流回路。

정류-관(整流管)[명] 《전》整流管。

정류-기(整流器)[명] 《전》整流器。

정류-소(停留所)[명] 停留所 ¦ 停留

場{ていりゅう}じょう。=정류장

정류-장(停留場)명 ☞정류소
정률(定律)명 定律{ていりつ}。
정리¹(定理)명 《수》定理{ていり}。 예피타고라스의 ~ ピタゴラスの定理。
정리²(情理)명 情理{じょうり} ¦ 人情{にんじょう}と道理{どうり}。 예~를 다하다. 情理を尽くす。
정리³(整理)명 整理{せいり}。 예인원 ~ 人員整理/ 회사 ~ 会社{かいしゃ}が整理/ 유품 ~ 遺品{いひん}整理/ 구획 ~ 区画{くかく}整理/ 채무 ~ 債務{さいむ}整理/ 정돈 整理整頓{せいとん}。
  정리-하다(타) 整理{せいり}する。 예서랍을 ~. 引き出しを整理する。/ 사진을 ~. 写真{しゃしん}を整理する。/ 자료를 정리하는 순서를 설명하다. 資料{しりょう}を整理する手順{てじゅん}を説明{せつめい}する。
정리 운동(整理運動) 整理運動{せいりうんどう} ¦ ウォーミングダウン。 예운동을 마친 뒤에 ~으로 몸을 풀다. 運動を終えた後{あと}に整理運動で体{からだ}をほぐす。
정-말(正一) I 명 本当{ほんとう} ¦ ほんと。 예지금 이 이야기는 ~이다. 今{いま}の話{はなし}は本当だ。 Ⅱ 부 本当に{ほんとうに} ¦ まことに ¦ ほんとに。
정말-로(正一) 부 本当に{ほんとうに} ¦ まことに ¦ ほんとに。 예~ 기쁘다. 本当にうれしい。
정맥(静脈)명 《의》静脈{じょうみゃく}。 예~ 주사 静脈注射{ちゅうしゃ}。
정맥-류(静脈瘤)명 《의》静脈瘤{じょうみゃくりゅう}。
정면(正面)명 正面{しょうめん}。 예~ 공격 正面攻撃{こうげき}/ ~에 강이 보인다. 正面に川{かわ}が見{み}える。
정면-충돌(正面衝突)명 正面衝突{しょうめんしょうとつ}。
정모(正帽)명 正帽{せいぼう}。
정묘-하다(精妙一)【~하여】 精妙{せいみょう}だ。
  정묘-히 부 精妙{せいみょう}に。
정무(政務)명 政務{せいむ}。 예~ 차관 政務次官{じかん}/ ~를 보다. 政務を執{と}る。
정문¹(正門)명 正門{せいもん} ¦ 表門{おもてもん}。
정문²(頂門)명 ☞정수리
정물(静物)명 静物{せいぶつ}。
정물-화(静物畵)명 《미》静物画{せいぶつが} ¦ 静物{せいぶつ}。
정미(精米)명 精米{せいまい}。
  정미-하다(자) 精米{せいまい}する。
정미-소(精米所)명 精米所{せいまいじょ}。
정밀(精密)명 精密{せいみつ}。
  정밀-하다(형) 精密{せいみつ}だ。 예정밀하게 검사하다. 精密に検査{けんさ}する。
정밀 기계(精密機械) 《공》精密機械{せいみつきかい}。
정밀-도(精密度)명 精度{せいど}。

정박(碇泊・淳泊)명 停泊{ていはく} ¦ ふながかり。
  정박-하다(자) 停泊{ていはく}する。
정박-등(碇泊燈)명 停泊灯{ていはくとう}。
정-반대(正反對)명 正反対{せいはんたい}。 예~의 성격 正反対の性格{せいかく}/ ~의 말을 하다. 正反対のことを言う。
정방-형(正方形)명 《수》正方形{せいほうけい}。=정사각형
정배(定配)명 《역》流刑{るけい} ¦ 流罪{るざい}。
  정배-하다(자) 流刑{るけい}する。
정백(精白)명 精白{せいはく}。
정백-미(精白米)명 精白米{せいはくまい} ¦ 精米{せいまい}。
정벌(征伐)명 征伐{せいばつ}。
  정벌-하다(타) 征伐{せいばつ}する。
정변(政變)명 政変{せいへん}。 예~을 일으키다. 政変を起こす。
정병(精兵)명 《군》精兵{せいへい}。
정보¹(町步)의 《단위》町步{ちょうぶ}。
정보²(情報)명 情報{じょうほう}。 예~ 기술 情報技術{ぎじゅつ}/ ~ 산업 情報産業{さんぎょう}/ ~ 처리 情報処理{しょり}/ ~ 통신 情報通信{つうしん}。
정보-망(情報網)명 情報網{じょうほうもう}。
정보-원(情報源)명 情報源{じょうほうげん} ¦ ニュースソース。
정보화 사회(情報化社會) 《사》情報化{じょうほうか}社会{しゃかい}。
정복¹(正服)명 ❶(儀式{ぎしき}などに着{き}る)正服{せいふく}。 ❷制服{せいふく}。
정복²(征服)명 征服{せいふく}。 예~ 왕조 征服王朝{おうちょう}。
  정복-하다(타) 征服{せいふく}する。 예이웃 나라를 ~. 隣国{りんごく}を征服する。
정본¹(正本)명 正本{せいほん・しょうほん} ¦ 原本{げんぽん}。
정본²(定本)명 定本{ていほん}。
정부¹(正否)명 【~를】 正否{せいひ}。
정부²(正副)명 【~를】 正副{せいふく}。
정부³(政府)명 《법》政府{せいふ}。
정부⁴(貞婦)명 【정숙한 여자】 貞婦{ていふ} ¦ 貞女{ていじょ}。
정부⁵(情夫)명 【애인인 남자】 情夫{じょうふ}。
정부⁶(情婦)명 【애인인 여자】 情婦{じょうふ}。
정부-미(政府米)명 政府米{せいふまい}。
정북(正北)명 正北{せいほく}。
정-북방(正北方)명 真北{まきた} ¦ 正北{せいほく}。
정분(情分)명 情愛{じょうあい} ¦ 情義{じょうぎ}。
정비¹(正比)명 《수》正比{せいひ}。
정비²(整備)명 整備{せいび}。 예엔진 ~ エンジンの整備。
  정비-하다(타) 整備{せいび}する。 예도로망을 ~. 道路網{どうろもう}を整備する。
정-비례(正比例)명 《수》正比例{せいひれい}。

정비례-하다[자][타] 正比例する。
정사¹(正史)[명]【정확한 사실에 의한 역사】正史。
정사²(正使)[명]《역》【사신 중에서 우두머리인 사람】正使。
정사³(政事)[명] 政事。[예] ~를 돌보다. 政事に携わる。
정사⁴(情死)[명] 情死 ¦ 心中。
정사⁵(情事)[명] 情事 ¦ 色事。
정-사각형(正四角形)[명]《수》正四角形 ¦ 正方形。
정사 도법(正射圖法)【지리학에서】正射図法。
정-사원(正社員)[명] 正式社員。
정산(精算)[명] 精算。
　정산-하다[타] 精算する。[예] 비용을 ~. 費用を精算する。
정-삼각형(正三角形)[명] 正三角形。
정상¹(正常)[명] 正常。[예] ~ 가격 正常価格/ ~ 근무 正常勤務/ ~으로 돌아오다. 正常に戻る。
정상²(情狀)[명] 情状。[예] ~ 참작 情状酌量。
정상³(頂上)[명] 頂上。[예] ~ 회담 頂上会談。
정상-배(政商輩)[명] 政商のやから。
정상-적(正常的)[관][명] 正常な状態。[예] ~인 발육 正常な発育。
정상-화(正常化)[명] 正常化。[예] 국교 ~ 国交正常化。
　정상화-하다[자][타] 正常化する。
정색(正色)[명] 真顔 ¦ 色を正すこと。
　정색-하다[자] 真顔になる ¦ 色を正す。[예] 갑자기 정색하고 묻다. 突如真顔になって訊ねる。
정서¹(正西)[명] 真西。
정서²(正書)[명] 正書 ¦ 楷書。
　정서-하다[타] 正書する。
정서³(情緖)[명] 情緒。[예] ~ 장애 情緒障害/ 이국 ~ 異国情緒。
정-서방(正西方)[명] 真西。
정서-적(情緖的)[관][명] 情緒的。
정선(精選)[명] 精選。
　정선-하다[타] 精選する。
정설(定說)[명] 定説。
정성(精誠)[명] 真心 ¦ 誠意。[예] ~이 담겨 있다. 真心がこもっている。/ ~을 다해 일하다. 誠意をつくして働く。
정성-껏(精誠—)[부] 真心こめて ¦ 誠意を込めて。[예] ~ 돌보다. 真心こめて世話する。
정성-스럽다(精誠—)[형] 真心がある ¦ 誠意がある。
　정성스레[부] 真心こめて ¦ 誠意をこめて。[예] ~ 만든 요리 真心こめて作った料理。
정세(情勢)[명] 情勢。[예] ~ 판단 情勢判断/ ~를 살피다. 情勢をうかがう。
정수¹(正數)[명]《수》正数。
정수²(定數)[명]【정해진 수·분량】定数。[예] 의원 ~ 議員の定数。
정수³(淨水)[명]【물을 맑고 깨끗하게 함】浄水。
　정수-하다¹[타] 水をきよらかにする。
정수⁴(精髓)[명] 精髄。[예] 시가의 ~ 詩歌の精髄。
정수⁵(整數)[명]《수》整数。
정수-기(淨水器)[명] 浄水器。
정수리(頂—)[명] 脳天。=꼭대기❸·정문²
정수-장(淨水場)[명] 浄水場。
정수-하다²(精粹—)[형]【불순물이 없어 깨끗하고 순수하다】精粋である。
정숙¹(貞淑)[명]【여자가 행실이 곧고 마음씨가 고움】貞淑 ¦ しとやかであること。
　정숙-하다¹[형] 貞淑だ ¦ しとやかだ。[예] 정숙한 아가씨 貞淑なお嬢さん。
　정숙-히¹[부] 貞淑に ¦ しとやかに。
정숙²(靜肅)[명]【조용하고 엄숙함】静粛。
　정숙-하다²[형] 静粛だ。[예] 정숙하기 바랍니다. 静粛に願います。
　정숙-히²[부] 静粛に。
정승(政丞)[명]《역》【대신】丞相。
정시¹(正視)[명] ❶ 正視。❷《의》正視眼。
　정시-하다[타] 正視する。
정시²(定時)[명] 定時。[예] ~에 출발하다. 定時に出発する。
정시-안(正視眼)[명]《의》正視眼。
정식¹(正式)[명] 正式。[예] ~ 재판 正式裁判/ ~으로 인가되다. 正式に認可される。
정식²(定式)[명]【일정한 격식·방식을 정함】定式。
정식³(定食)[명] 定食。
정식⁴(整式)[명]《수》整式。
정신(精神)[명] 精神。❶ 魂 ¦ 心 ¦ 心構え ¦ 意気。[예] 육체와 ~ 肉体と精神/ 건전한 ~ 健康な精神/ 온 ~을 쏟아 만들다. 全精神を注いで作る。/ 봉사 ~을 발휘하다. 奉仕の精神を発揮する。/ 애국 ~이 부족하다. 愛国の精神が足りない。❷【판단하는 능력, 또는 그런 작용】意識 ¦ 気。[예] 맑은 ~ すっきりした気持/ ~을 가다듬다. 気を取り直す。/ ~을 잃다. 気を失う。/ ~이 나다. 気がつ

정신(을) 차리다 관용 ❶ (意識が) 戻る。気がつく；正気付く。例 기절했다가 금방 정신을 차리다. 気絶したが、すぐに気がつく。❷ (自分の過ちを反省して) 気を取り戻す；気を引き締める。例 정신을 차리고 새사람이 되다. 気を取り戻して生まれかわる。

정신(이) 나가다 관용 気が抜ける；間が抜ける；ぼうっとする。例 정신 나간 소리 気の抜けた声 / 정신 나간 짓거리를 하다. 間が抜けた事をする。

정신(이) 팔리다 관용 気を取られる；気を奪われる。例 노는 데 정신이 팔리다. 遊ぶのに気を取られる。/ 이야기에 정신이 팔려 집에 가는 것도 잊고 있었다. 話に気を奪われて、家に帰るのも忘れていた。

정신 감정(精神鑑定) 《법》 精神鑑定。
정신-노동(精神勞動) 명 精神労働。
정신-대(挺身隊) 명 ❶ 従軍慰安婦。❷ 勤労挺身隊。
정신-력(精神力) 명 精神力。예 ~이 강한 사람 精神力の強い人。
정신-박약(精神薄弱) 명 精神薄弱。
=정신 지체
정신-병(精神病) 명 《의》 精神病。
정신 분석(精神分析) 《심》 精神分析。
정신 분열증(精神分裂症) 《의》 精神分裂症。
정신-없다(精神—) 형 気が気でない；気がせく；気が抜ける；無我夢中だ。예 발표회 준비에 ~. 発表会の準備に気がせく。

정신없-이 부 うっとりと；夢中で；無我夢中で。예 맹견에 쫓겨 ~ 달아나다. 猛犬に追われむちゅうで逃げる。
정신-적(精神的) 관형 精神的。예 외상 精神的外傷 / ~ 손해 精神的の損害。

정신 지체(精神遲滯) ☞정신박약
정신 착란(精神錯亂) 《의》 精神錯乱。
정실¹(正室) 명 正室。❶ 本妻。❷ 表座敷。
정실²(情實) 명 ❶ 実情。❷ 私情が絡んだ事情・関係。예 인사 실人事。
정압¹(定壓) 명 《물》 定圧。│一定の圧力。예 ~ 열량계 定圧熱量計。
정압²(靜壓) 명 静圧；静圧力。
정액¹(定額) 명 定額。예 ~ 요금 定額料金 / ~ 보험 定額保険。
정액²(精液) 명 精液。❶ 純粋な液。❷ 《의》精水。
정양(靜養) 명 静養。예 병후의 ~ 때문에 귀향하다. 病後の静養のため帰郷する。
정어리 명 《동》 鰯。
정연-하다(整然—) 형 整然としている；井然としている。예 너무도 질서 ~. いかにも秩序井然としている。
정연-히(整然—) 부 整然と；井然に。
정열(情熱) 명 情熱。예 ~을 쏟다. 情熱を注ぐ。/ ~을 불태우다. 情熱を燃やす。/ ~을 기울이다. 情熱を傾ける。
정열-적(情熱的) 관형 情熱的。
정염(正鹽) 명 《화》 正塩。
정예(精銳) 명 精鋭。예 ~ 부대 精鋭部隊 / ~를 선발하다. 精鋭をえりすぐる。
정오¹(正午) 명 正午。
정오²(正誤) 명 正誤。예 ~표 正誤表。
정오-표(正誤表) 명 正誤表。
정온(定溫) 명 定温。
정온 동물(定溫動物) 《동》 定温動物。
=온혈 동물
정욕¹(情欲) 명 【情欲】 心の欲求。
정욕²(情慾) 명 【情慾】 情欲。예 ~을 채우다. 情欲を満たす。
정원(定員) 명 定員。예 ~이 차지 않다. 定員に満たない。
정원(庭園) 명 庭園；庭。
정원-사(庭園師) 명 園丁；庭師。
정월(正月) 명 正月；一月。예 ~ 대보름까지 연을 날립니다. 陰暦正月15日までたこを飛ばします。
정유(精油) 명 《화》 ❶ 精油；芳香油。예 장미 ~ バラのエッセンシャルオイル。❷ (石油・動植物性脂肪を) 精製すること。예 ~ 공장 精油工場。
정육(精肉) 명 精肉；上肉。

정육-점(精肉店)園 精肉店せいにくてん ¦ 肉屋にくや。
정의¹(正義)園 正義せいぎ。예~를 위해 싸우다. 正義のために戦たたかう。
정의²(定義)園 定義ていぎ。
　정의-하다타 定義ていぎする。예용어를 ~. 用語ようごを定義する。
정의³(情誼)園 【깊게 사귀어 사정이 있는 사람】 誼よしみ ¦ 情誼じょうぎ ¦ 情宜じょうぎ。예친구의 ~로 협력하다. 友人ゆうじんの誼みで協力きょうりょくする。
정의-감(正義感)園 正義感せいぎかん。예~이 강하다. 正義感が強つよい。
정의-롭다(正義ㅡ)働 正義せいぎあふれる ¦ 正義を尊とうとんでいる。
정인(情人)園 情人じょうじん・じょうにん。
정자¹(丁字)園 丁字ていじ。
정자²(亭子)園 東屋あずまや ¦ 亭てい。
정자³(精子)園《생》精子せいし。예~와 난자 精子と卵子らんし。
정자-나무(亭子ㅡ)園 家いえの付近ふきんや道端みちばたにある大樹たいじゅ。예~ 아래로 모여들다. 大樹の下したに集あつまってくる。
정자-형(丁字形)園 丁字形ていじけい。
정작團 本当ほんとうに ¦ 実際じっさいに ¦ いざ。예~ 할 말은 꺼내지도 못한 채 헤어지다. 本当に言いいたいことは言い出だせないまま別わかれる。/ ~ 재미있는 것은 그녀의 반응이었다. 実際に面白おもしろかったのは彼女かのじょの反応はんのうだった。
정장(正裝)園 正装せいそう。예~을 입은 부인 正装した婦人ふじん。
정쟁(政爭)園 政争せいそう。예~에 휘말리다. 政争に巻まき込こまれる。
정적¹(政敵)園【정책이나 내치로 경쟁하는 있는 사람】政敵せいてき。예~을 쓰러뜨리다. 政敵を倒たおす。
정적²(靜寂)園【고요하고 쓸쓸함】静寂せいじゃく。예~이 흐르다. 静寂が流ながれる。/ ~을 깨다. 静寂を破やぶる。
　정적-하다働 静寂せいじゃくだ。예정적학 공원 静寂な公園こうえん。
정전¹(停電)園 停電ていでん。
　정전-하다¹재 停電ていでんする。예갑자기 정전되어 업무가 마비되다. いきなり停電になって、仕事しごとが麻痺まひする。
정전²(停戰)園《군》停戦ていせん。예~ 감시단 停戦監視団かんしだん。
　정전-하다²재 停戦ていせんする。
정전³(靜電)園《물》静電せいでん。예~ 렌즈 静電レンズ。
정전 감응(靜電感應)《물》静電感応せいでんかんのう ¦ 静電誘導ゆうどう。

정-전기¹(正電氣)園《물》正電気せいでんき ¦ 陽電気ようでんき。
정-전기²(靜電氣)園《물》静電気せいでんき。예~ 대책 静電気対策たいさく / ~를 띠다. 静電気を帯おびる。
정절(貞節)園 貞節ていせつ。예~을 지키다. 貞節を守まもる。
정점(頂點)園 頂点ちょうてん。예~에 이르다. 頂点に至いたる。
정정(訂正)園 訂正ていせい。예~ 방송 訂正放送ほうそう。
　정정-하다타 訂正ていせいする。예틀린 곳을 ~. 誤あやまりを訂正する。
정정당당-하다(正正堂堂ㅡ)働 正々堂々せいせいどうどうとしている。예정정당당한 태도 正々堂々たる態度たいど。
　정정당당-히團 正々堂々せいせいどうどうと。예~ 싸우다. 正々堂々と戦たたかう。
정정-하다²(亭亭ㅡ)働 ❶(樹木じゅもくなどが)亭々ていていとしている。❷(老人ろうじんが)かくしゃくとしている。예정정한 할머니 かくしゃくたるお祖母ばあさん/아직 ~. まだかくしゃくとしている。
　정정-히團 ❶亭々ていていと。❷かくしゃくと。
정제¹(精製)園 精製せいせい。
　정제-하다타 精製せいせいする。예설탕을 ~. 砂糖さとうを精製する。
정제²(錠劑)園《약》錠剤じょうざい ¦ タブレット。=알약
정제-면(精製綿)園 ☞탈지면
정제-품(精製品)園 精製品せいせいひん。
정조(貞操)園 貞操ていそう。예~의 의무 貞操義務ぎむ / ~를 깨다. 貞操をやぶる。
정족-수(定足數)園《법》定足数ていそくすう。
정종(正宗)園 ❶【개조의 정통을 있는 종파】開祖かいその正統せいとうを継つぐ宗派しゅうは。❷日本酒にほんしゅ。
정좌(正坐)園 正座せいざ ¦ 端座たんざ。
　정좌-하다재 正座せいざする。예정좌하고 명상을 시작하다. 正座して瞑想めいそうを始はじめる。
정주(定住)園 定住ていじゅう。
　정주-하다재 定住ていじゅうする。예정주할 땅을 찾다. 定住の地ちを求もとめる。
정중-선(正中線)園 正中線せいちゅうせん。
정중-하다(鄭重ㅡ)働 丁重ていちょうだ。예정중한 인사 丁重な挨拶あいさつ。
　정중-히團 丁重ていちょうに。예~ 거절하다. 丁重にお断ことわりする。
정지(停止)園 停止ていし。예~ 신호 停止信号しんごう。

정지-하다¹ 자타 停止する。예 심장이 ~. 心臓が停止する。

정지²(靜止) 명 静止。예 ~ 화상 静止画像／~ 위성 静止衛星／~ 마찰 静止摩擦。
　정지-하다² 자 静止する。

정지³(整地) 명 整地。예 ~ 작업 整地作業。
　정지-하다³ 자타 整地する。

정지-선(停止線) 명 停止線。

정직(正直) 명 正直。

정직-하다 형 正直だ。예 정직한 사람 正直な人/ 정직하게 이야기해라. 正直に話しなさい。
　정직-히 부 正直に。

정진(精進) 명 精進。
　정진-하다 精進する。예 학문에 ~. 学問に精進する。

정차(停車) 명 停車。
　정차-하다 자타 停車する。

정착(定着) 명 定着。落ち着くこと。
　정착-하다 定着する。落ち着く。예 외래어가 ~. 外来語が定着する。

정착-물(定着物) 명 《법》定着物。

정찰¹(正札) 명 正札。예 ~ 판매 正札販売。

정찰²(偵察) 명 偵察。
　정찰-하다 偵察する。

정찰-기(偵察機) 명 《군》偵察機。예 ~를 띄우다. 偵察機を飛び立たせる。

정책(政策) 명 政策。

정책-적(政策的) 관형 政策的。

정처(定處) 명 一定の場所。定まったところ。예 ~ 없이 떠돌다. 当てもなくさすらう。

정체¹(正體) 명 正体。예 불명 正体不明／~를 숨기다. 正体を隠す。／~를 드러내다. 正体を現す。／~를 파악하다. 正体を見破る。

정체²(政體) 명 《정》政体。

정체³(停滯) 명 예 ~ 전선 停滞前線。
　정체-하다 자 停滞する。예 일이 정체되다. 仕事が停滞する。

정초(正初) 명 年初。年の初め。1月の初旬。=세초

정충(精蟲) 명 《생》精虫。精子。

정취(情趣) 명 情趣。趣。風情。

정치(政治) 명 政治。예 ~ 활동 政治活動／~ 자금 政治資金／~ 개혁 政治改革。
　정치-하다 政治する。

정치-가(政治家) 명 政治家。

정치 결사(政治結社) 정치 단체

정치-계(政治界) 명 政界。

정치 단체(政治團體) 政治団体。=정치 결사

정치-망(定置網) 명 【법】定置網。

정치-범(政治犯) 명 《법》政治犯。

정치-적(政治的) 관형 政治的。예 ~ 목적 政治的目的／~인 배경 政治的な背景／~ 망명을 희망하다. 政治的亡命を希望する。／환경 문제는 ~인 문제이다. 環境問題は政治的な問題である。

정치 투쟁(政治鬪爭) (시)政治鬪争。

정치-학(政治學) 명 政治学。

정칙¹(正則) 명 正則。예 ~ 함수 正則関数。

정칙²(定則) 명 定則。規定。

정탐(偵探) 명 探偵。
　정탐-하다 探偵する。

정탐-꾼(偵探─) 回し者。間者。

정태(靜態) 명 静態。

정토(淨土) 명 【불교】浄土。

정통¹(正統) 명 正統。예 ~을 잇다. 正統を受け継ぐ。

정통²(精通) 명 精通。熟知。
　정통-하다 精通する。예 광고에 정통한 사람 広告に精通した人。

정통-적(正統的) 관형 正統的。

정평(定評) 명 定評。예 ~이 있는 시사 잡지 定評のある時事雑誌。

정표(情表) 情宜の印に贈り物をすること。

정풍(整風) 명 【사회의 기풍ㆍ태도 등을 바로잡는 일】整風。예 ~ 운동 整風運動。

정-하다¹(定─) 定める。決める。예 행선지를 ~. 行先を定める。／날짜를 ~. 日にちを決める。

정-하다²(淨─) 형 清い。清らかだ。
　정-히¹ 清く。清らかに。きれいに。

정-하다³(精─) 형 細かい。精巧だ。きれいだ。
　정-히² 부 細かく。審らかに。きれいに。

정학(停學) 명 停学。예 ~ 처분을 받다. 停学処分を受ける。

정한-하다(靜閑─) 형 静閑だ。=한정하다

정합(整合)명 整合ごう。
정해(正解)명【정해(正解)】正解せい。
정형¹(定型)명 定型てい。
정형²(整形)명【정형(整形)】整形せい。
정형 수술(整形手術)명 ⇨整形手術しゅじゅつ。
정형-시(定型詩)명 ⇨定型詩てい。
정형-외과(整形外科)명 ⇨整形外科げか。
정혼(定婚)명 縁定えんじめ | 婚約やく。
　정혼-하다자 縁定えんじめをする | 婚約やくする。
정화¹(正貨)명【정】正貨せい。
정화²(淨化)명 浄化じょう。
　정화-하다타 浄化じょうする。예 사회를 ~. 社会しゃを浄化する。/ 강물을 ~. 川かの水みずを浄化する。
정화³(精華)명【정화(精華)】精華せい。
정화-조(淨化槽)명 浄化槽じょうか。
정확(正確)명 正確せい。예 ~을 기하다. 正確を期する。
　정확-하다형 正確せいだ。예 정확한 판단. 正確な判断だん。
　정확-히부 正確せいに。예 치수대로 ~ 자르다. 寸法どおり正確に切る。
정확-성(正確性)명 正確性せい。
정황(情況)명 情況じょう | 状況じょう。예 ~ 증거 情況証拠しょう。
정회(停會)명 停会かい。
　정회-하다타 停会かいする。예 국회를 1개월간 ~. 国会を1ヶ月間ヶげつかん停会する。
정휴(定休)명 定休きゅう | 定期休業きゅうぎょう。
정휴-일(定休日)명 定休日びゃ。
정-히(正-)부 ❶正まさしく | 確たしかに | 確実じつに。예 발주서는 ~ 수령했습니다. 発注書はっちゅうしょは確かに受うけ取とらせていただきました。❷どうしても | 本当ほんとうに。예 갖고 싶다면 엄마가 사 줄게. 어떻게든 ほしいんだったらママが買かってあげるよ。
젖명 乳ちち。❶乳汁にゅうじゅう | ちしる。예 ~을 빨다. 乳を吸すう。❷乳房にゅうぼう。예 ~이 붇다. 乳が張はる。
　젖(을) 떼다관용 乳離ちちばなれさせる | 離乳にゅうする。
　젖(이) 떨어지다관용 乳を飲のまなくなる | 離乳にゅうする。
젖-가슴명 乳房にゅうぼうのある胸むねのあたり。
젖-꼭지명 乳首ちくび | 乳頭にゅうとう。
젖-내명 乳臭にゅうしゅう | 乳のにおい。예 ~ 나는 아기 乳臭ちちくさい赤あかん坊ぼう。
젖-니명 乳歯にゅうし。=유치¹

젖다자 後うしろに傾かたむいている。
젖다자 ❶【형】(水みずがかかったりして)濡ぬれる | 湿しめる。예 옷이 땀에 ~. 服が汗あせで湿る。/ 비에 축축하게 ~. 雨あめにしっとりと濡れる。❷【형】(ある影響えいきょうを受うけて)慣なれる | 染そまる | 染み付つく。예 옛적의 관습에 ~. 昔むかしからの慣習かんしゅうに慣れる。/ 물건을 훔치는 버릇이 몸에 젖어 있다. 物ものを盗ぬすむ癖くせが体からだに染み付いている。❸【형】(ある感情じょうに)浸ひたる。예 기쁨에 젖어 환호성 지르다. 喜よろこびに浸って歓呼かんこの声こえを上あげる。/ 향수에 젖어 눈물을 흘리다. 郷愁きょうしゅうに浸って涙なみだを流す。/ 슬픔에 ~. 悲かなしみに浸る。❹【형】(ある感覚かくに)慣なれる。예 귀에 젖은 노랫가락 聞きき慣れた歌うたの節ふし。❺【이유행】空そらがある色いろの状態たいに染そまる。예 노을빛에 젖은 하늘 夕焼ゆうやけ色に染まった空。
젖-당(-糖)명 《화》乳糖にゅうとう。=락토오스·유당
젖-동생명 乳兄弟きょうだい。
젖-떼기명 ❶離乳期にゅうきの幼児ようじや動物ぶつ。❷離乳式にゅうしき。
젖-뜨리다타 後うしろに反そらす。=젖트리다
젖먹-이명 乳飲ちちのみ子ご | 赤あかん坊ぼう。=영아
젖-멍울명 ❶乳腺にゅうせん。❷乳のしこり。
젖-몸살명 乳腺炎にゅうせんえん。
젖-배명 乳を飲のむ赤ん坊ぼうの腹はら。예 ~를 곯다. (乳飲のみ子ごが)乳に飢うえる。
젖버듬-하다형【형】乗のり気きでない態度たいをとる。예 젖버듬한 표정으로 앉아 있다. 乗り気でない表情ひょうじょうで座すわっている。
젖-병(-瓶)명 哺乳瓶にゅう。
젖-비린내명 ❶乳臭にゅうしゅうにおい。❷【이유행】幼稚ようちな感かんじ。예 아직 나는 청년 まだ乳臭ちちくさい青年ねん。
젖-빛명 乳色にゅういろ | 乳白色にゅうはくしょく。예 ~ 유리 曇くもりガラス ; すりガラス。
젖-산(-酸)명 《화》乳酸さん。예 ~ 발효 乳酸醗酵はっこう / ~ 음료 乳酸飲料いんりょう。
젖-샘명 《의》乳腺にゅうせん。=유선²
젖-소명 乳牛にゅうぎゅう。
젖-어머니명 乳母うば。
젖-어멈명 ☞'젖어머니'의 낮춤말.
젖-어미명 ☞'젖어머니'의 낮춤말.
젖-줄명 ❶乳腺にゅうせん。❷種しゅの供給線きょうきゅうせん。
젖-통명 乳房にゅうぼう。
젖트리다타 ☞젖뜨리다
젖혀-지다자 ❶(後ろに)反そり返かえる。❷

(内側が見えるように)裏返しにされる｜開く。

젖-히다 I 타 ❶【반반한】 めくる｜裏返す｜まくる。예 이불을 걷어 젖히고 일어나다. 布団をめくって起きる。/ 단추를 풀어 외투를 ~. ボタンを外してコートをまくる。❷【뒤】 後ろに反らす｜のけ反る｜反り返る。예 고개를 젖히고 하늘을 보다. 首を反らして空を見る。/ 몸을 45도 정도 뒤로 ~. 体を45度ぐらい後ろに反らす。
II 보통 【명백하게한】 中の物が表にあらわになるようにする｜開ける。예 문을 밀어 젖히고 환기하다. ドアをすっかり押し開け換気をする。

제¹ 대 ❶【반반한】 私｜わたくし｜自分。예 ~가 치우겠습니다. 私が片付けます。❷ 自分。예 ~ 것은 ~가 들어라. 自分のものは自分で持ちなさい。/ ~ 딴은 엄청 잘했다고 생각하는 모양이다. 自分ではとてもよくやったと思っているようだ。

제²【장소대】 대 あそこ｜あちら。

제³(弟) 대 (手紙で同年輩の相手に対する)自己の謙譲語。

제⁴(除) 명 〈수〉除法｜割り算。
제-하다 타 割り算をする｜割る。

제⁵(祭) 명 祭祀。

제⁶(諸) 관 緒｜いろいろの｜もろもろの。예 ~ 비용 諸費用。

제-(題) 명 ❶ 題目｜題。❷ 題詞。

제-⁸(第) 관 第。예 제일 第一。

-제⁹(制) 접 -制。예 내각제 内閣制。

-제¹⁰(製) 접 -製。예 금속제 金属製 / 한국제 韓国製。

제가(諸家) 명 諸家。

제-가끔 부 ☞ 제각기

제-각각(一各各) 부 各々｜それぞれ｜各自｜めいめい。예 어느 물건이든 ~ 특징이 있다. どの品にもそれぞれ特色がある。

제-각기(一各其) 부 各々｜それぞれ｜めいめい。예 한 개씩 받다. 各々一個ずつもらう。=제가끔

제강(製鋼) 명 製鋼。
제강-하다 자 製鋼する。

제거(除去) 명 除去｜取り除くこと。
제거-하다 타 除去する｜取り除く。예 장애물을 ~. 障害物を取り除く。/ 금융 시장의 유동성을 ~. 金融市場の流動性を取り除く。

제-격(一格) 명 ふさわしい格式｜あつらえ向き｜うってつけ。예 소풍에는 ~인 코스 遠足にはうってつけのコース。

제고(提高) 명 (水準などを)高めること｜引き上げ。예 생산성의 ~ 生産性の引き上げ。
제고-하다 타 引き上げる｜高める。

제-고장 명 ❶ 本場。❷ 本郷。

제곱 명 〈수〉二乗｜自乗｜平方。예 4의 ~은 16이다. 4の二乗は16じゅうだ。=자승
제곱-하다 타 二乗する｜自乗する。

제곱-근(一根) 명 〈수〉平方根｜二乗根｜自乗根。=자승근

제곱-비(一比) 명 〈수〉自乗比。

제곱-수(一數) 명 〈수〉自乗数｜平方数。

제공(提供) 명 提供。
제공-하다 타 提供する。예 정보를 ~. 情報を提供する。

제공-권(制空權) 명 〈군〉制空権。

제과(製菓) 명 製菓。

제과-점(製菓店) 명 パン屋｜ベーカリー。

제관(製罐) 명 製缶。

제구¹(制球) 명 〈운〉制球。

제구²(祭具) 명 祭具｜祭器。

제구³(諸具) 명 いろいろな道具。

제-구실 명 ❶ 自分のなすべき務め・責任。예 ~도 못하는 사람 自分の務めも果たせない人。❷【한의】 幼児に一度はかかる麻疹などの病気。

제국¹(帝國) 명 帝国。

제국²(諸國) 명 諸国。

제국-주의(帝國主義) 명 〈경·정〉帝国主義。

제금¹(提金) 명 〈음〉銅拍子｜銅ばち。

제금²(提琴) 명 〈음〉❶ 提琴。❷ バイオリン。

제기¹【민속놀이】 명 チェギ｜紙や布で包んだ銅銭などを、地面に落とさないよう蹴り上げる遊び。

제기² 감 【분노】 ちぇっ｜くそっ｜えいくそ。

제기³(祭器) 명 祭器。

제기⁴(提起) 명 提起。예 문제 ~ 問題提起。
제기-하다 타 提起する。예 소송을 ~. 訴訟を提起する。

제기다¹ 자 そっと抜け出す｜ひそかに逃げる。

제기다² 타 ❶(肘で)突く。❷(踵で)蹴る。❸(手斧などで)こつこつ削る。❹(水などを)少しずつ注ぐ。

제기랄 감 ちぇっ｜くそっ｜えいくそ。

제기-차기 명 チェギ蹴り。

제-까짓 관 あれしきの｜高があれくらいの。 예 ~ 놈이 뭘 할 수 있겠어. あんな奴に何ができるか。

제꺽¹ 부 ぽきり｜がちゃん(と)｜がしゃん(と)｜かちん(と)｜かちゃっ(と)。 예 가위가 ~ 소리를 내다. ハサミがかちんと音を立てる。

  제꺽-거리다 ぽきぽきと音がする｜がちゃがちゃ鳴る。 제꺽거리는 엿장수의 가위질 소리 ぽきぽきんと飴屋のハサミの音。 = 제꺽대다

  제꺽-대다 ☞ 제꺽거리다

제꺽² 부 さっさと｜手早く。 예 일을 ~ 해치우다. さっさと仕事を片付ける。

제-날 명 定められた日｜所定の日。

제-날짜 명 定められた日｜決められた日｜所定の日｜期日。 예 ~에 맞추어 보내 주실 수 있습니까? 所定の日に合わせて送っていただけますか。/ ~에 도착해야 합니다. 期日に着かなければなりません。

제다(製茶) 명 製茶。

제단(祭壇) 명 祭壇。 예 ~을 차리다. 祭壇をしつらえる。

제-달 명 定められた月｜所定の月。

제당(製糖) 명 製糖。
  제당-하다 자 製糖する。

제대(除隊) 명 除隊。
  제대-하다 자 除隊する。 예 만기 ~. 満期で除隊する。

제-대로 부 ❶(格式・規格に合うように)ちゃんと｜きちんと｜しっかりと。 예 ~ 지은 건물 きちんと建てた建物｜잡담하지 말고 일 좀 ~ 해라. 雑談しないで仕事をちゃんとしろ。❷思い通りに｜うまく｜十分に。 예 화가 나서 말도 ~ 못한다. 腹が立って思い通りに話すこともできない。/ 예상 문제가 ~ 들어맞았다. 予想問題がうまく当たった。❸(思いのままに)満足に｜ろくに｜ろくたま｜ろくろく。 예 두통으로 ~ 잠을 못 자다. 頭痛でろくに眠れない。/ 그에게 ~ 사과도 못하고 헤어졌다. 彼にろくろくお詫びもできず別れてしまった。

제도¹(制度) 명 制度。 예 입시 ~ 入試制度/ 연금 ~ 年金制度。

제도²(製圖) 명 製図。 = ドローイング❶
  제도-하다 타 製図する。

제도³(諸島) 명 諸島。

제도-기(製圖器) 명 〈건〉製図器。

제도-판(製圖板) 명 〈건〉製図板。

제도-화(制度化) 명 制度化。
  제도화-하다 자 制度化する。

제독¹(制毒) 명 害毒を防ぐこと。

제독²(除毒) 명 除毒｜毒を除去すること。

제동(制動) 명 制動。
  제동-하다 자 制動する｜ブレーキをかける。
  제동을 걸다 관용 ブレーキをかける。

제동-기(制動機) 명 〈기〉制動機｜ブレーキ。

제-때 명 予定の時｜ちょうどよい時｜定刻｜決まった時間｜ころあい｜時間どおり。 예 ~에 맞춰 와 주셔서 감사합니다. 定刻に合わせて来ていただき、ありがとうございます。/ 식사는 ~에 해라. 食事は決まった時間にしなさい。

제라늄(geranium) 명 〈식〉ゼラニウム。

제련(製鍊) 명 製錬。
  제련-하다 타 製錬する。

제련-소(製鍊所) 명 製錬所。

제례(祭禮) 명 祭礼。

제로(zero) 명 ゼロ｜零。 예 ~에서 시작하다. ゼロから始める。

제막-식(除幕式) 명 除幕式。

제매(弟妹) 명 弟妹｜弟と妹。

제-멋 명 自ずから感じるところ｜思いどおり。 예 ~에 사는 아이 自分の思い通りに生きる子。

제멋-대로 부 自分勝手に｜自分の思いどおりに｜わがままに｜好き放題。

제면¹(製綿) 명 製綿。
  제면-하다 자 製綿する。

제면²(製麵) 명 製麺。

제면-하다 자 製麵する。

제-명¹(一命) 명 天寿⎯｜天命⎯。예 ~에 못 살고 죽다. 天寿を全うできず死ぬ。

제명²(除名) 명 除名⎯。예 ~ 처분 除名処分。
　제명-하다 타 除名する。예 국회에서 ~. 国会から除名する。

제명³(題名) 명 題名⎯。

제모(制帽) 명 制帽⎯。

제목(題目) 명 題目⎯｜題⎯。

제문(祭文) 명 祭文⎯。

제-물 명 ❶ [음식을 열할 때 처음에 붓는] (食べ物を煮るとき)始めに入れておく水｜その物の自体から出る水分。❷ [순수하고 섞임이 없음] まじりけのない純粋なもの。

제물²(祭物) 명 ❶ 祭物｜供え物。❷ いけにえ。

제물-낚시 명 [갈구리 모양 되어 있는] 毛鉤｜蚊鉤。

제물-에 부 ひとりでに｜自然に｜おのずから。예 ~ 물러 떨어지다. 自然に腐って落ちる。

제-바닥 명 ❶ 物の本質。❷ 地元。예 ~ 사람 地元の人。

제반(諸般) 명 諸般⎯。예 ~ 사정 諸般の事情⎯。

제반-사(諸般事) 명 [諸般事] 諸事⎯。=제사

제발 부 なにとぞ｜どうか｜是非｜どうぞ。예 ~ 저를 도와주세요. どうか私を助けてください。/ ~ 이리로 와 주세요. 是非こちらに来てください。/ ~ 조용히 좀 해. 頼むから静かにしてくれ。

제방(堤防) 명 堤防⎯｜土手｜堤⎯。예 ~을 쌓다. 堤防を築く。

제-백사(除百事) 명 [하나씩 일일이] (ある事に専念するため)他の事は差し置くこと。
　제백사-하다 자 他の事は差し置く。예 제백사하고 꼭 참가하겠습니다. 何をを差し置いても必ず参加します。

제법¹ 부 ❶ なかなか｜だいぶ｜相当｜案外｜わりあい。혼자서 만들었지만 ~ 쓸 만하다. 一人で作ったが、なかなかのものだ。❷ [생각보다 매우] なかなか｜案外｜思いの外。예 일솜씨가 ~이다. 手際がなかなかのものである。

제법²(除法) 명 [수] 除法⎯｜割り算⎯。

제법³(製法) 명 製法⎯。

제법⁴(諸法) 명 [종] [불] 諸法⎯。

제복¹(制服) 명 制服⎯。

제복²(祭服) 명 祭服⎯。

제본(製本) 명 製本⎯。=제책
　제본-하다 타 製本する。

제분(製粉) 명 製粉⎯。
　제분-하다 자 製粉する。

제비¹ 명 籤⎯｜抽籤⎯｜籤引き。예 ~를 뽑다. くじを引く。

제비² 명 燕。❶ (동) 鳥類の一種。예 ~ 집 ツバメの巣 / ~ 새끼 ツバメの雛 / 강남 갔던 ~가 돌아오다. 江南に行っていたツバメが戻って来る。❷ [해] (年上の女)の愛人になっている男。

제비-꽃 명 [식] 菫。예 ~의 꽃말 スミレの花言葉。=오랑캐꽃

제비-붓꽃 명 [식] 杜若。예 ~은 습지를 좋아한다. カキツバタは湿地を好む。

제비-뽑기 명 籤引き。예 ~로 정하다. 籤引きで決める。

제비-쑥 명 [식] 男蓬。

제비-초리 명 後頭・顔に生えたつばめの尾のような頭髪。

제빙(製氷) 명 製氷⎯。
　제빙-하다 자 製氷する。

제빙-기(製氷機) 명 製氷機⎯。

제사¹(祭祀) 명 祭祀⎯。예 ~를 지내다. 祭祀を行なう。

제사²(製絲) 명 [섬유] 製糸⎯。예 ~ 공정 製糸工程⎯。
　제사-하다 자·타 製糸する。

제사³(諸事) ☞제반사

제사⁴(題詞) 명 [책의 시작 부분에 쓴, 내용과 관련된 큰 제목] 題詞｜題辞｜題言。

제사-기(第四紀) 명 第四紀⎯。예 ~의 화산 第四紀の火山。

제-사날로 부 [저절로의 뜻으로] 自ら｜ひとりで｜おのずから。예 ~ 한 일이니 본인이 책임을 질 것이다. 一人でしたことだから、本人が責任を取るだろう。

제산(除算) 명 [수] 除算⎯｜割り算⎯。
　제산-하다 타 除算する。

제산-제(制酸劑) 명 [약] 制酸剤⎯。

제살-붙이 명 血族｜血筋。

제-살이 명 [자기가 혼자서 살림하는 일] 独り立ち｜一本立ち｜独立。
　제살이-하다 자 独り立ちする｜一本立ちする｜独立する。

제삼(第三) 명 第三⎯。예 ~ 세력 第三勢力。

제삼-국(第三國) 명 第三国⎯。

제삼-기(第三紀)몡 第三紀ｄだいさんき。
제삼 세계(第三世界)《정》第三世界だいさんせかい。 몌 ~ 문학 第三世界文学ぶんがく。
제삼-자(第三者)몡 第三者だいさんしゃ。
제삿-날(祭祀-)몡 祭祀さいしの日ひ。=제일
제삿-밥(祭祀-)몡 祭祀さいしを行おこなうために支度したくした食たべ物もの。
제상(祭床)몡 (祭祀さいしの時とき)供物くもつを供そなえるお膳ぜん。
제석(除夕)몡 除夕じょせき｜除夜じょや。
제설[1](除雪)몡 除雪じょせつ。 몌 ~ 작업 除雪作業じょせつさぎょう。
　제설-하다자 除雪じょせつする。
제설[2](諸說)몡 諸說しょせつ。
제설-차(除雪車)몡 除雪車じょせつしゃ。
제소(提訴)몡 《법》提訴ていそ。
　제소-하다자타 提訴ていそする。 몌 중앙 본부에 제소하기로 정하다. 中央本部ちゅうおうほんぶに提訴ていそすることを決きめる。 / 오사카 지방 재판소에 ~. 大阪地裁おおさかちさいに提訴ていそする。
제-소리[1] 【첫째음】 몡 本音ほんね｜本心ほんしん。
제-소리[2] 몡 ❶ 文字もじの正ただしい音おと。 ❷ (楽器がっきの)正常せいじょうな音おと。
제수[1](弟嫂)몡 【형제의 아내】 (兄あにの立場たちばから)弟おとうとの妻つま｜弟嫁おとうとよめ。 =계수
제수[2](除數)몡 《수》除数じょすう。
제스처(gesture)몡 ジェスチャー。 몌 ~를 써 가며 이야기하다. ジェスチャーをまじえて話はす。
제시(提示)몡 提示ていじ。
　제시-하다타 提示ていじする。 몌 조건을 ~. 条件じょうけんを提示ていじする。
제-시간(一時間)몡 定さだまった時間じかん｜定刻ていこく。 몌 가능한 한 ~에 돌아오도록 노력하다. 出来できる限かぎり定刻ていこくに戻もどるように努力どりょくする。
제시-부(提示部)몡 《음》提示部ていじぶ。
제식(制式)몡 制式せいしき。 몌 ~ 훈련 制式訓練せいしきくんれん。
제씨(弟氏)몡 【상대방 동생의 높인말】 弟おとうとさん。 =계씨
제-아무리부 いくら｜どんなに｜いかに。 몌 ~ 좋은 수업이라도 길어지면 실패한다. いくらよい授業じゅぎょうでも長引ながびいたら失敗しっぱいだ。
제안(提案)몡 提案ていあん。
　제안-하다타 提案ていあんする。
제안-자(提案者)몡 提案者ていあんしゃ。
제압(制壓)몡 制圧せいあつ。 몌 무력 ~ 武力ぶりょくで制圧せいあつ。
　제압-하다타 制圧せいあつする。 몌 힘으로 ~. 力ちからで制圧せいあつする。

제야(除夜)몡 除夜じょや｜除夕じょせき。 몌 ~의 종이 울리다. 除夜の鐘かねが鳴なる。
제약[1](制約)몡 制約せいやく。 몌 시간적인 ~을 받다. 時間的じかんてきな制約せいやくを受うける。
　제약-하다타 制約せいやくする。
제약[2](製藥)몡 製藥せいやく。 몌 ~ 회사 製薬会社せいやくがいしゃ。
　제약-하다[2]타 薬くすりを製造せいぞうする。
제약-성(制約性)몡 制約性せいやくせい。
제어(制御)몡 制御せいぎょ。 몌 ~ 로봇 自動じどう制御せいぎょロボット / ~ 장치 制御装置せいぎょそうち。
　제어-하다타 制御せいぎょする。 몌 욕구를 ~. 欲求よっきゅうを制御せいぎょする。
제어-반(制御盤)몡 《공》制御盤せいぎょばん。
제어-판(制御板)몡 コントロールパネル。
제염(製鹽)몡 製塩せいえん。
　제염-하다타 製塩せいえんする。
제왕(帝王)몡 帝王ていおう。 몌 ~ 절개 帝王切開ていおうせっかい / ~ 신권설 帝王神権説ていおうしんけんせつ / 밀림의 ~ 密林みつりんの帝王。
제외(除外)몡 除外じょがい。
　제외-하다타 除外じょがいする｜除のぞく。 몌 보호 대상에서 ~. 保護対象ほごたいしょうから除外じょがいする。 / 한 사람만 제외하고 전원이 모이다. 一人ひとりを除のぞいて全員ぜんいん集あつまる。
제욕(制慾)몡 制欲せいよく｜禁欲きんよく。
　제욕-하다타 制欲せいよくする。
제유(製油)몡 製油せいゆ。
　제유-하다타 製油せいゆする。
제육(一肉)몡 豚肉ぶたにく。 =돼지고기
제의(提議)몡 提議ていぎ。
　제의-하다타 提議ていぎする。
제이[1](第二)몡 第二だいに｜二番目にばんめ。 몌 ~의 인생 第二の人生じんせい。
제이[2](J·j)몡 《영문자》ジェー。
제이 차 세계 대전(第二次世界大戰) 《역》第二次だいにじ世界大戦せかいたいせん。
제일[1](祭日)몡 ☞제삿날
제일[2](第一) ❶ 第一だいいち｜一番いちばん｜最初さいしょ。 몌 세계 ~의 지휘자 世界せかい第一の指揮者しきしゃ / 피곤할 때는 자는 것이 ~이다. 疲つかれているときは寝ねるのが一番だ。 ❷【첫째의】 一番いちばん｜最もっとも。 몌 ~ 좋은 물건 一番よい品しな。
제일-보(第一步)몡 第一歩だいいっぽ。 몌 ~를 내딛다. 第一歩を踏ふみ出だす。
제일-선(第一線)몡 第一線だいいっせん｜最前線さいぜんせん。 몌 ~에서 물러나다. 第一線から退しりぞく。 / 각계의 ~에서 활약하다. 各界かっかい

の第一線で活躍する。
- **제일인-자**(第一人者)〖명〗第一人者。例이 분야의 ~로 일컬어지는 인물 この分野の第一人者と言われる人物。
- **제일 차 세계 대전**(第一次世界大戦)〖역〗第一次世界大戦。
- **제자**¹(弟子)〖명〗弟子。例스승보다 뛰어난 ~ 師にまさる弟子。
- **제자**²(題字)〖명〗題字。
- **제-자리**〖명〗元の場所。定められたところ。例사용한 물건을 ~에 갖다 놓다. 使った物を元の場所に返す。/ 수업 시작할 거니까 모두 ~로 돌아가거라. 授業が始まるからみんな自分の席に戻りなさい。
- **제자리-걸음**〖명〗足踏み。例경기는 ~ 상태이다. 景気は足踏み状態だ。＝답보
- **제자리-높이뛰기**〖명〗〈운〉【체육】立ち高飛び。垂直跳び。
- **제자리-멀리뛰기**〖명〗〈운〉【체육】立ち幅飛び。
- **제자리-표**(一標)〖음〗本位記号。ナチュラル。
- **제자-백가**(諸子百家)〖명〗〈역〉諸子百家。例중국의 ~ 시대 中国の諸子百家時代。
- **제작**(製作)〖명〗製作。
  - **제작-하다**〖타〗製作する。
- **제작-품**(製作品)〖명〗製作品。
- **제재**¹(制裁)〖명〗制裁。例~를 가하다. 制裁を加える。/ 법적 ~를 받다. 法的制裁を受ける。
  - **제재-하다**〖타〗制裁する。
- **제재**²(製材)〖명〗製材。
  - **제재-하다**〖자타〗製材する。
- **제재**³(題材)〖명〗題材。例소설의 ~ 小説の題材。
- **제적**(除籍)〖명〗除籍。
  - **제적-하다**〖타〗除籍する。
- **제전**(祭典)〖명〗❶祭祀の儀式。❷祭典。例스포츠 ~ スポーツの祭典。
- **제정**¹(制定)〖명〗制定。
  - **제정-하다**〖타〗制定する。例헌법을 ~. 憲法を制定する。
- **제정**²(帝政)〖명〗帝政。例~ 러시아 帝政ロシア。
- **제정**³(祭政)〖명〗祭祀と政治。
- **제-정신**(一精神)〖명〗正気。本心。例~을 잃다. 正気を失う。
- **제정-일치**(祭政一致)〖명〗〈정〉祭政一致。
- **제제**(製剤)〖명〗製剤。例혈액 ~ 血液製剤。
- **제조**(製造)〖명〗製造。例핵무기 ~ 核兵器の製造。
  - **제조-하다**〖타〗製造する。例위탁을 받아 ~. 委託を受けて製造する。
- **제조-법**(製造法)〖명〗製造法。製法。
- **제조-원**(製造元)〖명〗製造元。
- **제주**¹(祭酒)〖명〗祭祀に供える酒。お神酒。
- **제주**²(齊奏)〖명〗〈음〉斉奏。
- **제주-도**(済州道)〖명〗済州道。
- **제지**¹(制止)〖명〗制止。例경찰의 ~를 뿌리치고 달아나다. 警察の制止を振り切って逃げる。
  - **제지-하다**〖타〗制止する。例발언을 ~. 発言を制止する。
- **제지**²(製紙)〖명〗製紙。
  - **제지-하다**〖자〗製紙する。
- **제-집**〖명〗自分の家。自宅。自家。
- **제-짝**〖명〗(対をなすものの)片方。連れ。例~을 잃다. 連れを失う。
- **제창**¹〖부〗いいあんばいに。うまい具合に。あつらえ向きに。
- **제창**²(提唱)〖명〗提唱。
  - **제창-하다**〖타〗提唱する。例새로운 학설을 ~. 新しい学説を提唱する。
- **제창**³(齊唱)〖명〗斉唱。
  - **제창-하다**〖타〗斉唱する。例교가를 ~. 校歌を斉唱する。
- **제책**(製冊)〖명〗☞제본
- **제-철**〖명〗旬。(その物事にふさわしい)季節。例~ 채소 旬の野菜。/ ~이 아닌 꽃 季節外れの花。/ ~이 지나다. 旬が過ぎる。
- **제철**²(製鐵)〖명〗〈공〉製鉄。
- **제철-소**(製鐵所)〖명〗製鉄所。
- **제초**(除草)〖명〗除草。草取り。
  - **제초-하다**〖자〗除草する。例한 달마다 ~. 一ケ月ごとに除草する。
- **제초-기**(除草器)〖명〗除草器。
- **제초-제**(除草剤)〖명〗〈농〉除草剤。除草薬。例밭에 ~를 살포하다. 畑に除草剤を散布する。
- **제출**(提出)〖명〗提出。例~ 기한 提出期限。/ 원서 ~ 願書提出。/ ~ 서류 提出書類。

제출-하다 国 提出ていしゅつする。 예 보고서를 ~. 報告書ほうこくしょを提出する。

제충(除蟲) 명 除虫じょちゅう。

제충-하다 囨 除虫じょちゅうする。

제치다 国 ❶【邪魔じゃまにならないように】取とり除のぞく｜どける｜のける｜どかす。 예 골키퍼를 제치고 골을 넣다. ゴールキーパーをどけて、ゴールを入いれる。 ❷【ある対象たいしょう・範囲はんいなどから】除のぞく｜抜ぬく｜のけ者ものにする。 예 나를 제쳐 두고 놀러 가다. 私わたしを除のぞいて遊あそびに行いく。 ❸ そっちのけにする｜後回あとまわしにする｜差さし置おく。 예 숙제는 제쳐 놓고 놀기만 한다. 宿題しゅくだいはそっちのけにして、遊あそんでばかりいる。 / 자기 일은 제쳐 놓고 남의 일을 도와주다. 自分じぶんのことは後回あとまわしにして、人ひとのことを手伝てつだう。/ 선배를 제치고 먼저 승진하다. 先輩せんぱいを差さし置おいて、先せんに昇進しょうしんする。

제탄(製炭) 명 製炭せいたん。

제탄-하다 囨 製炭せいたんする。

제트¹(Z·z) 명【언어】ゼット。

제트²(jet) 명【물】ジェット。

제트-기(jet機) 명 《항》ジェット機き。

제트 기류(jet氣流) ジェット気流きりゅう。

제판(製版) 명 《출》❶ 製版せいはん。 ❷ 組くみ版はん。

제판-하다 囨 ❶ 製版せいはんする。 ❷ 組くみ版はんをする。

제패(制覇) 명 制覇せいは。 예 세계 ~를 노리다. 世界せかい制覇せいはを目指めざす。

제패-하다 国 制覇せいはする。 예 전국 대회를 ~. 全国ぜんこく大会たいかいを制覇せいはする。

제풀-로 用 おのずから｜ひとりでに。 예 아기가 ~ 일어나다. 赤あかちゃんがひとりでに立たつ。 / ~ 몸을 일으키다. おのずから体からだを起おこす。

제품(製品) 명 製品せいひん。 예 ~ 설명회 製品説明会せつめいかい。

제-하다(除—) 国 ❶ 差さし引ひく。 예 수수료를 ~. 手数料てすうりょうを差さし引ひく。 ❷ 割わる。 ❸ 除のぞく。 예 엄마를 제하고 모두 감기 기운이 있다. 母ははを除のぞいて全員ぜんいん風邪気味かぜぎみだ。

제한(制限) 명 制限せいげん。 예 ~ 구역 制限区域くいき / ~ 시간 制限時間じかん/ 학력 ~ 学力がくりょくの制限。

제한-하다 国 制限せいげんする。 예 출품 자격을 ~. 出品しゅっぴん資格しかくを制限せいげんする。

제한-제(制汗劑) 명 《약》制汗剤せいかんざい。 =지한제(止汗劑)

제해-권(制海權) 명 《법》制海権せいかいけん。

제행(諸行) 명 《종》諸行しょぎょう。

제행-무상(諸行無常) 《종》【불】諸行無常しょぎょうむじょう。

제헌(制憲) 명 制憲せいけん。

제혁(製革) 명 製革せいかく。

제현(諸賢) 명 諸賢しょけん。

제형¹(梯形) 명 ☞'사다리꼴'의 전 용어.

제형²(諸兄) 명 諸兄しょけい。

제형³(蹄形) 명【언어】蹄形ていけい。

제호(題號) 명【書·出版】題目だいもく。

제화(製靴) 명 製靴せいか。

제후(諸侯) 명 諸侯しょこう。

제휴(提携) 명 提携ていけい。 예 기술 ~ 技術ぎじゅつ提携ていけい/ ~ 카드 提携ていけいカード。

제휴-하다 囨 提携ていけいする。 예 외국의 골수 은행과 ~. 外国がいこくの骨髄こつずいバンクと提携ていけいする。

제-힘 명 自分じぶんの力ちから｜自力じりき。 예 등록금을 ~으로 마련하다. 登録金とうろくきんを自力じりきで用意よういする。

젠장【실망이나·불쾌감을 나타내는 말】ちぇっ｜えいくそ｜ちくしょう。 예 ~, 왜 이리 체력이 약한 거야. ちくしょう、なんでこんな体力たいりょくなしかな。

젠장-맞을 召 ちぇっ｜えいくそ｜ちくしょう。

젠장-칠 召 ちぇっ｜えいくそ｜ちくしょう。

젠체-하다 囨 気取きどる｜うぬぼれる｜もったいぶる。

젤라틴(gelatin) 명 《화》ゼラチン。

젤리(jelly) 명 ジェリー。

젯-날(祭—) 명 祭祀さいしの日ひ。

쟁겅 用【쇠붙이·유리 등이 떨어지다 부딪쳐 맑게 울리는 소리】かちゃん(と)｜がちゃん(と)｜かちん(と)。

쟁그렁 用【쇠붙이·유리 등이 떨어지거나 부딪쳐 울리는 소리】かちゃん(と)｜がちゃん(と)｜かちん(と)。

쟁그렁-거리다 囨国 しきりにかちゃんかちゃんする｜かちんかちんする。 =쟁그렁대다

쟁그렁-대다 囨国 ☞쟁그렁거리다

쟁그렁-쟁그렁 用 かちゃんかちゃん｜かちんかちん。

조¹ 명 《식》粟あわ。

조² 관【사람을 낮이보거나 귀엽게 여기는 소리】あの人ひと｜あいつ｜あれ｜あの。

조³(兆) 준 兆ちょう。

조⁴(條)[의] ❶条じょう。 예 헌법 제1 ~ 憲法第一条。 ❷[名] 目め｜条件じょう件｜ 예 보상금 ~로 얼마간의 돈을 받다. 補償金の名目でいくらかの金をもらう。

조⁵(組)[명] 組そ。 예 ~를 짜다. 組を作る。/ 세 ~로 나뉘어 조사하다. 3さん組に分かれて調しらべる。

조⁶(調)[명] I [명] ❶[音楽のしらべ｜体裁] 調ちょう｜気取きどり｜体裁ていさい｜調子ちょうし｜ 예 귀족~의 음악 貴族きぞく調の音楽おんがく/ ~가 높은 디자인 調子の高たかいデザイン。 ❷[음] 曲調きょくちょう。
II [의] ❶[한] 調子ちょうし｜腰こし｜見幕けんまく｜勢いきおい｜ 예 비꼬는 ~로 이야기하다. あてつけた口調くちょうで話はなす。/ 윽박지르는 ~로 요구하다. 脅おどす調子で要求ようきゅうする。
❷[시章의 박자를 나타내는 단위] 調ちょう。예 칠오 ~ 七五しちご調。

조가비[명] 貝殼かいがら。

조각¹[명] 切きれ端はし｜かけら｜切きれ。예 유리 ~ ガラスのかけら/ 식빵 한 ~ 食しょくパン一切ひときれ/ 천 ~ 布切ぬのぎれ。

조각²(彫刻)[명] [ㅁ]彫刻ちょうこく。
조각-하다[타] 彫刻する。

조각³(組閣)[명] 組閣そかく。
조각-하다[자] 組閣する。

조각-가(彫刻家)[명] 彫刻家ちょうこくか。

조각-달[명] 片月かたつき｜弦月げんげつ｜片割かたわれ月つき｜弓張ゆみはり月づき。

조각-도(彫刻刀)[명] 彫刻刀ちょうこくとう。=조각칼

조각-배[명] 扁舟へんしゅう｜小舟こぶね。

조각-보(一褓)[명] 小切こぎれを縫ぬい合あわせて作つくった風呂敷ふろしき。

조각-조각[명] 粉々こなごなに｜きれぎれに｜ばらばら｜ずたずた。 예 구름이 ~ 흩어지다. 雲くもがきれぎれに散ちる。

조각-칼(彫刻-)[명] ☞조각도

조간(朝刊)[명] ☞조간신문

조간-대(潮間帶)[명] 【[지리]】潮間帯ちょうかんたい。

조간-신문(朝刊新聞)[명] 朝刊新聞ちょうかんしんぶん｜朝刊ちょうかん。=조간

조갈(燥渴)[명] 渇かわき｜のどがかわくこと。

조갈-증(燥渴症)[명] 渇かわきの病やまい｜かわきやまい。

조감-도(鳥瞰圖)[명] 鳥瞰図ちょうかんず｜鳥目絵とりめえ。=부감도

조강(糟糠)[명] 糟糠そうこう｜粗末そまつな食物しょくもつ。

조강지처(糟糠之妻)[명] 糟糠の妻つま。

조개[명] 〈[동]〉貝かい。

조개-관자(一貫子)[명] 〈[동]〉貝柱かいばしら。

조개-무지[명] 貝塚かいづか。=패총

조개-젓[명] 貝かいの塩辛しおから。

조개-탕(一湯)[명] 貝汁かいじる｜貝のスープ。 예 ~ 국물이 시원하다. 貝汁があっさりしている。

조개-풀[명] 《[식]》小鮒草こぶなぐさ。

조객(弔客)[명] 弔客ちょうきゃく｜とむらい客きゃく。

조갯-살[명] 貝かいの剥むき身み。

조-거[대] [초점에 가까이 있는 사물을 낮추어 가리키는 말] あれ。

조건(條件)[명] 条件じょうけん。 예 가입 ~ 加入かにゅう条件｜ ~을 달다. 条件をつける。/ 상대편의 ~을 받아들이다. 相手方あいてがたの条件をのむ。

조건 반사(條件反射)[명] 〈[심]〉条件反射じょうけんはんしゃ。

조건-부(條件附)[명] 条件付じょうけんつき。 예 ~ 승낙 条件付き承諾しょうだく/ ~로 찬성하다. 条件付きで賛成さんせいする。

조-것[대] あれ｜あのもの｜あいつ。

조경(造景)[명] 景観けいかんを美うつくしくつくること。

조계(租界)[명] 〈[역]〉租界そかい。

조-곡선(助曲線)[명] 【[제도]】助曲線じょきょくせん｜補助曲線ほじょきょくせん。

조공(朝貢)[명] 朝貢ちょうこう。 예 ~ 무역 朝貢貿易ぼうえき/ ~을 바치다. 朝貢を捧ささげる。
조공-하다[자] 朝貢する。

조교(助教)[명] ❶〈[교]〉(大学だいがくの)助手じょしゅ。 ❷《[군]》教官きょうかんを補助ほじょする副士官ふくしかん。

조-교수(助敎授)[명] 〈[교]〉助教授じょきょうじゅ。

조국(祖國)[명] 祖国そこく。 예 ~의 땅을 밟다. 祖国の土つちを踏ふむ。

조국-애(祖國愛)[명] 祖国愛そこくあい。

조그마-하다[형] 小ちいさい｜ささやかだ。 예 조그마한 입술 小さい唇くちびる/ 얼굴이 조그마하니 무척 귀엽다. 顔かおが小さくてものすごくかわいい。

조그만큼[부] 少すこし｜わずかに。

조그맣다[형] 小ちいさい。예 조그마한 가게를 시작하려고 하다. 小さい店みせを始はじめようとする。

조금¹ I [명] 少すこし｜わずか｜少量しょうりょう。 예 ~은 할 수 있다. 少しはできる。/ ~밖에 없습니다. 少ししかありません。
II [부] 少すこし｜やや｜ちょっと｜わずかに｜少々しょうしょう。 예 ~ 모자라다. 少し足たりない。/ ~ 더 있으면 아빠가 오실 거야. もうすこしたてばお父とうさんがくるよ。

조금²(潮-)[명] 小潮こしお。

조금-조금[부] 少すこしずつ｜わずかずつ。 예 술을 ~ 마시다. 酒さけをちびちび飲のむ。

조급-하다¹(早急-)[형] 【[한]】早急そうきゅうだ｜非常ひじょうに急いそいでいる。 예 조급한 일로 조퇴했다. 早急な用事ようじで早退そうたいした。

조급-히[1] [부] 早急に。㊎ ~ 연락해야 한다. 早急に連絡しなければならない。

조급-하다[2](躁急―) [형] 【성격이 참을성 없이 몹시 급하다】 躁急だ ¦ せっかちだ。㊎ 성미가 조급하여 기다리는 게 너무 싫다. せっかちな性分で、待つのが大嫌いだ。

조급-히[2] [부] 躁急に ¦ せわしく ¦ あわただしく。

조기[1] [명] 《동》石持ち。

조-기[2] [대] あそこ ¦ あちらに。

조기[3](弔旗) [명] 弔旗。㊎ ~를 달다. 弔旗を掲げる。

조기[4](早起) [명] 早起き。㊎ ~ 축구 早起きサッカー。

조기[5](早期) [명] 早期。㊎ ~ 퇴직 早期退職/ ~ 교육 早期教育。

조기-젓 [명] 石持ちの塩辛。

조깅(jogging) [명] ジョギング。㊎ 아침 운동으로 ~을 한다. 朝の運動にジョギングをする。

조-까지로 [부] たかがあれくらいのもので ¦ あれくらいで。

조-까짓 [관] たかがあれくらいの ¦ あれしきの ¦ あれくらいの。

조-깜부기 [명] 粟の黒穂。

조끔 [부] 【조금의 센말】 少し ¦ ちょっと ¦ ちょびっと ¦ ちょっぴり。㊎ ~만이라도 줘. ちょびっとでいいからちょうだい。

조끼[1](← チョッキ 일) [명] チョッキ ¦ ベスト。㊎ 방탄 ~ 防弾チョッキ。

조끼[2](←ジョッキ 일) [명] 【손잡이가 붙은 맥주 컵】 ジョッキ。

조난(遭難) [명] 遭難。㊎ ~ 신호 遭難信号。

조난-하다 [자] 遭難する。

조-냥 [부] あのままに。

조-다지 [부] あんなにまで ¦ あれ程まで。

조달(調達) [명] 調達。㊎ 자금의 ~이 여의찮다. 資金の調達が思わしくない。

조달-하다 [자][타] 調達する。

조-대로 [부] あのように ¦ あのとおり ¦ あのまま。㊎ ~ 따라서 해라. 順番通りにやってみなさい。

조락(凋落) [명] 【초목이 시들어 떨어짐. 점점 쇠하여 초라해짐】 凋落。㊎ ~의 길을 걷다. 凋落の道をたどる。

조락-하다 [자] 凋落する。

조랑-말 [명] 《동》ポニー。

조랑-조랑 [부] ❶【열매가】 ふさふさ(と) ¦ 鈴なりに。㊎ 포도가 ~ 달려 있다. 葡萄が鈴なりになっている。❷【아이들이】 ぞろぞろ(と)。

조러조러-하다 [형] ❶【다 조러하다】 かくかくである。❷【별다른 것이 없다】 みんなあのようである。㊎ 우리 집의 것도 다 조러조러합니다. うちの家の物もみんなあのようです。

조러-하다 [형] あのようだ ¦ あれぐらいだ。㊎ 가지고 있는 것이 모두 ~. 持っているものがみんなあのようだ。㊟ 조렇다

조런 [감] 【놀랐을 때】 あれあれ ¦ あら ¦ まあ。㊎ ~, 아프지 않니? あれあれ、いたくないの。

조렇다 [형] ☞'조러하다'의 준말.

조력(助力) [명] 助力 ¦ 手助け。

조력-하다 [타] 助力する ¦ 手助けする。

조력 발전(潮力發電) 《전》潮力発電。

조례(條例) [명] 条例。

조록-싸리 [명] 《식》朝鮮萩。㊎ ~는 이제 막 꽃망울을 터뜨리기 시작하였다. チョウセンハギは今ちょうど、花のつぼみを落としはじめた。

조록-조록 [부] 【액체가 흐르거나 떨어지는 모양】 ちょろちょろ(と) ¦ しとしと(と) ¦ ぽたぽた(と)。㊎ ~ 흐르는 샘물 ちょろちょろと流れるわき水/ ~ 내리는 이슬비 しとしとと降る霧雨。

조롱[1](鳥籠) [명] 鳥かご。

조롱[2](嘲弄) [명] 嘲弄。㊎ 남에게 ~을 당하다. 人にからかわれる。

조롱-하다 [타] 嘲弄する ¦ 揶揄する。㊎ 조롱받을 일을 하다. 嘲弄されることをする。

조롱-박 [명] ❶【호리병박】 瓢箪。=호리병박 ❷【바가지】 瓢。

조롱-벌 [명] 《동》スズメバチ。

조류[1](鳥類) [명] 鳥類。

조류[2](潮流) [명] 潮流。㊎ ~가 매우 빠르다. 潮流がとても早い。/ 시대적 ~를 타다. 時代の潮流に乗る。

조류[3](藻類) [명] 《식》藻類。

조륙 운동(造陸運動) 造陸運動。

조르-기 [명] 《운》【유도에서】 締技。

조르다[1] [타] 【죄다】 締める ¦ 絞める。㊎ 벨트를 꽉 ~. ベルトをぎっちりと締め付ける。

조르다[2] [타] 【끈질기게 요구하다】 ねだる ¦ せがむ ¦ せびる。㊎ 엄마를 졸라서 옷을 사다. 母にねだって服を買う。

조르르 [부] ❶【액체가 흐르는 소리 또는 모양】 ちょろり(と)。㊎ ~ 흐르는 수돗물 ちょろちょろと流れる水道の水。❷【종종걸음으로 뒤따르는 모양】 ちょろちょろ。㊎ 아이가 엄마 뒤를 ~ 따라간다. 赤ちゃんがお母さんの後ろをちょろちょろ

ついていく。❸【[비틀거리지 않는 모양]】するり(と)。

조르륵[옝체로 흐르는
의 모양]】ちょろり(と)。
   조르륵-거리다짜태 ちょろりと流れる。=조르륵대다
   조르륵-대다짜태 ☞조르륵거리다

조르륵-조르륵뷔【자꾸 흐르다
나는 소리】ちょろちょろ(と)。

조리¹뷔 あのように｜あんなに｜あれほど。⑩ 어쩜 ~ 귀여울까? あら、本当にかわいいね。

조리²뷔[조리로]あそこに｜あそこへ｜あっちに。⑩ ~로 가면 출구입니다. あそこに行くと出口です。

조리³(笊籬)몡 米をよなげるのに用いる笊。

조리⁴(條理)몡 条理｜筋道｜つじつま。⑩ ~에 맞는 말 筋道が通る話/ ~ 있게 말하다. 筋道を立てて話す。

조리⁵(調理)몡 ❶【양생】養生｜摂生。⑩ 산후 ― 産後の養生/ ~ 잘하세요. 体に気をつけてください。❷【조리】調理。
   조리-하다태 ❶ 養生する｜摂生する。❷ 調理する。⑩ 오늘 조리할 음식은 스파게티이다. 今日調理する食べ物はスパゲッティだ。

조리-개몡 絞り。
조리-법(調理法)몡 調理法。
조리-질(笊籬―)몡 米をよなげること。
   조리질-하다태 米をよなげる。

조리차-하다태【節約하여 아끼어 쓰다】切り詰める｜引き締める。

조리-치다짜【졸음이 와서 깜박 졸다】うたた寝する｜仮寝をする｜ちょっと居眠りする。⑩ 깜빡 조리치고 깨어 보니 시간이 많이 지나가 있었다. うっかりうたた寝をして起きてみると、時間がかなり経っていた。

조림¹몡【조림에
중이 나】煮つけ｜煮物｜煮しめ。

조림²(造林)몡 造林。
   조림-하다짜태 造林する。

조립(組立)몡 組立て。⑩ ~ 주택 組立て住宅/ ~ 가구 組立て家具/ 컴퓨터 ~ パソコン組立て/ ~ 방법 組み立て方/ ~식 선반 組立て式の棚。
   조립-하다태 組立てる。

조릿조릿-하다혱 はらはらする｜ひやひやする｜いらいらする。⑩ 들키지 않을까 해서 마음이 조릿조릿하였다. ばれないだろうかとはらはらした。

조마조마-하다혱 はらはらする｜ひやひやする｜いらいらする｜気が気でない。⑩ 우리의 만남을 들킬까 봐 마음이 조마조마하였다. 私たちの出会いがばれるのではないかと、気が気でなかった。/ 그 일이 들통 날까 봐 조마조마하였다. そのことが暴露されるのではないかとひやひやした。

조막몡 拳より小さい固まり。
조막손-이몡【손가락이 펴지 못하는 병신 손을 가진 사람을 낮잡아】手でん棒の人。

조만(早晩)몡 早晩。
조만-간(早晩間)뷔 早晩｜遠からず｜そのうちに。⑩ ~ 밝혀질 일이다. 遠からず明かされることである。/ ~ 연락할게. 早晩連絡するわ。

조-만큼 あのように｜あれぐらい。
조만-하다혱 ❶【정도나 크기가
】あの程度だ｜あのくらいだ。⑩ 조만한 크기의 종이가 필요하다. あの程度の大きさの紙がいる。❷【그저 그만하다】まあまあである。

조맘-때몡 あれぐらいの頃｜あの時分。⑩ ~는 모두 저런 행동을 한다. あれぐらいの頃は、みんなあんな行動をする。

조망(眺望)몡 眺望｜眺め｜見晴らし。
   조망-하다태 眺望する｜眺める｜見晴らす。

조매-화(鳥媒花)몡〔식〕鳥媒花。⑩ ~란 새에 의해서 꽃가루가 운반되는 꽃을 말한다. 鳥媒花というのは、鳥によって花粉が移される花を言う。

조명(照明)몡 照明。⑩ ~ 기구 照明器具/ 간접 ― 間接照明/ 무대 ~ 舞台照明。
   조명-하다태 照明する。⑩ 빛이 물체를 ~. 光が物体を照明する。/ 서민 문학을 새롭게 ~. 庶民の文学を新しく照明する。

조명-등(照明燈)몡 照明灯。
조명-탄(照明彈)몡〔군〕照明弾。
조모(祖母)몡 ☞할머니❶
조목(條目)몡 条目｜箇条。
조목-조목(條目條目)뷔 条目ごとに。⑩ ~ 따지다. 条目ごとに問いただす。

조몰락-거리다태 しきりにいじる。=조몰락대다
조몰락-대다태 ☞조몰락거리다
조몰락-조몰락뷔 しきりにいじるさま。
조무래기몡 ❶【대수롭지 않은
】がらくた｜こまごま

した物。❷【애칭】小僧こぞう｜がき。

조문¹(弔問)<u>명</u> 弔問ちょうもん｜弔とむらい。
　조문-하다<u>타</u> 弔問ちょうもんする｜弔とむらう。

조문²(條文)<u>명</u> 条文じょうぶん｜くだり。

조문-객(弔問客)<u>명</u> 弔問客ちょうもんきゃく。

조물-주(造物主)<u>명</u> 造物主ぞうぶつしゅ。

조미(調味)<u>명</u> 調味ちょうみ。
　조미-하다<u>타</u> 調味ちょうみする。

조미-료(調味料)<u>명</u> 調味料ちょうみりょう。

조밀-하다(稠密—)<u>형</u> 稠密ちょうみつだ。예 인구가 조밀한 지역 人口じんこうの稠密な地域ちいき。

조-바꿈(調—)<u>음</u> 転調てんちょう。=전조

조바심 <u>명</u> 焦燥感しょうそうかん｜いらだち｜いらいらすること｜いらだち焦あせること。예 늦지 않았으니 제발 ~ 좀 치지 마라. 遅おくれはしないからあせらないで。/ 밖에서 ~을 치니 당황하여 더욱 늦어질 뿐이다. 回まわりがいらだつので、慌あわてて余計よけいに遅おくれるだけだ。
　조바심-하다<u>자</u> いらだつ｜いらいらする｜いらだちあせる。

조반¹(朝飯)<u>명</u> 朝飯あさはん・ちょうはん｜朝食ちょうしょく。=조식

조반-석죽(朝飯夕粥)<u>명</u> 朝あさは飯はん、夕方ゆうがたは粥かゆ｜貧まずしい生活せいかつ。

조-밥 <u>명</u> 粟あわだけで炊たいた粟飯あわめし｜粟あわを米こめとあわせて炊たいた飯めし。

조방적 농업(粗放的農業)《농》粗放的そほうてき農業のうぎょう。

조변석개(朝變夕改)<u>명</u> 朝令暮改ちょうれいぼかい。

조부(祖父)<u>명</u> ☞할아버지❶

조-부모(祖父母)<u>명</u> 祖父母そふぼ。

조붓-하다 <u>형</u> 少し狭せまいようだ。예 집이 좀 조붓한 느낌이다. 家いえがやや狭い感かんじだ。
　조붓-이 <u>부</u> 少し狭せまく｜やや狭く。

조뼛 <u>부</u> ❶【앞이 가늘어져서 비쭉하게 선 모양】 つんと。❷【갑자기 아주 놀라서 머리카락이 꼿꼿이 서는 느낌】 ぞっと｜ぞくっと。예 머리 끝이 ~ 서다. 髪かみの先さきまでぞくっと逆立さかだつ。❸【꺼림칙하거나 겸연쩍어 머뭇거리는 모양】 ためらうさま。=조뼛이
　조뼛-하다 <u>형</u> ❶ 鋭するく尖とがっている。❷ ぞっとする｜ぞくっとする。❸ ためらう。

조뼛-이 <u>부</u> ☞조뼛

조뼛-조뼛 <u>부</u> ❶【여럿이 끝이 가늘어 비쭉한 모양】 つんつん。❷【무섭거나 놀라워서 머리카락이 아주 바짝 서는 느낌】 ぞっと｜ぞくっと。예 머리털이 ~ 일어서는 듯하다. 頭あたまの毛けがよだつようだ。❸【꺼림칙하여 몹시 머뭇거리는 모양】 もじもじ。

조사¹(早死)<u>명</u> 夭折ようせつ。=요절(夭折)
　조사-하다 <u>자</u> 夭折ようせつする。

조사²(助詞)《언》助詞じょし。=토씨

조사³(調査)<u>명</u> 調査ちょうさ｜調しらべ。예 ~ 결과 調査結果けっか/ 여론 ~를 실시하고 있다. 世論せろん調査を実施じっししている。
　조사-하다 <u>타</u> 調査ちょうさする｜調しらべる。

조산¹(早産)<u>명</u> 早産そうざん。
　조산-하다 <u>타</u> 早産そうざんする。

조산²(造山)<u>명</u> ❶ 地殻変動ちかくへんどうによって山やまがつくられること。❷ 築山つきやま。

조산-대(造山帶)<u>명</u> 造山帯ぞうざんたい。예 환태평양 ~ 環太平洋かんたいへいよう造山帯。

조산-아(早産兒)<u>명</u>【달이 채우지 못하고 태어난 아이】 早産児そうざんじ｜早生児そうせいじ。

조산 운동(造山運動) 造山運動ぞうざんうんどう。

조상¹(弔喪)<u>명</u> 弔問ちょうもん｜お悔くやみ。
　조상-하다 <u>타</u> 弔問ちょうもんする｜悔くやむ。

조상²(祖上)<u>명</u> 先祖せんぞ｜祖先そせん。예 ~의 묘 祖先の墓はか/ ~ 대대로 전해지는 오래된 책이 있다. 先祖代々だいだいから伝つたえられている古ふるい本ほんがある。

조색(調色)<u>명</u> 調色ちょうしょく。
　조색-하다 <u>자</u> 調色ちょうしょくする。

조서¹(詔書)<u>명</u>【임금의 뜻을 일반에게 알리기 위한 문서】 詔書しょうしょ。

조서²(調書)<u>명</u>【조사한 내용을 기록한 문서】 調書ちょうしょ。예 ~를 꾸미다. 調書を取とる。

조석(朝夕)<u>명</u> ❶【아침저녁】 朝夕ちょうせき｜朝夕あさゆう｜朝晩あさばん。예 ~으로 제법 춥다. 朝夕になかなか寒さむい。❷【조식과 석식】 朝飯ちょうはんと夕飯ゆうはん。

조-석반(朝夕飯)<u>명</u> 朝飯あさはんと夕飯ゆうはん。준 조석

조선¹(祖先)<u>명</u> 祖先そせん｜先祖せんぞ。=조상

조선²(造船)<u>명</u> 造船ぞうせん。
　조선-하다 <u>타</u> 造船ぞうせんする。

조선³(朝鮮)<u>명</u>《역》❶ 古朝鮮こちょうせん。❷ 朝鮮ちょうせん。

조선-소(造船所)<u>명</u> 造船所ぞうせんじょ。

조선 왕조(朝鮮王朝)《역》朝鮮ちょうせん王朝おうちょう。

조선-집(朝鮮—)<u>명</u> ☞한옥

조성¹(組成)<u>명</u> 組成そせい。
　조성-하다 <u>타</u> 組成そせいする。예 물은 수소와 산소로 조성된 물질이다. 水みずは水素すいそと酸素さんそで組成される物質ぶっしつである。

조성²(造成)<u>명</u> ❶【만들어 이룸】 造成ぞうせい。❷【분위기】 醸成じょうせい。
　조성-하다 <u>타</u> ❶ 造成ぞうせいする。예 녹지를 ~. 緑地りょくちを造成する。❷ 醸成じょうせいする。예 사회 불안을 ~. 社会しゃかい不安ふあんを醸成する。

조성³(調性)<u>명</u>《음》調性ちょうせい。

조세(租稅)<u>명</u>《법》租税そぜい。예 ~ 감면 租税減免げんめん/ ~ 조약 租税条約じょうやく/ ~ 회피 租

조세-법(租稅法)[명]〈법〉租税法ざい。=세법
조세 법률주의(租稅法律主義)《법》租税法律主義ほうりつしゅぎ。

조소¹(彫塑)[명]《미》彫塑ちょう。
  조소-하다¹[타] 彫塑ちょうする。

조소²(嘲笑)[명] 嘲笑ちょうしょう｜あざ笑わらい。 ⑩~를 당하다. 嘲笑される。/ ~ 거리가 되다. 嘲笑の的まとになる。
  조소-하다[타] 嘲笑ちょうしょうする｜あざけり笑わらう。

조속-하다(早速一)[형] 速すみやかだ。 ⑩조속한 답변을 부탁합니다. 速やかな答弁べんをお願ねがいします。
  조속-히[부] 速すみやかに。 ⑩~ 처리하다. 速やかに処理しょりする。

조손(祖孫)[명] 祖父そふと孫まご。
조수¹(助手)[명] 助手じょしゅ。
조수²(鳥獸)[명]【動】鳥獣ちょうじゅう。
조수³(潮水)[명] 潮水ちょうすい｜潮水しおみず。=물¹❷・해조³

조숙(早熟)[명] ❶【植】早熟そうじゅく。 ⑩~ 재배 早熟栽培さいばい。 ❷〈심ひなどが精神的せいしんてきに成長せいちょうが早い意〉早熟そうじゅく。
  조숙-하다 Ⅰ [자] 早熟じゅくだ｜普通ふつうより早はく熟じゅくする。
  Ⅱ [형] 早熟じゅくだ｜ませている。 ⑩조숙한 아이 早熟な子こ。

조식(朝食)[명] ☞조반
조심(操心)[명] 気きをつけること｜用心ようじん｜注意ちゅうい。 ⑩산불 ~. 山火事かじの用心。
  조심-하다[자] 気をつける｜用心ようじんする｜注意ちゅういする｜慎つつしむ。 ⑩조심하여 운전하다. 気をつけて運転うんてんする。/ 행동을 ~. 行動こうどうを慎む。

조심-성(操心性)[명] 慎つつしみ｜注意深ちゅういぶかさ。

조심-스럽다(操心一)[형] 用心深ようじんぶかい｜注意深ちゅういぶかい｜控ひかえ目めだ｜つつましい。 ⑩조심스러운 태도를 보이다. つつましい態度たいどに見みえる。
  조심스레[부] 用心深ようじんぶかく｜注意深ちゅういぶかく｜控ひかえ目めに｜つつましく。 ⑩~ 다가가다. 控え目に近ちかづく。

조심-조심(操心操心)[부] 気きをつけて｜注意ちゅういして。 ⑩빙판길을 ~ 걷다. 凍こおりついた道を気をつけて歩く。

조아리다[타] 深ふかく下さげる｜ぬかずく。 ⑩머리를 ~. 頭あたまを深く下げる。

조악-하다(粗惡一)[형] 粗悪あくだ。 ⑩조악한 품질 粗悪な品質ひんしつ。

조약¹(條約)[명] 条約じょうやく。 ⑩~을 맺다. 条約を結むすぶ。

조약²(調藥)[명] ☞조제²(調劑)

조약-국(條約國)[명] 条約国じょうやくこく。

조약-돌 小石こいし｜丸まるい小石こいし。

조약-밭 小石こいしの多おおい畑はたけや地面じめん。

조어(造語)[명] 造語ぞうご。

조언(助言)[명] 助言じょげん｜口添くちぞえ。 ⑩경험자의 ~을 구하다. 経験者けいけんしゃの助言を求もとめる。
  조언-하다[자] 助言じょげんする｜口添くちぞえする。 ⑩분산 투자를 하도록 ~. 分散ぶんさん投資とうしをするように助言する。

조업(操業)[명] 操業そうぎょう。 ⑩~을 단축하다. 操業を短縮たんしゅくする。
  조업-하다[자] 操業そうぎょうする。

조역(助役)[명] 助役じょやく。

조연(助演)[명] 助演じょえん。
  조연-하다[자] 助演じょえんする。

조엽수-림(照葉樹林)[명] 照葉樹林しょうようじゅりん。

조예(造詣)[명] 造詣ぞうけい。 ⑩~가 깊다. 造詣が深ふかい。

조-옮김(調一)[명] 移調いちょう。=이조
  조옮김-하다[타] 移調いちょうする。 ⑩다장조를 나장조로 ~. ハ長調ちょうちょうをロ長調ちょうちょうに移調する。

조용-조용[부] とても静しずかに。 ⑩여기에서는 ~ 얘기해라. ここでは静しずかに話はなしなさい。
  조용조용-히[부] とても静しずかに｜物静ものしずかに。

조용-하다[형] 静しずかだ｜ひっそりしている。 ⑩조용한 재즈 음악이 흐르다. 静かなジャズ音楽おんがくが流ながれる。/ 학교는 조용하고 안심할 수 있는 곳에 있다. 学校がっこうは静かで安心あんしんなところにある。
  조용-히[부] 静しずかに｜もの静しずかに。 ⑩~ 웃다. 静かに笑わらう。/ ~ 살고 싶다. 静かに暮くらしたい。/ ~ 해! 静かにしてくれ。/ ~ 문을 닫다. 静かに戸とを閉しめる。/ 좀 더 여자답게 ~ 말해. もう少し女おんならしく、静かに話はなせ。

조우(遭遇)[명] 遭遇そうぐう。
  조우-하다[자] 遭遇そうぐうする。

조우-전(遭遇戰)[명]〈군〉遭遇戦そうぐうせん。

조운(漕運)[명] 漕運そううん。

조위(弔慰)[명] 弔慰ちょうい。
  조위-하다[타] 弔慰ちょういする。

조위-금(弔慰金)[명] 弔慰金ちょういきん。

조율(調律)⟨명⟩ 調律ちょうりつ。⟨예⟩피아노 ~ ピアノの調律。

조율-하다⟨자⟩ 調律ちょうりつする。

조음(調音)⟨명⟩ 調音ちょうおん。⟨예⟩~기관 調音器官ちょうおんきかん/~법 調音法ちょうおんほう。=조음(調音)

조음-하다⟨자⟩ 調音ちょうおんする｜調律ちょうりつする。

조의(弔意)⟨명⟩ 弔意ちょうい。⟨예⟩~를 표하다. 弔意を表あらわす。

조이다 ①[죄다] 引ひき締しめる。⟨예⟩나사를 ~. ネジを締しめる。②[마음을] (気きを)もむ｜焦こがす｜(息いきを)詰つめる。⟨예⟩마음을 조이며 발표를 기다리다. 気きをもんで発表はっぴょうを待まつ。③[좁히다] 詰つめる。⟨예⟩자리를 조이어 앉다. 席せきを詰つめて座すわる。=죄다¹

조인(調印)⟨명⟩ 調印ちょういん。

조인-하다⟨자⟩ 調印ちょういんする。

조작¹(造作)⟨명⟩[없는 일을 꾸며 만듦] 捏造ねつぞう｜でっち上あげ。

조작-하다¹⟨타⟩ 捏造ねつぞうする｜でっち上あげる。⟨예⟩그것은 조작된 사건이다. それはでっち上あげた事件じけんである。/주가를 ~. 株価かぶかを捏造ねつぞうする。

조작²(操作)⟨명⟩[기계 등을 다룸 또는 다루는 방식] 操作そうさ。⟨예⟩~방법을 모르다. 操作法そうさほうがわからない。

조작-하다⟨타⟩ 操作そうさする。⟨예⟩기계를 능숙하게 ~. 機械きかいを上手じょうずに操作そうさする。

조작-거리다⟨자⟩[아이가 처음으로 걷는 아장아장의 큰말] よちよちと歩あるく。=조작대다

조작-대다⟨자⟩ ☞조작거리다

조작-조작⟨부⟩ よちよちと。⟨예⟩어린아이가 이쪽으로 ~ 걸어오다. 幼おさない子こがこちら側がわによちよちと歩あるいてくる。

조잔-거리다⟨타⟩ しきりに買かい食ぐいをする。=조잔대다

조잔-대다⟨타⟩ ☞조잔거리다

조잔-부리⟨명⟩ ❶しきりに買かい食ぐいをすること。❷おやつ。

조잘-거리다⟨자⟩ ❶[참새가] しきりにさえずる。⟨예⟩참새가 쉴 새 없이 조잘거린다. すずめが休やすむまもなく、ピーチクピーチクさえずっている。❷[낮은 목소리로] 小声こごえでしきりに喋しゃべる。=조잘대다

조잘-대다⟨자⟩ ☞조잘거리다

조잘-조잘¹⟨부⟩ ❶[참새 따위] しきりにさえずるさま。❷[남몰래 낮은 목소리로 계속하는 모양] (小声こごえで)ぺちゃくちゃ｜ぺちゃくちゃ。

조잘-조잘²⟨부⟩[물건 따위가 조금 달려 있는 모양] だらり(と)。

조잡-스럽다(粗雜-)⟨형⟩ ❶[치레] 食くいしん坊ぼうだ｜食くい意地いじが汚きたない。❷[거칠고 잡됨] 粗雑ざつだ｜粗末まつだ｜粗悪あくだ。⟨예⟩참 조잡스러운 글이다. 本当ほんとうに粗雑ざつな文章ぶんしょうである。

조잡스레⟨부⟩ ❶食くいしん坊ぼうに。❷粗雑ざつに｜粗末まつに｜粗悪あくに。

조잡-하다(粗雜-)⟨형⟩ 粗雑ざつだ｜粗悪あくだ｜粗末まつだ。⟨예⟩조잡하게 만든 장난감 粗雑ざつに造つくったおもちゃ/조잡한 제품을 팔다. 粗雑ざつな製品せいひんを売うる。

조장¹(助長)⟨명⟩ 助長じょちょう。

조장-하다⟨타⟩ 助長じょちょうする。⟨예⟩소비를 ~. 消費しょうひを助長じょちょうする。

조장²(組長)⟨명⟩ 組くみの長ちょう｜組頭くみがしら。

조전(弔電)⟨명⟩ 弔電ちょうでん。⟨예⟩~을 치다. 弔電ちょうでんを打うつ。

조절(調節)⟨명⟩ 調節ちょうせつ。⟨예⟩음량 ~ 音量おんりょう調節ちょうせつ/온도 ~ 기능이 있다. 温度おんど調節機能ちょうせつきのうがある。

조절-하다⟨타⟩ 調節ちょうせつする。⟨예⟩식사량을 조절해서 주다. 食事量しょくじりょうを調節ちょうせつしてやる。

조정¹(朝廷)⟨명⟩ 朝廷ちょうてい。

조정²(漕艇)⟨명⟩⟨운⟩漕艇そうてい。⟨예⟩~경기 漕艇競技そうていきょうぎ。

조정³(調停)⟨명⟩ 調停ちょうてい。

조정-하다⟨타⟩ 調停ちょうていする。⟨예⟩분쟁을 ~. 紛争ふんそうを調停ちょうていする。

조정⁴(調整)⟨명⟩ 調整ちょうせい。

조정-하다⟨타⟩ 調整ちょうせいする。⟨예⟩남녀의 수를 조정하여 뽑다. 男女だんじょの数かずを調整ちょうせいして選えらぶ。/강도를 ~. 強度きょうどを調整ちょうせいする。

조정-력(調整力)⟨명⟩ 調整力ちょうせいりょく｜コーディネーション。

조제¹(粗製)⟨명⟩ 粗製そせい。

조제²(調劑)⟨명⟩⟨약⟩調剤ちょうざい。=조약²

조제-하다⟨자타⟩ 調剤ちょうざいする。⟨예⟩감기약을 ~. 風邪かぜの薬くすりを調剤ちょうざいする。

조제-사(調劑師)⟨명⟩ 調剤師ちょうざいし。

조제-약(調劑藥)⟨명⟩ 調剤薬ちょうざいやく。

조제-품(粗製品)⟨명⟩ 粗製品そせいひん。

조조(早朝)⟨명⟩ 早朝そうちょう。

조종(操縱)⟨명⟩ 操縦そうじゅう。

조종-하다⟨타⟩ 操縦そうじゅうする｜操あやつる。⟨예⟩비행기를 ~. 飛行機ひこうきを操縦そうじゅうする。/배후에서 마음대로 ~. 背後はいごから思おものままに操あやつる。

조종-간(操縱杆)⟨명⟩ 操縦桿そうじゅうかん。

조종-사(操縱士)⟨명⟩ 操縦士そうじゅうし｜パイロット。

조준(照準)圓 照準ょ。 예~거리 照準距離。/~망원경 照準望遠鏡。
　조준-하다田 照準ょする。예과녁을 ~. 的を照準する。

조준-기(照準器)圓《군》照準器ょ。
조준-선(照準線)圓《군》照準線ょ。
조지다田 ❶【죄어서】取り締まる。예외출하지 못하게 ~. 出掛けないように取り締まる。❷【흠씬】ひどく叩く｜殴る。❸【못쓰게】台無しにする。예신세를 ~. 一生を台無しにする。

조직(組織)圓 組織ぞ。예회사의 ~을 개편하다. 会社の組織を改める。
　조직-하다田 組織ぞする。예청년들로 조직된 단체 青年から組織された団体｜단체를 ~. 団体を組織する。

조직-적(組織的)冠 組織的ぞ。
조직-체(組織體)圓 組織体ぞ。
조짐(兆朕)圓 兆し｜兆候ちょう｜前触まえれ。예~이 좋지 않다. 兆しがよくない。/~이 보이다. 兆候が見える。

조차圉 —さえ｜—まで｜—も｜—すら。예보기조차 아깝다. 見ることも惜しい。/이름조차 알지 못한다. 名前まえさえわからない。

조차²(潮差)圓 潮差ちょう。예~가 10미터도 넘는 지역 潮差が10mも越える地域ちき。
조차-장(操車場)圓 操車場そうしゃ。
조차-지(租借地)圓 租借地そしゃく。
조찬-회(朝餐會)圓 朝餐会かい。
조청(造淸)圓 水飴みず。
조촐-하다形【아당하고 소박하다】こぢんまりとしている｜質素しょだ。예살림이 ~. 暮らしがこぢんまりとしている。/가게가 ~. お店がこぢんまりとしている。/가족끼리 조촐하게 결혼식을 치르다. 家族どくで質素に結婚式を行おこなう。=조하다¹
　조촐-히圉 こぢんまりと｜質素に。

조촘-거리다田 ためらう｜もじもじする｜ぐずつく。예문 밖에서 조촘거리고 있다. 戸外でためらっている。=조촘대다
조촘-대다圍 ☞조촘거리다
조촘-병(—病)圓【망설이는 경향이나 버릇이 잘 하고 잘 하다】ためらいがちな性格。예그녀에게는 ~이 있다. 彼女にはためらいがちな性格がある。
조촘-조촘圉 ぐずぐず｜もじもじ。
조춘(早春)圓 早春そう。
조치¹圓 ❶煮詰めた濃いチゲ(찌개)。❷鉢に盛って膳にのせたおかず。
조치²(措置)圓 措置そ。예~를 취하다. 措置を取る。/~를 강구하다. 措置を講ずる。
　조치-하다田 措置そする。

조치-개圓 つき物。
조침-젓圓 種々の魚ざかなの塩辛しお。예여러 가지 생선 맛을 볼 수 있는 ~ 種種類の魚の味が見られるざこの塩辛。

조카圓【생질】甥おい｜姪めい。
조카-딸圓 姪めい = 질녀
조카-며느리圓 甥の妻つま。
조카-사위圓 姪の夫おっと。
조커(joker)圓《운》ジョーカー。
조타(操舵)圓 操舵そう。
　조타-하다田 操舵そうする。
조퇴(早退)圓 早引ばやき｜早退そう。
　조퇴-하다田 早引きする｜早退そうする。예몸이 아파서 조퇴했다. 体からの調子が悪くて早引きした。

조판(組版)圓《출》組み版｜植字しょく。
　조판-하다田 組み版はんをする。
조팝-나무圓《식》ヒトエノシジミバナ。
조폐(造幣)圓 造幣へい。
　조폐-하다田 貨幣へいをつくる。
조포(粗布)圓 粗布ふ。
조포-하다(粗暴—)形 粗暴そうだ。
조표(調標)圓《음》調号ごう。
조-하다¹形 ☞조촐하다
조-하다(躁—)形 せっかちだ｜性急しゅうだ。
조합¹(組合)圓 ❶【단체】組合ぞ。예노동~ 労働組合。❷《수》組み合わせ。❸【만들어】組み合わせ。
　조합-하다田 ❶《수》組み合わせる。❷組み合わせる。예퍼즐을 ~. パズルを組み合わせる。
조합²(調合)圓 調合ごう。
　조합-하다田 調合ごうする。
조합-원(組合員)圓 組合員いん。
조항(條項)圓 条項じょう。=조목
조행(操行)圓 操行ぎょう。
조현(調絃)圓《음》調弦ちょう。
조형(造形)圓 造形けい。
　조형-하다田 造形けいする。
조형 미술(造形美術) ☞조형 예술
조형 예술(造形芸術)《예》造形芸術げいじゅつ。=조형 미술
조혼(早婚)圓 早婚こん。
　조혼-하다田 早婚こんする。
조화¹(造化)圓 ❶【천지】造化か。예~의 묘 造化の妙みょう。❷とても巧妙なこと｜

神妙(しんみょう)なこと。例 이것은 또 무슨 ~인지 모르겠다. どうしてまたこんな不思議なことができたのかわからない。/~를 부리다. 不思議なことを起こす。

조화²(造花)명 造花(ぞうか)。

조화³(調和)명 調和(ちょうわ)｜釣(つ)り合(あ)い。예 색감의 ~ 色感(いろかん)の調和/~를 이루다. 調和を成(な)す。
　조화-하다 調和(ちょうわ)する。

조화-롭다(調和一)형 調和(ちょうわ)している｜釣(つ)り合(あ)いがとれている。
　조화로이튀 調和(ちょうわ)して｜釣(つ)り合(あ)いをとって。

조회¹(朝會)명 朝会(ちょうかい)｜朝礼(ちょうれい)。
　조회-하다 자 朝会(ちょうかい)をする｜朝礼(ちょうれい)をする。

조회²(照會)명 照会(しょうかい)。
　조회-하다 타 照会(しょうかい)する。예 신원을 ~. 身元(みもと)を照会する。

족¹튀 ❶【늘어선 모양】ずらりと｜ずらっと。예 줄을 지어 ~ 앉아 있다. 列(れつ)になってずらっと座(すわ)っている。❷【한눈에 훑어】ざっと。예 ~ 훑어 보다. ざっと目(め)を通(とお)す。❸【단숨에】ぐっと。예 ~ 들이켜다. ぐいっと飲(の)み干(ほ)す。/~ 들이마시다. ぐっと飲(の)む。

족²(足) I 명 脚(あし)。
　Ⅱ 의 ☞켤레

족대기다 ❶【재촉하다】せきたてる｜責(せ)め立(た)てる。예 그렇게 족대겨도 일을 기한보다 빨리 끝내지는 못한다. そんなにせきたてても、仕事(しごと)を期限(きげん)より早(はや)く終(お)えることはできない。❷【강요】無理強(むりじ)いする｜我(が)を張(は)る｜押(お)し付(つ)ける。예 자신의 말이 맞다고 ~. 自分(じぶん)の話(はなし)が正(ただ)しいと、やたらに我(が)を張る。

족보(族譜)명 族譜(ぞくふ)｜家系図(かけいず)。

족속(族屬)명 ❶【친족】一門(いちもん)｜身内(みうち)。❷【얕잡는 뜻으로】輩(やから)｜仲間(なかま)｜連中(れんちゅう)。예 저런 ~들은 고마움을 모른다. あんな輩はありがたさを知(し)らない。

족쇄(足鎖)명 足枷(あしかせ)。

족자(簇子)명 掛(か)け軸(じく)｜掛(か)け物(もの)。

족장(族長)명 族長(ぞくちょう)。

족제비명 (動)鼬(いたち)。예 그 남자의 작은 얼굴이 ~처럼 날카롭게 보인다. その男(おとこ)の小(ちい)さな顔(かお)はイタチのように鋭(するど)い。
　족제비도 낯짝이 있다속담 いたちにも対面(たいめん)がある：「身勝手(みがって)な人(ひと)」の意。

족족의【一하는 때마다】一するたびに｜ことごとく。예 용돈을 타는 ~ 다 써 버리다. 小遣(こづか)いをもらい次第(しだい)、全部(ぜんぶ)ついやしてしまう。/가는 데 ~ 환영 인파다. 行(ゆ)く先々(さきざき)ごとに歓迎(かんげい)の人並(ひとな)みだ。

족집게명 ❶【털뽑이】毛抜(けぬ)き。❷【정확하게 알아 맞추는 사람】正確(せいかく)に当(あ)てる人(ひと)。

족치다 타 ❶【흠씬 두들기다】めちゃめちゃに殴(なぐ)る｜滅多打(めったう)ちする。예 몽둥이로 족쳐 자백을 받다. 棒(ぼう)で滅多打ちして自白(じはく)をとる。/언젠가는 반드시 잡아서 족쳐 줄 테니까. いつかは必(かなら)ず捕(つか)まえて、めちゃめちゃに殴ってやるからな。/아무리 족쳐도 입을 열지 않다. いくら責(せ)めても口(くち)を開(ひら)かない。❷【사업·재산 등을 줄이다】(事業(じぎょう)·財産(ざいさん)などを)縮小(しゅくしょう)する｜減(へ)らす。예 경기가 좋지 않아 사업을 ~. 景気(けいき)が悪(わる)くて事業を縮小する。

족-하다(足一)형 足(た)りる｜十分(じゅうぶん)だ。예 이 정도면 ~. この程度(ていど)なら足りる。/이것으로 족합니다. これで十分です。
　족-히튀 優(ゆう)に｜十分(じゅうぶん)に。예 100명이 먹고도 ~ 남을 정도의 음식이다. 百人(ひゃくにん)が食(た)べてからも十分に残(のこ)るだけの食(た)べ物(もの)である。

존경(尊敬)명 尊敬(そんけい)。
　존경-하다 타 尊敬(そんけい)する｜敬(うやま)う。예 존경할 만한 사람 尊敬できる人(ひと)/존경하는 마음이 생기다. 尊敬の念(ねん)が生(しょう)ずる。

존경-어(尊敬語)명 (言)尊敬語(そんけいご)。

존귀(尊貴)명 尊貴(そんき)。
　존귀-하다 형 尊(とうと)い。

존대(尊待)명 ❶敬(うやま)ってもてなすこと｜敬う態度(たいど)で接(せっ)すること。❷【공손한 말씨】丁寧(ていねい)な言葉遣(ことばづか)いをすること。
　존대-하다 타 ❶敬(うやま)ってもてなす｜敬う態度で接する。예 시부모를 ~. 舅(しゅうと)と姑(しゅうとめ)をよく敬い尊(とうと)ぶ。❷丁寧(ていねい)な言葉遣(ことばづか)いをする。

존대-어(尊待語)명 (言)尊敬語(そんけいご)。

존득-거리다 자 しこしこする。=존득대다

존득-대다 ☞존득거리다

존득-존득튀 しこしこ。

존망(存亡)명 存亡(そんぼう)｜存亡(ぞんぼう)。

존속(存續)명 存続(そんぞく)。
　존속-하다 자 存続(そんぞく)する。예 그때의 제도가 지금도 존속한다. あの時(とき)の制度(せいど)が今(いま)も存続している。

존엄(尊嚴)명 尊厳(そんげん)。
　존엄-하다 형 尊厳(そんげん)だ。

존엄-성(尊嚴性)명 尊厳性(そんげんせい)。

존장(尊長) 명 尊長さん｜長上ちょう。 ~

존재(存在) 명 存在ざい。 예꼭 필요한 ~ 必要ひつよず 必要ひつような 存在/ 암적인 ~ 癌がんのような 存在。

존재-하다 재 存在ざいする。

존중-하다(尊重—) 尊重ちょうする。 예소수의 의견을 ~. 少数しょうすうの 意見いけんを 尊重する。

　존중-히 尊重ちょうして｜大事だいじに｜大切たいせつに。

존칭(尊稱) 명 尊稱そん｜敬称けいしょう。

　존칭-하다 尊とうんで 称しょうずる。

존칭-어(尊稱語) 명 ☞높임말

존폐(存廢) 명 存廢ぞん。

졸(卒) 명 《운》 卒そつ。

졸가리 명 ❶【원가지 끝부분】 葉はの 落おちた 枝えだ。 ❷【사물의 요점】 あらすじ｜大要たいよう。

졸개(卒—) 명 手下てした｜ちんぴら。

졸고(拙稿) 명 【보잘것없는 원고】 拙稿せっこう。

졸깃-졸깃 しこしこと。

졸깃-하다 형 しこしこする。 예졸깃하게 씹히는 맛이 그만이다. しこしことした 歯触はざわりがとてもいい。

졸다[자] ❶【액체가 줄다】 煮詰につまる。 ❷【줄다】 物怖ものじする｜萎縮いしゅくする。

졸다 자 居眠いねむりする｜まどろむ｜うとうとする。 예조는 걸 보니 몸이 많이 피곤한가 보다. 居眠りするのを 見みると、体からだがずいぶん 疲つかれているようだ。 / 의자에 앉아서 ~. 椅子いすに 座すわってうとうとする。 / 버스에서 ~. バスで 居眠りする。 / 학생들이 수업 시간에 꾸벅꾸벅 ~. 学生がくせい達たちが 授業中じゅぎょうちゅうにうとうと 居眠りをする。

졸도(卒倒) 명 卒倒そっとう。

　졸도-하다 卒倒そっとうする。

졸-들다 発育はついくが 悪わるい｜衰おとろえ 縮ちぢまる。 예올 농작물이 ~. 今年ことしの 農作物のうさくぶつの 発育が 悪い。

졸-때기 명 下っ端はした｜みすぼらしい 人ひと。

졸라-매다 타 締し締めつける｜きつくしめる。 예허리띠를 졸라매고 달리다. 腰こしひもをぎゅっと 締つけて 走はしる。

졸랑-거리다 자 おっちょこちょいにでしゃばる。 =졸랑대다

졸랑-대다 자 ☞졸랑거리다

졸래-졸래 부 【행동이 가볍고 경망스러움】 おっちょこちょいに｜ちょこちょこ(と)。

졸렬-하다(拙劣—) 형 拙劣せつれつだ｜つたない。 예졸렬한 방법을 쓰다. 拙劣な 方法ほうほうを 使つかう。

졸리다 자 ❶【재촉받다】 せかまれる｜ねだられる｜せき立たてられる。 예빛에 ~. 借金しゃっきんをせき立てられる。 ❷【죄이다】 締しめ付つけられる｜絞しめられる。 예이 스웨터는 목이 졸려 불편하다. このセーターは 首くびが 絞しめられて 楽らくでない。

졸리다[자] 眠ねむい｜眠ねむたい。 예그가 졸린 눈으로 나를 바라보았다. 彼かれが 眠たい 目めで 私わたしを 見みつめた。 / 졸려서 그만 자야겠다. 眠いのでもう 寝ねないといけない。

졸망-졸망 부 【모양이나 전체의 느낌】 可愛かわいらしく 群むらがっているさま。 예유치원생들이 ~ 모여 있다. 幼稚園児ようちえんじらが 可愛らしく 集あつまっている。

졸부(猝富) 명 成金なりきん。 =벼락부자

졸아-들다 자 煮詰につまる。 예국물이 졸아들어 거의 없다. 汁しるが 煮詰まってほとんどない。

졸아-붙다 자 煮詰につまる。

졸업(卒業) 명 卒業そつぎょう。 예~ 앨범 卒業アルバム / ~ 사진을 찍다. 卒業写真しゃしんを 撮とる。

　졸업-하다 卒業そつぎょうする。

졸업-기(卒業期) 명 卒業そつぎょうするころ。

졸업-반(卒業班) 명 卒業そつぎょうするクラス。

졸업-생(卒業生) 명 卒業生そつぎょうせい。

졸업-식(卒業式) 명 卒業式そつぎょうしき。

졸업-장(卒業狀) 명 卒業証書そつぎょうしょうしょ。 =졸업증

졸연-하다(猝然—·卒然—) 형 ❶【갑작스럽다】 卒然そつぜんだ｜突然とつぜんだ｜出し抜ぬけだ｜不意ふいである。 예그의 졸연한 죽음에 모두 놀라다. 彼かれの 卒然の 死ししにみんな 驚おどろく。 ❷【쉽고 만만하다】 たやすい｜簡単かんたんだ。 예이번 일은 결코 졸연하지 않다. 今度こんどの 仕事しごとは 決けっしてたやすくない。

　졸연-히 부 ❶ 卒然そつぜん｜卒然に。 ❷たやすく｜簡単かんたんに。

졸음 명 眠気ねむけ。 예몹시 ~이 오다. 激はげしく 眠気がする。 / 눈을 비벼서 ~을 쫓다. 目めをこすって 眠気を 追おい 払はらう。 / ~이 몰려온다. 眠気が 襲おそってくる。

졸-이다 타 ❶【애태우다】 もむ｜やきもきする。 예마음을 ~. 気きをもむ。 ❷【바특하게】 煮詰につめる｜煮にる。

졸작(拙作) 명 拙作せっさく。

졸-장부(拙丈夫) 명 【보잘것없는 남자】 度量どりょうの 狭せまい 男おとこ｜小心者しょうしんもの。

졸저(拙著) 명 【보잘것없는 저서】 拙著せっちょ。

졸졸 [부] ❶【뒤를 따라다】ぞろぞろ(と)。❷【가는 물줄기 계속 흐르는】さらさら｜ちょろちょろ(と)。예 ~ 흐르는 물을 손 안에 받았다. ちょろちょろと流れる水を、手のひらで受けた。/ 작은 구멍 속에서 물이 ~ 흘러나온다. 小さい穴の中から水がちょろちょろと流れ出る。❸【미끄럽게 움직이는】ずるずる｜ぞろぞろ。❹【굵은 눈물 흐름】ぽろぽろ。❺【거침없이 나오는 말씨】すらすら(と)。

졸졸-거리다 [자] ちょろちょろ流れる。
=졸졸대다

졸졸-대다 [자] ☞ 졸졸거리다

졸지-에(猝地—) [부] 出し抜けに｜にわかに｜不意に。예 홍수로 마을이 ~ 물바다가 되었다. 大水害で村がにわかに水浸しになった。

졸-참나무 《식》 楢。예 다람쥐가 ~ 위로 쪼르르 뛰어오른다. リスがナラの木の上にするすると駆け上がる。

졸-하다(拙—) [형] ❶【솜씨가】まずい。❷【재주가】下手だ｜つたない。

좀¹ 《동》 衣魚｜衣魚虫。
좀이 쑤시다 [관용] (何かをしたくて)むずむずする｜じっとしていられない。

좀² [부] ❶【조금만】少しに｜ちょっと｜やや｜少々。예 이게 ~ 더 크다. こっちの方がもう少し大きい。/ 오늘은 ~ 일찍 가야겠다. 今日はちょっと早く帰る。/ ~ 춥다. やや寒い。❷【부탁할 때 쓰는 말】ちょっと｜まあ｜どうぞ。예 그건 ~ 곤란합니다. それはちょっと困ります。/ 가방 ~ 들어주시겠소? ちょっと鞄を持っていただけませんか。❸【얼마나】どんなにか｜さぞ｜いかほど。예 밤을 새워 일했으니 ~ 피곤할까? 徹夜して仕事をしたもの、どんなに疲れることだろう。

좀-것 [명]【좁으면서 대단찮게 만들어 놓은】こまかくてこせこせした人。예 내가 다 만나 봤는데, ~ 들밖에 없어. 俺が皆にあってみたが、こせこせした人しかいなかった。

좀-꾀 [명] けちな策｜浅知恵。예 그런 ~ 에 넘어갈 내가 아니지! そんな浅知恵に引っ掛かる僕ではないよ。/ ~ 부리지 말고 일해라. 浅知恵を働かしていないで働け。

좀-도둑 [명] こそ泥。예 나는 너와 같은 ~ 하고는 질부터가 달라. 俺はお前のようなこそ泥とたちが違う。

좀-되다 [형] みみっちい｜けちくさい｜しみったれだ。

좀-먹다 Ⅰ [자]【좀이】蝕む｜衣魚が食う。Ⅱ [타]【해롭게】蝕む。예 우리의 정신을 좀먹는 나쁜 책 我々の精神を蝕む悪書。

좀-생원(一生員) [명] しみったれな人。예 어째 사내대장부가 돼서 하는 짓은 ~이요? どうして丈夫なのに、やってることはしみったれな人なのよ。

좀-생이 [명] ❶度量が狭い人｜みみっちい人。예 그는 10원에도 벌벌 떠는 ~이다. 彼は10ウォンでもけちけちするみみっちい人だ。❷【보잘것없이 잘난 모양】昴は。

좀-스럽다 [형] ❶【도량이】こせこせしている｜みみっちい。❷【규모가】ちっぽけだ。
좀스레 [부] ❶【도량이】こせこせして｜みみっちく。❷【규모가】ちっぽけに。

좀-약(一藥) [명] 衣魚の防虫剤。

좀-처럼 [부] なかなか｜めったに。예 상처가 ~ 낫지 않는다. 傷がなかなか治らない。/ 이런 일은 ~ 없다. このようなことはめったにない。=좀체

좀-체 [부] ☞ 좀처럼

좀쳇-것 [명] 並みのもの｜普通のもの。

좀-팽이 [명] しみったれ。예 자꾸 ~처럼 굴래? いつまでしみったれてるんだ。/ 이 ~ 같은 녀석, 한번쯤은 밥 좀 사 봐. このしみったれやろうめ、一回くらいはご飯おごってみろ。

좁다 [형] ❶【폭이·크기·면적이 적다】狭い｜小さい。예 좁은 교실 狭い教室／길이 ~. 道が狭い。/ 시야가 ~. 視野が狭い。❷【마음】狭い。예 도량이 ~. 度量が狭い。/ 마음이 ~. 心が狭い。

좁-다랗다 [형] とても狭い｜狭苦しい。

좁쌀 [명] ❶【쌀알】粟。=소미 ❷【도량】せせこましい人。

좁쌀-눈 [명]【작은】とても小さい目。예 ~ 으로 제대로 보이기나 해? その小さい目でまともに見えるのか。

좁쌀-미음(一米飮) [명] 粟の重湯。

좁쌀-영감(一令監) [명] 度量が狭くて細々しいことに口うるさい老人。예 우리 남편은 나이 먹더니 점점 ~이 되어 간다. 私のご主人は年をとるにつれ、ますます度量が狭くて細々しいことに口うるさい老人になっていく。

좁-히다 [타] 狭める｜絞る。예 범위를 ~. 範囲を狭める。/ 자리를 좁혀서 앉다. 席を狭めて座る。

종¹ [명]【식물의】薹。예 ~을 꺾다. 薹を折る。

종²(명) 下人ᡧ᠂ᡅ᠋᠂᠃᠈᠈᠃᠂᠃᠂᠃᠈᠈᠂᠃᠈᠃᠂᠃᠂᠃᠂᠃᠂᠃᠂᠃᠂᠃᠂᠈ | 奴婢ᡩ᠂ | 召ᡧし使ᡩいい | 僕ᡩくも᠃

종³(種) ☞종류

종⁴(鐘)(명) 鐘ᡩね᠂ | リン | ベル᠃ (예)~을 치다. 鐘を突ᡩく᠃ 鐘を鳴ᡩらす᠃ / ~이 울리다. 鐘が鳴ᡩる᠃

종가(宗家)(명) 宗家ᡩけ᠂ =종갓집

종각(鐘閣)(명) 鐘楼ᡩりょう | 鐘つき堂ᡩどう᠃

종간(終刊)(명) 終刊ᡧしゅうかん᠃

종갓-집(宗家一)(명) ☞종가

종-개념(種概念)(명) 《철》種概念ᡩしゅがいねん᠃

종결(終結)(명) 終結ᡧしゅうけつ | 終わり᠃ (예)이것으로 이 문제는 ~을 지읍시다. これでこの問題ᡩだいは終結しましょう᠃

종결-하다(타) 終結ᡧしゅうけつする | 終ᡩえる᠃ (예)냉전 시대가 종결되다. 冷戦ᡩれいせんの時代ᡩじだいが終結する᠃

종결-형(終結形)(명) 《언》終結形ᡧしゅうけつけい᠃

종곡(種穀)(명) 種ᡩたねにする穀物ᡩこくもつ᠃ =씨곡

종교(宗教)(명) 宗教ᡧしゅうきょう᠃ (예)~ 전쟁 宗教戦争ᡩせんそう / ~ 단체 宗教団体ᡩだんたい / ~ 음악 宗教音楽ᡩおんがく / ~ 개혁 宗教改革ᡩかいかく / ~ 재판 宗教裁判ᡩさいばん᠃ 준교(教)

종교 무용(宗教舞踊)(명) (예)宗教舞踊ᡧしゅうきょうぶよう᠃

종교-인(宗教人)(명) 宗教人ᡧしゅうきょうじん᠃

종교-적(宗教的)(관) 宗教的ᡧしゅうきょうてき᠃

종교-학(宗教學)(명) 《철》宗教学ᡧしゅうきょうがく᠃

종교-화(宗教畵)(명) 《미》宗教画ᡧしゅうきょうが᠃

종국(終局)(명) 終局ᡧしゅうきょく | 大詰ᡩおおづめ᠃ (예)~에 가서 거짓임이 드러났다. 終局のところ嘘ᡩうそだとばれた. / 전쟁이 ~을 맞이하다. 戦争ᡩせんそうが大詰めを迎ᡩむかえる᠃

종국-적(終局的)(명) 終局的ᡧしゅうきょくてき᠃

종군(從軍)(명) 従軍ᡧじゅうぐん᠃ (예)~ 기자 従軍記者ᡩきしゃ / ~ 작가 従軍作家ᡩさっか᠃

종군-하다(자) 従軍ᡧじゅうぐんする᠃

종군-기(從軍記)(명) 従軍記ᡧじゅうぐんき᠃

종기(腫氣)(명) 腫ᡩはれ物ᡩもの | 出来物ᡩできもの | おでき᠃ (예)~가 나다. 腫れ物ができる᠃

종내(終乃)(부) ❶【끝내】最後ᡩさいごまで᠃ (예)~ 입을 열지 않다. 最後まで黙ᡩだまる᠃ / ~ 약속 장소에 나타나지 않다. 最後まで約束ᡩやくそくの場所ᡧばしょに現ᡩあらわれない. ❷【마침내】とうとう | ついに | 結局ᡩけっきょく᠃ (예)~ 비밀을 말하다. ついに秘密ᡩひみつをあばく᠃

종-내기(種—)(명) 品種ᡩひんしゅ | 種類ᡩしゅるい᠃ =종락(種落)

종다리(명) ☞종달새

종-다수(從多數)(명) 多数ᡩたすうの意見ᡧいけんに従ᡩしたがうこと᠃

종다수-하다(자) 多数ᡩたすうの意見ᡧいけんに従う᠃

종단(縱斷)(명) 縦断ᡧじゅうだん᠃

종단-하다 縦断ᡧじゅうだんする᠃ (예)대륙을 ~. 大陸ᡩたいりくを縦断する᠃

종달-새《동》ひばり. =종다리

종달-종달(부)【불평하는 모습】ぶつぶつ | くどくど | ぐずぐず

종달종달-하다(자) ぶつぶつする᠃ (예)못마땅하여 종달종달했다. 気ᡩきに食ᡩくわないとぶつぶつ言ᡩいった᠃

종-대¹(명) 《식》ネギ·ニンニクなどの真ᡩまん中ᡩなかから出ᡩでる茎ᡩくき᠃

종대²(縱隊)(명) 縦隊ᡧじゅうたい᠃

종돈(種豚)(명) ☞씨돼지

종두(種痘)(명) 種痘ᡧしゅとう᠃

종래(從來)(명) 従来ᡩじゅうらい᠃ (예)~의 방식대로 하자. 従来の方式ᡩほうしきどおりにしよう᠃

종려(棕櫚)(명) ☞종려나무

종려-나무(棕櫚—)(명) 《식》棕櫚ᡧしゅろ᠃ =종려

종료(終了)(명) 終了ᡧしゅうりょう᠃

종료-하다(타) 終了ᡧしゅうりょうする᠃ (예)경기가 종료되다. 試合ᡩしあいが終了する᠃

종루(鐘樓)(명) 鐘楼ᡧしょうろう | 鐘ᡩかねつき堂ᡩどう᠃

종류(種類)(명) 種類ᡧしゅるい᠃ =종³(種)

종마(種馬)(명) ☞씨말

종막(終幕)(명) 終幕ᡧしゅうまく᠃ (예)~을 고하다. 終幕を告ᡩつげる᠃

종말(終末)(명) 終末ᡧしゅうまつ | 終わり᠃ (예)사건의 ~을 알지 못하다. 事件ᡩじけんの終わりがわからない᠃

종목(種目)(명) 種目ᡩしゅもく᠃

종묘¹(宗廟)(명) 《역》【역대 임금·왕비의 위패를 모시는 사당】宗廟ᡧそうびょう᠃ 준묘(廟)

종묘²(種苗)(명) 【심기 위한 씨·싹】種苗ᡧしゅびょう᠃

종묘-하다(자) 苗木ᡩなえきを植ᡩうえて育ᡩそだてる᠃

종묘-장(種苗場)(명) 種苗場ᡧしゅびょうじょう᠃

종무소식(終無消息)(명) ついに何ᡩなんの消息ᡩしょうそくもないこと᠃ (예)고향을 떠난 후 ~이다. 故郷ᡩこきょうを去ᡩさってから何の便ᡩたよりもない᠃

종반(終盤)(명) 終盤ᡧしゅうばん᠃

종별(種別)(명) 種別ᡧしゅべつ | 類別ᡩるいべつ᠃

종별-하다 種別ᡧしゅべつする | 類別ᡩるいべつする᠃

종사(從事)(명) 従事ᡧじゅうじ᠃

종사-하다(자) 従事ᡧじゅうじする | 勤ᡩつとめる᠃ (예)연구 개발에 ~. 研究ᡩけんきゅう開発ᡩかいはつに従事する᠃

종-살이(명) 下人暮ᡩげにんぐらし᠃

종살이-하다(자) 下人暮ᡩげにんぐらしをする᠃

종서(縱書)(명) ☞세로쓰기

종선(縱線)(명) ☞세로줄

종성(終聲)[명] 《언》[윗말받침] 終声しゅう｜音節末まつの子音いん。=끝소리❶

종-소리(鐘一)[명] 鐘かねの音おと｜鐘声せい。

종속(從屬)[명] 従属じゅぞく。[예] ~ 관계 従属関係かんけい / ~ 변수 従属変数じゅぞくへんすう。
　　종속-하다 従属じゅぞくする。

종속-국(從屬國)[명] 《정》従属国じゅうぞくこく。

종속-적(從屬的)[관형] 従属的じゅうぞくてき。

종손(宗孫)[명] 宗家そうけの一番上いちばんうえの孫まご。

종숙(從叔)[명] ☞오촌

종시(終是)[부] ついに｜終おわりまで。

종식(終熄)[명] 終息しゅうそく。
　　종식-하다[자] 終息しゅうそくする。[예] 전쟁이 종식되기를 바란다. 戦争せんそうが終息しゅうそくすることを願ねがう。

종신(終身)[명] ❶[終身] 一生いっしょうを終おえること。❷[終身] 終身しゅうしん｜終生しゅうせい。[예] ~ 보험 終身保険ほけん / ~ 고용 終身雇用こよう / ~ 연금 終身年金ねんきん。

종씨(宗氏)[명] 親戚しんせきではないが同姓どうせいの人ひと。

종아리[명] ふくら脛はぎ｜脾はぎ。[예] 할아버지에게 ~를 맞다. おじいさんにふくら脛はぎを打うたれる。 / ~를 매우 세게 치다. ふくらはぎをとても強つよく打うつ。

종알-거리다[자] ぶつぶつ言いう。[예] 조그만 아이들이 종알거리며 집에 간다. 小ちいさな子供こどもがぶつぶつと言いながら家いえに帰かえる。=종알대다

종알-대다[자] ☞종알거리다

종알-종알[부][어린이나 목소리 작은 사람들이 중얼거리는] ぶつぶつ。
　　종알종알-하다[자] ぶつぶつする。

종양(腫瘍)[명] 《의》腫瘍しゅよう。=육종

종업¹(從業)[명] [일하는 사람의 입장에서] 従業じゅうぎょう。
　　종업-하다[자] 従業じゅうぎょうする。

종업²(終業)[명] [학교에서 학기가 끝나는] 終業しゅうぎょう。
　　종업-하다[자타] 終業しゅうぎょうする。

종업-원(從業員)[명] 従業員じゅうぎょういん。

종-없다[형] ☞종작없다
　　종없-이[부] ☞종작없이

종영(終映)[명] 終映しゅうえい。
　　종영-하다[자타] 終映しゅうえいする。

종용(慫慂)[명] 慫慂しょうよう。
　　종용-하다[자타] 慫慂しょうようする。[예] 대통령 출마를 ~. 大統領だいとうりょう出馬しゅつばを慫慂しょうようする。

종우(種牛)[명] ☞씨소

종유-석(鍾乳石)[명] 鍾乳石しょうにゅうせき。=돌고드름

종이[명] 紙かみ｜ペーパー。[예] ~로 만든 집 紙かみで作つくった家いえ / ~ 한 장의 차이 紙一重かみひとえの差さ / 두꺼운 ~가 필요하다. 厚あつい紙かみがいる。 / ~로 싸다. 紙かみで包つつむ。

종이-쪽[명] 紙切かみきれ。

종이-풍선(一風船)[명] 紙風船かみふうせん。

종이-호랑이[명] [겉으로는 강해 보이지만 실제는 약한 사람을 비유하는] 張子はりこの虎とら。

종일-토록(終日一)[부] 終日しゅうじゅう｜一日中いちにちじゅう。[예] ~ 비가 내린다. 一日中雨いちにちじゅうあめが降ふる。 / ~ TV만 보고 있다. 一日中いちにちじゅうテレビばかり見みている。

종잇-장(一張)[명] 紙かみの一枚いちまい一枚いちまい。

종자(種子)[명] 種子しゅし｜種たね。=씨

종작[명] 大おおざっぱな推量すいりょう｜予想よそう。[예] 그가 무슨 생각으로 그런 말을 했는지 ~을 못 잡겠다. 彼かれがどういう気持きもちでそんなことを言いったのか、見当けんとうがつかない。

종작-없다[형] 要領ようりょうを得えない。=종없다
　　종작없-이[부] 要領ようりょうを得えなく。[예] 저 사람은 한번 말을 시작하면 ~ 지껄인다. あの人ひとは一度いちどに話はなしだしたら、要領ようりょうを得えないでしゃべりまくる。=종없이

종잘-거리다[자] ぺちゃくちゃしゃべりまくる。[예] 수다스럽게 종잘거리며 걸어간다. 騒さわがしくぺちゃくちゃ言いいながら歩あるいて行いく。=종잘대다

종잘-대다[자] ☞종잘거리다

종잘-종잘[부][젊은여자가] ぺちゃくちゃ｜がやがや。

종-잡다[타] 見当けんとうをつける｜見当けんとうがつく。[예] 그의 생각은 도무지 종잡을 수가 없다. 彼かれの考かんがえは全まったく見当けんとうがつかない。

종장(終章)[명] 《문》終章しゅうしょう。

종적(蹤跡)[명] 蹤跡しょうせき｜踪跡そうせき｜行方ゆくえ。[예] ~을 감추다. 跡あとをくらます。 / ~을 모르다. 行方ゆくえを知しらない。

종전(從前)[명] 従前じゅうぜん｜今いままで。[예] 행사의 진행은 ~대로 합니다. 行事ぎょうじの進行しんこうは従前じゅうぜんどおりにします。

종점(終點)[명] 終点しゅうてん。

종조(從祖)[명] '종조부'의 준말.

종-조모(從祖母)[명] 従祖母じゅうそぼ。

종-조부(從祖父)[명] 従祖父じゅうそふ。[준] 종조

종족(種族)[명] 種族しゅぞく。

종종(種種)Ⅰ[명] [여러] 種々しゅじゅ。
Ⅱ[부][가끔] 時々ときどき｜たまに｜折々おりおり。[예] ~ 찾아오다. 時々訪ときどきたずねてくる。 / 이런 일이 ~ 생긴다. このようなことがたまに

起ぉきる。

종종-거리다 小股ﾞで歩ﾞむ｜小刻ﾐみにせかせかと歩く｜ちょこちょこ。⑩아기가 종종거리며 걸어오다. 赤ちゃんがちょこちょこと歩いてくる。/ 그녀가 발을 종종거리며 지나갔다. 彼女が小股で通り過ぎて行った。=종종대다

종종-걸음 急ぎ足ｰ｜小走ｰり｜早足ｰ｜小刻ﾐみ足。－으로 걷다. 急ぎ足で歩く. /～을 치다. 小走りする. /～으로 달아나다. 急ぎ足で逃げる. /늦어서 ～을 치다. 遅れて急ぎ足で歩く.

종종-대다 ☞종종거리다

종주-국(宗主國)囝 宗主国。

종-주먹 振り上げたげんこつ。⑩～을 쥐며 올러대다. 拳を振り上げて脅す.

종지¹ (醬油やコチュジャンを入れる)小さな器。

종지²(宗旨)囝 宗旨。

종지³(終止)囝 終止。
　종지-하다囝 終止する。

종지-부(終止符)囝 ☞마침표

종지-뼈囝 (의)膝蓋骨ﾆﾂ。=슬개골

종질(從姪)囝 従兄弟の息子。

종축(種畜)囝 種畜ｰ。=씨짐승

종파¹(宗派)囝 宗派。=교파

종파²(縱波)囝 《물》縱波ｰ｜疎密波ﾐﾂ｜P波。

종합(綜合)囝 総合。
　종합-하다囮 総合する。⑩제 학문을 ～. 諸学問を総合する.

종합 대학(綜合大學)《교》総合大学。

종합 병원(綜合病院) 総合病院。

종합 예술(綜合藝術) 総合芸術。

종합-적(綜合的)관囝 総合的。

종합 주가 지수(綜合株價指數)《경》総合株価指数。

종형(從兄)囝 従兄。

종-형제(從兄弟)囝 従兄弟。

종횡(縱橫)囝 ☞가로세로

좇다囮 ついて行く｜追おう｜従おう。⑩어머니의 뒤를 좇아 따라가다. 母の後をついて行く. /대세를 ～. 勢力に従う. /여론을 ～. 世論を追う.

좇아-가다囮 ついて行く｜追って行く。⑩뒤를 바짝 ～. 後ろをぴったりとついていく. /아버지의 뒤를 ～. 父の後ろをついていく.

좇아-오다囮 ついてくる｜追ってくる｜追ﾞいつく。⑩나를 좇아오너라. 私についてきなさい. /나를 좇아오려면 아직 멀었다. 私に追いつくにはまだまだだ.

좋다囮 ❶よい｜いい。⑩두통에 좋은 약 頭痛によく効く薬だ/오늘은 왠지 기분이 ～. 今日はなぜか気分がいい. /좋은 아침이다. いい朝だ. /오늘은 날씨가 ～. 今日は天気がよい. /경치가 ～. 景色がよい. /머리가 ～. 頭がいい. /좋은 환경을 만들다. いい環境をつくる. /어떻게 하면 좋을지 모르겠다. どうすればいいのかわからない. /좋은 보기를 들다. いい例をあげる. ❷【緣起】縁起がよい。⑩좋은 날을 잡아 이사하다. 吉日を選んで引っ越しをする. ❸【즐겁다】うれしい｜めでたい。⑩이 좋은 날에 사고라니. うれしい日に事故とは. ❹【좋아하다】好きだ。⑩나는 이 책이 ～. 私はこの本が好きだ. /그가 ～. 彼が好きだ. ❺易ﾞい。⑩보기 좋은 책 読みやすい本。 ❻【構わない】構わない。⑩나는 아무래도 좋다. 私はどうでも構わない. ❼【안이해】よい。⑩염치가 ～. ずうずうしい.

좋아갣【상대의 행동ｰ] よし｜ようし｜いいぞ。⑩～, 이번엔 내가 양보한다. よし, 今回は私が譲ろう. /～, 두고 보자. ようし, 見てろ. /～, 용서해 주마. よし, 許してやろう.

좋아-하다囮 好きだ｜好む。⑩영화 보기를 ～. 映画を見ることが好きだ. /나는 친구의 오빠를 좋아한다. 私は友だちのお兄さんが好きだ. /커피를 ～. コーヒーを好む.

좋-이囘 ❶優ﾞしく。⑩～ 말할 때 들어라. 優しい言葉でいうとき, よく聞きなさい. ❷よく｜かなり｜優に｜十分に。⑩재산을 ～ 모으다. 財産をかなり蓄える. /모인 청중이 1만은 ～ 되겠다. 集まった聴衆が優に一万人はなる.

좌(左)囝 左ﾞ。

좌경(左傾)囝 左傾。
　좌경-하다囝 左傾する。

좌기(左記)囝 左記。⑩～와 같은 左記の如し.

좌담(座談)囝 座談。

좌담-회(座談會)囝 座談会。

좌르르囘 ❶じゃあじゃあ。⑩소나기가 와서 물이 바닥에 ～ 흐른다. 夕立が

降って、水が地面をじゃあじゃあと流れる。❷ざらざら。예콩을 ~ 주머니에 붓다. 豆をざらざらと袋に入れる。=좌르륵

좌르륵 ☞좌르르

좌변(左邊)명 左辺。I 等号と、不等号の左側にある辺~。

좌상¹(坐像)명《미》座像。

좌상²(座上)명 坐上。

좌상³(挫傷)명《의》挫傷。I うちみ I 挫創。

좌석(座席)명 座席 I 席。

좌수(左手)명 左手。=왼손 ↔ 우수(右手)

좌약(坐藥)명 座薬 I 座剤。

좌우¹(左右)명 左右。❶예가게가 ~로 늘어서 있다. お店屋が左右に並んでいる。❷예~를 살피다. 左右をよく見る。❸예 - 단체 左右団体。

좌우-하다자타 左右する。예대학 입학이 네 인생의 성패를 좌우하지는 않는다. 大学に入学することが、君の人生の成敗を左右することはない。

좌우²(座右)명 座右。

좌우-간(左右間)부 とにかく I ともかく I 何はともあれ。예배고프니 먹고 보자. 腹が空いているから、とにかく食べてみよう。 / ~ 10시에 학교에서 보자. とにかく十時に学校で会おう。

좌우-명(座右銘)명 座右の銘。

좌익-수(左翼手)명《운》左翼手 I レフト。예~ 쪽으로 흘러간 공 レフト側に流れたボール。

좌절(挫折)명 挫折。

좌절-하다자 挫折する。예실패에도 좌절하지 않고 다시 일어서다. 失敗にも挫折しないで、また立ち上がる。

좌중(座中)명 座中。예~을 둘러보다. 座中を見回す。 / ~을 웃기다. 座中を笑わす。

좌지우지(左之右之)명 左右。

좌지우지-하다자타 左右する I 牛耳る。예한 사람이 단체를 ~. 一人が団体を牛耳る。

좌초(坐礁)명 座礁。

좌초-하다자 座礁する。

좌충우돌(左衝右突)명 あちこちに突っ当たること。

좌측(左側)명 左側。예다이얼을 ~으로 돌리다. ダイヤルを左側に回す。 / 곧장 가다 보면 ~에 병원이 있다. まっすぐ行ったら左側に病院があります。 / 머리를 ~에 두다. 頭を左側に置く。=왼쪽

좌파(左派)명 左派。

좌편(左便)명 左側。=왼쪽

좌표(座標)명 座標。예~의 원점을 지나는 직선을 그려라. 座標の原点を通じる直線を描く。

좌표-축(座標軸)명《수》座標軸。

좌표 평면(座標平面)《수》座標平面。

좌하(座下)명 座下。

좌회전(左廻轉)명 左折。

확부 ぱっと。예온 동네에 소문이 ~ 퍼지다. 村全体にうわさがぱっと広まる。

확-확부 ❶ざあざあ I じゃあじゃあ。예소나기가 ~ 쏟아지다. 夕立がざあざあと降りしきる。❷すらすら。예어려운 한자를 ~ 읽다. 難しい漢字をすらすらと読む。

괄-괄부 ざあざあ I じゃあじゃあ I じゃぶじゃぶ。

괄괄-거리다자 ざあざあと流れる I ごおごおと流れる。=괄괄대다

괄괄-대다자 ☞괄괄거리다

쾌기명 ゆでた野菜とこねた粉、または飯を平らに小さく丸めたもの。

죄¹부 ☞죄다

죄²(罪)명 ❶罪。예~가 되는 일 罪になること / ~를 범하다. 罪を犯す。 / ~를 짓다. 罪を犯す。❷理由 I 責任。예늦게 온 ~로 뒷정리를 하다. 遅く来たことから後片付けをする。

죄과(罪過)명 罪過。

죄다¹타 ❶締める I ぴんと張る I 引き締める。예나사를 ~. ねじを締める。 / 벨트를 ~. ベルトを締める。❷狭める I 詰める。예자리를 죄어 앉다. 席を狭めて座る。❸(気を)もむ I (息を)詰める。예가슴을 죄며 발표를 기다리다. 気をもみながら発表を待つ。

죄-다²부 すっかり I みんな I 何もかも I 全部。예지금까지의 일은 ~ 잊겠다. 今までのことはすっかり忘れる。 / ~ 물에 잠기다. 何もかも水に漬かる。=죄

죄명(罪名)명 罪名。

죄목(罪目)명 罪目。

죄-받다(罪一)자 罪を受ける I 罰せられる。예죄받을 짓을 하지 마라. 罪を受け

죄상(罪狀)명 罪状。

죄송-스럽다(罪悚—)형 申し訳ない｜恐れ入る。

죄송스레부 申し訳なく。

죄송-하다(罪悚—)형 申し訳ない｜恐れ入る。예 약속 시간에 늦어서 죄송합니다. 約束の時間に遅れて申し訳ありません。/ 죄송합니다만 …. 申し訳ありませんが。

죄송-히부 申し訳なく｜すまなく。

죄수(罪囚)명 罪囚｜囚人。

죄-스럽다(罪—)형 申し訳ない｜恐れ入る｜すまない。예 그저 죄스러운 마음뿐이다. ただ申し訳ない心持ちだけだ。

죄스레부 申し訳なく。

죄악(罪惡)명 罪悪。

죄악-상(罪惡相)명 罪悪の真相。

죄어-들다자 締まる｜食い込む｜引き締まる｜すぼまる。예 밧줄이 몸에 ~. 綱が体に食い込む。/ 반지가 손가락에 ~. 指輪が指に食い込む。본 쵀들다

죄어-치다타 ❶〖빈틈없이〗締めつける｜引き締める。❷〖독촉하여〗せっつく｜せきたてる。본 쵀치다

죄-이다자 締まる｜締められる｜引き締められる。예 벨트가 ~. ベルトが締まる。/ 자리가 ~. 席が詰められる。

죄인(罪人)명 罪人。

죄임-성(—性)명 待ちこがれる心。

죄-주다(罪—)자 罰を与える｜罰する。

죄증(罪證)명 罪証。

죄-짓다(罪—)자 罪を犯す。

죄책(罪責)명 罪責。=죄벌

주¹(主) Ⅰ명【중요한·기본】主。예 핑크 색이 ~가 되다. ピンク色が主になる。
Ⅱ관〖주로하는·일반적인〗主。예 인터넷 게임의 ~ 고객은 10대에서 20대이다. インターネットゲームの主な顧客は10代～20代だ。

주²(主)명【기독교 등에서】主｜神様｜キリスト。

주³(州)명 ❶〖행정구역의 하나〗州。❷【대州〗州。예 유럽 ~. ヨーロッパ州。

주⁴(株)명【주식】株。

주⁵(週·洲)의 週。一週間。예 ~ 2회 週二回。/ ~ 3회 운동하다. 一週間に三回運動する。

주⁶(註·注)명 注。예 ~를 달다. 注をつける。

주간¹(主幹)명 主幹。예 편집 ~ 編集主幹。

주간-하다타 主幹する。

주간²(晝間)명 昼間。예 ~ 근무 昼間勤務。

주간³(週刊)명 週刊。

주간⁴(週間)의 週間。

주간 신문(週刊新聞) 週間新聞。

주간 잡지(週刊雜誌) 週間雜誌。

주간-지¹(週刊紙)명【週刊紙】週刊紙。

주간-지²(週刊誌)명【週刊誌】週刊誌。

주객¹(主客)명〖주인과 손님, 하나가〗主客。

주객²(酒客)명〖술 마시는 사람, 술을 좋아하는 사람〗酒客｜飲み助。

주객-전도(主客顚倒) 主客転倒。

주거(住居)명 住居。=거주

주거 지역(住居地域)〖법〗住居地域。

주걱 ❶ しゃもじ。=밥주걱 ❷〖靴〗靴ベら。

주걱-상(—相) しゃもじのような形の顔｜杓子面。예 그의 얼굴은 딱 ~이다. 彼の顔はちょうどしゃもじのような形をしている。

주걱-턱명 しゃくれた顎｜杓子顎。예 키 가면서 자꾸 ~이 되네. 成長するにつれてあごがしゃくれていくね。

주검 死体｜しかばね。

주격(主格)명〖언〗主格。

주견(主見)명 おもな意見。예 자네의 ~을 말해 보게. 君の意見を述べたまえ。

주고-받다 交わす｜取り交わす｜やり取りする。예 편지를 ~. 手紙を取り交わす。/ 서로 이야기를 ~. お互いに話を交わす。

주관(主管)명 主管。

주관-하다타 主管する。

주관(主觀)명 主観。

주관-적(主觀的)관명 主観的。예 이것은 어디까지나 ~인 견해다. これはあくまでも主観的な見解である。

주관적 관념론(主觀的觀念論)〖철〗主観的観念論。

주관-주의(主觀主義)명〖법〗主観主義。

주구(走狗)명 走狗。

주군¹(主君)명 主君。

주군²(駐軍)명〖군〗駐軍｜駐兵。=주병(駐兵)

주군-하다타 駐兵する。

주권¹(主權)명 主権。예 ~ 회복 主権回復 / 국민 ~ 国民主権 / ~을 지키다. 主権を守る。

주권²(株券)명 《경》株券。
주권-국(主權國)명 《법》主権国。
주권-자(主權者)명 《법》主権者。
주근-깨명 そばかす。예 ~투성이 얼굴 そばかすだらけの顔。
주근-주근부 ねちねち｜ねばねば。
주급(週給)명 週給。예 ~ 30만 원에 일하다. 週給30万ウォンで働く。
주기(週期)명 周期。예 ~ 운동 周期運動 / 지구의 공전 ~ 地球の公転周期。
주기-성(週期性)명 周期性。
주기 운동(週期運動)《물》周期運動。예 시계 추의 ~ 時計の振り子の周期運動。
주기-율(週期律)명 《화》周期律。예 원소 ~표 元素の周期律表。
주기-적(週期的)관명 周期的。
주낙명 延縄。
주낙-배명 延縄船。
주년(周年・週年)의 周年。예 창립 3~ 創立3さん周年。
주눅명 いじけること｜気後れ。
　주눅(이) 들다관용 気後れする｜いじける｜臆する。예 선생님 앞에서 주눅 들지 마. 先生の前で気後れするな。
주니명 退屈でうんざりすること。
주니어(junior)명 《운》ジュニア。예 ~급 ジュニア級。
주다Ⅰ타 ❶ 与える｜やる｜あげる｜授ける｜渡す。예 시계를 ~. 時計をあげる。/ 용돈을 ~. おこづかいをやる。/ 나무에 물을 ~. 木に水をやる。/ 원숭이에게 바나나를 ~. サルにバナナを与える。/ 상을 ~. 賞を授ける。↔ 받다 ❷ 入れる｜出す。예 온몸에 힘을 ~. 身体中に力を入れる。/ 속력을 주어 달리다. 速度をつけて走る。❸ 向ける｜やる。예 시선을 ~. 視線をむける。/ 마음을 ~. 心を向ける。❹ 与える｜被らせる｜かかせる。예 이익을 ~. 利益を与える。/ 피해를 ~. 被害を与える。
　Ⅱ 보동 ―してやる｜―してくれる。예 책을 읽어 ~. 本を読んでやる。/ 도와 ~. 手伝ってくれる。/ 밥을 먹여 ~. ご飯を食べさせてくれる。
주단(紬緞)명 絹織物の総称。
주당(酒黨)명 酒徒。
주도(主導)명 主導。

주도-하다타 主導する。예 학생 운동을 ~. 学生運動を主導する。
주도권(主導權)명 主導権。
주도면밀-하다(周到綿密)형 周到綿密だ。예 주도면밀한 성격 周到綿密な性格。
　주도면밀-히부 周到綿密に
주독(酒毒)명 ☞술독
주동(主動)명 主動。
　주동-하다타 主動する。
주동-자(主動者)명 主動者。
주동-적(主動的)명 主動的。예 이번 파업의 ~ 인물이다. 今度のストライキの主導的人物である。
주-되다(主―)자 主立つ｜主になる。예 오늘의 주된 화제는 교육이었다. 今日の主立った話題は教育だった。/ 주된 원인은 무엇일까? 主になる原因は何だろうか。
주두(柱頭)명 ☞암술머리
주둔(駐屯)명 駐屯。
　주둔-하다자 駐屯する。
주둔-군(駐屯軍)명 《군》駐屯軍。
주둔-지(駐屯地)명 《군》駐屯地。
주둥아리명 ❶ 口｜口先。❷ 口や嘴の俗っぽい語。
주둥이명 ❶ 口の俗っぽい語。❷ 口｜(鳥の)嘴。❸ 口。
주량(酒量)명 酒量。
주렁-주렁부 ❶ 鈴なりに｜ふさふさ。예 사과가 ~ 달려 있다. リンゴが鈴なりになっている。❷ ぞろぞろ｜ぞろり。예 자식이 ~ 딸려 있다. 子供たちがぞろりとついている。
주력¹(主力)명 主力。
주력²(注力)명 力を注ぐこと。
　주력-하다자 力を注ぐ。
주렴(珠簾)명 しゅれん｜玉すだれ。
주례(主禮)명 (結婚式などの)司式｜司式者。
　주례-하다자 司式する。
주례-사(主禮辭)명 司式者の祝辞。
주-로¹(主―)부 主に｜主として。예 ~ 현장에서 일한다. 主に現場で働く。/ 휴일에는 ~ 축구를 한다. 休日には主にサッカーをする。
주로²(走路)명 走路。
주루(走壘)명 《운》走塁。
　주루-하다자 走塁する。예 1루에서 2

루로 주루하는 주자 1壘から2壘に走壘するランナー。

주룩퇴 【물건이 빨리 흘러 내리는 모양】ちょろり(と)。

주룩-주룩퇴 【비가 계속 내리는 모양】じゃあじゃあ｜ざあざあ。㉠간밤에 비가 ~ 내렸다. 昨夜は雨がざあざあと降った。

주류¹(主流)명 主流しゅりゅう。

주류²(酒類)명 酒類しゅるい。

주르르퇴 ❶【물이나 가루 흐르는 모양】だらだら(と)。㉠눈물이 ~ 흐르다. だらだらと涙が流れる。 ❷【빨리 걷는 모양】ちょろちょろ。㉠아이들이 ~ 따라오다. 子供こどもたちがちょろちょろとついてくる。 ❸【미끄러지는 모양】するり(と)。㉠얼음판에서 ~ 미끄러지다. 凍こおりついた路面ろめんで、するりと滑すべる。 ❹【줄지어 있는 모양】ずらっと｜ずらり(と)。㉠장난감을 ~ 늘어 놓다. おもちゃをずらりと並ならべる。

주르륵퇴 ❶【물이나 가루 손쉽게 쏟아 지는 모양】だらだら(と)。㉠코피가 ~ 쏟아지다. 鼻血はなぢがだらだらと出でてくる。 ❷【빠르게 미끄러지는 모양】するり(と)する。㉠미끄럼틀에서 ~ 내려오다. 滑すべり台だいからするっと降おりてくる。

주르륵-거리다자 だらだらと一気いっきに流ながれ、止とむ。＝주르륵대다

주르륵-대다자 ☞주르륵거리다

주름명 ❶【천】ひだ。㉠바지에 ~ 을 잡다. ズボンに折おり目めをつける。치마의 ~ 이 펴지다. スカートのひだがのびる。 ❷【얼굴】しわ。㉠눈가에 ~ 이 생기다. 目尻めじりにしわがよる。 ❸【옷이 구겨진 자리】しわ。㉠이 옷은 ~ 이 잘 진다. この着物きものは良よくしわになる。

주름-살명 しわ。㉠~ 이 잡히다. しわが寄よる。

주름-잡다【좌우로 마음대로 움직이다】牛耳ぎゅうじる。㉠한때는 연예계를 주름잡던 사람이다. ある時ときは芸能界げいのうかいを牛耳ぎゅうじった人ひとだ。

주릅명 【사고 팔을 붙여 주고 구전을 받는 사람】仲介人ちゅうかいにん｜仲立なかだち人にん。㉠집을 살 때도 중간에 ~ 을 들여야지. 家いえを買かうときも間あいだで仲介ちゅうかいしなければ。/~ 을 들다. 仲介ちゅうかいする。

주리다자타 飢うえる｜腹はらをすかす｜ひもじくなる。㉠주린 배를 움켜쥐다. 空腹くうふくをかかえる。/피에 ~. 血ちに飢うえる。

주마가편(走馬加鞭)명 【달리는 말에 채찍 질하듯이, 잘하는 사람을 더욱 격려함】走はしり馬うまに鞭むち。

주마-등(走馬燈)명 走馬灯そうまとう。㉠인생은 ~ 같다. 人生じんせいが走馬灯とうのようだ。

주막(酒幕)명 宿屋やどや｜つきの居酒屋いざかや｜旅籠屋はたごや。=주막집

주막-집(酒幕一)명 ☞주막

주말(週末)명 週末しゅうまつ。㉠~ 날씨 週末天気てんき。

주맥(主脈)명 主脈しゅみゃく。㉠~의 좌우 主脈の左右さゆう。

주머니명 ❶【옷에】ポケット｜隠かくしポケット。㉠바지 ~에 손을 넣은 채 걷고 있다. ズボンのポケットに手てを入いれたまま歩あるいている。 ❷【물건을 넣는】袋ふくろ｜巾着きんちゃく。㉠블록을 ~에 넣다. ブロックを袋ふくろに入いれる。/~을 ~에 넣다. 袋に入いれる。

주머니(를) 털다관용 ❶【돈이 있는 대로 다 내다】所持金しょじきんをみんな出だす。 ❷【뺏어가다】無理むりやり人ひとの金かねを奪うばう。

주머니-칼명 懷刀ふところがたな。

주먹명 こぶし｜拳骨けんこつ｜握にぎりこぶし。㉠~을 쥐다. こぶしを握にぎる。/~을 휘두르다. 拳骨をふるう。/왼손 ~을 오른손으로 쥐다. 左手ひだりての拳骨を右手みぎてで握る。

주먹-구구(一九九)명 ❶【손가락으로 헤아림】指ゆびを使つかって数かぞえること。 ❷【어림계산】おおざっぱな計算けいさん。

주먹-다짐명 ❶【주먹질】拳骨けんこつで殴なぐること。 ❷【완력으로 으름】腕力わんりょくで脅おどかすこと。

주먹다짐-하다타 拳骨けんこつで殴なぐる。㉠말싸움으로 시작해서 주먹다짐하기에 이르다. 口くちげんかではじめて、拳骨で殴なぐることに至いたる。

주먹-밥명 ❶【握飯】握にぎり飯めし｜おむすび｜おにぎり。㉠멸치를 넣은 ~ 한 덩이 にぼしを入いれた握にぎり飯めしひとつ。 ❷【손으로 집어 먹는 밥】手てづかみで食たべる飯めし。

주먹-손명 こぶしを握にぎった手て。

주먹-심명 ❶握力あくりょく｜腕力わんりょく｜拳こぶしの力ちから。 ❷人ひとを押おさえつける力ちから。

주먹-질명 拳骨けんこつで殴なぐること｜拳骨をふるうこと。

주먹질-하다자 拳骨けんこつで殴なぐる｜拳骨をふるう。

주먹-코명 だんご鼻はな。

주모(主謀)명 主謀しゅぼう｜首謀しゅぼう。

주모-하다타 中心ちゅうしんとなって企くわだてる。

주목¹(朱木)명 《식》一位いちい｜蘭らん。

주목²(注目)명 注目ちゅうもく。㉠남들의 ~을 끌다. 人々ひとびとの注目をひく。

주목-하다자타 注目ちゅうもくする。㉠일의 귀추가 주목된다. 仕事しごとの成なり行ゆきが注目される。

주무르다타 ❶【손으로】もむ｜こする｜いじくる｜こねる｜あんまする。㉠다리를

~. 足をもむ。/ 어깨를 ~. 肩をもむ。 ❷【마음대로 다루다】牛耳る ¦ もてあそぶ ¦ 弄する。[예] 정치계를 ~. 政治界を牛耳る。/ 부하 직원을 마음대로 ~. 部下の職員を自由にもてあそぶ。

주무시다[자]【'자다'의 높임말】お休みになる。[예] 안녕히 주무셨어요? よくお休みになれましたか。/ 안녕히 주무세요. お休みなさい。

주문[1](主文)[명] 主文。❶文章の中で重要な部分。❷《법》判決主文。

주문[2](呪文)[명] 呪文。[예] ~을 외우다. 呪文をとなえる。

주문[3](注文)[명] 注文 ¦ あつらえ。

주문-하다[타] 注文する ¦ あつらえる。[예] 무엇을 주문할까? 何を注文しようか。/ 주문한 물건을 보내다. 注文の品を届ける。

주물(鑄物)[명] 《공》鋳物。[예] ~ 제조 鋳物製造。

주물럭-거리다[타] こねくり回す。[예] 아기가 엄마 젖을 ~. 赤ちゃんがおかあさんの乳をこねくり回す。=주물럭대다

주물럭-대다[타] ☞주물럭거리다

주물럭-주물럭[부] しきりにいじるさま。

주민(住民)[명] 住民。[예] 지역 ~ 地域住民/ ~ 투표 住民投票。

주밀-하다(周密—)[형] 周密だ ¦ 周到だ。

주발(周鉢)[명] 鉢。

주방(廚房)[명] 厨房 ¦ 台所。

주번(週番)[명] 週番。

주범(主犯)[명] 《법》主犯。

주법(走法)[명] 《운》走法 ¦ 走り方。[예] ~이 주행 속도를 좌우한다. 走法が走行速度を左右する。

주벽(酒癖)[명] 酒癖 ¦ 酒癖。

주변[1][명] 要領 ¦ やりくり ¦ 器用にこなす才能 ¦ 融通性。[예] 우리 딸은 ~이 좋다. 私の娘は要領がいい。

주변[2](周邊)[명] 周辺。

주변-머리[명] 要領 ¦ やりくり ¦ 融通性。[예] ~가 없다. 融通性がない。

주보(週報)[명] 週報。

주봉(主峯)[명] 主峰。

주부(主婦)[명] 主婦。[예] ~ 습진 主婦湿疹/ 전업~ 専業主婦。

주빈(主賓)[명] 主賓 ¦ 主格。[예] ~으로 초대받다. 主賓として招待される。

주뼛[부] ❶【뾰족 내민 모양】鋭く尖っているさま。[예] 입을 ~ 내밀다. 口をつんと尖らす。❷【무서워서 머리카락이 일어서는 모양】非常に恐ろしく身の毛がよだつさま。[예] 머리카락이 ~ 설 정도로 놀라다. 髪の毛が逆立つほど驚く。❸【머뭇거리는 모양】ためらうさま ¦ もじもじ ¦ おずおず。=주뼛이

주뼛-거리다[자][타] ❶つんつん。❷しきりに髪の毛がよだつ。❸もじもじする ¦ おずおずする。=주뼛대다

주뼛-대다[자][타] ☞주뼛거리다

주뼛-하다[형] ❶鋭く尖っている。❷髪の毛が逆立っている ¦ 身の毛がよだつ。❸ためらう。

주뼛-이[부] ☞주뼛

주뼛-주뼛[부] ❶【놀라거나 무서워 머리카락이 서는 모양】非常に恐ろしく身の毛がよだつさま ¦ 鳥肌が立つさま。[예] 머리카락이 ~ 곤두서다. 髪の毛が逆立つ。❷【망설이는 모양】もじもじ ¦ おずおず。[예] 몹시 망설이다가 ~ 말을 꺼내다. 非常にためらったが、もじもじと話し出す。

주사[1](主事)[명] 主事。

주사[2](朱沙)[명] 朱砂。

주사[3](注射)[명] 《의》注射。[예] ~를 주다. 注射を打つ; 注射する。/ ~를 맞다. 注射をしてもらう。

주사-하다[타] 注射する。

주사[4](酒邪)[명]【술을 마신 후 하는 나쁜 행동】酒癖・酒癖・酒癖・酒癖。[예] ~가 나쁜 사람 酒癖の悪い人/ 술을 마시면 ~가 나타난다. 酒を飲むと悪い酒癖が現れる。

주사[5](紬絲)[명] ☞명주실

주사-기(注射器)[명] 《의》注射器。

주사-액(注射液)[명] 《약》注射液。

주사위[명] さいころ ¦ さい。[예] ~ 굴리기 さいころ転がし。

주사-침(注射針)[명] 《의》注射針。

주산(珠算)[명] 珠算 ¦ たまばん。[예] ~을 놓다. そろばんを弾く。

주산-하다[자][타] そろばんで計算する。

주-산물(主産物)[명] 主産物。

주삿-바늘(注射—)[명] 《의》注射針。

주상 절리(柱狀節理) 柱状節理。[예] 육각 기둥 형태의 ~ 六角柱状の柱状節理。

주색(酒色)[명] 酒色 ¦ 酒と女。[예] ~에 빠지다. 酒色にふける。

주석[1](主席)[명] 主席。

주석[2](朱錫)[명] 《화》錫。[예] ~ 도금 錫鍍金/ ~ 합금 錫合金。

주석[3](柱石)[명] 柱石。❶【기둥과 주춧돌】建物の

柱と土台石。❷【가장 중요한 자리에 있는 사람】 [예] 중국의 ~ 中国の柱石。❸《광》スカボライト。

주석4(酒石)[명] 《화》酒石。

주석5(酒席)[명] 酒席。

주석6(註釋)[명] 注釈。[예] ~을 달다. 注釈をつける。

주석-하다[타] 注釈する。

주석-영(酒石英)[명] 《화》酒石英 ¦ 酒石酸カリウム。

주선(周旋)[명] 周旋 ¦ 斡旋。

주선-하다[타] 周旋する。

주섬-주섬[부] 【하나씩 주워 거두는 모양】 のろのろ ¦ ゆっくり。[예] ~ 옷을 입다. のろのろと服を着る。/ ~ 주워 담다. のろのろと拾い集める。/ ~ 들어 올리다. ゆっくりと持ち上げる。

주-성분(主成分)[명] 主成分。

주소(住所)[명] 住所 ¦ 住まい ¦ すみか。[예] ~가 바뀌다. 住所が変わる。/ ~가 어떻게 됩니까? お住まいはどちらですか。

주소-록(住所錄)[명] アドレス帳。

주스(juice)[명] ジュース。

주시(注視)[명] 注視。

주시-하다[타] 注視する。

주식1(主食)[명] 主食。

주식2(株式)[명] 《경》株式。

주식3(酒食)[명] 【술과 밥】 酒食。

주-식물(主食物)[명] 主食物。

주식-회사(株式會社)[명] 《경》株式会社。

주심(主審)[명] 主審。[예] ~의 판단은 번복할 수 없다. 主審の判断はひるがえせない。

주악(奏樂)[명] 奏楽。

주안-점(主眼點)[명] 主眼点。

주야(晝夜)[명] 昼夜 ¦ 日夜。[예] ~를 가리지 않고 일하다. 昼夜の別なく働く。

주어(主語)[명] 《언》主語。

주어-지다[자] 与えられる ¦ 提示される。[예] 주어진 시간에 문제를 다 풀다. 与えられた時間に問題をみんな解く。/ 임무가 ~. 任務が与えられる。

주억-거리다[타] ゆっくり首を縦に振る ¦ こっくりする。[예] 고개를 주억거리며 듣다. 首を縦にふりながら聞く。=주억대다

주억-대다[타] ☞주억거리다

주역1(主役)[명] 主役。[예] ~을 맡다. 主役を演ずる。

주역2(周易)[명] 【유학 오경의 하나】 周易。=역2(易)

주역3(註譯)[명] 注つきの翻訳。

주역-하다[타] 注をつけて翻訳する。

주연1(主演)[명] 《연》主演。[예] ~ 여우 主演女優/ 기무라 ~의 드라마 木村主演のドラマ。

주연-하다[자] 主演する。

주연2(酒宴)[명] 酒宴。[예] ~을 베풀다. 酒宴を張る。

주연 배우(主演俳優) 《연》主演俳優。

주옥(珠玉)[명] 珠玉。[예] ~ 같은 작품 珠玉のような作品。

주요(主要)[명] 主要。[예] ~ 뉴스 主要ニュース/ ~ 도시 소개 主要都市の紹介/ ~ 거래처 主要取り引き先。

주요-하다[형] 主要だ。[예] 80년대의 주요한 사건 중 하나다. 八十年代の主要な事件のなかのひとつである。

주요-시(主要視)[명] 主要視。

주요시-하다[타] 主要視する。

주워-듣다[타] 聞きかじる ¦ 小耳に挟む。[예] 주워들은 이야기 聞きかじった話/ 쓸데없는 말을 주워듣고 소문을 퍼뜨리다. どうでもいい話を拾い聞きして、うわさを広める。

주위(周圍)[명] 周囲 ¦ 回り。[예] ~가 조용하다. 周囲が静かだ。/ 먼저 ~ 사람들을 조사하다. さきに周囲の人々を調べる。

주유-소(注油所)[명] ガソリンスタンド。

주육(酒肉)[명] 酒肉。

주의1(主義)[명] 主義。[예] 나는 생식은 하지 않는 ~이다. 私は生食はしない主義だ。

주의2(注意)[명] 注意。[예] ~를 주다. 注意を与える。/ ~를 받다. 注意を受ける。/ 세심한 ~를 기울이다. 細心の注意を払う。

주의-하다[자][타] 注意する。[예] 건강에 ~. 健康に注意する。/ 주의해서 길을 건너다. 注意して道路を横断する。

주인1(主人)[명] 主人。[예] 가게의 ~ 店の主人/ 물건의 ~을 찾다. 品物の持ち主を捜す。/ ~과 손님이 바뀌다. 主客が転倒する。/ ~ 양반에게도 안부 전해 주세요. ご主人にもよろしく。[준] 쥔

주인2(主因)[명] 主因。

주인-공(主人公)[명] 主人公。[예] 남자 ~ 男主人公/ 여자 ~ 女主人公/ ~을 정하다. 主人公を定める。

주인-장(主人丈)[명] ご主人。[준] 쥔장

주일(週日) Ⅰ 圏 週日ᵗᴶᵁ｜しゅう。 에 다음 ~에 만나기로 약속하다. 来週ˡᵘ̆ᶦに会ᵃおうことを約束ʸᵃᵏᵘする。
Ⅱ 圏 週間ᵗᴶᵁ̆。 에 한 ~ 내내 날씨가 좋지 않다. 一ᵗᶜʰ週間ᵗᴶᵁˡᵘ̆ずっと天気ᵗᵉⁿᵏᶦがよくない。

주임(主任) 圏 主任ᵗᴶᵁᶦⁿ。 에 ~ 기술자 主任技術者ᵗᴶᵁᶦⁿᵍᶦᵈᶻᵘᵗˢʰᵃ。

주입(注入) 圏 注入ᵗᴶᵁ̆ᵗᴶᵁ̆。
　주입-하다 囲 注入ᵗᴶᵁ̆ᵗᴶᵁ̆する｜詰ᵗˢᵘめ込ᵏᵒむ。

주입-식(注入式) 圏 注入式ᵗᴶᵁ̆ᵗᴶᵁ̆ˢʰᶦᵏᶦ｜詰ᵗˢᵘめ込ᵏᵒみ方式ʰᵒᵘˢʰᶦᵏᶦ。 에 ~ 교육 詰ᵗˢᵘめ込ᵏᵒみ教育ᵏʸᵒᵘᶦᵏᵘ。

주자¹(走者) 圏 走者ˢᵒᵘˢʰᵃ｜ランナー。 에 1루~가 2루까지 진출하다. 1塁ᵘᵘᶦランナーが2塁ᵘᵘᶦまで進ˢᵘˢᵘむ。

주자²(奏者) 圏 奏者ˢᵒᵘˢʰᵃ。

주자³(鑄字) 圏 [주형에 녹여 부은｜용해 주조 처리] 鑄造ᵗᶜʰᵘᶻᵒᵘした活字ᵏᵃᵗˢᵘᵈᶻᶦ。
　주자-하다 困 活字ᵏᵃᵗˢᵘᵈᶻᶦを鑄造ᵗᶜʰᵘᶻᵒᵘする。

주장(主張) 圏 ❶[자기의 내세움] 主張ˢʰᵘᵗᶜʰᵒᵘ。 ❷[주재] 主宰ˢʰᵘˢᵃᶦ。
　주장-하다 囲 ❶主張ˢʰᵘᵗᶜʰᵒᵘする。 ❷主宰ˢʰᵘˢᵃᶦする。

주장(主將) 圏 主将ˢʰᵘˢʰᵒᵘ。 에 축구부 ~ サッカー部ᵇᵘの主将ˢʰᵘˢʰᵒᵘ。

주재¹(主宰) 圏 [자기 일을 중심｜중심 처리] 主宰ˢʰᵘˢᵃᶦ。
　주재-하다 囲 主宰ˢʰᵘˢᵃᶦする。

주재²(駐在) 圏 [일정한 곳에 머물러] 駐在ᵗᶜʰᵘᶻᵃᶦ。
　주재-하다 困 駐在ᵗᶜʰᵘᶻᵃᶦする。

주재-국(駐在國) 圏 駐在国ᵗᶜʰᵘᶻᵃᶦᵏᵒᵏᵘ。
주재-소(駐在所) 圏 駐在所ᵗᶜʰᵘᶻᵃᶦˢʰᵒ。
주재-원(駐在員) 圏 駐在員ᵗᶜʰᵘᶻᵃᶦᶦⁿ。

주저(躊躇) 圏 躊躇ᵗᶜʰᵘᵗᶜʰᵒ｜ためらい。
　주저-하다 困 躊躇ᵗᶜʰᵘᵗᶜʰᵒする｜ためらう。 에 아버지에게 말씀드려야 할지 말지 주저하고 있다. お父ᵗᵒᵘさんに申ᵐᵒᵘし上ᵃげようか申ᵐᵒᵘし上ᵃげるまいか、ためらっている。 / 주저하지 말고 빨리 골라라. ためらわないで早ʰᵃʸᵃく選ᵉʳᵃびなさい。

주저리-주저리 團 ❶[너절하게 많이] ふさふさと垂ᵗᵃれ下ˢᵃがっているさま。 ❷[너절하게 많이] べらべら。 에 그는 1시간 전부터 ~ 떠들고 있다. 彼ᵏᵃʳᵉは一時間ᶦᵗᶜʰᶦᵏᵃⁿ前ᵐᵃᵉから、べらべらとまくしたてている。

주저-앉다 困 ❶[바닥에] (床ʸᵘᵏᵃなどに尻ˢʰᶦʳᶦをついて)座ˢᵘʷᵃる｜座ˢᵘʷᵃり込ᵏᵒむ。 에 땅바닥에 털썩 ~. 地面ᵈᶻᶦᵐᵉⁿに座ˢᵘʷᵃり込ᵏᵒむ。 / 다리가 아파서 길바닥에 ~. 足ᵃˢʰᶦが痛ᶦᵗᵃくて道ᵐᶦᶜʰᶦに座ˢᵘʷᵃり込ᵏᵒむ。 ❷[건물이 무너짐] (建物ᵗᵃᵗᵉᵐᵒⁿᵒなどが)崩ᵏᵘᶻれる｜倒ᵗᵃᵒれる｜崩壊ʰᵒᵘᵏᵃᶦする｜潰ᵗˢᵘᵇれる｜落ᵒち込ᵏᵒむ｜へこむ。 에 폭설로 지붕이 주저앉았다. 大雪ᵒᵒʸᵘᵏᶦで屋根ʸᵃⁿᵉが落ᵒち込ᵏᵒんだ。 / 코뼈가 ~. 鼻ʰᵃⁿᵃの骨ʰᵒⁿᵉがへこむ。 ❸[중도 포기] (仕事ˢʰᶦᵍᵒᵗᵒなどを)放棄ʰᵒᵘᵏᶦする｜放ʰᵒᵘり出ᵈᵃす｜諦ᵃᵏᶦʳᵃめる｜途中ᵗᵒᵗᶜʰᵘ̆でやめる。 에 이만한 일로 주저앉을 수는 없다. これくらいの事ᵏᵒᵗᵒで放ʰᵒᵘり出ᵈᵃすことはできない。 / 사업을 하다 보면 좀처럼 뜻대로 안 돼서 주저앉고 싶을 때가 있다. 事業ᶦᵍʸᵒᵘをしてみると、なかなか思ᵒᵐᵒうように行ᶦかなくて、諦ᵃᵏᶦʳᵃめたい時ᵗᵒᵏᶦがある。 ❹[일정한 곳에 정착] (一定ᶦᵗᵗᵉᶦの場所ᵇᵃˢʰᵒに)落ᵒち着ᵗˢᶦて暮ᵏᵘらす｜定着ᵗᵉᶦᵗᶜʰᵃᵏᵘする。 에 그곳에 여행을 갔다가 아주 주저앉았다. そこへ旅行ʳʸᵒᵏᵒᵘに行ᶦって、完全ᵏᵃⁿᶻᵉⁿに定着ᵗᵉᶦᵗᶜʰᵃᵏᵘした。

주저앉-히다 囲 [주저앉게] ❶[앉히다] (尻ˢʰᶦʳᶦをついて)座ˢᵘʷᵃらせる。 에 의자에 ~. 椅子ᶦˢᵘに座ˢᵘʷᵃらせる。 / 일어나려는 부모님을 주저앉히고 설득하다. 起ᵒᵏᶦようとする両親ʳʸᵒᵘˢʰᶦⁿを座ˢᵘʷᵃらせて説得ˢᵉᵗᵗᵒᵏᵘする。 ❷[무너뜨림] 倒ᵗᵃᵒす｜崩ᵏᵘᶻす｜潰ᵗˢᵘᵇす｜崩壊ʰᵒᵘᵏᵃᶦさせる｜へこませる｜落ᵒち込ᵏᵒませる。 에 폭설이 나무를 주저앉혔다. 大雪ᵒᵒʸᵘᵏᶦが木ᵏᶦを倒ᵗᵃᵒした。 / 집을 주저앉힐 정도로 강한 바람이 불다. 家ᶦᵉを崩ᵏᵘᶻすほど強ᵗˢᵘʸᵒᶦ風ᵏᵃᶻᵉが吹ᶠᵘく。 ❸[일정한 곳에 살게 함] (一定ᶦᵗᵗᵉᶦの場所ᵇᵃˢʰᵒに)落ᵒち着ᵗˢᶦかせる｜定着ᵗᵉᶦᵗᶜʰᵃᵏᵘさせる。 에 큰아들을 고향에 ~. 長男ᵗᶜʰᵒᵘⁿᵃⁿを故郷ᵏᵒᵏʸᵒᵘに定着ᵗᵉᶦᵗᶜʰᵃᵏᵘさせる。

주저-주저(躊躇躊躇) 團 [우물쭈물] まごまご｜ぐずぐず。
　주저주저-하다 困囲 まごまごする｜ぐずぐずする。 에 문을 열지 말지 ~. ドアを開ᵃけようか開ᵃけるまいか、まごまごする。

주적-주적 團 ❶[아이의 걸음] [아장아장 걷는 모양] よちよち。 ❷[하는 베떡거림] ぺちゃくちゃと話ʰᵃⁿᵃし立ᵗᵃてるさま。 에 ~ 떠들어대다. べらべらと騷ˢᵒʷᵃぎ立ᵗᵃてる。

주전-부리 圏 ❶時無ᵗᵒᵏᶦⁿᵃˢʰᶦに間食ᵏᵃⁿˢʰᵒᵏᵘをすること。 ❷おやつ。

주전자(酒煎子) やかん｜湯沸ʸᵘʷᵃかし。

주전주전-하다 囲 時ᵗᵒᵏᶦをかまわず買ᵏᵃい食ᵍᵘいをする。

주절-거리다 困 ぶつぶつ言ᶦう｜つぶやく。 ＝주절대다

주절-대다 困 ☞주절거리다

주절-주절¹ 團 [작은 소리로 중얼거림] (小声ᵏᵒᵍᵒᵉで)ぺちゃくちゃ｜ぶつぶつ。

주절-주절² 團 [너절하게] だらり(と)。

주점(酒店) 圏 飲ᵒᵐみ屋ʸᵃ｜酒場ˢᵃᵏᵃᵇᵃ。 ＝술집

주접【명】【생기어 제대로 자라지 못하는 상태】発育はついが停止ていし！発育萎縮しゅく。

주접-스럽다【형】【해】食くいしん坊ぼうだ！食くい意地じが汚きたない。

주정¹(酒酊)【명】酒癖しゅへき・酒乱しゅらん。 例 ~이 심하다. 酒癖しゅへきが悪わるい。/ ~을 부리다. 酒さけに酔よって管くだを巻まく。
　주정-하다【자】管くだを巻まく。

주정²(酒精)【명】(화)酒精しゅせい。アルコール。

주정-꾼(酒酊—)【명】酔よっぱらい│酔よいどれ。

주정 발효(酒精醱酵)【명】(화)酒精醱酵はっこう。

주정-배기(酒酊—)【명】酔よっぱらい│酔よいどれ。

주정-뱅이(酒酊—)【명】酔よっぱらい│飲のんだくれ│酔よいどれ。 例 ~의 말은 귀담아 들을 필요가 없다. 酔よいどれの言いってることは、心しんして聞きく必要ひつようはない。/ ~가 소리를 지르며 비틀비틀 걸어왔다. 飲のんだくれが叫さけびながらふらふらと歩あるいてきた。 =주정쟁이

주정-쟁이(酒酊—)【명】☞주정뱅이

주제¹【명】❶身みなり│様さま│身分みぶん│身みの程ほど。 例 ~도 모르고 나서다. 身みの程ほど知しらずでしゃばる。❷【버릇, 습관】癖くせ。 例 네 ~에 어딜 가겠다는 거야? あなたの癖くせにどこへ行いくったのか。/ 능력도 없는 ~에. 能力のうりょくもないくせに。

주제²(主題)【명】主題しゅだい│テーマ。例 ~ 음악 テーマ音楽おんがく。

주제-가(主題歌)【명】主題歌しゅだいか。

주제-꼴【명】身みなり│様さま│身分みぶん│身みの程ほど。 =주제❶

주제-넘다【형】生意気なまいきだ│おこがましい│差さし出でがましい。 例 주제넘은 말입니다만. おこがましい話はなしですが。/ 주제넘은 소리 하지 마라. 生意気なまいきな口くちをきくな。

주제-도(主題圖)【명】例 인구 비교를 위하여 인구도와 같은 ~를 이용한다. 人口じんこうの比較ひかくのために、人口図じんこうずのような主題図しゅだいずを利用りようする。

주조¹(酒造)【명】酒造しゅぞう。
　주조-하다¹【타】酒さけを造つくる。

주조²(酒糟)【명】酒粕さけかす。

주조³(鑄造)【명】鋳造ちゅうぞう。例 활자 ~ 活字かつじ鋳造ちゅうぞう/ 화폐 ~ 貨幣かへい鋳造ちゅうぞう。
　주조-하다³【타】鋳造ちゅうぞうする。

주조-기(鑄造機)【명】(출)鋳造機ちゅうぞうき。

주조-장(酒造場)【명】酒さけの醸造元じょうぞうもと。 =술도가

주종(主從)【명】主従しゅじゅう。

주주(株主)【명】《경》株主かぶぬし。例 정기 ~ 총회 定期ていき株主総会かぶぬしそうかい/ ~ 명부 株主名簿かぶぬしめいぼ/ ~ 배당 株主配当かぶぬしはいとう/ 임시 ~ 총회 臨時りんじ株主総会かぶぬしそうかい。

주지¹(主旨)【명】主旨しゅし。

주지²(周知)【명】周知しゅうち。
　주지-하다【타】周知しゅうちする。例 주지하는 바와 같이 周知しゅうちのとおり/ 지켜야 할 사항을 주지시키다. 守まもるべき事項じこうを周知しゅうちさせる。

주지-육림(酒池肉林)【명】酒池肉林しゅちにくりん。

주착(主着)【명】☞'주책'의 잘못.

주창(主唱)【명】主唱しゅしょう。
　주창-하다【타】主唱しゅしょうする。

주창-자(主唱者)【명】主唱者しゅしょうしゃ。

주책【명】❶【주견】定見ていけん。❷【일정한 줏대가 없이 되는대로 하는 짓】無定見むていけんなるがままにすること。 例 ~을 부리다. 無定見むていけんでむやみにふるまう。

주책-망나니【명】無鉄砲むてっぽうで言動げんどうが軽々かるがるしい人ひと。 例 정말 못 말리는 ~들이다. 本当ほんとうに留とめ立たてできない無鉄砲むてっぽうな人ひとたちだ。 =주책바가지

주책-바가지【명】☞주책망나니

주책-없다【형】見境みさかいがない│向むこう見みずだ│何なんのつもりがない。
　주책없-이【부】見境みさかいがなく│向むこう見みずに│何なんのつもりがなく。例 ~ 굴다. 何なんのつもりがなく振ふる舞まう。

주책-이다【형】☞'주책없다'의 잘못.

주철(鑄鐵)【명】鋳鉄ちゅうてつ。

주체¹【명】十分じゅうぶんに果はたすこと│処理しょりすること。
　주체-하다【타】十分じゅうぶんに果はたす│処理しょりする。例 그녀는 주체하지 못할 만큼 구두를 많이 가지고 있다. 彼女かのじょは靴くつを持もて余あますほど多おおく持もっている。/ 나로서는 주체하지 못할 일이다. 私わたしには手てに余あまる仕事しごとである。

주체²(主體)【명】主体しゅたい。

주체-궂다【형】ものすごくやっかいで煩わずらわしい。

주체-성(主體性)【명】主体性しゅたいせい。

주체-스럽다【형】手てに余あまる│煩わずらわしい│面倒めんどうくさい。例 일할 때 누군가 있으면 아무래도 ~. 仕事しごとをするとき、誰だれかがいるとどうしても煩わずらわしい。/ 주체스러운 일을 떠맡다. 手てに余あまる仕事しごとを引ひき受うける。

주체스레【부】煩わずらわしく│面倒めんどうくさく。

주체-적(主體的) 관 명 主体的。
주쳇-덩어리 명 [주책이 없어서 남에게 미움받는 사람] やっかい者。 예 저 사람은 회사 일을 망치게만 하는 ~이다. あの人は会社の仕事をすぐにぶちこわすやっかい者だ。
주초(週初) 명 週初。週の初め。
주최(主催) 명 主催。
　주최-하다 타 主催する。
주최-자(主催者) 명 主催者。
주추 명 柱の下に据えておく石。柱礎。
주춤-거리다 자 もたもたする。ためらう。 =주춤대다
주춤-대다 자 ☞주춤거리다
주춤-주춤 부 ぐずぐず。もじもじ。 예 ~다가가다. ぐずぐずと近寄る。
　주춤주춤-하다 자 ためらう。 예 잠시 주춤주춤하다가 입을 열다. しばらくためらった後に口を開ける。
주춤-하다 타 びりとする。ふっつりとする。たじろぐ。 예 검은 그림자를 보고 ~. 黒い陰をみてたじろぐ。
주춧-돌(柱—) 명 礎石。 예 ~이 제대로 놓여야 집이 튼튼하다. 礎石がちゃんとしてこそ家もちゃんとする。
주치-의(主治—) 명 主治医。
주택(住宅) 명 住宅。住居。一軒家。 예 전망 좋은 ~ 見晴らしのいい住居/아파트보다 ~이 좋다. アパートよりも一軒家がいい。
주택-난(住宅難) 명 住宅難。
주택-지(住宅地) 명 住宅地。
주파(周波) 명 물 周波。サイクル。
주파-수(周波數) 명 물 周波数。 예 라디오 ~를 맞추다. ラジオの周波数を合わせる。
주판(籌板・珠板) 명 そろばん。 예 ~을 놓다. そろばんを弾く。 =수판(數板)
주필(主筆) 명 主筆。
주해(註解) 명 注解。注釈。 예 ~를 달다. 注解を加える。
　주해-하다 타 注解する。
주행(走行) 명 走行。
　주행-하다 자 타 走行する。
주형(鑄型) 명 鋳型。
주홍(朱紅) 명 ❶[선명하게 붉은색] 朱紅。緋色。スカーレット。 ❷[물감의 하나] 朱。
주홍-빛(朱紅—) 명 朱色。緋色。スカーレット。
주황(朱黃) 명 橙色。

주황-빛(朱黃—) 명 橙色。
주효(酒肴) 명 酒肴。酒と肴。
주흥(酒興) 명 酒興。
죽¹ 명 [옷・그릇 따위의 열 벌을 묶어 세는 단위] 十着。十個。十点。十足。 예 버선 두 ~ 足袋二十足/접시 한 ~ 皿十枚。
죽² 부 ❶[한줄로 이어지거나 늘어선 모양] ずらっと。ずらりと。まっすぐ。ずっと。 예 ~ 뻗은 길 真っ直ぐに伸びている道/사람들이 ~ 늘어서 있다. 人々がずらりと立ち並んでいる。/강을 따라 ~ 내려가세요. 川に沿ってずっと下りなさい。 ❷[줄이나 금을 곧게 긋는 모양] すっと。 예 선을 ~ 긋다. 線をすっと引く。 ❸[종이 등을 찢는 모양] びりっと。ぱりぱり。 예 신문지를 ~ 찢다. 新聞紙をびりっと破く。 ❹[잇따라 들이마시는 모양] ぐっと。 예 우유를 한 입에 ~ 들이켜다. 牛乳を一口にぐっとあおる。 ❺[한바퀴 도는 모양] ぐるり(と)。 예 회의장을 ~ 둘러보다. 会場をぐるりと見回す。 ❻[거침없이 말하는 모양] 淀みなく。すらすら(と)。するする(と)。 예 자신의 과거를 ~ 이야기하다. 自分の過去のことをよどみなく話す。 ❼[내내・줄곧] ずっと。 예 10년 동안 ~ 이곳에서 살았다. 十年間、ずっとここに住んでいる。 ❽[곧게 펴는 모양] まっすぐ。 예 다리를 ~ 펴다. 脚をまっすぐに伸ばす。 =쭉
죽³(粥) 명 粥。 예 ~을 쑤다. 粥を炊く。
죽는-소리 명 泣き言。
죽는-시늉 명 おおげさに痛がること。 예 ~은 아무 때나 하는 것이 아니다. おおげさに痛がるのは、いつでもやるものではない。
죽다 자 ❶[생명이 끝나다] 死ぬ。 예 병으로 ~. 病気で死ぬ。/나무가 죽었다. 木が死んでいる。 ❷[기계 등의 작동이 멎다] 死ぬ。止まる。 예 시계가 죽었다. 時計が死んだ。 ❸[불이 꺼지다] 消える。 예 불씨가 ~. 火種が消える。 ❹[기운이 없어지다] 元気がない。しょげている。気疲れする。 예 풀이 죽은 표정이다. 元気のない表情である。/기가 죽어 있다. 気後れしている。 ❺[생활・빛 등 변색이 되다] 変色する。なくなる。 예 매운맛이 ~. 辛い味がなくなる。 ❻[물기가 빠지다] とれる。落ちる。 예 풀이 죽은 식탁보 糊気のとれたテーブル掛け。 ❼[빛깔이 흐려지다] くすむ。 예 죽은 색깔의 옷을 고르다. くすんだ色の服を選ぶ。 ❽[필사적으로 되다] 必死になる。命をかける。 예 죽도록 일하다. 必死になって働く。 ❾[숨이 끊어지다] 死ぬ。 예 말

이 ~. 駒が死ぬ。⑩【死ぬ】死ぬ。예 3루 주자가 ~. 三塁の走者が死ぬ。

죽은 목숨 관용 ❶生きる術のない命:「死んでいるのと同様な」の意。예 농사꾼이 논을 잃었다는 것은 ~이나 마찬가지다. 農夫が田を失ったということは、死んでいるのと同様だ。❷生きがいがない:「生きる希望が無い;何の活動もできなくなった」の意。예 이제 너랑 같이 살 수 없다면 나는 ~이다. もう君と一緒に暮せないのなら、私には何への生きがいもない。

죽을 둥 살 둥 관용 必死になって;むやみやたらに;むちゃくちゃに:「一つの事にだけ心を奪われるさま」の意。예 시민 단체는 반대했지만, 정부는 납득할 수 없는 법안을 만들었다. 市民団体は、むやみやたらに反対したが、政府は納得できない法案を作った。

죽다 형【頭の一部などが】へこんでいる;落ち込んでいる;窪んでいる;低い。예 무릎뼈가 ~. ひざの骨がへこんでいる。/코뼈가 ~. 鼻の骨がへこんでいる。/광대뼈가 ~. 頬骨が落ち込んでいる。

죽림(竹林) 명 =대숲

죽마(竹馬) 명 竹馬・。=대말

죽마고우(竹馬故友) 명 竹馬の友:幼なじみ。

죽-상(一相) 명 ☞죽을상

죽-세공(竹細工) 명 竹細工。

죽순(竹筍) 명 竹の子。=대순

죽순-대(竹筍一) 명《식》孟宗竹。예 ~은 60년마다 한 번씩 꽃을 피운다. モウソウチクは六十年に一度、花を咲かせる。=맹종죽

죽순-밥(竹筍一) 명 米に竹の子を入れて炊いた飯。

죽어-지내다 자 ❶【自由に】自由に暮せない;意のままに暮せない。❷【貧乏に】貧乏に苦しみながら暮らす。

죽엽(竹葉) 명 竹葉;竹の葉。

죽을-병(一病) 명 不治の病。

죽을-상(一相) 명 ❶死相。❷非常に苦しそうな顔つき;死にそうな顔;真っ青な顔。예 왜 그렇게 ~을 짓고 있느냐? どうしてそんな苦しそうな顔をしているんだ。/너무 힘이 들어 ~을 짓다. 非常に苦しくて真っ青な顔をする。=죽상

죽을-죄(一罪) 명 死罪。

죽음 명 死。예 ~을 각오하고 싸우다. 死を決して戦こう。

죽-이다 타 ❶【殺す】殺す。예 세균을 ~. 細菌を殺す。❷【消す】消す。예 장작불을 ~. 薪の火を消す。❸【殺す】殺す。예 선두 타자를 간단히 ~. 先頭打者を簡単に殺す。❹【殺す】殺す。예 속도를 ~. スピードを殺す。/기를 ~. 気をくじく。❺【なくす】なくす。예 풀기를 ~. 糊気をなくす。❻【殺す】殺す。예 신맛을 ~. すっぱい味を殺す。❼【枯らす】枯らす。예 묘목을 ~. 苗木を枯らす。

죽-이다 타 ❶【殺す】殺す;おしころす。예 소리를 죽여 울다. 声を殺して泣く。/숨을 ~. 息を殺す。❷【減らす】減らす。❸【殺す】殺す。예 왼쪽 모서리를 ~. 左の角を殺す。

죽장(竹杖) 명 竹の杖。

죽-죽 부 ❶【続けざまに】ずんずん。예 ~ 뻗은 도로 真っすぐに伸びている道路;앞으로 ~ 나아가다. ずんずんと先に進む。/선을 ~ 긋다. 線を続けざまに引く。/~ 들이마시다. ぐいぐい飲む。❷【びりびり】ぱりぱり(と)。예 천을 ~ 찢다. 布をぱりぱりと裂く。❸【滞りなく】淀みなく;すらすら(と);するする(と)。예 영어로 쓴 글을 ~ 읽어 내려가다. 英語で書いた文章を、すらすらと読み下す。

죽지 명 付け根。

죽창(竹槍) 명 竹槍。

죽-치다 자 引きこもる;閉じこもる。

죽통(竹筒) 명 まぐさおけ;飼い葉桶。

준걸(俊傑) 명 俊傑。

준-결승(準決勝) 명 準決勝。=준결승전

준결승-전(準決勝戰) 명 ☞준결승

준공(竣工) 명 竣工。
　준공-하다 타 竣工する。

준공-식(竣工式) 명 竣工式。

준공업 지구(準工業地區)《공》準工業地域。

준동(蠢動) 명【活動を始める意】蠢動。
　준동-하다 자 蠢動する。

준령(峻嶺) 명 峻嶺;険しい山。

준마(駿馬) 명 駿馬。

준-말(一)《언》縮約語;略語。=약어(略語)

준-물권(準物權) 명《법》準物權。

준법(遵法)[명] 遵法ほう｜順法じゅんほう。
　준법-하다[자] 法律ほうりつに従したがう。

준비(準備)[명] 準備じゅんび｜したく｜用意ようい｜備そなえ。예 체조 준비 운동体操。
　준비-하다[타] 支度したくする｜用意よういする｜準備じゅんびする。예 준비되는 대로 시작하자. 準備ができたら始はじめよう。

준비 서면(準備書面)[법] 準備書面じゅんびしょめん。

준비 운동(準備運動)[운] 準備運動じゅんびうんどう｜ウォーミングアップ。예 ~ 없이 운동을 하면 몸에 무리가 간다. 準備運動なしに運動をすれば、体からだに負担ふたんがかかる。

준설(浚渫)[명] 浚渫しゅんせつ。
　준설-하다[타] 浚渫しゅんせつする。

준설-기(浚渫機)[기] 浚渫機しゅんせつき。

준설-선(浚渫船)[기] 浚渫船しゅんせつせん。

준수(遵守)[명] 遵守じゅんしゅ。
　준수-하다¹[타] 遵守じゅんしゅする。예 규칙을 ~. 規則きそくを遵守する。

준수-하다(俊秀—)[형] 才知さいちが優すぐれている。예 준수한 인물 優すぐれた人物じんぶつ。

준엄-하다(峻嚴—)[형] 峻厳しゅんげんだ。예 준엄한 심판을 받다. 峻厳な審判しんぱんを受うける。
　준엄-히[부] 峻厳しゅんげんに。

준용(準用)[명] 準用じゅんよう。

준일-하다(俊逸—)[형] 才能さいのうが優すぐれている。

준치[명] 〔동〕ひら。

준칙(準則)[명] 準則じゅんそく。

준-하다(準—)[자] 準じゅんじる。예 장관에 준하는 대우를 받다. 大臣だいじんに準じる待遇たいぐうを受うける。

준험-하다(峻險—)[형] 峻険しゅんけんだ。예 준험한 산봉우리 峻険な峰みね。

줄¹[명] ❶〔수〕ひも｜縄なわ｜つな。예 ~을 끊다. 綱を切きる。/ ~로 묶다. 縄で縛しばる。❷〔선〕線せん｜ライン。예 자를 대고 ~을 긋다. 物差ものさしを当あてて線を引ひく。❸〔예〕弦げん｜つる。예 바이올린의 ~이 끊어지다. バイオリンの弦が切きれる。❹〔예〕行ぎょう。예 3~로 된 짧은 시 三行さんぎょうからなった短みじかい詩し。❺〔예〕列れつ。예 ~이 흐트러지다. 列が乱みだれる。/ 두 ~로 서시오. 二列にれつに並ならびなさい。❻〔예〕つる｜つて。예 그 회사와는 ~이 닿아 있다. あの会社かいしゃにはつてがある。
　줄(을) 대다[관용] 人ひととよしみを結むすぶ。

줄²[명] 〔쇠줄을거는기〕鑢やすり。

줄³[의] 〔대〕代だい｜坂さか｜列れつ。예 벌써 나이 40줄에 들다. もう四十よんじゅうの坂にさしかかる。/ 50줄에 들어서 공부를 다시 시작하다. 五十ごじゅう代になって再ふたたび勉強べんきょうを始はじめる。

줄⁴[의] すべ｜こと｜方ほう。예 그가 거짓말할 ~은 몰랐다. 彼かれが嘘うそをつくとは思おもわなかった。/ 꼭 올 ~ 알았다. きっとくると思った。/ 영어를 할 ~ 모른다. 英語えいごを話はなすことができない。/ 사용할 ~ 모른다. 使つかい方かたを知しらない。

줄[명] 〔식〕真菰まこも。예 ~은 못이나 물가에서 자란다. マコモは池いけや水際みずぎわにいきる。

줄거리[명] ❶〔예〕あらすじ｜大要たいよう｜要点ようてん。예 영화의 ~ 映画えいがのあらすじ / 사건의 ~ 事件じけんのあらすじ。❷〔예〕葉はの落おちた枝えだ｜茎くき。

줄곧[부] ずっと｜絶たえず｜続つづけて。예 어제부터 ~ 비가 내린다. 昨日きのうからずっと雨あめが降ふっている。/ 이곳에서 ~ 너를 기다리고 있었다. ここでずっとあなたを待まち通とおしだった。

줄기[명] ❶〔예〕筋すじ｜流ながれ。예 분수에서 솟구치는 한 ~의 물기둥 噴水ふんすいからほとばしる一本いっぽんの水柱みずばしら / 산맥의 ~ 山脈さんみゃくの筋 / 이 강은 두 ~로 갈라진다. この川かわは二筋ふたすじに分わかれる。❷〔예〕幹みき｜つる｜茎くき。❸〔예〕一降ひとふり｜ひとしきり。예 한 ~의 소나기가 쏟아지다. 一陣いちじんのにわか雨が降り注そそぐ。/ 아이 더워, 비나 한 ~ 왔으면 좋겠는데. ああ暑あつい、雨でもひと降りあったらいいが。

줄기-줄기[부] ❶〔예〕筋すじごとに｜幾筋いくすじにも。❷〔예〕茎くきごとに。

줄기-차다[형] 激はげしい｜たゆみない。예 줄기차게 퍼붓는 비 激しく降りしきる雨。

줄-넘기[명] 〔운〕縄跳なわとび。예 둘씩 편을 갈라 ~를 하다. 二人ふたりずつ組くみに分かれて縄跳びをする。/ ~ 500번을 채우다. 縄跳び500回かいを飛とびきる。
　줄넘기-하다[자] 縄跳なわとびをする。

줄다[자] 減へる｜少すくなくなる｜縮ちぢむ｜小ちいさくなる。예 인구가 ~. 人口じんこうが減る。/ 실력이 ~. 実力じつりょくが減る。/ 몸무게가 ~. 体重たいじゅうが減る。/ 스웨터가 ~. セーターが縮む。

줄-다리기[명] 〔운〕綱引つなひき。

줄-달다[형] 続つづけざまにする｜引ひき続つづく｜とぎれずに続つづける。예 사흘 동안 비가 줄달아 오다. 三日間みっかかん雨あめが続ざまに降る。/ 담배를 줄달아 피우다. たばこを続けざまに吸すう。

줄-달음[명] ☞줄달음질

줄달음-질[명] 一目散に走ること｜一息に走ること。 예~을 놓다. 一目散に走る。 =줄달음

　줄달음질-하다[자] 一息に走る。 예줄달음질해 도망가다. 一目散に逃げる。

줄달음-치다 一息に走る｜一目散に走る。

줄-담배 ❶縄などで一列に長く編みこんだ葉タバコ。 ❷タバコを続けざまに吸うこと。 예근심이 있는지 ~를 피우고 있다. 悩みがあるのか続けざまにタバコを吸っている。

줄레-줄레[부] ちょこちょこ(と)｜おっちょこちょいに｜ふらふらと。 예~ 따라가다. ふらふらとついていく。

줄-모[명] 正条植え。

줄-무늬[명] 縞｜縞模様。

줄-바둑[명] へぼ碁｜笊碁。

줄-사다리[명] ☞줄사닥다리

줄-사닥다리[명] 縄梯子｜つり梯子。 =줄사다리

줄어-들다[자] 減る｜少なくなる｜縮む｜小さくなる。 예손님이 전보다 많이 줄어들었다. お客さんが前より多く減った。/스웨터가 ~. セーターが縮む。

줄-이다[타] 減らす｜縮める。 예체중을 ~. 体重を減らす。/소매의 끝을 잘라 길이를 ~. 袖の端を切って長さを縮める。/글을 짧게 ~. 文章を短く縮める。

줄임-표[명] 〈언〉省略記号。 =생략표

줄-자[명] 巻尺。

줄-잡다[타] ❶割り引く。 예줄잡아 듣다. 割り引いて聞く。 ❷少なく見積もる。 예줄잡아 100개는 된다. 少なく見積もって百個にはなる。

줄줄[부] ぞろぞろ(と)。 ❶ざあざあ｜だらだら｜どくどく(と)。 예~ 흐르는 시냇물 ざあざあと流れる小川が。/오줌을 ~ 싸다. 小便をちょろちょろ漏らす。 ❸ずるずる｜ぞろぞろ。 예치맛자락을 ~ 끌면서 걷다. スカートの裾をずるずる引きずって歩く。 ❹ぽろぽろ。 예물건을 ~ 흘리고 다니다. 物をぽろぽろ落しながら歩く。 ❺すらすら(と)。 예어려운 한자를 ~ 읽다. 難しい漢字をすらすらと読む。/장편 시를 ~ 외우다. 長編詩をすらすらと暗

記する。 =쭐쭐

줄줄-거리다[자] ざあざあ流れる｜どどっと流れる。 예어디에선가 줄줄거리는 소리가 들린다. どこからか、ざあざあと流れる音が聞こえる。

줄줄-이[부] ❶幾列かに。 예~ 늘어서다. 幾列にも立ち並ぶた。 ❷行ごとに全部。 예시간도 없는데 ~ 읽어 간다. 時間もないのに、行ごとに全部読んでいく。

줄-타기[명] 綱渡り。 예높은 줄 위의 ~는 보기만 해도 아찔하다. 高い綱の綱渡りは見ただけでくらくらする。

　줄타기-하다[자] 綱渡りをする。

줄-판(一板)[명] 鑢板。

줄-팽이[명] ひもをこまに巻き付けて回すこま。 예~ 치기 こま回し。

줄행랑-치다 逃げる｜高跳びする。

줌[명] こぶし｜握りこぶし｜ひとつかみ。 예한 ~의 흙 一握りの土/한 ~의 쌀 一握りの米。

줌 렌즈(zoom lens)[연] ズームレンズ。

줍다[타] 拾う。 예주워 온 아이 育てようとつれてきた子/수첩을 ~. 手帳を拾う。/낙엽을 ~. 落ち葉を拾う。

줏-대(主一)[명] 定見｜主体性｜核。 예~ 없이 굴지 마라. 主体性のない振る舞いをするな。/그는 ~가 있는 사람이다. 彼は定見のある人だ。

중[명] 〈종〉僧｜僧侶｜=승(僧)

　중 도망은 절에나 가 찾지[속담] 坊主が逃げたら、寺にでも行ってさがすさ：「行方不明の人をさがすのは難しい」の意。

　중이 제 머리를 못 깎는다[속담] 坊主が自分の頭をそることはできない｜「いくら緊急を要することでも人の手を借りないとできない」の意。

중²(中) Ⅰ[명] 中。｜中間。 Ⅱ[의] ❶中｜間。 예운동 ~에는 물을 마시지 않는다. 運動中には水を飲まない。 ❷中。 예이 ~에는 아는 이가 없다. この中には知り合いがいない。 ❸中。 예내일 ~으로 일을 마쳐야 한다. あした中に仕事を終わらせなければならない。

중간(中間)[명] ❶中間｜間。 예양쪽 ~에서 내 처지만 곤란하다. 両方の間で私だけ立場が困る。 ❷中間。 예~ 발표 中間発表/

일의 ~에 투입하다. 仕事との中間に投入する。❸【학】真ん中。예 운동장 ~에 세우다. 運動場のまん中に立てる。

중간²(重刊)［명］〈출〉重版する。
　중간-하다 重版する。
중간-고사(中間考査)［명］中間考査｜中間試験。
중간-색(中間色)［명］中間色。
중간 숙주(中間宿主)［동］中間宿主。예 폐디스토마는 다슬기와 가재를 ~로 삼아 사람의 몸으로 들어온다. 肺臓ジストマは、カワニナとザリガニを中間宿主として人体に入ってくる。
중간-층(中間層)［명］中間層。
중간-치(中間—)［명］中ぐらいの物。
중개(仲介)［명］仲介｜仲立ち。예 ~ 수수료 仲介手数料／~ 무역 仲介貿易。
　중개-하다 仲介する｜仲立ちする。
중개-료(仲介料)［명］仲介料。
중개-사(仲介士)［명］仲介士｜仲介者。
중개-업(仲介業)［명］仲介業。
중개-인(仲介人)［명］〈경〉仲介人。
중-거리(中距離)［명］中距離。
중거리 달리기(中距離—)［운］中距離競走。
중건(重建)［명］再建｜改築。
　중건-하다 再建する｜改築する。
중견(中堅)［명］中堅。예 ~ 사원 中堅社員／~ 작가 中堅作家。
중견-수(中堅手)［명］〈운〉中堅手｜センター。
중계(中繼)［명］中継。예 위성 ~ 衛星中継／독점 ~ 独占中継／라이브 ~ ライブ中継／텔레비전 ~ テレビ中継／축구 ~ 를 보다. サッカー中継を見る。
　중계-하다 中継する。예 현장에서 실황을 ~. 現場で実況を中継する。
중계 무역(中繼貿易)［경］中継貿易。
중계-방송(中繼放送)［명］中継放送。
중고(中古)［명］❶中古。예 ~ 자동차 中古自動車。❷☞중고품 ❸【차】
중고-품(中古品)［명］中古｜中古品。=중고❷
중-공업(重工業)［명］〈공〉重工業。
중-과피(中果皮)［명］〈식〉中果皮。예 ~가

희다. 中果皮が白い。
중-괄호(中括弧)［명］中括弧。
중구-난방(衆口難防)【사성어】衆口ふさぎ難し。
중국(中國)［명］〈국〉中国｜中華人民共和国。
중국-어(中國語)［언］中国語。
중국-집(中國—)［명］中華料理店。
중권(中卷)［명］中の卷。
중근(重根)［명］〈수〉重根｜重複解｜重解｜等根。
중-근동(中近東)［명］中近東。
중-금속(重金屬)［명］〈화〉重金属。예 ~ 오염 重金属汚染。
중급(中級)［명］中級。
중기¹(中期)［명］中期。
중기²(重機)［명］❶☞중장비 ❷☞'중기관총'의 준말.
중-기관총(重機關銃)［명］重機関銃｜重機。준중기²
중-길(中—)［명］並み｜並製｜中ぐらいの程度。=중질
중년(中年)［명］中年。예 ~의 신사 中年の紳士。
중-노동(重勞動)［명］重労働。예 ~에 의한 건강 이상 過重労働による健康障害。
중-노인(中老人)［명］中老。
중농(中農)［명］中農。
중농-주의(重農主義)［명］〈경〉重農主義。예 조선은 ~의 나라였다. 朝鮮は重農主義の国だった。
중-늙은이(中—)［명］中老。
중단¹(中段)［명］中段。
중단²(中斷)［명］中断。
　중단-하다 中断する｜打ち切る。예 심의를 ~. 審議を中断する。／발표를 ~. 発表を打ち切る。
중-단파(中短波)［명］〈전〉中短波。
중대¹(中隊)【군사용어】中隊。
중대²(重大)［명］重大だ。예 ~ 발표 重大な発表。
　중대-하다 重大だ。예 중대한 사건이 발생하다. 重大な事件が起きる。
중-대가리(中—)［명］坊主頭｜いがぐり頭。예 겨울인데 ~ 머리 시리겠다. 冬なのに、丸坊主だから頭が冷たそうだ。
중대-시(重大視)［명］重大視｜重視。준중시
　중대시-하다 重大視する｜重

視する。예학력을 중대시하는 사회 学力を重大視する社会。

중대-장(中隊-長)図 中隊長。

중도(中途)図 中途」途中。예~하차 途中下車/~에서 그만둘 거라면 시작하지 마라. 中途で止めることなら始めないで。

중독(中毒)図 中毒。예알코올~ アルコール中毒。

　중독-되다困 中毒になる。예약물에~. 薬物に中毒になる。

중동(中東)図 中東。

중동-무이(中一)図 中途半端で止めること。

　중동무이-하다囲 中途半端で止める」途中でうやむやにしてしまう。

중등(中等)図 中等。

중등 교육(中等敎育)〈교〉中等教育。

중략(中略)図 中略。

　중략-하다囲 中略する。

중량(重量)図 重量」重さ」目方。예~을 재다. 重量を量る。

중량-급(中量級)図〈운〉中量級。

중량 분석(重量分析)〈화〉重量分析。

중력(重力)図〈물〉重力。예사과가 떨어지는 것은 ~의 작용이다. リンゴが落ちるのは重力の作用だ。

중력 가속도(重力加速度)〈물〉重力加速度。

중력-계(重力計)図〈물〉重力計。

중력 단위계(重力單位系)〈물〉重力単位系。

중력-장(重力場)図〈물〉重力場。

중력-파(重力波)図〈물〉重力波。

중론(衆論)図 衆論。

중류(中流)図 ❶中流。❷中流」예~ 계급 中流階級/~ 의식 中流意識。=중층

중립(中立)図 中立。예~을 지키다. 中立を守る。

　중립-하다囲 中立する。

중립-국(中立國)図 中立国。

중립 지대(中立地帶)〈군〉中立地帯。예스위스는 정치적 ~를 선언했다. スイスは政治的に中立地帯であることを宣言した。

중매¹(仲媒)図 媒酌」仲立ち。예~를 서다. 結婚の仲立ちをする。=중신

　중매-하다¹囲 媒酌する」仲立ちをする。

중매²(仲買)図 仲買」ブローカー。

　중매-하다²囲 仲買をする。

중매-결혼(仲媒結婚)図 見合い結婚。

중매-상(仲買商)図 仲買人」ブローカー」仲介商人。

중매-인¹(仲媒人)図 媒酌人」仲人。

중매-인²(仲買人)図 仲買人」ブローカー。

중매-쟁이(仲媒-)図 月下氷人」仲人」媒酌人。예두 집안 사이에 ~를 놓아 혼사를 주선했다. 両家の間に仲人をおいて婚姻を周旋した。

중-무장(重武裝)図 重武装。

　중무장-하다困 重武装をする。

중-문(中門)図 中門。

중미(中美) ☞중앙아메리카

중반(中盤)図 中盤。예경기가 ~에 접어들다. 試合が中盤にはいる。

중반-전(中盤戰)図 中盤戦。

중방(中枋) ☞'중인방'의 준말.

중-배(中-)図 ❶腹」中央の膨らんだ部分。❷二番目に生まれた子。

중벌(重罰)図 重罰。

중범(重犯)図〈법〉重犯。

중병(重病)図 重病。

중-병아리(中-)図 中ぐらいの大きさのひよこ。

중복¹(中伏)図 中伏。예~ 더위 中伏の暑さ。

중복²(重複)図 重複。

　중복-하다囲 重複する。예중복된 문장을 삭제하다. 重複した文章を削る。

중복-허리(中伏-)図 中伏ごろの、もっとも暑いとき。

중부(中部)図 中部。

중부 지방(中部地方)図 中部地方。

중뿔-나다(中-)困 ❶でしゃばる」差し出る」差出がましい。예남의 일에 중뿔나게 간섭하다. 人のことにしゃばる。❷突拍子もない。예혼자서만 중뿔나게 굴다. 一人だけで突拍子もないことをする。

중사(中士)図〈군〉中士。

중산 계급(中産階級)〈사〉中産階級。

중산-모자(中山帽子)図 山高帽

중산-층(中産層)[명] 《사》中産層ちゅうさん｜中産階級かいきゅう。 =중산 계급

중상¹(中傷)[명] 中傷ちゅうしょう。
　중상-하다[타] 中傷ちゅうしょうする。 예남을 중상하는 글을 쓰다. 人ひとを中傷ちゅうしょうする文ぶんを書かく。

중상²(重傷)[명] 重傷じゅうしょう。

중상-주의(重商主義)[명] 《경》重商主義しゅぎ。 예~ 정책 重商主義政策しゅぎせいさく。

중생-대(中生代)[명] 中生代ちゅうせいだい。 예~의 척추동물 中生代ちゅうせいだいの脊椎動物せきついどうぶつ。

중석(重石)[명] ☞텅스텐

중선(中線)[명] 《수》中線ちゅうせん。

중설¹(重說)[명] [같은 말을 거듭함] 重説じゅうせつ。
　중설-하다[타] 重説じゅうせつする。

중설²(衆說)[명] 【여러 사람의 의견】衆説しゅうせつ。

중성(中性)[명] 中性ちゅうせい。 예~ 용액 中性溶液ちゅうせいようえき／~ 지방 中性脂肪ちゅうせいしぼう／~ 명사 中性名詞ちゅうせいめいし。

중성(中聲)[명] 《언》[한 음절 가운데의 모음] 中声ちゅうせい｜音節おんせつ中間ちゅうかんの母音ぼいん。 =가운뎃소리

중성 반응(中性反應)[명] 《화》中性反応ちゅうせいはんのう。

중성 세제(中性洗劑)[명] 《화》中性洗剤ちゅうせいせんざい。 예비단옷은 ~로 빨아라. シルクの服ふくは中性洗剤せんざいで洗あらえ。

중성-자(中性子)[명] 《물》中性子ちゅうせいし｜ニュートロン。

중성-적(中性的)[관] 中性的ちゅうせいてき。 예~ 매력 中性的魅力みりょく／~인 패션 中性的なファッション。

중세(中世)[명] ☞중세기

중세-기(中世紀)[명] 《역》中世ちゅうせい。 =중세

중세-사(中世史)[명] 中世史ちゅうせいし。

중소(中小)[명] 中小ちゅうしょう。

중소-기업(中小企業)[명] 《경》中小ちゅうしょう企業きぎょう。

중수¹(重水)[명] 《화》重水じゅうすい。

중수²(重修)[명] 改修かいしゅう｜修造しゅうぞう。
　중수-하다[타] 改修かいしゅうする｜修造しゅうぞうする。

중순(中旬)[명] 中旬ちゅうじゅん。

중시(重視)[명] 重視じゅうし｜重大視じゅうだいし｜重要視じゅうようし。
　중시-하다[자] 重視じゅうしする。 예예의를 ~. 礼儀れいぎを重視じゅうしする。／무엇보다도 능력을 ~. 何なによりも能力のうりょくを重視じゅうしする。

중식(中食)[명] 昼食ちゅうしょく｜昼飯ひるめし。

중신(中—)[명] ☞중매(仲媒)

중심¹(中心)[명] ❶【가운데】中心ちゅうしん｜真まん中なか

｜中央ちゅうおう。 예광장 ~에 동상이 있다. 広場ひろばの中央ちゅうおうに銅像どうぞうがある。 ❷【중요한 곳】中心ちゅうしん。 예교육의 ~ 教育きょういくの中心ちゅうしん。 ❸【주관】定見ていけん｜しっかりした考かんがえ。 예이럴 때는 가장이 ~을 잡아야 한다. こんな時ときには、家長かちょうがしっかりした考かんがえを持もたなければならない。 ❹《수》中心ちゅうしん。 예원의 ~ 円えんの中心ちゅうしん。

중심²(重心)[명] 《물수》重心じゅうしん。 =무게 중심

중심-각(中心角)[명] 《수》中心角ちゅうしんかく。

중심 거리(中心距離)[명] 《수》中心距離ちゅうしんきょり。

중심-선(中心線)[명] 中心線ちゅうしんせん。

중심-지(中心地)[명] 中心地ちゅうしんち。 예경제의 ~ 역할을 하다. 経済けいざいの中心地ちゅうしんちの役割やくわりをはたす。

중앙(中央)[명] 中央ちゅうおう。 예 관청 中央の官庁かんちょう／역은 시의 ~에 있다. 駅えきは市しの中央ちゅうおうにある。／문화 시설이 ~에 집중되어 있다. 文化ぶんか施設しせつが中央ちゅうおうに集中しゅうちゅうしている。

중앙-값(中央—)[명] 《수》中央値ちゅうおうち｜メジアン｜メディアン｜中位数ちゅういすう。

중앙-선(中央線)[명] 《교》センターライン。

중앙-아메리카(中央America)[명] 《지》中央ちゅうおうアメリカ。 =중미

중앙-아프리카(中央Africa)[명] 《지》中央ちゅうおうアフリカ。

중앙아프리카 공화국(中央Africa共和國)[명] 《국》中央ちゅうおうアフリカ共和国きょうわこく。

중앙-은행(中央銀行)[명] 《경》中央ちゅうおう銀行ぎんこう。

중앙 태좌(中央胎座)[명] ☞가운데 씨방

중-양성자(重陽性子)[명] 《물》重陽子じゅうようし｜デューテロン。 =중양자

중-양자(重陽子)[명] ☞중양성자

중액(重液)[명] 【광물을 분리하기 위한 비중이 큰 액】重液じゅうえき。

중언-부언(重言復言)[명] 【했던 말을 자꾸 되풀이함】言いったことを何度なんども繰くり返かえすこと。

중얼-거리다[자] ぶつぶつ言いう｜むにゃむにゃ言いう｜つぶやく。 =중얼대다

중얼-대다[자] ☞중얼거리다

중얼-중얼[부] ぶつぶつ｜むにゃむにゃ。 예~ 주문을 외우다. むにゃむにゃと呪文じゅもんをとなえる。
　중얼중얼-하다[자] ぶつぶつする。

중역¹(重役)[명] 重役じゅうやく。

중역²(重譯)[명] 重訳じゅうやく。
　중역-하다[타] 重訳じゅうやくする。

중역-본(重譯本)[명] 重訳本じゅうやくぼん。

중엽(中葉)[명] 中葉ちゅうよう。 예15세기 ~ 十五世

紀ぎちゅうの中葉。
중요(重要)[명] 重要じゅう。
  중요-하다[형] 重要じゅうだ｜大事だいだ。예 중요한 자료를 잃어버리다. 重要な資料をなくす。/중요한 부분은 밑줄을 그어라. 重要なところはアンダーラインしなさい。/가족을 가장 중요하게 생각하다. 家族かぞくをもっとも大事に思おもう。
  중요-히[부] 重要ように｜大事だいに。
중요-시(重要視)[명] 重要視じゅうよう｜重視じゅうし。준중시(重視)
  중요시-하다[타] 重要視じゅうようする｜重視じゅうしする。예 네가 가장 중요시하는 것이 무엇이냐? あなたが一番いちばん重要じゅうように思おもうのは何なんだか。
중용¹(中庸)[명]【치우치지 않는 덕】中庸ちゅうよう。
중용²(重用)[명]【중요한 지위에】重用じゅうよう。
  중용-하다[타] 重用じゅうようする。
중위(中尉)[명]【군대의】中尉ちゅうい。
중유(重油)[명] 重油じゅうゆ。예 ~ 연료 重油燃料ねんりょう。
중이-염(中耳炎)[명]〈의〉中耳炎ちゅうじえん。
중인(衆人)[명] 衆人しゅうじん。
중-인방(中引枋)[명]〈건〉腰長押こしなげし。준중방(中枋)
중임(重任)[명] ❶【연임】重任じゅうにん。예 대통령의 ~ 을 반대하다. 大統領だいとうりょうの重任に反対はんたいする。❷【중책】重任じゅうにん｜重責じゅうせき。예 ~을 맡다. 重任を負おう。
  중임-하다[자]【연임】重任じゅうにんする。
중장¹(中將)[명]【군대】中将ちゅうじょう。
중장²(中章)[명]〈문〉中ちゅうの章しょう。
중-장비(重裝備)[명]【토목공사용】土木工事どぼくこうじに用もちいる大おおきい機械きかい。＝중기(重機)❶
중재(仲裁)[명] 仲裁ちゅうさい。예 ~에 부치다. 仲裁に付ふす。/ ~에 나서다. 仲裁にはいる。
  중재-하다[타] 仲裁ちゅうさいする。
중절(中絶)[명] 中絶ちゅうぜつ。예 임신 ~ 妊娠にんしん中絶。
  중절-하다[자] 中絶ちゅうぜつする。
중절-모자(中折帽子)[명] 中折なかおれ帽子ぼうし｜中折なかおれ｜ソフト。
중점¹(中點)[명] 中点ちゅうてん｜二等分点にとうぶんてん。
중점²(重點)[명] 重点じゅうてん。예 교육에 ~을 두다. 教育きょういくに重点を置おく。
중점-적(重點的)[관] 重点的じゅうてんてき。
중조(重曹)[명]〈화〉重曹じゅうそう｜重炭酸じゅうたんさんソーダ。＝탄산수소나트륨
중죄(重罪)[명] 重罪じゅうざい。
중중첩첩(重重疊疊)[부]【겹겹】重畳ちょうじょう。＝

첩첩
중증(重症)[명] 重症じゅうしょう。예 ~ 환자 重症患者かんじゃ。
중지(中止)[명] 中止ちゅうし。
  중지-하다[타] 中止ちゅうしする。예 개표를 ~. 開票かいひょうを中止する。/비 때문에 경기가 중지되다. 雨あめのために試合しあいが中止される。
중직(重職)[명] 重職じゅうしょく。
중진(重鎭)[명] 重鎭ちゅうちん｜大立おおだて者もの。예 사회 각계의 ~이 모이다. 社会しゃかい各界かっかいの重鎭が集あつまる。
중질(中帙)[명] ☞중길
중차대-하다(重且大一)[형] 重じゅう且かつ大だいである｜非常ひじょうに重大じゅうだいだ。
중창(重唱)[명]〈음〉重唱じゅうしょう。
중책(重責)[명] ❶【중요한 일】重責じゅうせき。❷【엄한 꾸중】厳きびしいとがめ。예 ~을 면하지 못할 것이다. 厳しいとがめを免まぬがれることはできないだろう。
  중책-하다【꾸짖다】厳きびしくとがめる。
중천(中天)[명] 中天ちゅうてん。예 해가 ~에 뜨다. 太陽たいようが中天にかかる。
중첩(重疊)[명] 重疊ちょうじょう。
  중첩-하다[타] 重疊ちょうじょうする。
중추¹(中樞)[명] ❶【중심】中枢ちゅうすう。예 ~ 기관 中枢機関きかん / 사회의 ~를 이루다. 社会しゃかいの中枢をなす。❷〈의〉神経にしんけい中枢。
중추²(仲秋)[명] 中秋ちゅうしゅう。
중추 신경계(中樞神經系)〈의〉中枢神経系ちゅうすうしんけいけい。예 ~의 손상으로 장애를 일으키다. 中枢神経系の損傷そんしょうで障害しょうがいが起おこる。
중추-절(中秋節)[명] ☞한가위
중층(中層)[명] ☞중류(中流)
중-치(中一)[명] 中ちゅうぐらいの物もの。
중침(中針)[명] 中ちゅうぐらいの針はり。
중-키(中一)[명] 中背ちゅうぜい。
중탄산-소다(重炭酸soda)[명]〈화〉重炭酸じゅうたんさんソーダ｜重曹じゅうそう｜炭酸水素たんさんすいそナトリウム。
중탕(重湯)[명] 湯煎ゆせん。
  중탕-하다[타] 湯煎ゆせんにする。
중태(重態)[명] 重態じゅうたい。예 의식이 없고 ~에 빠지다. 意識いしきがなく重態になる。
중-턱(中一)[명] 中腹ちゅうふく。예 산 ~ 山やまの中腹。
중턱 대문(中一大門)[건] 扉とびらの高たかさを屋根やねの大梁だいばりと同おなじ高さにした門もん。
중퇴(中退)[명] 中退ちゅうたい。

중퇴-하다찌 中退する。
중파(中波)몡 (물)中波。
중판(重版)몡 重版。
중판-하다타 重版する。
중편(中篇)몡 ❶【체편】中編。 ❷☞중편소설
중편 소설(中篇小說)《문》中編小説┃中編小説。 =중편❷
중포(重砲)몡 《군》重砲。
중-폭격기(中爆擊機)몡 《군》中型爆擊機。
중품(中品)몡 中等品。
중풍(中風)몡 《한》中風。
중하(重荷)몡 重荷。
중-하다(重一)혱 ❶【중대】重い。 예중한 죄 重い罪/ 중한 병 重い病気。 ❷【중대】大切だ┃大事だ。 예중한 것이니 잘 간직해라. 大事な物だから大切にしまっておきなさい。 ❸【중대】重い┃重大だ。 예중한 책임을 맡다. 重い責任を負う。
중-히튀 重く┃大事に。 예신의를 ~ 여기다. 信義を重んずる。
중학(中學)몡 中学校。
중-학교(中學校)몡 中学校。 ㊀중학
중학-생(中學生)몡 中学生。
중합(重合)몡 重合。 예~ 반응 重合反応。
중합-하다자타 重合する。
중합-체(重合體)《화》重合体┃ポリマー。 예물은 산소와 수소의 ~ 水は酸素と水素の重合体。
중핵(中核)몡 中核┃核心。
중형¹(中型)몡 中型。 예~ 자동차 中型自動車。
중형²(重刑)몡 重刑。
중형-차(中型車)몡 中型自動車。
중혼(重婚)몡 重婚。
중혼-하다자 重婚する。
중화(中和)몡 中和。
중화-하다자 中和する。
중화-민국(中華民國)몡 《역》中華民國。
중화 인민 공화국(中華人民共和國)《국》中華人民共和国。
중-화학(重化學)몡 《공》重化学。 예~ 분야 重化学工業の分野。
중화학 공업(重化學工業)《공》重化学工業。
중환(重患)몡 重患。

중-환자(重患者)몡 重患┃重態の患者。
중후-하다(重厚一)혱 重厚だ。
중흥(中興)몡 中興。
중흥-하다자 中興する。

쥐¹몡 こむら返り┃痙攣┃痺れ┃引き攣り。 예다리에 ~가 나다. 足が攣る。/ 물속에선 쥐 오르는 것을 조심해라. 水のなかではこむら返りに気をつけろ。

쥐²《동》鼠。 예~ 새끼 ねずみの子/ 서울 ~와 시골 ~ ソウルのネズミと田舎のネズミ/ 창고에서 ~들이 시끄럽게 찍찍거린다. 倉庫のネズミがちゅうちゅうとやかましい。

쥐가 고양이를 만난 격속담 ネズミが猫に出くわしたように。

쥐가 쥐 꼬리를 물고오 ネズミがネズミの尾をかみくわえて:「大勢の人がぞろぞろ出てくるさま」。

쥐도 새도 모르게관용 ネズミも鳥も分からないように:「誰も知らないうちにこっそり」の意。 예쥐도 새도 모르게 없애 버려라. だれも知らないようになくしてしまえ。

쥐 뜯어먹은 것 같다속담 ネズミがかじったようだ:「ぎざぎざになって見苦しい」の意。

쥐 본 고양이 (같다)속담 ネズミを見た猫:「何でも見つけ次第に手を出すさま」の意。

쥐-가오리몡 《동》いとまきえい。

쥐-구멍몡 鼠穴。 예~에라도 숨고 싶다. 鼠穴にでも隠れたい。

쥐-꼬리【매우 적음】ほんの少し┃ごく僅か。 예~ 만한 월급 ほんの少しの月給/ ~만큼밖에 없다. ごく僅かしかない。

쥐-날몡 《민》子の日。

쥐다타 ❶【줌다】握る。 예주먹을 ~. 拳を握る。 ❷【줌다】握る┃つかむ。 예연필을 ~. 鉛筆を握る。/ 과자를 쥐고 놓지 않다. お菓子を握って放さない。 ❸【장악】握る┃掌握する。 예아내가 실권을 쥐고 있다. 家内が実権を握っている。

쥐-다래 ❶探山木天蓼の実┃夏梅。 예여행을 하다가 피로에 지쳐 쓰러졌을 때 ~를 먹으면 힘이 난다. 旅行中に疲れて倒れた時、ナツメを食べれば元気が出る。 ❷☞쥐다래나무

쥐-다래나무 〈식〉探山木天蓼. 예 ~와 개다래나무는 잎의 색으로 구분한다. ミヤママタタビの木とマタタビの木とは葉の色で区別する。 =쥐다래②

쥐-덫 명 ネズミ取り.

쥐똥-나무 〈식〉水蠟樹. 예 ~ 위에 쥐똥 같은 열매가 조랑조랑 열렸다. イボタノキに鼠のフンのような実が鈴なりに実っている。

쥐라-기(Jura紀) 명 ジュラ紀. / ~ 지층 ジュラ紀の地層.

쥐락펴락-하다 타 牛耳る. 예 정재계를 ~. 政財界を牛耳る.

쥐-며느리 〈동〉草鞋虫.

쥐-뿔 명 鼠の角. / つまらないこと; 取るに足らないこと. 예 ~도 없다. 全然何もない. / ~도 모르다. 何もわからない; 全然知らない.

쥐뿔-같다 명 何も取り柄がない; 取るに足りない; つまらない. 예 쥐뿔같은 소리 그만둬라. つまらないことを言うのはやめろ.

쥐-새끼 명 細かいことにも手抜かりがなく、悪い方へに頭がよくまわる人; ずる賢い人.

쥐-색(一色) 명 ネズミ色; 灰色.

쥐-약(一藥) 명 猫いらず; 殺鼠剤.

쥐어-뜯다 타 むしる; むしり取る; かきむしる. 예 가슴을 쥐어뜯는 슬픔 心をかきむしる悲しみ / 머리카락을 ~. 髪の毛をむしり取る. / 나뭇잎을 ~. 木の葉っぱをむしり取る.

쥐어-박다 타 つく; 小突く. 예 머리를 좀 쥐어박았을 뿐이다. 頭をちょっと小突いただけだ.

쥐어-지르다 타 拳でつく; ぶん殴る.

쥐어-짜다 타 ❶ 絞る; 絞り取る. 예 걸레를 ~. 雑巾を絞り取る. ❷ 絞る; 絞り出す. 예 아이디어를 ~. アイディアを絞り出す. / 쥐어짜는 듯한 소리를 내다. 絞り出すような声を出す. / 눈물을 ~. 涙を絞る. ❸ 絞り取る; 絞り上げる. 예 없는 돈을 ~. なけなしの金を絞り取る.

쥐어-흔들다 타 ❶ 揺すぶる; 揺すり揺さぶる. 예 밤나무를 ~. 栗の木を揺さぶる. ❷ 牛耳る.

쥐여-지내다 자 押さえ付けられて暮らす.

쥐-이다 자 握られる.

쥐-이다 타 握らせる. 예 연필을 바르게 쥐어 주다. 鉛筆を正しく握らせる.

쥐-정신(一精神) 명 すぐ忘れること; 忘れっぽいこと. 예 그런 ~으로 무슨 일을 하겠니? そんなに忘れっぽくては何もできない.

쥐-젖 명 鼠の乳のように小さないぼ.

쥘-부채 명 扇; 扇子.

쥘-손 명 取って; つまみ.

쥣-빛 ねずみ色; 灰色.

즈음의 頃; 時. 예 해가 뜰 ~에 출발하다. 日が上る頃出発する. / 마흔 살 ~에 문단에 등단하다. 四十歳のころに文壇に登壇する. 준즘

즉(即) 부 すなわち; 言い換えれば. 예 생과 사, ~ 인생이란…. 生と死、すなわち人生とは….

즉각(即刻) 부 即刻; 即座に; すぐ; 直ちに. 예 악법을 ~ 폐지하라. 悪法を即刻廃止せよ.

즉결(即決) 명 即決.
즉결-하다 即決する.

즉답(即答) 명 即答.
즉답-하다 即答する.

즉사(即死) 명 即死. =직사
즉사-하다 即死する.

즉석(即席) 명 即席; 即座. 예 ~에서 연설을 하다. 即席で演説をする.

즉시(即時) 명 即時; 即刻; 早速; 直ちに; すぐ. 예 ~ 해결하라. 即時解決せよ. / ~ 행동에 옮기다. 直ちに行動に移す.

즉시 인도(即時引度) 〈경〉即時渡し.

즉위(即位) 명 即位.
즉위-하다 即位する.

즉응(即應) 명 即応.
즉응-하다 자 即応する.

즉일(即日) 명 即日; 当日.

즉효(即效) 명 即効.

즉흥(即興) 명 即興.

즉흥-곡(即興曲) 명 〈음〉即興曲; アンプロンプチュ. 예 재즈는 ~ 연주에 적합하다. ジャズは即興曲演奏に敵している.

즉흥 무용(即興舞踊) 예 即興舞踊.

즉흥-시(即興詩) 명 〈문〉即興詩.

즉흥 연주(即興演奏) 〈음〉即興演奏. 예 ~에 능했던 모차르트 即興演奏がうまかったモーツァルト.

즉흥-적(即興的) 관명 即興的.

즐거움圀 楽しみ｜楽しさ｜おもしろさ. 예 너를 보는 것이 나의 큰 ~이다. 君に会うのが僕の大きな楽しみだ。/ 이제야 나는 ~을 맛보게 되었다. ようやく僕は楽しさを味わいだした。

즐겁다휑 楽しい｜愉快だ｜快い. 예 책을 읽는 것이 ~. 本を読むのが楽しい。/ 즐거운 시간을 보내다. 楽しい時間を送る。
　　즐거이閅 楽しく｜快く｜愉快に. 예 아이들이 ~ 뛰놀다. 子どもたちが愉快にはしゃぎ回る。

즐겨-찾기圀 お気に入り。

즐기다톄 楽しむ｜好む｜興じる. 예 혼자서 즐기는 해외여행 一人で楽しむ海外旅行／술을 ~. お酒を楽しむ。

즐비-하다(櫛比−)휑 櫛比する｜ぎっしりと並んでいる. 예 좌우로 아파트가 ~. 左右にアパートがぎっしりと並んでいる。

즘의【즈음】 頃｜際｜時。

즙(汁)圀 汁｜ジュース. 예 오렌지 ~을 내다. オレンジの汁をしぼる。

즙액(汁液)圀 汁液｜汁。

-증¹(症)젭 −症. 예 불면증 不眠症／합병증 合併症。

-증²(證)젭 −証. 예 면허증 免許証／학생증 学生証。

증가(增加)圀 増加。
　　증가-하다자타 増加する｜増える. 예 해마다 증가하는 범죄 毎年増加する犯罪。

증간(增刊)圀 増刊。
　　증간-하다타 増刊する。

증감(增減)圀 増減。
　　증감-하다자타 増減する。

증강(增强)圀 増強。
　　증강-하다타 増強する。

증거(證據)圀 証拠｜証し. 예 ~를 찾아내다. 証拠を探し出す。/ ~를 잡다. 証拠を捕らえる。

증거-물(證據物)圀 証拠物｜証拠物件。

증거 보전(證據保全)《법》証拠保全。

증거-인(證據人)《법》証拠人。=증인

증거-품(證據品)圀 証拠品。

증권(證券)圀 証券. 예 ~ 회사 証券会社。

증권 거래소(證券去來所)《경》証券取引所。

증기(蒸氣)圀 ❶【기상】蒸気。❷【물】蒸気｜ゆげ。

증기 기관차(蒸氣機關車)《기》蒸気機関車。

증기 터빈(蒸氣turbine)《공》蒸気タービン。

증대(增大)圀 増大。
　　증대-하다자타 増大する。

증량(增量)圀 増量。
　　증량-하다타 増量する。

증류(蒸溜)圀 蒸溜。
　　증류-하다타 蒸溜する. 예 백포도주를 증류한 것이 코냑이다. 白ワインを蒸留したのがコニャックだ。

증류-수(蒸溜水)圀《화》蒸溜水。

증명(證明)圀 証明｜論証. 예 ~ 서류 証明書類。
　　증명-하다타 証明する｜論証する. 예 사실을 ~. 事実を証明する。/ 명제가 '참'이라고 ~. 命題が真であることを証明する。

증명-서(證明書)圀 証明書。

증발(蒸發)圀 蒸発。
　　증발-하다자 蒸発する. 예 액체가 ~. 液体が蒸発する。

증발-산(蒸發散)圀《물》蒸発と蒸散｜蒸発散。

증발-접시(蒸發−)《물》蒸発皿。

증보(增補)圀 増補。
　　증보-하다타 増補する。

증빙(證憑)圀 証憑. 예 ~ 서류 証憑書類。
　　증빙-하다타 証憑する。

증산¹(蒸散·烝散)《식》蒸散. 예 ~ 작용 蒸散作用。

증산²(增産)圀 増産。
　　증산-하다자타 増産する。

증상(症狀)圀 症状. 예 ~이 호전되다. 症状が好転する。=증세

증상-맞다(憎狀−)휑 憎らしい｜嫌らしい。

증상-스럽다(憎狀−)휑 憎たらしい｜嫌らしい。
　　증상스레閅 憎たらしく｜嫌らしく。

증서(證書)圀《법》証書。

증설(增設)圀 増設。
　　증설-하다타 増設する。

증세¹(症勢)圀 病勢｜症状. 예 아무 ~도 없다. 何の病勢もない。/ ~가 악

화하다. 病勢が悪化する。

증세²(增稅)몡 増税。
　증세-하다재 増税する。

증손(曾孫)몡 曾孫。

증-손녀(曾孫女)몡 女の曾孫。

증-손자(曾孫子)몡 男の曾孫。

증수¹(增收)몡 増収。
　증수-하다자타 増収する。

증수²(增修)몡 ❶増補。 ❷増築。
　증수-하다타 ❶増補する。 ❷増築する。

증식(增殖)몡 増殖。
　증식-하다자타 増殖する。

증액(增額)몡 増額。
　증액-하다타 増額する。

증언(證言)몡 証言。 예 생존자의 ~을 듣다. 生存者の証言を聞く。
　증언-하다타 証言する。

증여(贈與)몡 贈与。
　증여-하다타 贈与する。

증여-세(贈與稅)몡 贈与税。

증오(憎惡)몡 憎悪│憎しみ。
　증오-하다타 憎悪する│憎しむ。

증오-심(憎惡心)몡 憎悪の念。 예 ~을 품다. 憎悪の念を抱く。

증원¹(增員)몡 増員。
　증원-하다타 増員する。 예 부족한 공무원을 ~. 足りない公務員を増員する。

증원²(增援)몡 増援。
　증원-하다타 増援する。

증-음정(增音程)몡 (음) 増音程。

증인(證人)몡 証人。 ❶証拠人。 ❷《법》【예】 ~ 심문 証人尋問／재판 ~ 裁判証人。 ❸《법》保証人。

증인²(證印)몡 証印。

증정¹(增訂)몡 増訂。
　증정-하다¹타 増訂する。 예 사전을 전면적으로 ~. 辞書を全面的に増訂する。

증정²(贈呈)몡 贈呈。
　증정-하다타 贈呈する。 예 참가자에게 기념품을 ~. 参加者に記念品を贈呈する。

증조(曾祖)몡 曾祖。

증-조모(曾祖母)몡 父方の曾祖母。

증-조부(曾祖父)몡 父方の曾祖父。

증진(增進)몡 増進。
　증진-하다자타 増進する。 예 건강이 증진되다. 健康が増進する。／기억력을 ~. 記憶力を増進する。

증축(增築)몡 増築。
　증축-하다타 増築する。

증파(增派)몡 増派。
　증파-하다타 増派する。

증편(蒸─·－－)몡 【우리나라 떡이름】チュンピョン。 예 ~에서는 막걸리 냄새가 난다. チュンピョンからはマッコリの香りがする。

증폭(增幅)몡 増幅。
　증폭-하다타 増幅する。

증폭-기(增幅器)몡 (물)増幅器│アンプリファイアー│アンプ。

증폭 작용(增幅作用)《물》増幅作用。

증표(證票)몡 証票。

증-하다(憎─)몡 不格好だ│みっともない。

증후(症候)몡 症候│症状。＝증세

지¹의 ─してから│─して以来。 예 태어난 지 3일이 지났다. 生まれてから三日がたった。／졸업한 지 벌써 10년이다. 卒業してからもう十年だ。

지²(G·g)몡 (음)【악보에서】ジー。

지가(地價)몡 地価。 예 ~가 오르다. 地価が上がる。

지각¹(地殼)몡 地殼。 예 ~ 운동 地殼運動／~ 변동이 일어나다. 地殼変動が起こる。

지각²(知覺)몡 ❶知覚。 ❷《物心│分別》。 예 ~이 있는 사람이라면 그렇게 행동하면 안 된다. 分別のある人がそのように行動すべきではない。
　지각-하다타 知覚する。

지각³(遲刻)몡 遲刻。
　지각-하다자 遲刻する。 예 도로가 정체되어 ~. 渋滞で遅刻する。

지각 변동(地殼變動) 地殼運動│地殼変動。＝지각 운동

지각 운동(地殼運動) ☞지각 변동

지각 평형설(地殼平衡說) 地殼平衡説│地殼均衡説│アイソスタシー説。

지갑(紙匣)몡 財布。 예 가죽 ~ 革財布。

지게몡 背負子。

지게-꾼몡 背負梯子で荷物を運搬する事を職業とする人。 예 예전에는 서울역 앞에 ~이 많았다. 一昔前には、ソウル駅の前には背負梯子で荷物を運ぶ人が大勢いた。

지게미몡 ❶【酒】酒の残りの粕。 예 ~도

없어서 못 먹었던 시절 酒粕すらなく、飲めなかった時期。❷【눈곱】目やに。

지게-차(一車)몡 ⑰フォークリフト。

지견(智見)몡 智見。

지겹다혱 うんざりしている｜飽き飽きしている｜退屈だ。 예이제는 너의 얼굴을 보는 것조차 ~. もうお前の顔を見るのもうんざりだ。/ 이 지겨운 일을 그만 끝내고 싶다. この退屈な仕事を終えてしまいたい。

지경(地境)몡 ❶【경계】地境｜地境。❷【처지】羽目｜立場｜境遇｜状態。 예목이 말라 죽을 ~이다. あまりにも喉が渇いてたまらない。/ 어려운 ~에 처하다. 苦しい立場に置かれる。/ 이 ~이 될 때까지 뭘 했니? こんな状態になるまで何をしたのか。

지고(至高)몡 至高。
　지고-하다혱 至高だ。

지골¹(脂骨)몡 脂骨。
지골²(指骨)몡 指骨。
지골³(趾骨)몡 趾骨。

지괴(地塊)몡 ❶土の塊。❷【산사태로 떨어져 나온 땅덩어리】地塊。 예~ 운동 地塊運動。

지구¹(地區)몡 地区。 예택지 개발 ~ 宅地開発地区。

지구²(地球)몡《천》地球。 예~ 과학 地球科学／~ 물리학 地球物理学。

지구-대(地溝帯)몡 地溝帯。

지구-력(持久力)몡 持久力。 예오래달리기를 통해 ~을 기르다. 長距離走を通して持久力を鍛える。

지구-본(地球—)몡 ☞지구의

지구 복사(地球輻射) 地球輻射。 예~ 에너지 地球輻射エネルギー。

지구 온난화(地球温暖化) 地球温暖化。 예~로 해수면이 점점 높아지고 있다. 地球温暖化で海水面がだんだん高くなっている。

지구 위성(地球衛星)《천》地球衛星。

지구-의(地球儀)몡 地球儀。 =지구본

지구-전(持久戰)몡 持久戦。

지구-촌(地球村)몡 地球村。

지국(支局)몡 支局。

지-궐련(—紙卷煙)몡 紙巻きタバコ。

지그럭-거리다재 ❶【싸우다】ごたごたする。❷【보채다】ぐずぐずする。=지그럭대다

지그럭-대다재 ☞지그럭거리다

지그럭-지그럭뷔 ❶【옥신각신】ごたごた。❷【엉해하는 모양】ぐずぐず。

지그럭지그럭-하다재 ❶ごたごたする。 예이웃 간에 쓰레기를 둘러싸고 ~. 隣家の間でごみをめぐってごたごたする。❷ぐずぐず言う。

지그르르뷔 【물·기름 끓어넘치는 모양】(油が)じじじ｜(油が)じゅうじゅう。

지그시뷔 ❶【은근한 힘으로】じっと｜ぐっと。❷【조용하게 참는 모양】じっと。 예울분을 ~ 참다. 欝憤をじっとこらえる。

지재그(zigzag)몡 ジグザグ。

지극-하다(至極—)[혱] この上ない｜限りない。 예가족을 위하는 마음이 ~. 家族を思うする心がこの上ない。/ 지극한 사랑으로 돌보다. この上ない愛でめんどうをみる。
　지극-히뷔 この上なく｜限りなく。 예~ 권위적이다. この上なく権威的だ。/ ~ 간단한 일이다. この上なく簡単な仕事だ。

지근-거리다재타 ❶【귀찮게】しつこくねだる｜うるさくせがむ｜ねちねちとつきまとう。 예싫다고 해도 만나 달라고 ~. 嫌だと言っても会ってくれと、しつこくねだる。❷【아프다】ずきずきする｜ずきんずきんする。❸【씹다】くちゃくちゃとする。=지근대다

지근-대다재타 ☞지근거리다

지근덕-거리다재타 【귀찮게】しつこくねだる｜うるさくせがむ｜ねちねちとつきまとう。=지근덕대다

지근덕-대다재타 ☞지근덕거리다

지근덕-지근덕뷔 しつこくねだるさま｜うるさくせがむさま。

지근-지근뷔 ❶【귀찮게 달라붙어】しつこく。❷【머리가 아픈 모양】ずきずき｜ずきんずきん。 예머리가 ~ 아프다. 頭がずきずきと痛む。❸【씹다】くちゃくちゃ。 예껌을 ~ 씹다. くちゃくちゃとガムをかむ。

지글-거리다재 ❶【끓다】ぐつぐつと煮える｜じりじりする。❷【몸이】かっかとする｜かっかと熱い｜かっかと火照る。❸【속】いらいらする｜やきもきする。=지글대다

지글-대다재 ☞지글거리다

지글-지글뷔 ❶【끓는 소리】ぐつぐつ｜じりじり。 예된장국이 ~ 끓다. 味噌汁がぐつぐつ煮え立つ。❷【몸이】かっかと。 예몸이 점점 뜨거워져 ~ 끓다. 体がどんどん熱くなって、かっかと火照る。❸【속이 타는 모양】いらいら｜やきもき。=찌글찌글

지금¹(只今) Ⅰ 명 今。 예 바로 ~이 중요하다. ただ今のところが重要じょうだ。/ ~은 아침 7시다. 今、午前ごぜん7時じである。/ ~의 젊은 세대는 옛날과 많이 다르다. 今の若わかい者ものは昔むかしとは多おおく違ちがう。
Ⅱ 부【즉각】今すぐ。 예 ~ 갈테니 기다려라. 今すぐ行いくから待まってくれ。

지금²(地金) 명 地金がね。

지금-거리다【걸리적 걸리지 않는】 じゃりじゃりする。 =지금대다

지금-껏(只今—) 부 今いまで丨いまだに丨今まできって。 예 ~ 한 번도 본 적이 없다. 今まで一度いちども見みたことがない。/ ~ 집에 있었다. 今まで家いえにいた。

지금-대다 자 ☞ 지금거리다

지금-지금 부【보드랍게 씹히는 모양】 じゃりじゃり。 예 녹지 않은 설탕이 입 안에서 ~ 씹히다. 溶とけない砂糖さとうが、口くちの中なかでじゃりじゃりする。

지급¹(支給) 명 支給しきゅう丨支払しはらい。
지급-하다 타 支給しきゅうする丨支払しはらう。 예 부양 수당을 ~. 扶養手当ふようてあてを支給する。

지급²(至急) 명 至急しきゅう。
지급-하다 형 非常ひじょうに急いそぐ。

지급 명령(支給命令)〖법〗支払命令しはらいめいれい。

지긋-지긋 부 こりごり丨うんざり。
지긋지긋-하다 형 うんざりする丨こりごりだ丨嫌気いやがさす丨あきあきする。 예 이제는 모든 것이 ~. もう何なにもかもがうんざりだ。/ 돈을 내놓으라고 지긋지긋하게 조르다. 金かねを出だせとうんざりするほどに催促さいそくする。/ 날마다 병원에 다니는 것도 ~. 毎日まいにち病院びょういんに行いくのもこりごりだ。

지긋-하다 형 年としをとって落おち着ついた感かんじがある。

지기¹(志氣) 명 志気しき丨志こころ。
지기²(知己) 명 ☞'지기지우'의 준말.
지기지우(知己之友) 知己ちき。 준 지기¹。

지꺼분-하다 형 ❶【어지러운】 取とり散ちらかされている丨汚きたならしい。 ❷【어두운】 どんよりしている丨濁にごって見みえる。

지껄-거리다【큰 소리로 수다를 자꾸 떠들다】 ぺちゃくちゃしゃべる丨がやがやする。 예 산속에서 시끄럽게 지껄거리지 마라. 山やまの中なかでうるさくぺちゃくちゃしゃべるな。 =지껄대다·지껄이다

지껄-대다 자 ☞ 지껄거리다
지껄-이다 자 ☞ 지껄거리다

지껄-지껄 부【큰 소리로 떠들며 얘기하는】 ぺちゃくちゃ丨ちゃくちゃ丨がやがや。
지껄지껄-하다 ぺちゃくちゃとしゃべる丨ぺちゃくちゃとしゃべる丨がやがや。 예 아저씨들이 지껄지껄하며 낚시를 한다. おじさんたちがぺちゃくちゃ言いいながら、つりをしている。

지껄-하다 형 しゃべる声こえで騒々そうぞうしい丨やかましい。

지끈 부【단단한 것이 부러지는 소리】 かちゃん(と)丨ぽきん(と)丨ぽきり(と)。 예 나무가 ~ 부러졌다. 木きがぽきんと折おれた。/ 화분이 공에 맞아 ~ 깨졌다. 植木鉢うえきばちにボールが当あたって、かちゃんと割われた。

지끈-거리다 자 ぽきぽきと折おれる。 =지끈대다¹

지끈-대다¹ 자 ☞ 지끈거리다

지끈-거리다 자【머리가】 ずきずき痛いたむ。 예 신경을 많이 썼더니 머리가 지끈거린다. 神経しんけいを使つかって頭あたまがずきずき痛いたむ。 =지끈대다²

지끈-대다² 자 ☞ 지끈거리다

지끈-지끈¹ 부【단단히 부서지는】 かちゃんかちゃん丨ぽきんぽきん。

지끈-지끈² 부【머리가 아픈 모양】 ずきずき丨ずきんずきん。 예 그 일 때문에 머리가 ~ 아프다. その仕事しごとのせいで頭あたまがずきずき痛いたむ。

지끈지끈-하다 자 ずきずきする丨ずきんずきんする。

지끔-거리다 자 じゃりじゃりする。 =지끔대다

지끔-대다 자 ☞ 지끔거리다

지끔-지끔 부【무엇이 좀 씹힐 듯한 모양】 じゃりじゃり。

지나가다 자 ❶【시간】 過すぎる。 예 마감 날짜가 ~. 締しめ切きりの日付ひづけが過すぎる。/ 그건 지나간 일이다. それは過すぎたことである。/ 일 년이 금방 ~. 一年いちねんがあっと言いう間まに過すぎる。 ❷【행로】 通とおりすぎる丨通とおり越こす。 예 태풍이 남부 지방을 ~. 台風たいふうが南部なんぶ地方ちほうを通りすぎる。 ❸【통과】 通とおりすぎる丨通とおり越こす。 예 버스가 서지 않고 ~. バスがとまらないで通りすぎる。/ 어제 너의 집 앞을 지나갔다. 昨日きのうあなたの家いえの前まえを通りすぎた。 ❹【생각】 よぎる。 예 불안한 생각이 머릿속을 ~. 不安ふあんが頭あたまをよぎる。

지나다 자타 ❶【시간】 過すぎる丨経たつ丨去さる。 예 겨울이 지나고 봄이 되다. 冬ふゆが過すぎて春はるになる。/ 결혼하고 1년이 ~. 結

婚して一年が過ぎる。❷【장소를】通る ¦ 通りすぎる。[예] 지나는 길에 들르다. 通り道で立ち寄る。/ 역을 ~. 駅を通りすぎる。

지나-새나[부] 明けても暮れても ¦ 朝に夕に。[예] ~ 네 생각뿐이다. 明けても暮れてもあなただけを思っている。

지나-오다[타] 経て来る ¦ 通って来る ¦ 通り過ぎて来る。[예] 학교 앞을 ~. 学校の前を通ってくる。/ 시청 앞 광장을 ~. 市庁の前の広場を通ってくる。

지나치다 Ⅰ [자] ❶【장소를】通りすぎる ¦ 通り越す ¦ 乗り越す。[예] 옆을 ~. そばを通りすぎる。/ 여기는 매일 자동차로 지나치는 곳이다. ここは毎日車で通りすぎるところである。❷【그냥 넘겨 버리다】見逃す。[예] 이것은 그냥 지나칠 일이 아니다. これはそのまま見逃すことではない。
Ⅱ [형]【정도 등이】過ぎる。[예] 말이 ~. 言葉が過ぎる。/ 도가 ~. 度が過ぎる。

지난-날[명] 過ぎし日 ¦ 過ぎた日 ¦ 過去 ¦ 先日 ¦ 以前 ¦ 昔。[예] ~의 저의 잘못을 용서해 주십시오. 過去の私の過ちを許してください。/ ~에 네가 내게 했던 일들을 나는 아직도 기억하고 있다. 以前君が私にしたことは、まだ覚えている。

지난-달[명] 先月。

지난-밤[명] 昨夜 ¦ 昨晩。=간밤

지난-번(一番)[명] この間 ¦ 先日 ¦ 先頃。[예] ~에 찍은 사진 좀 보여 주세요. この間撮った写真を、ちょっと見せてください。/ ~에는 실례가 많았습니다. 先日は失礼いたしました。

지난-주[명] 先週。

지난-해[명] 昨年 ¦ 去年。

지날-결[명] 通りがけに ¦ 通りすがり。[예] ~에 들렀습니다. 通りがけに立ち寄りました。

지남(指南)[명] 指南。
　지남-하다[타] 指南する。

지남-석(指南石)[명] ☞자석

지남-철(指南鐵)[명] ❶☞자석 ❷☞자침

지남-침(指南針)[명] ☞자침

지내다[1] [자] ❶【살아가다】暮らす ¦ 過ごす。[예] 시골에서 ~. 田舎で暮らす。/ 요즘 어떻게 지내십니까? この頃いかがお過ごしですか。❷【사귀어 살아오다】付き合う ¦ 交わる。[예] 친하게 지내는 사이 親しく付き合っている間柄 / 사이좋게 ~. 仲よく付き合う。❸【적당히 넘기다】見過ごす ¦ 見逃す。

지내다[2] [타] ❶【큰일을 치르다】執り行う。[예] 장례를 ~. 葬式を執り行う。❷【역임하다】務める。[예] 대학 총장을 ~. 大学総長を務める。❸【기간을 보내다】過ごす。[예] 즐거운 한때를 ~. 楽しい一時を過ごす。/ 해외에서 1년을 ~. 海外で一年を過ごす。

지내-듣다[타] 聞き流す ¦ 聞き過ごす ¦ 聞き捨てる。[예] 지내들을 말이 아닌 것 같다. 聞き流す話ではないようだ。

지내-보다[타] 付き合ってみる。[예] 지내 보면 그가 어떤 사람인지 알 것이다. 付き合ってみると、彼がどんな人なのかわかるだろう。

지네[명] 《동》百足。[예] 말린 ~는 신경통 약재로 쓰인다. 干したムカデは神経痛の薬剤として用いられる。

지느러미[명] ひれ。

지능(知能)[명] 知能。[예] ~이 높다. 知能が高い。/ ~이 높고 낮은 것은 타고난 것이라고 생각했다. 知能の高い低いは生まれつきだと考えた。

지능 검사(知能檢查) 《심》知能検査 ¦ メンタルテスト。

지능 지수(知能指數) 知能指数。=아이큐

지니다[타] ❶【물건을】持つ ¦ 身につける。[예] 몸에 지닌 것을 모두 꺼내 놓다. 身につけているものを全部取り出す。/ 언제나 가족사진을 지니고 다닌다. いつも家族写真を持って通う。❷【기술 등을】備える ¦ 身につける ¦ 抱く。[예] 덕을 ~. 徳を備える。/ 기술을 ~. 技術を身につける。/ 그의 죽음에 의문을 ~. 彼の死に疑問を抱く。❸【간직하다】保つ。[예] 옛날의 모습을 그대로 지니고 있다. 昔の姿をそのままに保っている。

지닐-성(一性)[명] 記憶力 ¦ 持続力。[예] 나는 ~이 좋다. 私は記憶力がよい。

지닐-재주(一才一)[명] ☞지닐총

지닐-총(一聰)[명] 記憶力。[예] 그 애는 ~이 뛰어난 아이다. その子は記憶力の優れた子だ。=지닐재주

지다[1] [자] ❶【꽃·잎 등이】散る ¦ 落ちる。[예] 나뭇잎이 ~. 木の葉が散る。/ 벌써 꽃이 지기 시작했다. もう花が散り始めた。❷【해·달 등이】沈む ¦ 暮れる ¦ 落ちる ¦ 傾く。[예] 서쪽으로 해가 ~. 西の方に日

ㅈ

が暮れる。❸【대응·영향】なる。예그늘이 ~. 陰_음になる。/ 얼룩이 ~. 染_しみができる; 染みがつく。/ 장마가 ~. 梅雨_{つゆ}になる。❹【모각】立_たつ。예모가 ~. 角_{かど}が立つ。❺【원수되다】なる。예원수 ~. 互_{たが}いに仇_{あだ}どうしとなる。❻【때·얼룩따위】落_おちる│取_とれる。예때가 지지 않다. 垢_{あか}が取れない。

지다⁴재【】流_{なが}れ出_でる│にじみ出る。
지다⁵재【】負_まける。예결승전에서 1대 0으로 졌다. 決勝戦_{けっしょうせん}で1対_{たい}0で負けた。/ 재판에서 ~. 裁判_{さいばん}に負ける。
지다⁶타【】❶【등으로】背_せにする。예벽을 지고 서다. 壁_{かべ}を背_せにして立_たつ。❷【짐을】背負_{せお}う│担_{かつ}ぐ。예짐을 ~. 荷物_{にもつ}を背負う。/ 각자 져야 할 십자가 各自_{かくじ}が背負うべき十字架_{じゅうじか}。❸【빚을】受_うける。예빚을 ~. 借金_{しゃっきん}をする。/ 신세를 많이 졌습니다. どうぞお世話_{せわ}になりました。❹【】負_おう│引_ひき受_うける│持_もつ。예책임을 지고 일을 끝내다. 責任_{せきにん}を持って仕事_{しごと}を終_おえる。

지당-하다(至當—)형 至当_{しとう}だ│当_あたり前_{まえ}だ│当然_{とうぜん}だ。예지당하신 말씀입니다. ごもっともなことばかりです。
　지당-히부 至当_{しとう}に│当_あたり前_{まえ}に│当然_{とうぜん}に。

지대¹(地代)명 ☞지료
지대²(地帶)명 地帯_{ちたい}。예화산 ~ 火山_{かざん}地帯/ 고산 ~ 高山_{こうざん}地帯。
지대-하다(至大—)형 至大_{しだい}だ│この上_{うえ}なく大_{おお}きい。예지대한 공헌을 하다. この上なく大きい貢献_{こうけん}をする。

지덕(知德)명 知徳_{ちとく}。
지도¹(地圖)명 地図_{ちず}。예세계 ~ 世界_{せかい}地図/ 염색체 ~ 染色体_{せんしょくたい}地図/ ~ 정보 地図情報_{じょうほう}。
지도²(指導)명 指導_{しどう}。
　지도-하다타 指導_{しどう}する。

지도 투영법(地圖投影法)【】地図_{ちず}投影法_{とうえいほう}。
지독-하다(至毒—)형 とてもひどい│物凄_{ものすご}い。예지독한 구두쇠 ひどいしみったれ/ 지독한 냄새가 코를 찌른다. ひどい臭_{にお}いが鼻_{はな}をつく。
　지독-히부 とてもひどく│ものすごく寒_{さむ}い。예오늘은 ~ 춥다. 今日_{きょう}は物凄_{ものすご}く寒_{さむ}い。

지동(地動)명 地動_{ちどう}。=지진(地震)
지동-설(地動說)명【천】地動説_{ちどうせつ}。
지둔-하다¹(至鈍—)형 とても鈍_{にぶ}い。

지둔-하다²(遲鈍—)형【느리고 미련하다】遅鈍_{ちどん}だ。
지둥(地—)명【지진】地震_{じしん}。
　지둥 치듯관용 地震_{じしん}するように。
지디피(GDP)☞국내 총생산
지라명【의】脾臟_{ひぞう}。=비장(脾臟)
지랄명 ❶【미친듯이 법석을 떪】ふざけ│ばかなまね。예미친 ~ 気違_{きちが}い沙汰_{ざた}/ ~을 치다. 気まぐれな言動をする。/ 이 무슨 ~이야! 気_きまぐれなことを言_いうな。❷☞지랄병
　지랄-하다자 気_きまぐれで分別_{ふんべつ}のない言動_{げんどう}をする。예지랄하고 있다. ばかなまねをする。/ 지랄하고 있네! 気_きまぐれなことを言_いってやがる。

지랄-병(—病)명【의】癲癇_{てんかん}。=지랄❷
지략(智略)명 知略_{ちりゃく}。
지렁이명【동】蚯蚓_{みみず}。예비 온 다음날이면 ~가 기어 나온다. 雨_{あめ}の降_ふった次_{つぎ}の日_ひには、ミミズが這上_{はいあ}がってくる。
　지렁이 갈비다속담 蚯蚓_{みみず}の肋骨_{ろっこつ}のようだ: ❶あり得_えないもの。❷非常_{ひじょう}に柔_{やわ}らかいことの意_い。=지렁이 갈빗대 같다
　지렁이 갈빗대 같다속담 ☞지렁이 갈비다
　지렁이도 밟_밟으면 꿈틀한다속담 みみずも踏_ふめばうごめく: 〔日〕一寸_{いっすん}の虫_{むし}にも五分_{ごぶ}の魂_{たましい}。◉일본에서는 '한 치의 벌레에도 닷푼의 혼'이라고 한다.

지레¹ ☞지렛대
지레²부 先立_{さきだ}って│前_{まえ}もって│あらかじめ。예~ 놀라다. ことに先立って驚_{おどろ}く。
　지레 채다관용 早合点_{はやがてん}で感_{かん}じる。
지레-목명【지형】山並_{やまな}みのとぎれた所_{ところ}。
지레-질명【지렛대로】梃子_{てこ}で物_{もの}を動_{うご}かすこと。
　지레질-하다타 梃子_{てこ}で物_{もの}を動_{うご}かす。
지레-짐작(—斟酌)명 早合点_{はやがてん}│早_{はや}のみこみ│当_あて推量_{ずいりょう}。예결과가 어찌 나오든 ~은 금물이다. どのような結果_{けっか}が出_でても早合点_{はやがてん}は禁物_{きんもつ}だ。
　지레짐작-하다타 早合点_{はやがてん}する。예내가 무엇을 하는지 지레짐작하지 마라. 私_{わたし}のすることに早合点_{はやがてん}をするな。
지렛-대명 梃子_{てこ}。=지레¹
지령¹(地靈)명【신령한 기운】地霊_{ちれい}。
지령²(指令)명 指令_{しれい}。
　지령-하다타 指令_{しれい}する。
지론(持論)명 持論_{じろん}│持説_{じせつ}。
지뢰(地雷)명【군】地雷_{じらい}。예~를 밟다. 地雷を踏_ふむ。

지료(地料)[명]《법》地代{だいたい}｜地価{か}。 =지대{だい}

지루(地壘)[명]【地】地累{るい}｜地堤{てい}。

지루-하다[형] 退屈{たいくつ}だ｜あきあきしている。 例 영화가 조금 지루한 것 같지 않니? 映画がちょっと退屈だと思{おも}わないの。/ 아이들이 지루해 하는 것 같다. 子{こ}どもたちが退屈{たいくつ}しているようだ。

지류(支流)[명]【地】支流{りゅう}。=분파(分派)

지르다¹[타]【近道】(道{みち}などを)突{つ}っ切{き}る｜横切{よこぎ}る｜近道{ちかみち}する。 例 운동장을 질러서 달려가다. 運動場{うんどうじょう}を突{つ}っ切{き}って走{はし}っていく。/ 이쪽으로 질러서 가자. こっちに近道{ちかみち}して行{い}こう。

지르다²[타] ❶【刺す】突{つ}く｜挿{さ}す｜差{さ}す｜蹴{け}る｜注{つ}ぎ入{い}れる｜挟{はさ}み入{い}れる｜突{つ}っ込{こ}む。 例 주먹으로 상대의 옆구리를 ~. 拳{こぶし}で相手{あいて}の脇腹{わきばら}を突く。/ 빗장을 ~. 閂{かんぬき}を挿す。/ 골문을 향해 골을 힘차게 ~. ゴールに向{む}かってボールを力{ちから}一杯{いっぱい}蹴る。/ 호주머니에 손을 질러 넣다. ポケットに手{て}を突っ込む。 ❷【怒らせる】火{ひ}をつける｜腹{はら}を立{た}たせる。 例 불을 지르겠다고 협박하다. 火をつけると脅迫{きょうはく}する。/ 내 속에 불을 지르는 소리는 그만해라. 私{わたし}を腹立{はらだ}たせることはもう言{い}うな。 ❸【嗅覚を刺激して】(嗅覚{きゅうかく}を刺激{しげき}して)刺{さ}す｜突{つ}く。 例 코를 지르는 이 냄새는 뭐냐? 鼻を突くこの臭{にお}いは何{なん}だ。 ❹【賭ける】(賭事{かけごと}に金品{きんぴん}を)賭{か}ける。 例 판돈을 ~. 掛金{かけきん}を賭ける。 ❺ 混{ま}ぜる｜差{さ}す。 例 양주에 물을 지르고 마시다. ウイスキーに水{みず}を混ぜて飲{の}む。

지르다³[타]【叫ぶ】張{は}り上{あ}げる｜叫{さけ}ぶ。 例 고함을 ~. 大声{おおごえ}で叫ぶ。/ 비명을 ~. 悲鳴{ひめい}をあげる。

지르르[부] ❶【つやつや】つやつや(と)｜すべすべ(と)。 例 얼굴에 기름기가 ~ 흐른다. 顔{かお}につやつやと脂{あぶら}ぎる。 ❷【びりり】びりりと。 例 무릎이 ~ 저리다. 膝{ひざ}がびりびりとしびれる。

지르박(← jitterbug)[명]《예》ジルバ。 例 ~을 추다. ジルバを踊{おど}る。

지르코늄(ziruconium)[명]《화》ジルコニウム。

지르퉁-하다 膨{ふく}れている｜むっとしている｜つんとしている｜膨れっ面{つら}をしている。 例 왜 그렇게 지르퉁한 얼굴을 하고 있니? どうしてそんなむっとした顔{かお}をしているの。

지름[명]《수》直径{ちょっけい}｜差{さ}し渡{わた}し。

지름-길 近道{ちかみち}｜早道{はやみち}。

지릅뜨-기[명] 上目遣{うわめづか}いに見{み}ること。 例 그 애는 ~ 습관이 있다. その子{こ}は上目遣いの癖{くせ}がある。

지리다¹[타]【漏】もらす｜たれる｜ちびる。 例 못 참아서 오줌을 팬티에 지려 놓다. がまんしきれずに小便{しょうべん}をパンツにもらしてしまった。

지리다²[형]【臭】おしっこ臭{くさ}い。

지리-지(地理誌)[명] 地理誌{ちりし}。

지맥¹(支脈)[명] 支脈{しみゃく}。

지맥²(地脈)[명] 地脈{ちみゃく}。

지면¹(地面)[명] 地面{じめん}。

지면²(紙面)[명] 紙面{しめん}。 例 실종 사건 기사에 많은 ~을 할애하다. 失踪事件{しっそうじけん}の記事{きじ}に多{おお}くの紙面を割{さ}く。

지면³(誌面)[명] 誌面{しめん}。

지명¹(地名)[명] 地名{ちめい}。

지명²(指名)[명] 指名{しめい}｜名指{なざ}し。
  지명-하다[타] 指名{しめい}する。 例 회장으로 지명되다. 会長{かいちょう}に指名される。

지모(智謀)[명] 知謀{ちぼう}。

지목¹(地目)[명]【地目の種類別に付けられた名称】地目{ちもく}。 例 ~ 변경 地目変更{へんこう}。

지목²(指目)[명] 指目{しもく}。
  지목-하다[타] 指目{しもく}する｜目星{めぼし}をつける。 例 용의자로 ~. 容疑者{ようぎしゃ}に指目する。/ 범인으로 지목되다. 犯人{はんにん}に指目される。

지묘-하다(至妙—)[형] 至妙{しみょう}だ。

지묵(紙墨)[명]【紙と墨】紙墨{しぼく}｜紙{かみ}と墨{すみ}。

지문¹(地文)[명]【地】地文句{じもんく}。

지문²(指紋)[명] 指紋{しもん}。 例 ~을 채취하다. 指紋を採{と}る。

지물¹(地物)[명]【地物】地物{じぶつ}。

지물²(紙物)[명]【紙の各種の総称】紙物{かみもの}。

지반(地盤)[명] 地盤{じばん}が弱{よわ}하다. 地盤が緩{ゆる}む。/ 빈민 지역에 ~을 쌓다. 貧民地域{ひんみんちいき}に地盤を築{きず}く。

지방¹(地方)[명] 地方{ちほう}。 例 ~ 공공 단체 地方公共団体{こうきょうだんたい}/ ~ 공무원 地方公務員{こうむいん}。

지방²(脂肪)[명]《생》脂肪{しぼう}。 例 ~ 연소 脂肪燃焼{ねんしょう}/ 피하 ~ 皮下脂肪{ひかしぼう}/ ~ 조직 脂肪組織{そしき}。

지방-간(脂肪肝)[명]《의》脂肪肝{しぼうかん}。

지방-병(地方病)[명] 風土病{ふうどびょう}。=풍토병

지방-산(脂肪酸)[명]《화》脂肪酸{しぼうさん}。

지방-색(地方色)[명] 地方色{ちほうしょく}。

지방-세(地方稅)명《법》地方税ぜい。
지방 자치(地方自治)《법》地方自治じち。
지방-질(脂肪質)명 脂肪質しつ。
지방-채(地方債)명 地方債さい。
지방-풍(地方風)명 ☞국지풍
지배(支配)명 支配はい。
  지배-하다타 支配はいする。
지배 계급(支配階級) 支配階級かいきゅう。
지배-권(支配權)명 支配権けん。
지배-인(支配人)명 支配人にん。
지배-회사(支配會社)명【자연계의 출하로 의하여 되는 기업을 지배하는 회사】支配会社がいしゃ。=모회사
지벅-거리다자 よろよろと歩あるく。=지벅대다・지뻑거리다・지뻑대다
지벅-대다자 ☞지벅거리다
지벅-지벅부【행정체로】よたよた(と)¦よろよろ(と)。예 밤길을 ~ 걷다. 夜道やみちをよろよろと歩あるく。
지번(地番)명 地番ばん。
지범-거리다타 無遠慮えんりょにしきりにつまみ食くいする。예 과자를 ~. お菓子かしをしきりにつまみ食ぐいする。=지범대다
지범-대다타 ☞지범거리다
지범-지범부 無遠慮えんりょに、しきりにつまみ食ぐいするさま。
지병(持病)명 持病じびょう。
지보(至寶)명 至宝ほう。
지부(支部)명 支部ぶ。
지부티(Djibouti)명(국) ジブチ。
지분(持分)명 持もち分ぶん。예 ~을 나누다. 持ち分を分わける。
지분-거리다¹자타【형정체로】嫌いやがらせをする¦意地悪いじわるくからかう。=지분대다¹
지분-거리다²자타【모래 먼지 등이 입안에서】じゃりじゃりだ。예 모래 먼지가 들어갔는지 입안이 지분거린다. 砂ずなぼこりが入はいったのか、口くちの中なかがじゃりじゃりだ。=지분대다²
지분-대다¹자타 ☞지분거리다¹
지분-대다²자타 ☞지분거리다²
지분-지분¹부【형정체로】ねちねち。
  지분지분-하다¹자타 ねちねちする。
지분-지분²부【모래 등이 이에 씹히는 느낌】じゃりじゃり。
  지분지분-하다²자타 じゃりじゃりだ。
지불(支拂)명 支払はらい¦支給きゅう。예 ~은 현금으로 부탁드립니다. 支払は現金げんきんでお願ねがいします。
  지불-하다타 支払はらう。예 전화 요금을 ~. 電話料金でんわりょうきんを支払う。/ 보험금이 지불되다. 保険金ほけんきんが支払われる。
지붕명 屋根やね。예 기와 ~ 瓦かわら屋根/ ~ 공사 屋根工事こうじ/ ~ 교체 屋根葺ふき替かえ。
지빠귀명(동)鶫つぐみ。예 둥지 속의 뻐꾸기 ツグミの巣すの中なかにいるカッコウ。
지뻑-거리다자 ☞지벅거리다
지뻑-대다자 ☞지벅거리다
지사¹(支社)명 支社しゃ。예 새롭게 미국에 ~를 두다. 新あらたに米国べいこくに支社を設もうける。
지사²(志士)명【어떤 나라・민족을 위해 몸을 바쳐 힘쓰는 사람】志士しし。
지사³(知事)명【도(道)의 장】知事じじ。=도지사
지상¹(地上)명【지면 위】地上じょう。
지상²(至上)명 至上じょう。
지상³(紙上)명【종이의 위】紙上しじょう¦紙面めん。
지상⁴(誌上)명【잡지의 지면】誌上じじょう¦誌面めん。
지상-경(地上茎)명《식》地上茎けい。=땅위줄기
지상-공문(紙上空文)명【서면 결과를 기대할 수 없게 나 실행할 수 없는 헛된 글】紙上じょうの空文くうぶん。
지상-군(地上軍)명《군》地上軍ぐん。
지상-권(地上權)명《법》地上権けん。
지상 낙원(地上樂園)명 地上の楽園らくえん。
지상 명령(至上命令)명《철》至上命令めいれい。
지새는-달명【새벽하늘에 보이는 달】有明ありあけの月つき¦残月ざんげつ。
지-새다자【날이】明あける。¦朝あさになる。
지-새우다타【밤을】明あかす。예 밤을 ~. 夜よを明かす。/ 밤을 지새워 책을 읽다. 夜を明かして本ほんを読よむ。
지석-묘(支石墓)명 ☞고인돌
지선¹(支線)명 支線せん。
지선²(至善)명 至善ぜん。
지설(持說)명 持説じせつ¦持論ろん。=지론(持論)
지성(至誠)명 至誠せい¦真心まごころ。예 ~이면 감천이라. 至誠天てんに通つうず。
지성-껏(至誠一)부 至誠を尽つくして¦真心まごころを込こめて。
지성-스럽다(至誠一)형 至誠を尽つくす¦真心まごころを込める。
  지성스레부 至誠を尽くして¦真心まごころを込めて。예 병든 어머니를 ~ 돌보다. 病やんでいる母ははを、真心を込めて世話せわをする。
지세¹(地稅)명 地税ぜい¦地租そ。
지세²(地勢)명 地勢せい。
지소(支所)명 支所じょ。
지소-하다(至小一)형 この上うえ無なく小ちいさい。
지속¹(持續)명 持続ぞく。
  지속-하다자타 持続ぞくする。예 관계를 ~. 関係かんけいを持続する。/ 효과가 지속되다.

効果$_{か}$が持続する。

지속^2(遲速)몡 遲速$_{ちそく}$。

지수(指數)몡 《수》指數$_{しすう}$。 예 2는 B^2의 ~이다. 2는 B^2의 指數だ。

지스러기 殘$_{のこ}$りかす｜より屑$_{くず}$｜えり屑。

지시(指示)몡 指示$_{しじ}$。 예 사장의 ~에 따르다. 社長$_{しゃちょう}$の指示に従$_{したが}$う。/ 규정에 따라 지시를 내렸습니다. 規定$_{きてい}$に基$_{もと}$づき指示を行$_{おこな}$いました。

　지시-하다目 指示$_{しじ}$する。

지시-문(指示文)몡 指示文$_{しじぶん}$。

지시-약(指示藥)몡《화》指示藥$_{しじやく}$。 예 페놀프탈레인 ~ フェノールフタレイン指示藥。

지식(知識)몡 知識$_{ちしき}$。 예 기초 ~ 基礎$_{きそ}$知識/ 전문 ~ 專門的$_{せんもんてき}$知識/ 일반 ~ 一般$_{いっぱん}$知識。

지식-인(知識人)몡 知識人$_{ちしきじん}$。

지식 정보 산업(知識情報産業)《통》知識$_{ちしき}$と情報$_{じょうほう}$産業$_{さんぎょう}$。 =정보 산업

지식-층(知識層)몡 知識層$_{ちしきそう}$。

지신(地神)몡 地神$_{ちじん}$。

지심(地心)몡【지리】地心$_{ちしん}$。

지아비 愚夫$_{ぐふ}$。

지악-스럽다(至惡—)혱 この上$_{うえ}$無$_{な}$く悪$_{わる}$い。

　지악스레튀 この上$_{うえ}$無$_{な}$く悪$_{わる}$く。

지악-하다(至惡—)혱 ❶【지악】この上$_{うえ}$無$_{な}$く悪$_{わる}$い。 ❷【지악】しぶといほど粘$_{ねば}$り強$_{つよ}$い。

지압^1(指壓)몡 地壓$_{ちあつ}$。

지압^2(指壓)몡 指壓$_{しあつ}$。 예 ~ 요법 指壓療法$_{しあつりょうほう}$。

　지압-하다目 指壓$_{しあつ}$する。

지압-법(指壓法)몡《의》指壓法$_{しあつほう}$。

지어-내다目 でっち上$_{あ}$げる｜つくり出$_{だ}$す。 예 있지도 않은 것을 ~. ありもしないことをでっち上げる。/ 맘대로 이야기를 ~. 勝手$_{かって}$に話$_{はなし}$をでっち上げる。

지어미 愚妻$_{ぐさい}$。

지엄-하다(至嚴—)혱 極$_{きわ}$めて嚴$_{きび}$しい｜至$_{いた}$って嚴格$_{げんかく}$だ。

　지엄-히튀 極$_{きわ}$めて嚴$_{きび}$しく。

지에-밥몡 (酒造$_{しゅぞう}$りなどに使$_{つか}$う)蒸$_{む}$した硬$_{かた}$い飯$_{めし}$｜強飯$_{こわめし}$。 예 인절미를 만들려고 ~를 지었다. 切$_{き}$り餅$_{もち}$を作$_{つく}$ろうと蒸飯$_{むしめし}$を炊$_{た}$いた。

지엔피(GNP)몡 国民 総生産

지역(地域)몡 地域$_{ちいき}$。 예 어촌 ~ 漁村$_{ぎょそん}$地域/ 인구 밀집 ~ 人口密集$_{じんこうみっしゅう}$地域/ ~ 격차 地域格差$_{ちいきかくさ}$/ ~ 사회 발전에 협력하다. 地域社会発展$_{ちいきしゃかいはってん}$に協力$_{きょうりょく}$する。

지역 개발(地域開發)《사》地域開発$_{ちいきかいはつ}$。

지역-권(地役權)《법》地役権$_{ちえきけん}$。

지역 방어(地域防禦)《운》【체】ゾーンディフェンス。 예 ~로 수비하다. ゾーンディフェンスで守$_{まも}$る。

지역-성(地域性)몡 地域性$_{ちいきせい}$。 예 ~을 보존하는 발전 계획을 세워야 한다. 地域性を保存$_{ほぞん}$する発展計画$_{はってんけいかく}$を建$_{た}$てなくてはならない。

지역-주의(地域主義)몡 地域主義$_{ちいきしゅぎ}$｜リージョナリズム｜地方$_{ちほう}$主義。 예 ~에 의한 반목은 구시대의 유물이다. 地域主義による反目$_{はんもく}$は旧時代$_{きゅうじだい}$の遺物$_{いぶつ}$である。

지역 지리학(地域地理學) 地域$_{ちいき}$地理学$_{ちりがく}$。

지연^1(地緣)몡 地緣$_{ちえん}$。 예 ~ 사회 地緣社会$_{ちえんしゃかい}$。

지연^2(遲延)몡 遲延$_{ちえん}$。 예 이자 遲延利息$_{ちえんりそく}$。

　지연-하다자타 遲延$_{ちえん}$する｜遲$_{おく}$れる。 예 사고 때문에 열차가 지연되다. 事故$_{じこ}$のため列車$_{れっしゃ}$が遲延する。

지열^1(止熱)몡 熱$_{ねつ}$が下$_{さ}$がること｜熱$_{ねつ}$を下$_{さ}$げること。

　지열-하다자타 熱$_{ねつ}$が下$_{さ}$がる｜熱$_{ねつ}$を下$_{さ}$げる。

지열^2(地熱)몡 地熱$_{ちねつ}$。

지엽(枝葉)몡 枝葉$_{えだは}$｜枝葉$_{しよう}$。 예 ~적인 문제에 매달리다. 枝葉の問題$_{もんだい}$にこだわる。

지옥(地獄)몡《종》地獄$_{じごく}$。

지온(地溫)몡 地温$_{ちおん}$。

지용(智勇)몡 知勇$_{ちゆう}$。 예 ~을 겸비하다. 知勇を備$_{そな}$える。

지용성 비타민(脂溶性vitamin)《생》脂溶性$_{しようせい}$ビタミン。

지우-개몡 ❶消$_{け}$し物$_{もの}$。 예 칠판 ~ 黒板拭$_{こくばんふ}$き。 ❷【지우】消$_{け}$しゴム。 낙서를 ~로 지우다. 落書$_{らくが}$きを消しゴムで消す。

지우다^{1}目 ❶【지우】消$_{け}$す。 예 칠판을 ~. 黒板$_{こくばん}$を消す。/ 화장을 ~. 化粧$_{けしょう}$を落$_{お}$とす。/ 컴퓨터의 자료를 ~. コンピューターのデータを消す。 ❷ 기억에서 ~. 記憶$_{きおく}$から消す。 ❸【지우】落$_{お}$とす｜こぼす。 예 눈물을 ~. 涙$_{なみだ}$を落とす。

지우다^{2}目 【지우】下$_{お}$ろす｜中絶$_{ちゅうぜつ}$する。

지우다³〖타〗【첫째│둘째】 負わす│背負わす。 예 부모의 빚을 자식에게 ~. 親の借金を子に負わす。/ 나에게 책임을 ~. 私に責任を負わす。

지원¹(支援)〖명〗 支援。 예 국제 ~ 国際支援/ 특별 ~ 特別支援/ 육아 ~ 子育て支援。

지원-하다¹〖타〗 支援する。 예 세계의 어린이들을 지원하는 단체 世界の子供たちを支援する団体/ 각종 ~을 하고 있다. 各種の支援を行っている。

지원²(志願)〖명〗 志願。

지원-하다²〖타〗 志願する。 예 지원하여 군대에 들어가다. 志願して軍隊にはいる。

지위(地位)〖명〗 ❶ 地位。 예 사회적 ~ 社会的地位/ ~의 고하를 불문하다. 地位の高下を問わず。 ❷〖첫째〗 地勢。

지육(脂肉)〖명〗 脂肉│脂身。

지육(智育)〖명〗〈교〉智育。

지은-이〖명〗 作者│著者。 예 이 책은 ~가 몇 년간에 걸쳐 쓴 명작이다. この本は作者が何年間かにかけて書いた名作だ。=저작자

지의(地衣)〖명〗〈식〉地衣。

지의-류(地衣類)〖명〗〈식〉地衣類。

지인(知人)〖명〗 知人│知己。

지자(知者)〖명〗【사리에 밝은 사람│사물의 이치를 잘 아는 사람】 知者。

지자(智者)〖명〗【슬기가 많은 사람】 智者。 ◆일본어에서 '知者'와 '智者'는 거의 구분하지 않고 쓴다.

지-자기(地磁氣)〖명〗〈물〉地磁気│地球磁気。

지장(支障)〖명〗 支障│差し障り│差し支え。 예 공사에 ~을 초래하다. 工事に支障を来す。/ 일상생활에는 ~이 없다. 日常生活には差し障りがない。

지장(指章)〖명〗 拇印。 예 ~을 찍다. 拇印を捺す。 =손도장

지저귀다〖자〗 さえずる。 예 참새가 ~. 雀がさえずる。

지저-깨비〖명〗【나무를 다듬을 때】 木屑。

지저분-하다〖형〗 ❶〖첫째〗 汚い│汚らしい│むさくるしい。 예 강물이 ~. 川の水が汚らしい。/ 방이 ~. 部屋が汚い。 ❷〖둘째〗 汚らしい│みだらだ。 예 지저분한 소문 汚らわしいうわさ/ 지저분한 말로 떠들어대다. 汚い言葉で罵る。

지-적¹(知的)〖관〗〖명〗 知的。 예 ~ 소유권 知的所有権/ ~인 외모 知的な見かけ。

지적²(地積)〖명〗 地積。

지적³(地籍)〖명〗【토지에 대한 기록】 地籍。 예 ~ 대장 地籍台帳。

지적⁴(指摘)〖명〗 指摘。
  지적-하다〖타〗 指摘する。

지적-도(地籍圖)〖명〗 地籍図。

지적-지적〖부〗【첫째】 じめじめ。

지전¹(紙廛)〖명〗 紙屋。

지전²(紙錢)〖명〗【셋째】 紙幣│札。

지절-거리다〖자〗 小さい声でぺちゃぺちゃ喋る。 =지절대다

지절-대다〖자〗 =지절거리다

지절-지절〖부〗 ❶【여러 사람이 지절이는 소리로 꺼들썩한 소리】 ぺちゃぺちゃ│ぺちゃくちゃ。 예 아이들이 ~ 떠들고 있다. 子供たちがぺちゃぺちゃとしゃべっている。 ❷【참새들이 떠는 지저귀는 소리】 ぴよぴよ│ぴいぴい。

지점¹(支店)〖명〗 支店。

지점²(支點)〖명〗【건물】支点。 =받침점・지렛목

지점³(地點)〖명〗 地点。

지정(指定)〖명〗【셋째】 指定。
  지정-하다〖타〗 指定する。 예 크기를 ~. 大きさを指定する。/ 지정된 장소에 모이다. 指定された場所に集まる。

지정-머리〖명〗 良くないしぐさ│悪い癖。 예 ~는 좋지 않다. 悪い癖はよくない。

지조¹(地租)〖명〗【법】【토지에 수익에 대한 세금】 地租。

지조²(志操)〖명〗【뜻과 신념을 끝까지 지킴】 志操。

지주¹(支柱)〖명〗 ❶ 支柱。 ❷【마음의 기둥】 支柱。 예 정신적 ~로 삼다. 精神的支柱にする。

지주²(地主)〖명〗 地主│地主。

지주 회사(持株會社)〖경〗 持株会社。

지중(地中)〖명〗 地中。

지중-하다(至重-)〖형〗 極めて大切だ。
  지중-히〖부〗 極めて大切に。

지중-해(地中海)〖명〗〈지〉地中海。 예 ~성 기후 地中海性気候/ ~를 배로 건너다. 地中海を船で渡る。

지중해식 농업(地中式農業) 地中海式農業。

지지¹〖명〗【더러운】 ばば│ばっちい。

지지²(支持)〖명〗 支持。
  지지-하다〖타〗 支持する。

지지³(地支)〖명〗〈민〉十二支。

지지⁴(地誌)〖명〗 地誌。

지지난-달〖명〗 先々月│前々月。

지지난-밤〖명〗 一昨晩│おとといの晩。

지지난-번(一番)〖명〗 前々回│この前

지지난-해[명] おととし; 一昨年.

지지다[타] 煮る; 焼く. 예 생선에 무를 넣어 ~. 魚に大根を入れて煮る. / 부침개를 ~. おこのみやきを焼く. / 상처를 불로 ~. 傷を火で焼く.

지지랑-물[명] どす黒い雨垂れ.

지지러-뜨리다[타] ❶ いじけさせる; すくませる. ❷ しなびさせる; なえさせる; しおれさせる. =지지러트리다

지지러-지다[자] ❶ いじける; すくみ上がる; 縮こまる. ❷ 萎れる; なえる.

지지러-트리다 ☞지지러뜨리다

지지름-돌[명] 重石. 예 배추절임에 ~을 올려놓다. 白菜の漬物のうえに重石をのせておく.

지지리[부] ひどく; はなはだ; えらく; この上もなく; あきれる程; 全たく; からきし. 예 ~도 못났구나. あきれる程ばかだな. / ~ 복도 없지. 全く福もない. / ~ 공부를 못하다. からきし勉強ができない.

지지-배배[부] ぴいぴい; ぴよぴよ. 예 제비 새끼들이 ~ 떠든다. ツバメの子たちがぴよぴよと騒ぐ.

지지부진(遲遲不進)[명] とても遅くて進まないこと.
　지지부진-하다[자] とても遅くて進まない. 예 공사가 ~. 工事が遅くて進まない.

지지-하다[형] ❶ 遅々としている. 예 일의 진척이 ~. 仕事が遅々として進まない. ❷ つまらない; くだらない.

지직-하다[형] 柔らかめだ; ややみずっぽい.

지진(地震)[명] 地震. 예 ~ 속보 地震速報. / 피해 地震被害. / 진도 7의 ~이 발생하다. 震度7の地震が発生する.

지진-대(地震帶)[명] 地震帶.

지질¹(地質)[명] 地質.

지질²(紙質)[명] 紙質.

지질 구조(地質構造) 地質構造.

지질-도(地質圖)[명] 地質図.

지질-지질[부] ❶ じめじめ(と); じくじく(と). ❷ でれでれ(と).

지질-컹이[명] いじけている人. 예 쌍둥이 형제의 형 때문에 동생이 ~가 되었다. 双子の兄弟の兄のせいで, 弟が縮こまった人になった.

지질편편-하다[형] ❶ 高低がなくて平たい. ❷ じめじめして平たい.

지질-하다[형] ❶ くだらない; 取るに足りない. 예 다 팔고 지질한 것만 남다. くだらない物だけ売れ残る. ❷ 飽きるほど退屈だ; 飽きる飽きする.

지질-학(地質學) 地質学.

지짐-이[명] チヂミ. 예 생선 ~ 魚のチヂミ.

지짐-질 チヂミを焼くこと.
　지짐질-하다[자타] チヂミを焼く.

지참¹(持參)[명] 持参.
　지참-하다¹[타] 持参する. 예 도시락은 각자 지참할 것. お弁当は各自で持参すること.

지참²(遲參)[명] 遅参; 遅刻.
　지참-하다²[자] 遅参する; 遅刻する.

지참-금(持參金)[명] 持参金.

지척(咫尺)[명] 咫尺.

지척-거리다[타] よたよたと歩く. =지척대다

지척-대다[타] ☞지척거리다

지척-지척[부] よろよろ(と); よたよた(と). 예 불합격이라는 소식에 ~ 집으로 돌아왔다. 不合格だという知らせに, よろよろと家に帰ってきた.

지천(至賤)[명] ❶ 極めて卑しいこと. ❷ ありふれていること. 예 바다에 ~으로 있다. 海にありふれている.
　지천-하다 ❶ 極めて卑しい. ❷ ありふれている.

지청구[명] ❶ 叱責; 小言. ❷ 恨むこと; せいにすること.
　지청구-하다[타] 恨む; せいにする.

지체¹[명] 家柄. 예 ~ 높은 집 家柄の良い家.

지체²(肢體)[명] 肢体.

지체³(遲滯)[명] 遅滞. 예 ~ 없이 출발하다. 遅滞なく出発する.
　지체-하다[자] 遅滞する; 遅れる.

지축(地軸)[명] 地軸.

지출(支出)[명] 支出. 예 가계 ~ 家計支出. / 금액 支出金額.
　지출-하다[자] 支出する.

지층(地層)[명] 地層.

지치다[자] 疲れる; くたびれる; へたばる; ばてる; へとへとになる. 예 내가 조금씩 지쳐 가고 있는 것 같아. 私が少

しずつ疲れているようだ。/ 벌써 지치면 어떻게 정상까지 오르려고 하느냐? もうへたばっていたら、どうやって頂上までに登ろうとするのか。/ 지쳐 쓰러져도 일어나야 한다. へたばって倒れても起き上がらないといけない。/ 기다리다 ~. 待ちくたびれる。

지치다[타] 【鑞】滑める。

지친(至親)[명] この上無く親しいこと。

지친-하다[타] この上無く親しい。

지침(指針)[명] 指針。 예 회계 ~ 会計の指針/ 행동 ~ 行動の指針。

지칫-거리다[자][타] ❶【쭈뼛거리다】ぐずぐずする。❷【처음 걷는 느낌】のそのそと歩く。=지칫대다

지칫-대다[자][타] ☞지칫거리다

지칫-지칫[부] ❶【머뭇거리는 모양】ぐずぐず。❷【천천히 걷는 모양】のそのそ。

지칫지칫-하다[자] ❶ ぐずぐずする。예 그는 지칫지칫하며 떠나지 못하고 있다. 彼はぐずぐずして発てずにいた。❷のそのそする。

지켜-보다[타] 見守る｜見届ける。예 임종을 ~. 臨終を見届ける。/ 사건의 전개를 ~. 事件の展開を見守る。

지키다[타] 守る｜保護する｜留守番をする。예 국경을 ~. 国境を守る。/ 집을 ~. 家の留守番をする。/ 가게를 ~. 店番をする。/ 나라를 ~. 国を保護する。/ 침묵을 ~. 沈黙を守る。/ 약속을 ~. 約束を守る。/ 건강을 ~. 健康を守る。

지탱(支撑)[명] 支える｜持ち堪えること。

지탱-하다[자][타] 支える｜持ち堪える。예 지팡이에 지탱해서 서 있다. 杖に支えられて立っている。

지팡이[명] 杖。예 ~을 짚다. 杖をつく。

지퍼(zipper)[명] ジッパー｜チャック｜ファスナー。

지평(地平)[명] 地平。예 새로운 ~을 열다. 新しい地平を開く。

지평-면(地平面)[명] 地平面。

지평-선(地平線)[명] 地平線。

지폐(紙幣)[명] 紙幣。예 ~ 계수기 紙幣計数機。

지폐 본위 제도(紙幣本位制度)《경》紙幣本位制度。

지표[1](地表)[명] 地表。

지표[2](指標)[명] 指標。예 주요 ~ 主要指標/ 경제 ~ 経済指標/ 환경 ~ 環境指標。

지표-수(地表水)[명] 地表水。

지표 식물(地表植物)《식》地表植物。

지푸라기[명] 藁くず。

지프(jeep)[명] ジープ。

지피다[타] 【뜨겁게】くべる。예 벽난로에 불을 ~. ペチカに薪をくべる。

지필묵(紙筆墨)[명] 紙と筆と墨。

지하(地下)[명] 【지하, 지하실에서】地下。예 ~ 시설 地下施設/ ~ 활동 地下活動/ ~ 조직 地下組織/ 주차장은 ~ 2층이다. 駐車場は地下二階だ。

지하-경(地下莖)[명] 《식》地下茎。 ㈜지경(地莖)

지하-도(地下道)[명] 地下道。

지하-선(地下線)[명] 地下線｜地中線。

지하-수(地下水)[명] 地下水。예 ~를 퍼올리다. 地下水を汲み上げる。

지하-실(地下室)[명] 地下室。

지하-자원(地下資源)[명] 地下資源。예 ~의 고갈 地下資源の枯渇/ ~의 채취 地下資源の採取。

지하-철(地下鐵)[명] 地下鉄。예 ~을 환승하다. 地下鉄を乗換える。

지하철-역(地下鐵驛)[명] 地下鉄駅。

지향(志向)[명] 志向。

지향-하다[타] 志向する。

지혈(止血)[명] 止血｜血止め。예 ~을 서둘러라. 止血を急げ。

지혈-하다[타] 止血する。

지혈-제(止血劑)[명] 《약》止血剤。

지협(地峽)[명] 地峡。예 파나마 ~ パナマ地峡。

지형[1](地形)[명] 地形。

지형[2](紙型)[명] 紙型。예 ~을 뜨다. 紙型を取る。

지형-도(地形圖)[명] 地形図。

지형-학(地形學)[명] 地形学。

지혜(智慧)[명] 知恵。예 ~를 빌리다. 知恵を借りる。/ ~를 짜내다. 知恵を絞る。

지혜-롭다(智慧-)[명] 知恵がある｜賢い。예 지혜로운 어머니 知恵のあるお母さん。

지혜로이[부] 賢しく。

지휘(指揮)[명] 指揮。

지휘-하다[타] 指揮する。예 악단을 ~. 楽団を指揮する。

지휘-관(指揮官)[명] 《군》指揮官。

지휘-권(指揮權)[명] 指揮権。

지휘-대(指揮臺)[명] 《음》指揮台。

지휘-봉(指揮棒)명 指揮棒ぼう｜タクト。예 ~을 잡다. 指揮棒を握る。

지휘-자(指揮者)명 指揮者しゃ｜コンダクター。예 전설적인 ~ 伝説でんせつ的な指揮者。

직¹ 부 ☞찍¹

직² 부 ☞찍²

직각¹(直角)명 《수》直角かく。

직각²(直覺)명 直覚かく。
　직각-하다타 直覚する。예 나쁜 일이 생겼음을 ~. 悪いことが起こったことを直覚する。

직-각기둥(直角—)명 《수》直角柱ちょっかくちゅう。

직각 삼각형(直角三角形)명 《수》直角かく三角形さんかくけい。준직삼각형

직각-적(直覺的)관명 直覚的てきな。

직감(直感)명 直感かん。예 ~을 믿다. 直感を信しんじる。
　직감-하다타 直感する。예 그가 범인임을 직감했다. 彼かれが犯人はんにんであることを直感した。

직감-적(直感的)관명 直感的ちょっかんてきな。예 ~ 판단 直感的判断はんだん。

직-거래(直去來)명 直取引どりひき・とりひき。예 기업 간 ~ 企業間かん直取引。
　직거래-하다자 直じかに取引する。

직결(直結)명 直結けつ。
　직결-하다타 直結する。

직경(直徑)명 《수》直径けい。

직계(直系)명 直系けい。

직관(直觀)명 直観かん。

직관-력(直觀力)명 直観力りょく。

직관-적(直觀的)관명 直観的てきな。

직관-주의(直觀主義)명 直観主義しゅぎ。

직구(直球)명 《운》[☞야]直球きゅう｜ストレート。예 ~를 노리고 치다. 直球を狙ねらって打つ。

직권(職權)명 職権けん。

직권 남용(職權濫用) 職権乱用らんよう。

직급(職級)명 [첫머리에 한 달] 職級きゅう。

직급(職給)명 [첫머리에 한 달] 職給きゅう。

직능(職能)명 職能のう。

직-담판(直談判)명 直談判だんぱん。
　직담판-하다타 直談判する。

직답(直答)명 直答とう。
　직답-하다자 直答する。

직렬(直列)명 《전》直列れつ。

직류(直流)명 直流りゅう。❶まっすぐな流ながれ。❷☞직류 전류

직류 전류(直流電流)《전》直流ちょくりゅう電流でんりゅう。=직류❷

직립(直立)명 直立りつ。
　직립-하다자 直立する。

직면(直面)명 直面めん。
　직면-하다자타 直面する。예 어려운 사태에 ~. 困難こんなんな事態じたいに直面する。

직무(職務)명 職務む。

직물(織物)명 織物もの。

직방(直放)명 覿面てきめん。예 배탈에는 이 약이 ~이다. 腹痛ふくつうにはこの薬くすりが覿面に利きく。

직분(職分)명 職分ぶん｜役目やくめ。

직사¹(直死)명 ☞즉사(即死)

직사²(直射)명 直射しゃ。예 ~광선 直射日光にっこう。

직-사각형(直四角形)명 《수》長方形ちょうほうけい。

직-삼각형(直三角形)명 《수》直角かく三角形けい。

직선¹(直線)명 直線せん｜まっすぐな線せん。예 ~을 그리다. 直線を描えがく。

직선²(直選)명 直接選挙せんきょ。

직선-적(直線的)관명 直線的てきな。예 ~인 행동 直線的な行動こうどう。

직설(直說)명 ありのまま言いうこと。
　직설-하다타 ありのまま言う。

직설-적(直說的)관명 ありのまま言うこと。예 ~ 화법 ありのまま言う話法わほう。

직속(直屬)명 直属ぞく｜기관 직속의 機関きかん直属の／~ 상사 直属の上司じょうし。
　직속-하다자 直属する。

직-수입(直輸入)명 直輸入ゆにゅう。

직-수출(直輸出)명 直輸出しゅつ。

직언(直言)명 直言げん。
　직언-하다자 直言する。

직업(職業)명 職業ぎょう。예 ~ 교육 職業教育きょういく／~ 단체 職業団体だんたい／~ 군인 職業軍人ぐんじん。

직업-병(職業病)명 《사》職業病しょくぎょうびょう。

직역(直譯)명 直訳やく。
　직역-하다타 直訳する。

직영(直營)명 直営えい。
　직영-하다타 直営する。

직원(職員)명 職員いん。예 ~ 모집 職員募集ぼしゅう／임시 ~ 臨時りんじ職員／담당 ~ 担当たんとう職員／시 ~ 市し職員。

직위(職位)명 職位い。

직유-법(職喩法)명 《언》直喩法ちょくゆほう。

직인(職印)명 職印いん。예 ~을 찍다. 職印を押おす。

직장¹(直腸)명 《의》直腸ちょう。

직장²(職場)명 職場ば｜勤つとめ先さき｜勤め

口しごと仕事場ば。

직전(直前)몡 直前ちょくぜん。예 네가 도착하기 ~에 갔다. あなたの到着ちゃく直前に帰かえった。

직접(直接) Ⅰ 몡 直接ちょくせつ。예 ~ 구조 直接救助きゅうじょ/ ~ 선거 直接選挙せんきょ。
Ⅱ 閈 直接ちょくせつ｜直じかに。예 본인에게 ~ 들은 이야기이다. 本人ほんにんから直接聞きいた話はなしである。/ 편지를 ~ 건네주다. 手紙てがみを直に渡わたす。

직접-세(直接稅)몡 〈법〉直接稅ちょくせつぜい。

직접-적(直接的)관몡 直接的ちょくせつてき。예 ~ 인 관련은 없다. 直接的なつながりはない。

직제(職制)몡 職制しょくせい。

직조(織造)몡 製織せいしょく。
직조-하다囸 織物おりものを織おる。

직종(職種)몡 職種しょくしゅ。예 다종다양한 ~ 多種多様たしゅたようたな職種/ ~ 별 구인 정보 職種別しゅくべつ求人きゅうじん情報じょうほう。

직-직⟨囸⟩ ❶ ずるずる。예 슬리퍼를 ~ 끌다. スリッパをずるずる引ひきずる。❷〈종이 찢는 모양〉びりびり。예 종이를 ~ 찢다. 紙かみをびりびり破やぶく。❸〈빨리 활달하게〉さっさっと。예 글씨를 ~ 갈겨쓰다. 字じをさっさっと殴なぐりがきする。

직직-거리다囸 ❶〈끌며〉ずるずると引ひきずる。❷〈종이 찢는〉びりびり破やぶく。❸〈갈겨쓰다〉さっさっと書かく。 =직직대다
직직-대다囸 ☞직직거리다

직진(直進)몡 直進ちょくしん。예 ~ 차선 直進車線ちょくしんしゃせん。
직진-하다囸 直進する。

직책(職責)몡 職責しょくせき。

직통(直通)몡 ❶〈직통으로 오가는〉直通ちょくつう。예 ~ 전화 直通電話でんわ/ ~ 버스 直通バス。❷〈즉효〉即効そっこう｜覿面てきめん。❸〈바로〉直じかに。예 떨어지는 돌멩이를 ~으로 맞다. 落おちる石いしにじかに打うたれる。
직통-하다囸 直通する。

직파(直播)몡 〈농〉直播じかまき。
직판(直販)몡 〈경〉直販ちょくはん。
직판-하다囸 直販する。

직할(直轄)몡 直轄ちょっかつ。
직할-하다囸 直轄する。

직할-시(直轄市)몡 〈행정단위〉直轄市ちょっかつし。

직항(直航)몡 直航ちょっこう。
직항-하다囸 直航する。

직행(直行)몡 直行ちょっこう。예 ~ 버스 直行バス/ ~ 항로 直行航路こうろ。
직행-하다囸 直行する。예 퇴근 후에 술집으로 ~. 退勤たいきんの後あと飲のみ屋やに直行する。

직-활강(直滑降)몡〈운〉〈체〉直滑降ちょっかっこう。예 ~ 코스 直滑降コース。

직후(直後)몡 直後ちょくご。예 종전 ~ 終戰しゅうせん直後/ 이전 ~ 해야 할 일을 노트에 적다. 移転いてん直後やるべきことをノートに書く。

진¹(辰)몡 【지지십이지】辰たつ。
진²(津)몡 【ねばり気】脂やに。예 담배의 ~ タバコの脂/ 소나무의 ~ 松まつの脂。
진³(陣)몡 〈군〉陣じん。예 ~을 치다. 陣を張はる。
진⁴(jean)몡 ジーンズ。

진가(眞價)몡 真価しんか。예 ~를 발휘하다. 真価を発揮はっきする。

진-간장(津-醬)몡 濃こい醬油じょうゆ｜日増ひましの醬油。 㢱 진장

진격(進擊)몡 進擊しんげき。
진격-하다囸 進擊する。

진공¹(眞空)몡 〈물〉真空しんくう。예 우주는 ~ 상태이다. 宇宙ちゅうは真空状態じょうたいだ。

진공²(進攻)몡 進攻しんこう。
진공-하다囸 進攻する。

진공-계(眞空計)몡 〈물〉真空計しんくうけい。

진공-관(眞空管)몡 〈물〉真空管しんくうかん。예 ~ 라디오 真空管ラジオ/ ~ 증폭기 真空管増幅機ぞうふくき。

진-과자(-菓子)몡 生菓子なまがし。예 ~보다는 마른과자가 보관하기 편하다. 生菓子より乾燥かんそうした菓子かしが保存ほぞんに便利べんりだ。

진-구렁몡 ぬかるみ｜泥沼どろぬま。예 ~에 빠지다. 泥沼にはまり込こむ。예 마약 중독의 ~에 빠지다. 麻薬中毒まやくちゅうどくの泥沼に陥おちいる。

진-국(眞-)몡 嘘うそがなく真実しんじつな人ひと｜まじめな人。예 김 팀장이야말로 사람은 ~이지. 金きんチーム長ちょうこそ人はまじめな人だな。

진군(進軍)몡 進軍しんぐん。
진군-하다囸 進軍する。

진귀-하다(珍貴-)혱 珍めずらしく貴重きちょうだ。예 18세기의 진귀한 물건이다. 十八世紀せいきの珍しく貴重なものである。

진급(進級)몡 進級しんきゅう。
진급-하다囸 進級する。

진기-하다(珍奇-)혱 珍奇ちんきだ。

진노(震怒)몡 震怒しんど。
진노-하다囸 震怒する。

진-날몡 雨あめの降ふる日ひ｜雪ゆきの降る日｜じめじめした日。↔ 마른날

진-눈몡 ただれ目め。

진눈깨비[명] みぞれ。 예 ~가 내리다. みぞれが降る。

진단(診斷)[명] 〈의〉診斷。
　진단-하다[타] 診斷する。 예 당뇨라고 ~. 糖尿だと診斷する。

진단-서(診斷書)[명] 〈의〉診斷書。 예 ~를 끊다. 診斷書を発行する。

진달래[명] 〈식〉躑躅。ゲンカイツツジ。 예 산에 들에 ~가 한창 피었다. 野山にツツジが真っ盛りだ。/ ~ 꽃잎 하나를 떼어 입에 넣었다. ツツジの花びらを一つ採って口に入れた。 =두견화

진담(眞談)[명] 誠の話｜本当の話。 예 ~으로 하는 말이다. 本気で言うことである。

진도¹(進度)[명] 進度。 예 수업의 ~를 맞추다. 授業の進度を合わせる。

진도²(震度)[명] 【지변학】震度。 예 ~ 측정법 震度測定法。

진돗-개[명] 〈동〉珍島犬。

진동¹[명] 袖ぐり｜アムホール。

진동²(振動)[명] ❶【물리학】振動。❷【화학】臭いがすること。❷[물]振動。
　진동-하다¹[자] ❶ 振動する｜震える。 예 유리창이 진동할 정도였다. 窓ガラスが振動するほどだった。❷強く臭いがする。 예 집 안에 비린내가 진동한다. 家の中に生臭い臭いが強く漂っている。

진동³(震動)[명] 【지변학】震動。 예 대지가 ~을 하다. 大地が震動する。
　진동-하다²[자] 震動する｜揺れ動く｜揺れ動かす。

진동-계(振動計)[명] [물]振動計。

진동-수(振動數)[명] [물]振動數。 예 전류의 ~ 電流の振動数/ 음파의 ~ 音波の振動数。

진두(陣頭)[명] 陣頭。

진두-지휘(陣頭指揮)[명] 陣頭指揮。

진드근-하다[형] 落ち着いてじっとしている。
　진드근-히[부] じっとして。

진드기[명] 〈동〉だに。

진득-거리다[동] ねばねばする｜べとべとする。 =진득대다

진득-대다[자] ☞진득거리다

진득-진득[부] ☞진득진득

진득-하다[형] 落ち着いてじっとしていた。
　진득-이[부] じっとして。 예 자리에 앉아 있어라. 席にじっと座っていなさい。

진딧-물[명] 〈동〉油虫。 예 상추를 기르는데 ~이 생겨서 큰일이다. 育てているチシャにアブラムシがついたので大変だ。/ 배추 잎에 ~이 내렸다. 白菜の葉にアブラムシがついた。

진-땀(津-)[명] 脂汗。 예 갑자기 배가 아파 ~이 날 정도였다. いきなり腹痛を起こして脂汗が出るほどだった。
　진땀 빼다[관용] 脂汗を流す。

진력(盡力)[명] 尽力。
　진력-하다[자] 尽力する｜力を尽す。 예 신제품 개발에 ~. 新製品の開発に尽力する。

진로(進路)[명] 進路。 예 ~ 지도 進路指導/ ~ 결정 進路決定/ 태풍의 예상 ~ 台風の予想進路。

진료(診療)[명] 〈의〉診療。 예 야간 ~ 夜間診療/ 선생님은 지금 ~를 하고 계십니다. 先生は今、診療中です。
　진료-하다[타] 診療する。 예 노숙자를 무료로 ~. ホームレスを無料で診療する。

진료-소(診療所)[명] 診療所。

진리(眞理)[명] 眞理。 예 ~를 깨닫다. 真理を悟る。

진맥(診脈)[명] 〈한〉診脈。
　진맥-하다[타] 脈拍を診察する。

진-면모(眞面貌)[명] ☞진면목

진-면목(眞面目)[명] 真面目。 =진면모

진문(珍聞)[명] 珍聞。

진-물(津-)[명] 傷口からにじみ出る粘液。

진미¹(珍味)[명] 珍味。

진미²(眞味)[명] ❶【비유】本当の味。❷【취미】醍醐味。 예 이게 낚시의 ~다. これが釣りの醍醐味だ。

진-발[명] 泥足｜濡れた足。

진-밥[명] 水っぽい飯。

진배-없다[형] 変わりない｜劣らない｜同然だ｜同じだ。 예 이미 성공한 것이나 ~. すでに成功したことと同然だ。/ 진품과 진배없는 물건이다. 本物に劣らないものである。
　진배없-이[부] 変わりなく｜劣らなく｜同然に｜同じに。

진-버짐[명] 〈한〉湿癬。

진범(眞犯)[명] 真犯人。

진보(進步)[명] 進步。 예 문명의 ~ 文明の進步。

진보-하다㉜ 進歩ぽする。㉔ 진보하는 암 치료 進歩するがん治療りょう。

진-보라(津-) 濃こい紫むらさき。

진보-적(進歩的)㉗ 進歩的ぽてきの。㉔ ~ 성향의 정치가 進歩的な性向の政治家せいじか。

진보-주의(進步主義)㉜ 進步主義しゅぎ。

진본¹(珍本)㉜【진귀한 책】珍本ちんぽん｜珍書ちんしょ。=진서

진본²(眞本)㉜ 本物ほんもの。

진부-하다(陳腐—)㉙ 陳腐ちんぷだ｜古ふるくさい。㉔ 진부한 발상 陳腐な発想ほっそう｜소설의 구성이 ~. 小説しょうせつのプロットが陳腐だ。

진-분수(眞分數)㉜ ㉤ 真分数しんぶんすう。

진-분홍(津粉紅)㉜ 濃い桃色ももいろ。

진상(眞相)㉜ 真相しんそう。㉔ ~을 규명하다. 真相を究明きゅうめいする。

진서(珍書)㉜ ☞진본¹

진선미(眞善美)㉜ 真善美しんぜんび。

진솔㉜ ❶ 真新あたらしい着物きもの。❷ ☞진솔옷

진솔-옷㉜ 春はると秋あきに作つくって着きる苧麻ちょまの着物きもの。=진솔❷

진솔-집㉜【새로 지어 입은 옷 차림새를 놀려 이르는 말】新品しんぴんの着物を着きて、まもなく古ふるくする人ひとをからかう語ご。

진솔-하다(眞率—)㉙ 真率しんそつだ。㉔ 진솔한 이야기에 감동하다. 真率な話はなしに感動かんどうする。

진수(眞髓)㉜【사물·현상의 본질｜본질적인 부분】真髄しんずい｜神髄しんずい。㉔ 이것이 태권도의 ~이다. これがテコンドの真髄だ。

진수²(進水)㉜ 進水しんすい。
　진수-하다㉟ 進水しんすいする。

진수-성찬(珍羞盛饌)㉜ ごちそう。

진수-식(進水式)㉜ 進水式しんすいしき。

진술(陳述)㉜ 陳述ちんじゅつ。
　진술-하다㉟ 陳述じゅつする。

진-신발 泥靴どろぐつ｜濡ぬれた靴くつ。

진실(眞實)㉜ 真実しんじつ。㉔ ~을 말하다. 真実を語かたる。
　진실-하다㉙ 真実しんじつだ。㉔ 진실한 사랑 真実の愛あい。

진실-로(眞實—)㉛ 真実しんじつ｜本当ほんとうに｜心こころから。㉔ ~ 드릴 말씀이 없습니다. 真実申もうし訳わけありません。

진실-성(眞實性)㉜ 真実性しんじつせい。

진심(眞心)㉜ 真心まごころ｜本気ほんき。㉔ ~에서 우러난 말 真心から出でたことば／~ 어린 편지를 보내다. 真心のこめた手紙てがみを送おくる。／~이 들어가 있다. 真心が込こめられている。

진압(鎭壓)㉜ 鎭圧ちんあつ。㉔ 데모 ~ デモ鎭圧。
　진압-하다㉟ 鎭圧ちんあつする。㉔ 화재를 ~. 火災かさいを鎭圧する。

진액(津液)㉜ 津液しんえき。

진언(進言)㉜ 進言しんげん。
　진언-하다㉜㉟ 進言げんする。

진열(陳列)㉜ 陳列ちんれつ。
　진열-하다㉟ 陳列れつする。

진열-대(陳列臺)㉜ 陳列台だい。

진열-장(陳列欌)㉜ 陳列棚ちんれつだな｜ショーケース。

진열-창(陳列窓)㉜ 陳列窓ちんれつまど｜ショーウィンドー。

진영(陣營)㉜ 陣営じんえい。㉔ 민주당 ~ 民主党とうの陣営。

진용(陣容)㉜ 陣容じんよう。㉔ ~을 가다듬다. 陣容を立たて直なおす。

진원(震源)㉜ ☞진원지

진원-지(震源地)㉜ ❶ 震源地しんげんち。❷【소문의 출처】 ~가 밝혀지다. うわさの震源地が明あきらかになる。=진원

진위(眞偽)㉜ 真偽しんぎ。㉔ ~ 여부 真偽与否よひ。

진의¹(眞意)㉜【참뜻】真意しんい。㉔ ~를 파악하다. 真意を把握はあくする。

진의²(眞義)㉜【참된 의의】真義しんぎ。

진-일¹㉜ ❶【물일】水仕事みずしごと。❷【궂은일】嫌いやなこと｜しまわしいこと。

진일²(盡日)㉜ 一日中いちにちじゅう｜朝あさから晩ばんまで。㉔ ~ 걸었더니 다리가 뻣뻣하다. 一日中歩あるいたら足あしが棒ぼうになった。

진-일보(進一步)㉜ 一歩いっぽ進すすむこと。
　진일보-하다㉜ 一歩いっぽ進む。

진입(進入)㉜ 進入しんにゅう。㉔ ~ 금지 進入禁止きんし。
　진입-하다㉜ 進入しんにゅうする。㉔ 커브 구간으로 ~. カーブ区間くかんに進入する。

진자(振子)㉜ 振ふり子こ｜振子ふりこ。=흔들이

진-자리 ㉜ ❶【아이를 낳은 자리】お産さんをした場所ばしょ。❷【아이가 오줌을 눈 자리】乳児にゅうじの湿しめっぽい寝床ねどこ。❸【사람이 막 죽은 자리】人ひとが死しんだばかりの場所ばしょ。❹【현장】その場ば。

진작㉛ もっと早はやく｜とっくに｜前まえもって｜とっくに。㉔ ~ 사실을 얘기했다면…. もっと早く事実じじつを話はなしたら…。／~에 예상한 바다. とっくに予想よそうしたことである。／~부터 알고 있었다. とっくに知しっていた。

진재(震災)㉜【지진으로 인한 재해】震災しんさい。

진저리 명 うんざり｜ごりごり｜身震い。 예 ~가 난다. うんざりする。ごりごりする。/ 病院という声only聞いても ~를 친다. 病院という言葉だけ聞いても身震いをする。

진전(進展) 명 進展。 예 ~이 없다. 進展がない。
　진전-하다 進展する。 예 조사가 상당히 진전되었다. 調査が相当に進展した。

진절-머리 명 嫌気｜うんざりする気持ち。 예 이제 그 일이라면 ~가 난다. もうそのことにはうんざりだ。/ ~를 낼 때도 되었지. うんざりする頃になったろうよ。

진정¹(眞正) 부 本当に。 예 ~ 난 몰랐다. 本当に私は知らなかった。
　진정-하다¹ 형 真正だ。 예 진정한 우정 真正なる友情。

진정²(眞情) 명 ❶ 真情｜真心。真情を吐露する。 ❷ 真情。

진정³(陳情) 명 陳情。
　진정-하다³ 타 陳情する。 예 상부에 ~. 上部に陳情する。

진정⁴(進呈) 명 進呈。
　진정-하다⁴ 타 進呈する。

진정⁵(鎭靜) 명 鎭静。 예 ~ 작용 鎭静作用。
　진정-하다⁴ 자타 鎭静する｜静まる｜静める。 예 사태가 진정되다. 事態が静まる。/ 피부를 진정시키는 효과가 있다. お肌を鎭静する効果がある。

진정-서(陳情書) 명 陳情書。
진정-제(鎭靜劑) 명 〈약〉 鎭静剤。

진-종일(盡終日) 명 一日中｜朝から晩まで。 예 ~ 빈둥거리고 있다. 一日中ぶらぶらしている。 참 진일(盡日)

진주¹(眞珠·珍珠) 명 真珠｜パール。 예 ~ 목걸이 真珠ネックレス。

진주²(進駐) 명 〈군〉 進駐。
　진주-하다 進駐する。

진주-조개(眞珠—) 명 〈동〉 真珠貝。

진지¹ 명 お食事｜ご飯。 예 ~ 드십시오. ご飯を召し上がってください。

진지²(陣地) 명 陣地。

진지-하다(眞摯—) 형 真摯だ。 예 그의 행동에는 진지함이 없다. 彼の行動には真摯さがない。/ 진지한 태도를 보여 주다. 真摯な態度を見せてくれる。

진짓-상(—床) 명 お膳。

진짜(眞—) Ⅰ 명 本物｜本当に。 예 ~와 똑같이 만들다. 本当に同じく作る。/ 그 이야기는 ~일까? あの話は本当なのか。
　Ⅱ 부 本当に。 예 이 꽃은 ~ 예쁘다. この花は本当にきれい。/ ~ 부럽다. 本当に羨ましい。

진찰(診察) 명 診察。 예 ~료 診察料。
　진찰-하다 타 診察する。

진찰-권(診察券) 명 〈약〉診察券。
진찰-실(診察室) 명 診察室。

진-창 명 ぬかるみ｜泥濘。 예 ~에 빠지다. ぬかるみに足を取られる。/ 눈이 녹아서 길이 온통 ~이다. 雪が解けて道がすっかりぬかるみとなった。

진창-길 명 ぬかるみの道。

진창-물 명 泥水｜汚水。 예 트럭이 ~을 끼얹고 달려갔다. トラックが泥水をひっかけて走り去った。

진척(進陟) 명 進捗。
　진척-하다 자 進捗する。 예 공사가 예정대로 진척되다. 工事が予定どおり進捗する。

진출(進出) 명 進出。 예 여성의 사회 ~ 女性の社会進出。
　진출-하다 자 進出する。 예 일본으로 진출한 기업 日本に進出した企業/ 해외로 ~. 海外に進出する。

진취(進取) 명 進取。
진취-성(進就性) 명 進取性。
진취-적(進就的) 관 進取的。 예 ~ 기상 進取的気性/ 자세 進取的姿勢。

진탕(一宕) 부 思う存分｜飽きるほど。 예 술을 ~ 마시다. 飽きるほど酒を飲む。/ ~ 놀다. 思う存分遊ぶ。

진토(塵土) 명 塵土｜ちりと土。

진통(鎭痛) 명 鎭痛。
　진통-하다 자 痛みを静める。

진통-제(鎭痛劑) 명 〈약〉 鎭痛剤｜痛み止め。 예 이가 아파 ~를 복용하다. 歯が痛くて鎭痛剤を服用する。

진퇴(進退) 명 進退。
　진퇴-하다 자 進退する。

진퇴-양난(進退兩難) 명 進退両難。
진퇴-유곡(進退維谷) 명 進退窮まること。

진펄 명 ぬかるみだらけの野原。

진폭(振幅)®《물》振幅ぷ。예~ 변조 振幅変調ぷ。

진품¹(珍品)® 珍品ぷ。

진품²(眞品)® 本物ぷ。

진피¹® しつこくつきまとうこと。예그 사람은 ~이다。その人はしつこくつきまとう。/ ~ 때문에 귀찮아 죽겠어。執念深ぷくつきまとう人のせいで、面倒ぷくさい限ぷりだ。

진피²(陳皮)® 陳皮ぷ。

진필(眞筆)® 真筆ぷ。=친필(親筆)

진-하다¹(津—)【형】❶濃ぷい。예백합의 향기가 ~。白ぷゆりの香ぷりが濃い。/ 진한 수프 濃いスープ/ 화장이 좀 ~。化粧ぷがちょっと濃い。❷深ぷい。예진한 감동을 받다。深く感動ぷを受ける。

진-하다(盡—)[자]【문】尽ぷきる│尽き果ぷてる。예기운이 ~。力ぷが尽きる。

진학(進學)® 進学ぷ。예정보 進学情報ぷ/ 대학 ~ 大学ぷ進学。
　진학-하다[자] 進学ぷする。

진항(進航)® 進航ぷ。
　진항-하다[자] 進航ぷする。

진해-제(鎭咳劑)®《약》鎭咳剤ぷ│鎭咳薬ぷ│咳ぷ止ぷめ。예~를 처방하다。鎭咳剤を処方ぷする。

진행(進行)® 進行ぷ。예~ 방향 進行方向ぷ/ 공사의 ~ 상황 工事ぷの進行状況ぷ。
　진행-하다[타] 進行ぷする。예계획대로 ~。計画ぷ通ぷり進行する。

진혼-곡(鎭魂曲)®《음》鎭魂ぷミサ曲ぷ│レクイエム。

진홍(眞紅)® ☞진홍빛

진홍-빛(眞紅—)® 真紅色ぷ。=진홍・진홍색

진홍-색(眞紅色)® ☞진홍빛

진화¹(進化)® 進化ぷ。
　진화-하다[자] 進化ぷする。

진화²(鎭火)® 鎭火ぷ。
　진화-하다[자] 鎭火ぷする。예산불은 하루 만에 진화되었다。山火事ぷは一日ぷかかって鎭火した。

진화-론(進化論)®《생》進化論ぷ。

진-흙 ❶【문】粘土ぷ│赤土ぷ。예~ 공예 粘土細工ぷ。❷泥土ぷ│泥ぷ。예아이들이 ~ 장난을 하고 있다。子供ぷたちが泥ぷんこ遊ぷびをしている。

진흙-땅® 赤土ぷの地面ぷ│泥沼ぷ。예~을 밟아 구두를 더럽혔다。泥沼に足ぷを踏ぷんで靴ぷを汚ぷしてしまった。

진흙-탕® ぬかるみ。예비가 와서 온통 ~이다。雨ぷが降ぷってぬかるみだらけだ。

진흥(振興)® 振興ぷ。
　진흥-하다[자] 振興ぷする。

진흥-책(振興策)® 振興策ぷ。예여러 가지 ~을 내놓다。いろいろの振興策を出ぷす。

질¹® 陶土ぷ。

질²(帙)® 【문】一揃ぷい│セット。예책을 ~로 사다。本ぷをセットで買ぷう。/ 30권이 한 ~이다。三十巻ぷで一揃いだ。

질³(質)® 質ぷ。예물건의 ~이 좋다。品物ぷの質が良ぷい。/ ~이 나쁜 사람이다。質の悪ぷい人ぷである。

질겁-하다[자] びっくりする│仰天ぷする│非常ぷに驚ぷく。예뱀을 보자 질겁하여 도망쳤다。蛇ぷを見ぷて、びっくりして逃ぷげた。

질겅-거리다[타]【문】かみつづける│くちゃくちゃ噛ぷむ。예껌을 ~。ガムをくちゃくちゃ噛ぷむ。/ 쥐포를 ~。カワハギの干物ぷをくちゃくちゃ噛ぷむ。=질겅대다

질겅-대다[타] ☞질겅거리다

질겅-질겅[부]【문】くちゃくちゃ。예껌을 ~ 씹다。ガムをくちゃくちゃ噛ぷむ。

질경이®《식》車前草ぷ。예~ 잎은 타원형이다。シャゼンソウの葉ぷは楕円形ぷだ。

질고(疾苦)® しっく│病苦ぷ。=병고

질곡(桎梏)® 桎梏ぷ。예~에서 벗어나다。桎梏を逃ぷれる。

질권(質權)®《법》質権ぷ。

질-그릇® 素焼ぷき│土焼ぷき。

질근-질근[부]【문】くちゃくちゃ。

질금[부]【문】ちびちび│ちびりちびり│ちょろちょろ(と)。
　질금-하다[타] ちびちびと流ぷれる。예오줌을 ~。少ぷしおしっこを漏ぷらす。

질금-거리다[타] ちびちびと飲ぷむ│ちょろちょろと流ぷれる。=질금대다

질금-대다[자][타] ☞질금거리다

질금-질금[부]【문】ちびちび│ちびりちびり│ちょろちょろ(と)。예술을 ~ 마시다。ちびちびとお酒ぷを飲ぷむ。/ 물이 ~ 흐르다。水ぷがちょろちょろと流ぷれる。

질기다[형] ❶【문】(布ぷ紙ぷなどが簡単ぷに破ぷれず)丈夫ぷだ。예질긴 천이라 구멍이 잘 나지 않을 거야。丈夫な布だから穴ぷがあかないだろう。/ 가늘고 질긴 끈이 필요

하다. 細くて丈夫な紐が要いる。❷【굳다】(肉などが)固い。예 고기가 질기고 맛이 없다. 肉が固くて美味しくない。/ 우동이 너무 ~. 麺が固すぎる。❸【命】(命が絶えず)粘り強い｜長持ちする。예 참 질긴 목숨이다. 本当に粘り強い命だ。/ 영화의 주인공은 어떤 위험이 있어도 질기게 살아남는다. 映画の主人公はどんな危険があっても粘り強く生き残る。❹【행동·상태·의지 등】(行動·状態·意志などが)粘り強い｜根気強い。예 질기게도 울어댄다. 根気よく泣き続ける。/ 노동법의 개선을 질기게 요구하고 있다. 労働法の改善を粘り強く要求している。

질-기와명 粘土瓦など。
질깃-질깃부 しこしこ。
질깃-하다형 しこしこする。
질끈부 ぎゅっと。예 머리를 ~ 묶다. 髪の毛をぎゅっと縛る。
질녀(姪女)명 ☞조카딸
질다❶【묽다】柔らかすぎる。예 반죽이 좀 진 것 같다. 生地に水気が多すぎ、やわらかいようだ。❷【젖다】ぬかるんでいる｜ぬかっている。
질뚝-하다형【잘록하게 들어가 있는 모양이다】括れている。
질량(質量)명《물》質量。예 ~ 불변의 법칙 質量不変の法則 / ~을 측정하다. 質量を測る。
질러-가다자 近道を行く。
질룩-하다형 括れている。
질리다¹자 ❶【싫증】飽きる｜嫌になる｜飽き飽きする。예 라면은 이제 질렸다. ラーメンはもう飽きた。/ 이 노래는 많이 들었더니 질린다. この歌はたくさん聞いたらあきあきする。❷【난처】閉口する｜参る｜あっけに取られる｜あきれる。예 고집을 부리는 데는 질렸다. 意地を張るには閉口した。/ 질려서 말도 안 나온다. あきれてものが言えない。❸【놀람·두려움】おびえる｜真っ青になる｜血の気が引く。예 새파랗게 ~. 真っ青になる。/ 겁에 ~. 恐怖におびえる。
질리다²자 突つかれる｜蹴られる。
질문(質問)명 質問｜問い。예 자주하는 ~ よくあるご質問/ ~에 답하다. 質問に答える。/ ~을 받다. 質問を受ける。
　질문-하다타 質問する。예 손을 올리고 ~. 手を上げて質問する。
질박-하다(質樸—·質朴—)형 質樸だ。

질병(疾病)명 疾病。｜病気。
질부(姪婦)명 甥の妻。=조카며느리
질산(窒酸)명《화》硝酸。예 ~은 강산이므로 취급 주의를 요한다. 硝酸は強酸なので、取り扱いに注意が必要だ。=초산
질산-나트륨(窒酸Natrium 독)명《화》硝酸ナトリウム｜硝酸ソーダ｜チリ硝石。
질산-은(窒酸銀)명《화》硝酸銀。예 ~은 위험한 중금속이다. 硝酸銀は危険な重金属だ。
질색(窒塞)명 大嫌いなこと｜真っ平ごめん｜うんざり｜こりごり。예 육류 요리는 ~이다. 肉料理は大嫌いだ。/ 기다리는 것은 딱 ~이다. 待つのは真っ平ごめんだ。
　질색-하다자 嫌がる｜大嫌いだ。예 생선회는 내가 질색하는 것 가운데 하나다. 魚の刺身は私の大嫌いなものの中のひとつである。
질서¹(姪壻)명 姪の夫。=조카사위
질서²(秩序)명 秩序。예 사회 ~를 지키다. 社会秩序を守る。
질소(窒素)명《화》窒素。예 ~ 비료 窒素肥料。
질시(疾視)명 嫉視。예 친구들의 ~를 받다. 友だちの嫉視を浴びる。
　질시-하다타 嫉視する。
질식(窒息)명 窒息。
　질식-하다자 窒息する。
질식-사(窒息死)명 窒息死。
질의(質疑)명 質疑。
　질의-하다타 質疑する。
질의-응답(質疑応答)명 質疑応答。
질-적(質的)관명 質的。예 ~으로 우수한 제품이다. 質的に優れた製品である。
질주(疾走)명 疾走。
　질주-하다자 疾走する。
질질부 ❶【번들·윤기나는 모양】てかてか｜つるつる｜べたべた｜すべすべ。예 얼굴에 기름기가 ~ 흐른다. 顔がべたべたに脂ぎる。❷【끌리는 모양】ずるずる｜ぞろぞろ。예 치맛자락을 ~ 끌면서 걷다. スカートの裾をずるずる引きずって歩く。/ ~ 끌려오다. ずるずると引きずってくる。❸【시간을 끄는 모양】だらだら｜ずるずる。예 시간만 ~ 끌다. 時間だけをだらだら引き延ばす。/ 시간을 ~ 끌어 봤자 별수 없다. 時間をずるずる引き延ばしたって仕方ない。❹

【물건을 흘리는 모양】ぽろぽろ。[예] 물건을 ~ 흘리고 다니다. 物をぽろぽろ落しながら歩く。❺【침·물 등이 계속 흐르는 모양】だらだら。[예] 아기가 침을 ~ 흘리며 웃고 있다. 赤ん坊がよだれをだらだら垂らしながら笑っている。/ 긴장해서 식은땀을 ~ 흘리다. 緊張して冷や汗をだらだら流す。=찔찔

질책(叱責)[명] 叱責。

질책-하다[타] 叱責する。

질척-거리다[자] 【길이】(道が)どろどろする ¦ じくじくする ¦ じゅくじゅくする ¦ 【반죽이】(生地の)水気が多くやわらかい。=질척대다

질척-대다[자] ☞질척거리다

질척-질척[부] どろどろ ¦ じくじく ¦ じゅくじゅく。

질척-하다[형] どろどろである ¦ じくじくする。[예] 비는 그쳤지만 길이 ~. 雨は上がったが道がどろどろだ。/ 반죽이 ~. 練り粉に水気が多くやわらかい。

질커덕-거리다[자] どろどろする。[준] 질컥거리다

질커덕-질커덕[부] どろどろ。[준] 질컥질컥

질커덕-하다[형] どろどろである。[준] 질컥하다

질컥-거리다[자] ☞'질커덕거리다'의 준말.

질컥-질컥[부] ☞'질커덕질커덕'의 준말.

질컥-하다[형] ☞'질커덕하다'의 준말.

질크러-지다[자] 【우묵하게 쏙 들어가다】細めにへこむ ¦ くぼむ。[예] 너무 삶아서 ~. ゆですぎてくぼむ。

질타(叱咤)[명] 叱咤。

질타-하다[타] 叱咤する。

질탕-하다(跌宕—)[형] 放蕩に近いほど思う存分遊ぶこと。

질탕-히[부] 思う存分。

질투(嫉妬)[명] 嫉妬 ¦ 妬み ¦ 焼き餅。=강샘

질투-하다[타] 嫉妬する ¦ 妬む ¦ 焼き餅を焼く。

질투-심(嫉妬心)[명] 嫉妬心。

질퍼덕-거리다[자] どろどろする ¦ じゅくじゅくする。=질퍼덕대다 [준] 질퍽거리다

질퍼덕-대다[자] ☞질퍼덕거리다 [준] 질퍽대다

질퍼덕-질퍼덕[부] どろどろ ¦ じゅくじゅく。[준] 질퍽질퍽

질퍼덕-하다[형] ぬかるんでいる ¦ どろどろだ。[준] 질퍽하다

질퍽-거리다[자] ☞'질퍼덕거리다'의 준말.

질퍽-대다[자] ☞'질퍼덕대다'의 준말.

질퍽-질퍽[부] ☞'질퍼덕질퍼덕'의 준말.

질퍽-하다[형] ☞'질퍼덕하다'의 준말.

질펀-하다[형] ❶【땅이 넓고 펑펑하다】(土地が平らで)広々としている。[예] 질펀한 들판을 달리다. 広々とした野原を走る。/ 질펀한 논밭에서 옥수수를 재배한다. 広々とした田畑でトウモロコシを栽培する。❷【하는 일 없이 늘어져 앉아 있다】(する事もなく)だらだらしている ¦ のうのうと寝そべっている ¦ のんべんだらりと座っている。[예] 바닥에 질펀하게 앉아서 수다를 떨다. 床にのんべんだらりと座っておしゃべりをする。/ 동생은 바닥에 질펀하게 엎드려 책을 읽고 있다. 妹は床にのうのうと寝そべって本を読んでいる。❸【질다, 젖어 있다】どろどろしている ¦ べちゃべちゃしている。[예] 눈이 녹아서 길이 ~. 雪が解けて道がどろどろだ。/ 베개가 질펀해질 정도로 울었다. 枕がべちゃべちゃになるほど泣いた。❹【물건이 늘어져 있다】(物などが)ぎっしりと広げてある。[예] 방바닥에는 장난감이 질펀하게 널려 있다. 床におもちゃがぎっしりと広げてある。/ 방바닥은 질펀하게 벗어 던진 옷으로 발 디딜 곳도 없다. 部屋の床はぎっしりと脱ぎ捨てられた服で、足の踏み場もない。

질펀-히[부] ❶広々と。[예] 눈앞에 감자밭이 ~ 펼쳐져 있다. 目の前にジャガイモ畑が広々と広がっている。❷のうのうと ¦ のんべんだらりと ¦ ぐうたらと。[예] 모두 바쁘게 일하고 있는데 그는 ~ 누워 쉬고 있다. みんなは忙しく働いているのに、彼はのうのうと寝そべって休んでいる。❸どろどろに ¦ べちゃべちゃに。[예] 아이스크림이 ~ 녹았다. アイスクリームがどろどろに溶けた。

질풍(疾風)[명] 疾風 ¦ はやて。[예] ~같이 달려오다. 疾風の如く駆け来る。=흔들바람

질풍-노도(疾風怒濤)[명] 疾風怒涛。

질-화로(—火爐)[명] 素焼きの火鉢。

질환(疾患)[명] 疾患。

질-흙[명] 陶土 ¦ 粘土。

짊어-지다[타] 背負う ¦ 負う ¦ 担う。[예] 등에 배낭을 ~. 背にリュックサックを負う。/ 빚을 ~. 借金を負う。/ 다음 세대를 짊어지고 갈 어린이들이다. 次代を担っていく子供たちである。

짐[명] 荷。❶【귀찮은 물건, 성가신 일】荷物 ¦ やっかいなもの。[예] ~을 나르다. 荷物を運ぶ。❷

【임무】】責任책임┆任務임무。예너에게 ~이 되기 싫다. あなたの荷物になりたくない。/ 이제야 어깨의 ~을 내려놓은 기분이다. 今やっと肩の荷を下ろした感じだ。/ 네가 짊어진 ~이 무겁다. あなたの負った荷が重い。

짐-꾼명 運搬人うんぱんにん┆赤帽あかぼう┆ポーター。

짐바브웨(Zimbabwe)명〖국〗ジンバブエ。

짐-삯명 運び賃ちん。

짐-수레명 荷車にぐるま。

짐-스럽다형 荷厄介にやっかいだ┆負担ふたんになる。예친절이 도리어 짐스러울 때도 있다. 親切がかえって負担になる時もある。/ 나는 네게 짐스러운 존재가 되고 싶지 않다. 私は君のお荷物になりたくない。

짐승명 ❶獸けもの┆畜生ちくしょう。❷〖비어〗獸けもの┆畜生ちくしょう。예인간의 탈을 쓴 ~ 人間にんげんの皮かわをかぶった獸けもの。

짐작(斟酌)명 推測すいそく┆推量すいりょう┆見当けんとう┆予想よそう。예그가 어떤 일을 꾸미고 있는지 ~조차 하지 못하겠다. 彼かれが何なにをたくらんでいるのか推測もできない。/ 네가 무슨 말을 할지는 대강 ~이 간다. 君きみが何を言いおうとしているのかは、だいたい想像そうぞうがつく。/ 전혀 ~이 가지 않다. 全まったく見当がつかない。

짐작-하다타 見当をつける┆予想よそうする。

짐짐-하다형 少しく気きにかかる。예나 때문에 잘못된 것 같아 마음이 ~. 私のためにしくじったようなので、少し気にかかる。

짐짓부 ❶〖부사〗わざと┆故意こいに。예~ 모른 체하다. わざと知しらないふりをする。/ ~ 못 들은 체하다. わざと聞きこえなかったふりをする。❷〖부사〗まるで┆あたかも。예~ 남편 행세를 하다. まるで夫おっとのように振る舞まう。

짐-짝명 荷物にもつ。

집명 ❶家いえ┆住すまい。예우리 ~ 私わたしの家/ 주말에는 ~에 있다. 週末しゅうまつには家にいる。/ ~이 으리으리하다. 家が豪勢ごうせいだ。/ ~이 어디십니까? お住まいはどこですか。❷すみか┆巢す。예소의 ~을 외양간이라고 부른다. 牛うしの家を牛小屋うしごやと言う。❸〖地〗目め。예두 ~ 승을 거두다. 二目勝にもくがちをおさめる。❹〖용기〗家いえ┆鞘さや┆箱はこ┆入いれ袋ぶくろ。예칼을 ~에 넣어 두어라. 刀かたなは鞘にいれておきなさい。

집도 절도 없다속담 家も寺てらもない：「自分じぶんの家も財産ざいさんもなく、あちこち流ながれる」の意い。

집에서 새는 바가지는 들에 가도 샌다속담 ひびが入はいったパガジは、家で使つかっても野のへ出でて使っても同じだ：「性根しょうねの悪わるい人は隱かくれても、いつかはその本性ほんしょうが現あらわれる」の意。

집(이) 나다관용 ❶売うり家が出る。❷〖비어〗目ができる┆生いきる。

집 태우고 바늘 줍는다속담 家を燒やいて針はりを拾ひろう：「対利たいりを失うしなった後あとで小利しょうりを得ようとあくせくする」の意。

집-게명〖생활용품〗やっとこ┆やっとこばさみ。

집게-발명〖생활용품〗はさみ。

집게-벌레명〖동〗はさみ虫むし。

집게-뼘명 指尺ゆびじゃく。준집뼘。

집게-손가락명 人差ひとさし指ゆび┆食指しょくし。=식지

집결(集結)명 集結しゅうけつ。
　집결-하다자타 集結けつする。

집계(集計)명 集計しゅうけい。
　집계-하다타 集計けいする。

집-구석명 家屋かおくの内部ないぶ┆家の中身なかみ。예~에 박혀 나오지 않는다. 家の中に引ひき籠こもって出てこない。

집권¹(執權)명〖정치〗執權しっけん。
　집권-하다¹자 執權けんする。

집권²(集權)명〖정치〗집중·집권集權しゅうけん。
　집권-하다²자 權力けんりょくを一カ所いっかしょに集あつめる。

집권-당(執權黨)명 執權党しっけんとう。

집권-자(執權者)명 執權者しっけんしゃ。

집기(什器)명 什器じゅうき。

집념(執念)명 執念しゅうねん。예~을 불태우다. 執念を燃もやす。
　집념-하다자 執念ねんする。예한 가지 일에 ~. 一ひとつのことに念ねんを入いれる。

집다 ❶〖신체의 부분을〗(体からだを使つかって)掴つかむ┆握にぎる┆つまむ┆取とる┆持もつ┆つまみ上げる。예볼펜 좀 집어 주시겠어요? ちょっとボールペンを取って貰もらえますか。/ 팝콘을 집어 먹다. ポップコーンをつまんで食たべる。/ 사탕을 집어서 손자에게 주다. 飴あめを掴んで孫まごにあげる。❷〖용구로〗(箸はし・やっとこなどの器具きぐで)つまむ┆掴む┆挾はさむ。예젓가락으로는 잘 집어지지 않는다. 箸ではうまくつまめない。/ 익은 고기를 집게로 ~. 燒やけた肉にく

をやっとこで挟む。❸【指摘】指摘する¦かいつまむ¦取り上げる。⑩要点だけ集めて얘기해라. 要点だけかいつまんで話しなさい。/이웃 남자를 범인으로 ~. 隣の男を犯人に指摘する。

집단(集團)몡 集団。⑩~ 행동 集団行動。/~ 토론 集団討論。/ 감염 集団感染。

집단 농장(集團農場)《사》集団農場。

집-대성(集大成)몡 集大成。

집대성-하다(集大成━)타 集大成する。

집도(執刀)몡 執刀。

집도-하다(執刀━)자 執刀する。

집-돼지몡 《동》飼い豚。

집-들이몡 ❶【이사한 후】新しい家に住み移ること。❷【신축한 후 초대하여 음식을 대접하는 것】引っ越し祝い¦新築祝い。

집들이-하다자 ❶新しい家に住み移る。❷引っ越し祝いをする¦新築祝いをする。

집-모기몡 《동》家蚊。

집무(執務)몡 執務。

집무-하다(執務━)자 執務する。

집-문서(━文書)몡 家の権利証書。

집물(什物)몡 什物¦什器。=집기

집배-원(集配員)몡 集配人。

집-비둘기몡 《동》家鳩。

집사¹(執事)몡 身分の高い人。

집사²(執事)몡 【교회의 직분 명칭의 하나】執事。

집-사람몡 家内。⑩제 ~입니다. 私の家内です。

집산(集散)몡 集散。

집산-하다(集散━)자 集散する。

집산-지(集散地)몡 集散地。⑩농산물 ~ 農産物の集散地。

집성(集成)몡 集成。

집성-하다(集成━)타 集成する。

집-세(━貰)몡 家賃。⑩~를 내다. 家賃を払う。/~가 밀리다. 家賃が滞る。

집속(集束)몡 ❶〈물〉集束。❷集めて束ねること。

집시(Gypsy)몡 ジプシー。

집-안 ❶【가족】内輪¦身内ち。⑩~의 어른 身内の上長。/~ 모임 内輪だけの集まり。❷【집안이 대대로 이어 내려온 문벌】家門¦家柄。⑩좋은 ~ 출신의 유명한 よい家柄出身の有名人。

집안-닦달몡 家の中をきれいに掃除すること。

집안-사람몡 身内のもの¦親戚。

집안-싸움【시끄럽고 벌이는 싸움】内輪揉め。⑩~이 그치지 않는 단체다. 内輪揉めが絶えない団体だ。

집안-일몡 ❶【가사】家事¦家庭の雑多な仕事。⑩~에 무관심한 남편 家事に関心がない夫。/~이 많아서 쉴 틈이 없다. 家事が多くて休む暇がない。❷【집안 일족의 사건】家庭や親類一族の事柄・行事。⑩~이라면 발 벗고 나서다. 親類一族の事柄のためなら一肌脱ぐ。=가무(家務)

집약(集約)몡 集約。

집약-하다(集約━)타 集約する。

집약-적(集約的)관몡 集約的¦集約。⑩노동 ~ 산업 労働集約的産業。

집약적 농업(集約的農業) 集約的農業。

집어-넣다타 入れる。⑩기숙사에 ~. 寮に入れる。/돈을 봉투에 ~. お金を封筒に入れる。

집어-등(集魚燈)몡 集魚灯。

집어-먹다타 ❶【횡령】横取りする¦かすめ取る¦着服する。❷【물벼】物怖じする。⑩잔뜩 겁을 집어먹은 표정이다. ひどく物怖じする表情である。

집어-삼키다타 ❶飲み込む。⑩구슬을 ~. 玉を飲み込む。❷【횡령】横取りする¦かすめ取る。

집어-치우다止める¦放り出す。⑩이참에 공부는 집어치워야겠다. もうまったく勉強なんかやめてしまおう。

집-오리몡 《동》あひる。

집요-하다(執拗━)형 執拗だ¦しつこい。⑩사생활에 대해 집요하게 물어보다. 私生活について、しつこく聞いてみる。

집-임자몡 あるじ¦家主。

집적(集積)몡 集積。⑩공업 ~ 지역 工業集積地域。/~ 회로 集積回路。

집적-하다(集積━)자 集積する。

집적-거리다 ❶【이것저것에 손대다】あれこれ手をつける¦やたらに弄くる。⑩이것저것 집적거려 보았지만 모두 실패했다. あれこれ手をつけたが、みんな失敗した。❷【부질없이 남을 건드리다】無駄に人を煩わせる。⑩가만히 있는 사람을 집적거려 화를 돋우다. 黙っている人を煩わせて怒らせる。=집적대다

집적-대다타 ☞집적거리다

집적-집적부 ❶【이것저것 하는 모양】やたらに弄くる

집정(執政)⦗명⦘ 執政。
　집정-하다⦗자⦘ 執政する。
집-주인(一主人)⦗명⦘ ❶⦗숙소⦘ 亭主｜戸主。❷⦗집⦘ あるじ｜家主。
집중(集中)⦗명⦘ 集中。 ⑩ ~ 방어 集中防御／~ 사격 集中射擊／정신 ~ 精神集中。
　집중-하다⦗자·타⦘ 集中する。 ⑩ 사람들의 관심이 ~. 人々の関心が集中する。
집중-력(集中力)⦗명⦘ 集中力。
집중-적(集中的)⦗관⦘ 集中的。 ⑩ 한 사람만 ~으로 공격하다. 一人だけ集中的に攻める。
집중 호우(集中豪雨) 集中豪雨。 ⑩ ~로 산사태와 홍수가 일어났다. 集中豪雨で山崩れや洪水が起きた。
집-쥐⦗동⦘家ねずみ。 ⑩ 찬장을 열자마자 ~ 한 마리가 쏜살같이 뛰어나왔다. 天井を開けるやいなや、一匹の家ネズミが矢のように飛び出してきた。
집-짐승 家畜｜家禽。 =가축
집-집⦗명⦘ 家々｜棟々。 ⑩ ~을 돌아다니며 부탁하다. 家々を歩きまわりながら頼む。
집집-이⦗부⦘ 家ごとに。 ⑩ ~ 다 정원이 있다. 家ごとに全部庭がある。
집-채⦗명⦘ 家一軒分の大きさ｜家全体の大きさ。
집촌(集村)⦗명⦘ 集村｜集落。
집-치레⦗명⦘ 家飾り。
　집치레-하다⦗자⦘ 家を飾る。
집-치장(一治粧)⦗명⦘ 家飾り。 ⑩ 크리스마스를 맞이하기 위한 ~을 시작하다. クリスマスを迎えるための家飾りを始める。
　집치장-하다⦗자⦘ 家を飾る。
집-터⦗명⦘ ❶⦗집의 대지⦘ 家の敷地。 ❷⦗택지⦘ 宅地。
집-토끼⦗동⦘ 飼いうさぎ。
집-파리⦗동⦘ 家蝿。
집필(執筆)⦗명⦘ 執筆。
　집필-하다⦗타⦘ 執筆する。
집필-자(執筆者)⦗명⦘ 執筆者。
집하(集荷)⦗명⦘ 集荷。
　집하-하다⦗자·타⦘ 集荷する。
집합(集合)⦗명⦘ ❶⦗수⦘ 集合。 ❷⦗수⦘ 集合。 ⑩ 실수의 ~ 実数の集合／부분 ~ 部分集合。
　집합-하다⦗자·타⦘ 集合する｜集ま

る。 ⑩ 운동장에 ~. 運動場に集合する。
집합-체(集合體)⦗명⦘ 集合体。
집행(執行)⦗명⦘ ❶ 執行。 ⑩ 공무 ~ 방해 公務執行妨害／~ 명령 執行命令／사형 ~ 死刑執行／~ 유예 執行猶予／법률 ~ 法律執行／예산 ~ 予算の執行。 ❷⦗법⦘ 強制執行。
　집행-하다⦗타⦘ 執行する。 ⑩ 공무를 ~. 公務を執行する。
집행-관(執行官) 執行官。
집행-권(執行權)⦗법⦘ 執行権。
집행-문(執行文)⦗법⦘ 執行文。
집행-부(執行部) 執行部。
집형(執刑)⦗명⦘⦗법⦘刑を執行すること。
　집형-하다⦗자⦘ 刑を執行する。
집화(集貨)⦗명⦘ 集貨。
　집화-하다⦗자·타⦘ 集貨する。
집회(集會)⦗명⦘ 集会。 ⑩ ~의 자유 集会の自由。
　집회-하다 集会する。
집-히다⦗자⦘ つかまれる｜摘ままれる｜握られる｜取られる。 ⑩ 젓가락으로는 잘 안 집힌다. 箸ではよくつかまれない。／손에 집히는 대로 꺼내다. 手に取られ次第、取り出す。

짓⦗명⦘ 仕業｜振る舞い｜事｜まね｜しぐさ｜行動｜挙動｜態度。 ⑩ 쓸데없는 ~ 必要のない事／분별없는 ~ 分別のない振る舞い／뻔뻔한 ~ ずうずうしい態度／유치한 ~ 幼稚な振る舞い／못된 ~ だめな行動／나쁜 ~ わるい仕業。
짓거리⦗명⦘ ❶⦗주로 재미삼아⦘ 興に乗ってするしぐさ。 ❷⦗경멸·비난⦘ 仕業｜振る舞い｜事｜まね｜しぐさ。 ⑩ 그런 못된 ~를 또 하면 가만두지 않겠다. そのような悪ふざけをまたしたら、ただでは済ませない。
짓-궂다⦗형⦘ 意地悪だ。 ⑩ 짓궂은 질문을 하다. 意地悪な質問をする。
짓-누르다⦗타⦘ 押さえ付ける。 ⑩ 학생을 짓누르는 교육 방침 学生を押さえ付ける教育方針／위에서 가슴을 ~. 上から胸を無理に押さえ付ける。
짓눌리다⦗자⦘ 押さえ付けられる。 ⑩ 공포에 ~. 恐怖に押さえ付けられる。
짓다⦗타⦘ ❶⦗제조하다⦘ (材料を使って)作る｜(家などを)建てる｜(服などを)縫う｜仕立てる｜こしらえる｜(御飯を)

炊たく。例벽돌집을 ~. 煉瓦の家を建てる。/새로 지은 옷이다. 新しく仕立てた服だ。/아침밥을 지어야 할 시간이다. 朝ご飯を炊く時間だ。❷【薬】(薬を)調合する／調剤する／処方する。例감기라 하니 약을 지어 왔다. 風邪だというので、薬を調合してきた。/약을 지어 먹으니 금방 나았다. 薬を調剤して飲んだらすぐ治った。❸【詩・文章】(詩・文章を)書く／作る。例시를 ~. 詩を書く。/새로운 노래를 ~. 新しい歌を作る。❹【列】(列を)作る／群れをなす。例유치원생들이 줄을 지어서 간다. 幼稚園児が列を作って行く。/무리를 지어 생활하다. 群れをなして暮らす。❺【農】(農作物を)作る／農作する／農業する／栽培する。例담배 농사를 지어서 자식을 공부시켰다. 煙草農作をして、子供を学校にやった。/시골에 돌아가서 농사를 짓고 살다. 田舎に戻って農業をして暮す。❻【罪】罪を犯す。例중죄를 ~. 重罪を犯す。❼【어떤 표정·태도】—を浮かべる／—顔をする／ため息をつく。例미소를 ~. 微笑を浮かべる。/한숨을 ~. ため息をつく。/언짢은 표정을 지으며 나를 바라보았다. 嫌な顔をして私を見つめた。❽【結】(糸などの結び目を)作る／結ぶ。例풀어지지 않도록 실의 매듭을 잘 지어라. 解けないように糸の結び目をよく結びなさい。❾【結論·決着】(結論·決着などを)出す／つける。例마무리 지을 시간이다. けりをつける時間だ。/이야기를 일단락 ~. 話を一段落つける。/결론을 ~. 結論を出す。❿【名】(名前·아다 名などを)つける。例나의 이름은 할아버지가 지어 주셨다. 私の名前は祖父がつけてくださった。/그 아이는 친구들의 별명을 잘 짓는다. その子は友達のあだ名をうまくつける。⓫【작문】(嘘の 話などを)作る／でっち上げる。例억지로 지은 표정 無理やり作った表情/말을 지어서 증언하다. 作り話を証言する。⓬【팀·組】(チーム·組などを)なす。例대회에 친구와 짝을 지어 출전하다. 大会に友達とチームになって出場する。/사람들과 좋은 관계를 짓도록 노력하다. 人と良い関係を結ぶように努力する。

짓-두들기다[타] やたらに殴る。

짓-무르다[자] ただれる／くずれる。例피부가 ~. 皮膚がただれる。/눈이 ~. 目がただれる。/시금치가 썩어서 ~. ほうれん草が腐ってつぶれる。

짓-밟다[타] 踏み躙る。❶【답】踏み荒らす／踏みつける。例강아지가 채소밭을 짓밟아 놓았다. 子犬が野菜畑を踏み荒らした。❷【유린】蹂躙する。例인권을 ~. 人権を踏み躙る。

짓밟-히다[자] ❶【답】踏み躙られる。❷【유린】蹂躙される。

짓-씹다[타] がりがりと噛む／噛み砕く。

짓-이기다[타] こね返す。例흙을 ~. 土をこね返す。

짓-적다[형] 照れくさい／面はゆい／恥ずかしい。例어쩐지 짓적어서 말하기 어렵다. なぜか照れくさくて言いづらい。/짓적은 웃음을 웃다. 照れくさそうに笑う。

짓-찧다[타] 強く搗く。例봉숭아 꽃잎을 돌로 ~. 鳳仙花の花びらを石で搗く。/이마를 마룻바닥에 ~. 額を床に強く搗く。

징¹[명]【음】銅鑼。例~의 깊고 낮은 울림 銅鑼の深くて低い響き。=동라

징²[명]【鋲】鋲。

징거-매다 粗くさし縫いする。

징검-다리[명] 飛び石。

징검-돌[명] 飛び石。

징검-징검[부] ❶粗くさし縫いするさま。❷【大股】大股に歩くさま。例징검다리를 ~ 건너다. 飛び石を大股に歩いて渡る。

징계(懲戒)[명] 懲戒。
　징계-하다[타] 懲戒する。

징그다 ❶【꿰매】さし縫いする。❷【縫】下縫いする。

징그럽다[형] (身の毛がよだつほどに)気味が悪い／嫌らしい。例이제는 듣기만 해도 ~. もう聞くだけでも気味が悪い。

징그러이[부] 気味悪く／嫌らしく。

징글-맞다[형] ひどく嫌らしい／ひどく気味悪い。

징글-징글[부] ひどく気味悪いさま。
　징글징글-하다[형] ひどく気味悪い。例이야기만 들어도 징글징글한 생각이 든다. お話しだけ聞いても、気味の悪い気がする。

징발(徵發)[명] 徴発。

징발-하다[타] 徴発する。
징벌(懲罰)[명] 懲罰。
　징벌-하다[타] 懲罰する。
징병(徴兵)[명] 〈법〉徴兵。 예 ~ 제도 徴兵制度。
　징병-하다[타] 徴兵する。
징세(徴税)[명] 徴税。
　징세-하다[자] 徴税する。
징수(徴収)[명]
　징수-하다[타] 徴収する。 예 세금을 ~. 税金を徴収する。/ 회비를 ~. 会費を徴収する。
징얼-거리다[자]【아이 볼멘소리 약하는 모양으로 보채다】むずかる｜ぐずる。 =징얼대다
징얼-대다 ☞징얼거리다
징얼-징얼[부]【징얼거리는 소리】むずかるさま｜ぐずるさま。
징역(懲役)[명] 〈법〉懲役。 예 무기 ~ 無期懲役/ 유기 ~ 有期懲役/ 절도죄로 ~을 살고 있다. 窃盗罪で懲役に服役している。
징역-살이(懲役—)[명] 刑務所暮らし。
징역-형(懲役刑)[명] 〈법〉懲役刑｜懲役刑。
징용(徴用)[명] 徴用。
　징용-하다[타] 徴用する。
징조(徴兆)[명] 兆し｜兆候｜前触れ。 예 전쟁이 발발할 ~가 보이다. 戦争の勃発の兆しが見える。
징집(徴集)[명] 徴集。
　징집-하다[타] 徴集する。
징징-거리다[자] ぐずる｜むずかる。 =징징대다
징징-대다 ☞징징거리다
징-채[명] 銅鑼の撥。 예 ~는 크고 헝겊으로 싸여 있다. 銅鑼のばちは布で包まれている。
징크스(jinx)[명] ジンクス。
징표(徴表)[명] 徴表。
징후(徴候)[명] 兆候｜徴候。 예 경제공황의 ~가 보이다. 経済恐慌の徴候が見られる。
짖다[자] ❶【개가】吠える。 예 개가 멍멍 ~. 犬がわんわん吠える。 ❷【닭이】鳴き立てる。
짙다[형] ❶【색이·냄새】濃い。 예 짙은 갈색의 피부 濃い茶色の皮膚/ 화장을 짙게 하다. 化粧を濃くする。/ 짙은 어둠 속에서는 분간하기 어렵다. 濃い闇の中では見分けにくい。/ 백합의 향기는 ~. 白ゆりの香りは濃い。 ❷【수】重苦しい。 예 그의 병세는 점점 짙어졌다. 彼の病状は次第に重くなった。 ❸【안개】濃い。 예 안개가 ~. 霧が濃い。 ❹【색이】濃厚だ｜濃い。 예 저 사내가 그를 살해한 혐의가 ~. あの男が彼を殺害した疑いが濃い。/ 패색이 ~. 敗色が濃い。 ❺【체모】濃い。 예 짙은 수염 濃いひげ/ 짙은 눈썹 濃い眉。 ❻【농도가】濃い。 예 짙은 황산 濃い硫酸。
짙-푸르다[형] 濃く青い｜青々としている。 예 짙푸른 바다를 바라보다. 青々としている海を眺める。
짚[명] ❶【벼·보리】藁。 ❷【볏짚】稲藁。
짚-가리[명] 稲叢｜藁塚。
짚다[타] ❶【지팡이】(杖・手などで地面を)つく。 예 목발을 짚고 학교까지 가다. 松葉杖をついて学校まで行く。/ 손을 땅에 짚고 물구나무를 서다. 手を地面について逆立ちする。 ❷【손으로】(手を)当てる｜脈を取る。 예 이마를 짚어 보니 열이 있다. 額に手を当ててみたら熱がある。 ❸【문제점】指摘する｜具体的に取りあげる。 예 누구라고 딱 짚어 얘기할 수는 없다. 誰だとはきっぱり指摘して話すことはできない。/ 할 일을 일일이 짚어 주다. することを一々指摘してあげる。 ❹【추측하다】推し量る｜見当をつける｜見込む。 예 헛다리 짚었다. 見当違いだった。/ 그의 속을 짚어 낼 수가 없다. 彼の心の内を推し量ることができない。/ 시험 예상 문제를 잘못 ~. 試験の予想問題を見込み違いする。

짚고 넘어가다[관용]【분명하게 대꾸하거나 처리하다】物事の是非を問うてから先に進む｜決着をつける｜けりをつける。 예 이번 일만은 짚고 넘어가야겠다. 今回のこの件だけは決着をつけてから行くつもりだ。/ 분명히 짚고 넘어가야 할 문제가 있다. はっきり決着をつけなければならない問題がある。

짚-단[명] 藁の束。
짚-불[명] 藁火。
짚-수세미[명] 藁のたわし。
짚-신[명] わらじ。 예 ~을 삼다. わらじを編む。 =초혜
짚신-벌레[명] 〈동〉草履虫。
짚-여물[명] ❶【여물】藁のまぐさ｜かいば。 ❷藁寸莎。

짚이다[자] 思い当たる｜推し量れる。 예 짚이는 사람이 하나 있다. 思い当たる人が一人いる。

짚-자리[명] ❶【볏짚자리】藁座。 ❷【깔자리】稲藁を敷きつめた席。

짜개다[타] 割る。

짜개-지다[자] 割れる。 예 판자가 ~. 板が割れる。

짜그라-뜨리다[타] ❶【누름】押しつぶす｜ぺちゃんこにする｜つぶす。 ❷【찡그림】しかめる。 = 짜그라트리다

짜그라-지다[자] ❶【누름】ぺちゃんこになる。 ❷【찡그림】しわくちゃになる｜ゆがむ。

짜그라-트리다[타] ☞ 짜그라뜨리다

짜그락-짜그락[부]【옥신각신】ごたごた。

짜그르르[부]【걸쭉한 액체·기름이 끓어 줄어드는 모양】じいじい｜じゅうじゅう。

짜그리다[타] ❶ へこます｜ぺちゃんこにする｜押しつぶす。 예 신 뒤축을 짜그려 신다. 靴のかかとを押しつぶして履く。 ❷【찡그림】しかめる｜ひそめる｜ひそむ。 예 눈살을 ~. 眉をひそめる。

짜금-짜금[부]【맛있게 먹는 모양】ぴちゃぴちゃ(と)。 예 입맛을 ~ 다신다. ぴちゃぴちゃと舌鼓を打つ。

짜-깁기[명] かけはぎ｜かけつぎ。

 짜깁기-하다[타] かけはぎをする｜かけつぎする。

짜다[자][타] ❶【조립】(家具·箱などを)作る｜組み立てる。 예 서랍장을 ~. 引出しだんすを作る。/ 관을 ~. 棺を組み立てる。 ❷【직조】(織物などを)織る｜編む。 예 베를 짜는 처녀 機を織る乙女/ 털실로 장갑을 ~. 毛糸で手袋を編む。 ❸【조직·편성】(組·団体や組織などを)組む｜作る｜編成する。 예 조를 짜서 토의를 하다. 組を組んで討議する。/ 편을 ~. チームを編成する。 ❹【계획·일정 따위】(計画などを)組む｜立てる｜練る。 예 여행 일정을 ~. 旅行の日程を組む。/ 작전을 ~. 作戦を練る。/ 식단을 ~. 献立を立てる。 ❺【공모·짬짜미】組む｜ぐるになる｜示し合わせる。 예 동료와 짜고 공금을 횡령하다. 仲間と組んで公金を横領する。/ 가출하기로 둘이서 미리 ~. 家を出ることにすることを、二人で示し合わせる。

짜다[타] ❶【꼭 눌러서】(押したりしめつけたりして)絞る｜絞り出す｜搾り取る。 예 참깨로 기름을 ~. 胡麻から油を搾り取る。/ 빨래를 ~. 洗濯物を絞る。/ 치약을 ~. 歯磨きを粉を絞り出す。/ 여드름을 ~. ニキビを搾り出す。/ 국민의 고혈을 짜서 사욕을 채우다니. 国民の膏血を搾って私欲を満すとは。 ❷【생각·지혜】(考えや知恵などを)絞り出す｜ひねる。 예 지혜를 짜 봐. 知恵を絞ってみる。/ 머리를 짜 봐도 묘안이 없다. 頭をひねってみても妙案が出ない。 ❸【눈물을 흘림】(涙を)流す。 예 눈물을 짜는 시늉을 하다. 涙を流す振りをする。

짜다[형] ❶【맛이】塩辛い｜しょっぱい。 예 국이 짜다 ~. 汁がとても塩辛い。 ❷【인색】けちだ｜辛い。 예 제발 짜게 굴지 마라. 頼むからけちな振る舞いをするな。/ 저 선생님은 점수가 너무 ~. あの先生はとてもとても点数が辛い。

짜들다[자] ☞ 찌들다

짜랑[부]【쇠붙이가 부딪는 소리】がちゃり(と)｜ちゃりん。

 짜랑-거리다[자][타] がちゃがちゃする｜ちりんちりん音をたてる｜ちゃりんちゃりんと鳴る。 예 동전이 호주머니 속에서 ~. 小銭がポケットの中でちゃりんちゃりんと音をたてる。/ 소리가 우렁차서 ~. 音が響いてがちゃがちゃする。

짜랑짜랑-하다[형]【소리】りんりんとする｜がんがんとする。 예 짜랑짜랑한 목소리로 연설하다. りんりんとした声で演説する。

짜르르[부] ❶【윤기】つやつや｜すべすべ(と)。 예 얼굴에 기름기가 ~ 흐른다. 顔につやつやと脂ぎる。 ❷【저림】びりびり(と)。 예 무릎이 ~ 저리다. 膝がびりびりとしびれる。

짜르륵[부]【물 같은 액체를 빨아들이는 소리】ちゅう。

 짜르륵-거리다[타] ちゅうちゅう吸い上げる。 = 짜르륵대다

 짜르륵-대다[자][타] ☞ 짜르륵거리다

짜름-하다[형] やや短い｜短かめである｜少し短い。

 짜름-히[부] やや短く｜少し短く。

-짜리[접] 一の。 예 백 달러짜리 지폐 百ドルの紙幣｜/ 사과 열 개짜리 한 상자 リンゴ十個入りの一箱이건 / 세 살짜리 꼬마 三歳のちびっこ/ 이건 얼마짜리입니까? これはいくらのですか。

짜릿-짜릿[부] びりっと｜びりびり(と)｜じ

いんと。

짜릿-하다[형] びりっとくる。びりびりする。예콘센트를 만졌더니 짜릿했다. コンセントに触れたら、びりびりときた。

짜부라-뜨리다[타] ぺちゃんこにする。押し潰す。へこませる。=짜부라트리다

짜부라-지다[자] ❶[押] ぺちゃんこになる。예종이 상자가 ~. 紙箱がぺちゃんこになる。❷[속어] 元気を失う。くじける。

짜부라-트리다[타] ☞짜부라뜨리다

짜-이다[자] ❶[짜다의 피동사] 組まれる。組み立てられる。編まれる。예공사 예정표가 ~. 工事の時間割りが組まれる。/책장이 ~. 本棚が組み立てられる。/장갑이 ~. 手袋が編まれる。❷[소설 따위가] 成り立つ。練る。예잘 짜인 영화의 각본 よく練られた映画の脚本。

짜임[명] 組み立て。構成。

짜임-새[명] ❶[피륙 따위의] 織りの目。仕組み。예~가 고운 옷감 織り目のきれいな布地。/~가 좋은 가구 仕組みのいい家具。❷[구성] 結構。

짜장-면[명] ☞자장면의 잘못。

짜증[명] 癇癪。嫌気。うんざりすること。예사춘기가 되니 일없이 ~이 자주 난다. 思春期を迎えたので理由もなくむしゃくしゃする。/내가 지금 나에게 ~을 부릴 형편이니! 今、君が僕に癇癪を起こせる立場か。

짜-집기[명] ☞짜깁기의 잘못。

짜-하다[형] [소문이] ぱっと広がる。

짝[명] ❶[쌍] 対の一方。パートナー。예~이 없는 양말 一方のなくなった靴下。/네 ~은 누구니? あなたのパートナーはだれなのか。❷[대구] 対句の一方。

짝[의] ❶[둘 중에서 어느 쪽。] いずれ。どちら。예아무 ~에도 쓸데가 없다. どちらにしても使い物にならない。❷[그러한 모양。] 様。格好。仕方。예돈만 낭비하고 맛도 없고 이게 무슨 ~이냐? お金だけ無駄に使って、味も不味くて何たる様だ。/초라하기 ~이 없다. 見窄らしくてしようがない。

짝[의][물건을 세는 단위] 箱。表。

짝-귀[명] 両耳の大きさが異なる人。左右の大きさが違う耳。

짝-눈[명] 左右の大きさが違う目。

짝-사랑[명] 片思い。片恋。예~을 고백하다. 片思いを告白する。

짝사랑-하다 片思いをする。

짝-수(一數)[명](수)偶数。예~는 2로 나누어지는 수 偶数は2で割りきれる数。

짝-신[명] 左右が不揃いの履物。

짝짜꿍[명] 乳児がかわいらしく両手を打つこと。

짝짜꿍-하다 乳児がかわいらしく両手を打つ。

짝-짝[부][씹거나 핥는 소리] ぴちゃぴちゃ。예입をだすほど。ぴちゃぴちゃ舌を鳴らす。

짝-짝[부] ❶[줄을 긋는 모양] すっすっ(と)。예밑줄을 ~ 긋다. 下線をすっすっと引く。❷[찢는 모양] びりびり。예편지를 ~ 찢다. 手紙をびりびり破る。❸[끌리는 소리] ずるずる。

짝-짝[부][손뼉 치는 소리] ぱちぱち(と)。예~ 손뼉을 치다. ぱちぱちと手をたたく。

짝짝-이[명] ちぐはぐ。不揃い。예~ 양말 ちぐはぐの靴下。/신발을 ~로 신다. ちぐはぐの靴を履く。

짝-패(一牌)[명] 対になる片方。

짠-맛[명] 塩辛み。

짠-물[명] ❶海水。❷塩辛い水。塩気の多い水。

짠물-고기[명] 海の魚。

짠-지[명] 塩漬けの大根。

짠-하다[형] 胸が痛い。心苦しい。예마음이 짠하여 볼 수가 없다. 胸が痛んで見ることができない。

짤가닥[부] ☞짤까닥

짤가당[부][금속이 부딪는 소리] かちゃかちゃ。かちん(と)。예쇳소리가 났다. 鉄の音がかちんと響いた。

짤가당-거리다[자][타] かちんと鳴り響く。예새벽에 밖에서 짤가당거리는 소리가 났다. 明け方に外でかちゃかちゃ音がした。

짤가당-짤가당[부][금속이 부딪는 소리] かちゃかちゃ。

짤각[부] かちん(と)。예~ 문을 잠그는 소리 かちんと扉を閉める音。

짤그락[부][금속이 부딪는 소리] がちゃん(と)。かちゃかちゃ。

짤그랑[부][작은 쇠붙이가 부딪는 소리] がちゃん(と)。かちゃかちゃ。

짤그랑-거리다[자] かちゃかちゃいう。じゃらじゃらいう。=짤그랑대다

짤그랑-대다[자][타] ☞짤그랑거리다

짤깃-짤깃[부] しこしこ。

짤깃-하다[형] 少し歯応えがある。しこ

しこする。

짤까닥 ❶【자선 물체가 닿을때】 ぺたり｜くちゃっと。 ❷【힘껏 나는 소리 또는 모양】 がちゃん(と)｜かちゃかちゃ。 예 ~ 자물쇠 잠그는 소리가 ちゃっと鍵をかける音／~ 수화기 놓는 소리가 나다. がちゃんと受話器をおく音がする。 =짤가닥 준짤깍

짤깍 ☞ '짤까닥'의 준말.

짤똑-거리다 쟈 足を引きずる。 =짤뚝대다

짤똑-대다 쟈타 ☞ 짤똑거리다

짤똑-짤똑 【절름거리는 모습】 足を引きずるさま。

짤똑-하다 형 くびれている。

짤랑 부 【쇠붙이 울리는 소리】 ちりんちりん｜じゃらじゃら(と)。

짤래-짤래 【고개를 흔드는 모습】 いやいや。 예 ~ 고개를 흔들다. 首をいやいやと振る。

짤록-하다 형 くびれている。 예 가늘고 짤록한 허리 細くくびれた腰。

짤막-짤막 부 やや短かめに。

짤막짤막-하다 형 やや短めだ。 예 간단하고 짤막짤막한 문장으로 되어 있다. 簡単でやや短めの文章になっている。

짤막-하다 형 やや短めだ。 예 느낌을 짤막하게 적어 두다. 感想を短めに書いておく。

짤짤 【고개짓】 いやいや。 예 용건을 말하기도 전에 고개부터 ~ 흔들다. 用件を言う前に首から横に振る。

짤카닥 ❶【자선 물체가 닿을때】 ぺたり｜くちゃっと。 ❷【쇠붙이 부딫힐 때】 がちゃん(と)｜かちゃかちゃ。 예 ~ 현관문 열리는 소리가 나다. がちゃんと玄関のドアが開く音がする。／문손잡이를 ~ 돌리다. ノブをがちゃっと回す。 준짤칵

짤카당 부 【쇠붙이 부딫는 소리】 がちゃん(と)｜かちゃかちゃ。

짤칵 부 ☞ '짤카닥'의 준말.

짧다 형 ❶【시공간적】 (時間·長さ·高さなどが)短い｜低い。 예 머리를 짧게 깎다. 髪を短く切る。／짧은 다리로 잘도 뛴다. 短い足でよく走る。／짧은 생애를 마치다. 短い生涯を終える。／휴식 시간이 너무 ~. 休憩時間がたいへん短い。 짧게 대답해라. 短く答えなさい。 ❷【학식·경험】 (学識·経験·考えなどが)浅い｜足りない｜未熟だ。 예 저의 짧은 소견을 말하겠습니다. 私の浅はかな所見を述べます。／글이 짧아 부끄럽습니다. 文章が未熟で恥ずかしいです。／짧은 일본어로 말하려니 힘들다. 未熟な日本語で話そうとすると大変だ。 ❸【밑천이 달릴】 (元手·資本などが)少ない｜わずかだ｜足りない。 예 밑천이 짧아 자그마한 가게를 하나 얻었다. 資金が足りなくて、小さな店を一つ借りた。 ❹【음식물에】 食べ物にうるさい。 예 우리 아이는 입이 짧아서 걱정이다. 家の子は好き嫌いが激しくて心配だ。

짧아지다 쟈 短くなる。

짬 명 ❶【틈】 透き｜隙間。 ❷【겨를】 透き｜ひま。 예 ~을 내어 들를게. すきを見つけて寄るよ。／~이 나다. 暇ができる。 ❸【표적】 目印 めじるし。

짬짜미 명 密約｜密かな約束。

짬짜미-하다 타 密かに約束をする。

짬짬-이 부 暇々に｜暇あるごとに｜合間に。 예 일하는 ~ 영어 공부를 해 두다. 仕事をしながら暇あるごとに英語の勉強をしておく。

짭짤-하다 형 ❶【맛이】 (味が)やや塩辛い。 예 된장국이 짭짤하니 맛있다. 味噌汁がやや塩辛くて美味しい。 ❷【물건】 (物が)かなりよい｜高価だ｜上等だ。 예 가게는 작아도 짭짤한 물건이 제법 있다. お店は小さいけど、かなり良いものがなかなかある。 ❸【일이】 (物事がうまく行って収入などが)かなり良い。 예 우동 집을 열어 짭짤하게 재미를 보고 있다. うどん屋を開いてかなり儲かっている。／부업으로 짭짤한 수입을 얻다. 副業でかなりよい収入を得る。

짭짤-히 부 やや塩辛く｜かなりよく。

짭짭 부 ❶【입맛을 다실때】 ちぇっ。 예 ~ 입맛을 다셨다. ちぇっ、と舌鼓を打った。 ❷【혀를 참】 舌鼓を打つさま。 ❸【음식을 먹는 소리】 ぴちゃぴちゃ。

짭짭-거리다 쟈타 ❶ 舌打ちする。 ❷ 舌鼓を打つ。 ❸ ぴちゃぴちゃ食べる。 =짭짭대다

짭짭-대다 쟈타 ☞ 짭짭거리다

짱 부 【울음 소리】 がちゃん(と)。

짱알-거리다 쟈 ぐずぐず言う。 =짱알대다

짱알-대다 쟈 ☞ 짱알거리다

짱알-짱알 부 ぐずぐず｜ぶつぶつ｜くどくど。

짱짱-하다 형 頑丈だ。 예 나이는 들었지만 아직 ~. 年はとったが、まだ頑丈だ。

-째 [접] ❶【차례임이 나타냄】一目め | 一間かん | 一の間あいだ. 예 셋째 딸 三番目さんの娘/ 두 개째 二こ目め/ 일주일째 소식이 없다. 一週間しゅうかんの間, 便びりがない. ❷【전부의 뜻을 나타냄】ーごと | そのまま. 예 뿌리째 먹는 채소 根のあるそのままに食たべる野菜/ 통째로 먹다. 丸まるごと食たべる.

째깍[1] [부]【단단한 물체가 맞닿을 때 나는 소리】かちん(と) | かちっと | ぱちん(と). 예 ~ 라이터 켜는 소리 かちっとライターを付つける音/ 시곗바늘 돌아가는 소리 かちんと時計とけいの針はりが回まわる音.

째깍[2] [부]【선뜻】さっさと | 即座そくざに.

째깍-째깍 [부]【선뜻선뜻】かちかち.

째다[1] [자]【옷 등이 몸에 끼다】きちきちする | きつい. 예 신발이 작아져서 쩬다. 靴くつが小ちいさくなって, きちきちする.

째다[2] [자]【궁하다】足たりない | 窮きゅうする. 예 시간이 쩌니 너무 바쁘다. 時間じかんが足たりないからとても忙いそがしい/ 퇴직하니 살림이 쩬다. 退任たいにんをすると生活せいかつに窮きゅうする.

째다[3] [자]【찢다】裂さく | 切きり裂さく | 引ひき裂さく | 切きり開ひらく. 예 환부를 ~. 患部かんぶを切きり開ひらく./ 물고기의 배를 ~. 魚さかなの腹はらを切きり裂さく.

째리다 [타]【쏘아보다】にらみ付つける | にらむ. 예 상대를 째리듯이 바라보다. 相手あいてをにらみ付つけるように見みつめる.

째어-지다 [자] ❶【찢어지다】裂さける | 割われ目めができる. 예 꿰맨 상처가 ~. 縫ぬい合あわせた傷口きずぐちが裂さける. ❷【몹시 심하다】甚はなはだしい. 예 째어지게 가난한 집에서 태어났다. はなはだしく貧乏びんぼうな家いえに生うまれた. 준 찢어지다

째-지다 [자] ☞'째어지다'의 준말.

째푸리다[1] [자]【얼굴이 흐려지다】どんより曇くもる.

째푸리다[2] [타]【찡그리다】しかめる | ひそめる.

짹-소리 [명] ぐうの音ね. ~도 못하다. ぐうの音ねも出でない.

짹-짹 [부]【참새 소리】ちいちい. 예 참새가 ~ 소리를 내며 날아간다. スズメがちゅんちゅんと鳴なきながら飛とんでいく.

짹짹-거리다 [자] ちいちいと鳴なく. =짹짹대다

짹짹-대다 [자] ☞짹짹거리다

쨍[1] [부] ❶【금속이 부딪히는 소리】があん(と) | ごおん(と) | がん(と) | ごん(と) | ぎかん(と). ❷【갈라지는 소리】じいん(と) | きいん(と). 예 높은 곳에 올라갔더니 귀가 ~ 하고 울린다. 高たかい所ところに上あがったので, 耳みみがじいんと鳴なる.

쨍[2] [부]【햇볕이】かんかん.

쨍강 [부]【작은 쇠붙이가 부딪는 소리】かちゃん(と) | がちゃん(と).

쨍그랑 [부]【쇠붙이 부딪는 소리】かちゃん(と) | がちゃん(と) | ちゃりん(と). 예 동전이 ~ 하고 떨어지다. 硬貨こうかがちゃりんと落おちる.

쨍그리다 [타] しかめる | (眉まゆを)ひそめる. 예 얼굴을 쨍그리며 못마땅해 하다. 顔かおをしかめて不満ふまんに思おもう.

쨍-쨍[1] [부]【쇠붙이·유리 소리】がちゃんがちゃん | ばりばり.

쨍쨍[2] [부]【햇볕】かんかん. 예 햇볕이 ~ 내리쬐다. 日ひがかんかん照てりつける.

쨍쨍-거리다 [자]【짜증내다】ぶつぶつ言いう | くどくどという. =쨍쨍대다

쨍쨍-대다 [자] ☞쨍쨍거리다

쩌개다 [타] 割わる. 예 장작을 ~. 薪まきを割わる.

쩌렁쩌렁-하다 [형]【轟】轟とどろく | りんりんとしている | ちゃりんちゃりんと大おおきな音おとがする. 예 쩌렁쩌렁한 아저씨의 목소리 りんりんとしたおじさんの声こえ/ 선생님의 구령 소리가 ~. 先生せんせいの号令ごうれいがりんりんと響ひびき渡わたる.

쩌릿-쩌릿 [부] びりびり. 예 손이 ~ 저리다. 手てがびりびりとしびれる.

쩌릿-하다 [형] びりっとくる | びりびりする. 예 쩌릿하게 전류가 흐르다. びりっと電流でんりゅうが走はしる.

쩟쩟 [부]【혀차는 소리】ちぇっちぇっ. 예 ~ 하고 혀를 찬다. ちぇっちぇっと舌打したうちをする.

쩍 [부] ❶【크게 벌리는 모양】ぱかっと | ぽっかりと | ばきっ(と). ❷【크게 벌어지는 모양】ぽっかりと | ぽかんと. 예 입을 ~ 벌리다. 口くちをぽかんと開あける. ❸【혀차는 소리】舌鼓したつづみを打うつ音おと. ❹【끈기 있게 달라붙는 소리 나는 모양】べたり(と) | べっとり | べったり. 예 엿이 이에 ~ 달라붙다. 飴あめが歯はにべたりとつく.

쩍-쩍 [부] ❶【씹는 모양】ぴちゃぴちゃ | くちゃくちゃ(と). 예 ~ 소리를 내면서 밥을 먹다. ご飯はんをくちゃくちゃと音おとを立たてながら食たべる. ❷【갈라지는 소리】ばきっ(と). ❸【끈기있게 달라붙는 모양】べたべた. 예 진흙이 ~ 달라붙었다. 泥どろがべたべたとくっ付ついた.

쩍쩍-거리다 [자] [타] くちゃくちゃと音おとを立たてる. =쩍쩍대다

쩍쩍-대다 [자] [타] ☞쩍쩍거리다

쩍-하면 [부] ともすると | ともすれば. 예 ~ 아프다고 결석이다. ともすると体からだの調子ちょうしが悪わるいと欠席けっせきする.

쩔그럭[부]【쇠붙이가 부딪쳐 나는 소리】かちん(と)｜かちゃり(と)。

쩔그렁[부]【쇠붙이 부딪치는 소리】かちゃん(と)。

쩔뚝-거리다[자][타] 足を引きずる。例 다리가 아파 쩔뚝거리며 집으로 돌아갔다. 足が痛くて足を引きずりながら家に帰った。=쩔뚝대다

쩔뚝-대다[자][타] ☞쩔뚝거리다

쩔레-쩔레[부]【고개를 흔드는 모양】いやいや。例 싫다고 머리를 ~ 흔들다. 嫌だと頭をしきりに振る。

쩔룩-거리다[자][타] 足を引きずる。=쩔룩대다

쩔룩-대다[자][타] ☞쩔룩거리다

쩔쩔[부]【액체가 끓는 모양】ぐらぐら。例 주전자의 물이 ~ 끓다. やかんの湯がぐらぐらと煮え立つ。

쩔쩔-매다[자] ❶【어찌할 줄을 몰라 헤매다】あわてふためく｜途方に暮れる｜てんてこまいする。例 남편은 쩔쩔매면서 아이를 돌보고 있다. 夫はあわてふためきながら赤ちゃんの面倒をみている。/손님이 많아 혼자서 ~. お客が多くて一人ででてんてこまいする。❷【기세에 눌리다】たじたじとなる｜たじろぐ｜しょげる｜ひるむ。例 상대에게 쩔쩔맬 필요 없다. 相手にひるむことない。

쩝쩝[부] ❶【혀차는 소리】ちぇっちぇっ｜ちぇちぇ(と)。❷【입맛 다시다】舌鼓らをを打つさま。❸【음식을 먹는 소리】ぴちゃぴちゃ。

쩝쩝-거리다[자][타] ❶ 舌打ちする。❷ 舌鼓らを打つ。❸ぴちゃぴちゃ食べる。=쩝쩝대다

쩝쩝-대다[자][타] ☞쩝쩝거리다

쩟[감]【혀차는 소리】ちぇっ｜ちぇ。例 ~, 그놈 혼나야지 안 되겠군. ちぇっ、あいつは痛い目に遭ってわからないんだな。

쩟-쩟[부]【혀차는 소리】ちぇっちぇっ。例 ~ 하고 할아버지께서 혀를 차신다. ちっちっとおじいさんが舌打ちをする。

쩡-쩡[부]【위세가 대단한 모양】羽振りのよいさま。

쩡쩡-거리다[자] 羽振りを利かせる。=쩡쩡대다

쩡쩡-대다[자] ☞쩡쩡거리다

쩨쩨-하다[형] ❶【변변하다】つまらない｜取るに足りない。❷【인색】けちだ｜みみっちい。

쩽그럼[부]【쇳소리】かちゃん(と)｜がちゃん(と)｜かちゃん(と)｜ちゃりん(と)。

쪼가리[명] かけら｜切れ端｜片割れ。例 천 ~. 布の切れ端/ 유리 ~. ガラスのかけら。

쪼개다[타] ❶【나누다】割る｜分ける。例 사과를 둘로 ~. リンゴを二つに割る。/ 장작을 ~. 薪を割る。❷【시간】分ける。例 시간을 쪼개어 쓰다. 時間を分けて使う。

쪼개-지다[자] 割られる｜分けられる。例 판자가 둘로 ~. 板が二つに割られる。

쪼그라-들다 ❶【오므라들다】縮む。例 모직 스웨터가 ~. ウールセーターがちぢむ。❷【주름이 잡히다】しわくちゃになる。❸【줄어들다】苦しくなる｜悪くなる。例 살림이 ~. 暮らしが苦しくなる。

쪼그라-뜨리다[타] へこませる｜しわくちゃにする｜ぺちゃんこにする｜潰す。=쪼그라트리다

쪼그라-지다[자] しわくちゃになる。例 쪼그라진 할머니의 얼굴 しわくちゃになった祖母の顔。

쪼그라-트리다[타] ☞쪼그라뜨리다

쪼그랑-박[명] しわくちゃのひょうたん。例 ~으로 장식을 만들다. しわくちゃのヒョウタンで飾り物を作る。

쪼그리다[타] 縮める｜かがめる｜しゃがみこむ。例 쪼그리고 앉다. しゃがみこむ。/몸을 쪼그리고 좁은 문을 나오다. 体を縮めて狭い戸から出る。/쪼그리고 뛰다. 体をかがめて飛ぶ。

쪼글-쪼글[부] しわくちゃ｜しわしわ｜くちゃくちゃ。

쪼다[타] つつく｜ついばむ。例 비둘기가 모이를 쪼아 먹다. 鳩がえさをつつく。

쪼들리다[자] 窮きゅうする｜悩まされる｜困る。例 돈에 쪼들리는 생활 お金に窮する生活。

쪼록[부]【물이 흐르는 소리】ちょろり。

쪼록-쪼록[부] ちょろちょろ。

쪼르르[부] ❶【물이 흐르는 모양】じゃあっ(と)｜ざあざあ。❷【빨리 걷거나 뛰는 모양】ちょこちょこ｜とことこ。例 내가 가자 아이가 ~ 달려 나왔다. 私が行くと子供がちょこちょこと走って来た。

쪼르륵[부]【물이 흐르다가 그치는 모양】じゃあっ(と)｜ざあざあ。

쪼이다¹ Ⅰ[자]【햇빛이 내리쬐다】照る｜照りつける。例 햇볕이 쪼이는 따뜻한 곳 日が照る暖かいところ。
Ⅱ[타] 当たる｜当てる｜さらす。例 볕을 ~. 日にさらす。/ 난롯불을 ~. ストーブに当たる。**준**쬐다¹

쪼-이다²[자][타] つつかれる｜ついばまれる。

쪽㉠부리에 ~. 嘴をつつかれる. (준) 쬐다²

쪽¹ 몡 【머리 모양】 【쪽 찔머리】 婦人のまげ. ㉠ ~을 찌다. 後ろで髪を結ってあげて、かんざしを挿す。

쪽² 몡 [시] 藍.

쪽³ 몡 [쇄] 面. | ページ. ㉠ 소설은 총 500 ~이다. 小説は総て500ページだ。

쪽⁴ 몡 【축약어】 【화폐에 쓰인 화폐】 氣. | 力.
쪽을 못 쓰다 관용 ① 【기가 죽어서】【꼼짝 못하다】 ぐうの音も出ない. ② 【축약어】 【좋아서】 目がない | 目がくらむ. ③ 먹는 것이라면 쪽을 못 쓴다. 食べることなら目がない。

쪽⁵ 의 【쪽】 かけら | 切れ | 片. ㉠ 사과 한 ~ リンゴ一切れ。

쪽⁶ 의 方 | 側. ㉠ 그늘 ~에 두다. 陰の方に置く。/ 진 ~에서 점심을 내기로 한다. 負けた方で昼御飯をおごることにする。 =녘①

쪽-김치 몡 【축약어】 【쪽으로 만든 김치】 大根・白菜などを小さく切って漬けたキムチ。

쪽-대문(-大門) 몡 母屋に通じている小型の潜り戸。

쪽-문(-門) 몡 脇戸 | くぐり戸。

쪽-박 몡 小さい瓢 | ひさご。

쪽-밤 몡 ☞쌍동밤

쪽-배 몡 丸木舟。

쪽-빛 몡 あい色. ㉠ ~ 하늘 あい色の空。 =남색(藍色)

쪽-잠 몡 うとうとすること | うつらうつらすること. ㉠ ~을 잘 틈도 없이 일하다. うとうとする隙もなく仕事をする。

쪽-지(-紙) 몡 紙切れに書いた手紙 | メモ。

쪽쪽-이 閂 切れ切れに。

쪽-창(-窓) 몡 細長く作られた一枚窓いちまい。

쪽-팔리다 재 顔がつぶれる | 面目がつぶれる。

쫀득-거리다 재 にちゃにちゃする | しこしこする。 =쫀득대다

쫀득-대다 재 ☞쫀득거리다

쫀득-쫀득 閂 にちゃにちゃ | しこしこ。
  쫀득쫀득-하다 톙 しこしこする. ㉠ 쫀득쫀득한 떡 しこしこした餠。

쫀쫀-하다 톙 (織り目が)細かくきれいだ。

쫄깃-쫄깃 閂 しこしこ。
  쫄깃쫄깃-하다 톙 しこしこする. ㉠ 면발이 ~. 麵がしこしこする。

쫄깃-하다 톙 しこしこする。

쫄딱 閂 すっかり | 完全に. ㉠ 비에 ~ 젖다. 雨ですっかりびっしょりと濡れる. / 사업이 ~ 망하다. 事業がすっかり滅びる。

쫄래-쫄래 閂 【걸음걸이 모양】 ちょこちょこ(と)。

쫄쫄 閂 【아무것도 먹지 못한 모양 따위】 ぺこぺこ. ㉠ 온종일 ~ 굶다. 一日中何も食べなくて、お腹がぺこぺこだ。

쫄쫄² 閂 ① 【물줄기가 가늘게 흐르는 모양】 さらさら | ちょろちょろ. ㉠ 골짜기에서 ~ 흐르는 냇물 渓谷からさらさらと流れる川の水。 ② 【작은 동물이나 사람이 자꾸 따라다니는 모양】 ちょこちょこ. ㉠ 강아지가 내 뒤를 ~ 따라오다. 子犬が私の後をちょこちょこついてくる。

쫄쫄-이 몡 伸縮自在の肌着。

쫑그리다 타 【쫑긋】 とがらす | 【쫑긋】 ぴんと立てる. ㉠ 토끼가 커다란 귀를 ~. ウサギが大きな耳をぴんと立てる。

쫑긋 閂 つんと | ぴんと. ㉠ 귀를 ~ 세우다. 耳をぴんと立てる. / 입술을 ~ 내밀다. 唇をつんと突き出す。

쫑긋-거리다 타 しきりに耳をそば立てる | しきりに口を尖らせる。 =쫑긋대다

쫑긋-대다 타 ☞쫑긋거리다

쫑긋-쫑긋 閂 つんつん | ぴんと。

쫑긋-하다 톙 【쫑긋】 ぴんと立てる. ㉠ 귀를 ~. 耳をぴんと立てる。

쫑긋-이 閂 ぴんと。

쫑알-거리다 재 ぶつぶつ言う。 =쫑알대다

쫑알-대다 재 ☞쫑알거리다

쫑알-쫑알 閂 ① 【불평하는 소리】 ぶつぶつ。 ② 【자꾸 재잘거리는 모양】 べちゃべちゃ | ぺちゃくちゃ. ㉠ ~ 떠들다가 혼났다. ぺちゃくちゃしゃべったら怒られた。

쫑잘-쫑잘 閂 ぺちゃくちゃ | ぺらぺら. ㉠ 옆방에서 ~ 이야기 소리가 들린다. となりの部屋からぺちゃくちゃ話し声が聞こえる。

쫓-기다 재 追われる. ㉠ 납기일에 ~. 納期に追われる. / 경찰에 쫓기는 신세가 되다. 警察に追われる身になる。

쫓다 타 追う | 追いかける | 追いはらう. ㉠ 졸음을 ~. 眠気を追い払う. / 고양이가 쥐를 ~. 猫がネズミを追いかける. / 참새 떼를 ~. スズメの群れを追いはらう. / 흉악범을 ~. 凶悪犯を追う。

쫓아가다 Ⅰ 재 駆けていく. ㉠ 사정을 알아보기 위하여 학교에 ~. 事情を調べるために学校に駆けていく。

쫓아내다

Ⅱ(타) ❶【動】一緒に行く|ついて行く|追いかけて行く|追っていく。(예)저도 시장에 쫓아가면 안 될까요? 私(わたし)も市場(いちば)についていったらだめですか。/ 행렬을 ~. 行列(ぎょうれつ)の後ろについて行く。❷【動】追いかける|追い付く。(예)학교 앞에서 그녀를 쫓아갔다. 学校(がっこう)の前で彼女に追いついた。

쫓아-내다(타) 追い出す|追い払う。

쫓아-다니다(타) ❶【動】追う|追いかける。(예)뒤를 쫓아다니는 사람 後を追う人/ 여동생이 언니를 ~. 妹(いもうと)が姉を追いかける。❷【動】追い回す。(예)유세장을 ~. 遊説場(ゆうぜいじょう)の後を追う。/ 기자가 사건을 ~. 記者(きしゃ)が事件を追い回す。

쫓아-오다(타) ついて来る|追っかけてくる|追われる。(예)빚쟁이가 ~. 借金取(しゃっきんと)りが追っかけてくる。/ 수상한 사람이 ~. 怪しい人がついている。

좌르르(부) ❶ざあざあ|じゃあじゃあ。(예)물이 ~ 쏟아지다. 水(みず)がざあざあとこぼれる。❷【粒状物など】ころころ|ばらばら。

쫙(부) ❶【動】ざあっと。(예)물을 ~ 끼얹다. 水をざあっとかける。❷【動】ぱっと。(예)소문이 ~ 퍼지다. うわさがぱっと広がる。

쫙-쫙(부) ざあざあ|じゃあじゃあ。(예)소나기가 ~ 쏟아졌다. 夕立(ゆうだち)がざあざあと降った。

쬐다¹(자)(타) ☞'쪼이다'의 준말.
쬐다²(타) ☞'쪼이다'의 준말.

쭈그러-들다 ❶【動】縮む。❷【動】しわくちゃになる。❸【動】苦しくなる|悪くなる。

쭈그러-뜨리다(타) へこませる|しわくちゃにする|ぺちゃんこにする|潰す。(예)알루미늄 캔은 쭈그러뜨려서 버려라. アルミ缶(かん)はぺちゃんこに潰して捨てろ。=쭈그러트리다

쭈그러-지다(자) しわくちゃになる。(예)나이가 드니 얼굴도 쭈그러지는구나! 年(とし)をとれば顔(かお)もしわくちゃになるんだなあ。

쭈그러-트리다(타) ☞쭈그러뜨리다

쭈그리다(타) しゃがむ|かがめる。(예)몸을 쭈그리고 앉았다. 体(からだ)をかがめて座(すわ)る。/ 길바닥에 ~. 道(みち)ばたにしゃがむ。

쭈글-쭈글(부) しわくちゃ|しわしわ|くちゃくちゃ。

  쭈글쭈글-하다(형) しわしわになる。(예)쭈글쭈글한 손수건 しわくちゃのハンカチ/ 셔츠가 쭈글쭈글해지다. シャツがしわしわになる。

쭈룩-쭈룩(부)【비가 세게 내리는 소리 또는 모양】じゃあじゃあ|ざあざあ。

쭈르르(부)【물체 움직임】さっさと|すたこらと|すたすたと。(예)병아리 떼가 ~ 몰려다닌다. ひよこの群れがさっさと歩きまわる。/ ~ 따라가다. さっさとついていく。

쭈르륵(부) ❶【빠르게 미끄러지는 소리 또는 모양】だらだら。❷【물체가 미끄러지는 소리 또는 모양】だらだら|するっと。

쭈뼛-쭈뼛(부) ❶【무섭거나 무서워서 털이 곤두서는 모양】鳥肌(とりはだ)が立つさま。❷【주저하는 모양】もじもじ|おずおず。

쭈뼛-하다(형) ❶鋭く尖っている。❷髪(かみ)の毛(け)が逆立(さかだ)っている|身の毛がよだつ。❸ためらう。

쭉(부) ☞죽

쭉정-밤(명) しいな栗(ぐり)。(예)~이 많이 들어 있다. しいなのクリが沢山(たくさん)入っている。

쭉정-이(명)【껍질만 있고 속은 비어 있는 열매】しいな。

쭐쭐(부) ☞줄줄

쭝덜-거리다 ぶつぶつつぶやく|ぶつくさ言う|ぶつぶつ言う。(예)계속 보やき続ける。/ 혼자 ~. ひとりでぶつぶつ言う。=쭝덜대다・쭝덜쭝덜하다

쭝덜-대다(타) ☞쭝덜거리다

쭝덜-쭝덜(부) ぶつぶつ(と)|ぶつくさ(と)。
  쭝덜쭝덜-하다(자) ☞쭝덜거리다

쭝얼-거리다 ぶつぶつつぶやく|ぶつくさ言う。(예)쭝얼거리다가 선생님께 혼났다. ぶつぶつ言っていたら、先生(せんせい)に怒(おこ)られた。=쭝얼대다

쭝얼-대다(타) ☞쭝얼거리다

쭝얼-쭝얼(부) ぶつぶつ|ぶつくさ(と)。
  쭝얼쭝얼-하다(자) ぶつぶつする。(예)쭝얼쭝얼하는 소리가 불만처럼 들린다. ぶつぶつと言うことが不満(ふまん)のように聞こえる。

-쯤(접) ~くらい|~ほど|~ころ|~ばかり。(예)1년 전쯤 一年前(いちねんまえ)ほど/ 언제쯤 올까? いつ頃(ごろ)来るか。/ 한 달쯤 걸린다. 一ヶ月(いっかげつ)くらいかかる。

쯧-쯧【動】ちえっちえっ。

찌(명) 浮き。(예)물에 ~를 드리우고 기다린다. 水(みず)に浮きを垂らして待つ。=낚시찌

찌개(명) チゲ|鍋(なべ)|鍋料理(なべりょうり)。(예)김치~ キムチチゲ。

찌걱(부)【낡은 나무물건 등이 움직이거나 부딪칠 때 나는 소리】ぎしっ(と)|ぎいっ(と)|ぎっ(と)|ぎぎっ(と)。(예)나무 의자가 낡은 탓인지 앉기만 하면 ~ 소리가 난다.

木の椅子が使い古したせいか、座るだけで音がぎしっとする。

찌걱-거리다 困 ぎしぎしときしむ｜きしんでぎいぎいいう。 例낡은 테이블이 ~. 古いテーブルがぎしぎしする。 =찌걱대다

찌걱-대다 困 ☞찌걱거리다

찌걱-찌걱 厠 ぎしぎし。

찌그러-뜨리다 囲 ❶押しつぶす｜ぺちゃんこにする｜つぶす。 ❷しかめる。 =찌그러트리다

찌그러-지다 困 ❶ぺちゃんこになる。 ❷しわくちゃになる｜ゆがむ。

찌그러-트리다 囲 ☞찌그러뜨리다

찌그럭-찌그럭 厠 ごたごた。

찌그르르 厠 じいじい｜じゅうじゅう。

찌그리다 囲 ❶押し潰す｜へこます｜ぺちゃんこにする。 例깡통을 밟아서 ~. 空き缶を踏んでおしつぶす。 ❷しかめる｜ひそめる｜ゆがめる。 例얼굴을 ~. 顔をしかめる。 / 얼굴 찌그리고 있지 마. しかめっ面をするな。

찌글-찌글 厠 ☞지글지글

찌긋 厠 ❶ちらっと｜ぱちっと。 ❷そっと。 例그가 내 옷을 ~ 잡아당겼다. 彼が私の服をちょいと引っぱった。

찌긋-하다 囲 ❶目くばせする。 ❷ちょいと引っ張る。

찌꺼기 名 かす｜屑。 例음식물 ~ 食べ物の屑 / 팔고 남은 ~ 売れ残り。 준찌끼

찌끼 名 ☞찌꺼기의 준말。

찌끼-술 名 酒瓶の酒を濾すために差し込んだ、ざるの底に残った酒粕。

찌다[1] 困 太る｜肥える｜つく。 例많이 먹는다고 살이 찌는 것은 아니다. たくさん食べたからといって、太るわけではない。 / 살이 찌니 더 게을러졌다. 太ってよけいに怠け者になった。

찌다[2] 困 蒸す｜茹だる。 例찌는 듯한 더위 うだるような暑さ / 오늘은 푹푹 찌는군요. 今日は蒸すね。

찌다[3] 囲 蒸す｜ふかす。 例감자를 ~. 芋を蒸す。

찌들다 ❶—じみる｜汚れる｜染みつく。 例때에 ~. 汗じみる。 / 기름에 ~. 油染みる。 ❷—じみる。 例가난에 찌든 얼굴 貧乏じみた顔。 =짜들다

찌르다[1] 困 密告する。

찌르다[2] ❶ 突く｜差す｜突刺す。 例바늘로 ~. 針でつく。 / 칼로、刃物で突く。 ❷ 突く。 例그곳은 악취가 코를 찔러서 더 이상 있을 수가 없었다. そこは悪臭が鼻をついて、それ以上いられなかった。 ❸ 突く。 例핵심을 찌르는 질문 核心をつく質問 / 허를 ~. 虚をつく。 ❹ 突っ込む｜差し込む。 例주머니에 손을 찔러 넣다. ポケットに手を突っ込む。 ❺ 立て替える｜つぎ込む。

찌르레기 名 <動> 椋鳥。

찌르르 厠 ❶つやつや｜すべすべ(と)。 ❷びりびり(と)。

찌르륵 厠 ❶ちゅう。 ❷じいじい(と)。 例나무 위에서 ~ 소리가 났다. 木の上からじいじいという音がする。

찌르릉 厠 ちりりん(と)｜じりりん(と)。

찌르릉-거리다 困 しきりにちりんちりんと鳴る。 =찌르릉대다

찌르릉-대다 困 ☞찌르릉거리다

찌르릉-찌르릉 厠 ちりんちりん。

찌릿-찌릿 厠 びりっと｜びりびり｜じいんと。 例손이 ~ 저리다. 手がびりびりしびれる。

찌릿-하다 囲 びりっとくる｜びりびりする｜じいんと来る。

찌무룩-하다 囲 しかめっ面をしている｜ふてくされている｜不機嫌だ。 例찌무룩한 얼굴로 내려다보다. ふてくされた顔で見下ろす。

찌무룩-이 厠 ふてくされて｜不機嫌に｜むっつりと。

찌부러-뜨리다 囲 ぺちゃんこにする｜押し潰す｜へこませる。 =찌부러트리다

찌부러-지다 囲 ぺちゃんこになる。 例찌부러진 코 ぺちゃんこな鼻 / 상자가 ~. 箱がぺちゃんこになる。

찌부러-트리다 囲 ☞찌부러뜨리다

찌뻑-거리다 困 たどたどしく歩く｜よろよろと歩く。 例어두운 길을 찌뻑거리며 걸어가다. 暗い道をたどたどしく歩いて行く。 =찌뻑대다

찌뻑-대다 困 ☞찌뻑거리다

찌뻑-찌뻑 厠 たどたどしく｜ふらふら｜よろよろ。 例그가 ~ 걸으며 집으로 돌아왔다. 彼がふらふらと家に帰ってきた。

찌뿌드드-하다 [형] さえない｜すぐれない。예 해결되지 않은 일 때문에 마음이 ~. 解決されない問題のために、心地がすぐれない。☞뿌드드하다

찌-우다 [타] 太らせる。예 더 살을 찌워야지 아직도 볼품이 없다. もっと太らせないと、まだ無様だ。

찌푸리다¹ [자] 【날씨】 どんより曇る。

찌푸리다² [타] 【얼굴】 しかめる｜ひそめる。예 눈살을 ~. 眉をひそめる。

찍¹ [부] 【물엉어나 오줌 등이 세게 뻗치는 모양】 ぴちゃっ(と)｜ぴちゃっ(と)｜ぶりっ(と)。=직¹

찍² [부] ❶ 【선·화을 굿는 모양】 さっと｜すうっと。 ❷ 【종이·철정을 찢을 때】 びりっと。=직²

찍다¹ [타] ❶ 【가루·액체 따위를】 (粉・液体などを)つける。예 달걀에 소금을 찍어 먹다. 玉子に塩をつけて食べる。／펜에 잉크를 ~. ペンにインクをつける。❷【화장품 따위를】 (化粧品などを顔に)塗る｜つける。예 얼굴에 크림 정도는 찍어 바르고 나가자. 顔にクリームぐらいは塗って出かけよう。／화장품을 찍어 바른 얼굴보다 민낯이 더 예쁘다. 化粧品を塗った顔より素顔の方がもっと可愛い。❸【도장 등을】 (判子などを)押す。예 도장이 없으면 지장을 찍으세요. 印鑑がなければ拇印を押してください。❹【문장부호 등을】 (文章符号を)打つ｜つける。예 마침표를 ~. 句点を打つ。❺【벽돌】 (型などでサイズが同じ物を)作る。예 벽돌을 ~. 煉瓦を作る。❻【인쇄물을】 (印刷物を)刷る｜印刷する。예 초대장을 ~. 招待状を印刷する。／신문을 ~. 新聞を刷る。❼【사진·영화】 (写真・映画などを)撮る｜写す。예 사진 찍는 취미를 갖다. 写真を写す趣味がある。／영화를 찍느라 바쁘다. 映画を撮るのに忙しい。❽【투표】 (票を)入れる｜投票する。예 대통령으로 누구를 찍을지 아직 정하지 않았다. 大統領に誰を投票するかまだ決めていない。❾【지목】 (ある対象을)指摘する｜目をつける｜名指す。예 사윗감으로 찍어 두다. 婿の候補として目をつけておく。

찍다² [타] ❶ (刃物で)切る。예 도끼로 나무를 ~. 斧で木を切る。❷ (先の尖った物で)突き刺す｜つつく。예 이건 딱따구리가 나무를 찍는 소리다. これはキツツキが木をつつく音だ。／팔꿈치로 옆구리를 ~. 肘で横腹をつつく。❸ (切符などに)穴を空ける｜切る。예 기차표를 ~. 切符を切る。

찍-소리 [명] ぐうの音。예 ~도 못하다. ぐうの音も出ない。

찍-찍¹ [부] ❶【종이나 천을 찢는 모양】 すっすっ(と)。❷【줄을 긋거나 글을 갈겨 쓰는 모양】 びりびり。예 답안지를 ~ 찢다. 答案をびりびり破る。❸【신발을 끌며 걷는 모양】 ずるずる(と)。예 슬리퍼를 ~ 끌다. スリッパをずるずると引きずる。

찍-찍² [부] 【쥐 등의 울음소리】 ちゅうちゅう。예 쥐가 ~ 소리를 내며 도망간다. ネズミがちゅうちゅうと鳴きながら逃げていく。

찍찍-거리다 [자] ちゅうちゅうと鳴く。예 쥐가 구멍 속에서 ~. ネズミが穴の中でちゅうちゅう鳴く。=찍찍대다

찍찍-대다 [자] ☞찍찍거리다

찍-히다 [자] ❶【도장】(判子などが)押される｜付く。예 서류에 내 도장이 찍혀 있다. 書類に私の印鑑が押されている。／검은 점이 찍혀 있는 쪽이 표범이다. 黒い斑点がついているほうがヒョウだ。❷【인쇄】刷られる｜印刷される。예 신문에 크게 찍힌 그의 모습 新聞に大きく刷られた彼の姿が／잡지에 얼굴이 찍혀 나오다. 雑誌に顔が写って出る。❸【사진】写る。예 사진 찍히는 것을 별로 좋아하지 않는다. 写真に写るのがあまり好きではない。❹ (ある対象으로)指摘される｜目につけられる。예 문제아로 ~. 問題児として目をつけられる。／날마다 지각해서 부장에게 찍혔어. 毎日遅刻をして部長に目をつけられたよ。❺【칼날】(刃物で)切られる。예 도끼에 찍힌 자국 斧で切られた跡。

찐덥다 [형] ❶【기쁨】 とてもうれしい。❷【부끄러움이 없음】 やましくない｜心苦に恥じない。예 네가 돌아온 것을 찐덥지 않게 여길 사람은 없다. 君が帰ってきたことをうれしく思わない人はいない。

찐득-찐득 [부] ねばねば(と)。=진득진득

찐득찐득-하다 [자] ねばねばする。예 엿이 묻어 손이 ~. 飴で手がねばねばする。

찐-빵 [명] 蒸しパン。

찐-쌀 [명] 熟しきる前の稲を蒸したあと、すりてついた米。

찐-하다 [형] 気にかかる｜心苦しい。예 마음이 편하지 아니하고 그대로 두고 볼 수가 없구나. 気にかかって放っておくことが

できないな。

찔깃-찔깃 〖부〗【힘줄 따위가】 硬くてかみきれないさま。

찔깃-하다 〖형〗【힘줄 따위가】 硬くてかみきれない。

찔꺽-거리다 〖자〗【끈끈한 것이 달라붙어】 べたべたと粘りつく音がする。 ＝찔꺽대다

찔꺽-대다 〖자〗 ☞찔꺽거리다

찔꺽-찔꺽 〖부〗【찔꺽거리는 소리·모양】 べたべたと。

찔끔¹ 〖부〗【액체가 새어나오거나 조금 그치는 모양】 ちびちび｜ちびりちびり｜ちょろちょろ。
　찔끔-하다 〖자타〗 ちびちびとする｜少し漏らす。 ◑오줌을 ~. 少しおしっこを漏らす。

찔끔² 〖부〗【놀란 모양】 ぎくっと｜びくっと。
　찔끔-하다 〖자〗 ぎくっとする｜びくっとする。

찔끔-찔끔 〖부〗【액체가 새어나오는 모양, 또는 그치는 모양】 ちびちび｜ちびりちびり｜ちょろちょろ(と)。 ◑술을 ~ 마시다. ちびちびとお酒を飲む。/물이 ~ 흐르다. 水がちょろちょろと流れる。

찔레 〖명〗 찔레나무

찔레-나무 〖명〗〖식〗のいばら。 ◑~ 덤불 ノイバラの茂み。/~에 손이 찔리다. ノイバラに指をさされる。＝들장미·찔레

찔레-꽃 〖명〗〖식〗のいばらの花。

찔룩-하다 〖형〗 くびれている。

찔리다 〖자타〗〖피동〗 刺さる｜刺される。 ◑장미 가시에 손을 ~. バラのとげに手が刺さる。

찔리다² 〖자〗【양심에】 とがめる。 ◑양심이 ~. 良心がとがめる。

찔쑥-하다 〖형〗 括れている。

찔찔 〖부〗 ☞질질

찜 〖명〗 ❶〖음식〗 煮込んだもの。 ◑갈비~ カルビチム。 ❷ ☞찜질❶

찜부럭 〖명〗 不機嫌｜かんしゃく｜むずかり。 ◑아이가 선잠을 깨더니 잠투정으로 ~을 부리다. 子どもがうたたねから覚めてむずがっている。

찜-질 〖명〗 ❶〖치료법〗湿布｜温罨法。＝찜❷ ❷【몽둥이로 치는 일】棒で激しく打つこと。
　찜질-하다 〖자타〗 ❶湿布する。 ❷棒で激しく打つ。

찜찜-하다 〖형〗 なんとなく気まずい｜ばつが悪い。 ◑일을 하다 말았더니 기분이 ~. 仕事をやりかけにしたので、何となく気まずい。

찜통-더위(-桶-) 〖명〗 蒸し暑さ。

찝찔-하다 〖형〗 ❶〖맛〗 やや塩辛い｜しょっぱい。 ❷【재미나 맛】 面白くない｜むしゃく

しゃする。 ◑실수한 것이 ~. 失敗したことが面白くない。

찡그리다 〖타〗 しかめる｜ゆがめる｜ひそめる。 ◑얼굴을 ~. 顔をしかめる。

찡긋 〖부〗 眉をひそめるさま｜目をしかめるさま。 ◑~ 윙크하다. ぱちりとウインクをする。

찡긋-거리다 〖타〗 しきりに眉をひそめる｜しきりに目をしかめる。 ◑그만하라고 눈을 찡긋거리며 신호를 보내다. やめろと目をしかめて合図を送る。＝찡긋대다·찡긋찡긋하다

찡긋-대다 〖타〗 ☞찡긋거리다

찡긋-하다 〖타〗 ひそめる｜しかめる。 ◑눈을 ~. 目をしかめる。

찡긋-찡긋 〖부〗 目や眉をしきりにしかめるさま。
　찡긋찡긋-하다 〖타〗 ☞찡긋거리다

찡얼-거리다 〖자〗【짜증을 내며 보채다】 むずかる｜ぐずる。 ◑아이가 자지 않고 ~. 子供が寝ないでむずかる。＝찡얼대다

찡얼-대다 〖자〗 ☞찡얼거리다

찡얼-찡얼 〖부〗【보채는 소리】 むずかるさま｜ぐずるさま。

찡찡-거리다 〖자〗【불평하여】 ぶつぶつ言う｜くどくどという。

찡찡-하다 〖형〗【마음에 걸리는 것이 있어 언짢다】 気まずい｜気恥ずかしい。 ◑그는 말을 꺼내기가 좀 찡찡했으나 꼭 해야 할 말이기에 조심스럽게 이야기를 시작했다. 彼には話を切り出すのが少し気まずかったが、必ず言わなければならないことなので、慎重に話を始めた。

찢-기다 〖자〗 引き裂かれる｜破られる。 ◑바지가 못에 ~. 釘にズボンが引き裂かれる。

찢다 〖타〗 破る｜裂く。 ◑종이를 ~. 紙を破る。/옷을 ~. 服を破る。

찢-뜨리다 〖타〗 さりげなく裂く。 ＝찢트리다

찢-트리다 〖타〗 ☞찢뜨리다

찢어-발기다 〖타〗 ずたずたに裂く｜八つ裂きにする。

찢어-지다 〖자〗 破れる｜裂ける。 ◑찢어진 셔츠를 입다. 破れたシャツを着る。

찧다 〖타〗 ぶつける。 ◑기둥에 머리를 ~. 柱に頭をぶつける。/엉덩방아를 ~. しりもちをつく。/이마를 벽에 ~. 額を壁にぶつける。

え

차¹(次)의【순서의 뜻을 나타내는 말】次。 ⑨ 제일 ~ 세계 대전 第一次世界大戦。 ❷【어떤 일을 하는 기회나 순간】—(し)たついでに｜—(し)た折りに｜—(し)た際に。 ⑨ 머리를 자르러 갔던 ~에 책방에 들러 보았다. 髪を切りに行ったついでに本屋に寄ってみた。

차²(車)명 ❶ 車。 ⑨ ~로 가다. 車で行く。/ ~를 잡다. 車を拾う。/ ~를 몰다. 車を駆る。/ ~를 타다. 車に乗る。/ ~에서 내리다. 車から降りる。 ❷(운)(将棋の)駒(の)車。

차³(差)명 差。 ❶【거리】へだたり｜違い｜差異。 ⑨ 빈부의 ~가 심하다. 貧富の差が激しい。/ 견해의 ~를 좁히다. 見解の差を縮める。 ❷《수》さしひき。 ⑨ ~를 구하다. 差を求める。

차⁴(茶)명 茶。 ❶ 茶の芽や葉を用いて製いた飲料。 ⑨ コーヒー・高麗人参茶などの飲み物。/ ~를 끓이다. 茶を入れる。/ ~를 마시다. 茶を飲む。 ❸《식》茶の木。

차⁵접【끈끈한 성질이 있음의 뜻을 나타내는 말】もち—。 ⑨ 차조 糯粟。

-차⁶(次)접【어떤 일을 하려고 하는 목적의 뜻을 나타내는 말】—のために。 ⑨ 인사차 달려와 주시다. 挨拶のために駆けつけてくださる。

차감(差減)명 差し引き。
　차감-하다🅣 差し引く。 ⑨ 포인트를 ~. ポイントを差し引く。

차갑다형 ❶【온도가 낮다】冷たい。 ⑨ 차가운 바람 冷たい風。 ❷【태도가 쌀쌀하다】冷たい｜冷淡だ｜よそよそしい。 ⑨ 마음이 차가운 사람 心の冷たい人 / 일부러 차갑게 대하다. わざと冷たく当たる。

차고(車庫)명 車庫｜ガレージ。

차곡-차곡🅟 ❶【물건을 가지런히 쌓거나 포개는 모양】きちんきちん｜ずんずん。 ⑨ 빨래를 ~ 개키다. 洗濯物をきちんきちんと畳む。/ 성금이 ~ 모이다. 献金がずんずん集まる。 ❷【천천히 순서에 따라 조리 있게 하는 모양】きちんきちん｜順々じゅんじゅんに。 ⑨ 생각을 ~ 정리하다. 考えをきちんきちんと整理する。/ 순서를 ~ 밟다. 順序を順々に踏む。=차근차근

차관¹(次官)【법】【장관의 바로 아래의 관직】次官。 ⑨ 사무 ~ 事務次官。

차관²(借款)명 借款。
　차관-하다🅣 外国から資金を貸借する。

차광(遮光)명 遮光。
　차광-하다🅣 遮光する。

차근-차근🅟【말이나 행동을 찬찬히 순서에 따라 조리 있게 하는 모양】きちんきちん｜ちゃんと｜順々に｜丹念に。 ⑨ 문제를 ~ 풀다. 問題を順々に解く。/ 대출금을 ~ 갚아 나가다. 借金をきちんきちんと返していく。/ 이유를 ~ 설명하다. 理由をちゃんと説明する。=차곡차곡

차근-하다형 落ち着いている｜どっしりとしている。
　차근-히🅟 落ち着いて｜どっしりと｜沈着に。

차금(借金)명 借金。
　차금-하다🅣 借金する。

차기(次期)명 次期。 ⑨ ~ 대통령 次期大統領。

차꼬명 (역)足枷。

차-나무(茶—)명 《식》茶の木。

차남(次男)명 次男｜次子。

차내(車內)명 車内｜車中。 ⑨ ~ 광고 車内広告。=차중

차녀(次女)명 次女。

차다¹🅣 ❶【가득하게 되다·차다】満ちる｜いっぱいになる。 ⑨ 버스가 승객들로 가득 ~. バスが乗客でいっぱいになる。/ 습기가 차서 거울이 뿌옇다. 湿気がいっぱいで鏡が曇る。/ 가스가 차서 트림을 시키다. ガスがいっぱいででっぷを出す。 ❷【감정】(感情·気力など)いっぱいになる｜満ちる｜溢れる。 ⑨ 실의에 ~. 失意に満ちる。/ 적의에 ~. 敵意に満ちる。/ 호기심에 찬 눈으로 바라보다. 好奇心に満ちた目で見つめる。 ❸【마음에 흡족하다】気に入る｜満足する。 ⑨ 사윗감이 마음에 차지 않다. 婿候補が気に入らない。 ❹【어떤 한도에】(一定の限度内に)至る｜到達する｜及ぶ｜届く。 ⑨ 물이 무릎까지 ~. 水が膝まで及ぶ。/ 숨이 차서 헐떡거리다. 息が切れてしきりにふうふう言う。 ❺【정한 기간이】(決め

られた数ͨ・年齢ͭ・期間ͩなどに)なる｜達ͪする。例나이가 꽉 찬 신부. 年齢ͭのいった新婦ͩ/기한이 ~. 期限ͩが切れる。/정원이 다 차서 예약을 받지 않다. 定員ͭに達したので予約ͭを受ͭけ付ͭけない。❻【달이】(月ͭが欠ͭけておらず)満月ͭになる。例달이 꽉 찼다. 月がまんまるく満ͪちた；満月になった。

차다² 타 ❶【발로】蹴ͭる｜蹴飛ͭばす｜蹴ͭり上ͭげる。例공을 ~. ボールを蹴る。/정강이를 ~. 向ͭこうずねͭを蹴る。❷【혀를】舌ͭを鳴ͭらす｜舌打ͭちをする。例못마땅하여 혀를 끌끌. 気ͭに食ͭわなくて舌をちぇっちぇっと鳴らす。❸【자리를】(席ͭを)蹴ͭる｜蹴飛ͭばす。例자리를 차고 일어나 밖으로 달려 나갔다. 席を蹴って起ͭき上ͭがり、外ͭに走ͭって出ͭていった。❹【관계를】(男女関係ͭͭで一方的ͭͭに)振ͭる。例애인을 차 버리다. 恋人ͭを振ってしまう。❺【거절하다】(自分ͭに降ͭり掛ͭかる好意ͭなどを)受ͭけ入ͭれない｜蹴ͭる｜拒ͭむ｜拒否ͭする。例들어온 복을 ~. 入ͭってきた福ͭを拒否する。

차다³ 타 ❶【차림】(身ͭに)着ͭける｜差ͭす｜はめる｜当ͭてる｜着用ͭする。例기저귀를 찬 아기 おしめを当てた赤ͭちゃん/허리에 권총을 찬 경찰. 腰ͭに拳銃ͭͭを着用した警察ͭͭ/큰 칼을 옆에 차다. 大ͭきな刀ͭを脇ͭに差す。/시계를 ~. 時計ͭをはめる。❷【수갑을】(手錠ͭͭ・足枷ͭͭなどを)はめる｜掛ͭける。例팔목에 수갑을 ~. 腕ͭに手錠を掛ける。❸【누구를】(誰ͭかを)率ͭいる｜連ͭれる｜引ͭき連ͭれる。例항상 여자를 차고 다닌다. いつも女ͭを連ͭれ歩ͭく。

차다⁴ 형 ❶【온도가】冷ͭたい。例찬 음료 冷たい飲ͭみ物ͭ。❷【성격이】冷ͭたい｜冷淡ͭͭだ｜よそよそしい。例차고 매서운 성격 冷たくきつい性格ͭͭ。

차단(遮斷)명 遮斷ͭͭ。例자외선 ~ 紫外線ͭͭͭを遮断。
  차단-하다 遮断ͭͭする。例교통을 일시 ~. 交通を一時ͭに遮断する。
차단-기¹(遮斷器)명【열을 막는 장치】遮断器ͭͭͭ。
차단-기²(遮斷機)명【철도를 막는 장치】遮断機ͭͭͭ。
차도¹명 ~에 뛰어들다. 車道に跳ͭびこむ。=찻길❷
차도²(差度)명 快方ͭͭ。例병세에 ~가 보이다. 病状ͭͭが快方に向ͭかう。
차-돌명 ❶ (광)石英ͭͭ。❷【성격이 단단한】しっかりし

て抜ͭけ目ͭのない人ͭ。

차드(Chad)명 (국)チャド。
차등¹(次等)명【다음의】次ͭの等級ͭͭ。
차등²(差等)명【차이】差等ͭͭ｜等差ͭͭ。例~을 두다. 差等を設ͭける。
차디-차다 형 極めて冷たい。
차라리 부 むしろ｜いっそ｜かえって。例~ 가지 않는 편이 낫다. むしろ行ͭかない方ͭがました。
차랑 부【얇은 쇠붙이 울리는 가벼운 부딪침 소리】ちりんちりん｜ちゃりん。
  차랑-거리다 자타 ちりんちりんと鳴ͭる｜ちゃりんちゃりんと鳴ͭらす。=차랑대다
  차랑-대다 자타 ☞차랑거리다
차랑-차랑¹ 부【부딪혀 울리는 소리】ちゃりんちゃりん｜ちりんちりん。
차랑-차랑² 부【길고 가지런히 드리워진 모양】ゆらゆら。
차량(車輛)명 車両ͭͭͭ。例~ 번호 車両番号ͭͭ。
차려 감 (군)気をつけ。
차력(借力)명 薬ͭや神霊ͭͭの力ͭなどを借りて怪力ͭͭを出ͭすこと。
차렵-이불명 薄ͭい綿入ͭͭれの布団ͭͭ。
차례¹(次例)명 ❶ 順番ͭͭ｜順序ͭͭ｜順ͭ｜番ͭ。例~가 돌아오다. 順番がまわってくる。/~ 가 되다. 順番になる。/~로 나아가다. 順に進ͭむ。❷ (本ͭの)目次ͭͭ。❸【횟수의 단위를 세는】一回ͭ｜一度ͭ。例일본을 두 ~ 방문했다. 日本ͭを2回ͭ訪問ͭͭした。
차례²(茶禮)명【명절이나 조상 생일에 지내는】元旦ͭͭ・秋夕ͭͭなどの昼ͭに行ͭう簡単ͭͭな祭祀ͭͭ。例~를 지내다. 茶礼ͭͭの儀式ͭͭを行う。
차례-차례(次例次例)부 順々ͭͭに｜順序ͭͭどおり｜次々ͭͭ｜順次ͭͭ｜順ͭに｜順繰ͭͭりに。例~ 자리를 뜨다. 順々に席ͭを立ͭつ。/~ 승차하다. 順序よく乗車ͭͭする。
차로(車路)명 車道ͭͭ。=찻길❷
차륜(車輪)명 車輪ͭͭ。
차르랑 부【얇은 쇠붙이 울리는 제법 큰 부딪침 소리】かちゃん(と)｜がちゃん(と)｜かちん(と)｜ちゃりん。
  차르랑-거리다 자타 ちゃりんちゃりんと鳴ͭる｜かちゃかちゃと鳴ͭる。=차르랑대다
  차르랑-대다 자타 ☞차르랑거리다
차르랑-차르랑 부 ちゃりんちゃりん｜かちゃかちゃ。
차리다 타 ❶【음식을】(食ͭべ物ͭなどを)作ͭりそ

ろえる｜準備する｜支度する｜整える｜調える。例저녁을 ~. 夕食の食膳を調える。/ 생일상을 한상 가득 ~. お誕生祝いの料理をテーブルいっぱいに並べる。/ 떠날 채비를 ~. 出発する支度をする。❷【気力など】(気力・精神などを)しっかりさせる｜取り直す｜集中させる｜気をつける。例기운을 ~. 元気を出す。/ 기력을 ~. 気力を取り直す。❸【道理など】(道理・法式などを)わきまえる｜重んじる｜つくろう。例예의를 ~. 礼儀をわきまえる。/ 격식을 ~. 格式を重んじる; 格式張っくる。/ 체면을 ~. 体面をつくろう; 体面を重んじる。❹【推測など】(推測したりして)感じる｜分かる｜推し量る｜察する｜気づく。例낌새를 ~. 気配を察する。/ 눈치를 ~. 勘かんで気づく。❺【所帯など】(所帯・店などを)構える｜開らく｜設ける｜持つ。例신혼살림을 ~. 新婚所帯を構える。/ 집 근처에 사무실을 ~. 家の近所に事務所を設ける。❻【欲など】(欲などを)満たそうとする｜欲張る｜利益を図る｜とる。例제 욕심만 ~. 自分の欲ばかり図る。/ 너무 실속을 차려 구설에 오르다. 実利を図りすぎて非難される。❼【身なりなど】(身なりなどを)整える｜装う。例의관을 ~. 衣冠を整える。/ 곱게 차려 입고 선보러 가다. きれいに装って見合いに出かける。

차림명 身なり｜姿なり｜服装｜格好。예잠옷 ~ パジャマ姿/ 간편한 ~ 身軽ななり。

차림-새명 身なり｜装い｜格好。

차림-차림명 身なり｜なりふり。

차림-표(-表)명 献立｜メニュー。

차마부 とても｜とうてい｜どうしても｜どうして。예그 참혹함은 ~ 두 눈 뜨고 볼 수가 없다. その残酷さはとても両目を開いて見ることができない。

차-멀미(車-)명 車酔い。

차명(借名)명【名前を借りること】名を借りること。예~ 계좌 他人の名義を借りて加入した口座。

차-바퀴(車-)명 車輪。

차별(差別)명 差別。예인종 ~ 人種差別/ ~ 대우 差別待遇。

차별-하다태 差別する。

차부(車夫)명【人力車を引く人】車夫。

차분-차분부【落ち着いた態度で】じっくり｜落ち着いて。예흥분하지 말고 ~ 이야기해 보아라. 興奮しないでじっくりと話してみなさい。

차분차분-하다형 おとなしく落ち着いている｜じっくりとしている。예차분차분하게 운전하다. じっくりと運転する。

차분-하다형 落ち着いている｜沈着だ｜物静かだ。예차분한 분위기 落ち着いた雰囲気／차분한 성격 物静かな性格／차분한 색상 落ち着いた色合い。

차분-히부 落ち着いて｜どっしり｜じっくり。예~ 생각하다. じっくりと考える。

차비(車費)명 交通費｜車代｜車賃。

차석(次席)명 次席。

차선¹(次善)명【最善に次ぐ】次善。예~을 선택하다. 次善を選ぶ。

차선²(車線)명 車線。예자주 ~을 바꾸다. 頻繁に車線を変える。

차선-책(次善策)명 次善の策。

차-세대(次世代)명 次の世代｜次世代。예~ 기종 次の世代の機種。

차압(差押)명 '압류'의 잘못。

차액(差額)명 差額。예~이 발생하다. 差額が発生する。

차양(遮陽) ひさし。❶【건】(建物の)ひさし。❷【모】(帽子の)つば。=챙。

차-올리다타 蹴上げる｜蹴り上げる。

차용(借用)명 借用。=대용²。

차용-하다타 借用する。

차용-어(借用語)명〈언〉借用語。

차용-증(借用證)명 ☞'차용 증서'。

차용 증서(借用證書)〈경〉借用証書。=차용증。

차원(次元)명 次元。예~이 다른 의견 次元の違う意見／~이 낮다. 次元が低い。

차이(差異)명 差異｜差｜相違｜ずれ｜違い。예성격 ~ 性格の違い／ 현격한 ~ 桁違い／ ~가 없다. 大した差はない。/ ~가 나다. 違いが生じる。

차이나타운(Chinatown)명 チャイナタウン。

차-이다자비 ❶蹴られる。❷ (付き合っている人に)振られる。예2년 동

안 사귄 여자에게 차였다. 二年間 交際した女に振られた. ❷채다¹

차이-점(差異點)몡 差異点. 違う点.

차익(差益)몡 差益. 예 ~을 노리다. 差益をねらう.

차일(遮日)몡 [볕을 가리려고 쳐놓은 포장] 日除け. 日覆い. 예 ~을 치다. 日覆いをかける.

차일-피일(此日彼日)閈 (期日などを)今日明日と延ばすこと. 예 ~ 미루다. 今日明日と延ばす.

차임-벨(chime bell)몡 (扉·置き時計などの)チャイム.

차입¹(借入)몡 [돈이나 물건을 꾸어 들여옴] 借り入れ.
　차입-하다¹晍 借り入れする. 借り入れる.

차입²(差入)몡 [갇혀있는 사람에게 옷이나 음식 등을 들여보냄] 差し入れ.
　차입-하다晍 差し入れる. 예 먹을 것을 ~. 食べ物を差し入れる.

차자(借字)몡《언》借字. 当て字.

차장¹(次長)몡 次長. 예 사무국 ~ 事務局次長.

차장²(車掌)몡 [차 안에서 차 안의 일을 보살피는 사람] 車掌.

차점(次點)몡 次点.

차제(此際)몡 [바로 지금의 이 때] この際. この機会.

차-제구(茶諸具)몡 茶道具. 茶器.

차-조몡《식》糯粟.

차조기몡《식》紫蘇. 예 푸른 ~ 青紫蘇.

차조-밥몡 糯粟の飯.

차-좁쌀몡 搗いた糯粟.

차종(車種)몡 車種.

차주¹(車主)몡 [차의 임자] 車の所有者. 車の持ち主.

차주²(借主)몡 [돈이나 물건을 빌린 사람] 借り主. 借り手.

차중(車中)몡 車中. 車内. =차내

차츰-차츰閈 だんだん. 次第次第に. 少しずつ.

차지몡 (何かを占めている)分. 分け前. 物. 所有物. 예 유산은 전부 그의 ~가 되었다. 遺産は全部彼のものになった.
　차지-하다晍 占める. 所有する. 取る. 예 수석을 ~. 首席を占める. / 과반수를 ~. 過半数を占める.

차-지다刨 ❶粘っこい. ねばねばしている. 粘り気が多い. 예 밥이 ~. ご飯が粘っこい. ❷[하는 짓이 성실하고 야무지다] しっかりして粘り強い.

차질(蹉跌)몡 蹉跌. 狂い. つまずき. 手違い. 예 계획에 ~이 생기다. 計画に手違いが生ずる.

차차(次次)閈 だんだん. 次第に. 漸次. 예 새로운 일에도 ~ 익숙해져 갔다. 新しい仕事にもだんだん慣れてきた. / ~ 추워지다. 次第に寒くなる.

차차-로(次次一)閈 追い追い. だんだん. 次第に. 예 ~ 아시게 됩니다. 追い追いお分かりになります.

차차차(cha-cha-cha 예)《음》チャチャチャ.

차창(車窓)몡 車窓. 예 ~에서 바라보는 단풍 車窓から眺める紅葉.

차체(車體)몡 車体. ボディー. 예 ~의 결함 車体の欠陥.

차축(車軸)몡 車軸.

차츰閈 だんだん. 次第に. 漸次. 예 ~ 밝아지다. だんだん明るくなる.

차츰-차츰閈 だんだん. 次第次第に. 少しずつ. 예 ~ 다가오다. だんだん近づく. / ~ 부풀어 오르다. だんだん膨れ上がる.

차치(且置)몡 さておくこと.
　차치-하다晍 さておく. 예 외국은 차치하고 한국에서는…. 外国のことはさておいて韓国では….

차탄(嗟歎·嗟嘆)몡 [원통하거나 슬픈 일에 탄식함] 嗟嘆. 嘆くこと.
　차탄-하다晍 嗟嘆する. 嘆く.

차트(chart)몡 チャート. 예 ~ 분석 チャート分析.

차편(車便)몡 車の便. 예 ~이 나쁘다. 車の便が悪い.

차폐(遮蔽)몡 遮蔽.

차표(車票)몡 (バスなどの)切符. チケット. 乗車券. 예 왕복 ~ 往復切符 / ~를 끊다. 切符を買う.

차후(此後)몡 今後. この後. 예 ~의 계획 今後の計画.

착¹閈 ❶[물건이 다른 것에 바싹 달라붙는 모양] ぴたっと. ぴたり. べたっと. べたり(と). 예 ~ 달라붙다. べたっとくっつく. ❷[딱 들어맞게 꼭] ぴったり. ❸[빠르게 대는 모양] さっと. 예 ~ 안기다. さっと抱かれる.

착² ❶[몸가짐이 태도가 의젓한 모양] ゆったり. 淑やかに. 예 의자에 ~ 걸터앉아 있다. 椅子にゆったりと腰掛けている. ❷[느슨하게 길게 늘어진 모양] 예 수양버들이 ~ 늘어지다. シダレヤナギがだらりと垂れれ下がる. / 가뭄으로 나뭇가지가 ~ 늘어지다. 日照りで木の枝が, だらりと垂れ下がる. ❸[힘이 빠져서 속 늘어지거나 맥이 풀린 모양] ぐにゃっと. ぐったり.

だらり(と)。 예 수술하고 나서 몸이 ~ 까부라지다. 手術してから体がぐったりとする。/ 몸이 ~ 까부라져 엎드려 누워 있다. 体がぐったりして寝そべっている。 ❹【분위기·감정등의 가라앉은 모양】 雰囲気・感情などが沈むさま。 예 마음이 ~ 가라앉다. 心がどんよりと沈む。 ❺【눈을 내리깔거나 목소리를 낮추어 하는 모양】 わざと目を伏せたり声を低めたりするさま。 예 눈을 ~ 내리깔고 쳐다보다. 目を伏せて見つめる。/ 목소리를 ~ 깔고 말하다. 声を低めて話す。

착각(錯覺)[명] 錯覚。思い違い。勘違い。 예 ~을 일으키다. 錯覚を起こす。
　착각-하다[자타] 錯覚する。思い違いする。勘違いする。

착공(着工)[명] 着工。
　착공-하다[타] 着工する。 예 길일을 택해 ~. 吉日を選んで着工する。

착란(錯亂)[명] 錯乱。 예 정신 ~ 精神錯乱 / ~ 상태에 빠지다. 錯乱状態に陥る。
　착란-하다[형] 錯乱する。

착륙(着陸)[명] 着陸。 예 동체 ~ 胴体着陸。
　착륙-하다[자] 着陸する。 예 비행기를 착륙시키다. 飛行機を着陸させる。

착발(着發)[명] 着発。発着。 예 ~ 신호 着発信号。
　착발-하다[자타] 発着する。

착복(着服)[명] 着服。
　착복-하다[자타] 着服する。 예 공금을 ~. 公金を着服する。

착살-맞다[형]【하는 짓이 잘고 다랍다】 みみっちい。けちくさい。しみったれだ。

착살-스럽다[형] みみっちいところがある。どことなくけちくさい。しみったれなところがある。
　착살스레[부] みみっちく。

착살-하다[형] みみっちい。けちくさい。しみったれだ。

착상¹(着床)[명]【의】着床。
　착상-하다[자] 着床する。

착상²(着想)[명] 着想。思いつき。アイデア。 예 ~이 좋다. 着想がよい。
　착상-하다[자타] 着想する。思いつく。

착색(着色)[명] 着色。色付け。 예 ~ 유리 着色ガラス。
　착색-하다[타] 着色する。色付けする。

착색-제(着色劑)[명] 着色剤。

착생(着生)[명]《생》着生。 예 ~ 식물 着生植物。
　착생-하다[자] 着生する。

착석(着席)[명] 着席。
　착석-하다[자] 着席する。

착수(着手)[명] 着手。
　착수-하다[자] 着手する。 예 소설 집필에 ~. 小説の執筆に着手する。

착수-금(着手金)[명] 手付け。手付金。 예 ~을 걸다. 手付金を打つ。

착시(錯視)[명]【심】錯視。 예 ~ 현상 錯視現象。

착신(着信)[명]《통》着信。 예 ~ 거부 着信拒否。
　착신-하다[자] 着信する。

착실-하다(着實—)[형] 着実だ。まじめだ。 예 착실한 사람 まじめな人。
　착실-히[부] 着実に。まじめに。 예 ~ 일하다. まじめに働く。

착안(着眼)[명] 着眼。着目。 예 ~이 좋다. 着眼がよい。
　착안-하다[자] 着眼する。着目する。目をつける。

착안-점(着眼點)[명] 着眼点。着目のつけどころ。

착오(錯誤)[명] 錯誤。 예 시대 ~ 時代錯誤 / 시행 ~ 試行錯誤 / ~를 범하다. 錯誤を犯す。=오착

착용(着用)[명] 着用。 예 헬멧 ~을 부탁하다. ヘルメットの着用をお願いする。
　착용-하다[타] 着用する。 예 작업복을 ~. 作業服を着用する。

착유¹(搾乳)[명]【농】【畜產】搾乳。 예 ~기 搾乳機。
　착유-하다[자] 搾乳する。

착유²(搾油)[명]《공》搾油。
　착유-하다[자] 搾油する。

착의¹(着衣)[명]《총》着衣。
　착의-하다[자] 着衣する。

착의²(着意)[명] 着意。
　착의-하다[타] 着意する。

착임(着任)[명] 着任。
　착임-하다[자] 着任する。

착잡-하다(錯雜—)[형] 錯雑する。錯綜する。(見分けがつかないほどに)入りまじっている。入り乱れる。 예 착잡한 심경 錯雑な心境 / 천 갈래 만 갈래로 흩어지는 착잡한 마음 千々に乱れる錯雑

な心㉔／気分が 〜. 気分が 入り乱れる。
착잡-히[부] 錯雑して｜錯綜して｜入り乱れて。 ㉑이 생각 저 생각이 ~얽혀 있어 머리가 아프다. あれこれ考えが錯綜して絡み合って頭が痛い。

착지(着地)[명] 着地. ❶着陸. ❷[체] 到着した場所. ❸《운》(体操ᆞ競技)などで降り立つこと。㉑ 안정된 ~ 安定した着地。
 착지-하다[자] 着地する。

착착¹[부] ❶ [끈끈하게 달라붙는 모양] べたべた｜ぺたぺた。 ㉑ 땅에 젖어 옷이 몸에 ~ 감기다. 汗などに濡れて服が体にしきりにべったりと引っ付く。❷[입안에 맞는 모양] ぴったり。㉑ 갈비가 입에 ~ 달라붙다. カルビが口にぴったり合う。❸[매우 친근하게 대하는 모양] 非常に親しくしたり、従順に振る舞うさま。㉑ 성격이 싹싹하여 정이 ~ 붙는다. 性格が気さくで情がわく。❹[가지런히 포개는 모양] きちんきちん。 ㉑ 빨래를 ~ 개켜 놓다. 洗濯物をきちんと畳んでおく。

착착²[부] ❶[여유있고 조용한 모양] ゆったり｜淑やかに。❷[늘어지거나 처지는 모양] だらり(と)。㉑ 엿가락이 ~ 늘어지다. 飴の棒がだらりと伸びる。❸[몹시 맥없이 늘어지는 모양] ぐったり｜くたくた｜ぐにゃぐにゃ。㉑ 무더위로 몸이 ~ 늘어지다. 蒸し暑くて体がすごくだるい。

착착³(着着)[부] ❶[순서있고 정확하게] てきぱき｜さっさと｜すらすら。㉑ 질문에 ~ 대답하다. 質問にすらすらと答える。❷[일이 잘 진행되는 모양] すらすら｜着々と｜どんどん。 ㉑ 일이 ~ 진행되다. 仕事がどんどん進行される。／일이 계획대로 ~ 진행되다. 仕事が計画どおり着々と進められる。❸[정확하고 알맞게 들어맞는 모양] ぴったり｜きちんと。㉑ 손발이 ~ 맞다. 足並みがぴったり揃う；歩調が合う。／발을 ~ 맞추며 행진하다. 足並みをきちんと揃えて行進する。

착취(搾取)[명] 搾取。㉑ 노동 ~ 労働搾取。
 착취-하다[타] 搾取する。

착탄(着彈)[명] 着弾。

착-하다 よい｜善良だ｜やさしい。㉑ 착한 일 よい事／마음씨 착한 여자 아이 気立てのやさしい女の子。

착항(着港)[명] 着港｜入港。
 착항-하다[자] 着港する｜入港する

착화(着火)[명] [불이 붙기 시작함] 着火｜発火｜点火。

찬(饌)[명] おかず。=반찬

찬-거리(饌—)[명] おかずの材料。=반찬거리

찬-국[명] 冷やした澄まし汁。=냉국

찬-그릇(饌—)[명] おかず器。

찬-기(—氣)[명] 冷気｜冷え。

찬동(贊同)[명] 賛同。㉑ 많은 분들의 ~을 얻다. 多くの方々の賛同を得る。
 찬동-하다[자] 賛同する。㉑ 취지에 ~. 趣旨に賛同する。

찬란-하다(燦爛—ᆞ粲爛—)[형] 燦爛としている｜輝かしい｜きらびやかだ。
 찬란-히[부] 燦爛と｜きらきらと。㉑ ~ 빛나고 있다. 燦爛と輝いている。

찬-물[명] 冷たい水｜お冷や｜冷水｜冷や水。㉑ ~에 손을 담그다. 冷たい水に手をつける。
 찬물을 끼얹다[관용] 茶々を入れる｜水をさす。

찬미(讚美)[명] 賛美。
 찬미-하다[타] 賛美する｜ほめたたえる。㉑ 신을 ~. 神を賛美する。

찬-바람[명] [생리적으로 느낌] 冷ややかな空気。㉑ ~이 일다. 冷ややかな空気が漂う。

찬-밥[명] 冷や飯｜冷めたご飯。㉑ ~을 먹이다. 冷や飯を食わせる。
 찬밥 더운밥 가리다[관용] 暮らしに事欠きながら満ち足りているようなことをする。

찬부(贊否)[명] 賛否。㉑ ~를 묻다. 賛否を問う。

찬불(讚佛)[명]《종》賛仏。

찬-비[명] 冷雨｜冷たい雨。

찬사(讚辭)[명] 賛辞。㉑ 아낌없는 ~ おしみない賛辞／~를 드리다. 賛辞を呈する。

찬성(贊成)[명] 賛成。㉑ ~ 투표 賛成投票／법안에 ~인 사람 法案に賛成の人。
 찬성-하다[타] 賛成する。㉑ 반전 운동에 ~. 反戦運動に賛成する。

찬송(讚頌)[명] 賛美｜美徳をほめたたえること。
 찬송-하다[타] 賛美する。

찬송-가(讚頌歌)[명] 賛美歌｜聖歌。㉑ ~를 부르다. 賛美歌を歌う。

찬술¹(撰述)[명] [책을 씀] 撰述。

찬술-하다[타] 撰述$_{せんじゅつ}$する｜述作$_{じゅっさく}$する.

찬술(纂述)[명]【여러 책의 자료를 모아 저술함】纂述$_{さんじゅつ}$.
　찬술-하다[타] 纂述$_{さんじゅつ}$する.

찬스(chance)[명] チャンス｜機会$_{きかい}$. 예 절호의 ~를 놓치다. 絶好$_{ぜっこう}$のチャンスを逃$_{のが}$す.

찬양(讚揚)[명] ほめたたえること.
　찬양-하다[타] ほめたたえる.

찬양-대(讚揚隊)[명] ☞성가대

찬연-스럽다(燦然—)[형] 燦然$_{さんぜん}$としたところがある.
　찬연스레[부] 燦然$_{さんぜん}$と.

찬연-하다(燦然—)[형]【매우 빛나다】燦然$_{さんぜん}$としている｜鮮$_{あざ}$やかに輝$_{かがや}$く.
　찬연-히[부] 燦然$_{さんぜん}$と. 예 ~ 빛나는 보석 燦然と輝やく宝石$_{ほうせき}$.

찬자(撰者)[명]【책이나 글 등을 지은 사람】撰者$_{せんじゃ}$.

찬장(饌欌)[명] 台所$_{だいどころ}$の戸棚$_{とだな}$｜食器棚$_{しょっきだな}$｜茶$_{ちゃ}$だんす.

찬조(贊助)[명] 賛助$_{さんじょ}$. 예 ~ 연설 贊助演説$_{えんぜつ}$/ ~ 출연 贊助出演$_{しゅつえん}$.
　찬조-하다[타] 賛助$_{さんじょ}$する.

찬조-금(贊助金)[명] 賛助金$_{さんじょきん}$.

찬집(撰集)[명]【책이나 시문 등을 골라 모아 엮음】撰集$_{せんしゅう}$.

찬찬-하다[형]【성질$_{せいしつ}$が綿密で落$_{お}$ち着いている｜注意深$_{ちゅういぶか}$い｜細かい｜沈着$_{ちんちゃく}$だ. 예 찬찬한 성격 注意深い性格.
　찬찬-히[부] 注意深$_{ちゅうい}$く｜細$_{こま}$かく｜綿密$_{めんみつ}$に｜沈着$_{ちんちゃく}$に. 예 ~ 걷다. 注意深く歩$_{ある}$く./ ~ 조사하다. 細かく取$_{と}$り調$_{しら}$べる.

찬탄(讚歎·贊嘆)[명] 賛嘆$_{さんたん}$. 예 ~을 아끼지 않다. 贊嘆を惜$_{お}$しまない.
　찬탄-하다[타] 賛嘆$_{さんたん}$する.

찬탈(簒奪)[명] 簒奪$_{さんだつ}$. 예 권력 ~ 權力$_{けんりょく}$簒奪.
　찬탈-하다[타] 簒奪$_{さんだつ}$する.

찬합(饌盒)[명] 重箱$_{じゅうばこ}$.

찰-[접] ❶【곡식 이름 앞에 붙어서 끈기가 많음을 나타내는 말】もち—｜粘っこい—. 예 찰벼 糯稻$_{もちいね}$/ 찰옥수수 もちとうもろこし/ 찰흙 粘土$_{ねんど}$. ❷【몇몇 사물의 이름 앞에 붙어서 끈기있고 성미가 깐깐한】예 찰거머리 しつこくまといつく人$_{ひと}$. ❸【'지독함'의 뜻】예 찰가난 ばりばりがれい.

찰가닥[부] ❶【작고 단단한 물체가 가볍게 맞부딪기 쉽게 나는 소리 또는 모양】がちり(と)｜がちゃり(と). ❷【끈기있는 물건이 세게 달라붙는 소리 또는 모양】ぴたっと｜ぺたり(と). ❸【작은 자물쇠 등이 잠기는 소리 또는 모양】かちっと｜がちゃり(と).
　찰가닥-거리다[자][타]（引$_{ひ}$き続$_{つづ}$き）がちゃりとする. =찰가닥대다
　찰가닥-대다[자][타] ☞찰가닥거리다

찰가닥-찰가닥[부] がちゃがちゃ.

찰가당[부]【쇠붙이 등이 가볍게 맞부딪치는 소리 또는 모양】がちゃん(と)｜がちゃり(と).
　찰가당-거리다[자][타]（引$_{ひ}$き続$_{つづ}$き）がちゃがちゃとする. =찰가당대다
　찰가당-대다[자][타] ☞찰가당거리다

찰가당-찰가당[부] がちゃがちゃ.

찰-거머리[명] ❶[동] ちすいびる. ❷【끈질기게 달라붙는 사람】ねちこく人$_{ひと}$につきまとって苦$_{くる}$しめる人$_{ひと}$. 예 ~ 같은 놈이다. 蛭$_{ひる}$のようにねちねちするやつだ.

찰과-상(擦過傷)[명] 擦過傷$_{さっかしょう}$｜すり傷$_{きず}$｜かすり傷$_{きず}$. =찰상

찰그랑[부]【얇은 쇠붙이 등이 가볍게 떨어지거나 부딪쳐서 맑게 울리는 소리 또는 모양】かちゃん(と)｜がちゃん(と)｜かちん(と)｜ちゃりん.
　찰그랑-거리다[자][타] かちゃかちゃと音$_{おと}$がする. =찰그랑대다
　찰그랑-대다[자][타] ☞찰그랑거리다

찰그랑-찰그랑[부] かちゃかちゃ.

찰-기(—氣)[명] 粘$_{ねば}$り気$_{け}$.

찰깍[부] ❶【끈기있는 물건이 세차게 달라붙는 소리 또는 모양】べたっと｜べったり. 예 구두창에 껌이 ~ 들러붙다. 靴底$_{くつぞこ}$にガムがべったりとくっつく. ❷【작은 물체가 가볍게 맞부딪치는 소리 또는 모양】がちゃり(と)｜ぱちり. 예 카메라 셔터를 ~ 누르다. ぱちりとカメラのシャッターを切る.

찰나(刹那)[명] 刹那$_{せつな}$｜瞬間$_{しゅんかん}$｜途端$_{とたん}$. 예 새가 날아오르려는 ~ 鳥$_{とり}$が飛$_{と}$び立$_{た}$とうとする刹那.

찰나-적(刹那的)[관] 刹那的$_{せつなてき}$.

찰나-주의(刹那主義)[명] 刹那主義$_{せつなしゅぎ}$.

찰딱[부]【끈기있는 것이 세차게 달라붙는 소리 또는 모양】べたっと｜べったり.
　찰딱-거리다[자] ぺたぺたとくっつく｜べたっと貼$_{は}$り付$_{つ}$く. 예 껌이 찰딱거리며 붙었다. ガムがべたべたしながら引$_{ひ}$っ付いた. =찰딱대다
　찰딱-대다[자] ☞찰딱거리다

찰딱-찰딱[부] ぺたぺた｜べたべた.

찰-떡[명] 糯米$_{もちごめ}$で作$_{つく}$った餅$_{もち}$.

찰랑[부] ❶【가득 찬 물 등이 넘칠 듯이 흔들리는 소리 또는 모양】細波$_{さざなみ}$を成$_{な}$して溢$_{あふ}$れそうに揺$_{ゆ}$れる音$_{おと}$やさま. ❷【물결이 부드럽게 움직이는 소리 또는 모양】波打$_{なみう}$つようにやわらかく一回$_{いっかい}$揺$_{ゆ}$れるさま. 예 짧은 머리가 ~ 흔들리다. 短$_{みじか}$い髪$_{かみ}$が軽$_{かる}$く一回揺れる. ❸【얇은 쇠붙이 등이 흔들리는 소리】ちゃりん｜がちゃん(と).

찰랑-거리다[자][타] ❶ なみなみとしている｜あふれんばかりだ. 예 수면이 찰랑

거린다. 水面があふれんばかりだ。❷がちゃがちゃ音を立てる。[예] 찰랑거리는 방울 소리가 들려온다. ちりんちりんと鈴の音が聞こえてくる。=찰랑대다

찰랑-대다[자][타] ☞찰랑거리다

찰랑-하다[형] なみなみとしている ¦ あふれそうだ。

찰랑-찰랑[부] ❶なみなみ ¦ あふれんばかりに ¦ いっぱいに。❷がちゃがちゃ。

찰바닥[부] 【물이나 진창을 거칠게 밟거나 치는 소리 또는 모양】ぴちゃぴちゃ ¦ じゃぶじゃぶ。[준]찰박

찰바닥-거리다[자][타] ぼちゃぼちゃ音がする ¦ じゃぶじゃぶさせる。=찰바닥대다

찰바닥-대다[자][타] ☞찰바닥거리다

찰바닥-찰바닥[부] ぴちゃぴちゃ ¦ じゃぶじゃぶ ¦ ぼちゃぼちゃ。

찰박[부] 【찰바닥의 준말】ぴしゃっと ¦ ぴちゃっと。[예] ~ 소리를 내며 연못을 건너갔다. ぱちゃっと音を立てながら池を越えて行った。

찰박-거리다[자][타] ぴしゃぴしゃと音がする。[예] 찰박거리며 시냇물을 건너다. ぴしゃぴしゃと音を立てながら小川を越えていく。=찰박대다

찰박-대다[자][타] ☞찰박거리다

찰박-찰박[부] ぴちゃぴちゃ。

찰-밥[명] ❶もち米で炊いた飯。❷赤飯 ¦ おこわ ¦ 強飯。

찰-벼[명] 糯稲。

찰상(擦傷)[명] 擦過傷 ¦ すり傷 ¦ かすり傷。=찰과상

찰-시루떡[명] 糯米粉をこしきに蒸して作った餅。

찰싸닥[부] 【끈지게 부딪치거나 달라붙는 소리 또는 모양】ぴしゃっと ¦ ぴしゃり(と)。[준]찰싹

찰싸닥-거리다[자][타] ぴしゃっぴしゃっと打つ ¦ ぴしゃっぴしゃっと音がする。=찰싸닥대다

찰싸닥-대다[자][타] ☞찰싸닥거리다

찰싸닥-찰싸닥[부] ぴしゃっぴしゃっと。

찰싹[부] 【찰싸닥의 준말】ぴしゃっと ¦ ぴしゃり(と)。

찰싹-거리다[자][타] ぴしゃっぴしゃっと打つ ¦ ぴしゃっぴしゃっと音がする。=찰싹대다

찰싹-대다[자][타] ☞찰싹거리다

찰싹-찰싹[부] ぴしゃっぴしゃっと。

찰찰[부] 【액체가 조금씩 넘쳐흐르는 모양】ちょろちょろ ¦ なみなみ。

찰카닥[부] ❶【끈기 있는 물건이 세차게 달라붙는 소리 또는 모양】べたっと ¦ ぺたり(と) ¦ べっとり。❷【작고 단단한 물체가 가볍게 맞부딪치는 소리 또는 모양】かちり(と) ¦ かちゃり(と) ¦ ぱちり。[예] ~ 열쇠를 돌리다. かちゃりと鍵を回す。[준]찰칵

찰카닥-거리다[자][타] しきりにかちゃりと音がする。=찰카닥대다

찰카닥-대다[자][타] ☞찰카닥거리다

찰카닥-찰카닥[부] ❶べたべた。❷かちゃかちゃ。

찰카당[부] 【작고 단단한 쇠붙이 등이 가볍게 맞부딪쳐 울리는 소리 또는 모양】かちり(と) ¦ かちゃり(と)。

찰카당-거리다[자][타] しきりにかちりと音がする。=찰카당대다

찰카당-대다[자][타] ☞찰카당거리다

찰카당-찰카당[부] かちゃかちゃ。

찰칵[부] 【찰카닥의 준말】❶べたっと ¦ べっとり ¦ ぺたり(と)。❷かちり(と) ¦ かちゃり(と) ¦ ぱちり。[예] ~ 카메라 셔터를 누르는 소리가 들리다. ぱちりとカメラのシャッターを押す音が聞こえる。

찰칵-거리다[자][타] しきりにかちゃりと音がする。=찰칵대다

찰칵-대다[자][타] ☞찰칵거리다

찰칵-찰칵[부] ❶べたべた。❷かちゃかちゃ。

찰-흙[명] 粘土 ¦ 粘。

참[1] Ⅰ [명] ❶本当 ¦ 真実 ¦ 誠。❷〈논〉真理。

Ⅱ [부] 本当に ¦ 誠に ¦ 実に ¦ とても。[예] 바쁘신데 와 주셔서 ~ 감사합니다. お忙しいところお越しいただき誠にありがとうございます。/ ~ 기가 막혔다. まあ、実にあきれた。

Ⅲ [감] そういえば ¦ あっ ¦ なんとまあ ¦ そうだ ¦ まったく。[예] 이것 ~, 야단났구나. これはまあ、大変だな。/ ~, 이 근방에 케이크 가게가 있었지. そういえばこの近くにケーキ屋さんがあったな。

참[2] Ⅰ [명] ❶【일을 하다가 일정하게 잠시 쉬는 동안】中休み ¦ 休憩時間。[예] 저녁 ~에는 산책을 해야겠다. 夕方の中休みには散歩をするつもりだ。❷【일을 시작해서 일정하게 쉬는 때까지의 사이】仕事を始めてから一定して休むまでの間。[예] 두어 ~이 지날 무렵 출근하다. 二つほどの中休みの時間が過ぎる頃に出勤する。❸【일하다 잠시 쉬는 동안 먹는 음식】間食。[예] ~을 먹다. 仕事の中休みに食べ物を食べる。

Ⅱ [의] ❶【무엇을 하는 경우·때】ところ ¦ とき。[예] 외출하려던 ~이었다. 出かけるところだった。

ㅊ

❷【마음속】つもり。㉠나도 참가할 ~이다. 僕も参加するつもりだ。

참-³접 ❶【진짜의, 진실의】本當の—｜真の—｜誠の—。㉠참말 本当の事/ 사랑 真の愛。❷【양질의·상등】良質の—｜上質の—。㉠참먹 上質の墨。

참가(參加)명 参加。㉠전원 ~ 全員参加。
 참가-하다자 参加する。 선거 유세에 ~. 選挙遊說に参加する。

참견(參見)명 おせっかい｜口出し｜手出し｜お世話｜干涉。㉠쓸데없는 ~ よけいなおせっかい。
 참견-하다자타 おせっかいをやく｜口出しする｜手出しする｜干涉する。

참고(參考)명 参考。㉠~ 문헌 参考文献/ 자료를 ~로 삼다. 資料を参考にする。
 참고-하다타 参考する。

참고-서(參考書)명 [교] 参考書。

참고-인(參考人)명 参考人。㉠~ 자격 参考人資格。

참관(參觀)명 参観。
 참관-하다타 参観する。㉠수업을 ~. 授業を参観する。

참관-인(參觀人)명 ❶ 参観人｜参観者。❷【법】選挙の立会人。

참극(慘劇)명 慘劇。

참-기름명 胡麻油。=호마유

참-깨명 ❶【식】胡麻。❷ 胡麻の種子。

참-꽃【식】つつじの花。

참-나리명【식】鬼百合。=나리 ❷

참-나무명【식】くぬぎ。=상수리나무

참다타 ❶【억누르다】我慢する｜こらえる｜辛抱する｜忍ぶ｜耐える｜抑える。㉠참고 또 ~. 我慢に我慢を重ねる。/ 고통을 참고 견디다. 痛さをたえしのぶ。/ 웃음을 참느라고 고생하다. 笑いをこらえるのに苦労する。❷【때다려·기다리다】待つ。㉠조금만 더 참아 봅시다. もう少し待ってみましょう。

참-다랑어(-魚)명【동】鮪。=다랑어

참다-못하다타【참을 수 없다】我慢しきれない｜こらえきれない｜耐えきれない｜辛抱しきれない｜たまりかねる。㉠폭력을 참다못해 집을 뛰쳐나오다. 暴力に耐えかねて家を逃げ出す。

참담-하다(慘澹—·慘憺—)형 慘憺としている｜見るに忍びないほどひどい。㉠참담한 상황 慘憺たる状況と。
 참담-히부 慘憺と。

참-답다형 真である｜真実である｜誠実である。㉠참다운 영웅 真の英雄。

참-대명【식】真竹。㉠~ 통 真竹筒。

참-되다형 真である｜真実だ｜正しい｜誠実だ。㉠참된 사랑 まことの愛/ 참되게 살다. まことをもって生きる。

참-뜻명 本当の意味｜真意｜真義。㉠그분의 ~을 깨닫다. その方の真意を悟る。/ 네 말의 ~은 대체 무엇이니? 君の言葉の真意はいったい何なんだ。

참례(參禮)명 儀式に参列すること。
 참례-하다자 儀式に参列する。

참-마명【식】山芋｜山芋。

참-마음명 真意｜本心｜心底。㉠친구를 사귀되 ~으로 깨단다. 友だちと付き合うにも心から付き合う。

참-말명 本当の話は｜本当のこと｜真の話。㉠농담을 ~로 받아들이다. 冗談を真に受ける。

참말-로부 実に｜本当に｜まことに。㉠~ 재미있었다. 本当におもしろかった。

참-맛명 本当の味｜醍醐味。㉠야구의 ~ 野球の醍醐味。

참-먹명 上質の墨。

참모(參謀)명 参謀。㉠~ 본부 参謀本部。

참-모습명 まことの姿｜本当の姿｜真面目。

참모 총장(參謀總長)[군] 参謀総長。

참-밀명【식】小麦。

참배(參拜)명 参拜。㉠국립묘지 ~ 国立墓地の参拜。
 참배-하다자 参拜する。

참변(慘變)명 むごたらしい事件や事故｜惨変。

참-빗명 すき櫛｜唐櫛。

참사²(參事)명 [법] 参事。

참사(慘死)명【참혹한 죽음】慘死。
 참사-하다자 慘死する。

참사³(慘事)명【참혹한 일】慘事。㉠~를 미연에 방지하다. 慘事を未然に防ぐ。

참-사랑명 真の愛。

참살(慘殺)명 慘殺。
 참살-하다타 慘殺する。

참상(慘狀)명 慘状。㉠사고의 ~을 말해 주는 연기 事故の慘状を物語る煙。

참-새 〖동〗雀すずめ. 예 ~ 떼 雀すずめの群むれ.
참석(參席) 〖명〗出席しゅっせき｜参加さんか.
　참석-하다 〖자〗出席しゅっせきする｜参加さんかする. 예 国際会議に ~. 国際こくさい会議かいぎに出席しゅっせきする.
참선(參禪) 〖명〗〖종〗【좌선하여 진리를 찾음】参禅さんぜん｜問禅もんぜん.
　참선-하다 〖자〗参禅さんぜんする.
참소(讒訴・譖訴) 〖명〗讒訴ざんそ｜陰口かげぐち.
　참소-하다 〖타〗讒訴ざんそする｜陰口かげぐちを言いう.
참수(斬首) 〖명〗斬首ざんしゅ｜打うち首くび. 예 ~에 처하다. 斬首ざんしゅに処しょす.
　참수-하다 〖타〗斬首ざんしゅする.
참-숯 〖명〗堅炭かたずみ｜白炭はくたん.
참신-하다(斬新―・嶄新―) 〖형〗斬新ざんしんだ. 예 참신한 디자인 斬新ざんしんなデザイン.
참여(參與) 〖명〗参与さんよ｜参加さんか. 예 현실 ~ 現実げんじつ参与さんよ.
　참여-하다 〖자〗参与さんよする｜参加さんかする. 예 国政에 ~. 国政こくせいに参与さんよする. / 건설 공사의 입찰에 ~. 建設工事けんせつこうじの入札にゅうさつに参加さんかする.
참예(參詣) 〖명〗【신이나 부처에 찾아가서 뵘】参詣さんけい.
참-외 〖명〗〖식〗真桑瓜まくわうり. 예 ~ 밭 まくわうり畑はたけ.
참-으로 〖부〗実じつに｜本当ほんとうに｜まことに｜全まったく. 예 ~ 감사합니다. まことにありがとうございます.
참을-성 〖명〗こらえ性しょう｜忍耐力にんたいりょく｜辛抱強しんぼうづよさ. 예 ~이 없는 아이 こらえ性のない子こ.
참의-원(參議院) 〖명〗〖정〗参議院さんぎいん.
참작(參酌) 〖명〗参酌さんしゃく｜酌量しゃくりょう｜斟酌しんしゃく. 예 정상 ~ 情状じょうじょう酌量しゃくりょう/ ~의 여지가 없다. 酌量しゃくりょうの余地よちがない.
　참작-하다 〖타〗参酌さんしゃくする｜酌量しゃくりょうする｜斟酌しんしゃくする.
참전(參戰) 〖명〗参戦さんせん. 예 ~ 용사 参戦さんせん勇士ゆうし.
　참전-하다 〖자〗参戦さんせんする.
참정-권(參政權) 〖명〗〖법〗参政権さんせいけん.
참조(參照) 〖명〗参照さんしょう. 예 ~ 항목 参照さんしょう項目こうもく.
　참조-하다 〖타〗参照さんしょうする. 예 참고 문헌을 ~. 参考文献さんこうぶんけんを参照さんしょうする.
참죽-나무 〖명〗〖식〗香椿チャンチン.
참참-이 〖명〗合間あいまに｜間あいだをおいて｜時折ときおり.
참-취 〖명〗〖식〗白山菊しらやまぎく.
참치 〖명〗〖동〗鮪まぐろ.

참패(慘敗) 〖명〗惨敗ざんぱい・さんぱい. 예 ~를 당하다. 惨敗ざんぱいを喫きっする.
　참패-하다 〖자〗惨敗ざんぱい・さんぱいする.
참-하다 〖형〗❶【생김새가】顔立かおだちが整ととのっている. ❷【성질이】おとなしい｜しとやかだ｜つつましい. 예 참한 처녀 おとなしい娘むすめ.
참형(斬刑) 〖명〗【목을 베는 형벌】斬刑ざんけい｜打うち首くび. 예 ~에 처하다. 斬刑ざんけいに処しょす.
　참형-하다 斬刑ざんけいに処しょする｜打うち首くびにする.
참호(塹壕・塹濠) 〖명〗塹壕ざんごう. 예 ~를 파다. 塹壕ざんごうを掘ほる.
참혹(慘酷) 〖명〗残酷ざんこく.
　참혹-하다 〖형〗残酷ざんこくだ. 예 참혹한 장면 残酷ざんこくな場面ばめん / 참혹하기 그지없다. 残酷ざんこく窮きわまりない.
　참혹-히 〖부〗残酷ざんこくに.
참화(慘禍) 〖명〗惨禍さんか. 예 ~를 입다. 惨禍さんかを被こうむる.
참회(懺悔) 〖명〗懺悔ざんげ. 예 ~의 눈물을 흘리다. 懺悔ざんげの涙なみだを流ながす.
　참회-하다 懺悔ざんげする.
참회-록(懺悔錄) 〖명〗懺悔録ざんげろく.
찹쌀 〖명〗糯米もちごめ.
찹쌀-떡 〖명〗❶ もち米でつくった餅もち. ❷ 大福だいふく｜大福餅だいふくもち.
찹쌀-밥 〖명〗もち米ごめの飯めし.
찹찹-하다 〖형〗❶【마음이】(心こころが)落おち着ついている｜しんみりしている. 예 돌아가신 부모님 생각을 하니 마음이 ~. 死しんだ両親りょうしんのことを考かんがえると、心こころがしんみりとしてくる. ❷【포개어져 온흐름】きちんと積つみ重かさねられている.
찻-간(車間) 〖명〗車内しゃない. 예 옆 ~ 隣となりの箱はこ.
찻-길(車―) 〖명〗❶【기차의】線路せんろ. ❷【차량의】車道しゃどう. =차도・차로.
찻-숟가락(茶―) 〖명〗茶匙ちゃさじ｜ティースプーン.
찻-잎(茶―) 〖명〗茶ちゃの葉は.
찻-잔(茶盞) 〖명〗湯呑ゆのみ茶碗ぢゃわん｜湯飲ゆのみ.
찻-종(茶鍾) 〖명〗湯呑ゆのみ茶碗ぢゃわん｜茶碗ちゃわん.
찻-집(茶―) 〖명〗喫茶店きっさてん｜茶亭ちゃてい｜茶店ちゃみせ｜茶屋ちゃや.
창¹ 〖명〗【옷감이】(布地ぬのじなど薄うすいものが)すり減へってできた穴あな. 예 ~이 났다. すり減へって穴あながてきた.
창²(―) 〖명〗【履物はきものの】底そこ｜靴底くつぞこ. 예 ~을 갈다. 底そこを張はりかえる.
창³(窓) 〖명〗窓まど. 예 ~을 열다. 窓まどを開あける.

창⁴(槍)명 槍창。 예~으로 찌르다. 槍で刺す。

창-가(窓—)명 窓際까。 窓辺까ど。

창가²(唱歌)명 《音》唱歌しょう。
　창가-하다자 唱歌しょうする。歌うたを歌うたう。

창간(創刊)명 創刊そうかん。
　창간-하다타 創刊する。예 패션 잡지를 ~. ファッション雑誌を創刊する。

창간-호(創刊號)명 創刊号そうかんごう。初号しょごう。

창건(創建)명 創建そうけん。
　창건-하다타 創建する。예 조선 시대에 창건된 절 朝鮮時代ちょうせんじだいに創建された寺てら。

창검(槍劍)명 槍やりと剣けん。

창고(倉庫)명 倉庫そうこ。예 보세 ~ 保税ほぜい倉庫/ ~ 증권 倉庫証券しょうけん。

창공(蒼空)명 蒼空そうくう。青空あおぞら。

창구(窓口)명 窓口まどぐち。예 교섭 ~ 交渉こうしょうの窓口/ ~를 일원화하다. 窓口を一本化いっぽんかする。

창-구멍(窓—)명 《건》窓まど・障子しょうじなどにあいた穴あな。

창군(創軍)명 軍隊ぐんたいを創設そうせつすること。

창궐(猖獗)명 猖獗しょうけつ。예 전염병의 ~ 伝染病でんせんびょうの猖獗。
　창궐-하다자 猖獗する。

창극(唱劇)명 《연》唱劇チャング。

창기(娼妓)명 娼妓しょうぎ。遊女ゆうじょ。女郎じょろう。

창난-젓명 明太めんたいのはらわたの塩辛しおから。

창녀(娼女)명 売春婦ばいしゅんふ。娼婦しょうふ。遊女ゆうじょ。=창부

창달(暢達)명 暢達ちょうたつ。예 민의 ~ 民意みんいの暢達。
　창달-하다자타 暢達する。

창당(創黨)명 立党りっとう。예 신당 ~ 新党しんとう旗揚はたあげ。
　창당-하다자 立党する。

창-대(槍—)명 槍やりの柄え。

창-던지기(槍—)명 《운》槍投やりなげ。=투창

창도(唱導)명 唱導しょうどう。唱道しょうどう。
　창도-하다타 唱導する。唱道する。

창립(創立)명 創立そうりつ。예 ~총회 創立総会そうかい/ ~ 기념일 創立記念日きねんび。
　창립-하다타 創立する。

창망-하다(滄茫—・蒼茫—)형 【불규칙】蒼茫そうぼうとしている。
　창망-히부 蒼茫と。

창문(窓門)명 窓まど。예 ~을 활짝 열어 놓다. 窓を開あけ放はなす。

창백-하다(蒼白—)형 蒼白そうはくだ。青白あおじろい。예 야위어 창백한 얼굴 やつれて青白い顔かお/ 얼굴이 창백해지다. 顔色がんしょくが蒼白になる。
　창백-히부 蒼白そうはくに。青白あおじろく。

창법(唱法)명 唱法しょうほう。歌唱法かしょうほう。

창병(瘡病)명 《한》梅毒ばいどく。かさ。

창부(娼婦)명 ☞창녀(娼女)

창-살(窓—)명 (窓まどの)桟さん。格子こうし。예 촘촘한 ~ 目めの細こまかい窓格子まどごうし。

창상(創傷)명 創傷そうしょう。

창생(蒼生)명 【古風こふう】蒼生そうせい。人民じんみん。

창설(創設)명 創設そうせつ。
　창설-하다타 創設する。예 교회를 ~. 教会きょうかいを創設する。

창성¹(昌盛)명 【古風こふう】昌盛しょうせい。

창성²(創成)명 【古風こふう】創成そうせい。
　창성-하다자타 創成する。

창세-기(創世記)명 《기독》創世記そうせいき。

창시(創始)명 創始そうし。
　창시-하다타 創始する。예 분자 생물학을 ~. 分子生物学ぶんしせいぶつがくを創始する。

창시-자(創始者)명 創始者そうししゃ。

창안(創案)명 創案そうあん。思おもいつき。
　창안-하다타 創案する。예 새로이 창안한 기법 新あらたに創案した技法ぎほう。

창업(創業)명 ❶【古風こふう】開国かいこく。建国けんこく。예 ~ 공신 開国功臣こうしん。❷【初級しょきゅう】創業そうぎょう。예 ~ 지원 센터 創業支援しえんセンター。
　창업-하다타 ❶開国する。建国する。❷創業する。

창업-비(創業費)명 創業費そうぎょうひ。

창연-하다(蒼然—)형 蒼然そうぜんとしている。예 고색창연한 건물 古色こしょく蒼然たる建物たてもの。
　창연-히부 蒼然と。

창의(創意)명 創意そうい。

창의-성(創意性)명 創意性そういせい。예 ~이 풍부하다. 創意性に富とんでいる。

창자명 《의》はらわた。腸ちょう。예 생선의 ~를 꺼내다. 魚さかなのはらわたを取とり出だす。
　창자가 끊어지다관용 はらわたが煮にえくり返かえる。断腸だんちょうの思おもいだ。

창작(創作)명 創作そうさく。예 ~ 활동 創作活動かつどう/ ~ 음악 創作音楽おんがく。
　창작-하다타 創作する。

창작-극(創作劇)명 《연》創作劇そうさくげき。

창작-물(創作物)명 創作物そうさくぶつ。

창작-집(創作集)[명] 《문》創作集そうさくしゅう。
창제(創製・創制)[명] 創製そうせい。
　창제-하다[타] 創製そうせいする。예 한글을 ~. ハングルを創製する。
창조(創造)[명] 創造そうぞう。예 천지 ~ 天地てんち創造ぞう。
　창조-하다[타] 創造そうぞうする。
창조-물(創造物)[명] 創造物そうぞうぶつ。
창조-성(創造性)[명] 創造性そうぞうせい。
창조-적(創造的)[관][명] 創造的そうぞうてき。예 ~ 사고 創造的な思考しこう。
창조-주(創造主)[명] 創造主そうぞうしゅ。
창졸-간(倉卒間)[명] 【갑작스러운 사이】倉卒そうそつの間かん。
창졸-하다(倉卒—)[형] 倉卒そうそつだ｜急きゅうだ｜突然とつぜんだ。
　창졸-히[부] 倉卒そうそつに｜急きゅうに｜突然とつぜん。
창창-하다(蒼蒼—)[형] ❶【짙푸른 모양이 무성하다】蒼々そうそうとしている。❷【길이가】(前途ぜんと)がはるかに遠とおい｜洋々ようようとしている。예 창창한 앞날을 축복하다. 洋々とした前途を祝福しゅくふくする。
　창창-히[부] ❶蒼々そうそうと。❷(前途ぜんと)がはるかに遠とおく｜洋々ようようと。
창천(蒼天)[명] 蒼天そうてん。
창출(創出)[명] 創出そうしゅつ。
　창출-하다[자][타] 創出そうしゅつする。예 무에서 유를 ~. 無むから有ゆうを創出する。
창-칼[명]【깎는 데 쓰는】小刀こがたな｜切きり出だし。
창-칼(槍—)[명]【무기】槍やりと剣けん。
창-턱(窓—)[명] 《건》窓まどの敷居しきい。
창-틀(窓—)[명] 《건》窓枠まどわく。
창파(滄波)[명] 蒼波そうは｜青あおい波なみ。
창포(菖蒲)[명] ❶《식》菖蒲しょうぶ。❷《한》菖蒲しょうぶの根ね。
창피(猖披)[명] 恥はじ｜恥ずかしさ｜辱はずかしめ｜恥辱ちじょく。예 ~를 주다. 恥をかかせる。/ ~를 당하다. 恥をかく；恥をさらす。
　창피-하다[형] 恥はずかしい。예 창피해서 죽는 줄 알았다. 恥ずかしくて死しぬかと思おもった。
창피-스럽다(猖披—)[형] 恥はずかしい。
　창피스레[부] 恥はずかしく。
창해(滄海)[명] 滄海そうかい｜蒼海そうかい｜青海あおうみ原ばら。
창해-일속(滄海一粟)[명] 滄海そうかいの一粟いちぞく。
창호(窓戶)[명]【창문과 문】建具たてぐ。
창호-지(窓戶紙)[명] 障子紙しょうじがみ。
창황-하다(蒼黃—・倉皇—)[형] 【허둥지둥 어쩔 줄 몰라】倉皇そうこうとしている｜あわてる。
　창황-히[부] 倉皇そうこうと。

찾다[타] ❶【사람이나 물건을】探さがす｜捜さがす｜見みつける。예 길을 잃은 아이가 가족을 ~. 道に迷まよった子供が家族を捜す。/ 잃어버린 물건을 ~. 無くした物を探す。/ 일거리를 찾으러 다니다. なすべき仕事しごとを探し歩あるく。/ 옛날의 자취를 찾을 수 없다. 昔むかしの跡あとを探すことができない。/ 사전을 ~. 辞書じしょを引ひく。❷【알아내려고 애를 쓰다】探さがし求もとめる｜究明きゅうめいする｜見みつけ出だす｜つかむ｜尋たずねる。예 민족의 뿌리를 찾는 운동 民族みんぞくの根ねを探す運動うんどう / 사건의 실마리를 ~. 事件じけんの糸口いとぐちをつかむ。/ 이름의 유래를 ~. 名前なまえの由来ゆらいを尋ねる。/ 삶의 의미를 ~. 生いきる意味いみを探し求める。/ 문제의 해답을 ~. 問題もんだいの解答かいとうを見つけ出す。❸【맡기거나 빌려 준 것을 돌려 받다】返かえして貰もらう｜引ひき出だす。예 은행에서 저금한 돈을 ~. 銀行ぎんこうから貯金ちょきんしたお金かねを引き出す。/ 지하철에 두고 내린 휴대 전화를 유실물 보관소에서 ~. 地下鉄ちかてつに置おき忘わすれられた携帯電話けいたいでんわを忘れ物保管所ほかんじょで返して貰う。❹【만나러】会あいに行いく｜訪問ほうもんする｜訪たずねる｜訪おとずれる。예 오랜만에 고향을 ~. 久ひさしぶりに故郷こきょうを訪ねる。/ 우리 지방을 찾은 관광객에게 친절히 대하다. 私わたしたちの地方ちほうを訪問する観光客かんこうきゃくを親切しんせつにもてなす。/ 내일 찾아뵙겠습니다. 明日あす、お伺うかがいします。/ 감기로 병원을 찾는 환자가 많다. 風邪かぜで病院びょういんを訪れる患者かんじゃが多おおい。❺【필요한 것을 요구하다】(あるものを)求もとめる｜欲ほしがる。예 자신의 이익만을 ~. 自分じぶんの利益りえきだけを求める。/ 일을 ~. 仕事を求める。/ 갈증으로 물만 ~. 乾かわきで水みずばかり求める。❻【원래 상태로】(元もとの状態じょうたいに)取とり戻もどす｜取とり返かえす｜回復かいふくする。예 자신감을 ~. 自信じしんを取り戻す。/ 마음의 평정을 ~. 心こころの平静へいせいを取り戻す。/ 잃어버린 명예를 다시 찾기란 쉽지 않다. 失うしなった名誉めいよをもう一度いちど回復するのは容易ようしくない。/ 건강을 ~. 健康けんこうを回復する。

찾아-가다[자][타] ❶【만나러 가거나 방문하다】会あいに行いく｜訪問ほうもんする｜訪たずねていく。예 서울까지 ~. ソウルまで会いに行く。/ 선생님 댁을 ~. 先生せんせいのお宅たくを訪問する。❷【맡기거나 빌려 준 것을 돌려 받아 가지다】取とり戻もどしていく｜受うけ取とっていく｜おろしていく｜引ひき出だす。예 돈을 모두 ~. お金を全額ぜんがく引き出してもらう。

찾아-내다〔타〕見つける｜見いだす｜探し出す. ㉑범인의 은신처를 ~. 犯人の隠れ家を探し出す.

찾아-다니다〔타〕探し回る. ㉑마구 울면서 가족을 찾아다녔다. 泣き叫んで家族を探し回った.

찾아보-기〔명〕☞색인

찾아-보다❶【찾아가서】(訪ねて)会う｜訪ねていく｜訪問する. ❷【알아보기위해】探してみる. ㉑단어의 의미를 찾아보았다. 言葉の意味を探してみた.

찾아-오다❶【찾아와서】尋ねて来る｜訪ねて来る. ㉑누가 찾아와도 절대 문을 열어서는 안 된다. 誰かが尋ねてきても絶対にドアを開けてはいけない. ❷【맡기거나빌린】取り戻して来る｜引き取って来る｜おろしてくる. ㉑예금을 ~. 預金をおろしてくる.

채¹〔명〕❶(車駕 등의)ながえ. ❷【명】(輿 등의)担ぎ棒.

채²〔형용사앞에서〕 むら. ㉑~ 없이 물들다. むらなく染まる.

채³〔명〕❶【팽이치는】(こまなどを回す時に使う)鞭. ❷【소·죄인을 때리는】(牛·罪人などを打つのに使う)鞭. ❸【음】【북·징 등을치는】(太鼓·鉦などを打つ)撥｜槌. ㉑~를 잡다. ばちを持つ.

채⁴【명】【무 등의 음식 재료】(野菜などの)千切り. ㉑무를 ~ 치다. 大根を千切りにする.

채⁵의 ❶【집을세는】軒けん｜棟. ㉑집 두 ~를 매각하다. 家を2軒を売却する. ❷【진을 들은 물건을 세는】台｜基｜セット. ㉑신여 두 ~ 神輿を2基. ❸【옷】組み. ㉑솜이불 한 ~ 綿入れ布団を一組. ❹【삼 등의 무게의 단위】㉑고려 인삼 한 ~ 高麗人参さん100斤きん.

채⁶의〔체언뒤에서 '-은·ㄴ의 뒤에서'〕❶-(の)まま｜-(た)まま｜-(た)なり. ㉑옷을 입은 ~ 헤엄치다. 服を着たまま泳ぐ.

채〔부〕【아주어떤 정도·상태에 이르도록】まだ｜いまだ. ㉑말이 ~ 끝나기도 전에 거절당하다. 話がまだ終わらないうちに断られる.

채(菜)〔명〕【채소를 통틀어 이르는 말】野菜｜料理｜野菜のおかず.

채결(採決)〔명〕採決.
채결-하다〔타〕採決する. ㉑법안을 ~. 法案を採決する.

채광¹(採光)〔명〕採光. ㉑~ 면적 採光面積｜~이 잘되는 집 採光のいい家.
채광-하다¹〔자〕採光する.

채광²(採鑛)〔명〕〔광〕採鉱.
채광-하다²〔자〕採鉱する.

채굴(採掘)〔명〕採掘. ㉑천연가스의 ~ 天然ガスの採掘.
채굴-하다〔타〕採掘する.

채굴-권(採掘權)〔명〕〔법〕採掘権.

채권¹(債券)〔명〕〔경〕債券. ㉑~을 발행하다. 債券を発行する.

채권²(債權)〔명〕〔법〕債権. ㉑~ 양도 債権譲渡｜~ 증권 債権証券.

채권-자(債權者)〔명〕〔법〕債権者.

채-그릇〔명〕萩または柳の枝で編んだ入れ物.

채근(採根)〔명〕❶【식물뿌리】(植物などの)根を掘り出すこと. ❷【원인·근본을 밝힘】(物事の)原因·根元を明かすこと. ❸【재촉】急かすこと｜催促すること.
채근-하다〔자타〕❶根を掘り出す. ❷原因·根元を明かす. ❸急かす｜催促する. ㉑그렇게 채근하지 마. そんなに急かさないでくれ.

채널(channel)〔명〕チャンネル. ㉑외교 外交チャンネル/ ~을 돌리다. チャンネルを変える.

채다¹〔자〕【발로차서 퉁겨나가다】❶(足で)突き飛ばされる｜蹴られる. ㉑말발굽에 ~. 馬の蹄に蹴られる. /구둣발에 ~. 靴を履いた足で蹴られる. ❷【여자에게】(恋人などに)振られる. ㉑여자에게 채였다. 女に振られた. ❸(石などに)つまずく.

채다²〔타〕【힘차게 끌다】❶急きゅうに引っ張る｜ぐいと引き寄せる. ㉑낚싯대를 ~. 釣竿をぐいと引き上げる. ❷【재빠르게 빼앗다】ひったくる｜速やかに奪い取る. ㉑핸드백을 ~. ハンドバッグをひったくる.

채다³〔타〕【짐작하여 알아차리다】気づく｜感づく. ㉑금방 눈치를 ~. すぐ気づく./ 낌새를 ~. 気配を悟る.

채도(彩度)〔명〕【미】彩度.

채독(菜毒)〔명〕❶野菜に含まれている毒気. ❷☞채독증.

채-독증(菜毒症)〔명〕十二指腸虫の感染による症状.

채-뜨리다〔타〕❶急きゅうに引っ張る｜ぐいと引き寄せる. ❷ひったくる｜速やかに奪い取る. =채트리다

채록(採錄)〔명〕採録.
채록-하다〔타〕採録する. ㉑민화를 ~. 民話を採録する.

채마(菜麻)〔명〕【채소거리가 되는 것】野菜｜蔬菜｜

青きもの。
채마-밭(菜麻—)몡 野菜畑。
채무(債務)몡 ~ 불이행 債務不履行/ ~를 청산하다. 債務を清算する。/ ~를 지다. 債務を負う。
채무-자(債務者)몡〖법〗債務者。
채문(彩紋)몡 彩文; 彩紋。똅 ~ 토기 彩文土器。
채-반(—盤)몡 ❶ 萩などの枝で平たくて丸く編んだ入れ物。❷新婦が実家から戻るときに持参するご馳走。
채-발몡 ほっそりとした足。
채비몡 支度; 準備; 用意。똅 겨울 ~를 시작하다. 冬支度を始める。/ 오늘만큼은 일찍부터 외출할 ~를 했다. 今日ばかりは早くから外出の支度をした。
　채비-하다재 支度する; 準備する; 用意する。
채산(採算)몡〖경〗採算。똅 독립 ~ 独立採算/ ~이 맞다. 採算が合う; 採算が取れる。
　채산-하다타 ❶収支を計算する。❷売り値を算定する。
채색(彩色)몡 彩色; 色づけ; 彩り。
　채색-하다자 彩色する; 色づけする; 色をつける; 彩る。똅 꼼꼼하게 ~. 細かに彩色を施す。
채색-화(彩色畵)몡《미》彩色画。
채석(採石)몡 採石。
　채석-하다자 採石する。
채석-장(採石場)몡 採石場。
채소(菜蔬)몡 野菜; 蔬菜; 青物。똅 ~ 가게 八百屋/ 녹황색 ~ 緑黄色野菜; 有色野菜。=남새·소채
채소-밭(菜蔬—)몡 野菜畑。
채송-화(菜松花)몡〖식〗松葉牡丹。
채식(菜食)몡 菜食。똅 ~주의 菜食主義。
　채식-하다자 菜食する。
채신몡 身持ち; 品行; ふるまい。똅 ~이 말이 아니군. 品行がとんでもないなあ。=치신
채신-사납다형 身持ちが悪く品がない; ふしだらだ; ぶざまだ。
채신-없다형 軽率さで威厳がない; ふしだらだ; だらしない; ぶざまだ。
　채신없-이부 軽々しく; だらしなく。
채용(採用)몡 採用。

채용-하다 採用する。똅 신입 사원을 ~. 新入社員を採用する。
채우다¹타 ❶〖채워; 채우니〗(錠前·ボタンなどを)かける; はめる; おろす。똅 문에 자물쇠를 ~. 戸に錠をおろす。/ 단추를 ~. ボタンをはめる。❷〖채우니〗(刑具を手足に)かける; はめる。똅 손목에 수갑을 ~. 手首に手錠をかける。❸〖채우니〗身につける; 当てる。똅 기저귀를 ~. おむつを当てる。
채우다²【채워; 채우니】(冷水·氷·氷水などに)つける; 浸す; 冷やす; さます。똅 맥주를 아이스박스에 ~. ビールをアイスボックスにつけて冷やす。
채우다³타 ❶〖채워; 채우니〗満たす; いっぱいにする; 埋める。똅 배를 ~. 腹を満たす。/ 잔에 술을 ~. 杯に酒を満たす。/ 여백을 ~. 余白を埋める。❷〖채우니〗満足させる; 満たす; 肥やす。똅 채워지ない 마음 満たされない心/ 개인의 욕심을 ~. 私腹を肥やす。❸〖채우니〗補う; 埋め合わせる。똅 모자란 수량을 ~. 足りない数量を補う。
채점(採點)몡 採点。
　채점-하다타 採点する。똅 답안을 ~. 答案を採点する。
채종(採種)몡 採種。
　채종-하다자 採種する。
채주(債主)몡 債主; 債権者; 貸し主。
채집(採集)몡 採集。똅 곤충 ~ 昆虫採集。
　채집-하다타 採集する。
채찍몡 鞭。똅 ~을 휘두르다. 鞭を振るう。/ ~으로 치다. 鞭で打つ。
채찍-질몡 ❶鞭打ち。❷激励; 鞭撻。
　채찍질-하다타 鞭打つ。❶鞭で打つ。❷鞭撻する。똅 약해지는 마음을 ~. ひるむ心を鞭打つ。
채취(採取)몡 採取。
　채취-하다타 採取する; 採る。똅 지문을 ~. 指紋を採取する。
채-칼몡 千切り用の包丁; スライサー。
채탄(採炭)몡《광》採炭。
　채탄-하다자 採炭する。
채택(採擇)몡 採択。
　채택-하다타 採択する。똅 교과서를 ~. 教科書を採択する。

채-트리다 타 ☞채뜨리다
채팅(chatting) 명 《컴》 チャット。
채혈(採血) 명 ⑩ 採血する。
책¹(冊) 명 本｜書物｜書籍｜冊子。 예 ~을 내다. 本を著す。/ ~을 읽다. 本を読む。
-책²(策) 접 《접미어적》 —策。예 예방책 予防策 / 선후책 善後策。
책-가방(冊—) 명 (主に本を入れるのに使う)かばん。
책-가위(冊—) 명 本のカバー｜ブックカバー。
책-갈피(冊—) 명 本のページの間｜しおり。 예 읽다 만 페이지에 ~를 끼우다. 読みかけのページにしおりを挟む。
책-꽂이(冊—) 명 本立て｜書架｜本棚。
책동(策動) 명 《책략을 일삼음》 策動｜画策。
　책동-하다 타 策動する｜画策する。
책-뚜껑(冊—) 명 本の表紙｜=표지❶
책략(策略) 명 策略｜はかりごと。예 ~에 걸려들다. 策略にひっかかる。
책력(冊曆) 명 暦本｜暦｜綴じ暦。
책망(責望) 명 叱ること｜咎め｜叱責。 예 호되게 ~을 들었다. こっぴどく叱られた。
　책망-하다 타 叱る｜咎める｜叱責する。
책무(責務) 명 責務。예 ~를 완수하다. 責務を全うする。/ 중대한 ~를 지다. 重大な責務を負う。
책-받침(冊—) 명 下敷き。
책방(冊房) 명 本屋｜書店。
책보(冊袱) 명 本を包むふろしき。
책상(冊床) 명 机｜デスク。예 ~ 앞에 앉다. 机に向かう。
책상-다리(冊床—) 명 膝を組み座ること｜あぐら。예 ~를 하고 앉다. あぐらをかく。
책상-머리(冊床—) 명 机の前｜机の縁。
책상-물림(冊床—) 명 《책만 읽고 세상일에 어두운 사람을 낮추는 말》 (本ばかり読んで)世情に疎い人｜学者ばか。
책상-보(冊床袱) 명 テーブルクロス｜テーブル掛け。
책-실(冊—) 명 本を綴じる糸。
책-싸개(冊—) 명 本のカバー。
책임(責任) 명 責任。예 ~ 전가 責任転嫁 / ~을 다하다. 責任を果たす。/ ~ 소재를 확실히 하다. 責任の所在をはっきりさせる。/ 누구의 ~도 아니다. だれの責任でもない。
책임-감(責任感) 명 責任感。예 ~이 강한 사람 責任感の強い人。
책임-자(責任者) 명 責任者。
책임-지다(責任—) 자 責任を負う｜責任をとる。예 책임지고 사직하다. 責任をとって辞職する。
책자(冊子) 명 冊子｜書物。
책-잡다(責—) 타 咎める｜責める｜詰る。
책잡-히다(責—) 자 咎められる｜責められる｜詰られる。예 남에게 책잡힐 만한 일은 하지 않는다. 人に咎められるようなことはしていない。
책장¹(冊張) 명 《책의 낱장》 (本の)ページ。예 ~을 넘기다. ページをめくる。
책장²(冊欌) 명 《책을 넣는 장》 本箱｜本棚。
책정(策定) 명 策定。예 예산 ~ 予算策定。
　책정-하다 타 策定する。
책-하다(責—) 타 咎める｜責める｜叱る。
챔피언(champion) 명 チャンピオン。
챙 명 庇。=차양
챙기다 타 ❶《필요한 것을 찾아 한데 모으다》(必要な物を)取りまとめる｜取り揃える｜しまう｜きちんと片付ける｜よく整理する。예 짐을 ~. 荷物を取りまとめる。/ 서류를 ~. 書類をきちんと片付ける。/ 중요한 것을 금고에 잘 챙겨 두다. 重要なものを金庫にきちんとしまって置く。❷《거르지 않고》(欠かさず)きちんと準備する。예 하루 세 끼를 꼬박꼬박 챙겨 먹다. 一日に三食をきちんときちんとお膳を調えて食べる。/ 사위의 생일을 항상 ~. 婿の誕生日をいつもきちんと準備する。❸《거르지 않고》取る｜手にする。예 거스름돈을 ~. 釣り銭を取る。/ 부당한 이익을 ~. 不当な利益を手にする。

처¹(妻) 명 妻｜家内｜女房。=아내
처²(處) 명 《처소의 높임말》処。예 각 ~의 담당과 상담하다. 各処の担当と相談する。
처-³ 접 《접두사적》 やたらに｜たくさん。예 처먹다. やたらに食う。
-처⁴(處) 접 《접미사적으로》 —処｜—先。예 총무

처 総務処/ 거래처 取引先/ 근무처 勤め先.

처가(妻家)[명] 妻の実家¦里. =처갓집

처가-살이(妻家一)[명] 妻の実家に身を寄せて暮らすこと.

처갓-집(妻家一)[명] ☞처가(妻家)

처결(處決)[명] 処決.
　처결-하다[타] 処決する.

처-고모(妻姑母)[명] 岳父の女兄弟¦妻のおば.

처남(妻男)[명] 妻の男兄弟¦義兄¦義弟.

처남-댁(妻男宅)[명] 妻の男兄弟の妻.

처-넣다[타] ぶち込む¦詰っめ込む¦ほうり込む¦突っ込む. 예 유치장에 ~. 留置場へぶち込む.

처네[명] ❶【깔개 이불 없이】掛け布団の下にかける薄い布団. ❷【어린애업을 때 쓰는】ねんねこ半纏¦ねんねこ. ❸【외출할 때 머리에 쓰는】(女性が外出する時にかぶる)かぶりもの.

처녀(處女)[명] ❶ 処女¦生娘¦乙女. 예 ~ 생식 処女生殖. ❷【처음으로 하는】処女だ. 예 ~비행 処女飛行.
　처녀가 아이를 낳아도 할 말이 있다[속] 処女が子を産んでも言い分はある:〔日〕盗人にも三分の理. ◆일본에서는 '도둑에게도 할 말은 있다'라고 한다.

처녀-림(處女林)[명] 処女林¦原始林.

처녀-막(處女膜)[명] (의)処女膜.

처녀-성(處女性)[명] 処女性.

처녀-자리(處女一)[명] (천)乙女座.

처녀-작(處女作)[명] 処女作.

처녀-장가(處女一)[명] 再婚の男性が処女を妻にめとること.

처녀-지(處女地)[명] 処女地.

처녀-티(處女一)[명] 娘らしさ¦乙女らしさ¦女の子らしさ. 예 그 소녀는 이제 다 커서 ~가 난다. その少女は成長して娘らしさが出る.

처녑[명] (동)(牛·羊など)の反芻胃の第三胃¦せんまい. =천엽

처단(處斷)[명] 処断.
　처단-하다[타] 処断する. 예 죄인을 ~. 罪人を処断する.

처덕(妻德)[명] ❶ 妻の徳行. ❷ 妻のおかげ¦内助の功.

처덕-거리다[타] ❶ ぺたぺたと叩く. 예 진흙땅을 처덕거리며 걷다. 泥土の上をぺたぺたと歩く. ❷ ぺたぺたと張る¦べとべとと塗る.

처덕-대다[타] ☞처덕거리다

처덕-처덕[부] ぺたぺた¦べたべた¦べとべと. 예 ~ 시멘트를 바르는 소리 ぺたぺたとセメントを塗る音.

처-뜨리다[타] 垂れ下げる¦うなだれる. =처트리다

처량-하다(凄涼一)[형] ❶【쓸쓸하고 구슬픈】凄寥としている¦うら寂しい. 예 처량한 광경 凄寥たる光景. ❷【초라하고】物悲しい¦物哀れだ. 예 처량한 신세 哀れな身の上.
　처량-히[부] うら寂しく¦物悲しく.

처럼[조] 一のように¦一みたいに. 예 눈처럼 하얀 얼굴 雪のように白い顔/ 기계처럼 정확한 동작 機械みたいに正確な動作.

처리(處理)[명] 処理. 예 정보 ~ 情報処理/ 모자이크 ~ モザイク処理.
　처리-하다[타] 処理する.

처마[건] 軒. 예 ~ 끝에서 떨어진 빗방울 軒先から落ちた雨垂れ.

처-매다[타] 巻き縛る¦くくる. 예 상처를 붕대로 ~. 傷口を包帯で縛る.

처-먹다[타] ❶【마구】やたらに食う. ❷【이말저말】食う¦食らう.

처먹-이다[타]【먹기싫은 것을 억지로】食わせる¦食らわせる.

처모(妻母)[명] ☞장모(丈母)

처-박다[타] ❶【힘껏】強く打ち込む. ❷【되는대로 마구】やたらに押し込む¦突っ込む¦ほうり込む. 예 장롱에 처박아 두다. 箪笥に突っ込んでおく. ❸【가두어】閉じ込める¦押し込める. 예 시골집에 처박아 두다. 田舎家にとじ込めておく.

처방(處方)[명] ❶ 処方. ❷ 処方箋. =처방전

처방-전(處方箋)[명] (의)処方箋¦薬箋. =약전·처방❷

처벌(處罰)[명] 処罰. 예 ~을 받다. 処罰を受ける.
　처벌-하다[타] 処罰する.

처-부모(妻父母)[명] 妻の両親.

처분(處分)[명] 処分. 예 폐기 ~ 廃棄処分/ 제명 ~을 받다. 除名処分を受ける.
　처분-하다[타] 処分する. 예 땅을 ~. 土

地を処分する。

처사(處事)[명] 処置ほち｜仕打しうち。 ㉠부당한 ～ 不当ふとうな処置。

처-삼촌(妻三寸)[명] 妻のおじ。=처숙

처상(妻喪)[명] 妻の喪も｜妻の死し。

처서(處暑)[명]【이십사절기】処暑しょしょ。

처세(處世)[명] 処世しょせい｜世渡よわたり。 ㉠～에 능하다. 処世に長たけている。

　처세-하다[자] 処世しょせいをする｜世渡よわたりする。

처세-술(處世術)[명] 処世術しょせいじゅつ。

처소(處所)[명] 住んでいるところ｜居所どころ｜居場所いばしょ。 ㉠～를 정하다. 居所を定さだめる。

처숙(妻叔)[명] ☞처삼촌

처신(處身)[명] 身持みもち｜おこない。 ㉠～을 신중히 하다. 身持ちを慎重しんちょうにする。

처연-하다(悽然—)[명]【형용사】凄然せいぜんとしている｜さびしくうら悲しい。

처우(處遇)[명] 処遇しょぐう。 ㉠노동자의 ～를 개선하다. 労働者ろうどうしゃの処遇を改善かいぜんする。

　처우-하다[타] 処遇しょぐうする。

처음[명] 初はじめて｜最初さいしょ｜初はじめ。 ㉠～이자 마지막 最初で最後さいごの～｜뵙겠습니다. 初めてお目めにかかります。／～이라서 긴장하다. 初めてだから緊張きんちょうする。／맨 ～부터 읽다. 一番いちばん最初から読よむ。

처자(妻子)[명] 妻子さいし・つま。

처-쟁이다[타] (仕事しごと・物ものなどを)ぎっしり積つみあげる。

처절-하다(悽絶—)[명]【형용사】凄絶せいぜつだ｜すさまじい。 ㉠처절한 싸움 凄絶せいぜつな戦たたかい。

　처절-히[부] 凄絶せいぜつに｜すさまじく。

처제(妻弟)[명] 妻の妹いもうと｜義妹ぎまい。

처-조모(妻祖母)[명] 妻の祖母そぼ。=장조모

처-조부(妻祖父)[명] 妻の祖父そふ。=장조부

처족(妻族)[명] 妻の親族しんぞく。

처지(處地)[명] 境遇きょうぐう｜身みの上うえ｜立場たちば。 ㉠같은 ～의 여성 同おなじ境遇の女性じょせい／어려운 ～에 놓여 있다. 苦くるしい境遇に置おかれている。

처-지다[자]❶【아래로】(下したに)垂たれ下さがる｜伸のびる。 ㉠볼이 아래로 축 ～. 頬ほほが感情かんじょう・気分きぶんなどが沈しずむ。／자꾸 기분이 처져서 힘들다. しきりに気分が沈んで辛つらい。／낙심하여 어깨가 축 ～. 気落きおちしてがっくりと肩かたを落おとす。❸【남겨짐】(後あとに)取とり残のこされる｜仲間なかまから遅おれてついていけなくなる。 ㉠대열에서 처지지 않으려고 애쓰다. 隊列たいれつから取り残されないように頑張がんばる。❹【뒤떨어지다】(人ひとより)遅おくれる｜立たちおくれる｜劣おとり遅れをとる。 ㉠이해력은 또래에 비해 처진다. 理解力りかいりょくは同おなじ年頃としごろより遅れている。／아내보다 남편이 처진다. 妻より夫おっとが劣っている。

처참-하다(悽慘—)[명]【형용사】凄惨せいさんだ｜悽惨せいさんだ｜むごたらしい。 ㉠처참한 사고 현장 凄惨せいさんな事故現場じこげんば。

　처참-히[부] 凄惨せいさんに｜むごたらしく。

처처(處處)[명] 処々しょしょ｜所々ところどころ｜あちこち。=곳곳

처첩(妻妾)[명] 妻妾さいしょう｜妻と妾めかけ。

처치(處置)[명] 処置しょち｜処理しょり｜処分しょぶん。 ㉠응급 ～ 応急おうきゅう処置。

　처치-하다[타] 処置しょちする｜処理しょりする｜処分しょぶんする。 ㉠적장을 ～. 敵将てきしょうを殺ころす。

처-트리다[타] ☞처뜨리다

처-하다(處—)[자][타]❶【어떤상황】置おかれる。 ㉠곤경에 ～. 窮状きゅうじょうに置かれる。❷【어떤벌형량】処しょする｜중형에 ～. 重刑じゅうけいに処する。

처형¹(妻兄)[명]【아내의언니】妻の姉あね｜義姉ぎし。

처형²(處刑)[명] 処刑しょけい。

　처형-하다[타] 処刑しょけいする。 ㉠죄수를 ～. 囚人しゅうじんを処刑する。

척¹[의] ☞체¹

　척-하다[보동] —(した)ふりをする。 ㉠아는 ～. 知しったかぶりをする。／잘난 ～. 偉えらそうに振ふる舞まう。

척²[부]❶【착달라붙거나입히는모양】べったり｜ぴったり｜べたっと。 ㉠편지 봉투에 우표를 ～ 붙이다. 手紙てがみの封筒ふうとうに切手きってをべたっと貼はる。／젖은 옷이 살에 ～ 들러붙다. 濡ぬれた服が肌はだにぺったりくっつく。／엄마 품에 ～ 안기다. ママの懐ふところにぴったり抱だかれる。❷【딱맞는모양】ぴったり。 ㉠혀끝에 ～ 달라붙는 맛 舌先したさきにぴったり合あう味あじ。❸【시험에어김없이맞는모양】ぴったり。 ㉠어려운 고시에 ～ 붙다. 難むずかしい試験しけんに受うかる。／작전이 ～ 맞아 떨어지다. 作戦さくせんがぴったりと合う。

척³[부]【거침없이앉는모양】でんと｜どっかり(と)｜格好かっこうつけて。 ㉠～ 버티고 앉다. でんと座すわる。

척⁴[부]❶【선뜻아낌없이】さっと｜すっと｜ぽんと。 ㉠천만 원을 ～ 기부하다. 一千万いっせんまん

ウォンをぽんと寄付する。❷【하늘에 떠도는 모양】ちらっと｜ちらりと(と)。 ⑩ ~ 보기에 부자는 아닌 것 같다. 見たところ金持ちではなさそうだ。

척⁵(尺)의【길이의 단위】尺$_{しゃく}$。 ⑩ 팔 ~ 八尺$_{はっしゃく}$。 =자²

척⁶(隻)의【배를 세는 단위】隻$_{せき}$。 ⑩ 군함 한 ~ 軍艦$_{ぐんかん}$一隻$_{せき}$。

척결(剔抉)圐 剔抉$_{てっけつ}$。
 척결-하다 他 剔抉$_{てっけつ}$する。 ⑩ 부정을 ~. 不正$_{ふせい}$を剔抉する。

척골(脊骨)圐《의》脊椎骨$_{せきついこつ}$｜椎骨$_{ついこつ}$。 = 척추뼈

척관-법(尺貫法)圐 尺貫法$_{しゃっかんほう}$。

척도(尺度)圐 尺度$_{しゃくど}$。 ⑩ 돈을 가치의 ~로 삼다. お金$_{かね}$を価値の尺度とする。

척박-하다(瘠薄—)闾 土地$_{とち}$がやせている。 ⑩ 척박한 땅 やせた土地。

척삭(脊索)圐《동》脊索$_{せきさく}$。 ⑩ ~동물 脊索動物$_{どうぶつ}$。

척수(脊髓)圐《의》脊髄$_{せきずい}$。 ⑩ ~ 신경 脊髄神経$_{しんけい}$/ ~ 손상 脊髄損傷$_{そんしょう}$。 =등골❷

척수-염(脊髓炎)圐 脊髄炎$_{せきずいえん}$。

척식(拓殖)圐 拓殖$_{たくしょく}$｜拓植$_{たくしょく}$。
 척식-하다 自 拓殖$_{たくしょく}$する｜拓植する。

척주(脊柱)圐 脊柱$_{せきちゅう}$。

척-지다(隻—)自 互$_{たが}$いに恨$_{うら}$みを抱$_{いだ}$く。

척척¹囲【끈적끈적하게 달라붙는 모양】べたべた。

척척²囲 ❶【서슴없이 민첩하고 시원스럽게 해치우는 모양】しゃきしゃき｜てきぱき。 ⑩ 무엇이든 ~ 처리한다. 何$_{なん}$でもてきぱきと片付$_{かたづ}$ける。 ❷【어렵거나 힘 안 들이고 쉽게 해내는 모양】すらすら｜どんどん。 ⑩ 어려운 문제를 ~ 푼다. 難$_{むずか}$しい問題$_{もんだい}$をすらすら解$_{と}$く。 ❸【조금도 어긋남이 없이 행동하는 모양】ぴったり｜きちんと。 ⑩ 발을 ~ 맞추다. 足$_{あし}$をぴったりと合$_{あ}$わせる。

척척-박사(—博士)圐 物知$_{ものし}$り博士$_{はかせ}$。

척척-하다闾 湿$_{しめ}$っぽい。 ⑩ 비를 맞아서 옷이 ~. 雨$_{あめ}$に降$_{ふ}$られて服$_{ふく}$が濡$_{ぬ}$れている。

척추(脊椎)圐《의》脊椎$_{せきつい}$。

척추-동물(脊椎動物)圐《동》脊椎$_{せきつい}$動物$_{どうぶつ}$。

척추-뼈(脊椎—)圐《의》脊椎骨$_{せきついこつ}$。 =등골뼈·척골·추골

척출(剔出)圐【뽑아내거나 도려냄】剔出$_{てきしゅつ}$。

척후(斥候)圐《군》斥候$_{せっこう}$。
 척후-하다 斥候$_{せっこう}$する。

척후-병(斥候兵)圐《군》斥候兵$_{せっこうへい}$。

천¹圐 布地$_{ぬのじ}$｜生地$_{きじ}$。 ⑩ ~ 으로 닦다.

乾$_{かわ}$いた布地で拭$_{ふ}$く。

천²(千)㊟관 千$_{せん}$。 ⑩ ~ 번 千回$_{せんかい}$/ ~ 년의 사랑 千年$_{せんねん}$の恋$_{こい}$。
 천 리 길도 한 걸음부터속담 千里$_{せんり}$の道$_{みち}$も一歩$_{いっぽ}$から。

천개(天蓋)圐 天蓋$_{てんがい}$。

천거(薦擧)圐【어떤 일을 맡아 할 수 있는 사람을 그 자리에 쓰도록 소개하거나 추천함】薦擧$_{せんきょ}$｜推薦$_{すいせん}$｜推挙$_{すいきょ}$。
 천거-하다 他 薦擧$_{せんきょ}$する｜推薦$_{すいせん}$する｜推挙$_{すいきょ}$する。

천격(賤格)圐 ❶ 卑$_{いや}$しい品格$_{ひんかく}$。 ❷ ☞천골(賤骨)❶

천격-스럽다(賤格—)闾 品格$_{ひんかく}$が低$_{ひく}$い｜はしたない｜卑$_{いや}$しい。
 천격스레囲 はしたなく｜卑$_{いや}$しく。

천견(淺見)圐 浅見$_{せんけん}$。

천계(天界)圐【하늘의 세계】天界$_{てんかい}$｜天上界$_{てんじょうかい}$。 =천상계

천고(千古)圐 千古$_{せんこ}$。 ⑩ ~의 수수께끼 千古の謎$_{なぞ}$。

천고마비(天高馬肥)圐 天$_{てん}$高$_{たか}$く馬$_{うま}$肥$_{こ}$ゆること。

천골(賤骨)圐 ❶【천하게 보이는 골격】卑賤$_{ひせん}$な骨相$_{こっそう}$。 =천격❷ ❷ 卑賎$_{ひせん}$な生$_{う}$まれの人$_{ひと}$。

천공¹(天空)圐【끝없이 열린 하늘】天空$_{てんくう}$｜空$_{そら}$。

천공²(穿孔)圐【구멍을 뚫음】穿孔$_{せんこう}$。

천공-기(穿孔機)圐 穿孔機$_{せんこうき}$。

천구-의(天球儀)圐《천》天球儀$_{てんきゅうぎ}$。

천국(天國)圐 天國$_{てんごく}$。 ⑩ 어린이의 ~ 子供$_{こども}$の天国/ ~ 에 가다. 天国に行$_{い}$く。

천군-만마(千軍萬馬)圐 千軍万馬$_{せんぐんばんば}$。 ⑩ ~를 얻다. 千軍万馬を得$_{え}$る。

천금(千金)圐 千金$_{せんきん}$｜多額$_{たがく}$の金銭$_{きんせん}$。

천기¹(天氣)圐 天気$_{てんき}$｜天候$_{てんこう}$。 =날씨

천기²(天機)圐【중대한 기밀】天機$_{てんき}$。 ⑩ ~를 누설하다. 天機を洩$_{も}$らす。

천기³(賤妓)圐 賎妓$_{せんぎ}$。

천년(千年)圐 千年$_{せんねん}$。

천년-만년(千年萬年)圐 一千万年$_{いっせんまんねん}$｜長$_{なが}$い歳月$_{さいげつ}$。

천당(天堂)圐《종》天堂$_{てんどう}$｜天国$_{てんごく}$。

천대(賤待)圐 ❶ 卑$_{いや}$しめてないがしろにすること｜冷遇$_{れいぐう}$。 ❷ ぞんざいに取$_{と}$り扱$_{あつか}$うこと。
 천대-하다 他 ❶ 卑$_{いや}$しめてないがしろにする｜冷遇$_{れいぐう}$する。 ❷ ぞんざいに取$_{と}$り扱$_{あつか}$う。

천더-기(賤—)圐 ☞천덕꾸러기

천덕-꾸러기(賤—)圐 卑$_{いや}$しめられて冷遇$_{れいぐう}$されるもの｜邪魔$_{じゃま}$もの扱$_{あつか}$いさ

천덕-스럽다(賤—)�� 品格がなく野卑だ。

천덕스레�� 品格がなく｜卑しく。

천도¹(天道)�� 天道。예 ~에 어긋나다. 天道にそむく。

천도²(遷都)�� 遷都｜都移り。
천도-하다�� 遷都する｜都を移す。

천도-교(天道敎)�� 〈종〉天道敎。

천동-설(天動說)�� 〈천〉天動說。

천둥�� 雷。예 ~이 치다. 雷が鳴る。

천둥-소리�� 雷の音。=우렛소리

천렵(川獵)�� 川猟｜川漁。
천렵-하다�� 川猟をする。

천륜(天倫)�� 天倫。

천리(天理)�� 天理。예 ~를 거역하다. 天理に背く。

천리-마(千里馬)�� 千里の馬。

천리-만리(千里萬里)�� 千里万里。

천리-안(千里眼)�� 千里眼。

천막(天幕)�� 天幕｜テント。예 ~을 치다. テントを張る。

천만(千萬) Ⅰ �� �� 千万｜一千万。예 ~ 달러 一千万ドル。
Ⅱ �� ❶ 千万｜非常に多い数量。❷ 千万｜(程度が)この上ないこと。はなはだしいこと。예 유감·遺憾 千万。
Ⅲ �� 至極｜全然｜非常に。예 ~의 말씀입니다. どういたしまして｜とんでもございません｜めっそうもございません。/ ~ 지당하십니다. 至極ごもっともです。

천만-금(千萬金)�� 多額のお金。

천만-년(千萬年)�� 一千万年｜長い歳月。

천만-다행(千萬多幸)�� 非常に幸運であること｜まことに幸いであること。예 조금이나마 기여할 수 있다면 ~입니다. いささかでも寄与できればまことに幸いに存じます。

천만-대(千萬代)�� 長い世代。

천만-뜻밖(千萬一)�� まったく思いがけないこと｜まったくの意外さ。예 ~에도 복권에 당첨되었다. まったく思いもかけなかった宝くじに当たった。/ ~에 네가 돌아와 얼마나 기쁜지 모르겠다. まったく思いもかけず, 君が帰ってきたのでどんなにうれしいことか。

천만-번(千萬番)�� 限りなく多い回数。

천만부당(千萬不當)�� ☞천부당만부당

천만-에(千萬一)�� どういたしまして｜とんでもない｜めっそうもない。

천명¹(天命)�� 天命。❶ 天寿。❷ 宿命。❸ 天での命令。예 ~을 기다리다. 天命を待つ。

천명²(闡明)�� 闡明。
천명-하다�� 闡明する。예 진리를 ~. 真理を闡明する。

천문(天文)�� 〈천〉天文。~ 항법 天文航法。

천문-대(天文臺)�� 〈천〉天文台。

천문-학(天文學)�� 〈천〉天文学。

천문학-적(天文學的)�� 天文学的。예 ~ 숫자 天文学的数字。

천민(賤民)�� 賎民。

천박-하다(淺薄—)�� 浅薄だ｜あさはかだ。예 천박한 수법 浅薄な手口。

천방-지축(天方地軸)�� ❶ (愚か者が)むちゃくちゃに振る舞うこと。❷ (急ぐあまり)あたふたすること。

천벌(天罰)�� 天罰。예 ~이 내리다. 天罰が下る。

천변¹(川邊)�� 川辺｜川端｜かわべり。

천변²(天變)�� 天変。

천변-만화(千變萬化)�� 千変万化。

천부(天賦)�� 天賦｜生まれつき。예 ~의 솜씨 生まれつきの器量／~ 인권 天賦人權。
천부-하다�� 生まれつく。

천부당-만부당(千不當萬不當)�� とんでもないこと。=천부당만부당·만부당

천부-적(天賦的)�� 生まれつき。예 ~인 감각 生まれつきの感覚。

천사(天使)�� 天使。예 백의의 ~ 白衣の天使。

천상(天上)�� 天上。예 ~의 음악 天上の音楽。

천상-계(天上界)�� 天上界。=천계

천상-천하(天上天下)�� 天上天下。예 ~ 유아독존 天上天下唯我独尊。

천생(天生) Ⅰ �� 天賦｜生まれつき｜天性。
Ⅱ �� ❶ 生まれながら｜生まれつき｜先天的に｜初めから。예 ~ 연예인 生まれながらの芸能人。❷

【^{감짝할}】 まるで｜そっくり｜あたかも。囫 저런 젊은 ～ 제 아버지다. ああいう所^{ところ}はそのおやじにそっくりだ。 ❸【^{결국에는}】 やむを得^えず｜仕方^{しかた}なく。

천생-배필(天生配匹)몡 (天^{てん}が定^{さだ}めた) 似合^{にあ}いの配偶者^{はいぐうしゃ}。

천생-연분(天生緣分)몡 天^{てん}が定^{さだ}めた因緣^{いんねん}。

천석-꾼(千石—)몡【^{부자인 사람}】千石取^{せんごくと}りの大地主^{だいじぬし}。

천성(天性)몡 天性^{てんせい}｜生^うまれつき。囫 ～ 착하다. 根^ねが善良^{ぜんりょう}だ。=자성

천세(千歲)몡 ❶【^{오랜}】千歲^{せんざい}｜千年間^{せんねんかん}｜千載^{せんざい}。囫 이름을 ～에 남기다. 名^なを千歲^{せんざい}に残^{のこ}す。 ❷【^{오래살기를바라는말}】千秋万歲^{せんしゅうばんざい}。

천수(天壽)몡 天寿^{てんじゅ}｜天命^{てんめい}。囫 ～를 누리다. 天寿^{てんじゅ}を全^{まっと}うする。

천수-답(天水畓)몡 〔농〕天水田^{てんすいでん}。

천시(賤視)몡 蔑視^{べっし}｜さげすむこと。
　천시-하다턘 蔑視^{べっし}する｜さげすむ。

천식(喘息)몡 〔의〕喘息^{ぜんそく}。囫 기관지 ～ 気管支^{きかんし}喘息。

천신-만고(千辛萬苦)몡 千辛万苦^{せんしんばんく}。囫 ～ 끝에 승리하다. 千辛万苦の末^{すえ}に勝利^{しょうり}する。

천심(天心)몡 天心。❶【^{하늘의}】空^{そら}の真^まん中^{なか}。 ❷【^{하늘의}】天意^{てんい}。=천의

천애(天涯)몡 天涯^{てんがい}。囫 ～ 고독 天涯孤独^{てんがいこどく}/ ～ 고아 天涯の孤児^{こじ}。

천야만야-하다(千耶萬耶—)ㆅ【^{까마득하게}】(千尋^{せんひろ}にも万尋^{ばんひろ}にもなりそうに)非常^{ひじょう}に深^{ふか}いか高^{たか}い。囫 천야만야한 산 非常に高い山^{やま}。

천양지차(天壤之差)몡 天地^{てんち}の差^さ｜雲泥^{うんでい}の差。

천언만어(千言萬語)몡 千言万語^{せんげんばんご}｜非常^{ひじょう}に多^{おお}くの言葉^{ことば}。

천업(賤業)몡 賤業^{せんぎょう}。

천연¹(天然)몡 天然^{てんねん}。囫 ～ 섬유 天然繊維^{てんねんせんい}/ ～ 색소 天然色素^{てんねんしきそ}。

천연-하다¹휑 ❶【^{자연스러운}】飾^{かざ}り気^けがない｜自然^{しぜん}だ。囫 들꽃의 천연한 모습 野花^{のばな}の飾り気のない姿^{すがた}。 ❷【^{태연한}】平然^{へいぜん}としている｜なにげない。囫 천연한 얼굴로 거짓말을 하다. 平気^{へいき}な顔^{かお}をしてうそをつく。
　천연-히튀 平然^{へいぜん}と｜こともなげに。

천연²(遷延)몡【^{시간을 늦춤}】遷延^{せんえん}｜長引^{ながび}くこと｜引^ひき延^のばすこと。
　천연-하다²턘 遷延^{せんえん}する｜長引く｜引き延ばす。

천연-가스(天然gas)몡 〔화〕天然^{てんねん}ガス。=자연가스

천연-기념물(天然記念物)몡 天然^{てんねん}記念物^{きねんぶつ}。

천연덕-스럽다(天然—)휑 平然^{へいぜん}としている｜まことしやかだ｜平気^{へいき}だ。
　천연덕스레튀 平然と｜まことしやかに｜平気に。

천연-두(天然痘)몡 〔의〕天然痘^{てんねんとう}。=두창·마마

천연-색(天然色)몡 天然色^{てんねんしょく}。

천연-스럽다(天然—)휑 ❶飾^{かざ}り気^けがなく自然^{しぜん}だ。 ❷平然^{へいぜん}としている｜まことしやかだ｜なにげない。囫 천연스럽게 거짓말을 하다. まことしやかに嘘^{うそ}をつく。
　천연스레튀 平然と｜こともなげに。

천연-자원(天然資源)몡 天然資源^{てんねんしげん}。

천엽(千葉)몡 처녑

천왕-성(天王星)몡 〔천〕天王星^{てんのうせい}。

천우-신조(天佑神助)몡【^{하느님의도움}】天佑神助^{てんゆうしんじょ}。

천운(天運)몡 天運^{てんうん}。

천원-점(天元點)몡 《의》天元^{てんげん}｜碁盤^{ごばん}の中央^{ちゅうおう}にある星^{ほし}。

천은(天恩)몡 天恩^{てんおん}。囫 ～을 입다. 天恩に浴^{よく}する。

천의(天意)몡 天意^{てんい}。囫 ～에 따르다. 天意に従^{したが}う。=천심❷

천이(遷移)몡 遷移^{せんい}。

천인¹(天人)몡 ❶【^{하늘과사람}】天人^{てんじん}｜天^{てん}と人^{ひと}。 ❷【^{천의}】天人^{てんじん}｜天意^{てんい}と人事^{じんじ}。 ❸【^{선녀}】飛天^{ひてん}。

천인²(賤人)몡 賤人^{せんじん}。

천인-공노(天人共怒)몡 天^{てん}と人^{ひと}が共^{とも}に怒^{いか}ること｜誰^{だれ}もが憤慨^{ふんがい}すること。

천인-단애(千仞斷崖)몡【^{까마득한}】千尋^{せんじん}の断崖^{だんがい}。

천일(天日)몡 ❶【^{하늘과해}】天^{てん}と太陽^{たいよう}。 ❷【^{태양을 점잖게 보는말}】天日^{てんじつ}・じつ。

천일-염(天日鹽)몡 天日塩^{てんじつえん・てんじつじお}。

천자(天子)몡 天子^{てんし}｜皇帝^{こうてい}。=천황❷

천자만홍(千紫萬紅)몡【^{가지각색의 꽃들이 만발함}】千紫万紅^{せんしばんこう}。

천자-문(千字文)몡 千字文^{せんじもん}。

천장¹(天障)몡 〔건〕天井^{てんじょう}。囫 ～에 구멍을 뚫다. 天井に穴^{あな}をあける。

천장²(遷葬)몡【^{무덤의 개장}】改葬^{かいそう}｜他^{ほか}の場所^{ばしょ}に葬^{ほうむ}り直^{なお}すこと。

천장-하다(─)[타] 改葬する ¦ 葬り直す.

천재¹(天才)[명] 天才. 예수학의 ~ 数学の天才.

천재²(天災)[명] 天災.

천재-일우(千載一遇)[명] 千載一遇. 예~의 기회 千載一遇のチャンス.

천재-적(天才的)[관] 天才的. 예~인 피아니스트 天才的なピアニスト.

천재-지변(天災地變)[명] 天災地変.

천적(天敵)[명] =목숨앗이

천정(天井)[명] ☞'천장(天障)'의 잘못.

천정부지(天井不知)[명] 天井知らず. 예~로 계속 오르는 원유 가격 天井知らずに上がり続ける原油価格.

천제(天帝)[명] 天帝 ¦ 造物主.

천주-교(天主敎)[명] ローマカトリック教 ¦ 天主教. ●일본에서는 현재 「天主教」라는 말은 쓰지 않는다.

천중-절(天中節)[명] ☞단오(端午)

천지¹(天地)[명] ❶天地 ¦ 天と地 ¦ 宇宙 ¦ 世の中. 예~ 창조 天地創造/~가 흔들리다. 天地が揺れ動く. ❷非常に多いこと. 예장롱 위에는 먼지와 쓰레기 ~이다. 箪笥の上には埃と塵がいっぱいだ.
 천지가 진동하다[관용] 音が轟く.

천지²(天池)[명] (白頭山の頂上にある)天池.

천지-간(天地間)[명] 天と地の間 ¦ この世の中.

천지-개벽(天地開闢)[명] 天地開闢.

천지-신명(天地神明)[명] 天地神明. 예~에게 빌다. 天地神明に祈る.

천직(天職)[명] 天職. 예~으로 생각하고 성실히 일하다. 天職と思って真面目に働く.

천진-난만(天眞爛漫)[명] 天真爛漫.
 천진난만-하다(天眞─)[형] 天真爛漫だ. 예천진난만한 어린이들 天真爛漫な子供たち.

천진-무구(天眞無垢)[명] 汚れがなく無邪気.

천진-스럽다(天眞─)[형] 純真だ ¦ 無邪気だ ¦ おどけない.
 천진스레[부] 純真に ¦ 無邪気に ¦ おどけなく.

천진-하다(天眞─)[형] 天真だ ¦ 無邪気だ ¦ おどけない. 예천진한 얼굴을 하고 있다. おどけない顔をしている.

천차만별(千差萬別)[명] 千差万別.

천착(穿鑿)[명] 穿鑿.
 천착-하다[타] 穿鑿する.

천창(天窓)[명] 天窓.

천천-하다[형] ゆっくりしている ¦ のんびりしている ¦ 緩慢だ ¦ 沈着だ.
 천천-히[부] ゆっくりと ¦ 徐々に ¦ のんびりと. 예~ 걸어가다. ゆっくりと歩いていく. /~ 일어서다. ゆっくり立ち上がる.

천첩(賤妾)[명] ❶下女や遊女で妾になった女. ❷婦人が夫に対して自分をへりくだって言った語.

천체(天體)[명] 《천》天体. 예~ 관측 天体観測/~ 망원경 天体望遠鏡/~ 사진 天体写真.

천추(千秋)[명] 千秋 ¦ 長い年月. 예하루가 ~ 같은 심정 一日が千秋の思い.

천추-만세(千秋萬歲)[명] 千秋万歳.

천치(天癡・天痴)[명] 白痴 ¦ ばか.

천칙(天則)[명] 天則 ¦ 天理.

천칭(天秤)[명] 天秤. 예~에 달다. 天秤に掛ける.

천칭-자리(天秤─)[명] 《천》天秤座.

천태만상(千態萬象)[명] 千態万状 ¦ 千状万態.

천파-만파(千波萬波)[명] 千波万波.

천편-일률(千篇一律)[명] 千篇一律. 예~적인 문장 千篇一律の文章.

천품(天稟)[명] 天稟 ¦ 天性.

천하(天下)[명] 天下. 예~ 통일 天下統一/~의 바보 天下の愚か者/~를 손에 쥐다. 天下を取る.

천-하다(賤─)[형] ❶卑しい ¦ 下品だ. 예천한 옷차림 卑しい身なり/천한 직업 卑しい職業. ❷ありふれている ¦ ざらにある.
 천-히[부] 卑しく ¦ 下品に.

천하-대세(天下大勢)[명] 天下の大勢.

천하-만사(天下萬事) あらゆる事.

천하-무적(天下無敵)[명] 天下無敵.

천하-없어도(天下─)[부] どんなことがあっても ¦ 是非とも.

천하-일색(天下一色)[명] 絶世の美人.

천하-일품(天下一品)[명] 天下一品.

천하-장사(天下壯士)[명] 世に比類のない力持ち.

천하-태평(天下泰平)[명] 天下泰平。
천학(淺學)[명] 浅学。
천학-비재(淺學菲才)[명] 【자기 학식을 겸손하게 이르는 말】浅学非才 ¦ 浅学菲才。
천해(淺海)[명] 浅海 ¦ 浅い海。
천행(天幸)[명] 天幸 ¦ 天のめぐみ。
천황(天皇)[명] ❶【하느님】天帝 ¦ 上帝。 =옥황상제 ❷【임금. 왕】天皇 ¦ 天子。 =천자 ❸【일본의 왕】天皇 ¦ 日本の国王。
철[1][명] ❶【계절. 철기】季節 ¦ 時期 ¦ 時 ¦ 時季 ¦ シーズン。[예] 벚꽃 ~ 桜の季節/ ~이 늦다. 時季はずれだ；季節に遅れている。/ ~ 따라 아름다운 풍경을 즐길 수 있다. 季節折々の美しい風景が楽しめる。❷【제철. 적기】旬 ¦ 適期 ¦ 最盛期。[예] ~을 만나다. 最盛期を迎える。
철[2][명] 【사물을 분별할 수 있는 힘】分別 ¦ 物心 ¦ わきまえ。[예] 너도 자식 키우는 부모가 되니 ~이 나는구나! 君も子どもを育てる親になって、分別をわきまえるようになったな。/ 그 사람은 ~이 들려면 아직 멀었다. その人はまだまだ分別がつきそうにない。
철[3](鐵)[명] 《화》鉄。
-철[4](綴)[접] 【한데 꿰매어 놓은 물건의 뜻으로】—綴じ。[예] 서류철 書類綴じ。
철갑(鐵甲)[명] ❶(鉄などで)表面をめぐらしたもの。❷【쇠붙이로 만든 갑옷】鉄甲 ¦ 鉄製の甲冑。
철갑-상어(鐵甲—)[명] 《동》ちょうざめ。
철갑-선(鐵甲船)[명] 鉄甲船。
철강(鐵鋼)[명] 鉄鋼。[예] ~ 산업 鉄鋼産業。
철거(撤去)[명] 撤去 ¦ 取り払うこと。
　철거-하다[타] 撤去する ¦ 取り払う。[예] 불법 건축물을 ~. 不法建築物を撤去する。
철거덕[부] ❶【크고 단단한 물체가 맞부딪치는 소리 또는 모양】がちゃん。❷【끈기 있는 물건이 세차게 들러붙는 소리 또는 모양】べたっと。[준]철걱
철걱[부] ☞'철거덕'의 준말.
철골(鐵骨)[명] ❶《건》鉄骨。[예] ~ 구조 鉄骨構造。❷【매우 단단하게 생긴 골격】たくましい骨組み。
철공(鐵工)[명] 鉄工。
철공-소(鐵工所)[명] 鉄工所。
철관(鐵管)[명] 鉄管。
철광(鐵鑛)[명] 《광》鉄鋼。
철-광석(鐵鑛石)[명] 《광》鉄鉱石 ¦ 鉄鋼。
철교(鐵橋)[명] 鉄橋。
철권(鐵拳)[명] 鉄拳。[예] ~ 정치 鉄拳政治。
철근(鐵筋)[명] 《건》鉄筋。[예] ~ 콘크리트 鉄筋コンクリート。
철기(鐵器)[명] 鉄器。[예] ~ 시대 鉄器時代。
철-길(鐵—)[명] 鉄道 ¦ レール。
철꺼덕[부] ❶【끈기 있는 물체가 세차게 들러붙는 소리 또는 모양】べたっと ¦ べったり。❷【금속 등이 세차게 부딪치는 소리 또는 모양】がちゃん ¦ がん(と) ¦ ごん(と)。[예] ~ 잠겨 버린 문 がちゃんと閉まってしまった扉。[준]철꺽
　철꺼덕-거리다[자][타] ❶べたべたとくっつく ¦ べたっと貼り付く。❷がちゃんと音を出す。[예] 철꺽거리는 문 때문에 시끄러워 귀를 막다. がちゃんと音がする扉のせいでうるさくて、耳をふさぐ。=철꺼덕대다
　철꺼덕-대다[자][타] ☞철꺼덕거리다
철꺽[부] ☞'철꺼덕'의 준말.
철-나다[자] 分別がつく ¦ 物心がつく。=철들다
철도(鐵道)[명] 鉄道。[예] ~ 건널목 鉄道の踏切。
철도-망(鐵道網)[명] 鉄道網。
철도-청(鐵道廳)[명] 《법》鉄道庁。
철두-철미(徹頭徹尾)[부] 徹頭徹尾 ¦ 完全に。
　철두철미-하다[형] 初めから終わりまで徹底している。[예] 철두철미한 품질 관리 徹底的な品質管理。
철-둑(鐵—)[명] 線路づたいの土手。
철-들다[자] ☞철나다
철-딱서니[명] 【'철2'를 속되게】分別 ¦ 物心 ¦ わきまえ。
철떡[부] 【젖었거나 차진 물건이 세차게 들러붙는 소리 또는 모양】べたっと ¦ べったり。
철럭-철럭[부] ❶【많은 물 등이 흘러넘치거나 부딪치는 소리 또는 모양】ぴしゃぴしゃ ¦ びたびた ¦ びちゃびちゃ。❷【쇠붙이 등이 가볍게 서로 부딪치는 소리 또는 모양】がちゃがちゃ。
철렁[부] ❶【가득 찬 물 등이 넘칠 듯 흔들리는 소리 또는 모양】どぶん(と) ¦ どぼん(と)。[예] 풀로 뛰어드니 물이 ~ 넘치다. プールに飛込んで水がどぶんと溢れる。❷【어떤 일에 놀라서 가슴이 설레는 모양】ぎくっと ¦ どきっと ¦ びくっと。[예] 갑자기 뒤에서 어깨를 붙잡아 가슴이 ~ 내려앉았다. 急に後ろから肩を掴まれて、どきっと驚いた。
　철렁-하다[자][타] ぎくっとする ¦ どきっとする ¦ びくっとする。[예] 한밤중 총소

ㅊ

리에 가슴이 철렁하였다. 真夜中まよなかの銃声じゅうせいでぎくっとした。

철로(鐵路)[명] 線路せんろ｜鉄道線路てつどうせんろ｜レール。

철롯-둑(鐵路—)[명] 線路せんろづたいの土手て。

철륜(鐵輪)[명] 鉄輪てつりん。

철리(哲理)[명] 哲理てつり。

철마(鐵馬)[명]【기관차를 말함】汽車きしゃ｜列車れっしゃ。

철망(鐵網)[명] ❶ 金網かなあみ。❷ 鉄条網てつじょうもう。 =철조망

철면¹(凸面)[명]【볼록하게 나온 면】凸面とつめん。

철면²(鐵面)[명] ❶ 鉄面てつめん｜鉄てつでできた面めん。❷ 赤黒あかぐろい顔かお。

철-면피(鐵面皮)[명] 鉄面皮てつめんぴ。

철모(鐵帽)[명]〈군〉鉄帽てつぼう｜鉄兜てつかぶと。

철-모르다[자]〈幼おさなくて〉分別ふんべつをわきまえない。

철문(鐵門)[명] 鉄門てつもん。

철물(鐵物)[명] 金物かなもの｜金具かなぐ。

철물-점(鐵物店)[명] 金物屋かなものや｜金物店かなものてん。

철버덕[부]【옅은 물이나 진흙을 거칠게 밟거나 치는 소리 또는 모양】じゃぶじゃぶ。㉰ 철벅

철버덩[부]【묵직한 물건이 물에 떨어져 잠기는 소리 또는 모양】どぶん(と)｜どぼん(と)。㉠ 물속에 ~ 뛰어들다. 水中すいちゅうにどぶんと飛とび込こむ。㉰ 철벙

철버덩-거리다[자][타] どぶんどぶん音おとがする。㉠ 철버덩거리며 물장구치는 아이들 ざぶんざぶんとばた足あしをしている子供こどもたち。=철버덩대다

철버덩-대다[자][타] ☞ 철버덩거리다

철벅[부] ☞ '철버덕'의 준말.

철벙[부] ☞ '철버덩'의 준말.

철벽(鐵壁)[명] 鉄壁てっぺき。㉠ ~ 수비 鉄壁の守備しゅび。

철병(撤兵)[명] 撤兵てっぺい。
　철병-하다[자] 撤兵する。

철봉(鐵棒)[명]〈운〉鉄棒てつぼう。㉠ ~ 운동 鉄棒運動うんどう。

철-부지(—不知)[명] 思慮分別しりょふんべつのない人ひと｜わきまえのない人｜世知せちしらず｜世間知せけんしらず。

철분(鐵分)[명] 鉄分てつぶん。㉠ ~을 섭취하다. 鉄分を摂取せっしゅする。

철사(鐵絲)[명] ☞ 철선²

철삭(鐵索)[명] 鉄索てつさく｜ケーブル。

철-새[명]〈동〉渡わたり鳥どり｜候鳥こうちょう。

철색(鐵色)[명] 鉄色てついろ｜緑色りょくしょくがかった暗くらい青あお。

철석(鐵石)[명] 鉄石てっせき。❶ 鉄てつと石いし。❷【비유적으로】固かたくて変かわらないもの。

철석-같다(鐵石—)[형] (鉄石のように)固かたい。㉠ 철석같은 약속 固い約束やくそく／철석같은 마음 鉄石心てっせきしん；鉄心。

철선¹(鐵船)[명]【철선박】鉄てつで造つくった船ふね。

철선²(鐵線)[명] 鉄線てっせん｜針金はりがね。=철사

철수(撤收)[명] 撤収てっしゅう。
　철수-하다[자][타] 撤収する。㉠ 기지에서 ~. 基地きちから撤収する。

철시(撤市)[명] 市場しじょう・店舗てんぽなどを片かたづけて営業えいぎょうを休やすむこと。
　철시-하다[자] 市場・店舗などを片かたづけて営業を休やすむ。

철심(鐵心)[명] ❶【쇠심】鉄心てっしん｜堅固けんごな心こころ。❷〈전〉鉄心てっしん。

철써덕[부] ❶【옅은 액체가 단단한 물체에 부딪히는 소리 또는 모양】ばしゃっ(と)｜ぱしゃっ(と)。❷【큰 물체가 긴지게 부딪히는 소리 또는 모양】ぴしゃっと｜ぴしゃり(と)。㉰ 철썩
　철써덕-거리다[자][타] ❶ しきりにぱしゃっと音がする。❷ぴしゃぴしゃする。=철써덕대다
　철써덕-대다[자][타] ☞ 철써덕거리다

철썩[부] ☞ '철써덕'의 준말.

철야(徹夜)[명] 徹夜てつや。
　철야-하다[자] 徹夜する｜夜よを明あかす。㉠ 철야하여 완성하다. 徹夜して仕上しあげる。

철-없다[형] 分別ふんべつがない｜頑是がんぜない｜聞きき分わけがない｜幼稚ようちである。㉠ 나이에 비해 너무 ~. 年齢ねんれいの割わりに分別がない。／철없는 짓만 골라 한다. 分別のないことばかりする。

철없-이[부] 分別ふんべつなく｜頑是がんぜなく。

철옹-성(鐵甕城)[명] (鉄てつで作つくったかめのように堅固けんごな城しろの意いで)非常ひじょうに堅固なもの｜金城鉄壁きんじょうてっぺき。

철인¹(哲人)[명] 哲人てつじん｜哲学者てつがくしゃ。

철인²(鐵人)[명]【강인한 사람】鉄人てつじん。

철자(綴字)[명]〈언〉綴字ていじ｜綴つづり｜綴り字じ｜スペリング。

철자-법(綴字法)[명]〈언〉綴字法ていじほう。=맞춤법

철재(鐵材)[명] 鉄材てつざい。

철저-하다(徹底—)[형] 徹底てっていする。㉠ 철저한 조사 徹底的てっていてきな調査ちょうさ／철저한 반전주의자 徹底した反戦主義者はんせんしゅぎしゃ／서비스가 ~. サービスが徹底している。

철저-히[부] 徹底的てっていてきに。㉠ 주차 위반을 ~ 단속하다. 駐車違反ちゅうしゃいはんを徹底的

に取り締まる。

철제(鐵製)圏 鉄製せい｜スチール製せい。예 ~ 우편함 鉄製の郵便便ゆうびん ポスト。

철조-망(鐵條網)圏 鉄条網じょう。예 ~을 치다. 鉄条網を張りり巡らす。=철망❷

철쭉圏 ☞철쭉나무

철쭉-나무〈식〉黒船躑躅つつじ。=철쭉

철창(鐵窓)圏 鉄窓そう。예 교도소의 ~ 刑務所しょの鉄窓。

철창-생활(鐵窓生活)圏 監獄暮かんごくらし。

철창-신세(鐵窓身勢)圏 囹圄れいごの身み。 예 ~를 지다. 囹圄の身になる。

철책(鐵柵)圏 鉄柵さく。예 ~을 두르다. 鉄柵をめぐらす。

철천지원수(徹天之怨讐)圏 不倶戴天ふぐたいてんの敵かたき。

철천지한(徹天之恨)圏 天てんまでとどく恨うらみ。

철철閉【액체가 넘쳐 흐르는 모양】どくどく｜なみなみ。예 상처에서 피가 ~ 흘러나오다. 傷口きずぐちから血ちがどくどくと流ながれ出でる。

철철-이閉 季節きせつごとに。

철칙(鐵則)圏 鉄則そく。예 투자의 ~ 投資とうしの鉄則。

철커덕閉 ❶【크고 단단한 물체가 맞부딪칠 때 나는 소리 또는 모양】がちゃん｜ちゃり(と)｜がちり(と)。❷【끈기 있는 물건이 세차게 달라붙는 모양】べたっと｜べったり。❸【단단한 물건이 잠기거나 걸리는 소리 또는 모양】がちゃん｜がちゃり(と)。예 문을 ~ 닫다. 扉とびらをがちゃんと閉しめる。㊀철컥

철커덩閉【크고 단단한 쇠붙이 등이 맞부딪칠 때 울리어 나는 소리】がちゃん｜がたん(と)。예 바람에 대문이 ~ 소리를 내다. 風かぜに門もんががちゃんと音おとを立たてる。

철컥閉 ☞'철커덕'의 준말。

철탑(鐵塔)圏 鉄塔とう。

철통(鐵桶)圏 鉄桶とう。예 ~ 보안 鉄桶保安ほあん。/ ~ 같은 경호 鉄桶のような警護けいご。

철퇴¹(撤退)圏 撤退てったい｜撤収しゅう。
　철퇴-하다囮 撤退たいする｜撤収しゅうする。

철퇴²(鐵槌)圏【쇠몽둥이】鉄槌ついっ。예 ~를 가하다. 鉄槌を下くだす。/ ~를 휘두르다. 鉄槌を振るう。

철판(鐵板)圏 鉄板ばん。
　철판을 깔다屢凾 恥はじを恥とも思おもわない｜ずうずうしい。예 얼굴에 철판을 깐 사람 恥知ずしらず；厚顔無恥こうがんむちの人ひと。

철판-구이(鐵板—)圏 鉄板焼てっぱんやき。

철폐(撤廢)圏 撤廃てっぱい。
　철폐-하다囮 撤廃はいする。예 연령 제한을 ~. 年齢制限せいげんを撤廃する。

철필(鐵筆)圏 鉄筆ひつ。

철-하다(綴—)囮 綴とじる｜綴と じ込こむ。예 하나로 ~. 綴じ合あわせる。/ 자료를 철하여 책자로 만들다. 資料しりょうを綴じて冊子さっしにする。

철학(哲學)圏 哲学がく。예 ギリス ~ ギリシャ哲学。

철학-자(哲學者)圏 哲学者てつがく。

철학-적(哲學的)冠 哲学的てき。예 ~인 문제 哲学的な問題もんだい。

철혈(鐵血)圏 鉄血けつ。예 ~ 재상 鉄血宰相さいしょう。

철형(凸形)圏【인쇄물의 형태 따위】凸形とっけい｜凸型がた。

철화(鐵火)圏 鉄火か。

철회(撤回)圏 撤回かい。
　철회-하다囮 撤回する。예 사의를 ~. 辞意を撤回する。

첨가(添加)圏 添加か。
　첨가-하다囮 添加かする｜つけ加くわえる。예 방부제를 ~. 防腐剤ぼうふざいを添加する。/ 문장을 ~. 文章ぶんしょうをつけ加える。

첨가-물(添加物)圏 添加物ぶつ。예 식품 ~ 食品しょくひん添加物。

첨단(尖端)圏 先端せん｜尖端たん。예 ~ 산업 先端産業さんぎょう／ ~ 기술 先端技術ぎじゅつ／ ~ 시대의 ~을 걷다. 時代じだいの先端を行いく。

첨벙閉 どぶん(と)｜どぼん(と)。예 바닷속에 ~ 뛰어들다. 海うみの中なかにどぶんと飛とび込こむ。
　첨벙-거리다囲 どぶんどぶん音おとを立たてる。=첨벙대다
　첨벙-대다囲 ☞첨벙거리다

첨벙-첨벙閉 どぶんどぶん｜どぼんどぼん｜じゃぶじゃぶ。

첨병(尖兵)圏〈군〉尖兵へい｜先兵ぺい。예 디지털 가전의 ~이 되다. デジタル家電かでんの尖兵となる。

첨부(添附)圏 添付ぷ。
　첨부-하다囮 添付ぷする｜つけ加くわえる。예 만 원 이상의 지출에 영수증을 첨부할 것 一万まんウォン以上いじょうの支出ししゅつについて、領収証りょうしゅうしょうを添付すること。

첨부 파일(添附file)圏 添付ぷファイル。예 ~을 열다. 添付ファイルを開ひらく。

첨삭(添削)圏 添削さく。예 ~이 필요 없는 완벽한 기안 添削するところのない完璧かんぺきな起案きあん。
　첨삭-하다囮 添削する。예 영문 메일

을 ~. 英文メールを添削する。

첨예-하다(尖銳一)[형] 先銳だ｜尖銳だ。 예첨예한 대립 先銳な対立。

첨예-화(尖銳化)[명] 先銳化。

첨예화-하다[자H] 先銳化する。

첨잔(添盞)[명] 酒の残っている盃に酒を注ぎ足すこと。

첨지(籤紙)[명] 付箋。

첨탑(尖塔)[명] 尖塔。

첩[1](妾)[명] 妾。 예~을 두다. 妾を囲う。 =소실·작은마누라·측실②

첩[2](貼)[의] 貼｜服｜ 예한약 세 ~ 漢方藥 三貼。

-첩[3](帖)[접] 一帳。 예사진첩 寫真帳。

첩경(捷徑)[명] 捷径｜近道。 예성공에 이르는 ~ 成功への捷径。

첩보[1](捷報)[명] 捷報｜勝報。

첩보[2](諜報)[명] 諜報。 예~활동 諜報活動／~ 기관 諜報機關。

첩보-망(諜報網)[명] 諜報網。

첩약(貼藥)[명] (漢方で)調合して包んだ薬。

첩자(諜者)[명] 諜者｜間諜｜スパイ。 =간첩

첩첩-산중(疊疊山中)[명] 深い山奥。

첩첩-하다(疊疊一)[형] 畳々としている｜幾重にも重なり合っている。

첩첩-이[부] 畳々と｜幾重にも重なり合って。

첫[관] 初~・の｜初めての｜最初の｜第一の。 예~ 월급 初給料／~ 경험 初めての経験／~ 손자 初孫。

첫-걸음[명] ①[初歩] 第一步｜初步｜入門。 예일본어 공부의 ~ 日本語の学習の初歩／사회생활의 ~을 내딛다. 社会生活の第一步を踏み出す。 ②[初訪問] (見知らぬ所への)初めての訪問｜初めての道。 예이 도시는 이번이 ~이어서 방향을 종잡을 수 없다. この都市は初めてなので方向を掴むことができない。

첫-고등[명] 最初の機会。

첫-국밥[명] 産後初めて食べるわかめのスープと飯。

첫-길[명] ①初めての道。 ②嫁入りや婿入りに行く道。

첫-나들이[명] ①(赤ん坊の)初めての外出。 ②(新妻の)初めての外出。

첫-날[명] ①初日｜初めの日。 예~부터 대회 신기록이 쏟아지다. 初日から大会新記録があふれる。 ②結婚する日。

첫날-밤[명] 初夜。 예신혼 ~ 新婚初夜／~을 맞다. 初夜を迎える。

첫-눈[1][명] 第一印象｜一目。 예그녀에게 ~에 반하다. 彼女に一目惚れする。／~에 알아보다. 一目で見分ける。

첫-눈[2][명] 初雪。 예~이 내리다. 初雪が降る。

첫-닭[명] 一番鷄。

첫-돌[명] 初誕生日｜満一歳の誕生日。

첫-딸[명] 最初の娘。 예~은 책임감이 강해서 집안일을 잘 돕는다. 長女はしっかり者なので、家のことをよく手伝ってくれる。

첫-마디[명] 最初の一言。

첫-맛[명] (何かをしたあとの)最初の気分。 예그때의 ~을 잊을 수가 없다. その最初の気分を忘れることができない。

첫-머리[명] 初め｜初っ端｜最初｜先頭｜手始め。 예글의 ~ 書き出し／~부터 실수를 하다. 初っ端からしくじる。

첫-물[명] ①その年初めての洪水。 ②服を新調して洗濯するまでの間。 ③'만물'의 잘못.

첫-발[명] 第一步｜最初の一步｜(物事の)始まり｜第一の段階。 예~을 내딛다. 第一步を踏み出す。

첫-배[명] ①(動物の)初産・初子。 ②(動物の)その年初めてのお産。 =맏배

첫-사랑[명] 初恋。 예나의 ~ 僕の初恋。

첫-새벽[명] 曉｜明け方。

첫-서리[명] 初霜。 예~가 내리다. 初霜が降りる。

첫-소리[명] ☞초성

첫-손[명] 第一番｜筆頭｜最高。 예~을 꼽다. 第一番にあげる；筆頭にあげる。

첫-솜씨[명] 初めての手並み。 예~ 치고는 훌륭하다. 初めての手並みにしては立派なものだ。

첫-수(一手)[명] (운)[初手] 初手｜第一手。

첫-술[명] 最初のひとさじ。

첫술에 배부르랴〔속담〕 最初のひとさじで腹がふくれようか：「なんでもすぐ満足できるものでない」の意。

첫-아기〘명〙 初子。｜初産児。

첫-아이〘명〙 初子。｜初産児。

첫-얼음〘명〙 初氷。예 ~이 얼다. 初氷が張る。

첫-여름〘명〙 初夏。

첫-이레〘명〙 生まれて七日目の日。

첫-인사(一人事)〘명〙 初対面のあいさつ。

첫-인상(一印象)〘명〙 第一印象。예 ~이 나쁘다. 第一印象が悪い。

첫-잠〘명〙 ❶寝入り端。 ❷〈농〉(蚕)の第一眠。

첫-정(一情)〘명〙 最初の愛情。

첫-째 Ⅰ〘주관〙 第一。｜一番目。예 ~ 주 화요일 第一週の火曜日 / 시리즈의 ~ 권 シリーズの第一巻。
Ⅱ〘명〙 ❶第一。｜一番に｜最初に。예 신발은 ~로 걷기 쉬워야 한다. 靴は第一、歩きやすいことだ。 ❷いちばん上の子。｜長子。예 ~는 외국에 나가 있다. いちばん上の子は外国に出ている。

첫째-가다〘자〙 一番だ｜随一だ｜第一位だ｜トップを行く。예 서울에서 첫째가는 시설 ソウルで一番の施設。

첫-차(車)〘명〙 始発。｜始発電車｜始発バス｜一番列車。예 ~를 타다. 始発に乗る。

첫-추위〘명〙 その年初めての寒さ。

첫-출발(一出發)〘명〙 初出発｜門出。예 시청률에서 무난한 ~을 하다. 視聴率で無難な初出発をする。 / 인생의 ~을 축하하다. 人生の門出を祝う。

첫-판〘명〙 初戦｜最初の局｜初っ切り｜初めての局面。예 ~을 장식하다. 初戦を飾る。

첫-해〘명〙 初年｜初年度。

청¹(靑)〘명〙 青い｜青色。=파란색

청²(淸)〘명〙〈역〉清。

청³(請)〘명〙 頼み｜願い｜請い。예 ~을 들어주다. 頼みを聞き入れる。 / ~을 넣다. 頼み込む｜特別に請う。

청-하다〘타〙 ❶請う｜頼む｜求める｜要請する。예 가르침을 ~. 教えを請う。 / 친구에게 도움을 ~. 友人に手助けを頼む。 / 음식을 ~. 食べ物を注文する。 ❷〈격식〉招く｜招待する｜呼ぶ。예 손님을 청해 연회를 열다. お客様を招いて宴を開く。 ❸〈비유〉眠りをさそう｜眠気をさそう｜眠気を呼ぶ。예 잠을 ~. 眠りをさそう。

청각(聽覺)〘명〙〈의〉聴覚。예 ~ 장애 聴覚障害 / ~ 중추 聴覚中枢。

청강(聽講)〘명〙 聴講。
　청강-하다〘자〙 聴講する。

청강-생(聽講生)〘명〙〈교〉聴講生。

청-개구리(靑一)〘명〙 ❶〈동〉青蛙。 ❷〈비유적〉あまのじゃく｜つむじまがり。

청결(淸潔)〘명〙 清潔。
　청결-하다〘형〙 清潔だ｜きれいだ。예 청결한 의복 清潔な衣服。
　청결-히〘부〙 清潔に｜きれいに。예 몸을 ~ 하다. 体を清潔にする。

청과(靑果)〘명〙 ❶果実。 ❷〈언어기원〉橄欖の実。

청-교도(淸敎徒)〘명〙〈종〉清教徒。예 ~ 혁명 清教徒革命。

청구(請求)〘명〙 請求。
　청구-하다〘타〙 請求する。예 손해 배상을 ~. 損害賠償を請求する。

청구-서(請求書)〘명〙 請求書。

청군(靑軍)〘명〙 (運動会などで)青組。

청-기와(靑一)〘명〙 青い瓦。

청년(靑年)〘명〙 青年｜若者。예 ~ 실업가 青年実業家。

청년-기(靑年期)〘명〙 青年期。

청담-하다(淸淡一)〘형〙 清淡だ。

청-대(靑一)〘명〙 切り出して間もない青竹。

청대-콩(靑一)〘명〙〈식〉成熟しきっていない青豆。=푸르대콩

청동(靑銅)〘명〙〈화〉青銅｜ブロンズ。예 ~ 화로 青銅の火鉢。

청동-기(靑銅器)〘명〙 青銅器。예 ~ 시대 青銅器時代。

청둥-오리〘명〙〈동〉真鴨。=물오리

청등(靑燈)〘명〙 青色の電灯。

청등-홍가(靑燈紅街)〘명〙〈비유적표현〉紅灯の巷｜花柳界。

청량-음료(淸凉飮料)〘명〙 清涼飲料水。

청량-제(淸凉劑)〘명〙〈의〉清涼剤。

청량-하다(淸凉一)〘형〙 清涼だ。예 청량한 공기 清涼な空気。

청려-하다(淸麗一)〘형〙〈격식〉清麗だ｜清くうるわしい。

청력(聽力)⟨명⟩ 聴力ちょう。예 ~ 검사 聴力検査けんさ。

청렴-결백(淸廉潔白)⟨명⟩ 清廉潔白せいれんけっぱく。
  청렴결백-하다⟨형⟩ 清廉潔白せいれんけっぱくだ。

청렴-하다(淸廉—)⟨형⟩ 清廉せいれんだ。예 청렴한 사람 清廉な人ひと。

청록(靑綠)⟨명⟩ 青緑あおみどり │ 青あおみがかった緑みどり。

청룡(靑龍)⟨명⟩《민》青竜せいりゅう・しょうりゅう。예 ~ 언월도 青竜刀せいりゅうとう。

청류(淸流)⟨명⟩ 清流せいりゅう。

청맹-과니(靑盲—)⟨명⟩ 青盲あおめくら │ 目めは開ひいていて, 物ものの見みえない眼病がんびょう。

청명-하다(淸明—)⟨형⟩ 清明せいめいだ。

청문-회(聽聞會)⟨명⟩《정》聴聞会ちょうもんかい。

청-바지(靑—)⟨명⟩ ブルージーンズ │ ジーパン。

청백-리(淸白吏)⟨명⟩【청렴한 관리】清吏せいり │ 清廉せいれんな官吏かんり。

청백-하다(淸白—)⟨형⟩ 清白せいはくだ │ 清廉せいれんだ。

청병(請兵)⟨명⟩ 援兵えんぺいを請こうこと。
  청병-하다⟨자⟩ 援兵えんぺいを請こう。

청부(請負)⟨명⟩ 請負うけおい。예 ~ 일 請負仕事しごと/ ~ 살인 請負殺人さつじん。 = 도급
  청부-하다⟨타⟩ 請うけ負おう。예 토목 공사를 ~. 土木工事どぼくこうじを請け負う。

청부-업(請負業)⟨명⟩《건》請負業うけおいぎょう。

청부-인(請負人)⟨명⟩《건》請負人うけおいにん。

청빈-하다(淸貧—)⟨형⟩ 清貧せいひんだ。예 청빈한 생활을 하다. 清貧な生活せいかつを送おくる。

청사¹(靑史)⟨명⟩【역사의】青史せいし │ 歴史れきし │ 記録きろく。

청사(廳舍)⟨명⟩ 庁舎ちょうしゃ。예 서울 지검 ~ ソウル地検ちけん庁舎。

청-사진(靑寫眞)⟨명⟩ 青写真あおじゃしん │ 未来みらいの構想こうそう。

청산(靑山)⟨명⟩【산】青山せいざん。 = 벽산

청산²(淸算)⟨명⟩ 清算せいさん。예 거래 清算取引とりひき。
  청산-하다⟨타⟩ 清算せいさんする。예 빚을 ~. 借金しゃっきんを清算する。

청산-가리(靑酸加里)⟨명⟩《화》青酸せいさんカリ │ シアン化カリウム。

청산-유수(靑山流水)⟨명⟩ 立たて板いたに水みず。예 ~처럼 유창하게 말하다. 立て板に水を流ながすように饒舌じょうぜつに言いう。

청상(靑孀)⟨명⟩⟨준⟩청상과부

청상-과부(靑孀寡婦)⟨명⟩ 若後家わかごけ │ 年若としわかなやもめ。 = 청상

청색(靑色)⟨명⟩ 青色あおいろ │ 青色せいしょく。 = 파란색

청소(淸掃)⟨명⟩ 清掃せいそう │ 掃除そうじ。예 ~ 당번 掃除当番とうばん。
  청소-하다⟨타⟩ 清掃せいそうする │ 掃除そうじする。예 방을 ~. 部屋へやを掃除する。

청소-기(淸掃機)⟨명⟩ 掃除機そうじき。

청-소년(靑少年)⟨명⟩ 青少年せいしょうねん。예 ~ 문제 青少年問題もんだい/ 근로 ~ 勤労きんろう青少年。

청소-부(淸掃夫)⟨명⟩ 掃除夫そうじふ。

청소-차(淸掃車)⟨명⟩ 清掃車せいそうしゃ │ ごみ収集車しゅうしゅうしゃ。

청송(靑松)⟨명⟩ 青松せいしょう。

청수(淸水)⟨명⟩【물】清水せいすい。

청수-하다(淸秀—)⟨형⟩【모습이 깨끗하고】清秀せいしゅうだ │ 清きよらかで秀ひいでている。

청순-하다(淸純—)⟨형⟩ 清純せいじゅんだ。예 청순한 이미지 清純なイメージ。

청승貧乏臭びんぼうくさくて見苦みぐるしいようす │ みすぼらしく哀あわれっぽい態度たいどや振ふる舞まい。예 왜 거기서 ~을 떨고 있니! どうしてそこで見苦しい振る舞いをしているんだ。

청승-궂다(貧乏—) (貧乏ぐさくさくて)いかにも見苦みぐるしい │ みっともない │ 哀あわれっぽい。

청승-맞다 見苦みぐるしい │ みっともない │ みすぼらしく哀あわれっぽい。예 청승맞은 울음소리 うら悲かなしい鳴なき声ごえ/ 청승맞게 굴지 마라. 見苦しい態度たいどをとるな。

청-신경(聽神經)⟨명⟩《의》聴神経ちょうしんけい。

청신-하다(淸新—)⟨형⟩ 清新せいしんだ。예 청신한 아침 공기 朝あさの清新な空気くうき。

청-신호(靑信號)⟨명⟩ 青信号あおしんごう。예 ~가 켜졌다. 青信号が点灯てんとうした。

청실(靑—)⟨명⟩ 青糸あおいと │ 青あおい糸いと。

청실-홍실(靑—紅—)⟨명⟩《민》(結納ゆいのうのときに使つかう)青あおと赤あかの絹糸きぬいと。

청심-환(淸心丸)⟨명⟩《한》心気しんきの熱ねつを解とく丸薬がんやく。

청아-하다(淸雅—)⟨형⟩ 清雅せいがだ │ 清きよらかだ。

청어(靑魚)⟨명⟩《동》鰊にしん │ かど。

청옥(靑玉)⟨명⟩《광》青玉せいぎょく │ サファイア。

청와-대(靑瓦臺)⟨명⟩ 青瓦台せいがだい・チョンワデ。

청우-계(晴雨計)⟨명⟩ 晴雨計せいうけい。

청운(靑雲)⟨명⟩ 青雲せいうん。예 ~의 뜻을 품다. 青雲の志こころざしを抱いだく。

청원¹(請援)⟨명⟩【도움을】助たすけを請こうこと。
  청원-하다¹⟨자⟩ 助たすけを請こう。

청원²(請願)圏 請願がん。
  청원-하다 国 請願する。例 법안의 폐지를 ~. 法案の廃止を請願する。
청음(淸音)圏 淸音せいおん。
청음-기(聽音機)圏 [기] 聽音機ちょうおんき。
청자¹(靑瓷·靑磁)圏 [도] 靑磁せいじ。例 고려의 ~ 공예 高麗の靑磁工芸こうげい。
청자²(聽者)圏 [기] 聞きき手て。↔ 화자(話者)
청-장년(靑壯年)圏 靑壯年せいそうねん。
청정(淸淨)圏 淸淨せいじょう。例 ~ 채소 淸淨野菜やさい／ 해역 淸淨海域かいいき。❷ [불] 淸淨しょう。例 육근 — 六根ろっこん淸淨。
청조(淸朝)圏 ❶ 淸朝しんちょう／ 淸しんの朝廷ちょうてい。❷ (출)[인] 淸朝せいちょう／ 淸朝体ちょうたい。❸ (출)[인] 淸朝せいちょう活字かつじ。
청주(淸酒)圏 淸酒せいしゅ／ 日本酒にほんしゅ。
청중(聽衆)圏 聽衆ちょうしゅう／ 聞きき手て。例 힘 있는 연주로 ~을 사로잡다. 力強ちからづよい演奏えんそうで聽衆をとりこにする。
청-지기(廳—)圏 [역] 両班やんばんの家いえで雑務ざつむを担当たんとうした人ひと。
청진(聽診)圏 [의] 聽診ちょうしん。
  청진-하다 囲 聽診する。
청진-기(聽診器)圏 [의] 聽診器ちょうしんき。例 ~를 대다. 聽診器をあてる。
청천¹(靑天)圏 [천] 靑天せいてん／ 靑空あおぞら。
청천²(晴天)圏 [천] 晴天せいてん／ 晴はれ。
청천-벽력(靑天霹靂)圏 靑天せいてんの霹靂へきれき。例 ~ 같은 사건 靑天の霹靂の出来事できごと。
청첩-장(請牒狀)圏 (結婚式けっこんしきなどの)招待状しょうたいじょう。例 결혼 ~을 받다. 結婚招待狀を受うけ取とる。
청청-하다¹(靑靑—)圐 [식] 靑々あおあおとしている。
청청-하다²(淸淸—)圐 [소리가 맑고 깨끗하다] (声こえ·音おとが)明あかるく澄すんでいる。
청초-하다(淸楚—)圐 淸楚そだ。例 청초한 들꽃 淸楚な野花のばな。
청춘(靑春)圏 靑春せいしゅん。例 ~ 시절 靑春時代じだい／ ~을 구가하다. 靑春を謳歌おうかする。
청출어람(靑出於藍)圏 靑あおは藍あいより出いでて藍より靑あおし。
청취(聽取)圏 聽取ちょうしゅ／ 聞きき取とり。例 증언 ~ 証言しょうげんの聽取。
  청취-하다 国 聽取ちょうしゅする／ 聞きき取とる。例 라디오 방송을 ~. ラジオ放送ほうそうを聽取する。
청취-율(聽取率)圏 《연》聽取率ちょうしゅりつ。
청취-자(聽取者)圏 聽取者ちょうしゅしゃ。

청탁¹(淸濁)圏 淸濁せいだく。
청탁²(請託)圏 [격식] 請託せいたく／ 依賴いらい。例 인사 ~ 人事じんじ請託／ 부정한 ~을 받다. 不正ふせいの請託を受うける。
  청탁-하다 国 請託せいたくする／ 依賴いらいする。
청-포도(靑葡萄)圏 靑葡萄あおぶどう。
청풍(淸風)圏 淸風せいふう。
청풍-명월(淸風明月)圏 淸風明月せいふうめいげつ。
청혼(請婚)圏 求婚きゅうこん／ プロポーズ／ 結婚けっこんを申もうし込こみ。例 반지 プロポーズ指輪ゆびわ／ 연하의 남자에게 ~을 받다. 年下としたの男おとこからプロポーズされる。
  청혼-하다 困 求婚きゅうこんする／ プロポーズする。
체¹圏 ふるい。例 ~로 치다. ふるいにかける。／ ~로 거르다. ふるいで濾こす。
체²의 [어떠한 뜻이나 태도] —するふり／ —したふり／ —であるかのように。
  체-하다 国 — (した)ふりをする。例 그녀는 부자인 체한다. 彼女かのじょは金持かねもちのふりをする。
체³감 [어처구니없거나 때 못마땅할 때 내는 소리] ちぇっ／ ちっ。例 ~, 너랑 안 놀아. ちぇっ、おまえとは遊あそばない。
체⁴(滯)圏 《한》食滯しょくたい／ 食たべもたれ。= 체증❶
  체-하다 囲 食滯しょくたいする。
체⁵(體)圏 (文章ぶんしょう·文字もじ·絵えなどの)形かた／ スタイル／ 型かた。例 새로운 ~의 글씨 新あたらしい形の文字。
체감¹(遞減)圏 [순수한 비례에 따라 점차 감소함] 遞減ていげん。
  체감-하다 国 遞減ていげんする。
체감²(體感)圏 [어떤 감각으로 몸으로 느낌] 體感たいかん。例 ~ 온도 体感温度おんど。
체격(體格)圏 体格たいかく／ 体からだつき。
체결(締結)圏 締結ていけつ。
  체결-하다 国 締結ていけつする。例 단체 협약을 ~. 団体協約だんたいきょうやくを締結する。
체경(體鏡)圏 [전신을 비추어 보는] 姿見すがたみ。
체계(體系)圏 体系たいけい。例 지휘 ~ 指揮体系／ ~를 세우다. 体系づける。
체계-적(體系的)관·圏 体系的たいけいてき。例 ~인 연구 体系的な研究けんきゅう／ ~ 분류 体系的分類ぶんるい。
체공(滯空)圏 滯空たいくう。例 ~ 시간 滯空時間じかん。
체구(體軀)圏 体軀たいく／ 体格たいかく／ 体からだつき。例 당당한 ~ 堂々どうどうたる体軀／ ~가 작다. 体軀が小ちいさい。
체급(體級)圏 《운》体重別たいじゅうべつ階級かいきゅう。

체납(滯納)⟨명⟩ 滞納。예 전화 요금 ~ 電話料金の滞納。
　체납-하다⟨타⟩ 滞納する。

체내(體內)⟨명⟩ 体内。예 ~ 수정 体内受精/~ 시계 体内時計。

체념(諦念)⟨명⟩ 諦念。❶諦め|断念。❷道理を悟る心。
　체념-하다⟨타⟩ 諦める|断念する。예 쉽게 체념하는 성격 あきらめが早い性格。

체능(體能)⟨명⟩ 身体の運動能力|体力。예 ~ 검사 体力検査。

체득(體得)
　체득-하다⟨타⟩ 体得する。예 요령을 ~. こつを体得する。

체력(體力)⟨명⟩ 体力。예 ~ 측정 体力測定/~을 기르다. 体力をつける；体力を養う。/~이 떨어지다. 体力が衰える。

체류(滯留)⟨명⟩ 滯留|滯在。예 장기 ~ 長期滯留。 =두류²・체재¹
　체류-하다⟨자⟩ 滯留する|滯在する。예 한국에 ~. 韓国に滯在する。

체리(cherry)⟨명⟩《식》チェリー。

체-머리⟨명⟩【뇌병으로 머리가 흔들리는 현상】しきりに頭を振る病症。
　체머리(를) 흔들다 관용【뇌병】あきあきする|うんざりする。

체면(體面)⟨명⟩ 体面|面目|面子|顔。예 ~을 지키다. 体面を保つ。/~을 차리다. 体面をつくろう。/~을 손상시키다. 体面をけがす。/~이 서다. 顔が立つ。/~에 관계되다. 体面にかかわる。

체면-치레(體面—)⟨명⟩ 体面をつくろうための行為|見栄。예 단순한 ~에 불과하다. 単なる見栄にすぎない。

체모(體毛)⟨명⟩ 体毛。

체발(剃髮)⟨명⟩ 剃髮|髮を剃ること。

체벌(體罰)⟨명⟩ 体罰。예 ~을 가하다. 体罰を加える。
　체벌-하다⟨타⟩ 体罰する。

체불(滯拂)⟨명⟩ 遅配|支払いが遅れること。
　체불-하다⟨자・타⟩ 遅配する|支払いが遅れる。예 급료가 체불되다. 給料が遅配する。

체스(chess)⟨명⟩《운》チェス|西洋将棋。

체신(遞信)⟨명⟩ 通信。

체액(體液)⟨명⟩《생》体液。

체약(締約)⟨명⟩【약정을 맺음】締約。
　체약-하다⟨자⟩ 締約する。

체언(體言)⟨명⟩《언》体言。

체온(體溫)⟨명⟩ 体温。예 ~ 조절 体温調節/~을 재다. 体温をはかる。

체온-계(體溫計)⟨명⟩ 体温計。

체외(體外)⟨명⟩ 体外。예 ~ 수정 体外受精。

체위(體位)⟨명⟩ 体位。

체육(體育)⟨명⟩ 体育。

체육-관(體育館)⟨명⟩ 体育館。

체인(chain)⟨명⟩ チェーン。

체인-점(chain店)⟨명⟩ チェーンストア|連鎖店。

체장(體長)⟨명⟩《동》体長。

체재¹(滯在)⟨명⟩【체류하며 있음】滯在|滯留。=체류
　체재-하다⟨자⟩ 滯在する|滯留する。예 일본에 ~. 日本に滯在する。

체재²(體裁)⟨명⟩ 体裁|形式。예 글의 ~를 갖추지 않다. 文の体裁をなさない。

체적(體積)⟨명⟩ 体積。=부피

체제(體制)⟨명⟩ 体制。예 자본주의 ~ 資本主義体制。

체조(體操)⟨명⟩《운》体操。예 기계 ~ 器械体操/맨손 ~ 徒手体操。
　체조-하다⟨자⟩ 体操する。예 하루 3세트를 기준으로 ~. 一日3セットを目安に体操する。

체중(體重)⟨명⟩ 体重。예 표준 ~ 標準体重/~을 재다. 体重をはかる。/~을 줄이다. 体重を減らす。=몸무게

체중-계(體重計)⟨명⟩ 体重計。

체증(滯症)⟨명⟩ ❶【한】食滯|食もたれ。=체(滯) ❷【교통 정체】渋滯。예 교통 ~ 交通渋滯。

체-질¹⟨명⟩ 篩うこと|ふるいにかけること。
　체질-하다⟨타⟩ 篩う|ふるいにかける。

체질²(體質)⟨명⟩ 体質。예 허약한 ~ 虚弱な体質/당의 ~ 개선 党の体質改善/타협하지 않는 ~ 妥協しない体質。=몸바탕

체취(體臭)⟨명⟩ 体臭。예 돌아가신 아버지의 ~가 느껴지는 유품 亡き父の体臭が感じとれる遺品。

체코(←Czech)⟨명⟩《국》チェコ。

체크(check)⟨명⟩ チェック。❶【점검】点検。예 ~ 리스트 チェックリスト。❷【격자무늬】

格子縞| 格子。
체크-하다 囲 チェックする。
체크아웃(check-out) 圀 チェックアウト。
체크인(check-in) 圀 チェックイン。
체통(體統) 圀 体面| 体裁| 面子。 囲 ~을 지키다. 体面を保つ。
체포(逮捕) 圀 《법》逮捕。
　체포-하다 囲 逮捕する。 囲 범인을 ~. 犯人を逮捕する。/ 경찰에 체포되다. 警察に逮捕される。
체표(體表) 圀 体表。 囲 ~ 면적 体表面積。
체험(體驗) 圀 体験。
　체험-하다 囲 体験する。 囲 전통문화를 ~. 伝統文化を体験する。
체험-담(體驗談) 圀 体験談。
체현(體現) 圀 体現。
　체현-하다 囲 体現する。
체형¹(體刑) 圀 《법》体刑。
체형²(體形) 圀 体形。
체형³(體型) 圀 体型| 体形| 体つき。 囲 작고 통통한 ~ 小さくてぽっちゃりとした体型。
체화(滯貨) 圀 《경》滯貨。 囲 ~ 금융 滯貨金融。
첼로(cello) 圀 《음》チェロ。
첼리스트(cellist) 圀 チェリスト。
쳇-바퀴 圀 篩の枠。
쳐다-보다 囲 ❶見上げる。 囲 하늘을 ~. 空を見上げる。 ❷見つめる| 眺める| 凝視する。 囲 얼굴을 ~. 顔を見つめる。
쳐-들다 囲 持ち上げる| もたげる| 上げる。 囲 물욕이 고개를 ~. 物欲が頭をもたげる。/ 양팔을 처들어 천장 쪽으로 뻗다. 両腕を持ち上げて天井に向かって伸ばす。
쳐-들어가다 囲 攻め入る| 攻め込む。
쳐-들어오다 囲 攻めてくる| 攻め寄せてくる| 攻撃してくる。 囲 적군이 ~. 敵が攻めてくる。
쳐-부수다 囲 撃破する| ぶち壊す| たたき壊す| 打ち破る。
쳐-주다 囲 ❶勘定してやる| 見積もってやる| 評価する。 囲 한 개를 이천 원에 ~. 一個を二千ウォンにしてやる。 ❷認める| 認められる。 囲 그 방면에서 쳐주는 사람의 도で

名のある人/ 오늘은 비진 것으로 쳐줄게. 今日のところは引き分けにしてやるよ。
초¹(蠟燭) 圀 蠟燭。 囲 ~를 켜다. 蠟燭を灯す。
초²(初) 圀 初め| 初期。 囲 올해 ~ 今年の初め。
초³(抄) 圀 抄| 抜き書き。
　초-하다 囲 書き抜く| 抄録する。
초⁴(秒) 圀 秒。 囲 일 분 일 ~가 아깝다. 一分一秒が惜しい。
초⁵(草) 圀 ❶起草| 下書き| 草案。 囲 서간의 ~를 잡다. 書簡の案を草する。 ❷草書。=초서
　초-하다 囲 草をする| 起草する。
초⁶(醋) 圀 醋。 囲 ~를 치다. 醋をかける。=식초
초⁻⁷(超) 超—。 囲 초만원 超満員。
초가(草家) 圀 藁屋| 草屋| 藁葺きの家。 囲 ~지붕 わら屋根。=초옥
초-가을(初—) 圀 初秋| 早秋。
초가-집(草家—) 圀 藁屋| 草屋| 藁葺きの家。
초간(初刊) 圀 《출》初刊。
초-간장(醋—醬) 圀 酢醤油。=초장³❶
초개(草芥) 圀 ちりあくた。 ❶草芥| わらくず。 ❷取るに足りないもの| つまらないもの。
초-겨울(初—) 圀 初冬。=초동¹
초경¹(初更) 圀 初更。=초야❶
초경²(初經) 圀 初経| 初潮。
초고(草稿) 圀 草稿。 囲 ~를 다듬다. 草稿を練る。
초-고속(超高速) 圀 超高速| 超高速。
초-고추장(醋—醬) 圀 醋を入れた唐辛子味噌。=초장³❷
초-고층(超高層) 圀 超高層。 囲 ~ 빌딩 超高層ビル。
초과(超過) 圀 超過。 囲 ~ 근무 수당 超過勤務手当。
　초과-하다 囲 超過する。 囲 제한 시간을 ~. 制限時間を超過する。
초교(初校) 圀 《출》(原稿などの)初校。
초근-목피(草根木皮) 圀 草根木皮。
초근-초근[부] ねちねち。
초급(初級) 圀 初級。 囲 ~ 강좌 初級講座。
초기(初期) 圀 初期。 囲 ~ 증세 初期症

狀장/ 조선시대 ~ 朝鮮時代初期。

초-나흗날(初―)囘 月の4番目の日｜4日。囘4월 ~ 4月から4日。=나흗날❸・나흘❷・초나흘

초-나흘(初―)囘 ☞초나흗날

초년(初年)囘 ❶【季節】若いとき。❷【어떤 과정의 처음 시기】初年｜初期。

초년-고생(初年苦生)囘 若いときの苦労。
초년고생은 사서라도 한다속담 若いときの苦労は買ってでもする。

초념(初念)囘 初念は｜初志な。

초-능력(超能力)囘〈심〉超能力ちょうのうりょく。

초-단파(超短波)囘〈물〉超短波たんぱ。

초-닷새(初―)囘 ☞초닷샛날

초-닷샛날(初―)囘 月の5番目の日｜5日いつか。囘내달 ~에 성묘 가자. 来月5日に墓参に行こう。=닷새❸・닷샛날❷・초닷샛날

초당(超黨)囘 超党派ちょうとうは。囘 ~ 내각 超党派内閣ないかく。

초대¹(初代)囘 初代しょだい。囘 ~ 학장 初代学長がくちょう。

초대²(初待)囘 招待しょうたい。囘~에 응하다. 招待に応じる。/ 생일 모임에 ~를 받다. 誕生日会たんじょうびかいに招待される。
초대-하다国 招待しょうたいする｜招まねく。

초대-권(招待券)囘 招待券しょうたいけん。

초-대면(初對面)囘 初対面たいめん。

초대-장(招待狀)囘 招待状しょうたいじょう。囘 ~을 보내다. 招待状を送る。

초-대형(超大型)囘 超大型ちょうおおがた。

초도-순시(初度巡視)囘 初度巡視じゅんし｜初めての巡視。

초동¹(初冬)囘 初冬とうとう・はつふゆ。=초겨울

초동²(樵童)囘【きこりの子供】樵童しょうどう｜きこりの子供。

초동 수사(初動捜査)囘〈법〉初動捜査そうさ。

초두(初頭)囘 ❶【어떤 일이나 기간의 시작 무렵】初頭しょとう。囘 신년 ~ 新年しんねん初頭。❷【最初】当初とうしょ。

초-들다国【어떤 사실만 집어서 들어 말하다】取り立てて言いう｜取り上あげて言う。囘초들 만한 것도 없다. 取り立てて言うこともない。

초등(初等)囘 初等しょとう。囘 ~ 교육 初等教育きょういく。

초등-학교(初等學校)囘〈교〉小学校しょうがっこう。

초라-하다囘 みすぼらしい｜貧弱ひんじゃくだ｜(外見が)きわめて粗末そまつである｜落ちぶれている。囘초라해 보이는 얼굴 みすぼらしく見える顔/ 초라한 밥상 粗末

な食膳しょくぜん。

초래(招來)囘 招来しょうらい。
초래-하다国 招来しょうらいする｜招まねく｜引ひき起こす。囘불행을 ~. 不幸ふこうを招来する。

초련¹ 新米しんまいの出回でまわるまでに、早はやめに刈り入いれた穀物こくもつや未熟みじゅくの穀物で、食くいつなぐこと。

초련²(初鍊)囘 ❶(材木ざいもくの)粗削あらけずり。❷(仕事しごとの)あら仕上しあげ。

초로(初老)囘 初老しょろう。囘 ~의 신사 初老の紳士しんし。

초록(抄錄)囘【중요한 부분만을 가려 뽑아 적음】抄録しょうろく｜抜ぬき書がき｜抜粋ばっすい。
초록-하다国 抄録しょうろくする｜抜き書がきする｜抜粋ばっすいする。

초록²(草綠)囘 草色くさいろ｜草葉色くさばいろ｜緑色みどりいろ｜緑みどり。
초록은 동색속담 草と緑とは同じ色：「❶類るいは友ともを呼ぶ。❷名なは違うが結局けっきょく同じことである」の意。

초록-색(草綠色)囘 草色くさいろ｜緑色みどりいろ｜緑みどり。

초롱囘【초와 등잔】(石油せきゆ・水みずなどを入いれる)ブリキ缶かん。

초롱²【초롱】提灯ちょうちん｜灯籠とうろう。

초롱-꽃〈식〉蛍袋ほたるぶくろ。

초롱-초롱囝 ❶きらきら。囘눈이 ~ 빛나다. 目めがきらきらと光ひかる。❷【또렷또렷】きらきら。囘별이 ~ 빛나고 있다. 星ほしがきらきら輝かがやいている。
초롱초롱-하다国 ❶【눈】(目めなどが)光り輝がやいている｜澄すんでいる｜きらきらする。囘초롱초롱한 눈동자 きらきらした瞳ひとみ。❷【정신】(頭あたまが)はっきりしている｜さえている。
초롱초롱-히囝 きらきら。

초름-하다囘 ❶【부족】不十分ふじゅうぶんだ。❷【성에 차지 아니하다】(気分的きぶんてきに)満ち足りない。

초막(草幕)囘 草庵そうあん｜庵いお｜草屋くさや。囘 ~을 짓다. 庵を結ぶ。

초-만원(超滿員)囘 超満員まんいん。

초면(初面)囘 初対面たいめん。囘 ~인 사람 初対面の人。

초목(草木)囘 草木くさき・そうもく。囘산천~ 山川さんせん草木。

초-무침(醋―)囘 酢すの物。

초문(初聞)囘 初耳はつみみ｜初めて聞きくこと。囘그 이야기는 ~이다. その話はなしは初耳だ。

초미(焦眉)명 焦眉しょう。예 ~의 관심사 焦眉の関心事かんしん。
초반(初盤)명 序盤じょ。
초반-전(初盤戰)명 序盤戰じょばん。
초-밥(醋—)명【초밥쥐】鮨すし¦寿司すし。예 유부~ いなり寿司ずし。
초배(初褙)명 下張したばり。
　초배-하다타 下張したばりする。
초-벌(初—)명 (何回なんかいも繰くり返かえす作業さぎょうの)下したごしらえ。예 ~ 칠 下塗したぬり / ~ 도배 下張したばり。=애벌
초범(初犯)명 初犯はん。
초벽(初壁)명《건》(壁塗かべぬりで)下塗したぬり¦粗塗あらぬり。
　초벽-하다자 下塗したぬりする¦粗塗あらぬりする。
초병(哨兵)명 哨兵しょう。¦見張みはりの兵へい。
초보(初步)명 初步しょ¦初はじめの段階だんかい。예 ~ 운전 初心者しょしんしゃ運転うんてん。
초보-자(初步者)명 初步しょの者もの¦初心しょしん者もの。
초보-적(初步的)관명 初步しょの。예 ~인 질문 初步的な質問しつもん。
초복(初伏)명【삼복의 하나】初伏ふく。
초본¹(抄本)명 抄本ほん。예 호적 ~ 戸籍こせき抄本。
초본²(草本)명《식》草本そう。~ 식물 草本植物しょくぶつ。
초-봄(初—)명 初春しょしゅん・はつはる¦春先はるさき¦早春そうしゅん。
초봉(初俸)명 初任給しょにんきゅう¦初給しょきゅう。
초부(樵夫)명 樵夫しょうふ¦きこり。=나무꾼
초빙(招聘)명 招聘しょう。
　초빙-하다타 招聘しょうする¦招まねく。예 외국에서 교수를 ~. 外国がいこくから教授きょうじゅを招聘する。
초사(焦思)명【애태우며】焦思しょう¦思おもい煩わずらうこと¦気きをもむこと。
　초사-하다타 焦思しょうする¦思おもい煩わずらう¦気きをもむ。
초-사흗날(初—)명 月つきの3番目ばんめの日ひ¦3日みっか。예 매달 ~ 毎月まいつき3日。=초사흘
초-사흘(初—)명 ☞초사흗날
초산¹(初産)명【초음 낳음】初産しょざん・うい ざん。
　초산-하다자 初産さん・ういざんをする。
초산²(硝酸)명《화》硝酸さん。=질산
초산³(醋酸)명《화》酢酸さくさん。~ 견사 酢酸絹糸けんし。=아세트산
초산-균(醋酸菌)명《생》酢酸菌さくさんきん。
초상¹(初喪)명 喪も¦喪中もちゅう。예 ~이 나다. 家いえの者ものが死しぬ;喪中である。
초상²(肖像)명 肖像しょう。예 ~을 그리다. 肖像を描えがく。
초상-권(肖像權)명《법》肖像權けんしょうぞう。
초상-집(初喪—)명 喪家もか。
초상-화(肖像畵)명《미》肖像画しょうぞうが。
초생(初生)명【처음 남】初生しょう。
초생-달(初生—)명 ☞'초승달'의 잘못.
초서(草書)명《예》草書そう¦草書体たいそうしょ¦草そう。=초②
초석¹(草席)명【볏짚·왕골짜 등으로】草くさのむしろ¦むしろ¦ござ。
초석²(礎石)명 礎石せき¦礎いしずえ¦基礎きそ。예 기둥 아래에 ~을 놓다. 柱はしらの下したに礎石を置おく。/ 민주 정치의 ~이 되다. 民主政治せいじの礎石となる。
초성(初聲)명《언》初声しょう。=첫소리
초소(哨所)명【보초병이 경계】哨所しょ¦歩哨ほしょうの立たつ所ところ。
초속(初速)명《물》初速しょ¦初速度ど。
초속(秒速)명【초를 단위로】秒速びょう。
초순(初旬)명 初旬しょ¦上旬じょう。
초승(←初生)명 月初つきはじめ¦(月つきの)初はじめごろ。
초승-달(←初生—)명 三日月みかづき¦新月しん。예 ~ 같은 눈썹 三日月まゆ。
초식(草食)명 草食しょく。예 ~ 동물 草食動物どうぶつ。
　초식-하다 草食そうしょくする。
초식-성(草食性)명 草食性そうしょく。
초심¹(初心)명 ❶【처음에】初心しん。~으로 돌아가다. 初心にかえる。 ❷初心者しょしんしゃ。=초심자
초심²(初審)명《법》初審しん¦第一審だいいっしん¦一審いっ。
초심³(焦心)명【애태움】焦心しょう¦心こころをいらだたせること。
　초심-하다자 焦心しょうする¦心こころをいらだたせる¦思おもい悩なやむ。
초심-자(初心者)명 初心者しょしんしゃ。=초심②
초싹-거리다 ❶【가볍게 여러번】(肩かた・衣服いふくなどを)しきりに揺ゆする。예 어깨를 ~. 肩かたを揺ゆらす。/ 초싹거리며 움직이다. ちょろちょろ動うごく。 ❷【들뜨게 부추김】(人ひとを丸まるめ込こんで)そそのかす。=초싹대다
초싹-대다타 ☞초싹거리다
초싹-초싹부 ❶(肩かた・衣服いふくなどを)しきりに揺ゆするさま。 ❷ (人ひとを丸まるめ込こんで)そそのかすさま。
초-아흐레(初—)명 ☞초아흐렛날

초-아흐렛날(初─)圓 月の9番目の日｜9日。=초아흐레

초안(草案)圓 草案。｜下書き。

초야¹(初夜)圓 初夜。❶ 初更。=초경¹ ❷ 初めての夜。예 신혼 ~ 新婚の初夜。

초야²(草野)圓 片田舎。

초-여드레(初─)圓 ☞초여드렛날

초-여드렛날(初─)圓 月の8番目の日｜8日。=초여드레

초-여름(初─)圓 初夏・はつなつ。=초하

초역(抄譯)圓 抄訳。
　초역-하다囲 抄訳する。

초연¹(初演)圓 初演。

초연²(招宴)圓 招宴。
　초연-하다囲 招宴する。

초연³(硝煙)圓 硝煙。

초연-하다²(超然─)囲 超然としている。예 초연한 태도 超然たる態度／혼자 초연한 척한다. 一人で超然としているふりをする。
　초연-히튀 超然と。

초-열흘(初─)圓 ☞초열흘날

초-열흘날(初─)圓 月の10番目の日｜10日。=초열흘

초엽(初葉)圓 初葉｜初期。

초-엿새(初─)圓 ☞초엿샛날

초-엿샛날(初─)圓 月の6番目の日｜6日。=엿새・엿샛날❷・초엿새

초옥(草屋)圓 草屋・ぶく。=초가(草家)

초원(草原)圓 草原。예 ~ 지대 草原地帯／열대 ~ 熱帯性草原。

초월(超越)圓 超越。
　초월-하다困 超越する。예 세속을 초월했다. 世俗を超越している。

초유(初有)圓 初めてあること｜初めてのこと。

초-음속(超音速)圓《物》超音速。예 ~ 제트기 超音速ジェット機。

초-음파(超音波)圓《物》超音波。예 ~ 촬영 超音波撮影／~ 내시경 超音波内視鏡。

초-이레(初─)圓 ☞초이렛날

초-이렛날(初─)圓 月の7番目の日｜7日。=이렛날❷・초이레

초-이튿날(初─)圓 月の2番目の日｜2日。=이튿날・초이틀

초-이틀(初─)圓 ☞초이튿날

초인(超人)圓 超人。

초인-적(超人的)冠 超人的。

초인-종(招人鐘)圓 呼び鈴｜ベル。

초-읽기(秒─)圓 秒読み。예 ~에 들어가다. 秒読み段階に入る。

초임(初任)圓 初任。예 ~ 발령 初任の発令。

초입(初入)圓 ❶入口｜口。예 골목 ~ 路地口／등산로 ~ 登山口など。❷ 初め｜最初。

초-자연(超自然)圓 超自然。

초 자연-적(超自然的)冠 超自然的。예 ~ 현상 超自然的な現象。

초장¹(初章)圓 (歌曲などの)第一章。❷《文》三章からなる詩歌の初めの章。

초장²(初場)圓 ❶ 商売を始めた最初のころ｜開店して間もないころ。❷ 事との初め｜出ばな｜初手｜初っぱな｜のっけ。예 ~부터 나쁜 사람 취급을 하다. のっけから悪人呼ばわりをする。❸《역》(科挙の)初日との試験場。

초장³(醋醬)圓 ❶ 酢醬油。=초간장 ❷ ☞초고추장

초-저녁(初─)圓 ❶ 宵の口｜夕暮れ｜宵。❷ 事との初め｜出ばな｜初手。

초저녁-달(初─)圓 夕月｜宵月。

초저녁-잠(初─)圓 宵寝｜早寝。

초-전도(超傳導)圓《物》超伝導。

초점(焦點)圓 焦点。예 ~ 거리 焦点距離／~이 흐려지다. 焦点がぼやける。／~을 맞추다. 焦点を合わせる。

초조(焦燥)圓 焦燥｜いらだち｜あせり。
　초조-하다囲 焦燥する｜いらいらしている｜あせる｜いらだっている。예 답장을 초조하게 기다리다. 返事をいらいらして待つ。

초조-감(焦燥感)圓 焦燥感｜いらだち｜あせり。

초-주검(初─)圓 半死半生の状態。예 ~이 되다. 半死半生になる；死にかかる。

초지¹(初志)圓 初志｜初一念。예 ~를 관철하다. 初志を貫く。

초지²(草地)圓 草地・くさち。

초지-일관(初志一貫)圓 初志を貫徹すること。

초진(初診)圓 初診。

초창-기(草創期)圓 草創期。예 ~ 멤

버 草創期のメンバー。

초청(招請)᠎명 招請しょうせい｜招待しょうたい。예~강연 招請講演こうえん/~에 응하다. 招請にこたえる。
　초청-하다타 招請しょうせいする｜招待しょうたいする｜招まねく。
초청-장(招請狀)᠎명 招待状しょうたいじょう。
초체(草體)᠎명 草体そうたい｜草書体そうしょたい。
초추(初秋)᠎명 初秋しょしゅう・あき。
초춘(初春)᠎명 初春しょしゅん・はる。
초출(初出)᠎명 (果物くだもの・魚さかななどの)初物はつものが出でること｜初出しょしゅつ。
　초출-하다자 初物はつものが出でる｜初出しょしゅつする。
초췌-하다(憔悴一・顦顇一)᠎형 憔悴しょうすいする｜やせおとろえる。예초췌한 얼굴 憔悴しょうすいした顔かお。
초침(秒針)᠎명 秒針びょうしん。
초콜릿(chocolate)᠎명 チョコレート。
초크(chalk)᠎명 チョーク。❶白墨はくぼく。❷(운)(ビリヤードで)滑すべり止どめの粉こな。
초탈(超脫)᠎명 超脱ちょうだつ。
　초탈-하다자 超脱ちょうだつする。예속세를 ~. 俗世界ぞくせかいを超脱ちょうだつする。
초토(焦土)᠎명 焦土しょうど。예작전 焦土作戦さくせん。
초토-화(焦土化)᠎명 焦土化しょうどか。
　초토화-하다자타 焦土化しょうどかする｜焦土と化かす。예섬 전체가 ~. 島中しまじゅうが焦土と化す。
초-특급(超特急)᠎명 超特急ちょうとっきゅう。
초-파리(醋一)᠎명 (동)しょうじょうばえ。
초-파일(←初八日)᠎명 旧暦きゅうれき4月がつ8日ようかの釈迦しゃか誕生日たんじょうび。
초판¹(初—)᠎명 初はじめ｜しょっぱな｜初手しょて｜手初てはじめ。예~부터 세게 나오다. 初手から強つよく出でる。
초판²(初版)᠎명 初版しょはん｜第一版だいいっぱん。
초필(抄筆)᠎명 細筆さいひつ｜小筆こふで。
초하(初夏)᠎명 ☞초여름
초-하루(初一)᠎명 ☞초하룻날
초-하룻날(初一—)᠎명 月つきの1番目ばんめの日ひ｜一日ついたち｜朔日さくじつ。=초하루・하룻날
초학(初學)᠎명 初学しょがく。
　초학-하다자타 初はじめて学問がくもんを学まなぶ。
초학-자(初學者)᠎명 初学者しょがくしゃ。
초행(初行)᠎명 初はじめて行いくこと｜初はじめての道みち。

초행-길(初行—)᠎명 初はじめての道みち。
초-현대적(超現代的)᠎관 超現代的ちょうげんだいてき。예~인 고층 빌딩 超現代的な高層こうそうビル。
초-현실주의(超現實主義)᠎명 예超現実主義ちょうげんじつしゅぎ｜シュールレアリスム。
초혜(草鞋)᠎명 ☞짚신
초혼¹(初婚)᠎명 初婚しょこん。
　초혼-하다¹자 初婚しょこんする。
초혼²(招魂)᠎명 (민)招魂しょうこんする。
　초혼-하다² 招魂しょうこんする。
초혼-제(招魂祭)᠎명 招魂祭しょうこんさい。
촉¹᠎부 だらり(と)。
촉²(燭)의 (물)燭しょく。예60~의 광도 60燭しょくの光度こうど。=촉광Ⅱ
촉³(鏃)᠎명 先さき。예펜~ ペン先/화살~ 矢やじり。
촉각¹(觸角)᠎명 (동)触角しょっかく。=더듬이²
　촉각을 곤두세우다관용 神経しんけいを尖とがらす。
촉각²(觸覺)᠎명 (의)触覚しょっかく｜~기관 触覚器官しょっかくきかん/~이 발달하다. 触覚が発達はったつする。
촉감(觸感)᠎명 触感しょっかん｜感触かんしょく｜肌触はだざわり。예매끄러운 ~이 기분 좋다. 滑なめらかな触感が心地ここちよい。
촉광(燭光)Ⅰ᠎명 燭光しょっこう｜蝋燭ろうそくのあかり。
　Ⅱ의 (물)燭光しょっこう｜燭しょく。=촉²(燭)
촉구(促求)᠎명 促うながすこと。
　촉구-하다타 促うながす｜催促さいそくする。예참가를 ~. 参加さんかを促す。
촉루(燭淚)᠎명 燭涙しょくるい。
촉망(屬望・囑望)᠎명 嘱望しょくぼう。
　촉망-하다타 嘱望しょくぼうする。예전도가 촉망되다. 前途ぜんとを嘱望される。
촉매(觸媒)᠎명 (화)触媒しょくばい。
촉매-제(觸媒劑)᠎명 (화)触媒剤しょくばいざい。
촉박-하다(促迫—)᠎형 促迫そくはくする｜切迫せっぱくする｜差さし迫せまる。예기한이 ~. 期限きげんが切迫する。
촉발(觸發)᠎명 触発しょくはつ。
　촉발-하다자 触発しょくはつする。예한 권의 책에 촉발되어 진학을 결심하다. 一冊いっさつの本ほんに触発されて進学しんがくを決心けっしんする。
촉-새᠎명 (동)シベリア青鵐あおじ。
촉성(促成)᠎명 促成そくせい。예~ 재배 促成栽培そくせいさいばい。
　촉성-하다타 促成そくせいする。
촉수¹(燭數)᠎명 燭光しょっこうの単位たんい数すう。

촉수²(觸手) ❶【동】触手しょく。 ~를 뻗치다. 触手を伸のばす。 ❷【권투용어】右手みぎて。 ❸【술어】手てに触ふれること。 ~ 엄금 触手厳禁げんきん。 ❹【어떤 작용이나 세력】影響範囲えいきょうはんい。

촉수³(觸鬚)명【동】触鬚しょく。

촉수-동물(觸手動物)명【동】触手しょく動物どうぶつ。

촉진¹(促進)명 促進そくしん。 예 판매 ~ 販売はんばい促進そくしん。
  촉진-하다 타 促進そくしんする。 예 수출을 촉진하는 정책 輸出ゆしゅつを促進そくしんする政策せいさく。

촉진²(觸診)명【의】【손으로 병세의 반응을 진단하는 일】触診しょくしん。
  촉진-하다 자 触診しょくしんする。

촉촉-하다 형 しっとりしている｜湿しめり気けがある。예 촉촉한 피부 しっとりした肌はだ。

촉촉-이 부 しっとり。 예 봄비에 ~ 젖다. 春雨はるさめにしっとりぬれる。

촉탁(囑託)명 嘱託しょくたく。
  촉탁-하다 타 嘱託しょくたくする。

촌¹(寸)의 ❶【친족 관계의 촌수 거리를 나타내는 말】親等しんとう。 예 일 ~ 一親等いっしんとう / 삼 ~ 三親等さんしんとう ; おじ。 ❷【길이】寸すん。 =치²

촌²(村)명 田舎いなか｜村むら。 예 ~에서 살고 있다. 田舎に住すんでいる。

촌가(寸暇)【얼마 안되는 짧은 겨를의 시간】寸暇すんか。 예 ~를 아껴 공부하다. 寸暇を惜おしんで勉強べんきょうする。

촌가(村家)명 村家そんか｜田舎家いなかや。

촌각(寸刻)명【짧은시】寸刻すんこく。 예 ~을 다투다. 寸刻を争あらそう。

촌-구석(村-)명 片田舎かたいなか。 예 ~에서 살다. 片田舎で暮くらす。

촌극(寸劇)명【연】【짧은 연극】寸劇すんげき。 예 웃지 못할 ~을 빚다. 笑わらってはすまされない寸劇を演えんじる。

촌-놈(村-)명 田舎いなかっぺえ｜田舎者いなかもの。

촌-닭(村-)명 田舎いなかっぺえ｜田舎者いなかもの。

촌-뜨기(村-)명 田舎いなかっぺえ｜田舎者いなかもの｜やぼ｜お上のぼりさん。

촌락(村落)명 村落そんらく｜村むら。

촌로(村老)명【시골에 사는 늙은이】村老そんろう。

촌민(村民)명 村民そんみん｜村人むらびと。

촌보(寸步)명 寸歩すんぽ。

촌-사람(村-)명 ❶【시골에 사는 사람】田舎いなかの人ひと。 ❷【술어】田舎いなかっぺえ。

촌수(寸數)명 親等しんとう。 예 ~가 멀다. 遠縁とおえんだ。

촌-스럽다(村-)형 田舎臭いなかくさい｜野暮やぼったい｜野暮臭やぼくさい。 예 촌스러운 복장 田舎臭い服装ふくそう。

촌스레(村-)부 田舎臭いなかくさく｜野暮やぼに｜野暮臭やぼくさく。

촌야(村野)명 田舎いなかの村むらや野の。

촌음(寸陰)명【술어】寸陰すんいん｜寸時すんじ。 예 ~을 아끼다. 寸陰を惜おしむ。

촌장(村長)명 村長そんちょう。

촌중(村中)명 ❶【마을 안】村むらの中なか。 ❷【술어】村全体むらぜんたい｜村中むらじゅう。

촌지(寸志)명 寸志すんし。 ❶【조금의 성의】少すこしの気持きもち。 ❷【마음이 담긴 선물】心こころばかりの贈おくり物もの。

촌충(寸蟲)명【동】真田虫さなだむし｜条虫じょうちゅう。

촌토(寸土)명【술어】寸土すんど｜寸地すんち。

촌-티(寸-)명 田舎いなかっぽさ｜田舎くささ。 예 그 남자는 ~가 흐른다. その男おとこは田舎臭いなかくさい。

출랑-거리다자 ❶【물이 자꾸 기울어져 물결이 설레다】(水みずなどが)しきりに揺ゆれる。 ❷【경망한 태도로 까불다】おっちょこちょいにでしゃばる｜軽率けいそつに振ふる舞まう。 예 약간 출랑거리는 면이 있다. ちょっとおっちょこちょいなところがある。 =출랑대다

출랑-대다자 ☞출랑거리다

출랑-이 おっちょこちょい｜軽かるはずみに振ふる舞まう人ひと｜そそっかしい行動こうどうをしでかす人｜あわて者もの。

출랑-출랑부 ❶【물이 자꾸 출렁이는 모양】なみなみ。 ❷【촐랑거리는 모양】おっちょこちょいに。

출싹-거리다자타 ❶ でたらめにそそっかしく振ふる舞まう｜ふざけ回まわる。 예 교실에서 출싹거리면 안 된다. 教室きょうしつでふざけ回ってはいけない。 / 텔레비전 앞을 쪼르르 다니며 출싹거리지 마라. テレビの前まえをちょろちょろしながらふざけ回るな。 ❷ 人ひとをそそのかして気きを浮うきさせる。 예 착실하게 공부하고 있는 아이를 출싹거려서 방해하다. 真面目まじめに勉強べんきょうしている子こをけしかけて、邪魔じゃまをする。 =출싹대다

출싹-대다자타 ☞출싹거리다

출싹-출싹부 ❶ でたらめにそそっかしく振ふる舞まうさま。 ❷ 人ひとをそそのかして気きを浮うきさせるさま。

출출-하다【배가 조금 고프다】ひもじい｜お腹なかがすいている。

촘촘-하다형 (目めが)つんでいる｜細こまかい｜詰つまっている｜ぎっしりだ。 예 빗살이 촘촘한 빗 歯はの細かい櫛くし。

촘촘-히부 ぎっしり｜細こまかく。

촛-농(一膿)영 燭涙｜蝋燭からたれる蝋。

촛-대(一臺)영 燭台｜蝋燭立て。

촛-불 蝋燭の火。예 ~을 켜다. 蝋燭をともす。

총¹ 馬の鬣と尾の毛。

총²(銃)영 銃｜鉄砲。예 ~을 쏘다. 銃を撃つ。/ ~을 겨누다. 銃を構える。

총-³(總)접 総—。예 총감독 総監督／총결산 総決算。

총가(銃架)영 銃架。

총각(總角)영 チョンガー｜未婚の男性。

총각-김치(總角—)영 チョンガーキムチ。

총-개머리(銃—)영 台尻｜銃の床尾。

총검(銃劍)영 銃剣。

총검-술(銃劍術)영 銃剣術。

총격(銃擊)영 銃撃。
　총격-하다타 銃撃する。

총격-전(銃擊戰)영 銃撃戦。예 ~을 펼치다. 銃撃戦を繰り広げる。

총-결산(總決算)영 総決算。예 상반기 ~ 上半期の総決算。
　총결산-하다타 総決算をする。

총계(總計)영 計計。예 ~를 내다. 総計を出す。

총-공격(總攻擊)영 総攻撃。
　총공격-하다타 総攻撃する。

총괄(總括)영 総括。예 ~ 책임자 総括責任者。
　총괄-하다타 総括する。

총괄-적(總括的)관영 総括的。예 ~으로 평가하다. 総括的に評価する。

총구(銃口)영 銃口。예 ~를 들이대다. 銃口を突きつける。

총기(銃器)영 銃器。예 ~ 불법 소지자 銃器不法所持者。

총기²(聰氣)영 ❶ 聡明さ。❷ よい記憶力。

총-대(銃—)영 銃床。

총독(總督)영 総督。

총독-부(總督府)영 総督府。

총-동원(總動員)영 総動員。
　총동원-하다타 総動員する。예 주민을 총동원하여 준비해야 한다. 住民を総動員して準備をしなければならない。

총람(總覽)영 総覧。예 대학 ~ 大学総覧。
　총람-하다타 総覧する。

총량(總量)영 総量。

총력(總力)영 総力｜全力。예 ~을 기울이다. 総力を傾ける。／ ~을 결집하다. 総力を結集する。

총력-전(總力戰)영 総力戦。

총론(總論)영 総論。

총리(總理)영 総理。

총림(叢林)영 叢林。

총-망라(總網羅)영 全てを網羅すること。

총망-하다(悤忙—)형 忽忙だ｜あわただしい｜忙しい。

총명(聰明)영 聡明。
　총명-하다형 聡明だ。예 총명한 군왕 聡明な君王。

총목(總目)영 総目｜全体の目録。

총무(總務)영 総務。예 ~를 담당하다. 総務を担当する。

총-받이(銃—)영 ☞총알받이

총-본부(總本部)영 総本部。

총-부리(銃—)영 銃口｜筒先。예 ~를 들이대다. 銃口を突きつける；銃口を向ける。／ ~를 돌리다. 攻撃目標を変える。

총-사냥(銃—)영 銃猟。
　총사냥-하다자 銃猟をする。

총-사령관(總司令官)영《군》総司令官。

총-사령부(總司令部)영《군》総司令部。

총-사직(總辭職)영 総辞職。예 내각 ~ 内閣の総辞職。
　총사직-하다자 総辞職する。

총살(銃殺)영 銃殺。
　총살-하다타 銃殺する。

총살-형(銃殺刑)영《법》銃殺刑｜銃殺。

총상(銃傷)영 銃傷｜銃創。예 ~을 입다. 銃傷を負う。

총생(叢生)영《식》叢生｜群生。
　총생-하다자 叢生する｜群生する。

총서(叢書)영 叢書｜シリーズ。예 문학 ~ 文学叢書。

총선(總選)영《법》総選挙。예 ~에 대비하다. 総選挙に備える。 =총선거

총-선거(總選舉)영 ☞총선

총설(總說)영 総説。

총성(銃聲)⒨ 銃声。예~이 울리다. 銃声が響く。

총-소득(總所得)⒨ 総所得。

총-소리(銃—)⒨ 銃声。

총수¹(總帥)⒨【할수번】総帥│総大将。예재벌 ~ 財閥の総帥。

총수²(總數)⒨【할수번】総数。예사상자의 ~ 死傷者の総数。

총-수입(總收入)⒨ 総収入。예관광 ~ 観光の総収入。

총신(銃身)⒨ 銃身│筒。=총열

총아(寵兒)⒨ 寵児。예시대의 ~ 時代の寵児。

총-알(銃—)⒨ 弾丸│鉄砲玉。예~을 장전하다. 弾丸をこめる。/ ~이 빗발치듯 쏟아지다. 雨あられと弾丸が降り注ぐ。

총알-받이(銃—)⒨ (戦闘部隊の)最前列│第一線。=총받이

총알-택시(銃—taxi)⒨ 深夜に速い速度で飛ばすタクシー│神風タクシー。

총애(寵愛)⒨ 寵愛。예~를 받다. 寵愛を受ける。
　총애-하다㉿ 寵愛する。

총액(總額)⒨ 総額。예시가 ~ 時価総額/차입 ~ 借り入れ総額。

총-열(銃—)⒨ =총신

총-영사(總領事)⒨【법】総領事。

총-예산(總豫算)⒨【경】総予算。예~을 편성하다. 総予算を編成する。

총원(總員)⒨ 総員。

총의(總意)⒨ 総意。예회원의 ~로 정하다. 会員の総意をもって決める。

총장(總長)⒨ 総長。예검찰 ~ 検事総長。

총재(總裁)⒨ 総裁。예적십자사 ~ 赤十字社総裁。

총점(總點)⒨ 総点│総得点。

총중(叢中)⒨【할수번】一群のうち│群れの中。

총-지휘(總指揮)⒨ 総指揮。예~를 하다. 総指揮をとる。
　총지휘-하다㉿ 総指揮をする。

총질(銃—)⒨ 射撃。
　총질-하다㉿ 射撃する│銃を撃つ。

총-집¹(銃—)⒨【할수번】銃の鞘。

총집(總執)⒨【할수번】総攬。

총-채⒨【할수번】はたき│ちり払い。예~로 털다. はたきをかける。

총책(總責)⒨ ☞총책임자

총책임-자(總責任者)⒨ 総責任者。예자금 관리 ~ 資金管理の総責任者。=총책

총-천연색(總天然色)⒨ 総天然色。

총체(總體)⒨ 総体│全体。

총체-적(總體的)㉿ 総体的。예~인 문제점 総体的な問題点。

총총¹⒨【할수번】きらきら。예하늘에 별이 ~ 떠 있다. 空に星がたくさん輝いている。
　총총-하다¹ (星が)きらきら光る。
　총총-히¹⒨ きらきら。

총총²(悤悤)⒨ 匆々│忽々。❶【할수번】慌ただしいさま。❷【할수번】草々。
　총총-히²⒨ 慌ただしく。

총총-거리다㉿ あたふた歩く│せかせかと歩く。=총총대다

총총-걸음⒨ 急ぎ足│せかせかと歩くこと。예~으로 걷는다. 急ぎ足で歩く。/ ~을 치다. 急ぎ足をする。

총총-대다 ☞총총거리다

총총-하다²(蔥蔥—)㉿【할수번】(草木などが)うっそうと生い茂っている。
　총총-히³⒨ うっそうと。

총총-하다³(叢叢—)㉿【할수번】ぎっしり立ち並ぶ│群がって生えている。
　총총-히 ぎっしりと。

총칙(總則)⒨ 総則。예상법 ~ 商法総則。

총칭(總稱)⒨ 総称。
　총칭-하다㉿ 総称する。

총-칼(銃—)⒨ ❶銃剣。❷武力。예~로 위협하다. 武力で威嚇する。

총탄(銃彈)⒨ 銃弾。예~에 맞다. 銃弾に撃たれる。

총통(總統)⒨ 総統。

총-파업(總罷業)⒨ (사)総罷業│ゼネラルストライキ│ゼネスト。

총판(總販)⒨ ❶一手販売。❷一手販売店。
　총판-하다㉿ 一手販売をする。

총-판매(總販賣)⒨ 一手販売。
　총판매-하다㉿ 一手販売をする。

총평(總評)⒨ 総評。

총포(銃砲)⒨ 銃砲。

총할(總轄)⒨【할수번】総轄。예~ 책임자 総轄責任者。
　총할-하다㉿ 総轄する。예사무를 ~。

事務を総轄する。

총합(總合)圏 総計。囫 수입 ~ 収入총計。

총합-하다囲 総計する。

총화¹(銃火)圏 銃火。囫 ~를 퍼붓다. 銃火を浴びせる。

총화²(總和)圏 ❶【전체를 묶어】総和。¦ 総計。 ❷【전체의 화합】全体の和合。囫 국민 ~ 国民全体の和合。

총회(總會)圏 総会。囫 정기 ~ 定期総会。

촬영(撮影)圏 撮影。囫 기념 ~ 記念撮影 / 야외 ~ 野外撮影。

　촬영-하다囲 撮影する。囫 영화를 ~. 映画を撮影する。

　촬영-기(撮影機)圏 撮影機。

　촬영-소(撮影所)圏 撮影所。

최-(最)囼【가장 · 제일의 뜻】最—。囫 최전선 最前線。

최강(最強)圏 最強。囫 세계 ~의 팀 世界最強のチーム。

최고¹(最古)圏【가장 오래됨】最古。

최고²(最高)圏【가장 높음】最高。囫 ~ 기온 最高気温 / ~의 기분 最高の気分 / ~로 재미있는 만화 最高におもしろい漫画 / ~의 설비를 자랑하다. 最高の設備を誇る。

최고³(催告)圏《법》催告。

최고-가(最高價)圏 最高価格。

최-고급(最高級)圏 最高級。

최고-봉(最高峯)圏 最高峰。囫 세계 ~ 에베레스트 산 世界最高峰エベレスト山 / 탐정 소설의 ~ 探偵小説の最高峰。

최-고조(最高潮)圏 最高潮。¦ クライマックス。囫 흥분이 ~에 달하다. 興奮が最高潮に達する。

최근(最近)圏 最近。¦ 近ごろ。囫 ~의 정세 最近の情勢。

최다(最多)圏 最多。囫 ~ 득표 最多得票。

최단(最短)圏 最短。囫 ~ 거리 最短距離。

최대(最大)圏 最大。囫 ~ 압력 最大圧力 / ~ 공약수 最大公約数。

최대-치(最大値)圏 最大値。

최대-한(最大限)圏 最大限。囫 능력을 ~으로 살리다. 能力を最大限に活かす。

최댓-값(最大—)圏《수》最大値。

최루 가스(催涙gas)《화》催涙ガス。

최루-탄(催涙彈)圏 催涙弾。囫 ~을 쏘다. 催涙弾を撃つ。

최면(催眠)圏 催眠。囫 ~ 요법 催眠療法 / ~에 걸리다. 催眠にかかる。

최면-술(催眠術)圏 催眠術。

최면-제(催眠劑)圏《약》催眠薬。

최상(最上)圏 最上。囫 ~의 부류 最上の部類。

최-상급(最上級)圏 最上級。

최-상층(最上層)圏 ❶最上階。囫 호텔의 ~ ホテルの最上階。 ❷最上層の階層。

최-상품(最上品)圏 最上品。

최선(最善)圏 最善。¦ ベスト。囫 ~의 노력 最善の努力 / ~을 다하다. 最善を尽くす。

최-선두(最先頭)圏 最先頭。¦ 一番先頭。

최-선봉(最先鋒)圏 最先鋒。

최선-책(最善策)圏 最善の策。

최소¹(最小)圏【가장 작음】最小。囫 ~ 공배수 最小公倍数。

최소²(最少)圏【가장 적음】最少。囫 ~ 비용 最少の費用。

최소-한(最小限)圏 最小限。囫 피해를 ~으로 막다. 被害を最小限に食い止める。

최솟-값(最小—)圏《수》最小値。

최신(最新)圏 最新。囫 ~ 정보 最新情報 / ~ 기술 最新の技術。

최신-식(最新式)圏 最新式。囫 ~ 디지털 카메라 最新式のデジカメ。

최신-형(最新型)圏 最新型。囫 ~ 휴대 전화 最新型の携帯電話。

최악(最惡)圏 最悪。囫 ~의 상태 最悪の状態。

최-우수(最優秀)圏 最優秀。囫 ~ 선수 最優秀選手。¦ エムブイピー。

최장(最長)圏 最長。囫 ~ 시간 最長時間。

최저(最低)圏 最低。囫 ~ 가격 最低価格 / ~ 기온 最低気温 / ~ 생활비 最低生活費。

최저-가(最低價)圏 最低価格。

최저 임금제(最低賃金制)《경》最低賃金制。

최적(最適)圏 最適。囫 ~의 온도 最適の温度。

최-전방(最前方)[명] 最前方ぜんぽう｜最前線ぜんせん.

최-전선(最前線)[명] 最前線ぜんせん｜第一線いっせん.

최종(最終)[명] 最終しゅう. [예] ~ 변론 最終弁論べんろん.

최종-심(最終審)[명] 《법》最終審理しんり.

최종-적(最終的)[관] 最終的しゅうてき. [예] ~ 결론 最終的な結論けつろん.

최-첨단(最尖端)[명] 最先端せんたん. [예] ~ 기술 最先端技術ぎじゅつ.

최초(最初)[명] 最初しょ｜一番いちばん初はじめ. [예] 한국 ~의 홈페이지 韓国かんこく最初のホームページ.

최촉(催促)[명] 催促そく. =재촉

최하(最下)[명] 最下さい｜最低てい.

최-하급(最下級)[명] 最下級きゅう.

최-하층(最下層)[명] ❶一番下したの階かい. ❷最下層そう. [예] ~ 계급 最下層階級かいきゅう.

최-하품(最下品)[명] 最下品ひん.

최혜-국(最惠國)[명] 《법》最惠国けいこく. [예] ~대우 最惠国待遇たいぐう.

최후(最後)[명] ❶【최종】最後ご｜最終しゅう. [예] ~의 수단 最後の手段だん／~의 심판 最後の審判しん／~의 만찬 最後の晩餐ばんさん. ❷【임종】最期ご｜死にぎわ. [예] 장렬한 ~를 마치다. 壮烈そうれつな最期を遂げる.

최후-통첩(最後通牒)[명] 最後通牒つうちょう.

추(錘)[명] ❶【저울】(秤はかりの)錘おもり. ❷【시계】(時計とけいなどの)振り子こ.

추가(追加)[명] 追加か. [예] ~ 예산 追加予算さん／~ 요금 追加料金りょうきん.
  추가-하다[타] 追加する. [예] 주문을 ~. 注文ちゅうもんを追加する.

추거(推擧)[명] 推挙きょ｜推薦せん. =추천
  추거-하다[타] 推挙する｜推薦する. [예] 회원으로 ~. 会員かいいんに推挙する.

추격(追擊)[명] 追撃げき.
  추격-하다[타] 追撃する｜追い討うつ｜追い討ちをかける. [예] 적을 ~. 敵てきを追撃する.

추경(秋耕)[명] 《농》秋耕こう. =가을갈이

추계¹(秋季)[명] 【가을】秋季しゅうき. [예] ~ 체육 대회 秋季体育大会たいかい.

추계²(推計)[명] 【가늠】推計けい. [예] 인구 ~ 推計人口じんこう.
  추계-하다[타] 推計する.

추곡(秋穀)[명] 秋あきに収穫しゅうかくする穀物もつ.

추골(椎骨)[명] 《의》椎骨つい. =척추뼈

추구¹(追求)[명] 追求きゅう.

추구-하다[타] 追求する｜追い求もとめる. [예] 이윤을 ~. 利潤じゅんを追求する.

추구²(追究)[명] 追究きゅう.
  추구-하다[타] 追究する. [예] 진리를 ~. 真理しんりを追究する.

추구³(推究)[이자를 미루어 냄｜라사와 짤막히 보낼] 推究きゅう.
  추구-하다³[타] 推究する.

추궁(追窮)[명] 追及きゅう.
  추궁-하다[타] 追及する. [예] 책임을 ~. 責任にんを追及する.

추근-거리다[자] ☞'치근거리다'의 잘못.

추근-추근[부] 【성가시게 매달리는 모양으로 끈덕지게 보낼】ねちねち｜しつこく. [예] ~ 쫓아다니는 남자 しつこくつきまとう男おとこ.

추기¹(秋氣)[명] 【가을빛】秋気しゅう｜秋あきの気配はい.

추기²(秋期)[명] 【가을철】秋期しゅうき.

추기³(追記)[명] 【덧붙여 적음】追記き. [예] ~를 달다. 追記を付つける.
  추기-하다[타] 追記する.

추기-경(樞機卿)[명] 《종》枢機卿すうききょう.

추기다[타] そそのかす｜おだてる｜けしかける. [예] 친구를 추겨서 물건을 훔치게 하다. 友達ともだちをそそのかして物ものを盗ぬすませる.

추남(醜男)[명] 醜男おとこ.

추납(追納)[명] 追納のう.
  추납-하다[타] 追納する.

추녀[명] 【처마】

추녀(醜女)[명] 醜女じょ·みにくめ｜ぶす.

추다¹[타] ❶【추어올리다】せり上あげる｜押し上げる. ❷【실없이 올려】おだてる｜お世辞せじを言いう｜おべっかを言う.

추다²[타] 踊おどる｜舞まう. [예] 춤을 ~. 踊りを踊る.

추단(推斷)[명] 推断だん. [예] ~을 내리다. 推断を下くだす.
  추단-하다[타] 推断する.

추담(醜談)[명] 【더럽고 지저분한 말】猥談わいだん.

추대(推戴)[명] 推戴たい.
  추대-하다[타] 推戴する. [예] 총재로 ~. 総裁そうさいに推戴する.

추도(追悼)[명] 追悼とう.
  추도-하다[타] 追悼する. [예] 희생자를 ~. 犠牲者ぎせいしゃを追悼する.

추돌(追突)[명] 追突とつ. [예] ~ 사고 追突事故じこ.
  추돌-하다[타] 追突する.

추락(墜落)[명] 墜落らく.
  추락-하다[자] 墜落する. [예] 비행기가

추락-사(墜落死)[명] 墜落死する。
추량(推量)[명] 推し量り｜推測。=추측
　추량-하다[타] 推し量る｜推測する｜推測し量る｜推し量る。
추레-하다 ❶[겉모양이] みすぼらしい。[예] 추레한 옷차림 みすぼらしい身なり。❷[생기없다] 生き生きとしない｜しょげている。
추렴[명] 割り勘。
　추렴-하다[타] 割り勘にする。[예] 비용은 추렴하자. 費用は割り勘にしよう。
추렴-새[명] ❶各自が金品を出し合うこと。❷割り勘にすること。
추론(推論)[명] 推論。
　추론-하다[타] 推論する。[예] 사실에 근거하여 ~. 事実に基づいて推論を行なう。
추리(推理)[명] 推理。[예] ~ 소설 推理小説。
　추리-하다[타] 推理する。[예] 사건의 범인을 ~. 事件の犯人を推理する。
추리다[타] [골라내다] 選りすぐる｜選りすぐる｜選び出す。[예] 쓸 만한 것을 ~. 使えるものを選び出す。
추모(追慕)[명] 追慕。
　추모-하다[타] 追慕する。
추문(醜聞)[명] 醜聞｜スキャンダル。[예] ~이 나다. 醜聞が立つ。
추물(醜物)[명] ❶醜いもの。❷[추접한 사람을 낮잡아] 嫌らしい人。
추미(追尾)[명] 追尾｜追跡。
　추미-하다[타] 追尾する｜追跡する｜後をつけて行く。
추밀(樞密)[명] 枢密。
추방(追放)[명] 追放。[예] 영구 ~ 永久追放。
　추방-하다[타] 追放する。[예] 학교 폭력을 ~. 学校暴力を追放する。
추분(秋分)[명] 秋分。
추분-점(秋分點)[명] 〈천〉秋分点。
추비(追肥)[명] 웃거름。
추산(推算)[명] 推算。
　추산-하다[타] 推算する。
추상¹(抽象)[명] 〈심〉抽象。[예] ~ 명사 抽象名詞 / ~ 개념 抽象概念。
　추상-하다[타] 抽象する。
추상²(秋霜)[명] 秋霜。
추상³(追想)[명] 追想。
　추상-하다[타] 追想する。[예] 지난날을 ~. 往時のことを追想する。
추상(推想)[명] 推し量って考えること。
　추상-하다[타] 推し量って考える。
추상-같다(秋霜-)[형] (命令などが)非常に厳しい。
　추상같-이[부] 非常に厳しく。
추상-성(抽象性)[명] 抽象性。
추상-적(抽象的)[관][명] 抽象的。[예] ~인 설명 抽象的な説明。
추상-화(抽象化)[명] 抽象化。
추색(秋色)[명] 秋色｜秋の景色。
추서(追敍)[명] 追叙。
추서다[자] 次第に回復する｜だんだんよくなる。
추석(秋夕)[명] 秋夕。=한가위
추선(追善)[명] 追善。[예] ~ 공양 追善供養。
추세(趨勢)[명] 趨勢｜成り行き。[예] 시대의 ~ 時代の趨勢。
추수(秋收)[명] 〈농〉秋収｜秋の取り入れ｜秋の収穫。[예] ~ 감사절 感謝祭。=가을걷이
추스르다 ❶[추켜] ずり上げる｜持ち上げる。[예] 바지를 ~. ズボンをずり上げる。❷[자기 힘으로] 自分の力で体を動かす。❸[일처리하다] (事を)うまく取りまとめる。
추신(追伸・追申)[명] [편지 본문 뒤에 덧붙여 쓰는 말] 追伸｜追申。
추심(推尋)[명] ❶受け取ること。❷〈경〉取り立て｜徴収。[예] ~ 어음 取立手形。
추썩-거리다 ❶[착용한 옷가지 등을 치켜 추슬러] (着たり背負ったり担いだりしたものを)しきりに軽く揺すり上げたり引っ張り上げたりする。[예] 우는 아이를 업고 추썩거리며 어르다. 泣く子をおんぶして揺すり上げながらあやす。❷[어깨를 들먹이며 대성하다] 肩をしきりに軽く上げたり下げたりする。[예] 어깨를 추썩거리며 울다. 肩を上げたり下げたりしながら泣く。❸[행동이나 말로 부추겨] わざと人をそれとなくしきりにそそのかす。[예] 영화를 보기 싫다고 하는 친구를 추썩거려서 꾀어내다. 映画を見たくないと言う友達を、それとなくそそのかして誘い出す。=추썩대다
추썩-대다[타] 추썩거리다
추악(醜惡)[명] 醜悪。
　추악-하다[형] 醜悪だ。[예] 추악한 몰골

醜悪ななり。
추앙(推仰)명 あがめ奉ること。
　추앙-하다타 あがめ奉る。예영웅으로 ~. 英雄としてあがめ奉る。
추야(秋夜)명 秋夜｜秋の夜。
추어(鰍魚·鰌魚)명〈동〉どじょう。=미꾸라지
추어-올리다타 ❶【제웃몸 치올림】持ち上げる。❷【제웃몸 잦힘】おだてあげる｜ほめちぎる。예사람을 추어올렸다 깎았다 한다. 人を上げ下げする。=추어주다
추어-주다타 ☞추어올리다❷
추어-탕(鰍魚湯)명【우리나라음식의 하나】チュオタン｜どじょう汁。
추억(追憶)명 思い出｜追憶。예~의 물건 思い出の品/~에 잠기다. 思い出にふける。/좋은 ~이 되다. いい思い出となる。
　추억-하다타 追憶する｜(昔を)思いしのぶ｜思いい出す。
추억-담(追憶談)명 思い出話。
추월(追越)명 追い越し｜追い抜き。예~ 금지 追い越し禁止。
　추월-하다타 追い越す｜追い抜く。예앞차를 ~. 前の車を追い越す。
추위명 寒さ。예매서운 ~ 厳しい寒さ/~를 느끼다. 寒さを感じる。/~가 풀리다. 寒さが和らぐ。/~가 심해진다. 寒さがましてする。/~에 약하다. 寒さに弱い。/~에 떨다. 寒さに震える。/~를 타다. 寒がる；寒さに弱い。
추이(推移)명 推移。예사건의 ~를 지켜보다. 事件の推移を見守る。
추인(追認)명 追認。예장관 임명을 국회에서 ~받다. 長官任命を国会で追認される。
추잡-스럽다(醜雜—)형 (言行が)品がない｜卑猥だ｜淫猥だ。예추잡스러운 이야기 卑猥な話らだ。
　추잡스레부 下品に｜卑猥に｜淫らに。
추잡-하다(醜雜—)형 卑猥だ｜淫らだ。예추잡한 행동 卑猥な行動だ。
추장(酋長)명【원시부족사회의우두머리】酋長。예인디언 ~ インディアンの酋長。
추장²(推奨)명【좋은것을 추천해 장려함】推奨。
　추장-하다타 推奨する。
추저분-하다(醜—)형 汚らしい｜だらしなく 汚らしい｜雑然としている。예추저분한 방 雑然とした部屋。=추접하다

추저분-히부 汚らしく｜いかがわしく｜雑然と。
추적(追跡)명 追跡。예~ 조사 追跡調査。
　추적-하다타 追跡する。예용의자를 ~. 容疑者を追跡する。
추적-추적부【비가 내리는 모양】しょぼしょぼ。예비가 ~ 내리다. 雨がしょぼしょぼと降る。
추접-스럽다(醜—)형 汚らしい｜けがらわしい。
　추접스레부 汚らしく｜けがらわしく。
추접지근-하다(醜—)형 汚らしい｜だらしなく汚らしい。
추접-하다(醜—)형 ☞추저분하다
추-젓(秋—)명 秋に漬けた小えびの塩辛。
추정(推定)명 推定。예~ 연령 推定年齢。
　추정-하다타 推定する。예병의 원인으로 추정되다. 病気の原因と推定される。
추종(追從)명 追従｜追随。예타의 ~을 불허하다. 他の追随を許さない。
　추종-하다타 追従する｜追随する。예권력자에게 ~. 権力者けんりょくに追従する。
추증(追贈)명〈역〉【죽은 뒤 벼슬을 내리거나 품계를 높여줌】追贈。
추지다형 湿っている｜水気がある｜濡れている。
추진(推進)명 推進。
　추진-하다타 推進する｜押し進める。예민생에 중점을 둔 정책을 ~. 民生に重点をおいた政策を押し進める。
추진-기(推進機)명 推進器。
추진-력(推進力)명 推進力。
추징(追徵)명 追徴。예세금의 ~ 税の追徴/~ 처분 追徴処分。
추징-금(追徵金)명【법】追徴金。예~을 징수하다. 追徴金を取る。
추찰(推察)명 推察｜察し。
추천¹(推薦)명 推薦。=추거
　추천-하다타 推薦する。예학원을 ~. 塾を推薦する。
추천²(鞦韆)명 ☞그네
추천-서(推薦書)명 推薦書。
추천-장(推薦狀)명 推薦状。
추첨(抽籤)명 抽籤｜抽選｜籤引

き. 예공개 ~ 公開の抽選.
추첨-하다짜타 抽籤ちゅうせんする｜抽選ちゅうせんの籤くじを引ひく.

추축(樞軸)명 樞軸すうじく.
추출(抽出)명 抽出ちゅうしゅつ.
　추출-하다타 抽出ちゅうしゅつする. 예유효 성분을 ~. 有効成分ゆうこうせいぶんを抽出ちゅうしゅつする.

추측(推測)명 推測すいそく｜推量すいりょう. 예~이 들어맞다. 推測すいそくが当あたる. =추량
　추측-하다타 推測すいそくする｜推おし量はかる. 예결과를 ~. 結果けっかを推測すいそくする. / 상대의 마음을 ~. 相手あいての心中しんちゅうを推おし量はかる.

추켜-들다 高たかく上あげる｜持もち上あげる｜差さし上あげる. 예얼굴을 ~. 顔かおをぐっと上あげる.

추켜-세우다타 つり上あげる. 예눈썹을 ~. 眉まゆをつり上あげる.

추키다 ❶たくし上あげる｜(服ふくなどを)引ひっ張ぱり上あげる. ❷(値段ねだんを)つり上あげる. ❸おだてる.

추태(醜態)명 醜態しゅうたい. 예~를 부리다. 醜態しゅうたいを演えんじる.

추파(秋波)명 秋波しゅうは. ❶秋あきの澄すみ切きった波なみ. ❷色目いろめ｜流ながし目め. 예~를 던지다. 色目いろめを送おくる.

추풍-낙엽(秋風落葉) ❶秋風あきかぜに落おちる木このの葉は. ❷急激きゅうげきに局面きょくめんが悪わるくなったり勢力せいりょくが衰おとろえること.

추-하다(醜—)형 醜みにくい｜汚きたならしい｜汚けがらわしい. 예추한 얼굴 醜みにくい顔かお.

추한(醜漢)명 醜漢しゅうかん｜醜男みにくおとこ.

추행(醜行)명 醜行しゅうこう. 예강제 ~ 強制きょうせい醜行しゅうこう.

추향(趨向)명 趨向すうこう.

추호(秋毫)명 秋毫しゅうごう｜少すこし｜いささか. 예~의 거짓도 없다. 秋毫しゅうごうの偽いつわりもない.

추후(追後)명 追おって｜後のちほど. 예자세한 것은 ~ 연락을 드리겠습니다. 詳細しょうさいは追おってご連絡れんらく致いたします.

축¹ 의 部類ぶるい｜同類どうるい｜グループ｜たぐい. 예요즘 60대는 노인 ~에 들지 않는다고 생각한다. 最近さいきんの60代だいは年寄としよりの部類ぶるいに入はいらないと思おもう.

축² 부 だらり(と)｜だらっと. 예~ 늘어진 팔 だらりと垂たれ下さがっている腕うで.

축³(丑) 민 丑うし.

축⁴(軸)명 軸じく. 예엑스~ Xえっくす軸じく.
축가(祝歌)명 祝いわい歌うた.
축-가다(縮—)자 →축나다
축객(逐客)명 客きゃくを追おい払はらうこと.
축구(蹴球)명《운》サッカー｜蹴球しゅうきゅう. 예~ 선수 サッカー選手せんしゅ.
축-나다(縮—)자 ❶減へる｜足たりなくなる. 예쌀이 ~. 米こめが減へる. ❷やつれる｜衰おとろえる. 예몸이 ~. 体からだが衰おとろえる. =축가다·축지다
축농-증(蓄膿症)명 ⓜ蓄膿症ちくのうしょう.
축대(築臺)명 高たかく築きずき上あげた台地だいち.
축도(縮圖)명 縮図しゅくず. 예인생의 ~ 人生じんせいの縮図しゅくず.
축도-기(縮圖器)명 縮図器しゅくずき.
축력(畜力)명 蓄力ちくりょく｜家畜かちくの労働力ろうどうりょく.
축류(畜類)명 畜類ちくるい.
축문(祝文)명 祝文しゅくぶん·のりと｜祭文さいもん｜祝詞のりと.
축배(祝杯)명 祝杯しゅくはい｜祝盃しゅくはい. 예~를 들다. 祝杯しゅくはいを上あげる.
축복(祝福)명 祝福しゅくふく. 예~을 받다. 祝福しゅくふくを受うける.
　축복-하다자타 祝福しゅくふくする.
축사¹(畜舍)명 畜舍ちくしゃ.
축사²(祝辭)명 祝辭しゅくじ｜祝詞しゅくじ. 예내빈의 ~ 来賓らいひんの祝辞しゅくじ / ~를 하다. 祝辞しゅくじを述のべる.
축사³(縮寫)명 縮写しゅくしゃ.
　축사-하다타 縮写しゅくしゃする. 예도면을 ~. 図面ずめんを縮写しゅくしゃする.
축산(畜産)명 畜産ちくさん.
축산-업(畜産業)명 畜産業ちくさんぎょう.
축생(畜生)명 畜生ちくしょう.
축성(築城)명 築城ちくじょう.
　축성-하다자타 築城ちくじょうする.
축소(縮小)명 縮小しゅくしょう. 예군비 ~ 軍備ぐんび縮小しゅくしょう / ~ 복사 縮小複写しゅくしょうふくしゃ / ~ 재생산 縮小再生産しゅくしょうさいせいさん.
　축소-하다자타 縮小しゅくしょうする. 예규모를 ~. 規模きぼを縮小しゅくしょうする.
축소-판(縮小版)명 縮小版しゅくしょうばん.
축수(祝壽)명 長寿ちょうじゅを祈いのること.
　축수-하다타 長寿ちょうじゅを祈いのる.
축시(丑時)명 巴《민》丑うしの刻こく.
축약(縮約)명 縮約しゅくやく.
　축약-하다타 縮約しゅくやくする.
축연¹(祝宴)명 祝宴しゅくえん. 예~을 베풀다. 祝

宴を張る。=축하연

축연²(祝筵)〔명〕【축】祝筵 | 祝宴の席。

축우(畜牛)〔명〕家畜として飼う牛。

축원(祝願)〔명〕❶(成就を)願い祈ること。❷【불교】願い祈る旨を書いた文。

　축원-하다〔자타〕願い祈る。

축월(逐月)〔명〕【축월마다】月ごと | 毎月。

축음-기(蓄音機)〔명〕蓄音機 | 蓄音器。

축의-금(祝儀金)〔명〕祝儀 | 祝いのお金。

축이다〔타〕濡らす | 潤す | 湿らせる。예목을 ~.のどを潤す。

축일(祝日)〔명〕祝日。

축재(蓄財)〔명〕【축】蓄財。

　축재-하다〔자〕蓄財する。

축적(蓄積)〔명〕蓄積。예경험의 ~ 経験の蓄積。

　축적-하다〔자타〕蓄積する | 蓄える。예자본을 ~.資本を蓄積する。

축전¹(祝典)〔명〕【축전야】祝典。

축전²(祝電)〔명〕【축전야】祝電。~을 치다. 祝電を打つ。

축전-기(蓄電器)〔명〕《전》蓄電器 | コンデンサー。

축전-지(蓄電池)〔명〕《화》蓄電池 | バッテリー | 二次電池。

축제¹(祝祭)〔명〕祝祭 | 祭り | フェスティバル。

축제²(築堤)〔명〕《건》【축제】築堤。~ 공사 築堤工事。

　축제-하다〔자〕築堤する。

축제-일(祝祭日)〔명〕祝祭日。

축조(逐條)〔명〕【축조】逐条。예~ 해석 逐条解釈。

축조²(築造)〔명〕築造。예성곽의 ~ 城郭の築造。

　축조-하다〔타〕築造する。

축-지다(縮─)〔자〕☞축나다❷

축지-법(縮地法)〔명〕〔민〕縮地法。

축척(縮尺)〔명〕縮尺。예~ 100분의 1의 지도 縮尺100分の1の地図。

축첩(蓄妾)〔명〕【축】蓄妾。예~을 금하다. 蓄妾を禁じる。

축-축〔부〕【축】だらりと(と) | ぶらりと(と)。예나뭇가지가 ~ 늘어져 있다. 木の枝がだらりと垂れ下がっている。

축축-하다〔형〕湿っぽい | じとじとする。예축축한 공기 湿っぽい空気 / 옷이 ~. 服がじとじとしている。

　축축-이〔부〕じとじとと | しっぽり | じっとり。

축출(逐出)〔명〕追い出すこと。

　축출-하다〔타〕追い出す。예반정부 세력을 ~.反政府の勢力を追い出す。

축포(祝砲)〔명〕祝砲。예~를 쏘다. 祝砲を放つ。

축하(祝賀)〔명〕祝賀 | 祝い。예졸업 ~ 선물을 받다. 卒業のお祝いをもらう。

　축하-하다〔타〕祝賀する | 祝う。예생일 축하해. 誕生日おめでとう。

축하-연(祝賀宴)〔명〕祝賀の宴 | 祝いの宴。=축연¹

축하-회(祝賀會)〔명〕祝賀会。

축합(縮合)〔명〕《화》縮合。

축항(築港)〔명〕築港。

　축항-하다〔자〕築港する。

춘경¹(春耕)〔명〕☞봄갈이

춘경²(春景)〔명〕春景 | 春色。

춘계(春季)〔명〕春季 | 春期。

춘곤(春困)〔명〕春に感じるだるさ。

춘궁(春窮)〔명〕【춘궁기】春窮。

춘궁-기(春窮期)〔명〕春窮期。

춘기(春氣)〔명〕【춘】春気。

춘당(椿堂・春堂)〔명〕父御 | 。=춘부장(椿府丈)

춘란(春蘭)〔명〕《식》春蘭。

춘맥(春麥)〔명〕☞봄보리

춘면(春眠)〔명〕春眠。

춘몽(春夢)〔명〕春夢。예일장~ 一場の春夢。

춘부-장(椿府丈)〔명〕【춘부장이야의 높임말】父御 | 尊父さま | おとうさま。=춘당

춘분(春分)〔명〕【춘분야】春分。

춘분-점(春分點)〔명〕《천》春分点。

춘-삼월(春三月)〔명〕春たけなわな旧暦の三月。

춘색(春色)〔명〕春色。

춘설(春雪)〔명〕春雪。

춘잠(春蠶)〔명〕〔농〕春蚕 | 。

춘정(春情)〔명〕春情。❶【춘정이야】色情 | いろけ。예~을 불러일으키다. 春情を催す。❷【춘】春色。

춘추(春秋)〔명〕春秋。❶【춘】春と秋。❷【춘부】年月と | 歳月と。❸【어른의 나이의 높임말】(目上の)年齢。예어머님은 올해 ~가 어떻게 되시는지요? おかあさまは今年おいくつになりますか。

춘추-복(春秋服)[명] 合あい服ふく｜間着あいぎ。
춘추 전국 시대(春秋戰國時代)《역》春秋しゅん秋戦国せんごく時代じだい。
춘풍(春風)[명] 春風しゅんぷう・はるかぜ。＝봄바람
춘하추동(春夏秋冬)[명] 春夏秋冬しゅんかしゅうとう。
출가¹(出家)[명]《불》[불교용어]出家しゅっけ。
  출가-하다¹[자] 出家しゅっけする｜僧籍そうせきに入はいる。
출가²(出嫁)[명] 【전이어/음용한】嫁入よめいり｜嫁とつぐこと。
  출가-하다²[자] 嫁入よめいりする｜嫁とつぐ。[예] 큰딸을 출가시키다. 長女ちょうじょを嫁とつがせる。
출가-득도(出家得度)[명]《불》[불교용어]出家しゅっけ得度とくど。
출가-외인(出嫁外人)[명] 嫁とついだ娘むすめは他家たけの人ひとであること。
출간(出刊)[명] ☞출판(出版)
출감(出監)[명] 出監しゅっかん｜出獄しゅつごく。
  출감-하다[자] 出監しゅっかんする｜出獄しゅつごくする。
출강(出講)[명] 出講しゅっこう。
  출강-하다[자] 出講しゅっこうする。
출격(出擊)[명] 出撃しゅつげき。[예] ~ 준비를 하다. 出撃準備じゅんびをする。
  출격-하다[자타] 出撃しゅつげきする。
출결(出缺)[명] 出欠しゅっけつ。[예] ~ 상태를 확인하다. 出欠状態じょうたいを確認かくにんする。
출고(出庫)[명] 出庫しゅっこ。[예] ~ 가격 出庫価格かかく。
  출고-하다[타] 出庫しゅっこする。
출관(出棺)[명] 出棺しゅっかん。
  출관-하다[자] 出棺しゅっかんする。
출구(出口)[명] 出口でぐち。[예] ~ 조사 出口調査ちょうさ。
출국(出國)[명] 出国しゅっこく。[예] ~ 수속 出国手続てつづき／~ 명령 出国命令めいれい。
  출국-하다[자] 出国しゅっこくする。
출근(出勤)[명] 出勤しゅっきん。
  출근-하다[자] 出勤しゅっきんする。[예] 회사로 ~. 会社かいしゃへ出勤しゅっきんする。
출근-부(出勤簿)[명] 出勤簿しゅっきんぼ。
출금(出金)[명] 出金しゅっきん。[예] ~ 전표 出金伝票でんぴょう。
  출금-하다[자타] 出金しゅっきんする。
출납(出納)[명] 出納すいとう｜出だし入いれ。[예] ~ 책임자 出納責任者せきにんしゃ。
  출납-하다[타] 出納すいとうする｜出だし入いれする。[예] 현금을 ~. 現金げんきんを出納すいとうする。
출납-계(出納係)[명] 出納係すいとうがかり。

출납-부(出納簿)[명] 出納簿すいとうぼ。
출동(出動)[명] 出動しゅつどう。
  출동-하다[자] 出動しゅつどうする。[예] 경찰이 ~. 警察けいさつが出動する。
출두(出頭)[명] 出頭しゅっとう。[예] ~ 명령 出頭命令めいれい。
  출두-하다[자] 出頭しゅっとうする。[예] 법원에 ~. 裁判所さいばんしょに出頭する。
출렁[부]【큰물결을 이루어 만변 출렁이는 소리 또는 모양】どぶん(と)｜どぼん(と)。
  출렁-거리다[자] だぶだぶと揺ゆれる｜ざぶざぶと音おとを立たてる。[예] 욕조의 물이 출렁거린다. 湯船ゆぶねの水みずがざぶざぶと音を立てる。＝출렁대다
  출렁-대다 ☞출렁거리다
출렁-출렁[부]【큰물결을 이루어 자꾸 출렁이는 소리 또는 모양】だぶだぶ｜ざぶざぶ。
출력(出力)[명] 出力しゅつりょく。~ 장치 出力装置そうち。
  출력-하다[타] 出力しゅつりょくする。[예] 검색 결과를 ~. 検索結果けっかを出力する。
출로(出路)[명] 出路しゅつろ。
출마(出馬)[명] 出馬しゅつば。[예] ~ 선언 出馬宣言せんげん。
  출마-하다[자] 出馬しゅつばする。[예] 대통령 선거에 ~. 大統領選挙だいとうりょうせんきょに出馬する。
출몰(出沒)[명] 出没しゅつぼつ。[예] 이 부근에는 멧돼지가 출몰한다. この辺へんには猪ししが出没する。
출발(出發)[명] 出発しゅっぱつ。[예] 인생의 ~ 人生じんせいの門出かどで。
  출발-하다[자타] 出発しゅっぱつする。[예] 내일 아침 일찍 출발할 예정이다. 明日あしたの朝早あさはやく出発する予定よていだ。
출발-선(出發線)[명]《운》スタートライン。
출발-점(出發點)[명] 出発点しゅっぱつてん。
출범(出帆)[명] 出帆しゅっぱん｜船出ふなで。
  출범-하다[자] 出帆しゅっぱんする。[예] 배를 ~. 船ふねを出だす。
출병(出兵)[명] 出兵しゅっぺい。[예] ~을 요청하다. 出兵を要請ようせいする。
  출병-하다[자] 出兵しゅっぺいする。
출사-표(出師表)[명]《역》出師すいしの表ひょう。
출산(出産)[명] 出産しゅっさん｜お産さん。[예] ~ 휴가 出産休暇きゅうか；産休さんきゅう／ 대리 ~ 代理だいり出産。
  출산-하다[자타] 出産しゅっさんする。
출산-율(出産率)[명] 出産率しゅっさんりつ。
출생(出生)[명] 出生しゅっしょう・せい｜生うまれ。[예]

~ 신고 出生届とどけ。
출생-하다 자 出生しゅっしょう・する｜生うまれる。
출생-률(出生率) 명 出生率しゅっしょうりつ。
출생-지(出生地) 명 出生地しゅっしょうち。
출석(出席) 명 出席しゅっせき。 예 ~ 명령 出席命令しゅっせきめいれい/ ~ 일수 出席日数しゅっせきにっすう/ ~ 을 부르다. 出席をとる。
출석-하다 자 出席しゅっせきする。
출석-률(出席率) 명 出席率しゅっせきりつ。
출석-부(出席簿) 명 出席簿しゅっせきぼ。
출세(出世) 명 出世しゅっせ。 예 입신~ 立身出世りっしんしゅっせ/ ~ 가도 出世街道しゅっせかいどう。
출세-하다 자 出世しゅっせする。
출세-욕(出世慾) 명 出世欲しゅっせよく。
출세-작(出世作) 명 出世作しゅっせさく。
출소(出所) 명 出所しゅっしょ。
출소-하다 자 出所しゅっしょする。 예 형기를 마치고 ~. 刑期を終えて出所する。
출시(出市) 명 商品しょうひんが市場しじょうに出ること｜発売はつばい。
출시-하다 타 商品しょうひんが市場しじょうに出る｜発売はつばいする。 예 신제품을 ~. 新製品しんせいひんを発売する。
출신(出身) 명 出身しゅっしん｜生まれ｜出。 예 서울 ~ ソウル出身/ 학자 ~ 学者がくしゃの出。
출어(出漁) 명 出漁しゅつりょう。
출어-하다 자 出漁しゅつりょうする。
출연(出捐) 명【金銭提供】出捐しゅつえん。
출연-하다 타 出捐しゅつえんする。
출연²(出演) 명 出演しゅつえん。
출연-하다² 자 出演しゅつえんする。 예 사극에 ~. 時代劇じだいげきに出演する。
출연-금(出捐金) 명 出捐金しゅつえんきん。
출연-자(出演者) 명 出演者しゅつえんしゃ。
출영(出迎) 명【出迎え】出迎しゅつげい。
출영-하다 타 出迎しゅつげいえる。
출옥(出獄) 명 出獄しゅつごく｜出所しゅっしょ。
출옥-하다 자 出獄しゅつごくする｜出所しゅっしょする。 예 형기를 마치고 ~. 刑期を終えて出獄する。
출원(出願) 명 出願しゅつがん。 예 특허 ~ 特許とっきょ出願。
출원-하다 타 出願しゅつがんする。
출입(出入) 명 出入しゅつにゅう｜出入り。 예 ~ 금지 出入り禁止きんし/사람의 ~이 잦은 집 人の出入りが多おおい家いえ。
출입-하다 타 出入しゅつにゅうする｜出入りする。
출입-구(出入口) 명 出入り口ぐち。 예 ~를 막

다. 出入り口をふさぐ。
출-입국(出入國) 명 出入国しゅつにゅうこく。 예 ~ 관리 出入国管理かんり。
출입-문(出入門) 명 通用門つうようもん。
출자(出資) 명 〈경〉出資しゅっし。
출자-하다 타 出資しゅっしする。 예 아들 회사에 ~. 息子むすこの会社に出資する。
출자-금(出資金) 명 出資金しゅっしきん。
출장¹(出張) 명 出張しゅっちょう。 예 해외 ~ 海外かいがい出張。
출장-하다¹ 자 出張しゅっちょうする。
출장²(出場) 명 出場しゅつじょう。 예 ~ 정지 처분 出場停止処分ていしょぶん。
출장-하다² 자 出場しゅつじょうする。
출장-소(出張所) 명 出張所しゅっちょうじょ。
출전¹(出典) 명【典拠】出典しゅってん。 예 ~을 밝히다. 出典を明らかにする。
출전²(出戰) 명 ❶【戦争】戦たたかいに出ること。❷【競技出場】競技きょうぎなどに出ること｜出場しゅつじょう。
출전-하다 자 ❶ 戦たたかいに出る。❷ 競技きょうぎに出る｜出場しゅつじょうする。 예 전국 대회에 ~. 全国大会ぜんこくたいかいに出る。
출정(出廷) 명 〈법〉出廷しゅってい。
출정-하다 出廷しゅっていする。
출제(出題) 명 出題しゅつだい。 예 ~ 위원 出題委員いいん。
출제-하다 자 出題しゅつだいする。 예 시험 문제를 ~. 試験しけん問題もんだいを出題する。
출중-하다(出衆-) 형 抜ぬきん出ている｜出色しゅっしょくだ｜抜群ばつぐんだ。 예 출중한 솜씨 出色の出来栄できばえ。
출진(出陣) 명 出陣しゅつじん。
출진-하다 出陣しゅつじんする。
출처(出處) 명 出処しゅっしょ｜出所しゅっしょ｜出どころ。 예 ~를 밝히다. 出処を明らかにする。
출출-하다 형 腹はらがすく｜ひもじい。 예 배가 ~. 腹がすいている。
출타(出他) 명 外出がいしゅつすること。
출타-하다 자 外出がいしゅつする。
출토(出土) 명 出土しゅつど。
출토-하다 타 出土しゅつどする。 예 유물을 ~. 遺物いぶつを出土する。
출-퇴근(出退勤) 명 出勤しゅっきんと退勤たいきん｜出退勤しゅったいきん。
출퇴근-하다 자 出勤しゅっきんと退勤たいきんをする｜出退勤しゅったいきんする。
출판(出版) 명 出版しゅっぱん。 예 ~ 계약 出版契約けいやく/ 자비 ~ 自費じひ出版。 =출간

출판-하다 出版する。 예 자서전을 ~.自伝を出版する。
출판-권(出版權) 《법》出版権｜版権。
출판-물(出版物) 出版物。
출판-사(出版社) 出版社。
출품(出品) 出品。
　출품-하다 出品する。 예 전시회에 ~.展示会に出品する。
출하(出荷) 出荷。 예 ~ 가격 出荷価格。
　출하-하다 出荷する。
출항¹(出航) 出航。
　출항-하다¹ 出航する。
출항²(出港) 出港。=발항²
　출항-하다² 出港する。 예 어장으로 ~.漁場へ出港する。=발항하다²
출현(出現) 出現。 예 인류의 ~ 人類の出現。
　출현-하다 出現する｜現れる。
출혈(出血) 出血｜판매 出血販売。/ ~을 막다.出血をとめる。
　출혈-하다 出血する。
출화(出火) 出火。
　출화-하다 出火する｜火事を出す。
춤¹ 踊り｜舞踊｜舞｜ダンス。 예 ~을 추다. 踊りを踊る。/ ~을 추며 기뻐하다. 小躍りしながら喜ぶ。
춤² (帽子・履物・器물などの)高さや丈。예 ~이 낮은 항아리 丈の低い壷。
춤³ 허리춤
춤⁴의 把｜握り。 예 짚 한 ~ 藁一握り。
춤-곡(一曲) 《음》舞曲｜ダンス曲。=무곡
춤-추다 ❶踊る｜舞う。 예 춤추며 노래하는 가수들 踊りながら歌う歌手たち。 ❷小躍りする。 예 당선 소식에 기뻐서 ~. 当選のお知らせに小躍りする。 ❸踊らされる。 예 남의 장단에 ~. 人に踊らされる。
춥다 寒い。 예 추운 아침 寒い朝/ 난방이 잘 되지 않아서 ~. 暖房の効きが悪くて寒い。
충(蟲) ❶虫。 ❷回虫。=회충
충격(衝擊) 衝擊｜ショック。 예 ~ 요법 衝擊療法 / ~ 흡수 衝擊吸収 / ~을 받다. 衝擊を受ける。/ 큰 ~을 주다.

大きな衝擊を与える。
충격-적(衝擊的) 衝擊的。 예 ~인 사건 으로 성격이 변하다. 衝擊的な出来事で性格が変わる。
충견(忠犬) 忠犬。
충고(忠告) 忠告。 예 ~를 따르다. 忠告に従う。/ ~를 받아들이다. 忠告を受け入れる。
　충고-하다 忠告する。 예 선배로서 ~.先輩として忠告する。
충군(忠君) 忠君。
충당(充當) 充当。
　충당-하다 充当する｜充てる。 예 인원을 ~.人員に充当する。
충돌(衝突) 衝突。 예 ~ 사고 衝突事故/ ~ 시험 衝突試験/ 정면 ~ 正面衝突。
　충돌-하다 衝突する。 예 의견이 ~. 意見が衝突する。
충동(衝動) ❶衝動。 예 ~을 억누르다. 衝動を抑える。/ ~을 느끼다. 衝動を感じる。/ 일시적인 ~에 이끌리다. 一時の衝動に駆られる。 ❷そそのかすこと｜けしかけること｜あおること。
　충동-이다 ❶刺激を与える。 ❷そそのかす｜けしかける｜あおる。
　충동-하다 そそのかす｜あおる。
충동-구매(衝動購買) 衝動買い。
충동-적(衝動的) 衝動的。 예 ~인 행동 衝動的な行動。
충동-질(衝動—) そそのかすこと｜誘惑すること。
　충동질-하다 そそのかす｜誘惑する。
충렬(忠烈) 忠烈。
충류(蟲類) 虫の種類。
충만(充滿) 充満。
　충만-하다 充満する。 예 에너지가 ~.エネルギーが充満している。
충매-화(蟲媒花) 《식》虫媒花。
충복(忠僕) 忠僕。
충분-조건(充分條件) 《논》十分条件。
충분-하다(充分—) 十分だ｜充分だ。 예 충분한 영양을 섭취하다. 十分な栄養を取る。/ 혼자 쓰기에는, 한 사람이 사용하는 데는 충분하다. / 충분하게 이야기를 나누다. 十分に話し合う。
충분-히(充分—) 十分に｜充分に｜

たっぷり。㉠능력을 ~ 발휘하다. 能力を十分発揮する。／시간이라면 ~ 있다. 時間なら たっぷりある。

충성(忠誠)몡 忠誠。㉠~을 맹세하다. 忠誠を誓う。／~을 다하다. 忠誠を尽くす。

　충성-하다 困 まごころをもって尽くす。㉠임금에게 ~. 君主に忠誠を捧げる。

충성-스럽다(忠誠-)혱 忠義である。㉠영리하고 충성스런 말 かしこくて忠義者らの馬。

충수¹(充數)몡【일할때에】定数を満たすこと。

　충수-하다 탄 定数を満たす。

충수²(蟲垂)몡 (의)虫垂｜虫様突起。

충신¹(忠臣)몡【송ばれき】忠臣。㉠~은 불사이군 忠臣は二君に仕えず。

충신²(忠信)몡【】忠信。

충실¹(充實)몡 ❶充實。㉠내용의 ~을 꾀하다. 内容の充実を図る。❷(特に子供が)元気であること｜健やかなこと。

　충실-하다 혱 ❶充実する。㉠충실한 하루하루를 보내다. 充実した日々を過ごす。❷(特に子供が)元気である｜健やかだ。

　충실-히¹ 閉 ❶充実に。❷健やかに。

충실-하다²(忠實-)혱【송ばれき】忠実だ。㉠자신의 삶에 충실한 사람 自分の生き方に忠実な人。

　충실-히 閉 忠実に。㉠업무를 ~ 이행하다. 業務を忠実に履行する。

충심(衷心)몡【】衷心｜真心。㉠~으로 감사하다. 衷心から感謝する。

충양-돌기(蟲樣突起)몡《의》虫様突起｜虫垂。

충언(忠言)몡 忠言｜忠告の言葉。㉠~을 듣지 않다. 忠言をきかない。

　충언-하다 困 忠告する。

충원(充員)몡 充員。㉠~ 소집 充員召集。

　충원-하다 困 充員する。

충의(忠義)몡 忠義。

충이다 (가마니や 袋 などに すきまなく 入ばれるように) 揺する｜揺さぶる。

충일(充溢)몡【】充溢。

　충일-하다 困 充溢する。

충적¹(充積)몡【】積み重なること。

　충적-하다 困 積み重なる。

충적²(沖積)몡【】沖積。㉠~ 평야 沖積平野。

　충적-하다² (土砂などが) 運ばれて堆積する。

충적-세(沖積世)몡【지질학用語】沖積世｜完新世。

충적-층(沖積層)몡 沖積層。

충적-토(沖積土)몡 沖積土。

충전(充塡)몡【】充塡。

　충전-하다 탄 充塡する｜詰める。㉠화약을 ~. 火薬を充塡する。

충전(充電)몡 充電。㉠~ 시간이 오래 걸리다. 充電時間が長くかかる。

　충전-하다 困 充電する。

충전-기(充電器)몡《물》充電器。

충전-제(充塡劑)몡《화》充塡劑。

충절(忠節)몡 忠節。㉠~을 지키다. 忠節を尽くす。

충정(衷情)몡【】衷情｜真心。

충족(充足)몡 充足。

　충족-하다 탄 充足する｜満ち足りる｜満たす。㉠충족한 생활 満ち足りた生活／조건을 ~. 条件を満たす。

충직-하다(忠直-)혱 忠義で正直だ｜忠直だ。㉠충직한 신하 忠義な臣下。

충천(衝天)몡 衝天。㉠의기 ~ 意気衝天。

　충천-하다 困 天を突く。

충청-남도(忠淸南道)몡《지》忠淸南道。

충청-도(忠淸道)몡《지》忠淸道。

충청-북도(忠淸北道)몡《지》忠淸北道。

충충-하다 혱【】(色・水 などが) どんよりしている｜さえない｜くすんでいる。㉠충충하게 흐린 하늘 どんよりと曇った空。

　충충-히 閉 どんよりと｜くすんで。

충치(蟲齒)몡 虫齒｜齲齒。㉠~로 이에 구멍이 나다. 虫歯で歯に穴があく。

충해(蟲害)몡 虫害｜食害。

충혈(充血)몡《의》充血。

　충혈-되다 困 充血する。㉠충혈되어 눈이 빨갛다. 充血して目が赤い。

충효(忠孝)몡 忠孝。

췌액(膵液)몡《의》膵液。

췌장(膵臟)몡《의》膵臟。=이자²

췌장-염(膵臟炎)⒨《의》膵炎ᵉⁿ。膵臟炎ᵉⁿᶻᵒ̄。

취객(醉客)⒨ 酔客ᵏᵃᵏᵘ。酔ᵒっぱらい。

취급(取扱)⒨ 取り扱ᵃっかい。取扱ᵃっかい。⒠ ~ 주의 取扱注意ᶜʰᵘ̄ⁱ / 어린애 ~ 子供ᵈᵒᵐᵒ扱い / 죄인 ~ 罪人ⁿⁱⁿ扱い。
　취급-하다⒯ 取り扱ᵃつかう。⒠ 극약을 ~. 劇薬ᵍᵉᵏⁱʸᵃᵏᵘを取り扱う。

취급-소(取扱所)⒨ 取扱所ᵈᵒᵏᵒʳᵒ。

취기(醉氣)⒨ 酔氣ᵏⁱ。酔い。酒気ˢʰᵘᵏⁱ。⒠ ~가 돌다. 酔いが回ᵐᵃᵂᵃる。

취담(醉談)⒨ 酔言ᵍᵉⁿ。酔語ᵍᵒ。酔った上ᵘᵉでのたわごと。⒠ ~ 중에 진담이 있다. 酔言の中ᵑᵃかに真実ˢʰⁱⁿʲⁱᵗˢᵘな言葉ᵏᵒᵗᵒᵇᵃがある。

취득(取得)⒨ 取得ᵗᵒᵏᵘ。⒠ 부동산 ~ 不動産ˢᵃⁿの取得 / ~ 원가 取得原価ᵍᵉⁿᵏᵃ。
　취득-하다⒯ 取得する。⒠ 무시험으로 자격을 ~. 無試験ˢʰⁱᵏᵉⁿで資格を取得する。

취득-세(取得稅)⒨《법》取得税ᶻᵉⁱ。⒠ ~ 인상 取得税引ᵇⁱき上ᵃᵍᵉ / ~를 물다. 取得税を払う。

취락(聚落)⒨ 集落ʳᵃᵏᵘ。聚落ʳᵃᵏᵘ。⒠ ~ 지구 集落地区ᵏᵘ。

취로(就勞)⒨ 就労ʳᵒ̄。⒠ ~ 사업 就労事業ᵍʸᵒ̄。

취미(趣味)⒨ ❶趣味ᵐⁱ。ホビー。⒠ ~가 고상한 사람 趣味のいい人ʰⁱᵗᵒ / ~는 영화 감상입니다. 趣味は映画鑑賞ᵏᵃⁿˢʰᵒ̄です。 ❷興味ᵏʸᵒ̄。⒠ 수학에 ~를 붙이다. 数学ᵍᵃᵏᵘに興味を覚ᵒᵇᵒえる。

취사¹(取捨)⒨ 取捨ˢʰᵃ。
　취사-하다⒯ 取捨する。

취사²(炊事)⒨ 炊事ʲⁱ。⒠ ~ 도구 炊事道具ᵈᵒ̄ᵍᵘ。
　취사-하다⒥ 炊事する。

취사-선택(取捨選擇)⒨ 取捨選択ˢᵉⁿᵗᵃᵏᵘ。

취산 화서(聚繖花序)⒨ 《식》集散花序ᶜʰᵘ̄ˢᵃⁿᵏᵃʲᵒ。

취생-몽사(醉生夢死)⒨ 酔生夢死ˢʰⁱ。

취소(取消)⒨ 取り消し。キャンセル。
　취소-하다⒯ 取り消す。キャンセルする。⒠ 예약을 ~. 予約ʸᵃᵏᵘを取り消す。

취식(取食)⒨ ❶食事ʲⁱをとること。 ❷人ʰⁱᵗᵒのものを臆面ᵒᵏᵘᵐᵉⁿもなく食ᵗᵃべること。

취약(脆弱)⒨ 脆弱ᵈᶻᵃᵏᵘ。
　취약-하다 脆弱ᵈᶻᵃᵏᵘだ。弱い。⒠ 취약한 구조 脆弱な構造ᶻᵒ̄。

취약-성(脆弱性)⒨ 脆弱性ʲᵃᵏᵘ。

취업(就業)⒨ 就業ᵍʸᵒ̄。就職ˢʰᵒᵏᵘ。⒠ ~ 인구 就業人口ᵏᵒ̄ / ~ 지원 就業支援ᵉⁿ。

취업-하다⒥ 就業する。就職する。

취임(就任)⒨ 就任ⁿⁱⁿ。
　취임-하다⒥ 就任する。⒠ 총리에 ~. 総理に就任する。

취임-식(就任式)⒨ 就任式ˢʰⁱᵏⁱ。⒠ 대통령 ~ 大統領就任式。

취입(吹入)⒨ 吹き込み。
　취입-하다⒯ 吹き込みする。吹き込む。

취재(取材)⒨ 取材ᶻᵃⁱ。⒠ 사건 ~에 나가다. 事件ᵏᵉⁿの取材に出ᵈᵉかける。
　취재-하다⒯ 取材する。

취재-원(取材源)⒨ 取材源ᵍᵉⁿ。

취조(取調)⒨ 取り調べ。⒠ ~를 받다. 取り調べを受ᵘけける。
　취조-하다⒯ 取り調べる。

취주(吹奏)⒨ 《음》吹奏ˢᵒ̄。⒠ ~ 악단 吹奏楽団ᵈᵃⁿ。
　취주-하다⒯ 吹奏する。

취주-악(吹奏樂)⒨ 《음》吹奏楽ᵍᵃᵏᵘ。

취중(醉中)⒨ 酒ˢᵃᵏᵉに酔っている間ᵃⁱᵈᵃ。⒠ ~에 진담이 나온다. 酔って本性ˢʰᵒ̄を現ᵃʳᵃわす。

취지(趣旨)⒨ 趣旨ˢʰⁱ。⒠ 사업의 ~를 설명하다. 事業ᵍʸᵒ̄の趣旨を説明する。/ ~에 어긋나다. 趣旨に反ʰᵃⁿする。/ 말씀하신 ~는 잘 알겠습니다. お話ʰᵃⁿᵃˢʰⁱの趣旨はよくわかりました。

취직(就職)⒨ 就職ˢʰᵒᵏᵘ。
　취직-하다⒥ 就職する。⒠ 무역 회사에 ~. 貿易会社ᵍᵃⁱˢʰᵃに就職する。

취직-난(就職難)⒨ 就職難ⁿᵃⁿ。

취침(就寢)⒨ 就寝ˢʰⁱⁿ。⒠ ~ 시간 就寝時間ᵃⁿ。
　취침-하다⒥ 就寝する。寝ⁿᵉる。

취하(取下)⒨ 取り下げ。撤回ᵗᵉᵏᵏᵃⁱ。
　취하-하다⒯ 取り下げる。撤回する。⒠ 소송을 ~. 訴訟ˢʰᵒ̄を取り下げる。

취-하다¹(取一)⒯ 取る。❶自分ᵇᵘⁿのものとする。⒠ 충분한 영양을 ~. 十分ᵇᵘⁿな栄養ᵉⁱʸᵒ̄を取る。❷構ᵏᵃᵐᵃえる。⒠ 어떤 방법을 취해야 할까? どちらの方法ʰᵒ̄をとるべきだろう。/ 연락을 ~. 連絡ʳᵃᵏᵘをとる。/ 정반대의 입장을 ~. 正反対ᵗᵃⁱの立場ᵇᵃをとる。/ 포즈를 ~. ポーズをとる。❸選ᵉʳᵃぶ。選択ᵗᵃᵏᵘする。⒠ 마음에 드는 물건을 ~. 気ᵏⁱに入る物ᵐᵒⁿᵒを選ぶ。

취-하다²(醉一)⒥ 酔う。❶酔ᵒっぱ

らう。ⓔ취하면 우는 버릇이 있다. 酔うと泣きだすくせがある。❷[꿈속등에]酔*よ*いしれる|몽중에. 분위기에 ~. 雰囲気*ふんいき*に酔う。/ 승리의 기쁨에 ~. 勝利*しょうり*の喜*よろこ*びに酔いしれる。

취학(就學)閚 就学*しゅうがく*。ⓔ ~ 아동 就学児童*じどう*|~ 연령 就学年齢*ねんれい*。

취학-하다困 就学*しゅうがく*する。

취학-률(就學率)閚 就学率*しゅうがくりつ*。

취한¹(取汗)閚 発汗*はっかん*。

취한-하다困 発汗*はっかん*する。

취한²(醉漢)閚 酔漢*すいかん*|酔*よ*っぱらい|酔いどれ。

취합(聚合)閚 聚合*しゅうごう*|集合*しゅうごう*。

취합-하다困围 聚合*しゅうごう*する|集合*しゅうごう*する。ⓔ모든 사람의 의견을 하나로 ~. みんなの意見*いけん*を一*ひと*つにまとめる。

취항(就航)閚 就航*しゅうこう*。

취항-하다困 就航*しゅうこう*する。

취향(趣向)閚 趣向*しゅこう*|趣*おもむき*。ⓔ조금 색다른 ~ ちょっと変*か*わった趣向。

측(側)의 —(の)側*がわ*|一方*ほう*。ⓔ학교 ~ 学校側*がわ*/ 피해자 ~에 서서 말하다. 被害者*ひがいしゃ*の側に立*た*って話*はな*す。

측근(側近)閚 側近*そっきん*。ⓔ대통령의 ~ 大統領*だいとうりょう*の側近。

측량(測量)閚 測量*そくりょう*。ⓔ ~ 기계 測量器械*きかい*。

측량-하다围 測量*そくりょう*する。

측량-기(測量器)閚 〈건〉測量器械*きかい*。

측량-도(測量圖)閚 測量図*そくりょうず*。

측량-술(測量術)閚 測量術*そくりょうじゅつ*。

측면(側面)閚 側面*そくめん*。ⓔ ~ 공격 側面攻撃*こうげき*/ ~에서 지원하다. 側面から支援*しえん*する。

측면-도(側面圖)閚 《건》側面図*そくめんず*。

측백-나무(側柏—)閚 〈식〉児手柏*このてがしわ*。

측선(側線)閚 側線*そくせん*。

측실(側室)閚 ❶ わきべや。❷ 側室*そくしつ*|妾*めかけ*|=첩(妾)

측심(測深)閚 〔해〕測深*そくしん*。

측우-기(測雨器)閚 〔역〕雨量計*うりょうけい*。

측은-하다(惻隱—)혱 惻隠*そくいん*だ|哀*あわ*れだ|かわいそうだ。ⓔ측은한 마음 惻隠の情*じょう*。

측은-히閜 哀*あわ*れに|かわいそうに。

측정(測定)閚 測定*そくてい*。ⓔ체력 ~ 体力*たいりょく*測定。

측정-하다围 測定*そくてい*する。ⓔ거리를 ~. 距離*きょり*を測定する。

측정-값(測定—)閚 測定値*そくていち*。

측-화산(側火山)閚 側火山*そくかざん*|寄生火山*きせいかざん*。=기생 화산

측후-소(測候所)閚 測候所*そっこうじょ*。

츱츱-하다혱[대접이|마음이 얕음] ずうずうしくて汚*きたな*らしい。

층(層)閚 層*そう*。❶ 重*かさ*なり。ⓔ ~을 이루다. 層をなす。❷階層*かいそう*。=계층 ❸〈건〉〔建物*たてもの*の〕階*かい*。ⓔ 3 ~짜리 단독 주택 3 階建*かいだ*ての一戸建*いっこだ*て。

층계(層階)閚 階段*かいだん*。ⓔ ~를 오르다. 階段を上*のぼ*る。

층계-참(層階站)閚 〈건〉踊*おど*り場*ば*。

층-나다(層—)困〔등급에 차가남〕等差*とうさ*が生*しょう*じる|差*さ*ができる。

층수(層數)閚 階数*かいすう*。

층암(層巖)閚 層*そう*をなしている岩*いわ*。

층적-운(層積雲)閚 層積雲*そうせきうん*|うねぐも。

층-지다(層—)困 層*そう*をなす。ⓔ머리를 층지게 자르다. 頭*あたま*を虎刈*とらが*りにする。

층층(層層)閚 層々*そうそう*|幾重*いくえ*にも重*かさ*なりあっている層*そう*。ⓔ상자를 ~으로 쌓다. 箱*はこ*を幾層*いくそう*にも積*つ*み重*かさ*ねる。

층층-다리(層層—)閚 階段*かいだん*。=층층대

층층-대(層層臺)閚 ☞층층다리

층층-이(層層—)閜 ❶〔중첩하여〕幾重*いくえ*にも|幾層*いくそう*にも。❷〔층마다〕階*かい*ごとに|層*そう*ごとに|どの階にも。

층하(層下)閚〔차별〕差別*さべつ*|分*わ*け隔*へだ*て。ⓔ ~를 두고 사람을 판가름하다. 差別立*さべつだ*てて人*ひと*を裁*さば*く。

치¹의 ❶[사람을 낮춤] やつ。ⓔ젊은 ~들 若*わか*いやつら。❷[에 해당하는]物*もの*|の。ⓔ이놈은 어제 ~보다 훨씬 크구나. こいつは昨日*きのう*のよりずいぶん大*おお*きいな。❸[할당된 분량] 分*ぶん*|割*わ*り当*あ*て|分量*ぶんりょう*。ⓔ한 달 ~ 식량 一ヶ月*いっかげつ*分の食糧*しょくりょう*。

치²의 【촌】寸*すん*。ⓔ세 ~ 혀 三寸*さんずん*の舌*した*/ 한 ~ 앞도 모르는 세상이다. 一寸*いっすん*先*さき*は闇*やみ*の世*よ*だ。=촌 ❷

치³감[거슬리거나 아니꼬울 때] ちぇっ|ちぇ。

치⁴(値)閚 〈수〉値*あたい*|あたい。

치⁵(齒)閚 歯*は*。

치(가) 떨리다 관용 ❶〔분노나 원한으로〕(怒*いか*りや悔*くや*しさで)歯*は*ぎしりする|身*み*を震*ふる*わせる。ⓔ치 떨리게 화가 난다. 歯ぎしりして腹*はら*を立*た*てる。❷〔싫증이 나서〕飽*あ*き飽きする|うんざりする。

치(를) 떨다 관용 ❶〔물건이 아까워〕けちで出*だ*し惜*お*

しみする。❷【분함으로 이를갊】(怒りや悔しさで)歯ぎしりする。

치-⁶【눈을 위로 뜨다】上の方に向かって┆上にあげて。⑩ 눈을 치뜨다. 上目で見る。/ 치받다. 突き上げる。

-치⁷(値)【접】【평균을 나타냄】一値。⑩ 평균치 平均値/ 기대치 期待値。

치-감다탄 巻き上げる。

치골(恥骨)명 恥骨。

치과(齒科)명 (의)歯科。⑩ 의사 歯科医師。/ 치과의 歯科医。/ 치과의사 歯科医者。/ ~ 위생사 歯科衛生士。/ ~ 기공사 歯科技工士。

치국(治國)명 治国。

치근(齒根)명 (생)歯根。

치근-거리다탄 ❶ねばりついて困らせる。❷うるさくつきまとう。⑩ 여자에게 귀찮게 ~. 女にうるさくつきまとう。=치근대다

치근-대다탄 ☞치근거리다

치근덕-거리다자탄 しつこく悩ます┆うるさくねだる。=치근덕대다

치근덕-대다자탄 ☞치근덕거리다

치근덕-치근덕부【치근덕거리는모양】ねちねち。

치근-치근부【자꾸귀찮게구는모양】ねちねち。

치근치근-하다형 べたべたとまつわりつかれて不愉快だ。

치근치근-히부 ねちねち。

치-긋다탄 (線を)上向きに引く┆線を上へ引く。

치기(稚氣)명 稚気┆子供っぽさ。

치다¹자 ❶【바람이몹시불다】(雨や雪などが)激しく吹き付けたり吹きまくったりする。⑩ 폭풍우가 치는 밤 暴風雨が吹き付ける夜/ 세찬 눈보라가 ~. 激しい吹雪が吹き付ける。❷【번개가 번쩍이다】(稲妻・雷などが)光る┆落ちる。⑩ 벼락이 ~. 落雷する；雷が落ちる。/ 천둥 치는 소리에 깜짝 놀라다. 雷の落ちる音にはっと驚く。❸【내리다】(霜が)厚く降りる。⑩ 때 아닌 된서리가 치는 바람에 배가 얼다. 時ならぬ大霜が厚く降りるので梨が凍る。❹【물결이 일다】(波などが)打つ┆立つ。⑩ 파도가 ~. 波が打つ。

치다²탄 ❶【때리다】(手や手に持っている物などで)打つ┆殴る┆叩く。⑩ 날아오는 공을 ~. 飛んできたボールを打つ。/ 주먹으로 얼굴을 ~. 拳で顔を殴る。❷【두드려소리를내다】(手や物などを打って)音を出す┆打つ┆叩く┆弾く。⑩ 손뼉을 ~. 手を叩く。/ 피아노를 ~. ピアノを弾く。/ 북을 ~. 太鼓を打つ。/ 박수를 ~. 拍手をする。❸【놀이나운동을 하다】(遊びや運動を)する┆やる。⑩ 딱지를 ~. メンコをする。/ 볼링을 ~. ボーリングをする。/ 당구를 ~. 珠突きをする；珠を突く。/ 배드민턴을 치며 운동하다. バドミントンをして運動する。❹【박다】(金槌などで)叩いて打ち込む┆打つ。⑩ 벽에 액자를 걸 수 있게 못을 ~. 壁に額を掛けられるように釘を打ち込む。❺【전신을 치거나 전보를 보내다】(ある装置を)手で押したりして)信号を送る┆打つ。⑩ 타자를 ~. タイプを打つ。/ 무전을 쳐서 상황을 알리다. 無線を打って状況を知らせる。/ 조전을 ~. 弔電を打つ。❻【화투나 트럼프놀이를하다】花札やトランプをする。⑩ 트럼프를 치다가 감정이 상하다. トランプをする途中で感情を害する。❼【서함이 물을 닭으면서 소리를 내다 하면서 칼질을 하다】叩く┆打つ。⑩ 대장장이가 열심히 칼을 치고 있다. 鍛冶屋が熱心に刀を打っている。❽【떡을치다】(餅つきの杵などで餅を)つく。⑩ 명절을 맞아 집집마다 떡을 ~. 民族的な祝祭日を迎えて、家ごとに餅をつく。❾【시계나 종이소리를 내다】(時計・鐘などで)音を出す┆打つ┆鳴らす。⑩ 수업 시작종을 ~. 授業の始まる鐘を鳴らす。❿【날개나 꼬리를 흔들다】(羽尻尾などを)羽ばたく┆振る。⑩ 개가 꼬리를 ~. 犬は尻尾を振る。/ 새들이 날개를 치며 날아가다. 鳥が羽を羽ばたいて飛んでいく。⓫【물속에서 수족을 놀리다】(人や魚・動物などが)水中で手足やひれを動かして進む。⑩ 헤엄을 ~. 泳ぐ。⓬【몸을흔들다】(体や本体などを)激しく揺れ動かす。⑩ 이상기류로 비행기가 요동을 ~. 異常気流で飛行機が揺れ動く。/ 몸부림을 치며 저항하다. もがいて抵抗する。⓭【자르다】(刃物などで物を)切る┆刈る┆打つ。⑩ 죄인의 목을 ~. 罪人の首を切る。/ 잔가지를 쳐 내다. 小枝を切りつめる。/ 머리를 짧게 ~. 髪を短く刈る。⓮【껍질을 벗기다】(栗などの皮を)削ぐ。⑩ 제상에 올릴 날밤을 ~. 祭祀のお膳に供えるる生栗の渋皮を削ぐ。⓯【공격하다】(敵や相手を)攻める┆攻撃する┆討つ┆つく。⑩ 적의 후방을 ~. 敵の後方を攻める。/ 반증을 들어 상대방을 ~. 反証をあげて相手方をつく。⓰【감정을 주다】(感情

を顔に)浮かべる。[예] 눈웃음을 ~. 目で笑う。/ 코웃음을 치며 무시해 버리다. 鼻でせせら笑いながら無視してしまう。⑰【큰소리를】(大声を)出す。[예] 소리를 ~. 大声を張り上げる。/ 아우성을 ~. 喚きを立てる。⑱【달아나거나 빨리 움직이다】後ろへ下がったり急いで歩く。[예] 불러도 대답하지 않고 종종걸음을 치며 가 버렸다. 呼ばれても応答もしないで、急ぎ足で歩きながら行ってしまった。/ 뒷걸음질을 ~. 後ずさりする。⑲【나쁜 짓을 하다】騙したり意地悪をしたり良くない行動をしたりする。[예] 사기를 ~. 詐欺を働く。/ 거짓말을 ~. 嘘をつく。/ 사고를 쳐서 경찰에 연행되다. 事故を起こして警察に連行される。/ 장난치지 마라. いたずらをするな；ふざけるな。⑳【시험을】(試験を)受ける。[예] 입학시험을 ~. 入学試験を受ける。㉑【점을】(卦で)占ってもらう。[예] 점을 ~. 占いをする；占う。

치다[3] [타] 【점·선·그림을 그리다】(筆·鉛筆などで点や線や墨画などを)打つ¦引く¦描く。[예] 밑줄을 ~. 下線を引く。/ 사군자를 ~. 四君子を描く。/ 맞는 것에 동그라미를 치시오. 合っているものに丸をしなさい。/ 틀린 것에 가위표를 치시오. まちがっているものにばつをしなさい。

치다[4] [타] ❶【약간의 액체나 가루를】(少ない液体や粉などを)かける¦振りかける。[예] 소금을 쳐서 간을 맞추다. 塩を振りかけて味付けをする。/ 후추를 쳐서 먹다. 胡椒をかけて食べる。❷【기름이나 약을】(油や薬を)まく¦かける¦注す。[예] 윤활유를 ~. 潤滑油を注す。/ 사과나무에 농약을 ~. リンゴの木に農薬をまき散らす。❸【식용유 등의 기름을】(油を)敷く。[예] 기름을 넉넉히 치고 전을 부치다. 油をたっぷり敷いてジョンを焼く。

치다[5] [타] ❶【막·그물·발 등을】(幕·網·簾·縄などを)張る¦吊る¦下ろす¦かける。[예] 그물을 쳐서 고기를 잡다. 網を張って魚を捕る。/ 모기장을 치고 자다. 蚊帳を吊って寝る。/ 커튼을 쳐서 햇빛을 가리다. カーテンを吊って日光を遮る。/ 천장에 거미줄을 ~. 天井に蜘蛛の巣を張る。/ 발을 ~. 簾をかける。/ 병풍을 ~. 屏風を立てる。❷【담이나 칸막이를】(壁などを取り囲んで)巡らす¦建てる¦積む¦張る。[예] 벽돌로 담을 ~. 煉瓦で塀を巡らす。/ 책상마다 칸막이를 쳐 놓다. 机ごとに仕切りを立てておく。❸【붕대 등을】(包帯などを)巻きつける¦くくる。[예] 상처에 약을 바르고 붕대를 ~. 傷に薬を塗って包帯を巻きつける。

치다[6] [타] 【돗자리·가마니 등을 짜다】(蓙やかますやむしろなどを)編む。[예] 가마니를 ~. かますを編む。

치다[7] [타] ❶【가축을】(家畜などを)飼う¦飼育する。[예] 닭을 ~. 鶏を飼う。❷【가지나 뿌리를】(枝や根を外に)出す¦伸ばす¦張る。[예] 나무가 가지를 ~. 木が枝を張る。❸【동물이 새끼를】(動物が子を)産む¦かえす。[예] 돼지가 새끼를 ~. 豚が子を産む。/ 암탉이 알을 ~. めんどりが卵をかえす。❹【하숙 등을】(営業を目的として人を)泊める¦置く。[예] 하숙을 쳐서 생계를 유지하다. 下宿人を置いて生計を維持する。

치다[8] [타] ❶【불필요한 것을 치워 깨끗이 하다】(不必要な物を)取り除いてきれいにする¦清掃する¦掃除する¦片付ける。[예] 쓰레기를 ~. ゴミを清掃する。/ 방을 ~. 部屋を掃除する。/ 눈을 ~. 雪かきをする；雪を掻く；除雪する。❷【땅을 파내거나 고르다】(田や水路を作るために)掘ったりならしたりする¦浚う。[예] 도랑을 ~. 溝を掘る。/ 논을 ~. (土を起こして)田を作る。

치다[9] [타] 【차가 사람을】(車や車輪などで)轢く。[예] 택시가 사람을 ~. タクシーが人をひく。

치다[10] [타] ❶【셈을 맞추다】(計算に合わせて)値段をつける。[예] 헌책을 한 권당 100원으로 쳐서 팔다. 古本は一冊当たり100ウォンの値段で売る。/ 일당을 후하게 쳐서 지급하다. 日給を手厚くつけて支給する。/ 값을 잘 쳐서 받다. 値を高くつけて取る。❷【인정하거나 받아들이다】(認めたり仮定したりして)見做す¦見立てる¦—とする。[예] 추상화에서는 그의 작품을 최고로 친다. 抽象画では彼の作品を最高と見做す。/ 능력을 높게 ~. 能力を高く見立てる。/ 아이가 잘못했다고 치더라도 때려서는 안 된다. 子供が過ちを犯したとしても、殴ってはいけない。❸【계산에 넣다】(計算に)入れる¦見積もる。[예] 이것까지 쳐서 모두 3개다. これまで入れて全

部ぶんで3個こだ。❹【ある事こと를 基준じゅんとして―とする。예부장님은 연배로 치면 8살 위다. 部長ぶちょうは年としですれば8歳さい上うえだ。

치다¹¹[타]【체따위로】(粉こなをふるいで)揺ゆすって細こまかくする｜ふるう。예체를 쳐서 티끌을 골라내다. ふるいでふるってごみを選より分わける。

치다꺼리[명]❶【처리하기】事ことの処理しょり｜切きり盛もり｜切きり回まわし。예손님 ~ 객손님のもてなし/ 살림 ~ 家計かけいの切り盛もり。❷【남의일을 봄】(人ひとの)世話せわをやくこと｜面倒めんどうを見みること。예남편 ~ 夫おっとの世話せわ/ 아이들 ~ に忙いそがしい。子供こどもの世話せわで忙いそがしい。

치-닫다[자]❶【치올라가다】下したから上うえに向むかって走はしる｜駆かけ上あがる｜駆かけ上のぼる。예정상으로 ~. 頂上ちょうじょうに駆かけ上のぼる。/ 절정으로 ~. 頂上にちに駆かけのぼる。❷【기세좋게】勢いきおいよく突つっ走はしる。

치-달리다[자][타] 勢いきおいよく走はしらせる｜突つっ走はしる。예고개 위로 ~. 峠とうげの上うえへと突つっ走る。/ 고속도로를 ~. 高速道路こうそくどうろを突つっ走る。

치대다[타]【반죽따위】(小麦粉こむぎこなどを)練ねる｜こねる｜(洗濯物せんたくものを)もむ。예밀가루 반죽을 ~. 小麦粉の練ねり合あわせをこねる。/ 빨래를 ~. 洗濯物をもむ。

치-대다²[타] 上向うわむきに当あてる。
치떠-보다[타] ☞'칩떠보다'의 잘못.
치-뜨다[자] 上目うわめで見みる。예눈을 ~. 上目使うわめづかいをする。
치-뜨리다[타]【위로】上うえに投なげあげる｜ほうりあげる。=치치다❷·치트리다

치렁-치렁[부]❶【치렁거리며】ゆらゆら。❷【신이시나유유히 늘어진 모양】のびのびと。

치렁-하다[형] だらりとぶら下さがっている。

치레[명]❶【꾸밈새】飾かざりつけ｜装飾そうしょく。❷【거죽만 치장하는 것】うわべを飾かざること｜見栄みえ｜虚飾きょしょく。

치료(治療)[명] 治療ちりょう。
치료-하다 治療ちりょうする｜治なおす。예위장병을 ~. 胃病いびょうを治療する。

치료-비(治療費)[명] 治療費ちりょうひ。

치르다[타]❶【값을】払はらう｜支払しはらう。예잔금을 ~. 残金ざんきんを払う。❷【행사를】行おこなう｜執とり行う。예결혼식을 ~. 結婚式けっこんしきを執とり行う。/ 시험을 ~. 試験しけんを終おえる。❸【끼니를】(食事しょくじを)すま

す。❹【경험하다】経験けいけんする。예홍역을 ~. はしかにかかる。

치마[명] チマ｜スカート。예~를 입다. スカートをはく。

치마-끈[명] チマのひも。
치마-폭(一幅)[명] チマの幅はば。

치맛-바람[명]❶【치마의 자락에서】チマの裾すそから起おこる風かぜ。❷【여자의 적극적인 활동을 비유적으로】教育きょういくママ的てきな行為こうい｜女性じょせいのでしゃばった活動かつどう。

치맛-자락[명] チマの裾すそ。예~을 끌다. チマの裾を引ひく。

치매(癡呆)[명]《의》認知症にんちしょう｜痴呆症ちほうしょう。
◆痴呆は편견이나 차별의 느낌이 있다 하여「認知症」으로 용어가 바뀌었다.

치명(致命)[명] 致命ちめい。
치명-상(致命傷)[명] 致命傷ちめいしょう。예~을 입다. 致命傷を負おう。
치명-적(致命的)[관][명] 致命的ちめいてき。예~인 상처 致命的な傷きず。

치-밀다[자][타]❶【밑에서 위로】押おし上あげる｜突つき上あげる。❷【감정이】込こみ上あげる｜突き上げる。예슬픔이 ~. 悲かなしみが突き上げる。

치밀-하다(緻密―)[형] 緻密ちみつだ。예치밀한 계획 緻密な計画けいかく。
치밀-히[부] 緻密ちみつに。

치-받다[자][타]❶(上うえに向むかって)突つき上あげる。❷(上に向いて)突つき上げる｜押おし上げる。

치받-이[명]❶登のぼり坂さかの登のぼりの方向ほうこう。❷【안】屋根裏やねうらの天井てんじょうを塗ぬること。

치받-치다[자]❶【치솟아】吹ふきあがる。예불길이 ~. 火炎かえんが吹きあがる。❷【감정등이】(感情かんじょうなどが)込こみあげる。

치받-치다[타]【떠받치어】下したをつき支ささえて上うえに押おし上あげる。

치병(治病)[명] 治療ちりょう。
치부¹(恥部)[명] 恥部ちぶ。예자신의 ~를 드러내다. 自分じぶんの恥部をさらけ出だす。
치부²(致富)[명]【재산을 모아 부자가 됨】財産ざいさんを集あつめて金持かねもちになること。
치부-하다¹[자] 財産ざいさんを集あつめて金持かねもちになる。

치부³(置簿)[명]❶【장부에 기록하기】帳簿ちょうぼにつけること。❷ 帳簿ちょうぼ。❸【마음속에 새겨둠】心こころに刻きざんでおくこと。
치부-하다[자]❶ 帳簿ちょうぼにつける。❷ 心こころに刻きざんでおく。

치부-책(置簿冊)[명] 帳簿ちょうぼ｜帳面ちょうめん。
치-붙다[자]【위로】上うえに上あがってつく。

치사¹(致死)【명】【하자동】致死。예 과실 ~ 過失로致死。

치사²(致謝)【명】【명·자타동】感謝の意を現わすこと。

　치사-하다【타】感謝の意を現わす。

치사-량(致死量)【명】致死量。

치사-스럽다(恥事—)【형】けち臭い；汚らしい。예 치사스럽게 굴다。けち臭く振る舞う。

　치사스레【부】けち臭く；汚らしく。

치사-율(致死率)【명】致死率。

치사-하다(恥事—)【형】❶ 恥ずかしい；恥ずべきだ。예 치사한 인간 恥知らずの人間。❷ (言動が)けち臭い。

치산(治山)【명】❶【묘소의 손질】墓の手入れ。❷【리림산림】治山。

　치산-하다【자】❶ 墓の手入れをする。❷ 治山をする。

치-살리다【타】【치켜세우다】おだて挙げる；べたぼめする。

치석(齒石)【명】【의】歯石。예 ~을 제거하다。歯石をとる。

치성(致誠)【명】❶【성심성의】致誠；誠をいたすこと。❷【신불기성】神仏に誠をささげる。

치세(治世)【명】治世。

치-솟다【자】❶【상향돌출】上に向かってつき上がる；立ちのぼる。예 연기가 ~。煙が立ちのぼる。❷【끓어오름】わき上がる；込み上げる。치솟는 감정 込み上げる感情。

치수¹(-數)【명】寸法；サイズ。예 ~가 맞지 않다。寸法が合わない。/ ~를 재다。寸法をとる；寸法をはかる。

치수²(治水)【명】〈건〉治水。예 ~ 사업 治水事業。

　치수-하다【자】治水する。

치신【명】身持ち；品行；振る舞い。= 채신

치신-머리【명】【치신 속어】身持ち；品行；振る舞い。

치신-사납다【형】身持ちが悪くだらしない。

치신-없다(-身—)【형】身持ちが軽はずみで威厳がない。

　치신없-이【부】おとなげなく；威厳がなく。

치아(齒牙)【명】歯；歯牙。예 아버지는 ~가 튼튼한 분이지만 부드러운 것을 좋아하셨다。父は歯の強い人だが、柔らかめのが好きだった。

치안(治安)【명】治安。예 ~ 유지 治安維持。

치약(齒藥)【명】歯磨き。

치어(稚魚)【명】【어린물고기】稚魚。

치어-걸(cheer girl)【명】チアガール。

치어다-보다【타】見上げる；仰ぎ見る。

치열(齒列)【명】歯列；歯並び；歯並み。예 ~이 나쁘다。歯並びが悪い。/ ~을 교정하다。歯列を矯正する。

치열-하다(熾烈—)【형】熾烈だ。예 치열한 싸움 熾烈な戦い。

　치열-히【부】熾烈に。

치올리다【타】押し上げる；突き上げる。

치외 법권(治外法權)【명】治外法権。

치욕(恥辱)【명】恥辱；恥；辱しめ。예 ~을 씻다。恥辱をすすぐ。/ ~을 참고 견디다。恥辱を耐える忍ぶ。/ ~을 당하다。恥辱を受ける。

치욕-스럽다(恥辱—)【형】恥ずかしい。

　치욕스레【부】恥ずかしく。

치우다 Ⅰ【타】❶【다른곳에】(物を他の場所に)移す；退ける。예 약병을 아이의 손이 닿지 않는 곳에 ~。薬瓶を子供の手の届かない所に移す。/ 차가 지나가지 못하니 오토바이를 치워 주세요。車が通れないからオートバイを退けてください。❷【청소하다정리】掃除をしたり片付けたりする。예 방을 ~。部屋を掃除する。/ 식탁을 ~。テーブルを片付ける。/ 헛간을 치우고 창고로 쓰다。納屋を片付けて倉庫として使う。/ 상을 ~。お膳を下げる；お膳を片付ける。❸【중단포기】(やりかけていた事などを)やめる；中断する；切り上げる。예 힘들다고 직장을 치워 버릴 수는 없다。辛いと言って職場をやめてしまうことはできない。❹【결혼시켜보냄】嫁がせる；片付ける。예 딸을 올해 안에는 치워 버렸으면 좋겠군。娘を今年中に片付けてしまえばいいなぁ。❺【비우다】(食べたり飲んだりして)空ける；平らげる。예 소주를 두 병 치우더니 술주정을 시작한다。焼酎を二本空けたら絡み始める。

Ⅱ【보조】【행동을 끝내 버렸음을 나타내는 말】—(し)てしまう。예 순식간에 먹어 ~。あっという間に食べてしまう。/ 3인분의 갈비를 먹어 치우고 더 달라고 한다。三人前のカルビを平

らげて、もっと欲しいと言う。/ 담당을 갈아 ~. 担当を替えてしまう。

치우치다 困 偏る｜片寄る。 예 한쪽으로 치우친 견해 かたよった見解。

치유(治癒) 명 治癒。
　치유-하다 治癒する。 예 마음의 상처를 ~. 心の傷をいやす。

치은-염(齒齦炎) 명 《의》歯齦炎｜歯肉炎。

치음(齒音) 명 잇소리

치이다 困 (反物の織り目・布団の綿などが)くずれてもつれる｜一方にもつれる。

치-이다² 困 ❶(重いものに)しかれる｜ぶつかる。❷ わななどにかかる｜はまる。 예 토끼가 덫에 ~. うさぎがわなにかかる。❸(ある力などに)邪魔される｜圧迫される。 예 일에 치여 결혼을 미루고 있다. 仕事に追われて結婚を先伸ばしにしている。

치-이다³ 困 (車などに)ひかれる。 예 트럭에 ~. トラックにひかれる。

치-이다⁴ 困 (お金が)かかる。 예 비싸게 ~. 高くつく。/ 한 개에 100원씩 ~. 一個につき100ウォンかかる。

치자-나무(梔子一) 명 《식》梔子。

치자-색(梔子色) 명 くちなし色。

치-잡다 囮 つかみあげるように握る。

치장(治粧) 명 飾り｜装い｜おめかし｜おしゃれ。
　치장-하다 囮 飾る｜装う｜おめかしする｜おしゃれする。 예 치장하고 외출하다. おめかしして出かける。

치정(癡情) 명 痴情。 예 ~ 싸움 痴情の争い。

치조(齒槽) 명 《의》歯槽。 예 ~ 농양 歯槽膿瘍。

치졸-하다(稚拙一) 혭 稚拙だ。 예 치졸한 문장 稚拙な文章。

치죄(治罪) 명 治罪。

치중(置重) 명 重点を置くこと。
　치중-하다 重点を置く。 예 복습에 ~. 復習に重点を置く。

치즈(cheese) 명 チーズ。 예 ~ 버거 チーズバーガー/ ~ 케이크 チーズケーキ。

치질(痔疾) 명 《의》痔疾｜痔。

치차(齒車) 명 歯車。

치-치다 ❶字画を上の方に向けて描く。❷ ☞치뜨리다

치켜-세우다 囮 おだてる｜ほめたえる。

치키다 囮 引き上げる｜からげる｜つりあげる。 예 치켜 올라간 눈 つり上がった目/ 옷자락을 ~. 裾をからげる。

치킨(chicken) 명 チキン｜鶏肉。

치타(cheetah) 명 《동》チーター。

치통(齒痛) 명 《의》歯痛｜歯の痛み。

치-트리다 ☞치뜨리다

치하¹(治下) 명 治下｜統治下。 예 점령군 ~ 占領軍の治下。

치하²(致賀) 명 誉めたり祝賀の意を現わすこと｜ほめたたえること。
　치하-하다 囮 ほめたたえる。 예 공적을 ~. 功績をほめたたえる。

치한(癡漢) 명 ❶痴漢｜痴人｜愚か者。❷痴漢。 예 전철 안에서 ~을 만나다. 電車の中などで痴漢にあう。

치환(置換) 명 置換｜置き換え。
　치환-하다 囮 置換する｜置き換える。

칙령(勅令) 명 勅令｜勅命。

칙명(勅命) 명 勅命。

칙사(勅使) 명 勅使。

칙살-맞다 혭 言動が憎らしくてきたならしい。

칙살-스럽다 혭 することが細かくけちくさい。

칙살-하다 혭 細かくけちくさい。

칙서(勅書) 명 勅書。

칙칙-폭폭 뮌 しゅっしゅっぽっぽ。

칙칙-하다 혭 ❶くすんでいる。 예 칙칙한 색 くすんだ色。❷(髪や林などが)密で濃く見える。

친-(親) 젭 ❶実の一。 예 친부모 実父母。❷実の一。 예 친손녀 実の孫娘。❸親一。 예 친일 親日。

친가(親家) 명 ❶実家。❷僧の親の居る俗家。

친견(親見) 명 親見。

친고-죄(親告罪) 명 《법》親告罪。

친교(親交) 명 親交。 예 ~를 맺다. 親交を結ぶ。

친구(親舊) 명 ❶友達｜友人｜親友。 예 어릴 적부터 친한 ~ 幼なななじみ/ 둘도 없는 ~ 無二の親友/~가 되다. 友達になる。❷やつ。예

참 재미있는 ~로군. 本当におもしろいやつだな。

친권(親權) 명 親権。

친근-감(親近感) 명 親近感。 예 ~을 가지다. 親近感をいだく。/ ~이 생기다. 親近感がわく。

친근-하다(親近—) 형 親しい｜親近する。

　친근-히 부 親しく。

친-남매(親男妹) 명 実の兄弟姉妹。

친-누이(親—) 명 実の姉や妹。

친-동생(親—) 명 実の妹や弟｜実弟｜実妹。

친-딸(親—) 명 実の娘。

친모(親母) 명 実母｜生みの母。=친어머니

친목(親睦) 명 親睦。 예 ~을 도모하다. 親睦を図る。/ ~을 돈독히 하다. 親睦を深める。

　친목-하다 형 親睦する。

　친목-회(親睦會) 명 親睦会。

친밀-감(親密感) 명 親密感。

친밀-하다(親密—) 형 親密だ。 예 친밀하게 사귀다. 親密に交わる。

　친밀-히 부 親密に。

친부(親父) 명 実父｜実の父。=친아버지

친-부모(親父母) 명 実父母｜実の親。

친분(親分) 명 親交｜親しみ｜親しい間柄。

친-삼촌(親三寸) 명 実のおじ｜父方のおじ。

친상(親喪) 명 【】父母の喪。

친서(親書) 명 親書。

친선(親善) 명 親善。 예 ~ 사절 親善使節。/ ~ 경기 親善試合。/ ~ 대사 親善大使。

친속(親屬) 명 ☞친족

친-손녀(親孫女) 명 女の内孫。

친-손자(親孫子) 명 男の内孫。

친숙-하다(親熟—) 형 非常に親しい。

　친숙-히 부 非常に親しく。

친-아들(親—) 명 実の息子。

친-아버지(親—) 명 実父｜実の父。=친부

친애(親愛) 명 親愛。

　친애-하다 타 親愛だ。 예 친애하는 시민 여러분 親愛なる市民の皆様。

친-어머니(親—) 명 実母｜生みの母。=친모

친-언니(親—) 명 実の姉。

친-오빠(親—) 명 実の兄。

친우(親友) 명 親友。

친위-대(親衛隊) 명 親衛隊。

친일-파(親日派) 명 親日派。

친-자식(親子息) 명 実子。

친전(親展) 명 親展。

친절(親切) 명 親切。

　친절-하다 형 親切だ。 예 친절한 사람 親切な人。/ 친절하게 가르쳐 주다. 親切に教えてくれる。

　친절-히 부 親切に。 예 ~ 대하다. 親切にする。

친정¹(親政) 명 【】新政。

친정²(親庭) 명 【】実家｜さと。 예 ~어머니 実家の母｜~으로 가서 출산하다. 里帰り出産をする。

친족(親族) 명 親族｜身寄り｜親類｜身内。 예 ~ 결혼 親族結婚。=친속

친지(親知) 명 親しい知り合い。

친척(親戚) 명 親戚｜身内｜身寄り｜親類。 예 ~ 아저씨 親戚のおじさん / 먼 ~ 뻘이 되다. 遠い親戚にあたる。

친친 부 ぐるぐる｜くるくる。 예 밧줄로 ~ 동여매다. 縄でぐるぐる縛る。

친친-하다 형 【】じとじとしている｜ねとねとしている｜湿っぽい。

친-탁(親—) 명 父方に似ていること。↔외탁

　친탁-하다 자 父方に似ている。

친필(親筆) 명 親筆。

친-하다(親—) 형 親しい。 예 친한 사이 親しい間柄。

친-할머니(親—) 명 (父方の)祖母。

친-할아버지(親—) 명 (父方の)祖父。

친형(親兄) 명 実兄。

친-형제(親兄弟) 명 実の兄弟。

친화(親和) 명 親和。

친화-력(親和力) 명 親和力。

친-히(親—) 부 自ずから｜手ずから｜直接。 예 ~ 써 주시다. 手ずからお書き下さる。

칠¹(七) 주관 七｜七つ。 예 ~ 개월 七ヶ月。

칠²(漆) 명 ❶漆塗り。=옻칠 ❷塗料｜塗り｜ペンキ｜塗装。 예 ~이 벗겨지다. 塗りがはげる。

　칠-하다 타 塗る。 예 페인트를 ~. ペンキを塗る。/ 배경을 ~. 背景を塗る。

칠거지악(七去之惡) 명 七去る｜七出。

칠-공예(漆工藝) 명 漆工芸。

칠-그릇(漆—)団 (木製の)漆器塗り物。=칠기

칠기(漆器)団 ⇒칠그릇

칠난-팔고(七難八苦)団 七難八苦さまざまな苦難。

칠-뜨기(七—) ❶ 七ヶ月目に生まれた月足らず。❷ ばかな人間抜け。

칠렁-하다 なみなみとあふれそうだ。

칠레(Chile)団 〈국〉チリ。

칠면-조(七面鳥)団 〈동〉七面鳥ターキー。

칠보(七寶)団 七宝。❶ 七宝七珍。❷ 七宝焼。

칠삭-둥이(七朔—)団 ❶ 七ヶ月目に生まれた月足らず。❷ ばかな人。

칠석(七夕)団 七夕。

칠성-판(七星板)団 七星板棺に敷く薄い板。

칠-소반(漆小盤)団 漆塗りの食膳。

칠순(七旬)団 七旬。❶ 七十歳。❷ 七十日。

칠십(七十)㊀ 七十。

칠야(漆夜)団 闇夜真っ暗な夜。=흑야

칠언(七言)団 〈문〉七言。예~ 율시 七言律詩/~ 절구 七言絶句;七絶。

칠월(七月)団 七月。

칠전팔기(七顚八起)団 七転び八起き七転八起。

칠전팔도(七顚八倒)団 七転八倒。

칠촌(七寸)団 ❶ 七寸。❷ 父の六親等自分の六親等の子供。

칠칠-하다형 ❶ (木·草·野菜·髪の毛などが)よく伸びて長い。예 엉덩이까지 자란 칠칠한 머리 お尻まで伸びている髪の毛。❷ みすぼらしくなく、きちんとしているすっきりしているこざっぱりとしている。예 차림새가 칠칠하지 못하여 상스럽다. 身なりがみすぼらしく、きちんとしていないので下品だ。❸ (性質や仕事の処理が)きちんとしていて、しっかりしている。예 일솜씨가 칠칠하지 못하여 항상 뒷일이 걱정이다. 仕事の腕がしっかりしていなく、手抜かりが多いので、いつも後の事が心配だ。

칠칠-히부 ❶ すくすく。예 수박 덩굴이 ~ 자라고 있다. すいかの蔓がすくすくと伸びている。❷ みすぼらしくなくきちんとこざっぱりとすっきりと。예 누나의 방은 언제나 ~ 정리되어 있다. 姉の部屋はいつもきちんと片付いている。❸ (性質や仕事の処理が)抜け目がないさま。예 그는 언제나 ~ 일을 처리한다. 彼はいつも手抜かりなく、きちんと仕事をまとめる。

칠판(漆板)団 黒板。예 ~ 지우개 黒板消し/~을 지우다. 黒板をふく。=흑판

칠팔-월(七八月)団 七八月七月と八月。

칠함(漆函)団 漆塗りの櫃。

칠현-금(七絃琴)団 〈음〉七弦琴。

칠흑(漆黒)団 漆黒。예 ~ 같은 머리 漆黒の髪。

칡団 〈식〉葛。

칡-넝쿨団 ⇒칡덩굴

칡-덤불団 葛の蔓が入り乱れて繁茂した草むら。

칡-덩굴団 葛の蔓。=칡넝쿨

칡-범団 〈동〉虎。

침¹団 〈생〉つば唾液つばき。예 ~을 뱉다. つばを吐く。/~을 삼키다. つばを呑む。

침 발라 놓다관용 つばを付ける。예 먼저 침 발라 놓다. 先につばを付けておく。

침을 삼키다[흘리다]관용 よだれを垂らすよだれを流すよだれが出る。

침²(針)団 ❶ 針。❷ (時計の)針。

침³(鍼)団 〈한〉鍼。예 ~을 맞다. 鍼を打ってもらう。

침-감(沈—)団 さわしがきたるがき渋を抜いた柿。

침강(沈降)団 沈降。예 ~ 해안 沈降海岸/~ 반응 沈降反応。

침강-하다자 沈降する。

침공(侵攻)団 侵攻。

침공-하다타 侵攻する。예 이웃 나라를 ~. 隣国を侵攻する。

침구(寢具)団 寝具夜具。

침구²(鍼灸)団 〈한〉鍼灸鍼と灸。

침구-술(鍼灸術)団 〈한〉鍼灸術。

침낭(寢囊)団 寝袋スリーピングバッグ。

침노-하다(—侵擄—)타 ❶ 他国を不法で侵略する。❷ 少しずつ侵略していく。

침-놓다(鍼─)㊂ 鍼を打つ。=침주다

침대(寢臺)㊊ 寝台しんだい｜ベッド。囲~ カバー ベッドカバー。

침대-차(寢臺車)㊊ 寝台車しんだいしゃ。

침독(鍼毒)㊊〈한〉鍼の毒気どっき。

침략(侵略)㊊ 侵略しんりゃく。囲~ 전쟁 侵略戦争せんそう/ 적의 ~에 대비하다. 敵てきの侵略に備そなえる。
　침략-하다㊂ 侵略しんりゃくする。

침략-주의(侵略主義)㊊ 侵略主義しんりゃくしゅぎ。

침례-교(浸禮敎)㊊〈종〉【기독교의 한 파】 浸礼教会しんれいきょうかい｜バプテスト教会。

침모(針母)㊊ (雇やとわれて)針仕事はりしごとをする女性じょせい。

침목(枕木)㊊ 枕木まくらぎ。

침몰(沈沒)㊊ 沈没ちんぼつ。
　침몰-하다㊂ 沈没ちんぼつする。囲어선이 ~. 漁船ぎょせんが沈没する。

침묵(沈默)㊊ 沈黙ちんもく。囲~을 지키다. 沈黙を守まもる。/ ~이 흐르다. 沈黙が流ながれる。/ 오랜 ~을 깨고 신작을 발표하다. 長ながい沈黙を破やぶって新作しんさくを発表はっぴょうする。
　침묵-하다㊂ 沈黙ちんもくする。

침범(侵犯)㊊ 侵犯しんぱん。
　침범-하다㊂ 侵犯しんぱんする｜侵おかす。囲국경을 ~. 国境こっきょうを侵犯する。

침상(寢牀)㊊ 寝台しんだい｜ベッド。

침-샘〈의〉唾液腺だえきせん｜唾腺だせん。

침소(寢所)㊊ 寝所しんじょ｜寝床ねどこ。

침소봉대(針小棒大)㊊ 針小棒大しんしょうぼうだい。

침수¹(沈水)㊊【물에 잠김】沈水ちんすい。囲~ 해안 沈水海岸かいがん。

침수²(浸水)㊊【물에 젖거나 잠김】 浸水しんすい。囲~ 가옥 浸水家屋かおく。
　침수-하다㊂ 浸水しんすいする。

침술(鍼術)㊊〈한〉鍼術しんじゅつ。

침술-사(鍼術師)㊊ 鍼師はりし。

침식¹(侵蝕)㊊【갉아먹듯이 먹어들어감】侵蝕しんしょく｜侵蝕しんしょく。
　침식-하다¹㊀ 侵蝕しんしょくする｜侵蝕しんしょくする。

침식²(浸蝕)㊊【깎아 없앰】浸食しんしょく｜浸蝕しんしょく。囲~ 작용 浸食作用さよう/ ~ 평야 浸食平野へいや。
　침식-하다²㊀ 浸食しんしょくする｜浸蝕しんしょくする。

침식³(寢食)㊊【자고 먹음】寝食しんしょく。囲~을 함께한 사이 寝食を共ともにした仲なか/ ~을 잊고 실험에 몰두하다. 寝食を忘わすれて実験じっけんに打うち込こむ。

침실(寢室)㊊ 寝室しんしつ｜寝間ねま。

침염(浸染)㊊ 浸染しんせん。
　침염-하다㊂ 浸染しんせんする。

침엽(針葉)㊊〈식〉針葉しんよう｜針状しんじょうの葉は。

침엽-수(針葉樹)㊊〈식〉針葉樹しんようじゅ。=바늘잎나무

침 엽 수 -림(針葉樹林)㊊〈식〉針葉樹林しんようじゅりん。

침울-하다(沈鬱─)㊌ ❶【마음이 우울함】沈鬱ちんうつだ｜沈しずんでいる｜うっとうしい。囲침울한 표정 沈鬱な表情ひょうじょう。❷【날씨가】【天気てんきが】陰鬱いんうつだ｜うっとうしい。
　침울-히㊁ ❶沈鬱ちんうつに｜うっとうしく。❷陰鬱いんうつに。

침윤(浸潤)㊊ 浸潤しんじゅん。
　침윤-하다㊂ 浸潤しんじゅんする。

침의(鍼醫)㊊〈한〉鍼医しんい・しん｜鍼医者はりいしゃ。

침입(侵入)㊊ 侵入しんにゅう。囲적의 ~을 막다. 敵てきの侵入を防ふせぐ。
　침입-하다㊂㊀ 侵入しんにゅうする。

침적(沈積)㊊ 沈積ちんせき。
　침적-하다㊂ 沈積ちんせきする。

침전(沈澱)㊊ 沈殿ちんでん。囲~ 광물 沈殿鉱物こうぶつ。
　침전-하다㊂ 沈殿ちんでんする。囲불순물이 ~. 不純物ふじゅんぶつが沈殿する。

침전-물(沈澱物)㊊ 沈殿物ちんでんぶつ。

침-주다(鍼─)㊂ ☞침놓다

침중-하다(沈重─)㊌ ❶【무게 있고 점잖음】沈重ちんちょうだ｜重々おもおもしく落おち着ついている。❷【병세가】(病勢びょうせいが)重おもい。

침-질(鍼─)㊊ 鍼はりを打うつこと。
　침질-하다㊂ 鍼はりを打うつ。

침착(沈着)㊊【들러붙음/ 차분함】沈着ちんちゃく。
　침착-하다¹ 沈着ちんちゃくする。囲색소가 피부에 ~. 色素しきそが皮膚ひふに沈着する。

침착²(沈着)㊊【들뜨지 않고 찬찬함】沈着ちんちゃく。
　침착-하다² 沈着ちんちゃくだ｜落おち着ついている。囲침착한 대응 沈着な対応たいおう/ 침착하게 행동하여 주십시오. 落おち着いて行動こうどうしてください。
　침착-히㊁ 沈着ちんちゃくに。

침체(沈滯)㊊ 沈滯ちんたい。
　침체-하다㊂ 沈滯ちんたいする。囲침체된 분위기 沈滞した雰囲気ふんいき/ 경기가 ~. 景気けいきが沈滞する。

침침-하다(沈沈─)㊌ ❶【어두움】薄暗うすぐらい｜どんよりしている。囲침침한 방 薄暗い部屋へや。❷【눈이】(目めが)はっきり見みえない｜かすんでいる。囲눈이 침침해지다. 目がかすむ。

침탈(侵奪)㊊ 侵奪しんだつ。

침탈-하다〘타〙侵奪する。｜侵し奪う。

침통¹(沈痛)〘명〙沈痛さ。
　침통-하다〘형〙沈痛だ。例 침통한 표정 沈痛な面持ち。
　침통-히〘부〙沈痛に。

침통²(鍼筒)〘명〙鍼筒。

침투(浸透)〘명〙浸透さ。例 ~ 작용 浸透作用。
　침투-하다〘자〙浸透する。例 생활에 침투하는 정보 기술 生活に浸透する情報技術。

침투-압(浸透壓)〘명〙〈물〉浸透圧。

침팬지(chimpanzee)〘명〙〈동〉チンパンジー。

침하(沈下)〘명〙沈下。例 지반 ~ 地盤沈下。
　침하-하다〘자〙沈下する。

침해(侵害)〘명〙侵害。
　침해-하다〘타〙侵害する。例 인권을 ~. 人権を侵害する。

칩(chip)〘명〙❶ 〘작은조각, 가늘고 짧게 자른 것〙チップ。❷ 〘감자를 얇게 썰어서기 름에 튀긴 요리〙チップ。例 포테이토~ ポテトチップ。❸ 〘도박에서 쓰는 대신 쓰는 패〙チップ。❹ 〘물〙チップ。例 반도체 ~ 半導体チップ。

칩거(蟄居)〘명〙蟄居。例 자택에서 ~ 중이다. 自宅に蟄居している。
　칩거-하다〘자〙蟄居する。

칩떠-보다〘타〙上目使いに見る｜にらみ上げる。

칫-솔(齒—)〘명〙歯ブラシ。

칭량(秤量・稱量)〘명〙【저울로 단 물건의 무게】称量｜秤量。

칭병(稱病)〘명〙【병이 있다고 핑계함】病気にかこつけること。
　칭병-하다〘자〙病気にかこつける。

칭송(稱頌)〘명〙功徳をほめたたえること。
　칭송-하다〘타〙功徳をほめたたえる。

칭얼-거리다〘자〙むずかる｜だだをこねる。例 아기가 ~. 赤ちゃんがむずかる。=칭얼대다

칭얼-대다〘자〙☞칭얼거리다

칭얼-칭얼〘부〙しきりにむずかるさま。

칭찬(稱讚)〘명〙称賛｜賞賛。例 ~의 박수를 보내다. 称賛の拍手を送る。/사람들의 ~을 받다. 人々の賞賛を受ける。/아주 열심히 했다고 ~을 받다. よく頑張ったとほめられる。
　칭찬-하다〘타〙称賛する｜賞賛する｜ほめる｜たたえる｜ほめたたえる。例 극구 ~. 口をきわめて称賛する。/아낌없이 ~. 惜しみなく称賛する。/칭찬하려면 상대편의 좋은 점을 찾아내야 한다. ほめるためには相手のいいところに気づくことが必要だ。

칭칭〘부〙【자꾸 감거나 동여매는 모양】ぐるぐる｜くるくる。例 붕대로 ~ 감다. 包帯でぐるぐる巻く。

칭탁(稱託)〘명〙【핑계】口実｜逃げ口上。
　칭탁-하다〘타〙かこつける｜言い訳をする。

칭-하다(稱—)〘타〙称する｜呼ぶ。例 스스로를 왕이라고 칭했다. 自らを王と称した。

칭호(稱號)〘명〙称号。例 명예박사의 ~를 받았다. 名誉博士などの称号を受けた。

ㅋ

카 Ⅰ 튀 《지쳐서 힘이 빠질 때 숨이 막히는 소리》 ぐうぐう(と)。
Ⅱ 캄 《음식이 맵거나 냄새가 독함》 《맵거나 독할 때 나는 소리》 ひりひり(と)｜ひいひい｜うっ(と)。 예 ~ 할 정도로 맵다. ひりひりするほど辛い。/ ~지독한 냄새! うっ、ひどい臭いだ。

카나리아(canaria)명 《동》カナリア。

카나트(qanāt 아)명 《건조지역에서 물을 얻기 위한 통로》 カナート。 예 ~의 소유권은 대부분 지주에게 있다. カナートの所有権は、ほとんどの場合、地主にある。

카네이션(carnation)명 《식》カーネーション。 예 ~ 꽃다발 カーネーションの花束。

카논(canon)명 《미·음》カノン｜追復曲。

카누(canoe)명 《운》カヌー。 예 ~ 경기 カヌー競技／~ 선수 カヌー選手。

카니발(carnival)명 《종》カーニバル。＝사육제

카덴차(cadenza 이)명 《음》カデンツァ｜カデンツ。

카드(card)명 カード。

카드뮴(cadmium)명 《화》《아연족 원소의 하나》 カドミウム。

카디건(cardigan)명 カーディガン。

카라비너(Karabiner 독)명 《등산용구의 하나》 カラビナ。

카랑-카랑 튀 《목소리가 맑고 높은 모양》 りんと。

카랑카랑-하다 혱 りんとする。 예 뒤에서 카랑카랑한 남자 목소리가 들렸다. 後ろからりんとした男の人の声が聞こえた。

카레(← curry)명 カレー｜カリー。

카레-라이스(← curried rice)명 カレーライス｜カレー｜カリー。＝카레

카르스트 지형(Karst地形) カルスト地形。 예 암석이 용식되어 형성된 ~ 岩石が溶食されて形成されたカルスト地形。

카르텔(Kartell 독)명 《경》カルテル。

카리스마(charisma)명 《사》カリスマ。

카메라(camera)명 カメラ。

카메라 앵글(camera angle)명 《연》カメラアングル。 예 ~을 맞추다. カメラアングルを合わす。/ ~을 잡다. カメラアングルをつかむ。

카메라 워크(camera work)명 《연》カメラワーク。

카메룬(Cameroon)명 《국》カメルーン。

카메오(cameo 라)명 ❶ カメオ。 ❷ 《영화·드라마 등에서》 カメオ出演。

카멜레온(chameleon)명 《동》カメレオン。 예 ~은 주위 환경에 따라 몸 색을 바꾼다. カメレオンは周囲の環境によって体の色を変える。/ 그는 상황에 따라 ~처럼 태도를 바꾼다. 彼は状況によってカメレオンのように態度を変える。

카무플라주(camouflage 프)명 《전쟁 따위》 カムフラージュ。

카민(carmine)명 《화》《깍지벌레의 암컷에서 얻어지는 붉은색 색소》 カルミン｜カーマイン｜コチニール｜洋紅。

카바레(cabaret 프)명 キャバレー。

카바이드(carbide)명 《화》カーバイド｜炭化物の総称。

카보베르데(Cabo Verde)명 《국》カーボベルデ。

카세인(casein)명 《화》《젖에 들어있는 단백질의 하나》 カゼイン｜乾酪素。 예 ~을 원료로 한 영양제 カゼインを原料とした栄養剤。

카세트(cassette)명 カセット。＝카세트테이프·카세트테이프리코더

카세트-테이프(cassette tape)명 カセットテープ。＝카세트

카세트테이프-리코더(cassette tape recorder)명 カセットテープレコーダー。＝카세트

카스텔라(castella 포)명 カステラ。

카스트(caste)명 《사》《인도의 사회적 계급 제도》 カースト。 예 ~ 제도 カースト制度。

카약(kayak)명 《운》カヤック｜競技用のカヌー。

카우보이(cowboy)명 カウボーイ。

카운슬러(counselor)명 《교》カウンセラー。

카운슬링(counseling)명 カウンセリング。

카운터(counter)명 カウンター。

카운터블로(counterblow)명 《운》 カウンターブロー。

카자흐스탄(Kazakhstan)명 《국》カザフスタン。

카지노(casino 이)명 カジノ。

카키-색(khaki色)명 カーキ色。

카타르(Qatar)명 《국》カタール。

카타르시스(catharsis 그)명 《문》カタルシス。

카탈로그(catalogue)명 カタログ。

카테고리(Kategorie 독)명 カテゴリー。

카페(cafe 프)명 カフェー｜カフェ。

카페리(car ferry)명 カーフェリー。

카페인(caffeine)명 《화》カフェイン｜茶素｜テイン。예~이 함유되지 않은 커피 カフェインが含まれていないコーヒー／~을 섭취하면 잠이 오지 않는다. カフェインを取ると眠たくならない。

카펫(carpet)명 カーペット｜絨毯。

카프로락탐(caprolactam)명 《화》カプロラクタム。

카프리치오(capriccio 이)명 《음》カプリチオ｜狂想曲｜奇想曲。

카프리치오소(capriccioso 이)명 《음》カプリチオーソ。

카피(copy)명 コピー｜複写。
　카피-하다자타 コピーする。

카피라이터(copywriter)명 コピーライター。

칵부 げえげえ(と)。예목에 음식이 걸려서 ~ 소리를 내며 뱉었다. のどに食べ物が引っ掛かり、かあっと吐き出した。／가래침을 ~하고 내뱉다. 痰をげえげえと吐き出した。

칵-칵부 げえげえ(と)。예~하고 뱉으려고 노력했다. げえげえと吐き出そうとがんばった。／목에 가래침이 걸려 ~ 소리 내다. 喉にがあ痰が引っ掛かって、げえげえと声をを出す。
　칵칵-거리다자 げえげえする。=칵칵대다
　칵칵-대다자 ☞칵칵거리다

칵테일(cocktail)명 カクテル｜コクテール。

칸【】間。예옆 ~으로 이동하다. 隣の間に動く。

칸나명 《식》カンナ。

칸델라(candela)의 《물》カンデラ。

칸-막이명 間仕切り。

칸초네(canzone 이)명 《음》カンツォーネ。

칸초네타(canzonetta 이)명 《음》カンツォネッタ。

칸칸-이부 一間ごとに｜部屋ごとに。

칸타빌레(cantabile 이)명 안단테 ~ アンダンテカンタビレ。◆'노래하듯이'라는 뜻이다.

칸타타(cantata 이)명 《음》カンタータ｜交声曲。

칼명 刀｜包丁｜ナイフ｜やいば｜刃物。
　칼로 물 베기속담 刀で水を切る：「よくけんかをしてもすぐ仲直りをすること」の意。

칼-국수명【】手打ちうどん｜切麦。

칼-날명 刃物の刃。

칼데라(caldera 에)명 カルデラ。

칼-등명 刃物の背。

칼라(collar)명 《복》カラー｜えり。

칼락부【】こんこん。
　칼락-거리다자 こんこんと咳をする。예힘겹게 ~. カ一杯に咳をする。／감기에 걸려 ~. 風邪を引いて、こんこんと咳をする。／칼락거리며 기침을 했다. こんこんと咳をした。=칼락대다・칼락칼락하다
　칼락-대다자 ☞칼락거리다

칼락-칼락부 こんこん。
　칼락칼락-하다자 ☞칼락거리다 예칼락칼락하며 기침을 했다. こんこんと咳をする。

칼란도(calando 이)명 《음》カランド。

칼럼(column)명 コラム。

칼럼니스트(columnist)명 コラムニスト。

칼로리(calorie)의 《물》カロリー。

칼륨(Kalium 독)명 《화》カリウム。

칼륨-백반(Kalium白礬 독)명 《화》カリウムアルミニウム明礬｜カリ明礬。

칼륨-염(Kalium鹽 독)명 《화》カリウム塩｜カリ塩。예비료로 쓰이는 ~ 肥料に使われるカリ塩。

칼륨 유리(Kalium琉璃 독)명 《화》カリウムガラス｜カリガラス。

칼리(kali 라)명 《화》カリ。❶カリウム。❷炭酸カリウム。

칼리포르늄(californium)명 《화》カリホルニウム。

칼리프(caliph)명 《종》カリフ｜ハリファ。예이슬람의 지배자 ~ イスラムの支配者カリフ。

칼슘(calcium)명 《화》カルシウム。 예 멸치는 ~의 보고이다. いわしはカルシウムの宝庫だ。

칼-자국명 切傷。

칼-자루명 刀の柄。刀剣の柄。

칼-잡이명 ❶刀を上手に使う人を言う卑語。 ❷とちく業者。

칼-장단(一長短)명 包丁で切る時、律動的に出る音。

칼-질명 刃物で切ったり削ったりすること。
　칼질-하다자 刃物で切ったり削ったりする。

칼-집명 鞘。

칼-춤명 剣舞。=검무

칼-침(一鍼)명 刀で刺したり刺されたりすること。

칼칼-하다형 ❶喉がからからだ。 ❷ひりひりと辛い。

칼-코등이명 刀身の柄にはめた口金。=코등이

칼-판(一板)명 俎板。

캄보디아(Cambodia)명 《국》カンボジア。

캄캄-하다형 ❶真っ暗だ。 예 캄캄한 밤하늘에 반짝이는 달이 보였다. 真っ暗な夜空に輝く月が見えた。 ❷(希望が見えなくて)暗い。예 빚을 어떻게 갚아야 할지 앞이 ~. 借金をどんな方法で返済するか、目の前が暗い。

캉캉부 わんわん(と)。

캉캉-거리다자 わんわんと吠える。예 개가 집 앞에서 ~. 犬が家の前でわんわんと吠える。=캉캉대다

캉캉-대다자 ☞캉캉거리다

캐나다(Canada)명 《국》カナダ。

캐나디안 카누(Canadian canoe) 《운》カナディアンカヌー。

캐-내다타 ❶掘り出す。 ❷探り出す。

캐다 ❶掘る。예 고구마를 ~. サツマイモを掘る。 ❷探り出す;明かす。예 우주의 신비를 ~. 宇宙の神秘を明かす。

캐드(CAD)명 《공》キャド。

캐러멜(caramel)명 キャラメル;カラメル。

캐럴(carol)명 キャロル。예 크리스마스 ~. クリスマスキャロル。

캐리-백(carry-back)명 《운》キャリーバック。

캐리커처(caricature) 《미》カリカチュア;戯画;風刺画。예 연예인의 ~ 芸能人のカリカチュア。

캐럿(carat)의 ❶カラット。 ❷カラット。예 순금은 24~이다. 純金は24カラットだ。

캐-묻다타 根掘り葉掘り聞き出す。

캐비닛(cabinet)명 キャビネット。

캐스터네츠(castanets) 《음》カスタネット。

캐스트(cast)명 《연》キャスト;配役。예 ~를 정하다. キャストを決める。/ ~가 바뀌다. キャストが変わる。

캐시 플로(cash flow) 《경》キャッシュフロー。

캐어-묻다 根掘り葉掘り聞き出す。 ⓒ캐묻다

캐주얼(casual)명 カジュアル。

캐처(catcher)명 キャッチャー。

캐치(catch)명 キャッチ。예 ~ 볼 キャッチボール。

캑부 げえげえ。예 ~ 하고 기침을 해도 시원하지 않다. かあっと咳をしてもすっきりしない。

캑-캑부 げえげえ。예 ~ 지르는 소리 げえげえと叫ぶ声。
　캑캑-거리다자 げえげえとせきをする。예 목이 아파 ~. 喉が痛くてぐわぐわっとせきこむ。=캑캑대다
　캑캑-대다자 ☞캑캑거리다

캔(can)명 缶。

캔디(candy)명 キャンデー。

캔버스(canvas)명 《미》カンバス;キャンバス。=화포²

캘린더(calendar)명 カレンダー;暦。

캠퍼스(campus)명 キャンパス。

캠페인(campaign)명 キャンペーン。

캠프(camp)명 キャンプ。

캠프파이어(campfire)명 キャンプファイア。

캡(cap)명 キャップ。

캡슐(capsule)명 カプセル。=교갑

캥부 ❶わんわん(と)。 ❷こんこん(と)。예 ~ 하고 우는 여우의 소리 コンというキツネの鳴き声。

캥-캥부 こんこん(と)。예 여우가 ~ 운다. キツネがこんこんと鳴く。

캥캥-거리다자 こんこんと鳴く。=캥캥대다

캥캥-대다자 ☞캥캥거리다

캥거루(kangaroo)명《동》カンガルー。

컉[입안에 깊이 없던 것을 뱉으려고 목구멍에서 힘 있게 내뱉는 소리] げえげえ。예 ~ 하고 침을 뱉었다。げえげえと唾を吐いた。

컉-컉부 げえげえ。

컉컉-거리다자 げえげえと咳をする。=컉컉대다

컉컉-대다자 ☞컉컉거리다

컁[여우 따위가 우는 소리]부 こんこん。예 여우가 ~ 하고 울다。キツネがこんこんと鳴く。

컁-컁[여우 울음소리]부 こんこん。

컁컁-하다형 《顔が》痩せこけている。예 얼굴이 몹시 야위어 ~。顔がとてもやつれて痩せこけている。

커부 ❶ [음식 따위가 너무 맵거나 쓰거나 하여 입안이 얼얼할 때 내는 소리] ひりひり(と)｜ひいひい。❷[잠자는 소리] ぐうぐう。

커녕조 ところか｜さておいて｜おろか。예 빵커녕 물도 못 마셨다。パンはさておいてお冷めも飲めなかった。

커닝(cunning)명 カンニング。

커닝-하다타 カンニングする。

커-다랗다형 とても大きい。

커리큘럼(curriculum)명《교》カリキュラム｜教育課程。

커미션(commission)명 コミッション。

커버(cover)명 カバー。

커브(curve)명 カーブ。❶曲がること｜曲線。예 급격한 ~를 그리다。急激なカーブを描く。❷《운》《野》野球で、投げた球が曲がること。예 ~로 날아온 공 カーブで飛んでくるボール。

커서(cuser)명《컴》カーソル。

커터(cutter)명《공》カッター。

커트(cut)명 カット。

  커트-하다타 カットする。예 커트된 내용 カットされた内容/머리를 짧게 커트했다。髪を短くカットした。

커트-라인(cut line)조 カットライン。

커튼(curtain)명 カーテン。

커프스(cuffs)명 カフス。예 ~단추 カフスボタン。

커플(couple)명 カップル。

커피(coffee)명 コーヒー。

커피-나무(coffee─)명《식》コーヒーの木。예 아라비아 ~ アラビアコーヒーの木/~는 따뜻하고 습한 기후에서 잘 자란다。コーヒーの木は暖かくて湿気の多い気候でよく育つ。

커피-숍(coffee shop)명 コーヒーショップ｜コーヒー店。

커피포트(coffeepot)명 コーヒーポット。

컨디션(condition)명 コンディション。

컨베이어(conveyor)명《기》コンベヤー｜コンベヤ。

컨설턴트(consultant)명《경》コンサルタント。

컨테이너(container)명 コンテナ。

컨트롤(control)명 コントロール｜制御すること｜管理。

컬러(color)명 カラー。

컬러-텔레비전(color television)명 カラーテレビ。

컬럭[힘없이 기침할 때 나는 소리]부 こんこん。예 ~ 기침을 하다。こんこんと咳をする。

  컬럭-거리다자 こんこんと咳をする。예 힘들게 컬럭거렸다。辛そうにこんこんと咳をした。=컬럭대다

  컬럭-대다자 ☞컬럭거리다

컬컬-하다형 ❶喉がからだ。❷(味が)ひりひりと辛い。❸(声が)がらがらしている。

컴컴-하다형 ❶暗い｜真っ暗だ。❷[마음이] 腹黒い｜陰険で凶悪だ。

컴퍼스(compass)명《컴》コンパス。

컴퓨터(computer)명 コンピューター｜電子計算機。예 ~ 그래픽스 コンピューターグラフィックス。

컴퓨터 바이러스(computer virus)《컴》コンピューターウイルス。

컴퓨터 음악(computer 音樂)《음》コンピューター音楽。

컵(cup)명 コップ｜カップ。

컷(cut)명 カット。❶《연》カメラが写し始めてから写し終わるまでの、一つの場面、｜ショット。❷《출》印刷物などに入れるイラストレーション。

컹컹[개가 크게 짖는 소리]부 わんわん(と)。예 개가 밤새 ~ 짖는다。犬が一晩中わんわん鳴いている。

케냐(Kenya)명《국》ケニア。

케라틴(keratin)명《화》ケラチン。예 ~이 함유된 샴푸 ケラチンが含有されたシャンプー。

케스타(cuesta)명 ケスタ。

케이(K·k)명《언》[영어 알파벳의] ケー。

케이블-카(cable car)명 ケーブルカー。

케이블 티브이(cable TV) ケーブルテレビ。

케이스(case)명 ケース。
케이에스(KS)명 《법》【한국공업규격을 나타내는 기호】ケーエス。예 ~ 마크 ケーエスマーク
케이오(KO)명 《운》【녹아웃】ケーオー ¦ ノックアウト。예 ~ 승 ケーオー勝ち／~ 패 ケーオー負け。
케이크(cake)명 ケーキ。
케첩(ketchup)명 ケチャップ。
케톤(ketone)명 《화》ケトン。
켕기다자 不安になる ¦ 気にかかる ¦ 気がひける。예 우선 둘러대기는 했어도 속으로는 사뭇 켕겼다. とりあえず言い繕ったが、内心ではどうも気がひけた。
켜명 【여러 벌이 포개져 있을 때의 하나하나의 벌】層 ¦ 重ね。
켜다[1]타 ❶【불을 붙이다】火をつける ¦ ともす ¦ とぼす。예 촛불을 ~. ろうそくをともす。❷【전기 제품의 스위치를】つける。예 텔레비전을 ~. テレビをつける。
켜다[2]타 ❶ (鋸で)挽く。예 나무를 ~ 木を挽く。❷ (弦楽器や鍵盤楽器を)弾く。예 바이올린을 ~ バイオリンを弾く。
켜다[3]타 飲み干す。예 물 한 사발을 ~. 水一杯を飲み干す。
켜다[4]타 【기지개를 하다】伸びをする。예 두 팔을 올리고 기지개를 ~. 両腕を上げて伸びをする。
켜켜-이 重ね重ねに。
켤레명 足【組】对。＝족[2] Ⅱ
코[1]명 鼻。예 ~ 고는 소리에 잠을 못 잤다. いびきをかく音で眠れなかった。／감기에 걸려 연신 ~를 풀다. 風邪をひいて、ずっと鼻をかむ。
  코 묻은 돈 관용 幼ない子供らの小遣い程度のかね。
  코가 납작해지다 관용 恥をかく ¦ 面目をつぶされる。
코[2]명 【물이나 또는 편직물 때위의 하나하나의 매듭】網目 ¦ 編み目。
코-끝명 鼻先 ¦ 鼻面。
코끼리명 《동》象。예 ~ 아저씨는 코가 손이래. 象おじさんは鼻が手だって。／~는 긴 코를 이용하여 높은 나무에 열린 열매를 따먹는다. 象は長い鼻を使って、高い木になった実を取って食べる。
코-납작이명 ❶【코가 납작한 사람】鼻ぺちゃ。❷ 恥じをかいて面目を失った人を比喩して言う語。
코냑(cognac 프)명 コニャック。

코너(corner)명 コーナー。❶ 隅 ¦ 角。❷ デパートなどで、特定の商品を集めた売り場。❸ 《운》【육상경기의 곡선주로부분】競技場でカーブしている部分。
코너 아웃(corner out)명 《운》コーナーアウト。
코너-킥(corner kick)명 《운》コーナーキック。
코다(coda 이)명 《음》コーダ。
코-담배명 かぎタバコ ¦ 鼻で香りを楽しむ粉タバコ。예 가루를 흘렸다. かぎタバコのかすがこぼれ落ちた。
코데인(codeine)명 《화》【진통제의 일종】コデイン。
코듀로이(corduroy)명 コーデュロイ。＝코르덴
코드(cord)명 《전》コード。
코둥이명 ☞칼코둥이
코-딱지명 鼻糞。
코-뚜레명 ☞쇠코뚜레
코란(Koran)명 《종》【이슬람교 경전】コーラン。
코랄(Choral)명 《음》コラール ¦ 衆贊歌。
코러스(chorus)명 《음》コーラス ¦ 合唱。
코르덴명 ☞코듀로이
코르셋(corset)명 コルセット。
코르크(cork)명 コルク。예 ~ 마개 コルクの栓。
코-맹맹이명 鼻づまりの人。
코모도(comodo 이)명 《음》コーモド。
코모로(Comoros)명 《국》コモロ。
코미디(comedy)명 《연》コメディー ¦ 喜劇。
코미디언(comedian)명 《연》コメディアン。
코믹(comic)명 コミック。
  코믹-하다 형 コミックだ。예 코믹한 대사 コミックな台詞。
코-밑명 鼻の下。
코-바늘명 鉤針。
코발트(cobalt)명 《화》コバルト。
코발트-색(cobalt色)명 コバルト ¦ 空色。
코브라(kobra)명 《동》コブラ。
코-빼기명 鼻の俗っぽい語。
코-뼈명 《의》鼻骨。
코뿔소명 《동》犀。＝무소
코사인(cosine)명 《수》コサイン ¦ 余弦。
코-숭이명 【산줄기의 끝】山並みの端。

코스(course)몡 コース。예활강 ~ 滑降コース/ 곡선~ 曲線コース/ 안쪽 ~ インコース。

코스 로프(course rope 조) 《운》 コースロープ。

코스모스(cosmos)몡 《식》コスモス。예길가를 장식한 ~ 道沿いを飾るコスモス。

코스타리카(Costa Rica)몡 《국》コスタリカ。

코스튬 플레이(costume play) 《연》コスチュームプレー。예~ 행사장에 온갖 만화 캐릭터가 다 모이다. コスチュームプレーのイベント場に、あらゆる漫画キャラクターが全て集まる。

코-안경(一眼鏡)몡 鼻眼鏡。

코알라(koala)몡 《동》コアラ。

코-앞몡 ❶鼻先。目の前。すぐ前。예편의점은 ~에 있다. コンビニは鼻先にある。❷目前に迫ることのたとえ。예졸업 논문의 마감이 ~에 닥치다. 卒業論文の締め切りが目前に迫った。

코-웃음몡 嘲笑。嘲笑。

코일(coil)몡 《전》コイル。

코-주부(一主簿)몡 鼻が格別に大きい人をからかって言う語。예코에 벌침을 맞자 ~가 되었다. 鼻が蜂に刺されて大きくなった。

코-찡찡이몡 ❶鼻がへこんでいる人。❷鼻声の人。예자꾸 ~ 소리 낼래? その鼻声はいい加減にしろ。

코-청몡 鼻中隔。

코치(coach)몡 《운》コーチ。예야구 ~ 野球コーチ。
코치-하다타 コーチする。

코카서스 인종(Caucasus人種) 白色人種。コーカソイド。

코카인(cocaine)몡 《화》コカイン。

코코넛(coconut)몡 《식》ココナッツ。ココナット。

코코아(cocoa)몡 ココア。

코크스(cokes)몡 《광》コークス。=골탄❷·해탄

코탄젠트(Cotangent)몡 《수》コタンジェント。余接。

코-털몡 鼻毛。

코트¹(coat)몡 コート。

코트²(court)몡 《운》コート。예테니스 ~ テニスコート/ 배구 ~ バレーコート。

코트디부아르(Côte d'Ivoire)몡 《국》コートジボアール。

코팅(coating)몡 《화》コーティング。
코팅-하다타 コーティングする。

코펠(←Kocher 독)몡 コッヘル。

코-피몡 鼻血。예자주 ~를 흘리는 아이 よく鼻血を出す子/ ~가 나다. 鼻血が出る。

코-하다자 ねんねする。예이제 코 하자. もうねんねしましょう。

코-허리몡 鼻筋の少しへこんだ所。

코-흘리개몡 ❶鼻垂らし。はな垂れ。예~였던 아이들 はな垂れ小僧だった子供たち。❷頑是ない子供。예~아이 같은 태도 頑是ない子供みたいな仕草。

콕(cock)몡 《기》コーク。

콘도(condo)몡 ☞콘도미니엄

콘도미니엄(condominium)몡 コンドミニアム。=콘도

콘돔(condom)몡 コンドーム。

콘 모토(con moto 이) 《음》コンモート。

콘 브리오(con brio 이) 《음》コンブリオ。

콘서트(concert)몡 ❶音楽会。❷《음》演奏会。コンサート。예정기 ~ 定期コンサート/ ~를 열다. 演奏会を開く。/ ~ 표가 모두 매진이다. コンサートのチケットが売り切れだ。

콘센트(←concentric plug)몡 《전》コンセント。

콘체르토(concerto 이)몡 ☞협주곡

콘크리트(concrete)몡 《건》コンクリート。コンクリ。

콘택트-렌즈(contact lens)몡 《의》コンタクトレンズ。コンタクト。

콘테스트(contest)몡 コンテスト。

콘텐츠(contents)몡 《컴》コンテンツ。

콘트라베이스(contrabass)몡 《음》コントラバス。

콘트랄토(contralto 이)몡 《음》コントラルト。アルト。=알토

콜-걸(call girl)몡 コールガール。

콜 금리(call金利) 《경》コール金利。

콜드 게임(called game) 《운》コールドゲーム。예~ 승리 コールド勝ち。

콜드-크림(cold cream)몡 コールドクリーム。

콜라(cola)몡 コーラ。

콜라주(collage 프)몡 《미》コラージュ。예~ 기법 コラージュ技法。

콜랑부 だぶだぶ。

콜랑-콜랑 【많은 용기의 액체가 다 차지 아니하여 자꾸 흔들리는 소리】 だぶだぶ。
콜레라(cholera) 명 《의》コレラ。=호열자
콜레스테롤(cholesterol) 명 《화》コレステロール。
콜로이드(colloid) 명 《화》コロイド｜膠質ごう。예 ~ 용액 コロイド溶液ようえき／~ 입자 コロイド粒子りゅうし／~ 화학 コロイド化学かがく／~ 연료 コロイド燃料ねんりょう。
콜록 부 【기침】ごほごほ。예 ~ 기침 소리를 내다。ごほごほと咳せきをする。
콜록-거리다 자 咳込せきこむ｜咳上せきあげる｜むせる。예 감기에 걸려 ~。風邪かぜを引いてごほごほする。／집에서 혼자 콜록거리고 있다。家いえでひとりで咳込せきこんでいる。=콜록대다
콜록-대다 자 ☞ 콜록거리다
콜록-콜록 ごほごほ。예 ~、감기에 걸렸나봐。ごほごほ、風邪かぜを引いたみたい。
콜롬비아(Colombia) 명 《국》コロンビア。
콜콜¹ 부 【액체가 가늘게 흘러나오는 소리】とくとく。
콜콜-거리다 자 とくとくとする。=콜콜대다
콜콜-대다 자 ☞ 콜콜거리다
콜콜² 부 【곤하게 깊이 자면서 숨쉬는 소리】 すやすや｜すうすう。예 ~ 잠을 자다。すやすやと眠ねむる。／~ 잠이 들었다。すうすうと寝入ねいった。／우리 아기 ~ 잘도 자는구나。私わたしのあかちゃんがすやすやとよく眠ねむるなあ。
콜콜-히 부 たいへん悲かなしげに。
콜타르(coal-tar) 명 《화》コールタール｜石炭せきたんタール。
콜-택시(call taxi) 명 電話でんわで呼よび出だして利用りようするタクシー。
콜히친(Colchicine) 명 《화》【유사분열을 저해하여 염색체를 배가시키는 물질】コルチシン｜コルヒチン。
콤마(comma) 명 〈언〉コンマ。
콤바인(combine) 명 〈농〉コンバイン。
콤비(←combination) 명 コンビ。
콤비나트(kombinat 러) 명 《경》【생산공정이 긴밀하게 상호 보완이 되도록 모여 놓은, 기업의 집단】コンビナート。예 석유 화학 ~ 石油化学せきゆかがくコンビナート。
콤비네이션(combination) 명 〈수〉【여러 개 중에서 일정한 개수 순서에 관계없이 한 방으로 뽑아내는 모음】コンビネーション。
콤팩트(compact) 명 コンパクト。
콤플렉스(complex) 명 〈심〉コンプレックス。
콧-구멍 명 鼻孔びこう｜鼻はなのあな。
콧-김 명 【코로 나오는 더운 기운】鼻息びそく。예 ~ 이 세다。鼻息びそくが荒あらい。

콧-날 명 鼻筋はなすじ｜鼻梁びりょう。
콧-노래 명 鼻歌はなうた。
콧-대 명 鼻はな｜鼻柱はなばしら。
　콧대(가) 높다 관용 鼻はなが高たかい：「傲慢ごうまんである」の意い。
　콧-등 명 鼻筋はなすじ。
콧-마루 명 鼻筋はなすじ｜鼻梁びりょう。
콧-물 명 鼻汁はなじる｜鼻水はなみず。예 ~ 이 나다。鼻汁はなじるが出でる。
콧-방귀 명 鼻はなで笑わらうこと。
콧-방아 명 転倒てんとうで鼻頭はながしらを打うつこと。예 앞으로 넘어져 ~ 를 찧다。前まえに倒たおれて鼻頭はながしらを打うつ。
콧-방울 명 小鼻こばな｜鼻翼びよく。예 ~ 을 벌름거리다。小鼻こばなをうごめかす。
콧-병(-病) 명 鼻はなの病やまい。
콧-살 명 鼻はなじわ。예 그녀는 웃을 때마다 ~ 이 진다。彼女かのじょは笑わらう毎ごとに鼻はなにしわができる。
콧-소리 명 ☞ 비음(鼻音)
콧-수염(-鬚髥) 명 口くちひげ。
콧-숨 명 鼻息はないき｜鼻はなでする息いき。예 ~ 을 쉬다。鼻はなで息いきをする。
콧-잔등 명 ☞ '콧잔등이'의 준말。
콧-잔등이 【코에서 높이 솟은 부분】鼻筋はなすじの少すこしへこんだ所ところ。준 콧잔등
콩¹ 명 〈식〉豆まめ｜大豆だいず。예 ~ 과 팥 大豆だいずと小豆あずき／~ 을 이용한 요리 豆まめを利用りようした料理りょうり／~ 을 물에 불리다。豆まめを水みずにふやかす。／~ 을 볶다。豆まめを炒いる。=대두
　콩 났네 팥 났네 한다 속담 ああだこうだ言いう。=콩이야 팥이야 한다
　콩도 닷 말 팥도 닷 말 속담 ダイズも五斗ごとアズキも五斗ごと：❶一方いっぽうに片寄かたよらず公平こうへいにやること。❷あれやこれや言いっても結局けっきょくは同おなじだということ」の意い。
　콩 심은 데 콩 나고 팥 심은 데 팥 난다 속담 大豆だいずを植うえた所ところには大豆だいずが生はえるし、あずきを植うえた所ところにはあずきが生はえる：「原因げんいんによって結果けっかが生しょうじる」の意い。
　콩으로 메주를 쑨다 하여도 곧이듣지 않는다 속담 豆まめでみそや麹こうじをつくるといっても信しんじない：「人ひとの言いうことをなかなか信しんじようとしない」の意い。
　콩이야 팥이야 한다 속담 ☞ 콩 났네 팥 났네 한다
콩² 명 【작고 가벼운 물건이 바닥에 떨어질 때 나는 소리】 ことん(と)｜こつん｜とん(と)｜こん(と)。예 벽에 머리를 ~

박았다. 壁に頭をこつんと打った。

콩-가루 명 きな粉。

콩-강정 명 炒った大豆を水飴で固めた菓子。

콩고(Congo) 명 〈국〉コンゴ。

콩고 레드(Congo red) 《화》コンゴーレッド。

콩-고물 명 きな粉。

콩고 민주 공화국(Congo民主共和國) 〈국〉コンゴ民主共和国。

콩-과(-科) 명 〈식〉豆科。

콩-국 명 豆汁。｜ご汁。｜豆乳。

콩-국수 명 豆乳に入れて塩で味付けけけしたそば。

콩-기름 명 豆油。｜大豆油。＝대두유·두유²

콩-깍지 명 豆のさや。

콩-깻묵 명 豆粕。＝대두박

콩-꼬투리 명 豆のさや。

콩-나물 명 大豆のもやし。｜豆もやし。예~은 무척 먹고 국 끓여 먹고 쓸모가 많다. 豆もやしは和えて食べ、煮て食べ、使い道がたくさんだ。

콩나물-밥 명 大豆もやしを入れて炊いた飯。예~에 간장 양념을 넣어 비비다. 豆もやしご飯に醤油味の薬味を入れてまぜる。

콩다콩 부 ごとん(と)｜ごりごり(と)。

콩닥닥 부 とんとん(と)。

콩-대 명 豆幹。

콩-떡 명 米粉に豆を混ぜて蒸した餅。

콩-밥 명 豆ご飯。

콩-밭 명 豆畑。

콩-버무리 명 粳の粉によくゆでた豆を入れて蒸した餅。

콩-설기 명 米粉と豆を混ぜて蒸した餅。｜コンソルギ。예콩을 좋아한다고 했더니 ~를 쩌 주었다. 豆が好きだといったらコンソルギを蒸してくれた。 ◆일본에는 멥쌀로 만드는 떡은 없다.

콩-소 명 豆粉やを豆をつぶした餡こ。

콩-알 명 豆粒。예~ 만한 크기의 혹 豆粒大のこぶ。

콩-엿 명 炒り豆を混ぜて作った飴。

콩-잎 명 豆の葉。

콩-자반(-佐飯) 명 大豆をしょう油で煮詰めたもの｜豆の煮付け。예~은 딱딱해서 먹기 힘들다. 豆の煮付けはかた

くて食べにくい。＝콩장

콩-장(-醬) 명 ☞콩자반

콩-죽(-粥) 명 ふやかした大豆をつぶして、米とともに炊いたお粥。

콩-짜개 명 二つに割れた豆の片割れ。

콩-콩¹ 부 ❶【작고 가벼운 것이 덜이는 모양】とんとん。예집안을 ~ 뛰어다니다. 家の中をとんとんと走り回る。❷【가슴이 세게 뛰는 모양】どきどき。예가슴이 ~ 뛰었다. 胸がどきどきときめく。

　콩콩-거리다 자 しきりにとんとんと音を立てる。예어린아이가 콩콩거리며 뛰어다닌다. 小さい子がとんとんと音を立てながら走り回る。＝콩콩대다

　콩콩-대다 자 ☞콩콩거리다

콩콩² 부 【짐승의 울음소리】わんわん｜きゃんきゃん。

콩쿠르(concours 프) 명 コンクール。

콩테(cont) 명 〈미〉コンテ。예~ 소묘 コンテデッサン

콩트(conte 프) 명 〈문〉コント。

콩팥 명 〈의〉腎臓。＝신장(腎臟)

콰르르 부 【많은 양의 액체가 쏟아 쏟아지는 소리나 모양】どくどく(と)｜ざあざあ(と)｜じゃあじゃあ(と)。

콰르릉 부 【천둥이나 요란한 떨어지는 소리나 물건이 부딪치는 소리】どかん(と)｜どかん(と)。

콱 부 ❶【힘주어 박거나 누르거나 짜르는 모양】ぐいと｜ぐいっと。❷【숨 막히게 더위나 추위·연기 등으로 숨이 막히는 모양】つんと｜むっと。예더위로 숨이 ~ 막히다. 暑さで息がむっと詰まる。/ 음식물이 ~ 막혀 얹혀 있는 것 같아. 食べ物が詰まって、もたれているようだ。

콱-콱 부 ❶【힘주어 박거나 누르거나 짜르는 모양】ぐいぐい｜ぐいっと。❷【독한 냄새·연기 따위가 계속으로 매우 막히는 모양】つんつん｜むっと。예기차 안의 열기로 숨이 ~ 막혀 왔다. 汽車の中の熱気で、息がつんつんとした。

콸콸 부 【액체가 세차게 쏟아지는 소리】どくどく｜ざあざあ｜じゃあじゃあ。예폭포수가 ~ 쏟아지다. 滝の水がざあざあと降り注ぐ。

　콸콸-거리다 자 ざあざあと流れる。＝콸콸대다

　콸콸-대다 자 ☞콸콸거리다

쾅 부 ❶【대포를 쏘거나 폭발물이 터지거나 무거운 물건이 떨어지는 소리】どかん(と)｜どっかん(と)。예대포가 ~ 하고 떨어졌다. 大砲がどかんと落ちた。【무겁고 단단한 물건이 떨어지는 소리】どしん(と)｜どすん(と)｜ずしん(と)。

쾅-쾅 부 がんがん｜どんどん。예~ 큰북을 치다. どんどんと太鼓を叩く。

　쾅쾅-거리다 자[타] がんがん鳴らす。예

노래방에서 꽝꽝거리는 소리가 들렸다. カラオケボックスからがんがんと音が聞こえた。 =꽝꽝거리다

꽝꽝-대다 재 ☞꽝꽝거리다

쾌감(快感) 명 快感。

쾌거(快擧) 명 快擧。

쾌-남아(快男兒) 명 快男子。|快男兒。

쾌락(快樂) 명 快樂。

쾌속(快速) 명 快速。

쾌속-정(快速艇) 명 快速艇。

쾌유(快癒) 명 快癒。예 ~를 빌다. 快癒を祈る。

쾌재(快哉) 명 快哉。예 ~를 부르다. 快哉を叫ぶ。

쾌적-하다(快適—) 형 快適だ。

쾌청-하다(快晴—) 형 晴れる。|快晴である。

쾌-하다(快—) 형 ❶愉快だ。❷病気がよくなっている。

쾌-히 愉快に。|快く。|てきぱきと。

쾌활-하다(快活—) 형 快活だ。예 쾌활한 성격 快活な性格。

쾌활-히 快活に。

쾨쾨-하다 悪臭がある。

쿠데타(coup d'État 프) 명 クーデター。

쿠바(Cuba) 명 〈국〉キューバ。

쿠션(cushion) 명 クッション。

쿠웨이트(Kuwait) 명 〈국〉クウェート。

쿠키(cookie) 명 クッキー。

쿠폰(coupon) 명 クーポン。

쿡 부 ❶ぶすり。|ぶすっと。예 주삿바늘을 ~ 찌르다. 注射針をぶすり刺す。❷くすっと。|くすりと。예 그녀는 갑자기 ~ 웃었다. 彼女はにわかにくすりと笑った。

쿡-쿡 부 ❶ぶすり。|ぶすっと。❷くすっと。|くすりと。

쿨렁 부 だぶだぶ。

쿨렁-거리다 자 だぶだぶと揺れる音がしきりにする。=쿨렁대다

쿨렁-대다 자 ☞쿨렁거리다

쿨렁-쿨렁 だぶだぶ。

쿨룩 부 ごほごほ。

쿨룩-쿨룩 ごほごほ。예 ~ 기침을 했다. ごほごほと咳をした。

쿨쿨[1] 부 どくどく。|じゃあじゃあ。

쿨쿨[2] 부 ぐうぐう。|すやすや。

예 ~ 단잠을 자다. ぐうぐうと熟睡する。/어젯밤 잠을 ~ 잘도 자더구나. 昨晩はぐうぐうとよく寝ていたなあ。

쿨쿨-거리다 자 ぐうぐういう。예 쿨쿨거리며 코를 골았다. ぐうぐうといびきをかいた。=쿨대다

쿨쿨-대다 자 ☞쿨쿨거리다

쿨쿨[3] 부 つんと。|つんつん。

쿵 부 ❶ずしん(と)。|どしん(と)。|どすん(と)。예 지붕 위에 ~ 하는 소리와 함께 무엇인가 떨어졌다. 屋根の上に、どしんという音と共に、何かが落ちた。/ ~ 하는 소리와 함께 천둥이 쳤다. どかんという音と共に、雷が鳴った。❷どしん(と)。예 총탄이 ~ 하고 떨어졌다. 弾丸がどしんと落ちた。❸どん。

쿵덕덕 부 どんどん(と)。

쿵쾅 부 ❶どんどん(と)。❷ずしん(と)。|どしん(と)。

쿵쾅-거리다 자 ❶どっかんとする。예 쿵쾅거리는 요란한 포탄 소리 どっかんと響るう騒がしい砲弾の音。❷どしんとする。=쿵쾅대다

쿵쾅-대다 자 타 ☞쿵쾅거리다

쿵-쿵 부 ❶どしん(と)。|どすん(と)。|ずしん(と)。❷どかん(と)。|どっかん(と)。예 사격 총이 ~ 울렸다. 射撃銃がどんと鳴った。❸どんどん。예 ~ 북을 울렸다. どんどんと太鼓を鳴らした。❹どきどき。

쿵쿵-거리다 자 타 ❶どしんという。❷どかんという。❸どんどんという。❹どきどきする。=쿵쿵대다

쿵쿵-대다 자 타 ☞쿵쿵거리다

퀄퀄 부 どくどく。|ざあざあ。|じゃあじゃあ。예 빗물이 ~ 흘러간다. 雨水がどくどくと流れていく。

퀭-하다 형 目が落ちくぼんで、元気がない。예 퀭한 눈동자 落ちくぼんだ瞳。|퀭하니 뚫린 눈 元気がなくて落ちくぼんだ目。

퀴즈(quiz) 명 クイズ。예 ~ 프로그램 クイズ番組/ ~를 풀다. クイズを解く。

퀴퀴-하다 형 臭い匂いがする。

퀵스텝(quickstep) 명 クイックステップ。

퀼트(quilt) 명 ☞퀼팅

퀼팅(quilting) 명 キルティング。=퀼트

큐(Q·q)뗑《언》【영어 알파벳의 열일곱째 자모】キュー。
큐비즘(cubism)뗑《미》【미술】キュービズム。
큐피드(Cupid)뗑《문》キューピッド。
크-기뗑 大おおきさ。
크나-크다혱 非常ひじょうに大おおきい。

크다¹ Ⅰ 혱 ❶【부피가 보통 정도를 넘다】(丈たけが)高たかい；大おおきい。예머리가 ~. 頭あたまが大きい/큰 눈 大おおきい目め/큰 코 高たかい鼻はな/큰 키 高たかい背せ。 ❷【규모·범위·정도 따위가 수준이상이다】大おおきい；はなはだしい；強つよい。예큰 공사를 맡았다. おおがかりな工事こうじを請うけ負おった。 ❸【훌륭하고 위대하다】大おおきい；偉えらい。예큰 인물을 배출하다. 偉大いだいな人物じんぶつを輩出はいしゅつする。/큰 공을 세워 포상하다. 大おおきなてがらを立たて、褒賞ほうしょうされる。/큰 업적을 남겼다. 大きな業績ぎょうせきを残のこした。 ❹【소리】大おおきい；強つよい。예큰 소리 내지 마라. 大きい声こえを出ださないで。/음악 소리가 너무 ~. 音楽おんがくの音がとても大きい。/바람 소리가 ~. 風かぜの音が強つよい。/목소리가 ~. 声こえが大きい。 ❺【정도가 심하다】大おおきい；非常ひじょうに甚はなはだしい。예실망이 ~. 非常ひじょうにがっかりする。/큰 충격을 받았다. 大きな衝撃しょうげきを受うけた。 ❻【마음이나 도량이 넓다】大おおきい；広ひろい。예통이 ~. 度胸どきょうがある；大胆だいたんだ；太ふとっ腹ぱらだ。 ❼【결단이나 의미 따위가 큰 뜻을 갖다】大おおきい；重大じゅうだいだ。예큰 결단을 내리다. 思おもいきって決断けつだんを下くだす。/큰 결심을 하다. 一大いちだい決心けっしんをする；思いきって決意けついをする。→작다
Ⅱ 자 ❶【자라서 몸피가 커지다】伸のびる；(人ひとや動植物どうしょくぶつが)育そだって大きくなる。예아이의 키가 그 사이 5cm나 컸다. 子供こどもの背丈せたけが、見みない間あいだに5センチも伸のびたんだね。 ❷【어른이 되다】おとなになる。예나는 커서 선생님이 되고 싶다. 私わたしはおとなになったら先生せんせいになりたい。

크디-크다혱 とても大おおきい。예크디큰 눈으로 애절하게 쳐다보다. とても大きい目めで哀切あいせつに見みつめる。
크래커(cracker)뗑 クラッカー。
크랭크(crank)뗑《연》クランク；映画えいがを撮影さつえいすること。
크랭크 업(crank up)《연》【영화 촬영 완료】クランクアップ。
크랭크 인(crank in)《연》【영화 촬영 개시】クランクイン。예~에 앞서 고사를 지내다. クランクインに先立さきだって、厄除やくよけの祭まつりをする。
크레디트 카드(credit card)《경》クレジットカード。=신용 카드
크레용(crayon 프)뗑《미》クレヨン。
크레인(crane)뗑《기》クレーン；起重機きじゅうき。=기중기
크레졸(cresol)뗑《화》クレゾール。
크레파스(← kurepasu 일)뗑《미》クレパス。
크로마뇽-인(Cro-Magnon人)뗑 クロマニョン人じん；化石かせき現生人類げんせいじんるい。
크로아티아(Croatia)뗑《국》クロアチア。
크로키(croquis 프)뗑《미》クロッキー；速写そくしゃ。
크롤(crawl)뗑《운》【수영법】(水泳すいえいの)クロール。
크롬(chrome 독)뗑《화》クロム。
크롬-강(chrome鋼)뗑 クロム鋼こう；クロムを含ふくむ鋼。
크리스마스(Christmas)뗑 クリスマス。예~ 카드 クリスマスカード/~ 캐롤 クリスマスキャロル/~ 이브 クリスマスイブ/~ 트리 クリスマスツリー。=성탄절
크리스천(Christian)뗑 クリスチャン。
크리스털(crystal)뗑《광》❶クリスタル。=수정(水晶) ❷→크리스털 글라스
크리스털 글라스(crystal glass)《광》クリスタルガラス；クリスタル。=크리스털❷
크림(cream)뗑 ❶【우유로 만든 식품】クリーム。 ❷アイスクリーム。 ❸【화장품】クリーム。
크림-빵(cream―)뗑 クリームパン。
크림-색(cream色)뗑 クリーム色いろ。
크림-소다(cream soda)뗑 クリームソーダ。
크림-치즈(cream cheese)뗑 クリームチーズ。
크립톤(krypton)뗑《화》クリプトン。
큰개-자리뗑《천》【별자리】(星座せいざの)おおいぬ座ざ。
큰-곰뗑《동》ひぐま。
큰곰-자리뗑《천》【별자리】(星座せいざの)おおくま座ざ。
큰-기침뗑【점잖음을 가다듬거나 위엄을 나타내기 위해 큰소리로 기침하는 것】大おおきな咳払せきばらい。
큰기침-하다자 咳払せきばらいする。예큰기침해서 알리다. 咳払いをして知しらせる。
큰-길뗑 大通おおどおり；表通おもてどおり。
큰-누나 (弟おとうとの立場たちばで)一番いちばん年上としうえのお姉ねえさん。=맏누이
큰-달뗑 大だいの月つき。=대월(大月)
큰-댁(―宅)뗑 ❶【큰집을 높이는 말】本家ほんけ。 ❷【본처의 높임말】本妻ほんさい。=맏누이

큰-돈[명] 大金. 예 ~을 모으다. 大金を貯める.

큰-딸[명] 長女. =맏딸

큰-마누라[명] 本妻.

큰-마음[명] 広い心. 예 이 돈은 정말 ~을 먹고 내어주는 것이네. このお金は本当に一大決心をしてあげるんだよ. 준큰맘

큰-맘[명] ☞ '큰마음'의 준말.

큰-며느리[명] 長男の嫁. =맏며느리

큰-물[명] ❶ 広い活動舞台. 예 ~에서 활동하다. 広い舞台で活動する. ❷ 大水; 洪水. 예 ~로 하천이 범람하다. 大水で川が氾濫する. / ~이 지다. 大水になる; 洪水になる.

큰물이 가다[관용] 大水で田畑が流される.

큰-방(-房)[명] 家中で一番目上の婦人がいる部屋.

큰-북[명]《음》大太鼓. 예 ~을 치다. 大太鼓を叩きこむ.

큰-불[명] 大火; 大火事.

큰-비[명] 大量の雨; 豪雨; 大雨.

큰-사위[명] 長女の夫. =맏사위

큰-사람[명] 立派な人柄で, 偉大な人; 偉くて名が知られている人; 大人. 예 그 사람은 ~이 될 재목이다. その人は大人になれる器うつわだ.

큰-살림[명] 大所帯.

큰-상(-床)[명] たくさんの料理を上げたお膳.

큰-소리[명] 大言; 大げさに言う言葉; 高言. ◆ 일어의「大声(おおごえ)」는 '큰 소리'의 뜻이다.

큰소리-하다[자] 大言する. 예 반드시 1등 하겠다고 ~. 必ず一位にすると大言する.

큰소리-치다[자] ❶ 大声で叱る. ❷ 堂々と言う. 예 집안에서만 큰소리치는 남자 家中だけで堂々と言う男. ❸ 大言する.

큰-손[명] ☞ 큰손님

큰-손님[명] ❶ 貴賓. ❷ たくさんのお客. =큰손

큰-손자(-孫子)[명] ☞ 맏손자

큰-솥[명] 大きい釜.

큰-아가씨[명] 夫の一番年上の小姑を呼ぶ言葉.

큰-아기[명] ❶ 年ごろの娘. ❷ 長女・長男の嫁を親しみをこめて呼ぶ言葉.

큰-아들[명] 長男. =맏아들

큰-아버지[명] 伯父.

큰-아이[명] 長男や長女をかわいらしく呼ぶ言葉. 준큰애

큰-애[명] ☞ '큰아이'의 준말.

큰-어머니[명] 伯母.

큰-언니[명] (妹の立場で)一番年上のお姉さん.

큰-오빠[명] (妹の立場で)一番年上のお兄さん.

큰-일¹[명] 重大なこと; 大変なこと. 예 ~을 저지르다. 大変なことをでかす. =대사❶

큰-일²[명] 結婚などの祝い事. 예 ~을 치르다. 大きな行事を行う. =대사❷

큰-절[명] 両手を額に当てて, 腰を曲げてする挨拶.

큰-조카[명] 長男の長男. =맏조카

큰-집[명] 本家. 예 설날에는 친척들이 ~에 모인다. 正月には親戚が本家に集まる.

큰-창자[명] ☞ 대장(大腸)

큰코-다치다[자] ひどい目に遭う.

큰키-나무[명]《식》高木. 예 ~가 즐비하다. 高木が立ち並んでいる. =교목

큰-톱[명] 大鋸.

큰-판[명] 大博打.

큰-할머니[명] 祖父の長兄の妻.

큰-할아버지[명] 祖父の長兄.

큰-형(-兄)[명] (弟の立場で)一番年上のお兄さん. =맏형

큰-형수(-兄嫂)[명] ☞ 맏형수

큰-활[명] 大弓.

클라리넷(clarinet)[명]《음》クラリネット.

클라이맥스(climax)[명] クライマックス; 最高潮. 예 ~에 이르다. クライマックスに達する. / ~ 장면에서 울었다. クライマックスの場面で泣いた.

클라이언트(client)[명]《컴》クライアント.

클래식(classic)[명]《음》クラシック. 예 ~ 음악 クラシック音楽.

클랙슨(klaxon)[명] クラクション. 예 ~을 울리다. クラクションを鳴らす.

클러치(clutch)[명]《기》クラッチ.

클럽(club)[명] (ゴルフの)クラブ. 예 골프 ~ ゴルフクラブ.

클레임(claim)[명]《경》クレーム. 예 ~ 처리

クレーム処理／～을 제기하다. クレームを付ける。

클렌징-크림(cleansing cream)명 【洗顔用】クレンジングクリーム。

클로로포름(chloroform)명 《화》クロロホルム。예～용액 クロロホルム溶液。

클로버(clover)명《식》クローバー。예네 잎～四つ葉のクローバー。=토끼풀

클로즈업(close-up)명《연》クローズアップ｜アップ｜大写し。

　클로즈업-하다타 クローズアップする。예주인공 얼굴을 ~. 主人公の顔をクローズアップする。

클리닝(cleaning)명 クリーニング｜ドライクリーニング。

　클리닝-하다타 クリーニングする。

클릭(click)명《컴》クリック。

클립(clip)명 クリップ。

큼직-큼직부 すべて大きいさま。예재료는 전부 ~ 썬다. 材料はすべて大きく切る。

큼직-하다형 かなり大きい｜大振りだ。예큼직한 샐러드볼 大振なサラダボール。

　큼직-이부 大振りに。

쿵쿵부 【무엇인가를 울음소리】くんくん。

　쿵쿵-거리다자 くんくんとしきりに鼻を鳴らす。=쿵쿵대다

　쿵쿵-대다자 ☞쿵쿵거리다

　쿵쿵-하다자 くんくんと嗅ぐ。예냄새를 쿵쿵하고 맡아 보았다. 臭いをくんくんと嗅いでみた。

키¹명 身長｜背丈｜背。예～가 크다. 身長が高い。/ ～가 자라다. 背が伸びる。

키²명 【곡식을 까부는 도구】箕。

키³명【배의】舵。예～를 잡다. 舵を取る。

키⁴(key)명 キー｜鍵。=열쇠

키-꺽다리명 ☞키다리

키니네(kinine)명《약》【말라리아 치료제】キニーネ。

키-다리명 【키가】背が非常に高い人｜のっぽ。예～아저씨 のっぽのおじさん / ～미스터 김 のっぽのミスターキム。=꺽다리·키꺽다리

키득부 【웃음 참지 못하여 나오는 소리】くつくつと｜くっくっと。

　키득-거리다자 くつくつと言う。=키득대다

　키득-대다자 ☞키득거리다

키득-키득부 【웃음 참지 못하여 잇달아 나오는 웃음소리】くすくす(と)。

키들-거리다자 くすっとする。=키들대다

키들-대다자 ☞키들거리다

키들-키들부 【웃음 참지 못하여 나오는 소리】くすくす(と)。

키르기스(Kirgiz)명《국》キルギス。

키리바시(Kiribati)명《국》キリバス。

키보드(keyboard)명《컴》キーボード。

키-순(一順)명 背の順。예～으로 서면 언제나 앞쪽이었다. 背の順で並ぶと、常に前の方だった。

키스(kiss)명 キス。

　키스-하다자 キスする。

키우다타 【커지게】育てる｜大きくする。예취미로 난초를 키운다. 趣味で蘭を育てる。/ 아들은 딸보다 키우기가 어렵다. 息子は娘より育てるのが難しい。

키위¹(kiwi)명《동》キーウィ｜キウイ。

키위²(kiwi)명《식》キウイ｜キウイフルーツ。

키-잡이명 【배의 키를 잡는 사람】舵取り。예～는 물길을 알아야 한다. 舵取りは水路を知っておかなければならない。

키퍼(keeper)명《운》【골키퍼】キーパー｜ゴールキーパー。=골키퍼

킥¹부 【참을 수 없이】くすっと｜くすりと｜くっくっと。예나도 모르게 ~ 하고 웃었다. 自分も知らずのうちに、くすりと笑った。

킥²(kick)명《운》【축구·럭비 등에서 볼을 차는 일】キック。

킥-킥부 【웃음을 참지 못하여 나오는 웃음소리】くすくす(と)｜くつくつ｜くっくっと。

　킥킥-거리다자 くすくす笑う。예아이들이 그 모습을 보고 킥킥거렸다. 子供たちがその様子を見て、くすくす笑った。=킥킥대다

　킥킥-대다자 ☞킥킥거리다

킥복싱(kickboxing)명《운》キックボクシング。

킬로(kilo)의 キロ。❶キログラム。❷キロメートル。

킬로그램(kilogram)명【무게의 단위】キログラム。

킬로미터(kilometer)명【길이의 단위】キロメートル。

킬로와트(kilowatt)의《물》【전력의 단위】キロワット。

킬킬부 【웃음을 참으려다 입으로 새어 나오는 소리】くすくす(と)｜くつくつ｜くっくっと。예재밌는 영화를 보고 ~ 웃다. おもしろい映画を見てくっくっと笑った。

　킬킬-거리다자 くすくす笑う。예웃겨서 킬킬거렸다. おかしくてくすくす笑っ

た。=킬킬대다
킬킬-대다재 ☞킬킬거리다
킷-값명【키에 알맞게 하는 행동을 낮잡아】背にふさわしい行動。年相応のこと。예)그는 ~도 못한다. 彼は年相応でない。
킹-킹부 ❶【어린아이가 보채는 소리】子供がだだを言うこと。예)~ 보채다. うんうんとむずかる。❷【아프거나 괴로울 때 내는 소리】うんうん。예)어딘가 아픈지 ~ 소리를 내는 강아지 どこか痛いのか、うんうんとうなる子犬。

킹킹-거리다재 ❶駄々をこねる。예)어린아이가 킹킹거리며 보채고 있다. 小さい子が駄々をこねている。❷うんうんとする。=킹킹대다
킹킹-대다재 ☞킹킹거리다
키프로스(Kypros)명 〈국〉キプロス。

ㅌ

타¹(他) Ⅰ 명 他。人은 他人だん。 예~의 모범이 되다. 他人の人の模範になる。Ⅱ 관 他の｜別の。 예~ 지역 他の地域。

타²(打) 의 ダース。 예양말 두 ~ 靴下2ダース/ 연필 한 ~ 鉛筆1ダース。

타가 수정(他家受精) 〈동·식〉他家受精。예동물에서 ~은 일반적이다. 動物では一般的に他家受精だ。

타개(打開) 명 打開。
　타개-하다 타 打開する。

타개-책(打開策) 명 打開策。

타격(打擊) 명 打擊。 ❶打つこと｜たたくこと。 ❷〈운〉バッティング。 예~ 자세 バッティングの姿勢/ 왼손 ~ 左打ち。 ❸損害｜損失。 예불황으로 큰 ~을 입었다. 不況で大きな打撃を受けた。

타결(妥結) 명 妥結。
　타결-되다 자 妥結する。 예교섭이 ~. 交渉が妥結する。

타계(他界) 명 他界。
　타계-하다 타 他界する。

타고-나다 타 生まれつきである｜生まれながら持っている。 예타고난 성질 生まれつきの性質。

타-고장(他-) ほかの地方｜よその所。

타관(他官) 명 ☞타향

타교(他校) 명 他校。

타구(打球) 명 〈운〉打球。

타국(他國) 명 他國。

타군(他郡) 명 他郡。

타기(唾棄) 명 唾棄。
　타기-하다 타 唾棄する。

타깃(target) 명 ターゲット。

타닌(tannin) 명 〈화〉タンニン。

타다¹ 자 ❶燃える。 예장작이 ~. 薪が燃える。 ❷焦げる。 예밥이 다 ~. ご飯が焦げる。 ❸干からびる｜渇く｜ひどく乾燥する。 예입술이 바짝바짝 ~. 唇がからからと渇く。 ❹(日光にあたって)日焼けする。 예햇볕에 알맞게 탄 얼굴이 보기 좋다. 日にちょうどよく焼けた顔が、見た目によい。 ❺(不安·心配などで)心が痛む｜むかつく｜いらいらする。 예내 속이 타는 줄도 모르고 저렇게 웃고 있다. 私がむかついてるのも知らず、あんなに笑っている。/ 속이 타서 더 이상 못 견디겠다. むかついてこれ以上耐えられない。

타다² 타 ❶(乗り物·勢いなどに)乗る。 예버스를 ~. バスに乗る。/ 배를 ~. 船に乗る。/ 전철을 ~. 電車に乗る。 ❷(物に沿って)移動する｜登る。 예산을 ~. 山を登る。 ❸(機會を)利用する｜乘じる。 예상승 기류를 ~. 上昇気流に乗る。 ❹滑る。 예미끄럼을 ~. 滑り台に乗る。/ 스케이트를 ~. スケートをする。

타다³ 타 入れる｜混ぜる。 예꿀에 물을 ~. 蜂蜜に水を混ぜる。

타다⁴ 타 ❶もらう｜受ける。 예월급을 ~. 給料をもらう。 ❷恵まれる｜授かる。 예좋은 운을 타고 태어나다. いい運うんに恵まれて生まれる。

타다⁵ 타 (機會などを)利用する｜乘じる。 예틈을 ~. 隙間を利用する。/ 기회를 ~. 機会を利用する。

타다⁶ 타 ❶割る｜二つにひき割る。 예박을 ~. 瓢を挽く。 ❷(左右に)分ける。 ❸(ひき臼で)ひく。

타다⁷ 타 彈く｜奏でる。 예거문고를 ~. コムンゴを弾く。

타다⁸ 타 ❶感じやすい｜敏感だ。 예부끄러움을 잘 타는 여자아이 恥ずかしがりの女の子。 ❷~に弱い。 예추위를 ~. 寒さに弱い。/ 여름을 ~. 夏負けする；夏やせする。/ 여름을 타느라고 입맛을 잃었다. 夏負けして食欲がない。

타닥-거리다 타 ❶疲れた足どりで歩く｜とぼとぼ歩く。 ❷仕事이 손에 余る｜あえぎあえぎ働く。 ❸貧乏なので辛うじて暮らしていく｜やっと暮らしていく。

타닥대다

❹【가볍게 잇따라 두드리거나 치는 모양】 ぱんぱんたたく｜ぱたぱたとする。 예얇은 이불을 타닥거리며 개다. うすい布団をぱたぱたと畳む。 ❺薪などがぱちぱちと燃える音がする。 =타닥대다

타닥-대다 타 ☞타닥거리다

타닥-타닥 부 ❶【매우 힘이 들거나 지쳐서 무거운 발걸음으로 계속 걷는 모양】 とぼとぼと。 ❷【숨이 차서 헐떡거리는 모양】 あっぷあっぷ。 ❸【가쁜 모양】 あえぎあえぎ｜やっとのことで。 ❹【가볍게 잇따라 두드리거나 치는 모양】 ぱたぱた｜ぱんぱん。 예~ 소리 내며 먼지를 털었다. ぱたぱたとほこりをはたいた。

타달-거리다 자타 ❶【지치거나 무거운 발걸음으로 힘없이 걷다】 (重い足どりで)とぼとぼと歩く。 ❷【빈 수레가 요란하게 흔들리며 느릿느릿 지나가다】 空車などががらがらと騒々しく通る。 ❸【계속 잇따라 소리가 나다】 かたかたと音を出す。 =타달대다

타달-대다 자타 ☞타달거리다

타달-타달 부 ❶とぼとぼ。 ❷がらがら。 ❸かたかた。

타당-성(妥當性) 명 妥当性。

타당-하다(妥當—) 형 妥当だ｜適切だ。 예타당한 관찰 妥当な判決。

타도(打倒) 명 打倒。
타도-하다 타 打倒する｜打ち倒す｜打ち負かす。

타동(他動) 명 〖언〗他動。

타-동사(他動詞) 명 〖언〗他動詞。

타락(墮落) 명 墮落。 예정치적 ~ 政治的堕落。
타락-하다 자 堕落する。

타래 명 【실이나 노끈 등을 사리어 놓은 것】 束き｜巻き｜かせ。 예실 한 ~ 糸一巻き。

타래-엿 명 らせん状の棒飴｜ねじり飴。 예~ 만드는 과정이 신기하다. 棒飴を作る過程は不思議だ。

타력(他力) 명 他力。

타령(打令) 명 ❶【우리나라 민속 음악의 한 장단】 打令。 예아리랑 ~ アリランタリョン／새 ~ セタリョン。 ❷口癖｜決まり文句。 예술~ 酒浸り／그는 항상 먹는 ~만 한다. 彼はいつも食べる話ばかりする。

타륜(舵輪) 명 舵輪。

타르(tar) 명 〖화〗タール。

타-민족(他民族) 명 他民族。

타박[1] 명 【잘못을 꾸짖거나 나무람】 責め付けること｜けちをつけること。
타박-하다 타 責め付ける｜ひどくけなす｜けちをつける。

타박[2](打撲) 명 【부딪치거나 맞음】 打撲。

타박-하다 타 打撲する。

타박-거리다 자 【지친 걸음으로 느릿느릿 걷다】 重い足どりでとぼとぼ歩く。 =타박대다

타박-대다 자 ☞타박거리다

타박-상(打撲傷) 명 打撲傷。

타박-타박 부 【느릿느릿 걷는 모양】 とぼとぼ。

타박타박-하다 형 【먹은 음식이 물기가 적어서 씹기에 팍팍하다】 (水気がなく)ぱさぱさしている。

타방(他方) 명 ❶【다른 방면】 他方｜ほかの方面。 ❷【다른 곳】 他の地方。

타-방면(他方面) 명 他方面｜ほかの方面。

타분-하다 ❶【입맛이 개운하지 못하다】 口当たりがすっきりしない。 예입안이 타분해서 시원한 것을 좀 마시고 싶다. 口当たりがすっきりしなくて、ちょっと冷たいものが飲みたい。 ❷【음식물】 (食べ物の味・匂いなどが)新鮮でない｜傷んでいる。 예어제 사 놓은 삼치가 ~. 昨日買っておいたサワラが傷んでいる。 ❸【기분】 (天気・気分などが)さっぱりしない｜晴々しくない。 예잠을 설친 탓인지 머리가 ~. 寝そびれたせいか、頭がすっきりしない。

타블로이드-판(tabloid判) 명 〖출〗タブロイド判。

타사(他社) 명 他社｜よその会社｜他の会社。

타산(打算) 명 打算。
타산-하다 타 打算する。

타산-적(打算的) 관형 打算的だ。

타산지석(他山之石) 他山の石。

타살[1](他殺) 명 他殺。
타살-되다 人に殺される。

타살[2](打殺) 명 打ち殺すこと。
타살-하다 타 打ち殺す。

타성[1](他姓) 명 他姓。
타성[2](惰性) 명 【오래된 버릇이나 습관에서 벗어나기 어려운 성질】 惰性。

타수(舵手) 명 舵手｜舵取り。

타순(打順) 명 〖운〗打順｜バッティングオーダー。

타-악기(打樂器) 명 〖음〗打楽器。

타액(唾液) 명 〖생〗唾液｜つば。

타액-선(唾液腺) 명 〖의〗唾液腺。

타-오르다 자 ❶【불이 붙어 타기 시작하다】 (火がついて)燃え上がる｜燃え立つ。 예장작에 불이 붙어 타오르기 시작했다. 薪木に火がついて、燃え上がりはじめた。／불길이 확 ~. 炎がぱっと燃え上がる。 ❷【감정】 (感情などが)燃え上がる｜燃え立つ。

예 질투로 타오르는 마음 嫉妬に燃え立つ心. / 분노로 이글이글 ~. 怒りでかっかと燃え上がる.

타워(tower)명 タワー|塔.
타원(楕圓)명 《수》楕円.
타원-형(楕圓形)명 《수》楕円形.
타월(towel)명 タオル.
타율(打率)명 《운》打率|打撃率|バッティングアベレージ. 예 ~이 높다. 打率が高い.
타이¹(−Thailand)명 《국》タイ. =태국
타이²(tie)명 タイ. ❶ ネクタイ. ❷《운》タイスコア|同点|同率. ❸《운》タイ記録. ❹《음》連結符.
타이가(taiga 러)명 タイガ. 예 ~는 세계의 주요 임산 자원 산출 지역이다. タイガは世界の主要な林産資源の産出地域である.
타-이르다타 言い聞かせる|教え諭す|窘める. 예 자신을 ~. 自分に言い聞かせる. / 아이를 ~. 子供を教え諭す.
타이머(timer)명 タイマー.
타이밍(timing)명 タイミング. 예 ~을 놓치다. タイミングを逃がす. / ~이 잘 맞았다. タイミングがちょうど合った.
타이어(tire)명 タイヤ.
타이완(Taiwan)명 《국》台湾. =대만
타이츠(tights)명 タイツ.
타이트-하다(tight—)명 タイトだ. 예 타이트한 일정 여유의 ない 日程.
타이틀(title)명 タイトル. ❶ ☞'제목'의 잘못. ❷《운》選手権. ❸《연》(映画の) 字幕. 예 ~이 올라가다. タイトルが上がる. / 극장에서 ~을 끝까지 보는 사람은 거의 없다. 劇場ではタイトルを最後まで見る人はほとんどいない.
타이프(type)명 タイプ|タイプライター. =타자기
타이프라이터(typewriter)명 タイプライター. =타자기
타이피스트(typist)명 タイピスト.
타이핑(typing)명 タイプ.
　타이핑-하다타 タイプする.
타인(他人)명 他人|他の人.
타일(tile)명 《건》タイル.
타일-머신(time machine)명 タイムマシン.
타임아웃(time-out)명 《운》タイムアウト.

타임-캡슐(time capsule)명 タイムカプセル.
타입(type)명 タイプ.
타자¹(打字)명 【자판을 눌러 글자를 찍는 일】 タイプライターで打ち出すこと.
　타자-하다자 タイプライターで打ち出す.
타자²(打者)명 《운》打者|バッター. 예 4번~4번打者/バッター/대~代打者.
타자-기(打字機)명 タイプライター. =타이프·타이프라이터
타작(打作)명 《농》脱穀.
　타작-하다타 脱穀する.
타전(打電)명 打電.
　타전-하다자타 打電する.
타점(打點)명 《운》打点. 예 ~을 올리다. 打点を上げる.
타제 석기(打製石器)명 《고》打製石器.
타조(駝鳥)명 《동》駝鳥.
타지(他地)명 ほかの地方.
타-지방(他地方)명 他の地方.
타지키스탄(Tadzhikistan)명 《국》タジキスタン.
타진(打診)명 打診.
　타진-하다타 打診する. 예 가능성을 ~. 可能性を打診する.
타짜☞타짜꾼
타짜-꾼명 (賭博場での)ぺてん師|いかさま師|いんちき屋. 예 쫓겨나는 ~ 追い出されたぺてん師. =타짜
타파(打破)명 打破.
　타파-하다타 打破する|打ち破る. 예 낡은 제도를 ~. 古い制度を打破する.
타향(他鄕)명 他郷. =타관
타향-살이(他鄕—)명 他郷暮らし.
타협(安協)명 妥協|折り合い.
　타협-하다자 妥協する|折り合う.
타협-점(安協點)명 妥協点. 예 ~을 찾다. 妥協点を探る.
탁부 ❶【세게 부딪치거나 넘어지는 소리 또는 하는 모양】 ごつん|ごん(と)|がん(と)|ばたっと|どん(と). 예 바닥에 ~ 하고 쓰러졌다. 床にばたんと倒れた. / 벽에 머리를 ~ 박았다. 壁に頭をごんと打ち込んだ. / 어깨를 ~ 치다. 肩をどんとたたく. / 문이 ~ 닫혔다. 扉がばたんと閉まった. ❷【갑자기 숨이 막히는 모양】ぐっと|むっと. 예 갑자기 숨이 ~ 막혔다. 急に息がぐっと詰まった. ❸

【손뼉이 잦아나 더불어 울리나 나 붙어서는 소리 내는 모양】ぱちん｜ぷっつり｜ぷつん. 예 맥이 ~ 풀려 주저앉았다. 気力りょくがぷっつりとなくなって座すわりこむ. ❹【막힘없이 시원스레 트이는 모양】ぱっと｜ずっと. 예 산꼭대기에 오르니 전망이 ~ 트인다. 山頂さんちょうに登のぼると, 展望てんぼうがぱっと開ひらける. ❺【침 따위를 세게 뱉는 소리나 모양】ぺっと｜ぷっと. 예 침을 ~ 뱉다. 唾つばをぺっと吐はき出だす.

탁견(卓見)명【】卓見たっけん.

탁구(卓球)명《운》卓球たっきゅう｜ピンポン. ~ 경기 卓球競技きょうぎ／~ 라켓 卓球ラケット.

탁구-공(卓球—)명《운》ピンポン球だま.

탁구-대(卓球臺)명 卓球台たっきゅうだい｜ピンポン台だい.

탁류(濁流)명 濁流だくりゅう.

탁마(琢磨)명 琢磨たくま. 예 절차~ 切磋せっさ琢磨.
  탁마-하다타 琢磨たくまする.

탁발(托鉢)명 托鉢たくはつ.
  탁발-하다자 托鉢たくはつする.

탁본(拓本)명 拓本たくほん｜石摺いしずり. 예 ~을 뜨다. 拓本を写うつす. ＝탑본
  탁본-하다타 拓本たくほんをする｜石摺いしずりをする.

탁상(卓上)명 卓上たくじょう｜机上きじょう. 예 ~ 연설 卓上演説えんぜつ；テーブルスピーチ.

탁상-공론(卓上空論)명 机上きじょうの空論くうろん.

탁상-시계(卓上時計)명 置おき時計どけい.

탁성(濁聲)명 濁声だくせい｜濁にごった声こえ｜だみ声ごえ.

탁송(託送)명 託送たくそう.
  탁송-하다타 託送たくそうする.

탁수(濁水)명 濁水だくすい｜濁にごり水みず.

탁아-소(託兒所)명 託児所たくじしょ.

탁월-풍(卓越風)명【어떤 지방에서 일정 방향으로 치우쳐 부는 바람】卓越風たくえつふう｜恒風こうふう.

탁월-하다(卓越—)형 卓越たくえつする｜卓出たくしゅつする. 예 탁월한 능력을 갖추다. 卓越した能力のうりょくを備そなえる. ＝탁출하다

탁음(濁音)명《언》濁音だくおん｜有声音ゆうせいおん. ＝유성음

탁자(卓子)명 卓子たくし｜テーブル.

탁주(濁酒)명 濁酒だくしゅ｜どぶろく｜濁にごり酒ざけ. ＝막걸리

탁출-하다(卓出—)형 ☞탁월하다

탁-탁부 ❶【일을 시원스럽게 잘 처리하는 모양】ぱっぱと｜てきぱき｜はきはき｜さっさと. 예 뭐든지 맡은 일은 ~ 해낸다. 何なんでも引ひき受うけた仕事ごとは, てきぱきやり抜ぬく. ／일이 산적해 있으니까 ~ 해치워야 한다. 仕事が山積やまづみになっているから, さっさと片付かたづけなければいけない. ❷【잇달아·불끈불끈 일어나는 모양으로 쓰이며】ばたばた. 예 서로 기대 놓은 의자가 ~ 쓰러지기 시작했다. 互たがいにもたれかけておいた椅子いすが, ばたばたと倒たおれ始はじめた. ／너무나도 가혹한 노동 환경에 사람들은 ~ 쓰러져 갔다. あまりにも苛酷かこくな労働環境ろうどうかんきょうに, 人達ひとたちはばたばたと倒れていった. ❸【답답함을 나타내는 모양】ぐっと｜むっと. 예 너무 더워 숨이 ~ 막힌다. 暑あつすぎて息いきがぐっと詰つまる. ❹【침을 잇달아 뱉는 소리나 모양】ぱっぱっ(と)｜ぺっぺっ(と)｜ぷっぷっ(と). 예 ~ 침을 뱉다. ぺっぺっと唾つばを吐はく. ❺【튀어나가는 불결한 소리의 모양】はたはた｜ばたばた｜ぱちぱち｜ぽんぽん｜ぼこんぼこん. 예 불꽃이 ~ 튀는 소리가 난다. 火花ひばながぱちぱちと跳ねる音おとがする. ／옷에 묻은 먼지를 ~ 털다. 服ふくについたほこりをぱたぱたとはたく.

탁탁-하다 ❶【피륙이】(布の織目おりめが)細こまかくて丈夫じょうぶだ. 예 탁탁한 데님 천 細かくて丈夫なデニムの布地ぬのじ／천을 탁탁하게 짜다. 布を細かくして分厚ぶあつく織おる. ❷【살림】(暮くらしが)豊ゆたかでゆとりがある. 예 그는 생각보다 탁탁한 생활을 하고 있다. 彼かれは思おもったより豊かでゆとりのある生活せいかつをしている. ❸【충실하다】充実じゅうじつしている｜抜ぬけ目めがない. 예 적은 돈이지만 탁탁하게 살림을 꾸려 나가다. いくらかのお金かねだが, 抜け目なく家事かじを切きり盛もりする.

탁-하다(濁—)형 ❶【흐리다】濁にごっている. 예 실내 공기가 ~. 室内しつないの空気くうきが濁っている. ／개울물이 ~. 小川おがわが濁っている. ❷【소리가】すっきりしていない｜さえない. ❸【소리가】がらがらしている.

탄(炭)명《광》❶ ☞석탄 ❷ ☞연탄

탄갱(炭坑)명《광》炭坑たんこう.

탄고(炭庫)명 炭庫たんこ.

탄광(炭鑛)명《광》炭鉱たんこう.

탄금(彈琴)명【거문고나 가야금 따위를 탐】弾琴だんきん.
  탄금-하다자 琴ことをかなでる｜琴をひく.

탄-내¹명【】燃もえる臭におい. 예 종이 ~가 난다. 紙かみの燃える臭いがする.

탄-내²(炭—)명【】石炭せきたんや煉炭れんたんなどが, 燃える時ときに出でる臭におい.

탄대(彈帶)명 ☞탄띠

탄도(彈道)〖명〗〖군〗弾道$_{だんどう}$。

탄도 미사일(彈道missile)〖군〗弾道$_{だんどう}$ミサイル。

탄두(彈頭)〖명〗弾頭$_{だんとう}$。

탄-띠(彈—)〖명〗〖군〗弾薬$_{だんやく}$の帯｜弾帯$_{だんたい}$。=탄대

탄력(彈力)〖명〗弾力$_{だんりょく}$。

탄력-성(彈力性)〖명〗弾力性$_{だんりょくせい}$。

탄력-적(彈力的)〖관〗〖명〗弾力的$_{だんりょくてき}$。〖예〗~ 운용 弾力的運用$_{うんよう}$。

탄로(綻露)〖명〗〖秘密$_{ひみつ}$·噓$_{うそ}$などが〗ばれること｜露見$_{ろけん}$。〖예〗비밀이 ~ 나지 않도록 주의하다. 秘密がばれないように気$_{き}$を付ける。／내가 꽃병을 깨뜨렸다는 사실이 ~ 났다. 私$_{わたし}$が花瓶$_{かびん}$を割$_{わ}$ったということがばれた。

　탄로-되다〖자〗ばれる｜露見$_{ろけん}$する。〖예〗거짓말이 탄로되기까지는 시치미를 떼다. 嘘$_{うそ}$がばれるまではしらを切$_{き}$る。／이미 그 사건은 탄로되었으니 빨리 자백해라. 既$_{すで}$にあの事件$_{じけん}$はばれたのだから、早$_{はや}$く白状$_{はくじょう}$しろ。

탄말(炭末)〖명〗煉炭$_{れんたん}$や石炭$_{せきたん}$などの粉末$_{ふんまつ}$。

탄맥(炭脈)〖명〗〖광〗地下$_{ちか}$の地層$_{ちそう}$の中$_{なか}$に埋$_{う}$まっている石炭$_{せきたん}$の層$_{そう}$。

탄복(歎服·嘆服)〖명〗感心$_{かんしん}$｜感服$_{かんぷく}$。

　탄복-하다〖타〗感心$_{かんしん}$する｜感服$_{かんぷく}$する。

탄산(炭酸)〖명〗〖화〗炭酸$_{たんさん}$。〖예〗~이 들어가 톡 쏘는 음료수 炭酸が入$_{はい}$ってツンとつく飲料水$_{いんりょうすい}$。

탄산-가스(炭酸gas)〖명〗☞이산화탄소

탄산-나트륨(炭酸Natrium 독)〖명〗〖화〗炭酸$_{たんさん}$ナトリウム｜ソーダ。=탄산소다

탄산-마그네슘(炭酸magnesium)〖명〗〖화〗炭酸$_{たんさん}$マグネシウム。

탄산-소다(炭酸soda)〖명〗〖화〗炭酸$_{たんさん}$ソーダ｜炭酸ナトリウム。=탄산나트륨

탄산-수(炭酸水)〖명〗〖화〗炭酸水$_{たんさんすい}$｜ソーダ水$_{すい}$。〖예〗~에 감미료를 섞은 청량음료 炭酸水に甘味料$_{かんみりょう}$を混$_{ま}$ぜた清涼$_{せいりょう}$飲料水$_{いんりょうすい}$。

탄산-암모늄(炭酸ammonium)〖명〗〖화〗炭酸$_{たんさん}$アンモニウム。

탄산-염(炭酸鹽)〖명〗〖화〗炭酸塩$_{たんさんえん}$。

탄산-칼륨(炭酸kalium 독)〖명〗〖화〗炭酸$_{たんさん}$カリウム。

탄산-칼슘(炭酸calcium)〖명〗〖화〗炭酸$_{たんさん}$カルシウム。

탄상(歎賞·嘆賞)〖명〗嘆賞$_{たんしょう}$｜歎賞$_{たんしょう}$。

　탄상-하다〖타〗嘆賞$_{たんしょう}$する｜歎賞$_{たんしょう}$する。

탄생(誕生)〖명〗誕生$_{たんじょう}$。

　탄생-하다〖자〗誕生$_{たんじょう}$する。

탄생-석(誕生石)〖명〗誕生石$_{たんじょうせき}$。

탄생-일(誕生日)〖명〗誕生日$_{たんじょうび}$。=탄일

탄성¹(彈性)〖명〗〖물〗弾性$_{だんせい}$。〖예〗~ 한계 弾性限界$_{げんかい}$／~이 높다. 弾性が高$_{たか}$い。

탄성²(歎聲·嘆聲)〖명〗嘆声$_{たんせい}$。〖예〗~을 지르다. 嘆声をあげる。

탄성-파(彈性波)〖명〗〖물〗弾性波$_{だんせいは}$。

탄소(炭素)〖명〗〖화〗炭素$_{たんそ}$｜カーボン。

탄소-강(炭素鋼)〖명〗〖화〗炭素鋼$_{たんそこう}$。

탄소 막대(炭素—)〖명〗☞탄소봉

탄소-봉(炭素棒)〖명〗〖화〗炭素棒$_{たんそぼう}$。=탄소막대

탄수화-물(炭水化物)〖명〗〖생〗炭水化物$_{たんすいかぶつ}$｜含水炭素$_{がんすいたんそ}$。〖예〗~이 함유된 곡식 多$_{おお}$くの炭水化物が含有された穀物$_{こくもつ}$／~을 섭취한다. 炭水化物を取$_{と}$る。／주로 곡식을 통해 ~을 섭취한다. 主$_{おも}$に穀物を通$_{つう}$じて炭水化物を取る。

탄식(歎息·嘆息)〖명〗嘆息$_{たんそく}$。

　탄식-하다〖자〗嘆息$_{たんそく}$する。

탄신(誕辰)〖명〗誕辰｜〖王$_{おう}$や聖人$_{せいじん}$の〗誕生日$_{たんじょうび}$。

탄-알(彈—)〖명〗〖군〗弾丸$_{だんがん}$｜たま。

탄압(彈壓)〖명〗弾圧$_{だんあつ}$。

　탄압-하다〖타〗弾圧$_{だんあつ}$する。〖예〗언론을 ~. 言論$_{げんろん}$を弾圧する。

탄약(彈藥)〖명〗弾薬$_{だんやく}$。

탄약-고(彈藥庫)〖명〗〖군〗弾薬庫$_{だんやく}$。

탄약-통(彈藥筒)〖명〗〖군〗弾薬$_{だんやく}$の筒$_{つつ}$。

탄우(彈雨)〖명〗弾雨$_{だんう}$。

탄원(歎願·嘆願)〖명〗嘆願$_{たんがん}$。

　탄원-하다〖타〗嘆願$_{たんがん}$する。

탄원-서(歎願書)〖명〗嘆願書$_{たんがんしょ}$。〖예〗~를 제출하다. 嘆願書を提出$_{ていしゅつ}$する。

탄일(誕日)☞탄생일

탄자니아(Tanzania)〖명〗〖국〗タンザニア。

탄저-병(炭疽病)〖명〗〖농·의〗炭疽病$_{たんそびょう}$。

탄전(炭田)〖명〗〖광〗炭田$_{たんでん}$。

탄젠트(tangent)〖명〗〖수〗タンジェント｜正接$_{せいせつ}$。

탄주(彈奏)〖명〗弾奏$_{だんそう}$。

　탄주-하다〖타〗弾奏$_{だんそう}$する。

탄지〖명〗たくさん吸$_{す}$わずに残$_{のこ}$ったタバコの燃$_{も}$えさし｜吸$_{す}$いがら。〖예〗~를 모아서 다시 피우다. タバコの吸いがらを集$_{あつ}$

めてまた吸う。

탄질(炭質)[명] 炭質。

탄차(炭車)[명] 炭車。

탄착 거리(彈着距離)《군》弾着距離。

탄착-점(彈着點)[명]《군》(射撃で)着弾点。

탄창(彈倉)[명]《군》弾倉。

탄층(炭層)[명]《광》炭層。

탄탄-대로(坦坦大路)[명] 坦々たる大路。

탄탄-하다[1] [형] ❶【야무지다】(物体や体などが)堅固だ¦丈夫だ¦しっかりしている。[예] 이 다리는 아주 ~. この橋はとても丈夫だ。/ 운동으로 탄탄한 근육을 만들다. 運動で堅固な筋肉を作る。❷【조직·기구 등이】(組織や機構などが)堅実だ¦しっかりしている。[예] 우리 회사는 자본이 탄탄한 회사이다. わが社は資本のしっかりした会社だ。/ 그 팀은 수비가 탄탄하고 공수 전환도 빠르다. あのチームは守備がしっかりしていて、攻守の切り替えも早い。

탄탄-히[1] [부] 堅固に¦しっかりと。

탄탄-하다[2](坦坦—)[형] 坦々としている。❶【길이】土地や道路などが平たくて広い。[예] 탄탄한 평야 坦々たる平野。❷【상태가】前途がたいした変動なく、無事である。

탄탄-히[2] [부] 坦々と。[예] 넓은 길이 ~ 펼쳐져 있다. 広い道が坦々として広がっている。

탄탈(Tantal 독)[명]《화》タンタル。

탄피(彈皮)[명]《군》薬莢。

탄핵(彈劾)[명] 弾劾。

탄핵-하다[타] 弾劾する。

탄핵 재판소(彈劾裁判所)《법》弾劾裁判所。

탄핵-주의(彈劾主義)[명]《법》弾劾主義。

탄화(炭化)[명]《화》炭化。

탄화-하다[자] 炭化する。

탄화-도(炭化度)[명]《화》炭化度。

탄화-물(炭化物)[명]《화》炭化物。

탄화-수소(炭化水素)[명]《화》炭化水素。

탄화-철(炭化鐵)[명]《화》炭化鉄。

탄화-칼슘(炭化calcium)[명]《화》炭化カルシウム¦カーバイド¦炭化石灰。

탄환(彈丸)[명]《군》弾丸。

탈[1] [명] 仮面。❶【가면】面¦マスク。[예] ~을 쓰다. 仮面をつける。/ ~을 만들다. 仮面を作る。❷【거짓으로 꾸민 모습】本心を隠した顔。[예] 그는 천사의 ~을 쓰고 있는 악마이다. 彼は天使の仮面をつけている悪魔である。

탈(을) 벗다[관용] 仮面を脱ぐ。

탈(을) 쓰다[관용] 仮面を被る。

탈[2] [명] ❶【뜻밖의 사고】(思いがけない)事故¦故障¦変事¦問題。[예] 행사는 별 ~ 없이 잘 끝났다. 行事は何の問題もなく終わった。/ 작업에 ~이 생기면 큰일이다. 作業に問題が起こると大変だ。❷【병】病気¦病。[예] 과로로 인해 몸에 ~이 생겼다. 過労で病気になった。/ ~이 나서 하루 종일 아무것도 못 먹었다. 病気で一日中何も食べられなかった。❸【트집. 허물】言い掛かり¦難癖¦欠点¦短所。[예] 미우니까 괜한 ~을 잡는다. 憎いので、つまらない言い掛かりをつける。

탈각[1](脫却)[명]【벗어남. 벗어 버림】脱却。

탈각-하다[1] [자][타] 脱却する。

탈각[2](脫殼)[명]【껍질을 벗거나 껍질에서 나옴】脱殻。

탈각-하다[2] [자][타] 脱殻する。

탈거(脫去)[명] 脱去。

탈거-하다[자][타] 脱去する。

탈-것[명] 乗り物。

탈고(脫稿)[명] 脱稿。

탈고-하다[타] 脱稿する。

탈곡(脫穀)[명] 脱穀。

탈곡-하다[자] 脱穀する。

탈곡-기(脫穀機)[명] 脱穀機。

탈구(脫臼)[명]《의》脱臼¦骨違い¦関節が外れること。

탈구-하다[자] 脱臼する¦関節が外れる。

탈기(奪氣)[명]【기운이 빠짐】気抜け¦気落ち。

탈기-하다[자] 気抜けする¦気落ちする。

탈-놀음[명]《민》仮面劇。=가면극(假面劇)

탈당(脫黨)[명] 脱党¦離党。

탈당-하다[자] 脱党する¦離党する。

탈락(脫落)[명] 脱落。

탈락-하다[자] 脱落する¦落ちる。[예] 1차 예선에서 탈락했다. 一次予選で落ちた。

탈락-거리다[자]【늘어지거나 매달린 물건이 자꾸 흔들리다】ぶらつく¦ばたつく¦ひらひらなびく¦はたはたなびく¦はたはたと翻る。=탈락대다

탈락-대다자 ☞탈락거리다

탈락-탈락부 ぶらぶら ¦ ばたばた ¦ はたはた ¦ ひらひら。

탈륨(Thallium 독)명 《화》タリウム。

탈모1(脫毛)명 【털이 빠짐】脱毛。

탈모-하다1 자 脱毛する。

탈모2(脫帽)명 【모자를 벗음】脱帽。

탈모-하다2 자 脱帽する。

탈모-제(脫毛劑)명 《약》脱毛剤 ¦ 除毛剤。

탈모-증(脫毛症)명 《의》脱毛症。

탈-바가지명 (瓢でつくった)パガジの仮面。

탈-바꿈명 変態。

탈바꿈-하다자 変態する。예 징그러운 애벌레가 번데기를 거쳐 아름다운 나비로 탈바꿈했다. 気持ち悪い幼虫がサナギを経て、美しいチョウチョウに変態した。

탈바닥부 ❶【납작한 면으로 얕은 물 등을 가볍게 치는 소리】ぴちゃん。예 연못에 ~ 빠졌다. 池にぴちゃっとはまった。❷【바닥에 주저앉는 소리 또는 모양】べたっと。준 탈박

탈바닥-거리다자타 しきりにぴちゃぴちゃする。=탈바닥대다

탈바닥-대다자타 ☞탈바닥거리다

탈바당부 【납작한 물건이 얕은 물에 떨어질 때 나는 소리】ぴちゃん。예 접시가 ~ 물속에 떨어졌다. 皿がぴちゃんと水の中に落ちた。준 탈방

탈박부 ☞'탈바닥'의 준말.

탈방부 ☞'탈바당'의 준말.

탈상(脫喪)명 除喪·除服。

탈색(脫色)명 脱色。

탈색-하다타 脱色する。

탈선(脫線)명 脱線。예 열차 ~ 사고 列車脱線事故。

탈선-하다자 脱線する。

탈세(脫稅)명 脱税。

탈세-하다자타 脱税する。

탈수(脫水)명 脱水。

탈수-하다자 脱水する。예 세탁기로 탈수해서 말리다. 洗濯機で脱水して干す。

탈수-기(脫水機)명 《공》脱水機。

탈수-증(脫水症)명 《의》脱水症。

탈싹부 ❶【작은 몸이 갑자기 주저앉거나 넘어지는 소리 또는 모양】ぺたり(と) ¦ ぺたん(と)。예 ~ 주저앉다. ぺたりと座り込む。❷【작고 두툼한 물건이 떨어지는 소리 또는 모양】どさり(と) ¦ どすん(と) ¦ どしん(と)。

탈싹-거리다자 ❶ぺたりと座り込む。❷どすんと落ちる。=탈싹대다

탈싹-대다자 ☞탈싹거리다

탈영(脫營)명 《군》脱営。

탈영-하다자 脱営する。

탈영-병(脫營兵)명 《군》脱営兵。

탈옥(脫獄)명 脱獄。

탈옥-하다자 脱獄する。

탈옥-수(脫獄囚)명 脱獄囚。

탈의(脫衣)명 脱衣。

탈의-하다자 脱衣する。

탈의-실(脫衣室)명 脱衣所 ¦ 脱衣場 ¦ 更衣室。

탈자(脫字)명 脱字。

탈장(脫腸)명 《의》脱腸 ¦ ヘルニア。

탈주(脫走)명 脱走。

탈주-하다자 脱走する。

탈지(脫脂)명 脱脂。

탈지-하다자타 脱脂する。

탈지-면(脫脂綿)명 《의》脱脂綿。=소독면·약솜·정제면

탈지-분유(脫脂粉乳)명 脱脂粉乳。

탈지-유(脫脂乳)명 脱脂乳。

탈진(脫盡)명 気力が尽きること。

탈진-하다자 気力が尽きる。예 탈진해서 픽 쓰러지다. 気力が尽きてぶっ倒れる。

탈출(脫出)명 脱出。예 ~을 시도하다. 脱出をはかる。

탈출-하다자타 脱出する ¦ 抜け出す。예 국외로 탈출하였다. 国外に脱出した。

탈-춤명 《예》【우리나라의】(韓国の)タルチュム ¦ 仮面劇 ¦ 仮面舞。예 봉산 ~ ポンサンタルチュム / ~ 사위 タルチュムの手足の動き。=가면무

탈춤-놀이명 仮面をかぶって踊る遊び。

탈취1(脫臭)명 【냄새를 없앰】脱臭。

탈취-하다1 자 脱臭する。

탈취2(奪取)명 【빼앗아 가짐】奪取。

탈취-하다2 타 奪取する ¦ 奪い取る。

탈취-제(脫臭劑)명 脱臭剤。

탈탈부 ❶【먼지 등을 털기 위해 잇따라 가볍게 두드리는 소리 또는 모양】ぱたぱた。예 창문의 먼지를 ~ 털어 내다. 窓のほこりをぱたぱたとはたき出す。/ 엉덩이를 ~ 털고 일어나다. 尻をぱたぱたとはたいて起き上がる。❷【속에 있는 것을 전부 털어 내는 모양】すっかり(と) ¦ ごっそり。예 지갑을 ~ 털어 선물을 샀다. 財布をすっかりはたいてプレゼントを買った。/ 깡패에게 돈을 ~ 털렸

ㅌ

다. ごろつきにお金をごっそりと奪われた。❸【걸음걸이】よたよた｜とぼとぼ。예멀리서 기운 없이 ~ 걸어오고 있다. 遠くから気力なしによたよたと歩いてきている。❹【낡은 자동차 등이 흔들거리면서 덜컹거리며 달리는 소리 또는 모양】がたがた。예자동차가 낡아 ~ 소리가 난다. 自動車が古くてがたがた音がする。

탈탈-거리다冴 ❶くたくたになってゆっくり歩く。예아버지는 완전히 지쳐서 탈탈거리며 집으로 돌아왔다. 父は疲れきって、ゆっくり歩きながら家に帰ってきた。❷(古い車などが)揺れながらゆっくり走る。예탈탈거리는 자동차 揺れながらゆっくり走る自動車。=탈탈대다

탈탈-대다冴 ☞탈탈거리다

탈탈-이囘 おんぼろ自動車。

탈퇴(脫退)囘 脫退。
　탈퇴-하다冴 脫退する。

탈피(脫皮)囘 脫皮。예매미의 ~ セミの脫皮/뱀은 1년에 한 번씩 ~를 한다. ヘビは一年に一回脫皮をする。=허물 벗기
　탈피-하다冴 脫皮する。

탈-하다冴【핑계하다】けちをつける｜口實にする｜言い訳にする。예병을 탈하고 결근하다. 病氣を口實に欠勤する。

탈항(脫肛)囘 의脫肛。

탈환(奪還)囘 奪還｜奪回。
　탈환-하다目 奪還する｜奪回する。예왕좌를 ~. 王座を奪還する。

탈회(脫會)囘【脫退】脫會。
　탈회-하다冴 脫會する。

탐(貪)囘 貪欲｜貪ること｜ほしがること。예~을 내다. 欲しがる；欲が出る。/음식에 ~이 많다. 食べ物に欲が深い。

탐-하다目 貪る。예남의 물건을 탐하지 말라. 人の物を貪るな。/권력을 ~가 이 모양 이 꼴이 되고 말았다. 權力を貪って、こんな格好になってしまった。

탐관(貪官)囘 貪官。

탐관-오리(貪官汚吏)囘 貪官汚吏。

탐광(探鑛)囘【광찾기】
　탐광-하다冴 鑛床を探す。

탐구¹(探求)囘 探求。
　탐구-하다¹目 探求する｜探し求める。

탐구²(探究)囘【학문탐구】探究。
　탐구-하다²目 探究する。예생명의 본질을 ~. 生命の本質を探究する。

탐구-심(探究心)囘 探究心。

탐-나다(貪一)冴 欲しい｜手に入れたい｜欲が出る。예탐나는 물건이 있다. 欲しい物がある。/친구가 끼고 있는 반지가 너무 예뻐서 탐났다. 友だちのはめている指輪がとてもきれいで、手に入れたかった。

탐-내다(貪一)目 欲しがる｜手に入れたがる｜欲を出す。예누구나 탐내는 나의 지위 誰もが欲しがる私の地位/그 선수는 모든 팀이 탐내고 있다. あの選手は全てのチームを欲しがっている。

탐닉(耽溺)囘 耽溺。
　탐닉-하다冴 耽溺する。

탐독(耽讀)囘
　탐독-하다目 耽讀する｜読みふける。예문학 전집을 ~. 文學全集を耽讀する。

탐리(貪利)囘 貪利。
　탐리-하다冴 利益を貪る。

탐문¹(探問)囘【수소문】探問。
　탐문-하다¹目 探問する｜探り訪ねる。

탐문²(探聞)囘【이야기를 더듬어 들음】探聞。
　탐문-하다²目 探聞する｜探り聞く。

탐미-주의(耽美主義)囘〖문〗耽美主義。

탐방¹囘【돌 같은 가벼운 물건이 깊은 물에 떨어질 때 나는 소리】ぽちゃん(と)。예작은 돌이 ~ 하고 떨어졌다. 小石がぽちゃんと落ちた。
　탐방-거리다目 続けてぽちゃんと音がする。=탐방대다
　탐방-대다冴目 ☞탐방거리다

탐방²(探訪)囘 探訪。
　탐방-하다目 探訪する。

탐방-탐방囝 ぽちゃんぽちゃん。

탐사(探査)囘 探査。예우주 ~ 宇宙探査。
　탐사-하다目 探査する｜探り調べる。

탐색(探索)囘 探索。
　탐색-하다目 探索する｜探し求める。

탐-스럽다(貪一)톙 ふくよかだ｜欲が出るほど見事だ。예열매가 탐스럽게 달린 사과나무 實がふくよかにぶら下がったリンゴの木/장미가 탐스럽게 피

었다. バラが見事に咲いた。
탐스레[부] 欲が出るほど見事に。
탐승(探勝)[명]探勝。
　탐승-하다[자]探勝する。
탐식(貪食)[명]食食。
　탐식-하다[타]食食する。むさぼり食う。
탐심(貪心)[명]食心。❶欲心。❷貪欲な心。
탐오(貪汚)[명]貪汚。
탐욕(貪慾)[명]貪欲。예人間の～人間欲の貪欲。
탐욕-스럽다(貪慾─)[형]貪欲だ。예탐욕스러운 사람 貪欲な人。
　탐욕스레 貪欲に。
탐재(貪財)[명]財貨を貪ること。
　탐재-하다[자]財貨を貪る。
탐정(探偵)[명]探偵。예～ 소설 探偵小説；추리～ 推理小説。
　탐정-하다[타]探偵する。
탐조(探照)[명]遠くまで照らすこと。
　탐조-하다[타]遠くまで照らす。
탐조-등(探照燈)[명]探照灯。サーチライト。
탐지(探知)[명]探知。
　탐지-하다[타]探知する。
탐지-기(探知機)[명]探知機。
탐탁-스럽다[형]好ましく見える。예내가 보기에는 탐탁스럽지 않다. 私には好ましく見えない。
　탐탁스레 好ましく。
탐탁-하다[형]好ましい。気に入る。申し分ない。예옷차림이 탐탁지 않은 듯 쳐다보다. 身なりが気に入らないように見つめる。
　탐탁-히[부]好ましく。
탐험(探險)[명]探検。探険。
　탐험-하다[타]探検する。探険する。예해저를 ～. 海底を探検する。
탐험-대(探險隊)[명]探検隊。
탑(塔)[명]塔。
탑-기단(塔基壇)[명][건]塔の基壇。
탑본(搨本)[명]拓本。＝탁본
탑비(塔碑)[명]塔と碑石。
탑삭[부]むんずと。ぎゅっと。がぶっと。
탑삭-부리[명]ひげもじゃ。예～ 영감 ひげもじゃのお爺さん。
탑소록-하다[형]密生した毛がもじゃもじゃしている。예탑소록한 머리 もじゃ

もじゃした髪。
탑승(搭乘)[명]搭乗。예～ 수속 搭乗手続き。
　탑승-하다[자]搭乗する。예열차에 ～. 列車に搭乗する。
탑승-객(搭乘客)[명]搭乗客。
탑승-구(搭乘口)[명]搭乗口。
탑승-원(搭乘員)[명]搭乗員。
탑재(搭載)[명]搭載。
　탑재-하다[타]搭載する。
탓[명]❶理由。わけ。せい。ため。❷恨むこと。責めること。
　탓-하다[타](ある結果を)恨む。責める。とがめる。
탕¹[부]❶ずどん(と)。どん(と)。예총을 한 방 ～ 쏘았다. 銃を一発どんと撃った。❷どん(と)。ずどん(と)。ぱん。
탕²[부]からっぽ。がらん(と)。예상자 속이 ～ 비다. 箱の中がからっぽだ。
탕³(湯)[명]❶スープ。汁。❷祭祀の膳にのせる汁物。
탕⁴(湯)[명]お風呂。温泉。
탕감(蕩減)[명](借金・税金などの)帳消し。棒引き。
　탕감-하다[타]帳消しする。棒引きする。
탕관(湯罐)[명]汁物を煮たり薬を煎じたりする素焼き。
탕-국(湯─)[명]祭祀の膳にのせる汁物。
탕-국물(湯─)[명]汁物の汁。
탕면(湯麵)[명]あつものをかけた麵。
탕산(蕩産)[명]蕩産。財産を使い尽くすこと。
탕수(湯水)[명]熱湯。煮え湯。
탕수-육(←糖水肉)[명]酢豚。
탕아(蕩兒)[명]蕩児。遊蕩児。
탕약(湯藥)[명]《한》湯薬。煎じ薬。煎薬。＝탕제
　탕약에 감초 빠질까[속담]煎じ薬に甘草が抜けるものか：「どんな時でも入り込んでくる人」の意。
탕제(湯劑)[명]➡탕약
탕진(蕩盡)[명]蕩尽。財産などを使い果たすこと。
　탕진-하다[타]蕩尽する。
탕-치다(蕩─)[타]❶身代を棒に振

る。❷借金を帳消しにする。

탕-탕[부] からっぽ｜からから｜がらがら。예서랍은 모두 ~ 비어 있었다. 引き出しはすべてがからっぽになっていた。

탕-탕[부] ❶ずどんずどん｜ぱんぱん。예총을 ~ 쏘는 소리가 멀리서도 들린다. 銃をぱんぱんと撃つ音が、遠くからでも聞こえる。❷どんどん｜ずどんずどん｜ぱんぱん。예대문을 ~ 두드리다. 大門をどんどん叩く。

탕탕-거리다[자] しきりにどんどん音がする。＝탕탕대다

탕탕-대다[자타] 탕탕거리다

태¹(胎)[명] 胎。
태²(態)[명] 態｜ようす｜格好。
태가(駄價)[명] 運賃｜駄賃。
태고(太古)[명] 太古｜大昔。
태국(泰國)[명] タイ。
태권-도(跆拳道)[명]《운》テコンドー。
태극(太極)[명]《철》太極。
태극-기(太極旗)[명] 太極旗。
태기(胎氣)[명] 妊娠の気運。
태-깔(態—)[명] ❶形色と色彩。예그는 ~이 난다. 彼女は格好がいい。❷驕慢な態度。
태껸[명]《운》テキョン。예~은 한국 고유의 무술이다. テキョンは韓国固有の武術だ。
태내(胎內)[명] 胎内。
태도(態度)[명] 態度。예상대에게 약한 ~를 보여서는 안 된다. 相手に気弱な態度を見せてはならない。
태독(胎毒)[명]《한》胎毒。
태동(胎動)[명] 胎動。예처음으로 ~을 느끼다. 初めて胎動を感じる。
태동-하다[자] 胎動する。
태두(泰斗)[명]【略語】泰斗。
태만(怠慢)[명] 怠慢。예직무 ~ 職務怠慢。
태만-하다[형] 怠慢だ。
태몽(胎夢)[명] 妊娠を暗示する夢。
태반(太半)[명] ほとんど半分ぐらい｜大半。
태반(胎盤)[명]《의》胎盤。
태-부족(太不足)[명] ひどく足りないこと。
태부족-하다[형] ひどく足りない。

태산(泰山)[명] 泰山。❶高くて大きい山。❷【慣用句】大きくて多いこと。예할 일이 ~이다. すべきことが泰山だ。
태산-북두(泰山北斗)[명] 泰山北斗｜泰斗。
태산-준령(泰山峻嶺)[명] 高い山と険しい峠。
태생(胎生)[명] ❶出生地｜(ある土地の)生まれ。예도쿄 ~ 東京生まれ。❷《동》胎生。
태생-지(胎生地)[명] 出生地｜生まれた所。
태세(態勢)[명] 態勢。
태아(胎兒)[명] 胎児。
태양(太陽)[명] 太陽。❶《천》日輪｜陽｜日。예~ 에너지 太陽エネルギー／~숭배 太陽崇拝。❷【比喩】希望を与える存在。
태양-계(太陽系)[명]《천》太陽系。
태양-력(太陽曆)[명]《천》太陽暦｜陽暦｜新暦。＝양력
태양열 발전(太陽熱發電)《전》太陽熱発電。
태어-나다[자] 生まれる｜出生する｜誕生する。예여동생이 ~. 妹が生まれる。
태업(怠業)[명] 怠業｜サボタージュ。
태업-하다[자] 怠業する｜サボタージュする｜サボる。
태연(泰然)[명] 泰然｜平気。
태연-하다[형] 泰然としている｜平気だ。
태연-히[부] 泰然と｜平気に｜事ともなげに。
태연-자약(泰然自若)[명] 泰然自若。
태엽(胎葉)[명] ぜんまい｜ねじ。예~을 감다. ぜんまいを巻く。
태우다¹[타] ❶【사역】(火に)燃やす｜焼く。예낙엽을 ~. 落ち葉を燃やす。／이 책들을 모조리 태워 버려라. この本をすっかり焼いてしまえ。❷【사역】(日光に当てて皮膚を)焼く。예해수욕장에서 피부를 까맣게 태웠다. 海水浴場で肌を黒く焼いた。❸【사역】(食べ物などを)焦がす。예고기를 ~. 肉を焦がす。／밥을 태워서 할 수 없이 라면으로 끼니를 때웠다. ご飯を焦がして、仕方なくラーメンで食事を済ました。❹【사역】(心的に)悩ます｜心配させる｜苦しめる｜気を揉む｜焦がす。

예 아기가 아파 애를 ~. 子供の病気でいらいらする。/ 거절도 못하고 속만 ~. 断ることもできず気を揉む。/ 그에게 답장이 오지 않아 애를 ~. 彼から返事が来なくて胸を焦がす。

태우다² 타 ❶ (車などの乗り物に)乗せる。예 택시에 손님을 ~. タクシーに客を乗せる。/ 병든 아버지를 차에 태우고 가다. 病気の父を車に乗せて行く。❷ (滑りやすい乗り物などに)乗せる。예 그녀를 태워 주다. ブランコに乗せてあげる。/ 썰매를 태워 주세요. ソリに乗せて下さい。/ 아이에게 미끄럼틀을 태워 주며 놀다. 子供を滑り台に乗せてあげながら遊ぶ。

태음-력(太陰曆) 명 《천》 太陰曆 ¦ 陰曆 ¦ 舊曆。=음력

태자(太子) 명 太子。

태자-비(太子妃) 명 《역》 皇太子妃。

태중(胎中) 명 妊娠期間 ¦ 身ごもっている間。

태-질 명 强く叩き付けたり投げ倒したりすること。
　태질-하다 타 强く叩き付けたり投げ倒したりする。예 가방을 책상 위에 ~. カバンを机の上に投げつける。/ 사람을 땅바닥에 태질해 버리다. 人を地べたに投げ倒してしまう。=태질치다

태질-치다 타 ☞ 태질하다

태-짐(駄一) 명 積み荷。

태짐-꾼(駄一) 명 荷運びの人足。예 ~이 짐을 실어 나르려고 왔다. 荷物の運搬人が荷物を運ぶために来た。

태초(太初) 명 初め ¦ 太始。

태클(tackle) 명 《운》(ラグビーなどの)タックル。예 ~을 걸다. タックルをかける。

태평(太平·泰平) 명 ❶ 太平 ¦ 泰平。천하。天下泰平。❷ 気楽なこと ¦ のんきなこと。
　태평-하다 형 ❶ 太平だ。예 태평한 세상 太平な世の中。❷ のんきだ。
　태평-히 부 ❶ 太平に。❷ のんきに。

태평-소(太平簫) 명 《음》テピョンソ。=날라리

태평-양(太平洋) 명 《지》太平洋。

태평양 전쟁(太平洋戦争) 명《역》太平洋戦争。

태풍(颱風) 명 台風。예 ~ 주의보 台風注意報。/ ~으로 피해를 입다. 台風で被害にあう。/ ~으로 집이 쓰러졌다. 台風で家が倒れた。

태풍의 눈(颱風一) 台風の目。

태피스트리(tapestry) 명 タペストリー ¦ つづれ織り。

태형(笞刑) 명 《역》笞刑。

택시(taxi) 명 タクシー。 개인 ~ 個人タクシー/ ~를 잡다. タクシーを拾う。

택일¹(擇一) 명 択一。예 양자~ 二者の択一。
　택일-하다 자 一つを選ぶ。

택일²(擇日) 명 《민》(結婚式などの)日取り。
　택일-하다 자 日取りを決める。

택지(宅地) 명 宅地。

택-하다(擇一) 타 選ぶ ¦ 取る。예 복수의 항목 중에서 하나를 ~. 複数の項目の中から一つを選ぶ。

탤런트(talent) 명 タレント。

탬버린(tambourine) 명 《음》タンバリン。

탭 댄스(tap dance) 《예》タップダンス。

탯-줄(胎一) 명 へその緒 ¦ 臍帯 ¦。예 ~을 자르다. へその緒を切る。

탱고(tango) 명 《예·음》 タンゴ。예 정열적인 ~ 음악 情熱的なタンゴ音楽/ ~를 추다. タンゴを踊る。

탱자 명 枸橘の実。예 ~ 냄새가 가득하다. カラタチの実の臭いが充満している。

탱자-나무 명 《식》枸橘。

탱크(tank) 명 ❶ 液体や気体を入れておく容器。❷ 戦車

탱크-로리(tank lorry) 명 タンクローリー。

탱탱 부 ❶ ぱんぱん ¦ ぶくぶく。예 수분이 너무 차서 ~ 부은 얼굴 水分の取りすぎでぱんぱんに腫れた顔。❷ かちかち(に)。예 ~ 단련된 운동선수의 근육 かちかちに鍛えられた運動選手の筋肉。
　탱탱-하다 형 ❶ 太る ¦ 腫れる。예 탱탱하게 살이 찐 돼지 はちきれそうに太った豚。❷ 押せないほど固くてがっちりとしている。예 축구 선수인 형의 다리는 ~. サッカー選手である兄の足はがっちりとしていて固い。

터¹ 명 ❶ 敷地。 場所 ¦ 台地。❸ 土台 ¦ 基礎。❹ 一場 ¦ 一地。

터² 의 ❶ はず ¦ つもり。예 2시까지 갈 ~이니 기다려. 2時までに行く

つもりなので待っていろ。/ 형은 벌써 미국에 도착했을 ~이다. 兄はもうアメリカに着いているはずだ。❷[세칭·행위의 속성을 나타내는 말에 붙어] ─のくせに｜─の時に。 예 나가려던 ~에 비가 왔다. 出かけようとした時に雨が降ってきた。/ 자기 숙제도 마치지 못한 ~에 남의 숙제를 도와주려고 한다. 自分の宿題も終わっていないくせに人の宿題を手伝おうとする。

터널(tunnel)명 トンネル。

터-놓다타 ❶[방해물을] (妨げる物を)のける｜取り除く｜どける。 예 행인이 지나도록 길을 ~. 通行人が通れるように道を開ける。/ 방이 답답해서 문을 터놓았다. 部屋が狭苦しくて扉を開けておいた。❷[금지하던 것을] (禁止していた物を)解除する｜解く。 예 출입 금지 구역을 ~. 立入禁止の区域を解除する。/ 오늘만 특별히 금지령을 터놓았다. 今日きょうだけ特別に禁止令を解いた。❸[마음·속을] (心を)開く｜(腹を)割る｜打ち明ける。 예 마음을 ~. 心を開く。/ 우리는 서로 속을 터놓고 이야기했다. 私たちは互いに腹を割って話した。/ 비밀을 터놓으니 마음이 후련했다. 秘密を打ち明けたら胸がさっぱりした。

터-다지다자 [건축물 따위를 세우기 위해 기반을 단단히 함] (建築物などの地盤を固めるため)基礎固めのくいを打つ。

터덕-터덕부 ❶[힘없이 걷는 모양] とぼとぼ。 예 ~ 걸어 집으로 돌아오다. とぼとぼ歩いて家に帰ってくる。❷[숨차고 지친 모양] あえぎあえぎ。❸[가볍게 두드리는 모양] ぱたぱた｜ぽんぽん。

터덜-터덜부 ❶[낡은 그릇 따위가 부딪치는 소리] がらがら｜がたがた｜がたんがたん。❷[힘없이 걷는 소리] とぼとぼ。❸[개진 도자기 두드리는 소리] かたかた｜がたがた。

터득(擴得) 会得｜体得。
　터득-하다타 会得する｜体得する。

터-뜨리다타 破裂させる｜爆発させる。 예 폭죽을 ~. 爆竹を鳴らす。/ 손톱 끝으로 풍선을 ~. つめ先で風船を破裂させる。/ 갑자기 웃음을 터뜨렸다. 急に笑いが吹き出した。=터트리다

터럭명 [몸에 난 길고 굵은 털] 長々く太い毛。

터무니명 ❶[근거] 根拠。❷ 土台の跡。

터무니-없다형 途轍もない｜途方もない｜とんでもない｜でたらめだ。 예 터무니없는 거짓말에 속았다. とんでもない嘘にだまされた。
　터무니없-이부 途轍もなく｜途方もなく｜むやみに。 예 ~ 비싸다. むやみに高い。=건으로❶

터미널(terminal)명 ターミナル。

터벅-거리다자 とぼとぼ歩く。 예 기운 없이 ~. 気力なくとぼとぼ歩く。=터벅대다

터벅-대다자 ☞터벅거리다

터벅-터벅부 [힘없이 걷는 모양] とぼとぼ。 예 집을 향해 ~ 걷다. 家に向かってとぼとぼと歩く。

터벅터벅-하다형 [음식에 물기나 끈기가 없는 모양] (粘り気や水気が)ぱさぱさしている。

터번(turban)명 ターバン。

터부(taboo)명 タブー｜禁忌。

터부룩-하다형 (髪·草などが)ぼうぼうと生えている｜もじゃもじゃだ。 예 터부룩한 구레나룻 ぼうぼうとした頬ひげ/ 터부룩한 수염 もじゃもじゃしたひげ。

터분-하다형 食べ物の味が新鮮でない。

터빈(turbine)명 《기》タービン.

터울명 [형제 사이의 나이 차이] とし違い。 예 한 살 ~ 年子｜一つ違い / 오빠와 나는 두 살 ~이다. 兄と私は二つ違いである。

터울-터울부 あくせく(と)。

터전명 ❶[자리잡은 곳] (建物·施設などの)敷地。 예 ~이 넓은 집 敷地の広い家 / ~이 좁아서 건물을 지을 수 있을지 걱정이 된다. 敷地が狭くて建物を建てられるのか心配になる。❷[생활의 근거지] (生活の)根拠地｜拠り所｜基盤。 예 서울에 ~을 잡았다. ソウルに生活の基盤を決めた。/ 신혼살림의 ~을 마련하였다. 新婚生活の拠り所を準備した。

터줏-대감(─主大監)명 [회사 구성원 중에서 가장 오래된 사람] 古顔｜古株｜主。 예 내가 이 회사의 ~이다. 俺がこの会社の古株だ。

터지다 I ❶[안에 차 있던 것이] 塞がっていたり包んでいたりした物が破れる｜裂ける｜崩れる｜壊れる｜割れる。 예 옷이 터져 바늘로 꿰매야 한다. 服が破れて針で繕わねばいけない。/ 폭우가 내려 댐이 터졌다. 大雨が降ってダムが崩れた。/ 풍선이 땡 터져 버렸다. 風船がぱんと割れてしまった。❷[폭탄 따위가] (爆弾や火薬などが)爆発する｜破

裂`ㄹㄹ`する。 ◉ 가스통이 터져 화재가 발생하였다. ガスボンベが破裂して火災`かさい`が発生`はっせい`した。 ❸【積もった 感情】(積`つ`もっていた感情`かんじょう`が)爆発`ばくはつ`する｜どっと出`で`る｜噴`ふ`き出`だ`す。 ◉ 갑자기 웃음이 터져 멈추질 않는다. 急`きゅう`に笑`わら`いが噴き出て止まらない。/ 아직도 그때 일을 생각하면 울분이 터진다. 今`いま`でもあの時`とき`のことを思`おも`い出`だ`すとうっぷんが爆発する。 ❹【사건】(突然`とつぜん`に事件`じけん`や戦争`せんそう`などが)起`お`こる｜起きる｜勃発`ぼっぱつ`する。 ◉ 중동 지역에 전쟁이 터졌다고 한다. 中東地域`ちゅうとうちいき`に戦争が勃発したと言う。/ 회사에 일이 터져 달려 나갔다. 会社`かいしゃ`に問題`もんだい`が起きて走`はし`り出た。 ❺【코피 등】(鼻血`はなぢ`などが)突然`とつぜん`出`で`る｜噴`ふ`き出`だ`る。 ◉ 축구공에 맞아 코피가 터졌다. サッカーボールに当`あ`たって鼻血が噴き出た。 ❻【피부 갈라지다】(肌`はだ`などが)ひび割`わ`れる｜ひびが切`き`れる。 ◉ 겨울이 되니 입술이 자주 터진다. 冬`ふゆ`になると唇`くちびる`がよくひび割れる。

Ⅱ [보형]【지나치게 ~하다】—すぎる｜—してしまう。 ◉ 좁아 터진 방 狭`せま`すぎる部屋`へや`／너는 왜 그렇게 게을러 터졌니? 君`きみ`はどうしてそんなに怠`なま`けてしまうの。

터치(touch)[명] タッチ。 ❶触`ふ`れること｜接触`せっしょく`。 ❷関与`かんよ`すること。 ❸《미》筆`ふで`づかい｜指`ゆび`づかい。 ◉ 어두운 ~로 그리다. 暗`くら`いタッチで描`えが`く。

터치다운(touchdown)[명]《운》(ラグビーで)タッチダウン。

터치아웃(touch out 조)[명]《운》(バレーボールなどで)タッチアウト。

터키(Turkey)[명]《국》トルコ。

터-뜨리다[타] ☞ 터뜨리다

턱¹[명] 顎`あご`。 ◉ ~관절 顎関節`がくかんせつ`／~이 빠지다. 顎が外`はず`れる。

턱²[명] 平面`へいめん`からちょっと出`で`っ張`ば`っている所`ところ`。 ◉ 문~에 걸리다. 敷居`しきい`につまずく。

턱³[명]【한턱 내는 것】おごり。 ◉ 제가 승진 ~으로 점심을 사겠습니다. 昇進`しょうしん`したから私`わたし`가 昼飯`ひるめし`をおごります。

턱⁴[의] ❶【이유나 근거】理由`りゆう`｜わけ｜道理`どうり`｜はず。 ◉ 네가 내 맘을 알 ~이 없다. あなたが私の心`こころ`を知`し`るわけがない。 ❷ (そ れぐらいの)程度`ていど`。

턱⁵[부] ❶【편안하게】ほっと。 ◉ 너만 있으면 마음이 ~ 놓이고 안심이 된다. 君さえいればほっとして安心`あんしん`できる。 ❷【쓰러지는 모양】ばたっと。 ◉ 옆에 있던 사람이 ~ 쓰러졌다. 横`よこ`にいた人`ひと`がばたっと倒`たお`れた。／그는 집에 돌아오자마자 맥없이 ~ 쓰러졌다. 彼`かれ`は家`いえ`に帰`かえ`るなり元気`げんき`なく、ばたっと倒れた。 ❸【꽉】ぐっと｜ぎゅっと。 ◉ 앞사람의 어깨를 ~ 잡다. 前`まえ`の人`ひと`の肩`かた`をぎゅっと掴`つか`む。／손목을 ~ 붙든 채 놔주질 않는다. 手首`てくび`をぐっと握`にぎ`ったまま放`はな`してくれない。 ❹【막히는 모양】ぐっと。 ◉ 너무 더워서 숨이 ~ 막힌다. 暑`あつ`すぎて息`いき`がぐっと詰`つ`まる。 ❺【갑자기 차다】ぴたっと。 ◉ 갑자기 차가 ~ 멈춰서 꼼짝도 하지 않았다. 急`きゅう`に車`くるま`がぴたっと止`と`まって、びくともしなかった。／갑자기 말소리가 ~ 멈춰 다들 어리둥절해 하고 있다. いきなり話`はな`し声`ごえ`がぴたっと止`と`んで、皆`みな`面食`めんく`らっている。

턱-거리[명] 口実`こうじつ`｜言`い`いがかり。 = 언턱거리

턱-걸이[명] ❶〈운〉懸垂`けんすい`。 ❷〈운〉【체】手`て`をあごにかけ押`お`し倒`たお`す技`わざ`｜喉輪`のどわ`。 ❸【겨우 기준에 이름 정도】辛`かろ`うじて合格`ごうかく`すること。 ◉ 그는 대학에 ~로 들어갔다. 彼は大学`だいがく`に辛うじて合格した。

턱걸이-하다[자] 辛`かろ`うじて合格`ごうかく`する。 ◉ 축구팀은 8강에 턱걸이하였다. サッカーチームは八強`はっきょう`に辛うじて残`のこ`った。

턱-밑[명]【아주 가까운 곳】ごく近`ちか`い所`ところ`｜目`め`の前`まえ`。

턱-받이[명] よだれ掛`か`け。

턱-수염(一鬚髯)[명] 顎鬚`あごひげ`。

턱시도(tuxedo)[명] タキシード。

턱-없다 ❶【이치에 안 맞다】理屈`りくつ`に合`あ`わない｜とんでもない｜理不尽`りふじん`だ。 ◉ 턱없는 주장을 하다. 理屈に合わない主張`しゅちょう`をする。／상황을 제대로 파악하지 못하고 턱없는 소리만 하고 있다. 状況`じょうきょう`をちゃんと捉`とら`めずに、とんでもないことばかり言っている。 ❷【엄청나다】法外`ほうがい`だ｜とてつもない｜並外`なみはず`れだ。 ◉ 턱없는 가격을 요구하다. 法外`ほうがい`な価格`かかく`を要求`ようきゅう`する。／그런 턱없는 요구는 받아들일 수 없다. あんなにとてつもない要求は聞`き`き入`い`れられない。

턱없-이[부] 理不尽`りふじん`に｜べらぼうに｜法外`ほうがい`に｜度`ど`を越`こ`して。 ◉ ~ 변명을 늘어놓다. べらぼうに言`い`い訳`わけ`を並`なら`べる。／~ 비싼 가격이다. べらぼうに高`たか`い価格`かかく`だ。／기준에 ~ 모자란다. 基準`きじゅん`に達`たっ`するのにはまだまだ足`た`りない。

턱-잎 〖식〗托葉. 예~은 어린 싹을 보호한다. 托葉は幼い芽を保護する。 =엽탁

턱-지다 재 平面からちょっと出っ張っている。

턱-짓 명 あごで指図すること。예내가 묻자 그가 ~으로 저편을 가리켰다. 私が訊ねると彼はあごであちらを示した。

턱짓-하다 재 あごで指図する。

턱-찌끼 명 食べ残し. 残飯. 예~를 버리고 와라. 残飯を捨ててきなさい。

턱-턱 甼 ❶【갑갑하게】うっと｜ぐっと. 예더위로 숨이 ~ 막혀 온다. 暑さで息がうっと詰まってくる。 ❷【함부로 뱉는 모양】ぺっぺっと. 예아무 데서나 가래침을 ~ 내뱉다. 所かまわずたんをぺっぺっと吐く。 ❸【시원스레 해내는 모양】てきぱき. 예까다로운 일도 ~ 해낸다. 難しい仕事もてきぱきとやりとげる。 ❹【큰 물건이 자꾸 넘어지는 모양】ばたばた。 ❺【세게 두드리거나 내 지르는 소리】 ばたばた。

턴(turn) 명 ターン。

턴-하다 재타 ターンする。

털 명 毛. ❶【사람·짐승】(人·動物等の)毛｜(鳥の)羽毛｜髪の毛. ❷ 物の表面に生じた毛羽. ❸【털실】毛糸｜羊毛. ❹〖식〗【털】植物の葉などの表面に生えた糸とのようなもの。

털-가죽 명 毛皮.

털-갈이 명 毛の抜け代わり｜換毛.
털갈이-하다 재 毛が抜け代わる｜換毛する。

털-곰팡이 〖생〗毛黴.

털-구멍 명 毛穴｜毛孔.

털-끝 명 ❶毛の先. ❷【아주 적은 것을 비유하여】ちっとも. 예그런 마음은 ~만큼도 없다. そんな心は毛頭ない。

털다 타 ❶【붙어 있는 물건을】はたく｜はたき落とす｜払う｜払い除ける. 예옷에 붙은 먼지를 ~. 服に付いているごみをはたく。/ 이불을 털어 넣어 놓다. 布団を払って風に当てておく。 ❷【잊어버리고 싶은 일을】振り払う｜払い除ける. 예잘못된 과거는 모두 털고 새로 시작하자. 誤った過去はすべて振り払って, 新しく始めよう。 / 잡념을 털고 일에 집중하다. 雑念を払い除けて, 仕事に集中する。 ❸【재물 따위를】はたく｜使い果たす｜使い尽くす. 예전 재산을 털어 사업에 투자하다. 全財産をはたいて事業に投資する。 / 적금을 털어서 집을 사다. 積立金を使い果たして家を買う。 ❹(他人たちの財物などを)奪い取る｜かっさらう｜かっぱらう｜荒らす. 예도둑이 들어 금고를 털어 갔다. 泥棒が入って金庫をかっぱらって行った。 / 빈집만 골라서 ~. 留守中の家ばかり狙って荒らす。

털럭-거리다 재 しきりにがたつく｜がたがたと揺れる。 =털럭대다

털럭-대다 재 ☞털럭거리다

털-리다[1] 재 ❶【털어지다】落ちる｜取れる｜ふるい落とされる。 ❷【빼앗기다】巻き上げられる｜さらわれる. 예밤사이 은행이 털렸다. 一晩中に銀行が取られた。

털-리다[2] 타 【하게 하다】 ❶【떨게 하다】はたかせる. 예가정부에게 커튼의 먼지를 털렸다. お手伝いさんにカーテンのほこりをはたかせた。 ❷【빼앗기게 하다】振るい払わせる. 예부하들을 시켜 금고를 털렸다. 部下たちに金庫を盗むように指示した。

털-머위 〖식〗石蕗. 예윤기 있는 ~ 잎 つるつるしているツワブキの葉.

털-모자(-帽子) 명 毛皮の帽子｜毛糸の帽子.

털-목(-木) 명 粗織りの木綿の布.

털-방석(-方席) 명 ❶毛皮で作った座布団. ❷ 毛糸で編んだ座布団. ❸毛入り座布団.

털버덕 甼 ❶【주저앉는 모양】べたり(と)｜どっかり(と). 예~ 주저앉다. べたりと座り込む。 ❷【액체에 넓은 물건이 부딪치는 소리】ぴちゃん. 준털벅

털버덕-거리다 재타 ぴちゃぴちゃとする。=털벅대다 준털벅거리다

털버덕-대다 재타 ☞털벅거리다

털버덕-털버덕 ぴちゃぴちゃ. 준털벅털벅

털-버선 명 【추위에 신는 것】毛皮で大きく作ったポソン。

털벅 甼 ☞'털버덕'의 준말.

털벅-거리다 재타 ☞'털버덕거리다'의 준말. =털벅대다

털벅-대다 재타 ☞털벅거리다

털벅-털벅 ☞'털버덕털버덕'의 준말.

털벙 甼 【크고 무거운 물건이 물에 빠지는 소리】どぶん(と)｜ぼちゃん(と)｜どぼん(と). 예물속으로 ~ 하고 돌이 가라앉았다. 水の中にどぶんと石が

沈んだ。
털벙-거리다자타 どぶんどぶんと音を立てる。=털벙대다
털벙-대다자타 ☞털벙거리다
털벙-털벙ㅂ どぶんどぶん。
털-보명 毛深い人。예 ~에겐 면도기가 필수품이다. 毛深い人には髭剃りが必需品だ。
털-복사명 ☞'털복숭아'의 준말.
털-복숭아명 六月の桃。예 ~를 물에 씻다. 六月の桃を水中で洗う。준털복사
털-북숭이명 毛深いもの。
털-붓명 毛筆。
털-붙이명 ❶毛皮。❷毛織物。
털-실명 毛糸。ウール。
털썩ㅂ ❶べたり(と)。どっかり(と)。예 지쳐서 ~ 주저앉다. 疲れ果ててどっかりと座り込む。❷ どすん(と)。どしん(と)。どさり(と)。예 벽돌이 ~ 무너졌다. 煉瓦がどすんと崩れた。
털어-놓다타 ❶中の物を外へ出す。空にする。❷打ち明ける。ぶちまける。
털어-먹다타 使い果たす。(金などを)はたく。예 노름으로 재산을 다 털어먹었다. 博打で財産を使い果たした。
털-옷명 毛や毛皮作りの着物。
털-옷감명 毛糸やウールで織った反物。
털-장갑(一掌匣)명 毛糸の手袋。
털터리명 一文なし。すってんてん。すかんぴん。=빈털터리
털털ㅂ ❶ぱたぱた。❷すっかり。ごっそり。❸かちゃかちゃ。がたがた。예 ~ 소리를 내며 마차가 지나가다. かちゃかちゃと音を立てながら馬車が通り過ぎる。❹よたよた。とぼとぼ。よろよろ。
털털-거리다자타 ❶かちゃかちゃする。❷よろよろと歩く。=털털대다
털털-대다자타 ☞털털거리다
털털-이명 ❶身なりがきちんとしていなくて大らかな人。예 언제나 대충 꿰입는 ~가 오늘은 정장 차림으로 나타났다. いつも大雑把に服を着ていた大らかな人が、今日はせびろの姿で現われた。❷おんぼろ

車。ぽんこつ車。
털털-하다형 ❶大らかだ。気さくだ。大様だ。예 털털한 성격 大らかな性格。❷並外れて普通だ。まあまあだ。
털털-히ㅂ 大らかに。
텀벙ㅂ どぶん(と)。どぼん(と)。예 강에 ~ 빠진 사람들 どぶんと川にはまった人たち。
텀벙-거리다자 どぶんどぶんと音がする。=텀벙대다
텀벙-대다자 ☞텀벙거리다
텀벙-텀벙ㅂ どぶんどぶん。예 헤엄치는 아이들 どぶんどぶんと飛び込んで泳ぐ子供たち。
텀블링(tumbling)명 ❶とんぼ返り。❷(体操で)タンブリング。
텁석ㅂ むんずと。ぎゅっと。がぶっと。예 손목을 ~ 쥐다. 手首をむんずとつかむ。/목덜미를 ~ 물다. 襟首をがぶっと噛む。
텁석-나룻명 もじゃもじゃしたひげ。不精ひげ。
텁석-부리명 不精髭がたくさん生えた人。
텁석-텁석ㅂ ぎゅっと。がぶっと。예 ~ 악수하다. ぎゅっと握手をする。
텁수룩-하다형 (髪の毛やひげが)もじゃもじゃだ。ぼうぼうと生えている。예 머리가 텁수룩하게 자랐다. 髪がぼうぼうと伸びた。/온몸에 털이 ~. 身体中に毛がもじゃもじゃだ。
텁수룩-이ㅂ もじゃもじゃと。ぼうぼうと。
텁지근-하다형 口当たりがさっぱりしない。味がすっきりしない。
텁텁-이명 大らかな人。예 난 까탈이보다 ~가 좋더라. 私は厄介者よりは大らかな人が良かったな。
텁텁-하다형 ❶(口当たり・味が)さっぱりしない。❷目がかすんでどんよりとしている。❸大らかだ。(性格が)ややこしくない。
텃-밭명 家の敷地についている畑。家の近所の畑。
텃-세¹(一貰)명 借地料。
텃-세²(一勢)명 地元だといばること。地元風を吹かせること。예 ~를 부리다. 地元だといばる。地元風を吹かせ

る. / 그곳은 ~가 심하기로 유명하다. そこはやたらに地元風を吹かせることで有名がだ.

텃세-하다 困 地元だといばる.

텅¹ 뛰 【속이 비어 아무 것도 없는 모양】 からっぽ｜がらん(と). 예 ~ 빈 방が がらんとした部屋.

텅² 뛰 ❶【큰 쇠붙이 따위를 세게 부딪칠 때 소리】 どん(と)｜ずどん(と)｜ぱん. ❷【총소리】 ずどん(と).

텅스텐(tungsten) 명 《화》タングステン. ＝중석

텅-텅¹ 뛰 【큰 것이 여러 개가 속이 비어 있는 모양】 からっぽ｜がらがら. 예 ~ 빈 교실がらがらの教室.

텅-텅² 뛰 ❶【단단한 물건이 떨어져 세게 울리는 소리】 ずどんずどん｜どんどん. ❷【총・대포 등을 쏠 때 따라 들리는 소리】 ずどんずどん｜どんどん. 예 대포를 ~ 쏘아대자 토끼가 놀라서 도망갔다. 大砲をずどんずどんと撃っと, ウサギが驚いて逃げていった.

텅텅-거리다 困他 どんどん鳴る. 예 계단을 텅텅거리며 뛰어 내려왔다. 階段をどすんどすんと音を立てながら走って降りてきた. ＝텅텅대다

텅텅-대다 困他 ☞텅텅거리다

테 명 ❶ へり｜縁｜枠. 예 안경 ~ 眼鏡の縁. ❷【둥글게 돌린 것】 たが｜輪.

테너(tenor) 명 《음》テナー｜テノール. 예 ~ 독창 テナー独唱/ ~ 가수 テナー歌手.

테누토(tenuto 이) 명 《음》テヌート.

테니스(tennis) 명 《운》テニス｜庭球. 예 ~ 선수 テニス選手/ ~ 코트 テニスコート/ ~ 라켓 テニスラケット.

테니스-장(tennis場) 명 テニス場｜庭球場.

테두리 명 ❶【죽 돌려서 친 시울이나 선】 縁｜枠｜へり. 예 모자 ~가 해지다. 帽子のへりがぼろぼろになる. ❷【일정한 범위】 枠｜限界｜範囲. 예 법의 ~ 안에서 보호받다. 法律の枠の中とで保護を受ける.

테라스(terrace) 명 《건・운》テラス.

테라 코타(terra cotta 이) 《건》テラコッタ.

테러(terror) 명 テロ｜テロル.

테러리스트(terrorist) 명 テロリスト.

테레빈-유(terebene油) 명 《화》テレビン油. 예 ~ 페인트 テレビン油ペイント.

테르밋(thermite) 명 《화》テルミット. 예 ~ 용접 テルミット溶接.

테르븀(terbium) 명 《화》【원자 번호가 65인 금속 원소】 テルビウム.

테마(Thema 독) 명 《문》テーマ｜主題. 예 ~가 있는 영화 主題のある映画/ 작품의 ~가 무엇인가? 作品のテーマが何だ.

테석-테석 뛰 【거죽이나 표면이 매끄럽지 못하고 거친 모양】 ざらざら｜がさがさ｜かさかさ.

테스트(test) 명 テスト. 예 ~를 받다. テストを受ける.
테스트-하다 他 テストする.

테-실 명 かせ糸.

테이블(table) 명 テーブル.

테이프(tape) 명 テープ. 예 ~ 리코더 テープレコーダー/ 녹음 ~ 録音テープ/ 양면 ~ 両面テープ/ 카세트 ~ カセットテープ.

테제(These 독) 명 テーゼ. ❶《철》定立. ❷《정》(政治活動などでの)綱領.

테크니컬러(technicolor) 《연》テクニカラー.

테크닉(technic) 명 テクニック｜技法. 예 ~이 좋다. テクニックが良い. / 긴장감을 유지시키는 구성의 ~ 緊張感を維持させる構成のテクニック.

테트로도톡신(tetrodotoxin) 명 《화》【복어의 알이나 내장 등에 있는 맹독】 テトロドトキシン. 예 복어에는 ~이 들어 있어 함부로 먹으면 생명이 위험하다. フグにはテトロドトキシンがあるので, むやみに食べると命が危ない.

텍스트(text) 명 テキスト｜本文｜原文.

텍스트 파일(text file) 《컴》テキストファイル.

텐트(tent) 명 テント｜天幕.

텔레마케팅(telemarketing) 《경》テレマーケティング.

텔레비전(television) 명 テレビ｜テレビジョン. ＝티브이

텔레파시(telepathy) 명 《심》テレパシー.

텔렉스(telex) 명 《통》テレックス.

텔루르(Tellur) 명 《화》【원자 번호가 52인 원소】 テルル.

템페라(tempera) 명 《미》【안료의 일종】 テンペラ.

템포(tempo 이) 명 テンポ｜速さ. 예 빠른 ~ 速いテンポ/ ~를 맞추다. テンポを合わす.

토(土) 명 ❶【토요일】 土｜土曜. ❷《민》【오행 중의 하나】 土.

토고(Togo) 명 《국》トーゴ.

토공(土工) 명 土工.

토관(土管) 명 土管.

토-광(土一) 명 床板のない土間になっている倉庫. 예 ~에 쌓아둔 고구마 倉庫に積まれたさつま芋.

토굴(土窟)[명] 土窟。
토금(土金)[명] ❶金色の土。❷土に混じっている金。
토기[1](土器)[명] 土器 ¦ かわらけ ¦ 瓦器 ¦ 土焼き ¦ 素焼き。
토기[2](吐氣)[명] 吐き気。
토기-장이(土器一)[명] 土器の製造を業とする人 ¦ 陶工。
토기-점(土器店)[명] 土器を焼いて売る店 ¦ 瀬戸物屋。
토끼[명] 《동》兎。[예] ~ 눈 ウサギの目/ 흰 ~ 白ウサギ/ ~는 긴 귀로 멀리서 다가오는 적의 소리를 듣는다. ウサギは長い耳で、遠くから近づいてくる敵の足音を聞く。
토끼 둘을 잡으려다가 하나도 못 잡는다[속담] 二兎を追う者は一兎をも得ず。
토끼-뜀[명] 兎跳び。
토끼-띠[명] 《민》兎年(生まれ)。
토끼-잠[명] (兎のように)ぐっすり眠らなくて、よく目を覚める寝方。
토끼-장(一欌)[명] 兎小屋。
토끼-털[명] 兎の毛。
토끼-풀[명] 《식》白詰草 ¦ クローバー。=클로버
토너먼트(tournament)[명] 《운》トーナメント ¦ 勝ち抜き試合。[예] 16강부터 결승까지는 ~ 방식으로 승자를 가린다. ベスト16から決勝までは、トーナメント方式で勝者を決める。
토네이도(tornado)[명] トルネード。
토농(土農)[명] ☞토농이
토농-이(土農一)[명] 土着の農民。=토농
토닥-거리다[타] 【가볍게 계속 두드리다】とんんとんと叩く音を出す。=토닥대다
토닥-대다[타] ☞토닥거리다
토닥-토닥[부] 【가볍게 자꾸 두드리는 소리 또는 모양】とんとん。[예] 등을 ~ 두드리다. 背中をとんとんとたたく。
토단(土壇)[명] 土壇。
토-담(土一)[명] 土塀。
토담-장이(土一)[명] 築地を積み上げて作ることを職業とする人。
토담-집(土一)[명] 《건》(木材を用いずに)土壁で建てられた家屋。[예] 따뜻한 ~ 温かな土壁の家。=토옥
토대(土臺)[명] 土台。❶《건》土で築いた台。❷《건》建築物の基礎。❸【비유적으로】(物事の)基本 ¦ 基礎 ¦ もとい。
토라지다[자] ❶胃がもたれる。❷すねる ¦ ふくれる ¦ ふてくされる。[예] 그녀는 토라진 얼굴이 더 예쁘다. 彼女はすねた顔がもっとかわいい。/ 이번엔 단단히 토라진 모양이구나! 今回は本当にふてくされたようだな。
토란(土卵)[명] 《식》里芋。[예] ~조림 サトイモの煮物。
토로(吐露)[명] 吐露。=토파
토로-하다[타] 吐露する。[예] 심경을 ~. 心境を吐露する。
토론(討論)[명] 討論 ¦ ディスカッション。[예] ~회 討論会。
토론-하다[타] 討論する ¦ ディスカッションする。
토륨(thorium)[명] 《화》【방사성 원소의 하나】トリウム。
토르소(torso 이) 《미》【몸통만으로 된 조각상】トルソー。
토리[명] ❶【실을 둥글게 감아 놓은 뭉치】糸を丸く巻いたかたまり。❷【감아 놓은 실을 세는 단위】巻き。
토리-실[명] おだまきの糸。
토-마루(土一)[명] ☞토방
토마토(tomato)[명] 《식》トマト。[예] ~ 주스 トマトジュース。=일년감
토마토-케첩(tomato ketchup)[명] トマトケチャップ。
토막[1][명] ❶切れ ¦ 切れ端。[예] 생선을 ~ 치다. 魚をぶつ切りにする。❷【말·글 등의】区切り ¦ くさり。❸【토막 등을 세는 단위】切れ ¦ 片 ¦ くさり。[예] 나무를 두 ~ 내다. 木を二切れにする。
토막[2](土幕)[명] 【움막집】土小屋。
토막-고기[명] ぶつ切りの肉。
토막-극(一劇)[명] 《연》寸劇。
토막-나무[명] 短く切った薪 ¦ 棒切れ。
토막-말[명] 長い内容を要領よくまとめて一言で表わす語。
토막-토막[부] 【여러 토막으로 잘린 모양】ずたずた ¦ きれぎれに。
토목(土木)[명] 土木。[예] ~ 공학 土木工学。
토목 공사(土木工事) 《건》土木工事。
토목-공이(土木一)[명] 【우둔한 사람을 놀림조로】愚鈍で知恵のない人。[예] 그런 ~를 어디다 쓰니? そんな愚鈍で無知な人をどこで使うの。
토민(土民)[명] ☞토착민
토-박이(土一)[명] 土地っ子 ¦ 生え抜き。=본토박이
토박-하다(土薄一)[형] 【땅이 메마르다】土地がやせて

ㅌ

토방(土房)_명 土間ど | 土場ば。 ⓔ ~에 흩어져 있는 짚신 土間に散らばっている草履ぞうり / ~에 걸터앉다. 土間に腰を降ろす。 =토마루

토벌(討伐)_명 討伐とう | 征伐せい。
 토벌-하다_타 討伐とうする | 征伐せいする。

토벽(土壁)_명 土壁どへき。
토분(土墳)_명 土墳どふん。
토사¹(土沙·土砂)_명 土砂どしゃ。
토사²(吐瀉)_명 吐瀉とし | 吐はき下くだし。
 토사-하다_타 吐瀉としゃする | 吐はき下くだしする。

토산¹(土山)_명 岩石がんせきのない土つちの山やま。
토산²(土産)_명 ☞토산물
토산-물(土産物)_명 土産どさん | 地物じもの | 物産ぶっさん。 =토산
토색(土色)_명 土色つちいろ | 土気色つちけいろ。
토설(吐說)_명 隱かくしていた事實じじつを初はじめて明あかすこと。
 토설-하다_타 隱かくしていた事實じじつを初はじめて明あかす。
토성¹(土星)_명《천》土星どせい。
토성²(土城)_명 土城どじょう。
토속(土俗)_명 土俗どぞく | 土地とちの風俗ふうぞく。
토스터(toaster)_명 トースター。
토스트(toast)_명 トースト。
토시_명 保温用ほおんようの腕うでぬき | 腕袋うでぶくろ。
토실¹-**토실**_부【하다형】まるまる | ぽちゃぽちゃ。
 토실토실-하다_형 ふっくらする | 太ふとてかわいい | ぽちゃぽちゃする。 ⓔ 토실토실한 엉덩이 ふっくらとしたお尻しり / 아기의 토실토실한 장딴지 赤あかちゃんのぽちゃぽちゃしたふくらはぎ。

토-씨_명 ☞조사(助詞)
토악-질(吐一)_명 嘔吐おうと | ヘど。 ⓔ 무엇을 잘못 먹었는지 자꾸만 ~이 난다. 나에가 変へんな物ものを食たべたのか、やたらと嘔吐おうとする。
 토악질-하다_타 嘔吐おうとする | 吐はき出だす | ヘどを吐はく。

토양(土壤)_명 土壤どじょう。
토양-도(土壤圖)_명 土壤図どじょうず。
토양 오염(土壤汚染)《사》土壤汚染どじょうおせん。 ⓔ ~문제 土壤汚染の問題もんだい / ~이 심각하다. 土壤汚染が深刻しんこくだ。
토양 침식(土壤浸蝕) 土壤浸食どじょうしんしょく。
토양-학(土壤學)_명《농》土壤学どじょうがく。

토역(土役)_명 ☞흙일
토역-꾼(土役一)_명 土仕事つちしごとをする作業員さぎょういん。
토옥(土屋)_명 ☞토담집
토옥-하다(土沃一)_형【여불규】土地とちが肥こえている。
토요(土曜)_명 土曜どよう。
토-요일(土曜日)_명 土曜日どようび。
토의(討議)_명 討議とうぎ。
 토의-하다_타 討議とうぎする。
토익(TOEIC)_명【하다형】トーイック。
토인(土人)_명 土人どじん。
토장(土醬)_명 된장
토장-국(土醬一)_명 된장국
토종(土種)_명 ❶ 地元じもとの特産品種とくさんひんしゅ。 ⓔ ~야채 地野菜じやさい / ~닭 地鶏じどり。 ❷【하다형】生はえ抜ぬき | 生粹きっすい。 ⓔ ~서울 처녀 生はえ抜ぬきのソウル娘むすめ。

토지(土地)_명 土地とち。 ❶ 土つち | 土壤どじょう。 ⓔ 비옥한 ~ 肥こえた土地。 ❷ 地所じしょ | 地面じめん | 소유권 土地所有権とちしょゆうけん / ~측량 土地測量とちそくりょう / ~ 면적 土地面積とちめんせき / ~ 구획 정리 土地区画整理とちくかくせいり / 농사지을 ~ 農作のうさくをする土地。

토지 개혁(土地改革)《사》土地改革とちかいかく。
토지 수용(土地收用)《법》土地収用とちしゅうよう。
토지 이용(土地利用) 土地利用とちりよう。 ⓔ ~의 효율성 土地利用の効率性こうりつせい。

토질¹(土疾)_명 ☞토질병
토질²(土質)_명 土質どしつ。
토질-병(土疾病)_명《한》風土病ふうどびょう | 地方病ちほうびょう。 =토질¹
토착(土着)_명 土着どちゃく。
 토착-하다_자 土着どちゃくする。
토착-민(土着民)_명 土着民どちゃくみん | 土民どみん | 土着どちゃくの住民じゅうみん。 =토민
토카타(toccata 이)_명《음》トッカータ。
토크 쇼(talk show) トークショー | トーク番組ばんぐみ。
토키(talkie)_명 ☞발성 영화
토탄(土炭)_명《광》泥炭でいたん。
토테미즘(totemism)_명《사》トーテミズム。
토템(totem)_명《사》トーテム。
토파(吐破)_명 ☞토로(吐露)
토판(土版)_명《출》土つちで作つくった版木はんぎ。
토플(TOEFL)_명【하다형】トーフル。
토피(土皮)_명 木きや草くさで覆おおわれた土つちの表面ひょうめん。
토픽(topic)_명 トピック | 話題わだい。
토-하다(吐一)_타 ❶ (食たべたものなどを)

吐く｜吐き出す｜へどを吐く。예 먹은 것을 전부 ~. 食べたものを全部吐き出す。❷[語句を] 話すこと｜吐露する｜吐く。예 열변을 ~. 熱弁をふるう。

토혈(吐血)명 〖의〗吐血。
　토혈-하다자 吐血する｜血を吐く。

토호(土豪)명 土豪｜その土地の豪族。

톡부 ❶[작은 것이 터지는 발] ぱちんと｜ぱちっと(と)こと。예 밤알이 ~ 터졌다. 栗がぱちっとはじけた。/ 선반 위에 놓아둔 감자가 바닥에 ~ 떨어졌다. 棚の上に置いてあったじゃが芋が、床にことんと落ちた。❷[가볍게 치거나 두드리는 소리를 나타내는 말] こつん｜ぽんと。예 누군가 뒤에서 내 어깨를 ~ 쳤다. 誰かが後ろから私の肩をぽんと叩いた。/ 그는 사람들 머리를 ~ 치는 버릇이 있다. 彼は人の頭をこつんと叩く癖がある。❸[갑자기 세게 쏘는 모양] ぴしゃっと｜ぴしゃり(と)｜きっぱり。예 한마디 ~ 쏘아붙였다. 一言をぴしゃっと鋭く言い放った。❹[갑자기 부러지는 모양] (枝などが)ぽきっと｜(糸などが)ぷつん。예 마른 가지가 ~ 부러지다. 枯れた枝がぽきっと折れる。❺[앞으로 불거져 나오는 모양] ぽこぽこ。예 이마가 튀어나오다. 額がぽこっと突き出す。

톡탁부 〖작고 단단한 물건이 서로 부딪쳐 나는 소리〗こん(と)。
　톡탁-거리다자타 こんこんと音を出す。=톡탁대다
　톡탁-대다자타 ☞톡탁거리다

톡탁-톡탁부 こんこん。

톡-톡부 ❶[작은 것이 터지는 소리] ことんことん｜ぽたぽた。❷[가볍게 뛰는 모양] ぴょんぴょん｜ぽんぽん。❸[갑자기 부러지는 소리] ぽきぽき。예 나뭇가지를 ~ 부러뜨리다. 枝をぽきぽきと折る。❹[갑자기 세게 쏘는 모양] ぴしゃっと｜ぴしゃり(と)。❺[앞으로 불거져 나오는 모양] ぽこぽこ。

톡-하다형 ❶〖布〗(布の織目が)細かくて分厚い。예 톡톡한 원단을 골라 코트를 만들다. 厚い生地を選んでコートを仕立てる。❷[재산·살림 따위가] (財産·暮らしなどが)充実していて豊かだ｜たっぷりだ。예 벌이가 꽤 ~. 稼ぎがかなりたっぷりある。❸〖役割〗(役割などが)十分だ｜しっかりする。예 맏아들 구실을 톡톡하게 해내다. 長男の役目が

を十分にやり抜く。❹[비판·비난] (批判·恥が)ひどい｜きつい。예 톡톡하게 혼났으니 두 번 다시 도둑질은 하지 않을 것이다. ひどく叱られたのだから、もう二度と盗みはしないだろう。

톡톡-히부 ひどく｜ずいぶん｜たっぷり。예 집안 망신을 ~ 시켰다. 家の恥をひどくかかせた。

톤¹(ton)의 トン。예 10~ 트럭 10トントラック。

톤²(tone)명 トーン｜調子｜色調｜音色。예 낮은 ~의 목소리 低いトーンの声/ 붉은 ~ 의상으로 입어라. 赤色トーンの衣装を着ろ。/ 어두운 ~이 어울린다. 暗いトーンが合う。

톤-수(ton數)명 トン数。

톨의 〖낱알을 세는 단위〗粒。예 쌀 한 ~ 米一粒。

톨게이트(tollgate)명 トールゲート。

톨루엔(toluene)명 〖化〗トルエン。

톨루이딘(toluidine)명 〖化〗トルイジン。

톰방부 〖작고 단단한 물건이 물에 떨어지는 소리〗ぽちゃん(と)。
　톰방-거리다자 (水の中に)ぽちゃんと落ちる。=톰방대다
　톰방-대다자타 ☞톰방거리다

톱¹명 鋸｜のこ。

톱²(top)명 トップ。예 ~기사 トップ記事。

톱-날명 鋸の歯｜鋸の目。

톱-니명 ❶のこぎりの歯。❷〖식〗鋸葉。예 잎 주위가 ~처럼 되어 있다. 葉の回りが鋸葉になっている。

톱니-바퀴명 歯車｜ギア。

톱-밥명 鋸屑｜おがくず。

톱-손명 こびきをしている人。

톱-장이명 こびきを職業とする人。

톱-질명 こびき。
　톱질-하다자 (木材などを)鋸でひき切る。

톱톱-하다형 〖액체〗汁が濃い。

톳의 〖김을 세는 단위〗束。

톳-나무명 〖植〗大木。

통¹명 ❶[배추·무 등] 玉。예 이 양배추는 ~이 실하다. このキャベツは玉が大きい。❷[배추를 세는 말] 一株｜一個。예 배추 10~을 사다. 白菜を10個買う。

통²명 ❶[옷] 幅。예 바지의 ~이 좁다. ズボンの幅が狭い。❷[허리·넓적다리] 腰回り｜脚の太さ。❸[사람의 도량] 度量。예 ~이 큰 사람 度量の大きい人。

통³(의)【어떤 일이 행해지는 상황】―回まわり｜―渦中かちゅう｜―どさくさ｜―のせい。ㆍ예 장마 ~에 벼가 물에 다 잠겼다. 長雨ながあめのせいで稲いねが水みずにつかった。

통⁴(부) ❶【전혀•일체부정】全然ぜんぜん｜全たまったく｜とうてい｜まるきり｜さっぱり。ㆍ예 이 수학 문제는 ~ 모르겠다. この数学すうがくの問題もんだいは全然ぜんぜんわからない。/공부에는 ~ 관심이 없다. 勉強べんきょうには全まったく興味きょうみがない。 ❷【온통】全部ぜんぶ｜一面いちめん｜ことごとく。

통⁵(부) とんとん。ㆍ예 북을 ~ 쳤다. 太鼓たいこをとんとんと叩たたいた。

통⁶(桶)(명) ❶ 桶おけ｜手桶ておけ｜樽たる。 ❷【물에 담은 세는】―桶おけ｜―樽たる。

통⁷(通)(의)【편지•문서•전화】通つう。ㆍ예 편지 한 ~을 쓰다. 手紙てがみ一通いっつうを書かく。

통⁸(筒)(명) 筒つつ。

-통⁹(通)(접) ❶【어느사람에능함】―通つう。ㆍ예 소식통 消息通しょうそくつう。 ❷【거리】通どおり。ㆍ예 광화문통 光化門通クァンファムンどおり / 종로통 鐘路通チョンノどおり。

통가(Tonga)(명) 〈국〉トンガ。

통-가죽(명) 丸まるのまま剥はいだ獣ものの皮かわ。

통감¹(痛感)(명) 痛感つうかん。
　통감-하다(타) 痛感つうかんする。

통감²(統監)(명) 統監とうかん。

통-거리(부)【全部】全部ぜんぶ｜すべて｜皆みな。

통-것(명) 丸まるごとのもの｜丸まるのままのもの。

통격(痛擊)(명) 痛擊つうげき。
　통격-하다(타) 痛擊つうげきする。

통계¹(通計)(명) ☞통산

통계²(統計)(명) 統計とうけい。ㆍ예 ~를 내다. 統計を取とる。

통계-적(統計的)(관) 統計的とうけいてき。

통계-표(統計表)(명) 統計表とうけいひょう。

통계-학(統計學)(명) 〈수〉統計学とうけいがく。

통고(通告)(명) 通告つうこく。ㆍ예 사전 ~ 事前じぜん通告 / 해고 ~ 解雇かいこ通告。
　통고-하다(타) 通告つうこくする｜告つげ知しらせる。

통-고추(명) 丸まるのままの唐辛子とうがらし。

통곡(痛哭•慟哭)(명) 痛哭つうこく｜慟哭どうこく。
　통곡-하다(자) 痛哭つうこくする｜慟哭どうこくする。

통과(通過)(명) 通過つうか。ㆍ예 ~ 의례 通過儀礼ぎれい。
　통과-하다(자)(타) 通過つうかする。ㆍ예 터널을 통과하는 열차 トンネルを通過する列車れっしゃ / 테스트를 ~. テストを通過する。

통관¹(通關)(명)〈법〉【세관통과】通関つうかん。ㆍ예 ~ 서류 通関書類しょるい / ~ 수속 通関手続てつづき / 수출 ~ 輸出ゆしゅつ通関。
　통관-하다¹ 通関つうかんする。ㆍ예 견본 상품을 면세 ~. サンプルを免税めんぜい通関する。

통관²(通觀)(명)【전체를 봄】通観つうかん。
　통관-하다(타) 通観つうかんする。ㆍ예 세계사를 ~. 世界史せかいしを通観する。

통관³(統管)(명)【일체의 부분을 통괄 관할】統管とうかん。
　통관-하다(타) 統管とうかんする｜統一とういつして管轄かんかつする。

통괄(統括)(명) 統括とうかつ。ㆍ예 ~ 책임자 統括責任者せきにんしゃ / ~ 본부 統括本部ほんぶ。
　통괄-하다(타) 統括とうかつする。

통규(通規)(명) 通規つうき｜通則つうそく。＝통칙

통근(通勤)(명) 通勤つうきん。
　통근-하다(자) 通勤つうきんする。ㆍ예 도보로 ~. 徒歩とほにより通勤する。/공공 교통 기관으로 ~. 公共こうきょう交通機関こうつうきかんで通勤る。/외곽 방면에서 도심으로 ~. 外郭がいかく方面ほうめんから都心としんへ通勤する。

통근-권(通勤圈)(명) 通勤圏つうきんけん。

통근-차(通勤車)(명) 通勤つうきんに利用りようする自動車じどうしゃや汽車きしゃ。

통금(通禁)(명) 通行禁止つうこうきんし。＝통행금지

통기(通氣)(명) ☞통풍(通風)

통기다(타) ❶【받치었던 것을빼다】(支ささえておいたり組くみ合あわせたりした物ものなどを)外はずす。 ❷【딴말로 꾀다】脱臼だっきゅうさせる。 ❸【기회】(機会きかいを)逃のがす｜失うしなう｜逸いっする。

통-기둥(명)〈건〉通どおし柱ばしら。

통-기타(筒guitar)(명) ギター。

통-김치(명) (大根だいこん•白菜はくさいなどの)株漬かぶづけのキムチ｜丸漬まるづけ。

통-꽃(명)〈식〉合弁花ごうべんか。ㆍ예 작은 ~이 여러 개 모여 있다. 小ちいさい合弁花がいくつか集あつまっている。

통-꽃부리(명)〈식〉合弁花冠ごうべんかかん。

통-나무(명) 丸太まるた｜丸太まるたん棒ぼう｜丸木まるき。

통념(通念)(명) 通念つうねん。ㆍ예 사회적 ~ 社会しゃかい通念。

통-단(명) (穀物こくもつなどの)大おおきい束たば。

통달(通達)(명) 通達つうたつ。
　통달-하다(자)(타) 通達つうたつする。

통-닭(명) 鶏にわとりの丸焼まるやき。

통독(通讀)(명) 通読つうどく。
　통독-하다(타) 通読つうどくする。

통렬-하다(痛烈―)(형) 痛烈つうれつだ。ㆍ예 통렬하게 비평하다. 痛烈に批評ひひょうする。

통렬-히[부] 痛烈に。
통례(通例)[명] 通例。
통로(通路)[명] 通路。㉠～가 막히다. 通路が塞がる。
통론(通論)[명] 通論。
통-마늘 (小分けしない)丸ごとのにんにく。
통메-장이(桶—)[명] 桶屋。㉠～가 밑 빠진 통을 고쳐 주었다. 桶屋が底が抜けた桶を直してくれた。
통명(通名)[명] 通名 | 通り名 | 通称。
통명-하다(通明—)[형] すべてのことに通じて知恵が明るい。
통-밀다 ひっくるめる | 総括する。
통방(通房)[명] 二ヶ以上が並んでいる部屋の壁をぶち抜くこと。
통보(通報)[명] 通報。㉠기상～気象通報 / 긴급～시스템 緊急通報システム。
　통보-하다[타] 通報する | 告げ知らせる。
통부(通計)[명] ☞부고(訃告)
통분(通分)[명]《수》通分。
통분²(痛憤)[명] 痛憤。
　통분-하다[자] 痛憤する。
통사(通史)[명] 通史。
통-사정(通事情)[명] 苦しい事柄を訴えること。=통정①
　통사정-하다[자] 苦しい事柄を訴える。=통정하다①
통산(通算)[명] 通算 | 通計。=통계
　통산-하다[타] 通算する | 通計する。
통상¹(通商)[명]【초등:5학/중교:3학】通商。㉠～협정 通商協定。
　통상-하다[자] 通商する。
통상²(通常)[명][부] 通常 | 普通。㉠～의 관례에 따르다. 通常の慣例に従う。 / ～ 9시까지 출근한다. 通常九時まで出勤する。
통상 조약(通商條約)《정》通商条約。
통석-하다(痛惜—)[형] 痛惜する。
통설(通說)[명] 通説。㉠고대 문학사～古代文学史に通説。
통성(通姓)[명] ☞통성명
통-성명(通姓名)[명] 初対面の時、互いに名乗ること。=통성(通姓)
　통성명-하다[자] 互いに名乗る。
통속(通俗)[명] 通俗。

통속 소설(通俗小說)《문》通俗小説。
통속-적(通俗的)[명] 通俗的。
통솔(統率)[명] 統率。
　통솔-하다[타] 統率する。㉠부대를 지휘～部隊を指揮し統率する。 / 학급을～. 学級を統率する。
통솔-력(統率力)[명] 統率力。
통수¹(通水)[명] 通水。
　통수-하다[자] 通水する。
통수²(統帥)[명] 統帥。
통수-권(統帥權)[명] 統帥権。
통-술(桶—)[명] 樽に入れた酒。
통신(通信)[명] 通信。㉠～속도 通信速度 / ～기기 通信機器。
　통신-하다[타] 通信する。
통신 교육(通信教育)《교》通信教育。
통신-망(通信網)[명] 通信網。
통신-부(通信簿)[명]《교》【초등:5학/중교:3학】通信簿 | 通知表。
통신-비(通信費)[명] 通信費。
통신-사(通信社)[명] 通信社。
통신-원(通信員)[명] 通信員。
통신 판매(通信販賣)《경》通信販売 | 通販。
통-심정(通心情) 互いに心が通じ合うこと。=통정②
　통심정-하다[자] 互いに心が通じ合う。=통정하다②
통역(通譯)[명] 通訳。
　통역-하다[타] 通訳する。㉠국제 회의를～. 国際会議を通訳する。
통역-관(通譯官)[명] 通訳官 | 通訳に従事する官吏。
통용(通用)[명] 通用。
　통용-하다[자] 通用する。㉠세계에 통용되는 멋진 디자인 世界に通用する綺麗なデザイン。
통용-문(通用門)[명] 通用門。
통용-어(通用語)[명] 通用語 | 通り言葉 | 通語。
통운(通運)[명] 通運 | 運送。㉠～회사 通運会社。
　통운-하다[타] 運送する | 品物を運ぶ。
통-으로[부]【초등:5학】丸のまま | 丸ごと | すべて | 全部に。
통일(統一)[명] 一つにまとめること | 統一。㉠평화적～平和的な統一 / 우리의 소원은～이다. 私たちの願いは統一だ。

통일-하다 統一する；一つにまとめる。⑩재료를 ~. 材料を一つにまとめる。/ 행동을 ~. 行動を統一する。/ 의견을 ~. 意見を統一する。

통일-안(統一案)® 統一案。

통일 전선(統一戰線)〈사〉統一戰線。

통일-체(統一體)® 統一体。

통장(通帳)® 通帳；通い帳。⑩은행 ~ 銀行通帳/ 저금 ~ 貯金通帳。

통-장수(桶―)® 桶屋。

통-장작(―長斫)® 割っていない薪。

통절-하다(痛切―)® 痛切だ。
　통절-히® 痛切に。

통정(通情) ❶⇒통사정 ❷⇒통심정 ❸【남녀 관계】密通。❹【생각이나 뜻】通情。
　통정-하다짜 ❶⇒통사정하다 ❷⇒통심정하다 ❸密通する。

통제(統制)® 統制。⑩자기 ~ 自己統制/ 내부 ~ 内部統制。
　통제-하다® 統制する。⑩외부 활동을 엄격히 통제하고 있다. 外部活動を厳しく統制している。

통제-력(統制力)® 統制力。

통-조림(桶―)® 缶詰。⑩~도 유통 기한이 있다. 缶詰も賞味期限がある。

통조림-통(桶―桶)® 缶詰の缶。

통증(痛症)® 痛み。⑩~이 심하다. 痛みが激しい。

통지(通知)® 通知；知らせ。⑩합격 ~ 合格通知/ 채용 ~ 採用通知/ 고객 여러분께 보내는 ~ お客様へのお知らせ。
　통지-하다® 通知する；知らせる。⑩이 양식에 따라 통지해 주십시오. この様式により通知してください。

통지-서(通知書)® 通知書。

통지-표(通知表)® 通知表。

통-짜다짜 ❶多くの者が示し合わせてぐるになる。❷各部分を集め合わせて一つに組み立てる。

통-째® 丸のまま；丸ごと。⑩~로 삼키다. 丸呑みにする。

통찰(洞察)® 洞察。
　통찰-하다® 洞察する；見抜く。

통찰-력(洞察力)® 洞察力。⑩인생에 대한 깊은 ~ 人生に対する深い洞察力。

통첩(通牒)® 通牒。⑩최후~ 最後通牒。
　통첩-하다® 通牒する。

통치(統治)® 統治。⑩~ 기관 統治機関。
　통치-하다® 統治する。⑩국왕이 통치하는 나라 国王が統治する国。

통치-권(統治權)®〈교〉統治権。

통-치마® 筒状に縫い合わせたスカート。

통치-자(統治者)® 統治者。

통칙(通則)® ⇒통규(通規)

통칭(通稱)® 通称；通り名。

통쾌(痛快)®
　통쾌-하다® 痛快だ。⑩통쾌한 승리 痛快な勝利。
　통쾌-히® 痛快に。

통탄(痛歎・痛嘆)® 痛嘆。
　통탄-하다® 痛嘆する。

통-탕® 【발로 마루를 힘있게 구르는 소리】とんとん；どんどん。

통-터지다짜 一度にどっとあふれ出る。

통통® ❶【작고 통통한 사람】丸々と；むくむく；ぶくぶく。❷【물체의 부분이 불룩】ぽってり；ぽっちゃり。
　통통-하다® ❶丸々とする；むくむくする；ぶくぶくする。⑩통통하게 살이 찐 종아리 ぶくぶくと肉がついたふくらはぎ。❷ぽっちゃりとする。⑩통통한 볼살/ 통통한 엉덩이에 ぽっちゃりとしたお尻。

통-통²® ❶【작은 나무 통을 치는 소리】どんどん。❷【작은 발동기】ぽんぽん。
　통통-거리다짜® どんどんとふみならす。=통통대다
　통통-대다짜® ⇒통통거리다

통통-걸음® とんとんと音を出す急ぎ足。

통통-배® ぽんぽん蒸気；ぽんぽん船。

통-틀다® 引っくるめる；一つにまとめる。

통틀-어® 引っくるめて；全部で。⑩~ 만 원입니다. ひっくるめて一万ウォンです。

통-팥® 碾いていない小豆。

통폐(通弊)® 通弊。

통-폐합(統廢合)® 統合。
　통폐합-하다® 統合する。

통풍(通風)® 通風；風通し。⑩~이 잘 되는 곳에 말리다. 風通しのいい所に干す。=통기

통풍-하다ᴊ 通風する。
통풍-기(通風機)몡 〖기〗通風機
통-하다(通—)ᴊᴛ 通じる|通る。❶ 【바람이】예 바람이 잘 통하는 곳에 보관하다. 風通しのいいところに保管する。❷ 【전기가】예 전기가 ~. 電気が通じる。❸ 【마음이】예 마음이 잘 통하는 친구 気持ちが通じる友達/ 정을 ~. (不義の)情を交わす。❹【뜻이】예 문장의 의미가 잘 통하지 않는다. 文意がうまく通じない。❺【어떤 분야에】예 고고학에 ~. 考古学に通じる; 考古学がよくわかる。❻【사이에】通ずる。예 옆방으로 통하는 문 隣の部屋に通じる戸。❼【매체를】예 텔레비전을 통해 그 사실이 알려졌다. テレビを通じてあの事実が知れ渡る。❽【알려져 있다】예 그는 이 동네에서 박사님으로 통한다. 彼はこの村で博士で通っている。
통학(通學)몡 通学。
통학-하다ᴊ 通学する。
통학-생(通學生)몡 通学生。
통한(痛恨)몡 痛恨。예 ~의 역전패 痛恨の逆転負け。
통할(統轄)몡 統轄。
통할-하다ᴛ 統轄する。
통합(統合)몡 統合。
통합-하다ᴛ 統合する。예 문서를 하나로 ~. 文書を一つに統合する。
통항(通航)몡 通航。
통항-하다ᴊ 通航する。
통행(通行)몡 通行。예 좌측 ~ 左側通行/ ~ 요금 通行料金。
통행-하다ᴛ 通行する。
통행-금지(通行禁止)몡 通行禁止;通行止め。예 차량 ~ 車両の通行止め。=통금(通禁)
통행-인(通行人)몡 通行人。
통행-증(通行證)몡 通行証。
통혼(通婚)몡 ❶ 婚姻の意志を通じる。❷ 両家の間で互いに婚姻関係を結ばれること。
통혼-하다ᴊ ❶ 婚姻の意志を伝える。❷ 両家の間で互いに婚姻関係を結ぶ。
통화²(通貨)몡 〖경〗通貨。
통화²(通話)몡 ❶ 通話記録。예 ~ 기록 通話記録/ ~ 불능 通話不能/ ~가 끊기다. 通話が途切れる。/ 밤 12시부터 ~ 요금이 할인된다. 夜12時から通話料金が割引になる。❷【쌍방 간에 주고받은 하나의 통화】一通話。

통화-하다ᴊ 通話する。
통화-량(通貨量)몡 〖경〗通貨量。
통화-료(通話料)몡 通話料。
통화 수축(通貨收縮)〈경〉通貨収縮。
=디플레이션
통화 팽창(通貨膨脹)〈경〉通貨膨張;インフレーション;インフレ。=인플레이션

퇴각(退却)몡 退却。예 일시 ~ 一時退却/ ~ 명령 退却命令。
퇴각-하다ᴊᴛ 退却する。
퇴거(退去)몡 退去。예 강제 ~ 強制退去。
퇴거-하다ᴊ 退去する|立ち退く。
퇴고(推敲)몡 推敲。
퇴고-하다ᴛ 推敲する。예 원고를 ~. 原稿を推敲する。
퇴교(退校)몡 ☞퇴학(退學)
퇴근(退勤)몡 退勤|退社。예 ~ 시간 退勤時間。
퇴근-하다ᴊ 退勤する|退社する。예 일을 마치고 ~. 仕事を終えて退勤する。
퇴기다ᴛ ❶ (指·爪などで)はじく。예 물을 ~. 水をはじく。❷ つついてはじき出す。
퇴-내다(退—)ᴛ 何かを飽きるほどする。
퇴락(頹落)몡 崩れ落ちること。
퇴락-하다ᴊ 崩れ落ちる|すたれる。
퇴로(退路)몡 退路|逃げ道。예 ~를 차단하다. 退路を断つ。/ ~를 확보하다. 退路を確保する。
퇴물(退物)몡 ❶【윗사람이 쓰다가 물려준 물건】お下がり|お古。예 나는 언니의 ~을 입고 자랐다. 私は姉のお下がりを着て育った。/ 아버지의 ~은 아직 입을 만하다. 父のお下がりはまだ着られる。=퇴물림 ❷【어떤 직업에 오래 있다가 물러난 사람】上がり|くずれ。예 경찰 ~ 警察上がり/ 관리 ~ 役人上がり/ 기생 ~ 芸者上がり。
퇴-물림(退—)몡 ☞퇴물❶
퇴박(退—)몡 (気に入らないで)断ること|退けること。
퇴박-하다ᴛ (気に入らないで)断る|退ける。
퇴박-맞다(退—)ᴊ 断られる|退けら

れる。

퇴보(退步)명 退步ほ｜後戻あともどり。예 그것은 진보라기 보다는 ~이다. それは進步しんぽというよりも退步である。

　퇴보-하다자 退步する｜後戻あともどりする。예 인간성이 점점 퇴보되는 것 같다. 人間性にんげんせいが退步しつつあるようだ。

퇴비(堆肥)명 ☞두엄

퇴사(退社)명 退社たいしゃ｜❶【씨】退職たいしょく。❷【씨】退勤たいきん。

　퇴사-하다자 退社たいしゃする。❶退職たいしょくする。❷退勤たいきんする。

퇴색(退色·褪色)명 ❶【씨·떼】退色たいしょく｜色焼いろやけ。❷【여러존재하기때문에사라지거나흐려지는것들에쓰이도록】色あせること。

　퇴색-하다 ❶退色たいしょくする｜色焼いろやけする｜色あせる。예 퇴색된 낡은 책 色やけした古本ふるほん。❷色あせる。예 퇴색하지 않고 언제까지나 빛나는 명곡 色あせることなく輝かがやき続つづける名曲めいきょく。

퇴석(退席)명 退席たいせき｜中座ちゅうざ。

　퇴석-하다자 退席たいせきする｜中座ちゅうざする。

퇴소(退所)명 退所たいしょ。

　퇴소-하다자 退所たいしょする。

퇴원(退院)명 退院たいいん。~ 수속 退院手続たいいんてつづき。

　퇴원-하다자 退院たいいんする。예 병이 나아서 ~. 病気びょうきが治なおって退院する。

퇴임(退任)명 退任たいにん。

　퇴임-하다자 退任たいにんする。

퇴장(退場)명 退場たいじょう。

　퇴장-하다자 退場たいじょうする。예 후반전에 퇴장당하다. 後半こうはんに退場させられる。

퇴적(堆積)명 堆積たいせき。예 ~ 작용 堆積作用さよう。

　퇴적-되다자 堆積たいせきする。

퇴적-암(堆積巖)명 堆積岩たいせきがん。

퇴적-층(堆積層)명 堆積層たいせきそう。

퇴적 평야(堆積平野)명 堆積平野たいせきへいや。

퇴조(退潮)명 退潮たいちょう。

　퇴조-하다자 退潮たいちょうする。예 좌익 운동이 ~. 左翼運動さよくうんどうが退潮する。

퇴조-기(退潮期)명 退潮期たいちょうき。

퇴직(退職)명 退職たいしょく。예 정년~ 定年ていねん退職。

　퇴직-하다자 退職たいしょくする｜職しょくを退しりぞく。

퇴직-금(退職金)명 退職金たいしょくきん。

퇴진(退陣)명 退陣たいじん。

　퇴진-하다자타 退陣たいじんする｜退しりぞく。예 경영 일선에서 ~. 経営けいえいの一線いっせんから退く。

퇴-짜(←退字)명 【씨】突つき返かえすこと｜拒絶きょぜつすること。

　퇴짜(를) 놓다관용 (上納じょうのうするものを) しりぞける｜拒絶きょぜつする｜突つき返かえす。

　퇴짜(를) 맞다관용 (上納じょうのうするものが) しりぞけられる｜拒絶きょぜつされる｜突つき返される。

퇴출(退出)명 退出たいしゅつ。

　퇴출-하다자 退出たいしゅつする。

퇴치(退治)명 退治たいじ。예 바퀴벌레 ~ ゴキブリ退治／에이즈 ~ 운동 エイズ退治運動どう。

　퇴치-하다 退治たいじする｜討うち滅ほろぼす。예 암세포를 ~. がん細胞さいぼうを退治する。

퇴폐(頹廢)명 退廃たいはい｜頹廃たいはい。

　퇴폐-하다자 退廃たいはいする。예 정치가 ~. 政治せいじが退廃する。

퇴폐-적(頹廢的)관형 退廃的たいはいてき。예 ~인 문화 退廃的な文化ぶんか。

퇴학(退學)명 退学たいがく｜退校たいこう。예 ~ 처분 退学処分しょぶん。=퇴교

　퇴학-하다자타 退学たいがくする｜退校たいこうする。

퇴화(退化)명 退化たいか。

　퇴화-하다자 退化たいかする。예 생물이 사용하지 않는 기관이 ~. 生物せいぶつの使つかわない器官きかんが退化する。

툇-기둥(退—)명 〈건〉張はり出だして作つくられた部屋へやの柱はしら。

툇-마루(退—)명 〈건〉(部屋へやの登のぼり口ぐちの外そとに付つけ足たした)縁側えんがわ｜濡ぬれ縁えん。예 여름에는 ~에 누워 낮잠을 잔다. 夏なつには縁側に横になって昼寝ひるねをする。

투(套)의 (文ぶん·言動げんどうなどの)様式ようしき｜方式ほうしき｜方法ほうほう｜やり方かた｜様子ようす。예 소설 ~ 小説しょうせつ様式／논문 ~ 論文ろんぶん方式／비꼬는 ~로 말하다. 皮肉ひにくなしゃべり方で話はなす。／그 녀석은 말하는 ~가 건방져서 마음에 안 든다. あいつは話はなし方が生意気なまいきで気きに入いらない。

투각(透刻)명 《미》透すかし彫ぼり。

투견(鬪犬)명 鬪犬とうけん｜犬合いぬあわせ。

투계(鬪鷄)명 鬪鶏とうけい｜鶏合とりあわせ。=닭싸움

투고(投稿)명 投稿とうこう。

　투고-하다 投稿とうこうする。예 출판사에

~. 出版社しゅっぱんしゃに投稿する。

투과(透過)명 透過つうか。
　투과-하다자 透過つうかする。

투과-성(透過性)명 ⟪심⟫透過性とうかせい。

투구¹명 兜かぶと。

투구²(投球)명 ⟪운⟫投球とうきゅう｜ピッチング。예 왼손 ~ 左投ひだりなげ。

투기¹(投棄)명 投棄とうき。
　투기-하다¹타 投棄とうきする｜投なげ捨すてる。예 쓰레기를 ~. ゴミを投げ捨てる。

투기²(投機)명 投機とうき。예 부동산 ~ 不動産ふどうさん投機とうき／~ 거래 投機取引とうきとりひき。

투기³(妬忌)명 嫉妬しっと｜焼やきもち｜ねたみ｜悋気りんき。=강샘
　투기-하다²자 嫉妬しっとする｜焼やきもちを焼やく｜ねたむ｜悋気りんきする。

투기⁴(鬪技)명 鬪技とうぎ｜(レスリングなどの)格鬪技かくとうぎ。예 ~ 종목의 경기는 갈수록 과격해지고 있다. 鬪技種目とうぎしゅもくの競技きょうぎは益々過激ますますかげきになっていく。

투기 구매(投機購買)명 ⟪경⟫投機購買とうきこうばい｜投機買とうきがい。

투기 매각(投機賣却)명 ⟪경⟫投機売却とうきばいきゃく。

투기-사업(投機事業)명 ⟪경⟫投機事業とうきじぎょう。

투기-상(投機商)명 投機商とうきしょう。

투기-심(妬忌心)명 嫉妬心しっとしん。

투덕-투덕¹부 とんとん。예 ~ 두드려 먼지를 털다. とんとんと叩たたいてホコリを落おとす。
　투덕투덕-하다¹타 とんとんと叩たたく。

투덕-투덕²부 顔かおがまるまると太ふとってふくふくしいさま。
　투덕투덕-하다²자 顔かおがまるまると太ふとってふくふくしい。

투덜-거리다자 ぶつぶつ不平ふへいを言いう｜愚痴ぐちをこぼす。예 그는 투덜거리며 돌아왔다. 彼はしきりにぶつぶつ文句もんくを言いながら帰ってきた。=투덜대다

투덜-대다자 ☞투덜거리다

투덜-투덜부 ぶつぶつ｜ぐずぐず。
　투덜투덜-하다자 ぶつぶつする｜ぐずぐずする。예 계속 투덜투덜하지 마라. いつまでもぐずぐずと文句もんくを言いうな。

투레-질명 唇くちびるを震ふるわせながら、ぶぶぶと音おとを出だすこと。

투루루부 ぶぶぶ｜ばばばぶ。예 갓난아기가 ~ 한다. 赤あかちゃんがばばぶぶと言いう。

투르크메니스탄(Turkmenistan)명 ⟪국⟫トルクメニスタン。

투망(投網)명 投網とあみ。

투망-질(投網—)명 投網とあみを打つこと。
　투망질-하다자 投網とあみを打うつ。

투매(投賣)명 ⟪경⟫投なげ売うり｜捨すて売うり｜乱売らんばい。
　투매-하다타 投なげ売うりする｜捨すて売うりする｜乱売らんばいする。

투명(透明)명 透明とうめい。예 ~ 인간 透明人間とうめいにんげん。
　투명-하다형 透明とうめいだ｜透すき通とおる。

투명-도(透明度)명 透明度とうめいど。

투명-체(透明體)명 ⟪물⟫透明体とうめいたい。

투미-하다형 愚鈍ぐどんだ｜のろまだ。

투박-스럽다형 ❶不格好ぶかっこうだ。❷やぼったい。
　투박스레부 ❶不格好ぶかっこうに。❷やぼったく。

투박-하다형 ❶(格好かっこうが)良よくない｜醜みにくい｜不格好ぶかっこうだ｜無様ぶざまだ。예 투박한 표주박 바가지 不格好なふくべのパガジ／투박한 손 無様な手て。❷(言葉ことば・行動こうどうなどが)やぼったい｜無骨ぶこつだ｜無愛想ぶあいそだ。예 투박한 사투리로 말하다. やぼったい方言ほうげんで話はす。／내 물음에 그는 투박하게 대답했다. 私わたしの問といに彼かれは無愛想ぶあいそに答こたえた。

투발루(Tuvalu)명 ⟪국⟫ツバル。

투병(鬪病)명 鬪病とうびょう。예 ~ 생활 鬪病生活とうびょうせいかつ。
　투병-하다자 鬪病とうびょうする。

투사¹(投射)명 投射とうしゃ。
　투사-하다타 投射とうしゃする。

투사²(鬪士)명 鬪士とうし。

투서(投書)명 投書とうしょ。예 익명의 ~를 보내다. 匿名とくめいの投書とうしょを送おくる。
　투서-하다자·타 投書とうしょする。

투석¹(投石)명 投石とうせき。
　투석-하다¹자 投石とうせきする。

투석²(透析)명 ⟪화⟫透析とうせき。예 혈액 ~ 血液透析けつえきとうせき。
　투석-하다²타 透析とうせきする。

-투성이접 —だらけ｜—まみれ｜—みどろ。예 피투성이가 된 손 血まみれになった手て／얼굴이 온통 주근깨투성이이다. 顔かおが全部ぜんぶそばかすだらけだ。／바지가 흙투성이가 되었다. ズボンが土つちまみれになった。／온몸이 땀투성이다. 体中からだじゅうが汗あせみどろだ。

투수(投手)명《운》投手┆ピッチャー. 예완봉 ~ 完封投手/ 선발 ~ 選抜ピッチャー/~ 코치 投手コーチ/~ 교체 ピッチャー交代。

투수-층(透水層)명 透水層。예~은 모래와 자갈로 이루어진다. 透水層は砂と砂利でできている。

투수-판(投手板)명《운》投手板┆ピッチャーズプレート。

투숙(投宿)명 投宿。
　투숙-하다자 投宿する┆(宿屋に)泊まる。예~에 투숙하다. ホテルに泊まる。

투스텝(two-step)명《예・운》ツーステップ.

투시(透視)명 透視。
　투시-하다타 透視する。

투시-도(透視圖)명 (미)透視図。

투시 도법(透視圖法) 透視図法。예~으로 설계도를 그려라. 透視図法で設計図を描きなさい。

투시 화법(透視畫法)명 (미)透視画法。

투신(投身)명 ❶(ある事に)身を投じること。❷投身┆身投げ。예~자살 投身自殺;飛び込み自殺.
　투신-하다자 ❶(ある事に)身を投じる。❷投身する┆身投げする。

투실-투실부 むくむく。예~ 살이 찐 아주머니 まるまると太ったおばさん.

투영(投影)명 投影。
　투영-하다자타 投影する。

투영-도(投影圖)명 (미)投影図。

투옥(投獄)명 投獄。
　투옥-하다타 投獄する。

투우(鬪牛)명 鬪牛。

투우-사(鬪牛士)명 鬪牛士。

투-원반(投圓盤)명《운》円盤投げ。= 원반던지기

투입(投入)명 投入。
　투입-하다타 投入する。예자본을 ~. 資本を投入する。

투자(投資)명 投資。예~ 회사 投資会社/~ 신탁 投資信託/ 분산 ~ 分散投資/ 직접 ~ 直接投資.
　투자-하다자 投資する。

투자 은행(投資銀行)[-으냉]명 投資銀行。

투쟁(鬪爭)명 鬪爭。예계급 ~ 階級鬪爭/ 임금 ~ 賃金鬪爭;賃上げ鬪爭/ 법정 ~ 法廷鬪爭。
　투쟁-하다자 鬪爭する。

투쟁-심(鬪爭心)명 鬪爭心。

투전¹(鬪牋)명 賭博具の一種。

투전²(鬪戰)명 ☞전투

투전-꾼(鬪牋-)명 常習の博打打ち。예한두 번 해 본 솜씨가 아니고 완전한 ~이다. 一度や二度の腕前じゃない常習の博打打ちだ。

투정명 だだをこねること┆すねること。예너는 뭐가 맘에 안 들어 ~이냐! あなたは何が気に入らなくてすねているんだ。
　투정-하다타 だだをこねる┆すねる┆ねだる。예밥상 앞에서 투정하면 못쓴다. お膳の前でご飯の不平を言ってはいけない。

투조(透彫)명 (미)透かし彫り。

투지(鬪志)명 鬪志┆鬪爭心┆鬪魂。예~에 불타오르다. 鬪志に燃える。

투창(投槍) ☞창던지기

투척(投擲)명 投擲。
　투척-하다타 投擲する┆投げうつ。예수류탄을 ~. 手榴弾を投げる。

투철-하다(透徹-)형 透徹する┆徹する。예투철한 정신 透徹した精神。

투탄(投彈)명 爆彈などを投下すること。
　투탄-하다자 爆彈などを投下する。

투-포환(投砲丸)명《운》砲丸投げ。= 포환던지기

투표(投票)명 投票。
　투표-하다자 投票する。

투표-권(投票權)명 投票權。

투표-율(投票率)명 投票率。

투표-자(投票者)명 投票人。

투표-지(投票紙)명 投票用紙。

투표-함(投票函)명 投票箱。

투피스(two-piece)명 ツーピース。

투하(投下)명 投下。예원자 폭탄 ~ 原子爆彈投下。
　투하-하다타 投下する。

투합(投合)명 投合。예의기~ 意気投合。
　투합-하다자 投合する。

투항(投降)명 投降。
　투항-하다자 投降する┆投ずる。예적군에 ~. 敵軍に投降する。

투-해머(投hammer)囘《운》ハンマー投げ。=해머던지기

투호(投壺)囘《민》投壺ᅶ。矢ᅉを壺ᅉの中に投ᅉげ入ᅎれる遊技ᅉ。囲 궁중에서는 ~를 즐겼다. 宮中ᅉでは投壺を楽ᅉしんだ。

투혼(鬪魂)囘 鬪魂ᅉ。囲 ~을 불태우다. 鬪魂を燃ᅉやす。

툭¹囝 ❶【갑자기 쳐지거나 떨어지는 소리 또는 모양】ことん(と)。❷【단단한 물체가 바닥에 떨어지는 소리 또는 모양】こつん｜ぽんと。❸【감자기 부러지거나 끊어지는 소리 또는 모양】(枝などが)ぽきっと｜(糸などが)ぶつん。囲 고무줄이 ~ 끊어졌다. ゴム紐ᅉがぷつんと切ᅉれた。/ ~ 부러진 나무젓가락 ぽきっと折ᅉれた割ᅉりばし。❹【갑분게 터지는 소리 또는 모양】ぱん｜ぽんと。囲 ~ 터진 주머니 ぱんと破裂ᅉした袋ᅉ／~ 터져 버린 풍선 ぱんと割ᅉれてしまった風船ᅉ。❺【액체가 튀기는 모양】ぴしゃっと｜ぴしゃり(と)。❻【물건이 쑥 불거지거나 쑥 튀어나온 모양】一部分ᅉがでこぼこしているさま｜ぼこぼこ。囲 눈이 ~ 튀어나온 사람 目ᅉがぼこっと突ᅉき出ᅉている人ᅉ／아기의 ~ 튀어나온 배가 귀엽다. 赤ᅉちゃんのぽこっと突き出た腹ᅉが可愛ᅉい。

툭-탁囝【갈로 단단한 물건이 부딪히는 소리】こん。

툭탁-거리다困囮 こんこんと音ᅉを出ᅉす。=툭탁대다

툭탁-대다困囮 ☞툭탁거리다

툭탁-툭탁囝 こんこん｜とんとん。

툭-툭囝 ❶【갑자기 쳐지거나 떨어지는 소리 또는 모양】ことんことん｜ぽたぽた。❷【갑자기 튀기는 소리 또는 모양】ぴょんぴょん｜ぱんぱん。❸【감자기 부러지거나 끊어지는 소리 또는 모양】ぽきぽき。❺【액체가 튀기는 모양】ぴしゃっと｜ぴしゃり(と)。❻【여러 곳이 불거진 모양】ぼこぼこ。

툭툭-하다圀 ❶【피륙】布ᅉの織目ᅉが細ᅉかくて分厚ᅉい。❷【옷이】服ᅉに綿ᅉをたくさん入ᅉれて分厚ᅉい。❸【국물】汁ᅉが濃ᅉい。❹【살림】(財産ᅉ・暮ᅉしなどが)充実ᅉしていて豊ᅉかだ｜たっぷりだ。❺【소리】声ᅉが無骨ᅉっで強ᅉい。

툭-하면囝【걸핏하면】ややもすれば｜ややもすると｜どうかすると｜ともすると。囲 ~ 화를 낸다. ややもすれば腹ᅉを立ᅎてる。／~ 소리를 지른다. どうかすると大声ᅉを出ᅉす。

툰드라(tundra 러)囘 ツンドラ。囲 ~에서는 순록을 방목한다. ツンドラではトナカイを放牧ᅉする。=툰드라 지대

툰드라 기후(tundra氣候 러) ツンドラ気候ᅉ。

툰드라 식물대(tundra植物帶 러) ツンドラ植物帯ᅉ。

툰드라 지대(tundra地帶 러) ☞툰드라

툰드라-토(tundra土 러) ツンドラ土ᅉ。

툴 바(tool bar)囘 ツールバー。

툴툴-거리다 ぶつぶつ不平ᅉを言ᅉう｜ぶつくさ言ᅉう｜ぼうぼう言ᅉう｜愚痴ᅉをこぼす。=툴툴대다

툴툴-대다 ☞툴툴거리다

툼벙囝【물 깊은 곳에 물건이 빠지는 소리】どぶん(と)｜どぽん(と)。

툼벙-거리다困囮 しきりにどぶどぶんと音ᅉを出ᅉす。=툼벙대다

툼벙-대다困囮 ☞툼벙거리다

툼벙-툼벙囝 どぶんどぶん。

툼툼-하다 汁ᅉが濃ᅉい。

퉁囘 ❶質ᅉの悪い真鍮ᅉ。囲 ~으로 단추를 만들다. 質の悪い真鍮でボタンを作ᅉる。❷質ᅉの悪い真鍮ᅉで作ᅉった貨幣ᅉ。

퉁²囝 ❶【북을 칠 때 울리는 소리】どん(と)｜だん(と)｜ずん(と)。❷【대포 등을 쓸 때 울리는 소리】どん(と)｜どかん(と)｜ずどん(と)。囲 ~ 하는 총소리 ずどんという銃声ᅉ。

퉁겨-지다 ❶【박혀 있거나 끼어 있는 물건이 뒤틀리어 나오다】外ᅉれる｜食ᅉい違ᅉう｜外ᅉに出ᅉる｜歪ᅉむ。囲 받침대가 부러지면서 화분이 퉁겨졌다. 添ᅎえ木ᅉが折ᅉれて植木鉢ᅉが外に飛ᅉび出た。／밥을 먹다가 틀니가 퉁겨져 버렸다. ご飯ᅉを食ᅉべる途中ᅉ、入ᅉれ歯ᅉが外れてしまった。❷【숨겨졌던 것이 드러나다】(隠ᅉれていた物ᅉが突然ᅉ)現ᅉわれる｜ばれる｜表ᅉに出ᅎる｜飛ᅉび出ᅉす。囲 어둠 속에서 고양이 한 마리가 퉁겨져 나왔다. 暗闇ᅉから猫ᅉが一匹ᅉ突然現れた。／마음속에 담아 두었던 말이 나도 모르게 퉁겨져 나왔다. 心ᅉの中ᅉに留ᅉめていた言葉ᅉが、つい口ᅉを衝ᅉいて出た。

퉁기다囮 ❶【박혀 있거나 끼어 있는 물건을 뒤틀리게 하다】外ᅉす。囲 맨 아래 박스를 퉁기니 박스 전체가 와르르 무너졌다. 一番下ᅉの箱ᅉを外したら、箱全体ᅉがどっと崩ᅉれた。／주먹을 휘둘러 그의 턱을 퉁겨 버렸다. 拳骨ᅉを振ᅉり回ᅉして彼ᅉのあごを外してしまった。❷【남의 요구나 의견을 거절하다】(人ᅉの要求ᅉや意見ᅉを)断ᅉる｜拒絶ᅉする｜突ᅉっぱねる。囲 웬만하면 따를 것이지 되게 퉁기네. まあまあということで、言ᅉった通ᅉりすればいいのに、何ᅉでそこまで突ᅉっぱねるのか。／용기를 내어 데이트를 신청했지만 그녀는

퉁맞다

바쁘다며 퉁겼다. 勇気を出してデートを申し込んだが、彼女は忙しいと断った。❸【음악】(弦楽器の弦を)弾く。예기타 줄을 퉁겨 보다. ギターの弦を弾いてみる。

퉁-맞다재 ☞퉁바리맞다

퉁명-스럽다형 つっけんどんだ｜ぶっきらぼうだ｜無愛想だ。예퉁명스럽게 대하다. つんけんどんに扱う。/ 퉁명스러운 어조로 말했다. ぶっきらぼうな口調で言った。

퉁명스레부 つっけんどんに｜ぶっきらぼうに。

퉁-바리명 質の悪い真鍮で作った食器。

퉁바리-맞다재【…에게】肘鉄を食わされる｜けんもほろろに断られる。=퉁맞다

퉁-방울명【농악】質の悪い黄銅製の鈴。

퉁방울-눈명 どんぐり眼｜どんぐり目。

퉁소명〈음〉洞簫。

퉁-탕부 とんとん｜どんどん。

퉁탕-거리다재타 とんとんと音を出す。예계단을 퉁탕거리며 올라가다. 階段をとんとんと音を出して登る。=퉁탕대다

퉁탕-대다재타 ☞퉁탕거리다

퉁탕-퉁탕부 どんどん｜ずどんずどん。

퉁퉁¹부 ❶【형용】ぶくぶく。❷【신체의 한 부분이 부은 모양】ぶくぶく。예울어서 눈이 ~ 붓다. 泣いて目がむくんだ。

퉁퉁-하다형 ぶくぶく太っている。예몸이 퉁퉁하게 살쪘다. 体がぶくぶくに太った。

퉁퉁²부 ❶【큰북이나 나무통 두드리는 소리】どんどん。❷【대포 쏘는 소리】ずどんずどん｜どかんかん｜どんどん。

퉁퉁-거리다재타 どんどんと音を出す。=퉁퉁대다

퉁퉁-대다재타 ☞퉁퉁거리다

퉁퉁-걸음명 とんとんと踏みならして歩く急ぎ足。

퉤부【침을 뱉는 소리 또는 모양】ぺっと｜ぷっと。예건방지게 어디서 침을 ~ 하고 뱉니? 生意気につばなんか吐きやがって。

퉤-퉤부【침을 연거푸 뱉는 모양】ぺっぺっと｜ぷっぷっと。예침을 ~ 뱉었다. 唾をぺっぺっと吐いた。

튀각명【다시마를 튀긴 반찬】昆布の揚げもの。예다시마로 만든 ~ コンブで作った揚げコンブ。

튀기명 ❶【혼혈아】合いの子。예생긴 걸 보아하니 흑인 ~ 였다. 顔つきからして黒人との混血だ。❷【잡종】動物の雑種｜合いの子。◆「合いの子」는 '혼혈'에 속된 말이고, 일반적으로는 「混血児(こんけつじ), ハーフ」라고 한다.

튀-기다타 ❶【힘을 주어 세게 치다】はじく｜跳ねる｜飛ばす。예침을 ~. 唾液を飛ばす。/ 손가락을 ~. 指ではじく。/ 자동차가 흙탕물을 튀기며 지나갔다. 自動車が泥水を跳ねとばして通った。❷【공 따위를 쳐서 튀게 하다】跳ねる｜跳ねとばす。예공을 튀기며 달려가다. ボールを弾ませて走っていく。

튀기다²타 ❶【기름에】揚げる。예고구마를 기름에 ~. さつま芋を油で揚げる。❷【불을 속으로 넣어】膨らませる。

튀김명 テンプラ。예떡볶이와 ~은 찰떡궁합이다. トッポッキとテンプラはぴったりの相性だ。

튀니지(Tunisie)명〈국〉チュニジア。

튀다재 ❶はじける｜はねる。예화로에서 군밤이 ~. 火鉢で焼く栗がはじける。/ 불똥이 사방에 ~. 火花が四方にはじける。/ 흙탕물이 ~. 泥水がはねる。/ 공이 ~. ボールがはねる。❷【빨리 달아나다】素早く逃げる｜走る｜飛ぶ。예범인은 외국으로 튀었다. 犯人は外国に逃げた。❸【두드러지다】あまり目立つ。예복장이 튄다. 服装があまり目立つ。

튀-밥명（米・とうもろこしの）はぜ。

튀어-나오다재 飛び出す｜飛び出る。예눈알이 ~. 目玉が飛び出る。/ 아이가 골목길에서 ~. 子供が小道から飛び出す。/ 말이 ~. 言葉が飛び出す。

튕기다타 ❶【힘을 주어 팽팽히 하다】断る｜拒む｜突っぱねる。❷ はじく｜跳ねる｜飛ばす。❸【음악】(弦楽器の弦を)弾く。

튜너(tuner)명〈물〉チューナー。

튜닉(tunic)명 チュニック。

튜닝(tuning)명〈물・음〉チューニング。

튜바(tuba)명〈음〉チューバ。

튜브(tube)명 チューブ。

튤립(tulip)명〈식〉チューリップ。예노란 ~ 黄色いチューリップ。

트다¹ 자 ❶ (皮膚·田などが)ひび割れる；ひびが切れる；裂ける；あかぎれになる。例 손이 ~. 手があかぎれになる。/가뭄이 이어지면서 논이 텄다. 日照りが続いて田がひび割れた。❷ (芽が)出る；芽生える；芽吹く；発芽する。例 새싹이 ~. 若芽が出る。/봄이 되면 초목의 싹이 트기 시작한다. 春になると草木が芽生え始める。❸ (夜が明けようと東の空が)白くなる；明らむ。例 드디어 동이 튼다. ようやく東の空が明らむ。/동이 트기 전에 빨리 떠나자. 夜の明けないうちに早く出発しよう。

트다² 타 ❶ (閉じていたり塞がっていたりした物を)開く；開ける；通じるようにする。例 터널을 ~. トンネルを開通する。/지나다닐 수 있도록 길을 ~. 行き来できるように道を開ける。❷ (心・交際などを)親しくする；気兼ねなく付き合う；(取引などを)始める。例 마음을 틀 수 있는 사람 親しくできる人/인사를 트고 가깝게 지내다. 挨拶を交わして気兼ねなく付き合う。/새로운 은행에 거래를 ~. 新しい銀行に取引を始める。❸ 対等による言葉遣いをする関係になる。例 우리 이제부터 말을 틀까? 私たち、これから対等な言葉遣いをしよう。

트라이(try) 명 《운》 トライ。
트라이앵글(triangle) 명 《음》 トライアングル。
트라코마(trachoma) 명 《의》 トラコーマ；トラホーム。
트래블링(travelling) 명 《운》 トラベリング。
트래픽(traffic) 명 《컴》 トラフィック。
트랙(track) 명 《운·컴》 トラック。
트랙 경기(track競技) 명 《운》 トラック競技。
트랙터(tractor) 명 トラクター。
트랜지스터(transistor) 명 トランジスタ。
트랩(trap) 명 トラップ。
트러블(trouble) 명 トラブル。
트러스트(trust) 명 《경》 トラスト。
트럭(truck) 명 トラック。
트럼펫(trumpet) 명 《음》 トランペット。
트럼프(trump) 명 《운》 トランプ。
트렁크(trunk) 명 トランク。

트레몰로(tremolo 이) 명 《음》 トレモロ。
트레이너(trainer) 명 トレーナー。
트레이닝(training) 명 トレーニング。
트레이드(trade) 명 トレード。
트레이드-마크(trademark) 명 トレードマーク。
트레일러(trailer) 명 トレーラー。
트렌치-코트(trench coat) 명 トレンチコート。
트로이카(troika 러) 명 トロイカ。
트로포(troppo 이) 명 《음》 トロッポ。
트로피(trophy) 명 トロフィー。
트롬본(trombone) 명 《음》 トロンボーン。
트리니다드 토바고(Trinidad and Tobago) 《국》 トリニダードトバゴ。
트리오(trio) 명 《음》 トリオ。
트릴(trill) 명 《음》 トリル；顫音。
트림 명 おくび；げっぷ。例 공공장소에서 ~을 하는 것은 예의가 아니다. 公共の場所でげっぷをするのは失礼だ。/~은 생리 현상이다. げっぷは生理が現象だ。
트림-하다 자 げっぷをする；おくびを出す。
트립신(trypsin) 명 《의》 トリプシン。
트릿-하다 형 ❶ 胃がもたれる；(消化不良で)胸がつかえる。❷ 煮えきらない；はっきりしない。例 트릿한 태도 煮え切らない態度。
트위스트(twist) 명 《예》 ツイスト。
트-이다 자 ❶ (障害物が)なくなる；通じる；開ける。例 교통사고로 막혔던 길이 ~. 交通事故で塞がっていた道が開ける。/산꼭대기에 올라서니 시야가 트인다. 山の頂上に登ったら視野が開ける。/활로가 ~. 活路が開ける。❷ (運勢などが)良くなる；開ける。例 중년에 들어서면 운이 트인다고 한다. 中年に入って運が良くなるという。❸ 通る；すっとする；すっきりする。例 복잡한 논문을 끝냈더니 속이 트인다. 複雑な論文を終えたので胸がすっとする。/허브 차를 마시니 목이 트인다. ハーブ茶を飲んだら喉がすっとする。/막혔던 코가 ~. 詰まっていた鼻がが通る。❹ (新しい関係が)始まる；できる。例 2군데나 새로운 거래처가 트였다. 2個所も新しい取引先ができた。
준 틔다

트집 명 ❶難癖なんくせ｜言いがかり｜けちをつけること。예 어처구니없는 ~이다. とんでもない言いがかりだ。❷【물】(物事ものごとの)割われ目め｜裂さけ目め。
트집(을) 잡다관용 言いがかりをつける｜難癖なんくせをつける。예 아무 때나 트집을 잡는다. いつでも難癖をつける。

트집-거리 명 言いがかりの種たね｜難癖なんくせをつける口実こうじつ｜けちをつける言いいぐさ。

트집-바탈 명 どんな小ちいさなあらでもさがし出だして、けちばかりつけること。

트집-쟁이 명 文句もんくをよくつける人ひと｜あらさがしの名人めいじん。예 오늘따라 왜 이렇게 ~처럼 굴어? 今日きょうに限かぎって、何なんでこんなにけちをよくつける人のように振舞ふるまうの。

특가(特價) 명 特価とっか。
특가-품(特價品) 명 特価品とっかひん。
특강(特講) 명 特講とっこう｜特別講義とくべつこうぎ。
특공(特功) 명 殊勲しゅくん。
특공-대(特功隊) 명 〈군〉特攻隊とっこうたい。
특권(特權) 명 特権とっけん。예 ~ 의식을 가지고 있다. 特権意識とっけんいしきをもっている。
특권 계급(特權階級) 〈사〉特権階級とっけんかいきゅう。 =특권층
특권-층(特權層) ☞특권 계급
특근(特勤) 명 特別勤務とくべつきんむ｜時間外じかんがい勤務きんむ。 ~ 수당 時間外手当じかんがいてあて。
특근-하다 탄 特別勤務とくべつきんむをする｜時間外じかんがい勤務きんむをする。
특급¹(特急) 명【특별급행】特急とっきゅう｜特別急行とくべつきゅうこう。
특급²(特級) 명 特級とっきゅう。
특급 열차(特急列車) 特急列車とっきゅうれっしゃ。 =특별 급행열차
특기¹(特技) 명【특별기능】特技とくぎ｜得手えて。
특기²(特記) 명【특별기재】特記とっき。예 ~ 사항 特記事項とっきじこう。
특기-하다 탄 特記とっきする。
특대¹(特大) 명【특별대형】特大とくだい。
특대²(特待) 명【특별대우】特待とくたい。
특대-하다 탄 特別とくべつに待遇たいぐうする。
특등(特等) 명 特等とくとう。
특례(特例) 명 特例とくれい。
특매(特賣) 명 特売とくばい。
특매-하다 탄 特売とくばいする。
특명(特命) 명 ❶特命とくめい｜特別とくべつの命令めいれい。❷特命とくめい｜特別とくべつの任務にんむ。❸〈군〉(軍ぐんの)特別命令とくべつめいれい。❹〈역〉王おう

の特別とくべつの命令めいれい｜特旨とくし。

특명 전권 공사(特命全權公使) 〈법〉特命とくめい全權公使ぜんけんこうし｜全權公使ぜんけんこうし。 =전권 공사

특명 전권 대사(特命全權大使) 〈법〉特命とくめい全權大使ぜんけんたいし｜全權大使ぜんけんたいし。 =전권 대사

특무(特務) 명 特務とくむ｜特別とくべつの任務にんむ。
특별(特別) 명 特別とくべつ｜格別かくべつ。예 ~ 취급 特別扱とくべつあつかい／~ 구역 特別区域とくべつくいき／~ 형법 特別刑法とくべつけいほう／~ 출연 特別出演とくべつしゅつえん。
특별-하다 특別とくべつだ｜格別かくべつだ。
특별-히 부 特別とくべつに｜格別かくべつに｜わざわざ。예 ~ 만들었습니다. 特別とくべつに作つくりました。

특별 관습법(特別慣習法) 〈법〉特別とくべつ慣習法かんしゅうほう。
특별 급행(特別急行) ☞특별 급행열차
특별 급행열차(特別急行列車) 特別とくべつ急行きゅうこう。 =특급 열차·특별 급행
특별-법(特別法) 명 特別法とくべつほう。
특별 사면(特別赦免) 〈법〉特別赦免とくべつしゃめん｜特赦とくしゃ。
특별-시(特別法) 〈행〉特別市とくべつし。예 서울~ ソウル特別市とくべつし。
특별 활동(特別活動) 〈교〉特別とくべつ活動かつどう。
특보(特報) 명 特報とくほう。
특보-하다 特報とくほうする。
특사¹(特使) 명 特使とくし。
특사²(特赦) 명【특별사면】特赦とくしゃ。
특산(特産) 명 特産とくさん。
특산-물(特産物) 명 特産物とくさんぶつ。
특색(特色) 명 特色とくしょく。예 ~ 있는 수업 特色とくしょくのある授業じゅぎょう。
특선(特選) 명 特選とくせん。❶特とくに優すぐれたものとして認みとめられた作品さくひん。예 미술 대회에서 ~을 차지하다. 美術大會びじゅつたいかいで特選とくせんを取とる。❷特とくに選えらぶこと。예 성탄절 ~ 영화 聖誕祭せいたんさいの特選映画とくせんえいが。
특설(特設) 명 特設とくせつ。예 ~ 무대 特設舞台とくせつぶたい。
특성(特性) 명 特性とくせい｜特質とくしつ。예 ~을 살리다. 特性とくせいを生いかす。
특수(特殊) 명 特殊とくしゅ。예 ~ 부대 特殊部隊とくしゅぶたい／~ 법인 特殊法人とくしゅほうじん／~ 학급 特殊学級とくしゅがっきゅう。
특수-하다 형 特殊とくしゅだ。예 특수한 기능을 여럿 준비했다. 特殊とくしゅな機能きのうを多数たすう用意よういしている。
특수-강(特殊鋼) 〈공〉特殊鋼とくしゅこう。

특수 교육(特殊敎育)《교》特殊教育とくしゅきょういく。

특수-성(特殊性)몡 特殊性とくしゅせい。예~의 원리 特殊性の原理。

특약(特約)몡 特約とくやく。
 특약-하다 特約とくやくする。

특약-점(特約店) 特約店とくやくてん。

특용(特用)몡 特用とくよう。
 특용-하다자타 特別とくべつに使用しようする。

특용 작물(特用作物)《농》特用作物とくようさくもつ。

특유(特有)몡 特有とくゆう|独特どくとく。
 특유-하다 特有とくゆうだ|独特どくとくだ。예 특유한 냄새 特有なにおい。

특이(特異)몡 特異とくい。예~ 체질 特異体質たいしつ。
 특이-하다 特異とくいだ。예특이한 현상 特異な現象げんしょう/특이한 건물 特異な建物たてもの。

특이-성(特異性) 特異性とくいせい。

특점(特點)몡 特点とくてん|特とくに異ことなっている点てん。

특정(特定)몡 特定とくてい。예~ 시설 特定施設しせつ/질환 特定疾患しっかん。
 특정-하다 特定とくていする。

특정-인(特定人) 特定人とくていにん。

특제(特製)몡 特製とくせい。

특종(特種)몡 ❶特種とくしゅ|特別とくべつな種類しゅるい。❷特種とくだね|スクープ。=특종 기사

특종 기사(特種記事) 特種記事とくだねきじ|特種とくだね|スクープ。=특종❷

특지¹(特旨)몡 〈역〉特旨とくし。

특지²(特志)몡 ❶篤志とくし。❷篤志家とくしか。=특지가

특지-가(特志家) 篤志家とくしか。=특지❷

특진(特進)몡 特進とくしん。예 2계급 ~ 二階級にかいきゅう特進。
 특진-하다자 特進とくしんする。

특질(特質)몡 特質とくしつ|特性とくせい。

특집(特輯)몡 特集とくしゅう|特輯とくしゅう。예~ 기사 特集記事きじ。

특징(特徵)몡 特徵とくちょう|特色とくしょく。예보기에 아무런 ~도 없는 사람 見た目に何なんの特徵もない人ひと。

특징-적(特徵的)관형 特徵的とくちょうてき。

특징-짓다(特徵—)자타 特徵とくちょうづける。

특채(特採)몡 特別とくべつ採用さいよう。

특청(特請)몡 特別とくべつな要請ようせい。
 특청-하다타 特別とくべつに請こう。

특출(特出)몡 特出とくしゅつする|傑出けっしゅつ。예특출한 재능을 가졌다. 特出した才能さいのうを持った。

특칭(特稱)몡 特称とくしょう。

특특-하다혱 〈名일〉(布地ぬのじなどの)織り目めがつんで分厚ぶあつい。

특파(特派)몡 特派とくは。
 특파-하다 特派とくはする。

특파-원(特派員)몡 特派員とくはいん。예~을 파견하다. 特派員を派遣はけんする。

특허(特許)몡 特許とっきょ。

특허-권(特許權)몡 特許權とっきょけん。

특허-법(特許法)몡《법》特許法とっきょほう。

특허-청(特許廳)몡《법》特許庁とっきょちょう。

특혜(特惠)몡 特惠とっけい。예~ 관세 特惠関税かんぜい/~를 주다. 特惠を与あたえる。

특활(特活)몡 《교》特別とくべつ活動かつどう。

특효(特效)몡 特效とっこう。

특효-약(特效藥)몡 特效藥とっこうやく。

특-히(特一)부 特とくに|特別とくべつに|殊ことに|とりわけ。예라면은 ~ 좋아한다. ラーメンが特に好きだ。

튼실-하다(—實—)혱 強壮きょうそうだ|がっしりしている。예몸이 ~. 体からだが強壮だ。

튼튼-하다혱 ❶〈名일〉(建物たてもの・物体ぶったいなどが)丈夫じょうぶだ|頑丈がんじょうだ|しっかりしている|堅固けんごだ。예빌딩의 뼈대를 튼튼하게 짓다. ビルの骨組ほねぐみを頑丈に建てる。/노끈으로 튼튼하게 묶다. 紐ひもでしっかりと結むすぶ。❷〈名일〉(体からだが)丈夫じょうぶだ|健康けんこうだ|健すこやかだ。예감기도 안 걸리고 튼튼한 편이다. 風邪かぜも引ひかず丈夫なほうだ。/나 이가 ~. 私わたしは歯はが丈夫だ。❸〈名일〉(組織そしき・機構きこうなどが)強つよい|頑丈がんじょうだ|手堅てがたい。예이 조직은 튼튼해서 무너질 염려가 없다. この組織そしきは強つよくてつぶれる心配しんぱいがない。/이 회사는 주식이 튼튼하니 걱정할 필요가 없다. この会社かいしゃは株かぶが手堅てがたいから心配することはない。

 튼튼-히부 丈夫じょうぶに|頑丈がんじょうに|堅固けんごに。

틀몡 ❶〈名일〉(物ものの形かたちを作つくる見本みほんとなる)型かた|枠わく。예쇳물을 ~에 붓다. 溶とけた鉄てつを型に注そそぐ。/~에 박아 모양을 만들다. 型に填はめて形を作る。❷〈名일〉(物ものの輪郭りんかくとなる)枠わく|縁ふち。예사진을 액자 ~에 끼워 넣다. 写真しゃしんを額縁がくぶちに差さし込こむ。/창~을 닦다. 窓枠まどわくを拭ふく。❸〈名일〉예~에 박힌 규범은 지긋지긋하다. 型に填はまった規範はんはうんざりだ。/~에 박힌 말만 한다. 枠に填はまった話はなしばかりする。

틀거지［명］重々しくどっしりした態度｜威厳のある風采. 예 풍만하고 가 좋은 체구 肉付きが良く, どっしりとしたいい体格だ.

틀-니［명］入れ歯｜義歯. 예 ~를 하다. 入れ歯を入れる.

틀다［타］❶ ねじる｜ひねる｜よる｜よじる. 예 허리를 ~. 腰をひねる./병마개를 ~. ビンの栓をひねる./나사를 ~. ねじをねじる./수도꼭지를 ~. 水道の蛇口をひねる. ❷【전자제품】動かす｜つける. 예 에어컨을 ~. エアコンをまわす./텔레비전을 ~. テレビをつける. ❸【방해하다】妨げる｜じゃまする｜反対する. ❹【머리】(髪を)結う. 예 상투를 ~. 髷を結う. ❺【솜】(綿を)打つ. ❻【집】(巣などを)作る. ❼【변경하다】変える.

틀리다［자］❶【틀림】間違う｜間違える｜違う｜誤まる. 예 더하기를 ~. 加え算を間違える./쉬운 문제를 ~. やさしい問題を間違える. ❷【불가능】駄目になる. 예 이젠 성공하기는 다 틀렸다. 成功は, もう駄目になった.

틀림-없다［형］間違いない｜違いない｜確かだ. 예 이것은 아버지의 시계임에 ~. これは父の腕時計に間違いない.

  틀림없-이［부］間違いなく｜確かに｜きっと｜まさに. 예 책상 위에 있었는데…. 確かに机の上にあったのに.

틀어-넣다［타］(狭い所に)押し込む｜ねじ込む｜詰め込む.

틀어-막다［타］❶ ふさぐ｜押さえる. 예 귀를 손가락으로 ~. 耳を指でふさぐ./입을 수건으로 ~. 口をタオルでふさぐ./휴지로 코를 ~. ちり紙で鼻をふさぐ. ❷【봉함】封じる. 예 사람들의 입을 한 번에 틀어막을 수는 없다. 人々の口を一時に封じることはできない.

틀어-박다［타］❶【좁은 곳】狭い所に押し込む｜ねじ込む. ❷【내버려 두다】しまい込んだままほったらかす.

틀어박-히다［자］引きこもる｜閉じこもる｜くすぶる. 예 자기 방에 ~. 自分の部屋に閉じこもる.

틀어-쥐다［타］❶ 固く握る. 예 냄새가 심하여 코를 틀어쥐었다. 臭いがひどくて鼻を固く押さえた. ❷【장악】すっかり手中におさめる.

틀어-지다［자］❶【비뚤어지다】(物が真っ直ぐでなく)よじれる｜ねじれる｜よれる｜それる｜曲がる. 예 나무 상자가 ~. 木箱が反れる./줄이 ~. 列が曲がる./문이 틀어져서 잘 열리지 않는다. 戸がねじれてなかなか開かない. ❷【실패】(仕事と･計画などが)食い違う｜狂う｜駄目になる｜失敗する. 예 일이 틀어져 계약은 이루어지지 않았다. 事が食い違って契約は成立しなかった./일정이 틀어져 버렸다. 日程が狂ってしまった. ❸【방향】(本来の方向から)それる｜曲がる｜歪む｜傾く. 예 액자가 약간 오른쪽으로 틀어졌다. 額縁が少し右側に曲がった./배가 왼쪽으로 틀어지더니 암초에 걸리고 말았다. 船が左側にそれて, 岩礁に引っ掛かってしまった. ❹【관계】(関係が)悪くなる｜仲違いする. 예 두 사람은 관계가 틀어져 서로 말도 안 한다. 二人は仲違いしてお互いに話しもしない./관계가 한 번 틀어지면 다시 회복하기 어렵다. 関係が一度に悪くなると元には戻しにくい.

틀-지다［형］態度が大様で堂々としている.

틀-톱［명］【톱니바퀴가 달린 큰 톱】二人でひくのこ.

틈Ⅰ［명］❶【간격】(開いている)隙間｜割れ目｜裂け目｜間. 예 창문 ~으로 바람이 들어오다. 窓の隙間から風が入ってくる. ❷【집합】(集まっている人の)間. 예 구경꾼 ~에 끼여 움직일 수가 없다. 見物人の間に挟まれて動けない./사람들 ~을 비집고 들어가다. 人々の隙間を割り込む. ❸【기회】機会｜すき｜間. 예 ~을 노리다. 機会を狙う./나에게 말할 ~을 주지 않는다. 私に話せる間をくれない./한 치의 ~도 보이지 않는다. 一分のすきも見せない. ❹【불화】ひび｜へだたり｜不和. 예 친구와 ~이 벌어지다. 友達との関係にひびが入る.

Ⅱ［의］【시간】間｜暇｜すき｜隙間. 예 어느 ~엔가 잠들고 말았다. いつの間にか寝入ってしまった./밥 먹을 ~없이 바쁘다. ご飯を食べる暇もなく忙しい.

틈-바구니［명］☞ '틈'의 낮춤말. ⑧틈바퀴

틈-바퀴［명］☞ '틈바구니'의 준말.

틈-새［명］【좁은 간격】わずかな隙間. 예 문 ~로 밖을 내다보다. ドアのわずかな隙間から外を眺める./~를 메우다. わずかな

隙間を塞ぐ。

틈-새기명 狭い隙間。はざま。 예 ~로 빛이 들어오다. 狭い隙間に日が差す。

틈-타다자 機に乗じる｜機会を利用する。 예 밤을 틈타서 도망갔다. 夜を乗じて逃げた。/ 이 기회를 틈타서 들어가자. この機会を利用して入ろう。

틈틈-이부 ❶隙間ごとに。 예 ~ 종이로 막다. すきまごとに紙などで押し込む。 ❷暇々に｜片間ごとに｜暇あるごとに。 예 ~ 복습을 하다. 暇々に復習する。

틔다자 ☞'트이다'의 준말.

티¹명 ❶ほこり｜塵。 예 눈에 ~가 들어가다. 目の中などにごみが入る。 ❷欠点｜傷。 예 ~ 없이 맑은 피부 曇りのない肌。

티²명 素振り｜気振り｜気配｜ようす。 예 그는 부유한 ~가 난다. 彼は裕福な気配がする。/ 그녀는 학자 ~를 내고 다닌다. 彼女は学者ぶっている。

티³(T·t)명 《언》ティー。

티⁴(T)명 ☞티셔츠

티⁵(tea)명 ティー｜茶｜紅茶。 예 ~ 타임 ティータイム。

티⁶(tee)명 《운》(ゴルフの)ティー。

티격-나다자 仲たがいする｜ひびが入る｜不仲になる。

티격-태격부 なんだかんだと｜ごたごた。 예 ~ 싸우다. なんだかんだと口喧嘩する。

티끌명 ❶塵｜ごみ｜埃。 ❷塵｜微塵。 예 너에게 줄 생각은 ~만큼도 없다. あなたにあげる考えは全然ない。

티끌 모아 태산속담 塵も積もれば山となる。

티눈명 魚の目。 예 ~이 생기다. 魚の目ができる。

티브이(TV)명 ティーブイ｜テレビ。 =텔레비전

티 샷(tee shot) 《운》ティーショット。 예 ~을 치다. ティーショットを打つ。

티셔츠(T-shirts)명 ティーシャツ。 =티³

티슈(tissue)명 ティッシュ。

티스푼(teaspoon)명 ティースプーン｜茶さじ。

티적-거리다타 つづいて嫌がらせを言う｜あれこれ因縁をつける｜言い掛かりをつける。 =티적대다

티적-대다타 ☞티적거리다

티적-티적부 つづいて嫌がらせを言うさま｜因縁をつけるさま。

티켓(ticket)명 チケット｜切符。

티타늄(titanium)명 ☞티탄

티탄(Titan 독) 《화》チタン。 =티타늄

티푸스(typhus)명 《의》チフス。

팀(team)명 チーム。 예 홈 ~ ホームチーム / ~을 짜다. チームを組む。/ 프로 축구 ~을 만들다. プロサッカーチームを作る。

팀워크(teamwork)명 チームワーク。 예 ~가 좋으면 승리한다. チームワークが良いと勝つ。

팀파니(timpani 이)명 《음》ティンパニ。

팀 파울(team foul) 《운》チームファウル。

팁(tip)명 チップ。 ❶祝儀｜心づけ。 예 ~을 주다. チップをやる。 ❷《운》ファウルチップ。

팅팅부 ぶくぶく｜ぶよぶよ。 예 눈이 ~ 붓다. 目が腫れる。/ 밤새 울어서 눈꺼풀이 ~ 부었다. 夜通し泣いて、まぶたが腫れあがった。

ㅍ

파¹ 명 (식) 葱。 예 ~에는 여러 가지 종류가 있다. ネギにはいろんな種類がある。/ ~를 잘게 썰어 된장국에 넣다. ネギを細かく切ってみそ汁にいれる。

파² (fa 이) 명 (음) ファ。

파격(破格) 명 破格。

파격-적(破格的) 관·명 破格的。 예 ~인 변신 破格的な変身。/ ~인 가격 破格的な値段。

파견(派遣) 명 派遣。 예 ~ 사원 派遣社員。= 파송

　파견-하다 타 派遣する。 예 1년간 해외로 ~. 一年間海外に派遣する。

파경(破鏡) 명 破鏡。 예 결혼 1년 만에 ~에 이르다. 結婚後一年で別れることになる。

파계(破戒) 명 (종) 破戒。
　파계-하다 타 戒律を破る。

파계-승(破戒僧) 명 (종) 破戒僧。

파고-들다 자타 ❶ (深々と中に)入り込む。 예 게가 모래 속으로 파고들어 가다. 蟹が砂場の中に入り込む。 ❷ (深く)染み込む｜染み通る。 예 추위가 뼛속까지 ~. 寒さが骨髄まで染み込む。 ❸ (掻き分けて)割り込む｜食い込む。 예 사람들 사이를 파고들어 가 자리를 잡다. 人々の間に割り込んで席を取る。/ 해외 시장에 ~. 海外市場に食い込む。 ❹ (物事を)深く探って突き止める｜食い込む｜深く調べる｜掘り下げる｜究明する。 예 남의 과거를 ~. 人の過去を深く調べる。/ 한 분야만을 ~. 一分野だけを深く調べる。 ❺ (胸に)食い込む｜入り込む｜抱かれる。 예 아이가 자꾸 엄마 품으로 파고든다. 子供がしきりに母親の胸に抱かれる。

파괴(破壞) 명 破壞。 예 환경 ~ 環境破壞。/ ~ 검사 破壞試驗。
　파괴-하다 타 破壞する。 예 오존층을 파괴하는 물질 オゾン層を破壊する物質。

파괴-적(破壞的) 관 破壞的。 예 ~이고 충동적인 행동 破壞的で衝動的な行動。

파국(破局) 명 破局。 예 ~을 맞다. 破局を迎える。

파근파근-하다 형 ❶ ぱさぱさしている。 예 닭 가슴살은 파근파근해서 좋아하지 않는다. 鶏の胸肉はぱさぱさして好きじゃない。 ❷ 足取りが重い。

파근-하다 형 足が重い。

파급(波及) 명 波及。 예 경제 ~ 효과 経済波及効果。
　파급-되다 자 波及する。 예 사람들에게 널리 ~. 人々に広がる波及する。

파기(破棄) 명 破棄。 예 영수증 ~ 領収証破棄。
　파기-하다 타 破棄する。 예 파기한 문서 破棄した文書。/ 계약을 ~. 契約を破棄する。

파-김치 명 葱キムチ。

파나마(Panama) 명 (극) パナマ。

파나마-모자(Panama帽子) 명 パナマ帽。

파-나물 명 葱の和え物。

파-내다 타 掘り出す。 예 묻혀 있는 보물을 ~. 埋まっている宝物を掘り出す。

파노라마(panorama) 명 パノラマ。

파다 타 ❶ (穴・くぼみ・坑 などを)掘る｜掘り出す｜穿つ。 예 땅을 ~. 土を掘る。/ 구덩이를 ~. 穴を掘る。/ 굴을 ~. 洞穴を掘る。/ 우물을 ~. 井戸を掘る。/ 낙숫물이 돌을 ~. 雨垂れが石を穿つ。/ 홈을 ~. 溝を掘る。 ❷ (絵・字などを)彫る｜刻む｜彫刻する。 예 도장을 ~. はんこを彫る。 ❸ (襟ぐりを)えぐる｜くり抜く｜切り取る。 예 목둘레선을 깊게 ~. 襟回りの線を深くえぐる。/ 통나무를 파서 목기를 만들다. 丸木をえぐって木器を作る。 ❹ (知られていないことを)暴く｜さらけ出す｜洗い出す。 예 사생활을 ~. 私生活をさらけ出す。/ 사건의 진상을 파 보고 싶다. 事件の真相をさらけ出してみたい。 ❺ (勉強・研究などに)專念する｜全力を尽くす｜熱心にむさぼる。 예 책만 파는 공부벌레 本ばかり

むさぼる勉強虫。❻【물님·사용품】(文書や書類などから)削除する。┃消す。예호적에서 이름을 ~. 戸籍から名前を削除する。❼【귀지를】ほじくる┃ほじる。예귀지를 ~. 耳糞をほじくる。

파다-하다¹(頗多—)혭【文】 とても多い。
　파다-히¹뿐 いくらでも。
파다-하다²(播多—)혭【文】 広まっている。예그가 결혼한다는 소문이 ~. 彼が結婚するといううわさが広まっている。
　파다-히²뿐 ぱっと┃広く。
파닥-거리다재타 ❶【새】 ぱたぱた羽ばたく┃羽を動かす。예어미닭이 날개를 ~. 親どりがぱたぱた羽ばたく。❷【물고기】 ぴちぴち跳ねる。예그물에 걸린 물고기가 ~. 網にかかった魚がぴちぴち跳ねる。❸【깃발 따위】 はためく┃ひるがえる。=파닥대다
파닥-대다재타 ⇒파닥거리다
파닥-이다재 ❶【새】 ぱたぱた羽ばたく┃羽を動かす。❷【물고기】 ぴちぴちはねる。❸【깃발 따위】 はためく┃ひるがえる。
파닥-파닥뿐 ❶【새가 날갯짓하는 모양】 ぱたぱた。예~ 날갯짓을 하다. ぱたぱたと羽ばたく。❷【물고기 따위】 ぴちぴち。❸【깃발 따위】 はたはた。
파도(波濤)명 波┃波濤。예~가 거칠다. 波が荒らい。/ ~가 일다. 波が立つ。/ 멀리서 ~ 소리가 들려오다. 遠くから波の音が聞こえてくる。
파도-치다(波濤—)재 波打つ┃波を打つ。
파도-타기(波濤—)명 波乗り┃サーフィン。
파동(波動)명 波動。예전자 – 電子波動。/ 빛의 – 光の波動。
파동-설(波動說)명 【물】波動説。
파동 역학(波動力學)【물】波動力学。
파드닥뿐 ❶【새】 ぱたぱた。예새가 나뭇가지에서 ~ 날아오르다. 鳥が枝からぱたぱたと飛び立つ。❷【물고기】 ぴちぴち。
파드닥-거리다재타 ぱたぱた羽ばたく┃羽音を立てる。예새들이 날개를 ~. 鳥たちがぱたぱたと羽ばたく。/ 물고기가 ~. ぴちぴちはねる。예어항에서 떨어진 금붕어가 ~. 金魚鉢ばちから落ちた金魚がぴちぴち跳ねる。=파드닥대다
　파드닥-대다재타 ⇒파드닥거리다
파드닥-파드닥뿐 ❶【새가 날갯짓하는 반복】 ぱたぱた。❷【물고기가 꼬리를 치는 소리 또는 모양】 ぴちぴち。

파들-거리다재 ぶるぶる震える。=파들대다
파들-대다재타 ⇒파들거리다
파들-파들뿐 ぶるぶる。예두려움에 ~ 떨다. 怖さでぶるぶる震える。
파딱-파딱 ❶【작은 물체가 가볍게 뛰는 소리 또는 모양】 ぱたぱた。예잉꼬가 날개를 ~ 하며 날아갔다. インコが羽をぱたぱたさせながら飛んできた。❷【작은 물고기 따위가 활발하게 뛰는 소리 또는 모양】 ぴちぴち。예낚시로 잡은 붕어가 땅바닥에서 ~ 뛴다. 釣った鮒が地面でぴちぴちと跳ねている。/ 그물을 끌어올리니 그 속에서 고기가 ~ 뛰어오른다. 網を引き上げたら、その中で魚がぴちぴちと飛び上がりしている。
파뜩뿐 ❶【생각이 떠오르는 모양】 はっと┃ふと。❷【놀라는 모양】 はっと。❸【순간적으로 지나가는 모양】 さっと。
파뜩-파뜩뿐 ❶【생각 따위가 잇따라 떠오르는 모양】 ふっと┃はたと。예좋은 아이디어가 ~ 떠올랐다. いいアイディアがしきりにふっと浮かんだ。❷【어떤 물체나 빛 따위가 잇따라 빠르게 지나가는 모양】 ちらっと┃ちらり(と)。예나무 뒤에서 다람쥐가 ~ 나타났다가 금방 달아났다. 木陰からリスがちらっちらっとやって来たが、すぐに逃げて行った。
파라과이(Paraguay)명〈国〉パラグアイ。
파라다이스(paradise)명 パラダイス┃楽園。
파라솔(parasol 프)명 パラソル。
파라핀(Paraffin)명《화》パラフィン。❶石蠟┃パラフィン蠟。❷【화학에서 메탄계 탄화수소의 총칭】 メタン系飽和炭化水素の総称。❸パラフィン紙。
파란(波瀾)명 波瀾。예~을 일으키다. 波瀾を巻き起こす。/ ~ 많은 삶을 마치다. 波瀾に富んだ一生を終える。
파란-곡절(波瀾曲折)명 波瀾曲折。
파란-만장(波瀾萬丈)명 波瀾万丈。
　파란만장-하다혭 激しい変化と曲折がある。예파란만장한 생애 波瀾万丈の生涯。
파란-색(—色)명 青色。=청·청색
파랑¹명 青い┃青色。
파랑²(波浪)명 波浪┃波。예~ 주의보 波浪注意報。
파랑-새명 ❶〈동〉仏法僧。❷【상상의 새】 青い鳥。
파랑-콩명 青色の大豆。
파랗다혭 ❶【색】 青い。예높고 파란 하늘

高くて青い空/ 파란 스웨터를 입고 있다. 青いセーターを着ている。❷【얼굴】青くなる。예귀신의 집에서 나온 사람들의 얼굴이 ~. お化け屋敷から出た人々の顔色が青い。

파래 명 〈식〉青のり。

파래-지다 재 ❶【잎】青くなる；青ばむ。예비 온 뒤에 나뭇잎이 더욱 파래졌다. 雨のあと木の葉がいっそう青くなった。❷【얼굴】青くなる；青白くなる；青ざめる。예놀라서 입술까지 ~. 驚いて唇まで青くなる。

파렴치(破廉恥)명 破廉恥；恥知らず。
파렴치-하다 형 破廉恥だ；恥知らずだ。예파렴치한 행동을 하다. 破廉恥な振舞いをする。

파렴치-한(破廉恥漢)명 破廉恥漢；破廉恥な人間。

파로틴(parotin)명 〈의〉パロチン。

파르께-하다 형 少し青みがかっている；青白い。

파르대대-하다 형 薄汚なく青っぽい。

파르댕댕-하다 형 青黒い。

파르르 부 ❶【액체가 끓어오를 때】ぐらぐら；ぶつぶつ。예냄비의 물이 ~ 끓다. 鍋のお湯がぐつぐつと沸く。❷【성을】ぷりぷり；ぷんぷん。예아무것도 아닌 일에 ~ 화를 내고는 말도 하지 않는다. 何にもないことにぷりぷりしてなにも言わない。❸【얼에 가볍게】めらめら。예마른풀이 ~ 타오르다. 乾草がめらめらと燃え上がる。❹【가볍게】ぴりぴり；ぶるぶる。예눈꺼풀이 ~ 떨리다. 瞼がぴりぴり震える。

파르스레-하다 형 ☞파르스름하다

파르스름-하다 형 薄く青みがかっている。=파르스레하다

파릇-파릇 부 青々(と)。
파릇파릇-하다 형 青々としている。예파릇파릇한 채소 青々とした野菜。

파릇-하다 형 やや青い。예파릇한 봄나물이 싱그럽다. 青い春の若葉が新鮮だ。

파릇-이 부 やや青く。

파리 명 〈동〉蠅。예~가 꾀다. ハエがたかる。/ 가 윙윙거린다. ハエがぶんぶんいう。/ 음식 쓰레기에 ~가 들끓는다. 生ごみにハエがたかる。

파리 잡듯 관용 簡単に殺すさま。예사람 목숨을 파리 잡듯 한다. いとも簡単に人の命を奪う。

파리(를) 날리다 관용 商売が上がったりである；不景気である。예새로 차린 음식점에 파리만 날린다. 新しく飲食店を始めたが、商売が上手くいかない。

파리-채 명 はえたたき。

파리-하다 형 青白い。예파리한 얼굴 青白い顔。

파마(← permanent)명 パーマ；パーマネント。
파마-하다 타 パーマをかける；ウエーブする。

파-먹다 타 ❶【흙을】(土・土地などを)掘ることで食べていく；生きていく。예예나 지금이나 땅을 파먹는 신세다. 昔も今も土を掘って暮らす身だ。❷【속을】(外から中に)えぐり食べる；ほじくり食う；食い尽くす。예벌레가 사과를 파먹었다. 虫がリンゴをほじくり食った。

파면¹(波面)명 波面。
파면²(罷免)명 罷免。
파면-하다 罷免する。예대신을 임의로 파면할 수 있다. 大臣を任意に罷免することができる。

파면-권(罷免權)명 罷免権。

파멸(破滅)명 破滅。예~의 길을 걷다. 破滅の道を進める。
파멸-하다 破滅する。

파문(波紋)명 波紋。예~이 확산되다. 波紋が広がる。/ ~을 일으키다. 波紋を起こす。/ ~이 일다. 波紋が起こる。

파-묻다¹ 타 ❶【땅에】埋める；埋める；葬る。예보물을 땅속에 ~. 宝物を地中に埋める。/ 시체를 ~. 死体を埋める。/ 덩이뿌리를 ~. 球根を埋める。❷【속】隠す；葬る。예파묻어 둔 과거를 털어놓다. 葬った過去を打ち明ける。❸【얼굴을 파묻고】埋める。예베개에 얼굴을 파묻고 울다. 枕に顔を埋めて泣く。

파-묻다² 타 【묻다】問いただす；根掘り葉掘り聞く。예어제의 일을 꼬치꼬치 ~. 昨日のことを根掘り葉掘り聞く。

파묻-히다 재 【묻히다】埋まる；埋もれる；埋もれる；葬られる。예자동차가 흙더미에 ~. 車が土砂に埋もれる。/ 영원히 파묻혀 버릴 사건이었다. 永遠に埋もれてしまう事件だった。/ 소파에 파묻혀 자고 있다. ソファーに埋もれて寝

ている。

파물(破物)몡 壊れれ物。|傷物。

파-밭몡 ネギ畑。

파벌(派閥)몡 派閥。 예 ~ 싸움 派閥争い。

파별(派別)몡 派別。
　파별-하다 派別に分ける。

파병(派兵)몡 派兵。
　파병-하다자 派兵する。 예 해외에 ~. 海外に派兵する。

파-뿌리몡 白髪。

파삭-파삭튀 かさかさ|ぱさぱさ。 예 ~ 마른 잎을 밟으며 걷다. かさかさと枯れ葉を踏みながら歩く。

파삭-하다혱 かさかさだ|ぱさぱさしている。 예 파삭한 빵을 먹다. かさかさのパンを食べる。

파산(破産)몡 破産。 예 ~ 선고 破産宣告。/ ~ 신청 破産申請。/ 절차를 밟다. 破産手続きをとる。/ 공장이 ~ 지경에 이르렀다. 工場が破産の境遇に至った。
　파산-하다자 破産する。

파상(波狀)몡 波状。

파상-풍(破傷風)몡 破傷風。

파생(派生)몡 派生。 예 ~ 상품 派生商品。
　파생-하다자 派生する。

파생-어(派生語)몡 派生語。

파선(破船)몡 破船。
　파선-하다자 難波する。

파손(破損)몡 破損。
　파손-하다자타 破損する。 예 폭풍으로 가옥이 파손되다. 嵐で家屋が破損する。

파송(派送)몡 ☞파견(派遣)

파쇄(破碎)몡 破砕。
　파쇄-하다타 破砕する。

파쇼(Fascio 이)몡 ファッショ。

파수(把守)몡 見張り|警戒して守ること。
　파수-하다타 見張る。

파수-꾼(把守一)몡 見張り|番人。

파수-병(把守兵)몡 番兵|警備兵。

파스텔(pastel)몡 《미》パステル。 예 ~ 색상 パステルカラー。

파스텔-화(pastel畵)몡 《미》パステル画。

파슬리(parsley)몡 《식》パセリ。

파슬-파슬 ぼろぼろ|ぽろぽろ。

파시스트(fascist)몡 ファシスト。

파시즘(fascism)몡 ファシズム。

파식(波蝕)몡 波蝕。 예 ~ 작용 波蝕作用。

파식 대지(波蝕臺地) 波食棚。

파악(把握)몡 把握。
　파악-하다타 把握する。 예 경제 동향을 ~. 経済動向を把握する。/ 분위기를 파악하지 못하다. 雰囲気に気づけない。

파약(破約)몡 破約。
　파약-하다자타 破約する|約束を破る。

파양(罷養)몡 養子の縁を切ること。

파업(罷業)몡 ❶ 罷業。 ❷ 《사》同盟罷業。
　파업-하다자 罷業する|ストライキする。

파열(破裂)몡 破裂。
　파열-되다자 破裂する。 예 복부의 장기가 ~. お腹の臓器が破裂する。/ 송유관이 ~. 油送管が破裂する。

파열-음(破裂音)몡 《언》破裂音。

파오(包 중)몡 パオ。

파옥¹(破屋)몡 破屋|あばら屋。

파옥(破獄)몡 破獄。
　파옥-하다자 破獄する。

파우더(powder)몡 パウダー。 ❶ 粉|粉末。 ❷ 粉おしろい。

파운데이션(foundation)몡 ファンデーション。 ❶ 下地用の化粧品。 ❷ 体形を整えるための女性用下着。

파운드(pound)의 ポンド。

파울(foul)몡 《운》ファウル。 예 ~을 알리는 호각 소리 ファウルを告げるホイッスルの音。

파울 라인(foul line) 《운》ファウルライン。

파울 볼(foul ball) 《운》ファウルボール。

파이(pie)몡 パイ。

파이팅(fighting)감 ファイト|頑張れ。

파이프(pipe)몡 パイプ。

파이프 오르간(pipe organ) 《음》パイプオルガン。

파인애플(pineapple)몡 《식》パイナップル。

파일(file)몡 ファイル。

파일럿(pilot)몡 パイロット。

파자마(pajamas)명 パジャマ｜寝間着。

파장¹(波長)명 ❶【물리】波長。❷【물리】影響｜影響力。 예 그 발언은 ~을 불러일으켰다. その発言は波紋を起こした。／그 사건이 미친 ~은 매우 컸다. その事件が及んだ影響はとても大きかった。

파장²(罷場)명【씨름·놀이 따위】仕舞いになること。 예 ~ 무렵에 손님들이 몰려들다. 市が仕舞いになる頃に、お客さんが押し寄せる。／축제도 이제 ~에 이르렀다. 祭りももうお仕舞いになることになった。
　파장-하다자 終わる。

파장-머리(罷場—)명 仕舞いになる頃｜終わる頃。

파쟁(派爭)명 派閥争い。

파종(播種)명〈농〉種まき。
　파종-하다타 播種をする｜種をまく。

파-죽음 ぐったりすること｜へとへとにへたばった状態。 예 ~이 되어 돌아오다. ぐったりして帰ってくる。

파죽지세(破竹之勢)명 破竹の勢い。 예 ~로 적을 몰아내다. 敵を破竹の勢いで追い出す。

파지(破紙)명 反故｜破れ。

파찰-음(破擦音)명〈언〉破擦音。

파초(芭蕉)명〈식〉芭蕉。 예 ~ 잎은 강한 바람에도 잘 견딘다. バショウの葉は強い風にもよく耐える。

파출-소(派出所)명 交番｜派出所。

파충-류(爬蟲類)명 爬虫類。

파-치(破—)명 傷物｜壊れ物。

파카(parka)명【방한복】パーカ。

파키스탄(Pakistan)명 パキスタン。

파킨슨-병(Parkinson病)명《의》パーキンソン病。

파탄(破綻)명 破綻。 예 결혼 생활이 ~에 이르다. 結婚の生活が破綻に至る。
　파탄-하다자 破綻する。 예 가정 경제가 ~. 家庭の経済が破綻する。

파트(part)명 パート。

파트너(partner)명 パートナー。

파트-타임(part time)명 パートタイム。

파티(party)명 パーティー。

파파-노인(皤皤老人)명 白髪の老人。

파편(破片)명 破片。

파푸아 뉴기니(Papua New Guinea)《국》パプアニューギニア。

파피루스(papyrus)명 パピルス。

파-하다¹(破—)❶【끝내다】打ち破る。 예 적이 방심하고 있는 지금이야말로 적을 할 호기다. 敵が油断している今こそ、敵を打ち破る好機だ。❷【부수다】破る｜壊す。 예 혼담을 ~. 縁談を壊す。／계약을 ~. 契約を破る。

파-하다²(罷—)자 終わる｜終える｜しまう。 예 학교가 파하면 곧장 집으로 오너라. 学校が終わったらすぐ家に帰ってこなさい。／술자리가 ~. 酒席が終わる。

파-헤치다타 ❶【헤집어 내다】暴く｜掘り返す。 예 무덤을 파헤친 흔적이 있다. 墓を暴いた跡形がある。❷【밝혀내다】暴く。 예 건물 붕괴의 원인을 ~. 建物の崩壊の原因を暴く。

파혼(破婚)명 破婚。
　파혼-하다자 破婚する。

팍부 ❶【힘껏 내지르는 모양】どんと｜ごつんと｜ぶすっと。 예 주먹을 ~ 내지르다. げんこつをごつんと食くわせる。❷【힘없이 거꾸러지는 모양】ばたっと｜ばたり(と)。 예 한 대 맞고 ~ 고꾸라지다. 一発殴られて、ばたっと倒れる。

팍삭부【힘없이 주저앉는 모양】ばたっと｜ばたり(と)。 예 마룻바닥에 ~ 주저앉다. 床にばたっと座り込む。／지붕이 ~ 내려앉다. 屋根がばたりと崩れ落ちる。／새로 지은 담이 ~ 무너졌다. 新しく作った垣根がばたっと崩れた。

팍삭-팍삭부 ❶【힘없이 주저앉는 모양】どさどさ。 예 더위와 배고픔으로 많은 사람들이 ~ 쓰러지다. 暑さと飢えで多くの人々がどさどさと倒れる。❷【마른 것이 잘게 부서지는 모양】ばさばさ。 예 말라서 ~ 부서지는 빵 乾いてばさばさと砕けるパン。

팍신-팍신부 ふわふわ｜ふんわり｜ふかふか。

팍신-하다형 ふわふわだ｜ふんわりとしている｜ふかふかとしている。 예 팍신한 깃털 이불 ふんわりとした羽毛の布団。／팍신한 침대 ふかふかとしたベッド。

팍팍-하다형 ❶【팍팍】ぱさぱさしている。 예 떡이 팍팍해서 먹을 수 없다. 餅がぱさぱさして食べられない。❷【힘들다】足取りが重い。

판Ⅰ 명【벌이는 일의 자리】場｜場面。 예 ~을 벌이다. 場を開く。／~을 깨다. その場の興を冷ます。

Ⅱ의 ❶【처지, 환경】幕まく｜場面めん｜状況じょう. ㉠지금 집에 들어갔다가는 호되게 야단맞을 ~이다. 今いま家いえに帰かえったらきつく怒おこられる場面めんである. ❷【승부를 겨루는】回かい｜度ど｜局きょく｜戦せん. ㉠바둑 한 ~ 둡시다. 碁ごを一局いっきょく打うちましょう.

판²(板)명 ❶板いた. ❷【승부를 겨루는】盤ばん.

판³(版)명 《出版はん》. ㉠2~을 발행하다. 二に版を発行はっこうする.

판-가름명 是非ぜひや優劣ゆうれつを判断はんだんすること. ㉠이러다가는 정말 ~이 나지 않겠다. このままでは本当ほんとうに優劣ゆうれつがつけられない. / 그의 역전 골로 승부가 ~ 났다. 彼かれの逆転ぎゃくてんゴールで勝負しょうぶが決きまった.

판가름-하다 優劣ゆうれつ·是非ぜひなどをつける. ㉠네가 잘했는지 내가 잘했는지 어디 한 번 판가름해 보자. 君きみと僕ぼくとどちらがよくできたか優劣ゆうれつをつけてみよう.

판각(板刻)명 板刻はんこく.
판각-하다타 板刻はんこくする.

판각-본(板刻本)명《出しゅつ》板本はんぼん｜版本はんぽん. =판본

판결(判決)명 判決はんけつ. ㉠최종 ~ 最終さいしゅう判決けつ / 공정한 ~ 公正こうせいな判決はんけつ / ~에 불복하다. 判決に不服ふふくする. / 유죄 ~을 받다. 有罪ゆうざい判決を受うける.
판결-하다타 判決はんけつする.

판결-문(判決文)명《법》判決文はんけつぶん.
판결 정본(判決正本)명《법》判決正本はんけつせいほん.

판-공론(一公論)명 世論せろん｜一般いっぱんの世論せろん. ㉠무슨 ~이 그리 시끄러우냐? どうして世論がこんなにうるさいんだ.

판국(一局)명 (ある事ことが起おこった)状況じょう｜場面めん｜時局じきょく. ㉠어떻게 되어 가는지 전혀 알 수 없는 ~에 맞닥뜨리다. どうなっているのか全まったく分わからない局面きょくめんに遭あう. / 이런 위험한 ~에 어디를 간단 말이냐? こんな危険きけんな時局にどこへ行いくというのか.

판권(版權)명《법·출》版権はんけん.

판-나다자 ❶【결판】けりがつく. ㉠오랫동안 계속된 분쟁이 판났다. 長ながい間あいだの紛争ふんそうにけりがついた. ❷【재산 따위가】すっかりなくなる｜破産はさんする. ㉠노름으로 재산이 ~. 賭博とばくで財産ざいさんがすっかりなくなる.

판다(panda)명《動どう》パンダ. ㉠~는 중국의 대표 동물이다. パンダは中国ちゅうごくの代表的だいひょうてきな動物どうぶつだ.

판단(判斷)명 判断はんだん. ㉠상황 ~ 状況じょう判断.
판단-하다타 判断はんだんする. ㉠사물을 냉정하게 ~. 物事ものごとを冷静れいせいに判断する.

판단-력(判斷力)명 判断力はんだんりょく.

판도(版圖)명 ❶【영토】版図はんと. ㉠~를 넓히다. 版図を広ひろげる. ❷【범위】版図はんと. ㉠업계의 ~를 바꾸다. 業界ぎょうかいの版図を変かえる.

판도라(Pandora)명《문》パンドラ.

판-돈명 賭かけ金きん. ㉠~을 걸다. 賭け金を賭かける. / ~을 싹쓸이하다. 賭け金を総そうなめする. / ~을 잃다. 賭け金をすっかり取とられる.

판둥-거리다자 ぶらぶらする. =판둥대다
판둥-대다자 ☞판둥거리다
판둥-판둥부 ぶらぶら｜のらりくらり｜のらくら.

판들-거리다자 ぶらぶらする. =판들대다
판-들다타【재산 따위를】すっからかんになる｜財産ざいさんを食くい潰つぶす.

판들-대다자 ☞판들거리다
판들-판들부 ぶらぶら｜のらりくらり｜のらくら.

판례(判例)명《법》判例はんれい.

판로(販路)명 販路はんろ. ㉠~를 개척하다. 販路を開拓かいたくする.

판막(瓣膜)명《의》弁膜べんまく.

판-막다자 最後さいごの勝負しょうぶに勝かってその場ばを終おえる.

판-막음명 (その場ばでの)最後さいごの勝利しょうり.

판매(販賣)명 販売はんばい. ㉠~촉진 販売促進そくしん / 통신 ~ 通信つうしん販売 / ~ 가격 販売価格かかく.
판매-하다타 販売はんばいする.

판매-량(販賣量)명 販売量はんばいりょう.
판매-액(販賣額)명 販売額はんばいがく｜販売高はんばいだか｜売上うりあげ高だか. =매상
판매-원(販賣員)명 販売員はんばいいん.
판매-점(販賣店)명 販売店はんばいてん.

판명(判明)명 判明はんめい.
판명-하다자타 判明はんめいする.

판-몰이명【독점】賭かけ金きんを独占どくせんすること｜一人ひとりに勝かちが集中しゅうちゅうすること.

판-무식(判無識)명 一文不知いちもんふち｜無学文盲むがくもんもう.
판무식-하다자 無知むちだ｜無学むがくだ.

판-박이(版一)명 瓜二うりふたつ. ㉠아기의 얼굴이 꼭 엄마의 ~다. 赤あかちゃんの顔かおが母はは

と瓜二つだ。◆일본에서는 '오이를 세로로 갈라놓은 모양'처럼 비슷하게 생겼다는 뜻에서 '오이(瓜)'에 비유한다.

판벽(板壁)몡【건축】板壁。

판별(判別)몡 判別。

　　판별-하다囘 判別する。

판본(板本)몡 ☞판각본

판사(判事)몡【법】判事。

판서(判書)몡【역사】板書。

　　판서-하다재타 板書する。

판-설다囘 場馴れしていない；疎い。

판-세(一勢)몡 様子；成り行き；形勢。᳆ 보아하니 다 먹어 치울 ~다. みたところ、すっかり食べてしまう様子である。

판연(判然)몡 判然。

　　판연-하다囘 判然としている。᳆ 기준이 판연하지 않다. 基準が判然としない。

　　판연-히분 判然と。᳆ 두 개로 ~ 나뉘어 있다. 二つに判然と分かれている。

판-유리(板琉璃)몡 板ガラス。

판이-하다(判異—)囘 全く違う；すっかり異なる。᳆ 성격이 판이한 두 사람이 부부가 되었다. 性格の全く違う二人が夫婦になった。/ 10년 전과는 판이한 환경이다. 十年前とはすっかり異なる環境だ。

판자(板子)몡 板。

판잣-집(板子—)몡 板張りの粗末な小屋；掘っ立て小屋；あばら屋。᳆ 개천 옆으로 죽 늘어선 ~ 小川の横にずらっと並んだ掘っ立て小屋。

판정(判定)몡 判定。᳆ 공정한 ~ 公正な判定／~을 내리다. 判定を下す。

　　판정-하다囘 判定する。

판정-승(判定勝)몡【운동】判定勝。

판정-패(判定敗)몡【운동】判定負。

판-치다재 ❶【전형】独り舞台だ；独擅場。᳆ 오락 시간에 나 혼자서 판쳤다. 娛楽の時間は私の独り舞台だった。❷【전형】のさばる；横行する。᳆ 권력과 부를 가진 사람이 판치는 세상. 権力と富を持ったものが、のさばっている世の中。

판타지(fantasy)몡【음】ファンタジー。

판테온(Pantheon)몡 パンテオン。

판토마임(—)몡 '팬터마임'의 잘못.

판판뷘 全く；全然。᳆ 옛날과는 ~ 다른 모습이다. 昔とは全く違うようすである。

판판-이뷘 毎度；その都度；いつも；しょっちゅう。᳆ 경기에 ~ 지다. 試合に毎度負ける。/ 일은 하지 않고 ~ 놀다. 仕事とはしないで、いつも遊んでいる。

판판-하다囘 平らだ；平たい。᳆ 땅을 판판하게 고르다. 土地を平らにならす。

　　판판-히뷘 平らに；平たく。᳆ 구겨진 돈을 ~ 펴다. しわくちゃになった紙幣を平らに伸ばす。

판-하다囘 広々としている。

　　판-히뷘 広々と。

판화(版畫)몡【미】版画。᳆ ~를 찍어내다. 版画を押し写す。

팔¹몡 腕。

　　팔을 걷고 나서다〖관용〗 積極的に乗り出す。

팔²(八)쥔 八；八つ；八っつ。

팔각-형(八角形)〖수〗八角形。

팔-걸이몡 ❶【의】肘掛け。❷【운】片手で相手の足をつかみ、頭と体で押し倒すこと。

팔걸이-의자(——椅子)肘掛け椅子。

팔괘(八卦)몡【민】八卦。

팔 굽혀 펴기〖운〗腕立て伏せ；プッシュアップ。

팔-꿈치몡 肘。

팔-난봉【제사때의 혼신이 그집사람을 만나는날】放蕩者。᳆ 내가 아무리 ~이더라도 부모 제삿날만큼은 잊지 않았다. 僕がいくら放蕩者だとしても、親の忌日だけは忘れてない。

팔다❶【전형】〈物・労働力・権利〉などを売る。᳆ 과일을 싸게 ~. 果物を安く売る。/ 품을 ~. 日雇いに雇われる；手間仕事をする。❷【ㅅ】〈体〉を売る；売春する。᳆ 몸을 ~. 体を売る。❸【전형】目を逸らす。᳆ 정신을 팔고 운전하면 사고 난다. 気をとられて運転すると事故を起こす。❹【자기의 이익을 위해】事寄せる；託つける；騙る；借りる。᳆ 아버지의 이름을 팔아 합격하다. 父親の名声を利用して合格する。❺【전형】〈良心など〉を売る；裏切る；背く。᳆ 양심을 파는 일 따위는 하지 않겠다. 良心を売るようなことはしない。❻【전형】〈穀物など〉を買う。᳆ 쌀을 팔아 오다. 米を買って来る。◆곡물の 매매에 한해 '売る'는 '사다'、'買(か)う'는 '팔다'라는 뜻으로 쓰는 경우도 있다.

팔-다리몡 手足；腕と足。

팔도(八道)[명] ❶ 全土ぜんど｜全国ぜんこく。예 ~의 명물이 모이다. 全国の名物が集あつまる。❷ 朝鮮ちょうせん時代じだいの行政ぎょうせい区域くいき。

팔도-강산(八道江山)[명] 韓国かんこくの山水さんすい。

팔-등신(八等身)[명] 八頭身はっとうしん。

팔딱[부] ❶[경쾌하게 단번에 뛰어 오르는 모양] ぴょんと。 ❷[심장・맥이 세차게 뛰는 모양] どきどき。

　팔딱-거리다[자] ❶ しきりにぴょんとする。 ❷ しきりにどきどきする。=팔딱대다

　팔딱-대다 ☞팔딱거리다

팔딱-팔딱[부] ❶ ぴょんぴょん｜ぴんぴん(と)｜ぴちぴち(と)。예 잉어가 ~ 뛴다. コイがぴちぴちとはねている。❷ どきどき。

팔뚝[명] 小手こて｜前腕ぜんわん｜前膊ぜんはく。

팔라듐(palladium)[명]《화》パラジウム。

팔라우(Palau)[명]《국》パラウ。

팔락[부] ひらひら｜はたはた。

　팔락-거리다[자] しきりにひらひらとする｜しきりにはたはたとする。=팔락대다・팔락이다

　팔락-대다[자][타] ☞팔락거리다

　팔락-이다[자][타] ☞팔락거리다

팔락-팔락[부] ひらひら｜はたはた。예 깃발이 ~ 나부끼다. 旗がはたはたと翻ひるがえる。

팔랑[부] ひらひら｜ぱたぱた。

　팔랑-거리다[자][타] ひらひらする｜ぱたぱたする。예 바람에 치마가 ~. 風にスカートがひらひらする。=팔랑대다

　팔랑-대다[자][타] ☞팔랑거리다

팔랑-개비[명] ❶[장난감] 風車かざぐるま。예 ~ 돌리기 風車回まわし。 ❷[촐랑대며]軽々かるがるとあちこち歩きく回まわる人｜おっちょこちょい。

팔랑-팔랑[부] ひらひら｜ぱたぱた。예 나비가 ~ 날아 다니다. 蝶々ちょうちょうがひらひらと飛び回まわる。

팔레트(palette 프)[명] パレット。

팔-리다[자] ❶〔物ぶつ・労働力ろうどうりょく・権利けんりなどが〕売うれる。예 오늘은 물건이 잘 팔린다. 今日きょうは品物しなものがよく売れる。/ 집이 싸게 팔렸다. 家が安やすく売れた。/ 눈 깜짝할 사이에 다 팔렸다. あっという間に売り切きれになった。/ 날개 돋친 듯이 ~. 羽が生はえたように売れる。❷〔体からだが〕売うられる。예 노예로 팔려 가다. 奴隷どれいとして売られて行ゆく。❸[어떤 대상에 정신이 쏠림] 気をとられる｜奪うばわれる。예 다른 데 정신이 팔려 부르는 소리를 듣지 못하다. 他ほかに気をとられて呼よび声こえを聞くことができなかった。❹（顔かおや名前なまえが）広ひろく知しれる。예 텔레비전에 나온 후 얼굴이 팔려 알아보는 사람이 많다. テレビに出てて以来、顔が知られて見分みわける人が多おおい。

팔만-대장경(八萬大藏經)[명]《역》[고려대장경]八万大蔵経だいぞうきょう。

팔만사천-대장경(八萬四千大藏經)[명]《종》【無量의 法門】八万四千大蔵経だいぞうきょう。

팔매[명] つぶて。

팔매-질[명] つぶてを打うつこと。

　팔매질-하다[자] つぶてを打つ。

팔매-치기[명] 石投いしなげ｜つぶて打ち。

팔-목[명] 手首てくび。

팔방(八方)[명]【여덟방향】八方はっぽう。예 ~으로 손을 쓰다. 八方手をつくす。

팔방-미인(八方美人)[명] 八方美人はっぽうびじん。

팔-베개[명] 腕枕うでまくら｜手枕てまくら｜肘枕ひじまくら。

팔분-음표(八分音標)[음] 八分音符はちぶおんぷ。

팔-불용(八不用)[명] ☞팔불출

팔-불출(八不出)[명] 馬鹿者ばかもの｜愚おろか者。=팔불용

팔삭-둥이(八朔─)[명] ❶[사람] 八ヶ月はっかげつで生うまれた月足つきたらずの子こ。 ❷【어리석은】愚鈍ぐどんでぼんやりした人｜まぬけ。

팔손이(八─)[명]《식》八手やつで。예 ~는 집안의 공기를 정화해 준다. ヤツデは家いえの中なかの空気を浄化じょうかしてくれる。

팔순(八旬)[명] 八十歳はちじっさい。

팔 시간 노동제(八時間勞動制)《사》八時間はちじかん労働制ろうどうせい。

팔-심[명] 前腕ぜんわんの力ちから｜腕うでっ節ぶし｜腕力わんりょく。예 ~이 세서 어떤 일이든 할 수 있다. 腕っぷしが強つよくて、どんな仕事しごとでも出来できる。

팔십(八十)[명] 八十はちじゅう。

팔싹[부] ❶[주저앉는] ぺたり(と)。 ❷[먼지 같은 것이 일어나는] ぱっと。예 흙먼지가 ~ 일어나다. 土ぼこりがぱっと立たつ。

팔-씨름[명] 腕相撲うでずもう。예 전국 ~ 대회 全国ぜんこく腕相撲大会たいかい。

　팔씨름-하다[자] 腕相撲うでずもうをする。

팔아-먹다[타] ❶〔物ぶつ・権利けんり・労働力ろうどうりょくなどを〕売うる｜売り込こむ｜売り渡わたす。예 노래하는 재주를 ~. 歌うたう才能さいのうを売り込む。/ 가입자 정보를 ~ 加入者かにゅうしゃの情報じょうほうを売り渡す。❷【성매매】（体からだを）売うる｜売春ばいしゅんする。 ❸【다른 대상에 정신을】目めを逸そらす｜気を取とれる｜

夢中になる。❹【속음】(良心などを)売る｜裏切る｜背く。예 나라를 ~. 国を裏切る。

팔월(八月)📖 八月。

팔자(八字)📖 運命｜星回り｜運勢。예 ~가 사납다. 星回りが悪い。

　팔자(가) 늘어지다[관용] 何の心配もなく楽な生活をする。

　팔자(를) 고치다[관용] ❶【재혼】女性が再婚する。예 이 나이에 팔자 고칠 생각은 조금도 없다. この年で再婚する考えはちっともない。 ❷【갑자기 좋아짐】成り上がる。

　팔자에 없다[관용] 分に過ぎて似合わない。

팔자-걸음(八字—)📖 外輪｜外股｜外鰐。

팔-재간(一才幹)📖《운》【솜씨】腕技。예 씨름에는 다리재간과 ~이 모두 필요하다. シルムでは足技と腕技の両方が必要だ。

팔-죽지📖 二の腕｜上膊部。

팔중-주(八重奏)📖【음】八重奏。

팔-중창(八重唱)📖【음】八重唱。

팔-짓📖 手のしぐさ｜手振り。예 ~으로만 춤추다. 手振りだけで踊る。

팔짓-하다📖 腕をあちこち動かす。

팔짝📖 ❶【뛰어 벌떡】ぴょんと。예 도랑을 ~ 뛰어넘다. 溝をぴょんと飛び越える。 ❷【문을 갑자기 여는 모양】さっと｜がらっと｜ぱっと。예 방문을 ~ 열고 들어오다. いきなり部屋の戸をがらっと開けて入る。

팔짝-거리다📖 ❶ しきりにぴょんぴょんとする。 ❷ しきりにさっと開く。=팔짝대다

　팔짝-대다📖 ☞팔짝거리다

팔짝-팔짝📖 ❶【뛰어오르는 모양】ぴょんぴょん｜ぴん ぴん。예 ~ 뛰다. ぴょんぴょん跳ぶ。 ❷【순식간 감쪽】さっさっと｜ぱっぱっと。

팔짱📖 ❶ 腕組み。예 ~을 끼고 창밖을 바라보다. 腕組みをして窓の外を眺める。 ❷【동작】腕を組むこと。예 정답게 ~을 끼고 걷다. 仲よく腕を組んで歩く。

팔찌📖 ❶ 腕輪で｜ブレスレット。 ❷【활을 쏠 때 왼쪽 팔에 끼는 것】籠手。

팔촌(八寸)📖【친척】八等親。

팔팔📖 ❶【끓음】くらくら｜ぐらぐら。예 국이 ~ 끓다. 汁がぐらぐら煮え立つ。 ❷【열이 심한 모양】かっか(と)。예 독감으로 몸이 ~ 끓다. 悪性の風邪で、体が火の玉のように熱い。 / 방바닥이 ~ 끓다. 部屋の床がかっかと熱い。 ❸【날렵한 모양】ぴょんぴょん(と)｜ひらひら(と)。예 나비가 ~ 날다. 蝶々がひらひらと飛ぶ。 ❹【먼지 모양】はらはら｜もうもう。예 모래먼지가 ~ 날리다. もうもうと砂ぼこりが舞い上がる。 / 눈이 ~ 내린다. 雪がはらはら降る。

팔팔-하다📖 ❶【성급하다】せっかちだ｜短気だ。예 그는 팔팔하고 변덕이 심하다. 彼はせっかちで気まぐれがひどい。 ❷【활기】生き生きしている｜ぴんぴんとしている。예 그런 일은 젊고 팔팔한 사람이 해야 한다. そんなことは若くてぴんぴんとした人がするべきだ。

팔푼-이(八一)📖【얼빠지고 얼이 모자란 사람을 낮잡아】間抜け｜とんま。

팔-회목📖【손목의 잘록한 부분】手首で。

팜파스(Pampas)📖 パンパス。

팝송(pop song)📖 ポップス｜ポピュラーソング。

팝콘(popcorn)📖 ポップコーン。

팡📖 ❶【갑자기 폭발음】ぽん(と)｜ぱあん(と)。예 풍선이 ~ 터지다. 風船がパンと破裂する。 / ~ 하는 폭발음이 들리다. ぱんという爆発音が聞こえる。 ❷【조리개 모양】ぽん(と)。예 배수구가 ~ 뚫리다. 排水溝がぱんと抜かれる。 / 체한 것이 ~ 뚫리는 것 같다. 食もたれしたのがぽんと抜けたようだ。 ❸【공을 차는】ぽん(と)。예 공을 ~ 차다. ボールをぽんとける。

팡당📖【물에 빠지는 소리 또는 모양】ぽちゃん(と)｜ぽちゃり(と)｜どぶん(と)。예 연못에 감이 ~ 하고 떨어지다. 池に柿がぽちゃんと落ちる。

　팡당-거리다📖 しきりにぽちゃんと落ちる。=팡당대다

　팡당-대다📖 ☞팡당거리다

팡파르(fanfare 프)📖 ファンファーレ。

팡파지다📖 平らべったい。

팡파짐-하다📖 平らべったく広い。예 엉덩이가 ~. 尻が平べったく広い。

팡팡¹📖 ❶【빵빵 터】ぱんぱん｜ぽんぽん。예 여기저기에서 폭죽을 ~ 터뜨리다. あちらこちらで爆竹をぱんぱんと破裂させる。 ❷【구멍이 뚫리는】ぽっかり。예 펀치로 종이에 구멍을 ~ 뚫다. パンチで紙に穴をぽっかりと開ける。 ❸【공을 차는 소리】ぽんぱん。예 공을 힘 있게 ~ 차다. ボールを

力強̇くぱんぱんと打つ。

팡-팡〖부〗❶【액체가 쏟아져 나오는 모양】どくどく。_예 석유가 ~ 솟아나오다. 石油_ゆがどくどくとわき出る。/ 눈물이 ~ 쏟아지다. 涙_{なみだ}がじゃんじゃん流_{なが}れ出る。❷【눈이 많이 내리는 모양】こんこん(と)。_예 함박눈이 ~ 내리다. 牡丹雪_{ぼたんゆき}がこんこんと降_ふる。❸【돈 같은 것을 헤프게 쓰는 모양】どんどん｜やたらに｜むやみに。_예 돈을 ~ 쓰다. お金_{かね}をどんどん使う。/ 물을 ~ 쓰며 낭비하다. 水_{みず}をじゃんじゃん使って無駄遣_{むだづか}いする。

팥〘식〙小豆_{あずき}。_예 빙수 氷_{こおり}あずき。= 소두
팥-고물 小豆_{あずき}のつぶし餡_{あん}。
팥-꼬투리 小豆_{あずき}のさや。_예 ~가 말라 있다. あずきのさやが枯れている。
팥-눈〖명〗小豆_{あずき}の芽_め。_예 ~이 나와 있다. あずきの芽が少し出ている。
팥-단자(一團子) 小豆_{あずき}の団子_{だん}。
팥-떡 小豆餅_{あずきもち}。
팥-물 小豆_{あずき}を煮_にてこした汁_{しる}。
팥-밥 小豆飯_{あずきめし}｜赤飯_{せきはん}。
팥-소 小豆_{あずき}のあんこ。
팥-죽(─粥) アズキ粥_{がゆ}。
패¹(牌)〖명〗❶【사람의 이름을 적은 나무쪽】札_{ふだ}。_예 휴업이라는 ~를 걸다. 休業という~の札を下げる。/ 책임자의 이름이 적힌 ~가 붙어 있다. 責任者_{せきにんしゃ}の名前_{なまえ}が書_かかれた札が貼_はっている。❷【화투의】札。_예 ~를 돌리다. 札を配る。
패²(牌)〖명〗組_{くみ}。_예 ~를 지어 돌아다니다. 組を組_くんで歩き回る。/ 두 ~로 갈라지다. 二組_{ふたくみ}に分かれる。
패가(敗家) 身代_{しんだい}を潰すこと。
패가-하다_자 身代_{しんだい}を潰す。
패가-망신(敗家亡身) 身代_{しんだい}を潰_{つぶ}して身_みを滅_{ほろ}ぼすこと。
패가망신-하다_자 身代_{しんだい}を潰_{つぶ}して身_みを滅_{ほろ}ぼす。
패-거리(牌─)〖명〗輩_{やから}｜徒党_{とうとう}。
패관 문학(稗官文學)〘문〙稗官文学_{はいかんぶんがく}。
패군(敗軍)〖명〗敗軍_{はいぐん}。
패권(覇權)〖명〗覇権_{はけん}。_예 ~을 쥐다. 覇権を握_{にぎ}る。
패권-주의(覇權主義)〖명〗覇権主義_{はけんしゅぎ}。
패기(覇氣)〖명〗覇気_{はき}。_예 젊은 사람이 ~가 없다. 若者_{わかもの}が覇気に欠_かけている。/ ~에 차다. 覇気に満ちる。
패다¹〖자〗【이삭이】穂_ほが出る。_예 보리가 패기 시작했다. 麦_{むぎ}の穂が出始_{です}めた。
패다²〖타〗ひどく殴_{なぐ}る｜たたく。_예 몽둥이로 ~. 棒_{ぼう}でたたく。

패다³ 割る。_예 장작을 ~. 薪_{まき}を割る。
패다⁴〖자〗【掘】掘られる｜彫られる｜凹む｜えぐれる。_예 목이 많이 팬 옷 ネックラインが深くえぐれている服｜ 웅덩이가 패어 있다. 水_{みず}たまりができている。/ 바위에 이름이 ~. 岩_{いわ}に名前_{なまえ}が彫られる。
패다⁵〖타〗【掘】掘らせる。_예 일꾼에게 구덩이를 ~. 人夫_{にんぷ}に坑_{あな}を掘らせる。
패덕(敗德)〖명〗背徳_{はいとく}。_예 ~자 背徳者_{しゃ}。
패랭이-꽃〘식〙撫子_{なでしこ}。
패러글라이더(paraglider)〖명〗〘운〙パラグライダー。
패러독스(paradox)〖명〗〘논〙パラドックス｜逆説_{ぎゃくせつ}。
패러디(parody)〖명〗〘문〙パロディー。
패망(敗亡)〖명〗敗亡_{はいぼう}。
　패망-하다 敗亡する。
패멸(敗滅)〖명〗敗滅_{はいめつ}。
　패멸-하다_자 敗滅する。
패물(佩物)〖명〗装身具_{そうしんぐ}。
패배(敗北)〖명〗敗北_{はいぼく}。
　패배-하다_자 敗北_{はいぼく}する。_예 전투에서 ~. 戦闘_{せんとう}で敗北する。
패배-자(敗北者)〖명〗敗北者_{はいぼく}。= 패자
패배-주의(敗北主義)〖명〗敗北主義_{はいぼくしゅぎ}。
패색(敗色)〖명〗敗色_{はいしょく}。_예 ~이 짙다. 敗色が濃_こい。
패설(稗說)〖명〗【민간에 떠도는 설】巷説_{こうせつ}｜風説_{ふうせつ}。
패세(敗勢)〖명〗【싸움에서 지려는 형세】敗勢_{はいせい}。
패션(fashion)〖명〗ファッション。
패션-모델(fashion model)〖명〗ファッションモデル。
패션-쇼(fashion show)〖명〗ファッションショー。
패소(敗訴)〖명〗〘법〙敗訴_{はいそ}。
　패소-하다_자 敗訴する。_예 1심에서 패소하여 항소하다. 一審_{いっしん}で敗訴して控訴_{こうそ}する。
패스(pass)〖명〗❶【합격】パス。❷【통행】パス。❸【축구】パス。_예 볼의 ~가 여의치 않다. ボールのパスが思_{おも}うようにいかない。
　패스-하다_{자타} パスする。_예 검사대를 무사히 ~. 検査台_{けんさだい}を無事_{ぶじ}にパスする。/ 패스한 공을 놓치다. パスしたボールを逃_{のが}す。
패스워드(password)〖명〗〘컴〙パスワード。
패스트-푸드(fast food)〖명〗ファーストフード。

패-싸움(牌—)명 組を組んで喧嘩をすること。예 ~을 벌이다. 組を組んで喧嘩をする。
　패싸움-하다組を組んで喧嘩をする。

패왕(霸王)명 覇王。

패용(佩用)명 佩用。
　패용-하다타 佩用する。예 명찰을 패용하지 않으면 안 된다. 名札を佩用しなければならない。

패운(敗運)명 傾いていく運勢。

패자¹(敗者)명 敗者。=패배자

패자²(霸者)명 覇者。

패잔(敗殘)명 敗残。

패잔-병(敗殘兵)명 敗残兵。=잔병²

패장(敗將)명 敗将。

패적(敗敵)명 戦いに破れた敵。

패전(敗戰)명 敗戦。
　패전-하다자 敗戦する。

패주¹(貝柱)명 貝柱。

패주²(敗走)명 敗走。
　패주-하다자 敗走する。

패찰(牌札)명 札。カード。

패총(貝塚)명 貝塚。=조개무지

패턴(pattern)명 パターン。예 같은 ~ 同じパターン。

패퇴(敗退)명 敗退。
　패퇴-하다자 敗退する。

패혈-증(敗血症)명 (의)敗血症。

팩¹부 ❶ばたりと。예 ~ 하고 쓰러졌다. ばたっと倒れた。❷ ふっつり。예 실이 ~ 끊어지다. 糸がふっつりと切れる。

팩²부 ❶かっと。わっと。예 고함을 ~ 치다. わっと怒鳴る。❷ くるっと。くるり。예 ~ 돌아눕다. くるっと寝返りを打つ。/ 자동차의 핸들을 ~ 꺾다. 自動車のハンドルをくるっと切る。
　팩-하다자 かっとなる。むっとする。예 그 팩하는 성격 좀 고쳤으면. そのよくむっとする性格を、ちょっと直せたら。

팩³(pack)명 パック。예 얼굴에 ~을 하다. 顔をパックする。

팩스(fax)명 (통)ファックス。=팩시밀리

팩시밀리(facsimile)명 (통)ファクシミリ。=팩스

팩-팩부 ❶ばたばたと。❷ ぷつんぷつん。

팬¹(fan)명 ファン。フアン。

팬²(pan)명 ❶平鍋。パン。❷ (통)パン。

팬지(pansy)명 (식)パンジー。三色菫。예 ~는 더위에 약하다. パンジーは暑さに弱い。

팬츠(pants)명 パンツ。

팬터마임(pantomime)명 (연)パントマイム。

팬티(-panties)명 パンティー。

팬티-스타킹(panty stocking 조)명 パンティーストッキング。

팸플릿(pamphlet)명 パンフレット。パンフ。

팻-돈(牌—)명 賭け金。勝負事で賭ける金。예 ~을 모두 잃다. 賭け金を全部取られる。

팻-말(牌—)명 立て札。高札。

팽명 榎の実。

팽²부 ❶くるっと。くるりと。예 몸을 ~ 돌리다. 体をくるっと回す。❷くらっと。ふらっと。❸ じいんと。

팽개-치다 放り出す。放り投げる。예 짐을 ~. 荷物を放り出す。/ 일은 팽개쳐 두고 어디 갔지? 仕事は放り投げておいてどこへ行ったのか。

팽그르르부 ❶くるりと。예 연필을 ~ 돌리다. 鉛筆をくるりと回す。❷ くらっと。ふらっと。예 머리가 ~ 돌아 쓰러질 듯하다. 頭がくらっとして倒れそうだ。❸ じいんと。

팽글-팽글부 くるくる。ぐるぐる。예 ~ 도는 바람개비 くるくると回る風車。

팽-나무명 (식)榎。예 벼락에 맞아 ~ 가지가 새까맣게 타 들어갔다. 雷に打たれて枝が真っ黒に焦げた。

팽윤(膨潤)명 (화)膨潤。

팽이명 独楽。예 ~를 치다. 独楽をまわす。

팽이-채명 独楽のむち。

팽이-치기명 独楽回し。예 ~로 날 가는 줄 모르던 어린 시절 独楽回しで日が暮れるのも知らなかった子供時代。

팽창(膨脹)명 膨張。
　팽창-하다자 膨張する。

팽창 계수(膨脹係數)(물)膨脹係数。

팽창-률(膨脹率)(물)膨脹率。

팽-팽부 くらくら。くるっと。예 현기증으로 눈앞이 ~ 돌다. 目まいがして目の前

팽팽-하다[형] ❶【끈 따위의 팽팽함】(紐などがぴんと)張っている｜ぴんとしている。예 빨랫줄을 팽팽하게 매다. 洗濯物の干し紐をぴんと張って結びつける。❷【힘이 비슷】(両方の力が)釣り合っている｜五分五分だ｜伯仲している。예 양쪽의 의견이 팽팽하게 맞서다. 両方の意見が五分五分に対立する。❸【분위기·경계심】(雰囲気・状況などが)張り詰める。예 팽팽한 긴장감이 돌다. 張り詰めた緊張感が広がる。/ 팽팽하게 정신을 바짝 차리고 경기에 임하다. 気を引き締めて試合に臨む。❹【성질】(性質が)度量が狭く気むずかしい｜偏狭だ。예 팽팽한 생각 気むずかしく偏狭な考え／팽팽한 성격이어서 걸핏하면 화를 내고 삐친다. 気むずかしく偏狭な性格なので、怒りっぽく拗ねる。

팽팽-하다[형]【빵빵하게 부풀음】(ぱんぱんに)膨れている｜膨れ上がっている。예 터질 것 같은 팽팽한 풍선 破裂しそうなぱんぱんに膨れた風船／팽팽하던 얼굴에 주름이 생기다. ぱんぱんに張っていた顔にシワができる。

팽-하다[형]【길이나 두께가 알맞음】ほどよい。예 길이도 좋고, 두께도 ~. 長さもいいし、太さもほどよい。

팽화(膨化)[명]〈화〉膨化｜膨潤。

퍼-내다[타] 汲み出す｜かい出す｜取り出す。예 욕조의 물을 ~. 浴槽の水を汲み出す。/ 뒤주에서 쌀을 ~. 米櫃から米を取り出す。

퍼니[부]【하는 일 없이】ぶらぶら｜ごろごろ。예 젊은 사람이 집에서 ~ 놀며 지낸다. 若者が家でぶらぶらしている。

퍼더-버리다[자] べたっと足を崩して楽に座る。예 퍼더버리고 앉다. 手足を投げ出して座る。

퍼덕[부] ❶【새의 날갯짓 소리】ばたばた｜ばさばさ。❷【큰 물고기 뛰는 소리】ぴちぴち。

　　퍼덕-거리다[자타] ❶ ばたばたと羽ばたく。❷ ぴちぴちはねる｜元気よく動く。예 물고기가 퍼덕거리며 움직인다. 魚がぴちぴちと跳ね回りながら動く。=퍼덕대다

　　퍼덕-대다[자타] ☞퍼덕거리다

퍼덕-퍼덕[부] ❶【새의 날갯짓 소리】ばたばた。❷【큰 물고기 뛰는 소리】ぴちぴち。

퍼드덕[부] ❶【새의 날갯짓 소리】ばたばた｜ばさばさ。❷【큰 물고기 뛰는 소리】ぴちぴち。

　　퍼드덕-거리다[자타] ❶ ばたばたさせる｜ばさばささせる。예 닭이 ~. にわとりがばたばたさせる。❷ ぴちぴち跳ねる。예 물고기가 퍼드덕거리며 꿈틀거린다. 魚がぴちぴちと跳ね回る。=퍼드덕대다

　　퍼드덕-대다[자타] ☞퍼드덕거리다

퍼들-거리다[동] ぶるぶる震える。예 까치가 날개를 ~. かささぎが翼をぶるぶる震わせる。=퍼들대다

퍼들-대다[동] ☞퍼들거리다

퍼들-퍼들[부] ぶるぶる。예 어깨를 ~ 떨다. 肩をぶるぶる震わせる。/ 손을 ~ 떨다. 手をぶるぶる震わせる。

퍼-뜨리다[타] 広める｜言い触らす。예 나쁜 소문을 ~. 悪いうわさを言い触らす。/ 새로운 문명을 ~. 新しい文明を広める。/ 전염병을 ~. 伝染病を広める。=퍼트리다

퍼뜩[부] ❶【생각남】はっと｜ふと。예 이름이 ~ 떠오르지 않다. 名前がはっと浮かばない。❷【정신이 돎】はっと。예 정신이 ~ 들다. はっと気が付く。/ ~ 잠에서 깨다. はっとして目が覚める。❸【순간적으로 나타나는 모양】さっと。예 검은 물체가 ~ 지나가다. 黒いものがさっと過ぎる。

퍼렇다[형] ❶ やや深く青い。예 팔을 꼬집혀서 퍼렇게 멍이 들었다. 腕をつねられて青くあざがついた。❷【추위로】青い。예 추워서 입술이 퍼레졌다. 寒くて唇が青くなった。

퍼레이드(parade)[명] パレード。

퍼레-지다[자] 青くなる｜青ざめる。

퍼-먹다[타] やたらに食べる。예 과자를 마구 ~. お菓子をやたらに食べる。

퍼-붓다[자타] ❶【비】降り注ぐ。예 비가 줄기차게 ~. 雨が激しくる降り注ぐ。/ 비가 억수같이 ~. 雨がどしゃ降りになる。❷【질문·애정】浴びせる。예 질문을 ~. 質問を浴びせる。/ 아이에게 애정을 ~. 子供に愛情を浴びせる。❸【총알】浴びせる。예 총알을 ~. 弾丸を浴びせる。

퍼석-퍼석[부] かさかさ｜ばさばさ｜ぼろぼろ。예 퍼석퍼석한 밥 ぼろぼろしたご飯。

퍼석-하다[형] かさかさする｜ばさばさする｜ぼろぼろする。예 사과가 퍼석해서

맛이 없다. リンゴがばさばさしていておいしくない。

퍼센트(percent)몡 パーセント。

퍼센티지(percentage)몡 パーセンテージ。=백분율

퍼슬-퍼슬톤 ぼろぼろ｜ぱさぱさ。 예흙벽이 ~ 부서지다. 土の壁がぼろぼろ砕ける。

퍼즐(puzzle)몡 パズル。 예~ 게임 パズルゲーム / ~을 풀다. パズルを解く。

퍼지다재 ❶【先の方にいけばいくほど】広がる｜広くなる｜伸び広がる。 예아래가 나팔처럼 퍼진 바지를 입다. 裾がラッパのように広くなったズボンを履く。/ 나뭇가지가 옆으로 ~. 木の枝が横に伸び広がる。❷【伸びる｜蒸れる。 예우동이 퍼지기 전에 어서 먹어라. うどんが伸びる前に早く食べなさい。/ 밥이 잘 퍼지지 않았다. ご飯がよく蒸れなかった。❸【体が】太る。 예몸이 퍼져 예전 같지 않다. 体が太って横に広がっているので、以前のようではない。❹【疲れたり気力】がなかったりして体がぐったりする｜のびる。 예아무 것도 하지 않고 바닥에 퍼져 잠들다. 何もせず床に転がり寝込む。❺広がる｜行き渡る｜広まる｜回る。 예전국에 콜레라가 퍼지고 있다. 全国にコレラが広まっている。/ 소문이 쫙 ~. 噂がぱっと広がる。/ 방 안에 향기가 가득 퍼져 있다. 部屋に香りがいっぱい行き渡っている。/ 술기운이 온몸으로 ~. 酔いが体全体に回る。❻【数が】増える｜繁殖する｜広がる。 예각지에 자손이 ~. 各地に子孫が増える。/ 마당의 잔디가 잘 퍼져 가다. 庭の芝生がよく広がっていく。

퍼트(putt)몡〈운〉パット。

퍼-트리다타 ☞퍼뜨리다

퍼펙트-게임(perfect game)몡〈운〉パーフェクトゲーム｜完全試合。

퍽¹톤 ❶ごつんと｜ぶすっと。 예힘을 주어 ~ 하고 치다. 力を込めてごつんと打つ。❷ばたり(と)。 예뒤로 ~ 하고 쓰러지다. 後ろにばたりと倒れる。

퍽²톤 すごく｜非常に｜大変に｜とても。 예그녀와는 ~ 친한 것 같다. 彼女とはとても親しいようだ。/ 소식이 없어 ~ 걱정했다. 便りがなくてすごく心配した。/ 문제가 ~ 까다로웠다. 問題が大変難しかった。

퍽-퍽톤 ❶ばたばた(と)。 예더위로 ~ 쓰러지다. 暑さでばたばた倒れる。❷ぽかぽか(と)。 예~ 주먹질하다. ぽかぽかと拳骨ででたたく。

퍽퍽-하다혱 かさかさしている｜ぱさぱさしている｜ぼろぼろしている。

펀더기몡 広々とした野原。

펀치(punch)몡〈운〉パンチ。 예~를 날리다. パンチを飛ばす。

펀펀-하다혱 平らだ｜平たい。
펀펀-히부 平らに。

펀-하다혱 広々としている。
펀-히부 広々と。

펄몡 野原｜平原。

펄떡부 ❶ぽんと｜ぴょんと。 예장애물을 ~ 뛰어넘다. 障害物をぴょんと飛び越す。/ ~ 일어나 앉다. ぴょんと立って座る。❷どきん(と)｜どきどき。

펄떡-거리다재 ❶ぴょんぴょんと跳ぶ｜ぴちぴちする。 예물고기가 땅 위에서 ~. 魚が地面の上をぴちぴち跳ねる。❷どきんと打つ。=펄떡대다

펄떡-대다재 ☞펄떡거리다

펄떡-펄떡부 ❶ぴょんぴょん｜ぴちぴち。❷どきんどきん｜どきどき。

펄럭부 はたはた｜ひらひら。

펄럭-거리다재 ひらひらなびく｜はたはたと翻る｜はためく。 예빨래가 바람에 펄럭거린다. 洗濯物が風にはためく。=펄럭대다

펄럭-대다재 ☞펄럭거리다

펄럭-이다재타 なびく｜はためく｜翻る。 예만국기가 ~. 万国旗がはたっとはためく。

펄썩부 ❶どかっと｜べたっと。 예방바닥에 ~ 주저앉다. 部屋の床にべたっと座り込む。❷ぱっと。 예먼지가 ~ 일다. ほこりがぱっと立つ。

펄쩍부 ❶ぴょんと｜ぱっと。 예위에서 아래로 ~ 뛰어내리다. 上から下にぴょんと飛び降りる。❷さっと｜はっと。 예대문을 ~ 열고 들어오다. 門をさっと開けて入る。❸はっと。 예자다가 ~ 깨다. はっとして目が覚める。/ ~ 놀라다. はっとする。

펄쩍-거리다자타【❶자꾸 뛰어오르는 모양】しきりにぴょんぴょんとする。❷【붙이거나 닫은 것을 자꾸 여는 모양】しきりにさっと開く。=펄쩍대다

펄쩍-대다자타 ☞펄쩍거리다

펄쩍-펄쩍부 ❶【자꾸 뛰어오르는 모양】ぴょんぴょん｜ぴんぴん。❷【갑자기 열거나 벗는 모양】さっさっと｜ぱっぱっと。

펄펄부 ❶【끓거나 뛰는 모양】ぐらぐら。예주전자가 ～ 끓다. 薬缶がぐらぐら煮え立つ。❷【매우 뜨거운 모양】かっか(と)。예몸이 ～ 끓어 바로 병원에 갔다. 体ががっかとほてててすぐ病院に行った。❸【힘차게 날아오르는 모양】ぴょんぴょん｜ひらひら。예나비가 ～ 하늘로 날아 올라가다. 蝶々がひらひらと空へ舞い上がる。❹【가볍게 잇달아 날리는 모양】はらはら｜もうもう。예～ 흰 눈이 날리다. はらはらと白雪が舞う。

펄펄-하다형 ❶【성질이 급하다】せっかちだ｜短気だ。❷【생생하다】生き生きとしている。예기운이 ～. 生き生きとしている。

펌프(pump)명 ポンプ。

펑부 ❶【총소리】ぱあん｜ぱん。예～ 폭탄 터지는 소리 ぱあんと爆弾が爆発する音。❷【구멍이 뚫리거나 뚫려 있는 모양】ぽんと｜ぽっかり。예벽에 구멍이 ～ 뚫려 있다. 壁に穴がぽっかりとあいている。

펑덩부【물에 물건이 떨어지는 모양】どぶん(と)｜どぼん(と)｜ぼちゃん(と)｜ぼちゃり。예바다에 ～ 하고 빠졌다. 海にどぶんとはまった。

펑덩-거리다자 ぼっちゃんと落ちる。=펑덩대다

펑덩-대다자 ☞펑덩거리다

펑크(← puncture)명 ❶【구멍】パンク。예타이어가 ～ 나다. タイヤがパンクする。❷【계획 따위가 잘못됨】駄目になること。예약속을 ～ 내다. 約束を守らない。

펑퍼지다형 平らに広がっている。

펑퍼짐-하다형 丸みを帯びて平らべったい。

펑-펑¹부 ❶【힘차게 내뿜는 모양이나 거듭 터지는 모양】ぽんぽん｜ぱんぱん。예커다란 풍선이 ～ 터지다. 大きな風船がぱんぱんと割れる。❷【구멍이 잇달아 뚫리는 모양】ぼこんぼこん。

펑-펑²부 ❶【액체가 솟아나는 소리】どくどく。예온천수가 ～ 흘러 나오다. 温泉がどくどくと流れ出る。❷【많이】こんこん。예눈이 ～ 내리는 밤 雪がこんこんと降る夜。❸【돈을 함부로 쓰는 모양】どんどん｜やたらに｜むやみに。

페널티(penalty)명 《운》ペナルティー。

페널티 에어리어(penalty area) 《운》ペナルティーエリア。

페널티 킥(penalty kick) 《운》ペナルティーキック。

페놀(phenol)명 《화》フェノール｜ヒドロキシベンゼン。

페놀 수지(phenol樹脂) 《화》フェノール樹脂｜ベークライト。

페놀프탈레인(phenolphthalein)명 《화》フェノールフタレイン。예～은 염기성에는 붉은색을 나타낸다. フェノールフタレインはアルカリ性には赤色を示す。

페니실린(penicillin)명 《약》ペニシリン。

페달(pedal)명 ペダル。예힘껏 ～을 밟다. 力一杯ペダルを踏む。

페더-급(feather級)명 【복싱 등 격투기의 체급의 하나】《운》フェザー級。

페루(Peru)명 《국》ペルー。

페르마타(fermata 이)명 《음》フェルマータ｜延音記号｜延長記号。=늘임표

페스트(pest)명 《의》ペスト｜黒死病。=흑사병

페어 스케이팅(pair skating) 《운》ペアスケーティング。

페어-플레이(fair play)명 フェアプレー。예경기의 승패와 관계없이 ～를 하기 바란다. 競技の勝敗とは関係なく、フェアプレーすることを願う。

페이드아웃(fade-out)명 《연》フェードアウト｜溶暗。=에프오

페이드인(fade-in)명 《연》フェードイン｜溶明。

페이스(pace) 《운》ペース。

페이지(page)명 ページ。예～를 넘기다. ページをめくる。

페인트¹(feint) 《운》フェイント。예～ 모션 フェイントモーション。

페인트²(paint)명 《화》ペンキ｜ペイント。예～를 칠하다. ペンキを塗る。

페치카(pechka 러)명 【벽난로】ペチカ。

페티코트(petticoat)명 ペチコート。

펙틴(pectin)명 《화》ペクチン。예젤리에 ～을 넣다. ゼリーにペクチンを入れる。

펜(pen)명 ペン。

펜-대(pen—)명 ペン軸｜ペンホルダー。

펜던트(pendant)명 ペンダント。

펜스(fence)명 《운》フェンス。

펜-클럽(PEN club)명【국제적인 문학가 단체】ペンクラブ｜国際ペンクラブ。

펜탄(pentane)〖화〗ペンタン.
펜싱(fencing)〖운〗フェンシング.
펜-촉(pen鏃)〖명〗ペン先.
펜치(~pincers)〖명〗ペンチ.
펜팔(pen pal)〖명〗ペンパル.
펜-화(pen畫)〖명〗〖미〗ペン画.
펩신(pepsin)〖명〗〖화〗ペプシン.
펩톤(peptone)〖명〗〖화〗ペプトン.
펩티드(peptide)〖명〗〖화〗ペプチド. 예 ~ 결합 ペプチド結合.
펠리컨(pelican)〖명〗〖동〗ペリカン.
펭귄(penguin)〖명〗〖동〗ペンギン.
펴-내다〖타〗〖책이나 잡지 따위를〗発行する. 예 잡지를 새로 ~. 雑誌を新しく発行する.
펴낸-이〖명〗発行者｜発行人. 예 ~는 책 뒤쪽에 나와 있다. 発行者は本の後ろに出ている.
펴다〖타〗❶〖접힌 것이나 말린 것을〗(閉じたり折ったり畳んだ物を)広げる｜開く｜開ける. 예 우산을 ~. 傘を広げる. / 날개를 ~. 羽を広げる. ❷〖굽은 것을〗(折り曲がり・シワなどを)伸ばす｜まっすぐにする. 예 다리미로 구김살을 ~. アイロンでシワを伸ばす. / 이마의 주름살 좀 펴라. 額のシワをちょっと伸ばせ. / 휜 철사를 곧게 ~. 曲がった針金をまっすぐに伸ばす. ❸〖움츠린 것을〗(折ったりすぼめたりした物を)伸ばす｜張る. 예 허리를 ~. 腰を伸ばす. / 손가락을 ~. 手の指を伸ばす. / 무릎을 ~. ひざを伸ばす. / 어깨를 ~. 肩を張る. / 다리를 쭉 ~. 足をぐっと伸ばす. ❹〖생각이나 감정 따위를〗(考え・気などを)楽にする｜打ち明ける｜言い立てる｜申し立てる. 예 뜻을 ~. 思いを打ち明ける. / 반론을 ~. 反論を言い立てる. / 기를 펴지 못하다. 気が楽にできない. ❺〖널리 깔거나 벌이다〗敷く. 예 이불을 펴 놓아라. 布団を敷いておきなさい. / 돗자리를 ~. 蓆を敷く. / 양지 바른 곳에 고추를 펴서 말리다. 日当たりのよい所に唐辛子を広げて乾かす. ❻〖계획・정책 따위를〗敷く｜施す. 예 선정을 ~. 善政を施す. / 계엄령을 ~. 戒厳令を敷く. ❼〖세력이나 영향 따위를〗(作戦・政策・勢力などを)敷く｜張る｜伸ばす. 예 전국에 수사망을 ~. 全国に捜査網を張る. / 멀리 유럽까지 세력을 ~. 遙かヨーロッパまで勢力を伸ばす.
펴-이다〖자〗❶〖펴게 되다〗伸びる. ❷〖형편이 좋아지다〗よくなる｜うまくいく. 예 형편이 ~. 暮らしがよくなる. / 꼬이던 일이 ~. こじれた事がうまくいく.
펴-지다〖자〗❶〖굽은 것이 곧게 되다〗伸びる. 예 손수건의 주름이 ~. ハンカチのしわが伸びる. ❷〖접힌 것이〗伸びる｜開く. 예 손가락이 펴지지 않다. 手の指が伸びない. / 우산이 저절로 ~. 傘がひとりでに開く. ❸〖형편이 좋아지다〗よくなる｜うまくいく. 예 사업이 펴지면 빚을 갚겠다. 事業がよくなったら借金を返す.
편¹ お餅.
편²(便)〖명〗 Ⅰ 方｜側｜組. 예 ~을 가르다. 組に分ける. / ~이 갈리다. 組に分けられる. / 우리 ~이 이겼다. 味方が勝った. / 약자의 ~에 서다. 弱者の方に立つ.
Ⅱ 의〖자기 같이지거나 뜻〗方. 예 운동은 잘하는 ~이다. 運動はよくやる方である. / 일찍 출발하는 ~이 낫다. 早く出発する方がよい. ❷〖쪽이나 방향〗方｜側. 예 서쪽 ~으로 가다. 西の方へ行く. / 건너~에 파출소가 있다. 向こうの側に交番がある.
편³(便) 便. 예 동생 ~에 책을 보내다. 弟の便で本を送る. / 항공 ~이 빠르다. 航空便が早い.
편⁴(篇)의 編. 예 시 두 ~ 詩二編. / 문법 ~에서 언급하다. 文法編で言及する.
편각(片刻) 寸刻｜寸時｜わずかの時間.
편견(偏見) 偏見.
편곡(編曲)〖음〗編曲.
　편곡-하다〖타〗編曲する.
편광(偏光)〖물〗偏光. 예 ~ 현미경 偏光顕微鏡 / ~ 렌즈 偏光レンズ.
편광-경(偏光鏡)〖명〗〖물〗偏光鏡｜コノスコープ.
편광 프리즘(偏光prism)〖물〗偏光プリズム.
편년(編年) 編年.
편년-사(編年史)〖명〗〖역〗編年史.
편년-체(編年體)〖명〗編年体.
편달(鞭撻)〖명〗〖채찍으로 때림〗鞭撻.
　편달-하다〖타〗鞭撻する. 예 지도 편달해 주시기를 부탁드립니다. 御指導のほど、お願い申し上げます.
편대(編隊)〖명〗〖군사 부대 편성〗編隊.
편대 비행(編隊飛行) 編隊飛行.

편도¹(片道)圀 片道。凾 ~ 이차선 片道二車線。

편도²(扁桃)圀《식》扁桃 ┆ アーモンド。 =아몬드

편도³(扁桃)圀《의》扁桃。

편도-샘(扁桃-)圀《의》扁桃腺。

편도-선(扁桃腺)圀 ☞'편도샘'의 전 용어.

편도선-염(扁桃腺炎)圀《의》扁桃腺炎。

편동-풍(偏東風)圀 偏東風。

편두-통(偏頭痛)圀《의》偏頭痛。

편-들다(便一)자 味方する。凾 언제나 여자 쪽을 편든다. いつも女性の方を味方する。

편람(便覽)圀 便覽。

편리-하다(便利一)혭 便利だ。凾 편리한 사용법 便利な使い方。/ 매우 ~. とても便利だ。

편린(片鱗)圀【사물의 극히 작은 한 부분】片鱗。凾 기억의 ~ 記憶の片鱗。

편마-암(片麻巖)圀 片麻岩。

편면(片面)圀 片面。 ┆ 物の一方の面。

편모(鞭毛)圀《생》鞭毛。凾 ~ 운동 鞭毛運動。

편모(偏母)圀 独り身の母。┆ シングルマザー。

편무 계약(片務契約)《법》片務契約。凾 부모 자식 간의 증여, 상속은 ~의 일종이다. 親子間の贈与、相続は片務契約の一種だ。

편물(編物)圀 編み物。

편백(扁柏)圀《식》扁柏。┆ 檜。凾 ~ 기름 ヘンパクの油。=노송나무

편법(便法)圀 便法。凾 ~을 쓰다. 便法を使う。

편서-풍(偏西風)圀 偏西風。

편성(編成)圀 編成。
　편성-하다타 編成する。凾 프로그램을 ~. 番組を~する。/ 반을 ~. 学級を編成する。

편수¹圀【장인의 우두머리】たくみの頭。凾 서까래 ~를 이제부터 자네에게 맡기겠다. 垂木のたくみの頭の仕事を、今後から君にまかせる。

편수²(編修)圀【책을 책임지고 지음】編修。
　편수-하다타 編修する。

편술(編述)圀 編纂。
　편술-하다타 編纂する。

편승(便乘)圀 便乗。
　편승-하다자 便乗する。凾 친구의 차에 ~. 友人の車に便乗する。/ 인기에 ~. 人気に便乗する。

편식(偏食)圀 偏食。凾 ~이 심하다. 偏食がひどい。
　편식-하다자 偏食する。

편심(偏心)圀 偏った心。

편-싸움(便一)圀 組に分かれて喧嘩や勝負事をすること。준편쌈
　편싸움-하다 組に分かれて喧嘩をする。┆ 組に分かれて勝負事をする。

편-쌈(便一)圀 '편싸움'의 준말.

편안-하다(便安一)혭 無事安らかだ。凾 아이들이 걱정되어 마음이 편안하지 못하다. 子供たちが心配になって心が安らかでない。/ 편안한 생활을 하다. 楽な暮らしをする。/ 편안한 옷으로 갈아입다. 楽な服に着替える。
　편안-히부 楽に ┆ 安らかに。凾 부모님을 ~ 해 드리다. 親に楽をさせる。/ ~ 잠들다. 安らかに眠る。

편암(片巖)圀 片岩。凾 활석~ 滑石片岩。

편애(偏愛)圀 偏愛。
　편애-하다타 偏愛する。凾 저 선생님은 성적이 좋은 학생만 편애한다. あの先生は成績の優秀な学生だけを偏愛する。

편액(扁額)圀 扁額。

편육(片肉)圀 薄切りの煮た牛肉。

편의(便宜)圀 便宜 ┆ 便利。凾 ~ 시설 便利施設 ; 便益施設 / ~를 도모하다. 便宜をはかる。

편의-점(便宜店)圀 コンビニ ┆ コンビニエンスストア。

편이-하다(便易一)혭 便利でたやすい。

편익(便益)圀 便益。凾 사회적 ~ 社会的な便益 / ~ 시설을 도입하다. 便益施設を導入する。
　편익-하다혭 便利で有益だ。

편입(編入)圀 編入。
　편입-하다자타 編入する。凾 시에 ~. 市に編入する。

편자¹圀 蹄鉄 ┆ 馬蹄鉄。凾 ~를 박다. 蹄鉄を打つ。

편자²(編者)圀【책을 편집하는 사람】編者。

편재(偏在)圀 遍在。凾 이윤의 ~ 利潤の偏在。
　편재-하다자 遍在する。

편저(編著)圀 編著。
　편저-하다타 著述して編集する。

편제(編制)[명]【퍼인하여 조직함】編制。예조직을 ~하다. 組織を編制する。

편중(偏重)[명] 偏重。
　편중-하다[자] 偏重する。예편중된 보도 偏重している報道/지식에 ~. 知識に偏重する。

편지(便紙)[명] 手紙。예~를 쓰다. 手紙を書く。/~를 부치다. 手紙を出す。/~가 오다. 手紙が来る。=서간·서함❶·신서

편지-지(便紙紙)[명] 便箋。

편직-물(編織物)[명] 糸とで織み物をするように織った布。

편집(編輯)[명] 編集。
　편집-하다[타] 編集する。

편집-인(編輯人)[명] ❶【편집】編集人。❷編集者。

편-짜다(便—)[자]【組】組を組む｜チームを組む。예편짜서 경기를 하다. チームを組んで試合をする。

편차(偏差)[명]〔수〕偏差。예~가 심하다. 偏差が激しい。/~가 있다. 偏差がある。

편찬(編纂)[명] 編纂。예사전 ~ 辞書を編纂/~작업 編纂作業。
　편찬-하다[타] 編纂する。

편찬-도(編纂圖)[명] 編纂図。

편찬-실(編纂室)[명] 編纂室。

편찮다(便—)[형] ❶ 体の具合が悪い。예어디 편찮으십니까? どこか体の具合が悪いんですか。/몸이 ~. 体の具合が悪い。❷【楽】楽でない｜安らかでない｜具合がよくない。예아이를 혼냈더니 마음이 ~. 子供を怒らせたら心が安らかでない。/잠자리가 편찮아 일찍 일어났다. 寝床が楽でなくて、早く起きた。

편-청(—淸)[명] 餅につけて食べる蜜｜水飴。예구운 떡을 ~에 찍어 먹어라. 焼いた餅に蜜をつけて食べなさい。

편충(鞭蟲)[명]〔동〕鞭虫。

편파(偏頗)[명] 偏頗。예~ 판정 偏頗判定。
　편파-하다[형] 偏頗だ。

편파-성(偏頗性)[명] 偏頗性。예미디어의 ~ メディアの偏頗性。

편파-적(偏頗的)[관] 偏頗的。예~ 태도 偏頗的な態度/~인 보도 偏頗的な報道。

편편찮다(便便—)[형] 不便だ｜楽でない｜安らかでない。예좁고 편편찮은 집 狭くて不便な家。

편편-하다(便便—)[형] 楽だ｜安らかだ。
　편편-히[부] 楽に｜安らかに。

편평-발(扁平—)[명]【편평한 발】扁平足。

편평-하다(扁平—)[형] 扁平だ｜平らだ｜平たい。예편평한 땅 平らな土地。
　편평-히[부] 扁平に｜平らに｜平たく。

편-하다(便—)[형] ❶【楽】楽だ｜安らかだ。예자세를 편하게 하다. 姿勢を楽にする。/마음이 편해지다. 気が楽になる。/편한 마음으로 시험을 보다. 楽な気持ちで試験を受ける。/신발이 ~. 靴が楽だ。❷【便】便利だ｜たやすい｜しやすい。예사용하기 ~. 使いやすい。/교통이 ~. 交通が便利だ。
　편-히[부] 楽に。예이쪽으로 ~ 앉으세요. どうぞこちらにお楽に。

편향(偏向)[명] 偏向。예~ 보도 偏向報道。
　편향-하다[자] 偏向する。

편협-하다(偏狭—)[형] 偏狭だ。예편협한 사고 偏狭な見方。

펼치다[타] ❶【펴】広げる。예책을 ~. 本を広げる。/지도를 ~. 地図を広げる。/날개를 ~. 羽を広げる。❷【広】広げる。예꿈을 맘껏 ~. 夢を心ゆくまで広げる。❸【行】行う｜催す。예공연을 ~. 公演を行う。

펼침-화음(—和音)[명]〔음〕分散和音。

평(評)[명] 評。예작품의 ~이 좋지 않다. 作品の評判がよくない。
　평-하다[타] 評する。

평²(坪)[의]【면적의 단위】坪。

평가¹(平價)[명]〔경〕平価。

평가²(評價)[명] 評価。예~ 기준 評価基準/높은 ~를 받다. 高い評価をうける。
　평가-하다[타] 評価する。

평가 절상(平價切上)〔경〕平価切り上げ。

평가 절하(平價切下)〔경〕平価切り下げ。

평각(平角)[명]〔수〕平角。

평결(評決)[명]【평의하여 결정함】評決。예~을 내리다. 評決を下す。
　평결-하다[타] 評決する。

평균(平均)[명] 平均。예~ 기온 平均気温/~ 수명 平均寿命/~ 태양시 平均太陽時/반의 ~ 성적은 50점이다.

クラスの平均の成績は50点だ。

평균-값(平均-)〖명〗〖수〗平均値 ¦ 平均値。 예~ 그래프 平均値のグラフ。

평균-대(平均臺)〖명〗〖운〗平均台。 예~ 연기 平均台の演技。

평균-율(平均率)〖명〗平均律。

평균 해면(平均海面) 平均海水面 ¦ 平均海面。 예지구 온난화로 ~이 점점 높아지고 있다. 地球温暖化で平均海面がだんだん高くなっている。

평년(平年)〖명〗平年。

평년-작(平年作)〖명〗平年作。 준평작

평다리-치다〖자〗あぐらを搔く ¦ 足を伸ばして楽に座る。

평등(平等)〖명〗平等。 예남녀 ~ 男女平等/법 아래 ~ 法の下の平等。

평등-하다〖형〗平等だ。 예남녀를 평등하게 취급하다. 男女を平等に扱う。

평등-권(平等權)〖명〗〖법〗平等権。

평론(評論)〖명〗評論。

평론-가(評論家)〖명〗評論家。

평론-집(評論集)〖명〗評論集。

평면(平面)〖명〗平面。

평면-각(平面角)〖명〗〖수〗平面角。

평면-도(平面圖)〖명〗《건·미》平面図。

평-미레(平-)〖명〗枡かき。

평민(平民)〖명〗平民。

평민-적(平民的)〖관〗명 平民的。

평-발(平-)〖명〗扁平足。

평방(平方)〖명〗☞'제곱'의 전 용어.

평방-근(平方根)〖명〗☞'제곱근'의 전 용어.

평방-형(平方形)〖명〗〖수〗平方形。=정사각형

평범-하다(平凡-)〖형〗平凡だ ¦ 月並みだ。 예평범한 디자인 平凡なデザイン/평범한 하루하루를 살다. 平凡な日々を生きている。

평범-히〖부〗平凡に。

평보(平步)〖명〗常歩 ¦ 並み足。

평복(平服)〖명〗普段着 ¦ 平服。=평상복

평복-하다〖자〗平服を着る ¦ 普段着を着る。

평사 도법(平射圖法) 平射図法 ¦ ステレオ投影法 ¦ ステレオ図法。

평-사원(平社員)〖명〗平社員。

평상[1](平床)〖명〗〖가〗木製の寝台。

평상[2](平常)〖명〗普段 ¦ 平常。=평상시

평상-복(平常服)〖명〗普段着 ¦ 平服。=평복

평상-시(平常時)〖명〗普段 ¦ 平常時 ¦ 平素。 예~의 생활은 평범하다. 普段の生活は平凡だ。/~대로 출근을 하다. 平常どおり出勤する。=상시·평상[2]·평시

평생(平生)〖명〗一生 ¦ 生涯。 예~의 동반자 一生の同伴者/~에 처음 있는 일이다. 一生初めてのことである。/~ 잊지 않겠다. 一生忘れまい。

평생토록(平生--)〖부〗いついつまでも ¦ 一生涯。

평소(平素)〖명〗平素 ¦ 普段。 예~ 이용하는 가게 普段利用しているお店。=평상시

평시(平時)〖명〗☞평상시

평안-하다(平安-)〖형〗平安だ。 예평안한 날을 보내다. 平安な日々を送る。

평안-히〖부〗平安に。

평영(平泳)〖명〗〖운〗平泳ぎ ¦ ブレスト ¦ ブレストストローク。

평야(平野)〖명〗平野。 예침식 ~ 侵蝕平野/충적 ~ 沖積平野/퇴적 ~ 堆積平野/~가 넓게 펼쳐졌다. 平野が広くひらけた。

평온[1](平溫)〖명〗平温。 예~을 밑돌다. 平温を下回る。

평온[2](平穩)〖명〗平穏。

평온-하다〖형〗平穏だ。 예평온함이 느껴지다. 平穏さが感じる。/마음이 ~. 心が平穏だ。

평원(平原)〖명〗平原。

평의(評議)〖명〗評議。

평의-하다〖타〗評議する。

평의-회(評議會)〖명〗評議会。

평이-하다(平易-)〖형〗平易だ。 예평이한 문제를 출제하다. 平易な問題を出題する。

평일(平日)〖명〗平日。

평작(平作)〖명〗〖농〗平作。

평점(評點)〖명〗評点。 예~이 낮다. 評点が低い。

평정[1](平定)〖명〗平定。

평정-하다[1]〖타〗平定する。 예천하를 ~. 天下を平定する。

평정[2](平靜)〖명〗平静。 예~을 잃다. 平静さを失う。

평정-하다〖형〗平静だ。

평정[3](評定)〖명〗評定。

평정-하다〖타〗評定する。 예땅값을 ~. 地価を評定する。

평준(準準)〖명〗平準。

평준-화(平準化) 명 平準化。예~를 꾀하다. 平準化を図る。
평준화-하다 타 平準化にする。
평지(平地) 명 平地。
평-집(平家) 〈건〉平屋建 やや家屋。
평탄(平坦) ❶ 平坦。❷ 平静｜平穏。❸ 順調｜平安。
평탄-하다 형 ❶ 平坦だ。예평탄한 길 平坦な道。❷ 平静だ｜平穏だ。예마음이 평탄하지 않다. 心が平穏でない。❸ 順調だ｜平安だ。예평탄한 생활을 하다. 平安な生活をする。
평탄-히 부 ❶ 平坦に。❷ 平静に｜平穏に。❸ 順調に｜平安に。
평판¹(平版) 〈출〉平版。
평판²(評判) 명 評判。예가장 ~ 있는 영화 最も評判の映画。/ ~이 좋다. 評判がよい。 / ~이 높다. 評判が高い。
평판-하다 타 評判する。
평편-하다(平便—) 형 扁平だ｜平たい｜平らだ。
평평-하다(平平—) 형 平たい｜平らだ。예기둥을 평평한 바닥에 세우다. 柱を平らな地面に立てる。
평평-히 부 平たく｜平らに。
평행(平行) 명 平行。
평행-하다 자 平行する。예두 선은 ~. 二線は平行する。
평행-력(平行力) 명 〈물〉平行力。
평행-맥(平行脈) 명 ☞나란히맥
평행-봉(平行棒) 〈운〉平行棒。
평행 사변형(平行四邊形) 〈수〉平行四辺形。
평행-선(平行線) 명 平行線。예~은 영원히 만나지 못한다. 平行線は永遠に会えない。
평행 이동(平行移動) 〈수〉平行移動。
평형(平衡) 명 平衡。예~을 유지하다. 平衡を保つ。
평형-하다 형 平衡する。
평화(平和) 명 平和。예~ 운동 平和運動。/ ~ 회의 平和会議。/ ~ 의정서 平和議定書。/ ~ 조약 平和条約。/ ~ 헌법 平和憲法。/ ~를 지키다. 平和を守る。
평화-하다 자 平和する。
평화 공존(平和共存) 〈정〉平和共存。
평화-롭다(平和—) 형 平和だ。예평화로운 세상 平和な世の中。
평화로이 부 平和に。예~ 살다. 平和に暮らす。

평화-스럽다(平和—) 형 平和だ。
평화스레 부 平和に。
평화-주의(平和主義) 명 〈정〉平和主義。
평-활(平—) 練習用の弓。
평활-하다(平闊—) 형 平闊だ。
폐¹(肺) 명 〈의〉肺。=허파
폐²(弊) 명 ❶ 弊害。=폐단 ❷ 迷惑｜世話。예~를 끼치다. 迷惑をかける；世話になる。/ 그간 ~가 많았습니다. その間、いろいろお世話になりました。
폐간(廢刊) 명 閉刊｜廃刊。
폐간-하다 타 廃刊する。
폐강(閉講) 명 閉講。
폐강-하다 자 閉講する。예인원 부족으로 ~. 人数が不足で閉講する。
폐갱(廢坑) 명 廃坑。
폐갱-하다 자 廃坑する。
폐-결핵(肺結核) 명 〈의〉肺結核。
폐-곡선(閉曲線) 명 〈수〉閉曲線。
폐광(廢鑛) 명 廃鉱。
폐광-하다 廃鉱する。
폐교(廢校) 명 廃校。
폐교-하다 廃校する。
폐기(廢棄) 명 廃棄。예~ 처분 廃棄処分。
폐기-하다 타 廃棄する。
폐농(廢農) 명 農業をやめること。
폐농-하다 農業をやめる。
폐단(弊端) 명 弊害。예~을 없애다. 弊害をなくす。=폐❶
폐렴(-肺炎) 명 〈의〉肺炎。
폐-롭다(弊—) 형 面倒だ｜煩わしい｜うるさい。
폐로이 부 面倒に｜煩わしく｜うるさく。
폐막(閉幕) 명 閉幕。예올림픽 ~ オリンピック閉幕。
폐막-하다 타 閉幕する。
폐막-식(閉幕式) 명 閉幕式。예~에 참석하다. 閉幕式に出席する。
폐문¹(肺門) 명 〈의〉肺門。=허파문
폐문²(閉門) 명 閉門。
폐문-하다 閉門する。
폐물(廢物) 명 廃物｜廃品。예~ 처리 장치 廃物処理の装置。
폐방(廢房) 명 使わない部屋。
폐방-하다 部屋を使わない。
폐백(幣帛) 명 (なつめの実・干がきなど)新婦が初めて舅と姑に

対面をする儀式を行うとき差し上げるもの。

폐병(肺病)몡 ⦗의⦘肺病。
폐부(肺腑)몡 肺腑。❶⦗의⦘肺。＝허파 ❷⦗비유⦘心の奥。똉〜を刺す言葉 肺腑を衝く言葉。
폐사¹(弊社)몡 ⦗주로 회사원이⦘弊社。
폐사²(斃死)몡 斃死。｜倒れ死ぬこと。
　폐사-하다재 倒れ死ぬ｜斃死する。똉기록적인 더위로 많은 가축이 폐사했다. 記録的な暑さで、多くの家畜が斃死した。
폐색(閉塞)몡 閉塞。똉기도 〜 気道を閉塞。
　폐색-하다탄 閉塞する。
폐색 전선(閉塞前線) ⦗지⦘閉塞前線。
폐쇄(閉鎖)몡 閉鎖。
　폐쇄-하다탄 閉鎖する。똉공장을 〜. 工場を閉鎖する。/ 정문을 〜. 正門を閉鎖する。
폐쇄 혈관계(閉鎖血管系) ⦗의⦘閉鎖血管系。
폐-스럽다(弊—)형 煩わしい｜面倒だ。
　폐스레 面倒に｜煩わしく。
폐습(弊習)몡 弊習｜悪い習慣。＝폐풍
폐식(閉式)몡 閉式。
　폐식-하다재 閉式する。
폐암(肺癌)몡 ⦗의⦘肺癌。똉흡연은 〜의 원인이 된다. 喫煙は肺癌の原因となる。
폐어(肺魚)몡 ⦗동⦘肺魚。
폐업(閉業)몡 閉業。❶⦗하루 영업이⦘終業。❷⦗영업을⦘廃業。
　폐업-하다재 閉業する。
폐일언-하다(蔽一言—)재 一言で言う｜つべこべ言う。똉폐일언하고 당장 시작합시다. つべこべ言わずに直ちに始めましょう。
폐장(肺臟)몡 ⦗의⦘肺臟。＝허파
폐점(閉店)몡 閉店。똉〜 세일 閉店セール。
　폐점-하다재 閉店する。
폐지(廢止)몡 廢止。똉실기 시험의 〜 実技試験の廃止。
　폐지-하다탄 廢止する。
폐-집합(閉集合)몡 ⦗수⦘閉集合。
폐차(廢車)몡 廢車。
폐품(廢品)몡 廢品。

폐풍(弊風)몡 ☞폐습
폐하(陛下)몡 ⦗황제·왕을 높이는⦘陛下。
폐-하다(廢—)태 ❶廢する。똉악습을 〜. 悪習を廢する。❷⦗하던 일이⦘中止する｜止める。똉학업을 폐하고 취직하다. 学業を止めて就職する。/ 식음을 〜. 飲み食いをやめる。❸⦗돌보지 않고⦘放っておく。똉방 하나를 〜. ひとつの部屋を放っておく。❹⦗있던 사람⦘廢する。똉황제를 〜. 皇帝を廢する。
폐해(弊害)몡 弊害。
폐허(廢墟)몡 廢墟。
폐-활량(肺活量)몡 肺活量。
폐회(閉會)몡 閉會。똉〜 인사 閉会の挨拶。
　폐회-하다재 閉會する。
폐회로 텔레비전(閉回路television) 閉回路テレビ｜CCTV。＝시시 티브이
폐회-사(閉會辭)몡 閉會の辞。
폐회-식(閉會式)몡 閉會式。
포¹(包)몡 ⦗장기⦘包。
포²(砲)몡 ⦗군⦘砲。
포³(脯)몡 干肉｜ほしじし｜ほじし。＝포육
포개다 ❶⦗같은 것을⦘組む｜重ねる｜積み重ねる。똉손을 〜. 手を重ねる。/ 다리를 포개고 앉다. 足を組んで座る。❷⦗여러 개를⦘折り重ねる。똉접시를 〜. 皿を重ねる。똉신문을 〜. 新聞を折り重ねる。
포격(砲擊)몡 砲擊。
　포격-하다탄 砲擊する。
포경¹(包莖)몡 ⦗의⦘包莖。
포경²(捕鯨)몡 捕鯨｜鯨とり。＝고래잡이
　포경-하다재 鯨を捕る。
포경-선(捕鯨船)몡 捕鯨船。＝고래잡이배
포고(布告)몡 布告。똉선전 〜 宣戦布告。
　포고-하다탄 布告する。
포고-령(布告令)몡 布告令。
포괄(包括)몡 包括。
　포괄-하다탄 包括する。똉전체를 〜. 全体を包括する。
포괄-적(包括的)관몡 包括的。
포구¹(浦口)몡 浦の入り口｜川の入り口。
포구²(砲口)몡 砲口。＝포문
포근포근-하다 ふかふかとする｜ふんわりしている。
포근-하다형 ❶⦗잠자리 등이⦘柔らかくて暖か

い⌇ふんわりしている。例 포근한 잠자리 柔らかくて暖かい寝床。❷【온화함】和やかだ⌇穏やかだ⌇暖かい気。예 포근한 분위기 和やかな雰囲気。❸【날씨】暖かい⌇ぽかぽかしている。예 봄 날씨 같은 포근한 날이 계속되다. 春の天気のような暖かい日が続く。

포근-히부 ❶柔らかくて暖かく⌇ふんわりと。❷和やかに⌇穏やかに⌇暖かく。예 마음의 상처를 ~ 싸 주다. 心の中の傷を暖かく抱いてやる。❸ぽかぽかと⌇暖かく。

포기¹명 株。예 ~가 큰 배추 株の大きい白菜。

포기²(抛棄)명 放棄⌇諦め。
　포기-하다타 放棄する⌇諦める。예 유산을 ~. 遺産を放棄する。／소중한 것을 포기할 수 없다. 大切なことを諦められない。／꿈을 포기하기는 아직 이르다. 夢を諦めるのはまだ早い。

포단(蒲團)명 ☞이불

포대¹(包袋)명 【자루】袋。예 감자를 ~에 담다. じゃが芋を袋に入れる。＝부대²

포대²(布袋)명 木綿の袋⌇麻布の袋。

포대³(砲臺)명 《군》砲台。

포대기명 ねんねこ。

포도(葡萄)명 【식】葡萄⌇葡萄の木。예 ~가 주렁주렁 달리다. ブドウがたわわにぶらさがる。／~ 넝쿨이 담장 아래로 늘어져 있다. ブドウの木の蔓が垣根の下に垂れている。

포도(鋪道)명 【길】舗道。

포도-나무(葡萄—)명 【식】葡萄⌇葡萄の木。

포도-당(葡萄糖)명 《화》葡萄糖⌇D-グルコース。

포도-색(葡萄色)명 葡萄色。

포도-주(葡萄酒)명 葡萄酒。

포동-포동부 まるまる(と)⌇ふっくら(と)⌇ぽってり(と)。
　포동포동-하다형 まるまると太っている⌇ふっくらと愛らしい⌇ぽってりとする。예 포동포동한 볼 살 ぽってりとした頬／포동포동하게 살이 올라 있다. まるまると太っている。

포드닥부 ❶【날갯짓】ぱたぱた⌇ばたばた。예 참새가 ~ 소리 내며 움직인다. すずめがぱたぱたとさせながら動く。❷【물고기의 모】ぴちぴち。

포드닥-거리다자타 ❶しきりにばたばたする。❷しきりにぴちぴちする。＝포드닥대다

포드닥-대다자타 ☞포드닥거리다

포드닥-포드닥부 ❶【날갯짓】ぱたぱた⌇ばたばた。❷【물고기의 모】ぴちぴち。

포드득부 【방귀 뻬는 소리】きゅうきゅう⌇きいきい。

포드득-거리다자타 しきりにきいきいと鳴る。＝포드득대다

포드득-대다부 ☞포드득거리다

포드득-포드득부 【방귀 뻬는 소리】きゅうきゅう⌇きいきい。

포럼(forum)명 フォーラム。

포로(捕虜)명 捕虜⌇虜⌇生け捕り。

포로-병(捕虜兵)명 捕虜兵。

포르노(←pornography)명 ポルノ。

포르르부 ❶【끓어오름 모양】ぐらぐら⌇ふつふつ⌇ぐつぐつ。❷【화가 치미는 모양】めらめら⌇ぱちぱち。❸【떨리는 모양】ぶるぶる⌇かさかさ。❹【날갯짓 소리】ぱたぱた⌇ばたばた⌇ばさばさ。예 작은 새가 ~ 날아와 가지에 앉다. 小鳥がぱたぱたと飛んできて、枝に座る。❺【화를 내는 모양】わっと⌇かっと⌇むかっと。

포르말린(Formalin 독)명 《약》ホルマリン。

포르테(forte 이)명 《음》フォルテ。

포르테-피아노(forte piano 이)명 《음》フォルテピアノ。

포르투갈(Portugal)명 《국》ポルトガル。

포르티시모(fortissimo 이)명 《음》フォルティシモ。

포름알데히드(formaldehyde)명 《화》ホルムアルデヒド。

포마드(pomade)명 ポマード。

포만-감(飽滿感)명 飽満感。

포만-하다(飽滿—)형 飽満する。

포말(泡沫)명 ☞물거품

포맷(format)명 フォーマット。

포목(布木)명 麻布と木綿⌇反物。

포목-점(布木店)명 反物屋。

포문(砲門)명 砲門。＝포구²

포물면-경(抛物面鏡)명 《물》抛物面鏡。

포물-선(抛物線)명 《수》放物線。예 ~ 그래프 放物線グラフ。

포물선 운동(抛物線運動) 《물》放物線運動。

포물-체(抛物體)명 《물》抛物体。

포박(捕縛)명 捕縛。

포박-하다 捕縛する。
포병(砲兵) 《군》砲兵。
포복(匍匐) 匍匐。
　포복-하다 匍匐する。
포복-절도(抱腹絶倒) 抱腹絶倒。=절도²❷
포부(抱負) 抱負。 장래의 ~를 말하다. 将来の抱負を語る。
포상(褒賞) 褒賞。 ~ 휴가를 받다. 褒賞休暇をいただく。
　포상-하다 褒賞する。
포석(布石) ❶《운》布石。 ❷[비유적으로] 布石。 정계 진출을 위한 ~으로 삼다. 政界進出のための布石とする。
포섭(包攝) ❶《논》包摂。 ❷[자기 편으로] 抱き込むこと。
　포섭-하다 ❶包摂する。 ❷抱き込む。
포성(砲聲) 砲声。
포수¹(捕手) 《운》捕手┃キャッチャー。
포수²(砲手) ❶[사냥꾼] 狩人┃猟師。 ❷[총포의 쏘는 사람] 砲手。
포스터(poster) ポスター。
포스터-물감(poster—) ポスターカラー。=포스터컬러
포스터-컬러(poster color) ☞포스터물감
포슬-포슬 ぼろぼろ┃ばらばら。
포승(捕繩) 捕縄┃捕り縄。 범인을 ~으로 묶다. 犯人を捕り縄で縛る。
포식(飽食) 飽食。
　포식-하다 飽食する。
포신(砲身) 砲身。
포실-하다 ゆとりがある┃豊かだ。
포악(暴惡) 暴悪。 ~을 떨다. 暴悪を振るう。
　포악-하다 暴悪だ。
포연(砲煙) 砲煙。
포연-탄우(砲煙彈雨) 砲煙弾雨。
포옹(抱擁) 抱擁。 감격의 ~을 하다. 感激の抱擁をする。
　포옹-하다 抱擁する┃抱く。
포용(包容) 包容。
　포용-하다 包容する。 포용할 줄 아는 사람 包容できる人。
포용-력(包容力) 包容力。 ~ 있는 사람 包容力のある人。
포워드(forward) 《운》フォワード。

포위(包圍) 包囲。
　포위-하다 包囲する。 적에게 포위되다. 敵に包囲される。
포유-동물(哺乳動物) 哺乳動物。
포육(脯肉) ほしじし┃干し肉┃ほしし。=포³
포인트(point) ポイント┃得点。 공격 ~ 攻撃ポイント/~를 올리다. ポイントを上げる。
포자(胞子) 《식》胞子。=홀씨
포장¹(包裝) ❶【일반동사】うわづつみ。 ❷うわべだけ飾ること。
　포장-하다 ❶包装する。 선물을 ~. 贈り物を包装する。 ❷飾る┃装う。 그럴듯한 말로 ~. 優しい言葉をそれらしく並べる。
포장²(包藏) 【일반동사】包蔵。
　포장-하다 包蔵する。
포장³(布帳) 【명·생명동사】とばり┃幕┃ほろ。 ~을 치다. とばりを張る。
포장-마차(布帳馬車) ❶【서부극에서】幌馬車。 ❷[점] 屋台。
포장-지(包裝紙) 包装紙。
포즈(pose) ポーズ┃姿勢┃構え。 ~ 연습 ポーズの練習/~를 잡다. ポーズを取る。
포지션(position) ポジション。
포진(布陣) 布陣。
　포진-하다 布陣する。
포-진지(砲陣地) 《군》砲陣地。
포차(砲車) 《군》砲車。
포착(捕捉) 捕捉。
　포착-하다 捕捉する┃とらえる。 적을 ~. 敵を捕捉する。/유에프오가 포착되다. UFOが捕捉される。/증거를 ~. 証拠をとらえる。
포커(poker) ポーカー。
포켓-북(pocket book) ポケットブック。
포코(poco 이) 《음》ポーコ。
포크(fork) フォーク。
포크 댄스(folk dance) 《운》フォークダンス。
포크 송(folk song) 《음》フォークソング。
포크볼(fork ball) 《운》フォークボール。
포크-커틀릿(pork cutlet) ポークカツレツ。=돈가스
포탄(砲彈) 《군》砲弾。 ~이 터지다. 砲弾が破裂する。
포탑(砲塔) 《군》砲塔。

포테이토-칩(potato chip)〖명〗ポテトチップ。

포플러(poplar)〖명〗〖식〗ポプラ。

포플린(poplin)〖명〗ポプリン。

포학(暴虐)〖명〗暴虐ぎゃく。

  포학-하다〖형〗暴虐ぎゃくだ。 예온갖 포학한 짓을 다하다. 暴虐の限かぎりを尽つくす。

포함(包含)〖명〗包含がん。

  포함-하다〖타〗包含がんする|含ふくむ。예다양한 의미를 포함하고 있다. いろいろな意味いみを包含ほうがんしている。/ AがB에 포함되다. AがBに包含ほうがんされる。

포화¹(砲火)〖명〗〖군사용어〗砲火ほう。

포화²(飽和)〖명〗飽和ほう。예이미 ～ 상태에 다다랐다. 既すでに飽和状態ほうわじょうたいに達たっした。

포화 용액(飽和溶液)〖화〗飽和溶液ほうわようえき。

포환(砲丸)〖명〗砲丸がん。

포환-던지기(砲丸一)〖운〗砲丸投ほうがんなげ。=투포환

포획(捕獲)〖명〗捕獲かく。

  포획-하다〖타〗捕獲かくする。예고양이 다섯 마리를 ～. 5匹ひきの猫ねこを捕獲ほかくする。

포효(咆哮)〖명〗咆哮こう。예사자의 ～ 獅子ししの咆哮ほうこう。

  포효-하다〖자〗咆哮ほうこうする|ほえる。

폭¹〖의〗❶〖수〗つもり|わけ。예오늘까지 꼬박 일주일이 걸린 ～이다. 今日きょうまでる一週間いっしゅうかんがかかったわけだ。/ 돈은 받은 ～으로 치겠다. お金かねはもらったつもりにしておくよ。❷〖방〗方ほう。예그 정도면 훌륭한 ～이다. そのくらいなら偉えらいほうである。/ 만나지 않는 ～이 낫다. 会あわないほうがよい。❸〖정도〗程度ていど|くらい|割わり。예절반 ～도 안 되는 양이다. 半分はんぶんぐらいにもならない量りょうである。

폭²〖부〗❶〖잠이 깊이 들거나〗ぐっすり|十分じゅうぶんに。예잠이 ～ 들다. ぐっすり眠ねむる。❷〖깊이 들거나 세게〗ぶすっと|ぐさっと|ずぶり(と)。예막힌 수챗구멍을 ～ 찔렀더니 뚫리다. 詰つまった下水口げすいこうをぶすっと突つき刺さしたらあく。❸〖완전하게 싸는 모양〗すっぽり(と)。예아기를 담요로 ～ 싸서 안다. 赤あかちゃんを毛布もうふにすっぽりと包つつんで抱だく。❹〖충분하게 삶는 모양〗じっくり(と)。예 ～ 고아야 맛이 난다. じっくり煮にこむと味あじが出でる。❺〖심하게 젖은 모양〗びっしょり(と)。예땀에 ～ 젖어 버렸다. 汗あせびっしょりになってしまった。❻〖완전히 썩은 모양〗すっかり。예달걀이 ～ 곯다. 卵たまごがすっかり腐くさった。❼〖깊이 패인 모양〗ぼこっと。예～ 팬 볼 ぼこっとへこんだ頬ほお。❽〖물에 젖거나 빠진 모양〗ぶくっと|すっかり|ずぶり(と)|どっぷり(と)。예앞집 아가씨에게 ～ 빠져 있다. 向むかえの家いえの娘むすめにすっかりはまっている。/ ～ 가라앉다. とっぷりと沈しずむ。❾〖힘없이 쓰러지는 모양〗どたっと|がっくりと|べたりと。예～ 주저앉다. がっくりと座すわり込こむ。❿〖고개를 숙이는 모양〗ぐさっと。⓫〖고개를 숙이는 모양〗がっくりと。예아무 말 없이 고개를 ～ 숙이고 있다. 無言むごんでがっくりと首くびをたれていた。⓬〖물이 뿜어져 나오는 모양〗ぷっ|ふっと。예연기를 ～ 내뿜다. 煙けむりをぷっと噴ふき出だす。⓭〖힘·능력·생각이 줄어드는 모양〗がくんと。

폭³(幅)〖명〗❶〖너비〗幅はば。예길의 ～이 좁다. 道みちの幅はばが狭せまい。❷〖범위〗幅はば|範囲はんい|領域りょういき|間口まぐち。예교제의 ～이 넓다. 交際こうさいの範囲はんいが広ひろい。❸〖폭이 되는 천〗幅はば。예커튼의 ～을 마르다. カーテンの幅はばを裁たつ。❹〖천의 단위〗一幅ひとの。예네 ～짜리 치마 四幅よのスカート/ 그림 두 ～을 사다. 二幅ふたのの絵えを買かう。

폭거(暴擧)〖명〗暴擧きょ。

폭격(爆擊)〖명〗〖군〗爆擊げき。예무차별 ～ 無差別むさべつ爆擊ばくげき/ 야간 ～을 실시하다. 夜間やかん爆擊ばくげきを行おこなう。

  폭격-하다〖타〗爆擊げきする。예폭격받은 건물 속에 있었다. 爆擊ばくげきを受うけた建物たてものの中なかにあった。

폭격-기(爆擊機)〖명〗〖군〗爆擊機ばくげきき。

폭도(暴徒)〖명〗暴徒と。

폭동(暴動)〖명〗〖단〗暴動どう。예～ 진압 暴動ぼうどう鎮壓ちんあつ/ 전대미문의 ～이 일어났다. 前代未聞ぜんだいみもんの暴動ぼうどうが起おきた。

폭등(暴騰)〖명〗暴騰とう。예물가 ～을 초래하다. 物價ぶっかの暴騰ぼうとうを招まねく。

  폭등-하다〖자〗暴騰とうする。예주가가 ～. 株価かぶかが暴騰ぼうとうする。

폭락(暴落)〖명〗暴落らく。

  폭락-하다〖자〗暴落らくする。예부동산이 ～. 不動産ふどうさんが暴落ぼうらくする。

폭력(暴力)〖명〗暴力りょく。예가정 ～ 家庭内かていないの暴力ぼうりょく/ 신체적 ～ 身体的しんたいてき暴力ぼうりょく/ ～을 휘두르다. 暴力ぼうりょくを振ふるう。

폭력-단(暴力團)〖명〗暴力団ぼうりょくだん。

폭로(暴露)〖명〗暴露ばく。예비밀 ～ 秘密ひみつの暴露ばくろ。

  폭로-하다〖자·타〗暴露ばくろする。예악행을 ～. 悪事あくじを暴露ばくろする。

폭론(暴論)【명】暴論ぼうろん。
폭리(暴利)【명】暴利ぼうり。㉠~를 취하다. 暴利を得る。
폭발(爆發)【명】爆発はつ。
　폭발-하다【자】爆発する。㉠화약이 ~. 火薬が爆発する。/ 분노가 ~. 怒りが爆発する。
폭발-물(爆發物)【명】爆発物ぶつ。
폭발-약(爆發藥)【명】⇒폭약
폭발-적(爆發的)【관】爆発的てき。㉠인구가 증가 폭발적인 人口が爆発的に増加する/~으로 팔리다. 爆発的に売れる。
폭발-탄(爆發彈)【명】⇒폭탄
폭사¹(暴死)【명】暴死ぼう。
　폭사-하다【자】暴死する。
폭사²(爆死)【명】爆死ばく。
　폭사-하다²【자】爆死する。
폭삭【부】❶【갑자기 힘없이 무너지거나 내려 앉는 모양】どさり(と)｜ばたっと｜ぱりん(と)。㉠간밤의 폭우로 헛간이 ~ 내려앉다. 昨夜かの大雨で納屋なやがどさりと崩れ落ちた。❷【맥없이 주저 앉는 모양】ばたり｜ばたっと。㉠땅바닥에 ~ 주저앉다. 地面に座り込む。❸【활발히 먼지 따위가 일어나는 모양】ぱっと｜ふわっと。㉠먼지가 ~ 일다. 埃がぱっと立つ。❹【심하게 삭은 모양】すっかり｜そっくり｜どろどろ。㉠~ 썩어 버린 감자 すっかり腐ってしまったジャガイモ/귤이 모두 ~ 곯았다. 蜜柑が全部どろどろと腐った。/꽃이 ~ 시들어 버렸다. 花がすっかりしおれてしまった。❺【심하게 쇠하는 모양】すっかり。㉠몇 년 사이에 얼굴이 ~ 늙어 버렸다. 数年の間にすっかり老けてしまった。❻【일부가 액체 따위가 넘쳐흐르는 모양】すっかり。㉠물을 ~ 엎지르다. 水をすっかり溢す。/ 그릇의 과자를 ~ 엎다. 器の御菓子をすっかり溢す。❼【완전히 망하는 모양】すっかり。㉠집안이 ~ 망하다. 家がすっかり滅びる。
폭삭-폭삭【부】❶【자꾸 주저앉는 모양】どさどさ｜ばたばた｜ばさばさ。㉠폭풍으로 가로수가 ~ 쓰러지다. 暴風で街路樹がばたばたと倒れる。❷【맥없이 자꾸 거세게 일어나는 모양】ぱっと｜ふわっと。
폭설(暴雪)【명】どか雪ゆき。
폭소(爆笑)【명】爆笑ばく。
　폭소-하다【자】爆笑する。
폭식(暴食)【명】暴食ぼう。㉠폭음과 ~ 暴飲と暴食。
　폭식-하다【자】暴食する。
폭신-폭신【부】ふかふか｜ふわふわ。

폭신-하다【형】ふかふかしている｜ふわふわしている。㉠폭신한 솜이불 ふかふかの綿ふの布団とん/ 폭신한 소파 ふかふかとしたソファー。
폭압(暴壓)【명】暴圧あつ。
　폭압-하다【자】暴圧する。
폭약(爆藥)【명】爆薬やく。㉠~이 터지다. 爆薬が爆発する。=폭발약
폭언(暴言)【명】暴言ぼう。
　폭언-하다【자】乱暴な言葉を言う。㉠~을 내뱉다. 暴言を吐く。
폭염(暴炎)【명】酷暑しょ｜猛暑しょ。
폭우(暴雨)【명】暴雨ぼう。㉠~가 쏟아지다. 暴雨が降りそそぐ。
폭음¹(暴飲)【명】暴飲ぼう。
　폭음-하다【타】暴飲する。㉠폭음해서 건강을 해치다. 暴飲して体を壊す。
폭음²(爆音)【명】爆音ばく。
폭정(暴政)【명】暴政ぼう。
폭주(暴走)【명】暴走ぼう。
　폭주-하다【타】暴走する。㉠오토바이가 ~. バイクが暴走する。
폭죽(爆竹)【명】爆竹ちく。㉠~이 빵빵 터지다. 爆竹がパンパン破裂する。
폭죽-놀이(爆竹─)【명】爆竹遊あそび。
폭침(爆沈)【명】爆沈ちん。
　폭침-하다【자】爆沈する。
폭탄(爆彈)【명】⇒爆弾だん。㉠~이 투하되다. 爆弾が投下された。=폭발탄
폭파(爆破)【명】爆破ぱ。
　폭파-하다【타】爆破する。㉠본관을 폭파한다는 테러 예고가 있었다. 本館を爆破するというテロの予告があった。
폭포(瀑布)【명】⇒폭포수
폭포-수(瀑布水)【명】滝たき｜瀑布ぼう。=폭포
폭-폭【부】❶【푹 끓이거나 삶는 모양】ぐつぐつ。㉠빨래를 ~ 삶다. 洗濯物せんたくものをぐつぐつと煮る。❷【쑤시는 모양】ぽんぽん(と)｜ずきずき(と)。㉠쓴내가 ~ 나다. すえた臭いがぷうんとする。❸【자꾸 세게 찌르는 모양】ぶすぶす｜ちくちく。㉠바늘로 ~ 찌르는 듯이 아프다. 針でちくちくと刺すように痛い。❹【자꾸 힘없이 쓰러지는 모양】ばたばた。㉠~ 쓰러지다. ばたばたと倒れる。❺【움푹 옴폭하게 파이거나 들어간 모양】ずぶずぶ｜ぽこぽこ。㉠파이는 보조개가 귀엽다. ぽこぽこっと凹んだえくぼが可愛い。❻【조금 솟거나 쌓이는 모양】ぐさりと。❼【많이 쌓이거나 내리는 모양】こんもり(と)。㉠~ 쏟아지는 눈 속을 걷다. こんもりと降り注ぐ雪の中を歩く。❽【연기·가루 등이 많은 솟는 모양】ぷうぷう｜ふうふう

う。㉠증기선은 연기를 ~ 내뿜으면서 달린다. 蒸気船ふねは煙を ぷうぷうと出だしながら走はしる。
폭풍(暴風)몡 嵐あらし｜暴風ぼうふう。㉠~이 몰아쳤다. 暴風が吹ふき荒あれた. / ~ 경보를 발령하다. 暴風警報けいほうを発令はつれいする。
폭풍-우(暴風雨)몡 嵐あらし｜暴風雨ぼうふうう。
폭한¹(暴寒)몡【寒】酷寒こっかん。
폭한²(暴漢)몡 暴漢ぼうかん。
폭행(暴行)몡 暴行ぼうこう。㉠~을 가해서 상처를 입혔다. 暴行を加くわえて怪我けがをさせた。
　폭행-하다재 暴行ぼうこうする。
폭행죄(暴行罪)몡《법》暴行罪ぼうこうざい。
폴¹(fall)몡《운》フォール。~승 フォール勝がち。
폴²(pole)몡《운》ポール｜棒ぼう。
폴더(folder)몡《검》フォルダー。
폴딱몯 ぴょんと。㉠메뚜기가 ~ 뛰어 오르다. バッタがぴょんと跳はね上あがる。
　폴딱-폴딱몯 ぴょんぴょん｜ぽんぽん。㉠강아지가 ~ 뛰다. 子犬こいぬがぽんぽん跳はねる。/ 아이가 ~ 뛰다. 子供こどもがぴょんぴょん跳はねる。
폴라로그래피(polarography)몡《화》ポーラログラフィー。
폴라로이드 카메라(Polaroid camera) ポラロイドカメラ。
폴란드(Poland)몡《국》ポーランド。
폴로(polo)몡《운》ポロ。
폴로늄(polonium)몡《화》ポロニウム。
폴리아미드(polyamide)몡《화》ポリアミド。
폴리에스테르(polyester)몡《화》ポリエステル。㉠~ 섬유 ポリエステル繊維せんい。
폴리에틸렌(polyethylene)몡《화》ポリエチレン。㉠~ 파이프 ポリエチレンパイプ。
폴리엔(polyene)몡《화》ポリエン。
폴싹몯 ❶【먼지가 이는 모양】ぱっと。㉠먼지가 ~ 일다. ほこりがぱっと舞まい上あがる。❷【힘없이 앉는 모양】ぺたんと｜どっかり(と)。㉠~ 바닥에 주저앉다. ぺたんと床ゆかにへたりこむ。
　폴싹-폴싹몯 ❶【먼지가 이는 모양】ぱっぱっと。❷【힘없이 앉는 모양】ぺたんと。
폴짝몯【작은 것이】ぴょんと。㉠아이가 ~ 뛰어내리다. 子供こどもがぴょんと飛とび降おりる。❷【힘없이 쓰러지는 모양】ばたりと｜ばたんと。
　폴짝-거리다재타 ❶ぴょんぴょんと跳とぶ。❷しきりにばたりと開あけたてす

る。=폴짝대다
　폴짝-대다재타 ☞폴짝거리다
　폴짝-폴짝몯 ❶【작은 것이 뛰는 모양】ぴょんぴょんと。❷【힘없이 쓰러지는 모양】ばたりばたり｜ばたんばたん。
폴카(polka)몡㉠ポルカ。
폴폴몯 ❶【눈·먼지·연기 등이 날리는 모양】ひらひら｜ちらちら｜もうもう。㉠눈이 ~ 날다. 雪ゆきがちらちらと飛とび散ちる。/ 나뭇잎이 바람에 ~ 흩날리다. 木このは葉が風かぜにひらひらと飛とび散ちる。❷【작은 것이 뛰는 모양】ぴょんぴょん。❸【냄새가 나는 모양】ぷんぷん。㉠고소한 냄새가 ~ 나다. 香こうばしい匂においがぷんぷんする。
폼(form)몡 フォーム。
퐁몯 ❶【작고 둥근 것이 떨어지는 모양】ぽんと。❷【구멍이 뚫리는 모양】ぽっかり｜ぽんと。㉠양말에 구멍이 ~ 뚫려 있다. 靴下くつしたにぽっかりと穴あながあいている。/ 구멍을 ~ 뚫다. 穴あなをぽんとあける。❸【터지는 소리】ぱん。❹【빠지는 소리】ぽちゃん(と)｜ぴちゃん。㉠골프공이 연못에 ~ 빠지다. ゴルフボールが池いけにぽちゃんと落おちる。❺【무언가 빠지는 소리】ぐいっと。㉠병마개가 ~ 빠지다. 瓶びんの栓せんがぐいっと抜ぬける。
퐁당【작고 둥근 것이 떨어져 물에 빠지는 소리】ぽちゃんと｜ぽちゃりと。㉠우물 속으로 감이 ~ 떨어졌다. 井戸いどの中なかに柿かきがぽちゃんと落おちた。
　퐁당-거리다재 しきりにぽちゃりと音おとが立たつ｜しきりにぽちゃんと音おとがする。=퐁당대다
　퐁당-대다재 ☞퐁당거리다
　퐁당-퐁당몯【계속 떨어지는】ぽちゃんぽちゃん(と)。㉠~ 돌을 던지다. ぽちゃんぽちゃんと石いしを投なげる。
퐁-퐁몯 ❶【물이 좁은 구멍에서 나오는 소리 모양】どくどく｜ごぼごぼ｜じゃあじゃあ。㉠좁은 구멍으로 물이 ~ 쏟아진다. 小ちいさな穴あなからどくどくと水みずが吹ふき出でる。❷【연기가 나는 모양】ぱっぱっと｜ぽんぽん。㉠굴뚝에서 연기가 ~ 나다. 煙突えんとつから煙けむりがぽんぽんと出でる。❸【구멍이 뚫리는 모양】ぽっかり｜ぽんぽん。㉠구멍을 ~ 뚫다. 穴あなをぽんぽんとあける。❹【터질 때】ぱん。㉠풍선이 ~ 터지다. 風船ふうせんがぱあんと破裂はれつする。❺【물에 떨어지는 소리】ぽちゃんぽちゃんと｜ぽちゃりぽちゃりと。
　퐁퐁-거리다재타 ❶【계속 떨어지는 모양】続つづけてぽちゃんと落おちる。❷【계속 흘러 나오는】続つづけてごぼごぼと流ながれ出でる。=퐁퐁대다
　퐁퐁-대다재타 ☞퐁퐁거리다

푄(Föhn 독)명 フェーン。

표¹(表)명 ❶【도표】表ひょう。ㆍ예~를 그려서 설명하다. 表をかいて説明する。 ❷【표적】形跡ㆍ跡形ㆍ예그 애가 다녀간 ~가 난다. あの子が寄って行った形跡がある。/ 청소한 ~가 없다. 掃除をした跡形がない。

표²(票)명 ❶【표찰】切符ㆍ札ㆍ券けん。ㆍ예비행기 ~를 사다. 航空券を買う。/ ~가 없어 극장에 들어갈 수 없다. 切符がなくて劇場に入れない。 ❷【선거 등의】票ひょう。ㆍ예많은 ~를 얻다. 多い票を得る。/ ~를 던지다. 票を投ずる。 ❸【유권자가 투표한 표의 수효 : 예는 '票'】一票ひょう。ㆍ예80~를 얻어 학생회장에 당선되다. 八十票を得て学生会長に当選する。

표³(標)명 ❶【표시】しるしㆍ目印ㆍマーク。ㆍ예읽은 곳에는 ~를 해 두다. 読んだところには目印をつける。/ 동그라미로 ~를 하다. 円でで目印をつける。 ❷【특징】特徴ㆍ예장남의 ~를 내다. 長男の特徴を表す。 ❸【표지】付箋ㆍメモ。

표결(表決)명 表決ひょうけつ。
　표결-하다타 表決する。

표결-권(表決權)명 表決権けん。

표고명《식》椎茸しいたけ。

표구(表具)명 表具ぐ。
　표구-하다타 表具をする。

표기¹(表記)명 表記。
　표기-하다타 表記する。

표기²(標記)명【표기】標記ひょう。
　표기-하다타 標記する。

표기-법(表記法)명 (언)表記法ほう。

표독-스럽다(慓毒—)형 毒々しいㆍ刺々しい。ㆍ예표독스러운 얼굴을 하고 있다. 毒々しい顔付きをしている。
　표독스레 毒々しくㆍ刺々しく。

표독-하다(慓毒—)형 毒々しいㆍ刺々しい。

표류(漂流)명 漂流。
　표류-하다자 漂流する。ㆍ예사흘 동안 바다에 ~. 三日間海に漂流する。

표리(表裏)명 表裏ㆍ裏表。

표리부동(表裏不同)명 裏表が一致しないこと。

표면(表面)명 表面ㆍ예~ 처리 表面処理／~ 세율 表面税率／~ 장력 表面張力。

표면-적¹(表面的)관명 表面的ㆍ예~인 현상 表面的な現象／~으로 나타나는 문제 表面的に現れる問題。

표-면적²(表面積)명《수》表面積。=겉넓이

표면-화(表面化)명 表面化。
　표면화-하다자 表面化する。ㆍ예두 나라의 대립이 ~. 両国の対立が表面化する。

표명(表明)명 表明。
　표명-하다타 表明する。ㆍ예사의를 ~. 辞意を表明する。

표박(漂泊)명 漂泊。
　표박-하다자 漂泊する。

표방(標榜)명 標榜。
　표방-하다타 標榜する。ㆍ예자유 무역을 ~. 自由貿易を標榜する。

표백(漂白)명 漂白ㆍさらし。
　표백-하다타 漂白するㆍさらす。

표백-분(漂白粉)명《화》漂白紛はくㆍさらし粉。

표백-제(漂白劑)명《화》漂白剤ㆍ예~를 첨가한 세제 漂白剤を添加した洗剤。

표-범(豹—)명《동》豹。ㆍ예흑 ~ 黒ヒョウ／~ 무늬 ヒョウ柄／비바람이 성난 ~ 같다. 風雨が怒ったヒョウのようだ。

표본(標本)명 標本ㆍ見本ㆍサンプルㆍ手本。ㆍ예~ 조사 標本調査／서체 ~ 書体の見本／여성의 ~이 되다. 女性の手本になる。

표본-실(標本室)명 標本室しつ。

표상(表象)명 表象。

표석¹(漂石)명【강이나 논가에 떠내려 오거나 떠밀려 온 돌】漂石ㆍ迷子石まいご。捨て子石。

표석²(標石)명 ☞푯돌

표시¹(表示)명 表示ㆍ印しるし。ㆍ예감사의 ~ 感謝の表示／관심의 ~ 関心の印。
　표시-하다¹타 表示するㆍ表す。ㆍ예반대 의사를 ~. 反対の意思を表示する。/ 감사의 뜻을 ~. 謝意を表す。

표시²(標示)명【표로 붙인】標示ㆍ印しるし。ㆍ예멈춤 ~ 止まれの印／가격 ~가 없다. 価格の印がない。/ 도로에 아무런 ~도 없다. 道路に何の標示もない。
　표시-하다²타 標示する。ㆍ예원산지를 ~. 原産地を標示する。

표식(標識)명 ☞표지²

표어(標語)명 標語ㆍモットーㆍスローガン。ㆍ예~를 공모하다. スローガンを公

募集ぼしゅうする。

표연-하다(飄然—)[형] 飄然ひょうぜんとしている。
　표연-히[부] 飄然ひょうぜんと。예~ 사라지다 飄然と去さる。

표음(表音)[명]表音ひょうおん。
　표음-하다[자] 発音はつおんを表ひょうする。

표음 문자(表音文字)《언》表音文字ひょうおんもじ。

표의(表意)[명] 表意ひょうい。
　표의-하다 文字もじで意味いみを表あらわす。

표의 문자(表意文字)《언》表意文字ひょういもじ。 =뜻글자

표적¹(表迹)[명] 形跡けいせき | 跡形あとかた。

표적²(標的)[명] 標的ひょうてき | 的まと | 目印めじるし。예~에 명중하다. 的に命中ちゅうする。/ 적의 ~이 되다. 敵てきの標的となる。

표절(剽窃)[명] 剽窃ひょうせつ。예논문 ~ 論文ろんぶん剽窃。
　표절-하다[타] 剽窃ひょうせつする。

표정(表情)[명] 表情ひょうじょう | 顔付かおつき。예~이 풍부하다. 表情が豊ゆたかだ。/ 정말이지 난처해서는 ~이다. いかにも困こまったという表情をする。/ 불만이 듯한 ~을 하다. 不満ふまんそうな顔付きをする。

표제(標題)[명] 標題ひょうだい | 表題ひょうだい | 見出みだし。

표제 음악(標題音楽)《음》標題音楽ひょうだいおんがく。

표주-박(瓢—)[명] 瓢箪ひょうたん | 瓢ひさご。

표준(標準)[명] 標準ひょうじゅん。예~ 수치 標準数値すうち。

표준-말(標準—)[명] ☞표준어

표준-시(標準時)[명] 標準時ひょうじゅん。

표준-어(標準語)[명]《언》標準語ひょうじゅん。 =표준말

표준 위선(標準緯線) 標準緯線ひょうじゅんいせん。

표준 편차(標準偏差)《수》標準偏差ひょうじゅんへんさ。

표준-화(標準化)[명] 標準化ひょうじゅんか。
　표준화-하다 標準化ひょうじゅんかする。예제품의 기능을 ~. 製品せいひんの機能きのうを標準化する。

표지¹(表紙)[명] ❶【책】表紙ひょうし。예책의 ~가 너무 두껍다. 本ほんの表紙があまりにも厚あつい。 =책뚜껑 ❷【서표】しおり | 挟はさみ紙がみ。

표지²(標識)[명] 標識ひょうしき | 目印めじるし。예도로 교통 ~ 道路交通どうろこうつう標識。 =표식
　표지-하다[타] 目印めじるしをつける。

표지-판(標識板)[명] 標識板ひょうしきばん。

표징(表徵)[명] 表徴ひょうちょう。

표착(漂着)[명] 漂着ひょうちゃく。
　표착-하다[자] 漂着ひょうちゃくする。예무인도에 ~. 無人島むじんとうに漂着する。

표찰(標札)[명] 標札ひょうさつ。

표창(表彰)[명] 表彰ひょうしょう。예공훈을 세워 ~을 받다. 功勲こうくんを立たてて表彰される。
　표창-하다[타] 表彰ひょうしょうする。

표출(表出)[명] 表出ひょうしゅつ。예개성의~ 個性こせいの表出。

표층(表層)[명] 表層ひょうそう。

표토(表土)[명]《口》[대체로 부드러운] 表土ひょうど。

표피(表皮)[명] 表皮ひょうひ。예~가 매끈매끈하다. 表皮がつるつるしている。

표피 세포(表皮細胞)《생》表皮細胞ひょうひさいぼう。예~의 변형 表皮細胞の変形へんけい。

표-하다¹(表—)[타] 表ひょうする | 表示ひょうじする。예경의를 ~. 敬意けいいを表する。/ 찬성의 뜻을 ~. 賛成さんせいの意思いしを表示する。

표-하다²(標—)[타] 標しるす | 目印めじるしをつける。예중요한 곳은 빨간색 펜으로 표해 두다. 重要じゅうようなところは赤あいペンで目印をつけておく。/ 내 것은 세모로 ~. 私わたしのものは三角形さんかくけいで目印をつける。

표현(表現)[명] 表現ひょうげん。예~의 자유 表現の自由じゆう/ ~ 방법이 서투르다. 表現方法ほうほうが下手へただ。
　표현-하다[타] 表現ひょうげんする。예사랑을 노래로 ~. 愛あいを歌うたで表現する。

표현-대리(表現代理)《법》表現ひょうげん代理だいり。

표현-주의(表現主義)《예》表現ひょうげん主義しゅぎ。

푯-돌(標—)[명] 目印めじるしの石いし | 標石ひょうせき。 =표석

푯-말(標—)[명] 目印めじるしの杭くい。

푸[부][입을 내밀고서] ふっと | ぶっと。예~ 한숨을 내쉬다. ふっとため息いきを吐つく。/ 물을 먹다 ~ 하고 뱉어 버렸다. 水みずを飲のんでぶっと吐はき出だした。

푸가(fuga 이)《음》フーガ | 遁走曲とんそうきょく。

푸가토(fugato 이)《음》フーガト。

푸근-하다 ❶【따뜻】暖あたたかい | 穏おだやかだ。예푸근한 솜이불 暖かくふんわりした綿わたの布団ふとん / 겨울인데도 날씨가 ~. 冬ふゆなのに暖かい。 ❷【和】和やかだ | 穏おだやかだ | 暖あたたかい。예집안의 분위기가 ~. 家庭かていの雰囲気ふんいきが和やかだ。/ 어머니의 푸근한 품이 그립다. 母親ははおやの暖かい懐ふところが懐なつかしい。 ❸【豊】豊ゆたかだ | ゆったりとしている。
　푸근-히[부] ❶暖あたたかく | 穏おだやかに。 ❷和やかに | 穏おだやかに | あたたかい。

❸豊かに｜ゆったりと。

푸념圏 泣き言｜愚痴。예 ~을 늘어놓다. 泣き言を並べる。

푸념-하다凪 泣き言を言う｜愚痴をこぼす｜愚痴を言う。

푸다叶 汲む｜すくう｜(ご飯などを)よそう。예 물통에서 물을 ~. 水槽で水を汲む。/ 밥을 ~. ご飯をよそう。

푸-대접(―待接)圏 冷遇。예 ~을 받다. 冷遇される。

푸대접-하다凪 冷遇する。

푸둥-푸둥튀 ぽちゃぽちゃ｜まるまる。예 ~ 살이 찐 허리 まるまると肉がついた腰 / ~ 살찐 아기 ぽちゃぽちゃとした赤ちゃん。

푸드덕 ❶ばたばた｜ぱたぱた。예 ~ 날갯짓하며 날다. ばたばたと羽ばたいて飛ぶ。❷ぴちぴち。

푸드덕-거리다凪叶 ❶しきりにばたばたさせる。❷しきりにぴちぴち跳ねる。예 송어가 힘차게 ~. 鱒が力一杯ちゃっと跳ねる。=푸드덕대다

푸드덕-대다凪叶 ☞푸드덕거리다

푸드덕-푸드덕 ❶ばたばた｜ぱたぱた。❷ぴちぴち。

푸들(poodle)圏 (動)プードル。

푸들-거리다凪 ぶるぶると震わせる｜わなわなと震わせる。=푸들대다

푸들-대다凪 ☞푸들거리다

푸들-푸들 튀 ぶるぶる｜わなわながたがた。예 분노로 온몸이 ~ 떨리다. 憤りで身体中がわなわなと震える。

푸딩(pudding)圏 プディング｜プリン。

푸르께-하다圏 青みがかっている。

푸르다 ❶青い。예 푸른 잎 青い葉 / 푸른 바다를 바라보다. 青い海をながめる。❷溌刺としている｜生生きとしている。❸青い。예 덜 익은 푸른 바나나 未熟で青いバナナ。❹気勢が鋭い｜剣幕だ。예 서슬이 푸른 태도로 다그치다. かなりのけんまくで詰め寄る。

푸르대-콩圏 (植)実の皮と中身がぜんぶ青いもの。=청대콩

푸르데데-하다圏 薄汚れたく青っぽい。

푸르뎅뎅-하다圏 青黒い。

푸르디-푸르다圏 真っ青だ。

푸르르 ❶ぐらぐら｜ふつふつ。❷ぱっと。예 참가가 총소리에 놀라 ~ 날아갔다. スズメが銃の音に驚いてばたばたと飛んでいった。❹かっと｜むかっと｜わっと。예 갑자기 ~ 성을 내다. いきなりかっとなる。❺ぶるぶる｜わなわな。예 추위에 입술을 ~ 떨다. 寒さに唇をわなわなと震える。

푸르무레-하다圏 青さがさえない｜くすんで青みがかかっている。

푸르스레-하다 ☞푸르스름하다

푸르스름-하다圏 青みがかっている｜やや青い。예 콩팥이 나빠지거나 위궤양일 때도 얼굴빛이 푸르스름한 빛깔을 띠게 된다. 腎臓が悪くなったり胃潰瘍のときも、顔色が青みがかった色を帯びている。=푸르스레하다

푸르죽죽-하다圏 濁った青色だ｜くすんだ青色だ。

푸르퉁퉁-하다圏 青膨れしている｜うす汚れた青色だ。

푸른-콩 ☞'푸르대콩'의 잘못.

푸릇-푸릇튀 青々。

푸릇푸릇-하다圏 青々としている。예 푸릇푸릇한 싹이 돋기 시작했다. 青々としている新しい芽を吹きはじめた。

푸새圏 糊付け。

푸새-하다叶 糊付けする。

푸서圏 断ち目から解れた糸。

푸서리圏 荒れて雑草の茂った土地｜荒れ地。

푸석튀 かさかさ｜ばさばさ。

푸석-하다¹圏 ばさばさする｜かさかさする。예 빵이 오래되어서 ~. パンが長い時間経ってばさばさする。

푸석-돌圏 もろい石。

푸석-푸석¹튀 かさかさ｜ばさばさ。예 마른 잎을 밟을 때마다 ~ 소리가 난다. 枯れ葉を踏むたびにかさかさと音がする。

푸석푸석-하다¹圏 かさかさする。

푸석-푸석²튀 かさかさ｜ばさばさ。

푸석푸석-하다²圏 かさかさだ｜ばさばさだ。예 푸석푸석한 머리카락 ばさばさの髪 / 얼굴이 푸석푸석한 게 어디 아픈 것 같다. 顔がかさかさとむくんでいるところが、どこか具合いが悪いようだ。

푸석-하다²圏 ばさばさでむくんでいる。

푸성귀圏 野菜｜青菜。

푸슬-푸슬[부] ❶【가루 따위 부슬부슬 떨어지는 모양】ぼろぼろ｜ばらばら。❷【비나 눈 내리는 모양】さらさら｜しとしと。例 봄비가 ~ 내리다. 春雨がしとしと降る。

푸슬푸슬-하다[형] ぼろぼろする。例 밥이 찰기가 없고 ~. ご飯が粘り気がなくぼろぼろする。

푸에르토리코(Puerto Rico)[명]《국》プエルトリコ。

푸주[명] ☞푸줏간

푸줏-간(一間)[명] 肉屋。=고깃간·푸주

푸지다[형] たっぷりある｜おおらかだ。例 음식을 푸지게 차렸다. 食べ物をたっぷり支度した。

푸짐-하다[형] たっぷりある｜おおらかだ。
  푸짐-히[부] たっぷり｜おおらかに。

푸푸[부] ふうふう。例 입김을 ~ 내뿜다. 息をふうふう吐き出す。

푸-하다[형] ふんわりしている。例 푸하니 부피만 크지 무겁지 않다. ふんわりと膨らんでいるだけ重くない。

푹[부] ❶【잠이 깊이 드는 모양】ぐっすり｜十分に。例 ~ 쉬었더니 몸 상태가 한결 좋아졌다. 十分に休んだので、体のコンディションが一層良くなった。❷【힘있게 깊이 찌르는 모양】ぶすっと｜ぐさっと｜ずぶり(と)。例 단도를 ~ 찌르다. 短刀をずぶりと突き刺す。❸【쌀 덮는 모양】すっぽり(と)。例 이불을 ~ 뒤집어쓰고 자다. 布団をすっぽりと覆おって寝む。❹【충분히 삶는 모양】じっくり(と)。例 돼지고기를 ~ 삶다. 豚肉をじっくりと茹でる。❺【심하게 젖는 모양】びっしょり(と)。例 소나기에 ~ 젖다. にわか雨にびっしょりと濡れる。❻【죄다 썩어 버린 모양】すっかり。例 채소가 모두 ~ 썩었다. 野菜が全部すっかり腐った。❼【깊이 패는 모양】ぼこっと。例 구덩이가 ~ 파이다. 穴がぼこっと開く。❽【심하게 잠기는 모양】ずぼっと｜すっかり｜ずぶり(と)｜どっぷり(と)。例 웅덩이에 발이 ~ 빠지다. 水溜まりに足がずぶりとはまる。／목욕물에 몸을 ~ 담그다. お湯に体をどっぷりとつける。／물속에 발을 ~ 담그다. 水の中に足をずぼっとつける。❾【갑자기 빠지는 모양】どたっと｜がっくりと｜べたりと。例 기운이 없어 ~ 쓰러지다. 気力がなくてどたっと倒れる。❿【숨을 내쉬는 모양】ぐさっと。例 아이스크림을 한 입 ~ 떠서 먹다. アイスクリームを一口ぐさっと掬って食べる。⓫【고개를 숙이는 모양】がっくりと。例 고개를 ~ 숙인 채 말이 없다. 頭をがっくりと下げたまま何も言わない。⓬【연기 따위에 내는 모양】ぷっと｜ふっと。例 한숨을 ~ 내쉬다. ため息をふっとつく。⓭【힘·능력·분량 등이 주는 모양】がくんと。例 식량이 ~ 줄다. 食糧ががくんと減る。

푹석[부] ❶【먼지 따위가 갑자기 쉽게 부서지는 모양】ぱさぱさ。❷【힘없이 주저앉는 모양】べたり(と)｜へなへな。例 그 자리에 ~ 주저앉다. その場にべたりと座り込む。❸【먼지가 일어나는 모양】ぱっと。例 먼지가 ~ 일다. 埃がぱっと立つ。❹【심하게 썩거나 상하는 모양】ぼろぼろに｜ぐちゃぐちゃに。例 과일이 ~ 썩다. 果物がぐちゃぐちゃに腐る。

푹석-푹석[부] ❶【자주 쉽게 잘 부서지는 모양】ぱさぱさ。❷【힘없이 자꾸 바삐 앉는 모양】へなへな。❸【몹시 일어나는 모양】ぱっと。

푹신-푹신[부] ふかふか｜ふわふわ。

푹신-하다[형] ふかふかしている｜ふわふわだ。例 푹신한 새 이불 ふわふわの新しい布団

푹-푹[부] ❶【푹푹 끓도록】ぐつぐつ。例 소고기와 내장을 ~ 고다. 牛肉と内臓をぐつぐつと煮込む。❷【뼈마디 쑤시는 모양】ぽんぽん(と)｜ずきずき(と)。例 속을 ~ 썩이다. 心をずきずきと痛める。❸【자꾸 세게 찌르는 모양】ぶすぶす｜ちくちく。例 삶고 있는 감자를 ~ 찔러 보다. 茹でたジャガイモをぶすぶすっと刺してみる。❹【쓰러 뱉듯 자꾸 힘있게 내려앉는 모양】ばたばた。❺【계속 깊이 빠지는 모양】ずぶずぶ｜ぽこぽこ。例 진창에 발이 빠지다. ぬかるみにずぶずぶと足がはまる。❻【음식·숟가락 등으로 자꾸 퍼내는 모양】ぐさりと。例 밥을 맛있다는 듯이 ~ 떠먹다. 御飯を美味しそうにすいすいくって食べる。❼【깊이 쌓이는 모양】こんもり(と)。❽【입김·연기 등이 자꾸 뿜어 나오는 모양】ぷうぷう｜ふうふう。例 한숨을 ~ 내쉬다. ふうふうとため息をつく。

푹-하다[형]【날씨】ぽかぽかする｜暖かい。例 겨울답지 않게 날씨가 ~. 冬の天気らしくなく暖かい。

푼[의] ❶【예전의 돈 단위】文。例 한 ~도 가진 게 없다. 一文も持ってない。❷【돈의 단위】分。例 세 돈 닷 ~ 三匁五分。❸【옛 무게 단위(약0.33g)】分。❹【길이의 단위】分。

푼-내기 小銭の賭け事。

푼-돈[명] はした金｜はした銭｜小銭。

푼사(一絲)[명] よらない絹糸。

푼수[명] ❶【정도】程度｜比率｜分。例

혼자서 두 사람 ~는 해낸다. 一人で二人分をこなす。❷[모습이나]ようす｜具合。예 도움을 부탁하는 ~로 보아 일손이 부족한 것 같다. 手伝いを頼むようすをみたら、人手が足りないようだ。/ 자신의 ~를 알아야지. 自分の程度をしらなくちゃ。❸[바보]ばか。

푼-치[명] 寸法。

푼푼-이[부] 一錢二錢と｜わずかずつ。예 그 동안 ~ 모은 것이다. その間一錢二錢とためたのである。

푼푼-하다[형] ❶[넉넉히]豊かだ｜おおらかだ。❷[성격]おおらかだ。예 푼푼한 성격 おおらかな性格。

　푼푼-히[부] ❶ 豊かに｜おおらかに。❷ おおらかに。

풀¹[명][접착제]糊。예 ~로 붙이다. 糊で貼る。/ 테이블보에 ~을 먹이다. テーブルクロスに糊づけする。

　풀(이) 서다[관용] (布地の)が糊がきいてぴんと張る。

풀²[명][활기]元気｜活気。예 경기에 져서 ~이 죽어 있다. 試合に負けてしょげている。

풀³[명][식]草。

풀⁴(pool)[명] プール。

풀-기(一氣)[명] 糊気。예 ~가 죽어 옷이 후줄근하다. 糊気がなくて服がくたくただ。

풀다[타] ❶[매듭이나 묶인것이]解く｜解ける｜外す｜開ける。예 낡은 조끼를 풀어 장갑을 짜다. 古いチョッキを解いて手袋を編む。/ 선물을 풀어 보다. プレゼントを開けてみる。/ 묶은 머리를 ~. 結んだ髮を解く。/ 단추를 ~. ボタンを外す。/ 깁스를 ~. ギプスを解く。❷[마음속에 맺힌것을]晴らす｜叶える｜解く｜解す。예 서운한 마음을 ~. 名殘惜しい心を解く。/ 네 원한을 풀어야 너도 편하다. 自分の恨みを晴らした方が、おまえも楽だ。/ 화를 ~. 怒りを解く。/ 네 소원을 풀어 주겠다. お前の願いを叶えてあげる。/ 기분을 ~. 氣分を解す。❸[문제를]〈問題을〉解く｜晴らす。예 수학 시험지를 ~. 數學の試驗紙を解く。/ 수수께끼를 ~. 謎を解く。/ 궁금증을 ~. 氣がかりを晴らす。❹[금지된](禁止·制限·規制을 해제한 것을)解く。예 계엄령을 ~. 戒嚴令を解く。/ 가택연금을 ~. 家宅軟禁を解除する。❺[피로나 독기를](疲勞·毒気などを)解す｜和らげる｜解消する。예 여독을 ~. 餘毒を和らげる。/ 피로를 ~. 疲勞を和らげる。/ 스트레스를 ~. ストレスを解消する。❻[사람을](人を)動員する｜必要な方々に置く。예 형사를 풀어 범인을 추적하다. 刑事を動員して犯人を追跡する。❼[코를](鼻を)かむ。예 코를 풀고 나니 코가 좀 뚫린 것 같다. 鼻をかんだので鼻が少し通ったようだ。❽[꿈을](夢·占などを)解く｜解釋する。예 할아버지께서 꿈을 풀어 주다. 祖父が夢を解いてくれる。❾[해설]解く｜解決する。예 어려운 단어를 쉽게 풀어서 설명해 주다. 難しい單語をやさしく解釋して說明してくれる。❿[분위기를](雰圍氣·表情などを)解す｜和らげる。예 긴장된 분위기를 풀기 위해 우스갯소리를 하다. 緊張した雰圍氣を解すために冗談を言う。/ 굳은 표정을 ~. 固まった表情を和らげる。⓫[섞다](粉·液体などを)混ぜ合わせる｜溶かす｜溶く。예 물에 물감을 ~. 水中に染料を溶かす。/ 녹말을 풀어서 풀을 쑤다. 澱粉を溶かして糊を作る。

풀떡[부][뛰는모양]ひょいと｜ぴょんと。예 말에서 ~ 뛰어내리다. 馬からひょいと飛び降りる。/ 개구리가 ~ 뛰어 달아나다. カエルがぴょんと跳ねて逃げる。

　풀떡-거리다[자] しきりにぴょんと跳ぶ。=풀떡대다

　풀떡-대다 ☞풀떡거리다

풀-리다[자] ❶[매듭이나 묶인것이]解ける｜解ける｜外れる｜ほぐれる｜開く。예 올이 ~. 布目が解ける。/ 셔츠의 단추가 풀려 있다. シャツのボタンが外れている。/ 이 매듭은 당기면 풀린다. この結び目は引くと解ける。❷[마음속의 응어리가]叶う｜解ける｜解消される｜和らぐ。예 표정을 보니 화가 풀린 것 같다. 表情を見ると怒りが解けたようだ。/ 오해가 풀려서 다행이다. 誤解が晴れてよかった。/ 운동을 하고 나면 스트레스가 풀린다. 運動をしたらストレスが解消される。/ 감정의 대립이 좀처럼 풀리지 않았다. 感情の對立が、なかなか和らがなかった。❸[궁금증이]解ける｜晴れる。예 궁금증이 ~. 氣掛かりが晴れる。/ 수수께끼가 ~. 謎が解け

る。/골치 아픈 문제가 ~. 頭の痛い問題が解決される。❹【禁止·制限·規制された事が】解除される｜解ける｜解き放される。囫 기업에 대한 규제가 ~. 企業に対する規制が解除される。/인질이 ~. 人質が解放される。❺【疲労·毒気などが】和らぐ｜消える｜取れる。囫 피로가 ~. 疲労が和らぐ。/멍이 풀렸다. 痣が消えた。/체기가 풀린 것 같다. 食もたれが消えたようだ。❻【雰囲気·表情などが】和らぐ。얼굴이 풀린 것을 보니 나도 마음이 놓인다. 顔の表情が和らぐのを見ると、私たちも安心した。❼【粉·液体などが】溶ける。囫 찬물에도 잘 풀리는 커피가 있다. お冷やにもよく溶けるコーヒーがある。❽【寒さが】緩む｜和らぐ。囫 봄비가 오고 나서 추위가 많이 풀렸다. 春雨が降ってから寒さがたいぶん和らいだ。❾【お金などが】解かれる。囫 시중에 돈이 많이 풀려 있다. 市中にお金がたくさん解かれている。❿【眠気·酒に酔って】とろんとする｜ぼんやりする｜ぼやける。囫 눈이 ~. 目がとろんとしている。

풀-막(—幕) 苫屋｜草屋｜草庵。
풀-매듭 ほどけやすい結び目。
풀무 圀 ふいご。
풀무-질 圀 ふいごで風を起こすこと。
　　풀무질-하다 邳 ふいごで風を起こす。
풀-밭 圀 草地｜草原。囫 ~에 누워 하늘을 올려다보고 있다. 草原に寝そべって空を見上げている。
풀백(fullback) 圀 《운》フルバック。囫 그의 포지션은 ~이다. 彼のポジションはフルバックだ。
풀-벌 圀 草原。
풀-벌레 圀 草の虫。
풀-비 圀 糊刷毛｜糊を塗るのに用いるはけ。
풀-빛 圀 草色。=풀색
풀-색(—色) 圀 ☞풀빛
풀-솜 圀 真綿。
풀-숲 圀 草むら｜草やぶ。
풀-싸움 圀 摘み草競走。
풀썩 되 ❶【푹 주저앉는 모양】ぺたん(と)｜ぺたり(と)。囫 힘없이 ~ 주저앉았다. 力無くぺたんと座り込んだ。❷【연기·먼지 따위가 갑자기 일어나는 모양】ぱっと。

囫 ~ 먼지가 나다. ぱっとほこりが出る。
풀썩-거리다 邳 しきりにぱっと立つ。=풀썩대다
　　풀썩-대다 邳 ☞풀썩거리다
풀어-내다 邳 ❶ほぐす。囫 엉킨 실을 ~. もつれた糸を解きほぐす。❷解き明かす。囫 어려운 문제를 내가 풀어냈다. 難しい問題を私が解き明かした。
풀어-놓다 邳 放つ。囫 범인을 잡기 위해 형사를 ~. 犯人を捕まえるために刑事を放つ。
풀어-지다 邳 ❶【매였거나 맺혀 있던 것이 열리다】解ける｜解ける｜外れる。囫 스웨터의 올이 풀어져 입을 수 없다. セーターの目が解けて着れない。/구두끈이 자꾸 풀어진다. 靴紐がしきりに解ける。❷【갖었거나 맺혔던 감정이 없어지다】晴れる｜叶う｜解消される｜解ける｜消える。囫 마음속 응어리가 좀체 풀어지지 않는다. 胸の奥のしこりがなかなか消えない。/긴장이 풀어져 실수를 하다. 緊張が解けて失敗をする。❸【풀리다】晴れる｜うまく片付く｜解決される｜解ける。囫 궁금증이 ~. 気掛かりが晴れる。/골치 아픈 문제가 ~. 頭の痛い問題が解決される。❹【禁止·制限·規制された事が】解除される｜解ける。囫 수출입에 대한 규제가 ~. 輸出入に対する規制が解除される。❺【粉·液体などが】溶ける｜解ける。囫 된장이 물에 잘 풀어지다. 味噌が水によく溶ける。/소금이 잘 풀어진 것 같지 않다. 塩がよく溶けていないようだ。❻【寒さが】緩む｜和らぐ。囫 추위가 ~. 寒さが和らぐ。❼【눈】目つきがとろんとなる。囫 풀어진 눈으로 바라보다. とろんとなった目で見つめる。
풀이 圀 ❶【해석되지 않은 것이 열린 상태】解釈。囫 낱말의 뜻 ~ 言葉の意味の解釈。❷《수》解くこと｜答え。
　　풀이-하다 邳 ❶解釈する。❷解く｜答える。
풀이-말 圀 《언》叙述語。=서술어
풀-잎 圀 草の葉。
풀잎-피리 圀 草笛。囫 ~의 가늘고 떨리는 소리 草笛の細くて震える音。/~를 불다. 草笛をふく。=풀피리
풀-장(pool場) 圀 プール｜水泳場。
풀-질 圀 糊付け。

풀질-하다 糊をつける。
풀쩍 부 ❶ 【갑자기 세게 뛰는 모양】ぱっと｜ひらりと。예 두 계단을 한꺼번에 ~ 뛰어내리다. 二段 $_{だん}$ の階段 $_{だん}$ をいっぺんにぱっと飛び降り $_{お}$ る。❷ 【세게 넘어지는 모양】ばたん｜ぴしゃり。
풀쩍-거리다 자 ❶ ひらりひらりと跳ね上 $_{あ}$ がる。❷ ばたんとする。=풀쩍대다
풀쩍-대다 ☞풀쩍거리다
풀-풀쩍 부 ❶ 【자꾸 가볍게 뛰어오르는 모양】ひらりひらりと。❷ 【갑자기 넘어지거나 내려앉는 모양】ばたりばたり｜ばたんばたん。
풀-치다 타 容赦 $_{ようしゃ}$ する。寛大 $_{かんだい}$ に許 $_{ゆる}$ す。
풀-칠(一漆) 명 ❶ 【풀을 바르는 일】糊をつけること｜糊を塗 $_{ぬ}$ ること。❷ 【겨우 먹고 사는 일】糊口 $_{ここう}$｜口 $_{くち}$ を糊 $_{のり}$ すること。
풀칠-하다 자 ❶ 糊をつける｜糊を塗る。❷ 糊する｜糊口 $_{ここう}$ を凌 $_{しの}$ ぐ。예 작품을 팔아서 하루하루 입에 풀칠하고 있다. 作品 $_{さくひん}$ を売って、その日その日、口 $_{くち}$ を糊 $_{のり}$ している。
풀풀 부 ❶ 【먼지나 연기 등이 세게 일어나는 모양】ひらひら(と)｜ちらちら(と)｜もうもう(と)。예 먼지가 ~ 이는 비포장 도로 埃 $_{ほこり}$ がもうもうと立ち込める非舗装 $_{ひほそう}$ 道路 $_{どうろ}$／굴뚝에서 검은 연기가 ~ 날아 올라간다. 煙突 $_{えんとつ}$ から黒煙 $_{こくえん}$ がもくもくと上 $_{あ}$ がっている。❷ 【가볍게 뛰는 모양】ぴょんぴょん。예 몸이 가벼워 ~ 난다. 体 $_{からだ}$ が軽くてぴょんぴょん跳ねる。❸ 【냄새 따위가 세게 나는 모양】ぷんぷん。예 그는 술 냄새를 ~ 풍기며 귀가하였다. 彼 $_{かれ}$ は酒 $_{さけ}$ の匂 $_{にお}$ いをぷんぷんさせて帰 $_{かえ}$ った。
풀-피리 명 ☞풀잎피리
풀-하다 자 【풀먹이다】糊付 $_{のりづ}$ けする。
품[1] 명 【수고】手間 $_{てま}$｜手数 $_{てすう}$。예 ~이 많이 든 드레스 手間の多 $_{おお}$ くかかったドレス。
품(을) 갚다 관용 手間 $_{てま}$ を返す。
품(을) 앗다 관용 相手 $_{あいて}$ から手間を受け戻す。
품(을) 팔다 관용 手間仕事 $_{しごと}$ をする。
품[2] 명 ❶ 【옷의 가슴부분】身幅 $_{みはば}$。예 ~이 좁아서 불편하다. 身幅が狭くて不自由 $_{ふじゆう}$ だ。❷ 【옷의 가슴 속】懷 $_{ふところ}$｜懷中 $_{かいちゅう}$。예 비수를 ~에 숨기다. 匕首 $_{あいくち}$ を懷に秘める。❸ 【두 팔을 벌려 안을 때의 가슴】懷｜胸 $_{むね}$。예 어린애를 ~에 안다. 幼 $_{おさな}$ い子を胸に抱 $_{だ}$ く。❹ 【따뜻한 보호를 받는 환경】懷。예 대자연의 ~에 안기다. 大自然 $_{だいしぜん}$ の懷に抱 $_{いだ}$ かれる。／부모의 ~을 떠나다. 親 $_{おや}$ の懷を離 $_{はな}$ れる。
품[3] 명 【행동이나 말씨에서 드러나는 태도】振り｜さま｜ようす。예 인덕이 많고 ~이 바른 사람이라 마음에 든다. 人徳 $_{じんとく}$ が深くて礼儀 $_{れいぎ}$ 正しい人で気 $_{き}$ にいっている。／하는 ~이 신사답다. ふるまいが紳士 $_{しんし}$ だ。=품새

품-값 명 労賃 $_{ろうちん}$｜賃金 $_{ちんぎん}$。=품삯
품-값음 명 手間 $_{てま}$ を返すこと。
품값음-하다 자 手間を返す。
품격(品格) 명 品格 $_{ひんかく}$。예 ~ 있는 여성 品格のある女性 $_{じょせい}$／~을 지키다. 品格を保 $_{たも}$ つ。
품-꾼 명 ☞품팔이꾼
품다 타 ❶ 【가슴에 안다】抱 $_{いだ}$ く｜かかえる。예 아기를 가슴에 품고 있다. 赤ちゃんを胸 $_{むね}$ に抱いている。／암탉이 알을 ~. 雌鳥 $_{めんどり}$ が卵 $_{たまご}$ をかかえる。／품속에 단도를 ~. 懷 $_{ふところ}$ に短刀 $_{たんとう}$ を秘める。❷ 【함유하다】含 $_{ふく}$ む。예 독성을 품고 있는 물질이다. 毒性 $_{どくせい}$ を含んでいる物質である。❸ 【생각이나 느낌을 가지다】抱 $_{いだ}$ く｜持 $_{も}$ つ。예 원한을 ~. 恨 $_{うら}$ みを抱く。／원대한 포부를 ~. 遠大 $_{えんだい}$ な抱負 $_{ほうふ}$ を抱く。
품다[2] 타 【퍼내다】汲 $_{く}$ む。예 논물을 품어 내다. 田 $_{た}$ んぼの水 $_{みず}$ を汲み出 $_{だ}$ す。
품-돈 명 労賃 $_{ろうちん}$｜賃金 $_{ちんぎん}$。
품류(品類) 명 品類 $_{ひんるい}$。
품명(品名) 명 品名 $_{ひんめい}$。
품목(品目) 명 品目 $_{ひんもく}$。예 다양한 ~ 多様 $_{たよう}$ な品目。
품별(品別) 명 品分 $_{しなわ}$ け。
품별-하다 타 品分けする。
품사(品詞) 명 《언》品詞 $_{ひんし}$。
품사-론(品詞論) 명 《언》品詞論 $_{ひんしろん}$。
품-삯 명 手間賃 $_{てまちん}$｜手間代 $_{てまだい}$｜労賃 $_{ろうちん}$。=품값
품-새 의 ☞품[3]
품성[1](品性) 명 【성품】品性 $_{ひんせい}$。
품성[2](稟性) 명 【타고난 성품】稟性 $_{ひんせい}$｜天性 $_{てんせい}$。
품-속 명 懷 $_{ふところ}$｜懷中 $_{かいちゅう}$。예 ~에 간직하다. 懷にしまっておく。／~에 감추다. 懷に隱 $_{かく}$ す。／~에 집어넣다. 懷にしまいこむ。
품-앗이 명 手間 $_{てま}$ のやり取り。
품위(品位) 명 ❶ 【사람이 갖추어야 할 위엄】品位 $_{ひんい}$｜品格 $_{ひんかく}$。예 ~가 없다. 品位に欠 $_{か}$ ける。／~를 지키다. 品位を保 $_{たも}$ つ。❷ 【금은의 순도 비율】品位 $_{ひんい}$。
품의(稟議) 명 【윗사람이나 상사에게 글이나 말로 의견을 여쭘】稟議 $_{りんぎ}$。
품의-서(稟議書) 명 稟議書 $_{りんぎしょ}$。
품절(品切) 명 品切 $_{しなぎ}$ れ。
품종(品種) 명 品種 $_{ひんしゅ}$。예 우량 ~ 優良 $_{ゆうりょう}$ 品種／~을 개량하다. 品種を改良 $_{かいりょう}$ する。
품질(品質) 명 品質 $_{ひんしつ}$。예 ~ 개선 品質改善 $_{かいぜん}$／~이 좋다. 品質がいい。
품-팔이 명 賃仕事 $_{ちんしごと}$｜日雇 $_{ひやと}$ い労働 $_{ろうどう}$。

=고공²❷

품팔이-하다 자 賃仕事をする｜日雇いに雇われる。

품팔이-꾼 명 日雇い労働者｜にこよん。 예 직장을 잃고 ~ 생활을 시작한 지석 달이 되었다. 職場を失くして日雇い労働者の生活をはじめてから3ヶ月になった。=품꾼

품평(品評) 명 品評。
　품평-하다 타 品評する。

품평-회(品評會) 명 品評会。

품행(品行) 명 品行。 예 ~이 방정하다. 品行が方正だ。

풋-가지 명 初物のナス。 예 ~를 만져 보다. 初物のナスを触ってみる。

풋-감 명 青い柿。

풋-거름 【풋거름】 草肥｜緑肥。

풋-것 명 初物｜走り。

풋-고추 명 青トウガラシ。

풋-곡식(一穀食) 명 十分に実っていない穀物。

풋-과실(一果實) 명 ☞ 풋과일

풋-과일 명 まだ熟していない果物。 예 ~이라서 아직 파랗다. 未熟でまだ青い。=풋과실

풋-기운 명 未熟な若者の力。

풋-김치 명 春・秋の初物で漬けたキムチ。 예 풋내 나는 ~가 아주 맛있다. 草の匂いがする春キムチがさっぱりしている。

풋-나물 명 春の新しい芽や青葉の和え物。

풋-내 명 ❶【냄새】青臭い臭い。❷【상태】青臭いこと｜未熟である。 예 ~ 나는 애송이 青臭い青二才。

풋-내기 명 新米｜青二才｜素人｜初心者｜新人。 예 신입 ~를 잘 지도하다. 新入りの新米をよく指導する。/자네를 ~라고 생각했는데, 장사 수완이 보통이 아니야. 君を素人だと思ったが、商売の腕前がただ者ではないね。

풋-담배 ❶【초】青葉を乾燥させたタバコ。❷【맛】まだ味もしらずに吸うタバコ。

풋-대추 ❶【안 마른】乾かしていないなつめの実。❷【안 익은】熟していないなつめの実。

풋-머리 명 走りの出回る頃。

풋-바심 명 《농》(穀物を)青刈りをして脱穀すること。=바심

풋바심-하다 타 青刈りをして脱穀する。

풋-밤 명 熟していない栗。

풋-배 명 熟れてない梨。

풋-벼 명 まだ十分に実らない稲。

풋-보리 명 まだ十分に実らない麦。

풋볼(football) 명 《운》フットボール。❶【미식】アメリカンフットボール。❷【럭비】ラグビー。

풋-사과(一沙果) 명 まだ十分に熟していないリンゴ。

풋-사랑 명 ❶ 幼い時の恋。❷【덧없는】はかない恋｜うたかたの恋｜かりそめの恋。

풋-술 명 味もわからず飲む酒。 예 ~에 취하면 주정이 많다. 味もわからず酒酔いすると、言葉が粗雑になる。

풋워크(footwork) 명 《운》フットワーク。

풋-잠 명 仮寝｜うたた寝｜寝入りばな。 예 시끄러운 소리에 ~에서 깨다. うるさい音に寝入りばなを起こされた。

풋-장기(一將棋) 명 習ってまもない下手な将棋｜へぼ将棋。 예 ~에 날 새는 줄 모르다. 習いはじめの下手な将棋で、時が経つのもわからない。

풋-콩 명 莢の中に入っていて、まだ十分に実らない豆｜枝豆。

풍¹ 튀 ❶【소리】ぽんと。❷【가볍게 터지는 소리】ぽっかり｜ぽんと。

풍² 튀 【물에 떨어지는 소리】ぽちゃん(と)｜どぶん(と)。 예 호수에 고양이가 ~ 빠졌다. 湖水に猫がどぶんと落ちた。

풍³(風) 명 【허풍】ほら｜うそ。 예 ~을 떨다. ほらを吹く。

풍⁴(風) 명 (한)風。 예 ~을 맞다. 風にあたる。

-풍⁵(風) 집 【풍습·양식】—風。 예 중세풍 中世風/서양풍의 건물 西洋風の建物。

풍격(風格) 명 【품격】風格。

풍경¹(風景) 명 風景｜景色。 예 평화로운 ~ 平和な風景/눈 덮인 산의 ~이 아름답다. 雪の山の景色がきれい。

풍경²(風磬) 명 【작은 종】風鈴｜風鐸。

풍경-치다(風磬—) 자 しきりに出入りする。

풍경-화(風景畵) 명 《미》風景画。

풍골(風骨) 명 【풍채·골격】風骨｜風格。

풍광(風光)[명] ☞경치
풍금(風―)[명] 風琴ふうきん｜オルガン。=오르간
풍기(風紀)[명] 風紀ふうき。예 ~가 문란하다. 風紀が乱れる。
풍기다[자][타] ❶【냄새】におわす｜放はなつ。예 악취를 ~. 悪臭あくしゅうを放つ。/ 향수 냄새를 ~. 香水こうすいをにおわす。❷【분위기】漂ただよう｜漂ただよわす。예 인간미가 풍기는 사람 人間美にんげんみの感かんじられる人ひと/가을 정취가 물씬 ~. 秋あきの趣おもむきがぷんと漂う。❸【힘차게】飛とばす｜吹ふき飛とばす。예 자동차가 먼지를 풍기며 달리다. 車くるまがほこりを吹き飛ばしながら走はしる。
풍년(豊年)[명] 豊年ほうねん。
풍년-거지(豊年―)[명] 豊年御薦ほうねんおこも。예 소작농들은 풍년이 들어도 ~ 신세를 벗어나지 못한다. 小作農こさくのうたちは豊年になっても豊年御薦の身みから免まぬかれられない。
풍덩[부]【첨벙첨벙】どぶん(と)｜ぽちゃん(と)。예 바다로 ~ 들어가다. 海うみにどぶんと入はいっている。
　풍덩-거리다[자] どぶんどぶんと落おちる。=풍덩대다
　풍덩-대다[자] 풍덩거리다
풍덩-풍덩[부]【첨벙첨벙】どぶんどぶん(と)。
풍뎅이[명]〔동〕黄金虫こがねむし。
풍란(風蘭)[명]〔식〕風蘭ふうらん。예 ~은 땅위로 뿌리를 뻗는다. フウランは土つちの上うえに根ねをはる。
풍랑(風浪)[명] 風浪ふうろう。
풍력(風力)[명] 風力ふうりょく。예 ~ 발전소 風力発電所ふうりょくはつでんしょ。
풍력 발전(風力發電)[전] 風力発電ふうりょくはつでん。예 네덜란드는 풍차를 이용한 ~으로 유명하다. オランダは風車ふうしゃを利用りようした風力発電で有名ゆうめいだ。
풍로(風爐)[명] 風炉ふうろ。
풍류(風流)[명] 風流ふうりゅう。예 ~를 즐기다. 風流を嗜たしなむ。
풍만-하다(豊滿―)[형] 豊満ほうまんだ。예 풍만한 가슴 豊満な胸むね。
풍매-화(風媒花)[명]〔식〕風媒花ふうばいか。
풍모(風貌)[명] 風貌ふうぼう｜風采ふうさい｜容姿ようし。
풍문(風聞)[명]【떠도는 말】風聞ふうぶん｜風説ふうせつ。=풍설[1]
풍물(風物)[명]【자연이나 고장의 것】風物ふうぶつ。예 ~ 기행 風物行ふうぶつこう/여름 夏なつの風物。
풍미[1](風味)[명] 風味ふうみ。예 ~가 있다. 独特どくとくな風味がある。/ ~가 떨어지다. 風味が落ちる。
풍미[2](風靡)[명]【사회적 현상이나 사조 따위가 사회에 퍼짐】風靡ふうび。
　풍미-하다[자] 風靡ふうびする。예 일세를 ~. 一世いっせいを風靡する。
풍부-하다(豊富―)[형] 豊富ほうふだ｜ふんだんだ。예 영양이 풍부한 음식 栄養えいようたっぷりの食べ物もの/풍부한 경험 豊かな経験けいけん/식량이 ~. 食糧しょくりょうが豊富だ。
　풍부-히[부] 豊富ほうふに｜豊ゆたかに｜ふんだんに。
풍상(風霜)[명] 風霜ふうそう。예 모진 ~을 겪어 내다. 厳きびしい風霜を乗り越のりこえる。
풍선(風船)[명] 風船ふうせん。예 ~이 터지다. 風船が割われる。/ ~을 날리다. 風船を飛ばす。
풍선-껌(風船gum)[명] 風船ふうせんガム。
풍설[1](風雪)[명]【눈보라】風雪ふうせつ。
풍설[2](風說)[명] 風説ふうせつ｜風評ふうひょう。예 온갖 ~을 겪다. 幾多いくたの風説を経へる。=풍문
풍성-층(風成層)[명] 風成層ふうせいそう。
풍성-하다(豊盛―)[형] 豊富ほうふだ｜豊ゆたかだ。예 풍성한 계절 豊かな季節きせつ。
　풍성-히[부] 豊富ほうふに｜豊ゆたかに｜たっぷり。예 음식을 ~ 차리다. 食べ物ものをたっぷり準備じゅんびする
풍세(風勢)[명] 風勢ふうせい。
풍속[1](風俗)[명] 風俗ふうぞく｜風習ふうしゅう｜ならわし。예 ~ 소설 風俗小説ふうぞくしょうせつ。
풍속[2](風速)[명] 風速ふうそく。
풍속-계(風速計)[명] 風速計ふうそくけい。
풍속-화(風俗畵)[명]〔미〕風俗画ふうぞくが。
풍수(風水)[명]〔민〕風水ふうすい。
풍수-쟁이(風水―)[명] 風水師ふうすいし｜地相師じそうし。
풍수-지리(風水地理)[명]《민》風水ふうすい。예 현재도 묏자리를 결정하는 데 ~가 큰 역할을 한다. 現在げんざいも墓地ぼちを決定けっていするさいに、風水が大おおきな役割やくわりを果はたす。=풍수지리설
풍수-지리설(風水地理說)[명] ☞풍수지리
풍-수해(風水害)[명] 風水害ふうすいがい。예 ~를 입은 지역 風水害を受うけた地域ちいき。
풍습(風習)[명] 風習ふうしゅう｜習ならわし。예 전통적인 ~ 伝統的でんとうてきな風習/지역에 따라서 ~이 다르다. 地域ちいきによって風習が違ちがう。
풍식(風蝕)[명] 風蝕ふうしょく。예 ~ 작용 風食作用ふうしょくさよう/바위가 ~ 되다. 岩いわが風食される。
풍아-하다(風雅―)[형] 風雅ふうがだ。
풍악(風樂)[명] 韓国かんこく固有こゆうの音楽おんがくで、

おもに器楽(きがく)。

풍어(豊漁)몡 豊漁(ほうりょう)｜大漁(たいりょう)。

풍요(豊饒)몡 豊(ゆた)かさ。

풍요-하다(豊―)혱 豊(ゆた)かだ。예 풍요한 나라 豊(ゆた)かな国(くに)/ 마음이 풍요해지다. 心(こころ)が豊(ゆた)かになる。

풍우(風雨)몡 風雨(ふうう)｜雨風(あめかぜ)。

풍우-계(風雨計)몡 風雨計(ふううけい)｜晴雨計(せいうけい)｜バロメーター。 =청우계

풍운(風雲)몡 風雲(ふううん)。예 ~이 감돌다. 風雲(ふううん)急(きゅう)を告(つ)げる。

풍운-아(風雲兒)몡 風雲兒(ふううんじ)。

풍월(風月)몡 風月(ふうげつ)。

풍유(諷喩)몡《문》諷諭(ふうゆ)｜風論(ふうろん)。

풍유-하다타 諷諭(ふうゆ)する｜風論(ふうろん)する。

풍자(諷刺)몡 風刺(ふうし)。

풍자-하다타 風刺(ふうし)する。예 정치를 ~ 하다. 政治(せいじ)を風刺(ふうし)する。

풍자 문학(諷刺文學)몡《문》風刺文學(ふうしぶんがく)。

풍작(豊作)몡 豊作(ほうさく)。

풍장(風葬)몡 風葬(ふうそう)。

풍재(風災)몡 風災(ふうさい)｜風害(ふうがい)。 =풍해

풍전-등화(風前燈火)몡 風前(ふうぜん)の灯火(ともしび)。

풍정(風情)몡 風情(ふぜい)。

풍조(風潮)몡 風潮(ふうちょう)。예 생명 경시 ~ 生命軽視(せいめいけいし)の風潮(ふうちょう)。

풍족-하다(豊足―)혱 豊(ゆた)かだ｜ふんだんだ。예 살림이 ~. 暮(く)らしが豊(ゆた)かだ。/ 자금이 ~. 資金(しきん)がふんだんだ。

풍족-히 豊(ゆた)かに｜ふんだんに。

풍진(風疹)몡 風疹(ふうしん)。

풍차(風車)몡 風車(ふうしゃ)。

풍찬-노숙(風餐露宿)몡【정치에 남을 위해】風餐露宿(ふうさんろしゅく)。

풍채(風采)몡 風采(ふうさい)。

풍취(風趣)몡 風趣(ふうしゅ)｜趣(おもむき)。

풍치¹(風致)몡 風致(ふうち)｜趣(おもむき)。예 ~ 지구 風致地区(ふうちちく)。

풍치²(風齒)몡《한》歯周炎(ししゅうえん)。

풍치-림(風致林)몡 風致林(ふうちりん)。

풍토(風土)몡 風土(ふうど)。예 학문 ~ 學問(がくもん)の風土(ふうど)。

풍토-병(風土病)몡 風土病(ふうどびょう)。예 ~이 만연하는 지역 風土病(ふうどびょう)が蔓延(まんえん)する地域(ちいき)。

풍토-색(風土色)몡 風土色(ふうどしょく)。

풍파(風波)몡 ❶【바람과 파도】風波(ふうは)・なみ｜波風(なみかぜ)。~가 일다. 風波(ふうは)が立(た)つ。❷【분쟁】風波(ふうは)｜波風(なみかぜ)。예 집안에 ~가 끊이지 않다. 家庭(かてい)に波風(なみかぜ)が絶(た)えない。❸【거센 물결을 뜻한 말로】荒波(あらなみ)｜風雪(ふうせつ)｜風霜(ふうそう)。예 세상 ~에 시달리다. 世(よ)の中(なか)の荒波(あらなみ)にもまれる。/ ~를 겪다. 風霜(ふうそう)を経(へ)る。

풍편(風便)몡【間】風(かぜ)の便(たよ)り。

풍-풍튀 ❶【웃이 솟아오르는 모양】どくどく(と)｜じゃあじゃあ(と)。예 물이 ~ 쏟아져 나오다. 水(みず)がどくどくと湧(わ)き出(で)ている。❷【구멍이 뚫린 모양】ぽっかり｜ぽんと。❸【자칠하게 떨어지는 소리】ぽんと。❹【물건이 꽃이 물러 떨어지는 소리】どぼんどぼん(と)｜ぼちゃんぼちゃん(と)。

풍해(風害)몡【災】風害(ふうがい)。 =풍재

풍향(風向)몡 風向(ふうこう)。

풍향-계(風向計)몡 風向計(ふうこうけい)。 =바람개비❷

풍화(風化)몡 風化(ふうか)。예 ~ 작용 風化作用(ふうかさよう)/ ~로 돌계단이 마멸되었다. 風化(ふうか)で石階段(いしかいだん)が摩滅(まめつ)された。

풍화-하다재 風化(ふうか)する。

풍흉(豊凶)몡 豊凶(ほうきょう)｜豊年(ほうねん)と凶年(きょうねん)。

퓨마(puma)몡《동》ピューマ。

퓨젤-유(fusel油)몡《화》フーゼル油(ゆ)。

퓨즈(fuse)몡《전》ヒューズ。예 ~가 끊어지다. ヒューズが飛(と)ぶ。

프라이(fry)몡 フライ。

프라이-하다타 油(あぶら)で揚(あ)げる｜フライにする。

프라이버시(privacy)몡 プライバシー。

프라이팬(frypan)몡 フライパン。

프랑(franc 프)의【貨】フラン。

프랑스(France)몡《국》フランス。

프러시안 블루(Prussian blue)《미》プルシャンブルー｜紺青(こんじょう)。

프러포즈(propose)몡 プロポーズ。

프러포즈-하다재타 プロポーズする。

프런트(front)몡 フロント。

프레스(press)몡《공》プレス。

프레스코(fresco 이)몡《미》フレスコ。

프레스토(presto 이)몡《음》プレスト。

프레스티시모(prestissimo 이)몡《음》プレスティシモ。

프레온(Freon)《화》フレオン｜クロロフルオロカーボン｜CFC。예 ~ 가스 フレオンガス。

프로¹(←procent 네)의【割合】パーセント。

프로²(← program)몡【番組】プロ｜プログラム｜番組(ばんぐみ)。

프로그래밍(programming)몡《컴》プログラミング。

프로그램(program)몡 プロ｜プログラム。

프로덕션(production)몡《연》【撮影】プロダクション。

프로듀서(producer)〖명〗〖연〗プロデューサー。
프로메튬(promethium)〖명〗〖화〗プロメチウム。
프로바이더(provider)〖명〗プロバイダー。
프로타민(protamine)〖명〗〖화〗プロタミン。
프로토콜(protocol)〖명〗〖컴〗プロトコル。
프로판(propane)〖명〗〖화〗プロパン。〖예〗~ 가스 プロパンガス。
프로펠러(propeller)〖명〗プロペラ。
프로필(profile)〖명〗プロフィール。
프롤레타리아(proletariat 프)〖명〗〖사〗プロレタリア。
프롤로그(prologue)〖명〗〖문〗プロローグ。
프리랜서(freelancer)〖명〗フリーランサー。
프리마 돈나(prima donna 이)〖예〗プリマドンナ。〖예〗오페라 ~가 아리아를 부르다. オペラのプリマドンナがアリアを歌う。
프리미엄(premium)〖명〗〖경〗プレミアム。
프리웨어(freeware)〖명〗〖컴〗フリーウエア。
프리즘(prism)〖명〗〖물〗プリズム。
프리지아(freesia)〖명〗〖식〗フリージア。
프리 킥(free kick)〖운〗〖연〗フリーキック。
프린터(printer)〖명〗〖컴〗プリンター。
프린트(print)〖명〗プリント。
　프린트-하다〖자〗プリントする。〖예〗문제를 프린트해서 나눠 주다. 問題をプリントして配る。
프릴(frill)〖명〗フリル。
플라스크(flask)〖명〗〖화〗フラスコ。
플라스틱(plastic)〖명〗〖화〗プラスチック。〖예〗~ 바가지 プラスチックのボール/ ~은 부패하지 않는다. プラスチックは腐敗しない。
플라타너스(platanus)〖명〗〖식〗プラタナス。〖예〗커다란 ~ 이파리가 떨어져 내린다. 大きなプラタナスの木の葉が落ちる。
플라토닉 러브(Platonic love)〖명〗〖철〗プラトニックラブ。
플란넬(flannel)〖명〗フランネル｜フラノ｜ネル。
플랑크톤(plankton)〖명〗〖생〗プランクトン。
플래시(flash)〖명〗❶〖음〗懐中電灯。❷〖사진〗フラッシュ。
플래카드(placard)〖명〗プラカード。
플랜(plan)〖명〗プラン。
플랜테이션(plantation)〖명〗〖농〗プランテーション。〖예〗~ 농업 プランテーション農業。

플랜트(plant)〖명〗〖경〗プラント。
플랫(flat)〖명〗〖음〗フラット。= 내림표
플랫폼(platform)〖명〗プラットホーム。
플러그(plug)〖명〗プラグ。
플러그 인(plug-in)〖명〗プラグイン。
플러스(plus)〖명〗プラス。
　플러스-하다〖타〗プラスする。
플레어-스커트(←flared skirt)〖명〗フレアスカート｜フレアースカート。
플레이(play)〖명〗〖운〗プレー。〖예〗~ 오프 プレーオフ。
플레이보이(playboy)〖명〗プレーボーイ。
플로피 디스크(floppy disk)〖컴〗フロッピーディスク。
플롯(plot)〖명〗〖문〗プロット｜筋書｜構成。
플루토늄(plutonium)〖명〗〖화〗プルトニウム。
플루트(flute)〖명〗〖음〗フルート。
피¹〖명〗〖식〗稗草。〖예〗논의 ~ 없애다. 田んぼのヒエグサを取り除く。
피²〖명〗〖의〗血。〖예〗~와 땀의 결정 血と汗の結晶/ ~를 흘리다. 血を流す。/ 왕족의 ~를 이어받다. 王族の血を引く。/ ~를 나눈 형제는 아니지만. 血を分けた兄弟ではないが。/ ~ 나는 노력을 하다. 血の出るような労力をする。
　피(가) 끓다〖관용〗❶血が湧く。❷血が騒ぐ。〖예〗젊은 피가 끓다. 若い血が騒ぐ。
　피가 되고 살이 되다〖관용〗血となり肉となる。
　피가 마르다〖관용〗気が揉める｜やきもきする｜非常に苦しい。
　피가 통하다〖관용〗血が通う。
　피는 물보다 진하다〖속담〗血は水より濃い。
　피도 눈물도 없다〖관용〗〖단칼의〗血も涙もない。
　피로 피를 씻다〖관용〗血で血を洗う。
　피를 말리다〖관용〗気を揉む。
　피를 보다〖관용〗❶〖단칼의〗血を見る。❷〖손해〗大きな損害を受ける。
　피에 굶주리다〖관용〗血に飢える。
피³〖부〗❶〖비웃음〗ふん。〖예〗말도 안 된다는 듯 ~ 웃다. 話にならないかのように、ふんと笑う。❷〖단칼의〗しゅうっ(と)。
피⁴(P・p)〖명〗〖언〗〖단칼의〗ピー。
피가수(被加數)〖명〗〖수〗被加数。

피감-수(被減數)〖명〗〈수〉被減数^{ひげんすう}。

피검(被檢)〖명〗❶検挙されること。❷【피검】検査を受けること。
　피검-하다〖자〗❶検挙される。❷検査を受ける。

피겨 스케이팅(figure skating)〈운〉フィギュアスケート。

피고(被告)〖명〗〈법〉被告^{ひこく}。

피-고름〖명〗〈의〉血^{ち}うみ。

피고-인(被告人)〖명〗〈법〉被告人^{ひこくにん}。

피곤(疲困)〖명〗疲労^{ひろう}｜くたびれ｜疲労^{ひろう}。
　피곤-하다〖형〗疲れる｜くたびれる｜疲労^{ひろう}する。囫매우 ~. すごく疲れている。

피골-상접(皮骨相接)〖명〗痩^{や}せこけていること。

피난(避難)〖명〗避難^{ひなん}。囫~ 훈련 避難訓練^{ひなんくんれん}。
　피난-하다〖자〗避難^{ひなん}する。

피난-민(避難民)〖명〗避難民^{ひなんみん}。

피난-처(避難處)〖명〗避難所^{ひなんじょ}。

피날레(finale 이)〖명〗フィナーレ。囫~를 장식하다. フィナーレを飾^{かざ}る。

피노키오(Pinocchio)〖명〗〈문〉ピノキオ。

피-눈물〖명〗血涙^{けつるい}｜血^{ち}の涙^{なみだ}。囫남의 눈에 눈물 내면 네 눈에서는 ~ 날 것이다. 他人^{たにん}の目^{め}に涙^{なみだ}を流^{なが}せば、君^{きみ}の目^{め}からは血の涙^{なみだ}が出^{で}るだろう。/오랜 세월 ~을 흘리며 참아 왔다. 長^{なが}い年月^{ねんげつ}、血の涙^{なみだ}を流^{なが}しながら我慢^{がまん}してきた。＝혈루

피다〖자〗❶【꽃】咲く｜開く。囫빨간 장미꽃이 ~. 赤^{あか}いバラの花^{はな}が咲く。/벚꽃이 필 시기가 되었구나. 桜^{さくら}が咲く時期^{じき}になったね。❷【불】おこる｜燃える。囫화로의 숯불이 ~. 火鉢^{ひばち}の炭^{すみ}がおこる。❸ひときわ美^{うつく}しくなる｜顔色^{かおいろ}がよくなる。囫얼굴이 보기 좋게 피었구나. 顔^{かお}がひときわ美しくなったなあ。❹【살림】よくなる｜豊^{ゆた}かになる。囫전보다 형편이 피었다. 前^{まえ}より暮^{く}らしむきがよくなった。❺【구름】わく。囫구름이 뭉게뭉게 피어 있다. 雲^{くも}がむくむくとわいている。❻【보풀】立^{た}つ。囫스웨터에 보풀이 ~. セーターに毛羽^{けば}が立つ。❼【곰팡】はえる｜できる。囫얼굴에 검버섯이 피기 시작하다. 顔^{かお}に老人性^{ろうじんせい}のしみができ始まる。❽【웃음】咲く。囫얼굴에 웃음꽃이 ~. 顔^{かお}に笑^{え}みの花^{はな}が咲く。

피동(被動)〖명〗受動^{じゅどう}｜受け身^{み}。

피-동사(被動詞)〖명〗〈언〉受動詞^{じゅどうし}｜受^{う}け身^{み}動詞^{どうし}。

피둥-피둥〖부〗つやつや｜まるまる。囫~ 살찐 얼굴 まるまると太^{ふと}った顔^{かお}。
　피둥피둥-하다〖형〗つやつやする｜まるまるとする。

피디에프(PDF)〖명〗PDFピーディーエフ。

피-딱지〖명〗血^{ち}のかさぶた｜痂皮^{かひ}。

피-땀〖명〗血^{ち}と汗^{あせ}。囫~을 흘려 모은 재산 血と汗を流^{なが}してためた財産^{ざいさん}。

피-똥〖명〗血便^{けつべん}。

피라미드(pyramid)〖명〗〈고〉ピラミッド｜金字塔^{きんじとう}。囫~의 건설은 세계의 미스터리 중 하나이다. ピラミッドの建設^{けんせつ}は世界^{せかい}のミステリーのうちの一^{ひと}つだ。

피라미〖명〗❶〈동〉追河^{おいかわ}。❷【雛輩、末輩】下^{した}っ端^{ぱ}。

피란(避亂)〖명〗戦乱^{せんらん}を避^{さ}けること。
　피란-하다〖자〗戦乱^{せんらん}を避^{さ}ける。

피란-민(避亂民)〖명〗戦乱^{せんらん}を避^{さ}けて住^{す}まいを移^{うつ}す人^{ひと}。

피란-처(避亂處)〖명〗戦乱^{せんらん}を避^{さ}けて移^{うつ}した所^{ところ}。

피력(披瀝)〖명〗披瀝^{ひれき}。
　피력-하다〖타〗披瀝^{ひれき}する。囫개인 의견을 ~. 個人^{こじん}の意見^{いけん}を披瀝する。/인생관을 ~. 人生観^{じんせいかん}を披瀝する。

피로¹(披露)〖명〗披露^{ひろう}。
　피로-하다〖타〗披露^{ひろう}する。囫신곡을 ~. 新曲^{しんきょく}を披露する。

피로²(疲勞)〖명〗疲労^{ひろう}｜疲^{つか}れ。囫~가 겹치다. 疲労が重^{かさ}なる。/~가 쌓이다. 疲労がたまる。
　피로-하다〖형〗疲労^{ひろう}する｜疲^{つか}れる。囫심신이 모두 ~. 心身^{しんしん}ともに疲労する。

피로-연(披露宴)〖명〗披露宴^{ひろうえん}｜ひろめの宴^{えん}。囫결혼 ~ 結婚^{けっこん}披露宴。

피로 전기(pyro電氣)〈물〉ピロ電気^{でんき}｜パイロ電気｜焦電気^{しょうでんき}。

피뢰-침(避雷針)〖명〗〈물〉避雷針^{ひらいしん}。囫번개가 ~을 따라 땅속으로 들어가는 바람에 큰 피해가 없었다. 稲妻^{いなずま}が避雷針により地中^{ちちゅう}に入^{はい}ったため、大^{おお}きな被害^{ひがい}はなかった。

피륙〖명〗【옷감이나 천】反物^{たんもの}｜布地^{ぬのじ}。

피리〖명〗〈음〉笛^{ふえ}｜縦笛^{たてぶえ}。囫~를 불다. 笛を吹^{ふ}く。

피마자(萆麻子)〖명〗❶〈식〉【피마자】唐胡麻^{とうごま}｜蓖麻^{ひま}。❷【씨】蓖麻子^{ひまし}。囫~ 기름 蓖麻子油^{ひましゆ}。

피마자-유(萆麻子油)몡 蓖麻子油ゆ。
피망(piment 프)몡 《식》ピーマン。
피-바다몡 血ち。예온통 ~를 이루었다. 一面淡血の海になった。
피보험-자(被保險者)몡 《법》被保険者ほけんしゃ。
피복(被服)몡 被服ふく。
피복-선(被覆線)몡 《전》被覆線ふくせん。
피부(皮膚)몡 皮膚ふ|肌はだ。예 ~ 질환 皮膚疾患しっかん/ 지성 ~ 脂性しせいの肌/ 건성 ~ 乾燥そうの肌。
피부 감각(皮膚感覺) 《의》皮膚感覚かんかく。
피부-과(皮膚科)몡《의》皮膚科ふか。
피부-병(皮膚病)몡《의》皮膚病びょう。
피비린-내 血生臭なまぐささ|血ちのにおい。예 ~ 나는 살육의 현장 血生臭い殺戮さつりくの現場げんば。
피-사리《농》稗取ひえとり|稗抜ひえぬき。
　피사리-하다짜 稗を抜ぬき取とる。
피살(被殺)몡 殺ころされること|殺害さつがいされること。
　피살-되다짜 殺される|殺害される。
피상-적(皮相的)팬몡 皮相的ひそうてきな。예 ~으로 보이다. 皮相的に見みえる。
피새《날씨》短気たんきで怒おこりっぽいたち|癇癪かんしゃく。예 낙선한 뒤부터 ~가 부쩍 늘었다. 落選らくせんした後あとから癇癪がぐっと増えた。
피새-나다짜 隠かくし事ごとが発覚はっかくする。
피서(避暑)몡 避暑ひしょ。예해외로 ~를 가다. 海外かいがいへ避暑にいく。
　피서-하다짜 避暑する。
피서-지(避暑池)몡 避暑地ちい。
피선(被選)몡 選えらばれること。
　피선-되다짜 選ばれる。
피선거-권(被選擧權)몡《법》被選挙権ひせんきょけん。
피소(被訴)몡《법》提訴ていそされること|訴うったえられること。
　피소-되다짜 訴えられる。
피스톤(piston)몡《기》ピストン。
피습(被襲)몡 襲おそわれること|襲撃しゅうげきを受うけること。
　피습-되다짜 襲われる|襲撃を受ける。예 괴한에게 ~. 怪漢かいかんに襲われる。
피시(PC)몡《컴》パソコン。
피시-방(PC房)몡 インターネットカフェ。
피신(避身)몡 身みを隠かくすこと|身を避さけ

ること。예고향으로 ~. 故郷こきょうに身を隠す。
피아노¹(piano)몡《음》ピアノ。예 ~를 치다. ピアノを弾ひく。
피아노²(piano 이)몡《음》ピアノ。
피아니스트(pianist)몡 ピアニスト。
피아니시모(pianissimo 이)몡《음》ピアニッシモ。
피아르(PR)몡《사》ピーアール。예자기 ~ 自己じこピーアール/ 기업 ~ 企業きぎょうピーアール。
피안(彼岸)몡《종》彼岸ひがん。
피어-나다짜 ❶ 咲さき始はじめる。예 비가 오자 꽃이 피어났다. 雨あめが降ふったら花はなが咲き始めた。❷ 生気せいきがよみがえる|生いきかえる。얼굴이 활짝 ~. 顔色かおいろが生き生きとよみがえる。❸ おこりかける|立たち上あがる。예 장작불이 ~. 薪まきの火ひがおこりかける。/ 연기가 모락모락 ~. 煙けむりがもくもく立ち上る。❹ よくなりかける。
피에로(pierrot 프)몡《연》ピエロ。
피에이치(pH)몡《화》pHピーエッチ。
피-우다 ❶ 咲かせる。예꽃을 ~. 花を咲かせる。❷ 起おこす。예불을 ~. 火ひをおこす。❸ 立たち上のぼらせる|出だす。❹ 咲かせる。예웃음꽃을 ~. 笑わらいの花を咲かせる。❺ 吸すう。예담배를 ~. 煙草たばこを吸う。❻ 匂においわす|匂わせる。예향수 냄새를 ~. 香水こうすいを匂わす。❼ 立てる。❽ 起おこす。예 말썽을 ~. もめ事ごとを起こす。/ 어리광을 ~. ひどく甘あまえる。/ 바람을 ~. 浮気うわきする。/ 게으름을 ~. 怠なまける。
피의(被疑)몡 疑うたがわれること。
피의-자(被疑者)몡 被疑者ひぎしゃ。
피임¹(被任)몡 任命にんめいされること。
　피임-되다짜 任命される。
피임²(避妊)몡《의》避妊ひにん。
　피임-하다짜 避妊する。
피임-법(避妊法)몡 避妊法ほう。
피임-약(避妊藥)몡 避妊薬やく。
피자(pizza 이)몡 ピザ。
피장-파장몡 お互たがいさま|おあいこ。
피-제수(被除數)몡《수》被除数ひじょすう。
피-조개몡《동》赤貝あかがい。
피-조물(被造物)몡 被造物ぶつ。
피-죽(-粥)몡 ヒエの粥かゆ。
피지¹(皮脂)몡《의》皮脂ひし。

피지²(Fiji)명 《국》フィジー。
피질(皮質)명 《의》皮質。
피차(彼此)명 ❶【때】彼此。❷【부】お互い｜相方。예~의 이해가 상반되다. お互いの利害が相反する。
피차-간(彼此間)명 双方とも｜お互い。
피차-일반(彼此一般) お互いさま。
피치(pitch)명 ピッチ。예~를 올리다. ピッチを上げる。
피켈(pickel)명 《운》ピッケル｜アイスアックス。
피켓(picket)명 ピケット｜ピケ。
피크(peak)명 ピーク。
피타고라스의 정리(Pythagoras—正理) 《수》ピタゴラスの定理。
피탈(被奪)【하게하】奪われること。
　피탈-되다자 奪われる。예국권이 ~. 国権が奪われる。
피-투성이 血まみれ｜血みどろ｜血だるま｜血だらけ。예~가 된 얼굴 血まみれになった顔。
피트(feet)의 【단위】フィート。
피폐(疲弊)명 疲弊。예~와 몰락의 길을 걷다. 疲弊と没落の道を歩む。
　피폐-하다자 疲弊する。
피하(皮下)명 皮下。예~ 지방 皮下脂肪／~ 조직 皮下組織。
피하 주사(皮下注射)《의》皮下注射。
피-하다(避—)타 避ける｜よける。예책임을 ~. 責任を避ける。／시골로 몸을 ~. 田舎に身をよける。／추위를 피해서 남쪽으로 가다. 寒さを避けて南の方に行く。／다른 사람의 눈을 피해서 살다. 人目を避けて暮らす。／아침 시간은 피하는 게 좋다. 朝の時間は避けたほうがよい。
피해(被害)명 被害。예~ 보상 被害補償／~ 조사 被害調査／~ 신고 被害届／다수의 ~가 발생했다. 多数の被害が発生した。／~를 주다. 被害を与える。／정신적 ~에 대해 지원하다. 精神的被害について支援する。
피해-망상(被害妄想)명 《의》【생각으로 뚜렷하게 생각하는 것】被害妄想。
피해-자(被害者)명 被害者。예~ 보상 被害者補償。
피혁(皮革)명 皮革｜皮｜レザー。
픽부 ❶【쓰러지는 모양】ばたっと｜ばたりと。예그대로 ~ 쓰러지다. そのままばたりと倒れる。❷【웃음】ふんと｜へんと。예~ 웃다. ふんと笑う。／~ 비웃었다. へんとあざ笑った。／코웃음을 ~ 치다. ぶっと鼻で笑う。❸【갑자기 나는 소리】しゅっ(と)。예갑자기 ~하고 공기 빠지는 소리가 났다. 突然しゅっと空気が抜ける音がした。
픽션(fiction)명 《문》フィクション｜虚構。예~ 드라마 フィクションドラマ。
핀(pin)명 ❶【머리】ピン。❷【볼링】ピン。
핀란드(Finland)명 《국》フィンランド。
핀셋(pincette)명 ピンセット。
핀잔 けんつく。
　핀잔-먹다 けんつくを食らう。
　핀잔-주다 けんつくを食らわす。
핀트(←pinto 일)명 ピント。
필¹(疋)의 【단위】疋。예비단 한 ~ 絹布一疋／면포 두 ~ 綿布二疋。
필²(匹)의 【단위】匹。◆요즘은 마소를 셀 때 '匹'보다는 '頭(とう)'를 쓴다.
필경(畢竟)부 畢竟｜結局｜つまり｜つまるところ。예~ 면직될 것이다. 結局免職になるだろう。
필기(筆記)명 筆記。
　필기-하다자타 筆記する。
필기-시험(筆記試驗)명 《교》筆記試験。
필기-장(筆記帳)명 筆記帳｜ノート。
필기-체(筆記體)명 筆記体。
필납¹(必納)【하게하】必ず納付すること。
　필납-하다¹ 必ず納付する。
필납²(畢納)【하게하】納付済み。
　필납-하다타 納め終える。
필담(筆談)명 筆談。
　필담-하다자타 筆談する。
필답(筆答)명 筆答。
　필답-하다자타 筆答する。
필답-시험(筆答試驗)명 筆答試験。예영어의 ~은 실시하지 않습니다. 英語の筆答試験は実施しません。
필독(必讀)명 必読。예경영자의 ~서 経営者の必読書。
　필독-하다타 必読する。
필드(field)명 《물》フィールド。
필드-하키(field hockey)명 《운》フィールドホッケー。
필라멘트(filament)명 《물》フィラメント。
필력(筆力)명 筆力｜筆勢。예꽤 ~ 있는 작가 なかなか筆力のある作家。
필름(film)명 フィルム。

필리핀(Philippines)〖명〗《국》フィリピン｜フィリピン共和国。

필명(筆名)〖명〗筆名。｜ペンネーム。

필묵(筆墨)〖명〗筆墨。=묵필

필법(筆法)〖명〗筆法。｜筆遣い。 예 춘추 ~ 春秋の筆法。

필봉(筆鋒)【문어적인 한자어】〖명〗筆鋒。 예 ~을 휘두르다. 筆鋒を振るう。

필사¹(必死)〖명〗必死。 예 ~의 노력으로 성공하다. 必死の努力で成功する。

필사²(筆寫)〖명〗
　필사-하다〖타〗筆写する。

필사-본(筆寫本)〖명〗筆写本。

필사-적(必死的)〖관〗必死の。 예 ~으로 싸우다. 必死になって戦おう。 / ~으로 도망치다. 必死に逃げる。

필산(筆算)【한자어 학술 · 전문 용어】〖명〗筆算。
　필산-하다〖타〗筆算する。

필생(畢生)【문어적】〖명〗畢生。｜終生。｜一生。 예 ~의 역작 畢生の力作／~의 염원 終生の念願。

필설(筆舌)〖명〗筆舌。 예 ~로는 다할 수 없다. 筆舌に尽くし難い。

필수(必須)〖명〗必須。

필수 과목(必修科目)《교》必須科目。

필수-품(必需品)〖명〗必需品。

필순(筆順)〖명〗筆順。

필승(必勝)〖명〗必勝。 예 장기 ~법 将棋の必勝法／~ 기원 必勝祈願。
　필승-하다〖자〗必ず勝つ。

필시(必是)〖부〗確かに｜必ず｜きっと。 예 ~ 무슨 일이 있는 거야. 確かに何事かがあるのだろう。

필연(必然)Ⅰ〖명〗【철학 등에서 반드시 그렇게 될 수밖에 없음】必然。
Ⅱ〖부〗【문어적】必ず｜きっと。 예 ~ 합격할 것이다. 必ず合格するだろう。

필연성(必然性)〖명〗必然性。

필연-적(必然的)〖관〗必然的。 예 ~인 결과 必然的な結果／~인 만남 必然的な出会い。

필연-코(必然—)〖명〗きっと｜必ず。 예 이번 경기에서 ~ 이기겠다. 今度の試合で必ず勝つ。

필요(必要)〖명〗必要。 예 ~ 조건 必要条件／ ~에 따라서 정밀 검사를 실시하다. 必要に応じて精密検査を行なう。
　필요-하다〖형〗必要だ。 예 신고에 필요한 서류를 제출했다. 申告に必要な書類を提出した。

필요충분-조건(必要充分條件)《논》必要十分条件。

필자(筆者)〖명〗筆者。

필적¹(匹敵)〖명〗匹敵。
　필적-하다〖자〗匹敵する。｜肩を並べる。 예 수도에 필적하는 대도시다. 首都に匹敵する大都市である。／프로 선수에 필적하는 기량이다. プロ選手に匹敵する腕前である。

필적²(筆跡)〖명〗筆跡。 예 ~ 감정을 의뢰하다. 筆跡鑑定を依頼する。

필진(筆陣)〖명〗❶筆陣。 예 ~을 치다. 筆陣を張る。❷【해당 분야의 필자들】筆者の陣容。

필체(筆體)〖명〗書体。

필치(筆致)〖명〗筆致。｜筆付き。 예 호쾌한 ~ 豪快な筆致／섬세한 ~ 繊細な筆致。

필터(filter)〖명〗フィルター。

필통(筆筒)〖명〗筆箱。

필-하다(畢—)〖타〗済ます。｜終える。 예 검사를 ~. 検査を済ます。

필화(筆禍)【필자가 글이 잘못되어 받는 화】〖명〗筆禍。 예 ~ 사건 筆禍事件。

필-히(必—)〖부〗必ず｜きっと｜ぜひ。 예 임원은 ~ 참석할 것 役員は必ず参加すること。

핍박(逼迫)〖명〗逼迫。
　핍박-하다〖자〗逼迫する。 예 정신적으로 ~. 精神的に逼迫する。

핏-기(—氣)〖명〗血の気。 예 ~가 가신 얼굴 血の気が引く顔／~가 돌다. 血の気がさす。

핏-대〖명〗血管。｜血筋。｜青筋。 예 ~를 세우다. 青筋を立てる。

핏-덩어리〖명〗❶血塊。｜血液のかたまり。❷【속어】赤ん坊。｜赤子。

핏-덩이〖명〗➾핏덩어리❷

핏-발〖명〗充血すること。 예 ~이 서다. 充血が取れる。／잠을 못 자 눈에 ~이 서다. 眠れなくて目が充血する。

핏-빛〖명〗血の色。｜真っ赤な色。=혈색❷

핏-자국〖명〗血痕。

핏-줄〖명〗❶(의)【혈관】血管。｜血筋。❷【혈통】血筋。 예 ~을 잇다. 血筋を引く。／~은 못 속인다. 血は争えない。

핑〖부〗❶【한바퀴 도는 모양】くるっと｜くるりと。 예 동네를 한바퀴 ~ 돌다. 町を一周くるっとまわる。❷【정신이 어찔함】くらっと｜ふらっと。 예 머리가 ~ 돌며 어지러움을 느꼈다.

頭(あたま)がくらっとしてめまいがする。❸【눈물이 어리는 모양】じいんと。[예] 눈물이 ~ 돌다. 涙(なみだ)がじいんとにじむ。

핑계[명] 口実(こうじつ) ¦ 言(い)い訳(わけ) ¦ 弁解(べんかい)。[예] ~ 없는 무덤이 어디 있겠느냐! 口実のない墓(はか)がどこにあるか。/ 넌 지금 ~를 대고 있어. 君(きみ)は今(いま)、言い訳をしているね。/ 이제 ~를 댈 만한 것도 없는 모양이지? もう口実にする種(たね)もないようだね。

핑그르르[부] ❶【한 바퀴 도는 모양】くるりと。[예] 제자리에서 두 팔을 벌리고 ~ 돌다. その場(ば)で両手(りょうて)を広(ひろ)げてくるりと回(まわ)る。❷【정신이 아찔해지는 모양】くらっと ¦ ふらっと。[예] 일어설 때마다 ~ 현기증이 나다. 立(た)つたびにくらっと立ちくらみがする。❸【눈물이 어리는 모양】じいんと。

핑글-핑글[부]【잇달아 도는 모양】くるくる ¦ ぐるぐる。[예] 눈이 ~ 돌다. 目(め)がくるくると回(まわ)る。

핑크(pink)[명] ピンク。

핑퐁(ping-pong)[명] 《운》ピンポン。

핑-핑[부] ❶【자꾸 도는 모양】くるくる ¦ ぐるぐる。[예] 바람개비가 ~ 돌다. かざぐるまがくるくる回(まわ)る。❷【현기증 나는 모양】くらくら。[예] 머리가 ~ 도는 것 같다. 頭(あたま)がくらくらするようだ。❸【총알이 지나가는 소리 또는 모양】びゅんびゅん。[예] 총알이 ~ 날아가다. 弾丸(だんがん)がびゅんびゅんと飛(と)ぶ。

핑핑-하다[형] ❶【줄 등이 한껏 켕기어 있다】張(は)っている ¦ ぴんとしている。[예] 줄을 핑핑하게 매다. 縄(なわ)をぴんと張(は)って結(むす)ぶ。❷【둘의 힘이 엇비슷하다】釣(つ)り合(あ)っている ¦ 五分五分(ごぶごぶ)だ ¦ 伯仲(はくちゅう)している。[예] 핑핑한 접전을 벌이다. 伯仲した接戦(せっせん)を繰(く)り広(ひろ)げる。

하**구-언**(河口堰)몡 河口堰ごう。=하굿둑
하**굿-둑**(河口—)몡 ☞하구언
하**권**(下卷)몡 下巻げかん。
하**극상**(下剋上)몡 下克上げこくじょう；下剋上じょう。
하**급**(下級)몡 下級きゅう。예~ 관리 下級官吏かんり。
하**급-생**(下級生)몡 下級生かきゅうせい。
하**기**¹(下記)몡 下記。예일정은 ~와 같습니다. 日程にっていでは下記のとおりです。
하**기-하다** 本文ほんぶんの下に記しるす。
하**기**²(夏期)몡 夏期かき。예~ 학교 夏期学校がっこう；サマースクール。=하계²
하**기-는**[튀 そういえば｜実じつのところ｜もっとも。준하긴
하**기 방학**(夏期放學)《교》(学校がっこうの)夏休なつやすみ。=여름 방학
하**기-야**[튀 そういえば｜実じつのところ｜もっとも｜そりゃ。
하**긴**[튀 ☞하기는의 준말.
하**나** Ⅰ㊀ 一ひとつ｜一人ひとり｜一いち。예비누 ~만 주세요. 石鹸せっけん一つください。/길을 가다 고교 동창 ~를 만났다. 道みちを歩あるいていたら、高校こうこうの同窓生どうそうせい一人に会あった。/아이 ~만 낳을 거다. 子供こどもを一人だけ生うむつもりだ。
Ⅱ 몡 一つ。❶【같음을 나타냄】一体いったい。예우리의 마음을 ~로 모아 불우 이웃 돕기 성금을 내다. 私わたしたちの心こころを一つにして、恵めぐまれない人ひとたちに寄付金きふきんを寄付きふする。❷【오직 그것뿐임】ただそれだけ｜唯一ゆいいつ。예~ 뿐인 자식 타타 한 一人ひとりの子こ/남편 ~만 믿고 살고 있다. 夫おっとだけを信しんじて生いきている。/건도도 마음 ~에 달린 것이다. 健康けんこうも気持きもち一つにかかっているのだ。❸【하나도 찾으며 뒤에 부정어와 호응】全然ぜんぜん(一ない)｜一ひとつも(一ない)｜少すこしも(一ない)｜全まったく(一ない)。예~도 아까울 것이 없다. 一つも惜おしくない。/뭐가 뭔지 ~도 모르겠다. 何なにが何なんだか全まったく分わからない。❹【여러 개 중 일부를 나타냄】それに属ぞくする一種いっしゅ。예그것도 ~의 해결 방법이라고 생각한다. それも一つの解決かいけつ方法ほうほうだと思おもう。

하**나 가득** 관용 いっぱい。
하**나를 듣고 열을 안다** 속담 一いちを聞きいて十じゅうを知しる。
하**나부터 열까지** 관용 一いちから十じゅうまで｜何なにから何なにまで｜すべて。예하나부터 열까지 다 가르치다. 一から十まで全すべて教おしえる。

하¹튀【정도】とても｜多おおく｜大おおきく｜あまりに。예~ 심심해서 잡지를 사러 갔다. あまり退屈たいくつなので雑誌ざっしを買かいに行いった。
하²튀【숨을 내쉴 때 입김을 세게 내는 소리】はあっ(と)｜ふうっ(と)｜ほうっ(と)。예입김을 ~ 하고 내뿜으니 창이 뿌옇게 되었다. 息いきをふうっと吐はき出だしたので、窓まどが白しろくなった。
하³갑【놀람·슬픔·감탄】ああ｜ほう｜まあ。예~, 정말 쓸쓸한 일이구나! まあ、とても寂さびしいことだな。
하⁴(下)몡【낮음·나쁨】下げ。예상중하 등급 중에서 '~'이다. 上中下じょうちゅうげの等級とうきゅうの中なかで下だ。
-하(下)졉【그것의 관할이나 영향이 미치는 범위】下か｜—(の)もと。예지배하 支配下しはいか/자본주의 체제하 資本主義しゅぎの体制下たいせいか。
하**강**(下降)몡 下降かこう。예~ 기류 下降気流きりゅう。
하**강-하다**困 下降する。
하**강-선**(下降線)몡 下降線かこうせん。
하**객**(賀客)몡 お祝いわいの客きゃく。
하**계**¹(下界)몡 下界。❶【인간세계 속계】人間界にんげんかい｜俗界ぞくかい。❷【높은 곳에서 내려다본 지상】高たかいところから見みた地上ちじょう。
하**계**²(夏季)몡 ☞하기²(夏期)
하**고-많다**🗒 とても多おおい。
하**곡**(夏穀)몡 (麦むぎ·小麦こむぎなど)夏なつに取とり入いれる穀物こくもつ。
하**관**(下官)몡【지위가 낮은 관리】下官かかん。
하**관**(下棺)몡【관을 광중에 내리다】(埋葬まいそうの時ときに)棺ひつぎを墓穴はかあなに下くだすこと。
하**관-하다**困 (埋葬まいそうの時ときに)棺ひつぎを墓穴はかあなに下くだす。
하**교**(下校)몡 下校げこう。
하**교-하다**困 下校する。
하**구**(河口)몡 河口かこう｜川尻かわしり。예~가 넓다. 河口が広ひろい。/~를 매립하다. 河口を埋うめ立たてる。

하나-같다 형【여러이 하나같다】一樣いちようだ｜全まったく同じだ。

하나같-이 부 一樣いちように｜おしなべて。

하나-님 〈종〉【하나님】(新敎しんきょうの)神様かみさま。

하나-하나 부 一つ一つひとつひとつ｜一一いちいち｜一つずつ。

하냥-다짐 명【하냥 불변하고 다짐함으로】失敗しっぱいしたら首くびをはねられても文句もんくはないと誓ちかうこと。

하녀(下女) 명 下女げじょ・下婢かひ｜女中じょちゅう｜召使めしつかいの女おんな。

하눌-타리 〈식〉黃烏瓜きからすうり。

하느-님 명 〈종〉❶【하느님】神かみ｜神様かみさま。❷【가톨릭에서】(カトリック敎會きょうかいで)天主てんしゅ｜神様かみさま。

하느작-거리다 자【하느작거리다】ゆらゆらとゆれる｜ひらひらとする。=하느작대다 图 하늑거리다

하느작-대다 자 ☞하느작거리다

하느작-하느작 부 ゆらゆら｜ひらひら｜しゃなりしゃなり。图 하늑하늑

하늑-거리다 자 ☞'하느작거리다'의 준말.

하늑-하늑 부 ☞'하느작하느작'의 준말.

하늘 명 ❶空そら｜天空てんくう｜天てん。⑩푸른 ~ 青空あおぞら/~을 우러러 보다.天を仰あおぐ。❷【신】神かみ｜天てん。⑩~의 도움 天の助たすけ。❸【천당】天國てんごく｜天堂てんどう。

하늘과 땅관용 (天てんと地ちの距離きょりほどの)大おおきな差さ。

하늘 높은 줄 모르다관용 空そらが高たかいのを知しらない。❶出世街道しゅっせかいどうを突つっ走はしる。❷物價ぶっかが天井知てんじょうしらずだ。

하늘 보고 침 뱉기속담 天てんにつばする｜天を仰あおいでつばきする。

하늘에 두 해가 없다속담 天てんに二ふたつの太陽たいようなし：「一國いっこくに王おうは一人ひとり」の意い。

하늘은 스스로 돕는 자를 돕는다속담 天てんは自みずから助たすくる者ものを助たすく。

하늘을 지붕 삼다관용 天てんを屋根やねにする。❶野宿のじゅくする。❷放浪ほうろうする。

하늘을 찌르다관용 天てんを衝つく。❶非常ひじょうに高たかい。❷勢いきおいが凄すごい。

하늘의 별 따기속담 空そらの星取ほしとり：「達成たっせいできる見込みこみのないこと」の意い。

하늘이 노랗다관용 ❶過勞かろう・傷心しょうしんのため空が黃色きいろく見みえるほど氣力きりょくがない。❷絶望狀態ぜつぼうじょうたいに陷おちいる。

하늘이 두 쪽(이) 나도 天てんが二ふたつに割われるようなことがあっても｜どんなことがあっても。⑩하늘이 두 쪽 나도 해치우고 말겠다.どんなことがあろうとやり遂とげる。

하늘이 무너져도 솟아날 구멍이 있다속담 空そらが崩くずれても飛とび出でる穴あなはある：「どんなに困難こんなんな狀況じょうきょうでも、それを切きり拔ぬける方策ほうさくはある」の意い。

하늘이 캄캄하다관용 ❶ショックのためくらっとする。❷絶望狀態ぜつぼうじょうたいにある。

하늘-가 空そらの果はて。

하늘-거리다 자 ゆらゆらとする｜ひらひらとする。⑩봄바람에 커튼이 하늘거렸다.カーテンが春風はるかぜにゆらゆらと揺ゆれていた。=하늘대다

하늘-나라 명 天國てんごく。

하늘-대다 자 ☞하늘거리다

하늘-땅 명 天地てんち｜天てんと地ち。

하늘-빛 명 空色そらいろ｜薄うすい青色あおいろ。⑩~ 저고리 空色のチョゴリ。=하늘색

하늘-색(一色) 명 ☞하늘빛

하늘-하늘 부 ❶【가볍게 자꾸 가볍게】ゆらゆら｜ひらひら。❷【단단치 못하여 부드럽게】ぐにゃぐにゃ｜ふにゃふにゃ｜くたくた。

하늘하늘-하다 형 ❶ゆらゆらとする｜ひらひらとする。❷ぐにゃぐにゃする｜ふにゃふにゃする。

하늬-바람 명 (農村のうそん・漁村ぎょそんで)西にしからの風かぜ。⑩~과 강바람이 불어온다.西の風と川風かわかぜが吹ふいてくる。

하다 Ⅰ 자타【행하다】する｜やる｜行おこなう｜なす。⑩공부를 ~.勉强べんきょうをする。/샤워를 하고 있었다.シャワーをしていた。/같이 야구를 하러 가다.一緖いっしょに野球やきゅうをしに行いく。/심부름을 ~.お使つかいをする。/점심은 무엇으로 하시겠습니까?お晝ひるは何なになさいますか。❷【말하다】する｜とる。⑩슬픈 얼굴을 하고 말을 꺼내기 시작했다.悲かなしい顔かおをして話はなしを切きり出だし始はじめた。/무서운 표정을 하고 다가오다.恐おそろしい表情ひょうじょうで近ちかづいてくる。❸【장만하다】する｜かける｜つける｜買かう｜準備じゅんびする。⑩귀걸이를 ~.イヤリングをつける。/새 이불을 ~.新あたらしい掛かけ布団ぶとんを買う。❹【말하다】言いう｜話はなす｜つく。⑩그런 소리 하지 마.そんなこと言うなよ。/거짓 말하지 마.嘘うそをつくな。/말도 하지 마.恐ひどい目めにあった。口くちにもするな。ひどい目めにあった。❺【직업으로 삼다】する。⑩중학교에서 체육 교사를 하고 있습니다.中學校ちゅうがっこうで體

育成の教師をしています。/ 여기를 담당하고 있는 사람은 누구입니까? ここを担当しているのは誰ですか。❻【値段이 비쌈을 나타냄】高い｜値する。예이 목걸이 꽤 하겠는데. このネックレス、ずいぶん高そうね。/ 백만 원이나 하는 시계를 샀다. 百万ウォンもする時計を買った。❼【담임이나 의무로 함】―する｜―にする｜―ことにする｜―ようにする。예이 얘기는 너와 나만의 비밀로 해야 한다. この話はあなたと私だけの秘密にすべきだ。/ 2시에 출발하기로 하자. 2時に出発することにしよう。/ 동생의 막내를 양자로 ～. 弟の末っ子を養子にする。/ 집이 좁아서 이사를 하기로 했다. 家が狭いので引っ越しすることにした。❽【생각】思う。예먼저 이 문제를 의논했으면 해요. まずこの問題を議論したらと思っています。/ 아직도 거기 있나 해서 가 보았지. まだあそこにいるかと思って行ってみたんだ。/ 이제 슬슬 가 볼까 하는데요. もうそろそろ行こうかと思うのですが。❾【越】通る｜通り過ぎる。예나는 종로로 해서 세종로까지 갔다. 私は鐘路を通って世宗路まで行った。/ 슈퍼 앞으로 해서 오면 그 간판이 보인다. スーパーの前を通り過ぎて来ると、あの看板が見える。❿【일본어 기원 등 제로 상대의 뜻을 나타냄】―と言えば｜―と言う。예일본 하면 떠오르는 것이 무엇입니까? 日本と言えば頭に浮かぶことは何ですか。/ 귤 하면 제주도가 유명합니다. 蜜柑なら済州道が有名です。⓫【전후가 반복되는 사실을 나타냄】する｜―たり(する)｜―たり―たり(する)｜よく―たものだ。예비가 내렸다 그쳤다 한다. 雨が降ったり止んだりする。/ 지나는 길에 종종 들르곤 한다. 通り掛かりにたびたび立ち寄ったりする。/ 때에 따라서는 책을 보기도 하고 음악을 듣기도 한다. 時によっては、本を読んだり音楽を聞いたりする。/ 사춘기 때 자주 웃곤 하였다. 思春期の頃、よく笑ったものだ。⓬【두드러지는 하나의 예를 나타냄】―(する)ように｜―できるように。예가능한 한 일을 빨리 끝내도록 해라. できるだけ早めに仕事を終わるようにしろ。/ 시간 날 때 한번 들르도록 할게. 時間が空く時、一度立ち寄るようにするね。⓭【당연함이나 하다의 뜻을 나타냄】―すべきだ｜―しなければならない｜―(し)なければいけない｜―

なくてはならない｜―なくてはいけない。예대학에 가려면 잠을 줄여야 한다. 大学に行くつもりなら、睡眠を減らすべきだ。/ 건강하려면 운동을 많이 해야 한다. 健康でありたいなら運動をたくさんしなければならない。/ 이때야말로 정신을 바짝 차려야 해. こんな時こそ、しっかりしなくてはいけないよ。⓮【어떤 행동을의 의미나 의사를 나타냄】しようとする｜しようと思う。예휴가를 가려고 하는 사람이 많아서 공항은 붐볐다. 休暇を過ごそうとする人が多くて、空港は混雑した。/ 서로 앞좌에 앉으려고 한다. 互いに前列に座ろうとする。/ 개가 물려고 ～. 犬がかみつこうとする。/ 졸업하면 장사를 해 보려고 한다. 卒業したら商売をしてみようと思う。

Ⅱ 보형 ❶【앞말이 꽃힘이나타냄】예참 예쁘기도 하군. 本当にきれいだな。❷【이유나 조건을나타냄】예배도 고프고 하니 식당으로 가자. お腹も空いていることだし、食堂に行こう。/ 샴푸도 다 썼고 하니 사야겠다. シャンプーも全部使ったことだし、買わなくちゃいけないな。

하다-못해 图 せめて｜少なくとも。예～꿈에서라도 만나고 싶다. せめて夢でで会いたい。

하단(下段) 명 下段。예본문 ～에 배치하다. 本文欄の下段に配置する。

하달(下達) 명 下達する。예상의～上意下達。

　하달-하다 자타 下達する。

하답(下畓) 명 下田。

하대(下待) 명 ❶【낮추어 대우함】(相手を)低く待遇すること｜冷遇すること｜粗末に扱うこと。예～를 받다. 冷遇される。❷【높은 대상이】(相手に)見下した話し方をすること｜目下に対する言葉遣いをすること。

　하대-하다 타 ❶(相手を)低く待遇する｜冷遇する｜粗末に扱う。예고급 호텔에 정장하고 가지 않았다고 하대하였다. 高級ホテルに正装して行かなかったので冷遇された。❷(相手に)見下した話し方をする｜目下に対する言葉遣いをする。예처음 만난 사람과 말할 때는 하대하는 말씨를 써서는 안 된다. 初対面の人と話す時は、目下に対する言葉遣いをしてはいけない。

하도〈부〉 とても｜あまりにも。 例~ 말을 많이 해서 피곤하다. 話しし過ぎて疲れる。

하-도급(下都給)〈명〉〈법〉下請負｜下請｜又請負。 例~ 업자 下請業者／~ 계약 下請負契約。

하도롱-지(ハトロン紙 일)〈명〉ハトロン紙。

하드 디스크(hard disk) 《컴》ハードディスク。

하드보드(hardboard)〈명〉ハードボード。

하드웨어(hardware)《컴》ハードウエア。

하등(下等)〈명〉下等。

하등²(何等)〈명〉何等｜すこしも｜なんの。

하등 동물(下等動物)〈동〉下等動物。

하등 식물(下等植物)〈식〉下等植物。

하락(下落) 下落。 例주가 ~이 계속되고 있다. 株価の下落が続いている。
→등귀(騰貴)
하락-하다 下落する。

하락-세(下落勢)〈명〉下がり目｜下向き。

하략(下略)〈명〉下略。
하략-하다〈자타〉下略する｜あとに続く文などを省略する。

하례(賀禮)〈명〉賀儀｜祝いの儀式。
하례-하다〈자〉祝いの挨拶をする。

하롱-거리다〈자〉へらへらする｜べらべらする。 例하롱거리지 마라. へらへらするな。 =하롱대다

하롱-대다 ☞하롱거리다

하롱-하롱〈부〉へらへら｜べらべら。

하루 ❶〈명〉一日。 例~도 어김없이 너를 데리러 오는구나. 一日もかかさずおまえを迎えにくるんだなあ。／그 일은 ~ 동안에 일어난 일이다. そのことは一日の間に起きたことだ。／~도 쉬지 않고 일하다. 一日も休まずに働く。 ❷〈명〉一日。 ❸〈명〉ある日｜一日。
하루가 멀다고[멀다 하고]〈관용〉一日と置かず。

하루-걸러〈부〉一日おきに｜隔日に。 例~ 걷기 운동을 하고 있다. 一日おきにウォーキングしている。

하루-바삐〈부〉一日でも早く。 =하루빨리・하루속히

하루-빨리〈부〉 ☞하루바삐

하루-살이〈명〉❶〈동〉かげろう。 ❷〈명〉その日暮らし。 例~ 같은 생활을 하며 근근이 끼니를 때우고 있다. その日暮らしの生活をしながら、どうにか持ちこたえている。 ❸〈명〉人間の命や暮らしなどが、きわめて短くはかないこと。 例~ 인생 はかない人生。

하루-속히(一速一)〈부〉☞하루바삐

하루-아침〈명〉一朝｜一朝一夕｜突然。 例대기업이 ~에 붕괴되었다. 大手企業が一朝にして崩壊した。

하루 종일 一日中｜終日｜まる一日｜朝から晩まで。 例~ 굶었더니 기운이 없어 못 걷겠다. 一日中食べなかったので、力がはいらなくて歩けそうにない。

하루-치〈명〉一日分｜一日の分量。

하루-하루 Ⅰ〈명〉毎日｜その日その日。 例~를 수도하듯이 보내다. 毎日を修行するかのように過ごす。
Ⅱ〈부〉一日一日と｜日ごとに｜日に日に。 例~ 몰라보게 자라다. 日に日に見違えるほど大きくなる。

하룻-강아지〈명〉❶生まれて間もない子犬。 ❷青二才｜若僧。
하룻강아지 범 무서운 줄 모른다〈속〉生まれたばかりの子犬は、トラの恐ろしさを知らない：「無知は恐れを知らない」の意：〔日〕盲に蛇に怖じず。◉일본에서는 '맹인이 뱀을 무서워하지 않는다'고 한다.

하룻-길 一日の道のり。

하룻-날〈명〉(暦の上でその月の)一日。 例정월 ~까지 얼마 남지 않았군. 元旦まで残りわずかだなあ。／내달 ~이 우리 오빠 생일이다. 来月の一日が兄の誕生日だ。 =초하룻날

하룻-밤〈명〉一夜｜一晩。

하류(下流)〈명〉下流。 例~ 部分川下も。 ❷下層階級。

하륙(下陸)〈명〉❶陸揚げ｜荷下ろし。 ❷船から陸地へ下ろすこと。
하륙-하다〈자타〉❶積まれた荷をおろす｜陸揚げする。 ❷船から陸地へ下ろす。

하르르-하다〈형〉布が薄くやわらかだ。

하리(下里) 下の方にある村。 =아랫마을

하리다〈형〉(記憶力・判断力などが)

ぼうっとしている｜はっきりしない｜ぼけている。

하리-들다 仕事ごとの途中に邪魔が入る。

하리망당-하다 頭がぼうっとしてはっきりしない。 예정신이 혼미하여 하리망당해지다. 精神が乱れてぼうっとしてくる。

하리타분-하다 ❶【일・행동 따위】事の成り行きがはっきりしない。 ❷【성질・행동 따위】(性質・振る舞いが)曖昧ではっきりしない。

하릴-없다 ❶【어찌하는 도리가 없이】仕方がない｜どうにもできない。 ❷【틀림】間違いない｜確かだ。

하릴없-이 仕方がなく。 ❷ 間違いなく。

하마¹(下馬) 下馬。
하마-하다 下馬する。

하마²(河馬) 〈동〉河馬。

하마터면 危うく｜すんでの事に｜すんでの所で｜まかり間違えば｜もう少しのところで。 예~ 미끄러져 넘어질 뻔했다. 危うく滑って転ぶところだった。

하마-평(下馬評) 下馬評。

하면¹(下面) 下面｜下の方の面。

하면²(夏眠) 〈동〉夏眠。 예열대 지방의 동물들은 ~으로 더위를 피한다. 熱帯地方の動物は夏眠によって熱さを避ける。 =여름잠

하명(下命) 下命。 예~을 내리다. 命令をくだす。
하명-하다 下命する。

하모니(harmony) ハーモニー。 ❶〈음〉和声｜和音。 ❷調和。

하모니카(harmonica) 〈음〉ハーモニカ。

하무릇-하다 非常に満足だ。 예기다리던 아들의 방문에 어머니는 하무릇해 하셨다. 待っていた息子の訪問に、母は非常に満足した。

하문(下問) 下問。
하문-하다 下問する。

하물(荷物) 荷物｜荷。 =짐

하물며 まして｜なおさら｜いわんや。 =황차(況且)

하물-하물 ふにゃふにゃ。

하뭇-하다 満足そうだ｜満ち足りた気持ちだ。 예대학에 합격했으니 정말 ~. 大学に合格したので本当に満足だ。

하미(下米) 品質の劣る米。

하반(下半) 下半｜下半分。

하반(河畔) 강가

하-반기(下半期) 下半期｜下期。

하-반부(下半部) 下半部。

하-반신(下半身) 下半身。

하복(夏服) 夏服｜夏物。 =하의²

하복-부(下腹部) 下腹部。

하부(下部) 下部｜下の部分。 예~ 조직 下部組織。

하부 구조(下部構造) 〈사〉下部構造。

하분하분-하다 水気のあるものが、ふにゃふにゃする。

하비다 ❶【후비어 파다】(刃物や指の先や棒などで)ほじくり出す｜ほじる。 ❷【아픈 마음을 건드리다】抉る。 ❸【허물】(人のあらなどを)ほじくってけなす。

하비작-거리다 しきりにほじくる。 =하비작대다

하비작-대다 ☞하비작거리다

하비작-하비작 しきりにほじくるさま。

하뿔싸 しまった。

하사(下士) 〈군〉下士｜伍長。

하사(下賜) 下賜。
하사-하다 下賜する。

하사-관(下士官) 〈군〉下士官｜副士官。

하산(下山) ❶ 下山。 ❷ 木材などを山からおろすこと。
하산-하다 ❶ 下山する。 ❷ 木材などを山からおろす。

하상(河床) 川床｜河床。

하상-계수(河狀係數) 〈건〉河狀係數｜河況係數。 예~가 작을수록 수자원 이용에 유리하다. 河況係数が小さいほど水資源の利用に有利である。

하서(下書) 年上からの手紙。

하선(下船) 下船。
하선-하다 下船する。

하소 ☞하소연

하소연 哀訴｜哀願。 =하소
하소연-하다 哀訴する｜哀願する。

하수¹(下手・下數) 下手。

하수²(下手) ❶ 着手。 ❷ 手をつけて人を殺すこと。
하수-하다 ❶ 着手する。 ❷ 手をつけて人を殺す。

하수³(下水)⭘ 下水すい。⭘~ 처리 下水処理り。

하수-관(下水管)⭘ 下水管すいかん。

하수-구(下水溝)⭘ 下水すいの流ながれる溝みぞ｜どぶ。

하수-도(下水道)⭘ 下水道すいどう。

하수-인(下手人)⭘ 下手人げしゅにん。

하숙(下宿)⭘ 下宿げしゅく。
　하숙-하다 下宿げしゅくする。

하숙-생(下宿生)⭘ 下宿げしゅくしている学生がくせい｜下宿生げしゅくせい。

하숙-집(下宿—)⭘ ❶下宿げしゅくしている家いえ。❷下宿屋げしゅくや。

하순(下旬)⭘【月末の数日】下旬げじゅん。

하시(下視)⭘ ❶【いやしむこと】見下さげること｜蔑視べっしすること｜見下みおろすこと。❷【下を見ること】下したを見みること｜見下みおろすこと。
　하시-하다 ❶見下みさげる｜蔑視べっしする｜見下みおろす。❷下したを見みる｜見下みおろす。

하안(河岸)⭘【川岸】河岸かがん・かし｜川かわの岸きし｜かし。

하안 단구(河岸段丘) 河岸段丘かがんだんきゅう。

하야-말갛다⭘ (肌はだが)透すき通とおるように白しろい。⭘그녀는 하야말간 얼굴에 홍조를 띠고 있다. 彼女かのじょは透すき通とおるように白しろい顔かおに火照ほてりを帯おびていた。

하야말쑥-하다⭘ (肌はだが)色白いろじろできれいだ｜白しろくすっきりしている。⭘얼굴빛이 ~. 顔かおの色いろが白しろくてきれいだ｜피부가 ~. 皮膚ひふが色白いろじろできれいだ。
　하야말쑥-히⭘ こざっぱりと。

하양⭘ 白しろ｜白色はくしょく｜白色はくしょくの絵えの具ぐ。

하얗다⭘ とても白しろい｜真まっ白しろだ。⭘하얀 와이셔츠 真まっ白しろなワイシャツ/머리가 하얗게 되어 버렸다. 髪かみが真まっ白しろになってしまった。

하얘-지다⭘ 白しろくなる｜蒼白そうはくになる。⭘얼굴빛이 ~. 顔かおが蒼白そうはくになる。

하여-간(何如間)⭘ とにかく｜ともかく｜いずれにせよ｜ともあれ｜何なにはともあれ｜何なんにしても。⭘~ 못 말리는 말썽쟁이다. とにかくあきれた厄介者やっかいものだ。／~ 물건에 흠집이 났으니 교환해 주세요. 何はともあれ品物しなものにキズがついたので、交換こうかんしてください。／될지 안 될지 한번 해 보자. 되는가 어떤가, 토모카쿠 一度いちどやってみよう。

하여-금⭘【아랫사람이나 여러 사람들을】—をして。⭘아내는 나로 ~ 나쁜 일에서 손을 씻게 한 사람이다. 妻つまは私わたしをして足あしを洗あらわせた人ひとだ。／여동생으로 ~ 아이를 보게 하다. 妹いもうとに子守こもりをさせる。／그로 ~ 그 사건을 처리하게 하다. 彼かれをしてあの事件じけんを処理しょりさせる。

하여-튼(何如—)⭘ とにかく｜いずれにせよ｜ともあれ。⭘이유야 많겠지만, ~ 학교를 무단결석하는 일은 좋지 않다. 理由りゆうはともあれ、学校がっこうを無断欠席むだんけっせきするのはよくない。

하역(荷役)⭘ 荷役にやく。⭘~ 작업 荷役作業にやくさぎょう。
　하역-하다⭘ 荷役にやくする。

하염-없다⭘ ❶心こころがうつろである｜むなしい。⭘하염없는 시선으로 먼 산만 바라보다. ぼんやりとした視線しせんで遠とおくの山やまばかり眺ながめる。❷とめどない｜限かぎりない。
　하염없-이⭘ 心こころうつろに｜とめどなく。⭘~ 흐르는 눈물 とめどなく流ながれる涙なみだ／~ 시름에 잠기다. とめどなく憂うれいに沈しずむ。

하오(下午)⭘ ☞오후

하원(下院)⭘《정》下院かいん｜衆議院しゅうぎいん。

하위(下位)⭘ 下位かい。⭘~ 개념 下位概念がいねん。

하의¹(下衣)⭘ 下半身かはんしんにはく衣服いふく。

하의²(夏衣)⭘ ☞하복(夏服)

하이 다이빙(high diving)《운》(水泳すいえいで)ハイダイビング。

하이라이트(highlight)⭘ ハイライト。

하이에나(hyena)⭘《동》ハイエナ。

하이킹(hiking)⭘ ハイキング。
　하이킹-하다⭘ ハイキングする。

하이퍼텍스트(hypertext)⭘《컴》ハイパーテキスト。

하이-힐(← high heeled shoes)⭘ ハイヒール。=힐

하인(下人)⭘ 下人げにん｜召使めしつかい｜下男げなんと下女げじょ｜しもべ。

하일(夏日)⭘ 夏なつの日ひ。=여름날

하자(瑕疵)⭘ 瑕疵かし｜きず｜欠点けってん。⭘이 상품에는 큰 ~가 있다. この商品しょうひんには大おおきな欠点けってんがある。=흠

하작-거리다⭘ (積つまれているものを)しきりにかき乱みだす。=하작대다・하작이다

하작-대다⭘ ☞하작거리다

하작-이다⭘ ☞하작거리다

하작-하작⭘ しきりにかき乱みだすさま。

하잘것-없다⭘ つまらない｜くだらない

取るに足りない。 예 하잘것없어 보이는 일 つまらなく見える仕事ごと。

하잘것없-이 凰 つまらなく｜くだらなく。

하장(賀狀)囘 【경사를 축하 하는 편지】 賀狀がじょう｜祝いの手紙がみ。

하전-하다 圐 ❶【불안한 기분】不安定ふあんていな気分きぶんである｜頼たよりない。❷【사로잡혀 있거나 믿던 것이 없어져서 서운하고 아쉽다】(何なにか失うしなったような)物足ものたりない感かんじがする｜もの悲かなしい。 예 네가 없으니 정말 ~. 君きみがいないから本当ほんとうに寂さびしい。

하전하전-하다 圐 ❶【하전하다】(何なにか失うしなったような)物足ものたりない感かんじがする｜もの悲かなしい。❷【힘이 없어 자꾸 쓰러질 듯하다】足あしに力ちからがなくて、倒たおれそうな気持きもちである。

하제(下劑)囘 【의】下剤げざい｜下くだし薬ぐすり。

하주(荷主)囘 荷主にぬし。

하중(荷重)囘 荷重かじゅう。 예 ~ 제한 荷重制限せいげん。

하지¹(下肢)囘 【의】下肢かし｜人ひとの脚あし｜動物どうぶつの後肢こうし。

하지²(夏至)囘 【이십사절기의 하나】夏至げし。

하지만 튄【그러나】しかし｜だけど｜だが｜けれども｜だけれども｜でも。 예 ~ 너무 높아서 손이 닿지 않아요. でも高たかすぎて手てが届とどきません。/ ~ 채소는 너무 맛이 없어요. だけど野菜やさいはとてもまずい。/ ~ 나는 더 이상 걷지 못하겠어. だけれども、僕ぼくはもうこれ以上いじょう歩あるけない。/ ~ 술은 먹지 못한다. けれども酒さけは飲のめない。

하직(下直)囘 ❶【먼길 떠날 적에 웃어른께 작별을 아룀】遠路えんろの旅たびに出でる時ときに目上めうえの人ひとに別わかれを告つげること｜暇乞いとまごい。❷(역)都みやこを離はなれる官吏かんりが王おうに別わかれの挨拶あいさつをすること。

하직-하다 囘 ❶暇乞いとまごいする。 예 세상を ~. 世よを去さる。❷(역)都みやこを離はなれる官吏かんりが王おうに別わかれの挨拶あいさつをする。

하짓-날(夏至一)囘 夏至げしの日ひ。 예 ~까지 이틀 남았다. 夏至まで残のこり2日ふつかだ。

하차(下車)囘 下車げしゃ。❶車くるまから降おりること。❷荷物にもつを下おろすこと。

하차-하다 囘 下車げしゃする。

하찮다 圐 つまらない｜くだらない｜取るに足りない。 예 하찮은 인생 くだらない人生じんせい。

하천(河川)囘 河川かせん。 예 ~ 준설 공사 河川浚渫しゅんせつ工事こうじ。

하천 구역(河川區域) 《법》河川区域くいき。

하천-법(河川法)囘《법》河川法かせん。

하천 침식(河川浸蝕) 河川浸食しんしょく。

하청(下請)囘《법》下請したうけ｜又請またうけ。 예 ~ 공장 下請け工場こうじょう/ ~을 주다. 下請けに出だす。

하청-인(下請人)囘 下請したうけ人にん。

하체(下體)囘 下半身はんしん。

하층(下層)囘 下層そう。 예 ~ 계급 下層階級かいきゅう/ ~ 사회 下層社会しゃかい。

하키(hockey)囘 (운)ホッケー。 예 아이스 ~ アイスホッケー/ 필드 ~ フィールドホッケー。

하편(下篇)囘 (書物しょもつの)下巻げかん。

하품¹囘 あくび。 예 ~을 꾹 참다. あくびを我慢がまんする。/ ~을 죽이다. あくびをかみころす。/ ~이 나오다. あくびが出でる。/ 졸려서 ~을 하다. 眠ねむくてあくびをする。

하품-하다 圐 あくびをする。

하품²(下品)囘 ❶【하등품】下等とうな品しな。❷【하등의 물건】下品ぴん。

하프¹(half)囘 (운)ハーフ。

하프²(harp)囘 (음)ハープ｜竪琴たてごと。

하프늄(hafnium)囘 《화》ハフニウム。

하프 타임(half time) 《운》ハーフタイム。 예 ~에 작전을 전달하다. ハーフタイムに作戦さくせんを伝つたえる。

하필(何必)튄 よりによって｜何なんで｜どうして。 예 왜 ~ 제가 가야 합니까? どうして私わたしが行いかなきゃいけないんですか。=해필

하하¹튄【크게 웃는 모양】あはは｜ははは。 예 그는 만화책을 보면서 ~ 웃었다. 彼かれは漫画まんがの本ほんを見みながらあははと笑わらった。

하하-거리다 囘 しきりにははっと笑わらう。 예 재미있어서 ~. おもしろくてしきりにははっと笑う。=하하대다

하하-대다 囘 ☞하하거리다

하하²길 ❶【크게 웃는 소리 또는 모양】ああ｜はは｜ははあ。❷【기쁘거나 슬플 때 내는 소리】えい｜ははあ。

하학(下學)囘【학교에서 그날의 공부를 마침】放課ほうか｜放学ほうがく。

하학-하다 圐 (その日ひの)学業がくぎょうを終おえる。 ◆일본어의「下学(かがく)」는 '정도가 낮고 쉬운 것부터 배움'이라는 뜻이다.

하한(下限)囘 下限かげん。 예 ~을 정하다. 下限を定さだめる。

하해(河海)囘 河海かかい｜河かわと海うみ。

하행(下行)囘 下行こう｜下くだり｜下向げこう。 예 ~ 열차 下り列車れっしゃ。

하향¹(下向)囘 下向むき。 예 ~ 조정하다. 引ひき下さげる。

하향²(下鄕) 명 ❶【地方行】 地方へ行くこと｜下向. ❷【故郷へ帰る】 故郷へ帰ること｜帰郷.

하향-하다자 ❶ 地方へ行く｜下向する. ❷ 故郷へ帰る｜帰郷する.

하현(下弦) 명 ☞ 하현달

하현-달(下弦一) 명 《천》下弦の月｜下弦. =하현

하혈(下血) 명 下血.

하혈-하다자 下血する.

하회(下廻) 명 (ある基準より)下回ること.

하회-하다자 下回る. 예수입이 지출을 ~. 収入が支出を下回る.

하회 별신굿(河回別神一) 《민》《대한민국 하회마을에 전해 내려오는 놀이》ハフェビョルシングッ.

학¹ 부 《토하려 할 때 내는 소리》 げっ｜げえっ｜おえっ. 예못 먹겠으면 ~ 하고 토해라. 食べられなかったらげっと吐け.

학²(學) 명 学｜学問.

학³(鶴) 명 ☞ 두루미

-학⁴(學) 접 【학문이름】 —学. 예경제학 経済学 / 교육학 教育学 / 심리학 心理学.

학계(學界) 명 学界. 예~에 보고하다. 学界に報告する.

학과(學科) 명 《교》学科.

학과-목(學科目) 명 《교》学科目.

학교(學校) 명 《교》学校. 예~ 급식 学校給食 / ~ 행사 学校行事 / ~ 도서관 学校図書館 / ~에 다니다. 学校に通う. / ~에 입학하다. 学校に入学する. / ~를 졸업하다. 学校を卒業する.

학교 교육(學校敎育) 《교》学校教育.

학교-장(學校長) 명 《교》学校長｜校長. =교장

학구¹(學究) 명 学究.

학구²(學區) 명 《교》学区.

학구-적(學究的) 관 学究的.

학군(學群) 명 《교》地域別に設定した中学校や高等学校のグループ.

학급(學級) 명 《교》学級｜クラス. 예~ 담임 学級担任.

학기(學期) 명 《교》学期. 예~ 말 시험 学期末試験.

학년(學年) 명 《교》学年. 예육 ~ 六年生.

학당(學堂) 명 学堂. ❶【옛말】 (漢文などを教える)私塾. ❷《역》《개화기 때 학교를 이르던 말》 学校.

학대(虐待) 명 虐待.

학대-하다타 虐待する. 예어린아이를 ~. 子どもを虐待する.

학덕(學德) 명 学徳. 예~을 겸비하다. 学徳を兼ね備える.

학도(學徒) 명 学徒. ❶ 学生｜生徒. ❷ 学問を修める人.

학동(學童) 명 学童. ❶ 私塾で勉強をする児童. ❷ 小学生ぐらいの子.

학력¹(學力) 명 【공부를 통해 얻은】 学力. 예~ 저하 学力低下 / ~을 평가하다. 学力を評価する.

학력²(學歷) 명 【학교를 다닌】 学歴. 예~이 높다. 学歴が高い.

학령(學齡) 명 《교》学齢.

학리(學理) 명 学理.

학명(學名) 명 《생》学名.

학문(學問) 명 学問.

학문-적(學問的) 관 学問的. 예~인 연구 学問的な研究.

학벌(學閥) 명 学閥. 예~을 폐지하다. 学閥を廃する.

학보(學報) 명 学報.

학부(學部) 명 学部. 예경영 ~ 経営学部.

학-부모(學父母) 명 児童や生徒の父母.

학-부형(學父兄) 명 児童や生徒の保護者｜父兄.

학비(學費) 명 学費｜学資. 예~를 벌다. 学費を稼ぐ. =학자금

학사¹(學士) 명 学士. ❶《교》【대학을 졸업하면서 받는】 大学の学部の卒業者に与えられる学位. ❷ 学術的研究に専念する人.

학사²(學事) 명 【학교·학업에 관한 일】 学事｜学問・学校に関する事柄.

학살(虐殺) 명 虐殺.

학살-하다타 虐殺する. 예민간인을 ~. 民間人を虐殺する.

학생(學生) 명 学生｜生徒. 예~ 운동 学生運動.

학생-모(學生帽) 명 学生帽.

학생-복(學生服) 명 学生服.

학생-증(學生證) 명 学生証｜学生の身分を証明する書.

학설(學說) 명 学説. 예지금까지의 ~을 뒤집다. いままでの学説を覆す.

학수-고대(鶴首苦待) 명 鶴首して待つ

こと｜首をのばして待ちわびること。
학수고대-하다囯 鶴首して待つ。
학술(學術)囸 学術。囫 ~회의 学術会議がい/~ 단체 学術団体だん。
학술-어(學術語)囸 学術用語ようご｜術語ご/~ 専門用語せんもん。
학습(學習)囸 学習しゅう。囫 ~ 활동 学習活動かつ/~ 참고서 学習参考書さんこうしょ/~ 지도 学習指導どう。
학습-하다囲 学習しゅうする。
학습-장(學習帳)囸 学習帳ちょう。
학식(學識)囸 学識しき。囫 ~이 풍부하다. 学識が豊ゆたかである。
학업(學業)囸 学業ぎょう。囫 ~을 포기하다. 学業をあきらめる。
학예(學藝)囸 学芸げい。
학예-회(學藝會)囸《教》学芸会かい。
학용-품(學用品)囸 学用品ひん。
학우(學友)囸 学友ゆう。
학원¹(學院)囸《教》❶ 学院がく｜学校こう。❷《사립교육》学習塾がくしゅうじゅく｜塾じゅく｜教習所きょうしゅうじょ。囫 영어 ~에 다닌다. 英語塾えいごじゅくに通かよっている。
학원²(學園)囸《教》学園がくえん。
학위(學位)囸《教》学位がくい。囫 ~ 논문 学位論文ぶん/~를 따다. 学位を取とる。
학자(學者)囸 学者しゃ。囫 유명한 ~ 有名ゆうめいな学者。
학자-금(學資金)囸 ☞학비(學費)
학장(學長)囸《教》学長ちょう。
학-적¹(學的)冠 学的てき｜学問的がくもん。
학적²(學籍)囸《教》学籍せき。
학적-부(學籍簿)囸《教》学籍簿がくせきぼ。=생활기록부 ◈현재는「指導要録(しどうようろく)」라고 한다.
학점(學點)囸《教》単位たんい。囫 ~을 따다. 単位をとる。/~이 부족하다. 単位が足たりない。/F ~을 받다. 単位を落おとす。
학정(虐政)囸《가혹한 정치》虐政ぎゃく。
학제(學制)囸《教》学制せい。
학질(瘧疾)囸《医》マラリア｜おこり。=말라리아
학창(學窓)囸 学窓そう｜学校こう。囫 ~ 시절 学生時代じだい。
학-춤(鶴—)囸《例 학의 춤》鶴つるの舞まい。
학칙(學則)囸 学則そく｜校則こうそく。
학파(學派)囸 学派は。
학풍(學風)囸 学風ふう。
학형(學兄)囸 学兄がく。
학회(學會)囸 学会かい。囫 건축 ~ 建築学会/~ 일정 学会日程にってい。

**한¹(冠) ❶《수효의 열람》一ひとつの｜一いち。囫 ~ 개 一個こ/~ 살 一歳いっさい/~ 명 一名いちめい；一人ひとり/~ 시간 一時間じかん/~ 해 一年いちねん/책 ~ 권 本ほん 一冊いっさつ/새 ~ 마리 鳥とり 一羽いちわ。❷《어떤》或ある。囫 ~ 아이가 울고 있다. ある子供こどもが泣ないている。/~ 여자가 다가와 길을 물었다. ある女性じょせいが近付ちかづいてきて、道みちを尋たずねた。/옛날 ~ 마을에 효녀 심청이 살고 있었다. 昔むかしある村むらに孝女こうじょシム・チョンが住すんでいた。❸《대략》たいてい｜約やく｜おおよそ｜大体だい｜ほぼ。囫 ~ 20명은 참석할 것 같다. おおよそ20名にめいは参席さんせきするようだ。/~ 일주일 버틸 식량은 있다. ほぼ一週間いっしゅうかんは持もち堪こたえる食糧しょくりょうはある。/3센티는 자랐죠. 約3さんセンチは伸のびたでしょう。/나이가 ~ 30세 정도 되는 여자 분이다. 年としがほぼ30歳さんじゅっさいくらいの女おんなの方かただ。

한²(恨)囸《안타깝고 슬픈 마음》恨うらみ。囫 ~을 풀다. 恨みを晴はらす。/~을 품다. 恨みを抱いだく。
한-하다¹囲 恨うらめしく思おもう｜恨うらむ。
한³(限)囸 ❶《끝》限かぎり｜限度ど｜果はて。囫 ~ 없이 길게 늘어선 줄 果てしなく長々ながなが と立たち並ならんだ列れつ/불만을 말하자면 ~이 없다. 不満ふまんだと言いうのなら限りがない。❷《극한 상황》限かぎり。囫 목에 칼이 들어오는 ~이 있더라도 절대 말할 수 없다. 首くびを突つき刺さすことがあっても決けっして話はなすことができない。❸《조건의 경우》(—する)限かぎり。囫 내가 여기 있는 ~ 너는 안전하다. ここに俺おれがいる限りお前まえは安全ぜんだ。
한-하다²囲囮 限かぎる｜制限せいする｜限定ていする。囫 본인에 한해서 할인을 받을 수 있다. 本人ほんにんに限って割引わりびきを受うけられる。

한가롭다(閑暇—)囮 のんびりしている｜のびのびしている｜暇ひまがある。囫 한가로운 오후 暇ひまな午後ごご。
한가로이囲 のんびりと｜のびのびと。
한-가운데囸 真まん中なか｜中心ちゅうしん｜中央おう。
한-가위囸《음력 팔월 보름날》秋夕ちゅうせき｜中秋ちゅうしゅう。囫 이번 ~는 유난히 풍성할 것 같다. 今度こんどの中秋はひときわ豊作ほうさくのようだ。=중추절·추석·한가윗날
한-가윗날囸 ☞한가위
한-가을囸 ❶《한창 무르익은 가을》秋あきのさなか｜盛

秋(しゅう)。❷【농사일이 마을때의】取(と)り入(い)れに忙(いそが)しい秋(あき)のさなか。

한-가지圏 (性質(せいしつ)や種類(しゅるい)が)同一(どういつ)同(おな)じこと。

한가-하다(閑暇—)圏 暇(ひま)である。예 이번 주는 한가합니다. 今週(こんしゅう)は暇(ひま)です。
　한가-히튀 のんびりと。

한갓튀 【単(단)】 単(たん)に｜ただ。

한갓-지다【한갓지다】圏 長閑(のどか)だ｜閑静(かんせい)だ。예 우리 학교는 한갓진 곳에 있어서 좋다. 私(わたし)たちの学校(がっこう)は静(しず)かで落(お)ち着(つ)いた所(ところ)にあるのでいい。/ 한갓진 주택가로 이사하다. 閑静(かんせい)な住宅街(じゅうたくがい)に引(ひ)っ越(こ)す。

한강(漢江)圏〈지〉漢江(ハンガン)。

한-걱정圏 大(おお)きな心配(しんぱい)。

한걱정-하다圏 ひと心配(しんぱい)する｜大(おお)い心配(しんぱい)する｜大層(たいそう)心配(しんぱい)する。예 편지가 안 온다고 한걱정하고 있더라. 手紙(てがみ)が来(こ)ないと、たいそう心配(しんぱい)していたよ。

한-걸음圏 一歩(いっぽ)｜一足(ひとあし)。예 ~ 늦다. 一足遅(ひとあしおく)い。/ ~에 달려오다. すぐさま駆(か)け付(つ)ける。

한-겨레圏 はらから。

한-겨울圏 真冬(まふゆ)。

한결튀 ひとしお｜一層(いっそう)｜一段(いちだん)。예 ~ 예뻐지다. いっそうきれいになる。

한결-같다圏 終始一貫(しゅうしいっかん)している｜ひたすらである｜一途(いちず)である。예 한결같은 마음 ひたむきな心(こころ)。
　한결같-이튀 ひたぶるに｜ひたすら｜一途(いちず)に｜ひたむきに。

한-것圏 ☞반나절。

한계(限界)圏 限界(げんかい)。예 기억의 ~ 記憶(きおく)の限界(げんかい)/ 참고 견디는 데도 ~가 있다. 我慢(がまん)にも限界(げんかい)がある。

한계-선(限界線)圏 限界線(げんかいせん)。

한-고비圏 山場(やまば)｜峠(とうげ)｜最高潮(さいこうちょう)｜やま。예 사업은 ~를 넘었다. 事業(じぎょう)は峠(とうげ)を越(こ)した。

한-공중(一空中)圏 中空(ちゅうくう)｜中天(ちゅうてん)。

한-구석圏 片隅(かたすみ)｜端(はし)っこ｜一隅(いちぐう)。

한국(韓國)圏〈국〉韓国(かんこく)。=대한민국

한국 무용(韓國舞踊) 〈연〉韓国舞踊(かんこくぶよう)。

한국-어(韓國語)圏〈언〉韓国語(かんこくご)。

한국-인(韓國人)圏 韓国人(かんこくじん)。

한-군데圏 一所(いっしょ)｜いっか所(しょ)。예 쓰레기를 ~로 모으다. ごみを一か所(しょ)に集(あつ)める。

한-근심圏 大(おお)きな心配(しんぱい)。예 이제 겨우 ~ 놓았다. ようやく一安心(ひとあんしん)した。

한글圏【훈민정음의 마을이름】ハングル。

한기(寒氣)圏 ❶【추위】寒気(かんき)｜寒(さむ)さ。❷〈한〉【병적으로 느끼는】寒気(さむけ)｜悪寒(おかん)。

한-길圏【큰길】大通(おおどお)り｜表通(おもてどお)り。

한꺼번-에튀 一度(いちど)に｜一時(いちじ)に｜いっぺんに。예 주문한 상품이 ~ 도착했다. 注文(ちゅうもん)していた商品(しょうひん)が、いっぺんに届(とど)いた。㈜한껍에。

한껍-에튀 ☞'한꺼번에'의 준말。

한-껏(限—)튀 出来(でき)る限(かぎ)り｜力(ちから)の限(かぎ)り｜精一杯(せいいっぱい)。예 ~ 멋을 부리다. 思(おも)い切(き)りめかしこむ。

한-끝圏 片端(かたはし)｜一方(いっぽう)の端(はし)｜一端(いったん)。예 벤치의 ~에 앉다. ベンチの一方(いっぽう)の端(はし)に掛(か)ける。

한-나절圏 半日(はんにち)｜昼(ひる)の半分(はんぶん)。예 그 일을 끝마치는 데 ~이나 걸렸다. その仕事(しごと)を終(お)えるのに半日(はんにち)もかかった。/ ~ 내내 놀더니 이제야 바삐 움직이는구나. 小半日(こはんにち)もずっと遊(あそ)んでいたかと思(おも)ったら、やっとせわしく動(うご)くの。

한-날圏 同(おな)じ日(ひ)｜同日(どうじつ)。예 그 친구와 나는 생일이 ~이다. あの友達(ともだち)と私(わたし)は誕生日(たんじょうび)が同(おな)じ日(ひ)だ。

한날-한시(一時)圏 同日同時(どうじつどうじ)｜同(おな)じ日(ひ)の同(おな)じ時刻(じこく)。예 쌍둥이는 ~에 태어난다. 双子(ふたご)は同日同時(どうじつどうじ)に生(う)まれる。

한-낮圏 真昼(まひる)｜白昼(はくちゅう)｜昼日中(ひるひなか)｜真(ま)っ昼間(ぴるま)。=낮❷

한낱튀 単(たん)に｜単(たん)なる｜一介(いっかい)の。예 ~ 핑계에 지나지 않는다. ただの口実(こうじつ)に過(す)ぎない。

한-눈¹圏 一目(ひとめ)。❶一度(いちど)またはちょっと見(み)ること。예 ~에 알아보다. 一目(ひとめ)で見分(みわ)ける。/ ~에 반하다. 一目惚(ひとめぼ)れする。❷一度(いちど)に見(み)えること｜一望(いちぼう)。예 시가지가 ~에 보이다. 市街地(しがいち)が一目(ひとめ)で見渡(みわた)せる。

한눈²圏 よそ見(み)｜わき見(み)｜わき目(め)。예 ~을 팔다. わき見(み)をする。

한눈-팔다圏 よそ見(み)をする｜わき見(み)をする｜わき目(め)をする。예 한눈팔아 사고를 내다. よそ見(み)をして事故(じこ)を起(お)こす。/ 한눈팔지 마라. よそ見(み)をするな。

한-뉘圏 ☞한평생。

한다-하는 いわれのある｜来歴(らいれき)のある｜れっきとした｜ひとかどの。예 ~ 집안 いわれのある家柄(いえがら)。

한닥-거리다圏 締(し)まりがなくしきりに

動く。=한닥대다·한닥이다

한닥-대다재타 ☞한닥거리다

한닥-이다재타 ☞한닥거리다

한닥-한닥부 〔작은 물건이 다 〕ぐらぐら｜かたかた。

한-달음명 〔단숨〕ひと走りで｜ひとっぱしりで｜一息に｜一気に。예 ~에 달려가다. 一息にかけつける。/ ~에 들어서다. ひと走りで踏み込む。

한담(閑談)명 閑談｜閑話。
　한담-하다재 閑談する｜閑話する。

한대(寒帶)명 寒帶。

한대 기단(寒帶氣團) 寒帶氣団。

한대 기후(寒帶氣候) 寒帶氣候。

한대-림(寒帶林) 寒帶林。

한대 전선(寒帶前線) 寒帶前線。

한댕-거리다재타 (危なっかしく)ゆらゆら揺れる。=한댕대다·한댕이다

한댕-대다재타 ☞한댕거리다

한댕-이다재타 ☞한댕거리다

한댕-한댕부 〔위태롭게 작은 물건이〕ゆらゆら。

한-더위명 夏の一番暑い盛り｜盛暑｜猛暑。

한-데¹명 〔한 곳〕一所｜一ところ｜一つか所｜同じ所。예 ~ 모이다. 一か所に集まる。

한-데²명 〔한데〕屋外｜露天｜露地。

한뎃-잠명 露宿｜野宿。예 젊어 떠돌 때는 무던히도 ~을 잤지. 若くさすらっていたときは、ずいぶん野宿で寝たもんだ。

한도(限度)명 限度｜限り。예 일정한 ~를 넘다. 一定の限度を超える。

한도막 형식(一形式) 《음》一部分形式。

한-돌림명 〔일정한 차례대로 한 번 돎〕一回り｜一周じ。

한-동갑(一同甲)명 同じ年｜同齢。=동갑

한-동기(一同氣)명 同じ父母の兄弟姉妹。

한-동아리명 群れ｜連中。

한-동안명 〔한참〕大変長い間｜しばらくの間｜一時に。예 ~ 방치해 두다. 大変長い間放置して置く。

한-두관 一つか二つの｜一二にち。예 ~ 사람 一両人。

한두-째관 一番目か二番目ぐらいの｜一、二番目。

한둔명 〔한뎃잠〕露宿｜野宿。
　한둔-하다 露宿する｜野宿する。

한-둘수 一つか二つ｜一二にち。

한드랑-거리다재타 (垂れ下がっているものが)しきりに揺れる。예 처마 밑에 매달린 풍경이 ~. 軒下にぶら下がった風鈴がゆらゆら揺れる。=한드랑대다

한드랑-대다재타 ☞한드랑거리다

한드랑-한드랑부 〔매달려 있는 작은 물체가 가볍게 자꾸 흔들리는 모양〕ゆらゆら｜ぶらぶら。

한드작-거리다재타 (垂れ下がっているものがゆっくり)あちこちに揺れ動く。=한드작대다

한드작-대다재타 ☞한드작거리다

한드작-한드작부 〔매달려 있는 작은 물체가 천천히 자꾸 흔들리는 모양〕ぶらぶら｜ゆらゆら。

한들-거리다재타 しきりにゆれ動く。예 한들거리며 걷다. ゆらゆらしながら歩く。=한들대다

한들-대다재타 ☞한들거리다

한들-한들부 〔가볍게 잇달아 흔들리는 모양〕ゆらゆら｜ゆらりゆらり。

한-때명 ❶〔한동안〕一時に·一とき｜ある時。예 즐거운 ~를 보내다. 楽しい一時を過ごす。❷〔같은 때〕同じとき｜同時。예 두 사람은 ~에 같이 왔다. 二人が同時に来た。

한란(←寒暖·寒煖)명 寒暖。

한란-계(←寒暖計) 《물》寒暖計。

한랭(寒冷)명 寒冷。
　한랭-하다재 寒冷だ。

한랭 기단(寒冷氣團) 寒冷気団。

한랭 전선(寒冷前線) 寒冷前線。

한랭지 농업(寒冷地農業) 《농》寒冷地農業。

한랭 지수(寒冷指數) 寒冷指数。예 ~는 식물의 분포에 영향을 미친다. 寒冷指数は植物の分布に影響を及ぼす。

한량¹(限量)명 〔한정된 분량〕限られた分量。

한량²(閑良)명 一定の職業がなく、遊び暮らす人。

한량-없다(限量—)〔한정이 없다〕限りない｜きりがない｜計り知れない。예 한량없는 자비 計り知れない無限の慈悲。
　한량없-이부 限りなく。

한로(寒露)명 寒露。

한류(寒流)명 寒流。

한-마디명 一言。예 ~ 말도 없이 나갔다. 一言も言わずに出て行った。

한-마음명 一心。예 ~ 한뜻으로 응원하다. 心を一つに合わせて応援する。

한-목명【한꺼번에】一度どにみな।まとめて。

한-몫명 分わけ前まえ।取とり前まえ।割わり前まえ।一役いちやく。～주다. 割り前をやる。
　한몫-하다자 一役いちやく買かう。예마을의 활성화에 한몫하고 있다. 村むらの活性化かっせいかに一役買っている。
　한몫 보다관용 大おおきな利益りえきを得える।もうけ物ものをする。

한문(漢文)명 漢文かんぶん。

한문-학(漢文學)명 漢文学かんぶんがく。

한물¹명【채소‧과일등 한창 나올 때】旬しゅん।一盛ひとざかり।出盛でざかり。예사과는 지금이 ~이다. リンゴは今時いまどきが一盛りだ。

한-물²명【장마 갑작적인 큰비로 생긴 많은 물】大水おおみず।大量たいりょうの水みず।洪水こうずい。예~이 지다. 大水になる。＝큰물

한물-가다자 一盛ひとざかりが過すぎる।下火したびになる。예판탈롱 바지도 한물갔다. パンタロンの流行りゅうこうも下火になった。

한물-지다자 一盛りになる。

한미(寒微)명【가난하고 문벌이 낮음】貧まずしくて身分みぶんの低ひくいこと。
　한미-하다형 貧まずしくて身分みぶんが低ひくい。

한-밑천명 まとまったかなりの資金しきんや物もの。～생기다. 一財産ざいさんができる。

한-바닥명 繁華街はんかがいの中心ちゅうしん。

한-바탕부 ひとしきり।一ひとっ切きり。예~ 비가 내렸다. ひとしきり雨あめが降ふった。/ ~ 웃었다. ひとしきり笑わらった。

한-반도(韓半島)명 韓半島ハンばんとう।朝鮮半島ちょうせんはんとう。

한-발¹부 一歩いっぽ।一足ひとあし。예~ 먼저 도착했다. 一足先さきに到着とうちゃくした。

한발²(旱魃)명 ☞가뭄

한-밤명 ☞한밤중

한-밤중(一中)명 真夜中まよなか।深夜しんや。＝한밤

한-방¹(一房)명 ❶【같은 방】同室どうしつ।同おなじ部屋へや。예~에서 기거하다. 同じ部屋で生活せいかつする。❷【온 방】部屋へやいっぱい。예선물이 ~ 가득하다. プレゼントが部屋いっぱいにある。

한방(韓方)명《한》韓方かんぽう。◆중국의 전통 의학은「漢方」, 중국에서 전래되어 '한국에서 독자적으로 발달한 의학'을 뜻할 때는「韓方」으로 표기한다.

한방-의(韓方醫)명 韓方医かんぽうい。

한-배명 ❶【어미가 같은 새끼】(動物どうぶつの)一腹ひとはら。❷【한태에 나서 자란 형제】一腹ひとはら।同腹どうふく。예~ 형제 同腹の兄弟きょうだい。→각배

한-번(一番)명 一回いっかい।一度いちど।ちょっと。예~ 시도해 봅시다. 一度試ためしてみましょう。

한보(閑步)명 閑歩かんぽ।漫歩まんぽ।そぞろ歩あるき。
　한보-하다자 閑歩かんぽする।ぶらぶら歩あるく।そぞろ歩きする。

한복(韓服)명【우리나라의 고유의복】ハンボク。

한-복판명 真まん中なか।まったた中なか。예큰길 ~ 大通おおどおりの真ん中。

한붓-그리기명《수》一筆書いっぴつがき。예~가 가능한 도형 一筆書きが可能かのうな図形ずけい。

한사(恨事)명 恨うらみのこと。

한사-코(限死—)부 必死ひっしで।命いのちがけで।あくまでも。

한산-하다(閑散—)형 閑散かんさんとしている。예한산한 거리 閑散とした街まち。

한산-히(閑散—)부 閑散かんさんとして。

한-살이명 ❶一生いっしょう。예사람의 ~ 人ひとの一生/ 동물의 ~ 動物どうぶつの一生。❷《동》(昆虫こんちゅうが)変態へんたいする一ひとつの過程かてい。

한-생전(限生前)부 一生涯しょうがい।人ひとの一生いっしょうの間あいだ。＝한평생

한서(寒暑)명 ❶寒暑かんしょ।寒さむさと暑あつさ。❷冬ふゆと夏なつ。

한-세상(一世上)명 ❶【한평생】一生いっしょう।一生涯しょうがい。❷【좋은 세월】いい時ときं।豊ゆたかな一時いっとき。

한-세월(閑歳月)명 暇ひまな歳月さいげつ。

한센-병(Hansen病)명《의》ハンセン病びょう。

한-소끔부【한번 부쩍 끓어오르는 모양】一度いちど沸わき上あがるさま。

한-속명 ❶同おなじ心こころ।同じ気持きもち。예이곳에 있는 사람은 나만 빼고 모두 ~이구나. ここにいる人ひとは私わたしを除のぞいて皆みな同じ気持ちだ。❷同じ意図いと。

한솥-밥명(「同おなじ釜かまの飯めし」の意いで)一緒いっしょに暮くらすこと。예~ 먹는 사람 一緒に暮らす人ひと。

한-술명 一匙ひとさじ।わずかな食たべ物もの。예죽이라도 ~ 드세요. お粥かゆでも一匙どうぞ食たべてください。
　한술 더 뜨다관용 ❶【정도가 점점 더 심하여짐】もっとひどくなる。예그는 빌려 간 돈을 갚기는커녕 한술 더 떠 또 "돈을 좀 빌릴 수 있을까요?"라고 했다. 彼かれは借かりていたお金かねを返かえすどころか、かえってまた「お金を

貸ゕしてくれませんか」と言ゕった。❷ 人ひとの考ゕんがえを予ゕらかじめ推すい量はかって、それに対策たいさくを立たてる。

한-숨¹ 몡 ❶一息ひといき ¦ 一呼吸いっこきゅう。 ❷【한자】一休ひとやすみ ¦ 一服いっぷく ¦ 一寝入ひとねいり ¦ 一眠ひとねむり。 예 ~ 푹 자고 나니 머리가 개운해졌다. ぐっすり一寝入りしたら、頭あたまがすっきりした。

한-숨² 몡 ため息いき。 예 어머니는 아들 걱정에 ~을 쉬고 있었다. 母はは息子むすこのことが心配しんぱいでため息をついていた。

한-스럽다(恨一) 혱 恨うらめしい。 예 무력한 자신이 ~. 無力むりょくな自分じぶんが恨めしい。

한-시¹(一時) 몡 ❶【한자】同おなじ時刻じこく。 예 두 아이는 한날 ~에 태어났다。二人ふたりの子こは同じ日ひの同じ時刻に生ぅまれた。 ❷【한자】しばらく ¦ 一刻いっこく。 예 ~도 가만히 있지 못한다。一時いちじもどっしりと座すわっていない。

한시가 급하다관용 非常ひじょうに急きゅうだ。

한시²(漢詩) 몡 〔문〕漢詩かんし。

한-시름 몡 大おおきな心配事しんぱいごと。 예 이제야 ~ 놓겠구나。 これで安心あんしんできる。/ 네가 취직을 했으니 이제 ~ 놓았다。 君きみが就職しょくしょくをしたから、これで一安心ひとあんしんだ。

한식(寒食) 몡【한국고유의 명절】寒食かんしょく。 예 이번에는 꼭 성묘를 가야겠구나。 今度こんどの寒食の日ひには必かならず墓参はかまいりに行いこう。

한식²(韓式) 몡【한국 고유 양식】韓国式かんこくしき。

한식³(韓食) 몡【한국 고유 음식】韓国式かんこくしきの食たべ物ものや食事しょくじ。

한심-스럽다(寒心一) 혱 情なさけない ¦ 嘆なげかわしい。

한심스레 情けなく ¦ 嘆かわしく。

한심-하다(寒心一) 혱 情なさけない ¦ 嘆なげかわしい。 예 남의 논문을 베껴 쓰다니 한심한 일이다。 他人たにんの論文ろんぶんを写うつしたのは情けないことだ。

한약(韓藥) 몡〈한〉韓方薬かんぽうやく。

한약-재(韓藥材) 몡〈한〉韓方薬かんぽうやくの材料ざいりょう。

한어(漢語) 몡〈언〉〖중국어〗漢語かんご ¦ 中国語ちゅうごくご。

한-없다(限一) 혱 きりがない ¦ 限かぎりない ¦ 果はてしない。

한없-이 限かぎりなく。 예 ~ 흐르는 눈물 とめどなく流ながれる涙なみだ。

한-여름 真夏まなつ ¦ 夏なつの盛さかり ¦ 盛夏せいか。

한역(漢譯) 몡【한국어로 옮김】漢訳かんやく。

한역-하다 타 漢訳かんやくする。

한열(旱熱) 日照ひでりの時ときのひどい暑あつさ。

한-옆 片隅かたすみ ¦ 片側かたがわ ¦ 一隅いちぐう。

한옥(韓屋) 몡【한국고유의 고유의 주택】ハンオク。=조선집

한-의사(韓醫師) 몡 韓方かんぽう医師いし。

한-의원(韓醫院) 몡〈한〉韓方かんぽう医院いいん。

한-의학(韓醫學) 몡〈한〉韓方かんぽう医学いがく ¦ 韓方医学かんぽういがく。 ◆중국 고유의 의학은 「漢医学」, 중국에서 전래되어 한국에서 독자적으로 발달한 의학은 「韓医学」으로 표기한다.

한인(韓人) 몡 韓人かんじん ¦ 韓国人かんこくじん。

한일¹(限日) 몡 ☞일한(日限)

한일²(閑日) 몡【한가한 날】閑日かんじつ ¦ ひまな日ひ。

한일³(韓日) 몡 韓日かんにち。 예 ~ 관계 日韓関係にっかんかんけい。

한-입 몡 一口ひとくち ¦ 一ひとつの口くち。 예 ~에 들이켜다。一口に飲のみ干ほす。

한자(漢字) 몡 漢字かんじ。

한-자리 몡 ❶【같은 자리】同おなじ席せき ¦ 同じ場所ばしょ。 예 ~에 모여 식사를 하다。 同じ場所に集あつまって食事しょくじをする。 ❷【어떤 지위】 ある地位ちい。

한자리-하다 重要じゅうような地位ちいに上のぼる。

한자-어(漢字語) 몡 漢字語かんじご。

한-잔(一盞) 軽かるく飲のむ酒さけやお茶ちゃ ¦ 一杯いっぱい ¦ 一盞いっさん。

한잔-하다 一杯いっぱい飲のむ。 예 한잔하러 가자。 一杯飲みに行いこう。

한-잠 몡 ❶ 熟睡じゅくすい ¦ 深ふかい眠ねむり ¦ ぐっすり眠ねむること。 예 ~ 푹 잤다。 ぐっすり眠ねむった。 ❷【잠깐 자는 잠】短時間たんじかんの眠ねむり ¦ 一睡いっすい ¦ 一眠ひとねむり。 예 낮에 ~ 자면 일하기가 수월하다。 昼間ひるまに一眠りすると、仕事しごとがはかどる。/ 밤새 ~도 자지 못했다。 一晩中ひとばんじゅう一睡も出来できなかった。

한재(旱災) 몡 旱災かんさい ¦ 日照ひでりによる災害さいがい。

한-저녁 食事しょくじの時ときがすぎて、簡単かんたんにだす夕御飯ゆうごはん。

한적-하다(閑寂一) 閑寂かんじゃくだ ¦ もの静しずかだ。 예 한적한 주택가 閑寂な住宅街じゅうたくがい。

한적-히 閑寂かんじゃくに ¦ ひっそりと。

한전(旱田) 몡 畑はたけ。

한절(寒節) 몡 冬ふゆの寒さむい季節きせつ。

한정(限定) 몡 限定げんてい。 예 ~ 판매 限定販売げんていはんばい。

한정-하다 타 限定げんていする。

한정 치산자(限定治産者) 〈법〉準禁治産者じゅんきんちさんしゃ。

한정-판(限定版)〖명〗《출》限定版ばん。
한정-하다(閑靜─)〖형〗☞정한하다
한-조금(一潮─)〖명〗干満かんの差さを見みるときの陰暦いんれきの8日ようかと二十四日にじゅうよっかのこと。
한족(漢族)〖명〗中国ちゅうごくの大半たいはんの民族みんぞく｜漢族かんぞく｜漢民族みんぞく。㉠황하 문명을 꽃피운 ~ 黄河文明こうがぶんめいを華はなやかにさせた漢民族みんぞく。
한-줄기〖명〗❶系統けいとうの一ひとつ。❷一条いちじょう｜一筋ひとすじ。
한중(韓中)〖명〗韓中かんちゅう。
한즉〖부〗〘접속어〙そうしたところ｜それゆえに｜それだから。
한증(汗蒸・汗烝)〖명〗蒸むし風呂ぶろ。
  한증-하다〖자〗蒸むし風呂ぶろに入はいる。
한증-막(汗蒸幕)〖명〗蒸むし風呂ぶろの施設しせつ。
한지(寒地)〖명〗寒地かんち｜寒さむい地方ちほう。
한직(閑職)〖명〗閑職かんしょく。㉠~에 머물러 있다. 閑職にとどまっている。
한-집〖명〗❶一軒いっけんの家いえ｜一ひとつの同おなじ家いえ｜一つ屋根やねの下した。㉠~에 살아도 남보다 못하다. 同おなじ屋根やねの下したに暮くらしてるのに他人たにんよりも冷つめたい。❷☞한집안
한-집안〖명〗❶〖한가지〗一家いっか｜一家族かぞく｜家族かぞく｜親類しんるい｜親戚しんせき。=한집❷
한-쪽〖명〗一方いっぽう｜片方かたほう｜片側かたがわ。㉠~으로 치우친 견해 一方にかたよった見方みかた。
한-차례(一次例)〖명〗一回いっかい｜一度いちど｜一回いっかい｜ひとわたり｜ひととおり｜ひとしきり。㉠비가 ~ 내리다. ひとしきり雨あめが降ふる。
한-참〖명〗しばらくの間あいだ。㉠~ 동안 기다렸지만 오지 않았다. しばらく待まったが来こなかった。
한창 Ⅰ〖명〗絶頂ぜっちょう｜真まっ盛さかり｜最中さいちゅう。㉠단풍이 ~이다. 紅葉こうようが真っ盛さかりだ。
 Ⅱ〖부〗盛さかんに｜最もっとも。㉠~ 바쁠 시간이다. 最もっとも忙いそがしい時間じかんだ。
한창-나이〖명〗若盛わかざかり｜盛さかりの年頃としごろ。
한창-때〖명〗血気盛けっきざかり｜活力かつりょくが盛さかんな時とき｜元気げんき旺盛おうせいの時とき。
한천¹(寒天)〖명〗☞우무
한천²(寒天)〖명〗寒天かんてん｜寒空さむぞら。
한-철〖명〗〘한창때〙季節きせつの盛さかり｜最盛期さいせいき。
한촌(寒村)〖명〗寒村かんそん。
한-추위〖명〗一番いちばん厳きびしい寒さむさ｜厳寒げんかん。㉠작년의 ~는 수년래 처음이었다. 昨年さくねんの厳きびしい寒さは数年来すうねんらい初はじめてであった。
한-층(一層)〖부〗一層いっそう｜もっと｜ひとしお｜一段いちだんと。㉠~ 아름다워 보였다. 一層美うつくしく見みえた。
한-칼〖명〗❶一刀いっとう。㉠~에 적을 쓰러뜨리다. 一刀のもとに敵てきを倒たおす。❷(肉にくなどの)一切ひときれ。
한탄(恨歎・恨嘆)〖명〗恨うらみ嘆なげくこと。
 한탄-하다〖타〗嘆なげく｜嘆たんずる。㉠자신의 신세를 ~. 自分じぶんの身みの上うえを嘆なげく。
한탄-스럽다(恨歎─)〖형〗嘆なげかわしい。
 한탄스레〖부〗嘆なげかわしく。
한-턱〖명〗奢おごり。
 한턱-하다〖자〗☞한턱내다
한턱-내다〖자〗奢おごる｜ごちそうする｜もてなしをする。㉠오늘은 내가 한턱낼게. 今日きょうは私わたしがおごるよ。=한턱하다
한테〖조〗―(誰だれか)に｜―へ｜―から｜―(のところ)へ。㉠너한테 말해 줄게. あなたにだけ言いってあげるね。/ 선생님한테 야단을 맞았다. 先生せんせいから大目玉おおめだまを食くらった。/ 나한테 사전이 있다. 私わたしに辞書じしょがある。/ 친구한테 간다. 友達ともだちの所ところへ行いく。/ 누구한테 빌린 돈이니? 誰だれから借かりたお金かねか。
한테-로〖조〗―のところに｜―へ｜―に。㉠오빠한테로 갖다 줘. お兄にいさんに持もっていってね。
한테-서〖조〗―から。㉠친구한테서 선물을 받았다. 友達ともだちからプレゼントをもらった。
한-통¹〖명〗☞한통속
한통²〖명〗《운》弓ゆみの中央ちゅうおう。
한-통속〖명〗同おなじ仲間なかま｜ぐる｜一味いちみ｜一ひとつ穴あなの狢むじな。㉠~이 되다. ぐるになる。=한통¹
한통-치다〖타〗一ひとつにまとめる｜統合とうごうする。
한파(寒波)〖명〗寒波かんぱ。
한-판〖명〗一勝負しょうぶ｜一局いっきょく｜一回いっかいの賭か｜一番いちばん。㉠~ 승부 一回勝負/ 씨름 ~이 크게 벌어지다. シルムの一勝負が大おおきく開ひらかれる。
한-패(一牌)〖명〗仲間なかま｜ぐる｜一味いちみ｜一党いっとう。㉠사기꾼과 ~가 되다. 詐欺師さぎしとぐるになる。
한-편(一便)〖명〗❶【(同おなじ)】仲間なかま｜味方みかた｜同士どうし。㉠너하고 나하고 ~이야. あなたと私わたしは仲間よ。/ ~이 되다. 仲

間になる。❷【**方**】一方͜がた｜片方͜ぼう。例방͜에 놓인 책상 部屋͜へやの 片方͜かたに 置͜おかれた 机͜つくえ。❸【**方**】一方͜いっぽうでは｜反面͜はんめん｜一͜ひとつには｜傍͜かたわら｜他方͜たほうでは。例호의가 고맙기도 하면서 ~으로는 부담스럽기도 하다. 好意͜こういは 有難͜ありがたいながらも、一方では 負担͜ふたんでもある。/ 농업을 하는 ~ 식당도 경영한다. 農業͜のうぎょうをする 傍͜かたわら 食堂͜しょくどうも 経営͜けいえいする。/ ~으로는 일본어 공부를 하면서 다른 ~으로는 한국어를 가르친다. 一方では 日本語͜にほんごの 勉強͜べんきょうをしながら、他方では 韓国語͜かんこくごを 教͜おしえている。

한-평생(一平生)**명** 一生涯͜いっしょうがい｜一生͜いっしょう｜全生涯͜ぜんしょうがい。例저는 ~ 당신을 잊지 않겠습니다. 私͜わたしは 一生あなたのことを 忘͜わすれません。/ 그는 ~ 그녀를 계속 원망하였다. 彼͜かれは 一生涯彼女͜かのじょのことを 恨͜うらみ続͜つづけた。/ 독신으로 지냈다. 一生涯を 独身͜どくしんで 通͜とおした。= 한뉘

한 푼 一文͜いちもん｜一銭͜いっせん｜わずかな 金͜かね。例~도 안 되는 일 一銭にもならない 仕事͜しごと / 이런 물건은 ~의 가치도 없다. こんな 物͜ものは 一文の 値打͜ねうちもない。

한-풀 부 ぐっと。例기세가 ~ 꺾이다. 意気͜いきがくじける；覇気͜はきがなくなる。

한-풀이(恨—)**명** 恨͜うらみを 解͜とくこと。

한풀이-하다 자 恨みを 解͜とく。

한학(漢學)**명** 漢学͜かんがく。

한학-자(漢學者)**명** 漢学者͜かんがくしゃ。

한해(旱害)**명**【**가뭄의 피해**】干害͜かんがい｜旱害͜かんがい。

한해(寒害)**명**【**추위의 피해**】寒害͜かんがい｜冷害͜れいがい。

한해-살이 명 《식》一年生͜いちねんせい。例~ 해바라기 一年生のヒマワリ。

한-허리 명 長͜ながさの 中央͜ちゅうおう｜真͜まん中͜なか。例~를 꺾다. 中央を 折͜る。

할(割)**의**【**할 나타냄**】割͜わり｜一掛͜ひとかけ。例8~ 八掛け。

할갑다 형 緩͜ゆるい｜だぶだぶだ。

할거(割據)**명** 割拠͜かっきょ。例군웅~ 群雄͜ぐんゆう割拠。

할거-하다 자 割拠する。

할근-거리다 자 息切͜いきぎれにあえぐ｜ぜいぜいとする。= 할근대다

할근-대다 자 ☞ 할근거리다

할근-할근 부【**숨이 자꾸 가쁜 모양**】ぜいぜい｜ぜえぜえ。

할금 부【**곁눈으로 한 번 살짝 보는 모양**】ちらっと。例~ 쳐다보고는 고개를 숙였다. ちらっと 見͜みつめて 首͜くびを 垂͜たれた。

할금-거리다 타 ちらちら 横目͜よこめで 見͜みる｜流͜ながし目͜めを 使͜つかう。例시험 시간에 옆을 할금거리면 안 된다. 試験時間͜しけんじかんに 横͜よこをちらちら 見͜みたらだめだ。= 할금대다

할금-대다 타 ☞ 할금거리다

할긋 부【**곁눈으로 슬쩍 보는 모양**】ちらり。例남동생이 내 얼굴을 ~ 쳐다보았다. 弟͜おとうとが 私͜わたしの 顔͜かおをちらっと 見͜みつめた。

할기다 타 横目͜よこめでにらみつける｜じろりと 見͜る。例눈을 ~. 目をにらみ付͜つける。

할기-시 부【**옆눈으로 노려보는 모양**】じろっと｜じろり。例상대방의 얼굴을 ~ 바라보다. 相手͜あいてのかおをじろっと 眺͜ながめる。

할기-족족 부【**못마땅하여 눈알을 할겨 보는 모양**】非難͜ひなんの 目͜めつきで 見͜みつめるさま。

할긋 부【**곁눈으로 살짝 한번 흘려 보는 모양**】ちらっと｜じろっと。

할긋-거리다 타 しきりににらみつける。= 할긋대다

할긋-대다 타 ☞ 할긋거리다

할긋-할긋 부 ちらっちらっと。

할끔 부【**곁눈으로 한번 살짝 보는 모양**】横目͜よこめでひそかに 人͜ひとの 気配͜けはいをうかがうさま。

할끔-하다 타 横目で 人の 気配͜けはいをうかがう｜ちらっと 見͜みる。

할끗 부【**곁눈으로 살짝 보는 모양**】ちらり。

할낏 부 軽͜かるくにらみつけるさま。

할-날 부【**하루**】

할당(割當)**명** 割͜わり 当͜あて｜分͜わけ 前͜まえ｜取͜とり 前͜まえ｜割͜わり 前͜まえ｜配当͜はいとう。例~을 받다. 분͜わけ 前をもらう。

할당-하다 타 割り 当てる｜割り 振͜る｜配当する。例할당된 일을 해치우다. 割り 当てられた 仕事͜しごとをこなす。

할딱-거리다 자타 ❶ 息͜いきをきらす｜息を 弾͜はずませる｜ぜいぜいあえぐ。例그 애가 할딱거리며 뛰어들어 왔다. その 子͜こが 息を 弾ませながら 走͜はしってきた。❷ (靴͜くつなど が) 大͜おおきくて 脱͜ぬげそうに 引͜ひきずる。= 할딱대다・할딱이다

할딱-대다 자타 ☞ 할딱거리다

할딱-이다 자타 ☞ 할딱거리다

할딱-할딱 부【**숨이 가쁘게 몰아쉬는 모양 또는 소리**】ぜいぜい。

할랑-하다 형 ❶【**형**】緩͜ゆるい｜だぶだぶだ。❷【**옷이나 신발이 헐거운 모양**】締͜しまりがない。

할랑-할랑 부 ❶【**헐거워서 이리저리 돌아가는 모양**】だぶだぶ｜ぶかぶか。❷【**촐랑거리는 모양**】へらへら。例그 애가 뛰어 내게로 왔다. その 子が へらへらと 私の 方͜ほうにかけてきた。

할래-발딱 부【**숨을 가쁘고 급하게 쉬는 모양**】はあはあ｜ぜえぜえ

え. 예 강의 시간에 늦어 ~ 뛰어가다. 講義の時間に遅れて、はあはあ走っていく。

할래발딱-거리다 재타 はあはあと息をはずませる｜息を切らしてふうふう言う。

할렐루야(hallelujah 히)명 【기독교】 ハレルヤ。
할로겐(Halogen 독) 〈화〉 ハロゲン。
할로겐족 원소(Halogen族元素 독) 〈화〉ハロゲン族元素。ハロゲン。
할로겐화-물(Halogen化物 독)명 〈화〉ハロゲン化物。
할망구 명 ばばあ｜ばば。
할머니 명 ❶お祖母さん｜祖母。=조모 ❷ おばあさん。
할마-님 명 お祖母さま。
할멈 명 ❶ ばばあ｜ばあさん。 ❷ お祖母さん｜ばあちゃん｜ばあや。
할미 명 ばばあ｜ばあさん。
할미-꽃 명 〈식〉 翁草。 예 허리 굽은 ~ 腰の曲がったオキナグサ。
할복(割腹)명 割腹｜切腹｜腹切り。
할복-하다 재 割腹する｜切腹する。
할부(割賦)명 割賦。 예 ~ 상환 割賦償還／~ 판매 割賦販売／~ 거래 分割払かつい。
할부-하다 타 割賦にする。
할부-금(割賦金)명 賦金。
할선(割線)명 〈수〉割線。
할쑥-하다 형 顔がやつれて血の気がない。
할아버-님 명 お祖父さま。
할아버지 명 ❶ 祖父｜お祖父さん。=조부 ❷ お爺さん。
할아범 명 ❶ 爺｜じじい。 ❷ じいや。
할아비 명 じいさん｜爺｜じじい。
할애(割愛)명 割愛。
할애-하다 타 割愛する。 예 귀중한 시간을 ~. 貴重な時間を割愛する。
할인(割引)명 割引。
할인-하다 타 割引する｜割り引く。
할인-권(割引券)명 割札｜割引券。
할인-율(割引率)명 割引率。
할증(割增)명 割り増し。 예 ~ 요금 割増し料金。
할증-하다 타 割り増しする。
할짝-거리다 타 舌でぴちゃりと嘗める｜軽くべろべろと嘗める。=할짝대다

할짝-대다 ☞ 할짝거리다
할짝-할짝 べろべろ｜ぺろぺろ。
할쭉-하다 형 痩せこけている。
할쭉-할쭉 부 べろべろ｜ぺろぺろ。
할퀴다 ❶ ひっかく｜かいて傷つける。 예 손톱으로 얼굴을 ~. 爪で顔をひっかく。 ❷ 物を盗む。
할할 부 はあはあ｜ふうふう。
할할-거리다 재 はあはあする。 예 아이가 할할거리며 내게 안겼다. 子供が息切れしながら私に抱きついた。=할할대다
할할-대다 ☞ 할할거리다
핥다 타 (舌先で表面を)なめる。 예 접시를 ~. 皿をなめる。／그릇을 ~. 器をなめる。／어미 사자가 새끼 사자를 ~. 親獅子が子獅子をなめる。

함(函)명 ❶ 衣類などを入れる四角の箱。 ❷ 結婚の時、新郎側から新婦側に婚礼の書状と贈り物などを入れて送る箱｜ハム。
함구-무언(緘口無言)명 口を閉じて一言とも言わないこと。
함께 부 一緒に｜共に。 예 친구와 ~ 이야기를 나누다. 友達と一緒に話し合う。
함께-하다 타 共にする。 예 인생을 함께 해 온 반려자 人生を共にしてきた伴侶。
함대(艦隊)명 〈군〉艦隊。
함락(陷落)명 陷落。
함락-하다 재타 陷落する。 예 수도가 함락되었다. 首都が陷落した。
함량(含量)명 含量｜含有量。=함유량
함몰(陷沒)명 陷没。
함몰-하다 재 陷没する。 예 도로가 함몰되었다. 道路が陷没した。
함-박 명 ❶ 함지박 ❷ 口が大きくなること。 예 너무 기뻐서 입이 ~만 해지다. とても嬉しくて口が大きくなる。
함박-꽃 명 ❶ 大山蓮華の花。 ❷ 芍薬の花。
함박-눈 명 牡丹雪｜ぼたゆき｜綿雪。
함부로 부 やたらに｜むやみに｜みだりに｜不作法に。 예 ~ 큰 소리로 떠들다. やたらに大声でわめく。／~ 행동하다.

むやみに行動する。

함빡[부] ❶【분량이 차고도 남도록 넉넉하게】十分に¦たっぷり。❷【물기가 배도록 푹 젖은 모양】びっしょり¦ぐっしょり。[예] 옷이 ~ 젖다. 服がびっしょり濡れる。

함석[명] トタン。

함석-지붕[명] トタンぶき。

함석-집[명] トタンぶきの家¦トタン屋根の家屋。

함석-판(一板)[명] トタン板。

함선(艦船)[명] 艦船。

함성(喊聲)[명] 喊声¦ときの声。

함수[1](含水)[명] 【수분을 함유하고 있음】含水。

함수[2](函數)[명] 《수》関数。[예] 삼각 ~ 三角関数/ ~의 그래프 関数のグラフ。

함수[3](鹹水)[명] 【염분이 든 어 있는 물】鹹水¦海水¦塩水。

함수-호(鹹水湖)[명] 鹹水湖¦塩湖。

함실-코[명] 非常に鼻が低い人¦鼻ぺちゃ。

함실-함실[부] 【너무 익어서 매우 무른 모양】ぐにゃぐにゃ¦ふにゃふにゃ。

함씬[부] ❶【차고 남을 만큼 넉넉한 상태】十分に¦たっぷりと。❷【물에 젖은 모양】びっしょり。[예] 비에 ~ 젖다. 雨にびっしょり濡れる。

함양(涵養)[명] 涵養。[예] 인격 ~ 人格涵養。

함양-하다[타] 涵養する。

함유(含有)[명] 含有。

함유-하다[타] 含有する¦含む。[예] 미네랄이 함유된 물 ミネラルが含有された水。

함유-량(含有量)[명] 含有量¦含量。=함량

함자(銜字)[명] 【남의 이름을 높여】お名前。

함-자물쇠(函一)[명] 箱錠。

함장(艦長)[명] 艦長。

함재-기(艦載機)[명] 《군》艦載機。

함정[1](陷穽·檻穽)[명] 陥穽¦わな¦落とし穴。[예] ~에 빠지다. わなに落ちる；わなに掛かる。

함정[2](艦艇)[명] 《군》艦艇。

함지[1][명] ❶木を四角く組み合わせて作った器。❷ ☞함지박

함지[2](陷地)[명] 【움푹 꺼져 들어간 땅】陥没した土地。

함지-박[명] 丸太を刳り貫いて作った大きな器。=함박❶·함지[1]❷

함초롬-하다[형] (湿り気があって)きちんと整っている¦しっとりする。[예] 그녀의 눈에 함초롬하게 눈물이 맺히다. 彼女の瞳にしっとりと涙が浮かぶ。

함초롬-히[부] しっとり(と)。[예] 이슬비에 ~ 젖다. 霧雨にしっとりと濡れる。

함축(含蓄)[명] 含蓄。[예] ~적인 말로 표현하다. 含蓄のある言葉で表現する。

함축-하다[타] 含蓄する。

함축-성(含蓄性)[명] 含蓄性。

함치르르[부] 【깨끗하고 윤이 나는 모양】つやつや。

함치르르-하다[형] きれいでつやつやしている。

함포(艦砲)[명] 《군》艦砲。

함함-하다[형] 【털이 부드럽고 반지르르하다】毛がやわらかで、つやつやしている。

함흥-차사(咸興差使)[명] 【심부름 간 사람이 돌아오지 않음을 비유하여】梨のつぶて¦鉄砲玉。[예] ~인 심부름꾼 鉄砲玉の使い。

합[1](合)[명] ❶《논》総合。❷《수》和¦合計。❸《천》合。

합-하다[자][타] (二つ以上の物を一所に)合する¦合わせる¦一つにする¦一つになる。[예] 두 상자를 합하니 10kg이 되었다. 二箱を合わすと10キロになった。/ 너와 힘을 합하면 못할 것이 없다. あなたと力を合わせればできないことはない。/ 벽을 터서 큰방과 작은방을 ~. 壁を取り除いて、大きい部屋と小さい部屋を合わせて一つにする。

합[2](盒)[명] 【그릇의 하나】ふた付きの真鍮製の食器。

합격(合格)[명] 合格。

합격-하다[자] 合格する。[예] 시험에 ~. 試験に合格する。

합계(合計)[명] 合計¦締め高。[예] ~를 내다. 合計を出す。=계[3]

합계-하다[타] 合計する。

합금(合金)[명] 《화》合金。[예] 순금보다 단단한 ~ 純金より強い合金。

합기-도(合氣道)[명] 《운》合気道。

합당(合黨)[명] 党の合併。

합당-하다[1][자][타] 党を合併する。

합당-하다[2](合當一)[형] 適当だ¦当を得る。[예] 합당한 대응 しかるべき対応。

합동(合同)[명] 合同。[예] ~ 설명회 合同説明会。

합동-하다[자][타] 合同する。

합력(合力)[명] ❶【힘을 한데 모음】合力。❷《물》合力¦合成力。

합력-하다[자] 合力する¦力を合わせる。

합류(合流)	명 合流ごうりゅう。
　합류-하다 合流ごうりゅうする。예 팀에 ~. チームに合流する。
합류-점(合流點) 명 合流点ごうりゅうてん。
합리(合理) 명 合理ごうり。
　합리-하다 형 道理どうりにかなっている。
합리-성(合理性) 명 合理性ごうりせい。
합리-적(合理的) 관 合理的ごうりてき。
합리-주의(合理主義) 명 合理主義ごうりしゅぎ。
합리-화(合理化) 명 合理化ごうりか。예 경영의 ~ 経営けいえいの合理化。
　합리화-하다 타 合理化ごうりかする。
합목적-성(合目的性) 명 合目的性ごうもくてきせい。
합반(合班) 명 学級がっきゅうを合あわせて一ひとつにすること。
　합반-하다 자타 学級がっきゅうを合あわせて一ひとつにする。
합방(合邦) 명 合邦がっぽう。
　합방-하다 자타 合邦がっぽうする。
합법(合法) 명 合法ごうほう。
합법-성(合法性) 명 合法性ごうほうせい。
합법-적(合法的) 관 合法的ごうほうてき。예 ~인 절차 合法的な手続き。
합병(合併) 명 合併がっぺい｜併合へいごう。예 흡수 ~ 吸収合併きゅうしゅうがっぺい。
　합병-하다 자타 合併がっぺいする｜併合へいごうする。예 회사를 ~. 会社かいしゃを合併がっぺいする。
합병-증(合併症) 명 《의》合併症がっぺいしょう｜余病よびょう。
합본(合本) 명 《출》合本がっぽん｜合冊がっさつ。
　합본-하다 자타 合本がっぽんする｜合冊がっさつする。
합사(合絲) 명 組糸くみいと｜組くみ。
　합사-하다 糸いとを組くみ合あわせる。
합산(合算) 명 合算がっさん｜合計ごうけい。
　합산-하다 자타 合算がっさんする｜合計ごうけいする。
합석(合席) 명 相席あいせき｜合あい席せき。
　합석-하다 相席あいせきする｜合あい席せきする。
합선(合線) 명 《전》短絡たんらく｜ショート。
　합선-하다 자타 短絡たんらくする｜ショートする。
합성(合成) 명 合成ごうせい。예 ~ 사진 合成写真しゃしん。
　합성-하다 자타 合成ごうせいする。
합성 고무(合成—) 《화》合成ごうせいゴム｜人造じんぞうゴム。
합성-력(合成力) 명 《물》合成力ごうせいりょく｜合力ごうりょく。
합성-물(合性物) 명 合性物ごうせいぶつ。

합성 섬유(合成纖維) 合成繊維ごうせいせんい｜人造繊維じんぞうせんい｜合繊ごうせん。예 ~는 피부 알레르기를 유발할 수 있다. 合成繊維は皮膚ひふアレルギーを誘発ゆうはつし得うる。
합성 세제(合成洗劑) 《공》合成洗剤ごうせいせんざい。
합성-수(合成數) 명 《수》合成数ごうせいすう。
합성-수지(合成樹脂) 명 《화》合成樹脂ごうせいじゅし｜プラスチック。
합성-어(合成語) 명 《언》合成語ごうせいご｜複合語ふくごうご。
합성-주(合成酒) 명 《화》合成酒ごうせいしゅ｜合成清酒せいしゅ。
합세(合勢) 勢力せいりょくを一所ひとところに集あつめること。
　합세-하다 勢力せいりょくを一所ひとところに集あつめる｜力ちからを合あわせる。
합수(合水) 명 【옮아 제요 옮아 보아】 合流ごうりゅう。
　합수-하다 자 合流ごうりゅうする。
합수-머리(合水—) 명 水みずが合流ごうりゅうする地点ちてん。
합숙(合宿) 명 合宿がっしゅく。예 ~ 훈련 合宿訓練くんれん。
　합숙-하다 合宿がっしゅくする。
합숙-소(合宿所) 명 合宿所がっしゅくしょ。
합승(合乘) 명 相乗あいのり｜乗のり合あい。
　합승-하다 자 相乗あいのりする。예 택시에 ~. タクシーに相乗あいのりする。
합심(合心) 心こころを合あわせること｜心を一ひとつにすること。
　합심-하다 자 心こころを合あわせる｜心を一ひとつにする。
합의¹(合意) 명 【옮아 제요】 合意ごうい。예 ~에 이르다. 合意に達たっする。
　합의-하다¹ 자 合意ごういする。
합의²(合議) 명 【옮아 제요】 合議ごうぎ。예 ~ 기관 合議機関きかん。
　합의-하다² 合議ごうぎする。
합의-제(合議制) 명 《법》合議制ごうぎせい。
합일(合一) 명 合一ごういつ。예 지행 ~ 知行ちこう合一。
　합일-하다 자타 合一ごういつする｜一ひとつになる。
합자(合資) 명 《경》合資ごうし。예 ~ 회사 合資会社がいしゃ。
　합자-하다 자타 合資ごうしする。
합작(合作) 명 合作がっさく。예 한일 ~ 드라마 韓日かんにち合作ドラマ。
　합작-하다 자타 合作がっさくする。
합장¹(合掌) 명 《불》合掌がっしょう。
　합장-하다 자 合掌がっしょうする。

합장²(合葬)명 合葬ごう。
  합장-하다타 合葬ごうする。
합저(合著)명 [두 사람 이상이 함께 저술함] 合著ちょ。
  합저-하다타 共同きょうどうで著述ちょじゅつする。
합주(合奏)명《음》合奏がっ。예 2부 ~ 二部にぶ合奏。
  합주-하다자타 合奏する。
합주-곡(合奏曲)명《음》合奏曲がっそう。
합죽-거리다歯はが抜ぬけて口くちをもぐもぐする。예 할머니가 합죽거리며 음식을 씹다. おばあさんがもぐもぐと食たべ物ものを噛かむ。=합죽대다
합죽-대다타 ☞합죽거리다
합죽-이명 歯はが抜ぬけて唇くちびると頬ほおがすぼまっている人。
합죽-하다형 歯が抜けたように頬がこけて、口がすぼまっている｜頬がくぼんでいる。예 입이 늙은이처럼 ~. 口が老人ろうじんのようにすぼんでいる。
합죽-합죽부 [입을 자꾸 홀쭉하는 모양] もぐもぐ｜もごもご。
  합죽합죽-하다타 もぐもぐとする。
합중-국(合衆國)명《정》合衆国がっしゅうこく。
합-집합(合集合)명《수》合併集合ごうへいしゅうごう｜結合けつごう和集合わしゅうごう。
합창(合唱)명 合唱がっしょう｜アンサンブル｜コーラス。
  합창-하다타 合唱する。
합창-곡(合唱曲)명《음》合唱曲がっしょうきょく。
합창-단(合唱團)명 合唱団がっしょうだん｜コーラス。예 남성 ~ 男性だんせいコーラス。
합창-대(合唱隊)명 合唱隊がっしょうたい。
합체(合體)명 合体がったい。
  합체-하다자 合体する。예 두 개의 로봇이 ~. 二ふたつのロボットが合体する。
합치(合致)명 合致がっち｜ぴったり合あうこと。
  합치-하다자 合致する｜一致いっちする。예 의견이 ~. 意見いけんが合致する。
합-치다(合一)자타 (いくつかの物ものを)合がっする｜合あわせる｜纏まとめる｜一ひとつにする。예 우리는 마음을 합쳐서 일을 끝냈다. 私わたしたちは心こころを一つにして仕事しごとを終おわらせた。/ 힘을 합치면 바위도 들 수 있다. 力ちからを合わせれば岩いわも持もち上あげることができる。/ 남동생과 돈을 합쳐 엄마 생일 선물을 샀다. 弟おとうととお金かねを合わせて母ははの誕生日たんじょうびプレゼントを買かった。/ 별거하던 두 사람은 다시 합치기로 했다. 別居べっきょしていた二人ふたりは再ふたたびよりを戻もどすことにした。

합판(合板)명 合板ごうはん・ごうばん｜ベニヤ板いた。
합평(合評)명 合評ごうひょう。
  합평-하다타 合評する。
핫-것명 綿入わたいれの衣服いふくと布団ふとん。
핫도그(hot dog)명 ホットドッグ。
핫라인(hot line)명 ホットライン。
핫 머니(hot money)《경》ホットマネー。
핫-바지명 ❶[솜을 넣어 지은 한복 바지] 綿入わたいれのパジ。❷[무식하고 어리석은 사람을 낮잡아] 田舎いなかっぺい｜無学むがくで愚おろかな者もの。
핫-아비명 有婦ゆうふの男おとこ。=유부남
핫-어미명 有夫ゆうふの女おんな。=유부녀
핫-옷명 綿入わたいれの衣服いふく。
핫-이불명 綿入わたいれの布団ふとん。
핫-저고리명 [솜을 둔 저고리] 綿入わたいれのチョゴリ。
핫-퉁이명 綿わたをたくさん入いれて作つくった分厚ぶあつい服ふく。
핫-팬츠(hot pants)명 ホットパンツ。
항¹(項)명 項こう。예 제1~ 第一項だいいっこう。
항-²(抗)접 抗こう—。예 항히스타민제 抗ヒスタミン剤ざい。
-항³(港)접 [항구] 港こう。예 자유 무역항 自由貿易港じゆうぼうえきこう。
항간(巷間)명 巷間こうかん｜ちまた｜世間せけん。예 ~의 소문 ちまたのうわさ。
항거(抗拒)명 抗拒こうきょ。
  항거-하다 抗拒こうきょする｜抗あらがう｜抗こうする。예 독재에 ~. 独裁どくさいに抗拒する。
항공(航空)명 航空こうくう。
  항공-하다자 飛行機ひこうきで空そらを飛行ひこうする。
항공 교통(航空交通) 航空交通こうくうこうつう。
항공-권(航空券)명 航空券こうくうけん。
항공-기(航空機)명 航空機こうくうき。
항공-로(航空路)명 航空路こうくうろ。
항공-모함(航空母艦)명《군》航空こうくう母艦ぼかん。=모함
항공-사(航空士)명 航空士こうくうし。
항공-사진(航空寫眞)명 航空写真こうくうしゃしん。예 ~으로 본 침수 지역 航空写真で見みた浸水地域しんすいちいき。
항공 우편(航空郵便)《통》航空郵便こうくうゆうびん。=항공편
항공-편(航空便)명 航空便こうくうびん。
항구(港口)명 港口こうこう｜港みなと。예 배가 ~를 떠나다. 船舶せんぱくが港を出でる。
항구-적(恒久的)관형 恒久的こうきゅうてき。예 ~인 해결책 恒久的な解決策かいけつさく。
항구-하다(恒久-)형 長ながく変かわらない｜

永久ぁぃだ｜永遠ぇぃだ。
항구-히 永久ぁぃだに｜永遠ぇぃだに。
항균(抗菌)명 抗菌こぅきん。예~ 작용 抗菌作用ょぅ。
항균-성(抗菌性)명 抗菌性こぅきんせぃ。~ 물질 抗菌性物質ぶっしっ。
항독-소(抗毒素)명 ⟨생⟩抗毒素こぅどくそ。
항등-식(恒等式)명 ⟨수⟩恒等式こぅとぅしき。
항렬(行列)명 〖같은 혈족의 직계에서 갈리어 나간 계통 사이의 대수 관계를 나타내는 말〗傍系間ぼぅけぃかんの世数関係せすぅかんけぃを表ぁらゎす語ご。예~를 따지다. 傍系との世数関係で上下じょぅげ関係を問とぃぃたす。/~에 따라 나는 그를 형님이라고 불러야 했다. 傍系の世数関係によって、私ゎたしは彼ゕれをお兄ぃさんと呼ょばなければならなかった。

항례(恒例)명 ☞상례.
항로(航路)명 航路こぅろ。예~ 표지 航路標識ひょぅしき。
항만(港灣)명 港湾こぅゎん。예~ 도시 港湾都市とし。
항목(項目)명 項目こぅもく。예~을 나누다. 項目を分ゎける。
항문(肛門)명 ⟨의⟩肛門こぅもん。
항법-사(航法士)명 航法士こぅほぅし｜ナビゲーター。
항변¹(抗卞)명 ☞항의(抗議)
항변²(抗辯)명 抗弁こぅべん。
  항변-하다자타 抗弁する。예필사적으로 ~. 必死ひっしで抗弁する。
항복(降伏・降服)명 ❶降伏こぅふく｜降服｜降参さん。예무조건 ~ 無條件むじょぅけん降伏。❷⟨종⟩降伏｜調伏ちょぅふく。
  항복-하다자 ❶降伏こぅふくする｜降服する｜降参する。예적군에 ~. 敵軍てきぐんに降伏する。❷降伏する｜調伏する。
항상(恒常)부 常にぃ｜いつも｜いつでも｜ふだん｜平素へぃそ。예아버지는 ~ 바쁘시다. 父ちちは常に忙ぃそがしい。/그녀는 ~ 웃는다. 彼女ゕのじょはいつも笑ゎらっている。/그는 ~ 안경을 끼고 있다. 彼はふだん眼鏡めがねをかけている。/아무리 괴롭더라도 마음만은 굳게 가져야 한다. いくら辛っらくても気持きもちだけはいつもしっかり持もたなければならない。

항생-제(抗生劑)명 ⟨의⟩抗生剤こぅせぃざぃ。예같은 ~를 오래 복용하면 내성이 생긴다. 同ぉなじ抗生剤を長期ちょぅき服用ふくょぅすると、耐性たぃせぃができる。
항설(巷說)명 〖세상 사람들의 풍설〗巷説こぅせっ｜世間せけんのうわさ。

항성(恒星)명 ⟨천⟩恒星こぅせぃ。=붙박이별
항성-도(恒星圖)명 ⟨천⟩恒星図こぅせぃず。
항소(抗訴)명 ⟨법⟩控訴こぅそ。예~를 기각하다. 控訴を棄却ききゃくする。
  항소-하다 控訴こぅそする。
항소-권(抗訴權)명 ⟨법⟩控訴権こぅそけん。
항소-심(抗訴審)명 控訴審こぅそしん。
항속(航速)명 航速こぅそく｜船舶せんぱくや飛行機ひこぅきの速度そくど。
항시(恒時) Ⅰ명 常時じょぅじ｜通常つぅじょぅ。
  Ⅱ부 常にぃ｜いつも。예그는 ~ 아침 일찍 일어난다. 彼はいつも朝早ぁさはやく起ぉきる。
항심(恒心)명 〖늘 지니고 있는 떳떳한 마음〗恒心こぅしん。
항아리(缸—)명 かめ｜甕ゕめ。
항암-제(抗癌劑)명 ⟨의⟩抗癌剤こぅがんざぃ｜制癌剤ざぃ。
항온(恒溫)명 ☞상온(常溫)
항온 동물(恒溫動物) ⟨동⟩恒温動物こぅおんどぅぶつ｜定温動物てぃおんどぅぶつ。
항용(恒用)부 〖흔히〗常にぃ｜いつも。
항운(航運)명 〖배의 운항〗漕運こぅぅん。
  항운-하다자 船舶せんぱくで輸送ゆそぅする。
항원(抗原)명 ⟨의⟩抗原こぅげん。
항의(抗議)명 抗議こぅぎ。=항변
  항의-하다자 抗議こぅぎする。예정식으로 ~. 正式せぃしきに抗議する。
항일(抗日) 抗日こぅにち。예~ 운동 抗日運動ぅんどぅ。
  항일-하다자 日本にほんの帝国主義的てぃこくしゅぎてき侵略しんりゃくに抵抗てぃこぅする。
항쟁(抗爭)명 抗争こぅそぅ。
  항쟁-하다자 抗争こぅそぅする。
항전(抗戰)명 抗戦こぅせん。
  항전-하다자 抗戦こぅせんする。
항체(抗體)명 ⟨생⟩抗体こぅたぃ｜免疫体めんえき。
항해(航海)명 航海こぅかぃ。
  항해-하다자 航海こぅかぃする。예정보의 바다를 ~. 情報じょぅほぅの海を航海する。
항해-사(航海士)명 ⟨해⟩航海士こぅかぃし。
항해-술(航海術)명 ⟨해⟩航海術こぅかぃじゅつ。
항행(航行)명 航行こぅこぅ。예~ 구역 航行区域くぃき。
  항행-하다자 航行こぅこぅする。
해¹ Ⅰ명 ❶太陽たぃょぅ｜日ひ｜陽ょぅ。예~가 잘 드는 방 陽がよく当ぁたる部屋ゃ｜~는 동쪽에서 뜬다. 太陽は東ひがしから昇のぼる。/~와 달은 지구에서 보면 거의 같은 크기로 보인다. 太陽と月っきは地球ちきゅぅから見みると、ほぼ同ぉなじ大ぉぉきさに見みえる。/겨울에는 6

시만 되면 ~가 진다. 冬は6時にもなると日が沈む。/ ~가 지기 전에 들어오너라. 陽が沈む前に帰っておいで。/ ~가 좀 길어지다. 日がほんの少しだけ長くなる。❷ 年・。예~를 거듭할수록 실력이 좋아지고 있다. 年々実力がよくなってきている。/ 해가 바뀌면 20살이 된다. 年が変わると20才になる。/ 이번 ~에는 꼭 결혼하겠다. 今年こそは必ず結婚する。/ 묵은 ~를 보내고 새해를 맞이하다. 去る年を送り、新しい年を迎える; 年越しをする。
Ⅱ 의【数字뒤】年 ┃ 一年 ┃ 一歳。예 한 ~ 히토토세/ 한 ~ 두 ~ 세월이 흘러도 생각나는 사람 一年二年と歳月が経っても思い出す人/ 몇 ~ 만에 고향을 찾아가다. 何年ぶりに故郷を訪ねる。
해가 서쪽에서 뜨다관용 日が西から昇る:「絶対にあり得ないこと、非常に珍しいことや全く予想外のこと」の意。

해² ❶ 뽀깐。 ❷ 헤헤。 예 싸우다가도 금방 ~ 하고 풀어진다. けんかしてもすぐにへへと怒りが晴れる。

해³(害) 명 害。예 남에게 ~를 끼치다. 人に害を及ぼす。/ ~를 당하다. 害を受ける。/ ~를 입었다. 害を被った。
해-하다 타 害する ┃ 傷つける ┃ 危害を加える ┃ 殺害する ┃ 殺す。예 동물을 해하면 안 된다. 動物に危害を加えてはいけない。/ 피로가 쌓여 건강을 ~. 疲労がたまって健康を害する。

해⁴(解) 명 解。예 방정식의 ~ 方程式の解。

-**해**⁵(海) 접 —海。예 에게 해 エーゲ海/ 오호츠크 해 オホーツク海。

해갈(解渴) 명 ❶ 渇をいやすこと。❷ 雨が降って日照りを免れること。
해갈-하다 자 ❶ 渇をいやす。❷ 雨が降って日照りを免れる。

해감(海—) 명 水の垢 ┃ 水の澱。

해-거름 명 日が西に沈む頃 ┃ 日暮れ。=해름

해-거리 명 ❶ 隔年。❷〈농〉隔年結果。

해결(解決) 명 解決。
해결-하다 타 解決する。예 문제를 ~. 問題を解決する。

해결-책(解決策) 명 解決策。

해고(解雇)〈人〉解雇。~를 통지하다. 解雇を通告する。
해고-하다 타 解雇する ┃ くびにする。예 사원을 ~. 社員をくびにする。

해골(骸骨) 명 骸骨。

해골-바가지(骸骨—) 명【俗語】骸骨。

해관(海關) 명 ❶ 港に設置した関門。❷〈역〉海関。

해괴-망측(駭怪罔測) 非常に奇怪なこと ┃ 奇怪千万。
해괴망측-하다 형 非常に奇怪だ ┃ 奇怪千万だ。예 해괴망측한 사건 奇怪千万な事件。

해괴-하다(駭怪—) 형 驚くほど非常に奇怪だ。예 해괴한 일이 발생했다. とんでもない事が発生した。
해괴-히 부 奇怪に。

해구¹(海狗) 동 オットセイ。=물개

해구²(海溝) 명【地理】海溝。

해군(海軍) 명〈군〉海軍。

해굽-성(一性) 명 ☞향일성

해금¹(奚琴) 〈음〉奚琴 ┃ ヘーグム。=깡깡이

해금²(海禁) 명 領海で外国船の出入り、または漁獲を禁ずること。
해금-하다¹ 領海で外国船の出入り、または漁獲を禁ずる。

해금³(解禁) 명 解禁。
해금-하다² 자 解禁する。

해-껏 부 日が沈むまで ┃ 日暮れまで。

해꼬지 ☞ '해코지'의 잘못.

해끄무레-하다 형 整っていてほのかに白っぽい。예 해끄무레한 얼굴 薄く白っぽい顔。

해끔-하다 형 色がきれいでやや白い。
해끔-해끔 부 やや白くてこぎれいなさま。

해끗-해끗 부 点々と白いさま。

해낙낙-하다 형 心に満足感を感じる ┃ 満ち足りた気分になる。예 그를 보자 그는 금방 해낙낙해졌다. その子を見るや、彼はすぐに満ち足りた気持ちになった。

해난(海難) 명 海難。예 ~ 구조 海難救助。

해납작-하다 형 (顔が)白くて平べったい。

해내(海內) 명【書き言葉】海内 ┃ 国内。

해-내다 타 ❶【書き言葉】(相手に)打ち勝つ

|やり込める。❷【능숙하게처리】(上手く)処理する|やり抜く|やりこなす|成し遂げる|やって退ける|やり通す。例 혼자서도 해낼 수 있지? 一人でもやり抜くことができるだろう。/복잡한 일인데 잘해냈군. 複雑なことなのに、よくやりこなしたな。/그 일을 어렵지 않게 해내는 것에 놀랐다. その仕事を苦もなくやって退けたのには驚いた。/고생하면서도 끝까지 해냈다. 苦労しながらもやり通した。

해-넘이명 日没。|日の入り|日暮れ。
해녀(海女)명 海女。|かずきめ。
해-님명 お日様。|おてんとうさま。
해달명 〈동〉ラッコ。
해답(解答)명 解答。예 ~을 구하다. 解答を求める。=답(答)
　해답-하다자 解答する。
해당(該当)명 該当。
　해당-하다자 該当する。예 그의 행동은 범죄에 해당한다. 彼の行動は犯罪に該当する。
해당-화(海棠花)명〈식〉海棠。|はまなす。
해도¹(海島)명 海の中にある島。
해도²(海圖)명【항해용지도】海図。예 ~를 그리다. 海図を描く。
해독¹(害毒)명【손해독】害毒。=독
해독²(解毒)명 解毒。예 ~ 작용 解毒作用。
　해독-하다¹자타 解毒する。
해독³(解読)명【어려운글읽음】解読。
　해독-하다²타 解読する。예 암호를 ~. 暗号を解読する。
해독-제(解毒剤)명〈약〉解毒剤。
해-돋이명 日出。|日の出。
해동(解凍)명 解凍。
　해동-하다자 解凍する。예 상온에서 ~. 常温で解凍する。
해-동갑(一同甲)명 ❶【해질때까지】日が暮れるまでの間。❷【어떤일을해와】仕事などを日が沈むまで続けること。
해득(解得)명【깨달아얻음】会得。
　해득-하다타 会得する。
해-뜨리다타 ☞해어뜨리다
해뜩❶【갑자기 몸을 뒤로 잦혀 넘어지는 모양】ばったり。|ぱたっと。❷【갑자기 얼굴을 돌이켜 쳐다보는 모양】ひょいと。
해뜩-발긋부 白みがかって明るいさま。
해뜩-해뜩부 白色がところどころに混じっているさま。
해라-체(一體)명〈언〉目下に対する言葉遣い。

해령(海嶺)명【해저의산맥】海嶺。|海底山脈。=해저 산맥
해로¹(海路)명【바닷길】海路。|船路。
해로²(偕老)명【함께 함께 늙음】偕老。
　해로-하다자 夫婦が老年になるまで仲よく連れ添う。
해-롭다(害一)형 有害だ。|害になる。예 담배는 몸에 ~. タバコは体に悪い。
　해로이부 有害に。|悪く。
해롱-거리다자 しきりにへらへらふざける。=해롱대다
해롱-대다자 ☞해롱거리다
해롱-해롱부 へらへら。
해류(海流)명 海流。예 적도 ~ 赤道海流。/~가 거세지다. 海流が激しくなる。/~를 타고 떠밀려 가다. 海流に乗って流されていく。=무대¹
해류-도(海流圖)명 海流図。
해륙(海陸)명 海陸。|海と陸。
해륙-풍(海陸風)명 海陸風。예 ~은 일종의 국지풍이다. 海陸風は一種の局地風である。
해리¹(海里)명 海里。|浬。
해리(解離)명 解離。
해리-도(解離度)명〈화〉解離度。
해리-열(解離熱)명〈화〉解離熱。
해마(海馬)명〈동〉海馬。❶竜の落し子。❷セイウチ。=바다코끼리
해-마다부 毎年。|年ごと。|年々。예 인구가 ~ 늘고 있다. 人口が毎年増えている。
해만(海灣)명 ❶【바다와만】海と湾。❷海湾。|湾。
해-말갛다형 色白で明るい。|白く澄んでいる。예 해말간 아기의 얼굴 色白で明るい赤ちゃんの顔/얼굴이 ~. 顔が色白で明るい。
해말끔-하다형 白くてすっきりしている。
　해말끔-히부 白くすっきりと。
해말쑥-하다형 色白で透き通っている。예 그 아이는 얼굴이 ~. その子供は顔が色白で透き通っている。
해-맑다형 色白で透き通っている。예 해맑은 얼굴의 사나이 色白な顔の男。
해머(hammer)명 ハンマー。
해머-던지기(hammer—)명〈운〉ハンマー投げ。=투해머
해면¹(海面)명 海面。=해수면

해면²(海綿)【명】《동》❶ 海綿動物。⑩ ~은 바닷속 어디에나 분포돼 있다. 海綿動物は海中のどこにでも分布している。❷【목욕에 쓰는 것】海綿│スポンジ。⑩ ~은 물을 잘 빨아들여 목욕용 스펀지로 사용한다. 海綿は水をよく吸い込むので、お風呂用のスポンジとして用いる。

해면³(解免)【명】❶【책임을 벗음】解除│免除。❷【직책에서 물러남】免職│解雇。
　해면-하다【타】❶ 解除する│免除する。❷ 免職にする│解雇する。

해명(解明)【명】解明│釈明。
　해명-하다【타】解明する│釈明する│解き明かす。⑩ 의혹을 ~. 疑惑を釈明する。

해몽(解夢)【명】夢占い│夢判じ│夢解き。
　해몽-하다【자】夢の吉凶を判断する│夢解きをする。

해무(海霧)【명】海霧│うみぎり。

해-묵다【자】❶【햇수】(ある物が)年を越す│古くなる。⑩ 해묵은 감자 年を越して古くなったジャガイモ/ 해묵은 쌀과 햅쌀 年を越して古くなった古米と新米。❷【일·감정이 오래됨】ある 일이나 감정などが長い間に解決されない。⑩ 해묵은 감정 때문에 5년째 만나지도 않는다. 古い感情のため5年も会っていない。

해물(海物)【명】海産│海産物。=해산물

해미¹【명】海の上に立つ濃い霧。⑩ 바다에 ~가 끼다. 海上に濃い霧が立つ。

해미²(海味)【명】海産物で作ったうまいおかず。

해-바라기【식】ひまわり。⑩ 어느새 ~가 어린아이 키보다 커 있었다. いつの間にかヒマワリの背が子供らより高くなっていた。

해-바라지다 Ⅰ【자】釣り合わないで、大きく広がって開く。⑩ 갖고 싶어하는 장난감을 보더니 아이는 입이 해바라졌다. 欲しいおもちゃを見たら、子供は口元がゆるみほころびた。
　Ⅱ【형】釣り合わなく少し広い。⑩ 입구가 해바라진 항아리 口が少し広い壺。

해박-하다(該博—)【형】該博だ│学識が広い。⑩ 해박한 지식을 살리다. 該博な知識を生かす。

해반닥-거리다【타】目を白黒させる│目を光らす。⑩ 눈을 해반닥거리며 노려

보다. 目をぎろりとさせて、にらみつける。=해반닥대다

해반닥-대다 ☞ 해반닥거리다

해반닥-해반닥【부】❶【눈을 움직이는 모양】ぎろぎょろ。❷【물건이 번득이는 모양】ぎらぎら。

해반드르르-하다【형】❶(顔色が)色白ででつやつやしている。⑩ 해반드르르한 얼굴색 色白でつやつやしている顔。❷ もっともらしく装っている。【준】해반들하다

해반들-하다【형】☞ '해반드르르하다'의 준말.

해반주그레-하다【형】(顔色が)白く器量がよい│色白でできれい。⑩ 소녀의 얼굴이 ~. 少女の顔が白くて器量がいい。

해반지르르-하다【형】(顔色が)白くつやつやして美しい│顔がこぎれいで少し垢抜けしている。⑩ 해반지르르한 얼굴을 가진 소년 白くてつやつやした顔の少年。

해발(海拔)【명】海抜│標高。

해발 고도(海拔高度) 海抜高度。⑩ ~가 가장 높은 산 海抜高度が最も高い山。

해발쪽-하다【형】(口·穴などが)平たくやや開いている。⑩ 그가 해발쪽하게 웃으며 내게 걸어왔다. 彼が口を平たくして笑いながら私の方へ歩いてきた。

해발쪽-이【부】平たく。

해발쪽-해발쪽【부】複数のものが平たくやや開いているさま。

해방¹(海防)【명】【바다의 방비】海防│海のまもり。

해방²(解放)【명】解放。⑩ 노예 ~ 奴隷解放/ 전쟁 해방 解放戦争。
　해방-하다【타】解放する。

해방-감(解放感)【명】解放感。

해방-구(解放區)【명】解放区。

해방-둥이(解放—)【명】【한국이 일본에서 해방된 1945년에 태어난 사람】解放っ子。

해변(海邊)【명】海辺·うみ│浜辺│海浜。

해병(海兵)【명】《군》海兵。

해병-대(海兵隊)【명】《군》海兵隊。

해-보다【타】【대들어서 맞서다】食ってかかったり喧嘩したりする。⑩ 이길 확률은 반반이다. 일단 해보자. 勝つ確率は半々なだ。ひとまず食って掛かろう。

해부(解剖)【명】解剖。
　해부-하다【타】解剖する。⑩ 개구리를 ~. かえるを解剖する。

해부-학(解剖學)명 《생》해부학かいぼうがく。
해분(海盆)【지리】명 海盆かいぼん。
해빈(海濱)명 海浜かいひん。=바닷가
해빙(解氷)명 ❶解氷かいひょうする。 ❷ (対立する勢力りょくの)緊張きんちょうの緩和かんわ / 雪解ゆきどけ / デタント。
　해빙-하다자 ❶氷こおりがとける。 ❷対立たいりつが緩和かんわする。
해사(海沙·海砂)명 =바닷모래
해사-하다형 顔色かおいろがやや白しろくきれいだ / 白しろくて美うつくしい。⑩ 얼굴이 해사하니 아름답다. 顔が白くて美うつくしい。
해산¹(海山)명 海山かいざん。
해산²(海産)명 ☞해산물
해산³(解産)【의학】명【お産さん】出産しゅっさん / 分娩ぶんべん。=분만
　해산-하다¹ 出産しゅっさんする / 分娩ぶんべんする。
해산⁴(解散)명 解散かいさん。
　해산-하다자타 解散かいさんする。⑩ 군대가 해산되다. 軍隊ぐんたいが解散される。
해산-달(解産-)명 産うみ月づき / 臨月りんげつ。
해산-물(海産物)명 海産物かいさんぶつ。=해물·해산²
해산-어미(解産-)【가정】명【産婦さんぷ】
해삼(海蔘)명 《동》なまこ。
해상(海上)명 海上かいじょう / 洋上ようじょう。⑩ ~ 교통 海上交通こうつう / ~ 봉쇄 海上封鎖ふうさ。
해상-권(海上權)명 《법》制海権せいかいけん。
해서(楷書)명 《예》【楷書かいしょ】真書しんしょ。
해석(解釋)명 解釈かいしゃく。⑩ 올바른 ~ 正ただしい解釈。
　해석-하다타 解釈かいしゃくする。⑩ 문장을 ~. 文章を解釈する。
해설(解說)명 解説かいせつ。⑩ 뉴스 ~ ニュース解説。
　해설-하다타 解説かいせつする。⑩ 알기 쉽게 ~. 分ぶかりやすく解説する。
해성-층(海成層)명【지리】海成層かいせいそう。
해소¹(-咳嗽)명 ☞해수¹(咳嗽)
해소²(海嘯)명【지리】海嘯かいしょう。
해소³(解消)명 解消かいしょう。
　해소-하다타 解消かいしょうする。⑩ 스트레스를 ~. ストレスを解消する。
해송(海松)명 ❶【海辺うみべの松まつ】 ❷《식》黒松くろまつ。=곰솔 ❸《식》朝鮮松まつ。=잣나무
해송-자(海松子)명 ☞잣
해수¹(-咳嗽)명【한】【기】咳嗽がいそう / せき。=해소¹(咳嗽)

해수²(海水)명 海水かいすい。=바닷물
해수³(海獸)명 海獸かいじゅう。=바다짐승
해수-욕(海水浴)명 海水浴かいすいよく。
해-시계(-時計)명 《천》日時計ひどけい。
해식(海蝕)명【지리】海食かいしょく / 海蝕かいしょく。⑩ ~ 작용 海食作用さよう。
해식-굴(海蝕窟)명 海食洞窟どうくつ。=해식동굴
해식 대지(海蝕臺地) 海食台しょく / 波食台地はしょくだいち。
해식 동굴(海蝕洞窟) ☞해식굴
해식-붕(海蝕棚)명 海食棚かいしょくだな。⑩ 파도의 침식 작용으로 ~이 나타난다. 波なみの浸食作用しんしょくさようで海食棚が現あらわれる。
해식-애(海蝕崖)명 海食崖かいしょくがい。⑩ ~ 아래로 보이는 까마득한 바다 海蝕崖から見みえるはるかに遠とおい海うみ。
해쓱-하다형 (顔かおから血ちの気けが引ひいて)蒼白そうはくだ / 青白あおじろい / 青あおざめている。⑩ 얼굴이 ~. 顔が蒼白だ。 / 볼이 ~. 頬ほおが蒼白だ。
해악(害惡)명 害惡がいあく。⑩ ~을 끼치다. 害惡を及およぼす。
해안(海岸)명 海岸かいがん。
해안 기후(海岸氣候) 海岸気候きこう。
해안 단구(海岸段丘) 海岸段丘だんきゅう / 海成段丘かいせいだんきゅう。
해안 사구(海岸沙丘) 海岸砂丘さきゅう。⑩ ~는 해수욕장으로 이용된다. 海岸砂丘は海水浴場じょうとして利用りようされる。
해안-선(海岸線)명 海岸線せん。⑩ 단조로운 ~ 単調たんちょうな海岸線。
해약(解約)명 解約。
　해약-하다타 解約かいやくする。⑩ 보험을 ~. 保険ほけんを解約する。
해약-금(解約金)명 《법》解約金かいやくきん。⑩ ~을 물다. 解約金を払はらう。
해양(海洋)명 海洋かいよう。
해양 기단(海洋氣團) 海洋気団きだん。⑩ 습기가 많은 ~ 湿気しっけの多おおい海洋気団。
해양-성(海洋性)명 海洋性せい。
해양성 기후(海洋性氣候) 海洋性かいようせい気候きこう。⑩ 온난 습윤한 ~ 温暖湿潤おんだんしつじゅんな海洋性気候。
해양 오염(海洋汚染) 《해》海洋汚染おせん。⑩ ~은 수중 생물의 생태계에 영향을 준다. 海洋汚染は水中生物すいちゅうせいぶつの生態系せいたいけいに影響えいきょうを与あたえる。
해어(海魚)명 ☞바닷물고기
해어-뜨리다타【헤어뜨리다】すり減へらす / ぼ

ろぼろにする。=해뜨리다・해어트리다・해트리다

해어-지다 困 すり減る|すり切れる。 예해어진 신발을 버리다. すり切れた靴を捨てる。 준해지다

해어-트리다 目 ☞해어뜨리다

해역(海域) 圀 海域。

해열(解熱) 圀 〔의〕解熱。

해열-하다 困 国 解熱する|熱を冷ます。

해열-제(解熱劑) 圀 〔약〕解熱劑|解熱薬|熱冷まし。

해오라기 圀 〔동〕さぎ。 준해오리

해오리 圀 ☞'해오라기'의 준말。

해왕-성(海王星) 圀 《천》海王星。

해외(海外) 圀 海外。

해외 무역(海外貿易) 《경》海外貿易|対外貿易。

해외 투자(海外投資) 《경》海外投資。=대외 투자

해운(海運) 圀 海運。

해운-업(海運業) 圀 《경》海運業。

해원(海員) 圀 〔법〕海員。

해읍스레-하다 阁 ☞해읍스름하다

해읍스름-하다 阁 あまりきれいでなく白っぽい。=해읍스레하다

해이(解弛) 圀 弛緩|緩むこと。 예정신의 ~ 精神の弛緩。

해이-하다 阁 弛緩する|緩む|だらける。

해일(海溢) 圀 津波。 예~ 경보 津波警報/~에 휩쓸리다. 津波に呑まれる。/~이 밀어닥치다. 津波が押し寄せる。

해임(解任) 圀 解任|解職|免職。 예~을 요구하다. 解任を求める。

해임-하다 国 解任する|解職する|免職する。 예감독을 ~. 監督を解任する。

해임-장(解任狀) 圀 解任状。

해자(楷字) 圀 楷書体の字。

해작-거리다 目 ❶(何かを探そうと)しきりに少しずつほじくる|ほじくり返す。 예서랍 속을 ~. 引き出しの中をほじくり返す。 ❷(何か気に入らない態度で)ほじくる。 예입맛이 없는지 먹지는 않고 해작거리고만 있다. 食欲がないのか食べないでほじくってばかりいる。=해작대다

해작-대다 目 ☞해작거리다

해작-이다 目 (ご飯などを食べずに)つっつき回す。 예쌓인 옷들을 해작이며 고르다. 積まれた服をかき回して選ぶ。

해작-해작 團 しきりにつっつき回すさま。

해장[1](海葬) 圀 水葬|水葬礼。
해장-하다[1] 目 水葬する。

해장[2](←解醒) 圀 迎え酒を飲むこと。
해장-하다[2] 困 迎え酒を飲む|二日酔いの不快感をなくす。

해장-국(←解醒—) 圀 二日酔いを解消すること|酔いざましのスープ。 예~을 먹자 겨우 숙취가 없어졌다. 酔いざましのスープを飲んで、やっと二日酔いがおさまった。

해장-술 迎え酒。 예오늘은 ~을 한잔 해야지. 今日は迎え酒を一杯やらないと。

해저(海底) 圀 海底|海の底。

해저 지형(海底地形) 海底地形。

해저 터널(海底tunnel) 海底トンネル。

해적(海賊) 圀 海賊。

해적-선(海賊船) 圀 海賊船。

해적-판(海賊版) 圀 海賊版。

해-전[1](—前) 圀 日没前|日暮れ前。

해전[2](海戰) 圀 《군》海戰。

해제[1](解除) 圀 解除。 예해일 주의보 ~ 津波注意報解除/무장 ~ 武装解除。
해제-하다 目 解除する。 예직위를 ~. 職位を解除する。

해제[2](解題) 圀 〔책〕解題。 예문헌 ~ 文献解題。

해조[1](害鳥) 圀 〔동〕害鳥。

해조[2](海鳥) 圀 海鳥。=바닷새

해조[3](海潮) 圀 조수|潮水。

해조[4](海藻) 圀 〔식〕海藻。

해죽 團 にっこと|にこりと。 예~ 웃으며 이야기하다. にっこり笑って話をする。=해쭉

해죽-거리다 困 しきりににこにこする。

해죽-해죽[1] ❶ にこにこ。 예그가 실없이 ~ 웃었다. 彼がふざけてにこにこ笑った。

해죽-해죽[2] 團 軽く両手を振りながら歩くさま。

해중(海中) 圀 海中。

해지(解止) 圀 〔법〕解約。
해지-하다 目 解約する。 예계약을 ~.

契約を解約する。
해-지다[자] ☞'해어지다'의 준말.
해직(解職)[명] 解職｜解任。
　해직-하다[타] 解職する｜解任する。
해쪽[부] ☞해죽
해찰 ❶[명] 物をあれこれいじくり回して傷つけること。❷[명](すべきことに集中しないで)くだらないことをすること。
　해찰-하다[자] ❶物をあれこれいじくり回して傷つける。❷くだらないことをする。[예] 해찰하지 말고 공부를 해라. 散漫にならないで勉強をしろ。
해체(解體)[명] 解体。[예] ～ 공사 解体工事。
　해체-하다[자][타] 解体する。[예] 밴드가 해체되다. バンドが解散する。
해초(海草)[명]《식》海草。
해충(害蟲)[명]《동》害虫。
해-치다(害―)[타] ❶害する｜損なう。[예] 담배는 건강을 해친다. たばこは健康を害する。/ 나무를 파헤쳐 경관을 ～. 木を掘り返して、景観を損なう。❷危める｜殺害する｜殺す｜傷つける。[예] 강도가 인질을 해치겠다고 협박하다. 強盗が人質を殺害すると脅迫する。/ 실수하여 사람을 해쳤다. 誤って人を危めた。
해-치우다 ❶(仕事などを)早くさっぱりと終える｜やってのける｜仕上げる｜すっかり片付ける。[예] 빨리 해치우고 밥 먹자. 早く仕上げて御飯を食べよう。/ 식사를 10분 만에 ～. 食事を10分間で食べ終える。/ 많은 일을 혼자서 거뜬히 해치웠다. 多くの仕事を一人で簡単にすっかり片付けた。❷(邪魔になる対象を)無くす｜殺す。[예] 적의 보초를 ～. 敵の歩哨を殺す。
해커(hacker)[명] ハッカー。
해-코지(害―)[명] 人を害そうとする振る舞い。[예] 불량배의 ～가 무서워 지갑을 줘 버렸다. ごろつきの害そうとする振る舞いが怖くて、財布を渡してしまった。
　해코지-하다 (人を)害そうとする｜傷つける。[예] 나보다 약한 사람을 해코지해서는 안 된다. 自分より弱い人を傷つけてはならない。
해킹(hacking)[명]《컴》クラッキング。

해탄(骸炭)[명] ☞코크스
해탄-로(骸炭爐)[명]《공》コークスを作るかま。
해탈(解脫)[명]《종》[불] 解脱。
　해탈-하다[자] 解脱する。
해태[1](海苔)[명] ☞김
해태[2](懈怠)[명] ❶懈怠｜怠けること｜怠ること。=게으름 ❷《법》懈怠。
　해태-하다[형] 懈怠する｜怠ける。
해토(解土)[명] 凍った土が解けること。=땅풀림
　해토-하다[자] 凍った土が解ける。
해-트리다[타] ☞해어뜨리다
해파리[명]《동》水母｜海月。[예] 투명한 ～가 바닷물을 따라 넘실거린다. 透明なクラゲが波のうねりに従って浮かんだり沈んだりしている。
해판(解版)[명]《출》解版する。
　해판-하다[타] 解版する。
해표(海豹)[명] ☞바다표범
해풍(海風)[명] 海風。[예] ～에 말린 오징어 海風に干したスルメ。
해프닝(happening)[명] ハプニング。[예] ～이 일어나다. ハプニングが起こる。
해피 엔드(happy end)[예] ハッピーエンド。[예] 모두가 행복한 ～로 마무리하다. みんなが幸せなハッピーエンドで締めくくる。
해필(奚必)[부] ☞하필(何必)
해학(諧謔)[명] 諧謔｜こっけい｜ユーモア。
해학-적(諧謔的)[관] 諧謔的｜ユーモラス。
해-해[부] へへ｜えへへ。
　해해-거리다[자] しきりにへへと笑う。[예] 해해거리지 마라. へへと笑うな。=해해대다
　해해-대다[자] ☞해해거리다
해협(海峽)[명] 海峡｜瀬戸｜水道。[예] 도버 ～ ドーバー海峡/ 화물선이 ～을 통항한다. 貨物船が海峡を通航する。
해후(邂逅)[명] 邂逅｜巡り合い。
　해후-하다[자] 邂逅する｜巡り合う。[예] 10년 만에 ～. 十年ぶりに邂逅する。
핵(核)[명] 核。❶物事の中心｜核心。❷《군》核兵器。[예] ～ 확산 방지 조약 核拡散防止条約。=핵무기 ❸《물》原子核。=원자핵 ❹《생》細胞の中心にあるもの。❺《식》果実の種子を保護している硬い

部分。

핵-가족(核家族)圏 核家族かぞく。

핵과(核果)圏《식》[씨앗이 단단한 껍질로 싸여 있는 과일] 核果か。 예 ~류 核果類るい。

핵력(核力)圏《물》核力りょく。

핵-무기(核武器)圏《군》核兵器へいき。

핵물리-학(核物理學)圏《물》[원자핵의 구조·성질 따위를 연구하는 학문] 核物理学ぶつりがく。

핵-반응(核反應)圏《물》核反応はんのう｜原子核反応げんしかくはんのう。

핵-분열(核分裂)圏 核分裂ぶんれつ。 예 ~ 반응 核分裂反応はんのう。

핵산(核酸)圏《화》核酸かくさん。 예 ~은 생명 현상에 중요한 구실을 한다. 核酸は生命現象げんしょうに重要じゅうような役目やくめを働はたらく。

핵 실험(核實驗)圏《물》核実験じっけん。

핵심(核心)圏 核心かくしん｜重要じゅうような部分ぶぶん。 예 ~을 찌르는 말 核心を突つく言葉ことば。

핵심-적(核心的)圏 核心しんの。

핵-에너지(核 energy)圏《물》核かくエネルギー。

핵-연료(核燃料)圏《물》核燃料ねんりょう。 예 ~ 개발 核燃料開発かいはつ。

핵외 전자(核外電子)圏《물》核外電子かくがいでんし。

핵-융합(核融合)圏 核融合ゆうごう｜原子核融合げんしかくゆうごう。 예 ~ 반응 核融合反応はんのう。

핵-응용학(核應用學)圏《물》核応用学おうようがく。

핵자(核子)圏《물》核子かくし。

핵-전쟁(核戰爭)圏《군》核戦争せんそう。

핵-탄두(核彈頭)圏《군》核弾頭だんとう。

핵-폐기물(核廢棄物)圏 核廃棄物はいきぶつ。

핵-폭발(核爆發)圏《물》核爆発ばくはつ。

핸드백(handbag)圏 ハンドバッグ。

핸드볼(handball)圏《운》ハンドボール。

핸드-크림(hand cream)圏 ハンドクリーム。

핸드-폰(hand phone 조)圏 ☞휴대 전화

핸들(handle)圏 ハンドル。 예 ~을 잡다. ハンドルを握にぎる。

핸들링(handling)圏 ハンドリング。 예 ~ 반칙 ハンドリングのファウル。

핸디캡(handicap)圏 ハンディキャップ。

핼금图 ☞핼끔

핼끔图【살며시 곁눈질하여】[작은 눈을 살며시 뜨고] ちらっと｜ちらりと。 예 ~ 쳐다보다. ちらっと見みつめる。=핼금

핼끔-거리다国 しきりに横目よこめで見みる。 예 옆 사람을 핼끔거리지 마라. 横よこの人ひとを横目で見るな。=핼끔대다

핼끔-대다国 ☞핼끔거리다

핼긋图【잠깐 언뜻】[재빨리 곁눈질로] ちらりと。 예 ~ 쳐다보다.

ちらりと見みつめる。

핼리 혜성(Halley 彗星)《천》ハレー彗星せい。

핼쑥-하다圏 青白あおじろい｜蒼白そうはくだ。 예 여위어 핼쑥한 얼굴을 한 병사들 やつれて青白い顔をした病人びょうにんたち／얼굴이 핼쑥해 보이는데 어디 아프세요? 顔がやつれて青白く見みえるけど、どこか悪わるいんですか。

햄(ham)圏 ハム。 예 ~ 샌드위치 ハムサンド。

햄버거(hamburger)圏 ハンバーガー。

햅쌀圏 新米しんまい。 예 ~로 지은 밥 新米で炊たいたご飯はん。

햅쌀-밥圏 新米しんまいで炊たいた飯めし｜その年としの産米さんまいの飯めし。

햇-것圏 初物はつもの｜はしり(物もの)。

햇-곡(一穀)圏 ☞햇곡식

햇-곡식(一穀食)圏 新穀しんこく｜その年としにとれた穀物こくもつ。 예 ~으로 가득한 창고 新穀いっぱいの倉くら。=햇곡

햇-귀圏 ❶【해가 처음 솟을 때 빛】日ひが出でるときの光ひか。 ❷日差ひざし｜日脚ひあし。=햇발

햇-나물圏 その年としにとれた青菜あおな。

햇-님圏 ☞'해님'의 잘못.

햇-닭圏 その年としに孵化ふかしたにわとり。

햇-무리圏 日暈ひがさ。

햇무리-구름圏《기상》絹層雲けんそううん｜巻層雲けんそううん。=권층운

햇-발圏 日差ひざし｜日脚ひあし。 예 ~이 차츰 옮겨 간다. 日差しが次第しだいに移うつる。

햇-볕圏 太陽たいようの光ひか｜日差ひざし｜日光にっこう｜陽光ようこう。 예 ~이 잘 드는 방 日当ひあたりのいい部屋へや／~이 들다. 日が差さす。／~을 쬐다. 日光を浴あびる。／~에 검게 그을다. 日光に黒くろく焼やける。=볕

햇-병아리圏 ❶新しんしく孵化ふかしたひよこ。 ❷【갓 나온 사람을 비유적으로】新人しんじん｜駆かけ出だし。 예 ~ 아나운서 駆け出しのアナウンサー。

햇-보리圏 その年としに収穫しゅうかくされた大麦おおむぎ。

햇-빛圏 ❶太陽たいようの光ひか｜日ひが比照ひでる｜太陽の光が照てる。／안경알이 ~에 반사된다. 眼鏡めがねのレンズが日光に反射はんしゃする。／~이 잘 드는 창가에 앉다. 日当ひあたりの良よい窓際まどぎわに座すわる。／여름 ~은 강하다. 夏なつの日差しは強つよい。／커튼으로 ~을 가리다. カーテンで日光を遮さえぎる。 ❷【세상에 알려져 빛을 바라보는 처지로】日ひの目めを見みること。 예 그의 그림은 생전에

햇-살[명] 日差し｜日の光か｜陽光よう。예 따사로운 ~ 暖かい日差し/ ~이 따갑다. 日差しが焼けつくようだ。/ ~이 너무 세다. 日差しが強すぎる。

햇-수(-數)[명] 年数ねん｜足掛あしかけ。예 입사하고 ~로 5년이 되었다. 入社して足掛け5年になった。

햇-잎[명] 新たに芽生えた葉。

행¹(行)[명] 【인쇄】行ぎょう｜くだり。예 ~을 바꾸어 쓰다. 行を改めて書く。

-행²(行)[접] 一行ゆき。예 오사카행 大阪行おおさかゆき。

행간(行間)[명] 行間ぎょう。예 ~이 빡빡해서 읽기 힘들다. 行間が詰まって読みにくい。/ ~을 읽다. 行間を読む。

행객(行客)[명] 行客きゃく｜旅人たび。

행군(行軍)[명] 行軍ぐん。
　행군-하다[자] 行軍する。예 장거리를 쉬지 않고 ~. 長距離を休まずに行軍する。

행글라이더(hang-glider)[명] ハンググライダー。

행낭(行囊)[명] 【우편】行囊ぎょう｜郵袋ゆう。

행년(行年)[명] 行年ゆき｜当年の年齢ねん。

행동(行動)[명] 行動どう｜行ない｜振る舞い。예 ~ 규범 行動規範はん。
　행동-하다[자] 行動する｜振る舞う。예 주의 깊게 행동하는 사람 注意深く行動する人/ 신속하게 ~. 迅速に行動する。

행동-거지(行動擧止)[명] 立ち居ふる振る舞い｜物腰もの｜身ごなし。

행동-반경(行動半徑)[명] 行動半徑はんどう。

행락(行樂)[명] 行樂らく。

행락-객(行樂客)[명] 行樂客きゃく。

행랑(行廊)[명] 【조선시대】ヘンナン。

행랑-살이(行廊-)[명] 人のヘンナンに住みながら召使めしとして暮らすこと。

행랑-아범(行廊-)[명] ヘンナンに住む下男なん。

행랑-어멈(行廊-)[명] ヘンナンに住む下女じょ。

행려병자(行旅病者)[명] 行旅病者びょう｜行旅病人びょうにん。

행렬(行列)[명] 行列れつ。예 가장 ~ 仮装行列/ 긴 ~이 생기다. 長い行列が出来る。
　행렬-하다[자] 行列ぎょうする。

행로(行路)[명] 行路ろ。❶大通おおどおり｜表通おもてどおり。=한길【옛말】❷道を行くこと｜道筋みち。❸【심리】世渡り。예 인생 ~ 人生じんせい行路。

행방(行方)[명] 行方ゆき｜行方先ゆきさき。예 아버지의 ~을 모른다. 父親の行方がわからない。/ ~을 감추다. 行方をくらます。

행방-불명(行方不明)[명] 行方不明ふめい。

행보(行步)[명] 行步ほ｜歩み。
　행보-하다[자] 行步する｜歩行する。

행복(幸福)[명] 幸福ふく｜幸せ。예 ~을 느끼다. 幸せを感じる。/ ~을 빌다. 幸福を祈る。
　행복-하다[형] 幸福ふくだ｜幸しあわせだ。예 행복한 사람 幸福な人ひと。

행복 추구권(幸福追求權)《법》幸福こう追求權けん。

행-불행(幸不幸)[명] 幸福と不幸ふこう。

행비(行費)[명] ☞노자(路資)。

행사¹(行事)[명] 行事ぎょう｜催もよおし物。예 학교 ~ 学校行事/ 연중 ~ 年中ちゅう行事/ ~을 개최하다. 行事を催ぐ。

행사²(行使)[명] 【예】行使こう。
　행사-하다[자] 行使する。예 무력을 ~. 武力ぶりょくを行使する。

행상(行商)[명] 行商ぎょう｜旅商ない。예 ~을 나가다. 旅商いに出る。

행상-인(行商人)[명] 行商人じょうしょう。

행색(行色)[명] 身なり｜身ごしらえ｜装い。예 초라한 ~의 남자 みすぼらしい身なりをした男おとこ。

행서(行書)[명] 【예】行書しょ。

행선-지(行先地)[명] 【조선시대】行き先ゆき｜目的地もくてき。예 ~를 정하다. 行き先を決める。

행성(行星)[명] 《천》惑星ほし｜遊星ゆう。=떠돌이별·유성·혹성

행세¹(行世)[명] ❶【어떤 양상처럼 처신함】成りおおせること｜成り済ますこと。예 의사 ~를 하다. 医師に成り済ます；医師であるように振る舞う。❷【행세하기를 처신하는 것】世渡りすること｜処世じょ。예 그의 ~가 괘씸하다. 彼の世渡りする態度がけしからぬ。
　행세-하다[자] ❶成り済ます｜—のふりをする。예 부자인 양 ~. 金持ちのように振る舞う。❷世渡りする。

행세²(行勢)[명] 【권세를 휘두름】権勢けんを振るうこと｜羽振りを利かせること。

행세-하다² 자 権勢を振るう｜羽振りを利かせる。

행수(行數) 명 行なうの数。

행습(行習) 명 ❶習慣になるように行動すること。❷習性｜習慣。

행실(行實) 명 身持ち｜行ない｜品行｜行状。例 ~을 바르게 하다. 品行を正す。

행악(行惡) 명 悪事を働くこと。
　행악-하다 悪事を働く。

행여(幸-) 🇯 ひょっとしたら｜もしかしたら｜もし｜もしや。例 ~ 얼굴이라도 볼 수 있을까 하여 늘 그 자리에 가지만 아직 한 번도 볼 수가 없었다. ひょっとしたら顔でも見られるだろうかと思って、いつもその場所に行くが、まだ一度も見ることができていない。/ ~ 소식이 올까 하여 매일 우체통을 들여다본다. ひょっとして知らせが届いているかと思って、毎日郵便ポストをのぞいてみる。

행여-나(幸-) 🇯 ひょっとしたら｜もしかしたら｜もし｜もしや。

행운(幸運) 명 幸運。例 ~의 여신 幸運の女神／~을 빌다. 幸運を祈る。

행운-아(幸運兒) 명 幸運児。

행원(行員) 명 行員｜銀行員。＝은행원

행위(行爲) 명 行為｜行ない。例 의료 ~ 医療行為／부정~ 不正行為／불법 ~ 不法行為。

행인(行人) 명 ❶行人。❷行人｜行者。

행장¹(行長) 명 (銀行の)頭取。＝은행장

행장²(行裝) 명 旅行装｜旅装｜旅支度｜旅装束。例 ~을 꾸리다. 旅支度を整える。

행적(行跡・行績・行蹟) 명 ❶行跡｜行われたあと｜行ないのあと。❷事績｜業績｜実績｜足跡。例 그는 과학계에 큰 ~을 남겼다. 彼は科学界に大きな足跡を残した。❸不身持ちを残したあと。例 과거의 ~을 지우다. 過去の不身持ちの跡形を消し去る。

행정(行政) 명 行政。例 ~ 기관 行政機関／~ 감사 行政監査／~ 재판 行政裁判／~ 처분 行政処分。

행정-권(行政權) 명 行政権。
행정-부(行政府) 명 行政府。

행정 소송(行政訴訟) 행政訴訟。
행정 심판(行政審判) 行政審判。
행정-학(行政學) 行政学。
행주 명 布巾。
행주-질 명 布巾がけ。
　행주질-하다 布巾をかける｜布巾で拭く。

행주-치마 명 前掛け｜エプロン。

행진(行進) 명 行進。
　행진-하다 行進する。例 큰길을 따라 ~. 大通りに沿って行進する。

행진-곡(行進曲) 음 行進曲｜マーチ。例 결혼 ~ 結婚マーチ／~에 맞추어 걷다. 行進曲に合わせて歩く。

행짜 명 人に意地悪をすること。例 그 일꾼은 매사에 ~를 부린다. その作業員はことごとに意地悪をする。

행차(行次) 명 (目上の人の)お出かけ｜お出まし。

행태(行態) 명 行動する様相や態度。

행티 명 意地悪をする癖｜人を困らせる悪い癖。例 그 소년은 언제나 ~를 부린다. その少年はいつでも意地悪をする。

행패(行悖) 명 乱暴なふるまいをすること｜狼藉。例 ~를 부리다. 狼藉を働く。
　행패-하다 자 乱暴なふるまいをする｜狼藉する。

행-하다(行-) 行なう｜実行する｜果たす｜なす。例 의식을 ~. 儀式を行なう。

향(香) 명 ❶香｜線香。例 ~을 피우다. 香をたく。❷香り｜よい匂い。例 비누 ~이 좋다. 石けんの香りがいい。 =향기

향가(鄕歌) 명 郷歌。

향긋-하다 형 芳しい｜芳しい｜香ばしい。例 향긋한 홍차의 향기 香ばしい紅茶の香り。

향기(香氣) 명 香り｜香気｜におい。例 꽃 ~ 花のにおい。

향기-롭다(香氣-) 형 芳しい｜芳しい｜香ばしい。例 향기로운 냄새 芳しい香り。
　향기로이 芳しく｜芳しく｜香ばしく。

향-나무(香-) 명 イブキ｜柏槇。例 ~ 분재 イブキの盆栽／~ 한 그루가 운치 있게 서 있다. 一本のイブキが風雅が

향남(向南)[명] 南向き｜南に向かうこと。=향목

향남-하다[자] 南向に向かう｜南を向く。

향낭(香囊)[명] ❶麝香囊｜=사향샘 ❷香囊｜匂い袋。

향-내(香—)[명] ❶香気｜香り。❷香のにおい。=향냄새

향-냄새(香—)[명] ☞향내❷

향년(享年)[명] 享年｜行年・齢。｜92세 享年92歳

향당(鄕黨)[명] 鄕党。

향도(嚮導)[명] 嚮導。

향도-하다[타] 嚮導する。

향락(享樂)[명] 享楽。｜~에 빠지다. 享楽にふける。

향락-하다[타] 享楽する。

향락-적(享樂的)[관] 享楽的。｜~인 분위기 享楽的ムード。

향락-주의(享樂主義)[명] 享楽主義。

향랑-각시(香娘—)[명] ☞노래기

향로(香爐)[명] 香炉。

향료(香料)[명] 香料。❶香気を出すために加える物質。❷香典。

향리(鄕里)[명] 郷里。❶故郷｜ふるさと。❷村里｜鄕村。

향목(香木)[명] 향나무

향미(香味)[명] 香味。

향미-료(香味料)[명] 香味料。

향방(向方)[명] 向かっていく方向｜行く先。｜세계 경제의 ~ 世界の経済の向かっていく方向/앞으로의 ~이 불명하다. この先の見通しがつかない。

향배(向背)[명] 向背。

향-불(香—)[명] 香をたく火。

향사(向斜)[명] 向斜。

향상(向上)[명] 向上。｜능률의 ~ 能率の向上。

향상-하다[자] 向上する。｜실력을 향상시키다. 実力を向上させる。

향수¹(享受)[명] 享受。

향수-하다[타] 享受する。｜자연을 ~. 自然を享受する。

향수²(香水)[명] 香水。｜~를 뿌리다. 香水をつける。

향수³(鄕愁)[명] 郷愁｜ノスタルジア。｜~에 젖다. 郷愁に浸る。

향수-병(鄕愁病)[명] 懐郷病｜ホームシック。

향신-료(香辛料)[명] 香辛料｜スパイス。

향연¹(香煙)[명] ❶香煙｜香をたく煙。❷芳ばしいタバコ。

향연²(饗宴)[명] 饗宴。｜~을 열다. 饗宴を開催する。

향유¹(享有)[명] 享有。

향유-하다[타] 享有する。｜자유를 ~. 自由を享有する。

향유²(香油)[명] ❶香油。❷胡麻油。=참기름

향응(饗應)[명] 饗応｜供応。｜~을 받다. 饗応を受ける。

향응-하다[타] 饗応する｜供応する。

향일-성(向日性)[명] [식]向日性。=해굽성

향초(香草)[명] ❶香草。❷香りのよいたばこ。

향촌(鄕村)[명] 村里｜郷村。

향토(鄕土)[명] 郷土。❶故郷｜ふるさと｜郷里。❷ある地方｜田舎。｜~ 문화 郷土文化/~ 문학 郷土文学/~ 음식 郷土料理。

향토-색(鄕土色)[명] 郷土色｜地方色｜ローカルカラー。

향-하다(向—)[자타] ❶(ある方向に)向く｜向かう｜面する。｜창문은 남쪽을 향하여 내야 한다. 窓は南側に面するべきだ. / 왼쪽을 향해 서다. 左側に向かって立つ. / 환송하는 사람들을 향하여 손을 흔들다. 歓送する人々に向かって手を振る. / 서로 마주 향한 채 눈싸움을 하다. 向き合ったまま睨めっこをする。❷(目標に)向かう｜目指す。｜기차를 타고 그리운 고향으로 ~. 汽車に乗って懐かしい故郷を目指す. / 10분 후에는 학교로 향하여 출발할 예정이다. 10分後には学校に向かって出発する予定だ。❸(心を)傾ける｜向く。｜그녀에게 향한 마음을 접다. 彼女に傾けた気持ちを諦める. / 마음이 향하면 언제든 오세요. 気が向いたらいつでもおいでください。

향학(向學)[명] 向学。

향학-하다[타] 学問に志す。

향학-심(向學心)[명] 向学心。

향학-열(向學熱)[명] 向学熱の熱意。

향후(向後)[명] 向後｜今後｜以後。

~의 대책을 발표하다. 今後の対策$_{たいさく}$を発表$_{ひょう}$する。

허¹[부] はあ｜ほう｜ふう。

허²[감] はあ｜ほう。 예 ~, 이거 정말 야단났군. はあっ、これは本当$_{ほんとう}$に大変$_{たいへん}$だ。

허³(虛)[명] 虛$_{きょ}$。 예 ~와 실 虛と実$_{じつ}$/ ~를 보이다. 弱$_{よわ}$みを見$_{み}$せる。

허-하다[형] ❶ 丈夫$_{じょうぶ}$でなくすきがある｜弱$_{よわ}$い｜もろい。 예 적의 수비가 ~. 敵の守備$_{しゅび}$が~。 ❷ (中$_{なか}$が)空$_{から}$っぽだ｜空$_{あ}$いている｜空$_{あ}$いている。 예 속이 허해서 밥을 먹어야겠다. お腹$_{なか}$が空$_{す}$いたので、ご飯$_{はん}$を食$_{た}$べなくちゃいけない。 ❸ 元気$_{げんき}$がない｜虛弱$_{きょじゃく}$だ。 예 이 사람은 허해 보인다. この人$_{ひと}$は元気がないように見$_{み}$える。/기력이 ~. 気力$_{きりょく}$が衰$_{おとろ}$える。

허를 찌르다[관용] 虛$_{きょ}$を衝$_{つ}$く。 예 기습 공격으로 상대방의 허를 찌르다. 奇襲$_{きしゅう}$攻撃$_{こうげき}$で相手の虛を衝く。

허가(許可)[명] 許可$_{きょか}$｜許し。 예 ~를 받다. 許可を受$_{う}$ける。

허가-하다[타] 許可$_{きょか}$する｜許す。 예 귀회를 ~. 帰化を許可する。

허가-증(許可證)[명] 〈법〉許可証$_{きょかしょう}$。

허겁-지겁[부] あたふた。 예 ~ 숨다. あたふたと隱れる。/ ~ 달려가다. あたふたと駆$_{か}$けつける。

허겁-하다(虛怯-)[형] 心$_{こころ}$がしっかりせず臆病$_{おくびょう}$だ。

허공(虛空)[명] 虛空$_{こくう}$｜何$_{なに}$もない空中$_{くうちゅう}$。 예 멍하니 ~을 바라보았다. ぼんやりと虛空を見$_{み}$つめた。

허구(虛構)[명] 虛構$_{きょこう}$ ❶ 作$_{つく}$りごと。 예 ~의 세계 虛構の世界$_{せかい}$。 ❷ 《문》フィクション。

허-구렁(虛-)[명] からっぽの穴$_{あな}$。 예 ~에 빠지다. 穴に落$_{お}$ちる。

허구리[명] わき腹$_{ばら}$｜橫腹$_{よこばら}$。

허구-성(虛構性)[명] 虛構性$_{きょこうせい}$。

허구-하다(許久-)[형] (年月$_{ねんげつ}$が)久$_{ひさ}$しい。

허기(虛飢)[명] 飢$_{う}$え｜餓$_{う}$え｜ひもじさ。 예 ~를 느끼다. 飢えを感$_{かん}$じる。

허기-지다(虛飢--)[형] ひもじい｜ひもじくて元気$_{げんき}$がない｜ひだるい。

허 깨비[명] ❶ 幻$_{まぼろし}$｜幻影$_{げんえい}$。 = 헛것² ❷ 思$_{おも}$ったより重$_{おも}$みのない物$_{もの}$。

허니문(honeymoon)[명] ハネムーン。

허다-하다(許多—)[형] 数多$_{かずおお}$い｜たくさんある。 예 해결해야 할 문제가 ~. 解決$_{かいけつ}$すべき問題$_{もんだい}$が数多い。

허다-히[부] 数多$_{かずおお}$く｜あまた｜いくた｜たくさん。

허덕-거리다[자] ❶ 幼児$_{ようじ}$が手足$_{てあし}$をばたつかせる｜ばたばたする。 ❷ 苦$_{くる}$しむ｜あえぐ｜苦鬪$_{くとう}$する。 예 자금난에 ~. 資金難$_{しきんなん}$で苦しむ。 =허덕대다

허덕-대다[자] ☞허덕거리다

허덕-이다[자] ❶ (手足$_{てあし}$を)ばたばたさせる。 ❷ 苦$_{くる}$しむ｜あえぐ｜じたばたする。 예 어려운 일에 매달려 ~. 難$_{むずか}$しい仕事$_{ごと}$に没頭$_{ぼっとう}$してあくせくする。

허덕-지덕[부] あえぎあえぎ｜あくせく｜ばたばた。 예 ~ 달려오다. あえぎあえぎ駆$_{か}$け付$_{つ}$ける。

허덕-허덕[부] ❶ あえぎあえぎ｜ふうふう｜あっぷあっぷ。 ❷ ばたばた。

허두(虛頭)[명] 冒頭$_{ぼうとう}$。

허둥-거리다[자] ふためく｜あたふたする｜じたばたする｜うろたえる。 예 늦잠을 자서 허둥거리고 있다. 寝坊$_{ねぼう}$してあたふたしている。 =허둥대다

허둥-대다[자] ☞허둥거리다

허둥-지둥[부] あたふた｜じたばた｜うろうろ。 예 ~ 나가다. あたふたと出$_{で}$かける。

허둥-허둥[부] あたふた｜じたばた｜うろうろ。

허드레[명] 大切$_{たいせつ}$でなくたやすく使$_{つか}$えるもの｜がらくた。

허드레-꾼[명] 雑役夫$_{ざつえきふ}$｜下働$_{したばたら}$き。

허드렛-물[명] 雑用$_{ざつよう}$の水$_{みず}$｜使$_{つか}$い水$_{みず}$。

허드렛-일[명] 雑役$_{ざつえき}$｜雑用$_{ざつよう}$。

허든-거리다[자] ふらつく｜よろける。 예 술에 취해 ~. 酒に酔$_{よ}$ってふらつく。/허든거리며 걷다. よろけながら歩$_{ある}$く。 =허든대다

허든-대다[자] ☞허든거리다

허든-허든[부] よろよろ｜ふらふら。

허들(hurdle)[명] 《운》ハードル。 예 ~을 넘다. ハードルを越$_{こ}$す。

허락(- 許諾)[명] 承諾$_{しょうだく}$｜承知$_{しょうち}$。 예 ~을 구하다. 承諾を求$_{もと}$める。

허락-하다[타] 承諾$_{しょうだく}$する｜承知$_{しょうち}$する｜許$_{ゆる}$す。 예 결혼을 ~. 結婚$_{けっこん}$を承諾する。

허랑방탕-하다(虛浪放蕩—)[형] 言動ありが誠実でなく放蕩ほうとうだ。

허랑-하다(虛浪—)[형] 言動ありが浮ついて不実ふじつだ。
　허랑-히[부] 浮ついて不実ふじつに。

허례(虛禮)[명] 虛禮きょれい。[예] ~를 폐지하다. 虚礼を廃止はいしする。

허례-허식(虛禮虛飾)[명] 虚礼虚飾きょれいきょしょく。虚礼と飾しょく。

허로(虛勞)[명] 虚労きょろう。

허론(虛論)[명] ☞공론1(空論)

허름-하다[형] ❶[낡은] (少し)古びている｜少しくたびれている｜古くさい。[예] 허름한 건물 古びた建物/ 허름한 옷차림을 하고 있다. 古くさい身なりをしている。❷[상태·품질이 표준에 좀 떨어지는] (人ひと·物ものが標準ひょうじゅんに少し及およばなくて)手薄てうすだ｜お粗末だ｜いい加減かげんにする。[예] 허름한 구두를 한 켤레 샀다. お粗末な靴を一足いっそく買かった。/경비가 그렇게 허름하다니. 警備けいびがそんなに手薄だなんて。❸[값이 싼 듯한] (値段ねだんが)安やすそうだ｜少し安い。[예] 허름한 집을 사서 개축하다. 安そうな家を買かって改築かいちくする。

허리[명] ❶腰こし。[예] ~를 굽히다. 腰を曲まげる；腰をかがめる。/~가 아프다. 腰が痛いたい。❷(物事ものごとの)中間かんの部分ぶぶん。
　허리가 끊어지다[관용] ☞허리를 잡다
　허리가 휘다[휘어지다][관용] [감당하기 어려워서 부담이 크다] 手てに負おえない｜手に余あまる。
　허리를 잡다[관용] 〔日〕腹を抱かかえて笑わらう｜腹を捩よじる。=허리가 끊어지다 ●일본어에서는 「腹」(배)를 써서 표현한다.
　허리를 펴다[관용] [걱정없이 편하게] 気楽きらくに暮くらす。

허리-둘레[명] 腰周こしまわり｜(ズボン·スカートなどの)腰の寸法すんぽう。

허리-등뼈[명] 《의》腰椎ようつい。

허리-띠[명] 帯おび｜腰帯こしおび｜腰ひも｜ベルト。[예] ~를 매다. ベルトをしめる。/~를 풀다. ベルトをはずす。=벨트1·요대
　허리띠를 졸라매다[관용] ❶[생활을 아끼다] 生活せいかつを引ひき締しめる｜倹約けんやくする。❷[굳은 각오로 일을 시작하다] 固かたい覚悟かくごの上うえで仕事しごとを始はじめる。
　허리띠를 풀다[끄르다][관용] 緊張きんちょうを緩ゆるめる。

허리-뼈[명] 《의》腰骨こしぼね。=요골

허리-춤[명] (ズボン·スカートなどの)腰の内側うちがわ。=요하·춤3

허리케인(hurricane)[명] ハリケーン。~이 해안을 강타하다. ハリケーンが海岸かいがんに大打撃だいだげきを与あたえる。

허리-통[명] 腰周こしまわり｜ウエスト。

허릿-단[명] 腰こしに当あてる布ぬの。

허릿-매[명] (女おんなの)しなやかな腰付こしつき。

허릿-심[명] ❶腰こしの力ちから。[예] 그 일은 ~으로 하는 것이 아니다. その仕事しごとは腰の力でやるのではない。❷(矢やなどの)中間ちゅうかん部分ぶぶんの堅かたさ。

허망(虛妄)[명] ❶[거짓되고 망령됨] 虚妄きょもう。❷[허전하고 어이없음] あっけないこと｜空むなしいこと。
　허망-하다 あっけなく空むなしい｜いつわりでむなしい。[예] 허망한 인생 むなしい人生じんせい/ 허망하게 끝났다. あっけなく終おわった。

허무(虛無)[명] 虚無きょむ。
　허무-하다[형] 空むなしい｜はかない。

허무-감(虛無感)[명] 虚無感きょむかん。

허무맹랑-하다(虛無孟浪—)[형] 荒唐無稽こうとうむけいだ｜根拠こんきょがなくでたらめである。[예] 허무맹랑한 이야기 荒唐無稽な話はなし。

허무-주의(虛無主義)[명] 虚無主義きょむしゅぎ｜ニヒリズム。

허물1[명] ❶[피부] 表皮ひょうひ｜被膜ひまく。❷[허물벗은 껍질] 抜ぬけ殻がら。[예] 뱀~ へびの抜け殻。

허물2[명] ❶[잘못] 過失かしつ｜過あやまち｜とが。[예] 남의 ~을 들추어내다. 人の過ちを暴あばく。/내 ~을 그에게 들켰다. 私わたしの過ちが彼かれにばれた。❷[흠] 欠点けってん｜粗あら｜傷きず。

허물다[타] ❶[쌓은 것을] (積つみ上あげたり作つくられたり組くみ立たてたりした物ものを)崩くずす｜打うち壊こわす｜取とり壊こわす。[예] 낡은 담을 ~. 古ふるい塀へいを崩す。/헌 집을 허물고 새로 짓다. 古い家を打ち壊して新あたらしく建たてる。❷[생각·관습 따위를] (考かんがえ·慣習かんしゅうなどを)無なくす。[예] 관습을 ~. 慣習を無くす。/고정 관념을 ~. 固定観念こていかんねんを無くす。

허물-벗기[명] ☞탈피

허물어-뜨리다[타] 打うち壊こわす｜打ち砕くだく。=허물어트리다

허물어-지다[자] 壊こわれる｜崩くずれる。

허물어-트리다[타] ☞허물어뜨리다

허물-없다[형] 気安きやすい｜心安こころやすい｜気兼きがねしない。[예] 허물없는 사이 気安い間柄あいだがら。
　허물없-이[부] 気安きやすく｜心安こころやすく。[예] ~ 이야기하다. 心安く話はなす。

허밍(humming)몡《音》ハミング；鼻歌ばなうた。예~으로 따라 부르는 노래 ハミングで続いて歌うた歌。

허방몡〖함정〗くぼみ；くぼ地ち。
　허방(을) 짚다관용 見込みこみ違いをする；誤算ごさんする。
　허방(을) 치다관용 当あてが外はずれる；失敗しっぱいする。

허방-다리몡【함정】落おとし穴あな；陥穽かんせい。예~에 빠져 다리를 다치다. 落とし穴には まって足を怪我けがする。

허벅-다리몡 高股たかまた。

허벅-살몡 高股たかまたの内側うちがわの肉にく。

허벅지몡 高股たかまたの内側うちがわ。

허벅허벅-하다협〖과일 따위가 싱싱하고 연함〗ぱさぱさしている；かすかすだ。

허비(虛費)몡 浪費ろうひ；無駄遣むだづかい；空費くうひ。
　허비-하다타 浪費ろうひする；無駄遣むだづかいする。

허비다타 ❶〖손톱이나 날카로운 것으로 긁어 파다〗ほじくる；ほじる。❷〖아픈 마음을 일으키게 하다〗抉えぐる。❸〖헐뜯다〗人ひとをけなす。

허비적-거리다타〖손톱이나 날카로운 것으로 긁어 파다〗しきりにほじくる。=허비적대다

허비적-대다타 ☞허비적거리다

허비적-허비적부〖허비적거리는 모양〗しきりにほじくるさま；ぽりぽり。

허사(虛事)몡 ☞헛일

허사(虛辭)몡 ❶虛辞きょじ；虛言きょげん；うそ。=거짓말 ❷〈언〉実質的じっしつてきな意味を持たず、文法的ぶんぽうてきな機能きのうだけを持もつ語ご；虛字きょじ。=형식 형태소

허상(虛像)몡 虛像きょぞう。예마음이 만들어 낸 ~에 지나지 않는다. 心こころが作つくり出だした虛像に過すぎない。

허섭스레기몡 残のりかす；屑物くずもの；がらくた。

허세(虛勢)몡 虛勢きょせい；空威張からいばり；空元氣からげんき。예~를 부리다. 虛勢を張はる；空威張りする。

허송(虛送)몡 無爲むいに過すごすこと。예인생을 ~으로 보내다. 人生じんせいを無爲に過ごす。
　허송-하다타 無爲むいに過ごす。

허송-세월(虛送歲月)몡 無爲むいに日ひを送おくること。
　허송세월-하다자 無爲に日ひを送る。

허수(虛數)몡《수》虛数きょすう。예~는 복소수에 포함된다. 虛数は複素数ふくそすうに含まれる。

허수-아비몡 ❶案山子かかし・そう。❷〖남의 조종으로〗操あやつり人形にんぎょう；傀儡かいらい。

허수-하다협〖허전〗寂しい；心細こころぼそい。예네 얼굴이 보이지 않으니 허수한 마음 가눌 길이 없다. 君の顔が見えないので、心細い心こころを支えるすべがない。❷〖허술〗疎おろそかだ。

허술-하다협 ❶〖낡고 헐었다〗古ふるくてみすぼらしい。예허술해 보이는 물건 みすぼらしく 見みえる物もの。❷〖변변하지 못함〗疎おろそかだ；手薄てうすだ；不用心ふようじんだ。예경비가 허술해지다. 警備けいびが手薄になる。
　허술-히부 みすぼらしく；疎おろそかに。

허식(虛飾)몡 虛飾きょしょく；みえ。예~에 찬 결혼식 虛飾にみちた結婚式けっこんしき。

허실(虛實)몡 虛実きょじつ；虛きょと実じつ；うそとまこと。예~을 밝히다. 虛実を明あきらかにする。

허심(虛心)몡 虛心きょしん。
　허심-하다협 虛心きょしんだ。예허심하게 경청하였다. 虛心に耳みみを傾かたむけた。

허심-탄회(虛心坦懷)몡 虛心坦懷きょしんたんかい。
　허심탄회-하다협 虛心坦懷きょしんたんかいだ。예허심탄회하게 대화하다. 虛心坦懷に対話たいわする。

허약(虛弱)몡 虛弱きょじゃく。
　허약-하다협 虛弱きょじゃくだ；弱よわい。예허약한 체질이다. 虛弱な体質たいしつだ。

허언(虛言)몡 虛言きょげん；うそ；いつわり。=거짓말
　허언-하다자 虛言きょげんをする。

허여(許與)몡 許ゆるしてやること；心こころから許ゆるすこと。
　허여-하다타 許ゆるしてやる；心こころから許ゆるす。

허여-멀겋다협 ❶〖희다〗透すき通とおるように白しろい。예허여멀건 얼굴 透き通るように白い顔かお/허여멀겋게 생긴 사내아이 透き通るように色いろの白い男おとこの子こ。❷〖죽 따위가〗白しろっぽく薄うすい。예허여멀건 죽 白っぽく薄い粥かゆ。=희묽다❷

허여멀쑥-하다협 色白いろじろできれいだ。예허여멀쑥하게 생긴 얼굴 色白できれいな顔かお。
　허여멀쑥-히부 色白いろじろできれいに。

허영(虛榮)몡 虛栄きょえい；見みえ。예~으로 가득 찬 인생 見栄みえっ張ばりの人生じんせい。

허영-거리다자 足取あしどりが乱れる；よろめく；ふらつく。예눈앞이 아물거리고 다리가 ~. 目の前がちらちらして足

がふらつく。=허영대다
허영-대다자☞허영거리다
허영-심(虛榮心)몡 虛栄心。
허영-주머니(虛榮―)몡 見えっ張り｜見え坊。例 빚까지 져 가면서 그렇게 ~로 살고 싶니? 借金までしながらそんなに見え坊として生きたいの。
허영-허영囝【힘이없이 흔들리는 모양】 よろよろ｜ふらふら。
허열다혱 白い。例 허연 입김 白い息。 ↔꺼멀다
허예-지다 白くなる｜白む｜白ける。
허욕(虛慾)몡 無駄な慾。
허용(許容)몡 許容。例 ~ 기준 許容基準。
　허용-하다타 許容する｜許す。例 다양성을 ~. 多様性を許容する。
허우대【체격이 큰 신체】押し出し｜体格｜恰幅。例 ~가 좋다. 押し出しがよい。
허우룩-하다혱【헤어져서 서운함】(頼りにしていた人と別れて)心がうつろだ｜心寂しい。例 늘 보던 네가 옆에 없으니 ~. いつも側にいた君がいないので寂しい。
허우적-거리다자 しきりにもがく｜しきりにあがく｜あっぷあっぷする｜身もだえする｜じたばたする。例 물에 빠져 ~. 水中に落ちてもがく。/허우적거리며 수영하다. あっぷあっぷしながら泳ぐ。/손발을 ~. 手足をもがく。=허우적대다・허우적이다
허우적-대다자☞허우적거리다
허우적-이다자☞허우적거리다
허우적-허우적囝 じたばた｜あっぷあっぷ。例 ~ 팔을 내젓다. じたばた腕を振り回す。
허울몡 (内実ののない)見かけ｜上辺。例 ~뿐인 인간관계 上辺だけの人間関係。
허위¹(虛威)몡【허세를 부리는 위엄】虛威｜虚勢｜空威張り。
허위²(虛偽)몡【사실이 아닌 허위】虚偽｜偽り｜うそ。例 ~ 보도 虚偽の報道/~ 사실을 진술하다. 虚偽の事実を陳述する。
허위-넘다 (高い所を)身もだえしながら越える｜骨折って越える。
허위-단심몡 (ある目的に向かって)熱心に努力すること｜非常に苦労すること。

허위단심-하다자 熱心に努力する｜非常に苦労する。例 허위단심하고 먼 길을 찾아왔다. 非常に苦労して遠くから訪ねてきた。
허장-성세(虛張聲勢)몡 虚勢を張ること｜空威張り。
허적-거리다타 (積み重ねた物を)引っ搔き回す。=허적대다・허적이다
허적-대다타☞허적거리다
허적-이다타☞허적거리다
허적-허적囝 しきりに引っ搔き回すさま。
허전(虛傳)몡【허전】虚伝｜虚聞。
　허전-하다자타 偽りを伝える。
허전-거리다자 (病後・飢え・気力の衰えなどのために)足がふらつく｜よろめく。例 앓고 나서 다리가 ~. 患ってから足がよろめく。=허전대다
허전-대다자☞허전거리다
허전-하다혱 何となく寂しい｜うつろな感じだ｜物足りない。例 곱게 기른 딸을 시집보내고 나니 마음 한구석이 ~. 美しく育てた娘が嫁に行ってから、心の片隅が何となくうつろだ。
허전허전-하다❶【】とても心寂しい。例 마음이 허전허전하여 잠을 이룰 수가 없다. とても心寂しくて眠りにつくことができない。❷【】よろよろする｜ふらふらする。
허점(虛點)몡 弱点｜弱み｜虚。例 ~을 틈타다. 虚に乗ずる。/상대의 ~을 간파하다. 相手の弱点を見抜く。
허정-거리다자【힘이 없어 다리가 휘청거리는 모양】ふらふらする｜よろよろする。例 기운이 없어 다리가 ~. 気力がなくて足がふらふらする。=허정대다
허정-대다자☞허정거리다
허정-허정囝 ふらふら｜よろよろ。例 홀쭉하게 야윈 몸으로 ~ 걸어가다. げっそりやつれた体で、ふらふらと歩いていく。
허줄-하다혱【】腹がすいている｜ひもじい。=허출하다
허청-거리다자【】よろよろする｜ふらふらする。=허청대다
허청-대다자☞허청거리다
허청-허청囝 ふらふら｜よろよろ。
허출-하다혱☞허줄하다
허탈(虛脫)몡 虚脱。

허탈-하다〖형〗 虚脱する。

허탕〖명〗 徒労。無駄骨。無益な労苦。예~을 짚다. むだなことをする。 **허탕(을) 치다**〖관용〗 徒労に終わる；(釣りなどで)あぶれる。

허투루〖부〗 いい加減に；でたらめに；ぞんざいに。예작은 일이라도 ~ 해서는 안 된다. 小さなことでもいいかげんにしてはいけない。

허튼〖관〗 でたらめな；いい加減な；くだらない；つまらない。예~ 말을 할 사람은 아니다. いい加減なことを言う人ではない。/ ~ 짓은 하지 않겠지. くだらない振る舞いはしないだろ。

허튼-소리〖명〗 でたらめな話；いいかげんな言葉；与太な話。예~를 하다. 与太を飛ばす；よたる。

허튼-수작(—酬酌)〖명〗 でたらめな言動；出任せ。

허파(의肺臟)〖명〗 肺；=폐·폐부❶·폐장 **허파에 바람 들다**〖관용〗 でたらめに振る舞ったり、わけなく笑いこける。

허파-막(—膜)〖명〗 =가슴막

허파-문(—門)〖명〗〖의〗肺門；=폐문¹

허풍(虛風)〖명〗 ほら；らっぱ；誇張。예~을 떨다. ほらを吹く。/ ~을 치다. 大おおげさに誇張する；ほらを吹く；大言を吐く。=허풍선

허풍-선(虛風扇)〖명〗 ❶ ☞허풍 ❷ ☞허풍선이

허풍선-이(虛風扇—)〖명〗 ほらふき。=허풍선❷

허-하다(許—)〖타〗 許す；許諾する；承諾する。

허한(虛汗)〖명〗〖한〗体が衰弱して出る汗。

허행(虛行)〖명〗 ☞헛걸음

허허¹〖부〗 はは｜ほほ｜あはは。예할아버지가 ~ 웃으셨다. おじいさんがほほと笑われた。

허허-거리다〖자〗 しきりにはは笑う。=허허대다

허허-대다〖자〗 ☞허허거리다

허허²〖감〗 ❶ ふう｜ほう｜やあ。예~, 이게 무슨 일이야? ふう, これは何てことだ。/ ~, 휴대 전화로 사진도 찍고, 게임도 할 수 있다니, 참 편리하대. ほう, 携帯電話で写真も撮れるし、ゲームもできるなんて、ほんとうに便利だ。 ❷ こら。예~, 좀 조용히 해라, こら, ちょっと静かにしろ。

허허-바다〖명〗 広々と果てしない海；大海原。

허허-벌판〖명〗 広々と続く大平原。

허혼(許婚)〖명〗 婚姻を許すこと。 **허혼-하다**〖자〗 婚姻を許す。

허황-하다(虛荒—)〖형〗 荒唐無稽そうだ。예허황된 계획 でたらめな計画。

헉〖부〗 ❶ はっと。❷ ぺたり｜ぐったり｜ぐにゃっと｜ばたっと。❸ ぱっと｜ぱっと｜さっと｜がばと。 **헉-하다**〖자〗 ❶ 驚いて息をのむ音をする。예놀라서 헉하고 소리를 지르다. 驚いてはっと声を出す。❷ 疲れきって倒れる。예그는 지쳐서 길바닥에 헉하고 쓰러졌다. 彼はへたばって道ばたにぐったりと倒れた。❸ 急に飛びつく。예헉하고 달려들다. がばと飛びつく。

헉-헉〖부〗 ぜいぜい。

헉헉-거리다〖자·타〗 しきりに息切れがする｜あえぐ｜息を切らせる｜ぜいぜいする。예숨을 헉헉거리며 주저앉았다. 息をぜいぜいとしながら座り込んだ。=헉헉대다

헉헉-대다〖자·타〗 ☞헉헉거리다

헌〖관〗 古い｜よれよれの。예~ 옷 古着／~ 집 古家。

헌걸-스럽다〖형〗 逞しくりりしい。

헌걸-차다〖형〗 ❶ 逞しくりりしい。❷ 背がすらりと高い。

헌-것〖명〗 古物；ぼろ；ふる。

헌금(獻金)〖명〗 献金。예정치 ~ 政治献金／~을 내다. 献金を出す。 **헌금-하다**〖자·타〗 献金する。

헌납(獻納)〖명〗 献納。 **헌납-하다**〖타〗 献納する。

헌-데〖명〗 ただれ；できもの(の部位)。

헌법(憲法)〖명〗〖법〗憲法。예개정 憲法 改正／~ 재판 憲法裁判。

헌병(憲兵)〖명〗〖군〗憲兵。

헌-쇠〖명〗 屑鉄；スクラップ。

헌수(獻壽)〖명〗 長寿を祈って献盃すること。 **헌수-하다**〖자〗 長寿を祈って献盃する。

헌시(獻詩)〖명〗 詩を捧げること。 **헌시-하다**〖자〗 詩を捧げる。

헌신(獻身)〖명〗 献身。 **헌신-하다**〖자〗 献身する。예의료 발전에 ~. 医療の発展に献身する。

헌신-적(獻身的)〘관〙〘명〙献身的。 예~인 아내의 사랑 献身的な妻の愛。

헌-신짝〘명〙 弊履された靴。
헌신짝 버리듯〘관〙 弊履を棄つるが如し｜惜しげもなく捨てること。

헌장(憲章)〘명〙 憲章。 예올림픽 ~ オリンピック憲章。

헌정¹(憲政)〘명〙〘정〙 憲政｜立憲政治。

헌정²(獻呈)〘명〙 献呈。
헌정-하다〘타〙 献呈する｜差し上げる。 예작품을 ~. 作品を献呈する。

헌칠민틋-하다〘형〙 大柄でさっそうしている。

헌칠-하다〘형〙 背が高く体格がよくて、均衡がとれている。 예키가 ~. 背が高く均衡がとれている。 / 체격이 ~. 体格がよくて均衡がとれている。

헌혈(獻血)〘명〙 献血。 예~ 촉진 운동 献血促進運動。
헌혈-하다〘자〙 献血する。

헐가(歇價)〘명〙 ☞헐값

헐-값(歇─)〘명〙 捨て値｜安値｜廉価。 예~으로 사다. 捨て値で買う。 =헐가

헐겁다〘형〙 緩い｜だぶだぶだ｜ぶかぶかだ。 예나사가 ~. ねじが甘い。

헐근-헐근〘부〙 ぜいぜい｜あえぎあえぎ。

헐다〘자〙❶ (傷口·できものなどが)ただれる。 예피곤해서 입안이 헐었다. 疲れて口の中がただれた。❷ (古くなって)ぼろぼろになる｜古びる。 예옷이 헐어서 입을 수가 없다. 服がぼろぼろになって着れない。

헐다〘타〙❶ (建ててあったり積み上げたりした物などを)崩す｜壊す｜倒す。 예집을 헐고 새로 짓다. 家を壊して新しく建てる。 / 공장을 ~. 工場を壊す。❷ (詰め込んだりしていた物を)取り出す｜ふたをあける。 예새 김칫독을 ~. 新しいキムチの甕のふたをあける。 / 적금을 헐어서 쓰다. 積立預金を出して使う。❸ お金を細かくする｜崩す。 예1만 원짜리를 헐어서 아이에게 2천원을 주었다. 一万ウォン札を崩して、子供に二千ウォンをやった。

헐떡-거리다〘자〙〘타〙 しきりに息切れがする｜あえぐ｜息を切らせる｜ぜいぜいする。 예그가 숨을 헐떡거리며 이야기했다. 彼が息を切らせながら話した。 =헐떡대다·헐떡이다

헐떡-대다〘자〙〘타〙 ☞헐떡거리다
헐떡-이다〘자〙〘타〙 ☞헐떡거리다
헐떡-헐떡〘부〙 あえぎあえぎ｜ぜいぜい。

헐-뜯다 けなす｜そしる｜くさす｜こき下ろす。 예남을 ~. 人をけなす。

헐렁-거리다❶ だぶつく｜だぶだぶする｜ぶかぶかする。 예옷이 커서 ~. 服がだぶだぶきくてだぶだぶする。❷ 言葉や行動が浮つく｜軽々しくふるまう。 =헐렁대다

헐렁-대다〘자〙 ☞헐렁거리다

헐렁-이〘명〙 言動に落ち着きのない軽率な人｜おっちょこちょい。 예~처럼 돌아다니지 말고 좀 차분히 앉아 있어라. おっちょこちょいのように歩き回らないで、落ち着いて座っていなさい。

헐렁-하다〘형〙❶ 緩い｜だぶだぶだ。 예바지가 ~. ズボンがだぶだぶだ。❷ 締りがない。

헐렁-헐렁〘부〙❶ だぶだぶ｜ぶかぶか。❷ だらだら｜ふらふら。
헐렁헐렁-하다〘자〙〘형〙❶ 緩い｜だぶだぶだ｜ぶかぶかだ。❷ しまりがない。

헐레-벌떡〘부〙 息せき切って｜あえぎあえぎ｜ふうふう。 예집으로 달려갔다. 息せき切って家に駆けつけた。
헐레벌떡-거리다〘자〙〘타〙 息をはずませる｜しきりにあえぐ。 예볼일이 급해 헐레벌떡거리며 집으로 돌아왔다. 急ぎの仕事とで、息をはずませながら家に帰ってきた。 =헐레벌떡대다
헐레벌떡-대다〘자〙〘타〙 ☞헐레벌떡거리다
헐레벌떡-헐레벌떡〘부〙 あえぎあえぎ。

헐-리다〘자〙 壊される｜崩される。 예건물이 헐렸다. 建物が崩された。

헐-벗다〘자〙❶ ぼろを着る。 예헐벗은 사람들 ぼろをまとった人々。❷ 山が禿げる。 예헐벗은 산 はげ山。

헐쑥-하다〘형〙 顔がやせて血の気がない｜血色がない｜青ざめている｜やつれている。 예얼굴이 ~. 顔がやつれている。

헐쭉-하다〘형〙 やせこけている｜ひどくやつれている。

헐-하다(歇─)〘형〙❶ 値段が安い。❷ 容易い｜易しい。 예헐한 일 容易い仕事。❸ きびしくない。

헐헐[부]〖숨이 차서 숨을 고르게 쉬지 못하는 모양〗ぜいぜい；はあはあ。

험구(險口)[명]〖서슴 험하게 나쁜 말을 함〗謗る；悪口わる。

　험구-하다[타] 謗る；けなす。

험난-하다(險難―)[형] 險難なんだ。❶〖지세가〗地勢が險しい。[예]험난한 자연환경 險難な自然環境かんきょう。❷〖인생 따위가〗(人生じんせいなど)がつらく苦しい。험난한 삶 つらい生せい。

험담(險談)[명] 悪口わるぐち；そしり。

　험담-하다[타] 悪口わるぐちを言いう；そしる。

험로(險路)[명] 險路けんろ；險しい道みち。

험산(險山)[명] 險山けんざん；險しい山やま。

험상(險狀)[명] 險悪けんあくな様子ようすや状態じょうたい。

험상(險相)[명]〖험한 인상〗険相。

험상-궂다(險狀―)[형] すごく險しい；険悪けんあくだ；險相けんそうだ。[예]험상궂게 생긴 얼굴 險しい顔付かおつき/몰골이 ~. 見栄みえのしない顔かおが険しい。

험악-하다(險惡―)[형] 險悪けんあくだ；険けわしい。[예]협악한 분위기가 되다. 險悪な雰囲気ふんいきになる。/생김새가 ~. 見みた目めが険しい。

험준-하다(險峻―)[형] 險峻けんしゅんだ；山やまが高くて險しい。[예]험준한 산악 지대 險峻けんしゅんな山岳さんがく地帯ちたい。

험-집[명]『흠집』의 잘못.

험-하다(險―)[형] ❶〖지세가〗(地勢ちせいが)険しい。[예]산세가 ~. 山勢さんせいが険しい。❷〖생김새가〗(外見がいけん・姿すがたが)険悪けんあくだ；険けわしい；とげとげしい。[예]험한 인상 險悪けんあくな印象いんしょう。❸〖상태나 형세가〗(状態じょうたい・形勢けいせいなどが)厳きびしい；険けわしい；危あぶない。[예]분위기가 험하여 숨이 막힌다. 雰囲気ふんいきが険しくて息いきが詰つまる。/날씨가 험한 게 태풍이 몰아칠 것 같다. 天気てんきが険しく台風たいふうが吹ふき付つけるようだ。❹〖언행이나 태도가〗(言行げんこうなどが)荒あらい；不作法ぶさほうだ；荒々あらあらしい；乱暴らんぼうだ。[예]험한 말투를 쓰다. 荒い言葉遣ことばづかいをする。/운전을 험하게 한다. 運転うんてんを乱暴らんぼうにする。❺〖일이 힘이 들다〗(仕事しごとが)荒あらくて力ちからに余あまる；きつい；危あぶない；危険きけんだ。[예]험한 일을 많이 하다. 危ない仕事をたくさんする。/험한 일을 해서 손이 거칠어지다. きつい仕事をして手てが荒あれる。

　험-히[부] 険しく｜険悪けんあくに｜厳きびしく。

헙수룩-하다[형] ❶〖머리털이 텁수룩하다〗(髮かみ・ひげなどがかなり伸のびて)ぼうぼうとしている｜もじゃもじゃだ。[예]머리가 헙수룩하게 자라다. 頭あたまがぼうぼうとのびる。/수염이 ~. ひげがもじゃもじゃだ。❷〖옷차림이〗身みなりがみすぼらしい。

헛[접]〖보람 없이〗むなしい―｜無駄むだな―｜いつわりの―。[예]헛수고 徒労とろう；無駄骨むだぼね/헛소문 根ねも葉はもないうわさ；デマ。

헛-간(―間)[명] 納屋なや｜倉庫そうこ｜小屋こや。[예]~에 매어 놓은 소 扉とびらのない納屋に繋つないでおいた牛うし。

헛-갈리다[자] ☞ 헷갈리다

헛-걸음[명] 無駄足むだあし｜空足からあしを踏ふむ。=헛행

　헛걸음-하다[자] 無駄足むだあし｜空足からあしを踏ふむ。[예]찾아갔는데 부재중이어서 헛걸음했다. 訪たずねて行いったが留守るすだったので無駄足むだあしになった。/헛걸음하지 않도록 먼저 확인하고 갑시다. 無駄足むだあしを踏まないように、まず確たしかめてから出掛でかけましょう。

헛-것[명] ❶☞헛일 ❷허깨비

헛-고생(―苦生)[명] 無駄骨むだぼね｜無駄骨折むだぼねおり。

　헛고생-하다[자] 無駄骨むだぼねを折おる。

헛-공론(―公論)[명] 無益むえきな議論ぎろん。

　헛공론-하다[자타] 無益むえきな議論ぎろんをする。

헛-구역(―嘔逆)[명] から吐はき｜空嘔からえずき。

헛구역-질(―嘔逆―)[명] 空嘔からえずき｜空吐気からはきけ。[예]~이 자꾸 나다. 空えずきをやたらする。

헛-글[명] 無駄むだな知識ちしき。

헛-기침[명] 空咳からせき｜(わざとする)咳払せきばらい。

　헛기침-하다[자] 咳払せきばらいする。[예]헛기침하여 알리다. 咳払いをして知しらせる。

헛-노릇[명] 無駄骨むだぼね｜徒労とろう。

　헛노릇-하다[자] 無駄むだなことをする。

헛-다리 (対象たいしょうを誤あやまって把握はあくして)仕事しごとをしくじること。[예]~를 짚다. 仕事をしくじる；判断はんだんを誤あやまる；見当けんとう違ちがいをする。

헛-돌다[자] 空回からまわりする｜無駄むだに回まわる｜空転くうてんする。

헛-되다[형] ❶〖보람이나 쓸모가 없다〗甲斐かいや中身なかみがない｜空むなしい｜無駄むだだ。[예]헛된 노력 空むなしい努力どりょく/그동안의 연구가 헛된 일이 되다. その間かんの研究けんきゅうが無駄な事こととなる。❷〖허황되고 실속이 없다〗でたらめで信しんじられない。[예]헛된 소문이 떠돌다. でたらめな噂うわさが出回でまわる。/헛된 소리는 그만해라. でたらめな事ことはもう言いうな。

　헛되-이[부] 空むなしく｜無駄むだに。[예]연휴를 ~ 보내다. 連休れんきゅうを無駄に過すごす。

헛-듣다[타] ❶【청각】(話はな·声こえなどを)聞きき違ちがえる｜聞きき損そこなう。에 이야기를 ~. 話を聞きそこなう。❷【주의력】注意ちゅういを払はらわず聞きき流ながす。

헛들리다[자] 幻聴げんちょうが聞きこえる。

헛-디디다[타] 踏ふみ外はずす｜踏ふみ損そこなう。에 발을 ~. 足あしを踏ふみ外はずす。

헛-맹세(――盟誓)[명] 無駄むだな誓ちかい｜効果こうかのない誓約せいやく。에 또 ~를 하는 거니? また無駄な誓いをするの。

헛물-켜다 骨折ほねおり損ぞんをする｜徒労とろうに終おわる｜馬鹿ばかを見みる。

헛-발[명] ❶踏ふみはずした足あし。에 잠깐 한눈을 팔아 ~을 내딛다. 一瞬いっしゅんよそ見みをして足を踏みはずす。❷ 空蹴からけりした足。

헛-발질[명] 狙ねらいが外はずれた足蹴あしげり。에 힘차게 걷어차고 보니 ~이었다. 力一杯ちからいっぱい蹴けり上あげたが空振からぶりだった。

헛-방¹(一房)[명] がらくたや古ふるい家具かぐなどをしまっておく物置ものおきの部屋へや。에 고물로 가득 찬 ~ 古ふるい物でいっぱいになった物置き部屋。

헛-방²(一放)[명] ❶狙ねらいの外はずれた射撃しゃげき。❷ 空発くうはつ。에 ~을 쏘다. 空発する。❸ 無駄むだな話はなし｜信しんじられない話。

헛-방귀[명] (音おとも立たてず臭くさいもしない)すかし屁へ｜すかしっぺ｜からへ。

헛-배[명] 食たべないのに張はる腹はら。에 ~가 부르다. 食べないのに腹が張る。

헛-보다[타] 見誤みあやまる｜見落みおとす｜見みそこなう。에 사람을 ~. 人ひとを見誤る。/ 사물을 ~. 事物じぶつを見落とす。

헛보-이다 誤あやまって見みえる。

헛-불[명] (狩かりのとき)外はずれた射撃しゃげき。

헛-뿌리《식》仮根かこん。=가근(假根)

헛-소리[명] ❶【환자의 말】うわごと。❷【허튼소리】うわごと｜たわごと。난해한 ~를 늘어놓다. 難解なんかいなたわごとを並ならべる。

헛소리-하다[자] ❶ うわごとを言いう。❷ たわごとを言う。

헛-소문(一所聞)[명] 根拠こんきょのないうわさ｜虚聞きょぶん｜デマ。에 ~을 퍼뜨리다. デマを流ながす。

헛-손질[명] ❶ (病人びょうにんが)無意識むいしきに手てを大おおきく振ふること。❷ 余計よけいな手入ていれ｜いたずらに手で触さわること。❸ 殴なぐり損そこなうこと｜空振からぶり。

헛손질-하다[자] ❶ 無意識むいしきに手てを大おおきく振ふる。❷ 余計よけいな手入ていれをする。❸ 殴なぐり損そこなう｜空振からぶりする。

헛-수(一手)[명]《운》無駄むだな手て。에 ~를 두어 기회를 버리다. 無駄な手を使ってチャンスを逃のがす。

헛-수고[명] 徒労とろう｜無駄むだな骨折ほねおり。에 출구를 찾았으나 ~로 끝났다. 出口でぐちを探さがしたが徒労に終おわった。

헛수고-하다 徒労とろうに終おわる｜無駄むだ骨ぼねを折おる。

헛-애[명] 無駄むだな努力どりょく｜無駄骨むだぼね。

헛-웃음[명] ❶ つくり笑わらい｜偽いつわりの笑い｜本心ほんしんでない笑い。에 그는 ~을 지으며 돌아섰다. 彼はつくり笑いを浮うかべながら背せを向むけた。❷ 空くうわらい。

헛-일[명] 徒労とろう｜無駄むだな事こと。=허사·헛것❶

헛일-하다 無駄むだな事をする。

헛-잠[명] ❶【거짓으로 자는 잠】空寝そらね｜たぬき寝入ねいり｜寝ねたふり。❷【선잠】うたた寝ね｜まどろみ。에 ~을 자서 정신이 몽롱하다. うたた寝して気きがもうろうとする。

헛-총(一銃)[명] 空砲くうほう。에 ~을 놓다. 空砲を撃うつ。

헛-총질(一銃―)[명] 空砲くうほうを撃うつこと。에 ~만 하고 돌아가다. 空砲だけ撃って帰かえる。

헛-코[명] (眠ねむったふりをして)わざといびきをかくこと｜空そらいびき。에 공부하라는 말에 갑자기 ~를 골다. 勉強べんきょうしろという言葉ことばに、突然とつぜん空そらいびきをかく。

헛헛-증(一症)[명] ❶ 空腹感くうふくかん。=공복감 ❷ 寂さびしくてそわそわする心こころ。

헛헛-하다 [형] ❶【공복】空腹感くうふくかんを覚おぼえる。❷【적적】寂さびしい。

헝가리(Hungary)[명] 《국》ハンガリー。

헝겊[명] 布切ぬのきれ｜布ぬのの切きれ端はし。

헝클다[타] 絡からます｜絡ませる｜もつれさせる｜(髪かみを)乱みだれさせる。=헝클어뜨리다·헝클어트리다

헝클어-뜨리다[타] ☞헝클다

헝클어-지다[자] 絡からまる｜もつれる｜絡み合あう｜乱みだれる。에 헝클어진 머리 乱みだれた髪かみ。

헝클어-트리다[타] ☞헝클다

헤[부] ❶【입을 조금 벌리고 싱겁이 웃는 모양】へへ｜えへへ。에 민망해서 ~ 하고 웃었다. 恥はずかしくてへへと笑った。❷【입을 조금 벌리고 있는 모양】ふっと。

헤게모니(Hegemonie 독)[명] ヘゲモニー。

헤다[타] ❶泳およぐ。❷【벗어나려고 애쓰다】もがく｜あがく。

헤다²[타] ☞헹구다

헤-대다재 (不必要(ふひつよう)に)せかせかする；せわしく駆(か)け回(まわ)る。

헤드라이트(headlight)명 ヘッドライト。

헤드라인(headline)명 ヘッドライン。

헤드폰(headphone)명 ヘッドホン。

헤딩(heading)명 《운》《축》ヘッディング。例~슛 ヘッディングシュート。

헤뜨다자 寝(ね)ぼけて驚(おどろ)く。例아이가 헤떠서 우는 모양이다. 子供(こども)がねぼけて泣(な)いているようだ。

헤-뜨리다타 散(ち)らす；散(ち)らかす；取(と)り散(ち)らす。=헤트리다

헤로인(heroin)명 《약》《의학》ヘロイン。

헤르츠(Hertz)의 《물》《물리》ヘルツ。例초음파는 진동수 2만 ~ 이상이다. 超音波(ちょうおんぱ)は振動数(しんどうすう)2万(まん)ヘルツ以上(いじょう)だ。

헤매다자타 ❶さまよう；ほっつく；うろつく；迷(まよ)う。例눈보라 속을 ~. 吹雪(ふぶき)の中(なか)をさまよう。/숲 속에서 길을 잃고 ~. 森(もり)の中(なか)で道(みち)に迷(まよ)いさまよう。/거리를 ~. 通(とお)りをうろつく。❷《비유적으로》筋道(すじみち)をつかめない；迷(まよ)う。

헤모글로빈(hemoglobin)명 《생》ヘモグロビン。=혈색소

헤-무르다형 (性質(せいしつ)が)もろい。

헤-벌리다타 しまりなく開(ひら)ける。例입을 헤벌리고 침을 흘리다. 口(くち)をしまりなく開(あ)けてよだれを垂(た)らす。/입을 헤벌리고 자다. 口(くち)を開(あ)けて眠(ねむ)る。

헤-벌어지다Ⅰ자 しまりなく開(ひら)く；釣(つ)り合(あ)わないで大(おお)きく開(あ)く。例기뻐서 입이 ~. うれしくて口(くち)が自然(しぜん)に開(ひら)く。

Ⅱ형 釣(つ)り合(あ)わなく少(すこ)し広(ひろ)い；不体裁(ふていさい)に広(ひろ)がっている。

헤벌쭉부 《신이나 구멍 등이 벌어져 넓게 보이는 모양》あんぐり；ぽかん。例~ 웃다. 口(くち)をあんぐりと明(あ)けて笑(わら)う。

헤벌쭉-하다형 (口(くち)·穴(あな)などが)ぶざまに大(おお)きく開(あ)いている。

헤벌쭉-이부 あんぐり；ぽかん。

헤비-급(heavy級)명 《운》(ボクシングなどの)ヘビー級(きゅう)。例~ 챔피언 ヘビー級(きゅう)チャンピオン。

헤비-메탈(heavy metal)명 《음》ヘビーメタル。

헤살명 邪魔立(じゃまだ)てて 妨(さまた)げ。例~을 놓다. 邪魔立(じゃまだ)てをする。/~ 부리다. 邪魔(じゃま)をする；妨(さまた)げる。

헤살-하다타 邪魔(じゃま)する；妨(さまた)げる；妨害(ぼうがい)する。

헤살-꾼명 《사물을 해치어 방해하는 사람》邪魔物(じゃまもの)；妨害者(ぼうがいしゃ)。例캠퍼스 커플의 ~으로 유명한 내가 왔다. キャンパスカップルの邪魔物(じゃまもの)として有名(ゆうめい)な俺(おれ)が来(き)た。

헤-식다형 ❶《성질이나 물건이》もろい；崩(くず)れやすい；砕(くだ)けやすい。❷《사람됨이》しまりがない；だらしがない。

헤실-바실부 ❶《모르는 사이에 흩어지거나 없어지는 모양》うやむや；ちびちび。❷《일이 야무지지 못한 모양》ぐずぐず；でれでれ。

헤아리다타 ❶《셈하다》(数量(すうりょう)を)数(かぞ)える；計算(けいさん)する。例손가락을 헤아려 더하기를 하다. 指(ゆび)で数(かぞ)えて足(た)し算(ざん)をする。/저금통의 동전을 헤아려 보다. 貯金箱(ちょきんばこ)の銅貨(どうか)を数(かぞ)えてみる。❷《규모에 이르러》ある数量(すうりょう)に及(およ)ぶ。例만 명을 헤아리는 시민이 모였다. 一万名(いちまんめい)に及(およ)ぶ市民(しみん)が集(あつ)まった。/해돋이를 보러 나온 인파는 수만 명을 헤아린다고 한다. 日(ひ)の出(で)を迎(むか)える人出(ひとで)は数万名(すうまんめい)に及(およ)んだと言(い)う。❸《추측하다》察(さっ)する；推(お)し量(はか)る；察(さっ)してやる；思(おも)いやる。例나의 마음을 좀 헤아려 주세요. 私(わたし)の気持(きも)ちをちょっと察(さっ)してください。/그 여자의 심정을 ~. 彼女(かのじょ)の心情(しんじょう)を推(お)し量(はか)る。

헤어-나다자타 (困難(こんなん)な状態(じょうたい)から)切(き)り抜(ぬ)ける；抜(ぬ)け出(で)る。例가난에서 ~. 貧乏(びんぼう)から抜(ぬ)け出(で)る。

헤어-드라이어(hair drier)명 ヘアドライヤー。

헤어스타일(hairstyle)명 ヘアスタイル。

헤어-스프레이(hair spray)명 ヘアスプレー。

헤어-지다 ❶別(わか)れる；離別(りべつ)する。例애인과 ~. 恋人(こいびと)と別(わか)れる。❷(皮膚(ひふ)が)ひび割(わ)れる；荒(あ)れる；張(は)り裂(さ)ける。例손등이 ~. 手(て)の甲(こう)があれる。/피곤하여 입술이 ~. 疲(つか)れて唇(くちびる)が裂(さ)ける。준헤지다

헤엄명 泳(およ)ぎ；水泳(すいえい)。

헤엄-하다자 泳(およ)ぐ；水泳(すいえい)する。

헤엄-치다자 泳(およ)ぐ。例바다에서 ~. 海(うみ)で泳(およ)ぐ。

헤적-거리다¹자 両手(りょうて)を軽(かる)く振(ふ)りながら歩(ある)く。例그녀는 경쾌하게 해적거리며 왔다. 彼女(かのじょ)は軽快(けいかい)に手(て)を軽(かる)く振(ふ)って歩(ある)きながらやってきた。=헤적대다¹

헤적-거리다²자 ❶(何(なに)かを探(さが)そうと)しきりにほじくる；ほじくり返(かえ)す；掻(か)き分(わ)ける。例인파 속을 헤적거리며 미아

가 된 아이를 필사적으로 찾다. 人混みの中を搔き分けて、迷子になった子供を必死になって探す。/ 박하사탕을 찾으려고 상자 안을 ~. 薄荷飴を探そうと箱の中を引っ掻き回す。❷ (何か気に入らない態度で)いやいやしきりに搔き回したり突っつき回したりする。예 밥을 헤적거리고만 있는 아이를 나무라다. ご飯を突っつき回してばかりいる子供をたしなめる。＝헤적대다²

헤적-대다¹ 재 ☞헤적거리다
헤적-대다² 타 ☞헤적거리다
헤적-헤적¹ 튀 両手を軽く振りながら歩くさま。예 말없이 ~ 앞장서 가다. 言葉もなく両手を振りながら前を歩く。
헤적-헤적² 튀 しきりに引っかき回すさま。
헤적-거리다 재 両手を振りながら歩く。＝헤적대다
헤죽-대다 재 ☞헤죽거리다
헤죽-헤죽 튀 両手を振りながら威勢よく歩くさま。
헤-지다 ☞'헤어지다'의 준말.
헤집다 타 ❶ 호비다｜호빈다｜호비다 호빈다. ❷ 搔き分ける。예 인파를 헤집고 나가다. 人ごみを搔き分けて進む。
헤치다 타 ❶ 【헤쳐진 것을】(中に入った物が現れるように)広げる｜掘り返す。예 짐을 풀어 헤쳐 보았다. 荷物を広げてみる。❷ 【모인 것을】(集まった人·物を)散らす｜解散させる｜追い払う。예 사람들을 헤쳐 아이를 찾게 했다. 人々を散らして子供を探させた。❸ 【앞에 놓인 것을】(前にある困難·障害などを)切り抜ける｜搔き分ける。예 노를 저어 물살을 헤쳐 나가다. 櫓をこいで流れを搔き分けて行く。/ 사람들 속을 헤쳐 나오다. 人々の中を搔き分けて出る。/ 이 난국을 헤쳐 나가야 한다. この難局を切り抜けて行かなければならない。
헤-트리다 타 ☞헤뜨리다
헤프다 형 ❶ 【닳거나 없어지는 것이】(物が)長持ちしない｜減りやすい。예 이 비누는 너무 ~. この石鹼はよく減る。❷ 【쓰임새가】(金·物などを)惜しまなく使う｜無駄遣いする｜荒い。예 돈을 헤프게 쓰다. お金を無駄遣いする。/ 복사 용지를 헤프게 쓰지 마라. コピー用紙を無駄に使うな。❸【언동을 삼가지 않고 쉽게 하다】(言動を慎んだり惜しんだりすることなく)口数が軽い｜おしゃべりだ。예 웃음이 ~. 簡単に笑う；どうかするとすぐ笑う。/ 말이 ~. 口数が多い；口が軽い。/ 정이 헤퍼서 아무하고나 잘 사귄다. 情け深くて誰とでも仲よくなる。
헤피 튀 無駄に｜むやみに｜ぞんざいに。
헤-헤 튀 【웃음소리 속은 또는 짓】 えへへ｜あはは。
헤헤-거리다 재 しきりにえへへと笑う。예 옆집 오빠를 보고 ~. となりの家のお兄さんを見て、えへへと笑う。/ 뭐가 좋아서 헤헤거리니? 何が楽しくて笑ってるの。＝헤헤대다
헤헤-대다 재 ☞헤헤거리다
헥타르(hectare)의 【단위】 ヘクタール。
헬-기(← helicopter機) 명 ヘリコプター｜ヘリ。＝헬리콥터
헬레니즘(Hellenism) 명 【역】ヘレニズム。
헬렐레 튀 【술에 취한 모양】 ぐでんぐでん。
헬륨(helium) 명 【화】ヘリウム。
헬리콥터(helicopter) 명 ヘリコプター。
헬멧(helmet) 명 ヘルメット。
헬스-클럽(health club) 명 ジム｜スポーツクラブ。
헴 감 【청소리를 고르거나 습관적으로 때로 내는 헛기침】 えへん｜おほん｜ごほん。예 할아버지께서 ~ 하고 헛기침을 했다. おじいさんがえへんと咳ばらいをした。
헷-갈리다 재 ❶ 【정신이】(精神が)散る｜乱れる｜こんがらかる。예 정신이 헷갈리니까 좀 나가 주세요. 気が散るので、ちょっと出ていってください。/ 머릿속이 복잡해서 헷갈리니 조용히 해 주세요. 頭がこんがらかるので、静かにしてください。❷【이것저것 뒤섞여】(いろいろ混ざって)こんがらかる｜見分けがつかない。예 어느 쪽으로 가야 할지 헷갈린다. どっちにいくべきか見分けがつかない。/ 가스를 껐는지 안 껐는지 헷갈린다. ガスを消したのか消さなかったのか、こんがらかって分からない。/ 우리 반 학생들 이름이 헷갈린다. 私のクラスの学生の名前がこんがらかって分からない。/ 두 단어의 뜻이 헷갈린다. 二つの単語の意味がこんがらかる。＝헛갈리다
행 튀 強く鼻をかむ音。
행-가래 명 胴上げ。예 ~를 치다. 胴上げをする。

헹구다〖타〗ゆすぐ；すすぐ。ㆍ예 빨래를 ~. 洗濯物<small>せんたくもの</small>をゆすぐ。=헤다

혀〖명〗舌<small>した</small>。
　혀가 짧다〖관용〗舌足<small>したた</small>らずだ。
　혀를 내두르다[두르다]〖관용〗舌<small>した</small>を巻<small>ま</small>く；感心<small>かんしん</small>する。
　혀를 내밀다〖관용〗舌<small>した</small>を出<small>だ</small>す。
　혀를 차다〖관용〗舌打<small>したう</small>ちする。

혀-끝〖명〗舌端<small>ぜったん</small>；舌先<small>したさき</small>。=설단
혀끝-소리〖명〗《언》舌端音<small>ぜったんおん</small>。
혀-뿌리〖명〗《의》舌<small>した</small>の根<small>ね</small>；舌根<small>ぜっこん</small>。
혁낭(革囊)〖명〗革囊<small>かくのう</small>；皮袋<small>かわぶくろ</small>。
혁대(革帶)〖명〗革帯<small>かくたい</small>；ベルト；バンド。
혁명(革命)〖명〗革命<small>かくめい</small>。ㆍ예 무혈 ~ 無血<small>むけつ</small>革命/산업 ~ 産業<small>さんぎょう</small>革命/시민 ~ 市民<small>しみん</small>革命/~을 일으키다. 革命を起<small>お</small>こす。
혁명-가(革命家)〖명〗革命家<small>かくめいか</small>。
혁명-적(革命的)〖관형〗革命的<small>かくめいてき</small>。ㆍ예 ~인 개혁 革命的な改革<small>かいかく</small>。
혁신(革新)〖명〗革新<small>かくしん</small>。ㆍ예 기술 ~ 技術<small>ぎじゅつ</small>革新。
혁신-하다〖타〗革新<small>かくしん</small>する。ㆍ예 경영을 ~. 経営<small>けいえい</small>を革新する。
혁신-적(革新的)〖관형〗革新的<small>かくしんてき</small>。ㆍ예 ~인 디자인 革新的なデザイン。
혁혁-하다(赫赫—)〖형〗赫々<small>かくかく</small>としている；輝<small>かがや</small>かしい。ㆍ예 혁혁한 공적을 남기다. 輝かしい功績<small>こうせき</small>を残<small>のこ</small>す。
　혁혁-히〖부〗赫々<small>かくかく</small>と；輝<small>かがや</small>かしく。

현¹(弦)〖명〗❶弦<small>げん</small>；弓弦<small>ゆみづる</small>。=활시위 ❷(수)【직선이 곡선의 호리두 끝을 잇는】弦<small>げん</small>。
현²(現)〖명〗現<small>げん</small>—；現在<small>げんざい</small>の—。ㆍ예 ~ 정권 現政権<small>げんせいけん</small>/~ 단계 現在の段階<small>だんかい</small>。
현³(絃)〖명〗《음》絃<small>げん</small>；弦<small>げん</small>。ㆍ예 바이올린의 ~ バイオリンの絃。
현격-하다(懸隔—)〖형〗懸隔<small>けんかく</small>する；かけ離<small>はな</small>れている。ㆍ예 나의 삶과는 현격한 차이가 있다. 私<small>わたし</small>の暮<small>く</small>らしとは大<small>おお</small>きなへだたりがある。
　현격-히〖부〗懸隔<small>けんかく</small>に；かけ離<small>はな</small>れて。
현관(玄關)〖명〗玄関<small>げんかん</small>。
현금¹(現今)〖명〗【현재】現今<small>げんこん</small>；今<small>いま</small>。ㆍ예 ~의 경제 환경 現今の経済<small>けいざい</small>環境<small>かんきょう</small>。
현금²(現金)〖명〗現金<small>げんきん</small>；現生<small>げんなま</small>；キャッシュ。ㆍ예 ~ 거래 現金取引<small>とりひき</small>/~으로 지불하다. 現金で払<small>はら</small>う。
현기(眩氣)〖명〗【현기증】目<small>め</small>がくらむこと；目眩<small>めまい</small>。
현기-증(眩氣症)〖명〗目眩<small>めまい</small>。ㆍ예 ~이 나다. めまいがする。

현대(現代)〖명〗現代<small>げんだい</small>。ㆍ예 ~ 무용 現代舞踊<small>ぶよう</small>；モダンダンス。
현대-식(現代式)〖명〗現代式<small>げんだいしき</small>。
현대-어(現代語)〖명〗《언》現代語<small>げんだいご</small>。
현대 음악(現代音樂)〖음〗現代音楽<small>げんだいおんがく</small>。
현대-인(現代人)〖명〗現代人<small>げんだいじん</small>。
현대-적(現代的)〖관형〗現代的<small>げんだいてき</small>。
현대-판(現代版)〖명〗現代版<small>げんだいばん</small>。ㆍ예 ~ 로미오와 줄리엣 現代版ロミオとジュリエット。
현대-화(現代化)〖명〗現代化<small>げんだいか</small>。
현대화-하다〖타〗現代化<small>げんだいか</small>する。
현란-하다¹(眩亂—)〖형〗【야단스러울 정도로】心<small>こころ</small>が乱<small>みだ</small>れるほど取<small>と</small>り散<small>ち</small>らかっている；ごちゃごちゃしている。
현란-하다²(絢爛—)〖형〗【호화롭게 찬란함】絢爛<small>けんらん</small>としている；けばけばしい。ㆍ예 현란한 의상 絢爛たる衣装<small>いしょう</small>。
현명-하다(賢明—)〖형〗賢明<small>けんめい</small>だ。ㆍ예 현명한 판단을 내리다. 賢明な判断<small>はんだん</small>を下<small>くだ</small>す。
　현명-히〖부〗賢明<small>けんめい</small>に。
현모-양처(賢母良妻)〖명〗良妻賢母<small>りょうさいけんぼ</small>。
현묘-하다(玄妙—)〖형〗【이치나 기예가 깊어 말할 수 없이 미묘함】玄妙<small>げんみょう</small>だ。
현무-암(玄武巖)〖명〗【광물】玄武岩<small>げんぶがん</small>。
현물(現物)〖명〗現物<small>げんぶつ</small>。ㆍ예 ~ 거래 現物取引<small>とりひき</small>/~ 출자 現物出資<small>しゅっし</small>。
현미(玄米)〖명〗玄米<small>げんまい</small>。
현미-경(顯微鏡)〖명〗《물》顕微鏡<small>けんびきょう</small>。
현상¹(現狀)〖명〗【현재 상태】現状<small>げんじょう</small>。ㆍ예 ~을 유지하다. 現状を維持<small>いじ</small>する。
현상²(現象)〖명〗【나타난 모양】現象<small>げんしょう</small>。ㆍ예 자연 ~ 自然<small>しぜん</small>現象/사회 ~ 社会<small>しゃかい</small>現象。
현상³(現像)〖명〗現像<small>げんぞう</small>。
현상-하다〖타〗現像<small>げんぞう</small>する。ㆍ예 필름을 ~. フィルムを現像する。
현상⁴(懸賞)〖명〗懸賞<small>けんしょう</small>。ㆍ예 ~ 모집 懸賞募集<small>ぼしゅう</small>。
현상-금(懸賞金)〖명〗懸賞金<small>けんしょうきん</small>。ㆍ예 ~을 걸다. 懸賞金をかける。
현상-액(現像液)〖명〗《언》現像液<small>げんぞうえき</small>。
현세(現世)〖명〗❶【이 세상】この世<small>よ</small>。❷【현재】現世<small>げんせい</small>。
현손(玄孫)〖명〗【증손자의 아들】玄孫<small>げんそん</small>；孫<small>まご</small>の孫<small>まご</small>；曾孫<small>そうそん</small>の子<small>こ</small>；やしゃご。
현수(懸垂)〖명〗懸垂<small>けんすい</small>。
현수-막(懸垂幕)〖명〗懸垂幕<small>けんすいまく</small>；垂<small>た</small>れ幕<small>まく</small>。
현숙-하다(賢淑—)〖형〗《女性<small>じょせい</small>が》賢<small>かしこ</small>くしとやかだ。

현시(現時)[명][한일] 現時げんじ｜今いまの時点じてん。
현-시점(現時點)[명] 現時点げんじてん。
현실(現實)[명] 現実げんじつ。
현실-성(現實性)[명] 現実性げんじつせい。[예] ~이 있는 이야기 現実性のある物語ものがたり。
현실-적(現實的)[관] 現実的げんじつてき。[예] ~인 대안 現実的な対策たいさく。
현실-주의(現實主義)[명] 現実主義げんじつしゅぎ。
현실-화(現實化)[명] 現実化げんじつか。[예] 꿈의 ~ 夢ゆめの現実化。
　현실화-하다[자][타] 現実化げんじつかする。
현악(絃樂)[명] [음]弦楽げんがく｜絃楽げんがく。
현악-기(絃樂器)[명] [음]弦楽器げんがっき。[예] ~ 주자 弦楽器奏者そうしゃ／~를 켜다. 弦楽器を弾ひく。
현악 사중주(絃樂四重奏)[음]弦楽げんがく四重奏しじゅうそう。[예] ~ 실내악단 弦楽四重奏室内楽団しつないがくだん。
현악 삼중주(絃樂三重奏)[음]弦楽げんがく三重奏さんじゅうそう。
현악 합주(絃樂合奏)[음]弦楽合奏げんがくがっそう。
현안(懸案)[명] 懸案けんあん。[예] 정부의 ~ 政府せいふの懸案。
현양(顯揚)[명] 顕揚けんよう。
　현양-하다[타] 顕揚けんようする。
현역(現役)[명] 現役げんえき。[예] ~에서 물러나게 되다. 現役を退しりぞくことになる。
현연-하다¹(眩然—)[형][한글 표기] 眩然げんぜんとしている｜目めが眩くらむ。
　현연-히¹[부] 眩然げんぜんとして｜目めが眩くらみそうに。
현연-하다²(現然—)[형][한일 표기] 現然げんぜんとしている｜目めの前まえにはっきりとしている。
　현연-히²[부] 現然げんぜんとして｜目めの前まえにはっきりとして。
현인(賢人)[명] 賢人けんじん｜賢者けんじゃ。
현임(現任)[명][한일] 現任げんにん。
현자(賢者)[명] 賢者けんじゃ｜賢人けんじん。
현장(現場)[명] 現場げんば。[예] ~ 검증 現場検証けんしょう／~ 감독 現場監督かんとく／공사 ~ 工事こうじ現場。
현재(現在)[명] 現在げんざい。[예] ~ 완료 現在完了かんりょう／~ 시각 現在時刻じこく。
현저-하다(顯著—)[형] 顕著けんちょだ｜著いちじるしい。[예] 현저한 변화가 보이다. 顕著な変化へんかを示しめす。
　현저-히[부] 顕著けんちょに｜著いちじるしく｜めっきり。
현존(現存)[명] 現存げんそん・げんぞん。
　현존-하다[자] 現存げんそん・げんぞんする。[예] 현존하는 최고의 박물관 現存する最古さいこの博物館はくぶつかん。
현주(現住)[명] ❶[한일 표기] 現住げんじゅう。❷現住所げんじゅうしょ。＝현주소
현-주소(現住所)[명] 現住所げんじゅうしょ。＝현주❷
현지(現地)[명] 現地げんち。[예] ~ 법인 現地法人ほうじん／~ 조사 現地調査ちょうさ。
현직(現職)[명] 現職げんしょく。[예] ~ 경찰관 現職の警察官けいさつかん。
현찰(現札)[명] 現金げんきん。＝맞돈
현출(現出)[명] 現出げんしゅつ。
　현출-하다[자][타] 現出げんしゅつする｜現あらわれ出でる。
현판(懸板)[명][한글 그림을 새긴] 扁額へんがく。
현품(現品)[명] 現品げんぴん｜現物げんぶつ。
현하(現下)[명][한일 표기] 現下げんか｜目下もっか｜現今げんこん。
현학(衒學)[명] 衒学げんがく｜ペダントリー。
현학-적(衒學的)[관] 衒学的げんがくてき｜ペダンチック。[예] ~인 표현 衒学的な表現ひょうげん。
현행(現行)[명] 現行げんこう。[예] ~ 제도 現行制度せいど。
　현행-하다[타] 現在げんざい行おこなわれている。
현행-범(現行犯)[명] [법]現行犯げんこうはん。
현행-법(現行法)[명] [법]現行法げんこうほう。
현혹(眩惑)[명] 眩惑げんわく。
　현혹-하다[자][타] 眩惑げんわくする｜惑まどわす。[예] 큰 규모에 현혹되다. 規模きぼの大おおきさに眩惑される。
현황(現況)[명] 現況げんきょう。[예] ~을 파악하다. 現況を把握はあくする。
현효(顯效)[명] すばらしい効きき目め。
현훈(眩暈)[명] [한]眩暈げんうん｜めまい。
혈(穴)[명] ❶[민][한글 표기] 竜脈りゅうみゃくの精気せいきが集あつまったところ。❷[한]経穴けいけつ｜穴けつ｜つぼ。
혈거(穴居)[명][한일 표기] 穴居けっきょ。
　혈거-하다[자] 穴居けっきょする。
혈관(血管)[명] [의]血管けっかん。[예] ~ 주사 血管注射ちゅうしゃ。
혈관-계(血管系)[명] [의]血管系けっかんけい。
혈구(血球)[명] [생]血球けっきゅう。
혈기(血氣)[명] 血気けっき。[예] ~가 왕성한 때 血気盛さかん。
혈뇨(血尿)[명] [의]血尿けつにょう。
혈담(血痰)[명] 血痰けったん。
혈당(血糖)[명] [생]血糖けっとう。
혈당-치(血糖値)[명] [의]血糖値けっとうち。
혈로(血路)[명] 血路けつろ。[예] ~를 열다. 血路を

開ひらく。

혈루(血淚) ☞피눈물
혈 맥(血脈) 명 血脈みゃく。❶《의》[혈관] 血管かん。=맥③ ❷[혈통] 血統とう｜血筋すじ。❸[법맥] 血脈みゃく｜法脈みゃく。
혈맹(血盟) 명 血盟めい。
혈변(血便) 명 血便べん。
혈분(血分) 명 血ちの分量りょう。
혈색(血色) 명 血色しょく。❶[안색] 顔色がんしょく。 예 ~이 좋다. 顔色がいい。 ❷血ちのような赤あかい色いろ｜血紅色けっこうしょく。=핏빛
혈색-소(血色素) 명 ☞헤모글로빈
혈서(血書) 명 血書しょ。 예 ~를 쓰다. 血書を書かく；血書する。
혈세(血稅) 명 血稅ぜい。 예 국민의 ~를 낭비하다. 国民こくみんの血税を無駄遣むだづかいする。
혈소판(血小板) 명 《의》血小板けっしょうばん。
혈안(血眼) 명 血眼まなこ。 예 범인 찾기에 ~이 되다. 犯人探はんにんさがしに血眼になる。
혈압(血壓) 명 《의》血圧けつあつ。 예 ~이 높다. 血圧が高たかい。/ ~이 낮다. 血圧が低ひくい。/ ~을 재다. 血圧を測はかる。
혈압-계(血壓計) 명 《의》血圧計けつあつけい。
혈액(血液) 명 《의》血液けつえき。 예 ~ 응고 血液凝固ぎょうこ / ~ 순환 血液循環じゅんかん / ~ 투석 血液透析とうせき。
혈액-형(血液型) 명 《의》血液型けつえきがた。
혈연(血緣) 명 血緣えん｜血族ぞく。 예 ~관계 血緣関係かんけい / ~ 집단 血緣集団しゅうだん。
혈우-병(血友病) 명 《의》血友病けつゆうびょう。
혈육(血肉) 명 血肉にく。❶[피와 살] 血ちと肉にく。❷[한 혈통으로 태어난 사람] 骨肉にく｜血緣えん。
혈장(血漿) 명 《의》血漿けっしょう。
혈전¹(血栓) 명 《의》血栓けっせん。
혈전²(血戰) 명 血戰せん。 예 ~을 벌이다. 血戰を繰くり広ひろげる。
　혈전-하다자 血戰する。
혈족(血族) 명 血族ぞく｜血筋すじ。
혈중 알코올 농도(血中alcohol濃度) 《의》血中けっちゅうアルコール濃度のうど。
혈증(血症) 명 《한》血液けつえきに関係かんけいのある病気びょうきの総称そうしょう。
혈청(血淸) 명 《의》血淸せい。 예 ~ 검사 血淸検査けんさ / ~ 주사 血淸注射ちゅうしゃ。
혈통(血統) 명 血統とう｜血筋すじ。 예 왕의 ~ 王おうの血統 / ~이 끊어지다. 血統が絶たえる。
혈투(血鬪) 명 血ちみどろの戰鬪せんとう｜血戰せん。
　혈투-하다자 血ちみどろになって激はげしく戰たたかう｜血戰せんする。

혈행(血行) 명 血行こう。
혈혈-단신(孑孑單身) 명 頼たよるところのない孤独こどくな身み。
혈혈-하다(孑孑一) ❶[의지할 곳이 없이] 孤立こりつしている。 ❷[외롭다] 孤独こどくだ。
혈흔(血痕) 명 血痕こん｜血ちのあと。 예 ~이 남아 있다. 血痕が残のこっている。
혐오(嫌惡) 명 嫌惡お。 예 자기~ 自己じこ嫌惡。
　혐오-하다타 嫌惡おする。 예 전쟁을 ~. 戰爭せんそうを嫌惡する。
혐오-감(嫌惡感) 명 嫌惡感かん。
혐의(嫌疑) 명 ❶[꺼리고 미워함] 忌いみ嫌きらうこと。 ❷《법》嫌疑ぎ｜容疑ようぎ。 예 범죄의 ~가 있다. 犯罪はんざいの嫌疑がある。
　혐의-하다타 忌いみ嫌きらう。
　혐의-스럽다(嫌疑一) 형 疑うたがわしい。 =혐의쩍다
혐의-자(嫌疑者) 명 嫌疑者しゃ｜容疑者ようぎしゃ。
혐의-쩍다(嫌疑一) ☞혐의스럽다
협곡(峽谷) 명 峽谷こく。
협공(挾攻) 명 挾攻こう｜挾擊げき。
　협공-하다타 挾攻こうする｜挾擊げきする｜挾はさみ擊うちする。
협과(莢果) 명 《식》莢果きょう｜豆果とうか。
협궤(狹軌) 명 狹軌き。
협동(協同) 명 協同どう｜共同どう。 예 산학 ~ 産学協同さんがくきょうどう / ~ 정신을 기르다. 協同精神せいしんを養やしなう。
　협동-하다자 協同どうする｜共同どうする。
협동-조합(協同組合) 명 《사》協同どう組合くみあい。
협력(協力) 명 協力りょく。 예 경제 ~ 経済きょうざい協力 / ~을 아끼지 않다. 協力を惜おしまない。
　협력-하다자 協力りょくする。
협로¹(峽路) 명 [산골길] 山奥やまおくの狹せまい道みち。
협로²(狹路) 명 [좁은 길] 狹せまい道みち｜細ほそい道みち｜小道こみち。
협박(脅迫) 명 脅迫はく｜脅おどかし。 예 ~ 메일을 보내다. 脅迫メールを送おくりつける。
　협박-하다타 脅迫はくする｜脅おどかす。
협상(協商) 명 ❶[협의] 協商しょう｜協議ぎ｜話はなし合あい。 예 임금 ~을 하다. 賃金ちんぎん協商を行おこなう。/ ~을 체결하다. 協商を締結ていけつする。 ❷《정》協商しょう。
　협상-하다자 協商しょうする。
협소-하다(狹小一) 형 狹小きょうしょうだ。 예 협소

한 공간 狭小なスペース。

협심-증(狹心症)[명] 《의》狭心症きょうしん。

협애-하다(狹隘—) 狭隘きょうあいだ。

협약(協約)[명] 協約きょう。⑩ 단체 ~ 団体だん協約/ ~을 맺다. 協約を結ぶ。

협약-하다[타] 協約きょうする。

협업(協業)[명] 《경》協業きょう。

협업-하다[자] 協業きょうする。

협의¹(協議)[명] 協議きょう。⑩ ~ 이혼 協議離婚こん。

협의-하다[타] 協議きょうする。

협의²(狹義)[명] 狭義きょう。

협잡(挾雜)[명] ごまかすこと｜いかさま｜いんちき。

협잡-하다[타] ごまかす｜いんちきをする。

협잡-꾼(挾雜—)[명] 詐欺師さぎ｜いかさま師｜ぺてん師。

협잡-배(挾雜輩)[명] 詐欺師さぎの連中れんちゅう。

협잡-질(挾雜—)[명] 詐欺さぎをはたらくこと。

협잡질-하다[자] 詐欺さぎをはたらく｜いかさまをはたらく｜いんちきをする。

협정(協定)[명] 協定きょう。⑩ 신사 ~ 紳士しんし協定/ ~을 맺다. 協定を結ぶ。

협정-하다[타] 協定きょうする。

협조¹(協助)[명] 助け合い。

협조-하다¹ 助け合う。

협조²(協調)[명] 協調きょう。⑩ 노사 ~ 労使ろうし協調。

협조-하다²[자타] 協調きょうする。

협주(協奏)[명] 合奏がっ。

협주-하다[자] 合奏がっする。

협주-곡(協奏曲)[명] 《음》協奏曲きょうそう｜コンチェルト。⑩ 바이올린 ~ バイオリンコンチェルト/ 피아노 ~ ピアノ協奏曲。=콘체르토

협착-하다(狹窄—)[형] 狭窄きょうさくだ。❶ (占しめている所ところが)狭せくすぼまっている。❷ (事情じょう・都合つごうが)たいへん困こまっている。

협찬(協贊)[명] 協賛きょう。⑩ 회사 세 곳에서 ~을 받다. 3社さんの会社かいしゃから協賛を得える。

협찬-하다[타] 協賛きょうする。

협-하다(狹—)[형] ❶地形ちが狭せまい。❷度量どりょうが狭い。

협회(協會)[명] 協会きょう。⑩ 무역 ~ 貿易ぼうえき協会。

혓-바늘[명] 舌したの出来物もの｜舌のお出来でき。⑩ ~이 생기다. 舌にお出来ができる。

혓-바닥[명] ❶舌したの上面じょうめん｜舌の平ひら。❷【속어ぞく】舌した。

혓-소리《언》舌音ぜつ。=설음

형¹(兄)[명] 兄にい｜お兄にいさん。
　형만 한 아우 없다《속담》兄にいほどの弟おとうとはない：「弟は兄にかなわない」の意い。

형²(刑)[명] 《법》刑けい｜刑罰ばつ。⑩ ~을 집행하다. 刑を執行しっこうする。/ ~을 마치고 출소하다. 刑を終えて出所しゅっしょする。=형벌

형³(形)[명] 【형체형상】形かたち｜外形がいけい。

형⁴(型)[명] 【틀이되는형】型かた｜タイプ。

-형⁵(形)[접] 【모양형】—形けい。⑩ 원형 円形えん/ 사각형 四角形かく。

-형⁶(型)[접] 【그러한유형・ 러한형의것】—型がた｜—タイプ。⑩ 혈액형 血液型けつえき/ 자유형 自由型じゆう/ 햄릿형 ハムレット型/ 포켓형 ポケット型。

형강(形鋼・型鋼)[명] 《건》形鋼こう｜型鋼がた。

형광(螢光)[명] 蛍光けいこう。⑩ ~ 물질 蛍光物質しつ/ ~ 도료 蛍光塗料とりょう。

형광-등(螢光燈)[명] 蛍光灯とう。

형광 염료(螢光染料) 蛍光染料せんりょう。

형광-펜(螢光pen) 蛍光けいこうペン。

형구(刑具)[명] 刑具けいぐ。

형국(形局)[명] 【어떠할형세와국면】形勢せい｜局面めん｜成なり行き。

형기(刑期)[명] 《법》刑期けいき。⑩ ~를 마치다. 刑期を終える。

형-님(兄—)[명] ❶【형의 높임말】お兄にいさん。❷【시아주버 오빠의 높임말】お兄にいさん。❸【시누이 언니의 높임말】お姉ねえさん。

형량(刑量)[명] 刑罰ばつの程度てい。

형명(刑名)[명] 《법》刑名めい。

형무-소(刑務所)[명] 《법》刑務所けいむ。

형벌(刑罰)[명] 《법》刑罰ばつ。⑩ ~을 받다. 刑罰を受うける。/ ~을 가하다. 刑罰を科かする。=형²(刑)

형벌-하다[타] 罰ばっする。

형법(刑法)[명] 《법》刑法ほう。

형부(兄夫)[명] 姉あねの夫おっと｜義兄けい。

형사(刑事)[명] 《법》刑事けい。❶【형법의 적용을 받아야 할 사항】刑法ほうの適用ようを受けるべきこと。⑩ ~ 사건 刑事事件じけん/ ~ 재판 刑事裁判さいばん/ ~ 처분 刑事処分しょぶん/ ~ 소송 刑事訴訟そしょう。❷【사복입고범죄수사하는경찰】刑事巡査じゅんさ｜私服ふく。⑩ 그는 베테랑 ~이다. 彼かれはベテラン刑事だ。

형상¹(形狀)[명] 形状じょう｜形たち｜形相そう。

형상²(形象・形像)[명] 形象しょう｜すがた。⑩ 동물 ~ 動物どうの形象。❷イメージ。

형상-화(形象化)[명] 形象化しょうか。

형상화-하다[타] 形象化しょうする。⑩ 머

형색(形色)⟨명⟩ ❶【얼굴빛·표정】形ホルルと色イロ。 ❷【얼굴빛과 표정】顔色カホノイロと表情ヒョウジョウ。

형석(螢石)⟨명⟩ ⟨공⟩蛍石ホタルイシ・ケイセキ。

형설지공(螢雪之功)⟨명⟩ 蛍雪ケイセツの功コウ。

형성(形成)⟨명⟩ 形成ケイセイ。⟨예⟩태양계의 ~ 太陽系タイヨウケイの形成ケイセイ。

　형성-하다⟨자⟩⟨타⟩ 形成ケイセイする｜形作カタチヅクる。⟨예⟩시가지가 형성되다. 市街地シガイチが形成ケイセイされる。

형성-층(形成層)⟨명⟩ ⟨식⟩形成層ケイセイソウ。

형세(形勢)⟨명⟩ ❶【살림살이】暮ク゛らし向ム゛き｜生活セイカツのようす。 ❷【형편】形勢ケイセイ｜情勢ジョウセイ｜成ナリ行ユき。⟨예⟩단숨에 ~가 역전되다. 一気イッキに形勢ケイセイが逆転ギャクテンする。 ❸⟨민⟩【풍수지리】山ヤマの形状ケイジョウと地勢チセイ。

형수(兄嫂)⟨명⟩ 兄嫁アニヨメ｜義姉ギシ。

형식(形式)⟨명⟩ 形式ケイシキ。⟨예⟩소나타 ~ ソナタ形式ケイシキ/ 명사 형식名詞メイシ/ ~에 얽매이다. 形式ケイシキに束縛ソクバクされる。

형식-적(形式的)⟨관명⟩ 形式的ケイシキテキ。⟨예⟩~인 선물 形式ケイシキ的テキのプレゼント。

형식-주의(形式主義)⟨명⟩ 形式主義ケイシキシュギ。

형언(形言)⟨명⟩ 名状メイジョウ。

　형언-하다⟨타⟩ 名状メイジョウする｜言イい表アラワす。⟨예⟩형언할 수 없는 고통 名状メイジョウしがたい苦痛クツウ。

형용(形容)⟨명⟩ 形容ケイヨウ。

　형용-하다⟨타⟩ 形容ケイヨウする。⟨예⟩말로는 다 형용할 수 없다. 言葉コトバでは形容ケイヨウしきれない。

형용-사(形容詞)⟨명⟩ ⟨언⟩形容詞ケイヨウシ。

형이상-학(形而上學)⟨명⟩ ⟨철⟩形而上学ケイジジョウガク。

형장(刑場)⟨명⟩ ⟨법⟩刑場ケイジョウ｜処刑場ショケイジョウ｜仕置シオキ場バ。⟨예⟩~의 이슬로 사라지다. 刑場ケイジョウの露ツユと消キえる。

형적(形跡·形迹)⟨명⟩ 形跡ケイセキ｜跡形アトカタ。⟨예⟩~을 남기지 않다. 跡形アトカタを残ノコさない。

형제(兄弟)⟨명⟩ ❶兄弟キョウダイ。⟨예⟩~자매 兄弟姉妹キョウダイシマイ。 ❷【교회에서 신자끼리】兄弟キョウダイ。

형체(形體)⟨명⟩ 形体ケイタイ｜物モノの形カタチ。⟨예⟩~를 유지하다. 形体ケイタイを維持イジする。

형태(形態)⟨명⟩ 形態ケイタイ｜形カタチ。⟨예⟩~를 만들다. 形態ケイタイを作ツクる。/ ~에 따라 나누다. 形カタチによって分ワける。

형태-론(形態論)⟨명⟩ ⟨언⟩形態論ケイタイロン。

형태-소(形態素)⟨명⟩ ⟨언⟩形態素ケイタイソ。

형편(形便)⟨명⟩ ❶【일이 되어가는 모양】(物事モノゴトの)成ナり行ユく状況ジョウキョウや結果ケッカ｜有アり様サマ。⟨예⟩올해 회사의 경영 ~은 어려운 편이다. 今年コトシの会社カイシャの経営ケイエイ状況ジョウキョウは苦クルしい方ホウだ。/ 내일 ~ 봐서 연락할게요. 明日アスの都合ツゴウを見ミて連絡レンラクするね。 ❷【생활형편】(生活セイカツの)暮クらし向ムき。⟨예⟩집안 ~이 어려워져 학교를 그만두다. 家庭カテイの暮クらし向ムきが苦クルしくなって学校ガッコウをやめる。/ ~이 좋아지면 이사하자. 暮クらし向ムきが良ヨくなれば引ヒっ越コそう。

형편-없다(形便─)⟨형⟩ ❶【형편·정도·결과 따위가 매우 좋지 않다】非常ヒジョウに良ヨくない｜酷ヒドい。⟨예⟩매출 실적이 ~. 売ウり上アげ実績ジッセキが非常ヒジョウに思オモわしくない。/ 케이크 맛이 ~. ケーキの味アジが良ヨくない。 ❷【사람됨이나 사물의 질이 낮거나 나쁘다】ひどい｜どうしようもない。⟨예⟩그 사람 형편없는 사람이군. あの人ヒトはどうしようもない人ヒトだな。/ 역사 문제에는 형편없는 문외한이다. 歴史レキシ問題モンダイには非常ヒジョウに取トるに足タりない門外漢モンガイカンだ。

　형편 없-이⟨부⟩ (がっかりするほど)非常ヒジョウに｜ひどく｜めちゃくちゃに｜さんざんに。⟨예⟩~초라한 성적이다. 非常ヒジョウに粗末ソマツな成績セイセキだ。/ 땅값이 ~ 떨어졌다. 地価チカがひどく下落ゲラクした。/ 시합에서 ~ 졌다. 試合シアイにさんざんに負マけた。

형평(衡平)⟨명⟩ 衡平コウヘイ｜平衡ヘイコウ。

형형색색(形形色色)⟨명⟩ 色イロとりどり｜色々イロイロ｜様々サマザマ。⟨예⟩~의 풍선 色イロとりどりの風船フウセン。

형형-하다(炯炯─)⟨형⟩【날카롭게】炯々ケイケイとしている｜ぴかぴか光ヒカっている。⟨예⟩형형한 눈동자 炯々ケイケイたる眼マナコ。

　형형-히⟨부⟩ 炯々ケイケイと。

혜민-하다(慧敏─)⟨형⟩【슬기롭고 민첩하다】慧敏ケイビンだ｜賢カシコい。

혜서(惠書)⟨명⟩【상대방의 편지】お手紙テガミ｜懇書コンショ。

혜성(彗星)⟨명⟩ 彗星スイセイ。⟨예⟩~처럼 나타난 신인 彗星スイセイの如ゴトく現アラワれた新人シンジン。=꼬리별

혜안(慧眼)⟨명⟩ ❶ 慧眼ケイガン｜鋭スルドい洞察力ドウサツリョク。⟨예⟩인생에 대한 깊은 ~ 人生ジンセイへの深フカい慧眼ケイガン。 ❷⟨종⟩【불교】慧眼ケイガン。

혜택(惠澤)⟨명⟩ 恵沢ケイタク｜恵メグみ｜恩恵オンケイ。⟨예⟩자연의 ~ 自然シゼンの恵メグみ/ ~을 누리다. 恵沢ケイタクを享受キョウジュする。

호¹⟨부⟩【입김을 모으거나 입술을 둥글게 오므리며 입김을 내뿜는 소리】ふう｜ふっと｜ほう。⟨예⟩불면서 먹어라. ふうふう吹フきながら食タべろ。

호²⟨감⟩【감탄할 때 내는 소리】ほほう｜おお。

호³(戶) Ⅰ 명 戶。 Ⅱ 의존 戶。 예이십 ~의 농가 20戶の農家。

호⁴(弧) 명 수 弧。 예원의 ~를 그리다. 円の弧を描く。

호⁵(號) 명 号。 예雅号。

호⁶(號) 명 ❶号。 예2月~에 그에 관한 기사가 실렸다. 二月号に彼についての記事が載せられた。 ❷号。 예15번지의 2~ 15番地の2号。 ❸号。 ❹号。 예50~의 그림을 그리다. 50号の絵を描く。

호⁷(壕) 명 壕。 塹壕。

호⁻⁸(好) 접 好ー。 예호경기 好景気。/호성적 好成績。

-호⁹(號) 접 ー号。 예새마을호 セマウル号。

호가(呼價) 명 言い値। 呼び値。
  호가-하다 타 値をつける。 예500만 원을 호가하는 가방 500万ウォンの値段をつけたかばん。

호각(號角) 명 呼び子। 呼ぶ子। 呼ぶ子の笛。 예~을 불다. 呼び子を吹く。

호감(好感) 명 好感。 예~을 갖다. 好感を持つ。/~을 주는 매너 好感を持たれるマナー。 =호감정

호-감정(好感情) 명 ☞호감

호강 명 豪奢な生活をすること। ぜいたくに暮らすこと。 예~을 누리다. 豪奢を極める。
  호강-하다 타 豪奢だ। ぜいたくな暮らしをする。

호강-스럽다 형 ぜいたくだ। 豪奢だ。
  호강스레 부 ぜいたくに। 豪奢に。

호걸(豪傑) 명 豪傑。

호걸-스럽다(豪傑ー) 형 豪傑らしいところがある。
  호걸스레 부 豪傑らしく。

호걸-웃음(豪傑ー) 명 豪傑笑い。 예그 남자가 ~을 웃으며 걸어오고 있다. その男は豪傑のように笑いながら歩いてくる。

호-경기(好景氣) 명 경 好景気। 好況。

호골(虎骨) 명 한 虎の骨。

호구¹(戶口) 명 戶口。

호구²(虎口) 명 ❶虎口。 ❷ばか। 手なずけやすい者। 御しやすい者。 예가만히 있다고 누굴 ~로 아나. 黙っているからといってバカにするな。 ❸운 三目の石に囲まれている中。

호구³(糊口・餬口) 명 糊口। 生計。
  호구-하다 자 糊口を凌ぐ。

호구(護具) 명 운 (剣道などの)防具。

호구지책(糊口之策) 명 糊口の策。 =호구책

호구-책(糊口策) 명 ☞호구지책

호국(護國) 명 護國。 예~ 영령 護國の英靈。
  호국-하다 자 国家の安全を守る。

호굴(虎窟) 명 虎穴。 =호혈

호궁(胡弓) 명 음 胡弓। 鼓弓。

호기¹(好期) 명 好期。

호기²(好機) 명 好機। チャンス。 예~를 잡다. チャンスをつかむ。/~를 놓치다. 好機を逃す。

호기³(呼氣) 명 呼気। 吐く息。 =날숨

호기⁴(豪氣) 명 豪気。 예~ 있는 남자 豪気な男。

호기-롭다(豪氣ー) ❶豪気にあふれている。 ❷意気揚々としている。
  호기로이 부 ❶豪気にあふれて。 ❷意気揚々と。

호기-스럽다(豪氣ー) 형 ❶勇ましく豪放そうに見える。 예호기스럽게 나서서 처리하다. 豪放そうに進んで処理する。 ❷偉そうに横柄な態度をとる。 예호기스럽게 많은 돈을 쓰다. 気前がよく多くの金を使う。
  호기스레 부 豪放そうに। 偉そうに。

호기-심(好奇心) 명 好奇心。 예~이 왕성하다. 好奇心が旺盛だ。

호-기회(好機會) 명 好機会। 好機。

호남(好男) 명 ☞호남아(好男兒)

호-남아(好男兒) 명 好男子。 =호남

호다 타 粗く縫う। 刺し縫いする。

호담-하다(豪膽ー) 형 豪胆だ。

호대-하다(浩大ー) 형 浩大だ। 広く大きい。

호도(糊塗) 명 糊塗。
  호도-하다 타 糊塗する। 取り繕う。 예실수를 ~. 過ちを糊塗する。

호되다 형 ひどい। 厳しい। はなはだしい。 예호되게 질책하다. 厳しく叱責する。

호두 명 胡桃। 胡桃の実。

호두-나무 명 식 胡桃。

호드득甼 ❶【깨를 볶는 소리를 내는 모양】ぱちぱち。예깨를 볶을 때 ~ 소리가 난다. 胡麻を煎るとき、ぱちぱちと音がする。❷【갑자기 힘있게 내뿜는 모양】ぱちぱち。 ぱんぱん。

호드득-거리다자 ❶(胡麻や豆などを 炒るときに)ぱちぱちとはじける音がする。❷(薪や炭などが)ぱちぱちと燃える。❸(銃声などが)しきりにぱんぱんと鳴る。=호드득대다

 호드득-대다 ☞호드득거리다

호드득-호드득甼 ❶ぱちぱち。❷ぱんぱん。

호들갑몜 軽はずみな言動。예~을 떨다. 軽はずみで大げさに振る舞う。

호들갑-스럽다형 大げさだ｜仰々しい。

 호들갑스레甼 軽はずみに｜大げさに｜仰々しく。

호-떡(胡一)몜【중국식 떡】ホットック。예거리에서 풍기는 ~ 굽는 냄새 道端で香るホットックを焼くく匂い。

호락-호락甼【만만하고 다루기 쉬운 모양】たやすく｜おいそれと｜まんまと。

 호락호락-하다 たやすい｜あまい。 예호락호락하지는 않다. おいそれとはできない。

호랑(虎狼)몜【성질이 사납고 módulo 사람】虎狼。

호랑-나비(虎狼一)몜《동》揚羽蝶。예길가에 핀 들꽃에 ~가 앉아 있다. 路傍に咲いた野の花にアゲハチョウがとまっている。=범나비・봉접・호접

호랑-이(虎狼一)몜 ❶《동》虎。예~ 새끼 虎の子。=범 ❷【비유적】非常に性質が荒々しく怖い人。예~ 선생님 怖い先生｜鬼先生／~ 영감 非常に怖いおじいさん。

 호랑이 굴에 가야 호랑이 새끼를 잡는속담 虎穴に入らずんば虎子を得ず。

 호랑이 담배 먹을[피울] 적속담 虎が煙草を吹かしていた頃：「昔々大昔」の意。

 호랑이도 제 말 하면 온다속담 虎も自分の話をすればやって来る：〔日〕うわさをすれば影がさす。◈일본에서는 '남의 이야기하면 그림자가 나타난다'라고 한다.

호령(號令)몜 ❶号令。예지휘자의 ~에 따르다. 指揮者の号令に従う。❷大声でしかること。

 호령-하다타 ❶号令する。예천하에 ~. 天下に号令をかける。❷大声でしかること｜怒鳴り付ける。

호로로甼【호루라기 소리】ぴりぴり｜ぴいぴい。

호로록甼 ❶【가볍게 날아가는 소리나 모양】ばたばた。예새가 둥지 위로 ~ 날아간다. 鳥が巣の上をばたばたと飛んでいく。／비둘기가 사람을 피해 ~ 날아간다. ハトが人を避けてばたばたと飛んでいく。❷【국수 등을 빨리 들이마시는 소리】ずるずる。예라면을 ~ 먹었다. ラーメンをずるずるとすすった。준호록

 호로록-거리다자 ❶(しきりに)ばたばたする｜羽ばたく。예새가 호로록거리며 날아간다. 鳥が羽ばたいて飛んでいく。❷(しきりに)ずるずるする｜ふうふうする。=호로록대다

 호로록-대다자타 ☞호로록거리다

호록甼 ☞'호로록'의 준말。

호롱몜 石油灯の油壺。

호롱-불몜 灯火｜ともしび。

호루라기몜 呼ぶ子｜呼ぶ笛｜ホイッスル。예~를 불다. ホイッスルを吹く。=휘슬

호르르甼 ❶【작은 새가 가볍게 나는 소리나 모양】ばたばた。예종달새가 ~ 가볍게 날아간다. ヒバリがばたばたと軽やかに飛んでいく。❷【불이 일어나는 작은 소리 나는 모양】めらめら｜ぱちぱち。

호르몬(hormone)몜《의》ホルモン。

호른(Horn 독)몜《음》ホルン。

호리다타 ❶【반하게 하다】惑わす｜だます｜あざむく。❷【매혹하다】魅惑する｜誘惑する。예남자를 ~. 男子を誘惑する。

호리-병(一甁)몜 瓢箪｜ひさご。

호리병-박(一甁一)몜《식》瓢箪。

호리호리-하다형 背丈がすらっとしている｜すんなりしている｜ほっそりしている。예호리호리한 허리 ほっそりとした腰／호리호리하게 가녀린 목덜미 すらっとしてか細いうなじ。

호미(胡麻)몜《식》胡麻。

호마-유(胡麻油)몜 ☞참기름。

호매-하다(豪邁一)형 豪邁だ。

호명(呼名)몜 名を呼ぶこと。

 호명-하다자 名を呼ぶ。예호명되었을 때 정말 기뻤다. 名前を呼ばれた時は本当に嬉しかった。

호모(homo)몜 ホモ。

호모 사피엔스(Homo sapiens 라) ホモサピエンス。

호미몜 草取りに使われるかま。

호박¹몜 ❶《식》カボチャ。❷【속】醜い女｜おかめ｜ぶす。

호박에 말뚝 박기[속담] カボチャに杭：「❶意地悪く残酷な悪さをすること。❷非常に簡単なこと」の意。

호박에 침 주기[속담] カボチャに鍼をうつ：「❶何の反応もないこと。❷非常に簡単なこと」の意：〔日〕ぬかに釘。◆日本では'겨에 못 박기'라고 한다.

호박이 넝쿨째로 굴러떨어졌다[속담] カボチャが蔓ごとに転がり込む：「思いがけない幸運に巡り合うこと」の意：〔日〕棚から牡丹餅。◆일본에서는 '선반에서 떨어진 떡'이라고 한다.

호박²(琥珀)[명]《광》琥珀。

호박-꽃[명] ❶〔식〕カボチャの花。❷【비유적으로】きれいでない女《ののし》ぶす。

호박-떡[명] カボチャを入れて作った餅。

호박-씨[명] カボチャの種。

호박-죽(—粥)[명] カボチャともち米で作った粥｜カボチャ粥。

호반(湖畔)[명] 湖畔。= 호숫가

호방-하다(豪放—)[형] 豪放だ。예 호방한 성격 豪放な性格。

호별(戸別)[명] 戸別｜家ごと。

호봉(號俸)[명]【회사 예산용】号俸。

호부(好否)[명] ☞호불호

호불호(好不好)[명] 好き不好き｜好きと嫌い｜好き嫌い。= 호부

호비다[타] ❶【깊이】〈穴の中やその中のものを〉ほじくる｜ほじくり出す。예 귀지를 ~. 耳垢をほじくる。/ 굇구멍을 ~. 鼻の穴をほじくる。❷【비유적】暴き出す。

호비작-호비작[부]【끊임없이】しきりにほじくるさま。예 코를 ~ 후비지 마라. 鼻をしきりにほじくるな。

호사¹(好事)[명]【좋은 일】好事｜めでたいこと。

호사²(豪奢)[명] 豪奢。예 ~를 누리다. 豪奢をきわめる。

　호사-하다[자] 豪奢だ。

호사-다마(好事多魔)[명] 好事魔多し。

호사-바치(豪奢—)[명]【멋부리기 좋아하는 사람】しゃれ者｜おめかしや。예 돈도 없는 사람이 ~ 흉내를 내어 볼썽사납다. お金もないくせに派手に着飾るのはみっともない。

호사-스럽다(豪奢—)[형] 豪奢だ。예 호사스럽게 꾸미다. 豪奢に飾る。

　호사스레[부] 豪奢に。

호상 열도(弧狀列島)[명] 弧状列島。

호색(好色)[명]【성적 즐거움】好色｜色好み。

호색-가(好色家)[명] 好色家。

호색-한(好色漢)[명] 好色漢。

호생(互生)[명] ☞어긋나기

호선(互選)[명] 互選。

　호선-하다[타] 互選する。

호소¹(呼訴)[명]【어려움을 알림】訴え。

　호소-하다[타] 訴える｜呼び掛ける。예 국민에게 ~. 国民に訴える。/ 절실히 ~. 切実に呼びかける。

호소²(湖沼)[명]【호수와 늪】湖沼｜湖と沼。

호소-문(呼訴文)[명] (悔しさなどを)訴える文。

호송(護送)[명] 護送。예 현금 ~ 現金護送。

　호송-하다[타] 護送する。예 범죄자를 ~. 犯罪者を護送する。

호수¹(戸數)[명]【집의 수】戸数。

호수²(湖水)[명] 湖水｜湖。예 인공 ~ 人工湖；人造湖。

호수³(號數)[명]【차례를 매겨서 번호로 나타낸 수】号数。예 아파트의 ~ マンションの号数。

호숫-가(湖水—)[명] 湖岸｜湖畔。= 호반

호스(hose)[명] ホース。

호스티스(hostess)[명] ホステス。

호-시절(好時節)[명] よい時節。

호시-탐탐(虎視眈眈)[명] 虎視眈眈。예 ~ 사냥감을 노리다. 虎視眈眈と獲物を狙う。

　호시탐탐-하다[타] 虎視眈眈としている。

호신(護身)[명] 護身。

호신-술(護身術)[명] 護身術。

호신-용(護身用)[명] 護身用。예 ~ 스프레이 護身用スプレー。

호안(護岸)[명]〈건〉護岸。

호언(豪言)[명] 豪語｜大言。

　호언-하다[자] 豪語する｜大言する。

호언-장담(豪言壯談)[명] 大言壮語。

　호언장담-하다[자] 大言壮語する。예 반드시 이긴다고 ~. 必ず勝つと大言壮語する。

호연지기(浩然之氣)[명] 浩然の気。예 ~를 기르다. 浩然の気を養う。

호연-하다(浩然—)[형]【넓다】浩然としている。

　호연-히[부] 浩然と。

호열자(虎列刺)[명] ☞콜레라

호외(號外)[명]【정기 발행물이 아닌 임시 발행】号外。예 ~를 발행하다. 号外を発行する。

호우(豪雨)몡 豪雨｜大雨. 예집중 ~ 集中ゴウ豪雨/ ~ 주의보 大雨注意報/ ~로 마을이 침수되다. 豪雨で村が浸水される. / ~로 강이 범람하다. 豪雨で川が氾濫する.

호운(好運)몡 好運｜幸運.

호위(護衛)몡 護衛.
　호위-하다타 護衛する. 예장군을 ~. 将軍を護衛する.

호응(呼應)몡 呼応.
　호응-하다자 呼応する.

호의(好意)몡 好意. ❶好感｜好感情. 예~를 품다. 好意を抱く. ❷親切な気持ち. 예그녀의 ~를 무시하다. 彼女の好意を無視する.

호의-적(好意的)관몡 好意的. 예~인 태도 好意的な態度.

호의-호식(好衣好食)よい服を着てよい食べ物を食べること.

호인(好人)몡 好人｜好人物.

호재(好材)好材料. 예~로 작용하다. 好影響を与える.

호저(豪猪)몡 〈동〉やまあらし.

호적(戸籍)몡 戸籍. 예~을 옮기다. 戸籍を移す. / ~에 올리다. 戸籍に載せる.
　호적 등본(戸籍謄本)〈법〉戸籍謄本.
　호적 초본(戸籍抄本)〈법〉戸籍抄本.

호전¹(好戦)몡 好戦.

호전²(好轉)몡 好転.
　호전-하다자 好転する. 예병세가 호전되다. 病状が好転する. / 판매가 호전되다. 販売が好転する.

호전-적(好戦的)관몡 好戦的. 예~인 민족 好戦的な民族.

호접(胡蝶・蝴蝶)몡 ☞호랑나비

호젓-하다ひっそりしている｜もの寂しい｜うら寂しい｜深閑としている. 예호젓한 산길 ひっそりとした山道.
　호젓-이부 ひっそり｜寂しく.

호조¹(互助)몡 ☞상조
　호조-하다자 ☞상조하다

호조²(好調)몡 好調｜快調. 예판매가 ~를 보였다. 販売が好調であった.

호족(豪族)몡 豪族. 예~ 세력 豪族の勢力.

호졸근-하다 ❶(服・紙などが 湿ったり 糊気がなくなったりして) じっとりしている. ❷(たいへん 疲れて体が)元気がなく気だるい｜ぐったりしている｜くたくただ.

호주¹(戸主)몡 戸主.
호주²(好酒)몡 酒を好むこと.
　호주-하다자 酒を好む.
호주³(濠洲)몡 〈국〉豪州｜オーストラリア. =오스트레일리아

호-주머니(胡—)몡 ポケット｜ふところ. 예~에 넣다. ポケットに入れる. / ~가 두둑하다. ふところが暖かい.

호청(好晴)몡 好晴｜快晴.

호출(呼出)몡 呼び出し. 예감독에게 ~이 왔다. 監督から呼び出しが来た.
　호출-하다타 呼び出す.

호치키스(Hotchkiss)몡 ホチキス｜ホッチキス.

호칭¹(互稱)몡 互いに呼び合うこと.
　호칭-하다자 互いに呼び合う.

호칭²(呼稱)몡 呼称｜称呼.
　호칭-하다타 呼称する.

호쾌-하다(豪快—)형 豪快だ. 예호쾌한 성격 豪快な性格.

호크(←haak 네)몡 ホック. 예~를 채우다. ホックを留める.

호탕-하다(豪宕—)형 豪宕だ｜豪放だ. 예호탕한 기질 豪宕な気性.

호텔(hotel)몡 ホテル.

호통 怒号｜怒鳴ること. 예갑자기 부하들에게 ~를 쳤다. いきなり部下たちを怒鳴りつけた.
　호통-하다자 怒号する｜怒鳴る.

호통-치다 怒鳴る｜怒鳴りつける.

호평(好評)몡 好評. 예~을 받다. 好評を頂く; 好評を博する.
　호평-하다 高く評価する.

호피(虎皮) 虎の毛皮｜唐皮.

호한(好漢)몡 好漢｜義侠心の強い人.

호혈(虎穴) ☞호굴

호협-하다(豪俠—)형 豪放で義侠心が強い.

호형-호제(呼兄呼弟)(兄弟のように) 非常に親しい間柄.

호혜(互惠)몡 互惠. 예~ 조약 互恵条約/ ~ 관세 互恵関税.

호-호부 ほうほう｜ふうふう. 예입김을 ~ 불다. ふうふうと息を吹く. / 뜨거우니 ~ 불어서 드세요. 熱いからふうふう吹いてお食べください.
　호호-거리다타 しきりにほうほうと息を吹く. =호호대다

호호-대다¹ 🅣 ☞호호거리다

호호-[呼呼]🅑 おほほ｜ほ、ほ。例 ～ 웃는 여자 おほほと笑（わら）う女（おんな）。

호호-거리다² 🅐 しきりにおほほと笑（わら）う。＝호호대다

호호-대다² 🅐 ☞호호거리다

호호-백발(皓皓白髮)🅝 真（ま）っ白（しろ）くなった白髮（しらが）｜白髮（しらが）の老人（ろうじん）。

호호탕탕-하다(浩浩蕩蕩—)🅗 果（は）てしなく広々（ひろびろ）としている。

호호-하다¹ (浩浩—)🅗 浩々（こうこう）としている。果（は）てしなく広大（こうだい）だ。

호호-하다² (皓皓—)🅗 皓々（こうこう）としている。❶【희고맑다】白（しろ）くて清（きよ）い。 ❷【빛나다】光（ひか）る。

호화(豪華)🅝 豪華（ごうか）。

호화-하다 🅗 豪華（ごうか）だ｜贅沢（ぜいたく）で華（はな）やかだ。

호화-롭다(豪華—)🅗 豪華（ごうか）だ｜贅沢（ぜいたく）で華（はな）やかだ。例 호화로운 저택 豪華な邸宅（ていたく）。

호화로이 🅑 豪華（ごうか）に｜ぜいたくに｜派手（はで）に。

호화-스럽다(豪華—)🅗 豪華（ごうか）だ｜贅沢（ぜいたく）で華（はな）やかだ。例 호화스러운 생활 豪華な生活（せいかつ）。

호화-판(豪華版)🅝 豪華版（ごうかばん）。

호환(互換)🅝 互換（ごかん）。

호환-하다 🅣 互換（ごかん）する。

호환-성(互換性)🅝 互換性（ごかんせい）。例 ～이 높다. 互換性が高（たか）い。

호황(好況)🅝 好況（こうきょう）。例 ～ 업종 好況業種（ごうきょうぎょうしゅ）／～을 보이고 있다. 好況を呈（てい）している。

호흡(呼吸)🅝 呼吸（こきゅう）。❶息（いき）。例 ～계 呼吸系（こきゅうけい）／～ 곤란 呼吸困難（こきゅうこんなん）／인공 ～ 人工（じんこう）呼吸／복식 ～ 腹式（ふくしき）呼吸。 ❷ (共同（きょうどう）で何（なに）かをするときの)調子（ちょうし）。例 ～을 맞추다. 呼吸を合（あ）わす。／～이 딱 맞다. 呼吸がぴったり合（あ）う。

호흡-하다 🅐 呼吸（こきゅう）する。

호흡-기(呼吸器)🅝 (의)呼吸器（こきゅうき）｜呼吸器官（こきゅうきかん）。例 ～ 질병 呼吸器疾病（こきゅうきしっぺい）。

혹¹ 🅝 瘤（こぶ）｜たんこぶ。例 ～을 떼다. こぶを取（と）る。

혹² 🅑 ❶【액체 등을 단숨에 들이켜는 모양】ごくり｜ごくっと｜ぐいっと。例 빠르게 ～ 들이마시다. すばやくぐいっと飲（の）む。 ❷【입술 오므리고 입김을 갑작스레 부는 모양】ふっと｜ふうっと。

혹³ (或)🅑 ❶【혹시】或（ある）いは｜もしかすると｜ひょっとしたら｜もし｜万一（まんいち）。例 ～ 답장이 오지 않더라도 실망하지 마라. 혹 返事（へんじ）が来（こ）なくてもがっかりするな。 ❷【간혹】たまに｜稀（まれ）に。例 ～ 배달이 늦는 경우가 있다. たまに配達（はいたつ）が遅（おく）れることがある。

혹간(或間)🅑 ☞간혹

혹독-하다(酷毒—)🅗 ❶【정도가 심하다】甚（はなは）だしい｜ひどい｜はげしい｜酷烈（こくれつ）だ。例 혹독한 추위 きびしい寒（さむ）さ。 ❷【성질이나 하는 짓이】残酷（ざんこく）だ｜むごい。例 혹독한 고문 残酷な拷問（ごうもん）。

혹독-히 🅑 むごく｜ひどく｜残酷（ざんこく）に。

혹-부리 🅝 (속칭)顔（かお）にこぶがついている人（ひと）。例 ～ 할아버지 こぶじいさん。

혹사(酷使)🅝 酷使（こくし）。

혹사-하다 🅣 酷使（こくし）する｜こき使（つか）う。例 몸을 ～. 体（からだ）を酷使する。

혹사-하다(酷似—)🅗 ☞흡사하다

혹서(酷暑)🅝 酷暑（こくしょ）｜極暑（ごくしょ）｜厳暑（げんしょ）。＝혹염

혹설(或說)🅝 ある人（ひと）の話（はなし）や学説（がくせつ）。

혹성(惑星)🅝 ☞행성

혹시¹ (或是)🅑 ❶【긴말할 때처럼】万一（まんいち）｜もしかしたら。例 ～ 내일 지구가 망한다면? もし明日（あす）、地球（ちきゅう）が滅（ほろ）びたらどうすればいいのか。／～ 불합격 통지서가 오면 어떻게 하지? 万一が一（いち）、不合格（ふごうかく）の知（し）らせがきたらどうしようか。 ❷【혹】ひょっとしたら｜あるいは｜来（く）るかもしれない。 ❸【혹여】偶然（ぐうぜん）に｜もし。例 ～ 그를 만나면 말 좀 전해 주세요. もし彼（かれ）に会（あ）ったら伝言（でんごん）してくれませんか。＝혹여・혹자Ⅱ

혹시² (或時)🅑 【어쩌다가｜어떠한 때】ある時（とき）に｜たまに｜時（とき）にたま。

혹시-나(或是—)🅑 【혹시를 강조하여】万一（まんいち）｜もし｜もしかしたら｜ひょっとしたら｜あるいは。

혹심-하다(酷甚—)🅗 【몹시】むごく酷（こく）い｜激甚（げきじん）だ。

혹여(或如)🅑 ☞혹시¹(或是)

혹염(酷炎)🅝 ☞혹서(酷暑)

혹자(或者)Ⅰ 🅝 ある者（もの）｜ある人（ひと）。Ⅱ 🅑 ☞혹시¹

혹평(酷評)🅝 酷評（こくひょう）。例 ～을 받다. 酷評を受（う）ける。

혹평-하다 🅣 酷評（こくひょう）する。

혹-하다(惑—)🅐 すっかり惚（ほ）れ込（こ）む｜おぼれて夢中（むちゅう）になる。

혹한(酷寒)몡 酷寒ﾞ｜極寒ﾞ｜厳寒ﾞ。
혹해(酷害)몡 酷ʸい災害ﾞ。
혹형(酷刑)몡 酷刑ﾞ｜残酷ﾞな刑罰ﾞ。
　혹형-하다卧 むごく罰ﾞする。
혹-혹튀 ❶液体ﾞを少しずつすするさま。❷ふうふう。
혼(魂)몡 魂ﾞ｜霊魂ﾞ｜精神ﾞ。
혼가(婚家)몡 婚家ﾞ｜婚礼ﾞを挙ﾞげる家ﾞ。
혼겁(魂怯)몡 魂消ﾞて怖ﾞがること。
　혼겁-하다卧 魂消ﾞる。
혼-계영(混繼泳)몡 《운》 メドレーリレー。
혼곤-하다(昏困一)卧 昏々ﾞとしている｜意識ﾞが薄ﾞれている。
　혼곤-히튀 昏々ﾞと。예 ~ 잠이 들다. 昏々と寝入ﾞる。
혼기(婚期)몡 婚期ﾞ。예 ~를 놓치다. 婚期を逸ﾞする。
혼-나다(魂一)자 ❶ひどい目ﾞに遭ﾞう｜気ﾞが抜ﾞけるほどびっくりする。예 교통 정체 때문에 혼난 적이 있다. 渋滞ﾞにつかまってひどい目にあったことがある。❷叱ﾞられる。예 수업 시간에 떠들다가 선생님한테 혼났다. 授業中ﾞに騒ﾞいで先生ﾞに叱られた。/ 늦잠을 자서 엄마에게 혼났다. 寝坊ﾞしてお母ﾞさんにきつく叱られた。
혼-내다(魂一)卧 とっちめる｜きつくこらしめる｜きつく叱ﾞる。예 자꾸 숙제 안 해 오면 선생님이 혼낸다. しきりに宿題ﾞをして来ﾞないと先生ﾞが叱る。/ 그 애가 오면 혼내 주자. あの子ﾞが来ﾞたらとっちめてやろう。
혼담(婚談)몡 縁談ﾞ｜結婚話ﾞ。예 ~이 깨지다. 縁談が破ﾞれる。=연담
혼도(昏倒)몡 昏倒ﾞ。
　혼도-하다卧 昏倒する。
혼돈(混沌·渾沌)몡 混沌ﾞ。
　혼돈-하다톙 混沌としている。예 혼돈한 세상 混沌とした世ﾞの中ﾞ。
혼동(混同)몡 混同ﾞ。예 ~을 일으키다. 混同を引ﾞき起ﾞこす。
　혼동-하다卧 混同する。
혼란(混亂)몡 混乱ﾞ。예 사회적 ~ 社会的ﾞな混乱。
　혼란-하다톙 混乱する。
혼란-스럽다(混亂一)톙 混乱する。예 머릿속이 ~. 頭ﾞの中が混乱している。
혼령(魂靈)몡 霊魂ﾞ。=영혼

혼례(婚禮)몡 婚礼ﾞ｜結婚式ﾞ｜婚儀ﾞ。=결혼식
혼례-식(婚禮式)몡 結婚式ﾞ。
혼몽-하다톙 気ﾞがぼうっとしてふらふらする。
혼미-하다(昏迷一)톙 昏迷する｜混迷ﾞする。예 의식이 ~. 意識ﾞが昏迷する。
혼방(混紡)몡 混紡ﾞ。예 ~ 직물 混紡織物ﾞ。
　혼방-하다卧 混紡する。
혼방-사(混紡絲)몡 混紡糸ﾞ。
혼백(魂魄)몡 魂魄ﾞ｜霊魂ﾞ。=넋
혼비(婚費)몡 結婚ﾞの費用ﾞ。
혼비백산(魂飛魄散)몡 魂消ﾞること｜非常ﾞに驚ﾞいて肝ﾞをつぶすこと。
혼사(婚事)몡 婚姻ﾞに関ﾞする事柄ﾞ。예 두 집안에 ~가 이루어지다. 両家ﾞに婚姻が成ﾞり立ﾞつ。/ ~가 깨지다. 婚姻が壊ﾞれる。
혼색(混色)몡 混色ﾞ。
혼서(婚書)몡 婚書ﾞ｜婚礼ﾞの際ﾞ、新郎側ﾞから礼物ﾞの織物ﾞと一緒ﾞに新婦側ﾞに送ﾞる手紙ﾞ。=예장 ❶
혼선(混線)몡 混線ﾞ。
　혼선-되다자 混線ﾞする。예 전화가 ~. 電話ﾞが混線する。
혼성¹(混成)몡 【~되 형태 없음】 混成ﾞ。예 ~ 경기 混成競技ﾞ。
　혼성-하다卧 混成する。
혼성²(混聲)몡 混声ﾞ。예 ~ 합창단 混声合唱団ﾞ / ~ 4중창 混声4重唱ﾞ。
혼성-팀(混成team)몡 混成チーム。
혼성 합창(混聲合唱)몡《음》 混声合唱ﾞ。
혼-솔몡 粗ﾞく縫ﾞった衣服ﾞの縫ﾞい目ﾞ。
혼수¹(昏睡)몡 昏睡ﾞ。예 ~상태 昏睡状態ﾞ。
혼수²(婚需)몡 結婚ﾞに入ﾞり用ﾞの品物ﾞ｜婚礼用品ﾞ。
혼숙(混宿)몡 幾人ﾞかの男女ﾞが同宿ﾞすること。
　혼숙-하다자 幾人ﾞかの男女ﾞが同宿ﾞする。
혼식(混食)몡 混食ﾞ。
　혼식-하다자卧 混食する。
혼신(渾身)몡 渾身ﾞ｜満身ﾞ｜全身ﾞ。예 ~의 힘을 다하다. 渾身の力ﾞを振ﾞり絞ﾞる。
혼약(婚約)몡 婚約ﾞ。
　혼약-하다자 婚約ﾞする。

혼연(渾然)[부] 【혼연히】 渾然と。
혼연-일체(渾然一體)[명] 渾然一体。 예 모든 것이 음악과 ~가 된 무대 全てが音楽然と渾然一体となった舞台。
혼욕(混浴)[명] 混浴。
　혼욕-하다[자] 混浴する。
혼용(混用)[명] 混用。
　혼용-하다[타] 混用する。 예 한자와 한글을 ~. 漢字とハングルを混用する。
혼인(婚姻)[명] 婚姻 ¦ 結婚。 =혼취(婚娶)
　혼인-하다[자] 婚姻する ¦ 結婚する。
혼인 신고(婚姻申告) 《법》婚姻届 ¦ 結婚届。
혼입(混入)[명] 混入。
　혼입-하다[타] 混入する。 예 다른 물질을 ~. 他の物質を混入する。
혼자 Ⅰ[명] 一人 ¦ 独り。 예 ~서도 잘할 수 있다. 一人でもちゃんとできる。
　Ⅱ[부] 独りで ¦ 単独で。 예 ~ 고민하다. ひとりで悩んでいる。
혼자-되다[자] 配偶者をなくす ¦ やもめになる。 =홀로되다
혼작(混作)[명] 混作。 =섞어짓기
　혼작-하다[타] 混作する。
혼잡(混雜)[명] 混雜。 예 교통 ~을 피하다. 交通混雜を避ける。
　혼잡-하다[형] 混雜する ¦ ごたごたとする。 예 도로가 ~. 道路が混雜する。
혼잡-스럽다(混雜―)[형] 混雜する ¦ 込み込みだ。
　혼잡스레 混雜して ¦ ごたごたと。
혼잣-말[명] 独り言 ¦ 独語。 =독언·혼잣소리
　혼잣말-하다 独り言を言う ¦ 独語する。
혼잣-소리[명] ☞혼잣말
혼잣-손[명] 【혼자 벌어서 살림이나 생계를 세운다는 뜻】 一人で仕事や生計を立てること ¦ 独力で ¦ 一手に。
혼전¹(婚前)[명] 【결혼전】 婚前。
혼전²(混戰)[명] 【뒤섞여 싸움】 混戰 ¦ 乱戰。
　혼전-하다[자] 混戰する。
혼절(昏絶)[명] 昏絶。
　혼절-하다[자] 昏絶する。 예 충격을 받아 혼절했다. ショックで気絶した。
혼정(混晶)[명] 《광》混晶。
혼쭐-나다(魂―)[자] ❶ 【심히 꾸지람을 듣다】 厳しく叱られる ¦ ひどい目に遭う。 예 선생님께 혼쭐났다. 先生に厳しく叱られた。 ❷ 頭がぼうっとなる。
혼처(婚處)[명] 結婚に適当な相手。

혼취¹(昏醉)[명] 【술에 몹시 취함】 昏醉。
　혼취-하다 昏醉する。
혼취²(婚娶)[명] ☞혼인
혼탁(混濁·渾濁·溷濁)[명] 混濁 ¦ 溷濁。
　혼탁-하다[형] 混濁する。 ❶ 【여러 가지가 섞여 흐림】 濁る。 예 혼탁한 공기 濁った空気。 ❷ 【사회가 어지러움】 乱れる ¦ 混乱する。 예 혼탁한 사회 乱れた社会。
혼합(混合)[명] 混合。 예 ~ 비율 混合比率。
　혼합-하다[타] 混合する ¦ 混ぜ合わせる。 예 시멘트에 물을 ~. セメントに水を混合する。
혼합 농업(混合農業) 《농》混合農業。
혼합-림(混合林)[명] 混合林。
혼합-물(混合物)[명] 混合物。
혼합 복식(混合複式) 《운》混合ダブルス ¦ ミクストダブルス。
혼혈(混血)[명] 混血。
혼혈-아(混血兒)[명] 混血兒 ¦ ハーフ。
혼화(混和)[명] 混和。
　혼화-하다[자,타] 混和する。
홀¹(hall)[명] 【집회 등을 하는】 ホール。
홀²(hole)[명] 《운》 ホール。
홀가분-하다[형] ❶ 【기분이 가볍다】 軽い ¦ 快い ¦ 気楽だ。 예 나를 귀찮게 하던 그가 안 보이니 홀가분하기 그지없다. いつも私を煩わせていた彼が見えないので、この上なく気楽だ。 ❷ 【처리하기에】 たやすい ¦ しやすい ¦ 造作もない。
　홀가분-히[부] さっぱりと ¦ 気楽に。
홀대(忽待)[명] おろそかなもてなし。
　홀대-하다[타] おろそかにもてなす ¦ そまつに待遇する。
홀딱 ❶ 【죄다 벗거나 벗어지는 모양】 すっかり ¦ 完全に。 예 옷을 ~ 벗다. 服をすっかり脱ぐ。 / 머리가 ~ 벗어지다. 頭がすっかりはげる。 ❷ 【가뿐하게 뛰거나 나는 모양】 ひょいと ¦ ひらりとぴょんと。 예 도랑을 ~ 뛰어넘다. 水路をぴょんと飛び越える。 ❸ 【정신 반하거나 속는 모양】 ぞっこん ¦ まんまと ¦ すっかり。 예 그에게 ~ 반하다. 彼にぞっこん惚れ込む。 ❹ 【조금도 남기지 않는 모양】 すっかり ¦ 完全に。 예 돈을 ~ 써 버리다. 金をすっかり使ってしまう。
홀딱-거리다[자] しきりに跳び上がる ¦ ひょいひょいと跳ぶ。
홀딱-거리다[자] 〈履き物などが大きくて〉だぶつく ¦ だぶだぶだ ¦ ぶかぶかだ。 예 신발이 커서 ~. 靴が大きくてぶ

かぶかだ。

홀딱-홀딱[부] ❶続けて全部脱ぐさま。❷しきりに引っくり返す、または引っくり返るさま。❸しきりに跳び越えるさま。

홀딱-홀딱[부] だぶだぶる。

홀라-들이다[타] ❶やたらに突っつく。❷しきりに出入りさせる。

홀랑[부] ❶すっかり｜さっと｜するり。예 ~ 벗어진 이마 すっかりはげた額/ ~ 벗은 알몸 すっかり脱いだ裸体。❷すっかり｜完全に。예 남은 재산을 도박으로 ~ 날리다. 残っている財産を博打ですっかり無くす。❸すっぽり(と)｜すぽっと。예 구멍에 ~ 빠지다. 穴にすぽっと落ちる。

홀랑-거리다[자] ゆるくてだぶだぶする。=홀랑대다

홀랑-대다[자] ☞홀랑거리다

홀랑-하다[형] ゆるくてすかすかだ｜だぶだぶだ。

홀랑-홀랑[부] ❶すっかり｜さっと｜するり。예 아이들은 옷을 ~ 벗어던지고 강으로 뛰어들었다. 子供たちは服を脱ぎ、川に飛び込んだ。❷すっかり｜完全に。예 그 많던 돈을 ~ 다 써 버렸다. あんな多くのお金を全部使い果たしてしまった。❸すっぽり(と)｜すぽっと。

홀로[부] 一人で｜独りで｜一人きり。예 ~ 살고 있다. 一人で暮らしている。

홀로그래피(holography)[명] 《물》ホログラフィー。

홀로-되다[자] ☞혼자되다

홀리다[자] ❶惑わされる｜惚れ込む。예 귀신에게 ~. 幽霊に惑わされる。/ 여자에게 ~. 女に惚れ込む。❷心を迷わす｜惑わす｜誘惑する。예 그 여자가 자꾸 나를 홀린다. その女がしきりに僕を惑わす。

홀-몸[명] 独じ身｜独身。

홀보드르르-하다[형] 織物が軽くて柔らかい。⚬홀보드하다

홀보들-하다[형] ☞홀보드르르하다'의 준말.

홀-소리[명] ☞모음(母音)

홀-수(-數)[명] 〈수〉奇数。예 ~는 2로 나누어지지 않는다. 奇数は二で割れない。

홀시(忽視)[명] ❶おろそかに見ること。❷《심》無視すること｜軽視。

홀시-하다[타] ❶おろそかに見る。❷無視する｜軽視する｜軽んじる。

홀-씨[명] 〈식〉胞子。=포자

홀-아버지[명] 片親の父。

홀-아비[명] 〈男〉やもめ｜やもお。

홀-앗이[명] 一人きりで家の事をやりくりする立場。

홀-어머니[명] 片親の母。

홀-어미[명] やもめ｜後家｜寡婦。

홀-어버이[명] 片親。

홀연(忽然)[부] 忽然と｜忽に｜にわかに｜突然に。예 ~ 모습を감추다. 忽然と姿を消す。=홀연히

홀연-하다[형] にわかだ。

홀연-히[부] ☞홀연

홀인-원(hole in one)[명] 〈운〉ホールインワン。

홀짝[부] ❶ごくり。예 술을 ~ 한 모금 마시다. 酒をごくりと一口に飲む。❷ずるっと。❸一気に｜ひらり｜ぴょんと。예 그 아이는 도랑을 ~ 뛰어넘었다. その子供は水路を一息に飛び越えた。

홀짝-거리다[자][타] ❶ちびちび飲む。예 술을 ~. 酒をちびちび飲む。❷しきりに鼻水をすする。❸(鼻水を)すすりながら泣く｜しくしくと泣く。예 홀짝거리며 울다. しくしく泣く。=홀짝대다

홀짝-대다[자][타] ☞홀짝거리다

홀짝-이다[자][타] ❶ちびちび飲む。❷鼻水をすする。❸(鼻水を)すすりながら泣く｜しくしくと泣く。

홀쭉-이[명] やせっぽち｜がりがりに痩せた人。예 ~와 뚱뚱이 がりがりとでぶ。

홀쭉-하다[형] ❶ほっそりしている｜細くてすらりとしている。예 홀쭉한 몸매 ほっそりした体つき/홀쭉한 허리 ほっそりとした腰。❷げっそりやせている。예 감기로 앓아누운 후로 볼이 홀쭉해졌다. 風邪で寝込んだあと、げっそりと頬がこけた。/ 얼굴이 야위어 ~. 顔がやせていて細面である。❸(中があいて)へこんでいる。예 짐들을 모두 꺼내 놓자 가방이 홀쭉해졌다. 荷物を全部取り出したので、かばんがへこんだ。❹先がとがって長い。

홀쭉-히[부] ほっそりと｜すんなりと。

홀치다[타] しっかり縛りつける。

훌훌(부) ❶《새·나비들이 날개를 펴고 가볍게 나는 모양》ぱたぱた｜ひらひら。 예나비가 ~ 날아간다。チョウチョウがひらひらと飛んでいく。 ❷《가볍게 잇달아 잘 움직이는 모양》ひょいひょい｜ぴょんぴょん。 ❸《가볍고 작은 것을 여기저기 뿌리거나 흩어지게 하는 모양》ばらり｜ばらばら｜ぽんぽん。 씨앗을 ~ 뿌리다。種をばらぱらとまく。 ❹《물건의 먼지 등을 자꾸 툭툭 터는 모양》ぱんぱん｜ぱたぱた。 ❺《액체·음료 등을 들이마시는 모양》ずるずる｜ちびちび。 예위스키를 ~ 마시다。ウイスキーをちびちび飲む。 ❻《불길이 매우 거세게 타오르는 모양》ちょろちょろ｜ちろちろ｜めらめら。 ❼《날아 움직이거나 떨어지는 모양》はらり｜さらり｜さっさと。 ❽《입김을 가볍게 자꾸 부는 모양》ふうふう。예뜨거운지 ~ 불어 먹는다。熱いのかふうふう吹いて食べる。

홈¹(명) 溝。예~을 파다。溝を掘る。
홈²(운동) ホーム｜ホームベース。
홈-드라마(home drama 조)(명)(연) ホームドラマ。
홈런(home run)(명)(운) ホームラン。예 ~을 치다。ホームランを打つ。
홈-뱅킹(home banking)(명)(경) ホームバンキング。
홈 쇼핑(home shopping) ホームショッピング。
홈-질(명) ぐし縫い。
  홈질-하다(타) ぐし縫いをする。
홈치다(타) ❶《걸레 따위로 문질러 찌꺼기나 물기를 없애다》拭く｜拭き取る。예걸레로 방을 ~。雑巾で部屋を拭く。 ❷《힘있게 마구 때리다》ぶん殴る｜殴りつける。 ❸《손으로 더듬어 찾다》手探りする。 ❹《물건을 몰래 가지다》盜む｜かすめる。예다른 사람의 물건을 훔치면 안 된다。人の物を盜んではいけない。
홈켜-잡다(타) 握りつかむ｜ぎゅっとつかむ。
홈켜-쥐다 しっかり握る｜ぎゅっと握る。
홈키다(타) しっかり握りしめる｜ぐいっとつかむ。예매가 닭을 ~。鷹が鷄をぐいっとつかむ。
홈-통(一桶)(명) 樋ひ｜かけひ。예~을 흐르는 물 樋を流れる水。
홈-파다 穿つ｜深く掘る。
홈페이지(homepage)(명)(컴) ホームページ。
홈-하다(형) 滿ち足りた顔である。
홉¹(의)(분량의 단위) 合。
홉²(hop)(명)(식) ホップ。
홉-뜨다(타) 目上げをしてにらむ。
훗훗-하다 《붙어 있는 사람수가 적고 단출하여》気軽かるだ｜気楽らくだ｜こぢんまりしている｜見軽かい。예훗훗하게 두 식구이다。気楽に二人暮らしだ。
  훗훗-이(부) 気軽かるに｜気楽らくに｜こぢんまりと。예부부가 둘이서만 ~ 살고 있다。夫婦の二人だけでこぢんまりと暮らしている。/모처럼 야외에서 가족끼리만 ~ 놀아 보자。久しぶりに野外で家族水入らず気楽に遊ぼう。

홍(紅)(명) 紅色べに・ぎょく。＝붉은색
홍-당무(紅唐—) ❶《식》【실당무】赤大根だいこん。❷《식》【당근】にんじん。❸《매우 붉은 얼굴》赤面せきめん。예부끄러워서 얼굴이 ~가 되었다。恥ずかしくて顔が真っ赤になった。
홍두깨 ❶《다듬잇감》綾巻あやまき。❷【쇠고기】牛うしの臀部でんぶの肉にく。
홍두깨-살 牛うしの臀部でんぶの肉にく。
홍등(紅燈)(명) 紅灯こうとう。
홍등-가(紅燈街)(명) 紅灯こうとうの巷ちまた｜花柳界かりゅうかい｜色街いろまち。
홍보(弘報)(명) 広報こうほう｜弘報こうほう。예 ~ 활동 広報活動。
  홍보-하다(타) 広報こうほうをする。
홍삼(紅蔘)(명)(한)《약으로 쓰이는 붉은 인삼》高麗人参こうらいにんじんを蒸して乾燥かんそうしたもの。
홍색(紅色)(명) 紅色べに・ぎょく｜紅あかい色いろ。
홍소(哄笑)(명)《입을 크게 벌리고 웃는 웃음》哄笑こうしょう｜大笑たいしょう。
  홍소-하다(자) 哄笑こうしょうする｜大笑たいしょうする。
홍수(洪水)(명) 洪水こうずい｜大水おおみず。예~가 나다。洪水になる。/정보의 ~ 情報じょうほうの洪水。
홍수-막이(洪水—) 洪水こうずいを防ふせぐために堤防ていぼうを築きずくこと。
홍시(紅柿)(명) 熟柿じゅくし。
홍-실(紅—)(명) 赤あかい糸いと。
홍안(紅顔)(명)【젊은이의 붉은 얼굴】紅顔こうがん。
홍어(洪魚)(명)(동) がんぎえい。예~회 ガンギエイの刺身さしみ/~는 삭혀 먹어야 제맛이다。ガンギエイは発酵はっこうさせて食たべるのが一番いちばんだ。
홍역(紅疫)(명)(의) はしか｜麻疹ましん。예~에 걸리다。はしかにかかる。
  홍역(을) 치르다(관용) 大変たいへんなことを経へる｜ひどく気苦労きぐろうする。
홍엽(紅葉)(명) 紅葉こうよう・もみじ。
홍예-문(虹霓門)(명)(건) 迫持せりもち｜アーチ型がたの門もん。
홍옥(紅玉)(명) ☞루비
홍윤-하다(紅潤—)(형) 顔色かおいろが赤あかみがかって柔やわらかい。

홍익-인간(弘益人間)몡 【한국에만 있는】 広く人間世界に利益を与えること。

홍-일점(紅一點)몡 紅一点。몐 밴드의 ~ バンドの紅一点。

홍조(紅潮)몡 紅潮。몐 얼굴에 ~를 띠다. 顔が紅潮する。

홍조-류(紅藻類)몡 《식》紅藻類。

홍조-식물(紅藻植物)몡 《식》紅藻植物。

홍차(紅茶)몡 紅茶。

홍채(虹彩)몡 《의》虹彩。

홍합(紅蛤)몡 《동》貽貝。

홑-졉 一重などの一｜単一の一。

홑-겹몡 一重。

홑-껍데기몡 ❶一重の外皮。❷(縫い合わせていない)袷の表地。

홑-꽃몡 《식》単弁花｜一重の花。

홑-꽃잎몡 《식》単弁｜ひとえ。

홑-눈몡 《동》単眼。

홑-몸몡 ❶【혼자】独りり身｜単身。❷【임신하지 않은 몸】身ごもっていない体。몐 ~이 아니다. 身ごもっている。

홑-바지몡 一重のズボン。

홑-박자(一拍子)몡 《음》単純拍子。

홑-옷몡 一重の服。=단의❶ ↔겹옷

홑-으로뷔 簡単に数えやすい数で。
　홑으로 보다관용 ないがしろにする｜軽視する。

홑-이불몡 ❶【홑겹으로 된】一重の掛け布団。❷【천으로 만든】布団カバー。

홑-잎몡 《식》単葉。

홑-자락몡 【한쪽으로만 된】片前立。

홑-지다몡 単純だ。

홑-집몡 《건》簡単な構造の一戸建ての家屋。

홑-청몡 (布団などの)覆い｜カバー。

화¹(火)몡 怒り｜憤り｜腹立ち｜うっぷん。몐 ~가 나다. 腹が立つ｜しゃくに障る。/ ~를 내다. 腹を立てる；怒る。/ ~를 풀다. 怒りを晴らす。/ ~를 참고 있다. 憤りを我慢している。
　화가 머리끝까지 나다[치밀다]관용 極度に腹が立つ｜怒り心頭に発する。

화²(禍)몡 【재앙을 가져오는 일】災い。몐 ~를 초래하다. 災いを招く。/ ~를 당하다. 災いを被る。

-화³(化)졉 【그렇게 만들거나 됨】-化。몐 자동화 自動化 / 대중화 大衆化 / 기계화 機械化 / 인물화 人物画 / 정물화 静物画。

-화⁴(畵)졉 【그림】-画。몐 인물화 人物画 / 정물화 静物画。

화가(畵架)몡 《미》画架｜イーゼル。

화가(畵家)몡 画家。

화강-암(花崗巖)몡 花崗岩｜御影石。

화경¹(花梗)몡 ☞꽃자루

화경²(花莖)몡 ☞꽃줄기

화곡(禾穀)몡 《식》禾穀。

화공¹(化工)몡 《공》❶【화학 공업】化学工業。❷【화학공학】化学工学。

화공²(畵工)몡 画工｜絵師｜絵かき。=화사

화공³(靴工)몡 【구두 만드는 일】靴師｜靴工・こ。

화관(花冠)몡 ❶《식》花冠。❷礼装に用いた女性の華やかな冠。

화광(火光)몡 ☞불빛

화교(華僑)몡 【중국 화인】華僑。

화구¹(火口)몡 ❶【아궁이】火口｜焚き口。❷【불을 내뿜는】火炎を噴き出す所。❸【용암・화산재가 분출하는】火口｜噴火口。=분화구

화구²(畵具)몡 《미》画具。

화구-곡(火口谷)몡 火口谷。

화구-구(火口丘)몡 火口丘。

화구-벽(火口壁)몡 火口壁。

화구-원(火口原)몡 火口原。

화구-호(火口湖)몡 火口湖。

화근(禍根)몡 禍根。몐 ~을 없애다. 禍根を断つ。

화급(火急)몡 火急。
　화급-하다형 火急だ。몐 무언가 화급한 용건이 있는 것 같다. 何か火急の用件があるようだ。
　화급-히뷔 火急に｜大急ぎで。몐 ~ 병원으로 달려가다. 大急ぎで病院へ駆けつける。

화기¹(火氣)몡 ❶【불기운】火気｜火の気。몐 ~ 엄금 火気厳禁。❷【화】怒気。

화기²(火器)몡 ❶《군》【총포류】火器。❷【불을 담는】火器｜火を入れる器具。

화기³(和氣)몡 和気。

화기애애-하다(和氣靄靄-)형 和気あいあいとしている。몐 화기애애한 분위기 和気あいあいとした雰囲気。

화끈뷔 ❶【뜨겁게 기운을 받는 모양】かっと｜かっか｜ぽうっと｜ぽっと。몐 열이 나면서 얼굴이 ~ 달아올랐다. 熱が出ながら顔がかっと火照った。/ 불꽃이 ~ 오르다. 火花がかっと上がる。❷【흥분・긴장】かっとかかっと。몐 경기장 분위기가 ~ 달

아울렀다. 競技場の雰囲気がかっと盛り上がった.

화끈-거리다 재 しきりにかっかと火照る. 예 발목이 화끈거리고 아프다. 足首がしきりにかっかと火照って痛い. / 너무 매워서 입이 ~. とても辛くて口の中がかっかと火照る. =화끈대다

화끈-대다 재 ☞화끈거리다

화끈-하다 I 재 かっかと火照る. 예 너무 더워서 얼굴이 ~. とても暑くて顔がかっかと火照る. / 난로에서 화끈하게 열기가 나오다. 暖炉からかっかと熱気が出てくる.

Ⅱ 형 ❶【창피한 기분】かっかしている. 예 수치심으로 얼굴이 화끈하는 느낌이 들었다. 羞恥心で顔がかっかしている感じがした. ❷【생각・성격 등이】(物事が)さっぱりしている. 明快だ. 예 화끈한 성격이다. さっぱりとした性格だ. / 일 처리를 화끈하게 해서 좋다. 仕事の処理を明快にするのでいい.

화끈-화끈 부 かっかと ¦ 赤々と. 예 ~ 달아오른 얼굴 かっかと火照った顔.

화-나다(火—) 재 腹が立つ ¦ しゃくに障る. 예 화난 얼굴을 하고 있다. 腹の立った顔をしている. / 화난다고 아무한테나 화풀이하면 안 된다. 腹が立つといって, 誰にでも八つ当たりしてはいけない. / 화나는 일이 있다. 腹の立つ事がある.

화난(火難) 명 ☞화재

화-내다(火—) 재 怒る ¦ 腹を立てる. 예 사소한 일로 ~. 些細なことで腹を立てる.

화농(化膿) 명 〔의〕化膿か.
화농-하다 재 化膿する.

화닥닥 부 ❶【갑작스러운 동작 모양】ぱっと ¦ さっと ¦ ばたばた. 예 문을 박차고 ~ 뛰어나가다. 戸を蹴飛ばしてぱっと飛び出す. ❷【서두르는 모양】さっさと ¦ いっきに. 예 일을 ~ 해치우다. 仕事をさっさと片づける.

화닥닥-거리다 재 しきりにばたばたとする. 예 돌을 던지자 비둘기 떼가 화닥닥거리며 날아가 버렸다. 石を投げつけたら, 鳩の群れがばたばたと飛んでいってしまった. =화닥닥대다

화닥닥-대다 재 ☞화닥닥거리다

화단¹(花壇) 명 花壇 ¦ 花園.
화단²(畫壇) 명 【미술계】画壇.
화담(和談) 명 和談.

화답(和答) 명 【시가 노래로】詩歌に応答すること ¦ 唱和.
화답-하다 재타 詩歌に応答する ¦ 唱和する. 예 환호하는 군중들에게 손을 흔들어 ~. 歓呼する群衆に手を振って返礼する.

화덕(火—) 명 ❶炭火を使う大きな火鉢. ❷粘土や鉄板などでつくった竈. 예 ~에 불을 피워 감자를 굽다. 竈に火をつけてじゃがいもを焼く.

화독(火毒) 명 火の毒.

화동(和同) 명 和同.
화동-하다 재 仲たがいの間柄がふたたび和合う.

화두(話頭) 명 話頭 ¦ 話の糸口. 예 ~를 바꾸다. 話頭を転じる ; 話題を変える.

화드득 부 ❶【숯불 등이 갑자기 타는 소리 또는 모양】びちびち. ❷【숯불 등이 튀기는 소리 모양】ぱちぱち. ❸【발짝 모양】ひょこひょこ ¦ ひょいひょい.

화드득-거리다 재 ❶びちびちする. ❷しきりにぱちぱちとする. =화드득대다

화드득-대다 재 ☞화드득거리다

화드득-화드득 부 ❶【숯불 등이 타는 모양】びちびち. ❷【숯불 등이 튀기는 소리 모양】ぱちぱち.

화-딱지(火—) 명 【속어】かんしゃく ¦ しゃく ¦ 怒り. 예 ~가 나다. しゃくに障る.

화락-하다(和樂—) 재 和楽する.
Ⅱ 형 和やかに楽しい ¦ 睦まじい.

화랑¹(花郎) 명 〔역〕花郎.
화랑²(畫廊) 명 画廊 ¦ ギャラリー.

화려-하다(華麗—) 형 華麗だ ¦ 華やかで美しい ¦ 派手だ. 예 화려한 옷 派手な服 / 화려한 차림으로 파티에 가다. 華麗な格好でパーティーに出かける. / 실내를 화려하게 꾸미다. 室内を華やかで美しく飾る. / 언제나 화려한 삶을 꿈꾸고 있다. いつも派手な生活を夢見ている.

화력(火力) 명 火力. 예 ~이 세다. 火力が強い. / ~이 약해지다. 火力が弱まる.

화력 발전(火力發電) 《전》火力発電. 예 ~ 에너지 火力発電エネルギー.

화력 발전소(火力發電所) 《전》火力発電所.

화로(火爐) 명 火炉 ¦ 火鉢. 예 ~를 쬐다. 火鉢に当たる.

화롯-불(火爐—) 명 火炉の火 ¦ 火鉢の火.

화룡-점정(畫龍點睛)명 画竜点睛。

화류-계(花柳界)명 花柳界。예 ~를 무대로 한 이야기 花柳界を舞台にした物語。

화류-병(花柳病)명【醫】花柳病｜性病。

화륜-선(火輪船)명 火輪船。☞윤선(輪船)

화르르부 めらめら｜ぼうぼう｜ごおっ(と)。예 낙엽이 ~ 타 버리다. 落ち葉がぼうぼうと燃えてしまう。

화면¹(火綿)명《화》火綿。｜綿火薬。

화면²(畫面)명 画面。예 ~이 너무 밝다. 画面が明るすぎる。

화목¹(火木)명【新】たきぎ｜そだ。

화목²(和睦)명 和睦。
　화목-하다형 睦まじい｜和やかだ。예 화목한 가정 和やかな家庭。

화문(花紋)명 花紋｜花模様。=꽃무늬

화문-석(花紋席)명 ☞꽃돗자리

화물(貨物)명《경》貨物。예 ~ 열차 貨物列車。

화물-선(貨物船)명 貨物船。

화방(畫房)명 ☞화실(畫室)

화백(畫伯)명 画伯。

화법¹(畫法)명《미》画法。

화법²(話法)명 話法。예 특이한 ~ 変な話し方。

화변(禍變)명 ひどい災い。

화병¹(火病)명《한》怒りのために起こった病気。

화병²(花甁)명 花瓶。=꽃병

화병³(畫屛)명 絵の描かれた屛風。

화보(畫報)명 画報。

화복(禍福)명 禍福｜災いと幸わせ。

화본(畫本)명 画本。

화부(火夫)명 火夫｜火手。

화분¹(花盆)명 植木鉢。

화분²(花粉)명《식》花粉。예 벌이 ~을 묻혀 오다. 蜂が花粉をつけてくる。=꽃가루

화사¹(花絲)명 ☞수술대

화사²(畫師)명 ☞화공

화사첨족(畫蛇添足)명 蛇足。=사족

화사-하다(華奢—)형 華奢だ｜花車だ｜派手で豪華だ。예 화사한 분위기 華やかな雰囲気。

화산(火山)명 火山。예 ~ 활동 火山活動/ 기생 ~ 寄生火山/ ~이 터지다. 火山が爆発する。/ ~이 연기를 내뿜고 있다. 火山が煙を噴き出している。/ ~이 생성되다. 火山が生成される。

화산-대(火山帶)명 火山帶。

화산-섬(火山一)명 火山島。예 제주도는 ~이다. 済州島は火山島だ。

화산-암(火山巖)명 火山岩。

화산-재(火山—)명 火山灰。예 ~로 뒤덮이다. 火山灰で覆われる。

화산-호(火山湖)명 火山湖。

화살명 矢。예 ~을 쏘다. 矢を射る。/ 활에 ~을 메기다. 弓に矢を番える。=살

화살-대(—)명 矢柄。=살대

화살-촉(—鏃)명 鏃｜矢の根。예 ~이 과녁을 뚫었다. 鏃が的を突き抜いた。=살밑・활촉

화살-표(—標)명 矢印。

화상¹(火傷)명 火傷｜やけど。예 몸에 ~을 입다. 体にやけどをする。

화상²(和尙)명【佛】和尙。

화상³(畫商)명【商】画商。

화상⁴(畫像)명 ❶【美】画像。❷【情報】画像。예 ~이 선명하다. 画像が鮮明だ。❸ 面。❹ やつ。

화색(和色)명 明るい顔色。예 이제야 얼굴에 ~이 돈다. 今になって顔色が明るくなった。

화서(花序)명 ☞꽃차례

화석(化石)명 化石。예 ~ 인류 化石人類。

화석 연료(化石燃料)《공》化石燃料。

화-선지(畫宣紙)명 画仙紙。

화성¹(火星)명《천》火星。

화성²(和聲)명《음》和声｜ハーモニー。예 ~ 단음계 和声の短音階。

화성-법(和聲法)명《음》和声法。

화성-암(火成巖)명 火成岩。

화세(火勢)명 火勢。

화수분명 金の生る木。

화술(話術)명 話術。예 ~이 뛰어나다. 話術に長ける。

화식(火食)명 火食。
　화식-하다타 火食する。

화식-도(花式圖)명《식》花式図。

화신(化身)명 化身。예 미의 ~ 美の化身。

화실(畫室)명 画室｜アトリエ。=화방

화심(花心)명 ❶《식》花心｜花蕊。❷ 美人の心。

화씨(華氏)명《물》華氏。=화씨온도

화씨-온도(華氏溫度)명《물》華氏温

度ど。=화씨
화아(花芽)몡 《식》花芽が。 예 ~가 생겼다. 花芽ができた。=꽃눈
화약¹(火藥)몡 火藥か。 예 ~이 터지다. 火藥が爆発ばする。=약
화약²(和約)몡 和約やく。
　화약-하다자타 和約をする。
화약-고(火藥庫)몡 火藥庫こ。
화염(火焰)몡 ☞불꽃
화염-병(火焰瓶)몡 火炎瓶へい。
화예(花蕊)몡 ☞꽃술
화-요일(火曜日)몡 火曜日び。
화운(和韻)몡 和韻いん。
화원(花園)몡 花園えん・その。
화음(和音)몡 《음》和音おん｜ハーモニー。 예 ~을 이루다. 和音を作つくる。
화의(和議)몡 和議ぎ。 예 ~ 신청 和議申請しん/~가 성립되다. 和議が成立せいする。
화의-법(和議法)몡 《법》和議法ほう。
화이트칼라(white-collar)몡 ホワイトカラー。
화인¹(火因)몡 火事の原因げん。
화인²(禍因)몡 禍因いん。
화자(話者)몡 話し手て。 ↔ 청자(聽者)
화장¹(一長)몡 衍こう。
화장²(化粧)몡 化粧しょう。 예 ~을 지우다. 化粧を落おとす。/~을 고치다. 化粧を直なおす。/여름에는 땀 때문에 ~이 잘 지워진다. 夏なつには汗あせのために化粧崩くずれしやすい。
　화장-하다¹자타 化粧する。 예 화장하니 더 예뻐졌다. 化粧をしたらもっと美うつくしくなった。
화장³(火葬)몡 火葬そう。
　화장-하다타 火葬する。 예 시신을 ~. 遺体たいを火葬する。
화장-기(化粧氣)몡 化粧しょうっ気け。
화장-대(化粧臺)몡 化粧台だい。
화장-수(化粧水)몡 化粧水すい｜スキンローション。
화장-실(化粧室)몡 化粧室しつ｜お手洗あらい｜トイレ。
화장-지(化粧紙)몡 ❶《종》化粧紙しょう。 ❷ ☞휴지(休紙)❷
화장-터(火葬―)몡 火葬場そう｜焼やき場ば。
화장-품(化粧品)몡 化粧品ひん。
화재(火災)몡 火災さい｜火事じ。 예 ~경보기 火災報知器き/~ 보험 火災保険けん。=화난
화전(火田)몡 《농》火田でん｜焼やき畑はた。 예 ~을 일구다. 火田を掘ほり起こす。

화전-민(火田民)몡 《농》火田民みん。
화제¹(畫題)몡 《미》❶【画題】画題だい。 ❷絵えの題だい。
화제²(話題)몡 話題だい。 예 ~의 인물 話題の人物じん/~에 오르다. 話題にのぼる。
화젯-거리(話題―)몡 話題だいの種たね。
화조-화(花鳥畫)몡 《미》花鳥画ちょう。
화주(花柱)몡 ☞암술대
화증(火症)몡 怒気どきによる気病やみ｜かんしゃく。
화집(畫集)몡 ☞화첩(畫帖)❶
화차(貨車)몡 ❶貨車か｜自動車どう。 ❷《철도》貨物かつ列車れつ。
화창-하다(和暢―)형 のどかだ｜うららかだ。 예 오늘은 날씨가 ~. 今日きょうは天気てんきがのどかだ。
화첩(畫帖)몡 ❶【画帖】画帖じょう。 =화집 ❷【画帳】画帖じょう｜画帳ちょう｜スケッチブック。
화초(花草)몡 草花くさ。 예 ~를 심다. 草花を植うえる。
화초-밭(花草―)몡 花園えん｜花畑はた。
화초-집(花草―)몡 ❶草花くさを栽培さいする家いえ。 ❷花の店みせ｜花屋はな。 예 ~에 들러 화분 하나를 샀다. 花屋に寄よって植木鉢うえきばちを一つ買かった。
화촉(華燭)몡 華燭しょく。 예 ~을 밝히다. 華燭の典てんを上あげる。
화친(和親)몡 和親しん。 예 ~ 조약 和親条約やく。
　화친-하다타 和親する。
화침(火針)몡 火針しん｜火に焼やいた針はり。
화탁(花托)몡 ☞꽃받침
화톳-불몡 かがり｜かがり火｜たき火。
화통¹(火―)몡 ☞울화통
화통²(火筒)몡 (汽車きしゃなどの)煙突えん。 예 기차의 ~ 汽車の煙突。
화투(花鬪)몡 《운》❶花札ふだ｜花がガルタ。 예 ~를 치다. 花札をする；花札で遊あそぶ。
　화투-하다자 花札ふだをする。
화판¹(花瓣)몡 ☞꽃잎
화판²(畫板)몡 画板ばん。
화편(花片)몡 《식》花弁べん｜花はなびら。
화평(和平)몡 和平へい。
　화평-하다형 和平する。 예 화평하게 살다. むつまじく暮くらす。
화폐(貨幣)몡 貨幣へい。 예 ~ 가치 貨幣価値ち/~ 경제 貨幣経済けい。
화폐 개혁(貨幣改革)《경》貨幣改革かく。

화폐 제도(貨幣制度) 《경》貨幣制度ᵏᵃ。
화포¹(火砲) 《군》火砲ᵏᵃ。
화포²(畵布) 몡 캔버스
화폭(畵幅) 몡 画幅ᵏᵃ。
화-풀이(火一) 몡 腹いせ｜当たり散らすこと。 옘 엄마에게 야단맞은 ~를 왜 내게 와서 하니? お母さんに叱られた腹いせをどうして僕にするんだ。

　화풀이-하다 困 腹いせをする｜当たり散らす。 옘 동쪽에서 뺨 맞고 서쪽에서 ~. 東で頬を打たれて西で腹いせをする。

화풍(畵風) 몡 画風ᵏᵃ。 옘 대담한 ~ 大胆な画風。

화필(畵筆) 몡 画筆ᵏᵃ｜絵筆ᵏᵃ。

화-하다 혱 口の中がすっとして気持ちいい。 옘 박하사탕을 먹었더니 입안이 ~. 薄荷糖を食べたら口の中がすっとして気持ちいい。

화-하다²(化一) 困 ❶[어떤 상태로 바뀌다] 化するᵏᵃ｜変わる。 옘 액체가 기체로 ~. 液体が気体に変化する。 ❷[어떤 일에 아주 익숙해지다] 熟達ᵏᵃする。

화-하다³(和一) 혱 [따뜻하고 부드럽다] 和やかだ｜穏やかだ。

화학(化學) 몡 化学ᵏᵃ。 ~ 에너지 化学エネルギー／~ 작용 化学作用ᵏᵃ／~ 반응 化学反応ᵏᵃ。

화학 공업(化學工業) 《화》化学工業ᵏᵃ。
화학 기호(化學記號) 《화》化学記号ᵏᵃ。
화학 비료(化學肥料) 《농》化学肥料ᵏᵃ。
화학 섬유(化學纖維) 化学繊維ᵏᵃ。
화학-식(化學式) 몡 《화》化学式ᵏᵃ。
화학 약품(化學藥品) 《화》化学薬品ᵏᵃ。
화학-적(化學的) 관 化学的ᵏᵃ。 옘 ~ 풍화 化学的風化ᵏᵃ。
화학-조미료(化學調味料) 몡 化学調味料ᵏᵃ。
화합(化合) 몡 《화》化合ᵏᵃ。
　화합-하다 困 化合する。
화합(和合) 몡 [화목하게] 和合ᵏᵃ。 옘 회사의 ~ 会社の和合。
　화합-하다 困 和合する。
화합-물(化合物) 몡 《화》化合物ᵏᵃ。
화해(和解) 몡 和解ᵏᵃ。
　화해-하다 困 和解する。 옘 고소를 취하하고 ~. 告訴を取り下げて和解する。
화해(禍害) 몡 ☞재난(災難)
화형(火刑) 몡 火刑ᵏᵃ。 옘 ~에 처하다. 火刑に処する。

화환(花環) 몡 花輪ᵏᵃ。 옘 ~을 보내다. 花輪を送る。

화훼(花卉) 몡 ❶[화초] 花卉ᵏᵃ。 옘 ~ 원예 花卉園芸ᵏᵃ。 ❷[미] 花卉画ᵏᵃ。

확 閂 ❶[어떤 기운이 세게 끼치는 모양] びゅう｜ぴゅう｜ぷんと。 옘 바람이 ~ 들어오다. 風がびゅうっと入ってくる。／하수구에서 악취가 ~ 풍겨 오다. 下水溝から悪臭がぷんと放ってくる。 ❷[불길·빛깔이 일어나는 모양] ぱっと｜ぽっと。 옘 불꽃이 ~ 살아나다. 炎がぱっと燃え返す。／얼굴이 ~ 달아올라 빨개지다. 顔がぱっと火照って赤くなる。 ❸[빠르고 힘차게 행하는 모양] がばと｜ぱっと｜ぐっと｜すっと。 옘 범인이 도망가지 못하게 갑자기 ~ 들이닥쳤다. 犯人が逃げられないよう急にがばと押しかけてきた。／성냥을 ~ 긋다. マッチをすっと擦る。／~ 떠밀다. ぐっと押し退ける。／~ 안다. ぐっと抱く。 그 말을 들은 나는 ~ 문을 열고 나가 버렸다. その言葉を聞いた私はさっとドアを開けて出ていった。 ❹[시원스럽게 열리는 모양] ぱっと｜すっと。 옘 시야가 ~ 트여서 전망이 좋다. 視野がぱっと開けて見晴らしが良い。／8차선 고속 도로가 ~ 뚫렸다. 8車線の高速道路がぱっと抜けた。／따뜻한 한마디 말에 응어리가 ~ 풀렸다. 思いやりのある一言でわだかまりがすっと解けた。／뜨거운 콩나물국을 마시니 취기가 ~ 겠다. 熱い大豆もやし入りの澄まし汁を食べたら、酔気がぱっと覚めた。

확고-부동(確固不動) 確乎不抜ᵏᵃ。 =확고불발

　확고부동-하다 혱 確乎不抜である。 옘 확고부동한 신념 確乎不抜の信念ᵏᵃ。

확고-불발(確固不拔) ☞확고부동

확고(確固) 確固としている｜しっかりとしている。 옘 확고한 결의 確固とした決意／확고한 직업관 確固たる職業観ᵏᵃ／의지가 ~. 意志が確固としている。

　확고-히 閂 確固として｜しっかりと｜確かに。

확답(確答) 몡 確答ᵏᵃ。 ~을 피하다. 確答を避ける。

　확답-하다 태 確答する。

확대(擴大) 몡 拡大ᵏᵃ。 옘 ~ 사진 拡大写真ᵏᵃ／마음대로 ~ 해석하다. 勝手に拡大

解釈する。
확대-하다 拡大する。 예 화면의 크기를 확대해서 보다. 画面のサイズを拡大して見る。

확대 가족(擴大家族) 〈사〉拡大家族。

확대-경(擴大鏡) 拡大鏡｜虫眼鏡｜ルーペ。 예 ～을 통해 자세히 보다. 拡大鏡を通じて詳しく見る。

확론(確論) 確論｜定論。

확률(確率) 〈수〉確率。 예 ～이 높다. 確率が高い。

확립(確立) 確立。
확립-하다[자타] 確立する。 예 체계를 ～. 体系を確立する。

확보¹(確保) 【경제】 確保。 예 식량 ～ 食糧の確保。
확보-하다[타] 確保する。 예 인재를 ～. 人材を確保する。

확보²(確報) 【신문】 確報。
확보-하다[타] 確かに知らせる。

확산(擴散) 拡散。 예 전염병의 ～ 伝染病の拡散。
확산-하다[자타] 拡散する。 예 연기가 공기 중으로 확산되어 가다. 煙りが空気中に拡散していく。

확성-기(擴聲器) 拡声器｜ラウドスピーカー。

확신(確信) 確信。 예 ～을 가지고 진행하다. 確信を持って進む。
확신-하다[타] 確信する。 예 합격을 ～. 合格を確信する。

확실-성(確實性) 確実性。
확실-하다(確實─)[형] 確実だ｜確かだ。 예 신원이 확실한 사람 身元の確かな人／우승은 ～. 優勝は確実だ。／확실한 증거가 있다. 確かな証拠がある。
확실-히 確実に｜確かに｜はっきり。

확약(確約) 【확답약속】確約。 예 ～은 할 수 없다. 確約はできない。
확약-하다[타] 確約する。

확언(確言) 確言。 예 ～을 피하다. 確言を避ける。
확언-하다[타] 確言する。

확연-하다(確然─)[형] 確然としている。 예 확연한 차이가 있다. 確然とした違いがある。
확연-히 確然と｜はっきりと。 예 ～ 둘로 구분되다. 確然と二つに分けられる。

확인¹(確因) 【원인】確かな原因。

확인²(確認) 確認。 예 사실 ～ 事実確認。
확인-하다[타] 確認する。 예 생존을 ～. 生存を確認する。

확장(擴張) 拡張。 예 ～ 공사 拡張工事。
확장-하다[타] 拡張する。 예 전 지역으로 확장되다. 全域に拡張される。

확정(確定) 確定。
확정-하다[자타] 確定する｜はっきり決める。 예 유죄가 확정되다. 有罪が確定する。／후보를 ～. 候補を確定する。

확정 일자(確定日字) 〈법〉確定日付。 예 ～를 받다. 確定日付をもらう。

확정-적(確定的)[관형] 確定的。 예 합격은 ～이다. 合格は確定的だ。

확정 채권(確定債權) 〈경〉確定債権。

확정 판결(確定判決) 〈법〉確定判決。

확증(確證) 確証。 예 ～을 잡다. 確証をつかむ。／～이 없다. 確証がない。
확증-하다[타] 確かに証明する。

확충(擴充) 拡充。
확충-하다[타] 拡充する。 예 시설을 ～. 施設を拡充する。

확-확[부] ❶【세게 기운이 자꾸 일어나거나 치미는 모양】びゅうびゅう｜ぷんぷん。 예 바람이 ～ 불다. 風がびゅうびゅう吹く。／술 냄새를 ～ 풍기고 있다. 酒の匂いをぷんぷんさせている。 ❷【불길이 갑자기 일어나는 모양】ぼうぼう。 예 불길이 ～ 타올라 걷잡을 수 없다. 火の手がぼうぼうと燃え上がって抑えようがない。 ❸【달아오르는 모양】かっか｜かっと。 예 술을 한 잔 마시니 얼굴이 ～ 달아오른다. 酒を一杯飲むと顔がかっかと火照ってくる。 ❹【얽히거나 막힌 것이 잘 풀리거나 뚫리는 모양】すいすい｜するする。 예 올해부터는 계획대로 일이 ～ 풀린다. 今年からは仕事が計画どおりにすいすいと捗る。／올이 ～ 풀리다. 糸すじがするすると解ける。

환¹(丸)[명] 〈한〉❶【약】丸薬。 ❷【환약을 세는 단위】粒。

환²(換)[경] ❶ 為替。 예 ～어음 為替手形。 ❷ ☞환전

환각(幻覺)[명] 〈심〉幻覚。 예 ～ 증상을 일으키다. 幻覚症状を起こす。

환각-제(幻覺劑)[명] 〈약〉幻覚剤。 예 ～는 법으로 금지된 약물이다. 幻覚剤は法で禁止された薬物だ。／～는 정신 건강에 치명적이다. 幻覚剤は精神の健

康こうに致命的ちめいてきだ。

환갑(還甲) 圕 還暦かんれき｜本卦ほんけがえり。[예] ~을 맞이하다. 還暦を迎える。=회갑

환갑-날(還甲-) 圕 還暦かんれきの日ひ｜六十歳ろくじゅっさいの誕生日たんじょうび。[예] 아버지 ~까지 두어 달 남았구나. 父ちちの還暦の日まであと2ヶ月にかげつほどか。

환갑-잔치(還甲-) 圕 還暦祝かんれきいわい。=갑연

환경(環境) 圕 環境かんきょう。[예] ~ 도시 環境都市とし/ ~ 보전 環境保全かんぜん。

환경 문제(環境問題) 環境問題かんきょうもんだい。

환경 오염(環境汚染) 圀 環境汚染かんきょうおせん。[예] ~ 문제가 심각하다. 環境汚染の問題もんだいが深刻しんこくだ。

환경 요인(環境要因) 《生》環境要因かんきょうよういん｜環境因子いんし。[예] 병인을 유추할 때 ~을 빠뜨려서는 안 된다. 病因びょういんを類推るいすいする場合ばあい、環境要因を見落みおとしとしてはいけない。

환골-탈태(換骨奪胎) 圕 換骨奪胎かんこつだったい。

환금(換金) ❶ 圕 換金かんきん。❷ 《경》両替りょうがえ。

　환금-하다 囿 ❶ 換金かんきんする。❷ 両替りょうがえする。

환급(還給) 圕 還付かんぷ｜払はらい戻もどし。=환부²

　환급-하다 囿 還付かんぷする｜払はらい戻もどす。[예] 세금이 환급되다. 税金ぜいきんが還付かんぷされる。

환기¹(喚起) 圕 喚起かんき。

　환기-하다 囿 喚起かんきする。[예] 주의를 ~. 注意ちゅういを喚起する。

환기²(換氣) 圕 換気かんき。[예] ~를 위해 창문을 열다. 換気のために窓まどを開あける。

　환기-하다 囿 換気かんきする。

환기-구(換氣口) 圕 換気口かんきこう｜風窓かざまど。

환기-팬(換氣fan) 圕 換気扇かんきせん。

환납(還納) 圕 還納かんのう。

　환납-하다 囿 還納かんのうする。

환담(歡談) 圕 歡談かんだん。[예] ~을 나누다. 楽たのしく話はなし合あう。

　환담-하다 囿 歡談かんだんする。

환대(歡待) 圕 歡待かんたい。[예] ~를 받다. 歡待を受うける。

　환대-하다 囿 歡待かんたいする。

환등-기(幻燈機) 圕 幻灯機げんとうき｜スライドプロジェクター。

환락(歡樂) 圕 歡樂かんらく。[예] ~에 빠지다. 歡樂におぼれる。

　환락-하다 囿 歡樂かんらくする。

환락-가(歡樂街) 圕 歡樂街かんらくがい。

환매¹(還買) 圕 買かい戻もどし。

　환매-하다 囿 買かい戻もどす。

환매²(還賣) 圕 転売てんばい。

　환매-하다 囿 転売てんばいする。

환멸(幻滅) 圕 幻滅げんめつ。[예] ~을 느끼다. 幻滅を感かんじる。

환몽(幻夢) 圕 幻夢げんむ｜夢幻むげん。

환부¹(患部) 圕 患部かんぶ。[예] ~를 씻다. 患部を洗あらう。/ ~가 빨갛게 부어오르다. 患部が赤あかく腫はれ上あがる。

환부²(還付) 圕 ☞환급(還給)

환불(還拂) 圕 払はらい戻もどし。

　환불-하다 囿 払はらい戻もどす。[예] 영화 티켓을 ~. 映画えいがのチケットを払はらい戻もどす。

환산(換算) 圕 換算かんさん。

　환산-하다 囿 換算かんさんする。[예] 노동 가치를 돈으로 ~. 労働ろうどう価値かちを金かねに換算する。

환산-표(換算表) 圕 換算表かんさんひょう。

환상¹(幻想) 圕 幻想げんそう｜幻ゆめ。[예] ~을 품다. 幻想をいだく。/ ~이 무너지다. 幻想が崩くずれる。

환상²(幻像) 圕 《心》幻像げんぞう｜幻ゆめ｜幻影げんえい。=환영

환상³(環狀) 圕 環状かんじょう。[예] ~ 성운 環状星雲せいうん。=환형

환상-곡(幻想曲) 圕 《음》幻想曲げんそうきょく。[예] 카르멘 ~ カルメンの幻想曲。

환상-적(幻想的) 圓 幻想的げんそうてき。[예] ~인 무대 幻想的な舞台ぶたい。

환생(還生) ❶ 圕 生いき返かえること。❷ 圕 転生てんしょう｜輪廻りんね｜生うまれ変かわること。

　환생-하다 囿 ❶ 生いき返かえる。❷ 転生てんしょうする｜生うまれ変かわる。

환성¹(喚聲) 圕 喚声かんせい。

환성²(歡聲) 圕 歡声かんせい。[예] ~을 지르다. 歡声を上あげる。

환송¹(還送) 圕 還送かんそう｜送還そうかん。

　환송-하다¹ 囿 還送かんそうする｜送還そうかんする｜送おくり返かえす｜差さし戻もどす。

환송²(歡送) 圕 歡送かんそう。

　환송-하다² 囿 歡送かんそうする。[예] 공항에서 친구를 환송했다. 空港くうこうで友達ともだちを歡送した。

환송-회(歡送會) 圕 歡送会かんそうかい。

환-시세(換時勢) 圕 《경》為替相場かわせそうば｜為替かわせレート。

환심(歡心) 圕 歡心かんしん。[예] ~을 사다. 歡心を

買う。/ ~을 얻다. 歓心を得る。

환약(丸薬)【한】丸薬. =환제

환-어음(換-)【경】為替手形.

환언(換言)명 換言.

환언-하다자타 換言する. 言い換える. 예 환언하면 이렇다. 換言すればこうなる.

환열(歡悅)명 ☞환희(歡喜)

환영¹(幻影)명 ☞환상(幻像)

환영²(歡迎)명 歓迎. 예 ~을 받다. 歓迎を受ける.

환영-하다타 歓迎する.

환영-사(歡迎辭)명 歓迎の辞.

환영-회(歡迎會)명 歓迎会.

환원(還元)명 還元.

환원-하다자타 還元する. 예 이익을 사회에 ~. 利益を社会に還元する.

환원-제(還元劑)명《화》還元剤.

환율(換率)명《경》為替相場. 為替レート.

환자(患者)명 患者. 病人. 예 외래 ~. 外来患者.

환장(換腸)명 気がおかしくなること. 狂いそうになること.

환장-하다자 気がおかしくなる. 狂いそうになる. 예 배고파서 환장하겠다. ひもじくて気が狂いそうだ.

환전(換錢)명《경》両替. =환²❷

환전-하다타 両替する. 예 원을 엔으로 ~. ウォンを円に両替する.

환절(換節)명 季節の変わること.

환절-하다자 季節が変わる.

환절-기(換節期)명 季節の変わり目.

환제(丸劑)명 ☞환약(丸藥)

환 중매인(換仲買人) 為替仲買人.

환-증서(換證書)명 為替証書.

환지(換地)명【법】換地. 替え地. 예 ~ 처분. 換地処分.

환청(幻聽)명《심》幻聴. 예 ~이 들리다. 幻聴が聞こえる.

환초(環礁)명 環礁.

환촌(環村)명 円村.

환태평양 조산대(環太平洋造山帶) 環太平洋造山帯.

환태평양 화산대(環太平洋火山帶) 環太平洋火山帯. 예 ~를 따라 활화산이 분포한다. 環太平洋火山帯に沿って活火山が分布する.

환풍-기(換風機)명 ファン. 通風機. 換気扇.

환-하다형 ❶【조명】明るい. 예 환하게 조명을 비추다. 明るく照明を照らす. / 커튼을 젖히니 거실이 ~. カーテンをめくったら居間が明るい. ❷【시야】(前方・視野が)ぱっと開けている. 見通しが良い. 広々とすっきりしている. 예 앞이 환하게 트여 전망이 좋은 집. 前がぱっと開けていて見晴らしのよい家.
❸【속내용이 훤히 들여다 보이거나 도화같이】(内情やや筋道や中身が)明らかだ. 透けて見える. はっきりしている. 예 이 일의 내막은 내가 환하게 알고 있다. この事の内幕までは僕が見透かしている. / 누가 보아도 알 수 있게 잘잘못을 환하게 가리다. 誰が見ても理解できるように, 是非をはっきりと正す. ❹【얼굴이 훤칠함】(容貌・風采が)立派だ. 際立って美しい. 色白で透き通っている. 明るい. すっきりしている. 예 얼굴이 ~. 顔が際立っている. / 이마가 ~. 額が広々くすっきりしている. ❺【성격·표정】(性格・表情・色などが)明るい. 晴れやかだ. 예 성격이 환해서 보기 좋다. 性格が明るく朗らかで見た目がいい. / 표정이 환한 것을 보니 좋은 일이 있나 보네. 表情が晴れやかなところを見ると何か良いことがあるんだな. / 환한 빛깔의 벽지로 도배하다. 明るい色の壁紙で上張りする. ❻【사정에 밝음】(物事について)非常にくわしい. よく知っている. 詳しく知っている. 分かりきっている. 明るい. 예 제주도라면 ~. 済州道なら非常に詳しく知っている. / 수학에 ~. 数学に明るい. ❼【입 안이 시원함】(口の中が)さわやかだ. 예 박하사탕을 먹었더니 입안이 ~. 薄荷糖を食べたら口の中がさわやかだ.

환-히부 明らかに. はっきりと. よく. 예 사건의 전모를 ~ 알고 있다. 事件の全貌をはっきり知っている. / ~ 들여다보이는 거짓말. あからさまに見え透いた嘘.

환향(還鄉)명【고향으로 돌아옴】帰郷.

환형(環形)명 ☞환상(環狀)

환형-동물(環形動物)명《동》環形動物.

환호(歡呼)명 歓呼.

환호-하다자 歓呼する.

환호-성(歡呼聲)명 歓呼の声. 예 ~을 지르다. 歓呼の声をあげる.

환후(患候)명 【어르신의 병을 높여】ご病気。
환희(歡喜)명 歡喜。｜大きな喜び。예~의 눈물 歡喜の涙。=환열
활명 ❶弓。예~을 당기다. 弓を引く。❷〈음〉【악】弓。예바이올린을 켜는 ~ バイオリンを弾く弓。
활강(滑降)명 滑降。
　활강-하다자 滑降する。
활강 경기(滑降競技)〈운〉【운】滑降競技。
활개명 ❶【사람】広げた腕。｜四肢と。｜大手。예~를 벌리고 자다. 両腕を広げて寝る。❷【새】広げた翼。｜広げた羽。
　활개(를) 젓다관용 【두 활을 앞뒤로 번갈아 흔들다】大手を振って歩く。
　활개(를) 치다관용 ❶【두 활을 앞뒤로 번갈아 흔들다】大手を振って歩く。❷【의기양양】幅を利かせる。｜闊歩する。❸【못된 것이 날뛰다】のさばる。｜はびこる。｜横行する。예불법 복제품이 ~. 不法。複製品がのさばる。❹【대낮 바람에 회치어나다】활개하다.
　활개(를) 펴다관용 ❶【두 활을 앞뒤로 벌리다】大手を広げる。❷【기세가 펴다】堂々とした態度をとる。
활갯-짓명 ❶【】大手を振るしぐさ。❷【새】羽ばたき。
　활갯짓-하다자 ❶大手を振る。❷羽ばたく。｜羽ばたきをする。예어린 새가 활갯짓을 하며 날아오른다. 幼い鳥が羽ばたきをして舞い上がる。
활공(滑空)명 滑空。
　활공-하다자 滑空する。
활공-기(滑空機)명 〈항〉滑空機。｜グライダー。=글라이더
활극(活劇)명 活劇。｜アクションドラマ。예~을 벌이다. 活劇を演ずる。
활기(活氣)명 活気。｜生気。예거리에 ~가 넘치다. 町に活気が溢れる。/경제가 ~를 띠다. 経済が活気を帯びる。
활기-차다(活氣一)형 活気に満ちる。예활기찬 생활 活気に満ちた生活。
활-꼴명〈수〉弓形。
활-단층(活斷層)명 活断層。
활달-하다(豁達一)형 闊達だ｜豁達だ。예활달한 성품 闊達な気性。
　활달-히부 闊達に。｜豁達に。
활동(活動)명 活動。예과외 ~ 課外活動/화산 ~ 火山の活動。
　활동-하다자 活動する。

활동-가(活動家)명 活動家。｜運動家。
활동-력(活動力)명 活動力。
활동-사진(活動寫眞)명〈연〉【영화의 옛말】活動写真。
활동-적(活動的)관 活動的。예가장 ~인 단체 一番活動的な団体。/한 해를 정말 ~으로 보냈다. 一年を本当に活動的に過ごした。
활-등명 弓の背。예~이 휘다. 弓が反る。
활딱부 ❶【옷 따위를 벗어버린 모양】すっかり｜くるっと。예옷을 ~ 벗다. 服をすっかり脱ぐ。❷【뒤집히다】くるっと。｜ひっくり返る。예이불을 ~ 뒤집다. 布団をすっかり裏返す。❸【물 따위가 끓다】熱湯が急に沸きあふれるさま。예찌개가 ~ 끓어 넘치다. チゲが急に沸きあふれる。❹【얼굴색 바뀌어】すっかり｜ぱっと。예얼굴색이 ~ 변하다. 顔色がぱっと変る。
활력(活力)명 活力。예~이 넘치다. 活力にあふれる。/~을 주다. 活力を与える。
활력-소(活力素)명 活力のもと。
활로(活路)명 活路。예~를 열다. 活路を開く。/~를 찾아내다. 活路を見い出す。
활물(活物)명 活物。｜生き物。
활발-하다(活潑―)형 活発だ。예활발한 아이 活発な子。
　활발-히부 活発に。예지금도 문단에서 ~ 활동하고 있다. 今も文壇で活発に活動している。
활보(闊步)명 闊歩。
　활보-하다자타 闊歩する。예거리를 ~. 街を闊歩する。
활석(滑石)명 〈광〉滑石。｜タルク。
활성(活性)명 〈화〉活性。예~ 탄소 活性炭素。
활성-탄(活性炭)명 〈화〉活性炭。
활성-화(活性化)명 活性化。예지방 경제의 ~를 위해 방안을 세우다. 地方経済の活性化のために方案を立てる。
　활성화-하다 活性化する。예뇌를 활성화시키다. 脳を活性化させる。
활-시위명 弓の弦。｜弓弦。예~를 당기다. 弓弦を引く。=시위・현
활약(活躍)명 活躍。예~을 기대하다. 活躍を期待する。
　활약-하다자 活躍する。예지역 대표로 ~. 地域の代表として活躍する。

활어(活魚)〖명〗活魚ホツ｜活き魚ホム。
활엽-수(闊葉樹)〖명〗〘식〙広葉樹コウヨウ｜闊葉樹カツヨウジュ。 도로의 ~ 道路の広葉樹。 =넓은잎나무
활용(活用)〖명〗活用カツヨウ。 ㈎ 기계의 ~ 機械キカイの活用。
　활용-하다〖타〗活用カツヨウする｜生イかす。 ㈎ 폐품을 활용한 제품 廃品ハイヒンを活用した製品セイヒン。
활용-어(活用語)〖명〗〘언〙活用語カツヨウゴ。
활용 어미(活用語尾)〖명〗〘언〙活用語尾カツヨウゴビ。
활용-형(活用形)〖명〗〘언〙活用形カツヨウケイ。
활자(活字)〖명〗活字カツジ。
활자-본(活字本)〖명〗〘출〙活字本カツジボン。
활자-체(活字體)〖명〗〘출〙活字体カツジタイ。
활자-화(活字化)〖명〗活字化カツジカ。
　활자화-하다〖자타〗活字化カツジカする。 ㈎ 활자화된 사료 活字化された史料シリョウ。
활-잡이〖명〗弓取ユミトり。 ㈎ ~ 한 무리가 사냥을 나섰다. 弓術キュウジュツの名人メイジンたちが狩カりに出デた。
활주(滑走)〖명〗滑走カッソウ。
　활주-하다〖자〗滑走カッソウする。
활주-로(滑走路)〖명〗滑走路カッソウロ。
활-줄〖명〗弓ユミの弦ツル｜弓弦ユミヅル。
활-집〖명〗弓袋ユミブクロ｜ゆぶくろ。 ㈎ ~에서 화살을 꺼내다. 弓袋から矢ヤを取トり出ダす。
활짝〖부〗❶〖활짝 열린 모양〗 いっぱい｜大オオきく。 ㈎ 창을 ~ 열다. 窓マドをいっぱい開アけ放ハナす。/마음을 ~ 여세요. 心ココロの扉トビラをぱあっと開け放ってください。❷〖활짝 펴진 모양〗 いっぱい｜大オオきく｜ぱあっと。 ㈎ 공작이 날개를 ~ 펼쳤다. クジャクが羽ハネをぱあっと広ヒロげた。 ❸〖활짝 핀 모양〗 ぱあっと。 ㈎ 길가에 코스모스가 ~ 피어 있다. 道端ミチバタにコスモスの花ハナが一面イチメンに咲サいている。 ❹〖활짝 갠 모양〗 からっと｜からり。 ㈎ ~ 갠 하늘 からっと晴ハれている空ソラ/날씨가 ~ 개다. 雲クモ一ヒトつなく晴れわたっている。 ❺〖환하게 웃는 모양〗 にっこり。 ㈎ ~ 웃고 있는 얼굴 満面マンメンの笑顔エガオ。 ❻〖환트인 모양〗 ぱあっと｜広々ヒロビロと。 ㈎ 시야가 ~ 트이다. ぱあっと視野シヤが開ヒラける。
활찐〖부〗❶〖활짝의 힘줄임〗 いっぱい｜大オオきく。 ❷〖환트인 모양〗 ぱあっと｜広々ヒロビロと。
활차(滑車)〖명〗〘물〙滑車カッシャ。 =도르래
활-촉(―鏃)〖명〗矢ヤじり｜矢先ヤサき。 =화살촉
활-터〖명〗弓場ユミバ｜射場シャジョウ｜的場マトバ｜矢場ヤバ。
활판(活版)〖명〗〘출〙活版カッパン。 ㈎ ~ 인쇄 活版印刷インサツ；活版刷ズり。

활-화산(活火山)〖명〗活火山カッカザン・カツカザン。 ㈎ ~의 80퍼센트는 태평양에 분포한다. 活火山の80％パーセントは太平洋タイヘイヨウに分布ブンプする。
활활〖부〗❶〖새가 시원스럽게 나는 모양〗 すいすい｜ひらひら。 ㈎ 나비가 ~ 날아가다. 蝶チョウがひらひらと飛トんでいく。 ❷〖불이 기세좋게 타는 모양〗 ぼうぼう｜めらめら｜がんがん。 ㈎ ~ 타오르는 눈자 めらめらと燃モえる瞳ヒトミ。 ❸〖부채로 부채질하는 모양〗 ぱたぱた｜ばたばた。 ㈎ ~ 부채질하다. ばたばたとあおぐ。 ❹〖옷을 벗는 모양〗 さっと｜さっさと。 ㈎ 옷을 ~ 벗고 샤워를 하다. 服フクをさっと脱ヌいでシャワーを浴アびる。
활황(活況)〖명〗活況カッキョウ｜好況コウキョウ。
홧-김(火―)〖명〗腹立ハラダちまぎれ｜腹イラせ。 ㈎ ~에 한 대 때렸지만 생각할수록 후회가 된다. 腹立ちまぎれに一発殴イッパツナグったが、考カンガえるほど悔クやまれる。
홧홧〖부〗〖매우 뜨거운 기운이 이는 모양〗 かっか｜かんかん。 ㈎ 얼굴이 ~ 달아오르다. 顔カオがかっかと火照ホテる。
황¹ ❶骨牌コッパイのふだがそろわないこと。 ㈎ ~을 잡다. そろっていないふだを握ニギる。 ❷ある事コトを達成タッセイするに符合フゴウしないこと。

황²(黃)〖화〗硫黄イオウ。
황갈-색(黃褐色)〖명〗黄褐色オウカッショク。
황감-하다(惶感―)【예전에 임금의 은혜에 감격하다】恐オソれ多オオく感激カンゲキにたえない。
　황감-히〖부〗恐れ多オオく。
황겁-하다(惶怯―)【놀라서 겁이 나다】恐オソれ怯オビえる。
　황겁-히〖부〗恐れ怯オビえて。
황-고집(黃固執)〖명〗片意地カタイジ｜意地イジっ張バり。
황공-하다(惶恐―)〖형〗恐オソれ多オオい｜恐縮キョウシュクする。 =황송하다
황구(黃狗)〖명〗☞누렁이❷
황궁(皇宮)〖명〗皇宮コウグウ｜皇居コウキョ。
황금(黃金)〖명〗黄金オウゴン・コガネ。 ㈎ ~ 왕관 黄金の王冠オウカン/~ 같은 시간 黄金の時間ジカン。
황금-률(黃金律)【기독교】黄金律オウゴンリツ。
황금-만능(黃金萬能)〖명〗黄金オウゴン万能バンノウ。
황금 분할(黃金分割)〘수〙黄金分割オウゴンブンカツ。 ㈎ ~을 적용한 조각 黄金分割を適用テキヨウした彫刻チョウコク。
황금-빛(黃金―)〖명〗黄金色コガネイロ｜山吹ヤマブキ色イロ。
황금-색(黃金色)〖명〗黄金色コガネイロ｜山吹ヤマブキ色イロ。

황금-시대(黃金時代)명 黄金時代_{おうごんじだい}｜最盛期_{さいせいき}｜ゴールデンエージ。

황급-하다(遑急—)형 慌てている｜慌_{あわ}ただしい。

 황급-히부 慌てて｜慌_{あわ}ただしく。예 ~ 밖으로 뛰어나오다. 慌てて外_{そと}に飛_とび出_だす。/ ~ 집으로 돌아가다. 慌ただしく家_{いえ}に帰_{かえ}る。

황달(黃疸)명 《한》黄疸_{おうだん}。

황당무계-하다(荒唐無稽—)형 荒唐無稽_{こうとうむけい}｜でたらめだ。예 황당무계한 이야기 でたらめな話_{はなし}。

황당-하다(荒唐—)형 荒唐_{こうとう}だ。예 황당한 사건 荒唐の事件_{じけん}。

황도¹(黃桃)명 《식》黄桃_{おうとう}。

황도²(黃道)명 《천》黄道_{こうどう}。예 ~ 십이궁 黄道十二宮_{こうどうじゅうにきゅう}。

황동(黃銅)명 《공》黄銅_{おうどう}・_{こうどう}｜真鍮_{しんちゅう}。

황량-하다(荒凉—)형 荒涼_{こうりょう}としている。예 황량한 풍경 荒涼たる景色_{けしき}/ 황량한 사막 荒涼とした砂漠_{さばく}。

황막-하다(荒漠—)형 荒漠_{こうばく}としている。예 황막한 평원이 펼쳐지다. 荒漠たる平原_{へいげん}が広がる。

황망-하다(慌忙—)형 慌てふためく｜慌_{あわ}ただしい｜慌_{あわ}てている。예 황망하게 떠나다. 慌ただしく去る。

황모(黃毛)명 いたちの尾_おの毛_け。

황모-필(黃毛筆)명 いたちの尾_おの毛_けの筆_{ふで}。

황무-지(荒蕪地)명 荒蕪地_{こうぶち}｜荒_あれ地_ち。예 ~를 개간하다. 荒れ地を開く。

황사(黃沙・黃砂)명 黄砂_{こうさ}｜黄沙_{こうさ}。예 중국에서 발생한 ~는 한국, 일본에까지 영향을 미친다. 中国_{ちゅうごく}で発生_{はっせい}した黄砂は韓国_{かんこく}、日本_{にほん}にまで影響_{えいきょう}を及_{およ}ぼす。

황산(黃酸)명 《화》硫酸_{りゅうさん}。

황산-나트륨(黃酸Natrium 독)명 《화》硫酸_{りゅうさん}ナトリウム。

황산-동(黃酸銅)명 《화》硫酸銅_{りゅうさんどう}。

황산-염(黃酸鹽)명 《화》硫酸塩_{りゅうさんえん}。

황산-지(黃酸紙)명 《화》硫酸紙_{りゅうさんし}。

황산-칼륨(黃酸Kalium 독)명 《화》硫酸_{りゅうさん}カリウム。

황산-칼슘(黃酸 calcium)명 《화》硫酸_{りゅうさん}カルシウム。

황-새명 《동》鶴_{こう}。

황새-걸음명 大股歩_{おおまたあゆ}き。

황색(黃色)명 黄色_{おう}・_{こう}・_{じき}・_{しょく}。

황색 인종(黃色人種)☞황인종

황성¹(皇城)명[황성→황썽] 皇城_{こうじょう}｜宮城_{きゅうじょう}。

황성²(荒城)명[황성→황썽] 荒城_{こうじょう}。

황-소명 ❶大_{おお}きい牡牛_{おうし}。예 ~가 느릿느릿 밭을 간다. 牡牛がのろのろと畑_{はたけ}を耕_{たがや}す。=황우 ❷[비유적] 愚_{おろ}かな人_{ひと}｜力持_{ちからも}ち｜大食漢_{たいしょくかん}。예 기운이 ~ 같다. ばか力_{ぢから}だ。/ ~ 같은 천하장사 牡牛_{おうし}のように大_{おお}きな天下_{てんか}の壮士_{そうし}/ ~처럼 우직하다. 牛のように愚直_{ぐちょく}だ。

 황소 뒷걸음에 잡힌 개구리속담 牡牛_{おうし}の後_{あと}ずさりにつかまったカエル：「思_{おも}いがけなく成功_{せいこう}したり合致_{がっち}したりすること」の意_い。

황소-걸음 ❶[느린걸음]牛歩_{ぎゅうほ}。 ❷[비유적]のろいがしくじりのない行動_{こうどう}。

황소-고집(—固執)頑固一徹_{がんこいってつ}。

황소-바람 厳_{きび}しいすきま風_{かぜ}。

황소-자리명 《천》牡牛座_{おうしざ}。

황송-하다(惶悚—)형 황공하다

황실(皇室)명 皇室_{こうしつ}。

황야(荒野)명 荒野_{こうや}｜荒_あれ野_の。예 ~를 질주하다. 荒野を疾走_{しっそう}する。=황원

황연(黃鉛)명 《화》黄鉛_{おうえん}｜クロムイエロー。

황옥(黃玉)명 《광》黄玉_{おうぎょく}｜トパーズ。

황우(黃牛)명 ☞황소❶

황원(荒原)명 ☞황야(荒野)

황위(皇位)명 皇位_{こうい}。예 ~ 계승 皇位継承_{けいしょう}。

황-인종(黃人種)명 黄色_{おうしょく}人種_{じんしゅ}。=황색인종

황-적색(黃赤色)명 黄赤色_{おうしゃくしょく}。

황제(皇帝)명 皇帝_{こうてい}。

황조(黃鳥)명 ☞꾀꼬리

황족(皇族)명 皇族_{こうぞく}。

황진(黃塵)명 ❶[황사] 黄塵_{こうじん}。 ❷[속세의 티끌] 俗塵_{ぞくじん}。

황차(況且)부 ☞하물며

황천(黃泉)명 黄泉_{おう・こうせん}｜冥土_{めいど}｜よみじ。=저승

황천-객(黃泉客)명 黄泉_{こうせん}の客_{きゃく}。

황천-길(黃泉—)명 黄泉路_{よみじ}。

황철-석(黃鐵石)명 《광》黄鉄鉱_{おうてっこう}。

황체(黃體)명 《의》黄体_{おうたい}。예 ~ 호르몬 黄体ホルモン。

황-태자(皇太子)명 《역》皇太子_{こうたいし}。=태자

황태자-비(皇太子妃) 皇太子妃_{こうたいしひ}。

황-태후(皇太后)명 《역》皇太后_{こうたいごう}。=태후

황토(黃土)명 黄土_{おう}・_{こうど}。

황토-색(黃土色)[명] 黃土色。
황토-층(黃土層)[명] 黃土層。
황폐(荒廢)[명] 荒廃。
　황폐-하다[자] 荒廃する。예 황폐한 생활 荒廃した生活／전답이 ~. 田畑が荒廃する。
황폐-화(荒廢化)[명] 荒廃化。
황하(黃河)[명]《지》黃河。~ 문명 黃河文明。
황혼(黃昏)[명] ❶ 黃昏；夕暮れ；日暮れ；たそがれ。예 ~ 녘 夕暮れどき；夕暮れがた。❷【비유적】たそがれ。
황홀-경(恍惚境)[명] 恍惚の境地。
황홀-하다(恍惚—・慌惚—)[형] 恍惚としている；うっとりとしている。예 황홀한 기분이다. うっとりとした気持ちである。／네온사인이 황홀하게 빛나다. ネオンサインが恍惚と輝いている。
　황홀-히[부] 恍惚と；うっとり。
황화-동(黃化銅)[명]《화》硫化銅。
황화-물(黃化物)[명]《화》硫化物。
황화-은(黃化銀)[명]《화》硫化銀。
황화-철(黃化鐵)[명]《화》硫化鉄。
황황-하다¹(煌煌—・晃晃—)[형] 煌々としている；晃々としている。예 등불이 ~. 電灯が煌々としている。
　황황-히¹[부] 煌々と；晃々と。
황황-하다²(遑遑—)[형] 遑々としている；あたふたと忙しない；あたふたと気があせっている；あわただしい。예 아버지가 입원했다는 소식에 마음이 ~. 父が入院したという知らせに、あたふたと気が焦っている。
　황황-히²[부] 忙しなく；せかせか；あたふたと。예 말도 없이 ~ 떠나 버렸다. 何も言わずに忙しなく去ってしまった。
황후(皇后)[명] 皇后；きさき。
홰¹[명]【닭장 속에 닭이 올라 앉게 가로지른 나무 막대】止まり木。
홰²[명] ☞홰대.
홰-꾼[명]【횃불을 드는 사람】炬火を持つ人。
홰-치다[자] 羽ばたく。
홰홰[부] ❶【휘두르는 모양】しきりに振り回すさま。예 고개를 ~ 젓다. 頭をぶんぶんと横にふる。❷【감는 모양】くるくる；ぐるぐる。예 끈으로 ~ 동이다. ひもでぐるぐると縛る。
홱[부] ❶【돌리는 모양】さっと；ぱっと。예 고개를 ~ 돌리다. 頭をくるっと回す。／몸을 ~ 비키다. 身をかわす。❷【던지는 모양】ぽいと；ぽんと。예 ~ 집어던지다.

拾ってぽんと投々げる。❸【갑자기 열리는 모양】ぐいっと；ぱっと。예 문을 ~ 열다. 戸をぐいっと開ける。❹【바람이 세게 부는 모양】ぴゅうっ；ひゅう。예 찬바람이 ~ 불다. 寒い風がひゅうと吹く。❺【세게 돌리거나 돌아가는 모양】さっと；くるっと；くるり。예 핸들을 ~ 돌리다. ハンドルをさっと切る。
홱-홱[부] ❶【동작이 빠르고 사뭇 민첩한 모양】さっさと；ぱっぱと；びゅんびゅん。예 칼을 ~ 휘두르다. 刀をびゅんびゅんと振り回す。／고개를 ~ 젓다. 頭をさっさと横にふる。❷【힘차게 던지거나 나둥그러지는 모양】ぽんぽん。❸【갑자기 열리는 모양】ぐいぐい。예 방문을 ~ 열다. 部屋の戸をぐいぐい押し開ける。❹【바람이 매우 세차게 부는 모양】ひゅうひゅう；ぴゅうぴゅう。❺【세게 뿌리치거나 돌리는 모양】くるくる；ぐるぐる。예 프로펠러가 ~ 돌다. プロペラがくるくる回る。／고개를 ~ 돌리다. 頭をくるくると返す。
홧-대[명] 衣紋掛もん。=화².
홧-불[명] 松明；炬火；かがり火。예 ~을 밝히다. 松明をともす。
횅댕그렁-하다 (中が)広くて何もなく)がらんとしている。예 강당은 아무도 없이 횅댕그렁하게 비어 있다. 講堂は誰もいなくて、がらんと空いている。=횅하다❸.
횅-하다[형] ❶【어떤 일에】(どんな事にも)よく通じている；明るい；精通している；詳しく知っている。예 사서오경에 ~. 四書五経によく通じている。／그는 이곳 지리에 ~. 彼はここの地理に明るい。❷【시원하게 뚫리다】(穴などが)すっと通っている；よく通じている。예 터널이 횅하게 뚫리다. トンネルがすっと通っている。❸【속이 비어 넓다】(中が広くて何もなく)がらんとしている。예 경기가 없어서 운동장이 ~. 試合がないので運動場ががらんとしている。
회¹[부] ❶【바람이 부는 모양】ひゅう；びゅう。❷【숨을 세게 내쉬는 모양】ふっと。예 한 번에 세게 ~ 하고 불었다. 一度に強くふうっと吹いた。
회²(回)[의][돌아가는 수효를 세는 단위] 回か。줄넘기 10~ 縄跳び十回か／~를 거듭할수록 내용이 알차다. 回を重ねるにつれて内容が充実している。
회³(灰)[명]《화》❶ 石灰。=석회 ❷ 酸化かカルシウム。=산화칼슘
회⁴(蛔)[명]《동》蛔虫。=회충
　회가 동하다[관용] ❶【식욕이 생기다】食欲をそそる。❷【욕심이 나다】欲が出る。

회⁵(會)몡 会。集まり。集い。会合。

회⁶(膾)몡 刺身。なます。예~를 치다. 刺身にする。

회-갈색(灰褐色)몡 灰褐色。

회갑(回甲)몡 ☞환갑(還甲)

회갑-연(回甲宴)몡 還暦祝い。

회개(悔改)몡 悔い改め。改悛。
　회개-하다태 悔い改める。改悟する。예과거의 죄를 ~. 過去の罪を悔い改める。

회견(會見)몡 会見。예기자 ~ 記者会見/~에 임하다. 会見に臨む。
　회견-하다자태 会見する。

회계(會計)몡 会計。예~ 장부 会計帳簿/ ~ 감사 会計監査/ ~ 연도 会計年度。
　회계-하다태 勘定する。

회계-사(會計士)몡〖법〗会計士。예공인 ~ 公認会計士。

회고¹(回顧)몡 回顧。
　회고-하다태 回顧する。예지난날을 ~. 往時を回顧する。

회고²(懷古)몡 懷古。=회구(懷舊)
　회고-하다자 懐古する。예젊은 시절을 ~. 若い時を懐古する。

회고-담(回顧談)몡 回顧談。

회고-담(懷古談)몡 懐古談。

회고-록(回顧錄)몡 回顧録。回想録。

회관(會館)몡 会館。예시민 ~ 市民会館/ 학생 ~ 学生会館。

회교(回敎)몡 ☞이슬람교

회교-도(回敎徒)몡〖종〗回教徒。

회구(懷舊)몡 懷舊。懷古。=회고²

회군(回軍)몡 軍隊を率いて引き返すこと。
　회군-하다자 軍隊を引き返す。

회귀(回歸)몡 回歸。예과거로의 ~ 過去への回帰。
　회귀-하다자 回帰する。

회귀-선(回歸線)몡 回帰線。

회기(會期)몡 会期。예~를 연장하다. 会期を延長する。

회담(會談)몡 会談。예정상 ~ 頂上会談。
　회담-하다자태 会談する。

회답(回答)몡 回答。返答。예~을 기다리다. 回答を待つ。
　회답-하다태 回答する。返答する。

る。예질문에 ~. 質問に回答する。

회동(會同)몡 会同。예~에 참석하다. 会同に出席する。
　회동-하다자 会同する。

회-동그라지다 (不意をうたれて) 倒れる。転倒する。ひっくり返る。예눈길을 걷다가 ~. 雪道を歩いていて転倒する。/ 펀치를 얻어맞고 ~. パンチを受けて倒れる。

회-동그랗다형 真ん丸く見開いている。예너무나 놀라 눈이 회동그래지다. あまりにも驚いて目が真ん丸くなる。

회동그스름-하다형 曲がって丸みがある。예회동그스름한 눈 丸みのある目。

회두리몡 びり。最終。

회똑-거리다자 ❶ぐらつく。ふらつく。倒れそうになる。예처음 하이힐을 신어서 회똑거리며 걸어간다. 初めてハイヒールを履き、ふらふらしながら歩いていく。❷ひやひやする。はらはらする。

회똑-회똑튀 ❶ふらふら。ぐらぐら。よろよろ。예~ 흔들리는 오뚝이 ふらふら揺れるだるま/ 술에 취하였는지 ~ 걸어온다. 酒に酔ったのか、よろよろ歩いてくる。❷ひやひや。はらはら。예~ 일이 위태롭게 돌아가다. はらはらと事が危なげに進行する。/ 무너져 내릴 듯한 출렁다리를 ~ 건넜다. 崩れそうな釣り橋をひやひやしながら渡った。

회람(回覽)몡 回覧。예사내 ~ 社内回覧。
　회람-하다태 回覧する。예문서가 오면 바로 회람한다. 文書が到達したならば、直ちに回覧する。

회랑(回廊)몡〖건〗回廊。

회로(回路)몡 ❶帰路。帰り道。❷〖전〗回路。예전기 ~ 電気回路/ 집적 ~ 集積回路/ ~ 소자 回路素子。

회-백색(灰白色)몡 灰白色。

회벽(灰壁)몡 石灰壁を塗った壁。

회보¹(回報)몡 ❶回報。返報。返信。❷帰って来て報告すること。
　회보-하다태 ❶返報する。❷帰って来て報告する。

회보²(會報)몡 会報。예~를 발행하다. 会報を発行する。

회복(回復·恢復)몡 回復。恢復。
　회복-하다자태 回復する。恢復す

る。예 경기가 회복되다. 景気が回復する。/ 명예를 ~. 名誉を回復する。/ 건강을 ~. 健康を回復する。

회복-기(回復期)® 回復期。

회복 등기(回復登記)® 〈법〉回復登記。

회부(回附)® 回付。
　회부-하다® 回付する｜送り届ける。예 안건을 회의에 ~. 案件を会議に回付する。

회분(灰分)® 灰分。

회비(會費)® 会費。예 ~를 내다. 会費を納める。

회사(會社)® 〈경〉会社。예 주식~ 株式会社/ 상장 ~ 上場会社/ ~에 다니다. 会社に勤める。/ ~를 그만두다. 会社を辞める。

회사-원(會社員)® 会社員。

회상(回想)® 回想。예 ~에 잠기다. 回想にふける。
　회상-하다® 回想する。예 어린 시절을 ~. 子供の頃を回想する。

회상-록(回想錄)® 回想録。

회색(灰色)® ❶ 灰色｜ねずみ色｜グレー。❷ 主義・路線などがはっきりしない人。

회생(回生)® ☞ 소생(蘇生)

회석(會席)® 会席。

회선¹(回旋・廻旋)® 回旋｜廻旋。
　회선-하다® 回旋する｜廻旋する。

회선²(回船)® 帰りの船｜船を回して帰ること。
　회선-하다® 船を回して帰る。

회선³(回線)® 〈전〉回線。예 전용 ~ 専用の回線。

회송(回送)® 回送。예 ~ 열차 回送列車。
　회송-하다® 回送する。

회수(回收)® 回収。
　회수-하다® 回収する。예 자금을 ~. 資金を回収する。

회수-권(回數券)® 回数券。

회시(回示)® 回答｜返事。
　회시-하다® 回答する。

회식(會食)® 会食｜飲み会。
　회식-하다® 会食する。예 퇴근 후에 ~. 退勤のあとで会食する。

회신(回信)® 回信｜返信。
　회신-하다® 回信を出す｜返電を送る。

회심¹(回心)® ❶ 改心論。❷ 回心。❸ 回心。
　회심-하다® ❶ 改心する。❷ 回心する。

회심²(悔心)® 過ちを悔いる心。

회심³(會心)® 会心。예 ~의 미소를 짓다. 会心の笑みを浮かべる。

회심-작(會心作)® 会心の作。

회양-목(一楊木) 〈식〉黄楊。

회연(會宴)® 宴会。
　회연-하다® 宴会を開く。

회오(悔悟)® 悔悟。예 ~의 눈물을 흘리다. 悔悟の涙を流す。
　회오-하다® 悔悟する。

회오리® つむじ風が渦巻く現象。예 ~가 치다. 竜巻を起こす；渦巻く。

회오리-바람® つむじ風｜竜巻。= 선풍❶・소소리바람❷

회오리-봉(一峯)® 円錐形の山の峰。

회오리-치다® 竜巻を起こす｜渦巻く。

회우(會遇)® ❶ 一ヶ所に集まって会うこと。❷ 会遇｜遭遇。
　회우-하다® ❶ 一ヶ所に集まって会う。❷ 会遇する｜遭遇する。

회원(會員)® 会員。예 명예 ~ 名誉会員/ ~을 모집하다. 会員を募集する。

회유¹(回游)® 〈동〉回游。
　회유-하다® 回游する。

회유²(懷柔)® 懷柔。
　회유-하다® 懷柔する。예 반대파를 회유하기 위해 노력하다. 反対派を懷柔するために努力する。

회유-책(懷柔策)® 〈사〉懷柔策。

회의¹(會意)® ❶ 意味を悟ること。❷ 会心。❸ 〈언〉会意。

회의²(會議)® 会議。예 전략 ~ 戦略会議/ ~를 열다. 会議を開く。
　회의-하다® 会議する。

회의³(懷疑)® 懷疑。예 ~를 품다. 懷疑を抱く。
　회의-하다® 懷疑する。

회의-록(會議錄)® 会議録。

회의-론(懷疑論)® 〈철〉懷疑論。

회의-실(會議室)® 会議室。

회의-심(懷疑心)® 懷疑心。예 강한 ~을 갖다. 強い懷疑心を持つ。

회의-적(懷疑的)® 懷疑的。예 ~인

반응을 보이다. 懷疑的な反応を示す。
회임(懷妊)명 ☞임신(妊娠)
회자(膾炙)명 膾炙。
  회자-하다자 膾炙する。예인구에 회자되다. 人口に膾炙する。
회자정리(會者定離)명 会者定離。
회장¹(會長)명 会長。예초대 ~ 初代会長/~에 취임하다. 会長に就任する。
회장²(會場)명 会場。예피로연 ~ 披露宴の会場。
회전¹(回電)명 返電。
  회전-하다자 返電を送る。
회전²(回轉·廻轉)명 ❶回転。예바퀴의 ~ 속도가 빠르다. 輪の回転速度が早い。❷回転。예볼링공에 ~을 주다. ボーリングのボールに回転をつける。❸〈경〉回転。예자금 ~이 느리다. 資金の回転が鈍い。
  회전-하다²자타 回転する。예톱니바퀴가 ~. 歯車が回転する。/직진해서 왼쪽으로 ~. 直進してから左の方に回転する。
회전³(會戰)명 会戦。
  회전-하다³자 会戦する。
회전-면(回轉面)명〈수〉回転面。
회전-목마(回轉木馬)명 回転木馬｜メリーゴーラウンド。
회전-문(回轉門)명 回転ドア｜回転扉。
회전 무대(回轉舞臺)〈연〉回り舞台。
회전 운동(回轉運動)〈물〉回転運動。
회전-율(回轉率)명 回転率。
회전-의자(回轉椅子)명 回転椅子。
회전-체(回轉體)명 回転体。
회전-축(回轉軸)명 回転軸。
회절(回折)명〈물〉回折。
회중(懷中)명 ❶懐中。❷心中｜胸中。
회중-시계(懷中時計)명 懐中時計。
회중-전등(懷中電燈)명 懐中電灯。
회진(回診)명 回診。예오전 ~ 午前回診。
  회진-하다자타 回診する。예입원환자를 ~. 入院の患者を回診する。
회집(會集)명 会集。
  회집-하다자타 会集する。
회-청색(灰靑色)명 灰青色。
회초리명 鞭｜笞。
회춘(回春)명 回春。
  회춘-하다자 回春をする。

회충(蛔蟲)명〈동〉蛔虫。=거위·충❷·회⁴
회충-약(蛔蟲藥)명〈약〉虫下し｜駆虫薬。
회칙(會則)명 会則。예엄격한 ~ 厳しい会則。
회포(懷抱)명 懷抱。예오랜만에 ~를 풀다. 久しぶりに平素の気持ちを晴らす。
회피(回避)명 回避。
  회피-하다타 回避する｜避ける。예책임을 ~. 責任は回避する。
회한(悔恨)명 悔恨。예~의 눈물을 흘리다. 悔恨の涙を流す。
  회한-하다타 悔恨する。
회합(會合)명 会合。예~을 열다. 会合を開く。
  회합-하다자 会合する。
회항(回航·廻航)명 回航。
  회항-하다자 回航する。예본국으로 ~. 本国に回航する。
회향(懷鄕)명 懷郷。
  회향-하다자 故郷を懐かしむ。
회혼(回婚)명 ダイヤモンド婚。
회화¹(會話)명 会話。예영어 ~ 英会話/일본어로 ~ 연습을 하다. 日本語で会話練習をする。
  회화-하다자 会話する。
회화²(繪畫)명〈미〉絵画｜絵。
회화-나무명〈식〉槐樹。
회화-체(會話體)명〈문〉会話体。
회회부 ❶ぐるぐる｜くるくる。❷ぐるぐる｜ぶんぶん。예고개를 ~ 젓다. 頭を横に振る。/방망이를 ~ 돌리다. バットをぶんぶん回す。
회회-찬찬부 ぐるぐるとしっかり。
획¹부 ❶くるっと｜くるり｜さっと｜すっと。예얼굴을 ~ 돌리다. 顔をくるっと回す。/몸을 ~ 비키다. 身をさっとかわす。❷ぽいと｜さっと｜ぽんと。예손을 ~ 뿌리치다. 手でさっと払い除ける。❸びゅう｜ぴゅう。
획²(劃)명 画。예~이 굵다. 画が太い。
  획을 긋다 관용 画する。예한 시대의 ~. 一時代を画する。
획기-적(劃期的)관명 画期的｜画時代的｜エポックメーキング。예~인 상품 画期的な商品。
획득(獲得)명 獲得。예신뢰의 ~ 信頼

の獲得。

획득-하다(타) 獲得する。예 메달을 ~. メダルを獲得する。

획수(劃數)(명) 画数。예 ~가 많은 한자 画数の多い漢字。

획순(劃順)(명) 筆順┆字画の順序。

획연-하다(劃然─)(형) 画然としている┆はっきりしている。

획연-히(부) 画然と┆はっきり。

획일-적(劃一的)(관명) 画一的。예 ~인 사고 画一的な思考。

획일-주의(劃一主義)(명) 画一主義。

획정(劃定)(명) 画定。예 경계 ~ 境界の画定。

획정-하다(타) 画定する。

획책(劃策)(명) 画策。예 ~을 꾸미다. はかりごとを巡らす。

획책-하다(타) 画策する。

획획(부) ❶ 【잇달아 뱅뱅 돌아가는 모양】 くるくる┆ぐるぐる┆ぴゅんぴゅん。예 프로펠러가 ~ 돌다. プロペラがくるくる回る。 ❷ 【바람이 세차게 부는 소리】 ひゅうひゅう┆ぴゅうぴゅう。예 찬바람이 ~ 불다. 寒い風がひゅうひゅうと吹く。 ❸ 【던지는 소리】 ひゅうひゅう┆びゅんびゅん。예 공을 ~ 던지다. 球をひゅうひゅうと投げる。 ❹ 【호루라기 소리】 ぴいぴい。

횟-가루(灰─)(명) 生石灰┆酸化カルシウム。

횟-감(膾─)(명) 刺身の材料。

횟-돌(灰─)(명) 石灰岩。 =석회암

횟수(回數)(명) 回数。예 ~를 세다. 回数を数える。

횡(橫)(명) ☞가로 I

횡격-막(橫膈膜·橫隔膜)(명) 《의》横隔膜。

횡단(橫斷)(명) 横断。

횡단-하다(타) 横断する。예 도로를 ~. 道路を横断する。

횡단-면(橫斷面)(명) 横断面。

횡단-보도(橫斷步道)(명) 横断歩道。예 ~를 건너다. 横断歩道を渡る。

횡대(橫隊)(명) 横隊。예 2열 ~로 서다. 二列横隊に並ぶ。

횡-들다(橫─)(타) 【잘못 듣다】 聞き違える┆聞き誤る。

횡렬(橫列)(명) 横列。

횡령(橫領)(명) 横領。

횡령-하다(타) 横領する。예 공금을 ~. 公金を横領する。

횡령-죄(橫領罪)(명)《법》横領罪。

횡목(橫木)(명) 横木。

횡-보다(橫─)(타) 【잘못 보다】 見間違える┆見誤る。

횡사(橫死)(명) 【뜻밖의 재앙에 의한 죽음】 横死┆非命。예 비명-비업의 죽음。

횡사-하다(자) 横死する。

횡서(橫書)(명) ☞가로쓰기

횡선(橫線)(명) 横線。 =가로줄

횡설수설(橫說竪說)(명) しどろもどろ┆ちんぷんかん(ぷん)。예 ~ 변명을 늘어놓다. しどろもどろで言い訳を並べ立てる。

횡설수설-하다(자) しどろもどろになる┆ちんぷんかん(ぷん)だ。예 묻는 말에 ~. 問いにしどろもどろの答えをする。

횡수(橫手)(명) 《운》【잘못한 수】しくじった手で┆まずい手。

횡액(橫厄)(명) 【뜻밖의 재앙】 不慮の災い┆横災。

횡재¹(橫災)(명) 【뜻밖에 받은 재앙】 横災。

횡재²(橫財)(명) 不慮の財物を得ること┆不慮の財物┆めっけもの┆掘り出し物。

횡재-하다(자) 不慮の財物を得る。

횡-적(橫的)(관명)(ある物事に対して) 横に関係すること。예 ~ 관계 横の関係。

횡탈(橫奪)(명) 横奪┆横取り┆強奪。

횡탈-하다(타) 横奪する┆横取りする┆強奪する。

횡파(橫波)(명) 横波。

횡포(橫暴)(명) 横暴。예 ~를 부리다. 横暴な振る舞いをする。

횡포-하다 横暴だ。

횡행(橫行)(명) 横行。

횡행-하다(자) 横行する。예 부정이 횡행하는 사회 不正が横行する社会。

효(孝)(명) 孝┆孝行。

효과(效果)(명) 効果。예 약의 ~ 薬の効き目/ 연습의 ~가 나타나다. 練習の効果が表れる。

효과-적(效果的)(관명) 効果的。예 ~인 사용법 効果的な使い方。

효녀(孝女)(명) 孝女┆孝行娘。

효능(效能)(명) 効能┆効き目。예 이 약은 ~이 없다. この薬ははききめがない。

효도(孝道)(명) 孝道┆孝行┆親孝行。

효도-하다(자) 孝行する┆親孝行する。

する。㉠부모에게 ~. 父母に孝行する。

효력(効力)몡 効力｜効能｜効き目。㉠약의 ~이 없어지다. 薬の効力がなくなる。/ 법률상의 ~을 잃다. 法律上の効力を失う。

효모(酵母)몡 ☞효모균

효모-균(酵母菌)몡《식》酵母菌｜酵母。=효모

효부(孝婦)몡 親孝行な嫁。

효성(孝誠)몡 親に仕える真心。㉠~이 지극한 딸 親思いの娘が。

효성-스럽다(孝誠—)親孝行だ。㉠효성스러운 아들 親孝行な息子。

효성스레뷔 親孝行に。

효소(酵素)몡《화》酵素｜エンザイム｜エンチーム。

효소-제(酵素剤)몡《약》酵素剤。

효수(梟首)몡《역》梟首｜さらし首。
 효수-하다자 梟首する。

효시(嚆矢)몡 嚆矢。❶かぶら矢。❷始め｜最初。㉠소설의 ~ 小説の嚆矢。

효심(孝心)몡 孝心。

효양(孝養)몡 孝養。
 효양-하다타 孝養する。

효용(効用)몡 効用。㉠한계 ~ 限界効用/ 차의 ~에 대해 조사하다. お茶の効用について調べる。

효율(効率)몡 効率。㉠~을 높이다. 効率を高める。

효율-적(効率的)관몡 効率的。㉠더 ~인 방법을 모색하다. より効率的な方法を模索する。

효자(孝子)몡 孝子｜親思い。

효행(孝行)몡 孝行。

효험(効験)몡 効験｜効き目。㉠한약의 ~ 韓方薬の効き目。

후[1]뷔 ふっと。㉠촛불을 ~ 하고 껐다. ろうそくをふうっと消した。

후[2]감 ☞후유

후[3](後)몡 ❶後・あと。㉠퇴근 ~에 만나기로 하다. 退勤の後、会うことにする。/ 출발한 ~에 전화를 하다. 出発したあとに電話をする。❷追って｜後程。㉠~에 알려 줄게. 後程教えてあげるよ。

후각(嗅覚)몡《의》嗅覚。㉠~ 기관 嗅覚器官／ ~을 자극하다. 嗅覚を刺激する。

후견(後見)몡 後見｜後ろ盾｜後ろ見。 ~ 제도 後見制度。

후견-인(後見人)몡 後見人。

후계(後継)몡 後継｜後継ぎ。
 후계-하다자타 後を継ぐ。

후계-자(後継者)몡 後継ぎ｜後継者。㉠기업의 ~ 企業の後継者。

후광(後光)몡 後光｜光背。㉠~이 비치다. 後光がさす。

후궁(後宮)몡 後宮。

후기[1](後記)몡 ❶後記。❷あとがき。㉠편집 ~ 編集後記。
 후기-하다타 後記する。㉠자세한 것은 ~. 詳細は後記する。

후기[2](後期)몡 後期。㉠~의 작품 後期の作品。

후끈 かっか｜かっと｜ぽかぽか。㉠몸이 ~ 달아오르다. 体がかっかとほてる。
 후끈-거리다자 かっかとほてる｜ぽかぽかする。㉠열이 높아 몸이 ~. 熱が高くて体がかっかとほてる。/ 감기로 이마가 ~. 風邪で額がかっかとほてる。=후끈대다
 후끈-대다자 ☞후끈거리다
 후끈-하다 I 자 かっかと火照る。㉠얼굴이 ~. 顔がかっかとほてっている。 II 형 かっかとしている。

후끈-후끈 뷔 かっか｜ぽかぽか｜むんむん。

후년(後年)몡 ❶再来年｜明後年。❷後年｜後の年。

후닥닥 ❶さっと｜ぱっと｜がばっと。㉠~ 뛰어내리다. ぱっと飛び降りる。/ ~ 일어나다. ぱっと起きる。/ ~ 뛰어나가다. ぱっと飛び出す。❷あたふた｜ばたばた。㉠숙제를 ~ 끝내다. 宿題をさっさと終える。
 후닥닥-거리다자 あたふたする｜ばたばたする。㉠늦어서 ~. 遅れてあたふたする。=후닥닥대다
 후닥닥-대다자 ☞후닥닥거리다

후닥닥-후닥닥뷔 あたふた｜ばたばた。

후담(後談)몡 その後の話。

후대[1](厚待)몡 厚遇。㉠~를 받다. 厚遇を受ける。
 후대-하다타 手厚くもてなす。

후대[2](後代)몡 後代｜後世。

후덕-하다(厚徳—)형 徳が厚い。㉠후덕한 사람 厚徳の人。

후덥지근-하다 [형] 蒸し暑い|むんむんする。 예 후덥지근한 날씨가 계속되다. 蒸し暑い天気が続く。

후두¹(後頭) [명]《의》[解] 後頭。

후두²(喉頭) [명]《의》喉頭。 예 ~ 결절 喉頭結節。

후-두골(後頭骨) [명]《의》[解] 後頭骨。

후두두 [부] [빗방울·작은 물건이 떨어지는 소리 또는 모양] ぱらぱら|ばらばら|ぽちぽち|ぽとぽと。예 ~ 빗방울 떨어지는 소리 ぱらぱらと雨粒の降る音/ 호두가 주머니에서 ~ 떨어지다. 胡桃が袋からばらばらと落ちる。

후두-부(後頭部) [명]《의》後頭部。

후두-암(喉頭癌) [명]《의》喉頭癌。

후두-염(喉頭炎) [명]《의》喉頭炎。

후드(hood) [명] フード。

후드득 [부] ❶[깨알·콩알 등을 볶을 때 튀는 소리 또는 모양] ぱちぱち。❷[나뭇가지 등이 타는 소리 또는 모양] ぱちぱち。예 나무가 ~ 소리를 내며 타고 있다. 木がぱちぱちと音を立てながら燃えている。❸[굵은 빗방울이 떨어지는 소리] ぱらぱら|ぽつぽつ|ぽとぽと。예 굵은 빗방울이 ~ 떨어지다. 大きい雨粒がぽつぽつと降る。❹[활줄 튀는 소리] ぱんぱん。

후드득-거리다 [자] ❶ぱちぱちはねる。❷ぱちぱちする。❸ぽつぽつと落ちる。❹ぱんぱんと鳴る。❺[요란하게 떨며] そこかしくと振る舞う|せかせかする。=후드득대다

후드득-대다 [자] ☞후드득거리다

후드득-후드득 [부] ❶ぱちぱち。❷ぱちぱち。❸ばらばら|ぽつぽつ|ぽとぽと。❹ぱんぱん。❺せかせか。

후들-거리다 [자][타] ぶるぶるする|わなわなする|がたがたする。예 다리가 후들거려서 더 이상 못 걷겠다. 足がわなわなして、これ以上歩けない。=후들대다

후들-대다 [자][타] ☞후들거리다

후들-후들 [부] [팔다리가 크게 떨리는 모양] ぶるぶる|わなわな|がたがた。예 무서워서 ~ 떨다. 怖くてぶるぶる震える。/ 추워서 ~ 떨다. 寒くてぶるぶる震える。/ 그를 본 순간 무서워서 다리가 ~ 떨려 왔다. 彼を見た瞬間、怖くて足がわなわなと震えてきた。

후딱 [부] さっさと|さっと|早く|すぐ|ぱっと。예 ~ 일어나다. さっと起き上がる。

후딱-후딱 [부] さっさと|ぱっぱと|ぱぱっと。예 일을 ~ 해치우다. ぱっぱと仕事を片付ける。

후락(後略) [명] 後略。
　후락-하다 [자] 後略する。

후레-아들 [명] [예의범절을 모르는 자] 無礼なやつ|礼儀作法も知らないやつ。예 저 ~ 같은 놈을 보았나. あんな無礼なやつがあろうか。=후레자식

후레-자식(一子息) [명] ☞후레아들

후려(後慮) [명] [뒷근심] 後患。

후려-갈기다 [타] ぶん殴る|殴り付ける。예 주먹으로 ~. 拳でぶん殴る。

후려-내다 [타] [꾀어] 誘혀出す。

후려-치다 [타] ぶん殴る|殴り飛ばす。예 채찍으로 ~. むちで殴り飛ばす。

후련-하다 [형] ❶[마음] すっきりする|さっぱりする|すかっとする。예 고민이 해결되어 ~. 悩みが解決してすっきりする。/ 모두 털어놓으니 속이 ~. 全部打ち明けたので気持ちがすっきりする。❷[속] すっきりする。예 물을 한 컵 다 마셨더니 ~. 水をコップ一杯飲んだのですっきりする。/ 먹은 것을 토하고 나니 속이 ~. 食べた物を吐いたので腹の中がすっきりしている。

후련-히 [부] さっぱり|すっきり。

후렴(後斂) [명] 繰り返し|リフレーン|折り返し。예 ~ 구 繰り返しの句/ ~ 부분을 따라 부르다. リフレーンの部分を続いて歌う。

후루루 [부] [호루라기 부는 소리 또는 모양] ぴいぴい|ぴりぴり。

후루룩 [부] ❶[작은 날짐승이 갑자기 날아가는 소리 또는 모양] ばたばた。예 둥지에서 참새가 ~ 날아가다. 巣から雀がばたばたと飛んでいく。❷[국수 등을 들이마시는 소리 또는 모양] ずるずる。예 수프를 단숨에 ~ 마셔 버리다. スープをずるずると一息にすすってしまう。

후루룩-거리다 [자][타] ❶ばたばたする。❷ずるずるとすする。=후루룩대다 ⓒ후룩거리다

후루룩-대다 [자][타] ☞후루룩거리다

후루룩-후루룩 [부] ❶ばたばた。❷ずるずる。ⓒ후룩후룩

후룩 [부] ☞'후루룩'의 준말.
　후룩-거리다 [자][타] ☞'후루룩거리다'의 준말.

후룩-후룩 [부] ☞'후루룩후루룩'의 준말.

후르르 [부] ❶[작은 날짐승이 갑자기 날아가는 소리 또는 모양] ばたばた。❷[종이 등이 타는 소리 또는 모양] めらめら|ぱちぱち。예 종이가 ~ 불타고 있다. 紙がめらめらと燃えている。

후리 [명] ❶☞후리질❶ ❷☞후릿그물

후리다[타] ❶【휘몰아서 몰다】 駆かり立たてる｜追おい立たてる。例 독수리가 병아리를 ~. 鷲わしが雛ひなを追い立てる。❷【휘둘러서 베다】 削けずったり切きったりする。例 나뭇가지를 후리어 지팡이를 만들다. 木きの枝えだを切きって杖つえを作つくる。❸【휘둘러서 때리다】 振ふり回まわして殴なぐる。例 뺨을 한 대 ~. ほっぺたを一発いっぱつ力ちからいっぱいぶん殴なぐる。❹【남의 것을 빼앗다】 (人ひとの物ものを)かっぱらう｜かっさらう｜ひったくる。例 회사 돈을 후려 먹다. 会社かいしゃのお金かねをこっそり引ひき抜ぬいて騙だまし取とる。❺【유혹하여 정신을 흐리게 하다】 (人ひとを誘惑ゆうわくして)たぶらかす。例 제비가 가정주부를 ~. つばめが家庭かていの主婦しゅふをたぶらかす。❻【홀리다】 惑まどわす｜騙だます｜あざむく。

후리-질[명] ❶【훑다시피 물건을 마구 잡아당기는 짓】 地引じびき。＝후리❶ ❷【마구잡이】 何なにもかもさらい取とること。
　후리질-하다[자] ❶ 地引じびきをする。❷ 何なにもかもさらい取とる。

후리-채[명] 捕虫網ほちゅうあみ。

후리-후리[부] すらり(と)｜すんなり。
　후리후리-하다 すらりとしている｜すんなりとしている｜すらっとしている。例 후리후리하게 큰 키 すらっと高たかい背せ/ 체격이 ~. 体格たいかくがすらりとしている。

후림[명]【속여서 꾀는 일】 ごまかし｜たぶらかし。

후릿-그물[명] 引ひき網あみ｜地引じびき網あみ。＝후리❷

후면(後面)[명] 後面こうめん｜後部こうぶ。

후모(後母)[명] 継母ままはは(繼母)。

후무리다[타]【남의 물건을 슬쩍】 掠かすめ取とる｜盗ぬすむ｜くすねる｜ちょろまかす。例 어머니 지갑에서 돈을 ~. 母ははの財布さいふから金かねを掠かすめ取とる。

후문¹(後門)[명] 後門こうもん｜裏門うらもん。＝뒷문

후문²(後聞)[명]【뒷날에 들리는 소문】 後聞こうぶん。

후물-거리다[자] 口くちをもぐもぐさせる。＝후물대다

후물-대다[타] ☞후물거리다

후-물림(後―)[명]【남이 쓰던 물건이나 옷】 お下さがり｜お古ふる。

후미¹(後尾)[명]【후미진 후미진 곳】 入いり江え｜江え｜曲きょく。

후미²(後尾)[명]【뒤쪽의 끝】 後尾こうび｜殿しんがり。例 열차의 ~ 列車れっしゃの後尾こうび。

후미³(後味)[명] ☞뒷맛

후미-지다[형] ❶(山道さんどう・水辺みずべなどが)深ふかく入はいり込こんでいる｜入いり江えになっている｜奥おくまっている。例 후미진 골짜기 奥おくまった谷間たにま。❷ 人里ひとざと離はなれてひっそりしている｜奥深おくふかくさびれている｜辺鄙へんぴだ。例 후미진 골목 奥おくまっている路地ろじ/ 범인을 후미진 곳부터 탐색하다. 犯人はんにんを人里ひとざと離はなれてひっそりとした所ところから探索たんさくする。

후박(厚薄)[명] 厚薄こうはく。

후박-나무(厚朴―)[명]《식》朴ほおの木き。

후박-하다(厚朴―)[형]【인정이 두텁고 순박하다】 人情にんじょうが厚あつく素朴そぼくだ。

후반(後半)[명] 後半こうはん。例 21세기 ~ 21世紀せいき後半こうはん。

후반-기(後半期)[명] 後半期こうはんき。

후반-부(後半部)[명] 後半部こうはんぶ。

후반-전(後半戰)[명]《운》後半戦こうはんせん。

후발(後發)[명] 後発こうはつ。例 ~ 업체 後発こうはつメーカー。
　후발-하다[자타] 後発こうはつする。例 후발한 대원이 도착하다. 後発こうはつした隊員たいいんが到着とうちゃくする。

후방(後方)[명] ❶【뒤쪽】 後方こうほう｜後うしろの方ほう。❷《군》後方こうほう。例 ~ 근무 後方勤務こうほうきんむ／ ~ 지역 後方地域こうほうちいき。

후배(後輩)[명] 後輩こうはい。例 고등학교 ~ 高校こうこうの後輩こうはい。

후보(候補)[명] 候補こうほ。例 ~ 선수 候補選手こうほせんしゅ／ 대통령 ~ 大統領だいとうりょう候補こうほ／ ~에 오르다. 候補こうほに上あがる。

후보-자(候補者)[명] 候補者こうほしゃ。

후보-작(候補作)[명] 候補作こうほさく。

후부(後部)[명] 後部こうぶ。

후불(後拂)[명] 後払あとばらい。例 대금은 ~로 하면 된다. 代金だいきんは後払あとばらいでよい。
　후불-하다[타] 後払あとばらいする。

후비다[타] ❶【속을 긁어】 (すき間ま・中なか・穴あななどを)ほじくる｜ほじる。例 아이가 콧구멍을 후비고 있다. 子供こどもが鼻はなの穴あなをほじっている。／ 귓속을 ~. 耳みみの中なかをほじくる。❷【끝으로】 (刃物はもの・指ゆびの先さき・棒ぼうなどで)ほじくり出だす｜抉えぐる。例 못으로 땅을 ~. 釘くぎで地面じめんを抉えぐる。／ 쥐가 벽을 후비어 구멍을 내다. 鼠ねずみが壁かべを抉えぐって穴あなをあける。❸【抉る】 抉えぐる。例 가슴을 후비는 듯한 슬픈 이야기다. 胸むねを抉えぐるような悲かなしい話はなしだ。❹ (事ことの内幕うちまくや秘密ひみつなどを)ほじくる。例 그 여자의 비밀을 ~. 彼女かのじょの秘密ひみつをほじくる。

후비적-거리다[타] しきりにほじくる｜しきりにほじる。＝후비적대다

후비적-대다[타] ☞후비적거리다

후비적-후비적[부] しきりにほじくるさま

│しきりに抉る꾸さま。

후사(厚謝)圏 厚謝｜深謝。
　후사-하다꾀 厚謝する｜深謝する｜厚く礼をいう。

후사²(後事)圏 ❶将来の事。❷死後の事。예~를 부탁하다. 後事を託する。

후사³(後嗣)圏 後嗣｜跡継ぎ｜世継ぎ。예~가 없다. 跡継ぎがいない。

후-살이(後一) 再嫁の暮らし。
　후살이-하다 後妻として暮らす。

후생¹(厚生)圏 厚生。예~ 시설 厚生施設。

후생²(後生)圏 ❶後に生まれた人。❷後輩。❸後生｜来世。=내생

후세(後世)圏 ❶後世｜後の世。예~에 이름을 남기다. 後世に名を残す。❷後世｜来世。=내세

후속(後續)圏 後続。예~ 부대 後続部隊 / ~ 상품 後続商品。
　후속-하다꾀 後続する。

후손(後孫)圏 子孫｜後継ぎ｜後裔。예~에게 물려주다. 子孫に引き継ぐ。=손(孫)・후예

후송(後送)圏 後送。
　후송-하다타 後送する。예야전 병원에 후송되다. 野戦病院に後送される。

후술(後述)圏 後述。
　후술-하다꾀타 後述する｜あとで述べる。

후식(後食)圏 デザート｜スイーツ。

후신(後身)圏 後身。

후실(後室)圏 後妻。예~을 맞다. 後妻を迎える。◆일본어 '後室(こうしつ)'는 '신분이 높은 사람의 미망인', '뒤쪽에 있는 방'의 뜻이다.

후안-무치(厚顔無恥)圏 厚顔無恥。

후약(後約)圏 後日の約束。

후예(後裔)圏 ☞후손(後孫)

후원¹(後援)圏 後援。예~을 받다. 後援を受ける。
　후원-하다타 後援する。예경제적으로 ~. 経済的に後援する。

후원²(後園)圏 裏の庭園。

후원-회(後援會)圏 後援会。

후위(後衛)圏 《군》後衛。=후위대 ❷《운》後衛｜バック。예~ 공격 バックアタック。

후위-대(後衛隊)圏 《군》後衛。=후위❶

후유囧 ❶힘에 부칠 때 ふっと。❷마음을 놓을 때 내어 쉬는 소리 ふっと｜ほっと。예~ 하고 안도의 숨을 내쉬었다. ふっと安堵の息をついた。=후²

후유-증(後遺症)圏 後遺症。예교통사고 ~ 交通事故などの後遺症。

후음(喉音)圏《언》喉音｜喉頭音｜声門音。

후의¹(厚意)圏 厚意｜厚情。예여러분의 ~에 감사드립니다. みなさんの厚意に感謝します。=후정

후의²(厚誼)圏 厚誼｜あついよしみ。

후인(後人)圏 後人｜のち。

후일(後日)圏 後日｜又は後の日。예~을 기약하다. 後日を約する。

후일-담(後日談・後日譚)圏 後日談｜後日譚｜後日物語。

후임(後任)圏 後任。예~으로 그를 뽑다. 後任として彼を選任する。

후임-자(後任者)圏 後任者。

후자(後者)圏 後者。예~를 선택하다. 後者を選ぶ。

후작¹(侯爵)圏 侯爵。

후작²(後作)圏 ❶後に作った作品。❷《농》(二毛作のうち)後の耕作｜後作。

후장(後場)圏 《경》後場。

후정(厚情)圏 ☞후의¹

후조(候鳥)圏 《동》候鳥｜渡り鳥。=철새

후주(後奏)圏 《음》後奏。예~까지 모두 듣고 박수를 치도록 해라. 後奏まで全部聞いて拍手をするようにしろ。

후줄근-하다형 ❶じっとりしている｜くたびれている。예덜 마른 후줄근한 옷 生乾きのじっとりとした服 / 가랑비에 젖어 후줄근한 양복을 입고 있다. 小雨にぬれて、くたびれた背広を着ている。❷지치고 이완된 상태 くたびれている｜くたくただ。예우울한 데다 비까지 오니 마음이 ~. 憂欝な上えに雨まで降って、心がくたくただ。

후줄근-히튀 くたくた｜ぐったりと。

후진(後進)圏 ❶後進。❷後進｜後輩。예~을 육성하다. 後進を育成する。❸進歩が遅れていること。

　후진-하다꾀 ❶後退する｜バックする。예차를 후진시키다. 車をバックさせる。❷進歩が遅れる。

후진-국(後進國)명 後進国こうしん。

후처(後妻)명 後妻ごさい｜後添ぞい。

후천(後天)명 後天こうてん。

후천 면역 결핍증(後天免疫缺乏症)《의》後天性こうてんせい免疫めんえき不全ふぜん症候群しょうこうぐん｜エイズ。 예 ~에 걸리다. エイズにかかる。/ ~으로 판명 나다. エイズと判明はんめいする。 =에이즈

후천-적(後天的)관명 後天的こうてんてき。 예 ~으로 형성된 성격 後天的に作つくられた性格せいかく。

후추 胡椒こしょうの実み。

후추-나무 《식》胡椒こしょう。

후출-하다 [형] 腹はらが減へって何なにか食たべたい思おもいがする。

후춧-가루 胡椒こしょうの粉こ。 예 ~를 뿌리다. 胡椒をふる。

후취(後娶)명 ☞재취
  후취-하다타 後妻ごさいを迎むかえる。

후탈명 ☞뒤탈

후터분-하다 [형] 蒸むし暑あつい｜むんむんする。

후텁지근-하다 [형] 蒸むし暑あつい｜むんむんする。 예 후텁지근한 날씨 蒸し暑い天気てんき。

후퇴(後退)명 後退こうたい。
  후퇴-하다자 後退する。 예 적군이 후퇴하기 시작하다. 敵軍てきぐんが後退を始はじめる。/ 경기가 ~. 景気けいきが後退する。

후편¹(後便)명 ❶[뒤쪽] 後方こうほう。 ❷[나중인편] 後のちの人伝ひとづて｜後の車くるまの便びん。 ❸[나중] 後便こうびん。

후편²(後篇)명 [책이나영화] 後編こうへん｜後篇こうへん。

후프(hoop)명 《운》フープ。 예 ~를 돌리다. フープを回まわす。

후-하다(厚―)형 ❶[마음 씀씀이나 태도가 지나치게 무거워서] 手厚てあつい｜厚あつい｜甘あまい｜十分じゅうぶんだ｜深ふかい｜たっぷりする。 예 대기업은 연봉이 ~. 大企業だいきぎょうは年俸ねんぽうが手厚い。/ 인심이 후한 마을이다. 人情にんじょうが厚い村むらだ。/ 점수를 후하게 주다. 点数てんすうを甘くつける。 ❷[몹시가도] (非常ひじょうに)厚あつい。 예 천이 ~. 生地きじが非常に厚い。

후학(後學)명 後学こうがく。 예 ~을 지도하다. 後学を指導しどうする。

후환(後患)명 後患こうかん。 예 ~을 없애다. 後患を絶たつ。

후회(後悔)명 後悔こうかい｜悔くやみ｜悔くい。
  후회-하다타 後悔する｜悔やむ｜悔いる。 예 이제 와서 후회해도 소용없다. 今更いまさら後悔しても仕方しかたがない。

후회-막급(後悔莫及)명 後悔こうかいしても及およばないこと。
  후회막급-하다형 後悔こうかいしても及およばない｜後悔先さきに立たたず。

후-후[부] [입술을 내밀며] ふうふう。 예 뜨거운 국물을 ~ 불며 식히고 있다. 熱あつい汁しるをふうふうと吹ふきながら冷さましている。
  후후-거리다 ふうふうと吹ふく。 예 뜨거워서 ~. 熱いのでふうふうと吹く。/ 뜨거운 물을 후후거리며 마시다. お湯ゆをふうふうしながら飲のむ。 =후후대다
  후후-대다 ☞후후거리다

훅¹[부] ❶[액체를 단숨에 들이키는 소리 또는 모양] ぐいっと｜ごくり｜ごくっと。 예 한입에 ~ 마셨더니 목이 뜨겁다. 一息ひといきにぐっと飲のんだので喉のどが熱あつい。 ❷[입김을 세게 내뿜는 소리 또는 모양] ふっと。 예 담배 연기를 ~ 내뿜다. たばこの煙けむりをふっと吹ふき出だす。 ❸[높은 자리를 훌쩍 뛰어넘는 모양] ひょいと｜ぴょんと｜ひらり。 예 장애물을 ~ 뛰어넘다. 障害物しょうがいぶつをひょいと飛とび越こえる。 ❹[동작이 빨라서 가볍게 덤비는 모양] すっと｜さっと｜ぱっと。 예 ~ 덤벼들다. すばしこく飛とびかかる。

훅²(hook)명 《운》フック。 예 ~을 먹이다. フックを食くらわす。

훅-훅[부] ❶[적은 양의 액체를 자꾸 들이키는 소리 또는 모양] ちびちび｜ぐいぐい。 예 술을 ~ 마시다. お酒さけをちびちび飲のむ。 ❷[숨을 잇달아 세게 내쉬는 소리 또는 모양] ふうふう。 ❸[높은 자리를 계속 훌쩍 뛰어넘는 모양] ひょいひょい｜ひらりひらり。

훈(訓)명 [한자의] 訓くん。 예 ~을 달다. 訓を当あてる。

훈계(訓戒)명 訓戒くんかい。 예 ~ 처분을 받다. 訓戒処分しょぶんを受うける。
  훈계-하다타 訓戒くんかいする｜戒いましめる。 예 훈계하지 마라. 訓戒をたれるな。

훈고(訓詁)명 訓詁くんこ。

훈고-학(訓詁學)명 訓詁学くんこがく。

훈공(勳功)명 動功くんこう｜手柄てがら。 예 ~을 세우다. 手柄を立たてる。

훈기(薰氣)명 ❶[따뜻한 기운] 暖あたたかみ｜温ぬくもり。 예 이불 속의 ~ 布団ふとんの中なかの暖かみ。 ❷[훈훈한 기운] 暖あたたかみ｜温ぬくもり。

훈-김(薰―)명 ❶[뜨거운 김이나 기운] 蒸気じょうきなどによる暖あたたかい気け。 예 물이 끓어오르는 주전자에 ~이 가득하다. お湯ゆが沸わき立たつやかんに蒸気がいっぱいだ。/ 차 안은 가득한 사람들의 ~으로 따뜻하다. 車くるまの中なかはいっぱいになった人々ひとびとの息いきで暖かい。 ❷[어떤힘 있는 사람의 영향이나 보살핌으로 받는 혜택] (快こころよい)暖あたたかさ｜温ぬくもり。 예 자선냄비에는 ~이 감돌았다.

慈善鍋には温もりが漂った。

훈도 薫陶。 예 아버지의 ~를 받다. 父親の薫陶を受ける。

　훈도-하다자 薫陶する。

훈독(訓讀) 訓読, 訓読み。

　훈독-하다타 訓読する｜訓読みする。

훈련(訓練・訓鍊) 訓練｜トレーニング。 예 많은 ~을 통해 좋은 선수가 될 수 있다. たくさんのトレーニングを通して、良い選手になることができる。

　훈련-하다타 訓練する｜トレーニングする。 예 훈련시키다. 訓練させる。

훈련-병(訓鍊兵)명 《군》訓練兵。

훈련-소(訓鍊所)명 訓練所。

훈민-정음(訓民正音)명 訓民正音。

훈수(訓手)명 橫から手を教えてやること。

　훈수-하다타 橫から手を教えてやる。

훈시(訓示)명 訓示。 예 부하에게 ~를 하다. 部下に訓示を垂れる。

　훈시-하다자 訓示する。

훈유(訓諭・訓喻)명 訓諭。

　훈유-하다타 訓諭する｜教えさとす。

훈육¹(訓育)명 訓育。

　훈육-하다타 訓育する。

훈육²(燻肉)명 燻製の肉。

훈장(訓長)명 (私塾の)先生。

훈장(勳章)명 勲章。 예 ~을 수여하다. 勲章を授与する。

훈제(燻製)명 薫製｜燻製。 예 ~ 베이컨 薫製のベーコン。

　훈제-하다타 薫製にする。

훈 족(Hun族)《역》フン族。 예 ~의 유럽 침입으로 게르만 민족의 대이동이 일어나다. フン族のヨーロッパ侵入によってゲルマン民族の大移動が起こる。

훈화(訓話)명 訓話。 예 교장의 ~ 校長の訓話。

　훈화-하다자 訓話する。

훈훈-하다(薰薰─)혱 ❶気持ち良く暖かい｜ぽかぽかしている。 예 3월이 되니 날씨가 ~. 3月になったので天気がぽかぽかしている。 ❷(心・雰囲気が)温かい｜和やかだ｜心暖まる。 예 마음을 훈훈하게 하는 미담이다. 心暖まる美談だ。／훈훈한 미소를 지어 주니 마음이 편안하다. 和やかな微笑みを浮かべてくれたので、心が楽だ。

　훈훈-히부 暖かく｜ぽかぽかと。

훌-닦다【타】責め立てる｜やりこめる｜やっつける。

훌떡부 ❶ごっそり｜すっかり｜さらり。 예 셔츠를 ~ 벗어던지다. シャツをすっかり脱ぎ捨てる。／머리가 ~ 벗어지다. 頭がすっかりはげる。 ❷がらっと｜ころっと。 ❸ひょいと｜ひらり｜ぴょんと。 예 장애물을 ~ 뛰어넘다. 障害物をぱっと飛び越える。／~ 넘어가다. ひょいと越える。 ❹すっかり｜完全に。

훌떡-거리다자 (履き物などが大きくて)だぶつく｜だぶだぶする。 예 신발이 너무 커서 ~. 靴が大きすぎてだぶだぶする。＝훌떡대다

훌떡-대다자 ☞훌떡거리다

훌떡-훌떡부 だぶだぶ｜ぶかふか。

훌라 댄스(hula dance)명 フラダンス。

훌라-들이다타 ❶むやみに突いたり扱いたりする。 ❷しきりに出入りさせる。

훌라후프(Hula-Hoop)명 フラフープ。

훌렁부 ❶すっかり｜さっと｜するり。 예 ~ 벗어진 머리 すっかりはげた頭。 ❷すっかり｜完全に。 ❸すぽっと。 ❹ぴょんと｜ひょいと。 예 철조망을 ~ 넘어가다. 鉄条網をひょいと越える。

훌렁-거리다자 ゆるくてだぶだぶする｜ゆるゆるだ。＝훌렁대다

훌렁-대다자 ☞훌렁거리다

훌렁-하다혱 ぶかぶかだ｜だぶだぶだ。

훌렁-훌렁부 だぶだぶ｜ぶかぶか。

훌륭-하다혱 立派だ｜見事だ｜素晴らしい｜偉い。 예 훌륭한 사람 立派な人／건물이 훌륭하게 완성되었다. 建物が見事に完成された。／훌륭한 작품을 만들고 싶다. 素晴らしい作品を作りたい。／디자인이 아주 ~. デザインが大変素晴らしい。／크면 훌륭한 사람이 되겠어. 大きくなったら偉い人になる。

　훌륭-히부 立派に｜見事に。 예 자식을 ~ 키우다. 子供を立派に育てる。／~ 성공시키다. 見事に成功させる。

훌부드르르-하다혱 (軽くて柔らか

이. ㈜훌부들하다

훌부들-하다[형] ☞'훌부드르르하다'의 준말.

훌-부시다[타] ❶【식기 따위를 한 번에 모아서 대강 씻어 흘려 보냄】(食器 などを)一度にまとめてざっと洗う｜洗い流す｜一度にゆすぐ. 예유리컵은 훌부셔 주세요. ガラスのコップは一度にまとめて洗い流してください. ❷【음식을 남김 없이 평평하게 바닥냄】(食べ物を)残さず平らげる. 예배가 아프다던 형이 도시락을 모두 훌부셨다. お腹が痛いと言っていた兄が, お弁当を全部平らげた.

훌-뿌리다[타] ❶【눈･비 따위가】(雪･雨などが)やたらに飛び散りながら降る. 예갑자기 굵은 빗방울이 ~. 急に大粒の雨が飛び散りながら降る. ❷【함부로 뿌리다】やたらに撒き散らす｜ばらまく. 예지폐 몇 장을 방바닥에 훌뿌리고 나가 버렸다. 何枚かの紙幣を部屋の床の上にやたらに撒き散らしてから出て行ってしまった.

훌쩍[부] ❶【액체를 단숨에 마시는 모양】ごくり｜ぐいと. ❷【콧물을 들이마시는 모양】ずるっと. ❸【가볍게 뛰어넘는 모양】ひょいと｜ぴょんと｜ひらり. 예흙탕물을 ~ 건너뛰다. 泥水をぴょんと飛び越える. / 택시에 ~ 올라타다. タクシーにひらりと乗る. ❹【갑자기 떠나는 모양】ふらり｜ふらっと. 예~ 여행을 떠나다. ふらっと旅に出る.

훌쩍-거리다[자] ❶ちびちび飲む. 예술을 ~. 酒をちびちび飲む. / 위스키를 훌쩍거리며 마시다. ウイスキーをちびちび飲む. ❷しきりにすする. 예콧물을 ~. 鼻水をずっとすする. ❸すすり泣く｜しくしく泣く. 예나는 속상해서 자꾸 훌쩍거렸다. 私は傷付いてしくしく泣いた. ＝훌쩍대다･훌쩍이다

훌쩍-대다[자] ☞훌쩍거리다
훌쩍-이다[자] ☞훌쩍거리다

훌쩍-훌쩍[부] ❶【액체를 들이마시는 모양】ちびちび. ❷【콧물을 들이마시며 우는 소리를 내는 모양】しくしく. ❸【가볍게 뛰어 다니는 모양】ひょいひょい｜ひらりひらり.

훌쭉-하다[형] ❶【가늘고 긴 모양】細長い｜長細い｜ほっそりしている. 예훌쭉한 다리 細くて長い脚. ❷【여윈 모양】やせげっそりしている. 예아파서 얼굴이 훌쭉해졌다. 体の具合が悪くて, 顔がげっそりしている. ❸【쏙 들어간】へこんでいる. 예허기져 배가 ~. ひもじくて腹がぺちゃんこだ. ❹【끝이 뾰족한】先が尖って長い.

훌치다[자] (ろうそくの火などが)風に揺れる.

훌훌[부] ❶【가볍게 나는 모양】すいすい｜ゆうゆうと. 예갈매기가 아침 하늘을 ~ 날아간다. カモメが朝の空をすいすいと飛んでいく. ❷【가볍게 뛰는 모양】ぴょんぴょん｜ひょいひょい. ❸【훌쩍 벗어 던지는 모양】はらり｜さらり｜さっさと. 예옷을 ~ 벗어던지다. 服をさっさと脱ぎ捨てる. ❹【입으로 부는 모양】ふうふう. ❺【먼지 등을 터는 모양】ぱんぱん｜ぱたぱた. 예먼지를 ~ 털어 내다. ほこりをぱたぱたと払う. ❻【국물이 있는 것을 들이마시는 모양】ずるずる｜ちびちび. 예~ 마시다. ずるずる, ずるずると飲む. ❼【뿌리는 모양】ばらり｜ぽんぽん｜ばらばら. 예배추에 소금을 ~ 뿌리다. 白菜に塩をばらばらと振り撒く. ❽【적은 양의 액체가 끊어졌다 이어졌다 하며 자꾸 흐르는 모양】ちょろちょろ｜ちろちろ｜めらめら.

훌훌-하다[형] 【묽고 매끄러운 모양】(粥･スープ･糊などが)よく蒸れて)薄い｜緩い. 예훌훌하게 끓인 죽을 한 그릇 먹다. 薄く炊いた粥を一杯食べる.

훑다[타] ❶【따다】しごく｜落とす｜くしけずる. 예벼 이삭을 ~. 稲穂をしごく. ❷【샅샅이 뒤짐】取り出す｜すすぎ出す. ❸【살핌】調べる｜探す｜見る. 예책의 목차를 대충 ~. 本の目次にざっと目を通す. / 구석구석까지 샅샅이 ~. 隅々まで漏れなく調べる.

훑어-보다[타] ❶【】目を通す. 예서류를 대충 ~. 書類にざっと目を通す. ❷【위에서 아래까지】(上から下まで)じろりと見る｜(初めから終わりまで)くまなく見る. 예책을 꼼꼼히 ~. 本を初めから終わりまで丁寧に読む. / 집 안을 샅샅이 ~. 家のなかを隅々まで調べる. / 위에서 아래까지 죽 ~. 上から下までじろじろと見る.

훑-이다[자] ❶【】しごかれる. ❷【깎아냄】取り出される｜刮げられる. ❸【내용 중 일부】(十分あったものが)減り縮まる.

훔척-거리다[타] ❶【손으로 더듬다】手探りする. 예침대 밑을 ~. ベッドの下を手探りする. / 서랍 속을 ~. 引き出しの中を手探りする. / 어둠 속에서 ~. 暗闇の中で手探りする. ❷【눈물을 닦다】(涙などを)しきりに拭く｜ふく. ＝훔척대다

훔척-대다[자] ☞훔척거리다

훔척-훔척[부] ❶【손으로 더듬는 자꾸】しきりに手探りするさま. ❷【자꾸 닦는 모양】涙をしきりに拭うさま.

훔쳐-때리다[타] 飛びかかって殴りつけ

る｜ぶん殴る｜殴り飛ばす。

훔쳐-보다国 ❶【엿봄】のぞき見する。圐문틈으로 ~. 戸口のすきまからのぞき見る。❷【몰래】盗み見する｜盗み見る。圐여동생의 일기를 ~. 妹の日記を盗み見る。

훔치다 ❶【남의 것을】盗む｜かすめる｜くすねる｜こっそり取る。圐남의 가방을 ~. 人のカバンを盗む。❷【홍건 따위로】拭く｜ぬぐう。圐마루를 ~. 床をふく。／눈물을 ~. 涙をぬぐう。❸【야무지게 때리다】強く殴る｜ぶん殴る｜ひっぱたく。❹【손으로 더듬어 찾다】手探りする。

훔치적-거리다国 ❶【손으로 자꾸 더듬어 찾다】しきりに手探りする｜ごそごそとする。❷【눈물 따위를 자꾸 씻다】(涙などを)しきりに拭う｜のろのろと拭き続ける。❸【자꾸 긁다】ぼりぼりと掻く。=훔치적대다.

훔치적-대다国 ☞훔치적거리다

훔치적-훔치적副 ❶しきりに手探りするさま｜ごそごそ。❷(涙などをしきりに)拭うさま。❸しきりに掻くさま｜ぼりぼり。

훔켜-잡다国 ぐいっとつかむ｜ぎゅっと握る。圐손목을 꽉 ~. 手首をぎゅっとつかむ。

훔켜-쥐다国 ぎゅっと握る。圐손목을 ~. 手首をぎゅっと握る。／지폐를 ~. 紙幣をぎゅっと握る。

훔-파다国 (狭く深く)掘る｜掘り下げる。

훔패다自 (狭く深く)掘られる。

훔훔-하다形【만족스럽고 유쾌하다】満ち足りてうれしそうである｜満足そうだ。圐그가 훔훔한 표정으로 앉아 있다. 彼が満足そうな表情で座っている。

훗-날(後─)名 次の日｜後日。圐오늘 할 일을 ~로 미루지 마라. 今日することを次の日に延ばすな。

훗-달(後─)名 次の月。

훗-일(後─)名 ☞뒷일

훗훗-하다形 ❶【덥다】少し蒸し暑い｜やや むっとする。❷【훈훈】(心や雰囲気などが)温かい｜和やかだ｜心暖まる。
 훗훗-이副 むっと｜和やかに。

훤칠-하다形 ❶【키가 크고 늘씬하다】すらりとしている｜すっきりしている。圐키가 훤칠하니 잘 생겼다. 背がすらりとしてかっこいい。／얼굴이 ~. 顔がすっきりとしている。❷【매끈하고 시원스럽다】広々とひろがってすっきりしている。

훤-하다形 ❶【밝다】ほんのりと明るい。圐하늘이 훤해졌다. 空がほんのりと明るくなった。❷【前方・視野が】ぱっと開けている｜見通しが良い｜広々とすっきりしている。훤하게 펼쳐진 광장 広々と広がった広場。❸【속내・조리・속이 또렷하다】(内情・筋道・中身が)明らかだ｜透けて見える｜はっきりしている。❹【훤】すっきりしている｜うるわしい｜美しい。圐얼굴이 ~. 顔が美しい。／이마가 ~. 額がすっきりしている。❺【통】明るい｜よく知っている｜精通している｜分かりきっている。圐그녀는 이곳 지리에 ~. 彼女はここの地理に明るい。／결과가 어떻게 나올지는 보지 않아도 ~. どのような結果が出るかは、見なくても分かりきっている。

훤-히副 ❶白々と｜しらじらと。圐날이 ~ 새다. 白々と夜が明ける。❷広々と｜はっきり。圐언덕에서는 마을이 한눈에 ~ 보인다. 丘の上では村が一目ではっきり見える。❸すっきりと。❹明るく。圐내용을 ~ 알고 있다. 内容をよく知っている。

훨떡副 ❶【옷이나 신발 따위를 벗는 모양】さらり｜つるつる。圐옷을 ~ 벗다. 服をさらりと脱ぐ。／바람에 모자가 ~ 벗겨지다. 風で帽子がさらりと脱げる。❷【속까지 뒤집히는 모양】すっかり裏返るさま。圐양말을 ~ 뒤집다. 靴下をすっかり裏返す。❸【물 따위가 끓어 넘치는 모양】熱湯が急に沸きあふれるさま。

훨씬副 ずっと｜遥かに。圐집은 생각보다 ~ 컸다. 家は思ったよりずっと大きかった。／내 것이 네 것보다 ~ 작다. 私のがあなたのよりずっと小さい。

훨쩍副 ❶【활짝】いっぱい｜すっかり。❷【아주 시원스럽게 넓은 모양】ぱっと｜広々と。

훨훨副 ❶【큰 새가 시원스럽게 나는 모양】すいすい｜ひらひら。圐새가 ~ 날아가다. 鳥がゆうゆうと飛んでいく。❷【불길이 세차게 타오르는 모양】ぼうぼう｜めらめら｜がんがん。圐나무가 ~ 타다. 木がめらめらと燃える。❸【부채질을 세게 하는 모양】ぱたぱた｜ばたばた。圐부채를 ~ 부치다. うちわでぱたぱたとあおぐ。❹【거침없이】さっと｜さらり。圐옷을 ~ 벗어 던지다. 服をさっと脱ぎ捨てる。

훼방(毀謗)名 ❶【비방】毀謗｜誹謗。❷【방해】妨害。圐~을 놓다. 妨害する；

じゃまする。

훼방-하다[타] ❶毀謗する；誹謗する。❷妨害する；じゃまする；妨げる。

훼방-꾼(毀謗—)[명] 邪魔物；妨害者。

훼손(毀損)[명]毀損。예공공시설의 ~. 公共施設の毀損。

　훼손-하다[자타] 毀損する。예명예를 ~. 名誉をそこなう。

휑뎅그렁-하다[형] (中が広くて何もなく)がらんとしている。=휑하다❸

휑-하다[형] ❶【어떤 일】(どんな事にも)よく通じている；明るい；精通している；詳しく知っている。❷【시원스럽】(穴などが)すっと通わっている；よく通じている。❸【아주 허하다】(中が広くて何もなく)がらんとしている。❹【어떤 일에】目がくぼんで生気がない。

휘[부] ❶【불이 일듯】ひゅう。예~ 부는 바람 ひゅうと吹いく風。❷【휘】ふっと。예~ 한숨을 쉬다. ふうっとため息をつく。❸【휘파람 부는】ぴいぴい。❹【주위를 둘러】ぐるり；ぐるっと。예고갯마루에서 아래를 ~ 둘러보다. 峠のてっぺんから下をぐるっと見回す。

휘-갈기다[타] ❶【마구 치다】振り回して殴る；ぶん殴る。예방망이로 ~. 棒を振り回して殴る。❷【마구】書き殴る；書きなぐる散らす。예글씨를 ~. 文字を書きなぐる；なぐり書きをする。

휘감-기다[자] ぐるぐる巻かれる。

휘-감다[타] ぐるぐる巻く；巻き付ける；絡む。예실패에 실을 ~. 糸巻きに糸をぐるぐる巻く。/ 등나무 덩굴이 담을 ~. フジのつるが塀をぐるぐる巻く。/ 목에다 목도리를 ~. 首にマフラーを巻きつける。/ 팔에 붕대를 ~. 腕に包帯をぐるぐる巻く。

휘갑치-기[명]【바느질】オーバーロック。

휘갑-치다[타] ❶【휘갑이 꿰매다】かがり縫いする。❷【일을 잘 맺음】うまく締まりをつける。❸【말썽이】口止めする。❹【임시방편으로 꾸며】取りわ繕う；弥縫する。

휘-날리다[자타] ❶【나부끼듯 날리 또는 하게 하다】(ひらひらと風に)翻す；翻る；なびく；なびかす；ひらめかす；ひらひらさせる。예태극기가 바람에 ~. 太極旗が風に翻る。/ 사람들은 저마다 국기를 휘날리며 선수를 환영하고 있다. 人々はそれぞれ国旗を翻しながら選手を歓迎している。/ 깃발이 바람에 ~. 旗が風になびく。/ 옷자락을 휘날리며 걷다. すそを翻しながら歩く。❷【흩어져 날리게】(激しくひらひらと)飛び散る；飛散させる；散らばる；乱れ飛ぶ。예눈보라가 ~. 吹雪が飛び散る。❸【널리 이름】(名声が・名前などを)とどろかす；鳴り響かす。예철학자로서 명성을 세계에 ~. 哲学者としての名声を世界にとどろかせる。/ 그의 이름이 온 세계에 ~. 彼の名前が全世界にも鳴り響いている。

휘-늘어지다[자] だらりと垂れる。예휘늘어진 버들가지 垂れ下がったヤナギの枝。

휘다 I 曲がる；しなう；たわむ；反る。예등이 ~. 背中が曲がる。/ 철봉이 휘어 있다. 鉄棒がしなっている。/ 나무가 휘어 오른쪽으로 늘어지다. 木が反って右側に伸びる。
II [타] 曲げる；しなわせる；たわめる。예나뭇가지를 휘어 꺾다. 枝を曲げて折る。

휘-달리다[자]【힘차게】勢いよく走る；疾走する。

휘-달리다[자]【쫓기다】苦しめられる；いじめられる；追いまくられる。

휘-덮다[타] 覆いかぶせる；覆い尽す。예하얀 눈이 온 산을 ~. 白い雪が山全体を覆い尽くす。

휘도(輝度)[명]〈물〉輝度。

휘-돌다 ❶【빙빙 돌다】ぐるぐる回る。❷【어떤 기분】漂う。예실내에는 긴장감이 휘돌고 있었다. 室内には緊張感が漂っていた。❸【휘어서 돌다】ぐるっと回る；曲がりくねる。예꼬불꼬불한 계단을 휘돌아 올라가다. くねくねした階段を曲がりくねって上がって行く。❹【순서대로】順々に巡りと回る。

휘돌-리다[타] ぐるぐる回す；振り回す。예우산을 휘돌리며 걷다. 傘を振り回しながら歩く。

휘-두들기다[타] やたらに叩く；さんざんに打ちのめす。예작대기로 뱀을 ~. 棒で蛇を打ちのめす。

휘-두르다 ❶【빙빙 돌림】振り回す。예채찍을 ~. 鞭を振り回す。/ 칼을 ~. 刃物などを振り回す。/ 몽둥이를 ~. こん棒を振り回す。❷【권력이나 힘을 마음대로 부리다】振り回す；振るう。예권력을 ~. 権力を振り回す。

휘-둘러보다[타] 見回す。⁰예 산 위에서 사방을 ~. 山の上で四方を見回す。/ 빌딩에서 여기저기를 ~. ビルディングからあちこちを見回す。

휘둘리다[자] 振り回される。예 마누라에게 ~. 妻に振り回される。

휘-둥그러지다[자] ひっくり返る｜転倒する。예 빙판에서 ~. 氷面でひっくり返る。/ 펀치를 맞고 ~. パンチを受けてひっくり返る。

휘-둥그렇다[형] 目をまるくしている｜目を見張っている。예 눈을 휘둥그렇게 뜨고 쳐다보다. 目をまるくして見つめる。

휘둥그레-지다[자] (目が)真ん丸くなる｜目を大きく見張る。예 놀라서 눈이 ~. 驚いて目がまんまるくなる。

휘둥그스름-하다[형] たわんで丸っこい｜たわんで丸みがかっている。

휘뚜루[부] どれにでも｜どこでも｜広範囲に。

휘뚝[부] ぐらっと｜ふらっと｜ふらり。예 ~ 넘어지다. ぐらっと倒れる。

 휘뚝-거리다[자] ふらつく｜ぐらつく｜ぐらぐらする。예 오뚝이가 ~. 起きあがりこぼしがぐらぐらする。=휘뚝대다
 휘뚝-대다[자] ☞휘뚝거리다

휘뚝-휘뚝[부] ぐらぐら。예 지진으로 건물이 ~ 흔들리다. 地震で建物がぐらぐら揺れる。

휘뚤-휘뚤[부] くねくね。

휘-말다[타] ぐるぐる巻く。예 도화지를 휘말아서 가져가다. 画用紙をぐるぐる巻いて持っていく。

휘-몰다[타] ❶ やたらに駆り立てる｜やたらに追い立てる。예 갤러리를 휘몰고 다니는 인기 골퍼 ギャラリーを駆り立てて歩く人気ゴルファー/ 방목한 산양을 휘몰아 들이다. 放牧した山羊を追い入れる。❷ (雨·風などが)降りまくる｜吹きまくる｜吹き付ける。예 폭풍이 휘몰아 배가 뜨지 못하다. 暴風が吹きまくって船が出港できない。

휘몰아-치다[자] 吹きすさぶ｜吹きまくる。예 휘몰아치는 폭풍우 속을 달려오다. 吹きすさぶ嵐の中を走ってくる。

휘발(揮發)[명] 揮発。
 휘발-하다[자] 揮発する。예 기름이 ~. 油が揮発する。

휘발-유(揮發油)[명] 〖화〗揮発油｜ガソリン。예 ~는 무색 액체이다. ガソリンは無色の液体だ。

휘석(輝石)[명] 〖광〗輝石。

휘슬(whistle)[명] ☞호루라기

휘어-가다[자] 曲がりくねって流れる。

휘어-넘어가다[자] ❶ (他人に)唆されて乗せられる｜ひっかかる｜騙される。예 이젠 당신에게 휘어넘어가지 않습니다. もうあなたに唆されて騙されません。❷ (力不足で)降参する｜屈服する。예 결국 그에게 휘어넘어가 버렸다. とうとう彼に力不足で屈服してしまった。

휘어-들다[자] ❶ (內側に向かって)曲がる。예 마을 어귀로 휘어 때 그녀를 만났다. 村の入り口に向かって曲がるとき、彼女に会った。❷ (强かった意志·主張などが)弱くなる｜くじける。예 다음날 그의 주장은 휘어들었다. 次の日、彼の主張はくじけた。

휘어-박다[타] ❶ 打ち倒す｜投げ倒す｜たたき込む｜ほうり込む。예 깡패가 행인을 시궁창에 휘어박았다. ちんぴらが通行人をどぶに放り込んだ。❷ 屈服させる。

휘어-잡다[타] ❶ ぎゅっとつかむ。예 멱살을 ~. 胸ぐらをぎゅっとつかむ。/ 소맷부리를 ~. 袖口をぎゅっとつかむ。❷ 人を制御する｜頭を抑える。예 부하를 휘어잡으려고 하다. 部下の頭を押さえ付けようとする。

휘어-지다[자] 曲がる｜しなる｜しなう｜たわむ。예 기차 레일이 ~. 汽車のレールが曲がる。/ 나뭇가지가 오른쪽으로 ~. 木の枝が右側にしなる。/ 미끼를 물자 낚싯대가 ~. えさに食い付くなり釣り竿が曲がる。

휘영청[부] 皓々と。예 달이 ~ 밝다. 月が皓々と明るい。

휘우듬-하다[형] 少し曲がり気味である｜やや反り返っている。

휘우뚱[부] ふらり｜よろよろ｜ぐらぐら。

 휘우뚱-거리다[자] よろめく｜ぐらつく｜よろよろする｜ふらふらする｜ぐらぐらする。예 취해서 ~. 酔っぱらってよろめく。/ 책상이 ~. 机がぐらつく。=휘우뚱대다

휘우뚱-대다[자] ☞휘우뚱거리다

휘우뚱-하다[자] よろよろする ¦ ふらふらする ¦ ぐらぐらする。[예] 휘우뚱하고 쓰러지다. ぐらぐらして倒れる。

휘우뚱-휘우뚱[부] よろよろ ¦ ふらふら ¦ ぐらぐら。

휘움-하다[형] 【약간 휘어져 있다】 やや曲がっている ¦ やや反り身になっている。

휘장[1] (揮帳)[명] 【장막】 帳 ¦ 垂れ布 ¦ 垂れ絹 ¦ 幕。[예] ~을 치다. 幕を張る。

휘장[2] (徽章)[명] 【신분・명예 등을 나타내는 표지】 徽章 ¦ 記章 ¦ バッジ。[준]장

휘적-거리다[타] しきりに大手を振る ¦ 肩で風を切って歩く。=휘적대다

휘적-대다[타] ☞휘적거리다

휘적-휘적[부] 大手を振って。

휘-젓다[타] ❶【섞이도록 마구 젓다】かき混ぜる ¦ かき回す。[예] 숟가락으로 국을 ~. さじで汁をかき回す。❷【이리저리 흔들어 젓다】振り回す ¦ あちこち振る。[예] 팔을 휘저으며 걷다. 腕を振り回しながら歩く。❸【어지럽게 만들다】ひっかき回す ¦ 混乱させる ¦ 乱す ¦ かき乱す。[예] 송아지가 밭을 마구 ~. 子牛が畑をやたらにひっかき回す。

휘정-거리다[타] (水などを)しきりに掻き回して濁す。[예] 국을 먹지는 않고 휘정거리고만 있다. 汁を食べずに掻き回してばかりいる。=휘정대다

휘정-대다[타] ☞휘정거리다

휘정-휘정[부] 【물 등을 함부로 저어 흐리게 하는 모양】 しきりにかき回して濁すさま。

휘-주무르다[타] ❶【마무 주무르다】やたらに揉む ¦ 捏ねくり回す。❷【마음대로 하다】振り回す ¦ 牛耳る ¦ 意のままにする。

휘지다[자] 【기운이 빠지고 약해지다】疲れきる ¦ ぐったりとなる ¦ 元気がなくなる ¦ 衰弱する。[예] 오래 앓고 나서 몸이 ~. 長患いで体が衰弱する。

휘청-거리다[자] ❶【자꾸 흔들리다】ゆらゆら揺れる ¦ しなやかに揺れる。[예] 갈대 잎이 바람에 ~. 葦の葉が風にそよそよなびく。❷【자꾸 주춤거리다】よろよろする ¦ ふらふらする ¦ ふらつく ¦ よろめく。[예] 기운이 없어 다리가 ~. 気力がなく足がふらふらする。/ 술에 취해 휘청거리며 걷다. 酒に酔ってよろよろしながら歩く。=휘청대다

휘청-대다[자] ☞휘청거리다

휘청-휘청[부] ❶【가늘고 긴 물건이 자꾸 흔들리는 모양】ひょろり ¦ ひょろひょろ。❷【걸음걸이가 자꾸 흔들리는 모양】よろよろ ¦ ふらふら ¦ ひょろひょろ。[예] ~ 걷다가 쓰러지다. ふらふらと歩いたら倒れる。/ 기운이 없어 ~ 걷다. 気力がなくよろよろと歩く。

휘추리[명] 細長い枝。

휘파람[명] 口笛。[예] ~을 불다. 口笛を吹く。

휘하(麾下)[명] 麾下。[예] 나폴레옹 ~의 군대 ナポレオン麾下の軍隊。

휘-하다[형] ☞휘휘하다

휘황찬란-하다(輝煌燦爛—)[형] ❶(光彩が)きらびやかだ ¦ 派手やかだ。[예] 휘황찬란한 레이저 쇼를 구경하다. きらびやかに輝いたレーザーショーを見物する。/ 휘황찬란하게 차려입다. 派手やかに着飾る。❷【행동이】(振る舞いが)けばけばしく信用できない。=휘황하다

휘황-하다(輝煌—)[형] ☞휘황찬란하다

휘-휘[1][부] ❶【여러 번 휘감는 모양】 ぐるぐる。❷【이리저리 휘두르는 모양】 ひゅうひゅう ¦ ぴゅうぴゅう。

휘-휘[2][부] ❶【바람이 거칠게 부는 소리】ひゅうひゅう ¦ ぴゅうぴゅう。❷【휘파람을 자꾸 부는 소리】ぴいぴい。[예] ~ 하고 휘파람을 분다. ぴいぴいと口笛を吹く。❸【이리저리 둘러보는 모양】きょろきょろ。

휘휘-친친[부] 【여러 번 감는 모양】くるくる ¦ ぐるぐる。

휘휘-하다[형] 不気味なほど静かで物寂しい ¦ 気味が悪いほどひっそりしている。[예] 이상할 정도로 휘휘한 기분이 든다. 不思議なくらい静かで物寂しい気がする。/ 어쩐지 휘휘한 빈집 なんだか気味悪いほどひっそりしている空家。=휘하다

휙[부] ❶【갑자기 돌거나 돌리는 모양】くるり ¦ ぐるり。[예] 그녀가 저만치에서 뒤를 ~ 돌아보았다. 彼女がちょっと離れた所で後をくるりと振り返った。/ 고개를 ~ 돌리다. 頭をぐるりと回す。❷【동작이 매우 날쌘 모양】さっと。[예] ~ 스쳐 지나갔다. さっとかすって通り過ぎた。/ 손을 ~ 뿌리치다. 手をさっと払いのける。❸【세게 던지는 모양】ひゅっと ¦ ぽいと。❹【일을 빨리 해치우는 모양】さっと ¦ さっさと。❺【바람이 부는 소리 또는 모양】ひゅう ¦ びゅう ¦ さっと。[예] 바람이 ~ 지나간다. 風がひゅうと吹き去る。

휙-휙[부] ❶【잇따라 돌거나 돌리는 모양】ぐるぐる ¦ くるくる。[예] 바람에 ~ 돌아가는 바람개비 風でぐるぐると回る風車/ 눈이 ~ 돌아간다. 目がくるくる回る。❷【잇따라 움직이거나 스치는 모양】ぴゅうぴゅう ¦ びゅんびゅん ¦ さっさと。[예] 자동차가 ~ 달리다. 車をびゅんびゅん

飛ばす。❸【바람이 잇달아 세게 부는 소리 또는 모양】ひゅうひゅう｜ぴゅうぴゅう｜ぴゅうぴゅう。

휠체어(wheelchair)몡 車椅子<ruby>くるまいす</ruby>。

휩싸다 ❶(くるくる巻いて)包む｜包む｜包める。몐보자기로 옷을 ~. 風呂敷で服を包む。/포대기로 아기를 ~. おくるみで赤ちゃんを包む。❷【휩쓸다】(何かがすっかり)覆う。몐불길이 빌딩을 ~. ビルを炎がすっかり覆う。❸【분위기·감정】(雰囲気·感情·気分などが)包む｜襲う。몐이상한 공포감이 나를 ~. 変ぬ恐怖感が私を襲う。/싸늘한 침묵으로 주위를 ~. ひんやりとした沈黙で周りを覆い包む。

휩싸-이다짜 ❶(くるくる巻いて)包まれる｜包まれる。몐아가가 담요에 ~. 赤ちゃんが毛布にくるまれる。❷(何かに)包まれる｜覆われる。몐안개에 휩싸인 산봉우리 霧に覆われた峰。/산이 온통 불길에 ~. 山がすっかり炎に包まれる。❸(雰囲気·感情·気分などに)襲われる。몐불길한 예감에 ~. 不吉な予感に襲われる。

휩쓸다타 ❶【태풍·홍수】(水·火·風などが)襲う｜覆う｜荒す。몐태풍이 바닷가 마을을 휩쓸고 지나갔다. 台風が海辺の村を襲って通りすぎた。❷【전쟁·질병】(戦争·病気など·風潮などが)覆われる｜荒す｜襲う。몐미니스커트 유행이 거리를 ~. ミニスカートの流行がすべて街を荒す。/독감이 전국을 ~. インフルエンザが全国を襲う。❸【멋대로 돌아다님】(人がやたらに)のさばる｜はびこる。몐뒷골목은 깡패들이 휩쓸고 다닌다. 裏通りはやくざたちがのさばり歩く。❹【휩쓸음】(賞·メダルなどを)片っ端からさらう｜席巻する。몐우리나라가 태권도에서 메달을 ~. 我が国がテコンドーでメダルを片っ端からさらう。/이 영화는 시상식에서 상을 휩쓸었다. この映画は授賞式で片っ端から賞をさらった。

휩쓸-리다짜 ❶【태풍·홍수】(水·火·風などに)襲われる｜荒される｜のまれる。몐폭풍에 집이 휩쓸려 가 버렸다. 暴風に家がのまれていってしまった。❷【전쟁·기조·풍조】(戦争·基調·風潮などに)巻き込まれる｜襲われる。몐전쟁의 소용돌이 속에 휩쓸려 남북으로 피난 가다. 戦争の渦中に巻き込まれて南の方

に避難する。❸【군중】(群衆の中んに)押し流される｜巻き込まれる。축제의 군중 속에 ~. 祭りの群衆の中に巻き込まれる。❹【영향】(他の事に)影響される｜流される。몐유행에 휩쓸려 빨간색 옷을 사다. 流行に流されて赤の服を買う。

휴가(休暇)몡 休暇｜休み。몐유급 ~ 有給休暇/ 출산 ~ 出産休暇/ 여름 ~ 夏休み/ ~를 받다. 休暇を取る。

휴간(休刊)몡 休刊。몐잡지의 ~ 雑誌の休刊。
　휴간-하다타 休刊する。

휴강(休講)몡 休講。몐수업이 ~이다. 授業が休講になる。
　휴강-하다자 休講する。

휴게(休憩)몡 休憩。몐~ 시간 休憩時間。
　휴게-하다자 休憩する｜休む。

휴게-소(休憩所)몡 休憩所。
휴게-실(休憩室)몡 休憩室。
휴경(休耕)몡 休耕。
　휴경-하다자 休耕する。

휴관(休館)몡 休館。몐임시 ~ 臨時休館。
　휴관-하다타 休館する。몐도서관을 ~. 図書館を休館する。

휴교(休校)몡 休校。
　휴교-하다자 休校する。몐학교가 폭우로 ~. 学校が暴雨で休校になる。

휴대(携帯)몡 携帯。=휴지(携持)
　휴대-하다타 携帯する。몐호신용품을 ~. 護身用品を携帯する。

휴대 전화(携帯電話) 통 携帯電話。=휴대폰

휴대-폰(携帯phone)몡 ☞휴대 전화
휴대-품(携帯品)몡 携帯品｜持ち物。

휴머니스트(humanist)몡 ヒューマニスト。
휴머니즘(humanism)몡 ヒューマニズム。
휴면(休眠)몡 休眠。몐~ 계좌 休眠口座。
　휴면-하다자 休眠する。

휴무(休務)몡 休務。
　휴무-하다자 休務する｜勤めを休む。

휴식(休息)몡 休息｜休憩。몐~을 취하다. 休息を取る。
　휴식-하다자 休息する｜休憩する。

휴양(休養)명 休養きゅうよう。예 ~ 시설 休養施設せつ.
　휴양-하다자타 休養きゅうようする。
휴양-지(休養地)명 休養地きゅうようち。
휴업(休業)명 休業きゅうぎょう。예 임시 ~ 臨時りんじ休業きゅうぎょう.
　휴업-하다자 休業きゅうぎょうする。
휴일(休日)명 休日きゅうじつ｜休やすみ日び。
휴전(休戰)명《군》休戰きゅうせん。예 ~에 합의하다. 休戰きゅうせんに合意ごういする。
　휴전-하다자 休戰きゅうせんする。
휴전-선(休戰線)명《군》休戰きゅうせんライン。
휴정(休廷)명《법》休廷きゅうてい。예 ~을 선언하다. 休廷きゅうていを宣言せんげんする。
　휴정-하다자 休廷きゅうていする。
휴지¹(休止)명【하던 것을】休止きゅうし。
　휴지-하다자 休止きゅうしする。
휴지²(休紙)명 ❶【폐지】反故ほご｜紙屑かみくず。예 길에 ~를 버리다. 道端みちばたに紙屑かみくずを捨てる。❷ちり紙がみ｜鼻紙はながみ｜落おとし紙がみ。예 ~로 코를 풀다. 鼻紙はながみで鼻はなをかむ。=화장지❷
휴지(携持)명 ☞휴대(携帶)
휴지-부(休止符)명 休止符きゅうしふ。=쉼표
휴지-통(休紙桶)명 ごみ箱ばこ｜紙屑かみくずかご｜屑入くずいれ。
휴지-화(休紙化)명 ほごになること。
　휴지화-하다자타 ほごにする。예 사업 계획을 ~. 事業じぎょうの計画けいかくをほごにする。
휴직(休職)명 休職きゅうしょく。예 육아 ~ 育児いくじ休職きゅうしょく.
　휴직-하다자 休職きゅうしょくする。예 회사를 ~. 会社かいしゃを休職きゅうしょくする。
휴진(休診)명 休診きゅうしん。예 일요일은 휴진합니다. 日曜日にちようびは休診きゅうしんします。
　휴진-하다자 休診きゅうしんする。
휴학(休學)명《교》休学きゅうがく。
　휴학-하다자 休学きゅうがくする。예 해외로 유학 가기 위해 ~. 海外かいがいに留学りゅうがくするために休学きゅうがくする。
휴한-지(休閑地)명 休閑地きゅうかんち。
휴항(休航)명 休航きゅうこう。
　휴항-하다자 休航きゅうこうする。
휴-화산(休火山)명 休火山きゅうかざん。
휴회(休會)명 休会きゅうかい。예 ~에 들어가다. 休会きゅうかいに入はいる。
　휴회-하다자 休会きゅうかいする。
흉명 ❶【흠터】傷きず｜傷跡きずあと。예 ~이 있는 얼굴 傷きずのある顔かお/ 상처에 ~이 지다. 傷口きずぐちに傷跡きずあとが残のこる。❷【허물】欠点けってん｜あら｜傷きず。예 ~이 하나도 없는 사람은 없다. あらが一ひとつもない人ひとはいない。/ 친구의 ~을 감싸 주다. 友達ともだちの欠点けってんを庇かばってあげる。/ ~을 잡히다. あら捜さがしをされる; けちをつけられる。

흉가(凶家)명 不吉ふきつなことが起おこる家いえ。
흉강(胸腔)명《의》胸腔きょうこう。=가슴안
흉격(胸膈)명 胸膈きょうかく。=마음속
흉계(凶計·兇計)명 悪巧わるだくみ。예 ~를 꾸미다. 悪巧わるだくみを企たくらむ。
흉골(胸骨)명 胸骨きょうこつ。
흉곽(胸廓)명《의》胸郭きょうかく。
흉괘(凶卦)명 不吉ふきつな卦け。
흉금(胸襟)명【마음속 생각】胸襟きょうきん｜胸中きょうちゅう。예 ~을 털어놓다. 胸襟きょうきんを開ひらく。
흉기(凶器·兇器)명 凶器きょうき。예 ~를 소지하다. 凶器きょうきを携たずさえる。
흉내명 まね｜模倣もほう。예 ~를 내다. まねをする; 似にせる。/ 걸음걸이를 ~ 내다. 歩あるきぶりをまねる。/ ~를 잘 내는 사람 まねがうまい人ひと/ 남의 ~만 내지 마라. 人ひとのまねばかりするな。/ 말을 ~ 내다. 言葉ことばをまねする。
흉내-쟁이명 ものまねが上手じょうずな人ひと。
흉년(凶年)명 凶年きょうねん。예 ~이 들다. 凶年きょうねんになる。
흉도(凶徒·兇徒)명 凶徒きょうと。
흉막(胸膜)명 ☞가슴막
흉모(凶謀·兇謀)명 悪巧わるだくみ。
흉몽(凶夢)명 凶夢きょうむ｜不吉ふきつな夢ゆめ。
흉물(凶物·兇物)명 ❶【음험한 사람】陰険いんけんな人ひと。❷【모양이 흉한 것】醜みにくい人ひと｜奇怪きかいな動物どうぶつ。
　흉물을 떨다관용 陰険いんけんで凶悪きょうあくに振ふる舞まう。
흉물-스럽다(凶物─)형 ❶【음험하다】陰険いんけんだ。❷【모양이 흉하다】醜みにくく奇怪きかいだ。
　흉물스레부 ❶陰険いんけんに。❷醜みにくく奇怪きかいに。
흉범(凶犯·兇犯)명【흉악범】凶悪犯きょうあくはん。
흉변(凶變)명 凶変きょうへん｜不吉ふきつな変事へんじ。
흉보(凶報)명 凶報きょうほう。예 ~를 알리다. 凶報きょうほうを知しらせる。
흉-보다타 (人ひとの)悪口わるぐちを言いう｜陰口かげぐちをたたく。예 남을 ~. 人ひとの悪口わるぐちを言う。/ 흉보지 말고 너나 잘해라. 陰口かげぐちをたたかずに君きみこそちゃんとしろ。
흉복(胸腹)명 胸腹きょうふく｜胸むねと腹はら。
흉부(胸部)명《의》胸部きょうぶ。예 ~ 질환 胸部きょうぶ疾患しっかん。

흉사(凶事·兇事)**명** 凶事きょう。
흉상¹(凶狀·兇狀)**명 ❶**【性質】陰險いんけんな態度たいど。**❷**【態度】見苦みぐるしい状態じょうたい。
흉상²(凶相·兇相)**명 ❶**【人相】凶相きょうそう。**❷**【醜い外貌】醜みにくい外貌がいぼう。
흉상³(胸像)**명** (미)胸像きょうぞう。
흉수(凶手·兇手)**명**【犯罪實行】凶手きょう。
흉악(凶惡·兇惡)**명** 凶惡きょうあく｜兇惡きょうあく。
    흉악-하다 형 凶惡きょうあくだ｜兇惡きょうあくだ。
    예 흉악한 범죄 凶惡きょうあくな犯罪はんざい。
흉악망측-하다(凶惡罔測—)**형** とても凶惡きょうあくで險惡けんあくだ。
흉악무도-하다(凶惡無道—)**형** 凶惡きょうあくで非道ひどうだ。
흉용(洶湧)**명**【波濤の激變】洶湧きょうゆう。
    흉용-하다 자 洶湧きょうゆうとしている。
흉위(胸圍) ☞가슴둘레
흉작(凶作)**명** 凶作きょうさく｜不作ふさく。예 올해는 ~다. 今年ことしは不作だ。
흉-잡다 타 (人の欠点ひを取とりあげて)けなす｜あら捜さがしをする｜けちをつける。예 무엇 하나 흉잡을 데가 없다. 何一なにひとつけちをつける所ところがない。
흉잡-히다 자 あら捜さがしをされる｜けちをつけられる｜あらをほじくられる。
흉조¹(凶兆)**명**【不吉の前兆】凶兆きょうちょう。
흉조²(凶鳥·兇鳥)**명**【不吉な鳥】不吉ふきつな鳥とり。
흉중(胸中)**명** 胸中きょうちゅう｜心中しんちゅう。예 ~을 헤아리다. 胸中を察さっする。
흉추(胸椎)**명** (의)胸椎きょうつい。=등뼈
흉측(凶測·兇測)**명** とても凶惡きょうあくなこと｜とても險惡けんあくなこと。
    흉측-하다 형 ひどく凶惡きょうあくだ｜とても險惡けんあくだ。예 흉측한 몰골 とても險惡けんあくな格好かっこうだ。
흉측-스럽다(凶測—)**형** とても凶惡きょうあくだ｜とても險惡けんあくだ。
흉탄(凶彈·兇彈)**명** 凶彈きょうだん。
흉-터 명 傷跡きずあと。예 ~가 남다. 傷跡が残のこる。
흉포(凶暴·兇暴)**명** 凶暴きょうぼう。
    흉포-하다 형 凶暴きょうぼうだ。
흉풍(凶豊)**명** 豊年ほうねんと凶年きょうねん｜豊作ほうさくと凶作きょうさく。
흉-하다(凶—)**형 ❶**【不吉】縁起えんぎが悪わるい｜忌いまわしい。예 흉한 꿈을 꾸었다. 縁起の悪い夢ゆめを見た。**❷**【容貌·態度】(姿すがた·態度たいどが)醜みにくい｜見苦みぐるしい｜みっともない｜気味悪きみわるい｜嫌いやらしい。예 흉하게 생겨서 말을 붙이기가 무섭다. 気味悪きみわるく見みえて話はなしかけるのが怖こわい。/ 걸음걸이가 ~. 歩あるき方かたがみっともない。/ 보기 흉한 태도 見苦みぐるしい態度。**❸**【噂】良よくない｜悪わるい。예 흉한 소문이 돌다. 大変たいへん悪い噂うわさが広ひろがる。/ 흉한 일을 당하다. 良くない目めに遭あう。
흉학-하다(凶虐—·兇虐—)**형** 殘忍ざんにんで粗暴そぼうだ。
흉한(凶漢·兇漢)**명** 凶漢きょうかん｜悪漢あっかん。
흉-허물 명 科とがや傷きずや欠点けってんなどとなる事こと。예 ~을 털어놓고 지내다. 欠点や科を打うち明あけすぎて過すごす。
    흉허물(이) 없다 관용 (お互たがいに科とがや欠点などを隠かくさないほど)仲なかが良よい｜気きが置おけない｜気安きやすい｜心安こころやすい｜気兼きがねしない。예 흉허물 없이 친한 사이이다. 気安く親したしい仲だ。
흉험-하다(凶險·兇險—)**형** 凶險きょうけんだ｜兇險きょうけんだ。
흉흉-하다(洶洶—)**형** 洶々きょうきょうとしている。**❶**【波濤】(波なみが)荒あらくて水音みずおとが騒さわがしい。예 강물이 흉흉하게 물결치며 흘러간다. 川かわの水の音が騒がしく波立なみだちながら流ながれる。**❷**【雰圍氣】(雰囲気ふんいきが)乱みだれている｜ざわめいている｜慌あわただしい。예 세상이 흉흉하니 외출하지 말고 집에 있자. 世よの中なかがざわめいて慌ただしいので、外出がいしゅつしないで家いえにいよう。/ 흉흉한 소문이 나돌다. 乱れた噂が出回でまわる。
흐너-뜨리다【壞·崩】壊こわす｜崩くずす｜倒たおす｜つぶす。=흐너트리다
흐너-지다 자 崩くずれる｜壊こわれる。
흐너-트리다 타 ☞흐너뜨리다
흐-느끼다 자 すすり泣なく｜むせび泣く｜しゃくり上あげる。예 그녀는 흐느껴 울며 내게 안겨 왔다. 彼女かのじょはすすり泣きながら私わたしに抱だかれた。
흐느적-거리다 자 ❶【柔軟な動き】揺ゆれ動うごく｜ゆらゆらする。예 버들가지가 바람에 ~. 柳やなぎの枝えだが風かぜに揺れ動く。**❷**【力なく】力ちからなくのろのろと動うごく。예 몸을 흐느적거리며 걷다. 体からだをふらふらしながら歩あるく。=흐느적대다
흐느적-대다 자 ☞흐느적거리다
흐느적-흐느적 부 ゆらゆら｜ひょろひょろ。
흐늘-거리다 자 ❶【柔軟に動く】ゆらゆらする。예 갈대가 바람에 ~. 蘆あしが風にゆらゆらする。**❷**【柔軟·不安定】ふにゃふにゃする｜ぐ

にゃぐにゃする。❸【행동이】のろのろする。❹【세월이】ぶらぶら暮らす。=흐늘대다

흐늘-대다재 ⇒흐늘거리다

흐늘쩍-흐늘쩍부【느느하게 자꾸 흔들리어 움직이는 모양】のろのろ｜ぶらぶら。

흐늘-흐늘부 ❶【이리저리 힘없이 자꾸 흔들리는 모양】ゆらゆら｜ぶらぶら。❷【힘없이 물렁물렁한 모양】ぐにゃぐにゃ｜ふにゃふにゃ。❸【매우 힘이 없이 놀고 지내는 모양】ぶらぶら｜のらくら。❹【굼뜨고 느리게 행동하는 모양】のろのろ｜だらだら。

흐늘흐늘-하다형 ❶ゆらゆらする｜ぶらぶらする。❷ぐにゃぐにゃする｜ふにゃふにゃする。예고기가 흐늘흐늘해질 때까지 삶다. 肉がぐにゃぐにゃとなるまで煮込む。❸のろのろする｜だらだらする。

흐드러-지다재 たいへん豊かで見事だ｜真っ盛りだ。예흐드러지게 핀 진달래 咲き乱れたつつじ。=흐무러지다Ⅱ

흐들갑-스럽다형 大おげさだ｜仰々しい。

흐들갑스레부 大おげさに｜仰々しく。

흐려-지다재 曇る｜濁る｜ぼける。예하늘이 ~. 空が曇る。/물이 ~. 水が濁る。

흐르다재 ❶【액체가】(水・液体などが)流れる。예강이 ~. 川が流れる。/여름이면 흐르는 땀을 주체할 수가 없다. 夏には流れる汗をどうすることも出来ない。/흐르는 피가 멈추지 않아서 걱정이다. 流れる血が止まらずに心配だ。/눈물이 ~. 涙があふれ出る。❷【시간】(時間・年月などが)過ぎる｜経つ｜流れる。예시간이 흘러 졸업한 지 10년이 되었다. 時が経ち, 卒業してから10年になった。/어느덧 20년의 세월이 ~. いつの間にか二十年の年月が流れる。❸【전기】(電気・ガスが)伝わる｜流れる。예고압 전류가 흐르고 있으니 주의하라. 高圧電流が流れているので注意しなさい。❹【빛・소리・냄새가】(光・音・匂いなどが)広がる｜流れる｜漂う。예아카시아 향기가 흐르는 언니의 방 アカシアの香りが漂う姉の部屋/모차르트의 음악이 흐르고 있다. モーツァルトの音楽が流れている。❺【한쪽으로 쏠리다】(方向が一方に)傾く｜片寄る｜偏る。예대화는 자꾸 연예인 얘기로 흘렀다. 対話がしきりに芸能人の話に傾いた。/사고방식이 점점 퇴폐적으로 ~.

考え方がだんだん退廃的な方向に傾いてゆく。❻【어떤 기운이】(気・気配・状態・雰囲気が)漂う｜出る｜現れる｜感じられる。예촌티가 ~. 田舎臭さが漂う。/봄기운이 ~. 春の気配が感じられる。❼【윤기】(艶などが)光る｜出る。예반지르르 윤기가 흐르는 햅쌀밥 つやつや光る新米のご飯/피부에 윤기가 ~. 肌に艶が出る。❽【흘러내리다】ずり下がる｜ずり落ちる。예바지가 자꾸 흘렀다. ズボンがしきりにずり下がった。

흐르르-하다형 【종이 같은 것이 얇고 매우 부드럽다】ぺらぺらする｜柔らかだ。

흐리다타 ❶【물을 흐리게 하다】(透き通らないように)濁す。예골짜기 하류의 물을 ~. 谷間の下流の水を濁す。/공기를 ~. 空気を濁す。❷【말이나 태도를】(はっきりさせずに)曖昧にする｜濁す｜ぼかす。예말끝을 흐리는 버릇이 있다. 言葉じりを濁す癖がある。/초점을 ~. 焦点をぼかす。❸【얼굴을】(心配などで)曇らす。예얼굴을 흐리고 있는 걸 보니 걱정거리가 있나 보다. 顔を曇らせているところを見ると, 何か心配事があるようだ。❹【명예 등을 더럽히다】汚す｜傷つける。

흐리다형 ❶【정신이 또렷하지 못하다】はっきりしない｜ぼうっとしている｜ぼんやりしている。예정신이 ~. 意識がはっきりしない。❷【흐리어 있다】曇っている｜濁っている。예유리가 ~. ガラスが曇っている。/물이 ~. 水が濁っている。❸【선명하지 못하다】ぼんやりしている｜はっきりしない。예흐린 색 はっきりしない色/불빛이 ~. 明かりがぼんやりしている。/그는 셈이 흐려 신용을 잃었다. 彼はお金にルーズで信用を失った。❹【날씨가】曇っている。예날씨가 ~. 天気が曇っている。

흐리-마리부【생각이나 태도 등이 분명하지 못하고 흐릿한 모양】ぼうっと｜ぼんやり｜曖昧に｜もうろうと。

흐리마리-하다 ぼんやりとしている｜はっきりしない｜曖昧だ｜ぼうっとする。예기억이 흐리마리하여 정확히 뭐라 했는지 모르겠다. 記憶がぼんやりしていて, 正確に何と言ったかよくわからない。

흐리멍덩-하다형 ❶【정신이】はっきりしない｜曖昧だ。예기억이 ~. 記憶がはっきりしない。❷【의식이】もうろうとしている｜ぼんやりしている。예감기약 때문에

정신이 하루 종일 ~. 風邪薬によって意識が一日中もうろうとしている。❸【애매해】曖昧だ｜あやふやだ｜うやむやだ｜おおざっぱだ。예 흐리멍덩한 태도를 취하다. 曖昧な態度をとる。/ 일을 흐리멍덩하게 하지 마라. 仕事をうやむやにするな。

흐리멍덩-히閏 ぼんやりと｜もうろうと｜曖昧に｜うやむやに。

흐리터분-하다휑 ❶【울적해】うっとうしい｜どんよりとしている。❷【불명확해】はっきりしない｜曖昧だ｜はきはきしない｜うやむやだ。

흐리터분閏 うっとうしく｜どんよりと｜曖昧に｜うやむやに。

흐릿-하다톰 少し曇っている｜薄ぼんやりしている｜ぼやけている。예 날씨가 좀 ~. 天気が少し曇っている。/ 기억이 흐릿하여 정확한 것은 알 수가 없다. 記憶がぼんやりしていて、正確なことは分からない。

흐무러-지다Ⅰ쟤 ❶【잘 익어】熟しきる。예 감이 흐무러지게 익다. 柿が熟しきる。❷【물에 불어】ふやける｜ぐじゃぐじゃする。❸【낡아】ぼろぼろになる｜ぐにゃぐにゃになる。
Ⅱ 톰 ☞흐드러지다

흐물-흐물閏 くたくた｜とろとろ｜ぐにゃぐにゃ。

흐물흐물-하다휑 くたくただ｜とろとろだ｜ぐにゃぐにゃだ。예 흐물흐물해질 때까지 푹 삶다. くたくたになるまで煮込む。

흐뭇-하다휑 満足だ｜満ち足りている｜ほほえましい｜心暖まる。예 흐뭇한 표정을 짓다. 満ち足りた表情を浮かべる。/ 이 흐뭇한 느낌이 몇 년 만인지 모르겠다. この満ち足りた感じは何年振りか分からない。

흐뭇-이閏 満足に｜満ち足りて｜ほほえましく。

흐벅-지다휑 ふくよかだ｜ふっくらしている。예 몸이 희고 ~. 体が白くてふくよかだ。

흐슬-부슬閏【알갱이가 없어 헤】ぼろぼろ。
흐슬부슬-하다휑 ぼろぼろとする。

흐지-부지閏 うやむやに｜曖昧に。
흐지부지-하다톰 うやむやにする。예 결국 사건의 결말은 흐지부지되었다. 結局事件の結末はうやむやにされ

た。
흐트러-뜨리다톰 散らかす｜乱す｜(姿勢を)崩す。예 마음을 ~. 心を乱す。/ 줄을 ~. 列を乱す。/ 장난감을 방안에 ~. 部屋の中におもちゃを散らかす。=흐트러트리다

흐트러-지다쟤 散らばる｜散り散りになる｜乱れる｜(姿勢が)崩れる。예 정신이 흐트러져 집중할 수가 없다. 気が散って集中できない。/ 줄이 ~. 列が乱れる。/ 머리가 바람에 ~. 髪の毛が風で乱れる。

흐트러-트리다톰 ☞흐트러뜨리다
흐흐【힘들거나 흔쾌해】ふふ｜うふふ。

흑閏【슬퍼 거칠게 우는 소리 또는 모양】しくしく。예 ~ 소리를 내며 운다. しくしくと泣く。

흑²(黑)ᅟ黑。❶【색깔】黒色・こく。❷【바둑돌의 검은 편】黒の碁石。

흑갈-색(黑褐色)명 黒褐色。

흑건(黑鍵)명 〔음〕黑鍵｜黒い鍵盤。

흑당(黑糖)명 黒糖・こくとう｜黒砂糖。=흑설탕

흑막(黑幕)명 ❶【검은 막】黒幕。❷【음흉한 내막】陰険な内幕｜うら。예 ~을 폭로하다. 内幕を暴く。

흑-맥주(黑麥酒)명 黒ビール。
흑반-병(黑斑病)명 〔농〕黒斑病。
흑발(黑髮)명 黒髪。

흑백(黑白)명 黒白・こくびゃく｜黒と白。❶【색깔】黒と白。예 ~ 텔레비전 白黒テレビ。❷【옳고 그름】正邪｜是非。예 ~을 가리다. 黒白をつける。/ ~을 분명히 하다. 黒白を明らかにする。❸【인종】黒人と白人。

흑백 사진(黑白寫眞)〔연〕白黒写真。
흑백 영화(黑白映畫)〔연〕白黒映画。
흑-빵(黑-)명 黒パン。
흑사-병(黑死病)명 ☞페스트
흑-사탕(-黑砂糖)☞흑설탕

흑색(黑色)명 黒色・こくしょく｜ブラック。=검은색

흑색-선전(黑色宣傳)デマ｜悪宣伝。

흑색 인종(黑色人種)黒色人種。=흑인종

흑-설탕(-黑雪糖)명 黒砂糖。=흑당·흑사탕

흑심(黑心)명 腹黒い心｜陰険な心。

흑야(黑夜)명 ☞칠야(漆夜)

흑연¹(黑煙)[명] 黒煙こくえん・くろけむり。
흑연²(黑鉛)[명] 〈광〉黒鉛こくえん｜石墨せきぼく｜グラファイト。
흑인(黑人)[명] 黒人こくじん｜ブラック。
흑-인종(黑人種)[명] 黒色人種こくしょくじんしゅ。
흑-임자(黑荏子)[명] 〈한〉黒胡麻くろごま。
흑자(黑字)[명] 黒字こくじ。예~가 나다. 黒字が出る。
흑점(黑點)[명] 黒点こくてん。예태양 ~ 太陽たいようの黒点。
흑지(-子)[명] 〔바둑돌가운데〕黒色こくしょくの碁石ごいし。
흑칠(黑漆)[명] 黒漆こくしつ｜黒色こくしょくの漆うるし。
흑토(黑土)[명] 黒土こくど・くろつち。
흑판(黑板)[명] ☞칠판(漆板)
흑풍(黑風)[명] 黒風こくふう。
흑해(黑海)[명] 〈지〉黒海こっかい。
흑-흑[부] 〔슬픔 지질때의 여자 울음소리〕しくしく。
　흑흑-거리다[자] しくしくと泣なく。예너무 슬퍼서 ~. とても悲かなしくてしくしく泣く。
흔덕-거리다[자][타] ぐらぐらする｜ぶらぶらする｜がたがたする。예팔이 부러져 ~. 腕うでが折おれてぶらぶらする。/ 이가 ~. 歯はがぐらぐらする。=흔덕대다・흔덕이다
흔덕-대다[자][타] ☞흔덕거리다
흔덕-이다[자][타] ☞흔덕거리다
흔덕-흔덕[부] ぐらぐら｜がたがた。
　흔덕흔덕-하다[자][타] ぐらぐらする｜がたがたする。예이가 빠지려고 흔덕흔덕한다. 歯が抜ぬけそうでぐらぐらする。
흔뎅-거리다[자][타] ぐらぐらする｜ゆらゆらする｜ぶらぶらする。=흔뎅대다・흔뎅이다
흔뎅-대다[자][타] ☞흔뎅거리다
흔뎅-이다[자][타] ☞흔뎅거리다
흔뎅-흔뎅[부] ぶらぶら｜ゆらゆら。
흔드렁-거리다[자][타] しきりにぶらぶら揺ゆれる。=흔드렁대다
흔드렁-대다[자][타] ☞흔드렁거리다
흔드렁-흔드렁[부] ゆらゆら｜ぶらぶら。
흔드적-거리다[자][타] ゆらりゆらり動うごく。예이야기하면서 몸을 ~. 話はなしながら体からだをゆらりゆらり動かす。=흔드적대다
흔드적-대다[자][타] ☞흔드적거리다
흔드적-흔드적[부] ゆらりゆらり。
흔들-거리다[자][타] ゆらゆら揺ゆれる｜揺らめく｜ぐらつく｜ぶらぶらする｜ゆらゆらさせる。예팔을 흔들거리며 걷다. 腕うでをぶらぶらさせて歩あるく。/ 몸을 ~. 体からだをゆらゆらさせる。/ 젖니가 ~. 乳歯にゅうしがぐらぐらになる。=흔들대다

흔들다[타] ❶〔앞뒤좌우로〕(前後左右にしきりに動うごかして)揺ゆする｜揺さぶる｜振ふる｜揺り動かす。예손을 ~. 手を振る。/ 고개를 좌우로 ~. 首くびを左右に振る。/ 엉덩이를 흔들며 춤추다. 尻しりを振りながら踊おどる。/ 자는 아이를 흔들어 깨우다. 寝ねている子こを揺さぶって起おこす。❷〔심한충격을주거나〕(大おおきな音おとや衝撃しょうげきなどで)響ひびかせる｜揺さぶる｜揺らがす。예천둥이 천지를 ~. 雷かみなりが天地てんちを揺さぶる。/ 장내를 흔드는 듯한 박수갈채 場内じょうないを揺るがすような拍手はくしゅ喝采かっさい。❸〔마음〕(心こころ・考かんがえなどを)動揺どうようさせる｜ぐらつかせる｜揺り動かす。예그녀의 눈물이 내 마음을 흔들어 놓았다. 彼女かのじょの涙なみだが僕ぼくの心こころを揺り動かした。/ 민심을 ~. 民心みんしんを動揺させる。/ 옳은 결정을 내릴 수 있게 마음을 흔들지 마라. 正ただしい決定けっていを下くだせるように心をぐらつかせるな。❹〔권력을 이용해서 마음대로 유도이끌게 하다〕(権力けんりょくなどを利用りようして)揺ゆり動うごかす。예재계를 마음대로 흔드는 권력을 쥐다. 財界ざいかいを思おもい通どおりに揺り動かす権力けんりょくを握にぎる。

흔들-대다[자][타] ☞흔들거리다
흔들-리다[자][피동사] ❶(前後左右ぜんごさゆうにしきりに)揺ゆれる｜揺らぐ｜揺られる。예바람에 빨래가 ~. 風かぜに洗濯物せんたくものが揺れる。/ 산들바람에 나뭇잎이 ~. そよ風かぜに木この葉はが揺らぐ。/ 배가 물결에 ~. 舟ふねが波なみに揺られる。❷(大おおきな音おとや衝撃しょうげきなどで)震ふるえる｜揺らぐ｜揺れる。예우렛소리에 창문이 ~. 雷かみなりの音おとで窓まどが震える。/ 경기장이 흔들리는 듯한 함성 소리 競技場きょうぎじょうが揺らぐような歓声かんせい。❸(考かんがえ・心こころなどが)動揺どうようする｜揺れ動うごく｜ぐらつく。예네 마음이 흔들리는 것이 느껴진다. 君きみの心の動揺どうようが感かんじられる。/ 은행장의 말 한 마디에 ~. 頭取とうどりの一言いちごんで揺れ動く。

흔들-의자(-椅子)[명] 揺ゆり椅子いす。
흔들-이[명] ☞진자
흔들-흔들[부] ゆらゆら｜ぐらぐら｜ぶらぶら。예그네를 ~ 흔들다. ぶらんこをゆらゆらと揺ゆする。
　흔들흔들-하다[자][타] ゆらゆらする｜ぐらぐらする。예이가 ~. 歯はがぐらぐらとする。

흔연-스럽다(欣然—)[형] 欣然として いる。
　흔연스레[부] 欣然と。
흔연-하다(欣然—)[형] 欣然としている。
　흔연-히[부] 欣然と｜喜んで。 예 ~ 도와주다. 欣然と助けてくれる。
흔적(痕跡·痕迹)[명] 痕跡｜跡形｜跡。 예 ~ 도 없이 사라지다. 跡形もなく消える。/ ~ 을 남기다. 痕跡をとどめる。
흔전-만전[부] ❶【푸짐한】ふんだんに｜たっぷり。❷【돈을 헤프게 쓰는】やたらに｜惜しみなく。예 ~ 돈을 쓰다. やたらに金をつかう。
　흔전만전-하다[형] ❶ふんだんだ｜非常に豊かだ。예 먹을 것이 ~. 食べ物がふんだんにある。❷やたらだ。
흔전-하다[형] ふんだんだ｜非常に豊かだ。
흔쾌-하다(欣快—)[형] 欣快だ｜非常にうれしい。
　흔쾌-히[부] 欣快に｜喜んで｜非常にうれしく。예 ~ 승낙하다. 喜んで承諾する。
흔-하다[형] (どこでも見聞きするほど)多い｜有り触れる｜有り触れている｜どこにでもよくある。예 요즘은 바나나가 ~. 最近はバナナがどこにでも目に付く。/ 흔하게 보는 디자인이다. 有り触れてよく見掛けるデザインだ。/ 흔한 이름이다. ありふれた名前だ。
　흔-히[부] ありふれて｜よく｜多く。예 아이들은 놀다가 ~ 싸우곤 한다. 子供たちは遊んでいる途中、よく喧嘩したりする。/ ~ 빨간색은 정열의 색이라고 한다. よく赤色は情熱の色だと言う。/ ~ 전철 안에 물건을 두고 내린. 電車の中によく忘れ物をする。
흘게[명]【짜거나 묶은 정도】結び合い｜締まり具合。
흘겨-보다[타] 横目でにらむ｜横目でじろっと見つめる。예 얄미워서 ~. 憎たらしく横目でにらむ。
흘금[부]【훔쳐보는 모양】ちらり。
　흘금-거리다[타] しきりに横目でちらりと盗み見る｜しきりに横目を使う。= 흘금대다
　흘금-대다[타] ☞흘금거리다
흘금-흘금[부] ちらちら。
흘긋[부]【슬쩍 한번 쳐다보는 모양】ちらっと｜ちらり。예 ~ 쳐다보다. ちらっと見つめる。/ ~ 보이다. ちらりと見える。
　흘긋-거리다[자][타] ちらちらする。= 흘긋대다
　흘긋-대다[자][타] ☞흘긋거리다
흘긋-흘긋[부] ちらちら。
흘기다[타] 横目でにらむ｜にらみつける。예 눈을 ~. 横目でにらむ。
흘깃[부] じろり。~ 쳐다보다. じろりと見つめる。
　흘깃-거리다[타] じろじろと横目でにらむ。= 흘깃대다
　흘깃-대다[타] ☞흘깃거리다
흘깃-흘깃[부] じろじろ。
흘끔[부] ちらっと｜ちらり。예 ~ 곁눈질하다. ちらっと横目で見る。
　흘끔-하다[형]【눈이 움푹 패인 모양】 (目が)落ち窪んでいる。
흘끗 ❶【슬쩍 보는 모양】ちらっと｜ちらり。예 한번 ~ 쳐다보다. 一度ちらっと見る。❷ちらっと｜ちらり。예 군중 속에서 그녀가 ~ 보였다. 群れの中で彼女がちらっと見えた。
흘끗-흘끗[부] じろじろ｜ぎょろぎょろ。
흘러-가다[자] 流れていく｜流れる。예 냇물이 ~. 小川の水が流れていく。/ 시간이 ~. 時間が流れていく。
흘러-나오다[자] 流れ出る。예 바위틈에서 흘러나오는 맑은 물 岩の間から流れ出る清水/ 교실에서 아름다운 노래가 ~. 教室から美しい歌が流れ出る。
흘러-내리다 ❶【액체】流れる｜流れ落ちる。예 등줄기에 땀이 ~. 背筋に汗が流れ落ちる。❷【고체】滑り落ちる｜ずり落ちる。예 안경이 ~. 眼鏡がずり落ちる。/ 머리카락이 ~. 髪の毛が滑り落ちる。
흘러-넘치다[자][타] ❶【물이】溢れ出る｜満ち溢れる。예 물이 ~. 水が溢れでる。❷【활기】溢れる｜みなぎる。예 활기가 ~. 活気がみなぎる。
흘러-들다 流れ込む。예 폐수가 ~. 廃水が流れ込む。/ 난민이 ~. 難民が流れ込む。
흘레[명]〈동〉交尾う。= 교미
　흘레-하다[자] 交尾する。
흘레-붙다[자]【흘레를 시작함】交尾うする｜つるむ｜盛んる。
흘려-듣다 ❶【귀담아 듣지 않음】聞き流す｜聞き捨てる。❷【엿들음】聴き込む｜小耳にはさむ。
흘려-버리다[타] 聞き流す｜聞き捨て

る。䬸건성으로 듣고 흘려버렸다. 上の そらで聞き流してしまった。

흘리다[타] ❶[흐르게 하다/흘러나오게 하다] (涙·汗などを)流す｜こぼす｜垂らす。䬸눈물을 ～. 涙をこぼす。／땀을 ～. 汗を流す。／피를 ～. 血を流す。／콧물을 ～. 鼻水をたらす。／군침을 ～. よだれを垂らす。❷[액체·물건 등을 떨어뜨리다] (液体が·粉·粒などを)こぼす｜落とす。䬸식탁에 반찬을 ～. テーブルにおかずをこぼす。／양동이의 물을 뚝뚝 ～. バケツの水をぽとぽとと落とす。／빵부스러기를 흘리지 말고 먹어라. パンくずをこぼさないで食べなさい。❸[다른 데로 새어 나가게 하다] (人の言うことを)聞き流す｜聞き落とす｜聞き過ごす。䬸중요한 정보임을 모르고 듣고 흘렸다. 大事な情報だとは知らないで聞き過ごした。❹[표정·감정 등을 잠깐 드러내다] (感情が·表情などをしばらく)漂わす｜出す｜浮かべる。䬸살짝 비웃는 표정을 ～. 密かに嘲笑う表情を浮かべる。❺[글씨] (字)を崩す｜崩し字で書く。䬸글씨를 흘려 써서 알아보기 어렵다. 字をくずして書いて読みにくい。❻[비밀 등을] (秘密が·情報などを)それとなく知らせる｜流す｜漏らす。䬸언론에 정보를 ～. マスコミに情報を流す。／회사의 비밀을 ～. 会社の秘密を漏らす。❼[떨어뜨리다] 落とす｜失なう。䬸어딘가에 지갑을 흘린 것 같다. 財布をどこかに落としたようだ。

흘림[명] 《예》崩し書き｜崩し字｜草書。
흘림-체(-體)[명] 草書体。

흙[명] 土｜土壌。䬸기름진 밭의 ～ 肥沃な畑の土／화분에 ～을 넣다. 植木鉢に土を入れる。／구두에 묻은 ～을 털다. 靴についた土を払う。

흙-감태기 泥まみれの人や物。䬸아이가 두 시간 나갔다 오더니 ～가 되어 왔다. 子どもが外に出て二時間後にどか、どろどろになって帰ってきた。

흙-구덩이[명] 土を掘ってできた穴。䬸공사하기 위해서 ～를 팠다. 工事のため穴を掘った。

흙-내[명] 土のにおい。
흙-더미[명] 土の山｜土盛り。
흙-더버기 泥のはね。
흙-덩어리[명] ⇒흙덩이
흙-덩이[명] 土塊·くれ｜土の塊。=흙덩어리

흙-먼지[명] 土ぼこり。
흙-무더기[명] 土の山。
흙-물[명] 泥水。
흙-받기[명] ❶[미장이의 연장] 鏝板。❷[흙이 튀어오르는 것을 막는 물건] 泥よけ。
흙-방(-房)[명] オンドルの床や壁に紙を張らず、土で粗塗りだけをした部屋。
흙-벽(-壁)[명] 土壁。
흙-빛[명] 土色。䬸얼굴이 ～으로 변하다. 顔色が土色に変わる。
흙-손[명] ❶[미장이 연장의 하나] 鏝。❷[흙묻은 손] 泥だらけの手。
흙손-질[명] 鏝を使う作業。
　흙손질-하다[타] 鏝で平らにする。
흙-일[명] 土仕事。=토역
　흙일-하다[자] 土仕事をする。
흙-장난[명] 泥んこ遊び｜土遊び。䬸～으로 날 새는 줄 모르다. 土遊びで夜が明けるのも知らない。
　흙장난-하다[자] 泥んこ遊びをする｜土遊びをする。
흙-질[명] 土をこねること｜土を塗ること。
　흙질-하다[자] 土をこねる｜土を塗る。
흙-칠(-漆)[명] 泥がつくこと。
　흙칠-하다[타] 泥がつく｜泥で汚す。
흙-탕(-湯)[명] 泥水。=흙탕물
흙탕-물[명] 泥水。䬸～을 튀기다. 泥水をはねかける。／～이 튀다. 泥水が跳ねかえる。／～ 범벅이 되다. 泥水だらけになる。=흙탕
흙-투성이[명] 泥だらけ｜泥まみれ。䬸～ 운동화 泥だらけの運動靴。

흠¹[감] ❶[코로 숨을 내쉬며 흠족하거나 못마땅한 뜻을 나타내는 말] ふむ｜ふん｜ふうん｜うん。䬸～, 아주 잘하는데. うん、たいへんうまいぞ。／～, 똑똑하군. ふむ、賢いな。❷[생각나서 내는 소리] ふん｜ふうん｜へん。䬸～, 맘대로 하라고 그래. ふん、勝手にしろって言え。／～, 나쁜 사람들이야. ふん、悪い人だな。

흠²(欠)[명] ❶[결점] 欠点｜あら。䬸한 가지 ～이라면 성격이 급하다는 것이다. ひとつ欠点があったら、短気だということだ。❷[물건의 상처난 부분] きず｜ひび｜欠陥。䬸～이 있는 물건 きずのある物。

흠모(欽慕)[명] 欽慕｜敬慕。
　흠모-하다[타] 欽慕する｜敬慕する。䬸흠모하는 선생님 敬慕する先生。

흠-빨다[타] 深くくわえて吸う。

흠뻑 튀 ❶【넉넉한 모양】十分に；たくさん；たっぷり。 예가을 정취를 ~ 맛보다. 秋の季節感をたっぷり味わう。 ❷【젖은 모양】どっぷり；びっしょり；ずぶ濡れに。 예붓에 먹물을 ~ 묻히다. 筆に墨汁をどっぷりとつける。／~ 땀에 젖다. 汗びっしょりになる。

흠실-흠실 【흐너적거리는 모양】ぐにゃぐにゃ；くたくた。

흠씬 튀 ❶【넉넉한 모양】いっぱい；たっぷり；十分に。 예술을 ~ 마시다. お酒をいっぱい飲む。 ❷【푹 젖은 모양】どっぷり；びっしょり；ずぶ濡れに。 예소나기를 만나 ~ 젖다. 夕立にあってずぶ濡れになる。 ❸【매우 심한 모양】めちゃくちゃに；思い切り。 예~ 두들겨 맞다. めちゃくちゃにぶん殴られる。

흠앙(欽仰)명 【우러러 사모함】欽仰きんぎょう。
흠앙-하다 欽仰きんぎょうする；敬いやい慕ぼう。

흠-잡다(欠—)타 けちをつける；欠点けってんをつまみ出だす；あらを搜さがす。 예흠잡을 데 없이 반듯하게 자라다. 欠点をつまみ出すところなく正ただしく育そだつ。／사사건건 ~. 事毎ことごとにけちをつける。

흠-집(欠—)명 傷きず；傷跡きずあと。 예접시에 작은 ~이 있다. 皿さらに小ちいさい傷がある。

흠칫 튀 びくっと；ぴくっと。 예~ 놀라다. びくっと驚おどろく。
흠칫-하다 자 びくっとする；ぴくっとする。

흡기(吸氣)명 吸気きゅうき。
흡기-하다 자 吸すい込こむ。

흡력(吸力)명 吸引力きゅういんりょく。

흡사(恰似)튀 まるで；ちょうど；あたかも；そっくり。 예~ 원숭이처럼 나무를 잘 탄다. まるで猿さるのように木登きのぼりが上手じょうずだ。
흡사-하다 형 そっくりだ；よく似ていている。 예얼굴이 여동생과 ~. 顔かおが妹いもうとによく似ている。／잃어버린 내 것과 ~. 落おとした私わたしのものにそっくりだ。 ＝혹사하다[2]

흡수(吸收)명 吸収きゅうしゅう。 예영양의 ~ 栄養えいようの吸収／합병 吸収合併がっぺい。
흡수-하다 타 吸収きゅうしゅうする。 예수분을 ~. 水分すいぶんを吸収する。／군소 시민 단체를 흡수해서 큰 단체를 만들다. 群小ぐんしょうの市民団体しみんだんたいを吸収して大おおきな団体を作つくる。

흡수-력(吸收力)명 吸収力きゅうしゅうりょく。

흡수-성(吸收性)명 吸収性きゅうしゅうせい。 예~이 높다. 吸収性が高たかい。

흡습(吸濕)명 吸湿きゅうしつ。
흡습-성(吸濕性)명 吸湿性きゅうしつせい。

흡연(吸煙)명 喫煙きつえん。 예~ 구역 喫煙区域くいき。
흡연-하다 자 喫煙きつえんする。

흡연-실(吸煙室)명 喫煙室きつえんしつ。

흡연-하다[2](洽然—)【풍족한 모양】満みち足たりている。
흡연-히 튀 たっぷりと；十分じゅうぶんに。

흡열 반응(吸熱反應)(화)吸熱反応きゅうねつはんのう。

흡인(吸引)명 吸引きゅういん。
흡인-하다 타 吸引きゅういんする；吸すい付つける。

흡인-력(吸引力)명 吸引力きゅういんりょく。 예강한 ~ 強つよい吸引力。

흡입(吸入)명 吸入きゅうにゅう。 예~ 요법 吸入療法りょうほう。
흡입-하다 타 吸入きゅうにゅうする。 예산소를 ~. 酸素さんそを吸入する。

흡입-기(吸入器)명 (의)吸入器きゅうにゅうき。

흡족-하다(洽足—)형 満みち足たりている；満足まんぞくだ；十分じゅうぶんだ。 예친절한 그녀의 행동에 흡족하게 웃다. 彼女かのじょの親切しんせつな行動に満足そうに笑わらう。
흡족-히 튀 十分じゅうぶんに；満足まんぞくに。 예비가 ~ 내리다. 十分に雨あめが降ふる。／사위를 ~ 여기다. 婿むこを満足に思おもう。

흡착(吸着)명 吸着きゅうちゃく。
흡착-하다 자타 吸着きゅうちゃくする。 예암모니아는 숯에 흡착한다. アンモニアは炭すみに吸着する。

흡착-제(吸着劑)명 (화)吸着剤きゅうちゃくざい。

흡혈(吸血)명 吸血きゅうけつ。 예~ 동물 吸血動物どうぶつ。
흡혈-하다 자 血ちを吸すう。

흡혈-귀(吸血鬼)명 吸血鬼きゅうけつき。

흡혈-성(吸血性)명 吸血性きゅうけつせい。 예~이 있는 것은 암컷 모기이다. 血を吸うのはメスの蚊かだけだ。

흥[1] 튀 【코를 한 번 푸는 모양】ちん。 예코를 ~ 풀다. 鼻はなをちんとかむ。

흥[2] 감 【얕보거나 빈정거릴 때 내는 소리】ふん。 예~, 마음대로 해. ふん、勝手かってにしろ。

흥[3](興)명 興きょう；興趣きょうしゅ。 예~이 난다. 興がわく；興に乗のる。／춤곡으로 ~을 돋우다. ダンス曲きょくで興をそそる。／~이 깨지다. 興が冷さめる；興がそがれる。／

술자리의 ~을 깨다. 酒席の興を白けさせる。

흥감圏【大】大げさ｜ほら。
　흥감-하다困 ほらを吹く。

흥감-스럽다圈 大げさだ。
　흥감스레團 大げさに。

흥건-하다圈 (水などが)いっぱいだ｜たっぷりだ｜じとじとしている｜じめじめしている。例욕실에 물이 넘쳐 ~. 浴室に水が溢れてたっぷりだ。/땀을 너무 흘려 속옷이 흥건하게 젖다. 汗をかきすぎて下着がじとじとして濡れる。/그녀의 눈에도 눈물이 흥건하게 괴었다. 彼女の目にも涙がいっぱい溜まった。=건하다
　흥건-히團 じっとり｜いっぱい｜たっぷり。

흥-겹다(興ー)圈 興に乗っている｜(気が浮き立つほど)面白い｜非常に楽しい。例흥겨운 시간을 보내다. 非常に楽しい時間を過ごす。/흥겨운 잔치가 벌어지다. 非常に楽しい宴が開かれる。
　흥겨이團 非常に楽しく｜興に乗って。例~ 노래하다. 興に乗って歌う。

흥-김(興ー)圈 興に乗った勢い。例~에 한바탕 춤을 추다. 興に乗った勢いでひとしきり踊りを踊る。

흥덩-흥덩團 ❶ だぶだぶ｜なみなみ。❷ 汁が多く実は少ないさま。

흥망(興亡)圈 興亡。例민족의 ~ 民族の興亡。

흥망성쇠(興亡盛衰)圈 栄枯盛衰｜浮き沈み。

흥미(興味)圈 興味｜おもしろみ。例~본위 興味本位／~를 가지다. 興味を持つ。／~를 끌다. 興味を引く。／~를 느끼다. 興味を覚える。

흥미-롭다(興味ー)圈 興を感じる｜面白みがある｜興味がわく｜興味がある｜興味深い。例흥미로운 사건 興味深い事件／흥미로운 얘기를 들었다. 興味のある話を聞いた。／드라마가 흥미롭게 진행되다. ドラマが面白く進行される。

흥미진진-하다(興味津津ー)圈 興味津々だ。例흥미진진한 분석 결과 興味津々たる分析結果。

흥분(興奮)圈 興奮。例~을 가라앉히다. 興奮を鎮める。
　흥분-하다困 興奮する。例흥분한 관객들이 소동을 일으키다. 興奮した観客たちが騒動を起こす。

흥분-제(興奮劑)圈《약》興奮剤。

흥성(興盛)圈 興盛｜隆盛。
　흥성-하다圈 興盛する｜盛んになる。例문화가 ~. 文化が隆盛に向かう。

흥성-흥성(興盛興盛)團 わいわい｜がやがや｜にぎにぎ。
　흥성흥성-하다圈 非常ににぎやかだ｜にぎにぎしい。

흥신-소(興信所)圈 興信所。

흥얼-거리다困 ❶ 口ずさむ｜ふんふんと歌う。例유행가를 ~. 流行歌をふんふんと鼻歌で歌う。❷ ぶつぶつする。例혼자서 흥얼거리며 책을 읽다. 一人でぶつぶつと言いながら本を読む。=흥얼대다

흥얼-대다他 ☞흥얼거리다

흥얼-흥얼 ❶ ふんふん。例~ 콧노래를 부르다. ふんふんと鼻歌を歌う。❷ ぶつぶつ｜もぐもぐ。例~ 주문을 외다. ぶつぶつと呪文をとなえる。

흥왕-하다(興旺ー)圈 非常に旺盛だ。

흥이야-항이야團 余計な口出しをするさま。
　흥이야항이야-하다困 余計な口出しをする｜あれこれ干渉する。

흥정圈 ❶ 取引｜売買。❷ 駆け引き｜話し合い。例~을 붙이다. 取引を取り持つ。/~을 잘하다. 駆け引きがうまい。
　흥정-하다他 ❶ 取引する｜売買する。❷ 駆け引きする｜話し合う。例땅값을 ~. 地価を駆け引きする。

흥정-꾼圈 仲介者｜ブローカー｜仲立ち人。

흥청-거리다困 ❶ 賑わって楽しむ｜陽気に浮かれる。例송년회 때 밤새도록 흥청거리며 놀았다. 忘年会の時も、一晩中賑わいながら遊んだ。❷ 財産をぽんぽん使いまくる。例유산을 흥청거리며 쓰다가 다 날렸다. 遺産をぽんぽん使いまくって全部駄目にした。=흥청대다

흥청-대다困 ☞흥청거리다

흥청-망청[부] むやみやたらに｜ふんだんに。 예돈을 ~ 쓰다. お金をむやみやたらに使う。

흥청-흥청[부] ❶[들뜨게 계속 지출하게 하려는 모양] うきうき｜浮かれて。 ❷[많아서넉넉하게] むやみやたらに｜ふんだんに。 예물을 ~ 쓰다. 水をむやみやたらに無駄遣いする。

흥취(興趣)[명] 興趣｜趣。 예~를 돋우다. 興趣をそそる。

흥패(興敗)[명] 興敗｜興亡。

흥폐(興廢)[명] 興廃｜興亡。

흥-하다(興―)[자] 興る｜栄える｜繁盛する｜盛んになる。 예나라가 ~. 国が興る。/ 공업이 ~. 工業が興る。

흥행(興行)[명] 興行。 예~ 수입 興行収入。
　흥행-하다[타] 興行する。

흥흥[감][콧소리로 계속 내는 소리] ふふん。 예~ 코웃음을 쳤다. ふふんと鼻で笑った。

흥흥-거리다 ❶[콧노래를 흥얼거리며] 鼻歌を歌う｜軽く口ずさむ。 예흥흥거리면서 걸레질을 하고 있다. ふんふんいいながら雑巾がけをしている。 ❷[어리광을부리며] だだをこねてむずかる｜ぐずぐず言って甘える｜わがままを言う。 예어린애가 흥흥거리며 보챈다. 小さい子がわがままを言いながらねだる。 =흥흥대다

흥흥-대다[자] ☞흥흥거리다

흩-날리다[자] 飛び散る｜舞い散る｜舞う。 예거리에 낙엽이 ~. 街路に落葉が舞い散る。/ 바람에 꽃이 사방으로 ~. 風に花が四方に飛び散る。

흩다[타] 散らす｜散らかす｜ばらばらにする。 예방 안 가득 장난감을 흩어 놓는다. 部屋中におもちゃを散らしておく。

흩-뜨리다 ❶[흩어지게 하다] 散らかす｜散らす｜乱す。 예책상 위의 물건을 흩뜨려 놓다. 机の上の物を散らかしておく。 ❷[태도·자세를] 乱す｜崩す。 예자세를 흩뜨리고 앉다. 姿勢を崩して座る。/ 분위기를 흩뜨리는 행동을 하다. 雰囲気を乱す行動をする。 =흩트리다

흩어-뿌리기[명] 〈농〉散播。

흩어-지다[자] (四方八方に)散らばる｜ばらばらになる｜散り散りになる｜散り散りばらばらになる。 예바람이 불어 낙엽이 바닥에 떨어져 ~. 風が吹いて落葉が地面に落ちて散らばる。/ 사람들은 각자 집으로 흩어졌다. 人々は各自の家に散らばった。/ 졸업 후 멤버는 뿔뿔이 흩어졌다. 卒業した後、メンバーは散り散りになった。

흩-이다[자] 散らされる｜散る｜散らかる。

흩-트리다[타] ☞흩뜨리다

희-가극(喜歌劇)[명] 〈음〉喜歌劇。

희-가스(稀gas)[명] 〈화〉希ガス。

희곡(戲曲)[명] 〈문〉戯曲。 예~을 쓰다. 戯曲を書く。

희괴-하다(稀怪―)[형] 珍しくて怪しい｜不思議だ。

희구(希求)[명] 希求。
　희구-하다[타] 希求する。 예자유를 ~. 自由を希求する。

희귀-하다(稀貴―)[형] 珍しくて貴重だ。 예희귀한 동물 珍しい動物 / 희귀한 자료를 얻다. 珍しい資料を得る。

희극[1](喜劇)[명] 喜劇。 예유명한 ~ 배우 有名な喜劇俳優 / ~ 작품 喜劇作品。
　↔비극

희극[2](戲劇)[명] ❶[익살스러운 짓] 道化｜おどけ。 ❷〈연〉笑劇｜道化芝居。

희-금속(稀金屬)[명] 〈화〉希金属｜希有金属。

희끄무레-하다[형] 淡く白っぽい｜白みがかっている。 예희끄무레한 얼굴 淡く白っぽい顔。

희끔-하다[형] 真っ白で清潔だ。 예검은 양복에 입은 와이셔츠가 ~. 黒い背広の下に着たワイシャツが真っ白で清潔だ。

희끔희끔-하다[형] 所々真っ白できれいだ。

희끗-거리다[자] しきりに目眩いがする｜くらくらする。 =희끗대다

희끗-대다[자] ☞희끗거리다

희끗-희끗[1][부][희게보이는 모양] 点々と白く。 예벌써부터 흰머리가 ~ 보인다. はやくからあちこち白髪が目立っている。
　희끗희끗-하다[형] 点々と白い。 예머리가 희끗희끗한 노신사 ごま塩頭の老紳士 / 희끗희끗한 구레나룻 点々と白い頬のひげ / 수염이 ~. ひげが所々白い。

희끗-희끗[2][부][현기증이나는 모양] くらくら。
　희끗희끗-하다[2] くらくらと目眩いがする。

희넓적-하다[형] 白くて平べったい。

희다 ❶[형][빛깔이] 白い。 예흰 종이 白い紙 / 흰 셔츠 白いシャツ / 피부가 매우 ~. 肌

がとても白い。❷ ☞희떱다❷

흰 것은 종이요 검은 것은 글씨라《속담》白いものは紙で黒いものは字だ；〔日〕いろはの「い」も知らない。

희담(戱談)〖명〗冗談。しゃれ。戯れ言。

희대(稀代)〖명〗希代。‧希。希世。 ⓔ ~의 악당 希代の悪党。

희디-희다〖형〗真っ白い。純白だ。 ⓔ 희디흰 웨딩드레스 純白のウエディングドレス。

희떱다〖형〗 ❶〖마음이 넓고〗気前がいい。太っ腹だ。❷〖얼벙이 분수에 맞지 않게〗からいばりする。大ぼらを吹く。大言壮する。見栄を張りだ。 ⓔ 희떠운 소리만 늘어놓다. 大ぼらばかり吹いている。=희다❷

희뜩-거리다〖자〗〖현기증이 나서〗くらくらする。しきりに目眩いがする。=희뜩대다

희뜩-대다〖자〗 ☞희뜩거리다

희뜩-희뜩〖부〗〖현기증이 나는 모양〗くらくら。

희뜩-희뜩〖부〗〖희끗희끗〗点々と白く。

희락(喜樂)〖명〗喜楽。喜びと楽しみ。

희랍(希臘)〖명〗〈지〉〖그리스의 음역어〗ギリシア。ギリシャ。

희로(-喜怒)〖명〗〖기쁨과 노여움〗喜怒。

희로애락(-喜怒哀樂)〖명〗喜怒哀楽。

희롱(戱弄)〖명〗戯弄。

희롱-하다〖타〗戯弄する。ふざける。冷やかす。もてあそぶ。戯れる。 ⓔ 상대방을 희롱하듯이 말하다. 相手を冷やかすように言う。

희-맑다〖형〗白く澄んでいる。透き通るように白い。 ⓔ 희맑은 얼굴 透き通るように白い顔/ 희맑은 살결 透き通るように白い肌。

희망(希望)〖명〗希望。❶望み。 ⓔ ~을 가지다. 希望を持つ。/~이 이루어지다. 希望がかなえられる。/~을 잃다. 希望を失う。=희원 ❷ 見込み。可能性。 ⓔ 아직 ~이 남아 있다. まだ可能性が残っている。

희망-하다〖타〗希望する。望む。 ⓔ 대학 진학을 ~. 大学進学を希望する。

희망-적(希望的)〖관·명〗希望的。 ⓔ ~인 전망 희망적인 전망 希望的な展望。

희망-차다(希望-)〖형〗希望に満ちている。希望でいっぱいだ。 ⓔ 희망찬 새해를 시작하다. 希望に満ちた新年をスタートする。/ 희망찬 미래를 꿈꾸다. 希望でいっぱいの未来を夢見る。

희-멀겋다〖형〗白らく澄んでいる。 ⓔ 얼굴이 희멀겋게 생겼다. 顔が白く澄んでいる；顔が白く透き通っているようだ。

희멀끔-하다〖형〗白くてすっきりしている。 ⓔ 희멀끔한 피부 白くてすっきりとした皮膚。

희멀쑥-하다〖형〗白らくてきれいだ。白くすっきりしている。

희-묽다〖형〗❶ 顔色が白くて弱々しく見える。 ❷ ☞허여멀겋다❷

희미-하다(稀微-)〖형〗【희미하지】(はっきりしないで)かすかだ。ほのかだ。ぼんやりしている。ぼやけている。ぼうっとしている。 ⓔ 희미하게 들리는 귀뚜라미 소리 かすかに聞こえるコオロギの声/ 할아버지의 얼굴은 희미하게 기억하고 있다. 祖父の顔はぼんやりと覚えている。/ 희미하게 보이는 달빛이 아름답다. ほのかに見える月の光が美しい。/ 어둠 속에서 희미하게 사람 형체가 보인다. 暗闇の中からかすかに人の姿が見える。/ 기억이 ~. 記憶がぼんやりしている。/ 희미하게 내 이름을 부르는 소리를 들은 것 같다. かすかに私の名を呼ぶ声を聞いたようだ。

희박-하다(稀薄-)〖형〗❶〖밀도나 농도가〗(密度や濃度が)薄い。 ⓔ 인구 밀도가 희박한 마을 人口密度が希薄な村/ 산 정상에 오르면 공기가 ~. 山の頂上に上がると空気が薄い。 ❷〖감정이나 정신〗(感情・精神状態などが) 希薄だ。弱い。乏しい。 ⓔ 독립성이 ~. 独立性が乏しい。/ 시간관념이 ~. 時間の観念が希薄だ。/ 하고자 하는 마음이 ~. やろうとする気持ちが弱い。 ❸【희박하다】(可能性が)少ない。薄い。 ⓔ 이길 확률은 ~. 勝つ確率は少ない。/ 살아날 가능성은 ~. 生き返る可能性は少ない。

희번덕-거리다〖타〗(目を)白黒させる。ぎょろつかせる。目をむく。ぎょろぎょろさせる。 ⓔ 눈을 희번덕거리며 쳐다보다. 目をむいて見つめる。=희번덕대다·희번덕이다

희번덕-대다〖타〗 ☞희번덕거리다

희번덕-이다〖타〗 ☞희번덕거리다

희번덕-희번덕〖부〗〖자꾸 희번덕거리는 모양〗ぎょろぎょろ。

희번드르르-하다〖형〗❶【희뿌옇다】白っぽく脂っぽい。 ⓔ 얼굴이 희번드르르하게 생겼다. 顔が白っぽく脂ぎっている。 ❷

【麹】派手はでだ｜立派りっぱだ｜けばけばしい。예이 도서관은 겉은 희번드르르하게 잘 꾸며 놓았으나 읽을 책은 별로 없다. この図書館としょかんは外見がいけんは立派りっぱだが読よむ本ほんがあまりない。❸【麹】もっともらしい。예 말은 희번드르르하게 한다. 話はなしはもっともらしくする。

희번주그레-하다 [형] 白しろくて見みかけがきれいだ。

희번지르르-하다 [형] 白しろくきれいでつやつやしている。예 얼굴이 희번지르르하니 기름기가 흐른다. 顔かおが白しろくつやつややして脂気あぶらけがある。

희번-하다 [형] しらじらと薄明うすあかるい｜ほのかに白しろい｜ほのかに明あかるい。예 새벽이 되자 하늘이 희번하게 밝아 왔다. 夜明よあけとともに空そらがほの白しろく明あけてきた。

희보(喜報) [명] 喜よろこばしい知しらせ｜朗報ろうほう。＝낭보

희-부옇다 [형] ぼうっと白しろい｜ほの白しろい。예 창 너머로 희부옇게 달이 비쳤다. 窓越まどごしにほの白しろく月つきの光ひかりがさした。

희불그레-하다 [형] 白しろくてほのかに赤あかい。

희-붉다 [형] 白しろみがかった赤色あかいろをしている。

희붐-하다 [형] ほの白しろい｜ほの明あかるい。먼 하늘이 희붐하게 밝아 왔다. 遠とおくの空そらがほの明あかるくなってきた。＝붐하다

희붐-히 [부] ほの白しろく｜ほの明あかるく。

희비(喜悲) [명] 悲喜ひき。예 ～가 교차하다. 悲喜交々こもごもである。

희-비극(喜悲劇) [명] 悲喜劇ひきげき。

희사(喜捨) [명] 喜捨きしゃ。

희사-하다 [타] 喜捨きしゃする。예 개인 재산을 ～. 私財しざいを喜捨きしゃする。

희색(喜色) [명] 喜色きしょく。예 ～을 띠다. 喜色きしょくを浮うかべる。

희색-만면(喜色滿面) [명] 喜色満面きしょくまんめん。

희생(犧牲) [명] 犧牲ぎせい。예 ～을 치르다. 犧牲ぎせいを払はらう。

희생-하다 [타] 犧牲ぎせいにする。예 전쟁에 희생되다. 戦争せんそうの犧牲ぎせいとなる。／ 젊음을 ～. 若わかさを犧牲ぎせいにする。

희생-물(犧牲物) [명] 犧牲物ぎせいぶつ｜いけにえ。

희생 번트(犧牲bunt) [명] 《운》犧牲ぎせいバント。예 ～를 치다. 犧牲ぎせいバントを打うつ。

희생-자(犧牲者) [명] 犧牲者ぎせいしゃ。

희생-적(犧牲的) [관][명] 犧牲的ぎせいてき。예 ～인 봉사 犧牲ぎせい的てきな奉仕ほうし。

희생-타(犧牲打) [명] 《운》犧牲打ぎせいだ｜犧打ぎだ。

희석(稀釋) [명] 《화》希釈きしゃく｜稀釈きしゃく。

희석-하다 [타] 希釈きしゃくする｜稀釈きしゃくする。예 원액을 물로 ～. 原液げんえきを水みずで希釈きしゃくする。

희세(稀世) [명] 希世きせい｜希代きたい。

희소(稀少) [명] 希少きしょう｜稀少きしょう。예 ～ 가치 希少価値きしょうかち。

희소-하다 [형] 希少きしょうだ｜稀少きしょうだ｜まれだ。

희소-성(稀少性) [명] 《경》希少性きしょうせい。예 ～이 높다. 希少性きしょうせいが高たかい。

희-소식(喜消息) [명] 朗報ろうほう｜吉報きっぽう。예 ～을 접하다. 朗報ろうほうに接せっする。／～을 전하다. 朗報ろうほうを伝つたえる。

희수¹(喜壽) [명] 喜寿きじゅ。

희수²(稀壽) [명] 古希こき。

희열(喜悅) [명] 喜悅きえつ。예 ～을 느끼다. 喜よろこびを感かんじる。

희열-하다 [자] 喜悅きえつする。

희우(喜雨) [명] 喜雨きう｜慈雨じう。

희원(希願) [명] ☞희망(希望)❶

희유-원소(稀有元素) [명] 《화》稀有元素きゆうげんそ。

희유-하다(稀有─) [형] 希有けうだ｜めったにない｜非常ひじょうに珍めずらしい。

희읍스레-하다 [형] ☞희읍스름하다

희읍스름-하다 [형] ほの白しろい｜薄明うすあかるい。＝희읍스레하다

희읍스름-히 [부] ほの白しろく｜薄明うすあかるく。

희작(喜鵲) [명] ☞까치

희한-하다(稀罕─) [형] 珍めずらしい｜非常ひじょうにまれだ｜変へんだ｜変かわっている。예 처음 보는 희한한 물건이다. 初はじめて見みる珍めずらしい物ものである。／ 사람들은 그를 희한한 사람으로 생각한다. 人々ひとびとは彼かれを変へんな人ひとだと思おもう。

희한-히 [부] 珍めずらしく｜非常ひじょうにまれに｜変へんに。

희-황산(稀黃酸) [명] 《화》希硫酸きりゅうさん。

희희 [부] へへ｜えへへ。예 바보같이 ～ 웃다. 間抜まぬけにへへっと笑わらう。

희희-낙락(喜喜樂樂) [명] 嬉々ききとして楽たのしむこと｜非常ひじょうに喜よろこんで楽たのしむこと。

희희낙락-하다 [자] 嬉々ききとして楽たのしむ｜非常ひじょうに喜よろこんで楽たのしむ。

흰-개미 [명] 《동》白蟻しろあり。

흰-건반(─鍵盤) [명] 《음》白鍵はっけん。

흰-곰 [명] 《동》白熊しろくま｜北極熊ほっきょくぐま。＝북극곰

흰-둥이명 ❶肌色の白い人。❷白人。❸毛色の白い動物。

흰-떡명 粳で作った棒状の白い餅。

흰-머리명 白髪。예~가 나다. 白髪が生える。

흰-밥명 白米のご飯。

흰-빛명 白い色｜白色。=흰색

흰-색(一色)명 ☞흰빛

흰-소리명 大ぼら｜からいばりの話。예~를 치다. 大言壮語する; 大言壮語する。

　흰소리-하다자 大ぼらを吹く｜大言壮語。

흰-수작명 からいばりの言動。

　흰수작-하다자 からいばりの言動をする。

흰-쌀명 白米。예잡곡 없이 ~로만 지은 밥이 먹고 싶다. 雑穀米なしの白米だけで炊いたご飯が食べたい。

흰-옷명 白衣。

흰-자명 ❶白身｜卵白。❷白目。=흰자위

흰-자위명 ☞흰자

흰-죽(一粥)명 白粥｜白米で炊いた粥。

흰-쥐명 〈동〉白鼠。

횡-하다형 頭がぼうっとする｜ぼんやりしている。예머리가 ~. 頭がぼうっとする。

횡-허케부 さっと｜すっと｜素早く｜敏速に｜まっしぐらに。예~ 다녀오세요. さっと行ってきなさい。

히부 ひひ｜いひひ｜へへ。예~ 하고 웃는다. ひひっと笑う。

히드라(hydra)명 〈동〉ヒドラ。

히뜩부 ❶ちらっと｜ちらり。❷ころり｜ばったり。

　히뜩-거리다자 ❶しきりにちらりと見返る。❷しきりにころりと転ぶ。=히뜩대다

　히뜩-대다자 ☞히뜩거리다

히로뽕(←ヒロポン 일) 〈약〉ヒロポン。=필로폰

히스타민(histamine)명 〈화〉ヒスタミン。

히스테리(Hysterie 독)명 〈의〉ヒステリー。예~ 환자 ヒステリー患者だ。

히스토그램(histogram)명 〈수〉ヒストグラム｜柱状グラフ。=막대그래프

히아신스(Hyacinth)명 〈식〉ヒヤシンス。예~ 분재 ヒヤシンスの盆栽。

히죽부 にっと｜にやり｜にたり。

　히죽-거리다 にやにや笑う。예잡지를 보면서 ~. 雑誌を見ながらにやにや笑う。=히죽대다

　히죽-대다자 ☞히죽거리다

히죽-이부 にっと｜にやり｜にたり。

히죽-히죽부 にやにや｜にたにた。

히쭉부 にっと｜にやり｜にたり。

히터(heater)명 ヒーター。예~를 켜다. ヒーターをつける。

히트(hit)명 ヒット。❶大当たり。예~ 치다. ヒットする。/영화가 ~를 치다. 映画が大当たりする。❷〈운〉安打。예~를 치다. ヒットを打つ。

　히트-하다자 ヒットする。

히트-송(hit song)명 ヒットソング｜ヒット曲。

히프(hip)명 ヒップ｜尻。=엉덩이

히피(hippie)명 〈사〉ヒッピー。

히히부 ひひ｜いひひ｜へへ。예괜히 ~ 웃지 마라. 意味もなくひひと笑うな。

　히히-거리다 ひひっと笑う。=히히대다

　히히-대다자 ☞히히거리다

힌두-교(Hindu敎)명 〈종〉ヒンズー教｜インド教。

힌트(hint)명 ヒント｜暗示。예~를 주다. ヒントを与える。

힐(heel)명 ヒール｜ハイヒール。=하이힐

힐금부 ちらっと｜ちらり。예옆 사람을 ~ 쳐다보다. 隣の人をちらっと見つめる。

　힐금-거리다자 (軽く横目で)しきりにちらっと覗き見る｜ちらちらと見る。예남의 답안지를 ~. 人の答案用紙をちらっと覗き見る。=힐금대다

　힐금-대다자 ☞힐금거리다

힐금-힐금부 ちらちら。예~ 쳐다보다. ちらちらと横目で見る。

힐긋부 ❶じろり｜じろっと。예상대를 ~ 흘겨보다. 相手をじろりとにらむ。❷ちらっと｜ちらり。예차창 밖으로 그의 모습이 ~ 보였다. 車窓から彼の姿がちらりと見えた。

　힐긋-거리다자 ❶じろりじろりと見る。❷ちらちらと見える。=힐긋대다

　힐긋-대다자 ☞힐긋거리다

　힐긋-하다자 ❶じろりと横目で見る

|じろっとにらむ。❷ちらっと見る|ちらりと見る。

힐긋-힐긋투 ❶じろりじろり。❷ちらちら。

힐끔투 ちらっと|ちらり。예~ 쏘아보다. ちらっと横目でにらむ。

힐난(詰難)명 詰難ながん|難詰なんきつ。
　힐난-하다타 詰難する|難詰する|なじりとがめる。예 입시 부정을 ~. 入試の不正をなじる。

힐문(詰問)명 詰問もん。
　힐문-하다타 詰問する。예 강경한 어투로 ~. 激しい口調で詰問する。

힐책(詰責)명 詰責きっせき。예 ~을 받다. 詰責を受ける。
　힐책-하다타 詰責する。

힘명 ❶【體力・精力】力|体力たいりょく|精力せいりょく|元気げんき。예~을 쓰다. 体力を使う。/ ~을 주어라. 元気をくれ。/ ~을 내다. 元気を出す(出せ)。頑張る。/ ~이 세다. 力が強い；力強つよい。/ ~이 약하다. 力が弱い。/ ~을 잃다. 力を失う。/ ~을 내세요. 頑張ってください。❷【能力・力量】力|能力のうりょく|力量りきりょう。예 경제 발전에 ~을 쏟다. 経済発展に力を注ぐ。/ 한 달 만에 프로젝트를 완성하기에는 ~에 벅차다. 1ヶ月でプロジェクトを完成させるには力量がない。❸【力】力。예 엔진의 ~ エンジンの力/ 현대의 농업은 기계의 ~을 이용한다. 現代の農業は機械の力を利用する。❹【助け・お陰】力|手助てだすけ|お陰かげ。예 남의 ~을 빌리다. 他人の力を借りる。/ ~이 되어 주는 사람이 있어서 행복하다. 力になってくれる人がいて幸しあわせだ。❺【力】力。예 국민의 力을 合わせて水害의 復旧을 하다. 国民の力を合わせて水害の復旧をする。❻【権勢】力|権力けんりょく|勢力せいりょく。예 ~ 있는 자가 세상을 지배한다. 力のある者が世の中を支配する。/ 배후의 ~만 믿고 참여를 강요하다. 背後の力だけを信じて参与を強要する。❼【力・効力】力|効力こうりょく|効き目め。예 인삼은 몸을 따뜻하게 하는 ~이 있다. 高麗人参は体を温める力がある。❽【理性の力】力。예 이성의 ~으로 충동구매를 꾹 참았다. 理性の力で衝動買いをぐっと我慢した。❾【判断力・考える力】力。예 생각하는 ~ 考える力/ 옳을 판단을 할 수 있는 ~이 있다. 正しい判断をする

ことができる力がある。/ 상상력의 ~으로 판타지 소설을 완성하다. 想像力の力でファンタジー小説を完成する。

힘-겨룸명 力くらべ。
　힘겨룸-하다자 力くらべをする。

힘-겹다형 力に余る|手に余る|手に負えない。예 내게는 힘겨운 싸움이다. 私には力に余る戦いである。

힘-껏투 力の限り|精いっぱい|力一杯いっぱいに|懸命けんめいに。예 ~ 잡아당기다. 力いっぱい引っ張る。/ ~ 차다. 力一杯蹴る。

힘-내다자 力を出す|元気を出す|頑張がんばる。

힘-닿다자 力や権力や威力などが及ぶ。예 나도 힘닿는 한 도와주겠습니다. 私にも力の及ぶ限り助けます。

힘-들다자 ❶【力】力が要る|力を要する。예 힘들게 일하고 나니 밥맛이 좋다. 力がいる仕事をしたらご飯が美味しい。/ 너무 힘든 일은 건강에 해롭다. あまりに力がいる仕事は健康に悪い。❷【難しい】難しい|手に負えない|大変だ|—しにくい|骨だ。예 내일까지 마치기는 ~. あしたまで終えるのは大変だ。/ 이가 아파서 참기 ~. 歯が痛くて我慢しにくい。/ 걷기가 ~. 歩くのが骨だ。

힘-들이다타 ❶【力】力を入れる|力をこめる。예 힘들여 일하다. 力を入れて仕事をする。❷【精を入れる】精を入れる|努力する|苦労する|苦心する。예 힘들여서 작품을 완성하다. 精をいれて作品を完成する。/ 그녀는 힘들이지 않고 글을 잘 쓰는 재주가 있다. 彼女は苦心せずにいい文章が書ける才能がある。/ 힘들여서 마련한 집이다. 苦労して購入した家である。

힘-살명 (의)筋肉きんにく。

힘-세다형 力強い|力が強い。

힘-쓰다자 ❶【力】(肉体的に)力を出す|力を使う。예 힘써 일하다. 力を出して仕事をする。/ 힘써 쌓다. 力を出して積む。❷【力】尽力じんりょくする|力を尽つくす|精出せいだす。예 시험공부에 ~. 受験勉強に尽力する。❸【手助け】手助けする|力添ちからぞえする。예 내가 힘써 주지. 私が少し手助けしてあげよう。❹【努める】努つとめる|励はげむ|いそしむ。예 과학 발전에 ~. 科学の発展に

に努める。

힘-없다[형] ❶【氣力】力ぢからがない｜元気げんきがない。[예] 힘없는 목소리 元気げんきのない声こえ。❷【權力】権力けんりょくがない。

힘없-이[부] 力ちからなく｜元気げんきなく。

힘-입다[자] ❶【힘을 얻다】(ある力ちからの)助たすけを借かりる｜お陰かげをこうむる｜負おう。[예] 성금에 힘입어 재기하다. 献金けんきんに助たすけられて再起さいきする。／이번 일의 성공은 그의 후의에 힘입은 바가 크다. 今度こんどの仕事しごとの成功せいこうは、彼かれの厚誼こうぎによるところが大おおきい。❷【용기를 얻다】(ある行動こうどうや言葉ことばから)勇気ゆうきを得える。[예] 선생님의 격려에 힘입어 미술 대회에 참가하다. 先生せんせいの激励げきれいに勇気ゆうきを得えて美術大会びじゅつたいかいに参加さんかする。

힘-장사(-壯士)[명] 力ちからがたいへん強つよい男おとこ。

힘-주다[자] ❶【힘을 쓰다】力ちからむ｜力ちからを込こめる｜力ちからを入いれる。[예] 힘주어 바위를 움직이다. 力ちからんで岩いわを動うごかす。／힘주어 외치다. 力ちからんで叫さけぶ。❷【강조】強調きょうちょうする。[예] 힘주어 말하다. 強調きょうちょうして話はなす。

힘-줄[명]〈의〉腱けん｜筋すじ。

힘줌-말[명]〈언〉強調語きょうちょうご｜強勢語きょうせいご。

힘-차다[형] 力強ちからづよい｜非常ひじょうに元気げんきだ｜勇いさましい。[예] 힘차게 박수 치다. 力強ちからづよく拍手はくしゅをする。／힘차게 일어서다. 力強ちからづよく立たち上あがる。

힝¹[부]【코푸는 소리】ちん。[예] 코를 ~ 풀다. 鼻はなをちんとかむ。

힝²[감]【비웃는 소리·불응 소리】ふん｜くすん。[예] ~, 너랑 안 놀 거야. ふん、お前まえとは遊あそばない。

부록
도해사전

❋ 목차

한국 지도 · 1405
일본 지도 · 1406
세계 지도_아프리카 · 1408
세계 지도_아메리카 · 1410
세계 지도_아시아 동부 · 1412
세계 지도_아시아 서부 · 1413
세계 지도_유럽 · 1414
세계 지도_오세아니아 · 1416
세계 지도_러시아/중앙 아시아 · 1417
거실 · 1418
부엌 · 1420
방 · 1422
욕실 · 1424
사무실 · 1426
놀이터 · 1428
교실 · 1430
병원 · 1431
컴퓨터 · 1432
자동차 · 1433
결혼식 · 1434
한복 · 1435
인체 · 1436
신체 기관 · 1437
축구장 · 1438
야구장 · 1439
별자리 · 1440
악기 · 1442

가전 · 1444
동물 · 1446
새 · 1448
해산물 · 1450
생선 · 1451
과일 · 1452
채소 · 1454
꽃 · 1456
십이지 · 1457
탈것 · 1458
신발 · 1460
액세서리 · 1461
머리 스타일 · 1462
화장품 · 1463
옷 · 1464
속옷 · 1467
동작 · 1468
표정 · 1470
취미 · 1471
직업 · 1472
한국 음식 · 1474
일본 음식 · 1475
일기예보 · 1476
도형 · 1478
무늬 · 1479
올림픽 · 1480
교통 표지 · 1482

한국 지도_韓国地図

경기도 京畿道 キョンギド

강원도 江原道 カンウォンド

서울특별시 ソウル特別市 とくべつし

인천광역시 仁川広域市 インチョンこういきし

충청북도 忠清北道 チュンチョンブクト

충청남도 忠清南道 チュンチョンナムド

경상북도 慶尚北道 キョンサンブクド

대구광역시 大邱広域市 テグこういきし

대전광역시 大田広域市 テジョンこういきし

전라북도 全羅北道 チョルラブクト

경상남도 慶尚南道 キョンサンナムド

울산광역시 蔚山広域市 ウルサンこういきし

광주광역시 光州広域市 クァンジュこういきし

전라남도 全羅南道 チョルラナムド

부산광역시 釜山広域市 プサンこういきし

제주도 済州道 チェジュド

부록

일본 지도_日本地図

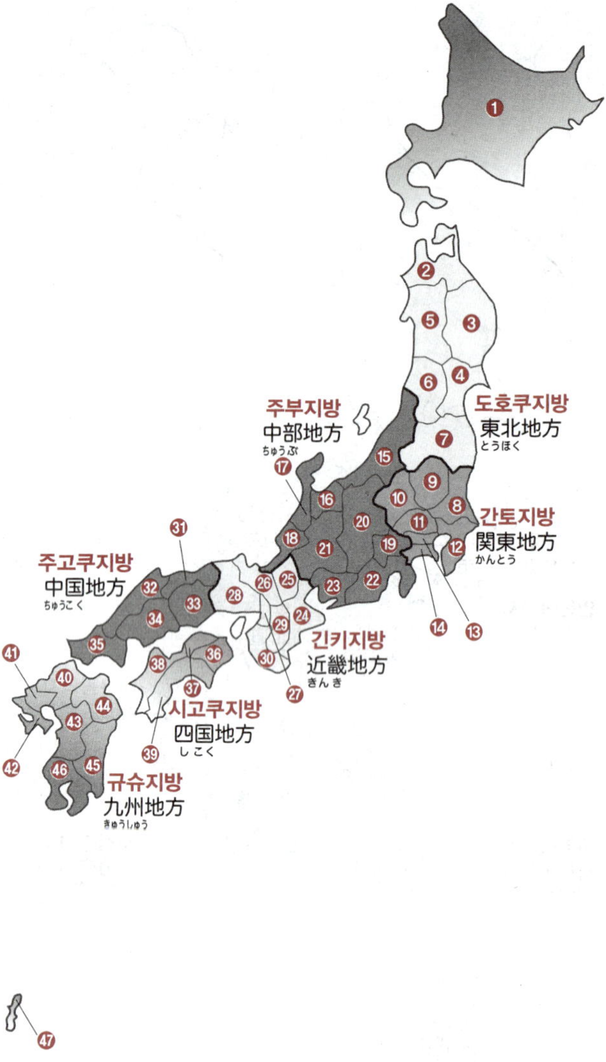

주부지방
中部地方
ちゅうぶ

도호쿠지방
東北地方
とうほく

간토지방
関東地方
かんとう

주고쿠지방
中国地方
ちゅうごく

긴키지방
近畿地方
きんき

시고쿠지방
四国地方
しこく

규슈지방
九州地方
きゅうしゅう

❶ 홋카이도 北海道
　ほっかいどう
❷ 아오모리현 青森県
　あおもりけん
❸ 이와테현 岩手県
　いわて けん
❹ 미야기현 宮城県
　みやぎけん
❺ 아키타현 秋田県
　あきた けん
❻ 야마가타현 山形県
　やまがたけん
❼ 후쿠시마현 福島県
　ふくしまけん
❽ 이바라키현 茨城県
　いばらき けん
❾ 도치기현 栃木県
　とちぎ けん
❿ 군마현 群馬県
　ぐんま けん
⓫ 사이타마현 埼玉県
　さいたまけん
⓬ 치바현 千葉県
　ち ば けん
⓭ 도쿄도 東京都
　とうきょう と
⓮ 가나가와현 神奈川県
　か ながわけん
⓯ 니가타현 新潟県
　にいがたけん
⓰ 도야마현 富山県
　と やまけん
⓱ 이시카와현 石川県
　いしかわけん
⓲ 후쿠이현 福井県
　ふく い けん
⓳ 야마나시현 山梨県
　やまなしけん
⓴ 나가노현 長野県
　ながの けん
㉑ 기후현 岐阜県
　ぎ ふけん
㉒ 시즈오카현 静岡県
　しずおかけん
㉓ 아이치현 愛知県
　あい ちけん
㉔ 미에현 三重県
　み えけん

㉕ 사가현 佐賀県
　さ がけん
㉖ 교토부 京都府
　きょうと ふ
㉗ 오사카부 大阪府
　おおさか ふ
㉘ 효고현 兵庫県
　ひょうごけん
㉙ 나라현 奈良県
　な らけん
㉚ 와카야마현 和歌山県
　わ かやまけん
㉛ 돗토리현 鳥取県
　とっとりけん
㉜ 시마네현 島根県
　しま ね けん
㉝ 오카야마현 岡山県
　おかやまけん
㉞ 히로시마현 広島県
　ひろしまけん
㉟ 야마구치현 山口県
　やまぐちけん
㊱ 도쿠시마현 徳島県
　とくしまけん
㊲ 가가와현 香川県
　か がわけん
㊳ 에히메현 愛媛県
　え ひめけん
㊴ 고치현 高知県
　こうち けん
㊵ 후쿠오카현 福岡県
　ふくおかけん
㊶ 시가현 滋賀県
　し がけん
㊷ 나가사키현 長崎県
　ながさきけん
㊸ 구마모토현 熊本県
　くまもとけん
㊹ 오이타현 大分県
　おおいたけん
㊺ 미야자키현 宮崎県
　みやざきけん
㊻ 가고시마현 鹿児島県
　か ごしまけん
㊼ 오키나와현 沖縄県
　おきなわけん

부록

세계 지도_아프리카_アフリカ

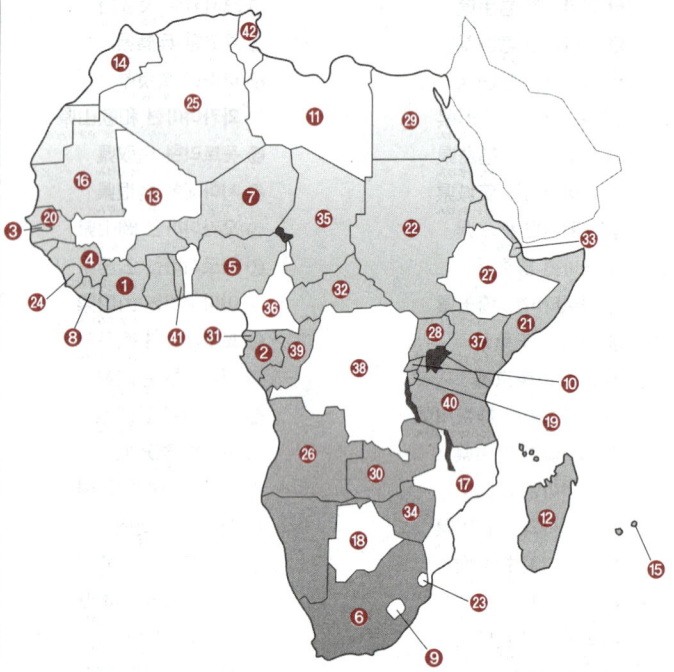

❶ 가나 ガーナ
❷ 가봉 ガボン
❸ 감비아 ガンビア
❹ 기니 ギニア
❺ 나이지리아 ナイジェリア
❻ 남아프리카 공화국 南アフリカ
　　　　　　　　　　　みなみ
❼ 니제르 ニジェール
❽ 라이베리아 リベリア
❾ 레소토 レソト
❿ 르완다 ルワンダ
⓫ 리비아 リビア
⓬ 마다가스카르 マダガスカル
⓭ 말리 マリ
⓮ 모로코 モロッコ
⓯ 모리셔스 モーリシャス
⓰ 모리타니아 モーリタニア
⓱ 모잠비크 モザンビーク
⓲ 보츠와나 ボツワナ
⓳ 부룬디 ブルンジ
⓴ 세네갈 セネガル
㉑ 소말리아 ソマリア
㉒ 수단 スーダン
㉓ 수와질란드 スワジランド
㉔ 시에라리온 シエラレオネ
㉕ 알제리 アルジェリア
㉖ 앙골라 アンゴラ
㉗ 에티오피아 エチオピア
㉘ 우간다 ウガンダ
㉙ 이집트 エジプト
㉚ 잠비아 ザンビア
㉛ 적도 기니 赤道ギニア
　　　　　せきどう
㉜ 중앙아프리카 공화국 中央アフリカ
　　　　　　　　　　　ちゅうおう
㉝ 지부티 ジブチ
㉞ 짐바브웨 ジンバブエ
㉟ 차드 チャド
㊱ 카메룬 カメルーン
㊲ 케냐 ケニア
㊳ 콩고민주공화국 コンゴ民主共和国
　　　　　　　　　　　みんしゅきょうわこく
㊴ 콩고 コンゴ共和国
　　　　　　きょうわこく
㊵ 탄자니아 タンザニア
㊶ 토고 トーゴ
㊷ 튀니지 チュニジア

부록

세계 지도_아메리카_アメリカ

1. 가이아나 ガイアナ
2. 과테말라 グアテマラ
3. 그레나다 グレナダ
4. 도미니카 공화국 ドミニカ共和国(きょうわこく)
5. 도미니카 ドミニカ国(こく)
6. 멕시코 メキシコ
7. 미국 / 아메리카 합중국 米国(べいこく) /アメリカ合衆国(がっしゅうこく)
8. 베네수엘라 ベネズエラ
9. 볼리비아 ボリビア
10. 브라질 ブラジル
11. 세인트루시아 セントルシア
12. 수리남 スリナム
13. 아르헨티나 アルゼンチン
14. 에콰도르 エクアドル
15. 엘살바도르 エルサルバドル
16. 온두라스 ホンジュラス
17. 우루과이 ウルグアイ
18. 자메이카 ジャマイカ
19. 칠레 チリ
20. 캐나다 カナダ
21. 코스타리카 コスタリカ
22. 콜롬비아 コロンビア
23. 쿠바 キューバ
24. 파나마 パナマ
25. 파라과이 パラグアイ
26. 페루 ペルー
27. 푸에르토리코 プエルトリコ

세계 지도_아시아 동부_アジア(E)

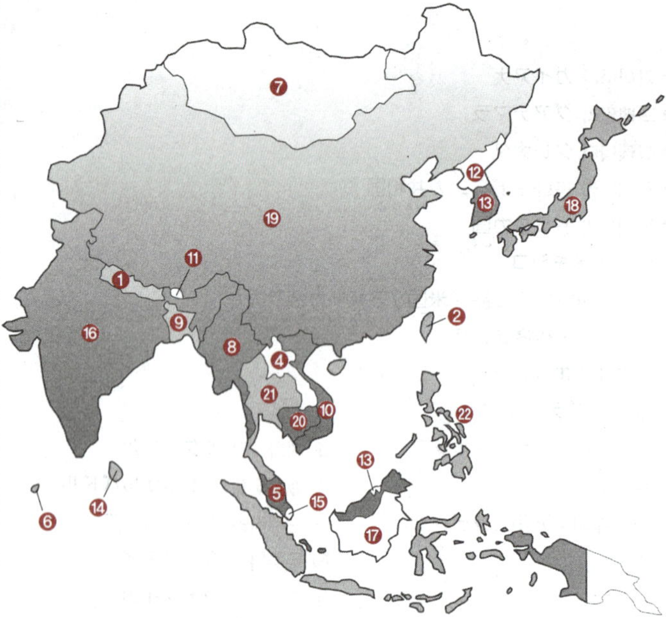

1. 네팔 ネパール
2. 대만/타이완 台湾(たいわん)
3. 대한민국/한국 大韓民国(だいかんみんこく)/韓国(かんこく)
4. 라오스 ラオス
5. 말레이시아 マレーシア
6. 몰디브 モルディブ
7. 몽골 モンゴル
8. 미얀마 ミャンマー
9. 방글라데시 バングラデシュ
10. 베트남 ベトナム
11. 부탄 ブータン
12. 북조선/북한 北朝鮮(きたちょうせん)
13. 브루나이 ブルネイ
14. 스리랑카 スリランカ
15. 싱가포르 シンガポール
16. 인도 インド
17. 인도네시아 インドネシア
18. 일본 日本(にほん)
19. 중국 中国(ちゅうごく)
20. 캄보디아 カンボジア
21. 타이/태국 タイ
22. 필리핀 フィリピン

세계 지도_아시아 서부_アジア(W)

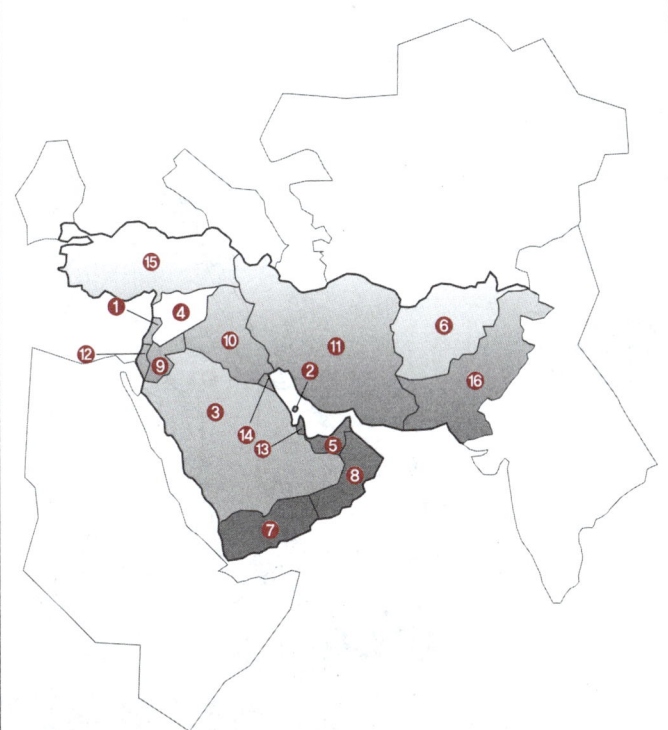

① 레바논 レバノン
② 바레인 バーレーン
③ 사우디아라비아 サウジアラビア
④ 시리아 シリア
⑤ 아랍 에미리트 アラブ首長国連邦
　　　　　　　　しゅちょうこくれんぽう
⑥ 아프가니스탄 アフガニスタン
⑦ 예맨 イエメン
⑧ 오만 オマーン
⑨ 요르단 ヨルダン
⑩ 이라크 イラク
⑪ 이란 イラン
⑫ 이스라엘 イスラエル
⑬ 카타르 カタール
⑭ 쿠웨이트 クウェート
⑮ 터키 トルコ
⑯ 파키스탄 パキスタン

세계 지도_유럽_ヨーロッパ

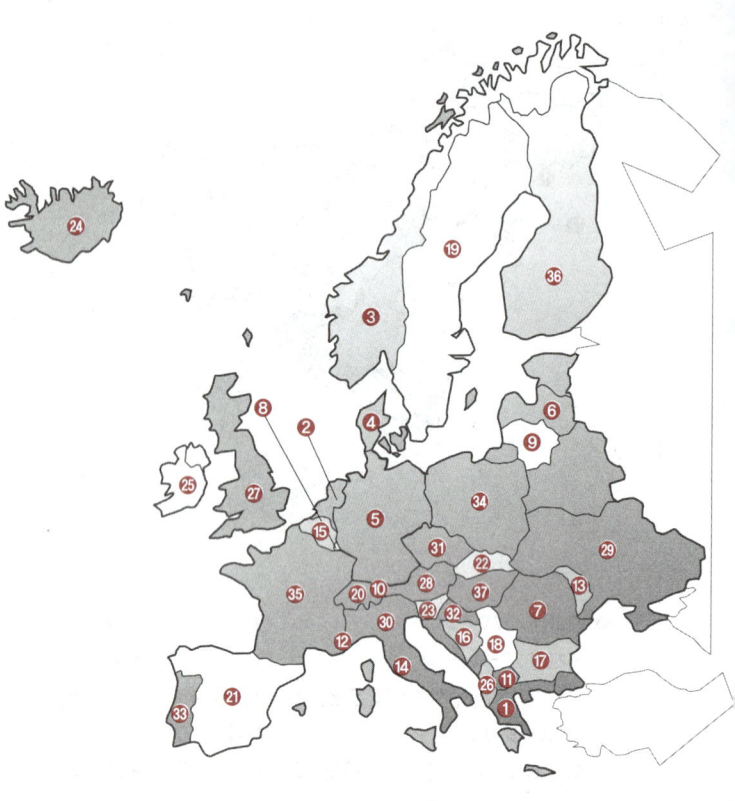

1. 그리스 ギリシャ
2. 네덜란드 オランダ
3. 노르웨이 ノルウェー
4. 덴마크 デンマーク
5. 독일 ドイツ
6. 라트비아 ラトビア
7. 루마니아 ルーマニア
8. 룩셈부르크 ルクセンブルグ
9. 리투아니아 リトアニア
10. 리히텐슈타인 リヒテンシュタイン
11. 마케도니아 マケドニア
12. 모나코 モナコ
13. 몰도바 モルドバ
14. 바티칸 バチカン
15. 벨기에 ベルギー
16. 보스니아 헤르체고비나 ボスニア・ヘルツェゴビナ
17. 불가리아 ブルガリア
18. 세르비아 セルビア
19. 스웨덴 スウェーデン
20. 스위스 スイス
21. 스페인 スペイン
22. 슬로바키아 スロバキア
23. 슬로베니아 スロベニア
24. 아이슬란드 アイスランド
25. 아일랜드 アイルランド
26. 알바니아 アルバニア
27. 영국 イギリス
28. 오스트리아 オーストリア
29. 우크라이나 ウクライナ
30. 이탈리아 イタリア
31. 체코 チェコ
32. 크로아티아 クロアチア
33. 포르투갈 ポルトガル
34. 폴란드 ポーランド
35. 프랑스 フランス
36. 핀란드 フィンランド
37. 헝가리 ハンガリー

세계 지도_오세아니아_オセアニア

① 뉴질랜드 ニュージーランド
② 마셜 제도 マーシャル諸島
③ 사모아 西サモア
④ 솔로몬 제도 ソロモン諸島
⑤ 오스트레일리아/호주 オーストラリア
⑥ 통가 トンガ
⑦ 투발루 ツバル
⑧ 파푸아뉴기니 パプアニューギニア
⑨ 피지 フィジー

세계 지도_러시아/중앙 아시아 편_ロシア/アジア(C)

1. 그루지야 グルジア
2. 러시아 ロシア
3. 아르메니아 アルメニア
4. 아제르바이잔 アゼルバイジャン
5. 우즈베키스탄 ウズベキスタン
6. 카자흐스탄 カザフスタン
7. 키르기스 キルギス
8. 타지키스탄 タジキスタン
9. 투르크메니스탄 トルクメニスタン

거실_応接間

스탠드
電気スタンド
でんき

에어컨
エアコン

라디오
ラジオ

텔레비전
テレビ

서랍
引き出し
ひ   だ

커튼 カーテン

액자 額縁 がくぶち

쿠션 クッション

소파 ソファー

전화기 電話機 でんわき

카펫 カーペット

리모콘 リモコン

부록

부엌_台所

- 거울 / 鏡 / かがみ
- 화장대 / 化粧台 / けしょうだい
- 침대 / ベッド
- 베개 / 枕 / まくら
- 스탠드 / 電気スタンド / でんき
- 알람시계 / 目覚まし時計 / めざ どけい
- 이불 / 布団 / ふとん
- 사이드 테이블 / サイドテーブル

부록

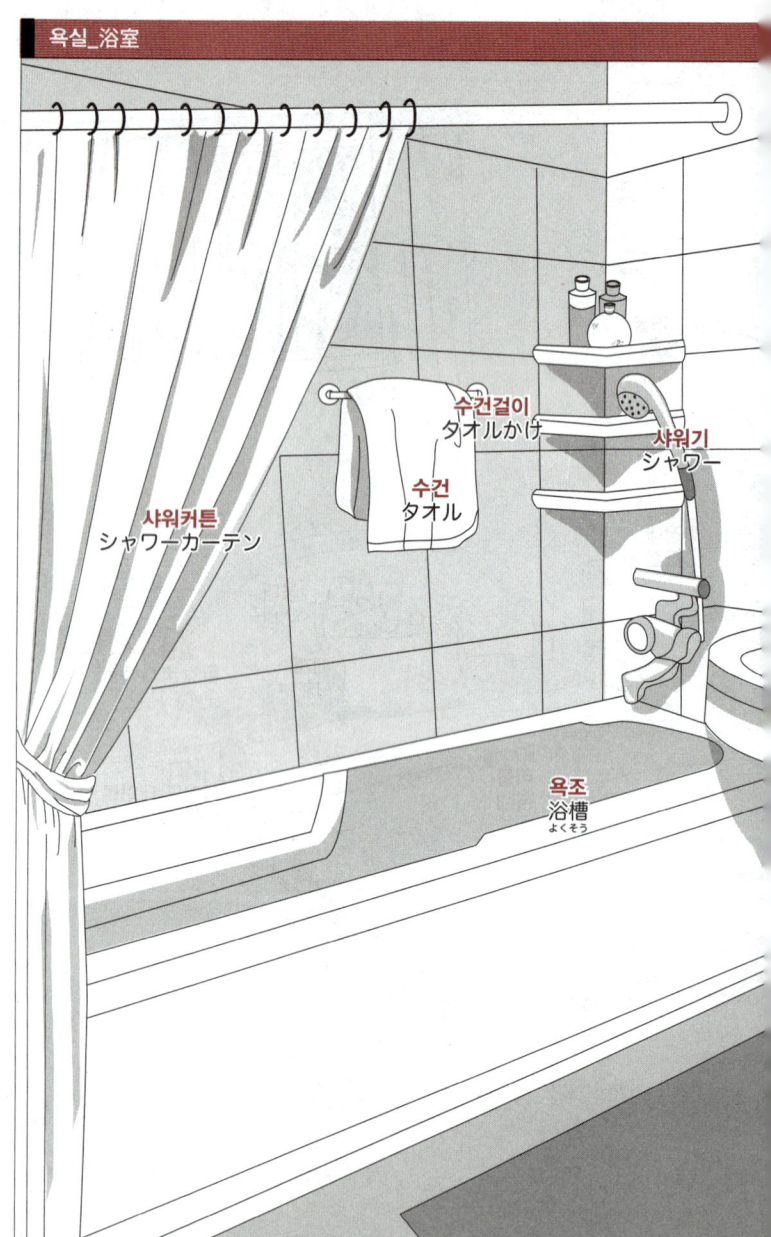

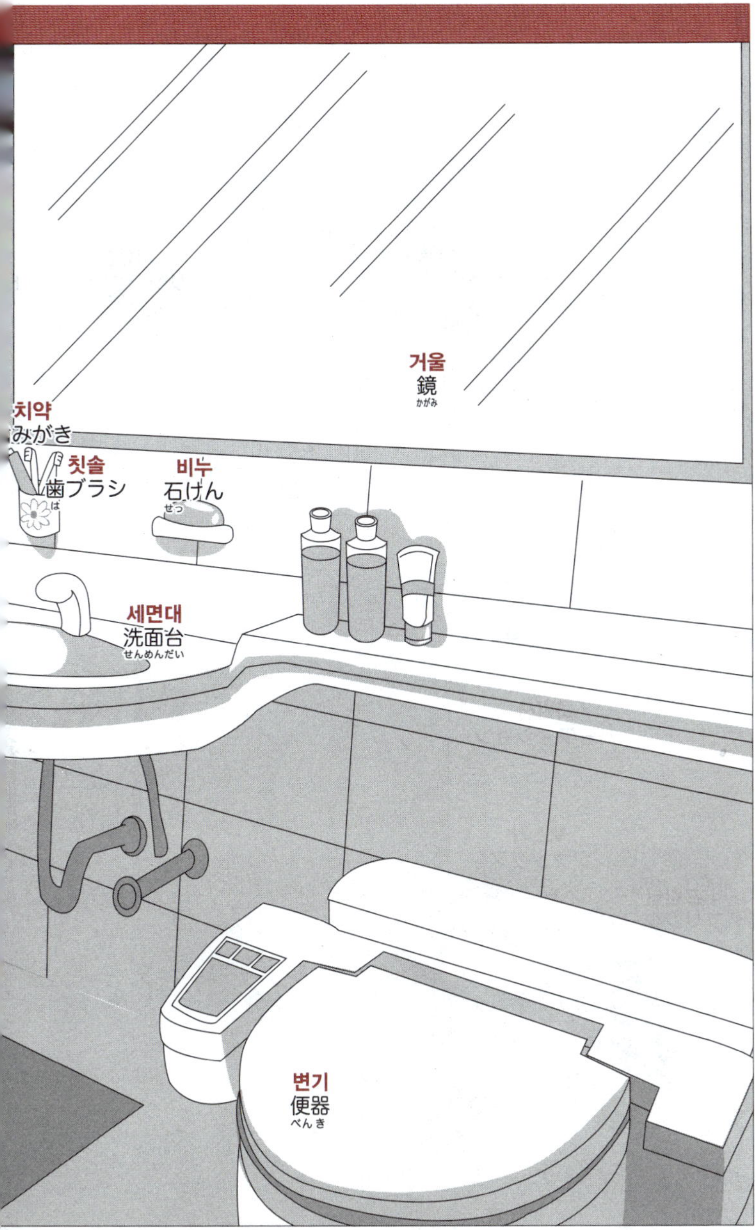

거울 鏡 かがみ

치약 みがき

칫솔 歯ブラシ は

비누 石けん せっ

세면대 洗面台 せんめんだい

변기 便器 べんき

부록

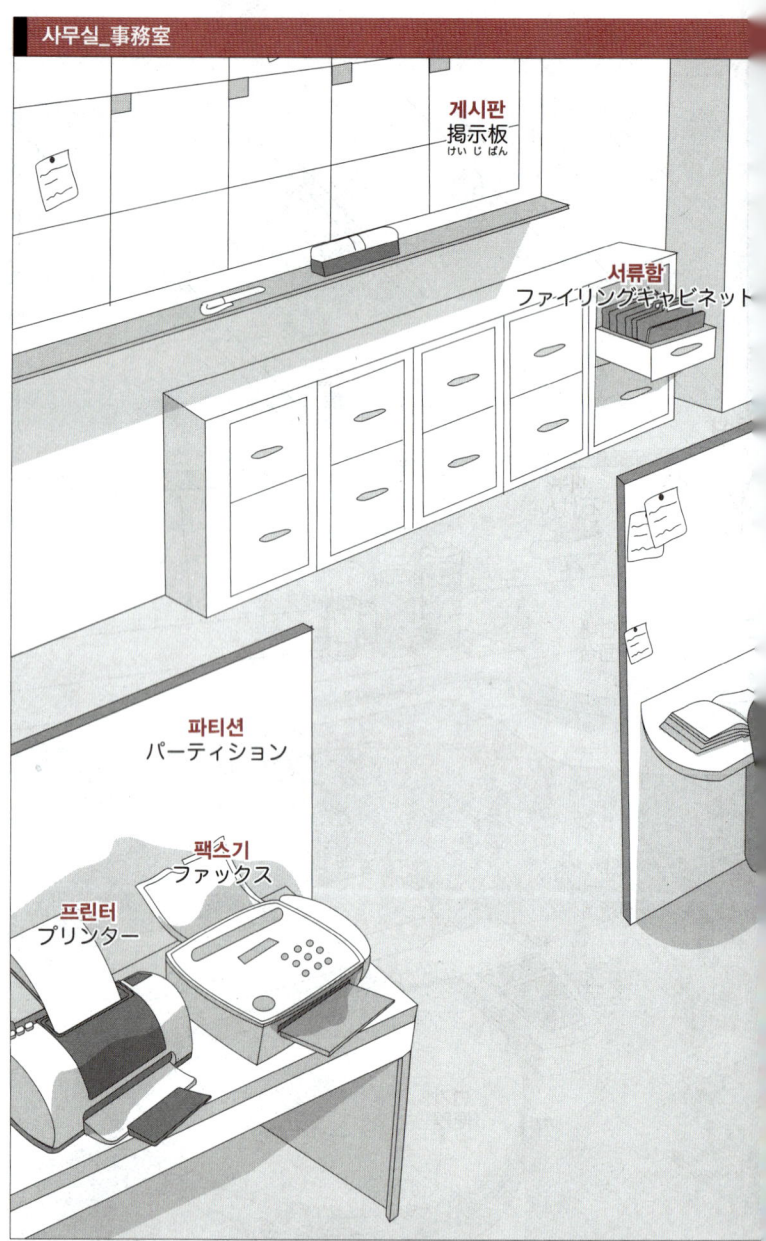

컴퓨터
コンピューター

전화기
電話
でんわ

서류철
ファイル

회전의자
回転椅子
かいてんいす

책상
机
つくえ

서랍
引き出し
ひ　だ

쓰레기통
ゴミ箱
ばこ

부록

놀이터_遊び場

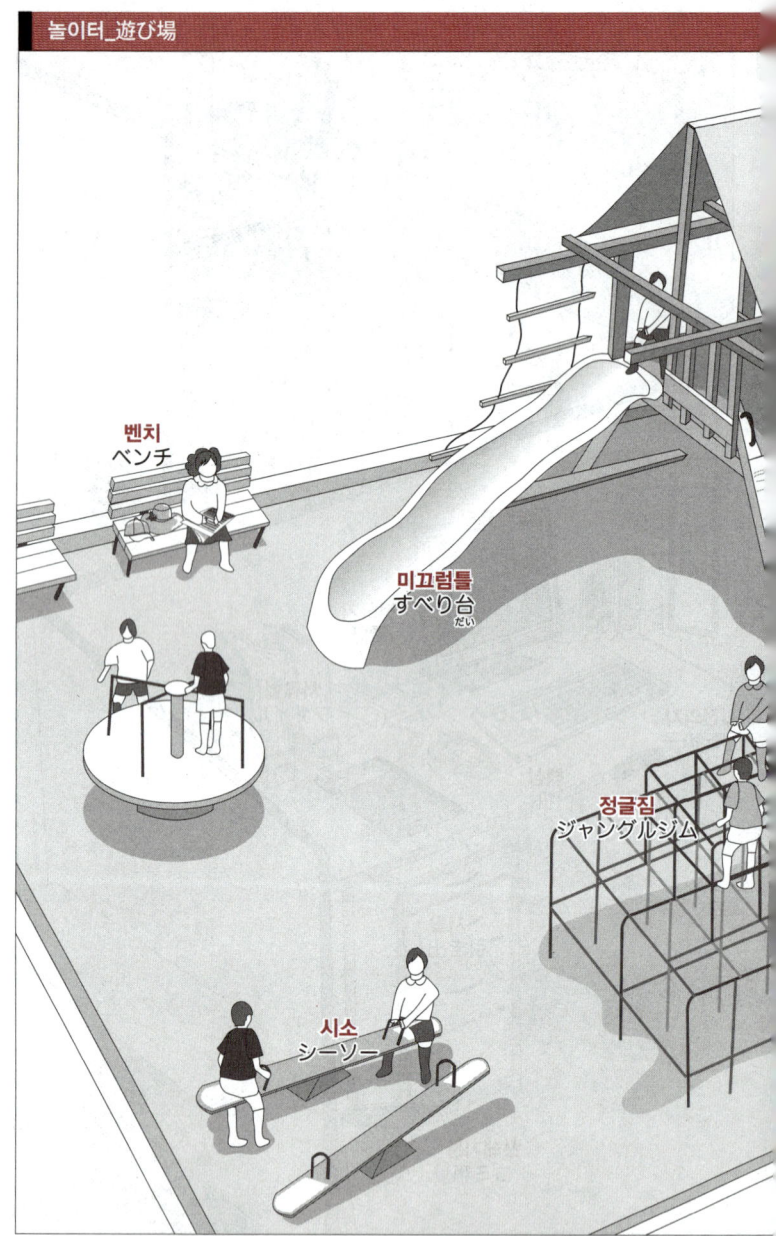

그네 ブランコ

철봉 鉄棒 てっぽう

부록

교실 _ 教室

병원_病院

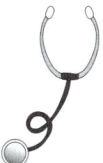

청진기
聴診器
ちょうしんき

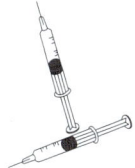

주사기
注射器
ちゅうしゃき

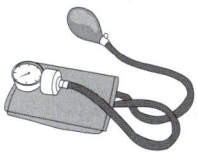

혈압 측정기
血圧計
けつあつけい

체중계
体重計
たいじゅうけい

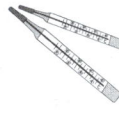

체온계
体温計
たいおんけい

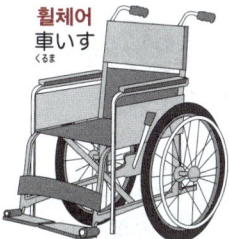

휠체어
車いす
くるま

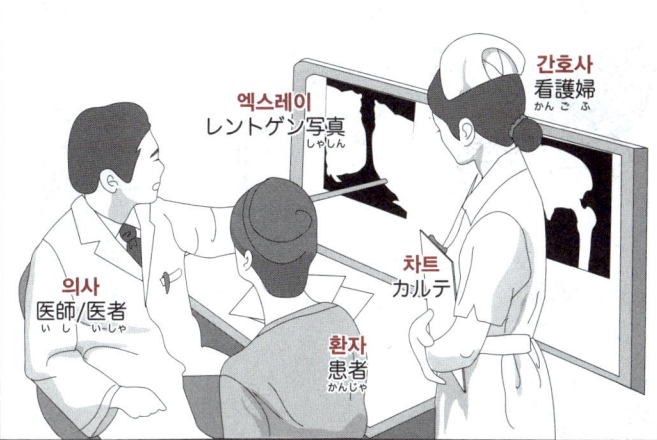

간호사
看護婦
かんごふ

엑스레이
レントゲン写真
しゃしん

의사
医師/医者
いし / いしゃ

환자
患者
かんじゃ

차트
カルテ

컴퓨터_コンピューター

자동차_自動車

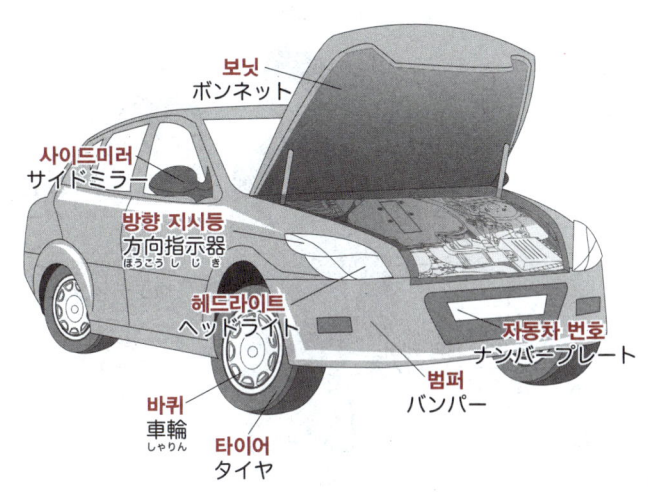

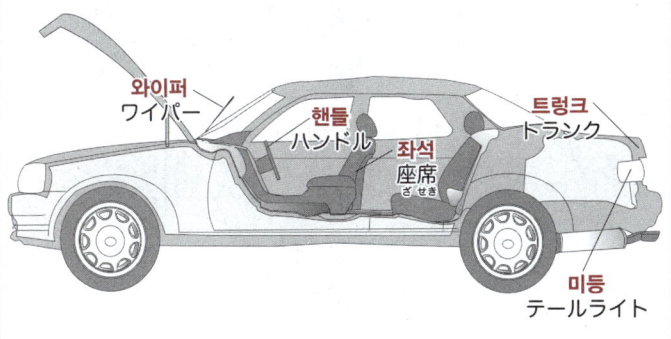

결혼식_結婚式

한복_韓国衣装

인체_人体

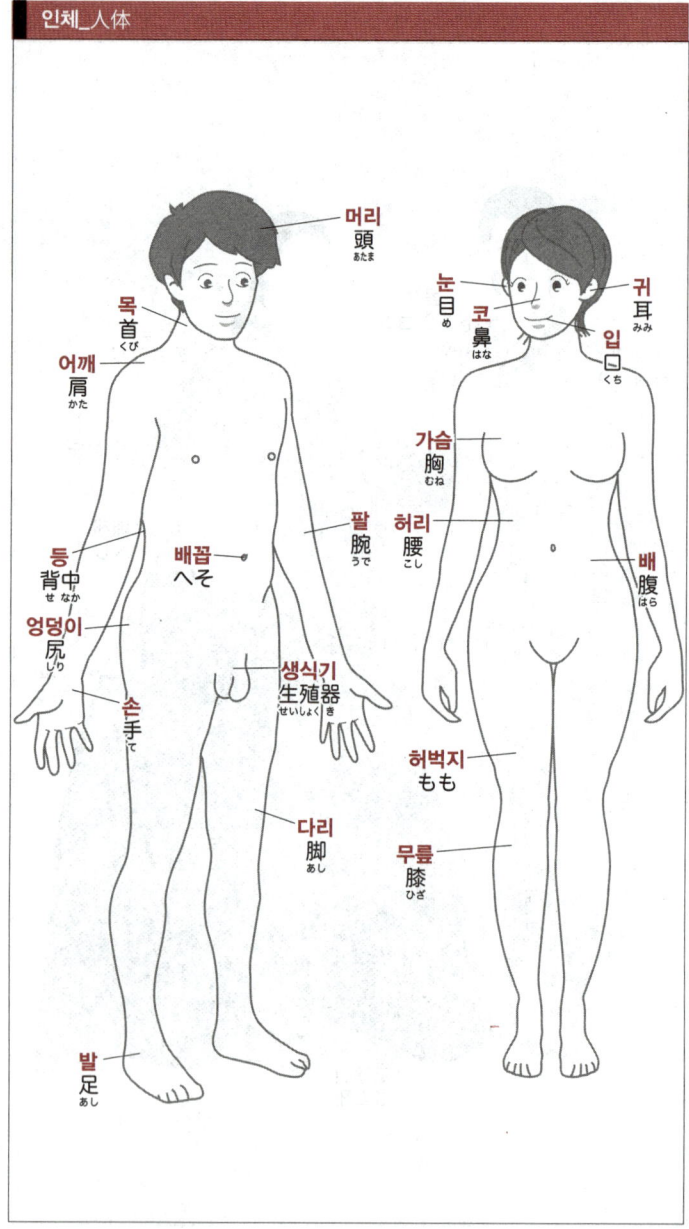

신체 기관_体の器官

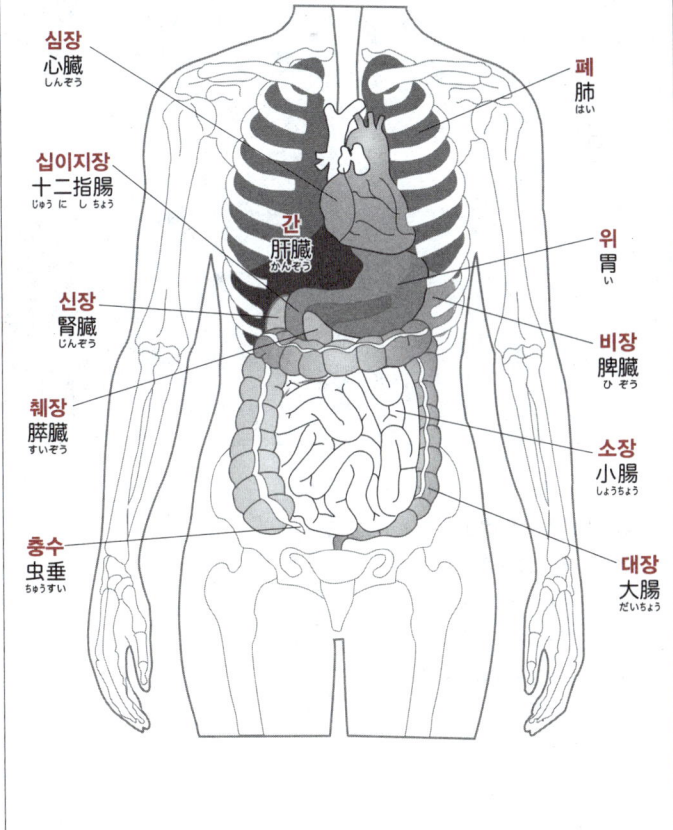

심장 心臓 しんぞう

십이지장 十二指腸 じゅうにしちょう

간 肝臓 かんぞう

신장 腎臓 じんぞう

췌장 膵臓 すいぞう

충수 虫垂 ちゅうすい

폐 肺 はい

위 胃 い

비장 脾臓 ひぞう

소장 小腸 しょうちょう

대장 大腸 だいちょう

부록

축구장_サッカー場

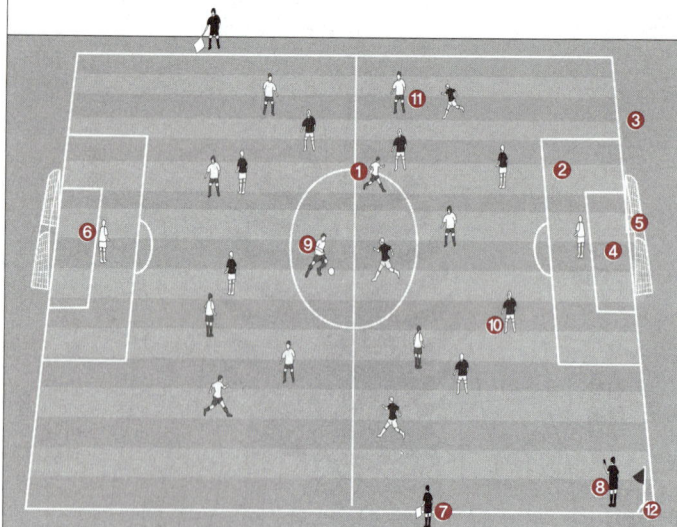

- ❶ 센터 서클 センターサークル
- ❷ 페널티 구역 ペナルティーエリア
- ❸ 골 라인 ゴールライン
- ❹ 골 에어리어 ゴールエリア
- ❺ 골 ゴール
- ❻ 골키퍼 ゴールキーパー
- ❼ 부심 副審(ふくしん)
- ❽ 주심 主審(しゅしん)
- ❾ 공격수 フォワード
- ❿ 수비수 ディフェンダー
- ⓫ 미드필더 ミッドフィールダー
- ⓬ 코너플래그 コーナーフラッグ

야구장_野球場

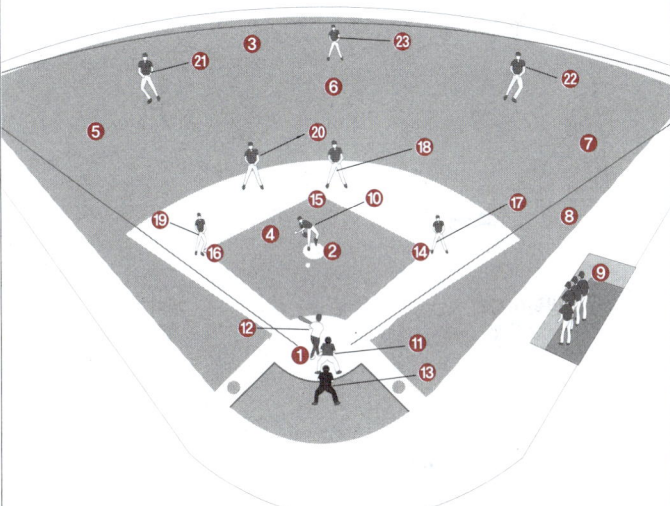

- ❶ 홈 플레이트 ホームプレート
- ❷ 투수석 ピッチャーズマウンド
- ❸ 외야 外野(がいや)
- ❹ 내야 内野(ないや)
- ❺ 레프트 필드 レフト
- ❻ 센터 필드 センター
- ❼ 라이트 필드 ライト
- ❽ 파울 라인 ファウルライン
- ❾ 더그아웃 ダッグアウト
- ❿ 투수 投手(とうしゅ)/ピッチャー
- ⓫ 포수 捕手(ほしゅ)/キャッチャー
- ⓬ 타자 バッター
- ⓭ 심판 審判(しんぱん)
- ⓮ 일루 一塁(いちるい)
- ⓯ 이루 二塁(にるい)
- ⓰ 삼루 三塁(さんるい)
- ⓱ 일루수 一塁手(いちるいしゅ)/ファースト
- ⓲ 이루수 二塁手(にるいしゅ)/セカンド
- ⓳ 삼루수 三塁手(さんるいしゅ)/サード
- ⓴ 유격수 遊撃手(ゆうげきしゅ)/ショート
- ㉑ 좌익수 左翼手(さよくしゅ)/レフト
- ㉒ 우익수 右翼手(うよくしゅ)/ライト
- ㉓ 중견수 中堅手(ちゅうけんしゅ)/センター

부록

별자리_星座

물병자리
水瓶座
<small>みずがめ ざ</small>

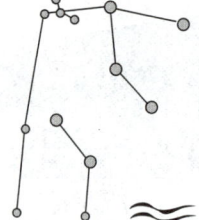
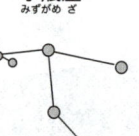

물고기자리
魚座
<small>うお ざ</small>

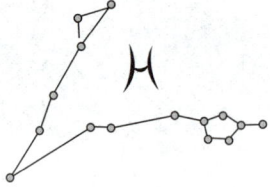

쌍둥이자리
双子座
<small>ふた ご ざ</small>

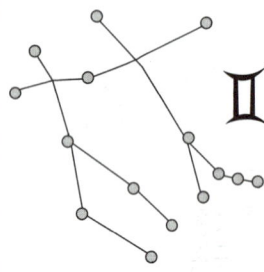

게자리
蟹座
<small>かに ざ</small>

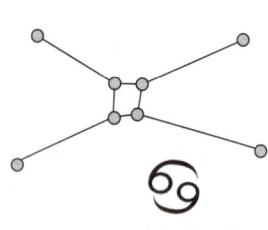

천칭자리
天秤座
<small>てんびん ざ</small>

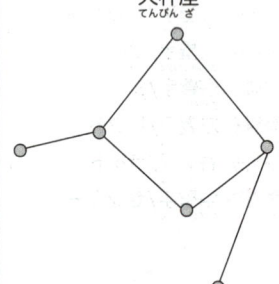

전갈자리
蠍座
<small>さそり ざ</small>

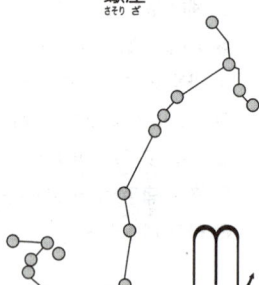

양자리
牡羊座
おひつじざ

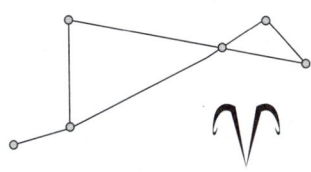

황소자리
牡牛座
おうしざ

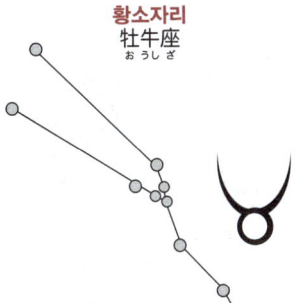

사자자리
獅子座
ししざ

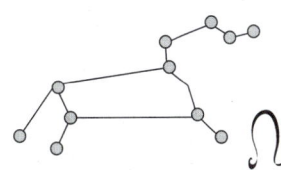

처녀자리
乙女座
おとめざ

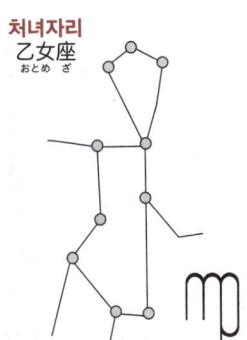

궁수자리
射手座
いてざ

염소자리
山羊座
やぎざ

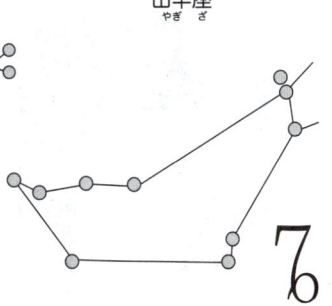

악기_楽器

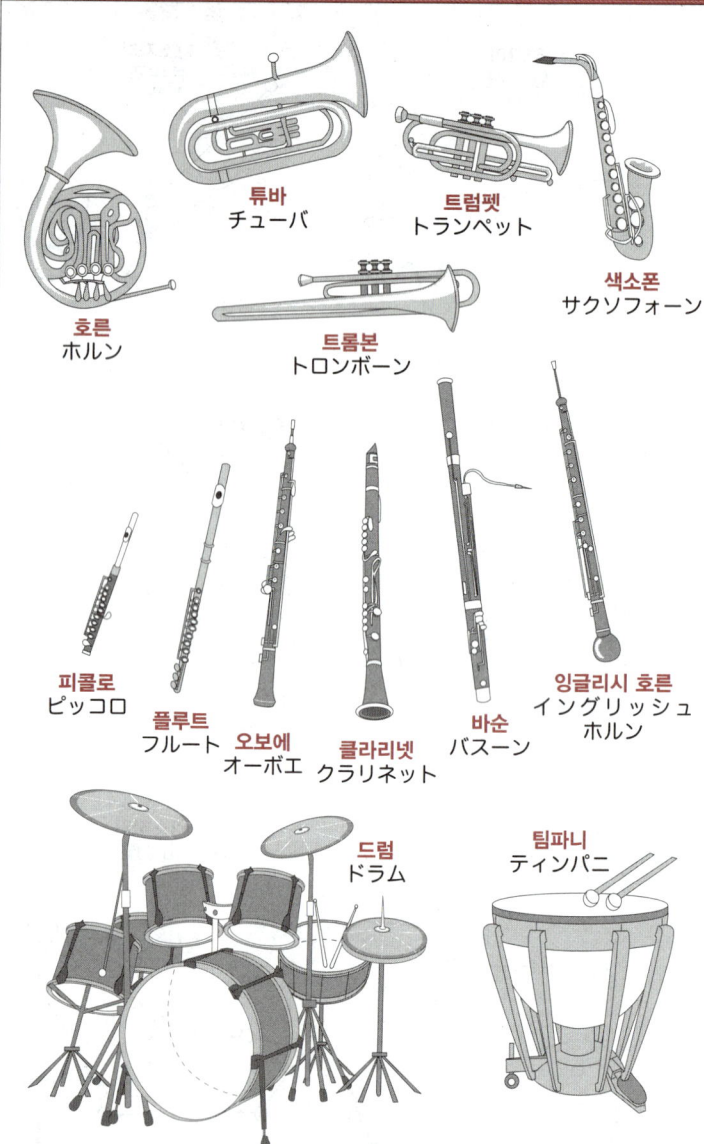

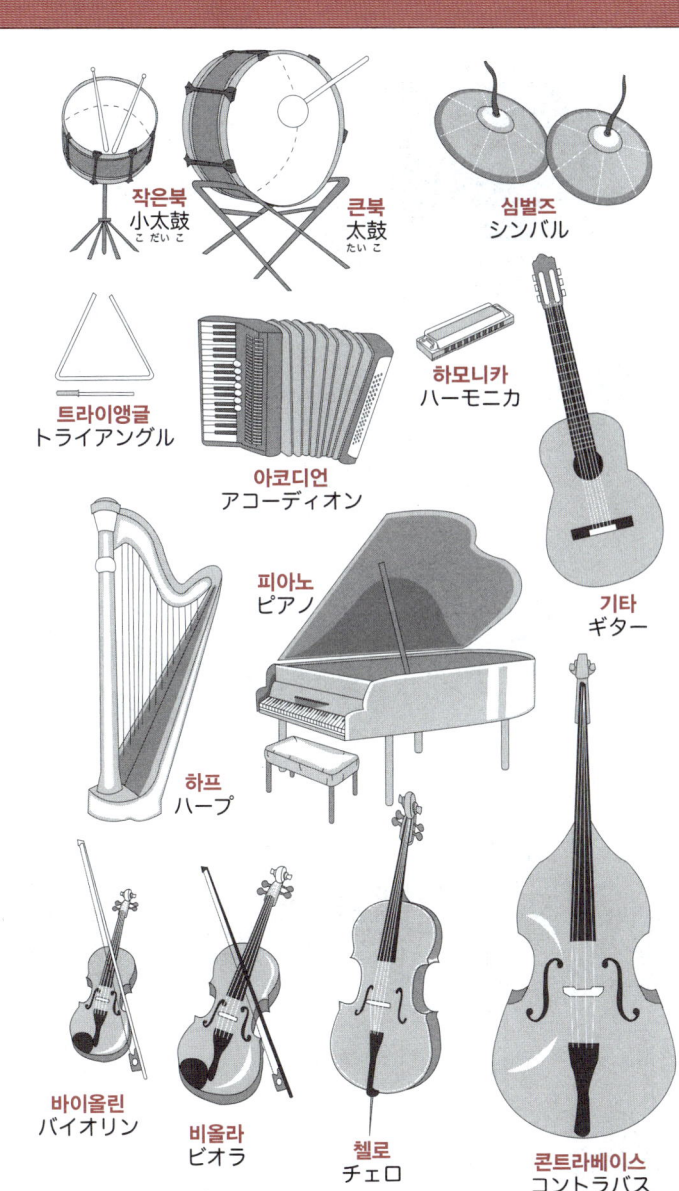

가전_家電

선풍기
扇風機
せんぷうき

오디오
オーディオ

믹서
ミキサー

세탁기
洗濯機
せんたくき

토스터기
トースター

전기밥솥
電気釜
でんきがま

식기세척기
食器洗い機
しょっきあらき

에어컨
エアコン

히터
ヒーター

동물_動物

곰 熊 くま

토끼 兎 うさぎ

호랑이 虎 とら

사슴 鹿 しか

소 牛 うし

말 馬 うま

사자 獅子/ライオン しし

너구리 狸 たぬき

하마 河馬 かば

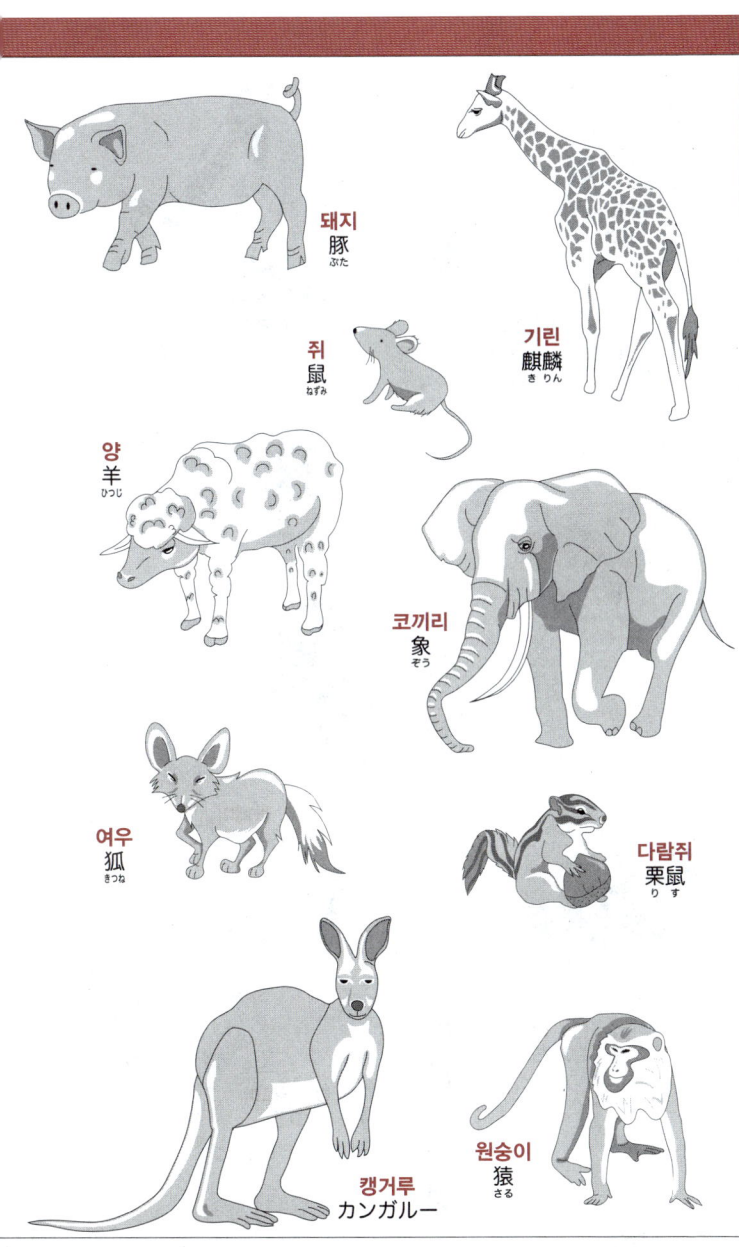

해산물_海産物

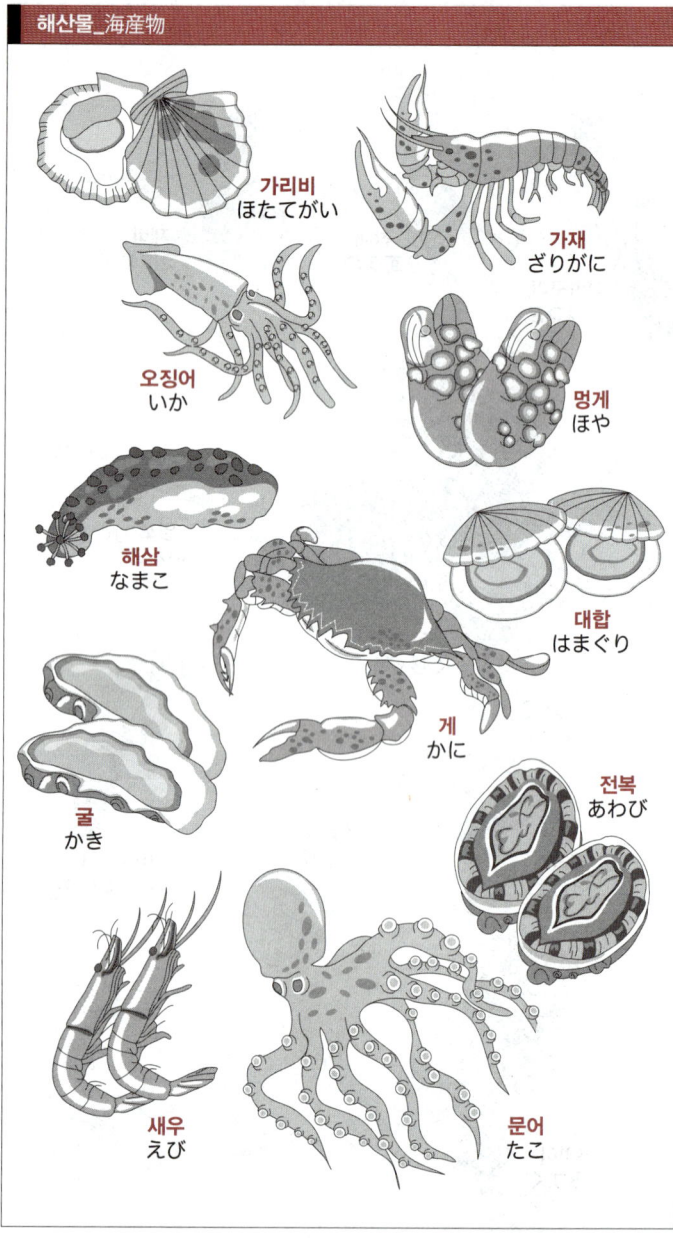

생선_魚

과일 _ 果物

감 柿 かき

키위 キウイ

귤 みかん

밤 栗 くり

레몬 レモン

배 梨 なし

딸기 いちご

복숭아 桃 もも

멜론 メロン

바나나 バナナ

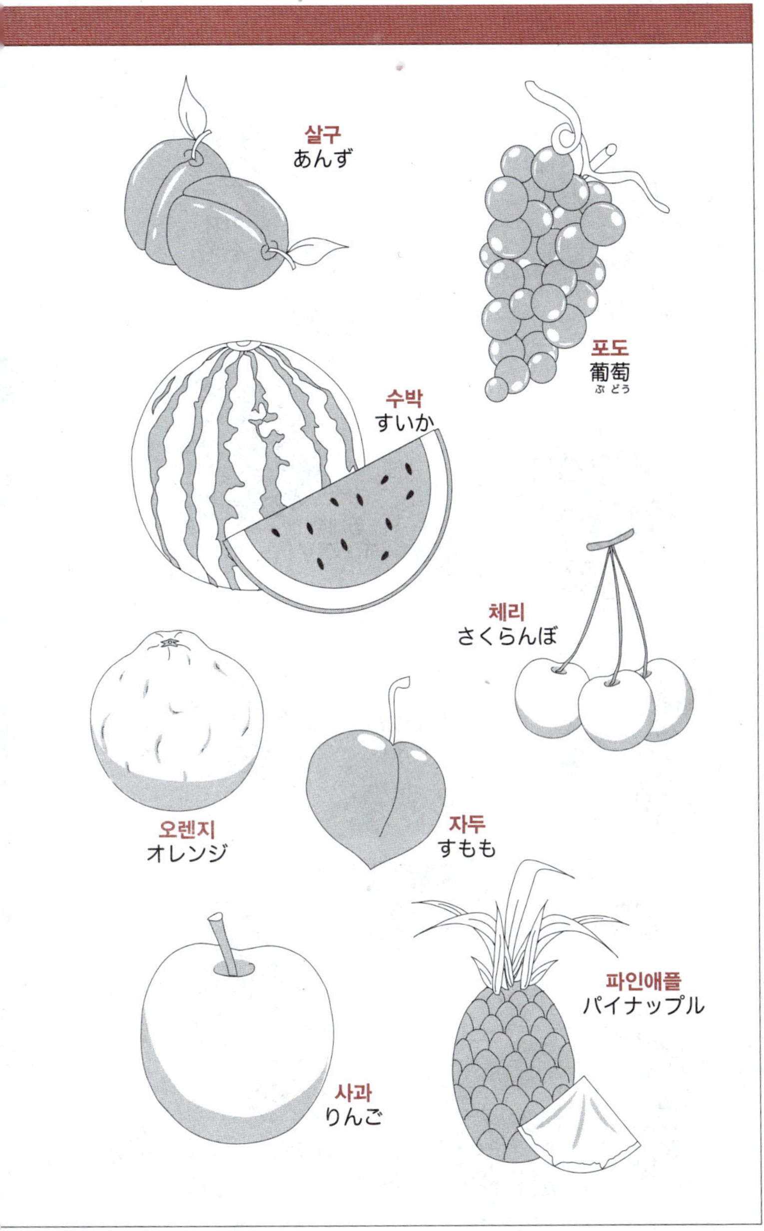

살구 あんず

포도 葡萄 ぶどう

수박 すいか

체리 さくらんぼ

오렌지 オレンジ

자두 すもも

사과 りんご

파인애플 パイナップル

채소_野菜

감자
ジャガいも

가지
なす

고구마
さつまいも

양배추
キャベツ

고추
とうがらし

토마토
トマト

애호박
ズッキーニ

배추
白菜
はくさい

버섯
きのこ

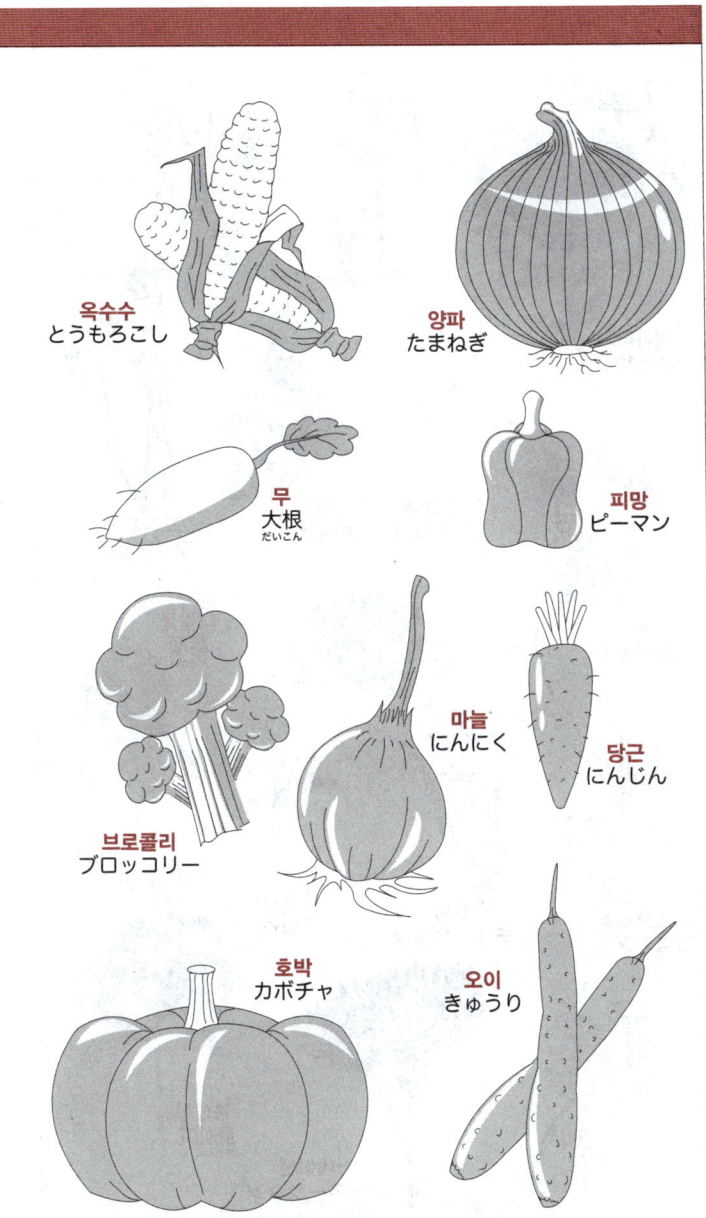

꽃_花

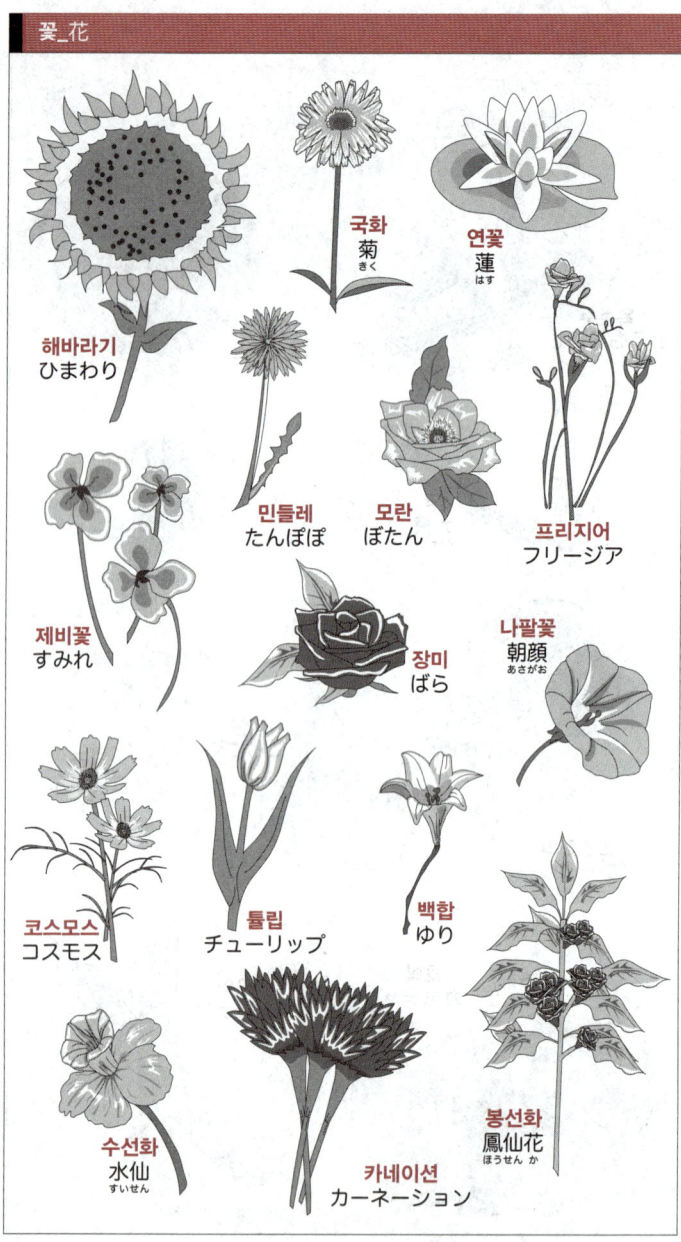

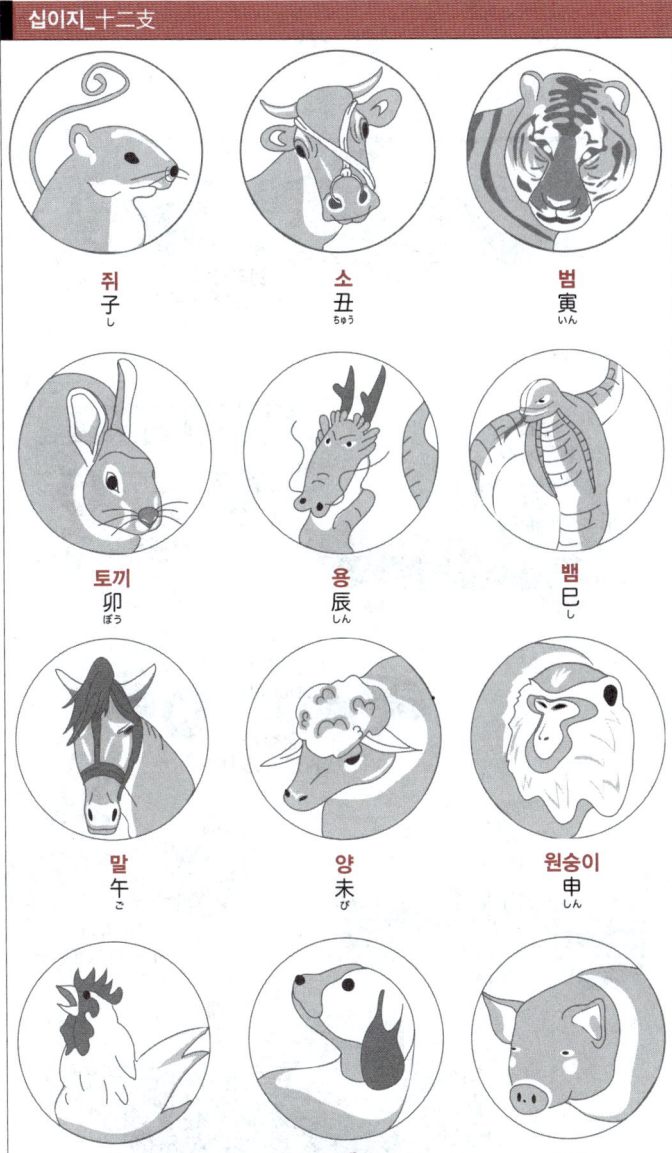

탈것_乗り物

헬리콥터 ヘリコプター

트럭 トラック

구급차 救急車 きゅうきゅうしゃ

경찰차 パトロールカー

버스 バス

오토바이 オートバイ

배 船 ふね

자전거
自転車
じてんしゃ

승합차
乗り合い自動車
の あ じ どうしゃ

마차
馬車
ばしゃ

승용차
乗用車
じょうようしゃ

소방차
消防車
しょうぼうしゃ

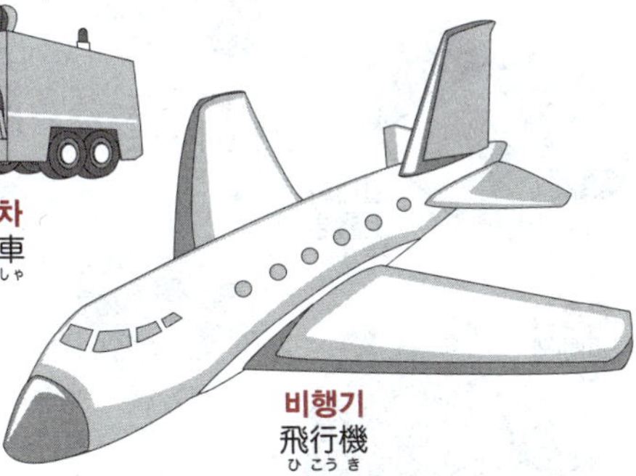

비행기
飛行機
ひ こう き

지하철/전철
地下鉄
ち か てつ

기차
汽車
き しゃ

신발_履物

샌들
サンダル

하이힐
ハイヒール

구두
靴
くつ

비치샌들
ビーチサンダル

스니커즈
スニーカー

실내화
上履き
うわば

플랫슈즈
フラットシューズ

단화(로퍼)
ぺたんこ靴
ぐつ

운동화
運動靴
うんどうぐつ

앵글부츠
ブーティ

슬리퍼
スリッパ

등산화
登山靴
とざんぐつ

부츠
ブーツ

액세서리_アクセサリー

귀걸이 イヤリング

목걸이 ネックレス

나비 넥타이 蝶ネクタイ

비녀 かんざし

모자 帽子

머리 고무줄 ひも

스카프 スカーフ

머리띠 ヘアバンド

벨트 ベルト

손목시계 腕時計

장갑 手袋

안경 眼鏡

반지 指輪

머리 핀 ヘアピン

선글라스 サングラス

팔찌 ブレスレット

넥타이핀 ネクタイピン

브로치 ブローチ

피어싱 ピアス

머리 스타일_ヘアスタイル

단발머리
おかっぱ

올림머리/업스타일
結い上げ

올백
オールバック

대머리
禿頭

생머리
ストレートヘア

파마
パーマ

샤기커트
シャギーカット

포니테일
ポニーテール

스포츠머리
スポーツ刈り

커트
ショートカット

화장품_化粧品

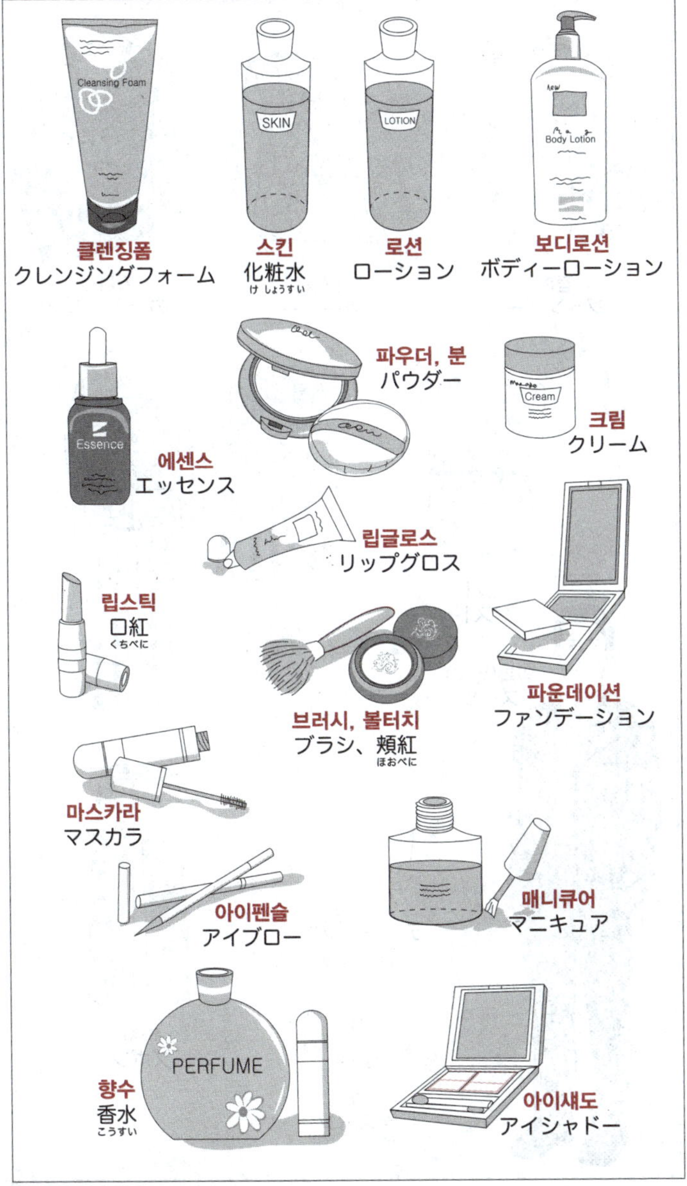
Cleansing Foam
클렌징폼
クレンジングフォーム
SKIN
스킨
化粧水
けしょうすい
LOTION
로션
ローション
Body Lotion
보디로션
ボディーローション
Essence
에센스
エッセンス
파우더, 분
パウダー
Cream
크림
クリーム
립글로스
リップグロス
립스틱
口紅
くちべに
브러시, 볼터치
ブラシ、頬紅
ほおべに
파운데이션
ファンデーション
마스카라
マスカラ
아이펜슬
アイブロー
매니큐어
マニキュア
PERFUME
향수
香水
こうすい
아이섀도
アイシャドー

재킷 ジャケット

터틀넥 タートルネック

블라우스 ブラウス

치마, 스커트 スカート

드레스 ドレス

투피스(정장) ツーピース

후드티 フードティーシャツ

코트 コート

부록

옷 _ 衣服

비옷
レインコート

잠옷
寝巻き/パジャマ
ねま

원피스
ワンピース

가운
ガウン

트레이닝복
スポーツウェア

수영복
水着
みずぎ

속옷_下着

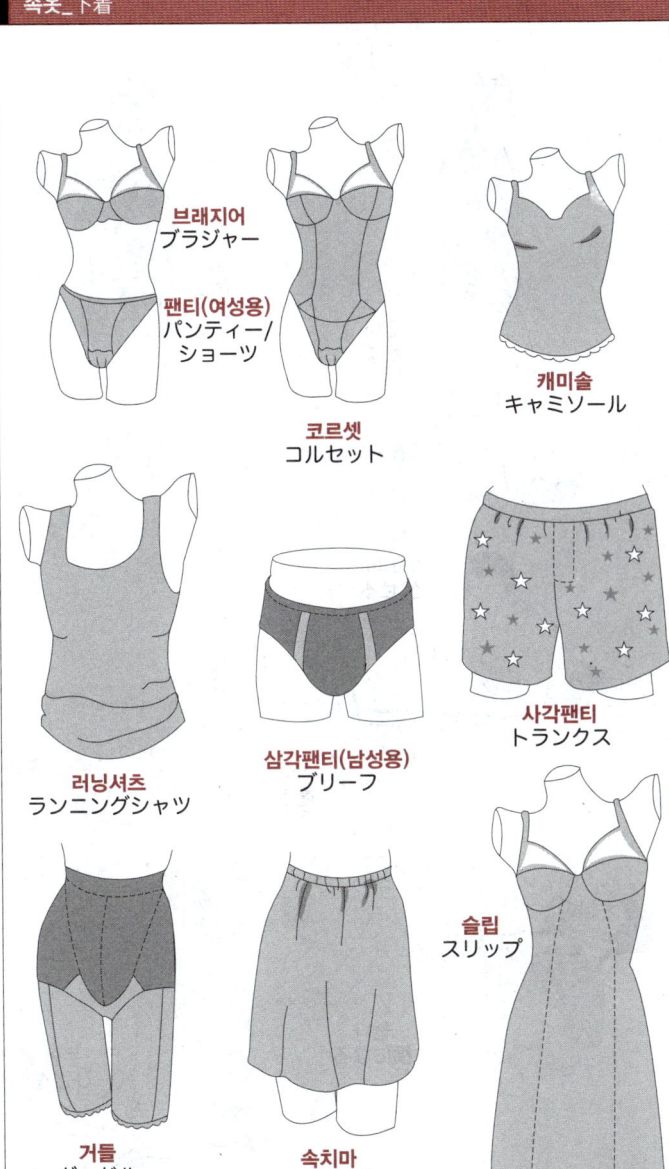

브래지어 ブラジャー
팬티(여성용) パンティー/ショーツ
코르셋 コルセット
캐미솔 キャミソール
러닝셔츠 ランニングシャツ
삼각팬티(남성용) ブリーフ
사각팬티 トランクス
거들 ガードル
속치마 ペチコート
슬립 スリップ

동작_動作

표정_表情

겁먹다
おじける/怖がる

긴장하다
緊張する

놀라다
驚く/びっくりする

미소짓다
微笑む

부끄럽다
恥ずかしい

분노하다
憤怒する

슬프다
悲しい

울다
泣く

지루하다
退屈だ

웃다
笑う

화나다
腹が立つ

흥분하다
興奮する

취미_趣味

꽃꽂이 生け花(いけばな)

인라인스케이트 インラインスケート

낚시 釣り(つり)

바둑 囲碁(いご)

요가 ヨガ

요리 料理(りょうり)

등산 山登り/登山(やまのぼり/とざん)

컴퓨터 게임 コンピューターゲーム

그림 그리기 絵を描くこと(えをかくこと)

독서 読書(どくしょ)

부록

직업_職業

경찰관
警官
けいかん

소방관
消防士
しょうぼうし

요리사
コック

어부
漁師/漁夫
りょうし　ぎょふ

운동선수
スポーツマン

농부
農夫
のうふ

화가
画家
がか

운전사
運転手
うんてんしゅ

한국 음식_韓国料理

떡국 トックク

비빔밥 ビビンバ

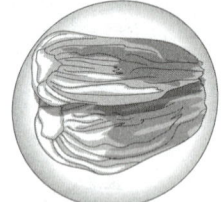

김치 キムチ

깍두기 カクテギ

설렁탕 ソルロンタン

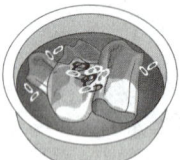

갈비탕 カルビタン

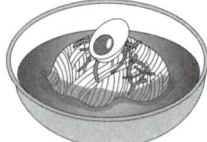

냉면 冷麺/ネンミョン
れいめん

된장찌개 テンジャンチゲ

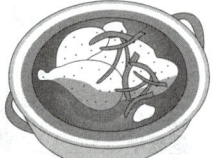

삼계탕 サムゲタン

불고기 プルコギ

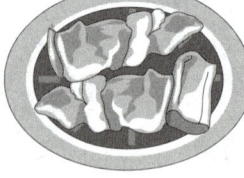

갈비 カルビ

일본 음식_日本料理

초밥 寿司(すし)

소바 そば

라면 ラーメン

오뎅 おでん

오코노미야키 お好み焼き(このやき)

돈가스 とんカツ

생선회 刺身(さしみ)

튀김 天ぷら(てん)

우동 うどん

덮밥 どんぶり

스키야키 すき焼き(や)

냄비 요리 鍋物(なべもの)

일기예보_天気予報

맑음
晴
はれ

맑고 가끔 흐림
晴れ時々曇り
は　ときどきくも

맑고 가끔 비
晴れ時々雨
は　ときどきあめ

맑은 후 눈
晴れのち雪
は　　　　ゆき

흐림
曇り
くも

흐리고 가끔 맑음
曇り時々晴れ
くも　ときどき は

흐린 후 비
曇りのち雨
くも　　　あめ

흐린 후 눈
曇りのち雪
くも　　　ゆき

비
雨
あめ

비 온 후 갬
雨のち晴れ
あめ　　　は

비 온 후 흐림
雨のち曇り
あめ　　　くも

비 온 후 눈
雨のち雪
あめ　　　ゆき

눈 오고 가끔 그침
雪時々止む(曇り)
ゆきときどき や　　くも

눈 오고 가끔 비
雪時々雨
ゆきときどきあめ

눈 온 후 갬
雪のち晴れ
ゆき　　　は

맑고 가끔 눈
晴れ時々雪
<small>は　　ときどきゆき</small>

맑은 후 흐림
晴れのち曇り
<small>は　　　くも</small>

맑은 후 비
晴れのち雨
<small>は　　　あめ</small>

흐리고 가끔 비
曇り時々雨
<small>くも　ときどきあめ</small>

흐리고 가끔 눈
曇り時々雪
<small>くも　ときどきゆき</small>

흐린 후 갬
曇りのち晴れ
<small>くも　　　は</small>

비 오고 가끔 갬
雨時々晴れ
<small>あめときどき は</small>

비 오고 가끔 그침
雨時々止む(曇り)
<small>あめときどき や　くも</small>

비 오고 가끔 눈
雨時々雪
<small>あめときどきゆき</small>

폭풍을 동반한 비
雨で暴雨を伴う
<small>あめ　ぼうう　ともな</small>

눈
雪
<small>ゆき</small>

눈 오고 가끔 갬
雪時々晴れ
<small>ゆきときどき は</small>

눈 온 후 흐림
雪のち曇り
<small>ゆき　くも</small>

눈 온 후 비
雪のち雨
<small>ゆき　あめ</small>

폭설
暴風雪
<small>ぼうふうせつ</small>

도형_図形

삼각형	사각형	오각형
三角形 さんかくけい	四角形 しかくけい	五角形 ごかくけい

팔각형	마름모꼴	육각형
八角形 はっかくけい	ひし形 がた	六角形 ろくかくけい

사각뿔	원기둥	원뿔
四角錐 しかくすい	円筒形 えんとうけい	円錐 えんすい

삼각뿔	정육각기둥	정육면체
三角錐 さんかくすい	正六角柱 せいろっかくちゅう	正六面体 せいろくめんたい

구	사다리꼴	타원형
球 きゅう	台形 だいけい	楕円形 だえんけい

평행사변형	원형
平行四辺形 へいこうしへんけい	円形 えんけい

무늬_模様

꽃무늬
花模様
はな も よう

물방울무늬
水玉模様
みずたま も よう

바둑판무늬
市松模様
いちまつ も よう

아가일무늬
アーガイルチェック

줄무늬
縞模様
しま も よう

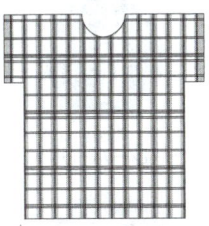

체크무늬
チェック模様
も よう

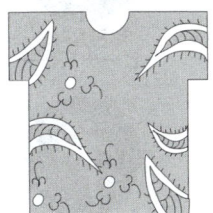

페이즐리 무늬
ペーズリー

호피무늬
ひょう柄
がら

올림픽_オリンピック

오륜기
五輪旗
ごりんき

축구
サッカー

트램펄린
トランポリン

육상
陸上
りくじょう

다이빙
飛込み
とびこ

레슬링
レスリング

배드민턴
バトミントン

철인3종경기
トライアスロン

역도
ウエートリフティング

배구
バレーボール

유도
柔道
じゅうどう

수중발레
シンクロナイズドスイミング

근대5종경기
近代五種
きんだい ごしゅ

요트
セーリング

비치발리볼
ビーチバレー

조정
漕艇/ボート
そうてい

테니스
テニス

태권도
テコンドー

복싱
ボクシング

기계체조
体操
<small>たいそう</small>

승마
馬術
<small>ばじゅつ</small>

양궁
アーチェリー

야구
野球
<small>やきゅう</small>

농구
バスケットボール

수영
水泳
<small>すいえい</small>

수구
水球
<small>すいきゅう</small>

펜싱
フェンシング

사격
射撃
<small>しゃげき</small>

핸드볼
ハンドボール

사이클
自転車
<small>じてんしゃ</small>

탁구
卓球
<small>たっきゅう</small>

카누/카약 레이싱
カヤックフラット
ウォーターレーシング

리듬체조
新体操
<small>しんたいそう</small>

카누/카약 슬라럼
カヤックスラローム

하키
ホッケー

소프트볼
ソフトボール

교통표지_交通標識

통행금지
通行止め
つうこう ど

차량 통행금지
車両通行止め
しゃりょうつうこう ど

차량 진입금지
車両進入禁止
しゃりょうしんにゅうきん し

**이륜 자동차 이외의
자동차 통행금지**
二輪の自動車以外の
にりん じ どうしゃ い がい
自動車通行止め
じ どうしゃつうこう ど

차량 횡단금지
車両横断禁止
しゃりょうおうだんきん し

회전금지
回転禁止
かいてんきん し

**추월을 위한 우측 주행
금지/추월금지**
追越しのための
おい こ
右側部分はみ出し
う そくぶぶん だ
通行禁止/追越し禁止
つうこうきん し おい こ きん し

주정차금지
駐停車禁止
ちゅうていしゃきん し

주차금지
駐車禁止
ちゅうしゃきん し

지정방향 외 진행금지 指定方向外進行禁止 してい ほうこう がい しんこう きん し

지정방향 외 진행금지 指定方向外進行禁止 してい ほうこう がい しんこう きん し

지정방향 외 진행금지 指定方向外進行禁止 してい ほうこう がい しんこう きん し

중량제한 重量制限 じゅうりょうせいげん

높이제한 高さ制限 たか せいげん

최대폭 最大幅 さいだいはば

최고속도 最高速度 さいだいそく ど

최저속도 最低速度 さいていそく ど

일시정지 一時停止 いち じ てい し

교통표지_交通標識

주차가능
駐車可
ちゅうしゃ か

정차가능
停車可
ていしゃ か

전용통행구역
専用通行帯
せんようつうこうたい

서행
徐行
じょこう

횡단보도
横断歩道
おうだん ほ どう

일방통행
一方通行
いっぽうつうこう

자동차 전용
自動車専用
じ どうしゃせんよう

자전거 전용
自転車専用
じ てんしゃせんよう

자전거 및 보행자 전용
自転車及び歩行者専用
じ どうしゃおよ　ほ こうしゃせんよう

보행자 전용
歩行者専用
ほ こうしゃせんよう

넥서스 한일사전

편　저 넥서스사전편찬위원회
펴낸이 안용백
펴낸곳 (주)도서출판 넥서스

초판　1쇄 발행 2009년　7월 30일
초판　2쇄 발행 2009년　8월 25일

출판신고 1992년 4월 3일 제311-2002-2호
121-840 서울시 마포구 서교동 394-2
Tel (02)330-5500 Fax (02)330-5555

ISBN 978-89-6000-572-3　11730

저자와 출판사의 허락없이 내용의 일부를 인용하거나
발췌하는 것을 금합니다.
저자와의 협의에 따라서 인지는 붙이지 않습니다.

가격은 뒤표지에 있습니다.
잘못 만들어진 책은 구입처에서 바꾸어 드립니다.

www.nexusbook.com
넥서스Japanese는 (주)도서출판 넥서스의 일본어 전문 브랜드입니다.